Franc

201

Mode d'emploi

INFORMATIONS TOURISTIQUES

Distances depuis les villes principales, offices de tourisme, sites touristiques locaux, moyens de transports, golfs et loisirs...

L'HÉBERGEMENT

De ... à ..., ... : catégories de confort.
En rouge ... : les plus agréables.

LES MEILLEURES ADRESSES À PETITS PRIX

Bib Hôtel.
Bib Gourmand.

LES RESTAURANTS

De ... à ... : catégories de confort. En rouge ... : les plus agréables.

LES TABLES ÉTOILÉES

✿✿✿ Vaut le voyage.
✿✿ Mérite un détour.
✿ Très bonne cuisine.
(Entre parenthèses : nom du chef-propriétaire)

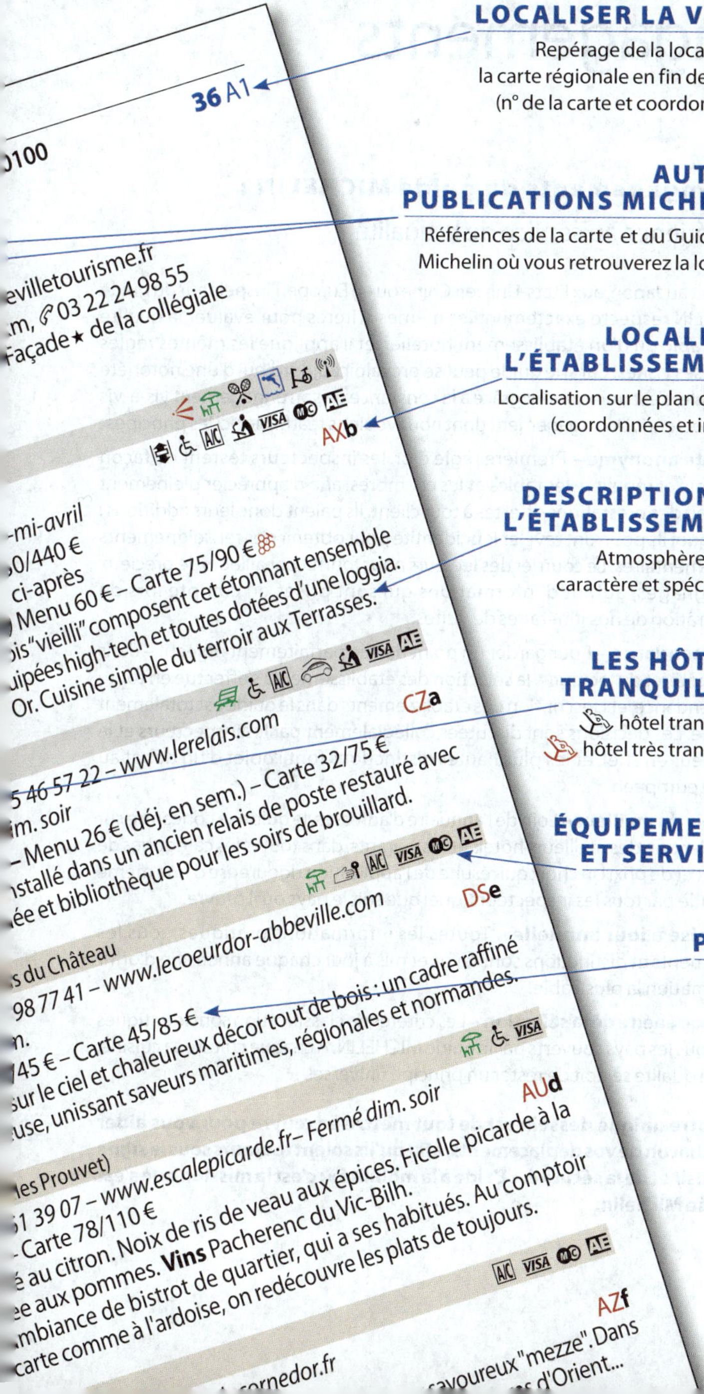

LOCALISER LA VILLE

Repérage de la localité sur la carte régionale en fin de guide (n° de la carte et coordonnées).

AUTRES PUBLICATIONS MICHELIN

Références de la carte et du Guide Vert Michelin où vous retrouverez la localité.

LOCALISER L'ÉTABLISSEMENT

Localisation sur le plan de ville (coordonnées et indice).

DESCRIPTION DE L'ÉTABLISSEMENT

Atmosphère, style, caractère et spécialités.

LES HÔTELS TRANQUILLES

hôtel tranquille.
hôtel très tranquille.

ÉQUIPEMENTS ET SERVICES

PRIX

Engagements

Les engagements du guide MICHELIN :

l'expérience au service de la qualité

Qu'il soit au Japon, aux Etats-Unis, en Chine ou en Europe, l'inspecteur du guide MICHELIN respecte exactement les mêmes critères pour évaluer la qualité d'une table ou d'un établissement hôtelier, et il applique les mêmes règles lors de ses visites. Car si le guide peut se prévaloir aujourd'hui d'une notoriété mondiale, c'est notamment grâce à la constance de son engagement vis-à-vis de ses lecteurs. Un engagement dont nous voulons réaffirmer ici les principes :

La visite anonyme – Première règle d'or, les inspecteurs testent de façon anonyme et régulière les tables et les chambres, afin d'apprécier pleinement le niveau des prestations offertes à tout client. Ils paient donc leurs additions ; après quoi ils pourront révéler leur identité pour obtenir des renseignements supplémentaires. Le courrier des lecteurs nous fournit par ailleurs de précieux témoignages, autant d'informations qui sont prises en compte lors de l'élaboration de nos itinéraires de visites.

L'indépendance – Pour garder un point de vue parfaitement objectif – dans le seul intérêt du lecteur –, la sélection des établissements s'effectue en toute indépendance, et l'inscription des établissements dans le guide est totalement gratuite. Les décisions sont discutées collégialement par les inspecteurs et le rédacteur en chef, et les plus hautes distinctions font l'objet d'un débat au niveau européen.

Le choix du meilleur – Loin de l'annuaire d'adresses, le guide se concentre sur une sélection des meilleurs hôtels et restaurants, dans toutes les catégories de confort et de prix. Un choix qui résulte de l'application rigoureuse d'une même méthode par tous les inspecteurs, quel que soit le pays où il œuvre.

Une mise à jour annuelle – Toutes les informations pratiques, tous les classements et distinctions sont revus et mis à jour chaque année afin d'offrir l'information la plus fiable.

L'homogénéité de la sélection – Les critères de classification sont identiques pour tous les pays couverts par le guide MICHELIN. A chaque culture sa cuisine, mais la qualité se doit de rester un principe universel…

Car notre unique dessein est de tout mettre en œuvre pour vous aider dans chacun de vos déplacements, afin qu'ils soient toujours sous le signe du plaisir et de la sécurité. « L'aide à la mobilité » : c'est la mission que s'est donnée Michelin.

Cher lecteur,

Toujours au fait de l'actualité en matière de bonnes tables et d'hébergements de qualité, le guide MICHELIN vous propose sa nouvelle édition, enrichie et mise à jour.

De millésime en millésime, vous savez que sa vocation reste immuable, et ce depuis sa création : vous accompagner dans tous vos déplacements en sélectionnant le meilleur, dans toutes les catégories de confort et de prix.

Pour ce faire, le guide MICHELIN s'appuie sur un « carnet de route » éprouvé, dont le premier critère, indéfectible, est l'inspection sur le terrain : toutes les adresses sélectionnées sont rigoureusement testées par nos inspecteurs professionnels, qui n'ont de cesse de dénicher les nouveaux établissements et de vérifier le niveau des prestations de ceux figurant déjà dans nos pages.

Au sein de cette sélection, le guide reconnaît ainsi, chaque année, les tables les plus savoureuses, en leur décernant nos étoiles ✿ : une, deux ou trois, celles-ci distinguent les établissements qui révèlent la meilleure qualité de cuisine – dans tous les styles –, en tenant compte du choix des produits, de la créativité, de la maîtrise des cuissons et des saveurs, du rapport qualité/prix, ainsi que de la constance de la prestation. Chaque année, le guide s'étoffe ainsi de nombreuses tables remarquées pour l'évolution de leur cuisine, à découvrir au fil de ses pages… et de vos voyages.

Autres petits symboles à suivre absolument : les Bib Gourmand ☺ et les Bib Hôtel, qui repèrent les bonnes adresses à prix modérés : ils vous garantissent des prestations de qualité à des tarifs ajustés.

Car notre engagement est bien de rester attentifs aux évolutions du monde… et aux exigences de tous nos lecteurs, tant en terme de qualité que de budget. Autant dire que nous attachons donc beaucoup d'intérêt à recueillir votre propre opinion sur les adresses de notre sélection. N'hésitez pas à nous écrire ; votre participation nous est très utile pour orienter nos visites et améliorer sans cesse la qualité de notre information. Pour toujours mieux vous accompagner...

Merci de votre fidélité, et bonne route avec le guide MICHELIN, millésime 2012 !

Consultez le Guide Michelin sur **www.viamichelin.com**
et écrivez-nous à : **leguidemichelin-france@tp.michelin.com**

Classement & distinctions

LES CATÉGORIES DE CONFORT

Le guide MICHELIN retient dans sa sélection les meilleures adresses dans chaque catégorie de confort et de prix. Les établissements sélectionnés sont classés selon leur confort et cités par ordre de préférence dans chaque catégorie.

🏠🏠🏠🏠🏠	XXXXX	**Grand luxe et tradition**
🏠🏠🏠🏠	XXXX	**Grand confort**
🏠🏠🏠	XXX	**Très confortable**
🏠🏠	XX	**De bon confort**
🏠	X	**Assez confortable**
⌂		**Maison d'hôtes**
sans rest		**L'hôtel n'a pas de restaurant**
avec ch		**Le restaurant possède des chambres**

LES DISTINCTIONS

Pour vous aider à faire le meilleur choix, certaines adresses particulièrement remarquables ont reçu cette année une distinction.

LES ÉTOILES : LES MEILLEURES TABLES

Les étoiles distinguent les établissements, tous styles de cuisine confondus, qui proposent la meilleure qualité de cuisine. Les critères retenus sont : le choix des produits, la personnalité de la cuisine, la maîtrise des cuissons et des saveurs, le rapport qualité-prix ainsi que la régularité.

Chaque restaurant étoilé est accompagné de trois spécialités représentatives de sa cuisine. Il arrive parfois qu'elles ne puissent être servies : c'est souvent au profit d'autres savoureuses recettes inspirées par la saison.

✿✿✿ 26	**Cuisine remarquable, cette table vaut le voyage** On y mange toujours très bien, parfois merveilleusement.
✿✿ 83	**Cuisine excellente, cette table mérite un détour**
✿ 485	**Une très bonne cuisine dans sa catégorie**

Certaines années, des « espoirs » pour la catégorie supérieure peuvent également figurer dans notre sélection. Ils repèrent les meilleurs établissements de leur catégorie, qui pourront accéder à la distinction supérieure dès lors que la constance de leurs prestations, dans le temps et sur l'ensemble de la carte, se sera confirmée. Par cette mention spéciale, nous entendons ainsi vous faire connaître les tables qui constituent, à nos yeux, les « espoirs » de la gastronomie de demain.

LES BIBS : LES MEILLEURES ADRESSES À PRIX MODÉRÉS

Bib Gourmand

629 Établissement proposant une cuisine de qualité au prix maximum de 29 € en province (33 € le week-end) et 35 € à Paris (prix d'un repas hors boisson).

En province, il s'agit le plus souvent d'une cuisine de type régional.

Bib Hôtel

247 Établissement offrant une prestation de qualité avec une majorité de chambres au prix maximum de 75 € en province et 90 € dans les grandes villes et stations touristiques importantes (prix pour 2 personnes, hors petit-déjeuner).

LES ADRESSES LES PLUS AGRÉABLES

Le rouge signale les établissements particulièrement agréables. Cela peut tenir au caractère de l'édifice, à l'originalité du décor, au site, à l'accueil ou aux services proposés.

à **Hôtels agréables**

Maisons d'hôtes agréables

à **Restaurants agréables**

LES MENTIONS PARTICULIÈRES

En dehors des distinctions décernées aux établissements, les inspecteurs MICHELIN apprécient d'autres critères souvent importants dans le choix d'un établissement.

SITUATION

Vous cherchez un établissement tranquille ou offrant une vue attractive ?
Suivez les symboles suivants :

Hôtel tranquille

Hôtel très tranquille

Vue intéressante

Vue exceptionnelle

CARTE DES VINS

Vous cherchez un restaurant dont la carte des vins offre un choix particulièrement intéressant ?
Suivez le symbole suivant :

Carte des vins particulièrement attractive

Toutefois, ne comparez pas la carte présentée par le sommelier d'un grand restaurant avec celle d'une auberge dont le patron se passionne pour les vins de sa région.

Équipements & services

30 ch	Nombre de chambres
	Jardin de repos – Parc
	Repas servi au jardin ou en terrasse
	Piscine de plein air / couverte
Spa	Bel espace de bien-être et de relaxation
	Salle de remise en forme – Court de tennis
	Ascenseur – Aménagements pour personnes à mobilité réduite
A/C	Air conditionné
	Connexion Internet Wifi/ADSL dans les chambres
	Salons pour repas privés
	Salles de conférences
	Restaurant proposant un service voiturier (pourboire d'usage)
P P	Parking / parking clos réservé à la clientèle
	Garage (généralement payant)
	Accès interdit aux chiens
M	Station de métro la plus proche
Ouvert / Fermé mai-oct	Période d'ouverture ou de fermeture communiquée par l'hôtelier

TABLES D'HÔTES

Les tables d'hôtes sont réservées exclusivement aux résidents.
Elles ne sont généralement proposées que le soir, le plus souvent sur réservation et pas forcément tous les jours.
Aussi, pensez à vérifier les jours de fermeture et à réserver votre dîner si vous souhaitez profiter de la table lors de votre séjour.

Prix

Les prix indiqués dans ce guide ont été établis à l'automne 2011. Ils sont susceptibles de modifications, notamment en cas de variation des prix des biens et des services. Ils s'entendent taxes et service compris. Aucune majoration ne doit figurer sur votre note sauf éventuellement la taxe de séjour. Les hôteliers et restaurateurs se sont engagés, sous leur propre responsabilité, à appliquer ces prix aux clients. À l'occasion de certaines manifestations : congrès, foires, salons, festivals, événements sportifs..., les prix demandés par les hôteliers peuvent être sensiblement majorés. Par ailleurs, renseignez-vous pour connaître les éventuelles conditions avantageuses accordées par les hôteliers.

RÉSERVATION ET ARRHES

Pour la confirmation de la réservation certains établissements demandent le numéro de carte de paiement ou un versement d'arrhes. Il s'agit d'un dépôt-garantie qui engage l'établissement comme le client. Bien demander à l'hôtelier de vous fournir dans sa lettre d'accord toutes précisions utiles sur la réservation et les conditions de séjour.

CARTES DE PAIEMENT

	Cartes de paiement acceptées :
VISA MC AE D	Visa – MasterCard – American Express – Diners Club

CHAMBRES

ch – 🚹 50/80 €	Prix des chambres minimum / maximum pour 1 personne
ch – 🚹🚹 60/100 €	Prix des chambres minimum / maximum pour 2 personnes
suites – 🚹🚹 400/600 €	Prix des suites minimum / maximum pour 2 personnes
☕ 9 €	Prix du petit-déjeuner
ch ☕	Petit-déjeuner compris

DEMI-PENSION

½ P 50/70 €	Prix de la demi-pension mini / maxi (chambre, petit-déjeuner et un repas) par personne. Ces prix s'entendent pour une chambre double occupée par deux personnes pour un séjour de trois jours minimum. Une personne seule occupant une chambre double se voit souvent appliquer une majoration. La plupart des hôtels de séjour pratiquent également la pension complète.

RESTAURANT

Formule 13 €	Formule entrée-plat ou plat-dessert au déjeuner en semaine
🪙	Menu à moins de 19 €
Menu 15 € (déj.)	Menu uniquement servi au déjeuner
Menu 17 € (sem.)	Menu uniquement servi en semaine
Menu 16/38 €	Menu le moins cher / le plus cher
Carte 24/48 €	Repas à la carte hors boisson : le premier prix correspond à un repas simple comprenant une entrée, un plat et un dessert. Le deuxième prix concerne un repas plus complet (avec spécialité) comprenant deux plats, fromage et dessert.
bc	Boisson comprise

Informations sur les localités

GÉNÉRALITÉS

63300	Numéro de code postal de la localité *les deux premiers chiffres correspondent au numéro de département*
✉ 57130 Ars	Numéro de code postal et nom de la commune de destination
P SP	Préfecture – Sous-préfecture
337 E5	Numéro de la carte « DEPARTEMENTS France » MICHELIN et coordonnées permettant de se repérer sur la carte
101 26	Numéro de la carte « Banlieue de Paris » MICHELIN et coordonnées permettant de se repérer sur la carte
Jura	Voir le Guide Vert MICHELIN de la région
1057 h.	Nombre d'habitants (source : www.insee.fr)
alt. 75	Altitude de la localité
Sta. therm.	Station thermale
1200/1900 m	Altitude de la station et altitude maximum atteinte par les remontées mécaniques
2	Nombre de téléphériques ou télécabines
14	Nombre de remonte-pentes et télésièges
	Ski de fond
BY**b**	Lettres repérant un emplacement sur le plan de ville
9	Golf et nombre de trous
	Panorama, point de vue
	Aéroport – Localité desservie par train-auto *Renseignements au numéro de téléphone indiqué*
	Transports maritimes
	Transports maritimes pour passagers seulement
i	Information touristique

INFORMATIONS TOURISTIQUES

INTÉRÊT TOURISTIQUE

★★★	Vaut le voyage
★★	Mérite un détour
★	Intéressant

Les musées sont généralement fermés le mardi

SITUATION DU SITE

	A voir dans la ville
	A voir aux environs de la ville
N, S, E, O	La curiosité est située : au Nord, au Sud, à l'Est, à l'Ouest
② ④	On s'y rend par la sortie ② ou ④ repérée par le même signe sur le plan du guide
6 km	Distance en kilomètres

Légende des plans

Hôtels
Restaurants

CURIOSITÉS

Bâtiment intéressant
Édifice religieux intéressant :
- Catholique – Protestant

VOIRIE

Autoroute, double chaussée de type autoroutier
Échangeurs numérotés : complet, partiels
Grande voie de circulation
Sens unique – Rue réglementée ou impraticable
Rue piétonne – Tramway
R. Pasteur Rue commerçante – Parking – Parking Relais
Porte – Passage sous voûte – Tunnel
Gare et voie ferrée – Auto-Train
Funiculaire – Téléphérique, télécabine
B Pont mobile – Bac pour autos

SIGNES DIVERS

Information touristique
Mosquée – Synagogue
Tour – Ruines – Moulin à vent – Château d'eau
Jardin, parc, bois – Cimetière – Calvaire
Stade – Golf – Hippodrome – Patinoire
Piscine de plein air, couverte
Vue – Panorama – Table d'orientation
Monument – Fontaine – Usine
Centre commercial – Cinéma Multiplex
Port de plaisance – Phare – Tour de télécommunications
S.N.C.F. Aéroport – Station de métro – Gare routière
Transport par bateau : passagers et voitures, passagers seulement
③ Pastille de sortie de ville
Bureau principal de poste restante et Téléphone
Hôpital – Marché couvert – Caserne
Bâtiment public repéré par une lettre :
A C - Chambre d'agriculture – Chambre de commerce
G H J - Gendarmerie – Hôtel de ville – Palais de justice
M P T - Musée – Préfecture, sous-préfecture – Théâtre
U - Université, grande école
POL. - Police (commissariat central)
4'4 18T 18 Passage bas (inf. à 4 m 50) – Charge limitée (inf. à 19 t)

Attention : en France, nouvelle numérotation en cours des routes nationales et départementales.

How to use this guide

TOURIST INFORMATION

Distances from the main towns, tourist offices, local tourist attractions, means of transport, golf courses and leisure activities...

LODGING

From 🏠🏠🏠🏠🏠 to 🏠, ⌂: categories of comfort.
In red 🏠🏠🏠🏠🏠... 🏠, ⌂: the most pleasant.

GOOD FOOD & ACCOMMODATION AT MODERATE PRICES

Bib Hotel.
Bib Gourmand.

RESTAURANTS

From XXXXX to X: categories of comfort.
In red XXXXX... X: the most pleasant.

STARS

✿✿✿ Worth a special journey.
✿✿ Worth a detour.
✿ A very good restaurant.
(In brackets: name of the Chef-owner)

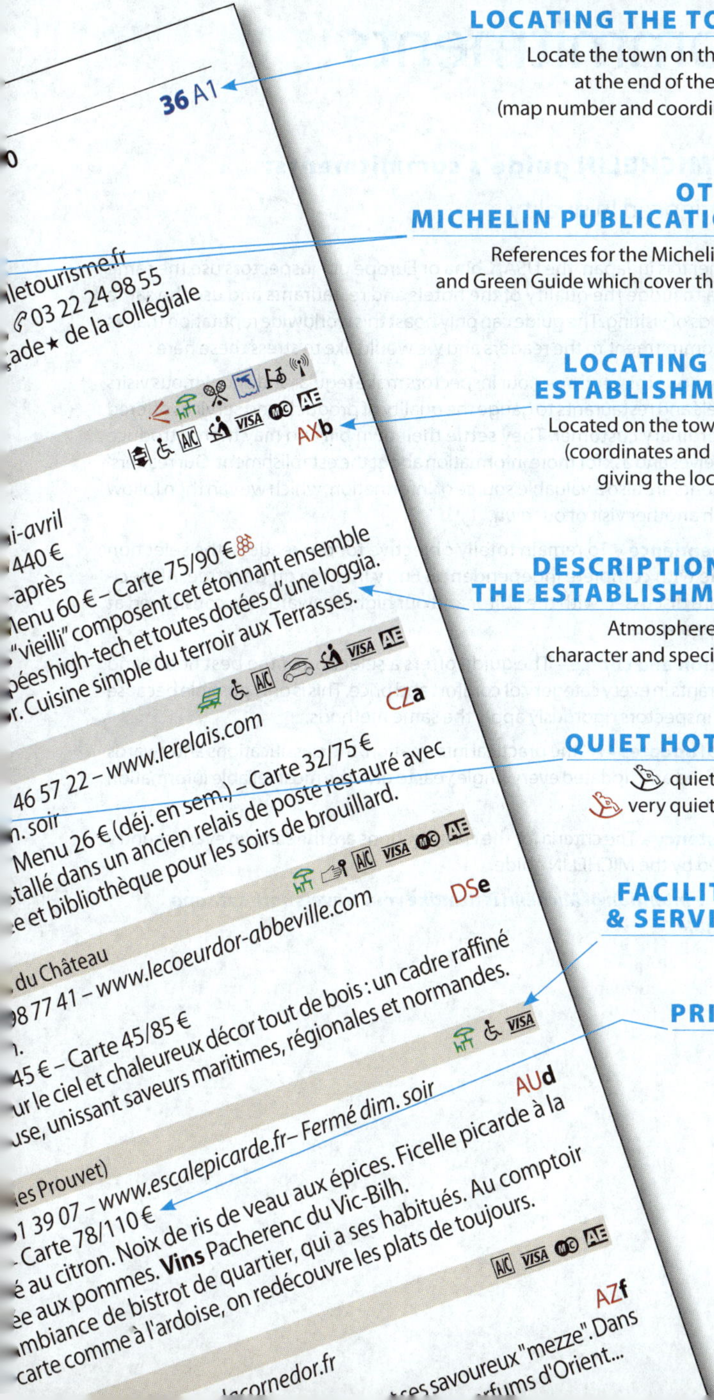

LOCATING THE TOWN

Locate the town on the map at the end of the guide (map number and coordinates).

OTHER MICHELIN PUBLICATIONS

References for the Michelin map and Green Guide which cover the area.

LOCATING THE ESTABLISHMENT

Located on the town plan (coordinates and letters giving the location).

DESCRIPTION OF THE ESTABLISHMENT

Atmosphere, style, character and specialities.

QUIET HOTELS

quiet hotel.

very quiet hotel.

FACILITIES & SERVICES

PRICES

Commitments

The MICHELIN guide's commitments:

Experienced in quality

Whether it is in Japan, the USA, China or Europe our inspectors use the same criteria to judge the quality of the hotels and restaurants and use the same methods of visiting. The guide can only boast this worldwide reputation thanks to its commitment to the readers and we would like to stress these here :

Anonymous inspections – our inspectors make regular and anonymous visits to hotels and restaurants to gauge the quality of products and services offered to an ordinary customer. They settle their own bill and may then introduce themselves and ask for more information about the establishment. Our readers' comments are also a valuable source of information, which we can then follow up with another visit of our own.

Independence – To remain totally objective for our readers, the selection is made with complete independence. Entry into the guide is free. All decisions are discussed with the Editor and our highest awards are considered at a European level.

Selection and choice – The guide offers a selection of the best hotels and restaurants in every category of comfort and price. This is only possible because all the inspectors rigorously apply the same methods.

Annual updates – All the practical information, the classifications and awards are revised and updated every single year to give the most reliable information possible.

Consistency – The criteria for the classifications are the same in every country covered by the MICHELIN guide.

The sole intention of Michelin is to make your travels both safe and enjoyable.

Dear reader

Dear reader,

Having kept up-to-date with the latest developments in the hotel and restaurant scenes, we are pleased to present this new, improved and updated edition of the MICHELIN guide.

Since the very beginning, our ambition has remained the same each year: to accompany you on all of your journeys and to help you choose the best establishments to both stay and eat in, across all categories of comfort and price; whether that's a friendly guesthouse or luxury hotel, a lively gastropub or fine dining restaurant.

To this end, the MICHELIN guide is a tried-and-tested travel planner, its primary objective being to provide first-hand experience for you, our readers. All of the establishments selected have been rigorously tested by our team of professional inspectors, who are constantly seeking out new places and continually assessing those already listed.

Every year the guide recognises the best places to eat, by awarding them one ✿, two ✿✿ or three ✿✿✿ stars. These lie at the heart of the selection and highlight the establishments producing the best quality cuisine – in all styles – taking into account the quality of ingredients, creativity, mastery of techniques and flavours, value for money and consistency.

Other symbols to look out for are the Bib Gourmand and the Bib Hotel, which point out establishments that represent particularly good value; here you'll be guaranteed excellence but at moderate prices.

We are committed to remaining at the forefront of the culinary world and to meeting the demands of our readers. As such, we are very interested to hear your opinions on the establishments listed in our guide. Please don't hesitate to contact us, as your contributions are invaluable in directing our work and improving the quality of our information.

We continually strive to help you on your journeys.

Thank you for your loyalty and happy travelling with the 2012 edition of the MICHELIN guide.

Consult the MICHELIN guide at **www.ViaMichelin.com**
and write to us at: **leguidemichelin-france@tp.michelin.com**

Classification & awards

CATEGORIES OF COMFORT

The MICHELIN guide selection lists the best hotels and restaurants in each category of comfort and price. The establishments we choose are classified according to their levels of comfort and, within each category, are listed in order of preference.

🏨🏨🏨🏨🏨	XXXXX	**Luxury in the traditional style**
🏨🏨🏨🏨	XXXX	**Top class comfort**
🏨🏨🏨	XXX	**Very comfortable**
🏨🏨	XX	**Comfortable**
🏨	X	**Quite comfortable**
🏠		**Guesthouse**
sans rest		**This hotel has no restaurant**
avec ch		**This restaurant also offers accommodation**

THE AWARDS

To help you make the best choice, some exceptional establishments have been given an award in this year's guide.

THE STARS: THE BEST CUISINE

MICHELIN stars are awarded to establishments serving cuisine, of whatever style, which is of the highest quality. The cuisine is judged on the quality of ingredients, the flair and skill in their preparation, the combination of flavours, the value for money and the consistency of culinary standards.

For every restaurant awarded a star we include 3 specialities that are typical of their cooking style. These specific dishes may not always be available.

✿✿✿ 26	**Exceptional cuisine, worth a special journey** One always eats extremely well here, sometimes superbly.
✿✿ 83	**Excellent cooking, worth a detour**
✿ 485	**A very good restaurant in its category**

Occasionally «Rising Stars» for promotion feature. These are the best in their category that may achieve a higher award if we can confirm the consistent quality of the whole menu over time. By this special mention we just want to let you know who we think may be future stars.

THE BIB : GOOD FOOD AND ACCOMMODATION AT MODERATE PRICES

629 **Bib Gourmand**
Establishment offering good quality cuisine at a maximum price of 29 € (33 € the week-end) or 35 € in the Paris region (price of a meal not including drinks).
Outside the Paris region, these establishments generally specialise in regional cooking.

247 **Bib Hotel**
Establishment offering good levels of comfort and service, with most rooms priced at a maximum price of 75 € or under 90 € in the main cities and popular tourist resorts (price of a room for 2 people not including breakfast).

PLEASANT HOTELS AND RESTAURANTS

Symbols shown in red indicate particularly pleasant or restful establishments: the character of the building, its décor, the setting, the welcome and services offered may all contribute to this special appeal.

to **Pleasant hotels**

Pleasant guesthouses

to **Pleasant restaurants**

OTHER SPECIAL FEATURES

As well as the categories and awards given to the establishment, MICHELIN inspectors also make special note of other criteria which can be important when choosing an establishment.

LOCATION

If you are looking for a particularly restful establishment, or one with a special view, look out for the following symbols:

Quiet hotel

Very quiet hotel

Interesting view

Exceptional view

WINE LIST

If you are looking for an establishment with a particularly interesting wine list, look out for the following symbol:

Particularly interesting wine list
This symbol might cover the list presented by a sommelier in a luxury restaurant or that of a simple inn where the owner has a passion for wine. The two lists will offer something exceptional but very different, so beware of comparing them by each other's standards.

Facilities & services

30 ch	Number of rooms
	Garden – Park
	Meals served in garden or on terrace
	Swimming pool: outdoor or indoor
Spa	An extensive facility for relaxation and well-being
	Exercise room – Tennis court
	Lift – Establishment at least partly accessible to those of restricted mobility
A/C	Air conditioning
	Wireless/broadband connection in bedrooms
	Private dining rooms
	Equipped conference room
	Restaurant offering valet parking (tipping customary)
P P	Car park / Enclosed car park for customers only
	Garage (additional charge in most cases)
	No dogs allowed
M	Nearest metro station
Ouvert / Fermé mai-oct	Dates when open or closed as indicated by the hotelier.

TABLES D'HÔTES

Tables d'hôtes serve meals – generally dinner – to residents and by reservation only.

Meals are not always available every day of the week, so don't forget to check opening times and to reserve a table if you wish to dine during your stay.

Prices

Prices quoted in this guide were supplied in autumn 2011. They are subject to alteration if goods and service costs are revised.
By supplying the information, hotels and restaurants have undertaken to maintain these rates for our readers.
In some towns, when commercial, cultural or sporting events are taking place the hotel rates are likely to be considerably higher.
Out of season, certain establishments offer special rates. Ask when booking.

RESERVATION AND DEPOSITS

Some establishments will ask you to confirm your reservation by giving your credit card number or require a deposit which confirms the commitment of both the customer and the establishment. Ask the hotelier to provide you with all the terms and conditions applicable to your reservation in their written confirmation.

CREDIT CARDS

	Credit cards accepted by the establishment:
VISA MC AE D	Visa – MasterCard – American Express – Diners Club

ROOMS

ch – 50/80 €	Lowest price / highest price for a single room
ch – 60/100 €	Lowest price / highest price for a double or a twin room
suites – 400/600 €	Lowest price / highest price for a suite
9 €	Price of breakfast
ch	Breakfast included

HALF BOARD

½ P 50/70 €	Lowest and highest prices for half board (room, breakfast and a meal) per person. These prices are valid for a double room occupied by two people for a minimum stay of three nights. If a single person occupies a double room a supplement may apply. Most of the hotels also offer full board terms on request.

RESTAURANT

Formule 13 €	2 course meal, on weekday lunchtimes
	Menu for less than 19 €
Menu 15 € (déj.)	Set menu served only at lunchtime
Menu 17 € (sem.)	Set menu served only on weekdays
Menu 16/38 €	Cheapest set meal / Highest set menu
Carte 24/48 €	A la carte meal, drinks not included. The first figure is for a plain meal and includes first course, main dish of the day and dessert. The second price is for a fuller meal (with speciality) including starter, main course, cheese and dessert.
bc	House wine included

Information on localities

GENERAL INFORMATION

63300	Local postal number *the first two numbers are the same as the département number*
✉ 57130 Ars	Postal number and the name of the postal area
P SP	Prefecture – Sub-prefecture
337 E5	Number of the appropriate sheet and grid square reference of the Michelin road map in the "DEPARTEMENTS France" MICHELIN series
101 26	"Outskirts of Paris" map number and co-ordinates indicating the position
Jura	See the regional MICHELIN Green Guide
1057 h.	Population (source: www.insee.fr)
alt. 75	Altitude (in metres)
Sta. therm.	Spa
1200/1900 m	Altitude of resort and highest point reached by lifts
2	Number of cable-cars
14	Number of ski and chair-lifts
	Cross-country skiing
BY**b**	Letters giving the location of a place on a town plan
9	Golf course and number of holes
	Panoramic view, viewpoint
	Airport – Places with motorail pick-up point. *Further information from phone number listed*
	Shipping line – Passenger transport only
i	Tourist information

TOURIST INFORMATION

STAR-RATING

★★★	Highly recommended
★★	Recommended
★	Interesting *Museums and art galleries are generally closed on Tuesday*

LOCATION

	Sights in town
	On the outskirts
N, S, E, O	The sight lies north, south, east or west of the town
② ④	Signs ② or ④ on the town plan show the road leading to a place of interest and correspond to the same signs on MICHELIN road maps.
6 km	Distance in kilometres

Town plan key

Hotels

Restaurants

SIGHTS

Place of interest

Interesting place of worship:

- Catholic – Protestant

ROAD

Motorway, dual carriageway

Numbered junctions : complete, limited

Major thoroughfare

One-way street – Unsuitable for traffic or street subject to restrictions

Pedestrian street – Tramway

R. Pasteur — Shopping street – Car park – Park and Ride

Gateway – Street passing under arch – Tunnel

Station and railway – Motorail

Funicular – Cable-car

B — Lever bridge – Car ferry

VARIOUS SIGNS

Tourist Information Centre

Mosque – Synagogue

Tower – Ruins – Windmill – Water tower

Garden, park, wood – Cemetery – Cross

Stadium – Golf course – Racecourse – Skating rink

Outdoor or indoor swimming pool

View – Panorama – Viewing table

Monument – Fountain – Factory

Shopping centre – Multiplex Cinema

Pleasure boat harbour – Lighthouse – Communications tower

S.N.C.F. — Airport – Underground station – Coach station

Ferry services : passengers and cars, passengers only

③ — Reference number common to town plans

Main post office with poste restante and telephone

Hospital – Covered market – Barracks

Public buildings located by letter :

A C — - Chamber of Agriculture – Chamber of Commerce

G H J — - Gendarmerie – Town Hall – Law Courts

M P T — - Museum – Prefecture or sub-prefecture – Theatre

U — - University, College

POL. — - Police (in large towns police headquarters)

4'4 18T (18) — Low headroom (15 ft. max.) – Load limit (under 19 t)

Please note: the *route nationale* and *route départementale* road numbers ar currently being changed in France.

Distinctions 2012

Awards 2012

Les Tables étoilées 2012

La couleur correspond à l'établissement le plus étoilé de la localité.
Paris
La localité possède au moins un restaurant 3 étoiles
Rouen
La localité possède au moins un restaurant 2 étoiles
Rennes
La localité possède au moins un restaurant 1 étoile
Bondues
Lille
Gruson
Valenciennes
Ligny-en-Cambrésis
Rethondes
St-Jean-aux-Bois
Courcelles-sur-Vesle
Reuilly-Sauvigny
Reims
Montchenot
Vinay
Épernay
Châlons-en-Champagne
Zoufftgen
Hagondange
Metz
Faulquemont
Belleville
Lunéville
Stiring-Wendel
Sarreguemines
Phalsbourg
Bitche
Untermuhlthal
Lembach
Gundershoffen
Languimberg
Marlenheim
La Wantzenau
Strasbourg
Obernai
Rosheim
C
Épinal
Illhaeusern
Colombey-les-Deux-Églises
Sens
Joigny
Mulhouse
Riedisheim
Sierentz
Vauchoux
Danjoutin
Prenois
St-Père
La Bussière-sur-Ouche
Dijon
Montbéliard
Sevenans
Chamesol
Pernand-Vergelesses
Sampans
Bonnétage
Saulieu
Dole
Villers-le-Lac
Nevers
Beaune
Morteau
Levernois
Port-Lesney
Puligny-Montrachet
Chassagne-Montrachet
Chagny
Arbois
Malbuisson
Montceau-les-Mines
St-Rémy
Tournus
D
Ambierle
Roanne
Vonnas
Vichy
Chasselay
Annecy
Chamonix-Mont-Blanc
Clermont-Ferrand
Mionnay
Megève
Bort-l'Étang
Lyon
Jongieux
St-Just-St-Rambert
St Martin-de-Belleville
Sarpoil
Le-Bourget-du-Lac
Courchevel 1850
Charbonnières-les-Bains
Vienne
Val-Thorens
St-Bonnet-le-Froid
Pont-de-l'Isère
Uriage-les-Bains
Le Puy-en-Velay
Corrençon-en-Vercors
Les Deux-Alpes
Alleyras
Lamastre
Granges-les-Beaumont
Chaudes-Aigues
St-Agrève
Valence
Aumont-Aubrac
Les Baux-de-Provence
B
Moustiers-Ste-Marie
La Turbie
Menton
Collias
Monte-Carlo
E
Bonnieux
Vence
Èze
Gignac
Garons
Tourtour
Beaulieu-sur-Mer
Nice
Montpellier
Arles
Lorgues
Callas
Le Cannet
Sète
Le Castellet
Cannes
L'Île Rousse
Erbalunga
Béziers
Marseille
La Napoule
Lumio
St-Florent
Narbonne
Ste-Maxime
Calvi
St-Tropez
erpignan
Ile de Porquerolles
Bormes-les-Mimosas
Ajaccio
Collioure
.aroque-des-Albères
Propriano
Cala Rossa
Porto-Vecchio

Les Tables étoilées 2012

La couleur correspond à l'établissement
le plus étoilé de la localité.

Ile-de-France

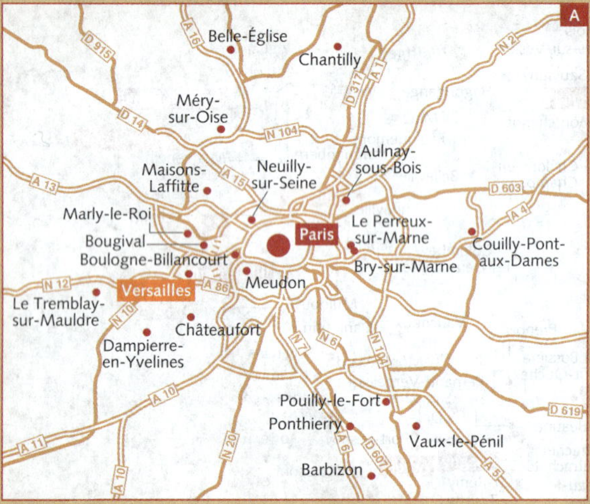

Provence

Alsace

Rhône-Alpes

Côte-d'Azur

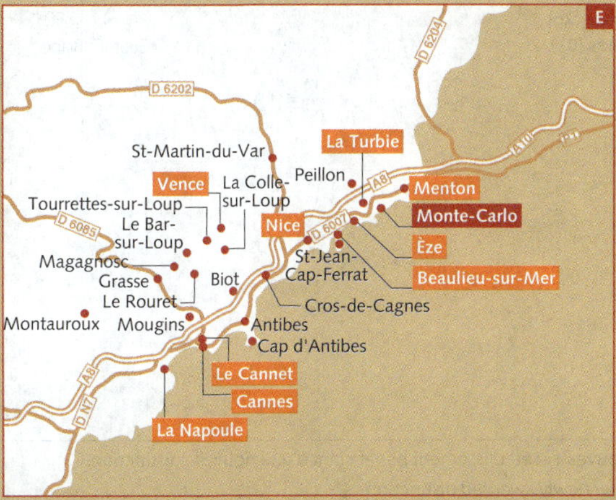

Les Tables étoilées

Starred establishments

✿✿✿ 2012

Baerenthal/ Untermuhlthal (57)	L'Arnsbourg
Chagny (71)	Maison Lameloise
Eugénie-les-Bains (40)	Michel Guérard
Fontjoncouse (11)	Auberge du Vieux Puits
Illhaeusern (68)	Auberge de l'Ill
Joigny (89)	La Côte St-Jacques
Laguiole (12)	Bras
Lyon (69)	Paul Bocuse
Marseille (13)	Le Petit Nice
Megève (74)	Flocons de Sel **N**
Monte-Carlo (MC)	Le Louis XV-Alain Ducasse
Paris 1er	Le Meurice
Paris 4e	L'Ambroisie
Paris 7e	Arpège
Paris 8e	Alain Ducasse au Plaza Athénée
Paris 8e	Épicure
Paris 8e	Ledoyen
Paris 8e	Pierre Gagnaire
Paris 16e	Astrance
Paris 16e	Le Pré Catelan
Paris 17e	Guy Savoy
Roanne (42)	Troisgros
Saint-Bonnet-le-Froid (43)	Régis et Jacques Marcon
Saulieu (21)	Le Relais Bernard Loiseau
Valence (26)	Pic
Vonnas (01)	Georges Blanc

→ **N** pour « nouveau » : établissement bénéficiant d'une nouvelle distinction.

→ **N** for « *new* » : newly awarded distinction.

✿✿ 2012

→ *En rouge les espoirs 2012 pour ✿✿✿*

→ *In red the 2012 Rising Stars for ✿✿✿*

Annecy (74) Le Clos des Sens
Arbois (39) Jean-Paul Jeunet
Arles (13) L'Atelier de Jean-Luc Rabanel
Les Baux-de-Provence (13) L'Oustaù de Baumanière
Beaulieu-sur-Mer (06) La Réserve de Beaulieu et Spa
Béthune/ Busnes (62) Le Château de Beaulieu
Bonnieux (84) La Bastide de Capelongue
Bordeaux/Bouliac (33) Le St-James
Le-Bourget-du-Lac (73) Le Bateau Ivre
Cannes (06) La Palme d'Or
Cannes/ Le Cannet (06) Villa Archange
Carantec (29) Patrick Jeffroy
Carcassonne (11) Le Parc Franck Putelat **N**
Le Castellet/ Circuit Paul Ricard (83) Du Castellet
Chamonix-Mont-Blanc (74) Albert 1er
Chasselay (69) Guy Lassausaie
Chaudes-Aigues (15) Serge Vieira **N**
Courchevel/ Courchevel 1850 (73) Le Chabichou
Courchevel/ Courchevel 1850 (73) Cheval Blanc
Courchevel/ Courchevel 1850 (73) Le Strato **N**
Courchevel/ Courchevel 1850 (73) Pierre Gagnaire pour les Airelles
Èze (06) Château de la Chèvre d'Or
Gundershoffen (67) Le Cygne
Le Havre (76) Jean-Luc Tartarin **N**
Honfleur (14) Sa. Qua. Na
L'Isle-Jourdain/ Pujaudran (32) Le Puits St-Jacques
Jongieux (73) Auberge Les Morainières **N**
Lorient (56) L'Amphitryon
Lyon (69) Auberge de l'Ile
Lyon (69) Mère Brazier
Lyon/ Charbonnières-les-Bains (69) Philippe Gauvreau
Magescq (40) Relais de la Poste
Mandelieu/ La Napoule (06) L'Oasis
Menton (06) Mirazur **N**
Mionnay (01) Alain Chapel
Monte-Carlo (MC) Joël Robuchon Monte-Carlo
Nantes/ Haute-Goulaine (44) Manoir de la Boulaie
Nice (06) Chantecler **N**
Nîmes/ Garons (30) Alexandre
Obernai (67) La Fourchette des Ducs
Onzain (41) Domaine des Hauts de Loire
Paris 1er Carré des Feuillants
Paris 1er L'Espadon
Paris 1er Le Grand Véfour
Paris 1er Sur Mesure par Thierry Marx **N**
Paris 2e Passage 53
Paris 6e Relais Louis XIII
Paris 7e L'Atelier de Joël Robuchon - St-Germain
Paris 7e Jean-François Piège
Paris 8e Apicius
Paris 8e L'Atelier de Joël Robuchon - Étoile
Paris 8e Le Cinq
Paris 8e Lasserre
Paris 8e Senderens
Paris 8e Taillevent
Paris 16e L'Abeille **N**
Paris 17e Bigarrade
Paris 17e Michel Rostang
Pauillac (33) Château Cordeillan Bages
La Plaine-sur-Mer (44) Anne de Bretagne
Plomodiern (29) Auberge des Glazicks
Pont-du-Gard/ Collias (30) Hostellerie Le Castellas
Porto-Vecchio (2A) Casadelmar
Puymirol (47) Michel Trama
Reims (51) L'Assiette Champenoise
Reims (51) Le Parc Les Crayères **N**
La Rochelle (17) Richard et Christopher Coutanceau
Romans-sur-Isère/ Granges-les-Beaumont (26) Les Cèdres
Rouen (76) Gill
Saint-Émilion (33) Hostellerie de Plaisance
Saint-Just-Saint-Rambert (42) Le Neuvième Art
Saint-Martin-de-Belleville (73) La Bouitte
Saint-Sulpice-le-Verdon (85) Thierry Drapeau
Saint-Tropez (83) Résidence de la Pinède
Toulouse (31) Michel Sarran
Toulouse/ Colomiers (31) L'Amphitryon

→ **N** pour « nouveau » : établissement bénéficiant d'une nouvelle distinction.
→ **N** for « *new* » : newly awarded distinction.

La Turbie (06)	Hostellerie Jérôme	**Versailles (78)**	Gordon Ramsay au Trianon
Uriage-les-Bains (38)	Les Terrasses	**Vézelay/ Saint-Père (89)**	L'Espérance
Val-Thorens (73)	L'Oxalys	**Vienne (38)**	La Pyramide
Vence (06)	Le St-Martin		

✿✿ 2012

→ *En rouge* *les espoirs 2012 pour* ✿✿✿

→ *In red* *the 2012 Rising Stars for* ✿✿✿

Agen (47)	Mariottat
Agen/ Moirax (47)	Auberge Le Prieuré
Ainhoa (64)	Ithurria
Aix-en-Provence (13)	Le Clos de la Violette
Aix-en-Provence (13)	Pierre Reboul
Ajaccio (2A)	Palm Beach
Albertville (73)	Million **N**
Albi (81)	David Enjalran - L'Esprit du Vin
Alleyras (43)	Le Haut-Allier
Ambierle (42)	Le Prieuré
Amboise (37)	Château de Pray
Ambronay (01)	Auberge de l'Abbaye **N**
Amiens/ Dury (80)	L'Aubergade
Andrézieux-Bouthéon (42)	Les Iris
Angers (49)	Le Favre d'Anne
Angers (49)	Une Île
Annecy (74)	Le Belvédère
Annecy (74)	La Ciboulette
Annecy/ Veyrier-du-Lac (74)	Yoann Conte
Antibes (06)	Le Figuier de St-Esprit
Antibes/ Cap d'Antibes (06)	Bacon **N**
Antibes/ Cap d'Antibes (06)	Les Pêcheurs
Arcachon (33)	Le Patio **N**
Arles (13)	La Chassagnette
Arles (13)	Le Cilantro
Astaffort (47)	Une Auberge en Gascogne **N**
Aulnay-sous-Bois (93)	Auberge des Saints Pères
Aumont-Aubrac (48)	Cyril Attrazic **N**
Avignon (84)	Christian Étienne
Avignon (84)	D'Europe
Avignon (84)	Le Diapason
Avignon (84)	Le Saule Pleureur
Bagnoles-de-l'Orne (61)	Le Manoir du Lys
Barbizon (77)	Les Pléiades
Barneville-Carteret/ Carteret (50)	De la Marine
Le Bar-sur-Loup (06)	L'Hostellerie du Château **N**
La Baule (44)	Castel Marie-Louise
Les Baux-de-Provence (13)	La Cabro d'Or
Bayeux (14)	Château de Sully **N**
Bayeux/ Audrieu (14)	Château d'Audrieu
Bayonne (64)	Auberge du Cheval Blanc
Beaune (21)	Le Bénaton
Beaune (21)	Loiseau des Vignes
Beaune/ Levernois (21)	Hostellerie de Levernois
Beaune/ Pernand-Vergelesses (21)	Le Charlemagne
Belcastel (12)	Vieux Pont
Belfort/ Danjoutin (90)	Le Pot d'Étain
Belfort/ Sevenans (90)	Auberge de la Tour Penchée
Belle-Église (60)	La Grange de Belle-Église
Belleville (54)	Le Bistroquet
Bergerac/ Moulin de Malfourat (24)	La Tour des Vents
Beuvron-en-Auge (14)	Le Pavé d'Auge
Les Bézards (45)	Auberge des Templiers
Béziers (34)	L'Ambassade
Béziers (34)	Octopus
Biarritz (64)	Du Palais
Biarritz (64)	Les Rosiers
Biarritz/ Arcangues (64)	Le Moulin d'Alotz
Bidart (64)	Table et Hostellerie des Frères Ibarboure
Billiers (56)	Domaine de Rochevilaine
Biot (06)	Les Terraillers
Bitche (57)	Le Strasbourg
Blainville-sur-Mer (50)	Le Mascaret
Blois (41)	Au Rendez-vous des Pêcheurs
Blois (41)	Le Médicis
Blois (41)	L'Orangerie du Château
Bonnétage (25)	L'Étang du Moulin
Bordeaux (33)	7ème Péché
Bordeaux (33)	Le Chapon Fin
Bordeaux (33)	Le Gabriel
Bordeaux (33)	Le Pavillon des Boulevards
Bordeaux (33)	Le Pressoir d'Argent
Bordeaux/ Cenon (33)	La Cape
Bordeaux/ Lormont (33)	Jean-Marie Amat

→ **N** pour « nouveau » : établissement bénéficiant d'une nouvelle distinction.

→ **N** for « *new* » : newly awarded distinction.

Bordeaux/ Martillac (33) Les Sources de Caudalie
Bormes-les-Mimosas (83) L'Escoundudo **N**
Bormes-les-Mimosas (83) La Rastègue
Bosdarros (64) Auberge Labarthe
Bougival (78) Le Camélia
Boulogne-Billancourt (92) Au Comte de Gascogne
Boulogne-sur-Mer (62) La Matelote
Le Bourg-Dun (76) Auberge du Dun
Bourg-en-Bresse/ Péronnas (01) La Marelle
Bourges (18) Le d'Antan Sancerrois
Le-Bourget-du-Lac (73) Auberge Lamartine
Le-Bourget-du-Lac (73) La Grange à Sel
Le-Bourget-du-Lac/ Les Catons (73) Atmosphères
Bourgueil/ Restigné (37) Manoir de Restigné
Bozouls (12) Le Belvédère
Brantôme/ Champagnac-de-Belair (24) Le Moulin du Roc
Bray-et-Lû (95) Les Jardins d'Epicure
Brest (29) L'Armen
Brest (29) Le M **N**
Le Breuil-en-Auge (14) Le Dauphin
Breuillet (17) L'Aquarelle
Briollay (49) Château de Noirieux
Brive-la-Gaillarde/ Varetz (19) Château de Castel Novel
Bry-sur-Marne (94) Auberge du Pont de Bry «La Grapille»
Bully (69) Auberge du Château **N**
La Bussière-sur-Ouche (21) Abbaye de la Bussière
La Cadière-d'Azur (83) Hostellerie Bérard
Caen (14) Ivan Vautier
Caen (14) Stéphane Carbone - Restaurant Incognito
Caen (14) À Contre Sens **N**
Cagnes-sur-Mer/ Cros-de-Cagnes (06) Bistrot de la Marine - Jacques Maximin
Cahors/ Lamagdelaine (46) Marco
Cahors/ Mercuès (46) Château de Mercuès
Cahuzac-sur-Vère (81) Château de Salettes
Cahuzac-sur-Vère (81) La Falaise
Callas (83) Hostellerie Les Gorges de Pennafort
Calvi (2B) La Table de Bastien
Calvinet (15) Beauséjour
Cancale (35) Le Coquillage
Cannes (06) Mon Rêve de Gosse
Cannes (06) Le Park 45
Carcassonne (11) Domaine d'Auriac
Carcassonne (11) La Barbacane
Carcassonne/ Aragon (11) La Bergerie
Carcassonne/ Pezens (11) L'Ambrosia
Cassis (13) La Villa Madie
Castres (81) Bistrot Saveurs
La Celle (83) Hostellerie de l'Abbaye de la Celle
Cergy-Pontoise/ Méry-sur-Oise (95) Le Chiquito
Chaintré (71) La Table de Chaintré
Châlons-en-Champagne (51) Jacky Michel
Chalon-sur-Saône/ Saint-Rémy (71) L'Amaryllis
Chamesol (25) Mon Plaisir
Chamonix-Mont-Blanc (74) Auberge du Bois Prin **N**
Chamonix-Mont-Blanc (74) Le Bistrot
Chantilly (60) Carmontelle
La Chapelle-de-Guinchay (71) La Poularde
Charolles (71) De la Poste **N**
Chartres (28) Le Grand Monarque
Chassagne-Montrachet (21) Le Chassagne
Château-Arnoux-Saint-Auban (04) La Bonne Étape
Châteaufort (78) La Belle Époque
Chenonceaux (37) Auberge du Bon Laboureur
Cherbourg-Octeville (50) Le Pily
Chinon/ Marçay (37) Château de Marçay
Cholet (49) Au Passé Simple
Clères/ Frichemesnil (76) Au Souper Fin
Clermont/ Étouy (60) L'Orée de la Forêt
Clermont-Ferrand (63) Apicius
Clermont-Ferrand (63) Emmanuel Hodencq
Clermont-Ferrand (63) Fleur de Sel
Clermont-Ferrand (63) Jean-Claude Leclerc
Clermont-Ferrand (63) Le Pré Carré **N**
La Colle-sur-Loup (06) Alain Llorca **N**
Collioure (66) Relais des Trois Mas
Colmar (68) L'Atelier du Peintre
Colmar (68) JY'S
Colmar (68) Rendez-vous de Chasse **N**
Colombey-les-Deux-Églises (52) Hostellerie la Montagne
Compiègne/ Rethondes (60) Alain Blot
Condom (32) La Table des Cordeliers
Conques (12) Hervé Busset
Conteville (27) Auberge du Vieux Logis
Couilly-Pont-aux-Dames (77) Auberge de la Brie
Courcelles-sur-Vesle (02) Château de Courcelles

→ **N** pour « nouveau » : établissement bénéficiant d'une nouvelle distinction.
→ **N** for « *new* » : newly awarded distinction.

Courchevel/ Courchevel 1850 (73)	Le Bateau Ivre
Courchevel/ Courchevel 1850 (73)	La Table du Kilimandjaro
Courchevel/ Le-Praz (73)	Azimut
Courchevel/ La Tania (73)	Le Farçon
Le Croisic (44)	Le Fort de l'Océan
Cucuron (84)	La Petite Maison de Cucuron
Curzay-sur-Vonne (86)	La Cédraie
Dampierre-en-Yvelines (78)	Auberge du Château «Table des Blot»
Les Deux-Alpes (38)	Le P'tit Polyte
Dieppe (76)	Les Voiles d'Or **N**
Dijon (21)	Hostellerie du Chapeau Rouge
Dijon (21)	Le Pré aux Clercs
Dijon (21)	Stéphane Derbord
Dijon/ Prenois (21)	Auberge de la Charme
Dole (39)	La Chaumière
Dole/ Sampans (39)	Château du Mont Joly
Douvaine (74)	Ô Flaveurs
Épernay (51)	Les Berceaux
Épernay/ Vinay (51)	Hostellerie La Briqueterie
Épinal (88)	Les Ducs de Lorraine
Erbalunga (2B)	Le Pirate
Eygalières (13)	Maison Bru
Èze (06)	Château Eza
Faulquemont (57)	Toya **N**
Flers/ La Ferrière-aux-Étangs (61)	Auberge de la Mine
Fleurie (69)	Le Cep
Forbach/ Stiring-Wendel (57)	La Bonne Auberge
Gargas (84)	Domaine de la Coquillade
Gérardmer/ Bas-Rupts (88)	Les Bas-Rupts
Gignac (34)	de Lauzun
Gordes (84)	Les Bories
La Gouesnière (35)	Maison Tirel-Guérin
Grasse (06)	La Bastide St-Antoine
Grasse/ Magagnosc (06)	Au Fil du Temps **N**
Guéthary (64)	Brikéténia
Gujan-Mestras (33)	La Guérinière
Hagondange (57)	Quai des Saveurs
Hasparren (64)	Ferme Hégia
Hennebont (56)	Château de Locguénolé
Honfleur (14)	La Ferme St-Siméon **N**
Île de Noirmoutier/ L'Herbaudière (85)	La Marine
Ile de Porquerolles (83)	Le Mas du Langoustier
L'Île-Rousse (2B)	Pasquale Paoli
L'Isle-sur-la-Sorgue (84)	Le Vivier
Issoire/ Sarpoil (63)	La Bergerie
Issoudun (36)	La Cognette
Issoudun/ Saint-Valentin (36)	Au 14 Février **N**
Istres (13)	La Table de Sébastien
Jarnac/ Bourg-Charente (16)	La Ribaudière
Joucas (84)	Hostellerie Le Phébus et Spa
Kaysersberg (68)	Chambard
Lacave (46)	Château de la Treyne
Lacave (46)	Pont de l'Ouysse
Lachassagne (69)	La Table de Lachassagne **N**
Lamastre (07)	Midi
Langon (33)	Claude Darroze
Languimberg (57)	Chez Michèle
Lannilis (29)	Auberge des Abers
Lannion/ La Ville Blanche (22)	La Ville Blanche
Laroque-des-Albères (66)	Les Palmiers
Lastours (11)	Le Puits du Trésor
Laventie (62)	Le Cerisier
Lembach (67)	Auberge du Cheval Blanc
Lezoux/ Bort-l'Étang (63)	Château de Codignat
Lièpvre/ La Vancelle (67)	Auberge Frankenbourg
Ligny-en-Cambrésis (59)	Château de Ligny
Lille (59)	La Laiterie
Lille (59)	Le Sébastopol
Lille/ Bois-Grenier (59)	La Table des Jardins
Lille/ Bondues (59)	Val d'Auge
Lille/ Gruson (59)	L'Arbre **N**
Limoges (87)	Amphitryon
Loiré (49)	Auberge de la Diligence
Lorgues (83)	Bruno
Lorient (56)	Henri et Joseph
Lourmarin (84)	Auberge La Fenière
Lumio (2B)	Chez Charles
Lunéville (54)	Château d'Adoménil
Lyon (69)	Au 14 Février
Lyon (69)	Le Gourmet de Sèze
Lyon (69)	Les Loges **N**
Lyon (69)	Maison Clovis
Lyon (69)	Pierre Orsi
Lyon (69)	Les Terrasses de Lyon
Lyon (69)	Les Trois Dômes
Lyon (69)	Têtedoie
Lyon/ Rillieux-la-Pape (69)	Larivoire
Mâcon (71)	Pierre
Maisons-Laffitte (78)	Tastevin
Malbuisson (25)	Le Bon Accueil
Le Mans (72)	Le Beaulieu
Marlenheim (67)	Le Cerf
Marly-le-Roi (78)	Le Village
Marseille (13)	L'Épuisette
Marseille (13)	Une Table au Sud

→ **N** pour « nouveau » : établissement bénéficiant d'une nouvelle distinction.

→ **N** for « *new* » : newly awarded distinction.

Maury (66) Pascal Borrell
Mayenne (53) L'Éveil des Sens
Melun/ Vaux-le-Pénil (77) La Table St-Just
Metz (57) La Citadelle
Meudon (92) L'Escarbille
Montargis (45) La Gloire
Montauban (82) Abbaye des Capucins Spa et Resort
Montauroux (83) Auberge Eric Maio
Montbazon (37) Olivier Arlot - La Chancelière
Montbéliard (25) Le St-Martin
Montceau-les-Mines (71) Le France
Mont-de-Marsan (40) Les Clefs d'Argent
Monte-Carlo (MC) Vistamar
Monte-Carlo (MC) Yoshi
Montlivault (41) La Maison d'à Côté
Montpellier (34) Le Jardin des Sens
Montpellier (34) La Réserve Rimbaud
Montreuil (62) Château de Montreuil
Montreuil/ La Madelaine-sous-Montreuil (62) Auberge de la Grenouillère
Montrevel-en-Bresse (01) Léa
Morteau (25) Auberge de la Roche
Mougins (06) Le Mas Candille
Moustiers-Sainte-Marie (04) La Bastide de Moustiers
Mulhouse (68) Il Cortile
Mulhouse/ Riedisheim (68) La Poste
Munster/ Wihr-au-Val (68) Nouvelle Auberge
Mûr-de-Bretagne (22) Auberge Grand'Maison
Nantes (44) L'Atlantide
Narbonne (11) La Table St-Crescent
Neuilly-sur-Seine (92) La Truffe Noire
Neuville-de-Poitou (86) St-Fortunat **N**
Nevers (58) Jean-Michel Couron
Névez/ Raguenès-Plage (29) Ar Men Du
Nice (06) Aphrodite
Nice (06) L'Aromate
Nice (06) Le Bistrot Gourmand **N**
Nice (06) Flaveur
Nice (06) Keisuke Matsushima
Nice (06) L'Univers-Christian Plumail
Obernai (67) Le Bistro des Saveurs
Orange/ Sérignan-du-Comtat (84) Le Pré du Moulin
Orléans (45) Le Lièvre Gourmand
Paris 1er Le Baudelaire
Paris 1er Kei **N**
Paris 1er Yam'Tcha
Paris 2e Le Céladon
Paris 2e Pur'
Paris 4e Benoit
Paris 5e Sola **N**
Paris 5e La Tour d'Argent
Paris 5e La Truffière **N**
Paris 6e Hélène Darroze
Paris 6e Paris
Paris 6e Le Restaurant
Paris 6e Ze Kitchen Galerie
Paris 7e Aida
Paris 7e Auguste
Paris 7e Les Fables de La Fontaine
Paris 7e Gaya Rive Gauche par Pierre Gagnaire
Paris 7e Il Vino d'Enrico Bernardo
Paris 7e Le Jules Verne
Paris 7e Le Divellec
Paris 7e 35° Ouest
Paris 7e Vin sur Vin
Paris 7e Le Violon d'Ingres
Paris 8e Les Ambassadeurs
Paris 8e L'Arôme
Paris 8e Le Chiberta
Paris 8e Le Diane **N**
Paris 8e Dominique Bouchet
Paris 8e Laurent
Paris 8e Stella Maris
Paris 8e La Table du Lancaster
Paris 8e Le 39V **N**
Paris 9e Jean
Paris 9e Le Lumière **N**
Paris 12e Au Trou Gascon
Paris 14e Cobéa **N**
Paris 15e Le Quinzième - Cyril Lignac **N**
Paris 16e Akrame **N**
Paris 16e Antoine
Paris 16e etc...
Paris 16e La Grande Cascade
Paris 16e Hiramatsu
Paris 16e Le Pergolèse
Paris 16e Relais d'Auteuil
Paris 16e Shang Palace **N**
Paris 16e Les Tablettes de JL Nomicos **N**
Paris 17e Agapé
Paris 17e La Braisière
Paris 17e La Fourchette du Printemps
Paris 17e Frédéric Simonin
Pau/ Jurançon (64) Chez Ruffet
Peillon (06) Auberge de la Madone
Périgueux (24) L'Essentiel
Périgueux/ Champcevinel (24) La Table du Pouyaud **N**
Périgueux/ Chancelade (24) Château des Reynats
Perpignan (66) La Galinette

→ **N** pour « nouveau » : établissement bénéficiant d'une nouvelle distinction.
→ **N** for « *new* » : newly awarded distinction.

Le Perreux-sur-Marne (94) Les Magnolias
Perros-Guirec (22) La Clarté
Perros-Guirec (22) L'Agapa
Le-Petit-Pressigny (37) La Promenade
Phalsbourg (57) Au Soldat de l'An II
Pierrefonds/ Saint-Jean-aux-Bois (60) Auberge à la Bonne Idée
Plancoët (22) Maxime et Jean-Pierre Crouzil et Hôtel L'Écrin
Poitiers/ Saint-Benoît (86) Passions et Gourmandises
La Pomarède (11) Hostellerie du Château de la Pomarède
Pont-Aven (29) Le Moulin de Rosmadec
Pont-de-l'Arche (27) L'Auberge de la Pomme N
Ponthierry (77) L'Inédit N
Port-Lesney (39) Château de Germigney
Port-Louis (56) Avel Vor
Porto-Vecchio (2A) Belvédère
Porto-Vecchio (2A) Grand Hôtel de Cala Rossa
Porto-Vecchio (2A) U Santa Marina
Port-sur-Saône/ Vauchoux (70) Château de Vauchoux
Pouilly-le-Fort (77) Le Pouilly
Propriano (2A) Le Lido N
Pujaut (30) Entre Vigne et Garrigue
Puligny-Montrachet (21) Le Montrachet N
Le Puy-en-Velay (43) François Gagnaire
Questembert (56) Le Bretagne et sa Résidence
Quiberon/ Portivy (56) Le Petit Hôtel du Grand Large
Quimper (29) L'Ambroisie N
Quimper (29) La Roseraie de Bel Air
Reims (51) Le Foch
Reims (51) Le Millénaire
Reims/ Montchenot (51) Le Grand Cerf
Rennes (35) La Coquerie
Rennes/ Noyal-sur-Vilaine (35) Auberge du Pont d'Acigné
Rennes/ Saint-Grégoire (35) Le Saison
Reuilly-Sauvigny (02) Auberge Le Relais
Rhinau (67) Au Vieux Couvent
Riquewihr (68) La Table du Gourmet
Riquewihr/ Zellenberg (68) Maximilien
La Roche-l'Abeille (87) Le Moulin de la Gorce
Rodez (12) Goûts et Couleurs
Romorantin-Lanthenay (41) Grand Hôtel du Lion d'Or
Roscoff (29) Le Brittany
Rosheim (67) Hostellerie du Rosenmeer
Rostrenen (22) L'Éventail des Saveurs N
Rouen (76) Origine N
Rouffach (68) Philippe Bohrer
Le Rouret (06) Le Clos St-Pierre
Roye (80) La Flamiche
Les Sables-d'Olonne/ à l'anse de Cayola (85) Cayola
Saint-Agrève (07) Faurie
Saint-Brieuc (22) Aux Pesked
Saint-Brieuc/ Sous-la-Tour (22) La Vieille Tour
Saint-Céré (46) Les Trois Soleils de Montal
Saint-Chamond (42) Les Ambassadeurs
Saint-Florent (2B) La Roya
Saint-Jean-Cap-Ferrat (06) Grand Hôtel du Cap Ferrat
Saint-Jean-Pied-de-Port (64) Les Pyrénées
Saint-Joachim (44) La Mare aux Oiseaux
Saint-Julien-en-Genevois/ Bossey (74) La Ferme de l'Hospital
Saint-Malo (35) Le Chalut
Saint-Malo/ Saint-Servan-sur-Mer (35) Le St-Placide
Saint-Martin-du-Var (06) Jean-François Issautier
Saint-Médard (46) Gindreau
Saint-Pée-sur-Nivelle (64) L'Auberge Basque
Saint-Rémy-de-Provence (13) La Maison de Bournissac
Saint-Rémy-de-Provence (13) La Maison Jaune
Saint-Rémy-de-Provence (13) Marc de Passorio
Saint-Tropez (83) Villa Belrose
Sainte-Maxime (83) La Badiane
Saintes (17) La Table de Marion N
Sainte-Sabine (24) Étincelles-La Gentilhommière
Sancerre (18) La Tour
Sarlat-la-Canéda (24) Le Grand Bleu
Sarreguemines (57) Auberge St-Walfrid
Saumur (49) Le Gambetta
La Saussaye (27) Manoir des Saules
Sauveterre-de-Rouergue (12) Le Sénéchal
Sens (89) La Madeleine
Sète (34) La Coquerie N
Sierentz (68) Auberge St-Laurent
Sousceyrac (46) Au Déjeuner de Sousceyrac
Strasbourg (67) Au Crocodile
Strasbourg (67) Buerehiesel
Strasbourg (67) La Cambuse

→ **N** pour « nouveau » : établissement bénéficiant d'une nouvelle distinction.
→ **N** for « *new* » : newly awarded distinction.

Strasbourg (67) — La Casserole
Strasbourg (67) — Umami
Strasbourg/ La Wantzenau (67) — Relais de la Poste
Talloires (74) — L'Auberge du Père Bise
Tarare (69) — Jean Brouilly **N**
Terrasson-Lavilledieu (24) — L'Imaginaire
Thoiry (01) — Les Cépages
Thonon-les-Bains (74) — Le Prieuré
Toulouse (31) — En Marge
Toulouse (31) — Metropolitan
Toulouse (31) — Stéphane Tournié Les Jardins de l'Opéra **N**
Toulouse/ Rouffiac-Tolosan (31) — Ô Saveurs
Le Touquet-Paris-Plage (62) — Westminster
Tournus (71) — Aux Terrasses
Tournus (71) — Greuze
Tourrettes-sur-Loup (06) — Clovis **N**
Tours (37) — Charles Barrier
Tours (37) — La Roche Le Roy
Tours/ Rochecorbon (37) — Les Hautes Roches
Tourtour (83) — Les Chênes Verts
Trébeurden (22) — Manoir de Lan-Kerellec
Tréguier (22) — Aigue Marine **N**
Le Tremblay-sur-Mauldre (78) — Numéro 3
Trémolat (24) — Le Vieux Logis
Vaison-la-Romaine (84) — Le Moulin à Huile
Vaison-la-Romaine/ Roaix (84) — Le Grand Pré
Val-d'Isère (73) — L'Atelier d'Edmond **N**
Val-d'Isère (73) — La Becca
Val-d'Isère (73) — Les Barmes de l'Ours
Valence (26) — La Cachette
Valence (26) — Flaveurs
Valence/ Pont-de-l'Isère (26) — Michel Chabran
Valenciennes (59) — Le Musigny **N**
Valmont (76) — Le Bec au Cauchois **N**
Vannes (56) — La Gourmandière - La Table d'Olivier **N**
Vannes/ Saint-Avé (56) — Le Pressoir
Vaux-en-Beaujolais (69) — Auberge de Clochemerle **N**
Vence (06) — Les Bacchanales
Ventabren (13) — La Table de Ventabren
Versailles (78) — L'Angélique
Vichy (03) — Maison Decoret
Vienne/ Chonas-l'Amballan (38) — Domaine de Clairefontaine
Villard-de-Lans/ Corrençon-en-Vercors (38) — Du Golf
Villefranche-sur-Saône (69) — Le Juliénas **N**
Villeneuve-lès-Avignon (30) — Le Prieuré
Villeneuve-sur-Lot (47) — La Table des Sens
Villers-le-Lac (25) — Le France
Viré (71) — Frédéric Carrion Cuisine Hôtel
Wimereux (62) — Épicure
Zoufftgen (57) — La Lorraine

LES ESPOIRS 2012 POUR ✿

The 2012 Rising Stars for ✿

Annecy (74) — La Rotonde
Antibes (06) — L'Armoise
Bourges (18) — Le Cercle

→ **N** pour « nouveau » : établissement bénéficiant d'une nouvelle distinction.
→ **N** for « *new* » : newly awarded distinction.

Localités possédant au moins un établissement avec un Bib Gourmand
Steenvoorde
Coudekerque-Branche
Calais
Wierre-Effroy
Boulogne-sur-Mer
Godewaersvelde
Busnes
Isbergues
Argoules
Favières
St-Valery-sur-Somme
Abbeville
Quettehou
Cherbourg-Octeville
Auderville
St-Jouin-Bruneval
Le Havre
Honfleur
St-Valery-en-Caux
Houlgate
Dives-sur-Mer
Clères
St-Étienne-du-Vauvray
Lyons-la-Forêt
Beauvais
Grandcamp-Maisy
Hérouville-St-Clair
Touques
Caen
Auvers-sur-Oise
Gasny
Tremblay-en-France
St-Suliac
St-Servan-sur-Mer
Ploubalay
Trégastel
Le-Val-André
Cesson
Cancale
Villedieu-les-Poêles
La Croix-St-Leufroy
Asnières-s-Seine
Bourth
Bois-Colombes
PARIS
St-Thégonnec
Guingamp
St-Brieuc
Servon
Flers
Chandai
La Garenne-Colombes
Crozon
Bagnoles-de-l'Orne
Le Pin-la-Garenne
Alençon
Boulogne-Billancourt
Châtillon
Douarnenez
Quédillac
Fougères
Nocé
Bellême
Ste-Geneviève-des-Bois
Ty-Sanquer
Guilliers
Rennes
Évron
Sillé-le-Guillaume
St-Mandé
Fouesnant
Pont-Scorff
La Guerche-de-Bretagne
Le Mans
Champagné
Maisons-Alfort
Pont-Aven
Lorient
Port-Manech
Guécélard
Orléans
Lomener
Auray
Vannes
Noyalo
St-Herblain
Vern-d'Anjou
Luché-Pringé
Quiberon
Couëron
Ancenis
Angers
Baden
Tours
D
Tharon-Plage
Varades
Saumur
Vierzon
La Bernerie-en-Retz
Nantes
Gétigné
L'Herbaudière
Doué-la-Fontaine
Noirmoutier-en-l'Île
Bouin
Château-Thébaud
Cholet
St-Jean-de-Monts
Aizenay
Châtellerault
La Garnache
Coëx
Bonneuil-Matours
Les Sables-d'Olonne
Montmorillon
St-Michel-Mont-Mercure
Velluire
Coulon
Coulombiers
La Rochelle
Châtelaillon-Plage
St-Étienne-de-Fursac
Chénérailles
Trizay
Luxé
Le Gua
Saintes
Limoges
St-Palais-sur-Mer
Cognac
La Roche-l'Abeille
Royan
Pons
Angoulême
Montgibaud
Thénac
La Roque-Gageac
St-Ybard
Sorges
Brive-la-Gaillarde
Montendre
Périgueux
Vitrac
Mur-de-Barrez
Ménestérol
Libourne
Trémolat
St-Geniès
Port-de-Gagnac
Bordeaux
Bouliac
Bergerac
Meyronne
Coirac
Daglan
St-Julien-de-Lampon
St-Macaire
Anglars-Juillac
Espalion
Valady
Cahors
Casteljaloux
Agen
Rodez
Monteils
Bozouls
Dunes
Villefranche-de-Rouergue
Lannepax
Castéra-Verduzan
St-Sulpice
Réalmont
Pouillon
Préneron
L'Union
Burlats
Bayonne
Castanet-Tolosan
Puylaurens
Morlanne
Muret
Dourgne
Salies-de-Béarn
Ossès
Tarbes
Conilhac-Corbières
Pamiers
Martres-Tolosane
Bizanet
Lorp-Sentaraille
Limoux
Rabat-les-Trois-Seigneurs
Cucugnan
Tarascon-sur-Ariège
Ax-les-Thermes
Villefranche-de-Conflent
Rasiguères
Perpignan
Bib Gourmand 2012

A Alsace
Niedersteinbach
Altwiller
Reipertswiller
Graufthal
Weyersheim
Birkenwald
Natzwiller
Fouday
Ottrott
Barr
Saulxures
Mittelbergheim
Itterswiller
Scherwiller
St-Hippolyte
Blienschwiller
Riquewihr
Sélestat
Ingersheim
Bergheim
Labaroche
Colmar
Muhlbach-sur-Munster
Eguisheim
Turckheim
Kruth
Berrwiller
Zimmerbach
B Auvergne
Vallon-en-Sully
Chevagnes
Reugny
Billy
Vichy
Riom
Orcines
La Courteix
Clermont-Ferrand
Mazaye
Bouzel
Chamalières
Sauxillanges
Le Mont-Dore
Ambert
Boudes
Chassignolles
Beauzac
Vergongheon
Dunières
Bransac
Salers
St-Flour
Saugues
St-Bonnet-le-Froid
Vic-sur-Cère
Aurillac
St-Julien-Chapteuil
Montsalvy
Pailherols
Vieillevie
Le Puy-en-Velay
San-Martino-di-Lota
Oletta
Ajaccio
Tourcoing
Lille
Cambrai
Liessies
Charleville-Mézières
Neufchâtel-sur-Aisne
Carignan
Mouzon
Volmunster
Épernay
Ste-Menéhould
A
Nancy
St-Quirin
Nogent-sur-Seine
Rouvres-en-Xaintois
Pont-Ste-Marie
Le Valtin
Bar-sur-Aube
Gérardmer
Vagney
Col de la Schlucht
Le-Val-d'Ajol
La Bresse
Auxerre
Combeaufontaine
Saules
Dijon
Ornans
C
Parcey
Valdahon
Port-Lesney
Chalon-sur-Saône
Granges-Ste-Marie
Pupillin
Jougne
Mirebel
Courlaoux
Bonlieu
Balanod
Vichy
Clermont-Ferrand
Aix-les-Bains
B
E
Grenoble
Le Puy-en-Velay
Valence
La Garde
Langogne
Montélimar
Villefort
habrits
Cocurès
Florac
St-Jean-du-Bruel
Alès
F
Méjannes-lès-Alès
Ferrières-les-Verreries
ombes
Nîmes
Lunel
Gallargues-le-Montueux
Nice
Vailhan
Montpellier
Aix-en-Provence
Sète
Marseille
Pézenas
Sérignan
Magalas
St-André

C Bourgogne

D Centre

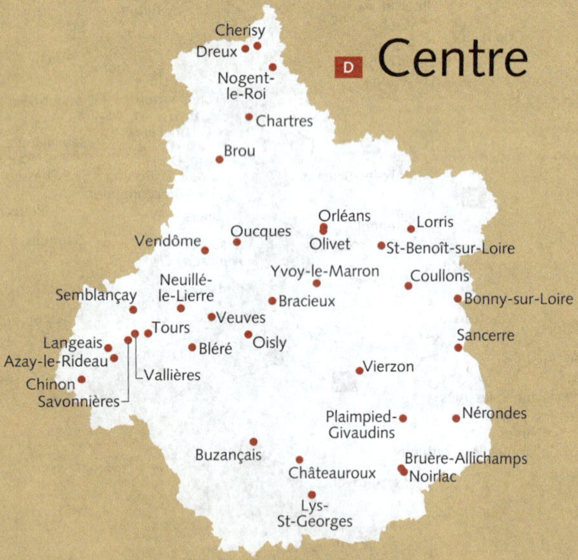

Bib Gourmand 2012

• Localités possédant au moins un établissement avec un Bib Gourmand.

E Rhône-Alpes

F Provence Alpes Côte d'Azur

Bib Gourmand

Repas soignés à prix modérés

Good food at moderate prices

Abbeville (80)	L'Escale en Picardie
Agen (47)	L'Atelier
Agen (47)	Le Margoton
Aire-sur-la-Lys/ Isbergues (62)	Le Buffet
Aix-les-Bains (73)	Auberge Saint-Simond
Aizenay (85)	La Sittelle
Ajaccio (2A)	A Nepita
Ajaccio (2A)	U Licettu
Alençon (61)	Rive Droite **N**
Alès (30)	Le Riche
Alès/ Méjannes-lès-Alès (30)	Auberge des Voutins
Altwiller (67)	L'Écluse 16
Ambert (63)	Les Copains
Ancenis (44)	La Toile à Beurre
Angers (49)	Autour d'un Cep
Angoulême (16)	Agape **N**
Angoulême (16)	Le Terminus
Annecy (74)	Café Brunet
Annecy (74)	Contresens
Annecy (74)	L'Esquisse **N**
Annonay (07)	Marc et Christine
Antibes (06)	Oscar's
Arbois/ Pupillin (39)	Le Grapiot **N**
Argentière (74)	La Remise **N**
Argoules (80)	Auberge du Coq-en-Pâte
Asnières-sur-Seine (92)	La Petite Auberge
Aubagne (13)	Les Arômes
Aubenas (07)	Le Coyote
Auderville (50)	La Malle aux Épices
Auray (56)	Terre-Mer
Aurillac (15)	Quatre Saisons
Autun (71)	Le Chapitre
Auvers-sur-Oise (95)	Auberge Ravoux
Auxerre (89)	Le Bourgogne
Avallon/ Valloux (89)	Auberge des Chenêts
Avignon (84)	L'Essentiel
Ax-les-Thermes (09)	Le Chalet
Azay-le-Rideau (37)	L'Aigle d'Or
Baden (56)	Le Gavrinis
Bâgé-le-Châtel (01)	La Table Bâgésienne
Bagnoles-de-l'Orne (61)	Ô Gayot
Balanod (39)	Philippe Bouvard **N**
Bandol (83)	L'Espérance
Barr (67)	Aux Saisons Gourmandes
Bar-sur-Aube (10)	La Toque Baralbine
Bastia (2B)	La Corniche
Bayonne (64)	François Miura
Beaune (21)	Koki
Beaune/ Ladoix-Serrigny (21)	Les Terrasses de Corton
Beauvais (60)	La Baie d'Halong
Beauzac (43)	L'Air du Temps
Beauzac/ Bransac (43)	La Table du Barret
Bellême (61)	Relais Saint-Louis **N**
Bellême/ Nocé (61)	Auberge des 3 J
Belleville (69)	Le Beaujolais
Belley/ Contrevoz (01)	Auberge de Contrevoz **N**
Bergerac (24)	La Table du Marché
Bergheim (68)	Wistub du Sommelier
La Bernerie-en-Retz (44)	L'Artimon
Berrwiller (68)	L'Arbre Vert **N**
Béthune/ Busnes (62)	Le Jardin d'Alice
Beuil (06)	L'Escapade
Billy (03)	Auberge du Pont
Birkenwald (67)	Au Chasseur
Bizanet (11)	La Table du Château **N**
Bléré (37)	La Boulaye
Blienschwiller (67)	Le Pressoir de Bacchus
Bois-Colombes (92)	Le Chefson
Bonlieu (39)	La Poutre **N**
Bonneuil-Matours (86)	Le Pavillon Bleu
Bonneville/ Vougy (74)	Le Bistro du Capucin
Bonny-sur-Loire (45)	Des Voyageurs
Bordeaux (33)	Auberge' Inn
Bordeaux (33)	Le Bistrot du Gabriel **N**
Bordeaux/ Bouliac (33)	Café de l'Espérance
Boudes (63)	Le Boudes La Vigne
Bouin (85)	Le Martinet **N**
Boulogne-Billancourt (92)	Le Bistrot **N**

→ **N** pour « nouveau » : établissement bénéficiant d'une nouvelle distinction.

→ **N** for « *new* » : newly awarded distinction.

Boulogne-sur-Mer (62) Restaurant de Nausicaa
Bourg-en-Bresse (01) Mets et Vins
Bourth (27) Auberge Chantecler
Bouzel (63) L'Auberge du Ver Luisant
Bozouls (12) À la Route d'Argent
Bracieux (41) Rendez-vous des Gourmets
La Bresse (88) Le Clos des Hortensias
Bressieux (38) Auberge du Château **N**
Bretenoux/ Port-de-Gagnac (46) Hostellerie Belle Rive
Briançon (05) Le Pêché Gourmand **N**
Briançon/ Puy-Saint-Pierre (05) La Maison de Catherine
Brive-la-Gaillarde (19) La Toupine
Brou (28) L'Ascalier
Buellas (01) L'Auberge Bressane de Buellas
Buxy (71) Aux Années Vins
Buzançais (36) L'Hermitage
Cabourg/ Dives-sur-Mer (14) Chez le Bougnat
Caen (14) ArchiDona **N**
Caen (14) Le Bouchon du Vaugueux
Caen (14) Café Mancel
Caen/ Hérouville-Saint-Clair (14) L'Espérance **N**
Cahors (46) La Garenne
Cahors (46) L'Ô à la Bouche
Cairanne (84) Coteaux et Fourchettes **N**
Calais (62) Au Côte d'Argent
Calais (62) Histoire Ancienne
Cambrai (59) Auberge Fontenoise
Cancale (35) Côté Mer
Cancale (35) Le Surcouf
Cannes (06) Aux Bons Enfants **N**
Cannes/ Le Cannet (06) Bistrot des Anges
Carignan (08) La Gourmandière
Carpentras/ Beaumes-de-Venise (84) Dolium
Caseneuve (84) Le Sanglier Paresseux
Casteljaloux (47) La Vieille Auberge
Castellane/ La Garde (04) Auberge du Teillon
Castéra-Verduzan (32) Le Florida
Castres/ Burlats (81) Les Mets d'Adélaïde
Caussade/ Monteils (82) Le Clos Monteils
Chagny (71) Pierre et Jean **N**
Challans/ La Garnache (85) Le Petit St-Thomas
Chalon-sur-Saône (71) L'Auberge des Alouettes
Chalon-sur-Saône (71) Parcours **N**
Chalon-sur-Saône/ Saint-Loup-de-Varennes (71) Le Saint-Loup
Chambolle-Musigny (21) Le Millésime **N**
Chamonix-Mont-Blanc (74) Atmosphère
Chamonix-Mont-Blanc (74) Café de l'Arve
Chamonix-Mont-Blanc (74) La Maison Carrier
Chamonix-Mont-Blanc/ Les Praz-de-Chamonix (74) La Cabane des Praz
Champagné (72) Le Cochon d'Or **N**
Chandai (61) L'Écuyer Normand **N**
La Chapelle-d'Abondance (74) Les Cornettes **N**
La Chapelle-d'Abondance (74) L'Ensoleillé
La Chapelle-d'Abondance (74) Les Gentianettes
Charleville-Mézières (08) La Table d'Arthur «R»
Chartres (28) Les Feuillantines **N**
Chassignolles (43) Auberge de Chassignolles **N**
Château-Arnoux-Saint-Auban (04) La Magnanerie
Châteauroux (36) Jeux 2 Goûts **N**
Châtelaillon-Plage (17) Les Flots
Châtellerault (86) Bernard Gautier
Châtillon (92) Barbezingue
Chénérailles (23) Le Coq d'Or
Cherbourg-Octeville (50) Café de Paris
Chevagnes (03) Le Goût des Choses
Chinon (37) Au Chapeau Rouge
Chinon (37) L'Océanic
Cholet (49) Le Pouce Pied
Clères (76) Auberge du Moulin
Clermont-Ferrand (63) Amphitryon Capucine
Clermont-Ferrand (63) L'Annexe
Clermont-Ferrand/ Chamalières (63) Ô Gré des Saveurs
Clermont-Ferrand/ Orcines (63) Auberge de la Baraque
Cliousclat (26) La Treille Muscate
Clisson/ Gétigné (44) La Gétignière
Cognac (16) Le P'tit Yeuse **N**
Coirac (33) Le Flore
Col de la Schlucht (88) Le Collet
Coligny (01) Au Petit Relais
Colmar (68) Aux Trois Poissons
Colmar (68) Chez Hansi
Colmar (68) Côté Cour
Colmar/ Ingersheim (68) La Taverne Alsacienne
Combeaufontaine (70) Le Balcon
Conilhac-Corbières (11) Auberge Côté Jardin
Contamine-sur-Arve (74) Le Tourne Bride

→ **N** pour « nouveau » : établissement bénéficiant d'une nouvelle distinction.
→ **N** for « *new* » : newly awarded distinction.

Cosne-Cours-sur-Loire (58) Chat
Coullons (45) La Canardière
Coulombiers (86) Auberge Le Centre Poitou N
Coulon (79) Le Central
Le Creusot (71) Le Restaurant N
Le Creusot/ Montcenis (71) Le Montcenis
La Croix-Saint-Leufroy (27) Le Cheval Blanc N
Crozon (29) Le Mutin Gourmand
Cucugnan (11) La Table du Curé N
Daglan (24) Le Petit Paris
Deauville/ Touques (14) L'Orangeraie
Dijon/ Chenôve (21) Auberge du Clos du Roy N
Dijon/ Velars-sur-Ouche (21) L'Auberge Gourmande N
Dole/ Parcey (39) Les Jardins Fleuris
Douarnenez (29) Le Clos de Vallombreuse N
Douarnenez (29) L'Insolite N
Doué-la-Fontaine (49) Auberge Bienvenue
Dourgne (81) Hostellerie de la Montagne Noire N
Draguignan (83) Lou Galoubet
Draguignan/ Flayosc (83) L'Oustaou
Dreux (28) Le Saint-Pierre N
Dreux/ Cherisy (28) Le Vallon de Chérisy
Dunes (82) Les Templiers
Dunières (43) La Tour
Dunkerque/ Coudekerque-Branche (59) Le Soubise
Eguisheim (68) La Grangelière N
Eguisheim (68) Le Pavillon Gourmand
Épernay (51) La Grillade Gourmande
Espalion (12) Le Méjane
Évron (53) Au Relais du Gué de Selle
Évron (53) La Toque des Coëvrons
Eygalières (13) Sous Les Micocouliers
Faverges (74) Florimont
Favières (80) La Clé des Champs
Fayence (83) La Table d'Yves
Ferrières-les-Verreries (34) La Cour-Mas de Baumes
Flers (61) Au Bout de la Rue
Fleurville/ Mirande (71) La Marande N
Florac (48) L'Adonis
Florac/ Cocurès (48) La Lozerette
Fontenay-le-Comte/ Velluire (85) Auberge de la Rivière N
Fouday (67) Julien
Fouesnant/ Cap-Coz (29) Belle-Vue N
Fouesnant/ Cap-Coz (29) De la Pointe du Cap Coz
Fougères (35) Haute Sève
Fréjus (83) L'Amandier
Gallargues-le-Montueux (30) Orchidéa
La Garenne-Colombes (92) Le Saint-Joseph N
Gasny (27) Auberge du Prieuré Normand
Gassin (83) Auberge la Verdoyante
Gérardmer (88) L'Assiette du Coq à l'Âne
Gevrey-Chambertin (21) Chez Guy
Gilette/ Vescous (06) La Capeline
Godewaersvelde (59) L'Estaminet du Centre
Grandcamp-Maisy (14) La Marée
Gresse-en-Vercors (38) Le Chalet
Grignan (26) Le Poème de Grignan
Grimaud (83) La Bretonnière
Le Gua (17) Le Moulin de Châlons
Guécélard (72) La Botte d'Asperges N
La Guerche-de-Bretagne (35) La Calèche
Guilliers (56) Au Relais du Porhoët
Guingamp (22) Le Clos de la Fontaine N
Le Havre (76) La Petite Auberge
Honfleur (14) Au P'tit Mareyeur N
Honfleur (14) Le Bréard
Honfleur (14) L'Endroit N
Houlgate (14) L'Éden
Île de Noirmoutier/ L'Herbaudière (85) La Table d'Élise
Île de Noirmoutier/ Noirmoutier-en-l'Île (85) Le Grand Four N
L'Isle-sur-la-Sorgue (84) L'Oustau de l'Isle
L'Isle-sur-Serein (89) Auberge du Pot d'Étain
Itterswiller (67) Winstub Arnold
Jassans-Riottier (01) L'Embarcadère N
Jougne (25) La Couronne
Kruth (68) Les Quatre Saisons N
Labaroche (68) La Rochette N
Lamalou-les-Bains/ Combes (34) Auberge de Combes
Langeais (37) Au Coin des Halles
Langogne (48) Domaine de Barrès N
Langon/ Saint-Macaire (33) Abricotier
Lannepax (32) Les Caprices d'Antan
Libourne (33) Chez Servais
Liessies (59) Le Carillon
Lille (59) La Table du Champlain
Limoges (87) La Cuisine N
Limoges (87) La Table du Couvent-Paroles de Chef
Limoges (87) Le Vanteaux
Limoux (11) L'Odalisque N
Limoux (11) Tantine et Tonton N
Lons-le-Saunier/ Courlaoux (39) L'Épicurien N
Lorient (56) L'Alto
Lorient (56) Le Yachtman
Lorris (45) Guillaume de Lorris
Louviers/ Saint-Étienne-du-Vauvray (27) La Ferme de la Haute Crémonville N
Le Luc (83) Le Gourmandin

→ N pour « nouveau » : établissement bénéficiant d'une nouvelle distinction.
→ N for « *new* » : newly awarded distinction.

Luché-Pringé (72) Auberge du Port des Roches
Lunel (34) Chodoreille
Luzy (58) Le Morvan
Lyon (69) L'Art et la Manière **N**
Lyon (69) Brasserie Léon de Lyon
Lyon (69) Daniel et Denise
Lyon (69) M
Lyon (69) Mon Bistrot à Moi
Lyon (69) Les Oliviers
Lyon (69) L'Ouest
Lyon (69) L'Ourson qui Boit **N**
Lyon (69) Ponts et Passerelles
Lyon (69) 33 Cité
Lyons-la-Forêt (27) Le Grand Cerf **N**
Lys-Saint-Georges (36) Auberge La Forge
Mâcon (71) L'Ambroisie **N**
Mâcon (71) Le Poisson d'Or **N**
Magalas (34) Ô. Bontemps
Maisons-Alfort (94) La Bourgogne
Malbuisson/ Granges-Sainte-Marie (25) Auberge du Coude
Mandelieu/ La Napoule (06) Les Bartavelles
Mandelieu/ La Napoule (06) Le Bistrot L'Etage
Manosque (04) Sens et Saveurs
Le Mans (72) La Réserve **N**
Mansle/ Luxé (16) Auberge du Cheval Blanc
Marigny (71) L'Atelier du Goût **N**
Marnans (38) Auberge de Marnans « Atelier Nicolas Grandclaude »
Martigues (13) Le Bouchon à la Mer
Martres-Tolosane (31) Le Castet **N**
Mazaye (63) Auberge de Mazayes
Megève (74) Flocons Village
Mende/ Chabrits (48) La Safranière
Menthon-Saint-Bernard (74) Le Confidentiel **N**
Messery (74) L'Atelier des Saveurs
Meyronne (46) La Terrasse
Mirebel (39) Mirabilis
Mittelbergheim (67) Gilg
Monestier-de-Clermont (38) Au Sans Souci
Montbard/ Saint-Rémy (21) La Mirabelle
Montbrison/ Savigneux (42) Yves Thollot
Montceau-les-Mines/ Blanzy (71) Le Plessis
Le Mont-Dore (63) La Golmotte
Montélimar (26) Aux Gourmands
Montendre (17) La Quincaillerie **N**
Montgibaud (19) Le Tilleul de Sully **N**
Montmorillon (86) Le Lucullus
Montpellier (34) Insensé
Montpellier (34) Prouhèze Saveurs
Montpon-Ménestérol/ Ménestérol (24) Auberge de l'Eclade
Montrond-les-Bains (42) Carré Sud
Montsalvy (15) L'Auberge Fleurie
Morlanne (64) Cap e Tot
Mortagne-au-Perche/ Le Pin-la-Garenne (61) La Croix d'Or **N**
La Motte-d'Aigues (84) Du Lac
Moustiers-Sainte-Marie (04) La Treille Muscate
Mouzon (08) Les Échevins
Muhlbach-sur-Munster (68) Perle des Vosges **N**
Mur-de-Barrez (12) Auberge du Barrez
Muret (31) La Villa 31 **N**
Nancy (54) V Four
Nantes (44) L'Océanide
Nantes/ Château-Thébaud (44) Auberge la Gaillotière
Nantes/ Couëron (44) Le François II
Nantes/ Saint-Herblain (44) Les Caudalies
Natzwiller (67) Auberge Metzger
Nérondes (18) Le Lion d'Or
Neufchâtel-sur-Aisne (02) Le Jardin
Neuillé-le-Lierre (37) Auberge de la Brenne
Nevers/ Sauvigny-les-Bois (58) Moulin de l'Étang
Neyrac-les-Bains (07) Du Levant
Nice (06) Au Rendez-vous des Amis
Nice (06) Bistrot d'Antoine **N**
Niedersteinbach (67) Cheval Blanc
Nîmes (30) Aux Plaisirs des Halles
Nîmes (30) Le Magister
Nogent-le-Roi (28) Relais des Remparts
Nogent-sur-Seine (10) Beau Rivage
Notre-Dame-de-Bellecombe (73) La Ferme de Victorine
Noyalo (56) L'Hortensia
Nuits-Saint-Georges (21) La Cabotte
Obernai/ Ottrott (67) À l'Ami Fritz
Oisly (41) Saint-Vincent
Oletta (2B) A Magina **N**
Orléans (45) La Dariole
Orléans (45) Eugène
Orléans/ Olivet (45) La Laurendière
Ornans (25) Le Courbet
Ornans/ Saules (25) La Griotte
Ossès (64) La Ferme Gourmande
Oucques (41) Du Commerce
Pailherols (15) Auberge des Montagnes
Pamiers (09) De France
Paris 1er La Régalade St-Honoré
Paris 1er Zen
Paris 2e Café Moderne

➜ **N** pour « nouveau » : établissement bénéficiant d'une nouvelle distinction.
➜ **N** for « *new* » : newly awarded distinction.

Paris 2e	Osteria Ruggera
Paris 3e	Ambassade d'Auvergne **N**
Paris 3e	Pramil
Paris 4e	Suan Thaï
Paris 5e	Bibimbap **N**
Paris 5e	Bistro des Gastronomes **N**
Paris 5e	Ribouldingue
Paris 6e	L'Épi Dupin
Paris 6e	La Ferrandaise **N**
Paris 6e	Fish La Boissonnerie **N**
Paris 6e	La Maison du Jardin
Paris 6e	La Marlotte **N**
Paris 6e	Le Timbre
Paris 7e	L'Affriolé
Paris 7e	Au Bon Accueil
Paris 7e	Café Constant
Paris 7e	Chez les Anges
Paris 7e	Le Clos des Gourmets
Paris 7e	Les Cocottes
Paris 7e	P'tit Troquet
Paris 8e	Le Bouco
Paris 9e	Carte Blanche
Paris 9e	Le Pantruche **N**
Paris 9e	Le Pré Cadet
Paris 10e	Café Panique
Paris 10e	Chez Casimir **N**
Paris 10e	Chez Marie-Louise **N**
Paris 10e	Zerda **N**
Paris 11e	Auberge Pyrénées Cévennes
Paris 11e	Bistrot Paul Bert
Paris 11e	Caffé dei Cioppi
Paris 11e	Mansouria
Paris 11e	Tintilou **N**
Paris 11e	Villaret
Paris 12e	L'Auberge Aveyronnaise
Paris 12e	Jean-Pierre Frelet
Paris 13e	Les Cailloux
Paris 13e	Impérial Choisy
Paris 13e	Lao Lane Xang 2
Paris 13e	L'Ourcine
Paris 13e	Variations
Paris 14e	Le Bistro T **N**
Paris 14e	La Cantine du Troquet
Paris 14e	Les Caves de Solignac **N**
Paris 14e	La Cerisaie
Paris 14e	Kigawa **N**
Paris 14e	L'Ordonnance
Paris 14e	La Régalade
Paris 15e	L'Atelier du Parc **N**
Paris 15e	Le Bélisaire
Paris 15e	Beurre Noisette
Paris 15e	Le Caroubier
Paris 15e	Le Casse Noix **N**
Paris 15e	L'Épicuriste **N**
Paris 15e	L'Inattendu
Paris 15e	Jadis
Paris 15e	Stéphane Martin
Paris 15e	Le Troquet
Paris 16e	A et M Restaurant
Paris 16e	Chez Géraud
Paris 17e	L'Accolade
Paris 17e	Chez Léon
Paris 17e	L'Entredgeu
Paris 17e	Graindorge
Paris 19e	Les Grandes Tables du 104 **N**
Paris 19e	L'Hermès **N**
Paris 20e	Chatomat **N**
Périgueux (24)	Le Grain de Sel
Pernes-les-Fontaines (84)	Au Fil du Temps
Perpignan (66)	Les Antiquaires
Perpignan (66)	Le Garriane **N**
La-Petite-Pierre/ Graufthal (67)	Au Cheval Blanc
Pézenas (34)	L'Entre Pots
Plaimpied-Givaudins (18)	Aux Marais
Plaisians (26)	Auberge de la Clue
Pléneuf-Val-André/ Le-Val-André (22)	Au Biniou
Ploemeur/ Lomener (56)	Le Vivier
Ploubalay (22)	De la Gare
Polliat (01)	De la Place
Pommiers (69)	Les Terrasses de Pommiers
Pons (17)	De Bordeaux
Pont-Aven (29)	Sur le Pont ...
Pont-de-Vaux (01)	Le Raisin
Pontgibaud/ La Courteix (63)	L'Ours des Roches
Pont-Scorff (56)	L'Art Gourmand
Port-Lesney (39)	Le Bistrot Pontarlier
Port-Manech (29)	Du Port et de l'Aven
Pouillon (40)	L'Auberge du Pas de Vent
Le Puy-en-Velay (43)	Comme à la Maison
Le Puy-en-Velay (43)	Tournayre
Puylaurens (81)	Cap de Castel **N**
Puy-l'Évêque/ Anglars-Juillac (46)	Clau del Loup
Puy-Saint-Vincent (05)	La Pendine
Quarré-les-Tombes (89)	Le Morvan
Quédillac (35)	Le Relais de la Rance
Quettehou (50)	Auberge de Ket Hou
Quiberon (56)	La Chaumine
Quimper/ Ty-Sanquer (29)	Auberge de Ti-Coz
Rasiguères (66)	Le Relais de Sceaury **N**
Rayol-Canadel-sur-Mer (83)	Le Relais des Maures
Réalmont (81)	Les Secrets Gourmands
Reipertswiller (67)	La Couronne

→ **N** pour « nouveau » : établissement bénéficiant d'une nouvelle distinction.

→ **N** for « *new* » : newly awarded distinction.

Remigny (71)	L'Escale **N**
Renaison (42)	Jacques Cœur
Rennes (35)	Le Quatre B
Reugny (03)	La Table de Reugny
Rians (83)	La Roquette
Riom (63)	Le Flamboyant
Riquewihr (68)	Le Sarment d'Or
Roanne (42)	Le Central
Robion (84)	L'Escanson
La Roche-l'Abeille (87)	La Table du Moulin **N**
La Rochelle (17)	La Cuisine de Jules **N**
Rodez (12)	Les Jardins de l'Acropolis
La Roque-Gageac (24)	La Belle Étoile
Roure (06)	Auberge le Robur **N**
Rouvres-en-Xaintois (88)	Burnel
Royan (17)	Les Filets Bleus
Les Sables-d'Olonne (85)	La Pilotine
Saint-Alban-les-Eaux (42)	Le Petit Prince
Saint-Amand-Montrond/ Bruère-Allichamps (18)	Les Tilleuls
Saint-Amand-Montrond/ Noirlac (18)	Auberge de l'Abbaye de Noirlac
Saint-André (66)	La Table de Cuisine **N**
Saint-Benoît-sur-Loire (45)	Grand St-Benoît
Saint-Bonnet-le-Froid (43)	André Chatelard
Saint-Bonnet-le-Froid (43)	Bistrot la Coulemelle
Saint-Bonnet-le-Froid (43)	Le Fort du Pré
Saint-Brieuc (22)	Ô Saveurs
Saint-Brieuc/ Cesson (22)	La Croix Blanche
Saint-Chély-d'Apcher/ La Garde (48)	Le Rocher Blanc
Saint-Crépin (05)	Les Tables de Gaspard
Saint-Disdier (05)	La Neyrette
Saint-Étienne/ Saint-Priest-en-Jarez (42)	Du Musée
Saint-Flour (15)	Grand Hôtel de l'Étape
Saint-Geniès (24)	Le Château
Saint-Germain-du-Bois (71)	Hostellerie Bressane
Saint-Gervais-les-Bains (74)	Le Sérac
Saint-Gilles-Croix-de-Vie/ Coëx (85)	Le Balata
Saint-Girons/ Lorp-Sentaraille (09)	La Petite Maison
Saint-Hippolyte (68)	Winstub Rabseppi-Stebel
Saint-Jean-de-Monts (85)	Le Petit St-Jean **N**
Saint-Jean-du-Bruel (12)	Du Midi-Papillon
Saint-Jean-sur-Veyle (01)	Le Grand Saint Jean Baptiste **N**
Saint-Jouin-Bruneval (76)	Le Belvédère **N**
Saint-Julien-Chapteuil (43)	Vidal
Saint-Julien-de-Lampon (24)	La Gabarre
Saint-Julien-du-Sault (89)	Les Bons Enfants
Saint-Julien-en-Champsaur (05)	Les Chenets
Saint-Malo/ Saint-Servan-sur-Mer (35)	La Gourmandise
Saint-Mandé (94)	L'Ambre d'Or
Saint-Martin-en-Bresse (71)	Au Puits Enchanté
Saint-Michel-Mont-Mercure (85)	Auberge du Mont Mercure
Saint-Palais-sur-Mer (17)	Les Agapes
Saint-Palais-sur-Mer (17)	De la Plage **N**
Saint-Quirin (57)	Hostellerie du Prieuré
Saint-Raphaël/ Valescure (83)	Le Jardin de Sébastien
Saint-Rémy-de-Provence/ Maillane (13)	L'Oustalet Maïanen
Saint-Rémy-de-Provence/ Verquières (13)	Le Croque Chou
Saint-Romain (21)	Les Roches
Saint-Suliac (35)	La Ferme du Boucanier
Saint-Sulpice (81)	Auberge de la Pointe **N**
Saint-Thégonnec (29)	Auberge Saint-Thégonnec
Saint-Valery-en-Caux (76)	Du Port
Saint-Valery-sur-Somme (80)	Du Port et des Bains
Saint-Vallier (26)	Le Bistrot d'Albert
Sainte-Cécile-les-Vignes (84)	Campagne, Vignes et Gourmandises
Sainte-Croix-de-Verdon (04)	L'Olivier
Sainte-Geneviève-des-Bois (91)	La Table d'Antan
Sainte-Menéhould (51)	Le Cheval Rouge
Saintes (17)	L'Adresse
Saintes (17)	Clos des Cours
Saintes/ Thénac (17)	L'Atelier Gourmand de Jean-Yves **N**
Salers (15)	Le Bailliage
Salies-de-Béarn (64)	Des Voisins
Sancerre (18)	La Pomme d'Or
Le Sappey-en-Chartreuse (38)	Les Skieurs
Saugues (43)	La Terrasse
Saulxures (67)	La Belle Vue
Saumur (49)	L'Escargot
Sauxillanges (63)	Restaurant de la Mairie
Savonnières (37)	La Maison Tourangelle
Scherwiller (67)	Auberge Ramstein
Seillans (83)	Le Relais
Sélestat (67)	La Vieille Tour
Semblançay (37)	La Mère Hamard
Sérignan (34)	L'Harmonie
Serre-Chevalier/ Le Monêtier-les-Bains (05)	La Table du Chazal

→ **N** pour « nouveau » : établissement bénéficiant d'une nouvelle distinction.
→ **N** for « *new* » : newly awarded distinction.

Servon (50) Auberge du Terroir
Servoz (74) Les Gorges de la Diosaz
Sète (34) Paris Méditerranée
Sillé-le-Guillaume (72) Le Bretagne
Sorges (24) Auberge de la Truffe
La Souterraine/ Saint-Étienne-de-Fursac (23) Nougier
Steenvoorde (59) Auprès de mon Arbre
Tain-l'Hermitage (26) Le Quai
Tarascon-sur-Ariège (09) Saveurs du Manoir **N**
Tarascon-sur-Ariège/ Rabat-les-Trois-Seigneurs (09) La Table de la Ramade
Tarbes (65) L'Étoile
Tarbes (65) Trait Blanc
Tende/ Casterino (06) Les Mélèzes **N**
Tharon-Plage (44) L'Empreinte
Thoissey (01) Côté Saône
Thonon-les-Bains/ Port-de-Séchex (74) Le Clos du Lac
Toulouse/ Castanet-Tolosan (31) La Table des Merville
Toulouse/ L'Union (31) La Bonne Auberge
Tourcoing (59) La Baratte
La Tour-du-Pin/ Rochetoirin (38) Le Rochetoirin **N**
Tournus (71) Meulien **N**
Tournus/ Mancey (71) Auberge du Col des Chèvres
Tournus/ Ozenay (71) Le Relais d'Ozenay
Tournus/ Le Villars (71) L'Auberge des Gourmets
Tours (37) L'Arche de Meslay
Tours (37) L'Arôme **N**
Tours (37) Le Bistrot de la Tranchée
Tours (37) Casse-Cailloux
Tours (37) La Deuvalière
Tours (37) Le Saint-Honoré
Tours/ Vallières (37) Auberge de Port Vallières
Trégastel (22) Le Macareux **N**
Tremblay-en-France (93) La Jument Verte
Trémolat (24) Bistrot d'en Face
Trizay (17) Les Jardins du Lac **N**
Troyes/ Pont-Sainte-Marie (10) Bistrot DuPont
La Turbie (06) Café de la Fontaine
Turckheim (68) À l'Homme Sauvage **N**
Uchaux (84) Côté Sud
Uchaux (84) Le Temps de Vivre
Uzerche/ Saint-Ybard (19) Auberge Saint-Roch
Vacqueyras (84) L'Éloge
Vagney (88) Les Lilas
Vailhan (34) L'Auberge du Presbytère
Vaison-la-Romaine (84) Le Brin d'Olivier
Vaison-la-Romaine/ Roaix (84) Bistro Préface
Valady (12) Auberge de l'Ady
Valdahon (25) Relais de Franche Comté
Le-Val-d'Ajol (88) La Résidence
Valence (26) Le 7
Vallon-en-Sully (03) Auberge des Ris
Vals-les-Bains (07) Le Vivarais
Le Valtin (88) Auberge du Val Joli
Vannes (56) L'Éden
Vannes (56) Le Vent d'Est
Varades (44) La Closerie des Roses
Vaulx (74) Par Monts et Par Vaulx **N**
Venarey-les-Laumes/ Alise-Sainte-Reine (21) Auberge du Cheval Blanc
Vence (06) La Litote **N**
Vence (06) Le Vieux Couvent
Vendôme (41) Le Terre à TR
Vergongheon (43) La Petite École
Vern-d'Anjou (49) Le Pigeon Blanc
Veuves (41) L'Auberge de la Croix Blanche
Vic-Fezensac/ Préneron (32) Auberge La Baquère
Vichy (03) L'Alambic
Vichy (03) La Table de Marlène
Vic-sur-Cère (15) Bel Horizon
Vic-sur-Cère/ Col-de-Curebourse (15) Hostellerie Saint-Clément
Vieillevie (15) La Terrasse
Vienne (38) Saveurs du Marché **N**
Vierzon (18) Le Champêtre
Vierzon (18) Les Petits Plats de Célestin **N**
Villard-de-Lans (38) Les Trente Pas
Villars (84) La Table de Pablo
Villedieu-les-Poêles (50) Manoir de l'Acherie
Villefort (48) Balme **N**
Villefranche-de-Conflent (66) Auberge Saint-Paul
Villefranche-de-Rouergue (12) Côté Saveurs
Vitrac (24) La Treille
Viviers (07) Le Relais du Vivarais
Volmunster (57) L'Argousier **N**
Weyersheim (67) Auberge du Pont de la Zorn
Wierre-Effroy (62) La Ferme du Vert
Yvoire (74) Le Pré de la Cure
Yvoy-le-Marron (41) Auberge du Cheval Blanc
Zimmerbach (68) Au Raisin d'Or **N**

→ **N** pour « nouveau » : établissement bénéficiant d'une nouvelle distinction.
→ **N** for « *new* » : newly awarded distinction.

Bib Hôtel

Bonnes nuits à petits prix en province

Good accommodation at moderate prices outside the Paris region

Aguessac (12)	Auberge le Rascalat
Aire-sur-l'Adour/ Ségos (32)	Minvielle et les Oliviers
Aix-les-Bains (73)	Auberge St-Simond
Alençon (61)	Des Ducs
Angers (49)	Le Progrès
Arèches (73)	Auberge du Poncellamont
Argentat (19)	Sablier du Temps
Argenton-sur-Creuse (36)	Le Cheval Noir **N**
Aubeterre-sur-Dronne (16)	Hostellerie du Périgord
Aubigny-sur-Nère (18)	La Chaumière
Aubusson (23)	Villa Adonis
Aulnay (17)	Du Donjon
Aurec-sur-Loire (43)	Les Cèdres Bleus
Autrans (38)	Les Tilleuls
Availles-Limouzine (86)	La Chatellenie **N**
Avignon/ Île de la Barthelasse (84)	La Ferme
Azay-le-Rideau (37)	De Biencourt
Azay-le-Rideau (37)	Des Châteaux
Baix (07)	Les Quatre Vents
Balot (21)	Auberge de la Baume
Ban-de-Laveline (88)	Auberge Lorraine
Baratier (05)	Les Peupliers
Barr (67)	Château d'Andlau
Beaugency (45)	Sologne
Beaune/ Levernois (21)	Le Parc
Beauzac (43)	L'Air du Temps
Beauzac/ Bransac (43)	La Table du Barret
Bédoin/ Sainte-Colombe (84)	La Garance
Bénodet (29)	Domaine de Kereven
Bergerac (24)	Europ Hôtel
Biarritz/ Arbonne (64)	Laminak
Bielle (64)	L'Ayguelade
Bitche (57)	Le Strasbourg
Blienschwiller (67)	Winzenberg
Bollezeele (59)	Hostellerie St-Louis
Bonneval-sur-Arc (73)	À la Pastourelle
Bourges (18)	Le Christina
Bozouls (12)	À la Route d'Argent
Bretenoux/ Port-de-Gagnac (46)	Hostellerie Belle Rive
Buis-les-Baronnies (26)	Les Arcades-Le Lion d'Or
Buzançais (36)	L'Hermitage
Caen (14)	Des Quatrans
Calès (46)	Le Petit Relais
Calvinet (15)	Beauséjour
Cambo-les-Bains (64)	Ursula
Cancale (35)	Le Chatellier
Cannes (06)	Florian
Le Cergne (42)	Bel'Vue
Cernay (68)	Hostellerie d'Alsace
Chagny (71)	De la Poste
Chamonix-Mont-Blanc/ Les Tines (74)	Excelsior **N**
Champlive (25)	Auberge du Château de Vaite
Chandolas (07)	Auberge les Murets
Châteaudun (28)	Entre Beauce et Perche **N**
Château-Gontier/ Coudray (53)	L'Amphitryon
Châtelaillon-Plage (17)	L'Acadie St-Victor **N**
Chauvigny (86)	Lion d'Or
Cherbourg-Octeville (50)	Louvre
Chézery-Forens (01)	Commerce
Chinon (37)	Diderot
Col de la Schlucht (88)	Le Collet
Colmar/ Sainte-Croix-en-Plaine (68)	Au Moulin
Concarneau (29)	Des Halles
Coti-Chiavari (2A)	Le Belvédère
Coulombiers (86)	Auberge Le Centre Poitou
Coulon (79)	Le Central
La Courtine (23)	Au Petit Breuil
Crozon (29)	De la Presqu'île

→ **N** pour « nouveau » : établissement bénéficiant d'une nouvelle distinction.

→ **N** for « *new* » : newly awarded distinction.

Cruis (04)	Auberge de l'Abbaye
Dambach-la-Ville (67)	Le Vignoble
Damgan (56)	Albatros
Donzy (58)	Le Grand Monarque
Doué-la-Fontaine (49)	Auberge Bienvenue
Drusenheim (67)	Auberge du Gourmet
Entraygues-sur-Truyère/ Le Fel (12)	Auberge du Fel
Erquy (22)	Beauséjour
Le Falgoux (15)	Des Voyageurs
La Ferté-Saint-Cyr (41)	Saint-Cyr
Feurs (42)	Etésia
Fougères (35)	Les Voyageurs
Gérardmer (88)	Gérard d'Alsace
Gérardmer (88)	Les Reflets du Lac
Gimel-les-Cascades (19)	Hostellerie de la Vallée
Guebwiller (68)	Domaine du Lac
Guéret (23)	Auclair **N**
Guilliers (56)	Au Relais du Porhoët
Hagetmau (40)	Le Jambon
Hesdin (62)	Trois Fontaines
Les Houches (74)	Auberge Le Montagny
Île-de-Sein (29)	Ar Men
L'Isle-d'Abeau (38)	Le Relais du Çatey
L'Isle-sur-Serein (89)	Auberge du Pot d'Étain
Jarnac/ Bassac (16)	L'Essille **N**
Jonzac/ Clam (17)	Le Vieux Logis
Jougne (25)	La Couronne
Juvigny-sous-Andaine (61)	Au Bon Accueil
Kaysersberg (68)	Constantin
Kruth (68)	Les Quatre Saisons **N**
Lacapelle-Viescamp (15)	Du Lac
Lac Chambon (63)	Le Grillon
Laguiole (12)	Régis
Lamoura (39)	La Spatule
Lanarce (07)	Le Provence
Légny (69)	Côté Hôtel **N**
Lodève (34)	Paix
Loudéac (22)	Voyageurs
Lucinges (74)	Le Bonheur dans Le Pré
Luz-Saint-Sauveur/ Esquièze-Sère (65)	Terminus
Mansle (16)	Beau Rivage
Margès (26)	Auberge Le Pont du Chalon
Mauriac (15)	Auv'Hôtel
Mazaye (63)	Auberge de Mazayes
Meaulne (03)	Au Cœur de Meaulne
Melle (79)	Les Glycines
Métabief (25)	Étoile des Neiges
Meyrueis (48)	Family Hôtel
Meyrueis (48)	Du Mont Aigoual
Mirepoix (09)	Les Minotiers **N**

Mittelhausen (67)	À l'Étoile
Molsheim (67)	Le Bugatti
Les Molunes (39)	Le Pré Fillet
Monestier-de-Clermont (38)	Au Sans Souci
Montargis/ Amilly (45)	Le Belvédère
Montauban (82)	Du Commerce
Montceau-les-Mines (71)	Nota Bene **N**
Montélier (26)	La Martinière
Montigny-la-Resle (89)	Le Soleil d'Or
Montmelard (71)	Le St-Cyr
Montpellier (34)	Du Parc
Montsalvy (15)	L'Auberge Fleurie
Mortagne-au-Perche (61)	Du Tribunal
Morteau (25)	La Guimbarde
Mulhouse/ Frœningen (68)	Auberge de Froeningen
Munster (68)	Deybach **N**
Najac (12)	L'Oustal del Barry
Nantua (01)	L'Embarcadère
Natzwiller (67)	Auberge Metzger
Le Neubourg (27)	Acadine Hôtel **N**
Neufchâteau (88)	Le Romain et H. Le Richevaux
Niederschaeffolsheim (67)	Au Bœuf Rouge
Niedersteinbach (67)	Cheval Blanc
Nogent-le-Rotrou (28)	Brit Hôtel du Perche
Nogent-le-Rotrou (28)	Sully
Nogent-sur-Seine (10)	Beau Rivage
Les Nonières (26)	Le Mont-Barral
Nontron (24)	Grand Hôtel
Le Nouvion-en-Thiérache (02)	Paix
Noyalo (56)	L'Hortensia
Oberhaslach (67)	Hostellerie St-Florent
Obersteinbach (67)	Anthon
Omonville-la-Petite (50)	Fossardière
Oyonnax/ Lac Genin (01)	Auberge du Lac Genin **N**
Pailherols (15)	Auberge des Montagnes
Paimpol/ Ploubazlanec (22)	Les Agapanthes
Paray-le-Monial (71)	Terminus **N**
Patrimonio (2B)	Du Vignoble
Pau (64)	Le Bourbon
Pégomas (06)	Bosquet
Piana (2A)	Le Scandola
Pierrefort (15)	Du Midi
Plaine-de-Walsch (57)	Étable Gourmande **N**
Poitiers (86)	De l'Europe **N**
Pont-Aven (29)	Les Ajoncs d'Or
Pont-de-Vaux (01)	Les Platanes
Pont-de-Vaux (01)	Le Raisin **N**
Pont-du-Bouchet (63)	La Crémaillère
Pont-du-Château (63)	L'Estredelle

→ **N** pour « nouveau » : établissement bénéficiant d'une nouvelle distinction.

→ **N** for « *new* » : newly awarded distinction.

Port-Manech (29) Du Port et de l'Aven
Le Pouldu (29) Le Panoramique
Quarré-les-Tombes (89) Le Morvan
Quédillac (35) Le Relais de la Rance
Quinson (04) Relais Notre-Dame
Quintin (22) Du Commerce
Rehaupal (88) Auberge du Haut-Jardin
Reipertswiller (67) La Couronne
Rennes (35) Des Lices
Ribeauvillé (68) Cheval Blanc N
Rieumes (31) Auberge les Palmiers
Riom-Ès-Montagnes (15) St-Georges
La Rochette (73) Du Parc
Romagnieu (38) Auberge les Forges de la Massotte
Roure (06) Auberge le Robur
Rouvres-en-Xaintois (88) Burnel
Royan (17) Rêve de Sable N
Les Sables-d'Olonne (85) Antoine
Les Sables-d'Olonne (85) Arc en Ciel
Les Sables-d'Olonne (85) Les Embruns
Saillagouse (66) Planes (La Vieille Maison Cerdane)
Saint-Agnan (58) La Vieille Auberge
Saint-Ambroix/ Larnac (30) Le Clos des Arts
Saint-Chély-d'Apcher/ La Garde (48) Le Rocher Blanc
Saint-Flour (15) L'Ander
Saint-Flour (15) Auberge de La Providence
Saint-Gervais-d'Auvergne (63) Le Relais d'Auvergne
Saint-Gervais-les-Bains/ Le Fayet (74) Deux Gares N
Saint-Guénolé (29) Ondines
Saint-Jean-du-Bruel (12) Du Midi-Papillon
Saint-Jean-en-Royans/ Col de la Machine (26) Du Col de la Machine
Saint-Lary (09) Auberge de l'Isard
Saint-Louis (68) Berlioz
Saint-Malo (35) Le Nautilus
Saint-Malo (35) San Pedro
Saint-Rémy-de-Provence (13) L'Amandière
Sainte-Menéhould (51) Le Cheval Rouge
Saintes (17) L'Avenue
Salins-les-Bains (39) Charles Sander
Sallanches (74) Auberge de l'Orangerie
Sand (67) La Charrue
Sarlat-la-Canéda (24) Le Mas de Castel
Sarlat-la-Canéda (24) Le Mas del Pechs
Sars-Poteries (59) Marquais
Saugues (43) La Terrasse
Sauveterre-de-Béarn (64) La Maison de Navarre
Saverne (67) Le Clos de la Garenne
Scherwiller (67) Auberge Ramstein
Sermersheim (67) Au Relais de l'Ill
Servon (50) Auberge du Terroir
Solignac (87) St-Éloi
Sommières (30) De l'Estelou
Souillac (46) Le Quercy
Sousceyrac (46) Au Déjeuner de Sousceyrac
Strasbourg/ Entzheim (67) Père Benoit
Sully-sur-Loire (45) La Closeraie
Tain-l'Hermitage (26) Les 2 Coteaux
Thann (68) Aux Sapins
Le Thillot/ Le Ménil (88) Les Sapins
Thizy (69) La Terrasse
Thury (21) Manoir Bonpassage N
Tournon-sur-Rhône (07) Les Amandiers
Tours (37) Du Manoir
Tours (37) Ronsard
Uzès (30) Le Patio de Violette
Valgorge (07) Le Tanargue
Valleraugue (30) Auberge Cévenole
Vaux-sous-Aubigny (52) Le Vauxois
Vézelay/ Pierre-Perthuis (89) Les Deux Ponts
Viaduc-de-Garabit (15) Beau Site
Vic-en-Bigorre (65) Réverbère
Vichy (03) Arverna
Vic-sur-Cère/ Col-de-Curebourse (15) Hostellerie Saint-Clément
Villé (67) La Bonne Franquette
Villedieu-les-Poêles (50) Manoir de l'Acherie N
Villiers-sur-Marne (52) La Source Bleue
Vittel (88) Providence
Vougeot/ Gilly-lès-Cîteaux (21) L'Orée des Vignes
Wissembourg (67) Au Moulin de la Walk
Yvetot (76) L'OH

→ N pour « nouveau » : établissement bénéficiant d'une nouvelle distinction.
→ N for « *new* » : newly awarded distinction.

Hébergements agréables

Pleasant accommodation

Antibes/ Cap d'Antibes (06) Du Cap
La Baule (44) Hermitage Barrière
Beaulieu-sur-Mer (06) La Réserve de Beaulieu et Spa
Biarritz (64) Du Palais
Cannes (06) Carlton Inter Continental
Cannes (06) Majestic Barrière
Cannes (06) Martinez
Courchevel/ Courchevel 1850 (73) Les Airelles
Courchevel/ Courchevel 1850 (73) Cheval Blanc
Deauville (14) Normandy-Barrière
Deauville (14) Royal-Barrière
Évian-les-Bains (74) Royal
Monte-Carlo (MC) Hermitage
Monte-Carlo (MC) Paris
Nice (06) Negresco
Paris 1er Mandarin Oriental
Paris 1er Le Meurice
Paris 1er Ritz
Paris 8e Le Bristol
Paris 8e Crillon
Paris 8e Four Seasons George V
Paris 8e Plaza Athénée
Paris 8e Le Royal Monceau
Paris 16e Raphael
Paris 16e Shangri-La
Saint-Jean-Cap-Ferrat (06) Grand Hôtel du Cap Ferrat
Saint-Tropez (83) Byblos
Saint-Tropez (83) Château de la Messardière
Tourrettes (83) Four Seasons Resort Provence at Terre Blanche

---

Ablis (78) Château d'Esclimont
Aix-en-Provence (13) Villa Gallici
Antibes/ Cap d'Antibes (06) Impérial Garoupe
Avallon/ Vault-de-Lugny (89) Château de Vault de Lugny
Avignon (84) La Mirande
Bagnols (69) Château de Bagnols
Beaune (21) Le Cep
Beaune/ Levernois (21) Hostellerie de Levernois
Belle-Ile/ Port-Goulphar (56) Castel Clara
Béthune/ Busnes (62) Le Château de Beaulieu
Les Bézards (45) Auberge des Templiers
Bidarray (64) Ostapé
Billiers (56) Domaine de Rochevilaine
Bordeaux (33) Grand Hôtel de Bordeaux et Spa
Bordeaux/ Martillac (33) Les Sources de Caudalie
Briollay (49) Château de Noirieux
Brive-la-Gaillarde/ Varetz (19) Château de Castel Novel
Cahors/ Mercuès (46) Château de Mercuès
Calvi (2B) La Villa
Cannes (06) Five Hotel et Spa
Carcassonne (11) De La Cité
Le Castellet/ Circuit Paul Ricard (83) Du Castellet
Cavalière (83) Le Club de Cavalière et Spa
Chamonix-Mont-Blanc (74) Hameau Albert 1er
La Chapelle-en-Serval (60) Mont Royal
Colroy-la-Roche (67) Hostellerie La Cheneaudière
Courcelles-sur-Vesle (02) Château de Courcelles
Courchevel/ Courchevel 1850 (73) Amanresorts Le Mélézin
Courchevel/ Courchevel 1850 (73) Le Kilimandjaro
Courchevel/ Courchevel 1850 (73) Le Lana

Courchevel/ Courchevel 1850 (73) Le Strato
Crozet (01) Jiva Hill Park Hôtel
Curzay-sur-Vonne (86) Château de Curzay
Dinard (35) Grand Hôtel Barrière de Dinard
Divonne-les-Bains (01) Le Grand Hôtel
Eugénie-les-Bains (40) Les Prés d'Eugénie
Évian-les-Bains (74) Ermitage
Èze (06) Château de la Chèvre d'Or
Èze-Bord-de-Mer (06) Cap Estel
Forcalquier/Mane (04) Couvent des Minimes
Gargas (84) Domaine de la Coquillade
Gordes (84) La Bastide de Gordes et Spa
Grasse (06) La Bastide St-Antoine
Honfleur (14) La Ferme St-Siméon
Île de Ré/ La Flotte (17) Richelieu
Joigny (89) La Côte St-Jacques
Juan-les-Pins (06) Juana
Lacave (46) Château de la Treyne
Ligny-en-Cambrésis (59) Château de Ligny
Lille (59) Barrière Lille
Lille (59) L'Hermitage Gantois
Luynes (37) Domaine de Beauvois
Lyon (69) Cour des Loges
Lyon (69) Villa Florentine
Lyon/ Charbonnières-les-Bains (69) Le Pavillon de la Rotonde
Megève (74) Le Fer à Cheval
Megève (74) Les Fermes de Marie
Megève (74) Lodge Park
Mirambeau (17) Château de Mirambeau
Montbazon (37) Château d'Artigny
Monte-Carlo (MC) Métropole
Monte-Carlo (MC) Monte Carlo Bay Hotel and Resort
Monte-Carlo/ Monte-Carlo-Beach (MC) Monte-Carlo Beach Hôtel
Montpellier/ Castelnau-le-Lez (34) Domaine de Verchant
Mougins (06) Le Mas Candille
Obernai (67) Le Parc
Onzain (41) Domaine des Hauts de Loire
Paris 1er Le Burgundy
Paris 1er Costes
Paris 1er De Vendôme
Paris 3e Pavillon de la Reine
Paris 8e Champs-Élysées Plaza
Paris 8e Fouquet's Barrière
Paris 8e Napoléon
Paris 9e Scribe
Paris 16e St-James Paris
Perros-Guirec (22) L'Agapa
Porticcio (2A) Le Maquis
Porto-Vecchio (2A) Casadelmar
Porto-Vecchio (2A) Grand Hôtel de Cala Rossa
Puymirol (47) Michel Trama
Ramatuelle (83) La Réserve Ramatuelle
Reims (51) Château Les Crayères
Roanne (42) Troisgros
Saint-Émilion (33) Hostellerie de Plaisance
Saint-Jean-Cap-Ferrat (06) Royal Riviera
Saint-Jean-Cap-Ferrat (06) La Voile d'Or
Saint-Tropez (83) La Bastide de St-Tropez
Saint-Tropez (83) Résidence de la Pinède
Saint-Tropez (83) Sezz
Saint-Tropez (83) Villa Belrose
Saint-Tropez (83) Villa Marie
Sainte-Foy-la-Grande (33) Château des Vigiers
Saulieu (21) Le Relais Bernard Loiseau
Strasbourg (67) Régent Petite France
Talloires (74) L'Auberge du Père Bise
Tignes/ Val-Claret (73) Les Suites du Nevada
Valence (26) Pic
Versailles (78) Trianon Palace
Vienne (38) La Pyramide
Villeneuve-lès-Avignon (30) Le Prieuré
Vonnas (01) Georges Blanc
Vougeot/ Gilly-lès-Cîteaux (21) Château de Gilly

Aigues-Mortes (30) Villa Mazarin
Aillant-sur-Tholon (89) Domaine du Roncemay
Aix-en-Provence (13) Le Pigonnet
Aix-en-Provence/ Celony (13) Le Mas d'Entremont
Ajaccio (2A) Dolce Vita
Albi (81) La Réserve
Alpe-d'Huez (38) Au Chamois d'Or
Amboise (37) Le Choiseul
Amboise (37) Le Manoir Les Minimes
Amboise/ Saint-Règle (37) Château des Arpentis
Antibes/ Cap d'Antibes (06) Cap d' Antibes Beach Hôtel
Arles (13) L'Hôtel Particulier
Avignon/ Montfavet (84) Hostellerie Les Frênes
Avignon/ Le Pontet (84) Auberge de Cassagne et Spa

Bagnoles-de-l'Orne (61) Le Manoir du Lys
Bagnols-sur-Cèze (30) Château de Montcaud
Bandol (83) Île Rousse
Barbizon (77) Hôtellerie du Bas-Bréau
Barbotan-les-Thermes (32) La Bastide
Barneville-Carteret/ Carteret (50) De la Marine
La Baule (44) Castel Marie-Louise
Les Baux-de-Provence (13) La Cabro d'Or
Bayeux (14) Château de Sully
Bayeux/ Audrieu (14) Château d'Audrieu
Beaune (21) L'Hôtel
Bélesta (66) Riberach
Belleville/ Pizay (69) Château de Pizay
Bénodet/ Sainte-Marine (29) Villa Tri Men
Béthune/ Gosnay (62) Chartreuse du Val St-Esprit
Biarritz (64) Beaumanoir
Biarritz/ Lac de Brindos (64) Château de Brindos
Bonnieux (84) La Bastide de Capelongue
Bordeaux/ Bouliac (33) Le St-James
Boulogne-sur-Mer (62) La Matelote
Le Bourget-du-Lac (73) Ombremont
Bourgueil/ Restigné (37) Manoir de Restigné
Boutigny-sur-Essonne (91) Domaine de Bélesbat
Brantôme (24) Le Moulin de l'Abbaye
Brantôme/ Champagnac-de-Belair (24) Le Moulin du Roc
La Bussière-sur-Ouche (21) Abbaye de la Bussière
La Cadière-d'Azur (83) Hostellerie Bérard
Callas (83) Hostellerie Les Gorges de Pennafort
Calvi (2B) La Signoria
Cancale (35) De Bricourt-Richeux
Carantec (29) Hôtel de Carantec
Carcassonne (11) 111
Carcassonne (11) Domaine d'Auriac
Carpentras/ Mazan (84) Château de Mazan
Les Carroz-d'Arâches (74) Les Servages d'Armelle
Cassel (59) Châtellerie de Schoebeque
La Celle (83) Hostellerie de l'Abbaye de la Celle
Cergy-Pontoise/ Méry-sur-Oise (95) Château de Méry
Chagny (71) Maison Lameloise
Chambolle-Musigny (21) Château André Ziltener
Chambretaud (85) Château du Boisniard
Chamonix-Mont-Blanc (74) Grand Hôtel des Alpes
Château-Arnoux-Saint-Auban (04) La Bonne Étape
Chenonceaux (37) Auberge du Bon Laboureur
La Clusaz (74) Au Cœur du Village
Cognac (16) Château de l'Yeuse
Coise-Saint-Jean-Pied-Gauthier (73) Château de la Tour du Puits
La Colle-sur-Loup (06) Alain Llorca
Colmar (68) Les Têtes
Colombey-les-Deux-Églises (52) Hostellerie la Montagne
Condrieu (69) Hôtellerie Beau Rivage
Connelles (27) Le Moulin de Connelles
Cordon (74) Le Cerf Amoureux
Cordon (74) Les Roches Fleuries
Courchevel/ Courchevel 1850 (73) La Sivolière
Crillon-le-Brave (84) Crillon le Brave
Le Croisic (44) Le Fort de l'Océan
La Croix-Valmer/ Gigaro (83) Château de Valmer
Cruseilles (74) Domaine du Château des Avenières
Deauville (14) Les Manoirs de Tourgéville
Les Deux-Alpes (38) Chalet Mounier
Dinard (35) Villa Reine Hortense
Enghien-les-Bains (95) Grand Hôtel Barrière
Épernay/ Champillon (51) Royal Champagne
Épernay/ Vinay (51) Hostellerie La Briqueterie
Èze (06) Château Eza
Fère-en-Tardenois (02) Château de Fère
Fouday (67) Julien
Gémenos (13) Bastide Relais de la Magdeleine
Gérardmer (88) Le Manoir au Lac
Gérardmer/ Bas-Rupts (88) Les Bas-Rupts
Les Gets (74) Labrador
Gordes (84) Les Bories et Spa
Le Grau-du-Roi/ Port-Camargue (30) Spinaker
Gray/ Rigny (70) Château de Rigny
Gressy (77) Le Manoir de Gressy
Guidel (56) Le Domaine de Kerbastic
Hennebont (56) Château de Locguénolé
Honfleur/ Cricquebœuf (14) Manoir de la Poterie et Spa
Hossegor (40) Les Hortensias du Lac
Igé (71) Château d'Igé
Ile de Bendor (83) Delos
Ile de Porquerolles (83) Le Mas du Langoustier
Île de Ré/ Saint-Martin-de-Ré (17) De Toiras

Ile d'Oléron/ Dolus-d'Oléron (17)	Le Grand Large
Joucas (84)	Hostellerie Le Phébus et Spa
Juan-les-Pins (06)	Belles Rives
Jumièges (76)	Spa Hôtel Le Domaine
	Le Clos des Fontaines
Jungholtz (68)	Violettes
Kaysersberg (68)	Chambard
Lacave (46)	Pont de l'Ouysse
Laguiole (12)	Bras
Langeais/ Saint-Patrice (37)	Château de Rochecotte
Lezoux/ Bort-l'Étang (63)	Château de Codignat
Limoges/ Saint-Martin-du-Fault (87)	Chapelle St-Martin
Locquirec (29)	Le Grand Hôtel des Bains
Lorgues (83)	Château de Berne
Lunéville (54)	Château d'Adoménil
Lyon (69)	Le Royal Lyon
Magescq (40)	Relais de la Poste
La Malène (48)	Château de la Caze
Manigod (74)	Chalet Hôtel Croix-Fry
Marlenheim (67)	Le Cerf
Marseille (13)	Le Petit Nice
Massignac (16)	Domaine des Étangs
Maussane-les-Alpilles/ Paradou (13)	Le Hameau des Baux
Megève (74)	Alpaga
Megève (74)	Chalet du Mont d'Arbois
Megève (74)	Chalet St-Georges
Megève (74)	Mont-Blanc
Méribel (73)	Allodis
Méribel (73)	L'Hélios
Méribel (73)	Le Grand Cœur et Spa
Méribel (73)	Le Yéti
Mirepoix (09)	Relais Royal
Missillac (44)	La Bretesche
Moëlan-sur-Mer (29)	Manoir de Kertalg
Moissac (82)	Le Manoir St-Jean
Molitg-les-Bains (66)	Château de Riell
Montbazon (37)	Domaine de la Tortinière
Montélimar (26)	Domaine du Colombier
Montreuil (62)	Château de Montreuil
Mougins (06)	Hôtel de Mougins
Moustiers-Sainte-Marie (04)	La Bastide de Moustiers
Nans-les-Pins (83)	Domaine de Châteauneuf
Nice (06)	La Pérouse
Nieuil (16)	Château de Nieuil
Nîmes (30)	Jardins Secrets
Niort (79)	La Chamoiserie
Obernai (67)	À la Cour d'Alsace
Oletta (2B)	U Palazzu Serenu
Paris 6e	L'Abbaye
Paris 6e	Esprit St-Germain
Paris 6e	L'Hôtel
Paris 6e	Relais Christine
Paris 6e	Relais St-Germain
Paris 7e	Duc de St-Simon
Paris 8e	Daniel
Paris 8e	François 1er
Paris 8e	Intercontinental Avenue Marceau
Paris 8e	La Maison Champs-Élysées
Paris 8e	De Sers
Paris 9e	Banke
Paris 11e	Les Jardins du Marais
Paris 16e	Dokhan's Radisson Blu
Paris 16e	Keppler
Paris 16e	Sezz
Paris 16e	Square
Paris 17e	Regent's Garden
Paris 18e	Kube
Pauillac (33)	Château Cordeillan Bages
Pérouges (01)	Ostellerie du Vieux Pérouges
La Plaine-sur-Mer (44)	Anne de Bretagne
Pons/ Mosnac (17)	Moulin du Val de Seugne
Pont-du-Gard/ Castillon-du-Gard (30)	Le Vieux Castillon
Pornichet (44)	Sud Bretagne
Port-en-Bessin (14)	La Chenevière
Port-Lesney (39)	Château de Germigney
Porto-Vecchio (2A)	Belvédère
Propriano (2A)	Miramar Boutique Hôtel
Rayol-Canadel-sur-Mer (83)	Le Bailli de Suffren
Reims (51)	L'Assiette Champenoise
Ribeauvillé (68)	Le Clos St-Vincent
Rodez (12)	Ferme de Bourran
Roscoff (29)	Le Brittany
Royat (63)	Princesse Flore
Saint-Arcons-d'Allier (43)	Les Deux Abbesses
Saint-Émilion (33)	Château Grand Barrail
Saint-Florent (2B)	Demeure Loredana
Saint-Florent (2B)	La Dimora
Saint-Germain-en-Laye (78)	La Forestière
Saint-Germain-en-Laye (78)	Pavillon Henri IV
Saint-Jean-de-Luz (64)	Grand Hôtel Loreamar Thalasso et Spa
Saint-Jean-de-Luz (64)	Parc Victoria
Saint-Jean-de-Luz (64)	Zazpi
Saint-Jean-Pied-de-Port (64)	Les Pyrénées
Saint-Omer/ Tilques (62)	Château Tilques
Saint-Paul (06)	La Colombe d'Or
Saint-Paul (06)	Le Mas de Pierre
Saint-Paul (06)	Le Saint-Paul
Saint-Paul-Trois-Châteaux (26)	Villa Augusta
Saint-Rémy-de-Provence (13)	Le Château des Alpilles

Saint-Rémy-de-Provence (13) De l'Image
Saint-Rémy-de-Provence (13) Hostellerie du Vallon de Valrugues
Saint-Tropez (83) La Ferme d'Augustin
Saint-Tropez (83) Kube
Saint-Tropez (83) Muse
Saint-Tropez (83) Pan Deï Palais
Saint-Tropez (83) La Tartane Saint-Amour
Saint-Tropez (83) Villa Cosy
Saint-Tropez (83) Le Yaca
Sainte-Anne-la-Palud (29) De La Plage
Sainte-Lucie-de-Porto-Vecchio (2A) Le Pinarello
Sainte-Maure-de-Touraine/ Noyant-de-Touraine (37) Château de Brou
Sainte-Preuve (02) Domaine du Château de Barive
Saintes (17) Relais du Bois St-Georges
Saintes-Maries-de-la-Mer (13) Lodge de la Fouque
Salon-de-Provence (13) Abbaye de Sainte-Croix
Le Sambuc (13) Le Mas de Peint
Sanary-sur-Mer (83) Hostellerie La Farandole
Sarlat-la-Canéda (24) Clos La Boëtie
Saumur (49) Château de Verrières
Saumur/ Chênehutte-les-Tuffeaux (49) Le Prieuré
La Saussaye (27) Manoir des Saules
Sélestat (67) Hostellerie Abbaye de la Pommeraie
Strasbourg (67) Cour du Corbeau
Strasbourg (67) Régent Contades
Strasbourg/ Plobsheim (67) Le Kempferhof
Tarbes (65) Le Rex Hotel
Théoule-sur-Mer/ Miramar (06) Tiara Yaktsa
Thuret (63) Château de la Canière
Tournus (71) Hôtel de Greuze
Tours/ Joué-lès-Tours (37) Château de Beaulieu
Tours/ Rochecorbon (37) Les Hautes Roches
Tourtour (83) La Bastide de Tourtour
Trébeurden (22) Manoir de Lan-Kerellec
Trébeurden (22) Ti al Lannec
Trégunc (29) Auberge Les Grandes Roches
Trémolat (24) Le Vieux Logis
Trigance (83) Château de Trigance
Troyes (10) Le Champ des Oiseaux
Troyes (10) La Maison de Rhodes
Uriage-les-Bains (38) Grand Hôtel
Verdun/ Les Monthairons (55) Hostellerie du Château des Monthairons
Verneuil-sur-Avre (27) Le Clos
Vézelay/ Saint-Père (89) L'Espérance
Ville-d'Avray (92) Les Étangs de Corot
Villiers-le-Mahieu (78) Château de Villiers-le-Mahieu
Vitrac (24) Domaine de Rochebois
Ygrande (03) Château d'Ygrande

Agde/ Le Cap-d'Agde (34) La Bergerie du Cap
Ajaccio (2A) Les Mouettes
Alençon/ Saint-Paterne (72) Château de St-Paterne
Alleyras (43) Haut-Allier
Amboise (37) Château de Pray
Anduze/ Tornac (30) Les Demeures du Ranquet
Arcachon (33) Ville d'Hiver
Argelès-sur-Mer (66) Auberge du Roua
Argenton-sur-Creuse/ Bouesse (36) Château de Bouesse
Auch (32) Château les Charmettes
Auxerre (89) Le Parc des Maréchaux
Bagnoles-de-l'Orne (61) Bois Joli
Barcelonnette/ Jausiers (04) Villa Morelia
Barneville-Carteret/ Carteret (50) Des Ormes
Les Baux-de-Provence (13) Mas de l'Oulivié
Les Baux-de-Provence (13) La Riboto de Taven
Bayonne (64) Villa Hôtel
Beaune/ Challanges (21) Château de Challanges
Beaune/ Montagny-lès-Beaune (21) Le Clos
Beaune/ Savigny-lès-Beaune (21) Le Hameau de Barboron
Beaurepaire (85) Château de la Richerie
Bédarieux/ Hérépian (34) Le Couvent d'Hérépian
Belle-Ile/ Bangor (56) La Désirade
Bergerac/ le Rauly (24) Château Rauly-Saulieut
Bergerac/ Saint-Nexans (24) La Chartreuse du Bignac
Bermicourt (62) La Cour de Rémi
Besançon (25) Charles Quint
Biarritz (64) Le Château du Clair de Lune
Biarritz (64) De Silhouette
Bidart (64) Villa L'Arche
Bize-Minervois (11) La Bastide Cabezac
Bonifacio (2A) Genovese

Bonnat (23)	L'Orangerie
Bormes-les-Mimosas (83)	Le Domaine du Mirage
Le Boulou (66)	Relais des Chartreuses
Bourbon-l'Archambault (03)	Grand Hôtel Montespan-Talleyrand
Bourges (18)	D'Angleterre
Bourges (18)	Villa C
Brantôme (24)	Moulin de Vigonac
Brantôme/ Bourdeilles (24)	Hostellerie Les Griffons
Cambremer (14)	Château Les Bruyères
Canet-en-Roussillon/ Canet-Plage (66)	Le Mas de la Plage
Cangey (37)	Le Fleuray
Carcassonne (11)	Du Château
Carpentras/ Monteux (84)	Domaine de Bournereau
Carsac-Aillac (24)	La Villa Romaine
Céret (66)	Le Mas Trilles
Chablis (89)	Du Vieux Moulin
Chablis (89)	Hostellerie des Clos
Chamonix-Mont-Blanc/ Le Lavancher (74)	Les Chalets de Philippe
Charleville-Mézières (08)	Le Dormeur du Val
Charolles (71)	De la Poste
Châteaudun/ Flacey (28)	Domaine de Moresville
Le Châtelet/ Notre-Dame d'Orsan (18)	La Maison d'Orsan
Châtillon-sur-Chalaronne (01)	La Tour
La Clusaz (74)	Les Chalets de la Serraz
Concarneau (29)	Sables Blancs
Conques (12)	Hervé Busset
Crépon (14)	Ferme de la Rançonnière
Deauville (14)	81 L'Hôtel
Dirac (16)	Domaine du Châtelard
Duingt (74)	Clos Marcel
Épernay (51)	Jean Moët
Épernay (51)	La Villa Eugène
Erbalunga (2B)	Castel'Brando
Eugénie-les-Bains (40)	La Maison Rose
Les Eyzies-de-Tayac (24)	Ferme Lamy
Fayence (83)	Moulin de la Camandoule
Fontaine-de-Vaucluse (84)	Du Poète
Forcalquier (04)	La Bastide Saint Georges
Fort-Mahon-Plage (80)	Auberge Le Fiacre
Fréjus (83)	L'Aréna
La Gacilly (56)	Grée des Landes
Gensac (33)	Château de Sanse
Gex/ Échenevex (01)	Auberge des Chasseurs
Goumois (25)	Taillard
Graveson (13)	Moulin d'Aure
Grignan (26)	Le Clair de la Plume
Grimaud (83)	Le Verger Maelvi
Guéthary (64)	Villa Catarie
Guingamp (22)	La Demeure
Gundershoffen (67)	Le Moulin
Hauteluce (73)	La Ferme du Chozal
Le Havre (76)	Vent d'Ouest
Honfleur (14)	Absinthe
Honfleur (14)	La Chaumière
Honfleur (14)	Écrin
Honfleur (14)	Les Maisons de Léa
Honfleur (14)	La Maison de Lucie
Honfleur/ Barneville-la-Bertran (14)	Auberge de la Source
Ile de Port-Cros (83)	Le Manoir
Île de Ré/ Saint-Martin-de-Ré (17)	La Baronnie Hôtel et Spa
Île de Ré/ Saint-Martin-de-Ré (17)	Clos St-Martin
L'Île-Rousse (2B)	Palazzu Pigna
Juan-les-Pins (06)	Ste-Valérie
Juan-les-Pins (06)	La Villa
Lacabarède (81)	Demeure de Flore
Lapoutroie (68)	Les Alisiers
Le Lavandou (83)	Baptistin
Levie (2A)	A Pignata
Limoux (11)	Grand Hôtel Moderne et Pigeon
Lumbres (62)	Moulin de Mombreux
Lyons-la-Forêt (27)	La Licorne
Marsolan (32)	Lous Grits
Martel (46)	Relais Ste-Anne
Maussane-les-Alpilles/ Paradou (13)	Du Côté des Olivades
Mauzac-et-Saint-Meyme-de-Rozens (24)	La Métairie
Megève (74)	Au Coin du Feu
Mende (48)	De France
Ménerbes (84)	La Bastide de Marie
Meyronne (46)	La Terrasse
Moëlan-sur-Mer (29)	Les Moulins du Duc
Monpazier (24)	Edward 1er
Montpellier (34)	D'Aragon
Montpellier/ Castries (34)	Disini
Montsoreau (49)	La Marine de Loire
Morzine (74)	Bergerie
Moudeyres (43)	Le Pré Bossu
Nancy (54)	D'Haussonville
Nantes (44)	L'Hôtel
Neauphle-le-Château (78)	Domaine du Verbois
Nîmes (30)	La Maison de Sophie
Nitry (89)	Auberge La Beursaudière
Obernai/ Ottrott (67)	À l'Ami Fritz
Oradour-sur-Vayres (87)	La Bergerie des Chapelles
Orgon (13)	Le Mas de la Rose
Osthouse (67)	À la Ferme
Paris 2e	De Noailles
Paris 3e	Du Petit Moulin
Paris 4e	Bourg Tibourg
Paris 5e	Seven
Paris 6e	La Belle Juliette

Paris 6e Odéon St-Germain
Paris 6e Récamier
Paris 7e Le Bellechasse
Paris 8e Le A
Paris 8e Le 123
Paris 8e Chambiges Élysées
Paris 8e Cristal
Paris 8e Le Mathurin
Paris 8e Pershing Hall
Paris 9e Athénée
Paris 9e Secret de Paris
Paris 11e Gabriel
Paris 15e Ares
Paris 17e De Banville
Paris 17e L'Edmond
Paris 17e Hidden
Paris 17e Les Jardins de la Villa
Paris 18e L'Hôtel Particulier Montmartre
Paris 20e Mama Shelter
Peillon (06) Auberge de la Madone
Perpignan (66) La Fauceille
Perros-Guirec (22) Le Manoir du Sphinx
Perros-Guirec/ Ploumanach (22) Castel Beau Site
Petit-Bersac (24) Château Le Mas de Montet
Plougrescant (22) Manoir de Kergrec'h
Pont-Audemer (27) Belle Isle sur Risle
Le Pradet/ Les Oursinières (83) L'Escapade
Le Puy-en-Velay (43) Du Parc
Pyla-sur-Mer (33) La Co(o)rniche
Quimper (29) Manoir-Hôtel des Indes
Ramatuelle (83) La Vigne de Ramatuelle
Rennes (35) Le Coq-Gadby
Les Riceys (10) Marius
Rocamadour (46) Les Vieilles Tours
La Rochelle (17) De la Monnaie
Rodez (12) Château de Labro
Romans-sur-Isère (26) L'Orée du Parc
La Roque-sur-Pernes (84) Château la Roque
Roscoff (29) Le Temps de Vivre
Le Rouret (06) Du Clos
Roussillon (84) Le Clos de la Glycine
Sabres (40) Auberge des Pins
Saint-Affrique-les-Montagnes (81) Domaine de Rasigous
Saint-Amour-Bellevue (71) Auberge du Paradis
Saint-Bernard (01) Le Clos du Chêne
Saint-Cirq-Lapopie/ Tour-de-Faure (46) Le Saint Cirq
Saint-Étienne-de-Baïgorry (64) Arcé
Saint-Jean-de-Luz (64) La Devinière
Saint-Laurent-des-Arbres (30) Le Saint-Laurent
Saint-Paul (06) La Grande Bastide
Saint-Paul (06) Le Hameau
Saint-Rémy-de-Provence (13) Gounod
Saint-Rémy-de-Provence (13) La Maison de Bournissac
Saint-Saud-Lacoussière (24) Hostellerie St-Jacques
Saint-Tropez (83) Benkiraï
Saint-Tropez (83) Pastis
Saint-Valery-sur-Somme (80) Les Corderies
Sainte-Anne-d'Auray (56) L'Auberge
Salers (15) Le Bailliage
Salers/ Le Theil (15) Hostellerie de la Maronne
Sare (64) Arraya
Saulxures (67) La Belle Vue
Sauternes (33) Relais du Château d'Arche
Sauveterre (30) Château de Varenne
Sélestat/ Rathsamhausen (67) Les Prés d'Ondine
Sélestat/ Le Schnellenbuhl (67) Auberge de l'Illwald
Toulouse (31) Garonne
Toulouse (31) Le Grand Balcon
Tournus/ Brancion (71) La Montagne de Brancion
La Trinité-sur-Mer (56) Le Lodge Kerisper
Troyes (10) Le Relais St-Jean
Turquant (49) Demeure de la Vignole
Uchaux (84) Château de Massillan
Uzès (30) Hostellerie Provençale
Valaurie (26) Le Moulin de Valaurie
Valenciennes (59) Auberge du Bon Fermier
Vannes (56) Villa Kerasy
Vannes/ Arradon (56) Le Parc er Gréo
Viré (71) Frédéric Carrion Cuisine Hôtel
Williers (08) Chez Odette
Yvoire (74) Villa Cécile

Argenton-sur-Creuse (36) Manoir de Boisvillers
Avensan (33) Le Clos de Meyre
Bastelica (2A) Artemisia
Biarritz (64) Maison Garnier
Bonnieux (84) Le Clos du Buis
Bormes-les-Mimosas (83) Hostellerie du Cigalou
Boulbon (13) La Bastide de Boulbon
Briançon (05) La Chaussée
Cancale (35) Auberge de la Motte Jean
Chorges (05) Ax'Hôtel

Clermont-l'Hérault/ Saint-Saturnin-de-Lucian (34) Du Mimosa
Cliousclat (26) La Treille Muscate
Cluses (74) La Ferme du Lac
Colmar (68) Hôtel Quatorze
Crest-Voland (73) Le Caprice des Neiges
Cuq-Toulza (81) Cuq en Terrasses
Deauville (14) Villa Joséphine
Douarnenez/ Tréboul (29) Ty Mad
Eygalières (13) Mas dou Pastré
Florac/ Cocurès (48) La Lozerette
Forcalquier (04) Auberge Charembeau
La Garde-Guérin (48) Auberge Régordane
Gérardmer/ Bas-Rupts (88) Auberge de la Poulcière
Gordes (84) La Ferme de la Huppe
Le Grand-Bornand/ Le Chinaillon (74) Les Cimes
Graveson (13) Le Cadran Solaire
Île de Ré/ Ars-en-Ré (17) Le Sénéchal
Île de Ré/ Saint-Martin-de-Ré (17) La Maison Douce
L'Isle-sur-la-Sorgue (84) Le Mas des Grès
Lyons-la-Forêt (27) Les Lions de Beauclerc
Le Mans/ Saint-Saturnin (72) Domaine de Chatenay
Maubec (84) La Bastide du Bois Bréant
Meung-sur-Loire (45) Relais Louis XI
Montclus (30) La Magnanerie de Bernas
Monte-Carlo (MC) Ni
Moustiers-Sainte-Marie (04) La Ferme Rose
Nyons (26) Une Autre Maison
Paris 1er Le Crayon
Paris 5e Le Petit Paris
Paris 6e Apostrophe
Paris 8e Le Pavillon des Lettres
Paris 9e Relais Madeleine
Paris 16e Windsor Home
Plan-de-la-Tour (83) Mas des Brugassières
Puligny-Montrachet (21) La Chouette
Puycelci (81) L'Ancienne Auberge
Puylaurens (81) Cap de Castel
Rocamadour (46) Troubadour
Roquebrune (06) Roquebrune
Saint-Alban-sur-Limagnole (48) Relais St-Roch
Saint-Céré (46) Villa Ric
Saint-Chély-d'Apcher/ La Garde (48) Le Rocher Blanc
Saint-Laurent-du-Verdon (04) Le Moulin du Château
Saint-Malo/ Saint-Servan-sur-Mer (35) L'Ascott
Saint-Prix (95) Hostellerie du Prieuré
Saint-Rémy-de-Provence (13) Sous les Figuiers
Sainte-Maxime/ Val (83) La Villa
Salers (15) Saluces
Sancerre/ Saint-Thibault (18) De la Loire
Seillans (83) Des Deux Rocs
Serre-Chevalier/ Le Monêtier-les-Bains (05) Alliey
Strasbourg (67) Chut Au Bain aux Plantes
Sully-sur-Loire (45) La Closeraie
Le Thor (84) La Bastide Rose
Tréguier (22) Kastell Dinec'h
Val-d'Isère (73) La Becca
Wierre-Effroy (62) La Ferme du Vert

Agen/ Pont-du-Casse (47) Château de Cambes
Alès/ Saint-Hilaire-de-Brethmas (30) Comptoir St-Hilaire
Alleins (13) Domaine de Méjeans
Allex (26) Petite Aiguebonne
Alluyes (28) Moulin de la Ronce
Amboise (37) Le Vieux Manoir
Annecy/ Veyrier-du-Lac (74) Le Clos du Lac
Apt/ Saignon (84) Chambre de Séjour avec Vue
Arbois (39) Closerie les Capucines
Argelès-sur-Mer (66) Château Valmy
Aujols (46) Lou Repaou
Aureille (13) Le Balcon des Alpilles
Autun (71) Le Moulin Renaudiots
Auxerre/ Appoigny (89) Le Puits d'Athie
Auxerre/ Villefargeau (89) Le Petit Manoir des Bruyères
Avignon (84) Lumani
Ayguesvives (31) La Pradasse
Baden (56) Le Val de Brangon
Bagnères-de-Bigorre (65) Les Petites Vosges
Le Barroux (84) Aube Safran
Bastia (2B) Château Cagninacci
La Bastide-Clairence (64) Maison Maxana
Bayeux (14) Manoir Sainte Victoire
Bayeux (14) Tardif Noble Guesthouse
Bazas/ Bernos-Beaulac (33) Dousud
Bazouges-la-Pérouse (35) Château de la Ballue
Beaulieu-sur-Dordogne/ Brivezac (19) Château de la Grèze
Beaumont-du-Périgord (24) Le Coteau de Belpech
Beaune (21) Les Jardins de Loïs
Beaune (21) Maison Fatien

Beaune (21) La Terre d'Or
Beaune/ Meursanges (21) Charm'Attitude
Belle-Ile/ Le Palais (56) Château de Bordenéo
Bénodet/ Sainte-Marine (29) La Ferme Saint-Vennec
Bessonies (46) Château de Bessonies
Beuvron-en-Auge (14) Le Pavé d'Hôtes
Béziers/ Villeneuve-lès-Béziers (34) La Chamberte
Biarritz (64) Nere-Chocoa
Biarritz (64) Villa Le Goéland
Biarritz/ Arcangues (64) Les Volets Bleus
Biron (24) Le Prieuré
Bonneuil (16) Le Maine Pertubaud-Jenssen
Bordeaux (33) La Maison Bord'Eaux
La Bourboule (63) La Lauzeraie
Bras (83) Une Campagne en Provence
Le Bugue (24) Maison Oléa
Cancale (35) Les Rimains
Cancon/ Saint-Eutrope-de-Born (47) Domaine du Moulin de Labique
Carcassonne (11) La Maison Coste
Carpentras (84) Château du Martinet
Carpentras/ Beaumes-de-Venise (84) Le Clos Saint Saourde
Caudebec-en-Caux (76) Manoir de Rétival
Cerdon (45) Les Vieux Guays
Chadurie (16) Le Logis de Puygâty
Charolles (71) Le Clos de l'Argolay
Chassagne-Montrachet (21) Château de Chassagne-Montrachet
Châteauneuf-Villevieille (06) La Parare
Chaumont-sur-Tharonne (41) Le Mousseau
Cholet (49) Demeure l'Impériale
Collonges-la-Rouge (19) Jeanne
Cordes-sur-Ciel/ Campes (81) Le Domaine de la Borie Grande
Coursac (24) Le Clos Bruyols
Coutances (50) Manoir de L'Ecoulanderie
Cucugnan (11) La Tourette
Cucuron (84) Le Pavillon de Galon
Cult (70) Les Egrignes
Cuzance (46) Manoir de Malagorse
Danizy (02) Domaine le Parc
Deauville (14) Manoir de Benerville
Derchigny (76) Manoir de Graincourt
Dieppe (76) La Villa Florida
Dieulefit (26) La Bergerie de Féline
Drain (49) Le Mésangeau
Eccica-Suarella (2A) Carpe Diem Palazzu
Les Échelles/ Saint-Christophe-la-Grotte (73) La Ferme Bonne de la Grotte
Ennordres (18) Les Chatelains
Épernay/ Ay (51) Le Manoir des Charmes
Épernay/ Mutigny (51) Manoir de Montflambert
Épinal/ Fontenay (88) La Grange
Eu (76) Manoir de Beaumont
Èze/ Col d'Èze (06) La Bastide aux Camélias

Faverney/ Breurey-lès-Faverney (70) Château de la Presle
Fontaine-sous-Jouy (27) Clos de Mondétour
Fontenay-le-Comte (85) Le Logis de la Clef de Bois
Fréland (68) La Haute Grange
Fresne-Cauverville (27) Le Clos de l'Ambroisie
Garrigues (34) Château Roumanières
Génissac (33) L'Arbre Rouge
Gramat (46) Moulin de Fresquet
Le Grand-Bornand/ Le Bouchet (74) Le Chalet des Troncs
Grasse (06) La Bastide St-Mathieu
Grasse (06) Moulin St-François
Grez-en-Bouère (53) Château de Chanay
Grignan (26) La Maison du Moulin
Guebwiller/ Murbach (68) Le Schaeferhof
Guéthary (64) Arguibel
Hasparren (64) Ferme Hégia
Honfleur (14) À L'École Buissonnière
Honfleur (14) Le Clos Bourdet
Honfleur (14) La Petite Folie
Île de Groix (56) Le Sémaphore de la Croix
L'Isle-sur-la-Sorgue (84) La Maison sur la Sorgue
Ivoy-le-Pré (18) Château d'Ivoy
Jarnac (16) Château Saint-Martial
Lagrave (81) Château de Touny
Lailly-en-Val (45) Domaine de Montizeau
Lascabanes (46) Le Domaine de Saint-Géry
Latillé (86) La Gentilhommière
Lavannes (51) La Closerie des Sacres
Legé (44) Villa des Forges
Libourne/ La Rivière (33) Château de La Rivière
Lille (59) La Maison Carrée
Lille (59) La Maison du Champlain
Linières-Bouton (49) Château de Boissimon
Lissac-sur-Couze (19) Château de Lissac
Listrac-Médoc (33) Les Cinq Sens
Logonna-Daoulas (29) Le Domaine de Moulin Mer
Louhans/ Bruailles (71) La Ferme de Marie-Eugénie
Lyon/ Écully (69) Les Hautes Bruyères
Le Mans (72) La Villa des Arts City
Le Mans/ Savigné-l'Évêque (72) La Villa des Arts
Marquay (24) Maison de Marquay
Martigné-Briand (49) Château des Noyers
Maussane-les-Alpilles/ Paradou (13) La Maison du Paradou
Mazamet (81) La Villa de Mazamet
Merry-sur-Yonne (89) Le Charme Merry
Monestier (24) Château des Baudry
Monhoudou (72) Château de Monhoudou
Montagnac (04) La Maison du Bois Doré
Montbenoît/ La Longeville (25) Le Crêt l'Agneau

Montcuq (46) Four
Montesquiou (32) Maison de la Porte Fortifiée
Montigny-lès-Arsures (39) Château de Chavanes
Montpellier (34) Baudon de Mauny
Montpellier (34) Clos de l'Herminier
Morlaix (29) Manoir de Coat Amour
Moulon (33) 5 Lasserre
Moustiers-Sainte-Marie (04) La Bouscatière
Mulhouse/ Rixheim (68) La Grange à Élise
Muro (2B) Casa Theodora
Le Muy (83) Château des Demoiselles
Nancy (54) Maison de Myon
Nantes/ Sucé-sur-Erdre (44) Les Arbres Rouges
Narbonne/ Canet (11) Château des Fontaines
Nasbinals (48) La Borie de l'Aubrac
Négreville (50) Château de Pont Rilly
Néville (76) Nature et Lin
Notre-Dame-de-Livaye (14) Aux Pommiers de Livaye
Notre-Dame-du-Pé (72) La Reboursière
Nyons/ Montaulieu (26) Les Terrasses
Oinville-sous-Auneau (28) Caroline Lethuillier
Orange (84) Justin de Provence
Ornans (25) Le Jardin de Gustave
Planguenoual (22) Manoir de la Hazaie
Plazac (24) Béchanou
Pleudihen-sur-Rance (22) Manoir de Saint-Meleuc
Plougasnou (29) Ar Velin Avel
Pluvigner (56) Domaine de Kerbarh
Poitiers/ Aslonnes (86) Le Moulin de Port Laverré
Poligny (05) Le Chalet des Alpages
Privas/ Rochessauve (07) Château de Rochessauve
Provins (77) Demeure des Vieux Bains
Puligny-Montrachet (21) Domaine des Anges
Quimperlé (29) Château de Kerlarec
Riquewihr (68) Le B. Espace Suites
Rocamadour (46) Domaine de la Rhue
Rouen (76) Le Clos Jouvenet
Rouen/ Martainville-Épreville (76) Sweet Home
Saillagouse/ Llo (66) L'Atalaya
Saint-Adjutory (16) Château du Mesnieux
Saint-André-de-Roquelongue (11) Demeure de Roquelongue
Saint-Calais (72) Château de la Barre
Saint-Claud (16) Logis de la Broue
Saint-Émilion (33) Les Belles Perdrix à Troplong-Mondot
Saint-Émilion (33) Clos de la Barbanne
Saint-Florent (2B) La Maison Rorqual
Saint-Front-de-Pradoux (24) Château la Thuilière
Saint-Léon (47) Le Hameau des Coquelicots
Saint-Maclou (27) Château de Saint-Maclou-la-Campagne
Saint-Michel-Mont-Mercure (85) Château de la Flocellière
Saint-Palais-sur-Mer (17) Ma Maison de Mer
Saint-Pierre-d'Albigny (73) Château des Allues
Saint-Rémy-de-Provence (13) La Maison du Village
Saint-Saturnin (63) Château Royal de Saint-Saturnin
Saint-Silvain-Bellegarde (23) Les Trois Ponts
Saint-Sornin (17) La Caussolière
Saint-Valery-en-Caux (76) Château de Mesnil Geoffroy
Saint-Vallier (26) Domaine des Buis
Saint-Witz (95) Villa 1865
Sainte-Mère-Église (50) Château de L'Isle Marie
Sainte-Nathalène (24) La Roche d'Esteil
Segonzac (19) Pré Laminon
Sennecey-le-Grand/ Jugy (71) Le Crot Foulot
Soustons (40) Domaine de Bellegarde
Terraube (32) Maison Ardure
Teyssode (81) Domaine d'En Naudet
Thibivillers (60) Le Puits d'Angle
Toulouse (31) Les Loges de St-Sernin
Tourrettes-sur-Loup (06) Histoires de Bastide
Troyes/ Moussey (10) Domaine de la Creuse
Tulette (26) K-Za
Uchaud (30) Le Huit
Uzer (07) Château d'Uzer
Uzès/ Montaren-et-Saint-Médiers (30) Clos du Léthé
Valenciennes (59) Le Grand Duc
Valojoulx (24) La Licorne
Vals-les-Bains (07) Château Clément
Vence (06) La Maison du Frêne
Vergoncey (50) Château de Boucéel
Villemontais (42) Domaine du Fontenay
Villetoureix (24) Le Moulin de Larcy
Villiers-sous-Grez (77) La Cerisaie
Vollore-Ville (63) Château de Vollore
Vouhé (17) Villa Cécile
Vouvray (37) Domaine des Bidaudières
Wailly-Beaucamp (62) La Prairière
Wierre-Effroy (62) Le Beaucamp

Restaurants agréables

Pleasant restaurants

Antibes/ Cap d'Antibes (06)	Eden Roc
Les Baux-de-Provence (13)	L'Oustaù de Baumanière
Illhaeusern (68)	Auberge de l'Ill
Lyon (69)	Paul Bocuse
Monte-Carlo (MC)	Le Louis XV-Alain Ducasse
Paris 1er	L'Espadon
Paris 1er	Le Meurice
Paris 5e	La Tour d'Argent
Paris 8e	Alain Ducasse au Plaza Athénée
Paris 8e	Les Ambassadeurs
Paris 8e	Le Cinq
Paris 8e	Épicure
Paris 8e	Lasserre
Paris 8e	Ledoyen
Paris 8e	Taillevent
Paris 16e	Le Pré Catelan
Reims (51)	Le Parc Les Crayères
Saint-Jean-Cap-Ferrat (06)	Grand Hôtel du Cap Ferrat
Valence (26)	Pic

Baerenthal/ Untermuhlthal (57)	L'Arnsbourg
Beaulieu-sur-Mer (06)	La Réserve de Beaulieu et Spa
Beaune/ Levernois (21)	Hostellerie de Levernois
Béthune/ Busnes (62)	Le Château de Beaulieu
Les Bézards (45)	Auberge des Templiers
Biarritz (64)	Du Palais
Bordeaux (33)	Le Pressoir d'Argent
Briollay (49)	Château de Noirieux
Cahors/ Mercuès (46)	Château de Mercuès
Cannes (06)	La Palme d'Or
Carcassonne (11)	La Barbacane
Le Castellet/ Circuit Paul Ricard (83)	Du Castellet
Chagny (71)	Maison Lameloise
Chamonix-Mont-Blanc (74)	Albert 1er
Chasselay (69)	Guy Lassausaie
Courchevel/ Courchevel 1850 (73)	Cheval Blanc
Courchevel/ Courchevel 1850 (73)	Pierre Gagnaire pour les Airelles
Deauville (14)	Royal-Barrière
Eugénie-les-Bains (40)	Michel Guérard
Évian-les-Bains (74)	L'Edouard VII
Grasse (06)	La Bastide St-Antoine
Honfleur (14)	La Ferme St-Siméon
Joigny (89)	La Côte St-Jacques
Laguiole (12)	Bras
Lyon (69)	Pierre Orsi
Lyon/ Charbonnières-les-Bains (69)	Philippe Gauvreau
Mandelieu/ La Napoule (06)	L'Oasis
Marseille (13)	Le Petit Nice
Mionnay (01)	Alain Chapel
Monte-Carlo (MC)	Grill de l'Hôtel de Paris
Monte-Carlo (MC)	Joël Robuchon Monte-Carlo
Montpellier (34)	Le Jardin des Sens
Nice (06)	Chantecler
Nîmes/ Garons (30)	Alexandre
Onzain (41)	Domaine des Hauts de Loire
Paris 1er	Le Grand Véfour
Paris 4e	L'Ambroisie
Paris 8e	Apicius
Paris 16e	L'Abeille
Paris 16e	La Grande Cascade
Reims (51)	L'Assiette Champenoise
Roanne (42)	Troisgros
La Rochelle (17)	Richard et Christopher Coutanceau
Romans-sur-Isère/ Granges-les-Beaumont (26)	Les Cèdres
Saint-Bonnet-le-Froid (43)	Régis et Jacques Marcon
Saint-Émilion (33)	Hostellerie de Plaisance
Saint-Tropez (83)	Résidence de la Pinède
Saint-Tropez (83)	Les Trois Saisons

Saint-Tropez (83) Villa Belrose
Saulieu (21) Le Relais Bernard Loiseau
Talloires (74) L'Auberge du Père Bise
Tourrettes (83) Faventia
Versailles (78) Gordon Ramsay au Trianon
Vézelay/ Saint-Père (89) L'Espérance
Vienne (38) La Pyramide
Vonnas (01) Georges Blanc

Agen (47) Mariottat
Aillant-sur-Tholon (89) Domaine du Roncemay
Aix-en-Provence/ Celony (13) Le Mas d'Entremont
Albi (81) La Réserve
Alleyras (43) Le Haut-Allier
Alpe-d'Huez (38) Au Chamois d'Or
Amboise (37) Le 36
Annecy (74) Le Clos des Sens
Annecy/ Veyrier-du-Lac (74) Yoann Conte
Antibes/ Cap d'Antibes (06) Bacon
Antibes/ Cap d'Antibes (06) Le Pavillon
Antibes/ Cap d'Antibes (06) Les Pêcheurs
Avignon (84) Christian Étienne
Avignon (84) D'Europe
Avignon (84) La Mirande
Avignon/ Le Pontet (84) Auberge de Cassagne
Bagnoles-de-l'Orne (61) Le Manoir du Lys
Bagnols-sur-Cèze (30) Les Jardins de Montcaud
Balleroy (14) Manoir de la Drôme
Barbotan-les-Thermes (32) La Bastide
Barneville-Carteret/ Carteret (50) De la Marine
La Baule (44) Castel Marie-Louise
Les Baux-de-Provence (13) La Cabro d'Or
Bayeux (14) Château de Sully
Bayeux/ Audrieu (14) Château d'Audrieu
Belle-Église (60) La Grange de Belle-Église
Belleville/ Pizay (69) Château de Pizay
Bidarray (64) Ostapé
Bidart (64) Table et Hostellerie des Frères Ibarboure
Billiers (56) Domaine de Rochevilaine
Biot (06) Les Terraillers
Bonnieux (84) La Bastide de Capelongue
Bordeaux (33) Le Gabriel
Bordeaux/ Bouliac (33) Le St-James
Bordeaux/ Martillac (33) Les Sources de Caudalie
Boulogne-sur-Mer (62) La Matelote
Bourg-en-Bresse/ Péronnas (01) La Marelle
Le-Bourget-du-Lac (73) Le Bateau Ivre
Bourgueil/ Restigné (37) Manoir de Restigné
Bourron-Marlotte (77) Les Prémices
Brantôme (24) Le Moulin de l'Abbaye
Brantôme/ Champagnac-de-Belair (24) Le Moulin du Roc
Brive-la-Gaillarde/ Varetz (19) Château de Castel Novel
La Bussière-sur-Ouche (21) Abbaye de la Bussière
La Cadière-d'Azur (83) Hostellerie Bérard
Callas (83) Hostellerie Les Gorges de Pennafort
Calvi (2B) La Palmeraie
Calvi (2B) La Table de Bastien
Cannes (06) Fouquet's
Cannes (06) Relais Martinez
Cannes/ Le Cannet (06) Villa Archange
Carantec (29) Patrick Jeffroy
Carcassonne (11) Domaine d'Auriac
Carcassonne (11) Le Parc Franck Putelat
Carpentras/ Mazan (84) L'Ingénue
Cassis (13) La Villa Madie
Cavalière (83) Le Club de Cavalière et Spa
La Celle (83) Hostellerie de l'Abbaye de la Celle
Chablis (89) Hostellerie des Clos
Chalon-sur-Saône/ Saint-Rémy (71) L'Amaryllis
Chantilly (60) Le Verbois
La Chapelle-en-Serval (60) Mont Royal
Chartres (28) Le Grand Monarque
Château-Arnoux-Saint-Auban (04) La Bonne Étape
Chaudes-Aigues (15) Serge Vieira
Chenonceaux (37) Auberge du Bon Laboureur
Clisson (44) La Bonne Auberge
Cognac (16) Château de l'Yeuse
Colombey-les-Deux-Églises (52) Hostellerie la Montagne
Colroy-la-Roche (67) Hostellerie La Cheneaudière
Compiègne/ Rethondes (60) Alain Blot
Condrieu (69) Hôtellerie Beau Rivage
Connelles (27) Le Moulin de Connelles
Conques (12) Hervé Busset
Conteville (27) Auberge du Vieux Logis
Courcelles-sur-Vesle (02) Château de Courcelles
Courchevel/ Courchevel 1850 (73) Amanresorts Le Mélézin
Courchevel/ Courchevel 1850 (73) Le Bateau Ivre

Courchevel/ Courchevel 1850 (73) Le Strato
Courchevel/ Courchevel 1850 (73) La Sivolière
Courchevel/ Courchevel 1850 (73) La Table du Kilimandjaro
Crillon-le-Brave (84) Crillon le Brave
Le Croisic (44) Le Fort de l'Océan
La Croix-Valmer/ Gigaro (83) Château de Valmer
Cruseilles (74) Domaine du Château des Avenières
Curzay-sur-Vonne (86) La Cédraie
Dijon (21) Le Pré aux Clercs
Dole/ Sampans (39) Château du Mont Joly
Dunkerque/ Coudekerque-Branche (59) Le Soubise
Épernay/ Vinay (51) Hostellerie La Briqueterie
Évian-les-Bains (74) La Suite
Évian-les-Bains (74) La Table
Eygalières (13) Maison Bru
Èze (06) Château de la Chèvre d'Or
Èze (06) Château Eza
Èze-Bord-de-Mer (06) Cap Estel
Fayence (83) Le Castellaras
Fère-en-Tardenois (02) Château de Fère
Fontjoncouse (11) Auberge du Vieux Puits
Forbach/ Stiring-Wendel (57) La Bonne Auberge
Forcalquier/ Mane (04) Le Cloître
Fort-Mahon-Plage (80) Auberge Le Fiacre
Gargas (84) Domaine de la Coquillade
Gémenos (13) Relais de la Magdeleine
Gérardmer/ Bas-Rupts (88) Les Bas-Rupts
Gordes (84) Les Bories
Gordes (84) La Bastide de Gordes et Spa
La Gouesnière (35) Maison Tirel-Guérin
Goumois (25) Taillard
Gressy (77) Le Cellier du Manoir
Grimaud (83) Les Santons
Gundershoffen (67) Le Cygne
Hennebont (56) Château de Locguénolé
Igé (71) Château d'Igé
Ile de Bendor (83) Le Delos
Ile de Porquerolles (83) Le Mas du Langoustier
Île de Ré/ La Flotte (17) Richelieu
Ile d'Oléron/ Dolus-d'Oléron (17) Le Grand Large
Jarnac/ Bourg-Charente (16) La Ribaudière
Joucas (84) Hostellerie Le Phébus et Spa
Kaysersberg (68) Chambard
Lacave (46) Château de la Treyne
Lacave (46) Pont de l'Ouysse
Langeais/ Saint-Patrice (37) Château de Rochecotte
Lezoux/ Bort-l'Étang (63) Château de Codignat
Ligny-en-Cambrésis (59) Château de Ligny
Lille (59) À L'Huîtrière
Limoges/ Saint-Martin-du-Fault (87) Chapelle St-Martin
Loiré (49) Auberge de la Diligence
Lorgues (83) L'Orangerie
Lourmarin (84) Auberge La Fenière
Lunéville (54) Château d'Adoménil
Luynes (37) Domaine de Beauvois
Lyon (69) Auberge de l'Ile
Lyon (69) Les Loges
Lyon (69) Mère Brazier
Lyon (69) Les Terrasses de Lyon
Lyon (69) Têtedoie
Lyon (69) Les Trois Dômes
Magescq (40) Relais de la Poste
Maisons-Laffitte (78) Tastevin
La Malène (48) Château de la Caze
Marlenheim (67) Le Cerf
Marseille (13) L'Épuisette
Megève (74) Flocons de Sel
Menton (06) Mirazur
Méribel (73) Le Grand Cœur
Méribel (73) L'Hélios
Missillac (44) La Bretesche
Molitg-les-Bains (66) Château de Riell
Monte-Carlo (MC) Vistamar
Monte-Carlo/ Monte-Carlo-Beach (MC) Elsa
Montélimar (26) Domaine du Colombier
Montluçon (03) Grenier à Sel
Montpellier/ Lattes (34) Domaine de Soriech
Montreuil (62) Château de Montreuil
Mougins (06) Le Jardin
Mougins (06) Le Mas Candille
Moulins (03) Le Clos de Bourgogne
Moustiers-Sainte-Marie (04) La Bastide de Moustiers
Mulhouse (68) Il Cortile
Nans-les-Pins (83) Domaine de Châteauneuf
Nantes/ Haute-Goulaine (44) Manoir de la Boulaie
Noizay (37) Château de Noizay
Obernai (67) La Fourchette des Ducs
Obernai/ Ottrott (67) À l'Ami Fritz
Orléans/ Olivet (45) Le Rivage
Ozoir-la-Ferrière (77) La Gueulardière
Paris 1er Le Dali
Paris 1er Sur Mesure par Thierry Marx
Paris 6e Paris
Paris 7e Le Jules Verne
Paris 8e Les Enfants Terribles
Paris 8e 1728
Paris 8e Senderens
Paris 8e La Table du Lancaster
Paris 16e Prunier
Paris 16e Shang Palace

Pau (64) Au Fin Gourmet
Pauillac (33) Château Cordeillan Bages
Perros-Guirec (22) L'Agapa
Phalsbourg (57) Au Soldat de l'An II
La Plaine-sur-Mer (44) Anne de Bretagne
Pont-Aven (29) Le Moulin de Rosmadec
Pont-du-Gard/ Castillon-du-Gard (30) Le Vieux Castillon
Port-en-Bessin (14) La Chenevière
Porticcio (2A) L'Arbousier
Port-Lesney (39) Château de Germigney
Port-Louis (56) Avel Vor
Porto-Vecchio (2A) Belvédère
Porto-Vecchio (2A) Casadelmar
Porto-Vecchio (2A) Grand Hôtel de Cala Rossa
Port-sur-Saône/ Vauchoux (70) Château de Vauchoux
Le Puy-en-Velay (43) François Gagnaire
Puymirol (47) Michel Trama
Questembert (56) Le Bretagne et sa Résidence
Ramatuelle (83) La Réserve Ramatuelle
Rayol-Canadel-sur-Mer (83) La Praya
Reims/ Montchenot (51) Le Grand Cerf
Rennes (35) La Coquerie
Rennes/ Saint-Grégoire (35) Le Saison
Reuilly-Sauvigny (02) Auberge Le Relais
Riquewihr (68) La Table du Gourmet
La Roche-l'Abeille (87) Le Moulin de la Gorce
Roscoff (29) Le Brittany
Les Sables-d'Olonne/ à l'anse de Cayola (85) Cayola
Saint-Germain-en-Laye (78) Cazaudehore
Saint-Germain-en-Laye (78) Pavillon Henri IV
Saint-Jean-Cap-Ferrat (06) Le Panorama
Saint-Jean-Cap-Ferrat (06) La Voile d'Or
Saint-Jean-Pied-de-Port (64) Les Pyrénées
Saint-Joachim (44) La Mare aux Oiseaux
Saint-Omer/ Tilques (62) Château Tilques
Saint-Paul (06) Le Mas de Pierre
Saint-Paul (06) Le Saint-Paul
Saint-Rémy-de-Provence (13) La Maison de Bournissac
Saint-Saturnin-lès-Apt (84) Domaine des Andéols
Saint-Sulpice-le-Verdon (85) Thierry Drapeau
Saint-Tropez (83) La Bastide de St-Tropez
Saint-Tropez (83) M
Saint-Tropez (83) Pan Deï Palais
Sainte-Anne-la-Palud (29) De La Plage
Sainte-Foy-la-Grande (33) Les Fresques
Sainte-Preuve (02) Les Epicuriens
Salon-de-Provence (13) Abbaye de Sainte-Croix
Saumur/ Chênehutte-les-Tuffeaux (49) Le Prieuré
La Saussaye (27) Manoir des Saules
Sélestat (67) Hostellerie de l'Abbaye la Pommeraie
Sierentz (68) Auberge St-Laurent
Strasbourg (67) Buerehiesel
Tignes/ Val-Claret (73) La Table en Montagne
Toulon (83) Les Pins Penchés
Toulouse/ Colomiers (31) L'Amphitryon
Tournus (71) Greuze
Tours/ Rochecorbon (37) Les Hautes Roches
Tourtour (83) La Bastide de Tourtour
Trébeurden (22) Manoir de Lan-Kerellec
Trébeurden (22) Ti al Lannec
Trégunc (29) Auberge Les Grandes Roches
Trémolat (24) Le Vieux Logis
La Turbie (06) Hostellerie Jérôme
Uriage-les-Bains (38) Les Terrasses
Vannes/ Saint-Avé (56) Le Pressoir
Verdun/ Les Monthairons (55) Hostellerie du Château des Monthairons
Verneuil-sur-Avre (27) Le Clos
Ville-d'Avray (92) Le Corot
Villeneuve-le-Comte (77) A la Bonne Marmite
Villeneuve-lès-Avignon (30) Le Prieuré
Vougeot/ Gilly-lès-Cîteaux (21) Clos Prieur
Zoufftgen (57) La Lorraine

Aire-sur-la-Lys/ Isbergues (62) Le Buffet
Aix-en-Provence (13) Pierre Reboul
Aix-en-Provence (13) Villa Gallici
Ajaccio (2A) Palm Beach
Albertville/ Monthion (73) Les 16 Clochers
Albi (81) David Enjalran - L'Esprit du Vin
Alès/ Saint-Privat-des-Vieux (30) Le Vertige des Senteurs
Ambronay (01) Auberge de l'Abbaye
Anduze/ Tornac (30) Les Demeures du Ranquet
Angoulême/ Soyaux (16) La Cigogne
Annecy/ Pringy (74) Le Clos du Château
Ansouis (84) La Closerie
Antibes (06) Bastion
Antibes/ Cap d'Antibes (06) Le Pavillon Beach
Arcachon (33) Le Patio
Arles (13) L'Hôtel Particulier
Avallon/ Vault-de-Lugny (89) Château de Vault de Lugny

Avignon/ Montfavet (84) Hostellerie Les Frênes
Azay-le-Rideau/ Saché (37) Auberge du XIIe Siècle
Bagnères-de-Luchon (31) L'Heptameron des Gourmets
Bandol (83) Île Rousse
Bayonne (64) Auberge du Cheval Blanc
Beaune (21) Loiseau des Vignes
Bédoin (84) Le Mas des Vignes
Belcastel (12) Vieux Pont
Belfort/ Sevenans (90) Auberge de la Tour Penchée
Belgentier (83) Le Moulin du Gapeau
Bénodet/ Sainte-Marine (29) Les Trois Rochers
Biarritz (64) Campagne et Gourmandise
Biarritz (64) Philippe
Biarritz/ Arcangues (64) Le Moulin d'Alotz
Blainville-sur-Mer (50) Le Mascaret
Bonne/ Pont de Fillinges (74) Le Pré d'Antoine
Le-Bourget-du-Lac (73) La Grange à Sel
Bray-et-Lû (95) Les Jardins d'Epicure
Le Breuil-en-Auge (14) Le Dauphin
Cahors/ Caillac (46) Le Vinois
Cambremer (14) Château Les Bruyères
Cancale (35) Le Coquillage
Cannes (06) Carlton
Carpentras/ Le Beaucet (84) Auberge du Beaucet
Carsac-Aillac (24) La Villa Romaine
Chaintré (71) La Table de Chaintré
Chamonix-Mont-Blanc (74) La Maison Carrier
Chamonix-Mont-Blanc/ Le Lavancher (74) Les Chalets de Philippe
Chamonix-Mont-Blanc/ Les Praz-de-Chamonix (74) La Cabane des Praz
La Chapelle-de-Guinchay (71) La Poularde
Le Châtelet/ Notre-Dame d'Orsan (18) La Table d'Orsan
Châtillon-sur-Chalaronne (01) La Tour
Chénas (69) Platanes de Chénas
Clermont-Ferrand (63) Le Pré Carré
La Clusaz (74) Le 5
La Colle-sur-Loup (06) Alain Llorca
Concarneau (29) Le Nautile
Couilly-Pont-aux-Dames (77) Auberge de la Brie
La Crau (83) Auberge du Fenouillet
Crépon (14) Ferme de la Rançonnière
Cucuron (84) La Petite Maison de Cucuron
Les Deux-Alpes (38) Le P'tit Polyte
Dieppe/ Offranville (76) Le Colombier
Dijon (21) Hostellerie du Chapeau Rouge
Dijon (21) La Maison des Cariatides
Dirac (16) Domaine du Châtelard
Erquy/ Saint-Aubin (22) Relais St-Aubin
Eugénie-les-Bains (40) La Ferme aux Grives
Èze (06) Les Remparts
Falicon (06) Parcours
Fayence (83) Moulin de la Camandoule
Ferrières-les-Verreries (34) La Cour-Mas de Baumes
Fleurville/ Mirande (71) La Marande
Florac/ Cocurès (48) La Lozerette
Fontevraud-l'Abbaye (49) Licorne
La Gacilly (56) Les Jardins Sauvages
Gex/ Échenevex (01) Auberge des Chasseurs
Gordes (84) Le Mas Tourteron
Goult (84) La Bartavelle
Groisy (74) Auberge de Groisy
Honfleur (14) La Chaumière
Ile d'Oléron/ Le Château-d'Oléron (17) Jardins d'Aliénor
Illzach (68) La Closerie
L'Isle-sur-la-Sorgue (84) La Prévôté
L'Isle-sur-Serein (89) Auberge du Pot d'Étain
Issoire/ Perrier (63) La Cour Carrée
Issoudun/ Saint-Valentin (36) Au 14 Février
Jongieux (73) Auberge Les Morainières
Joucas (84) Le Café de la Fontaine
Juan-les-Pins (06) Café Marianne
Kilstett (67) Au Cheval Noir
Lapoutroie (68) Les Alisiers
Laroque-des-Albères (66) Les Palmiers
Levie (2A) A Pignata
Lièpvre/ La Vancelle (67) Auberge Frankenbourg
Lille/ Bois-Grenier (59) La Table des Jardins
La Londe-les-Maures (83) Cédric Gola
Lons-le-Saunier/ Courlaoux (39) L'Épicurien
Lyon (69) Brasserie Léon de Lyon
Lyon (69) La Rémanence
Lyons-la-Forêt (27) La Licorne
Mâcon (71) Le Poisson d'Or
Malbuisson (25) Le Bon Accueil
Manigod (74) La Table de Marie-Ange
Manosque (04) Sens et Saveurs
Le Mans (72) La Maison d'Élise
Marly-le-Roi (78) Le Village
Maussane-les-Alpilles/ Paradou (13) Du Côté des Olivades
Megève (74) Les Enfants Terribles
Megève (74) La Sauvageonne - Chez Nano
Ménerbes (84) La Bastide de Marie
Méribel (73) Le Plantin
Merkwiller-Pechelbronn (67) Auberge Baechel-Brunn
Meudon (92) L'Escarbille
Meyronne (46) La Terrasse
Mirepoix (09) Relais Royal
Moëlan-sur-Mer (29) Le Raphaël
Mollégès (13) Mas du Capoun

Monpazier (24) Edward 1er
Montauroux (83) Auberge Eric Maio
Montbazon (37) Olivier Arlot - La Chancelière
Monte-Carlo (MC) Café de Paris
Monte-Carlo (MC) Maya Bay
Monte-Carlo (MC) La Trattoria
Monte-Carlo (MC) Yoshi
Monte-Carlo/ Monte-Carlo-Beach (MC) La Vigie
Montner (66) Auberge du Cellier
Montpellier/ Castelnau-le-Lez (34) Domaine de Verchant
Montpellier/ Castries (34) Disini
Montreuil/ La Madelaine-sous-Montreuil (62) Auberge de la Grenouillère
Montrevel-en-Bresse (01) Léa
Morteau (25) Auberge de la Roche
Moudeyres (43) Le Pré Bossu
Mougins (06) La Place de Mougins
Moustiers-Sainte-Marie (04) La Ferme Ste-Cécile
Mulhouse/ Rixheim (68) Le 7ème Continent
Nans-les-Pins (83) Château de Nans
Nantes (44) L'Abélia
Neauphle-le-Château (78) Domaine du Verbois
Nexon (87) Les Chaumières
Nice (06) La Réserve de Nice
Nieuil (16) La Grange aux Oies
Ollioules (83) La Table du Vigneron
Orange (84) Le Mas des Aigras - Table du Verger
Paris 1er Camélia
Paris 1er 1 Place Vendôme
Paris 2e Mori Venice Bar
Paris 6e Le Restaurant
Paris 6e La Société
Paris 7e Il Vino d'Enrico Bernardo
Paris 7e Jean-François Piège
Paris 7e Les Ombres
Paris 8e 114, Faubourg
Paris 8e La Cuisine
Paris 8e Il Carpaccio
Paris 8e Mini Palais
Paris 8e Pershing Hall
Paris 8e Le Relais Plaza
Paris 8e De Sers
Paris 9e L'Opéra
Paris 16e Bon
Paris 16e Cristal Room Baccarat
Paris 17e Frédéric Simonin
Peillon (06) Auberge de la Madone
Pérouges (01) Ostellerie du Vieux Pérouges
Perpignan (66) La Passerelle
Perros-Guirec/ Ploumanach (22) La Table de mon Père
Pouilly-le-Fort (77) Le Pouilly
Le Pradet/ Les Oursinières (83) La Chanterelle
Ramatuelle (83) L'Écurie du Castellas
La Rivière-Thibouville (27) Le Manoir du Soleil d'Or
La Rochelle (17) Les Flots
Le Rouret (06) Le Clos St-Pierre
Roussillon (84) David
Royat (63) La Table d'Isidore
Sabres (40) Auberge des Pins
Saint-Amour-Bellevue (71) Auberge du Paradis
Saint-Arcons-d'Allier (43) Les Deux Abbesses
Saint-Étienne-de-Baïgorry (64) Arcé
Saint-Galmier (42) Le Bougainvillier
Saint-Geniès (24) Le Château
Saint-Jean-Cap-Ferrat (06) Club Dauphin
Saint-Jean-Cap-Ferrat (06) La Pergola
Saint-Malo/ Saint-Servan-sur-Mer (35) Le St-Placide
Saint-Martin-de-Belleville (73) La Bouitte
Saint-Pée-sur-Nivelle (64) L'Auberge Basque
Saint-Rémy-de-Provence (13) De l'Image
Saint-Tropez (83) Colette
Saintes-Maries-de-la-Mer (13) Lodge de la Fouque
Le Sambuc (13) Le Mas de Peint
Sare (64) Olhabidea
Sartène (2A) Santa Barbara
Sassetot-le-Mauconduit (76) Le Relais des Dalles
Saulxures (67) La Belle Vue
Sélestat/ Le Schnellenbuhl (67) Auberge de l'Illwald
Serre-Chevalier/ Le Monêtier-les-Bains (05) La Table du Chazal
Sessenheim (67) Au Boeuf
Strasbourg (67) La Cambuse
Thuret (63) Château de la Canière
Tournus (71) Aux Terrasses
Tournus/ Brancion (71) La Montagne de Brancion
Uchaux (84) Côté Sud
Uzès (30) L'Artemise
Vaison-la-Romaine (84) Le Moulin à Huile
Vaison-la-Romaine/ Roaix (84) Le Grand Pré
Valaurie (26) Le Moulin de Valaurie
Val-d'Isère (73) La Becca
Ventabren (13) La Table de Ventabren
Verdun-sur-le-Doubs (71) Hostellerie Bourguignonne
Versailles (78) La Véranda
Vienne-en-Val (45) Auberge de Vienne
Viré (71) Frédéric Carrion Cuisine Hôtel
Willgottheim (67) La Cour de Lise
Ygrande (03) Château d'Ygrande

Anse (69)	Au Colombier
Arbois/ Pupillin (39)	Le Grapiot
Argentière (74)	La Remise
Arles (13)	L'Atelier de Jean-Luc Rabanel
Arles (13)	La Chassagnette
Auriac (19)	Les Jardins Sothys
Auvers-sur-Oise (95)	Auberge Ravoux
Avignon (84)	Les 5 Sens
Le Barp (33)	Le Résinier
Beaune/ Levernois (21)	Le Bistrot du Bord de l'Eau
Beauvois-en-Cambrésis (59)	Le Contemporain
Blois (41)	Au Rendez-vous des Pêcheurs
Bonnieux (84)	L'Arôme
Bonnieux (84)	Le Fournil
Bordeaux (33)	C'Yusha
La Cadière-d'Azur (83)	Le Bistrot de Jef
Cancale (35)	La Table de Breizh Café
Carnac (56)	La Calypso
Castres (81)	Bistrot Saveurs
Cernay-la-Ville/ La Celle-les-Bordes (78)	L'Auberge de l'Élan
Chalon-sur-Saône (71)	Le Bistrot
Chevagny-les-Chevrières (71)	L'Arbre Blanc
Cieurac (46)	Table de Haute Serre
Clermont-Ferrand (63)	Fleur de Sel
Cliousclat (26)	La Treille Muscate
Cognac (16)	Le P'tit Yeuse
Cormeilles (27)	Gourmandises
Crest-Voland (73)	Le Caprice des Neiges
Le Creusot (71)	Le Restaurant
Fayence (83)	La Table d'Yves
Fléchin (62)	La Maison
Gargas (84)	Le Bistrot - Jardin dans les Vignes
Hendaye (64)	Maison Eguiazabal-Le Bar à Vin
Iguerande (71)	La Colline du Colombier
L'Isle-sur-la-Sorgue (84)	Le Jardin du Quai
L'Isle-sur-la-Sorgue (84)	Le Mas des Grès
Kaysersberg (68)	Winstub
Langeais (37)	Au Coin des Halles
Lorient (56)	Henri et Joseph
Luynes (37)	Le XII de Luynes
Lyon (69)	Au 14 Février
Lyon (69)	Maison Clovis
Lyons-la-Forêt (27)	Les Lions de Beauclerc
Magalas (34)	Ô. Bontemps
Maisons-Laffitte (78)	La Plancha
Marseille (13)	Le Ventre de l'Architecte - Le Corbusier
Montpellier (34)	Tamarillos
Nancy (54)	V Four
Notre-Dame-de-Bellecombe (73)	La Ferme de Victorine
Noyers (89)	Les Millésimes
Nyons (26)	Une Autre Maison
Obernai (67)	Le Stub
Paris 5e	Sola
Paris 7e	L'Atelier de Joël Robuchon - St-Germain
Paris 8e	L'Atelier de Joël Robuchon - Étoile
Paris 8e	Café Lenôtre - Pavillon Elysée
Paris 15e	Gwon's Dining
Paris 17e	Caïus
Paris 20e	Mama Shelter
Porto-Vecchio (2A)	Des Hauts de Santa Giulia
Pratz (39)	Les Louvières
Puylaurens (81)	Cap de Castel
Rambouillet (78)	L'Huître sur le Zinc
Reims (51)	Le Jardin Les Crayères
Riquewihr (68)	Grappe d'Or
Rivesaltes (66)	La Table d'Aimé
Saint-Agrève (07)	Faurie
Saint-Alban-sur-Limagnole (48)	La Petite Maison
Saint-Paul (06)	Toile Blanche
Saint-Prix (95)	Hostellerie du Prieuré
Sainte-Cécile-les-Vignes (84)	Campagne, Vignes et Gourmandises
Seillans (83)	Le Relais
Serre-Chevalier/ Le Monêtier-les-Bains (05)	Maison Alliey
Sète (34)	La Coquerie
Tournus/ Le Villars (71)	L'Auberge des Gourmets
Tourrettes-sur-Loup (06)	Clovis
Tours (37)	Le Saint-Honoré
Tourtour (83)	La Table
Turenne (19)	Maison des Chanoines
Vence (06)	Les Bacchanales
Vergongheon (43)	La Petite École
Yvetot (76)	Auberge du Val au Cesne

Spa

Bel espace de bien-être et de relaxation
Extensive facility for relaxation and well-being

Spa

Aix-en-Provence (13)	Aquabella
Aix-les-Bains (73)	Mercure Ariana
Aix-les-Bains (73)	Radisson Blu
Alpe-d'Huez (38)	Au Chamois d'Or
Anglet (64)	Atlanthal
Annecy (74)	Les Trésoms
Antibes (06)	Royal
Antibes/ Cap d'Antibes (06)	Du Cap
Arles (13)	Le Calendal
Arzon/ Port du Crouesty (56)	Miramar
Avignon/ Le Pontet (84)	Auberge de Cassagne et Spa
Bandol (83)	Île Rousse
Barbizon (77)	Les Pléiades
Barbotan-les-Thermes (32)	La Bastide
Barcelonnette/ Jausiers (04)	Villa Morelia
Bastia (2B)	Ostella
Les Baux-de-Provence (13)	L'Oustaù de Baumanière
Les Baux-de-Provence (13)	La Cabro d'Or
Les Baux-de-Provence (13)	Le Manoir
Beaulieu-sur-Mer (06)	La Réserve de Beaulieu et Spa
Bédarieux/ Hérépian (34)	Le Couvent d'Hérépian
Belle-Ile/ Port-Goulphar (56)	Castel Clara
Belleville/ Pizay (69)	Château de Pizay
Biarritz (64)	Le Biarritz
Biarritz (64)	Du Palais
Biarritz (64)	Sofitel le Miramar Thalassa
Billiers (56)	Domaine de Rochevilaine
Bonifacio (2A)	A Madonetta
Bonifacio (2A)	U Capu Biancu
Bordeaux (33)	Grand Hôtel de Bordeaux et Spa
Bordeaux/ Martillac (33)	Les Sources de Caudalie
La Cadière-d'Azur (83)	Hostellerie Bérard
Calais/ Coquelles (62)	Holiday Inn
Calvi (2B)	La Signoria
Calvi (2B)	La Villa
Canet-en-Roussillon/ Canet-Plage (66)	Les Flamants Roses
Cannes (06)	Five Hotel et Spa
Cannes (06)	Majestic Barrière
Cannes (06)	Martinez
Cannes (06)	Radisson Blu 1835 Hotel et Thalasso
Capbreton (40)	Baya Hôtel et Spa
Carnac (56)	Carnac Thalasso et Spa Resort
Le Castellet/ Circuit Paul Ricard (83)	Du Castellet
Cavalière (83)	Le Club de Cavalière et Spa
Chambéry/ Barberaz (73)	Altédia Lodge
Chambretaud (85)	Château du Boisniard
Chamonix-Mont-Blanc (74)	Les Aiglons
Chamonix-Mont-Blanc (74)	Hameau Albert 1er
Chamonix-Mont-Blanc (74)	Le Morgane
Chantilly/ Gouvieux (60)	Château de Montvillargenne
La Chapelle-en-Serval (60)	Mont Royal
Chartres (28)	Le Grand Monarque
Château-Thierry (02)	Ile de France
Châtel (74)	Macchi
Châtel-Guyon (63)	Splendid
La Châtre/ Pouligny-Notre-Dame (36)	Les Dryades
Chorges (05)	Ax'Hôtel
La Clusaz (74)	Au Cœur du Village
Contrexéville (88)	Cosmos
Courban (21)	Château de Courban
Courchevel (73)	Manali
Courchevel/ Courchevel 1850 (73)	Les Airelles
Courchevel/ Courchevel 1850 (73)	Amanresorts Le Mélézin
Courchevel/ Courchevel 1850 (73)	Annapurna
Courchevel/ Courchevel 1850 (73)	Le Chabichou

Courchevel/ Courchevel 1850 (73) Cheval Blanc
Courchevel/ Courchevel 1850 (73) Le Kilimandjaro
Courchevel/ Courchevel 1850 (73) Le Lana
Courchevel/ Courchevel 1850 (73) Saint-Roch
Courchevel/ Courchevel 1850 (73) La Sivolière
Courchevel/ Courchevel 1850 (73) Le Strato
Courchevel/ Courchevel 1850 (73) Les Suites de la Potinière
La Croix-Valmer/ Gigaro (83) Château de Valmer
Crozet (01) Jiva Hill Park Hôtel
Dax/ Saint-Paul-lès-Dax (40) Calicéo
Deauville (14) Manoir de Benerville
Les Deux-Alpes (38) Chalet Mounier
Dinard (35) Novotel Thalassa
Divonne-les-Bains (01) La Villa du Lac
Embrun (05) Les Bartavelles
Enghien-les-Bains (95) Grand Hôtel Barrière
Enghien-les-Bains (95) Du Lac
Épernay/ Vinay (51) Hostellerie La Briqueterie
Épinal (88) La Fayette
Épinal (88) Mercure
Eugénie-les-Bains (40) Les Prés d'Eugénie
Évian-les-Bains (74) Ermitage
Évian-les-Bains (74) Hilton
Évian-les-Bains (74) Royal
Èze-Bord-de-Mer (06) Cap Estel
Forcalquier (04) La Bastide Saint Georges
Forcalquier/ Mane (04) Couvent des Minimes
Fouday (67) Julien
La Gacilly (56) Grée des Landes
Garrevaques (81) Le Château de Garrevaques
Garrevaques (81) Le Pavillon du Château
Gérardmer (88) Beau Rivage
Gérardmer (88) Le Grand Hôtel
Gérardmer/ Xonrupt-Longemer (88) Les Jardins de Sophie
Les Gets (74) La Marmotte
Gordes (84) La Bastide de Gordes et Spa
Gordes (84) Les Bories et Spa
La Grande-Motte (34) Les Corallines
Granville (50) Mercure le Grand Large
Le Grau-du-Roi/ Port-Camargue (30) Mercure
Grenoble/ Eybens (38) Château de la Commanderie

Le Havre (76) Pasino
Hendaye/ Hendaye-Plage (64) Serge Blanco
Honfleur (14) La Ferme St-Siméon
Honfleur (14) Les Maisons de Léa
Honfleur/ Cricquebœuf (14) Manoir de la Poterie et Spa
Honfleur/ La Rivière-Saint-Sauveur (14) Antarès
Île de Noirmoutier/ Noirmoutier-en-l'Île (85) St-Paul
Île de Ré/ La Flotte (17) Richelieu
Île de Ré/ Saint-Martin-de-Ré (17) La Baronnie Hôtel et Spa
Île de Ré/ Saint-Martin-de-Ré (17) Clos St-Martin
Île de Ré/ Sainte-Marie-de-Ré (17) Atalante
Joigny (89) La Côte St-Jacques
Joucas (84) Hostellerie Le Phébus et Spa
Jumièges (76) Spa Hôtel Le Domaine Le Clos des Fontaines
Jungholtz (68) Violettes
Kaysersberg (68) Chambard
Lieusaint (77) Clarion Suites
Ligny-en-Cambrésis (59) Château de Ligny
Locquirec (29) Le Grand Hôtel des Bains
Lons-le-Saunier/ Chille (39) Parenthèse
Lorgues (83) Château de Berne
Lyon (69) Cour des Loges
Lyon (69) Lyon Métropole
Lyon/ Charbonnières-les-Bains (69) Le Pavillon de la Rotonde
Lyons-la-Forêt (27) La Licorne
Marlenheim (67) Le Cerf
Marne-la-Vallée/ Magny-le-Hongre (77) Dream Castle
Marne-la-Vallée/ Magny-le-Hongre (77) Magic Circus
Marne-la-Vallée/ Magny-le-Hongre (77) Radisson Blu at Disneyland
Marseille (13) Sofitel Vieux Port
Maussane-les-Alpilles/ Paradou (13) B design et Spa
Megève (74) Alpaga
Megève (74) Chalet du Mont d'Arbois
Megève (74) Le Fer à Cheval
Megève (74) Les Fermes de Marie
Megève (74) Flocons de Sel
Megève (74) Lodge Park
Megève (74) Mont-Blanc
Les Menuires (73) Chalet Hôtel Kaya
Méribel (73) Allodis
Méribel (73) Le Grand Cœur et Spa
Méribel (73) L'Hélios

Missillac (44)	La Bretesche
Moissac (82)	Le Moulin de Moissac
Molsheim (67)	Diana
Montauban (82)	Abbaye des Capucins Spa et Resort
Montbazon (37)	Château d'Artigny
Monte-Carlo (MC)	Fairmont Monte-Carlo
Monte-Carlo (MC)	Hermitage
Monte-Carlo (MC)	Métropole
Monte-Carlo (MC)	Monte Carlo Bay Hotel and Resort
Monte-Carlo (MC)	Paris
Monte-Carlo (MC)	Port Palace
Monte-Carlo/ Monte-Carlo-Beach (MC)	Monte-Carlo Beach Hôtel
Montpellier/ Baillargues (34)	Golf Hôtel de Massane
Montpellier/ Castelnau-le-Lez (34)	Domaine de Verchant
Montpellier/ Castries (34)	Disini
Morsbronn-les-Bains (67)	La Source des Sens
Mosnes (37)	Domaine des Thômeaux
Mougins (06)	Le Mas Candille
Mougins (06)	Royal Mougins Golf Resort
Moulon (33)	5 Lasserre
Munster (68)	Verte Vallée
Nantes/ Orvault (44)	Le Domaine d'Orvault
Nice (06)	Exedra
Nice (06)	Hi Hôtel
Nîmes (30)	Jardins Secrets
Nîmes (30)	Vatel
Obernai (67)	Le Parc
Obernai/ Ottrott (67)	Hostellerie des Châteaux
Obernai/ Ottrott (67)	Le Clos des Délices
Olmeto (2A)	Marinca
Ouistreham/ Riva-Bella (14)	Riva Bella
Pailherols (15)	Auberge des Montagnes
Paris 1er	Le Burgundy
Paris 1er	Mandarin Oriental
Paris 1er	Le Meurice
Paris 1er	Renaissance Paris Vendôme
Paris 1er	Ritz
Paris 2e	Park Hyatt
Paris 3e	Pavillon de la Reine
Paris 6e	Le Six
Paris 8e	Le Bristol
Paris 8e	Fouquet's Barrière
Paris 8e	Four Seasons George V
Paris 8e	Hilton Arc de Triomphe
Paris 8e	Le Mathurin
Paris 8e	Plaza Athénée
Paris 8e	Le Royal Monceau
Paris 9e	Intercontinental Le Grand
Paris 9e	Scribe
Paris 16e	Le Metropolitan Radisson Blu
Paris 16e	Shangri-La
Paris 16e	Square
Paris 16e	Villa et Hôtel Majestic
Pau (64)	Parc Beaumont
Perros-Guirec (22)	L'Agapa
La-Petite-Pierre (67)	Au Lion d'Or
La-Petite-Pierre (67)	La Clairière
Le Pian-Médoc (33)	Golf du Médoc Hôtel et Spa
La Plagne/ Plagne-Bellecôte (73)	Carlina
Ploërmel (56)	Le Roi Arthur
Pornic (44)	Alliance
Porticcio (2A)	Sofitel Thalassa
Porto-Vecchio (2A)	Casadelmar
Porto-Vecchio (2A)	Grand Hôtel de Cala Rossa
Propriano (2A)	Neptune
Provins (77)	Aux Vieux Remparts
Quiberon (56)	Sofitel Diététique
Quiberon (56)	Sofitel Thalassa
Ramatuelle (83)	La Réserve Ramatuelle
Rennes (35)	Le Coq-Gadby
La Rochelle (17)	De la Monnaie
Roissy-en-France (95)	Novotel Convention et Wellness
Roscoff (29)	Le Brittany
Rouen (76)	De Bourgtheroulde
Rouffach (68)	Château d'Isenbourg
Royan (17)	Grand Hôtel Cordouan
Rueil-Malmaison (92)	Le Relais de la Malmaison
Les Sables-d'Olonne (85)	Mercure Thalassa
Saint-Cyprien (66)	La Lagune
Saint-Cyprien/ Saint-Cyprien-Plage (66)	Mas d'Huston
Saint-Cyr-sur-Mer (83)	Dolce Frégate
Saint-Émilion (33)	Château Grand Barrail
Saint-Gervais-en-Vallière/ Chaublanc (71)	Le Moulin d'Hauterive
Saint-Gervais-les-Bains/ Le Bettex (74)	Arbois-Bettex
Saint-Jean-Cap-Ferrat (06)	Grand Hôtel du Cap Ferrat
Saint-Jean-Cap-Ferrat (06)	Royal Riviera
Saint-Jean-de-Luz (64)	Grand Hôtel Loreamar Thalasso et Spa
Saint-Jean-de-Luz (64)	Hélianthal
Saint-Jean-de-Monts (85)	Atlantic Hôtel Thalasso
Saint-Laurent-de-Cerdans (66)	Domaine de Falgos
Saint-Malo (35)	Grand Hôtel des Thermes

Saint-Martin-de-Belleville (73) La Bouitte
Saint-Paul (06) Le Mas de Pierre
Saint-Raphaël/ Valescure (83) Golf Hôtel de Valescure
Saint-Rémy-de-Provence (13) Hostellerie du Vallon de Valrugues
Saint-Tropez (83) Byblos
Saint-Tropez (83) Château de la Messardière
Saint-Tropez (83) Sezz
Saint-Tropez (83) Villa Marie
Sainte-Preuve (02) Domaine du Château de Barive
Saintes-Maries-de-la-Mer (13) Lodge de la Fouque
Salers (15) Le Bailliage
Salzuit (43) Domaine St Roch
Sanary-sur-Mer (83) Hostellerie La Farandole
Saulieu (21) Le Relais Bernard Loiseau
Serre-Chevalier/ Le Monêtier-les-Bains (05) Alliey
Strasbourg/ Ostwald (67) Château de l'Ile
Thannenkirch (68) Touring-Hôtel
Tignes (73) Les Campanules
Tignes (73) Les Suites du Montana
Tignes (73) Village Montana
Tignes/ Val-Claret (73) Les Suites du Nevada
Le Touquet-Paris-Plage (62) Novotel
Le Touquet-Paris-Plage (62) Westminster
Tourrettes (83) Four Seasons Resort Provence at Terre Blanche
Trébeurden (22) Ti al Lannec
Uriage-les-Bains (38) Grand Hôtel
Val-d'Isère (73) Avenue Lodge
Val-d'Isère (73) Les Barmes de l'Ours
Val-d'Isère (73) Le Blizzard
Val-d'Isère (73) Savoie
Val-d'Isère (73) Le Tsanteleina
Val-Thorens (73) Fitz Roy
Vence (06) Château St-Martin et Spa
Versailles (78) Trianon Palace
Vichy (03) Vichy Spa Hôtel et Resort Les Célestins
Ville-d'Avray (92) Les Étangs de Corot
Villers-sur-Mer (14) Domaine de Villers et Spa
Villiers-le-Mahieu (78) Château de Villiers-le-Mahieu
Vittel (88) L'Orée du Bois
Vonnas (01) Georges Blanc
Vosne-Romanée (21) Le Richebourg
Yvoire (74) Villa Cécile

Pour en savoir plus

Further information

Vignobles & Spécialités régionales

Vineyards & Regional Specialities

① NORMANDIE

Demoiselles de Cherbourg à la nage,
Andouille de Vire,
Sole dieppoise,
Poulet Vallée d'Auge,
Tripes à la mode de Caen,
Canard à la rouennaise,
Agneau de pré-salé,
Camembert, Livarot, Pont-l'Évêque,
Neufchâtel,
Tarte aux pommes au calvados,
Crêpes à la normande, Douillons

② BRETAGNE

Fruits de mer, Crustacés, Huîtres de Belon,
Galettes au sarrazin/blé noir, Charcuteries,
Andouille de Guéméné, St-Jacques à la bretonne,
Homard à l'armoricaine,
Poissons : bar, turbot, lieu jaune,
maquereau, etc.,
Cotriade, Kig Ha Farz,
Légumes : artichaut, chou-fleur, etc.,
Crêpes, Gâteau breton, Far, Kouing-aman

③ VAL DE LOIRE

Rillettes de Tours, Andouillette au vouvray,
Poissons de rivière : brochet, sandre, etc.,
Saumon beurre blanc, Gibier de Sologne,
Fromages de chèvre : Ste-Maure, Valençay,
Crémet d'Angers, Macarons, Nougat glacé,
Pithiviers, Tarte tatin

④ SUD-OUEST

Garbure, Ttoro, Jambon de Bayonne,
Foie gras, Omelette aux truffes,
Pipérade, Lamproie à la bordelaise,
Poulet basquaise, Cassoulet,
Confit de canard ou d'oie,
Cèpes à la bordelaise,
Tomme de brebis, Roquefort,
Gâteau basque, Pruneaux à l'armagnac

⑤ CENTRE-AUVERGNE

Cochonnailles, Tripous,
Champignons : cèpes, girolles, etc.,
Pâté bourbonnais, Aligot, Potée auvergnate,
Chou farci, Pounti, Lentilles du Puy,
Cantal, St-Nectaire, Fourme d'Ambert,
Flognarde, Gâteau à la broche

⑬ NORD-PICARDIE

Moules, Ficelle picarde, Flamiche aux poireaux, Poissons : sole, turbot, etc., Potjevlesch, Waterzoï, Gibier d'eau, Lapin à la bière, Hochepot, Boulette d'Avesnes, Maroilles, Gaufres

⑫ BOURGOGNE

Jambon persillé, Gougère, Escargots de Bourgogne, Œufs en meurette, Pochouse, Coq au vin, Jambon chaud à la crème, Viande de charolais, Bœuf bourguignon, Époisses, Poire dijonnaise, Desserts au pain d'épice

⑪ ALSACE-LORRAINE

Charcuterie, Presskopf, Quiche lorraine, Tarte à l'oignon, Grenouilles, Asperges, Poissons : sandre, carpe, anguille, Coq au riesling, Spaetzle, Choucroute, Baeckeoffe, Gibiers : biche, chevreuil, sanglier, Munster, Kougelhopf, Tarte aux mirabelles ou aux quetsches, Vacherin glacé

⑩ FRANCHE-COMTÉ/JURA

Jésus de Morteau, Saucisse de Montbéliard, Croûte aux morilles, Soufflé au fromage, Poissons de lac et rivières : brochet, truite, Grenouilles, Coq au vin jaune, Comté, Vacherin, Morbier, Cancoillotte, Gaudes au maïs

⑨ LYONNAIS-PAYS BRESSAN

Rosette de Lyon, Grenouilles de la Dombes, Gâteau de foies blonds, Quenelles de brochet, Saucisson truffé pistaché, Poularde demi-deuil, Tablier de sapeur, Cardons à la mœlle, Volailles de Bresse à la crème, Cervelle de canut, Bugnes

⑧ SAVOIE-DAUPHINÉ

Gratin de queues d'écrevisses, Poissons de lac : omble chevalier, perche, féra, Ravioles du Royans, Fondue, Raclette, Tartiflette, Diots au vin blanc, Fricassée de caïon, Potée savoyarde, Farçon, Farcement, Gratin dauphinois, Beaufort, Reblochon, Tomme de Savoie, St-Marcellin, Gâteau de Savoie, Gâteau aux noix, Tarte aux myrtilles

⑦ PROVENCE-MÉDITERRANÉE

Aïoli, Pissaladière, Salade niçoise, Bouillabaisse, Anchois de Collioure, Loup grillé au fenouil, Brandade nîmoise, Bourride sétoise, Pieds paquets à la marseillaise, Petits farcis niçois, Daube provençale, Agneau de Sisteron, Picodon, Crème catalane, Calissons, Fruits confits

⑥ CORSE

Jambon, Figatelli, Lonzo, Coppa, Langouste, Omelette au brocciu, Civet de sanglier, Chevreau, Fromages de brebis (Niolu), Flan de châtaignes, Fiadone

BORDEAUX
Pomerol
Tursan
→ Vignobles
→ Vineyards

⑦ **CORSE**
Jambon
→ Spécialités régionales
→ Regional specialities

Choisir le bon vin

Choosing a good wine

	1999	2000	2001	2002	2003	2004	2005	2006	2007	2008	2009	2010
Alsace	Bonne	Grande	Grande	Bonne	Bonne	Bonne	Grande	Bonne	Grande	Grande	Grande	Bonne
Bordeaux blanc	Moyenne	Grande	Bonne	Moyenne	Bonne	Bonne	Grande	Bonne	Bonne	Grande	Grande	Grande
Bordeaux rouge	Bonne	Grande	Bonne	Bonne	Bonne	Bonne	Grande	Grande	Moyenne	Bonne	Grande	Bonne
Bourgogne blanc	Bonne	Bonne	Moyenne	Grande	Bonne	Bonne	Grande	Bonne	Moyenne	Bonne	Grande	Bonne
Bourgogne rouge	Grande	Bonne	Moyenne	Grande	Bonne	Bonne	Grande	Bonne	Moyenne	Grande	Grande	Bonne
Beaujolais	Grande	Grande	Bonne	Bonne	Grande	Bonne	Grande	Bonne	Bonne	Bonne	Grande	Bonne
Champagne	Grande	Moyenne	Moyenne	Bonne	Grande	Bonne	Bonne	Bonne	Moyenne	Grande	Bonne	Moyenne
Côtes du Rhône Septentrionales	Grande	Bonne	Bonne	Bonne	Bonne	Bonne	Grande	Grande	Bonne	Moyenne	Grande	Grande
Côtes du Rhône Méridionales	Bonne	Grande	Grande	Moyenne	Bonne	Bonne	Grande	Bonne	Bonne	Moyenne	Grande	Grande
Provence	Bonne	Bonne	Grande	Moyenne	Bonne	Bonne	Bonne	Bonne	Bonne	Bonne	Grande	Bonne
Languedoc *Roussillon*	Bonne	Bonne	Bonne	Moyenne	Bonne	Bonne	Bonne	Bonne	Bonne	Bonne	Grande	Bonne
Val de Loire *Muscadet*	Bonne	Bonne	Bonne	Bonne	Grande	Bonne	Grande	Bonne	Moyenne	Bonne	Grande	Grande
Val de Loire *Anjou-Touraine*	Bonne	Bonne	Bonne	Bonne	Grande	Bonne	Grande	Bonne	Moyenne	Bonne	Grande	Bonne
Val de Loire *Pouilly-Sancerre*	Bonne	Grande	Bonne	Bonne	Grande	Bonne	Grande	Bonne	Moyenne	Moyenne	Grande	Bonne

Grandes années
→ Great years

Bonnes années
→ Good years

Années moyennes
→ Average years

Les grandes années depuis 1970 :

1970 - 1975 - 1982 - 1985 - 1989 - 1990 - 1996 - 2005

→ The greatest vintages since 1970

Classification Officielle

→ Official classification

AOP : appellation origine protégée / *Protected designation of origin*

IGP : indication géographique protégée / *Protected geographic indication*

ASSOCIER LES METS & LES VINS

→ Suggestions for complementary dishes and wines

→ CRUSTACÉS & COQUILLAGES Blancs secs → SHELLFISH : Dry whites	Alsace Bordeaux Bourgogne Côtes du Rhône Provence Languedoc-Roussillon Val de Loire	Sylvaner/Riesling Entre-deux-Mers Chablis/Mâcon Villages St Joseph Cassis/Palette Picpoul de Pinet Muscadet/Montlouis
→ POISSONS Blancs secs → FISH : Dry whites	Alsace Bordeaux Bourgogne Côtes du Rhône Provence Corse Languedoc-Roussillon Val de Loire	Riesling Pessac-Léognan/Graves Meursault/Chassagne-Montrachet Hermitage/Condrieu Bellet/Bandol Patrimonio Coteaux du Languedoc Sancerre/Menetou-Salon
→ VOLAILLES & CHARCUTERIES Blancs et rouges légers → POULTRY : Whites and light reds	Alsace Champagne Bordeaux Bourgogne Beaujolais Côtes du Rhône Provence Corse Languedoc-Roussillon Val de Loire	Pinot gris/Pinot noir Coteaux Champenois blanc et rouge Côtes de Bourg/Blaye/Castillon Mâcon/St Romain Beaujolais Villages Tavel (rosé)/Côtes du Ventoux Coteaux d'Aix-en-Provence Coteaux d'Ajaccio/Porto-Vecchio Faugères Anjou/Vouvray
→ VIANDES Rouges → MEATS : Reds	Bordeaux/Sud-Ouest Bourgogne Beaujolais Côtes du Rhône Provence Languedoc-Roussillon Val de Loire	Médoc/St Émilion/Buzet Volnay/Hautes Côtes de Beaune Moulin à Vent/Morgon Vacqueyras/Gigondas Bandol/Côtes de Provence Fitou/Minervois Bourgueil/Saumur
→ GIBIER Rouges corsés → GAME : Hearty reds	Bordeaux/Sud-Ouest Bourgogne Côtes du Rhône Languedoc-Roussillon Val de Loire	Pauillac/St Estèphe/Madiran/Cahors Pommard/Gevrey-Chambertin Côte-Rotie/Cornas Corbières/Collioure Chinon
→ FROMAGES Blancs et rouges → CHEESES : Whites and reds	Alsace Bordeaux Bourgogne Beaujolais Côtes du Rhône Languedoc-Roussillon Jura/Savoie Val de Loire	Gewurztraminer St Julien/Pomerol/Margaux Pouilly-Fuissé/Santenay St Amour/Fleurie Hermitage/Châteauneuf-du-Pape St Chinian Vin Jaune/Chignin Pouilly-Fumé/Valençay
→ DESSERTS Vins de desserts → DESSERTS : Dessert wines	Alsace Champagne Bordeaux/Sud-Ouest Bourgogne Jura/Bugey Côtes du Rhône Languedoc-Roussillon Val de Loire	Muscat d'Alsace/Crémant d'Alsace Champagne blanc et rosé Sauternes/Monbazillac/Jurançon Crémant de Bourgogne Vin de Paille/Cerdon Muscat de Beaumes-de-Venise Banyuls/Maury/Muscats/Limoux Coteaux du Layon/Bonnezeaux

→ *Région vinicole* → *Region of production*

→ *Appellation* → *Appellation*

VOUS CONNAISSEZ LE GUIDE MICHELIN,
DÉCOUVREZ LE GROUPE MICHELIN
MICHELIN
MICHELIN
Une meilleure façon d'avancer

L'aventure Michelin

Tout commence avec des balles en caoutchouc ! C'est ce que produit, vers 1880, la petite entreprise clermontoise dont héritent André et Édouard Michelin. Les deux frères saisissent vite le potentiel des nouveaux moyens de transport. L'invention du pneumatique démontable pour la bicyclette est leur première réussite. Mais c'est avec l'automobile qu'ils donnent la pleine mesure de leur créativité. Tout au long du 20e s., Michelin n'a cessé d'innover pour créer des pneumatiques plus fiables et plus performants, du poids lourd à la F 1, en passant par le métro et l'avion.

Très tôt, Michelin propose à ses clients des outils et des services destinés à faciliter leurs déplacements, à les rendre plus agréables… et plus fréquents. Dès 1900, le Guide Michelin fournit aux chauffeurs tous les renseignements utiles pour entretenir leur automobile, trouver où se loger et se restaurer. Il deviendra la référence en matière de gastronomie. Parallèlement, le Bureau des itinéraires offre aux voyageurs conseils et itinéraires personnalisés.

En 1910, la première collection de cartes routières remporte un succès immédiat ! En 1926, un premier guide régional invite à découvrir les plus beaux sites de Bretagne. Bientôt, chaque région de France a son Guide Vert. La collection s'ouvre ensuite à des destinations plus lointaines (de New York en 1968… à Taïwan en 2011).

Au 21e s., avec l'essor du numérique, le défi se poursuit pour les cartes et guides Michelin qui continuent d'accompagner le pneumatique. Aujourd'hui comme hier, la mission de Michelin reste l'aide à la mobilité, au service des voyageurs.

MICHELIN AUJOURD'HUI

N°1 MONDIAL DES PNEUMATIQUES

- 70 sites de production dans 18 pays
- 111 000 employés de toutes cultures, sur tous les continents
- 6 000 personnes dans les centres de Recherche & Développement

Avancer monde où la

Mieux avancer, c'est d'abord innover pour mettre au point des pneus qui freinent plus court et offrent une meilleure adhérence, quel que soit l'état de la route.

LA JUSTE PRESSION

BONNE PRESSION

- Sécurité
- Longévité
- Consommation de carburant optimale

-0,5 bar

- Durée de vie des pneus réduite de 20% (- 8 000 km)

-1 bar

- Risque d'éclatement
- Hausse de la consommation de carburant
- Distance de freinage augmentée sur sol mouillé

ensemble vers un mobilité est plus sûre

C'est aussi aider les automobilistes à prendre soin de leur sécurité et de leurs pneus. Pour cela, Michelin organise partout dans le monde des opérations **Faites le plein d'air** pour rappeler à tous que la juste pression, c'est vital.

L'USURE

COMMENT DETECTER L'USURE

La profondeur minimale des sculptures est fixée par la loi à 1,6 mm.

Les manufacturiers ont muni les pneus d'indicateurs d'usure.

Ce sont de petits pains de gomme moulés au fond des sculptures et d'une hauteur de 1,6 mm.

Les pneumatiques constituent le seul point de contact entre le véhicule et la route.

Ci-dessous, la zone de contact réelle photographiée.

PNEU NEUF

PNEU USÉ
(1,6 mm de sculpture)

Au-dessous de cette valeur, les pneus sont considérés comme lisses et dangereux sur chaussée mouillée.

Mieux avancer, c'est développer une mobilité durable

INNOVATION ET ENVIRONNEMENT

Chaque jour, Michelin innove pour diviser par deux d'ici à 2050 la quantité de matières premières utilisée dans la fabrication des pneumatiques, et développe dans ses usines les énergies renouvelables. La conception des pneus MICHELIN permet déjà d'économiser des milliards de litres de carburant, et donc des milliards de tonnes de CO2.

De même, Michelin choisit d'imprimer ses cartes et guides sur des « papiers issus de forêts gérées durablement ». L'obtention de la certification ISO14001 atteste de son plein engagement dans une éco-conception au quotidien.

Un engagement que Michelin confirme en diversifiant ses supports de publication et en proposant des solutions numériques pour trouver plus facilement son chemin, dépenser moins de carburant.... et profiter de ses voyages !

Parce que, comme vous, Michelin s'engage dans la préservation de notre planète.

Chattez avec Bibendum

Rendez-vous sur:
www.michelin.com/corporate/fr
Découvrez l'actualité et
l'histoire de Michelin.

QUIZZ

Michelin développe des pneumatiques pour tous les types de véhicules. Amusez-vous à identifier le bon pneu...

Résultat : A-6 / B-4 / C-2 / D-1 / E-3 / F-7 / G-5

Villes
de A à Z

Towns
from A to Z

ABBEVILLE – 80 Somme – 301 E7 – 24 129 h. – alt. 8 m — 36 A1

– ✉ 80100 Nord Pas-de-Calais Picardie

Paris 186 – Amiens 51 – Boulogne-sur-Mer 79 – Rouen 106

1, place de l'Amiral Courbet, ✆ 03 22 24 27 92, http://abbeville.baiedesomme-tourisme.fr

d'Abbeville, à abbeville, Route du Val, par rte St-Valéry-s-Somme : 4 km, ✆ 03 22 24 98 58

Vitraux contemporains★★ de l'église du St-Sépulcre - Façade★ de la collégiale St-Vulfran - Musée Boucher de Perthes★ BY **M.**

Vallée de la Somme★ SE - Château de Bagatelle★ S.

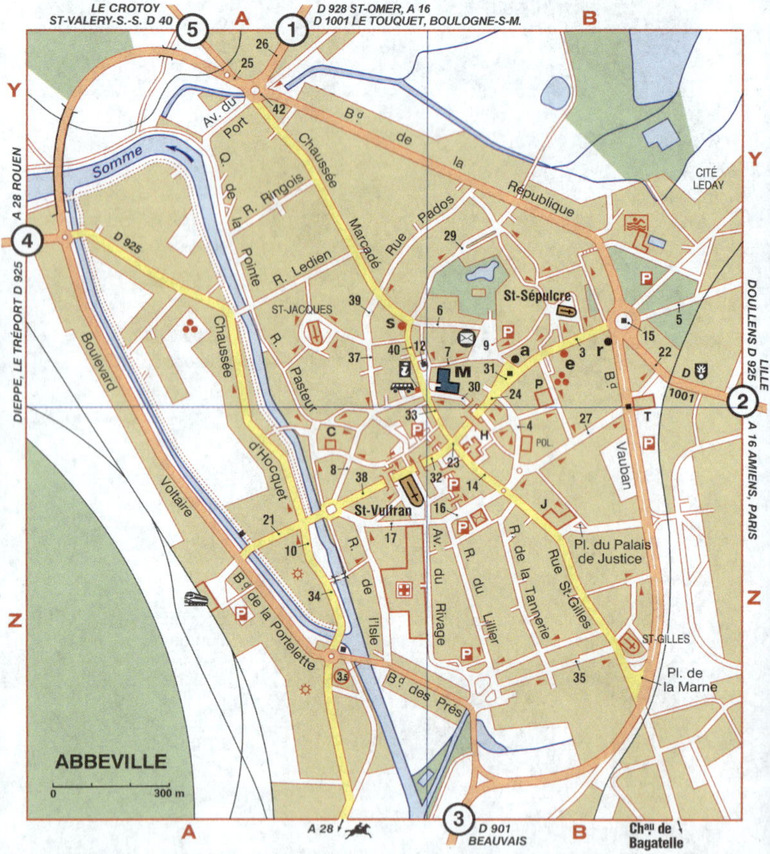

Bois (Chaussée du) .... BY 3
Boucher-de-Perthes (R.) ...... BZ 4
Briand (Av. A.) .... BY 5
Capucins (R. des) .... BY 6
Carmes (R. des) .... BY 7
Chevalier-de-la-Barre (R. du) .... AZ 8
Clemenceau (Pl.) .... BY 9
Cordeliers (R. des) .... AZ 10
Courbet (Pl. Amiral) .... AY 12
Foch (R. du Mar.) .... BZ 14
Gaulle (Pl. Général-de) .... BY 15
Grand-Marché (Pl. du) .... BZ 16
Hôtel-Dieu (R. de l') .... AZ 17
Jean-Jaurès (R.) .... AZ 21
Leclerc (Av. du Gén.) .... BY 22
Lejeune (Pl. M.) .... BZ 23
Lingers (R. des) .... BYZ 24
Menchecourt (R. de) .... AY 25
Mennesson (R. Jean) .... AY 26
Millevoye (R.) .... BZ 27
Pareurs (R. aux) .... BY 29
Patin (R. Gontier) .... BY 30
Pilori (Pl. du) .... BY 31
Ponthieu (R. J. de) .... ABZ 33
Pont-aux-Brouettes (R.) ...... ABZ 32
Portelette (R. de la) .... AZ 34
Prayel (R. du) .... BZ 35
Rapporteurs (R. des) .... AY 37
St-Vulfran (R.) .... AZ 38
Sauvage (R. P.) .... AY 39
Teinturiers (R. des) .... AY 40
Verdun (Pl. de) .... AY 42

Mercure Hôtel de France
19 pl. du Pilori – ✆ 03 22 24 00 42 – www.mercure.com BYa
72 ch – ♦99/130 € ♦♦105/150 € – ☕ 14 €
Rest – Formule 18 € – Menu 20 € – Carte 26/49 €
◆ Belle cure de jouvence pour cet immeuble en brique rouge : chambres contemporaines, junior suite avec baignoire balnéo et bar feutré très tendance. Au restaurant, cuisine traditionnelle.

Relais Vauban sans rest
4 bd Vauban – ✆ 03 22 25 38 00 – www.relais-vauban.com – Fermé 25 fév.-5 mars et 22 déc.-7 janv. BYr
22 ch – ♦61 € ♦♦64 € – ☕ 9 €
◆ Sur un boulevard passant, non loin du centre-ville, ce petit hôtel dispose de chambres claires et fonctionnelles, à la tenue impeccable. Accueil charmant.

L'Escale en Picardie
15 r. des Teinturiers – ✆ 03 22 24 21 51 – Fermé 17 août-5 sept., 16 fév.-7 mars, jeudi soir, dim. soir, lundi et soirs fériés AYs
Rest – Menu 25/69 € – Carte 45/70 €
◆ Une belle escale maritime ! Poissons, coquillages et crustacés se donnent rendez-vous dans ce sympathique restaurant ; le patron les cuisine avec délice. Accueil charmant.

La Corne
32 chaussée du Bois – ✆ 03 22 24 06 34 – Fermé 15 juil.-2 août, vacances de Noël, merc. soir, sam. midi et dim. BYe
Rest – Formule 17 € – Menu 27 € – Carte 30/40 €
◆ La façade bleue de cette vieille maison abbevilloise dissimule un agréable intérieur rétro où l'on apprécie de généreux plats bistrotiers : ris de veau, andouillette...

à St-Riquier **9 km par ②, D 925 – 1 262 h. – alt. 29 m – ✉ 80135**

ℹ le Beffroi, ✆ 03 22 28 91 72, www.saint-riquier.com

Jean de Bruges sans rest
18 pl. de l'Église – ✆ 03 22 28 30 30 – www.hotel-jean-de-bruges.com
11 ch – ♦75/120 € ♦♦85/120 € – ☕ 14 €
◆ Sur le parvis de l'abbatiale, élégante demeure du 17es. en pierres blanches. Chambres de caractère décorées de meubles anciens ; salle des petits-déjeuners sous verrière.

à Mareuil-Caubert **4 km au Sud par D 928 (direction hippodrome puis rte de Rouen)** – **904 h. – alt. 12 m – ✉ 80132**

Auberge du Colvert
4 rte de Rouen – ✆ 03 22 31 32 32 – aubergeducolvert-restaurant.fr – Fermé 1 sem. en avril, 1 sem. en juil.-août, lundi soir de sept. à juin, dim. soir, mardi soir et merc.
Rest – Formule 14 € – Menu 21/33 € – Carte 32/42 €
◆ Auberge champêtre, où l'on se régale de bons plats de tradition et de saison. Tout l'hiver, la salle est réchauffée par la douce tiédeur d'un feu de cheminée...

L'ABERGEMENT-CLÉMENCIAT – **01 Ain** – **328 C4** – **rattaché à Châtillon-sur-Chalaronne**

ABLIS – **78 Yvelines** – **311 G4** – **3 260 h. – alt. 151 m – ✉ 78660** **18 A2**

▶ Paris 62 – Chartres 31 – Mantes-la-Jolie 64 – Orléans 79

ℹ Hôtel de Ville, ✆ 01 30 46 06 06

à l'Ouest **6 km par D 168**

Château d'Esclimont
2 r. du Château-d'Esclimont
✉ 28700 St-Symphorien-le-Château – ✆ 02 37 31 15 15 – www.esclimont.fr
48 ch – ♦185/385 € ♦♦185/385 € – 4 suites – ☕ 24 €
Rest – Formule 43 € – Menu 59/89 € – Carte 70/90 €
◆ Goûtez à la vie de château en cette demeure des 15e et 16es., ancienne résidence des La Rochefoucauld. Magnifique parc avec étang, rivière et jardin à la française. Cuisine actuelle servie dans la salle de style 18es. ou dans celle réputée pour ses cuirs de Cordoue.

ABRESCHVILLER – 57 Moselle – **307** N7 – **1 510 h.** – **alt. 340 m** – ✉ 57560 Alsace Lorraine **27** D2

Paris 433 – Baccarat 46 – Lunéville 62 – Phalsbourg 23

78, rue Jordy, ✆ 03 87 03 77 26

XX **Auberge de la Forêt**

276 r. des Verriers, 0,5 km à Lettenbach – ✆ 03 87 03 71 78 – www.aubergedelaforet57.com – Fermé 8-19 oct., 1er-20 janv., mardi soir et lundi

Rest – Formule 23 € – Menu 29/50 € – Carte 33/52 €

◆ Elle en impose cette auberge avec sa tourelle, au cœur de la vallée d'Abreschviller. Fini les allures de bistrot de campagne, place à un style moderne et cossu, élégant, en phase avec la cuisine, bien dans son époque.

ACCOLAY – 89 Yonne – **319** F6 – **467 h.** – **alt. 125 m** – ✉ 89460 Bourgogne **7** B2

Paris 188 – Avallon 31 – Auxerre 23 – Tonnerre 40

XX **Hostellerie de la Fontaine**

16 r. de Reigny – ✆ 03 86 81 54 02 – www.hostelleriedelafontaine.fr – Ouvert 12 fév.-15 déc. et fermé dim. soir hors saison, mardi midi en saison, mardi soir et lundi

Rest – Formule 13 € bc – Menu 27/52 € – Carte 31/56 €

◆ Maison bourguignonne au cœur d'un paisible village de la vallée de la Cure. On y sert une cuisine traditionnelle dans les anciens chais ou, si le temps le permet, dans l'agréable jardin fleuri. Chambres simples, pratiques pour l'étape.

ACQUIGNY – 27 Eure – **304** H6 – **1 611 h.** – **alt. 19 m** – ✉ 27400 **33** D2

Paris 105 – Évreux 22 – Mantes-la-Jolie 54 – Rouen 38

XX **L'Hostellerie d'Acquigny**

1 r. d'Évreux – ✆ 02 32 50 20 05 – www.hostellerie-acquigny.fr – Fermé de mi-juil. à mi-août, vacances de fév., dim. soir, lundi et mardi

Rest – Formule 25 € – Menu 34/76 € bc – Carte 43/85 €

◆ Dans cette sympathique auberge de village, le chef concocte une cuisine de saison qui magnifie la saveur de beaux produits... Quant à ses suggestions du jour, elles complètent une carte déjà fort alléchante. C'est bon, tout simplement !

AFFIEUX – 19 Corrèze – **329** L2 – **369 h.** – **alt. 480 m** – ✉ 19260 **25** C2

Paris 472 – Brive-la-Gaillarde 64 – Limoges 83 – Tulle 39

X **Le Cantou**

au bourg – ✆ 05 55 98 13 67 – www.auberge-du-cantou-correze.fr – Fermé 2-10 janv., dim. soir et merc.

Rest – Formule 12 € – Menu 24/40 € – Carte 35/55 €

◆ L'hiver, on apprécie la petite salle rustique et son cantou ; l'été, on lui préfère la véranda. Mais en toute saison, on se régale de plats hauts en saveurs qui transcendent le terroir telle cette "destructuration de carré d'agneau"...

AGAY – 83 Var – **340** Q5 – **alt. 20 m** – ✉ 83530 Côte d'Azur **42** E2

Paris 880 – Cannes 34 – Draguignan 43 – Fréjus 12

place Giannetti BP 45, ✆ 04 94 82 01 85, www.agay.fr

Massif de L'Estérel★★★.

Les Flots Bleus

83 rte St-Barthélémy, Anthéor Plage – ✆ 04 94 44 80 21 – www.hotel-cote-azur.com – Ouvert 26 mars-21 oct.

18 ch – †62/70 € ††62/70 € – ☕ 8 € – ½ P 58/63 €

Rest – Menu 24/48 € – Carte 30/65 €

◆ Au pied d'un imposant viaduc ferroviaire, face à la mer, un hôtel aux chambres simples et originales : "Soleillou", "Laurier rose", "Papillon"... Au restaurant, véranda lumineuse, terrasse sous les platanes et cuisine non dénuée de créativité.

X **Villa Matuzia**

15 bd Ste-Guitte – ✆ 04 94 82 79 95 – www.matuzia.com – Fermé dim. soir sauf de juin à oct. et lundi

Rest *(nombre de couverts limité, réserver)* – Formule 20 € – Menu 29/60 € – Carte 42/65 €

◆ Un joli décor de bonbonnière, un petit jardin noyé sous la verdure, une terrasse éclairée le soir à la bougie... et des assiettes qui font plaisir aux yeux autant qu'aux papilles.

AGDE – 34 Hérault – **339** F9 – 22 487 h. – alt. 5 m – Casino : au Cap d'Agde BY – ✉ 34300 Languedoc Roussillon **23** C2

Paris 754 – Béziers 24 – Lodève 60 – Millau 118

Rue Jean Roger, ✆ 04 67 62 91 99, www.capdagde.com

du Cap-d'Agde, au Cap-d'Agde, 4 avenue des Alizés, S : 4 km par D 32, ✆ 04 67 26 54 40

Ancienne cathédrale St-Étienne★.

Athéna sans rest

18 r. de La Haye , rte du Cap-d'Agde, D 32E10 – ✆ 04 67 94 21 90 – www.hotel-athena-agde.com

32 ch – †49/87 € ††49/87 € – ☐ 8 €

◆ Aux portes de la ville, dans un bâtiment des années 1970, des chambres simples et bien tenues, avec terrasse ou loggia, plus calmes sur l'arrière. Petit-déjeuner face à la piscine.

XX **Le Bistrot d'Hervé**

47 r. Brescou – ✆ 04 67 62 30 69 – www.bistroherve.com – Fermé vacances de Noël, merc. soir, sam. midi et dim.

Rest *(nombre de couverts limité, réserver)* – Formule 16 € – Menu 29 € (sem.) – Carte 34/48 €

◆ Une adresse contemporaine et intimiste, où l'on déguste une excellente cuisine de saison (asperges de Frontignan, sauce hollandaise et œuf poché ; finger au chocolat façon opéra).

XX **La Table de Stéphane**

2 r. des Moulins-à-Huile, (ZI Les Sept Fonts) – ✆ 04 67 26 45 22 – www.latabledestephane.com – Fermé 17-23 oct., 2-14 janv., dim. soir sauf du 12 juil. au 30 août, sam. midi et lundi

Rest *(réserver)* – Formule 15 € – Menu 28 € (dîner), 40/59 € – Carte 40/60 €

◆ Dans la zone industrielle des Sept Fonts, une table dans l'air du temps, proposant notamment poissons et produits de la mer locaux. Bon choix de vins du Languedoc-Roussillon.

à La Tamarissière 4 km au Sud-Ouest par D 32E12 – ✉ 34300

X **Le K Lamar**

33 quai Théophile-Cornu – ✆ 04 67 94 05 06 – www.restaurant-klamar.com – Fermé 2 janv.-2 fév., dim. soir, lundi et mardi sauf le soir du 15 juin au 15 sept.

Rest – Formule 16 € – Menu 19 € (déj. en sem.), 27/33 € – Carte 29/41 €

◆ Bon choix de poissons, bouillabaisse servie en deux fois (à la marseillaise !), spécialités méridionales... Une maison agréable au bord de l'Hérault. Jolie terrasse à fleur d'eau.

au Grau d'Agde 4 km au Sud-Ouest par D 32E – ✉ 34300

XX **L'Adagio**

3 quai Cdt-Méric – ✆ 04 67 21 13 00 – ladagio.net – Fermé 18-27 déc., 2-31 janv., dim. soir, lundi et merc. sauf le soir en juil.-août

Rest – Formule 15 € – Menu 27/44 € – Carte 34/65 €

◆ Une façade engageante sur un quai jalonné de restaurants : cette table propose une cuisine régionale plutôt soignée, à base de produits frais. Belle terrasse face à l'Hérault...

LE CAP D'AGDE

Acadiens (Allée des) . . . . **CX** 3
Alfonse (Av. du Chevalier d') . **AX** 4
Alizés (Av. des) . . . . **AXY**
Antilles (Rd-Pt des) . . . . **AY** 6
Beaupré (Quai du) . . . . **CX** 7
Belle Isle (Av. de) . . . . **ABX**
Bon Accueil (Rd-Pt du) . . . . . . **BX** 9
Bouteillou (Rd-Pt du) . . . . **CX** 10
Cantinières (Av. des) . . . . **CX**
Capelet (Quai du) . . . . **AX** 12
Challiès (Av. du Passeur) . . **ABY**
Chandelles (R. des) . . . . **BX** 15
Contrebandiers (Av. des) . . . **BCX**
Corsaires (R. des) . . . . **AY**
Courette (R. de la) . . . . **CX** 17
Dominico (Quai Di) . . . . **BX** 18
Estacade (R. de l') . . . . **BY** 19
Falaise (R. de la) . . . . **CY** 21
Flânerie (Allée de la) . . . . **CX** 23
Fouquet (Rd-Pt Nicolas) . . . . . **BX** 24
Gabelle (R. de la) . . . . **BX** 26
Galères (Av. des) . . . . **CX**
Gallo-Romains (R. des) . . . . . . **AX**
Garnison (R. de la) . . . . **CXY**
Gentilshommes (Cours des) **CXY**
Gouverneur (R. du) . . . . **CX**
Grenadiers (R. des) . . . . **CX** 31
Hallebardes (Av. des) . . . . **CX** 32
Hune (R. de la) . . . . **BX** 34
Iles-d'Amérique (Av. des) . . . . **AY** 36
Ile (Av. de l') . . . . **BCY**
Jetée (Av. de la) . . . . **CY**
Joutes (Quai des) . . . . **BX** 39
Labech (R. du) . . . . **BX**
Louisiane (Allée de la) . . . . . . **CX** 40
Méditerranée (Av. de la) . . . . . **CX**
Miquel (Quai Jean) . . . . **BCX**
Outre-Mer (Av. d') . . . . **AY**
Pacifique (R. du) . . . . **AY**
Phocéens (Quai des) . . . . **CY** 42
Radoub (Rd-Pt du) . . . . **CY** 43
St-Martin-des-Vignes (R.) . . . . **AX**
St-Martin (Quai) . . . . **BX** 48
Sarret-de-Coussergue (R.) . **ABX**
Sergents (Av. des) . . . . **BCX**
Soldats (Av. des) . . . . **CX**
Surintendant (Av. du) . . . . **BX**
Tambour (R. du) . . . . **BX** 51
Tirème (Quai de la) . . . . **CXY** 56
Tours-de-St-Martin
(Rd-Pt des) . . . . **AX** 53
Trinquette (Quai de la) . . . . . . **CX** 54
Vaisseaux (R. des) . . . . **CX**
Vent-des-Dames (R. du) . . . . . . **BX**
Vieux Cap (Quai du) . . . . **BY**
Volvire-de-Brassac (R.) . . . . . . **AX**
2-Frères (R. des) . . . . **CY**
4-Cantons (Allée des) . . . . **CX** 60

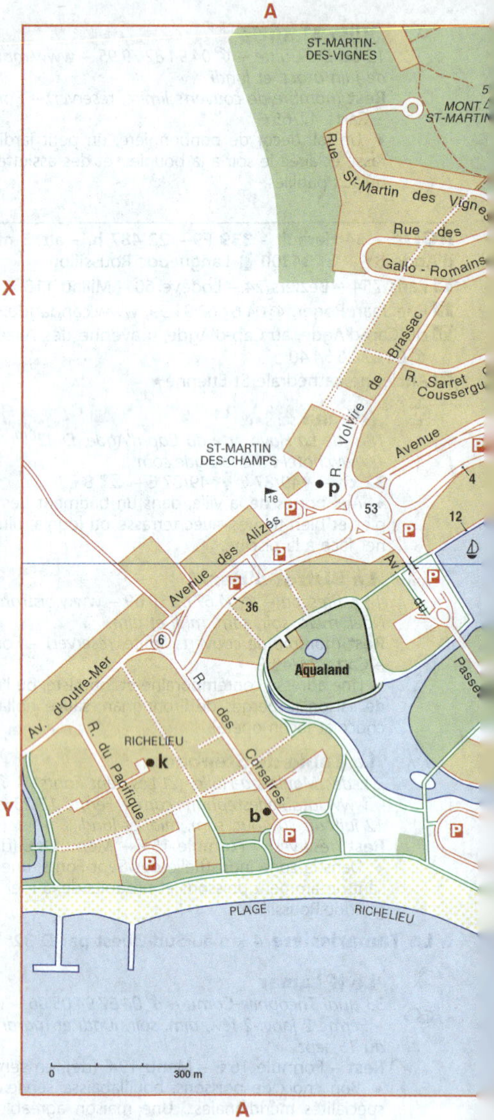

au Cap d'Agde 5 km au Sud-Est par D 32^{E10} – ✉ 34300

ℹ rond-point du Bon Accueil, ✆ 04 67 01 04 04, www.capdagde.com

Ephèbe d'Agde★★ au musée de l'Ephèbe.

Palmyra Golf Hôtel sans rest

4 av. des Alizés – ✆ 04 67 01 50 15 – www.palmyragolf.com – Ouvert de début avril à mi-nov.

VISA AE **AXp**

32 ch – †110/195 € ††110/195 € – 2 suites – ☕ 16 €

◆ Une architecture assez soignée de style méditerranéen (tons ocre, arcades) et un environnement très calme : les chambres, spacieuses, ouvrent sur le grand patio ou le golf...

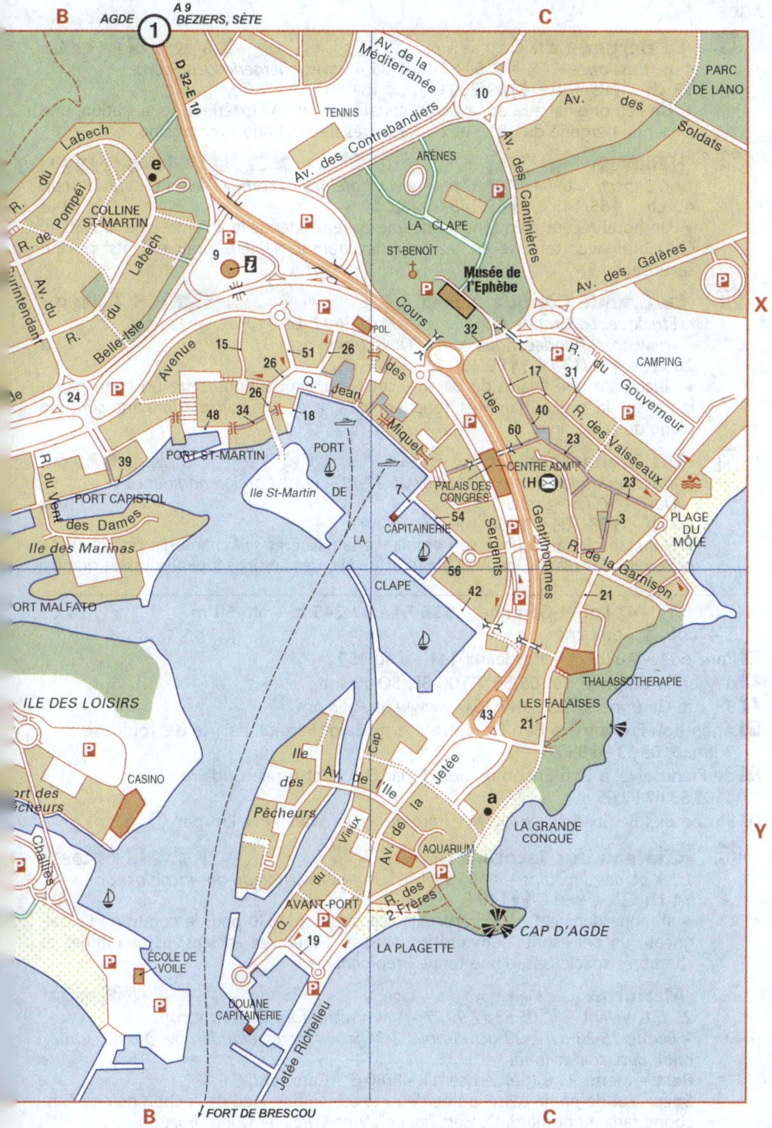

Capaô

r. des Corsaires – ☎ 04 67 26 99 44 – www.capao.com – Ouvert 6 avril-7 oct. AY**b**

55 ch – †80/160 € ††80/160 € – ☕ 12 €

Rest *Capaô Beach* ☎ 04 67 26 41 25 *(Ouvert 28 avril-23 sept. et fermé lundi soir et mardi soir)* – Carte 40/75 €

◆ Ambiance estivale dans ce complexe hôtelier proche de la plage Richelieu. Les chambres sont assez spacieuses ; décor contemporain et balcon. Sauna, hammam, fitness, activités sportives, etc. Au Capaô Beach, salades et poissons grillés les pieds dans le sable...

La Bergerie du Cap sans rest
4 av. Cassiopée – CX – ✆ 04 67 01 71 35 – www.labergerieducap.com
12 ch – †89/169 € ††89/260 € – ☕ 13 €
◆ Un lieu original au Cap, avec un certain cachet : à l'extérieur de la station, une ancienne bergerie du 18es., aux abords très fleuris. Patio avec piscine.

Hélios sans rest
12 r. Labech – ✆ 04 67 01 37 68 – www.hotel-helios.com – Ouvert 6 avril-29 sept.
40 ch – †65/145 € ††65/145 € – ☕ 10 € BX**e**
◆ Un hôtel récent bien tenu, dans une zone résidentielle à l'entrée de la station. Chambres avec terrasse en rez-de-jardin, transats et jeux pour enfants, piscine sécurisée...

La Grande Conque sans rest
r. Etrusque, La Grande Conque – ✆ 04 67 26 11 42 – www.hotelgrandeconque.com – Ouvert avril-oct. CY**a**
20 ch – †80/130 € ††99/130 € – ☕ 13 €
◆ Juché sur une falaise de basalte, cet hôtel sympathique offre un beau panorama sur la mer. Chambres fonctionnelles, avec un balcon donnant sur une plage de sable noir...

Les Grenadines sans rest
6 impasse Marie-Céleste – ✆ 04 67 26 27 40 – www.hotelgrenadines.com – Ouvert 10 fév.-4 nov. AY**k**
20 ch – †58/104 € ††58/104 € – ☕ 10 €
◆ Adresse plaisante pour son ambiance familiale et ses chambres pratiques. La proximité des plages, de l'Aqualand et de l'île des Loisirs séduira petits et grands.

AGEN P – 47 Lot-et-Garonne – 336 F4 – 33 245 h. – alt. 50 m 4 C2

– ✉ 47000 Aquitaine

Paris 662 – Auch 74 – Bordeaux 141 – Pau 159

d'Agen-la-Garenne : ✆ 05 53 77 00 88, SO : 3 km.

38, rue Garonne, ✆ 05 53 47 36 09, www.ot-agen.org

Agen Bon-Encontre, à Bon-Encontre, rte de Saint Ferréol, par rte de Toulouse : 7 km, ✆ 05 53 96 95 78

de Pleneselve, à Bon-Encontre, au NE par D 656 et rte secondaire : 8 km, ✆ 05 53 67 52 65

Musée des Beaux-Arts★★ AXY**M** - Parc de loisirs Walibi★ 4 km par ⑤.

Château des Jacobins sans rest
1 ter pl. des Jacobins – ✆ 05 53 47 03 31 – www.chateau-des-jacobins.com
14 ch ☕ – †80 € ††140 € AY**f**
◆ Il règne dans cet hôtel particulier (construit en 1830 pour le comte de Cassaigneau) un bel esprit "demeure bourgeoise" : meubles anciens, tissus raffinés et chambres spacieuses, d'une tenue irréprochable.

Mariottat (Éric Mariottat)
25 r. L.-Vivent – ✆ 05 53 77 99 77 – www.restaurant-mariottat.com – Fermé 16-26 avril, 29 oct.-5 nov., 2-14 janv., merc. midi de nov. à avril, sam. midi, dim. soir et lundi AY**s**
Rest – Menu 25 € (déj. en sem.), 48/80 € – Carte 68/80 €
Spéc. Œuf de poule cassé, purée de ratte aux truffes. Pied de cochon noir de Gascogne farci au homard. Dessert "jaune". **Vins** Côtes de Duras, Buzet.
◆ Dans cette maison de maître du 19es., tout est raffiné et soigné : l'accueil et le service, la cuisine de saison – fine et subtile –, la carte des vins étoffée et la jolie terrasse... Les gourmets agenais sont séduits ; les autres aussi !

Le Washington
7 cours Washington – ✆ 05 53 48 25 50 – www.le-washington.com – Fermé 1er-28 août, sam. et dim. AY**r**
Rest – Formule 15 € bc – Menu 21 € (sem.)/38 € – Carte 35/85 €
◆ Dans cette demeure bourgeoise édifiée par l'architecte Charles Garnier, on redécouvre lamproie à la bordelaise, cassolette de Saint-Jacques, feuilleté de lotte, etc. Une agréable adresse traditionnelle.

Banabéra (R.) . . . . . AX 2
Barbusse (Av. H.) . . . . . BX 3
Beauville (R.) . . . . . AY 4
Cessac (R. de) . . . . . AY 5
Chaudordy (R.) . . . . . AY 6
Colmar (Av. de) . . . . . BZ 7
Cornières (R. des) . . . . . AX 8
Desmoulins (R. C.) . . . . . BX 9
Docteur-P.-Esquirol (Pl.) . . . . . AY 10
Dolet (R. E.) . . . . . AY 13
Durand (Pl. J.-B.) . . . . . AX 14
Floirac (R.) . . . . . AX 17
Garonne (R.) . . . . . AX 18
Héros-de-la-Résistance (R. des) . . . . . BX 20
Jacquard (R.) . . . . . ABX 21
Laitiers (Pl. des) . . . . . AX 22
Lattre-de-Tassigny (R. Maréchal-de) . . . . . AY 24
Lomet (R.) . . . . . AY 27
Moncorny (R.) . . . . . AY 28
Montesquieu (R.) . . . . . AXY 30
Président-Carnot (Bd du) . . . . . BXY
Puits-du-Saumon (R.) . . . . . AX 31
Rabelais (Pl.) . . . . . BX 32
République (Bd de la) . . . . . ABX
Richard-Cœur-de-Lion (R.) . . . . . AY 33
Tissidre (Av. A.) . . . . . AZ 34
Vivent (R. Louis) . . . . . AY 35
Voltaire (R.) . . . . . AX 36
Washington (Cours) . . . . . BY 37
9e-de-Ligne (Cours du) . . . . . AYZ 38
14-Juillet (Cours du) . . . . . BX 39
14-Juillet (Pl. du) . . . . . BX 41

La Table d'Armandie

1350 av. du Midi – ✆ 05 53 96 15 15
– www.restaurant-agen.com
– Fermé 8-25 août, 24 déc.-2 janv., dim. et lundi AZa

Rest – Menu 16 € (déj.), 20/45 € – Carte 38/50 €

◆ Non loin du stade de rugby, la Table d'Armandie valorise les saveurs et produits du terroir. Le chef se décarcasse et concocte un beau menu régional à prix doux ; on se régale en profitant du spectacle des cuisines ouvertes sur la salle.

Le Margoton

52 r. Richard-Cœur-de-Lion – ✆ 05 53 48 11 55 – www.lemargoton.com – Fermé 20 juil.-4 août, 23 déc.-3 janv., 20-27 fév., sam. midi, dim. et lundi AYe

Rest – Formule 17 € – Menu 25/35 € – Carte 40/50 €

◆ Au cœur de la vieille ville, un joli restaurant dont la déco mêle le charme de l'ancien à des touches plus actuelles. Côté cuisine, les plats rivalisent de saveur : ris de veau sauce au porto, soufflé au Grand Marnier...

La Part des Anges

14 r. Émile-Sentini – ✆ 05 53 68 31 00 – www.lapartdesanges.eu – Fermé 26 août-3 sept., vacances de fév., dim. et lundi BXu

Rest – Menu 15 € (déj. en sem.), 20/29 € – Carte 24/39 €

◆ Pistache et chocolat : les couleurs de la salle mettent déjà en appétit ! Ici, on se sent un peu comme chez des amis et l'on savoure de copieux plats du terroir, à prix doux. Jolie terrasse intime.

L'Atelier

14 r. du Jeu-de-Paume – ✆ 05 53 87 89 22 AYg

Rest – Formule 16 € – Menu 25/36 € – Carte 45/52 €

◆ Dans cet atelier-là, c'est Marjorie qui cuisine et Stéphane qui veille sur la salle. Est-ce la touche féminine ? La cuisine est légère, rafraîchissante, tout en étant généreuse. Indéniablement, ces petits plats ensoleillent nos papilles.

à Pont-du-Casse 6 km par ② et D 656 – 4 305 h. – alt. 67 m – ✉ 47480

Château de Cambes sans rest

allée de Cambillou – ✆ 05 53 95 38 73 – www.chateau-de-cambes.com – Fermé déc. et janv.

4 ch ☕ – 🚹135 € 🚹🚹135 €

◆ À seulement 6 km du centre d'Agen, un beau château restauré par un couple de jeunes retraités passionnés par les vieilles pierres. L'immense parc, l'élégance subtile des très grandes chambres, le calme, les balades à vélo (prêt au château)... On se sent si bien !

à Moirax 9 km par ④, N 21 et D 268 – 1 107 h. – alt. 154 m – ✉ 47310

ℹ Le bourg, ✆ 05 53 87 03 69

Auberge Le Prieuré (Benjamin Toursel)

Le Bourg – ✆ 05 53 47 59 55 – www.aubergeduprieuredemoirax.fr – Fermé vacances de la Toussaint, de fév., dim. soir, lundi et mardi

Rest *(nombre de couverts limité, réserver)* – Menu 50/65 €

Spéc. Langoustines, mayonnaise iodée et pomme verte. Bœuf mariné, jeunes courgettes, pâtisson, truffe d'été (saison). Baba à la verveine, crème glacée citron et pêche (été). **Vins** Côtes du Marmandais, Côtes de Duras.

◆ Une cuisine spontanée, pleine d'audace, presque en mouvement ! On la déguste dans une belle maison de village plusieurs fois centenaire, qui a conservé le charme de l'ancien.

au Sud-Ouest 12 km par ④, rte d'Auch (N 21) puis D 268 – ✉ 47310 Laplume

Château de Lassalle

Brimont – ✆ 05 53 95 10 58 – www.chateaudelassalle.com – Fermé vacances de Noël, de fév., sam. et dim. du 1er nov. au 30 avril

17 ch ☕ – 🚹99/149 € 🚹🚹129/169 € – ½ P 98/124 €

Rest – Menu 34/44 €

◆ Une belle demeure du 18e s. nichée dans un parc de 8 ha, très prisée lors des mariages. Chambres douillettes et classiques (mobilier de style, pierre, tons clairs), restaurant traditionnel... Quiétude, charme et caractère !

à Boé 4 km par ④ , N 21 – 5 342 h. – alt. 46 m – ✉ 47550

Halte Nautique de Boé Montalembert, ✆ 05 53 96 04 00

Imagine

au Lac de Passeigne, par rte du Lac – ✆ 05 53 68 58 16 – Fermé dim. soir et lundi
Rest – Formule 15 € – Menu 26/42 € – Carte 35/51 €
◆ Imaginez une jolie maison épurée au bord du lac et au milieu de la verdure, où les gens se sentent bien... Non, ce n'est pas un rêve, et ici la carte fait la part belle au poisson et aux produits de saison, avec une touche méditerranéenne. Frais et bon.

AGNEAUX – 50 Manche – **303** F5 – rattaché à St-Lô

AGNIERES-EN-DEVOLUY – 05 Hautes-Alpes – **334** D4 – 266 h. – alt. 1 263 m – ✉ 05250 **40** B1

Paris 690 – Gap 42 – Marseille 204 – Vizille 73

Le Refuge de l'Eterlou sans rest

La Joue du Loup, 4 km à l'Est – ✆ 04 92 23 33 80 – www.hotel-eterlou.com – Ouvert 31 juin-1er sept. et 23 déc.-14 avril
30 ch – 60/65 € 80/85 € – 9 €
◆ Chalet moderne sur les hauteurs de la station, reliée à SuperDévoluy. Décoration "tout bois" pour la salle des petits-déjeuners et les chambres spacieuses d'esprit actuel.

AGUESSAC – 12 Aveyron – **338** K6 – 837 h. – alt. 375 m – ✉ 12520 **29** D2

Paris 628 – Florac 76 – Mende 87 – Millau 9

Auberge le Rascalat

rest,

2 km rte de Verrières par D 809 – ✆ 05 65 59 80 43 – www.auberge-lerascalat.fr – Ouvert 11 fév.-30 nov.
14 ch – 63/73 € 63/73 € – 11 €
Rest *(fermé lundi midi et mardi midi)* – Menu 25/55 € – Carte 35/86 €
◆ Entre Causses et rivière, cet ancien moulin à huile de noix se niche dans la verdure, au grand calme. Chambres champêtres, piscine à débordement et cuisine régionale : c'est vraiment bucolique !

AHETZE – 64 Pyrénées-Atlantiques – **342** C2 – 1 585 h. – alt. 28 m – ✉ 64210 **3** A3

Paris 767 – Bordeaux 207 – Pau 127 – Donostia-San Sebastián 52

La Ferme Ostalapia avec ch

chemin d'Ostalapia, 3 km au Sud par D 855 – ✆ 05 59 54 73 79 – www.ostalapia.fr – Fermé 17-31 janv., merc. hors saison et le midi en juil.-août
8 ch – 65/125 € 65/125 € – 10 €
Rest – Formule 15 € bc – Menu 50 € (sem.) – Carte 40/60 €
◆ Ancienne ferme du pays dont la réputation locale n'est plus à faire. On y sert une bonne cuisine du terroir dans un décor typiquement basque. Terrasse au pied des vignes, face aux montagnes. Chambres coquettes et rustiques, bien tenues.

AIGUEBELETTE-LE-LAC – 73 Savoie – **333** H4 – 228 h. – alt. 410 m – ✉ 73610 Alpes du Nord **46** F2

Paris 552 – Belley 34 – Chambéry 22 – Grenoble 76

Lac★ - Panorama★★ sur la route du col de l'Épine N.

à Novalaise-Lac (rive Ouest) 7 km par D 921 – 1 781 h. – alt. 427 m – ✉ 73470

Le Chalet du Lac

Le Neyret – ✆ 04 79 36 02 19 – www.le-chaletdulac.com – Fermé 2 janv.-8 fév.
13 ch – 63/90 € 63/90 € – 10 €
Rest *(fermé mardi et merc. d'oct. à fin avril)* – Menu 29 € (sem.), 35/72 € – Carte 53/96 €
◆ Sur la route bordant le lac d'Aiguebelette, ce chalet à la façade blanche dispose de chambres simples et fonctionnelles, avec vue sur les flots. Cuisine actuelle servie dans un cadre lumineux ou sur la terrasse. Carte d'été sur la plage.

à St-Alban-de-Montbel (rive Ouest) 7 km par D 921 – 584 h. – alt. 400 m – ✉ 73610

Les Lodges du Lac
La Curiaz, D 921 – ✆ 04 79 36 00 10 – www.leslodgesdulac.com – Fermé dim. soir, mardi midi et lundi du 12 sept. au 21 juin
13 ch – †53/73 € ††53/73 € – ☕ 8 €
Rest *(fermé 1 sem. en mars, 1er-17 oct., 1 sem. à Noël)* – Formule 12 € – Menu 14 € (déj. en sem.), 22/29 € – Carte 25/41 €
◆ Hôtel situé en retrait du lac. Chambres joliment décorées dans le bâtiment principal ; celles de l'annexe, plus simples, donnent de plain-pied sur le jardin. Cuisine traditionnelle et spécialités savoyardes... à apprécier sous la véranda l'été venu.

à la Combe (rive Est) 4 km par D 921d – ✉ 73610

La Combe "chez Michelon" avec ch
– ✆ 04 79 36 05 02 – www.chez-michelon.fr – Fermé de mi-nov. à début janv., mardi sauf le midi d'avril à sept. et merc. d'oct. à mars
5 ch – †60/72 € ††60/72 € – ☕ 9 € – ½ P 78 €
Rest – Formule 20 € – Menu 22 € (sem.), 24/49 € – Carte 37/58 €
◆ Une accueillante maison dans un environnement privilégié (vue imprenable sur le lac) ; sublime carte de vins régionaux escortant plats traditionnels et poissons des lacs d'Annecy ou du Bourget.

AIGUEBELLE – 83 Var – **340** N7 – rattaché au Lavandou

AIGUES-MORTES – 30 Gard – **339** K7 – 7 891 h. – alt. 3 m – ✉ 30220 **23** C2

Languedoc Roussillon

Paris 745 – Arles 49 – Montpellier 38 – Nîmes 42

place Saint-Louis, ✆ 04 66 53 73 00, www.ot-aiguesmortes.fr

Remparts★★ et tour de Constance★★ : ✳★★ - Eglise Notre-Dame des Sablons★.

Villa Mazarin
35 bd Gambetta – ✆ 04 66 73 90 48 – www.villamazarin.com
23 ch – †120/350 € ††120/350 € – ☕ 14 €
Rest ***La Table*** – voir les restaurants ci-après
◆ Au cœur d'Aigues, une demeure du 15es. tout en pierre blonde. Escalier à balustres, mobilier ancien, piscine intérieure, jardinet... on apprécie l'élégance et la discrétion des lieux.

Canal sans rest
440 rte de Nîmes – ✆ 04 66 80 50 04 – www.hotelcanal.fr – Fermé 15 nov.-16 déc. et 8 janv.-8 fév.
25 ch – †73/160 € ††73/160 € – ☕ 12 €
◆ À l'entrée de la ville, face au canal (hors les murs, donc), un hôtel moderne assez agréable : décor sobre, piscine, solarium, copieux petit-déjeuner...

St-Louis
10 r. Am.-Courbet – ✆ 04 66 53 72 68 – www.lesaintlouis.fr – Ouvert 27 mars-23 oct.
22 ch – †70/94 € ††83/108 € – ☕ 10 € – ½ P 65/77 €
Rest *(ouvert 1er avril-8 oct. et fermé lundi et mardi)* – Menu 19 € (déj. en sem.)/ 29 € – Carte 39/49 €
◆ Intra-muros, à deux pas de la tour de Constance, cette bâtisse du 18e s. allie simplicité et charme de l'ancien : un joli escalier dessert les chambres, apprêtées aux couleurs de la Provence. Au restaurant, décor vert amande, agréable patio et saveurs du Sud...

Les Arcades avec ch
23 bd Gambetta – ✆ 04 66 53 81 13 – www.les-arcades.fr – Fermé mardi midi et lundi sauf le soir en juil.-août
9 ch – †98/102 € ††104/108 € – ☕ 10 €
Rest – Menu 20 € (déj.), 36/48 € – Carte 40/68 €
◆ Sous les arcades d'une maison du 16e s., où s'épanouissent quelques tables aux beaux jours... Cette table rustique propose une bonne cuisine régionale, attachée aux produits de saison. Les quelques chambres sont spacieuses, avec un certain cachet (tons pastel).

Premièrement,
deuxièmement,
troisièmement,
finalement.
Servi par plus de 650 chefs étoilés.
www.nespresso.com
NESPRESSO
Le café corps et âme

XX **La Table** – Hôtel Villa Mazarin
35 bd Gambetta – ✆ 04 66 73 90 48 – www.villamazarin.com – Fermé 12-27 mars, 10-27 déc., jeudi midi en juil.-août, mardi sauf le soir en saison et lundi
Rest – Menu 32/75 € – Carte 65/85 €
◆ Bel esprit baroque dans ce restaurant, pour une cuisine fine et goûteuse. Filets de saint-pierre marinés à l'huile d'olive et au citron, pigeonneau des Corbières délicatement rôti... La carte met déjà en appétit !

AILLANT-SUR-THOLON – 89 Yonne – 319 D4 – 1 434 h. – alt. 112 m – ✉ 89110 7 B1

Paris 144 – Auxerre 20 – Briare 70 – Clamecy 61
1, cours de la Halle aux Grains, ✆ 03 86 63 54 17, www.ot-aillant.com
du Roncemay, Domaine et Golf du Roncemay, Chassy, ✆ 03 86 73 50 50

au Sud-Ouest 7 km par D 955, D 57 et rte secondaire

Domaine du Roncemay
✉ 89110 Chassy – ✆ 03 86 73 50 50 – www.roncemay.com – Ouvert de mars à nov.
16 ch – †100/245 € ††100/245 € – 2 suites – ☕ 18 € – ½ P 108/170 €
Rest *Domaine du Roncemay* – voir les restaurants ci-après
◆ Idéal pour les golfeurs, au cœur d'un 18-trous, cet élégant château et ses dépendances assez pittoresques. Les chambres sont d'un grand confort, certaines avec des salles de bains en pierre de Bourgogne. Le hammam est superbe.

XXX **Domaine du Roncemay**
✉ 89110 Chassy – ✆ 03 86 73 50 50 – www.roncemay.com – Fermé déc.-fév., dim. soir, lundi et mardi hors saison
Rest *(dîner seult)* – Menu 35/54 € – Carte 54/68 €
◆ Une cuisine de tradition et des vins de Bourgogne (auxerrois, chablis), face au tapis vert du golf du Roncemay. Formule bistrot pour les sportifs, entre deux putts.

AIMARGUES – 30 Gard – 339 K6 – 4 226 h. – alt. 6 m – ✉ 30470 23 C2

Paris 740 – Aigues-Mortes 16 – Alès 62 – Montpellier 40

XX **Un Mazet sous les platanes**
3 bd St-Louis – ✆ 04 66 51 73 03 – Fermé 17 déc.-4 janv., lundi soir, sam. midi et dim.
Rest – Formule 15 € – Menu 29 € – Carte 36/55 €
◆ Une petite maison basse sur un cours planté de... platanes. Son décor comme sa cuisine sont chaleureux, entre recettes camarguaises et produits de la mer. Terrasse face au potager.

AINHOA – 64 Pyrénées-Atlantiques – 342 C5 – 665 h. – alt. 130 m – ✉ 64250 Pays Basque et Navarre 3 A3

Paris 791 – Bayonne 28 – Biarritz 29 – Cambo-les-Bains 11
Village basque caractéristique★.

Ithurria
pl. du Fronton – ✆ 05 59 29 92 11 – www.ithurria.com – Ouvert 6 avril-1er nov.
28 ch – †95/135 € ††135/160 € – ☕ 13 € – ½ P 115/125 €
Rest *Ithurria* ✿ – voir les restaurants ci-après
Rest *Bistrot Ithurria* *(fermé merc. et jeudi sauf juil.-août, dim. et le soir)* – Carte 21/35 €
◆ Un village typique, son incontournable fronton de pelote et... juste en face, cette ancienne ferme rouge et blanche (17e s.). On voudrait se coiffer d'un béret basque dans ce décor ! Belle parenthèse traditionnelle, donc, entre les murs de ce confortable hôtel-restaurant... À noter : un sympathique bistrot.

Argi Eder

rte de la Chapelle – ✆ 05 59 93 72 00 – www.argi-eder.com – Ouvert 1er avril-4 nov.
19 ch – 95/125 € 95/130 € – 7 suites – 13 € – ½ P 92/126 €
Rest *(fermé merc. sauf le soir en juil.-août, lundi midi et vend. midi)* – Menu 29/66 € – Carte 50/70 €
◆ À flanc de colline, une grande bâtisse régionale et sa piscine dans un parc arboré et fleuri. Vastes chambres avec balcon et joli salon-bar (belle collection d'armagnacs). Salle à manger basque ; plats du terroir et superbe carte de bordeaux.

La Maison Oppoca

r. Principale – ✆ 05 59 29 90 72 – www.oppoca.com – Fermé 3 janv.-5 fév. et 21 nov.-18 déc.
10 ch – 85/140 € 95/150 € – 11 € – ½ P 82/114 €
Rest *(fermé dim. soir, mardi midi et lundi)* – Menu 28/60 € – Carte 33/50 €
Rest *Le Pilotari* *(ouvert avril-oct. et fermé lundi) (déj. seult)* – Menu 18 € – Carte environ 26 €
◆ Cette belle maison basque du 17e s. abrite des chambres confortables et spacieuses (parquets anciens, tons lin et crème). Au restaurant gastronomique, deux ambiances – rustique ou contemporaine – et des mets alliant saveurs basques et exotiques. Côté bistrot, spécialités régionales (piperade, axoa...).

Ithurria (Xavier Isabal) – Hôtel Ithurria

pl. du Fronton – ✆ 05 59 29 92 11 – www.ithurria.com – Fermé 2 nov.-5 avril, jeudi midi sauf juil.-août et merc.
Rest *(réserver)* – Menu 39/62 € – Carte 55/80 €
Spéc. Rossini de pied de porc, foie gras poêlé, pousses de salade et vinaigrette truffée. Pigeon rôti, beurre sous la peau, fricassée de legumes en cocotte. Délice à l'Izarra, cerises semi confites et coulis de cerises noires. **Vins** Irouléguy, Jurançon.
◆ Tomettes, poutres, cuivres et assiettes anciennes, vieux fourneaux... La couleur, mais aussi le goût du Pays basque : ici, on déguste une cuisine classique qui fait la part belle aux produits du terroir et du marché, travaillés avec grand soin.

AIRAINES – 80 Somme – 301 E8 – 2 207 h. – alt. 30 m – ✉ 80270 — 36 A1

Nord Pas-de-Calais Picardie
Paris 172 – Abbeville 22 – Amiens 30 – Beauvais 69
place de la Mairie, ✆ 03 22 29 34 07

à Allery 5 km à l'Ouest par D 936 – 786 h. – alt. 50 m – ✉ 80270

Relais Forestier du Pont d'Hure

rte du Tréport – ✆ 03 22 29 42 10 – www.pontdhure.com – Fermé 1er-20 août, 1er-20 janv., mardi et le soir sauf sam.
Rest – Formule 14 € – Menu 18 € (sem.), 23/38 € – Carte 30/55 €
◆ Atmosphère pavillon de chasse (trophées, mobilier rustique) pleine de charme après une balade en forêt... Au programme, rôtisserie et grillades au feu de bois.

AIRAN – 14 Calvados – 303 L5 – 620 h. – alt. 25 m – ✉ 14370 — 32 B2

Paris 243 – Alençon 124 – Caen 22 – Rouen 137

Domaine de la Hurel sans rest

30 hameau de Coupigny – ✆ 02 31 44 68 85 – www.domainedelahurel.com
5 ch – 65 € 85 €
◆ Touristes, randonneurs ou... cavaliers, cette adresse convient à tous ; ces derniers pouvant loger leurs chevaux. Une adresse très nature donc, avec de belles chambres cosy, un parc avec un étang pour pêcher, des prairies. Un grand bol d'air !

AIRE-SUR-L'ADOUR – 40 Landes – 335 J12 – 6 092 h. – alt. 80 m — 3 B3

– ✉ 40800 Aquitaine
Paris 722 – Auch 84 – Condom 68 – Dax 77
20, bis rue Carnot, ✆ 05 58 71 64 70
Sarcophage de Ste-Quitterie★ dans l'église St-Pierre-du-Mas.

Chez l'Ahumat

2 r. Mendès-France – ✆ 05 58 71 82 61 – Fermé 17-31 mars, 1er-16 sept., mardi soir et merc.

Rest – Menu 11/30 € – Carte 20/35 €

◆ Restaurant tenu par la même famille depuis trois générations. Salles rustiques agrémentées d'objets anciens (collection d'assiettes, vieux vaisselier) et cuisine régionale.

à Ségos (32 Gers) 9 km par N 134 et D 260 – 254 h. – alt. 111 m – ✉ 32400

Domaine de Bassibé

– ✆ 05 62 09 46 71 – www.bassibe.fr – Ouvert de Pâques à mi-nov. et fermé mardi et merc. sauf juil.-août

8 ch – 140/165 € 140/215 € – 6 suites – ☕ 17 €

Rest *Domaine de Bassibé* – voir les restaurants ci-après

◆ Bassibé : "Là où l'on est bien" en patois. Dans cette ancienne ferme en pleine campagne, on cultive le romantisme et l'art de bien vivre. Les chambres, coquettes et champêtres, invitent à une douce paresse...

Minvielle et les Oliviers rest,

– ✆ 05 62 09 40 90

18 ch – 45 € 52 € – ☕ 7 € – ½ P 50 €

Rest *(fermé sam. midi et dim. soir)* – Formule 14 € bc – Menu 19/30 € – Carte 28/40 €

◆ Dans un petit village du Gers, bâtisse moderne d'esprit régional. Décor provençal dans les chambres de l'annexe (plus récentes) et grand balcon. Au restaurant, cuisine traditionnelle.

Domaine de Bassibé – Hôtel Domaine de Bassibé

– ✆ 05 62 09 46 71 – www.bassibe.fr – Ouvert de Pâques à mi-nov., fermé le midi sauf sam., dim. et juil.-août, mardi et merc. de sept. à juin

Rest – Menu 49/61 €

◆ Côte de cochon noir de Bigorre, souris d'agneau confite à l'ail... Une cuisine classique à déguster dans un ancien pressoir ou à l'ombre des platanes. Paisible, délicat et charmant !

AIRE-SUR-LA-LYS – 62 Pas-de-Calais – 301 H4 – 9 710 h. – alt. 30 m – ✉ 62120 Nord Pas-de-Calais Picardie

30 B2

▶ Paris 236 – Arras 56 – Boulogne-sur-Mer 68 – Calais 60

ℹ Grand-Place "le Baillage", ✆ 03 21 39 65 66, www.ot-airesurlalys.fr

◉ Bailliage★ - Tour★ de la Collégiale St-Pierre★.

Hostellerie des 3 Mousquetaires

Château de la Redoute, rte de Béthune (D 943) – ✆ 03 21 39 01 11 – www.hostelleriedes3mousquetaires.com – Fermé 2-14 janv.

28 ch – 90/150 € 90/150 € – 2 suites – ☕ 15 € – ½ P 81/115 €

Rest *Les Saveurs du Parc* – voir les restaurants ci-après

◆ Cette demeure du 19e s., entourée d'un parc, a un charme bucolique. La décoration des chambres (lit à baldaquin, objets chinés) restitue le charme de la douce atmosphère d'antan.

Les Saveurs du Parc – Hostellerie des 3 Mousquetaires

Château de la Redoute, rte de Béthune (D 943) – ✆ 03 21 39 01 11 – www.hostelleriedes3mousquetaires.com – Fermé 2-14 janv., dim. soir et lundi midi

Rest – Formule 19 € – Menu 21/63 € – Carte 40/70 €

◆ Le chef réalise une cuisine plutôt classique à base de produits régionaux. La salle à manger laisse le choix du spectacle : cuisine ouverte ou vue sur la vallée.

à Isbergues 6 km au Sud-Est par D 187 – 9 395 h. – alt. 25 m – ✉ 62330

Le Buffet avec ch rest,
22 r. de la Gare – ✆ 03 21 25 82 40 – www.le-buffet.com – Fermé 1er-20 août, dim. soir et lundi
5 ch – †62 € ††70 € – ☕ 10 €
Rest – Formule 16 € – Menu 19 € (sem.), 25/88 € bc – Carte 50/80 €
◆ L'ancien buffet de la gare a aujourd'hui fière allure ! C'est un endroit élégant (mobilier de style) et l'on y savoure une goûteuse cuisine régionale de saison. Chambres confortables pour l'étape.

AISONVILLE-ET-BERNOVILLE – 02 Aisne – 306 D3 – 292 h. – alt. 155 m – ✉ 02110 37 C1

Paris 200 – Amiens 115 – Laon 50 – Saint-Quentin 31

Le 1748
9 r. de Condé – ✆ 03 23 66 85 85 – http://le1748.monsite.orange.fr – Fermé 2-12 janv.
16 ch – †65/95 € ††65/95 € – ☕ 9 € – ½ P 65 €
Rest *Le 1748* – voir les restaurants ci-après
◆ Dans l'ancienne ferme du château de Bernoville, des chambres douillettes et intimes, quelques-unes logées sous de belles charpentes. Un lieu authentique et plein de charme !

Le 1748
9 r. de Condé – ✆ 03 23 66 85 85 – http://le1748.monsite.orange.fr – Fermé 2-12 janv.
Rest *(dîner seult)* – Menu 19/39 € – Carte 34/47 €
◆ Plats du terroir, flamiches et grillades au feu de bois dans le superbe décor des anciennes écuries datant de... 1748, dont on a même conservé les mangeoires ! Et côté atmosphère, on se croirait dans un véritable estaminet.

AIX (ÎLE-D') – 17 Charente-Maritime – 324 C3 – voir à Île-d'Aix

---

AIX-EN-PROVENCE – 13 Bouches-du-Rhône – 340 H4 – 142 743 h. – alt. 206 m – Casino AV – ✉ 13100 Provence 40 B3

Paris 752 – Avignon 82 – Marseille 30 – Nice 177

2, place du Général-de-Gaulle, ✆ 04 42 16 11 61, www.aixenprovencetourism.com

Set Golf, 1335 chemin de Granet, O : 6 km par D 17, ✆ 04 42 29 63 69

d'Aix-Marseille, à Les Milles, Domaine de Riquetti, par rte de Marignane et D 9 : 8 km, ✆ 04 42 24 20 41

Sainte-Victoire Golf Club, à Fuveau, Lieu dit Château l'Arc, par rte d'Aubagne et D 6 : 14 km, ✆ 04 42 29 83 43

Le Vieil Aix★★ - Cours Mirabeau★★ - Cathédrale St-Sauveur★ : triptyque du Buisson Ardent★★ - Cloître★BXB8 - Place Albertas★BY3 - Place★ de l'hôtel de ville BY37 - Cour★ de l'hôtel de ville BYH - Quartier Mazarin★ : fontaine des Quatre-Dauphins★BYD - Musée Granet★CYM6 - Musée des Tapisseries★BXM2 - Fondation Vasarely★AVM5.

Plans pages suivantes

Villa Gallici
18 bis av. de la Violette – ✆ 04 42 23 29 23 – www.villagallici.com – Fermé 23-27 déc. et 3 janv.-2 fév. BVk
17 ch – †230/750 € ††230/750 € – 5 suites – ☕ 28 €
Rest *Villa Gallici* – voir les restaurants ci-après
◆ Cyprès, fontaine, piscine, cigales... Un morceau de Provence idyllique en cette discrète villa juchée sur les hauteurs d'Aix. Les chambres, raffinées, distillent un charme très 19es. Ravissant !

AIX-EN-PROVENCE

Berger (Av. G.) .... **BV** 7
Brossolette (Av.) .... **AV** 13
Club Hippique (Av.) ...... **AV** 18
Dalmas (Av. J.) .... **AV** 23
Ferrini (Av. F.) .... **AV** 30
Fourane (Av. de la) ...... **AV** 32
Galice (Rte de) .... **AV** 33
Isaac (Av. J.) .... **BV** 41
Malacrida (Av. H.) .... **BV** 48
Minimes (Crs des) .... **AV** 52
Moulin (Av. J.) .... **BV** 56
Pigonnet (Av. du) .... **AV** 62
Poilus (Bd des) .... **BV** 67
Prados (Av. E.) .... **AV** 68
Solari (Av. Ph.) .... **AV** 76

Grand Hôtel Roi René

24 bd du Roi-René – ✆ 04 42 37 61 00
– www.grand-hotel-roi-rene-aix-en-provence.com BZ**b**
131 ch – 190/365 € 200/385 € – 3 suites – 23 €
Rest *La Table du Roi* – voir les restaurants ci-après
◆ Ce Grand Hôtel inspiré de l'architecture régionale des 17e et 18e s. est né en 1929, et il n'a pas pris une ride ! Dans les chambres, cossues et très contemporaines, les salons ou encore au bord de la piscine, l'occasion d'une belle villégiature.

Le Pigonnet

5 av. du Pigonnet ✉ 13090 – ✆ 04 42 59 02 90
– www.hotelpigonnet.com AV**a**
48 ch – 130/385 € 170/385 € – 19 € – ½ P 135/243 €
Rest *Le Pigonnet* – voir les restaurants ci-après
◆ Dans un beau parc, face à la Ste-Victoire, grande maison au calme, où Cézanne lui-même s'imprégna des parfums et couleurs de la Provence... Chambres romantiques et cossues.

Aquabella

2 r. des Étuves – ✆ 04 42 99 15 00 – www.aquabella.fr AX**a**
110 ch – 125/185 € 145/235 € – 16 €
Rest *L'Orangerie* – Formule 24 € bc – Menu 26/50 € bc – Carte 38/55 €
◆ Aux portes de la vieille ville, cet imposant hôtel moderne jouxte les Thermes Sextius (nombreux soins). Aux derniers étages, chambres avec terrasse et vue sur la cité. Restaurant à la structure "verre et acier", prolongé d'une belle terrasse ; cuisine régionale.

Cézanne sans rest

40 av. Victor-Hugo – ✆ 04 42 91 11 11
– www.hotelaix.com/cezanne BZ**h**
53 ch – 170 € 190 € – 2 suites – 20 €
◆ Belles chambres design pour ce "boutique hôtel" situé entre la gare et le centre-ville. Business center, open bar, garage gratuit et petit-déjeuner maison servi jusqu'à midi.

AIX-EN-PROVENCE

St-Christophe

2 av. Victor-Hugo – ✆ 04 42 26 01 24 – www.hotel-saintchristophe.com

67 ch – 87/150 € 95/180 € – 13 € BY**a**

Rest *Brasserie Léopold* – Formule 20 € – Menu 26 € – Carte 27/42 €

◆ Derrière une façade traditionnelle, des chambres très variées : grandes, petites, d'esprit provençal, très années 1930 ou au contraire résolument contemporaines. Joli cadre Art déco à la brasserie du rez-de-chaussée, dont les tables gagnent le trottoir en été.

Le Globe sans rest

74 cours Sextius – ✆ 04 42 26 03 58 – www.hotelduglobe.com – Fermé de mi-déc. à mi-janv. AY**e**

46 ch – 62/66 € 78/82 € – 8 €

◆ Accueil sympathique dans ce petit hôtel proposant des chambres simples mais bien insonorisées et rigoureusement tenues. Terrasse-solarium sur le toit d'où se déploie une belle vue.

L'Épicerie sans rest
12 r. du Cancel – ✆ 06 08 85 38 68 – www.unechambreenville.eu BX**a**
4 ch – 100/130 € 100/130 €
◆ Maison du 18es. au cœur de la vieille ville. Chambres soignées (boutis, mobilier chiné, baignoire à l'ancienne, etc.) et petits-déjeuners servis dans un décor d'épicerie d'antan !

Le Pigonnet – Hôtel Le Pigonnet
5 av. du Pigonnet ✉ 13090 – ✆ 04 42 59 61 07 – www.hotelpigonnet.com – Ouvert 1er avril-31 oct. et fermé sam. midi et dim. AV**a**
Rest – Menu 39/68 € – Carte 54/90 €
◆ Dans ce très élégant restaurant, le jeune chef a déjà un beau parcours derrière lui et concocte une jolie cuisine d'aujourd'hui, avec de beaux produits frais. L'été, on allie gourmandise et verdure en investissant la terrasse. Raffiné !

Le Clos de la Violette
10 av. de la Violette – ✆ 04 42 23 30 71 – www.closdelaviolette.fr – Fermé 1er-17 août, 26 fév.-12 mars, dim. et lundi BV**a**
Rest – Formule 54 € bc – Menu 90/130 € – Carte 95/130 €
Spéc. Charlotte croustillante de truffe noire (déc. à mars). Pigeon en sanguette paysanne. Biscuit friable de brousse battue à la vanille. **Vins** Coteaux d'Aix-en-Provence, Palette.
◆ Romarin et basilic frais, huile d'olive, échalote confite… Le fil d'Ariane d'une bonne cuisine ancrée dans le Sud, mais ouverte à toutes les tendances, sans jamais se perdre. Grande villa perchée sur les hauteurs (cadre feutré, terrasse sous les marronniers).

La Table du Roi – Grand Hôtel Roi René
24 bd du Roi-René – ✆ 04 42 37 61 00 – www.grand-hotel-roi-rene-aix-en-provence.com BZ**b**
Rest – Menu 39 €
◆ Dépouillée, élégante et légèrement baroque... comme il se doit pour la Table du Roi ! La chef et sa brigade travaillent de beaux produits, au service d'une carte classique aux notes régionales, aussi courte qu'alléchante.

Pierre Reboul
11 Petite rue St-Jean – ✆ 04 42 20 58 26 – www.restaurant-pierre-reboul.com – Fermé 12-27 août, 23 déc.-15 janv., mardi midi, dim. et lundi CY**a**
Rest – Menu 39/138 €
Spéc. Cuisine du marché. **Vins** Côtes de Provence, Cassis.
◆ Dans la vieille ville, un lieu original et stylé : voûtes blanches, voilages intimes, mobilier design... Effets de miroir avec la cuisine, avant tout créative, mêlant notes ludiques et effets graphiques (menu unique). Beaux accords mets-vins.

Villa Gallici – Hôtel Villa Gallici
18 bis av. de la Violette – ✆ 04 42 23 29 23 – www.villagallici.com – Fermé 23-27 déc., 3 janv.-2 fév., mardi d'oct. à mai et merc. sauf en juil. BV**k**
Rest *(nombre de couverts limité, réserver)* – Formule 55 € – Menu 75 € (déj.)/90 € – Carte 80/100 €
◆ Luxe et tradition, sans ostentation. Un décor raffiné et élégant au service d'une cuisine classique gorgée de soleil réalisée par un chef amoureux des bons produits. Les platanes, la jolie terrasse... On dirait le Sud !

Les 2 Frères
4 av. Reine-Astrid – ✆ 04 42 27 90 32 – www.les2freres.com AZ**s**
Rest – Formule 19 € – Menu 25 € (sem.)/35 € – Carte 49/72 €
◆ Restaurant très contemporain d'esprit (inox brossé, bois brut, mobilier blanc), avec une grande terrasse "zen" sous les platanes, très prisée. Cuisine actuelle, ouverte au monde.

Le Formal
32 r. Espariat – ✆ 04 42 27 08 31 – www.restaurant-leformal.com – Fermé 24 déc.-3 janv., sam. midi, dim. et lundi BY**w**
Rest – Formule 22 € – Menu 37/75 € – Carte 41/50 €
◆ Adresse chaleureuse et animée, installée dans de belles caves voûtées du 15es. Le chef propose une cuisine d'inspiration provençale avec un grand souci de qualité.

Yamato

21 av. des Belges – ✆ 04 42 38 00 20 – www.restaurant-yamato.com – Fermé lundi sauf le soir en juil. AZe

Rest – Formule 38 € – Menu 49/98 € – Carte 42/105 €

◆ Table japonaise proposant une cuisine fine et soignée, très fraîche (bons desserts "fusion"). Belle cave au sous-sol. La propriétaire assure l'accueil en costume traditionnel.

Le Poivre d'Ane

40 pl. des Cardeurs – ✆ 04 42 21 32 66 – www.restaurantlepoivredane.com – Fermé vacances de Noël, 11 janv.-début fév., merc. et le midi BYu

Rest *(nombre de couverts limité, réserver)* – Menu 28/45 € – Carte 28/34 €

◆ Sur une place touristique du centre-ville, un petit restaurant tenu par une équipe jeune et dynamique. Décor seventies et cuisine tendance, à prix raisonnable.

Yôji

7 av. Victor-Hugo – ✆ 04 42 38 48 76 – www.yoji.fr – Fermé 2 sem. en oct., 2 sem. en fév., lundi midi et dim. BYg

Rest – Formule 17 € – Menu 21/30 € – Carte 32/50 €

◆ Petit goût d'Asie, à deux pas de l'office du tourisme d'Aix : cuisine japonaise par un chef vietnamien, barbecue coréen (à chaque table) et bar à sushis, dans un décor zen.

Ze Bistro

7 r. de la Couronne – ✆ 04 42 39 81 88 – www.zebistro.com – Fermé août, 24 déc.-2 janv., 26 fév.-13 mars, le midi en juil., sam. midi, dim. et lundi BYd

Rest *(nombre de couverts limité, réserver)* – Formule 25 € – Menu 36 € (dîner)/ 42 € – Carte 29/42 €

◆ Bistro contemporain tenu par un jeune chef qui s'approvisionne au marché et auprès des producteurs locaux : de belles saveurs à la carte ! Son épouse assure un service sympathique.

au Canet 8 km par ② par D 7n – ✉ 13100 Beaurecueil

L'Auberge Provençale

imp. de Provence, au lieu-dit Le Canet-de-Meyreuil – ✆ 04 42 58 68 54 – www.auberge-provencale.fr – Fermé 16 juil.-1er août, 24-29 déc., mardi sauf le midi de sept. à mai et merc.

Rest – Menu 26/50 € – Carte 56/66 €

◆ Dans cette jolie auberge provençale, proche de la N 7, on apprécie une cuisine traditionnelle soignée, ancrée dans la région et accompagnée d'un beau choix de vins locaux.

à Beaurecueil 10 km par ②, N 7 et D 58 – 610 h. – alt. 254 m – ✉ 13100

La Table de Beaurecueil

66 rte de Meyreuil, allée des Muriers – ✆ 04 42 66 94 98 – www.latabledebeaurecueil.com – Fermé dim.soir, lundi et merc.

Rest – Formule 25 € – Menu 32 € (sem.), 35/75 €

◆ Dans une ancienne bergerie au décor résolument contemporain (seules subsistent quelques touches rustiques), la cuisine du terroir tire le meilleur parti de bons produits.

au Sud-Ouest 5 km par ③, D9 ou A 51, sortie Les Milles - ✉ 13546 Aix-en-Provence

Château de la Pioline

ch, rest,

260 r. Guillaume-du-Vair – ✆ 04 42 52 27 27 – www.chateaudelapioline.fr

30 ch – 🛉168/360 € 🛉🛉280/576 € – 3 suites – ☕ 20 €

Rest *(fermé dim.)* – Menu 39/64 € – Carte 60/90 €

◆ Belle demeure classée (18e s.), avec son jardin à la française, son grand escalier, sa terrasse sous les tilleuls. Chambres joliment meublées, plus petites dans l'aile récente. Cuisine gastronomique servie dans un décor très "vie de château".

De l'Arbois

97 r. du Dr.-Albert-Aynaud, 10 km à l'Ouest, dir. Europôle de l'Arbois – 04 42 58 59 60 – www.hotelarbois.com
56 ch – 100/150 € 100/150 € – 2 suites – 12 €
Rest *(fermé sam. et dim. hors saison)* – Formule 17 € – Menu 25 € – Carte 27/45 €
◆ Pour un voyage d'affaires ou une étape (la gare TGV est toute proche), cet hôtel récent propose des chambres confortables. Bonnes prestations, dont un espace fitness. Cuisine régionale servie dans un restaurant au décor lumineux et vitaminé, ou en terrasse.

à Celony **3 km sur D 7n – 13090 Aix en Provence**

Le Mas d'Entremont

315 rte Nationale 7 – 04 42 17 42 42 – www.masdentremont.com – Ouvert 15 mars-31 oct. AV**g**
14 ch – 160/260 € 160/260 € – 6 suites – 19 €
Rest *Le Mas d'Entremont* – voir les restaurants ci-après
◆ Sur les hauteurs d'Aix, belle bastide nichée dans un parc avec bassin, colonnes et jets d'eau. Chambres à l'avenant : étoffes claires et boiseries sombres.

Le Mas d'Entremont

315 rte Nationale 7 – 04 42 17 42 42 – www.masdentremont.com – Fermé 1er nov.-14 mars, dim. soir et lundi midi AV**g**
Rest – Formule 38 € – Menu 43/48 € – Carte environ 46 €
◆ Un très joli Mas ! Le chef concocte une cuisine classique qui varie au gré du marché et des saisons. L'hiver, on s'installe douillettement près de la cheminée ; l'été, place au ravissement sur une délicieuse terrasse ombragée.

AIX-LES-BAINS – 73 Savoie – 333 I3 – 27 095 h. – alt. 200 m **46 F2**

– Stat. therm. : fin janv.-mi-déc. – Casinos : Grand Cercle CZ, Nouveau Casino AX – 73100 Alpes du Nord

Paris 539 – Annecy 34 – Bourg-en-Bresse 115 – Chambéry 18
de Chambéry-Savoie : 04 79 54 49 54, à Viviers-du-Lac 8 km par ③.
place Maurice Mollard, 04 79 88 68 00, www.aixlesbains.com
d'Aix-les-Bains, Avenue du Golf, par rte de Chambéry : 3 km, 04 79 61 23 35
Esplanade du Lac★ - Escalier★ de l'Hôtel de Ville CZ**H** - Musée Faure★ - Vestiges Romains★ - Casino Grand Cercle★.
Lac du Bourget★★ - Abbaye de Hautecombe★★ - Les Bauges★.

Plan page suivante

Radisson Blu

av. Ch.-de-Gaulle – 04 79 34 19 19 – www.radissonblu.com/hotel-aixlesbains CZ**x**
102 ch – 110/170 € 125/185 € – 10 suites – 18 € – ½ P 143/203 €
Rest – Formule 27 € – Menu 32 € (déj. en sem.) – Carte 33/55 €
◆ Au cœur du parc du casino, doté d'un jardin japonais, imposant hôtel moderne dont les chambres sont fonctionnelles et bien équipées. Spa et espaces séminaires. Cuisine d'inspiration brasserie servie dans un décor actuel ou sur l'agréable terrasse.

Mercure Ariana

111 av. de Marlioz , à Marlioz : 1,5 km – 04 79 61 79 79 – www.mercure.com – Fermé 1er-15 janv. AX**a**
60 ch – 107/190 € 121/210 € – 16 € – ½ P 96/140 €
Rest – Formule 24 € – Menu 29 € – Carte 32/44 €
◆ Dans le parc des thermes de Marlioz, cet établissement dispose de chambres spacieuses et d'un centre de balnéothérapie dernier cri, décoré à la manière d'un bateau. Au restaurant, cuisine traditionnelle et terrasse avec vue sur les arbres centenaires.

AIX-LES-BAINS

Bains (R. des) . . . . CZ 2
Berthollet (Bd) . . . . CZ 3
Boucher (Sq. A.) . . . . CY 5
Carnot (Pl.) . . . . CZ 6
Casino (R. du) . . . . CZ 8
Chambéry (R. de) . . . . CZ 9
Charcot (Bd J.) . . . . AX 10
Clemenceau (Pl.) . . . . BY 12
Dacquin (R.) . . . . CZ 13
Davat (R.) . . . . CZ 15
Fleurs (Av. des) . . . . CZ 16
Garibaldi (Bd) . . . . AX 17
Garrod (R. Sir-A.) . . . . CZ 18
Gaulle (Av. de) . . . . CZ 19
Georges-1er (R.) . . . . CZ 21
Lamartine (R.) . . . . CZ 22
Lattre-de-Tassigny (Bd. Mar.-de) . . . . AX, BY 23
Liège (R. de) . . . . CZ 24
Marlioz (Av. de) . . . . AX 25
Mollard (Pl. M.) . . . . CZ 26
Monard (R. S.) . . . . CZ 27
Petit Port (Av. du) . . . . AX, BYZ 28
Pierpont-Morgan (Bd) . . . . BY 29
Près-Riants (R.) . . . . BY 30
République (R.) . . . . CY 32
Revard (Pl. du) . . . . CZ 33
Roche-du-Roi (Bd de la) . . . . . CZ 34
Roosevelt (Av. F.) . . . . AX 35
Rops (Av. D.) . . . . AX 37
Russie (Bd de) . . . . AX 39
Seyssel (R. C.-de) . . . . CZ 40
Temple-de-Diane (Sq.) . . . . . . CZ 45
Temple (R. du) . . . . CZ 43
Verdun (Av. de) . . . . BZ 46
Victoria (Av.) . . . . CZ 47

Le Manoir rest,

37 r. Georges-1er – ✆ 04 79 61 44 00 – www.hotel-lemanoir.com – Fermé 17-31 déc. CZr

73 ch – †89/139 € ††99/179 € – 3 suites – ☕ 14 € – ½ P 94/134 €

Rest – Formule 20 € – Menu 29/49 € – Carte 33/64 €

◆ Un Manoir aménagé dans les dépendances de l'ancien palace Splendide-Royal. La Villa Grimotière, de style 1900, abrite des chambres plus raffinées. Cadre oriental à l'espace bien-être. Plaisante salle à manger et véranda ouverte sur un jardin fleuri.

Agora ch, rest,

1 av. de Marlioz – ✆ 04 79 34 20 20 – www.hotel-agora.com CZu

62 ch – †73/123 € ††85/135 € – ☕ 14 € – ½ P 76/101 €

Rest – Formule 15 € – Menu 33 € – Carte 31/47 €

◆ Établissement aux lignes contemporaines, idéalement situé et confortable. Chambres d'esprit design (parquet, tons chauds) ou plus classiques. Restaurant résolument contemporain ; cuisine internationale (tajine, wok, tartare...).

Grand Hôtel du Parc rest, rest,

28 r. de Chambéry – ✆ 04 79 61 29 11 – www.grand-hotel-du-parc.com – Fermé 17 déc.-3 janv. CZn

43 ch – †49/90 € ††59/102 € – ☕ 12 € – ½ P 75/88 €

Rest *La Bonne Fourchette* *(fermé 17 déc.-21 janv., merc. midi hors saison, dim. soir et lundi)* – Formule 18 € – Menu 22 € (déj. en sem.), 29/70 € – Carte 50/60 €

◆ Immeuble bâti en 1817, à deux pas du théâtre de Verdure. Chambres spacieuses, certaines dans un style contemporain épuré. Le salon a conservé son joli décor d'origine. Une Bonne Fourchette agréablement rétro, où savourer des recettes du terroir.

Auberge St-Simond

130 av. St-Simond – ✆ 04 79 88 35 02 – www.saintsimond.com – Fermé 15 déc.-31 janv., lundi midi d'oct. à avril et dim. soir AXe

25 ch – †62/65 € ††65/85 € – ☕ 11 € – ½ P 58/75 €

Rest *Auberge Saint-Simond* – voir les restaurants ci-après

◆ Une auberge récente non loin de la voie ferrée, appréciée pour son ambiance conviviale, ses chambres coquettes et bien tenues, et son jardin avec une jolie piscine.

Revotel sans rest

198 r. de Genève – ✆ 04 79 35 03 37 – www.revotel.fr – Fermé 27 nov.-7 fév.

18 ch – †37/45 € ††37/45 € – ☕ 7 € CZv

◆ Un rêve pour le porte-monnaie ! Accueil agréable dans cet hôtel proche des quartiers animés ; mobilier seventies et chambres fonctionnelles (plus tranquilles sur l'arrière).

Le 59 Restaurant

59 r. du Casino – ✆ 04 79 88 29 75 – www.boris-campanella.fr – Fermé vacances de Pâques et de la Toussaint, dim. et lundi CZr

Rest – Menu 23 € (déj. en sem.), 36/98 € – Carte 60/80 €

◆ Cuisine du marché, produits triés sur le volet et agréables saveurs dans cette ancienne épicerie... Atmosphère contemporaine, colorée et épurée.

Auberge Saint-Simond – Auberge St-Simond

130 av. St-Simond – ✆ 04 79 88 35 02 – www.saintsimond.com – Fermé 15 déc.-31 janv., lundi midi d'oct. à avril et dim. soir AXe

Rest – Formule 22 € – Menu 25 € (déj. en sem.), 29/39 € – Carte 35/53 €

◆ Une salle jaune poussin, une jolie vue sur le jardin planté d'oliviers, de platanes et de lavande... Cette auberge récente mise sur des valeurs sûres : tradition, simplicité, fraîcheur et préparations maison. Bonne sélection de vins légers.

Auberge du Pont Rouge

151 av. du Grand-Port – ✆ 04 79 63 43 90 – Fermé lundi hors saison, dim. soir et mardi soir AXf

Rest – Formule 22 € – Menu 34/42 € – Carte 35/60 €

◆ Menus du marché à l'ardoise, incontournables spécialités du Sud-Ouest et poissons du lac. Terrasse aux beaux jours.

AIZENAY – 85 Vendée – **316** G7 – **7 754 h.** – **alt. 62 m** – ✉ **85190** **34** B3

▶ Paris 435 – Challans 26 – Nantes 60 – La Roche-sur-Yon 18

ℹ Rond Point de la Gare, ✆ 02 51 94 62 72, www.vieetboulogne.fr

XX **La Sittelle**

33 r. du Mar.- Leclerc – ✆ 02 51 34 79 90 – Fermé août, 1er-10 janv., lundi, mardi et le soir sauf sam.

Rest *(nombre de couverts limité, réserver)* – Menu 25/36 €

◆ Suspendez le temps et faites halte dans cette agréable demeure bourgeoise. La cuisine, classique, savoureuse et juste, trahit le bien joli parcours du chef... et vous ravit, tout simplement !

AJACCIO – 2A Corse-du-Sud – **345** B8 – **voir à Corse**

ALBAN – 81 Tarn – **338** G7 – **966 h.** – **alt. 600 m** – ✉ **81250** **29** C2

▶ Paris 723 – Albi 29 – Castres 54 – Toulouse 106

ℹ 21, place des Tilleuls, ✆ 05 63 55 93 90

X **Au Bon Accueil** avec ch

49 av. de Millau – ✆ 05 63 55 81 03 – Fermé janv.

11 ch – †48/64 € ††48/70 € – ☕ 8 € – ½ P 58/63 €

Rest *(fermé vend. soir, dim. soir et lundi)* – Menu 17/30 € – Carte 25/45 €

◆ Pratique pour l'étape, entre Albi et Millau. Dans cette petite auberge rustique, on déguste une généreuse cuisine traditionnelle et l'on savoure un repos mérité dans des chambres petites mais bien pratiques, plus au calme sur l'arrière.

ALBERT – 80 Somme – **301** I8 – **9 800 h.** – **alt. 65 m** – ✉ **80300** **36** B1

Nord Pas-de-Calais Picardie

▶ Paris 156 – Amiens 30 – Arras 50 – St-Quentin 53

ℹ 6, rue Émile Zola, ✆ 03 22 64 10 30, www.ville-albert.fr

Royal Picardie ch, rest,

138 av. du Gén. Leclerc, (rte d'Amiens) – ✆ 03 22 75 37 00 – www.royalpicardie.com – Fermé 20 déc.-2 janv.

23 ch – †89/128 € ††98/128 € – ☕ 12 €

Rest *(dîner seult)* – Menu 28 € – Carte 28/40 €

◆ Cette grande bâtisse moderne aurait presque un air de château fort ! À l'intérieur, beaucoup de briques, des colonnes, comme une allusion à l'histoire régionale. Les chambres sont simples et le restaurant bien pratique : pour une étape ou un séminaire.

à Authuille 5 km au Nord par D 50 – **165 h.** – **alt. 85 m** – ✉ **80300**

XX **Auberge de la Vallée d'Ancre**

6 r. Moulin – ✆ 03 22 75 15 18 – Fermé 2 sem. en sept., vacances scolaires de fév., dim. soir, merc. soir et lundi

Rest – Menu 23/33 € bc – Carte 12/35 €

◆ Au bord d'une rivière, sympathique auberge de pays. L'accueil y est charmant ; les habitués saluent le chef, tandis qu'il concocte des plats de tradition dans sa cuisine ouverte.

ALBERTVILLE – 73 Savoie – **333** L3 – **18 480 h.** – **alt. 344 m** **46** F2
– ✉ **73200** Alpes du Nord

▶ Paris 581 – Annecy 46 – Chambéry 51 – Chamonix-Mont-Blanc 64

ℹ place de l'Europe, ✆ 04 79 32 04 22, www.albertville.com

Bourg de Conflans★, porte de Savoie ≤★ Grande Place★ - Route du fort du Mont ★★

Million

8 pl. de la Liberté – ✆ 04 79 32 25 15 – www.hotelmillion.com – Fermé 1er-14 mai et 1er-14 nov.

26 ch ☕ – †93/130 € ††147/195 € – ½ P 103 €

Rest ***Million*** ✿ – voir les restaurants ci-après

◆ Cette belle bâtisse de 1770 illustre une certaine tradition de l'hôtellerie française, cossue et bourgeoise. Deux types de chambres : certaines au cachet d'antan (cheminée, mobilier en bois, parquet...) ; d'autres un peu plus fonctionnelles.

XXX **Million** (José de Anacleto) – Hôtel Million

8 pl. de la Liberté – ✆ 04 79 32 25 15 – www.hotelmillion.com – Fermé 1er-14 mai, 1er-14 nov., sam. midi, dim. soir et lundi

Rest – Menu 30/78 € – Carte 66/76 €

Spéc. Cannelloni de ris de veau aux écrevisses, chou frisé et foie gras. Filet de bœuf de Salers aux morilles, risotto crémeux au parmesan. Charlotte aux poires et chocolat.

◆ Noble et feutrée, une délicate table de tradition. Sauces savoureuses, jus parfaitement réduits, produits nobles, etc. : le chef rappelle que le bel ouvrage est la condition de la finesse... et du plaisir. Cadre classique à l'unisson.

X **Le Bistrot Gourmand**

8 pl. Charles-Albert – ✆ 04 79 32 79 06 – Fermé août, vacances de Noël, dim. soir, mardi soir et merc.

Rest – Formule 15 € – Menu 24 € – Carte 40/78 €

◆ Atmosphère bistrotière, simple et conviviale, et animation de la cuisine, ouverte sur la salle, en guise de sympathique toile de fond... Carte renouvelée au fil des saisons.

à Monthion 7 km au Sud par rte de Chambéry (sortie 26) et D 64 – 450 h. – alt. 375 m – ✉ 73200

XX **Les 16 Clochers**

91 chemin des 16 Clochers – ✆ 04 79 31 30 39 – Fermé 1 sem. en avril, 1 sem. en sept., vacances de Noël, dim. soir, lundi et mardi

Rest – Menu 24 € (déj. en sem.), 35/55 € – Carte 61/86 €

◆ Chaleureux intérieur façon chalet et terrasse offrant une vue superbe sur la vallée et les montagnes. Le chef fait son marché et réalise une cuisine savoureuse et généreuse.

ALBI P – 81 Tarn – 338 E7 – 48 847 h. – alt. 174 m – ✉ 81000 — 29 C2

Midi-Toulousain

Paris 694 – Béziers 150 – Clermont-Ferrand 286 – Toulouse 76

place Sainte-Cécile, ✆ 05 63 36 36 00, www.albi-tourisme.fr

18 Albi Lasbordes, Château de Lasbordes, O : 4 km par r. de la Berchère, ✆ 05 63 54 98 07

18 de Florentin-Gaillac, à Marssac-sur-Tarn, Al Bosc, par rte de Toulouse : 11 km, ✆ 05 63 55 20 50

Circuit automobile ✆ 05 63 43 23 00, 2 km par ⑤.

Cathédrale Ste-Cécile★★★ : Jubé et Choeur★★★, Orgue★, Maître-autel★ - Palais de la Berbie★ : musée Toulouse-Lautrec★★ - Le Vieil Albi★★ : hôtel Reynès★ ZC - Pont Vieux★ - Pharmacie des Pénitents★ - ≤★ depuis les moulins albigeois.

Plan page suivante

La Réserve

81 rte de Cordes, 3 km par ⑥ – ✆ 05 63 60 80 80 – www.lareservealbi.com – Ouvert 1er mai-31 oct.

21 ch – †180 € ††180/480 € – 2 suites – ☕ 20 €

Rest *La Réserve* – voir les restaurants ci-après

◆ Dans un grand parc verdoyant au bord du Tarn, cette villa a du charme ! Meubles chinés et contemporains, tissus et papiers peints élégants : les chambres sont raffinées et donnent sur la jolie piscine ou la rivière. Et quand l'heure des gourmandises est venue, on n'est pas dépourvu...

Hostellerie St-Antoine sans rest

17 r. St-Antoine – ✆ 05 63 54 04 04 – www.hotel-saint-antoine-albi.com – Fermé 23 déc.-6 janv. Zd

40 ch – †98/195 € ††115/255 € – 2 suites – ☕ 19 €

◆ Un hôtel fondé en 1734 – l'un des plus vieux de France –, qui cultive très joliment l'atmosphère cossue des maisons d'antan... Mobilier ancien, jolies tissus et très agréable jardin... Un cocon douillet !

ALBI

Alsace-Lorraine (Bd) V
Andrieu (Bd Ed.) . . . . X 2
Archevêché (Pl. de l') . . . . . Y 3
Berchère (R. de la) . . . . Z
Bodin (Bd P.) . . . . X 5
Cantepau (R. de) V
Carnot (Bd) X
Castelviel (R. du) . . . . Y 7
Choiseul (Quai) . . . . Y 8
Croix-Blanche (R. de la) . . . . Z 9
Croix-Verte (R.) . . . . V, YZ 12
Dembourg (Av.) . . . . V 13
Dr-Camboulives (R. du) . . . . Z 14
Empeyralots (R. d') . . . . Z 15
Foch (Av. Mar.) X
Gambetta (Av.) X
Gaulle (Av. Gén.-de) X
Genève (R. de) . . . . Z 17
Gorsse (Pl. H. de) . . . . Y 18
Grand (R. E.) . . . . Y
Hôtel-de-Ville (R. de l') . . . . Z 19
Jean-Jaurès (Pl.) . . . . Z
Joffre (Av. Mar.) . . . . X 22
Lacombe (Bd) . . . . X 23
Lamothe (R. de) . . . . V, Y
Lapérouse (Pl.) . . . . Z
Lattre-de-Tassigny (Av. Mar.-de) . . . . V 24
Loirat (Av. du) V
Lude (Bd du) X
Malroux (R. A.) . . . . Y 25
Maquis (Pl. du) . . . . X 26
Mariès (R.) . . . . Z
Montebello (Bd) . . . . X 27
Moulin (Lices J.) . . . . Z
Nobles (R. des) . . . . Z 28
Oulmet (R. de l') . . . . Z 29
Palais (Pl. du) . . . . Z 30
Palais (R. du) . . . . Z 31
Partisans (Espl. des) . . . . . . Y
Pénitents (R. des) . . . . Z 33
Peyrolière (R.) . . . . YZ 34
Pompidou (Lices G.) . . . . . YZ
Porta (R.) . . . . Y
Porte-Neuve (R. de la) . . . . . Z 35
Puech-Bérenguier (R.) . . . . . Z 37
République (R. de la) . . . V, Y
Rinaldi (R.) . . . . Y
Rivière (R. de la) . . . . Y 40
Roquelaure (R.) . . . . Z 41
Ste-Cécile (Pl.) . . . . Y 46
Ste-Cécile (R.) . . . . Z 47
Ste-Claire (R.) . . . . Y 48
St-Afric (R.) . . . . Y 42
St-Amarand (Pl.) . . . . V 69
St-Antoine (R.) . . . . Z 43
St-Clair (R.) . . . . Z 44
St-Julien (R.) . . . . Y 45
Saunal (R. de) . . . . Z 49
Savary (R. H.) . . . . Z 51
Sel (R. du) . . . . Z 52
Séré-de-Rivière (R.) . . . . Z 53
Sibille (Bd Gén.) . . . . Z
Soult (Bd) VX
Strasbourg (Bd de) . . . . . V, Y 54
Teyssier (Av. Col.) X
Thomas (Av. A.) . . . . V 57
Timbal (R.) . . . . Z 58
Toulouse-Lautrec (R. H.-de) . Z 60
Valmy (Bd) VX
Verdier (Av. F.) . . . . X 62
Verdun (Pl. de) . . . . X 63
Verdusse (R. de) . . . . Z 64
Vigan (Pl. du) . . . . Z 65
Visitation (R. de la) . . . . Y 67
8-Mai-1945 (Pl. du) X

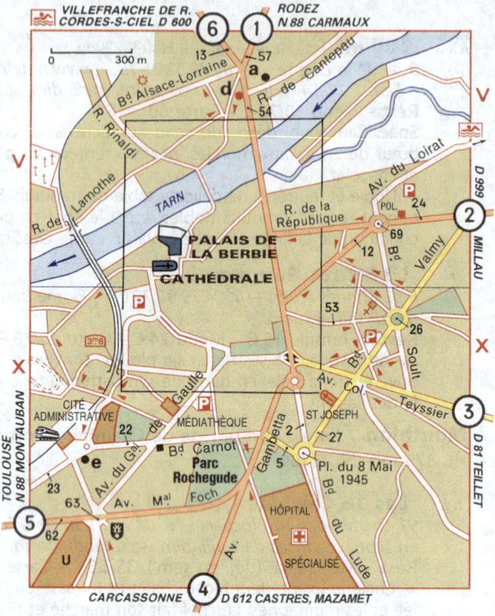

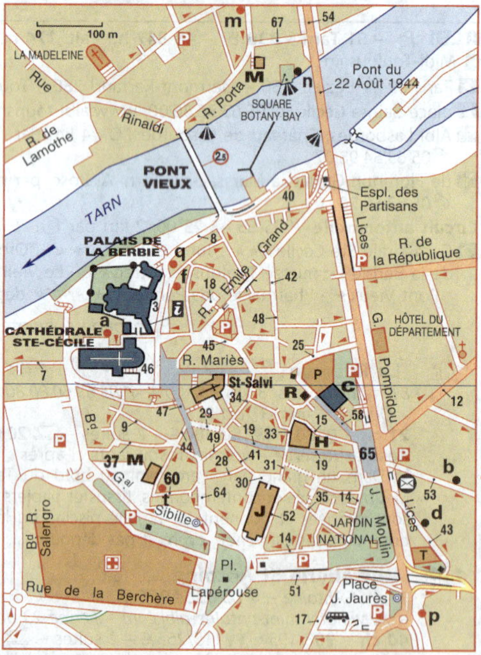

Chiffre

50 r. Séré-de-Rivières – ✆ 05 63 48 58 48 – www.hotelchiffre.com – Fermé 15 déc.-15 janv. **Zb**

35 ch – 🛉57/112 € 🛉🛉74/169 € – 1 suite – ☕ 11 € – ½ P 75/89 €

Rest *(fermé dim. et lundi) (dîner seult)* – Menu 20/27 € – Carte 30/45 €

♦ En ville mais à l'écart de l'agitation, un ex-relais de poste avec son joli patio fleuri. Les chambres, assez sobres, sont avant tout fonctionnelles. Pour les pensionnaires, une offre de restauration traditionnelle bien pratique.

Mercure

ch, rest,

41 bis r. Porta – ✆ 05 63 47 66 66 – www.lemoulin-albi.fr **Yn**

56 ch – 🛉105/120 € 🛉🛉120/138 € – ☕ 15 €

Rest *(fermé 20 déc.-4 janv., sam. midi, dim. midi et le soir du vend. au dim. du 1er nov. au 28 fév.)* – Formule 17 € – Menu 20/45 € bc – Carte 28/49 €

♦ Un moulin à farine du 18es. dominant le Tarn et... de petites chambres toutes identiques, fonctionnelles et confortables. Au restaurant, une carte bistrotière originale, qui change des standards de la chaîne.

Grand Hôtel d'Orléans

rest,

pl. Stalingrad – ✆ 05 63 54 16 56 – www.hotel-orleans-albi.com **Xe**

54 ch – 🛉64/99 € 🛉🛉74/125 € – 2 suites – ☕ 10 € – ½ P 69/88 €

Rest *(fermé 30 juil.-12 août, 1er-13 janv., 13 fév.-4 mars, lundi midi d'avril à oct., sam. sauf le soir d'avril à oct. et dim.)* – Formule 19 € – Menu 25 € – Carte 30/55 €

♦ Depuis 1902, de père en fils, on prend soin des voyageurs venus chercher la tranquillité au pays de Lautrec ! Les chambres sont fonctionnelles et décorées dans un esprit contemporain et, pour les hôtes studieux, on compte aussi de nombreuses salles de réunion.

Cantepau sans rest

9 r. Cantepau – ✆ 05 63 60 75 80 – www.hotelcantepau.fr – Fermé 23-31 déc.

33 ch – 🛉57/92 € 🛉🛉57/92 € – ☕ 9 € **Va**

♦ Un petit hôtel familial et accueillant, dans une rue tranquille. Côté déco, beaucoup de rotin, des tons crème et tabac, d'inspiration coloniale... C'est simple, impeccablement tenu et plaisant.

La Réserve – Hôtel La Réserve

81 rte de Cordes, 3 km par ⑥ – ✆ 05 63 60 80 80 – www.lareservealbi.com – Fermé de nov. à avril et le midi 3 jours par sem.

Rest – Menu 45/81 € bc – Carte 59/79 €

♦ De grandes baies vitrées donnant sur le parc verdoyant, une belle terrasse et une cheminée qui réchauffe l'hiver : cette Réserve est élégante l'on y savoure une cuisine du marché assez sage, mais bien agréable...

David Enjalran - L'Esprit du Vin

11 quai Choiseul – ✆ 05 63 54 60 44 – www.lespritduvin-albi.fr – Fermé dim. et lundi **Yq**

Rest *(nombre de couverts limité, réserver)* – Formule 23 € – Menu 27 € (déj.), 60/98 €

Spéc. Sphère de spaghettis et homard breton sur un fumet de crustacés parfumé à l'orange (juin à août). Pigeon rôti et cuisse confite façon pastilla. Bombe glacée à la violette en face à face de chocolat (sept.-oct.). **Vins** Gaillac.

♦ Restaurant chaleureux dans une maison du vieil Albi, avec une belle salle voûtée et une autre plus contemporaine. Le chef propose une cuisine fine et créative, au fil de menus "surprise" inspirés par ses produits de prédilection (pas de carte). Avis aux amateurs, il dispense aussi des cours de cuisine.

Le Jardin des Quatre Saisons

5 r. de la Pompe – ✆ 05 63 60 77 76 – www.lejardindes4saisons.fr. – Fermé dim. soir et lundi **Vd**

Rest – Formule 14 € – Menu 27/38 €

♦ En hiver comme en été, ce restaurant est toujours aussi agréable. La cuisine, généreuse et authentique, ressemble au patron, un enfant du pays. Sous les voûtes du salon privé, on organise des dégustations de vin – l'autre passion dudit patron !

XX **L'Épicurien**
42 pl. Jean-Jaurès – ✆ 05 63 53 10 70 – www.restaurantlepicurien.com – Fermé dim.
Rest – Formule 17 € – Menu 28/65 € – Carte 34/54 € **Zp**
◆ C'est l'adresse branchée d'Albi et côté déco, il règne un bel esprit nordique ! Cadre épuré et chaleureux, baies vitrées et... vue sur les cuisines, où le chef concocte de beaux plats dans l'air du temps, gourmands, copieux et bien ficelés.

XX **Le Lautrec**
13 r. Toulouse-Lautrec – ✆ 05 63 54 86 55 – www.restaurant-le-lautrec.com – Fermé 20 août-2 sept., vacances de la Toussaint, 20-27 fév., dim. sauf le midi de sept. à juin et lundi **Zt**
Rest – Formule 16 € – Menu 18 € (sem.), 30/50 € bc – Carte 32/38 €
◆ Les anciennes écuries de la famille Lapérouse, où trône un vieux puits : pittoresque ! Le chef s'approvisionne essentiellement chez les petits producteurs locaux et réalise une cuisine métissée, gorgée de saveurs et de soleil méditerranéen.

X **La Table du Sommelier**
20 r. Porta – ✆ 05 63 46 20 10 – www.latabledusommelier.com – Fermé dim. et lundi **Ym**
Rest – Formule 14 € – Menu 18 € (déj. en sem.), 25/45 € bc – Carte 18/25 €
◆ L'enseigne et les caisses de bois empilées dans l'entrée annoncent la couleur : ici, on savoure des petits plats bistrotiers accompagnés de bons crus (choix étoffé de vins au verre). Et l'été, vive la terrasse !

X **La Fourchette Adroite**
7 pl. de l'Archevêché – ✆ 05 63 49 77 81 – Fermé 2-17 oct. et 16 janv.-1er fév. **Yf**
Rest – Formule 14 € – Menu 26 € (déj.), 29/45 € bc – Carte 37/45 €
◆ On se croirait dans un loft ! Heureusement, ce lieu est aussi tendance que convivial. On y sert une cuisine créative, basée sur les produits : bien en phase avec le concept.

X **Stéphane Laurens**
10 pl . Monseigneur-Mignot – ✆ 05 63 43 62 41 – www.stephanelaurens.com – Fermé 1 sem. en mars et 1 sem. en sept. **Ya**
Rest – Formule 11 € – Menu 19 € – Carte 22/54 €
◆ Au pied de la cathédrale, un lieu raffiné qui mêle avec élégance le cachet de l'ancien (poutres et pierres apparentes) à une déco minimaliste. L'assiette épouse la tendance et, pour les assoiffés chic, il y a même un bar à eau.

à Castelnau-de-Lévis 7 km par ⑥, D 600 et D 1 – 1 507 h. – alt. 221 m – ✉ 81150

XX **La Taverne** avec ch rest,
r. Aubijoux – ✆ 05 63 60 90 16 – www.tavernebesson.com – Fermé 6-27fév.
8 ch – †63/69 € ††63/88 € – ☕ 10 € – ½ P 63/65 €
Rest *(fermé dim. soir et lundi hors saison)* – Menu 23/60 € – Carte 53/65 €
◆ Cette Taverne a élu domicile dans une ancienne coopérative boulangère, d'où les fours en brique que l'on peut voir dans l'une des deux salles à manger. Côté cuisine, c'est terroir et tradition, et il y aussi des chambres, bien agréables.

ALENÇON P – 61 Orne – 310 J4 – 27 653 h. – alt. 135 m – ✉ 61000 33 C3

Normandie Cotentin
Paris 190 – Chartres 119 – Évreux 119 – Laval 90
place de la Magdeleine, ✆ 02 33 80 66 33, www.paysdalencontourisme.com
d'Alençon-en-Arçonnay, à Arçonnay, Le Petit Maleffre, par rte du Mans : 3 km, ✆ 02 33 28 56 67
Église Notre-Dame★ - Musée des Beaux-Arts et de la Dentelle★ : collection de dentelles★ BZ**M²**.

Mercure sans rest
187 av. Gén-Leclerc, 2 km par ④ – ✆ 02 33 28 64 64 – www.mercure.com – Fermé 22 déc.-1er janv.
53 ch – †74/79 € ††78/84 € – ☕ 10 €
◆ En périphérie de la ville (direction Le Mans), un Mercure fonctionnel et bien tenu. Les chambres du 2e étage sont plus contemporaines.

ALENÇON

Argentan (R. d')	AY	2
Basingstoke (Av. de)	AY	3
Bercail (R. du)	BZ	4
Capucins (R. des)	CZ	6
Clemenceau (Cours)	BCZ	
Duchamp (Bd)	AY	8
Écusson (R. de l')	AY	9
Fresnay (R. de)	BZ	13
Grandes-Poteries (R. des)	BZ	14
Grande-Rue	BZ	15
Halle-au-Blé (Pl. de la)	BZ	17
Lattre-de-Tassigny (R. du Mar.-de)	BCZ	19
Leclerc (Av. du Gén.)	AY	20
La Magdeleine (Pl.)	CZ	18
Mans (R. du)	AY	24
Marguerite-de-Lorraine (Pl.)	BZ	25
Porte-de-la-Barre (R.)	BZ	30
Poterne (R. de la)	CZ	33
Quakenbruck (Av. de)	AY	34
Rhin-et-Danube (Av.)	AY	35
Sieurs (R. aux)	BZ	
Tisons (R. des)	AY	39
1er Chasseurs (Bd)	AY	40
14e Hussards (R. du)	AY	42

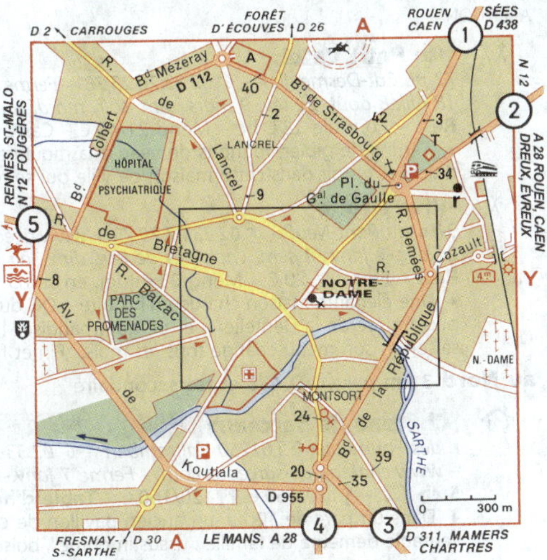

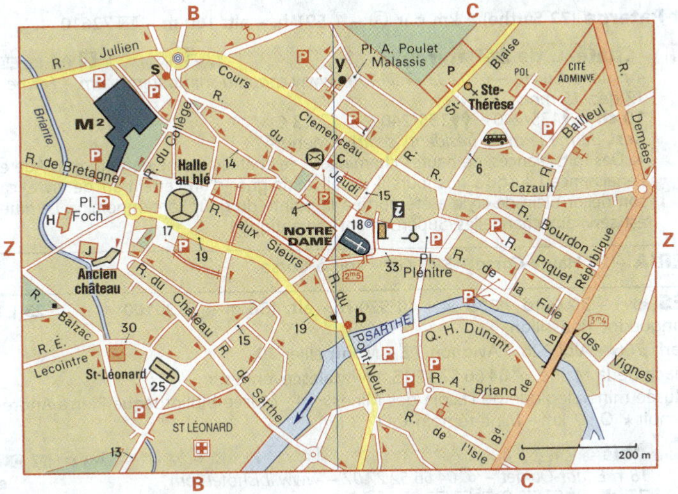

Des Ducs sans rest

50 av. Wilson – ✆ 02 33 29 03 93
– www.hoteldesducs-alencon.fr — AYr

28 ch – 🚹61/71 € 🚹🚹69/79 € – ☕ 8 €

◆ Un bon petit hôtel, face la gare. Les chambres sont fonctionnelles et colorées ; assez spacieuses dans la catégorie supérieure.

Ibis sans rest

13 pl. Poulet-Malassis – ✆ 02 33 80 67 67
– www.ibishotel.com — CZy

52 ch – 🚹58/70 € 🚹🚹58/70 € – ☕ 9 €

◆ En plein centre, tout près des commerces, cafés et restaurants, un Ibis moderne parfait pour la clientèle d'affaires ou de passage. L'ensemble est très bien tenu. À noter : au bar, on vous propose plus de 80 whiskys !

XX **Au Petit Vatel**

72 pl. Cdt-Desmeulles – ✆ 02 33 26 23 78 – Fermé 18 juil.-8 août, 22 fév.-9 mars, dim. soir, mardi soir et merc. BZs

Rest – Formule 18 € bc – Menu 21/40 € – Carte 33/66 €

◆ Terrine de gibier, rognons de veau à la moutarde, millefeuille aux poires... Tradition et terroir dans cette maison de ville qui se révèle assez champêtre.

X **Rive Droite**

31 r. du Pont-Neuf – ✆ 02 33 27 79 73 – www.rivedroiterestaurant.com – Fermé 24 déc.-2 janv., 1 sem. vacances de fév., dim. soir et lundi CZb

Rest – Formule 20 € – Menu 23 € (déj. en sem.) – Carte 28/40 €

◆ Une élégante maison chargée d'histoire – QG du général Leclerc à la Libération puis musée de la Dentelle –, et de gourmandises ! Le chef réalise une cuisine de saison et son menu change tous les mois... Fin et frais.

au Nord 3 km par ① D 438 et rte secondaire

Château de Sarceaux

r. des Fourneaux ✉ 61250 Valframbert – ✆ 02 33 28 85 11 – www.chateau-de-sarceaux.com – Fermé 7 janv.-15 fév.

5 ch – 120/160 € 120/160 € **Table d'hôte** – Menu 52 € bc

◆ Dans un parc de 12 ha, un ancien pavillon de chasse (18es.) mais surtout une véritable demeure de famille : tissus imprimés, boiseries pastel, parquets, tableaux et mobilier des aïeux... La noble et sobre élégance du pays d'Alençon.

à St-Paterne (72 Sarthe) 4 km par ③ – 1 591 h. – alt. 160 m – ✉ 72610

Château de St-Paterne rest,

4 r. de la Gaieté – ✆ 02 33 27 54 71 – www.chateau-saintpaterne.com – Fermé 17 déc.-15 mars

10 ch – 135/240 € 135/240 € – 13 €

Rest *(fermé le midi) (résidents seult)* – Menu 47 €

◆ Des toits élancés, de hautes cheminées : ce château est né entre Moyen Âge et Renaissance ! Jusqu'à nos jours il devait témoigner d'un certain art de vivre, car son décor plein de style a été porté à la pointe du goût contemporain... Le dîner est servi aux chandelles. Superbement romantique !

ALÉRIA – 2B Haute-Corse – 345 G7 – voir à Corse

ALÈS – 30 Gard – 339 J4 – 40 520 h. – alt. 136 m – ✉ 30100 23 C1

Languedoc Roussillon

Paris 706 – Albi 226 – Avignon 72 – Montpellier 70

place de la Mairie, ✆ 04 66 52 32 15, www.alescevennes.fr

Musée minéralogique de l'Ecole des Mines★ N - Musée-bibliothèque Pierre-André-Benoit★ O : 2 km - Mine-témoin★ O : 3 km.

Ibis sans rest

18 r. Edgar-Quinet – ✆ 04 66 52 27 07 – www.ibishotel.com Be

75 ch – 57/75 € 57/75 € – 9 €

◆ Bâtiment des années 1970 au cœur d'Alès. Les chambres sont spacieuses et bien insonorisées. Local à vélos et garage souterrain bien pratiques.

XX **Le Riche** avec ch rest,

42 pl. Sémard – ✆ 04 66 86 00 33 – www.leriche.fr – Fermé août Bn

19 ch – 57 € 75 € – 9 € – ½ P 62 €

Rest – Menu 23/55 € – Carte environ 50 €

◆ Dans ce bel immeuble du début du 20e s., l'Art nouveau flamboie de tous ses stucs, dorures et miroirs. On y déguste aussi bien des involtinis au pélardon que du lapin aux cèpes. Chambres d'esprit contemporain, pour l'étape.

X **L'Atelier des Saveurs**

16 fg de Rochebelle – ✆ 04 66 86 27 77 – www.latelierdessaveurs.net – Fermé 27 août-16 sept., sam. midi, dim. soir et lundi At

Rest – Formule 18 € – Menu 29/58 € – Carte 43/54 €

◆ Lumineux intérieur un brin champêtre, patio ombragé, ambiance conviviale et recettes très originales, par un chef qui s'essaye à la cuisine moléculaire.

ALÈS

Street	Square	No.
Albert-1er (R.)	B	2
Audibert (R. Cdt)	A	3
Avéjan (R. d')	B	
Barbusse (Pl. Henri)	B	4
Docteur-Serres (R.)	B	
Edgar-Quinet (R.)	B	
Hôtel-de-Ville (Pl. de l')	A	5
Lattre-de-Tassigny (Av. de)	B	6
Leclerc (Pl. Gén.)	B	8
Louis-Blanc (Bd)	B	
Martyrs-de-la-Résistance (Pl.)	B	9
Michelet (R.)	B	10
Paul (R. Marcel)	B	12
Péri (Pl. Gabriel)	B	13
Rollin (R.)	A	14
St-Vincent (R.)	B	15
Semard (Pl. Pierre)	B	16
Soleil (R. du Faubourg du)	B	17
Stalingrad (Av. de)	B	18
Taisson (R.)	B	19
Talabot (Bd)	B	20

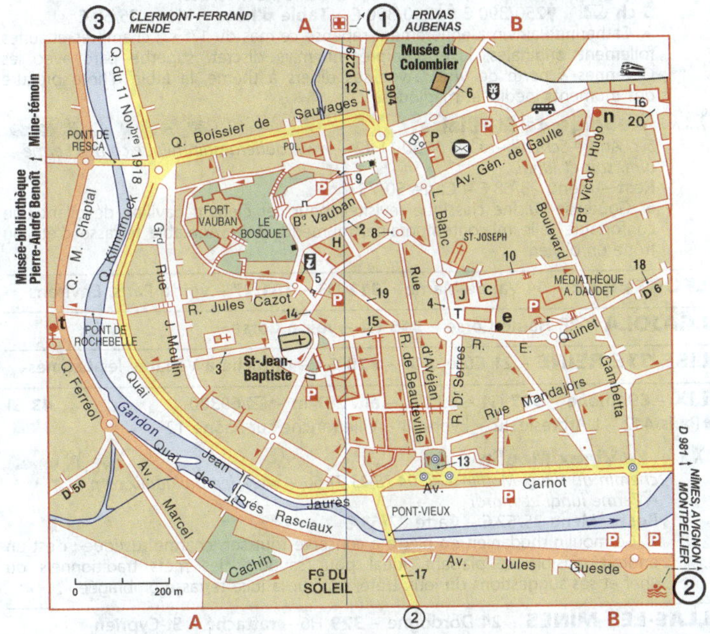

à St-Martin-de-Valgalgues 2 km par ① – 4 134 h. – alt. 148 m – ✉ 30520

Le Mas de la Filoselle — ch, ch,

344 r. du 19-mars-1962 – ✆ 06 61 23 19 75 – http://filoselle.free.fr – Fermé janv.

4 ch – 76 € 88 € **Table d'hôte** – Menu 20 € bc/26 € bc

◆ On se sent très vite chez soi dans cette ancienne magnanerie perchée sur les hauteurs du village. Ravissantes chambres thématiques (Lavande, Olivier, etc.) et beau jardin en terrasses. Table d'hôte le soir sur réservation (produits du terroir).

à St-Privat-des-Vieux 4 km par ②, rte de Montélimar, D 216 et rte secondaire – 4 372 h. – alt. 180 m – ✉ 30340

Le Vertige des Senteurs

35 chemin de l'Usclade – ✆ 04 66 91 08 84 – www.vertige-des-senteurs.fr – Fermé 1er-10 janv., sam. midi en juil.-août, dim. soir et lundi

Rest – Formule 19 € – Menu 38/75 €

◆ Joli mas proposant des plats inventifs et soignés. Salles contemporaines (une avec cheminée) d'où le regard se perd dans les Cévennes... Boutique et cave à vins.

à Méjannes-lès-Alès 7,5 km par ② et D 981 – 1 057 h. – alt. 141 m – ✉ 30340

Auberge des Voutins

rte d'Uzès – ✆ 04 66 61 38 03 – Fermé mardi midi, dim. soir et lundi sauf fériés

Rest – Menu 28/60 € – Carte 55/70 €

◆ Maison de pays bien protégée de la route par un rideau d'arbres. Recettes traditionnelles à goûter dans une salle à manger campagnarde ou sur la terrasse, à l'ombre d'un tilleul.

à St-Hilaire-de-Brethmas 3 km par ② et D 936 – 4 139 h. – alt. 125 m – ✉ 30560

Comptoir St-Hilaire ch, VISA AE
Mas de la Rouquette, 2 km à l'Est – ✆ 04 66 30 82 65 – www.comptoir-saint-hilaire.com – Fermé 15 nov.-15 déc.
5 ch – 250/390 € 250/390 € **Table d'hôte** – Menu 25/50 €
◆ Catherine Painvin a entièrement repensé ce mas du 17e s. : chambres et suites follement originales, luxe omniprésent mais discret, superbe parc avec les Cévennes à perte de vue... Avec ses dîners à thème, la table d'hôte procure des moments inédits et magiques.

Auberge de St-Hilaire A/C VISA
5 r. André-Schenk – ✆ 04 66 30 11 42 – www.aubergesainthilaire.com – Fermé dim. soir et lundi
Rest – Menu 28/68 € – Carte 50/75 €
◆ Goûteuse cuisine classique revisitée pour cet élégant pavillon dévoilant une confortable salle mi-contemporaine, mi-méridionale. Agréable terrasse d'été où trône un olivier.

ALFORTVILLE – 94 Val-de-Marne – **312** D3 – **101** 27 – voir à Paris, Environs

---

ALGAJOLA – 2B Haute-Corse – **345** C4 – voir à Corse

ALISE-STE-REINE – 21 Côte-d'Or – **320** G4 – rattaché à Venarey-les-Laumes

---

ALIX – 69 Rhône – **327** G4 – 672 h. – alt. 287 m – ✉ 69380 **43** E1
Paris 442 – L'Arbresle 12 – Lyon 28 – Villefranche-sur-Saône 12

Le Vieux Moulin VISA
chemin du Vieux-Moulin – ✆ 04 78 43 91 66 – www.lemoulindalix.com – Fermé lundi et mardi
Rest – Menu 25/52 € – Carte 27/63 €
◆ Ce moulin rhodanien en pierre a conservé tout son charme rustique ; c'est un endroit paisible et plaisant, idéal pour savourer les mets traditionnels du chef et ses suggestions du jour. L'été, cap sur la jolie terrasse ombragée.

ALLAS-LES-MINES – 24 Dordogne – **329** H6 – rattaché à St-Cyprien

---

ALLEINS – 13 Bouches-du-Rhône – **340** F3 – 2 437 h. – alt. 180 m – ✉ 13980 **42** E1
Paris 725 – Aix-en-Provence 34 – Avignon 47 – Marseille 63

Domaine de Méjeans A/C ch, ch, VISA
3 km par D 71B – ✆ 04 90 57 31 74 – www.domainedemejeans.com
5 ch – 160/195 € 170/255 € **Table d'hôte** – Menu 35/40 €
◆ Une allée de peupliers mène à ce domaine paisible et raffiné : parc luxuriant, lac, piscine, cuisine d'été et... chambres aux noms et aux coloris délicats de bonbons du Sud. Élégante table d'hôte et petite restauration près de la piscine.

ALLERY – 80 Somme – **301** E8 – rattaché à Airaines

ALLEVARD – 38 Isère – **333** J5 – 3 796 h. – alt. 470 m – Sports d'hiver : au Collet d'Allevard 1 450/2 100 m 13 – Stat. therm. : mi-avril-mi-oct. – Casino – ✉ 38580 Alpes du Nord **46** F2
Paris 593 – Albertville 50 – Chambéry 33 – Grenoble 40
place de la Résistance, ✆ 04 76 45 10 11, www.allevard-les-bains.com
Route du Collet★★ par D525A.

Les Alpes A/C rest, VISA AE
pl. du Temple – ✆ 04 76 45 94 10 – www.lesalpesallevard.com – Fermé 9-25 avril, 18 oct.-10 nov., vend. hors saison et dim. soir
15 ch – 56 € 61 € – 10 € – ½ P 66/71 €
Rest – Formule 14 € – Menu 31/44 € – Carte 27/77 €
◆ Cet hôtel-restaurant familial, repérable à sa façade jaune et verte, se trouve au cœur de la station thermale. Les chambres, propres et colorées, ont pris récemment un petit coup de jeune. Les curistes apprécient.

à Pinsot 7 km au Sud par D 525 A – 194 h. – alt. 730 m – ✉ 38580

Pic de la Belle Étoile
– ✆ 04 76 45 89 45 – www.pbetoile.com – Fermé 27 avril-9 mai, 16 juil.-8 août, 26 oct.-11 nov., vend. soir, sam. et dim. sauf du 7-8 avril, 13-16 juil., 10-13 août, 22 déc.-4 janv. et 16 fév.-15 mars
40 ch – 73/107 € 90/140 € – 13 € – ½ P 86/109 €
Rest – Formule 18 € – Menu 24/47 €
◆ À l'entrée du village, le jardin de cette imposante maison régionale dégringole jusqu'à un torrent. On profite du paysage dans des chambres simples et propres ; il y a une piscine, un hammam, un sauna... Un bon point de chute pour sillonner la région ou profiter des eaux thermales.

au Sud 17 km par D 525A et rtre secondaire - ✉ 38580 Allevard

Auberge Nemoz ch,
au hameau "La Martinette" – ✆ 04 76 45 03 10 – www.auberge-nemoz.com – Fermé avril et nov.
5 ch – 72/87 € 82/97 € **Table d'hôte** – Menu 20/32 €
◆ Dans la vallée du Haut-Bréda, ce chalet en bois a su se parer de meubles anciens et d'objets de famille. Au programme, la convivialité d'une cuisine rustique (raclette), des promenades à cheval et en hiver, en raquettes !

ALLEX – 26 Drôme – **332** C5 – 2 472 h. – alt. 160 m – ✉ 26400 **44** B3
Paris 588 – Lyon 126 – Romans-sur-Isère 46 – Valence 24
avenue Henri Seguin, ✆ 04 75 62 73 13

La Petite Aiguebonne sans rest
chemin d'Aiguebonne, 2 km à l'Est par D 93 – ✆ 04 75 62 60 68 – www.petite-aiguebonne.com
6 ch – 85/120 € 85/120 €
◆ Zanzibar, Pondichéry, Louisiane... autant d'idées décoratives pour les coquettes chambres de cette ferme drômoise du 13ᵉs. On trouve même une chambre dans une roulotte contemporaine !

ALLEYRAS – 43 Haute-Loire – **331** E4 – 174 h. – alt. 779 m – ✉ 43580 **6** C3
Paris 549 – Brioude 71 – Langogne 43 – Le Puy-en-Velay 32

Le Haut-Allier
2 km au Pont d'Alleyras, au Nord par D 40 – ✆ 04 71 57 57 63 – www.hotel-lehautallier.com – Ouvert de mi-mars à mi-nov. et fermé lundi et mardi sauf juil.-août et fériés
12 ch – 95/135 € 95/135 € – 15 € – ½ P 98/125 €
Rest *Le Haut-Allier* ✿ – voir les restaurants ci-après
◆ Aux confins des gorges de l'Allier, comme au bout du monde... Dans cet environnement, cet hôtel fait preuve d'un confort bourgeois sans ostentation, d'une tenue parfaite et d'un calme salutaire. Et il serait dommage de se priver du restaurant !

Le Haut-Allier (Philippe Brun)
✿
2 km au Pont d'Alleyras, au Nord par D 40 – ✆ 04 71 57 57 63 – www.hotel-lehautallier.com – Ouvert de mi-mars à mi-nov. et fermé lundi et mardi sauf le soir en juil.-août et fériés
Rest – Menu 48/98 € – Carte 60/90 €
Spéc. Interprétation d'une potée de champignons et de petits légumes. Suprêmes de pigeonneau, herbes folles et rappel des volcans d'Auvergne. "Chou-chou" de perles rouges et noires des monts du Velay (juin à sept.). **Vins** Saint-Joseph, Boudes.
◆ Dans ces rudes contrées, le cadre, raffiné et élégant, ne manque pas d'étonner ! La cuisine est plutôt inventive, volontiers recherchée, et met en valeur de très beaux produits du terroir avec une pointe d'exotisme.

LES ALLUES – 73 Savoie – **333** M5 – rattaché à Méribel

ALLUYES – 28 Eure-et-Loir – **311** E6 – 702 h. – alt. 120 m – ✉ 28800 **11** B1
Châteaux de la Loire
Paris 118 – Blois 82 – Chartres 29 – Orléans 75

Moulin de la Ronce sans rest

2 r. du Gué, 2,5 km au Nord-Ouest – ☎ 06 31 17 48 80 – www.moulin-de-la-ronce.com

3 ch – 120 € 130 €

◆ La propriétaire a eu le coup de foudre pour ce moulin à eau du 16ᵉs. et on la comprend. Sa restauration a encore décuplé le charme des lieux, dans un esprit contemporain d'un goût très sûr. Le petit-déjeuner, les promenades en barque, le parc... un enchantement !

ALLY – 15 Cantal – 330 B3 – 663 h. – alt. 720 m – ✉ 15700 5 A3

Paris 532 – Aurillac 46 – Clermont-Ferrand 119 – Tulle 71

Château de la Vigne sans rest

1 km au Nord-Est par D 680 – ☎ 04 71 69 00 20 – www.chateaudelavigne.com – Ouvert de Pâques à la Toussaint

3 ch – 130/140 € 130/140 € – 9 €

◆ Un beau jardin à la française face au panorama des monts du Cantal, des murs robustes remontant au 15ᵉs., des fresques médiévales, de délicieux décors 18ᵉs. ou Directoire : ce château invite à un véritable voyage au pays du temps jadis...

ALOXE-CORTON – 21 Côte-d'Or – 320 J7 – rattaché à Beaune

ALPE D'HUEZ – 38 Isère – 333 J7 – 1 479 h. – alt. 1 860 m – Sports d'hiver : 1 250/3 330 m 15 69 – ✉ 38750 Alpes du Nord 45 C2

Paris 625 – Le Bourg-d'Oisans 12 – Briançon 71 – Grenoble 63

Altiport ☎ 04 76 11 21 73, SE.

place Paganon, ☎ 04 76 11 44 44, www.alpedhuez.com

Pic du Lac Blanc ✻★★★ par téléphérique - Route de Villars-Reculas★ 4 km par D 211ᴮ.

Au Chamois d'Or

rd-pt des pistes – ☎ 04 76 80 31 32 – www.chamoisdor-alpedhuez.com – Ouvert de début-juin à mi-août et 9 déc.-21 avril Be

40 ch – 260/550 € 280/570 € – 5 suites – ½ P 190/315 €

Rest *Au Chamois d'Or* – voir les restaurants ci-après

◆ Un grand chalet en bois aux balcons ciselés : sous la neige, une véritable image d'Épinal... Des feux crépitent, le décor évoque une demeure particulière, les enfants peuvent s'amuser dans "leur" salon (jeux, TV, etc.) et leurs parents profiter du spa : Alpes et havre sont des mots qui vont très bien ensemble...

Le Printemps de Juliette ch,

av. des Jeux – ☎ 04 76 11 44 38 – www.leprintempsdejuliette.com Ba

4 ch – 100/360 € 100/360 € – 4 suites – 12 €

Rest – Menu 29/34 € – Carte 30/55 €

◆ Le printemps en toutes saisons – et plus encore en hiver – dans ce beau chalet niché au cœur de la station : tons clairs et jouets à l'ancienne y cultivent l'innocence de l'enfance... Une véritable bonbonnière. Restaurant traditionnel.

Le Dôme rest,

pl. du Cognet – ☎ 04 76 80 32 11 – www.dome-alpedhuez.com – Ouvert déc.-avril et juil.-août Bq

24 ch – 87/198 € 105/198 € – 14 € – ½ P 109/156 €

Rest *(ouvert déc.-avril et fermé le midi en sem. sauf vacances scolaires)* – Formule 17 € – Menu 32/43 € – Carte 27/48 €

◆ L'hôtellerie est une histoire de famille dans cet établissement transmis de pères en fils depuis 1923. Crépis et lambris : les chambres cultivent l'esprit montagnard avec simplicité (la plupart avec balcon). Fondues et autres spécialités au restaurant.

XXX **Au Chamois d'Or** – Hôtel Au Chamois d'Or

rd-pt des pistes – ☎ 04 76 80 31 32 – www.chamoisdor-alpedhuez.com – Ouvert de début-juin à mi-août et du 9 déc. au 21 avril Be

Rest – Formule 35 € – Menu 49/70 € – Carte 36/83 €

◆ Cette jolie table n'est pas le moindre atout du Chamois d'Or : dans le décor chaleureux et feutré d'une salle tout en bois, on apprécie des saveurs au naturel, composées avec un soin indéniable. Romantique le soir venu...

ALPE D'HUEZ

Bergers (Chemin des) . . . . B 2
Cognet (Pl. du) . . . . B 4
Fontbelle (R. de) . . . . B 5
Meije (R. de la) . . . . B 6
Paganon (Pl. Joseph) . . . . A 7
Pic Bayle (R. du) . . . . B 8
Poste (Rte de la) . . . . A 9
Poutat (R. du) . . . . B 10
Siou Coulet (Rte du) . . . . A 12

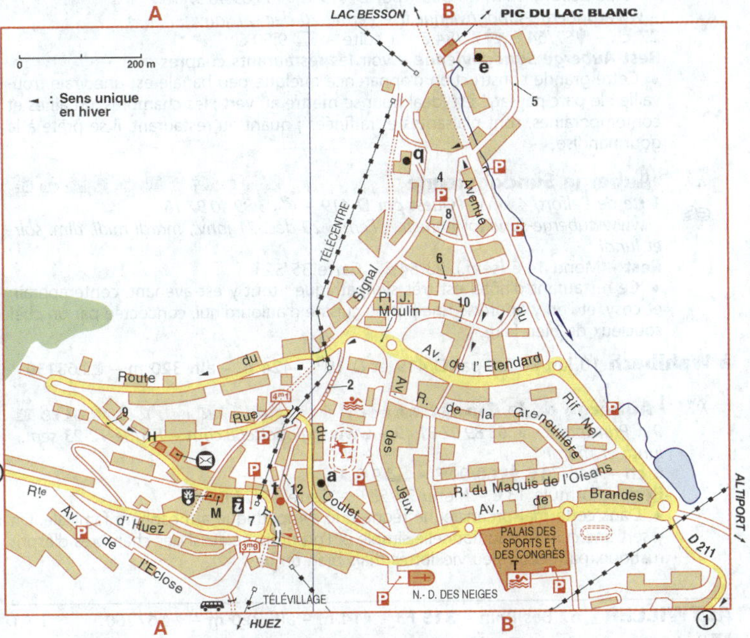

Au P'tit Creux

chemin des Bergers – ☎ 04 76 80 62 80 – Fermé mai, nov., lundi soir et mardi soir At

Rest *(réserver)* – Menu 48 € – Carte 28/55 €

◆ Loin de combler seulement les p'tits creux, ce chalet du vieux village fait œuvre de gastronomie : crème de lentilles au lard grillé ; filet de sandre aux moules ; vacherin aux mangues... De jolies saveurs dans un décor régional.

à Huez **3,5 km au Sud-Ouest par D 211 – 1 311 h. – alt. 1 495 m – ✉ 38750**

L'Ancolie

av. de l'Église – ☎ 04 76 11 13 13 – www.ancolie-hotel.com – Ouvert 1er juin-24 août, 2-30 sept. et 1er déc.-26 avril

16 ch – 60/120 € 64/124 € – ☕ 12 € – ½ P 69/99 €

Rest *(fermé le midi hors saison)* – Menu 20/40 € – Carte 36/50 €

◆ Une bonne option que cet hôtel simple et bien tenu, aux tarifs compétitifs : dans le cadre préservé du village d'Huez, on profite du calme et du caractère d'un chalet mêlant la pierre et le bois, et dont les chambres se montrent plutôt coquettes. Restaurant traditionnel.

ALPUECH – **12 Aveyron** – **338** J2 – **rattaché à Laguiole**

ALTENSTADT – **67 Bas-Rhin** – **315** L2 – **rattaché à Wissembourg**

ALTKIRCH SP – **68 Haut-Rhin** – **315** H11 – **5 709 h. – alt. 312 m** **1** A3
– ✉ 68130 Alsace Lorraine

Paris 457 – Basel 33 – Belfort 35 – Montbéliard 52

5, place Xavier Jourdain, ☎ 03 89 40 02 90, www.sundgau-sudalsace.fr

de la Largue, à Seppois-le-Bas, Rue du Golf, S : 23 km par D 432, ☎ 03 89 07 67 67

Auberge Sundgovienne

1 rte de Belfort, 4 km à l'Ouest par D 419 – 03 89 40 97 18 – www.auberge-sundgovienne.fr – Fermé 20 déc.-21 janv.
27 ch – 57/64 € 72/84 € – 1 suite – 9,50 €
Rest *Auberge Sundgovienne* – voir les restaurants ci-après
◆ Cette grande construction d'apparence quelque peu banale est une vraie trouvaille : le parc paysagé est idéal pour se mettre au vert ; les chambres, urbaines et contemporaines, sont plaisantes et raffinées ; quant au restaurant, il se prête à la gourmandise.

Auberge Sundgovienne

1 rte de Belfort, 4 km à l'Ouest par D 419 – 03 89 40 97 18 – www.auberge-sundgovienne.fr – Fermé 20 déc.-21 janv., mardi midi, dim. soir et lundi
Rest – Menu 14 € (sem.), 23/54 € – Carte 35/52 €
◆ Ce restaurant d'hôtel est très sympathique : tout y est avenant, contemporain et cosy, et l'on y apprécie une bonne cuisine d'aujourd'hui, concoctée par un chef soucieux de bien faire.

à Wahlbach 10 km à l'Est par D 419 et D 19B – 424 h. – alt. 320 m – 68130

Auberge de la Gloriette avec ch

9 r. Principale – 03 89 07 81 49 – www.lagloriette68.com – Fermé 12-23 sept., lundi et mardi
8 ch – 48/70 € 60/90 € – 9 €
Rest – Formule 13 € – Menu 28/58 € – Carte 32/75 €
◆ Dans cette maison ancienne règne une sympathique atmosphère familiale. On y sert une cuisine traditionnelle simple et l'on propose aussi des chambres d'esprit rustique, parfois un peu vieillottes mais bien tenues.

ALTWILLER – 67 Bas-Rhin – 315 F3 – 414 h. – alt. 220 m – 67260 1 A1

Paris 412 – Le Haras 10 – Metz 86 – Nancy 73

L'Écluse 16

Bonne Fontaine, 3,5 km au Sud-Est – 03 88 00 90 42 – www.ecluse16.com – Fermé 2 sem. en mars, 1 sem. fin août, 1 sem. au Nouvel An, mardi et merc.
Rest – Menu 18 € (sem.), 29/39 €
◆ Truite des Vosges et ses chips au cumin, crumble de mirabelle... De belles saveurs dans cet ancien relais de chevaux de halage qui borde le canal des houillères de la Sarre.

ALVIGNAC – 46 Lot – 337 G3 – 663 h. – alt. 400 m – 46500 29 C1

Paris 529 – Brive-la-Gaillarde 52 – Cahors 65 – Figeac 43
Rue de la Mairie, mairie, 05 65 33 60 62, http://alvignac.pagesperso-orange.fr

Du Château

rte de Rocamadour Padirac – 05 65 33 60 14 – www.hotel-alvignac.com – Ouvert 6 avril-26 oct.
28 ch – 40/51 € 40/51 € – 7 € – ½ P 46/52 €
Rest – Formule 13 € – Menu 17/30 € – Carte 20/45 €
◆ Adossée à l'église, une bâtisse séculaire dont la façade en pierre est tapissée de vigne vierge. Chambres fonctionnelles et bien tenues, agréable jardin. Salle à manger simple et chaleureuse, en accord avec la cuisine du terroir.

AMBÉRIEUX-EN-DOMBES – 01 Ain – 328 C5 – 1 567 h. – alt. 296 m – 01330 43 E1

Paris 437 – Bourg-en-Bresse 40 – Lyon 35 – Mâcon 43
267, rue Jean-Marie Vianney, 04 74 08 10 76, www.cc-porteouestdeladombes.com

Auberge des Bichonnières

545 rte du 3-Septembre-1944 – ✆ 04 74 00 82 07 – www.aubergedesbichonnieres.com – Fermé 20 déc.-25 janv., dim. soir et lundi

9 ch – †52/54 € ††60/120 € – ☕ 9 € – ½ P 65/78 €

Rest *Auberge des Bichonnières* – voir les restaurants ci-après

◆ Cette ancienne ferme typique de la Dombes abrite des chambres proprettes, ornées de fresques représentant des scènes champêtres. On est en pleine campagne, au calme...

Auberge des Bichonnières

545 rte du 3-Septembre-1944 – ✆ 04 74 00 82 07 – www.aubergedesbichonnieres.com – Fermé 20 déc.-25 janv., dim. soir, mardi midi et lundi

Rest *(nombre de couverts limité, réserver)* – Menu 26/37 € – Carte 38/54 €

◆ Une petite auberge traditionnelle, agréable et rustique. En été, on s'attable volontiers dans la cour fleurie, impatients de déguster les spécialités du chef : croustillant de tête de veau, lapin au basilic, grenouilles, volaille au vin jaune...

AMBERT – 63 Puy-de-Dôme – 326 J9 – 6 975 h. – alt. 535 m – ✉ 63600 Auvergne — 6 C2

Paris 438 – Brioude 63 – Clermont-Ferrand 77 – Thiers 53

4, place de Hôtel de Ville, ✆ 04 73 82 61 90, www.ambert-tourisme.fr

Église St-Jean★ - Vallée de la Dore★ N et S - Moulin Richard-de-Bas★ 5,5 km à l'Est par D 996 - Musée de la Fourme et du fromage - Train panoramique★ (juil.-août).

Les Copains avec ch

42 bd Henri-IV – ✆ 04 73 82 01 02 – www.hotelrestaurantlescopains.com – Fermé 14 avril-23 mai, 7 sept.-8 oct., 18-27 fév., dim. soir, sam. et fériés le soir

11 ch – †50/52 € ††52/64 € – ☕ 8 € – ½ P 58/70 €

Rest – Menu 14 € (déj. en sem.), 27/56 € – Carte 38/48 €

◆ En face de la pittoresque mairie en rotonde célébrée par Jules Romains dans Les Copains. On y déguste de généreuses spécialités régionales et de la fourme d'Ambert !

AMBIALET – 81 Tarn – 338 G7 – 442 h. – alt. 220 m – ✉ 81430 — 29 C2

Midi-Toulousain

Paris 718 – Albi 23 – Castres 55 – Lacaune 52

le bourg, ✆ 05 63 55 39 14

Site★.

Du Pont

– ✆ 05 63 55 32 07 – www.hotel-du-pont.com – Ouvert de mi-fév. à mi-nov.

20 ch – †63/70 € ††63/70 € – ☕ 9 € – ½ P 61/65 €

Rest – Formule 15 € – Menu 20/48 € bc – Carte 35/63 €

◆ Au bord du Tarn, un hôtel-restaurant tenu par la même famille depuis sept générations ! Jolie vue sur Ambialet, son église et son prieuré ; chambres donnant sur la campagne ou sur la rivière et bungalows familiaux, plus simples mais plus spacieux. Une bonne étape.

AMBIERLE – 42 Loire – 327 C3 – 1 826 h. – alt. 467 m – ✉ 42820 — 44 A1

Lyon Drôme Ardèche

Paris 379 – Lapalisse 33 – Roanne 18 – Thiers 81

Église★.

Le Prieuré (Thierry Fernandes)

r. de la Mairie – ✆ 04 77 65 63 24 – www.restaurant-le-prieure-ambierle.com – Fermé dim. soir, mardi et merc.

Rest – Menu 30 € (sem.), 42/75 € – Carte 50/90 €

Spéc. Duo de foie gras de canard, chutney de fruits acidulés. Ris de veau rôti et caramélisé, jus au vin de la Côte Roannaise. Sphère chocolat, craquant praliné et chantilly caramel. **Vins** Côte Roannaise.

◆ Une étape gourmande, où le chef s'exprime pleinement dans une cuisine tout en subtilité : saveurs et produits choisis composent des assiettes étonnantes. Intérieur zen et élégant.

AMBOISE – 37 Indre-et-Loire – **317** O4 – 12 436 h. – alt. 60 m **11** A1
– ✉ 37400 Châteaux de la Loire

Paris 223 – Blois 36 – Loches 37 – Tours 27

quai Général de Gaulle, ✆ 02 47 57 09 28, www.amboise-valdeloire.com

Château★★ : ≤★★ de la terrasse, ≤★★ de la tour des Minimes - Clos-Lucé★ - Pagode de Chanteloup★ 3 km par ④.

Le Choiseul

36 quai Charles-Guinot – ✆ 02 47 30 45 45 – www.le-choiseul.com **Bv**

30 ch – †135/310 € ††135/310 € – 4 suites – ☕ 22 € – ½ P 152/267 €

Rest *Le 36* – voir les restaurants ci-après

◆ Une belle propriété face à la Loire, avec un petit parc fleuri et une piscine. Les chambres sont tout à fait dans l'esprit des lieux : classiques et bourgeoises, avec cheminées en marbre, toile de Jouy, trumeaux, etc.

Le Manoir Les Minimes sans rest

34 quai Charles-Guinot – ✆ 02 47 30 40 40 – www.manoirlesminimes.com – Fermé 30 janv.-10 fév. **Bx**

13 ch – †129 € ††200 € – 2 suites – ☕ 14 €

◆ Cette demeure du 18es. située en bord de Loire vous accueille avec élégance. De superbes meubles de style habillent ses beaux salons bourgeois et ses chambres raffinées.

Le Manoir St-Thomas sans rest

1 Mail St-Thomas – ✆ 02 47 23 21 82 – www.manoir-saint-thomas.com – Fermé janv. **Bd**

8 ch – †125/145 € ††125/190 € – 2 suites – ☕ 15 €

◆ Ce manoir Renaissance met tout en œuvre pour le confort de ses clients. Jardin avec piscine, agréables salons et chambres de caractère (antiquités, poutres apparentes ou plafonds peints, etc.).

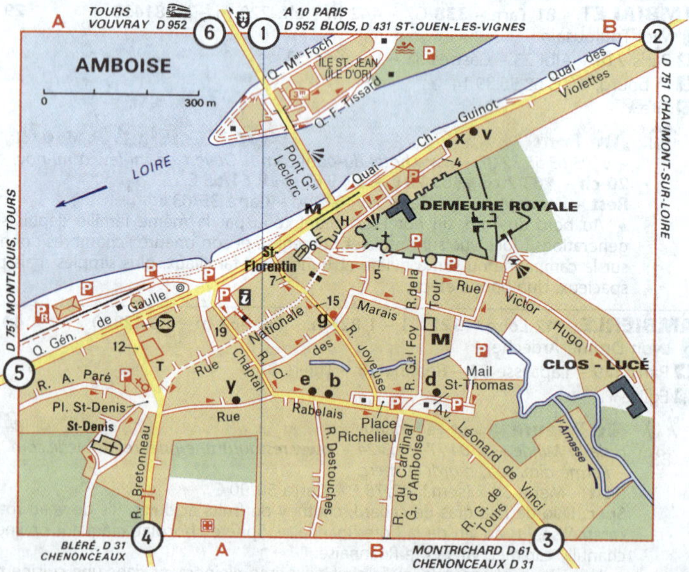

Novotel

17 r. des Sablonnières, 2 km au Sud par ③ rte de Chenonceaux – ✆ 02 47 57 42 07 – www.novotel.com

121 ch – ♦89/149 € ♦♦89/149 € – ☐ 14 €

Rest – Formule 17 € – Carte 20/46 €

◆ Ce bâtiment domine Amboise et la vallée de la Loire. Chambres spacieuses et de style actuel, à l'image du dernier concept de la chaîne ; certaines ont vue sur le château. Salle trendy et carte "Novotel Café", conformes au nouveau look de l'enseigne.

Château de Pray

3 km, rte de Chargé par ② et D 751 – ✆ 02 47 57 23 67 – www.chateaudepray.fr – Fermé 14-29 nov. et 2-24 janv.

19 ch – ♦135/235 € ♦♦135/235 € – ☐ 20 €

Rest *Château de Pray* ✿ – voir les restaurants ci-après

◆ D'imposantes tours rondes, un grand parc arboré, quelques lits à baldaquin... Sur des fondations médiévales, ce petit château date essentiellement du 17^{e}s. : à la croisée des époques, caractère et agrément !

Le Clos d'Amboise sans rest

27 r. Rabelais – ✆ 02 47 30 10 20 – www.leclosamboise.com **Bb**

19 ch – ♦80/250 € ♦♦80/310 € – ☐ 12 €

◆ Un beau parc avec piscine chauffée et de coquettes chambres font l'attrait de cette maison de maître proche du château. Fitness et sauna logés dans d'anciennes écuries.

Domaine de l'Arbrelle

rest, rest,

Berthellerie, par D31 – ✆ 02 47 57 57 17 – www.arbrelle.com – Fermé 15 déc.-15 janv.

21 ch – ♦70/147 € ♦♦70/147 € – ☐ 12 € – ½ P 70/110 €

Rest *(dîner seult)* – Menu 29/44 € – Carte 49/56 €

◆ Au cœur d'un parc et en lisière de forêt, une ferme restaurée, au grand calme. Les chambres, confortables à souhait, ont un petit côté chalet à la campagne.

Le Vinci Loire Valley sans rest

12 av. Émile-Gounin, 1 km au Sud par ④ – ✆ 02 47 57 10 90 – www.vinciloirevalley.com

26 ch – ♦66/96 € ♦♦66/96 € – ☐ 13 €

◆ Dans les faubourgs de la ville, cet hôtel est idéalement situé sur la route des châteaux de la Loire. Décor contemporain dans les chambres, confortables et bien équipées.

Le Vieux Manoir sans rest

13 r. Rabelais – ✆ 02 47 30 41 27 – www.le-vieux-manoir.com – Ouvert 15 mars-15 nov. **Ay**

6 ch ☐ – ♦135/155 € ♦♦145/195 €

◆ Dans un jardin à la française, cette maison bourgeoise du 18e s. est meublée avec style et tendue de beaux tissus. Chambres à la mode rétro : armoires et tableaux anciens.

Au Charme Rabelaisien sans rest

25 r. Rabelais – ✆ 02 47 57 53 84 – www.au-charme-rabelaisien.com – Ouvert 15 mars-12 nov. **Be**

3 ch ☐ – ♦82/92 € ♦♦140/160 €

◆ Cette demeure bourgeoise qui abrita banque, école et étude notariale, propose aujourd'hui des chambres soignées. Accueil familial et tranquillité ; petit jardin avec piscine.

Le 36 – Hôtel Le Choiseul

36 quai Charles-Guinot – ✆ 02 47 30 45 45 – www.le-choiseul.com **Bv**

Rest – Formule 28 € – Menu 35 € (déj.), 47/82 € – Carte 65/77 €

◆ Jardin d'hiver et, le soir, belle salle classique donnant sur la Loire... Au 36, on savoure une cuisine d'aujourd'hui, fine et bien ficelée, dans une atmosphère cossue et romantique.

XXX ✿ **Château de Pray** – Hôtel Château de Pray

r. du Cèdre, 3 km, rte de Chargé par ② et D 751 – ✆ 02 47 57 23 67 – www.chateaudepray.fr – Fermé 14-29 nov., 2-24 janv., mardi sauf le soir de mai à oct., merc. midi de mai à oct. et lundi

Rest – Menu 42 € (déj. en sem.), 55/68 € – Carte 80/90 €

Spéc. Pieds de couteaux et vapeur de petits poireaux, condiment soja et yuzu. Caneton croisé de Vendée, citron de Menton (hiver). Soufflé chaud au cassis de Touraine, sorbet au cassis frais.

◆ Un décor châtelain, très classique, pour une cuisine qui flirte joliment avec notre époque. Finesse d'exécution, équilibre des saveurs, approvisionnement auprès de producteurs locaux... en un mot, c'est très bon !

XXX **Le Pavillon des Lys** avec ch — ch, — Bg

9 r. d'Orange – ✆ 02 47 30 01 01 – www.pavillondeslys.com

7 ch – †98/240 € ††98/240 € – ☕ 14 € **Rest** – Menu 29/42 €

◆ Cette demeure du 18e s. dispose de deux petites salles intimes et raffinées. En été, on dîne dans la cour intérieure. Cuisine du marché inventive, mettant les légumes à l'honneur. Chambres agréables, à l'atmosphère cosy.

à Limeray 7 km par ① et D 952 – 1 113 h. – alt. 70 m – ✉ 37530

XX **Auberge de Launay** avec ch — rest,

9 r. de la Rivière – ✆ 02 47 30 16 82 – www.aubergedelaunay.com – Fermé de mi-déc. à mi-janv.

15 ch – †58/76 € ††58/76 € – ☕ 16 € – ½ P 56/66 €

Rest *(fermé lundi midi, sam. midi et dim.)* – Formule 20 € – Menu 26/35 €

◆ Cette ancienne ferme du 18e s. abrite une jolie salle campagnarde et une véranda lumineuse. Cuisine actuelle, spécialités et vins de Loire et agréable terrasse aux beaux jours. Chambres sobres, tenues avec un soin méticuleux.

à St-Ouen-les-Vignes 6,5 km par ① et D 431 – 1 032 h. – alt. 80 m – ✉ 37530

XXX **L'Aubinière** avec ch — rest,

29 r. Jules Gautier – ✆ 02 47 30 15 29 – www.aubiniere.com – Fermé 1er janv.-10 fév.

6 ch – †95/135 € ††95/135 € – ☕ 14 €

Rest – Formule 18 € – Menu 25 € (déj. en sem.), 36/65 € – Carte 50/75 €

◆ Une belle salle à manger, une terrasse donnant sur un jardin, une cuisine de saison qui ne triche pas sur la qualité des produits et une cave riche en vins régionaux, chambres douillettes en sus : cette auberge a tout pour plaire !

à St-Règle 3 km au Sud-Est par D 31 – 422 h. – alt. 80 m – ✉ 37530

Château des Arpentis sans rest

– ✆ 02 47 23 00 00 – www.chateaudesarpentis.com – Fermé janv.

12 ch ☕ – †95/195 € ††135/395 €

◆ Un château entouré de douves, dans un parc de 30 ha, au grand calme. Les chambres sont raffinées et tendues de superbes tissus. On accède à la piscine par l'un des souterrains !

AMBRONAY – 01 Ain – 328 F4 – 2 296 h. – alt. 250 m – ✉ 01500 — 44 B1

Franche-Comté Jura

▶ Paris 463 – Belley 53 – Bourg-en-Bresse 28 – Lyon 59

XX ✿ **Auberge de l'Abbaye** (Ivan Lavaux)

47 pl. des Anciens-Combattants – ✆ 04 74 46 42 54 – www.aubergedelabbaye-ambronay.com – Fermé 16-23 avril, 29 juil.-19 août, 23 déc.-2 janv., merc. soir, dim. soir et lundi

Rest *(nombre de couverts limité, réserver)* – Menu 29/46 €

Spéc. Cuisine du marché.

◆ Une auberge contemporaine intime et épurée (murs blancs, sculptures en métal). Le chef annonce de vive voix le menu du jour, élaboré à partir de superbes produits : poissons sauvages, légumes oubliés, etc. Beaucoup de soin, point de superflu : savoureux !

L'AMÉLIE-SUR-MER – 33 Gironde – 335 E2 – rattaché à Soulac-sur-Mer

AMIENS P – 80 Somme – **301** G8 – 134 381 h. – Agglo. 160 815 h. **36** B2
– alt. 34 m – ✉ 80000 Nord Pas-de-Calais Picardie

Paris 142 – Lille 123 – Reims 173 – Rouen 122

6 bis, rue Dusevel, ✆ 03 22 71 60 58, www.amiens-tourisme.com

d'Amiens, à Querrieu, D 929, par rte d'Albert : 7 km, ✆ 03 22 93 04 26

de Salouel, à Salouel, Rue Robert Mallet, SO : 5 km, ✆ 03 22 95 40 49

Cathédrale Notre-Dame★★★ (stalles★★★) - Hortillonnages★ - Hôtel de Berny★ CY**M³** - Quartier St-Leu★ - Musée de Picardie★★ - Théâtre de marionnettes "ché cabotans d'Amiens" CY**T²**.

Plans pages suivantes

Mercure

21 r. Flatters – ✆ 03 22 80 60 60 – www.mercure.com CY**b**

99 ch – ♦100/148 € ♦♦115/163 € – 3 suites – ☕ 15 €

Rest – Formule 13 € – Menu 28 € – Carte 25/45 €

♦ À côté de la cathédrale, profitez de grandes chambres à la décoration actuelle (mobilier contemporain) ; coin salon pour les catégories supérieures. Bel espace séminaires.

Ibis Styles Cathédrale sans rest

17 pl. au Feurre – ✆ 03 22 22 00 20 – www.all-seasons-hotels.com BY**r**

47 ch ☕ – ♦89/136 € ♦♦89/136 €

♦ En plein centre-ville, le charme d'un bel édifice du 18es. et le confort de chambres de facture moderne, bien équipées et insonorisées (certaines conçues pour les familles).

Le Saint-Louis sans rest

24 r. des Otages – ✆ 03 22 91 76 03 – www.le-saintlouis.com – Fermé vacances de Noël CZ**h**

24 ch – ♦66 € ♦♦66 € – ☕ 8 €

♦ Accueil souriant dans cet établissement situé aux portes du centre-ville. Chambres bien tenues, pour des nuits douillettes.

Victor Hugo sans rest

2 r. Oratoire – ✆ 03 22 91 57 91 – www.hotel-a-amiens.com CY**v**

10 ch – ♦45/50 € ♦♦45/60 € – ☕ 7 €

♦ Un hôtel familial à deux pas de la cathédrale gothique et de son célèbre Ange pleureur. On accède aux chambres, simples et bien tenues, par un joli escalier en bois.

Le Vivier

593 rte de Rouen – ✆ 03 22 89 12 21 – www.restaurantlevivier-amiens.com – Fermé août, 24 déc.-4 janv., dim. et lundi AZ**d**

Rest – Formule 20 € – Menu 28 € (sem.), 43/75 € – Carte 50/100 €

♦ Un vivier à crustacés trône au centre de ce restaurant, qui célèbre la mer et ses saveurs avec raffinement. Élégant jardin d'hiver ; formule attractive au déjeuner.

La Table du Marais

472 chaussée Jules-Ferry, par ③ – ✆ 03 22 46 17 44 – www.latabledumarais.fr – Fermé 1er-10 mars, 28 juil.-18 août, 22 déc.-5 janv., 17-28 fév. et dim.

Rest – Formule 23 € – Menu 27 € (déj. en sem.)/32 € – Carte 50/68 €

♦ Un paysage de verdure, une terrasse tournée vers les étangs... aux portes de la ville et déjà à la campagne ! La carte change régulièrement, pour le plaisir des gourmands.

L'Orée de la Hotoie

17 r. Jean-Jaurès – ✆ 03 22 91 37 05 – Fermé 26 juil.-18 août, 20-27 déc., sam. midi, dim. soir et lundi BY**f**

Rest – Menu 20 € (sem.), 29/56 € – Carte 28/66 €

♦ Au calme ! Dans cette petite maison donnant sur un parc, on savoure une cuisine de saison concoctée par un chef passionné, qui sait révéler l'âme de ses bons produits.

AMIENS
0
300 m
A
B
CIMETIÈRE DE LA MADELEINE
Fg ST-MAURICE
Pl. de la Teinturerie
ST-MAURICE
R. St-Maurice
R. Octave Tierce
E.S.A.D.
U
R. des Teinturiers
Quai de la Somme
SOMME
Quai St-Maurice
ESIEE
67
106
R. du Château Milan
R. A. Catel
Av. G. Pompidou
R. du Fg de Hem
Av. Mendès-France
6
D 1235
PICQUIGNY
ST-FIRMIN
X
Parc zoologique
LA HOTOIE
Allende
R. Jean Jaurès
Av. Salvador
CENTRE ADMINISTRATIF
Port d'Aval
Place Vogel
57
Promenade de la Hotoie
87
Bd du Port
f
31
R. de la Hotoie
r
St-Germain
78
83
20
88
ST-ROCH
R. de l'Abbaye
Bd des Fédérés
Rue St-Roch
Faidherbe
ST-JACQUES
81
R. J. Catelas
78
43
BEFFROI
23
A 16 PARIS, CALAIS
1
5
ST-ROCH
PARC DES EXPOSITIONS
PALAIS DES CONGRÈS
ZENITH
R. L. Fournier
102
Pl. du Mal Foch
ST-ROCH
Bd
COLISEUM
Pl. L. Gontier
H
122
R. Caumartin
Maison de la Culture
59
124
32
5
Y
R. Chabannes
R. Lebon
Foy
Bd
Bd
R. de Beauvais
38
Auditorium H. Dutilleux
76
ST-RÉMI
R. Lescouvé
R. Ph.
Gal
Carnot
MUSÉE DE PICARDIE
105
R. G. Moutardier
Guyencourt
U
Bd Maignan-Larivière
Z
SQUARE DES 4 CHÊNES
33
Béranger
ST-HONORÉ
R. de l'Union
HÔTEL DU DÉPARTEMENT
CONSEIL RÉGIONAL
Bd Pasteur
Bd de Strasbourg
Av. du
Rouen
R. de Paris
Pl. Longueville
R.
STE-JEANNE D'ARC
R. de Pages
St-Honoré
Rumilly
Cirque Municipal
Delpech
R. Millevoye
D 1029, A 16 ROUEN, LE HAVRE
5
R.
Fg DE BEAUVAIS
D 210
R. G. Laurendeau
HENRIVILLE
d
21
4
3
A
CAMPUS UNIVERSITAIRE
4
D 1001, BEAUVAIS, PARIS
B

ARRAS
N 25 DOULLENS
ABBEVILLE
CAMBRAI
ALBERT D 929
C
D
X
Y
Z
CITADELLE
FAUBOURG
ST-PIERRE
R. Léon Dupontreue
D 919
R. de Doullens
Rue Berryer
R. Vaubain
Av. du Gal de Gaulle
Chée St-Pierre
ST-PIERRE
R. des Bonnards
R. Valentin
R. Eloi
Beauvillé
ST-VICTOR
D 1
R. Onfray
DAOURS
CORBIE
Haüy
R. Morel
R. Abbé de l'Epée
PARC
ST-PIERRE
SOMME
Bd Baraban
R. des Archers
ST-LEU
St-Leu
Bd du Cange
R. Belu
Boulevard
Étang de Rivery
Maison des hortillonnages
Île aux Fagots
HORTILLONNAGES
Chemin de Halage
Port d'Amont
ISAM
ANCIEN ÉVÊCHÉ
CATHÉDRALE
NOTRE-DAME
Pl. St. Michel
MARIE SANS CHEMISE
Rue de Verdun
SOMME
Canal du Hocquet
R. Lapostolle
R. Neuve Dejean
R. Dejean
R. Daussy
R. Legrand
R. de la Vallée
R. Lamartine
Tour Perret
MITE
RTEMENTAL
TOURISME
R. Allart
Lamarck
R. E. Zola
Belfort
NORD
Rue Riolan
Foucault
R. Ch. de
R. de Castille
Rue Jules Barni
R. du Pinceau
R. Vaquette
R. de Blamont
R. Just Hauy
Fg DE NOYON
Albert 1er
Bd de
J. Verne
Pl. du Mal Joffre
R. Voiture
D 7
R. Vulfran Warme
STE-ANNE
R. Vascosan
R. Daire
SAINS-EN-A.
ST-QUENTIN D 1029
COMPIÈGNE

XX **Au Relais des Orfèvres** VISA MC AE

14 r. des Orfèvres – ✆ 03 22 92 36 01 – www.restaurant-relais-orfevres.fr – Fermé 3 sem. en août, 2 sem. en fév., sam. midi, dim. et lundi CYm

Rest – Formule 23 € bc – Menu 30/52 € – Carte 50/60 €

♦ Après avoir visité la superbe cathédrale, prenez place dans cette jolie salle à manger contemporaine (tons gris et rouge) pour savourer une cuisine au goût du jour à prix doux.

X **Le Bouchon** AC VISA MC

10 r. A.-Fatton – ✆ 03 22 92 14 32 – www.lebouchon.fr – Fermé dim. soir

Rest – Menu 18 € (sem.), 26/50 € – Carte 30/60 € CYt

♦ Un bouchon chic et contemporain, où plats traditionnels et suggestions du marché du jour (à l'ardoise) mettent l'eau à la bouche.

rte de Roye 7 km par ③, N 29 et D 934

Novotel ch, AC VISA MC AE

7 r. des Indres Noires ✉ 80440 Boves – ✆ 03 22 50 42 42 – www.novotel.com

94 ch – 95/145 € 95/145 € – 14 €

Rest – Formule 17 € – Carte 30/50 €

♦ Hôtel des années 1970 rénové dans un esprit contemporain. Chambres confortables et salles de bains façon "cabine de bateau". Au restaurant, carte Novotel Café ; terrasse dressée au bord de la piscine.

à Dury 6 km par ④ – 1 263 h. – alt. 115 m – ✉ 80480

Petit Château sans rest P

2 r. Grimaux – ✆ 03 22 95 29 52 – http://perso.wanadoo.fr/am.saguez

5 ch – 62 € 85 €

♦ Charmant accueil et douceur de vivre dans cette ancienne ferme du château local. Si vous aimez les voitures de collection, le patron vous ouvrira les portes de son atelier.

XXX **L'Aubergade** (Éric Boutté) VISA MC AE

78 rte Nationale – ✆ 03 22 89 51 41 – www.aubergade-dury.com – Fermé 22 avril-8 mai, 5-20 août, 23 déc.-7 janv., dim. et lundi

Rest – Menu 42/78 € – Carte 73/95 €

Spéc. Coquilles Saint-Jacques (oct. à avril). Véritable chou farci "hommage à Jean Delaveyne". Boule craquante de chocolat noir (oct. à mai).

♦ Une collection replète de guides Michelin, un cadre mêlant blancheur immaculée et tons chauds... enfin, last but not least, les saveurs de saison d'une cuisine au goût du jour.

X **La Bonne Auberge** VISA MC

63 rte Nationale – ✆ 03 22 95 03 33 – Fermé 15 juil.-9 août, vacances de fév., dim. soir, mardi et merc.

Rest – Formule 20 € – Menu 25 € (déj. en sem.), 37 € – Carte 40/55 €

♦ Une auberge pimpante et typique, très fleurie l'été venu. Vous y apprécierez une cuisine dans l'air du temps, teintée d'exotisme et un brin créative.

AMILLY – **45 Loiret** – **318** N4 – **rattaché à Montargis**

AMMERSCHWIHR – **68 Haut-Rhin** – **315** H8 – **1 914 h. – alt. 215 m** **2** C2
– ✉ **68770** Alsace Lorraine

Paris 441 – Colmar 9 – Gérardmer 49 – St-Dié 44

XXX **Aux Armes de France** avec ch P VISA MC AE

1 Grand'Rue – ✆ 03 89 47 10 12 – www.armesfrance.fr – fermé 1 sem. en janv. et 1 sem. en fév.

10 ch – 70/93 € 73/93 € – 12 € – ½ P 110 €

Rest *(fermé merc.)* – Menu 30 € (sem.), 42/52 € – Carte 41/82 €

♦ Dans ce beau village de la route des vins, cette grande maison blanche cultive un certain esprit de tradition : décor bourgeois et cuisine classique (pressé de grenouilles au riesling, gratin de homard, choucroute garnie...). À l'étage, les chambres d'esprit rustique permettent de faire une étape.

AMNÉVILLE – **57 Moselle** – **307** H3 – **10 129 h.** – **alt. 162 m** **26** B1
– **Stat. therm. : début mars-début déc.** – **Casino** – ✉ **57360** Alsace Lorraine

Paris 319 – Briey 17 – Metz 21 – Thionville 16

2, rue du casino, ✆ 03 87 70 10 40, www.amneville.com

d'Amnéville, BP 99, S : 2 km, ✆ 03 87 71 30 13

Parc zoologique du bois de Coulange★★.

Parc d'attraction Walibi-Schtroumpf★ 3 km S.

au Parc de Loisirs **2,5 km, bois de Coulange au Sud** – ✉ **57360 Amnéville**

Amnéville Plaza ch,

– ✆ 03 87 71 82 86 – www.amneville-plaza.com

78 ch – †100/490 € ††120/510 € – ☕ 18 €

Rest – Menu 19/35 € – Carte 26/43 €

♦ Vous voilà en plein cœur du parc de loisirs d'Amnéville. Cet hôtel flambant neuf est directement relié au casino et à une salle de spectacle. Le parti pris est contemporain, voire avant-gardiste : chambres design très confortables, restaurant au cadre ludique, espace détente, salles de séminaire...

Diane sans rest

r. de la Source – ✆ 03 87 70 16 33 – www.accueil-amneville.com

48 ch – †76 € ††86 € – 3 suites – ☕ 9 €

♦ Lui aussi au cœur du parc de loisirs, près des thermes, cet hôtel a pour avantage d'être parfaitement intégré à la forêt. Un style sobre et contemporain, très "green". On prend son petit-déjeuner en regardant la verdure.

Marso

bois de Coulange – ✆ 03 87 15 15 40 – www.hotel-marso.com

50 ch – †85 € ††85 € – ☕ 13 €

Rest *(Fermé sam. midi, mardi soir et lundi)* – Formule 14 € – Menu 25 € (dîner) – Carte 30/56 €

♦ Le point fort de cet hôtel récent ? Sa situation, tout près du parc de loisirs (piste de ski artificielle, zoo, cinéma...). Avec des chambres fonctionnelles (toutes avec une petite terrasse), un salon de coiffure, un restaurant et un bar à l'ambiance jazzy, nul besoin de ressortir...

La Forêt

1 r. de la Source – ✆ 03 87 70 34 34 – www.restaurant-laforet.com
– Fermé 30 juil.-12 août, 23 déc.-8 janv., dim. soir, fériés le soir et lundi

Rest – Menu 20 € (sem.), 29/42 € – Carte 32/55 €

♦ Un cadre contemporain et volontiers dépouillé, pour des recettes empreintes de classicisme (foie gras maison, salade de homard, bourride, etc.) et accompagnées de jolis crus. Pour un repas face au bois de Coulange, dans une ambiance familiale.

AMOU – **40 Landes** – **335** G13 – **1 573 h.** – **alt. 44 m** – ✉ **40330** **3** B3

Paris 760 – Aire-sur-l'Adour 51 – Dax 31 – Mont-de-Marsan 47

10, place de la poste, ✆ 05 58 89 02 25

Au Feu de Bois

20 av. des Pyrénées – ✆ 05 58 89 06 76 – www.hotel-aufeudebois.fr – Fermé 24 déc.-1er janv. et merc. soir hors saison

11 ch – †50/80 € ††50/80 € – ☕ 7 € – ½ P 47/62 €

Rest – Formule 12 € bc – Menu 23 € bc/35 € – Carte 21/61 €

♦ Cet ancien relais routier a fait peau neuve : c'est désormais un sympathique hôtel familial, doté d'un salon agréable et de chambres actuelles, simples et confortables. Au restaurant, espace contemporain associant pierre et bois et cuisine régionale.

Le Commerce

2 pl. de la Poste, (près de l'église) – ✆ 05 58 89 02 28 – www.hotel-lecommerceamou.com – Fermé 6-28 nov., 21 fév.-7 mars, dim. soir et lundi sauf juil.-août

15 ch – †65 € ††65/100 € – ☕ 7 €

Rest – Formule 13 € – Menu 16/35 € – Carte 35/50 €

♦ Le charme des anciennes auberges de village, la touche contemporaine et familiale en plus... Chambres cosy, d'une excellente tenue ; agréable bar aux tons taupe. Spécialités maison (pâté, terrine et confit) servies dans une salle joliment campagnarde.

AMPHION-LES-BAINS – 74 Haute-Savoie – 328 M2 – ✉ 74500 46 F1

Alpes du Nord

Paris 573 – Annecy 81 – Évian-les-Bains 4 – Genève 40

215, rue de la Plage, ✆ 04 50 70 00 63, www.ot-publier.com

La Plage rest, rest, VISA AE

431 r. de la Plage – ✆ 04 50 70 00 06 – www.hotelplage74.com – fermé 28 oct.-5 mai

39 ch – 62/80 € 75/120 € – 10 € – ½ P 65/88 €

Rest – Formule 25 € – Menu 28/42 € – Carte 29/48 €

◆ Une hostellerie tenue par la même famille depuis quatre générations, au grand calme. Chambres fraîches et bien équipées, jardin au bord du lac et charmant restaurant traditionnel sur pilotis, face à la Suisse.

Le Tilleul avec ch rest, VISA AE

252 av. de la Rive, RN 5 – ✆ 04 50 70 00 39 – www.letilleul.com – Fermé vacances de la Toussaint et 26 déc.-8 janv.

21 ch – 68/75 € 75/95 € – 9 € – ½ P 68/78 €

Rest *(fermé dim. soir et lundi sauf juil.-août)* – Formule 19 € – Menu 27/43 € – Carte 39/70 €

◆ Une auberge de bord de route qui ne paie pas de mine, mais dans laquelle on mange bien. Cadre rustique et plats classiques 100 % maison ; spécialités de perche et féra du Léman. Pour l'étape, des chambres simples et bien insonorisées.

AMPUIS – 69 Rhône – 327 H7 – 2 613 h. – alt. 150 m – ✉ 69420 44 B2

Paris 492 – Condrieu 5 – Givors 17 – Lyon 37

Le Domaine des Vignes sans rest VISA AE

41 rte Taquière - D 386 – ✆ 04 74 59 21 24 – www.hoteldomainedesvignes.com

12 ch – 76 € 91 €

◆ Une bonne adresse que ce petit hôtel récent, au cœur du célèbre vignoble du côte-rôtie. Les chambres sont d'un agréable style contemporain. Ne manquez pas les dégustations de vins du domaine.

ANCENIS – 44 Loire-Atlantique – 316 I3 – 7 511 h. – alt. 13 m 34 B2

– ✉ 44150 Châteaux de la Loire

Paris 347 – Angers 55 – Châteaubriant 48 – Cholet 49

27, rue du Château, ✆ 02 40 83 07 44, www.pays-ancenis-tourisme.fr

Hôtel de La Loire VISA AE

2 km à l'Est, par D 723 rte d'Angers – ✆ 02 40 96 00 03 – www.hotel-loire.net

42 ch – 62/80 € 62/80 € – 10 €

Rest *(fermé sam. midi et dim.)* – Formule 15 € – Menu 22/35 €

◆ Construction moderne rénovée en 2007 et abritant des chambres lumineuses et très bien tenues, la plupart avec balcon ou terrasse privative côté jardin (quelques familiales). Cadre moderne au restaurant, cuisine traditionnelle.

La Charbonnière VISA AE

au bord de la Loire par bd Joubert – ✆ 02 40 83 25 17 – www.restaurant-la-charbonniere.com – Fermé sam. midi d'oct. à mars, dim. soir, merc. soir, soirs fériés et lundi

Rest – Menu 16 € (sem.), 25/35 € – Carte 33/70 €

◆ Espace, tranquillité... la véranda et la terrasse dressée dans le jardin offrent une jolie perspective sur la Loire et le pont suspendu. Cuisine traditionnelle soignée.

La Toile à Beurre VISA AE

82 r. St-Pierre – ✆ 02 40 98 89 64 – Fermé 2 sem. en mars et sept., dim. soir, merc. soir et lundi

Rest – Formule 19 € – Menu 28/55 € – Carte 35/45 €

◆ Pierres, poutres et tomettes font le cachet rustique de cette maison de 1753, bordée d'une jolie terrasse. Cuisine traditionnelle franche et goûteuse (poissons de la Loire).

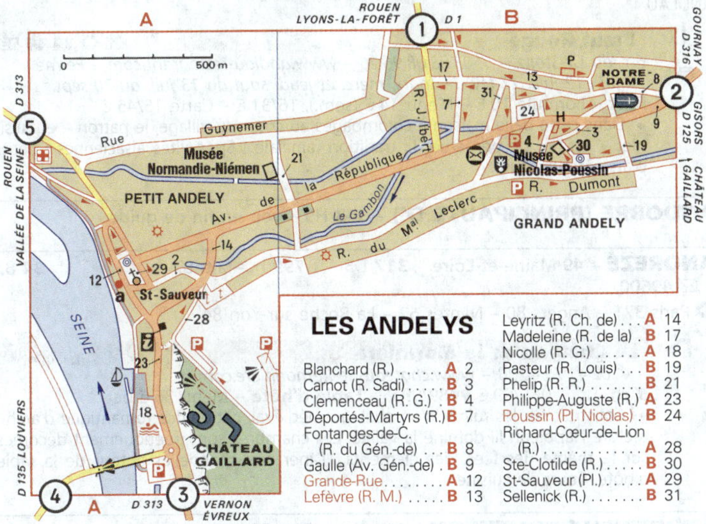

LES ANDELYS

Blanchard (R.) . . . . A 2
Carnot (R. Sadi) . . . . . B 3
Clemenceau (R. G.) . B 4
Déportés-Martyrs (R.) B 7
Fontanges-de-C. (R. du Gén.-de) . . . B 8
Gaulle (Av. Gén.-de) . B 9
Grande-Rue . . . . A 12
Lefèvre (R. M.) . . . . . B 13
Leyritz (R. Ch. de) . . . A 14
Madeleine (R. de la) . B 17
Nicolle (R. G.) . . . . . . A 18
Pasteur (R. Louis) . . . B 19
Phelip (R. R.) . . . . B 21
Philippe-Auguste (R.) A 23
Poussin (Pl. Nicolas) . B 24
Richard-Cœur-de-Lion (R.) . . . . A 28
Ste-Clotilde (R.) . . . . . B 30
St-Sauveur (Pl.) . . . . . A 29
Sellenick (R.) . . . . B 31

LES ANDELYS ⟨SP⟩ – **27 Eure** – **304** I6 – **8 253 h.** – **alt. 28 m** **33** D2
– ✉ **27700** Normandie Vallée de la Seine
Paris 93 – Évreux 38 – Gisors 30 – Mantes-la-Jolie 54
rue Philippe Auguste, ✆ 02 32 54 41 93, http://office-tourisme.ville-andelys.fr
Ruines du Château Gaillard★★ ≤★★ - Église Notre-Dame★.

XXX **La Chaîne d'Or** avec ch

25 r. Grande – ✆ 02 32 54 00 31 – www.hotel-lachainedor.com
– Fermé 20-28 déc., 9 janv.-2 fév., dim. soir, mardi et merc. du 15 oct. -15 avril **Aa**
12 ch – †94/149 € ††94/149 € – ☕ 12 € – ½ P 101/129 €
Rest – Formule 20 € – Menu 28 € (déj. en sem.), 49/97 € – Carte 62/91 €
◆ Une charmante maison de maître en bord de Seine, dans la ravissante ville des Andelys. On s'installe dans la salle rustique pour savourer une terrine de lièvre, ou bien une poitrine de porc confite au miel... Et pour prolonger l'étape, les chambres sont douillettes (certaines donnant sur le fleuve).

ANDLAU – **67 Bas-Rhin** – **315** I6 – **1 838 h.** – **alt. 215 m** – ✉ **67140** **2** C1
Alsace Lorraine
Paris 501 – Erstein 25 – Le Hohwald 8 – Molsheim 25
place de la mairie, ✆ 03 88 08 22 57, www.pays-de-barr.com
Église St-Pierre-et-St-Paul★ : portail★★, crypte★.

Zinckhotel sans rest

13 r. de la Marne – ✆ 03 88 08 27 30 – www.zinckhotel.com
18 ch – †60 € ††60/105 € – ☕ 8 €
◆ Sur la route des Vins, dans le village d'Andlau, un ancien moulin et son extension ultracontemporaine. Chambres zen, pop, jazzy, Empire... Insolite et décalé !

Kastelberg

10 r. Gén.-Koenig – ✆ 03 88 08 97 83 – www.kastelberg.com
29 ch – †62/73 € ††68/80 € – ☕ 10 € – ½ P 68/74 €
Rest *(ouvert 1er avril-2 nov. et 28 nov.-4 janv.) (dîner seult)* – Menu 17/45 € – Carte 23/68 €
◆ Adossé aux vignes, un grand bâtiment néo-alsacien, aux chambres sobres et fonctionnelles, mansardées ou avec balcon. Au restaurant, décor classique et cuisine familiale du terroir.

Bœuf Rouge

6 r. du Dr-Stoltz – ✆ 03 88 08 96 26 – www.andlau-restaurant.com – Fermé 25 juin-12 juil., 27 fév.-11 mars, merc. et jeudi sauf du 13 juil. au 30 sept.

Rest – Formule 10 € – Menu 14 € (sem.), 16/31 € – Carte 15/45 €

◆ Dans cette belle maison à colombages au cœur du village, le patron – et cuisinier – est fier de perpétuer la tradition familiale ! Spécialités alsaciennes ; petits plats côté winstub.

ANDORRE (PRINCIPAUTE D') – **343** H9 – **voir en fin de guide**

ANDREZÉ – **49 Maine-et-Loire** – **317** D5 – **1 799 h.** – **alt. 87 m** – ✉ **49600** **34** B2

Paris 371 – Angers 80 – Nantes 62 – La Roche-sur-Yon 84

Le Château de la Morinière

– ✆ 02 41 75 40 30 – www.chateau-de-la-moriniere.com

5 ch – 89/99 € 89/99 € **Table d'hôte** – Menu 36 € bc

◆ Construit sur les ruines d'un château médiéval, cet édifice romantique d'architecture Napoléon III domine la vallée. Les chambres sont poétiquement décorées sur le thème des fées, des éléments... Dîner aux chandelles autour de la table d'hôte. Cours de cuisine.

ANDRÉZIEUX-BOUTHÉON – **42 Loire** – **327** E6 – **9 591 h.** – **alt. 395 m** – ✉ **42160** **44** A2

Paris 460 – Lyon 76 – Montbrison 20 – Roanne 71

11, rue Charles-de-Gaulle, ✆ 04 77 55 37 03, www.paysdesaintgalmier.fr

Lac de retenue de Grangent★★ S : 9 km Lyon Drôme Ardèche.

Les Iris (Lionel Githenay) avec ch

32 av. J.-Martouret, (en direction de la gare) – ✆ 04 77 36 09 09 – www.les-iris.com – Fermé 20-27 août, 2-8 janv. et dim. soir

10 ch – 75 € 85 € – 12 € – ½ P 90 €

Rest *(fermé dim. soir, mardi midi et lundi)* – Menu 33 € (déj. en sem.), 46/95 € – Carte 71/86 €

Spéc. Salade de homard, confiture de pomme à l'eau de mirabelle et herbes champêtres (juin à août). Pigeon rôti à la livèche, purée et chips de racines. Moelleux au potimarron, catalane et crème glacée au cèpe (sept. à déc.). **Vins** Vin de pays d'Urfé, Saint-Joseph.

◆ Belle cuisine inventive servie dans une ambiance feutrée. La jolie salle marie à merveille cadre classique (parquet, moulures, cheminée) et mobilier tendance. Petites chambres à l'annexe, certaines donnant sur le jardin.

ANDUZE – **30 Gard** – **339** I4 – **3 289 h.** – **alt. 135 m** – ✉ **30140** **23** C2

Languedoc Roussillon

Paris 718 – Alès 15 – Florac 68 – Montpellier 60

plan de Brie, ✆ 04 66 61 98 17, www.ot-anduze.fr

Bambouseraie de Prafrance★★ N : 3 km par D 129.

Grottes de Trabuc★★ NO : 11 km - Le Mas soubeyran : musée du Désert★ (souvenirs protestants 17e-18e s.) NO : 7 km.

au Nord-Ouest par rte de St-Jean-du-Gard – ✉ **30140 Anduze**

La Porte des Cévennes

à 3 km – ✆ 04 66 61 99 44 – www.porte-cevennes.com – Ouvert 1er avril-14 oct.

34 ch – 85/92 € 85/92 € – 10 € – ½ P 73/76 €

Rest *(dîner seult)* – Menu 24/30 € – Carte 30/48 €

◆ Non loin de la bambouseraie où fut tourné Le Salaire de la peur, paisible maison disposant de grandes chambres fonctionnelles, pour la moitié tournées vers la vallée du Gardon. Table traditionnelle au décor champêtre, et terrasse panoramique en prime.

XX **Le Moulin de Corbes** avec ch

à 4 km – ✆ 04 66 61 61 83 – www.moulin-corbes.com

5 ch – †90 € ††90 € – ☕ 12 € **Rest** – Menu 40 €

◆ Le Gardon coule à ses pieds... Cette maison d'aspect traditionnel abrite trois grandes salles ensoleillées (murs jaunes, larges fenêtres sur la verdure). Cuisine traditionnelle (produits frais). Quelques chambres, fonctionnelles et calmes.

à Tornac **6 km au Sud-Est par D 982 – 880 h. – alt. 140 m – ✉ 30140**

Les Demeures du Ranquet

4161 rte de St-Hippolyte-du-Fort, 2km – ✆ 04 66 77 51 63 – www.ranquet.com – Fermé 19 nov.-12 déc. et 2-11 janv.

10 ch – †145/205 € ††145/205 € – ☕ 17 € – ½ P 135/165 €

Rest ***Les Demeures du Ranquet*** – voir les restaurants ci-après

◆ Le maquis et des bosquets de chênes, un grand jardin (avec une belle piscine où paresser), des murets de pierres sèches… Ce mas cévenol embaume le bel air de la région. Et chaque chambre dispose d'une terrasse privative !

XX **Les Demeures du Ranquet**

4161 rte de St-Hippolyte-du-Fort, 2 km – ✆ 04 66 77 51 63 – www.ranquet.com – Fermé 19 nov.-12 déc., 2-11 janv., lundi, mardi et merc. sauf le soir de mai à sept.

Rest – Menu 38/82 € – Carte 70/80 €

◆ Produits du pays, légumes du potager, herbes du jardin aromatique... À la croisée des Cévennes et de la Méditerranée, cette table gastronomique cultive le goût des bons produits et de la fraîcheur. Cadre chaleureux.

ANET – 28 Eure-et-Loir – 311 E2 – 2 632 h. – alt. 73 m – ✉ 28260 — 11 B1

Paris 76 – Chartres 51 – Dreux 16 – Évreux 37

8, rue Delacroix, ✆ 02 37 41 49 09, www.office-tourisme-anet.com

Château★ Normandie Vallée de la Seine.

XX **Le Manoir d'Anet**

3 pl. du Château – ✆ 02 37 41 91 05 – www.lemanoirdanet.com – Fermé mardi et merc.

Rest – Formule 20 € bc – Menu 26 € (sem.), 35/49 € – Carte 54/74 €

◆ Idéalement situé face au château de Diane de Poitiers ! On remarque d'abord la terrasse puis le salon de thé où l'on peut commander crêpes et salades. La salle à manger se révèle rustique et coquette, agréable pour apprécier une cuisine traditionnelle de bonne facture.

ANGERS P – 49 Maine-et-Loire – 317 F4 – 148 405 h. – Agglo. 226 843 h. – alt. 41 m – ✉ 49000 Châteaux de la Loire — 35 C2

Paris 294 – Laval 79 – Le Mans 97 – Nantes 88

Aéroport d'Angers-Loire, ✆02 41 33 50 20, 20 km par ①.

7, place Kennedy, ✆ 02 41 23 50 00, www.angersloiretourisme.com

d'Avrille, à Avrillé, Château de la Perrière, NO : 5 km par D 175, ✆ 02 41 69 22 50

d'Angers, à Brissac-Quincé, Moulin de Pistrait, par rte de Cholet et D 751 : 8 km, ✆ 02 41 91 96 56

Golf d'Anjou, à Champigné, Route de Cheffes, N : 24 km par D 775 et D 768, ✆ 02 41 42 01 01

Château★★★ : tenture de l'Apocalypse★★★, tenture de la Passion et Tapisseries mille-fleurs★★, ≤★ de la tour du Moulin - Vieille ville★ : cathédrale★, galerie romane★★ de la préfecture★ BZ**P**, galerie David d'Angers★ BZ**B**, - Maison d'Adam★ BYZ**K** - Hôtel Pincé★ - Choeur★★ de l'église St-Serge★ - Musée Jean Lurçat et de la Tapisserie contemporaine★★ dans l'ancien hôpital St-Jean★ - La Doutre★ AY - Musée régional de l'Air★.

Parc Terra Botanica★ - Château de Pignerolle★ : musée européen de la Communication★★ E : 8 km par D 61.

Plans pages 135, 136, 137

D'Anjou

1 bd Mar.- Foch – ✆ 02 41 21 12 11 – www.hoteldanjou.fr CZ**h**

53 ch – †84/175 € ††89/193 € – ☕ 14 €

Rest ***La Salamandre*** – voir les restaurants ci-après

◆ Au cœur d'Angers, cet hôtel né en 1845 conserve son cadre historique, mêlant les inspirations Renaissance, classique et Art déco. Les chambres sont cossues et bien insonorisées. Patine et confort...

Hôtel de France

8 pl. de la Gare – ✆ 02 41 88 49 42 – www.hoteldefrance-angers.com AZ**t**

55 ch – †100/200 € ††100/200 € – 1 suite – ☕ 18 €

Rest ***Les Plantagenêts*** – voir les restaurants ci-après

◆ Face à la gare, derrière une belle façade classique, hôtel tenu en famille depuis 1893. Chambres cossues, contemporaines au dernier étage ; bon petit-déjeuner (produits locaux).

Mercure Centre Gare sans rest

18 bd Foch – ✆ 02 41 87 37 20 – www.mercure.com CZ**w**

80 ch – †70/205 € ††70/205 € – ☕ 14 €

◆ Situation privilégiée sur un boulevard animé du centre-ville. Chambres spacieuses, bien insonorisées, habillées de bois wengé et de prune. Intéressants tarifs week-end.

Du Mail sans rest

8 r. des Ursules – ✆ 02 41 25 05 25 – www.hoteldumail.fr CY**b**

26 ch – †42/62 € ††62/132 € – ☕ 10 €

◆ Hôtel de caractère établi dans une discrète demeure du 17ᵉs. (ancien couvent). Chambres classiques, de taille très variable. Avantage d'un parking en centre-ville.

Le Progrès sans rest

26 av. D.-Papin – ✆ 02 41 88 10 14 – www.hotelleprogres.com – Fermé 3-19 août et 21 déc.-1er janv. AZ**f**

41 ch – †48/74 € ††64/83 € – ☕ 9 €

◆ À deux pas de la gare, adresse accueillante aux chambres claires et simples (murs blancs, tissus colorés, mobilier fonctionnel). Petit-déjeuner servi devant une courette fleurie.

Continental sans rest

14 r. L.-de-Romain – ✆ 02 41 86 94 94 – www.hotellecontinental.com BYZ**n**

25 ch – †60/77 € ††64/82 € – ☕ 10 €

◆ Situation très centrale, chambres aux couleurs ensoleillées, bonne insonorisation, salle des petits-déjeuners lumineuse et prix sages.

De l'Europe sans rest

3 r. Châteaugontier – ✆ 02 41 88 67 45 – www.hoteldeleurope-angers.com – Fermé vacances de Noël CZ**a**

29 ch – †55/80 € ††55/90 € – ☕ 8 €

◆ Accueil sympathique en cet hôtel situé dans un quartier commerçant. Petites chambres égayées de tons chaleureux ; lits avec couettes. Plaisante salle des petits-déjeuners.

Grand Hôtel de la Gare sans rest

5 pl. de la Gare – ✆ 02 41 88 40 69 – www.hotel-angers.fr – Fermé 27 juil.-19 août, et 21 déc.-6 janv. BZ**a**

52 ch – †58/84 € ††58/84 € – ☕ 9 €

◆ Un artiste-peintre a égayé de fresques les couloirs et la salle des petits-déjeuners. Coquettes chambres contemporaines tournées vers le jet d'eau qui trône devant la gare.

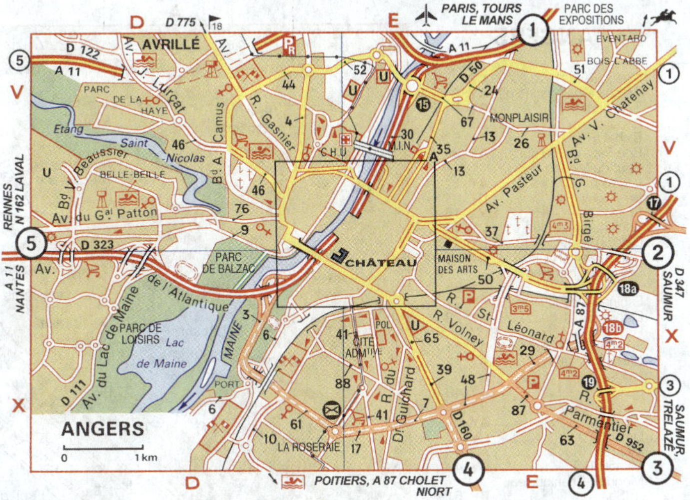

Barangé (Bd Ch.) . . . . **DX** 3	Estienne d'Orves (Bd) . . . . . **EX** 29	Monplaisir (Bd de) . . . . **EV** 51
Barra (R.) . . . . **DV** 4	Félix-Faure (Q.) . . . . **EV** 30	Montaigne (Av.) . . . . **EX** 50
Baumette (Pr. de la) . . . . **DX** 6	Joxe (Av. J.) . . . . **EV** 35	Moulin (Bd J.) . . . . **DEV** 52
Bedier (Bd J.) . . . . **EX** 7	Larevellière (R.) . . . . **EV** 37	Portet (Bd J.) . . . . **DX** 61
Bon-Pasteur (Bd) . . . . **DV** 9	Lattre-de-Tassigny	Pyramide (Rte de la) . . . . . . **EX** 63
Bouchemaine (Rte de) . . . . . **DX** 10	(Bd de) . . . . **EX** 39	Rabelais (R.) . . . . **EX** 65
Chalouère (R. de la) . . . . **EV** 13	Letanduère (R. de) . . . . **EX** 41	Ramon (Bd G.) . . . . **EV** 67
Chaumin (Bd E.) . . . . **EX** 17	Lizé (R. du Gén.) . . . . **DV** 44	St-Jacques (R.) . . . . **DV** 76
Doyenné (Bd du) . . . . **EV** 24	Meignanne (R. de la) . . . . . . **DV** 46	Saumuroise (R.) . . . . **EX** 87
Dunant (Bd H.) . . . . **EV** 26	Millot (Bd J.) . . . . **EX** 48	Strasbourg (Bd de) . . . . **DEX** 88

XXX **Le Favre d'Anne** (Pascal Favre d'Anne)
18 quai des Carmes – ✆ 02 41 36 12 12 – www.lefavredanne.fr – Fermé 21 juil.-16 août, 22 déc.-8 janv., dim. et lundi **AYt**
Rest – Menu 45 € (sem.)/95 € – Carte 70/110 €
Spéc. Saint-Jacques de Granville et sorbet baie rose (oct. à avril). Bœuf Maine-Anjou, galipettes à l'huile de truffe (sept.). Framboise et sorbet poivron (été.). **Vins** Anjou, Savennières.
Rest ***L' R du Temps*** *(fermé le soir, dim. et lundi)* – Formule 22 € – Menu 24/32 €
◆ Plats inventifs et originaux pour papilles aimant se laisser surprendre : dans cet hôtel particulier (19e s.), le chef aventureux bouscule les habitudes. Décor immaculé, face à la Maine et au château. L'R du Temps est bien nommé : cadre actuel pour plats tendance.

XXX **La Salamandre** – Hôtel D'Anjou
1 bd Mar.- Foch – ✆ 02 41 88 99 55 – www.hoteldanjou.fr – Fermé dim. soir de sept. à juin **CZh**
Rest – Formule 24 € – Menu 29/75 € – Carte 45/83 €
◆ La Salamandre, c'est une carte traditionnelle et un décor François Ier : fresques, plafond à la française, sans oublier... des représentations de salamandre, l'emblème du roi.

XX **Une Île** (Gérard Bossé)
9 r. Max-Richard – ✆ 02 41 19 14 48 – www.une-ile.fr – Fermé 11-26 sept., 1 sem. en mai, dim. et lundi **AZg**
Rest *(nombre de couverts limité, réserver)* – Formule 30 € – Menu 45 € (déj.), 49/88 € – Carte 60/85 €
Spéc. Foie gras grillé et jus de canard acidulé. Ris de veau poêlé, jus de veau, et ciboulette chinoise (printemps-été). Sablé aux framboises compotées (été). **Vins** Anjou.
◆ Une île en forme de loft contemporain, sobre et épurée, comme la cuisine : le chef cultive le goût du produit, dans la simplicité et la précision. Madame, sommelière, suggère les accords mets et vins.

ANGERS

Alsace (R. d')	CZ	
Aragon (Av. Yolande d')	AY	2
Baudrière (R.)	BY	5
Beaurepaire (R.)	AY	
Bichat (R.)	AY	8
Bon-Pasteur (Bd du)	AY	9
Bout-du-Monde (Prom. du)	AY	12
Bressigny (R.)	CZ	
Chaperonnière (R.)	BYZ	15
Commerce (R. du)	CY	19
David-d'Angers (R.)	CY	21
Denis-Papin (R.)	BZ	22
Droits-de-l'Homme (Av. des)	CY	25
Espine (R. de l')	BY	27
Estoile (Sq. J. de l')	AY	28
Foch (Bd du Mar.)	BCZ	
Freppel (Pl.)	BY	31
Gare (R. de la)	BZ	32
Laiterie (Pl.)	AY	
Lenepveu (R.)	CY	40
Lices (R. des)	BZ	
Lionnaise (R.)	AY	
Lise (R. P.)	CY	43
Marceau (R.)	AZ	45
Mirault (Bd)	BY	49
Mondain-Chanlouineau (Sq.)	BY	51
Oisellerie (R.)	BY	53
Parcheminerie (R.)	BY	54
Pasteur (Av.)	CY	55
Pilori (Pl. du)	CY	56
Plantagenêt (R.)	BY	57
Pocquet-de-Livonnières (R.)	CY	58
Poëliers (R. des)	CY	59
Pompidou (Allées)	CY	60
Prés.-Kennedy (Place du)	AZ	62
Ralliement (Pl. du)	BY	66
Résistance-et-de-la-Déport. (Bd)	CY	68
Robert (Bd)	BY	69
La Rochefoucauld Liancourt (Pl.)	ABY	38
Roë (R. de la)	BY	70
Ronceray (Bd du)	AY	71
Ste-Croix (Pl.)	BZ	86
St-Aignan (R.)	AY	72
St-Aubin (R.)	BZ	73
St-Étienne (R.)	CY	75
St-Julien (R.)	BCZ	
St-Laud (R.)	BY	77
St-Lazare (R.)	AY	79
St-Martin (R.)	BZ	80
St-Maurice (Mtée)	BY	82
St-Maurille (R.)	CY	83
St-Michel (Bd)	CY	84
St-Samson (R.)	CY	85
Talot (R.)	BZ	89
Tonneliers (R. des)	AY	90
Ursules (R. des)	CY	91
Voltaire (R.)	BZ	93
8-Mai-1945 (Av. du)	CZ	94

Le Relais VISA AE

9 r. de la Gare – ✆ 02 41 88 42 51
– www.lerelaisangers.fr
– Fermé 29 avril-1er mai, 6-8 mai, 17-21 mai, 10 août-4 sept., 22 déc.-4 janv., dim. et lundi **BZk**

Rest – Menu 19 € (sem.)/55 €

◆ Banquettes, sol en mosaïque, belles fresques sur le thème du vin et du "bien vivre" ajoutent à la chaleur de ce lieu élégant. Cuisine traditionnelle.

Provence Caffé AC VISA

9 pl. Ralliement – ✆ 02 41 87 44 15 – www.provence-caffe.com – Fermé dim. et lundi BCYe

Rest *(réserver)* – Formule 15 € – Menu 19 € (sem.), 26/32 € – Carte 19/28 €

◆ Mobilier design, éclairage tamisé et fond musical : ambiance lounge pour ce Caffé qui manifeste un fort tropisme vers le Sud (épices, poisson, notes méditerranéennes, etc.).

XX **Les Plantagenêts** – Hôtel de France

8 pl. de la Gare – ✆ 02 41 88 02 27 – www.hoteldefrance-angers.com – Fermé août, sam. midi et dim. soir AZ**t**

Rest – Formule 18 € – Menu 33/50 € – Carte 43/55 €

◆ Dans un décor sobre et contemporain, on apprécie une cuisine qui mise sur la fraîcheur et les produits du marché, à l'image d'un filet de pigeonneau du Haut-Anjou rosé, cuisse confite et macaron aux épices. Bon choix de vins de Loire.

X **Le Crèmet d'Anjou**

21 r. Delaâge – ✆ 02 41 88 38 38 – www.cremet-anjou.fr – Fermé 20 juil.-20 août, 1er-8 janv., sam. et dim. BZ**e**

Rest – Formule 14 € – Menu 21/30 €

◆ Du nom d'un fameux dessert régional, une bonne petite adresse réputée pour son ambiance conviviale et ses robustes plats traditionnels (produits fermiers, préparations maison).

X **Autour d'un Cep**

9 r. Baudrière – ✆ 02 41 42 61 00 – Fermé 1 sem. vacances de printemps, mi-août à mi-sept., vacances de Noël, sam. midi, dim., lundi et fériés BY**a**

Rest *(nombre de couverts limité, réserver)* – Formule 17 € – Menu 20 € (déj. en sem.)/29 €

◆ Un petit restaurant épatant, tenu par deux jeunes associés : l'un bon cuisinier, respectueux de la tradition ; l'autre bon sommelier et fils de vigneron. Un duo complémentaire...

X **Chez Rémi**

7 bis bd Foch – ✆ 02 41 24 95 44 – Fermé de mi-juil. à mi-août, sam., dim. et lundi CZ**s**

Rest *(nombre de couverts limité, réserver)* – Formule 17 € – Menu 28 € (dîner)/33 €

◆ Long bistrot habillé de bois, façon cale de bateau. Idéal pour se régaler entre amis des petits plats du jeune chef, qui œuvre à vue : tout est fait maison (produits frais, bio).

à Beaucouzé 7 km par ⑤ – 4 923 h. – alt. 54 m – ✉ 49070

XXX **L'Hoirie**

2 r. Henri-Faris, (zone commerciale D 723) – ✆ 02 41 72 06 09 – Fermé dim. soir et lundi

Rest – Menu 25 € (sem.), 36/55 € – Carte 45/66 €

◆ Maison de style régional dans une zone d'activité facile d'accès. Deux espaces : confort côté véranda, convivialité côté bar ; cuisine actuelle à prix sage, service agréable.

à St-Jean-de-Linières 8 km par ⑤, D 323 et D 723 – 1 658 h. – alt. 75 m – ✉ 49070

XX **Auberge de la Roche**

rte Nationale – ✆ 02 41 39 72 21 – fermé 9-15 avril, 6-26 août, dim. soir et lundi

Rest – Formule 15 € – Menu 22/42 € – Carte 39/63 €

◆ Bavarois de poivron et sa crème d'ail, caviar d'aubergine... une cuisine dans l'air du temps dans une maison ancienne. Côté véranda, ardoise plus simple le midi.

ANGERVILLE – 91 Essonne – 312 A6 – 3 392 h. – alt. 141 m – ✉ 91670 18 B3

Paris 70 – Ablis 29 – Chartres 46 – Étampes 21

De France

2 pl. du Marché – ✆ 01 69 95 11 30 – www.hotelfrance3.com – Fermé lundi midi et dim.

21 ch – †74/108 € ††108/140 € – ☕ 13 €

Rest – Formule 16 € bc – Menu 30 € – Carte 40/60 €

◆ Tomettes vernies du 16e s., petits coins-salons, objets chinés, chambres coquettes et confortables ornées de mobilier de style... Une auberge rustique pétrie de charme. Une cheminée en pierres réchauffe l'élégante salle de restaurant. Cuisine traditionnelle.

ANGLARDS-DE-ST-FLOUR – 15 Cantal – 330 G5 – rattaché à Viaduc de Garabit

ANGLARS-JUILLAC - 46 Lot - 337 D5 - rattaché à Puy-l'Évêque

ANGLES-SUR-L'ANGLIN - 86 Vienne - 322 L4 - 393 h. - alt. 100 m 39 D1
- ✉ 86260 Poitou Vendée Charentes

Paris 336 - Châteauroux 78 - Châtellerault 34 - Montmorillon 34

2 rue du four Banal, ✆ 05 49 48 86 87, www.anglessuranglin.com

Site★ - Ruines du château★.

Le Relais du Lyon d'Or
ch, VISA

4 r. d'Enfer - ✆ 05 49 48 32 53 - www.lyondor.com

10 ch - †75/135 € ††75/135 € - ☕ 15 € - ½ P 78/113 €

Rest *(ouvert 26 mars-6 nov.) (dîner seult)* - Carte 31/42 €

◆ Une maison du 14e s. avec un délicieux jardin et des chambres pleines de cachet (mobilier chiné, tissus choisis, etc.). Le soir, autour de l'âtre et de petits plats traditionnels, règne une sympathique atmosphère "auberge"...

ANGLET - 64 Pyrénées-Atlantiques - 342 C4 - 37 897 h. - alt. 20 m 3 A3
- ✉ 64600 Pays Basque et Navarre

Paris 769 - Bayonne 5 - Biarritz 4 - Cambo-les-Bains 18

de Biarritz-Anglet-Bayonne ✆ 05 59 43 83 83, 2 km au SO.

1, avenue de la Chambre d'Amour, ✆ 05 59 03 77 01, www.anglet-tourisme.com

de Chiberta, 104 boulevard des Plages, N : 5 km par D 5, ✆ 05 59 52 51 10

Plan : voir Biarritz-Anglet-Bayonne

Atlanthal
rest, VISA

153 bd des Plages - ✆ 0 825 12 64 64 - www.biarritz-thalasso.com ABX

99 ch ☕ - †117/160 € ††172/258 € - ½ P 230/316 €

Rest - ✆ 05 59 52 75 73 - Menu 18/29 € - Carte environ 43 €

◆ Un temple du bien-être : centre de thalasso, véritable club de sport dans un cadre contemporain. Vue sur l'Atlantique depuis certaines chambres. Cuisine traditionnelle dans une salle d'esprit bistrot. Plats basques et bar à tapas pour les petites faims.

De Chiberta et du Golf
ch, ch, rest, VISA

104 bd des Plages - ✆ 05 59 58 48 48 - www.hmc-hotels.com ABX

90 ch - †122/302 € ††133/333 € - ☕ 14 €

Rest - Menu 28 € - Carte 32/54 €

◆ Situés le long du prestigieux golf de Chiberta, un bâtiment principal (années 1920) et une résidence plus récente (chambres fraîchement rénovées dans cette dernière). Cuisine traditionnelle servie dans la véranda ou sur la jolie terrasse ombragée, face au lac.

La Fleur de Sel
VISA

5 av. de la Fôret - ✆ 05 59 63 88 66 - www.lafleurdeselanglet.fr - Fermé 27 juin-3 juil., 14 nov.-1er déc., 20 fév.-5 mars, mardi midi, merc. midi et lundi

Rest - Formule 20 € - Menu 34/44 € BXa

◆ Cette maison conviviale abrite une salle spacieuse et lumineuse, ouverte sur une terrasse. Décor un brin champêtre et cuisine traditionnelle au diapason du marché.

ANGOULÊME P - 16 Charente - 324 K6 - 43 112 h. 39 C3
- Agglo. 103 746 h. - alt. 98 m - ✉ 16000 Poitou Vendée Charentes

Paris 447 - Bordeaux 119 - Limoges 105 - Niort 116

d'Angoulême-Brie Champniers : ✆ 05 45 69 88 09, 15 km au NE

7 bis, rue du Chat - Place des Halles, ✆ 05 45 95 16 84, www.angouleme-tourisme.com

de l'Hirondelle, Chemin de l'Hirondelle, S : 2 km, ✆ 05 45 61 16 94

Site★ - La Ville haute★★ - Cathédrale St-Pierre★★ : façade★★ YF - La Cité de la bande dessinée et de l'image★★ Y - Musée d'Angoulême★ : Le Casque d'Agris★★.

Plan page suivante

ANGOULÊME

Aguesseau (Rampe d') .... Y 2
Arsenal (R. de l') .... Z 4
Basseau (R. de) .... X 6
Beaulieu (Rempart de) .... Y 8
Belat (R. de) .... Z 10
Bouillaud (Pl.) .... Z 12
Briand (Bd A.) .... Y 14
Chabasse (Bd R.) .... X 17
Churchill (Bd W.) .... Z 20
Corderie (R. de la) .... Y 24
Desaix (Rempart) .... Z 26
Dr-E.-Roux (Bd du) .... Z 28
Fontaine-du-Lizier (R.) .... Y 30
Frères-Lumière (R. des) .... Y 32
Gambetta (Av.) .... Y 34
Gaulle (Av. du Gén.-de) .... Y 36
Guérin (R. J.) .... Y 37
Guillon (Pl. G.) .... Y 38
Iéna (R. d') .... Z 40
Lattre-de-Tassigny (Av. du Mar. de) .... X, Y 42
Liedot (Bd) .... X 44
Louvel (Pl. F.) .... Y 46
Marengo (Pl.) .... YZ 47
Midi (Rempart du) .... Y 48
Monlogis (R.) .... X 50
Papin (R. D.) .... Y 52
Paris (R. de) .... Y
Pasteur (Bd) .... Y 53
Périgueux (R. de) .... X 55
Postes (R. des) .... Y 57
Renoleau (R. A.) .... Z 58
République (Bd de la) .... X, Y 59
La Rochefoucauld (R. de la) .... Y 41
Saintes (R. de) X
St-André (R.) .... Y 60
St-Antoine (R.) .... X 61
St-Martial (Pl. et R.) .... Z 65
St-Roch (R.) .... X, Y 67
Soleil (R. du) .... Y 70
Tharaud (Bd J. et J.) .... Z 72
Turenne (R. de) .... Y 73
3-Fours (R. des) .... Y 75
8-Mai-1945 (Bd du) .... X 80

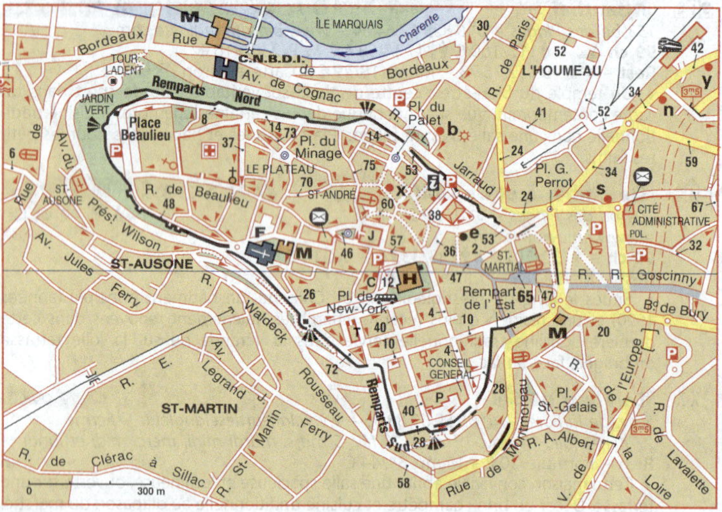

Mercure Hôtel de France

1 pl. des Halles-Centrales – ✆ 05 45 95 47 95 — **Ye**

86 ch – †123/220 € ††133/230 € – 3 suites – ☕ 15 €

Rest *(fermé dim. midi, sam. et fériés)* – Menu 18 € – Carte 27/39 €

♦ Dans la ville haute, tout près des remparts, un grand édifice classique (19e s.) ouvrant sur un agréable jardin. Ce Mercure a été entièrement rénové début 2011 dans un style contemporain.

L'Épi d'Or sans rest
66 bd René-Chabasse – ✆ 05 45 95 67 64 – www.hotel-epidor.fr **Xv**
33 ch – 75/100 € 75/100 € – 9 €
◆ Un bâtiment des années 1970 sur un boulevard d'accès au centre-ville. Cet Épi brille comme un sou neuf depuis qu'il a été entièrement rénové – avec un soin particulier apporté à l'isolation phonique. Un bon point de chute.

Champ Fleuri sans rest
chemin de l'Hirondelle, 2 km au Sud du plan – ✆ 06 85 34 47 68 – www.champ-fleuri.com
5 ch – 80/90 € 90/100 €
◆ À deux pas du golf, cette jolie maison ancienne se trouve en pleine nature, mais ménage une vue superbe sur Angoulême... La ville à la campagne ! Les chambres sont raffinées, dans une veine champêtre ; pour la détente, jardin et piscine.

La Ruelle
6 r. Trois-Notre-Dame – ✆ 05 45 95 15 19 – www.restaurant-laruelle.com – Fermé 29 juil.-14 août, 2 sem. en janv., dim. et lundi **Yx**
Rest – Menu 20 € (déj.), 38/60 € – Carte 57/79 €
◆ Une ancienne ruelle et ses maisons mitoyennes – avec leurs façades tout en pierre – réunies en un même espace... Sans doute le plus beau restaurant de la ville ! La cuisine gastronomique du jeune chef ne laisse pas non plus indifférent.

Le Terminus
3 pl. de la Gare – ✆ 05 45 95 27 13 – www.le-terminus.com – Fermé 1er-8 janv. et dim. **Yn**
Rest – Formule 15 € – Menu 20 € (déj.), 25/31 € – Carte 45/65 €
◆ Arrêt recommandé face à la gare : cette brasserie contemporaine affectionne le terroir, et plus encore les produits de la mer, venus tout droit de l'Atlantique (tartare de bar à la coriandre fraîche, rouget rôti en tapenade d'anchois...).

Agape
16 pl. du Palet – ✆ 05 45 95 18 13 – www.l-agape.com – Fermé 17-20 mai, 24 août-4 sept., 27 oct.-4 nov., 1er-6 janv., sam. midi, lundi soir et dim. **Yb**
Rest *(nombre de couverts limité, réserver)* – Menu 19 € (déj.), 29/63 € – Carte 39/85 €
◆ Un bistrot chic dans une petite rue entre les remparts et la Charente. Formé dans de belles maisons, le chef propose une jolie cuisine du marché, dont on aurait tort de se priver.

Côté Gourmet
23 pl. de la Gare – ✆ 05 45 95 00 27 – Fermé août, merc. soir, sam. midi et dim. **Yy**
Rest – Formule 15 € bc – Menu 23/33 € – Carte 25/40 €
◆ Une petite adresse face à la gare, appropriée pour un repas à prix doux. Suggestions du jour à l'ardoise. La salle principale est située à l'étage.

La Cité
28 r. St-Roch – ✆ 05 45 92 42 69 – Fermé 1er-25 août, 22 fév.-7 mars, dim. et lundi **Ys**
Rest – Menu 14 € (sem.), 19/30 € – Carte 25/40 €
◆ Un petit restaurant de quartier tenu par le même chef depuis plus de trente ans ! Le cadre est rustique et coloré, la carte fait la part belle au poisson et les prix se montrent raisonnables.

à Soyaux 4 km par ③ – 10 289 h. – alt. 133 m – ✉ 16800

La Cigogne
5 imp. Cabane-Bambou, à la mairie, prendre r. A.-Briand et 1,5 km – ✆ 05 45 95 89 23 – www.la-cigogne-angouleme.com – Fermé 1er-15 mars, vacances de la Toussaint, merc. soir, dim. soir et lundi
Rest – Menu 23 € bc (déj. en sem.), 29/50 € – Carte 53/84 €
◆ En pleine nature, cette Cigogne a beaucoup de charme. Cadre contemporain élégant, terrasse verdoyante, pour une cuisine fraîche concoctée avec de bons produits locaux. Agneau du Poitou et légumes à la plancha, lasagnes de langoustine...

à Roullet 14 km par ⑤ et N 10, dir. Bordeaux – 3 747 h. – alt. 50 m – ✉ 16440

La Vieille Étable rest,

1,5 km rte de Mouthiers – ✆ 05 45 66 31 75 – www.hotel-vieille-etable.com – Fermé dim. soir d'oct. à mi-mai

29 ch – †80/125 € ††80/140 € – ☕ 14 € – ½ P 100/120 €

Rest – Formule 14 € – Menu 20 € (sem.), 37/57 € – Carte 47/67 €

◆ Une Vieille Étable ? Une belle ferme charentaise du 18e s., dans un grand parc arboré. Les chambres sont aménagées dans les dépendances, un peu à la manière d'un motel ! Calme et fonctionnel. Cuisine traditionnelle au restaurant.

ANNECY P – 74 Haute-Savoie – **328** J5 – 50 115 h. **46** F1

– Agglo. 136 815 h. – alt. 448 m – Casino : l'Impérial – ✉ 74000 Alpes du Nord

Paris 536 – Aix-les-Bains 34 – Genève 42 – Lyon 138

d'Annecy-Haute-Savoie ✆ 04 50 27 30 06, 4 km par N 508 BU et D 14.

1, rue Jean Jaurès, Bonlieu, ✆ 04 50 45 00 33, www.lac-annecy.com

du Belvédère, à Saint-Martin-Bellevue, Chef Lieu, par rte de la Roche-sur-Foron : 6 km, ✆ 04 50 60 31 78

du Lac d'Annecy, à Veyrier-du-Lac, Route du Golf, par rte de Talloires : 10 km, ✆ 04 50 60 12 89

de Giez-Lac-d'Annecy, à Giez, par rte d'Albertville : 24 km, ✆ 04 50 44 48 41

Le Vieil Annecy★★ : Descente de Croix★ dans l'église St-Maurice EYE, Palais de l'Isle★★EYM2, rue Ste-Claire★ - pont sur le Thiou ≤★EYN - Musée-château d'Annecy★ - Les Jardins de l'Europe★ - Les bords du lac★★ ≤★.

Tour du lac★★★ - Gorges du Fier★★ : 11 km par D 16 BV - Col de la Forclaz★★ - Forêt du crêt du Maure★ : ≤★★ 3 km par D 41 CV.

Plans pages suivantes

L'Impérial Palace

allée de l'Impérial – ✆ 04 50 09 30 00 – www.hotel-imperial-palace.com

91 ch – †300/450 € ††300/450 € – 8 suites – ☕ 25 € CVs

Rest ***La Voile*** – voir les restaurants ci-après

◆ 1913 ! L'année de naissance de ce grand hôtel qui trône majestueusement dans un vaste parc, au bord du lac. L'Art déco et la sobriété contemporaine se mêlent harmonieusement ; les chambres, spacieuses, donnent pour la plupart sur le Léman et tout est pensé pour votre agrément : casino, institut de beauté...

Les Trésoms ch, rest,

3 bd de la Corniche – ✆ 04 50 51 43 84 – www.lestresoms.com CVf

53 ch – †129/219 € ††149/269 € – ☕ 18 € – ½ P 108/168 €

Rest ***La Rotonde*** – voir les restaurants ci-après

Rest ***La Coupole*** *(fermé mardi, merc., jeudi et le midi sauf en juil.-août)* – Menu 33 € – Carte 27/35 €

◆ Au-dessus du lac, dans un environnement boisé, cette demeure des années 1930 conserve un certain charme Art déco, mais son aménagement est résolument actuel... et très confortable. Spa, piscines intérieure et extérieure : détente !

Le Pré Carré sans rest

27 r. Sommeiller – ✆ 04 50 52 14 14 – www.hotel-annecy.net EXb

27 ch – †154/204 € ††184/234 € – 2 suites – ☕ 16 €

◆ Près de la vieille ville et du lac, un bel hôtel d'esprit sobre et feutré. Design, confort très douillet (lits king size) et farniente (jacuzzi, sauna...) : beaucoup de fraîcheur et d'élégance.

Splendid sans rest

4 quai E.-Chappuis – ✆ 04 50 45 20 00 – www.splendidhotel.fr EYd

47 ch – †98/141 € ††98/156 € – ☕ 14 €

◆ Idéalement situé entre le centre historique et le lac, cet hôtel d'esprit Art déco se révèle fort avenant : grandes chambres contemporaines et parfaitement insonorisées ; bar très agréable. Un lieu chic et chaleureux.

ANNECY

Aléry (Av. d') . . . . BV 4
Aléry (Gde-R. d') . . . . BV 7
Balmettes (Fg des). . . . . CV 10
Beauregard (Av. de) . . . . BV 13
Bel-Air (R. du) . . . . CU 15
Bordeaux (R. Henry) . . . . . . CU 18
Boschetti (Av. Lucien) . . . . BCV 21
Chambéry (Av. de) . . . . BV 23
Chevêne (Av. de) . . . . BV 29
Corniche (Bd de la) . . . . CV 32
Crête (R. de la) . . . . BU 38
Crêt-de-Maure (Av. du). . . . . CV 35
Fins Nord (Ch. des) . . . . . . BCU 45
Hirondelles (Av. des) . . . . . . BV 52
Leclerc (R. du Mar.) . . . . BU 59
Loverchy (Av. de) . . . . BV 63
Martyrs-de-la-Déportation (R. des) . . . . CU 64
Mendès-France (Av. Pierre). BV 65
Mermoz (R. Jean) . . . . CU 66
Novel (Av. de). . . . . CU 69
Perréard (Av. Germain) . . . . BU 73
Pont-Neuf (Av. du) . . . . BV 77
Prélevet (Av. de). . . . . BV 79
Prés-Riants (R. des) . . . . CU 81
Saint-Exupéry (R. A.-de) . . . . CU 86
Stade (Av. du). . . . . BCU 92
Theuriet (R. André) . . . . CV 93
Thônes (Av. de) . . . . CU 94
Trésum (Av. de). . . . . CV 97
Trois-Fontaines (Av. des) . . . . BV 98
Val-Vert (R. du) . . . . BV 99

Novotel Atria

1 pl. Marie-Curie – *✆ 04 50 33 54 54* – *www.novotel.com* DXh
95 ch – 🚹89/189 € 🚹🚹89/189 € – ☕ 15 €
Rest – Formule 18 € – Carte 20/50 €

◆ Attenant au palais des congrès, un Novotel de dernière génération. Un endroit confortable, tant pour la clientèle d'affaires que pour les familles.

Allobroges Park sans rest

11 r. Sommeiller – *✆ 04 50 45 03 11* – *www.allobroges.com* DYn
49 ch – 🚹79/125 € 🚹🚹89/155 € – ☕ 10 €

◆ Idéal pour le business, un hôtel de centre-ville avec des chambres agréables, misant sur une déco chaleureuse et chic (bois wengé, coloris rouge, chocolat et beige...).

ANNECY

Carlton sans rest

5 r. des Glières – ☎ 04 50 10 09 09 – www.bestwestern-carlton.com DY**g**

55 ch – †79/147 € ††89/147 € – ☕ 16 €

♦ Tout près de la gare, un hôtel début 20es. tenu par la même famille depuis plus de 50 ans ! Les chambres sont très bien tenues ; certaines ont été rénovées dans un style sobre fort plaisant.

Marina Bay sans rest

61 r. Centrale, à Annecy-le-Vieux par ② – ☎ 04 50 23 29 26 – www.marinabay-hotel.com

57 ch – †60/90 € ††70/170 € – ☕ 9 € – ½ P 65/85 €

♦ Un établissement récent, idéal pour une villégiature à proximité du lac et de ses plages... Les chambres sont pratiques – plus raffinées et confortables dans l'annexe. On peut louer vélos et bateaux sur place.

Mercure sans rest

26 r. Vaugelas – ☎ 04 50 45 59 80 – www.mercure.com DY**a**

39 ch – †81/175 € ††81/175 € – ☕ 14 €

♦ Au cœur de la ville – vous êtes à deux pas des canaux et de la cathédrale –, un Mercure confortable et bien tenu, dans la veine fonctionnelle et contemporaine propre à la chaîne.

De Bonlieu sans rest

5 r. Bonlieu – ☎ 04 50 45 17 16 – www.annecybonlieuhotel.fr – Fermé 30 oct.-15 nov.

35 ch – †92/110 € ††100/118 € – ☕ 12 € EX**a**

♦ Dans une rue calme du centre, un petit hôtel d'affaires sympathique, tenu en famille. Les chambres, plaisantes et de bon confort, affichent un style résolument contemporain.

Kyriad Centre sans rest
1 fg Balmettes – ✆ 04 50 45 04 12 – www.annecy-hotel-kyriad.com DY**t**
25 ch – †65/88 € ††65/88 € – ☕ 9 €
◆ Idéalement située dans le vieil Annecy, cette bâtisse du 16ᵉs. abrite des chambres chaleureuses, nettes et pratiques : on s'y sent bien.

Palais de L'Isle sans rest
13 r. Perrière – ✆ 04 50 45 86 87 – www.palaisannecy.com EY**k**
34 ch – †72/122 € ††99/270 € – ☕ 13 €
◆ Au cœur du quartier historique, un lieu atypique. Il y a ce d'abord ce dédale de couloirs – héritage de l'architecture ancienne du bâtiment –, puis des chambres design (mobilier Starck, Knoll...), dont certaines donnent sur le canal.

Le Clos des Sens (Laurent Petit) avec ch
13 r. J.-Mermoz – ✆ 04 50 23 07 90 – www.closdessens.com – Fermé 1er-15 janv., dim. sauf le soir en juil.-août, mardi midi et lundi CU**u**
5 ch – †190 € ††240 € – ☕ 20 €
Rest – Menu 48 € (sem.), 88/140 € – Carte 80/100 €
Spéc. Écrevisse et caviar osciètre "mis en boîte". Barbecue de pigeon, compotée d'abats et langoustine caramélisée. Papier de sucre, citron kalamansi. **Vins** Chignin-Bergeron, Gringet de Savoie.
◆ Épuré et raffiné, ce lieu sert à merveille la cuisine subtile et inventive du chef, lequel fait la part belle aux aromates. Quant à la terrasse dominant Annecy, elle est si jolie... Une table superbe, une magnifique sélection de vins et des chambres aux allures de cocon luxueux et design : l'expérience se révèle magique !

La Ciboulette (Georges Paccard)
10 r. Vaugelas, (cour du Pré Carré) – ✆ 04 50 45 74 57 – www.laciboulette-annecy.com – Fermé 7-12 mars, 1er-20 juil., vacances de la Toussaint, dim. et lundi EY**v**
Rest – Menu 35 € (sem.)/65 € – Carte 75/85 €
Spéc. Fricassée de cèpes des Aravis au persil (15 août-15 oct.). Selle d'agneau fermier du Quercy au serpolet (été-automne). Soufflé à la Chartreuse et framboises du pays (mars à sept.) **Vins** Chignin-Bergeron, Roussette de Marestel.
◆ Boiseries contemporaines en chêne, verrière, cour fleurie... C'est le frère du propriétaire, architecte, qui a créé ce lieu feutré, élégant et presque intemporel. Dans l'assiette, on découvre une fine cuisine de saison, dont le beau classicisme n'a vraiment rien de figé. Un très bon moment !

Le Belvédère (Vincent Lugrin) avec ch
7 chemin Belvédère, 2 km, rte Semnoz au Sud-Est par r. Marquisat – ✆ 04 50 45 04 90 – www.belvedere-annecy.com – Fermé janv., mardi sauf le soir de juin à sept., dim. soir et merc. CV**t**
4 ch – †95/155 € ††155/180 € – ☕ 12 €
Rest – Menu 30 € (déj. en sem.), 47/90 €
Spéc. Foie gras de canard mi-cuit en terrine aux perles de vanille Bourbon. Omble chevalier cuit à l'unilatéral, émulsion de beurre d'Échiré. Cigare de chocolat noir fourré d'une mousse café. **Vins** Savoie, Mondeuse d'Arbin.
◆ Une maison perchée sur les hauteurs, une terrasse avec une vue superbe sur le lac, un cadre cossu... mais avant tout une cuisine de chef, séduisante, bien dans son époque et sagement créative. Pour l'étape, d'agréables chambres tendance.

La Rotonde – Hôtel Les Trésoms
3 bd de la Corniche – ✆ 04 50 51 43 84 – www.lestresoms.com – Fermé sam. midi, dim. soir, lundi et le midi du 15 juil. au 30 août CV**f**
Rest – Formule 29 € – Menu 49/89 € – Carte 67/89 €
◆ La grande verrière de cette Rotonde offre un véritable belvédère sur le lac. Dans un décor chic, tout en beige et chocolat, on déguste une fine cuisine gastronomique, bercé par la vue sur les flots.

XXX **La Voile** - Hôtel L'Impérial Palace

allée de l'Impérial – ✆ 04 50 09 30 00 – www.hotel-imperial-palace.com

Rest – Menu 30/34 € – Carte 40/70 € CV**s**

◆ Croustillant de chèvre aux pommes, côtes d'agneau et écrasé de pommes de terre à l'huile de l'olive... Une belle cuisine classique à déguster dans un cadre élégant et lunimeux, ouvert sur sur le lac. Beau brunch le dimanche midi.

XX **Le Bilboquet**

14 fg Ste-Claire – ✆ 04 50 45 21 68 – www.restaurant-lebilboquet.fr – Fermé 18-26 fév., dim. sauf le soir en juil.-août et lundi DY**m**

Rest – Menu 20 € (sem.), 29/59 € – Carte 48/60 €

◆ Un petit restaurant contemporain, chic et chaleureux. Le chef réalise une sympathique cuisine mêlant tradition et saisons. On pourra donc apprécier une fricassée de crevettes à la plancha, un poisson du lac, un foie gras maison, etc.

XX **Auberge du Lyonnais** avec ch

9 r. de la République – ✆ 04 50 51 26 10 – www.auberge-du-lyonnais.com – Fermé 16-26 nov. et 18-28 janv. DY**p**

10 ch – †60/70 € ††65/120 € – ☕ 8 €

Rest – Menu 25 € (sem.), 36/43 € – Carte 45/60 €

◆ Dans le quartier historique, une vieille bâtisse nichée entre deux bras du canal du Thiou. Atmosphère marine à souhait, banc d'écailler et terrasse au bord de l'eau : la carte valorise les produits de la mer, cela va sans dire ! Et il y a aussi de petites chambres au joli décor alpin, pratiques pour l'étape.

XX **Auberge de Savoie**

1 pl. St-François-de-Sales – ✆ 04 50 45 03 05 – www.auberge-de-savoie.fr – Fermé 21 oct.-7 nov., 8-18 janv., mardi sauf juil.-août et merc. EY**n**

Rest – Formule 22 € – Menu 28/61 € – Carte 60/100 €

◆ Adossé à l'église St-François, ce petit restaurant est coquet et chaleureux, avec ses boiseries claires. Cuisine d'aujourd'hui concoctée avec de beaux produits, chariot de pâtisseries, jolie terrasse et accueil souriant : une bonne auberge.

XX **La Brasserie St-Maurice**

7 r. Collège-Chapuisien – ✆ 04 50 51 24 49 – www.stmau.com – Fermé dim. sauf le midi en juil.-août et lundi EY**r**

Rest – Menu 19 € (déj.), 29/39 € – Carte 33/55 €

◆ Velouté de potiron, saint-jacques poêlées ou encore filet de caille rôtie : une table traditionnelle dans une maison datant de 1675. Pour ne rien gâcher, on savoure de doux nectars, bien choisis par un propriétaire passionné de vins.

X **Café Brunet**

18 pl. Gabriel-Fauré – ✆ 04 50 27 65 65 – www.closdessens.com – Fermé 1er-17 janv., dim. sauf en juil.-août et lundi CU**a**

Rest – Formule 22 € – Menu 29 € – Carte environ 30 €

◆ Un vrai havre de paix que ce café de 1875 qui a su conserver son âme de bistrot authentique et convivial : terrasse... On laisse le temps filer en savourant une sympathique cuisine canaille et de bons petits plats mijotés.

X **Contresens**

10 r. de la Poste – ✆ 04 50 51 22 10 – www.closdessens.com – Fermé 1er-17 janv., dim. et lundi DY**b**

Rest – Formule 22 € – Menu 29 € – Carte environ 30 €

◆ Ce néobistrot chic et design ? Une valeur sûre qui n'a pas fini d'enchanter le "Tout-Annecy". Une cuisine à "Contresens" qui mixe terroir et inventivité de manière toujours ludique, de bons produits et... le sens du goût !

X **Nature et Saveur**

pl. des Cordeliers – ✆ 04 50 45 82 29 – www.nature-saveur.com – Fermé vacances de Noël, dim. et lundi DY**r**

Rest *(déj. seult) (nombre de couverts limité, réserver)* – Menu 24/44 € bc

◆ Une cuisine créative et très personnelle, misant avant tout sur le goût et la qualité nutritionnelle de produits bio et fermiers : tel est le credo de Laurence Salomon, naturopathe et chef passionnée.

Canopy

10 allée des Tilleuls, (centre commercial Annecy-le-Vieux) – ✆ 04 50 09 88 08 – www.canopy-zeresto.com – Fermé 3 sem. en août, lundi soir, mardi soir, merc. soir et dim.

Rest – Menu 20 € (déj.), 27/35 € – Carte 14/24 €

♦ Un mur végétal, une atmosphère naturelle et reposante, mais surtout des produits bio, des herbes et des fleurs au service d'une cuisine fusion colorée et pleine de goût : la jolie "canopée" d'un chef sincèrement concerné par l'écologie.

L'Esquisse

21 r. Royale – ✆ 04 50 44 80 59 – www.esquisse-annecy.fr – fermé 2 sem. en août, merc. soir et dim. DYf

Rest *(nombre de couverts limité, réserver)* – Formule 19 € – Menu 28/60 €

♦ Le décor ? Chaleureux et zen, avec d'exquises esquisses... celles du père de Magali, la femme du chef. Sa cuisine ? Mûrie dans de grandes maisons, délicieusement épurée, délicate et privilégiant le goût simple et vrai des produits du marché. N'esquivez pas l'Esquisse !

à Veyrier-du-Lac 5,5 km par ② – 2 136 h. – alt. 504 m – ✉ 74290

ℹ rue de la Tournette, ✆ 04 50 60 22 71, www.rivepleinsoleil.com

Le Clos du Lac sans rest

50 r. de la Corniche, 2 km par rte de Mont-Veyrier – ✆ 06 20 60 04 58 – www.annecyleclosdulac.com – Fermé 15 oct.-13 déc., 3 sem. en janv.

3 ch – †140/160 € ††140/160 € – ☕ 13 €

♦ Une vue à couper le souffle sur le lac et... cette belle villa d'architecte, au luxe épuré. Asia, Vintage ou Riva : les chambres ont toutes leur personnalité et toutes sont élégantes et feutrées. Un lieu tendance, idéal pour se ressourcer.

Yoann Conte avec ch

13 Vieille-Route-des-Pensières – ✆ 04 50 09 97 49 – www.yoann-conte.com – Fermé 26 mars-3 avril, 27 nov.-29 déc.

8 ch – †350/450 € ††350/450 € – ☕ 50 €

Rest *(fermé dim. soir, lundi et mardi)* – Menu 77 € (dej. en sem.), Menu 149/189 € – Carte 110/160 €

Spéc. Langoustine impériale, légumes acidulés et herbes à curry. Paume de ris de veau, coulis de petits pois, génépi et lard d'Arnad. Chamonix Mont-Blanc, glace à la rhubarbe du jardin. **Vins** Mondeuse d'Arbin.

♦ "Yoann Conte, élève de Marc Veyrat" : une déclaration en lettres d'or sur la façade. Depuis 2010, le jeune chef écrit une nouvelle page de cette institution du lac d'Annecy. Régnant sur les cuisines, il reprend les recettes à base d'herbes et de fleurs d'alpage de "l'homme au chapeau", son mentor, tout en imprimant son propre style, de plus en plus affirmé... Grand confort côté hôtel.

à Sévrier 6 km au Sud par ③ – 3 845 h. – alt. 456 m – ✉ 74320

ℹ Route d'Albertville, ✆ 04 50 52 48 66, www.visit-lacannecy.fr

Musée de la Cloche★.

Auberge de Létraz

921 rte d'Albertville – ✆ 04 50 52 40 36 – www.auberge-de-letraz.com – Fermé mi-nov. à mi-déc.

23 ch – †64/156 € ††64/156 € – ☕ 15 € – ½ P 86/132 €

Rest *Auberge de Létraz* – voir les restaurants ci-après

♦ Un jardin face au lac et cette belle auberge aux jolis airs de chalet. Dans les chambres, claires, confortables et dont certaines donnent sur les flots, tout invite au repos ! À l'heure du déjeuner ou du dîner, place à la gourmandise...

Auberge de Létraz

921 rte d'Albertville – ✆ 04 50 52 40 36 – www.auberge-de-letraz.com – Fermé de mi-nov. à mi-déc., dim. soir et lundi d'oct. à mai

Rest – Menu 39/69 € – Carte 65/92 €

♦ Filet de sandre à l'estragon, poularde de Bresse aux morilles... une belle cuisine traditionnelle, qu'on savoure en contemplant le lac, joyau d'Annecy !

à Pringy 8 km au Nord par ① et rte secondaire – 3 437 h. – alt. 483 m – ✉ 74370

Le Clos du Château
70 rte de Cuvat, dir. Promery – ☎ 04 50 66 82 23 – www.le-clos-du-chateau.com – Fermé 28 juil.-27 août, 22 déc.-4 janv., dim. soir, merc. soir et lundi
Rest – Formule 20 € – Menu 23 € (déj. en sem.), 33/56 € – Carte 45/66 €
◆ Un lieu contemporain et confortable, des serveurs aux petits soins et, last but not least, une cuisine bien dans son époque, délicate et goûteuse, mitonnée par un jeune chef talentueux. À noter, un menu du marché à prix très doux.

ANNEMASSE – 74 Haute-Savoie – 328 K3 – 30 468 h. – Agglo. 106 673 h. – alt. 432 m – Casino : Grand Casino – ✉ 74100 46 F1

Paris 538 – Annecy 46 – Bonneville 22 – Genève 8
place de la Gare, ☎ 04 50 95 07 10, www.annemasse-lesvoirons.com

Mercure rest, ch,
9 r. des Jardins, par rte Gaillard ✉ 74240 – ☎ 04 50 92 05 25 – www.mercure.com
78 ch – †69/210 € ††69/210 € – ☕ 18 €
Rest – Formule 17 € – Carte 24/46 €
◆ Pour une étape non loin de l'autoroute, ce Mercure, situé en bord de rivière, propose des chambres assez spacieuses, confortables et bien insonorisées. Le plus : la piscine extérieure.

La Place sans rest
10 pl. Jean-Deffaugt – ☎ 04 50 92 06 44 – www.laplacehotel.com
43 ch – †57/63 € ††57/78 € – ☕ 8 €
◆ Un beau salon design, des chambres d'esprit contemporain, sobres et épurées, et un accueil des plus sympathiques, voici une étape centrale agréable sur la route de la Suisse.

à Juvigny 5 km à l'Est par D 1206 et rte secondaire – 643 h. – alt. 499 m – ✉ 74100

Auberge des Groulines
235 route des Groulines, (Les Curtines) – ☎ 04 50 37 03 96 – www.auberge-des-groulines.fr – Fermé 9-15 juillet, 3-17 sept. et 2 au 14 janv., dim. soir, mardi midi et lundi
Rest – Menu 24 € (sem.), 34/46 € – Carte 37/57 €
◆ Un marbré de lapereau au basilic, un risotto crémeux aux pieds-de-mouton, de la joue de bœuf fondante... Dans cette jolie maison au charme campagnard, le chef valorise le terroir et la tradition avec générosité.

à Gaillard 3 km au Sud-Ouest – 11 270 h. – alt. 425 m – ✉ 74240

La Pagerie
12 r. de la Libération – ☎ 04 50 38 34 00 – www.restaurant-lapagerie.com – Fermé 1er-25 août, dim. et lundi
Rest – Formule 26 € – Menu 49/79 € – Carte 75/87 €
◆ Le chef de ce restaurant feutré et charmant est un passionné ! Inspiré par les produits de la région (poissons du lac, légumes, bœuf simmenthal, escargots de Magland), il réalise une cuisine traditionnelle fine et soignée.

ANNONAY – 07 Ardèche – 331 K2 – 17 156 h. – alt. 350 m – ✉ 07100 44 B2

Lyon Drôme Ardèche
Paris 529 – St-Étienne 44 – Valence 56 – Yssingeaux 57
place des Cordeliers, ☎ 04 75 33 24 51, www.ot-annonay.fr
du Domaine de Saint-Clair, Le Pelou, par rte de Serrières et D 820 : 6 km, ☎ 04 75 67 03 84
d'Albon, à Saint-Rambert-d'Albon, Château de Senaud, E : 19 km par D 82, ☎ 04 75 03 03 90

Marc et Christine
29 av. Marc-Seguin – ☎ 04 75 33 46 97 – Fermé 16-23 avril, 2-9 mai, 20 août-3 sept., 25 fév.-4 mars, dim. soir et lundi
Rest – Menu 20/47 €
◆ Ici, le temps ne semble pas avoir de prise… Délicieusement vieille France, le décor comble les nostalgiques ! Comme la cuisine, qui cultive la tradition avec gourmandise.

Opus Wine
17 pl. des Cordeliers – ✆ 04 75 32 04 62 – Fermé 7-23 août, dim. et lundi
Rest – Formule 15 € – Menu 20/26 €
◆ Sur la place principale, un bistrot à vin pur jus : grand bar en bois, petites tables serrées, bouteilles de rouge et ardoises du jour. Un opus bien interprété.

au Golf de Gourdan **6,5 km au Nord par D 519 et D 820 – ✉ 07430 Annonay**

Domaine du Golf de Saint Clair
rte du Golf – ✆ 04 75 67 01 00 – www.domainestclair.fr
54 ch – †98/150 € ††130/150 € – 2 suites – ☕ 14 €
Rest *(fermé 23 déc.-2 janv.)* – Formule 26 € – Menu 32/55 € – Carte 30/40 €
◆ Sur le site du golf 18 trous, très tranquille, un complexe moderne aux chambres confortables, la plupart avec balcon. Espace bien-être. Salle de restaurant cossue, logée sous une charpente apparente ; cuisine traditionnelle.

à St-Marcel-lès-Annonay **8,5 km au Nord-Ouest par D 206 et D 820 – 1 309 h. – alt. 450 m – ✉ 07100**

Auberge du Lac
Le Ternay – ✆ 04 75 67 12 03 – www.aubergedulac.fr – Fermé janv. et vacances de la Toussaint
12 ch – †85/178 € ††85/178 € – ☕ 12 €
Rest *(fermé dim. soir, mardi midi et lundi)* – Menu 37/56 €
◆ Au-dessus des eaux du lac du Ternay, une villa ocre nichée parmi les pins, à flanc de rocher. Chambres coquettes, aux accents champêtres (décoration florale). Solarium sur le toit, piscine à débordement. Restaurant d'esprit provençal, avec une terrasse panoramique.

ANNOT – 04 Alpes-de-Haute-Provence – 334 I9 – 1 028 h. – alt. 708 m – ✉ 04240 Alpes du Sud — 41 C2

Paris 812 – Castellane 31 – Digne-les-Bains 69 – Manosque 112
Place du Germe, ✆ 04 92 83 23 03, www.annot.com
Vieille ville★ - Clue de Rouaine★ S : 4 km.

L'Avenue
av. de la Gare – ✆ 04 92 83 22 07 – www.hotel-avenue.com – Ouvert d'avril à fin oct.
9 ch – †68/80 € ††72/92 € – ☕ 9 € – ½ P 66/72 €
Rest *(fermé le midi)* – Menu 26 € – Carte environ 38 €
◆ Posez vos valises dans ce sympathique établissement familial à la tenue irréprochable. Les chambres sont agréables – et pratiques pour randonner aux Grès d'Annot ! Le soir, le chef propose une goûteuse cuisine avec l'accent du Midi.

ANSE – 69 Rhône – 327 H4 – 5 281 h. – alt. 170 m – ✉ 69480 — 43 E1

Paris 436 – Bourg-en-Bresse 57 – Lyon 27 – Mâcon 51
place du 8 mai 1945, ✆ 04 74 60 26 16, www.tourismepierresdorees.com

St-Romain
rte des Graves – ✆ 04 74 60 24 46 – www.hotel-saint-romain.fr – fermé 2 sem. en août
23 ch – †60/65 € ††65/75 € – ☕ 9 € – ½ P 60/70 €
Rest *(fermé dim. soir)* – Menu 15 € (sem.), 18/42 € – Carte 25/70 €
◆ Une grande ferme beaujolaise en pierre avec des chambres rénovées en 2011 dans un style contemporain... Beaucoup de beige, des douches à l'italienne au rez-de-chaussée et des baignoires à l'étage : un hôtel-restaurant sympathique.

Au Colombier
126 allée Colombier, (Pont St-Bernard) – ✆ 04 74 67 04 68 – www.aucolombier.com – Fermé 5-29 nov., 2-8 janv., dim. soir et lundi d'oct. à mai
Rest – Formule 19 € – Menu 26/62 € – Carte 38/70 €
◆ Petits plats bien dans l'air du temps dans cette guinguette branchée des bords de Saône. Une terrasse sous les tilleuls et les platanes, une jolie paillotte et une belle cheminée pour les repas hivernaux... Comme qui dirait, un chouette endroit !

ANSOUIS – 84 Vaucluse – **332** F11 – 1 109 h. – alt. 380 m – ✉ 84240 **40** B2

Paris 751 – Aix-en-Provence 35 – Avignon 79 – Marseille 63

place du Château, ✆ 04 90 09 86 98

La Closerie

bd des Platanes – ✆ 04 90 09 90 54 – lacloserieansouis.com – Fermé 2 janv.-2 fév., dim. soir, merc. et jeudi

Rest *(nombre de couverts limité, réserver)* – Menu 24 € (déj.), 36/65 € – Carte 49/61 €

◆ Le chef ne manque pas d'inspiration pour renouveler ses menus, riches en saveurs et en parfums de la Provence. Une adresse sympathique, avec une jolie terrasse face au Luberon.

ANTHY-SUR-LÉMAN – 74 Haute-Savoie – **328** L2 – rattaché à Thonon-les-Bains

ANTIBES – 06 Alpes-Maritimes – **341** D6 – 76 994 h. – alt. 2 m **42** E2

– **Casino : "la Siesta" bord de mer par ① – ✉ 06600** Côte d'Azur

Paris 909 – Aix-en-Provence 160 – Cannes 11 – Nice 21

11, place du Général-de-Gaulle, ✆ 04 97 23 11 11, www.antibesjuanlespins.com

Vieille ville★: Promenade Amiral-de-Grasse ≤★ DXY - Château Grimaldi (Déposition de Croix★, Musée donation Picasso★) DX - Musée Peynet et de la Caricature★ DX **M²** - Marineland★ 4 km par ①.

Plans pages suivantes

Royal

– ✆ 04 83 61 91 91 – www.royal-antibes.com DY**b**

39 ch – †130/290 € ††130/290 € – 24 suites – ☕ 25 €

Rest *Café Royal* – voir les restaurants ci-après

Rest *Royal Beach* ✆ 04 93 67 14 06 *(ouvert d'avril à oct. et fermé le soir de sept. à mai)* – Carte 40/65 €

◆ Ouvert en 2011, cet hôtel flambant neuf épouse les dernières normes des grands hôtels internationaux : esprit contemporain, spa, restaurants, plage aménagée... Une certaine idée du luxe qui séduira la clientèle de la Côte d'Azur.

Mas Djoliba sans rest

29 av. de Provence – ✆ 04 93 34 02 48 – www.hotel-djoliba.com – Ouvert 5 mars-12 nov. CY**d**

13 ch – †90/100 € ††90/178 € – ☕ 12 €

◆ Relaxez-vous entre palmiers et bougainvillées, à la piscine ou dans les jolies chambres de cette villa 1920 ; celle du dernier étage dispose d'une agréable terrasse offrant une vue exquise sur le cap.

Josse sans rest

8 bd James-Wyllie – ✆ 04 92 93 38 38 – www.hotel-josse.com – Ouvert 16 fév.-14 oct. BU**s**

26 ch – †91/183 € ††102/183 € – ☕ 11 €

◆ Une adresse tout en sobriété mais bien pratique : près de la plage de la Salis, des chambres simples avec balcon, dont trois familiales. Certaines ont même vue sur la Grande Bleue...

Le Petit Castel sans rest

22 chemin des Sables – ✆ 04 93 61 59 37 – www.lepetitcastel.fr BU**b**

16 ch ☕ – †92/178 € ††98/188 €

◆ Dans ce petit pavillon blanc niché au cœur d'un quartier résidentiel, le propriétaire vous accueille avec le sourire et met même des vélos à votre disposition ! Les chambres sont petites, mais bien tenues.

Le Ponteil sans rest

11 impasse Jean-Mensier – ✆ 04 93 34 67 92 – www.leponteil.com – Fermé 12 nov.-31 janv. CY**g**

12 ch ☕ – †79/99 € ††88/123 €

◆ Cette jolie villa des années 1920 a des airs de maison de vacances : est-ce le pin parasol, l'élégant palmier, la plage toute proche, la douce quiétude ? Ou peut-être les chambres, fraîches et avenantes ? Un peu tout cela sûrement...

Modern Hôtel sans rest

1 r. Fourmilière – ✆ 04 92 90 59 05 – www.modernhotel06.com – Fermé 15 déc.-15 janv.

17 ch – †68/82 € ††68/82 € – ☕ 7 € CX**a**

◆ À l'entrée de la zone piétonne, des chambres petites et sobres, mais pratiques et... très centrales !

Le Figuier de St-Esprit (Christian Morisset)

14 r. St-Esprit – ✆ 04 93 34 50 12 – www.christianmorisset.fr – Fermé 1er-15 mars, 13-22 juin, 31 oct.-22 nov., lundi midi, merc. midi et mardi DX**a**

Rest – Formule 30 € – Menu 62/83 € – Carte 85/120 €

Spéc. Cannelloni de supions à l'encre de seiche, jus de coquillages aux feuilles de basilic. Selle d'agneau des Alpilles cuite en terre d'argile, jus à la fleur de thym. Moelleux au chocolat. **Vins** Bellet, Coteaux varois en Provence.

◆ Dans le vieil Antibes, cette maison de pays embaume la Provence : avec de beaux produits locaux, le chef réalise des mets d'aujourd'hui. Saveurs fines, joli patio, accueil décontracté... l'opération du St-Esprit ?

Les Vieux Murs

25 promenade Amiral-de-Grasse – ✆ 04 93 34 06 73 – www.lesvieuxmurs.com – Fermé lundi DY**f**

Rest – Formule 29 € – Menu 34 € (déj.), 44/60 € – Carte 50/90 €

◆ Les vieux murs sont désormais peints en orange et cette maison située sur les remparts possède une belle terrasse face à la Méditerranée. Dans l'assiette ? Une sympathique cuisine méridionale mettant en valeur les produits de la mer.

Le Bastion

1 av. Général-Maizière – ✆ 04 93 34 59 86 – www.restaurant-bastion.com

Rest – Formule 22 € – Menu 40/58 € – Carte 50/90 € DY**u**

◆ Sur la terrasse, face à la mer, le temps semble s'arrêter... À l'intérieur, changement radical d'atmosphère : c'est chic, design et il y a même un bar lounge ! Quant à la cuisine – inventive –, elle fait des clins d'œil aux cinq continents.

Oscar's

8 r. Rostan – ✆ 04 93 34 90 14 – www.oscars-antibes.com – Fermé 1er-15 juin, 20 déc.-5 janv., dim. et lundi DX**s**

Rest *(nombre de couverts limité, réserver)* – Menu 29/56 € – Carte 66/89 €

◆ Avec ses sculptures à la mode antique, le cadre un peu kitsch ravira les amateurs du genre ! L'accueil est charmant et, côté papilles, la Botte et la Provence vous font de bien gourmands appels du pied... et les pâtes sont faites maison.

Le Don Juan Chez Florent

17 r. Thuret – ✆ 04 93 34 58 63 – www.restaurantdonjuan.com – Fermé 2 sem. fin déc., merc. de sept. à mai DX**b**

Rest – Menu 25 € (déj.)/39 € – Carte 47/65 €

◆ Spécialité de ce Don Juan : les produits de la mer, plus particulièrement le poisson de Méditerranée en provenance de la criée de Sète. On le savoure dans une atmosphère contemporaine et... marine !

Café Royal – Hôtel Royal

16 bd du Mar.-Leclerc – ✆ 04 83 61 91 91 – www.royal-antibes.com – Fermé lundi soir et mardi soir hors saison DY**b**

Rest – Carte 40/65 €

◆ Au sein de l'hôtel Royal, ce restaurant contemporain – esprit design et lounge – propose une cuisine internationale teintée de saveurs provençales et méditerranéennes. Vue imprenable sur la mer.

L'Armoise

2 r. de la Tourraque – ✆ 04 92 94 96 13 – Fermé 1er-15 juil., 13-25 déc., mardi midi, merc. midi de sept. à juin, le midi en juil.-août et lundi DY**e**

Rest *(nombre de couverts limité, réserver)* – Menu 40/70 € – Carte environ 43 €

◆ Une savoureuse cuisine du marché... à côté du beau marché provençal où le chef fait ses achats chaque jour. Légumes d'une prime fraîcheur, pêche locale, etc. : un joli panier ciselé avec soin, pour des plaisirs simples mais réels, qui ne demandent qu'à s'épanouir. Accueil chaleureux.

ANTIBES

Châtaignier (Av. du)	AU	13
Contrebandiers (Ch. des)	BV	16
Ferrié (Av. Gén.)	AU	26
Gardiole-Bacon (Bd)	BUV	31
Garoupe (Bd de la)	BV	33
Garoupe (Ch. de la)	BV	34
Grec (Av. Jules)	ABU	38
Malespine (Av.)	BV	50
Phare (Rte du)	BV	62
Raymond (Ch.)	BV	64
Reibaud (Av.)	AU	65
Salis (Av. de la)	BV	77
Sella (Av. André)	BV	78
Tamisier (Ch. du)	BV	79
Tour-Gandolphe (Av. de la)	BV	82
Vautrin (Bd. du Gén.)	BU	84
11-Novembre (Av. du)	BU	91

Flèche noire Sens unique en saison

rte de Nice par ① et D 6007 – ✉ 06600 Antibes

Bleu Marine sans rest
chemin des Quatre Chemins, (près de l'hôpital) – ☎ 04 93 74 84 84
– *www.bleumarineantibes.com*
18 ch – †60/68 € ††70/88 € – ☕ 8 €
◆ Un hôtel récent à proximité de l'hôpital. Les chambres sont simples, pratiques et très propres ; préférez celles des étages supérieures, pour la vue sur la mer.

CAP D'ANTIBES – 06 Alpes-Maritimes – ✉ 06160 Juan les Pins 42 E2

Paris 922 – Antibes 6 – Marseille 174 – Nice 35

Plateau de la Garoupe ★★ - Jardin Thuret★ BV - ★ Pointe Bacon - ★ de la plate-forme du bastion (musée naval) ABV.

ANTIBES

Albert 1er (Bd) .... CDY
Alger (R. d') .... CX 3
Arazy (R.) .... DXY 4
Barnaud (Pl. Amiral) .... DY 6
Barquier (Av.) .... DY 8
Bas-Castelet (R. du) .... DY 9
Bateau (R. du) .... DX 10
Clemenceau (R. G.) .... DX 14
Dames-Blanches (Av. des) .... CY 19
Directeur Chaudon (R.) .... CY 20
Docteur Rostan (R. du) .... DX 24
Gambetta (Av.) .... CX 30
Gaulle (Pl. du Gén.-de) .... CXY
Grand-Cavalier (Av. du) .... CX 37
Guynemer (Pl.) .... CX 40
Haut-Castelet (R. du) .... DY 42
Horloge (R. de l') .... DX 43
Martyrs-de-la-Résistance (Pl. des) .... CDX 51
Masséna (Cours) .... DX 52
Meissonnier (Av.) .... CDY 54
Nationale (Pl.) .... DX 55
Orme (R. de l') .... DX 57
République (R. de la) .... CDX 67
Revely (R. du) .... DX 68
Revennes (R. des) .... DY 69
St-Roch (Av.) .... CX 72
Saleurs (Rampe des) .... DX 75
Tourraque (R. de la) .... DY 83
Vautrin (Bd. du Gén.) .... CX 84
8-Mai 1945 (Square du) .... DX 90
24-Août (Av. du) .... CY 92

Du Cap

bd JF-Kennedy – ✆ 04 93 61 39 01
– www.hotel-du-cap-eden-roc.com
– Ouvert 6 avril-16 oct. BVx
109 ch – 370/1900 € 370/1900 € – 9 suites – 36 €
Rest *Eden Roc* – voir les restaurants ci-après
◆ Passage obligé de la jet-set et des stars de cinéma, ce majestueux palace du 19es. est niché dans un parc verdoyant et paisible, face à la mer. S'il ne fallait retenir qu'eux : la piscine à débordement, idyllique, et le spa, superbe. Classicisme, luxe et raffinement... Un lieu mythique et magique.

Impérial Garoupe

770 chemin Garoupe – ✆ 04 92 93 31 61 – www.imperial-garoupe.com – Ouvert 27 avril-12 oct. BV**r**

30 ch – 🚹310/735 € 🚹🚹310/735 € – 5 suites – ☕ 30 €

Rest *Le Pavillon* Rest *Le Pavillon Beach* – voir les restaurants ci-après

◆ Au bout du cap, la Garoupe, son phare, sa chapelle de pêcheurs et cette belle demeure méditerranéenne au cœur d'une végétation luxuriante (superbes cactus et plantes grasses). Contemporaines ou classiques, les chambres sont très raffinées ; toutes possèdent un balcon, une terrasse ou un jardinet privé.

Cap d' Antibes Beach Hôtel

10 bd du Mar.-Juin – ✆ 04 92 93 13 30 – www.ca-beachhotel.com – Ouvert 1er avril-31 oct. BV**e**

22 ch – 🚹390/900 € 🚹🚹390/900 € – 5 suites – ☕ 29 €

Rest *Les Pêcheurs* ✿ – voir les restaurants ci-après

Rest *La Plage* *(fermé le soir sauf de juin à sept.)* – Carte 50/75 €

◆ Chic balnéaire contemporain, design épuré, superbe jardin noyé sous les essences méditerranéennes, plage privée de sable fin et vue imprenable sur le cap et les îles de Lérens : une certaine idée du luxe...

Vogue Hôtel

ch, rest,

46 bd de la Garoupe – ✆ 04 93 67 15 30 – www.voguehotel.fr – Ouvert 13 mars-5 nov. BV**s**

20 ch – 🚹165/650 € 🚹🚹165/650 € – ☕ 19 €

Rest *(ouvert 1er mai-30 sept. et fermé dim., lundi et le midi) (nombre de couverts limité, réserver)* – Menu 35 € – Carte 43/51 €

◆ Voguer dans cette grande villa méditerranéenne ; prendre le temps de faire escale dans l'une des chambres cossues (progressivement rénovées dans un style design) et intimes (terrasse privée) ; s'adonner aux joies du farniente au bord de la piscine à débordement ou sur la plage de l'hôtel...

La Baie Dorée

579 bd la Garoupe – ✆ 04 93 67 30 67 – www.baiedoree.com BV**v**

16 ch – 🚹260/740 € 🚹🚹260/740 € – ☕ 20 €

Rest *(ouvert d'avril à sept.)* – Carte 40/70 €

◆ Une villa typiquement provençale, baignée de soleil et... les pieds dans l'eau. Les chambres, accueillantes et soignées, ont toutes une terrasse ou un balcon donnant sur la baie. Quant à la piscine extérieure, face à la mer, elle est tout simplement sublime ! Plage et pontons privés.

Beau Site sans rest

141 bd Kennedy – ✆ 04 93 61 53 43 – www.hotelbeausite.net – Ouvert 5 mars-5 nov. BV**t**

30 ch – 🚹75/145 € 🚹🚹85/175 € – 2 suites – ☕ 13 €

◆ Terrasse ombragée d'essences méditerranéennes, agréable piscine et charmantes chambres d'esprit classique ou provençal chic : un joli pavillon blanc aux volets bleus, pour un séjour très Sud !

La Garoupe et Gardiole sans rest

60 chemin de la Garoupe – ✆ 04 92 93 33 33 – www.hotel-lagaroupe-gardiole.com – Ouvert 6 avril-20 oct. BV**k**

37 ch – 🚹78/175 € 🚹🚹78/175 € – ☕ 12 €

◆ Piscine, jardin paisible et belle terrasse sous une pergola : le charme typique des jolies maisons balnéaires des années 1920... Chambres fraîches à la Garoupe et rustiques à la Gardiole.

Eden Roc – Hôtel du Cap

bd JF-Kennedy – ✆ 04 93 61 39 01 – www.hotel-du-cap-eden-roc.com – Ouvert 7 avril-15 oct. BV**z**

Rest – Menu 140 € (dîner)/170 € – Carte 110/165 € ✿✿

◆ Superbe villa isolée sur un roc, en bordure de mer. Atmosphère huppée, cuisine méridionale subtile et terrasse exquise donnant sur la piscine à débordement... Tellement French Riviera !

XXX **Bacon** soir, P VISA AE
664 bd Bacon – ✆ 04 93 61 50 02 – www.restaurantdebacon.com – Ouvert 1er mars-31 oct. et fermé mardi midi et lundi BUm
Rest – Menu 49 € (déj. en sem.)/79 € – Carte 100/175 €
Spéc. Poisson cru au citron et aux herbes. Bouillabaisse. Millefeuille chaud à la vanille.
◆ Une grande salle habillée de blanc, des œuvres d'art contemporain et une vue superbe sur la baie des Anges... La Méditerranée est reine ici, et plus encore dans l'assiette : l'un des plus beaux choix de poissons sur la Côte d'Azur, cuisinés avec art, dans leur prime fraîcheur. Une institution.

XXX **Les Pêcheurs** – Cap d'Antibes Beach Hôtel
10 bd du Mar.-Juin – ✆ 04 92 93 13 30 – www.lespecheurs-lecap.com – Ouvert 1er avril-31 oct. et fermé le midi VISA AE BVu
Rest – Menu 78/98 € – Carte 90/130 €
Spéc. Carpaccio de gambas marinées au saveurs du Sud. Turbot en fine mousseline gratiné d'un sablé parmesan, émulsion au vin de Bellet. Chocolat noir extra sur un biscuit croquant-fondant, sorbet cacao zesté de citron vert. **Vins** Côtes de Provence, Bellet.
◆ Superbement ancrés au bord des flots, les Pêcheurs mettent évidemment à l'honneur le poisson de la Méditerranée grillé aux herbes. Les belles saveurs du Sud, la mer... Un petit paradis très Côte d'Azur.

XXX **Le Pavillon** – Hôtel Impérial Garoupe VISA AE
– ✆ 04 92 93 31 64 – www.imperial-garoupe.com – Ouvert 27 avril-12 oct., fermé le midi du 16 juin au 14 sept. et merc. sauf juil.-août BVr
Rest – Carte 80/110 €
◆ La terrasse sous les arbres est un hymne au romantisme, surtout éclairée à la bougie la nuit venue... Moment d'exception porté par une cuisine méridionale originale et inspirée, très respectueuse des produits de saison.

XX **Le Pavillon Beach** – Hôtel Impérial Garoupe P
770 chemin Garoupe – ✆ 04 92 90 23 97 – www.imperial-garoupe.com – Ouvert 16 juin-14 sept. VISA AE BVr
Rest *(déj. seult)* – Carte 50/75 €
◆ Une carte méditerranéenne fraîche et raffinée, pour un restaurant de plage séduisant et huppé... On y accède par un petit chemin privé et l'on est très vite happé par la vue sublime sur la Grande Bleue.

ANTONY – 92 Hauts-de-Seine – 311 J3 – 101 25 – Voir à Paris, Environs

---

ANTRAIGUES-SUR-VOLANE – 07 Ardèche – 331 I5 – 577 h. – alt. 470 m – ✉ 07530 Lyon Drôme Ardèche 44 A3

▶ Paris 637 – Aubenas 15 – Lamastre 58 – Langogne 67

ℹ Maison d'Antraigues, ✆ 04 75 88 23 06

X **La Remise** P
au pont de l'Huile – ✆ 04 75 38 70 74 – Fermé 18-28 juin, 3-14 sept., 17 déc.-5 janv., dim. soir, jeudi soir et vend. sauf juil.-août
Rest *(réservation conseillée le soir)* – Menu 25/35 €
◆ Ici, le patron propose de vive voix ses recettes du terroir concoctées en fonction du marché. Bonne franquette et nappes à carreaux dans une vieille grange ardéchoise.

ANZIN-ST-AUBIN – 62 Pas-de-Calais – 301 J6 – rattaché à Arras

---

AOSTE – 38 Isère – 333 G4 – 2 307 h. – alt. 221 m – ✉ 38490 Alpes du Nord 45 C2

▶ Paris 512 – Belley 25 – Chambéry 37 – Grenoble 55

à la Gare de l'Est 2 km au Nord-Est sur D 1516 – ✉ 38490 Aoste

Au Coq en Velours avec ch
1800 rte de St-Genix – ✆ 04 76 31 60 04 – www.au-coq-en-velours.com – Fermé janv., jeudi soir (sauf hôtel), dim. soir et lundi
7 ch – †70 € ††78 € – ☕ 10 €
Rest – Formule 23 € – Menu 31 € – Carte 35/63 €
◆ Entre Bresse et Dauphiné, cette bonne auberge de village est tenue par la même famille depuis 1900. Le "coq en velours" est une spécialité du lieu, et la décoration contemporaine ose quelques allusions à l'animal. Pour la nuit, des chambres spacieuses sont disponibles, bien au calme face au jardin.

APPOIGNY – 89 Yonne – **319** E4 – rattaché à Auxerre

APT – 84 Vaucluse – **332** F10 – 11 144 h. – alt. 250 m – ✉ 84400 **42** E1
Provence
Paris 728 – Aix-en-Provence 56 – Avignon 54 – Digne-les-Bains 91
20, avenue Ph. de Girard, ✆ 04 90 74 03 18, www.ot-apt.fr

Le Couvent sans rest
36 r. Louis-Rousset – ✆ 04 90 04 55 36 – www.loucouvent.com
5 ch ☕ – †90 € ††95/140 €
◆ Cet ancien couvent (17e s.) typiquement provençal a perdu en austérité ce qu'il a gagné en sobre élégance. Chambres de charme, petit-déjeuner sous les voûtes du réfectoire.

à Saignon 4 km au Sud-Est par D 48 – 1 031 h. – alt. 450 m – ✉ 84400

Auberge du Presbytère
ch, ch,
pl. de la Fontaine – ✆ 09 70 44 64 56 – www.auberge-presbytere.com – Fermé 4 janv. à fin fév.
16 ch – †50/155 € ††50/155 € – ☕ 12 € – ½ P 40 €
Rest *(fermé merc.) (réserver)* – Carte 20/38 €
◆ Mobilier ancien, tomettes, poutres apparentes et cheminée préservent l'âme de cette délicieuse maison. Chambres coquettes, dont deux avec terrasse offrant une vue unique. Jolie salle à manger-véranda, patio et terrasse dressée le midi sur la place du village.

Chambre de Séjour avec Vue sans rest
r. de la Burgade – ✆ 04 90 04 85 01 – www.chambreavecvue.com – Ouvert de mars à nov.
5 ch ☕ – †80/90 € ††90/110 €
◆ Dans un charmant village, une maison d'hôtes atypique, à la fois lieu d'échange culturel et résidence d'artistes. Chambres design décorées dans un style industriel chic.

La Petite Cave
r. le Quai – ✆ 04 90 76 64 92 – www.lapetitecave-saignon.com – Ouvert mars-nov. et fermé dim. et lundi
Rest *(dîner seult) (nombre de couverts limité, réserver)* – Menu 39 €
◆ Une cave médiévale transformée avec goût en petit restaurant contemporain. Menu du marché alléchant et cuisine actuelle préparée à partir de produits de qualité.

ARAGON – 11 Aude – **344** E3 – rattaché à Carcassonne

ARBOIS – 39 Jura – **321** E5 – 3 471 h. – alt. 350 m – ✉ 39600 **16** B2
Franche-Comté Jura
Paris 407 – Besançon 46 – Dole 34 – Lons-le-Saunier 40
17, rue de l'Hôtel de Ville, ✆ 03 84 66 55 50, www.arbois.com
Maison paternelle de Pasteur★ - Reculée des Planches★★ et grottes des Planches★ E : 4,5 km par D 107 - Cirque du Fer à Cheval★ S : 7 km par D 469 puis 15 mn - Église Saint-Just★.

Des Messageries sans rest
r. de Courcelles – ✆ 03 84 66 15 45 – www.hoteldesmessageries.com – Fermé déc. et janv.
26 ch – 56 € 68 € – 12 €
◆ Sur l'axe principal du bourg, un relais de poste où règne une atmosphère familiale. Les chambres sont simples et très bien tenues (plus calmes sur l'arrière), et les prix assez doux.

Closerie les Capucines sans rest
7 r. de la Bourgogne – ✆ 03 84 66 17 38 – www.closerielescapucines.com – Fermé 23 déc.-31 janv.
5 ch – 115/165 € 115/165 €
◆ Ce couvent du 17es. se niche dans une ruelle calme du centre-ville. Charme authentique, élégance contemporaine dans les chambres, patio, jardin exquis... Un moment béni, une coupure salutaire !

Jean-Paul Jeunet avec ch rest,
9 r. de l'Hôtel-de-Ville – ✆ 03 84 66 05 67 – www.jeanpauljeunet.com – Fermé déc., janv., mardi et merc. sauf le soir de juil. à mi-sept.
12 ch – 95/125 € 125/150 € – 17 € – ½ P 135 €
Rest – Menu 60/140 € – Carte 90/120 €
Spéc. Féra de lac, navets nains, chénopodes et savagnin. Poularde de Bresse au vin jaune et morilles. Variation sur la morille et le genièvre (printemps et automne).
Vins Arbois-Pupillin, Côtes du Jura.
◆ À l'origine, l'établissement n'était qu'un simple bistrot de village fondé par le père de Jean-Paul Jeunet... Celui-ci en a fait une véritable institution jurassienne, tout à la fois étape chaleureuse et ode gourmande au terroir brillamment mêlée d'inventivité.

Le Prieuré
– ✆ 03 84 66 05 67 – www.jeanpauljeunet.com – Fermé déc., janv., mardi et merc. de mi-sept. à juin
7 ch – 72 € 88/150 € – 17 €
◆ À 200 m de la maison mère, cette demeure du 17es. distille son charme suranné dans des chambres confortables. Quant au jardin, il est ravissant.

Les Caudalies avec ch rest,
20 av. Pasteur – ✆ 03 84 73 06 54 – www.lescaudalies.fr – Fermé 1er-13 mars, 22 oct.-8 nov., mardi sauf juil.-août et lundi
9 ch – 58/95 € 75/130 € – 12 € – ½ P 90/108 €
Rest – Formule 17 € – Menu 27 € (déj. en sem.), 40/75 € bc – Carte 41/69 €
◆ Au cœur des vignobles ! Une maison bourgeoise revue et joliment corrigée à la mode contemporaine. Le propriétaire, sommelier de son état, et son fils (finaliste Meilleur Ouvrier de France en 2011) savent choisir de beaux vins (400 références), qui accompagnent délicatement les fins mets concoctés par madame. Et pour une étape romantique, les chambres sont charmantes.

La Balance Mets et Vins
47 r. de Courcelles – ✆ 03 84 37 45 00 – www.labalance.fr – Fermé 13-21 juin, 24 déc.-1 mars, mardi soir de sept. à juin et merc.
Rest – Formule 16 € – Menu 25/58 € – Carte 35/50 €
◆ Des mets en accord avec les vins du Jura, de jolis plats végétariens, le tout relevé de quelques épices du monde et d'un cadre chaleureux... ça balance pas mal, à Arbois !

Le Caveau d'Arbois
3 rte de Besançon – ✆ 03 84 66 10 70 – www.caveau-arbois.com – Fermé 5-19 mars, 3-27 déc., dim. soir et lundi
Rest – Formule 14 € – Menu 17 € (sem.), 20/34 € – Carte 26/49 €
◆ Dans cette maison de pays, le chef – un ancien ingénieur textile – sait tisser de beaux liens entre sa cuisine du terroir jurassien et les crus régionaux... Sympathique et chaleureux !

à Planches-Près-Arbois 4 km au Sud-Est – 94 h. – alt. 340 m – ✉ 39600

Castel Damandre
– *03 84 66 08 17 – www.casteldamandre.com – Fermé 10-27 déc. et 2-31 janv.*
20 ch – †70/80 € ††80/160 € – 2 suites – ☕ 15 €
Rest *Castel Damandre* – voir les restaurants ci-après
◆ L'attrait des vieilles pierres au cœur d'un cirque où coulent de jolies cascades... Autant dire que ce Castel cultive son charme bucolique, avec des chambres cosy (certaines avec baldaquin) et un grand calme.

Castel Damandre
– *03 84 66 08 17 – www.casteldamandre.com – Fermé 10-27 juil. et 2-31 janv.*
Rest – Menu 44/78 € – Carte 50/75 €
◆ Des produits de qualité travaillés avec précision : dans ce charmant restaurant – d'esprit champêtre et romantique –, on savoure une fine cuisine d'aujourd'hui, valorisant le terroir avec goût.

à Pupillin 3 km au Sud par D 469 et D 248 – 253 h. – alt. 450 m – ✉ 39600

Le Grapiot
r. Bagier – 03 84 37 49 44 – www.legrapiot.com – Fermé 3-14 juil., 24 déc.-24 janv., mardi hors saison et merc.
Rest – Menu 17 € bc (déj. en sem.), 28/53 € bc – Carte 30/47 €
◆ Épure contemporaine, charme des vieilles pierres : le décor est planté. Ici, le chef travaille de bons produits et revisite le terroir avec finesse. Au sommet du grapiot ("la route montante" en patois) et de la gourmandise !

ARBONNE – 64 Pyrénées-Atlantiques – 342 C4 – rattaché à Biarritz

L'ARBRESLE – 69 Rhône – 327 G4 – 6 037 h. – alt. 230 m – ✉ 69210 43 E1

Paris 453 – Lyon 28 – Mâcon 68 – Roanne 58
18, place Sapéon, 04 74 01 48 87, www.arbresletourisme.fr

Capucin
27 r. P.-Brossolette – 04 37 58 02 47 – www.restaurantlecapucin.fr – Fermé 1er-23 août, 20 déc.-4 janv., dim. et lundi
Rest – Formule 14 € bc – Menu 20/33 € – Carte 27/46 €
◆ Dans une rue piétonne du centre-ville, une maison du 17es. bien conviviale. On y savoure une cuisine traditionnelle, à l'image d'un foie gras aux figues et d'un bœuf aux morilles. Le chef propose aussi un menu du marché, à prix attractif.

ARCACHON – 33 Gironde – 335 D7 – 11 789 h. – alt. 5 m – Casino BZ 3 B2
– ✉ 33120 Aquitaine

Paris 650 – Agen 196 – Bayonne 181 – Bordeaux 67
esplanade Georges Pompidou, 05 57 52 97 97, www.arcachon.com
d'Arcachon, à La Teste-de-Buch, 35 boulevard d'Arcachon, 05 56 54 44 00
Front de mer★ : ≤★ de la jetée - Boulevard de la Mer★ - La Ville d'Hiver★ - Musée de la maquette marine : port★ BZ **M.**

Ville d'Hiver
20 av. Victor-Hugo – 05 56 66 10 36 – www.hotelvilledhiver.com BZ**f**
12 ch – †125/175 € ††125/175 € – ☕ 12 €
Rest – Menu 18 € (déj. en sem.)/25 € – Carte 35/55 €
◆ Dans un quartier plein de cachet, un hôtel bourré de charme au cœur d'un beau jardin. À l'image de la station, il cultive un style balnéaire à la fois chic et décontracté... Les chambres sont si douillettes, l'espace détente bien reposant, et le restaurant prend des airs de néobistrot. Vivement conseillé !

Point France sans rest
1 r. Grenier – 05 56 83 46 74 – www.hotel-point-france.com – Ouvert de mars à début nov. BZ**q**
34 ch – †90/195 € ††98/195 € – ☕ 13 €
◆ Juste derrière le front de mer et à proximité du palais des congrès, un agréable hôtel avec des chambres fraîches, spacieuses et bien insonorisées, toutes avec balcon. Petit plus bien sympathique : le petit-déjeuner généreux.

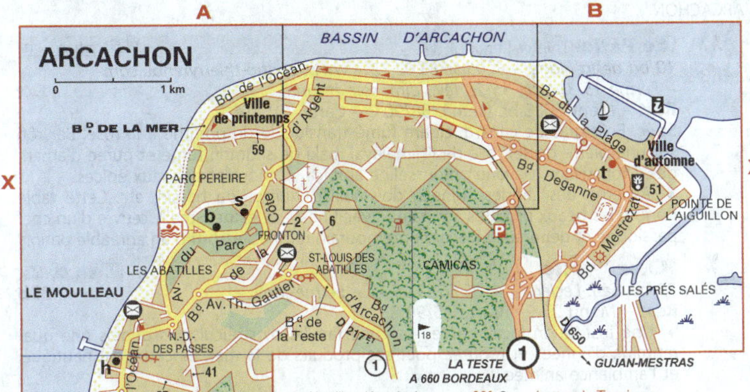

Abatilles (Av. des) . . . . . . AX 2
Balde (Allée Jean) . . . . . . AX 6
Bellevue (Av. de) . . . . AY 9
Chapelle (Allée de la) . . . . AZ 16
Expert (R. Roger) . . . . AZ 21
Figuier (Rd-Pt du) . . . . . . AY 23
Gambetta (Av.) . . . . BZ
Gaulle (Av. Gén.-de) . . . . . BZ 25
Héricart-de-Thury (Crs) . . . . BZ 31
Lamarque-de-Plaisance (Cours) . . . ABZ
Lamartine (AV. de) . . . . . . BZ 35
Lattre-de-Tassigny (R. Mar.- de) . . . . AZ 38
Legallais (R. François) . . . AZ 39
Lyautey (Av. Mar.) . . . . . AXY 41
Michelet (R. Jules) . . . . . . BX 51
Molière (R.) . . . . BZ 53
Parc Péreire (Av. du) . . . . AX 59
Plage (Bd de la) . . . . ABZ
Pompidou (Espl. G.) . . . . . BZ 64
Prés. Roosevelt (Pl.) . . . . . BZ 65
St-François-Xavier (Av.) . . . . AY 67
Thiers (Pl.) . . . . BZ 71

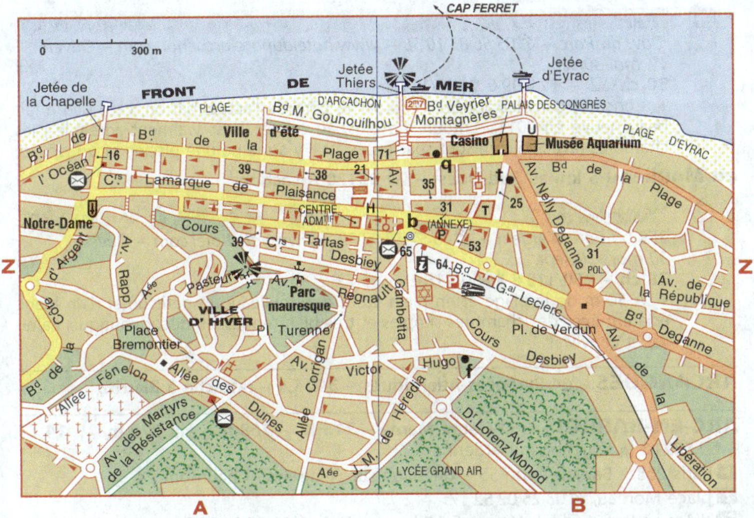

De La Plage sans rest
10 av. Nelly-Deganne – ✆ *05 56 83 06 23*
– *www.hotelarcachon.com* BZt
53 ch – †80/112 € ††85/120 € – ☐ 11 €
◆ À 50 m du casino et à 150 m de la mer, cet établissement a été totalement rénové en 2011 et affiche un chaleureux style bord de mer (lambris clairs, rotin)... Plaisant, bien insonorisé : idéal pour un séjour d'affaires ou d'agrément.

Le Patio (Thierry Renou)
10 bd de la Plage – 05 56 83 02 72 – www.lepatio-thierryrenou.com – Fermé 15-31 oct., 15-28 fév., dim. soir et lundi BXt
Rest – Menu 37 € bc (sem.), 58/90 € – Carte 70/90 €
Spéc. Foie gras de canard, cigare fumé translucide de pomme à la rose. Bar rôti sur une pierre de sel rose de l'Himalaya, maki de saumon fumé et purée d'amandes. Croustillant "Havane", mousseline arabica et chocolat tiédi aux épices.
♦ Asperge des Landes, agneau de Pauillac, huîtres du bassin, etc. Cette table honore les beaux produits aquitains, avec finesse et esthétisme. L'œuvre d'un chef passionné et généreux ! Décor contemporain raffiné... assorti d'un agréable patio.

Chez Yvette
59 bd Gén.-Leclerc – 05 56 83 05 11 – Fermé janv. BZb
Rest – Menu 25 € – Carte 35/90 €
♦ Une institution locale, gérée par une famille d'ostréiculteurs depuis une quarantaine d'années et réputée pour ses produits de la mer. Le cadre est nautique, et l'ambiance animée.

aux Abatilles 2 km au Sud-Ouest – ✉ 33120 Arcachon

Les Bains d' Arguin
9 av. du Parc – 05 57 72 06 72 – www.thalazur.com AXb
94 ch – 128/195 € 159/195 € – 15 € – ½ P 113/129 €
Rest *Côté d'Arguin* – Formule 22 € – Menu 32 € – Carte 41/61 €
♦ Entre mer et pinède, un hôtel imposant associé à un centre de thalassothérapie. Les chambres sont fraîches et confortables, et l'on profite aussi d'une belle piscine, d'un solarium et d'un restaurant où produits de la mer et menus diététiques sont à l'honneur.

Parc sans rest
5 av. du Parc – 05 56 83 10 58 – www.hotelduparc-arcachon.com – Ouvert 1er mai-30 sept. AXs
30 ch – 71/99 € 80/111 €
♦ Construit dans les années 1970 par le père de l'actuel patron, cet hôtel a fait peau neuve en 2011... Entouré de pins, au calme, il est vraiment agréable ; les chambres (avec balcon) sont spacieuses, et il y a même une piscine et un jacuzzi.

au Moulleau 5 km au Sud-Ouest – ✉ 33120 Arcachon

Yatt sans rest
253 bd Côte-d'Argent – 05 57 72 03 72 – www.yatt-hotel.com – Ouvert 30 mars-30 sept. AYh
28 ch – 50/115 € 50/115 € – 7 €
♦ À 50 m de la plage et en plein cœur du Moulleau, un petit hôtel d'un blanc éclatant avec des chambres simples et très bien tenues, au décor nautique. Familial et convivial.

ARCANGUES – 64 Pyrénées-Atlantiques – 342 C4 – rattaché à Biarritz

ARC-EN-BARROIS – 52 Haute-Marne – 313 K6 – 768 h. – alt. 270 m – ✉ 52210 Champagne Ardenne 14 C3

Paris 263 – Bar-sur-Aube 55 – Châtillon-sur-Seine 44 – Chaumont 24
place Moreau, 03 25 02 52 17
d'Arc-en-Barrois, Club House, S : 1 km par D 6, 03 25 01 54 54

Du Parc
1 pl. Moreau – 03 25 02 53 07 – www.relais-sud-champagne.com – Fermé de mars à début avril, mardi soir et merc. de début sept. à fin fév., dim. soir mardi midi et lundi d'avril à mi-juin
16 ch – 62/67 € 62/67 € – 9 € – ½ P 66 €
Rest – Formule 15 € – Menu 19/44 € – Carte 31/60 €
♦ Cet ancien relais de poste au cœur du village daterait du 17e s. Il dispose de petites chambres simples, aux couleurs chaleureuses. Salle à manger d'allure cossue (parquet, mobilier de style) pour une cuisine traditionnelle. Brasserie au décor contemporain.

ARC-ET-SENANS – 25 Doubs – 321 E4 – 1 448 h. – alt. 231 m 16 B2
– ✉ 25610 Franche-Comté Jura

Paris 396 – Besançon 37 – Pontarlier 62 – Salins-les-Bains 16

Porche de la Saline, ✆ 03 81 57 43 21

Saline Royale★★.

Port-Lesney★.

Le Relais d'Arc et Senans

9 pl. de l'Église – ✆ 03 81 57 40 60 – www.le-relais-darc-et-senans – Fermé 1er-8 oct. et de mi-déc. à mi-janv., dim. soir et lundi

Rest – Formule 14 € – Menu 26/37 € – Carte environ 32 €

◆ Une maison franc-comtoise à 800 m de la Saline royale (classée au patrimoine de l'Unesco). Salle rustique et cuisine actuelle privilégiant les produits locaux.

ARCHAMPS – 74 Haute-Savoie – 328 J4 – rattaché à St-Julien-en-Genevois

ARCINS – 33 Gironde – 335 G4 – rattaché à Margaux

LES ARCS – 83 Var – 340 N5 – 6 212 h. – alt. 80 m – ✉ 83460 41 C3
Côte d'Azur

Paris 848 – Cannes 59 – Draguignan 11 – Fréjus 25

Polyptyque★ dans l'église - Chapelle Ste-Roseline★ NE : 4 km.

Le Relais des Moines

1,5 km à l'Est par rte de Ste-Roseline – ✆ 04 94 47 40 93 – www.lerelaisdesmoines.com – Fermé 7-28 nov., 2-10 janv., mardi de nov. à avril et lundi

Rest – Formule 25 € bc – Menu 31 € (déj. en sem.), 39/64 € – Carte 55/75 €

◆ Cette bergerie à flanc de colline abritait jadis des moines. Cadre chaleureux rehaussé d'arcades en pierre du 16es. et terrasse ombragée pour apprécier des plats contemporains.

Logis du Guetteur avec ch

au village médiéval – ✆ 04 94 99 51 10 – www.logisduguetteur.com – Fermé 2 sem. en janv.

13 ch – †90/185 € ††90/185 € – ☕ 17 €

Rest – Formule 24 € – Menu 28/98 € – Carte 60/111 €

◆ Une robuste demeure médiévale (11e s.), perchée à l'aplomb du village... En terrasse, où l'on guette le panorama à loisir, ou sous les voûtes séculaires du bâtiment, on savoure une cuisine généreuse, marquée par le terroir. Agréable esprit provençal dans les chambres.

ARC-SUR-TILLE – 21 Côte-d'Or – 320 L5 – 2 464 h. – alt. 219 m 8 D1
– ✉ 21560

Paris 323 – Avallon 119 – Besançon 97 – Dijon 13

Auberge Les Marronniers

16 r. de Dijon – ✆ 03 80 37 09 62

19 ch – †65 € ††70 € – ☕ 10 € – ½ P 80 €

Rest – Formule 20 € – Menu 36/60 € – Carte 45/60 €

◆ Une auberge tenue en famille, avec des chambres bien tenues et un restaurant donnant la priorité aux poissons et fruits de mer. L'été, on dresse une terrasse à l'ombre des marronniers centenaires.

ARDENTES – 36 Indre – 323 H6 – 3 739 h. – alt. 172 m – ✉ 36120 12 C3
Limousin Berry

Paris 275 – Argenton-sur-Creuse 43 – Bourges 66 – Châteauroux 14

La Gare

2 av. de la Gare – ✆ 02 54 36 20 24 – Fermé 25 juil.-8 août, 20 fév.-6 mars, lundi soir, mardi soir de sept. à juin et dim. soir et merc.

Rest – Menu 13 € (déj. en sem.), 18/32 € – Carte 19/35 €

◆ Repris en 2010 par un jeune couple motivé, ce restaurant rustique n'a pas changé, et pourtant... On y sert toujours une sympathique cuisine traditionnelle, mais il flotte dans l'air un joli parfum de fraîcheur et de nouveauté !

ARDRES – 62 Pas-de-Calais – 301 E2 – 4 203 h. – alt. 11 m – ✉ 62610 30 A1

Nord Pas-de-Calais Picardie

Paris 273 – Calais 18 – Arras 93 – Boulogne-sur-Mer 38

place d'Armes, ☎ 03 21 35 28 51, www.ardres-tourisme.fr

XX **Le François 1er** VISA MC

pl. des Armes – ☎ 03 21 85 94 00 – www.lefrancois1er.com
– Fermé 31 mars-2 avril, 2-17 sept., 24 déc.-12 janv., merc. soir, dim. soir et lundi

Rest *(réserver)* – Menu 26/49 € – Carte 52/71 €

◆ Belle demeure sur la pittoresque Grand-Place, décorée avec élégance. Le chef met en valeur les produits du terroir (ris de veau aux morilles, turbot à la crème de homard).

ARÊCHES – 73 Savoie – 333 M3 – alt. 1 080 m – Sports d'hiver : 1 050/2 300 m 15 – ✉ 73270 Beaufort sur Doron 45 D1

Alpes du Nord

Paris 606 – Albertville 26 – Chambéry 77 – Megève 42

route Grand Mont, ☎ 04 79 38 15 33, www.areches-beaufort.com

Hameau de Boudin★ E : 2 km.

Auberge du Poncellamont VISA MC

– ☎ 04 79 38 10 23 – jean.peretto.free.fr – Ouvert 15 juin-15 sept. et 20 déc.-15 avril et fermé dim. soir, lundi midi et merc. hors saison

14 ch – †60/85 € ††85/100 € – ☐ 11 € – ½ P 78/125 €

Rest *(dîner seult en hiver)* – Formule 18 € – Menu 24/49 € – Carte 39/52 €

◆ Chalet savoyard abondamment fleuri en été. Chambres simples et pratiques ; certaines sont mansardées, d'autres pourvues de balcons. Salle à manger rustique et terrasse bercée par le murmure d'une fontaine. Plats traditionnels et du terroir.

ARÈS – 33 Gironde – 335 E6 – 5 520 h. – alt. 6 m – ✉ 33740 3 B1

Pays Basque et Navarre

Paris 627 – Arcachon 47 – Bordeaux 48

esplanade G. Dartiquelongue, ☎ 05 56 60 18 07, www.ares-tourisme.com

des Aiguilles Vertes, à Lanton, Route de Bordeaux, SE : 12 km, ☎ 05 56 82 95 71

XX **St-Éloi** avec ch VISA MC

11 bd Aérium – ☎ 05 56 60 20 46 – www.le-saint-eloi.com – Fermé 5 janv.-10 fév., merc. soir, dim. soir et lundi du 15 sept. au 15 juin

8 ch – †55/70 € ††60/88 € – ☐ 8 € – ½ P 73/84 €

Rest – Formule 19 € bc – Menu 32 € (sem.), 42/60 € – Carte 48/55 €

◆ La propriétaire est sommelière ; elle a sélectionné 250 crus d'ici et d'ailleurs et vous aidera à accorder votre vin aux bons petits plats traditionnels et régionaux du chef... Et dans cette jolie maison blanche entourée de pins, on peut aussi faire étape dans une chambre plaisante et très bien tenue.

ARGELÈS-GAZOST – 65 Hautes-Pyrénées – 342 L6 – 3 309 h. – alt. 462 m – Stat. therm. : mi-avril-fin oct. – Casino Y – ✉ 65400 28 A3

Midi-Toulousain

Paris 863 – Lourdes 13 – Pau 58 – Tarbes 32

15, place République, ☎ 05 62 97 00 25, www.argeles-gazost.com

Le Miramont VISA MC AE

44 av. des Pyrénées – ☎ 05 62 97 01 26 – www.bestwestern-lemiramont.com – Fermé de mi-nov. à mi-déc. Zn

19 ch – †55/165 € ††68/165 € – ☐ 12 € – ½ P 54/116 €

Rest *Le Miramont* – voir les restaurants ci-après

◆ Cet hôtel-restaurant des années 1930 dénote par rapport au style architectural régional. Avec son joli jardin et ses chambres de bon confort, c'est un bon point point de départ pour aller en cure thermale ou pour visiter la vallée des Gaves.

ARGELÈS-GAZOST

Rue	Carré	N°
Alicot (R. Michel)	Y	3
Bourdette (R. Jean)	Z	18
Bourg Neuf (R. du)	Y	19
Coubertin (Av. P. de)	Z	29
Dambé (Av. Jules)	Y	30
Digoy (R. Capitaine)	YZ	33
Edouard-VII (Pl.)	Z	36
Foch (R. du Mar.)	Y	39
Gassan (Av. Emile)	Y	42
Joffre (Pl.)	YZ	53
Nansouty (Av. du Gén.)	Y	69
Pasteur (R.)	Z	75
Pérus (Pl.)	Y	77
Poilus (R. des)	Y	80
Reine Nathalie (Av.)	Y	84
République (Pl. de la)	Z	85
Sainte-Castere (R.)	Z	91
Saint-Orens (R.)	Z	88
Sassere (Av. Hector)	Y	92
Sorbe (R.)	Y	93
Sylvestre (Av. Armand)	Z	96
Victoire (Pl. de la)	Y	100
Vieuzac (R. de)	Y	101
8-Mai (R. du)	Y	106

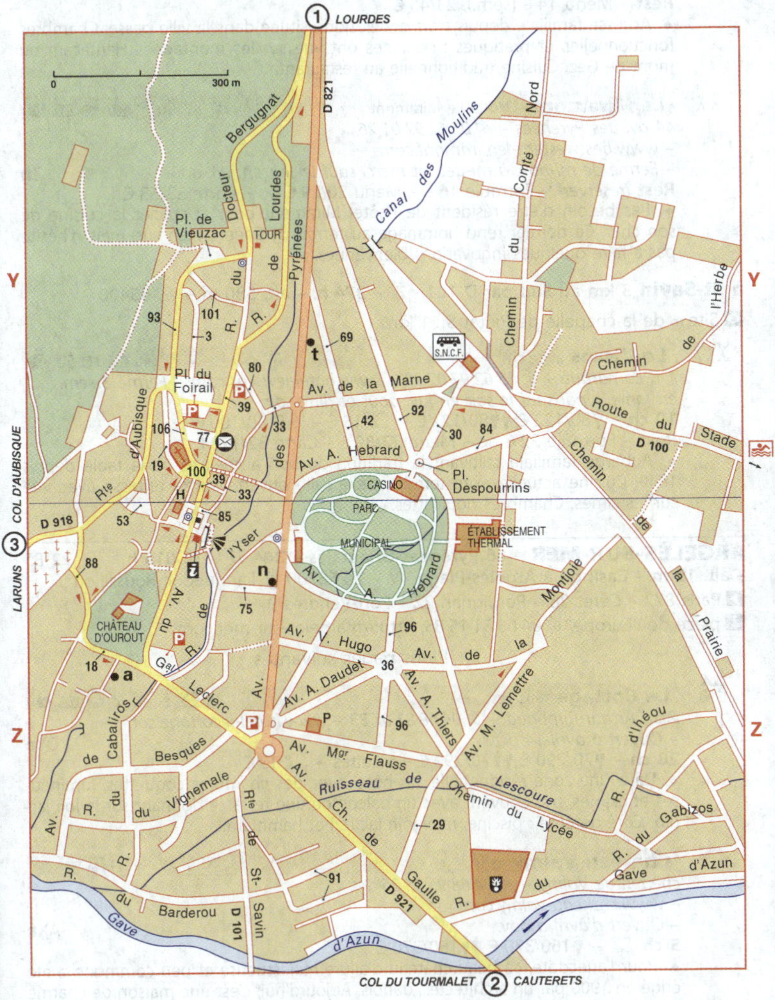

Les Cimes

1 pl. d'Ourout – ☎ 05 62 97 00 10 – www.hotel-lescimes.com
– Fermé 20 oct.-25 déc. et 2 janv.-11 fév. **Za**

26 ch – 🛉50/59 € 🛉🛉60/72 € – ☕ 10 € – ½ P 55/72 €

Rest – Formule 10 € – Menu 20/45 € – Carte 15/50 €

◆ Grand édifice disposant de chambres confortables, à l'ancienne ou dans l'air du temps. Petit-déjeuner dans l'agréable patio fleuri ; piscine couverte. Carte traditionnelle au restaurant ouvert sur la verdure.

Soleil Levant rest, VISA AE

17 av. des Pyrénées – ✆ 05 62 97 08 68 – www.hotel-soleil-levant-argeles.fr – Fermé 25 nov.-22 déc. et 2 janv.-4 fév. Yt

32 ch – †49/58 € ††49/58 € – ☐ 9 € – ½ P 50/55 €

Rest – Menu 14 € (sem.), 23/45 €

◆ Adresse familiale depuis trois générations, située dans la ville basse. Chambres fonctionnelles et pratiques ; certaines ont vue sur les montagnes Hautacam ou mont de Gez. Cuisine traditionnelle au restaurant.

Le Miramont – Hôtel Le Miramont VISA AE

44 av. des Pyrénées – ✆ 05 62 97 01 26 – www.bestwestern-lemiramont.com – Fermé de mi-nov. à mi-déc. et merc. sauf le soir en juil.-août Zn

Rest *(réserver)* – Formule 16 € – Menu 20/29 € bc – Carte 33/53 €

◆ Pas besoin d'être résident de l'hôtel Miramont pour apprécier la cuisine de son chef. Ce dernier rend hommage au terroir pyrénéen, bien sûr, mais n'hésite pas à faire quelques innovations bienvenues.

à St-Savin 3 km au Sud par D 101 - Z – 374 h. – alt. 580 m – ✉ 65400

Site★ de la chapelle de Piétat S : 1 km.

Le Viscos avec ch rest, VISA AE

1 r. Lamarque – ✆ 05 62 97 02 28 – www.hotel-leviscos.com – Fermé 3 sem. en janv., lundi sauf le soir en juil. août et dim. soir

10 ch – †80/122 € ††80/122 € – ☐ 15 € – ½ P 80/100 €

Rest – Formule 22 € bc – Menu 27/89 € – Carte 32/120 €

◆ Auberge familiale cultivant la tradition du bon accueil et de la table depuis 1840. Cuisine actuelle axée terroir ; belle salle ouverte sur la terrasse avec vue sur les cimes. Chambres douillettes.

ARGELÈS-SUR-MER – 66 Pyrénées-Orientales – 344 J7 – 10 015 h. – alt. 19 m – Casino : à Argelès-Plage BV – ✉ 66700 Languedoc Roussillon 22 B3

Paris 872 – Céret 28 – Perpignan 22 – Port-Vendres 9

place de l'Europe, ✆ 04 68 81 15 85, http://fr.argeles-sur-mer.com

Plans pages suivantes

Le Cottage sans rest VISA

21 r. Arthur-Rimbaud – ✆ 04 68 81 07 33 – www.hotel-lecottage.com – Ouvert 6 avril-14 oct. DYa

28 ch – †70/290 € ††70/290 € – 5 suites – ☐ 13 €

◆ Dans une zone résidentielle, un hôtel avec des chambres coquettes, lumineuses et calmes, très souvent avec un balcon ou une terrasse donnant sur le joli jardin. Côté détente : piscine, minigolf, jacuzzi et hammam.

Château Valmy sans rest VISA

chemin de Valmy – ✆ 04 68 95 95 25 – www.chateau-valmy.com – Ouvert d'avril à nov. AXa

5 ch ☐ – †160/370 € ††160/370 €

◆ Pour l'anecdote, ce beau château d'allure majestueuse et peu commune a été érigé en 1900 par un architecte... danois. Aujourd'hui, c'est une maison de charme pour hôtes chic, au cœur d'un vignoble de 30 ha. Superbes chambres zen et épurées, vue splendide sur la mer et dégustation de vins au chai : du style !

Cayrou VISA

18 r. du 14-Juillet – ✆ 04 68 81 34 08 – www.le-cayrou.com – Fermé dim. CYb

Rest – Formule 18 € – Menu 22 € (déj. en sem.), 30/40 €

◆ Jambon de pays, saumon à l'oseille avec ses tagliatelles fraîches, clafoutis... Une cuisine simple, bien faite et respectueuse des produits, avec des vins régionaux disponibles au verre. Il fait bon s'attabler dans cette jolie maison !

ARGELÈS-SUR-MER

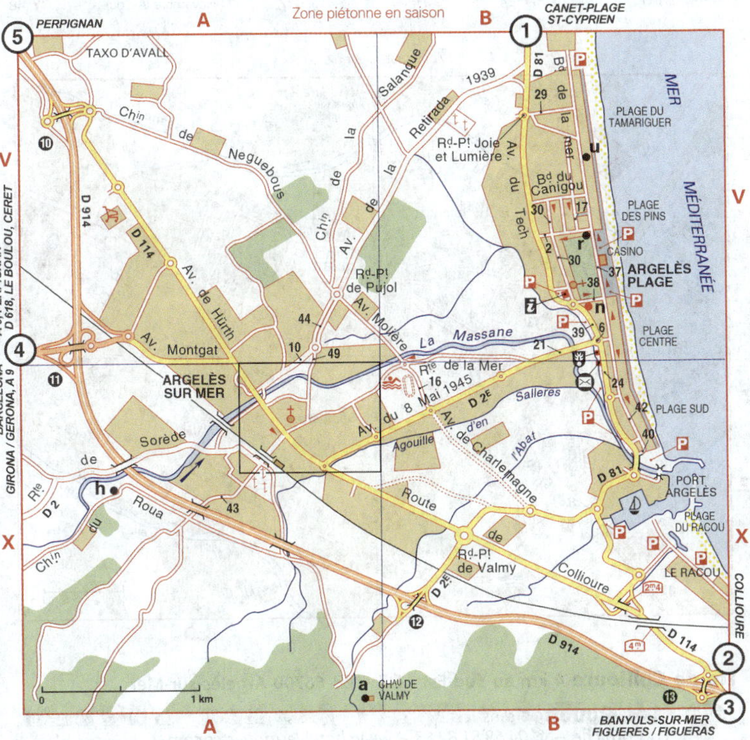

à Argelès-Plage 2,5 km à l'Est – ✉ 66700 – 9 869 h. – Languedoc Roussillon

SE : Côte Vermeille★★.

Grand Hôtel du Lido

50 bd de la Mer – ✆ 04 68 81 10 32 – www.hotel-le-lido.com – Ouvert 27 avril-30 sept.

66 ch – †84/215 € ††84/215 € – ☕ 11 € – ½ P 78/148 € **BVu**

Rest – Formule 19 € bc – Menu 27 € (déj.), 30/48 € – Carte 43/73 €

◆ Au bord de l'eau, le Lido est idéal pour des vacances en famille : chambres avec balcon, la plupart tournés vers la mer, restaurant traditionnel, plage privée...

De la Plage des Pins sans rest

allée des Pins – ✆ 04 68 81 09 05 – www.plage-des-pins.com – Ouvert fin avril-30 sept.

50 ch – †72/156 € ††82/170 € – ☕ 12 € **BVr**

◆ On vient là pour la plage, c'est vrai ; voilà qui tombe bien, puisque l'hôtel se trouve sur le front de mer. Depuis le balcon de sa chambre – plutôt sobre –, on a parfois vue sur la Méditerranée, et il y a aussi une chouette piscine !

L'Amadeus

av. des Platanes – ✆ 04 68 81 12 38 – Fermé 1er-20 mars, 15 nov.-8 janv., lundi et mardi sauf le soir en saison et merc. midi du 16 juin au 15 sept.

Rest – Formule 16 € – Menu 25/40 € – Carte 44/60 € **BVn**

◆ Sur la rue longeant les plages, un restaurant à la déco actuelle avec une agréable terrasse en zone piétonne. L'assiette mêle sagement tradition et nouveauté, pour un repas bien sympathique.

ARGELÈS-SUR-MER

Albert (R. Marcelin) . . . . CY 3
Bel Air (R. de) . . . . CY 7
Blanqui (R.) . . . . CY 9
Castellans (Pl. des) . . . . CY 13
Castellans (R.) . . . . CY 14
Desclot (R.) . . . . CY 18
Gambetta (R.) . . . . CDZ 20
Gendarmerie (R. de la) . . . . . . CDZ 22
Jean-Jaurès (R.) . . . . CY 26
Libération (Av. de la) . . . . CDYZ
Majorque (R. de) . . . . CY 27
Morata (R. Juan) . . . . CY 32
Nationale (Rte) . . . . CYZ
Notre-Dame-de-Vie (Rte) . . . . . CZ 33
Paix (R. de la) . . . . CY 35
Remparts (R. des) . . . . CY 41
République (Pl. de la) . . . . CY 42
République (R. de la) . . . . CY
Travail (R. du) . . . . CY 45
Wilson (R.) . . . . CZ 47
11-Novembre (Av. du) . . . . CY 48

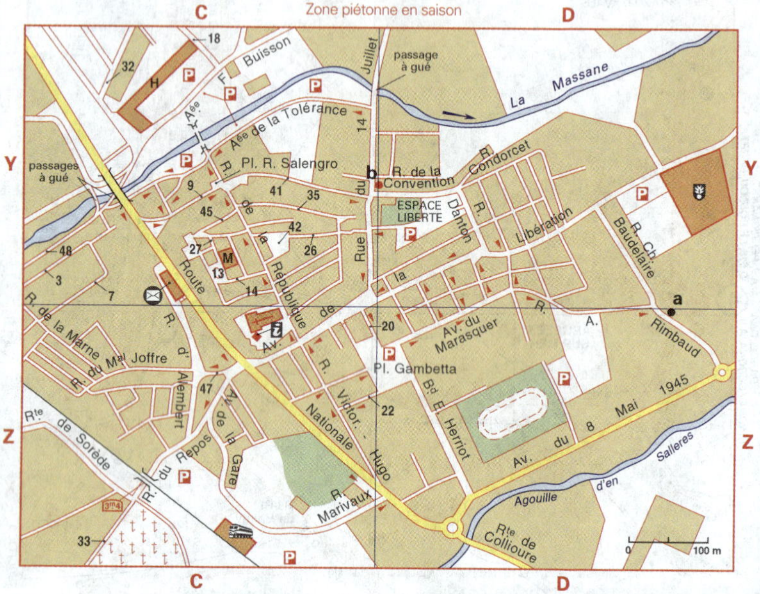

rte de Collioure 4 km au Sud-Est - DZ – ✉ 66700 Argelès-sur-Mer

Les Mouettes sans rest

La Corniche – ✆ 04 68 81 82 83 – www.hotel-lesmouettes.com – Ouvert 15 avril-15 oct.

31 ch – 🕴99/260 € 🕴🕴99/260 € – ☕ 15 €

◆ Face à la mer, au-dessus de la route de Collioure, un hôtel contemporain et chaleureux dans un beau jardin. Les chambres et studios ont tous une terrasse ou une loggia et, pour la détente, on profite du jacuzzi, du hammam et de la piscine.

à l'Ouest 1,5 km par rte de Sorède et rte secondaire

Auberge du Roua

46 chemin du Roua ✉ 66700 Argelès-sur-Mer – ✆ 04 68 95 85 85 – www.aubergeduroua.com – Fermé 15 nov.-26 déc., 3-20 janv. AXh

14 ch – 🕴69/99 € 🕴🕴69/189 € – 3 suites – ☕ 11 € – ½ P 78/140 €

Rest ***Auberge du Roua*** – voir les restaurants ci-après

◆ La campagne, les vignes, une délicieuse piscine dans un jardin fleuri et... le calme ! Un joli programme pour un joli mas du 17es., qui joue le contraste de l'authenticité et de l'épure contemporaine. En deux mots : du Sud et du style !

Auberge du Roua

46 chemin du Roua ✉ 66700 Argelès-sur-Mer – ✆ 04 68 95 85 85 – www.aubergeduroua.com – Fermé 15 nov.-26 déc., 3-20 janv. et le midi sauf dim. et fériés AXh

Rest – Formule 22 € – Menu 27/75 € – Carte 47/60 €

◆ Charlotte de rougets en escabèche et petits légumes printaniers, pigeonneau rôti et sa crème de petits pois... des saveurs franches et fraîches ! Le cadre est vraiment intime (pierres, poutres, voûtes...) et l'on se fait plaisir.

ARGENTAN – 61 Orne – 310 I2 – 14 439 h. – alt. 160 m 33 C2

– ✉ 61200 Normandie Cotentin

Paris 191 – Alençon 46 – Caen 59 – Dreux 115

Place du Marché - Chapelle Saint Nicolas, ☎ 02 33 67 12 48, www.argentan.fr

des Haras, à Nonant-le-Pin, Les Grandes Bruyères, E : 22 km, ☎ 02 33 27 00 19

Église St-Germain★.

Ariès

Z.A. Beurrerie à l'Ouest, 1 km par D 916 – ☎ 02 33 39 13 13 – www.arieshotel.fr

43 ch – 60/65 € 60/65 € – 8 € – ½ P 65/75 €

Rest *(fermé vend. soir, sam. et dim.)* – Formule 13 € – Menu 16/22 €

◆ Un hôtel des années 1980 en périphérie de la ville. Chambres très simples et fonctionnelles, aux prix mesurés.

La Renaissance avec ch

20 av. 2e-Division-Blindée – ☎ 02 33 36 14 20 – www.hotel-larenaissance.com – Fermé 29 juil.-20 août, 25 fév.-4 mars et dim. soir

14 ch – 67/90 € 67/90 € – 12 € – ½ P 73/105 €

Rest *(fermé sam. midi, dim. soir et lundi)* – Formule 18 € – Menu 27/65 € – Carte 63/89 €

◆ On passe un agréable moment dans cette maison élégante et feutrée, où l'on veille au plaisir du client. Le chef signe une cuisine inventive et savoureuse, qui ne manque ni de fraîcheur ni de saveur. Quelques jolies chambres pour l'étape.

au Nord-Est 11 km par D 926 et D 729

Pavillon de Gouffern

l'Orée du bois – ☎ 02 33 36 64 26 – www.pavillondegouffern.com

20 ch – 75/180 € 75/180 € – 12 € – ½ P 93/103 €

Rest – Formule 28 € – Menu 38/55 € bc – Carte 38/50 €

◆ Dans son vaste parc, ce pavillon de chasse tout en colombages (19es.) exprime la noble richesse du pays d'Argentan, où abondent les prairies grasses et les bois touffus... Salons, chambres, restaurant : les lieux respirent l'aisance, dans une agréable veine contemporaine.

à Fontenai-sur-Orne 4,5 km au Sud-Ouest – 254 h. – alt. 65 m – ✉ 61200

La Table de Catherine et H. Le Faisan Doré avec ch

– ☎ 02 33 67 18 11 – www.lefaisandore.com – Fermé 1er-15 août, sam. midi et dim. soir

16 ch – 60/150 € 60/150 € – 10 €

Rest – Formule 13 € – Menu 20 € (sem.), 25/35 € – Carte 26/52 €

◆ Sur l'axe Argentan-Flers, on reconnaît cette auberge traditionnelle à sa façade en colombages. Surprise au restaurant : des couleurs vives et de grandes fleurs sur les murs... une certaine fraîcheur pour une cuisine assez classique. Pour la nuit, préférez les chambres rénovées.

ARGENTAT – 19 Corrèze – 329 M5 – 3 079 h. – alt. 183 m – ✉ 19400 25 C3

Limousin Berry

Paris 503 – Aurillac 54 – Brive-la-Gaillarde 45 – Mauriac 49

place da Maïa, ☎ 05 55 28 16 05, www.tourisme-argentat.com

Le Sablier du Temps

13 av. J.-Vachal – ☎ 05 55 28 94 90 – www.sablier-du-temps.com – Fermé 2 janv.-6 fév.

24 ch – 50/92 € 54/95 € – 9 € – ½ P 55/80 €

Rest *(fermé vend. d'oct. à avril)* – Formule 12 € – Menu 15 € (déj. en sem.), 24/49 € – Carte 34/60 €

◆ Ici, le temps s'écoule lentement... Cet hôtel proche du centre-ville est à la fois convivial et familial, avec son jardin, sa piscine et ses chambres modernes et colorées. Côté restaurant, le patron œuvre lui-même en cuisine. Une bonne adresse.

Fouillade
rest, VISA MC AE

11 pl. Gambetta – 05 55 28 10 17 – www.fouillade.com – Fermé 15 déc.-4 janv. et vacances de fév.

15 ch – 52/75 € 56/75 € – 7 €

Rest *(fermé dim. soir et lundi du 15 sept. au 15 juin)* – Formule 11 € – Menu 15/39 € – Carte 23/43 €

◆ Immanquable, cet hôtel-restaurant centenaire se dresse sur une agréable petite place du centre ; on ne peut rater sa riante terrasse ! Avant tout fonctionnelles, les chambres sont propres et bien tenues.

Saint-Jacques
VISA MC

39 av. Foch – 05 55 28 89 87 – Fermé 5-26 mars, 8-29 oct., dim. soir d'oct. à avril et lundi

Rest – Formule 14 € – Menu 19 € (sem.), 34/58 € – Carte 53/80 €

◆ Homard, truffes, langoustines... Le chef affectionne les produits nobles et réalise une cuisine goûteuse, dans l'air du temps. Avec sa véranda et sa belle terrasse ombragée, le restaurant est lumineux, accueillant.

Auberge des Gabariers
VISA MC

15 quai Lestourgie – 05 55 28 05 87 – www.aubergedesgabariers.com – Ouvert 1er avril-1er nov. et fermé mardi soir et merc. sauf juil.-août

Rest – Formule 16 € – Menu 27/36 € – Carte 40/50 €

◆ Pour essayer une cuisine typique, entre Corrèze et Périgord, et célèbrer confits, foie gras et cèpes, arrêtez-vous dans cette jolie maison du 16es. au bord de la Dordogne. Bien agréable, la terrasse à l'ombre du tilleul.

ARGENTEUIL – **95 Val-d'Oise** – **305** E7 – **101** 14 – **voir à Paris, Environs**

ARGENTIÈRE – **74 Haute-Savoie** – **328** O5 – **alt. 1 252 m** – **Sports d'hiver : voir Chamonix** – ✉ **74400** Alpes du Nord **45** D1

Paris 619 – Annecy 106 – Chamonix-Mont-Blanc 10 – Vallorcine 10

Aiguille des Grands Montets★★★ : ✻★★★ - Réserve naturelle des Aiguilles Rouges★★★ N : 3 km - Col de la Balme★★ : ✻★★.

Grands Montets sans rest
VISA MC AE

340 chemin des Arberons – 04 50 54 06 66 – www.hotel-grands-montets.com – Ouvert 23 juin-2 sept. et 21 déc.-1er mai

45 ch – 118/170 € 130/210 € – 3 suites

◆ Non loin du téléphérique et au calme, ce beau chalet distille le charme patiné des demeures savoyardes d'antan. Chambres au joli décor montagnard, mais aussi piscine couverte, fitness, hammam et jacuzzi... pour une atmosphère très cocooning.

Montana
ch, rest, VISA MC AE

24 clos du Montana – 04 50 54 14 99 – www.hotel-montana.fr – Ouvert 22 juin-30 sept. et 12 déc.-8 mai

16 ch – 100/280 € 130/340 € – 4 suites

Rest *(ouvert 22 juin-15 sept.) (dîner seult) (résidents seult)* – Menu 29 €

◆ Un chalet vert à l'entrée de la station, apprécié pour son atmosphère familiale et amicale. Certaines chambres ont été joliment rénovées en 2010 dans un style montagne à la fois chic et contemporain : préférez ces dernières ! Pour les résidents, un sympathique restaurant traditionnel en saison.

La Remise
VISA MC

1124 rte d'Argentière – 04 50 34 06 96 – www.laremise.eu – Fermé 4-21 juin, 29 oct.-16 nov. et lundi

Rest – Formule 19 € – Menu 23 € (déj. en sem.), 29/59 € – Carte 45/65 €

◆ Une Remise charmante et chaleureuse : des poutres, une cheminée et... de la gourmandise à tous les étages. En cuisine, Francine concocte des petits plats séduisants, tandis que Sébastien, son mari, vous accueille avec le sourire.

ARGENTON-SUR-CREUSE – 36 Indre – 323 F7 – 5 177 h. 11 B3

– alt. 100 m – ✉ 36200 Limousin Berry

Paris 297 – Châteauroux 32 – Limoges 93 – Montluçon 103

13, place de la République, ✆ 02 54 24 05 30, www.ot-argenton-sur-creuse.fr

Vieux pont ≤★ - ≤★ de la terrasse de la chapelle N.-D.-des-Bancs.

Manoir de Boisvillers sans rest

11 r. Moulin-de-Bord – ✆ 02 54 24 13 88
– www.manoir-de-boisvilliers.com e

16 ch – †64 € ††76 € – ☕ 8 €

◆ Une demeure bourgeoise (18^e^s.) tout près de la Creuse, au calme. Ethniques, rustiques ou classiques, les chambres sont agréables et feutrées... Et il fait bon paresser dans le jardin, autour de la piscine.

Le Cheval Noir

27 r. Auclert-Descottes – ✆ 02 54 24 00 06 – www.le-chevalnoir.fr
– Fermé dim. soir hors saison n

20 ch – †46/70 € ††58/70 € – ☕ 8 € – ½ P 59 €

Rest *Le Cheval Noir* – voir les restaurants ci-après

◆ Cet ancien relais de poste – sa jolie façade ne trompe pas – appartient à la même famille depuis plus d'un siècle. Les chambres sont agréables, dans une veine actuelle pleine de fraîcheur. Une étape toujours bien vivante !

XX Le Cheval Noir

27 r. Auclert-Descottes – ✆ 02 54 24 00 06 – www.le-chevalnoir.fr
– Fermé nov., janv. et dim. soir hors saison n

Rest – Formule 12 € – Menu 22/32 €

◆ Envie de tradition ? Sous ce nom qui fit autrefois florès sur les routes de France, une grande salle de banquet (décor modernisé) et une carte qui fait la part belle aux produits du marché. Formule déjeuner très attractive.

ARGENTON-SUR-CREUSE

Acacias (Allée des)	2
Barbès (R.)	5
Brillaud (R. Charles)	6
Chapelle-N.-D. (R. de la)	7
Châteauneuf (R.)	8
Chauvigny (R. A. de)	10
Coursière (R. de la)	12
Gare (R. de la)	14
Grande (R.)	15
Merle-Blanc (R. du)	18
Point-du-Jour (R. du)	20
Pont-Neuf (R. du)	23
Raspail (R.)	24
République (Pl de la)	25
Rochers-St-Jean (R. des)	27
Rosette (R.)	28
Rousseau (R. Jean-J.)	29
Tanneurs (R. des)	31
Victor-Hugo (R.)	33
Villers (Impasse de)	35

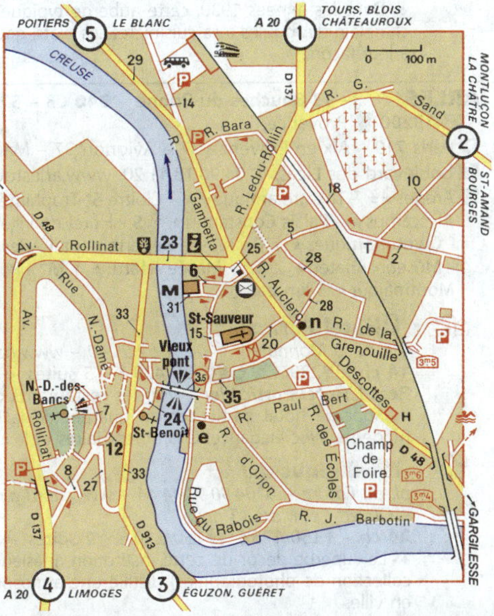

à Bouësse 11 km par ② – 387 h. – alt. 185 m – ✉ 36200

Château de Bouesse

– ✆ 02 54 25 12 20 – *www.chateau-bouesse.com – Ouvert 1er avril-1er janv. et fermé lundi et mardi sauf du 16 mai au 30 sept.*
11 ch – †95/135 € ††100/135 € – 1 suite – ☕ 15 € – ½ P 96/125 €
Rest *(fermé mardi sauf juil.-août et lundi)* – Formule 25 € – Menu 38/55 € – Carte 56/76 €
◆ Jeanne d'Arc aurait séjourné dans ce château du Moyen-Âge entouré d'un parc. Qu'importe le mythe, les amateurs de mobilier ancien et de style médiéval se feront plaisir, surtout dans la magnifique chambre du donjon. Décor 18es. au restaurant pour une cuisine du moment.

ARGENT-SUR-SAULDRE – 18 Cher – 323 K1 – 2 224 h. – alt. 171 m 12 C2

– ✉ 18410 Limousin Berry
Paris 171 – Bourges 57 – Cosne-Cours-sur-Loire 46 – Gien 22

Relais du Cor d'Argent avec ch

39 r. Nationale – ✆ 02 48 73 63 49 – www.lecordargent.com – Fermé 3-12 juil., 16-25 oct., 19 fév.-22 mars, mardi et merc.
7 ch – †48/54 € ††48/62 € – ☕ 8 € – ½ P 68 €
Rest – Menu 19 € (sem.), 29/59 € – Carte 40/72 €
◆ Un Cor d'Argent fleuri et rustique... Salles à manger sobres et champêtres, où l'on savoure une cuisine traditionnelle variant avec le marché et les saisons. Petites chambres simples pour l'étape.

ARGOULES – 80 Somme – 301 E5 – 339 h. – alt. 18 m – ✉ 80120 36 A1

Nord Pas-de-Calais Picardie
Paris 217 – Abbeville 34 – Amiens 82 – Calais 93
Abbaye★★ et jardins★★ de Valloires NO : 2 km.

Auberge du Coq-en-Pâte

37 Grande rue, (rte de Valloires) – ✆ 03 22 29 92 09 – Fermé 18-25 avril, 17-26 sept., 17-24 oct., 3 sem. en janv., dim. soir, lundi et mardi sauf fériés
Rest *(nombre de couverts limité, réserver)* – Menu 20 € – Carte 35/45 €
◆ Dans les années 1930, cette auberge typiquement régionale fut offerte par le châtelain d'Argoules à sa cuisinière. Les plats, goûteux, magnifient le terroir picard à leur façon.

ARLES – 13 Bouches-du-Rhône – 340 C3 – 52 729 h. – alt. 13 m 40 A3

– ✉ 13200 Provence
Paris 719 – Aix-en-Provence 77 – Avignon 37 – Marseille 94
boulevard des Lices, ✆ 04 90 18 41 20, www.arlestourisme.com
Arènes★★ - Théâtre antique★★ - Cloître St-Trophime★★ et église★ : portail★★ - Les Alyscamps★ - Palais Constantin★ Y **S** - Hôtel de ville : voûte★ du vestibule Z **H** - Cryptoportiques★ Z **E** - Musée départemental Arles antique★★ (sarcophages★★) - Museon Arlaten★ Z **M6** - Musée Réattu★ Y **M4** - Ruines de l'abbaye de Montmajour★ 5 km par ①.

L'Hôtel Particulier

4 r. de la Monnaie – ✆ 04 90 52 51 40 – www.hotel-particulier.com
14 ch – †239/429 € ††239/429 € – 5 suites – ☕ 22 € Zd
Rest *L'Hôtel Particulier* – voir les restaurants ci-après
◆ Superbe hôtel particulier du quartier de la Roquette, mariant l'ancien et le moderne avec élégance. Chambres claires et luxueuses, massages et soins.

Nord Pinus sans rest

pl. du Forum – ✆ 04 90 93 44 44 – www.nord-pinus.com – Ouvert 1er Mars-15 nov. Zt
24 ch – †150/175 € ††150/250 € – 2 suites – ☕ 22 €
◆ Le superbe décor de cette institution arlésienne (mobilier signé du 20e siècle, collection de photographies) distille une atmosphère rétro. Idéal pour se balader en ville.

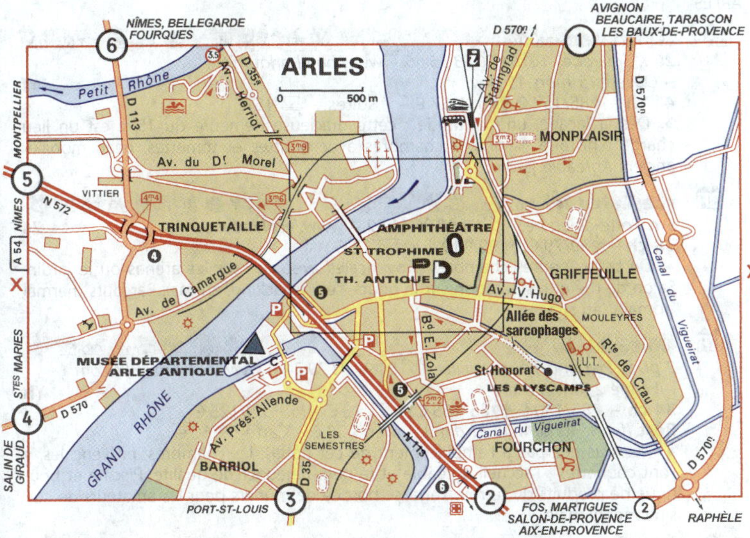

Alyscamps (Av. des)	Z 2	Forum (Pl. du)	Z 15	Plan de la Cour (R. du)	Z 33
Amphithéâtre (R. de l')	Y 3	Gambetta (R.)	Z 17	Porte de Laure (R.)	Z 36
Anatole-France (R.)	Z 4	Hôtel de Ville (R. de l')	Z 18	Président Wilson (R. du)	Z 37
Antonelle (Pl.)	Z 5	Jean-Jaurès (R.)	Z 19	Réattu (R.)	Y 41
Arènes (Rd-Pt des)	YZ 6	Lamartine (Av.)	Y 21	Redoute (Pl. de la)	Z 42
Arènes (R. des)	YZ 7	Lices (Bd des)	Z	République (Pl. de la)	Z 39
Balze (R.)	Z 8	Maïsto (R. Dominique)	Y 27	République (R. de la)	Z 40
Blum (R. Léon)	Y 10	Major (Pl. de la)	Y 29	Vauban (Montée)	Z 43
Calade (R. de la)	Z 12	Mistral (R. Frédéric)	Z 30	Voltaire (R.)	Y 45
Cavalerie (R. de la)	Y 13	Place (R. de la)	Y 32	4-Septembre (R. du)	Y 47
Cloître (R. du)	Z 14				

D'Arlatan sans rest

26 r. Sauvage – 04 90 93 56 66 – www.hotel-arlatan.fr
– Ouvert 15 mars-15 nov. Yf

41 ch – 85/157 € 85/157 € – 7 suites – 15 €

◆ Dès la façade, une certitude : cette gracieuse demeure du 15ᵉs. est un lieu chargé d'histoire. Salons et chambres avec poutres et tomettes, beau mobilier ancien. Agréable jardin.

Le Calendal sans rest

5 r. Porte-de-Laure – 04 90 96 11 89 – www.lecalendal.com Zs

38 ch – 59/79 € 99/119 € – 12 €

◆ De belles petites chambres provençales avec vue sur les arènes ou le jardin. Salon de thé et restauration sur le pouce l'été (snacking, en-cas). Parcours thermal "romain" au spa.

Mireille rest,

2 pl. St-Pierre, à Trinquetaille – 04 90 93 70 74 – www.hotel-mireille.com
– Fermé 2 janv.-28 fév. Yh

34 ch – 85/140 € 85/165 € – 15 € – ½ P 85/125 €

Rest *(fermé lundi midi et dim.)* – Menu 33 € – Carte 39/60 €

◆ Ne vous fiez pas à l'emplacement de cet hôtel : les chambres, provençales, y sont coquettes ; l'accueil agréable et le petit-déjeuner de qualité. Piscine et boutique de produits du terroir. Terrasse bordée de mûriers pour les amateurs de cuisine méridionale.

Amphithéâtre sans rest

5 r. Diderot – 04 90 96 10 30 – www.hotelamphitheatre.fr Zn

30 ch – 52/58 € 58/68 € – 3 suites – 10 €

◆ Chambres colorées (bois peint, fer forgé) dans un bel immeuble du 17ᵉs., plus grandes et raffinées dans l'hôtel particulier mitoyen. Jolie salle des petits-déjeuners.

Muette sans rest

15 r. des Suisses – 04 90 96 15 39 – www.hotel-muette.com – Fermé fév.

18 ch – 45/65 € 58/74 € – 8 € Yq

◆ Près des arènes, belle façade du 12ᵉs. Mobilier rustique ou contemporain dans les chambres (pierres et poutres apparentes). Salle du petit-déjeuner gaie et colorée.

Les Acacias sans rest

2 r. de la Cavalerie – 04 90 96 37 88 – www.hotel-acacias.com
– Ouvert 2 avril-25 oct. Yt

33 ch – 55/94 € 55/94 € – 6 €

◆ Hôtel totalement remis à neuf, au pied de la porte de la Cavalerie. Atmosphère camarguaise dans le hall et décor provençal dans les chambres, pratiques et colorées.

L'Hôtel Particulier – L'Hôtel Particulier

4 r. de la Monnaie – 04 90 52 51 40 – www.hotel-particulier.com

Rest – Menu 42 € Zd

◆ Design, raffinement et blancheur immaculée ! Dans l'assiette, en revanche, beaucoup de couleur, de beaux produits de saison, des saveurs franches et... du goût. Le midi, le chef concocte des plats plus simples.

Le Cilantro (Jérôme Laurent)

31 r. Porte-de-Laure – 04 90 18 25 05 – www.restaurantcilantro.com
– Fermé 2-12 mars, 3-20 nov., lundi sauf le soir en juil.-août, sam. midi et dim. Za

Rest – Menu 30 € (déj. en sem.), 67/99 € – Carte 70/80 €

Spéc. Cromesquis d'encornets et gambas à la plancha, jus de tomate rôtie (été). Pigeon des Costières en croûte de cacao, champignons de saison (hiver). Cerises du pays flambées au kirsch, glace pistache (juin). **Vins** Coteaux du Languedoc, Les Baux de Provence.

◆ Derrière le théâtre antique, près des arènes, les "Idées du chef" changent chaque semaine, inspirées par le Sud et ses parfums. Une cuisine actuelle, servie dans un cadre contemporain élégant ou en terrasse aux beaux jours.

L'Atelier de Jean-Luc Rabanel
7 r. des Carmes – ✆ 04 90 91 07 69 – www.rabanel.com
– Fermé vacances de fév., lundi et mardi **Zk**
Rest *(nombre de couverts limité, réserver)* – Menu 55 € (déj.), 95/160 € bc
Spéc. Artichaut en fleur, jus barigoule et pata negra. Pistes rôties au piment d'Espelette, pistou et tomates "bonbons" confites. Pain brioché caramélisé, vanille, fraises, framboises et sorbet estragon (été). **Vins** Côtes du Roussillon, Côteaux du Languedoc.
◆ Plus qu'un repas, une expérience ! Jean-Luc Rabanel invente une cuisine saine, proche de la nature, en perpétuelle métamorphose. Le menu unique comporte 13 plats le soir et 7 le midi, et tous sont remarquables. Un art consommé...

L'Autruche
5 r. Dulau – ✆ 04 90 49 73 63 – Fermé 1er-15 nov., 25-31 déc., dim. et lundi
Rest *(nombre de couverts limité, réserver)* – Formule 17 € **Zr**
– Menu 25 € (déj.) – Carte environ 55 € le soir
◆ Ne faites pas l'autruche, ce bistrot contemporain est une bonne adresse ! Un duo de jeunes chefs talentueux y prépare, avec de beaux produits, une cuisine fine et actuelle.

Bistrot "À Côté"
21 r. des Carmes – ✆ 04 90 47 61 13 – www.bistro-acote.com **Zu**
Rest – Menu 29 € (déj.)/37 € – Carte 37/46 €
◆ L'annexe de Jean-Luc Rabanel, à côté de son Atelier : atmosphère décontractée à la mode espagnole (jambons, vins exposés, comptoir...) et qualité des produits au rendez-vous.

rte du Sambuc **17 km par ④, D 570 et D 36 – ✉ 13200 Arles**

La Chassagnette (Armand Arnal)
– ✆ 04 90 97 26 96 – www.chassagnette.fr
– Fermé 20 déc.-24 fév., mardi sauf en juil.-août et merc.
Rest *(nombre de couverts limité, réserver)* – Menu 95/125 € bc – Carte 55/70 €
Spéc. Velouté d'herbes amères et brousse de chèvre. Daurade royale, fenouil, navet glacés et aïoli au coing. Soufflé myrtille et sorbet fenouil bronze. **Vins** Vin de pays d'Oc, Côtes du Rhône-Villages.
◆ Un lieu magique que ce mas isolé ! Le chef mise sur une cuisine épurée, dans le respect des saisons et des produits du potager bio pour une explosion de saveurs naturelles.

ARNAGE – 72 Sarthe – 310 K7 – rattaché au Mans

ARNAY-LE-DUC – 21 Côte-d'Or – 320 G7 – 1 673 h. – alt. 375 m 8 C2
– ✉ 21230 Bourgogne
Paris 285 – Autun 28 – Beaune 36 – Chagny 38
15, rue Saint-Jacques, ✆ 03 80 90 07 55, www.arnay-le-duc.com

Chez Camille
1 pl. Edouard-Herriot – ✆ 03 80 90 01 38 – www.chez-camille.fr
11 ch – †84 € ††84 € – ☕ 10 € – ½ P 88 €
Rest – Menu 22/100 € – Carte 49/74 €
◆ Un hôtel-restaurant de tradition au cœur du village. Les chambres sont toutes différentes (mobilier de style), confortables et bien tenues, certaines avec un petit salon.

LES ARQUES – 46 Lot – 337 D4 – 184 h. – alt. 254 m – ✉ 46250 28 B1
Périgord Quercy
Paris 569 – Cahors 28 – Gourdon 27 – Villefranche-du-Périgord 19
Musée Zadkine★ - Église St-Laurent★ : Christ★ et Pietà★ - Fresques murales★ de l'église St-André-des-Arques.

La Récréation
le bourg – ✆ 05 65 22 88 08 – Ouvert de mars à oct. et fermé merc. et jeudi
Rest – Formule 24 € – Menu 35 €
◆ L'école est finie ! À la place, une sympathique maison, doucement nostalgique : classe-salle à manger, préau-terrasse, jardin dans la cour de récré. Plats actuels.

ARRADON – 56 Morbihan – **308** O9 – rattaché à Vannes

ARRAS P – 62 Pas-de-Calais – **301** J6 – 42 780 h. – Agglo. 124 206 h. **30** B2
– alt. 72 m – ✉ 62000 Nord Pas-de-Calais Picardie

Paris 179 – Amiens 69 – Calais 110 – Charleville-Mézières 159

place des Héros, ✆ 03 21 51 26 95, www.ot-arras.fr

d'Arras, à Anzin-Saint-Aubin, Rue Briquet Taillandier, NO : 5 km par D 341, ✆ 03 21 50 24 24

Grand'Place★★★ et Place des Héros★★★ - Hôtel de Ville et beffroi★ BY **H** - Ancienne abbaye St-Vaast★★ : musée des Beaux-Arts★- Carrière Wellington★.

ARRAS

Adam (R. Paul)	AY	2
Agaches (R. des)	BY	3
Albert-Ier-de-Belgique (R.)	BY	4
Ancien-Rivage (Pl. de l')	BY	5
Barbot (R. du Gén.)	BY	6
Baudimont (Rd-Pt)	AY	7
Carabiniers-d'Artois (R. des)	AY	8
Cardinal (R. du)	CZ	9
Delansorne (R. D.)	BZ	10
Doumer (R. P.)	BY	11
Droits de l'Homme (Av. des)	CY	12
Ernestale (R.)	BZ	13
Ferry (R. J.)	AY	15
Foch (R. Maréchal)	CZ	16
Gambetta (R.)	BCZ	
Gouvernance (R. de la)	BY	18
Guy Mollet (Pl.)	CY	19
Kennedy (Av. J.)	AZ	24
Legrelle (R. E.)	BCZ	25
Madeleine (Pl. de la)	BY	28
Marché-au-Filé (R. du)	BY	30
Marseille (Pl. de)	BZ	31
Robespierre (R.)	BZ	34
Ronville (R.)	CZ	35
Ste-Claire (R.)	AZ	37
Ste-Croix (R.)	CY	39
St-Aubert (R.)	BY	
Strasbourg (Bd de)	CZ	42
Taillerie (R. de la)	CY	43
Teinturiers (R. des)	BY	45
Théâtre (Pl. et R.)	BZ	47
Verdun (Cours de)	AZ	49
Victor-Hugo (Pl.)	AZ	51
Wacquez-Glasson (R.)	CZ	52
Wetz-d'Amain (Pl. du)	BY	53
29-Juillet (R. du)	BY	54
33e (Pl. du)	BY	55

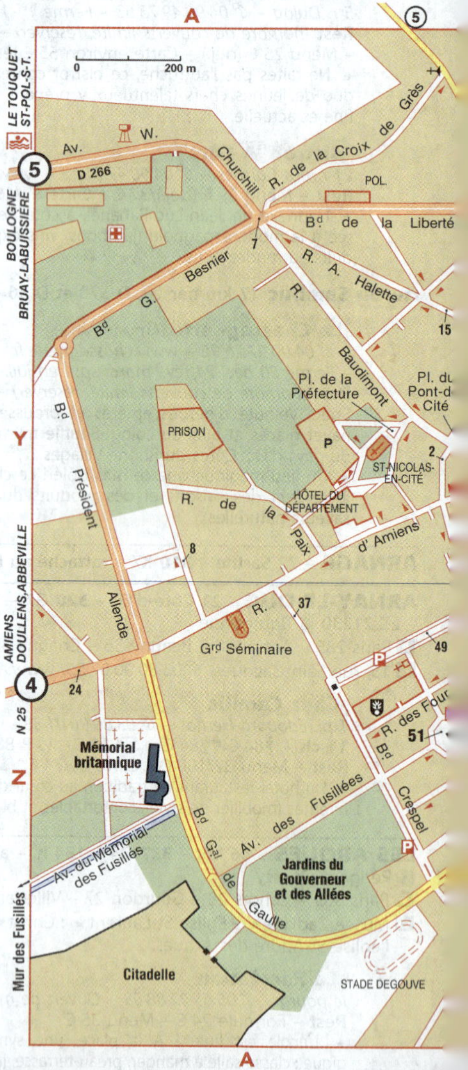

De l'Univers

3 pl. de la Croix-Rouge
– ✆ 03 21 71 34 01
– www.hotel-univers-arras.com

BZ**v**

38 ch – 🚹89/119 € 🚹🚹99/169 € – ☕ 14 €

Rest – Menu 19/39 € – Carte 45/75 €

◆ Cette élégante demeure du 16ᵉs. abrita un monastère, puis un hôpital... Désormais, on s'y ressource paisiblement, dans un décor soigné (objets ethniques et contemporains).

Mercure Atria
58 bd Carnot – 03 21 23 88 88 – www.mercure.com CZ**b**
80 ch – 81/145 € 81/145 € – 14 €
Rest *(fermé sam., dim. midi et fériés le midi)* – Formule 14 € – Carte 21/36 €
◆ Derrière sa façade de verre et de brique, cet hôtel du centre d'affaires cache des chambres décorées dans un esprit contemporain : mobilier en bois clair et couleurs tendance. Plantes vertes et fleurs habillent agréablement le restaurant. Carte traditionnelle.

D'Angleterre sans rest
7 pl. Foch – 03 21 51 51 16 – www.hotelangleterre.info CZ**r**
19 ch – 95/135 € 99/135 € – 9 €
◆ Tout près de la gare TGV, cet élégant édifice en brique (1929) dispose de chambres spacieuses et soignées (moquette, mobilier classique ou rustique). Bar british, évidemment.

Express by Holiday Inn sans rest
3 r. du Dr Brassart – 03 21 60 88 88 – www.holidayinn-arras.com
98 ch – 98/150 € 98/150 € CZ**t**
◆ Bâtiment contemporain à proximité immédiate de la gare. Chambres modernes bien équipées, parfaitement adaptées à la clientèle d'affaires.

Moderne sans rest
1 bd de Faidherbe – 03 21 23 39 57 – www.hotel-moderne-arras.com – Fermé 6-19 août, 22 déc.-6 janv. et dim. hors saison CZ**m**
50 ch – 75/135 € 85/135 € – 10 €
◆ Face à la gare et à deux pas de la Grand-Place, ce bel immeuble (1920) abrite des chambres simples et fonctionnelles, égayées de tissus colorés.

3 Luppars sans rest
49 Grand'Place – 03 21 60 02 03 – www.hotel-les3luppars.com CY**r**
42 ch – 60/75 € 75 € – 8 €
◆ La plus ancienne demeure d'Arras, érigée en 1467, affiche fièrement sa superbe façade gothique. Chambres simplement agencées, plus calmes sur l'arrière.

Ibis sans rest
11 r. de la Justice – 03 21 23 61 61 – www.ibishotel.com CZ**n**
63 ch – 63/110 € 63/110 € – 8 €
◆ Hôtel idéalement posté entre les deux magnifiques places arrageoises. Les chambres, de dimension modeste, sont fonctionnelles et bien insonorisées.

La Corne d'Or sans rest
1 pl. Guy-Mollet – 03 21 58 85 94 – www.lamaisondhotes.com – Fermé fin juil. à mi-août CY**a**
5 ch – 74/92 € 80/120 € – 9 €
◆ Savourez l'atmosphère romantique et le doux raffinement de cet hôtel particulier remanié au 18e s. Chambres classiques ou contemporaines, loft mansardé, superbes caves.

La Faisanderie
45 Grand'Place – 03 21 48 20 76 – www.restaurant-la-faisanderie.com – Fermé 30 juil.-20 août, 27 fév.-11 mars, jeudi midi, dim. soir, lundi et soirs fériés
Rest – Formule 25 € – Menu 29/45 € – Carte 32/45 € CY**f**
◆ Dans les caves d'une demeure du 17es., aux voûtes de brique soutenues par d'imposantes colonnes en pierre ! À l'extérieur, belle terrasse sous les arcades. Carte actuelle.

La Coupole d'Arras
26 bd de Strasbourg – 03 21 71 88 44 – Fermé dim. soir CZ**x**
Rest – Formule 23 € – Menu 30 € (sem.)/39 € – Carte 30/56 €
◆ On savoure ici une cuisine traditionnelle (beau choix de pâtisseries maison) dans une atmosphère de brasserie Art nouveau : reproductions de Mucha, vitraux...

à Rœux 14 km à l'Est par ①, N 50, D 33 et D 42 – 1 393 h. – alt. 59 m – ✉ 62118

XX **Le Grand Bleu**

41 r. Henri-Robert – ☎ 03 21 55 41 74 – www.legrandbleu-roeux.fr – Fermé 2 sem. en août, le soir du mardi au jeudi, sam. midi, dim. soir et lundi

Rest – Formule 20 € – Menu 25 € (déj. en sem.) – Carte environ 48 €

◆ La courte carte de ce Grand Bleu varie sans cesse, mêlant saveurs de saison et pointe d'exotisme... On se restaure dans une salle colorée ou sur la terrasse, face au lac.

à Mercatel 8 km par ③, D 917 et D 34 – 618 h. – alt. 88 m – ✉ 62217

XX **Mercator**

24 r. de la Mairie – ☎ 03 21 73 48 33 – Fermé 22-29 mars, 1er-16 août, sam. midi, lundi et le soir sauf vend.

Rest – Formule 18 € – Menu 29/40 € – Carte 34/75 €

◆ Ambiance familiale, salle à manger rustique et plats traditionnels escortés de vins soigneusement choisis : de passage à Arras, projetez donc un repas au Mercator.

à Anzin-St-Aubin 5 km au Nord-Ouest par D 341 – 2 788 h. – alt. 71 m – ✉ 62223

Du Golf d'Arras

r. Briquet-Tallandier – ☎ 03 21 50 45 04 – www.golf-arras.com

64 ch – †89/105 € ††99/115 € – 2 suites – ☕ 14 €

Rest – Formule 25 € bc – Menu 28 € bc/85 € bc

◆ À l'entrée d'un golf 18 trous, bâtisse en bois clair, très "Nouvelle-Orléans". Chambres raffinées, la plupart donnant sur les greens. Répertoire culinaire au goût du jour et cadre lumineux pour une pause gourmande entre deux swings.

X **L'Infini**

r. Briquet-Taillandier – ☎ 03 21 50 27 22 – www.golf-arras.com – Fermé 1 sem. à Noël, dim. soir, lundi soir et mardi soir

Rest – Carte 30/55 €

◆ On accède à ce restaurant design par la terrasse. Situé le long du golf, il bénéficie d'une agréable vue sur les greens. Carte traditionnelle variant avec les saisons.

ARREAU – 65 Hautes-Pyrénées – 342 O7 – 776 h. – alt. 705 m – ✉ 65240 Midi-Toulousain — 28 A3

Paris 818 – Auch 91 – Bagnères-de-Luchon 34 – Lourdes 81

Château des Nestes, ☎ 05 62 98 63 15, www.vallee-aure.com

Vallée d'Aure★ S - ✱★★★ du col d'Aspin NO : 13 km.

Angleterre

18 rte de Luchon – ☎ 05 62 98 63 30 – www.hotel-angleterre-arreau.com – Ouvert de mi-mai à mi-oct., week-ends et vacances scolaires de Noël , de fév. et fermé lundi en mai-juin et sept.

16 ch – †70/120 € ††75/130 € – ☕ 10 € – ½ P 70/102 €

Rest *(ouvert mi mai-début oct.) (dîner seult)* – Menu 22/27 €

◆ Dans un petit village typique de la vallée, relais de poste transformé en hôtel de caractère. Un bel escalier dessert les chambres, cosy et bien tenues. Au restaurant, atmosphère feutrée, mi-contemporaine, mi-campagnarde.

ARROMANCHES-LES-BAINS – 14 Calvados – 303 I3 – 609 h. – alt. 15 m – ✉ 14117 Normandie Cotentin — 32 B2

Paris 266 – Bayeux 11 – Caen 34 – St-Lô 46

2, rue du Maréchal Joffre, ☎ 02 31 22 36 45, www.ot-arromanches.fr

Musée du débarquement - La Côte du Bessin★ O.

La Marine rest,

1 quai du Canada – 02 31 22 34 19 – www.hotel-de-la-marine.fr – Ouvert 6 fév.-11 nov.
28 ch – 61/96 € 61/96 € – 12 € – ½ P 68/120 €
Rest – Menu 22/38 € – Carte 30/62 €
♦ Dans cet hôtel idéalement situé, la grande majorité des chambres offrent une vue imprenable sur la mer et les vestiges de l'immense port artificiel de 1944. Un ensemble bien tenu, dans un style marin accueillant.

à Manvieux 2,5 km au Sud-Ouest par D 516 et D 514 – 303 I3 – 115 h. – alt. 53 m – ✉ 14117

La Gentilhommière sans rest

4 route de Port-en-Bessin – 02 31 51 97 91 – www.lagentilhommiere-arromanches.com
5 ch – 68 € 68 €
♦ Cette demeure en pierre du 18es. garantit des nuits paisibles dans des chambres parfaitement tenues. Isabelle et Patricia, les deux sœurs qui tiennent cette chambre d'hôtes, sont charmantes ! Brioche, confitures et yaourt maison au petit-déjeuner.

à La Rosière 3 km au Sud-Ouest par rte de Bayeux – ✉14117 Tracy-sur-Mer

La Rosière sans rest

14 rte de Bayeux – 02 31 22 36 17 – www.hotellarosierebayeux.com – Ouvert 10 mars-11 nov.
24 ch – 62/95 € 69/125 € – 10 €
♦ Un hôtel moderne en léger retrait de la route ; la mer n'est pas très loin. Les chambres sont agréables, très bien tenues, majoritairement de plain-pied, et donnent sur le jardin fleuri. Amabilité et discrétion.

ARS-EN-RÉ – 17 Charente-Maritime – 324 A2 – voir à Ile de Ré

ARTRES – 59 Nord – 302 J6 – rattaché à Valenciennes

ARVIEU – 12 Aveyron – 338 H5 – 861 h. – alt. 730 m – ✉ 12120 29 D2

Paris 663 – Albi 66 – Millau 59 – Rodez 31
Le Bourg, 05 65 46 71 06

Au Bon Accueil

pl. du Marché – 05 65 46 72 13 – www.aubon-accueil.com – Fermé 15 déc.-20 janv.
11 ch – 45/48 € 45/48 € – 7 € – ½ P 45/48 €
Rest – Formule 13 € – Menu 19/34 € – Carte 22/43 €
♦ Une charmante auberge sur la place principale du bourg. Les villageois conversent au bar ; les chambres sont simples et fraîches, certaines donnant sur une terrasse... Rustique et sympathique !

ARVIEUX – 05 Hautes-Alpes – 334 I4 – 360 h. – alt. 1 550 m – ✉ 05350 41 C1

Alpes du Sud
Paris 782 – Briançon 55 – Gap 80 – Marseille 254
la ville, 04 92 46 75 76, www.arvieux-izoard.com

La Ferme de l'Izoard

La Chalp , rte du Col – 04 92 46 89 00 – www.laferme.fr – Fermé avril et 24 sept.-21 déc. sauf vacances de la Toussaint
23 ch – 63/165 € 63/165 € – 3 suites – 11 € – ½ P 64/115 €
Rest *(fermé mardi midi et jeudi midi hors vacances scolaires)* – Formule 14 € – Menu 23/52 € – Carte 28/56 €
♦ Ferme traditionnelle queyrassine. Grandes chambres décorées dans une veine locale, dotées d'un balcon ou d'une terrasse avec vue sur la vallée. Jacuzzi et hammam. À table, spécialités du terroir et grillades au feu de bois préparées devant le client.

ARZ (ÎLE-D') – 56 Morbihan – **308** O9 – voir à Île-d'Arz

ARZAY – 38 Isère – **333** E5 – 213 h. – alt. 500 m – ✉ 38260 **44** B2

Paris 538 – Bourg-en-Bresse 132 – Grenoble 62 – Lyon 80

Château d'Arzay sans rest

156 r. de Vienne – ✆ 04 74 57 06 02 – www.chateaudarzay.fr – Fermé 24 déc.-2 janv.

3 ch – 100 € 120 €

◆ Avec leur linge brodé, meubles chinés et ciels de lit, les chambres de cette jolie maison de maître du 19ᵉs. sont d'un grand romantisme. Au fond du parc, à la lisière de la forêt, se cache une ravissante église (1750). Cosy et chaleureux.

ARZON – 56 Morbihan – **308** N9 – 2 153 h. – alt. 9 m – Casino **9** A3
– ✉ 56640 Bretagne

Paris 487 – Auray 52 – Lorient 94 – Quiberon 81

rond-point du Crouesty, ✆ 02 97 53 69 69, www.crouesty.fr

Tumulus de Tumiac ou butte de César ✳★ E : 2 km puis 30 mn.

au Port du Crouesty 2 km au Sud-Ouest – ✉ 56640 Arzon

Miramar rest,

– ✆ 02 97 53 49 00 – www.miramarcrouesty.com – Fermé janv.

104 ch – 112/262 € 135/333 € – 12 suites – 20 €

Rest *Le Diététique* – Formule 29 € – Menu 42 € – Carte 38/89 €

Rest *Le Ruban Bleu* – Formule 29 € – Menu 42/75 € – Carte 42/111 €

◆ Arrimé à la pointe de la presqu'île de Rhuys, cet hôtel profilé comme un paquebot vous loge dans de vastes chambres tournées vers l'océan. Centre de thalassothérapie et spa complet. Cuisine inventive et légère au Diététique. Cuisine traditionnelle au gré du marché et jolie vue sur l'océan au Ruban Bleu.

Le Crouesty sans rest

r. du Croisty – ✆ 02 97 53 87 91 – www.hotellecrouesty.com – Ouvert de mars à mi-nov.

26 ch – 69/185 € 81/185 € – 11 €

◆ Idéalement situé sur la presqu'île de Rhuys, tout près du port de plaisance d'Arzon et des plages. Chambres très bien tenues, peu à peu rénovées dans un style épuré et lumineux.

à Port Navalo 3 km à l'Ouest – ✉ 56640 Arzon

Grand Largue

à l'embarcadère – ✆ 02 97 53 71 58 – www.grand.largue.fr – Fermé 12 nov.-25 déc., 3 janv.-7 fév., mardi sauf juil.-août et lundi

Rest – Menu 38 € (sem.), 58/89 € – Carte 50/100 €

Rest *Le P'tit Zeph* ✆ 02 97 49 40 34 – Menu 28 € – Carte 35/50 €

◆ À l'étage de cette villa, on savoure aussi bien la vue panoramique sur le golfe du Morbihan qu'une cuisine gastronomique basée sur de beaux produits de la mer (homard, bar de ligne, coquillages). Au rez-de-chaussée, un vent marin souffle sur le bistrot le P'tit Zeph.

ASLONNES – 86 Vienne – **322** I6 – rattaché à Poitiers

ASNIÈRES-SUR-SEINE – 92 Hauts-de-Seine – **311** J2 – **101** 15 – voir à Paris, Environs

ASPRES-LES-CORPS – 05 Hautes-Alpes – **334** D4 – rattaché à Corps

ASTAFFORT – 47 Lot-et-Garonne – **336** F5 – 2 016 h. – alt. 65 m **4** C2
– ✉ 47220

Paris 674 – Agen 19 – Auvillar 29 – Condom 31

13 place de la Nation, ✆ 05 53 67 13 33

Le Square

5 pl. Craste – 05 53 47 20 40 – www.uneaubergeengascogne.com – Fermé janv.
12 ch – 65/195 € 75/205 € – 18 €
Rest ***Une Auberge en Gascogne*** – voir les restaurants ci-après
◆ Pour l'anecdote, ce Square au cœur du bourg appartient au chanteur Francis Cabrel. Il règne dans ces belles maisons une atmosphère douce, élégante et raffinée, très campagne chic : tissus choisis, matériaux bruts, etc.

Une Auberge en Gascogne (Fabrice Biasiolo) – Hôtel Le Square

5 pl. Craste – 05 53 47 20 40 – www.uneaubergeengascogne.com – Fermé janv., dim. soir et lundi midi d'oct. à mai, merc. midi et mardi
Rest – Menu 45/85 €
Spéc. Cuisine du marché.
◆ Le chef aime surprendre : dans cet élégant restaurant, pas de carte mais un menu surprise décliné en trois, quatre ou six plats, qui magnifie les beaux produits du Sud-Ouest avec inventivité et finesse. Excellents accords mets-vins !

Cochon, Canard et Compagnie

9 fg Corné, (face à la poste) – 05 53 67 10 27 – Fermé janv., dim. soir, mardi midi et lundi d' oct. à mai
Rest – Formule 15 € – Menu 19/25 € – Carte 30/44 €
◆ L'enseigne parle d'elle-même : est-il besoin d'en rajouter ? Au moins faut-il insister : ce bistrot est une vraie ode au terroir. Produits bien choisis, petit espace épicerie fine... en bonne compagnie !

ATTICHY – 60 Oise – 305 J4 – 1 935 h. – alt. 73 m – ✉ 60350 37 C2

Paris 101 – Compiègne 18 – Laon 62 – Noyon 26

La Croix d'Or avec ch

13 r. Tondu-de-Metz – 03 44 42 15 37 – www.croixdor.fr – Fermé dim. soir, lundi et mardi
4 ch – 35 € 43 € **Rest** – Formule 14 € – Menu 17 € (sem.), 33/45 €
◆ Un relais de poste du 19e s. et, passé la cour, une maison de style régional. D'un côté, le restaurant, traditionnel et proposant une cuisine aux accents régionaux ; de l'autre, des chambres simples et pratiques.

ATTIGNAT – 01 Ain – 328 D3 – 2 662 h. – alt. 227 m – ✉ 01340 44 B1

Paris 420 – Bourg-en-Bresse 13 – Lons-le-Saunier 76 – Louhans 46

Laurent Perréal avec ch

481 Grande Rue, D 975 – 04 74 30 92 24 – laurent.perreal@llperreal.com – Fermé 12-26 août, 22-30 déc. et dim.
12 ch – 62/76 € 67/76 € – 10 € – ½ P 75 €
Rest – Formule 25 € – Menu 28/65 € – Carte 51/100 €
◆ Grenouilles, volailles de Bresse, carpes, agneau du pays, crème d'Étrez... les incontournables de la région dans votre assiette ! Tout est travaillé avec soin par un chef au beau parcours. Quelques chambres pour l'étape.

AUBAGNE – 13 Bouches-du-Rhône – 340 I6 – 46 093 h. – alt. 102 m – ✉ 13400 Provence 40 B3

Paris 788 – Aix-en-Provence 39 – Brignoles 48 – Marseille 18
8, cours Barthélémy, 04 42 03 49 98, www.oti-paysdaubagne.com

Souléia

4 cours Voltaire – 04 42 18 64 40 – www.hotel-souleia.com
72 ch – 85/118 € 90/124 €
Rest – Formule 12 € – Menu 20 € – Carte 25/45 €
◆ Dans la capitale du santon, un bâtiment très moderne aux chambres fonctionnelles et bien tenues, certaines avec terrasse. Au rez-de-chaussée, une grande brasserie ouvre sur l'agréable cours Voltaire.

Les Arômes

8 r. Moussard – ✆ 04 42 03 72 93 – http://lesaromes.vpweb.fr – Fermé mardi soir, merc. soir, sam. midi, dim. et lundi

Rest *(nombre de couverts limité, réserver)* – Formule 22 € – Menu 29 € – Carte 45/60 €

◆ On se sent chez soi dans ce restaurant familial joliment décoré par la maîtresse des lieux. Tous les parfums de Provence se retrouvent à la carte et sur le menu du marché !

au Nord 4 km par D 44 et rte secondaire

La Ferme

La Font de Mai, chemin Ruissatel ✉ 13400 Aubagne – ✆ 04 42 03 29 67 – www.aubergelaferme.com – Fermé août, vacances de fév., sam. midi, lundi et le soir sauf vend. et sam.

Rest – Menu 50 € (déj.) – Carte environ 50 €

◆ Une maison en pleine garrigue, au cœur du pays de Pagnol. On y déguste, en salle ou à l'ombre d'un vieux chêne, des plats traditionnels (civets, rognons de veau, riz au lait).

AUBAZINE – 19 Corrèze – 329 L4 – 829 h. – alt. 345 m – ✉ 19190 — 25 C3

Périgord Quercy

Paris 480 – Aurillac 86 – Brive-la-Gaillarde 14 – St-Céré 50

Le Bourg, ✆ 05 55 25 79 93, www.cc-beynat.fr

d'Aubazine, à Beynat, Complexe Touristique Coiroux, E : 4 km, ✆ 05 55 27 26 93

Abbaye cistercienne St-Etienne★ : clocher★, mobilier★, tombeau de St-Étienne★★, armoire liturgique★.

De la Tour

pl. de l'Église – ✆ 05 55 25 71 17 – www.hoteldelatour19.com – Fermé 2-10 janv., dim. soir et lundi midi sauf juil.-août

17 ch – †56 € ††56 € – ☕ 8 € – ½ P 52 €

Rest – Formule 12 € bc – Menu 27/34 € – Carte 31/66 €

◆ Face à l'abbaye, vieille maison de caractère flanquée d'une tour. Chambres anciennes égayées de papiers peints colorés. Cuisine régionale servie dans des salles rustiques agrémentées de cuivres et d'étains.

AUBE – 61 Orne – 310 M2 – 1 428 h. – alt. 230 m – ✉ 61270 — 33 C3

Normandie Vallée de la Seine

Paris 144 – L'Aigle 7 – Alençon 55 – Argentan 47

Auberge St-James

62 rte de Paris – ✆ 02 33 24 01 40 – Fermé dim. soir, mardi soir et merc.

Rest – Menu 18/30 € – Carte 30/40 €

◆ Le fait est méconnu : c'est dans ce village ornais que la comtesse de Ségur écrivit la plupart de ses romans. Sophie n'aurait sans doute pas été malheureuse dans cette auberge traditionnelle qui cultive le goût des terroirs de France.

AUBENAS – 07 Ardèche – 331 I6 – 11 496 h. – alt. 330 m – ✉ 07200 — 44 A3

Lyon Drôme Ardèche

Paris 627 – Alès 76 – Montélimar 41 – Privas 32

4, boulevard Gambetta, ✆ 04 75 89 02 03, www.aubenas-vals.com

Site★ - Façade★ du château.

Ibis sans rest

rte de Montélimar – ✆ 04 75 35 44 45 – www.ibishotel.com

63 ch – †71/85 € ††71/85 € – ☕ 9 €

◆ À la sortie sud de la ville, des chambres conformes aux normes de la chaîne.

La Villa Tartary

64 r. de Tartary – ✆ 04 75 35 23 11 – www.restaurant-ardeche.com – Fermé 4-14 juin, 19 août-12 sept., 23 déc.-8 janv., dim. et lundi sauf fériés

Rest – Formule 17 € – Menu 27/37 € – Carte 27/39 €

◆ De belles voûtes en pierres de taille, des cuisines ouvertes, un mobilier design, une terrasse face au château d'Aubenas... et à la carte, des saveurs retrouvées ou plus inventives.

Le Coyote

13 bd Jean-Mathon – ✆ 04 75 35 01 28 – www.restaurantlecoyote.com – Fermé 24 juin-9 juil., 24 déc.-5 janv., dim. et lundi

Rest *(nombre de couverts limité, réserver)* – Formule 17 € – Menu 19 € (déj.), 23/32 € – Carte environ 38 €

◆ Du foie gras et un chutney de figues, un confit de canard aux girolles fraîches, des Saint-Jacques aux truffes... des saveurs classiques et raffinées ; une atmosphère conviviale.

AUBETERRE-SUR-DRONNE – 16 Charente – 324 L8 – 420 h. – alt. 72 m – ✉ 16390 Poitou Vendée Charentes — 39 C3

Paris 494 – Angoulême 48 – Bordeaux 90 – Périgueux 54

place du Château, ✆ 05 45 98 57 18, www.pays-sud-charente.com

d'Aubeterre, à Saint-Séverin, Le Manoir de Longeveau, NE : 7 km par D 17 et D 78, ✆ 05 45 98 55 13

Église monolithe★★.

Hostellerie du Périgord avec ch — rest,

(quartier Plaisance) – ✆ 05 45 98 50 46 – www.hostellerie-perigord.com – Fermé 2 sem. en janv.

11 ch – †55 € ††65/70 € – ☕ 9 € – ½ P 65 €

Rest *(fermé dim. soir et lundi)* – Menu 17 € (déj. en sem.), 35/27 €

◆ Au pied d'un des plus beaux villages de France – à découvrir –, un hôtel-restaurant familial dont la façade arbore volets colorés et vigne vierge... La tradition est à l'honneur à table (produits locaux) ; les chambres se révèlent confortables, dans une veine contemporaine assez fraîche.

AUBIGNY-SUR-NÈRE – 18 Cher – 323 K2 – 5 851 h. – alt. 180 m – ✉ 18700 Limousin Berry — 12 C2

Paris 180 – Orléans 67 – Bourges 48 – Cosne-Cours-sur-Loire 41

1, rue de l'Église, ✆ 02 48 58 40 20, www.tourisme-sauldre-sologne.com

La Chaumière

2 r. Paul-Lasnier – ✆ 02 48 58 04 01 – www.hotel-restaurant-la-chaumiere.com – fermé 5-19 août, 18 fév.-18 mars, dim. soir et lundi sauf juil.-août et fériés

19 ch – †58/83 € ††75/135 € – ☕ 9 € – ½ P 68/98 €

Rest ***La Chaumière*** – voir les restaurants ci-après

◆ Une belle maison ancienne qui soigne son image champêtre : les chambres, habillées de pierre et de bois, sont confortables et douillettes. Cerise sur le gâteau, l'accueil est charmant.

Villa Stuart — ch,

12 av. de Paris – ✆ 02 48 58 93 30 – www.villastuart.com

5 ch ☕ – †72/85 € ††85/100 €

Table d'hôte – Menu 28 € bc

◆ Agréable séjour dans cette belle demeure bourgeoise. Chambres spacieuses et claires, décorées selon des thèmes variés (voyage, art, histoire...). Chefs en herbe, réjouissez-vous ! Le propriétaire réalise ses propres confitures et propose des cours de cuisine.

La Chaumière – Hôtel La Chaumière

2 r. Paul-Lasnier – ✆ 02 48 58 04 01 – www.hotel-restaurant-la-chaumiere.com – Fermé 5-19 août, 18 fév.-18 mars, dim. soir et lundi sauf juil.-août et fériés

Rest – Menu 21 € (sem.), 28/58 € – Carte 45/60 €

◆ Une Chaumière vraiment chaleureuse, où le chef concocte une cuisine fort agréable, qui met en valeur les saisons et les produits du marché.

Le Bien Aller

3 r. des Dames – ✆ 02 48 58 03 92 – Fermé mardi soir et merc.

Rest – Formule 17 € – Menu 25/30 €

◆ Le Bien Aller et... le bien manger ! Que vous soyez d'esprit bistrot ou plus baroque (deux atmosphères), composez votre menu à partir des suggestions du jour à l'ardoise.

AUBRAC – 12 Aveyron – 338 J3 – alt. 1 300 m – ✉ 12470 29 D1

Languedoc Roussillon

Paris 581 – Aurillac 97 – Mende 66 – Rodez 56

La Dômerie

1 r. Audrain – ☎ 05 65 44 28 42 – www.hoteldomerie.com – Ouvert 1er avril-16 oct.

23 ch – 70/98 € 70/98 € – ☐ 12 € – ½ P 70/80 €

Rest *La Dômerie* – voir les restaurants ci-après

◆ Au cœur d'Aubrac, une belle demeure en basalte et granit. Les chambres, d'esprit classique, rustique ou plus cosy, sont agréables. Et le restaurant réserve son lot de gourmandises... Une bonne étape.

La Dômerie

1 r. Audrain – ☎ 05 65 44 28 42 – www.hoteldomerie.com – Fermé 17 oct.-31 mars, le midi en sem. sauf juil.-août et merc. soir sauf en août

Rest – Menu 23/36 € – Carte 24/56 €

◆ Ici, la cuisine est simple, familiale et exclusivement réalisée avec des produits du terroir : le bœuf d'Aubrac et l'aligot sont des incontournables de la maison, ainsi que la tête de veau sauce gribiche. Traditionnel et copieux !

AUBUSSON – 23 Creuse – 325 K5 – 4 149 h. – alt. 440 m – ✉ 23200 25 C2

Limousin Berry

Paris 387 – Clermont-Ferrand 91 – Guéret 41 – Limoges 89

rue Vieille, ☎ 05 55 66 32 12, www.ot-aubusson.fr

Musée départemental de la Tapisserie★ (Centre Culturel Jean-Lurçat).

Villa Adonis sans rest

14 av. de la République – ☎ 05 55 66 46 00 – www.villa-adonis.com

10 ch – 59/69 € 59/69 € – ☐ 8 €

◆ C'est une maison en pierre, typique du pays creusois. Les chambres sont décorées avec goût, dans un style frais et contemporain, et donnent toutes sur le jardin et son superbe séquoïa en bordure de rivière. Quiétude, sans aucun doute !

Le France

rest,

6 r. des Déportés – ☎ 05 55 66 10 22 – www.aubussonlefrance.com – Fermé 24 déc.-9 janv.

21 ch – 69/100 € 69/100 € – ☐ 12 €

Rest *(fermé dim. soir de début nov. à fin mai)* – Menu 20/41 € – Carte 23/57 €

◆ Près de l'église Ste-Croix, une jolie demeure du 18es. avec des chambres confortables et aménagées avec goût (meubles chinés, tissus choisis). Il y a aussi un restaurant du terroir et un agréable petit espace détente (sauna, hammam...).

AUCH – 32 Gers – 336 F8 – 21 744 h. – alt. 169 m – ✉ 32000 28 B2

Midi-Toulousain

Paris 713 – Agen 74 – Bordeaux 205 – Tarbes 74

1, rue Dessoles, ☎ 05 62 05 22 89, www.auch-tourisme.com

18 d'Auch-Embats, O : 5 km par D 924, ☎ 05 62 61 10 11

9 de Gascogne, à Masseube, Les Stournes, S : 25 km, ☎ 05 62 66 03 10

Cathédrale Ste-Marie★★ : stalles★★★, vitraux★★.

Plan page suivante

Château les Charmettes sans rest

21 rte de Duran, 2 km à l'Ouest par D 924 et D 148 – ☎ 05 62 62 10 10 – www.chateaulescharmettes.com – Ouvert avril à nov.

6 ch – 150/400 € 150/400 € – ☐ 20 €

◆ Luxueux manoir ocre et bleu : chaque chambre est décorée selon une thématique différente (blues, fugue, concerto...). Suites avec jacuzzi. Parc, piscine... Une belle adresse.

AUCH

Alsace (Av. d') . . . . . BY 2
Caillou (Pl. du) . . . . . AZ 4
Caumont (R.) . . . . . AZ 5
Convention (R. de la) . . . . . AZ 7
Daumesnil (R.) . . . . . BY 9
David (Pl. J.) . . . . . AY 8
Dessoles (R.) . . . . . AY 12
Espagne (R.) . . . . . AZ 13
Fabre d'Églantine (R.) . . . . . AZ 14
Gambetta (R.) . . . . . AY
Lagarrasic (Allées) . . . . . ABZ 17
Lamartine (R.) . . . . . AY 15
Lartet (R. Ed.) . . . . . AZ 16
Lissagaray (Q.) . . . . . BYZ 18
Marceau (R.) . . . . . BY 19
Marne (Av. de la) . . . . . BY 22
Montebello (R.) . . . . . BZ 23
Pasteur (R.) . . . . . BZ 25
Pont-National (R. du) . . . . . AZ 27
Pouy (R. du) . . . . . BY 28
Prieuré (Pt du) . . . . . AZ 29
Rabelais (R.) . . . . . BZ 31
République (Pl. de la) . . . . . AZ 33
Rousseau (R. A.) . . . . . AZ 35
Salleneuve (R.) . . . . . AY 38
Somme (R. de la) . . . . . BY 40

Le Bistrot des Gourmandises

8 av. de la Marne – ✆ 05 62 05 10 79 – www.restaurantlebistrotdesgourmandises.fr – Fermé 11-24 août, 23-30 déc., dim. et lundi **BYa**

Rest – Formule 12 € – Menu 22/32 € – Carte 29/55 €

◆ Au cœur de la ville, un bistrot éclectique et sans chichi dédié à la gourmandise. La formule déjeuner et le choix de vins au verre sont très séduisants.

Le Bartok

1 r. Gambetta – ✆ 05 62 05 87 82 – www.le-bartok.com – Fermé 2 sem. fin août, dim. et lundi **AYa**

Rest – Formule 11 € – Menu 14 € (déj. en sem.)/25 € – Carte environ 39 €

◆ Dans ce couvent du 14ᵉ s., le décor est chaleureux et l'on découvre un patio fleuri. Le chef travaille de beaux produits frais, typiques d'une cuisine de marché.

La Table d'Oste

7 r. Lamartine – ✆ 05 62 05 55 62 – www.table-oste-restaurant.com – Fermé 11-19 mars, 9-18 juin, 1er-8 oct., 22-31 janv., sam. soir de fin juin à déc., lundi midi et dim. **AYb**

Rest *(nombre de couverts limité, réserver)* – Menu 16 € (sem.), 26/36 € – Carte 25/50 €

◆ Près de la cathédrale, ce restaurant familial joue la carte de la cuisine régionale, avec des recettes du terroir gascon et des spécialités de canard (magret, daube, confit, etc.). Sympathique.

rte d'Agen 7 km par ① – ✉ 32810 Montaux-les-Créneaux

Le Papillon
N 21 – ✆ 05 62 65 51 29 – www.restaurant-lepapillon.com – Fermé une sem. en juil., 2 sem. en sept., 2 sem. vacances scolaires de fév., dim. soir et lundi
Rest – Menu 15 € (déj. en sem.), 28/45 € – Carte 39/48 €
◆ Bonne cuisine du chef qui joue sur un registre régional bien maîtrisé. Tout est fait maison. Cadre contemporain et lumineux dans la salle ; terrasse aux beaux jours.

à St-Jean-le-Comtal 10 km au Sud-Ouest par ③, N 21 et D150 – 380 h. – alt. 190 m – ✉ 32550

Le Château de Camille
– ✆ 05 62 05 34 58 – www.lechateaudecamille.com – Fermé 1 sem. en oct., mardi soir, merc. soir et jeudi soir d'oct. à mai et lundi
Rest – Formule 15 € bc – Menu 26 € – Carte 26/35 €
◆ Une belle bâtisse du 17e s., très élégante, dans un parc planté d'essences anciennes. Porc noir gascon, foie et magret de canard pour le terroir, et cuisine du marché.

AUDERVILLE – 50 Manche – 303 A1 – 286 h. – alt. 55 m – ✉ 50440 32 A1

Normandie Cotentin

Paris 382 – Caen 149 – Cherbourg 29 – Saint-Lô 113
3, rue du Port, ✆ 02 33 04 50 26

Auberge de Goury
Port de Goury – ✆ 02 33 52 77 01 – www.aubergedegoury.com – Fermé janv., dim. soir et lundi
Rest – Menu 19 € (sem.)/26 € – Carte 50/60 €
◆ À la pointe de Goury – un lieu magnifique – cette jolie maison en granit. Le chef concocte une cuisine marine avec des beaux produits locaux, ainsi que quelques viandes... et tout cela cuit tranquillement dans la cheminée, au feu de bois.

La Malle aux Épices
– ✆ 02 33 52 77 44 – www.lamalleauxepices.com – fermé mi-janv. à mi-fév., dim. soir, lundi soir et mardi
Rest *(réserver)* – Formule 20 € – Menu 22 € – Carte 25/40 €
◆ Atmosphère conviviale et invitation au voyage dans ce repaire villageois qui fait aussi office de point presse et café. De l'une des salles, on peut même voir le chef concocter ses plats savoureux aux délicieuses senteurs venues d'ailleurs...

AUDIERNE – 29 Finistère – 308 D6 – 2 319 h. – alt. 5 m – ✉ 29770 9 A2

Bretagne

Paris 599 – Douarnenez 21 – Pointe du Raz 16 – Pont-l'Abbé 32
8, rue Victor Hugo, ✆ 02 98 70 12 20, www.audierne-tourisme.com
Site★ - Planète Aquarium★★.

Le Goyen
pl. Jean-Simon – ✆ 02 98 70 08 88 – www.le-goyen.com – Ouvert 1er avril-14 nov.
26 ch – †88/172 € ††88/193 € – ☕ 13 € – ½ P 88/150 €
Rest ***Le Goyen*** – voir les restaurants ci-après
◆ On repère facilement cette bâtisse imposante plantée sur les quais, face au port et à l'estuaire du Goyen. Les chambres ont un joli petit côté "jeune fille" : meubles bourgeois, tentures fleuries et teintes douces...

De la Plage
21 bd E. Brusq, à la plage – ✆ 02 98 70 01 07 – www.hotel-finistere.com – Ouvert d'avril à oct.
22 ch – †57/95 € ††57/95 € – ☕ 10 € – ½ P 61/85 €
Rest *(dîner seult)* – Menu 25/45 € – Carte 28/38 €
◆ L'hôtel a bonne mine, juste en face de la plage et de l'Océan. Chambres en bleu et blanc, restaurant panoramique, promenades à l'île de Sein : la douceur de vivre version bretonne.

Au Roi Gradlon rest,

à la plage – *02 98 70 04 51* – *www.auroigradlon.com* – *Fermé 15 déc.-12 fév.*
19 ch – 48/102 € 48/102 € – 11 € – ½ P 63/83 €
Rest *(fermé merc. hors saison)* – Formule 15 € bc – Menu 25/50 € – Carte 33/75 €

♦ Un grand hôtel cubique, tout blanc, vraiment bien situé face à l'Atlantique ; d'ailleurs, la plupart des chambres – éblouissantes de blancheur – ont vue sur la mer. L'occasion de faire de belles balades et de s'oxygéner... La table met à l'honneur les produits de l'Océan.

L'Iroise

8 quai Camille-Pelletan – *02 98 70 15 80* – *www.restaurant-liroise.com* – *Fermé 1 sem. en nov., 3 sem. en janv., dim. soir, lundi et mardi sauf du 13 juil. au 31 août*
Rest – Menu 28/65 €

♦ Engageante, cette maison sur les quais. Et l'on n'est pas déçu ! La cuisine est raffinée, relevée d'épices douces et de parfums d'ailleurs. Beaux fromages, et une impressionnante carte des vins (sélection de bourgognes).

Le Goyen – Hôtel Le Goyen

pl. Jean-Simon – *02 98 70 08 88* – *www.le-goyen.com* – *Ouvert 1er avril-14 nov.*
Rest – Formule 20 € – Menu 29/83 € – Carte 53/73 €

♦ Un restaurant au décor très classique, pour déguster face au ballet des bateaux des plats aussi élaborés qu'un tartare de cabillaud et sa crème d'asperges froide ou un soufflé glacé earl grey.

L'Auberge

24 r. Guezno – *02 98 70 59 58* – *Fermé janv., 2-10 fév., 2-10 juin, merc. et jeudi hors saison, lundi et mardi*
Rest *(dîner seult)* – Carte 28/48 €

♦ Cette demeure des 17e-18es., c'est le coup de cœur de Jane, anglaise amoureuse de la France, longtemps chef à Paris et... devenue bretonne en épousant Alexis. Elle concocte une cuisine traditionnelle très goûteuse, d'esprit bio. So pretty !

AUDINCOURT – **25 Doubs** – **321** L2 – **14 534 h.** – **alt. 323 m** **17** C1
– ✉ **25400** Franche-Comté Jura

Paris 476 – Basel 96 – Belfort 21 – Besançon 75

Église du Sacré-Coeur : baptistère★ AY **B.**

Voir plan de Montbéliard agglomération.

Les Tilleuls sans rest

51 r. du Mal. F.-Foch – *03 81 30 77 00* – *www.hotel-tilleuls.fr* Ys
47 ch – 54/75 € 75/82 € – 9 €

♦ Dans un quartier calme, un bâtiment traditionnel rénové et ses deux annexes (dans le jardin) abritent des chambres propres, fonctionnelles et bien équipées.

à Taillecourt **1,5 km au Nord, rte de Sochaux** – **1 036 h.** – **alt. 330 m** – ✉ **25400**

Auberge La Gogoline

20 r. Croisée – *03 81 94 54 82* – *Fermé 3-25 sept., sam. midi, dim. soir, lundi et mardi* Yk
Rest – Menu 28 € (sem.), 38/70 € – Carte 48/74 €

♦ Son jardin la préserve de la zone commerciale ; son toit de chaume cache un confortable intérieur bourgeois ; enfin, sa carte mêle plaisamment tradition et bons vins...

AUDRIEU – **14 Calvados** – **303** I4 – **rattaché à Bayeux**

AUGEROLLES – **63 Puy-de-Dôme** – **326** I8 – **909 h.** – **alt. 540 m** **6** C2
– ✉ **63930**

Paris 411 – Clermont-Ferrand 61 – Montluçon 149 – Roanne 65

Les Chênes
rte de Courpière, 1 km à l'Ouest par D 42 – ✆ 04 73 53 50 34 – www.restaurant-les-chenes.com – Fermé 2-13 juil., 24 déc.-3 janv., 18-25 fév., mardi soir sauf juil.-août, sam. soir, dim. soir et lundi soir
Rest – Formule 12 € bc – Menu 19 €, 25/40 €
◆ Cette auberge familiale est à la fois champêtre et accueillante. L'appétissante cuisine traditionnelle valorise les produits locaux (viandes label Rouge, miel, myrtilles...).

AUGERVILLE-LA-RIVIÈRE – 45 Loiret – **318** L2 – 230 h. – alt. 100 m – ✉ 45330 **12** C1
Paris 92 – Orléans 76 – Évry 59 – Corbeil-Essonnes 62

Château d'Augerville
pl. du Château – ✆ 02 38 32 12 07 – www.chateau-augerville.com
38 ch – 185/390 € 185/390 € – 2 suites – 18 €
Rest *Château d'Augerville* – voir les restaurants ci-après
◆ Des chambres signées par l'architecte Patrick Ribes, un domaine de 110 ha et un parcours 18 trous : ce superbe château Renaissance (16e-17es.) prête à mener grand train – que l'on soit golfeur ou non.

Château d'Augerville
pl. du Château – ✆ 02 38 32 12 07 – www.chateau-augerville.com
Rest – Menu 22 € (déj.), 49/62 € – Carte 25/85 €
◆ Bar poêlé au beurre de verveine, pannacotta à la fleur d'oranger... Le chef réalise une cuisine soignée, que l'on savoure dans un décor on ne peut plus châtelain (boiseries, cheminée monumentale).

AUJOLS – 46 Lot – **337** F5 – 281 h. – alt. 200 m – ✉ 46090 **29** C1
Paris 599 – Agen 145 – Cahors 18 – Toulouse 114

Lou Repaou
r de la Croix Blanche – ✆ 05 65 22 03 47 – www.lourepaou.fr – Fermé mi-nov. à mi-déc.
5 ch – 89/109 € 99/119 € **Table d'hôte** – Menu 25 € bc/35 € bc
◆ Au cœur du village, la déco atypique de cette ancienne ferme évoque les nombreux pays visités par les propriétaires. L'accueil participe au charme du lieu. Recettes familiales à la table d'hôte.

AULLÈNE – 2A Corse-du-Sud – **345** D9 – voir à Corse

AULNAY – 17 Charente-Maritime – **324** H3 – 1 456 h. – alt. 63 m – ✉ 17470 Poitou Vendée Charentes **38** B2
Paris 424 – Angoulême 66 – Niort 41 – Poitiers 87
290, avenue de l'Église, ✆ 05 46 33 14 44
Église St-Pierre★★.

Du Donjon sans rest
4 r. des Hivers – ✆ 05 46 33 67 67 – www.hoteldudonjon.com – Fermé une sem. en fév.
10 ch – 59/72 € 59/79 € – 8 €
◆ Charmante maison saintongeaise non loin de l'église St-Pierre. Les chambres sont impeccablement tenues et décorées avec goût (pierres et poutres anciennes, mobilier rustique) ; quant au jardin, il se révèle bien agréable aux beaux jours.

AULNAY-SOUS-BOIS – 93 Seine-Saint-Denis – **305** F7 – **101** 18 – voir à Paris, Environs

---

AULON – 65 Hautes-Pyrénées – **342** N7 – 78 h. – alt. 1 213 m – ✉ 65240 **28** A3
Paris 830 – Bagnères-de-Luchon 44 – Col d'Aspin 24 – Lannemezan 38

Auberge des Aryelets

Pl. du Village – ✆ 05 62 39 95 59 – Fermé de mi-nov. à mi-déc., dim. soir, lundi et mardi hors vacances scolaires et jours fériés

Rest – Formule 18 € – Menu 22/36 € – Carte 35/45 €

◆ Petite maison en pierre de taille qui a su préserver son caractère rustique et authentique. Cuisine de pays généreuse, élaborée avec de bons produits ; ambiance conviviale.

AUMALE – 76 Seine-Maritime – 304 K3 – 2 417 h. – alt. 130 m 33 D1

– ✉ 76390 Normandie Vallée de la Seine

Paris 136 – Amiens 48 – Beauvais 49 – Dieppe 69

rue Centrale, ✆ 02 35 93 41 68

Villa des Houx

6 av. du Gén.-de-Gaulle – ✆ 02 35 93 93 30 – www.villa-des-houx.com – Fermé 1er janv.-7 fév. et dim. soir du 15 sept. au 15 juin

22 ch – 70/80 € 76/140 € – 10 € – ½ P 70/85 €

Rest *Villa des Houx* – voir les restaurants ci-après

◆ Cette bâtisse en impose, avec sa belle façade à colombages ! Une petite rivière coule paisiblement dans le parc... une impression de calme que l'on retrouve dans les chambres, de facture classique.

Villa des Houx

6 av. du Gén.-de-Gaulle – ✆ 02 35 93 93 30 – www.villa-des-houx.com – Fermé 1er janv.-7 fév., dim. soir et lundi midi du 15 sept. au 15 juin

Rest – Menu 17 € (sem.), 27/43 € – Carte 38/48 €

◆ Ce restaurant d'hôtel propose une cuisine généreuse et amie du terroir. On ne triche pas avec les produits - beau poisson, jolis fromages - que l'on prépare avec un classicisme de bon aloi.

AUMONT-AUBRAC – 48 Lozère – 330 H6 – 1 112 h. – alt. 1 040 m 23 C1

– ✉ 48130

Paris 549 – Aurillac 115 – Espalion 57 – Marvejols 25

rue de l'Église, ✆ 04 66 42 88 70, www.ot-aumont-aubrac.fr

Grand Hôtel Prouhèze

2 rte du Languedoc – ✆ 04 66 42 80 07 – www.prouheze.com – Fermé 14 nov.-9 déc. et 8 janv.-7 fév.

23 ch – 50 € 79/90 € – 13 € – ½ P 79/98 €

Rest *Le Compostelle* – voir les restaurants ci-après

Rest *(ouvert 7 avril-13 nov. et fermé le midi sauf sam., dim. et fériés)* – Menu 59 €

◆ Sur la place de la gare, un hôtel tenu en famille, aux chambres traditionnelles et bien tenues. Au choix à l'heure des repas : restaurant ou bistrot. Une étape bienvenue au cœur de l'Aubrac.

Chez Camillou sans rest

10 rte du Languedoc – ✆ 04 66 42 80 22 – www.hotel-camillou.com – Ouvert 1er avril-31 Octobre

34 ch – 72/99 € 72/127 € – 3 suites – 10 €

◆ En léger retrait de la nationale et dans un environnement boisé, un hôtel récent avec des chambres agréables, d'esprit contemporain et frais. Le plus : un petit-déjeuner copieux (charcuteries et fromages locaux).

Cyril Attrazic

10 rte du Languedoc – ✆ 04 66 42 86 14 – www.chezcamillou.com – Fermé 10 janv.-14 fév.

Rest *(fermé dim. soir et mardi midi sauf juil.-août et lundi)* – Menu 28 € (déj. en sem.), 38/62 € – Carte 52/68 €

Spéc. Raviolis de céleri au foie gras, champignons du moment et bouillon de poule mousseux. Pièce de bœuf de l'Aubrac, croustillant de paleron confit, réduction de béarnaise et aligot. Craquelin de noisettes en millefeuille aux fruits de saison.

Rest *Le Gabale* – Formule 14 € – Menu 24/32 € – Carte 30/41 €

◆ Un restaurant élégant et bien dans son époque... pour un chef inspiré ! Cyril Attrazic fait la part belle aux produits locaux et les travaille avec finesse et précision. Quant à son annexe La Gabale, elle embaume le terroir.

Le Compostelle – Grand Hôtel Prouhèze
2 rte du Languedoc – ✆ 04 66 42 80 07 – www.prouheze.com – Fermé 14 nov.-9 déc., 8 janv.-7 fév., lundi soir, merc. midi et mardi de déc. à mars
Rest – Menu 19/30 € – Carte 30/48 €
◆ Aligot, chou farci, tripoux... tout l'Aubrac dans votre assiette ! Les recettes du terroir sont mises à l'honneur dans ce petit bistrot au charme très campagnard.

AUNAY-SUR-ODON – 14 Calvados – 303 I5 – 2 949 h. – alt. 188 m – ✉ 14260 Normandie Cotentin

32 B2

Paris 269 – Caen 36 – Falaise 42 – Flers 37
rue Verdun, ✆ 02 31 77 60 32

St-Michel avec ch
6 r. de Caen – ✆ 02 31 77 63 16 – Fermé 3 sem. en janv., lundi sauf le soir en juil.-août et dim. soir de sept. à juin
6 ch – 51 € 51 € – 9 € – ½ P 52 €
Rest – Menu 15 € (sem.), 25/45 € – Carte 46/61 €
◆ Au centre du village, voilà une auberge familiale qui invite à réviser ses classiques en matière de terroir normand, le tout dans un décor contemporain et coloré. Chambres simples et pratiques pour l'étape.

AUPS – 83 Var – 340 M4 – 2 065 h. – alt. 496 m – ✉ 83630

41 C3

Côte d'Azur

Paris 818 – Aix-en-Provence 90 – Digne-les-Bains 78 – Draguignan 29
place Frédéric Mistral, ✆ 04 94 84 00 69, www.aups-tourisme.com

Des Gourmets
5 r. Voltaire – ✆ 04 94 70 14 97 – Fermé 25 juin-13 juil., 26 nov.-17 déc., dim. soir et lundi
Rest – Formule 18 € – Menu 34/39 €
◆ Adresse familiale dans ce village célèbre pour son marché aux truffes. Cadre coloré (fresques évoquant la Provence), goûteuse cuisine traditionnelle et joli chariot de fromages.

à Moissac-Bellevue 7 km à l'Ouest par D9 – 273 h. – alt. 599 m – ✉ 83630

Bastide du Calalou
rte de Baudinard – ✆ 04 94 70 17 91 – www.bastide-du-calalou.com
28 ch – 79/160 € 79/297 € – 4 suites – 16 €
Rest *Bastide du Calalou* – voir les restaurants ci-après
◆ Une grande bastide dans un écrin de verdure. Les chambres distillent un joli esprit d'antan, avec leurs mobilier et tableaux chinés par la propriétaire, ancienne décoratrice ; il fait bon se prélasser sous les oliviers, près de la belle piscine.

Bastide du Calalou
rte de Baudinard – ✆ 04 94 70 17 91 – www.bastide-du-calalou.com
Rest – Menu 25/70 € – Carte 45/70 €
◆ Le décor est provençal mais on retient surtout la vue plongeante sur la campagne, dans cette salle aux allures de balcon. Gâteau de topinambours, filet de bœuf aux légumes oubliés, etc. : la carte explore la tradition.

AURAY – 56 Morbihan – 308 N9 – 12 536 h. – alt. 35 m – ✉ 56400

9 A3

Bretagne

Paris 477 – Lorient 41 – Pontivy 54 – Quimper 102
20, rue du Lait-Chapelle de la congrégation, ✆ 02 97 24 09 75, www.auray-tourisme.com
Quartier St-Goustan★ - Promenade du Loch★ - Église St-Gildas★ - Église Ste-Avoye★ : Jubé★ et charpente★ de l'église 4 km par ①.

Plan page suivante

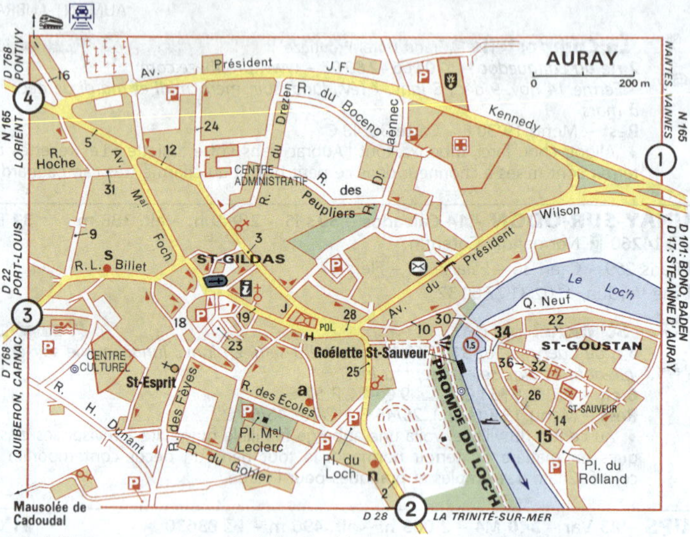

Le Branhoc sans rest

5 rte du Bono, 1,5 km par ① – ✆ 02 97 56 41 55 – www.auditel-hotel.fr

29 ch – 47/69 € 56/85 € – 8 €

◆ Tout près de la route, ce petit hôtel des années 1980 dispose de chambres fonctionnelles et bien tenues. Buffet au petit-déjeuner, à apprécier sur la terrasse aux beaux jours.

Closerie de Kerdrain

20 r. Louis Billet – ✆ 02 97 56 61 27 – www.lacloseriedekerdrain.com – Fermé 4-22 mars, 1er-15 oct., 15-24 janv., mardi midi et dim. soir de sept. à juin et lundi **s**

Rest – Menu 25 € (sem.), 45/85 € – Carte 52/80 €

◆ Classique et raffiné : tel est ce beau manoir breton du 17es. Le chef aime utiliser les herbes et les fleurs du jardin, le tout accompagné de bien beaux flacons.

La Chebaudière

6 r. Abbé Joseph Martin – ✆ 02 97 24 09 84 – Fermé 1 sem. en juin, 1 sem. en oct., 1 sem. en fév., mardi soir, dim. soir et merc. **n**

Rest – Menu 19 € (sem.), 30/36 € – Carte 40/60 €

◆ Néobistrot de quartier, où l'on aime à se retrouver autour d'un bon petit plat de saison, telles ces tagliatelles aux fèves et lardons et leur filet de merluchon à la vapeur...

Terre-Mer

16 r. du Jeu-de-Paume – ✆ 02 97 56 63 60 – Fermé 2 sem. en oct., 2 sem. en janv., sam. midi hors saison, dim. soir et lundi **a**

Rest – Formule 17 € – Menu 28/32 €

◆ Derrière ces murs de granit, la terre épouse la mer – et uniquement pour le meilleur ! De jolies saveurs dans un décor soigné, pour cette table reprise en 2010 par un jeune couple.

au golf de St-Laurent **10 km par ③, D 22 et rte secondaire – ✉ 56400 Auray**

Du Golf de St-Laurent sans rest

– ✆ 02 97 56 88 88 – www.hotel-golf-saint-laurent.com – Ouvert 1er avril-1er oct.
42 ch – 89/199 € 89/199 € – 12 €
◆ Sauna, jacuzzi, billard et piscine à deux pas du golf : dans cet hôtel, la détente n'est pas en option ! Chambres fonctionnelles, avec balcon ou terrasse.

AUREC-SUR-LOIRE – **43 Haute-Loire** – **331** H1 – **5 449 h.** – **alt. 435 m** **6** D2
– ✉ **43110**

Paris 536 – Firminy 11 – Le Puy-en-Velay 56 – St-Étienne 22
Château du Moine-Sacristain, ✆ 04 77 35 42 65

Les Cèdres Bleus ch, rest, rest

23 r. de la Rivière – ✆ 04 77 35 48 48 – www.lescedresbleus.com – Fermé 16-29 août, 2 janv.-2 fév. et dim. soir
15 ch – 54 € 90 € – ½ P 69/73 €
Rest *(fermé dim. soir, lundi midi et mardi midi)* – Formule 22 € – Menu 25 € (sem.), 29/95 €
◆ Entre les gorges de la Loire et le lac de Grangent, un joli jardin où s'épanouissent des cèdres bleus, mais aussi une maison bourgeoise, son restaurant traditionnel et trois chalets en bois. Ces derniers abritent les chambres, bien tenues et très paisibles.

Si vous recherchez un hébergement particulièrement agréable pour un séjour de charme, réservez dans un établissement classé en rouge : ...

AUREILLE – **13 Bouches-du-Rhône** – **340** E3 – **1 462 h.** – **alt. 134 m** **42** E1
– ✉ **13930**

Paris 719 – Aix-en-Provence 59 – Avignon 38 – Marseille 73

Le Balcon des Alpilles sans rest

rte de Mouries, par D24 A – ✆ 04 90 59 94 24 – lebalcondesalpilles.fr – Ouvert 1er avril-1er nov.
5 ch – 110/120 € 130/140 €
◆ Ici les chambres portent des noms de fleurs. Le mas est décoré avec style ; oliviers, pins et lavandins parfument le jardin : tout est paisible. Superbe petit-déjeuner !

AURIAC – **19 Corrèze** – **329** N4 – **219 h.** – **alt. 608 m** – ✉ **19220** **25** C3

Paris 545 – Aurillac 58 – Limoges 153 – Tulle 61

Les Jardins Sothys

rte de Darazac-Le-Bourg – ✆ 05 55 91 96 89 – www.lesjardinssothys.com – Ouvert de mi-mars à mi-nov. et fermé mardi soir, dim. soir et lundi.
Rest – Formule 19 € – Menu 26 € (déj. en sem.), 30/37 € – Carte environ 35 €
◆ Jardins japonais, des gouttes d'eau, des constellations... Un cadre contemporain, poétique et botanique, conçu par la célèbre marque de cosmétiques. Le chef donne au terroir corrézien un supplément d'originalité.

AURILLAC P – **15 Cantal** – **330** C5 – **28 641 h.** – **alt. 610 m** – ✉ **15000** **5** B3

Auvergne

Paris 557 – Brive-la-Gaillarde 98 – Clermont-Ferrand 158 – Montauban 174
Aurillac ✆ 04 71 64 50 00, 3 km par ③.
7 rue des Carmes, ✆ 04 71 48 46 58, www.iaurillac.com
18 de Haute-Auvergne, à Arpajon-sur-Cère, La Bladade, SO par N 122 et D 153 : 7km, ✆ 04 71 47 73 75
9 de Vézac Aurillac, à Vézac, Mairie, SE par D 990 : 8 km, ✆ 04 71 62 44 11
Château St-Étienne : muséum des Volcans★.

Plan page suivante

Angoulême (Cours d') . . . . BY 2
Arbre Croumaly (R. de l') . . . . AY 3
Carmes (R. des) . . . . BZ
Champeil (R. J.-B.) . . . . BY 6
Château St-Étienne (R. du) . . . . BY 7
Consulat (R. du) . . . . BY 8
Coste (R. de la) . . . . BY 9
Duclaux (R. Émile) . . . . BY 13
Fargues (R. des) . . . . BY 18
Ferry (R. Jules) . . . . BZ 19
Frères (R. des) . . . . BY 22
Gambetta (Av.) . . . . BZ 23
Gerbert (Pl.) . . . . BY 24
Marchande (R.) . . . . BY 25
Maynard (R. F.) . . . . AZ 26
Monastère (R. du) . . . . BY 27
Monthyon (Cours) . . . . BY 28
Mont Mouchet (R. du) . . . . AZ 29
Noailles (R. de) . . . . BY 30
Pavatou (Bd du) . . . . BY 31
Prés.-Delzons (R. du) . . . . BY 32
Pupilles de la Nation (Av. des) . . . . AZ 33
République (Av. de la) . . . . AZ
St-Géraud (Pl.) . . . . BY 34
St-Jacques (R.) . . . . BY 35
Square (Pl. du) . . . . BY 36
Vaissière (R. Robert de la) . . . . AY 37
Vermenouze (R. Arsène) . . . . . . BY 38
Veyre (Av. J.-B.) . . . . BY 39
14-Juillet (R. du) . . . . BZ 40
139e-R.-I. (R. du) . . . . BZ 44

Grand Hôtel de Bordeaux sans rest

2 av. de la République – ✆ 04 71 48 01 84 – www.hotel-de-bordeaux.fr – Fermé 23 déc.-2 janv. BY**r**

32 ch – †66/94 € ††88/118 € – 2 suites – ☕ 11 €

◆ C'est probablement l'une des meilleures adresses de la ville. Dans ce bel immeuble du début du 20es. aux chambres claires et agréables, tout n'est qu'élégance et raffinement, avec une pointe d'originalité. À noter, la qualité de l'accueil.

Delcher

20 r. Carmes – ✆ 04 71 48 01 69 – www.hotel-delcher.com – Fermé 9-15 avril, 14-31 juil. et 21 déc.-6 janv. BZ**q**

23 ch – †51 € ††58 € – ☕ 8 € – ½ P 54 € **Rest** *(fermé vend. soir, sam. soir, dim. soir et fériés)* – Formule 15 € – Menu 19/30 € – Carte 21/35 €

◆ L'artiste danois Gorm Hansen a séjourné dans cet hôtel-restaurant en 1912 et payé son séjour en fresques décrivant les paysages environnants. Hormis celles-ci, l'hôtel est plutôt simple ; les chambres les plus calmes et les plus récentes sont situées dans une annexe, sur l'arrière du bâtiment.

La Thomasse

28 r. du Dr-Louis-Mallet – ✆ 04 71 48 26 47 – www.hotel-la-thomasse.com – Fermé 30 avril-8 mai et 19 déc.-8 janv. AZa

22 ch – †73/93 € ††83/105 € – ☕ 12 € – ½ P 78 €

Rest *La Thomasse (fermé sam., dim. et le midi)* – Menu 25/30 € – Carte 29/37 €

◆ Un bâtiment couvert de lierre, dans un quartier résidentiel, loin de l'agitation du centre-ville. Les chambres imposent leur style, à la fois coloré et actuel ; de quoi plaire à la clientèle d'affaires pour laquelle une salle de réunion a été récemment créée.

Quatre Saisons

10 r. Champeil – ✆ 04 71 64 85 38 – Fermé 19-25 août, 25 oct.-2 nov., 1 sem. en fév., dim. soir, mardi midi et lundi BYt

Rest – Formule 20 € – Menu 25/60 € – Carte 45/75 €

◆ Le cadre a été entièrement rénové en 2010 mais la priorité reste la goûteuse cuisine du marché, réalisée avec des produits ultrafrais, dont les légumes du potager ! Pour une cuisine des quatre saisons, bien entendu...

à Vézac par ③, D 920 et D 990 : 10 km – 1 114 h. – alt. 650 m – ✉ 15130

Château de Salles

rte du Château – ✆ 04 71 62 41 41 – www.chateausalles.com et www.longitudehotels.com – Ouvert Pâques-Toussaint

24 ch – †105/169 € ††105/179 € – 9 suites – ☕ 19 € – ½ P 94/127 €

Rest – Formule 23 € – Menu 26/45 € – Carte environ 49 €

◆ Ce château du 15es. et son parc offrent une vue ravissante sur les monts du Cantal. Équipements très complets : chambres réparties dans plusieurs bâtiments au calme, piscine, tennis, billard, restaurant et salle de réception. Pour les amateurs, le golf de Vézac est tout près.

AURON – 06 Alpes-Maritimes – **341** C2 – alt. 1 100 m – Sports d'hiver : 1 600/2 450 m ⛷ 7 ⛷ – ✉ 06660 St Etienne de Tinee ▮ Alpes du Sud **41** C-D2

▶ Paris 914 – Marseille 263 – Nice 93 – Borgo San Dalmazzo 206

ℹ Grange Cossa, boulevard Riou, ✆ 04 93 23 02 66

Le Chalet d'Auron

voie du Berger – ✆ 04 93 23 00 21 – www.chaletdauron.com – Ouvert 20 juil.-20 août et 7 déc.-31 mars

15 ch – †100/380 € ††100/380 € – 2 suites – ☕ 22 € – ½ P 110/395 €

Rest – Carte 45/65 €

◆ Un vrai chalet, douillet, confortable et raffiné. Du bois, encore du bois, des tons chauds et des petits plats du terroir bien sympathiques après une journée de ski : beaucoup de charme et... la montagne à perte de vue !

AUSSOIS – 73 Savoie – **333** N6 – 683 h. – alt. 1 489 m – Sports d'hiver : 1 500/2 750 m ⛷ 11 ⛷ – ✉ 73500 ▮ Alpes du Nord **45** D2

▶ Paris 670 – Albertville 97 – Chambéry 110 – Lanslebourg-Mont-Cenis 17

ℹ route des Barrages, ✆ 04 79 20 30 80

◉ Monolithe de Sardières★ NE : 3 km - Ensemble fortifié de l'Esseillon★ S : 4 km.

Du Soleil

15 r. de l'Église – ✆ 04 79 20 32 42 – www.hotel-du-soleil.com

22 ch – †50/92 € ††65/120 € – ☕ 10 € – ½ P 59/91 €

Rest *(fermé de mi-avril à mi-juin, de mi-oct. à mi-déc. et le midi) (réserver)* – Menu 20/36 € – Carte 35/65 €

◆ Ce plaisant hôtel abrite des chambres simples tournées vers la montagne ; fitness, sauna, hammam... Accueil sympathique. On se régale de belles recettes du marché accompagnées de vins choisis.

AUTHUILLE – 80 Somme – **301** J7 – **rattaché à Albert**

AUTRANS – 38 Isère – **333** G6 – 1 681 h. – alt. 1 050 m – Sports d'hiver : 1 050/1 710 m ⛷ 13 ⛷ – ✉ 38880 ▮ Alpes du Nord **45** C2

▶ Paris 586 – Grenoble 36 – Romans-sur-Isère 58 – St-Marcellin 47

ℹ rue du Cinéma, ✆ 04 76 95 30 70, www.autrans.com

La Poste

– ✆ 04 76 95 31 03 – www.hotel-barnier.com – Ouvert 11 mai-18 oct. et 4 déc.-16 avril

28 ch – 70/95 € 75/120 € – 11 € – ½ P 75/100 €

Rest *(fermé dim. soir, mardi midi et lundi sauf juil.-août et 20 déc.-14 mars)* – Menu 24/40 € – Carte 25/60 €

◆ Au cœur de ce village du Vercors, un sympathique hôtel-restaurant qui respire la tradition : il est tenu par la même famille depuis quatre générations ! Partout le bois domine, avec chaleur et... non sans fraîcheur.

Les Tilleuls

la Côte – ✆ 04 76 95 32 34 – www.hotel-tilleuls.com – Fermé 10 avril-2 mai, 5-28 nov., mardi soir et merc. hors saison et hors vacances scolaires

18 ch – 55/68 € 62/82 € – 2 suites – 9 € – ½ P 62/72 €

Rest *Les Tilleuls* – voir les restaurants ci-après

◆ Dans une zone résidentielle assez tranquille, cette imposante maison de style régional compte de nombreux habitués. Suites familiales, bonne literie, rénovations régulières : une vraie satisfaction pour les clients.

Les Tilleuls

la Côte – ✆ 04 76 95 32 34 – www.hotel-tilleuls.com – Fermé 10 avril-2 mai, 5-28 nov., mardi soir et merc. hors saison et hors vacances scolaires

Rest – Menu 24/46 € – Carte 36/62 €

◆ Le patron, son fils et son beau-fils concoctent une sympathique cuisine traditionnelle et régionale – avec une spécialité maison, la caillette. On apprécie ces petits plats dans une salle d'esprit montagnard, comme il se doit !

AUTUN – 71 Saône-et-Loire – 320 F8 – 14 887 h. – alt. 326 m 8 C2

– 71400 Bourgogne

Paris 287 – Avallon 78 – Chalon-sur-Saône 51 – Dijon 85

13, rue du Général Demetz, ✆ 03 85 86 80 38, www.autun-tourisme.com

d'Autun, Le Plan d'Eau du Vallon, par rte de Chalon-s-Saône : 3 km, ✆ 03 85 52 09 28

Cathédrale St-Lazare★★ (tympan★★★, chapiteau★★) - Musée Rolin★ (la Tentation d'Eve★★, Nativité au cardinal Rolin★★, vierge d'Autun★★) BZ **M²** - Porte St-André★ - Grilles★ du lycée Bonaparte AZ **B** - Manuscrits★ (bibliothèque de l'Hôtel de Ville) BZ **H.**

La Tête Noire rest,

3 r. Arquebuse – ✆ 03 85 86 59 99 – www.hoteltetenoire.fr – Fermé 21 déc.-22 janv. BZn

31 ch – 66/78 € 77/97 € – 11 € – ½ P 66/72 €

Rest – Formule 15 € – Menu 18/46 € – Carte 27/50 €

◆ Dans le centre-ville, un hôtel classique et familial dont les chambres, colorées et lumineuses, s'avèrent pratiques et bien insonorisées. Le petit-déjeuner est vraiment copieux : charcuterie, fromage, fruits et bonnes confitures !

Ibis ch,

2 km rte Chalon par ③ – ✆ 03 85 52 00 00 – www.ibishotel.com

46 ch – 68 € 68 € – 9 €

Rest *(fermé sam. et dim. hors saison)* – Carte environ 26 €

◆ Un Ibis pratique, près du plan d'eau du Vallon, à quelques minutes des zones commerciales et à deux pas du centre historique d'Autun.

Le Moulin Renaudiots

chemin du Vieux-Moulin, 5 km au Sud-Est par N 80 et D 978 – ✆ 03 85 86 97 10 – www.moulinrenaudiots.com – Ouvert avril-nov.

5 ch – 125/155 € 125/155 € **Table d'hôte** – Menu 48 € bc

◆ Une magnifique villa couverte de vigne vierge, avec son jardin à la française. L'intérieur, élégamment minimaliste, ose le cuir blanc et le béton ciré. Le petit-déjeuner est excellent et plusieurs fois par semaine, les propriétaires font table d'hôte, exprimant ainsi leur amour d'une chère raffinée.

AUTUN

Arbalète (R. de l') . . . . BZ 2
Arquebuse (R. de l') . . . . BZ 3
Cascade (R. de la) . . . . BZ 4
Chauchien (Gde-Rue) . . . . BZ 6
Cocand (R.) . . . . AZ 7
Cordeliers (R. des) . . . . BZ 9
Cordiers (R. aux) . . . . BZ 12
Dijon (R. de) . . . . BY 13
Dr-Renaud (R.) . . . . AZ 15
Eumène (R.) . . . . AY 16
Gaillon (R. de) . . . . BY 18
Gaulle (Av. Ch.-de) . . . . AYZ 19
Grange-Vertu (Rue de la) . . . . . AY 21
Guérin (R.) . . . . BY 23
Jeannin (R.) . . . . BZ 26
Lattre-de-Tassigny (R. de) . . . . BZ 27
Laureau (Bd) . . . . BY 28
Marbres (R. des) . . . . BZ 29
Martin (R. Maître G.) . . . . BY 43
Notre-Dame (R.) . . . . AZ 31
Paris (R. de) . . . . ABY 32
Passage couvert . . . . BZ 33
Pernette (R.) . . . . AZ 35
Raquette (R.) . . . . BZ 37
St-Saulge (R.) . . . . AZ 40
Vieux-Colombier (R. du) . . . . . . BZ 42

Maison Sainte-Barbe sans rest

7 pl. Ste-Barbe – ✆ 03 85 86 24 77 – www.maisonsaintebarbe.com BZt

4 ch ☕ – 🚹68 € 🚹🚹70 €

◆ Cette ancienne maison canoniale (15e-18es.) attend ses hôtes au pied de la cathédrale, un lieu chargé d'histoire que les propriétaires ne cessent d'embellir (vieux meubles, esprit familial, joli jardin...). Prochaine étape : l'aménagement de la belle chapelle attenante qui date du 12es.

Le Chalet Bleu

3 r. Jeannin – ✆ 03 85 86 27 30 – www.lechaletbleu.com – Fermé 1er-5 janv., 20 fév.-14 mars, lundi soir, dim. soir et mardi BYZs

Rest – Menu 18 € (sem.), 32/65 € – Carte 42/56 €

◆ Un restaurant où le terroir rencontre la tradition ; le chef, qui est également pâtissier, travaille des produits de qualité. Une fois par semaine, un menu spécial décline un thème : asperges, truffes, foie gras, homard, fraises...

Le Chapitre

13 pl. du Terreau – ✆ 03 85 52 04 01 – www.restaurantlechapitre.com – Fermé 19-28 déc., 15 fév.-6 mars, dim. soir, mardi midi et lundi BZ**d**

Rest – Formule 15 € – Menu 20 € (déj. en sem.), 29/40 € – Carte 38/55 €

◆ Beaucoup de goût(s) pour cette table en prise sur les tendances. La salle affiche un bel esprit contemporain, tout en offrant une jolie vue sur le parvis de la cathédrale.

AUVERS – 77 Seine-et-Marne – **312** D5 – rattaché à Milly-la-Forêt (Essonne)

AUVERS-SUR-OISE – 95 Val-d'Oise – **305** E6 – **106** 6 – **101** 3 – voir à Paris, Environs

---

AUVILLAR – 82 Tarn-et-Garonne – **337** B7 – 968 h. – alt. 141 m – ✉ 82340 **28** B2

Paris 652 – Agen 28 – Auch 62 – Montauban 42

place de la Halle, ✆ 05 63 39 89 82, www.auvillar.com

L'Horloge avec ch

pl. de l'Horloge – ✆ 05 63 39 91 61 – www.horlogeauvillar.monsite.orange.fr – Fermé 20 déc.-8 janv. et vend. du 15 oct. au 15 avril

10 ch – 50 € 56/90 € – 10 € – ½ P 55/85 €

Rest *(fermé sam. midi et vend. sauf juil.-août)* – Menu 29/120 € – Carte 50/85 €

Rest *Le Bouchon* *(fermé vend., sam., dim. et fériés) (déj. seult)* – Formule 14 € – Menu 18 € (sem.) – Carte 24/38 €

◆ Jouxtant l'élégante tour de l'Horloge, cette maison est ravissante, avec ses volets vert tendre et sa terrasse sous les platanes... Le chef privilégie les producteurs locaux et concocte une jolie cuisine de saison, saine et savoureuse. À l'heure du déjeuner, le Bouchon propose des petits plats bistrot orientés terroir. Pour l'étape, des chambres agréables.

à Bardigues 4 km au Sud par D 11 – 257 h. – alt. 160 m – ✉ 82340

Auberge de Bardigues

au bourg – ✆ 05 63 39 05 58 – www.aubergedebardigues.com – Fermé dim. soir et lundi

Rest – Formule 13 € bc – Menu 17 € (sem.), 25/62 € – Carte 25/38 €

◆ Au cœur d'un village rural, cette bâtisse contemporaine (avec une grande terrasse ouverte sur la campagne) est une sympathique halte bistronomique. Ciril concocte de bons petits plats, et son frère Fabien, sommelier, vous conseille de jolis crus.

AUXERRE P – 89 Yonne – **319** E5 – 36 856 h. – alt. 130 m – ✉ 89000 **7** B1

Bourgogne

Paris 166 – Bourges 144 – Chalon-sur-Saône 176 – Dijon 152

1-2, quai de la République, ✆ 03 86 52 06 19, www.ot-auxerre.fr

Cathédrale St-Étienne★★ (vitraux★★, crypte★, trésor★) - Ancienne abbaye St-Germain★★ (crypte★★).

Gy-l'Évêque : Christ aux Orties★ de la chapelle 9,5 km par ③.

Le Parc des Maréchaux sans rest

6 av. Foch – ✆ 03 86 51 43 77 – www.hotel-parcmarechaux.com AZ**u**

25 ch – 98/153 € 98/153 € – 12 €

◆ Demeure Napoléon III aux jolies chambres cosy, meublées dans le style Empire ; plus de calme côté parc. Bar feutré habillé de velours rouge.

Normandie sans rest

41 bd Vauban – ✆ 03 86 52 57 80 – www.hotelnormandie.fr – Fermé 16 déc.-2 janv. AY**b**

47 ch – 72/80 € 80/110 € – 10 €

◆ Cette demeure bourgeoise (19[e]s.) a tout pour plaire : paisible cour, chambres coquettes et colorées, salon meublé Art déco, billard et fitness.

AUXERRE

Le Maxime sans rest

2 quai de la Marine – ✆ 03 86 52 14 19 – www.lemaxime.com BY**f**

26 ch – †94/112 € ††94/163 € – ☕ 12 €

◆ Au 19e s., ce grenier à sel des bords de l'Yonne s'est mué en hôtel. Chambres coquettes et feutrées (tons gris, taupe...), avec vue sur le fleuve ou la cour.

Le Jardin Gourmand

56 bd Vauban – ✆ 03 86 51 53 52 – www.lejardingourmand.com – Fermé 12-20 mars, 18 juin-3 juil., 3-11 sept., 12-27 nov., dim. soir sauf juil.-août, lundi et mardi AY**d**

Rest *(nombre de couverts limité, réserver)* – Menu 52 € (déj. en sem.), 75/115 € – Carte 89/120 €

◆ Cette ancienne maison de vigneron distille charme classique et fantaisie contemporaine... On y savoure une bonne cuisine du marché, qui varie avec les saisons. Raffiné.

XX **La Salamandre**

84 r. de Paris – 03 86 52 87 87 – www.lasalamandre-auxerre.fr – Fermé merc. soir, sam. midi, dim. et fériés AYa

Rest – Menu 42/72 € – Carte 50/100 €

♦ Poissons (sauvages), coquillages et crustacés : dans ce restaurant du vieil Auxerre, on respire le bon air de la mer ! Décor sobre et actuel.

X **Le Bourgogne**

15 r. de Preuilly – 03 86 51 57 50 – www.lebourgogne.fr – Fermé 23 avril-6 mai, 30 juil.-12 août, 24 déc.-6 janv., jeudi soir, dim., lundi et fériés BZe

Rest *(nombre de couverts limité, réserver)* – Menu 29/40 €

♦ Sympathique cadre rustique, belle terrasse et petits plats du marché aussi appétissants sur l'ardoise que dans l'assiette : reconversion réussie pour cet ancien garage !

X **Le Rendez-Vous**

37 r. du Pont – 03 86 51 46 36 – www.restaurant-le-rendez-vous.com – Fermé 23 avril-1er mai, 16-31 juil., 24 déc.-6 janv., le soir en sem. de mi-oct. à mi-mai, sam., dim. et fériés BZr

Rest – Menu 31 € – Carte 35/63 €

♦ Rendez-vous au pied de l'église St-Pierre, où le chef mijote de savoureuses spécialités bourguignonnes (joue de bœuf, œufs en meurette...) dans une atmosphère conviviale.

à Champs-sur-Yonne 10 km par ② et D 606 – 1 582 h. – alt. 110 m – ✉ 89290

Mas des Lilas sans rest

1 r. du Pont, (au Hameau de la Cour Barrée) – 03 86 53 60 55 – www.lemasdeslilas.com

16 ch – †55 € ††64 € – ☕ 9 €

♦ Ces pavillons nichés dans un jardin fleuri abritent de petites chambres climatisées et bien tenues, toutes de plain-pied et avec terrasse ouverte sur la verdure.

à Vincelottes 16 km par ② D 606 et D 38 – 330 h. – alt. 110 m – ✉ 89290

XX **Auberge Les Tilleuls** avec ch

12 quai de l'Yonne – 03 86 42 22 13 – www.auberge-les-tilleuls.com – Fermé 18 déc.-14 fév., mardi et merc.

5 ch ☕ – †71 € ††85 €

Rest – Formule 15 € bc – Menu 29/58 € – Carte 39/94 €

♦ Pause bucolique au bord de l'Yonne. Ici, le chef mise sur les bons produits et concocte une savoureuse cuisine traditionnelle. Terrasse à fleur d'eau et bon choix de bourgognes. Chambres pour l'étape.

à Villefargeau 5,5 km par ④ – 832 h. – alt. 130 m – ✉ 89240

Le Petit Manoir des Bruyères

Les Bruyères, 4 km à l'Ouest – 03 86 41 32 82 – www.petit-manoir-bruyeres.com

4 ch ☕ – †150/220 € ††150/220 € **Table d'hôte** – Menu 46/60 €

♦ À l'orée du bois, ce manoir au toit vernissé est un véritable havre de paix. Chambres raffinées (18e s.) et suite royale "Montespan". Cueillette des champignons en saison... Table d'hôte richement dressée devant la cheminée Louis XIII ; plats bourguignons.

à Appoigny 8 km par ⑤ et D 606 – 3 146 h. – alt. 110 m – ✉ 89380

4, rue du Fer à Cheval, 03 86 53 20 90

Le Puits d'Athie

1 r. de l'Abreuvoir – 03 86 53 10 59 – www.puitsdathie.com

4 ch ☕ – †80/180 € ††80/180 € **Table d'hôte** – Menu 49 € bc

♦ Les chambres de cette demeure bourguignonne possèdent un charme rare (meubles chinés), en particulier "Mykonos", habillée de bleu et blanc, et "Porte d'Orient", décorée d'une porte du Rajasthan. La patronne concocte des plats régionaux ou méditerranéens.

AVAILLES-LIMOUZINE – 86 Vienne – 322 J8 – 1 307 h. – alt. 142 m – ✉ 86460 39 C2

Paris 413 – Chauvigny 61 – Poitiers 66 – Saint-Junien 40

6, rue Principale, ✆ 05 49 48 63 05, www.office-de-tourisme-availles-limouzine.fr

La Chatellenie

1 r. du Commerce – ✆ 05 49 84 31 31 – www.lachatellenie.fr – Fermé 27 fév.-11 mars

9 ch – †49 € ††56 € – ☕ 7 € – ½ P 55 €

Rest *(fermé sam. midi sauf juil.-août)* – Formule 13 € – Menu 18 € (sem.), 25/46 € – Carte 30/44 €

◆ Sortez des sentiers battus : ce petit relais de poste (repris en 2010 par un jeune couple dynamique) se prête à une escapade à l'ancienne, sur les chemins détournés qui relient Poitiers et Limoges. Un joli escalier en bois mène aux chambres. Viande et légumes du pays : à table, la tradition aussi a du bon.

AVALLON – 89 Yonne – 319 G7 – 7 321 h. – alt. 250 m – ✉ 89200 7 B2

Bourgogne

Paris 222 – Auxerre 51 – Beaune 103 – Chaumont 134

6, rue Bocquillot, ✆ 03 86 34 14 19, www.avallonnais-tourisme.com

Site★ - Ville fortifiée★ : Portails★ de l'église St-Lazare - Miserere★ du musée de l'Avallonnais **M¹** - Vallée du Cousin★ S par D 427.

Plan page suivante

Dak'Hôtel sans rest

119 r. de Lyon, par ② – ✆ 03 86 31 63 20 – www.dak-hotel.com

27 ch – †59 € ††65 € – ☕ 9 €

◆ Un hôtel fonctionnel tout près de la route, avec piscine et jardin. Les chambres sont bien entretenues et insonorisées. Pratique et sympathique !

Le Gourmillon

8 r. de Lyon – ✆ 03 86 31 62 01 – www.legourmillon.com – Fermé 2 sem. en janv., jeudi soir et dim. soir hors saison **v**

Rest – Formule 13 € – Menu 20/34 € – Carte 24/38 €

◆ En plein centre-ville, ce restaurant au cadre sobre et moderne décline produits du terroir et saveurs nouvelles avec générosité (joues de porc braisées, couronne de Saint-Jacques au gingembre et baies roses, etc.). Accueil sympathique.

à Pontaubert 5 km par ④ et D 957 – 391 h. – alt. 160 m – ✉ 89200

Les Fleurs avec ch

69 rte de Vézelay – ✆ 03 86 34 13 81 – www.hotel-lesfleurs.com – Fermé 18 déc.-3 fév.

7 ch – †64/68 € ††64/68 € – ☕ 9 € – ½ P 67 €

Rest *(fermé jeudi sauf le soir du 1er mai au 15 sept. et merc.)* – Menu 19/45 € – Carte 31/38 €

◆ Une sympathique auberge familiale, où manger une cuisine traditionnelle et régionale. L'été, on profite du jardin. Chambres bien tenues.

dans la Vallée du Cousin 6 km par ④, Pontaubert et D 427 – ✉ 89200 Avallon

Hostellerie du Moulin des Ruats

9 r. des Isles Labaumes – ✆ 03 86 34 97 00 – www.moulindesruats.com – Ouvert de mi-fév. au 11 nov.

25 ch – †85/160 € ††85/160 € – ☕ 13 € – ½ P 102/140 €

Rest *(fermé lundi et le midi sauf dim.)* – Menu 30/49 € – Carte 47/71 €

◆ Au calme dans la vallée du Cousin, ce moulin du 18e s. invite à la détente : atmosphère feutrée dans le bar-bibliothèque et chambres au charme surrané. On dîne dans une salle ouverte sur le domaine ou en terrasse ; cuisine classique, au diapason des lieux.

AVALLON

à Vault de Lugny 6 km par ④ et D 142 – 325 h. – alt. 148 m – ✉ 89200

Château de Vault de Lugny
11 r. du Château – ✆ *03 86 34 07 86* – *www.lugny.fr*
– *Ouvert 6 avril-3 nov.*
14 ch – †185/670 € ††260/670 € – 1 suite – ☕ 29 € – ½ P 205/410 €
Rest *Château de Vault de Lugny* – voir les restaurants ci-après
◆ Dans son immense parc aux arbres centenaires, une fois ses douves en eau et ses tours crénelées franchies, ce château du 16ᵉs. n'est que raffinement : tentures, lits à baldaquin, objets d'art... sans oublier la piscine logée sous des voûtes de pierre séculaires ! Idyllique.

Château de Vault de Lugny
11 r. du Château – ✆ *03 86 34 07 86* – *www.lugny.fr* – *Ouvert 6 avril-3 nov., fermé le midi sauf week-end*
Rest *(nombre de couverts limité, réserver)* – Menu 49 € (sem.), 69/125 € – Carte 85/140 €
◆ Une bonne raison de pénétrer dans ce château très séduisant : en cuisine œuvrent une pâtissière et un chef mauriciens, qui signent une cuisine subtile où les produits du superbe potager – entre autres – sont à l'honneur.

à Valloux 6 km par ④ et D 606 – ✉ 89200 Vault de Lugny

Auberge des Chenêts
10 rte Nationale 6 – ✆ *03 86 34 23 34* – *Fermé 5-14 mars, 18 juin-2 juil., 12 nov.-4 déc., mardi d'oct. à avril, dim. soir et lundi*
Rest – Formule 18 € – Menu 26/55 € – Carte 54/70 €
◆ On oublie vite la route toute proche, lorsqu'on s'attable près de la cheminée de cette agréable auberge rustique ! On savoure ici de bons plats d'inspiration bourguignonne.

à l'Est 6 km par ② – ✉ 89200 Avallon

Le Relais Fleuri

La Cerce – ✆ 03 86 34 02 85 – www.relais-fleuri.com

48 ch – 🛉84/98 € 🛉🛉84/98 € – ☕ 14 € – ½ P 87 €

Rest *Le Relais Fleuri* – voir les restaurants ci-après

◆ Il suffit de sortir de l'autoroute A 6 (direction Avallon) pour trouver le repos dans ce Relais aux airs de motel de campagne (chambres de plain-pied, parc de 4 ha, tennis et piscine chauffée). Idéal pour une étape revigorante.

Le Relais Fleuri

La Cerce – ✆ 03 86 34 02 85 – www.relais-fleuri.com

Rest – Menu 24/58 € bc – Carte 36/58 €

◆ Un certain esprit champêtre (cheminée, poutres, cuivres) règne ici, au restaurant du Relais Fleuri. On y apprécie une cuisine régionale et de bons bourgognes.

Les prix indiqués devant le symbole 🛉 correspondent au prix le plus bas en basse saison puis au prix le plus élevé en haute saison, pour une chambre single. Même principe avec le symbole 🛉🛉 cette fois pour une chambre double.

AVÈNE – 34 Hérault – **339** D6 – 293 h. – alt. 350 m – Stat. therm. : fin mars-fin oct. – ✉ 34260 **22** B2

▶ Paris 705 – Bédarieux 25 – Clermont-l'Hérault 51 – Montpellier 83

ℹ le Village, ✆ 04 67 23 43 38, www.avene.info

Val d'Orb

Les Bains-d'Avène, aux Thermes – ✆ 04 67 23 44 45 – www.valdorb.com – Ouvert 25 mars-3 nov.

58 ch – 🛉92/98 € 🛉🛉98/104 € – ☕ 10 € – ½ P 72/84 €

Rest – Formule 22 € – Menu 28 € – Carte environ 30 €

◆ Cette construction moderne, blottie dans un vallon verdoyant, est intégrée au centre thermal. Hébergement fonctionnel et spacieux. Quelques chambres avec balcon. Au restaurant, cuisine traditionnelle, plats diététiques et menu-pension.

AVENSAN – 33 Gironde – **335** G4 – 2 138 h. – alt. 25 m – ✉ 33480 **3** B1

▶ Paris 589 – Bordeaux 30 – Mérignac 28 – Pessac 34

Le Clos de Meyre sans rest

16 rte de Castelnau – ✆ 05 56 58 22 84 – www.chateaumeyre.com – Ouvert 1er mars-1er nov.

9 ch ☕ – 🛉85/105 € 🛉🛉115/250 €

◆ Entre vignobles de Margaux et de Haut-Médoc, ce château du 18ᵉs. a de l'allure. On y produit du vin depuis trois siècles, mais on y cultive aussi le sens de l'accueil. Chambres de caractère (plus fonctionnelles à l'annexe), piscine, roseraie...

AVESSAC – 44 Loire-Atlantique – **316** E2 – 2 389 h. – alt. 55 m – ✉ 44460 **34** A2

▶ Paris 406 – Nantes 78 – Rennes 63 – St-Nazaire 54

au Sud-Est 3 km par D 131 (direction Plessé)

Restaurant d'Edouard

La Ville en Pierre ✉ 44460 Avessac – ✆ 02 99 71 01 02 – www.edouardset.com – Fermé 14 juil.-20 sept., lundi, mardi, merc. et jeudi

Rest – Menu 29/61 € – Carte 50/62 €

◆ Dans cette ancienne ferme, la décoration design tranche avec les murs en brique et les poutres apparentes. On y sert une cuisine inventive, joliment présentée. Cave à vin.

AVIGNON Ⓟ – 84 Vaucluse – **332** B10 – **90 109 h.** **42** E1
– **Agglo. 253 580 h.** – **alt. 21 m** – ✉ **84000** Provence

Paris 682 – Aix-en-Provence 82 – Arles 37 – Marseille 98
d'Avignon : ✆ 04 90 81 51 53, 9 km par ③ et N 7.
✆ 3635 et tapez 42 (0,34 €/mn)
41, cours Jean Jaurès, ✆ 04 32 74 32 74, www.ot-avignon.fr
18 de Châteaublanc, à Morières-lès-Avignon, Les Plans, E : 8 km par D 58, ✆ 04 90 33 39 08
18 du Grand Avignon, à Vedène, Les Chênes Verts, E : 9 km par D 28, ✆ 04 90 31 49 94
Palais des Papes★★★ : ≤★★ de la terrasse des Dignitaires - Rocher des Doms ≤★★ - Pont St-Bénézet★★ - Remparts★ - Vieux hôtels★ (rue Roi-René) EZ **F²** - Coupole★ de la cathédrale Notre-Dame-des-Doms - Façade★ de l'hôtel des Monnaies EY **K** - Vantaux★ de l'église St-Pierre EY - Retable★ de l'église St-Didier EZ - Musées : Petit Palais★★ EY, Calvet★ EZ **M²**, Lapidaire★ EZ **M⁴**, Louis Vouland (faïences★) DYZ**M⁵** - Fondation Angladon-Dubrujeaud★★ EZ **M¹**.

Plans pages suivantes

La Mirande
4 pl. Amirande – ✆ 04 90 14 20 20 – www.la-mirande.fr EY**g**
25 ch – †330/616 € ††330/616 € – 1 suite – ☕ 24 €
Rest *La Mirande* – voir les restaurants ci-après
◆ Cet hôtel particulier du 17ᵉs. est absolument superbe : pierres ouvragées, déluge d'objets d'art et de tentures dans l'esprit provençal du 18ᵉ s. et un délicieux jardin clos, qui s'épanouit à l'ombre du palais des Papes. Raffinement exquis !

D'Europe
12 pl. Crillon – ✆ 04 90 14 76 76 – www.heurope.com EY**d**
42 ch – †189/690 € ††189/690 € – 2 suites – ☕ 19 €
Rest *D'Europe* ✿ – voir les restaurants ci-après
◆ Près des remparts, cet hôtel particulier du 16ᵉs. devint hôtel dès 1799. Victor Hugo, Bonaparte ou encore Dalí y séjournèrent... Les chambres se révèlent classiques et soigneusement tenues. Au dernier étage, les suites toisent le palais des Papes.

Cloître St-Louis
20 r. Portail-Boquier – ✆ 04 90 27 55 55 – www.cloitre-saint-louis.com
80 ch – †220/360 € ††220/360 € – ☕ 18 € EZ**s**
Rest *(fermé 27 oct.-7 nov., 25 fév.-11 mars, sam. midi et dim. midi)* – Menu 36 € (dîner) – Carte 32/60 €
◆ Dans ce cloître du 16ᵉ s., les chambres allient sobriété moderne et charme des vieilles pierres. Piscine et terrasse sur le toit ; aile contemporaine (verre et acier). Restaurant sous les arcades ; l'été, on s'installe dans la paisible cour, à l'ombre des platanes.

Mercure Pont d'Avignon sans rest
r. Ferruce, (quartier Balance) – ✆ 04 90 80 93 93 – www.mercure.com EY**r**
87 ch – †115/180 € ††125/190 € – ☕ 14 €
◆ Emplacement idéal pour visiter le palais des Papes. Les chambres de cet hôtel sont petites, mais fonctionnelles et chaleureuses. Agréable salle des petits-déjeuners.

Kyriad Courtine sans rest
2 r. Mère-Térésa, avenue de la Gare TGV – ✆ 04 32 76 88 00 – www.kyriad.fr
95 ch – †72/150 € ††72/150 € – ☕ 10 € AX**a**
◆ Cet hôtel proche de la gare TGV possède les avantages d'une construction récente : bonne insonorisation, équipements modernes complets et déco contemporaine.

Bristol sans rest
44 cours Jean-Jaurès – ✆ 04 90 16 48 48 – www.bristol-avignon.com
65 ch – †67/92 € ††90/132 € – 2 suites – ☕ 12 € EZ**m**
◆ Entre la gare et les quartiers animés, cet immeuble abritait déjà un hôtel dans les années 1920. Préférez les chambres rénovées, assez chaleureuses (couettes, tons chocolat).

De Blauvac sans rest
11 r. de la Bancasse – ☎ 04 90 86 34 11 – www.hotel-blauvac.com EY**m**
16 ch – †67/87 € ††72/97 € – ☕ 8 €
◆ La résidence du marquis de Blauvac (17ᵉs.) a conservé son lustre rustique (pierres apparentes). Chambres à l'avenant (certaines familiales) et agréables salles de bains.

Le Colbert sans rest
7 r. Agricol Perdiguier – ☎ 04 90 86 20 20 – www.avignon-hotel-colbert.com – Ouvert 15 mars-31 oct. EZ**a**
14 ch – †68/118 € ††78/130 € – ☕ 12 €
◆ Dans cet hôtel, on se sent comme à la maison : chambres bien entretenues, tons chauds et affiches colorées... Le petit plus : un délicieux patio, où trône un palmier.

Lumani sans rest
37 rempart St-Lazare – ☎ 04 90 82 94 11 – www.avignon-lumani.com – Fermé 4 nov.-25 déc. et 7 janv.-15 mars FY**a**
5 ch ☕ – †90/150 € ††100/170 €
◆ Dans cette belle maison du 19ᵉs., les propriétaires cultivent leur sens artistique – madame peint ; monsieur est saxophoniste – et vous reçoivent en amis. De l'âme et du style !

Christian Étienne
10 r. Mons – ☎ 04 90 86 16 50 – www.christian-etienne.fr – Fermé vacances de la Toussaint, dim. et lundi sauf en juil. EY**h**
Rest – Menu 31 € (déj.), 65/125 € – Carte 70/150 €
Spéc. Tartare de tomate cœur de bœuf et ananas (été). Menu truffe (hiver). Dessert aux fruits de saison. **Vins** Châteauneuf-du-Pape, Cairanne.
◆ Demeure médiévale accolée au palais des Papes. Dans ce cadre chargé d'histoire, C. Étienne réalise une belle cuisine, rendant un vibrant hommage aux produits de sa Provence natale.

Hiély-Lucullus
5 r. de la République, (1ᵉʳ étage) – ☎ 04 90 86 17 07 – www.hiely-lucullus.com – fermé 9-15 mai, jeudi midi, sam. midi et merc. sauf juil. EY**n**
Rest – Formule 19 € – Menu 29/59 € – Carte 29/62 €
◆ Véritable institution depuis 1938 ! Ici, on se délecte du décor Belle Époque (vitraux, boiseries de style Majorelle) autant que de la cuisine classique revisitée.

Le Diapason (Erwan Houssin)
1764 av. du Moulin-Notre-Dame - BX – ☎ 04 90 81 00 00 – www.lediapason-restaurant.com – Fermé 2 sem. en août, 3 sem. en janv., dim. soir et mardi de sept. à juin, dim. en juil.-août et lundi
Rest – Menu 24 € (déj. en sem.), 34/74 €
Spéc. Foie gras de canard et haddock fumé, crème glacée au raifort. Pigeonneau rôti aux écrevisses de Camargue, aubergine et ail noir d'Aomori (été). Tarte chocolat guanaja et truffe melanosporum (hiver). **Vins** Rasteau, Cairanne.
◆ Aux portes de la ville règne une douce harmonie champêtre. Charme des pierres apparentes et des tons clairs ; vue sur les cuisines et… savoureuses recettes créatives, signées par un couple talentueux (lui au chaud, elle à la pâtisserie). Mettez-vous au diapason !

La Mirande – Hôtel La Mirande
4 pl. Amirande – ☎ 04 90 14 20 20 – www.la-mirande.fr – Fermé 7 janv.-13 fév.
Rest – Menu 35 € (déj. en sem.), 66/105 € EY**g**
◆ L'œuvre du soleil, le chatoiement des couleurs, la générosité des saveurs : les assiettes respirent le Sud, ses produits et ses traditions. Le décor est délicieux : superbe salle 18ᵉs. ou ravissant jardin...

D'Europe – Hôtel D'Europe
12 pl. Crillon – ☎ 04 90 14 76 76 – www.heurope.com – Fermé 23 avril-1ᵉʳ mai, 30 juil.-27 août, 29 oct.-5 nov., 2-8 janv., 25 fév.-5 mars, dim. et lundi
Rest – Menu 37 € (déj.), 48/120 € – Carte 72/152 € EY**d**
Spéc. Écrevisses pattes rouges de Camargue (saison). Dos de loup de Méditerranée. Pêche plate rôtie à la verveine (saison).
◆ Boiseries, moulures, cheminée... et une calme terrasse sous un platane centenaire, au cœur de l'hôtel. Ce cadre classique est tout approprié pour la dégustation d'une cuisine d'une belle facture, fine et sapide.

AVIGNON

Amandier (Av. de l') . . . CX
Aulnes (Av. des) CX
Avignon (Av. d') CX
Croix Rouge (Av. de la) BX
Docteur-Pons (Rte Touristique) . . . BV
Eisenhower (Av.) . . . . . AX
Europe (Pont de l') . . . . AX
Ferry (Bd J.) . . . . AX
Folie (Av. de la) . . . . BCX 29
Foncouverte (Av. de) BCX 31
Gaulle (Rocade Ch.-de) . . ABX
Lyon (Rte de) . . . . BV
Marseille (Rte de) . . . BCX 51
Monclar (Av.) . . . . AX
Monod (Bd J.) . . . . AX 58
Montfavet (Rte de) . . BCX 60
Morières (Rte de) . . . BCV
Moulin Notre-Dame (Av. du) . . . . BX 61
Réalpanier (Carr.) CV
Reine-Jeanne (Av. de la) . . . . BX 81
Royaume (Pont du) . . . AV 92
St-Chamand (Av.) . . . . BX 95
St-Ruf (Av.) . . . . AX
Semard (Av. P.) . . . . . . BX
Sixte-Isnard (Bd) . . . . . BX 112
Souspirous (Av. de) . . . CX
Tarascon (Av. de) . . . . . AX
1re Division Blindée (Bd de la) . . . . BX 125

LES ANGLES

Pinède (Ch. de la) . . . . AV

LE PONTET

Delorme (Av. Th.) CV
Gaulle (Av. Ch. de) CV
Goutarel (Av. G.) . . . . . CV 38
Lascours (Av. F.) CV
Pasteur (Av. L.) CV

VILLENEUVE-LÈS-AVIGNON

Camp de Bataille (R.) . AV 15
Chartreux (Ch. des) . . . AV 16
Ducros (Bd Edmond) . . AV
Fort St-André (Montée du) . . . . AV 32
Gaulle (Av. Ch.-de) . . . . AV 36
Hôpital (R. de l') . . . . . . AV 43
Joffre (Rte) . . . . AV
Leclerc (Av. Gén.) . . . . AV
Monnaie (R. de la) . . . . AV 57
Pasteur (Av.) . . . . AV
Péri (Av. G.) . . . . AV
Ravoux (Av. Paul) . . . . . AV
République (R. de la) . . AV 87
Tour (Montée de la) . . . AV 115
Verdun (Av. de) . . . . . . AV 117

Piedoie

26 r. 3-Faucons – ✆ 04 90 86 51 53 – Fermé fin août, vacances de fév., mardi et merc. EZd

Rest – Formule 14 € – Menu 18 € (sem.)/29 €

◆ On apprécie l'atmosphère familiale de ce petit bistrot joliment rustique (parquet, poutres apparentes, murs blancs) ; on se régale des plats du marché concoctés par le chef.

Le Moutardier du Pape

15 pl. du Palais-des-Papes – ✆ 04 90 85 34 76 – www.restaurant-moutardier.fr

Rest – Formule 25 € – Menu 33/49 € – Carte 41/84 € EYz

◆ Moutardier du pape ? Une charge jadis très prisée et joliment évoquée par les fresques de la salle. Ici, plaisirs du palais et terrasse splendide donnant sur... le palais !

L'Essentiel

2 r. Petite-Fusterie – ✆ 04 90 85 87 12 – www.restaurantlessentiel.com – fermé 18 fév.-12 mars, merc. et dim. EY**y**

Rest – Formule 17 € – Menu 29/41 € – Carte 39/56 €

◆ Comme son nom l'indique, cette table va à l'essentiel... des saveurs, et réjouira les amateurs d'une cuisine généreuse. Le décor, lui, joue la carte de la modernité épurée.

Le Numéro 75

75 r. Guillaume-Puy – ✆ 04 90 27 16 00 – www.numero75.com – Fermé dim.

Rest – Menu 30 € (déj.)/35 € – Carte 30/48 € FZ**b**

◆ Un sympathique restaurant haut en couleurs, niché dans un hôtel particulier du 19es. On y savoure une goûteuse cuisine du marché et, aux beaux jours, on s'attable dans la cour.

AVIGNON

Amirande (Pl. de l')	EY	2
Arroussaire (Av. de l')	FZ	3
Aubanel (R. Théodore)	EZ	5
Balance (R. de la)	EY	7
Bancasse (R.)	EY	9
Bertrand (R.)	FY	10
Bon Martinet (R. du)	FZ	13
Campane (R.)	FY	14
Collège d'Annecy (R.)	EZ	18
Collège du Roure (R. du)	EY	19
Corps Saints (Pl. des)	EZ	20
David (R. Félicien)	EY	22
Dorée (R.)	EY	23
Folco-de-Baroncelli (R.)	EY	28
Fourbisseurs (R. des)	EY	34
Four de la Terre (R. du)	FZ	35
Four (R. du)	FY	33
Galante (R.)	EY	37
Grande Fusterie (R. de la)	EY	39
Grottes (R. des)	EY	41
Italiens (Av. des)	GY	44
Jean-Jaurès (Cours)	EZ	
Jérusalem (Pl.)	FY	45
Ledru-Rollin (R.)	FY	47
Manivet (R. P.)	EFZ	48
Marchands (R. des)	EY	49
Masse (R. de la)	FZ	52
Molière (R.)	EY	54
Monclar (Av.)	EZ	55
Mons (R. de)	EY	59
Muguet (R.)	GY	62
Ortolans (R. des)	EZ	63
Palais (Pl. du)	EY	64
Palapharnerie (R.)	FY	66
Petite Calade (R. de la)	EY	67
Petite Fusterie (R. de la)	EY	68

Petite Saunerie (R. de la) .... **FY** 70
Pétramale (R.) .... **EZ** 72
Peyrollerie (R.) .... **EY** 73
Pont (R. du) .... **EY** 74
Président-Kennedy (Cours) .. **EZ** 76
Prévot (R.) .... **EZ** 77
Rascas (R. de) .... **GY** 79
Rempart de l'Oulle (R. du) ... **DY** 82
Rempart du Rhône (R. du) ... **EY** 83
Rempart St-Michel (R. du) ... **FZ** 84
Rempart St-Roch (R. du) ... **DEZ** 86
République (R. de la) ...... **EYZ**
Rhône (Pte du) .... **EY** 88

Rouge (R.) .... **EY** 90
Ste-Catherine (R.) .... **FY** 109
St-Agricol (R.) .... **EY** 94
St-Christophe (R.) .... **FZ** 97
St-Dominique (Bd) .... **DZ** 98
St-Étienne (R.) .... **EY** 99
St-Jean le Vieux (Pl.) .... **FY** 101
St-Jean le Vieux (R.) .... **FY** 102
St-Joseph (R.) .... **FY** 104
St-Michel (R.) .... **EZ** 105
St-Pierre (Pl.) .... **EY** 106
St-Ruf (Av.) .... **FZ** 108

Saraillerie (R. de la) .... **EYZ** 110
Taulignan (R. de) .... **EY** 113
Tour (R. de la) .... **GY** 116
Vernet (R. Horace) .... **EZ** 118
Vernet (R. Joseph) .... **EYZ**
Viala (R. Jean) .... **EY** 119
Vice-Légat (R.) .... **EY** 120
Vieux Sextier (R. du) .... **EFY** 122
Vilar (R. Jean) .... **EY** 123
Violette (R.) .... **EZ** 124
3 Pilats (R. des) .... **FY** 127
3 Faucons (R. des) .... **EZ** 126

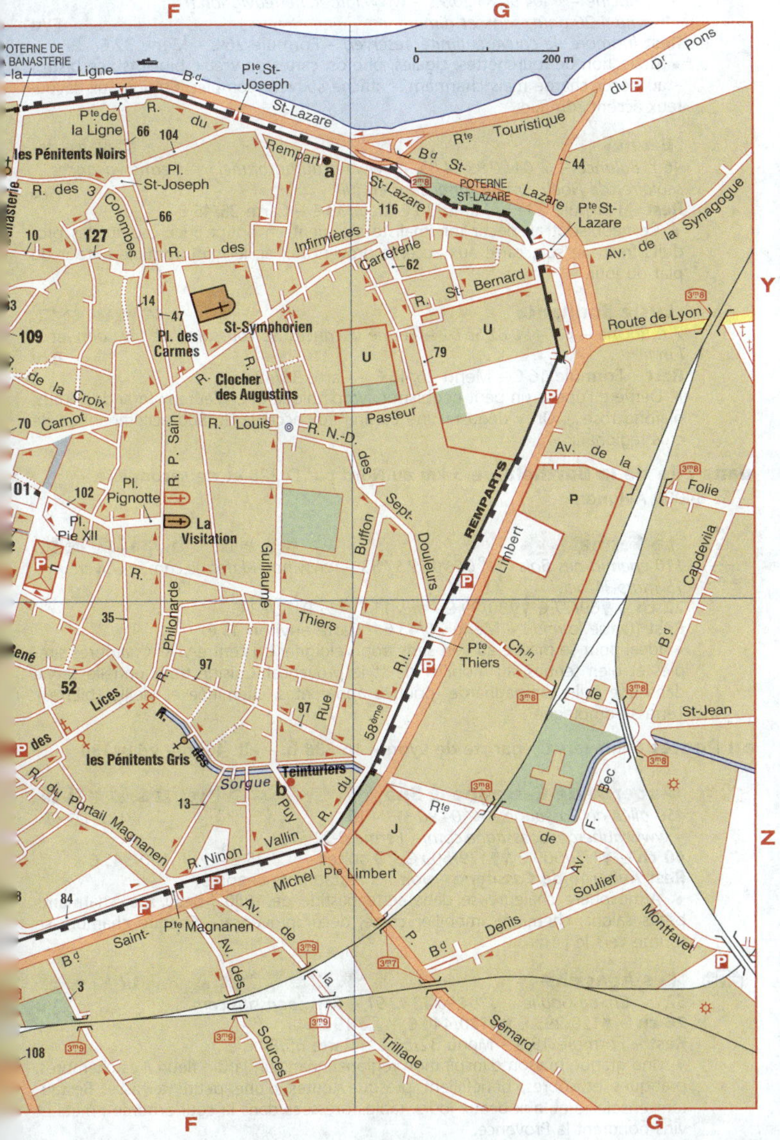

Les 5 Sens

18 r. Joseph-Vernet, (pl. Plaisance) – 04 90 85 26 51 – www.restaurantles5sens.com – Fermé dim. et lundi EYa

Rest – Formule 15 € – Menu 39/56 € – Carte environ 56 €

◆ Il faut dénicher ce petit restaurant, blotti sur une placette discrète... Le cadre est moderne et feutré, avec quelques notes japonisantes. Cuisine au goût du jour.

La Fourchette

17 r. Racine – 04 90 85 20 93 – www.lafourchetteavignon.fr – Fermé 4-26 août, sam. et dim. EYu

Rest *(nombre de couverts limité, réserver)* – Formule 26 € – Menu 32 €

◆ Collection de fourchettes, cigales, photos, cartes de vœux, bibelots : ce bistrot – au décor chargé mais charmant – affiche souvent complet. Cuisine aux savoureux accents du Sud.

Brunel

46 r. Balance – 04 90 85 24 83 – www.restaurantbrunel.fr – Fermé vacances scolaires de Noël, dim. et lundi sauf en juil. EYe

Rest – Formule 20 € – Menu 30 € (déj.)/33 € – Carte 25/45 €

◆ Ce néobistrot au décor minimaliste a le vent en poupe ! Ici, cap sur les produits frais : le soir, carte aux accents provençaux et, le midi, formule autour du plat du jour.

L'Isle Sonnante

7 r. Racine – 04 90 82 56 01 – Fermé vacances de Toussaint, de fév., dim. et lundi EYv

Rest – Formule 16 € – Menu 26/45 € – Carte 38/48 €

◆ Derrière l'opéra, un petit néobistrot sympathique et chaleureux (grands miroirs, plafond rose...). On y déguste une cuisine aux accents du Sud accompagnée de crus régionaux.

dans l'île de la Barthelasse 5 km au Nord par D 228 et rte secondaire – 84000 Avignon

La Ferme

ch, ch,

110 chemin des Bois – 04 90 82 57 53 – www.hotel-laferme.com – Ouvert 15 mars-31 oct.

22 ch – 69/77 € 80/99 € – 11 € – ½ P 72/83 €

Rest *(fermé le midi)* – Menu 26/43 € – Carte environ 45 €

◆ Idéal pour se mettre au vert sans trop s'éloigner du centre-ville. Chambres simples et bien tenues, au mobilier de style provençal. Cuisine traditionnelle servie dans une salle campagnarde (poutres apparentes, cheminée et vieilles pierres). Terrasse ombragée.

au Pontet 6 km vers ② par rte de Lyon – 16 886 h. – alt. 40 m – 84130

Auberge de Cassagne & Spa

450 allée de Cassagne – 04 90 31 04 18 – www.aubergedecassagne.com – Fermé 2-27 janv.

40 ch – 179/509 € 179/509 € – 3 suites – 25 € – ½ P 180/345 €

Rest *Auberge de Cassagne* – voir les restaurants ci-après

◆ Atmosphère chaleureuse dans cette bastide de 1850 : beau spa, charmants petits salons, cheminée, mobilier chiné, décor provençal... Chaque chambre se tourne vers le jardin.

Les Agassins

52 av. Ch.-de-Gaulle – 04 90 32 42 91 – www.agassins.com CVu

26 ch – 120/295 € 120/440 € – 19 €

Rest – Formule 19 € – Menu 32/59 € – Carte 65/84 €

◆ Une grande maison d'inspiration régionale dans un jardin fleuri. Les chambres, pratiques et sobres, bénéficient presque toutes d'une petite terrasse. Restaurant ensoleillé et, aux beaux jours, tables dressées dans la cour arborée ; mets et vins honorent la Provence.

XXX **Auberge de Cassagne** – Hôtel Auberge de Cassagne & Spa

450 allée de Cassagne – ✆ 04 90 31 04 18 – www.aubergedecassagne.com – Fermé 2-27 janv.

Rest – Formule 36 € – Menu 51/94 € – Carte 87/116 €

◆ Du pressé de foie gras au plateau de fromages, sous les poutres de la salle ou les arbres de la terrasse, le classicisme est de mise dans cette auberge élégante.

à Montfavet - CX – ✉ 84140

Hostellerie Les Frênes

645 av. Vertes-Rives – ✆ 04 90 31 17 93 – www.lesfrenes.com – Fermé 2-17 janv.

14 ch – 120/650 € 120/650 € – 4 suites – 20 €

Rest *Hostellerie Les Frênes* – voir les restaurants ci-après

◆ Des platanes, des frênes... de la verdure ! Cette demeure bourgeoise (1800) et ses dépendances, nichées dans le parc, cachent des chambres confortables – celles de la bâtisse principale étant d'un cachet rare (objets anciens, cheminées...).

XX **Hostellerie Les Frênes**

645 av. Vertes-Rives – ✆ 04 90 31 17 93 – www.lesfrenes.com – Fermé 2-17 janv. et sam. midi

Rest – Formule 29 € – Menu 35/67 € – Carte 50/69 €

◆ Parenthèse bucolique dans cet établissement élégant : sous les ramures aériennes d'arbres centenaires, illuminées la nuit venue, la terrasse est délicieuse... Un instantané de la carte : cocotte luttée de homard au minestrone, cocos au pistou.

à l'aéroport **8 km par ③ – ✉ 84140**

Paradou

– ✆ 04 90 84 18 30 – www.hotel-paradou.fr

60 ch – 90/140 € 110/170 € – 13 € – ½ P 70/95 €

Rest *(fermé dim. sauf le soir d'avril à sept.)* – Menu 19/39 € – Carte 25/50 €

◆ Cet hôtel des années 1980, qui jouxte l'aéroport, se révèle accueillant et confortable : chambres sobres et bien tenues avec balcon, petite terrasse ou accès au jardin. Restaurant lumineux décoré façon bistrot, cuisine traditionnelle et vins régionaux.

rte de Carpentras **12 km par ② D 942, sortie Althen-des-Paluds**

XXX **Le Saule Pleureur** (Laurent Azoulay)

145 chemin de Beauregard ✉ 84180 Monteux – ✆ 04 90 62 01 35 – www.le-saule-pleureur.com – Fermé 2-10 janv., sam. midi, dim. soir et lundi sauf fériés et sauf juil.-août

Rest *(nombre de couverts limité, réserver)* – Formule 26 € – Menu 45/85 € – Carte 75/115 €

Spéc. Menu autour d'un produit de saison. Menu truffe noire du Vaucluse (déc. à mars). Tomate de Provence et fraise de Carpentras, sorbet tomate-fraise (printemps-été). **Vins** Côtes du Ventoux, Saint-Maurice.

◆ Un beau jardin fleuri, une grande villa... On oublie immédiatement la route toute proche pour jouir de l'essentiel : la cuisine généreuse, délicate et sagement créative du chef.

*Voir aussi ressources hôtelières de **Villeneuve-lès-Avignon***

AVIGNON (Aéroport d') – **84 Vaucluse** – **332** C10 – **rattaché à Avignon**

AVRANCHES – **50 Manche** – **303** D7 – **8 179 h.** – **alt. 108 m** **32** A3

– ✉ **50300** Normandie Cotentin

Paris 337 – Caen 105 – Rennes 85 – St-Lô 58

2, rue Général-de-Gaulle, ✆ 02 33 58 00 22, www.ot-avranches.com

Manuscrits★★ du Mont-St-Michel (musée) - Jardin des Plantes : ✻★ - La "plate-forme" ✻★.

Plan page suivante

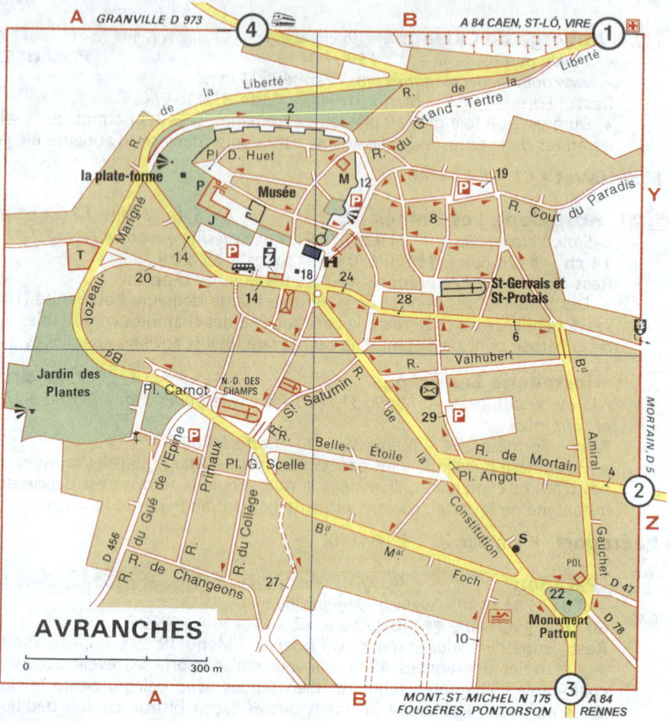

Abrincates (Bd des) . . . . **AY** 2	Estouteville (Pl. d') . . . . **BY** 12	Patton (Pl. Gén.) . . . . **BZ** 22
Bindel (R. du Cdt) . . . . **BZ** 4	Gaulle (R. Gén.-de) . . . . **AY** 14	Pot-d'Étain (R. du) . . . . **BY** 24
Bremesnil (R. de) . . . . **BY** 6	Littré (Pl.) . . . . **AY** 18	Puits-Hamel (R. du) . . . . **AZ** 27
Chapeliers (R. des) . . . . **BY** 8	Marché (Pl. du) . . . . **BY** 19	St-Gaudens (R.) . . . . **BY** 28
Constitution (R. de la) . . . . **BZ**	Millet (R. L.) . . . . **AY** 20	St-Gervais (R.) . . . . **BZ** 29
Écoles (R. des) . . . . **BZ** 10		

La Croix d'Or

83 r. de la Constitution – ✆ 02 33 58 04 88 – www.hoteldelacroixdor.fr – Fermé 1er-23 janv. et dim. soir du 15 oct. au 1er avril BZs

27 ch – 🚹64/85 € 🚹🚹79/112 € – ☕ 9 € – ½ P 80/95 €

Rest *La Croix d'Or* – voir les restaurants ci-après

◆ Façade à colombages, cuivres, mobilier ancien... un relais de poste du 17e s., une certaine image de la Normandie. Le décor des chambres (aménagées en partie dans les anciennes écuries) est plus actuel. Choisissez-les côté jardin !

La Ramade sans rest

2 r. de la Côte, 1 km par ④ à Marcey les Grèves – ✆ 02 33 58 27 40 – www.laramade.fr – Fermé 21-30 nov. et 29 déc.-4 fév. et dim. de nov. à mars

12 ch – 🚹75/130 € 🚹🚹80/190 € – ☕ 11 €

◆ Une demeure bourgeoise des années 1950, sur la route de Granville. Les chambres portent des noms de fleurs, qui inspirent leur décor assez douillet. Salon de thé l'après-midi, cocktails et vins en soirée.

La Croix d'Or – Hôtel La Croix d'Or

83 r. de la Constitution – ✆ 02 33 58 04 88 – www.hoteldelacroixdor.fr – Fermé 1er-23 janv. et dim. soir du 15 oct. au 1er avril BZs

Rest – Menu 18 € (déj. en sem.), 26/53 € – Carte 42/70 €

◆ Vieilles pierres, poutres, cuivres, mobilier normand... on se retrempe avec bonheur dans l'esprit de la région, et l'on trempe avec encore plus de plaisir son pain dans les plats en sauce de la carte, évidemment traditionnelle.

AX-LES-THERMES – 09 Ariège – 343 J8 – 1 426 h. – alt. 720 m 29 C3

– Sports d'hiver : au Saquet par route du plateau de Bonascre★ (8km) et télécabine 1 400/2 400 m 1 15 – Stat. therm. : toute l'année – Casino – ✉ 09110 Midi-Toulousain

Paris 803 – Andorra-la-Vella 59 – Carcassonne 106 – Foix 44

Tunnel de Puymorens : péage en 2011, aller simple : autos 6,20 €, auto et caravane 12,60 €, P.L 20,60 à 33,80 €, deux-roues 3,70 €. Tarifs spéciaux A.R : renseignements ✆ 04 68 04 97 20.

6, avenueThéophile Delcassé, ✆ 05 61 64 60 60, www.vallees-ax.com

Vallée d'Orlu★ au SE.

Le Chalet

4 av. Turrel – ✆ 05 61 64 24 31 – www.le-chalet.fr – Fermé 23 avril-9 mai et 6 nov.-7 déc.

19 ch – 63/82 € 63/82 € – 9 € – ½ P 63/70 €

Rest *Le Chalet* – voir les restaurants ci-après

◆ Un hôtel sympathique à deux pas des télécabines conduisant aux pistes. Sachez que les chambres de l'annexe sont plus récentes et spacieuses (certaines avec balcon).

Le Chalet

4 av. Turrel – ✆ 05 61 64 24 31 – www.le-chalet.fr – Fermé 23 avril-9 mai, 6 nov.-7 déc., dim. soir et lundi soir hors vacances scolaires et lundi midi

Rest – Formule 18 € – Menu 22 € (déj. en sem.), 29/52 € – Carte 45/52 €

◆ Asperges blanches et jambon noir de Bigorre, épaule d'agneau confite, croquant au chocolat amer... Dans ce Chalet contemporain, on revisite le terroir à travers des assiettes fortement dosées en goût ! En terrasse, on domine la rivière.

AY – 51 Marne – 306 F8 – rattaché à Épernay

AYGUESVIVES – 31 Haute-Garonne – 343 H4 – 2 270 h. – alt. 164 m 29 C2

– ✉ 31450 Midi-Toulousain

Paris 704 – Colomiers 36 – Toulouse 25 – Tournefeuille 38

La Pradasse sans rest

39 chemin de Toulouse, D 16 – ✆ 05 61 81 55 96 – www.lapradasse.com

5 ch – 79/89 € 99/109 €

◆ Dans cette grange superbement restaurée, les chambres rivalisent de charme : brique, bois, fer forgé, baignoire sur pieds ou douche à l'italienne... Et le parc est délicieux, avec son étang.

AY-SUR-MOSELLE – 57 Moselle – 307 I3 – 1 582 h. – alt. 160 m 26 B1

– ✉ 57300

Paris 327 – Briey 31 – Metz 17 – Saarlouis 56

Le Martin Pêcheur

1 rte d'Hagondange – ✆ 03 87 71 42 31 – www.restaurant-martin-pecheur.fr – Fermé 16-23 avril, 19 août-3 sept., 29 oct.-7 nov., 25 fév.-4 mars, merc. soir, sam. midi, dim. soir et lundi

Rest – Formule 30 € – Menu 40 € (sem.), 50 € bc/100 € bc – Carte 50/75 €

◆ Entre canal et Moselle, une ancienne maison de pêcheurs (1928) avec un beau jardin où l'on s'attable en été. Grenouilles, écrevisses, médaillons de chevreuil... la tradition se mêle aux tendances actuelles. Cave bien fournie !

AZAY-LE-RIDEAU – 37 Indre-et-Loire – 317 L5 – 3 418 h. – alt. 51 m 11 A2

– ✉ 37190 Châteaux de la Loire

Paris 265 – Châtellerault 61 – Chinon 21 – Loches 58

4, rue du Château, ✆ 02 47 45 44 40, www.ot-paysazaylerideau.com

Château★★★ - Façade★ de l'église St-Symphorien.

Le Grand Monarque

3 pl. de la République – ✆ 02 47 45 40 08 – www.legrandmonarque.com – Fermé 29 déc.-1er mars

25 ch – 65/155 € 74/165 € – 12 €

Rest *Le Grand Monarque* – voir les restaurants ci-après

◆ À deux pas du château et au cœur de la ville, cette demeure cultive joliment son charme tourangeau : pierres et poutres apparentes, mobilier ancien, cour ombragée pour prendre le frais... Du caractère !

Des Châteaux

2 rte de Villandry – ✆ 02 47 45 68 00 – www.hoteldeschateaux.com – Ouvert 1er mars-27 oct.

27 ch – 60/85 € 66/85 € – 10 € – ½ P 62/72 €

Rest *(fermé dim.) (dîner seult)* – Menu 24/30 € – Carte 27/36 €

◆ Étape idéale sur la route des châteaux de la Loire ! Cet hôtel, peu à peu rénové, dispose de coquettes chambres gaies et colorées. Au restaurant, cuisine traditionnelle mitonnée par la patronne.

De Biencourt sans rest

7 r. Balzac – ✆ 02 47 45 20 75 – www.hotelbiencourt.com – Ouvert 1er avril-3 nov.

16 ch – 61/76 € 61/76 € – 8 €

◆ Près du château, une maison tourangelle du 18es., autrefois école primaire. Les chambres sont sobres, avec de beaux planchers. Agréable patio fleuri et bon petit-déjeuner.

L'Aigle d'Or

10 av. A.-Riché – ✆ 02 47 45 24 58 – www.laigle-dor.fr – Fermé 1er-7 sept., 15-28 nov., 3 janv.-13 fév., lundi soir de déc. à avril, mardi soir sauf juil.-août, dim. soir et merc.

Rest *(réserver)* – Formule 20 € – Menu 28/72 € bc – Carte 30/62 €

◆ La maison est coquette et l'on s'y sent bien. Le chef prépare une cuisine du marché très actuelle, telle cette gelée de lapin à l'espuma de petits pois.

Le Grand Monarque – Hôtel Le Grand Monarque

3 pl. de la République – ✆ 02 47 45 40 08 – www.legrandmonarque.com – Fermé 29 déc.-1er mars, lundi soir sauf du 29 avril au 14 sept. et dim. soir

Rest *(dîner seult)* – Menu 30 € – Carte 31/38 €

◆ Ce Grand Monarque concocte une cuisine traditionnelle revue et corrigée... L'été, on profite de la ravissante terrasse et, dès les premiers frimas, on file se réchauffer près de la cheminée, dans une salle rustique et charmante.

à Saché 6,5 km à l'Est par D 17 – 1 230 h. – alt. 78 m – ✉ 37190

Auberge du XIIe Siècle

1 r. du Château – ✆ 02 47 26 88 77 – Fermé 28 mai-6 juin, 3-12 sept., 12-21 nov., 2-23 janv., dim. soir, mardi midi et lundi

Rest *(réserver)* – Menu 37/85 €

◆ À deux pas du château qui l'accueillit si souvent, Balzac avait ses habitudes dans cette vénérable auberge à colombages. On marche sur ses pas dans ce cadre historique préservé, où l'on apprécie une cuisine empreinte de classicisme.

au Nord-Ouest 4 km par D 57 et rte secondaire - ✉ 31190 Azay-le-Rideau

Auberge Pom' Poire avec ch

AC rest,

21 rte de Vallères – ✆ 02 47 45 83 00 – www.aubergepompoire.com – Fermé 19-27 déc., 2-16 janv., dim. soir sauf juil.-août, lundi sauf le soir d'avril à juin et sept. et mardi midi

6 ch – 65/70 € 75/80 € – 10 €

Rest – Formule 19 € bc – Menu 26/55 €

◆ Une auberge en pleine campagne, au milieu des poiriers et des pommiers. Le chef prépare des produits frais : gaspacho de noire de Crimée, poulette de Racan, sandre "chantant"... Quelques chambres très colorées, aux noms de fruits bien entendu!

BADEN – 56 Morbihan – 308 N9 – 4 038 h. – alt. 28 m – ✉ 56870 9 A3

Paris 473 – Auray 9 – Lorient 52 – Quiberon 40

Le Gavrinis

1 r. de L'Île-Gavrinis, à Toulbroch, 2 km par rte de Vannes – ✆ 02 97 57 00 82 – www.gavrinis.com – Fermé 15-30 nov. et 2 janv.-5 fév.

18 ch – †59/125 € ††59/125 € – ☕ 12 €

Rest ***Le Gavrinis*** – voir les restaurants ci-après

◆ Cette maison néobretonne des années 1970, ceinte d'un beau jardin, dispose de chambres fraîches (bois blond, teintes claires), ou plus simples mais bien tenues.

Le Val de Brangon

Lieu-dit Brangon, 2 km à l'Est par D 101 et C 204 – ✆ 02 97 57 06 05 – www.levaldebrangon.com – Fermé 15-30 mars et 15-30 janv.

5 ch ☕ – †160/200 € ††170/210 € **Table d'hôte** – Menu 38 € bc

◆ Avant d'embarquer pour l'île aux Moines, arrêtez-vous dans cette longère de 1824 admirablement restaurée. Décoration élégante (pierres d'origine, objets chinées, œuvres d'art), grand jardin et piscine chauffée. Cuisine de saison fraîche et légère.

Le Gavrinis – Hôtel Le Gavrinis

1 r. de L'Île-Gavrinis, à Toulbroch, 2 km par rte de Vannes – ✆ 02 97 57 00 82 – www.gavrinis.com – Fermé 15-30 nov., 2 janv.-5 fév., dim. soir hors saison, lundi sauf le soir du 15 juin au 15 sept. et sam. midi

Rest – Formule 15 € – Menu 23/49 € – Carte 34/56 €

◆ Millefeuille de sardines et pissaladière ; poitrine de porc fermier confite et laquée... Ici on cultive la fierté d'un terroir breton riche et vivant ! Décor soigné où dominent le bois flotté et les teintes douces.

BAERENTHAL – 57 Moselle – 307 Q5 – 720 h. – alt. 220 m – ✉ 57230 27 D1

Paris 449 – Bitche 15 – Haguenau 33 – Strasbourg 62

1, rue du Printemps d'Alsace, ✆ 03 87 06 50 26, www.baerenthal.eu/office-du-tourisme

Le Kirchberg sans rest

8 imp. de la Forêt – ✆ 03 87 98 97 70 – www.le-kirchberg.com – Fermé 1er janv.-9 fév.

20 ch – †43/51 € ††65/70 € – ☕ 11 €

◆ Envie de calme et d'air pur ? Cet hôtel des années 1990, sur les hauteurs d'un paisible village du parc naturel des Vosges du Nord, vous procurera les deux. Chambres fonctionnelles (certaines avec kitchenette) ; préférez-les sur l'arrière, elles ont une jolie vue.

à Untermuhlthal 4 km au Sud-Est par D 87 – ✉ 57230 Baerenthal

L'Arnsbourg (Jean-Georges Klein)

18 Untermuhlthal – ✆ 03 87 06 50 85 – www.arnsbourg.com – Fermé 28 août-12 sept., 30 déc.-23 janv., mardi et merc.

Rest *(réserver)* – Menu 65 € (déj. en sem.), 145/170 € – Carte 115/190 €

Spéc. Émulsion de pomme de terre et truffe. Saint-pierre infusé au laurier en croûte de sel. Tartelette tiède au chocolat, râpée de fève de tonka et crème glacée au grué de cacao. **Vins** Riesling, Pinot gris.

◆ C'était en 1900 un simple relais de bûcherons au cœur de la forêt. De là, sans doute, l'âme de défricheur de Jean-Georges Klein, toujours à l'affût de la nouveauté. Car voilà bien une cuisine de créateur, aux solides racines : celles du massif vosgien et de ses ensorcelants parfums… qui portent l'assiette à la cime du raffinement et de l'avant-garde.

K

5 Untermuhlthal – ✆ 03 87 27 05 60 – Fermé 28 août-12 sept., 30 déc.-23 janv., mardi et merc.

6 ch – †250/300 € ††250/300 € – 6 suites – ☕ 29 €

◆ Il fallait un hôtel à l'image de la cuisine de Jean-Georges Klein, c'est chose faite. Architecture contemporaine tout en transparence, agencement design, grand confort : une communion hi-tech avec la nature environnante...

BÂGÉ-LE-CHÂTEL – 01 Ain – 328 C3 – 795 h. – alt. 209 m – ✉ 01380 44 B1

Paris 396 – Bourg-en-Bresse 35 – Mâcon 11 – Pont-de-Veyle 7

2, rue Marsale, ✆ 03 85 30 56 66

La Table Bâgésienne

19 Grande-Rue – ✆ 03 85 30 54 22 – www.latablebagesienne.com – Fermé 14-29 août, 22-29 déc., 15-28 fév., lundi soir, mardi soir et merc.

Rest – Formule 19 € – Menu 26/60 € – Carte 46/70 €

◆ La façade de cet ancien relais de poste est bien engageante ! Une fois passée la porte, on découvre une déco contemporaine (tons gris, lin et cacao) et une généreuse cuisine bressane que le chef n'hésite pas à interpréter à sa façon.

BAGES – 11 Aude – 344 I4 – rattaché à Narbonne

BAGNÈRES-DE-BIGORRE – 65 Hautes-Pyrénées – 342 M4 28 A3
– 8 003 h. – alt. 551 m – Stat. therm. : début mars-fin nov. – Casino – ✉ 65200

Midi-Toulousain

Paris 829 – Lourdes 24 – Pau 66 – St-Gaudens 65

3, allées Tournefort, ✆ 05 62 95 50 71, www.bagneresdebigorre-lamongie.com

de la Bigorre, à Pouzac, Quartier Serre Devant, NE par D 938 : 3 km, ✆ 05 62 91 06 20

Parc thermal de Salut★ par Av. Pierre-Noguès - Grotte de Médous★★ SE : 2,5 km par D 935.

La Résidence

Vallon de Salut – ✆ 05 62 91 19 19 – www.residotel.com – Ouvert 2 mai-30 sept.

26 ch (½ P seult) – 3 suites – ½ P 75/80 € **Rest** *(dîner seult) (résidents seult)*

◆ Dans le cadre champêtre du parc de la station thermale, une imposante demeure blanche de la fin du 18e s. Les chambres sont spacieuses et plutôt modernes (certaines avec balcon) et ouvrent sur le vallon de Salut. Salle à manger cossue et cuisine traditionnelle.

Les Petites Vosges sans rest

17 bd Carnot – ✆ 05 62 91 55 30 – www.lespetitesvosges.com – Fermé 12-30 nov.

4 ch – †75 € ††80 €

◆ Pimpante maison où meubles chinés et contemporains s'harmonisent avec originalité. Chambres douillettes et salon de thé raffiné. La propriétaire saura vous conseiller de belles randonnées dans les environs.

L' Auberge Gourmande

1 bd d'Hyperon – ✆ 05 62 95 52 01 – Fermé 15-30 nov., mardi sauf juil.-août et lundi

Rest – Menu 19/55 € – Carte 35/64 €

◆ Près des thermes, cette jolie maison de pays abrite une salle élégante (murs jaunes, lustres en cuivre...). Cuisine d'esprit terroir.

Le Jardin des Brouches

22 bd Carnot – ✆ 05 62 91 07 95 – www.lejardindesbrouches.fr – Fermé lundi sauf le soir en juil.-août et dim. soir

Rest – Menu 19 € (déj.), 29/55 €

◆ Près des thermes, une maison dont le jardin est joliment fleuri et l'intérieur provençal. De beaux produits, deux menus renouvelés régulièrement : une cuisine plaisante !

à Lesponne 8 km au Sud par D 935 et D 29 – ✉ 65710 Campan

Domaine de Ramonjuan

– ✆ 05 62 91 75 75 – www.ramonjuan.com

17 ch (½ P seult) – ½ P 60/85 €

Rest *(fermé 10-26 nov., dim., lundi et le midi) (résidents seult)*

◆ Ferme de montagne muée en hôtel disposant de bons équipements de loisirs. Chambres claires et joliment arrangées, beaucoup de matières et teintes naturelles (lin, rotin...). Cuisine régionale dans la véranda ou sur la terrasse d'été.

BAGNÈRES-DE-LUCHON – 31 Haute-Garonne – 343 B8 – 2 622 h. 28 B3

– alt. 630 m – Sports d'hiver : à Superbagnères, 1 440/2 260 m 1 14 – Stat. therm. : début mars-mi-nov. – Casino Y – ✉ 31110 Midi-Toulousain

Paris 814 – St-Gaudens 48 – Tarbes 98 – Toulouse 141

18, allée d'Étigny, ☎ 05 61 79 21 21, www.luchon.com

de Luchon, Route de Montauban, ☎ 05 61 79 03 27

Plan page suivante

D'Étigny

rest, rest, VISA

face établ. thermal – ☎ 05 61 79 01 42 – www.hotel-etigny.com – Ouvert 1er mai-20 oct. **Zk**

63 ch – 51/125 € 51/125 € – 5 suites – 10 € – ½ P 52/90 €

Rest – Formule 14 € – Menu 19/49 € – Carte 38/65 €

◆ En face des thermes, cet ancien hôtel particulier (19es.) est tenu par la même famille depuis quatre générations. Chambres classiques, peu à peu rénovées dans un style contemporain ; au restaurant, la carte est classique, elle aussi.

Acta sans rest

VISA

19 allées d'Etigny – ☎ 05 61 79 56 97 – www.hotelluchon.com **Yz**

47 ch – 75/105 € 90/130 € – 12 €

◆ En plein centre-ville, cet hôtel répond aux attentes de la clientèle d'affaires et des vacanciers. Chambres agréables et bien équipées ; piscine intérieure idéale après le ski.

La Rencluse

rest, VISA

à St-Mamet – ☎ 05 61 79 02 81 – www.hotel-larencluse.com – Ouvert 2 mai-10 oct., vacances de Noël et de fév. **Zy**

24 ch – 47 € 54 € – 8 € – ½ P 52/60 €

Rest – Menu 16 € (sem.), 18/27 € – Carte 30/45 €

◆ Voilà une sympathique auberge familiale sur la route de l'Espagne. Les chambres, de style montagnard, sont bien mignonnes, parfois mansardées (plus simples à l'annexe) ; certaines ont d'ailleurs une jolie vue sur les sommets. L'été, on s'installe sous la pergola pour déguster des plats traditionnels.

Pavillon Sévigné

ch, VISA

2 av. Jacques-Barrau – ☎ 05 61 79 31 50 – www.pavillonsevigne.com

5 ch – 75/85 € 85/95 € **Table d'hôte** – Menu 30 € bc **Zz**

◆ Ce ravissant manoir du 19es. ne manque pas d'attraits : fresques murales, escalier en bois, meubles anciens... et confort moderne ! Pour ne rien gâcher, l'accueil est délicieux. À la table d'hôte, menu unique. Qu'il fait bon s'installer dans la salle à manger...

L'Heptameron des Gourmets

3 bd Charles-de-Gaulle – ☎ 05 61 79 78 55 – http://heptamerondesgourmets.com – Fermé 12 nov.-16 déc., lundi sauf fériés et le midi sauf dim. **Xa**

Rest *(réservation indispensable)* – Menu 60 €

◆ Original : le chef et sa femme vous reçoivent... chez eux, au rez-de-chaussée de leur maison, dans une atmosphère très raffinée. Monsieur concocte un menu unique du marché (en sept services) et vous propose de choisir votre vin à la cave.

à St-Paul-d'Oueil 8 km par③, D618 et D51 – 53 h. – alt. 1 000 m – ✉ 31110

Maison Jeanne sans rest

– ☎ 05 61 79 81 63 – www.maison-jeanne-luchon.com

4 ch – 78 € 82 €

◆ La montagne, un jardin et cette belle maison de pays, idéale pour se ressourcer. L'accueil est chaleureux et les chambres vraiment jolies (poutres apparentes, meubles anciens...).

Une bonne table sans se ruiner ? Repérez les Bib Gourmand.

BAGNÈRES-DE-LUCHON

Alexandre-Dumas (Av.) . . . . Y 2
Bains (Allées des) . . . . Z 3
Barrau (Av. J.) . . . . Z 4
Boileau (R. P.) . . . . X 8
Boularan (Av. Jean) . . . . Y 6
Carnot (Av.) . . . . Y 9
Colomic (R.) . . . . X 12
Dardenne (Bd.) . . . . Y 13
Dr-Germès (R. du) . . . . X 14
Étigny (Allées d') . . . . YZ 16
Fontan (Bd A.) . . . . XY 17
Gambetta (R.) . . . . Y 18
Joffre (Pl. Mar.) . . . . X 20
Laity (R.) . . . . X 22
Lamartine (R.) . . . . Y 23
Nadau (R. G.) . . . . X 25
Nérée-Boubée (R.) . . . . X 26
Pyrénées (Av. des) . . . . Z 28
Quinconces (Cours des) . . . . Z 30
Rostand (Bd E.) . . . . Y 32
Thiers (R.) . . . . Y 33
Toulouse (Av. de) . . . . X 34
Victor-Hugo (R.) . . . . Y 36

BAGNOLES-DE-L'ORNE – 61 Orne – **310** G3 – **2 502 h.** – **alt. 140 m** **32** B3

– Stat. therm. : début mars-mi-nov. – Casino A – ✉ 61140 Normandie Cotentin

Paris 236 – Alençon 48 – Argentan 39 – Domfront 19

place du Marché, ✆ 02 33 37 85 66, www.bagnolesdelorne.com

de Bagnoles-de-l'Orne, Route de Domfront, ✆ 02 33 37 81 42

Site★ - Lac★ - Parc de l'établissement thermal★.

Le Manoir du Lys

2 km rte Juvigny-sous-Andaine par ③ – ✆ 02 33 37 80 69 – www.manoir-du-lys.fr – Fermé 4 janv.-13 fév., dim. soir et lundi de nov. à avril

23 ch – †110/220 € ††125/300 € – 7 suites – ☕ 16 € – ½ P 134/215 €

Rest *Le Manoir du Lys* ✿ – voir les restaurants ci-après

◆ Au milieu des bois et dans un superbe parc, cette belle demeure normande est empreinte de quiétude... Les chambres du manoir affichent un raffinement classique ou plus contemporain, toujours chaleureux ; dans le pavillon, des suites spacieuses.

Bois Joli

av. Ph.-du-Rozier – ✆ 02 33 37 92 77 – www.hotelboisjoli.com **Aw**

20 ch – †80/168 € ††110/168 € – ☕ 11 € – ½ P 88/116 €

Rest – Formule 18 € – Menu 21/69 € – Carte 21/80 €

◆ Élégante maison anglo-normande (19ᵉs.) dans un parc arboré. Avec ses meubles anciens, ses lambris d'origine et ses chambres si romantiques, elle distille une vraie atmosphère rétro... Près de la cheminée en bois sculpté, on savoure une agréable cuisine traditionnelle et de bons vins.

Nouvel Hôtel

8 av. Dr-P.-Noal – ✆ 02 33 30 75 00 – www.lenouvelhotel.fr – Ouvert d'avril à oct.

30 ch – †66/105 € ††77/110 € – ☕ 10 € – ½ P 62/73 € **Ae**

Rest – Menu 22 € (sem.)/48 € – Carte 33/60 €

◆ Une jolie villa du début du 20ᵉs. avec des chambres pratiques, plaisantes et bien insonorisées, ainsi qu'un restaurant adapté aux curistes (menus traditionnels, diététiques et végétariens). Petits plus charmants : le salon avec son piano et le jardin, si paisible...

BAGNOLES-DE-L'ORNE

Bois-Motté (Bd du) . . . . A 2
Casinos (R. des) . . . . A 3
Château (Av. du) . . . . A 4
Dr-Pierre-Noal (Av. du) . . . . A 7
Dr-Poulain (Av. du) . . . . A 8
Gaulle (Pl. Général-de) . . . . . . B 9
Hartog (Bd G.) . . . . A 13
Lemeunier-de-la-Raillère (Bd) . . . . B 14
Rozier (Av. Ph.-du) . . . . A 15
Sergenterie-de-Javains (R.) . . . . A 18

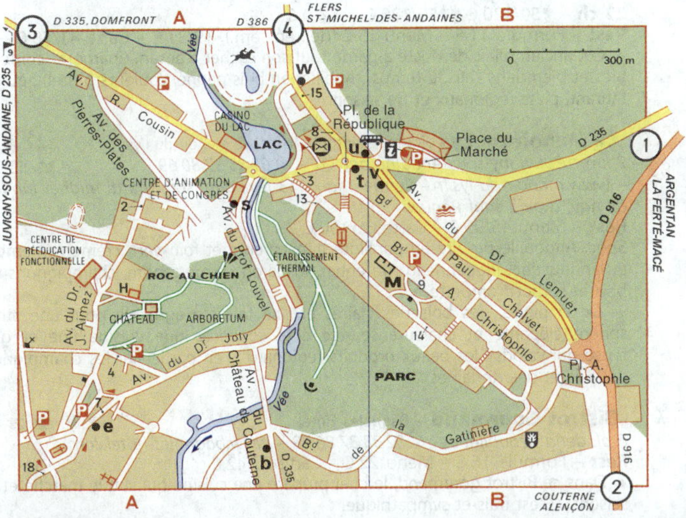

Bagnoles Hôtel

6 pl. de la République – ✆ 02 33 37 86 79 – www.bagnoles-hotel.com
20 ch – ♦75/95 € ♦♦75/105 € – ☕ 9 € – ½ P 63/78 € **At**
Rest *Bistrot Gourmand* – voir les restaurants ci-après
◆ Au cœur de la station, un hôtel avec des chambres avant tout fonctionnelles mais agréables et colorées, le plus souvent avec balcon ou terrasse. Celles du 3ᵉétage sont mansardées : bien plaisant.

Ô Gayot

2 av. de la Ferté-Macé – ✆ 02 33 38 44 01 – www.ogayot.com – Fermé dim. soir du 15 nov. au 1er avril **Au**
15 ch – ♦55/80 € ♦♦55/95 € – ☕ 9 € – ½ P 52/74 €
Rest *Ô Gayot* – voir les restaurants ci-après
◆ Au centre de la station thermale, hôtel au concept "tout en un" : chambres épurées sur le thème de l'eau ou de la forêt ; bar, salon de thé, boutique de produits régionaux et même un bistrot contemporain et gourmand.

Le Roc au Chien

10 r. Prof.-Louvel – ✆ 02 33 37 97 33 – www.hotelrocauchien.fr – Ouvert 11 mars-14 nov. **As**
36 ch – ♦57/67 € ♦♦64/85 € – ☕ 9 € – ½ P 47/75 €
Rest – Formule 14 € – Menu 19 € (sem.), 26/34 € – Carte 35/50 €
◆ La comtesse de Ségur aurait séjourné dans ce sympathique hôtel-restaurant. Dans la bâtisse principale, une jolie tourelle en brique et des chambres rustiques ; à l'annexe, ces dernières sont plus actuelles... Une bon repaire !

Les Camélias

av. Château-de-Couterne – ✆ 02 33 37 93 11 – www.cameliashotel.com – Ouvert 2 fév.-30 nov. **Ab**
26 ch – ♦51/67 € ♦♦57/73 € – ☕ 9 € – ½ P 51/63 €
Rest – Menu 13 € (sem.), 18/30 € – Carte 21/34 €
◆ Au cœur d'un quartier pavillonnaire, une élégante maison normande du début du 20ᵉs. On profite de la grande quiétude des lieux, du joli jardin, du restaurant traditionnel et des chambres douillettes, pratiques et fraîches...

Le Normandie

2 av. du Dr-Lemuet – ✆ 02 33 30 71 30 – www.hotel-le-normandie.com – Fermé déc. et janv. **Bv**
22 ch – ♦50/120 € ♦♦50/120 € – ☕ 9 €
Rest – Formule 11 € – Menu 15 € (déj. en sem.), 19/31 € – Carte 41/78 €
◆ Cet ancien relais de poste a gardé tout son cachet d'antan. Chambres confortables et bien dans l'air du temps (mobilier en bois patiné, couleurs pastel) ; au restaurant, plats régionaux et de saison.

Le Manoir du Lys (Franck Quinton) – Hôtel Le Manoir du Lys

2 km rte Juvigny-sous-Andaine par ③ – ✆ 02 33 37 80 69 – www.manoir-du-lys.fr – Fermé 4 janv.-13 fév., dim. soir, mardi midi et lundi de nov. à avril sauf Pâques
Rest – Menu 45/95 € – Carte 65/100 €
Spéc. Andouille de Vire en papillote transparente et foin vert, crème camembert et langoustine. Pigeonneau rôti entier. Macaron crème tendre, champignons des bois et sorbet trompette.
◆ De la pierre, des boiseries claires et une terrasse agréable pour une atmosphère élégante et chaleureuse... Le chef concocte une cuisine fine et goûteuse qui valorise les beaux produits régionaux – en particulier les champignons de la forêt des Andaines !

Bistrot Gourmand – Bagnoles Hôtel

6 pl. de la République – ✆ 02 33 37 86 79 – www.bagnoles-hotel.com
Rest – Formule 16 € – Menu 22 € – Carte 27/42 € **At**
◆ Dans ce Bistrot gourmand, le chef prépare une cuisine qui suit le marché et les saisons... C'est frais et sympathique.

Ô Gayot – Hôtel Ô Gayot

2 av. de la Ferté-Macé – ✆ 02 33 38 44 01 – www.ogayot.com – Fermé lundi midi du 15 nov. au 1er avril, jeudi sauf en août et dim. soir **Au**

Rest – Formule 15 € – Menu 19 € (sem.), 25/27 € – Carte 27/35 €

◆ Une jolie maison en pierre et son bistrot chic, pile dans l'air du temps. Dans l'assiette, de bonnes recettes... bistrotières, qui changent toutes les semaines. Œuf mollet et crème de champignons, baba au calvados... Régal et gourmandise !

BAGNOLS – 69 Rhône – 327 G4 – 717 h. – alt. 400 m – ✉ 69620 — 43 E1

Lyon Drôme Ardèche

Paris 444 – Lyon 30 – Tarare 20 – Villefranche-sur-Saône 14

Château de Bagnols — ch, rest,

le bourg – ✆ 04 74 71 40 00 – www.chateaudebagnols.fr

16 ch – ♦235/760 € ♦♦235/760 € – 5 suites

Rest – Formule 48 € bc – Menu 80/125 € – Carte 85/115 €

◆ Jardins ouverts sur la campagne beaujolaise, accès par pont-levis, fresques Renaissance, superbes chambres et restaurant gastronomique dans la majestueuse salle des gardes : grand style et vie de château !

BAGNOLS-SUR-CÈZE – 30 Gard – 339 M4 – 18 506 h. – alt. 51 m – ✉ 30200 — 23 D1

Languedoc Roussillon

Paris 653 – Alès 54 – Avignon 34 – Nîmes 56

Quartier Espace Saint-Gilles, ✆ 04 66 89 54 61, www.tourisme-bagnolssurceze.com

Musée d'Art moderne Albert-André★.

Site★ de Roques-sur-Cèze.

Château du Val de Cèze — ch, ch,

69 r. Léon Fontaine, 1 km rte d'Avignon – ✆ 04 66 89 61 26 – www.sud-provence.com

22 ch – ♦85/120 € ♦♦95/140 € – 1 suite – 12 € – ½ P 78/99 €

Rest *(fermé sam. et dim.)* – Formule 20 € – Menu 26/40 €

◆ Ce château du 17e s. et son parc sont très prisés de la clientèle d'affaires (séminaires, réunions...). Chambres provençales (fer forgé, tomettes) dans des pavillons récents. Restaurant et cuisine aux couleurs du Sud.

rte d'Alès 5 km Ouest par D 6 et D 143

Château de Montcaud — ch,

Hameau de Combe ✉ 30200 Bagnols-sur-Cèze – ✆ 04 66 89 60 60 – www.chateau-de-montcaud.com – Ouvert 26 avril-3 nov.

26 ch – ♦150/390 € ♦♦190/540 € – 2 suites – 25 € – ½ P 185/360 €

Rest *Les Jardins de Montcaud* – voir les restaurants ci-après

Rest *Bistrot Il Giardino* *(déj. seult)* – Formule 22 € – Menu 29 € – Carte 35/45 €

◆ Cette noble demeure du 19es., au cœur d'un parc arboré, est un havre de paix. Meubles de style et tons chauds dans les chambres ; restaurant gastronomique et, au bistrot, brunch dominical en été, avec concerts de jazz. Agréable !

Les Jardins de Montcaud

Hameau de Combe ✉ 30200 Bagnols-sur-Cèze – ✆ 04 66 89 60 60 – www.chateau-de-montcaud.com – Ouvert 26 avril-3 nov.

Rest *(dîner seult)* – Menu 55/89 € – Carte 65/98 €

◆ Assiette de légumes de Provence, filets de saint-pierre accompagnés d'une polenta : une table traditionnelle à tendance méridionale. Le cadre est plaisant et le patio bien agréable.

BAIE DES TRÉPASSÉS – 29 Finistère – 308 C6 – rattaché à Pointe du Raz

BAILLARGUES – 34 Hérault – 339 J7 – rattaché à Montpellier

BAILLEUL – 59 Nord – 302 E3 – 13 348 h. – alt. 44 m – ✉ 59270 — 30 B2

Nord Pas-de-Calais Picardie

Paris 244 – Armentières 13 – Béthune 31 – Dunkerque 44

3, Grand'place, ✆ 03 28 43 81 00, www.montsdeflandre.fr

✲★ du beffroi.

Belle Hôtel sans rest
19 r. de Lille – ✆ 03 28 49 19 00 – www.bellehotel.fr – Fermé 2 sem. en août et 24 déc.-1er janv.
31 ch – †88/180 € ††88/180 € – ☕ 13 €
◆ Deux jolies maisons typiquement flamandes. Chambres spacieuses et raffinées (meubles de style) dans l'une ; plus fonctionnelles mais tout aussi confortables dans l'autre.

BAIX – **07 Ardèche** – **331** K5 – **1 025 h.** – **alt. 80 m** – ✉ **07210** **44** B3
▶ Paris 588 – Crest 30 – Montélimar 22 – Privas 18

Les Quatre Vents sans rest
rte Chomérac, 2 km au Nord-Ouest – ✆ 04 75 85 80 64 – www.hotel-les4vents.fr – Fermé 26 déc.-17 janv.
20 ch – †47/59 € ††54/59 € – ☕ 7 €
◆ Façade ocre et volets bleus pour ces deux bâtiments en léger retrait d'une route passante. Chambres pratiques rénovées. Petits-déjeuners d'été en terrasse, avec vue champêtre.

Les Quatre Vents
rte Chomérac, 2 km au Nord-Ouest – ✆ 04 75 85 84 49 – www.restaurantles4vents.fr – Fermé 26 déc.-15 janv., dim. soir et lundi
Rest – Formule 14 € – Menu 23/57 € – Carte 39/60 €
◆ Au restaurant : charpente apparente, décor revu et coloré, orné de tableaux et d'un trompe-l'oeil, cuisine actuelle.

BALANOD – **39 Jura** – **312 h.** – **alt. 250 m** – ✉ **39160** **16** A3
▶ Paris 447 – Besançon 123 – Bourg-en-Bresse 33 – Lons-le-Saunier 33

Philippe Bouvard
Grande Rue – ✆ 03 84 48 73 64 – Fermé 15 oct.-6 nov., 3-20 janv., dim. soir, mardi soir, merc. soir et lundi
Rest – Menu 13 € (déj. en sem.), 25/50 € – Carte 35/48 €
◆ Une petite auberge chaleureuse et conviviale, portée par un chef passionné et généreux qui... n'a pas la grosse tête. Parmi ses spécialités, le soufflé au comté, mais il cherche à donner au terroir des accents de nouveauté.

BALARUC-LES-BAINS – **34 Hérault** – **339** H8 – **6 376 h.** – **alt. 3 m** – **Stat. therm. : début mars-mi-déc.** – **Casino** – ✉ **34540** Languedoc Roussillon **23** C2
▶ Paris 781 – Agde 32 – Béziers 52 – Frontignan 8
ℹ Pavillon Sévigné, ✆ 04 67 46 81 46, www.balaruc-les-bains.com

Le St-Clair
quai du Port – ✆ 04 67 48 48 91 – www.restaurant-saintclair.com – Fermé 2 janv.-10 fév.
Rest – Formule 20 € – Menu 30 € (déj.)/60 € – Carte 55/114 €
◆ Une maison élégante sur les quais ; la terrasse sous les palmiers ouvre sur le bassin de Thau... Incontournable pour les amateurs de poissons et de coquillages ! Produits frais.

BALDERSHEIM – **68 Haut-Rhin** – **315** I10 – **rattaché à Mulhouse**

BÂLINES – **27 Eure** – **304** F9 – **rattaché à Verneuil-sur-Avre**

BALLEROY – **14 Calvados** – **303** G4 – **770 h.** – **alt. 70 m** – ✉ **14490** **32** B2
Normandie Cotentin
▶ Paris 276 – Bayeux 16 – Caen 42 – St-Lô 23
◉ Château★.

Manoir de la Drôme
129 r. des Forges – ✆ 02 31 21 60 94 – www.manoir-de-la-drome.com – Fermé 16 fév.-9 mars, dim. soir, mardi midi, lundi et merc.
Rest – Formule 26 € – Menu 49/70 € – Carte 60/75 €
◆ Cette demeure de caractère (17es.) fut la propriété d'un maître de forge. D'une élégance incontestable avec son agréable jardin fleuri où passe la Drôme, c'est le cadre parfait pour un repas d'un beau classicisme.

BALOT – 21 Côte-d'Or – **320** G3 – **90 h.** – **alt. 272 m** – ✉ **21330** **8** C1

Paris 235 – Auxerre 74 – Chaumont 74 – Dijon 82

Auberge de la Baume ch,

r. d'en haut – ✆ 03 80 81 40 15 – www.aubergedelabaume.com – Fermé 24 déc.-3 janv.

10 ch – 60/64 € 60/64 € – 8 € – ½ P 72/74 €

Rest – Menu 17 € (déj. en sem.), 26/33 € – Carte 22/43 €

◆ Une auberge de village typique, en face de l'église... Accueil prévenant, chambres pratiques et bien tenues et, pour le cachet, une belle collection de soupières anciennes, dans une salle à manger rustique à souhait.

BAN-DE-LAVELINE – 88 Vosges – **314** K3 – **1 281 h.** – **alt. 427 m** – ✉ **88520** **27** D3

Paris 411 – Colmar 59 – Épinal 67 – St-Dié 14

Auberge Lorraine avec ch

5 r. du 8-mai – ✆ 03 29 51 78 17 – www.auberge-lorraine.biz – Fermé 27 août-10 sept. et 28 janv.-11 fév.

7 ch – 50 € 59 € – 11 € – ½ P 65 €

Rest *(fermé dim. soir et lundi)* – Formule 14 € – Menu 20 € (déj. en sem.), 23/45 € – Carte 27/44 €

◆ En 2010, cette auberge du pays vosgien a été reprise par un jeune couple, qui propose une cuisine traditionnelle en prise sur les saisons (sauté de joue de bœuf, vacherin glacé). À l'étage, on trouve des chambres assez spacieuses et douillettes.

BANDOL – 83 Var – **340** J7 – **8 769 h.** – **alt. 1 m** – **Casino** – ✉ **83150** **40** B3

Côte d'Azur

Paris 818 – Aix-en-Provence 68 – Marseille 48 – Toulon 18

Accès à l'Ile de Bendor par vedette (traversée 7mn) ✆ 04 94 29 44 34.

allées Vivien - B.P. 45, ✆ 09 60 42 10 37

de Frégate, à Saint-Cyr-sur-Mer, Route de Bandol, par rte de Marseille : 4 km, ✆ 04 94 29 38 00

Allées Jean-Moulin★.

Île Rousse

25 bd Louis-Lumière – ✆ 04 94 29 33 00 – www.ile-rousse.com

62 ch – 155/600 € 155/600 € – 5 suites – 25 €

Rest *Île Rousse* – voir les restaurants ci-après

◆ Une situation idéale pour cet hôtel chic, zen et les pieds dans l'eau ! Le décor ultracontemporain, le superbe centre de thalasso... tout séduit. Même le hall d'accueil, ouvert sur la piscine d'eau de mer : on y oublie tout en une seconde.

Golf Hôtel ch,

10 Promenade de la Corniche, sur plage Renécros par bd L. Lumière – ✆ 04 94 29 45 83 – www.golfhotel.fr – Ouvert de mi-mars à mi-oct.

24 ch – 60/125 € 60/125 € – 10 €

Rest *(ouvert d'avril à fin sept. et fermé le soir sauf du 22 juin au 8 sept.)* – Menu 23 € – Carte 31/46 €

◆ Une accueillante villa des années 1900 ancrée dans le sable fin, les pieds dans l'eau. Certaines chambres (la plupart contemporaines) disposent d'une loggia ou d'un balcon. Restaurant de plage en saison.

Les Galets rest,

49 montée Voisin – ✆ 04 94 29 43 46 – www.lesgalets-bandol.com – Ouvert 15 janv.-11 nov.

21 ch – 85 € 85/96 € – 8 € – ½ P 70/81 €

Rest *(fermé mardi et merc. du 15 janv. au 31 mars)* – Formule 20 € – Menu 25/33 € – Carte 36/46 €

◆ Cet hôtel bâti à flanc de colline jouit d'une vue imprenable sur la mer. Chambres sobres et lumineuses, disposant presque toutes d'un balcon face à la grande bleue. Cuisine traditionnelle servie dans une salle chaleureuse ou sur la terrasse panoramique.

XX **Île Rousse** – Hôtel Île Rousse

25 bd Louis-Lumière – ✆ 04 94 29 33 00 – www.ile-rousse.com

Rest *(dîner seult en juil.-août)* – Menu 65/80 € – Carte 68/90 €

♦ La terrasse longe la piscine à débordement ; la salle surplombe la baie ; tons blancs et lignes zen nimbent les lieux de douceur... Un bel endroit, assurément, à l'unisson d'une cuisine qui embaume le Sud. Moment Méditerranée !

XX **L'Espérance**

21 r. L.-Marçon – ✆ 04 94 05 85 29 – www.restaurant-lesperance.com – Fermé 1 sem. en juin, 1 sem. en oct., 2 sem. en janv., dim. soir et mardi d'oct. à juin et lundi

Rest *(nombre de couverts limité, réserver)* – Menu 29/60 € – Carte 50/58 €

♦ Dans ce restaurant cosy, à l'écart de l'agitation touristique, le jeune chef élabore une cuisine raffinée, où explosent les parfums et les couleurs (herbes, fleurs).

X **Le Clocher**

1 r. de la Paroisse – ✆ 04 94 32 47 65 – www.leclocher.fr – Fermé le midi en été et mardi et merc. en hiver

Rest *(nombre de couverts limité, réserver)* – Formule 19 € – Menu 29 €

♦ Un Clocher très bistrotier au cœur du vieux Bandol ! Cuisine variant au gré du marché et mettant en avant les saveurs méditerranéennes ; terrasse dans la ruelle.

au Nord 1,5 km par D 559 rte de Sanary - ✉ 83110 Sanary-sur-Mer

XX **Le Castel** avec ch

925 rte de la Canolle – ✆ 04 94 29 82 98 – Fermé 1er déc.-28 fév.

9 ch (½ P seult) – ½ P 78 € **Rest** *(réserver)* – Menu 36 €

♦ Petite auberge familiale – avec sa coquette salle rustique –, où le chef concocte une cuisine traditionnelle, authentique et simple. Chambres sobres, la plupart de plain-pied.

BANGOR – 56 Morbihan – 063 11 – voir à Belle-Ile-en-Mer

BANNALEC – 29 Finistère – 308 I7 – 5 226 h. – alt. 98 m – ✉ 29380 9 B2

Paris 535 – Carhaix-Plouguer 51 – Châteaulin 67 – Concarneau 25

Place de la Libération, ✆ 02 98 39 43 34

rte de St-Thurien 4,5 km au Nord-Est par D 23 et rte secondaire – ✉ 29380 Bannalec

Le Manoir du Ménec

– ✆ 02 98 39 47 47 – www.manoirdumenec.com – Fermé 3 janv.-12 fév.

15 ch – †80/90 € ††90/100 €

Rest *(fermé merc. de mi-nov. à mi-mars) (dîner seult)* – Menu 32/42 € – Carte 30/60 €

♦ Vastes chambres à l'ancienne dans le manoir, moins amples dans les dépendances, mais souvent dotées de lits à baldaquin. Espace détente. Table au goût du jour et au cadre rustique : poutres, vieilles pierres, âtre en granit.

BANYULS-SUR-MER – 66 Pyrénées-Orientales – 344 J8 – 4 680 h. – alt. 1 m – ✉ 66650 Languedoc Roussillon 22 B3

Paris 887 – Cerbère 11 – Perpignan 37 – Port-Vendres 7

avenue de la République, ✆ 04 68 88 31 58, www.banyuls-sur-mer.com

☼★★ du cap Réderis E : 2 km.

Les Elmes

plage des Elmes – ✆ 04 68 88 03 12 – www.hoteldeselmes.com

31 ch – †49/132 € ††49/132 € – ☕ 10 € – ½ P 64/105 €

Rest *Littorine* – voir les restaurants ci-après

♦ Un hôtel accueillant, en bord de plage. Les chambres sont très bien tenues et affichent un style frais et moderne ; après les bains de mer, on profite du jacuzzi et du sauna... Les vacances !

XX **Littorine**

plage des Elmes – ✆ 04 68 88 03 12 – www.hoteldeselmes.com – Fermé 15 janv.-15 fév.

Rest – Menu 25/48 € – Carte 35/70 €

◆ La propriétaire a du mal à reconnaître le restaurant de plage qu'elle a créé il y a plus de cinquante ans : ses enfants en ont fait un lieu contemporain et élégant, mais l'on s'y régale toujours d'une belle cuisine régionale et du marché, qui valorise le poisson. Les temps changent, et cela a du bon !

LA BARAQUE – **63 Puy-de-Dôme** – **326 F8** – **rattaché à Clermont-Ferrand**

BARATIER – **05 Hautes-Alpes** – **334 G5** – **511 h.** – **alt. 855 m** **41 C1**
– ✉ **05200**

Paris 705 – Gap 40 – Grenoble 143 – Marseille 215

Les Peupliers

chemin de Lesdier – ✆ 04 92 43 03 47 – www.hotel-les-peupliers.com – Fermé 9-26 avril et 23 sept.-25 oct.

25 ch – †52 € ††66/74 € – ☕ 9 € – ½ P 62/66 €

Rest ***Les Peupliers*** – voir les restaurants ci-après

◆ Dans un village tranquille, ce chalet aux abords verdoyants est très avenant avec ses chambres coquettes et montagnardes (certaines avec balcon et vue lac), son espace détente et son restaurant.

X **Les Peupliers** – Hôtel Les Peupliers

chemin de Lesdier – ✆ 04 92 43 03 47 – www.hotel-les-peupliers.com – Fermé 9-26 avril et 23 sept.-25 oct., mardi midi, merc. midi, jeudi midi et vend. midi sauf juil.-août

Rest – Menu 20/41 € – Carte 25/44 €

◆ Une atmosphère résolument chaleureuse et montagnarde, pour une cuisine d'aujourd'hui qui fait la part belle aux produits du terroir régional... L'hiver, on se réfugie près de la cheminée ; l'été, on profite du panorama sur les sommets en terrasse.

BARBASTE – **47 Lot-et-Garonne** – **336 D4** – **1 488 h.** – **alt. 45 m** **4 C2**
– ✉ **47230** Aquitaine

Paris 703 – Agen 34 – Bordeaux 125 – Villeneuve-sur-Lot 50

place de la Mairie, ✆ 05 53 65 84 85

La Cascade aux Fées

3 r. de la Riberotte – ✆ 05 53 97 05 96 – www.cascade-aux-fees.com – Fermé janv.

4 ch – †72/100 € ††72/100 € – ☕ 9 € **Table d'hôte** – Menu 25/35 € bc

◆ Bordant un superbe parc fleuri bordé par la Gélise, cette demeure du 18es. cutlive un joli esprit maison de famille : décors sobres et soignés (parquets, mobilier ancien), table d'hôte évidemment familiale, jolie piscine...

BARBAZAN – **31 Haute-Garonne** – **343 B6** – **448 h.** – **alt. 464 m** **28 B3**
– ✉ **31510**

Paris 779 – Bagnères-de-Luchon 32 – Lannemezan 27 – St-Gaudens 14

route Loures - Maison De La Prade, ✆ 05 61 88 35 64

XX **Hostellerie de l'Aristou** avec ch

rte de Sauveterre – ✆ 05 61 88 30 67 – Fermé 4 nov.-13 fév.

6 ch – †70/75 € ††70/75 € – ☕ 9 € – ½ P 65 €

Rest *(fermé le midi du lundi au vend. de mai à août, dim. soir, mardi midi et lundi de sept. à avril)* – Menu 25/45 € – Carte 35/60 €

◆ Une ferme du 19es. au charme champêtre et bourgeois, dans laquelle on savoure une cuisine classique. Pour le repos, les chambres, d'esprit Louis XIV, cultivent leur joli cachet désuet.

LA BARBEN – **13 Bouches-du-Rhône** – **340 G4** – **rattaché à Salon-de-Provence**

BARBENTANE – 13 Bouches-du-Rhône – **340** D2 – **3 763 h.** – **alt. 40 m** **42** E1
– ✉ **13570** Provence

Paris 692 – Avignon 10 – Arles 33 – Marseille 103

4, le Cours, ✆ 04 90 90 85 86

Château★★.

Castel Mouisson sans rest

chemin sous les Roches – ✆ 04 90 95 51 17 – www.hotel-castelmouisson.com – Ouvert 15 mars-15 oct.

17 ch – †49 € ††67/75 € – ☕ 9 €

◆ Cette agréable maison provençale, au pied de la Montagnette, dispose de chambres proprettes, ouvertes sur le beau et vaste jardin arboré. Une sympathique adresse.

BARBERAZ – 73 Savoie – **333** I4 – rattaché à Chambéry

BARBEZIEUX-ST-HILAIRE – 16 Charente – **324** J7 – **4 687 h.** **38** B3
– **alt. 100 m** – ✉ **16300** Poitou Vendée Charentes

Paris 480 – Angoulême 36 – Bordeaux 84 – Cognac 36

Le Château Place Verdun, ✆ 05 45 78 91 04

La Boule d'Or rest, ch,

9 bd Gambetta – ✆ 05 45 78 64 13 – www.labouledor.net – Fermé 22 déc.-4 janv., vend. soir, sam. midi et dim. soir d'oct. à avril

18 ch – †58 € ††58 € – ☕ 7 € – ½ P 52 €

Rest – Formule 14 € – Menu 14/36 € – Carte environ 33 €

◆ Une hostellerie d'autrefois (1852) au cœur de la "capitale" de la Petite Champagne cognaçaise. Les chambres sont simples mais assez spacieuses. Pause tradition au restaurant – l'été à l'ombre d'un marronnier centenaire...

à La Magdeleine 8 km au Nord-Ouest par D 1 et D 151 – 120 h. – alt. 153 m
– ✉ 16240

Le Logis du Paradis ch,

– ✆ 05 45 35 39 43 – www.logisduparadis.com – Fermé 6 janv.-27 fév.

5 ch ☕ – †100/115 € ††110/125 € **Table d'hôte** – Menu 25/39 €

◆ Idéale pour s'initier à l'art du cognac, une ancienne distillerie datant de 1712, au cœur du vignoble. Un couple d'Anglais a rénové cette belle maison avec passion : atmosphère cosy et feutrée ; dégustation près des vieux alambics.

BARBIZON – 77 Seine-et-Marne – **312** E5 – **1 505 h.** – **alt. 80 m** **19** C3
– ✉ **77630** Île de France

Paris 56 – Étampes 41 – Fontainebleau 10 – Melun 13

place Marc Jacquet, ✆ 01 60 66 41 87, www.barbizon-tourisme.fr

Cély Golf Club, à Cély, Route de Saint Germain, O : 9 km par D64 et D11, ✆ 01 64 38 03 07

Auberge du Père Ganne★.

Hôtellerie du Bas-Bréau ch,

22 r. Grande-Rue – ✆ 01 60 66 40 05 – www.bas-breau.com

17 ch – †150/180 € ††180/390 € – 3 suites – ☕ 25 €

Rest – Formule 28 € – Menu 45/76 € – Carte 80/120 €

◆ Les séjours de R. L. Stevenson et de grands peintres ont fait la réputation du lieu. Les chambres sont d'une élégance classique, avec des meubles anciens et de jolis papiers peints et tissus imprimés, et donnent sur un parc abondamment fleuri.

Les Pléiades

21 Grande Rue – ✆ 01 60 66 40 25 – www.hotel-les-pleiades.com

15 ch – †210/680 € ††210/680 € – 5 suites – ☕ 18 €

Rest *Les Pléiades* ✿ **Rest *L'Atelier*** – voir les restaurants ci-après

◆ Après une balade dans ce village aimé de Corot ou de Millet, l'étape est tentante dans cet hôtel des années 1920, désormais très contemporain : design minimaliste, espace bien-être et piscine, expositions diverses. Arty.

Hostellerie La Clé d'Or

73 Grande-Rue – ✆ 01 60 66 40 96 – www.la-cledor.com
17 ch – 59/188 € 59/234 € – 11 €
Rest – Formule 15 € – Carte 49/94 €
◆ C'est au cœur du village que l'on découvre cet ancien relais de poste couvert de glycine en saison. Dans les chambres domine un charme presque rustique que l'on retrouve dans le jardin, ce qui est bien agréable.

Les Pléiades – Hôtel Les Pléiades

21 Grande-Rue – ✆ 01 60 66 40 25 – www.hotel-les-pleiades.com – Fermé dim. soir, merc. midi, lundi et mardi
Rest – Menu 84/145 € – Carte 70/90 €
Spéc. Foie gras du Périgord, poudre de nougat, tuile noisette et gelée café. Agneau de Lozère au thym, jus simple et gnocchis à la sauge. Liaison fatale de chocolat, daïquiri banane.
◆ Les Pléiades ne sont pas qu'au ciel, elles sont aussi dans l'assiette : cadre élégant, cuisine inventive et service attentif. On cherche à innover, aussi bien d'un point de vue culinaire qu'esthétique !

L'Angélus

31 Grande-Rue – ✆ 01 60 66 40 30 – www.langelus-restaurant.com
Rest – Menu 29 € (sem.)/38 € – Carte 42/53 €
◆ Pimpante auberge rustique et sa terrasse ombragée, dont l'enseigne rend hommage à l'une des plus fameuses œuvres de Millet, peinte à Barbizon. Carte traditionnelle.

L'Atelier – Hôtel Les Pléiades

21 Grande-Rue – ✆ 01 60 66 40 25 – www.hotel-les-pleiades.com – Fermé dim. soir
Rest – Menu 25 € (sem.)/32 € – Carte 40/60 €
◆ Le chef des Pléiades œuvre également à l'Atelier et brosse avec sa brigade, d'un trait vif, tendrons de veau au citron, foie gras au chutney épicé et autres variations sur crème brûlée.

À la réservation, faites-vous bien préciser le prix et la catégorie de la chambre.

BARBOTAN-LES-THERMES – 32 Gers – 336 B6 – Stat. therm. : fin fév.-fin nov. – Casino – ✉ 32150 Cazaubon Midi-Toulousain 28 A2

Paris 703 – Aire-sur-l'Adour 37 – Auch 75 – Condom 37
Maison du tourisme et du thermalisme, ✆ 05 62 69 52 13, http://barbotan-cazaubon.com

La Bastide

av. des Thermes – ✆ 05 62 08 31 00 – www.bastide-gasconne.com – Fermé 2 déc.-28 fév.
18 ch – 150/180 € 160/210 € – 3 suites – 25 €
Rest *La Bastide* – voir les restaurants ci-après
◆ Omniprésence de l'eau (avec de superbes fontaines dans les jardins à l'andalouse, une galerie menant aux thermes et au centre de balnéo) ; décor raffiné mêlant brique, bois, marbre et pierre ; chambres douillettes : cette bastide a un charme fou !

Les Fleurs de Lees

24 av. Henri IV, rte d'Agen – ✆ 05 62 08 36 36 – www.fleursdelees.com – Ouvert avril-nov.
16 ch – 65/125 € 90/125 € – 9 € – ½ P 70/105 €
Rest – Menu 26/50 € bc – Carte 46/63 €
◆ Pimpante maison au cœur de l'Armagnac. Chambres feutrées, parfois avec terrasse. Quelques grandes chambres à thème ("Afrique", "Asie", "Inde", etc.). Meubles et objets de Dubaï ornent le restaurant ; la cuisine panache parfums du monde et saveurs régionales.

Cante Grit

51 av. des Thermes – ✆ 05 62 69 52 12 – www.cantegrit.com – Ouvert 16 mars-14 nov.

19 ch – 59/69 € 69/79 € – 9 € – ½ P 62/67 €

Rest – Formule 18 € – Menu 22/28 €

◆ Cette villa bourgeoise (1930), tapissée de vigne vierge, possède un certain cachet (poutres, cheminée). Il y règne une atmosphère de pension de famille. Les chambres sont peu à peu rénovées. Cuisine traditionnelle appréciée des curistes.

Beauséjour

ch,

6 av. des Thermes – ✆ 05 62 08 30 30 – www.hotel-barbotan.com – Ouvert de mars à nov.

25 ch – 34/75 € 34/75 € – 9 € – ½ P 50/60 €

Rest – Menu 20 € (déj. en sem.)/35 €

◆ Grande maison de style régional renfermant des chambres classiques, coquettement rénovées, et un petit salon d'esprit british. Joli jardin arboré. Un menu unique (cuisine traditionnelle) est prévu pour les pensionnaires. Réservation obligatoire pour les autres.

La Bastide – Hôtel La Bastide

av. des Thermes – ✆ 05 62 08 31 00 – www.bastide-gasconne.com – Fermé 2 déc.-28 fév.

Rest – Menu 35/48 €

◆ Un lieu élégant, qui a une âme, et deux concepts culinaires : d'une part une cuisine santé destinée aux curistes (carte renouvelée tous les jours) ; de l'autre des mets "d'appétit" mêlant avec raffinement terroir et air du temps.

BARCELONNETTE

– 04 Alpes-de-Haute-Provence – **334** H6 **41** C2 – **2 735 h. – alt. 1 135 m – Sports d'hiver : Le Sauze/Super Sauze 1 400/2 000 m 23 et Pra-Loup 1 500/2 600 m 3 29 – ✉ 04400**

Alpes du Sud

Paris 733 – Briançon 86 – Cannes 161 – Digne-les-Bains 88

place Frédéric Mistral, ✆ 04 92 81 04 71, www.barcelonnette.com

Église de St-Pons★ NO : 2 km.

Azteca sans rest

3 r. François-Arnaud – ✆ 04 92 81 46 36 – www.azteca-hotel.fr – Fermé 11 nov.-5 déc.

27 ch – 61/110 € 61/110 € – 11 €

◆ Jolie villa où meubles et objets artisanaux mexicains composent un décor original évoquant l'épopée des Barcelonnettes au Mexique (19ᵉs.). Une partie des chambres décline ce thème.

Le Passe-Montagne

à 3 km, rte Col de la Cayolle – ✆ 04 92 81 08 58 – Ouvert 1er juil.-15 sept., 20 déc.-2 mai et fermé mardi et merc. sauf vacances scolaires

Rest *(réserver)* – Menu 22/32 € – Carte 33/44 €

◆ Ambiance conviviale et cadre rustique alpin pour ce petit chalet situé à l'orée d'une pinède, au départ du col de la Cayolle. Cuisine montagnarde en hiver et provençale en été.

à St-Pons 2 km au Nord-Ouest par D 900 et D 9 – 720 h. – alt. 1 157 m – ✉ 04400

Domaine de Lara sans rest

– ✆ 04 92 81 52 81 – www.domainedelara.com – Fermé 25 juin-4 juil. et 12 nov.-19 déc.

5 ch – 93/101 € 98/106 €

◆ Dans un parc avec une belle vue sur les sommets, bastide provençale et de caractère (poutres, tomettes, vieilles pierres, mobilier de famille, style cosy). Petit-déjeuner soigné.

au Sauze **4 km au Sud-Est par D 900 et D 209 – ✉ 04400 Enchastrayes – Sports d'hiver : 1 400/2 000 m 23**

Immeuble Perce-Neige, station du Sauze, ✆ 04 92 81 05 61

Montana Chalet sans rest

Centre station – ✆ 04 92 81 05 97 – www.montana-chalet.com – Ouvert juil.-août et déc.-avril

20 ch – 89/115 € 115/167 €

◆ Un beau chalet en bois blond juste au pied des pistes, une cheminée crépitante, des chambres chaleureuses avec balcon : l'équation montagnarde parfaite !

à Jausiers **8 km au Nord-Est par D 900 – 1 068 h. – alt. 1 240 m – ✉ 04850**

Rue Principale, ✆ 04 92 81 21 45, www.jausiers.com

Villa Morelia

✆ 04 92 84 67 78 – www.villa-morelia.com – Fermé 1er-27 avril et 11 nov.-27 déc.

24 ch – 120/140 € 150/350 € – 22 €

Rest ***Villa Morelia*** – voir les restaurants ci-après

◆ Construite en 1900, cette fière villa "mexicaine" a conservé son cachet et propose des chambres chic, plus contemporaines à l'annexe. Au spa, pur moment de détente en perspective...

Villa Morelia

– ✆ 04 92 84 67 78 – www.villa-morelia.com – Fermé 1er-27 avril, 11 nov.-27 déc., dim., lundi et mardi sauf de juin à sept.

Rest *(dîner seult de sept. à mai) (réserver)* – Menu 54 €

◆ Cette Villa Morelia distille un certain charme bourgeois... Un écrin flatteur pour une cuisine du marché fine, inventive et séduisante. De la fraîcheur, de belles saveurs : un moment gourmet et gourmand.

à Pra-Loup **8,5 km au Sud-Ouest par D 902, D 908 et D 109 – ✉ 04400 Uvernet Fours – Sports d'hiver : 1 500/2 600 m 3 29**

Maison de Pra-Loup, ✆ 04 92 84 10 04

Le Prieuré de Molanès

à Molanès – ✆ 04 92 84 11 43 – www.prieure-praloup.com – Ouvert 10 juin-21 sept. et 15 déc.-20 avril

13 ch – 65/95 € 75/105 € – 9 € – ½ P 59/82 €

Rest *(fermé le midi sauf en été)* – Formule 14 € – Menu 22/30 € – Carte 28/45 €

◆ Près du télécabine, ex-prieuré devenu une hôtellerie familiale, estimée pour son atmosphère montagnarde authentique et ses chambres sobres et rustiques. Repas régional axé terroir, dans un cadre agreste et chaleureux (poutres, cheminée, outils paysans).

BARCUS – 64 Pyrénées-Atlantiques – 342 H5 – 732 h. – alt. 230 m – ✉ 64130 — 3 B3

Paris 813 – Mauléon-Licharre 14 – Oloron-Ste-Marie 18 – Pau 52

Chilo avec ch

– ✆ 05 59 28 90 79 – www.hotel-chilo.com – Fermé 8-30 janv., dim. soir, lundi sauf le soir de mai à sept. et mardi midi d'oct. à avril

10 ch – 60/82 € 65/110 € – 10 € – ½ P 72/95 €

Rest – Formule 13 € – Menu 30/69 € – Carte 40/55 €

◆ Belle maison blanche aux volets bleus, dans un village paisible. La salle à manger, chaleureuse, ouvre sur le jardin et la piscine, face aux montagnes. Cuisine actuelle (produits régionaux). Chambres coquettes, à l'ancienne.

BARDIGUES – 82 Tarn-et-Garonne – 337 B7 – rattaché à Auvillar

BARFLEUR – 50 Manche – 303 E1 – 653 h. – alt. 5 m – ✉ 50760 — 32 A1

Normandie Cotentin

Paris 355 – Carentan 48 – Cherbourg 29 – St-Lô 75

2, rond-point le Conquérant, ✆ 02 33 54 02 48, www.ville-barfleur.fr

Phare de la Pointe de Barfleur : ✻★★ N : 4 km - Intérieur★ de l'église de Montfarville 2 km S.

Le Conquérant sans rest
18 r. St-Thomas-Becket – ✆ 02 33 54 00 82 – www.hotel-leconquerant.com – Ouvert 31 mars-6 nov.
10 ch – 74 € 74/115 € – 12 €
◆ À deux pas du port, cette belle demeure en granit (17e s.) et son joli jardin à la française. Charmant accueil familial ; chambres classiques parfaitement tenues, plus au calme sur l'arrière.

Moderne
1 pl. Gén.-de-Gaulle – ✆ 02 33 23 12 44 – www.hotel-restaurant-moderne-barfleur.com – Fermé 2-15 janv., mardi soir et merc. sauf juil.-août
Rest – Menu 21/45 € – Carte 30/60 €
◆ Huîtres chaudes en trois façons ; cabillaud, bar et lotte au beurre blanc... Une cuisine de la mer simple et goûteuse, concoctée avec de beaux produits locaux. Une bonne adresse rustique et marine, avec une jolie terrasse aux beaux jours.

BARJAC – 30 Gard – **339** L3 – 1 530 h. – alt. 171 m – ✉ 30430 **23** D1
Paris 666 – Alès 34 – Aubenas 45 – Mende 114
place Charles Guynet, ✆ 04 66 24 53 44, www.tourisme-barjac-st-privat.com

Le Mas du Terme
4 km au Sud-Est par D 901 et rte secondaire – ✆ 04 66 24 56 31 – www.masduterme.com – Ouvert 15 mars-15 nov.
23 ch – 78/150 € 78/450 € – 15 € – ½ P 95/281 €
Rest – Formule 29 € – Menu 36/42 € – Carte 44/64 €
◆ Un jardin entouré de vignes et d'oliviers, de jolies piscines... qu'il fait bon paresser au soleil de cette ancienne magnanerie et prendre le frais dans une chambre provençale, ou contemporaine (annexe toute neuve). Cuisine du terroir sous de belles voûtes du 18e s.

BAR-LE-DUC P – 55 Meuse – **307** B6 – 15 757 h. – alt. 188 m **26** A2
– ✉ 55000 Alsace Lorraine
Paris 255 – Metz 97 – Nancy 84 – Reims 113
7, rue Jeanne-d'Arc, ✆ 03 29 79 11 13, www.tourisme-barleduc.fr
de Combles-en-Barrois, à Combles-en-Barrois, 38 rue Basse, par rte de St-Dizier : 5 km, ✆ 03 29 45 16 03
"le Transi" (statue)★★ dans l'église St-Étienne

Bistro St-Jean
132 bd de La Rochelle – ✆ 03 29 45 40 40 – www.bistrosaintjean.fr – Fermé 7-28 juil., 21-30 janv., jeudi soir, sam. midi, dim. soir et lundi
Rest – Formule 23 € – Menu 30 € – Carte 39/54 €
◆ Une ancienne épicerie pleine de saveur, devenue bistrot contemporain et coloré, pile dans la tendance. Son chef signe une cuisine fine et bien ficelée, qui respecte joliment les produits.

à Trémont-sur-Saulx 9,5 km au Sud-Ouest par D 3 – 655 h. – alt. 166 m – ✉ 55000

La Source
rest, rest,
2 r. de Beurey – ✆ 03 29 75 45 22 – www.hotel-restaurant-lasource.fr – Fermé 2-24 août, 2-18 janv. et dim. soir
24 ch – 70 € 80 € – 10 € – ½ P 78 €
Rest *(fermé dim. soir et lundi)* – Formule 26 € – Menu 30/56 € – Carte 32/72 €
◆ Dans la campagne, un motel des années 1980 avec des chambres pratiques, agréables et très bien tenues, ainsi qu'un restaurant traditionnel (truffe en saison).

BARNEVILLE-CARTERET – 50 Manche – **303** B3 – 2 299 h. – alt. 47 m – ✉ 50270 Normandie Cotentin **32** A2

Paris 356 – Carentan 43 – Cherbourg 39 – Coutances 47

10, rue des Ecoles, ✆ 02 .3 3. 04 .9 0. 58, www.barneville-carteret.fr

de la Côte-des-Isles, à Saint-Jean-de-la-Rivière, Chemin des Mielles, SE : 5 km par D 90, ✆ 02 33 93 44 85

à Barneville-Plage – 2 299 h. – alt. 47 m – ✉ 50270

10, rue des Ecoles, ✆ 02 .3 3. 04 .9 0. 58, www.barneville-carteret.fr

Des Isles

9 bd Maritime – ✆ 02 33 04 90 76 – www.hoteldesisles.com – Fermé de mi-fév. à mi-mars

30 ch – 99/130 € 99/130 € – 13 € – ½ P 86/102 €

Rest – Formule 17 € – Menu 26/31 € – Carte 46/65 €

◆ Face à la mer, ce joli petit hôtel en bois, avec des chambres cosy à l'esprit marin (du bleu, des couettes moelleuses et du mobilier en bois blanc). Atmosphère familiale et décontractée à la piscine, au jacuzzi et au restaurant (buffet d'entrées et de desserts à volonté).

à Carteret – 2 324 h. – ✉ 50270

Place du Dr Pipet, ✆ 04 73 79 52 84, www.sancy.com

Table d'orientation ★.

De la Marine

11 r. de Paris – ✆ 02 33 53 83 31 – www.hotelmarine.com – Fermé 23 déc.-15 fév.

26 ch – 99/270 € 99/270 € – 17 € – ½ P 105/190 €

Rest *De la Marine* ✿ – voir les restaurants ci-après

◆ Quasiment les pieds dans l'eau ! Dans cette élégante maison immaculée, tenue par la même famille depuis 1876, les chambres sont très contemporaines, dans un esprit bains de mer chic et épuré. Et côté plage, elles ont toutes une jolie terrasse... Du style, indéniablement.

Des Ormes

quai Barbey d'Aurevilly – ✆ 02 33 52 23 50 – www.hoteldesormes.fr – Fermé janv.

12 ch – 125/175 € 125/175 € – 14 € – ½ P 105/220 €

Rest *(fermé dim. soir, lundi et mardi hors saison, lundi midi et mardi midi en saison)* – Menu 35/49 € – Carte 45/56 €

◆ Face au port de plaisance, cette jolie demeure du 19^e^s. rénovée avec raffinement. Les chambres sont délicieusement cosy (tons beige et ivoire, meubles patinés), sans même parler du salon, du restaurant – si romantique – et du jardin verdoyant... Un bel esprit mêlant "brocante chic" et déco marine.

De la Marine (Laurent Cesne) – Hôtel De la Marine

11 r. de Paris – ✆ 02 33 53 83 31 – www.hotelmarine.com – Ouvert 17 mars-11 nov. et fermé dim. soir, jeudi midi et lundi en mars, oct. et nov., lundi midi et jeudi midi en avril, mai, juin et sept.

Rest – Menu 39 € (sem.), 54/90 € – Carte 75/110 €

Spéc. L'huître en deux façons : petit bouillon au beurre d'algue et grillée. Bar cuit au four, pomme de terre au parfum d'anchois. Tarte chocolat, banane et passion, glace chocolat.

◆ Contemporain, chic et très bord de mer. Vue panoramique sur les flots et superbe terrasse, au service d'une cuisine bien iodée et très soignée. Le chef, talentueux et créatif, révèle son savoir-faire... Un beau moment de gastronomie !

BARNEVILLE-LA-BERTRAN – 14 Calvados – **303** N3 – rattaché à Honfleur

BARON – 60 Oise – **305** H5 – 798 h. – alt. 80 m – ✉ 60300 Île de France **36** B3

Paris 65 – Amiens 110 – Argenteuil 63 – Montreuil 55

Le Domaine de Cyclone sans rest

2 r. de la Gonesse – ✆ 06 08 98 05 50 – pagesperso-orange.fr/domaine.cyclone

5 ch – 70 € 85/95 €

◆ Cette belle demeure des 17-18^e^s. est devancée d'une tour du 12^e^s. où Jeanne d'Arc aurait dormi ! Le domaine est dédié aux chevaux de course, et le décor des chambres leur rend hommage.

LE BARP – 33 Gironde – 335 G7 – 4 448 h. – alt. 72 m – ✉ 33114 3 B2

Paris 604 – Bordeaux 45 – Mérignac 41 – Pessac 32

Le Résinier avec ch

68 av. des Pyrénées, D 10 – ☎ 05 56 88 60 07 – www.leresinier.com – fermé dim. soir sauf juil.-août

11 ch – †65/80 € ††85/100 € – ☕ 10 € – ½ P 78/100 €

Rest – Formule 16 € – Menu 20/60 € – Carte 38/56 €

◆ Cette maison de pays, conviviale et sympathique avec sa terrasse sous une vigne, a des airs d'auberge d'autrefois ; on y sert une cuisine de tradition où le canard landais est roi... Confit, magret, foie gras : on ne sait que choisir. Quant aux chambres, d'esprit chaleureux et nature, elles sont bien agréables.

BARR – 67 Bas-Rhin – 315 I6 – 6 748 h. – alt. 200 m – ✉ 67140 2 C1

Alsace Lorraine

Paris 495 – Colmar 43 – Le Hohwald 12 – Saverne 46

place de l'Hôtel de Ville, ☎ 03 88 08 66 65, www.pays-de-barr.com

Aux Saisons Gourmandes

23 r. Kirneck – ☎ 03 88 08 12 77 – www.saisons-gourmandes.com – Fermé 5-25 juil., 2-11 janv., vacances de fév., dim. soir de nov. à mai, mardi et merc.

Rest – Formule 17 € – Menu 25/41 € – Carte 35/46 €

◆ Cette maison à colombages du centre-ville affiche un décor sobrement contemporain. Cuisine du marché au bon goût de tradition. Terrasse ombragée dans la cour intérieure.

rte du Mont Ste-Odile par D 854

Château d'Andlau

113 r. Vallée-St-Ulrich, à 2 km ✉ 67140 Barr – ☎ 03 88 08 96 78 – www.hotelchateauandlau.fr – Fermé 11-22 nov. et 1er-28 janv.

22 ch – †51/63 € ††59/77 € – ☕ 10 € – ½ P 66/75 €

Rest *(ouvert le soir du mardi au sam., dim. midi et fériés)* – Menu 24 € (dîner), 29/44 € – Carte 29/52 €

◆ Nuits sereines en perspective dans ce sympathique hôtel au cadre bucolique et aux chambres simples et rustiques. Salle à manger bourgeoise, mets classiques et superbe carte des vins du monde, présentée comme un manuel d'œnologie et primée pour son originalité.

LE BARROUX – 84 Vaucluse – 332 D9 – 620 h. – alt. 325 m – ✉ 84330 42 E1

Provence

Paris 684 – Avignon 38 – Carpentras 12 – Vaison-la-Romaine 16

L'Aube Safran sans rest

450 chemin du Patifiage – ☎ 04 90 62 66 91 – www.aube-safran.com – Ouvert 30 mars-15 nov.

5 ch ☕ – †140/155 € ††155/195 €

◆ Marie et François ont tout quitté pour s'installer dans ce joli mas, au pied du mont Ventoux. L'endroit est idyllique, les chambres raffinées et spacieuses. Cuisine à disposition pour les hôtes.

Gajulea

201 cours Louise-Raymond – ☎ 04 90 62 36 94 – www.gajulea.fr – Fermé 15-31 mars, 15-30 nov. et 3-9 janv.

Rest *(fermé le midi sauf dim.) (nombre de couverts limité, réserver)* – Menu 37/59 €

Rest *Entre' Potes* ☎ 04 90 65 57 43 – Formule 16 € – Menu 24 €

◆ Dans cet ancien entrepôt mué en restaurant cossu, on se régale de belles saveurs provençales et l'on peut boire un verre à L'Entre' Potes, le bistrot à vin tenu par le fils du patron (restauration plus simple)... Vue sur la garrigue en terrasse !

BAR-SUR-AUBE – 10 Aube – 313 I4 – 5 403 h. – alt. 190 m – ✉ 10200 14 C3

Champagne Ardenne

Paris 230 – Châtillon-sur-Seine 60 – Chaumont 41 – Troyes 53

Place de l'Hôtel de Ville, ☎ 03 25 27 24 25, www.ot-barsurseine.fr

Église St-Pierre★.

Le St-Nicolas sans rest
2 r. du Gén.-de-Gaulle – ✆ 03 25 27 08 65 – www.lesaintnicolas.com
27 ch – †65 € ††68 € – ☕ 9 €
◆ Les chambres de ces jolies maisons en pierre, assez simples mais agréables, s'articulent autour de la piscine. Un établissement calme, un peu à l'écart du centre-ville.

XX **La Toque Baralbine**
18 r. Nationale – ✆ 03 25 27 20 34 – www.latoquebaralbine.com – Fermé dim. soir et lundi sauf fériés
Rest – Menu 20 € (sem.), 24/60 € – Carte 35/67 €
◆ Inventer à partir de bases classiques, c'est le défi que relève le chef de ce restaurant chaleureux. Une cuisine en mouvement, où priment les saveurs franches de beaux produits : carpaccio de tête de veau, tian d'andouillette...

LE BAR-SUR-LOUP – 06 Alpes-Maritimes – 341 C5 – 2 778 h. – alt. 320 m – ✉ 06620 Côte d'Azur 42 E2

Paris 916 – Grasse 10 – Nice 31 – Vence 15
place Francis Paulet, ✆ 04 93 42 72 21, www.lebarsurloup.fr
Site★ - Danse macabre★ (peintures sur bois) dans l'église St-Jacques - ≤★ de la place de l'église.

XX **La Jarrerie**
8 av. de l'Amiral-de-Grasse – ✆ 04 93 42 92 92 – www.restaurant-la-jarrerie.com – Fermé 2-31 janv., mardi et merc.
Rest – Formule 19 € bc – Menu 24 € bc (déj. en sem.), 27/49 € – Carte 39/52 €
◆ Autrefois monastère, puis conserverie et parfumerie, ce restaurant traditionnel niché dans une bâtisse du 17ᵉs. semble presque... médiéval ! Cheminée, pierres et poutres, rusticité de bon aloi : rien ne manque.

XX **L'Hostellerie du Château** avec ch
6 pl. Francis Paulet – ✆ 04 93 42 41 10 – www.lhostellerieduchateau.com
6 ch – †160/180 € ††160/250 € – ☕ 17 €
Rest *(fermé mardi d'oct. à mai et lundi)* – Menu 29 € (déj. en sem.), 49/64 € – Carte 75/95 €
Spéc. Saint-Jacques aux légumes crus et cuits (oct. à avril). Pièce de veau rôtie aux agrumes et carottes laquées. Soufflé au citron et glace fromage blanc.
◆ Beau moment dans ce château des 14ᵉ-15ᵉs. qui couronne le village face aux gorges du Loup. Le jeune chef signe une cuisine savoureuse et soignée, centrée sur le produit et mise en valeur par des vins bien choisis – le propriétaire étant sommelier. Quant aux chambres, elles distillent un charme provençal...

XX **L'École des Filles**
380 av. Amiral-de-Grasse – ✆ 04 93 09 40 20 – www.restaurantecoledesfilles.fr – Fermé dim. soir, jeudi midi et lundi
Rest – Formule 24 € – Menu 39 € – Carte environ 45 €
◆ Des ardoises, des plumiers, toutes sortes d'objets évoquent la rentrée des classes au siècle dernier. Désormais, filles – et garçons – viennent surtout y déguster une cuisine ensoleillée, parfois en terrasse, dans la cour de récréation...

BAR-SUR-SEINE – 10 Aube – 313 G5 – 3 374 h. – alt. 157 m – ✉ 10110 Champagne Ardenne 13 B3

Paris 197 – Bar-sur-Aube 37 – Châtillon-sur-Seine 36 – St-Florentin 57
33, rue Gambetta, ✆ 03 25 29 94 43, www.ot-barsurseine.fr
Intérieur★ de l'église St-Étienne.

X **Du Commerce** avec ch — AC rest, ch
30 r. de la République – ✆ 03 25 29 86 36 – www.hotelrestaurantducommerce.fr – Fermé vend. soir et dim.
13 ch – †48 € ††50 € – ☕ 7 € – ½ P 49 €
Rest – Formule 11 € – Menu 13 € (sem.), 20/40 € – Carte 20/35 €
◆ Dans ce cadre rustique où règnent colombages et cheminée, les spécialités régionales sont reines : tête de veau, blanquettes, andouillette de Troyes... Les chambres, petites et simples, peuvent être pratiques pour l'étape.

près échangeur 9 km autoroute A5, Nord-Est par D 443

Le Val Moret rest, VISA AE

r. du Mar.-Leclerc ✉ 10110 Magnant – ✆ 03 25 29 85 12 – www.le-val-moret.com

49 ch – †62/93 € ††62/93 € – ☕ 10 €

Rest – Menu 16 € bc (sem.)/59 € – Carte 24/62 €

♦ Près de l'autoroute (mais sans nuisances sonores), quatre bâtiments de type motel, aux chambres fonctionnelles et assez spacieuses. Espace détente, salle de séminaire, aire de jeux : un hôtel adapté aux familles et aux hommes d'affaires.

à Bourguignons 4 km au Nord par N 71 – 279 h. – alt. 156 m – ✉ 10110

Domaine de Foolz avec ch rest, VISA

D 671 – ✆ 03 25 29 06 83 – www.domainedefoolz.com – Fermé 20 août-6 sept., 2-27 janv., dim. soir et lundi

11 ch – †78 € ††78 € – ☕ 8 € – ½ P 70/105 €

Rest – Formule 15 € – Menu 23/48 € – Carte 28/60 €

♦ Dans un cadre bucolique, cette maison champenoise concocte une savoureuse cuisine préparée à partir de bons produits, à déguster éventuellement avec l'un des nombreux champagnes proposés à la carte. Pour jouer à l'homme des bois, le Domaine vous accueille dans ses charmants chalets disséminés dans le parc.

BAS-RUPTS – 88 Vosges – **314** J4 – rattaché à Gérardmer

BASSAC – 16 Charente – **324** I6 – rattaché à Jarnac

BASSE-GOULAINE – 44 Loire-Atlantique – **316** H4 – rattaché à Nantes

---

BASTELICA – 2A Corse-du-Sud – **345** D7 – voir à Corse

LA BASTIDE-CLAIRENCE – 64 Pyrénées-Atlantiques – **342** E2 – 971 h. – alt. 50 m – ✉ 64240 **3** B3

Paris 771 – Bayonne 27 – Irun 59 – Bordeaux 185

Place des Arceaux, ✆ 05 59 29 65 05, www.labastideclairence-pays-basque.com

Maison Maxana ch, ch, VISA

r. Notre-Dame – ✆ 05 59 70 10 10 – www.maison-maxana.com

5 ch ☕ – †90/110 € ††100/120 € **Table d'hôte** – Menu 35 € bc

♦ Rêveries, Voyages... Le nom des chambres de cette maison basque donne le ton. Mariage réussi de meubles anciens, contemporains et d'objets ethniques, dans un esprit toujours zen. À la table d'hôte, plats mâtinés d'épices rapportées d'Afrique (sur réservation).

LA BASTIDE-DES-JOURDANS – 84 Vaucluse – **332** G11 – 1 297 h. – alt. 412 m – ✉ 84240 **40** B2

Paris 762 – Aix-en-Provence 39 – Apt 40 – Digne-les-Bains 77

Auberge du Cheval Blanc avec ch rest, VISA

– ✆ 04 90 77 81 08 – www.auberge-chevalblanc-labastide.fr – Fermé fév. et jeudi hors saison

4 ch – †70 € ††70 € – ☕ 10 € – ½ P 75 €

Rest – Formule 19 € bc – Menu 31 € – Carte 40/58 €

♦ Demeure provençale située au cœur du village. Salle à manger bourgeoise aux couleurs du Midi et généreuse cuisine aux accents du terroir. Coquettes chambres au décor soigné.

LA BÂTIE-DIVISIN – 38 Isère – **333** G4 – 858 h. – alt. 521 m – ✉ 38490 **45** C2

Paris 539 – Chambéry 41 – Grenoble 45 – Lyon 82

L'Olivier

100 rte du Vernay, Les Etrets – ✆ 04 76 31 00 60 – www.restaurant-l-olivier.com – Fermé dim. soir et lundi

Rest – Formule 13 € – Menu 17 € (sem.), 23/50 € – Carte 24/70 €

◆ L'enseigne évoque l'un des produits préférés du chef, qui cuisine essentiellement à l'huile d'olive – entre autres passions, par exemple pour les effets visuels, avec des assiettes très graphiques. Salle à manger contemporaine et jardin-terrasse.

LA BÂTIE-NEUVE – 05 Hautes-Alpes – 334 F5 – rattaché à Gap

BATZ (ÎLE-DE-) – 29 Finistère – 308 G2 – voir à Île-de-Batz

BATZ-SUR-MER – 44 Loire-Atlantique – 316 B4 – 3 132 h. – alt. 12 m – ✉ 44740 Bretagne — 34 A2

Paris 457 – La Baule 7 – Nantes 84 – Redon 64

25, rue de la Plage, ✆ 02 40 23 92 36, www.mairie-batzsurmer.fr

※★★ de l'église St-Guenolé★ - Chapelle N.-D. du Mûrier★ - Excursions guidées★ dans les marais (musée des Marais salants) - La Côte Sauvage★.

Le Lichen sans rest

Baie du Manerick - Côte Sauvage, 2 km au Sud-Est par D 45 – ✆ 02 40 23 91 92 – www.le-lichen.com – fermé 15 nov.-15 déc.

17 ch – †65/260 € ††65/260 € – ☕ 12 €

◆ Sur la côte sauvage, vaste villa néobretonne (1956) jouissant du spectacle unique de l'océan. La moitié des chambres, certaines avec terrasse, donne sur les flots.

LA BAULE – 44 Loire-Atlantique – 316 B4 – 16 731 h. – alt. 31 m – Casino : Grand Casino BZ – ✉ 44500 Bretagne — 34 A2

Paris 450 – Nantes 76 – Rennes 120 – St-Nazaire 19

8, place de la Victoire, ✆ 02 40 24 34 44, www.labaule.fr

de Guérande, à Guérande, Ville Blanche, par rte de Nantes : 6 km, ✆ 02 40 66 43 21

de La Baule, à Saint-André-des-Eaux, Domaine de Saint Denac, NE : 9 km, ✆ 02 40 60 46 18

Front de mer★ - Parc des Dryades★ DZ.

Plan page suivante

Hermitage Barrière

5 espl. Lucien-Barrière – ✆ 02 40 11 46 46 – www.hermitage-barriere.com – Ouvert de Pâques à fin sept., week-ends d'oct., vacances de la Toussaint et de Noël — BZ**h**

202 ch – †211/699 € ††211/699 € – 5 suites – ☕ 27 € – ½ P 180/424 €

Rest *La Terrasse* Rest *L'Eden Beach* – voir les restaurants ci-après

◆ Malgré les modes et l'usure du temps, le charme reste intact dans ce palace des années 1920, dont la façade anglo-normande se dresse face à la plage, au mileu des pins. Vastes chambres classiques, piscine, hammam…

Royal-Thalasso Barrière

6 av. Pierre Loti – ✆ 02 40 11 48 48 – www.lucienbarriere.com – Fermé 27 nov.-18 déc. — BZ**t**

91 ch – †196/608 € ††196/608 € – 6 suites – ☕ 29 €

Rest *La Rotonde* Rest *Le Ponton* – voir les restaurants ci-après

◆ Bien-être et confort dans cet édifice séculaire (1896) associé à un centre de thalassothérapie. Jacques Garcia a assuré la décoration des chambres il y a quelques années ; elles ouvrent sur le parc ou la baie...

Albatros (Allée des)	BYZ	2	Heurteau (Av.)	BZ	23	Neyman (Av. J.-de)	CY	35
Armorique (Av. d')	DZ	6	Hirondelles (Av. des)	BZ	24	Notre-Dame (Pl.)	BZ	36
Baguenaud (Av. de)	CZ	7	Impairs (Av. des)	BZ	25	Palmiers (Pl. des)	DZ	38
Berry (Av. du)	DZ	8	Isabelle (Av.)	BZ	26	Pasteur (Av. Louis)	BYZ	39
Chambord (Av. de)	CY	10	Lajarrige (Av. L.)	DZ		Pélicans (Av. des)	BY	40
Champsavin (Bd Guy-de)	AZ	12	Lattre-de-Tassigny (Av. Mar.-de)	ABYZ		Rageot-de-la-Touche (Q.)	AZ	41
Chateaubriand (Av. de)	CZ	13	Loiseau (Av. F.)	BY	28	Rodes (Av. Gén.)	ABZ	42
Chaumont (Av. de)	DZ	14	Lorraine (Av. de)	DZ	29	Sandeau (Av. Jules)	CZ	46
Chenonceau (Av. de)	DYZ	15	Loti (Av. Pierre)	BZ	30	Sand (Av. George)	CDZ	44
Clemenceau (Av. G.)	CY	16	Marguerite-Jean (Av.)	BY	32	Tamaris (Allée des)	BCZ	47
Dr-Chevrel (Bd)	BCY	18	Marie-Louise (Av.)	BZ	33	Victoire (Pl. de la)	CY	49
Escholiers (Pl. des)	BCZ	19	Mouettes (Allées des)	BZ	34	Victor-Hugo (Av.)	CZ	50
Gaulle (Av. Gén.-de)	CYZ	21						

Castel Marie-Louise

1 av. Andrieu – ✆ 02 40 11 48 38 – www.castel-marie-louise.com – Fermé 1er janv.-2 fév. **BZg**
29 ch – 182/655 € 182/655 € – 2 suites – 23 €
Rest *Castel Marie-Louise* ✿ – voir les restaurants ci-après
◆ Il reçut son nom en l'honneur d'une femme aimée, et reste propice à la romance : architecture Belle Époque, tentures, mobilier ancien, table gastronomique, entre parc arboré et bord de mer... Apposez-y à votre tour le nom de votre élu(e) !

Bellevue Plage

27 bd de l'Océan – ✆ 02 40 60 28 55 – www.hotel-bellevue-plage.fr – Fermé 11 déc.-28 janv. **DZr**
35 ch – 95/195 € 95/195 € – 13 €
Rest *La Véranda* – voir les restaurants ci-après
◆ Une lucarne sur les années 1950 : cet hôtel élégant a été décoré de belles pièces de design moderniste. La terrasse du dernier étage domine toute la baie ! Balcons côté plage.

Mercure Majestic

espl. Lucien-Barrière – ✆ 02 40 60 24 86 – www.hotelmercure-labaule.com
83 ch – 89/255 € 89/255 € – 16 € **BZe**
Rest *Le Ruban Bleu* – Formule 18 € – Menu 25/36 € – Carte 23/54 €
◆ Une haute façade blanche signale cet hôtel né en 1930, non loin du casino, en bord de plage. L'esprit Art déco – chic et confort – plane toujours en partie sur les lieux, rénovés en 2004. Ambiance transatlantique au Ruban bleu ; cuisine régionale (produits de la mer).

St-Christophe

pl. Notre-Dame – ✆ 02 40 62 40 00 – www.st-christophe.com **BZu**
45 ch – 70/210 € 70/210 € – 12 € – ½ P 74/144 €
Rest *St-Christophe* – voir les restaurants ci-après
◆ Quatre villas nichées au creux d'un jardin verdoyant… Le charme agit : architectures 1900 (tourelles, balcons de bois), mobilier ancien, aquarelles signées par la maîtresse de maison, etc.

Brittany sans rest

7 av. des Impairs – ✆ 02 40 60 30 25 – www.brittanylabaule.com **BZb**
19 ch – 79/155 € 89/155 € – 14 €
◆ Cette maison des années 1930 abrite des chambres raffinées et bien équipées (salles de bain avec balnéo). Un joli atout : le très agréable solarium sur le toit terrasse.

Lutetia et rest. le Rossini

13 av. Olivier-Guichard – ✆ 02 40 60 25 81 – www.lutetia-labaule.com
26 ch – 69/190 € 69/190 € – 12 € – ½ P 80/142 € **CZr**
Rest *(fermé 13-29 nov., 15 janv.-1er mars, dim. soir, mardi midi et lundi sauf juil.-août)* – Formule 18 € – Menu 24 € (déj. en sem.), 39/53 € bc – Carte 56/68 €
◆ Agréable adresse : derrière une façade Art déco, le Lutetia affiche un style contemporain et coloré ; en annexe, la Villa St-Bernard joue la thématique sportive (chambres "Golf", "Voile", etc.). Produits de la mer au Rossini.

Alcyon sans rest

19 av. Pétrels – ✆ 02 40 60 19 37 – www.alcyon-hotel.com – Fermé 7-28 janv.
32 ch – 75/142 € 75/142 € – 13 € **BYs**
◆ Près du marché, façade en angle garnie de balcons, à l'exception du dernier étage. Préférez les chambres rénovées et leur décoration zen et colorée. Bar agréable avec terrasse.

Villa Cap d'Ail sans rest

145 av. de Lattre-de-Tassigny – ✆ 02 40 60 29 30 – www.villacapdail.com
22 ch – 75/95 € 80/105 € – 10 € **BZp**
◆ À 100 m de la plage, cette villa des années 1920, décorée dans un style actuel (bois peint, tons gris), a conservé son charme originel. Ambiance jeune et décontractée.

Hostellerie du Bois

65 av. Lajarrige – ✆ 02 40 60 24 78 – www.hostellerie-du-bois.com – Ouvert 13 mars-15 nov. et vacances de Noël DZ**m**

15 ch – 60/79 € 60/83 € – 8 € – ½ P 59/68 €

Rest *(dîner seult) (résidents seult)* – Menu 22 €

◆ Maison à colombages (1923) au charme vieille France préservé, tant dans les chambres que dans le reste de l'hôtel, bien tenu et orné d'objets rapportés de voyages. Jardin. Petit-déjeuner servi dans une salle rustique et feutrée ; repas le soir, pour les résidents.

St-Pierre sans rest

124 av. du Mar. de Lattre-de-Tassigny – ✆ 02 40 24 05 41 – www.hotel-saint-pierre.com BYZ**r**

19 ch – 59/99 € 69/112 € – 10 €

◆ Une villa typique des années trente, habillée de colombages bleus. Chambres cosy décorées dans le style baulois, agréable véranda, accueil charmant : une bonne adresse.

La Terrasse – Hôtel Hermitage Barrière

5 espl. Lucien-Barrière – ✆ 02 40 11 46 46 – www.hermitage-barriere.com – Ouvert de Pâques à fin sept., week-ends d'oct., vacances de la Toussaint et de Noël BZ**h**

Rest – Menu 47 € – Carte 38/93 €

◆ Au sein de l'Hermitage Barrière, une Terrasse extrêmement élégante ! Côté papilles, on se délecte d'une bonne cuisine traditionnelle (buffet à l'heure du déjeuner).

Castel Marie-Louise – Hôtel Castel Marie-Louise

1 av. Andrieu – ✆ 02 40 11 48 38 – www.castel-marie-louise.com – Fermé 1er janv.-2 fév., le midi sauf sam. en juil.-août et sauf dim. BZ**g**

Rest – Menu 57/110 € – Carte 80/144 €

Spéc. Nougat de foie gras, pain à la cannelle, gelée de gariguette et vinaigre balsamique. Ravioles d'araignée de mer, langoustines rôties et caviar d'Aquitaine. Crêpes Suzette (hiver). **Vins** Muscadet de Sèvre -et-Maine sur lie, Saumur.

◆ Dans ce manoir début de siècle très feutré, on dîne près des grandes baies ou en terrasse, sous les pins... L'image vivante d'une Belle Époque, pour une jolie cuisine inspirée des produits du moment.

La Rotonde – Hôtel Royal-Thalasso Barrière

6 av. Pierre Loti – ✆ 02 40 11 48 48 – www.lucienbarriere.com – Fermé fin nov.-mi déc. BZ**t**

Rest – Menu 47 € – Carte 52/67 €

◆ Une Rotonde chic qui satisfait tous les palais ! Le chef et sa brigade concoctent une cuisine diététique, ainsi que de bons mets traditionnels : curistes et gourmets sont ravis.

La Véranda – Hôtel Bellevue Plage

27 bd de l'Océan – ✆ 02 40 60 57 77 – www.restaurant-laveranda.com – Fermé 18 déc.-20 janv., dim. soir et mardi midi de sept. à juin et lundi sauf le soir en juil.-août DZ**r**

Rest – Formule 22 € bc – Menu 28 € bc (déj. en sem.), 40/75 € – Carte 52/100 €

◆ Cette Véranda offre une vue privilégiée sur la plage et l'océan... Le poisson domine à la carte, relevée de quelques notes créatives. Décor très sobre (salle carrelée).

Carpe Diem

29 av. J.-Boutroux, 5 km au Nord par rte du golf de la Baule – ✆ 02 40 24 13 14 – www.le-carpediem.fr – Fermé 16 fév.-7 mars, mardi soir et merc. hors saison

Rest – Formule 15 € – Menu 19/43 € – Carte 36/52 €

◆ L'établissement a joui d'un relooking complet : mobilier contemporain, teintes douces et sobres cohabitent avec cheminée et poutres apparentes. Cuisine classique.

XX **St-Christophe** – Hôtel St-Christophe
pl. Notre-Dame – ✆ 02 40 62 40 00 – www.st-christophe.com BZ**u**
Rest – Formule 17 € – Menu 29/39 € – Carte 32/43 €
◆ De la couleur et beaucoup de fraîcheur dans ce charmant bistrot chic... Le chef concocte une cuisine terre-mer qui varie au gré de son inspiration et des saisons, faisant le bonheur des habitués.

XX **L'Eden Beach** – Hôtel Hermitage Barrière
5 espl. Lucien-Barrière – ✆ 02 40 11 46 16 – www.hermitage-barriere.com – Ouvert de Pâques à fin sept., week-ends d'oct., vacances de la Toussaint et de Noël BZ**h**
Rest – Menu 32 € – Carte 43/137 €
◆ Face à la baie et presque les pieds dans l'eau... la carte met logiquement à l'honneur le poisson et les fruits de mer. En saison, le menu homard est fort apprécié !

X **Le Ponton** – Hôtel Royal-Thalasso Barrière
6 av. Pierre Loti – ✆ 02 40 60 52 05 – www.lucienbarriere.com – Fermé 27 nov.-18 déc., le soir d'oct. à mars et vacances scolaires BZ**t**
Rest – Formule 24 € bc – Carte 36/60 €
◆ Un joli Ponton sur la plage, idéal pour savourer des produits de la mer et une cuisine de brasserie assez simple, à prix modéré...

LA BAUME – 74 Haute-Savoie – 328 M3 – 251 h. – alt. 730 m – ✉ 74430 46 F1

Paris 597 – Annecy 95 – Genève 52 – Lyon 214

La Ferme aux Ours
La Voagère – ✆ 04 50 72 19 88 – www.lafermeauxours.com – Fermé nov.
3 ch – 90/105 € 105/115 €
Table d'hôte *(fermé en été)* – Menu 28 € bc
◆ Isolée et dominant la vallée, cette belle ferme savoyarde a été restaurée avec soin. Les chambres sont jolies et douillettes (boutis, rideaux brodés...), et l'on peut se détendre au sauna. La propriétaire, férue de randonnées, vous accueille avec beaucoup de gentillesse.

BAUME-LES-DAMES – 25 Doubs – 321 I2 – 5 317 h. – alt. 280 m – ✉ 25110 Franche-Comté Jura 17 C2

Paris 440 – Belfort 62 – Besançon 30 – Lure 45
8, rue de Provence, ✆ 03 81 84 27 98, www.cc-paysbaumois.fr
du Château de Bournel, à Cubry, N : 20 km par D 50, ✆ 03 81 86 00 10

XXX **Hostellerie du Château d'As** avec ch
24 r. Château-Gaillard – ✆ 03 81 84 00 66 – www.chateau-das.fr – Fermé dim. soir, mardi midi et lundi
7 ch – 69 € 69 € – 13 € – ½ P 68/76 €
Rest – Menu 20 € (déj. en sem.), 33/72 € – Carte 39/72 €
◆ Charmante atmosphère d'antan dans cette grande villa des années 1930. Cuisine actuelle servie dans une salle à manger lumineuse et élégante (superbe lustre en nacre). Chambres spacieuses.

LES BAUX-DE-PROVENCE – 13 Bouches-du-Rhône – 340 D3 – 406 h. – alt. 185 m – ✉ 13520 Provence 42 E1

Paris 712 – Arles 20 – Avignon 30 – Marseille 86
Rue Porte Mage - Maison du Roy, ✆ 04 90 54 34 39, www.lesbauxdeprovence.com
des Baux-de-Provence, Domaine de Manville, S : 2 km, ✆ 04 90 54 40 20
Site★★★ - Village★★★ : Place★ et église St-Vincent★ - Château★ : ✳★★ - Monument Charloun Rieu ≤★ - Tour Paravelle ≤★ - Musée Yves-Brayer★ - Cathédrale d'Images★ N : 1 km par D 27 - ✳★★★ sur le village N : 2,5 km par D 27.

dans le Vallon

La Riboto de Taven
– ✆ 04 90 54 34 23 – *www.riboto-de-taven.fr*
– *Ouvert 13 mars-30 oct.*
5 ch – 180/230 € 180/230 € – 1 suite – 20 € – ½ P 150 €
Rest *(fermé merc.) (dîner seult) (résidents seult)* – Menu 55 €
◆ Charmant petit mas avec vue imprenable sur les Baux. Jardin fleuri, agréable piscine et chambres décorées avec goût (deux d'entre elles sont troglodytiques). Cuisine provençale utilisant les produits du marché, servie dans une belle salle avec poutres et cheminée.

L'Oustaù de Baumanière avec ch
– ✆ 04 90 54 33 07
– *www.oustaudebaumaniere.com – Ouvert mars-nov.*
et fermé mardi soir, jeudi midi et merc. de mars à avril et d'oct. à nov.
15 ch – 215/420 € 215/420 € – 1 suite – 26 € – ½ P 360/470 €
Rest – Menu 98 € (déj. en sem.), 165/190 € – Carte 125/200 €
Spéc. Œuf de poule, asperges vertes et blanches de Provence au fumet de truffe. Pigeon rôti puis laqué, navet et betterave glacés. Millefeuille "tradition Baumanière". **Vins** Les-Baux-de-Provence.
◆ Demeure du 16e s. aux voûtes séculaires, superbe terrasse avec les Alpilles en toile de fond : un lieu magique pour une cuisine gorgée de soleil. Belle cave. Confortables chambres et suites distinguées réparties entre la maison et le petit mas La Guigou.

Le Manoir
à 1 km rte d'Arles par D 27 – ✆ *04 90 54 33 07 – www.oustaudebaumaniere.com*
– *Fermé début nov.-mi déc. et début janv.-fin fév.*
7 ch – 215/420 € 215/420 € – 7 suites – 26 € – ½ P 360/470 €
◆ Les chambres de cette élégante bastide conjuguent confort, raffinement et charme provençal d'antan. Parc arboré (dont un splendide platane séculaire) et jardin à la française.

rte d'Arles Sud-Ouest par D 27

La Cabro d'Or
à 1 km – ✆ *04 90 54 33 21 – www.lacabrodor.com – Fermé dim. et lundi de mi-oct. à fin mars*
26 ch – 180/560 € 180/560 € – 4 suites – 26 €
Rest ***La Cabro d'Or*** – voir les restaurants ci-après
◆ Pour les amateurs de quiétude et de raffinement, une belle demeure couverte de lierre, avec des chambres provençales très chic (certaines avec terrasse) et un ravissant jardin fleuri, au pied des Baux.

Mas de l'Oulivié sans rest
Quartier les Arcoules, à 2,5 km – ✆ *04 90 54 35 78 – www.masdeloulivie.com*
– *Ouvert 23 mars-4 nov.*
25 ch – 130/305 € 130/305 € – 2 suites – 16 €
◆ Au cœur d'une oliveraie, un mas pour se relaxer : décor provençal, piscine à débordement dans le jardin, massages... Petite restauration au déjeuner pour les résidents.

Auberge de la Benvengudo
Vallon de l'Arcoule, (D78F), à 2 km – ✆ *04 90 54 32 54*
– *www.benvengudo.fr*
– *Ouvert 23 mars-3 nov. et 21 déc.-1er janv.*
22 ch – 130/210 € 130/210 € – 5 suites – 16 €
Rest *(ouvert 5 avril-27 oct.)* – Menu 45 € (dîner) – Carte 25/40 €
◆ Authentique bastide à l'intérieur de style classique provençal, dans un joli jardin paysagé. Chambres déclinant le blanc sur tous les tons, moins récentes dans l'annexe. À table, menu régional selon le marché et petits plats servis au bord de la piscine le midi.

La Cabro d'Or – Hôtel La Cabro d'Or

à 1 km – ✆ 04 90 54 33 21 – www.lacabrodor.com – Fermé dim. soir, lundi et mardi midi de mi-oct. à fin mars

Rest – Menu 55 € bc (déj. en sem.), 73/120 € – Carte 105/115 €

Spéc. Ravioles de langoustines aux courgettes et poireaux à l'estragon. Loup cuit sur sa peau, risotto rôti au sirop de tomate épicée. Abricot rôti au miel de Provence, crème glacée au citron vert confit et verveine. **Vins** Les Baux-de-Provence.

◆ Un site superbe, avec une terrasse à l'ombre de tilleuls et une vue imprenable sur ces rochers qui ont fait la célébrité de la région... comme l'huile d'olive, le fil d'or de la cuisine, une belle interprétation des saveurs de la Provence.

BAVAY – 59 Nord – 302 K6 – 3 475 h. – alt. 148 m – ✉ 59570 — 31 D2

Nord Pas-de-Calais Picardie

Paris 229 – Avesnes-sur-Helpe 24 – Lille 79 – Maubeuge 15

3 rue des Juifs, ✆ 03 27 39 81 65

Le Bagacum

r. d'Audignies – ✆ 03 27 66 87 00 – www.bagacum.com – Fermé dim. soir et lundi sauf fériés

Rest – Formule 27 € bc – Menu 34/51 € bc – Carte 30/60 €

◆ Bagacum : le nom de la cité romaine devenue... Bavay. Pas étonnant que cette jolie grange du 19ᵉs., rustique et joliment champêtre, cultive le goût de la belle tradition.

BAVELLA (COL DE) – 2A Corse-du-Sud – 345 E9 – voir à Corse

BAYARD (COL) – 05 Hautes-Alpes – 334 E5 – voir à Col Bayard

BAYEUX – 14 Calvados – 303 H4 – 13 478 h. – alt. 50 m — 32 B2

– ✉ 14400 Normandie Cotentin

Paris 265 – Caen 31 – Cherbourg 95 – Flers 69

pont Saint-Jean, ✆ 02 31 51 28 28, www.bessin-normandie.com

AS Bayeux Omaha Beach Golf, à Port-en-Bessin, Ferme Saint Sauveur, par rte de Port-en-Bessin et D 514 : 11 km, ✆ 02 31 22 12 12

Tapisserie dite "de la reine Mathilde" ★★★ - Cathédrale Notre-Dame★★ - Musée-mémorial de la bataille de Normandie★ Y **M¹** - Maison à colombage★ (rue St-Martin) Z**N.**

Plan page suivante

Le Lion d'Or

71 r. St-Jean – ✆ 02 31 92 06 90 – www.liondor-bayeux.fr — Z**e**

27 ch – †90/195 € ††90/195 € – 1 suite – ☕ 13 € – ½ P 83/146 €

Rest *(fermé 23 déc.-10 janv., dim. soir, lundi soir de mi-nov. à mi-mars, lundi midi, mardi midi et sam. midi)* – Formule 20 € – Menu 25/47 € – Carte 44/63 €

◆ Un porche, une cour pavée ; vous voilà prêt à faire un saut dans le passé. Dans le salon trônent dédicaces et portraits des personnalités passées ici... Les clients d'aujourd'hui apprécient le classicisme des chambres, le calme, le restaurant. Un établissement de tradition, au cœur de la première ville libérée de France.

Château de Bellefontaine sans rest

49 r. Bellefontaine – ✆ 02 31 22 00 10 – www.hotel-bellefontaine.com – Fermé 1ᵉʳ janv.-2 fév. — Y**v**

20 ch – †70/115 € ††90/150 € – ☕ 12 €

◆ Aux portes de Bayeux, dans un parc planté d'arbres centenaires, cette belle demeure classique (18ᵉs.) distille charme bucolique, fraîcheur et confort. Les familles pourront opter pour les duplex créés dans les anciennes écuries. Accueil charmant.

BAYEUX

Aure (Bords de l') Z 2
Bienvenu (R. du) Z 3
Bois (Pl. au) Z 4
Bouchers (R. des) Z 5
Bourbesneur (R.) Z 6
Bretagne (R. de la) Z
Chanoines (R. des) Z 7
Chartier (R. A.) Z 8
Churchill (Bd W.) Y
Clemenceau (Av. G.) Z
Conseil (Av.) Y
Courseulles (R. de) Y 9
Cuisiniers (R. des) Z 12
Dais (R. Gén.-de) Z
Dr-Michel (R.) Y 13
Eindhoven (Bd) Y
Eisenhower (Rond-Point) Y 14
Foch (R. Mar.) Z 15
Franche (R.) Z
Gaulle (Pl. Ch.-de) Z
Laitière (R.) Z 16
Larcher (R.) Z
Leclerc (Bd Mar.) Y 17
Leforestier (R. Lambert) Z 18
Liberté (Pl. de la) Z 19
Maîtrise (R. de la) Z 20
Marché (R. du) Z 21
Montgomery (Bd Mar.) Y 23
Nesmond (R. de) Z
Pigache (R. de la) Y 24
Pont-Trubert (R. du) Y 25
Poterie (R. de la) Z 28
Royale (R.) Z
Sadi-Carnot (Bd) Y 29
St-Jean (R.) Y, Z
St-Laurent (R.) Y, Z
St-Loup (R.) Y, Z 30
St-Malo (R.) Z
St-Martin (R.) Z
St-Patrice (R. et Pl.) Z 31
St-Quentin (R.) Y 41
Schumann (R. M.) Z 42
Tardif (R.) Z
Teinturiers (R. des) Z 32
Terres (R. des) Z 33
Vaucelles (Rond-Point de) Y 35
Verdun (R. de) Y 37
Ware (Bd F.) Y 38
6-Juin (Bd du) Y

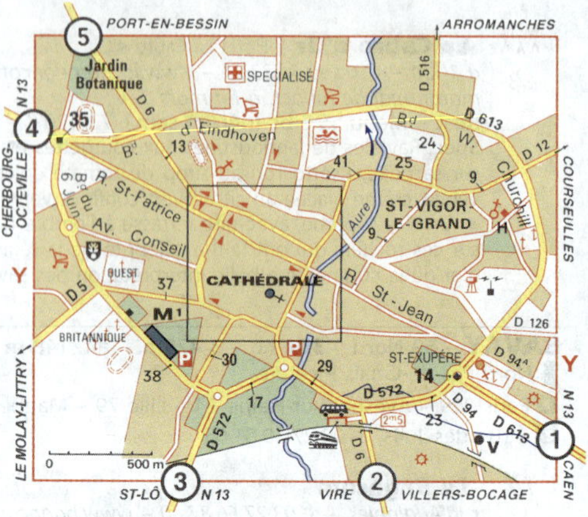

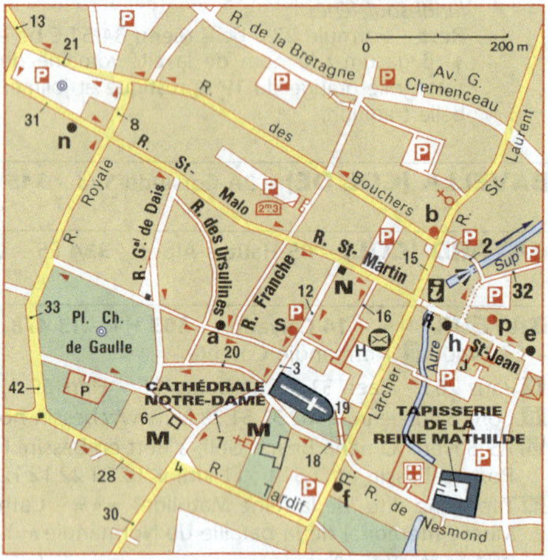

Churchill sans rest
place de Québec – ✆ 02 31 21 31 80
– www.hotel-churchill.fr
– Ouvert de mars à nov. Zh
32 ch – †90/105 € ††100/138 € – ☕ 11 €
◆ Au cœur de la cité, cet hôtel a des allures de petit musée du 6 juin 1944 (photographies, documents, etc.). Les lieux ont une âme et les prestations sont agréables : mobilier de style, bar lumineux, épicerie fine... Parfait pour un séjour sur les traces du Débarquement.

D'Argouges sans rest
21 r. St-Patrice – ✆ 02 31 92 88 86
– www.hotel-dargouges.com
– Ouvert de fév. à oct. Zn
28 ch – †68/102 € ††110/125 € – ☕ 12 €
◆ Un style très hôtel particulier ; on pénètre dans une cour en plein centre-ville pour découvrir une belle bâtisse blanche (18e s.) et son jardin fleuri. L'ensemble est cossu, élégant et de bon ton. Les salons, d'origine, sont magnifiques !

Manoir Sainte Victoire sans rest
32 r. de la Juridiction – 02 31 22 74 29 – www.manoirsaintevictoire.com
3 ch – 80 € 89 € **Za**
◆ Dans le cœur historique de Bayeux, cette maison (15ᵉet 17ᵉs.) a le charme fou des vieilles bâtisses : les chambres, feutrées et toutes différentes, se trouvent dans la tour et donnent sur la cathédrale. Du cachet, c'est indéniable !

Tardif Noble Guesthouse sans rest
57 r. Larcher – 02 31 92 67 72 – www.nobleguesthouses.com **Zf**
5 ch – 50/175 € 80/205 € – 10 €
◆ Amoureux de demeures historiques, cette adresse est pour vous ! Un parc aux arbres centenaires, une architecture remarquable (18ᵉs.), le tout près de la belle cathédrale. Une maison très reposante, avec un cachet certain.

La Rapière
53 r. St-Jean – 02 31 21 05 45 – www.larapiere.net – Fermé 22 déc.-22 janv., merc. et jeudi **Zp**
Rest *(réserver)* – Menu 16 € (déj.)/34 € – Carte 35/50 €
◆ Cette maison du 15ᵉs., nichée dans une ruelle pittoresque, s'est forgée une solide réputation. Poissons ruisselant de fraîcheur, belles spécialités normandes ou incursions dans un registre plus ensoleillé : en garde !

Le Pommier
40 r. des Cuisiniers – 02 31 21 52 10 – www.restaurantlepommier.com – Fermé 15 déc.-15 janv. et dim. hors saison **Zs**
Rest – Formule 17 € – Menu 23/35 € – Carte 28/45 €
◆ Un Pommier très normand ! Dans un joli décor de poutres et pierres, très frais, on déguste un velouté de crustacés à la crème fraîche d'Isigny, des tripes à la mode de Caen, un foie gras à la pomme, etc. Pour ne pas se lasser du goût de la région.

rte de Port-en-Bessin 3 km par ⑤

Château de Sully
rte de Port-en-Bessin ✉ 14400 Bayeux – 02 31 22 29 48 – www.chateau-de-sully.com – Fermé 1ᵉʳ déc.-30 janv.
21 ch – 170/260 € 190/260 € – 2 suites – 21 €
Rest *Château de Sully* ✿ – voir les restaurants ci-après
◆ De lourdes grilles, une grande allée ; une très belle entrée en matière pour ce château du 18ᵉ s. plein de charme. Les chambres cultivent un luxe discret et l'on aime à flâner sous les frondaisons du parc. Piscine, jacuzzi... Histoire et détente !

Château de Sully
rte de Port-en-Bessin ✉ 14400 Bayeux – 02 31 22 29 48 – www.chateau-de-sully.com – Fermé déc.- janv. et le midi sauf dim.
Rest *(nombre de couverts limité, réserver)* – Menu 49/89 € – Carte 56/96 €
Spéc. Foie gras de canard au naturel, magret fumé, abricot sec et pomme-céleri. Ris de veau sauté en persillade, jus de rôti et émulsion à l'ail. Chocolat sur un croustillant au praliné, glace amande et nougatine au cacao.
◆ Dans le cadre classique et élégant de ce château du 18ᵉs., on cultive le goût de la nature avec sensibilité : produits locaux – souvent bio –, créativité mesurée, finesse et harmonie... au rythme des saisons et de leurs caprices.

à Audrieu 13 km par ① et D 158 – 1 002 h. – alt. 71 m – ✉ 14250

Château d'Audrieu
– 02 31 80 21 52 – www.chateaudaudrieu.com – Fermé 2 déc.-9 fév.
25 ch – 165/550 € 165/550 € – 4 suites – 26 € – ½ P 166/359 €
Rest *Château d'Audrieu* ✿ – voir les restaurants ci-après
◆ Superbe ! Un château du 18ᵉs., classé monument historique, au sein d'un parc ravissant. Jardin de fleurs blanches, de roses, d'herbes... Ce raffinement végétal n'a d'égal que les beaux salons et les chambres classiques. L'art de vivre à la française.

XXX **Château d'Audrieu**

– 02 31 80 21 52 – *www.chateaudaudrieu.com* – *Fermé 2 déc.-9 fév., lundi et le midi sauf week-end et fériés*

Rest – Menu 39/99 € – Carte 70/120 €

Spéc. Huîtres à la plancha, bruschetta tomate-safran, chorizo légèrement épicé (été). Pigeon rôti aux éclats d'amandes et cuisses en pastilla (automne). Raviole "wantan" pomme-citronnelle, infusion pomme-lapsang souchong.

♦ Le raffinement du cadre convie le siècle des Lumières à cette table tout aussi éclairée. Une cuisine bien maîtrisée qui met en valeur de très beaux produits avec créativité et finesse. Le tout accompagné d'un subtil choix de vins.

BAYONNE – 64 Pyrénées-Atlantiques – 342 D2 – 44 506 h. – Agglo. 178 965 h. – alt. 3 m – 64100 Pays Basque et Navarre 3 A3

Paris 765 – Bordeaux 183 – Biarritz 9 – Pamplona 109

de Biarritz-Anglet-Bayonne : 05 59 43 83 83, 5 km au SO par N 10 AZ.

place des Basques, 08 20 42 64 64, www.bayonne-tourisme.com

Makila Golf Club, à Bassussarry, Route de Cambo, S : 6 km par D 932, 05 59 58 42 42

Cathédrale Ste-Marie★ et Cloître★ **B** - Fêtes★ (début août) - Musée Bonnat★★ BY **M²** - Musée basque★★★.

Accès et sorties : voir à Biarritz.

La Villa Hôtel sans rest

12 chemin de Jacquette – 05 59 03 01 20 – *www.bayonne-hotel-lavilla.com* – *Fermé 1er fév.-15 mars* BZd

10 ch – 100/210 € 100/210 € – 16 €

♦ Au calme dans son jardin d'inspiration italienne, cette maison de maître offre une jolie vue sur la Nive et les Pyrénées. Décoration soignée ; meubles anciens chinés.

XX **Auberge du Cheval Blanc** (Jean-Claude Tellechea)

68 r. Bourgneuf – 05 59 59 01 33 – *www.cheval-blanc-bayonne.com* – *Fermé 2-11 juil., 25-29 juil., 12-20 nov., 27 fév.-19 mars, sam. midi, dim. soir et lundi* BZb

Rest – Formule 25 € bc – Menu 46/85 € – Carte 55/90 €

Spéc. Pressé de truite confite au sel, foie gras et poires réduites au porto. Parmentier de xamango au jus de veau truffé. Moelleux au chocolat Bayonnais. **Vins** Irouléguy, Jurançon.

♦ Ce relais de poste du 18es. est tenu par la même famille depuis 1959. Le décor arbore les couleurs blanc et rouge du Pays basque. Produits frais, bon choix d'irouléguys.

XX **La Feuillantine**

quai Amiral-Dubourdieu – 05 59 46 14 94 – *www.lafeuillantine-bayonne.fr* – *Fermé 3-19 mars, une sem. début juil., 21-28 déc., merc. soir sauf juil. août et dim.* BYf

Rest – Formule 17 € – Menu 25/100 € – Carte 55/64 €

♦ L'une des meilleures tables de la ville, derrière une jolie façade classée... Décor feutré (boiseries, photos du Pays basque) et cuisine raffinée (produits du marché).

XX **François Miura**

24 r. Marengo – 05 59 59 49 89 – *Fermé mars, 25-31 juil., 24 déc.-2 janv., dim. soir et merc.* BZr

Rest – Menu 22/33 € – Carte 43/65 €

♦ Dans le vieux Bayonne, une cuisine du marché 100 % maison, simple et goûteuse ! Voûtes de pierre et décoration contemporaine.

X **L'Embarcadère**

15 quai A.-Jauréguiberry – 05 59 25 60 13 – *Fermé 2 sem. en janv., 1 sem. en oct.* ABZe

Rest – Carte 31/41 €

♦ En bord de Nive, derrière une mignonne façade, un décor rustique (poutres, tresses de piments) et une belle cuisine du marché, par un jeune chef et son beau-père, ex-pâtissier.

La Grange

26 quai Galuperie – ✆ 05 59 46 17 84
– Fermé dim. sauf fériés BZa

Rest – Menu 20 € – Carte 30/65 €

◆ Dans cet ancien magasin de primeurs, tresses de piments et objets chinés créent une atmosphère d'antan... Terrasse sous les arcades en été. La carte est bistrotière.

BAY-SUR-AUBE – 52 Haute-Marne – 313 K7 – 56 h. – alt. 320 m – ✉ 52160 14 C3

Paris 312 – Châlons-en-Champagne 214 – Chaumont 65 – Langres 33

La Maison Jaune ch,
11 r. du Four-Banal – 03 25 84 99 42 – Ouvert d'avril à oct.
4 ch – 75 € 85 € **Table d'hôte** – Menu 30 € bc
♦ Cette ancienne ferme ravira les amateurs d'art : superbe bibliothèque, tableaux partout – certains peints par la propriétaire –, mobilier chiné. Jolies chambres sur le thème des couleurs. Table d'hôte pleine de charme ; possibilité de panier pique-nique.

BAZAS – 33 Gironde – 335 J8 – 4 607 h. – alt. 70 m – 33430 3 B2

Aquitaine
Paris 637 – Agen 84 – Bergerac 105 – Bordeaux 62
1, place de la Cathédrale, 05 56 25 25 84, www.ville-bazas.fr
Cathédrale St-Jean★ - Château de Cazeneuve★★ SO : 11 km par D 9 - Château de Roquetaillade★★ NO : 2 km - Collégiale d'Uzeste★.

Les Remparts VISA AE
49 pl. de la Cathédrale, (Espace Mauvezin) – 05 56 25 95 24 – www.restaurant-les-remparts.com – Fermé 2 sem. en oct., dim. soir et lundi
Rest – Formule 26 € – Menu 35/56 €
♦ Les Remparts, un restaurant traditionnel ? Que nenni ! Depuis octobre 2011, une nouvelle équipe, très enthousiaste, fait régner un vent de fraîcheur en cuisine. Velouté de topinambour à la bière, poire pochée et caramel aux morilles, etc.

à Bernos-Beaulac 6 km au Sud par D932 – 1 115 h. – alt. 66 m – 33430

Dousud VISA
au Doux Sud – 05 56 25 43 23 – www.dousud.fr
5 ch – 60/70 € 70/95 € **Table d'hôte** – Menu 20 € bc/30 € bc
♦ Un nom tout trouvé pour cette jolie ferme landaise, au cœur d'un parc de 9 ha où trottent les chevaux du haras voisin. Les chambres, très douillettes, ont toutes une terrasse et, le soir, la propriétaire concocte une cuisine traditionnelle simple et saine. Un lieu charmant, idéal pour se mettre au vert en toute quiétude et à prix... doux !

BAZINCOURT-SUR-EPTE – 27 Eure – 304 K6 – rattaché à Gisors

BAZOUGES-LA-PÉROUSE – 35 Ille-et-Vilaine – 309 M4 – 1 867 h. 10 D2
– alt. 106 m – 35560 Bretagne

Paris 376 – Fougères 34 – Rennes 45 – Saint-Malo 53
2, place de l'Hôtel de Ville, 02 99 97 40 94, www.tourisme-paysdantrain.com

Château de la Ballue sans rest VISA AE
4 km au Nord-Est – 02 99 97 47 86 – www.laballue.com
5 ch – 160/170 € 190/295 € – 18 €
♦ De superbes jardins d'esprit baroque et à la française entourent ce château du 17^{e}s. Grandes chambres raffinées : hauteur sous plafond, boiseries d'époque, mobilier ancien.

BEAUCAIRE – 30 Gard – 339 M6 – 15 505 h. – alt. 18 m – 30300 23 D2

Languedoc Roussillon
Paris 703 – Arles 18 – Avignon 27 – Nîmes 24
24, cours Gambetta, 04 66 59 26 57, www.ot-beaucaire.fr
Château★.

L'Oliveraie ch, VISA AE
chemin Clapas de Cornut, rte de Nîmes – 04 66 59 16 87 – www.oliveraie-hotel.fr – Fermé 24 déc.-3 janv.
38 ch – 80 € 80/90 € – 10 €
Rest *(fermé dim. soir sauf en juil.-août et sam. midi)* – Formule 15 € – Menu 24/35 € – Carte 26/44 €
♦ Un bâtiment traditionnel et une aile plus récente, aux abords fleuris. Les chambres sont assez cosy, plus fonctionnelles dans l'annexe. Balcon ou terrasse, piscine. Le restaurant est décoré de nombreux bibelots (collection de poupées) ; plats traditionnels.

au Sud-Ouest **6 km (rte de St Gilles) puis à gauche, écluse de Nouriguier**

Mas de Lafont sans rest
chemin du Mas d'Aillaud ✉ 30300 Beaucaire – ✆ 04 66 59 29 59 – www.masdelafont.com – Ouvert 1er mai-1er oct.
3 ch – 80/110 € 80/110 €
◆ Entre vignes et abricotiers, un mas du 17es. aux chambres spacieuses, ornées d'un superbe mobilier provençal. Toutes ouvrent sur le jardin. Cuisine à la disposition des hôtes.

BEAUCENS – **65 Hautes-Pyrénées** – **342** L5 – **432 h.** – **alt. 450 m** **28** A3
– ✉ **65400** Midi-Toulousain
Paris 866 – Pau 59 – Tarbes 38 – Toulouse 191
Donjon des Aigles

Eth Béryè Petit ch,
15 rte de Vielle – ✆ 05 62 97 90 02 – www.beryepetit.com
3 ch – 59/64 € 59/64 €
Table d'hôte *(ouvert vend. soir et sam. soir de nov. à avril)* – Menu 20 € bc
◆ Ce petit verger ("Eth Beryè petit" en basque) est une accueillante maison bigourdane de 1790. Chambres cosy (parquet, tapis, mobilier ancien) ménageant un splendide panorama sur la vallée. Dîner et petit-déjeuner dans un joli salon au coin du feu ou en terrasse.

Le Petit Couassert VISA
20 rte de Vielle – ✆ 05 62 97 90 25 – www.lepetitcouassert.fr – Fermé une sem. en avril, nov. et merc. sauf vacances scolaires
Rest – Menu 18/25 € – Carte 22/36 €
◆ Une auberge familiale jouant le contraste : rustique et touches néobaroques ; murs en pierre, cheminée et toiles colorées. Cuisine traditionnelle et belle vue sur la terrasse.

LE BEAUCET – **84 Vaucluse** – **332** D10 – **rattaché à Carpentras**

BEAUCOUZÉ – **49 Maine-et-Loire** – **317** F4 – **rattaché à Angers**

BEAUFORT – **73 Savoie** – **333** M3 – **2 229 h.** – **alt. 750 m** – ✉ **73270** **45** D1
Alpes du Nord
Paris 601 – Albertville 21 – Chambéry 72 – Megève 37
Grande Rue, ✆ 04 79 38 37 57, www.areches-beaufort.com
Beaufortain★★.

Du Grand Mont VISA
pl. de l'Église – ✆ 04 79 38 33 36 – www.hotelbeaufort.com – Fermé 2 sem. début mai et de mi-oct. à mi-nov.
15 ch – 58/60 € 65/68 € – 10 € – ½ P 55/58 €
Rest *(fermé dim. de nov. à janv. sauf vacances scolaires)* – Formule 14 € – Menu 20/36 € – Carte 20/45 €
◆ Cette sympathique maison de village appartient à la même famille depuis quatre générations. Chambres simples et rustiques, petites ou familiales (avec mezzanine). Cuisine du terroir et spécialités fromagères à base de beaufort servies dans un cadre régional.

BEAUGENCY – **45 Loiret** – **318** G5 – **7 715 h.** – **alt. 99 m** – ✉ **45190** **12** C2
Châteaux de la Loire
Paris 152 – Blois 35 – Châteaudun 42 – Orléans 31
3, place Dr Hyvernaud, ✆ 02 38 44 54 42
36 de Ganay, à Saint-Laurent-Nouan, Prieuré de Ganay, S : 7 km par D 925, ✆ 02 54 87 26 24
18 Les Bordes Golf International, à Saint-Laurent-Nouan, Les Petits Rondis, S : 9 km par D 925, ✆ 02 54 87 72 13
Église Notre-Dame★ - Donjon★ - Tentures★ dans l'hôtel de ville **H** - Musée régional de l'Orléanais★ dans le château.

Plan page suivante

BEAUGENCY

Abbaye (R. de l')	2
Bretonnerie (R. de la)	3
Change (R. du)	4
Châteaudun (R. de)	5
Cordonnerie (R. de la)	6
Dr-Hyvernaud (Pl.)	8
Dunois (Pl.)	9
Maille-d'Or (R. de la)	10
Martroi (Pl. du)	
Pellieux (Passage)	12
Pont (R. du)	
Puits-de-l'Ange (R. du)	14
Sirène (R. de la)	15
Traîneau (R. du)	17
Trois-Marchands (R. des)	18

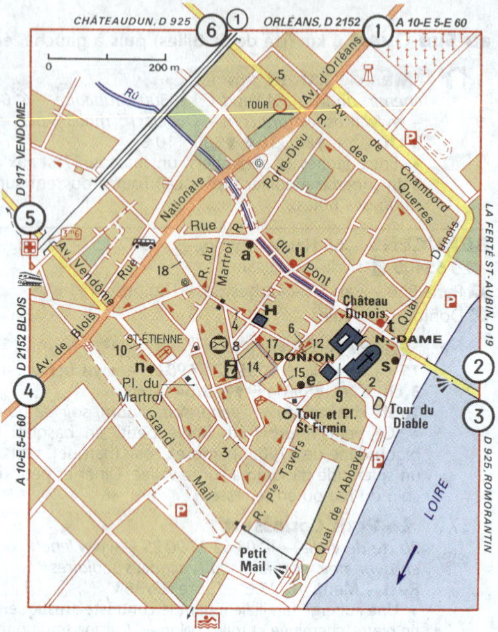

Hostellerie de l'Écu de Bretagne

pl. Martroi – ✆ 02 38 44 67 60 – www.ecudebretagne.fr

VISA MC AE

34 ch – †50/130 € ††50/130 € – ☕ 14 € – ½ P 93 € **n**

Rest – Menu 23/36 € – Carte 43/62 €

◆ Au cœur de cette cité médiévale ligérienne, un charmant relais de poste dont les origines remontent au 17es. Poutres, charpentes et teintes chaudes dans les chambres ; jardin et jolie piscine chauffée.

Grand Hôtel de l'Abbaye sans rest

2 quai de l'Abbaye – ✆ 02 38 45 10 10 – www.grandhoteldelabbaye.com – Fermé janv. **s**

VISA MC

19 ch – †79/169 € ††79/189 € – ☕ 16 €

◆ Pour découvrir Beaugency, cette ancienne abbaye – escalier monumental et boiseries sombres – vous attend au bord de la Loire. Chambres très stylées, dans un esprit Grand Siècle.

De la Sologne sans rest

6 pl. St-Firmin – ✆ 02 38 44 50 27 – www.hoteldelasologne.com – Fermé 20 déc.-8 janv. **e**

VISA MC AE

15 ch – †57/59 € ††62/73 € – ☕ 9 €

◆ Un ensemble de deux maisons du 19es., toutes fleuries en été, à deux pas de la tour St-Firmin. Petites chambres d'esprit bonbonnière ; elles sont régulièrement rafraîchies.

Le Relais des Templiers sans rest

68 r. du Pont – ✆ 02 38 44 53 78 – www.hotelrelaistempliers.com – Fermé 26 déc.-17 janv. **a**

VISA MC AE

15 ch – †49/52 € ††56/62 € – ☕ 8 €

◆ Un hôtel avec une belle façade blanche, au bord d'un ru, idéal pour découvrir le centre historique. Dans les salons, des poutres et du rotin tressé. Chambres toutes simples.

XX **Le Petit Bateau**

54 r. du Pont – 02 38 44 56 38 – Fermé 20-30 nov., 2 sem. en janv., mardi midi et lundi **u**

Rest – Menu 20 € (sem.), 28/45 € – Carte 35/58 €

◆ Ce petit bateau, en fait une auberge familiale au charme rustique, vogue sur la tradition. On mange ici de bonnes terrines et des recettes simples et authentiques.

X **Le Relais du Château**

8 r. du Pont – 02 38 44 55 10 – Fermé 2 sem. en janv., 1 sem. en mars, mardi soir d'oct. à juin, jeudi sauf le midi d'oct. à juin et merc. **t**

Rest – Menu 16/38 € – Carte 27/44 €

◆ Coquet petit restaurant situé dans une rue commerçante à proximité du donjon (11e s.) et décoré dans un style rustique. Cuisine traditionnelle changeant au fil des saisons.

à Tavers **3 km par ④ et rte secondaire – 1 306 h. – alt. 100 m – ✉ 45190**

La Tonnellerie sans rest

12 r. des Eaux-Bleues, (près de l'église) – 02 38 44 68 15 – www.latonnelleriehotel.com – Fermé 15 déc.-10 fév.

18 ch – 90/105 € 95/180 € – 2 suites – 14 €

◆ Tout le charme d'autrefois pour cette demeure de 1870 et son agréable jardin avec piscine. Les chambres, comme les salons, sont décorés dans un style "maison de famille".

BEAULIEU – 07 Ardèche – 331 H7 – 437 h. – alt. 130 m – ✉ 07460 — 44 A3

Paris 668 – Alès 40 – Aubenas 39 – Largentière 29

La Santoline — ch, rest,

Lieu-dit Bouchet, 1 km au Sud-Est de Beaulieu – 04 75 39 01 91 – www.lasantoline.com – Ouvert mai-sept.

5 ch – 80 € 80/142 € – 2 suites – 12 €

Rest *(fermé dim.) (dîner seult) (résidents seult)* – Menu 30 €

◆ Bâtisse du 16e s. entourée par la garrigue cévenole. Les chambres sont décorées de meubles rustiques et d'objets marocains. Piscine dans la nature.

BEAULIEU-SUR-DORDOGNE – 19 Corrèze – 329 M6 – 1 296 h. – alt. 142 m – ✉ 19120 Limousin Berry — 25 C3

Paris 513 – Aurillac 65 – Brive-la-Gaillarde 44 – Figeac 56

place Marbot, 05 55 91 09 94, www.beaulieu-tourisme.com

Église St-Pierre★★ : portail méridional★★ - Vieille Ville★.

XX **Les Charmilles** avec ch

20 bd St-Rodolphe-de-Turenne – 05 55 91 29 29 – www.auberge-charmilles.com – Fermé 1er-21 nov. et dim. soir

8 ch – 72/116 € 72/116 € – ½ P 50/75 €

Rest – Formule 14 € – Menu 19/48 € – Carte 30/61 €

◆ La terrasse au bord de la Dordogne, en pleine verdure, et la salle aux baies vitrées sont tout simplement délicieuses ! Foie gras et magrets sauce câline, salade aux gésiers, purée maison... On l'aura compris, la table est régionale.

à Brivezac **4 km rte d'Argentat par D 940, D 12 et rte secondaire – 188 h. – alt. 140 m – ✉ 19120**

Château de la Grèze — ch,

– 05 55 91 08 68 – www.chateaudelagreze.com – Ouvert 16 mars-14 nov.

5 ch – 80/105 € 90/115 €

Table d'hôte *(fermé merc., sam. et dim. en juil.-août)* – Menu 33 € bc

◆ Quel calme... Entourée d'un parc, cette élégante demeure du 18e s. abrite des chambres spacieuses au décor soigné ; les tissus d'indienne fleurissent sur les murs et la vue sur la vallée est imprenable. Piscine, promenades à pied ou à cheval, dîners à la table d'hôte : une vraie vie de gentilhomme.

BEAULIEU-SUR-MER – 06 Alpes-Maritimes – 341 F5 – 3 742 h. 42 E2
– Casino – ✉ 06310 Côte d'Azur

Paris 935 – Menton 20 – Monaco 10 – Nice 8

place Georges Clemenceau, ✆ 04 93 01 02 21, www.ot-beaulieu-sur-mer.fr

Site★ de la Villa Kerylos★ - Baie des Fourmis★.

La Réserve de Beaulieu & Spa

5 bd Mar.-Leclerc – ✆ 04 93 01 00 01
– www.reservebeaulieu.com – Fermé 14 oct.-20 déc. **Zw**

34 ch – †160/1835 € ††160/1835 € – 5 suites – ☕ 40 €

Rest *La Réserve de Beaulieu & Spa* ✿✿ – voir les restaurants ci-après

◆ En bord de mer, à mi-chemin entre Nice et Monaco, une architecture digne d'un palais florentin (1880) et un décor fastueux : mobilier ancien, tapisseries, boiseries... Face à la Grande Bleue, la piscine d'eau de mer chauffée est superbe. L'une des plus belles adresses de la Riviera.

Carlton sans rest

7 av. Edith Cavell – ✆ 04 93 01 44 70 – www.carlton-beaulieu.com **Zs**

34 ch – †79/210 € ††79/210 € – ☕ 10 €

◆ Chambres classiques au charme rétro, accueil bienveillant, jolie piscine : cette villa des années 1930, dans un quartier résidentiel proche de la plage et du casino, a bien des atouts !

Frisia sans rest

2 bd E- Gauthier – ✆ 04 93 01 01 04 – www.frisia-beaulieu.com
– Fermé 11 nov.-23 déc. **Yr**

33 ch – †60/145 € ††60/145 € – 1 suite – ☕ 9 €

◆ Une bâtisse dans l'esprit des bains de mer avec sa terrasse sur le toit (solarium) et ses chambres fraîches et avenantes, dont certaines avec vue sur le port de plaisance et la Grande Bleue. Un bon établissement.

Comté de Nice sans rest

bd Marinoni – ✆ 04 93 01 19 70 – www.hotel-comtedenice.com – Fermé 9-29 déc. **Ya**

32 ch – †62/109 € ††72/119 € – ☕ 10 €

◆ Un petit hôtel sobre et très bien tenu, dans une rue commerçante du centre-ville. Chambres fraîches et assez spacieuses, à préférer côté mer pour plus de tranquillité.

Riviera sans rest

6 r. Paul-Doumer – ✆ 04 93 01 04 92 – www.hotel-riviera.fr – Fermé 20 oct.-27 déc. **Zb**

14 ch – †60/98 € ††60/98 € – ☕ 9 €

◆ Une jolie villa 1930 et... ses fidèles, qui y séjournent parfois tout l'été ! Pas de secret : les prix sont doux, les chambres – certes petites – pratiques et impeccablement tenues, et l'accueil charmant.

La Réserve de Beaulieu & Spa – Hôtel La Réserve de Beaulieu & Spa

✿✿ *5 bd Mar.-Leclerc – ✆ 04 93 01 00 01*
– www.reservebeaulieu.com – Fermé 14 oct.-20 déc. et le midi de juin à oct.

Rest – Menu 185/220 € – Carte 134/211 € **Zw**

Spéc. Langoustine cuite à la vapeur herbacée, écume à la verveine (été). Rouget de roche grillé, fenouil et sucs à la badiane. Cylindre gourmand au mascarpone et griotte (été). **Vins** Côtes de Provence.

◆ Entre mer et jardin, la Réserve met le faste classique au service d'une cuisine inventive. Mets raffinés, saveurs maîtrisées, sans oublier la touche méditerranéenne. Un beau lieu !

La Raison Gourmande

4 av. du Mar.-Foch – ✆ 04 93 01 13 12 – www.la raison gourmande.com
– Fermé dim. **Yn**

Rest – Formule 18 € – Menu 55/65 €

◆ Le midi, on se retrouve autour d'un menu bistrotier bien appétissant et le soir, d'une assiette traditionnelle plus étoffée... dans une atmosphère charmante et feutrée.

*Voir aussi ressources hôtelières à **St-Jean-Cap-Ferrat***

BEAULIEU-SUR-MER

Albert-1er (Av.) . . . . Z
Alsace-Lorraine (Bd) . . . . . . Y
Bracco (R. J.) . . . . Y 3
Cavell (Av. Edith) . . . . Z 4
Charles II Comte de Provence (Av.) . . . . Z 6
Clemenceau (Pl. et R.) . . . . Y 5
Déroulède (Bd) . . . . Y
Doumer (R. Paul) . . . . Z 7
Dunan (Av. F.) . . . . Z
Edouard-VII (Bd) . . . . Y
Eiffel (R.) . . . . Z
Gaulle (Pl. Charles-de) . . . . Y
Gauthier (Bd Eugène) . . . . . Y 13
Hellènes (Av. des) . . . . Z 14
Joffre (Bd Maréchal) . . . . . . Z
Leclerc (Bd Maréchal) . . . . . Z
Marinoni (Bd) . . . . Y 19
May (Av. F.) . . . . Z 21
Myrtes (Ch. des) . . . . Y
Orangers (Montée des) . . . . Z 22
Rouvier (Promenade de M.) Z
St-Jean (Pont) . . . . Z
Whitechurch (Quai) . . . . . . Y
Yougoslavie (R. de) . . . . Z 27

Envie de partir à la dernière minute ?
Visitez les sites Internet des hôtels pour bénéficier de promotions tarifaires.

BEAUMARCHÉS – 32 Gers – **336** C8 – **666 h.** – **alt. 175 m** – ✉ **32160** **28** A2
Paris 755 – Agen 108 – Mont-de-Marsan 65 – Pau 64

à Cayron 5 km à l'Est par D 946 – ✉ **32230**

Relais du Bastidou
2 km au Sud par rte secondaire – ✆ 05 62 69 19 94 – www.le-relais-du-bastidou.com – Fermé nov. et 15-25 fév.
8 ch – †55/75 € ††55/75 € – ☕ 9 € – ½ P 50/65 €
Rest *(fermé dim. soir et lundi sauf juil.-août) (réserver)* – Menu 20/39 € bc – Carte 34/42 €
◆ Calme garanti dans cette ancienne ferme isolée en pleine nature. Les chambres, installées dans la grange, sont joliment décorées dans un style rustique. Sauna et jacuzzi. Cuisine traditionnelle, simple et plaisante, faisant honneur aux beaux produits du Gers.

BEAUMES-DE-VENISE – 84 Vaucluse – **332** D9 – rattaché à Carpentras

---

BEAUMONT-DE-LOMAGNE – 82 Tarn-et-Garonne – **337** B8 **28** B2
– **3 771 h.** – **alt. 400 m** – ✉ **82500** Midi-Toulousain
Paris 662 – Agen 60 – Auch 51 – Toulouse 58
3, rue Pierre Fermat, ✆ 05 63 02 42 32, www.tourisme-en-lomagne.com

Le Commerce rest, rest, ch,

58 r. Mar.-Foch – 05 63 02 31 02 – www.hotellecommerce.com – Fermé 14-20 mai, 1 sem. en oct. et 20 déc.-11 janv.

12 ch – 46/51 € 49/54 € – 8 € – ½ P 51 €

Rest *(fermé vend. soir, sam. sauf juil.-août et dim. soir)* – Formule 13 € – Menu 21/34 € – Carte 24/38 €

◆ À l'entrée du village, une auberge rustique tenue en famille. On vous y réserve un accueil charmant, et les chambres sont simples, propres et pratiques. Au restaurant, cuisine traditionnelle et du terroir.

BEAUMONT DU PERIGORD – 24 Dordogne – 329 F7 – 1 142 h. – alt. 160 m – 24440 Périgord Quercy 4 C1

Paris 602 – Agen 93 – Bordeaux 153 – Périgueux 82

16, place Jean Moulin, 05 53 22 39 12, www.officedetourisme-beaumontduperigord.com

Le Coteau de Belpech ch,

– 05 53 22 87 58 – www.coteau-belpech.com

4 ch – 110 € 135 € **Table d'hôte** – Menu 22/28 €

◆ De quoi être aux anges... Sur un coteau, une chapelle romane du 11e s. restaurée par un couple amoureux des vieilles pierres. Chambres soignées, dont l'une dans le clocher avec une vue à 360° ! Cuisine traditionnelle de qualité à la table d'hôte.

BEAUMONT-EN-AUGE – 14 Calvados – 303 M4 – 458 h. – alt. 90 m – 14950 Normandie Vallée de la Seine 32 A3

Paris 199 – Caen 42 – Deauville 12 – Le Havre 49

Auberge de l'Abbaye

2 r. de la Libération – 02 31 64 82 31 – www.aubergelabbaye.com – Fermé 28 sept.-7 oct., 4 janv.-4 fév., lundi soir de nov. à mars, mardi sauf juil.-août et merc.

Rest – Menu 36/59 € – Carte 60/75 €

◆ Elle est bien mignonne cette maison normande du 18es. couverte de vigne vierge. L'intérieur, rustique à souhait, est tout aussi croquignolet. On y sert une bonne cuisine du terroir avec en vedette, langoustines, poissons, foie gras, fromages...

BEAUNE – 21 Côte-d'Or – 320 I7 – 22 218 h. – alt. 220 m – 21200 Bourgogne 7 A3

Paris 308 – Autun 49 – Chalon-sur-Saône 29 – Dijon 45

Porte Marie de Bourgogne 6, boulevard Perpeuil, 03 80 26 21 30, www.beaune-tourisme.fr

18 de Beaune Levernois, à Levernois, SE : 4 km par D 970, 03 80 24 10 29

Hôtel-Dieu★★★ : polyptyque du Jugement dernier★★★, Grand'salle salle ou chambre des pauvres★★★ - Collégiale Notre-Dame★ : tapisseries★★ - Hôtel de la Rochepot★ AY B - Remparts★.

Le Cep sans rest

27 r. Maufoux – 03 80 22 35 48 – www.hotel-cep-beaune.com AZz

49 ch – 138/218 € 163/400 € – 15 suites – 20 €

◆ Le Cep ? Une myriade d'hôtels particuliers et de maisons anciennes (16e et 18e s.) dont les vastes chambres ont des airs de musée – lustres à pampilles, plafonds à la française et moulures... Un bien bel endroit, idéalement situé pour visiter la ville à pied.

Hostellerie Le Cèdre

12 bd Mar.-Foch – 03 80 24 01 01 – www.lecedre-beaune.com AYt

40 ch – 159/289 € 159/289 € – 19 €

Rest *Hostellerie Le Cèdre* – voir les restaurants ci-après

◆ Dans le jardin, un cèdre majestueux et... cette belle demeure bourgeoise (début 20es.) empreinte de classicisme. Boiseries, moulures, mobilier de style et sens du confort : rien ne manque.

BEAUNE

Alsace (R. d')	**AZ**	2
Belin (R.)	**AZ**	4
Bourgelat (R.)	**AZ**	5
Carnot (Petite-Pl.)	**AZ**	6
Carnot (Pl.)	**AZ**	7
Carnot (R.)	**AZ**	9
Château (R. du)	**BY**	10
Dames (Rempart des)	**AZ**	13
Dr-Jorrot (Pl. du)	**BY**	15
Enfant (R. de l')	**AY**	16
Enfert (R. d')	**AZ**	17
Favart (R.)	**AY**	18
Fleury (Pl.)	**AZ**	19
Fraysse (R. E.)	**AZ**	21
Halle (Pl. de la)	**AZ**	23
Lorraine (R. de)	**AY**	
Maufoux (R.)	**AZ**	25
Monge (Pl.)	**AY**	26
Monge (R.)	**AZ**	28
Perpreuil (Bd.)	**AZ**	29
Poterne (R.)	**AZ**	30
Rolin (R.)	**AZ**	31
Rousseau-Deslandes (R.)	**BY**	32
Ste-Marguerite (R.)	**AY**	35
St-Nicolas (R. du Fg)	**AY**	34
Tonneliers (R. des)	**AY**	37
Ziem (Pl.)	**AZ**	40

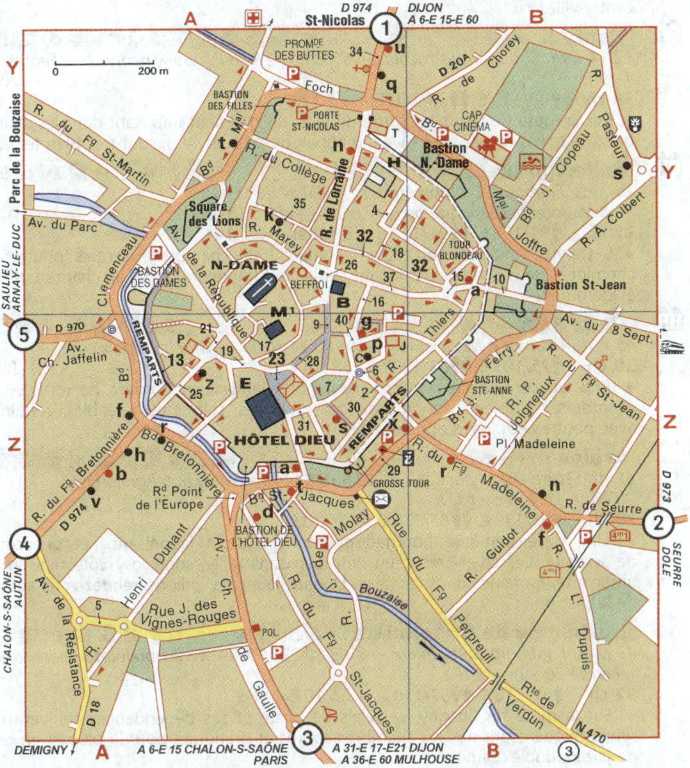

De la Poste

5 bd Clemenceau – ✆ 03 80 22 08 11 – www.hoteldelapostebeaune.com **AZf**

33 ch – 🛉165 € 🛉🛉165/320 € – 3 suites – ☕ 18 €

Rest *Le Bistro* – voir les restaurants ci-après

Rest – Menu 36/62 € – Carte 60/90 €

◆ Un relais de poste du 19es. intemporel et élégant ! Styles contemporain et Art déco se mêlent harmonieusement, le niveau de confort est très bon : un établissement plaisant à vivre.

L'Hôtel

5 r. Samuel-Legay – ✆ 03 80 25 94 14 – www.lhoteldebeaune.com – Fermé déc. **AZp**

8 ch – 🛉170/370 € 🛉🛉170/370 € – ☕ 25 €

Rest *Bistro de l'Hôtel* – voir les restaurants ci-après

◆ Luxueuses salles de bains, dressings, équipements high-tech et classicisme de bon aloi : les chambres de cette maison de maître du 19es. sont très plaisantes... et le personnel aux petits soins !

Novotel

av. Charles-de-Gaulle, (près de l'échangeur A6-sortie 24.1), 2 km par ③ – ✆ 03 80 24 59 00 – www.novotel.com

127 ch – 🚹129/175 € 🚹🚹139/175 € – ☕ 15 €

Rest – Formule 16 € – Carte 20/50 €

♦ Novotel de facture contemporaine, à la sortie de l'autoroute et à 2 km du centre-ville.

Henry II sans rest

12-14 r. du Faubourg-St-Nicolas – ✆ 03 80 22 83 84 – www.henry2.fr – Fermé 4-19 janv. AYq

58 ch – 🚹80/115 € 🚹🚹95/180 € – ☕ 12 €

♦ Sur la route de Dijon, en sortie de ville, un bâtiment imposant dont les chambres, de tailles et de styles divers (néobaroque, Louis XV...), sont très bien tenues.

Belle Époque sans rest

15 r. du Faubourg-Bretonnière – ✆ 03 80 24 66 15 – www.hotel-belleepoque-beaune.com – Fermé 16-27 déc. AZh

22 ch – 🚹91/102 € 🚹🚹91/102 € – 3 suites – ☕ 10 €

♦ Cette vieille maison a du cachet : verrière 1900, chambres rustiques (poutres et cheminées dans certaines) donnant sur la cour intérieure et bar au charme... rétro, évidemment !

De la Paix sans rest

45 r. du Faubourg-Madeleine – ✆ 03 80 24 78 08 – www.hotelpaix.com

30 ch – 🚹75/109 € 🚹🚹85/129 € – ☕ 14 € BZn

♦ Près du centre-ville, un accueillant hôtel familial en bordure de route... Les chambres, très bien insonorisées, sont pratiques, sobres et agréables, certaines avec poutres et pierres apparentes.

Grillon sans rest

21 rte Seurre, 1 km par ② – ✆ 03 80 22 44 25 – www.hotel-grillon.fr – Fermé 1er-7 déc. et fév.

20 ch – 🚹65/135 € 🚹🚹65/135 € – ☕ 10 €

♦ Une belle demeure bourgeoise dans un jardin japonisant... et beaucoup de sérénité. Les chambres, d'un entretien sans faille, sont cosy côté maison et ultracontemporaines dans l'annexe. Et pour jouer les grillons, rendez-vous autour de la piscine !

Hostellerie de Bretonnière sans rest

43 r. du Faubourg-Bretonnière – ✆ 03 80 22 15 77 – www.hotelbretonniere.com – Fermé 30 janv.-12 fév. AZv

32 ch – 🚹57/110 € 🚹🚹57/110 € – ☕ 10 €

♦ Sur la route de Chagny, ce relais de poste et ses dépendances cultivent un sympathique esprit motel : chambres sobres et pratiques, pour la plupart en rez-de-jardin, duplex familiaux...

La Villa Fleurie sans rest

19 pl. Colbert – ✆ 03 80 22 66 00 – www.lavillafleurie.fr – Fermé janv.

10 ch – 🚹72/82 € 🚹🚹72/82 € – ☕ 9 € BYs

♦ Belles chambres classiques avec, très souvent, de jolis meubles anciens ; salon cosy et salle des petits-déjeuners vraiment charmante : cette Villa Fleurie a du cachet et... des airs de maison d'hôtes.

Alésia sans rest

4 av. de la Sablière, 1 km rte Dijon par ① – ✆ 03 80 22 63 27 – http://perso.wanadoo.fr/hotel.alesia/

16 ch – 🚹51/85 € 🚹🚹57/85 € – ☕ 9 €

♦ Aux portes de Beaune, une bonne solution budget ! Accueil familial et chaleureux, chambres très bien tenues et navette gratuite vers le centre-ville.

La Terre d'Or sans rest

r. Izembart, (à la Montagne), 3 km par ③ et rte secondaire – ✆ 03 80 25 90 90 – www.laterredor.com

5 ch – 🚹130/245 € 🚹🚹130/245 € – ☕ 14 €

♦ Jolies chambres (mobilier contemporain ou chiné), jardin dominant Beaune, étonnant espace détente dans une grotte naturelle et accueil délicieux... Une adresse en Or !

Maison Fatien sans rest

17 r. Ste-Marguerite – ✆ 03 80 22 82 84 – www.maisonfatien.com AYk

4 ch – 220/350 € 220/350 €

◆ Mobilier chiné, cheminées, lustres de Murano, baignoires sur pieds... le luxe sans tapage, dans une belle bâtisse en pierre. Au petit-déjeuner, on savoure de bons produits du terroir et, pour la détente, visite du domaine viticole familial, location de vélos, etc. L'une des meilleures adresses de Beaune !

Les Jardins de Loïs sans rest

8 bd Bretonnière – ✆ 03 80 22 41 97 – www.jardinsdelois.com AZr

5 ch – 140 € 140/180 €

◆ Dans cette élégante propriété viticole (18ᵉs.), les chambres sont spacieuses et charmantes, dans un bel esprit maison de famille (mobilier ancien, tapisseries...). Dégustation des vins du domaine.

Une bonne table sans se ruiner ? Repérez les Bib Gourmand.

Le Jardin des Remparts

10 r. Hôtel-Dieu – ✆ 03 80 24 79 41 – www.le-jardin-des-remparts.com – Fermé déc.-mi janv., dim. et lundi sauf fêtes AZa

Rest – Formule 28 € – Menu 45/90 € – Carte 65/103 €

◆ Dans cette villa bourgeoise des années 1930, au pied des remparts, le chef réalise une cuisine fine et sagement créative, sans oublier de jeter quelques jolies œillades au terroir.

Le Bénaton (Bruno Monnoir)

25 r. du Faubourg-Bretonnière – ✆ 03 80 22 00 26 – www.lebenaton.com – Fermé 1ᵉʳ-7 juil., 5-15 déc., vacances de fév., sam. midi d'avril à nov., jeudi sauf le soir d'avril à nov. et merc. AZb

Rest – Menu 30 € (déj. en sem.), 50/100 € – Carte 70/100 €

Spéc. Tête de veau rôtie et grosses langoustines frites. Pigeon du Louhanais désossé, filet rôti et cuisse farcie. Gâteau au chocolat manjari, coulant cassis et crème glacée aux bourgeons de cassis. **Vins** Meursault, Nuits-Saint-Georges.

◆ Inventivité, finesse, belle maîtrise des cuissons et jeu sur les textures : l'assiette révèle tout cela – et bien plus – dans un cadre élégant mêlant bois et pierres apparentes.

L'Écusson

2 r. du Lieutenant Dupuis – ✆ 03 80 24 03 82 – www.ecusson.fr – Fermé 25 fév.-12 mars, merc. et dim. sauf fériés BZf

Rest – Menu 27 € (sem.), 36/72 € – Carte 65/95 €

◆ Un Écusson classique, aux couleurs de la gourmandise ! Le chef, passé par des maisons de renom, concocte une cuisine du marché fraîche, goûteuse et inspirée. En prime, la terrasse est agréable et la carte fait honneur aux beaux bourgognes.

Hostellerie Le Cèdre – Hostellerie Le Cèdre

12 bd Mar.-Foch – ✆ 03 80 24 01 01 – www.lecedre-beaune.com – Fermé 7-21 janv., lundi du 19 nov. au 25 mars AYt

Rest *(dîner seult)* – Menu 48/75 € – Carte 71/100 €

◆ Une élégante maison de maître, cossue et pleine de cachet, dans un jardin verdoyant où l'on installe quelques tables l'été venu : un cadre tout à fait adapté pour fêter une belle occasion. Cuisine au goût au jour.

Loiseau des Vignes

31 r. Maufoux – ✆ 03 80 24 12 06 – www.bernard-loiseau.com – Fermé fév., dim. et lundi AZz

Rest – Formule 20 € – Menu 28 € (déj.), 59/95 € – Carte 48/120 €

Spéc. Œufs en meurette façon Bernard Loiseau. Quenelles de sandre façonnée à la cuillère, sauce homardine. Palet chocolat-cassis. **Vins** Meursault, Volnay.

◆ Une adresse "Loiseau" au cœur du vieux Beaune : la carte décline classiques du maître et propositions personnelles du chef. Ces assiettes de caractère s'apprécient avec un choix rare de soixante-dix vins au verre ! Lieu au cachet sûr (poutres, pierres) et service agréable.

Caveau des Arches

10 bd Perpreuil – 03 80 22 10 37 – www.caveau-des-arches.com – Fermé 29 juil.-31 août, 22 déc.-25 janv., dim. et lundi ABZx

Rest – Formule 16 € – Menu 23/55 € – Carte 29/63 €

◆ Insolite, ce restaurant logé dans un caveau souterrain en pierre (18e s.) intégrant les soubassements d'un pont du 15e s. Carte traditionnelle et bon choix de bourgognes.

Auberge du Cheval Noir

17 bd St-Jacques – 03 80 22 07 37 – www.restaurant-lechevalnoir.fr – Fermé 1er-14 mars, dim. soir de nov. à avril, mardi et merc. AZt

Rest – Menu 22 € (sem.), 35/70 € bc – Carte 31/53 €

◆ Ne vous fiez pas à la façade un peu quelconque de cette maison : derrière, place à un restaurant épuré, intime et convivial tout à la fois. L'assiette, pile dans l'air du temps, s'y montre généreuse et pleine de fraîcheur.

Bistro de l'Hôtel – L'Hôtel

3 r. Samuel-Legay – 03 80 25 94 10 – www.lhoteldebeaune.com – Fermé 18 déc.-2 janv. et dim. midi AZp

Rest – Menu 35 € (déj.)/40 € – Carte 35/90 €

◆ Un "Bistro" chic pour une cuisine qui honore la tradition et les très beaux produits. Quant à la carte des vins, elle est élaborée avec soin par le patron – un vrai passionné !

Sushikai

50 r. du Faubourg-St-Nicolas – 03 80 24 02 87 – www.sushikai.fr – Fermé 1er-15 janv., merc. et jeudi AYu

Rest – Formule 19 € – Menu 36/78 € bc – Carte 29/62 €

◆ Bois sombre, galets, bambou et jardin japonais avec un petit pont : un restaurant zen et épuré pour déguster sushis, sashimis et autres tempuras, ainsi que des desserts fusion franco-nippons.

Le Bistro – Hôtel De la Poste

5 bd Clemenceau – 03 80 22 08 11 – www.hoteldelapostebeaune.com – Fermé mardi et le soir AZf

Rest – Formule 17 € – Menu 26 €

◆ Le Bistro de l'hôtel de la Poste ? Un beau décor rétro tout en noir et blanc, face à un jardin verdoyant (terrasse), des petits plats de tradition et des vins du cru. Une bonne option pour un agréable déjeuner.

Via Mokis avec ch

1 r. Eugène Spüller – 03 80 26 80 80 – www.viamokis.com – Fermé 20-26 nov., 23-28 déc. et 6-20 janv. BYa

5 ch – †165/195 € ††175/235 € – ☕ 15 € – ½ P 128/192 €

Rest *(fermé le midi)* – Menu 24/49 € – Carte 35/73 €

◆ Légumes retrouvés crus et cuits, magret de canard frotté aux épices... Dans ce joli bistrot design, le propriétaire concocte une cuisine fraîche et savoureuse, inspirée par ses voyages. Côté hôtel : grandes chambres épurées, salles de bains dernier cri et mini-spa très insolite, pour un voyage... immobile !

La Ciboulette

69 r. de Lorraine – 03 80 24 70 72 – Fermé 6-23 août, 4-28 fév., lundi et mardi

Rest – Menu 20/32 € – Carte 30/57 € AYn

◆ Près de la porte Saint-Nicolas, un petit restaurant traditionnel, où la carte se mâtine de touches bourguignonnes. L'accueil est chaleureux, le décor frais et simple. Sympathique !

Ma Cuisine

passage Ste-Hélène – 03 80 22 30 22 – Fermé août, 24 déc.-1er janv., merc., sam. et dim. AZs

Rest *(nombre de couverts limité, réserver)* – Menu 25 € – Carte 35/70 €

◆ Dans ce bistrot convivial, tout tourne autour du vin... avec un choix hors pair de quelque 800 crus ! Pour un moment sympathique.

Le Comptoir des Tontons

22 r. du Faubourg-Madeleine – 03 80 24 19 64 – www.lecomptoirdestontons.com – Fermé août, 1er-16 fév., dim. et lundi

Rest – Menu 23/35 € BZr

◆ Dans ce bistrot authentique, la patronne – une autodidacte passionnée – cuisine de sympathiques plats du marché avec de bons produits locaux, souvent bio. Côté vins, flacons "nature"... le tout dans une atmosphère conviviale, très "Tontons flingueurs" (affiches, photos).

Koki

10 pl. Ziem – 03 80 24 06 61 – www.kokifoodshop.com – Fermé 1er-15 janv., mardi et merc. en hiver AZg

Rest *(nombre de couverts limité, réserver)* – Formule 15 € – Menu 18 € (sem.) – Carte environ 23 €

◆ En centre-ville, un restaurant sympathique, contemporain et décontracté. Derrière le comptoir tournant (où les mets défilent joliment avant d'être choisis), le chef réalise une cuisine savoureuse et inventive... Ludique et frais !

Bissoh

1a r. du Faubourg-St-Jacques – 03 80 24 99 50 – www.bissoh.com – Fermé 1 sem. en juin, 10-30 janv., mardi midi en juil.-août, sam. midi de sept. à nov. et d'avril à juin, mardi sauf juil.-août et lundi AZd

Rest – Menu 13 € (déj.), 16/78 € – Carte 20/55 €

◆ Un restaurant tout simple, mais une cuisine nipponne recherchée, authentique et vraiment très soignée... Quant à la carte des vins, elle révèle la grande passion du chef et de sa femme – tous deux Japonais – pour les jolis nectars et les bons sakés.

à Savigny-lès-Beaune 7 km par ①, D 18 et D 2 – 1 372 h. – alt. 237 m – ✉ 21420

13, rue Vauchey Very, 03 80 26 12 56, www.mairie-savignylesbeaune.fr

Le Hameau de Barboron sans rest

– 03 80 21 58 35 – www.hameaudebarboron.com

12 ch – 110/160 € 110/200 € – 15 €

◆ Charmant si... on aime la campagne et le calme ! Au milieu d'une réserve de chasse, de belles fermes fortifiées (16e s.) avec des chambres au cachet champêtre préservé.

La Cuverie

5 r. Chanoine-Donin – 03 80 21 50 03 – www.restaurantlacuverie.com – Fermé 8-12 juil. , 24 déc.-18 janv., mardi soir de déc. à avril, dim. soir et merc.

Rest – Formule 15 € – Menu 25/45 € – Carte 27/47 €

◆ Les propriétaires, jeunes et pleins d'allant, font souffler un vent de fraîcheur sur cette petite auberge rustique, à deux pas du château. En cuisine, monsieur remet au goût du jour de bons petits plats régionaux qui mettent en appétit.

à Pernand-Vergelesses 7 km au Nord par D18 – 269 h. – alt. 275 m – ✉ 21420

Le Charlemagne (Laurent Peugeot)

1 rte des Vergelesses – 03 80 21 51 45 – www.lecharlemagne.fr – Fermé 1er-15 janv., merc. sauf le soir de juin à août et mardi

Rest – Menu 31 € (déj. en sem.), 54/95 € – Carte 81/104 €

Spéc. Foie gras de canard poêlé et préssé au miso et yuzu, tartine rhubarbe-céleri (avril à juin). Poitrine de saint-pierre et langues d'oursins (oct. à avril). Quasi Toblerone, glace citron-cédrat, réglisse et bonbon citron caviar (printemps-été). **Vins** Pernand-Vergelesses, Aloxe-Corton.

◆ Une maison épurée, une terrasse face aux vignes dédiées à la production du corton-charlemagne : c'est dans ce lieu zen et contemporain que le chef signe une cuisine très créative... Certains chanceux pourront l'admirer de près : des tables d'hôte ont été installées à côté des fourneaux.

rte de Dijon 4 km par ①

Ermitage de Corton

✉ 21200 Chorey-lès-Beaune – ✆ 03 80 22 05 28 – www.ermitagecorton.com – Fermé 16-29 déc. et 20 fév.-23 mars

9 ch – †155/260 € ††155/260 € – 3 suites – ☕ 17 €

Rest ***Ermitage de Corton*** – voir les restaurants ci-après

◆ Une vaste auberge entre nationale et vignoble, avec sa piscine, ses chambres et suites spacieuses, mélange harmonieux de style ancien et de facture contemporaine. Une étape bien agréable – et gourmande – sur la route de Dijon.

Ermitage de Corton

✉ 21200 Chorey-lès-Beaune – ✆ 03 80 22 05 28 – www.ermitagecorton.com – Fermé 16-29 déc., 20 fév.-23 mars et merc. sauf le soir de nov. à mars

Rest – Formule 22 € – Menu 25 € (déj. en sem.), 36/75 € – Carte 67/95 €

◆ Un établissement élégant au service d'une cuisine de saison et de beaux produits préparés avec soin. On craque pour un cabillaud au miel et au soja ou un parfait glacé au romarin ; formule plus simple au déjeuner.

à Aloxe-Corton 6 km par ① – 173 h. – alt. 255 m – ✉ 21420

Villa Louise sans rest

9 r. Franche – ✆ 03 80 26 46 70 – www.hotel-villa-louise.fr – Fermé 11 janv.-15 fév.

13 ch – †85/195 € ††85/195 € – ☕ 16 €

◆ Une belle demeure vigneronne du 17^e^s. avec sa piscine nichée dans le pigeonnier et son beau jardin se perdant dans les parcelles de Corton... L'ambiance est cosy à souhait, et les chambres, toutes différentes, dégagent un vrai charme !

à Ladoix-Serrigny 7 km par ① et D 974 – 1 739 h. – alt. 200 m – ✉ 21550

Les Terrasses de Corton avec ch

38-40 rte de Beaune – ✆ 03 80 26 42 37 – www.terrasses-de-corton.com – Fermé 1er-10 mars, 23-27 déc., 16 janv.-28 fév., dim. soir de nov. à mars, jeudi midi et merc.

10 ch – †53 € ††63 € – ☕ 10 € – ½ P 65 €

Rest – Menu 25/45 € – Carte 23/50 €

◆ Au cœur d'un petit village de vignerons, cette auberge familiale est bien attachante... Côté mets et breuvages, la carte affiche un ancrage régional évident, proposant du gibier en saison et mettant en valeur les appellations produites par les vignerons voisins. À l'étage, chambres simples et bien tenues.

à Challanges 4 km par ② puis D 111 – ✉ 21200

Château de Challanges sans rest

478 r. des Templiers – ✆ 03 80 26 32 62 – www.chateaudechallanges.com

24 ch – †96 € ††145/220 € – 4 suites – ☕ 14 €

◆ Cette gentilhommière de 1870 a un charme fou : classicisme, élégance châtelaine ou style néobaroque dans les chambres ; parc ravissant avec de jolies maisons en bois (idéales pour les familles). Et en été, on organise des vols en montgolfière dans les prairies...

à Levernois 5 km au Sud-Est par rte de Verdun-sur-le-Doubs, D 970 et D 111^L - **BZ** – 269 h. – alt. 198 m – ✉ 21200

Hostellerie de Levernois

r. du Golf – ✆ 03 80 24 73 58 – www.levernois.com – Fermé 29 janv.-13 mars

25 ch – †135/400 € ††135/400 € – 1 suite – ☕ 22 €

Rest ***Hostellerie de Levernois*** **Rest** ***Le Bistrot du Bord de l'Eau*** – voir les restaurants ci-après

◆ Le chant de la rivière qui traverse le parc, une élégante gentilhommière du 19^e^s. et ses dépendances, un bistrot au bord de l'eau et un très bon "gastro"... Quant aux chambres, elles mêlent avec beaucoup de finesse le contemporain et l'ancien. En deux mots : style et caractère !

Golf Hôtel Colvert sans rest

23 r. du Golf – ✆ 03 80 24 78 20 – www.colvert-golf-hotel.com

24 ch – †85/120 € ††115/150 € – ☐ 13 €

◆ Construction des années 1980 ouverte sur le golf, au calme. Les chambres, spacieuses et fonctionnelles, ont toutes un balcon côté green. Les plus : l'accueil sympathique et les séjours "œnologie".

Le Parc sans rest

13 r. du Golf – ✆ 03 80 24 63 00 – www.hotelleparc.fr – Fermé 29 janv.-14 mars

17 ch – †70/95 € ††70/95 € – ☐ 9 €

◆ Quiétude champêtre ! Dans cette ferme du 18ᵉs., couverte de lierre, les chambres sont classiques et douillettes. Le beau parc, la cour fleurie... c'est plaisant, tout simplement.

Hostellerie de Levernois – Hostellerie de Levernois

r. du Golf – ✆ 03 80 24 73 58 – www.levernois.com

– Fermé 29 janv.-13 mars, merc. de nov. à mars et le midi sauf dim. et fériés

Rest – Menu 68/103 € – Carte 90/126 €

Spéc. Risotto carnaroli au vert, cuisses de grenouille et escargots de Bourgogne. Bœuf charolais en poitrine poivrée et carottes fondantes au cumin. Soufflé chaud au Grand Marnier, sorbet orange sanguine. **Vins** Chassagne-Montrachet, Beaune.

◆ Une cuisine très fine réalisée sur de belles bases classiques, dans un cadre à l'avenant : la maison est élégante (19ᵉs.) ; la salle, contemporaine, donne sur le jardin à la française. Boutique et cave de dégustation.

Le Bistrot du Bord de l'Eau – Hostellerie de Levernois

r. du Golf – ✆ 03 80 24 89 58 – www.levernois.com

– Fermé 29 janv.-13 mars, le soir de nov. à mars sauf merc., vend. et sam., mardi soir et merc. soir d'avril à oct.

Rest – Menu 29 € (déj. en sem.), 34/38 €

◆ Une belle âme rustique – des pierres, des poutres, une cheminée – pour une cuisine traditionnelle et des plats du terroir. Œufs façon meurette, poitrine de cochon, blanquette de veau... Gourmand et appétissant !

La Garaudière

10 Grand'Rue – ✆ 03 80 22 47 70 – Fermé de déc. à mi-janv., sam. midi d'avril à nov., dim. de mi-janv. à fin mars et lundi

Rest – Menu 17 € (sem.), 22/35 € – Carte 33/58 €

◆ Une grange reconvertie en auberge rustique et sympathique : grillades au feu de bois dans la cheminée monumentale, plats régionaux... L'été, on s'installe sous la tonnelle.

à Meursanges 10 km au Sud-Est par D 111 – 469 h. – alt. 184 m – ✉ 21200

Charm'Attitude

2 r. du Gué – ✆ 03 80 26 53 27 – www.charmattitude.com – Fermé janv.

5 ch ☐ – †105/165 € ††120/180 € **Table d'hôte** – Menu 30 € bc/45 € bc

◆ Pour se mettre au vert à 10 km du centre-ville de Beaune. Dans cette belle demeure viticole (1871), rien ne manque : parc verdoyant, pierres et poutres apparentes, salles de bains ouvertes sur les chambres... À la table d'hôte, la cuisine s'inspire du terroir et les bourgognes sont bien choisis.

à Montagny-lès-Beaune 3 km par ③ et D 113 – 660 h. – alt. 206 m – ✉ 21200

Le Clos sans rest

22 r. Gravières – ✆ 03 80 25 97 98 – www.hotelleclos.com – Fermé 28 nov.-22 janv.

24 ch – †90/200 € ††90/200 € – ☐ 13 €

◆ Dans cette belle propriété vigneronne (1779), le jardin est splendide et les chambres ont vraiment du cachet (meubles chinés, pierres et poutres). Produits régionaux au petit-déjeuner.

Adélie sans rest

1 rte de Bligny – ✆ 03 80 22 37 74 – www.hoteladelie.com – Fermé 8-16 janv.
18 ch – 65 € 75 € – 10 €

◆ Non loin de l'autoroute, cet hôtel d'étape demeure pourtant au calme. Les chambres sont petites mais très bien tenues et il y a même un jardin avec une aire de jeux pour les enfants.

à Pommard 4,5 km par ④ , N 74 et D 973 – 541 h. – alt. 250 m – ✉ 21630

Le Clos du Colombier sans rest

1 rte d'Ivry – ✆ 03 80 22 00 27 – www.closducolombier.com – Fermé 12 déc.-26 janv.
10 ch – 100/210 € 100/210 € – 13 €

◆ Au pied des vignes, une demeure de maître (1835) raffinée – beaux parquets et moulures, trumeaux, mobilier ancien – et pleine de personnalité... Il faut dire que la propriétaire est décoratrice et tient une jolie boutique au rez-de-chaussée. Nota : pas de télé !

Auprès du Clocher

1 r. de Nackenheim – ✆ 03 80 22 21 79 – www.aupresduclocher.com – Fermé 24 déc.-1 er janv., mardi et merc.
Rest – Menu 24 € (déj. en sem.), 28/65 € – Carte 50/70 €

◆ Au cœur du village, ce restaurant contemporain donne sur... l'église ; c'est charmant, bien sûr, mais on vient et revient pour la fine cuisine actuelle et les quelques recettes bourguignonnes du chef. Région, saisons : c'est bon !

à Bouze-lès-Beaune 6,5 km par ⑤ et D 970 – 328 h. – alt. 400 m – ✉ 21200

La Bouzerotte

– ✆ 03 80 26 01 37 – www.labouzerotte.com – Fermé 23 déc.-4 janv., vacances de fév., lundi et mardi
Rest *(réserver)* – Menu 24/34 € – Carte 30/45 €

◆ Une auberge de campagne à l'entrée d'un petit village. Ici, le chef fait lui-même son marché et prépare une cuisine régionale immuable et alléchante, ainsi que d'appétissants plats de saison...

BEAURECUEIL – 13 Bouches-du-Rhône – **340** I4 – rattaché à Aix-en-Provence

---

BEAUREPAIRE – 85 Vendée – **316** J6 – 2 081 h. – alt. 95 m – ✉ 85500 **34** B3

Paris 371 – Cholet 33 – Nantes 59 – La Roche-sur-Yon 51

Château de la Richerie sans rest

4 km au Sud-Est par D 23 et D 37 – ✆ 02 51 07 06 06 – www.chateaularicherie.com – Fermé 15-30 déc.
14 ch – 52/60 € 68/150 € – 12 €

◆ Après trente ans passés en Afrique, les propriétaires ont élu domicile dans ce joli domaine, où bruisse une rivière... Leur petit château (1875) est fort paisible ; les chambres y sont élégantes et toutes différentes (mobilier de style, lits à baldaquin, souvenirs africains, etc.)... Un havre de paix !

BEAUSOLEIL – 06 Alpes-Maritimes – **341** F5 – 14 078 h. – alt. 89 m – ✉ 06240 Côte d'Azur **42** E2

Paris 947 – Monaco 4 – Menton 11 – Monte-Carlo 2

32, boulevard de la République, ✆ 04 93 78 01 55, www.beausoleil-tourisme.com

Voir plan de Monaco (Principauté de).

Capitole sans rest

19 bd Gén.-Leclerc – ✆ 04 93 28 65 65 – www.hotel-capitole.fr DXt
19 ch – 97/110 € 120/150 € – 11 €

◆ Un immeuble rose de 1906, sur le boulevard délimitant la frontière entre Monaco et la France. Une bonne petite adresse proposant des chambres chaleureuses et confortables (certaines avec balcon).

Olympia sans rest
17 bis bd Gén.-Leclerc – 04 93 78 12 70 – www.olympiahotel.fr DXt
31 ch – 85/130 € 85/170 € – 1 suite – 10 €
◆ Un hôtel pratique pour les budgets un peu serrés (pour la riviera !), aisément reconnaissable à sa belle façade en pierres de taille et à sa corniche ouvragée.

BEAUVAIS P – 60 Oise – **305** D4 – **54 953 h.** – **Agglo. 100 733 h.** **36** B2
– **alt. 67 m** – 60000 Nord Pas-de-Calais Picardie
Paris 87 – Amiens 63 – Boulogne-sur-Mer 182 – Compiègne 60
de Beauvais-Tillé 08 92 68 20 66, 3,5 km au NE
1, rue Beauregard,, 03 44 15 30 30, www.beauvaistourisme.fr
du Vivier, à Ons-en-Bray, RN 31, par rte de Gournay-en-Bray : 15 km, 03 44 84 24 11
Cathédrale St-Pierre★★★ : horloge astronomique★ - Église St-Étienne★ : vitraux★★ et arbre de Jessé★★★ - Musée départemental de l'Oise★ dans l'ancien palais épiscopal **M²**.

Plan page suivante

Hostellerie St-Vincent
241 r. de Clermont, 3 km par ③ (Espace St-Germain) – 03 44 05 49 99 – www.stvincent-beauvais.com
79 ch – 75/91 € 75/91 € – 1 suite – 10 € – ½ P 60 €
Rest – Formule 13 € – Menu 19/36 € – Carte 23/43 €
◆ À proximité de l'autoroute, voilà un hôtel fonctionnel avec des chambres bien tenues (de style contemporain dans la partie récente). Une adresse pratique pour prendre l'avion à Beauvais, par exemple.

Ibis
1 r. J.-Goddet, 5 km par ②, Z.A.C la Marette – 03 44 03 49 49 – www.ibishotel.com
78 ch – 65/83 € 65/83 € – 9 € **Rest** *(dîner seult)* – Carte 18/35 €
◆ Les chambres de cet Ibis bénéficient des dernières normes de la chaîne : parquet, écran plat, plan de travail, salles de bains avec grande douche. Au restaurant, plats traditionnels et pâtes fraîches.

La Maison Haute
128 r. de Paris, (quartier Voisinlieu), 1,5 km par ④ – 03 44 02 61 60 – www.lamaisonhaute.fr – Fermé 29 avril-10 mai , 22 juil.-21 août, 23 déc.-7 janv., sam. midi, dim. et lundi
Rest – Formule 34 € – Menu 39/43 €
◆ Dans un quartier résidentiel, restaurant dont le décor contemporain (tons clairs et boiseries sombres) s'accorde tout à fait à la cuisine dans l'air du temps. Accueil aimable.

La Baie d'Halong
49 r. Madeleine – 03 44 45 39 83 – Fermé 20 avril-4 mai, 12 juil.-16 août, 23 déc.-2 janv., sam. midi, dim. et lundi a
Rest – Formule 23 € – Menu 29/45 €
◆ Le chef prépare une excellente cuisine vietnamienne alliant bons produits frais et savant dosage d'épices. À apprécier sur fond de tableaux représentant la baie d'Halong.

à l'Est 5 km par ④, D 1001 (direction Paris)

Mercure
21 av. Montaigne – 03 44 02 80 80 – www.mercure.com
60 ch – 109 € 119 € – 15 €
Rest *(fermé 25 déc.-1er janv.)* – Menu 25 € – Carte 28/42 €
◆ Dans une zone commerçante, ce bâtiment des années 1970 abrite des chambres spacieuses, au décor contemporain et bien insonorisées. Salle à manger avec cheminée, terrasse au bord de la piscine et attrayante carte traditionnelle.

BEAUVAIS

Beauregard (R.) 2
Brière (Bd J.) 3
Carnot (R.) . . . .
Clemenceau (Pl.) 4
Dr-Gérard (R.) 5
Dr-Lamotte (Bd du) 6
Dreux (R. Ph. de) 7
Gambetta . . . .
Grenier-à-Sel (R.) 8
Guéhengnies (R. de) 9
Hachette (Pl. J.) 10
Halles (Pl. des) 12
Leclerc (R. Mar.) 13
Lignières (R. J. de) 15
Loisel (Bd A.) 16
Malherbe (R. de) 18
Nully-d'Hécourt (R.) 19
République (Av. de la) 20
St-André (Bd) 22
St-Laurent (R.) 23
St-Pierre (R.) 24
Scellier (Cours) 27
Taillerie (R. de la) 29
Tapisserie (R. de la) 30
Villiers-de-l'Isle-Adam (R.) 35
Vincent-de-Beauvais (R.) 26
Watrin (R. du Gén.) 36
27-Juin (R. du) 38

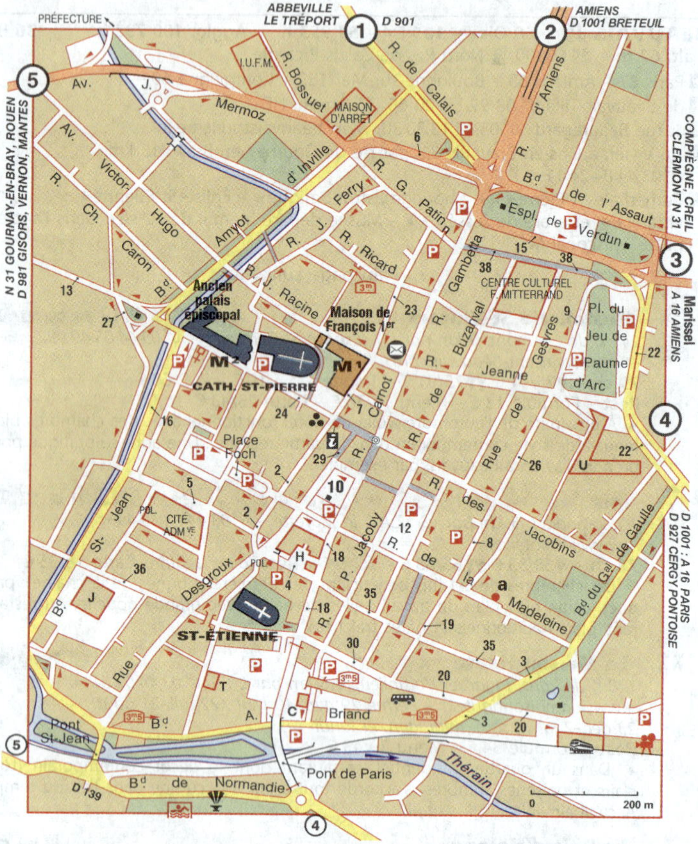

BEAUVOIS-EN-CAMBRÉSIS – 59 Nord – 302 I7 – 2 105 h. **31 C3**

– alt. 89 m – ✉ 59157

▶ Paris 190 – Arras 48 – Cambrai 12 – St-Quentin 40

XX **La Buissonnière**

92 r. Victor Watremez – ✆ 03 27 85 29 97 – Fermé 3 sem. en août, dim. soir, merc. soir et lundi

Rest – Formule 18 € – Menu 21 € (sem.)/36 € – Carte 32/48 €

◆ Un atelier de tulle devenu restaurant cosy. Ici, la cuisine traditionnelle s'enrichit des opportunités du marché et, en semaine, le chef propose aussi une formule brasserie (buffet et plats du jour).

Le Contemporain

4 r. Jean-Jaurès – ✆ 03 27 76 03 17 – www.lecontemporainrestaurant.fr – Fermé 20-30 août, sam. midi, dim. soir et lundi

Rest *(nombre de couverts limité, réserver)* – Menu 25 € (déj. en sem.), 38/45 € – Carte environ 68 €

◆ Ah, les bonnes petites tomates du jardin rôties, les langoustines sur une tombée de fenouil, leur bouillon coco curry... C'est le genre de délices que l'on peut déguster dans cette maison de famille 19ᵉs. Inspiré et contemporain !

BEAUZAC – 43 Haute-Loire – 331 G2 – 2 654 h. – alt. 565 m – ✉ 43590 6 C3

Lyon Drôme Ardèche

Paris 556 – Craponne-sur-Arzon 31 – Le Puy-en-Velay 45 – St-Étienne 44

Avenue Maréchal Leclerc, ✆ 04 71 61 50 74, www.beauzac.com

L'Air du Temps avec ch

à Confolent, 4 km à l'Est par D 461 – ✆ 04 71 61 49 05 – www.airdutemps.fr – Fermé janv., dim. soir et lundi

8 ch – †49/54 € ††49/54 € – ☕ 8 € – ½ P 48 €

Rest – Formule 12 € – Menu 22/55 € – Carte 37/63 €

◆ Dans ce petit hameau de la vallée de la Loire, une accueillante maison de pays, très lumineuse. La chef y concocte une savoureuse cuisine régionale, volontiers créative : ballotine de caille, tarte à la verveine du Velay, etc. Une étape très gourmande qu'on peut prolonger côté hôtel, coquet et confortable.

à Bransac 3 km au Sud par D 42 – ✉ 43590

La Table du Barret avec ch

– ✆ 04 71 61 47 74 – www.latabledubarret.com – Fermé 27 août-2 sept., 29 oct.-8 nov., 6-30 janv., dim. soir, mardi et merc.

7 ch – †60 € ††65 € – ☕ 12 €

Rest – Formule 20 € – Menu 24 € (déj. en sem.), 29/61 € – Carte 42/57 €

◆ Dans un paisible hameau proche de la Loire, une maison de pays engageante et colorée. On y apprécie une cuisine originale et généreuse, où le produit local est roi ; il n'y a qu'à goûter au bœuf braisé six heures au vin d'Auvergne pour s'en persuader ! Quelques chambres simples et tranquilles pour l'étape.

BEBLENHEIM – 68 Haut-Rhin – 315 H8 – 965 h. – alt. 212 m – ✉ 68980 2 C2

Alsace Lorraine

Paris 444 – Colmar 11 – Gérardmer 55 – Ribeauvillé 5

Le Clos des Raisins

5 r. des Raisins – ✆ 03 89 79 45 11 – www.clos-des-raisins.com – Fermé 3 janv.-10 fév.

4 ch ☕ – †110/145 € ††110/145 € **Table d'hôte** – Menu 38 €

◆ On a du mal à croire que cette ancienne ferme vigneronne date de 1722 tant elle est pimpante ! Les chambres sont élégantes et simples, avec un petit côté rustique. En plus, on est au calme, tout près du centre du village, et le patron fait table d'hôte avec des produits du marché. Vive le terroir alsacien !

Auberge Le Bouc Bleu

2 r. 5-Décembre – ✆ 03 89 47 88 21 – Fermé merc. et jeudi

Rest *(nombre de couverts limité, réserver)* – Menu 28/53 €

◆ Livres et objets anciens donnent un air de brocante à ce petit restaurant campagnard. L'endroit est tenu par un couple sympathique et l'on travaille en famille, en fonction du marché. La carte des vins fait le tour de France !

LE BEC-HELLOUIN – 27 Eure – 304 E6 – 416 h. – alt. 101 m 33 C2

– ✉ 27800 Normandie Vallée de la Seine

Paris 153 – Bernay 22 – Évreux 46 – Lisieux 46

Abbaye★★.

Auberge de l'Abbaye ch,
12 pl. Guillaume-le-Conquérant – 02 32 44 86 02 – www.hotelbechellouin.com – Fermé 15 déc.- 4 fév.
12 ch – 80/135 € 80/135 € – 12 € – ½ P 78/105 €
Rest *(fermé mardi midi et lundi)* – Menu 17 € (déj.), 27/49 € – Carte 50/65 €
◆ À deux pas de la célèbre abbaye, cette vénérable auberge normande accueille les voyageurs depuis le 18es. ! Les chambres, dans leur jus, sont parfaites pour qui visite la région. Restaurant traditionnel.

BÉDARIEUX – 34 Hérault – 339 D7 – 6 637 h. – alt. 196 m – ✉ 34600 22 B2

Languedoc-Roussillon

Paris 723 – Béziers 34 – Lodève 29 – Montpellier 70

1, rue de la République, 04 67 95 08 79, www.bedarieux.fr

La Forge
22 av. Abbé-Tarroux, (face à l'Office de tourisme) – 04 67 95 13 13 – http:/restaurantlaforge.perso.sfr.fr – Fermé 16-30 nov., 4-25 janv., dim. soir, merc. soir sauf juil.-août et lundi
Rest – Menu 16/36 € – Carte 39/54 €
◆ Écurie puis forge... ces hautes voûtes de pierre du 17es. sont impressionnantes ! Elles distillent une agréable fraîcheur en été... La cuisine est ancrée dans le terroir.

à Hérépian 6 km au Sud-Est par D 908 – 1 469 h. – alt. 191 m – ✉ 34600

avenue Bédarieux, 04 67 23 23 96

Le Couvent d'Hérépian sans rest
2 r. du Couvent – 04 67 23 36 30 – www.garrigaeresorts.com
7 ch – 129/215 € 129/215 € – 6 suites – 16 €
◆ Esprit et élégance. Au cœur du village, ce couvent du 17es. allie charme de l'ancien et confort haut de gamme (tons contemporains, équipements high-tech). Idéal pour une romance...

L'Ocre Rouge avec ch ch,
12 pl. de la Croix – 04 67 95 06 93 – www.locrerouge.fr – Fermé 20 mai-1er juin, 22 déc.-11 janv., mardi midi et merc. midi hors saison, mardi soir de la Toussaint à mi-fév., dim. soir et lundi
5 ch – 54/77 € 60/85 €
Rest – Formule 19 € bc – Menu 25 € (sem.), 31/48 € – Carte 52/85 €
◆ Un relais de poste à la façade... ocre rouge. Sous les voûtes des anciennes écuries ou dans la cour intérieure, à l'ombre du figuier, on apprécie une cuisine de saison où dominent les produits frais et locaux. Quelques jolies chambres sous les toits...

à Villemagne-l'Argentière 8 km à l'Ouest par D 908 et D 922 – 425 h. – alt. 193 m – ✉ 34600

Auberge de l'Abbaye avec ch ch,
pl. du couvent – 04 67 95 34 84 – www.aubergeabbaye.com – Fermé fin nov.-début fév., dim. soir et le midi du lundi au jeudi de fév. à juin, le midi du lundi au merc. en juil.-août, dim. soir, lundi et mardi de sept. à nov.
3 ch – 100/135 € 100/135 €
Rest – Formule 18 € bc – Menu 29/60 € – Carte 29/60 €
◆ Logée dans les anciennes caves de l'abbaye bénédictine, la salle à manger marie voûtes en pierres apparentes et petites touches modernes. La carte privilégie le terroir. Chambres thématiques pour l'étape : japonaise, nature ou orientale.

BÉDOIN – 84 Vaucluse – 332 E9 – 3 076 h. – alt. 295 m – ✉ 84410 42 E1

Provence

Paris 692 – Avignon 43 – Carpentras 16 – Nyons 36

Espace Marie-Louis Gravier, 04 90 65 63 95, www.bedoin.org

Le Paty ★ NO : 4,5 km.

Des Pins ch, rest,

chemin des Crans, 1 km à l'Est par rte secondaire – ✆ 04 90 65 92 92 – www.hoteldespins.net – Ouvert de mars à nov.

26 ch – 60/180 € 60/180 € – 10 €

Rest *(ouvert de mi-mars à fin-oct. et fermé le midi en sem.)* – Menu 28/40 € – Carte 31/50 €

◆ Au milieu d'une pinède, ce grand mas abrite de jolies chambres de style provençal, toutes différentes, et une très grande suite avec terrasse privative. Piscine et pièce d'eau. Au restaurant ou en pleine nature, on déguste une cuisine du marché aux accents du Sud.

rte du Mont-Ventoux 6 km à l'Est

Le Mas des Vignes

au virage de St-Estève ✉ 84410 Bédoin – ✆ 04 90 65 63 91 – Ouvert avril-sept. et fermé le midi en juil.-août sauf dim. et fériés, lundi et mardi de sept. à juin

Rest – Menu 38/50 €

◆ Dans ce joli mas, le chef travaille de bons produits frais et concocte une cuisine régionale fort sympathique... Et en terrasse, la vue sur la Provence est magnifique !

à Ste-Colombe 4 km à l'Est par rte du Mont-Ventoux – ✉ 84410

La Garance sans rest

Ste-Colombe – ✆ 04 90 12 81 00 – www.lagarance.fr – Ouvert 1er avril-31 oct.

13 ch – 56/85 € 61/89 € – 9 €

◆ Le Ventoux pour toile de fond, dans un hameau entre vignes et vergers... Cette ancienne ferme, simple mais bien tenue, est prisée des randonneurs. Chambres soignées, avec terrasse.

BEG-MEIL – **29 Finistère** – **308** H7 – **rattaché à Fouesnant**

BÉHEN – **80 Somme** – **301** D7 – **447 h.** – **alt. 105 m** – ✉ **80870** **36** A1

Paris 195 – Amiens 77 – Abbeville 19 – Berck 59

Château de Béhen ch,

8 r. du Château – ✆ 03 22 31 58 30 – www.chateau-de-behen.com

7 ch – 109/154 € 119/164 € **Table d'hôte** – Menu 41 € bc/51 € bc

◆ Vivez la vie de château dans ce bel édifice du 18es. au cœur d'un parc verdoyant. Belles boiseries, mobilier de style et chambres de caractère (mansardées au 2e étage). À la table d'hôtes, recettes traditionnelles servies dans la salle à manger classique.

BELCASTEL – **12 Aveyron** – **338** G4 – **228 h.** – **alt. 406 m** – ✉ **12390** **29** C1

Midi-Toulousain

Paris 623 – Decazeville 28 – Rodez 25 – Villefranche-de-Rouergue 36

Maison du Patrimoine, ✆ 05 65 64 46 11, www.mairie-belcastel.fr

Vieux Pont (Nicole Fagegaltier et Bruno Rouquier) avec ch

– ✆ 05 65 64 52 29 – www.hotelbelcastel.com – Fermé 2 janv.-17 mars, 1er-5 juil., dim. soir sauf juil.-août, mardi midi et lundi

7 ch – 81/92 € 81/105 € – 14 €

Rest *(nombre de couverts limité, réserver)* – Menu 29 € (déj. en sem.), 46/80 € – Carte 55/85 €

Spéc. Ris d'agneau rissolés relevés de citron et d'armoise. Pavé de veau de l'Aveyron et du Ségala, combava et amande. Chocolat en sucré, salé, acide et amer.

Vins Marcillac, Vin d'Entraygues et du Fel.

◆ Dans ce ravissant village au bord de l'Aveyron, un vieux pont de pierre du 15es. relie l'hôtel et son restaurant, au cadre moderne et élégant. Les beaux produits de la région y sont préparés avec un véritable sens de l'harmonie ! Une adresse de qualité où il fait également bon passer la nuit.

BÉLESTA – **66 Pyrénées-Orientales** – **344** G6 – **213 h.** – **alt. 390 m** **22** B3

– ✉ **66720** Languedoc-Roussillon

Paris 877 – Canillo 134 – Montpellier 181 – Perpignan 30

Riberach

2A rte de Caladroy – ✆ 04 68 50 30 10 – www.riberach.com – Fermé 2 janv.-10 fév.

17 ch – ♦115/215 € ♦♦115/215 € – 1 suite – ☕ 15 €

Rest *Riberach* – voir les restaurants ci-après

♦ Au pied du château médiéval, l'ancienne coopérative viticole s'est muée en hôtel de charme. Matériaux bruts, terrasses privatives : les chambres sont zen, design... avec vue sur les vignes. La piscine, filtrée naturellement, est ravissante.

Riberach

2A rte de Caladroy – ✆ 04 68 50 30 10 – www.riberach.com – Fermé 2 janv.-10 fév.

Rest – Menu 29/67 € – Carte 52/62 €

♦ Une table raffinée, qui met en avant les produits régionaux avec élégance. Poisson de petite pêche de Méditerranée cuit sur la peau, bien doré et surmonté de rondelles de bœuf séché ; superbe chariot de desserts... c'est bon, tout simplement !

BELFORT P – 90 Territoire de Belfort – 315 F11 – 50 346 h. – Agglo. 104 962 h. – alt. 360 m – ✉ 90000 Franche-Comté Jura

17 C1

Paris 422 – Basel 78 – Besançon 93 – Épinal 95

2 bis, rue Clemenceau, ✆ 03 84 55 90 90, www.belfort-tourisme.com

de Rougemont-le-Château, à Rougemont-le-Château, Route de Masevaux, NE : 16 km par D 83 et D 25, ✆ 03 84 23 74 74

Le Lion★★ - La Citadelle★★ : ✱★★ de la terrasse du fort - Vieille ville★ : porte de Brisach★ - Orgues★ de la cathédrale St-Christophe Y B - Fresque★ (parking rue de l'As-de-Carreau Z 6) - Cabinet d'un amateur★ : Donation Maurice Jardot **M[1]**.

Novotel Atria

av. Espérance, (au centre des Congrès) – ✆ 03 84 58 85 00 – www.accorhotels.com Yu

79 ch – ♦74/149 € ♦♦81/156 € – ☕ 14 €

Rest – Formule 19 € – Carte 17/54 €

♦ Élégante architecture futuriste pour cet hôtel intégré à un centre de congrès. Chambres spacieuses refaites aux dernières normes de la chaîne ; certaines regardent les fortifications. Formule Novotel Café au restaurant.

Boréal sans rest

2 r. Comte-de-la-Suze – ✆ 03 84 22 32 32 – www.hotelboreal.com – Fermé 18 déc.-3 janv. Zr

52 ch – ♦119 € ♦♦119 € – 2 suites – ☕ 11 €

♦ Dans une rue calme de la rive droite, un hôtel apprécié pour le confort de ses chambres – les plus récentes en particulier – et la prévenance de son personnel.

Grand Hôtel du Tonneau d'Or sans rest

1 r. Reiset – ✆ 03 84 58 57 56 – www.tonneaudor.fr Ye

52 ch – ♦80/149 € ♦♦86/149 € – ☕ 13 €

♦ Superbe façade, impressionnant hall Belle Époque (escalier monumental, vitraux) et vastes chambres au mobilier fonctionnel caractérisent cet immeuble de 1907.

Les Capucins

20 fg Montbéliard – ✆ 03 84 28 04 60 – www.capucins-hotel.com Zn

38 ch – ♦61/67 € ♦♦70/76 € – ☕ 8 € – ½ P 79/85 €

Rest *Les Capucins* – voir les restaurants ci-après

♦ Accueil sympathique dans cet hôtel-restaurant du centre-ville, repris en 2009 par un jeune couple. Son projet : rénover toutes les chambres dans un style sobre et moderne ; pour l'heure, la plupart restent traditionnelles – mais bien tenues.

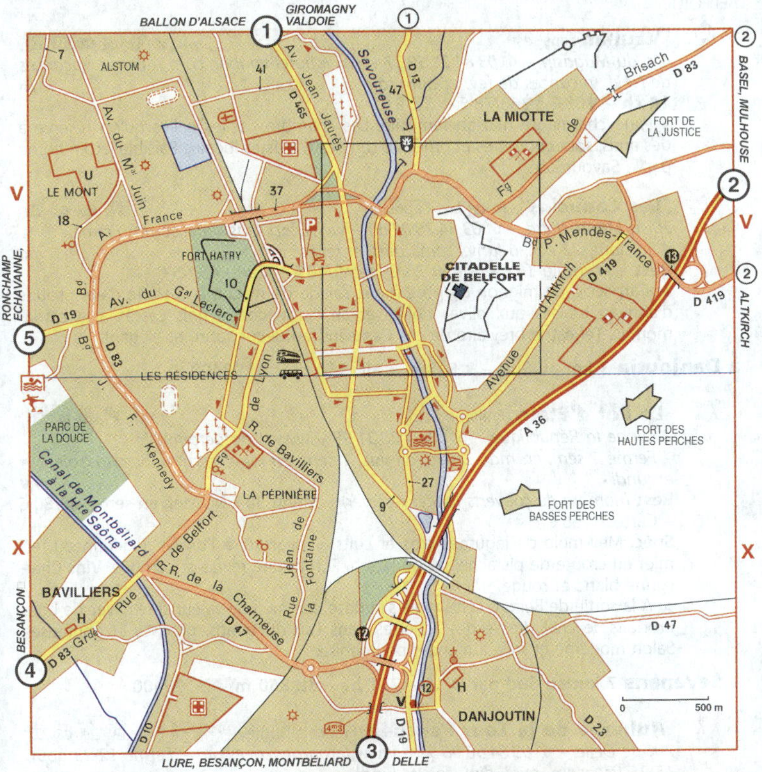

BELFORT

Ancêtres (Fg des) . . . . Y 3
Armes (Pl. d') . . . . Y 5
As-de-Carreau (R. de l') . . . . Z 6
Auxelles (Via d') . . . . V 7
Besançon (R. de) . . . . X 9
Boulloche (Pt A.) . . . . V 10
Bourgeois (Pl. des) . . . . Y 12
Carnot (Bd) . . . . Z 15
Château-d'Eau (Av. du) . . . . V 18
Clemenceau (R. G.) . . . . Y 20
Denfert-Rochereau (R.) . . . . Z 21
Dr-Corbis (Pl. du) . . . . Z 23
Dr-Fréry (R. du) . . . . Y 24
Dreyfus-Schmidt (R.) . . . . Y 25
Dunant (Bd H.) . . . . X 27
Espérance (Av. de l') . . . . Y 28
Foch (Av. Mar.) . . . . Z 29
France (Fg de) . . . . Z 30
Gaulard (R. du Gén.) . . . . Z 31
Grande-Fontaine (Pl. de la) . . . . . Z 32
Grande-Fontaine (R.) . . . . Y 33
Grand'Rue . . . . Y 34
Joffre (Bd du Mar.) . . . . VY 37
Kléber (R.) . . . . Y 40
Lille (R. de) . . . . V 41
Magasin (Q. du) . . . . Y 43
Metz-Juteau (R.) . . . . Y 45
Moulin (Av. J.) . . . . V 47
Mulhouse (R. de) . . . . Y 46
Pompidou (R. G.) . . . . Y 48
République (Pl. de la) . . . . Y 49
République (R. de la) . . . . Z 50
Roussel (R. du Gén.) . . . . Y 51
Sarrail (Av. du Gén.) . . . . Z 52
Vauban (Q.) . . . . Y 60

Vauban sans rest

4 r. du Magasin – ✆ 03 84 21 59 37 – www.hotel-vauban.com – Fermé vacances de Noël, vacances de fév. et dim. soir **Yh**

14 ch – 63 € 68/78 € – 9 €

◆ Une charmante maison familiale. Les chambres, telles celles qu'on réserve à des amis, sont coquettes et ornées d'œuvres d'artistes locaux. Paisible jardin bordé par la Savoureuse.

Les Capucins – Hôtel Les Capucins

20 fg Montbéliard – ✆ 03 84 28 04 60 – www.capucins-hotel.com – Fermé 4-26 août, 22 déc.-6 janv., sam., dim. et fériés **Zn**

Rest – Formule 16 € – Menu 35 € (sem.)/40 € – Carte 45/55 €

◆ Carpaccio de mignon de porc fumé, salade de mâche à la truffe d'été ; souris d'agneau braisée aux olives noires et au citron confit, pois cassés à la cardamome... Tel est le bréviaire de ces Capucins, au décor sobre et élégant.

à Danjoutin 3 km au Sud – 3 543 h. – alt. 354 m – ✉ 90400

Le Pot d'Étain (Philippe Zeiger)

4 av. de la République – ✆ 03 84 28 31 95 – www.lepotdetain90.fr – Fermé 1 sem. en mai, 2 sem. en juil., 1 sem. en janv., sam. midi, dim. soir et lundi **Xv**

Rest *(nombre de couverts limité, réserver)* – Menu 30 € bc (déj. en sem.), 49/80 € – Carte 70/95 €

Spéc. Méli-mélo de légumes crus et cuits, vinaigrette à l'oxalys. Pigeonneau fermier en croûte de pistache, jus au kirsch. Forêt noire revue et corrigée. **Vins** Charcenne blanc et rouge.

◆ À la sortie de Belfort, cette table s'impose comme une valeur sûre : avec de bons produits, le chef dresse des assiettes dans l'air du temps, précises et goûteuses. Salon moderne et salle à manger bourgeoise.

à Sevenans 7 km au Sud par D 19 – 771 h. – alt. 350 m – ✉ 90400

Auberge de la Tour Penchée (François Duthey)

2 r. de Delle – ✆ 03 84 56 06 52 – www.latourpenchee.com – Fermé 12-23 août, 15-25 fév., sam. midi, dim. soir et lundi

Rest *(nombre de couverts limité, réserver)* – Menu 22 € (déj. en sem.), 53/79 € – Carte 55/120 €

Spéc. Échelle de foie gras en cinq façons. Omble chevalier, pesto d'ortie et écaille de saucisse de Morteau. Assiette du croqueur de chocolat en transformation. **Vins** Château-Chalon.

◆ Une petite maison toute bleue, au décor délicieusement baroque : déluge de tissus de soie, de lustres à pendeloques, d'angelots peints, de miroirs vénitiens, etc. Beaucoup de chaleur pour déguster les créations d'un chef amoureux du produit. Autour de l'essentiel, ses assiettes révèlent des saveurs très justes.

BELGENTIER – 83 Var – 340 L6 – 2 398 h. – alt. 152 m – ✉ 83210 — 41 C3

Paris 826 – Draguignan 71 – Marseille 62 – Toulon 23

Le Moulin du Gapeau

pl. Granet – ✆ 04 94 48 98 68 – www.moulin-du-gapeau.fr – Fermé 15-30 mars, 15-30 nov., lundi midi en juil.-août, dim. soir, jeudi soir sauf juil.-août et merc.

Rest – Menu 29/85 € – Carte 45/85 €

◆ Dans un moulin à huile du 17[e]s., avec de vieilles meules en décor. Ici, la cuisine est une histoire de famille : père et fils signent une cuisine savoureuse, à l'accent du Sud.

BELLEAU – 54 Meurthe-et-Moselle – 307 I6 – 771 h. – alt. 172 m – ✉ 54610 — 26 B2

Paris 340 – Metz 47 – Nancy 25 – Vandœuvre-lès-Nancy 35

Château de Morey ch,
19 r. St-Pierre, à Morey, par D 44 A – ☎ 03 83 31 50 98 – www.chateaudemorey.com
5 ch – 70 € 80 € **Table d'hôte** – Menu 25 € bc
◆ Dans son parc aux arbres centenaires, ce château du 16ᵉs. donne envie de se prendre pour des chevaliers. Ça tombe bien, les chambres sont grandes (pierres apparentes, mobilier ancien), et certaines conviennent parfaitement aux familles. Sans oublier piscine, VTT, salle de jeux... Table d'hôte sur réservation.

BELLE-ÉGLISE – 60 Oise – 305 E5 – 571 h. – alt. 69 m – ✉ 60540 — 36 B3

Paris 53 – Beauvais 32 – Compiègne 64 – Pontoise 29

La Grange de Belle-Église (Marc Duval)
28 bd René-Aimé-Lagabrielle – ☎ 03 44 08 49 00 – www.lagrangedebelleeglise.fr – Fermé 31 juil.-22 août, 17 fév.-6 mars, dim. soir, mardi midi et lundi
Rest – Menu 25 € (déj. en sem.), 60/79 € – Carte 95/155 €
Spéc. Gigolettes de grenouilles et écrevisses en aïoli de patate douce. Quasi de veau de lait, jus de persil plat, gaufrette d'ail doux. Pêche blanche poêlée aux cinq baies, glace verveine-citronnelle (juil. à sept.).
◆ Des mets soignés, des produits nobles, une belle cave de bordeaux et de champagne : la bonne chère dans de beaux atours classiques. Cadre feutré et élégant.

BELLEGARDE – 45 Loiret – 318 L4 – 1 700 h. – alt. 113 m – ✉ 45270 — 12 C2

Châteaux de la Loire
Paris 110 – Gien 41 – Montargis 24 – Nemours 41
12 bis, place Charles Desvergnes, ☎ 02 38 90 25 37, www.bellegarde-45.fr
Château★.

à Montliard 7 km au Nord-Ouest par D 44 – 222 h. – alt. 126 m – ✉ 45340

Château de Montliard sans rest
5 rte de Nesploy – ☎ 02 38 33 71 40 – www.chateau-de-montliard.com – Ouvert de Pâques à la Toussaint
4 ch – 60/100 € 69/100 €
◆ Ce château ceint de douves vous fera voyager dans le temps ! Bel intérieur historique (escalier à vis, murs épais, vitraux). Chambres sobrement meublées, l'une avec cheminée.

BELLEGARDE-SUR-VALSERINE – 01 Ain – 328 H4 – 11 404 h. – alt. 350 m – ✉ 01200 — 45 C1

Franche-Comté Jura
Paris 497 – Annecy 43 – Bourg-en-Bresse 73 – Genève 43
24, place Victor Bérard, ☎ 04 50 48 48 68, www.ot-bellegarde01.fr
Berges de la Valserine N : 2 km par N84.

à Lancrans 3 km au Nord par D 1084 et D 991 – 1 025 h. – alt. 500 m – ✉ 01200

Le Sorgia
39 Gde-Rue – ☎ 04 50 48 15 81 – Fermé 4-28 août, 24 déc.-18 janv., dim. et lundi
17 ch – 56/61 € 56/61 € – 9 € – ½ P 46/49 €
Rest *Le Sorgia* – voir les restaurants ci-après
◆ Au cœur du village, la même famille reçoit les visiteurs dans son auberge depuis 1890. Les chambres sont simples mais propres : une bonne adresse pour les amoureux de la nature et de la montagne.

Le Sorgia
39 Gde-Rue – ☎ 04 50 48 15 81 – Fermé 4-28 août, 24 déc.-18 janv., sam. midi, dim. soir et lundi
Rest – Menu 15 € (sem.), 26/52 € – Carte 17/58 €
◆ Ce sympathique restaurant champêtre (entièrement rénové dans un style contemporain) donne sur le jardin et la terrasse fleurie. Au menu, produits frais et recettes du terroir : alléchant !

BELLE-ÎLE-EN-MER ★★ – 56 Morbihan – 308 L10 Bretagne 9 B3

Accès par transports maritimes pour **Le Palais** (en été **réservation indispensable** pour le passage des véhicules).

depuis **Port-Navalo** - (mars-oct.) - Traversée 1h - Renseignements et tarifs ; Navix S.A. à Port-Navalo ✆ 0 825 132 100 (0,15 €/mn)

depuis **Vannes** - (mars-oct.) - Traversée 2h - Renseignements et tarifs : Navix S.A., Gare Maritime ✆ 0 825 132 100 (0,15 €/mn), www.navix.fr

depuis **Lorient** - Service saisonnier - Traversée 1h (passagers uniquement, réservation obligatoire) - Renseignements et Tarifs S.M.N. ✆ 0 820 056 000 (0,12 €/mn)

depuis **Quiberon** pour **Le Palais** et pour **Sauzon** : Service saisonnier - Traversée 20 mn - Renseignements et tarifs : S.M.N. ✆ 0 820 056 000 (0,12 €/mn)

depuis **Locmariaquer** ✆0 825 162 130 (0,15 €/mn) - **Auray Le Bono** 0 825 162 140 (0,15 €/mn) - **La Trinité-sur-Mer** traversée 1h (14 juil.-22 août) - ✆ 0 825 132 100 (0,15 €/mn) - Renseignements et tarifs : Navix S.A

depuis **Quiberon** (Port-Maria) - Traversée 45 mn - Renseignements et tarifs : Cie Océane (Quiberon) ✆ 0 820 056 156 (0,12 €/mn), www.compagnie-océane.fr.

quai Bonnelle, Le Palais, ✆ 02 97 31 81 93, www.belle-ile.com

Côte sauvage★★★- Pointe des Poulains★★.

BANGOR – 56 Morbihan – 910 h. – alt. 45 m – ✉ 56360

Paris 513 – Auray 34 – Rennes 162 – Vannes 53

Le Palais : citadelle Vauban★ NE : 3,5 km.

La Désirade

Le Petit Cosquet – ✆ 02 97 31 70 70 – www.hotel-la-desirade.com – Ouvert 1er avril-11 nov.

29 ch – 142/180 € 142/180 € – 3 suites – 17 €

Rest *La Table* *(fermé le midi sauf week-ends et vacances scolaires)* – Menu 31 € (dîner)/82 € – Carte 49/70 €

◆ Un hôtel de charme réparti dans plusieurs maisons récentes de style breton. On savoure le calme dans un charmant salon cosy et dans les chambres habillées de lambris. Espace bien-être complet. Cuisine plaisante puisant son inspiration dans les produits locaux.

LE PALAIS – 56 Morbihan – 2 538 h. – alt. 7 m – ✉ 56360

Paris 508 – Lorient 3 – Rennes 157 – Vannes 48

Citadelle Vauban★.

Citadelle Vauban Hôtel-Musée

– ✆ 02 97 31 84 17 – www.citadellevauban.com – Ouvert 27 avril-30 sept.

52 ch – 125/295 € 125/295 € – 7 suites – 15 € – ½ P 115/220 €

Rest *La Table du Gouverneur* – voir les restaurants ci-après

◆ Cet hôtel-musée a investi la citadelle Vauban. Les chambres, décorées sur le thème de la Compagnie des Indes, donnent presque toutes sur la mer et invitent à des rêves de voyage.

Le Clos Fleuri sans rest

rte de Sauzon, à Bellevue – ✆ 02 97 31 45 45 – www.hotel-leclosfleuri.com

20 ch – 60/99 € 60/142 € – 11 €

◆ Sur les hauteurs de la ville, cet hôtel typique de l'architecture locale abrite des petites chambres coquettes, certaines donnant sur le jardin, forcément fleuri !

Château de Bordenéo sans rest

2 km au Nord-Ouest par rte de Sauzon, à Bordenéo – ✆ 02 97 31 80 77 – www.chateau-bordeneo.fr

5 ch – 130/200 € 140/210 €

◆ Cette gentilhommière du 19es. rêve parmi les palmiers et les arbres exotiques. Ambiance feutrée dans les chambres et détente absolue à la piscine entourée de grandes fenêtres.

La Table du Gouverneur – Citadelle Vauban Hôtel-Musée
– *0297318417 – www.citadellevauban.com*
– *Ouvert 27 avril-30 sept.*
Rest – Formule 22 € – Menu 40/65 € – Carte 50/90 €
◆ C'est vrai que l'on se sent l'âme d'un gouverneur dans ce restaurant de la citadelle Vauban ! Dans un cadre d'une luxueuse austérité, on s'adonne au plaisir d'une cuisine classique d'influence bretonne.

L'Annexe
3 quai de l'Yser – 02 97 31 81 53 – Fermé mars, lundi et mardi du 15 nov. au 1er mars , merc. et le midi
Rest – Carte 26/50 €
◆ Un décor simple, façon bistrot marin : on vient surtout ici pour la qualité des produits de la mer et l'atmosphère conviviale. Viandes et poissons sont grillés dans la cheminée.

PORT-GOULPHAR – 56 Morbihan – ✉ 56360 Bangor

Paris 517 – Auray 38 – Rennes 166 – Vannes 57
Site★ : ≤★.

Castel Clara rest,
– *02 97 31 84 21 – www.castel-clara.com*
– *Fermé 11 nov.-13 déc.*
63 ch – †180/330 € ††180/330 € – 6 suites – ☕ 25 €
Rest *Le Bleu Manière Verte* *(dîner seult)* – Menu 58/140 € – Carte environ 93 €
Rest *Le Café Clara* *(fermé le soir hors saison sauf week-ends)* – Menu 38/55 €
◆ Emplacement idyllique sur la côte sauvage, centre "thalasso", chambres et suites raffinées, beau panorama : le luxe discret... au bout du monde ! L'élégant restaurant gastronomique offre une vue sur les falaises. Buffets de fruits de mer et de crustacés au Café Clara.

Le Grand Large rest,
– *02 97 31 80 92 – www.hotelgrandlarge.com – Ouvert début mars à mi-nov.*
34 ch – †110/350 € ††110/350 € – ☕ 18 € – ½ P 100/160 €
Rest – Formule 25 € – Menu 35/45 € – Carte 45/70 €
◆ Ce manoir, posé sur la côte sauvage, contemple l'océan et les aiguilles de Port-Coton. Les chambres, rénovées en 2010, donnent sur les flots ou la lande. Au restaurant, esprit lounge et grandes baies vitrées. Fruits de mer et cuisine du moment.

SAUZON – 56 Morbihan – 877 h. – alt. 35 m – ✉ 56360

Paris 515 – Lorient 9 – Rennes 164 – Vannes 55
Site★ - Pointe des Poulains★★ : ☼★ NO : 3 km puis 30 mn - Port-Donnant : site★★ S : 6 km puis 30 mn.

Roz Avel
r. du Lieutenant Riau, (derrière l'église) – 02 97 31 61 48 – Fermé 11 nov.-15 déc., 1er janv.-15 mars et merc.
Rest *(nombre de couverts limité, réserver)* – Formule 24 € – Menu 30/50 € – Carte environ 55 €
◆ Dans cette maison de pays, le mobilier est bel et bien breton. La cuisine est joliment tournée et fait la part belle aux produits de la mer. Terrasse et jardinet.

Café de la Cale
quai Guerveur – 02 97 31 65 74 – Ouvert d'avril à sept. et vacances scolaires
Rest *(réserver)* – Formule 19 € – Menu 27 € – Carte 30/50 €
◆ Cette ancienne sardinerie s'est transformée en bistrot marin. On joue des coudes pour apprécier la fraîcheur des poissons, des coquillages et de la cuisine régionale.

BELLÊME – 61 Orne – 310 M4 – 1 568 h. – alt. 241 m – ✉ 61130 — 33 C3

Normandie Vallée de la Seine
Paris 168 – Alençon 42 – La Ferté-Bernard 23 – Le Mans 55
bd Bansard des Bois, 02 33 73 09 69, http://belleme.parc-naturel-perche.fr
De Bellême Saint-Martin, Les Sablons, SO : 2 km, 02 33 73 12 79
Forêt★.

Relais Saint-Louis avec ch

1 bd Bansard-des-Bois – ✆ 02 33 73 12 21 – www.relais-st-louis.com – Fermé 1 sem. en mars et 2 sem. en nov.

10 ch – †60/87 € ††65/87 € – ☕ 8 € – ½ P 75/91 €

Rest – Formule 14 € – Menu 25/52 € – Carte 30/50 €

◆ Pavé de bœuf au livarot, croustillant de boudin... Une agréable cuisine du terroir concoctée par un chef qui travaille en priorité avec les producteurs locaux. Et après les gourmandises, pourquoi ne pas prolonger l'étape ? Dans cet ancien relais de diligence, les chambres sont romantiques, et bien plaisantes.

à Nocé 8 km à l'Est par D 203 – 780 h. – alt. 120 m – ✉ 61340

Auberge des 3 J

1 pl. du Dr-Gireaux – ✆ 02 33 73 41 03 – Fermé 27 sept.-11 oct., 1er-15 janv., mardi de sept. à juin, dim. soir et lundi

Rest – Menu 26/47 € – Carte 30/40 €

◆ Terrine de sanglier, daube de porc au cidre... vont vraiment bien avec les tables joliment dressées de cette belle auberge rustique et feutrée. Les habitués en redemandent, et les nouveaux clients aussi. Accueil charmant !

BELLEU – 02 Aisne – 306 C6 – rattaché à Soissons

BELLEVAUX – 74 Haute-Savoie – 328 M3 – 1 327 h. – alt. 913 m – Sports d'hiver : 1 100/1 800 m 23 – ✉ 74470 Alpes du Nord 46 F1

Paris 572 – Annecy 70 – Bonneville 29 – Genève 44

Chef-lieu, ✆ 04 50 73 71 53, www.bellevaux.com

Site★.

La Cascade

Chef-lieu – ✆ 04 50 73 70 22 – www.hotel-lacascade.com – Fermé 24 mars-9 avril et oct.

12 ch – †40/45 € ††50/55 € – ☕ 7 € – ½ P 50 €

Rest – Formule 13 € – Menu 20/22 €

◆ Au cœur de la petite station, cette jolie bâtisse de la fin du 19es. abrite un hôtel-restaurant de tradition, tenu en famille. Les chambres sont simples et rustiques, d'une tenue irréprochable et toutes avec un balcon donnant sur les montagnes alentour. Bon rapport qualité-prix.

Les Moineaux

Le Borgel – ✆ 04 50 73 71 11 – www.hotel-les-moineaux.com – Ouvert 15 juin-10 sept. et 18 déc.-31 mars

14 ch – †49 € ††62 € – ☕ 6,50 € – ½ P 51/55 €

Rest – Formule 19 € – Menu 25 € (sem.), 30/40 €

◆ En contrebas du village, deux chalets aux chambres pratiques et bien tenues, avec un balcon face aux sommets. Il règne ici une sympathique atmosphère familiale : les plus jeunes aimeront se retrouver autour du baby-foot !

à Hirmentaz 7 km au Sud-Ouest par D 26 et D 32 – ✉ 74470 Bellevaux

Le Christania

Hirmentaz – ✆ 04 50 73 70 77 – www.hotel-christania.com – Ouvert 2 juin-8 sept. et 16 déc.-31 mars

35 ch – †54/58 € ††60/62 € – ☕ 8 € – ½ P 57/69 €

Rest – Formule 15 € – Menu 21/34 € – Carte 24/36 €

◆ Au pied des pistes, un chalet des années 1970, avec des chambres fraîches et sobres (la plupart avec balcon et mansardées au dernier étage), ainsi qu'un restaurant traditionnel donnant sur la piscine.

BELLEVESVRE – 71 Saône-et-Loire – 320 M8 – 277 h. – alt. 188 m – ✉ 71270 8 D3

Paris 371 – Chalon-sur-Saône 51 – Dole 54 – Lons-le-Saunier 28

Le Temps de Vivre
16 Grande Rue – ✆ 03 85 72 36 44 – Fermé 25 juin-13 juil., 2-20 janv., sam. midi, le soir de dim. à merc. et lundi
Rest *(nombre de couverts limité, réserver)* – Menu 19 € (déj. en sem.)/38 €
◆ Dans cette maison bressane règne une délicieuse atmosphère champêtre : plafond à la française, tomettes, mobilier en chêne... Autour d'un menu unique, on savoure des plats soignés – tempura de courgettes et rougets, filet de caille aux champignons, etc. – qui mettent en valeur les herbes et légumes du potager.

BELLEVILLE – **54 Meurthe-et-Moselle** – **307** H6 – **1 487 h.** – **alt. 190 m** **26** B2
– ✉ **54940**
Paris 359 – Metz 42 – Nancy 19 – Pont-à-Mousson 14

Le Bistroquet
97 rte Nationale – ✆ 03 83 24 90 12 – www.le-bistroquet.fr – Fermé vacances de fév., 6-21 août, sam. midi, dim. soir, lundi et mardi
Rest *(nombre de couverts limité, réserver)* – Menu 55/72 € – Carte 71/92 €
Spéc. Foie gras de canard lorrain poêlé. Carré d'agneau allaiton rôti. Soufflé chaud à la liqueur de mirabelle de Lorraine. **Vins** Gris de Toul, Pinot noir des Côtes de Toul.
◆ Cette belle auberge a conservé son cadre bourgeois d'inspiration 1900 (miroirs, affiches et lustres). La cuisine est toujours aussi classique et bien ficelée, comme au temps de Marie-France Ponsard qui fit la renommée des lieux. Le soufflé chaud à la mirabelle de Lorraine par exemple...

La Moselle
1 r. Prosper Cabirol, (face à la gare) – ✆ 03 83 24 91 44 – www.restaurant-lamoselle.fr – Fermé 23 juil.-13 août, 25 fév.-11 mars, mardi soir, merc. soir, dim. soir et lundi
Rest – Menu 25 € (sem.), 34/54 € – Carte 48/76 €
◆ Une petite adresse familiale au cadre agréable, avec ses panneaux ornés de vitraux rappelant le style de l'école de Nancy ; la cuisine est plutôt traditionnelle (baeckeofe de foie gras, pintade au vin jaune, etc.). Terrasse sympathique en été.

BELLEVILLE – **69 Rhône** – **327** H3 – **7 465 h.** – **alt. 192 m** – ✉ **69220** **43** E1
Lyon Drôme Ardèche
Paris 416 – Bourg-en-Bresse 43 – Lyon 45 – Mâcon 31
68, rue de la République, ✆ 04 74 66 44 67, www.ot-beaujolaisvaldesaone.fr

Le Clos Beaujolais
Les Poutoux – ✆ 04 74 66 54 73 – www.closbeaujolais.com
4 ch – 73 € 78 € **Table d'hôte** – Menu 25 € bc
◆ Dans un quartier résidentiel, un relais de chasse du 16ᵉs. paisible et charmant, tout en tomettes, plafonds à la française, colonnes de pierre... Les chambres sont simples et agréables ; dans l'une, le lit se cache dans une immense cheminée !

Le Beaujolais
40 r. Mar.-Foch, (près de la gare) – ✆ 04 74 66 05 31 – www.restaurant-le-beaujolais.com – Fermé 7-15 avril, 5-26 août, 23-31 déc., dim. soir, lundi soir, mardi soir et merc.
Rest – Formule 13 € – Menu 16 € (déj. en sem.), 26/42 € – Carte 26/38 €
◆ Avec un tel nom, ce Beaujolais se devait de faire honneur à cette région riche en saveurs et en bons vins ! Le sympathique couple à la tête de cette maison de pays l'a bien compris et vous propose une alléchante cuisine traditionnelle.

à Pizay **5 km au Nord-Ouest par D 18 et D 69 – ✉ 69220 St-Jean-d'Ardières**

Château de Pizay
rte des Crus-du-Beaujolais – ✆ 04 74 66 51 41 – www.chateau-pizay.com – Fermé 18 déc.-4 janv.
62 ch – 265/410 € 265/410 € – 23 €
Rest ***Château de Pizay*** – voir les restaurants ci-après
◆ Passé la grande allée bordée de platanes apparaît ce beau château (15e-17es.) au cœur du vignoble. Ciels de lit et plafonds à la française ou charme plus contemporain : les chambres et suites sont toujours élégantes et soignées. Et pour se détendre, on hésite longtemps : spa, tennis, grande piscine...

XXX **Château de Pizay**

rte des Crus-du-Beaujolais – ✆ 04 74 66 51 41 – www.chateau-pizay.com – Fermé 18 déc.-4 janv. et le midi en sem. sauf fériés

Rest – Menu 51/76 € – Carte 60/95 €

◆ Un cadre châtelain qui sait mêler avec élégance charme historique et épure contemporaine. Un lieu majestueux, au service d'une cuisine classique d'une belle finesse.

BELLEY – **01 Ain** – **328** H6 – **8 750 h.** – **alt. 279 m** – ✉ **01300** 45 C1

Franche-Comté Jura

Paris 507 – Aix-les-Bains 31 – Bourg-en-Bresse 83 – Chambéry 36

34, Grande Rue, ✆ 04 79 81 29 06, www.cc-belley-bas-bugey.com

Choeur★ de la cathédrale St-Jean - Charpente★ du château des Allymes.

au Sud-Est **3 km sur rte de Chambéry**

XX **La Fine Fourchette**

N 504 ✉ 01300 Belley – ✆ 04 79 81 59 33 – www.aubergedelafinefourchette.fr – Fermé 18-25 août, 23 déc.-2 janv., dim. soir et lundi

Rest – Menu 24/54 € – Carte 42/53 €

◆ En surplomb de la route, ce pavillon au charme un peu rétro donne sur la campagne et le canal du Rhône. Le chef réalise une cuisine de tradition à base de produits frais ; les terrines et les pâtisseries sont faites maison.

à Contrevoz **9 km au Nord-Ouest sur D 32 – 506 h. – alt. 320 m – ✉ 01300**

XX **Auberge de Contrevoz**

rte de Preveyzieu – ✆ 04 79 81 82 54 – www.auberge-de-contrevoz.com – Fermé 2 sem. début janv., 2 sem. début oct., mardi soir en hiver, merc. soir, dim. soir et lundi

Rest – Formule 15 € – Menu 21 € (déj. en sem.), 26/41 € – Carte environ 35 €

◆ Terrine de bœuf aux olives et câpres, filet de féra et son risotto crémeux... La région et les beaux produits sont à l'honneur, la gourmandise se fait reine et, en saison, on se régale même de truffe du Bugey. Ah, terroir, mon beau terroir !

BELVES – **24 Dordogne** – **329** H7 – **1 457 h.** – **alt. 175 m** – ✉ **24170** 4 D1

Périgord Quercy

Paris 552 – Bergerac 56 – Bordeaux 197 – Périgueux 66

1, rue des Filhols, ✆ 05 53 29 10 20, www.tourisme-belves.com

Clément V sans rest

15 r. J.-Manchotte – ✆ 05 53 28 68 80 – www.clement5.com

10 ch – †105/183 € ††105/213 € – ☕ 13 €

◆ Dans un village médiéval haut perché, cette coquette maison propose des chambres de caractère, dont l'une occupe une cave voûtée du 11es. Véranda sur une petite cour fleurie.

à Sagelat **2 km au Nord par D 53 – 355 h. – alt. 78 m – ✉ 24170**

X **Auberge de la Nauze** avec ch

rest,

Fongauffier – ✆ 05 53 28 44 81 – www.aubergedelanauze.fr – Fermé 26 juin-5 juil., 25 nov.-25 déc., 1 sem. en fév. , lundi sauf le soir en juil.-août, mardi soir et sam. midi de sept. à juin

8 ch – †40/65 € ††40/68 € – ☕ 7 € – ½ P 40/70 €

Rest – Formule 13 € bc – Menu 15 € (déj.), 25/52 € – Carte 31/76 €

◆ Dans cette maison en pierre de pays, on s'attable autour de bons plats traditionnels, sous les poutres ou sur la terrasse, en pleine campagne. L'auberge propose également de petites chambres, bien tenues.

BENERVILLE-SUR-MER – **14 Calvados** – **303** M3 – rattaché à Deauville

BÉNESTROFF – 57 Moselle – 307 L5 – 504 h. – alt. 250 m – ✉ 57670 27 C2

Benestroff

▶ Paris 414 – Grevenmacher 138 – Metz 89 – Saarbrücken 59

La Toque Blanche

49 Grand' Rue – ✆ 03 87 01 51 85 – www.latoque-blanche.fr – Fermé 20-26 août, 26 déc.-3 janv., 20-27 fév., dim. soir, mardi soir et lundi

Rest – Formule 12 € – Menu 28 € (déj. en sem.)/60 € – Carte 38/60 €

◆ L'ancien café du village a fait place à un lieu contemporain, auquel répond l'esprit de la cuisine, entre tradition et touches exotiques. Parmi les bons petits plats du chef : rognons de veau en cocotte, langoustines aux saveurs créoles, etc.

BÉNODET – 29 Finistère – 308 G7 – 3 208 h. – Casino – ✉ 29950 9 A2

Bretagne

▶ Paris 563 – Concarneau 19 – Fouesnant 8 – Pont-l'Abbé 13

i 29, avenue de la Mer, ✆ 02 98 57 00 14, www.benodet.fr

18 de l'Odet, Clohars Fouesnant, N : 4 km par D 34, ✆ 02 98 54 87 88

Pont de Cornouaille ≤★ - L'Odet★★ en bateau : 1h30.

Kastel

corniche de la Plage – ✆ 02 98 57 05 01 – www.hotel-kastel.com – Fermé 9-23 déc.

25 ch – †49/217 € ††139/285 € – ☐ 15 €

Rest – Formule 19 € – Menu 29/46 € – Carte 35/60 €

◆ À proximité de la plage et du centre de thalassothérapie, cet hôtel joue l'épure contemporaine et c'est réussi. Après un soin à l'Espace Hydromarin, rien ne vaut la vue sur la mer dont on jouit dans chaque chambre !

Le Grand Hôtel Abbatiale

4 av. Odet – ✆ 02 98 66 21 66 – www.hotelabbatiale.com – Fermé 23-26 déc.

50 ch – †74/98 € ††84/124 € – ☐ 12 € – ½ P 82/102 €

Rest *(dîner seult)* – Menu 24/32 € – Carte 24/42 €

◆ L'atout majeur de cet hôtel de belle ampleur : son emplacement face au port, pour un séjour très balnéaire. Il y a deux types de chambres, certaines franchement fonctionnelles, d'autres plus contemporaines, assez élégantes. Au restaurant : tradition et produits de la mer.

Domaine de Kereven sans rest

2 km rte de Quimper – ✆ 02 98 57 02 46 – www.kereven.fr – Ouvert Pâques-30 sept.

12 ch – †58/72 € ††68/85 € – ☐ 10 €

◆ Dans le grand parc ombragé, tout est paisible. Les chambres sont coquettes dans cette belle bâtisse régionale et l'on s'y sent bien. L'accueil est charmant et c'est avec le sourire que l'on vous prête un vélo pour découvrir les alentours.

Les Bains de Mer

11 r. Kerguelen – ✆ 02 98 57 03 41 – www.lesbainsdemer.com – Fermé de mi-déc. à mi-janv.

32 ch – †45/60 € ††52/74 € – ☐ 9 € – ½ P 50/68 €

Rest *(fermé sam. midi, mardi midi et vend. d'oct. à Pâques)* – Formule 11 € – Menu 16/55 € – Carte 23/53 €

◆ Après un bon bain de mer, on a souvent besoin d'une chambre propre et fonctionnelle : c'est ce que l'on trouvera ici. L'occasion de découvrir la cité d'adoption d'Éric Tabarly ; ensuite, direction le restaurant et son décor coloré, histoire d'honorer la tradition bretonne.

Escapades

37 r. du Poulquer – ✆ 02 98 66 27 97 – www.escapades-benodet.com – Fermé 14 nov.-8 déc.

Rest – Formule 12 € – Menu 17 € – Carte 34/55 €

◆ Au bout de la plage du Trez, deux chefs travaillent en duo dans ce sympathique bistrot contemporain. Le menu du jour s'affiche à l'ardoise ; au gré de leurs "escapades" : plancha de langoustines aux épices douces, suprême de volaille au cidre, etc.

à Clohars-Fouesnant 3 km au Nord-Est par D 34 et rte secondaire – 2 127 h. – alt. 30 m – ✉ 29950

XX **La Forge d'Antan**

31 rte de Nors-Vraz – ✆ 02 98 54 84 00 – www.laforgedantan.fr – Fermé mardi sauf le soir en juil.-août, dim. soir de sept. à juin et lundi

Rest – Formule 26 € – Menu 35/68 € – Carte 50/70 €

◆ Dans cette plaisante auberge de campagne, on choisit son ambiance : cheminée cosy, vieilles pierres ou vue sur le jardin. Les produits de la mer dominent et ils sont très frais : croustillant de langoustines, velouté froid d'araignées, etc.

à Ste-Marine 5 km à l'Ouest par pont de Cornouaille – ✉ 29120 Combrit

Villa Tri Men

16 r. du Phare – ✆ 02 98 51 94 94 – www.trimen.fr – Fermé 11 nov.-16 déc. et 2 janv.-10 fév.

20 ch – †115/300 € ††115/300 € – ☕ 14 €

Rest ***Les Trois Rochers*** – voir les restaurants ci-après

◆ Le jardin de cette belle villa 1920 descend en pente douce jusqu'à la mer, et l'on peut, en toute quiétude, y lire ou prendre un verre. Les chambres sont spacieuses et élégantes dans leur parti pris minimaliste.

La Ferme Saint-Vennec sans rest

r. de la Clarté – ✆ 02 98 56 74 53 – www.lafermesaintvennec.com

4 ch – †90/200 € ††90/200 € – ☕ 13 €

◆ Ici tout est pittoresque et serein. Il faut dire que cette belle ferme de 1718 a été restaurée dans les règles de l'art. Pour se ressourcer, il y a de jolies chambres et de superbes cottages, le tout dans un grand parc. Accueil charmant !

XX **Les Trois Rochers** – Hôtel Villa Tri Men

16 r. du Phare – ✆ 02 98 51 94 94 – www.trimen.fr – ouvert 2 avril-31 oct., fermé lundi hors saison et dim.

Rest *(dîner seult)* – Menu 37/68 € – Carte 37/76 €

◆ Face au port de Bénodet, une adresse délicieuse, où la cuisine marie produits locaux, épices et herbes fraîches. Aux beaux jours, on profite de la terrasse, très agréable !

BÉNOUVILLE – 14 Calvados – 303 K4 – rattaché à Caen

BERCK-SUR-MER – 62 Pas-de-Calais – 301 C5 – 15 124 h. – alt. 5 m 30 A2

– Casino – ✉ 62600 Nord Pas-de-Calais Picardie

Paris 232 – Abbeville 48 – Arras 93 – Boulogne-sur-Mer 40

5, avenue Francis Tattegrain, ✆ 03 21 09 50 00, www.berck-tourisme.com

de Nampont Saint-Martin, à Nampont-Saint-Martin, Maison Forte, par D 940 et D 901 : 15 km, ✆ 03 22 29 92 90

Parc d'attractions de Bagatelle★ 5 km par ①.

à Berck-Plage – ✉ 62600

XX **La Verrière**

pl. 18-Juin – ✆ 03 21 84 27 25 – www.casinoberck.com – Fermé 20 fév.-11 mars, 12-18 nov., mardi soir, merc. soir d'oct. à mars, dim. soir et lundi

Rest – Formule 14 € bc – Menu 21 € (sem.), 27/53 € – Carte environ 53 €

◆ La gare routière est devenue un casino... et ce dernier héberge un restaurant fort sympathique (cuisines ouvertes) ! Petits plats dans l'air du temps et menu du jour.

Les maisons d'hôtes ne proposent pas les mêmes services qu'un hôtel. Elles se distinguent généralement par leur accueil et leur décor, qui reflètent souvent la personnalité de leurs propriétaires. Celles classées en rouge sont les plus agréables.

BERGERAC – 24 Dordogne – **329** D6 – 27 555 h. – alt. 37 m **4** C1
– ✉ 24100 Périgord Quercy

Paris 534 – Agen 91 – Angoulême 110 – Bordeaux 94

Bergerac-Dordogne-Périgord : ✆ 05 53 22 25 25, 3 km par ③.

97, rue Neuve d'Argenson, ✆ 05 53 57 03 11, www.bergerac-tourisme.com

Château les Merles, à Mouleydier, D 660, par rte de Sarlat : 15 km, ✆ 05 53 63 13 42

Le Vieux Bergerac★★ : musée du Tabac★★ (maison Peyrarède★) - Musée du Vin, de la Batellerie et de la Tonnellerie★**M³**.

La Flambée

49 av. Marceau-Feyry, 3 km par ① rte de Périgueux – ✆ 05 53 57 52 33 – www.laflambee.com

20 ch – †55/65 € ††68/78 € – ☕ 9 € – ½ P 65/70 €

Rest – Menu 17 € bc (déj.), 27/35 € – Carte 25/43 €

◆ À la sortie de la ville, une ancienne ferme (18ᵉs.) dans un parc arboré. Les chambres sont spacieuses, avec un mobilier de style colonial ; celles de l'ancien chai ont même une terrasse.

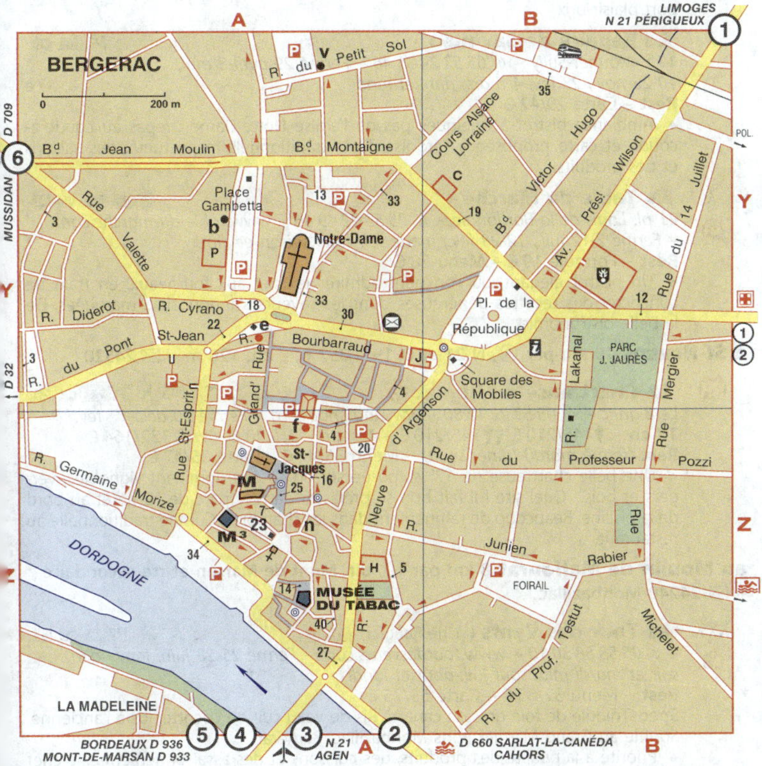

De France sans rest

18 pl. Gambetta – ✆ 05 53 57 11 61 – www.hoteldefrance-bergerac.com – Fermé vacances de fév. AY**b**

20 ch – †69/79 € ††69/79 € – ☕ 9 €

◆ Face à la place ombragée du marché (mercredi et samedi), l'hôtel de France, rénové, offre un nouveau visage. Les chambres sont simples et plus calmes côté piscine.

Europ Hôtel sans rest

20 r. Petit-Sol – ✆ 05 53 57 06 54 – www.europ-hotel-bergerac.com

22 ch – †49/55 € ††49/59 € – ☕ 8 € AY**v**

◆ Le jardin jouxtant la piscine est l'atout majeur de cet hôtel situé dans le quartier de la gare. Chambres rénovées et bien tenues (climatisation et double-vitrage côté rue).

L'Imparfait

8 r. des Fontaines – ✆ 05 53 57 47 92 – www.imparfait.com – Fermé 25 déc.-17 janv. AZ**n**

Rest – Formule 26 € – Menu 32 € – Carte 33/75 €

◆ Dans cette bâtisse médiévale du vieux Bergerac, l'art culinaire se conjugue au présent ! Cuisine goûteuse inspirée du terroir et teintée d'exotisme. Parfait rapport plaisir-prix.

Le Repaire de Savinien

15 r. Mounet-Sully – ✆ 05 53 24 35 46 – Fermé 29 avril-8 mai, 10-26 nov., 23 fév.-4 mars, dim. et lundi AY**e**

Rest – Carte 29/42 €

◆ Ambiance bistrot à quelques pas de l'église Notre-Dame : repas au coude-à-coude et carte proposée à l'ardoise. Plats traditionnels respectueux des saisons et des produits.

La Table du Marché

21 pl. Louis-de-la-Bardonnie – ✆ 05 53 22 49 46 – www.table-du-marche.com – Fermé 2-12 juil., 12-28 fév., merc. soir hors saison et dim. AZ**f**

Rest – Formule 19 € – Menu 28 €

◆ Un bistrot élégant, où l'on peut admirer le chef aux fourneaux, en train de concocter des recettes généreuses dont les saveurs s'annoncent... marquées. De la belle bistronomie.

à St-Nexans 10 km par ③, N 21 et D 19 – 857 h. – alt. 120 m – ✉ 24520

La Chartreuse du Bignac

Le Bignac – ✆ 05 53 22 12 80 – www.abignac.com – Fermé 20 déc.-1er fév.

13 ch – †145/210 € ††145/210 € – 1 suite – ☕ 20 € – ½ P 132/164 €

Rest *(fermé mardi) (dîner seult)* – Menu 35/47 € – Carte 35/47 €

◆ Une belle chartreuse du 17e s., posée sur un coteau dominant vignobles, vergers et bois... Quel site ! Il fait bon se prélasser dans le parc de 12 ha et au bord de la piscine. Beaucoup de raffinement dans les chambres. Cuisine traditionnelle au restaurant.

au Moulin de Malfourat 8 km par ④, dir. Mont-de-Marsan et rte secondaire – ✉ 24240 Monbazillac

La Tour des Vents (Marie Rougier)

– ✆ 05 53 58 30 10 – www.tourdesvents.com – Fermé 25-28 juin, janv., dim. soir et mardi midi sauf juil.-août et lundi

Rest – Menu 32/65 € – Carte 55/75 €

Spéc. Trilogie de foie gras de canard. Ris de veau cuit en cocotte, jus à l'ancienne. Soufflé au Grand Marnier. **Vins** Monbazillac, Bergerac.

◆ Priorité à la qualité des produits, des cuissons et des assaisonnements : le chef réalise une belle cuisine traditionnelle, relevée d'une pointe d'originalité. La salle offre une vue imprenable sur les vignobles de Monbazillac.

Les bonnes adresses à petit prix ? Suivez les Bibs : «Bib Gourmand» rouge pour les tables, et «Bib Hôtel» bleu pour les chambres.

au Rauly 8 km par ④ , dir. Mont-de-Marsan et rte secondaire – ✉ 24240 Monbazillac

Château Rauly-Saulieut sans rest

Le Rauly – ✆ 05 53 24 92 55 – www.perigord-residences-privees.eu – Ouvert 16 mars-1er nov.

10 suites – 153/178 € – 5 ch – ☕ 13 €

◆ Tranquillité assurée dans ce château du 19e s. niché dans un parc en plein vignoble. Les appartements et les suites sont spacieux et meublés avec goût. Piscine, sauna.

BERGÈRES-LÈS-VERTUS – 51 Marne – 306 F9 – rattaché à Vertus

BERGHEIM – 68 Haut-Rhin – 315 I7 – 1 883 h. – alt. 235 m – ✉ 68750 2 C2

Alsace Lorraine

▶ Paris 449 – Colmar 18 – Ribeauvillé 4 – Sélestat 11

Chez Norbert sans rest

9 Grand-Rue – ✆ 03 89 73 31 15 – www.cheznorbert.com – Fermé 27 fév.-12 mars et 9-15 juil.

12 ch – 60 € 80/115 € – ☕ 15 €

◆ Une ferme viticole reconvertie en hôtel, avec des chambres toutes différentes, dans un esprit d'autrefois... Elles sont disséminées dans plusieurs bâtisses des 17eet 18es., auxquelles on accède par une mignonne cour intérieure.

La Bacchante

11 Grand-Rue – ✆ 03 89 71 18 91 – Fermé 27 fév.-12 mars, 22 août-1ersept., vend. midi et mardi

Rest – Formule 17 € – Menu 24/49 € – Carte 38/59 €

◆ Il faut pousser une grande porte ancienne en bois pour découvrir cette Bacchante, un antre rustique aux airs de chai niché dans une jolie cour fleurie. On y déguste de sympathiques plats traditionnels mâtinés de saveurs alsaciennes.

Wistub du Sommelier

51 Grand-Rue – ✆ 03 89 73 69 99 – www.wistub-du-sommelier.com – Fermé vacances de fév., merc. et jeudi

Rest – Formule 17 € – Menu 21 € (sem.), 29/42 € – Carte 30/58 €

◆ Comptoir du 19es., boiseries, poêle en faïence et convivialité... Derrière cette jolie façade alsacienne se cache bien une wistub ! On passe un bon moment autour de vrais plats du terroir assortis d'incontournables vins régionaux.

BERGHOLTZ – 68 Haut-Rhin – 315 H9 – 1 068 h. – alt. 240 m – ✉ 68500 1 A3

▶ Paris 488 – Basel 55 – Colmar 31 – Strasbourg 101

La Petite Auberge

4 r. de l'Église – ✆ 03 89 28 52 90 – www.lapetiteauberge.fr – Fermé mardi et merc.

Rest – Menu 25 € (déj. en sem.), 38/72 € – Carte 51/63 €

◆ Foie gras et son chutney de fruits secs ; magret de canard sur lit de petits légumes... Le chef concocte une cuisine gastronomique 100 % maison, avec une envie : "Faire ce qu'on m'a appris depuis que j'ai commencé ce métier." Pari tenu avec réussite !

BERGUES – 59 Nord – 302 C2 – 3 888 h. – alt. 4 m – ✉ 59380 30 B1

Nord Pas-de-Calais Picardie

▶ Paris 279 – Calais 52 – Dunkerque 9 – Hazebrouck 34

ℹ Place Henri Billiaert, ✆ 03 28 68 71 06, www.bergues.fr

◉ Couronne d'Hondschoote ★.

Au Tonnelier ch,
4 r. Mont-de-Piété, (près de l'église) – 03 28 68 70 05 – www.autonnelier.com – Fermé 23 déc.-6 janv.
23 ch – 55 € 65 € – 11 € – ½ P 60 €
Rest *(fermé vend. soir de nov. à mars et dim. soir)* – Formule 13 € – Menu 16 € (déj. en sem.)/25 € – Carte 25/39 €
◆ Une agréable hostellerie familiale, au pied de l'église. Les chambres sont fonctionnelles et bien tenues ; au restaurant, on sert une cuisine généreuse fleurant bon le terroir.

Cornet d'Or
26 r. Espagnole – 03 28 68 66 27 – Fermé dim. soir et lundi
Rest – Formule 20 € – Menu 37/48 €
◆ Ce restaurant a fière allure avec sa jolie façade flamande et son intérieur résolument bourgeois. La carte, généreuse et traditionnelle, sait valoriser des produits simples et bons. Une vraie corne d'abondance !

BERMICOURT – 62 Pas-de-Calais – **301** G5 – **155 h.** – **alt. 118 m** – 62130 **30** B2
Paris 234 – Arras 50 – Lens 61 – Lille 100

La Cour de Rémi
1 r. Baillet – 03 21 03 33 33 – www.lacourderemi.com
10 ch – 85/160 € 85/160 € – 13 €
Rest ***La Cour de Rémi*** – voir les restaurants ci-après
◆ Au bout d'une allée bordée de tilleuls et de châtaigniers, un joli château du 19[e]s. et ses dépendances... Les chambres, réparties dans la grange et les jolies écuries en brique rouge, sont spacieuses, tout en sobriété et en élégance.

La Cour de Rémi
1 r. Baillet – 03 21 03 33 33 – www.lacourderemi.com – Fermé sam. midi, dim. soir et lundi
Rest – Formule 18 € bc – Menu 30/35 € – Carte 35/45 €
◆ Dans cet hôtel au décor lumineux et très contemporain, on se délecte d'une "cuisine de campagne" recherchée : crème d'étrilles au lard, langue de veau caramélisée, colvert rôti sur l'os aux girolles, etc.

BERNAY – 27 Eure – **304** D7 – **10 480 h.** – **alt. 105 m** – 27300 **33** C2
Normandie Vallée de la Seine
Paris 155 – Argentan 69 – Évreux 49 – Le Havre 72
29, rue Thiers, 02 32 43 32 08, www.bernaytourisme.fr
Boulevard des Monts★.

Acropole Hôtel sans rest
10 r. Grande-Malouve, 3 km au Sud-Ouest par rte de Broglie (D 438) – 02 32 46 06 06 – www.hotel-acropole.com
51 ch – 59/69 € 59/69 € – 8 €
◆ C'est le genre d'établissement idéal pour un séjour d'affaires, dans une zone d'activités. Hébergement avant tout pratique, équipements fonctionnels et piscine couverte. Tout est prévu pour l'organisation de séminaires et la détente.

Hostellerie du Moulin Fouret
2 r. du Moulin Fouret, 3,5 km au Sud par rte de St-Quentin-des-Isles – 02 32 43 19 95 – www.moulin-fouret.com – Fermé dim. soir et lundi sauf fériés
Rest – Formule 27 € – Menu 42/58 € – Carte 63/92 €
◆ Du moulin, il reste les rouages... mais il s'agit avant tout d'une belle et grande maison couverte de vigne vierge, au bord de l'eau. Foie gras, pigeonneau en cocotte, baba au rhum en souvenir de Gaston Lenôtre : le régal est classique.

LA BERNERIE-EN-RETZ – 44 Loire-Atlantique – **316** D5 – **2 519 h.** – **alt. 24 m** – 44760 **34** A2
Paris 434 – Nantes 46 – St-Herblain 46 – St-Nazaire 38
3, chaussée du Pays de Retz, 02 40 82 70 99, www.mairie-labernerie.fr

L'Artimon

17 r. J.-du-Plessis – ✆ 02 51 74 61 60 – Fermé 1 sem. vacances de fév., dim. soir et merc. de sept. à juin, mardi sauf le soir en juil.-août et lundi
Rest *(nombre de couverts limité, réserver)* – Menu 18 € (déj. en sem.), 28/36 € – Carte environ 30 €
◆ Cet Artimon porte haut les valeurs de la bonne cuisine, attirant de loin les amateurs : le chef travaille en vrai artisan de beaux produits locaux. Petite salle d'esprit marin.

BERNEX – 74 Haute-Savoie – 328 N2 – 1 191 h. – alt. 955 m – Sports d'hiver : 1 000/2 000 m 13 – ✉ 74500 Alpes du Nord 46 F1

Paris 590 – Annecy 97 – Évian-les-Bains 10 – Morzine 32
le Clos du Moulin, ✆ 04 50 73 60 72, www.bernex.fr

à La Beunaz 1,5 km au Nord-Ouest par D 52 – ✉74500 Bernex – alt. 1 000 m

Bois Joli

210 rte du Chenay – ✆ 04 50 73 60 11 – www.hotel-bois-joli.fr – Ouvert mi avril-10 oct. et 20 déc.-mi mars
20 ch – †60/76 € ††80/90 € – 1 suite – ☕ 10 € – ½ P 64/72 €
Rest *(fermé dim. soir et merc.)* – Menu 25 € (sem.), 32/48 € – Carte 42/59 €
◆ Noyé dans la verdure et tout pimpant, ce beau chalet porte bien son nom... Les chambres, décorées à la mode savoyarde, ont toutes un balcon tourné vers la Dent d'Oche ou le mont Billiat. Espace bien-être, jolie piscine extérieure et restaurant traditionnel.

BERNIÈRES-SUR-MER – 14 Calvados – 303 J4 – 2 371 h. – ✉ 14990 32 B2

Normandie Cotentin

Paris 252 – Caen 20 – Hérouville-Saint-Clair 21 – Le Havre 107
159, rue Victor Tesnières, ✆ 02 31 96 44 02, www.bernieres-sur-mer.com

L'As de Trèfle

420 r. Léopold Hettier – ✆ 02 31 97 22 60 – www.restaurantasdetrefle.com – Fermé 3 janv.-10 fév., lundi et mardi
Rest – Formule 18 € – Menu 24 € (sem.), 34/40 € – Carte 37/70 €
◆ Autrefois d'inspiration mauresque, cette bâtisse de 1934 se révèle parfaitement contemporaine. Atout maître, la cuisine traditionnelle qui met la pêche locale à l'honneur : sole au beurre citronné, millefeuille de magret et d'andouille...

BERNOS-BEAULAC – 33 Gironde – 335 J8 – rattaché à Bazas

BERRWILLER – 68 Haut-Rhin – 315 H9 – 1 120 h. – alt. 260 m – ✉ 68500 1 A3

Paris 467 – Belfort 45 – Colmar 31 – Épinal 99

L'Arbre Vert

96 r. Principale – ✆ 03 89 76 73 19 – www.restaurant-koenig.com – Fermé 27 fév.-5 mars, 2-23 juil., jeudi soir, dim. soir et lundi
Rest – Menu 22/50 € – Carte 38/60 €
◆ Cinquième génération et toujours très Vert ! Cet Arbre pourrait bien être généalogique, tant son histoire se confond avec celle de la famille Koenig... Au menu : toute la fraîcheur du terroir alsacien, avec de beaux vins du cru.

BERZE-LA-VILLE – 71 Saône-et-Loire – 320 I11 – 520 h. – alt. 350 m – ✉ 71960 Bourgogne 8 C3

Paris 408 – Charolles 47 – Cluny 13 – Mâcon 13

à la Croix-Blanche 2 km à l'Ouest – ✉ 71960

XX **Le Relais du Mâconnais**

lieu-dit la Croix Blanche, D 17 – ✆ 03 85 36 60 72 – www.lannuel.com
– Fermé janv., mardi midi, dim. soir et lundi
Rest – Menu 28/60 € – Carte 47/60 €
◆ Belle maison régionale au centre du bourg. Cuisine dans l'air du temps mitonnée par un jeune chef talentueux et servie dans une salle contemporaine mariant les tons chaud-froid.

BESANÇON Ⓟ – 25 Doubs – 321 G3 – 117 599 h. 16 B2

– **Agglo. 134 376 h. – alt. 250 m – Casino BY – ✉ 25000**

Franche-Comté Jura

Paris 405 – Basel 167 – Bern 180 – Dijon 91

2, place de la 1ère Armée Française, ✆ 03 81 80 92 55, www.besancon-tourisme.com

de Besançon, à Mamirolle, La Chevillotte, E : 13 km par N 57, D 464 et D 104, ✆ 03 81 55 73 54

Site★★★ - Citadelle★★ : musée d'Histoire naturelle★ **M³**, musée comtois★ **M²**, musée de la Résistance et de la Déportation★ **M⁴** - Vieille ville★★ ABYZ : Palais Granvelle★, cathédrale★ (Vierges aux Saints★), horloge astronomique★, façades des maisons du 17ᵉ s.★ - Préfecture★ AZ **P** - Bibliothèque municipale★ BZ **B** - Grille★ de l'Hôpital St-Jacques AZ - Musée des Beaux-Arts et d'Archéologie★★.

BESANÇON

Allende (Bd S.) . . . . AX 2
Belfort (R. de) . . . . BX
Brulard (R. Gén.) . . . . AX 5
Carnot (Av.) . . . . BX 7
Chaillot (R. de) . . . . BX 12
Clemenceau (Av. Georges) . AX 15
Clerc (R. F.) . . . . BX 16
Fontaine-Argent (Av.) . . . . BX 19
Jouchoux (R. A.) . . . . AX 25
Lagrange (Av. Léo) . . . . AX 27
Montrapon (Av. de) . . . . AX 34
Observatoire (Av. de l') . . . . AX 35
Ouest (Bd) . . . . AX 37
Paix (Av. de la) . . . . BX 38
Vaite (Av. de la) . . . . BX 55
Voirin (R.) . . . . BX 57

BESANÇON

Battant (Pont) .... AY 3
Battant (R.) .... AY
Bersot (R.) .... BY
Carnot (Av.) .... BYX 7
Castan (Sq.) .... BZ 8
Chapitre (R. du) .... BZ 14
Convention (R. de la) ...... BZ 4
Denfert-Rochereau (Av.) .... BY 17
Denfert-Rochereau (Pont) .... BY 18
Fusillés-de-la-Résistance (R. des) .... BZ 20
Gambetta (R.) .... ABY 21
Gare-d'eau (Av. de la) ...... AZ 22
Gaulle (Bd Ch.de) .... AZ 23
Girod-de-Chantrans (R.) ... AYZ 24
Grande-Rue .... ABYZ
Granges (R. des) .... ABY
Krug (R. Ch.) .... BY 26
Lycée (R. du) .... AY 28
Madeleine (R. de la) .... AY 29
Martelots (Pl. des) .... BZ 30
Mégevand (R.) .... ABZ 32
Moncey (R.) .... BY 33
Orme-de-Chamars (R. de l'). AZ 36
Pouillet (R. Cl.) .... AY 39
République (R. de la) ..... ABY 40
Révolution (Pl. de la) .... AY 41
Rivotte (Faubourg) .... BZ 42
Ronchaux (R.) .... BZ 43
Rousseau (R. J. J.) .... AY 45
Saint-Amour (Sq.) .... BY 48
Sarrail (R. Gén.) .... ABY 52
Vauban (Q.) .... AY 56
1ère-Armée-Française (Pl. de la) .... BY 58

Mercure Parc Micaud

3 av. Edouard-Droz – ✆ 03 81 40 34 34 – www.mercure.com BYd

91 ch – 77/180 € 77/180 € – 15 €

Rest *(fermé sam. midi et dim. midi)* – Formule 15 € – Menu 27 € – Carte 26/41 €

◆ Près de la vieille ville, hôtel bien situé, au bord du Doubs et face au parc Micaud. Chambres spacieuses, rénovées en 2010 selon les normes de la chaîne ; agréable bar feutré. Au restaurant, plats traditionnels et décoration sur le thème du temps.

Charles Quint sans rest

3 r. du Chapitre – ✆ 03 81 82 05 49 – www.hotel-charlesquint.com – Fermé 4-12 mars BZf

9 ch – 89/145 € 89/145 € – 12 €

◆ Ferronnerie d'art, mobilier chiné, moulures... Une paisible demeure bourgeoise (18es.) d'esprit maison d'hôtes. Chambres soignées, donnant sur le jardin ou la cathédrale.

De Paris sans rest
33 r. des Granges – 03 81 81 36 56 – www.besanconhoteldeparis.com
50 ch – 60 € 79 € – 12 € ABY**a**
• Un hôtel de caractère, mêlant harmonieusement chatoiements de l'ancien et esprit design ! La plupart des chambres, élégantes, donnent sur deux paisibles cours intérieures.

Ibis Centre sans rest
21 r. Gambetta – 03 81 81 02 02 – www.ibis.com BY**k**
49 ch – 65/94 € 65/94 € – 9 €
• Ce bâtiment industriel en pierre de taille fut une usine d'aiguilles de montres au 19es. Un établissement entièrement rénové en 2010.

Hôtel du Nord sans rest
8 r. Moncey – 03 81 81 34 56 – www.hotel-du-nord-besancon.com
44 ch – 51/59 € 61/71 € – 7 € BY**r**
• Une bâtisse du 19es. en plein centre, idéale pour partir à la découverte de la ville... Les chambres sont très bien tenues et insonorisées. Accueil charmant.

Le Manège
2 fg Rivotte – 03 81 48 01 48 – www.restaurant-le-manege.fr
– Fermé 5-12 mars, 23-30 avril, 6-20 août, 2-9 janv., sam. midi, dim. soir et lundi BZ**u**
Rest – Formule 17 € – Menu 29/39 € – Carte 37/50 €
• Dans cette jolie maison au pied de la citadelle, le chef, autodidacte, concocte de goûteux plats dans l'air du temps (saumon mariné aux légumes croquants, pannacotta...).

Le St-Pierre
104 r. Battant – 03 81 81 20 99 – www.restaurant-saintpierre.com
– Fermé vacances de Pâques, 3 sem. en août, vacances de Noël, sam. midi, dim. et fériés AY**t**
Rest *(réserver)* – Menu 38 € bc/70 € – Carte 70/80 €
• Une cuisine fine mettant le poisson et les bons produits à l'honneur ; un cadre élégant (pierres apparentes et touches contemporaines) : un petit paradis que ce Saint-Pierre !

Le Poker d'As
14 square St-Amour – 03 81 81 42 49 – www.restaurant-lepokerdas.fr
– Fermé 12 juil.-11 août, vacances de Noël, dim. et lundi BY**u**
Rest – Menu 22/56 € – Carte 31/75 €
• Une affaire familiale : le fils de la patronne mitonne à sa façon de bons petits plats traditionnels et régionaux. Salle ornée de cloches de vaches et de sculptures en bois.

à Chalezeule 5,5 km par ① et D 217 – 1 126 h. – alt. 252 m – ✉ 25220

Les 3 Iles
rest,
1 r. des Vergers – 03 81 61 00 66 – www.hoteldes3iles.com
– Fermé 26 déc.-8 janv.
17 ch – 68/90 € 68/95 € – 11 € – ½ P 62/78 €
Rest *(fermé 23 déc.-10 janv.) (dîner seult)* – Menu 20 €
• Calme et verdure alentour : tels sont les atouts de cet hôtel. Optez pour l'une des cinq chambres "Club", plus spacieuses et confortables. Menu du jour (unique) servi dans une salle aux couleurs du Sud.

à Montfaucon 9 km par ②, D 464 et D 146 – 1 478 h. – alt. 491 m – ✉ 25660

La Cheminée
rte du Belvédère – 03 81 81 17 48 – www.restaurantlacheminee.fr
– Fermé 24 déc.-24 janv., dim. soir, merc. soir et lundi
Rest – Menu 22 € bc (sem.), 29/53 € – Carte 50/80 €
• Cuisine classique et régionale à déguster sur les hauteurs du village... Jolies salles rustiques (cheminée, larges baies ouvertes sur la nature), plaisante terrasse et piscine.

à Champvans-les-Moulins **8 km par ④ sur D 70 – 333 h. – alt. 252 m – ✉ 25170**

La Source

4 r. des Sources – ✆ 03 81 59 90 57 – www.lasource-besancon.com – Fermé 3-23 janv., merc. soir sauf de juin à août, dim. soir et lundi

Rest – Formule 14 € – Menu 18 € (déj. en sem.), 25 € bc/36 € bc – Carte 35/47 €

◆ Une source de tradition et de terroir ! Touche d'originalité : un cadran d'horloge projeté sur l'un des murs de la salle, agréable et lumineuse au demeurant. Jolie terrasse.

à Geneuille **13 km par ⑤, N 57 et D 1 – 1 295 h. – alt. 220 m – ✉ 25870**

Château de la Dame Blanche

1 chemin de la Goulotte – ✆ 03 81 57 64 64 – www.chateau-de-la-dame-blanche.com – Fermé dim. soir

24 ch – †81/120 € ††100/125 € – 2 suites – ☕ 12 € – ½ P 125 €

Rest – Formule 24 € – Menu 32/75 € – Carte 63/85 €

◆ Dans un beau parc boisé, un petit château raffiné. Élégantes chambres au décor soigné : classique, ethnique, ou plus contemporain à l'annexe.

LE BESSAT – 42 Loire – 327 G7 – 437 h. – alt. 1 170 m – Sports d'hiver : 1 170/1 427 m – ✉ 42660 Lyon Drome Ardèche 44 B2

▶ Paris 530 – Annonay 29 – St-Chamond 19 – St-Étienne 19

ℹ Place de l'église, ✆ 04 77 20 43 76

La Fondue "Chez l'Père Charles" avec ch

Grande rue – ✆ 04 77 20 40 09 – www.lafonduechezleperecharles.fr – Fermé 22 déc.-15 janv.

8 ch – †45/65 € ††55/65 € – ☕ 7 €

Rest – Formule 12 € – Menu 15 € (sem.), 22/29 € – Carte 31/50 €

◆ Repaire gourmand blotti au cœur d'un petit village du parc naturel du Pilat. Les amateurs de cuisine régionale s'y régalent de truite du Lignon farcie et de volaille bressane aux morilles. Chambres calmes et confortables, pour les randonneurs et les autres.

BESSE-ET-ST-ANASTAISE – 63 Puy-de-Dôme – 326 E9 – 1 720 h. – alt. 1 050 m – Sports d'hiver : à Super Besse – ✉ 63610 Auvergne 5 B2

▶ Paris 462 – Clermont-Ferrand 46 – Condat 28 – Issoire 30

◉ Église St-André★ - Rue de la Boucherie★ - Porte de ville★ - Lac Pavin★★ ≤★ et Puy de Montchal★★ ☀★★ SO : 4 km par D 978.

La Gazelle

rte Compains – ✆ 04 73 79 50 26 – www.lagazelle.fr – Fermé 18 mars-1er mai et 4 oct.-22 déc.

37 ch – †60/75 € ††60/75 € – ☕ 9 € – ½ P 57/66 €

Rest *(dîner seult)* – Menu 21 €

◆ Cet hôtel aux allures de grand chalet moderne offre une belle vue sur Besse "la médiévale". Chambres de style montagnard, certaines avec balcon. Petits-déjeuners servis sous la véranda. Plats traditionnels à apprécier devant un superbe panorama.

Hostellerie du Beffroy avec ch

26 r. Abbé-Blot – ✆ 04 73 79 50 08 – www.lebeffroy.com – Rest. : ouvert 9 avril-11 nov. et fermé lundi et mardi sauf le soir en juil.-août. Hôtel : fermé 12 nov.-15 déc., lundi et mardi sauf en juil. août

12 ch – †65/70 € ††65/120 € – ☕ 12 € – ½ P 70/100 €

Rest *(réserver)* – Menu 29/70 € bc – Carte 55/65 €

◆ Une maison du 15e s. décorée de meubles patinés par les ans, et de beaux produits travaillés avec modernité : souris d'agneau au foin, parfait à la gentiane, etc.

BESSINES-SUR-GARTEMPE – 87 Haute-Vienne – 325 F4 – 2 876 h. – alt. 335 m – ✉ 87250 24 B1

▶ Paris 355 – Argenton-sur-Creuse 58 – Bellac 29 – Guéret 55

ℹ 6, avenue du 11 novembre, ✆ 05 55 76 09 28, www.tourisme-bessines87.fr

Bellevue VISA AE

2 av. de Limoges – ✆ 05 55 76 01 99 – www.bellevue87.com – Fermé 7 janv.-6 fév. et 24-30 sept.

12 ch – †57 € ††57 € – ☕ 9 €

Rest – Menu 13 € (déj. en sem.), 23/55 € – Carte 32/47 €

♦ Pratique pour l'étape, cette auberge de village tenue en famille... Les chambres sont simples et fraîches, et l'on peut se restaurer d'une sympathique cuisine régionale.

Château Constant

av. 11-Novembre-1918 – ✆ 05 55 76 78 42 – www.chateau-constant.com

5 ch ☕ – †69/75 € ††79/85 € **Table d'hôte** – Menu 23 € bc

♦ Un Hollandais, une Salvadorienne, des voyages à travers le monde... et ce joli manoir du 19e s. dont ils ont fait un lieu douillet et accueillant, à leur image. Les chambres sont spacieuses et mêlent les styles avec caractère, et on a toujours de quoi s'occuper (instruments de musique, ping pong), musarder (beau parc) et se repaître (table d'hôte). Sympathique !

Comment choisir, dans une localité, entre deux adresses de même catégorie (nombre de 🏠 ou de ✕) ? Sachez que les établissements sont classés par ordre de préférence au sein de chaque catégorie : les meilleures adresses d'abord.

BESSONIES – 46 Lot – 337 I3 – 105 h. – alt. 520 m – ✉ 46210 29 C1

Paris 587 – Aurillac 34 – Cahors 95 – Toulouse 215

Château de Bessonies

Le Bourg – ✆ 06 03 82 20 18 – www.chateau-bessonies.com – Ouvert d'avril à oct.

5 ch ☕ – †139 € ††159 € **Table d'hôte** – Menu 32 € bc

♦ Le maréchal Ney se cacha dans ce château (1550) avant son arrestation. La propriétaire, passionnée, vous dira tout de cette demeure historique, qui abrite des chambres superbes. Charme d'antan et esprit champêtre ! Cuisine du terroir à la table d'hôte.

BÉTHUNE SP – 62 Pas-de-Calais – 301 I4 – 25 697 h. – Agglo. 259 198 h. – alt. 34 m – ✉ 62400 Nord Pas-de-Calais Picardie 30 B2

Paris 214 – Arras 34 – Boulogne-sur-Mer 90 – Calais 83

3, rue Aristide Briand, ✆ 03 21 52 50 00, www.tourisme-bethune-bruay.fr

18 du Vert-Parc, à Illies, 3 route d'Ecuelles, par rte de Lille : 18 km, ✆ 03 20 29 37 87

Au Départ VISA

1 pl. F.-Mitterand – ✆ 03 21 57 18 04 – Fermé 5-13 mars, 5-29 août, sam. midi, dim. soir, lundi et mardi

Rest – Formule 20 € – Menu 32/48 € – Carte 51/61 €

♦ Face à la gare, on remarque cette maison de pays pour sa façade noir et blanc. L'intérieur, coloré et audacieux, interpelle, tout comme la cuisine, actuelle et soignée.

à Labourse 4 km par ②, D 943 et D 65 – 2 215 h. – alt. 25 m – ✉ 62113

Terre et Mer VISA AE

16 r. A.-Larue – ✆ 03 21 64 03 57 – www.restaurant-terre-et-mer.com – Fermé 2-21 août, 1er-7 janv., sam. midi, dim. soir et lundi

Rest – Formule 12 € – Menu 15 € (déj.), 28/42 € – Carte 34/57 €

♦ Mur parementé de briques, cheminée en marbre et tapisserie rayée composent le cadre de ce restaurant familial de la périphérie béthunoise. Cuisine de tradition bien maîtrisée.

BÉTHUNE

Albert-1er (R.) . . . . YZ 2
Arras (R. d') . . . . Z 3
Bruay (R. de) . . . . Z 6
Buridan (R.) . . . . Z 7
Clemenceau (Pl. G.) . . . . Z
Egalité (R. de l') . . . . Y 8
Gambetta (R.) . . . . YZ 10
Grand'Place . . . . Z
Haynaut (R. Eugène) . . . . Z 12
Juin (Av. du Mar.) . . . . Z 14
Kennedy (Av. du Prés.) . . . . . . Y 15
Lamartine (Pl.) . . . . Y 17
Lattre-de-Tassigny (Av. de) . . . Z 18
Pont de Pierre (R. du) . . . . Y 20
Quai du Rivage (R. du) . . . . Y 21
République (Pl. de la) . . . . Y 22
Sadi-Carnot (R.) . . . . Y
Treilles (R. des) . . . . Z 25
Vauban (Bd) . . . . Z 26
Zola (R. Emile) . . . . Z 27

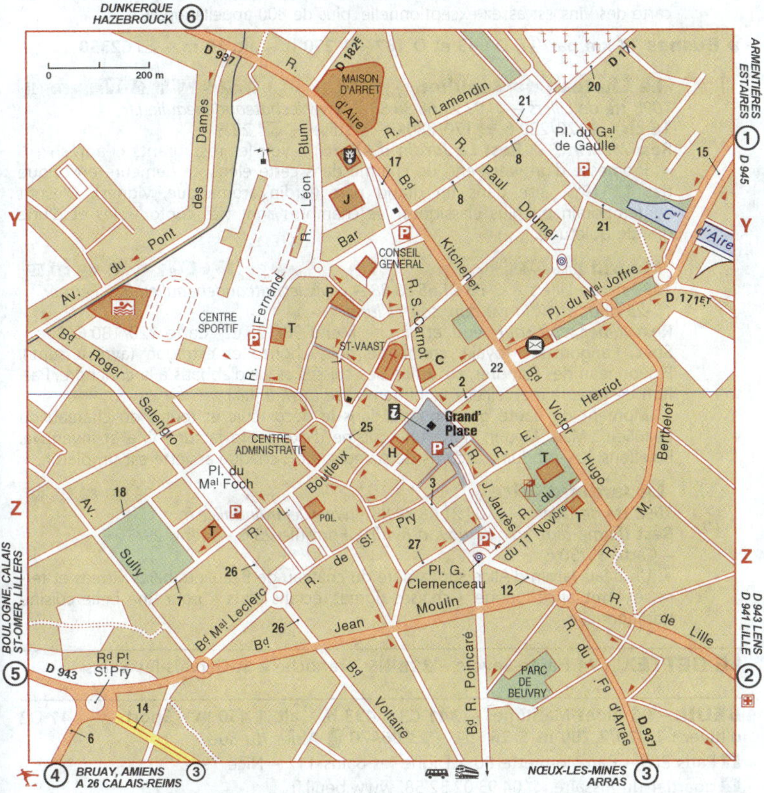

à Gosnay 5 km par ④, D 941 et D 181 – 1 063 h. – alt. 29 m – ✉ 62199

Chartreuse du Val St-Esprit
1 r. Fouquières – ✆ 03 21 62 80 00 – www.lachartreuse.com
52 ch – †140/275 € ††140/275 € – 1 suite – ☐ 21 €
Rest *Robert II* – voir les restaurants ci-après
Rest *La Distillerie* ✆ 03 21 62 89 89 – Formule 20 € – Menu 38 € – Carte 29/63 €
Rest *Le Vasco* – Formule 20 € – Carte 26/52 €
◆ Bâti sur les ruines d'une chartreuse, ce château (1762) a beaucoup de charme et d'élégance. Les chambres arborent un style cossu : mobilier ancien, papiers peints et tentures dans la grande tradition...

La Métairie
1 r. Fouquières – ✆ 03 91 80 11 20 – www.hotel-lametairie.com
40 ch – †110/195 € ††110/195 € – ☐ 12 €
◆ Dans l'enceinte du domaine, deux bâtiments contemporains aux chambres agréables, certaines tendance.

XXX **Robert II**

1 r. Fouquières – ✆ 03 21 62 80 00 – www.lachartreuse.com
Rest – Menu 66/132 € – Carte 56/110 €
◆ Le Robert II est un bel exemple de style châtelain. La cuisine de saison est à l'avenant et privilégie les produits nobles : ris de veau, homard, bar, turbot… La carte des vins est assez exceptionnelle, plus de 800 appellations !

à Busnes 14 km par ⑤, D 943 et D 187 – 1 250 h. – alt. 19 m – ✉ 62350

Le Château de Beaulieu

1098 rte de Lillers – ✆ 03 21 68 88 88 – www.lechateaudebeaulieu.fr
16 ch – †170/280 € ††170/280 € – 4 suites – ☕ 22 €
Rest *Meurin* ✿✿ **Rest *Le Jardin d'Alice*** – voir les restaurants ci-après
◆ Promesse d'un week-end de charme dans cette élégante demeure en brique des 17e-19es., sise dans un grand parc (jardin aromatique, vignes). D'esprit contemporain ou plus classiques, les chambres sont très confortables et d'une grande quiétude.

XXXX ✿✿ **Meurin** (Marc Meurin)

1098 rte de Lillers – ✆ 03 21 68 88 88 – www.lechateaudebeaulieu.fr – Fermé 1er-25 août, 2-17 janv., dim. soir et lundi
Rest *(dîner seult sauf vend. et dim.)* – Menu 98/125 € – Carte 120/180 €
Spéc. Langoustine royale, crème de pois, chorizo et estragon (avril à sept.). Pigeonneau des Flandres, croustille des cuisses et jus d'abbatis à la coriandre. Parfum de rose, le merveilleux litchi-framboise (nov. à juil.).
◆ Moment de haute gastronomie dans le décor chic et feutré du château de Beaulieu... Marc Meurin signe une cuisine d'excellente facture, fine et inventive. Bouillons, jus, produits, accords de saveurs, etc. : chaque assiette est un plaisir.

XX **Le Jardin d'Alice**

1098 rte de Lillers – ✆ 03 21 68 88 88 – www.lejardindalice.fr
Rest *(fermé dim. soir de nov. à avril)* – Formule 23 € – Menu 29/36 € – Carte 35/50 €
◆ Un beau Jardin d'Alice sur l'arrière du château de Beaulieu (baies vitrées et terrasse). Ambiance lounge – chaises tigrées, écrans plats – pour une belle cuisine traditionnelle.

LE BETTEX – 74 Haute-Savoie – **328** N5 – **rattaché à St-Gervais-les-Bains**

BEUIL – 06 Alpes-Maritimes – **341** C3 – 493 h. – alt. 1 450 m – Sports d'hiver : 1 470/2 100 m ⛷26 – ✉ 06470 Alpes du Sud **41** D2

Paris 809 – Barcelonnette 80 – Digne-les-Bains 117 – Nice 79
quartier du Pissaïre, ✆ 04 93 02 32 58, www.beuil.fr
Site★ - Peintures★ de l'église.

L'Escapade

au village – ✆ 04 93 02 31 27 – www.hotelescapade.fr – Fermé 16-27 avril et 1eroct.-26 déc.
11 ch – †61/92 € ††61/92 € – ☕ 12 € – ½ P 66/81 €
Rest *L'Escapade* – voir les restaurants ci-après
◆ Au cœur du village, un hôtel familial aux airs de bonne auberge de montagne. Sobre, bon marché et accueillante, l'Escapade est tout cela... et on aurait tort de se priver de son joli goût d'autrefois.

X **L'Escapade** – Hôtel L'Escapade

au village – ✆ 04 93 02 31 27 – www.hotelescapade.fr – Fermé 16-27 avril et 1er oct.-26 déc.
Rest – Menu 24/29 € – Carte 35/45 €
◆ Une bonne auberge que cette Escapade, où gourmandise et terroir sont célébrés avec générosité. Les habitués se retrouvent autour d'un plat de sanguins – ces champignons macérés dans l'huile et le vinaigre –, la spécialité de la maison.

LA BEUNAZ – 74 Haute-Savoie – **328** M2 – **rattaché à Bernex**

BEUVRON-EN-AUGE – 14 Calvados – 303 L4 – 222 h. – alt. 11 m – 33 C2

– ✉ 14430 Normandie Vallée de la Seine

Paris 219 – Cabourg 14 – Caen 32 – Lisieux 25

Village★ - Clermont-en-Auge★ NE : 3 km.

Le Pavé d'Hôtes sans rest

– ✆ 02 31 39 39 10 – www.pavedauge.com – Fermé 25 nov.-27 déc. et 1 sem. en fév.

5 ch – 77/122 € 84/129 €

◆ Pavé d'Hôtes pour Pavé d'Auge, cette charmante ferme normande du 19es. est tenue par l'épouse du chef de ce délicieux restaurant. Pourquoi ne pas profiter de l'un et de l'autre ? Les chambres, toutes différentes, conjuguent raffinement et modernité. Excellent petit-déjeuner.

Le Pavé d'Auge (Jérôme Bansard)

– ✆ 02 31 79 26 71 – www.pavedauge.com – Fermé 19 nov.-27 déc., 25 fév.-6 mars, mardi sauf du 15 juil. au 31 août et lundi

Rest – Menu 39/85 € bc

Spéc. Variation autour de l'huître et du bœuf (mai à sept.). Ris de veau rôti croustillant au beurre, salsifis et jus à l'huile de noisette (oct. à mars). Soufflés. **Vins** Vin de pays du Calvados.

◆ Chaleureux et typiquement normand (colombages, cheminée en pierre), ce restaurant occupe les anciennes halles du village. C'est ici une vocation que de susciter l'échange autour de bons produits ! Au menu, de beaux classiques préparés avec finesse et une interprétation savoureuse de la gastronomie régionale.

BEUZEVILLE – 27 Eure – 304 C5 – 3 649 h. – alt. 129 m – ✉ 27210 – 32 A3

Normandie Vallée de la Seine

Paris 179 – Bernay 38 – Deauville 26 – Évreux 76

52, rue Constant Fouché, ✆ 02 32 57 72 10, www.beuzeville-tourisme.com

Auberge du Cochon d'Or

64 r. des Anciens-d'AFN – ✆ 02 32 57 70 46 – www.le-cochon-dor.fr – Fermé 1er-15janv., dim. soir du 15 sept. au 15 avril et lundi

Rest – Formule 14 € – Menu 19 € (sem.), 27/42 € – Carte 28/56 €

◆ Croustillant de pied de cochon, fromages normands, teurgoule (cette spécialité régionale de riz au lait cuit plusieurs heures dans une jarre en grès)... Le bon goût du terroir dans cette auberge traditionnelle née au début du 20es. !

à l'Ouest 3 km par N 175 – ✉ 14130 Quetteville

Hostellerie de la Hauquerie-Chevotel sans rest

Lieu-dit La Hocquerie – ✆ 02 31 65 62 40 – www.chevotel.com – Ouvert 15 mars-15 nov.

15 ch – 110/165 € 110/165 € – 2 suites – 14 €

◆ Avis aux amoureux du cheval : cet hôtel s'épanouit au sein d'un haras, avec même quelques chambres au-dessus des écuries ! Un endroit chic, cosy et très verdoyant : de quoi se laisser aller à une douce quiétude et piaffer de plaisir.

LES BÉZARDS – 45 Loiret – 318 N5 – ✉ 45290 – 12 D2

Paris 136 – Auxerre 79 – Gien 17 – Joigny 58

Auberge des Templiers

à 4 km de l'autoroute A 77, sortie 19 – ✆ 02 38 31 80 01 – www.lestempliers.com – Fermé 2 sem. en fév.

22 ch – 195/295 € 195/295 € – 6 suites – 25 €

Rest *Auberge des Templiers* – voir les restaurants ci-après

◆ Une superbe architecture tout en colombages (17es.), du mobilier d'époque, plusieurs cottages aux toits de chaume répartis dans le parc, un accueil et des prestations dans la grande tradition française : tels sont les trésors de ces Templiers !

XXXX ✿

Auberge des Templiers

à 4 km de l'autoroute A 77, sortie 19 – ✆ 02 38 31 80 01 – www.lestempliers.com – Fermé 2 sem. en fév.
Rest – Menu 48 € (déj.), 78/128 € – Carte 80/165 € ✿
Spéc. Ravioles de cèpes dans un velouté au jus de truffe (saison). Gibier de Sologne (saison). Entremets de l'Auberge. **Vins** Pouilly-Fumé, Sancerre.
◆ Plaisirs intemporels... Cette table cultive le classicisme avec brio, dans un décor de tapisseries, de poutres, de cristal, etc. Certaines beautés semblent ne pas devoir se démoder !

BÈZE – **21 Côte-d'Or** – **320** L5 – **721 h.** – **alt. 217 m** – ✉ **21310** **8** D2
▶ Paris 337 – Dijon 34 – Dole 86 – Chenôve 47

Le Bourguignon

8 r. Porte-de-Bessey – ✆ 03 80 75 34 51 – www.lebourguignon.com – Fermé 24 oct.-22 nov.
25 ch – 🚹49 € 🚹🚹64 € – ☕ 9 € – ½ P 66/73 €
Rest – Menu 13 € (déj.), 22/41 € – Carte 27/64 €
◆ Une auberge de village, jolie et typique. Les chambres sont fonctionnelles et bien tenues (les dernières rénovées étant les plus agréables) ; au restaurant, charme rustique, terroir et tradition.

BÉZIERS – **34 Hérault** – **339** E8 – **71 672 h.** – **Agglo. 124 967 h.** – **alt. 17 m** – ✉ **34500** Languedoc Roussillon **22** B2
▶ Paris 758 – Marseille 234 – Montpellier 71 – Perpignan 93
✈ de Béziers-Cap d'Agde : ✆ 04 67 80 99 09, 10 km par ④.
ℹ 29, avenue Saint-Saëns, ✆ 04 67 76 84 09, www.beziers-mediterranee.com
🏌 de Saint-Thomas, Route de Pezenas, NE : 12 km, ✆ 04 67 39 03 09
👁 Anc. cathédrale St-Nazaire★ : terrasse ≤★ - Musée du Biterois★ BZ **M³** - Jardin St Jacques ≤★.

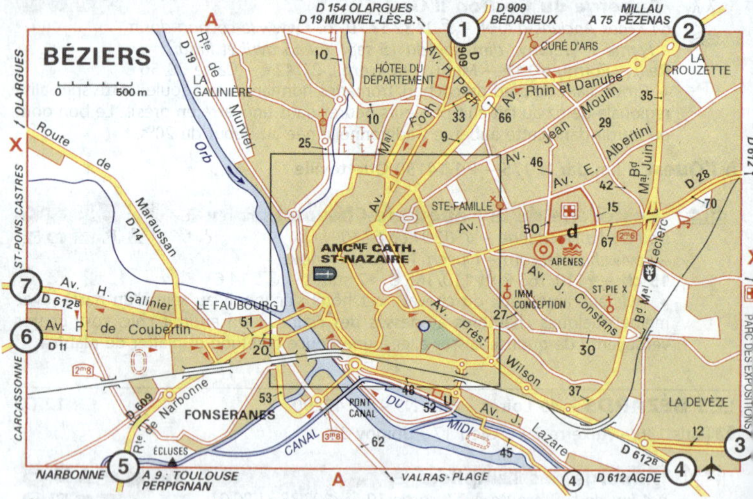

SYMBOLES • SYMBOLS

Catégories de confort • *Categories of comfort*

Dans chaque catégorie, les établissements sont cités par ordre de préférence.
Within each category, establishments are listed in order of preference.

...	Hôtels, classés selon leur confort de 5 à 1 pavillon(s) *Hotels, classified by their comfort, from 5 to 1 house*
	Maisons d'hôtes • *Guesthouse*
...	Restaurants, classés selon leur standing de 5 à 1 couvert(s) *Restaurants, classified by their comfort, from 5 to 1 couvert*

Distinctions • *Awards*

	La table vaut le voyage • *Exceptional cuisine, worth a special journey*
	La table mérite un détour • *Excellent cooking, worth a detour*
	Une très bonne table • *A very good restaurant*
	"Bib Gourmand" : bonne table à prix modérés (≤ 29 €, 35 € à Paris) *"Bib Gourmand": good cooking at moderate prices (≤ 29 €, 35 € in Paris)*
	"Bib Hôtel" : bonne nuit à petits prix (≤ 75 €, 90 € dans les grandes villes) *"Bib Hotel": good accomodation at moderate prices (≤ 75 €, 90 € in large towns)*

Agréments • *Agreeable features*

... ,	Les hôtels et maisons d'hôtes les plus agréables *The most pleasant hotels, guesthouses*
/	Hébergement très tranquille / tranquille • *Very quiet hotel / Quiet Hotel*
/	Vue exceptionnelle / intéressante • *Exceptional view / Interesting view*
...	Les restaurants les plus agréables • *The most pleasant restaurants*
	Carte des vins présentant un choix particulièrement intéressant *A particularly interesting wine list*

Équipements & services • *Facilities & services*

	Jardin · Parc • *Garden · Park*
	Repas au jardin ou en terrasse • *Meals served in garden or on the terrace*
Spa	Piscine en plein air / couverte · Spa • *Outdoor / Indoor swimming pool · Spa*
	Tennis · Salle de remise en forme • *Tennis · Exercise room*
	Ascenseur · Aménagements pour personnes à mobilité réduite *Lift · Wheelchair access*
A/C	Air conditionné • *Air conditioning*
	Connexion Internet Wifi · ADSL • *Wireless · Broadband connection*
	Salons pour repas privés · Salles de conférences *Private dining rooms · Equipped conference rooms*
P P	Voiturier · Parking · Parking clos · Garage *Valet parking · Car Park · Enclosed Car Park · Garage*

Prix • *Prices*

ch – 50/80 € 60/100 €	Prix des chambres mini / maxi pour 1 et 2 personne(s) *Lowest / highest prices for single and double rooms*
ch	Petit-déjeuner compris • *Breakfast included*
9 €	Petit-déjeuner en sus • *Breakfast supplement*
1/2 P 50/70 €	Prix mini / maxi en demi-pension, par personne et par jour en chambre double • *Minimum / maximum half board rate per person and per night in a double room*
Formule 13 €	Formule (2 plats au choix) au déjeuner en semaine *2 course set lunch on weekdays*
	Menu ≤ 19 € • *Menu ≤ 19 €*
Menu 15 € (déj) / (sem.)	Menu servi uniquement au déjeuner / en semaine *Menu served at lunch only / on weekdays only*
Menu 16/38 €	Menu le moins cher / le plus cher *Least expensive menu / most expensive menu*
bc	Boisson comprise • *Drinks included*

MICHELIN

Pour l'achat d'un guide MICHELIN France 2012, téléchargez gratuitement avant le 31 mars 2012 l'App iPhone « France - Le guide MICHELIN 2012 Hôtels et Restaurants » sur l'App Store France, en utilisant le code promotionnel personnel inclus dans tout guide mentionnant l'offre.

1/ Grattez la case au recto de cet encart pour découvrir votre code promotionnel personnel, nécessaire pour obtenir l'application.

2/ Rendez vous sur l'App Store France pour télécharger l'application avant le 31/03/2012 minuit.

Comment utiliser un code sur votre iPhone, iPad ou iPod touch :

1. Ouvrez l'App Store
2. Choisissez l'onglet Sélection et faites défiler la page jusqu'en bas
3. Saisissez votre code personnel
4. Vous pouvez alors télécharger votre contenu
5. Chargez votre contenu sur votre iPhone, iPad ou iPod pour en profiter dans les meilleures conditions

Comment utiliser un code sur votre Mac ou sur votre PC :

1. Ouvrez iTunes et cliquez sur iTunes Store
2. Cliquez sur Utiliser un code dans la rubrique Raccourcis
3. Saisissez votre code personnel
4. Vous pouvez alors télécharger votre contenu

Le Code expire le 31 mars 2012 et n'est remboursable que sur le site français iTunes Store. Nécessite un compte iTunes, sous réserve d'avoir accepté au préalable les conditions de licence et d'utilisation. Pour ouvrir un compte, vous devez être âgé(e) d'au moins 13 ans et vous trouver en France. Il est nécessaire de posséder des logiciels et matériels informatiques compatibles ainsi qu'un accès Internet (frais supplémentaires à envisager). Revente interdite. L'ensemble des conditions générales est applicable ; voir www.apple.com/legal/itunes/ww/. Pour plus d'informations, voir www.apple.com/support/. Cette application vous est fournie par ViaMichelin.

Pour toute demande concernant l'opération :

MICHELIN Travel Partner
Service Client
27 cours de l'île Seguin
92100 Boulogne-Billancourt cedex France
mobile@tp.michelin.com

Les frais de connexion internet et opérateurs téléphoniques ne seront pas remboursés. Offre valable du 01/03/12 au 31/03/12, limitée à une demande par code promotionnel.

MICHELIN
Une meilleure façon d'avancer

BÉZIERS

Abreuvoir (R. de l') .... BZ 2
Albert-1er (Av.) .... CY 3
Bonsi (R. de) .... BZ 4
Brousse (Av. Pierre) .... BZ 5
Canterelles (R.) .... BZ 6
Capus (R. du) .... BZ 7
Citadelle (R. de la) .... BZ 9
Drs-Bourguet (R. des) .... BZ 13
Estienne-d'Orves (Av. d') .... BZ 22
Flourens (R. Pierre) .... BY 23
Garibaldi (Pl.) .... CZ 26
Joffre (Av. Mar.) .... CZ 32
Massol (R.) .... BZ 43
Moulins (Rampe des) .... BY 44
Orb (R. de l') .... BZ 47
Péri (Pl. G.) .... BYZ 49
Puits-des-Arènes (R. du) .... BZ 54
République (R. de la) .... BY 55
Révolution (Pl. de la) .... BZ 57
Riquet (R. P.) .... BY 58
St-Jacques (R.) .... BZ 60
Strasbourg (Bd de) .... CY 64
Tourventouse (Bd) .... BZ 65
Victoire (Pl. de la) .... BCY 68
Viennet (R.) .... BZ 69
4-Septembre (R. du) .... BY 72
11-Novembre (Pl. du) .... CY 74

Mercure sans rest

33 av. Camille-St-Saëns – ✆ 04 67 00 19 96 – www.mercure.com **CYf**

58 ch – 🚹120/155 € 🚹🚹120/155 € – ☕ 14 €

◆ Hôtel moderne entre l'office de tourisme et le palais des congrès. Les chambres arborent un style "cabine de péniche du canal du Midi" : boiseries, hublots et formes arrondies !

Des Poètes sans rest

80 allées Paul-Riquet – ✆ 04 67 76 38 66 – www.hoteldespoetes.net **CZt**

14 ch – 🚹45/70 € 🚹🚹45/70 € – ☕ 8 €

◆ Chambres contemporaines et soignées dans ce petit hôtel confortable du centre. La salle des petits-déjeuners, réchauffée l'hiver par une cheminée, s'ouvre sur le parc des Poètes.

Le Clos de Maussanne

Domaine de Montpeyraux, rte de Pézenas – ✆ 04 67 39 31 81 – www.leclosdemaussanne.com

5 ch ☕ – 🚹95/125 € 🚹🚹95/125 € **Table d'hôte** – Menu 28/45 €

◆ En pleine nature à 10mn du centre de Béziers, dans un jardin clos de murs, cet ancien couvent abrite de grandes chambres au charme inclassable (meubles de style et antiquités). Table d'hôte aux saveurs méditerranéennes.

XXX **L'Ambassade** (Patrick Olry) AC VISA MC AE

✿ *22 bd de Verdun, (face à la gare) – ✆ 04 67 76 06 24 – www.restaurant-lambassade.com – Fermé dim. et lundi* CZ**n**

Rest – Menu 29 € (sem.)/110 € – Carte 60/90 €

Spéc. Foie gras de canard poêlé, crumble de spéculos à la pêche blanche (été). Comme un bras de Vénus, émietté de chair de homard et huître spéciale. Supplice extra bitter, sorbet cacao et kumquat. **Vins** Faugères, Coteaux du Languedoc.

◆ Une décoration résolument contemporaine (boiseries blondes, verre sablé), des plats savoureux et une carte des vins exceptionnelle : le "Tout-Béziers" s'y précipite !

XX **Octopus** (Fabien Lefebvre) AC VISA MC

✿ *12 r. Boïeldieu – ✆ 04 67 49 90 00 – www.restaurant-octopus.com – Fermé 16 août-1er sept., 24 déc.-3 janv., dim. et lundi* CY**t**

Rest – Formule 23 € bc – Menu 30 € (déj. en sem.), 45/75 € – Carte 60/95 €

Spéc. Poisson de petite pêche mariné. Agneau en deux services (printemps). Duplex pour amateur de chocolat (hiver). **Vins** Faugères, Corbières.

◆ Moment de gastronomie au cœur de Béziers : cet Octopus propose une savoureuse cuisine de saison, épurée et centrée sur le produit. Décor simple et agréable, terrasse dans le patio.

X **La Maison de Petit Pierre** AC VISA MC

22 av. Pierre-Verdier – ✆ 04 67 30 91 85 – www.lamaisondepetitpierre.fr – Fermé 17 août-4 sept , 24-30 decembre, 28 fév.-6 mars, lundi soir, mardi soir, merc. soir et dim. AX**d**

Rest – Menu 15 € (déj.), 38/65 € – Carte 30/70 €

◆ Non loin des arènes, une maison de campagne aux allures d'hacienda, avec un grand patio très agréable l'été ! Cuisine actuelle ; bar à tapas.

à Villeneuve-lès-Béziers 7 km par ③, D 612 et D 37 – 3 806 h. – alt. 6 m – ✉ 34420

i 24, rue la Fontaine, ✆ 04 67 39 48 83, www.villeneuve-les-beziers.fr

La Chamberte AC ch, VISA MC

r. de la Source – ✆ 04 67 39 84 83 – www.lachamberte.com – Fermé 1er-15 mars et 1er-21 nov.

5 ch – †72 € ††98 € **Table d'hôte** *(fermé lundi soir)* – Menu 25 €

◆ Couverte de verdure, cette ancienne cave à vin séduit d'emblée par son beau jardin-patio, véritable havre de paix. Le décor est aussi tendance que chaleureux (influences andalouse, exotique...). Table d'hôte dressée sous une belle charpente (plats du marché).

à Maraussan 6 km à l'Ouest par D 14 – 3 448 h. – alt. 38 m – ✉ 34370

XX **Parfums de Garrigues** AC P VISA MC

37 r. de l'Ancienne-Poste – ✆ 04 67 90 33 76 – www.parfumsdegarrigues.fr – Fermé dim. soir et mardi de sept. à juin, merc. midi en juil. août et lundi

Rest – Formule 20 € – Menu 25/83 € bc – Carte 35/60 €

◆ Une bâtisse joliment restaurée, comptant une confortable salle d'esprit contemporain et une cour intérieure abritant une terrasse ombragée. Cuisine aux parfums de la garrigue, bien sûr !

BIARRITZ – 64 Pyrénées-Atlantiques – 342 C4 – 26 273 h. – alt. 19 m – Casino – ✉ 64200 Pays Basque et Navarre **3 A3**

Paris 772 – Bayonne 9 – Bordeaux 190 – Pau 122

de Biarritz-Anglet-Bayonne : ✆ 05 59 43 83 83, 2 km ABX.

✆ 3635 (dîtes auto-train - 0,34 €/mn)

i square d'Ixelles - Javalquinto, ✆ 05 59 22 37 10, www.biarritz.fr

18 de Biarritz, 2 avenue Edith Cavell, NE : 1 km, ✆ 05 59 03 71 80

9 d'Ilbarritz, à Bidart, Avenue du Château, S : 3 km par D 911, ✆ 05 59 43 81 30

18 d'Arcangues, à Arcangues, Jaureguiborde, SE : 8 km, ✆ 05 59 43 10 56

< ★★ de la Perspective - < ★ du phare et de la Pointe St-Martin AX - Rocher de la Vierge ★ - Musée de la mer ★.

Plans pages suivantes

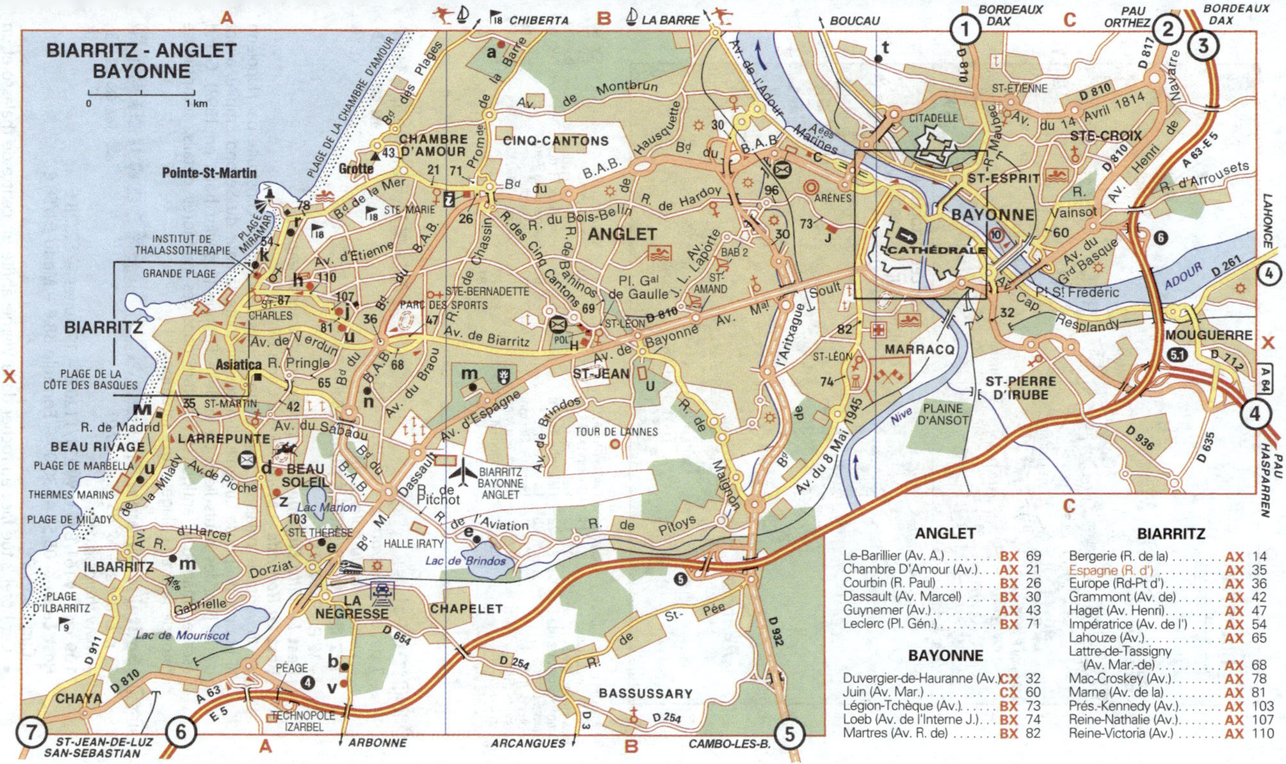

ANGLET

Le-Barillier (Av. A.)	BX	69
Chambre D'Amour (Av.)	AX	21
Courbin (R. Paul)	BX	26
Dassault (Av. Marcel)	BX	30
Guynemer (Av.)	AX	43
Leclerc (Pl. Gén.)	BX	71

BAYONNE

Duvergier-de-Hauranne (Av.)	CX	32
Juin (Av. Mar.)	CX	60
Légion-Tchèque (Av.)	BX	73
Loeb (Av. de l'Interne J.)	BX	74
Martres (Av. R. de)	BX	82

BIARRITZ

Bergerie (R. de la)	AX	14
Espagne (R. d')	AX	35
Europe (Rd-Pt d')	AX	36
Grammont (Av. de)	AX	42
Haget (Av. Henri)	AX	47
Impératrice (Av. de l')	AX	54
Lahouze (Av.)	AX	65
Lattre-de-Tassigny (Av. Mar.-de)	AX	68
Mac-Croskey (Av.)	AX	78
Marne (Av. de la)	AX	81
Prés.-Kennedy (Av.)	AX	103
Reine-Nathalie (Av.)	AX	107
Reine-Victoria (Av.)	AX	110

Atalaye (Pl.)	DY	4	Gaulle (Bd du Gén.-de)	EY	37	Mazagran (R.)	EY	84
Barthou (Av. Louis)	EY	11	Goélands (R. des)	DY	40	Osuna (Av. d')	EY	95
Beaurivage (Av.)	DZ	12	Helder (R. du)	EY	49	Port-Vieux (Pl. du)	DY	99
Champ-Lacombe (R.)	EZ	22	Hélianthe (Rd-Pt)	DZ	50	Port-Vieux (R. du)	DY	100
Clemenceau (Pl.)	EY	25	Larralde (R.)	EY	66	Rocher de la Vierge (Espl. du)	DY	114
Édouard-VII (Av.)	EY		Larre (R. Gaston)	DY	67	Sobradiel (Pl.)	EZ	117
Espagne (R. d')	DZ	35	Leclerc (Bd Mar.)	DEY	70	Verdun (Av. de)	EY	
Foch (Av. du Mar.)	EZ		Libération (Pl. de la)	EZ	72	Victor-Hugo (Av.)	EYZ	
Gambetta (R.)	DEZ		Marne (Av. de la)	EY	81			

Du Palais

1 av. de l'Impératrice – 05 59 41 64 00
– www.hotel-du-palais.com
EYk

122 ch – 325/550 € 400/625 € – 30 suites – 45 €
– ½ P 295/408 €

Rest *La Villa Eugénie* – voir les restaurants ci-après
Rest *La Rotonde* – Menu 65 € – Carte 68/92 €

◆ Un véritable palais de bord de mer... Résidence d'été construite par Napoléon III pour son épouse Eugénie, il accueillit toute la cour du Second Empire, avant d'être l'un des hauts lieux de la Belle Époque (il devint hôtel en 1893). Grand escalier magistral, antiquités, confort dans les moindres détails, somptueuse rotonde face à la plage... Luxe intemporel !

Sofitel le Miramar Thalassa

13 r. L.-Bobet – 05 59 41 30 01
– www.thalassa.com
AXk

109 ch – 161/875 € 231/1120 € – 17 suites – 28 €
Rest *Le B* 05 59 41 30 00 – Formule 38 € – Menu 51/58 €
– Carte 65/75 €

◆ Cet hôtel, situé face au rocher de la Vierge, abrite un centre de thalasso et un spa. Chambres spacieuses, certaines avec terrasse ouverte sur la mer ; accès direct à la plage. Au B, ambiance moderne ou feutrée. Cuisine gastronomique ou allégée.

Radisson Blu
1 carr. Hélianthe – ✆ 05 59 01 13 13 – www.radissonblu.fr/hotel-biarritz
150 ch – 🚹99/325 € 🚹🚹120/550 € – ☕ 23 € DZt
Rest – Formule 18 € – Menu 32 € – Carte 26/52 €
◆ Décor actuel dans les chambres spacieuses de cet hôtel, mitoyen du spa Serge Betsen. Salle de jeux pour les enfants, grande terrasse et piscine sur le toit. Lounge-bar et restaurant d'esprit trendy. Cuisine fusion (cuissons à la plancha et grillades).

Beaumanoir sans rest
10 av. de Tamamès – ✆ 05 59 24 89 29 – www.lebeaumanoir.com
– Ouvert début avril à mi-nov. AXn
5 ch – 🚹235/485 € 🚹🚹235/485 € – 3 suites – ☕ 24 €
◆ Mobilier baroque et design, salle à manger d'esprit orangeraie, bar à champagne et suites ! Un charme luxueux règne dans ces anciennes écuries, à deux pas du centre et des plages.

Le Café de Paris
rest,
5 pl. Bellevue – ✆ 05 59 24 19 53 – www.hmc-hotels.com EYt
17 ch – 🚹194/430 € 🚹🚹255/430 € – 2 suites – ☕ 20 €
Rest – Formule 21 € – Carte 36/86 €
◆ Ambiance jeune et animée dans cette institution de Biarritz au cadre résolument contemporain : mobilier design, murs ornés de peintures d'un artiste basque. Chambres avec vue sur l'Océan et le phare. Restaurant moderne avec belle terrasse ; carte brasserie.

Mercure Thalassa Regina et du Golf
52 av. de l'Impératrice – ✆ 05 59 41 33 00
– www.mercure.com – Fermé janv. AXr
55 ch – 🚹130/350 € 🚹🚹130/350 € – 12 suites – ☕ 20 €
Rest *(dîner seult)* – Menu 42 €
◆ Élégante résidence de style Second Empire. Confortables chambres, côté golf ou face à l'Océan, desservies par des coursives plongeant sur le bel atrium coiffé d'une verrière. Le restaurant séduit par son joli décor marin et son aménagement sous vélum.

Mercure Plaza Centre sans rest
10 av. Édouard-VII – ✆ 05 59 24 74 00 – www.groupe-segeric.com EYp
69 ch – 🚹133/244 € 🚹🚹133/244 € – ☕ 17 €
◆ L'esprit Art déco imprègne les lieux de cet hôtel mythique, tourné vers la plage et le casino. Jolies chambres au décor alliant modernité et années 1930. Soirées jazz.

Grand Tonic Hôtel
ch,
58 av. Édouard-VII – ✆ 05 59 24 58 58 – www.tonichotel.com EYd
63 ch – 🚹100/325 € 🚹🚹125/395 € – ☕ 15 € – ½ P 105/240 €
Rest *La Maison Biarrotte* *(fermé dim. et lundi de nov. à mars)* – Formule 20 € – Menu 23 € – Carte 25/55 €
◆ Un hôtel élégant et moderne à deux pas de la Grande Plage. Chambres au design soigné, équipées de baignoires hydromassantes pour des réveils toniques ! Agréable salle à manger contemporaine et cuisine en harmonie avec le cadre.

De Silhouette
ch, ch,
30 r. Gambetta – ✆ 05 59 24 93 82 – www.hotel-silhouette-biarritz.com
20 ch – 🚹155/425 € 🚹🚹155/425 € – ☕ 15 € EZf
Rest *(fermé le soir de mi-oct. à Pâques)* – Carte 42/57 €
◆ Une architecture noble et des décors originaux (notes colorées, papiers peints d'inspiration surréaliste, etc.) : cette demeure du 17ᵉs. – ancienne propriété de la famille de Silhouette – a fait sa mue en 2011. Déco tendance et détente, surtout dans les chambres avec vue sur la mer...

Édouard VII sans rest
21 av. Carnot – ✆ 05 59 22 39 80 – www.hotel-edouardvii.com EZk
18 ch – 🚹80/165 € 🚹🚹80/165 € – ☕ 12 €
◆ Accueil sympathique en cette jolie villa biarrote de la fin du 18ᵉs. Chambres claires, agréablement personnalisées dans un esprit maison bourgeoise.

Mercure Le Président sans rest
18 pl. G.-Clemenceau – ✆ 05 59 24 66 40 – www.mercure.com EY**b**
69 ch – 120/233 € 120/233 € – 17 €
◆ Un hôtel des années 1970, mais une décoration et un confort très actuels : notes vives, surf à l'honneur et dominante de blanc dans les chambres (certaines avec vue sur la baie).

Alcyon sans rest
8 r. Maison-Suisse – ✆ 05 59 22 64 60 – www.hotel-alcyon-biarritz.com – Fermé 22 déc.-21 mars EY**x**
15 ch – 80/150 € 80/175 € – 11 €
◆ Cet hôtel marie charme des maisons anciennes et confort moderne : salon contemporain, salle des petits-déjeuners design et chambres aux tons chauds, dans l'air du temps.

Le Biarritz rest,
30 av. de la Milady – ✆ 05 59 23 83 03 – www.biarritz-thalasso.com
49 ch – 93/251 € 122/432 € – 12 € – ½ P 102/252 € AX**u**
Rest – Menu 23 € (déj. en sem.)/29 € – Carte 23/42 €
◆ À deux pas des thermes marins (accessibles à des tarifs préférentiels), cet hôtel propose de confortables chambres contemporaines d'esprit bord de mer. Le Ponton ouvre grand ses baies sur l'Océan. Terrasse aux beaux jours et carte actuelle.

Maïtagaria sans rest
34 av. Carnot – ✆ 05 59 24 26 65 – www.hotel-maitagaria.com – Fermé 22 nov.-13 déc. EZ**m**
15 ch – 56/76 € 63/102 € – 9 €
◆ Demeure de style régional et d'esprit maison d'hôte. Le mobilier chiné des chambres (fonctionnelles ou plus confortables) est largement Art déco. Salon ouvert sur le jardin.

Windsor ch,
19 bd du Gén.-de-Gaulle, (Grande Plage) – ✆ 05 59 24 08 52 – www.hotelwindsorbiarritz.com EY**a**
48 ch – 90/350 € 90/350 € – 16 € – ½ P 66/216 €
Rest *Le Galion* ✆ 05 59 24 20 32 *(fermé dim. soir du 16 nov. au 29 fév., lundi sauf le soir du 1er juil. au 15 sept. et mardi midi)* – Formule 18 € – Menu 30 € – Carte 42/58 €
◆ Océan, ville ou cour : l'exposition des chambres de cette bâtisse voisine de la Grande Plage varie. Préférez celles rénovées, modernes et épurées. Situé à 50 m, le restaurant panoramique offre une vue sur l'Atlantique. Plats traditionnels axés produits de la mer.

Maison Garnier sans rest
29 r. Gambetta – ✆ 05 59 01 60 70 – www.hotel-biarritz.com – Fermé 3-16 déc. et 9-20 janv. EZ**e**
7 ch – 80/170 € 80/170 € – 12 €
◆ Coquette villa biarrote du 19es., agréablement aménagée. Mobilier ancien et décoration soignée font tout le cachet des chambres, assez grandes.

Marbella ch,
11 r. du Port-Vieux – ✆ 05 59 24 04 06 – www.hotel-marbella.fr DY**a**
30 ch – 83/170 € 85/175 € – 10 €
Rest *La Ruelle* ✆ 05 59 43 75 93 – Formule 13 € – Menu 19/35 € – Carte 25/42 €
◆ À quelques encablures du rocher de la Vierge et du musée de la Mer, un établissement d'esprit familial doté de chambres plaisantes et bien tenues. Cuisine régionale mettant le poisson à l'honneur ; cadre chaleureux et chatoyant.

Oxo sans rest
38 av. de Verdun – ✆ 05 59 24 26 17 – www.hotel-oxo.com – Fermé 21 déc.-4 janv. EY**e**
20 ch – 60/100 € 65/125 € – 8 €
◆ Oxo... pour oxygène des montagnes et océan. Établissement situé sur un axe passant (face à la médiathèque) ; chambres d'esprit contemporain, mêlant gris souris et couleurs vives.

Villa Le Goëland sans rest

12 plateau de l'Atalaye – ✆ 0687662219 – www.villagoeland.com – Fermé vacances de fév. DYw

4 ch – 🚹130/250 € 🚹🚹130/280 € – ☕ 10 €

◆ Grande villa érigée sur l'un des sites les plus agréables de Biarritz : le panorama, superbe, va de l'Espagne à la côte landaise. Certaines chambres ont une terrasse.

Nere-Chocoa sans rest

28 r. Larreguy – ✆ 06 08 33 84 35 – www.nerechocoa.com AXe

5 ch – 🚹80/130 € 🚹🚹80/130 € – ☕ 10 €

◆ Cette maison basque entourée de chênes a hébergé des hôtes illustres, telle l'impératrice Eugénie. Ambiance galerie d'art contemporain (vernissages, expositions), grandes chambres.

La Ferme de Biarritz sans rest

15 r. Harcet – ✆ 05 59 23 40 27 – www.fermedebiarritz.com – Fermé 1er-16 déc. AXm

5 ch – 🚹60/90 € 🚹🚹60/90 € – ☕ 8,50 €

◆ Près de la plage, ferme basque du 17es. bien restaurée. Coquettes chambres mansardées, agrémentées de meubles anciens. Petit-déjeuner dans le jardin ou devant la cheminée.

La Villa Eugénie – Hôtel Du Palais

1 av. de l'Impératrice – ✆ 05 59 41 64 00 – www.hotel-du-palais.com – Fermé fév., lundi et mardi de sept. à juin et le midi en juil.-août EYk

Rest – Menu 130 € – Carte 100/130 €

Spéc. Txangurro, araignée de mer en fin velouté, croustillant au galanga (été-automne). Rougets en filets poêlés, chipirons et riz crémeux, sauce à l'encre au piment d'Espelette. L'Instant au chocolat. **Vins** Irouléguy, Jurançon.

◆ Pour marcher sur les traces de l'impératrice Eugénie, à laquelle Biarritz doit tant. Au cœur de son ancien palais, dans l'intimité d'élégants salons, on déguste une cuisine raffinée et... nullement figée : notes d'Asie, sucré-salé, épure, etc.

Philippe

30 av. du Lac-Marion – ✆ 05 59 23 13 12 – www.restaurant-biarritz.com – Fermé 2 sem. en mars, 2 sem. en nov., mardi d'oct. à juin et lundi sauf août AXd

Rest *(dîner seult) (nombre de couverts limité, réserver)* – Menu 35/70 € bc – Carte 35/70 €

◆ Cuisines ouvertes, plats inventifs à base de produits bio, décor avant-gardiste dans un cadre style hangar : ce restaurant surprend et séduit. Dépôt-vente d'art contemporain.

Les Rosiers (Andrée et Stéphane Rosier)

32 av. Beau Soleil – ✆ 05 59 23 13 68 – www.restaurant-lesrosiers.fr – Fermé merc. midi en août, lundi sauf le soir en août et mardi sauf le soir en juil.-août AXz

Rest – Menu 36 € (déj. en sem.)/74 € – Carte 60/80 €

Spéc. Crabe en fine gelée de crustacés, caramel de fenouil et dés de pomme verte. Filets de rouget en croustillant de chorizo, jus de piquillos (été). Carré mœlleux au chocolat. **Vins** Irouléguy, Jurançon.

◆ Cadre élégant, tout en sobriété, servant d'écrin à une séduisante cuisine "vérité" réalisée à quatre mains. Madame a été la première "Meilleure ouvrière de France" !

L'Atelier

18 r. de la Bergerie – ✆ 05 59 22 09 37 – www.latelierbiarritz.com – Fermé 1 sem. en juin, 2 sem. en oct., 2 sem. en janv., sam. midi, dim. soir et lundi sauf vacances scolaires et fériés AXh

Rest – Formule 25 € – Menu 55/90 € bc – Carte environ 55 €

◆ Un véritable atelier culinaire, par un jeune chef passionné ! Il signe une cuisine contemporaine aux associations de saveurs originales et décomplexées : certaines compositions sont une vraie réussite.

XX **Sissinou**

5 av. Mar.-Foch – ✆ 05 59 22 51 50 – Fermé 26 juin-5 juil., vacances de la Toussaint et de fév., dim. et lundi sauf août et le midi en août **EZn**

Rest – Formule 30 € – Menu 40 € (déj.)/56 €

◆ Agréable atmosphère néobistrot (banquettes, teintes chatoyantes, service décontracté) et recettes actuelles, généreuses et gourmandes.

XX **La Table d'Aranda**

87 av. de la Marne – ✆ 05 59 22 16 04 – www.tabledaranda.fr – Fermé 2 sem. en janv., lundi sauf le soir en juil.-août et dim. **AXj**

Rest – Formule 15 € – Menu 20 € (déj.) – Carte 40/49 €

◆ Bon bouche à oreille pour cette table vouée à la satisfaction de vos papilles... Ambiance rustique et basque (ancienne rôtisserie) ; cuisine personnelle, autour du sucré-salé.

XX **Café de la Grande Plage**

1 av. Edouard-VII – ✆ 05 59 22 77 88 – www.lucienbarriere.com **EYh**

Rest – Formule 22 € – Menu 27/38 € – Carte 30/50 €

◆ Au rez-de-chaussée du casino, face à l'Océan, brasserie de style Art déco ornée de mosaïques. Vue idéale sur la plage et les surfeurs. Cuisine simple et banc d'écailler.

X **L'Instant**

4 r. du Port-Vieux – ✆ 05 59 24 84 65 – www.restaurant-linstant.com – Fermé mardi et merc. sauf juil.-août **DYp**

Rest – Formule 15 € – Menu 50 € – Carte 40/60 €

◆ Ce petit bistrot contemporain, niché au cœur d'un quartier touristique, propose une cuisine du marché fraîche, goûteuse et sincère, renouvelée tous les mois. Un bel instant !

X **Léonie**

7 av. Larochefoucauld – ✆ 05 59 41 01 26 – www.restaurant-leonie.com – Fermé 20 juin-4 juil., 21 nov.-5 déc., 14-21 mars, sam. midi, dim. soir et merc.

Rest – Formule 15 € – Menu 24/35 € – Carte 30/50 € **AXu**

◆ Épure du blanc immaculé rehaussée de touches colorées (peintures et sculptures en exposition). Dans l'assiette : plats bistrotiers, simples, goûteux et généreux.

X **Le Clos Basque**

12 r. L.-Barthou – ✆ 05 59 24 24 96 – Fermé fin juin-début juil., fin oct.-mi nov., fin fév.-mi mars, dim. soir sauf juil.-août et lundi **EYv**

Rest *(nombre de couverts limité, réserver)* – Menu 25/29 €

◆ Pierres apparentes et azulejos confèrent un esprit ibérique à la petite salle à manger, où l'on mange au coude-à-coude. Terrasse d'été très courue. Recettes dans l'air du temps.

X **Chez Albert**

au Port-des-Pêcheurs – ✆ 05 59 24 43 84 – www.chezalbert.fr – Fermé 26 nov.-15 déc., 7 janv.-12 fév. et merc. **DYv**

Rest – Carte 40/65 €

◆ Tous les chemins mènent à Rome ; une seule route conduit chez Albert. Adresse animée et décontractée du vieux port des pêcheurs ; les produits de la mer sont à l'honneur !

au lac de Brindos **4 km au Sud-Est – ✉ 64600 Anglet – ✉ 64600**

Château de Brindos

1 allée du Château – ✆ 05 59 23 89 80 – www.chateaudebrindos.com – Fermé 19 fév.-7 mars **BXe**

24 ch – †175/275 € ††220/335 € – 5 suites – ☕ 25 €

Rest *Château de Brindos* – voir les restaurants ci-après

◆ Bel établissement dressé au bord d'un lac privé de 10 ha. Les chambres tutoient la verdure ou les flots, mêlant confort contemporain et architecture éclectique : la bâtisse principale fut bâtie dans les années 1920 comme un lieu de fête.

Château de Brindos
1 allée du Château – ✆ 05 59 23 89 80 – www.chateaudebrindos.com – Fermé 1er-5 mars, 10-22 déc., dim. soir et lundi sauf de Pâques à la Toussaint
Rest – Menu 35 € bc (déj. en sem.), 49/95 € – Carte 65/85 € BX**e**
◆ Quasi de veau rôti à l'échalote, topinambours glacés et trompettes de la mort ; poire pochée, gingembre confit et mousse chaude au chocolat... Au menu : de jolies saveurs dans un cadre élégant – la terrasse face au lac est superbe !

rte d'Arbonne 4 km au Sud par La Négresse et D 255 – ✉ 64200 Biarritz

Le Château du Clair de Lune sans rest
48 av. Alan-Seeger – ✆ 05 59 41 53 20 – www.hotelclairlune.com AX**b**
17 ch – †80/160 € ††90/160 € – ☕ 11 €
◆ Dans un joli parc où flâner au clair de lune, charmante demeure bourgeoise (1902) abritant des chambres raffinées ; décor plus champêtre dans le pavillon.

Campagne et Gourmandise
52 av. Alan-Seeger – ✆ 05 59 41 10 11 – www.campagneetgourmandise.com – Fermé dim. soir sauf du 14 juil. à fin août, lundi midi et merc. AX**v**
Rest – Menu 36/73 € – Carte 48/80 €
◆ Cette ancienne ferme nichée dans un vaste jardin, face aux Pyrénées, propose une cuisine classique actualisée. Salle cosy, belle cheminée et jolie terrasse.

à Arbonne 7 km au Sud par La Négresse et D 255 – 1 924 h. – alt. 37 m – ✉ 64210

Laminak sans rest
rte de St-Pée – ✆ 05 59 41 95 40 – www.hotel-laminak.com
12 ch – †75/105 € ††75/105 € – ☕ 11 €
◆ Jolie ferme du 18es. dans un jardin verdoyant. Chambres au décor soigné ; petits-déjeuners (confitures maison) servis sous la véranda, ouverte sur la piscine.

à Arcangues 8 km par La Négresse, D 254 et D 3 – 3 120 h. – alt. 80 m – ✉ 64200
ℹ le bourg, ✆ 05 59 43 08 55, www.arcangues.fr

Les Volets Bleus sans rest
chemin Etchegaraya, 2 km au Sud sur ancienne rte de St-Pée – ✆ 06 07 69 03 85 – www.lesvoletsbleus.fr – Fermé janv. et fév.
5 ch ☕ – †90/170 € ††98/186 €
◆ Quiétude, verdure, authenticité : les atouts de cette villa basque perdue en pleine campagne. Matériaux nobles, chambres spacieuses aux murs patinés, tomettes et boutis.

Le Moulin d'Alotz (Benoit Sarthou)
3 km au Sud par rte d'Arbonne et rte secondaire – ✆ 05 59 43 04 54 – www.lemoulindalotz.com – Fermé 19-27 juin, 12-21 nov., janv., merc. sauf le soir en juil.-août et mardi
Rest *(nombre de couverts limité, réserver)* – Carte environ 65 €
Spéc. Homard caramélisé, pinces croustillantes et foie chaud. Filet de rouget grillé, poulpe et pimenton, mousseline de pomme de terre et gâteau éponge aux oignons. Gâteau frangipane à la pistache, crème glacée à la verveine. **Vins** Irouléguy.
◆ Ce coquet moulin basque daterait de 1694. Cuisine de saison, inventive et raffinée, à déguster au coin du feu dès les premiers frimas, ou sur la plaisante terrasse l'été venu.

Voir aussi ressources hôtelières à ***Anglet***

BIDARRAY – 64 Pyrénées-Atlantiques – 342 D3 – 633 h. – alt. 110 m **3 A3**
– ✉ 64780 Pays Basque et Navarre
Paris 799 – Biarritz 37 – Cambo-les-Bains 17 – Pau 127

Ostapé

rte d'Itxassou, 4 km au Nord par D 349 – 05 59 37 91 91 – www.ostape.com – Ouvert de mi-mars à fin nov.

22 suites – 205/325 € – 22 €

Rest ***Ostapé*** – voir les restaurants ci-après

◆ Plusieurs villas de style basque se fondent dans un paysage verdoyant – un parc de 45 ha que l'on parcourt avec une golfette prêtée pour le séjour ! Avec ses chambres spacieuses et raffinées, ses belles prestations, voilà bien un domaine à part...

Ostapé

rte d'Itxassou, 4 km au Nord par D 349 – 05 59 37 91 91 – www.ostape.com – Ouvert de mi-mars à fin nov., fermé mardi et le midi en sem. hors saison

Rest – Menu 39/72 € – Carte 56/67 €

◆ Au sein d'un domaine bucolique, entre des murs du 17ᵉs., cette table élégante revisite avec bonheur la gastronomie navarraise. Au menu : variations autour des bons produits locaux et incontournables tels que morue à la biscayenne ou gâteau basque.

BIDART – 64 Pyrénées-Atlantiques – 342 C4 – 6 038 h. – alt. 40 m – 64210 Pays Basque et Navarre 3 A3

Paris 778 – Bayonne 17 – Biarritz 7 – Pau 122

rue d'Erretegia, 05 59 54 93 85, www.bidarttourisme.com

d'Ilbarritz, Avenue du Château, N : 3 km par N 10 et D 911, 05 59 43 81 30

Chapelle Ste-Madeleine ★.

Villa L'Arche sans rest

chemin Camboénéa – 05 59 51 65 95 – www.villalarche.com – Ouvert 16 fév.-20 nov.

8 ch – 125/290 € 125/290 € – 15 €

◆ Une grande villa ornée de mosaïques bleues, comme un Gaudí sur la falaise. L'intérieur a été entièrement refait dans un style design ; accès direct à la plage par un petit chemin.

Ouessant-Ty sans rest

3 r. Erretegia – 05 59 54 71 89 – www.ouessantty.com

12 ch – 69/115 € 69/115 € – 9 €

◆ Un bâtiment tout blanc avec des volets bleus au centre du village, à deux pas des plages. Grandes chambres meublées de rotin et appart-hôtels à la semaine. Crêperie attenante.

Irigoian sans rest

av. de Biarritz – 05 59 43 83 00 – www.irigoian.com

5 ch – 95/120 € 95/130 € – 9 €

◆ Ferme du 17ᵉs. aux colombages bleus, typiquement basque, près d'un golf et de la plage. Jolies chambres simples, spacieuses et habillées de teintes pastel. Accueil convivial.

Table et Hostellerie des Frères Ibarboure (Jean-Philippe et Xabi Ibarboure) avec ch

chemin Ttalienea, 4 km au Sud par D 810, rte Ahetze et rte secondaire – 05 59 54 81 64 – www.freresibarboure.com – Fermé 19-30 nov. et 2-20 janv.

12 ch – 119/284 € 134/284 € – 18 €

Rest *(fermé lundi sauf le soir d'avril à nov. et merc. de sept. à juin)* – Menu 39 € (déj. en sem.), 57/108 € – Carte 70/95 €

Spéc. Sublimation de tomates anciennes (été). Déclinaison de cochon "Kintoa" (janv. à sept.). Dégustation de grands crus de chocolats. **Vins** Irouléguy, Jurançon.

◆ Grande demeure basque aux murs ocre, dans un joli parc arboré. En terrasse ou dans les salles feutrées d'esprit contemporain, on savoure une cuisine classique actualisée, inspirée du terroir. Spacieuses chambres personnalisées, au grand calme.

Villa Ilbarritz

av. de Biarritz – ✆ 05 59 23 82 07 – www.villa-ilbarritz.fr – Fermé mi-janv. à mi-fév., le midi en juil.-août, dim. soir et lundi

Rest – Formule 16 € – Menu 22 € (déj.), 28/48 € – Carte 43/50 € le soir

◆ Une belle villa autour d'un patio fleuri – atmosphère feutrée et contemporaine – pour une cuisine de produits sans chichis, qui mêle les influences avec éclectisme. Filet de bœuf à la bordelaise, teriyaki de thon... Simple et goûteux !

BIEF – 25 Doubs – **321** K3 – rattaché à Villars-sous-Dampjoux

---

BIELLE – 64 Pyrénées-Atlantiques – **342** J6 – 456 h. – alt. 448 m – ✉ 64260 Aquitaine 3 B3

Paris 803 – Laruns 9 – Lourdes 43 – Oloron-Ste-Marie 26

L'Ayguelade

rest, rest,

1 km par rte de Pau – ✆ 05 59 82 60 06 – www.hotel-ayguelade.com – Fermé vacances de la Toussaint, janv., mardi soir et merc. sauf juil.-août et sam. midi

12 ch – †52 € ††52/65 € – ☕ 8 € – ½ P 51/55 €

Rest – Formule 17 € – Menu 21 € (déj. en sem.), 25/34 € – Carte environ 44 €

◆ Hôtel situé sur la route d'Espagne, entièrement rénové en 2010. Chambres fonctionnelles et douillettes (tissus et murs colorés). Cuisine traditionnelle servie sous une véranda ou dans la salle à manger, fraîche et pimpante.

BIESHEIM – 68 Haut-Rhin – **315** J8 – rattaché à Neuf-Brisach

---

BIGNAN – 56 Morbihan – **308** O7 – rattaché à Locminé

BILLIERS – 56 Morbihan – **308** Q9 – 922 h. – alt. 20 m – ✉ 56190 10 C3

Paris 461 – La Baule 42 – Nantes 87 – Redon 39

Domaine de Rochevilaine

à la Pointe de Pen Lan , 2 km par D 5 – ✆ 02 97 41 61 61 – www.domainerochevilaine.com

34 ch – †161/449 € ††161/449 € – 4 suites – ☕ 23 € – ½ P 154/298 €

Rest *Domaine de Rochevilaine* ✿ – voir les restaurants ci-après

◆ Sur une pointe rocheuse fendant l'océan : l'âme du granit... alliée au luxe ! Le domaine consiste en un hameau (avec quelques bâtisses très anciennes), mêlant identité bretonne et décors ethniques – notamment au centre de balnéothérapie.

Les Glycines sans rest

17 pl. de l'Église – ✆ 02 97 45 69 68 – www.les-glycines-billiers.com

5 ch ☕ – †87/107 € ††95/115 €

◆ Maison tout de bleu et de blanc sur la place du village. Salon avec piano, rempli de livres, bibelots et tableaux. Chambres hautes en couleur ; salle de jeu pour les enfants.

Domaine de Rochevilaine – Hôtel Domaine de Rochevilaine

à la Pointe de Pen Lan , 2 km par D 5 – ✆ 02 97 41 61 61 – www.domainerochevilaine.com

Rest – Menu 40 € (déj. en sem.), 76/130 € bc – Carte 76/105 € ✿✿

Spéc. Expression bretonne au gré du retour de pêche. Homard bleu de casier au beurre demi-sel, sauce coraillée. Les desserts bretons revisités.

◆ Envie de saveurs iodées, de fruits de mer rosés et savoureux, de poisson encore nimbé de l'écume de la marée ? Cette table est tout indiquée, qui fait un sacerdoce de respecter le produit, au-dessus de tout. Vue sur les flots.

BILLY – 41 Loir-et-Cher – **318** G8 – 798 h. – alt. 90 m – ✉ 41130 11 B1

Paris 252 – Blois 40 – Châteauroux 62 – Orléans 127

Le Pont de Sauldre

2 r. Nationale, 2 km au Nord rte de Selles-sur-Cher – ✆ 02 54 96 21 65 – www.lepontdesauldre.fr – fermé dim. soir et lundi

Rest – Menu 17 € (sem.), 23/40 € – Carte 24/42 €

◆ Galantine, jambon de pays, fromages de chèvre de la région, tarte au citron... Ode à la tradition dans une jolie salle aux murs vermillon. Bons produits frais et prix doux !

BILLY – 03 Allier – **326** H5 – 840 h. – alt. 250 m – ✉ 03260 Auvergne **6** C1

Paris 344 – Clermont-Ferrand 83 – Moulins 47 – St-Étienne 157

rue du Château, ✆ 04 70 43 51 51

Auberge du Pont

1 rte de Marcenat – ✆ 04 70 43 50 09 – www.auberge-du-pont-billy.com – fermé vacances de printemps, 2 sem. en août, fin déc.-début janv., dim. et lundi

Rest – Formule 15 € – Menu 18 € (déj. en sem.), 28/60 € bc – Carte 38/44 €

◆ Esprit bistrot gourmand pour cette auberge conviviale tenue par deux jeunes chefs déjà expérimentés. Au menu : produits de saison et simplicité, pour un maximum de goût.

BIOT – 06 Alpes-Maritimes – **341** D6 – 9 160 h. – alt. 80 m – ✉ 06410 **42** E2

Côte d'Azur

Paris 910 – Antibes 6 – Cagnes-sur-Mer 9 – Cannes 17

46, rue Saint-Sébastien, ✆ 04 93 65 78 00

de Biot, Avenue Michard Pelissier, S : 1 km, ✆ 04 93 65 08 48

Musée national Fernand Léger★★ - Retable du Rosaire★ dans l'église.

Domaine du Jas sans rest

625 rte de la Mer , D 4 – ✆ 04 93 65 50 50 – www.domainedujas.com – Fermé déc. et janv.

19 ch – †85/110 € ††95/220 € – ☕ 14 €

◆ Des chambres mignonnes et provençales (dont trois familiales et un duplex) dans de petites villas, avec balcon ou terrasse donnant sur la piscine, le jardin ou le village de Biot : vivez au rythme du Sud !

Bastide Valmasque sans rest

1110 rte d'Antibes, (au Golf de Biot), 1 km au Sud – ✆ 04 93 65 21 42 – www.bastidevalmasque.com

5 ch ☕ – †70/130 € ††75/140 €

◆ Quelque part entre Bollywood et la Provence, il y a cette bastide rouge. De ses voyages, le propriétaire a rapporté des meubles ethniques et le goût des couleurs, pour une déco contemporaine fraîche et inattendue... juste en face du golf.

Les Terraillers (Michaël Fulci)

11 rte Chemin-Neuf , au pied du village – ✆ 04 93 65 01 59 – www.lesterraillers.com – Fermé nov., merc. et jeudi

Rest – Menu 39 € (déj.), 65/110 € – Carte 90/120 €

Spéc. King crabe en mini canneloni craquant et en rouleau fraîcheur. Filet de bœuf glacé à l'olive brûlée, lit de girolles et jus corsé. Soufflé au citron, sorbet et tuile caramelisée. **Vins** Côtes de Provence, Bellet.

◆ La spécialité de Biot ? Le verre bullé. Et dans cette sublime et authentique poterie du 16[e]s., on sert de bien jolis nectars dans de bien jolis flacons. Quant à l'assiette, elle porte en elle de belles saveurs du Sud, raffinées et goûteuses.

Chez Odile

au village, chemin des Bachettes – ✆ 04 93 65 15 63 – Fermé 10 déc.-31 janv., merc. et jeudi sauf juil.-août

Rest – Formule 19 € – Carte 32/49 €

◆ Peynet, peintre des années 1960, avait son rond de serviette dans cette auberge rustique élevée au rang d'institution locale. Odile, joviale et passionnée, vous annonce le menu du marché (recettes du pays), le sourire aux lèvres.

BIOULE – 82 Tarn-et-Garonne – **337** F7 – 952 h. – alt. 84 m – ✉ 82800 **28** B2

Paris 613 – Cahors 53 – Montauban 22 – Toulouse 75

Les Boissières

708 rte de Caussade – ✆ 05 63 24 50 02 – www.lesboissieres.com – Fermé 5-21 août, 27 oct.-13 nov., 20 janv.-3 fév., sam. midi, dim. soir et lundi

8 ch – †78/118 € ††78/118 € – ☕ 9 €

Rest – Formule 18 € – Menu 31/57 € – Carte environ 54 €

◆ Au cœur d'un joli parc, cette maison de maître en brique et pierre du pays a de l'allure, sans parler de l'étable du 18[e]s., rénovée avec soin. Les chambres, confortables, mélangent avec raffinement le rustique et le moderne. Cuisine au goût du jour au restaurant.

BIRIATOU – 64 Pyrénées-Atlantiques – **342** B4 – rattaché à Hendaye

BIRKENWALD – 67 Bas-Rhin – **315** I5 – 289 h. – alt. 295 m – ✉ 67440 **1** A1

▶ Paris 461 – Molsheim 23 – Saverne 12 – Strasbourg 34

Au Chasseur

7 r. de l'Église – ☎ 03 88 70 61 32 – www.chasseurbirkenwald.com – Fermé 24-30 juin et 20 déc.-15 janv.

19 ch – †75 € ††75/95 € – 3 suites – ☕ 15 € – ½ P 78/105 €

Rest *Au Chasseur* – voir les restaurants ci-après

◆ Dans un charmant village, une auberge régionale chaleureuse, proposant de belles chambres contemporaines, certaines tournées vers les Vosges. Parfait pour l'étape comme pour un plus long séjour...

Au Chasseur

7 r. de l'Église – ☎ 03 88 70 61 32 – www.chasseurbirkenwald.com – Fermé 24-30 juin , 20 déc.-15 janv., mardi midi, merc. midi et lundi

Rest – Formule 15 € – Menu 28/55 € – Carte 35/63 €

◆ Lambris peints, trophées de chasse... L'Alsace éternelle, toujours à l'affût de plaisirs gourmands : rognons aux spaetzele maison, foie gras au gewurztraminer, kougelhopf glacé, etc., sous l'égide de toute une famille amoureuse de son métier !

BIRON – 24 Dordogne – **329** G8 – 183 h. – alt. 200 m – ✉ 24540 **4** C2

▶ Paris 625 – Agen 76 – Bordeaux 172 – Périgueux 100

Le Prieuré sans rest

– ☎ 05 53 61 93 03 – www.leprieurebiron.com – Fermé janv.

5 ch ☕ – †115/155 € ††125/165 €

◆ Historique ! De belles chambres dans les dépendances d'un château, avec vue imprenable sur la campagne. Magnifique cheminée en bois dans la "Cardinal".

BISCARROSSE – 40 Landes – **335** E8 – 12 355 h. – alt. 22 m – Casino **3** B2 – ✉ 40600 Aquitaine

▶ Paris 656 – Arcachon 40 – Bayonne 128 – Bordeaux 74

ℹ 55, place Georges Dufau, ☎ 05 58 78 20 96, www.biscarrosse.com

18 de Biscarrosse, 400, avenue du Golf, E : 9 km par D 83 et D 305, ☎ 05 58 09 84 93

à Ispe 6 km au Nord par D 652 et D 305 – ✉ 40600 Biscarosse

La Caravelle

ch,

5314 rte des lacs – ☎ 05 58 09 82 67 – www.lacaravelle.fr – Ouvert 1er mars-1er nov.

15 ch – †50 € ††85/115 € – ☕ 8 € – ½ P 78/83 €

Rest *(fermé lundi midi et mardi midi sauf juil.-août)* – Formule 12 € – Menu 16/40 € – Carte 25/64 €

◆ Un bel air de vacances règne sur cette maison blanche posée au bord de l'étang de Cazaux, au cœur de la pinède : des eaux claires, quelques palmiers, des transats et, pour la nuit, des chambres au décor simple et soigné. Restaurant traditionnel.

Au Golf 7 km au Nord-Ouest par D 652 et D 305

Le Parcours Gourmand

av. du Golf – ☎ 05 58 09 84 84 – www.biscarrossegolf.com – Fermé 2 janv.-11 fév., lundi soir, mardi soir et merc. soir hors saison, dim. soir

Rest – Menu 18 € (déj.)/35 € – Carte 25/35 € le midi

◆ Carte classique valorisant les produits locaux servie dans ce restaurant posé sur le golf, au milieu d'une pinède. Élégant intérieur épuré et terrasse avec vue sur les greens.

BITCHE – 57 Moselle – **307** P4 – 5 485 h. – alt. 300 m – ✉ 57230 **27** D1

Alsace Lorraine

▶ Paris 438 – Haguenau 43 – Sarrebourg 62 – Sarreguemines 33

ℹ 4, rue du glacis du Château, ☎ 03 87 06 16 16, www.ot-paysdebitche.com

27 Holigest Golf de Bitche, 2 rue des Prés, E : 1 km par D 662, ☎ 03 87 96 15 30

◉ Citadelle★ - Ligne Maginot : Gros ouvrage du Simserhof★ O : 4 km.

Le Strasbourg (Lutz Janisch) avec ch
24 r. du Col.-Teyssier – 03 87 96 00 44 – www.le-strasbourg.fr – Fermé 24-31 juil., vacances de la Toussaint, 1er-10 janv. et vacances de fév.
10 ch – 50/60 € 60/100 € – 10 €
Rest *(fermé dim. soir, mardi midi et lundi)* – Menu 25 € (sem.), 35/55 € – Carte 50/62 €
Spéc. Foie gras d'oie à la cuillère et mirabelles. Pintade rôtie entière, truffe de la St-Jean (été). Duo de chocolats. **Vins** Pinot gris de Moselle, Pinot blanc d'Alsace.
◆ Une véritable auberge du 21es., sobre et épurée, bien en phase avec son époque. La cuisine est séduisante, soignée et généreuse. Quant aux prix, ils savent rester sages. Les chambres ont chacune leur style (Afrique, Asie, Provence, etc.), qu'elles cultivent avec discrétion.

La Tour
3 r. de la Gare – 03 87 96 29 25 – Fermé 22 janv.-7 fév., mardi soir et lundi
Rest – Formule 11 € – Menu 25/60 € bc – Carte 30/55 €
◆ Entre gare et centre-ville, on reconnaît cette grande bâtisse à sa tourelle. Inspiration Belle Époque dans les trois salles à manger, parfaitement adaptées à une cuisine traditionnelle éprise de produits tripiers (tête de veau, rognons, cervelle, etc.).

BIZANET – 11 Aude – 344 I4 – 1 275 h. – alt. 42 m – ✉ 11200 22 B3

Paris 802 – Beziers 46 – Carcassonne 49 – Narbonne 15
Mairie, 04 68 45 11 85, www.bizanet.net

La Table du Château
16 r. de Paris – 04 68 93 51 19 – www.latableduchateau.fr – Fermé 15 fév.-20 mars, 1er-8 nov., dim. soir de nov. à mars, mardi sauf le soir d'avril à oct. et lundi
Rest – Formule 17 € – Menu 29/36 € – Carte 35/45 €
◆ Cette belle bâtisse a un certain charme avec ses pierres apparentes, son mobilier d'un rustique étudié et son agréable patio. Le chef puise son inspiration dans le terroir local : viandes cathares, fromage de brebis, herbes fraîches...

BIZANOS – 64 Pyrénées-Atlantiques – 342 J3 – rattaché à Pau

BIZE-MINERVOIS – 11 Aude – 344 I3 – 1 061 h. – alt. 58 m 22 B2 – ✉ 11120

Paris 792 – Béziers 33 – Carcassonne 49 – Narbonne 22

La Bastide Cabezac
18 Hameau de Cabezac, 3 km au Sud par D 5 – 04 68 46 66 10 – www.la-bastide-cabezac.com – Fermé 1er janv.-10 fév.
12 ch – 85/135 € 85/135 €
Rest *(fermé dim. soir et lundi)* – Formule 15 € – Menu 23 € (dîner)/47 € – Carte 37/49 €
◆ De la chaux, des tons chauds, des chambres aux noms évocateurs ("Catalane", "Provençale", etc.) : ce relais de poste du 18es., repris en 2011 par un couple enthousiaste, est très plaisant et sent bon le Sud...

BLAGNAC – 31 Haute-Garonne – 343 G3 – rattaché à Toulouse

BLAINVILLE-SUR-MER – 50 Manche – 303 C5 – 1 590 h. – alt. 26 m 32 A2 – ✉ 50560

Paris 347 – Caen 116 – St-Lô 41
12 bis, route de la mer, 02 33 07 90 89, www.ot-blainvillesurmer.com

Le Mascaret (Philippe Hardy) avec ch

1 r. de Bas – ✆ 02 33 45 86 09 – www.restaurant-lemascaret.fr – Fermé 23 nov.-5 déc. et 2-28 janv.

5 ch – †105/195 € ††105/195 € – ☐ 17 € – ½ P 98/110 €

Rest *(fermé dim. soir sauf du 15 juil. au 31 août et lundi)* – Formule 25 € – Menu 42/85 € – Carte 75/110 €

Spéc. Ormeau sauvage au cerfeuil tubéreux (nov. à mars). Turbot de ligne glissé à haute température. Expériences moléculaire, tactile et sensuelle.

◆ Une cour, un jardin d'herbes aromatiques et une cuisine précise et créative, mêlant avec bonheur les saveurs "terre et mer" : cette maison de pays a un charme fou ! Et comme il s'agit d'une ancienne pension de jeunes filles, on peut y faire halte très agréablement, dans une chambre originale et baroque.

LE BLANC – 36 Indre – **323** C7 – 6 936 h. – alt. 85 m – ✉ 36300 — **11** B3

Limousin Berry

Paris 326 – Bellac 62 – Châteauroux 61 – Châtellerault 52

place de la Libération, ✆ 02 54 37 05 13, www.tourisme-leblanc.fr

Le Cygne

8 av. Gambetta – ✆ 02 54 28 71 63 – Fermé 19 juin-5 juil., 2-10 janv., dim. soir, lundi et mardi

Rest *(nombre de couverts limité, réserver)* – Menu 21/44 € – Carte 35/86 €

◆ Dans une telle ville – Le Blanc – ce Cygne est forcément... immaculé et soigné ! La cuisine du chef, quant à elle, est colorée comme les saisons et évolue au gré du marché.

LE BLANC-MESNIL – 93 Seine-Saint-Denis – **305** F7 – **101** 17 – voir à Paris, Environs (Le Bourget)

BLANGY-SUR-BRESLE – 76 Seine-Maritime – **304** J2 – 3 071 h. – alt. 70 m – ✉ 76340 — **33** D1

Paris 156 – Abbeville 29 – Amiens 56 – Dieppe 55

1, rue Checkroun, ✆ 02 35 93 52 48, http://ot.blangysurbresle.free.fr

Les Pieds dans le Plat

27 r. St-Denis – ✆ 02 35 93 38 36 – Fermé vacances de fév., jeudi soir, dim. soir et lundi

Rest – Formule 14 € – Menu 16 € (sem.), 25/35 € – Carte 26/46 €

◆ Les Pieds dans le Plat ? Une salle classique et modeste, pour savourer une agréable cuisine du terroir : Saint-Jacques au cidre, parmentier de queue de bœuf, gâteau au chocolat, etc.

BLANQUEFORT – 33 Gironde – **335** H5 – rattaché à Bordeaux

BLANZY – 71 Saône-et-Loire – **320** G9 – rattaché à Montceau-les-Mines

BLENDECQUES – 62 Pas-de-Calais – **301** G3 – rattaché à St-Omer

BLÉNEAU – 89 Yonne – **319** A5 – 1 451 h. – alt. 200 m – ✉ 89220 — **7** A1

Paris 156 – Auxerre 56 – Clamecy 59 – Gien 30

1 place de la Libération, mairie, ✆ 03 86 74 82 28, www.bleneau.fr

Château de St Fargeau★★ Bourgogne

Blanche de Castille

17 r. d'Orléans – ✆ 03 86 74 92 63 – www.hotelblanchecastille.facite.com

13 ch – †55 € ††55 € – ☐ 8 € – ½ P 60 €

Rest *(fermé 7-15 sept., 23 déc.-5 janv., dim. et jeudi)* – Formule 12 € – Menu 16 € (sem.)/23 € – Carte 20/45 €

◆ Un hôtel familial, dans un ancien relais de poste. Les chambres répondent aux doux noms de Blanche, Aurore ou Léonie ; celles du dernier étage sont mansardées. À la carte, escargots, andouillette et gigot à déguster dans un cadre classique ou en terrasse.

BLÉNOD-LÈS-PONT-À-MOUSSON – 54 Meurthe-et-Moselle – **307** H5 – rattaché à Pont-à-Mousson

BLÉRÉ – 37 Indre-et-Loire – **317** O5 – 5 110 h. – alt. 59 m – ✉ 37150 **11** A1

Châteaux de la Loire

Paris 234 – Blois 48 – Château-Renault 36 – Loches 25

8, rue Jean-Jacques Rousseau, ✆ 02 47 57 93 00, www.chenonceaux-blere-tourisme.com

Cheval Blanc rest, P VISA MC AE

pl. de l'Église – ✆ 02 47 30 30 14 – www.lechevalblancblere.com – Fermé 13-23 nov. et 1 sem. en janv.

10 ch – 66/69 € 66/92 € – 10 € **Rest** *(fermé vend. midi, dim. soir et lundi sauf fériés) (réserver)* – Menu 27 € (sem.), 45/62 € – Carte 52/70 €

◆ Une demeure de caractère (17e s.), dont les chambres et le jardin fleuri ont conservé le charme d'antan. Concession à la modernité : la piscine ! Le restaurant est agréable, idéal pour déguster une cuisine classique et des vins du Val de Loire.

à l'Ouest 6 km par D 976 et rte secondaire – 2 376 h. – alt. 90 m – ✉ 37270 Athee sur Cher

La Boulaye P VISA MC

lieu-dit La Boulaye – ✆ 02 47 50 29 21 – www.laboulaye.fr – Fermé vacances de la Toussaint, de Noël et de fév., merc. sauf le soir du 14 juil. au 15 août et mardi

Rest – Formule 21 € – Menu 27/36 €

◆ Il faut se perdre un peu dans la campagne pour trouver cette grange du 17es. La patronne cuisine des plats personnels, généreux et aromatiques, où même la simplicité régale...

BLÉRIOT-PLAGE – 62 Pas-de-Calais – **301** E2 – rattaché à Calais

BLESLE – 43 Haute-Loire – **331** B2 – 656 h. – alt. 520 m – ✉ 43450 **5** B3

Auvergne

Paris 484 – Aurillac 92 – Brioude 23 – Issoire 39

place de l'Église, ✆ 04 71 76 26 90, www.tourismeblesle.fr

Église St-Pierre★.

La Bougnate ch, VISA MC

pl. Vallat – ✆ 04 71 76 29 30 – www.labougnate.com – Fermé de mi-nov. à mi-fév.

8 ch – 60/95 € 60/95 € – 9 € – ½ P 73 €

Rest – Menu 29 € – Carte 27/35 €

◆ Elle a du charme cette Bougnate, paisible petite auberge dans une vraie maison de village. Pour l'anecdote, l'affaire appartenait autrefois à Gérard Klein. Les chambres sont simples mais de bon goût, comme le salon et sa bibliothèque. À table, joli décor rustique, cuisine du terroir et vins choisis.

BLIENSCHWILLER – 67 Bas-Rhin – **315** I6 – 320 h. – alt. 230 m **2** C1 – ✉ 67650

Paris 504 – Barr 51 – Erstein 26 – Obernai 19

13 rue du Winzenberg, ✆ 03 88 92 40 16

Winzenberg sans rest P VISA MC AE

58 rte des Vins – ✆ 03 88 92 62 77 – www.winzenberg.fr – Fermé mi-fév. à mi-mars , 22-31 juil. et 24 déc.-3 janv.

11 ch – 42/50 € 45/55 € – 8 €

◆ Façade très fleurie, jolie cour intérieure, chambres coquettes (mobilier en bois peint) : un certain cachet dans cet hôtel familial aménagé dans une ancienne maison de vigneron.

Le Pressoir de Bacchus VISA MC

50 rte des Vins – ✆ 03 88 92 43 01 – Fermé 2 sem. en juil., 2 sem. en fév., lundi soir, merc. midi et mardi

Rest *(nombre de couverts limité, réserver)* – Formule 15 € – Menu 27/64 € bc – Carte 32/53 €

◆ Cuisine régionale (avec un zeste d'originalité) et carte mettant à l'honneur les 27 vignerons du village ! Un endroit soigné, mêlant notes alsaciennes et âme bistrotière.

BLOIS P – 41 Loir-et-Cher – **318** E6 – **46 834 h.** – **Agglo. 116 544 h.** **11** A1
– **alt. 73 m** – ✉ **41000** Châteaux de la Loire

Paris 182 – Le Mans 111 – Orléans 61 – Tours 66

23, place du Château, ✆ 02 54 90 41 41, www.bloispaysdechambord.com

du Château de Cheverny, à Cheverny, La Rousselière, par rte de Cheverny : 15 km, ✆ 02 54 79 24 70

Château★★★ : musée des Beaux-Arts★ - Le Vieux Blois★ : Église St-Nicolas★ - Cour avec galeries★ de l'hôtel d'Alluye YZ **E** - Jardins de l'Evêché ≤★ - Jardin des simples et des fleurs royales ≤★ **L** - Maison de la Magie Robert-Houdin★.

Plan page suivante

Mercure Centre
28 quai St-Jean – ✆ 02 54 56 66 66 – www.mercure.com **Yf**
96 ch – †92/200 € ††107/235 € – ☐ 16 €
Rest – Formule 21 € – Menu 28 € – Carte 30/43 €
◆ Chambres contemporaines et suites originales, en partie desservies par une coursive ouvrant sur un atrium. Bar, piscine, sauna et hammam. Petite vue sur la Loire. Le restaurant est tourné vers le fleuve ; intéressante sélection de vins au verre.

Monarque
61 r. Porte-Chartraine – ✆ 02 54 78 02 35 – http://annedebretagne.free.fr – Fermé 20 déc.-25 janv. **Ya**
22 ch – †58 € ††59 € – ☐ 9 € – ½ P 53 €
Rest – Formule 11 € – Menu 18/28 € – Carte environ 26 €
◆ Non loin du centre piéton, un hôtel accueillant dans une bâtisse du 19e s. Décor sobre et contemporain, avec partout de nombreuses affiches de Tintin, la passion du patron ! Formules et menus traditionnels au restaurant.

Ibis sans rest
3 r. Porte-Côté – ✆ 02 54 74 01 17 – www.ibishotel.com **Zx**
56 ch – †65/92 € ††65/92 € – ☐ 10 €
◆ Une adresse centrale, dans un ancien hôtel particulier. Chambres fonctionnelles et bien insonorisées, accès Internet gratuit.

Anne de Bretagne sans rest
31 av. J.-Laigret – ✆ 02 54 78 05 38 – www.hotelannedebretagne.com – Fermé 25 nov.-9 déc. et 19 fév.-11 mars **Zk**
30 ch – †40/45 € ††54/80 € – ☐ 10 €
◆ Sur une place arborée voisine du château, une adresse familiale où il fait bon s'arrêter : salon cosy, chambres simples et joliment colorées, petit-déjeuner servi dehors l'été.

Le Clos Pasquier sans rest
10 impasse de l'Orée-du-Bois, à 5 km par r. Albert-1er – ✆ 02 54 58 84 08 – www.leclospasquier.fr
4 ch ☐ – †100/115 € ††110/135 €
◆ À l'orée de la forêt – au grand calme ! –, une belle demeure régionale (16e s.) dans un jardin soigné. Chambres jolies et cosy, alliant cachet de l'ancien et sobriété contemporaine.

Le Plessis sans rest
195 r. Albert-1er – ✆ 02 54 43 80 08 – www.leplessisblois.com **Xe**
5 ch ☐ – †110 € ††140 €
◆ Une propriété viticole joliment reconvertie : salon de lecture et petit-déjeuner façon brunch dans la maison principale (18e s.), chambres soignées aménagées dans le pressoir.

L'Orangerie du Château (Jean-Marc Molveaux)
1 av. J.-Laigret – ✆ 02 54 78 05 36 – www.orangerie-du-chateau.fr – Fermé 19-23 août, 15 fév.-13 mars, dim. et lundi **Ze**
Rest – Menu 35 € (sem.), 55/80 € – Carte 73/100 €
Spéc. Cuisses de grenouilles désossées, crème de chevriers et chips d'ail. Sole et homard en gratin, salsifis et crème aux sucs de crustacés (automne-hiver). Déclinaison autour de la pomme (automne-hiver). **Vins** Cour-Cheverny , Touraine.
◆ Dans une dépendance du château (15e s.), avec une belle terrasse ouvrant sur le monument... L'esprit de la Renaissance n'est sans doute pas étranger à la cuisine, à la fois fine, légère et soignée.

BLOIS

Abbé-Grégoire (Quai de l'). . Z 2
Anne-de-Bretagne (R.) . . . . Z 3
Augustin Thierry (Sq.) . . . . Z 4
Balzac (R. H. de) . . . . V 5
Beauvoir (R.) . . . . Y 6
Bourg-St-Jean (R. du) . . . . Y 10
Cartier (R. R.) . . . . V 13
Chemonton (R.) . . . . Y 16
Clouseau (Mail) . . . . Y 17
Commerce (R. du) . . . . Z
Cordeliers (R. des) . . . . Y 18
Curie (R. Pierre et Marie) . . X 19
Déportés (Av. des) . . . . X 78
Dion (R. R.) . . . . V 20
Dupuis (Bd D.) . . . . X 21
Fontaine-des-Élus (R.) . . . . Z 22
Fossés-du-Château (R. des) . . . . Z 23
Gambetta (Av.) . . . . X 25
Gaulle (Pont Ch.-de) . . . . . . X 26
Gentils (Bd R.) . . . . X 27
Industrie (Bd de l') . . . . V 29
Jeanne-d'Arc (R.) . . . . Z 30
Laigret (Av. J.) . . . . Z 32
Leclerc (Av. du Mar.) . . . . . X 33
Lices (Pl. des) . . . . Z 34
Lion-Ferré (R. du) . . . . Z 35
Maunoury (Av. du Mar.) . . . Y 39
Monsabre (R. du Père) . . . . Z 41

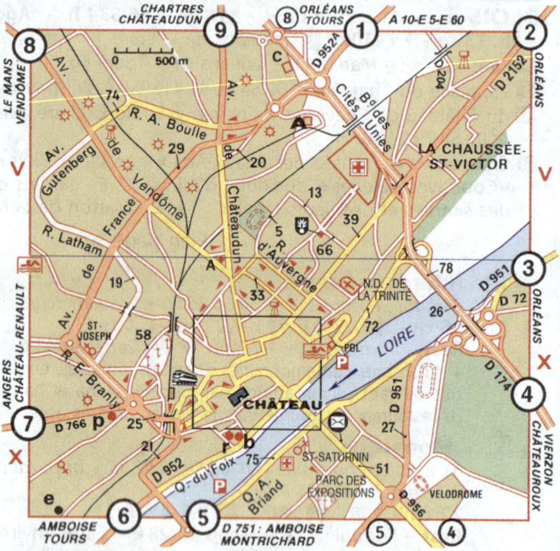

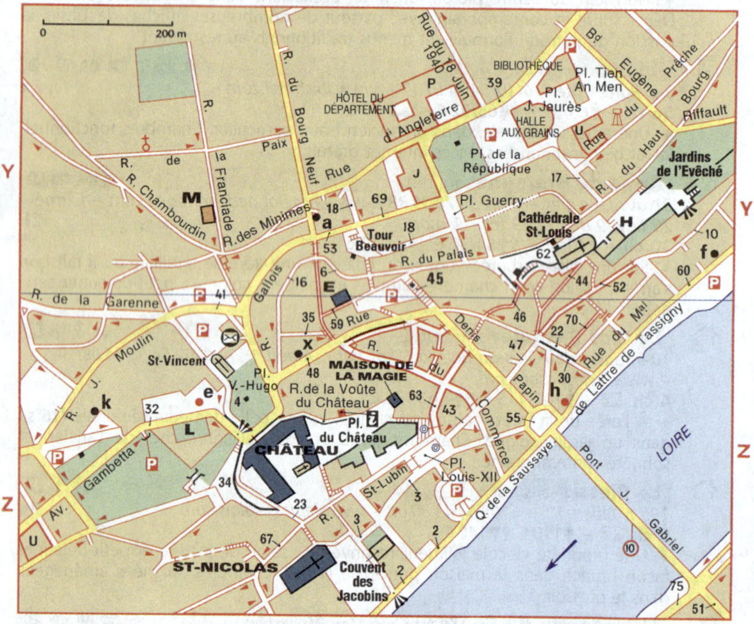

Orfèvres (R. des) . . . . Z 43
Papegaults (R. des) . . . . Y 44
Papin (Escaliers Denis) . . . . . Y 45
Papin (R. Denis) . . . . Z
Pierre-de-Blois (R.) . . . . Z 46
Poids-du-Roi (R. du) . . . . Z 47
Porte-Côté (R.) . . . . Z 48
Président-Wilson (Av.) . . . . X, Z 51
Puits-Châtel (R. du) . . . . Y 52
Remparts (R. des) . . . . Y 53
Résistance (Carrefour de la) . . Z 55
Ronsard (R. P. de) . . . . X 58
St-Honoré (R.) . . . . YZ 59
St-Jean (Q.) . . . . Y 60
St-Louis (Pl.) . . . . Y 62
St-Martin (R.) . . . . Z 63
Schuman (Av. R.) . . . . V 64
Signeux (R. de) . . . . V 66
Trois-Marchands (R. des) . . . . Z 67
Trouessard (R.) . . . . Y 69
Vauvert (R.) . . . . Z 70
Verdun (Av. de) . . . . X 72
Vezin (R. A.) . . . . V 74
Villebois-Mareuil (Q.) . . . . . X, Z 75

XXX **Le Médicis** (Damien Garanger) avec ch — AC, rest, VISA, AE

2 allée François-1er – ✆ 02 54 43 94 04 – www.le-medicis.com – Fermé 2-9 juil., 1er-8 nov., 2-31 janv., dim. soir d'oct. à mai et lundi de nov. à mars — **Xp**

10 ch – †87 € ††87/150 € – ☕ 12 € – ½ P 95/126 €

Rest – Formule 24 € – Menu 32/74 € – Carte 45/80 €

Spéc. Foie gras de canard mariné au vin des Coteaux du Layon. Ris de veau aux morilles et croustillant de pâtes. Assiette tout chocolat grand cru. **Vins** Cheverny, Touraine.

◆ Une demeure 1900 au décor bourgeois (moulures au plafond, mobilier Second Empire, véranda), où l'on apprécie une cuisine centrée sur le produit. Bon choix de vins régionaux. Chambres confortables et soignées.

X **Au Rendez-vous des Pêcheurs** (Christophe Cosme) — AC, VISA

27 r. Foix – ✆ 02 54 74 67 48 – www.rendezvousdespecheurs.com – Fermé 29 juil.-20 août, 23-30 déc., 2-7 janv., lundi midi et dim. — **Xr**

Rest *(nombre de couverts limité, réserver)* – Formule 20 € bc – Menu 30 € (sem.)/69 € – Carte 65/85 €

Spéc. Fleur de courgette farcie (juin à oct.). Sandre en papillote. Assiette de gourmandises. **Vins** Touraine.

◆ Un ancien repaire de pêcheurs dont le décor cultive un bel esprit bistrotier ! Poissons de la Loire, légumes bio de la région : les assiettes pétillent de fraîcheur et de saveurs, avec une originalité toute maîtrisée... Épatant.

X **Côté Loire "Auberge Ligérienne"** avec ch — VISA

2 pl. de la Grève – ✆ 02 54 78 07 86 – www.coteloire.com – Fermé 13-16 avril, 3-7 juin, 2-9 sept., 2 janv.-6 fév. — **Xb**

8 ch – †56/89 € ††56/89 € – ☕ 9 € – ½ P 65/82 €

Rest *(fermé sam. midi en juil.-août, dim. et lundi)* – Formule 20 € – Menu 30 €

◆ Cette auberge fut fondée au 16e s. ! Poutres d'origine, vaisselier ancien, tables en bois verni, terrasse verdoyante et menu unique, évoluant au gré du marché et proposé à l'ardoise. Petites chambres rustiques à l'étage.

X **Le Bistrot de Léonard** — AC, VISA, AE

8 r. Mar.-de Lattre-de-Tassigny – ✆ 02 54 74 83 04 – www.lebistrotdeleonard.com – Fermé 24 déc.-1er janv., sam. midi et dim. — **Zh**

Rest – Carte 24/50 €

◆ Sur les quais, derrière une jolie façade en bois, un bistrot... à la parisienne, avec des clins d'œil à Léonard de Vinci. À l'ardoise ? Des plats canailles (tartare, rognons...).

à St-Denis-sur-Loire 6 km par ② – 835 h. – alt. 92 m – ✉ 41000

XX **Le Grand Atelier** avec ch — VISA

r. 8-Mai-1945 – ✆ 02 54 74 10 64 – www.hotel-restaurant-atelier.com – Fermé 27 fév.-12 mars, dim. soir et lundi

5 ch – †100 € ††110/125 € – ☕ 13 € **Rest** – Menu 30/65 €

◆ Cette jolie maison, qui fut l'atelier d'un peintre blésois, a gardé son âme d'artiste : de nombreuses toiles ornent la salle à manger. Cuisine actuelle. Quelques chambres pour l'étape.

à Molineuf 9 km par ⑦ – 800 h. – alt. 115 m – ✉ 41190

X **La Poste** — AC, VISA

11 av. de Blois – ✆ 02 54 70 03 25 – www.restaurantdelaposte.fr – Fermé sam. midi et lundi

Rest – Formule 16 € – Menu 29 € – Carte 54/65 €

◆ En lisière de forêt, une auberge de pays flanquée d'une véranda. Le chef – qui a repris l'affaire en 2010 – propose une cuisine assez moderne, en prise sur le terroir et les saisons.

BLONVILLE-SUR-MER – 14 Calvados – 303 M3 – 1 605 h. – alt. 10 m – ✉ 14910 — 32 A3

Paris 205 – Caen 46 – Deauville 5 – Le Havre 50

32 bis, avenue Michel d'Ornano, ✆ 02 31 87 91 14, www.blonville.org

L'Épi d'Or rest, VISA
23 av. Michel-d'Ornano – ✆ 02 31 87 90 48 – www.hotel-normand.com – Fermé 17-29 déc. et 3 janv.-17 fév.
40 ch – †50/115 € ††55/115 € – ☕ 9 € – ½ P 65/90 €
Rest *(fermé merc. et jeudi sauf juil.-août)* – Formule 16 € – Menu 20/55 € – Carte 25/70 €
◆ Cette grande maison à la sortie de Blonville a vraiment le style de la région. Les chambres, toutes semblables, sont pratiques et très bien tenues. Un établissement familial qui comprend également un restaurant traditionnel et une brasserie.

BOÉ – 47 Lot-et-Garonne – **336** F5 – rattaché à Agen

BOIS-COLOMBES – 92 Hauts-de-Seine – **311** J2 – **101** 15 – voir à Paris, Environs

BOIS DE BOULOGNE – 75 Ville-de-Paris – voir à Paris (Paris 16e)

BOIS DE LA CHAIZE – 85 Vendée – **316** C5 – voir à Île de Noirmoutier

BOIS-GRENIER – 59 Nord – **302** E4 – rattaché à Lille

BOIS-LE-ROI – 77 Seine-et-Marne – **312** F5 – 5 493 h. – alt. 80 m – ✉ 77590 **19** C2
Paris 58 – Fontainebleau 10 – Melun 10 – Montereau-Fault-Yonne 26
U.C.P.A. Bois-le-Roi, Base de loisirs, NO : 2 km, ✆ 01 64 81 33 31

La Marine VISA
52 quai Olivier Metra – ✆ 01 60 69 61 38 – Fermé 23 oct.-9 nov., vacances de fév., dim. soir d'oct. à avril, lundi et mardi
Rest – Menu 28/33 € – Carte 44/75 €
◆ Cette auberge jouit d'une situation attractive en bord de Seine, face à une écluse. Sympathique cuisine traditionnelle dans la salle sagement rustique ou sur la terrasse d'été.

BOIS-PLAGE-EN-RÉ – 17 Charente-Maritime – **324** B2 – voir à Île de Ré

BOISSET – 15 Cantal – **330** B6 – 619 h. – alt. 426 m – ✉ 15600 **5** A3
Paris 559 – Aurillac 31 – Calvinet 18 – Entraygues-sur-Truyère 48

Auberge de Concasty ch, rest, VISA
3 km au Nord-Est par D 64 – ✆ 04 71 62 22 16 – www.auberge-concasty.com – Ouvert 1er avril-30 nov.
11 ch – †74/84 € ††84/138 € – 1 suite – ☕ 17 € – ½ P 85/123 €
Rest *(fermé le midi)* – Menu 34/42 €
◆ Ce domaine donnant sur la campagne cantalienne offre l'occasion d'une véritable bouffée d'air pur. Esprit nature et bio dans les chambres (plus spacieuses dans la remise et le sécadou) comme au restaurant. Massages sur demande.

BOISSIÈRES – 46 Lot – **337** E4 – 361 h. – alt. 229 m – ✉ 46150 **28** B1
Paris 573 – Cahors 16 – Fumel 43 – Souillac 64

Michel & Lydia ch,
lieu-dit Bertouille , 1 km à l' Est par rte secondaire – ✆ 05 65 21 43 29 – www.micheletlydia.fr – Fermé 3 déc.-3 janv.
4 ch ☕ – †59/64 € ††64/78 €
Table d'hôte *(fermé merc., jeudi et dim.)* – Menu 25 € bc
◆ Dans cette belle demeure du Quercy avec pigeonnier, Michel et Lydia sont aux petits soins ! Les chambres, confortables, sont décorées de mobilier chiné. Cuisine traditionnelle du patron – un ancien boulanger ! Viennoiseries et pâtisseries maison.

BOLLENBERG – 68 Haut-Rhin – **315** H9 – rattaché à Rouffach

BOLLEZEELE – 59 Nord – **302** B2 – 1 388 h. – alt. 40 m – ✉ 59470 **30** B1

Paris 274 – Calais 45 – Dunkerque 24 – Lille 68

Hostellerie St-Louis — rest, VISA AE

47 r. de l'Église – ✆ 03 28 68 81 83 – www.hostelleriesaintlouis.com – Fermé 9-22 juil., 23 déc.-22 janv. et dim. soir

25 ch – †50/75 € ††65/90 € – ☕ 10 € – ½ P 65/78 €

Rest *(fermé le midi sauf dim.)* – Menu 25 € (sem.), 35/48 € – Carte 42/54 €

◆ Une élégante maison du 19ᵉs., avec un jardin ravissant, un joli bassin et des chambres impeccablement tenues... Ici, on est vraiment au calme ! Cuisine traditionnelle au restaurant.

BONDUES – 59 Nord – **302** G3 – rattaché à Lille

BONIFACIO – 2A Corse-du-Sud – **345** D11 – voir à Corse

BONLIEU – 39 Jura – **321** F7 – 242 h. – alt. 785 m – ✉ 39130 **16** B3

Franche-Comté Jura

Paris 439 – Champagnole 23 – Lons-le-Saunier 32 – Morez 24

La Poutre avec ch — VISA

25 Grande-Rue – ✆ 03 84 25 57 77 – www.aubergedelapoutre.com – Ouvert de début mai à début nov. et fermé 1 sem. en juin, mardi et merc. sauf juil.-août et lundi midi en été

8 ch – †50/60 € ††50/60 € – ☕ 10 € – ½ P 64 €

Rest – Menu 23/70 € – Carte 50/80 €

◆ Au cœur du bourg, cette auberge familiale de 1740 cultive son charme rustique (poutres et vieilles pierres). Quant au chef, il vous régale d'une jolie cuisine d'aujourd'hui, savoureuse et raffinée.

Ne confondez pas les couverts ✗ et les étoiles ✿ ! Les couverts définissent une catégorie de confort et de service. L'étoile couronne uniquement la qualité de la cuisine, quel que soit le standing de la maison.

BONNAT – 23 Creuse – **325** I3 – 1 304 h. – alt. 330 m – ✉ 23220 **25** C1

Paris 329 – Châtre 37 – Guéret 20 – Montluçon 72

L'Orangerie — VISA AE

3 bis r. de la Paix – ✆ 05 55 62 86 86 – www.hotel-lorangerie.fr – Ouvert de mars à oct.

30 ch – †85 € ††95 € – ☕ 12 € – ½ P 80/90 €

Rest *(fermé dim. soir, mardi midi et lundi hors saison)* – Menu 20 € (déj.), 30/54 € – Carte 39/54 €

◆ Agréables salons, chambres confortables et douillettes, bon petit-déjeuner avec des cakes et confitures maison, table traditionnelle faisant la part belle aux légumes du potager : cette séduisante demeure bourgeoise tient ses promesses.

BONNATRAIT – 74 Haute-Savoie – **328** L2 – rattaché à Thonon-les-Bains

---

BONNE – 74 Haute-Savoie – **328** K3 – 2 610 h. – alt. 457 m – ✉ 74380 **46** F1

Paris 545 – Annecy 45 – Bonneville 16 – Genève 18

Baud — VISA AE

181 av. du Léman – ✆ 04 50 39 20 15 – www.hotel-baud.com

19 ch – †145/265 € ††145/265 € – ☕ 23 €

Rest ***Baud*** – voir les restaurants ci-après

◆ Il règne une atmosphère bien agréable dans cet hôtel-restaurant au design élégant (salons cossus, miroirs imposants, chambres grand confort). On se régale de produits artisanaux dès le petit-déjeuner.

XXX **Baud**

181 av. du Léman – ✆ 04 50 39 20 15 – www.hotel-baud.com – Fermé dim. soir

Rest – Formule 27 € – Menu 35/83 € – Carte 49/80 €

◆ Imaginez de beaux produits frais mis en valeur par de jolies touches d'inventivité, des envolées aromatiques : escalope de foie gras et son crumble de rhubarbe, turbot au fumet de fleur d'hibiscus, sphère aux trois chocolats...

au Pont-de-Fillinges **2,5 km à l'Est – ✉ 74250**

XX **Le Pré d'Antoine**

15 rte de Chez Radelet – ✆ 04 50 36 45 06 – www.lepredantoine.com – Fermé 1er-8 janv., dim. soir et lundi

Rest – Formule 20 € – Menu 23 € (déj. en sem.), 38/54 € – Carte 50/70 €

◆ On est bien loin du temps où Antoine, le grand-père des propriétaires, n'avait qu'un pré. Désormais, on déguste dans ce chalet moderne, décoré avec une originalité toute contemporaine, une cuisine traditionnelle fine et goûteuse.

BONNE-FONTAINE – **57 Moselle – 307 O6 – rattaché à Phalsbourg**

BONNÉTAGE – **25 Doubs – 321 K3 – 758 h. – alt. 960 m – ✉ 25210** **17 C2**

▶ Paris 468 – Belfort 69 – Besançon 65 – Biel/Bienne 62

L'Étang du Moulin

5 chemin de l'étang du Moulin, 1,5 km par D 236 et chemin privé – ✆ 03 81 68 92 78 – www.etang-du-moulin.fr – Fermé 17-27 déc., 9-26 janv., dim. soir et lundi du 15 nov. au 15 mars et mardi sauf juil.-août

18 ch – †85/110 € ††95/180 € – 1 suite – ☕ 11 € – ½ P 70/115 €

Rest *L'Étang du Moulin* ✿ – voir les restaurants ci-après

◆ La nature pour écrin ! Ce grand chalet se dresse au bord d'un étang dont seul le léger clapotis vient troubler le calme des environs... Les chambres ouvrent grand sur la nature (certaines avec balcon) et leur décor contemporain rend zen.

XXX ✿ **L'Étang du Moulin** (Jacques Barnachon)

5 chemin de l'étang du Moulin, 1,5 km par D 236 et chemin privé – ✆ 03 81 68 92 78 – www.etang-du-moulin.fr – Fermé 17-27 déc., 9-26 janv., lundi et mardi sauf le soir en juil.-août et merc. midi

Rest – Menu 24/95 € – Carte 50/85 €

Spéc. Morilles cuites en ragoût au vin jaune et à la crème fraîche de Bonnétage. Ris de veau caramélisé au miel de sapin et vinaigre balsamique, haricots et navets. Dessert autour du vin jaune, tuile aux noix et sucs de vin jaune. **Vins** Charcenne, Arbois.

◆ Comme un écho à un environnement très préservé, le terroir imprègne toute cette cuisine, de l'entrée jusqu'au dessert (parfumé à la liqueur de sapin par exemple). À noter : le menu dégustation entièrement dédié au foie gras. Service de qualité.

BONNEUIL – **16 Charente – 324 J6 – 254 h. – alt. 100 m – ✉ 16120** **39 B3**

▶ Paris 482 – Angoulême 34 – Poitiers 146 – Saintes 59

Le Maine Pertubaud-Jenssen

2 km à l'Est par D 699 – ✆ 05 45 96 99 50 – www.jenssen.fr – Fermé 22 déc.-2 janv.

ch,

5 ch – †60/100 € ††90/140 € – ☕ 12 €

Table d'hôte – Menu 30 € bc/60 € bc

◆ Un véritable hameau au cœur du vignoble du Jenssen (24 ha), dont le cognac est produit et distillé sur place. La plupart des bâtiments datent du 18es. (avec une villa moderne) et mêlent vieilles pierres – ce calcaire blond caractéristique de la Grande Champagne – et grand luxe. De quoi s'enivrer de confort.

BONNEUIL-MATOURS – **86 Vienne – 322 J4 – 1 995 h. – alt. 60 m – ✉ 86210** **39 C1**

▶ Paris 322 – Bellac 79 – Le Blanc 51 – Châtellerault 17

ℹ Carrefour Maurice Fombeure, ✆ 05 49 85 08 62, www.bonneuil-matours.com

Le Pavillon Bleu

D 749, (face au pont) – ✆ 05 49 85 28 05 – Fermé 27 sept.-10 oct., merc. soir d'oct. au 15 juin, dim. soir et lundi
Rest – Formule 13 € – Menu 20/41 €
◆ Des volets colorés, des poutres et des pierres apparentes... ne quittez pas ce village pittoresque sans découvrir sa jolie auberge. Les produits locaux y sont à l'honneur, avec beaucoup de goût !

BONNEVAL – 28 Eure-et-Loir – 311 E6 – 4 432 h. – alt. 128 m 11 B1

– ✉ 28800 Châteaux de la Loire
Paris 121 – Chartres 31 – Lucé 34 – Orléans 66
2, square Westerham, ✆ 02 37 47 55 89

Hostellerie du Bois Guibert

à Guibert, 2 km au Sud-Ouest – ✆ 02 37 47 22 33 – www.bois-guibert.com – Fermé vacances de fév. et de la Toussaint
20 ch – †69/160 € ††69/160 € – ☕ 12 € – ½ P 82/130 €
Rest *(fermé sam. midi, dim. soir et lundi)* – Menu 28/67 € – Carte 64/86 €
◆ Au cœur d'un parc ravissant, une gentilhommière du 18ᵉs. d'une élégante simplicité ; dans l'annexe, des chambres spacieuses et modernes. Pour se restaurer, on optera pour la salle d'un beau classicisme ou le charme bucolique de la terrasse.

BONNEVAL-SUR-ARC – 73 Savoie – 333 P5 – 246 h. – alt. 1 800 m 45 D2

– Sports d'hiver : 1 800/3 000 m 10 – ✉ 73480 Alpes du Nord
Paris 706 – Albertville 133 – Chambéry 146 – Lanslebourg 21
la Ciamarella, ✆ 04 79 05 95 95, www.bonneval-sur-arc.com
Vieux village★★.

À la Pastourelle

– ✆ 04 79 05 81 56 – www.pastourelle.com – Fermé une sem. en juin et vacances de la Toussaint
12 ch – †60 € ††66 € – ☕ 8 € – ½ P 59 €
Rest *(ouvert 22 déc.-20 avril) (dîner seult)* – Menu 12/21 € – Carte 25/35 €
◆ Accueil avenant dans cette maison familiale de style montagnard (pierre et bois). Petites chambres, douillettes et bien tenues. Raclettes, fondues, crêpes et diot (la spécialité régionale) à savourer au coin du feu, dans la salle à manger rustique à souhait.

BONNEVILLE – 74 Haute-Savoie – 328 L4 – 11 831 h. – alt. 450 m 46 F1

– ✉ 74130 Alpes du Nord
Paris 556 – Annecy 42 – Chamonix-Mont-Blanc 54 – Nantua 87
148, place de l'Hôtel de Ville, ✆ 04 50 97 38 37, www.bonneville.fr

à Vougy 5 km à l'Est par D 1205 – 1 419 h. – alt. 471 m – ✉ 74130

Le Capucin Gourmand

1520 rte de Genève, D 1205 – ✆ 04 50 34 03 50 – www.lecapucingourmand.com – Fermé 7-30 août, 1er-8 janv., sam. midi, dim. et lundi sauf fêtes
Rest – Menu 40/57 € – Carte 45/54 €
Rest *Le Bistro du Capucin* – voir les restaurants ci-après
◆ Ici, la cuisine est classique, accompagnée de vins choisis avec soin, à l'image de la salle aux tons café et de l'agréable salon à la cheminée monumentale.

Le Bistro du Capucin

1520 rte de Genève – ✆ 04 50 34 03 50 – www.lecapucingourmand.com – Fermé 7-31 août, 1er-7 janv., sam. midi, dim. et lundi
Rest – Formule 23 € – Menu 29 € – Carte 34/49 €
◆ Cassolette d'escargots, salade de pissenlits à la féra fumée, tête de veau ou vacherin maison : ce capucin-là apprécie une bonne cuisine canaille, gourmande et généreuse. Le tout à prix doux.

BONNIEUX – 84 Vaucluse – 332 E11 – 1 416 h. – alt. 400 m – ✉ 84480 42 E1

Provence

Paris 721 – Aix-en-Provence 49 – Apt 12 – Carpentras 42

7, place Carnot, ☎ 04 90 75 91 90, www.tourisme-en-luberon.com

Terrasse ≤★.

La Bastide de Capelongue

rte de Lourmarin, (face au pont), 1,5 km par D 232 et voie secondaire – ☎ 04 90 75 89 78 – www.capelongue.com – Fermé mi-nov. à mi-déc. et mi-janv. à mi-fév.

18 ch – †190/380 € ††190/380 € – 9 suites – ☐ 22 €

Rest ***La Bastide de Capelongue*** ✿✿ – voir les restaurants ci-après

◆ Au sommet des collines plantées de cèdres, ce beau mas est un hymne à la Provence. La plupart des chambres, confortables et raffinées, jouissent d'une terrasse ou d'un balcon. Magnifique bassin de nage parmi les lavandes.

Le Clos du Buis sans rest

r. Victor-Hugo – ☎ 04 90 75 88 48 – www.leclosdubuis.fr – Ouvert de début mars à mi-nov.

8 ch ☐ – †92/138 € ††92/138 €

◆ Dans son ravissant jardin (avec piscine), cette jolie maison réussit le mariage de la tradition et du confort : chambres agréables et salons cosy – l'un avec un four à pain !

La Bastide de Capelongue (Edouard Loubet)

✿✿

rte de Lourmarin, (face au pont), 1,5 km par D 232 et voie secondaire – ☎ 04 90 75 89 78 – www.capelongue.com – Fermé mi-nov. à mi-déc., mi-janv. à mi-fév., mardi midi et merc. sauf juil.-août

Rest – Menu 58 € (déj. en sem.), 140/190 € – Carte 120/180 € ✿

Spéc. Truffe de saison en croûte, coulis de maïs, pop-corn et feuille de pimprenelle. Carré d'agneau au serpolet légèrement fumé et infusé en cocotte. Soufflé au cèdre des crêtes du Luberon, crème glacée aux cloux de girofle. **Vins** Côtes du Luberon, Vin de pays de Vaucluse.

◆ De l'élégante salle à manger, baignée de lumière, on aperçoit les champs de lavande... Édouard Loubet s'inspire de ce paysage pour créer ses superbes assiettes, magnifiées par les produits du Luberon, notamment les herbes et les fleurs.

Le Fournil

pl. Carnot – ☎ 04 90 75 83 62 – www.lefournil-bonnieux.com – Fermé 27 nov.-9 fév., mardi d' oct. à Pâques, sam. midi de Pâques à sept. et lundi

Rest *(nombre de couverts limité, réserver)* – Formule 22 € – Menu 27 € (déj.)/44 € – Carte 27/44 €

◆ Maison adossée à la colline avec une terrasse sur la placette et une salle à manger troglodytique fraîche et originale. Cuisine méridionale utilisant de beaux produits.

L'Arôme

2 r. Lucien-Blanc – ☎ 04 90 75 88 62 – www.larome-restaurant.com – Fermé 4 janv.-31 mars, jeudi sauf le soir d'avril à oct. et merc.

Rest – Menu 29/41 € – Carte 40/65 €

◆ Charmante maison en pierre blonde fort ancienne (voûtes du 14[e]s.) au décor soigné et champêtre. On y sert une cuisine régionale actualisée et généreuse, surtout du poisson.

BONNY-SUR-LOIRE – 45 Loiret – 318 O6 – 2 054 h. – alt. 190 m – ✉ 45420 12 D2

Paris 167 – Auxerre 64 – Cosne-Cours-sur-Loire 25 – Gien 24

29, Grande Rue, ☎ 02 38 31 57 71

XX **Des Voyageurs** avec ch — AC rest, Wi-Fi P VISA MC AE

10 Grande-Rue – ✆ 02 38 27 01 45 – www.hotel-restaurant-des-voyageurs.fr – Fermé 25 août-7 sept., 2-13 janv., 25 fév.-9 mars, dim. soir, mardi midi et lundi

6 ch – †44 € ††44/56 € – ☕ 6 € – ½ P 57 €

Rest – Menu 20 € (sem.), 23/48 € – Carte 27/54 €

◆ Dans cette auberge, les voyageurs auront le plaisir de découvrir une cuisine gourmande, où les produits de saison s'accordent avec justesse. Chambres simples pour l'étape.

LE BONO – 56 Morbihan – 308 N9 – 2 199 h. – alt. 10 m – ✉ 56400 — 9 A3

Paris 475 – Auray 6 – Lorient 49 – Quiberon 37

Alicia sans rest

1 r. du Gén.-de-Gaulle – ✆ 02 97 57 88 65 – www.hotel-alicia.com – Fermé janv.

21 ch – †60/99 € ††60/99 € – ☕ 10 €

◆ À la sortie du village, un hôtel avec terrasse donnant sur la rivière du Bono. Les chambres, décorées dans un style contemporain classique, respirent le confort. En saison, les résidents savourent une cuisine traditionnelle privilégiant le bio.

BORDEAUX

Plans de la ville pages suivantes **3** B1

🅿 – **33 – Gironde – 235 891 h. – Agglo. 809 224 h. – alt. 4 m – ✉ 33000**
– **335** H5 – Aquitaine

Paris 579 – Lyon 537 – Nantes 323 – Strasbourg 970

Office de tourisme

12, Cours du 30 Juillet, ✆ 05 56 00 66 00, www.bordeaux-tourisme.com

Transports

Auto-train ✆ 3635 (dîtes auto-train - 0,34 €/mn)

Aéroport

Bordeaux-Mérignac : ✆ 05 56 34 50 00, **1**AU : 10 km

Casino

de Bordeaux-Lac, r. Cardinal Richaud ✆ 05 56 69 49 00 **2**BT

Quelques golfs

36 de Bordeaux-Lac, Avenue de Pernon, N : 5 km par D 209, ✆ 05 56 50 92 72
36 du Médoc, à Le Pian-Médoc, Chemin de Courmateau, par rte de Castelnau : 16 km, ✆ 05 56 70 11 90
27 de Pessac, à Pessac, Rue de la Princesse, SO : 16 km par D 1250, ✆ 05 57 26 03 33

Maison du vin de Bordeaux

Informations, dégustations (fermé WE et j. fériés) 1 cours du 30 Juillet ✆ 05 56 00 22 88, bar à vin ouvert tlj sauf le dim. de 11 h à 22 h.

A VOIR

Bordeaux du 18e siècle : le Grand théâtre★★ et ses alentours, dont la place de la Comédie et la place Gambetta, le cours de l'Intendance • Église Notre-Dame★**3**DX • Place de la Bourse★★ • Place du Parlement★ • Basilique St-Michel★ • Porte de la Grosse Cloche★ **4**EY**N** • Fontaines du monument aux Girondins★, sur l'esplanade des Quinconces.

Quartier des Chartrons : entrepôts de vins • Balcons★ du cours Xavier-Arnozan • Entrepôt Lainé★, siège du musée d'Art contemporain★**2**BU**M**^{2} • Musée des Chartrons**2**BU**M**^{5}

Quartier Pey Berland : cathédrale St-André★ • Hôtel de Ville**3**DY**H** • Tour Pey Berland★**3**DY**Q** et ≤★★ • Musée des Beaux-Arts★**3**DY**M**^{4} • Musée d'Aquitaine★★ **3**DY**M**^{1} • Musée des Arts décoratifs★**3**DY**M**^{3}

Bordeaux contemporain : quartier Mériadeck**3**CY : espaces verts et immeubles à l'architecture intéressante (Caisse d'Épargne, Bibliothèque, Hôtel de Région et Hôtel des Impôts).

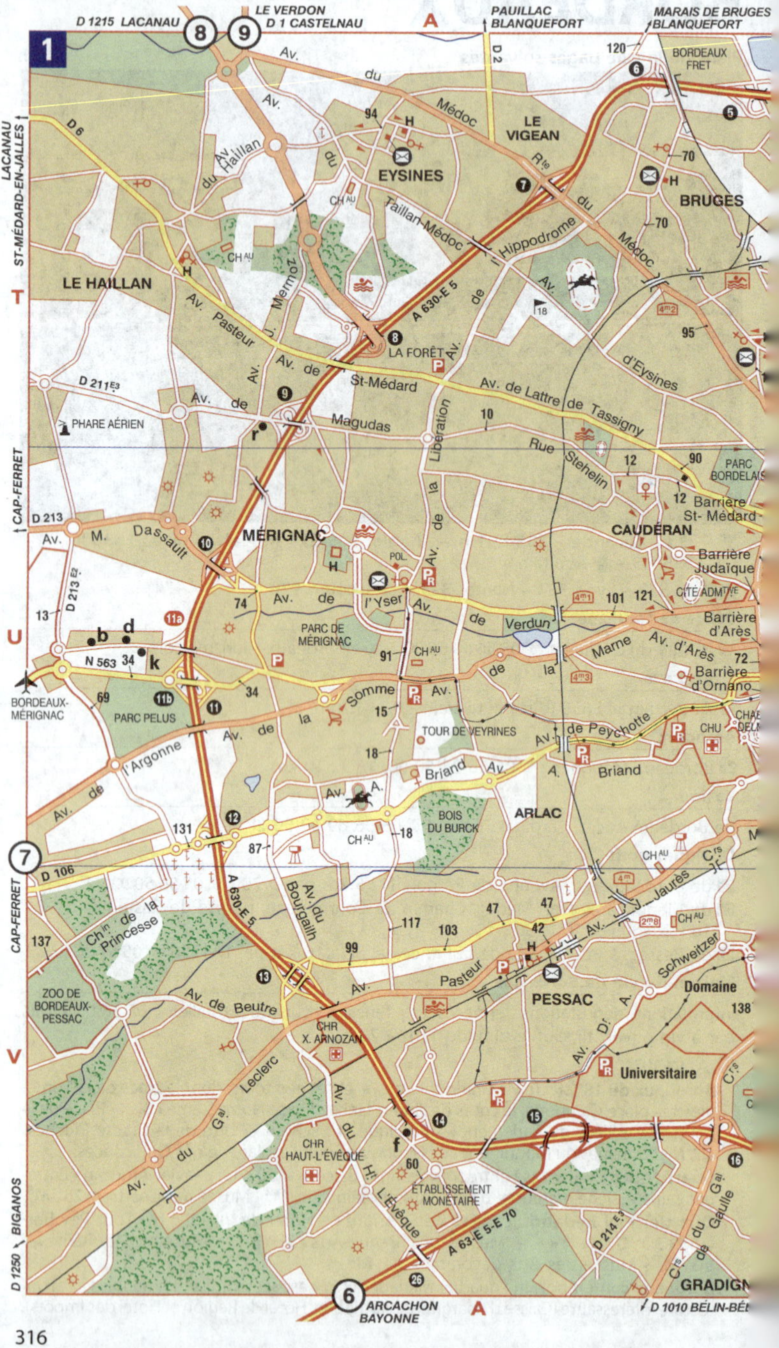
1
D 1215 LACANAU
LE VERDON
D 1 CASTELNAU
PAUILLAC
BLANQUEFORT
MARAIS DE BRUGES
BLANQUEFORT
BORDEAUX FRET
LE VIGEAN
EYSINES
BRUGES
LE HAILLAN
LA FORÊT
MÉRIGNAC
PHARE AÉRIEN
CAUDÉRAN
Barrière St- Médard
Barrière Judaïque
Barrière d'Arès
Barrière d'Ornano
PARC BORDELAIS
CITÉ ADM^{TIVE}
PARC DE MÉRIGNAC
PARC PELUS
TOUR DE VEYRINES
BORDEAUX-MÉRIGNAC
BOIS DU BURCK
ARLAC
ZOO DE BORDEAUX-PESSAC
PESSAC
CHR X. ARNOZAN
CHR HAUT-L'ÉVÊQUE
ÉTABLISSEMENT MONÉTAIRE
Domaine Universitaire
GRADIGNAN
ARCACHON
BAYONNE
D 1010 BÉLIN-BÉLIET
LACANAU
ST-MÉDARD-EN-JALLES
CAP-FERRET
BIGANOS
D 1250
A 630-E 5
A 63-E 5-E 70
Av. du Médoc
Av. du Taillan-Médoc
Rte du Médoc
Av. de l'Hippodrome
Av. d'Eysines
Av. de Lattre de Tassigny
Rue Stehelin
Av. de la Libération
Av. de St-Médard
Av. Pasteur
Av. J. Mermoz
Av. de Magudas
Av. M. Dassault
Av. de l'Yser
Av. de Verdun
Av. de la Marne
Av. d'Arès
Av. de la Somme
Av. de l'Argonne
Av. de Peychotte
Av. A. Briand
Av. du Bourgailh
Chⁱⁿ de la Princesse
Av. de Beutre
Av. Pasteur
Av. J. Jaurès
Av. Schweitzer
Av. Dr. A.
Av. du Gal Leclerc
Av. du H^t L'Évêque
Crs du Gal de Gaulle
D 211^{E3}
D 213
D 213^{E2}
N 563
D 106
D 214^{E3}
D 6
D 2
T
U
V
A

PARC FLORAL
STADIUM
18
MACAU
BEC D'AMBES
BASSENS
B
PARIS ANGOULÊME
1
2
PARC DES EXPOSITIONS
Le Lac
PALAIS DES CONGRÈS
51
u
CASINO
CARBON-BLANC
D 10
D 209
D 911
A 10-E 5 E 606
4a
4b
4
BORDEAUX-LAC
Secteur en Travaux
46
LE LAC
C
Bd du Parc des Expositions
136
Pont d'Aquitaine
A 630
D 10
24
BACALAN
3
n
LORMONT
Pl. de Latule
Daney
22
108
N 230
LES 4 PAVILLONS
T
LE BOUSCAT
Bd Godard
97
135
Pl. Ravesies
Bd
R.
St-Louis
L. Faure
Fin 2012
32
a
PÉRIGUEUX N 89 LIBOURNE
k
h
9
25
CENON
R. Cassagne
Barrière du Médoc
55
M
PORT
v
Av.
M5
39
79
84
LES CHARTRONS
6
g
m
134
45
81
5
M2
LA BASTIDE
D 241
61
66
GRD THÉATRE
67
Av.
D 936
BERGERAC
CATHÉDRALE
84
Quai
Pasteur
Observatoire
FLOIRAC
Barrière de Pessac
de
Av.
78
la
Souys
N 230
Crs de la Somme
Barrière St-Genès
73
27
M.I.N.
G.
U
123
Barrière de-Bègles
GARONNE
Cabannes
Crs Gambetta
J. Bosc
Bd J.
BOULIAC
s
r
Barrière de Toulouse
Bd Albert 1er
31
76
88
Crs V. Hugo
t
TALENCE
Rte
Pont François Mitterrand
D 10 E4
D 10 E4
42
BÈGLES
de
de
Av. de la Libération
Leysotte
28
Av. J. d'Arc
Toulouse
Latresne
Av. de Thouars
ARCINS
V
D 10
ST-BRIS
R. A. Labro
TARTIFUME
de
Chin
20
D 113
LATRESNE
PONT-DE-LA-MAYE
A 630
17
VILLENAVE-D'ORNON
H
D 113 E1
D 10 LANGON
D 108
BORDEAUX
SARCIGNAN
18
D 108 E1
0
2 km
4
5
LÉOGNAN D 651
D 1113 LA BRÈDE
A 62-E 72 PAU, TOULOUSE
B

C
D
3
Turenne
Barraud
Rue
Turenne
R. Fondaudège
139
37
64
Espl. des
Quinconces
Pl.
de Tourny
Huguerie
Clemenceau
Allées de Tourny
MAISON DU VIN
DE BORDEAUX
30
St-Seurin
Thiac
POL.
Pl. des Martyrs
de la Résistance
Lachassaigne
X
75
Pl. du
Chapelet
43
N.-DAME
133
100
GRAND
THÉÂTRE
l'Intendance
21
Judaïque
Rue
Pl.
Gambetta
R. de
Grassi
Pte Dijeaux
Bonnac
40
Pte
Dijeaux
48
PEY
BERLAND
R. des Remparts
Carles
VIEUX
BORDEAUX
Centre
Jean Moulin
3 Conils
40
Bonnier
M3
M4
H
CATH. ST-ANDRÉ
130
Rue
ST-BRUNO
HÔTEL
DU DÉPt
MÉRIADECK
Esplanade
Ch. de Gaulle
d'Alsace
Hôtel
de Région
57
ST-PAUL
PALAIS
DES
SPORTS
ÉCOLE NATLE
DE LA
MAGISTRATURE
Joffre
d'Albret
M1
Y
Juin
POL.
63
R. de Cursol
Pl. de la
République
R. J. Burguet
Lande
Catherine
Cours François
Rue
Cours de la Libération
STE-EULALIE
Pasteur
Mouneyra
Belleville
Pl. de
Pressensé
Porte
d'Aquitaine
Tondu
R. Ed.
Costedoat
R. Villedieu
Briand
Rue
ST-VICTOR
Sourdis
R. L. Mie
Belfort
Pl. de la
Victoire
Pessac
R. de Lamourous
St-Genès
Mazarin
Leberthon
Z
Rue
R. F.
Audeguil
l'Argonne
Duhen
Cadroin
R. St-Nicolas
Rue
N.-D.
DES ANGES
des Treuils
R. A. Baysselance
R. G.
Rioux
ST-NICOLAS
Barrière
de Pessac

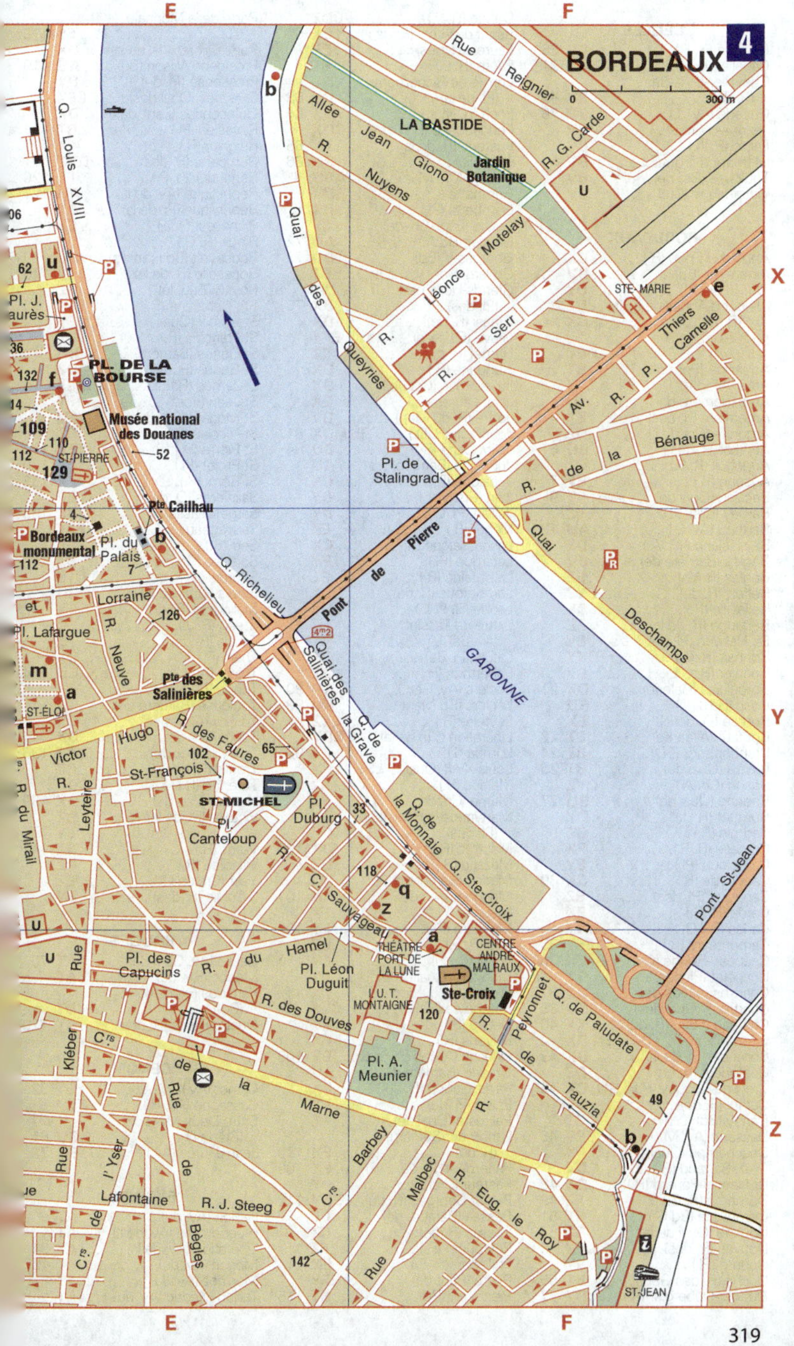
BORDEAUX
4
0
300 m
E
F
X
Y
Z
LA BASTIDE
Jardin Botanique
Allée Jean Giono
R. Nuyens
Rue Reignier
R. G. Carde
Motelay
R. Léonce
R. Serr
Quai des Queyries
STE-MARIE
Av. Thiers
R. P. Camelle
R. de la Bénauge
Pl. de Stalingrad
Pont de Pierre
Quai Deschamps
GARONNE
Q. Louis XVIII
Pl. J. Jaurès
PL. DE LA BOURSE
Musée national des Douanes
ST-PIERRE
Pte Cailhau
Bordeaux monumental
Pl. du Palais
Q. Richelieu
Lorraine
Pl. Lafargue
R. Neuve
Pte des Salinières
Quai des Salinières
Q. de la Grave
ST-ÉLOI
Victor Hugo
R. des Faures
St-François
R. Leyteire
R. du Mirail
ST-MICHEL
Pl. Canteloup
Pl. Duburg
Q. de la Monnaie
Q. Ste-Croix
Pont St-Jean
C. Sauvageau
R. du Hamel
Pl. Léon Duguit
THÉÂTRE PORT DE LA LUNE
CENTRE ANDRÉ MALRAUX
Ste-Croix
I.U.T. MONTAIGNE
Pl. des Capucins
R. des Douves
Pl. A. Meunier
R. Peyronnet
Q. de Paludate
R. de Tauzia
Crs de la Marne
Rue Kléber
Rue de l'Yser
Lafontaine
R. J. Steeg
Rue de Bègles
Crs de la Somme
Barbey
Malbec
R. Eug. le Roy
Rue
ST-JEAN
62
36
132
14
109
110
112
129
52
4
7
126
65
102
33
118
120
142
49
06

RÉPERTOIRE DES RUES DE BORDEAUX

Grand Hôtel de Bordeaux & Spa

2 pl. de la Comédie – ✆ 05 57 30 44 44 – www.ghbordeaux.com **3DXr**

150 ch – †500 € ††500 € – 26 suites – ☕ 32 €

Rest *Le Pressoir d'Argent* ✿ **Rest *Brasserie l'Europe*** – voir les restaurants ci-après

◆ Sa façade néoclassique (1776), en parfaite harmonie avec celle du Grand Théâtre, est un petit joyau. Dans les chambres règne une atmosphère cossue, chatoyante et feutrée ; quant au spa, il est immense et délicieux. Un établissement de prestige.

Burdigala

– ✆ 05 56 90 16 16 – www.burdigala.com **3CXr**

75 ch – †240/360 € ††240/360 € – 8 suites – ☕ 23 €

Rest *Le Jardin de Burdigala* – Formule 29 € – Menu 39/70 € – Carte 55/85 €

◆ Burdigala ? Le nom de l'ancienne cité gallo-romaine ayant donné naissance à la ville et... cet hôtel de grand confort, avec des chambres lumineuses et très spacieuses. Au restaurant, retrouvez Bacchus – du moins sa statue – autour de mets bien dans l'air du temps.

Seeko'o sans rest

54 quai de Bacalan – ✆ 05 56 39 07 07 – www.seekoo-hotel.com **2BTh**

45 ch – †199 € ††199 € – ☕ 20 €

◆ Seeko'o ? Un "iceberg" en inuit et cet incroyable iceberg des bords de Gironde. Design, épuré, pop : Seeko'o est tout cela ! Atout charme : les superbes salles de bains, ouvertes sur les chambres.

De Normandie sans rest

7 cours 30-Juillet – ✆ 05 56 52 16 80 – www.hotel-de-normandie-bordeaux.com **3DXz**

91 ch – †98/125 € ††111/270 € – ☕ 16 €

◆ Élégance intemporelle d'un hôtel né avec le paquebot Normandie, dans les années 1930. Dans la plupart des chambres, on profite d'une vue sublime sur la place des Quinconces... Raffinement !

Mercure Bordeaux Centre
5 r. R.-Lateulade – ✆ 05 56 56 43 43 – www.mercure.com **3CYv**
194 ch – 90/175 € 90/175 € – 2 suites – 16 €
Rest *(fermé sam. et dim.)* – Menu 20 € (sem.) – Carte 25/35 €
◆ Un hôtel de chaîne confortable et agréablement décoré sur le thème du cinéma, avec des salles de séminaire bien équipées. Idéal pour la clientèle d'affaires.

Mercure Château Chartrons
81 cours St-Louis – ✆ 05 56 43 15 00 – www.hotel-chateau-chartrons-bordeaux.com **2BTk**
144 ch – 85/200 € 85/200 € – 1 suite – 16 €
Rest – Formule 12 € – Carte 25/45 €
◆ Derrière cette étonnante façade victorienne (1850), des chambres de facture classique, spacieuses et bien insonorisées. Au restaurant, convivialité, tradition et, pour les amateurs de vins, cave de dégustation vraiment charmante.

Novotel Bordeaux Centre
45 cours du Mar.-Juin – ✆ 05 56 51 46 46 – www.novotel.com **3CYm**
137 ch – 117/165 € 117/165 € – 14 €
Rest – Formule 18 € – Carte 24/32 €
◆ Au cœur du centre d'affaires Mériadeck, un Novotel avec des chambres contemporaines bien insonorisées et de nombreuses salles de séminaire.

Bayonne Etche-Ona sans rest
4 r. Martignac – ✆ 05 56 48 00 88 – www.bordeaux-hotel.com – Fermé 22 déc.-3 janv. **3DXf**
57 ch – 115/192 € 138/215 € – 4 suites – 14 €
◆ Deux bâtisses des 17eet 18e s. – dont l'une fut la propriété du prince des Asturies – pour un hôtel classique au charme un brin suranné, et empreint d'une certaine quiétude.

Majestic sans rest
2 r. Condé – ✆ 05 56 52 60 44 – www.hotel-majestic.com **3DXa**
49 ch – 90 € 230 € – 12 €
◆ Un bel immeuble bordelais (18es.) dont les chambres, d'esprit feutré, célèbrent sobrement la musique classique... Point d'orgue de cette partition sans défaut : le parking privé, bien utile en centre-ville.

Royal St-Jean sans rest
15 r. Charles-Domercq – ✆ 05 56 91 72 16 – www.hotel-bordeaux-saint-jean.com
37 ch – 90/110 € 95/120 € – 14 € **4FZb**
◆ À deux pas de la gare, un hôtel contemporain, coloré et bien insonorisé... Au petit-déjeuner, on savoure de bons canelés, puis l'on saute dans le tramway, tout proche.

Grand Hôtel Français sans rest
12 r. du Temple – ✆ 05 56 48 10 35 – www.grand-hotel-francais.com
35 ch – 121/169 € 149/206 € **3DXv**
◆ Dans un bel immeuble du 18es., cet hôtel mise sur le cachet de l'ancien (parquet, meubles de style), mais aussi – dans les chambres du 3eétage – sur une allure ultracontemporaine. Du style !

L'Avant Scène sans rest
36 r. Borie – ✆ 05 57 29 25 39 – www.lavantscene.fr **2BUm**
9 ch – 99/110 € 105/118 € – 15 €
◆ Murs du 17es., poutres, joli patio ; meubles signés Knoll ou Starck, chambres Bauhaus, fifties... Au cœur du quartier des Chartrons, une maison très "particulière", pour les amoureux des vieilles pierres et de design.

La Tour Intendance sans rest
16 r. de la Vieille Tour – ✆ 05 56 44 56 56 – www.hotel-tour-intendance.com
36 ch – 85/135 € 115/165 € – 12 € **3DXd**
◆ De jolies couleurs du Sud dans les chambres, du parquet, des pierres apparentes pour le cachet et parfois même une mezzanine... Dans ce petit hôtel, on se sent comme chez soi.

Continental sans rest

10 r. Montesquieu – ✆ 05 56 52 66 00 – www.hotel-le-continental.com

50 ch – 89/120 € 98/140 € – 1 suite **3DXb**

◆ Familial et pratique. Les chambres sont fraîches et très bien tenues, certaines (au 4ᵉétage) avec balcon donnant sur les toits : jolie reconversion pour cet hôtel particulier du 18ᵉs.

La Maison Bord'Eaux

113 r. du Dr.-Albert-Barrau – ✆ 05 56 44 00 45 – www.lamaisonbordeaux.com

9 ch – 126/190 € 144/210 € – 15 € **3CXa**

Table d'hôte – Menu 35/150 € bc

◆ De cette demeure du 18ᵉs., le propriétaire a fait un lieu design, coloré et très élégant, d'esprit international et... bordelais. Le luxe raffiné d'un boutique-hôtel dans les chambres, le plaisir d'un bon dîner (sur demande) autour de grands vins de la région, à 10mn à pied du cœur de la ville.

Le Pressoir d'Argent – The Regent Grand Hotel

5 Cours de l'Intendance, (1ᵉʳ étage) – ✆ 05 57 30 43 04 – www.pressoir-argent.com – Fermé 29 juil.-20 août, 28 oct.-5 nov., 19-27 fév., dim., lundi et fériés **3DXg**

Rest – Formule 34 € Menu 90/160 € – Carte 90/170 €

Spéc. Crabe royal sur un lit de gros sel aux poivres et algues. Homard breton, ris de veau, sauce béarnaise au jus de presse, épinard et champignons. Citron de Menton, crème de nougat, praliné feuillantine et granité coco-cannelle.

◆ Le Pressoir d'Argent ? Ce pourrait être un hommage au homard au pressoir, plat signature du chef. Ici, la cuisine de la mer est aussi précise que sincère... Quant au décor signé Jacques Garcia, il révèle l'esprit baroque et théâtral des lieux.

Le Chapon Fin

5 r. Montesquieu – ✆ 05 56 79 10 10 – www.chapon-fin.com – Fermé 22 juil.-21 août, dim., lundi et fériés **3DXp**

Rest – Menu 38 € (déj.), 60/90 € – Carte 85/115 €

Spéc. Langoustines et caviar d'Aquitaine "en boîte". Ris de veau laqué à l'orange et au gingembre, concassé de poire et pommes de terre fondantes. Tube craquant à l'émulsion de fromage blanc, sorbet pomme-violette. **Vins** Graves, Saint-Estèphe.

◆ Une institution locale, qui ravit par son décor de rocaille 1900 autant que par la finesse de sa cuisine, actuelle, sagement inventive et joliment acidulée. Quant à la sélection de bordeaux, elle est superbe !

Le Gabriel

10 pl. de la Bourse, (2ᵉᵐᵉ étage) – ✆ 05 56 30 00 70 – www.bordeaux-gabriel.fr – Fermé 24 juil.-8 août, 30 oct.-6 nov., vacances de fév., dim. et lundi

Rest – Formule 37 € bc – Menu 65/90 € – Carte 82/93 € **4EXf**

Spéc. Langoustines de Bretagne rôties, chou croquant à la mangue et passion (printemps-été). Bar de ligne poché au lait d'algue nori, champignons et caviar d'Aquitaine. Finger au chocolat et praliné craquant acidulé. **Vins** Pessac-Léognan, Blaye.

Rest *Le Bistrot du Gabriel* – voir les restaurants ci-après

◆ Cadre d'exception pour cet établissement, créé dans le pavillon central de la célèbre place de la Bourse. Ses délicieux salons 18ᵉs. se prêtent à la dégustation d'une cuisine créative et haute en saveurs.

Le Pavillon des Boulevards (Denis Franc)

120 r. Croix-de-Seguey – ✆ 05 56 81 51 02 – www.lepavillondesboulevards.fr – Fermé 15-31 août, 1ᵉʳ-8 janv., sam. midi, lundi midi et dim. **2BUa**

Rest – Menu 40 € bc (déj. en sem.), 80/120 € – Carte 90/100 €

Spéc. Foie gras en bocal et fumé minute, chaud et pané aux épices. Noisettes d'agneau rôties inspiration "kebab". Passion chocolat, du fruit acidulé au caramel salé. **Vins** Graves, Pessac-Léognan.

◆ Blancheur immaculée, terrasse verdoyante : un endroit apaisant, idéal pour savourer un beau moment de gastronomie. Ici, le chef connaît ses classiques et les revisite avec subtilité.

XXX **Jean Ramet**

7 pl. J.-Jaurès – 05 56 44 12 51 – www.restaurant-jean-ramet.com – Fermé dim. et lundi **4EXu**

Rest – Formule 25 € – Menu 31 € (déj.), 55/65 € – Carte 58/92 €

◆ Tout près de la Garonne, une table chaleureuse et élégante. Sur les traces de Jean Ramet, le jeune chef concocte une agréable cuisine classique et de saison, en jouant sur les saveurs épicées.

XXX **Le Vieux Bordeaux**

27 r. Buhan – 05 56 52 94 36 – www.le-vieux-bordeaux.com – Fermé 3-24 août, vacances de fév., dim., lundi et fériés **4EYa**

Rest – Menu 20 € bc (déj.), 30/55 € – Carte 55/78 €

◆ Ode généreuse au classicisme et au terroir bordelais, tant dans l'assiette que le décor... Aux beaux jours, on profite de l'agréable patio.

XXX **L'Alhambra**

111bis r. Judaïque – 05 56 96 06 91 – Fermé 14 juil.-15 août, sam. midi, lundi midi et dim. **3CXe**

Rest – Formule 20 € – Menu 30/40 € – Carte 45/55 €

◆ Quenelles de brochet, perdreau, gibier en saison : un vrai petit conservatoire de la cuisine classique, dans la grande tradition du Guide culinaire d'Escoffier ! Décor à l'avenant.

XX **Le Clos d'Augusta**

339 r. Georges-Bonnac – 05 56 96 32 51 – www.leclosdaugusta.fr – Fermé 29 juil.-21 août, 23-30 déc., lundi midi, sam. midi, dim. et fériés **1AUa**

Rest – Menu 22 € (déj.), 45/65 € – Carte 54/75 €

◆ Langoustines et leur cappuccino de pistache, turbot rôti et sa mousseline de betterave à la framboise : une cuisine créative pour les amateurs du genre, dans un lieu feutré et élégant.

XX **L'Oiseau Bleu**

127 av. Thiers – 05 56 81 09 39 – www.loiseaubleu.fr – Fermé 15-23 avril, 5-27 août, 1-7 janv., dim. et lundi **4FXe**

Rest – Formule 19 € – Menu 22 € (déj.), 38/55 € – Carte 50/68 €

◆ Ce bel oiseau – un ancien poste de police – hébergea peut-être quelque pervenche... C'est désormais un joli nid de gourmands, avec sa cuisine du moment et sa belle cave (300 références) créée dans... l'ancienne cellule de dégrisement !

XX **Brasserie l'Europe** – Grand Hôtel de Bordeaux & Spa

2 pl. de la Comédie – 05 57 30 43 46 – www.ghbordeaux.com **3DXr**

Rest – Formule 22 € – Menu 35 € (dîner) – Carte 45/75 €

◆ Cette élégante brasserie trône sur la place de la Comédie (belle terrasse). L'endroit tout indiqué pour savourer un bon plateau de fruits de mer ou des spécialités du Sud-Ouest.

XX **La Tupina**

6 r. Porte de la Monnaie – 05 56 91 56 37 – www.latupina.com **4FYq**

Rest – Formule 18 € – Menu 35 € (déj. en sem.)/60 € – Carte 65/85 €

◆ Plus qu'une auberge joliment champêtre, une institution ! Le truculent patron, pétri de patrimoine gastronomique, défend le terroir avec conviction... Évidemment, on se régale de copieux plats du Sud-Ouest, mais aussi de viandes rôties.

X **C'Yusha**

12 r. Ausone – 05 56 69 89 70 – www.cyusha.com – Fermé 3 sem. en août, 1 sem. en janv., sam. midi, dim. et lundi **4EYb**

Rest *(nombre de couverts limité, réserver)* – Menu 19 € (déj. en sem.)/33 € – Carte 46/52 €

◆ Cuisine actuelle aux notes d'épices, de plantes et d'herbes, signée par un chef qui travaille seul, sous le regard des gourmands. Minimalisme et intimité (peu de couverts) : un lieu résolument contemporain.

Comptoir Cuisine

2 pl. de la Comédie – ✆ 05 56 56 22 33 – comptoircuisine.com **3DXt**

Rest – Formule 18 € – Carte 34/50 €

◆ Chic, un néobistrot avec ses cuisines ouvertes et son atmosphère conviviale... autour du comptoir ! La carte est courte mais alléchante et le choix de vins au verre étoffé.

7ème Péché (Jan Schwitalla)

65 cours de Verdun – ✆ 05 56 06 42 16 – www.7peche.fr – Fermé 14 juil.-11 août, 1er-5 janv., mardi, merc. et le midi sauf dim. **2BUg**

Rest *(nombre de couverts limité, réserver)* – Menu 49/75 € – Carte 70/90 €

Spéc. Œuf ozen, coulis de truffe noire, artichaut violet poêlé croquant. Pigeon en cuisson basse température, légumes de saison et jus réduit. Texture chocolats manjari et ivoire, sorbet passion et biscuit amande.

◆ Un Péché épuré, feutré et résolument intime – une vingtaine de couverts... au service d'une belle cuisine créative. Jan Schwitalla mûrit longuement ses préparations, pour un résultat mêlant harmonieusement textures et saveurs audacieuses.

Gravelier

114 cours de Verdun – ✆ 05 56 48 17 15 – www.gravelier.com – Fermé 1er-29 août, une sem. vacances de fév., sam. et dim. **2BUr**

Rest – Menu 24 € (déj.), 39/55 € – Carte 45/60 €

◆ Ambiance bistrot tendance – matériaux bruts (teck, zinc), couleurs vitaminées, vue sur les fourneaux – pour une cuisine inventive, où les saveurs du Sud-Ouest se mâtinent d'Asie.

Auberge ' Inn

245 r. de Turenne – ✆ 05 56 81 97 86 – www.auberge-inn.fr – Fermé 28 juil.-20 août, 22 déc.-2 janv., 9-18 mars, sam., dim. et fériés **2BUb**

Rest – Menu 19 € (déj. en sem.), 29/50 € – Carte 42/70 €

◆ Une auberge d'aujourd'hui fraîche et colorée (en aubergine...), où l'on s'attable autour de plats très gourmands. Merlu rôti avec ses topinambours et navets fondants, délicieux cheesecake... Convivial le midi, romantique le soir.

Le Bistrot du Gabriel – Restaurant Le Gabriel

10 pl. de la Bourse, (1er étage) – ✆ 05 56 30 00 30 – www.bordeaux-gabriel.fr – Fermé vacances de fév. **4EXf**

Rest – Formule 22 € – Menu 29 € – Carte 40/50 €

◆ Au bien nommé Bistrot du Gabriel, on se régale – sans se ruiner – d'un tartare de bœuf au couteau ou d'un saumon fumé maison, d'un bar grillé ou encore d'une entrecôte... Et le chariot des desserts est très appétissant !

Kuzina

22 r. Porte-de-la-Monnaie – ✆ 05 56 74 32 92 – www.latupina.com – Fermé dim. et lundi **4FYz**

Rest – Menu 18 € (déj.) – Carte 35/60 €

◆ Kuzina ? La cuisine, en grec... Et dans ce petit restaurant au décor sympathique, des centaines de photos évoquent la patrie de Socrate et la Crète, où remontent les origines du propriétaire. À table, on se régale d'une cuisine de la mer simple, fraîche et inspirée du régime... crétois !

Café du Théâtre

pl. Renaudel – ✆ 05 57 95 77 20 – Fermé 27 juil.-25 août, une sem. en fév., dim. et lundi **4FZa**

Rest – Formule 16 € – Menu 34/45 € – Carte 41/55 €

◆ Du rouge, du noir, un grand comptoir... et une jolie cuisine bistronomique rehaussée de touches basques et méditerranéennes. Pas de relâche pour le jeune chef, qui assure même un service tardif les soirs de spectacle.

Moshi Moshi

pl. Fernand-Lafargue – ✆ 05 56 79 22 91 – http://www.restaurantmoshimoshi.com – Fermé dim. et lundi **4EYm**

Rest *(dîner seult) (nombre de couverts limité, réserver)* – Menu 49 € – Carte 35/56 €

◆ LA table japonaise de Bordeaux ! Makis, sushis, mais aussi bœuf moshi moshi – dés de filet grillés avec des légumes frits... Une jolie palette de gastronomie nippone.

La Petite Gironde

75 quai des Queyries – ✆ 05 57 80 33 33 – www.lapetitegironde.fr – Fermé 24 déc.-3 janv. et dim. soir **4EXb**

Rest – Menu 17 € (sem.), 27/33 € – Carte 35/55 €

◆ Une terrasse au bord de la Garonne et beaucoup de convivialité ; une jolie cuisine régionale saupoudrée de quelques plats bistrotiers : cette Petite est vraiment gironde !

à Bordeaux-Lac (près parc des expositions) – ✉ 33300 Bordeaux

Pullman

av. J.-G.-Domergue – ✆ 05 56 69 66 66 – www.pullmanhotels.com **2BTu**

166 ch – 220/320 € 220/320 € – 19 suites – 22 €

Rest ***L'Aquitania*** – voir les restaurants ci-après

◆ Un accès direct au palais des congrès, 2 000 m² de salles de réunion, des chambres design et un agréable restaurant traditionnel : cet hôtel a plus d'un atout et il est très apprécié de la clientèle d'affaires.

L'Aquitania

av. J.-G.-Domergue – ✆ 05 56 69 66 66 – www.pullmanhotels.com **2BTu**

Rest – Formule 26 € bc – Menu 30 € bc/62 € – Carte 50/70 €

◆ L'Aquitania ? Une table prisée à Bordeaux-Lac. La clientèle d'affaires, notamment, apprécie son appétissante carte traditionnelle et son atmosphère feutrée.

par la rocade A 630 :

à Blanquefort 3 km au Nord, sortie n° 6 – 14 814 h. – alt. 17 m – ✉ 33290

Hostellerie Des Criquets

130 av. du 11-Novembre (D 210) – ✆ 05 56 35 09 24 – www.lescriquets.com

21 ch – 74 € 96 € – 14 € – ½ P 94 €

Rest ***Hostellerie Des Criquets*** – voir les restaurants ci-après

◆ Atmosphère familiale et quiétude champêtre chez ces sympathiques Criquets, avec des chambres douillettes pour paresser à la manière des cigales. Côté gourmandises, on n'est pas dépourvu car le restaurant est charmant !

Hostellerie Des Criquets

130 av. du 11-Novembre, D 210 – ✆ 05 56 35 09 24 – www.lescriquets.com – Fermé sam. midi, dim. soir et lundi

Rest – Formule 17 € – Menu 20 € (déj. en sem.), 40/60 € – Carte 50/73 €

◆ Cet élégant restaurant contemporain ouvre sur le jardin ; la carte suit joliment les saisons et, pour ne rien gâcher, le chef donne des cours de cuisine. Une agréable étape gastronomique aux portes de Bordeaux.

à Lormont Nord-Est, sortie n°2 – 19 940 h. – alt. 60 m – ✉ 33310

4, avenue de la Libération, ✆ 05 56 74 29 17, www.office-tourisme-lormont.com

Jean-Marie Amat

1 r. du Prince-Noir – ✆ 05 56 06 12 52 – www.jm-amat.com – Fermé 3 sem. en août, 1 sem. en déc., sam. et dim. **2BTn**

Rest – Menu 30 € (déj. en sem.)/50 € – Carte 70/120 €

Spéc. Salade de homard "comme dans un jardin". Pigeon grillé à la rose et salade d'herbes. Pêche pochée au Lillet. **Vins** Saint-Georges-Saint-Emilion, Fronsac.

◆ Les écuries d'un château ; un cube de verre et béton ; l'impression d'être suspendu au milieu de la verdure... Lorsqu'il a créé ce restaurant, Jean-Marie Amat a adopté un parti pris architectural vraiment original ! À l'image de sa belle cuisine du marché, saine et fraîche.

à Cenon **Est, sortie n° 25 – 22 452 h. – alt. 50 m – ✉ 33150**

La Cape (Nicolas Magie)
allée Morlette – ✆ 05 57 80 24 25 – Fermé 28 juil.-20 août, 22 déc.-7 janv., sam., dim. et fériés **2BUv**
Rest – Menu 25 € (déj.), 50/80 €
Spéc. Chipirons rôtis au naturel, galette de pied de cochon, sauce béarnaise. Turbot sauvage poêlé, artichauts poivrade en deux textures. Biscuit croustillant cacahouète citron vert. **Vins** Bordeaux.
◆ Un magicien, ce chef ! Une cape, une toque, de beaux produits locaux, une inventivité maîtrisée, le tout dans un élégant décor contemporain... Abracadabra : l'assiette se pare de belles saveurs du marché, renouvelées tous les quinze jours. Un tour évidemment réalisé sans trucage.

Ze Rock
1 bis r. Aristide-Briand, (au parc Palmer) – ✆ 05 57 54 12 94 – Fermé 1er-15 août et 24 déc.-7 janv. **2BTa**
Rest – Formule 15 € – Menu 18 € – Carte 28/40 €
◆ Béton ciré et chaises Starck : une brasserie design du "clan" Nicolas Magie attenante au Rocher de Palmer. Cochonaille basque, frites au couteau... la belle tradition apaise les faims de rocker, à prix vraiment minis !

à Bouliac **Sud-Est, sortie n° 23 – 3 036 h. – alt. 74 m – ✉ 33270**

Le St-James
3 pl. Camille-Hostein, (près de l'église) – ✆ 05 57 97 06 00 – www.saintjames-bouliac.com – Fermé 1er-17 janv. **2BUs**
18 ch – 195/465 € 195/465 € – 25 €
Rest ***Le St-James*** – voir les restaurants ci-après
◆ Conçue par Jean Nouvel, cette maison surplombant les vignes s'inspire des séchoirs à tabac typiques de la région. L'épure, la lumière et le design dominent avec élégance et harmonie...

Le St-James
3 pl. Camille-Hostein, (près de l'église) – ✆ 05 57 97 06 00 – www.saintjames-bouliac.com – Fermé vacances de printemps, 26 août-3 sept., vacances de la Toussaint, 1er-17 janv., dim. et lundi **5BUs**
Rest – Menu 47 € (déj.), 65/132 € – Carte 110/160 €
Spéc. Foie gras en cube chaud poêlé, figue fraîche et citron, jus réduit sangria. Homard bleu grillé au beurre de corail, risotto iodé. Fruits secs et cannelloni de riz à la fleur d'oranger, crème glacée cannelle. **Vins** Saint-Estèphe, Pessac-Léognan.
◆ Un écrin design et baigné de lumière... Inspiré par ce superbe endroit et des produits de grande qualité, Michel Portos fait preuve d'une belle créativité : voilà bien un architecte des saveurs.

Café de l'Espérance
10 r. de l'Esplanade, (derrière l'église) – ✆ 05 56 20 52 16 – www.cafe-esperance.com **2BVr**
Rest – Menu 15 € (déj. en sem.), 28/50 € bc – Carte 30/47 €
◆ Buffets d'entrées et de desserts, grillades au feu de bois, frites maison... C'est simple, très frais, copieux et bon. Les nostalgiques des troquets de village seront comblés !

à Camblanes-et-Meynac **9 km au Sud-Est, sortie n° 22 par D 113 – 2 598 h. – alt. 50 m – ✉ 33360**

Le Bellevue
40 rte du Bourg – ✆ 05 56 20 77 14 – http://restaurant-le-bellevue.fr – Fermé 22 avril-7 mai, 26 août-3 sept., 28 oct.-12 nov., sam. midi, dim. soir et lundi
Rest – Formule 16 € – Menu 28 € (déj. en sem.), 34/46 € – Carte 38/44 €
◆ Sticks de chèvre frais accompagnés d'une salade de fenouil, brochette de bœuf tendre et son émulsion à l'échalote : le chef respecte les produits, avec originalité et finesse. Savoureux !

à Martillac 9 km au Sud, sortie n° 18, D 1113 et rte secondaire – 2 331 h. – alt. 40 m – ✉ 33650

Les Sources de Caudalie
chemin de Smith-Haut-Lafitte – ✆ 05 57 83 83 83 – www.sources-caudalie.com – Fermé 7-30 janv.
42 ch – †200/300 € ††200/300 € – 7 suites – ☕ 24 € – ½ P 162/187 €
Rest ***La Grand'Vigne*** ✿ – voir les restaurants ci-après
Rest ***La Table du Lavoir*** – Formule 29 € – Menu 38/51 €
◆ Au milieu des vignes, un domaine superbe dédié au bien-être par la... vinothérapie. Bois brut, meubles chinés, ambiances délicates, plaisirs gastronomiques : le luxe dans toute sa sobriété, en harmonie avec la nature.

La Grand'Vigne
chemin de Smith-Haut-Lafitte – ✆ 05 57 83 83 83 – www.sources-caudalie.com – Fermé 7 janv.-6 fév., merc. midi, jeudi midi, vend. midi, lundi et mardi
Rest – Menu 65/95 € – Carte 80/120 €
Spéc. "L'Aquitaine" en carpaccio de bœuf et grains de caviar primeur. Carré d'agneau de l'Aveyron rôti, épaule confite et caramélisée, légumes du potager. Noisettine du Médoc, chocolat araguani, sorbet poire William. **Vins** Pessac-Léognan, Graves.
◆ Dans le cadre de cette charmante orangerie du 18ᵉs., les assiettes ont le goût et les couleurs de la nature : l'œuvre d'un jeune chef inspiré, maître dans l'art d'associer saveurs et textures, pour le plaisir des sens. Un beau moment.

au Sud-Ouest sortie n° 14 - ✉ 33600 Pessac

Holiday Inn Bordeaux Sud
10 av. Antoine Becquerel – ✆ 05 56 07 59 59 – www.holidayinn.fr **1AVf**
90 ch – †92/152 € ††92/152 € – ☕ 16 €
Rest *(fermé sam., dim. et fériés)* – Formule 20 € – Menu 25 € (sem.) – Carte 25/50 €
◆ Près d'une rocade autoroutière, un hôtel de chaîne contemporain et confortable (lits king size), avec des salles de réunion dernier cri.

à Mérignac Ouest, sortie n° 9 – 66 095 h. – alt. 35 m – ✉ 33700

Kyriad Prestige
116 av. Magudas – ✆ 05 57 92 00 00 – www.bordeaux-hotels.net **1ATr**
75 ch – †95/122 € ††95/122 € – ☕ 14 €
Rest *(fermé dim. et fériés)* – Formule 19 € – Menu 28 € – Carte 30/49 €
◆ Tout près de l'autoroute, avec des chambres spacieuses et bien insonorisées. Pratique lors d'une étape familiale ou pour la clientèle d'affaires.

à l'aéroport de Bordeaux-Mérignac Ouest, sortie n° 11 en venant du Sud, sortie n° 11ᵇ en venant du Nord – ✉ 33700 Mérignac

Novotel Aéroport
80 av. J.F.-Kennedy – ✆ 05 57 53 13 30 – www.accor-hotels.com **1AUk**
137 ch – †119/165 € ††119/165 € – ☕ 14 €
Rest – Formule 17 € – Carte 30/50 €
◆ Novotel d'esprit contemporain, dont la plupart des chambres donnent sur le jardin. Pratique en famille : l'aire de jeux pour les enfants.

Ibis Styles Bordeaux Aéroport
95 av. J.F.-Kennedy – ✆ 05 56 55 93 42 – www.ibishotel.com **1AUd**
81 ch ☕ – †70/105 € ††70/190 €
Rest *(fermé 1ᵉʳ-15 août, 25 déc.-1ᵉʳ janv., vend. soir, sam. et dim.)* – Formule 15 € – Menu 19 € – Carte environ 25 €
◆ Cet hôtel affiche un esprit frais, jeune et pop : couleurs sobres, touches acidulées et... tarifs raisonnables.

XXX **L'Iguane**

83 av. J.F.-Kennedy – ✆ 05 56 34 07 39 – www.liguane.fr – Fermé 5 août-4 sept., vend. soir, sam. midi et dim. **1AUb**

Rest – Formule 25 € – Menu 35 € – Carte 42/77 €

Rest *L'Olive de Mer* ✆ 05 56 12 99 99 – Formule 16 € – Menu 22 € (déj. en sem.) – Carte 27/54 €

◆ Contemporain, feutré et élégant, cet Iguane ! La cuisine mêle teintes du temps et nuances exotiques ; quant à la cave, elle recèle 500 références aux jolies robes chatoyantes. De couleur et de piquant, l'Olive de Mer n'en manque pas, avec ses saveurs méditerranéennes et son atmosphère design.

LES BORDES – 45 Loiret – 318 L5 – rattaché à Sully-sur-Loire

Les prix indiqués devant le symbole 🚹 correspondent au prix le plus bas en basse saison puis au prix le plus élevé en haute saison, pour une chambre single. Même principe avec le symbole 🚹🚹 cette fois pour une chambre double.

BORMES-LES-MIMOSAS – 83 Var – 340 N7 – 7 255 h. – alt. 180 m – ✉ 83230 Côte d'Azur 41 C3

Paris 871 – Fréjus 57 – Hyères 21 – Le Lavandou 4

1, place Gambetta, ✆ 04 94 01 38 38, www.bormeslesmimosas.com

de Valcros, à La Londe-les-Maures, NO : 12 km, ✆ 04 94 66 81 02

Site★ - Les vieilles rues★ - ≤★ du château.

Hostellerie du Cigalou

pl. Gambetta, au vieux village – ✆ 04 94 41 51 27 – www.hostellerieducigalou.com

17 ch – 🚹116/212 € 🚹🚹116/289 € – 3 suites – ☕ 13 €

Rest – Formule 18 € – Menu 29/37 € – Carte 38/60 €

◆ La propriétaire de cette jolie maison a décoré son intérieur avec raffinement, mêlant styles provençal et baroque. Certaines chambres bénéficient d'une terrasse privative. Au restaurant, recettes à dominante régionale, dans une ambiance bistrot décontractée.

La Bastide des Vignes

464 chemin du Patelin – ✆ 04 94 71 20 29 – www.bastidedesvignes.fr

5 ch ☕ – 🚹120/140 € 🚹🚹120/140 € **Table d'hôte** – Menu 43 € bc

◆ Un véritable havre de paix et de gentillesse que cette maison de vigneron de 1902, cernée par les vignes. Chambres aux couleurs de la Provence, ouvertes sur le luxuriant jardin (pas de TV). Dégustation de plats et vins régionaux à la table d'hôte (sur réservation).

Les Plumbagos sans rest

88 impasse du Pin, quartier Le Pin, par bd Mont des Roses – ✆ 06 09 82 42 86 – www.lesplumbagos.com – Ouvert avril-oct.

3 ch ☕ – 🚹120/135 € 🚹🚹120/135 €

◆ Une situation calme et privilégiée en surplomb de la baie, de coquettes chambres provençales et un agréable jardin : cette belle bâtisse des années 1920 ne manque pas d'atouts.

XX **La Rastègue** (Jérôme Masson)

48 bd du Levant, 2 km au Sud, quartier Le Pin – ✆ 04 94 15 19 41 – www.larastegue.com – Fermé 4-31 janv., le midi sauf dim. et lundi

Rest *(nombre de couverts limité, réserver)* – Menu 39/49 € – Carte 45/55 €

Spéc. Rouget barbet saisi à la plancha, esquichade de courgette et sauce vierge (printemps). Saint-pierre cuit sur la peau, riste d'aubergine et sauce bourride (été). Dôme chocolat-passion et sorbet banane (été). **Vins** Côtes de Provence.

◆ Priorité aux saveurs ! Les cuisines, ouvertes sur la salle, permettent d'admirer le jeune chef à l'œuvre. Accommodant bons produits et arômes avec précision et équilibre, il signe des plats inventifs et sans artifice. Service attentionné.

L'Escoundudo (Mathias Dandine)
2 r. du Moulin – ✆ 04 94 21 79 74 – www.mathiasdandine.com – Fermé 10 janv.-1er mars, lundi et mardi d'oct. à avril
Rest – Formule 39 € – Menu 48/88 € – Carte 65/95 €
Spéc. Bouillabaisse "du pauvre", œuf de ferme poché, jus de bouille et aïoli. Pagre cuit au four, légumes de saison à l'huile d'olive et thym des collines. Le "Grand Dessert".
◆ Escoundudo ? Un "coin caché" au cœur de Bormes, au cadre intime et coloré. Après avoir œuvré dans de belles maisons, Mathias Dandine a décidé de reprendre le restaurant familial. On y retrouve avec plaisir ses assiettes délicates et généreuses, marquées par l'éclat des saveurs.

Le Garde Manger
29 r. Carnot – ✆ 04 94 71 15 45 – www.mathiasdandine.com – Ouvert 16 mars-14 nov.
Rest *(nombre de couverts limité, réserver)* – Formule 25 € – Menu 29/38 €
◆ Autrefois boucherie, puis épicerie – tenue par les parents du chef –, désormais un charmant petit bistrot contemporain où l'on vous garde à manger... Cuisine du marché fine et goûteuse.

au Sud **1 km – ✉ 83230 Bormes-les-Mimosas**

Le Domaine du Mirage
38 r. Vue-des-Iles – ✆ 04 94 05 32 60 – www.domainedumirage.com – Ouvert 1er avril-15 oct.
35 ch – †116/235 € ††116/235 € – ☕ 14 € **Rest** – Carte 40/60 €
◆ Dominant la baie, une belle bâtisse de style victorien entourée d'un jardin fleuri. Chambres contemporaines, en majorité avec balcon ou terrasse face à la mer. Décor raffiné au restaurant, où l'on apprécie une cuisine qui fleure bon la Provence.

BORNY – **57 Moselle** – **307** I4 – **rattaché à Metz**

BORT-L'ÉTANG – **63 Puy-de-Dôme** – **326** H8 – **rattaché à Lezoux**

BOSDARROS – **64 Pyrénées-Atlantiques** – **342** J5 – **1 022 h.** – **alt. 370 m** – ✉ **64290** **3** B3
▶ Paris 790 – Lourdes 36 – Oloron-Ste-Marie 29 – Pau 14

Auberge Labarthe (Éric Dequin)
1 r. P.-Bidau – ✆ 05 59 21 50 13 – www.auberge-pau.com – Fermé 1 sem. en janv., dim. soir, lundi et mardi
Rest *(réserver)* – Menu 29 € (sem.), 49/73 € – Carte 76/88 €
Spéc. Asperges tièdes des Landes en transparence de lard (printemps). Ravioles de cèpes, bouillon crémeux à l'estragon (automne). Croustillant de crème catalane et pêches rôties au gingembre (été). **Vins** Jurançon, Coteaux du Languedoc.
◆ Derrière l'église, maison accueillante à la belle façade fleurie. Savoureuse et généreuse cuisine régionale servie dans une salle cosy et sagement contemporaine.

BOSSEY – **74 Haute-Savoie** – **328** J4 – **rattaché à St-Julien-en-Genevois**

LES BOSSONS – **74 Haute-Savoie** – **328** O5 – **rattaché à Chamonix**

LE BOUCHET – **74 Haute-Savoie** – **328** L5 – **rattaché au Grand-Bornand**

BOUDES – 63 Puy-de-Dôme – **326** G10 – 260 h. – alt. 466 m – ✉ 63340 **5** B2
▶ Paris 462 – Brioude 29 – Clermont-Fd 52 – Issoire 16

XX **Le Boudes La Vigne** avec ch
pl. de la Mairie – ✆ 04 73 96 55 66 – www.leboudeslavigne.pagesperso-orange.fr – Fermé 2-13 juil., 26 août-7 sept., 26 déc.-17 janv., dim. soir, lundi et mardi sauf le soir en juil.-août
6 ch – †45 € ††45 € – ☕ 8 € – ½ P 55 €
Rest – Formule 17 € – Menu 23 € (sem.), 29/50 €
◆ Construite sur d'anciennes fortifications, cette maison a gardé le charme des vieilles pierres. Cuisine réalisée avec finesse, accompagnée de crus locaux, dont le boudes !

BOUËSSE – 36 Indre – **323** G7 – rattaché à Argenton-sur-Creuse

BOUGIVAL – 78 Yvelines – **311** I2 – **101** 13 – voir à Paris, Environs

LA BOUILLADISSE – 13 Bouches-du-Rhône – **340** I5 – 5 743 h. – alt. 220 m – ✉ 13720 **40** B3
▶ Paris 776 – Aix-en-Provence 27 – Brignoles 43 – Marseille 31
ℹ place de la Libération, ✆ 04 42 62 97 08

La Fenière
8 r. J. Pourchier – ✆ 04 42 72 38 38 – www.hotelfeniere.com
10 ch – †60/70 € ††60/80 € – ☕ 8 € – ½ P 60/70 €
Rest *(fermé 26 août-3 sept., 18 déc.-2 janv., dim. et lundi)* – Formule 17 € – Menu 22/25 € – Carte 28/60 €
◆ Un établissement tout simple, avec une jolie petite piscine et un jardin. Les chambres sont fraîches, gaies et méticuleusement tenues. Le restaurant, de style provençal (poutres apparentes, cheminée) et agrémenté d'une terrasse, sert une cuisine régionale.

BOUILLAND – 21 Côte-d'Or – **320** I7 – 192 h. – alt. 400 m – ✉ 21420 **8** C2
Bourgogne
▶ Paris 295 – Autun 54 – Beaune 17 – Bligny-sur-Ouche 13

Hostellerie du Vieux Moulin
1 r. de la Forge – ✆ 03 80 21 51 16 – www.moulin-de-bouilland.com – Ouvert 16 mars-26 nov. et 17-31 déc.
24 ch – †90/168 € ††90/168 € – 2 suites – ☕ 18 € – ½ P 68 €
Rest *Hostellerie du Vieux Moulin* – voir les restaurants ci-après
◆ Dans cette charmante vallée verdoyante, un ancien moulin au bord de la rivière et ses dépendances. Beaucoup de tranquillité et un très bon confort (chambres plus spacieuses dans la bâtisse principale). Excellent petit-déjeuner.

XXX **Hostellerie du Vieux Moulin**
1 r. de la Forge – ✆ 03 80 21 51 16 – www.moulin-de-bouilland.com – Ouvert 16 mars-26 nov. et 17-31 déc., fermé le midi du lundi au jeudi
Rest – Formule 25 € – Menu 39/90 € – Carte 46/80 €
◆ Une salle élégante et une très belle terrasse... Ce lieu ravit et met en appétit ! Les assiettes du chef ne déçoivent pas, car ce dernier concocte une cuisine d'aujourd'hui soignée et savoureuse.

X **Auberge St-Martin**
17 rte de Beaune – ✆ 03 80 21 53 01 – Fermé 26 juin-5 juil., 11 déc.-5 fév., mardi et merc.
Rest – Formule 16 € – Menu 22/30 € – Carte 30/40 €
◆ Une accueillante auberge (18^{e}s.), campagnarde à souhait, en plein cœur d'un petit village près de Beaune. On y propose une appétissante cuisine traditionnelle, avec des spécialités telles que la terrine de faisan ou le coq au vin.

LA BOUILLE – 76 Seine-Maritime – **304** F5 – 797 h. – alt. 5 m – ✉ 76530 Normandie Vallée de la Seine **33** D2
▶ Paris 132 – Bernay 44 – Elbeuf 12 – Louviers 32

XXX **Le St-Pierre**

4 pl. du Bateau – ✆ 02 35 68 02 01 – www.restaurantlesaintpierre.com – Fermé vacances scolaires de fév., mardi sauf le midi de mai à août, dim. soir et lundi

Rest – Formule 18 € – Menu 25 € (sem.), 31/65 € – Carte 55/77 €

◆ Une cuisine d'aujourd'hui réalisée avec de beaux produits, la Seine et les bateaux pour décor : un moment bien agréable ! Et l'été, la terrasse est charmante.

XX **De la Poste**

6 pl.du Bateau – ✆ 02 35 18 03 90 – Fermé 17 déc.-8 janv., dim. soir, lundi et mardi

Rest – Menu 22 € (sem.), 28/37 € – Carte 40/80 €

◆ Ce joli relais de poste (18e s.), ancré sur les quais, arbore fièrement ses colombages et honore la cuisine traditionnelle. À l'étage, on profite de la vue sur la Seine.

XX **Les Gastronomes**

1 pl. du Bateau – ✆ 02 35 18 02 07 – www.lesgastronomes-labouille.com – Fermé 21 oct.-10 nov., 23 fév.-8 mars, merc. et jeudi sauf fériés

Rest – Menu 20 € (sem.), 29/35 € – Carte 42/57 €

◆ Foie gras en terrine, sandre au beurre blanc, tarte Tatin : dans cette maison de pays, les patrons concoctent une jolie cuisine traditionnelle et vous reçoivent avec chaleur.

BOUIN – **85 Vendée** – **316** E6 – **2 196 h.** – **alt. 5 m** – ✉ **85230** **34** A3

Paris 435 – Challans 22 – Nantes 51 – Noirmoutier-en-l'Ile 29

Rue du Pays de Retz, ✆ 02 51 68 88 85

Domaine le Martinet sans rest

pl. du Gén.-Charette – ✆ 02 51 49 23 23 – www.domaine-lemartinet.com – Fermé janv.

25 ch – †68/90 € ††85/140 € – ☕ 10 €

◆ Dans un bourg tranquille du marais breton vendéen, un hôtel tenu par un jeune couple sympathique. Toutes les chambres sont spacieuses et confortables, et celles de la maison principale ont été entièrement rénovées en 2011. Frais et plaisant !

X **Le Martinet**

9 r. des Jardins – ✆ 02 51 49 23 48 – www.restaurant-lemartinet.com – Fermé janv., dim. soir hors saison, lundi midi et mardi midi

Rest – Menu 17/39 € – Carte 22/57 €

◆ Dans sa jolie cabane de pêcheur – un ancien grenier à sel, pour être exact –, le chef réalise une cuisine traditionnelle... aux petits oignons ! Poissons extrafrais pêchés par son frère, légumes du potager et saveurs franches : gourmandise.

BOULBON – **13 Bouches-du-Rhône** – **340** D2 – **1 538 h.** – **alt. 18 m** – ✉ **13150** **42** E1

Paris 703 – Avignon 18 – Marseille 113 – Nîmes 34

La Bastide de Boulbon

r. de l'Hôtel-de-Ville – ✆ 04 90 93 11 11 – www.labastidedeboulbon.com – Ouvert 30 mars-2 nov.

10 ch – †115/125 € ††145/165 € – ☕ 15 €

Rest *(fermé mardi soir) (dîner seult) (nombre de couverts limité, réserver)* – Menu 35 €

◆ Au cœur d'un village, cette demeure bourgeoise (1850) aux allures de maison d'hôte invite à la détente, avec son beau jardin aux platanes bicentenaires. Chambres actuelles. Cuisine du marché servie dans une salle intime ou sur la terrasse ombragée.

BOULIAC – **33 Gironde** – **335** H6 – **rattaché à Bordeaux**

BOULIGNEUX – **01 Ain** – **328** C4 – **rattaché à Villars-les-Dombes**

BOULOGNE-BILLANCOURT – **92 Hauts-de-Seine** – **311** J2 – **101** 24 – **voir à Paris, Environs**

BOULOGNE-SUR-MER – 62 Pas-de-Calais – 301 C3 – 43 757 h. 30 A2
– Agglo. 135 116 h. – alt. 58 m – Casino (privé) Z – ✉ 62200

Nord Pas-de-Calais Picardie

Paris 265 – Amiens 130 – Arras 122 – Calais 35

24, Parvis Nausicaä, ☎ 03 21 10 88 10, www.tourisme-boulognesurmer.com

de Wimereux, à Wimereux, Avenue François Mitterrand, par rte de Wimereux : 8 km, ☎ 03 21 32 43 20

Nausicaa★★ - Ville haute★★ : crypte et trésor★ de la basilique ←★ du Beffroi Y H - Perspectives★ des remparts - Calvaire des marins ←★ Y - Château-Musée★ : vases grecs★★, masques inuits et aléoutes★★ - Colonne de la Grande Armée★ : ✻★★ 5 km par ① - Côte d'Opale★ par ①.

Plan page suivante

La Matelote
70 bd Ste-Beuve – ☎ 03 21 30 33 33 – www.la-matelote.com **Yq**
35 ch – 🛉100/190 € 🛉🛉125/190 € – ☕ 15 €
Rest *La Matelote* ✿ – voir les restaurants ci-après
◆ Fière bâtisse des années 1930 sur le front de mer, face au Nausicaa. Ambiance chaleureuse, chambres de bon confort et espace détente de qualité (piscine à contre courant).

Métropole sans rest
51 r. Thiers – ☎ 03 21 31 54 30 – www.hotel-metropole-boulogne.com – Fermé 23 déc.-14 janv. **Ze**
25 ch – 🛉65/82 € 🛉🛉82/98 € – ☕ 11 €
◆ Hôtel familial dans le centre-ville, près du port et des commerces, aux chambres spacieuses et confortables. Jolie salle des petits-déjeuners, ouverte sur le jardin.

Hamiot
1 r. Faidherbe – ☎ 03 21 31 44 20 – www.hotelhamiot.com **Zh**
12 ch – 🛉65/95 € 🛉🛉90/110 € – ☕ 10 € – ½ P 90 €
Rest *Grand Restaurant* – voir les restaurants ci-après
Rest *Brasserie* – Formule 12 € – Menu 18 € bc (sem.)/32 € – Carte 17/38 €
◆ Une véritable institution ! Ce bâtiment d'après-guerre donne sur le port de pêche et la criée. Les chambres sont confortables avec leur beau mobilier en bois. Une bonne adresse également pour les amateurs d'étape gastronomique.

La Matelote (Tony Lestienne) – Hôtel La Matelote
✿
80 bd Ste Beuve – ☎ 03 21 30 17 97 – www.la-matelote.com – Fermé 22 déc.-20 janv. et jeudi midi **Yq**
Rest – Menu 31/75 € – Carte 66/90 €
Spéc. Salade de homard, sauce crustacés. Darne de turbot rôtie sur l'arête, fricassée de calamars (saison). Rhubarbe et gelée de fruits rouges, sablé au beurre demi-sel et sorbet cassis (saison).
◆ Un restaurant au cadre élégant et feutré, dans les tons rouge et or, avec une belle terrasse d'été. Cuisine de la mer superbement mise en valeur.

Restaurant de la Plage
124 bd Ste-Beuve – ☎ 03 21 99 90 90 – www.restaurantdelaplage.fr – Fermé dim. soir et lundi soir **Xv**
Rest – Menu 25/65 € – Carte 40/80 €
◆ Face à l'eau, une adresse qui fait honneur à la vocation maritime de la ville en proposant une carte riche en saveurs iodées. Joli décor actuel sur le thème "bord de mer".

Grand Restaurant – Hôtel Hamiot
1 r. Faidherbe – ☎ 03 21 31 44 20 – www.hotelhamiot.com – Fermé dim. soir et merc. **Zh**
Rest – Formule 19 € – Menu 22 € (sem.), 28/39 € – Carte 39/67 €
◆ On vient dans ce restaurant pour son atmosphère feutrée, sa vue sur l'animation portuaire et surtout pour sa cuisine de la mer soignée : sole meunière, blanquette et bourride, plateaux de fruits de mer...

BOULOGNE-SUR-MER

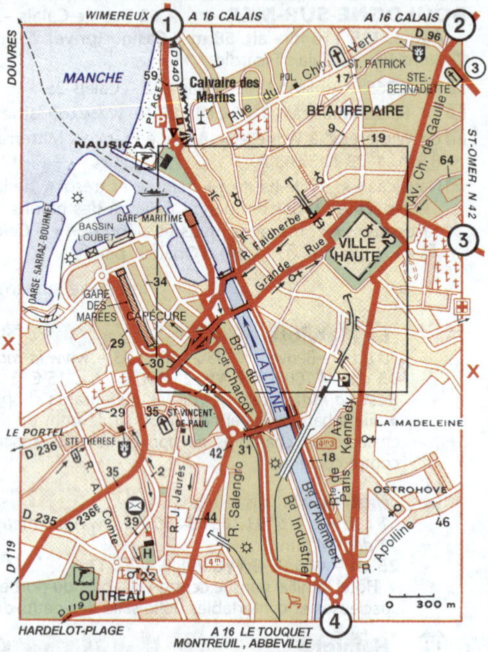

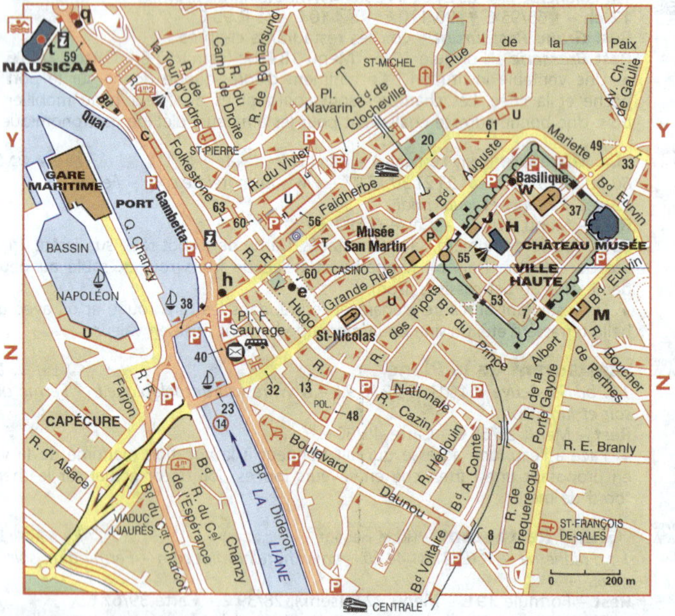

Restaurant de Nausicaa

bd Ste-Beuve – ✆ 03 21 33 24 24 – Fermé 9-29 janv., dim. soir hors saison et lundi soir Yt

Rest – Formule 20 € – Menu 29 € – Carte 26/48 €

◆ Pause gourmande au Centre de la mer. Ambiance animée dans deux immenses salles d'esprit brasserie, avec vue panoramique sur le port et la plage. Savoureuse cuisine iodée.

à Pont-de-Briques 5 km par ④ – ✉ 62360

Hostellerie de la Rivière avec ch

17 r. de la Gare – ✆ 03 21 32 22 81 – www.lhostelleriedelariviere.fr – Fermé 20 août-7 sept., 2-26 janv., dim. soir, mardi midi et lundi

8 ch – †75/99 € ††75/109 € – ☕ 12 € – ½ P 120 €

Rest – Formule 29 € bc – Menu 35/60 € – Carte 65/95 €

◆ Retirée dans une impasse, cette demeure bourgeoise toute blanche abrite une salle à manger cossue ; aux beaux jours, les tables investissent le jardin. Cuisine actuelle. Chambres sobrement décorées dans un style contemporain. Accueil familial.

à Hesdin-l'Abbé 9 km par ④ et D 901 – 1 878 h. – alt. 50 m – ✉ 62360

Cléry

r. du Château, au village – ✆ 03 21 83 19 83 – www.hotelclery-hesdin-labbe.com

25 ch – †165/180 € ††165/180 € – 2 suites – ☕ 17 € – ½ P 128/136 €

Rest ***Cléry*** – voir les restaurants ci-après

◆ Voilà un charmant château romantique construit à la fin du 18ᵉs., flanqué d'un cottage et d'une fermette. Il compte un agréable salon de lecture, un parc fleuri et un jardin potager, sans oublier des chambres d'un élégant classicisme.

Cléry

r. du Château, au village – ✆ 03 21 83 19 83 – www.hotelclery-hesdin-labbe.com – Fermé sam. midi

Rest – Formule 18 € – Menu 29 € (déj.), 35/50 € – Carte 50/72 €

◆ Le général Berthier aurait séjourné au château pendant le siège de Boulogne par Napoléon. Il aurait sans doute apprécié la belle véranda donnant sur le parc et la carte classique : bar mariné, rémoulade de tourteau, carré d'agneau, sole...

LE BOULOU – 66 Pyrénées-Orientales – 344 I7 – 5 293 h. – alt. 90 m – Stat. therm. : début fév.-fin nov. – Casino – ✉ 66160 Languedoc Roussillon 22 B3

Paris 869 – Argelès-sur-Mer 20 – Barcelona 169 – Céret 10

1, rue du Château, ✆ 04 68 87 50 95, www.tourisme-leboulou.fr

au Sud-Est 4,5 km par D 900, D 618 et rte secondaire – ✉ 66160 Le Boulou

Relais des Chartreuses

106 av. d'En-Carbouner – ✆ 04 68 83 15 88 – www.relais-des-chartreuses.fr – Ouvert 10 mars-15 nov.

12 ch – †65/88 € ††81/168 € – 2 suites – ☕ 15 € – ½ P 90 €

Rest *(dîner seult)* – Menu 36 €

◆ Une terrasse sous les tilleuls, la piscine, le jardin... et ce beau mas en pierre (17ᵉs.), édifié à flanc de montagne. Dans les chambres, épure contemporaine et cachet de l'ancien se marient à merveille et l'on se sent bien !

à Vivès 5 km à l'Ouest par D 115 et D 73 – 168 h. – alt. 228 m – ✉ 66490

L'Hostalet de Vivès avec ch

r. de la Mairie – ✆ 04 68 83 05 52 – www.hostalet-vives.com – Fermé 8 janv.-28 fév., mardi hors saison et merc.

3 ch – †65/98 € ††65/98 € – ☕ 12 €

Rest – Menu 19 € (déj.)/30 € – Carte 28/60 €

◆ Le village est charmant et cette ravissante maison en pierre (12ᵉs.) l'est tout autant. Ode à la bonne chère catalane dans une atmosphère conviviale, musique et costumes traditionnels compris : un restaurant à l'ancienne, comme on n'en fait presque plus ! Quelques chambres pour l'étape.

BOURBACH-LE-BAS – 68 Haut-Rhin – 315 G10 – 623 h. – alt. 340 m 1 A3
– ✉ 68290

Paris 451 – Altkirch 27 – Belfort 26 – Mulhouse 25

A la Couronne d'Or avec ch

9 r. Principale – ✆ 03 89 82 51 77 – Fermé mardi soir et lundi

7 ch – †43 € ††59 € – ☕ 7 €

Rest – Menu 10 € (déj. en sem.), 23/48 € – Carte 19/45 €

◆ Dans ce village de la vallée de la Doller, une maison traditionnelle tenue en famille. Père et fils s'activent aux fourneaux – en l'occurrence dans de belles cuisines fonctionnelles – et concoctent de jolis plats avec des produits bien choisis (on va même glaner quelques cèpes en saison). Pour l'étape, des chambres un peu vieillottes, mais d'une propreté sans faille !

BOURBON-LANCY – 71 Saône-et-Loire – 320 C10 – 5 338 h. 7 B3
– alt. 240 m – Stat. therm. : début avril-fin oct. – Casino – ✉ 71140 Bourgogne

Paris 308 – Autun 62 – Mâcon 110 – Montceau-les-Mines 55

place d'Aligre, ✆ 03 85 89 18 27, www.bourbon-lancy.com

de Givalois, Givallois, E : 3 km, ✆ 03 85 89 05 48

Maison de bois et tour de l'horloge ★.

La Tourelle du Beffroi sans rest

17 pl. de la Mairie – ✆ 03 85 89 39 20 – www.hotellatourelle.fr

8 ch – †55/74 € ††60/74 € – ☕ 10 €

◆ Un emplacement agréable et pratique, près des remparts de la vieille ville et à l'ombre du beffroi, pour ce petit établissement aux allures de maison d'hôtes. Attention, les chambres sont parfois exiguës.

BOURBON-L'ARCHAMBAULT – 03 Allier – 326 F3 – 2 593 h. 5 B1
– alt. 367 m – Stat. therm. : début mars-début nov. – Casino – ✉ 03160 Auvergne

Paris 292 – Montluçon 53 – Moulins 24 – Nevers 54

1, place de l'Hotel de Ville, ✆ 04 70 67 09 79, www.ot-bourbon.com

Nouveau parc ≤★ - Château ≤★.

Grand Hôtel Montespan-Talleyrand

pl. des Thermes – ✆ 04 70 67 00 24 – www.hotel-montespan.com – Ouvert 5 avril-20 oct.

40 ch – †64/66 € ††71/127 € – 2 suites – ☕ 13 € – ½ P 68/84 €

Rest *Talleyrand* – voir les restaurants ci-après

◆ Au cœur de la station thermale, trois demeures historiques (11e-18es.) : Mme de Sévigné et Talleyrand y logèrent, la Montespan y mourut… Chambres spacieuses, au décor de caractère ; jardin à la française.

Talleyrand

pl. des Thermes – ✆ 04 70 67 00 24 – www.hotel-montespan.com – Ouvert 5 avril-20 oct.

Rest – Formule 13 € – Menu 23/44 € – Carte 38/55 €

◆ À la table de la Montespan et de Talleyrand, le classicisme français et la tradition bourbonnaise sont à l'honneur, dans un cadre raffiné mêlant poutres et pierres. Du caractère !

BOURBONNE-LES-BAINS – 52 Haute-Marne – 313 O6 – 2 267 h. 14 D3
– alt. 290 m – Stat. therm. : début mars-fin nov. – Casino – ✉ 52400

Champagne Ardenne

Paris 313 – Chaumont 55 – Dijon 124 – Langres 39

place des Bains, ✆ 03 25 90 01 71, www.tourisme-bourbonne.com

Hérard

29 Grande-Rue – ✆ 03 25 90 13 33 – www.hotelbourbonne.com

18 ch – †63/85 € ††63/85 € – 2 suites – ☕ 10 € – ½ P 82 €

Rest – Formule 13 € – Menu 29/45 € – Carte 10/20 €

◆ Dans une rue commerçante du centre-ville, un hôtel entièrement rénové en 2009. Les chambres, confortables, sont thématiques (Africaine, NY, Bio...) et un brin ludique. Cet établissement familial sert une restauration simple, de type brasserie.

Orfeuil rest, VISA

29 r. Orfeuil (près des Thermes) – ✆ 03 25 90 05 71 – Ouvert 8 avril-27 oct.
30 ch – †52/58 € ††60/66 € – ☕ 9 € – ½ P 41/50 €
Rest *(fermé dim. soir et lundi)* – Menu 14/30 € – Carte 22/40 €
◆ Près des thermes, un établissement traditionnel avec son salon bourgeois, parfait pour les curistes. Chambres fonctionnelles équipées d'une kitchenette. Paisible jardin et sa belle piscine. Mobilier sixties et plantes vertes dans le lumineux restaurant.

Jeanne d'Arc avec ch VISA AE

12 r. de l'Amiral-Pierre – ✆ 03 25 90 46 00 – Fermé mi-nov. à début fév., dim. soir et lundi
14 ch – †62 € ††62 € – ☕ 9 €
Rest – Formule 18 € bc – Menu 20/32 € – Carte 35/68 €
◆ Une bonne adresse pour manger à Bourbonne, car le chef sait mettre en valeur les produits du terroir. Le décor est classique, avec une petite cour intérieure pour l'été. Chambres simples et bien tenues.

LA BOURBOULE – 63 Puy-de-Dôme – 326 D9 – 1 998 h. – alt. 880 m – Stat. therm. : début fév.-début oct. – Casino AZ – ✉ 63150 Auvergne 5 B2

Paris 469 – Aubusson 82 – Clermont-Ferrand 50 – Mauriac 71
place de la République, ✆ 04 73 65 57 71, www.sancy.com/commune/bourboule
Parc Fenêstre★ - Murat-le-Quaire : musée de la Toinette★ N : 2 km.

Le Parc des Fées rest, VISA AE

107 quai Mar.-Fayolle – ✆ 04 73 81 01 77 – www.parcdesfees.com – Fermé 30 oct.-20 déc. AZx
42 ch – †59/68 € ††72/78 € – ☕ 12 € – ½ P 64/72 €
Rest – Formule 15 € – Menu 18/30 € – Carte 26/49 €
◆ La moitié des chambres de cette bâtisse centenaire donne sur la Dordogne. Ampleur, décoration actuelle et confort sont au rendez-vous. Salle de jeux pour les enfants. Chaleureux restaurant où dominent les tons pastel et les miroirs. Carte traditionnelle.

LA BOURBOULE

Alsace-Lorraine (Av.) . . . . BY 2
Clemenceau (Bd G.) . . . . . ABY
États-Unis (Av. des) . . . . BY 3
Féron (Quai) . . . . BY
Foch (Av. Mar.) . . . . AY 6
Gambetta (Quai) . . . . AZ 7
Guéneau-de-Mussy (Av.) . . . AY 8
Hôtel de Ville (Quai) . . . . . . AY 10
Jeanne-d'Arc (Quai) . . . . . . BY 12
Jet-d'eau (Square du) . . . . . AY 13
Joffre (Sq. du Mar.). . . . . . . BY 15
Lacoste (Pl. G.) . . . . AY 16
Libération (Q. de la) . . . . . . AZ 17
Mangin (Av. du Général). . . . AZ 19
République (Pl. de la) . . . . . . AZ 21
Souvenir (Pl. du) . . . . BY 22
Victoire (Pl. de la). . . . . AY 23

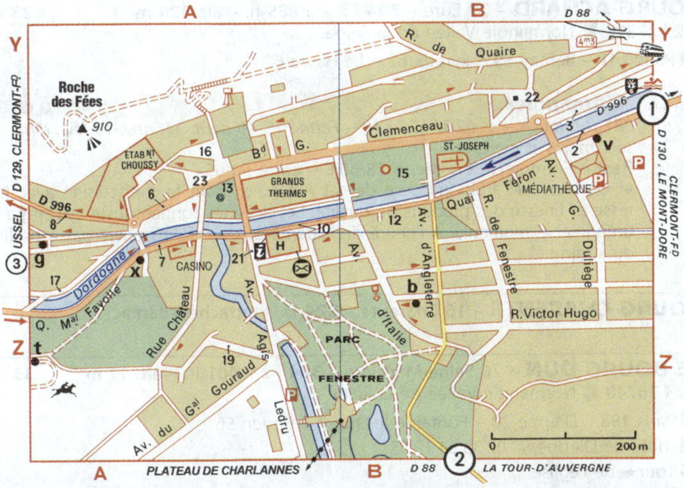

Le Charlet rest,
94 bd L.-Choussy – 04 73 81 33 00 – www.lecharlet.fr – Fermé 14 nov.-16 déc. AZg
36 ch – 50/75 € 55/80 € – 9 € – ½ P 50/66 €
Rest – Menu 17/37 € – Carte 30/45 €
◆ Dans un quartier assez calme, cet hôtel propose des petites chambres fonctionnelles et des infrastructures sportives très complètes (piscine, fitness). Cuisine traditionnelle et régionale dans un cadre plutôt simple.

Régina
48 av. Alsace-Lorraine – 04 73 81 09 22 – www.hotelregina-labourboule.com – Fermé 2-29 janv. BYv
20 ch – 58/65 € 65/100 € – 8 € – ½ P 55/68 €
Rest *(fermé le midi hors saison)* – Menu 19/29 € – Carte 28/42 €
◆ Une bâtisse du 19e s. sur les rives de la Dordogne. Chambres fonctionnelles et bien équipées, piscine couverte et espace fitness. Deux salles à manger : l'une de style Art déco (moulures et parquet anciens), l'autre plus moderne. Cuisine traditionnelle.

Aviation sans rest
r. de Metz – 04 73 81 32 32 – www.aviation.fr – Fermé 1er oct.-21 déc. BZb
43 ch – 53/63 € 53/63 € – 9 €
◆ Cette maison du début du 20e s., à quelques pas du parc Fenestre, propose des chambres bien tenues. Pour les loisirs : piscine, fitness, salle de jeux, billard... Des plats classiques et des spécialités régionales sont servis dans une grande salle à manger.

La Lauzeraie sans rest
577 chemin de la Suchère – 04 73 81 15 70 – www.lalauzeraie.net – Fermé 15 oct.-15 mars AZt
3 ch – 80 € 125 €
◆ Entourée d'un agréable jardin, cette maison au toit de lauze a du charme : matériaux anciens, mobilier chiné et bassin à poissons ! Piscine couverte, fitness, hammam.

BOURDEILLES – 24 Dordogne – 329 E4 – rattaché à Brantôme

BOURG-ACHARD – 27 Eure – 304 E5 – 2 885 h. – alt. 124 m 33 C2

– 27310 Normandie Vallée de la Seine

Paris 141 – Bernay 39 – Évreux 62 – Le Havre 62

L'Amandier
581 rte Rouen – 02 32 57 11 49 – Fermé 1er-10 août, 31 janv.-10 fév., dim. soir, mardi et merc.
Rest – Formule 17 € – Menu 28/50 € – Carte 50/65 €
◆ De bien jolis fruits naissent de cet Amandier, dont le chef cuisine avec justesse et finesse des produits de qualité. Les assiettes sonnent juste et l'on passe un agréable moment... À l'heure de l'apéritif et du café, n'hésitez pas à profiter du jardin !

BOURG-CHARENTE – 16 Charente – 324 I5 – rattaché à Jarnac

LE BOURG-DUN – 76 Seine-Maritime – 304 F2 – 461 h. – alt. 17 m 33 C1

– 76740 Normandie Vallée de la Seine

Paris 188 – Dieppe 20 – Fontaine-le-Dun 7 – Rouen 56

route de Dieppe, 02 35 84 19 55

Tour★ de l'église.

XX **Auberge du Dun** (Pierre Chrétien)
3 rte de Dieppe, (face à l'église) – ✆ 02 35 83 05 84 – www.auberge-du-dun.fr – Fermé 5-15 nov., 2-12 janv., merc. sauf le midi du 1er mars au 15 oct., dim. soir et lundi
Rest *(réserver)* – Menu 31 € (sem.), 51/89 € – Carte 75/90 €
Spéc. Saint-Jacques de Dieppe, jus exotique et pomme granny smith (oct. à fév.). Bar de ligne aux artichauts et coriandre (mars à juin). Crêpes soufflées au calvados.
◆ Cette coquette auberge dispose de deux jolies salles rustiques, dont l'une permet d'assister au spectacle des cuisines par une baie vitrée. Les mets sont soignés, œuvre d'un chef qui, depuis des décennies, ne cesse de prouver son savoir-faire.

BOURG-EN-BRESSE P – 01 Ain – 328 E3 – 40 203 h. 44 B1
– Agglo. 101 016 h. – alt. 251 m – ✉ 01000 Bourgogne

Paris 424 – Annecy 113 – Genève 112 – Lyon 82

6, avenue Alsace Lorraine, ✆ 04 74 22 49 40, www.bourgenbressetourisme.fr

de Bourg-en-Bresse, Parc de Loisirs de Bouvent, par rte de Nantua : 2 km, ✆ 04 74 24 65 17

Église de Brou★★ (tombeaux★★★, stalles★★, jubé★★, vitraux★★, chapelle et oratoires★★★, portail★) X **B** - Stalles★ de l'église Notre-Dame Y - Musée du monastère★ X **E.**

Plan page suivante

Mercure
10 av. Bad-Kreuznach – ✆ 04 74 22 44 88 – www.mercure-bourg-en-bresse.com
60 ch – 🚹78/112 € 🚹🚹78/112 € – ☕ 15 € **Xe**
Rest *Mercure* – voir les restaurants ci-après
◆ Cet hôtel de chaîne a fait peau neuve en 2011, affichant un style frais et design et un confort bien réjouissant (très grands lits). Pile dans la tendance : on sert des produits bio au petit-déjeuner.

De France sans rest
19 pl. Bernard – ✆ 04 74 23 30 24 – www.grand-hoteldefrance.com
42 ch – 🚹84/96 € 🚹🚹95/108 € – 2 suites – ☕ 13 € **Yr**
◆ À deux pas de l'église Notre-Dame. Préférez les chambres rénovées de cet hôtel de tradition. Le hall a été restauré dans son esprit 1900 d'origine, les teintes sont actuelles, les parquets craquent : un certain cachet.

Le Griffon d'Or sans rest
10 r. du 4-septembre – ✆ 04 74 23 13 24 – www.hotelgriffondor.fr **Ya**
18 ch – 🚹80/100 € 🚹🚹95/155 € – ☕ 13 €
◆ La propriétaire, décoratrice, a entièrement rénové ce relais de poste du 18es. : vieilles pierres et colombages trouvent une sobriété toute contemporaine (beaux matériaux et tissus). Et pour la détente : sauna, salon, billard, etc.

Ariane
bd Kennedy – ✆ 04 74 22 50 88 – www.hotel-ariane-bourg.com **Xs**
40 ch – 🚹85 € 🚹🚹90/110 € – ☕ 11 €
Rest *(fermé dim. et fériés)* – Formule 24 € – Menu 31/47 € – Carte 36/52 €
◆ Une construction des années 1980, toute proche du boulevard circulaire, aux chambres sobres et fonctionnelles. De la salle à manger ou de la terrasse, on a vue sur le jardin et la piscine.

Logis de Brou sans rest
132 bd de Brou – ✆ 04 74 22 11 55 – www.logisdebrou.net **Zk**
30 ch – 🚹68/78 € 🚹🚹74/90 € – ☕ 12 €
◆ Ce petit hôtel familial des années 1970 est bien situé pour visiter l'église de Brou, célèbre pour ses vitraux et ses sculptures. Les chambres, spacieuses et bien tenues, ont un petit côté suranné. Jardin fleuri et bon petit-déjeuner.

BOURG-EN-BRESSE

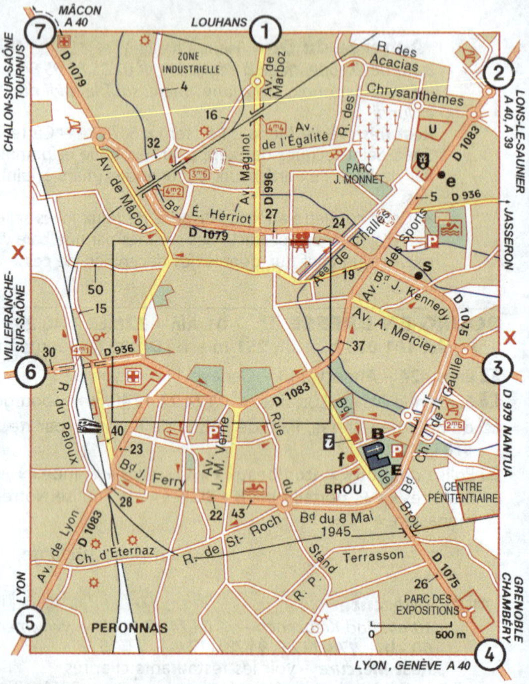

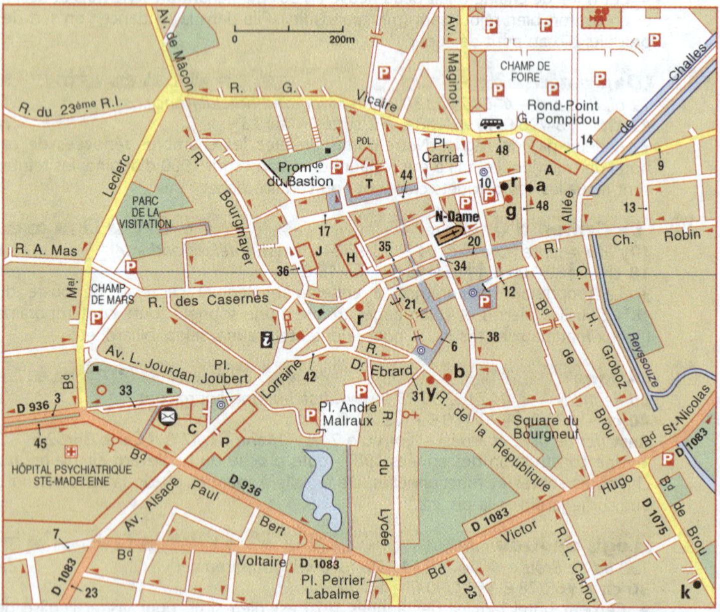

XXX **L'Auberge Bressane**

166 bd de Brou – ☎ 04 74 22 22 68 – www.aubergebressane.fr – Fermé mardi

Rest – Formule 25 € – Menu 30/72 € – Carte 55/85 € Xf

◆ Une table incontournable : la cuisine fait la part belle aux spécialités régionales (volaille de Bresse, cuisses de grenouille, écrevisses...) et les vieux millésimes abondent sur la carte des vins. Terrasse avec vue sur l'église de Brou.

XX **Place Bernard**

19 pl. Bernard – ☎ 04 74 45 29 11 – www.georgesblanc.com – Fermé 17 oct.-6 nov. Yg

Rest – Formule 20 € – Menu 28/47 € – Carte 36/60 €

◆ Une maison 1900 placée sous la houlette du chef étoilé Georges Blanc. Le décor évoque une luxueuse brasserie : tons vifs, banquettes rouges, meubles anciens et véranda rétro. En cuisine, le répertoire régional domine.

XX **Le Français**

7 av. Alsace-Lorraine – ☎ 04 74 22 55 14 – www.brasserielefrancais.com – Fermé 4-28 août, 24 déc.-4 janv., sam. soir, dim. et fériés Zr

Rest – Menu 26/56 € – Carte 36/80 €

◆ Depuis 1932, la même famille vous accueille dans cette institution locale au cadre Belle Époque. Banc d'écailler, registre culinaire de type brasserie et touches bressannes.

XX **Mets et Vins**

11 r. de la République – ☎ 04 74 45 20 78 – Fermé 9-17 juil., 2-24 janv., dim. soir, lundi et mardi Zb

Rest – Formule 12 € – Menu 19 € (sem.), 24/49 € – Carte 26/50 €

◆ Ici œuvre un vrai chef, grand adepte des produits du terroir local et du "fait maison" (dont le pain et les sorbets). On se régale d'un veau de lait aux asperges, d'un chevreuil à la réglisse, d'escargots à la crème d'ail doux, etc.

XX **Chalet de Brou**

168 bd de Brou, (face à l'église) – ☎ 04 74 22 26 28 – Fermé 28 juin-5 juil., 15-30 nov., lundi et jeudi Xf

Rest – Formule 17 € – Menu 22/46 € – Carte 25/57 €

◆ Face à l'église de Brou, véritable joyau architectural, ce restaurant familial perpétue la tradition culinaire régionale en misant sur le terroir (cuisses de grenouille, poulet de Bresse), le tout dans un cadre au charme désuet.

XX **Mercure** – Hôtel Mercure

10 av. Bad-Kreuznach – ☎ 04 74 22 44 88 – www.mercure-bourg-en-bresse.com – Fermé sam. midi et dim. midi Xe

Rest – Formule 20 € bc – Menu 24 € (dîner)/39 € – Carte 33/54 €

◆ Un restaurant d'hôtel agréable, avec terrasse couverte et vue sur un jardin, décoré dans un esprit contemporain judicieux. Cuisine régionale soignée.

X **Les Quatre Saisons**

6 r. de la République – ☎ 04 74 22 01 86 – Fermé 1er-10 mai, 15-30 août, 2-10 janv., sam. midi, dim. et lundi Zy

Rest – Menu 20 € (sem.), 29/55 € – Carte 27/45 €

◆ Le patron, passionné de vins et de produits locaux, n'hésite pas à commenter aux clients ses préparations culinaires, volontiers recherchées (filet de féra aux noix fraîches, terrine de bouillabaisse à la gelée de gingembre...).

à Péronnas **3 km par ⑤, D 1083 – 6 135 h. – alt. 281 m – ✉ 01960**

XXX **La Marelle** (Didier Goiffon)

1593 av. de Lyon – ☎ 04 74 21 75 21 – www.lamarelle.fr – Fermé 30 avril-14 mai, 21 août-10 sept., 2-16 janv., dim. soir, mardi et merc.

Rest – Formule 29 € – Menu 39/85 € – Carte environ 66 €

Spéc. Saint-Jacques cuites et crues, sorbet au corail (oct. à avril). Pigeon tartiné de soubressade "comme au barbecue" (mai à sept.). Poire au vin jaune et morilles. **Vins** Bugey blanc, Côtes du Jura rouge.

◆ De la terre jusqu'au ciel, retrouvez à la Marelle une séduisante cuisine inventive dans un cadre chaleureux et raffiné mêlant le rustique chic et le contemporain.

à Lalleyriat 7 km par ⑤, N 83 et D 22 – ✉ 01960

Le Nid à Bibi ch,
Les Grandes Terres - 120 chemin des Sauvagères – ✆ 04 74 21 11 47
– *www.lenidabibi.com*
5 ch – 93/120 € 108/140 € **Table d'hôte** – Menu 24 € bc/35 €
◆ Quiétude absolue, chambres coquettes et confortables, délicieux petit-déjeuner, pléiade d'activités, accueil adorable : on se sent ici comme dans sa propre maison de campagne ! La propriétaire est fine cuisinière et mitonne ratatouille, gratins et tartes avec légumes du potager et fruits du verger.

BOURGES P – 18 Cher – **323** K4 – **68 980 h.** – **Agglo. 123 584 h.** **12** C3
– **alt. 153 m** – ✉ **18000** Limousin Berry

Paris 244 – Châteauroux 65 – Dijon 254 – Nevers 69

21, rue Victor Hugo, ✆ 02 48 23 02 60, www.bourges-tourisme.com

Bourges Golf Club, rue Jacques Becker, S : 5 km par D 106, ✆ 02 48 21 20 01

Cathédrale St-Étienne★★★ : tour Nord ★★ Z - Jardins de l'Archevêché★ - Palais Jacques-Coeur★★ - Jardins des Prés-Fichaux★ - Maisons à colombage★ - Hôtel des Échevins★ : musée Estève★ Y **M²** - Hôtel Lallemant★ Y **M³** - Hôtel Cujas★ : Musée du Berry★ Y **M¹** - Muséum d'histoire naturelle★ Z - Les marais★ V - Promenade des remparts★.

Plans pages suivantes

De Bourbon
bd de la République – ✆ *02 48 70 70 00* – *www.hoteldebourbon.fr* **Yb**
58 ch – 95/215 € 110/260 € – 17 €
Rest ***L'Abbaye St-Ambroix*** – voir les restaurants ci-après
◆ Près du centre-ville, cette abbaye du 17ᵉs. abrite un hôtel très agréable, dont les chambres sont feutrées, élégantes et confortables. Un lieu chargé d'histoire !

D'Angleterre sans rest
1 pl. des Quatre-Piliers – ✆ *02 48 24 68 51*
– *www.bestwestern-angleterre-bourges.com* – *Fermé 26 déc.-2 janv.* **Yt**
31 ch – 100/141 € 121/151 €
◆ Cet hôtel bénéficie non seulement d'un bel emplacement près du palais Jacques Cœur, mais aussi d'une complète cure de jouvence qui rend l'adresse très agréable et confortable.

Villa C sans rest
20 av. Henri-Laudier – ✆ *02 18 15 04 00* – *www.hotelvillac.com* **Vb**
12 ch – 105/165 € 120/195 € – 12 €
◆ À quelques pas de la gare, une belle demeure du 19ᵉs. distillant une sobre élégance contemporaine... Joli salon feutré, quelques chambres avec terrasse.

Le Christina sans rest
5 r. de la Halle – ✆ *02 48 70 56 50* – *www.le-christina.com* **Zm**
71 ch – 50/90 € 50/90 € – 9 €
◆ Près du centre-ville, face à la jolie halle au blé du 19ᵉs. Les chambres sont fonctionnelles (mobilier simple), mais celles de catégorie supérieure ont été bien rénovées.

Les Tilleuls sans rest
7 pl. Pyrotechnie – ✆ *02 48 20 49 04* – *www.les-tilleuls.com* **Xs**
39 ch – 60/75 € 60/75 € – 8 €
◆ Dans les faubourgs, adresse familiale où règne la simplicité. Les chambres sont logées dans une maison de maître (19ᵉs.) et une annexe moderne. Agréable petit jardin et piscine.

Le Berry
3 pl. du Gén.-Leclerc – ✆ *02 48 65 99 30* – *www.le-berry.com* **Va**
65 ch – 59/85 € 74/95 € – 10 € – ½ P 85/90 €
Rest *(fermé 24 déc.-1ᵉʳ janv., sam. midi et dim.)* – Formule 13 € – Menu 16 € – Carte 20/39 €
◆ Face à la gare, un grand bâtiment moderne qui dissimule des chambres fraîches : couleurs vives, boiseries peintes et tableaux africains. Esprit ethnique et tour du monde des saveurs au restaurant.

BOURGES

Baffier (R. J.)	X 3	Foch (Bd du Mar.)	X 23	Orléans (Av. d')	V 48
Bérégovoy (Av. P.)	X 6	Frères-Voisin (Av. des)	X 25	Pignoux (R. de)	X 51
Deux-Ponts (R. des)	V 16	Industrie (Bd de l')	X 30	Près-le-Roi (Av. des)	V 53
Dormoy (Av. M.)	V 19	Joffre (Bd du Mar.)	X 34	Prospective (Av. de la)	V 56
Farman (Rd-Pt H.)	X 21	J.-J.-Rousseau (R.)	X 33	Pyrotechnie (Pl. de la)	X 57
		Laudier (Av. H.)	V 38	Santos-Dumont (Bd)	X 65
		Liberté (Bd de la)	X 41	Sellier (R. H.)	X 66
		Mitterrand (Av. F.)	X 47	Semard (Av. P.)	V 68

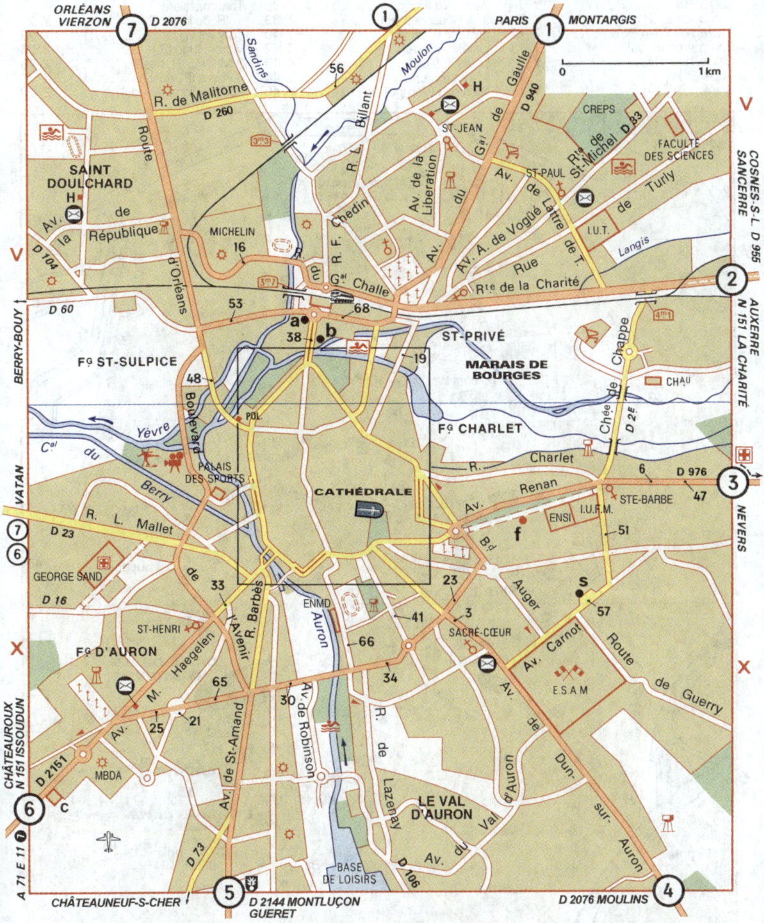

Ibis

r. Jankélévitch, quartier Prado – ✆ 02 48 65 89 99 – www.ibishotel.com

86 ch – †59/83 € ††59/83 € – ☕ 9 € **Zv**

Rest *(dîner seult)* – Carte 18/28 €

◆ Les points forts de cet Ibis : son accueil, ses chambres bien tenues et sa bonne situation ; 10mn de marche suffisent pour gagner la cathédrale ou le palais. Bar, salon et restaurant.

Le Cèdre Bleu sans rest

14 r. Voltaire – ✆ 02 48 25 07 37 – www.lecedrebleu.fr – Fermé 1er-23 août

3 ch ☕ – †70 € ††80 € **Yh**

◆ Perle rare en pleine ville : cette demeure bourgeoise de style Napoléon III, agrémentée d'un agréable jardin, dispose de chambres personnalisées à la tenue irréprochable.

BOURGES

Armuriers (R. des) . . . . Z 2
Auron (Bd d') . . . . Z
Barbès (R.) . . . . Z 4
Beaux-Arts (R. des) . . . . Y 5
Bourbonnoux (Prom.) . . . . YZ
Calvin (R.) . . . . Y 7
Cambournac (R.) . . . . Y 8
Champ-de-Foire (R. du) . . . . Z 12
Commerce (R. du) . . . . Y 13
Coursarlon (R.) . . . . Y
Cujas (Pl.) . . . . Y 15
Dr-Témoin (R. du) . . . . Y 17
Dormoy (Av. Marx) . . . . Y 19
Équerre (R. de l') . . . . Z 20
George-Sand (Escalier) . . . . Y 27
Hémerettes (R. des) . . . . Z 29
Jacobins (Cour des) . . . . Z 31
Jacques-Coeur (R.) . . . . Y 32
Jean-Jaurès (Av.) . . . . Y
Joyeuse (R.) . . . . Y 35
Juranville (Pl.) . . . . Z 36
J.-J. Rousseau (R.) . . . . Z 33
Leblanc (R. N.) . . . . YZ 40
Linières (R. de) . . . . Z 42
Louis XI (Av.) . . . . Z 43
Mallet (R. L.) . . . . Z 44
Marceau (Rampe) . . . . Z 45
Mirebeau (R.) . . . . Y
Moyenne (R.) . . . . YZ
Orléans (Av. d') . . . . Y 48
Pelvoysin (R.) . . . . Y 50
Poissonnerie (R. de la) . . . . Y 52
Prinal (R. du) . . . . Y 55
Rimbault (R. J.) . . . . Z 61
Strasbourg (Bd de) . . . . Z 71
Thaumassière
(R. de la) . . . . Y 72
Tory (R. G.) . . . . Y 73
Victor-Hugo (R.) . . . . Z 74
3-Maillets (R. des) . . . . Z 75
4-Piliers (Pl. des) . . . . Z 76
95e-de-Ligne (Av. du) . . . . Z 78

XXX **Le d'Antan Sancerrois** (Stéphane Rétif)

50 r. Bourbonnoux – ✆ 02 48 65 96 26 – www.dantansancerrois.fr
– Fermé 31 juil.-20 août, 25 déc.-1er janv., dim., lundi et fériés **Zn**

Rest – Formule 34 € – Menu 52/85 € – Carte 55/65 €

Spéc. Tartare de homard et dorade, vinaigrette à la mangue (été). Saint-pierre rôti, quinoa et févettes façon risotto (printemps). Croustillant chocolat cœur fondant, crème anglaise à la vanille Bourbon. **Vins** Menetou-Salon, Sancerre.

♦ Dans un cadre élégant (vieilles pierres, mobilier moderne et tons gris bleu), belle partition du chef qui signe une cuisine originale, aux saveurs franches et marquées.

XXX **Le Beauvoir**

1 av. Marx-Dormoy – ✆ 02 48 65 42 44 – www.restaurantlebeauvoir.com – Fermé 2-23 août et dim. soir Ye

Rest – Menu 14 € (sem.), 29/48 € – Carte 55/80 €

◆ Recettes actuelles et belle carte des vins à découvrir dans un intérieur contemporain, lumineux et aux tons chauds : une séduisante et sympathique adresse des faubourgs.

XXX **Le Cercle**

44 bd Lahitolle – ✆ 02 48 70 33 27 – www.restaurant-lecercle.fr – Fermé 29 avril-9 mai, 26 août-4 sept. et dim. Xf

Rest – Menu 25 € (déj. en sem.), 50/80 €

◆ En retrait du centre-ville, une maison bourgeoise revue et corrigée à la mode design. Bienvenue au Cercle, né fin 2011 ! Aux fourneaux, les deux associés, issus de belles maisons, signent une cuisine soignée et savoureuse. Une table à suivre...

XXX **L'Abbaye St-Ambroix** – Hôtel De Bourbon

60-62 av. Jean-Jaurès – ✆ 02 48 70 80 00 – www.hoteldebourbon.fr – Fermé lundi Yb

Rest – Formule 24 € – Menu 32/62 € – Carte 47/85 €

◆ Une ancienne chapelle et son immense voûte : un cadre original et superbe alliant classique et contemporain. On y célèbre une cuisine du temps présent, simple et bonne.

XX **Le Bourbonnoux**

44 r. Bourbonnoux – ✆ 02 48 24 14 76 – www.bourbonnoux.com – Fermé 3-31 mars, 21-29 avril, 16 août-6 sept., 23 fév.-3 mars, sam. midi, dim. soir et vend. Ya

Rest – Menu 13 € (sem.), 19/32 € – Carte 25/43 €

◆ Coloris vifs et colombages composent le plaisant intérieur de ce restaurant situé dans une rue jalonnée de boutiques d'artisans. Accueil aimable. Cuisine classique actualisée.

X **La Prose**

7 r. Jean-Girard – ✆ 02 48 70 70 30 – www.restaurant-la-prose.com – Fermé 21 nov.-5 déc. Yz

Rest – Formule 20 € – Menu 37/65 € – Carte 53/82 €

◆ En centre-ville, agréable restaurant au cadre tendance (mobilier et éclairage design). La chef y propose une cuisine actuelle pleine de fraîcheur, avec un judicieux choix de vins.

LE BOURGET – 93 Seine-Saint-Denis – 305 F7 – 101 17 – voir à Paris, Environs

---

BOURG-ET-COMIN – 02 Aisne – 306 D6 – 741 h. – alt. 55 m 37 D2

– ✉ 02160

▶ Paris 141 – Reims 40 – Château-Thierry 54 – Laon 25

De la Vallée

6 r. d'Oeuilly – ✆ 03 23 25 81 58 – www.auberge-delavallee.com – Fermé janv., mardi soir et merc.

9 ch – †50 € ††62 € – ☕ 9 € – ½ P 55/60 €

Rest *De la Vallée* – voir les restaurants ci-après

◆ Sur le circuit-mémoire du Chemin des Dames, une auberge familiale et chaleureuse, avec des chambres fraîches, pratiques et bien tenues. Petit plus bucolique : l'étang dans le jardin !

X **De la Vallée**

6 r. d'Oeuilly – ✆ 03 23 25 81 58 – www.auberge-delavallee.com – Fermé janv., mardi soir et merc.

Rest – Formule 9 € – Menu 13 € (déj. en sem.), 17/40 € – Carte 29/50 €

◆ Une affaire de famille et de tradition. Le grand-père construisit la maison ; son petit-fils vous y régale ! La carte change trois fois par an, faisant valser feuillantine de maroilles avec terrine de lapereau ou encore souris d'agneau...

LE BOURGET-DU-LAC – 73 Savoie – 333 I4 – 4 184 h. – alt. 240 m 46 F2
– ✉ 73370 Alpes du Nord

Paris 531 – Aix-les-Bains 10 – Annecy 44 – Belley 23

place Général Sevez, ✆ 04 79 25 01 99, www.bourgetdulactourisme.com

Lac★★ - Église : frise sculptée★ du choeur.

Ombremont

2 km au Nord par D 1504 – ✆ 04 79 25 00 23 – www.hotel-ombremont.com – Fermé 12 nov.-1er déc., 3-25 janv., lundi et mardi de déc. à avril

15 ch – 140/360 € 140/360 € – 2 suites – 22 €

Rest *Le Bateau Ivre* ✿✿ – voir les restaurants ci-après

◆ Dans un superbe parc arboré, vaste demeure de 1930 dont les chambres, au décor soigné (style contemporain ou raffinement bourgeois), jouissent presque toutes d'une vue magnifique. Piscine.

XXX ✿✿

Le Bateau Ivre (Jean-Pierre Jacob) – Hôtel Ombremont

2 km au Nord par D 1504 – ✆ 04 79 25 00 23 – www.hotel-ombremont.com – Fermé 12 nov.-1er déc., janv., lundi sauf le soir de mi-juin à mi-sept., mardi sauf le soir de mai à oct. et jeudi midi de mai à oct.

Rest – Menu 48/150 € – Carte 105/130 €

Spéc. Quenelles de brochet à l'émulsion d'écrevisses. Lavaret rôti, pomme de terre acidulée et jus de coco. Mousse soufflée au chocolat servie chaude, glace au wasabi. **Vins** Roussette de Savoie, Chignin-Bergeron.

◆ Au Bateau Ivre, cap sur une belle cuisine classique réalisée avec des produits du terroir et de saison ; lac et mont Revard à l'horizon !

XXX ✿

Auberge Lamartine (Pierre Marin)

3,5 km au Nord par D 1504 – ✆ 04 79 25 01 03 – www.lamartine-marin.com – Fermé 4-11 sept., 23 déc.-23 janv., dim. soir, lundi et mardi sauf fériés

Rest – Menu 27 € (déj. en sem.), 44/84 € – Carte 65/95 €

Spéc. Brochet du lac, queues d'écrevisses, jus mousseux de champignons et crustacés (juin à oct.). Filet de lavaret du lac, crémeux de céleri au citron et mousserons (fév. à oct.). Écume tiède de chocolat guanaja, glace Chartreuse. **Vins** Chignin-Bergeron, Vin de pays d'Allobrogie.

◆ Face au lac cher à Lamartine, on déguste une goûteuse cuisine du marché, tout entière dévouée au produit ; le décor est chaleureux, l'accueil soigné... Ô temps, suspends ton vol !

XX ✿

La Grange à Sel

La Croix Verte – ✆ 04 79 25 02 66 – www.lagrangeasel.com – Fermé 2 janv.-11 fév., mardi midi, dim. soir et lundi

Rest – Menu 29 € (déj. en sem.), 38/63 € – Carte 57/75 € ✿

Spéc. Raviole de homard, purée d'ail doux et infusion d'huile de truffe. Ris de veau rôti au four, mousseline d'artichaut et jus réglisse. Soufflé chaud au Grand Marnier. **Vins** Chignin-Bergeron, Mondeuse.

◆ Pierres et poutres apparentes font le cachet de cette ancienne grange à sel du 17es., bordée par un joli jardin où l'on s'attable aux beaux jours... Un chef de métier y propose une cuisine bien maîtrisée et très savoureuse.

XX

Beaurivage avec ch

1171 bd du Lac – ✆ 04 79 25 00 38 – www.beaurivage-bourget-du-lac.com – Fermé 29 oct.-9 nov., 14 déc.-12 janv.

4 ch – 75/78 € 75/78 € – 9 €

Rest – Formule 23 € – Menu 25 € (déj. en sem.), 28/66 € – Carte 52/74 €

◆ Carte étoffée et inventive faisant la part belle aux produits régionaux et aux poissons du lac. Belle terrasse ombragée. Les chambres, confortables, jouissent d'une jolie vue.

Ne confondez pas les couverts X et les étoiles ✿ ! Les couverts définissent une catégorie de confort et de service. L'étoile couronne uniquement la qualité de la cuisine, quel que soit le standing de la maison.

aux Catons 2,5 km au Nord-Ouest par D 42 – ✉ 73370

Atmosphères (Alain Périllat-Mercerot) avec ch
618 rte des Tournelles – ✆ 04 79 25 01 29
– www.atmospheres-hotel.com – Fermé 9-23 avril, 28 oct.-12 nov., dim. et lundi
4 ch – †120 € ††120/140 € – ☕ 14 €
Rest – Formule 30 € – Menu 45/88 € – Carte 65/100 €
Spéc. Écrevisses du lac Léman, pied de porc et pistou (été). Lavaret du lac du Bourget cuit à basse température, côtes de blettes et pormonier (fév. à oct.). Carré chocolat gianduja, croustillant praliné et glace noisette du Piémont. **Vins** Roussette de Savoie, Chignin-Bergeron.
◆ Atmosphère, Atmosphère... Ici, pas de canal St-Martin en vue, mais le lac pour écrin somptueux de la cuisine du chef. Sans renier ses bases classiques, ce dernier réalise des plats créatifs, aux saveurs délicates. Chambres séduisantes, épurées et colorées.

BOURGOIN-JALLIEU – 38 Isère – 333 E4 – 24 669 h. – alt. 235 m — 44 B2

– ✉ 38300 Lyon Drôme Ardèche

Paris 503 – Bourg-en-Bresse 81 – Grenoble 66 – Lyon 43

1, place Carnot, ✆ 04 74 93 47 50, www.bourgoinjallieu.fr

des Trois Vallons, à L'Isle-d'Abeau, Le Rival, par rte de Lyon (D 1006) : 5 km, ✆ 04 74 43 28 84

Domaine des Séquoias
54 Vie-de-Boussieu, 2,5 km à l'Est par D 1006 et rte de Boussieu
– ✆ 04 74 93 78 00 – www.domaine-sequoias.com – Fermé août
19 ch – †110/240 € ††110/240 € – ☕ 18 €
Rest *Domaine des Séquoias* – voir les restaurants ci-après
◆ Un hôtel élégant, bien au calme dans un grand parc. Vous pouvez choisir entre les chambres classiques et spacieuses de la Demeure, ou celles plus modernes et design de la Ferme. Indéniablement séduisant.

Des Dauphins sans rest
8 r. François-Berrier, 1,5 km à l'Ouest par D 312 – ✆ 04 74 93 00 58
– www.hoteldesdauphins.fr
20 ch – †55/78 € ††55/78 € – ☕ 9 €
◆ Dans cette pimpante maison bourgeoise (1910) et ses deux annexes, on découvre des chambres coquettes, aux tons pastel et fort bien tenues. Pour la détente : terrasse face au jardin où trône un beau séquoïa, piscine et petit fitness.

Domaine des Séquoias – Hôtel Domaine des Séquoias
54 Vie-de-Boussieu, 2,5 km à l'Est par D 1006 et rte de Boussieu – ✆ 04 74 93 78 00 – www.domaine-sequoias.com – Fermé août, 23 déc.-8 janv., dim. soir, mardi midi et lundi
Rest – Formule 28 € – Menu 38/110 € – Carte 63/96 €
◆ Dans cette belle maison de maître, le chef imagine une cuisine saine et légère, portée par des associations de saveurs parfois originales : vichyssoise d'asperges en verveine, jambonnettes de grenouilles et risotto à l'ail des ours, etc.

BOURG-ST-ANDÉOL – 07 Ardèche – 331 J7 – 7 324 h. – alt. 36 m — 44 B3

– ✉ 07700 Lyon Drôme Ardèche

Paris 640 – Aubenas 57 – Montélimar 26 – Orange 34

place du champs de Mars, ✆ 04 75 54 54 20, www.bsa-ville.fr

Le Clos des Oliviers
rest,
pl. du Champ-de-Mars – ✆ 04 75 54 50 12 – www.closdesoliviers.fr
– Fermé 23 déc.-3 janv., sam. et dim. d'oct. à mars
24 ch – †50/65 € ††55/75 € – ☕ 8 € – ½ P 44/50 €
Rest – Formule 13 € – Menu 15/29 € – Carte 25/38 €
◆ Sur la place principale du village, cette maison ancienne, bien rénovée, abrite de petites chambres fonctionnelles et colorées. Celles de l'annexe sont plus calmes. Au restaurant, terrasse au milieu des oliviers et... saveurs du Sud.

BOURG-ST-MAURICE – 73 Savoie – **333** N4 – 7 749 h. – alt. 850 m **45** D2
– Sports d'hiver : aux Arcs – ✉ 73700 Alpes du Nord

Paris 635 – Albertville 54 – Aosta 79 – Chambéry 103

105, place de la Gare, ✆ 04 79 07 12 57, www.bourgsaintmaurice.com

des Arcs, Chalet des Villards, S : 20 km, ✆ 04 79 07 43 95

Fresques★ de la chapelle St-Grat à Vulmix S : 4 km.

L'Autantic sans rest

69 rte d'Hauteville – ✆ 04 79 07 01 70 – www.hotel-autantic.fr

29 ch – †40/130 € ††40/130 € – ☕ 10 €

◆ Authentique, ce chalet en pierre et bois ! Chambres épurées, mêlant murs immaculés, bois et fer forgé (terrasse ou un balcon dans certaines). Agréable piscine couverte.

L'Arssiban

253 av. Antoine-Borrel – ✆ 04 79 07 77 35 – Fermé 17 juin-11 juil., 22 oct.-3 nov., lundi en juil.-août, merc. sauf juil.-août et dim. soir

Rest – Menu 26/48 € – Carte 37/70 €

◆ Voûtes en pierre, carrelage ancien, tables en bois et arssiban (typique "banc-coffre" savoyard en pin) : un décor chaleureux pour une cuisine au goût du jour.

Le Montagnole

26 av. du Stade – ✆ 04 79 07 11 52 – www.restaurantlemontagnole.com – Fermé 7-25 mai, 19 nov.-13 déc., lundi soir et mardi

Rest – Formule 13 € – Menu 19/40 € – Carte 40/50 €

◆ Les propriétaires, tous deux artistes, exposent leurs œuvres picturales et poétiques dans la salle. Dans l'assiette, cuisine traditionnelle à base de produits frais.

BOURGUEIL – 37 Indre-et-Loire – **317** J5 – 3 929 h. – alt. 42 m **11** A2
– ✉ 37140 Châteaux de la Loire

Paris 281 – Angers 81 – Chinon 16 – Saumur 23

16, place de l'église, ✆ 02 47 97 91 39, www.ot-bourgueil.fr

La Rose de Pindare

4 pl. Hublin – ✆ 02 47 97 70 50 – www.larosedepindare.com – Fermé 25 janv.-10 fév. et merc.

Rest – Menu 19/39 € – Carte 25/55 €

◆ Anagramme de Pierre Ronsard, La Rose de Pindare offre un décor simple, blanc et fleuri avec ses poutres apparentes. La cuisine est plaisante, à base de produits frais.

Le Moulin Bleu

7 rte du Moulin-Bleu, 2 km au Nord par rte de Courléon – ✆ 02 47 97 73 13 – www.lemoulinbleu.com – Fermé de mi-déc. à fin fév., dim. soir, lundi soir, mardi soir et merc.

Rest – Formule 17 € – Menu 21/50 € – Carte 32/54 €

◆ Ce Moulin Bleu est de style angevin (15e s.). Cuisine traditionnelle servie sous les voûtes ou en terrasse, face au vignoble. Évidemment, les vins de Bourgueil sont à l'honneur !

à Restigné 5 km à l'Est par D 35 – 1 184 h. – alt. 32 m – ✉ 37140

Manoir de Restigné

15 rte de Tours – ✆ 02 47 97 00 06 – www.manoirderestigne.com – Fermé 23 oct.-10 nov. et 16 janv.-11 fév.

5 ch – †175/205 € ††175/205 € – 4 suites – ☕ 20 €

Rest *Le Chai* ✿ – voir les restaurants ci-après

Rest *Bistrot du Manoir* *(fermé mardi hors saison, dim., lundi et le soir)* – Formule 15 € – Menu 27 €

◆ Une belle halte au cœur des vignes, dans un esprit éminemment Val de Loire : cette demeure des 17e et 18e s. allie architectures classiques, raffinement, confort et fraîcheur.

Le Chai – Hôtel Manoir de Restigné
15 rte de Tours – 02 47 97 00 06 – www.manoirderestigne.com – Fermé 23 oct.-10 nov., 16 janv.-11 fév., dim. soir et lundi
Rest *(dîner seult sauf dim.)* – Menu 50/110 € bc – Carte 80/100 €
Spéc. Foie gras de canard, artichaut et mandarine. Homard breton en variation de choux, sabayon des sucs. Poire de Touraine, confiture de lait vanille-gingembre.
Vins Bourgueil, Chinon.
◆ Dans l'ancien chai de cette élégante propriété, on déguste une cuisine fort bien maîtrisée, gorgée de couleurs et de saveurs bien tranchées. Épure et invention, au cœur du beau vignoble de Bourgueil.

BOURGUIGNONS – 10 Aube – 313 G5 – rattaché à Bar-sur-Seine

BOURNEVILLE – 27 Eure – 304 D5 – 854 h. – alt. 124 m – ✉ 27500 32 B3

Paris 155 – Le Havre 45 – Rouen 43 – Brionne 25
6, Grande Rue, 02 32 57 32 23

Risle Seine
5 pl. de la Mairie – 02 32 42 30 22 – www.risle-seine.com – Fermé vacances de la Toussaint, de fév., mardi soir et merc.
Rest – Menu 18/32 € – Carte 20/40 €
◆ Au cœur du village, une de ces bonnes auberges qui cultivent le goût de cuisiner : rosace d'andouille et de pomme, sauce au cidre ; filet de lotte à la crème safranée ; sablé aux fraises et à la rhubarbe... La tradition, et plus encore.

BOURRON-MARLOTTE – 77 Seine-et-Marne – 312 F5 – 2 821 h. – alt. 71 m – ✉ 77780 19 C3

Paris 72 – Fontainebleau 9 – Melun 26 – Montereau-Fault-Yonne 26
37, rue Mürger, 01 64 45 88 86, http://bourronmarlotte.free.fr

Les Prémices
Château de Bourron – 01 64 78 33 00 – www.restaurant-les-premices.com – Fermé 1er-15 août, vacances de Noël, dim. soir, lundi et mardi
Rest – Menu 33/90 € bc – Carte 70/90 €
◆ Dans les dépendances du château de Bourron (fin 16e-début 17e s.), salle moderne et terrasse fleurie. Cuisine inventive fervente des produits exotiques ; belle carte de vins.

BOURTH – 27 Eure – 304 E9 – 1 224 h. – alt. 182 m – ✉ 27580 33 C2

Paris 125 – L'Aigle 16 – Alençon 78 – Évreux 46

Auberge Chantecler
6 pl. de l'Église – 02 32 32 61 45 – www.auberge-chanteclerc.fr – Fermé dim. soir et lundi
Rest – Formule 17 € – Menu 27/46 € – Carte 34/48 €
◆ Une auberge facilement reconnaissable à sa façade en briques chaulées recouverte de fleurs en été. Ici, la tradition maintient le cap ! Langoustines à l'estragon, soufflé froid au calvados... hommage à la Normandie.

BOUSSAC – 23 Creuse – 325 K2 – 1 394 h. – alt. 376 m – ✉ 23600 25 C1

Limousin Berry
Paris 333 – Aubusson 50 – La Châtre 37 – Guéret 41
place de l'Hôtel de Ville, 05 55 65 05 95
Site★.

à Nouzerines 10 km au Nord-Ouest par D97 – 252 h. – alt. 407 m – ✉ 23600

La Bonne Auberge avec ch
1 r. des Lilas – 05 55 82 01 18 – www.la-bonne-auberge.net – Fermé 1er-13 mars, 27-31 août, 8-24 oct. et 17-28 fév.
6 ch – †64/80 € ††64/80 € – ☕ 9 € – ½ P 55/86 €
Rest *(fermé dim. soir et lundi)* – Formule 15 € – Menu 26/50 € – Carte 39/70 €
◆ C'est une jolie petite auberge de village, avenante et mignonne avec ses volets verts. On y sert une cuisine de tradition qui met à l'honneur les petits producteurs locaux et, pour le repos, les chambres sont coquettes et fraîches...

BOUSSENS – 31 Haute-Garonne – 343 D5 – 1 052 h. – alt. 271 m – ✉ 31360 28 B3

Paris 742 – Foix 101 – Toulouse 67

Du Lac

7 promenade du Lac – ✆ 05 61 90 01 85 – www.hotelrestaurantdulac.com – Fermé 2 sem. en janv. et 3 sem. fin fév.-début mars

12 ch – 55/64 € 55/64 € – 10 € – ½ P 70/74 €

Rest – Formule 15 € – Menu 20 € (sem.), 30/40 € – Carte 40/60 €

◆ Un lac dans lequel barbotent quelques canards et, tout à côté, cet hôtel. Ici, les chambres sont simples, mais agréables et très bien entretenues. Au restaurant, le patron prend plaisir à vous concocter une cuisine classique.

BOUTIGNY-SUR-ESSONNE – 91 Essonne – 312 D5 – 3 096 h. – alt. 61 m – ✉ 91820 18 B3

Paris 58 – Corbeil-Essonnes 29 – Étampes 19 – Fontainebleau 29

Domaine de Bélesbat

r. du Château de Belesbat – ✆ 01 69 23 19 00 – www.belesbat.com – Fermé 23 juil.-15 août, lundi et mardi

59 ch – 135/295 € 135/295 € – 1 suite – 12 €

Rest ***L'Orangerie*** *(déj. seult)* – Formule 20 € – Menu 29/55 € – Carte 29/48 €

◆ Henri IV et Voltaire séjournèrent dans ce château des 15e et 18es. Luxueuses chambres contemporaines ou classiques. Superbe parc traversé par un bras de l'Essonne et golf 18 trous. Cuisine actuelle à déguster à l'Orangerie, restaurant moderne au design épuré.

BOUZEL – 63 Puy-de-Dôme – 326 G8 – 693 h. – alt. 320 m – ✉ 63910 6 C2

Paris 432 – Ambert 57 – Clermont-Ferrand 23 – Issoire 38

L'Auberge du Ver Luisant

2 r. Breuil – ✆ 04 73 62 93 83 – www.restaurantleverluisant.com – Fermé 14-20 avril, 15 août-7 sept., 1er-8 janv., dim. soir, mardi soir, merc. soir, jeudi soir et lundi

Rest – Formule 15 € – Menu 26/49 € – Carte 30/45 €

◆ Cette sympathique maison de pays a su conserver tout le charme de la campagne. On y mange une cuisine traditionnelle soignée, de bons produits, variant au rythme des saisons.

BOUZE-LÈS-BEAUNE – 21 Côte-d'Or – 320 I7 – rattaché à Beaune

BOUZIGUES – 34 Hérault – 339 G8 – rattaché à Mèze

BOUZY – 51 Marne – 306 G8 – 951 h. – alt. 111 m – ✉ 51150 13 B2

Paris 168 – Châlons-en-Champagne 29 – Épernay 21 – Reims 27

Les Barbotines sans rest

1 pl. A. Tritant – ✆ 03 26 57 07 31 – www.lesbarbotines.com – Fermé 1er-14 août et 10 déc.-1er fév.

5 ch – 74 € 98 €

◆ Le village est classé grand cru, ce qui est déjà un bon prétexte pour s'arrêter dans cette belle maison de vigneron du 19es. Les chambres sont coquettes (jolies couleurs, mobilier chiné) et l'on a pour vous toutes sortes d'attentions.

BOZOULS – 12 Aveyron – 338 I4 – 2 772 h. – alt. 530 m – ✉ 12340 29 D1

Midi-Toulousain

Paris 603 – Espalion 11 – Mende 94 – Rodez 22

7 bis, place de la Mairie, ✆ 05 65 48 50 52, www.bozouls.com

Trou de Bozouls★.

À la Route d'Argent

rte d'Espalion – ✆ 05 65 44 92 27 – www.laroutedargent.com – Fermé janv. et fév.

21 ch – 48/62 € 48/62 € – 8 € – ½ P 55/65 €

Rest ***À la Route d'Argent*** – voir les restaurants ci-après

◆ Un hôtel-restaurant des années 1970 avec des chambres simples, pratiques et agréables, à préférer côté piscine ; même confort dans l'annexe.

Hameau des Brunes sans rest

hameau les Brunes, 5 km au Sud par D 920 et rte secondaire – 05 65 48 50 11 – www.lesbrunes.com

5 ch – 85/145 € 92/145 €

◆ Avec sa tourelle, cette demeure du 18[e]s. est charmante, et la propriétaire est aux petits soins pour ses hôtes. Un jardin-verger ravissant, du mobilier ancien, des produits régionaux au petit-déjeuner et la campagne pour bel horizon : du caractère !

À la Route d'Argent – Hôtel À la Route d'Argent

rte d'Espalion – 05 65 44 92 27 – www.laroutedargent.com – Fermé janv., fév., lundi sauf le soir de mi-juil. à mi-août et dim. soir hors saison

Rest – Menu 19 € (sem.), 29/45 €

◆ Sur cette Route d'Argent sympathique et intime, on se régale de plats traditionnels bien faits et copieux, qui varient au gré du marché : pavé de bœuf aux girolles, soupe de pêche glacée à l'infusion de menthe... Avis aux gourmands !

Le Belvédère (Guillaume Viala) avec ch

11 rte du Maquis Jean-Pierre, rte de St-Julien – 05 65 44 92 66 – www.belvedere-bozouls.com – Fermé 19 nov.-31 déc., mardi midi, dim. soir et lundi

9 ch – 59 € 69/75 € – 12 € – ½ P 65 €

Rest *(nombre de couverts limité, réserver)* – Menu 22 € (déj. en sem.), 39/55 €

Spéc. Légumes du moment tiédis au gras de canard, bouillon marin. Selle d'agneau allaiton de l'Aveyron rôtie, jus épicé et caillé de brebis au lin (printemps-été). Chocolat chaud aux épices douces et tuile au grué de cacao. **Vins** Marcillac, Vin de pays de l'Aveyron.

◆ Auberge en pierre surplombant un cirque naturel grandiose (le "trou de Bozouls"). Arrivé en cuisine après un passage en fac, le jeune chef a visiblement trouvé sa voie : originale et pure, dominée par les légumes et les produits locaux. Pour l'étape, les chambres sont simples et bien tenues.

BRACIEUX – 41 Loir-et-Cher – 318 G6 – 1 258 h. – alt. 70 m – 41250 11 B1

Châteaux de la Loire

Paris 185 – Blois 19 – Montrichard 39 – Orléans 64

10 Les Jardins du Moulin, 02 54 46 09 15

L'Orée des Châteaux sans rest

9 bis rte de Blois – 02 54 46 40 19 – www.oree-des-chateaux.com – Ouvert 2 mars-14 nov.

10 ch – 58 € 69 € – 9 €

◆ Ce petit hôtel familial ouvert en 2008 dispose de chambres lumineuses et pratiques. Une étape idéale sur la route des châteaux de la Loire.

De la Bonnheure sans rest

9 bis r. R.-Masson – 02 54 46 41 57 – www.hoteldelabonnheur.com – Ouvert de mi-mars à début déc.

14 ch – 59/75 € 90 € – 2 suites – 10 €

◆ Des outils agricoles dans le jardin, des chambres rustiques, de bons petits-déjeuners et un patron aux petits soins avec les cyclistes et randonneurs : un vrai esprit auberge !

Le Rendez-vous des Gourmets

20 r. Roger-Brun – 02 54 46 03 87 – Fermé vacances de Printemps, 27 août-5 sept., vacances de la Toussaint, 23 déc.-20 janv., dim. soir et lundi midi sauf du 15 juil. au 20 août, sam. midi et merc.

Rest – Formule 16 € – Menu 20 € (sem.), 24/60 € – Carte 36/65 €

◆ Une auberge familiale à l'atmosphère lumineuse. Le chef travaille de beaux produits (gâteau de foie de volaille, marmite de poisson, etc.). De fait, l'établissement s'est imposé comme un rendez-vous de gourmets.

BRAM – 11 Aude – **344** D3 – 3 190 h. – alt. 134 m – ✉ 11150 **22** A2

Paris 749 – Carcassonne 24 – Castres 67 – Montpellier 173

au Nord rte de Castelnaudary : 4 km par D 4, N 6113 et rtre secondaire - ✉ 11150 Bram

Château de la Prade ch, VISA

– 04 68 78 03 99 – www.chateaulaprade.eu – Ouvert de mi-mars à mi-nov.

4 ch – 80/95 € 95/115 € **Table d'hôte** – Menu 26 €

◆ Des paons, de superbes magnolias, des platanes centenaires... Le parc est ravissant, tout comme cette demeure bourgeoise en bordure du canal du Midi, classique et élégante, sans ostentation. Au petit-déjeuner, on se régale de confitures maison et, à la table d'hôtes, d'une cuisine du terroir.

BRANCION – 71 Saône-et-Loire – **320** I10 – rattaché à Tournus

LA BRANDE – 36 Indre – **323** H7 – rattaché à Montipouret

BRANNE – 33 Gironde – **335** J6 – 1 213 h. – alt. 10 m – ✉ 33420 **4** C1

Paris 593 – Bordeaux 35 – Bergerac 57 – Libourne 13

29, rue Emmanuel Roy, 05 57 74 90 24, http://si.brannais.over-blog.com

Le Caffé Cuisine VISA

7 pl. du Marché , (au pont) – 05 57 24 19 67 – fermé dim. soir et lundi

Rest – Formule 14 € – Carte 30/45 €

◆ Simple, frais et sans chichi ! Le chef valorise les produits et le terroir : canard des Landes, pêche du jour, agneau de la région... tout près du pont sur la Dordogne.

BRANSAC – 43 Haute-Loire – **331** G2 – rattaché à Beauzac

BRANTÔME – 24 Dordogne – **329** E3 – 2 159 h. – alt. 104 m – ✉ 24310 **4** C1

Périgord Quercy

Paris 470 – Angoulême 58 – Limoges 83 – Nontron 23

boulevard Charlemagne, 05 53 05 80 63, http://perigord-dronne-belle.fr

Clocher★★ de l'église abbatiale - Bords de la Dronne★★.

Le Moulin de l'Abbaye VISA AE

1 rte de Bourdeilles – 05 53 05 80 22 – www.moulinabbaye.com – Ouvert 1er avril-6 nov.

19 ch – 150/605 € 150/605 € – 22 €

Rest ***Le Moulin de l'Abbaye*** – voir les restaurants ci-après

◆ Un ravissant moulin et sa maison de meunier... ce cadre bucolique laisse rêveur ! Les chambres, empreintes de douceur romantique, sont bercées par le murmure d'une cascade. Quiétude, quand tu nous tiens...

Charbonnel VISA AE

57 r. Gambetta – 05 53 05 70 15 – www.lesfrerescharbonnel.com – fermé 18 nov.-17 déc., 1er fév.-2 mars, dim. soir d'oct. à juin et lundi

18 ch – 60/90 € 75/95 € – 14 € – ½ P 98/114 €

Rest ***Charbonnel*** – voir les restaurants ci-après

◆ Une maison de tradition qui épouse pleinement son époque : des chambres confortables et douillettes, une terrasse sur la Dronne et un restaurant traditionnel, le tout relooké avec fraîcheur... Une bonne étape !

Moulin de Vigonac VISA AE

– 05 53 05 87 59 – www.moulindevigonac.com – Ouvert 15 mars-15 nov.

10 ch – 120/290 € 120/290 € – 16 € – ½ P 115/200 €

Rest *(fermé mardi et le midi) (nombre de couverts limité, réserver)* – Menu 45/65 € – Carte 55/100 €

◆ Esprit romantique en ce moulin du 16e s., bercé par la Dronne. La décoration actuelle, sans trahir le charme originel du lieu, lui apporte sérénité et confort. Parc, piscine. Agréable cuisine traditionnelle servie dans le cadre feutré du restaurant.

XXX **Le Moulin de l'Abbaye**

1 rte de Bourdeilles – ✆ 05 53 05 80 22 – www.moulinabbaye.com – Ouvert 1er avril-6 nov.

Rest – Menu 38 € (déj. en sem.), 55/90 € – Carte 58/102 €

♦ Charme contemporain et intemporel, dépaysement en écoutant bruire la Dronne... Ce restaurant est une vraie parenthèse, et il fait bon y laisser filer le temps, au bord de l'eau, en se régalant d'une belle cuisine classique et régionale.

XX **Charbonnel** – Hôtel Charbonnel

57 r. Gambetta – ✆ 05 53 05 70 15 – www.lesfrerescharbonnel.com – Fermé 18 nov.-17 déc., 1er fév.-2 mars, dim. soir d'oct. à juin et lundi

Rest – Formule 20 € – Menu 31 € (sem.), 46/68 € – Carte 45/70 €

♦ Lapin, escargots, sandre, pieds de porc... des recettes de toujours joliment relevées à la sauce contemporaine, pour une cuisine pleine de goût ! Atmosphère cosy et, aux beaux jours, jolie terrasse donnant sur la Dronne.

X **Au Fil du Temps**

1 chemin du Vert Galand – ✆ 05 53 05 24 12 – www.fildutemps.com – Fermé 2 janv.-2 mars, lundi et mardi

Rest – Formule 14 € – Carte 30/52 €

♦ On se délecte ici de savoureux plats du terroir et de viandes à la broche (rôtisserie). Au fil des saisons, on paresse sous le tilleul ou au coin du feu...

X **Au Fil de l'Eau**

21 quai Bertin – ✆ 05 53 05 73 65 – www.fildeleau.com – Ouvert d'avril à fin oct.

Rest – Menu 28/33 € – Carte 30/45 €

♦ Coquette guinguette où fritures et matelotes sont à l'honneur. Sous les saules pleureurs bordant la Dronne, on se rêve soudain pêcheur du dimanche, flânant au bord de l'eau.

X **Les Saveurs**

6 r. Georges-Saumande – ✆ 05 53 05 54 23 – www.restaurant-les-saveurs.com – Fermé 2 sem. en nov., vacances de Noël, lundi soir et mardi de nov. à mars et merc.

Rest – Menu 18 € (déj. en sem.), 28/50 € – Carte 38/76 €

♦ Un intérieur sobre et chaleureux pour déguster une cuisine gourmande qui valorise le produit. À midi, profitez du menu "bistrot" concocté selon le marché et l'humeur du chef.

à Champagnac de Belair 6 km au Nord-Est par D 78 et D 83 – 712 h. – alt. 135 m – ✉ 24530

Le Moulin du Roc

– ✆ 05 53 02 86 00 – www.moulinduroc.com – Ouvert 10 mars-25 nov.

15 ch – †110/210 € ††110/210 € – ☕ 20 € – ½ P 145/197 €

Rest *Le Moulin du Roc* ✿ – voir les restaurants ci-après

♦ Le lieu est magique : un luxueux moulin à huile sur la Dronne, entouré de verdure. Les chambres sont superbes et l'on se perd dans un dédale d'escaliers ou dans le jardin au fil de l'eau...

XXX ✿ **Le Moulin du Roc** (Alain Gardillou)

– ✆ 05 53 02 86 00 – www.moulinduroc.com – Ouvert 10 mars-25 nov. et fermé merc. midi et mardi sauf du 20 juin au 8 sept.

Rest – Menu 45 € bc (déj. en sem.), 68/90 € – Carte 68/105 €

Spéc. Langoustines marinées à cru, huile de noisette, herbes du jardin et citron confit (mai à oct.). Pâtes fraîches aux truffes noires du Périgord et foie gras poêlé. Tarte soufflée aux fraises du Périgord et citron vert, sorbet citron (avril à oct.). **Vins** Pécharmant, Bergerac.

♦ On peut être un Roc et à la fois d'une grande délicatesse : preuve en est cette cuisine subtile, qui puise dans le terroir des saveurs sensibles... mais fortes. L'environnement verdoyant ajoute au plaisir du moment.

à Bourdeilles 10 km au Sud-Ouest par D 78 – 775 h. – alt. 103 m – ✉ 24310

place des Tilleuls, ✆ 05 53 03 42 96, www.bourdeilles.com

Château★ : mobilier★★, cheminée★★ de la salle à manger.

Hostellerie Les Griffons

Le Pont – ✆ 05 53 45 45 35 – www.griffons.fr – Ouvert 7 avril-4 nov.

10 ch – 92/115 € 92/115 € – 12 € – ½ P 90/102 €

Rest *(fermé le midi sauf dim. et fériés)* – Menu 35/41 € – Carte 35/60 €

◆ Charme des belles poutres et des vieilles pierres, vue sur la Dronne : au pied du château, cette maison bourgeoise du 17e s. cultive élégamment un certain romantisme rural. Cadre cossu pour une cuisine au goût du jour. Véranda donnant sur la rivière et jardin.

BRAS – 83 Var – **340** K5 – 2 281 h. – alt. 280 m – ✉ 83149 **41** C3

Paris 814 – Aix-en-Provence 55 – Marseille 62 – Toulon 61

Route de Brignoles, Square Jalabert, ✆ 04 94 37 23 40

Une Campagne en Provence

Domaine Le Peyrourier, 3 km au Sud-Ouest par D 28 et rte secondaire – ✆ 04 98 05 10 20 – www.provence4u.com – Ouvert avril-nov.

5 ch – 89/143 € 92/150 € **Table d'hôte** – Menu 34 € bc/38 € bc

◆ Idéale pour une retraite au plus près de la nature, cette ancienne ferme des Templiers (remontant au 12e s.) se dresse parmi les prairies et les vignes. Chaleureux et charmant décor provençal. À la table d'hôte, cuisine régionale et vins de la propriété.

BRAY-ET-LU – 95 Val-d'Oise – **305** A6 – **106** – 956 h. – alt. 28 m – ✉ 95710 **18** A1

Paris 70 – Rouen 61 – Gisors 26 – Pontoise 36

Les Jardins d'Epicure avec ch

16 Grande-Rue – ✆ 01 34 67 75 87 – www.lesjardinsdepicure.com – Fermé 2 janv.-10 fév., dim. soir, mardi midi et lundi

18 ch – 115/250 € 115/350 € – 15 €

Rest – Formule 28 € – Menu 39/125 € – Carte 80/120 €

Spéc. Demi homard bleu rôti au beurre mousseux (été). Fricassée de ris de veau comme un vol-au-vent, champignons des bois et crème de cèpe (automne-hiver). Figue rôtie au sucre muscovado, tuile croustillante au cassis (été-automne).

◆ Dans un parc traversé par une rivière, deux maisons de maître du 19e s. et d'anciennes écuries : un trio de charme abritant des chambres de caractère. Au restaurant, le jeune chef démontre une grande maîtrise dans le travail de beaux produits, et une inventivité qui touche juste ; salle cossue face à la piscine.

BREBIÈRES – 62 Pas-de-Calais – **301** L5 – rattaché à Douai

BRÉHAT (ÎLE-DE) – 22 Côtes-d'Armor – **309** D1 – voir à Île-de-Bréhat

BRÉLÈS – 29 Finistère – **308** C4 – 819 h. – alt. 52 m – ✉ 29810 **9** A1

Paris 616 – Brest 25 – Quimper 99 – Rennes 264

Auberge de Bel Air avec ch

rte de Lanildut – ✆ 02 98 04 36 01 – www.aubergedebelair.fr – Fermé 10-25 oct. et 5-31 janv.

3 ch – 64/68 € 68/74 €

Rest *(fermé mardi soir et merc. soir hors vacances scolaires, dim. soir et lundi)* – Menu 15 € (déj. en sem.), 25/60 € – Carte 35/60 €

◆ C'est vrai que cette vieille ferme en granit, posée au bord de l'aber Ildut, est charmante avec son grand jardin et son étang. On peut y dormir bien sûr, mais surtout se régaler de cette cuisine traditionnelle de la mer qui est le sel de la terre bretonne.

BRÉLIDY – 22 Côtes-d'Armor – **309** C3 – 301 h. – alt. 100 m – ✉ 22140 **9** B1

Paris 503 – Lannion 27 – Rennes 151 – St-Brieuc 55

Château de Brélidy rest, VISA

– *✆ 02 96 95 69 38 – www.chateau-brelidy.com – Ouvert de début avril à mi-déc.*

14 ch – †89/109 € ††110/180 € – 14 € – ½ P 127/138 €

Rest – Menu 38/66 € – Carte 38/66 €

◆ Un authentique – et ravissant – château du 16ᵉs. ! Les chambres ne sont pas très grandes mais décorées de meubles anciens. Une atmosphère historique que l'on retrouve au restaurant, dans les salons et dans le beau parc (parcours de pêche en rivière).

LA BRESSE – 88 Vosges – **314** J4 – 4 716 h. – alt. 636 m – Sports d'hiver : 650/1 350 m 31 – ✉ 88250 Alsace Lorraine **27** C3

Paris 437 – Colmar 52 – Épinal 52 – Gérardmer 13

2a, rue des Proyes, ✆ 03 29 25 41 29, www.labresse.net

Les Vallées ch, VISA AE

31 r. Paul Claudel – ✆ 03 29 25 41 39 – www.labellemontagne.com

56 ch – †55/82 € ††58/105 € – 13 € – ½ P 57/90 €

Rest – Formule 15 € – Menu 23/52 € – Carte 48/65 €

◆ Chambres fonctionnelles de tailles variées, équipements complets pour séminaires et installations de loisirs : cet imposant complexe hôtelier est fréquenté hiver comme été. Haute charpente en bois blond, grandes baies vitrées et plats régionaux au restaurant.

La Table d'Angèle VISA

30 Grande Rue – ✆ 03 29 25 41 97 – www.resto.fr/latabledangele – Fermé 15-30 juin, 15-30 nov., lundi soir et mardi soir

Rest – Formule 14 € – Menu 29/39 € – Carte 32/45 €

◆ Petits appétits s'abstenir : les portions sont gargantuesques ! Ce bistrot contemporain, tenu par une famille sympathique, explore le terroir avec générosité.

au Nord-Est 7 km par rte de Gérardmer et C 12

Auberge des Jonquilles avec ch ch, VISA

4 chemin de la Retélère – ✆ 03 29 25 76 60 – www.aubergedesjonquilles.fr – Fermé 15 nov.-15 déc.

6 ch – †70 € ††74 € – ½ P 54 €

Rest – Menu 18 € (sem.), 29/35 € – Carte 25/40 €

◆ Tel un bouquet de fleurs printanières sur un chemin de montagne, une heureuse surprise sur les hauteurs de la vallée : cette auberge n'a que la nature et le calme pour vis-à-vis. Le chef explore le terroir avec respect, les chambres sont idéales pour un séjour au grand air. Vive les Vosges !

au Sud 3 km, rte de Cornimont par D 486 – ✉ 88250 La Bresse

Le Clos des Hortensias VISA

51 rte de Cornimont – ✆ 03 29 25 41 08 – Fermé 6-22 nov., dim. soir, merc. soir, lundi et soir fériés

Rest *(réserver)* – Menu 17 € (sem.), 23/41 €

◆ Élégance bourgeoise, appétissants petits plats traditionnels et accueil tout sourire : la renommée de ce Clos dépasse largement les frontières du village !

BRESSIEUX – 38 Isère – **333** E6 – 87 h. – alt. 510 m – ✉ 38870 **43** E2

Paris 533 – Grenoble 50 – Lyon 76 – Valence 73

Auberge du Château VISA

67 montée du Château – ✆ 04 74 20 91 01 – www.aubergedebressieux.fr – Fermé 24 oct.-3 nov., 15 fév.-6 mars, dim. soir hors saison, mardi et merc.

Rest – Menu 20 € (déj. en sem.), 28/58 € – Carte 42/54 €

◆ Désormais, le village ne s'enorgueillit plus seulement de son château médiéval, il peut être fier de son auberge ! Produits des fermes environnantes, plats gourmands aux parfums méridionaux, vue sur les monts du Lyonnais : c'est savoureux.

BRESSON – 38 Isère – **333** H7 – rattaché à Grenoble

BREST – 29 Finistère – **308** E4 – 142 097 h. – Agglo. 210 055 h. **9** A2
– alt. 35 m – ✉ 29200 Bretagne

Paris 596 – Lorient 133 – Quimper 72 – Rennes 246
de Brest-Bretagne ✆ 02 98 32 86 00, 10 km au NE
Place de la Liberté, ✆ 02 98 44 24 96, www.brest-metropole-tourisme.fr
de Brest les Abers, à Plouarzel, Kerhoaden, NE : 24 km par D 5, ✆ 02 98 89 68 33
Océanopolis★★★ - Cours Dajot ≤★★ - Traversée de la rade★ - Arsenal et base navale★ DZ - Musée des Beaux-Arts★ EZ **M¹** - Musée de la Marine★ DZ **M²** - Conservatoire botanique du vallon du Stang-Alar★.
Les Abers ★★

Plans pages suivantes

Océania
82 r. de Siam – ✆ 02 98 80 66 66 – www.oceaniahotels.com EY**r**
82 ch – 85/165 € 85/165 € – 14 €
Rest *Nautilus* ✆ 02 98 80 90 67 – Menu 22 € (sem.) – Carte 30/46 €
◆ Au cœur de Brest, entre l'hôtel de ville et le port, un bel immeuble avec des chambres contemporaines et parfaitement insonorisées, ainsi qu'un restaurant. Pour la clientèle d'affaires, un espace séminaire confortable.

L'Amirauté
41 r. Branda – ✆ 02 98 80 84 00 – www.oceaniahotels.com BX**t**
84 ch – 80/138 € 80/138 € – 14 €
Rest *(fermé 20 juil.-26 août, 24 déc.-2 janv., sam., dim. et fériés)* – Formule 19 € – Menu 23 € (déj. en sem.), 30/40 €
◆ Un hôtel récent, aux lignes élégantes, avec des chambres spacieuses, bien insonorisées et fonctionnelles, des salles de réunion et un restaurant. Le plus : un garage privé, très utile dans le quartier.

La Paix
32 r. Algésiras – ✆ 02 98 80 12 97 – www.hoteldelapaix-brest.com – Fermé 23 déc.-2 janv. EY**y**
29 ch – 49/98 € 59/180 € – 12 €
Rest *Cosy* ✆ 02 98 43 26 17 *(fermé 15-31 août et 1er-15 janv.)* – Formule 14 € – Carte 25/49 €
◆ En plein centre-ville, cet hôtel-restaurant familial a été rénové dans un style épuré, avec des chambres d'esprit contemporain, agréables et assez calmes.

De la Rade sans rest
6 r. de Siam – ✆ 02 98 44 47 76 – www.hoteldelarade.com DZ**f**
48 ch – 51/63 € 56/110 € – 8 €
◆ À proximité du château et du pont de Recouvrance, cet hôtel frais et pimpant abrite des chambres sobres, élégantes et lumineuses. Une bonne petite adresse, très bien tenue.

Du Questel sans rest
120 r. F.-Thomas – ✆ 02 98 45 99 20 – www.hotel-du-questel.fr – Fermé 26 déc.-2 janv. AV**a**
36 ch – 60/65 € 60/65 € – 8 €
◆ Très pratique, cet hôtel récent : non loin d'une rocade (mais au calme), il propose des chambres fonctionnelles et bien tenues, à prix doux. Sur demande, petit service snack.

XXX **Le M** (Philippe Le Bigot)
22 r. du Cdt-Drogou – ✆ 02 98 47 90 00 – www.le-m.fr – Fermé 8-30 août et 1er-12 janv. BV**b**
Rest – Formule 36 € – Menu 42 € (déj. en sem.), 45/68 €
Spéc. Foie gras de canard mi-cuit, chutney aux pruneaux et bonbon chocolat. Roulade de veau farci aux senteurs d'algues et de morilles. Ananas rôti, crème créole et glace coco-citron vert.
◆ Des associations de saveurs harmonieuses, une certaine recherche... Dans cette belle maison en granit typiquement bretonne, on déguste une cuisine d'aujourd'hui soignée et goûteuse. L'été, cap sur l'agréable terrasse. On M !

XX L'Armen (Yvon Morvan) VISA MC AE

✿

21 r. de Lyon – ✆ 02 98 46 28 34 – www.armen-restaurant.fr
– Fermé 31 juil.-15 août, dim. et lundi EY**p**

Rest – Formule 31 € – Menu 59/85 € – Carte 60/95 €

Spéc. Danse à trois temps des "Demoiselles de Loctudy" (mi-mai à mi-nov.). Feuilleté de pigeon farci au chou frisé au lard et foie gras. Variation autour du chocolat, fraîcheur de verveine et raviole After-Eight.

◆ Jadis pâtisserie élégante (fresques de 1953, boiseries et miroirs), cet Armen est un vrai lieu gourmand, où l'on savoure une cuisine gastronomique fine et inspirée. Le chef, formé à l'école des grands, met en valeur de beaux produits régionaux.

XX L'Imaginaire VISA MC AE

23 r. Fautras – ✆ 02 98 43 30 13 – www.imaginaire-restaurant.blogspot.com
– Fermé 10-30 août, 1er-16 janv., merc. soir, dim. soir et lundi EY**e**

Rest – Formule 20 € bc – Menu 40/65 € – Carte 50/70 €

◆ Aux commandes de ce joli restaurant ? Un jeune couple plein d'allant : lui concocte une cuisine du marché inventive et très fraîche ; elle sélectionne de bons petits vins sortant des sentiers battus. Bel Imaginaire !

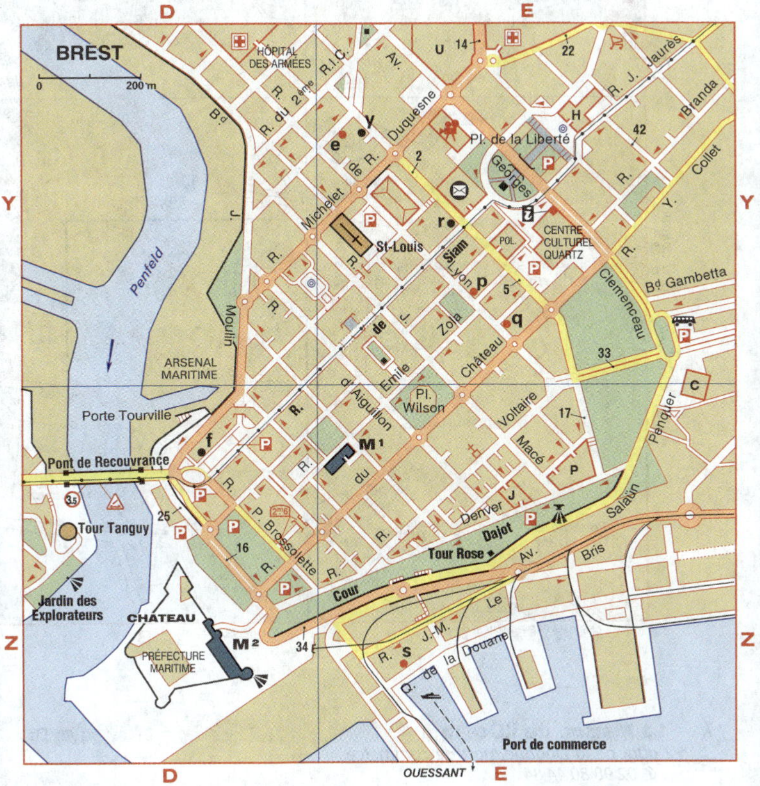

Algésiras (R. d') . . . . EY 2
Clemenceau (Av. G.) . . . . . . EY
Colbert (R.) . . . . EY 5
Foch (Av. Mar.) . . . . EY 14
Français-Libres (Bd des) . . . . DZ 16
Frégate-La-Belle-Poule (R. de la) . . . . EZ 17
Jean-Jaurès (R.) . . . . EY
Kérabécam (R. de) . . . . EY 22
Liberté (Pl. de la) . . . . EY
Lyon (R. de) . . . . DEY
Marine (Bd de la) . . . . DZ 25
Réveillère (Av. Amiral) . . . . . EY 33
Roosevelt (Av. Fr.) . . . . DZ 34
Siam (R. de) . . . . EY
11-Martyrs (R. des) . . . . EY 42

BREST

Aiguillon (R. d') . . . . EZ
Albert-1er (Pl.) . . . . BZ
Algésiras (R. d') . . . . EY 2
Anatole-France (R.) . . . . AX
Beaumanoir (R.) . . . . AX 3
Blum (Bd Léon) . . . . BV
Botrel (R. Th.) . . . . BV
Bot (R. du) CV
Le Bris (R. J.-M.) . . . . EZ
Brossolette (R. Pierre) . . . . . DZ
Bruat (R.) . . . . BX
Caffarelli (Porte) . . . . AX
Château (R. du) . . . . EYZ
Clemenceau (Av. G.) . . . . EY
Colbert (R.) . . . . EY 5
Collet (R. Yves) . . . . BX
Corniche (Rte de la) . . . . AX
Dajot (Cours) . . . . EZ
Denvers (R.) . . . . EZ

La Maison de l'Océan

2 quai de la Douane, port de commerce
– ✆ 02 98 80 44 84
– www.maisondelocean.com **EZs**

Rest – Formule 14 € – Menu 17/39 € – Carte 26/59 €

◆ Banc d'écailler, aquarium, esprit marin et... produits de la mer extrafrais : l'enseigne dit vrai ! Pas étonnant que cette Maison de l'Océan compte de nombreux habitués et qu'il y règne une atmosphère sympathique et conviviale.

Desmoulins (Av. C.) BX 6
Dr-Kerrien (R. du) AX 7
Doumer (R. Paul) BV 8
Dourjacq (Rte du) CV
Drogou (R. Com.) BV
Dupuy-de-Lôme (R.) AX
Duquesne (R.) EY

Duval (R. Marcellin) BV
Eau-Blanche (R. de l') CV
Elorn (R. de l') BX
Europe (Bd de l') ACV
Ferry (R. J.) BCX 12
Foch (Av. Mar.) BX 14
Forestou (Pont du) CX 15
Français-Libres (Bd des) DZ 16
Frégate-La-Belle-Poule (R. de la) EZ 17
Gallieni (R. du Mar.) AX 18
Gambetta (Bd) BX
Le Gorgeu (Av. Victor) AV
Gouesnou (Rte de) CV
Grande-Rivière (Porte de la) AX
Guilers (R. de) AX
Harteloire (Pt. de l') AX
Harteloire (R. de l') AX 20
Hoche (R.) BV
Jean-Jaurès (R.) EY
Kent (R. de) AX 21
Kérabécam (R. de) EY 22
Kérraros (R. de) AX
Kervern (R. Auguste) BV
Kiel (Av. de) CX
Lamotte-Picquet (R.) BX 23
Lesven (R. Jules) BCV
Libération (Av. de la) AX 24
Liberté (Pl. de la) EY
Loti (R. Pierre) AX
Louppe (R. Albert) CV
Lyon (R. de) DEY
Macé (R. Jean) EZ
Maissin (R. de) AX
Marine (Bd de la) DZ 25
Michelet (R.) DV
Montaigne (Bd) BV
Mouchotte (Bd Cdt) AX 27
Moulin (Bd Jean) DY
Nicol (R. de l'Amiral) AX
Normandie (R. de) AV
Paris (R. de) CV
Pompidou (R. G.) BV
Porte (R. de la) AX 31
Prigent (Bd T.) AV
Provence (Av. de) AV
Quimper (Rte de) CV
Recouvrance (Pt de) DZ
Réveillère (Av. Amiral) EY 33
Richelieu (R.) CX
Robespierre (R.) BY
Roosevelt (Av. Fr.) DZ 34
Saint-Exupéry (R.) AX
St-Marc (R.) CX
Salaün-Penquer (Av.) EZ
Sébastopol (R.) CX 35
Semard (R. Pierre) CX
Siam (R. de) EY
Strasbourg (Pl. de) CV
Tarente (Av. de) AV 37
Tourbihan (R. de) CV 38
Tourville (Porte) DZ
Tritshler (R. du) CX
Troude (R. Amiral) BX 39
Valmy (R. de) CX 40
Verdun (R. de) CX
Victor-Hugo (R.) BX 41
Vieux-St-Marc (R. du) CX
Villeneuve (R. de la) CV
Voltaire (R.) EZ
Wilson (Pl.) EZ
Zédé (R. G.) CV
Zola (R. Émile) EY
2e-R.C.I. (R. du) DY
8-Mai-1945 (R. du) CV
11-Martyrs (R. des) EY 42
19-Mars-1962 (R. du) AX 45

au Nord 5 km par D 788 CV – ✉ 29200 Brest

Oceania Brest Aéroport

ch, ch, rest,

32 av. Baron Lacrosse – *✆ 02 98 02 32 83*
– *www.oceaniahotels.com*

82 ch – †65/139 € ††65/139 € – ☕ 14 € **Rest** *(fermé le midi du 28 juil. au 19 août, vend. soir, sam., dim. et fériés)* – Menu 22 € (sem.) – Carte 26/36 €

◆ Dans une zone commerciale et industrielle, cet hôtel-restaurant des années 1970 est malgré tout au vert, avec son joli jardin. Chambres fonctionnelles et spacieuses, certaines donnant sur la piscine.

au port de plaisance du Moulin Blanc 7 km par ⑤ – ✉ 29200 Brest

Plaisance Hôtel
rest,
37 r. du Moulin Blanc – ✆ 02 98 42 33 33
46 ch – †69 € ††74 € – ☕ 7,50 €
Rest – Formule 14 € – Menu 17 € (déj. en sem.), 22/27 € – Carte 32/40 €
♦ Au port de plaisance, cet hôtel-restaurant récent et accueillant propose des chambres pratiques, sobres et agréables, toutes identiques. Une adresse idéale pour visiter Océanopolis.

BRETENOUX – 46 Lot – **337** H2 – 1 331 h. – alt. 136 m – ✉ 46130 **29** C1
Périgord Quercy

Paris 521 – Brive-la-Gaillarde 44 – Cahors 83 – Figeac 48
avenue de la Libération, ✆ 05 65 38 59 53
Château de Castelnau-bretenoux★★ : ≤★ SO : 3,5 km.

au Port de Gagnac 6 km au Nord-Est par D 940 et D 14 – ✉ 46130 Gagnac-sur-Cère

Hostellerie Belle Rive
Port-de-Gagnac – ✆ *05 65 38 50 04* – *www.bellerive-dordogne-lot.com* – *Fermé 18 déc.-2 janv.*
12 ch – †50/85 € ††75/85 € – 1 suite – ☕ 9 € – ½ P 75/90 €
Rest ***Hostellerie Belle Rive*** – voir les restaurants ci-après
♦ Cette belle maison lotoise dressée sur les rives de la Cère pourrait faire de la figuration dans un film historique ! Les chambres sont confortables, avec de jolies notes printanières, à bon compte.

XX **Hostellerie Belle Rive**
Port-de-Gagnac – ✆ *05 65 38 50 04* – *www.bellerive-dordogne-lot.com* – *Fermé 18 déc.-2 janv., vend. soir, sam. midi et dim. soir de mi-avril à mi-juil. et de fin août à mi-oct., et le week-end de mi-oct. à mi-avril*
Rest – Menu 17 € (déj. en sem.), 26/31 € – Carte 38/53 €
♦ Croustillant de pied de porc, noisette d'agneau, nougat glacé maison... Accostez sans crainte cette Belle Rive dédiée au bon produit ! La tradition au fil des jours... et de l'eau, car la jolie terrasse fleurie regarde la Cère.

BRÉTIGNOLLES-SUR-MER – 85 Vendée – **316** E8 – 3 900 h. – alt. 14 m – ✉ 85470 **34** A3

Paris 465 – Challans 30 – Nantes 86 – La Roche-sur-Yon 44
1, boulevard du Nord, ✆ 02 51 90 12 78, www.payssaintgilles-tourisme.fr

XXX **J.-M. Pérochon et Hôtellerie des Brisants** avec ch
≤ ch,
63 av. de la Grand'Roche – ✆ *02 51 33 65 53* – *www.lesbrisants.com* – *Fermé 13 nov.-7 déc. et 15 fév.-10 mars*
14 ch – †78/105 € ††78/185 € – ☕ 11 € – ½ P 80/133 €
Rest *(fermé lundi sauf le soir en juil.-août, dim. soir de sept. à juin et mardi midi)* – Menu 30/69 € – Carte 56/71 €
♦ On vient pour la vue sur l'Atlantique, l'agréable cuisine du chef, dictée par la marée et pleine de saveurs... Puis on reste et l'on apprécie le grand confort des chambres, contemporaines et soignées.

BRETONVILLERS – 25 Doubs – **321** J3 – 225 h. – alt. 727 m – ✉ 25380 **17** C2

Paris 479 – Besançon 67 – Fribourg 163 – Neuchâtel 75

De Gigot

à Gigot, 4,5 km au Sud-Ouest – ✆ 03 81 68 91 18 – www.hotel-gigot-vallee-dessoubre.com – Fermé vacances de la Toussaint, 15 janv.-28 fév., lundi soir, merc. soir et jeudi de mi-sept. à mi-mai
15 ch – 49/55 € 49/55 € – 7 € – ½ P 56/60 €
Rest – Menu 13 € (déj. en sem.), 19/35 € – Carte 21/55 €
◆ Hôtel familial en pleine nature, au cœur de la magnifique vallée du Dessoubre, paradis des pêcheurs. Chambres fraîches et bien tenues. Dans un cadre rustique, on déguste une cuisine traditionnelle (spécialités : truite et grenouille).

BRETTEVILLE-SUR-LAIZE – 14 Calvados – 303 C2 – 1 566 h. – alt. 54 m – ✉ 14680 32 B2

Paris 245 – Caen 18 – Hérouville-Saint-Clair 23 – Lisieux 52

Château des Riffets sans rest

– ✆ 02 31 23 53 21 – www.chateau-des-riffets.com
4 ch – 120 € 120/170 €
◆ Ce château du milieu du 19^{e}s. est d'un grand charme : beaux planchers, mobilier d'époque, lits à baldaquin... La piscine et le parc (où l'on peut voir gambader des lapins) sont superbes !

LE BREUIL-EN-AUGE – 14 Calvados – 303 N4 – 940 h. – alt. 38 m – ✉ 14130 33 C2

Paris 196 – Caen 55 – Deauville 21 – Lisieux 10

Le Dauphin (Régis Lecomte)

2 r. de l'Église – ✆ 02 31 65 08 11 – www.ledauphin-restaurant.com – Fermé 14 nov.-6 déc., vacances de fév., merc. midi en août, dim. soir et lundi
Rest – Menu 40/50 € – Carte 80/100 €
Spéc. Croustillant de pied de cochon aux langoustines, vinaigrette truffée. Viennoise de ris de veau aux racines oubliées. Soufflé au Grand Marnier, écorces d'oranges macérées.
◆ Cette maison à colombages incarne la Normandie rêvée, à la fois avenante et pleine de cachet. De très bons produits, une belle cuisine classique pétrie d'authenticité, c'est le genre d'endroit où dès le repas terminé, on a envie de revenir !

BREUILLET – 17 Charente-Maritime – 324 D5 – 2 583 h. – alt. 28 m – ✉ 17920 38 A3

Paris 509 – Poitiers 176 – La Rochelle 69 – Rochefort 39

L'Aquarelle (Xavier Taffart)

22 rte du Candé – ✆ 05 46 22 11 38 – www.laquarelle.net – Fermé 1 sem. en juin, 1 sem. en oct., 1 sem. en janv., dim. soir, mardi midi et lundi
Rest – Menu 25 € (déj. en sem.), 40/75 € bc – Carte 50/65 €
Spéc. Jaunes d'œuf de caille pochés, gel de haddock. Homard cru et cuit, bouillon au jasmin. Boule de sapin (dessert). **Vins** Vin de pays Charentais, Côtes de Blaye.
◆ Pourpre, vert pomme, chocolat : un cadre chic, acidulé et plein de peps, à l'instar de la cuisine. La créativité du chef est vraiment arrivée à maturité ; lorsqu'il travaille ses superbes produits locaux, c'est en artiste qu'il les magnifie. Dans l'assiette, évidence, couleurs et... plaisir !

BREUREY-LES-FAVERNEY – 70 Haute-Saône – 314 E6 – rattaché à Faverney

BRIANT – 71 Saône-et-Loire – 320 E12 – 222 h. – alt. 326 m – ✉ 71110 8 C3

Paris 399 – Clermont-Ferrand 161 – Dijon 176 – Mâcon 90

Auberge de Briant

Le Bourg – ✆ 03 85 25 98 69 – www.aubergedebriant.com – Fermé 7-30 janv., vacances de la Toussaint, dim. soir, mardi soir et merc.
Rest – Menu 17 € (sem.), 27/48 €
◆ Une auberge coquette au cœur d'un joli village, avec une terrasse sous un tilleul. Le chef concocte une bonne cuisine traditionnelle et valorise les produits du terroir ; l'accueil est charmant.

BRIANÇON - 05 Hautes-Alpes - **334** H3 - **11 645 h.** - **alt. 1 321 m** **41** C1
- **Sports d'hiver : 1 200/2 800 m** 9 67 - **Casino** - 05100 Alpes du Sud

Paris 681 - Digne-les-Bains 145 - Gap 89 - Grenoble 119

3635 (dîtes auto-train - 0,34 €/mn)

1, place du Temple, 04 92 21 08 50, www.ot-briancon.fr

de Montgenèvre, à Montgenèvre, Route d'Italie, NE : 12 km, 04 92 21 94 23

Ville haute★★ : Grande Gargouille★, Statue "La France"★**B** - Chemin de ronde supérieur★, ★ de la porte de la Durance - Puy St-Pierre ★★ de l'église SO : 3 km par Rte de Puy St-Pierre.

Croix de Toulouse ★★ par Av. de Toulouse et D232[T] : 8,5 km.

Parc Hôtel sans rest

Central Parc - *04 92 20 37 47* - *www.soleilvacances.com* **Aa**

60 ch - 69/115 € 78/140 € - 10 €

◆ Pratique et fonctionnel, cet immeuble situé en plein centre-ville propose des chambres spacieuses (idéales pour les familles), certaines avec vue sur le massif du Prorel.

La Chaussée

4 r. Centrale - *04 92 21 10 37* - *www.hotel-de-la-chaussee.com*
- Fermé 1er-21 mai, 15 oct.-6 nov. **Ae**

14 ch - 68/75 € 85/95 € - 9 € - ½ P 68/75 €

Rest ***La Chaussée*** - voir les restaurants ci-après

◆ D'emblée, on se sent bien dans cet hôtel familial transformé en "refuge montagnard" : meubles patinés par les ans, objets anciens, chambres coquettes et douillettes, belles salles de bains... C'est charmant !

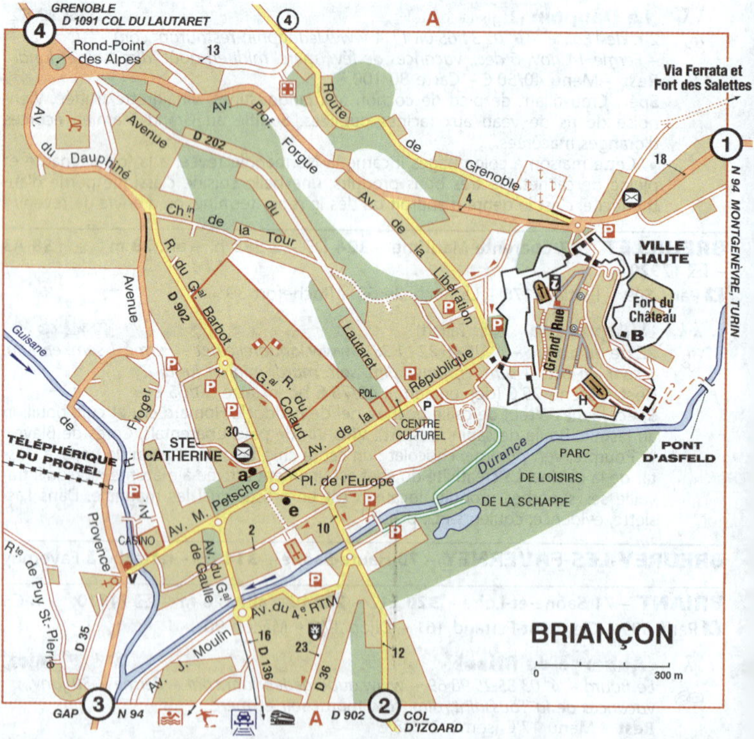

Le Pêché Gourmand

2 rte de Gap – ☎ 04 92 21 33 21 – Fermé 29 avril-14 mai, mi oct.-mi nov., dim. de sept. à juin, mardi en juil.-août et lundi Av

Rest – Formule 16 € – Menu 22 € (déj. en sem.), 29/55 € – Carte 45/65 €

♦ Un charmant moulin au bord de la Guisane, tenu par un couple franco-australien amoureux de la gastronomie. Madame concocte de bons petits plats de saison et monsieur vous régale de ses pâtisseries... Péché gourmand et péché mignon !

La Chaussée – Hôtel La Chaussée

4 r. Centrale – ☎ 04 92 21 10 37 – www.hotel-de-la-chaussee.com – Fermé 1er-21 mai, 15 oct.-6 nov., dim. soir hors saison, lundi midi, mardi soir et merc. midi Ae

Rest – Menu 19 € (sem.), 23/41 € – Carte 25/35 €

♦ Si chaleureux, si pittoresque ! On est sous le charme de ce parfait chalet de montagne, où la cuisine et le décor sont typiquement locaux : du bois, une truite aux amandes ou une tartiflette et... beaucoup de convivialité.

à La Vachette 3 km par ① – ✉ 05100

Le Vach' tin

rte d'Italie – ☎ 04 92 46 93 13 – Fermé vacances de la Toussaint, dim. soir et lundi sauf juil.-août

Rest *(réserver)* – Menu 20 € – Carte 26/43 €

♦ Vieille maison de pays dans un village typique. La salle voûtée a un certain cachet avec son décor mi-rustique, mi-régional. Carte traditionnelle et spécialités locales.

à Puy-St-Pierre 3 km à l'Ouest par D 135 – 500 h. – ✉ 05100

La Maison de Catherine

chemin des Blés – ☎ 04 92 20 40 89 – www.aubergecatherine.fr – Fermé 21 avril-7 mai et 27 oct.-12 nov.

11 ch – †52 € ††60 € – ☕ 6 €

Rest *La Maison de Catherine* – voir les restaurants ci-après

♦ À 10mn de Briançon, la montagne est à vous : la Maison profite d'un panorama grandiose sur les cimes et la vallée ! Accueil familial et ambiance cosy : bois clair, fleurs séchées, bibelots... Parfait pour se ressourcer.

La Maison de Catherine

chemin des Blés – ☎ 04 92 20 40 89 – www.aubergecatherine.fr – Fermé 21 avril-7 mai, 27 oct.-12 nov., dim. soir, merc. midi et lundi

Rest – Menu 24/40 € – Carte 35/45 €

♦ La Maison est posée sur les hauteurs ; son chef, passionné, tire le meilleur du pays (tourton, carré d'agneau au foin), pour un excellent rapport qualité-prix. En prime, un joli décor de bois blond. Allez respirer ce bon air de la montagne !

BRIARE – 45 Loiret – 318 N6 – 5 709 h. – alt. 135 m – ✉ 45250 12 D2

Châteaux de la Loire

Paris 155 – Auxerre 76 – Cosne-Cours-sur-Loire 31 – Gien 10

1, place de Gaulle, ☎ 02 38 31 24 51, www.briare-le-canal.com

Le Domaine des Roches

2 r. de la Plaine – ☎ 02 38 05 09 00 – www.domainesdesroches.com

12 ch – †115/275 € ††115/275 € – 1 suite – ☕ 18 € – ½ P 82/162 €

Rest *(fermé dim. soir et lundi de nov. à mars)* – Carte 32/53 €

♦ Belle demeure bourgeoise du 19e s. au milieu d'un grand parc. La décoration est classique(moulures anciennes, grand escalier). En sus des chambres, cottages fonctionnels. Élégant restaurant pour une cuisine gastronomique de saison.

BRICQUEBEC – 50 Manche – 303 C3 – 4 248 h. – alt. 145 m – ✉ 50260 32 A1

Paris 348 – Caen 115 – Cherbourg 26 – St-Lô 76

13, place Sainte-Anne, ☎ 02 33 52 21 65

L'Hostellerie du Château
Cour du Château – ✆ 02 33 52 24 49 – www.lhostellerie-bricquebec.com – Fermé 18 déc.-31 janv.
17 ch – 🚹75/98 € 🚹🚹75/105 € – ☕ 10 € – ½ P 75/82 €
Rest – Formule 12 € – Menu 21/39 € – Carte 34/47 €
◆ Au cœur de Bricquebec, dans un authentique château médiéval, cet hôtel-restaurant de tradition : les chambres sont classiques et confortables et l'on se sustente dans la salle des chevaliers, entre colonnes en pierre, armures et cheminée.

BRIDES-LES-BAINS – **73 Savoie** – **333** M5 – **566 h.** – **alt. 580 m** **46** F2
– **Sports d'hiver : 1 450/2 950 m** 🚡 **16** ⛷**45** ⛷ – **Stat. therm. : mi-mars-fin oct.**
– **Casino** – ✉ **73570** Alpes du Nord
Paris 612 – Albertville 32 – Annecy 77 – Chambéry 81
place du Centenaire, ✆ 04 79 55 20 64, www.brides-les-bains.com

Golf-Hôtel rest,
av. Greyffié de Bellecombe – ✆ 04 79 55 28 12 – www.golf-hotel-brides.com – Fermé 27 oct.-25 déc.
52 ch ☕ – 🚹71/153 € 🚹🚹100/216 € – 2 suites – ½ P 71/178 €
Rest *(fermé le midi du 26 déc. au 2 janv.)* – Menu 27 €
◆ Ce bel hôtel des années 1920 retrouve une nouvelle jeunesse. Superbe hall, chambres modernes offrant, pour certaines, une jolie vue sur la Vanoise. Grande salle à manger lumineuse ; menu diététique ou traditionnel.

Amélie rest,
r. Émile-Machet – ✆ 04 79 55 30 15 – www.hotel-amelie.com – Fermé 31 oct.-16 déc.
41 ch – 🚹70/155 € 🚹🚹70/155 € – ☕ 12 € – ½ P 78/90 €
Rest ***Les Cerisiers*** – Menu 21/39 € – Carte 43/84 €
◆ Un hôtel des années 1990 situé au cœur du village, à deux pas de la télécabine menant à Méribel. Chambres bien insonorisées, salles de bains en marbre et agréable bar cosy. Au restaurant, spécialités du terroir et menus diététiques. L'été, barbecue au jardin.

Le Belvédère sans rest
r. Émile-Machet, quartier des Sources – ✆ 04 79 55 23 41 – www.hotel-73-belvedere.com – Fermé de fin oct. à mi-déc.
28 ch ☕ – 🚹49/55 € 🚹🚹78/86 €
◆ Belle maison bourgeoise dotée de balcons et tournée vers le massif de la Vanoise. Chambres simples et bien tenues, d'esprit chalet. Jacuzzi, hammam et piscine d'été chauffée.

BRIE-COMTE-ROBERT – **77 Seine-et-Marne** – **312** E3 – **101** 39 – **voir à Paris, Environs**

LA BRIGUE – **06 Alpes-Maritimes** – **341** G3 – **rattaché à Tende**

BRINDAS – **69 Rhône** – **327** H5 – **5 434 h.** – **alt. 326 m** – ✉ **69126** **43** E1
Paris 472 – Bourg-en-Bresse 94 – Lyon 16 – Saint-Étienne 51

La Maison de Franca
pl. des Ormeaux – ✆ 04 78 45 88 84 – Fermé 2 sem. en août, dim. et lundi
Rest *(nombre de couverts limité, réserver)* – Menu 16 € (déj.)/26 €
◆ Une authentique trattoria dans un village du Lyonnais ! Les produits sont en provenance directe du nord de l'Italie et au menu, on trouve pâtes aux truffes ou au pesto, belles charcuteries, desserts de la Botte, etc. Ambiance conviviale.

BRINON-SUR-SAULDRE – **18 Cher** – **323** J1 – **1 044 h.** – **alt. 147 m** **12** C2
– ✉ **18410**
Paris 190 – Bourges 66 – Cosne-Cours-sur-Loire 59 – Gien 37

Château des Bouffards
8 km sur D 923 rte de lamotte-Beuvron – ✆ 02 48 58 59 88 – www.bouffards.fr
5 ch ☕ – 🚹70/105 € 🚹🚹105/130 € **Table d'hôte** – Menu 25 € bc
◆ En pleine campagne et au calme ! Maison bourgeoise au cœur d'un joli parc de trois hectares, avec piscine. Les chambres y sont spacieuses et confortables.

BRIOLLAY – 49 Maine-et-Loire – **317** F3 – 2 599 h. – alt. 20 m – ✉ 49125 **35** C2

Paris 288 – Angers 15 – Château-Gontier 44 – La Flèche 45

Place O'Kelly, ✆ 02 41 42 16 84

Plafond★★★ de la salle des Gardes du château de Plessis-Bourré NO : 10 km

Châteaux de la Loire

par rte de Soucelles 3 km (D 109) – ✉ 49125 Briollay

Château de Noirieux

26 rte du Moulin – ✆ 02 41 42 50 05 – www.chateaudenoirieux.com – Fermé 4-29 nov., 2 janv.-13 fév., dim. et lundi d'oct. à mai

19 ch – 175/430 € 175/430 € – 24 € – ½ P 170/285 €

Rest *Château de Noirieux* – voir les restaurants ci-après

Rest *Côté Véranda* *(fermé dim. sauf le midi d'oct. à mai, mardi midi et lundi)* – Formule 29 € – Menu 35 €

◆ La douceur angevine n'est pas un mythe... Sous les frondaisons du parc, avec au loin le Loir qui apparaît entre des rideaux d'arbres, tout n'est que quiétude. Et dans les chambres – superbes dans le château du 17ᵉs. comme dans le manoir du 15ᵉs. –, l'on voudrait réciter : "Mignonne, allons voir si la rose..."

Château de Noirieux

26 rte du Moulin – ✆ 02 41 42 50 05 – www.chateaudenoirieux.com – Fermé 4-29 nov., 2 janv.-13 fév., dim. soir, mardi midi et lundi

Rest – Menu 58 € (déj. en sem.), 67/128 € – Carte 110/140 €

Spéc. Lasagne d'araignée de mer à la truffe en soupe mousseuse d'écrevisses. Zéphyr de homard bleu et sole de petit bateau, bouillon épicé au curry. Soufflé au Cointreau, crème glacée au yuzu. **Vins** Savennières Roche aux Moines, Saumur-Champigny.

◆ Dans un cadre éminemment classique, avec une vue dominante sur la campagne angevine... Plaisirs de toujours au gré des saisons et des meilleurs produits du terroir : le chef Gérard Côme signe une cuisine d'une très belle facture, subtile, appuyée sur la tradition mais nullement figée !

BRION – 01 Ain – **328** G3 – rattaché à Nantua

BRIONNE – 27 Eure – **304** E6 – 4 332 h. – alt. 56 m – ✉ 27800 **33** C2

Normandie Vallée de la Seine

Paris 156 – Bernay 16 – Évreux 40 – Lisieux 40

1, rue du Général-de-Gaulle, ✆ 02 32 45 70 51, www.tourismecantondebrionne.com

du Champ de Bataille, à Le Neubourg, Château du Champ de Bataille, O : 18 km par D 137 et D 39, ✆ 02 32 35 03 72

Abbaye du Bec-Hellouin★★ N : 6 km - Harcourt : château★ et arboretum★ SE : 7 km.

Le Logis avec ch

1 pl. St-Denis – ✆ 02 32 44 81 73 – www.lelogisdebrionne.com – Fermé 30 juil.-20 août, 24 déc.-8 janv., sam. midi, mardi midi, dim. soir et lundi soir

12 ch – 90 € 95/110 € – 13 € – ½ P 90 €

Rest – Formule 22 € – Menu 30/75 € – Carte 65/75 €

◆ Marbré de foie gras et queue de bœuf façon bortch ; barbue au beurre de cidre, pomme fourchette à l'andouille ; millefeuille praliné... Le type même de la bonne table généreuse ! Quelques chambres utiles pour l'étape.

BRIOUDE – 43 Haute-Loire – **331** C2 – 6 676 h. – alt. 427 m – ✉ 43100 Auvergne **6** C3

Paris 479 – Clermont-Ferrand 69 – Le Puy-en-Velay 62 – St-Flour 52

place Lafayette, ✆ 04 71 74 97 49, www.ot-brioude.fr

Basilique St-Julien★★ (chevet★★, chapiteaux★★).

Lavaudieu : fresques★ de l'église et cloître★★ de l'ancienne abbaye 9,5 km par ①.

Plan page suivante

BRIOUDE

Assas (R. d') 2
Blum (Av. Léon) 3
Briand (Bd Aristide) 4
Chambriard (Av. P.) 5
Chapitre (R. du) 6
Chèvrerie (R. de la) 7
Commerce (R. du) 8
La-Fayette (Pl.) 12
Gilbert (Pl. Eugène) 9
Grégoire-de-Tours (Pl.) 10
Lamothe (Av. de) 13
Liberté (Pl. de la) 14
Maigne (R. J.) 15
Mendès-France (Av. P.) 16
Michel-de-l'Hospital (R.) 17
Pascal (R.) 18
République (R. de la) 19
Résistance (Pl. de la) 20
St-Jean (Pl.) 21
Sébastopol (R.) 22
Séguret (R.) 23
Talairat (R.) 24
Vercingétorix (Bd) 25
Victor-Hugo (Av.) 26
4-Septembre (R. du) 27
14-Juillet (R. du) 28
21-Juin-1944 (R. du) 29

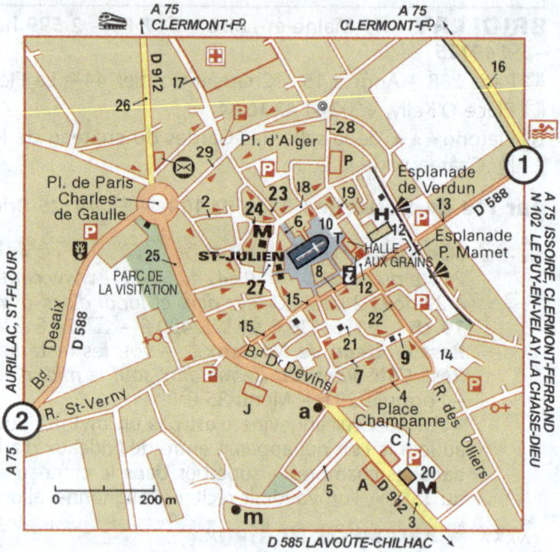

La Sapinière

av. P.-Chambriard – ✆ 04 71 50 87 30 – www.hotel-sapiniere-brioude.com – Fermé fév. et dim. soir sauf juil.-août **m**

11 ch – †86/96 € ††98/116 € – ☕ 11 € – ½ P 78/88 €

Rest *(ouvert de Pâques au 31 déc. et fermé 23-30 oct., dim. soir, lundi et le midi sauf dim.)* – Menu 24 € (sem.), 29/49 € – Carte 36/56 €

♦ Comme un air de campagne, en plein cœur de la cité. Cette construction récente s'intègre parfaitement à un joli parc boisé ; les grandes chambres adoptent elles aussi un esprit champêtre. Belle piscine couverte, jacuzzi, restaurant...

Artemis

Parc des Conchettes, Rocade N 102 : 2 km au Nord-Ouest – ✆ 04 71 50 45 04 – www.artemis-hotel.com

40 ch – †62/85 € ††65/92 € – ☕ 11 € – ½ P 62/71 €

Rest *(fermé 24 déc.-1er janv.)* – Formule 16 € – Menu 26/38 € – Carte 32/61 €

♦ Au bord de la nationale contournant Brioude, un hôtel récent tout à fait commode. Jardin, piscine, restaurant traditionnel et salles de séminaires.

Poste et Champanne

1 bd Dr-Devins – ✆ 04 71 50 14 62 – www.hotel-de-la-poste-brioude.com – Fermé vacances de la Toussaint, vacances de fév., dim. soir et lundi midi **a**

Rest – Menu 16 € (sem.), 25/48 € – Carte 30/52 €

♦ Une adresse bien connue dans la région, tenue par deux sœurs. Il faut dire qu'elles ne sont pas avares de gentillesse et d'attentions ! Le cadre est rustique, à l'image de la cuisine du terroir, fort copieuse.

BRISSAC – 34 Hérault – 339 H5 – 609 h. – alt. 145 m – ✉ 34190 23 C2

▶ Paris 732 – Alès 55 – Montpellier 41 – Le Vigan 25

Jardin aux Sources avec ch

30 av. du Parc – ✆ 04 67 73 31 16 – www.lejardinauxsources.com – Fermé 2-20 janv., dim. soir, lundi et merc. hors saison

3 ch ☕ – †85/95 € ††95/105 €

Rest *(nombre de couverts limité, réserver)* – Formule 23 € bc – Menu 33/95 € bc – Carte 32/39 €

♦ Maison en pierre au cœur d'un pittoresque village. Jolie salle de restaurant voûtée avec vue sur les cuisines, ravissante terrasse et carte inventive. Chambres coquettes.

BRISSAC-QUINCÉ – 49 Maine-et-Loire – **317** G4 – 2 690 h. – alt. 65 m **35** C2

– ✉ 49320 Châteaux de la Loire

Paris 307 – Angers 18 – Cholet 62 – Saumur 39

8, place de la République, ✆ 02 41 91 21 50, www.ot-brissac-loire-aubance.fr

Château★★.

Le Castel sans rest

1 r. L.-Moron, (face au château) – ✆ 02 41 91 24 74
– www.hotel-lecastel.com

11 ch – †46/80 € ††46/80 € – ☕ 7 €

◆ Petit hôtel familial commode pour faire étape, en lien avec la visite du château tout proche. Chambres classiques (têtes de lit fleuries, frises murales).

BRIVE-LA-GAILLARDE – 19 Corrèze – **329** K5 – 49 675 h. **24** B3

– alt. 142 m – ✉ 19100 Périgord Quercy

Paris 480 – Albi 218 – Clermont-Ferrand 170 – Limoges 92

✆3635 (dîtes auto-train - 0,34 €/mn)

place du 14 Juillet, ✆ 05 55 24 08 80, www.brive-tourisme.com

de Brive, Vallée de Planchetorte, SO : 5 km, ✆ 05 55 87 57 57

Musée de Labenche★.

La Truffe Noire

22 bd A.-France – ✆ 05 55 92 45 00
– www.la-truffe-noire.com CYv

27 ch – †98/120 € ††120/140 € – ☕ 12 €

Rest – Formule 18 € – Menu 29/68 € – Carte 45/70 €

◆ Au seuil de la vieille ville, cette grande maison régionale du 19es. mêle avec élégance le charme des belles boiseries au raffinement contemporain. Les chambres, sobres et chic, se révèlent reposantes ! Restaurant traditionnel.

BRIVE-LA-GAILLARDE

Blum (Av. L.) . . . . AX 4
Clemenceau (Bd) . . . . . . AX 6
Dalton (R. Gén.) . . . . AX 7
Dellessert (R. B.) . . . . . . AX 9
Dr-Marbeau (Bd) . . . . AX 10
Dormoy (Bd M.) . . . . AX 13
Dubois (Bd Cardinal) . . . . AX 15
Foch (Av. du Mar.) . . . . . AX 17
Germain (Bd Colonel) . . . AX 20
Grivel (Bd Amiral) . . . . . . AX 22
Hériot (Av. E) . . . . AX 24
Leclerc (Av. Mar.) . . . . . . AX 31
Michelet (Bd) . . . . AX 33
Paris (Av. de) . . . . AX 34
Pasteur (Av.) . . . . AX 35
Pompidou (Av. G.) . . . . . AX 37

Le Collonges sans rest

3 pl. W.-Churchill – ✆ 05 55 74 09 58 – www.hotel-collonges.com CZ**n**

24 ch – 🛉58/68 € 🛉🛉63/73 € – ☕ 9 €

◆ Bien situé, en léger retrait du boulevard qui ceinture le centre-ville, c'est l'hôtel idéal pour les hommes d'affaires. Les chambres sont à la fois confortables et fonctionnelles, sans fioriture. Prix raisonnables.

Le Coq d'Or sans rest

16 bd Jules-Ferry – ✆ 05 55 17 12 92 – www.hotel-coqdor.fr – Fermé 24 déc.-2 janv. CZ**e**

8 ch – 🛉48/58 € 🛉🛉55/65 € – ☕ 9 €

◆ À deux pas du centre, cet hôtel propose des chambres toutes simples, habillées de papier-peint impression toile de Jouy. Lorsqu'il fait beau, on peut prendre son petit-déjeuner sur la terrasse fleurie.

BRIVE-LA-GAILLARDE

Alsace-Lorraine (Av. d')	CZ	2
Anatole-France (Bd)	CY	3
Dalton (R. Gén.)	CY	7
Dauzier (Pl. J.-M.)	CY	8
Dellessert (R. B.)	CY	9
Dr-Massénat (R.)	CY	12
Échevins (R. des)	CZ	14
Faro (R. du Lt-Colonel)	CZ	16
Gambetta (R.)	CZ	
Gaulle (Pl. Ch. de)	CZ	18
Halle (Pl. de la)	CY	23
Herriot (Av. E.)	CZ	24
Hôtel-de-Ville (Pl. de l')	CY	26
Hôtel-de-Ville (R. de l')	BZ	27
Latreille (Pl.)	CZ	30
Lattre-de-Tassigny (Pl. de)	CZ	29
Leclerc (Av. Mar.)	CZ	31
Lyautey (Bd Mar.)	BZ	32
Majour (R.)	BYZ	36
Paris (Av. de)	BY	
Puyblanc (Bd de)	CZ	19
Raynal (R. B.)	CZ	40
République (Pl. de la)	BZ	42
République (R. de la)	BZ	43
Salan (R. du)	CZ	45
Ségéral-Verninac (R.)	BY	46
Teyssier (R.)	CY	47
Toulzac (R.)	CY	48
14 Juillet (Av. du)	CY	21

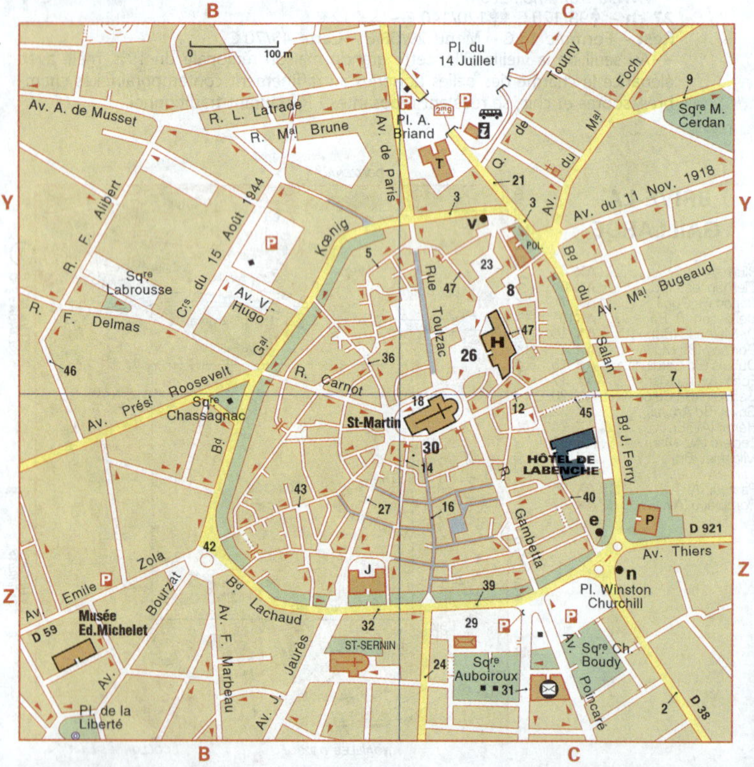

La Toupine
27 av. Pasteur – ✆ 05 55 23 71 58 – www.la toupine.fr – Fermé 1er-8 mai, 1er-25 août, 26 fév.-5 mars, dim. et lundi AXa
Rest *(réserver)* – Formule 13 € – Menu 28/42 € – Carte 35/46 €
◆ Un restaurant qui affirme son look minimaliste chic (inox, pierre et bois exotique). Au menu : râble de lapin au foie gras et au jambon de pays, seiche grillée au jus d'olive noire... Une bonne cuisine du marché, entre tradition et modernité.

Auberge de Chanlat
34 r. G-Buisson, (au Sud du plan), 2 km par rte de Noailles – ✆ 05 55 24 02 03 – Fermé 1er-7 janv., dim. soir, lundi et mardi
Rest – Formule 15 € – Menu 20 € (déj. en sem.)/28 € – Carte 30/70 €
◆ Une auberge bien sympathique, postée sur les hauteurs de la ville. De la salle à manger, on embrasse tout le paysage. De belles viandes, des coquillages iodés, une omelette aux cèpes pourquoi pas... les propositions du chef font envie.

Chez Francis
61 av. de Paris – ✆ 05 55 74 41 72 – www.chezfrancis.fr – Fermé 4-9 mars, 24-29 juin, 2-7 sept., dim. et lundi AXs
Rest *(nombre de couverts limité, réserver)* – Menu 16 € (sem.)/25 € – Carte 34/62 €
◆ Publicités rétro et dédicaces laissées par les clients : on dirait bien un bistrot ! On y vient en ami et l'on se sent à son aise pour déguster de beaux produits, dont des vins du Languedoc, qui chantent avec l'accent du Sud-Ouest.

En Cuisine
39 av. Ed.-Herriot – ✆ 05 55 74 97 53 – Fermé 1er-24 août, sam. midi, dim. soir et lundi AXb
Rest – Formule 19 € – Menu 28/36 € – Carte 28/35 €
◆ Un bistrot très contemporain : il a ouvert en 2011. Le chef quitte seulement sa Cuisine pour se fournir chez les petits producteurs locaux. Imaginez une rosace de pied de cochon farci au foie gras... C'est soigné, maîtrisé, savoureux.

à Ussac 5 km au Nord-Ouest par D 920 AX et D 57 – 3 610 h. – alt. 350 m – ✉ 19270

Auberge St-Jean
5 pl. de l'Église – ✆ 05 55 22 87 55 – www.auberge-saint-jean.fr
22 ch – †56/59 € ††59/62 € – ☕ 8 € – ½ P 62/66 €
Rest – Menu 23/43 € – Carte 34/51 €
◆ Au centre du village d'Ussac, une sympathique auberge familiale où l'on peut passer une nuit tranquille. Chambres modernes et confortables ; restaurant traditionnel. En été, on se met au vert, en terrasse...

rte d'Aurillac Est par D 921 CZ – ✉ 19360 Malemort

Auberge des Vieux Chênes
31 av. Honoré-de-Balzac, à 2,5km – ✆ 05 55 24 13 55 – www.auberge-des-vieux-chenes.com – Fermé dim. et fériés
16 ch – †55/65 € ††65/75 € – ☕ 8 € – ½ P 65/75 €
Rest – Formule 14 € – Menu 16/55 € – Carte 40/68 €
◆ Aux portes de Brive, un hôtel-restaurant comme autrefois, qui fait également bar-tabac et vente de journaux. Les petites chambres sont pratiques et bien équipées. Prix mesurés.

à Varetz 10 km par ③, D 901 et D 152 – 2 129 h. – alt. 109 m – ✉ 19240

Château de Castel Novel
– ✆ 05 55 85 00 01 – www.castelnovel.com – Fermé 18-26 nov., 1er-23 janv., 26 fév.-5 mars, dim. soir et lundi sauf juil.-août
25 ch – †96/380 € ††116/400 € – 2 suites – ☕ 23 € – ½ P 140/302 €
Rest *Château de Castel Novel* ✿ – voir les restaurants ci-après
◆ Pour un séjour au calme, sur les pas de Colette... Cette dernière vécut ici, dans ce château fort en grès rose (13e-15es.) si joliment romantique. Les chambres, très raffinées, donnent sur le ravissant parc. Du style, c'est indéniable !

Château de Castel Novel

– ✆ 05 55 85 00 01 – *www.castelnovel.com*
– *Fermé 18-26 nov., 1er-23 janv., 26 fév.-5 mars, sam. midi, dim. soir et lundi sauf juil.-août, le midi en juil.-août sauf dim.*
Rest – Formule 29 € – Menu 38 € (déj. en sem.), 53/97 € – Carte 85/120 €
Spéc. Foie gras de canard rôti, jus au saté. Filet d'agneau, croustillant d'épaule menthe-citron. Soufflé chaud à la liqueur de cacao. **Vins** Vin de pays de la Corrèze.
◆ Ciel, un joli château ! Les amoureux d'histoire et de gastronomie sont comblés... Ils festoient dans un décor de rêve et savourent une belle cuisine d'aujourd'hui, qui met à l'honneur les produits du terroir.

BRIVEZAC – 19 Corrèze – **329** M5 – **rattaché à Beaulieu-sur-Dordogne**

BROU – **28 Eure-et-Loir** – **311** C6 – **3 534 h.** – **alt. 150 m** – ✉ **28160** **11** B1

Paris 142 – Chartres 38 – Châteaudun 22 – Le Mans 86
rue de la Chevalerie, ✆ 02 37 47 01 12, www.brou28.com

L'Ascalier

9 pl. du Dauphin – ✆ 02 37 96 05 52 – Fermé dim. soir, lundi soir et mardi
Rest *(réserver)* – Formule 14 € – Menu 20/40 € – Carte 24/50 €
◆ Par ici, tout le monde – ou presque – connaît cet Ascalier ! Ses atouts : une terrasse fleurie, un cadre contemporain et pimpant, de beaux produits régionaux, des menus à prix doux... et bien sûr un bel "escalier" qui mène aux salles de l'étage.

BROUCKERQUE – **59 Nord** – **302** B2 – **1 274 h.** – **alt. 2 m** – ✉ **59630** **30** B1

Paris 283 – Calais 37 – Cassel 26 – Dunkerque 14

Middel Houck

pl. du Village – ✆ 03 28 27 13 46 – www.mh-receptions.com – Fermé 1 sem. en août et sam.
Rest *(déj. seult)* – Menu 17/59 € bc – Carte 33/46 €
◆ Un relais de poste de 1789, rustique à souhait avec ses murs en brique et ses superbes poutres apparentes. L'assiette, traditionnelle, prend de jolis accents régionaux.

BROUILLAMNON – 18 Cher – **323** I4 – **rattaché à Charost**

LES BROUZILS – **85 Vendée** – **316** I6 – **2 516 h.** – **alt. 64 m** – ✉ **85260** **34** B3

Paris 427 – Cholet 77 – Nantes 46 – La Roche-sur-Yon 37

Manoir de la Thébline sans rest

rte de l'Herbergement – ✆ 06 77 71 67 25 – www.manoirthebline.com
3 ch – †90 € ††90 €
◆ Dans un grand parc verdoyant – avec un étang –, une jolie demeure du 19e s. où tout est pensé pour la détente : billard, bibliothèque, piscine et, évidemment, des chambres de facture classique, douillettes et parfaitement tenues.

BRUAILLES – 71 Saône-et-Loire – **320** L10 – **rattaché à Louhans**

BRUÈRE-ALLICHAMPS – 18 Cher – **323** K6 – **rattaché à St-Amand-Montrond**

BRUGAIROLLES – **11 Aude** – **344** D4 – **248 h.** – **alt. 182 m** – ✉ **11300** **22** A3

Paris 770 – Carcassonne 33 – Castelnaudary 32 – Castres 82

Domaine Gayda

rte de Malvés – ✆ 04 68 20 65 87 – www.maisongayda.com – Fermé 9 janv.-12 fév., lundi et mardi
Rest – Formule 24 € bc – Menu 38/46 € – Carte 40/50 €
◆ Au-dessus du chai de ce domaine viticole, on découvre une jolie salle avec une véranda donnant sur les Pyrénées et les vignes. L'assiette varie avec les saisons et l'on peut aussi savourer des grillades dans les paillottes du jardin.

BRULLIOLES – 69 Rhône – **327** F5 – **744 h.** – **alt. 650 m** – ✉ **69690** **44** B1

Paris 485 – Clermont-Ferrand 138 – Lyon 43 – Saint-Étienne 75

L'Auberge

pl. Neuve – ☏ 04 72 54 55 24 – www.l-auberge.fr – Fermé 3 sem. en janv.

7 ch – †95 € ††105/115 € – ☕ 13 €

Rest *(fermé lundi de sept. à juin et dim. soir)* – Menu 19 € (déj.), 25/48 €

◆ Si vous allez par monts (en l'occurrence du Lyonnais) et par vaux, cette auberge contemporaine – créée en 2010 – tombe à point nommé. Son architecture respecte l'esprit du village, de même la cuisine (spécialités régionales). Les chambres, flambant neuves, sont confortables et agréables avec leur joli mobilier chiné.

BRÛLON – 72 Sarthe – **310** H7 – **1 484 h.** – **alt. 102 m** – ✉ **72350** **35** C1

Paris 239 – Laval 55 – Le Mans 41 – Nantes 167

2 place Albert Liébault, ☏ 02 43 95 05 10

Château de l'Enclos sans rest

2 av. de la Libération – ☏ 02 43 92 17 85 – www.chateau-enclos.com

5 ch ☕ – †120 € ††120 €

◆ Une véritable arche de Noé (lamas, ânes, poney...), une étonnante "kota" (maison lapone en bois) accrochée aux arbres, une roulotte tzigane... et aussi trois chambres plus académiques, mais tout aussi cosy. Cette belle maison bourgeoise (1870) se prête à un séjour bohème (testez la kota !).

BRY-SUR-MARNE – 94 Val-de-Marne – **312** E2 – **101** 18 – voir à Paris, Environs

BUELLAS – 01 Ain – **328** D3 – **1 617 h.** – **alt. 225 m** – ✉ **01310** **43** E1

Paris 424 – Annecy 120 – Bourg-en-Bresse 9 – Lyon 69

L'Auberge Bressane de Buellas

pl. du Prieuré, (10 rte de Buesle) – ☏ 04 74 24 20 20 – www.auberge-buellas.com – Fermé 14 fév.-2 mars, 1er-8 août, 24 oct.-2 nov., dim. soir, mardi et merc.

Rest – Formule 16 € bc – Menu 19/43 € – Carte 30/43 €

◆ De belles recettes du terroir, un zeste de saveurs du Sud et une dose d'inventivité : on se régale dans cette auberge (une ex-boulangerie) au décor méridional. Service attentionné.

LE BUGUE – 24 Dordogne – **329** G6 – **2 793 h.** – **alt. 62 m** – ✉ **24260** **4** C3

Périgord Quercy

Paris 522 – Bergerac 47 – Brive-la-Gaillarde 72 – Périgueux 42

Rue Jardin Public, ☏ 05 53 07 20 48

de La Marterie, à Saint-Félix-de-Reillac-et-Mortemart, Domaine de la Marterie, N : 13 km par D 710, ☏ 05 53 05 61 00

Gouffre de Proumeyssac★★ S : 3 km.

rte de Sarlat 3 km à l'Est par D 703 et rte secondaire ✉ 24260

Maison Oléa sans rest

La Combe de Leygue – ☏ 05 53 08 48 93 – www.olea-dordogne.com – Fermé 21 déc.-4 janv.

5 ch ☕ – †70/95 € ††75/105 €

◆ Derrière cette architecture inspirée des anciennes granges à tabac se cache un rêve mauresque ! Chambres avec loggia orientées plein sud et vue sur la vallée de la Vézère.

BUIS-LES-BARONNIES – 26 Drôme – **332** E8 – **2 312 h.** – **alt. 365 m** **44** B3 – ✉ **26170** Alpes du Sud

Paris 685 – Carpentras 39 – Nyons 29 – Orange 50

14, boulevard Eysserie, ☏ 04 75 28 04 59, www.buislesbaronnies.com

Vieille ville★.

Les Arcades-Le Lion d'Or sans rest

pl. du Marché – ✆ 04 75 28 11 31 – www.hotelarcades.fr – Ouvert de mars à nov.
15 ch – †54/75 € ††63/80 € – 1 suite – ☕ 10 €

◆ On entre dans l'hôtel par les belles arcades (15e s.) de la place centrale. Chambres de style provençal, charmant jardin intérieur (tonnelle, glycine), jacuzzi et sauna.

LE BUISSON-CORBLIN – 61 Orne – **310** F2 – rattaché à Flers

LE BUISSON-DE-CADOUIN – 24 Dordogne – **329** G6 – 2 168 h. – alt. 63 m – ✉ 24480 **4** C3

Paris 532 – Bergerac 38 – Brive-la-Gaillarde 81 – Périgueux 52

place André Boissière, ✆ 05 53 22 06 09, www.pays-des-bastides.com

à Paleyrac 4 km au Sud-Est par D 25 et rte secondaire – ✉ 24480

Le Clos Lascazes sans rest

– ✆ 05 53 74 33 94 – www.clos-lascazes.com – Ouvert de mars à mi-nov.
5 ch – †82/96 € ††82/96 € – ☕ 9 €

◆ Trois maisons de siècles différents invitent à une étape détente très tranquille (parc, piscine d'eau salée). Chambres lumineuses aux murs blancs, tissus brodés, gravures...

BULGNEVILLE – 88 Vosges – **314** D3 – 1 365 h. – alt. 350 m – ✉ 88140 Alsace Lorraine **26** B3

Paris 342 – Belfort 133 – Épinal 55 – Langres 71

Rue Gustave Deleris, ✆ 03 29 09 14 67

Benoit Breton sans rest

74 r. des Récollets – ✆ 03 29 09 21 72 – www.benoitbreton.fr
4 ch ☕ – †70 € ††75 €

◆ Antiquaire de son métier, monsieur Breton a donné une âme à sa maison : chambres spacieuses, meubles et bibelots raffinés. Petits-déjeuners campagnards devant la jolie cheminée.

La Marmite Beaujolaise

34 r. de l'Hôtel-de-Ville – ✆ 03 29 09 16 58 – www.restaurant-lamarmitebeaujolaise.com – Fermé une sem. en oct. et nov., dim. soir et lundi
Rest – Menu 14 € (déj. en sem.), 22/36 € – Carte 38/55 €

◆ Cette auberge propose une cuisine traditionnelle soignée et de beaux produits (grenouille, poisson, canard). Le cadre est à la fois rustique et raffiné, le sourire en plus !

BULLY – 69 Rhône – **327** G4 – 2 040 h. – alt. 313 m – ✉ 69210 **43** E1

Paris 471 – Lyon 32 – Saint-Étienne 92 – Villeurbanne 41

Auberge du Château (Yannick Bourgeois-Faucon)

pl. de l'Église – ✆ 04 74 01 25 36 – www.aubergedu-chateau.com – Fermé 1 sem. en mai, 2 sem. en sept. et en janv., mardi de nov. à mars, sam. midi, dim. soir et lundi
Rest – Menu 21 € (déj. en sem.), 35/65 € – Carte 60/70 €
Spéc. Ragoût de sot-l'y-laisse. Parmentier de bar rôti. Tarte chocolat moelleux et crème glacée au café.

◆ En face de l'église du village, cet ancien bistrot s'est mué en élégant restaurant contemporain. La belle cuisine du chef n'hésite pas à créer la surprise avec ses menus, où produits de saison riment avec inspiration... Excellent rapport qualité-prix.

BURLATS – 81 Tarn – **338** F9 – rattaché à Castres

BURNHAUPT-LE-HAUT – 68 Haut-Rhin – **315** G10 – 1 597 h. – alt. 300 m – ✉ 68520 **1** A3

Paris 454 – Altkirch 16 – Belfort 32 – Mulhouse 17

Le Coquelicot ch, rest,

au Pont d'Aspach, 1 km au Nord – ✆ 03 89 83 10 10 – www.lecoquelicot.fr – Fermé 26 déc.-3 janv.

26 ch – †72/82 € ††72/82 € – ☕ 12 € – ½ P 68/78 € **Rest** *(fermé 28 juil.-15 août, sam. midi et dim. soir)* – Menu 10 € (déj.), 28/60 € – Carte 25/50 €

◆ Dans une zone commerciale, non loin d'axes routiers fréquentés, cet hôtel-restaurant dispose de chambres confortables et impeccablement tenues, dans un style hôtelier fonctionnel.

BUSNES – 62 Pas-de-Calais – **301** I4 – rattaché à Béthune

BUSSEAU-SUR-CREUSE – 23 Creuse – **325** J4 – ✉ 23150 Ahun **25** C1

Paris 368 – Aubusson 27 – Guéret 17

Moutier d'Ahun : boiseries★★ de l'église SE : 5,5 km - Ahun : boiseries★ de l'église SE : 6 km Berry Limousin.

Le Viaduc avec ch

9 Busseau Gare – ✆ 05 55 62 57 20 – www.restaurant-leviaduc.com – Fermé 1 sem. en juin, 2 sem. en janv., dim. soir et lundi

5 ch – †48 € ††48 € – ☕ 7 € – ½ P 65 €

Rest – Formule 13 € – Menu 21/46 € – Carte 35/47 €

◆ Rustique et sympathique, cette petite auberge de pays domine la vallée de la Creuse et offre une belle vue sur le viaduc... On y déguste une cuisine traditionnelle généreuse et, pour l'étape, les chambres sont simples et pratiques.

LA BUSSIÈRE-SUR-OUCHE – 21 Côte-d'Or – **320** I6 – 155 h. – alt. 320 m – ✉ 21360 Bourgogne **8** C2

Paris 297 – Dijon 34 – Chalon-sur-Saône 63 – Beaune 34

Abbaye de la Bussière

D 33 – ✆ 03 80 49 02 29 – www.abbayedelabussiere.fr – Fermé 2 janv.-8 fév.

18 ch – †205/510 € ††205/510 € – ☕ 22 € – ½ P 190/350 €

Rest *Abbaye de la Bussière* ✿ – voir les restaurants ci-après

Rest *Le Bistrot* *(fermé le soir et dim.)* – Formule 25 € – Menu 29 €

◆ Une abbaye cistercienne du 12ᵉs. noyée dans la verdure. Si le cloître des moines a disparu, la quiétude reste entière : architectures gothiques, pièce d'eau, chambres luxueuses et... gourmandises !

Abbaye de la Bussière

D 33 – ✆ 03 80 49 02 29 – www.abbayedelabussiere.fr – Fermé 2 janv.-8 fév.

Rest *(fermé lundi, mardi et le midi sauf dim.)* – Menu 65/120 € – Carte 110/140 €

Spéc. Homard de Bretagne, fins copeaux de jambon ibérique de Bellota. Bœuf charolais, écume de bière brune et carottes glacées au poivre (juil.-août). Café de Sumatra en sphère cappuccino et pamplemousse au gingembre (hiver). **Vins** Chassagne-Montrachet, Gevrey-Chambertin.

◆ Sous les superbes voûtes en ogive de cette ancienne abbaye se joue une partition culinaire particulièrement harmonieuse... Le chef, fou amoureux des beaux produits, honore les saisons. Saveur, fraîcheur et inventivité : un beau moment.

BUSSY-ST-GEORGES – 77 Seine-et-Marne – **312** F2 – **101** 20 – voir à Paris, Environs (Marne-la-Vallée)

BUXY – 71 Saône-et-Loire – **320** I9 – 2 183 h. – alt. 263 m – ✉ 71390 **8** C3

Paris 351 – Chagny 25 – Chalon-sur-Saône 17 – Montceau-les-Mines 33

place de la gare, ✆ 03 85 92 00 16

Aux Années Vins

2 Grande-Rue – ✆ 03 85 92 15 76 – www.aux-annees-vins.com – Fermé 26 août-5 sept., 10 fév.-7 mars, merc. sauf le soir du 1ᵉʳ avril au 11 nov., lundi soir du 11 nov. au 31 mars et mardi

Rest – Formule 18 € – Menu 25/59 € – Carte 35/50 €

◆ Dans les anciennes fortifications du village, cette auberge chic est une ode aux jolis nectars (fresques, barriques, etc.) et... un repaire gourmand. Cuisine soignée mêlant terroir et saveurs iodées, beau choix de fromages affinés.

BUZANÇAIS – 36 Indre – 323 E5 – 4 525 h. – alt. 111 m – ✉ 36500 11 B3

Paris 286 – Le Blanc 47 – Châteauroux 25 – Chatellerault 78

Mairie, ✆ 02 54 84 19 33, www.buzancais.fr

L'Hermitage

1 chemin de Vilaine – ✆ 02 54 84 03 90 – www.lhermitagehotel.com – Fermé 2-23 janv., lundi hors saison et dim.

12 ch – 59/64 € 64/71 € – 9 € – ½ P 70/75 €

Rest *L'Hermitage* – voir les restaurants ci-après

◆ Cette maison de maître est bucolique à souhait : les chambres, fraîches et classiques, donnent sur le jardin, où coule l'Indre... Apaisant et très accueillant !

L'Hermitage

1 chemin de Vilaine – ✆ 02 54 84 03 90 – www.lhermitagehotel.com – Fermé 2-23 janv., lundi hors saison et dim.

Rest *(réserver)* – Formule 16 € – Menu 22 € (sem.), 28/48 € – Carte 38/59 €

◆ Un Hermitage gourmand, pour se régaler d'une jolie cuisine traditionnelle. Aux beaux jours, on s'installe sous la pergola pour profiter du doux bruissement de la rivière... Une adresse de qualité, où les clients sont choyés.

CABANAC-SÉGUENVILLE – 31 Haute-Garonne – 343 E2 – 158 h. – alt. 200 m – ✉ 31480 28 B2

Paris 668 – Colomiers 39 – Montauban 46 – Toulouse 51

Château de Séguenville

par D 1 et D 89A – ✆ 05 62 13 42 67 – www.chateau-de-seguenville.com – Fermé 15 déc.-15 janv.

5 ch – 100 € 120 €

Table d'hôte *(fermé sam. en juil.-août et dim.)* – Menu 30 €

◆ Joli château gascon du 19es. au milieu d'arbres centenaires. Fer forgé, mobilier chiné, baldaquin... les chambres sont bigarrées ; l'une d'elles ouvre sur une grande terrasse face aux Pyrénées ! Saveurs régionales à la table d'hôte.

CABESTANY – 66 Pyrénées-Orientales – 344 I6 – rattaché à Perpignan

CABOURG – 14 Calvados – 303 L4 – 4 026 h. – alt. 3 m – Casino 32 B2 – ✉ 14390 Normandie Vallée de la Seine

Paris 220 – Caen 24 – Deauville 23 – Lisieux 35

jardins de l'Hotel deVille, ✆ 02 31 06 20 00, www.cabourg.net

Public de Cabourg, Avenue de l'Hippodrome, 1 km par av. de l'Hippodrome, ✆ 02 31 91 70 53

de Cabourg Le Home, à Varaville, 38 avenue du Pdt René Coty, par rte de Caen : 3 km, ✆ 02 31 91 25 56

Grand Hôtel

prom. M.-Proust – ✆ 02 31 91 01 79 – www.mgallery.com As

68 ch – 176/395 € 176/395 € – 2 suites – 23 € – ½ P 163/273 €

Rest *Grand Hôtel* – voir les restaurants ci-après

Rest *La Plage* *(ouvert de Pâques à sept. et fermé du lundi au vendredi sauf juil.-août) (déj. seult)* – Formule 25 € – Carte environ 47 €

◆ Ce palace du front de mer, hanté par le souvenir de Proust, a retrouvé son lustre dans une version ultracontemporaine : lignes épurées, mobilier haut de gamme... Le temps retrouvé ! D'avril à septembre, la Plage propose salades et poissons sur une superbe terrasse posée sur le sable.

Mercure Hippodrome sans rest

av. M.-d'Ornano, par av. Hippodrome A – ✆ 02 31 24 04 04 – www.hotel-cabourg-hippodrome.com

75 ch – 88/190 € 88/190 € – 14 €

◆ Dans cette région où le cheval est roi, rien d'étonnant à ce que ces deux bâtiments récents (d'inspiration normande) jouxtent l'hippodrome. Chambres de style contemporain et espace détente... pour se reposer de la frénésie des courses.

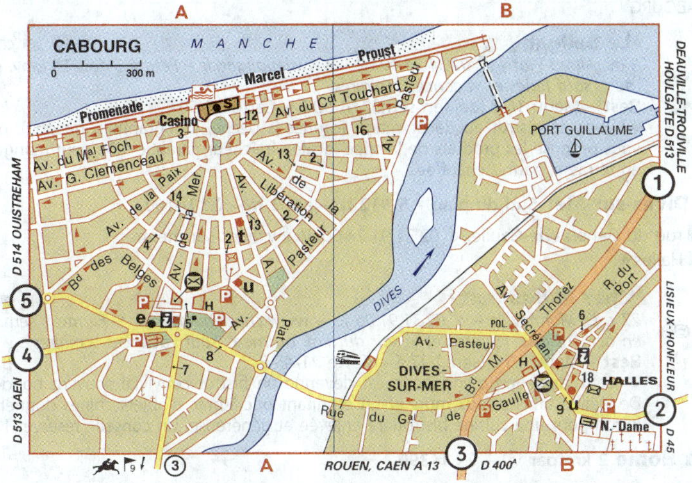

Bertaux-Levillain (Av. du Cdt) . . . . A 2
Castelnau (Av. Gén.-de) . . . . . A 4
Coquatrix (Pl. B.) . . . . A 5
Hastings (R. d') . . . . B 6
Hippodrome (Av. de l') . . . . . . A 7
Leclerc (Av. du Gén.) . . . . A 8
Manneville (R. Gaston) . . . . . . B 9
Mermoz (Av. Jean) . . . . A 12
Mer (Av. de la) . . . . A
Prempain (Av. A.) . . . . A 3
Prés. R.-Poincaré (Av. du) . . . . A 13
République (Av. de la) . . . . A 14
République (Pl. de la) . . . . B 18
Roi-Albert-1er (Av. du) . . . . . . B 16

Du Golf

av. M.-d'Ornano, par av. Hippodrome A – ✆ 02 31 24 12 34 – www.hotel-du-golf-cabourg.com – Ouvert 16 mars-15 nov.

39 ch – 62/80 € 62/80 € – ½ P 58/68 €

Rest *(fermé le midi du 15 mars au 30 avril, du 15 sept. au 15 nov. et vend.)* – Menu 18/26 € – Carte 20/48 €

◆ Entre golf et hippodrome, cet établissement comprend un restaurant et des chambres de plain-pied, simples et fonctionnelles, donnant sur le jardin ou la terrasse. Un hôtel qui convient aussi bien à des vacances sportives qu'aux voyages d'affaires.

Le Cottage sans rest

24 av. du Gén.-Leclerc – ✆ 02 31 91 65 61 – www.hotel-cottage-cabourg.com – Fermé 8-31 janv. **Ae**

14 ch – 59/69 € 67/77 € – 10 €

◆ Il règne comme une atmosphère de maison d'hôtes dans ce cottage 1900. Les chambres, petites et colorées, ont été rafraîchies en 2011. Aux beaux jours, on prend le petit-déjeuner dans le jardin. En toute simplicité...

Grand Hôtel – Grand Hôtel

prom. Marcel-Proust – ✆ 02 31 91 01 79 – www.mgallery.com **As**

Rest – Formule 29 € – Menu 52 € – Carte 65/77 €

◆ Le restaurant du Grand Hôtel de Cabourg a troqué ses atours nostalgiques pour un style moderne et coloré, mais toujours luxueux et feutré. En regardant la mer, on déguste une cuisine traditionnelle qui navigue sur les tendances.

Le Bouche à Oreille

10 av. des Dunettes – ✆ 02 31 91 26 80 – www.boucheaoreille-cabourg.fr – Fermé déc. et janv. **Au**

Rest – Menu 27 € (déj. en sem.), 35/62 € – Carte 43/50 €

◆ Le chef de cette élégante maison, face à la place du marché, travaille avec deux bateaux de pêche de Ouistreham. À la carte : des produits de la mer d'une éclatante fraîcheur, mais aussi de belles viandes, le tout préparé dans les règles de l'art.

Le Baligan

8 av. Alfred-Piat – ✆ 02 31 24 10 92 – www.lebaligan.fr – Fermé 5 déc.-15 janv. et merc. sauf feriés et vacances scolaires At

Rest – Menu 16 € (déj. en sem.), 28/50 € – Carte 37/50 €

◆ Dans ce bistrot au décor marin (cannes à pêche, lithographies, fresque), on vous propose les produits de la criée locale ; fraîcheur garantie ! On peut manger en terrasse, parfois chauffée...

à Dives-sur-Mer Sud du plan – 5 912 h. – alt. 3 m – ✉ 14160

rue du Général-de-Gaulle, ✆ 02 31 91 24 66, www.dives-sur-mer.fr

Halles★.

Chez le Bougnat

27 r. G.-Manneville – ✆ 02 31 91 06 13 – www.chezlebougnat.fr – Fermé 1 sem. en oct., 18 déc.-15 janv. et le soir du dim. au merc. sauf vacances scolaires

Rest – Menu 16 € (sem.)/27 € – Carte 21/45 € **Bu**

◆ Cette ancienne quincaillerie est devenue un bistrot convivial souvent bondé. De vieilles affiches aux murs et un étonnant bric-à-brac d'objets chinés donnent le ton pour une cuisine bistrotière enlevée et généreuse. Un conseil : réservez !

au Hôme 2 km par ⑤ – ✉ 14390

Au Pied des Marais

26 av. du Prés.-Coty – ✆ 02 31 91 27 55 – www.aupieddesmarais.com – Fermé 19-28 juin, 11-26 déc., 28 janv.-12 fév., mardi et merc. sauf le soir en juil.-août

Rest – Menu 19 € (déj. en sem.), 33/53 € – Carte 40/75 €

◆ Plats traditionnels, spécialités (dont de fameux pieds de cochon) et grillades au feu de bois, à apprécier dans un cadre rustique agrémenté de touches actuelles.

CABRIÈRES – 30 Gard – 339 L5 – 1 307 h. – alt. 120 m – ✉ 30210 — 23 D2

Paris 695 – Alès 64 – Arles 40 – Avignon 33

L'Enclos des Lauriers Roses — ch,

71 r. du 14-Juillet – ✆ 04 66 75 25 42 – www.hotel-lauriersroses.com – Ouvert 16 mars-4 nov.

23 ch – †80/120 € ††80/120 € – 2 suites – ☐ 15 € – ½ P 70/100 €

Rest – Menu 24/45 € – Carte 32/57 €

◆ Des maisons gardoises dans un joli jardin planté de lauriers roses, quatre piscines, des chambres d'esprit provençal (la plupart avec terrasse) : un enclos bien agréable ! Au restaurant, le décor et les saveurs ont l'accent chantant du Sud.

CABRIÈRES-D'AVIGNON – 84 Vaucluse – 332 D10 – 1 808 h. – alt. 167 m – ✉ 84220 Provence — 42 E1

Paris 715 – Aix-en-Provence 74 – Avignon 34 – Marseille 88

La Bastide de Voulonne — rest,

2133 rte des Beaumettes, 2,5 km au Sud-Ouest par D 148 – ✆ 04 90 76 77 55 – www.bastide-voulonne.com – Ouvert de mi-fév. à mi-nov.

13 ch – †95/150 € ††95/150 € – ☐ 12 €

Rest *(fermé dim. sauf de juin à sept.) (dîner seult) (résidents seult)* – Menu 33 €

◆ Au milieu des vignes et des arbres fruitiers, une ravissante bastide de 1764. Chambres coquettes et soignées, possibilité de séjours à thèmes (huile d'olive, truffes...). Le soir, les produits du terroir sont à la fête avec le menu unique de la table d'hôte.

Chaque restaurant étoilé est accompagné de trois spécialités représentatives de sa cuisine. Il arrive parfois qu'elles ne puissent être servies : c'est souvent au profit d'autres savoureuses recettes inspirées par la saison. N'hésitez pas à les découvrir !

CABRIÈS – 13 Bouches-du-Rhône – **340** H5 – 8 182 h. – alt. 177 m **40** B3
– ✉ 13480

▶ Paris 773 – Avignon 100 – Marseille 21 – Toulon 86

ℹ avenue René Cassin - Trébillane, ✆ 04 42 69 05 48

XX **La Bastide de Cabriès** avec ch rest,
r. du Lac – ✆ 04 42 69 07 81 – www.bastidecabries.com
12 ch – †100/140 € ††100/140 € – ☕ 13 €
Rest *(fermé 1er-15 août, sam. midi et dim. soir)* – Menu 35 € (déj. en sem.), 45/85 € – Carte 74/94 €

◆ À l'ombre des platanes ou dans la salle aux tons chocolat et pistache, on goûte une belle cuisine actuelle, toute en textures et en parfums. Carte des vins orientée plein Sud. Chambres thématiques (écologique, provençale...) dans une bastide au calme.

CABRIS – 06 Alpes-Maritimes – **341** C6 – rattaché à Grasse

CADEROUSSE – 84 Vaucluse – **332** B9 – rattaché à Orange

LA CADIÈRE-D'AZUR – 83 Var – **340** J6 – 5 264 h. – alt. 144 m **40** B3
– ✉ 83740 Côte d'Azur

▶ Paris 815 – Aix-en-Provence 66 – Brignoles 53 – Marseille 45

ℹ place Général-de-Gaulle, ✆ 04 94 90 12 56, http://ot-lacadieredazur.fr

◉ ≤★ - Le Castelet : Village★ NE : 4 km.

Hostellerie Bérard
av. Gabriel-Péri – ✆ 04 94 90 11 43
– www.hotel-berard.com – Fermé 3 janv.-10 fév.
35 ch – †99/195 € ††99/195 € – 2 suites – ☕ 21 €
– ½ P 117/194 €
Rest *Hostellerie Bérard* ✿
Rest *Le Bistrot de Jef* – voir les restaurants ci-après

◆ Une de ces adresses qui honorent l'hôtellerie française... Elle réunit plusieurs maisons de ce joli village perché : charme des vieilles pierres, de l'esprit provençal et d'un accueil prévenant – sans compter les plaisirs gastronomiques –, sous l'égide de toute une famille animée par le désir de la qualité.

XXX ✿ **Hostellerie Bérard** (Jean-François Bérard)
av. Gabriel-Péri – ✆ 04 94 90 11 43
– www.hotel-berard.com
– Fermé 3 janv.-10 fév., mardi sauf le soir du 1er juil. au 15 sept. et lundi
Rest – Menu 48 € (sem.), 87/154 € – Carte 85/140 €
Spéc. Salade "Bérard" collection spéciale. Côte de veau fermier cuite dans son gras, petits farcis (été). Voyage sucré-salé à travers notre potager épicurien. **Vins** Bandol, Cairanne.

◆ René et Jean-François Bérard : père et fils œuvrent dorénavant de concert, entre transmission et nouveauté. Jus corsés et émulsions subtiles, légumes et herbes du jardin... du beau travail au service du goût !

X **Le Bistrot de Jef** – Hostellerie Bérard
av. Gabriel-Péri – ✆ 04 94 90 11 43
– www.hotel-berard.com
– Fermé 3 janv.-10 fév., jeudi sauf le soir du 1er juil. au 15 sept. et merc.
Rest – Formule 19 € bc – Menu 28 € – Carte 27/57 €

◆ Une grande véranda ouverte sur les monts environnants, face à la piscine de l'hôtel. Ce bistrot est idéal pour un repas agréable et sympathique, autour de spécialités provençales et méditerranéennes.

CADILLAC – 33 Gironde – **335** J7 – 2 382 h. – alt. 16 m – ✉ 33410 **3** B2
Aquitaine

▶ Paris 607 – Bordeaux 41 – Langon 12 – Libourne 40

ℹ 9, place de la Libération, ✆ 05 56 62 12 92

Du Château de la Tour
av. de la libération, (D 10) – ✆ 05 56 76 92 00
– www.hotel-restaurant-chateaudelatour.com
32 ch – 75/200 € 90/230 € – 11 €
Rest ***Du Château de la Tour*** – voir les restaurants ci-après
◆ Entre le château et la Garonne, au cœur d'un joli parc, cet hôtel propose des chambres contemporaines et fraîches (côté parc) ; les autres, non rénovées, sont plus anciennes. Sauna, belle piscine...

Du Château de la Tour
av. de la Libération, D 10 – ✆ 05 56 76 92 00
– www.hotel-restaurant-chateaudelatour.com – Fermé dim. soir de nov. à fév.
Rest – Formule 15 € – Menu 28 € (sem.)/55 € – Carte 41/52 €
◆ Sous une belle charpente ou dans le joli parc verdoyant, on savoure ici une bien agréable cuisine traditionnelle concoctée avec des produits du terroir.

CAEN – **14 Calvados** – **303** J4 – **109 899 h.** – **Agglo. 199 490 h.** **32** B2
– **alt. 25 m** – ✉ **14000** Normandie Cotentin

Paris 236 – Alençon 105 – Cherbourg 125 – Le Havre 91
de Caen-Carpiquet : ✆ 02 31 71 20 10, 7 km par D 9.
Hotel d'Escoville - 12, place Saint-Pierre, ✆ 02 31 27 14 14, www.tourisme.caen.fr
de Caen, à Biéville-Beuville, Le Vallon, N : 5 km par D 60, ✆ 02 31 94 72 09
de Garcelles, à Garcelles-Secqueville, Route de Lorguichon, par rte de Falaise : 15 km, ✆ 02 31 39 09 09
Abbaye aux Hommes★★ : église St-Etienne★★ - Abbaye aux Dames★ : église de la Trinité★★ - Chevet★★, frise★★ et voûtes★★ de l'église St-Pierre★ - Église et cimetière St-Nicolas★ - Tour-lanterne★ de l'église St-Jean EZ - Hôtel d'Escoville★ DY**B** - Vieilles maisons★ (n° 52 et 54 rue St-Pierre) DY**K** - Musée des Beaux-Arts★★ dans le château★ DX**M**[1] - Mémorial★★★ AV - Musée de Normandie★ DX**M**[2].

Plans pages suivantes

Le Dauphin ch, ch,
29 r. Gémare – ✆ 02 31 86 22 26 – www.le-dauphin-normandie.com
37 ch – 75/185 € 85/200 € – 15 € – ½ P 72/130 € DY**a**
Rest *(fermé 16 juil.-5 août, sam. midi et dim.)* – Formule 18 € – Menu 23 €, 34/60 € – Carte 50/70 €
◆ Près du château et de la place des Quatrans, ce prieuré du 15^e^s. associe charme des vieilles pierres et confort douillet de notre temps... Les chambres sont spacieuses et décorées avec goût, mêlant parfois poutres et meubles de style.

Moderne sans rest
116 bd Mar.-Leclerc – ✆ 02 31 86 04 23 – www.hotel-caen.com DY**d**
40 ch – 95/155 € 130/220 €
◆ Un hôtel de tradition confortable et soigné, avec des chambres bien insonorisées et décorées dans un style classique ou plus contemporain. Au 5eétage, la salle des petits-déjeuners offre une vue sur les toits de la ville.

Mercure Port de Plaisance sans rest
1 r. Courtonne – ✆ 02 31 47 24 24
– www.mercure.com EY**b**
122 ch – 100/180 € 120/195 € – 4 suites – 15 €
◆ Face au port de plaisance, un Mercure avec des chambres de facture contemporaine, confortables et toutes identiques.

Ivan Vautier
3 av. Henry-Chéron – ✆ 02 31 73 32 71 – www.ivanvautier.com AV**v**
19 ch – 115/140 € 155/260 € – 15 €
Rest ***Ivan Vautier*** – voir les restaurants ci-après
◆ Épure, goût de l'époque et design : quel raffinement ! Mais cet hôtel paisible au chic "so international" a aussi le sens du terroir... Pour preuve, dans le hall, la boutique fait la part belle aux produits de Normandie et d'ailleurs.

CAEN

Baladas (Bd des)	AV	6
Chemin-vert (R. du)	AV	19
Chéron (Av. Henri)	AV	20
Clemenceau (Av. G.)	BV	22
Copernic (Av. N.)	ABV	23
Côte-de-Nacre (Av. de la)	AV	24
Courseulles (Av. de)	AV	25
Délivrande (R. de la)	AV	29
Demi-Lune (Pl. de la)	BV	30
Lyautey (Bd Mar.)	AV	53
Montalivet (Cours)	BV	59
Montgomery (Av. Mar.)	AV	60
Mountbatten (Av. Am.)	AV	62
Pasteur (R. L.)	BV	63
Père-Ch.-de-Foucault (Av.)	AV	64
Poincaré (Bd R.)	BV	66
Pompidou (Bd G.)	AV	67
Rethel (Bd de)	BV	70
Richemond (Bd)	AV	71
Rouen (Av. de)	BV	95
Trouville (Rte de)	BV	84

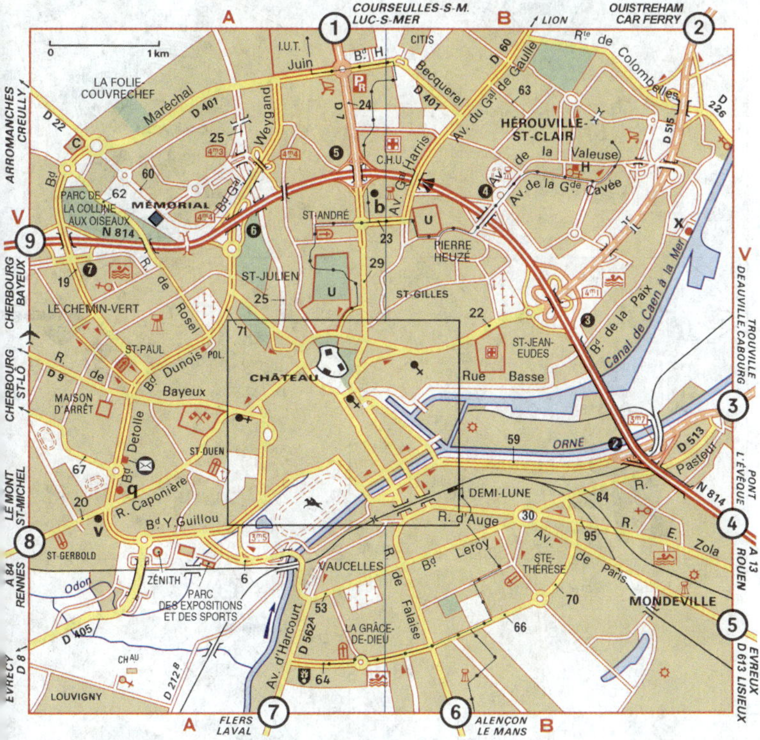

Des Quatrans sans rest

17 r. Gemare – ✆ 02 31 86 25 57 – www.hotel-des-quatrans.com – Fermé 24 déc.-2 janv. DY**p**

47 ch – †65/95 € ††65/95 € – ☕ 9 €

♦ Au cœur du centre-ville, près du château, des chambres chaleureuses et très bien tenues, à préférer sur l'arrière pour plus de quiétude. Pour info, l'ArchiDona (voir restaurants) appartient au même propriétaire.

Bristol sans rest

31 r. du 11-Novembre – ✆ 02 31 84 59 76 – www.hotelbristolcaen.com

24 ch – †69/85 € ††80/95 € – ☕ 9 € EZ**s**

♦ Tout près de l'hippodrome et de la gare, ce sympathique hôtel familial abrite de jolies chambres au style sagement tendance (tons taupe et beige clair) et toutes très bien insonorisées.

Du Havre sans rest

11 r. du Havre – ✆ 02 31 86 19 80 – www.hotelduhavre.com – Fermé 15 déc.-3 janv. EZ**v**

19 ch – †54 € ††65 € – ☕ 7 €

♦ Dans ce petit hôtel du centre-ville, les chambres sont bien pratiques et très tranquilles côté église St-Jean. Tenue scrupuleuse, prix doux et accueil aimable : tiercé gagnant !

C
Mémorial
D
X
Y
Z
Jardin des Plantes
St-Julien
R. Bosnières
R. du Gaillon
R. L. Lecornu
Esplanade de la Paix
U
DONJON
CHÂTEAU
Pte des Champs
M1
M2
St-Georges
Pte sur la Ville
ST-PIERRE
Rue des Rosiers
Rue Desmoueux
4 NATIONS
Pl. du Canada
R. I. Pierre
Av. du Canada
Cimetière St-Nicolas
Pl. St.-Martin
R. Bicoquet
St-Martin
Les Fossés St-Julien
R. des Cordeliers
R. Pasteur
R. des Croisiers
Rue de Géôle
Gémare
R. St-Pierre
Leclerc
Pl. St.-Sauveur
R. St-Sauveur
St-Sauveur
R. Ecuyère
ST-ÉTIENNE
ABBAYE AUX HOMMES
ST-ÉTIENNE LE VIEUX
Esplanade J. M. Louvel
N.-D. de la Gloriette
Pl. de la République
Bd Mal Leclerc
Rue de l'Oratoire
Rue du Carel
Promde du Fort
Bd Bertrand
CONSEIL GÉNÉRAL
Pl. Gambetta
Av. de l'Hippodrome
Scamaroni
R. de J. Romain
R. des Jacobins
Sorel
R. F.
Bd A. Briand
Guillou
Cours Gal de Gaulle
CENTRE DES CONGRÈS
Avenue Albert
Yves
Boulevard
LA PRAIRIE
ORNE
Rue
C
D

E
0
300 m
50
Av.
Croix
Guérin
la
Pigacière
Cordes
Av.
G.
Clemenceau
PARC
M. D'ORNANO
CONSEIL
RÉGIONAL
69
ABBAYE-
AUX-DAMES
Chanoines
des
LA TRINITÉ
R.
Haute
55
R.
de
Calix
R.
Basse
R.
Basse
X
b
u
26
R.
R.
Lenoir
Av.
de
Tourville
Q. de la
Londe
m
Bernières
Bassin
St-
Pierre
Quai
Vendeuvre
Av.
P.
Berthelot
Y
l'Engannerie
de
du
58
Pl. de la
Résistance
R. des Carmes
10
Q.
Caffarelli
Av. V. Hugo
St-Jean
v
R. du Havre
6
Rond-Point
de l'Orne
Pont
Alexandre
Stirn
10
Juillet
59
Juin
Jean
R. Laplace
Juin
de
Quai
21
Amal
Hamelin
s
A
Pont de
Vaucelles
Quai
e
R. de la Gare
Z
81
9
57
85
28
77
18
l'Arquette
Rue
d'Auge
38
VAUCELLES
ST-MICHEL-DE-V.
E

CAEN

Du Château sans rest

5 av. du 6-Juin – ✆ 02 31 86 15 37 – www.hotel-chateau-caen.com
24 ch – †57/67 € ††67/77 € – ☕ 8 € EY**n**
◆ Entre le port de plaisance et le château, un hôtel idéalement situé ! Les chambres sont assez petites et sobres, mais bien insonorisées et d'un bon rapport qualité-prix.

De France sans rest

10 r. de la Gare – ✆ 02 31 52 16 99 – www.hoteldefrance-caen.com
47 ch – †66/93 € ††66/93 € – ☕ 11 € EZ**e**
◆ À deux pas de la gare, des chambres simples (dont certaines familiales), pratiques et très bien tenues... Idéal pour un rendez-vous d'affaires comme pour une étape d'agrément.

Une bonne table sans se ruiner ? Repérez les Bib Gourmand.

Ivan Vautier – Hôtel Ivan Vautier

3 av. Henry-Chéron – ✆ 02 31 73 32 71 – www.ivanvautier.com
– Fermé dim. soir et lundi AV**v**
Rest – Menu 26 € (déj. en sem.), 50/83 € – Carte 60/90 €
Spéc. Tartare de grosses langoustines mi-cuites et mi-crues aux saveurs du voyage. Bar de ligne, tomate aux cèpes (sept. à nov.). Millefeuillle "haut comme un gratte ciel".
◆ Limpidité, précision, maîtrise : dans ce restaurant élégant, sobre et contemporain, les assiettes ont du style, et ce sans renier la nature et la saveur des produits, au contraire... Ivan Vautier a du talent et sa cuisine de saison en témoigne !

Stéphane Carbone - Restaurant Incognito

14 r. de Courtonne – ✆ 02 31 28 36 60
– www.stephanecarbone.fr
– Fermé le midi du 6 au 19 août, sam. midi et dim. EY**u**
Rest – Formule 27 € – Menu 35/92 € – Carte 67/86 €
Spéc. Langoustine poêlée minute, espuma coco et velouté de patate douce au caviar. Ris de veau cuit au sautoir au miel de truffe (avril à déc.). Dôme de chocolat, biscuit crémeux et mousse mangaro. **Vins** Vin de pays du Calvados.
◆ Dans son beau restaurant contemporain près du bassin St-Pierre, Stéphane Carbone signe une cuisine créative, épurée et harmonieuse. D'une partie de la salle, vous pourrez même l'observer travailler... c'est un vrai plaisir !

ArchiDona

17 r. Gémare – ✆ 02 31 85 30 30 – www.archidona.fr
– Fermé dim. et lundi DY**h**
Rest – Formule 15 € – Menu 20 € (déj. en sem.), 26/49 € – Carte 34/47 €
◆ ArchiDona ? Du nom du village andalou dont est originaire le propriétaire de cet agréable restaurant. Tartare de saumon et son coulis de langoustine, lapin farci au pistou... la carte est alléchante et, l'été, il fait bon déjeuner en terrasse !

Villa Eugène

75 bd André-Detolle – ✆ 02 31 75 12 12 – www.villa-eugene.fr – Fermé 6-23 août, 1 sem. en fév., sam. midi et dim. AV**q**
Rest – Formule 16 € – Menu 21 € (déj.) – Carte 29/40 €
◆ Un décor tendance, une terrasse verdoyante protégée de la rue par des arbustes... pour une cuisine elle aussi tendance (nem au crabe, moelleux de maquereau aux épices, burger de canard, entre autres). Jolie carte des vins.

Le Carlotta

16 quai Vendeuvre – ✆ 02 31 86 68 99 – www.lecarlotta.fr EY**m**
Rest – Menu 24 € (sem.), 28/37 € – Carte 27/59 €
◆ Grande brasserie d'inspiration Art déco, appréciée pour son atmosphère animée autant que pour sa cuisine typique du genre... Bords de mer obligent, la carte fait la belle aux saveurs iodées et la véranda donne sur le port.

X **À Contre Sens** (Anthony Caillot)

8 r. des Croisiers – ✆ 02 31 97 44 48 – www.acontresenscaen.fr – Fermé août, vacances de fév., dim. et lundi DY**r**

Rest *(nombre de couverts limité, réserver)* – Formule 18 € – Menu 21 € (déj.), 38/46 € – Carte 50/65 € le soir

Spéc. Soupe chaude de champignons et foie gras, confit piquant de gésiers. Cabillaud taillé épais cuit au beurre d'algues et émulsion d'huîtres normandes. Ananas mariné aux épices, mousse aux fruits exotiques.

◆ À contre-sens peut-être, mais pas vis-à-vis de la gastronomie d'aujourd'hui ! Le chef de ce bistrot assez cosy cultive la gourmandise d'une manière toute personnelle et enlevée, avec audace et équilibre. Le tout à prix raisonnable : réservez...

X **Café Mancel**

au Château – ✆ 02 31 86 63 64 – www.cafemancel.com – Fermé vacances de fév., dim. soir et lundi DX**t**

Rest – Formule 17 € – Menu 23/34 € – Carte 34/46 €

◆ Ce café du musée des Beaux-Arts est une vraie gourmandise : déco contemporaine, terrasse, soirées jazz et – last but not least – carte revisitant joliment le terroir normand.

X **Le Bouchon du Vaugueux**

12 r. Graindorge – ✆ 02 31 44 26 26 – www.bouchonduvaugueux.com – Fermé 23 déc.-3 janv., jours fériés, dim. et lundi DY**g**

Rest *(réserver)* – Formule 15 € – Menu 19/28 € – Carte 25/34 €

◆ Sous des dehors simples, ce bistrot a l'âme d'un vrai bouchon, vous régalant de bons petits plats inspirés par le marché et les saisons, et présentés à l'ardoise. Autre bonne surprise : une jolie sélection de vins de petits producteurs.

à l'échangeur Caen-Université (bretelle du bd périphérique, sortie n° 5) – ✉ 14000 Caen

Novotel Côte de Nacre

av. de la Côte-de-Nacre – ✆ 02 31 43 42 00 – www.novotel.com AV**b**

126 ch – †79/175 € ††79/175 € – ☕ 14 €

Rest – Formule 17 € – Carte 23/41 €

◆ Près du périphérique et du CHU, un Novotel de facture contemporaine avec des chambres spacieuses. Pratique, notamment pour la clientèle d'affaires.

à Hérouville St-Clair 3 km au Nord-Est – 22 267 h. – alt. 20 m – ✉ 14200

XX **L'Espérance**

512 r. Abbé-Alix, (au bord du canal) – ✆ 02 31 44 97 10 – www.restaurant-esperance.com – Fermé 16 août-5 sept., 4-20 janv., dim. soir et lundi BV**x**

Rest – Formule 15 € – Menu 21 € (déj. en sem.), 27/35 € – Carte 34/42 €

◆ Millefeuille d'andouille de vire, aile de raie au beurre noisette et sa mousseline de carotte au cumin : on mange fort bien dans ce restaurant bucolique et charmant. Quant à la vue sur le canal, elle est si reposante...

à Bénouville 10 km par ② – 1 946 h. – alt. 8 m – ✉ 14970

Château★ : escalier d'honneur★★ - Pegasus Bridge★.

La Glycine

11 pl. Commando-n° 4, (face à l'église) – ✆ 02 31 44 61 94 – www.la-glycine.com – Fermé 15 déc.-4 janv.

34 ch – †60 € ††70 € – ☕ 9 € – ½ P 70 €

Rest *La Glycine* – voir les restaurants ci-après

◆ Tout près du fameux Pegasus Bridge, ces deux maisons de pays offrent aussi un bon point d'ancrage pour visiter les plages du Débarquement. Les chambres sont très bien tenues, mais préférez celles de l'annexe, plus grandes et joliment épurées.

XX **La Glycine**

11 pl. Commando-n° 4, (face à l'église) – ✆ 02 31 44 61 94 – www.la-glycine.com – Fermé 15 déc.-4 janv., dim. soir d'oct. à avril
Rest – Menu 20 € (sem.), 28/55 € – Carte 34/70 €
♦ Les Glycines sentent bon et leur cuisine traditionnelle est vraiment appétissante. Ici, le chef fait la part belle aux produits de la mer et il y a même un menu homard !

à Fleury-sur-Orne **4 km par ⑦ – 4 063 h. – alt. 33 m – ✉ 14123**

XX **Auberge de l'Île Enchantée**

1 r. St-André, (au bord de l'Orne) – ✆ 02 31 52 15 52 – www.aubergelileenchantee.com – Fermé 16 fév.-1er mars et 1er-15 aout, mardi soir hors saison, merc. soir, dim. soir et lundi
Rest – Formule 15 € – Menu 23/42 € – Carte 37/64 €
♦ Dans les années 1930, cette auberge à colombages – champêtre à souhait – était... un bar de pêcheurs ! Aujourd'hui, on y savoure une cuisine bien de notre époque en admirant l'Orne.

CAGNES-SUR-MER – 06 Alpes-Maritimes – 341 D6 – 48 926 h. – alt. 20 m – Casino – ✉ 06800 Côte d'Azur 42 E2

Paris 915 – Antibes 11 – Cannes 21 – Grasse 25
6, boulevard Maréchal Juin, ✆ 04 93 20 61 64, www.cagnes-tourisme.com
Haut-de-Cagnes★ - Château-musée★ : patio★★, ☼★ de la tour - Musée Renoir.

Domaine Cocagne

30 chemin du Pain de Sucre, colline de la rte de Vence, 2 km par ①, D 36 et rte secondaire – ✆ 04 92 13 57 77 – www.domainecocagne.com
21 ch – †80/350 € ††80/350 € – 9 suites
Rest – Menu 35 € – Carte 40/65 €
♦ Des palmiers, de la verdure, des chambres d'une blancheur immaculée, luxueuses et design, mais aussi un restaurant tout de rouge et de noir vêtu et... des expos d'art. Sud et tendance, ce beau pays de cocagne !

Tiercé sans rest

33 bd Kennedy – ✆ 04 93 20 02 09 – www.tiercehotel.com – Fermé nov.
23 ch – †72/90 € ††85/161 € – ☕ 10 € BX**r**
♦ Tiercé gagnant pour cet hôtel près de la plage et de l'hippodrome. Les chambres, de style contemporain, sont très confortables, et plusieurs d'entre elles ont vue sur la mer.

Splendid sans rest

41 bd Mar.-Juin – ✆ 04 93 22 02 00 – www.hotel-splendid-riviera.com
26 ch – †72/130 € ††90/140 € – ☕ 9 € BX**x**
♦ Dans un immeuble récent, cet hôtel du centre-ville dispose de chambres fonctionnelles et ensoleillées, qui donnent presque toutes sur l'arrière, profitant ainsi du calme.

Le Chantilly sans rest

31 chemin Minoterie – ✆ 04 93 20 25 50 – www.hotel-lechantilly.fr BX**b**
16 ch – †60/66 € ††68/77 € – ☕ 8 €
♦ Une sympathique villa balnéaire, baignée de verdure aux beaux jours. Les chambres, sobres et claires, sont d'une tenue parfaite et, au petit-déjeuner, on savoure un vrai thé en feuilles – un détail qui fait la différence pour les amateurs !

au Haut-de-Cagnes – ✉ 06800

X **Fleur de Sel**

85 montée de la Bourgade – ✆ 04 93 20 33 33 – www.restaurant-fleurdesel.com – Fermé 9-15 juin, 1er -7 oct., 19- 26 déc., 7-15 janv., jeudi d'oct. à avril et merc.
Rest *(dîner seult)* – Menu 34/67 € – Carte 45/65 € AZ**m**
♦ Dans ce charmant restaurant d'esprit très Sud, on savoure une cuisine méditerranéenne fraîche, colorée et généreuse, à l'instar d'un cabillaud en croûte de caviar d'aubergine servi avec une purée de pommes de terre maison vraiment onctueuse.

CAGNES-VILLE

Béranger (R. Gén.) .... BZ 3
Chevalier-Martin (R.) .... BZ 6
Gaulle (Pl. Gén.-de) .... BZ 15
Giacosa (R. J.-R.) .... BZ 17
Hôtel-des-Postes (Av. de l') .... BZ 19
Hôtel-de-Ville (Av. de l') .... BZ 20
Mistral (Av. F.) .... BZ 24
Renoir (Av. A.) .... BZ

CROS-DE-CAGNES

Jean-Jaurès (Av.) .... BX 22
Leclerc (Av. Gén.) .... BX 23
Nice (Av. de) .... BX 25
Oliviers (Av. des) .... BX 26
Serre (Av. de la) .... BX 36

HAUT-DE-CAGNES

Château (Montée du) .... AZ 4
Clergue (R. Denis J.) .... AZ 7
Dr-Maurel (Pl. du) .... AZ 8
Dr-Provençal (R. du) .... AZ 10
Geniaux (R. Ch.) .... AZ 16
Grimaldi (Pl.) .... AZ 18
Paissoubran (R.) .... AZ 27
Piolet (R. du) .... AZ 28
Planastel (R. du) .... BX 29
Pontis-Long (R. du) .... AZ 30
St-Sébastien (R.) .... AZ 33
Sous-Baous (Montée) .... AZ 37

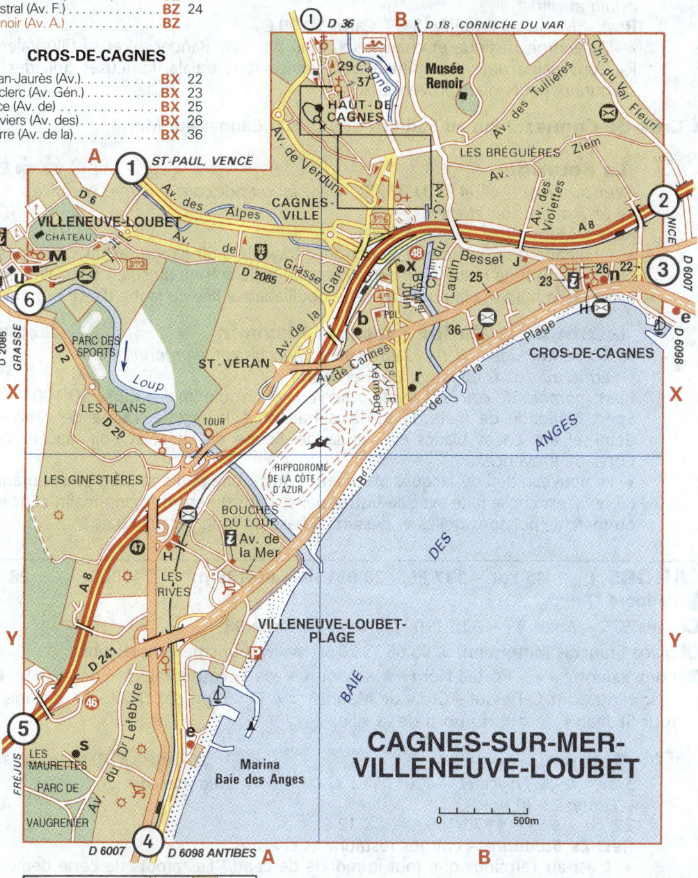

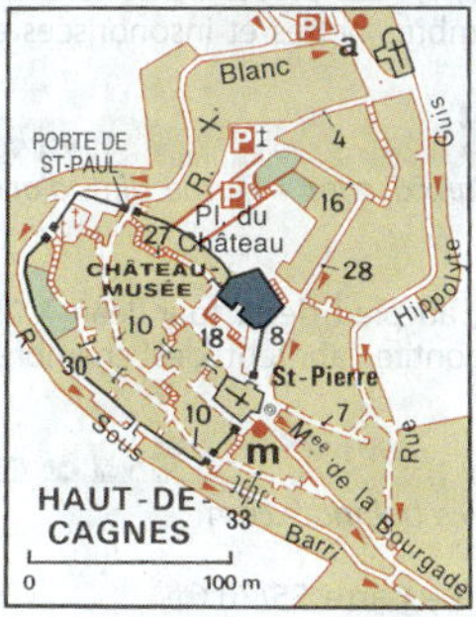

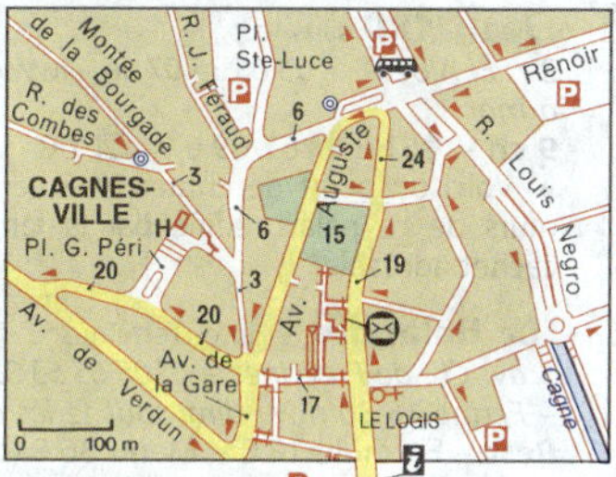

Josy-Jo

2 r. Planastel – ✆ 04 93 20 68 76 – www.restaurant-josyjo.com – Fermé 1 sem. en mars, 25 nov.-25 déc., le midi en juil.-août, lundi de sept. à juin et dim. AZ**a**

Rest – Menu 29 € (déj.)/42 € – Carte 50/90 €

◆ Un endroit rustique et chaleureux, tenu par Josy Bandecchi et sa fille Valérie. Ici, convivialité rime avec simplicité : service sans tralala, fameuses grillades et savoureux petits plats provençaux.

à Cros-de-Cagnes 2 km au Sud-Est – ✉ 06800 Cagnes-sur-Mer

La Bourride

(port du Cros) – ✆ 04 93 31 07 75 – www.labourride.com – Fermé vacances de fév., mardi soir et merc. BX**e**

Rest – Menu 40 € – Carte 55/90 €

◆ Originaire de Concarneau, le patron a travaillé à Singapour avant de se poser près de la Grande Bleue pour concocter une belle cuisine du soleil. Spécialité éponyme de la maison : la bourride, cette bouillabaisse liée au jaune d'œuf et à l'aïoli.

Bistrot de la Marine - Jacques Maximin

96 bd de la Plage – ✆ 04 93 26 43 46 – www.bistrotdelamarine.com – Fermé mi-déc. à mi-janv., lundi et mardi BX**n**

Rest *(nombre de couverts limité, réserver)* – Formule 24 € – Carte 50/100 €

Spéc. Marinade de filets de sardines fraîches à la niçoise. Darne de cabillaud demi-sel aux cocos blancs et à la sauge. Soupe de chocolat noir glacée. **Vins** Côtes de Provence.

◆ Le nouveau défi de Jacques Maximim : "Ouvrir une petite maison et une grande table." C'est chose faite avec ce bistrot pensé dans un esprit "marin-malin". Entrées du marché, poissons grillés et desserts à base de fruits locaux : frais !

CAHORS P – 46 Lot – 337 E5 – 20 031 h. – alt. 135 m – ✉ 46000 28 B1

Périgord Quercy

Paris 575 – Agen 85 – Albi 110 – Brive-la-Gaillarde 98

place François Mitterrand, ✆ 05 65 53 20 65, www.tourisme-cahors.com

Pont Valentré★★ - Portail Nord★★ et cloître★ de la cathédrale St-Etienne★ BY **E** - ≤★ du pont Cabessut - Croix de Magne ≤★ O : 5 km par D 27 - Barbacane et tour St-Jean★ - ≤★ du nord de la ville.

Terminus

5 av. Ch.-de-Freycinet – ✆ 05 65 53 32 00 – www.balandre.com – Fermé 15-30 nov. AY**s**

22 ch – †65 € ††70/160 € – ☕ 12 €

Rest *Le Balandre* – voir les restaurants ci-après

◆ C'est au Terminus que tout le monde descend ! Les atouts de cette demeure bourgeoise des années 1910 : de grandes chambres nettes et insonorisées et un bar Art déco.

Jean XXII sans rest

2 r. E. Albe – ✆ 05 65 35 07 66 – www.hotel-jeanxxii.com – Fermé dim. d'oct. à mai BY**v**

9 ch – †51 € ††62/69 € – ☕ 7 €

◆ Voici un point de chute pratique et calme, au pied de la tour Jean XXII. Les murs de ce palais, édifié par la famille du pontife, abritent des chambres au cachet agréable.

Le Balandre – Hôtel Terminus

5 av. Ch.-de-Freycinet – ✆ 05 65 53 32 00 – www.balandre.com – Fermé 15-30 nov., dim. sauf fériés et lundi AY**s**

Rest – Formule 18 € – Menu 36 € (dîner)/75 € – Carte 55/70 €

◆ Le chef invente une cuisine aux saveurs actuelles, à déguster dans une élégante salle égayée de vitraux. En prime : une superbe sélection de vins et un menu plus simple le midi.

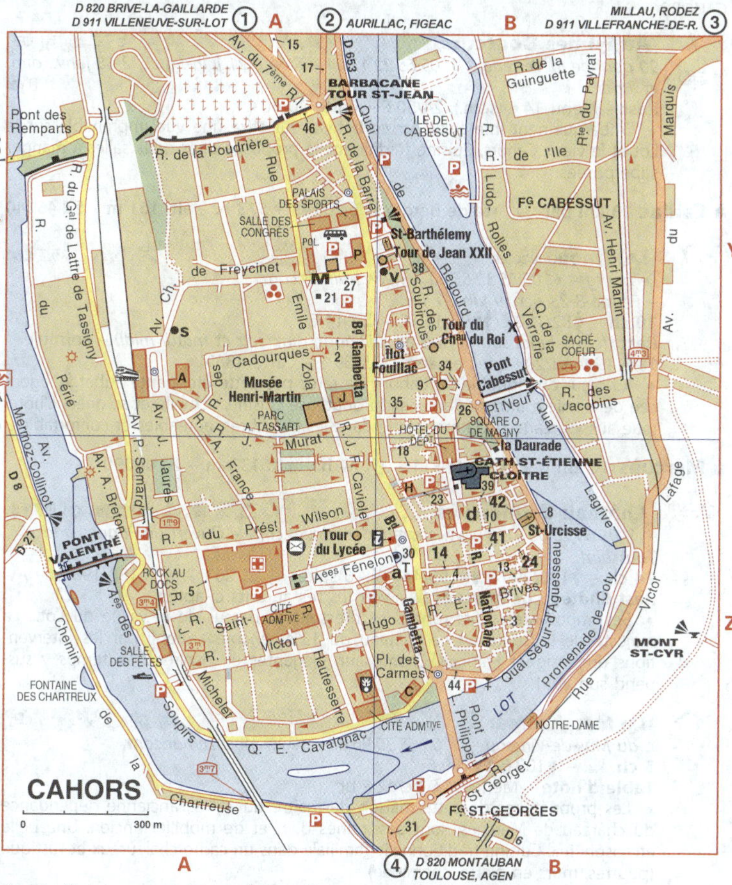

L'Ô à la Bouche

56 allée Fénelon – ✆ 05 65 35 65 69 – Fermé vacances de Pâques et de la Toussaint, dim. et lundi BZa

Rest – Formule 19 € – Menu 27/39 € – Carte 27/39 €

◆ Tendron de veau de dix heures ; raviole aux aubergines et tomates ; tartelette aux figues et amandes, parfait glacé... Sous l'égide d'un jeune couple sympathique et voyageur, cette adresse met l'eau à la bouche !

Le Marché

27 pl. Chapou – ✆ 05 65 35 27 27 – www.restaurantlemarche.com – Fermé 29 avril-8 mai, 28 oct.-12 nov., 17-25 fév., lundi et dim. BZd

Rest – Formule 14 € – Menu 33 €

◆ Adresse en vue, autant pour son cadre – une salle tout en longueur (banquettes beiges et prune, mur en ardoise) – que pour sa cuisine, tendance et inspirée.

Au Fil des Douceurs

90 quai de la Verrerie – ✆ 05 65 22 13 04 – Fermé 21 juin-5 juil., 2-18 janv., dim. et lundi BYx

Rest – Menu 14 € (sem.), 24/50 € – Carte 30/60 €

♦ Embarquement immédiat sur ce bateau qui offre une vue imprenable sur le Lot et le vieux Cahors. Cuisine traditionnelle proposée dans deux salles à manger superposées.

à Caillac 13 km par ①, rte de Bergerac et D145 – 573 h. – alt. 161 m – ✉ 46140

Le Vinois avec ch

Le bourg – ✆ 05 65 30 53 60 – www.levinois.com – Fermé 8-23 oct., 9 janv.-7 fév.

10 ch – †82/150 € ††96/150 € – ☕ 14 €

Rest *(fermé lundi sauf le soir en juil.-août, dim. soir et mardi midi)* – Formule 18 € – Menu 20 € (déj. en sem.), 35/69 € – Carte 48/64 €

♦ Au cœur du vignoble de Cahors, ne ratez pas cette étonnante auberge, agencée de manière ultramoderne, et sa goûteuse cuisine, actuelle et soignée. L'hôtel joue aussi la carte de la modernité dans les chambres, agréables et confortables.

à Mercuès 10 km par ① et D 811 – 1 074 h. – alt. 133 m – ✉ 46090

Château de Mercuès

– ✆ 05 65 20 00 01 – www.chateaudemercues.com – Ouvert de Pâques à la Toussaint

24 ch – †190/290 € ††190/440 € – 6 suites – ☕ 26 € – ½ P 188/198 €

Rest *Château de Mercuès* ✿ – voir les restaurants ci-après

♦ Ses imposantes tours rondes se dressent au-dessus de la vallée du Lot... La majesté de l'Histoire en ce château du 13ᵉs., encore annobli par les interventions du designer François Champsaur, élégantes et inspirées. Le temps y suspend son vol !

Le Mas Azemar

r. du Mas-de-Vinssou – ✆ 05 65 30 96 85 – www.masazemar.com

5 ch ☕ – †109 € ††109 €

Table d'hôte – Menu 34 € bc/42 € bc

♦ Les propriétaires de cette maison de maître du 18ᵉ s., ancienne dépendance du château de Mercuès, sont passionnés d'art et de mobilier ancien. Une belle atmosphère... Cuisine traditionnelle familiale dans un cadre chaleureux et rustique (poutres, murs en pierre, cheminée).

Château de Mercuès – Hôtel Château de Mercuès

✿

– ✆ 05 65 20 00 01 – www.chateaudemercues.com

– Ouvert de Pâques à la Toussaint et fermé, mardi midi, merc. midi, jeudi midi et lundi

Rest – Menu 85/145 € – Carte 75/130 €

Spéc. Ravioles en impression de cerfeuil aux senteurs des bois et truffe noire. Homard rôti au saté, jus au combava et poire. Ananas glaçé, parfait vanille Bourbon et jus caramélisé. **Vins** Cahors.

♦ On peut aller conter l'amour courtois dans ce superbe château du 13ᵉs., posté sur les hauteurs de Cahors, et aussi chanter les plaisirs d'une fine gastronomie, qui apprête bien joliment les produits du Quercy. Classique et soigné.

rte de Brive par ① et D 820 – ✉ 46000 Cahors

La Garenne

St-Henri, à 7 km – ✆ 05 65 35 40 67

– www.restaurantlagarenne-cahors.com

– Fermé 4-11 juil., 14-21 nov., fév., lundi soir, mardi soir et merc.

Rest – Menu 19 € (déj. en sem.), 29/55 € – Carte 36/65 €

♦ L'écurie d'une ferme, ou presque ! Dans cette atmosphère bucolique et rétro, la cuisine se fait tantôt classique, tantôt mâtinée de touches régionales.

à Lamagdelaine 7 km par ② – 764 h. – alt. 122 m – ✉ 46090

XXX **Marco** (Richard Marco) avec ch ch, VISA AE
chemin de l'École – ✆ 05 65 35 30 64 – www.restaurantmarco.com – Fermé 1er- 8 mars, 15-25 oct., 3 janv.- 28 fév., dim. soir du 15 sept. au 15 juin, lundi sauf le soir du 15 juin au 15 sept., et mardi midi
5 ch – †95/145 € ††110/145 € – ☕ 12 €
Rest – Menu 30 € (déj. en sem.), 46/84 € – Carte 50/90 €
Spéc. Foie gras de canard à la braise, fond d'artichaut et cèpes, jus de truffe crémé. Suprême de colvert fourré au foie gras et à la datte (sept. à mai). Croustillant sablé à la fraise, glace au yaourt au poivre (15 mai- 15 sept.). **Vins** Cahors.
◆ Monsieur Marco laisse la place à... Monsieur Marco ! Tel père, tel fils : dans cette maison, la cuisine est subtile, actuelle... Homard, turbot, foie gras : de bien belles saveurs pour un bien joli moment. Chambres soignées.

CAHUZAC-SUR-VÈRE – 81 Tarn – 338 D7 – 1 026 h. – alt. 240 m – ✉ 81140 29 C2

Paris 655 – Albi 28 – Gaillac 11 – Montauban 60
Place Hautpoul, ✆ 05 63 33 68 91

Château de Salettes VISA AE
3 km au Sud par D 922 – ✆ 05 63 33 60 60 – www.chateaudesalettes.com – Fermé 1er-18 janv., dim. soir, lundi, mardi et merc. du 18 janv. au 8 avril
15 ch – †150/270 € ††150/270 € – 3 suites – ☕ 22 € – ½ P 129/239 €
Rest *Château de Salettes* ✿ – voir les restaurants ci-après
◆ Il faut rentrer dans la cour pour découvrir ce beau château du 13es. au milieu des vignes, entièrement remanié au fil du temps. À l'intérieur, un déco résolument contemporaine et design, des chambres spacieuses... en toute quiétude !

XXX **Château de Salettes** VISA AE
3 km au Sud par D 922 – ✆ 05 63 33 60 60 – www.chateaudesalettes.com – Fermé 1er-18 janv., lundi, mardi, merc. du 18 janv. au 8 avril, dim. soir et lundi en mai, lundi midi, mardi midi, merc. midi et jeudi midi de juin à sept.
Rest – Formule 27 € bc – Menu 39/100 € – Carte 84/98 €
Spéc. Grillade de foie gras et jeunes pousses (été). Filet de canard aux dragées de Montauban, jus de cerise et navets caramélisés (automne). Superposition de pain d'épice et pommes confites au caramel au beurre demi-sel (hiver). **Vins** Gaillac.
◆ Un bel écrin épuré – presque dépouillé – qui sert à merveille l'intéressante cuisine du chef, créative et raffinée. Pour accompagner ces mets rares, on peut déguster des vins de la propriété.

XX **La Falaise** (Guillaume Salvan) VISA AE
rte de Cordes – ✆ 05 63 33 96 31 – www.lafalaiserestaurant.com – Fermé 2-15 janv., dim. soir, mardi midi et lundi
Rest – Formule 20 € – Menu 31/57 € – Carte 61/67 €
Spéc. Foie gras poêlé au sésame noir et lamelle de rhubarbe (mai-juin). Agneau rôti aux aillets et févettes (mars-avril). Abricots grillés et tube craquant cheese cake, fraises et granité oseille (juillet-août). **Vins** Vin de pays du Tarn, Gaillac.
◆ À la sortie du village, une petite maison très chaleureuse, où le chef signe une cuisine séduisante, fine et maîtrisée. Joli choix de vins de Gaillac. En été, terrasse dressée sous les saules.

à Donnazac 5 km au Nord-Est par D 922 et rte secondaire – 90 h. – alt. 291 m – ✉ 81170

Les Vents Bleus sans rest
rte de Caussade – ✆ 05 63 56 86 11 – www.lesventsbleus.com – Ouvert 1er avril-31 oct.
5 ch ☕ – †100 € ††100/150 €
◆ Au cœur du vignoble de Gaillac, une belle maison de maître (1844) flanquée d'un pigeonnier. Les chambres, aménagées dans le chai de la propriété, mêlent l'ancien et le confort d'aujourd'hui avec raffinement. Convivial et paisible !

CAILLAC – 46 Lot – 337 E5 – rattaché à Cahors

CAIRANNE – 84 Vaucluse – **332** C8 – **914 h.** – **alt. 136 m** – ✉ **84290** **40** A2

Paris 650 – Avignon 43 – Bollène 47 – Montélimar 51

Route de Sainte Cécile, ☎ 04 90 30 76 53

Auberge Castel Miréïo

rte de Carpentras par D 8 – ☎ 04 90 30 82 20 – www.castelmireio.fr – Fermé 15 déc.-2 mars

9 ch – 65/69 € 66/71 € – 1 suite – 9 € – ½ P 63/66 €

Rest *(fermé merc. soir et dim. soir de sept. à juin, le midi en juil.-août et lundi midi)* – Formule 22 € – Menu 19 € (déj. en sem.), 29/33 € – Carte 23/35 €

◆ L'annexe récente de cette demeure familiale (19e s.) abrite des chambres simples, égayées de tissus provençaux ; chacune d'elles porte le nom d'un cépage. Restaurant rustique, affichant fièrement son carrelage centenaire ; copieux plats du terroir.

Coteaux et Fourchettes

rte de Violés, croisement de la Courançonne (D8 et D 975) – ☎ 04 90 66 35 99 – Fermé 8-18 mars, 10-21 oct., dim. soir et lundi soir sauf juil.-août et jeudi

Rest – Formule 19 € – Menu 22 € (déj. en sem.), 29/45 € – Carte 39/45 €

◆ Jolie enseigne... Dans cet ancien caveau, le terroir s'exprime aussi bien par l'assiette – savoureuse – que par le flacon – excellent choix de vins locaux. Agréable décor contemporain, terrasse ouverte sur le vignoble.

Le Tourne au Verre

rte de Ste-Cécile – ☎ 04 90 30 72 18 – www.letourneauverre.com – Fermé 26 oct.-9 nov., le soir sauf vend., sam. d'oct. à avril, merc. midi et mardi de mai à sept. et merc. d'oct. à avril.

Rest – Menu 15 € (déj. en sem.)/25 €

◆ Atmosphère bar à vins (tonneaux, grande cave vitrée comptant 650 références), belle terrasse sous les platanes, cuisine régionale et ardoise du jour... Un lieu sympathique !

CAJARC – 46 Lot – **337** H5 – **1 099 h.** – **alt. 160 m** – ✉ **46160** **29** C1

Périgord Quercy

Paris 586 – Cahors 52 – Figeac 25 – Rocamadour 59

Tour de Ville, ☎ 05 65 40 72 89

La Ségalière

380 av. François Mitterrand, (rte de Capdenac) – ☎ 05 65 40 65 35 – www.lasegaliere.com – Ouvert de mars à oct.

24 ch – 50/100 € 65/115 € – 10 €

Rest – Menu 22/34 € – Carte 26/43 €

◆ Adresse détente dans ce village qui vit naître Françoise Sagan. Cet hôtel moderne est agréable à vivre, et les chambres bien tenues. Les plus : la grande piscine et le jardin. La carte du restaurant allie tradition et créativité. Terrasse aux beaux jours.

CALACUCCIA – 2B Haute-Corse – **345** D5 – **voir à Corse**

CALAIS – 62 Pas-de-Calais – **301** E2 – **74 817 h.** **30** A1

– **Agglo. 104 852 h.** – **alt. 5 m** – **Casino** CX – ✉ **62100** Nord Pas-de-Calais Picardie

Paris 290 – Boulogne-sur-Mer 35 – Dunkerque 46 – St-Omer 43

Tunnel sous la Manche : Terminal de Coquelles AU, renseignements **"Le Shuttle"** ☎ 03 21 00 61 00.

☎ 3635 et tapez 42 (0,34 €/mn)

12, boulevard Clemenceau, ☎ 03 21 96 62 40, www.calais-cotedopale.com

Monument des Bourgeois de Calais (Rodin)★★ - Phare ✳★★ DX - Cité internationale de la Dentelle et de la Mode★★ - Musée des Beaux-Arts et de la Dentelle★ CX M².

Cap Blanc Nez★★ : 13 km par ④.

Plans pages suivantes

CALAIS

Bossuet (R.) .... BT 9
Cambronne (R.) .... AU 12
Chateaubriand (R.) .... BT 15
Égalité (Bd de l') .... BT 18
Einstein (Bd)............. AU 19
La-Fayette (Bd) .... AT 39
Fontinettes (R. des)...... ATU 25
Four-à-Chaux (R. du)................ AU 27
Gambetta (Bd Léon) .... AT 28
Gaulle (Bd du Gén.-de) ..... AT 30
Hoche (R.) .... ATU 33
Jacquard (Bd) .... AT 34
Lattre-de-Tassigny (R. Mar.-de) .... AT 40
Lheureux (Quai L.) .... BU 41
Maubeuge (R. de)......... BT 43
Phalsbourg (R. de) .... BT 51
Prairies (R. des) .... AU 52
Ragueneau (R. de)............... BTU 57
Valenciennes (R. de) .... AU 69
Verdun (R. de)............ AT 73

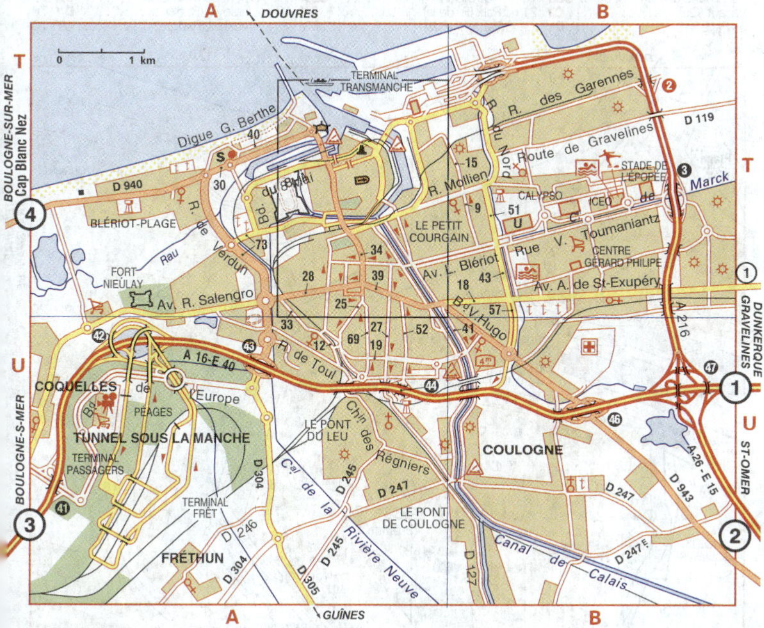

Meurice

5 r. E.-Roche – ✆ 03 21 34 57 03 – www.hotel-meurice.fr CXv

39 ch – ♀90 € ♀♀90 € – ☕ 14 € – ½ P 77/112 €

Rest *(fermé sam. midi)* – Formule 17 € – Menu 20 € (sem.), 35/45 €

◆ L'hôtel le plus ancien de la ville, près du musée des Beaux-Arts, a conservé un certain charme suranné. Les chambres sont confortables, plus modernes dans l'aile récente. Les voyageurs en transit pour l'Angleterre apprécient.

Holiday Inn

bd des Alliés – ✆ 03 21 34 69 69 – www.holidayinn.fr/calais-nord CXa

63 ch – ♀109/155 € ♀♀109/155 € – ☕ 15 €

Rest *(fermé sam. midi, dim. midi et fériés midi)* – Formule 9 € – Menu 18/25 € – Carte 25/35 €

◆ En face du port de plaisance, cette bâtisse imposante dispose de chambres agréables et confortables, la moitié d'entre elles donnant sur la mer. Cuisine traditionnelle au restaurant, dont les baies vitrées s'ouvrent sur les mâts des voiliers.

Mercure Centre sans rest

36 r. Royale – ✆ 03 21 97 68 00 – www.mercure.com CXd

41 ch – ♀89/140 € ♀♀109/160 € – ☕ 14 €

◆ Cet hôtel qui borde une artère commerçante, près du casino, arbore le nouveau concept de la chaîne : chambres contemporaines, camaïeu de gris-marron, mobilier en alu brossé.

CALAIS

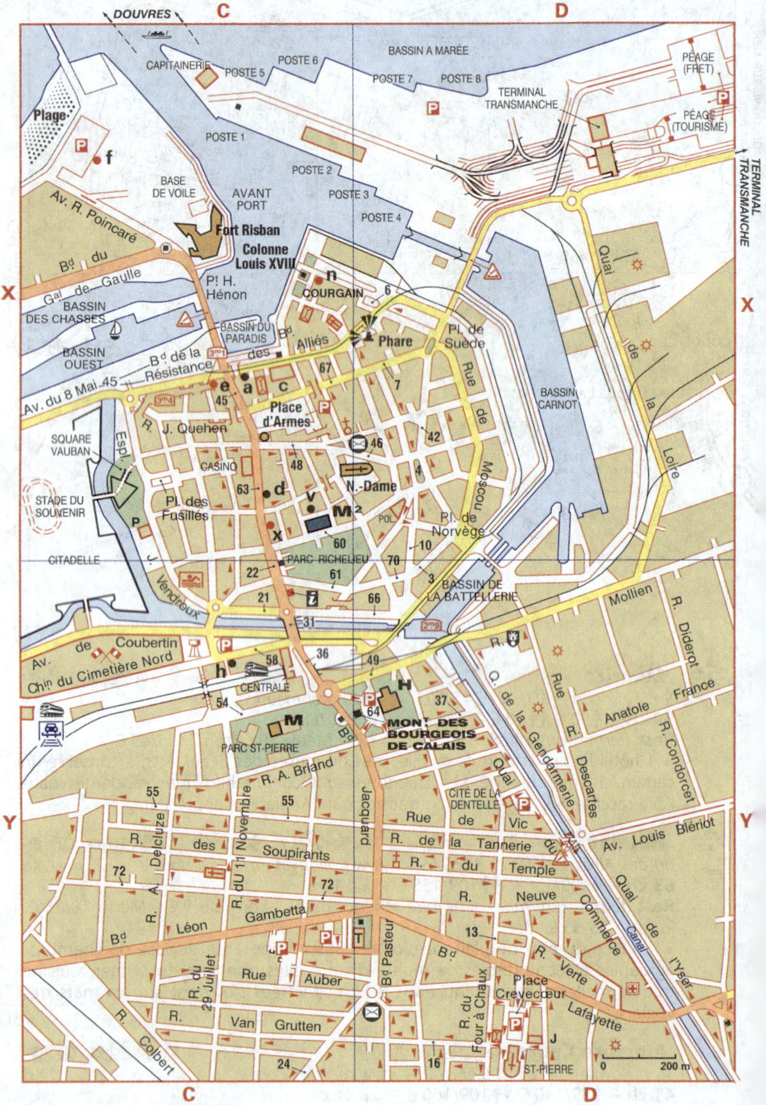

DOUVRES
C
D
X
Y
BASSIN A MARÉE
CAPITAINERIE
POSTE 5
POSTE 6
POSTE 7
POSTE 8
POSTE 1
POSTE 2
POSTE 3
POSTE 4
TERMINAL TRANSMANCHE
PÉAGE (FRET)
PÉAGE (TOURISME)
Plage
BASE DE VOILE
AVANT PORT
Fort Risban
Colonne Louis XVIII
COURGAIN
Av. R. Poincaré
Bd du Gal de Gaulle
Pl. H. Hénon
BASSIN DES CHASSES
BASSIN OUEST
BASSIN DU PARADIS
Bd des Alliés
Phare
Pl. de Suède
Bd de la Résistance
Av. du 8 Mai 45
Place d'Armes
R. J. Quehen
SQUARE VAUBAN
Espl.
CASINO
STADE DU SOUVENIR
Pl. des Fusillés
N.-Dame
POL.
Rue de Moscou
Pl. de Norvège
BASSIN CARNOT
Quai de la Loire
CITADELLE
J. Vendroux
PARC RICHELIEU
BASSIN DE LA BATTELLERIE
Av. de Coubertin
Chin du Cimetière Nord
CENTRALE
Mollien
R. Diderot
Anatole France
R. Condorcet
MONT DES BOURGEOIS DE CALAIS
PARC ST-PIERRE
R. A. Briand
Bd Jacquard
Q. de la Gendarmerie
Rue Descartes
CITÉ DE LA DENTELLE
Rue de Vic
R. de la Tannerie
R. du Temple
R. Neuve
Av. Louis Blériot
Quai du Commerce
Quai de l'Yser
Canal
R. des Soupirants
R. A. Delcluze
R. du 11 Novembre
Bd Léon Gambetta
Bd Pasteur
Rue Auber
R. du 29 Juillet
R. Van Grutten
R. Colbert
R. du Four à Chaux
Bd Lafayette
R. Verte
Place Crevecœur
ST-PIERRE
0
200 m

Métropol sans rest
43 quai du Rhin – ✆ 03 21 97 54 00 – www.metropolhotel.com – Fermé 22 déc.-1er janv. CYh
40 ch – †75/105 € ††75/105 € – ☕ 12 €
◆ Dans un immeuble ancien en brique rouge, derrière la gare. Chambres pratiques pour une étape vers la Grande-Bretagne... Le salon-bar a d'ailleurs déjà des airs de pub anglais.

Au Côte d'Argent
1 digue G.-Berthe – ✆ 03 21 34 68 07 – www.cotedargent.com – Fermé 20 août-10 sept., 23 déc.-7 janv., 18 fév.-4 mars, merc. soir de sept. à mars, dim. soir et lundi CXf
Rest – Menu 19 € (sem.), 28/42 € – Carte 34/68 €
◆ Embarquement immédiat pour un voyage gourmand, riche en saveurs iodées ! Cadre inspiré des cabines de bateau ; intéressante carte de vins (belle sélection de bordeaux).

Channel
3 bd de la Résistance – ✆ 03 21 34 42 30 – www.restaurant-lechannel.com – Fermé 2-7 janv., dim. soir et mardi CXe
Rest – Menu 21/54 € – Carte 48/90 €
◆ Décor élégant, cuisine classique, produits de la mer et très belle carte des vins (cave ouverte sur la salle) : une plaisante escale avant la traversée du "channel".

Aquar'aile
255 r. J.-Moulin, (4e étage) – ✆ 03 21 34 00 00 – www.aquaraile.com – Fermé dim. soir ATs
Rest – Formule 23 € – Menu 30/45 € – Carte 39/70 €
◆ L'atout majeur de cet agréable restaurant, situé au 4e étage d'un immeuble ? Son panorama unique sur la Manche et les côtes anglaises ! Cuisine mettant en valeur la pêche locale.

Histoire Ancienne
20 r. Royale – ✆ 03 21 34 11 20 – www.histoire-ancienne.com – Fermé lundi soir et dim. CXx
Rest – Formule 14 € – Menu 19 € (sem.), 26/36 € – Carte 29/38 €
◆ Ce sympatique bistrot néorétro (banquettes, fresques, vieux zinc) n'est pas de l'histoire ancienne ; on y savoure une cuisine traditionnelle goûteuse et quelques grillades.

Le Grand Bleu
quai de la Colonne – ✆ 03 21 97 97 98 – www.legrandbleu-calais.com – Fermé 19 août-12 sept., 15 fév.-1er mars, mardi soir et merc. CXn
Rest – Formule 16 € – Menu 19 € (sem.), 26/46 € – Carte 29/45 €
◆ Ce Grand Bleu-là a installé sa terrasse en face du port de pêche. Les produits servis sont ultra frais, souvent bio, et travaillés avec une pointe d'originalité.

à Coquelles 6 km a l'Ouest par av. R. Salengro AT – 2 330 h. – alt. 5 m – ✉ 62231

Holiday Inn ch, rest,
av. Charles de Gaulle – ✆ 03 21 46 60 60 – www.hicoquelles.com
118 ch – †105/125 € ††125/145 € – ☕ 15 € – ½ P 175/195 €
Rest – Formule 17 € – Menu 28 € – Carte 50/80 €
◆ Ce complexe moderne situé à 3 km de l'Eurostar (gare de Calais-Fréthun) propose des chambres de bon confort. Sauna, hammam, piscine intérieure, club de gym et de squash. Restaurant décoré dans un style actuel, carte d'hôtel classique et spécialités de poisson.

Suite Novotel sans rest
pl. de Cantorbery – ✆ 03 21 19 50 00 – www.suitenovotel.com
100 ch – †107/135 € ††107/135 € – ☕ 13 €
◆ Votre suite ? Pas moins de 30 m²avec espace à vivre (bureau et salon), chambre cloisonnable et salle de bains bien équipée (douche et baignoire).

CALALONGA (PLAGE DE) – 2A Corse-du-Sud – **345** E11 – voir à Corse (Bonifacio)

CALA-ROSSA – 2A Corse-du-Sud – **345** F10 – voir à Corse (Porto-Vecchio)

CALÈS – 46 Lot – **337** F3 – 151 h. – alt. 273 m – ✉ 46350 **29** C1

Paris 528 – Cahors 52 – Gourdon 21 – Sarlat-la-Canéda 42

Le Petit Relais

au bourg – ✆ 05 65 37 96 09 – www.hotel-petitrelais.fr – Fermé 5 fév.-4 mars et 20-27 déc.

13 ch – 45/55 € 60/69 € – 10 € – ½ P 63/73 €

Rest *(fermé dim. soir et merc. d'oct. à mai)* – Formule 14 € – Menu 22/69 € – Carte 32/53 €

◆ Au cœur du village, sur une petite place sympathique, une agréable maison en pierre aux chambres sobres et confortables. Côté restaurant, le chef cultive le goût du terroir – et parfois de ses origines avec un menu ch'ti !

CALLAS – 83 Var – **340** O4 – 1 776 h. – alt. 398 m – ✉ 83830 **41** C3

Côte d'Azur

Paris 872 – Castellane 51 – Draguignan 14

place du 18 juin 1940, ✆ 04 94 39 06 77, http://callas-83.pagesperso-orange.fr

rte de Muy 7 km au Sud-Est par D 25 – ✉ 83830 Callas

Hostellerie Les Gorges de Pennafort

D 25 – ✆ 04 94 76 66 51 – www.hostellerie-pennafort.com – Fermé 22 janv.-24 mars

15 ch – 135/150 € 185/220 € – 2 suites – 19 € – ½ P 165/185 €

Rest *Hostellerie Les Gorges de Pennafort* – voir les restaurants ci-après

◆ Si n'était le passage des voitures, le calme serait envoûtant dans ce site naturel qui ravit l'œil : les gorges de Pennafort, escarpées, rouges et noyées sous la végétation... Confort aux couleurs de la Provence ; belle piscine et espace bien-être de l'autre côté de la route.

Hostellerie Les Gorges de Pennafort

D 25 – ✆ 04 94 76 66 51 – www.hostellerie-pennafort.com – Fermé 22 janv.-24 mars, dim. soir sauf du 29 juil. au 19 août, lundi sauf le soir en août et merc. midi

Rest – Menu 49 € (déj. en sem.), 70/140 € – Carte 110/165 €

Spéc. Raviolis de foie gras et parmesan. Gibier (saison). Barre glacée noisette et sa glace carambar. **Vins** Coteaux Varois en Provence, Côtes de Provence.

◆ Un élégant décor contemporain, une terrasse sous les platanes... Le cadre séduit, la cuisine plus encore : fleurs, épices, herbes et touches personnelles du chef marient tradition et générosité.

CALVI – 2B Haute-Corse – **345** B4 – voir à Corse

CALVINET – 15 Cantal – **330** C6 – 471 h. – alt. 600 m – ✉ 15340 **5** A3

Paris 576 – Aurillac 34 – Entraygues-sur-Truyère 32 – Figeac 40

Beauséjour (Louis-Bernard Puech) avec ch

– ✆ 04 71 49 91 68 – www.cantal-restaurant-puech.com – Fermé 18-22 juin, 3 janv.-21 fév.

8 ch – 60/80 € 60/100 € – 10 €

Rest *(fermé dim. soir sauf juil.-août, merc. midi en juil.-août, mardi midi et lundi) (nombre de couverts limité, réserver)* – Menu 28 € (sem.), 40/65 € – Carte 40/70 €

Spéc. Œuf au pot de saison. Assiette "tout cochon" boudin, pied et travers. Sablé à la châtaigne, poêlée de pomme et glace au miel de châtaignier. **Vins** Vin de pays de l'Aveyron.

◆ Le chef le dit lui-même, il est un enfant du pays amoureux fou des produits de son terroir. Remis au goût du jour, ceux-ci n'en révèlent que plus de saveur, surtout accompagnés de vins régionaux à prix doux. Pour l'étape, des chambres contemporaines parées de couleurs toniques.

CAMARET-SUR-MER – 29 Finistère – **308** D5 – 2 595 h. – alt. 4 m **9** A2
– ✉ 29570 Bretagne
Paris 597 – Brest 4 – Châteaulin 45 – Crozon 11
15, quai Kleber, ☎ 02 98 27 93 60, www.camaretsurmer-tourisme.fr
Pointe de Penhir★★★ SO : 3,5 km.

De France rest,
quai G.-Toudouze – ☎ 02 98 27 93 06 – www.hotel-france-camaret.com – Fermé 15 déc.-7 janv.
20 ch – 58/108 € 58/108 € – 9,50 € – ½ P 57/83 €
Rest *(ouvert 5 avril-4 nov.)* – Formule 15 € – Menu 23/55 € – Carte 35/62 €
◆ La mer, la mer, la mer. Influence marine dans les chambres bien tenues et insonorisées ; on choisit entre la vue sur les bateaux et un maximum de calme sur l'arrière du bâtiment. Fruits... de mer au restaurant.

Bellevue
r. de la Rampe – ☎ 02 98 17 12 50 – Fermé 15 déc.-7 janv.
15 ch – 75/90 € 75/145 € – 11 € – ½ P 67/102 €
◆ Vue panoramique sur le port et tranquillité assurée dans les studios fonctionnels de cette annexe de l'hôtel de France. Pratique : ils sont équipés de cuisinettes.

Vauban ch,
4 quai du Styvel – ☎ 02 98 27 91 36 – www.hotelvauban-camaret.fr – Fermé vacances de Noël et de fév.
16 ch – 42/65 € 49/72 €
Rest *(ouvert avril-sept. et fermé dim. soir, lundi et mardi)* – Formule 16 € – Menu 24 € – Carte environ 37 €
◆ Les navigateurs ne s'y trompent pas en aimant faire escale ici : l'hôtel est plutôt modeste, mais ses prix sages et son accueil vraiment sympathique méritent qu'on y jette l'ancre. Plusieurs chambres ont vue sur la mer, moussaillons !

LA CAMBE – 14 Calvados – **303** F3 – 644 h. – alt. 25 m – ✉ 14230 **32** B2
Paris 289 – Bayeux 26 – Caen 56 – Saint-Lô 31

Ferme Savigny sans rest
2,5 km par D 613 et D113 (direction Grandcamp-Maisy) – ☎ 02 31 21 12 33 – http://perso.wanadoo.fr/ferme-savigny/
3 ch – 41 € 50 €
◆ Un corps de ferme couvert de vigne vierge (16e-17es.) : dans la tourelle se cache le bel escalier à vis qui dessert les chambres, joliment champêtres. Pour le petit-déjeuner, on se régale de confitures et de madeleines maison.

CAMBLANES-ET-MEYNAC – 33 Gironde – **335** I6 – rattaché à Bordeaux

CAMBO-LES-BAINS – 64 Pyrénées-Atlantiques – **342** D4 – 6 177 h. **3** A3
– alt. 67 m – Stat. therm. : début mars-mi-déc. – ✉ 64250 Pays Basque et Navarre
Paris 783 – Biarritz 21 – Pau 115
avenue de la Mairie, ☎ 05 59 29 70 25, www.cambolesbains.com
Epherra, à Souraïde, Urloko Bidea, O : 13 km par D 918, ☎ 05 59 93 84 06
Villa Arnaga★★.

Le Bellevue rest, rest,
r. des Terrasses – ☎ 05 59 93 75 75 – www.hotel-bellevue64.fr – Fermé 8 janv.-12 fév.
7 ch – 70/80 € 80/115 € – 6 suites – 8 €
Rest *(fermé jeudi soir sauf juil.-août, dim. soir et lundi)* – Formule 13 € – Menu 20 € – Carte 37/43 €
◆ Dans cette maison du 19e s., bien rénovée, on trouve des suites familiales d'esprit contemporain, spacieuses et bien tenues. Jardin verdoyant et transats autour de la piscine. Au restaurant, décor soigné et cuisine dans l'air du temps.

Ursula sans rest
quartier Bas-Cambo, 2 km au Nord – ☎ 05 59 29 88 88 – www.hotel-ursula.fr – Fermé 20 déc.-10 janv.
15 ch – 52/55 € 59/69 € – 10 €
◆ Petit hôtel familial, convivial et coloré, au cœur du pittoresque quartier du Bas-Cambo. Chambres très bien tenues et climatisées. Jambon et confitures maison au petit-déjeuner.

Auberge "Chez Tante Ursule"

VISA

fronton du Bas-Cambo, 2 km au Nord – ✆ 05 59 29 78 23 – www.auberge-tante-ursule.com – Fermé mardi

Rest – Menu 16 € (déj. en sem.), 25/37 € – Carte 22/38 €

◆ Près du fronton de pelote du Bas-Cambo, une grande salle à manger aménagée dans un ancien atelier de menuiserie. La cuisine a l'âme basque.

CAMBRAI

Albert-1er (Av.) . . . . BY 2
Alsace-Lorraine (R. d') . . . . BYZ 4
Berlaimont (Bd de) . . . . BZ 5
Briand (Pl. A.) . . . . AYZ 6
Cantimpré (R. de) . . . . AY 7
Capucins (R. des) . . . . AY 8
Château-de-Selles (R. du) . . . AY 10
Clefs (R. des) . . . . AY 12
Épée (R. de l') . . . . AZ 13
Fénelon (Gde-R.) . . . . AY 15
Fénelon (Pl.) . . . . AY 16
Feutriers (R. des) . . . . AY 17
Gaulle (R. Gén.-de) . . . . BZ 18
Grand-Séminaire (R. du) . . . . AZ 19
Lattre-de-Tassigny (R. Mar.-de) . . . . BZ 21
Leclerc (Pl. du Mar.) . . . . BZ 22
Lille (R. de) . . . . BY 23
Liniers (R. des) . . . . AZ 24
Moulin (Pl. J.) . . . . AZ 25
Nice (R. de) . . . . AY 27
Pasteur (R.) . . . . AY 29
Porte-de-Paris (Pl. de la) . . . . AZ 32
Porte-Notre-Dame (R.) . . . . . BY 31
Râtelots (R. des) . . . . AZ 33
Sadi-Carnot (R.) . . . . AY 35
St-Aubert (R.) . . . . AY 36
St-Géry (R.) . . . . AY 37
St-Ladre (R.) . . . . BZ 39
St-Martin (Mail) . . . . AZ 40
St-Sépulcre (Pl.) . . . . AZ 41
Selles (R. de) . . . . AY 43
Vaucelette (R.) . . . . AZ 45
Victoire (Av. de la) . . . . AZ 46
Watteau (R.) . . . . BZ 47
9-Octobre (Pl. du) . . . . AY 48

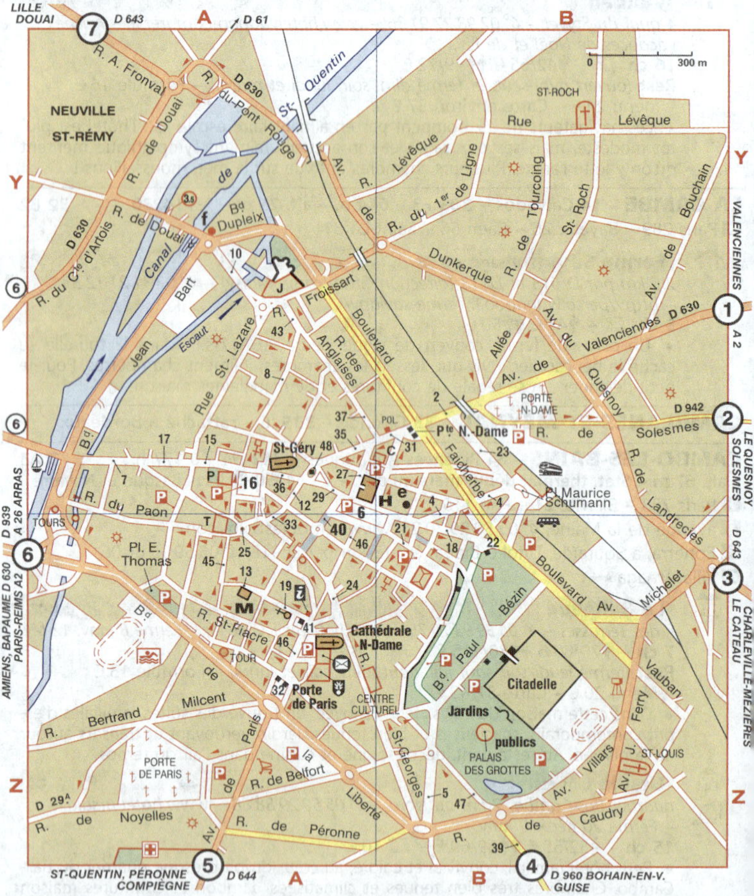

CAMBRAI – 59 Nord – **302** H6 – 32 346 h. – alt. 53 m – ✉ 59400 **31** C3
Nord Pas-de-Calais Picardie

Paris 179 – Amiens 98 – Arras 36 – Lille 77

48, rue du Noyon, ✆ 03 27 78 36 15, www.tourisme-cambrai.fr

Mise au tombeau★★ de Rubens dans l'église St-Géry AY - Musée Beaux-Arts : clôture du choeur★, char de procession★ AZ **M.**

Beatus

718 av. de Paris, 1,5 km par ⑤ – ✆ 03 27 81 45 70 – www.beatus-cambrai.com

32 ch – †69/109 € ††73/109 € – ☕ 10 €

Rest *(fermé août, 24 déc.-4 janv. et week-ends) (dîner seult)* – Menu 22/38 € – Carte 30/61 €

◆ Légèrement excentré, cet hôtel familial est niché dans un parc ombragé. Ici, on vient et revient pour l'accueil chaleureux et les chambres au calme (les plus récentes étant en outre très cosy). Le soir, les résidents profitent du restaurant traditionnel.

Le Clos St-Jacques sans rest

9 r. St-Jacques – ✆ 03 27 74 37 61 – www.leclosstjacques.com – Fermé 11-23 août et 25 fév.-6 mars BYe

5 ch – †74/79 € ††74/79 € – ☕ 10 €

◆ "Ce bel hôtel particulier aurait accueilli la confrérie de Saint-Jacques de Compostelle." Le propriétaire est un conteur né et ne manque pas d'anecdotes... Quant à sa femme, elle a insufflé une âme "déco" à la maison, tout en préservant son cachet originel. Le petit-déjeuner est excellent.

Au Fil de l'Eau

1 bd Dupleix – ✆ 03 27 74 65 31 – www.aufildeleau-cambrai.fr – Fermé 15 juil.-14 août, 25 fév.-5 mars, dim. soir, merc. soir et lundi AYf

Rest – Formule 19 € – Menu 24/50 € – Carte 28/59 €

◆ Sympathique petit restaurant près d'une écluse du canal de St-Quentin. Ici convivialité rime avec déco colorée et saveurs traditionnelles iodées. Et pour cause, la propriétaire est originaire du Morbihan !

rte de Bapaume 4 km par ⑥ – ✉ 59400 Fontaine-Notre-Dame

Auberge Fontenoise

543 rte de Bapaume – ✆ 03 27 37 71 24 – www.auberge-fontenoise.com – Fermé sam. midi d'oct. à avril, dim. soir et lundi

Rest – Menu 28/60 € bc – Carte 38/65 €

◆ Une auberge familiale, où la gourmandise n'est pas un vain mot. Avec une bonne dose de savoir-faire, le chef et son fils travaillent de beaux produits et concoctent des plats dans l'air du temps mâtinés de terroir.

CAMBREMER – 14 Calvados – **303** M5 – 1 096 h. – alt. 100 m – ✉ 14340 **33** C2

Paris 211 – Caen 38 – Deauville 28 – Falaise 38

rue Pasteur, ✆ 02 31 63 08 87, www.office-tourisme-cambremer.fr

Château Les Bruyères

rte du Cadran (D 85) – ✆ 02 31 32 22 45 – www.chateaulesbruyeres.com – Fermé 3 janv.-3 fév.

13 ch – †95/225 € ††95/225 € – 1 suite – ☕ 20 €

Rest *Château Les Bruyères* – voir les restaurants ci-après

◆ Au bout d'une grande allée, un charmant petit manoir en brique rouge, véritable concentré d'élégance bourgeoise. L'endroit est parfait pour un séjour romantique, comme une ode à la quiétude. Marcel Proust y a séjourné...

Château Les Bruyères
rte du Cadran (D 85) – ✆ 02 31 32 22 45 – www.chateaulesbruyeres.com – Fermé 3 janv.-3 fév., lundi et mardi d'oct. à avril
Rest *(dîner seult)* – Menu 39/85 € – Carte 65/85 €
◆ "Manger au château" prend ici tout son sens. Le chef élabore des menus "terre et mer" selon les arrivages du marché, parfumés de plantes aromatiques et de fruits et légumes du potager. Originale, la belle sélection de cidres.

CAMON – **09 Ariège** – **343** J6 – **164 h.** – **alt. 349 m** – ✉ **09500** **29** C3
Midi-Toulousain
Paris 780 – Carcassonne 63 – Pamiers 37 – Toulouse 103
10, rue Georges d'Armagnac, ✆ 05 61 68 88 26

L'Abbaye-Château de Camon
– ✆ 05 61 60 31 23 – www.chateaudecamon.com – Ouvert 16 mars-31 oct.
5 ch – †100/180 € ††120/190 € – ☐ 18 € **Table d'hôte** – Menu 40 €
◆ Le temps semble s'être arrêté dans ce site enchanteur. L'abbaye s'adosse toujours à l'église mais les chambres n'ont plus rien de monacal, tandis que la beauté du jardin invite à la méditation. Le soir, on se dirige vers le cloître pour évoquer la bénédiction des sens autour d'un menu dégustation...

CAMPAGNE – **24 Dordogne** – **329** G6 – **rattaché au Bugue**

CAMPES – **81 Tarn** – **338** D6 – **rattaché à Cordes-sur-Ciel**

CAMPIGNY – **27 Eure** – **304** D6 – **rattaché à Pont-Audemer**

CANAPVILLE – **14 Calvados** – **303** M4 – **rattaché à Deauville**

CANCALE – **35 Ille-et-Vilaine** – **309** K2 – **5 341 h.** – **alt. 50 m** – ✉ **35260** **10** D1
Bretagne
Paris 398 – Avranches 61 – Dinan 35 – Fougères 73
44, rue du Port, ✆ 02 99 89 63 72, www.cancale-tourisme.fr
Site★ - Port de la Houle★ - ✻★ de la tour de l'église St-Méen - Pointe du Hock et sentier des Douaniers ≤★.
Pointe du Grouin★★.

De Bricourt-Richeux
rte du Mont-St-Michel : 6,5 km par D 76, D 155 et voie secondaire – ✆ 02 99 89 64 76 – www.maisons-de-bricourt.com – Fermé 15 janv.-1er mars
11 ch – †170/320 € ††170/320 € – 2 suites – ☐ 24 €
Rest *Le Coquillage* ✿ – voir les restaurants ci-après
◆ Dans un parc (plantes aromatiques, animaux) dominant la baie du Mont-St-Michel, superbe villa de 1922 où séjourna Léon Blum. Chambres très raffinées, accueil soigné.

Le Continental
4 quai Thomas – ✆ 02 99 89 60 16 – www.hotel-cancale.com – Fermé 5 janv.-5 fév. Zs
17 ch – †80/145 € ††90/175 € – ☐ 13 € – ½ P 88/118 €
Rest *L'Ormeau* – voir les restaurants ci-après
◆ Une petite adresse sympathique : situation privilégiée face au port, chambres confortables et très bien tenues et, pour les gourmands, confitures maison au petit-déjeuner...

Le Querrien
7 quai Duguay-Trouin – ✆ 02 99 89 64 56 – www.le-querrien.com Zv
15 ch – †69/89 € ††109/169 € – ☐ 10 €
Rest – Menu 16 € (sem.)/59 € – Carte 35/65 €
◆ Maison bretonne et sa véranda en bois donnant sur le quai. Les chambres, vastes, portent des noms de bateaux et arborent les couleurs du large ; neuf donnent sur les flots. Le décor (vivier, boiseries, fresque marine) et la carte du restaurant rendent hommage à l'océan.

CANCALE

- Bricourt (Pl.) . . . . Y 3
- Calvaire (Pl. du) . . . . Z 4
- Duguay-Trouin (Quai). . . . . Z 9
- Duquesne (R.) . . . . Y 10
- Du-Guesclin (R.) . . . . Y 8
- Fenêtre (Jetée de la) . . . . Z 12
- Gallais (R.) . . . . Y 13
- Gambetta (Quai) . . . . Z 14
- Hock (R. du) . . . . Z 16
- Jacques-Cartier (Quai) . . . . Z 17
- Juin (R. du Mar.) . . . . Z 18
- Kennedy (Quai) . . . . Z 19
- Leclerc (R. Gén.) . . . . YZ 20
- Mennais (R. de la) . . . . Y 22
- Port (R. du) . . . . Z
- République (Pl. de la). . . . . Z 23
- Rimains (R. des) . . . . Y 24
- Roulette (R. de la) . . . . Z 25
- Stade (R. du) . . . . Y 27
- Surcouf (R.) . . . . Y 28
- Thomas (Quai) . . . . Z 30

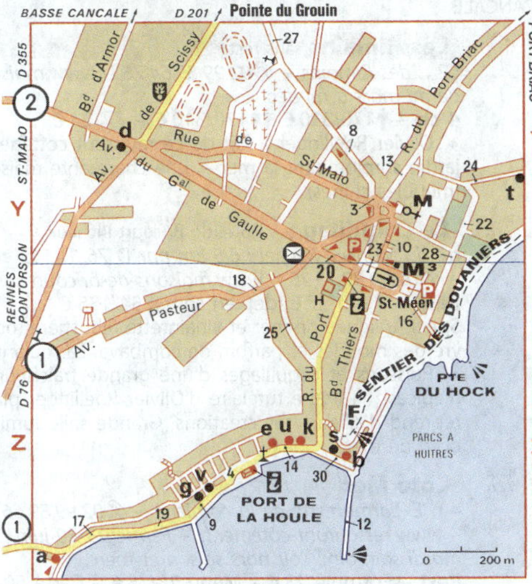

Le Manoir des Douets Fleuris

1,5 km par ② et D 355 – ✆ 02 23 15 13 81 – www.manoirdesdouetsfleuris.com – Fermé janv.

7 ch – †79/130 € ††79/130 € – 3 suites – ☕ 12 € – ½ P 81/126 €

Rest *(fermé lundi hors saison) (dîner seult sauf sam. et dim.)* – Menu 29/49 € – Carte 25/50 €

◆ La patronne aime ce manoir du 17e s., dans sa famille depuis cinq générations. Chambres feutrées (dont une suite avec cheminée en granit), âtre monumental au salon : de l'âme ! À table, atmosphère bistrotière mariant vieilles pierres et plats de tradition.

Auberge de la Motte Jean sans rest

2 km par ② et D 355 – ✆ 02 99 89 41 99 – www.hotel-mottejean.com – Fermé 1er déc.-31 janv.

13 ch – †78 € ††130 € – ☕ 8 €

◆ Au jardin ou au bord de l'étang, profitez des plaisirs de la campagne cancalaise ! Corps de ferme de 1707 doté de chambres classiques et romantiques ; accueil charmant.

Alg Hôtel sans rest

59 bis av. du Gén.-de-Gaulle – ✆ 02 99 89 50 00 – www.cancale.brit-hotel.fr – Ouvert 16 mars-12 nov. Yd

30 ch – †49/85 € ††59/99 € – ☕ 12 €

◆ À l'entrée de Cancale, cet hôtel créé en 2010 a été entièrement pensé pour le bien-être. Chambres d'esprit zen, offre de soins et de massages, sauna, etc.

Duguay Trouin sans rest

11 quai Duguay-Trouin – ✆ 02 23 15 12 07 – www.hotelduguaytrouin.com Zg

7 ch – †85 € ††95/110 € – ☕ 8 €

◆ Hôtel du port de pêche où simplicité et gentillesse sont reines ! Chambres côté baie ou rochers, sobrement marines et décorées d'objets chinés dans de lointaines contrées...

Le Chatellier sans rest

1 km par ② et D 355 – ✆ 02 99 89 81 84 – www.hotellechatellier.com – Ouvert avril-nov.

13 ch – †52/62 € ††67/90 € – ☕ 9 € – ½ P 71/83 €

◆ Belle demeure bretonne au charme familial préservé. Chambres sobres et cosy (mobilier patiné, parquet...), mansardées à l'étage ; certaines donnent sur l'agréable jardin.

Les Rimains sans rest

62 r. des Rimains – ✆ 02 99 89 64 76 – www.maisons-de-bricourt.com – Ouvert de mi-mars à mi-déc. Yt

4 ch – †170/310 € ††170/310 € – ☕ 24 €

◆ Olivier Roellinger a fait de ce ravissant cottage des années 1930 – ceint d'un jardin surplombant la mer –, une charmante maison d'hôtes. Chambres raffinées (meubles chinés).

Le Coquillage – Hôtel de Bricourt-Richeux

rte du Mont-St-Michel : 6,5 km par D 76, D 155 et voie secondaire – ✆ 02 99 89 25 25 – www.maisons-de-bricourt.com – Fermé 15 janv.-1er mars

Rest – Menu 27 € (déj. en sem.), 54/135 €

Spéc. Araignée de mer et vinaigrette flibustière (oct. à juin). Blanc de barbue, poivre des mondes et parfum de combava. La roulante des gourmandises.

◆ Poissons et coquillages d'une grande fraîcheur, relevés de savants mélanges d'épices : la figure tutélaire d'Olivier Roellinger plane sur cette table – un menu reprend d'ailleurs ses créations. Grande salle lumineuse ouvrant sur le jardin en bord de mer.

Côté Mer

4 r. E.-Larmort, rte de la corniche – ✆ 02 99 89 66 08 – www.restaurant-cotemer.fr – Fermé 23-30 juin, 2 sem. en nov., 2 sem. en fév., mardi soir, dim. soir hors saison et merc. Za

Rest – Formule 23 € – Menu 28/75 € – Carte 50/65 €

◆ La vue sur la baie et le port est bien agréable. Poisson, coquillages et crustacés ont ici le vent en poupe et sont préparés avec finesse. Plateaux de fruits de mer sur commande.

Le Cancalais avec ch — rest, ch,

12 quai Gambetta – ✆ 02 99 89 61 93 – www.lecancalais.com – Fermé 15 déc.-1er fév. et dim. soir d'oct. à juin Zu

10 ch – †55/90 € ††55/90 € – ☕ 8 €

Rest – Menu 15 € (sem.), 26/38 € – Carte 30/58 €

◆ Une institution cancalaise joliment rustique (meubles d'inspiration bretonne), où apprécier une agréable cuisine traditionnelle faisant la part belle aux produits de la mer. Véranda panoramique. Chambres coquettes.

L'Ormeau – Hôtel Le Continental

4 quai Thomas – ✆ 02 99 89 60 16 – www.hotel-cancale.com – Fermé 5 janv.-5 fév., mardi et merc. sauf le soir de juin à sept. Zs

Rest – Formule 19 € – Menu 23/72 € – Carte 28/72 €

◆ Le bien nommé Ormeau comble les amateurs de poisson et fruits de mer dans un cadre élégant (boiseries, miroirs et vue sur la flottile de pêche). Un plateau d'huîtres de Cancale, un filet de saint-pierre ou... des ormeaux ?

La Table de Breizh Café

7 quai Thomas, (1er étage) – ✆ 02 99 89 56 46 – www.breizhcafe.com – Fermé janv., mardi sauf juil.-août et merc. Zb

Rest *(nombre de couverts limité, réserver)* – Formule 28 € – Menu 38 € (déj. en sem.), 60/120 €

◆ Le chef japonais est passé par de grandes maisons hexagonales, et sa cuisine se mêle de belles influences françaises. Cadre raffiné et vue imprenable sur le port et la baie.

Le Surcouf

7 quai Gambetta – ✆ 02 99 89 61 75 – Fermé déc., janv., mardi et merc.

Rest – Formule 16 € – Menu 26/44 € – Carte 45/55 € Zk

◆ Bordant le port, ce joli petit bistrot marin sort du lot ! Vue sur la jetée (plus étendue à l'étage) et goûteuse cuisine de la mer.

Le Troquet

19 quai Gambetta – ✆ 02 99 89 99 42 – Fermé jeudi et vend. sauf août

Rest – Formule 18 € – Menu 24/55 € – Carte 36/65 € Ze

◆ Un sympathique petit "Troquet" sur les quais, face à la baie. Poissons et crustacés de premier choix, dont les fameuses huîtres de Cancale.

à la Pointe du Grouin ★★ **4,5 km au Nord par D 201 – ✉ 35260 Cancale**

La Pointe du Grouin
– ✆ 02 99 89 60 55 – www.hotelpointedugrouin.com – Ouvert 1er avril-15 nov.
15 ch – 96 € 120 € – ☕ 9 € – ½ P 90 €
Rest *La Pointe du Grouin* – voir les restaurants ci-après
◆ Il règne comme un délicieux parfum de bout du monde dans cette demeure bretonne perchée sur une falaise, face aux îles et au Mont-St-Michel, et les chambres sont romantiques à souhait. Un petit paradis !

La Pointe du Grouin
– ✆ 02 99 89 60 55 – www.hotelpointedugrouin.com – Fermé 16 nov.-31 mars, jeudi midi sauf du 14 juil. au 31 août et mardi
Rest – Menu 22/82 € – Carte 36/70 €
◆ Superbe vue sur le large ! Ce restaurant "du bout du monde" est une ode à la tradition et aux produits de la mer... Filet de lieu, aile de raie, soupe de poisson, mais aussi filet mignon de porc : il y en a pour tous les goûts.

CANCON – **47 Lot-et-Garonne** – **336** F2 – **1 282 h.** – **alt. 199 m** – ✉ **47290** **4** C2
Paris 581 – Agen 51 – Bergerac 40 – Bordeaux 134
7 rue de la République, ✆ 05 53 01 09 89, www.cancon.fr

à St-Eutrope-de-Born **9 km au Nord-Est par D 124 et D 153 – 683 h. – alt. 95 m – ✉ 47210**

Domaine du Moulin de Labique
rte de Villeréal – ✆ 05 53 01 63 90 – www.moulin-de-labique.net – Fermé 23 oct.-2 nov.
5 ch – 75 € 100/115 € – ☕ 10 € – ½ P 83/95 €
Table d'hôte – Menu 27/31 €
◆ Tissus Liberty, toile de Jouy, meubles patinés par les ans... Un beau domaine au bord d'un ruisseau, dans un style "campagne chic" vraiment ravissant. Pour ne rien gâcher, les propriétaires sont très conviviaux et, au petit-déjeuner, rien de meilleur qu'une confiture maison ! Étang pour les amateurs de pêche.

CANDES-ST-MARTIN – **37 Indre-et-Loire** – **317** J5 – **221 h.** **11** A2
– **alt. 35 m** – ✉ **37500** Châteaux de la Loire
Paris 290 – Angers 76 – Chinon 16 – Saumur 13
Collégiale★.

Auberge de la Route d'Or
2 pl. de l'Église – ✆ 02 47 95 81 10 – routedor.free.fr – Ouvert début avril à mi-nov. et fermé lundi sauf le midi en juil.-août et mardi
Rest *(nombre de couverts limité, réserver)* – Formule 17 € – Menu 23/33 € – Carte 38/56 €
◆ Une petite auberge du 17es., au pied de l'église d'un joli village. La cuisine, traditionnelle, puise son inspiration dans le terroir et sied à l'agréable décor rustique.

CANDÉ-SUR-BEUVRON – **41 Loir-et-Cher** – **318** E7 – **1 471 h.** **11** A1
– **alt. 70 m** – ✉ **41120**
Paris 199 – Blois 15 – Chaumont-sur-Loire 7 – Montrichard 21
10, route de Blois, ✆ 02 54 44 00 44

La Caillère
36 rte de Montils – ✆ 02 54 44 03 08 – www.lacaillere.com – fermé janv. et fév.
16 ch – 53/66 € 53/66 € – ☕ 11 € – ½ P 69 €
Rest *(fermé lundi midi, jeudi midi et merc.)* – Formule 20 € – Menu 30/46 € – Carte 46/57 €
◆ Isolée de la route par un rideau de verdure, cette ancienne ferme est flanquée d'une aile moderne abritant des chambres sobres et bien tenues. Cuisine traditionnelle de saison dans une salle au cachet campagnard (vieilles soupières, plafond à la française).

LE CANET – **13 Bouches-du-Rhône** – **340** I5 – **rattaché à Aix-en-Provence**

CANET – **11 Aude** – **344** I3 – **rattaché à Narbonne**

CANET-PLAGE

Aigues Marines (R. des) .... **BZ** 2
Albères (R. des) .... **BY** 5
Amandiers (R. des) .... **BY** 6
Anémones (Bd des) .... **AYZ** 7
Balcons du Front de Mer (Av. des) **BZ** 8
Bourgogne-Morvan (R.) .... **BZ** 9
Capcir (Galerie du) .... **BY** 12
Cassanyes (Galerie) .... **BY** 14
Catalogne (Av. de la) .... **BY** 15
Cerdagne (R. de) .... **BY** 18
Cerisiers (R. des) .... **BY** 20
Champagne (R. de) .... **BZ** 22
Coquillages (R. des) .... **BZ** 25
Corbières (R. des) .... **BY** 28
Grande-Bretagne (R. de) .... **BYZ** 29
Gratia (Av. Edmond) .... **BZ** 30
Île-de-France (R.) .... **BZ** 32
Jouy d'Arnaud (R.) .... **BY** 33
Pountarrou (Av. du) .... **AY** 34
Pyrénées (R. des) .... **BY** 35
Sardane (R. de la) .... **ABY** 36

CANET-EN-ROUSSILLON – 66 Pyrénées-Orientales – 344 J6 – 22 B3

– 12 372 h. – alt. 11 m – Casino BZ – ✉ 66140

Paris 849 – Argelès-sur-Mer 21 – Narbonne 66 – Perpignan 11

1bis avenue de la Méditerranée, ✆ 04 68 86 72 00, www.ot-canet.fr

à Canet-Plage – ✉ 66140

Les Flamants Roses

1 voie des Flamants-Roses, par ① – ✆ 04 68 51 60 60 – www.hotel-flamants-roses.com

60 ch – †140/355 € ††140/355 € – 3 suites – ☕ 19 € – ½ P 124/228 €

Rest *L'Horizon* – Formule 23 € – Menu 29 € bc (déj. en sem.), 46/60 € – Carte environ 50 €

◆ Hôtel récent bordant la plage et couplé à un centre de thalasso qui ravira les adeptes du genre : piscines intérieures, hammam et soins au top ! Quant aux chambres, ouvertes sur les flots ou le jardin, elles sont très chaleureuses.

Le Mas de la Plage

34 av. Roussillon – ✆ 04 68 80 32 63 – www.lemasdelaplageetdespins.com – Ouvert 20 mars-12 nov. AYa

19 ch – †85/140 € ††100/165 € **Rest** *(dîner seult)* – Menu 34 €

◆ À deux pas de la plage, un mas familial simple et authentique – la maison de l'arrière-grand-père de l'actuel propriétaire. Les chambres sont coquettes, le jardin ravissant et l'on peut même savourer un menu homard au restaurant.

Ibis Styles sans rest

120 prom. de la Côte-Vermeille – ✆ 04 68 80 28 59 – www.allseasonshotels.com BZb

48 ch ☕ – †89/135 € ††99/145 €

◆ Un hôtel de bord de mer avec des chambres simples mais confortables (lits king size), à préférer côté Méditerranée, avec balcon.

Le Galion

20 bis av. du Grand-large – ✆ 04 68 80 28 23 – www.hotel-le-galion.com BZr

28 ch – †64/142 € ††64/142 € – ☕ 11 € – ½ P 64/109 €

Rest – Formule 18 € – Menu 26 € (déj.)/30 € – Carte 29/47 €

◆ Un Galion familial et pratique, avec des chambres sobres et fraîches (balcon)... Petits plus : la piscine chauffée et le parking clos.

Le Don Quichotte

22 av. de Catalogne – ✆ 04 68 80 35 17 – www.ledonquichotte.com – Fermé mi-janv.-mi-fév., lundi et mardi sauf fériés BYr

Rest – Menu 19 € (déj. en sem.), 48/48 € – Carte 28/70 €

◆ Dans ce restaurant frais et élégant, le patron privilégie les produits locaux. Sa cuisine traditionnelle prend de beaux accents catalans et, en passionné d'œnologie, il vous fait découvrir de jolis crus. Simple et bon !

CANGEY – 37 Indre-et-Loire – 317 P4 – 1 053 h. – alt. 85 m – ✉ 37530 – 11 A1

Paris 210 – Amboise 12 – Blois 28 – Montrichard 26

de Fleuray, Route de Dame-Marie-les-Bois, N : 8 km par D 74, ✆ 02 47 56 07 07

Le Fleuray

7 km au Nord, par D 74 rte Dame-Marie-les-Bois – ✆ 02 47 56 09 25 – www.lefleurayhotel.com

23 ch – †78/148 € ††78/148 € – ☕ 15 € – ½ P 84/129 €

Rest *(fermé le midi sauf dim.) (nombre de couverts limité, réserver)* – Menu 30/50 € – Carte 49/77 €

◆ Une ferme restaurée, si charmante avec son verger et sa piscine. On vous accueille avec le sourire, et les chambres, douillettes, ont des noms de fleurs. Restaurant façon jardin d'hiver, avec une belle vue sur la campagne. Cuisine bien faite et joliment présentée.

CANNES – 06 Alpes-Maritimes – **341** D6 – **72 939 h.** – **alt. 2 m** **42** E2
– **Casinos : Palm Beach** X, **Croisette** BZ – ✉ **06400** Côte d'Azur

Paris 898 – Aix-en-Provence 149 – Marseille 160 – Nice 33

1, boulevard de La Croisette, ✆ 04 92 99 84 22, www.cannes.travel

Riviera Golf Club, à Mandelieu, Avenue des Amazones, par rte de la Napoule : 8 km, ✆ 04 92 97 49 49

de Cannes Mougins, à Mougins, 175 avenue du Golf, NO : 9 km, ✆ 04 93 75 79 13

Royal Mougins Golf Club, à Mougins, 424 avenue du Roi, par rte de Grasse : 10 km, ✆ 04 92 92 49 69

Site★★ - Le front de Mer★★ : boulevard★★ et pointe★ de la croisette - ≤★ de la tour du Mont-Chevalier AZ - Musée de la Castre★★ AZ - Chemin des Collines★ NE : 4 km V - La Croix des Gardes X ≤★ O : 5 km puis 15 mn.

Plans pages suivantes

Martinez ≤ ch, ch, VISA AE
– ✆ *04 92 98 73 00 – www.concorde-hotels.com/martinez* DZ**n**
393 ch – †180/1500 € ††180/1500 € – 16 suites – ☕ 39 €
Rest *La Palme d'Or* ✿✿
Rest *Relais Martinez* – voir les restaurants ci-après
Rest *Z. Plage* ✆ 04 92 98 74 22 *(ouvert début avril-mi-oct. et fermé le soir sauf les week-ends en juil.-août)* – Formule 37 € – Carte 40/120 €
◆ Escale idyllique, ce palace Art déco rivalise de luxe et de style. Chambres et suites somptueuses, équipements high-tech, très belle piscine chauffée, grand spa avec des produits Lancaster et Sothys... L'esprit Côte d'Azur, assurément !

Majestic Barrière ≤ ch, ch, VISA AE
10 bd de la Croisette – ✆ 04 92 98 77 00 – www.majestic-barriere.com
– Fermé 8-30 déc. et 8 fév.-1er mars BZ**n**
304 ch – †232/990 € ††232/990 € – 45 suites – ☕ 36 €
Rest *Fouquet's*
Rest *La Petite Maison de Nicole* – voir les restaurants ci-après
Rest *B. Sud* *(ouvert d'avril à sept.) (déj. seult)* – Carte 51/107 €
◆ En face du palais des Festivals, sa façade immaculée évoque le faste des Années folles. Luxe, confort et raffinement contemporain à tous les étages, pour un séjour chic, à l'image de la Croisette.

Carlton Inter Continental ≤ VISA AE
58 bd de la Croisette – ✆ 04 93 06 40 06 – www.ichotelsgroup.com (fermeture prévue pour travaux à partir de août 2012) CZ**e**
300 ch – †195/1315 € ††200/1315 € – 43 suites – ☕ 35 €
Rest *Carlton* – voir les restaurants ci-après
Rest *La Plage* ✆ 04 93 06 44 94 *(ouvert avril-oct. et fermé le soir)* – Carte 65/135 €
◆ Symbole Belle Époque de la splendeur de la Croisette, le Carlton compte parmi les palaces mythiques de la Riviera. Luxueux lobby, chambres et suites dont le classicisme a ravi plusieurs générations d'hôtes illustres... Élégance !

Five Hotel & Spa ≤ ch, VISA AE
1 r. Notre-Dame – ✆ 04 63 36 05 05 – www.five-hotel.com BZ**g**
30 ch – †295/805 € ††295/805 € – 15 suites – ☕ 35 €
Rest *Sea Sens* ✆ 04 63 36 05 06 – Formule 39 € – Menu 45 € (déj. en sem.), 60/80 € – Carte 65/115 €
◆ En retrait de la Croisette, cet hôtel inauguré en 2011 n'a rien d'impersonnel : décor soigné jusque dans les détails, belles ambiances (sur le thème du voyage, par exemple) et équipements dernier cri – avec le fonctionnement huilé d'un établissement de standing. Au 5e étage, restaurant et piscine panoramiques...

Radisson Blu 1835 Hotel & Thalasso ≤ VISA AE
1 bd Jean-Hibert – ✆ 04 92 99 73 00
– www.radissonblu.com/hotel-cannes AZ**n**
118 ch – †139/799 € ††139/799 € – 16 suites – ☕ 27 €
Rest *Le 360°* – voir les restaurants ci-après
◆ À la pointe du vieux port, cet hôtel de luxe flambant neuf adossé au Suquet a adopté un style contemporain raffiné. Prestations haut de gamme et magnifiques thermes marins avec piscine d'eau de mer, bain japonais, hammams sec et humide...

Le Grand Hôtel
45 bd de la Croisette – 04 93 38 15 45 – www.grand-hotel-cannes.com – Fermé 9 déc.-19 janv. CZ**b**
74 ch – 180/700 € 180/700 € – 3 suites – 29 €
Rest *Le Park 45* – voir les restaurants ci-après
Rest *La Plage* *04 93 38 19 57 (ouvert 1er avril-10 oct. et fermé le soir)* – Carte 41/64 €
♦ Sur la Croisette mais au calme, derrière un superbe îlot de verdure. Côté déco : "revival" seventies qui sied parfaitement au bâtiment, beau mobilier design, sympathique restaurant de plage et... élégance.

Gray d'Albion
38 r. des Serbes – 04 92 99 79 79 – www.gray-dalbion.com – Fermé 7-28 déc. BZ**d**
199 ch – 152/626 € 152/626 € – 8 suites – 26 €
Rest *38 The Restaurant* *04 92 99 79 60 (fermé dim. et lundi)* – Menu 41 € – Carte 45/65 €
♦ Un hôtel rénové en 2010 dans un esprit contemporain propre à satisfaire la clientèle d'affaires. Chambres agréables et douillettes, bar confortable, offre de restauration dans un cadre plaisant et, pour la détente, plage privée sur la Croisette.

JW Marriott
50 bd de la Croisette – 04 92 99 70 00 – www.jwmarriottcannes.com
213 ch – 189/589 € 389/589 € – 50 suites – 35 € CZ**a**
Rest *La Scena* 04 92 99 70 92 – Carte 34/100 €
♦ Photos noir et blanc d'acteurs mythiques, tons reposants : les chambres, très confortables, évoquent le cinéma... Et pour cause : face à la mer, ce bel hôtel rénové en 2009 n'est autre que l'ancien palais des Festivals. Restaurant italien.

Croisette Beach sans rest
13 r. du Canada – 04 92 18 88 00 – www.croisettebeach.com – Fermé 9-26 déc. DZ**y**
94 ch – 109/412 € 109/412 € – 20 €
♦ Proche de tout et pourtant au calme, une gageure à Cannes ! Évidemment, il y a la plage privée sur la Croisette, mais aussi le petit jardin, la piscine en plein air et les chambres spacieuses et sobres (dont la moitié avec balcon)...

Splendid sans rest
4 r. F.-Faure – 04 97 06 22 22 – www.splendid-hotel-cannes.com BZ**a**
62 ch – 115/275 € 115/275 € – 16 €
♦ Face au vieux port des yachts, ce bel hôtel (1871) à la façade immaculée et ouvragée ne passe pas inaperçu... Intérieur soigné ; chambres douillettes de facture classique.

3.14 Hôtel
5 r. F.-Einesy – 04 92 99 72 00 – www.3-14hotel.com – Fermé 12 déc.-22 janv. CZ**u**
94 ch – 180/410 € 180/410 € – 15 suites – 25 €
Rest *(fermé dim. et lundi) (dîner seult)* – Menu 35 € – Carte 46/73 €
♦ Atmosphère jeune, festive, pop et décontractée – ici, on organise de nombreuses soirées musicales – dans ce bel hôtel très international. On y célèbre les cinq continents, en convoquant tour à tour le kitsch, le design chic, les matériaux nobles et la culture populaire. Dépaysant et frais !

Le Canberra
120 r. d'Antibes, (rond-point Duboys-d'Angers) – 04 97 06 95 00 – www.hotel-cannes-canberra.com CZ**k**
30 ch – 140/500 € 140/500 € – 5 suites – 21 €
Rest – Formule 19 € – Menu 26/36 € – Carte 40/55 €
♦ Une jolie villa immaculée au charme un peu vintage. Dans les chambres, vastes et douillettes, place au glamour fifties et au raffinement de très belles salles de bains. On se sent bien en musardant près de la piscine... sous un ciel d'azur !

CANNES

Albert-Édouard (Jetée) . . . . BZ
Alexandre-III (Bd) . . . . X 2
Alsace (Bd) . . . . BDY
Anc.-Combattants-d'Afrique-du-Nord (Av.) . . . . AYZ 4
André (R. du Cdt) . . . . CZ
Antibes (R. d') . . . . BCY
Bachaga-Saïd-Boualam (Av.) . . . AY 5
Beauséjour (Av.) . . . . DYZ
Beau-Soleil (Bd) . . . . X 10
Belges (R. des) . . . . BZ 12
Blanc (R. Louis) . . . . AYZ
Broussailles (Av. des) . . . . V 16
Buttura (R.) . . . . BZ 17
Canada (R. du) . . . . DZ
Carnot (Bd) X
Carnot (Square) . . . . V 20
Castre (Pl. de la) . . . . AZ 21
Chabaud (R.) . . . . CY 22
Clemenceau (R. G.) . . . . AZ
Coteaux (Av. des) V
Croisette (Bd de la) . . . . BDZ
Croix-des-Gardes (Bd) . . . . VX 29
Delaup (Bd) . . . . AY 30
Dr-Pierre Gazagnaire (R.) . . . . . AZ 32
Dr-R. Picaud (Av.) X
Dollfus (R. Jean) . . . . AZ 33
États-Unis (R. des) . . . . CZ 35
Favorite (Av. de la) . . . . X 38
Félix-Faure (R.) . . . . ABZ
Ferrage (Bd de la) . . . . ABY 40
Fiesole (Av.) . . . . X 43
Foch (R. du Mar.) . . . . BY 44
Gallieni (R. du Mar.) . . . . BY, X 48
Gaulle (Pl. Gén.-de) . . . . BZ 51
Gazagnaire (Bd Eugène) X
Grasse (Av. de) . . . . VX 53
Guynemer (Bd) . . . . AY
Hespérides (Av. des) . . . . X 55
Hibert (Bd Jean) . . . . AZ
Hibert (R.) . . . . AZ
Isola-Bella (Av. d') X
Jean-Jaurès (R.) . . . . BCY
Joffre (R. du Mar.) . . . . BY 60
Juin (Av. Mar.) . . . . DZ
Koening (Av. Gén.) . . . . DY
Lacour (Bd Alexandre) . . . . X 62
Latour-Maubourg (R.) . . . . DZ
Lattre-de-Tassigny (Av. de) . . . . AY 63
Laubeuf (Quai Max) . . . . AZ
Lérins (Av. de) . . . . X 65
Liberté-Charles de Gaulle (A. de la) . . . . AZ 70
Lorraine (Bd de) . . . . CDY
Macé (R.) . . . . CZ 66
Madrid (Av. de) . . . . DZ
Meynadier (R.) . . . . ABY
Midi (Bd du) X
Mimont (R. de) . . . . BY
Montfleury (Bd) . . . . CDY 74
Monti (R. Marius) . . . . AY 75
Mont-Chevalier (R. du) . . . . AZ 72
Noailles (Av. J.-de) X
Observatoire (Bd de l') . . . . X 84
Oxford (Bd d') . . . . V 87
Paillassou (Av. R. et I.) . . . . V 64
Pantiero (La) . . . . ABZ
Paradis-Terrestre (Corniches du) V 88
Pasteur (R.) . . . . DZ
Pastour (R. Louis) . . . . AY 90
Perier (Bd du) . . . . V 91
Perrissol (R. Louis) . . . . AZ 92
Petit-Juas (Av. du) VX
Pins (Bd des) . . . . X 95
Pompidou (Espl. G.) . . . . BZ
Prince-de-Galles (Av. du) . . . . X 97
République (Bd de la) X
Rioufle (R. Jean de) . . . . BY 98
Riou (Bd du) VX
Roi-Albert 1er (Av.) X
Rouguière (R.) . . . . BY 100
St-Antoine (R.) . . . . AZ 102
St-Nicolas (Av.) . . . . BY 105
St-Pierre (Quai) . . . . AZ
Sardou (R. Léandre) . . . . X 108
Serbes (R. des) . . . . BZ 110
Source (Bd de la) . . . . X 112
Stanislas (Pl.) . . . . AY
Strasbourg (Bd de) . . . . CDY
Teisseire (R.) . . . . CY 114
Tuby (Bd Victor) . . . . AYZ 115
Vallauris (Av. de) . . . . VX 116
Vallombrosa (Bd) . . . . AY 118
Vautrin (Bd Gén.) . . . . DZ
Vidal (R. du Cdt) . . . . CY 120
Wemyss (Av. Amiral Wester) . . . X 122
1ère Division-Française (Bd de la) . . . . BCY 124

LE CANNET

Aubarède (Ch. de l') . . . . V 8
Bellevue (Pl.) . . . . V 13
Bréguières (Rte des) . . . . V 14
Cannes (R. de) . . . . V 19
Carnot (Bd) V
Cheval (Av. Maurice) . . . . V 23
Collines (Ch. des) V
Doumer (Bd Paul) . . . . V 31
Écoles (Av. des) . . . . V 34
Four-à-Chaux (Bd du) . . . . V 45
Gambetta (Bd) . . . . V 50
Gaulle (Av. Gén.-de) V
Jeanpierre (Av. Maurice) . . . . . . V 58
Mermoz (Av. Jean) . . . . V 67
Monod (Bd Jacques) . . . . V 68
Mont-Joli (Av. du) . . . . V 73
N.-D.-des-Anges (Av.) . . . . V 79
Olivetum (Bd d') . . . . V 86
Olivet (Ch. de l') . . . . V 85
Paris (R. de) . . . . V 89
Pinède (Av. de la) . . . . V 94
Pompidou (Av. Georges) . . . . V 96
République (Bd de la) V
Roosevelt (Av. Franklin) . . . . V 99
St-Sauveur (R.) . . . . V 106
Victoria (Av.) V
Victor-Hugo (R.) . . . . V 119

VALLAURIS

Cannes (Av. de) . . . . V 18
Clemenceau (Av. G.) . . . . V 25
Dr J. Ugo (Bd du) . . . . V 56
Golfe (Av. du) . . . . V 52
Picasso (Av. Pablo) . . . . V 93
Rouvier (Bd Maurice) . . . . V 102
Tapis-Vert (Av. du) . . . . V 113

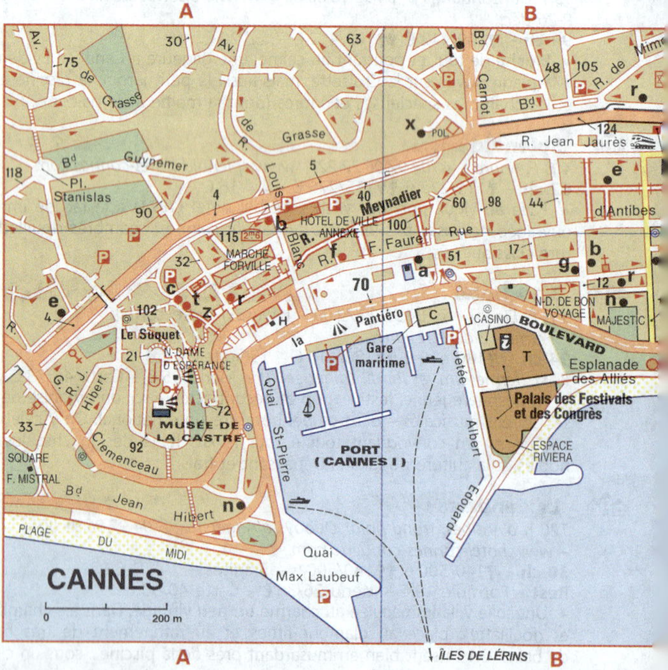

MOUGINS D 6185
MARSEILLE NICE A 8
D 6185 GRASSE, DIGNE
Musée de l'automobile
D 135
A 8
VALLAURIS
GOLFE-JUAN D 135
D 803
COL ST ANTOINE
500m
LE CANNET
ROCHEVILLE
SALLE LA PALESTRE
Av. du Gal de Gaulle
Bd Carnot
Av. des Coteaux
Av. Victoria
CH^IN DES COLLINES
LA CROIX DES GARDES
Bd Leader
Av. J. de Noailles
Bd du Riou
Av. de Lattre de T.
Petit Juas
R. de la République
Av. d'Isola Bella
SUPER CANNES
Av. Roi Albert 1er
LA CALIFORNIE
Av. Mal Juin
Av. Dr. R. Picaud
Bd du Midi Louise Moreau
BD DE LA CROISETTE
A 8 TOULON, MARSEILLE D 6007 FRÉJUS
ST-RAPHAËL N 98
NICE, ANTIBES D 6007
GOLFE DE LA NAPOULE
PORT CANTO
PORT CANNES II
Bd E. Gazagnaire
PORT DU MOURÉ ROUGE
POINTE DE LA CROISETTE
HÉLIPORT
CASINO PALM-BEACH
CANNES
0 1 km
ÎLES DE LÉRINS
V
X
C
D

CHAPELLE DU SOUVENIR
d'Alsace
J. Jaurès
Bd de la République
Bd de Strasbourg
Bd d'Alsace
Rue d'Antibes
Bd de Lorraine
Rd-Pt Gal Maubert
Av. Gal Kœnig
Av. Beauséjour
Av. Mal Juin
R. du Cdt André
R. du Canada
R. Pasteur
R. Latour-Maubourg
Malmaison
CARLTON
MARTINEZ
Bd Gal Vautrin
Avenue de Madrid
DE LA CROISETTE
Y
Z
C
D
Pointe de la Croisette

Eden Hôtel

133 r. d'Antibes – ☎ 04 93 68 78 00 – www.eden-hotel-cannes.com DZ**d**

116 ch – 🚹110/700 € 🚹🚹110/700 € – 1 suite – ☕ 20 €

Rest *(dîner seult)* – Menu 27 € – Carte 29/38 €

◆ Des chambres sobres et élégantes (mur camel, parquets en teck...) dont certaines avec balcon ; un bel espace détente dedans/dehors, avec deux piscines (l'une sur le toit), un hammam, un solarium et... un avant-goût du paradis.

Amarante

78 bd Carnot – ☎ 04 93 39 22 23 – www.jjwhotels.com V**e**

71 ch – 🚹150/500 € 🚹🚹150/1050 € – ☕ 20 €

Rest *(fermé 10 déc.-1er janv., sam., dim. et le soir)* – Formule 19 € – Menu 26/34 € – Carte 26/50 €

◆ Sur un boulevard très fréquenté et légèrement excentré, Cet Amarante dispose de chambres d'une tenue parfaite et bien insonorisées, plus agréables côté piscine... Idéal pour la clientèle d'affaires.

Le Mondial sans rest

1 r. Teisseire – ☎ 04 93 68 70 00 – www.hotellemondial.com CY**e**

49 ch – 🚹122/457 € 🚹🚹122/457 € – ☕ 14 €

◆ Dans ce bel immeuble Art déco, les chambres sont élégantes, spacieuses et cosy... Et il y a de ces petits détails qui font la différence, telles une cafetière individuelle, la vue sur la mer (côté rue) et, parfois, une baignoire balnéo.

Cavendish sans rest

11 bd Carnot – ☎ 04 97 06 26 00 – www.cavendish-cannes.com – Fermé 10 déc.-2 janv. BY**t**

35 ch – 🚹110/310 € 🚹🚹110/310 € – ☕ 20 €

◆ Un hôtel de tradition aux fonctionnement et services haut de gamme. Les chambres sont soignées ; bar à discrétion pour les résidents et délicieux petit-déjeuner.

Villa Garbo sans rest

64 bd d'Alsace – ☎ 04 93 46 66 00 – www.villagarbo-cannes.com – Fermé 10 déc.-3 janv. DZ**x**

11 suites – 🚹🚹250/1050 € – 1 ch – ☕ 20 €

◆ Une villa Belle Époque (1884) qui cultive son charme luxueux et raffiné, ainsi qu'un certain esprit maison d'hôtes... Design cosy, classicisme contemporain, équipement high-tech et prestations luxueuses : un grand hôtel, ce Garbo !

Château de la Tour sans rest

10 av. Font-de-Veyre, par ③ – ☎ 04 93 90 52 52 – www.hotelchateaudelatour.com – Fermé 5 fév.-4 mars

34 ch – 🚹125/375 € 🚹🚹125/375 € – ☕ 17 €

◆ Un castel provençal (19es.) dans un beau jardin, ou l'art de la quiétude. Les chambres, de grand confort, ont été entièrement aménagées dans un esprit néo-baroque chatoyant... Avis aux amateurs !

Cézanne sans rest

40 bd d'Alsace – ☎ 04 92 59 41 00 – www.hotel-cezanne.com CY**n**

28 ch – 🚹169/359 € 🚹🚹169/359 € – ☕ 20 €

◆ Un hôtel de bon confort niché derrière un jardinet très soigné et vraiment plaisant... Le bar, ainsi que cinq petites suites, donnent sur ce dernier ; hammam et fitness.

Renoir sans rest

7 r. Edith-Cavell – ☎ 04 92 99 62 62 – www.hotel-renoir-cannes.com – Fermé 3-26 janv. BY**x**

25 ch – 🚹108/420 € 🚹🚹108/420 € – 1 suite – ☕ 17 €

◆ Une maison de caractère (1913) qui entretient savamment un certain esprit "Hollywood" : grandes photos noir et blanc de stars des années 1960, atmosphère contemporaine et touches néobaroques.

Victoria sans rest
rd-pt Duboys-d'Angers – ✆ 04 92 59 40 00 – www.cannes-hotel-victoria.com – Fermé 22 nov.-30 déc. CZx
25 ch – †110/425 € ††110/425 € – ☕ 18 €
◆ Tout près de la Croisette, dans un immeuble d'habitation. Les chambres sont sobres (tons beige et bleu) et confortables, à préférer côté jardin – avec balcon ! En prime, le bar donne sur la terrasse, face à la petite piscine.

America sans rest
13 r. St-Honoré – ✆ 04 93 06 75 75 – www.hotel-america.com – Fermé 15 déc.-15 janv. BZr
28 ch – †75/148 € ††75/148 € – ☕ 15 €
◆ Dans une petite rue calme proche de la Croisette. Les chambres, dans l'air du temps et d'une tenue irréprochable, sont bien insonorisées et généralement spacieuses. Good Morning America !

Fouquet's sans rest
2 rd-pt Duboys-d'Angers – ✆ 04 92 59 25 00 – www.le-fouquets.com – Ouvert de mai à oct. CZy
13 ch – †120/240 € ††140/300 € – ☕ 15 €
◆ Ce petit hôtel familial – qui compte une clientèle fidèle – a subi une belle cure de jouvence en 2010 : drapés rouges, balcons ouvragés... un vrai décor à l'italienne pour des chambres spacieuses et bien tenues.

La Villa Cannes Croisette sans rest
8 traverse Alexandre-III – ✆ 04 93 94 12 21 – www.hotel-villa-cannes.com
31 ch – †109/155 € ††129/295 € – ☕ 18 € DZh
◆ Deux villas dans un jardin, autour d'une sympathique piscine chauffée ; des vélos à disposition : parfait pour les vacances ! Les chambres sont fraîches et lumineuses, certaines disposant d'une terrasse.

Cannes Riviera sans rest
16 bd d'Alsace – ✆ 04 97 06 20 40 – www.cannesriviera.com BYr
61 ch – †90/195 € ††110/215 € – 2 suites – ☕ 15 €
◆ Sur la façade, le portrait géant de Marilyn Monroe attire l'œil, mais à l'intérieur on est bien en Provence. Chambres bien insonorisées ; piscine panoramique sur le toit.

De Paris sans rest
34 bd d'Alsace – ✆ 04 97 06 98 81 – www.hoteldeparis.fr – Fermé 16-26 déc. et 8-19 janv. CYa
47 ch – †85/185 € ††85/185 € – 3 suites – ☕ 15 €
◆ Près d'un axe fréquenté, cet hôtel Belle Époque, heureusement bien insonorisé, dégage un certain charme bourgeois. Chambres très bien tenues ; piscine au milieu des palmiers.

Villa de l'Olivier sans rest
5 r. Tambourinaires – ✆ 04 93 39 53 28 – www.hotelolivier.com – Fermé 27 nov.-26 déc., 7-21 janv. et 28 janv.-28 fév. AZe
22 ch – †70/270 € ††70/270 € – ☕ 13 €
◆ Une hôtel familial et classique dans le quartier du Suquet. Les chambres sont coquettes (plus spacieuses et lumineuses à l'avant) et certaines ont même une terrasse avec vue sur l'Estérel... Petit-déjeuner dans la véranda ou près de la piscine.

La Villa Tosca sans rest
11 r. Hoche – ✆ 04 93 38 34 40 – www.villa-tosca.com – Fermé 12-26 déc.
22 ch – †61/98 € ††82/125 € – ☕ 14 € BYe
◆ Une Villa jeune et vraiment accueillante au cœur de la cité cannoise. Les chambres sont bien insonorisées d'une tenue irréprochable : un bon plan.

Le Mistral sans rest
13 r. des Belges – ✆ 04 93 39 91 46 – www.mistral-hotel.com – Fermé 12-26 déc. et 8-22 janv. BZb
10 ch – †59/109 € ††69/139 € – ☕ 9 €
◆ Derrière le palais des Festivals, un hôtel de poche où règne une sympathique atmosphère familiale. "Sirocco", "Alizée"... les chambres sont contemporaines et fraîches comme le vent, en hommage au premier nom de l'établissement, "Mistral".

De Provence sans rest

9 r. Molière – 04 93 38 44 35 – www.hotel-de-provence.com – Fermé 8-25 janv.
30 ch – †72/135 € ††89/275 € – 10 € CZs

◆ Tout près de la Croisette ! Les chambres ont été rénovées en 2011 ; préférez celles avec balcon, qui donnent sur le charmant jardin planté de palmiers et sont orientées au sud.

Florian sans rest

8 r. Cdt-André – 04 93 39 24 82 – www.hotel-leflorian.com – Fermé 1er déc.-15 janv. CZg
20 ch – †55/75 € ††68/88 € – 6 €

◆ Un petit hôtel familial simple et sympa ! Les chambres (certaines avec balcon) sont modestes, mais d'une tenue impeccable, et les propriétaires vraiment prévenants... On se sent bien et les prix sont très sages.

La Palme d'Or – Hôtel Martinez

73 bd de la Croisette – 04 92 98 74 14 – www.concorde-hotels.com/martinez – Fermé janv.-fév., mardi sauf de juin à oct., dim. et lundi DZn
Rest – Menu 68 € (déj.), 95/185 € – Carte 120/195 €
Spéc. Araignée de mer au potiron, finesse iodée (hiver). Joue de veau confite, étuvée de jeunes carottes aux condiments "mimosa". Crémeux au chocolat jivara, croquant à la feuillantine et glace à la fève de tonka. **Vins** Côtes de Provence.

◆ Dans le somptueux cadre Art déco du Martinez, on domine la Croisette tout en atteignant des sommets gastronomiques... Le chef signe ici une cuisine brillante, créative et gorgée de soleil, qui mérite bien sa Palme d'Or !

Le Park 45 – Le Grand Hôtel

45 bd de la Croisette – 04 93 38 15 45 – www.grand-hotel-cannes.com – Fermé 9 déc. - 19 janv. CZb
Rest – Formule 34 € – Menu 47/92 € – Carte 70/130 €
Spéc. Émietté de tourteau, concombre en deux textures et écume de yaourt. Pagre de pays en cuisson douce, croûte de pignons et basilic, haricots coco de Provence (été). Pêche jaune à la verveine, financier pistache et glace lavande (été). **Vins** Côtes de Provence, Bellet.

◆ Riche d'une belle expérience, le chef exécute une cuisine toute de fraîcheur et de saveurs, et met le produit en valeur avec un plaisir évident. Décor épuré et terrasse ouverte sur le parc.

Relais Martinez – Hôtel Martinez

– 04 92 98 74 12 – www.concorde-hotels.com/martinez DZn
Rest – Formule 29 € – Menu 37 € – Carte 60/95 €

◆ Une atmosphère contemporaine et chic – celle du très raffiné Martinez – qui sait rester décontractée... La table se pare de jolis mets provençaux revus et corrigés.

Le Mesclun

16 r. St-Antoine – 04 93 99 45 19 – www.lemesclun-restaurant.com – Fermé 27 juin-7 juil., 30 janv.-1er mars et dim. AZt
Rest *(dîner seult)* – Menu 39/48 € – Carte 75/120 €

◆ Lumière tamisée, boiseries, couleurs chaudes, service prévenant... Une atmosphère cossue et cosy, idéale pour déguster une cuisine méditerranéenne de saison, goûteuse et soignée.

Fouquet's – Hôtel Majestic Barrière

10 bd de la Croisette – 04 92 98 77 05 – www.majestic-barriere.com – Fermé 8-30 déc. et 8 fév.-1er mars BZn
Rest – Formule 29 € – Carte 51/100 €

◆ Au Fouquet's, le velours rouge et la cuisine très soignée rendent hommage au bel esprit brasserie de la maison parisienne éponyme... On se sustente dans l'éblouissement de la véranda, face à la Croisette.

Le 360° – Radisson Blu 1835 Hotel & Thalasso

1 bd Jean-Hibert – 04 92 99 73 10 – www.radissonblu.com/hotel-cannes
Rest – Formule 29 € – Menu 39 € (déj.)/50 € – Carte environ 80 € AZn

◆ Un cadre zen et épuré, une vue tout simplement époustouflante sur la baie de Cannes – 360° oblige ! – pour une cuisine qui vit avec son temps...

XX **Carlton** – Hôtel Carlton Inter Continental
58 bd de la Croisette – ✆ 04 93 06 40 21 – www.ichotelsgroup.com (fermeture prévue pour travaux à partir de août 2012) CZ**e**
Rest – Carte 85/135 €
◆ Dans l'enceinte du mythique Carlton, ce restaurant distille son charme classique et ensoleillé : véranda, terrasse braquée sur la Croisette... Un bel écrin pour une agréable cuisine traditionnelle et méridionale.

XX **La Petite Maison de Nicole** – Hôtel Majestic Barrière
10 bd de la Croisette – ✆ 04 92 98 77 89 – www.majestic-barriere.com – Fermé 8-30 déc. et 8 fév.-1er mars BZ**n**
Rest *(dîner seult)* – Carte 54/138 €
◆ Voilages blancs, meubles en ferronnerie, vieux parquet et cuisine niçoise traditionnelle (pissaladière, petits farcis niçois, beignets de fleurs de courgette...) : on dirait le Sud !

XX **Mantel**
22 r. St-Antoine – ✆ 04 93 39 13 10 – www.restaurantmantel.com – Fermé mardi midi, jeudi midi, merc. et le midi en juil.-août AZ**c**
Rest – Menu 30/59 € – Carte 50/90 €
◆ Attention, l'entrée est volontairement discrète pour éviter toute confusion avec les "pièges à touristes" ! À l'intérieur, sobriété comtemporaine et, surtout, belle cuisine provençale.

XX **Rest. Arménien**
82 bd de la Croisette – ✆ 04 93 94 00 58 – www.lerestaurantarmenien.com
Rest *(dîner seult)* – Menu 45 € DZ**a**
◆ Le menu du jour – un bel assortiment de mezze frais et subtils (menu végétarien possible) – mène sur les routes parfumées d'Arménie... On sert jusqu'à minuit, sourire compris : pas étonnant que l'adresse compte de nombreux fidèles !

XX **Relais des Semailles**
9 r. St-Antoine – ✆ 04 93 39 22 32 – www.lerelaisdessemailles.fr – Fermé fév. et lundi midi AZ**z**
Rest – Formule 25 € bc – Menu 34/42 € – Carte 60/80 €
◆ Poutres apparentes, bibelots, cheminée et meubles anciens... C'est cosy et vraiment idéal pour déguster de sympathiques plats traditionnels à l'accent provençal.

XX **Félix**
63 bd de la Croisette – ✆ 04 93 94 00 61 – www.felix-cannes.com – Fermé le midi en juil.-août , dim. et lundi de nov. à mars DZ**k**
Rest – Formule 26 € – Menu 55/80 € – Carte 70/100 €
◆ Gambas à la plancha, ravioli de crabe aux citrons confits, vacherin exotique... Une carte actuelle dans un cadre stylé, alliant le laqué blanc et les fauteuils moelleux, la fraîcheur d'une belle terrasse et le cosy d'une véranda. Convivial !

XX **Côté Jardin**
12 av. St-Louis – ✆ 04 93 38 60 28 – www.restaurant-cotejardin.com – Fermé 22 oct.-2 nov., dim. et lundi X**a**
Rest – Menu 23/38 €
◆ Barigoule d'artichauts, poitrine de volaille et sa purée de pommes de terre, riz au lait... Dans ce sympathique restaurant au décor ensoleillé, on savoure une cuisine familiale simple et bien faite, à découvrir sur l'ardoise du jour.

X **L'Affable**
5 r. La Fontaine – ✆ 04 93 68 02 09 – www.restaurant-laffable.fr – Fermé août, sam. midi et dim. CZ**d**
Rest – Formule 21 € – Menu 26 € (déj. en sem.)/39 € – Carte 67/115 €
◆ Cet Affable a le vent en poupe et dévoile tous ses atouts : cuisines ouvertes, bel esprit néobistrot et courte carte qui change avec le marché... Bon appétit !

X **Caveau 30**
45 r. F.-Faure – ✆ 04 93 39 06 33 – www.lecaveau30.com AZ**f**
Rest – Formule 16 € – Menu 26/37 € – Carte 35/65 €
◆ Une brasserie 1930 mettant à l'honneur des produits de la mer de première fraîcheur. La terrasse, bien agréable, donne sur le marché aux fleurs ; le service est diligent.

Mon Rêve de Gosse (Ludovic Ordas)
11 r. L.-Blanc – ✆ 04 93 39 68 08 – www.monrevedegosse.com
– fermé 17 déc.-16 janv., lundi et mardi AYb
Rest – Formule 17 € – Carte 45/70 €
Spéc. Daube d'escargots sur une tranche de pain de campagne et salade de mâche (saison). Homard parfumé au beurre d'aromates, mousseline de haricots coco et courgettes du pays (saison). Pomme au vin épicé et crème brûlée en émulsion.
◆ Les recettes jouent la carte de la fraîcheur, des saveurs et de la simplicité : un trio gagnant pour ce chef épanoui et... visiblement heureux d'avoir réalisé son rêve de gosse ! Décor convivial et chaleureux, façon bistrot chic.

La Cave
9 bd de la République – ✆ 04 93 99 79 87 – www.restaurant-lacave.com
– Fermé 19 août-2 sept., sam. midi et dim. CYq
Rest – Formule 23 € – Menu 29 € – Carte 40/70 €
◆ Un vrai petit bistrot convivial – banquettes en skaï et repas au coude-à-coude compris – avec ses classiques immuables, ses suggestions du jour à l'ardoise et sa carte des vins hexagonale vraiment bien ficelée.

Bistro Les Canailles
12 r. Jean-Daumas – ✆ 04 93 68 12 10 – www.bistro-lescanailles.com
Rest – Carte 28/42 € CYb
◆ C'est ici que se retrouvent les "vrais" Cannois, dans ce bistrot chic... mais décontracté et sympathique. Au comptoir, atmosphère bar à vins autour de jolis nectars proposés au verre. Et à l'ardoise ? D'incontournables plats bistrotiers et canailles, ainsi qu'une jolie cuisine du marché, fraîche et bonne.

Aux Bons Enfants
80 r. Meynadier – Fermé 25 nov.-1er janv. et dim. AZr
Rest *(nombre de couverts limité, réserver)* – Formule 21 € – Menu 25/32 €
◆ Le patron de ce sympathique bistrot ? Un vrai passionné, qui cultive avec bonheur l'art de recevoir et concocte une belles cuisine provençale, ainsi que des plats canailles bien gourmands. Pas de téléphone et paiement en liquide.

La Table du Chef
5 r. Jean-Daumas – ✆ 04 93 68 27 40 – Fermé 3-10 avril, 4-11 oct., 1er-18 janv., mardi soir, merc. soir, dim. et lundi CYf
Rest *(nombre de couverts limité, réserver)* – Formule 23 € – Menu 28 € (déj.)/39 €
◆ À deux pas de la rue d'Antibes, un discret bistrot de poche qui gagne à être connu : accueil prévenant, cuisine traditionnelle de qualité et, le soir, "menu surprise" unique composé de quatre plats.

au Cannet 3 km au Nord - V – 40 940 h. – alt. 80 m – ✉ 06110
ℹ avenue du Campon, ✆ 04 93 45 34 27, www.lecannet.fr

Villa Archange (Bruno Oger)
r. de l'Ouest, (par av. Campon - D 6285)
– ✆ 04 92 18 18 28 – www.bruno-oger.com
– Fermé dim., lundi et le midi sauf vend. et sam. Vm
Rest *(nombre de couverts limité, réserver)* – Menu 70 € (déj.), 105/195 €
Spéc. Cappuccino de grenouilles aux palourdes à la marinière et vin jaune. Jarret de veau du Limousin, pommes écrasées à la truffe du moment. Le grand traou mad. **Vins** Palette, Côtes de Provence.
◆ Une jolie bâtisse du 18es. décorée avec beaucoup de goût (parquets, tableaux, mobilier chiné...). Bruno Oger signe des plats très parfumés, savamment composés et extrêmement précis dans leur exécution, qui font pousser des ailes à la gastronomie méridionale !

Bistrot des Anges
r. de l'Ouest, (par av. Campon - D 6285) – ✆ 04 92 18 18 28
– www.bruno-oger.com – Fermé dim. soir d'oct. à mars Vm
Rest – Formule 24 € bc – Menu 29/39 € – Carte 33/50 €
◆ Dans l'échelle séraphique, l'équipe de la Villa Archange pense brasserie : ici, décor de loft new-yorkais, formules ensoleillées et chariot de douceurs... angélique.

LE CANNET – 06 Alpes-Maritimes – 341 D6 – rattaché à Cannes

CAPBRETON – 40 Landes – 335 C13 – 7 763 h. – alt. 6 m – Casino 3 A3
– ✉ 40130 Aquitaine

Paris 749 – Bayonne 22 – Biarritz 29 – Mont-de-Marsan 90

avenue Georges Pompidou, ✆ 05 58 72 12 11, www.capbreton-tourisme.com

de Seignosse, à Seignosse, Avenue du Belvédère, N : 8 km par D 152, ✆ 05 58 41 68 30

quartier de la plage

Baya Hôtel & Spa

85 av. du Mar.-de-Lattre-de-Tassigny – ✆ 05 58 41 80 00 – www.bayahotel.com

75 ch – 89/360 € 99/370 € – ½ P 75/210 €

Rest *Bistro'Baya* – Formule 19 € bc – Menu 29 € (dîner)/35 € – Carte 30/60 €

◆ Un hôtel au bord de l'Océan, d'esprit zen et ethnique (chambres fonctionnelles, dont certaines design), mais surtout un temple de la détente. Hammam, piscine chauffée, massages thaï : rien ne manque !

quartier la Pêcherie

Le Regalty

port de plaisance, (quai Mille-Sabords) – ✆ 05 58 72 22 80 – www.restaurant-leregalty.com – Fermé merc. soir, dim. soir de sept. à juin et lundi

Rest – Menu 25 € (sem.), 33/65 € – Carte 33/55 €

◆ Au pied d'un immeuble moderne, une salle chaleureuse, en partie ouverte sur les cuisines. Un mur végétal borde la terrasse. Menu homard, belle carte des vins.

Le Pavé du Port

port de plaisance, (quai Mille Sabords) – ✆ 05 58 72 29 28 – www.le-pave-du-port.com – Fermé 19 déc.-20 janv., lundi midi et merc. midi en juil.-août, merc. de mi-sept. à mi-avril et mardi

Rest – Menu 19/34 € – Carte 29/42 €

◆ Une adresse toute simple, qui honore la pêche : chaque jour, le patron se fournit en poisson auprès des petits chaluts du port ! Terrasse face aux bateaux de plaisance.

CAP COZ – 29 Finistère – 308 H7 – rattaché à Fouesnant

CAP-d'AGDE – 34 Hérault – 339 G9 – rattaché à Agde

CAP d'AIL – 06 Alpes-Maritimes – 341 F5 – 4 997 h. – alt. 51 m – ✉ 06320 42 E2

Paris 945 – Monaco 3 – Menton 14 – Monte-Carlo 4

87bis, avenue du 3 Septembre, ✆ 04 93 78 02 33

Voir plan de Monaco (Principauté de)

Marriott Riviera la Porte de Monaco ch, AVn

au port – ✆ 04 92 10 67 67 – www.marriottportedemonaco.com

171 ch – 139/579 € 139/579 € – 15 suites – 24 €

Rest – Formule 24 € bc – Menu 29 € (dîner) – Carte 29/59 €

◆ Dans cet immeuble imposant – et moderne – qui fait face à la marina de Cap-d'Ail, le style est déjà monégasque... Conformément aux normes de la chaîne, les chambres sont très confortables. Pratique pour un voyage d'affaires.

CAP d'ANTIBES – 06 Alpes-Maritimes – 341 D6 – rattaché à Antibes

CAPDENAC-LE-HAUT – 46 Lot – 337 I4 – rattaché à Figeac

CAP-FERRET – 33 Gironde – 335 D7 – alt. 11 m – ✉ 33970 Aquitaine 3 B2

Paris 650 – Arcachon 66 – Bordeaux 71 – Lacanau-Océan 55

☼★ du phare.

La Frégate sans rest

34 av. de l'Océan – ✆ 05 56 60 41 62 – www.hotel-la-fregate.net – Fermé déc. et janv.

29 ch – †50/161 € ††50/161 € – ☕ 11 €

◆ Autour d'une agréable piscine, ces deux maisons arborent un joli style balnéaire, chic et sobre à la fois... Beaucoup de blanc, deux appartements pour les séjours en famille et des parties communes chaleureuses : un endroit plaisant.

Le Pinasse Café

2 bis av. de l'Océan – ✆ 05 56 03 77 87 – www.pinassecafe.com

Rest – Formule 32 € – Menu 39 € – Carte 40/74 €

◆ Avec sa terrasse idyllique donnant sur les flots, ce restaurant contemporain est une ode au bassin et à la dune du Pilat ! Poissons et crustacés du cru sont à l'honneur (huître en tête) et, pour l'anecdote iodée, la pinasse est le bateau traditionnel du littoral arcachonnais.

CAP FRÉHEL – 22 Côtes-d'Armor – 309 I2 – Casino – ✉ 22240 10 C1

Plevenon Bretagne

Paris 438 – Dinan 43 – Dinard 36 – Lamballe 36

Site★★★ - ☼★★★ - Fort La Latte : site★★, ☼★★ SE : 5 km.

La Fauconnière

à la Pointe – ✆ 02 96 41 54 20 – Ouvert début avril-1er nov. et fermé merc. de sept. à oct. et jeudi en oct.

Rest *(déj. seult)* – Formule 14 € – Menu 20/28 € – Carte 23/46 €

◆ Au bout du cap (accessible uniquement à pied), une maison d'aspect modeste... Ne vous fiez pas à cette première impression : les petits plats sont bien iodés, et la vue (sur la mer, la côte et rocher de la Fauconnière) est exceptionnelle !

CAP GRIS-NEZ ★★ – 62 Pas-de-Calais – 301 C2 – ✉ 62179 30 A1

Audinghen Nord Pas-de-Calais Picardie

Paris 288 – Arras 139 – Boulogne-sur-Mer 21 – Calais 32

La Sirène

376 rte de la Plage – ✆ 03 21 32 95 97 – www.lasirene-capgrisnez.com – Fermé 9 déc.-26 janv., le soir de mi-sept. à mars, lundi sauf juil.-août et dim. soir

Rest – Menu 27 € – Carte 29/53 €

◆ Point de sirènes à l'horizon, mais homards et poissons vous charmeront dans cette maison postée au bord de l'eau, face aux côtes anglaises (visibles par beau temps).

CAPINGHEM – 59 Nord – 302 F4 – rattaché à Lille

CAPPELLE-LA-GRANDE – 59 Nord – 302 C2 – rattaché à Dunkerque

CARANTEC – 29 Finistère – 308 H2 – 3 309 h. – alt. 37 m – ✉ 29660 9 B1

Bretagne

Paris 552 – Brest 71 – Lannion 53 – Morlaix 14

4, rue Pasteur, ✆ 02 98 67 00 43, www.tourisme.morlaix.fr

de Carantec, Rue de Kergrist, S : 1 km par D 73, ✆ 02 98 67 09 14

Croix de procession★ dans l'église - "Chaise du Curé" (plate-forme) ≤★.

Pointe de Pen-al-Lann ≤★★ E : 1,5 km puis 15 mn.

L'Hôtel de Carantec

20 r. du Kelenn – ✆ 02 98 67 00 47 – www.hoteldecarantec.com – Fermé 19 nov.-12 déc., 21 janv.-12 fév., lundi et mardi hors saison

12 ch – 98/195 € 120/236 € – 18 €

Rest *Patrick Jeffroy* – voir les restaurants ci-après

◆ Cette charmante maison de 1936 surplombe la baie de Morlaix. Les chambres, contemporaines et épurées, donnent toutes sur la Manche (terrasse au 1er étage). Le jardin descend vers la mer et l'on peut s'y installer, serein, pour lire, boire un verre.

La Baie de Morlaix sans rest

17 bis r. A.-Louppe – ✆ 02 98 67 07 64 – www.hotel-baiedemorlaix.com

16 ch – 60/75 € 60/89 € – 8 €

◆ Un bel établissement au cœur de la petite ville, dans une rue commerçante. Entièrement remis à neuf en 2010, il répond aux normes écocitoyennes. La plage n'est pas très loin, on peut y descendre à pied.

Patrick Jeffroy – L'Hôtel de Carantec

20 r. du Kelenn – ✆ 02 98 67 00 47 – www.hoteldecarantec.com – Fermé 19 nov.-12 déc., 21 janv.-12 fév., dim. soir, lundi et mardi sauf fériés et sauf vacances scolaires de mi-sept. à mi-juin, lundi midi, mardi midi et jeudi midi sauf fériés de mi-juin à mi-sept.

Rest *(réserver)* – Menu 42 € bc (déj. en sem.), 95/127 € – Carte 100/200 €

Spéc. Pressé de tourteau et artichaut camus au wakamé et crème de coco curry (mai à oct.). Homard Breton et tête de veau rôtie, sauce "Breizh West" (mai à nov.). Sablé de sarrasin aux fruits de saison.

◆ Si la vue sur la Manche coupe le souffle, la superbe cuisine de Patrick Jeffroy ne risque pas de couper l'appétit... Alliance subtile de classicisme et d'inventivité maîtrisée, mariage audacieux des plus beaux produits de la terre et de la mer bretonnes, elle ravit ! Service très prévenant.

CARCASSONNE P – 11 Aude – 344 F3 – 47 634 h. – alt. 110 m 22 B2

– ✉ 11000 Languedoc Roussillon

Paris 768 – Albi 110 – Narbonne 61 – Perpignan 114

de Carcassonne-en pays Cathare : ✆ 04 68 71 96 46, 3 km par ④.

28, rue de Verdun, ✆ 04 68 10 24 30, www.carcassonne-tourisme.com

de Carcassonne, Route de Saint Hilaire, S : 4 km par D 118 et D 104, ✆ 06 13 20 85 43

La Cité★★★ - Basilique St-Nazaire★ : vitraux★★, statues★★ - Musée du château Comtal : calvaire★ de Villanière - Montolieu★ (village du livre) - Les Quatres Châteaux de Lastours★.

Plan page suivante

111

290 av. Général-Leclerc – ✆ 04 68 11 11 11 – www.hotel111.com

7 ch – 350/500 € 350/500 € – 3 suites – 35 €

Rest – Menu 25 € (déj. en sem.)/45 € – Carte 57/74 €

◆ Cet hôtel est un véritable rêve de designer ! On le croirait tout droit sorti d'un film de Kubrick... Dans les chambres, c'est un festival de matières, de formes courbes, de jeu de volumes. Tout est dernier cri, une véritable expérience !

Les Trois Couronnes

2 r. Trois-Couronnes – ✆ 04 68 25 36 10 – www.hotel-destroiscouronnes.com – Fermé 1er-23 janv. BZv

70 ch – 100/150 € 100/150 € – 11 € – ½ P 127/177 €

Rest *(dîner seult de nov. à mars)* – Formule 15 € – Menu 25 € – Carte 25/42 €

◆ Joliment contemporain et... très bien situé : dans la plupart des chambres, on profite d'une loggia ouvrant sur la sublime cité médiévale hérissée de tourelles ! Autres atouts : la piscine panoramique (4e étage) et la terrasse braquée sur l'Aude, où l'on peut se restaurer.

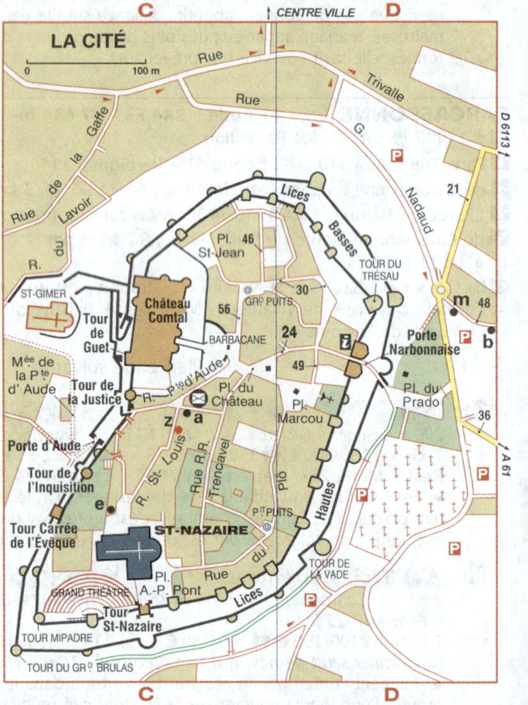

CARCASSONNE

Armagnac (R. A.) . . . AY 2
Barbès (R.) . . . . BZ 5
Bringer (R. Jean) . . BYZ 6
Bunau-Varilla (Av.) . . AZ 7
Chartran (R.) . . . . AZ 9
Clemenceau (R. G.) . BY 20
Combéléran (Mtée G.) D 21
Courtejaire (R.) . . . . . BZ 22
Cros-Mayrevieille (R.) . D 24
Dr-A.-Tomey (R.) . . . AYZ 26
Études (R. des) . . . . . AZ 27
Foch (Av. du Mar.) . . BY 28
Gout (Av. Henri) . . . . AZ 29
Grand-Puits (R. du) . . CD 30
Joffre (Av. du Mar.) . BY 32
Marcou (Bd) . . . . AZ 34
Médiévale (Voie) . . . . . D 36
Minervoise (Rte) . . . BY 37
Mullot (Av. Arthur) . . BZ 38
Pelletan (Bd C.) . . . . . BZ 40
Pont-Vieux (R. du) . . . BZ 41
Ramon (R. A.) . . . . ABZ 42
République (R. de la) . . . . ABY 43
Roumens (Bd du Cdt) . . . . . . BZ 44
St-Jean (R.) . . . . C 46
St-Saëns (R. C.) . . . . . . D 48
St-Sernin (R.) . . . . D 49
Semard (Av. Pierre) . . AY 52
Trivalle (R.) . . . . BZ 54
Verdun (R. de) . . . . ABZ
Victor-Hugo (R.) . . . . AZ 55
Viollet-le-Duc (R.) . . . . . C 56
4-Septembre (R. du) . . . . ABY 58

La Maison Coste sans rest

40 r. Coste-Reboulh – ✆ 04 68 77 12 15 – www.maison-coste.com – Fermé 30 janv.-8 fév. BZn

5 ch – 80/145 € 90/160 €

◆ Une belle maison de maître au style raffiné mais pas guindé : son propriétaire, un passionné de tapisserie, a imaginé un lieu chaleureux et accueillant. Patio méditerranéen, jacuzzi, accueil ensoleillé... l'âme du Sud. Et il y a même une boutique de déco !

Le Parc Franck Putelat

80 chemin des Anglais, au Sud de la Cité - C – ✆ 04 68 71 80 80 – www.restaurantleparcfranckputelat.fr – Fermé janv., dim. et lundi sauf fériés

Rest – Menu 31 € bc (déj. en sem.), 54/118 € – Carte 70/95 €

Spéc. Tartare d'huître, filet de bœuf et pomme soufflée. Filet de bœuf "Bocuse d'Or 2003". Dynamite de chocolat araguani aux framboises. **Vins** Corbières, Minervois.

◆ Un restaurant contemporain et lumineux, au pied de la cité médiévale... C'est là que s'épanouit la cuisine de Franck Putelat, véritable concentré de justesse, de jeux de textures et de saveurs. Quand la maîtrise technique sublime le produit...

Le Clos Occitan

68 bd Barbès – ✆ 04 68 47 93 64 – www.restaurant-carcassonne-closoccitan.com – Fermé 14 fév.-14 mars, sam. midi, dim. soir et lundi AZs

Rest – Menu 18 € (déj.), 22/41 € – Carte 35/45 €

◆ Un garage reconverti en restaurant rustique. Le chef travaille des produits du marché et concocte une cuisine traditionnelle sympathique et très copieuse. Aux beaux jours, on investit la terrasse, Sud oblige !

Robert Rodriguez

39 r. Coste-Reboulh – ✆ 04 68 47 37 80 – www.restaurantrobertrodriguez.com – Fermé merc. soir et dim. BZz

Rest *(nombre de couverts limité, réserver)* – Formule 24 € bc – Carte 29/75 €

◆ Un bistrot authentique, convivial et décalé, pour une cuisine résolument bistronomique. Le chef privilégie le bio ; ses plats sont bourrés de générosité et comptent quelques belles canailles : cassoulet, parmentier, etc.

Un important déjeuner d'affaires ou un dîner entre amis ?
Le symbole vous signale les salles à manger privées.

à l'entrée de la Cité près porte Narbonnaise

Mercure Porte de la Cité

18 r. Camille-St-Saëns – ✆ 04 68 11 92 82 – www.mercure-carcassonne.fr Db

80 ch – 100/190 € 100/190 € – 13 €

Rest *(fermé dim. midi et sam. de nov. à fév.)* – Menu 18 € – Carte 22/38 €

◆ Un Mercure aux portes de la cité. Les chambres, un peu petites mais joliment épurées, donnent – pour certaines – sur la piscine et les remparts tout proches.

Du Château sans rest

2 r. Camille-St-Saëns – ✆ 04 68 11 38 38 – www.hotelduchateau.net

17 ch – 110/220 € 110/220 € – 12 € Dm

◆ Dans un îlot de verdure à l'abri de l'agitation touristique, cette belle demeure mêle l'ancien et le design avec raffinement. Au programme : hammam, massage et farniente, au pied du défilé des remparts... Petit plus : le bar ouvert 24h/24.

Montmorency sans rest

2 r. Camille-St-Saëns – ✆ 04 68 11 96 70 – www.hotelmontmorency.com

27 ch – 65/300 € 65/300 € – 1 suite – 12 € Dm

◆ Chambres classiques ou pop dans cette bâtisse sur l'arrière de la maison principale.

dans la Cité - Circulation réglementée en été

De La Cité

pl. Auguste-Pierre-Pont – 04 68 71 98 71 – www.hoteldelacite.com
53 ch – 175/600 € 175/600 € – 8 suites – 28 € **Ce**
Rest *La Barbacane* – voir les restaurants ci-après
Rest *Brasserie Chez Saskia* *(fermé le soir sauf mardi et merc.)* – Formule 19 € – Menu 30/45 € – Carte 40/60 €

◆ Luxe, douceur et quiétude au cœur de la cité... Les chambres dégagent une atmosphère chaleureuse et, côté remparts, on profite du jardin et de la piscine. Pour le plaisir des papilles, deux possibilités : le restaurant gastronomique ou la brasserie.

Le Donjon

2 r. Comte-Roger – 04 68 11 23 00 – www.hotel-donjon.fr **Ca**
60 ch – 105/183 € 105/183 € – 2 suites – 13 € – ½ P 77/209 €
Rest *(fermé dim. soir de nov. à mars)* – Formule 16 € – Menu 20/30 € – Carte 30/56 €

◆ Trois maisons lovées au cœur des remparts, et partout des traces de l'architecture du 12e s. ! Ici des poutres, là de jolies pierres apparentes... Les chambres, toujours cosy, sont parfois très actuelles, tout comme la brasserie.

La Barbacane – Hôtel De La Cité

pl. Auguste-Pierre-Pont – 04 68 71 98 71 – www.hoteldelacite.com – Fermé 31 janv.-28 fév., mardi, merc. et le midi **Ce**
Rest – Menu 80/160 € bc – Carte 86/142 €
Spéc. Foie gras de canard au naturel, "chouchou" et marmelade d'orange. Filet de bœuf charolais au foie gras, pomme de terre aux oignons et à la truffe. Chocolats guanaja et ivoire parfumés au thé à la bergamote, griottes confites. **Vins** Limoux, Cabardès.

◆ Vitraux, armoiries, confessionnal en bois sculpté... Une Barbacane joliment néo-gothique, en l'honneur d'une cuisine raffinée et savoureuse, qui revisite la tradition en beauté.

Comte Roger

14 r. St-Louis – 04 68 11 93 40 – www.comteroger.com – Fermé fév., dim. et lundi sauf fériés **Cz**
Rest – Formule 19 € – Menu 26 € (déj.), 38/50 € – Carte 40/60 €

◆ Épure contemporaine, fraîcheur d'un très joli patio dans une ruelle animée de la cité. Monsieur le comte sait recevoir et sa cuisine épouse l'époque avec une certaine noblesse. Sans doute la seule bonne petite adresse du cœur touristique.

à Aragon 10 km par ① D 118 et D 935 – 430 h. – alt. 195 m – ✉ 11600

La Bergerie

allée Pech-Marie – 04 68 26 10 65 – www.labergeriearagon.com – Fermé 15 oct.-1er nov. et 15 fév.-8 mars
8 ch – 70/90 € 90/120 € – 12 € – ½ P 90/105 €
Rest *La Bergerie* – voir les restaurants ci-après

◆ Un pittoresque village perché et cette bâtisse méridionale qui domine le vignoble de Cabardès. L'accueil est sympathique et prévenant, tout en restant décontracté ; les chambres, bien agréables, donnent sur les vignes... Nul besoin de compter les moutons pour s'endormir dans cette Bergerie !

La Bergerie (Fabien Galibert)

allée Pech-Marie – 04 68 26 10 65 – www.labergeriearagon.com – Fermé 15 oct.-1er nov. et 15 fév.-8 mars, lundi midi, mardi et merc. sauf le soir de juin à sept.
Rest – Menu 25 € bc (déj. en sem.), 39/90 € bc – Carte 60/70 €
Spéc. Goujonettes de dorade, chou-fleur et jambon serrano. Agneau du pays cathare en tapenade, tarte fine tomate-poivron. Mojito à la fraise (été). **Vins** Cabardès.

◆ Des saveurs harmonieusement mariées, de l'originalité, de la technique... Le chef révèle son beau sens des produits et son seul souci : honorer la gastronomie avec générosité, faire plaisir, tout simplement.

au hameau de Montredon **4 km au Nord-Est par r. A. Marty BY – ✉ 11000 Carcassonne**

Hostellerie St-Martin

– ✆ 04 68 47 44 41 – *www.chateausaintmartin.net – ouvert 24 mars-11 nov.*
15 ch – †70/80 € ††85/120 € – ☕ 10 €
Rest ***Château St-Martin "Trencavel"*** – voir les restaurants ci-après
◆ Dans un hameau proche de Carcassonne, cette jolie maison au cœur d'un parc paisible a des airs de bastide. Chambres charmantes, dans une veine rustique et champêtre.

Château St-Martin "Trencavel" – Hostellerie St-Martin

– ✆ *04 68 71 09 53 – www.chateausaintmartin.net*
– fermé 20 fév.-4 mars, dim. soir et merc.
Rest – Menu 34/59 € – Carte 47/71 €
◆ Une belle demeure des 17eet 18es. au fond d'un parc... Le chef réalise des mets classiques et raffinés, avec des produits bien choisis et subtilement cuisinés. Un joli moment de gastronomie.

au Sud par ③ **3 km et par D104 – ✉ 11000 Carcassonne**

Domaine d'Auriac

rte de St Hilaire – ✆ 04 68 25 72 22
– www.domaine-d-auriac.com – Fermé 4-12 nov., 6 janv.-11 fév., dim. soir et lundi du 7 oct. au 23 avril sauf fériés
24 ch – †120/450 € ††120/450 € – ☕ 23 € – ½ P 170/335 €
Rest ***Domaine d'Auriac*** ✿ – voir les restaurants ci-après
Rest ***Bistrot d'Auriac*** ✆ 04 68 25 37 19 *(fermé lundi et le soir du mardi au jeudi d'oct. à avril et dim. soir sauf fériés)* – Menu 17 € (déj.)/30 € – Carte 25/45 €
◆ Un grand parc arboré, un golf 18 trous et cette très belle maison de maître du 19e s. en pierre blonde. Classicisme bourgeois ou simplicité méridionale dans les chambres, dont certaines très vastes et idéales pour les familles. Pour se restaurer : gastronomique ou club-house façon bistrot pour les golfeurs.

Domaine d'Auriac

✿

rte de St Hilaire – ✆ 04 68 25 72 22 – www.domaine-d-auriac.com
– Fermé 4-12 nov., 6 janv.-11 fév., dim. soir et lundi d'oct. à avril, lundi midi, mardi midi et merc. midi de mai à sept. sauf fériés
Rest – Menu 46 € bc (déj. en sem.), 72/110 € – Carte 80/110 €
Spéc. Assiette de dégustation autour de l'anchois de Collioure. Cassoulet du domaine. Soufflé au Grand Marnier. **Vins** Minervois, Limoux.
◆ Une demeure distinguée au cadre éminemment bourgeois : le décor sert à merveille l'assiette, tout en classicisme – mais relevée d'une pointe de modernité – et de belle facture.

à Cavanac **7 km par** ③ **et rte de St-Hilaire – 880 h. – alt. 138 m – ✉ 11570**

Château de Cavanac

– ✆ *04 68 79 61 04 – www.chateau-de-cavanac.fr – Fermé 2 sem. en nov., janv. et fév.*
24 ch – †68/155 € ††68/155 € – 4 suites – ☕ 12 €
Rest ***Château de Cavanac*** – voir les restaurants ci-après
◆ Sur le domaine viticole du propriétaire, ce castel du 17es. est ravissant. Les chambres portent des noms de fleurs et distillent un charme romantique, bucolique et frais...

Château de Cavanac

r. Étienne-Guizard – ✆ 04 68 79 61 04 – www.chateau-de-cavanac.fr
– Fermé 2 sem. en nov., janv., fév., dim. soir sauf de mi-avril à mi-sept. et lundi
Rest *(dîner seult sauf dim.)* – Menu 42 € bc
◆ En lieu et place des écuries du château, cette auberge est vraiment pittoresque. Mangeoires, cuisiniers "en vitrine" s'activant sous l'œil amusé des gourmands et sympathique menu unique arrosé des vins du domaine. Un joli souvenir !

à Pezens 10 km au Nord-Ouest par ⑤ et D 6113 – 1 251 h. – alt. 117 m – ✉ 11170

XX **L'Ambrosia** (Daniel Minet)

carrefour la Madeleine, D 6113 – ✆ 04 68 24 92 53 – Fermé 1er-16 oct., 2-24 janv., merc. midi, dim. soir et lundi

Rest – Menu 34 € (déj. en sem.), 44/72 € – Carte 68/87 €

Spéc. Paëlla version XXIème siècle (été). Agneau "voyage à Marrakech" (printemps). Le "4C" chocolat, chicorée, caramel et café. **Vins** Cabardès, Corbières.

◆ En 2008, le jeune chef – il n'a alors que 22 ans ! – reprend cette affaire avec ses parents et révèle son talent très précoce : sa cuisine de produits, directe et parfumée, témoigne d'une belle sincérité. À toute âme bien née... Côté décor, la fraîcheur et l'épure priment aussi.

CARGÈSE – 2A Corse-du-Sud – **345** A7 – voir à Corse

CARHAIX-PLOUGUER – 29 Finistère – **308** J5 – 7 654 h. – alt. 138 m – ✉ 29270 Bretagne **9** B2

Paris 506 – Brest 86 – Guingamp 49 – Lorient 74

rue Brizeux, ✆ 02 98 93 04 42, www.poher.com

Noz Vad sans rest

12 bd de la République – ✆ 02 98 99 12 12 – www.nozvad.com – Fermé 21 déc.-11 janv.

44 ch – †42/91 € ††49/99 € – ☕ 9 €

◆ Une maison solide, avec des chambres fonctionnelles, décorées de peintures et de photos sur le thème de la Bretagne. De quoi passer une "noz vad" ("bonne nuit" en breton) labellisée Celtia. Intéressant, surtout lors du festival.

à Port de Carhaix 6 km au Sud-Ouest par rte de Lorient – ✉ 29270 Carhaix-Plouguer

XX **Auberge du Poher**

– ✆ 02 98 99 51 18 – www.auberge-du-poher.com – Fermé le soir et merc.

Rest – Formule 12 € – Menu 16/36 € – Carte 29/52 €

◆ Une gentille auberge contemporaine, à la décoration volontiers champêtre, avec un joli jardin. Truite aux amandes, andouillette rustique, terrine de la mer... c'est traditionnel, généreux, basé sur de beaux produits.

CARIGNAN – 08 Ardennes – **306** N5 – 3 156 h. – alt. 174 m – ✉ 08110 **14** C1

Paris 264 – Charleville-Mézières 43 – Mouzon 8 – Montmédy 24

XXX **La Gourmandière**

19 av. de Blagny – ✆ 03 24 22 20 99 – www.la-gourmandiere.com – Fermé lundi sauf fériés

Rest – Menu 22 € (sem.), 29/80 € – Carte 60/110 €

◆ Cette maison bourgeoise de 1890 choie ses convives : cuisine gourmande et généreuse (à base de produits du potager), belle carte des vins, et espace lounge. La chef est désormais épaulée par son fils qui réalise de savoureuses pâtisseries.

CARLA-BAYLE – 09 Ariège – 745 h. – alt. 354 m – ✉ 09130 **28** B3

Paris 742 – Foix 33 – Toulouse 67

XX **Auberge Pierre Bayle**

– ✆ 05 61 60 63 95 – www.auberge-pierrebayle.fr – Fermé mardi, merc. d'oct. à avril et lundi

Rest – Menu 27/46 € – Carte 37/52 €

◆ Sur la place de l'église de ce joli village perché, une auberge sympathique au service de jolies saveurs d'ici et d'ailleurs. Tartare de thon et d'espadon au wasabi, parmentier de canard aux panais : frais et plaisant...

CARNAC – 56 Morbihan – **308** M9 – **4 428 h.** – **alt. 16 m** – **Casino** Z **9** B3
– ✉ **56340** Bretagne

Paris 490 – Auray 13 – Lorient 49 – Quiberon 19

74, avenue des Druides, ✆ 02 97 52 13 52, www.ot-carnac.fr

de Villarceaux, à Auray, Ploemel, N : 8 km par D 196, ✆ 02 97 56 85 18

Musée de préhistoire★★ **M** - Église St-Cornély★ **E** - Tumulus St-Michel★ : ≤★ - Alignements du Ménec★★ par D 196 : 1,5 km - Alignements de Kermario★★ par ② : 2 km - Alignements de Kerlescan★ par ② : 4,5 km.

Le Diana

21 bd de la Plage – ✆ *02 97 52 05 38* – *www.lediana.com*
– *Ouvert 5 avril-6 oct.* Zr

35 ch – †127/260 € ††142/260 € – 3 suites – ☕ 21 € – ½ P 131/190 €

Rest *(ouvert 27 avril-6 oct.) (dîner seult sauf dim.)* – Menu 41/69 €
– Carte 50/69 €

◆ Atmosphère cossue dans cet hôtel de style néobreton. Les chambres, plutôt spacieuses, ont vue sur l'océan ou – plus au calme – sur le minigolf. Espace bien-être. Au restaurant, vue sur les flots et carte axée produits de la mer. Beau choix de vins et rhums.

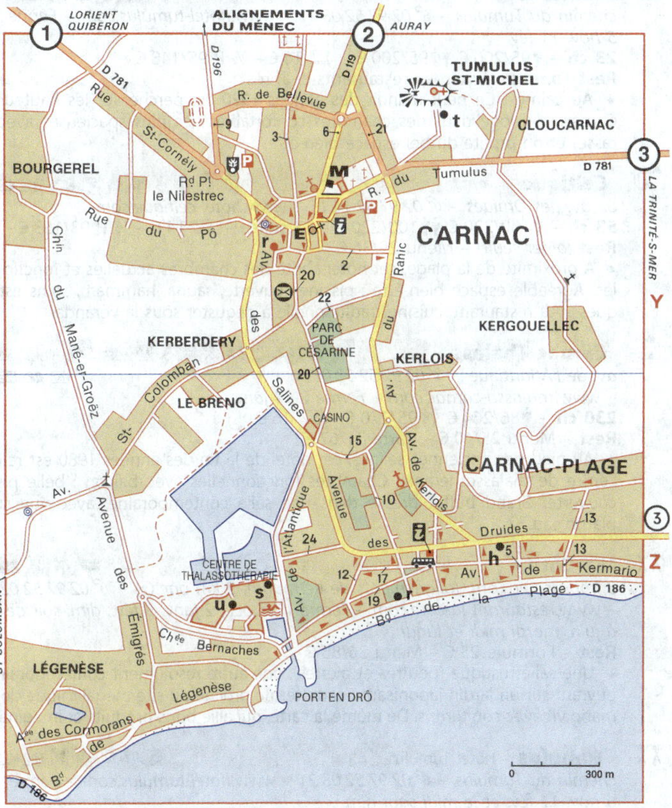

Colary (R.) Y 2
Courdiec (R. de) Y 3
Cromlech (Allée du) Z 5
Korrigans (R. des) Y 6
Ménec (R. du) Y 9
Menhirs (Av. des) Z 10
Miln (Av.) Z 12
Montagne (Allée de la) Z 13
Palud (Av. du) Z 15
Parc (Allée du) Z 17
Port en Dro (Av. de) Z 19
Poste (Av. de la) Y 20
Poul Person (R. de) Y 21
Roer (Av. du) Y 22
Talleyrand (R. de) Z 24

Carnac Thalasso & Spa Resort

av. de l'Atlantique – 02 97 52 53 00 rest,
– www.thalasso-carnac.com – Fermé 2-14 janv. **Zs**
229 ch – 86/264 € 95/270 € – 1 suite – 16 € – ½ P 75/165 €
Rest *Le Clipper* – Formule 25 € – Menu 40 € – Carte 35/70 €
Rest *Secrets de Cuisine* – Formule 25 € – Menu 40 € – Carte 35/70 €
◆ Accès direct à la thalasso, piscine d'eau de mer, spa moderne, fitness, tennis et chambres avenantes : un hôtel ressourçant ! Au Clipper, plats traditionnels et cadre contemporain. Secrets de Cuisine propose des recettes diététiques et inventives.

Le Churchill sans rest

70 bd de la Plage, 1 km à l'Est par D 186 - Z – 02 97 52 50 20
– www.lechurchill.com – Ouvert de fin mars à mi-nov.
28 ch – 150/290 € 150/290 € – 18 €
◆ À la pointe Churchill, édifice néobreton rénové sous le vocable de la mer (photos de Plisson). Chambres contemporaines à l'aménagement soigné. Espace bien-être et piscine.

Tumulus

chemin du Tumulus – 02 97 52 08 21 – www.hotel-tumulus.com – Fermé 5 nov.-11 fév. **Yt**
23 ch – 95/200 € 95/200 € – 16 € – ½ P 95/148 €
Rest *Tumulus* – voir les restaurants ci-après
◆ Au calme ! Ce petit manoir des années 1920 est perché sur les hauteurs de Carnac ; on loge dans des chambres confortables (les plus spacieuses avec terrasse) et on profite du bel espace bien-être.

Celtique

82 av. des Druides – 02 97 52 14 15 – www.hotel-celtique.com **Zh**
53 ch – 100/220 € 100/220 € – 12 suites – 14 € – ½ P 93/153 €
Rest *(dîner seult)* – Menu 29/36 €
◆ À proximité de la plage, cet hôtel abrite des chambres actuelles et fonctionnelles. Agréable espace bien-être : piscine couverte, sauna, hammam, soins esthétiques... Au restaurant, cuisine traditionnelle à déguster sous la véranda.

Carnac Thalasso rest, rest,

av. de l'Atlantique – 02 97 52 53 00
– www.thalasso-carnac.com – Fermé 2-14 janv. **Zu**
230 ch – 86/264 € 95/270 € – 16 €
Rest – Menu 25/40 € – Carte 31/67 €
◆ Au pied des anciennes salines, cet hôtel de la fin des années 1980 est relié au centre de thalassothérapie. Chambres fonctionnelles avec balcon ; belle piscine couverte. Grand buffet dressé dans une salle contemporaine, avec vue sur le plan d'eau.

La Côte

3 impasse er Forn, (alignements de Kermario), 2 km par ② – 02 97 52 02 80 – www.restaurant-la-cote.com – Fermé 1er-7 oct., 2 janv.-9 fév., dim. soir de sept. à juin, mardi midi et lundi
Rest – Formule 25 € – Menu 36/85 €
◆ Une salle rustique (poutres et pierres), une autre résolument contemporaine et ouvrant sur un jardin japonisant : cette ferme proche du site mégalithique de Kermario vit avec son temps. De même la carte, qui allie bons produits et imagination.

Tumulus – Hôtel Tumulus

chemin du Tumulus – 02 97 52 08 21 – www.hotel-tumulus.com – Fermé 6 nov.-11 fév. et le midi sauf dim. **Yt**
Rest – Formule 17 € – Menu 29/85 € – Carte 37/64 €
◆ On pourrait contempler la baie de Quiberon par les jolies fenêtres de ce restaurant pendant des heures, sans se lasser. Dans l'assiette, ormeaux, poissons frais et saveurs franches de la Bretagne se mêlent.

La Calypso
158 r. du Pô, zone ostréicole du Pô - Y – ✆ 02 97 52 06 14 – www.calypso-carnac.com – Fermé 1 sem. en juin, 13 nov.-3 fév., dim. soir sauf juil.-août et lundi
Rest – Carte 35/120 €
◆ Les habitués ne s'y trompent pas : dans ce charmant bistrot marin, poissons, coquillages et crustacés sont d'une grande fraîcheur et préparés avec simplicité.

Auberge le Râtelier avec ch
4 chemin du Douet – ✆ 02 97 52 05 04 – www.le-ratelier.com – Fermé 17 nov.-10 déc. et 5 janv.-4 fév. Yr
8 ch – 45/65 € 45/65 € – 8 € – ½ P 50/64 €
Rest *(fermé mardi et merc. d'oct. à Pâques, mardi midi et merc. midi en juin et sept.)* – Menu 22/47 € – Carte 36/80 €
◆ La façade en granit (19e s.) de cette auberge est recouverte de vigne vierge. Cette touche bucolique séduit, tout comme l'ambiance conviviale et la cuisine, régionale et axée poisson. Chambres simples pour l'étape.

CARNON-PLAGE – 34 Hérault – 339 I7 – 34280 — 23 C2

Paris 758 – Aigues-Mortes 20 – Montpellier 20 – Nîmes 56
rue du Levant, ✆ 04 67 50 51 15, www.carnontourisme.com

Neptune
au port – ✆ 04 67 50 88 00 – www.hotel-neptune.fr – Fermé 17 déc.-12 janv.
53 ch – 70/85 € 80/108 € – 12 €
Rest *(fermé sam. midi et dim. soir sauf juil.-août)* – Menu 20/50 € – Carte 30/50 €
◆ Face au port de plaisance, bâtiment moderne abritant des chambres claires et confortables, rénovées dans un style contemporain. Accueil convivial. Petite carte de fruits de mer au restaurant en complément des cartes et menus traditionnels.

CARPENTRAS – 84 Vaucluse – 332 D9 – 29 015 h. – alt. 102 m — 42 E1
– 84200 Provence

Paris 679 – Avignon 30 – Digne-les-Bains 139 – Gap 146
97, Place du 25 Août 1944, ✆ 04 90 63 00 78, www.carpentras-ventoux.com
Provence Country Club, à Saumane-de-Vaucluse, Route de Fontaine de Vaucluse, par rte de Cavaillon : 18 km, ✆ 04 90 20 20 65
Ancienne cathédrale St-Siffrein★ : Synagogue★.

Plan page suivante

Safari
1060 av. Jean-Henri Fabre, par ③ – ✆ 04 90 63 35 35 – www.safarihotel.fr
35 ch – 70/120 € 80/120 € – 12 € – ½ P 75/100 €
Rest *(fermé dim. soir hors saison)* – Formule 18 € – Menu 30/48 € – Carte 37/79 €
◆ Hôtel rénové de pied en cap en 2009 : mobilier design, touches de couleurs vives, œuvres d'art primitif – la passion du patron –, équipements dernier cri... Dans l'ascenseur vitré, vue sur le mont Ventoux. Au restaurant, on s'attable autour de plats provençaux.

Le Comtadin sans rest
65 bd Albin-Durand – ✆ 04 90 67 75 00 – www.le-comtadin.com – Fermé 2-11 mars, 15-31 déc. et dim. d'oct. à fév. Zu
19 ch – 65/105 € 80/125 € – 12 € – ½ P 82/105 €
◆ Bel hôtel particulier de la fin du 18es. La plupart des chambres, confortables et bien insonorisées, donnent sur le patio, où l'on prend le petit-déjeuner en été.

Château du Martinet sans rest
rte de Mazan, 2,5 km par ① – ✆ 04 90 63 03 03 – www.chateau-du-martinet.fr – Ouvert avril-déc.
5 ch – 170/275 € 190/295 €
◆ Un superbe château du 18es. (classé). On flâne dans son immense parc ; on paresse dans l'une de ses somptueuses chambres et l'on se fait groupie autour du piano...

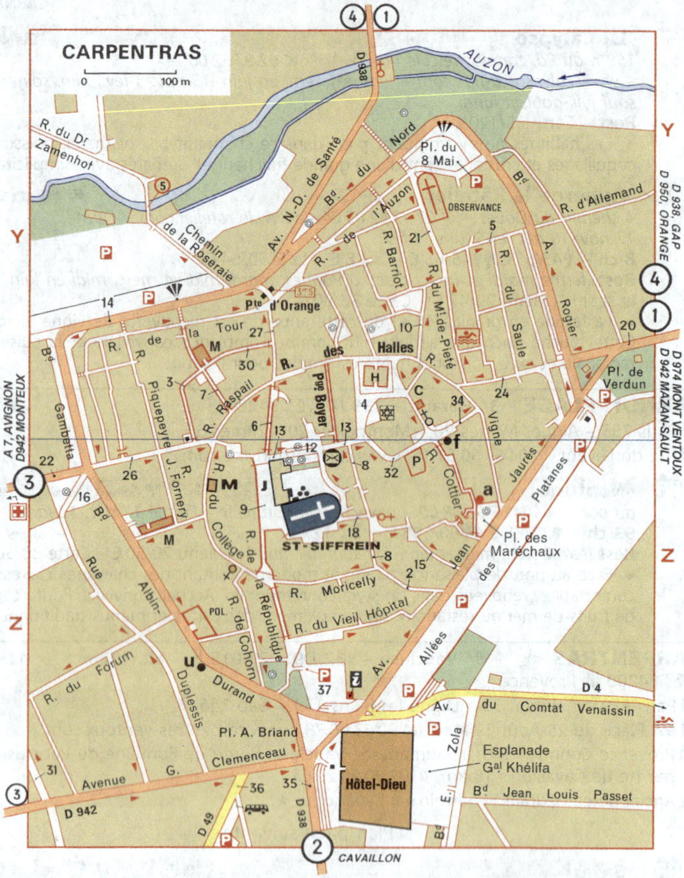

Barjavel (R.)	Z	2
Briand (Pl. A.)	Z	
Carmel (R. du)	Y	3
Charretier (Pl. M.)	Y	4
Clapiès (R. de)	Y	5
Évêché (R. de l')	Y	6
Frères-Laurens (R. des)	Y	7
Gaudibert-Barret (R.)	Z	8
Gaulle (Pl. du Gén.-de)	Z	9
Guillabert (R. D.)	Y	10
Halles (R. des)	Y	
Inguimbert (Pl. d')	Z	12
Inguimbert (R. d')	YZ	13
Khélifa (Espl. Gén.)	Z	
Leclerc (Bd Mar.)	Y	14
Marins (R. des)	Z	15
Marotte (Pl. de la)	Z	16
Mercière (R.)	Z	18
Mont Ventoux (Av. du)	Y	20
Observance (R. de l')	Y	21
Pétrarque (Av.)	Z	22
Pte de Mazan (R.)	Y	24
Pte de Monteux (R.)	Z	26
Pte Orange (R.)	Y	27
République (R. de la)	Z	
Stes-Maries (R. des)	Y	30
St-Jean (R.)	Y	34
Sémard (Av. Pierre)	Z	31
Sous-Préfecture (R.)	Z	32
Victor-Hugo (Av.)	Z	35
Wilson (Av.)	Z	36
25-Août-1944 (Pl. du)	Z	37

Maison Trevier

ch, VISA

36 pl. du Dr-Cavaillon – 04 90 51 99 98 – www.maison-trevier.com

5 ch – 125/135 € 125/135 € – 12 € **YZf**

Table d'hôte – Menu 45 € bc/85 € bc

◆ Un hôtel particulier (1742) au cœur de la vieille ville. La propriétaire, esthète, passionnée de cuisine et de voyages, a créé un lieu raffiné, mêlant rétro et contemporain. En semaine, plats régionaux accompagnés de vins naturels ; cours de cuisine.

Chez Serge

VISA AE

90 r. Cottier – 04 90 63 21 24 – www.chez-serge.com **Za**

Rest – Menu 15 € (déj.), 32/69 € – Carte 37/57 €

◆ Dans une bâtisse du 16es., un bistrot où le décor "maison de famille" rencontre la tendance industrielle... Cuisine traditionnelle – ici, la truffe est reine – et très bons crus.

à Beaumes-de-Venise **10 km par ① D 7 puis D 21 – 2 262 h. – alt. 100 m – ✉ 84190**

ℹ 122 place du Marché, ✆ 04 90 62 94 39, www.ot-beaumesdevenise.com

Le Clos Saint Saourde sans rest

rte de St-Véran, 3 km au Sud-Est par D 21 et rte secondaire – ✆ 04 90 37 35 20 – www.leclossaintsaourde.com

5 ch ☕ – 🚹180/470 € 🚹🚹180/470 €

◆ Un mas du 18es. tout en raffinement et caractère ! Belles chambres taillées dans la roche, matériaux bruts et... somptueuse "cabane" en bois au fond du jardin (avec petit spa).

Dolium

228 rte de Carpentras, (pl. Balma-Vénitia, Cave des vignerons) – ✆ 04 90 12 80 00 – www.dolium-restaurant.com – Fermé 15 déc.-15 janv., le soir du 16 sept. au 13 juin sauf vend.-sam. et merc. toute l'année

Rest *(nombre de couverts limité, réserver)* – Formule 20 € – Menu 29/50 €

◆ Bistrot contemporain au sein de la cave des vignerons de Beaumes-de-Venise. On déguste ici une bonne cuisine régionale misant sur la vérité du produit frais ; vins du cru.

à Mazan **7 km à l'Est par D 942 – 5 585 h. – alt. 100 m – ✉ 84380**

ℹ place du 8 Mai, ✆ 04 90 69 74 27, www.mazantourisme.com

Cimetière ≤★.

Château de Mazan

pl. Napoléon – ✆ 04 90 69 62 61 – www.chateaudemazan.com – Fermé 1er janv.-10 mars

28 ch – 🚹105/280 € 🚹🚹105/280 € – 2 suites – ☕ 17 €

Rest *L'Ingénue* – voir les restaurants ci-après

◆ Cette demeure de 1720 appartint au marquis de Sade. Moulures, tomettes, objets chinés, baignoires à l'ancienne : toute l'élégance d'une maison de famille provençale, noble et pure. À noter : les chambres en rez-de-jardin disposent d'une terrasse.

L'Ingénue

pl. Napoléon – ✆ 04 90 69 62 61 – www.chateaudemazan.com – Fermé 1er janv.-10 mars, le midi en sem., lundi d'oct. à avril et mardi

Rest – Menu 37 € – Carte 55/62 €

◆ Nem croustillant de homard aux morilles, jus à la réglisse et mousseline de céleri ; douceur de pêche en sphère chocolatée... Gastronomie et invention dans cette belle demeure du 18e s., au cadre délicieux en salle comme en terrasse.

au Beaucet **11 km au Sud-Est par D 4 et D 39 – 370 h. – alt. 275 m – ✉ 84210**

Auberge du Beaucet

r. Coste-Chaude – ✆ 04 90 66 10 82 – www.aubergedubeaucet.fr – Fermé 2-30 janv., mardi midi en hiver, dim. soir et lundi

Rest *(nombre de couverts limité, réserver)* – Formule 19 € – Menu 24 € (déj. en sem.), 39/59 €

◆ Au cœur de ce pittoresque village perché, cette charmante auberge de campagne réserve un accueil particulièrement chaleureux. Décor soigné, bonne cuisine provençale : le plaisir est complet.

à Monteux **4,5 km au Sud-Ouest – 10 789 h. – alt. 42 m – ✉ 84170**

ℹ Place Hôtel de Ville, ✆ 04 90 66 97 52

Domaine de Bournereau sans rest

579 chemin de la Sorguette, rte d'Avignon et rte secondaire – ✆ 04 90 66 36 13 – www.bournereau.com – Ouvert de mars à oct.

12 ch – 🚹100 € 🚹🚹110/190 € – 1 suite – ☕ 14 €

◆ Un majestueux platane centenaire trône au milieu de la cour de ce paisible mas provençal. Chambres colorées, spacieuses et confortables ; tenue impeccable.

CARQUEIRANNE – 83 Var – 340 L7 – 9 779 h. – alt. 30 m – ✉ 83320 41 C3

Paris 849 – Draguignan 80 – Hyères 7 – Toulon 16

La Maison des Saveurs

18 av. J.-Jaurès, (centre ville) – ☎ 04 94 58 62 33 – www.maisondessaveurs.com – Fermé dim. soir, mardi midi et lundi hors saison

Rest – Formule 22 € – Menu 28 €

◆ Cuisine méditerranéenne concoctée par un chef autodidacte et servie dans un cadre clair, feutré et serein ou sur la jolie terrasse estivale, à l'ombre des platanes.

à l'Est 2 km par D 559 ✉83320 Carqueiranne

Val d'Azur sans rest

3 imp. de la Valérane – ☎ 06 09 07 23 87 – www.valdazur.com

5 ch – †70/125 € ††80/135 €

◆ Sur les hauteurs de Carqueiranne, face à la mer, belle villa contemporaine disposant de confortables chambres au décor exotique et soigné (bain balnéo ou hammam).

LES CARROZ-D'ARÂCHES – 74 Haute-Savoie – 328 M4 46 F1

– alt. 1 140 m – Sports d'hiver : 1 140/2 500 m 5 70 – ✉ 74300

Alpes du Nord

Paris 580 – Annecy 67 – Bonneville 25 – Chamonix-Mont-Blanc 47

9, place Ambiance, ☎ 04 50 90 00 04, www.lescarroz.com

de Pierre Carrée, à Flaine, E : 12 km par D 106, ☎ 04 50 90 85 44

Les Servages d'Armelle

841 rte des Servages – ☎ 04 50 90 01 62 – www.servages.com – Fermé mai et nov.

8 ch – †220/420 € ††220/680 € – 2 suites – 30 € – ½ P 185/285 €

Rest *Les Servages* *(fermé mardi et merc. hors saison et lundi sauf fériés)* – Menu 30 € (sem.)/120 € – Carte 52/87 €

◆ Un superbe chalet restauré avec des matériaux anciens. Chaque chambre mêle design, bois patiné et high-tech... et dispose d'une cheminée, allumée le soir avant votre retour ! Côté papilles, même raffinement. Produits de qualité et, une fois n'est pas coutume, beau choix de poissons.

La Croix de Savoie

768 rte du Pernand – ☎ 04 50 90 00 26 – www.lacroixdesavoie.fr

28 ch – †88/134 € ††92/181 € – ½ P 68/122 €

Rest – Menu 24 € (déj.), 27/34 € – Carte environ 40 €

◆ Derrière cette façade de bois, très contemporaine, se cache un hôtel "bioclimatique", où tout a été conçu dans le souci de l'environnement. Calme, écolo et high-tech ! À table, honneur aux produits de saison, aux belles saveurs de la région et... vue sur les cimes.

Les Airelles

346 rte des Moulins – ☎ 04 50 90 01 02 – www.chalet-lesairelles.com – Ouvert 20 juin-30 sept. et 15 déc.-28 avril

8 ch – †70/90 € ††70/115 € – 3 suites – 12 € – ½ P 70/96 €

Rest *(fermé le midi en juin et sept.) (réserver)* – Formule 24 € – Menu 27 € (dîner)/35 € – Carte 32/40 €

◆ Mon premier chalet ? À l'ancienne, avec des chambres minis mais vraiment mignonnes. Mon second ? Plus contemporain, avec des appartements confortables. Mon tout : un hôtel familial et convivial. Au restaurant : diots (saucisses savoyardes) au chou et boiseries... chaleur et calories !

CARRY-LE-ROUET – 13 Bouches-du-Rhône – 340 F6 – 6 331 h. 40 B3

– alt. 5 m – Casino – ✉ 13620 Provence

Paris 765 – Aix-en-Provence 39 – Marseille 34 – Martigues 20

avenue Aristide Briand, ☎ 04 42 13 20 36, www.otcarrylerouet.fr

Le Madrigal

4 av. du Dr.-Gérard-Montus – ✆ 04 42 44 58 63 – www.restaurant-lemadrigal.com – Fermé de mi-nov. à début déc., dim. soir et lundi de sept. à avril

Rest – Menu 34/59 € – Carte 43/65 €

◆ Sur les hauts de Carry, la vue de cette maison rose sur le port compose un madrigal estival. Généreuse cuisine sous les pins parasols, poisson et glaces artisanales.

CARSAC-AILLAC – 24 Dordogne – 329 I6 – 1 473 h. – alt. 80 m – 4 D3

– ✉ 24200 Périgord Quercy

Paris 536 – Brive-la-Gaillarde 59 – Gourdon 18 – Sarlat-la-Canéda 9

La Villa Romaine

St-Rome, 3 km par rte de Gourdon – ✆ 05 53 28 52 07 – www.lavillaromaine.com – Fermé 11 nov.-10 déc. et de mi-janv. à mi-fév.

15 ch – 110/160 € 110/190 € – 2 suites – 15 €

Rest *La Villa Romaine* – voir les restaurants ci-après

◆ Bâtie sur un site gallo-romain proche de la Dordogne, cette ancienne métairie a effectivement un petit air italien, avec ses cyprès ! Terrasses, jardin et piscine sont très agréables.

La Villa Romaine

St-Rome, 3 km par rte de Gourdon – ✆ 05 53 28 52 07 – www.lavillaromaine.com – Ouvert 1er mai-10 nov. et fermé merc. et dim. sauf juil.-août et le midi

Rest *(réserver)* – Menu 35 €

◆ Tartare de bar à l'huile d'olive, carré d'agneau rôti aux herbes, belle ratatouille... Une cuisine au bon goût du Sud, réalisée par un jeune chef appliqué. Pour ne rien gâcher, cette Villa Romaine est très plaisante.

CARTERET – 50 Manche – 303 B3 – rattaché à Barneville-Carteret

CARVIN – 62 Pas-de-Calais – 301 K5 – 17 430 h. – alt. 31 m – ✉ 62220 31 C2

Paris 204 – Arras 35 – Béthune 28 – Douai 23

Parc Hôtel

rest,

Z.I. du Château – ✆ 03 21 79 65 65 – www.parc-hotel.com

46 ch – 57/81 € 67/91 € – 11 €

Rest *(fermé dim. soir et soirs fériés)* – Menu 18/37 € bc

◆ Près de l'autoroute, hôtel actuel disposant de chambres fonctionnelles rénovées dans un style contemporain épuré, à choisir de préférence côté campagne. Salle à manger claire et spacieuse où les repas peuvent être servis sous forme de buffet. Belle terrasse.

Le Charolais

Domaine de la Gloriette, 143 bis r. Mar.-Foch – ✆ 03 21 40 12 98 – www.le-charolais.fr – Fermé 3 sem. en août et le soir sauf sam.

Rest – Menu 15 € (sem.)/30 € – Carte 40/50 €

◆ Le bœuf charolais est à l'honneur dans cette maison de style régional ; tables bien espacées et cadre soigné agrémenté de nombreux tableaux.

CASAMOZZA – 2B Haute-Corse – 345 F4 – voir à Corse

CASCASTEL-DES-CORBIÈRES – 11 Aude – 344 H5 – 208 h. – 22 B3

– alt. 140 m – ✉ 11360

Paris 835 – Perpignan 52 – Carcassonne 70 – Narbonne 48

Domaine Grand Guilhem sans rest

1 chemin du Col-de-la-Serre – ✆ 04 68 45 86 67 – www.grandguilhem.com

4 ch – 85 € 95 €

◆ Cette demeure en pierre (19e s.) a tout d'une maison de famille : les chambres sont coquettes et impeccablement tenues et, au petit-déjeuner, on se régale de bons produits locaux... Miel, fruits, jambon cru, viennoiseries, rien ne manque !

CASENEUVE – 84 Vaucluse – 332 F10 – 413 h. – alt. 595 m – ✉ 84750 — 40 B2

Paris 745 – Avignon 63 – Digne-les-Bains 83 – Marseille 121

Le Sanglier Paresseux

Le Village – ✆ 04 90 75 17 70 – www.sanglierparesseux.com – Fermé 23 déc.-7 fév., lundi sauf le soir de sept. à mai, merc. hors saison et dim. soir

Rest – Formule 23 € – Menu 29/49 € – Carte 36/49 €

◆ Chaleureux ! Brésilien, le chef a posé ses valises dans ce village et repris l'ancienne auberge communale. Sa cuisine, assez personnelle, est tout simplement savoureuse...

CASSEL – 59 Nord – 302 C3 – 2 331 h. – alt. 175 m – ✉ 59670 — 30 B2

Nord Pas-de-Calais Picardie

Paris 250 – Calais 58 – Dunkerque 30 – Hazebrouck 11

20, Grand'Place, ✆ 03 28 40 52 55, www.cassel-horizons.com

Site★.

Châtellerie de Schoebeque sans rest

32 r. du Mar.-Foch – ✆ 03 28 42 42 67 – www.schoebeque.com

14 ch – 🚹157/241 € 🚹🚹157/241 €– ☕ 17 €

◆ Ce bel hôtel particulier (18es.) hébergea d'illustres hôtes, dont le roi George V. À votre tour de profiter de son charme paisible, de ses jolies chambres thématiques et de son centre de soins.

CASSIS – 13 Bouches-du-Rhône – 340 I6 – 7 793 h. – alt. 10 m – Casino — 40 B3

– ✉ 13260 Provence

Paris 800 – Aix-en-Provence 51 – La Ciotat 10 – Marseille 30

Quai des Moulins, ✆ 08 92 25 98 92, www.ot-cassis.com

Site★ - Les Calanques★★ (1h en bateau) - Mt de la Saoupe ✻★★ : 2 km par D 41A.

Cap Canaille, la plus haute falaise maritime d'Europe, ≤★★★ 5 km par D41A - Sémaphore ✻★★★ - Corniche des Crêtes★★ de Cassis à la Ciotat.

Royal Cottage sans rest

6 av. 11 Novembre, par ① – ✆ 04 42 01 33 34 – www.royal-cottage.com – Fermé 7-29 déc.

25 ch – 🚹85/220 € 🚹🚹85/220 € – ☕ 14 €

◆ Bâtisse moderne sur les hauteurs disposant de chambres sobres et spacieuses, certaines avec vue sur le port. Belle piscine au milieu d'une luxurlante végétation exotique.

CASSIS

Abbé-Mouton (R.) 2
Arène (R. de l') 4
Autheman (R. V.) 5
Baragnon (Pl.) 6
Barthélemy (Bd) 7
Barthélemy (Quai Jean-Jacques) . . . 8
Baux (Quai des) 9
Ciotat (R. de la) 10
Clemenceau (Pl.) 12
Ganteaume (Av. de l'Amiral) . 14
Jean-Jaurès (Av.) 16
Leriche (Av. Professeur) 17
Mirabeau (Pl.) 22
Moulins (Quai des) 23
République (Pl.) 25
Revestel (Av. du) 26
St-Michel (Pl.) 27
Thiers (R. Adolphe) 29
Victor-Hugo (Av.) 32

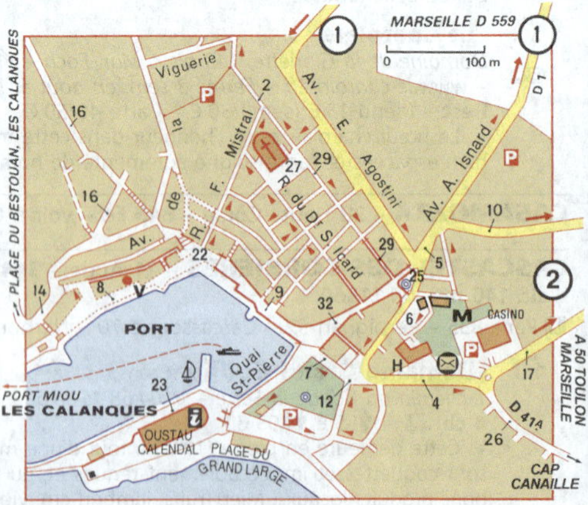

Les Jardins de Cassis sans rest
r. A. Favier, 1 km par ① – ✆ 04 42 01 84 85 – www.lesjardinsdecassis.com – Ouvert de mars à nov.
36 ch – †71/155 € ††71/155 € – ☕ 14 €
◆ Bâtiments ocre sur les hauteurs de Cassis. Chambres coquettes (un peu moins de cachet en annexe, aux Restanques), souvent avec terrasse privée. Beau jardin méridional.

La Villa Madie (Jean-Marc Banzo)
av. du Revestel, (anse de Corton), Sud-Est par D 41A – ✆ 04 96 18 00 00 – www.lavillamadie.com – Fermé 20 déc.-20 fév., lundi et mardi de sept. à mai
Rest – Menu 97 € (déj. en sem.)/130 € – Carte 100/130 €
Spéc. Poulpe de roche en salade de légumes à l'huile d'olive et citron. Poisson de la pêche locale sous toutes ses formes. Biscuit spéculos et figue fleur au fenouil (juil. à oct.). **Vins** Cassis, Bandol.
Rest *La Petite Cuisine* *(fermé le soir)* – Menu 45 €
◆ Vue sur le large et les pins, cadre design et épuré, terrasses descendant jusqu'à la mer et... la cuisine actuelle de Jean-Marc Banzo, qui ménage des émotions gustatives au diapason. À l'étage, l'annexe propose une "petite" cuisine du marché pour les midis pressés.

Nino avec ch
port de Cassis – ✆ 04 42 01 74 32 – www.nino-cassis.com – Fermé 4 déc.-12 janv., dim. soir hors saison et lundi **v**
3 ch ☕ – †120/150 € ††180/200 € **Rest** – Menu 32 € – Carte 45/70 €
◆ Une institution locale depuis 1962 : comme un navire à quai où déguster la bouillabaisse, mais aussi des produits de la mer ultrafrais ! Terrasse fleurie côté port. À l'étage, trois belles chambres inondées de soleil avec une vue et un confort au top.

CASTAGNÈDE – 64 Pyrénées-Atlantiques – 342 G4 – rattaché à Salies-de-Béarn

CASTANET-TOLOSAN – 31 Haute-Garonne – 343 H3 – rattaché à Toulouse

CASTELJALOUX – 47 Lot-et-Garonne – 336 C4 – 4 580 h. – alt. 52 m – ✉ 47700 Aquitaine 4 C2

Paris 674 – Agen 55 – Langon 55 – Marmande 23
Maison du Roy, ✆ 05 53 93 00 00, www.casteljaloux.com
de Casteljaloux, Route de Mont de Marsan, S : 4 km par D 933, ✆ 05 53 93 51 60

Les Cordeliers
r. des Cordeliers – ✆ 05 53 93 02 19 – www.hotel-les-cordeliers.fr – Fermé 15 déc.-15 janv.
24 ch – †44/58 € ††49/70 € – ☕ 8 € – ½ P 48/58 €
Rest *(fermé dim.)* – Formule 12 € – Menu 16 € (sem.)/29 € – Carte 20/36 €
◆ Sur la place principale de Casteljaloux, un hôtel-restaurant tout simple et pratique, avec des chambres fonctionnelles et bien tenues.

La Vieille Auberge
11 r. Posterne – ✆ 05 53 93 01 36 – www.la-vieille-auberge-47.com – Fermé 25 juin-8 juil., 26 nov.-6 déc., 20-26 fév., merc. midi, dim. soir et lundi
Rest – Formule 20 € – Menu 28/62 € – Carte 45/60 €
◆ Charmante maison de pierre bordant une ruelle de la bastide. Le décor est bourgeois et, côté papilles, on se régale d'une cuisine classique, gourmande et soignée. Incontournables de la maison : les ris de veau et le baba au rhum.

CASTELLANE – 04 Alpes-de-Haute-Provence – 334 H9 – 1 579 h. – alt. 730 m – ✉ 04120 Alpes du Sud 41 C2

Paris 797 – Digne-les-Bains 54 – Draguignan 59 – Grasse 64
rue Nationale, ✆ 04 92 83 61 14, www.castellane.org
de Taulane, à La Martre, Le Logis du Pin, E : 17 km par D 4085, ✆ 04 93 60 31 30
Site★ - Lac de Chaudanne★ 4 km par ①.
- Grand canyon du Verdon★★★.

à la Garde 6 km par D 559 et D 4085 – 89 h. – alt. 928 m – ✉ 04120

Auberge du Teillon avec ch

rte Napoléon – ✆ 04 92 83 60 88 – www.auberge-teillon.com – Ouvert 23 mars-15 nov. et fermé dim. soir hors saison, mardi midi en juil.-août et lundi sauf le soir en saison

8 ch – †60/65 € ††60/65 € – ☕ 8 € – ½ P 64/67 €

Rest – Menu 26/52 € – Carte 40/66 €

◆ Des produits au top, des assiettes qui débordent de saveurs : cette auberge rustique célèbre la tradition avec un bel accent du Sud. Accueil tout sourire et ambiance conviviale. À l'étage, quelques petites chambres fraîches, pratiques pour l'étape.

LE CASTELLET – 83 Var – 340 J6 – 4 255 h. – alt. 252 m – ✉ 83330 40 B3

Paris 816 – Aubagne 30 – Marseille 46 – Toulon 23

Circuit Paul Ricard ✆ 04 94 98 36 66

à Ste-Anne-du-Castellet 4,5 km au Nord par D 226 et D 26 – ✉ 83330

Castel Ste-Anne sans rest

81 chemin Chapelle – ✆ 04 94 32 60 08

24 ch – †65 € ††90/95 € – ☕ 8 €

◆ Quiétude, jardin fleuri et jolie piscine : un hôtel familial bien sympathique. Chambres sobres, plus récentes et dotées d'une terrasse à l'annexe.

au Circuit Paul Ricard 11 km au Nord par D 226, D 26 et D N8 – ✉ 83330 Le Beausset

Du Castellet

3001 rte Hauts-du-Camp – ✆ 04 94 98 37 77 – www.hotelducastellet.com – Fermé déc. et janv.

33 ch – †250/1050 € ††250/1050 € – 9 suites – ☕ 34 €

Rest ***Monte Cristo*** ✿✿ **Rest** ***San Felice*** – voir les restaurants ci-après

◆ Trois cents hectares de pinède dominant l'arrière-pays varois, avec la Méditerranée à l'horizon. Si tous les paradis sont perdus, l'hôtel du Castellet en a conservé le goût : coursives, bassins, parterres de lavande... Félicité à la provençale !

Grand Prix

3100 rte des Hauts du Camp – ✆ 04 94 88 80 80 – www.grandprixhotel.fr – Fermé 15 déc.-15 janv.

117 ch – †120/135 € ††120/135 € – ☕ 15 € – ½ P 141 €

Rest – Formule 19 € – Menu 29 € – Carte 35/56 €

◆ Sur la route qui mène au circuit, au milieu de la forêt, cet hôtel est né en 2009 sous le patronage de la Formule 1 : fils rouges du décor, des photos de courses et un mobilier contemporain... fuselé comme un bolide. Équipements dernier cri.

Monte Cristo – Hôtel Du Castellet

✿✿

3001 rte Hauts-du-Camp – ✆ 04 94 98 29 69 – www.hotelducastellet.com – Fermé déc. et janv., dim. soir du 3 oct. au 3 juin, le midi du 4 juin au 2 oct., lundi et mardi

Rest – Menu 145/245 € bc – Carte 160/195 €

Spéc. Tourteau au caviar façon sashimi. Pigeonneau au sang cuit en croûte de sel épicé. Soufflé Grand Marnier. **Vins** Cassis, Bandol.

◆ La seule héroïne de ce Monte Cristo, c'est la grande cuisine ! Sous la conduite de Christophe Bacquié, cette table mérite assurément le détour, à deux pas du circuit du Castellet. Fin, délicat, précis : un beau travail sur les textures et les saveurs... un délice ! L'atmosphère feutrée ajoute encore au plaisir.

San Felice – Hôtel Du Castellet

3001 rte Hauts-du-Camp – ✆ 04 94 98 29 58 – www.hotelducastellet.com – Fermé déc. et janv.

Rest – Menu 45/60 €

◆ Sardines grillées espuma vodka, langouste de Méditerranée au barbecue, souris d'agneau confite huit heures... La San Felice n'est pas qu'un roman de Dumas, c'est aussi – au sein de l'hôtel du Castellet – un bistrot chic et inventif !

CASTELNAUDARY – 11 Aude – 344 C3 – 11 544 h. – alt. 175 m 22 A2

– ✉ 11400 Languedoc Roussillon

Paris 735 – Carcassonne 42 – Foix 70 – Pamiers 49

place de Verdun, ✆ 04 68 23 05 73, www.castelnaudary-tourisme.com

Du Canal sans rest

2 ter av. A. Vidal – ✆ 04 68 94 05 05
– www.hotelducanal.com AZb

38 ch – 51/59 € 58/75 € – 6 €

◆ Un hôtel familial fort sympathique, au bord du canal du Midi... Les chambres sont pratiques, sobres et très propres. On prend son petit-déjeuner tout près de l'eau et de la verdure, avant d'entamer une balade sur les berges.

Le Tirou

90 av. Mgr de Langle – ✆ 04 68 94 15 95
– www.letirou.com
– Fermé 23-30 juin, 20 déc.-20 janv., le soir et lundi BZe

Rest – Menu 23 € (sem.), 31/43 € – Carte 45/60 €

◆ Une jolie ménagerie dans le jardin, des mets du terroir 100 % maison – le cassoulet est délicieux ! –, des produits et des vins du cru : cette auberge champêtre et familiale a tout pour plaire... et l'on peut aussi y acheter les conserves du chef.

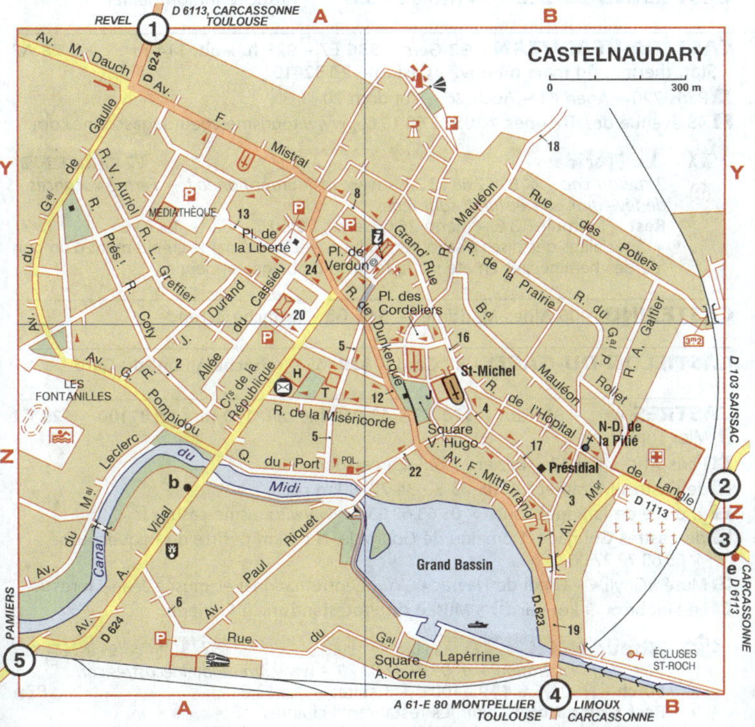

Ader (R. Clément) . . . . AZ 2
Batailleries (R. des) . . . . BZ 3
Collège (R. du) . . . . BZ 4
Dejean (R. du Gén.) . . . . AZ 5
Dunkerque (R. de) . . . . AYZ
Gare (Av. de la) . . . . AZ 6
Haute-Baffe (R. de la) . . . . . . BZ 7
Horloge (R. de l') . . . . AY 8
Lapasset (R. du Gén.) . . . . . . AY 13
Laperrine (Pl. du Gén.) . . . . . BZ 12
Pasteur (R. Louis) . . . . BZ 16
Présidial (Rampe du) . . . . BZ 17
Protestants (Ch. des) . . . . . . BY 18
Pyrénées (Av. des) . . . . BZ 19
République (Pl. de la) . . . . . . AY 20
Riquet (R. Paul) . . . . BZ 22
11-Novembre (R. du) . . . . AY 24

CASTELNAU-DE-LÉVIS – 81 Tarn – **338** E7 – rattaché à Albi

CASTELNAU-DE-MONTMIRAL – 81 Tarn – **338** C7 – 952 h. – alt. 287 m – ✉ 81140 **29** C2

Paris 645 – Toulouse 69 – Cordes-sur-Ciel 22 – Gaillac 12

place de la Mairie, ✆ 05 63 33 15 11

Des Consuls sans rest

pl.des Arcades – ✆ 05 63 33 17 44 – www.hoteldesconsuls.com – Fermé vacances de Noël

16 ch – †59/93 € ††59/93 € – ☕ 9 €

◆ C'est l'un des plus beaux villages de France avec sa pittoresque bastide du 13ᵉs. ! Les nouveaux propriétaires du lieu ont commencé à rénover entièrement ces maisons chargées d'histoire. C'est calme, reposant, avec un joli patio.

La Table des Consuls

pl. des Arcades – ✆ 05 63 40 63 55 – www.lesconsuls.com – Ouvert de mars à oct. et fermé dim. soir, lundi et mardi sauf juil.-août

Rest – Formule 25 € – Menu 36 €

◆ S'il y avait encore des consuls, ils ne manqueraient pas de se régaler dans ce restaurant au charme rustique ! Ici, tout est fait maison, souvent parfumé d'épices et d'herbes fraîches ; c'est copieux, généreux et sans esbroufe.

CASTELNAU-LE-LEZ – 34 Hérault – **339** I7 – rattaché à Montpellier

CASTÉRA-VERDUZAN – 32 Gers – **336** E7 – 925 h. – alt. 114 m – Stat. therm. : fin mars-mi-nov. – Casino – ✉ 32410 **28** A2

Paris 720 – Agen 61 – Auch 26 – Condom 20

48 avenue des Thermes, ✆ 05 62 68 10 66, www.tourisme-coeurdegascogne.com

Le Florida

2 rue du Lac – ✆ 05 62 68 13 22 – www.restaurant-florida.fr – Fermé vacances de fév., dim. soir et lundi sauf fériés

Rest – Formule 13 € – Menu 26 € (sem.), 28/60 € – Carte 40/70 €

◆ Spécialités gersoises à savourer en hiver, réchauffé par le crépitement d'un bon feu de cheminée, et en été sur la terrasse ombragée et fleurie.

CASTERINO – 06 Alpes-Maritimes – **341** G3 – rattaché à Tende

CASTILLON-DU-GARD – 30 Gard – **339** M5 – rattaché à Pont-du-Gard

CASTRES – 81 Tarn – **338** F9 – 43 010 h. – alt. 170 m – ✉ 81100 **29** C2

Midi-Toulousain

Paris 718 – Albi 43 – Béziers 107 – Carcassonne 70

de Castres-Mazamet : ✆ 05 63 70 34 77, 8 km par ③.

2, place de la Republique, ✆ 05 63 62 63 62, www.tourisme-castres.fr

de Castres Gourjade, Domaine de Gourjade, N : 3 km par rte de Roquecourbe, ✆ 05 63 72 27 06

Musée Goya★ - Hôtel de Nayrac★ AY - Centre national et musée Jean-Jaurès AY.

Le Sidobre★ 9 km par ① - Musée du Protestantisme à Ferrières.

Grand Hôtel

11 r. de la Libération – ✆ 05 63 37 82 20 – www.grandhoteldecastres.com

50 ch – †90/95 € ††95/100 € – 3 suites – ☕ 13 € BZn

Rest *Grand Hôtel* – voir les restaurants ci-après

◆ À deux pas de la cathédrale, un vrai "Grand Hôtel" ! Fermé durant treize ans, il connaît une nouvelle jeunesse grâce au fils de l'ancienne propriétaire et à son épouse. De ce lieu classique, ils ont fait un endroit élégant, design et épuré... Bois précieux, matériaux choisis, excellente insonorisation : les chambres ont vraiment du style, sans ostentation.

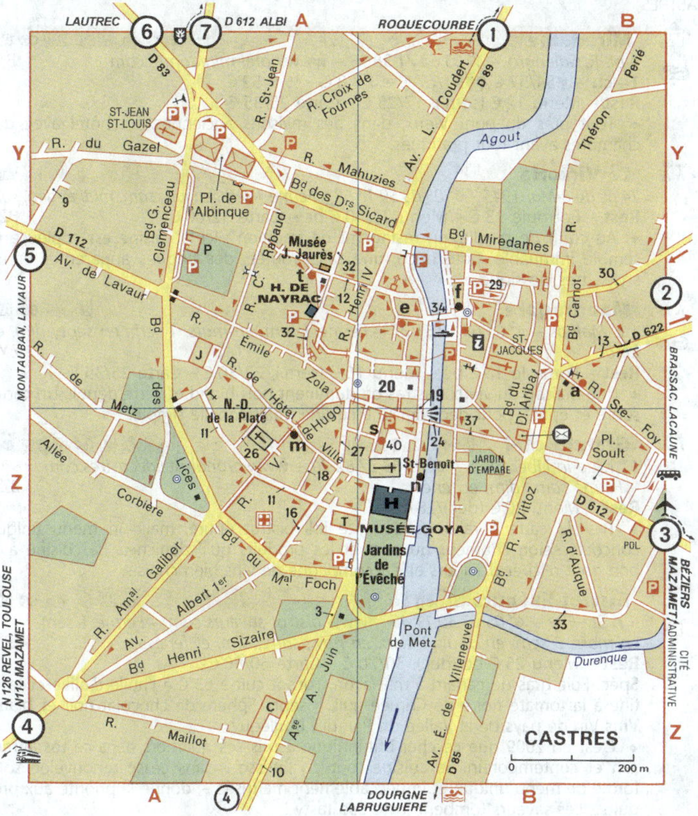

Occitan

201 av. Ch.-de-Gaulle, par ③ – ✆ 05 63 35 34 20 – www.hotel-restaurant-l-occitan.fr – Fermé 21 déc.-3 janv.

64 ch – †65/95 € ††72/105 € – ☕ 11 € – ½ P 62/88 €

Rest *(fermé dim. midi de la Toussaint à Pâques et sam. midi)* – Menu 14 € (sem.), 18/40 € – Carte 25/60 €

◆ Sur un axe passant mais très bien insonorisé, un hôtel-restaurant assez vaste, idéal pour les groupes. Les chambres, toutes climatisées, sont impeccablement tenues et arborent un style contemporain très frais. Et pour la détente, on profite de la piscine, du sauna et du jacuzzi...

Renaissance sans rest

17 r. Victor-Hugo – ✆ 05 63 59 30 42 – www.hotel-renaissance.fr – Fermé 18 déc.-8 janv. AZm

20 ch – †60/85 € ††67/87 € – 1 suite – ☕ 12 €

◆ Derrière cette belle façade à colombages du 17es. se cache un hôtel éclectique et charmant : les chambres ont toutes leur style (Empire, Napoléon III, Savane, etc.) et foisonnent de tableaux, meubles chinés et bibelots. Un lieu cosy !

Miredames ch,

1 pl. R. Salengro – 05 63 71 38 18 – www.hotel-miredames.com BYf
14 ch – 54/57 € 61/67 € – 8 € – ½ P 52 €
Rest – Menu 12 € (sem.), 17/25 € – Carte 25/35 €
◆ Tout près du pont Vieux, dans des maisons anciennes, un hôtel avec des chambres avant tout pratiques.

Le Victoria

24 pl. du 8-Mai-1945 – 05 63 59 14 68 – Fermé 1 sem. en juil., sam. midi et dim. soir
Rest – Formule 13 € – Menu 24/60 € bc – Carte 32/60 € BZs
◆ Au cœur de la ville, un restaurant de tradition : ici la cuisine est copieuse et semble immuable. Côté déco, une salle voûtée, des briques apparentes et un style... très classique.

Mandragore

1 r. Malpas – 05 63 59 51 27 – Fermé 1 sem. en mars, 1 sem. en sept., dim. et lundi BYe
Rest – Formule 13 € bc – Menu 16 € (sem.), 22/30 € – Carte 25/35 €
◆ Une maison du vieux Castres où dominent bois blond et verre dépoli. Un cadre sobre et épuré, pour déguster une cuisine traditionnelle simple.

Grand Hôtel – Hôtel Grand Hôtel

11 r. de la Libération – 05 63 37 82 20 – www.grandhoteldecastres.com – Fermé sam., dim. et fériés BZn
Rest – Menu 20 € (déj.)/28 €
◆ Pas de carte à rallonge dans ce joli bistrot épuré, mais un menu unique concocté selon l'humeur du chef et les produits qu'il déniche... Sa cuisine a le bon goût d'ici et d'ailleurs et s'accompagne de vins bien choisis.

Bistrot Saveurs (Simon Scott)

5 r. Ste-Foy – 05 63 50 11 45 – www.bistrot-saveurs.com – Fermé 1 sem. en mars, 3 sem. en août, 1 sem. en nov., sam., dim. et fériés BYa
Rest – Menu 25 € bc (déj.), 30/70 € – Carte 60/80 €
Spéc. Foie gras de canard à ma façon. Turbot cuit à 63°C à l'huile d'olive et tarte fine à la tomate noire de Crimée (juil. à sept). Sphère de chocolat noir et blanc.
Vins Vin de pays de la Vallée du Paradis, Irouléguy.
◆ C'est en 2009 que ce chef britannique a pris ses quartiers dans ce restaurant zen et contemporain. Sa cuisine tout en finesse – sans cesse renouvelée sous forme de menu unique et impeccablement maîtrisée –, donne la priorité aux produits... Les saveurs tombent juste : so tasty !

La Table du Sommelier

6 pl. Pélisson – 05 63 82 20 10 – www.le-chais-du-sommelier.com – Fermé dim. et lundi AYt
Rest – Formule 13 € bc – Menu 20/40 € bc
◆ Un néobistrot dédié au vin, juste en face du musée Jean-Jaurès... Côté déco, des casiers et des bouteilles et, côté papilles, une cuisine du marché qui s'accorde avec de jolis nectars : "autour du vin sec", "autour du vin de Gaillac", etc.

à Burlats **9 km par ①, D 89 et D 58 – 1 886 h. – alt. 191 m – ✉ 81100**

Le Castel de Burlats

8 pl. du 8-Mai-1945 – 05 63 35 29 20 – www.lecasteldeburlats.fr.st – Fermé 21-31 août et 18-26 fév.
10 ch – 75/115 € 75/115 € – 10 €
Rest *Les Mets d'Adélaïde* – voir les restaurants ci-après
◆ Dans ce charmant village de Burlats, au bord de l'Agout, un castel des 14e et 16e s. où règne une sympathique atmosphère maison d'hôtes. Très beau salon de style Renaissance et chambres spacieuses et soignées, ouvertes sur le parc.

Les Mets d'Adélaïde

8 pl. du 8-Mai-1945 – 05 63 35 78 42 – Fermé lundi et mardi
Rest *(nombre de couverts limité, réserver)* – Formule 19 € – Menu 26/56 € – Carte 40/70 €
◆ En passant par Burlats, ne manquez pas ce délicieux restaurant logé dans le château... Au piano, le chef réalise une cuisine de saison soignée, gourmande et savoureuse, qui s'accompagne de vins bien choisis par sa femme.

à Lagarrigue 4 km par ③ – 1 726 h. – alt. 200 m – ✉ 81090

Montagne Noire sans rest

29 av. Castres, sur RN 112 – ✆ 05 63 35 52 00 – www.lamontagnenoire.com
30 ch – †70/120 € ††80/120 € – ☕ 13 €
◆ En bordure de route passante, mais pourtant au calme. Les chambres sont pratiques, très propres et bien insonorisées ; pour les loisirs, il y a une piscine et... un billard. Petit plus qui compte : le copieux petit-déjeuner.

CASTRIES – 34 Hérault – 339 I6 – rattaché à Montpellier

LE CATEAU-CAMBRÉSIS – 59 Nord – 302 J7 – 7 051 h. – alt. 123 m – ✉ 59360 Nord Pas-de-Calais Picardie 31 C3

Paris 202 – Cambrai 24 – Hirson 44 – Lille 86
9, place du Commandant Richez, ✆ 03 27 84 10 94, www.tourisme-lecateau.fr

Le Relais Fénelon

21 r. du Mar.-Mortier – ✆ 03 27 84 25 80 – www.hotel-restaurant-relais-fenelon.fr – Fermé 1er-23 août, dim. soir et lundi sauf fériés
Rest – Formule 17 € – Menu 22/33 € – Carte 32/50 €
◆ Cette maison bourgeoise (19es.) est une ode à la douceur de vivre et au charme provincial. En cuisine, les bons petits plats du chef mijotent longtemps... La tradition a du bon !

LE CATELET – 02 Aisne – 306 B2 – 196 h. – alt. 90 m – ✉ 02420 37 C1

Paris 170 – Cambrai 22 – Le Cateau-Cambrésis 29 – Laon 66

La Coriandre

68 r. du Gén.-Augereau – ✆ 03 23 66 21 71 – Fermé 29 juil.-20 août, 2-12 janv., lundi et le soir en sem.
Rest – Menu 23 € (déj. en sem.), 38/56 € – Carte 59/71 €
◆ Salade de homard à la crème de ciboulette ; barbue dorée à l'huile d'olive, lasagnes de céleri ; dentelle croustillante de fraises... Une cuisine soignée, dans un cadre rustique.

LES CATONS – 73 Savoie – 333 I4 – rattaché au Bourget-du-Lac

CAUDEBEC-EN-CAUX – 76 Seine-Maritime – 304 E4 – 2 310 h. – alt. 6 m – ✉ 76490 Normandie Vallée de la Seine 33 C1

Paris 162 – Lillebonne 17 – Le Havre 53 – Rouen 37
place du General de Gaulle, ✆ 02 32 70 46 32, www.tourismecauxseine.com
Église Notre-Dame★.
Vallon de Rançon★ NE : 2 km.

Normotel

18 quai Guilbaud – ✆ 02 35 96 20 11 – www.normotel-lamarine.fr – Fermé 22 déc.-5 janv.
31 ch – †72/110 € ††72/110 € – ☕ 9 € – ½ P 62 €
Rest *La Marine* *(fermé sam. midi et dim. soir)* – Formule 15 € – Menu 29/39 € – Carte 45/60 €
◆ Sur la rue principale (face à la Seine), une grande bâtisse dont les chambres sont progressivement rénovées dans un esprit contemporain et épuré. Au restaurant, les petits plats traditionnels ont de jolis accents normands.

Le Normandie

19 quai Guilbaud – ✆ 02 35 96 25 11 – www.le-normandie.fr – Fermé 18 déc.-4 janv.
15 ch – †60/83 € ††65/83 € – ☕ 8 € – ½ P 58 €
Rest *(fermé lundi midi, merc. midi et dim. soir)* – Formule 14 € – Menu 22/42 € – Carte 34/66 €
◆ Sur le quai longeant la Seine, un hôtel fonctionnel avec des chambres fraîches et très bien tenues. Restaurant traditionnel.

Le Cheval Blanc

4 pl. René Coty – ✆ 02 35 96 21 66 – www.le-cheval-blanc.fr – Fermé 25 déc.-3 janv.
14 ch – 56 € 58 € – 7 € – ½ P 54 €
Rest *(fermé 21 déc.-3 janv., sam. midi, dim. soir et vend.)* – Formule 13 € – Menu 16 € (sem.), 28/38 € – Carte 23/35 €
◆ Un Cheval Blanc simple et propre, avec des chambres correctement insonorisées et mansardées au deuxième étage, idéales pour se loger à bon compte. Cuisine du terroir préparée par le patron.

Manoir de Rétival

2 r. St-Clair – ✆ 06 50 23 43 63 – www.restaurant-ga.fr – Fermé 30 sept.-21 oct. et 19 fév.-4 mars
3 ch – 140/230 € 140/260 €
Table d'hôte *(fermé mardi et merc.)* – Menu 98 € bc/149 € bc
◆ Quel charme... Ce manoir est superbe, avec sa tourelle, ses colombages, son beau jardin et sa chapelle. Les chambres cultivent un bel esprit maison de famille (parquet, jonc de mer, mobilier chiné, etc.) et la table d'hôte est agréable : le patron est un jeune chef allemand amoureux de la gastronomie française !

CAUREL – 22 Côtes-d'Armor – 309 D5 – 384 h. – alt. 188 m – ✉ 22530 10 C2

Paris 461 – Carhaix-Plouguer 45 – Guingamp 48 – Loudéac 24

Beau Rivage avec ch

au Lac de Guerlédan, 2 km par D 111 – ✆ 02 96 28 52 15 – http://le-beau-rivage.info – Fermé dim. soir et lundi
3 ch – 63 € 63 € – 9 €
Rest – Menu 20 € (sem.), 31/45 € – Carte environ 32 €
◆ Les locaux, comme les touristes, apprécient cette maison au bord du lac de Guerlédan. Une bien jolie vue pour déguster une cuisine sagement traditionnelle. En complément, des chambres simples qui donnent aussi sur l'étendue d'eau.

CAUSSADE – 82 Tarn-et-Garonne – 337 F7 – 6 547 h. – alt. 109 m 29 C2 – ✉ 82300 Midi-Toulousain

Paris 606 – Cahors 38 – Gaillac 51 – Montauban 28
46 bld Didier Rey, ✆ 05 63 26 04 04, http://officedetourismecaussade.blogspot.com

Dupont

r. Récollets – ✆ 05 63 65 05 00 – www.hotel-restaurant-dupont.com – Fermé 24 déc.-10 janv.
30 ch – 50/65 € 50/65 € – 9 € – ½ P 58/69 €
Rest *(ouvert le soir du lundi au jeudi) (résidents seult)*
◆ Au cœur de la petite capitale du chapeau de paille, un relais de poste du 18ᵉs. avec des chambres simples et propres, ainsi qu'un restaurant traditionnel. Pratique lors d'une étape.

à Monteils 3 km au Nord-Est par D 17 – 1 274 h. – alt. 120 m – ✉ 82300

Le Clos Monteils

7 chemin du Moulin – ✆ 05 63 93 03 51 – Fermé mi-janv. à mi-fév., mardi sauf juil.-août, sam. midi, dim. soir et lundi
Rest *(nombre de couverts limité, réserver)* – Formule 18 € – Menu 29/54 €
◆ Françoise et Bernard ont fait de cet ancien presbytère (1771) un lieu convivial et intime, à la façon d'une maison de famille. Elle vous accueille avec gentillesse, lui s'active aux fourneaux. Priorité au terroir et aux produits frais !

CAUTERETS – 65 Hautes-Pyrénées – 342 L7 – 1 112 h. – alt. 932 m 28 A3 – Sports d'hiver : 1 000/2 350 m 3 18 – Stat. therm. : début fév.-fin nov. – Casino – ✉ 65110 Midi-Toulousain

Paris 880 – Argelès-Gazost 17 – Lourdes 30 – Pau 75
place Foch, ✆ 05 62 92 50 50, www.cauterets.com
La station★ - Route et site du Pont d'Espagne★★★ (chutes du Gave) au Sud par D 920 - Cascade★★ et vallée★★ de Lutour S : 2,5 km par D 920.
Cirque du Lys★★.

Astérides-Sacca
rest, rest, VISA

bd Latapie-Flurin – ✆ 05 62 92 50 02 – www.asterides-sacca.com – Fermé 10 oct.-10 déc. **a**

56 ch – 47/78 € 47/78 € – 8 € – ½ P 45/62 €

Rest – Formule 18 € – Menu 24/45 € – Carte 30/55 €

◆ Ces étoiles de mer (astérides) ont élu domicile à la montagne... Derrière une belle façade de style bigourdan, des chambres fonctionnelles, certaines décorées dans un esprit actuel. Salles chaleureuses où déguster une cuisine traditionnelle et soignée.

Du Lion d'Or
VISA

12 r. Richelieu – ✆ 05 62 92 52 87 – www.liondor.eu – Fermé 22 avril-16 mai et 7 oct.-21 déc. **d**

18 ch – 74/160 € 78/162 € – 11 € – ½ P 68/106 €

Rest *(fermé le midi) (résidents seult)* – Menu 21/28 € – Carte environ 28 €

◆ Hôtel familial construit au 19e s. (portes-fenêtres, balconnets en fer forgé...). Chambres douillettes à la décoration soignée (objets chinés). Confitures et tourtes maison au petit-déjeuner. Cuisine de tradition servie dans une salle à manger ancienne.

Le Bois Joli sans rest
VISA

1 pl. du Mar.-Foch – ✆ 05 62 92 53 85 – www.hotel-leboisjoli.com – Fermé 21 avril-2 juin et 13 oct.-1er déc. **e**

12 ch – 86/96 € 96/112 € – 11 €

◆ Au cœur de la station, bâtisse du 19es. au cachet préservé. Chambres d'esprit chalet, très colorées et décorées suivant trois thèmes : fleurs, animaux et monts.

CAUTERETS

Benjamin-Dulau (Av.) 2
Bordenave (Pl.) 3
Clemenceau (Pl. G.) 4
Etigny (R. d') 5
Féria (R. de la) 6
Foch (Pl. Mar.) 8
Jean-Moulin (Pl.) 10
Latapie-Flurin (Bd) 12
Mamelon Vert (Av.) 13
Pont-Neuf (R. du) 15
Richelieu (R. de) 16
Victoire (Pl. de la) 18

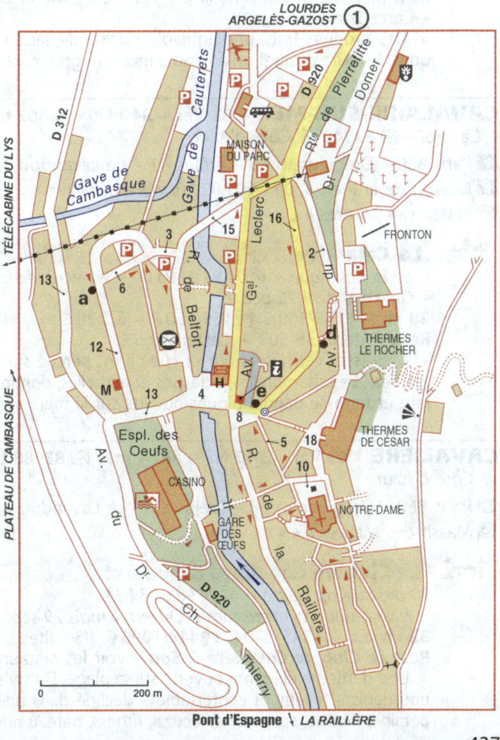

L'Abri du Benques

2 km au Sud par D 920 au lieu-dit la Raillère – ✆ 05 62 92 50 15 – Fermé 12 nov.-20 déc., lundi soir, mardi soir et merc. sauf vacances scolaires

Rest – Formule 15 € bc – Menu 22/48 € – Carte 30/65 €

◆ Sur la route du pont d'Espagne, dans un cadre magique – entre montagne et torrents –, ce restaurant au décor contemporain propose une cuisine actuelle.

CAVAILLON – 84 Vaucluse – 332 D10 – 25 417 h. – alt. 75 m — 42 E1

– ✉ 84300 Provence

Paris 702 – Aix-en-Provence 60 – Arles 44 – Avignon 25

place Francois Tourel, ✆ 04 90 71 32 01, www.cavaillon-luberon.com

Musée de l'Hôtel-Dieu : collection archéologique★ - ≤★ de la colline St-Jacques.

Prévôt

353 av. de Verdun – ✆ 04 90 71 32 43 – www.restaurant-prevot.com – Fermé dim. et lundi sauf juil.-août et fériés

Rest – Menu 26 € (déj.), 45/85 € – Carte 65/79 €

◆ Dans cette sympathique maison familiale, on célèbre le melon – un menu entier lui est même dédié. Truffes et légumes du pays occupent aussi une place de choix sur la carte.

à Cheval-Blanc 5 km à l'Est par D 973 – 4 104 h. – alt. 83 m – ✉ 84460

L'Auberge de Cheval Blanc

481 av. de la Canebière – ✆ 04 32 50 18 55 – www.auberge-de-chevalblanc.com – Fermé sam. midi, dim. soir et lundi de sept. à juin

Rest *(nombre de couverts limité, réserver)* – Menu 20 € (sem.), 28/69 € – Carte 54/64 €

◆ Des produits frais, une agréable cuisine de saison : cette discrète auberge de bord de route promet un agréable moment gourmand... et sa terrasse est idyllique.

CAVALAIRE-SUR-MER – 83 Var – 340 O6 – 6 667 h. – alt. 2 m — 41 C3

– Casino – ✉ 83240 Côte d'Azur

Paris 880 – Draguignan 55 – Fréjus 41 – Le Lavandou 21

Maison de la Mer, ✆ 04 94 01 92 10, www.cavalaire.fr

Massif des Maures★★★.

La Calanque

r. de la Calanque – ✆ 04 94 01 95 00 – www.residences-du-soleil.com/lacalanque – Ouvert 6 avril-15 oct.

28 ch – †155/360 € ††155/360 € – ☕ 20 €

Rest – Menu 35/60 € – Carte 44/65 €

◆ Choisissez cet hôtel pour sa vue : il est perché sur une calanque du massif des Maures ! Les chambres, spacieuses et actuelles, dominent la Méditerranée. Restaurant et terrasse panoramiques ouverts sur la mer ; spécialités régionales.

CAVALIÈRE – 83 Var – 340 N7 – alt. 4 m – ✉ 83980 Le Lavandou — 41 C3

Côte d'Azur

Paris 880 – Draguignan 68 – Fréjus 55 – Le Lavandou 7

Massif des Maures★★★.

Le Club de Cavalière & Spa

30 av. du Cap-Nègre – ✆ 04 98 04 34 34 – www.clubdecavaliere.com – Ouvert 4 mai- 29 sept.

32 ch ☕ – †345/870 € ††440/1095 € – 5 suites

Rest ***Le Club de Cavalière & Spa*** – voir les restaurants ci-après

◆ Une demeure élégante ouverte sur la plage. Du style, assurément : un vrai esprit bourgeois – tellement confortable – décliné dans une veine résolument contemporaine. Piscine, spa, sauna, jacuzzi, fitness, bateau privé... Détente assurée !

Le Club de Cavalière & Spa

30 av. du Cap-Nègre – 04 98 04 34 34 – www.clubdecavaliere.com – Ouvert 4 mai- 29 sept.
Rest – Menu 56 € (déj.), 80/98 € – Carte 65/180 €
◆ Ravioles aux langoustines et à la coriandre, bisque au curry ; loup de pleine mer en pavé rôti à la peau, escabèche croquante aux condiments... De beaux produits de la mer (et quelques viandes), cuisinés avec finesse. À apprécier face aux flots !

CAVANAC – 11 Aude – 344 E3 – rattaché à Carcassonne

CAYRON – 32 Gers – 336 C8 – rattaché à Beaumarchés

CEILLAC – 05 Hautes-Alpes – 334 I4 – 304 h. – alt. 1 640 m – Sports d'hiver : 1 700/2 500 m 6 – ✉ 05600 Alpes du Sud 41 C1

Paris 729 – Briançon 50 – Gap 75 – Guillestre 14
le village- Place Philippe Lamour, 04 92 45 05 74, www.ceillac-queyras.com
Site★ - Église St-Sébastien★.
Vallon du Mélezet★ - Lac Ste-Anne★★.

La Cascade

au pied du Mélezet, 2 km au Sud-Est – 04 92 45 05 92 – www.hotel-la-cascade.com – Ouvert 28 mai-11 sept. et 17 déc.-30 mars
22 ch – 49/66 € 59/81 € – 10 € – ½ P 59/71 €
Rest – Menu 15/25 € – Carte 32/39 €
◆ Hôtel isolé dans un beau site alpestre. Des meubles ornés de sculptures au couteau, typiques du Queyras, décorent les chambres de style montagnard. Joli espace bien-être. Le restaurant et la terrasse offrent une jolie vue sur les montagnes ; cuisine régionale.

CEILLOUX – 63 Puy-de-Dôme – 326 I9 – 155 h. – alt. 615 m – ✉ 63520 6 C2

Paris 464 – Clermont-Ferrand 50 – Cournon-d'Auvergne 36 – Riom 62

Domaine de Gaudon sans rest

4 km au Nord par D 304 – 04 73 70 76 25 – www.domainedegaudon.fr
5 ch – 90 € 110 €
◆ Adresse rare que cette maison du 19ᵉs. bordée d'un arborétum et d'un étang de pêche. Les chambres et la salle du petit-déjeuner sont superbes.

LA CELLE – 83 Var – 340 L5 – 1 278 h. – alt. 260 m – ✉ 83170 41 C3

Paris 812 – Aix-en-Provence 63 – Draguignan 62 – Marseille 65
place des Ormeaux, 04 94 59 19 05

Hostellerie de l'Abbaye de la Celle

10 pl. du Gén.-de-Gaulle – 04 98 05 14 14
www.abbaye-celle.com – Fermé 2 janv.-1er fév., mardi et merc. de mi-oct. à mi-avril
10 ch – 255/455 € 255/455 € – 22 € – ½ P 216/241 €
Rest *Hostellerie de l'Abbaye de la Celle* – voir les restaurants ci-après
◆ Cette ancienne hostellerie d'abbaye distille un bel esprit d'antan (murs du 18ᵉs., imprimés délicats, etc.). Le matin, le soleil filtre à travers les persiennes et les grands arbres du jardin... La qualité du service ajoute encore au charme des lieux.

Hostellerie de l'Abbaye de la Celle

10 pl. du Gén.-de-Gaulle – 04 98 05 14 14
www.abbaye-celle.com – Fermé 2 janv.-1er fév., mardi et merc. de mi-oct. à mi-avril
Rest – Menu 46 € (déj. en sem.), 66/90 € – Carte 57/98 €
Spéc. Légumes des jardins de Provence cuits à la barigoule. Épaule d'agneau confite, pomme de terre farcie et côte de sucrine. Savarin aux fruits de saison, crème légère vanillée. **Vins** Coteaux varois en Provence, Côtes de Provence.
◆ En cette demeure de charme, propriété du groupe Ducasse, la cuisine méridionale éclate de saveurs. Rien d'extravagant, une certaine simplicité même, mais tous les produits – dont de beaux légumes – s'expriment avec justesse.

LA CELLE-LES-BORDES – 78 Yvelines – **311** H4 – **106** 28 – **101** 31 – voir à Paris, Environs (Cernay-la-Ville)

CELLES-SUR-DUROLLE – 63 Puy-de-Dôme – **326** I7 – 1 812 h. – alt. 660 m – ✉ 63250 **6** C2

▶ Paris 460 – Clermont-Ferrand 55 – Moulins 140 – Saint-Étienne 101

Auberge du Palais ch, ch, VISA

4 pl. du Palais – ☎ 04 73 51 89 15 – www.aubergedupalais.com – Fermé 16-31 août et fév.

13 ch – †65/85 € ††69/89 € – ☕ 8 € – ½ P 66/86 €

Rest *(fermé lundi)* – Menu 25/36 € – Carte 38/52 €

◆ Cadre d'esprit classique dans la bâtisse principale ou ambiance plus feutrée et moderne à l'annexe. À vous de choisir votre style dans cet hôtel situé face à l'église. Grande salle champêtre et recettes inspirées des expériences du chef à l'étranger.

CELLETTES – 41 Loir-et-Cher – **318** F6 – 2 266 h. – alt. 78 m – ✉ 41120 **11** A1

▶ Paris 189 – Blois 9 – Orléans 68 – Romorantin-Lanthenay 36

ℹ 2, rue de la Rozelle, ☎ 02 54 70 30 46

La Vieille Tour VISA

7 r. Nationale – ☎ 02 54 74 67 15 – www.vieilletour.fr – Fermé 1er-15 janv., merc. et jeudi

Rest – Menu 25 € (sem.), 35/49 € – Carte 47/66 €

◆ La vieille tour de cette maison du 15es., visible de loin, vous guidera vers cette halte gourmande... Belle cuisine actuelle à savourer dans un cadre contemporain et épuré.

CELONY – 13 Bouches-du-Rhône – **340** H4 – rattaché à Aix-en-Provence

CÉNAC-ET-ST-JULIEN – 24 Dordogne – **329** I7 – 1 230 h. – alt. 70 m – ✉ 24250 **4** D1

▶ Paris 547 – Bordeaux 205 – Périgueux 73 – Cahors 71

La Guérinière ch,

sur D 46 – ☎ 05 53 29 91 97 – www.la-gueriniere-dordogne.com – Ouvert 1er avril-2 nov.

5 ch ☕ – †80/105 € ††80/105 €

Table d'hôte *(fermé dim. soir)* – Menu 25 €

◆ Située face à la bastide de Domme, cette chartreuse périgourdine profite d'un cadre verdoyant et serein. Chambres coquettes décorées avec soin, grand parc, piscine et tennis. Le soir, recettes régionales servies dans un agréable décor rustique.

Le Moulin Rouge sans rest

– ☎ 05 53 28 23 66 – www.lemoulinrouge.org – Ouvert 2 avril-14 nov.

3 ch – †55 € ††65/75 € – ☕ 10 €

◆ Un moulin au charme bucolique, au bord d'un petit étang invitant à la baignade. Les charmants propriétaires vous retraceront avec plaisir son histoire. Chambres douillettes.

CENON – 33 Gironde – **335** H5 – rattaché à Bordeaux

CERDON – 45 Loiret – **318** L6 – 1 059 h. – alt. 145 m – ✉ 45620 **12** C2

▶ Paris 185 – Orléans 73 – Fleury-les-Aubrais 63 – Olivet 59

Les Vieux Guays VISA AE

rte des Hauteraults, 3 km au Sud-Ouest par D 65 et rte secondaire – ☎ 02 38 36 03 76 – www.lesvieuxguays.com – Fermé 25 fév.-12 mars

5 ch ☕ – †80 € ††80 € **Table d'hôte** – Menu 30 € bc

◆ Superbe relais de chasse des années 1950, dans un parc avec étang, piscine et tennis. Chambres confortables, tendues de jolis tissus fleuris et décorées avec raffinement. Dans ce cadre rustique, on savoure une cuisine de saison, inspirée par le terroir.

CÉRÉ-LA-RONDE – 37 Indre-et-Loire – 317 Q5 – 428 h. – alt. 130 m 11 A2 – ✉ 37460

Paris 232 – Blois 46 – Orléans 108 – Tours 52

Auberge de Montpoupon

Le Moulin Bailly – ✆ 02 47 94 20 08 – www.aubergedemontpoupon.com – Fermé 1er janv.-12 fév., dim. soir, mardi midi et lundi

Rest – Formule 24 € – Menu 29/67 € – Carte environ 45 €

◆ Comme confiée aux bons soins du château de Montpoupon (15es.) qui s'élève tout près, cette auberge cultive un esprit très Val de Loire : cadre rustique et cuisine traditionnelle joliment travaillée ("chasse du moment" en saison).

CÉRET – 66 Pyrénées-Orientales – 344 H8 – 7 674 h. – alt. 153 m 22 B3 – ✉ 66400 Languedoc Roussillon

Paris 875 – Gerona 81 – Perpignan 34 – Port-Vendres 37

1, avenue Georges Clemenceau, ✆ 04 68 87 00 53, www.ot-ceret.fr

Vieux pont★ - Musée d'Art Moderne★★.

La Terrasse au Soleil

ch, ch,

1,5 km à l'Ouest par rte de Fontfrède – ✆ 04 68 87 01 94 – www.terrasse-au-soleil.com – Fermé 20 déc.-7 fév.

35 ch – †71/169 € ††94/207 € – 2 suites – ☕ 15 €

Rest *(fermé mardi midi, dim. soir et lundi d'oct. à avril)* – Formule 19 € – Menu 38/48 € – Carte 45/75 €

◆ Sur les hauteurs de Céret, cette jolie maison blanche appartenait à Charles Trenet. Pas de doute, cet endroit a le charme des grands classiques... et avec la terrasse donnant sur le Canigou, la piscine et le jacuzzi en plein air, y a de la joie !

Le Mas Trilles sans rest

au Pont de Reynès, 3 km après Céret direction Amélie-les-Bains – ✆ 04 68 87 38 37 – www.le-mas-trilles.com – Ouvert 30 avril-10 oct.

8 ch – †95/156 € ††95/219 € – 2 suites – ☕ 13 €

◆ Niché dans un vallon, ce beau mas du 17es. a le sens de l'accueil... Les chambres (souvent avec terrasse ou jardin) cultivent un certain charme d'antan ; la piscine domine le Tech et, au petit-déjeuner, on se régale des fruits des vergers alentour.

Les Arcades sans rest

1 pl. Picasso – ✆ 04 68 87 12 30 – www.hotel-arcades-ceret.com – Fermé en fév.

30 ch – †46/63 € ††46/63 € – ☕ 7 €

◆ Hôtel modeste et familial, mais très bien tenu et pratique (kitchenette dans certaines chambres et parking en sous-sol). Au petit-déjeuner, on sert de bons produits locaux.

Le Chat qui Rit

1 rte de Céret, (à la Cabanasse), 1,5 km par rte Amélie – ✆ 04 68 87 02 22 – www.restaurant-le-chat-qui-rit.fr – Fermé 24-30 déc., 2-15 janv., 20 fév.-4 mars, dim. soir, mardi soir et merc. sauf juil.-août

Rest – Formule 15 € – Menu 25/45 € – Carte 50/85 €

◆ Chat qui rit et... cuisine. Ici, on s'attable autour de plats de tradition valorisant les produits catalans, dans un décor très félin.

Del Bisbe avec ch

4 pl. Soutine – ✆ 04 68 87 00 85 – www.hotelceret.com – Ouvert de mai à oct. et fermé mardi et merc.

9 ch – †40 € ††60 € – ☕ 6 €

Rest – Formule 13 € – Menu 19/35 € – Carte 40/58 €

◆ Cette maison de l'évêque (sens de "Del Bisbe" en catalan) cultive son style rustique et authentique. On y savoure une cuisine catalane traditionnelle et l'été, il fait bon s'installer sous la treille... Chambres simples et propres, pour l'étape.

LE CERGNE – 42 Loire – 327 E3 – 709 h. – alt. 640 m – ✉ 42460 44 A1

Paris 414 – Charlieu 17 – Chauffailles 15 – Lyon 78

Bel'Vue

– ✆ 04 74 89 87 73 – http://lebelvue.com – *Fermé 13-26 août, 20-26 fév., vend. soir et dim. soir*

15 ch – †60/90 € ††60/100 € – ☕ 9 € – ½ P 59 €

Rest – Formule 12 € – Menu 21/60 € – Carte 40/58 €

◆ Dans le village, au cœur des monts du Forez, cette maison propose des chambres confortables et bien tenues, de styles variés (fleuri, coloré, oriental...). Comme son nom l'indique, belle vue sur la vallée depuis la salle à manger panoramique. Cuisine traditionnelle.

CERGY – 95 Val-d'Oise – 305 D6 – 106 5 – 101 2 – voir à Paris, Environs (Cergy-Pontoise)

CÉRILLY – 03 Allier – 326 D3 – 1 379 h. – alt. 340 m – ✉ 03350 Auvergne 5 B1

Paris 298 – Bourges 66 – Montluçon 41 – Moulins 47

place du Champ de Foire, ✆ 04 70 67 55 89, www.pays-de-troncais.com

Chez Chaumat

pl. Péron – ✆ 04 70 67 52 21 – www.chezchaumat.com – Fermé 25 juin-5 juil., 5-14 sept., 22 déc.-4 janv., dim. soir et lundi

8 ch – †45 € ††54 € – ☕ 8 € – ½ P 52/55 €

Rest – Formule 12 € – Menu 16 € (sem.)/35 € – Carte 22/45 €

◆ À proximité de la superbe forêt domaniale de Tronçais, cet établissement familial cultive un esprit auberge de campagne qui n'est pas déplaisant. Les chambres, sobres et pratiques, sont bien insonorisées.

CERNANS – 39 Jura – 321 F5 – 138 h. – alt. 645 m – ✉ 39110 16 B2

Paris 433 – Besançon 54 – Lons-le-Saunier 58 – Neuchâtel 122

La Grange Combaret

21 rte de Salins – ✆ 03 84 73 52 90 – www.grange-combaret.com

4 ch ☕ – †48 € ††62 € **Table d'hôte** – Menu 23 € bc

◆ Si près du plancher des vaches ! Et pour cause, cette ancienne ferme se trouve au cœur d'une exploitation laitière et ses propriétaires ne sont autres que les éleveurs. Une grande salle à manger conviviale, des chambres fraîches et confortables pour une atmosphère très familiale. Côté gourmandises, bon petit-déjeuner et table d'hôte sur réservation.

CERNAY – 68 Haut-Rhin – 315 H10 – 11 181 h. – alt. 275 m – ✉ 68700 1 A3

Alsace Lorraine

Paris 461 – Altkirch 26 – Belfort 39 – Colmar 37

1, rue Latouche, ✆ 03 89 75 50 35

Hostellerie d'Alsace avec ch

61 r. Poincaré – ✆ 03 89 75 59 81 – www.hostellerie-alsace.fr – Fermé 23 juil.-12 août, 24-31 déc., sam. et dim.

10 ch – †54/68 € ††54/68 € – ☕ 8 € – ½ P 70 €

Rest – Menu 19/58 € – Carte 42/63 €

◆ Dans cette grande maison à colombages, le chef propose une cuisine d'aujourd'hui valorisant le terroir local : carré d'agneau rôti en croûte d'herbes, lasagnes de Saint-Jacques, etc. Pour l'étape, des chambres fonctionnelles et d'un bon rapport qualité-prix.

CERNAY-LA-VILLE – 78 Yvelines – 311 H3 – 106 29 – 101 31 – voir à Paris, Environs

CERVIONE – 2B Haute-Corse – 345 F6 – voir à Corse

CESSON – 22 Côtes-d'Armor – 309 F3 – rattaché à St-Brieuc

CESSON-SÉVIGNÉ – 35 Ille-et-Vilaine – 309 M6 – rattaché à Rennes

CESTAYROLS – 81 Tarn – **338** D7 – **501 h.** – **alt. 233 m** – ✉ **81150** **29** C2

Paris 660 – Albi 19 – Castres 59 – Toulouse 71

Lou Cantoun

Le village – ✆ 05 63 53 28 39 – www.loucantoun.fr – Fermé 1er-7 mars, 2-18 janv., mardi et merc.

Rest – Formule 14 € – Menu 18 € (déj. en sem.), 25/45 € – Carte 29/50 €

◆ Ne vous fiez pas à l'aspect banal de cette maison de village : l'intérieur, rustique à souhait, n'est pas dénué de charme, et la terrasse est très plaisante. Risotto de chou vert, merlu de ligne et sa réduction menthe-mangue, raie à l'abricot... Ici, tout est fait maison, même les desserts.

CEVINS – 73 Savoie – **333** L4 – **669 h.** – **alt. 400 m** – ✉ **73730** **46** F2

Paris 629 – Lyon 172 – Chambéry 63 – Annecy 57

La Fleur de Sel

Les Marais – ✆ 04 79 37 49 98 – www.restaurant-fleurdesel.fr – Fermé dim. soir, mardi soir et lundi

Rest – Formule 19 € – Menu 29/57 € – Carte 60/75 €

◆ Entre mer et montagne… Sur la route des stations, cette maison récente mêle le bois, la pierre et les inspirations marines (objets, peintures). Appétissante cuisine de saison.

CHABLIS – 89 Yonne – **319** F5 – **2 427 h.** – **alt. 135 m** – ✉ **89800** **7** B1

Bourgogne

Paris 181 – Auxerre 21 – Avallon 39 – Tonnerre 18

1, rue du Maréchal de Lattre, ✆ 03 86 42 80 80, www.chablis.net

Hostellerie des Clos

18 r. Jules Rathier – ✆ 03 86 42 10 63 – www.hostellerie-des-clos.fr – Fermé 24 déc.-21 janv.

36 ch – †50/104 € ††55/134 € – 4 suites – ☕ 14 € – ½ P 76/155 €

Rest ***Hostellerie des Clos*** – voir les restaurants ci-après

◆ Une agréable hostellerie au cœur de Chablis. On peut prendre ses aises au salon – avec feu de cheminée l'hiver – avant de gagner l'une des chambres, à la fois traditionnelles et cosy (quelques-unes en annexe).

Du Vieux Moulin sans rest

18 r. des Moulins – ✆ 03 86 42 47 30 – www.larochehotel.fr – Fermé 15 déc.-15 fév.

7 ch – †100/275 € ††100/275 € – 2 suites – ☕ 12 €

◆ Subtile alliance de tradition (poutres, pierres) et de modernité (salles de bain design, écrans plats)... Une certaine idée du luxe, sans ostentation.

Hostellerie des Clos – Hostellerie des Clos

18 r. Jules Rathier – ✆ 03 86 42 10 63 – www.hostellerie-des-clos.fr – Fermé 24 déc.-21 janv.

Rest – Menu 35 € (déj. en sem.) 42/80 € – Carte 58/98 €

◆ Une certaine intimité règne dans ce clos, au décor élégant et feutré. On y déguste des vins de Chablis évidemment, et une cuisine empreinte de classicisme qui leur sied bien.

CHADURIE – 16 Charente – **324** K7 – **521 h.** – **alt. 150 m** – ✉ **16250** **39** C3

Paris 957 – Angoulême 21 – Barbezieux-St-Hilaire 31 – Périgueux 77

Le Logis de Puygâty

4 km au Nord par rte d'Angoulême et rte secondaire – ✆ 05 45 21 75 11 – www.logisdepuygaty.com – Fermé fév.

4 ch – †135/150 € ††135/150 € – ☕ 13 € **Table d'hôte** – Menu 50 € bc

◆ À l'issue d'une allée de cèdres, une ferme fortifiée du 15e s. idéale pour un séjour... fortifiant, dans le bon air des vignes et des bois. Les chambres, aménagées dans les dépendances, dégagent un charme fou : murs chaulés, bois patiné, toile de jute et lin, lavabos en pierre de Combe... En un mot : nature.

CHAGNY – 71 Saône-et-Loire – **320** I8 – **5 498 h.** – **alt. 215 m** – ✉ **71150** **7** A3
Paris 327 – Autun 44 – Beaune 15 – Chalon-sur-Saône 20
2, place des Halles, ☎ 03 85 87 25 95

Maison Lameloise
36 pl. d'Armes – ☎ 03 85 87 65 65 – www.lameloise.fr – Fermé 18 déc.-24 janv., mardi et merc. d'oct. à juin
16 ch – †120/288 € ††216/350 € – ☕ 26 €
Rest *Maison Lameloise* ✿✿✿ – voir les restaurants ci-après
◆ Cette haute maison bourguignonne – un ancien relais de poste fondé au 15ᵉs. – incarne la grande hôtellerie de tradition ! Le restaurant vaut le voyage et le séjour est fort plaisant : les chambres sont à la fois classiques, raffinées et spacieuses...

De la Poste sans rest
17 r. de la Poste – ☎ 03 85 87 64 40 – www.hoteldelaposte-chagny71.com – Fermé 26 août-3 sept. et 23 déc.-3 janv.
11 ch – †43/50 € ††46/64 € – ☕ 7 €
◆ Ce petit hôtel familial et bien tenu est situé en plein cœur du bourg, non loin de la Maison Lameloise. Une adresse calme et pratique aux chambres rénovées et nettes.

Maison Lameloise (Éric Pras) – Hôtel Maison Lameloise
✿✿✿ *36 pl. d'Armes – ☎ 03 85 87 65 65 – www.lameloise.fr – Fermé 18 déc.-24 janv., mardi et merc. d'oct. à juin, mardi midi, merc. midi et jeudi midi de juil. à sept.*
Rest *(réserver)* – Menu 75 € bc (déj. en sem.), 110/175 € – Carte 130/185 € ✿
Spéc. Foie gras de canard en robe de pomme de terre et chou à la vapeur. Pigeonneau rôti au pralin d'amande, mousseline de chou-fleur (juin à sept.). Variation autour du chocolat : croustillant, crémeux et en émulsion. **Vins** Rully, Chassagne-Montrachet.
◆ Entouré par une équipe de grande valeur, Éric Pras dévoile des créations subtiles et réinterpète aussi les classiques qui ont fait la réputation de cette illustre maison… Au cœur de la gastronomie française, l'enseigne brille toujours d'un superbe éclat, pour un moment d'exception.

Pierre & Jean
2 r. de la Poste – ☎ 03 85 87 08 67 – www.pierrejean-restaurant.fr – Fermé 21 déc.-17 janv., dim. soir et lundi
Rest – Formule 19 € – Menu 29/32 € – Carte 40/46 €
◆ "La cuisine d'en face" du Lameloise, du nom de ses fondateurs, aïeuls de Jacques. Un esprit bistrot moderne bien sympathique règne sous les belles charpentes de ce chai du 17ᵉs., et comme les cuisines sont ouvertes, l'ambiance est animée !

L'Arôme
25 r. de la République – ☎ 03 85 46 29 67 – www.arome-chagny.fr – Fermé dim. soir et lundi
Rest – Formule 15 € – Menu 17 € (déj. en sem.), 23/45 €
◆ Un bistrot chic et contemporain, pile dans l'air du temps. La carte est courte et réjouissante : le chef suit le marché et les saisons, réalisant une cuisine pleine d'arômes, tel ces ris de veau préparés dans les règles de l'art.

rte de Chalon **2 km au Sud-Est par N 6 et rte secondaire** – ✉ **71150 Chagny**

Hostellerie du Château de Bellecroix
20 chemin de Bellecroix – ☎ 03 85 87 13 86 – www.chateau-bellecroix.com – Fermé 18 déc.-13 fév. et merc. sauf de juin à sept.
19 ch – †90/225 € ††90/225 € – 1 suite – ☕ 15 € – ½ P 100/175 €
Rest *(fermé lundi midi, jeudi midi et merc.)* – Formule 25 € – Menu 49/64 € – Carte 59/100 €
◆ Cette ancienne propriété des chevaliers de Malte en impose ; de même son restaurant, avec sa cheminée et ses boiseries ouvragées. Au choix : le château du 18ᵉs. ou la commanderie du 12ᵉs. Les chambres de cette dernière sont plus spacieuses, avec davantage de caractère.

CHAILLES – 73 Savoie – **333** H5 – **rattaché aux Échelles**

CHAILLY-SUR-ARMANÇON – 21 Côte-d'Or – **320** G6 – **rattaché à Pouilly-en-Auxois**

CHAINTRÉ – 71 Saône-et-Loire – **320** I12 – **528 h.** – **alt. 284 m** – ✉ **71570** **8** C3

Paris 397 – Bourg-en-Bresse 45 – Lyon 70 – Mâcon 10

La Table de Chaintré (Sébastien Grospellier)

72 pl. du Luminaire – ☎ 03 85 32 90 95 – www.latabledechaintre.com – Fermé 19 août-6 sept., 2-18 janv., dim. soir, lundi et mardi sauf fériés

Rest *(nombre de couverts limité, réserver)* – Menu 38 € (déj. en sem.)/55 €

Spéc. Pâté en croûte au ris de veau et aux cèpes, betterave et fine gelée au porto (saison). Grouse d'Écosse (saison). Crème brûlée à la praline rose. **Vins** Mâcon-Chaintré, Morgon.

◆ Un restaurant élégant, contemporain et très accueillant, au cœur du vignoble de Pouilly-Fuissé. Du rouge cardinal sur les murs ; de beaux produits du marché aux couleurs délicieuses : une dégustation raffinée, accompagnée de nectars des meilleurs vignerons français !

LA CHAISE-DIEU – 43 Haute-Loire – **331** E2 – **768 h.** – **alt. 1 080 m** **6** C3 – ✉ **43160** Auvergne

Paris 503 – Ambert 29 – Brioude 35 – Issoire 59

Place de la Mairie, ☎ 04 71 00 01 16, www.la-chaise-dieu.info

Église abbatiale St-Robert★★ : tapisseries★★★.

L'Écho et l'Abbaye avec ch

pl. Écho – ☎ 04 71 00 00 45 – Ouvert 1er avril-11 nov. et fermé merc. sauf juil.-août

10 ch – †44/89 € ††49/135 € – ☕ 9 € – ½ P 59 €

Rest *(nombre de couverts limité, réserver)* – Formule 19 € – Menu 30/55 € – Carte 43/69 €

◆ Tables joliment dressées, cuisine traditionnelle réalisée par le patron, carte des vins étoffée, dont un bon choix de bordeaux : la clientèle V.I.P. du festival de musique apprécie. Chambres sobres et rustiques (avec deux chambres d'hôtes récemment créées).

CHALEZEULE – 25 Doubs – **321** G3 – **rattaché à Besançon**

CHALLANGES – 21 Côte-d'Or – **320** J7 – **rattaché à Beaune**

CHALLANS – 85 Vendée – **316** E6 – **18 338 h.** – **alt. 8 m** – ✉ **85300** **34** A3

Poitou Vendée Charentes

Paris 436 – Cholet 84 – Nantes 58 – La Roche-sur-Yon 42

1C place de l'Europe, ☎ 02 51 93 19 75, www.otsi-challans.fr

Plan page suivante

De l'Antiquité sans rest

14 r. Galliéni – ☎ 02 51 68 02 84 – www.hotelantiquite.com – Fermé 21 déc.-7 janv. **Ba**

20 ch – †60/119 € ††70/150 € – ☕ 10 €

◆ Une maison vendéenne avenante dans une rue tranquille, pour une étape sympathique. Les chambres donnent toutes sur la cour et sont vraiment jolies (mobilier chiné ou patiné...) ; celles de l'annexe sont spacieuses et particulièrement soignées.

à la Garnache 6,5 km par ① – 4 364 h. – alt. 28 m – ✉ 85710

Le Petit St-Thomas

25 r. de Lattre-de-Tassigny – ☎ 02 51 49 05 99 – www.restaurant-petit-st-thomas.com – Fermé 17 juin-10 juil., 2-9 janv., 13-27 fév., dim. soir, merc. soir et lundi

Rest – Formule 18 € – Menu 25 € (sem.), 31/63 € – Carte 50/57 €

◆ Contemporain et chaleureux : un restaurant dans l'air du temps, avec une jolie véranda et une agréable terrasse. Au gré du marché, le chef concocte une cuisine soignée, gourmande et généreuse, qu'on déguste sans se faire prier !

CHALLANS

Baudry (R. P.) . . . . A
Bazin (Bd R.) . . . . A
Biochaud (Av.) . . . . B
Bois de Céné (R. de) . . . A 2
Bonne Fontaine (R.) . . . . B
Briand (Pl. A.) . . . . A 3
Calmette (R.) . . . . B
Carnot (R.) . . . . A
Champ de Foire (Pl. du) . B 4
Cholet (R. de) . . . . B 5
Clemenceau (Bd) . . . . . . A
Dodin (Bd L.) . . . . B
F.F.I. (Bd des) . . . . A 6
Gambetta (R.) . . . . B
Gare (Bd de la) . . . . B
Gaulle (Pl. du Gén.-de) . . A 7
Guérin (Bd) . . . . B
Leclerc (R. du Général) . A 8
Lézardière (R. P. de) . . . A 10
Lorraine (R. de) . . . . A 12
Marzelles (R. des) . . . . . B 13
Monnier (R. P.) . . . . A 15
Nantes (R. de) . . . . AB
Roche-sur-Yon (R. de la) B 16
Sables (R. des) . . . . B 17
Strasbourg (Bd de) . . . . . A
Viaud Grand Marais (Bd) B
Yole (Bd J.) . . . . AB

rte de St-Gilles-Croix-de-Vie par ⑤ – ✉ 85300 Challans

Château de la Vérie

rte de Soullans, 2,5 km sur D 69 – ✆ 02 51 35 33 44 – www.chateau-de-la-verie.com
21 ch – †75/106 € ††82/185 € – ☕ 15 € – ½ P 87/139 €
Rest *Château de la Vérie* – voir les restaurants ci-après
◆ Une rivière, un étang, un parc immense (17 ha), et soudain apparaît ce beau château du 16ᵉs. (classé monument historique), digne d'une rêverie romantique. Les chambres, d'esprit classique, sont agréables et douillettes... pour rêver encore.

Château de la Vérie

rte de Soullans, 2,5 km sur D 69 – ✆ 02 51 35 33 44 – www.chateau-de-la-verie.com – Fermé 22 oct.-11 nov., 24-29 déc., dim. soir, mardi midi et lundi
Rest – Formule 17 € bc – Menu 29/52 € – Carte 35/55 €
◆ Boiseries, cheminées anciennes, salles intimes... L'esprit château dans toute sa spendeur ! Ici, le chef réalise une cuisine du moment, goûteuse et soignée.

CHALLES-LES-EAUX – 73 Savoie – 333 I4 – rattaché à Chambéry

CHÂLONS-EN-CHAMPAGNE – 51 Marne – 306 I9 – 46 138 h. – alt. 83 m – ✉ 51000 Champagne Ardenne 13 B2

Paris 188 – Dijon 259 – Metz 157 – Nancy 162
3, quai des Arts, ✆ 03 26 65 17 89, www.chalons-tourisme.com
de la Grande-Romanie, à Courtisols, Route Départementale 994, par rte de Verdun : 15 km, ✆ 03 26 66 65 97
Cathédrale St-Étienne★★ - Église N.-D.-en-Vaux★ : intérieur★★ F - Statues-colonnes★★ du musée du cloître de N.-D.-en-Vaux★ AY M¹.
Basilique N.-D.-de-l'Épine★★.

D'Angleterre

19 pl. Mgr Tissier – ✆ 03 26 68 21 51 – www.hotel-dangleterre.fr – Fermé 25 juil.-16 août, vacances de Noël, dim. et fériés BYg
25 ch – †90/160 € ††100/200 € – ☕ 16 €
Rest *Jacky Michel* – voir les restaurants ci-après
Rest *Les Temps changent* 1 r. Garinet, ✆ 03 26 66 41 09 *(fermé lundi midi, sam. midi, dim. et fériés)* – Formule 21 € – Menu 28 € (sem.)/31 €
◆ Rien de perfide dans cette Albion, bien au contraire : les chambres sont très confortables, parfaitement tenues (style classique) et l'accueil se montre très aimable. Côté gastronomie, on a le choix entre la table de Jacky Michel et la brasserie.

CHÂLONS-EN-CHAMPAGNE

Arche-de-Mauvillain (Pt de l') .. BZ 2
Bourgeois (R. Léon) .... ABY
Brossolette (Av. Pierre) .... X 4
Chastillon (R. de) .... ABZ 6
Croix-des-Teinturiers (R.) .... AZ 9
Dr-Pellier (R. du) .... X 11
Flocmagny (R. du) .... BY 12
Foch (Pl. du Maréchal) .... AY 13
Gantelet (Rue du) .... AY 14
Gaulle
(Av. du Gén. Charles-de) .. BZ 15
Godart (Pl.) .... AY 17
Jacquiert (R. Clovis) .... X 18
Jeanne-d'Arc (Av.) .... X 21
Jean-Jaurès (R.) .... AZ 20
Jessaint (R. de) .... BZ 22
Libération (Pl. de la) .... AZ 24
Mariniers (Pt des) .... AY 26
Marne (R. de la) .... AY
Martyrs-de-la-Résistance
(R. des) .... BY 29
Orfeuil (R. d') .... AZ 31
Ormesson (Cours d') .... AZ 32
Prieur-de-la-Marne (R.) .... BY 36
Récamier (R. Juliette) .... AZ 38
République (Pl. de la) .... AZ 39
Roosevelt (Av. du Prés.) .... X 41
Simon (Av. Jacques) .... X 45
Vaux (R. de) .... AY 47
Vieilles-Postes (R. des) .... X 48
Vinetz (R. de) .... BZ 49
Viviers (Pt des) .... AY 50

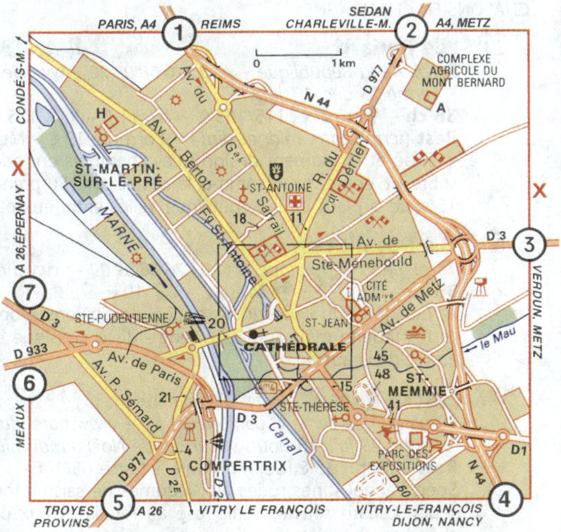

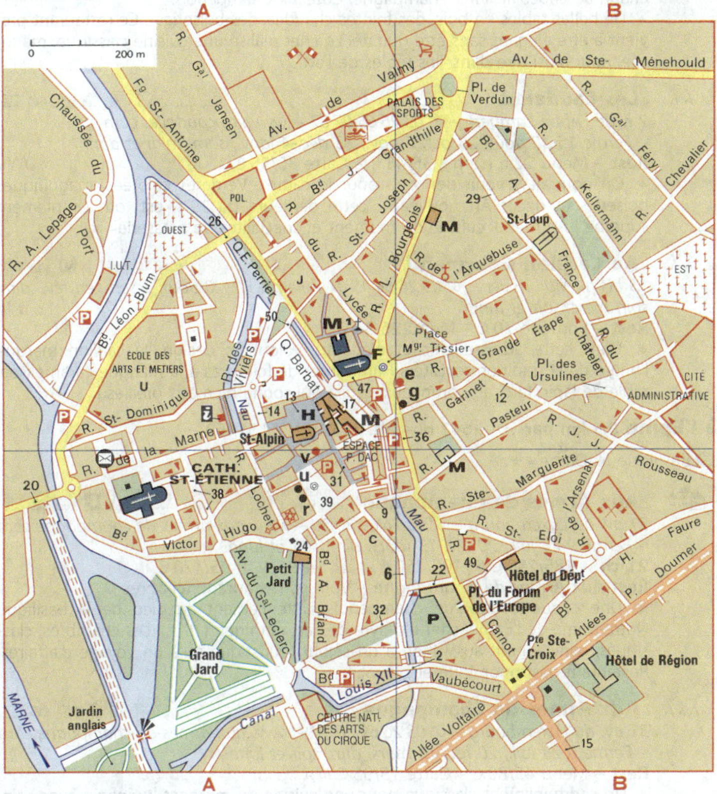

Le Renard

24 pl. de la République – ✆ 03 26 68 03 78 – www.le-renard.com – Fermé 25 déc.-1er janv. AZ**r**

38 ch – 115 € 115/155 € – 11 € – ½ P 155 €

Rest *(fermé sam. midi et dim.)* – Formule 19 € – Menu 24/35 €

◆ Rusé et résolument design ! Les chambres ont adopté un style contemporain sobre et épuré, tout comme le restaurant. Surprenant dans ces bâtiments du 15es. de la place de la République, reliés entre eux par un jardin d'hiver...

Le Pot d'Étain sans rest

18 pl. de la République – ✆ 03 26 68 09 09 – www.hotel-lepotdetain.com

30 ch – 69/72 € 74/84 € – 10 € AZ**u**

◆ Cet hôtel du quartier historique de Châlons propose des chambres de taille certes réduite mais agréables, entre déco classique et néocoloniale. Lounge bar au rez-de-chaussée.

Jacky Michel – Hôtel D'Angleterre

19 pl. Mgr Tissier – ✆ 03 26 68 21 51 – www.hotel-dangleterre.fr – Fermé 25 juil.-16 août, vacances de Noël, lundi midi, sam. midi, dim. et fériés

Rest – Menu 35 € (déj.), 60/80 € – Carte 65/100 € BY**g**

Spéc. Langoustines rôties aux légumes de saison, tomate à la citronnelle (mai à sept.). Canard sauvage cuit rosé au ratafia et aux poires (sept. à janv.). Soufflé chaud au chocolat. **Vins** Champagne, Coteaux Champenois.

◆ De belles tables en bois, des teintes chaudes, des boiseries... Ce restaurant parvient à être élégant sans être guindé. Le chef réalise une cuisine classique, maîtrisée, pour ainsi dire dans "les règles de l'art".

Les Caudalies

2 r. de l'Abbé-Lambert – ✆ 03 26 65 07 87 – www.les-caudalies.com – Fermé 15-30 août, 23 oct.-2 nov., 23 déc.-4 janv., sam. midi et dim.

Rest – Menu 22 € (sem.), 35/45 € – Carte 35/55 € AY**v**

◆ On pourrait y venir rien que pour le cadre... Verrières colorées, magnifiques boiseries et décor Art nouveau : cette demeure du 19es. est tout simplement superbe ! Au menu, cuisine du moment et spécialités de brasserie.

Au Carillon Gourmand

15 bis pl. Mgr Tissier – ✆ 03 26 64 45 07 – Fermé 1er-20 août, 1 sem. en fév., dim. soir, merc. soir et lundi BY**e**

Rest – Formule 20 € – Menu 26/34 €

◆ Dans cette adresse chic et élégante, volontiers design, le carillon marque l'heure de la tradition revisitée. Hamburger de foie gras à la mangue caramélisée, râble de lapin farci aux pruneaux... voilà qui sonne bien aux oreilles !

à l'Épine 8,5 km par ③ – 642 h. – alt. 153 m – ✉ 51460

Basilique N.-Dame★★.

Aux Armes de Champagne

31 av. du Luxembourg – ✆ 03 26 69 30 30 – www.aux-armes-de-champagne.com – Fermé 9-23 juil., 20 fév.-13 mars, dim. soir et lundi

21 ch – 85/250 € 100/250 € – 14 € – ½ P 95/170 €

Rest ***Aux Armes de Champagne*** – voir les restaurants ci-après

◆ Une coquette auberge champenoise littéralement au pied de la basilique Notre-Dame-de-l'Épine, chef-d'œuvre de l'art gothique (15es.). Les chambres, classiques, conviennent aussi bien à un séjour touristique qu'à un voyage d'affaires. Restaurant gastronomique et bistrot.

Aux Armes de Champagne

31 av. du Luxembourg – ✆ 03 26 69 30 30 – www.aux-armes-de-champagne.com – Fermé 9-23 juil., 20 fév.-13 mars, dim. soir et lundi

Rest – Menu 45/80 € – Carte 75/95 €

◆ Un cadre joliment classique pour une cuisine du moment, préparée avec soin. À la carte : risotto au homard, bar rôti à l'ail doux et aux escargots, macarons aux fruits exotiques, etc.

à Matougues **11 km par ⑦ – 654 h. – alt. 82 m – ✉ 51510**

Auberge des Moissons rest, rest,
8 rte Nationale – ✆ 03 26 70 99 17
– www.auberge-des-moissons.com – Fermé 26 juil.-10 août et 22 déc.-13 janv.
27 ch – †70 € ††83/100 € – ☕ 10 € – ½ P 74 €
Rest *(fermé le midi et dim. soir)* – Menu 24/40 € – Carte 25/45 €
◆ Dans cette ancienne ferme-auberge, on cultive l'art de recevoir de génération en génération. Les chambres, contemporaines, sont tout ce qu'il y a de plus confortable ; quant au restaurant, il est très champêtre... D'octobre à décembre, menu truffe avec la récolte de la maison !

CHALON-SUR-SAÔNE – 71 Saône-et-Loire – 320 J9 – 46 017 h. 8 C3

– Agglo. 130 825 h. – alt. 180 m – ✉ 71100 Bourgogne

Paris 335 – Besançon 132 – Dijon 68 – Lyon 125

4, place du Port de Villiers, ✆ 03 85 48 37 97, www.chalon-sur-saone.net

de Chalon-sur-Saône, à Châtenoy-en-Bresse, Parc de Loisirs Saint Nicolas, ✆ 03 85 93 49 65

Musées : Denon★ BZ **M¹**, Nicéphore Niepce★★ BZ **M²** - Roseraie St-Nicolas★ SE : 4 km X.

Plan page suivante

Le St-Georges
32 av. J.-Jaurès – ✆ 03 85 90 80 50 – www.le-saintgeorges.fr AZ**s**
49 ch – †89 € ††98 € – ☕ 12 € – ½ P 77 €
Rest *Le St-Georges* – voir les restaurants ci-après
◆ Près de la gare, derrière une belle façade classique, des chambres feutrées et contemporaines (rénovées en 2011), dont quelques junior suites. Au restaurant, la carte revisite la tradition.

À La Villa Boucicaut sans rest
33 bis av. Boucicaut – ✆ 03 85 90 80 45 – www.la-villa-boucicaut.fr
18 ch – †74 € ††98/125 € – 2 suites – ☕ 11 € AY**a**
◆ Un lieu reposant, à cinq minutes du centre-ville et tout près de la gare. Les propriétaires ont su créer un hôtel élégant et charmant, d'esprit maison de famille. Excellent petit-déjeuner servi en terrasse aux beaux jours.

Le Bourgogne
28 r. Strasbourg – ✆ 03 85 48 89 18 – www.restau-lebourgogne-chalon.fr
– Fermé 26 avril-4 mai, 4-20 juil., 8-16 nov., 25-30 déc., sam. midi, dim. soir et lundi CZ**t**
Rest – Formule 16 € – Menu 19/52 € – Carte 39/86 €
◆ Le Bourgogne ? Une institution ! Des poutres apparentes, une atmosphère résolument rustique pour une agréable cuisine de tradition qui porte fièrement les couleurs de la région.

Da Nunzio
3 r. de Strasbourg – ✆ 03 85 48 39 83 – www.danunzio-restaurant.com
– Fermé 2 sem. en mars et en sept., merc. et jeudi CZ**f**
Rest – Formule 17 € – Menu 26/75 € bc – Carte 34/51 €
◆ Ode à l'Italie, tout en finesse et saveurs subtiles... Ici, on se régale d'une cuisine goûteuse, où pâtes et truffe tiennent le haut du pavé, sans parler des superbes vins italiens.

Le St-Georges – Hôtel Le St-Georges
32 av. J.-Jaurès – ✆ 03 85 90 80 50 – www.le-saintgeorges.fr AZ**s**
Rest – Menu 19 € (déj.), 28/52 € – Carte 35/60 €
◆ Le St-Georges ? Une agréable brasserie, dont le chef – sous la houlette de Georges Blanc – concocte une cuisine traditionnelle faisant la part belle au terroir, ainsi que de bons petits plats bistrotiers.

CHALON-SUR-SAÔNE

Arnal (R. R.)	X	2
Banque (R. de la)	BZ	3
Blum (Av. L.)	X	4
Châtelet (Pl. du)	BZ	5
Châtelet (R. du)	CZ	6
Citadelle (R. de la)	BY	7
Coubertin (R. P. de)	X	8
Couturier (R. Ph.-L.)	BZ	9
Duhesme (R. du Gén.)	AY	12
Europe (Av. de l')	X	14
Evêché (R. de l')	CZ	15
Fèvres (R. aux)	CZ	16
Gaulle (Pl. Gén.-de)	BZ	17
Grande-R.	BCZ	18
Hôtel-de-Ville (Pl. de l')	BZ	19
Lardy (Av. P.)	X	20
Leclerc (R. Gén.)	BZ	
Lyon (R. de)	BZ	21
Mac-Orlan (R. P.)	X	22
Messiaen (R. O.)	AZ	24
Nugues (Av. P.)	X	25
Obélisque (Pl. de l')	BY	27
Pasteur (R.)	BZ	28
Poilus-d'Orient (R.)	X	29
Poissonnerie (R. de la)	CZ	31
Pompidou (Av. G.)	AZ	32
Pont (R. du)	CZ	35
Porte-de-Lyon (R.)	BZ	36
Port-Villiers (R. du)	BZ	37
Poterne (Q. de la)	CZ	38
Pretet (R. René)	AZ	40
République (Bd)	ABZ	42
Ste-Marie (Prom.)	CZ	47
St-Georges (R.)	BZ	45
St-Vincent (Pl. et R.)	CZ	46
Strasbourg (R. de)	CZ	48
Thénard (R. L.-J.)	X	49
Trémouille (R. de la)	BCY	51
8-Mai-1945 (Av.)	X	52
56e-R.I. (R. du)	X	54
134e-R.I. (R. du)	X	58

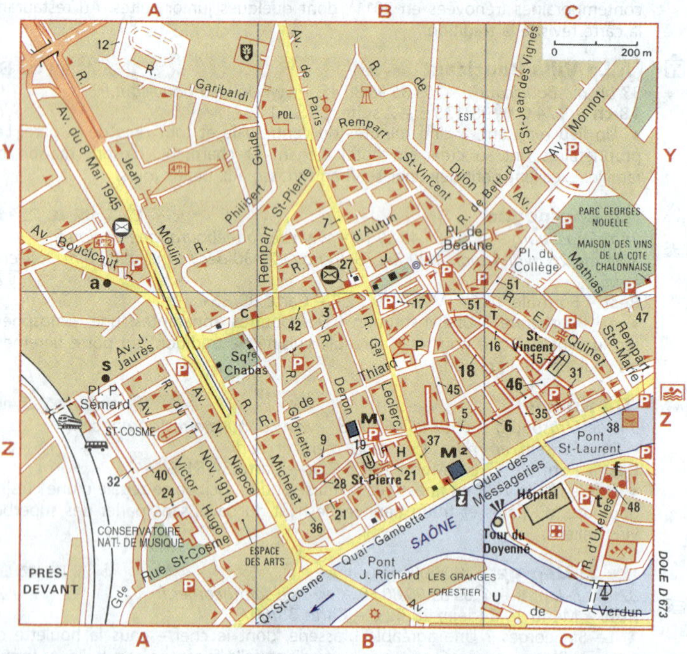

Le Bistrot

31 r. de Strasbourg – ✆ 03 85 93 22 01 – Fermé 25 fév.-11 mars, sam. et dim.
Rest – Menu 29 € (déj.)/40 € – Carte 40/60 € CZf
♦ Ce beau néobistrot est vraiment chaleureux... Côté papilles, entre le risotto de noix de Saint-Jacques, la volaille de Bresse, les légumes du jardin et les beaux bourgognes de la cave vitrée, on se régale !

Parcours

32 r. de Strasbourg – ✆ 03 85 93 91 38 – www.restaurantparcours.com – Fermé merc. et dim. CZt
Rest – Formule 19 € – Menu 23/30 € – Carte 35/47 €
♦ Trouver LA bonne adresse dans une rue aux trente restaurants relève parfois du parcours du combattant... Ici, le chef travaille d'excellents produits de saison et concocte des plats aux saveurs fines et originales. Beau Parcours !

Chez Jules

11 r. de Strasbourg – ✆ 03 85 48 08 34 – www.restaurant-chezjules.com – Fermé 28 juil.-12 août, vacances de fév., sam. midi et dim. CZf
Rest – Menu 19 € (sem.), 28/37 € – Carte 28/46 €
♦ Tradition ! Sur l'île St-Laurent, un Jules très sympa pour une assiette faisant la part belle aux spécialités locales... Et pour les amoureux du sucré, beau choix de desserts.

à St-Loup-de-Varennes 7 km par ③ – 1 124 h. – alt. 186 m – ✉ 71240

Le Saint-Loup

13 rte Nationale 6 – ✆ 03 85 44 21 58 – www.lesaintloup.fr – Fermé 1er-11mars, 20 août-3 sept., 18-28 fév., merc. et le soir du dim. au mardi
Rest – Formule 18 € – Menu 20 € (déj. en sem.), 29/52 € – Carte 30/60 €
♦ Cuisses de grenouille, pigeonneau aux senteurs des bois... Une halte tout en terroir et gourmandise à deux pas du musée de la photographie. Champêtre et savoureux !

à St-Rémy 4 km à l'Ouest (rte du Creusot) N 6, N 80 et rte secondaire – 5 880 h. – alt. 187 m – ✉ 71100

L'Amaryllis (Cédric Burtin)

chemin de Martorey – ✆ 03 85 48 12 98 – www.lamaryllis.com – Fermé 1er-15 août, 29 oct.-6 nov., mardi midi, dim. soir et lundi Xk
Rest – Menu 27 € (déj. en sem.), 37/85 € – Carte 60/75 €
Spéc. Grenouilles en millefeuille à l'ail et meunière (juin à sept.). Turbot au beurre de salicorne, variation d'aubergine (juin à sept.). Citron jaune en tarte meringuée revisitée (sept. à déc.). **Vins** Chassagne-Montrachet, Givry.
♦ Un paisible moulin du 19es. baigné par son bief. Cédric Burtin a repris en 2010 cette table bien connue dans la région, avec un nouveau nom de fleur... pour laisser s'épanouir une cuisine empreinte d'inventivité. Bon choix de bourgognes.

rte de Givry 4 km à l'Ouest sur D 69 – ✉ 71880 Châtenoy-le-Royal

L'Auberge des Alouettes

1 rte de Givry – ✆ 03 85 48 32 15 – Fermé 18 juil.-8 août, 4-18 janv., dim. soir, mardi soir et merc. Xe
Rest – Formule 16 € – Menu 20/36 € – Carte 31/60 €
♦ Bœuf bourguignon, tête de veau, soufflé chaud au Grand Marnier... Des recettes généreuses à déguster dans une atmosphère conviviale. Cette gentille Alouette a évidemment ses fidèles !

à Dracy-le-Fort 6 km par ⑥ et D 978 – 1 324 h. – alt. 180 m – ✉ 71640

Le Dracy

4 r. du Pressoir – ✆ 03 85 87 81 81 – www.ledracy.com
47 ch – †80/140 € ††80/140 € – ☕ 12 € – ½ P 84/110 €
Rest *La Garenne* – voir les restaurants ci-après
♦ Un ensemble moderne dans un environnement verdoyant : les lieux associent quiétude, décor soigné et confort contemporain (terrasse privative côté jardin). Agréable pour une parenthèse au vert.

XX **La Garenne** – Hôtel Le Dracy

4 r. du Pressoir – ✆ 03 85 87 81 81 – www.ledracy.com
Rest – Menu 20 € (déj. en sem.), 30/50 € – Carte 44/59 €
◆ Pavé en croûte de pigeon au foie gras, suprême de volaille et clafoutis aux champignons... Une belle garenne, où l'on se régale d'une cuisine traditionnelle soignée et respectueuse des saisons.

à Sassenay 9 km au Nord-Est par D 5, rte de Seurre – 1 513 h. – alt. 178 m – ✉ 71530

XX **Le Magny**

29 Grande-Rue – ✆ 03 85 91 61 58 – www.lemagny.com – Fermé 4-11 mai, 27 juil.-13 août, 4-11 janv., dim. soir, mardi soir et lundi
Rest – Formule 14 € – Menu 29/36 € – Carte 38/53 €
◆ Cette auberge de village est fort avenante et l'on y mange bien. Escargots, volaille de Bresse... Avec de beaux produits, le chef concocte une cuisine régionale soignée.

CHAMAGNE – 88 Vosges – 314 F2 – rattaché à Charmes

CHAMALIÈRES – 63 Puy-de-Dôme – 326 F8 – rattaché à Clermont-Ferrand

CHAMARANDES – 52 Haute-Marne – 313 K5 – rattaché à Chaumont

CHAMBERET – 19 Corrèze – 329 L2 – 1 316 h. – alt. 450 m – ✉ 19370 25 C2

Paris 453 – Guéret 84 – Limoges 66 – Tulle 45
5, place du Marché, ✆ 05 55 98 30 12
Mont Gargan ✳★★ NO : 9 km Limousin Berry

De France AC rest,

– ✆ 05 55 98 30 14 – hotelfrancechamberet.fr – Fermé 23 déc.-30 janv.
15 ch – †42/52 € ††42/52 € – ☕ 8 € – ½ P 58 €
Rest *(fermé vend. soir et dim. soir de sept. à mai)* – Formule 13 € – Menu 21 € (sem.), 30/38 € – Carte 26/37 €
◆ L'ambiance est familiale dans cette maison en pierre toute pimpante. Des chambres bien tenues, un café apprécié dans le village, une petite table traditionnelle : un vrai hôtel de France.

CHAMBÉRY P – 73 Savoie – 333 I4 – 56 835 h. – Agglo. 113 457 h. 46 F2 – alt. 270 m – Casino : à Challes-les-Eaux – ✉ 73000 Alpes du Nord

Paris 562 – Annecy 50 – Grenoble 55 – Lyon 101
de Chambéry-Aix-les-Bains : ✆ 04 79 54 49 54, à Viviers-du-Lac 8 km par ④.
5 bis place du Palais de Justice, ✆ 04 79 33 42 47, www.chambery-tourisme.com
du Granier Apremont, à Apremont, Chemin de Fontaine Rouge, SE : 8 km par D 201, ✆ 04 79 28 21 26
Vieille ville★★ : Château★, place St-Léger★, grilles★ de l'hôtel de Châteauneuf (n° 18 rue de la Croix-d'Or) - Crypte★ de l'église St-Pierre-de-Lémenc - Rue Basse-du-Château★ - Cathédrale métropolitaine St-François-de-Sales★ - Musée Savoisien★ **M¹** - Musée des Beaux-Arts★ **M²**.

Mercure sans rest

183 pl. de la Gare – ✆ 04 79 62 10 11 – www.mercure.com As
81 ch – †82/199 € ††82/199 € – ☕ 17 €
◆ Face à la gare, architecture résolument moderne (verre et béton). Plaisant hall d'accueil, salon-bar contemporain, chambres spacieuses et bien insonorisées.

Des Princes sans rest

4 r. de Boigne – ✆ 04 79 33 45 36 – www.hoteldesprinces.eu Br
45 ch – †84/89 € ††95/110 € – ☕ 10 €
◆ Au cœur de la cité, cet hôtel traditionnel se révèle chaleureux avec ses décors aux inspirations diverses : l'Afrique (passion de la propriétaire, ancienne hôtesse de l'air), le cinéma, la famille de Savoie, etc., et bien sûr la montagne.

CHAMBÉRY

Allobroges (Q. des) . . . . A 2
Banque (R. de la) . . . . B 3
Basse-du-Château (R.) . . . . . . A 4
Bernardines (Av. des) . . . . A 6
Boigne (R. de) . . . . B
Borrel (Q. du Sénateur A.) . . . B 7
Charvet (R. F.) . . . . B 9
Château (Pl. du) . . . . A 10
Colonne (Bd de la) . . . . B 12
Ducis (R.) . . . . B 13
Ducs-de-Savoie (Av. des) . . . . B 14
Europe (Espl. de l') . . . . B 16
Freizier (R.) . . . . AB 17
Gaulle (Av. Gén.-de) . . . . B 18
Italie (R. d') . . . . B 20
Jean-Jaurès (Av.) . . . . A 21
Jeu-de-Paume (Q. du) . . . . A 23
Juiverie (R.) . . . . A
Lans (R. de) . . . . A 24
Libération (Pl. de la) . . . . B 25
Maché (Pl.) . . . . A 27
Maché (R. du Fg) . . . . A 28
Martin (R. Cl.) . . . . B 30
Métropole (Pl.) . . . . B 31
Michaud (R.) . . . . B 32
Mitterrand (Pl. F.) . . . . B 33
Musée (Bd. du) . . . . AB 34
Ravet (Q. Ch.) . . . . B 35
St-François (R.) . . . . B 38
St-Léger (Pl.) . . . . B
St- Antoine (R.) . . . . A 36
Théâtre (Bd du) . . . . B 39
Vert (Av. du Comte) . . . . A 40

Brasserie Le Z

12 av. des Ducs de Savoie – ✆ 04 79 85 96 87 – www.zorelle.fr **Bz**

Rest – Formule 16 € – Menu 30 € (dîner) – Carte 26/55 €

◆ Cadre contemporain, vue sur les cuisines, cave vitrée à flanc de rocher, carte internationale et banc d'écailler... Une brasserie dans l'air du temps, très prisée en ville.

L'Atelier

59 r. de la République – ✆ 04 79 70 62 39 – www.atelier-chambery.com – Fermé 27 août-11 sept., dim. et lundi **Bt**

Rest – Formule 17 € – Menu 20 € (déj.), 27/39 €

◆ L'atmosphère de ce relais de poste converti en restaurant façon bistrot – comptoir et ardoises dans l'une des trois salles à manger – se veut branchée. Cuisine actuelle sans chichi.

à Sonnaz 8 km par ① sur D 991 – 1 350 h. – alt. 370 m – ✉ 73000

Auberge Le Régent

453 rte d'Aix-les-Bains – ✆ 04 79 72 27 70 – Fermé 15 août-5 sept., dim. soir, merc. et soirs fériés

Rest – Formule 16 € – Menu 29/46 € – Carte 40/55 €

◆ Ce restaurant familial, ancienne ferme savoyarde (19e s.), abrite deux coquettes salles à manger rustiques. Délicieuse terrasse ombragée face au jardin. Cuisine traditionnelle.

à St-Alban-Leysse **4 km par ①, D 1006 et rte secondaire – 5 626 h. – alt. 285 m – ✉ 73230**

L'Or du Temps

814 rte de Plainpalais – ☎ 04 79 85 51 28 – www.or-du-temps.com – Fermé 10-31 août et 1er-10 janv.

18 ch – †60 € ††70 € – ☕ 8 €

Rest *(fermé sam. midi, dim. soir et lundi)* – Formule 16 € – Menu 34/60 € – Carte 35/60 €

◆ Cette bâtisse régionale offre une vue splendide sur le massif des Bauges. Chambres simples, pour l'étape. Au restaurant, pierres apparentes, tons chauds et crème, terrasse ombragée : une atmosphère douce au service d'une appétissante cuisine d'aujourd'hui ...

Le Panoramic

260 chemin des Vignes, à Monterminod – ☎ 04 79 85 28 99 – www.lepanoramic73.com – Fermé 1 sem. en avril, 2 sem. en sept., dim. soir, mardi soir et lundi

Rest *(nombre de couverts limité, réserver)* – Formule 15 € – Menu 20 € (déj. en sem.), 33/45 € – Carte 35/50 €

◆ Dans ce charmant chalet, le chef – un jeune Gallois passionné – réalise une cuisine bistronomique savoureuse, fine et soignée. Un vrai refuge gourmand accroché à la montagne !

à Barberaz **3 km par ① , N 201 (sortie 19 : La Ravoire) – 4 673 h. – alt. 315 m – ✉ 73000**

Altédia Lodge

61 r. de la République – ☎ 04 79 60 05 00 – www.hotel-altedia.com

36 ch – †88/130 € ††88/130 € – 10 suites – ☕ 13 €

Rest *La Maison Rouge* ☎ 04 79 60 07 00 *(fermé 1er-15 août)* – Formule 16 € – Menu 19 € (déj. en sem.), 32/39 € – Carte 24/58 €

◆ Orange, vert, rouge, gris souris, cet hôtel voit la vie en couleur... Fauteuils Louis XVI revisités par Starck, écrans plats, films à la demande et espace forme : un lieu résolument jeune où l'on fait beaucoup d'événementiel.

Altédia Hôtel

42 ch – †45/75 € ††45/75 € – ☕ 8 €

◆ L'annexe dispose de chambres familiales. Petit-déjeuner sous forme de buffet.

à Challes-les-Eaux **7 km par ②par D 1006 et rte secondaire – 5 077 h. – alt. 310 m – ✉ 73190**

ℹ 1374 avenue de Chambéry, ☎ 04 79 72 86 19, www.ville-challesleseaux.com

Château des Comtes de Challes

247 montée du Château – ☎ 04 79 72 72 72 – www.chateaudescomtesdechalles.com – Fermé 28 oct.-19 nov.

54 ch – †86/170 € ††118/245 € – 4 suites – ☕ 12 € – ½ P 118 €

Rest *Château des Comtes de Challes* – voir les restaurants ci-après

◆ Dans le village de Challes-les-Eaux, on reconnaît ce château du 15es. à ses deux tours en façade. Arbres centenaires, chapelle et, dans trois bâtiments différents, des chambres spacieuses alliant le cachet de l'histoire et le confort moderne.

Château des Comtes de Challes

247 montée du Château – ☎ 04 79 72 72 72 – www.chateaudescomtesdechalles.com – Fermé 24 oct.-14 nov.

Rest – Menu 26 € (sem.), 40/55 € – Carte 60/70 €

◆ Cheminée gothique, poutres anciennes, rideaux épais : un décor cossu et chaleureux, idéal pour faire banquet d'une cuisine gastronomique empreinte de classicisme, valorisant produits nobles et régionaux.

à Chambéry-le-Vieux 5 km par ③ par N 201 et rte secondaire (sortie Chambéry-le-Haut) – ✉ 73000

Château de Candie rest,

r. du Bois-de-Candie – ✆ 04 79 96 63 00 – www.chateaudecandie.com et www.longitudehotels.com

22 ch – †160/260 € ††160/260 € – 4 suites – ☕ 20 €

Rest – Formule 27 € – Menu 37 € (déj. en sem.), 56/78 € – Carte 73/104 €

◆ Cette maison forte, bâtie au 14e s. par des Croisés, domine la vallée. Chambres cosy alliant styles ancien et contemporain ; superbe suite avec jacuzzi dans la tour. Élégantes salles à manger et agréable terrasse.

CHAMBOLLE-MUSIGNY – 21 Côte-d'Or – 320 J6 – 320 h. – alt. 280 m – ✉ 21220

8 D1

▶ Paris 326 – Beaune 28 – Dijon 17

Château André Ziltener sans rest

r. de la Fontaine – ✆ 03 80 62 41 62 – www.chateau-ziltener.com – Fermé 10 déc.-10 mars

8 ch – †180/250 € ††200/250 € – 2 suites – ☕ 18 €

◆ Le luxe raffiné et sans tapage du style Louis XV, pour une belle demeure du 18es., châtelaine à souhait ! Le bar à vins, élégant comme il se doit, permet de goûter la production du domaine.

Le Millésime

1 r. Traversière – ✆ 03 80 62 80 37 – Fermé 1er-15 août, 1er-15 janv., dim. soir, mardi midi et lundi

Rest – Formule 18 € – Menu 27/45 € – Carte 33/60 €

◆ Dans ce bistrot de village métamorphosé en restaurant contemporain, le jeune chef, aussi talentueux que sympathique, n'a pas son pareil pour vous mettre en appétit. Velouté de lentilles, mousseline de haddock... des produits excellents pour une cuisine savoureuse et gourmande, à prix doux. Un bon Millésime !

Le Chambolle

28 r. Caroline-Aigle – ✆ 03 80 62 86 26 – www.restaurant-lechambolle.com – Fermé 20 déc.-4 fév., dim. soir de déc. à mars, merc. et jeudi

Rest *(nombre de couverts limité, réserver)* – Menu 24/45 € – Carte 34/55 €

◆ Un lieu chaleureux et rustique (imposante cheminée) pour s'attabler autour de petits plats de terroir accompagnés de vins du village. Accueil tout sourire.

CHAMBON-LA-FORÊT – 45 Loiret – 318 K3 – 738 h. – alt. 117 m – ✉ 45340

12 C2

▶ Paris 96 – Châteauneuf-sur-Loire 26 – Montargis 43 – Orléans 43

Auberge de la Rive du Bois

11 r. de la Rive du Bois, 1 km au Nord par rte de Pithiviers – ✆ 02 38 32 28 44 – www.auberge-rivedubois.com – Fermé 1er-22 août, 24 déc.-9 janv., lundi soir, mardi soir et merc.

Rest – Menu 17 € (sem.), 25/48 € – Carte 29/58 €

◆ Dans un paisible hameau, sympathique auberge propice aux repas de famille et d'affaires : salles à manger champêtres, terrasse fleurie et véranda. Cuisine traditionnelle.

LE CHAMBON-SUR-LIGNON – 43 Haute-Loire – 331 H3 – 2 662 h. – alt. 967 m – ✉ 43400 Lyon Drôme Ardèche

6 D3

▶ Paris 573 – Annonay 48 – Lamastre 32 – Privas 75

ℹ 2, route de Tence, ✆ 04 71 59 71 56, www.ot-hautlignon.com

18 du Chambon-sur-Lignon, La Pierre de la Lune, SE : 5 km par D 103, ✆ 04 71 59 28 10

Bel Horizon

chemin de Molle – ✆ 04 71 59 74 39 – www.belhorizon.fr – Fermé 2-24 janv. et dim. soir du 1er oct. au 30 avril

30 ch – †65/82 € ††65/108 € – ☕ 10 € – ½ P 78/90 €

Rest ***Bel Horizon*** – voir les restaurants ci-après

◆ Atmosphère décontractée et... priorité aux loisirs, avec un centre de remise en forme très complet (jacuzzi, sauna, salle de sport, soins, etc.). Côté repos, des chambres d'esprit contemporain et des chalets confortables.

Bel Horizon

chemin de Molle – ✆ 04 71 59 74 39 – www.belhorizon.fr – Fermé 2-24 janv., dim. soir et lundi du 1er oct. au 30 avril

Rest – Menu 18/38 € – Carte 40/60 €

◆ Après le sport ou le farniente – le lieu a été pensé pour la remise en forme et a même accueilli le XV de France avant la Coupe du monde de rugby de 2011 –, le réconfort de bons petits plats traditionnels. Un bel horizon...

à l'Est 3,5 km par D 157 et D 185 – ✉ 43400 Chambon-sur-Lignon

Clair Matin

Les Barandons – ✆ 04 71 59 73 03 – www.hotelclairmatin.com – Fermé 30 nov.-30 janv., lundi et mardi hors saison

25 ch – †60/130 € ††60/130 € – ☕ 12 € – ½ P 62/96 €

Rest – Formule 15 € – Menu 20 € (sem.), 23/39 € – Carte 35/50 €

◆ Ce chalet isolé est vraiment accueillant, et la vue sur les Cévennes des plus agréables. Pour l'anecdote, la salle à manger est chauffée avec un impressionnant poêle scandinave. Quiétude et air pur garantis !

CHAMBOULIVE – 19 Corrèze – 329 L3 – 1 259 h. – alt. 429 m – ✉ 19450 Limousin Berry — 25 C3

Paris 463 – Bourganeuf 80 – Brive-la-Gaillarde 43 – Seilhac 10

place de l'Église, ✆ 05 55 21 47 60

Deshors Foujanet

rte Treignac – ✆ 05 55 21 62 05 – www.deshors-foujanet.com – Fermé 4-12 mars, dim. soir sauf juil.-août et lundi midi

20 ch – †55/60 € ††62/70 € – ☕ 9 € – ½ P 64/70 €

Rest – Menu 18/52 € bc – Carte 25/50 €

◆ Au cœur du village, une hostellerie familiale dont les chambres sont peu à peu rénovées dans un esprit contemporain et fonctionnel. La piscine à l'arrière se révèle bien sympathique. Restaurant corrézien (tourtou aux rognons de veau, par exemple).

CHAMBRETAUD – 85 Vendée – 316 K6 – 1 437 h. – alt. 214 m – ✉ 85500 — 34 B3

Paris 373 – Angers 85 – Bressuire 50 – Cholet 21

Château du Boisniard

– ✆ 02 51 67 50 01 – www.chateau-boisniard.com – Fermé 22 oct.-12 nov.

26 ch ☕ – †165/370 € ††278/650 € – ½ P 139/325 €

Rest ***La Table du Boisniard*** – voir les restaurants ci-après

◆ Tout près du Puy du Fou, un château du 15es. avec ses étangs, ses chambres au charme médiéval et ses beaux chalets sur pilotis – nature et contemporains – disséminés dans le parc : les amoureux d'échappées vertes et d'histoire seront comblés.

La Table du Boisniard

– ✆ 02 51 67 50 01 – www.chateau-boisniard.com – Fermé 22 oct.-12 nov., dim. soir d'oct. à mars

Rest – Formule 25 € – Menu 35/55 € – Carte 48/72 €

◆ La Table du Boisniard, ou le décor d'un château du 15es. au service d'une cuisine traditionnelle goûteuse, soignée et parfumée. Parmentier de canard délicat, baba au rhum réalisé dans les règles de l'art... Un bon moment !

CHAMESOL – 25 Doubs – **321** K2 – **377 h.** – **alt. 730 m** – ✉ **25190** **17** C2

▶ Paris 453 – Besançon 91 – Belfort 43 – Montbéliard 30

Mon Plaisir (Christian Pilloud)

22 lieu-dit Journal – ☎ 03 81 92 56 17 – www.restaurant-mon-plaisir.com – Fermé 27 août-11 sept., 17-26 déc., dim. soir, lundi et mardi sauf fériés le midi

Rest – Menu 38/80 €

Spéc. Cuisine du marché. **Vins** Arbois.

◆ À l'entrée du village, cette accueillante maison de pays est tout entière dédiée à votre plaisir : ambiance cosy (confortable salon, élégante salle à manger bourgeoise) et belle cuisine du chef, fine et harmonieuse.

CHAMONIX-MONT-BLANC – 74 Haute-Savoie – **328** O5 – **9 042 h.** **45** D1

– **alt. 1 040 m** – **Sports d'hiver : 1 035/3 840 m** **14** **36** – **Casino** AY – ✉ **74400** Alpes du Nord

▶ Paris 610 – Albertville 65 – Annecy 97 – Aosta 57

Tunnel du Mont-Blanc : péage en 2011, aller simple : autos 36,80 €, auto et caravane 48,70 €, camions 133,40 à 284,50 €, motos 24,30 €. Renseignements ATMB ☎ 04 50 55 55 00 et ☎ 04 50 55 39 36.

ℹ 85, place du Triangle de l'Amitié, ☎ 04 50 53 00 24, www.chamonix.com

18 de Chamonix, à Les Praz-de-Chamonix, 35 route du Golf, N : 3 km, ☎ 04 50 53 06 28

E : Mer de glace★★★ et le Montenvers★★★ par chemin de fer à crémaillère - SE : Aiguille du midi ※★★★ par téléphérique (station intermédiaire : plan de l'Aiguille★★) - NO : Le Brévent ※★★★ par téléphérique (station intermédiaire : Planpraz★★) - N : Col de Balme★★(Alpages de Charamillon).

Plan page suivante

Hameau Albert 1er

38 rte du Bouchet – ☎ 04 50 53 05 09 – www.hameaualbert.fr – Fermé 4 nov.-6 déc. AXf

33 ch – †155/595 € ††155/595 € – 2 suites – ☕ 24 €

Rest *Albert 1er* **Rest *La Maison Carrier*** – voir les restaurants ci-après

◆ Ce "hameau" cultive avec bonheur tradition et modernité. À l'hôtel, les chambres sont superbes (belles boiseries) et l'on profite d'équipements dernier cri. À la "Ferme", décor contemporain mariant bois de vieux chalets d'alpage et design.

Grand Hôtel des Alpes sans rest

75 r. du Dr Paccard – ☎ 04 50 55 37 80 – www.grandhoteldesalpes.com – Fermé 15 avril-15 juin et 1er oct.-15 déc. AYr

27 ch – †160/600 € ††160/600 € – 3 suites – ☕ 20 €

◆ Ce "grand hôtel" mythique, bâti en 1840, a été merveilleusement restauré en 2004. Le résultat est à la fois intimiste et raffiné : hall cossu, bar feutré, élégants salons, chambres raffinées et des suites tout en bois rustique.

Auberge du Bois Prin

69 chemin de l'Hermine, (aux Moussoux) – ☎ 04 50 53 33 51 – www.boisprin.com – Fermé 23 avril-15 mai et 22 oct.-29 nov. AZa

8 ch – †185/279 € ††198/279 € – 2 suites – ☕ 18 €

Rest *Auberge du Bois Prin* – voir les restaurants ci-après

◆ Ce joli chalet perche sur les hauteurs de la station, offrant une vue imprenable sur Chamonix et le massif du Mont-Blanc. Décoration design, équipements high-tech et lambris se marient avec goût dans les chambres, luxueuses.

Le Morgane

145 av. Aiguille du Midi – ☎ 04 50 53 57 15 – www.morgane-hotel-chamonix.com

56 ch – †110/165 € ††250/750 € – ☕ 15 € AYu

Rest *Le Bistrot* – voir les restaurants ci-après

◆ La nature est ici pleinement respectée : engagement environnemental (zéro carbone), cadre épuré et beaux matériaux (bois brut, pierre, coton bio). L'hôtel de montagne du 21es. en quelque sorte.

CHAMONIX-MONT-BLANC

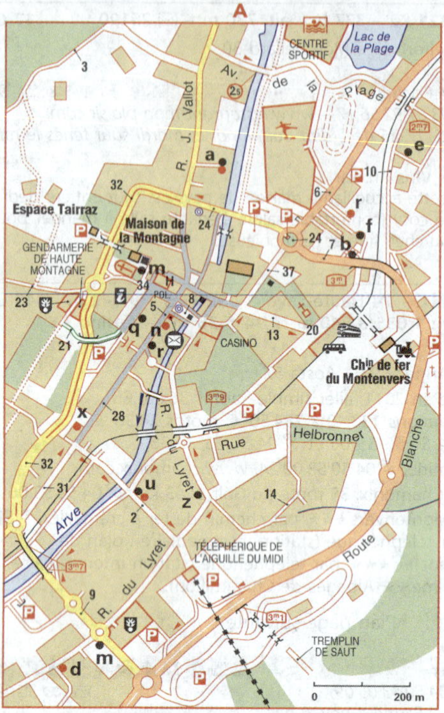

Aiguille-du-Midi (Av.) . . . . AY 2
Angeville (Rte H. d') . . . . AY 3
Balmat (Pl. Jacques) . . . . AY 5
Blanche (Rte) . . . . AY
Bois-du-Bouchet (Av. du) . . . . . . AX 6
Cachat-le-Géant (Av.) . . . . AX 7
Courmayeur (Av. de) . . . . AY 9
Cour (Pont de) . . . . AY 8
Cristalliers (Ch. des) . . . . AX 10
Croix-des-Moussoux (Montée) . AZ 12
Croz (Av. Michel) . . . . AY 13
Devouassoux (Ch. F.) . . . . AY 14
Gaillands (Rte des) . . . . AZ 18
Gare (Pl. de la) . . . . AY 20
Helbronner (R.) . . . . AY
Lyret (R.) . . . . AY
Majestic (Allée du) . . . . AY 21
Mollard (Ch. de la) . . . . AX 23
Mont-Blanc (Av. et Pl.) . . . . AX 24
Moussoux (Rte des) . . . . AZ 26
Mummery (R.) . . . . AX 27
Nants (Rte des) . . . . AZ
Paccard (R. du Dr) . . . . AY 28
Pècles (Rte des) . . . . AZ 29
Pèlerins (Rte des) . . . . AZ
Plage (Av. de la) . . . . AX
Ravanel-le-Rouge (Av.) . . . . AY 31
Recteur-Payot (Allée) . . . . AXY 32
Roumnaz (Rte de la) . . . . AZ 33
Triangle-de-l'Amitié (Pl. du) . . . . AX 34
Tunnel (Rte du) . . . . AZ
Vallot (R. J.) . . . . AX
Whymper (R.) . . . . AX 37

Les Aiglons
270 av. Courmayeur – ✆ 04 50 55 90 93 – www.aiglons.com AYm
107 ch – †90/230 € ††110/520 € – ☐ 14 € – ½ P 90/295 €
Rest *Le "A"* – voir les restaurants ci-après
◆ À deux pas du départ pour l'Aiguille du Midi, cet hôtel contemporain a fait peau neuve en 2008 : chambres actuelles, piscine chauffée et spa complet. Une bonne adresse pour les tempéraments sportifs.

Chalet Hôtel Hermitage
63 chemin du Cé – ✆ 04 50 53 13 87 – www.hermitage-paccard.com – Ouvert 18 juin-15 sept. et 22 déc.-8 avril AXe
20 ch – †104/156 € ††104/205 € – 7 suites – ☐ 15 € – ½ P 92/142 €
Rest *(dîner seult) (résidents seult)* – Menu 25 €
◆ Cet hôtel dispose de chambres et de suites confortables, décorées dans un style à la fois montagnard et contemporain, certaines avec une très belle vue sur le massif. Cossu et reposant.

L'Oustalet sans rest
330 r. Lyret – ✆ 04 50 55 54 99 – www.hotel-oustalet.com – Fermé 22 mai-8 juin et 1er nov.-16 déc. AYz
15 ch – †100/145 € ††115/180 € – ☐ 15 €
◆ Un "petit hôtel" sympathique, à la fois chaleureux et moderne, qui a su conserver l'esprit montagne. Le petit-déjeuner est copieux et de qualité : charcuterie, fromage, œufs, bonnes viennoiseries et yaourt maison. Idéal en famille.

Auberge du Manoir sans rest
8 rte du Bouchet – ✆ 04 50 53 10 77 – www.aubergedumanoir.com – Fermé nov. AXb
18 ch – †112/262 € ††128/262 € – ☐ 18 €
◆ Entièrement rénové en 2008, cet hôtel a su conserver son charme savoyard. L'ensemble est décoré avec beaucoup de goût, avec de beaux tissus chaleureux dans les confortables chambres "tout bois". Il y a même un jacuzzi dans le jardin...

Park Hotel Suisse
75 allée du Majestic – ✆ 04 50 53 07 58 – www.chamonix-park-hotel.com – Ouvert de mi-juin à fin sept. et de mi-déc. à mi-avril AYq
64 ch ☐ – †129/172 € ††185/265 € – 2 suites
Rest *(ouvert 12 juin-12 sept. et 19 déc.-31 mars)* – Menu 18 € (déj.)/25 €
◆ Voilà bien un hôtel familial aux chambres spacieuses et lambrissées, avec un billard dans le salon et un solarium sur le toit. Été comme hiver, on y admire toute la chaîne du Mont-Blanc.

La Savoyarde sans rest
28 rte Moussoux – ✆ 04 50 53 00 77 – www.lasavoyarde.com – Ouvert de juin à sept. et de déc. à avril AZs
14 ch – †61/81 € ††110/149 € – ☐ 12 €
◆ Cette coquette maison chamoniarde du 19e s. est située à 50 m du téléphérique du Brévent. Les chambres sont simples, lambrissées, parfois mansardées ou avec mezzanine.

Faucigny sans rest
118 pl. de l'Église – ✆ 04 50 53 01 17 – www.hotelfaucigny-chamonix.com
28 ch – †85/150 € ††95/220 € – ☐ 11 € AXm
◆ Nouvelle direction pour ce sympathique petit hôtel du centre-ville soigneusement entretenu. Les chambres sont chaleureuses, certaines mansardées, d'autres familiales. Ses atouts : le salon avec cheminée et des prix raisonnables.

De l'Arve sans rest
60 impasse des Anémones – ✆ 04 50 53 02 31 – www.hotelarve-chamonix.com – Fermé mi-oct. à mi-déc. AXa
37 ch – †65/109 € ††65/125 € – ☐ 11 €
◆ Cet hôtel familial propose des chambres de style savoyard, petites mais fonctionnelles, entourées d'un jardinet face au mont Blanc. Pour les loisirs : salle de fitness bien équipée, mur d'escalade et billard dans le salon.

Albert 1er (Pierre Carrier et Pierre Maillet) – Hôtel Hameau Albert 1er
38 rte du Bouchet – ✆ 04 50 53 05 09 – www.hameaualbert.fr – Fermé 8-25 mai, 4 nov.-6 déc., mardi midi, jeudi midi et merc. AX**f**
Rest – Formule 39 € – Menu 56 € (sem.)/140 € – Carte 120/190 €
Spéc. Risotto à la truffe blanche d'Alba (sept. à janv.). Omble chevalier du lac Léman, émulsion de chicorée. Soufflé chaud à la Chartreuse verte, sorbet Chartreuse. **Vins** Chignin, Mondeuse d'Arbin.
◆ Beaucoup de subtilité et d'exigence, des bases classiques interprétées avec finesse, de très beaux produits : la cuisine raffinée de ce Hameau est une véritable référence gastronomique dans la région.

Le Bistrot (Mickey Bourdillat) – Hôtel Le Morgane
151 av. de l'Aiguille du Midi – ✆ 04 50 53 57 64 – www.lebistrotchamonix.com
Rest – Formule 17 € – Menu 50/80 € – Carte 45/85 € AY**u**
Spéc. Œuf de poule fermier, polenta crémeuse et jus de persil. Omble chevalier cuit à basse température, lait de poule émulsionné à l'huile de noisette. Tarte crémeuse au chocolat, croustillant de nougatine. **Vins** Roussette de Savoie, Mondeuse.
◆ Le Bistrot de Mickey Bourdillat affiche un esprit contemporain d'une sobre élégance. La cuisine, franche et joliment parfumée, mise sur le produit et va à l'essentiel.

Auberge du Bois Prin – Hôtel Auberge du Bois Prin
69 chemin de l'Hermine, (aux Moussoux) – ✆ 04 50 53 33 51 – www.boisprin.com – Fermé 23 avril-15 mai, 22 oct.-29 nov., lundi midi, mardi midi et merc. midi AZ**a**
Rest – Formule 21 € – Menu 36/77 € bc – Carte 60/102 €
Spéc. Mousseline de brochet et écrevisses, sauce Nantua rafraîchie au vin jaune. Filet de féra du lac Léman, beurre au savagnin. Pomme mi-confite au jus de cassis, crumble et émulsion vanille.
◆ Une table amoureuse de la nature, des herbes alpestres et du bio. Il n'est qu'à admirer le potager au pied de l'auberge (dès que le tapis de neige s'esquive) et surtout les belles assiettes, précises et savamment composées. La vérité des saveurs… et des émotions !

La Maison Carrier – Hôtel Hameau Albert 1er
44 rte du Bouchet – ✆ 04 50 53 00 03 – www.hameaualbert.fr – Fermé 3-20 juin, 4 nov.-12 déc., lundi sauf juil.-août AX**r**
Rest – Formule 18 € – Menu 25 € (déj. en sem.), 29/40 € – Carte 40/70 €
◆ Un lieu magique, typiquement savoyard, où fument les charcuteries maison et où l'on s'attache à faire ressortir la vérité du produit. Résultat, de la gastronomie montagnarde à l'état pur, noble et généreuse.

Le "A" – Hôtel Les Aiglons
270 av. Courmayeur – ✆ 04 50 55 90 93 – www.aiglons.com AY**m**
Rest – Formule 16 € – Menu 29 € (dîner) – Carte 32/42 €
◆ Le A des "Aiglons" n'hésite pas à proposer dans son cadre contemporain des spécialités originales, comme un hachis parmentier au foie gras et aux truffes ou un carré de porcelet au miel de montagne et aux épices douces.

Atmosphère
123 pl. Balmat – ✆ 04 50 55 97 97 – www.restaurant-atmosphere.com
Rest – Formule 21 € – Menu 25/30 € – Carte 32/66 € AY**n**
◆ Cette adresse qui surplombe l'Arve ne manque pas d'atmosphère : une belle salle claire et de jolis produits travaillés avec justesse, entre tradition savoyarde et fine cuisine d'aujourd'hui.

L'Impossible
9 chemin du Cry – ✆ 04 50 53 20 36 – www.restaurant-impossible.com – Fermé 15-25 nov., mardi soir hors saison et le midi AY**d**
Rest *(réservation conseillée)* – Menu 21/35 € – Carte 45/65 €
◆ Nouvelle équipe dans cette chaleureuse ferme du 18es. Beaucoup d'herbes et d'épices pour une cuisine italienne à base de superbes produits bio : mousse de parmesan à la mocetta et au miel, linguine à l'espadon fumé, acquacotta...

Café de l'Arve

60 imp. des Anémones – ✆ 04 50 53 58 57 – www.cafe-arve.com – Fermé 2-15 mai, nov., dim. soir, mardi midi et lundi AXa

Rest – Formule 17 € – Menu 24/40 € – Carte 32/60 €

◆ Êtes-vous "locavore" ? Cette table contemporaine privilégie les produits locaux ! La cuisine, simple et soignée (rôti de porc aux crozets), ravit Chamonix...

Panier des 4 Saisons

262 r. Dr-Paccard – ✆ 04 50 53 98 77 – www.restaurant-panierdes4saisons.com – Fermé juin, nov. à mi-déc., merc. et mardi sauf vacances scolaires

Rest – Formule 17 € – Menu 19 € (déj.)/29 € – Carte 30/60 € AYx

◆ Les quatre saisons s'illustrent avec gourmandise dans ce chaleureux restaurant d'un passage du centre-ville : crème brûlée au beaufort, darne de saumon au chili, gâteau de brochet à la marjolaine... Traditionnel et bien ficelé !

aux Praz-de-Chamonix 2,5 km au Nord – ✉ 74400 Chamonix-Mont-Blanc – alt. 1 060 m

La Flégère ≤★★ par téléphérique BZ.

Le Labrador sans rest

au golf – ✆ 04 50 55 90 09 – www.hotel-labrador.com – Fermé 22 avril-5 mai et 21 oct.-7 déc. BZh

33 ch – †75/182 € ††90/214 € – 2 suites – ☐ 13 €

◆ Ce grand chalet tout en bois, aux allures scandinaves, est situé en plein cœur du golf de Chamonix. Des chambres habillées de matériaux nobles, la vue sur le mont Blanc et la vallée est superbe. Un grand bol d'oxygène !

Eden

35 rte des Gaudenays – ✆ 04 50 53 18 43 – www.hoteleden-chamonix.com – Fermé 25 oct.-30 nov. BZe

12 ch – †89/125 € ††98/135 € – 8 suites – ☐ 11 € – ½ P 89/108 €

Rest *Eden* – voir les restaurants ci-après

◆ Ce sympathique hôtel propose des chambres pratiques, claires, pétillantes et colorées, et des appartements avec cuisine. Parfait pour des séjours familiaux.

Les Lanchers

1459 rte des Praz – ✆ 04 50 53 47 19 – www.hotel-lanchers-chamonix.com

19 ch – †65/105 € ††75/120 € – ☐ 10 € – ½ P 66/89 € BZb

Rest – Formule 14 € – Menu 19/26 € – Carte 24/34 €

◆ Des fresques typiques de la région égayent la façade de ce petit hôtel familial qui semble avoir trouvé un nouveau souffle. Les chambres sont simples et agréables et les spécialités savoyardes un vrai réconfort !

La Cabane des Praz

23 rte du Golf – ✆ 04 50 53 23 27 – www.restaurant-cabane.com BZv

Rest – Formule 19 € – Menu 29 € – Carte 35/70 €

◆ Superbement refaite, cette élégante cabane en rondins est à la fois chic et décontractée. En cuisine, le registre actuel rencontre la tradition et le terroir : tarte fine au reblochon, agneau fondant au miel... Fin, délicat et très parfumé.

Eden – Hôtel Eden

35 rte des Gaudenays – ✆ 04 50 53 18 43 – www.hoteleden-chamonix.com – Fermé 25 oct.-30 nov., mardi et le midi BZe

Rest – Menu 23/36 €

◆ Un goût de paradis dans cet hôtel-restaurant où la carte saupoudre d'épices la tradition : moules façon thaïlandaise, filets de rouget à l'orientale, galettes au confit de canard et sa sauce aux prunes douces...

Question de standing : n'attendez pas le même service dans un X ou un 🏠 que dans un XXXXX ou un 🏠🏠🏠🏠🏠.

aux Tines **4 km par ①, D 1506 et rte secondaire – ✉ 74400 Chamonix-Mont-Blanc**

Excelsior

251 chemin de St-Roch – ☎ 04 50 53 18 36
– www.hotelexcelsior-chamonix.com
– Fermé 5 nov.-15 déc.
36 ch – 40/65 € 65/95 € – 11 € – ½ P 65/80 €
Rest *Excelsior* – voir les restaurants ci-après
◆ Au pied de l'aiguille Verte et du Dru, cette belle bâtisse jaune est tenue par la même famille depuis 1913. Les chambres habillées de bois clair sont plaisantes, tout comme les salons où crépite parfois un feu de cheminée.

Excelsior

251 chemin de St-Roch – ☎ 04 50 53 18 36
– www.hotelexcelsior-chamonix.com
– Fermé 5 nov.-15 déc. et le midi en sem. de mi-déc. à avril
Rest – Formule 23 € – Menu 28/45 € – Carte 28/48 €
◆ Le chef de ce sympathique établissement aime travailler des produits frais sur des bases classiques en glissant quelques notes surprenantes : lait battu au lard d'Arna, raviolis de queue de bœuf au foie gras, dacquoise gingembre-sésame...

au Lavancher **6 km par ①, D 1506 et rte secondaire – ✉ 74400 Chamonix-Mont-Blanc – Sports d'hiver : voir Chamonix**
★★.

Le Jeu de Paume

705 rte du Chapeau – ☎ 04 50 54 03 76
– www.jeudepaumechamonix.com
– Ouvert 1er juin-15 sept. et 15 déc.-1er mai
23 ch – 160/255 € 160/255 € – 15 € – ½ P 130/178 €
Rest *Le Jeu de Paume* – voir les restaurants ci-après
◆ Billard, piscine couverte, sauna, jacuzzi, salons avec cheminée... Détente assurée dans ce chalet traditionnel au décor "tout bois" très raffiné. D'un regard, on embrasse les aiguilles ou la vallée.

Les Chalets de Philippe

700-718 rte du Chapeau – ☎ 06 07 23 17 26
– www.chaletsphilippe.com
10 ch – 90/150 € 175/300 € – 15 €
Rest *Les Chalets de Philippe* – voir les restaurants ci-après
◆ Ces chalets accrochés à flanc de montagne, parmi les sapins, forment un ensemble exceptionnel où cohabitent vieux bois, équipements de pointe, meubles chinés, objets rares... Le luxe à la montagne.

Les Chalets de Philippe – Hôtel Les Chalets de Philippe

700-718 rte du Chapeau – ☎ 06 07 23 17 26
– www.chaletsphilippe.com
Rest *(nombre de couverts limité, réserver)* – Menu 50/75 € – Carte 75/140 €
◆ Le chef de ces Chalets, un ancien de l'Auberge de l'Ill, prépare des menus dégustation au gré de son inspiration et en fonction du marché. Une belle cuisine, qui sied à cet établissement de charme.

Le Jeu de Paume – Hôtel Le Jeu de Paume

705 rte du Chapeau – ☎ 04 50 54 03 76
– www.jeudepaumechamonix.com – Ouvert 1er juin-15 sept., 15 déc.-1er mai, mardi midi et merc. midi
Rest – Menu 38/59 € – Carte 44/75 €
◆ Le voyage commence face aux montagnes que l'on aperçoit à travers les baies vitrées puis continue à table, entre spécialités régionales, grands classiques et saveurs du monde, presque toujours rehaussés d'herbes et d'épices.

aux Bossons 3,5 km au Sud – ✉ 74400 Chamonix-Mont-Blanc – alt. 1 005 m

Aiguille du Midi

479 chemin Napoléon – ✆ 04 50 53 00 65 – www.hotel-aiguilledumidi.com – Ouvert 12 mai-17 sept. et 22 déc.-8 avril AZn

39 ch – †60/150 € ††73/150 € – ☕ 13 € – ½ P 72/115 €

Rest ***Aiguille du Midi*** – voir les restaurants ci-après

♦ Dans cet hôtel bâti en 1908, préférez les chambres récemment rénovées dans un style montagnard et design. Le salon panoramique fait face au glacier des Bossons.

Aiguille du Midi

479 chemin Napoléon – ✆ 04 50 53 00 65 – www.hotel-aiguilledumidi.com – Ouvert 12 mai-17 sept., 22 déc.-8 avril et fermé merc. midi de déc. à avril

Rest – Formule 18 € – Menu 24/52 € – Carte 23/65 € AZn

♦ Les légumes du potager de cet hôtel-restaurant se retrouvent directement dans de belles spécialités savoyardes et traditionnelles : ravioles du Dauphiné, filet d'omble chevalier au beurre blanc, omelette au beaufort d'été.

CHAMOUILLE – 02 Aisne – **306** D6 – rattaché à Laon

CHAMPAGNAC-DE-BELAIR – 24 Dordogne – **329** F3 – rattaché à Brantôme

---

CHAMPAGNÉ – 72 Sarthe – **310** L6 – 3 628 h. – alt. 53 m – ✉ 72470 **35** D1

Paris 205 – Alençon 67 – Le Mans 14 – Nantes 204

place de l'Église, ✆ 02 43 89 89 89

Le Cochon d'Or

49 rte de Paris, D 323 – ✆ 02 43 89 50 08 – www.lecochondor.fr – Fermé 29 juil.-20 août, 2-11 janv., lundi et le soir sauf sam.

Rest – Formule 16 € – Menu 20 € (déj. en sem.), 28/54 € – Carte 41/54 €

♦ Le marché, les saisons, la tradition et le sens des produits : voilà le credo du chef, qui concocte une cuisine savoureuse, généreuse et fine. En prime, l'accueil est... en or !

CHAMPAGNEUX – 73 Savoie – **333** G4 – rattaché à St-Genix-sur-Guiers

---

CHAMPAGNEY – 70 Haute-Saône – **314** I6 – rattaché à Ronchamp

---

CHAMPAGNOLE – 39 Jura – **321** F6 – 8 098 h. – alt. 541 m – ✉ 39300 Franche-Comté Jura **16** B3

Paris 420 – Besançon 66 – Dole 68 – Genève 86

28 rue Baronne Delort, ✆ 03 84 52 43 67, www.juramontsrivieres.fr

Musée archéologique : plaques-boucles★.

Le Bois Dormant

rte de Pontarlier, 1,5 km – ✆ 03 84 52 66 66 – www.bois-dormant.com – Fermé 21-27 déc.

40 ch – †68 € ††77 € – ☕ 10 € – ½ P 66 €

Rest – Menu 17 € (sem.), 25/50 € – Carte 24/63 €

♦ Dans un parc arboré, un hôtel au décor chaleureux. Bois blond, tons pastel... les chambres sont actuelles et pratiques ; il y a aussi une très jolie piscine côté jardin (avec jacuzzi, hammam et sauna) et un restaurant traditionnel.

rte de Genève 8 km au Sud – ✉39300 Champagnole

Auberge des Gourmets avec ch

1 la Billaude du haut, par N 5 – ✆ 03 84 51 60 60 – www.auberge-des-gourmets-jura.fr – Fermé 1er déc.-5 fév., dim. soir et lundi sauf vacances scolaires

6 ch – †77 € ††88 € – ☕ 10 € – ½ P 80 €

Rest – Formule 18 € – Menu 26/48 € – Carte 40/58 €

♦ Dans cette jolie maison colorée, on sert une cuisine de tradition bonne et bien faite... Le cadre est chaleureux, élégant et, pour prolonger l'étape, les chambres sont coquettes (plus calmes côté terrasse).

CHAMPAGNY-EN-VANOISE – 73 Savoie – 333 N5 – 674 h. 45 D2
– alt. 1 240 m – ✉ 73350 Alpes du Nord

Paris 625 – Albertville 44 – Chambéry 94 – Moûtiers 19

Le Centre, ✆ 04 79 55 06 55, www.champagny.com

Retable★ dans l'église - Télécabine de Champagny★ : ≤★ - Champagny-le-Haut★★.

L'Ancolie ≤ ch, rest, VISA

Les Hauts du Crey – ✆ 04 79 55 05 00 – www.hotel-ancolie.com – Ouvert 18 juin-5 sept. et 20 déc.-18 avril

31 ch – †66/110 € ††66/130 € – ☕ 11 € – ½ P 54/95 €

Rest – Menu 20/32 € – Carte 28/55 €

◆ La fleur sauvage a prêté son nom à cet hôtel perché sur les hauteurs d'un authentique village-station. Petites chambres fonctionnelles, pour la plupart dotées d'un balcon orienté au sud. Au restaurant, décor montagnard et cuisine régionale simple.

Les Glières ≤ rest, VISA

à Planchamp – ✆ 04 79 55 05 52 – www.hotel-glieres.com – Ouvert 1er juil.-17 août et 16 déc.-13 avril

20 ch – †75/120 € ††75/120 € – ☕ 10 € – ½ P 65/90 €

Rest *(fermé lundi en été)* – Menu 19/32 € – Carte 23/34 €

◆ Établissement familial situé dans un hameau, au calme. Chambres coquettes, certaines dans un esprit chalet (boiseries et tissus coordonnés). Sauna et salon-cheminée ouvert sur une terrasse verdoyante. Au restaurant, cuisine et cadre typiquement savoyards.

CHAMPCEVINEL – 24 Dordogne – 329 F4 – rattaché à Périgueux

CHAMPEIX – 63 Puy-de-Dôme – 326 F9 – 1 312 h. – alt. 456 m 5 B2
– ✉ 63320 Auvergne

Paris 440 – Clermont-Ferrand 30 – Condat 49 – Issoire 14

Rue des Halles, mairie, ✆ 09 61 03 27 58

Église de St-Saturnin★★ N : 10 km.

à Montaigut-le-Blanc 3 km à l'Ouest par D 996 – 728 h. – alt. 500 m – ✉ 63320

Le Chastel Montaigu sans rest ≤

au château – ✆ 04 73 96 28 49 – www.lechastelmontaigu.com – Ouvert d'avril à oct.

4 ch ☕ – †125/135 € ††140/150 €

◆ L'originalité de cette maison d'hôtes haut perchée : ses superbes chambres (lits à baldaquin) logées dans un donjon crénelé, avec vue plongeante sur les monts Dore et le Forez.

CHAMPIGNÉ – 49 Maine-et-Loire – 317 F3 – 2 076 h. – alt. 25 m 35 C2
– ✉ 49330

Paris 287 – Angers 24 – Château-Gontier 24 – La Flèche 41

Anjou Golf & Country Club, Route de Cheffes, S : 3 km par D 190, ✆ 02 41 42 01 01

au Nord-Ouest 3 km par D 768 et D 190 - ✉ 49330 Champigné

Château des Briottières rest, VISA AE

rte de Marigné – ✆ 02 41 42 00 02 – www.briottieres.com – Fermé vacances de fév.

17 ch – †123/350 € ††123/350 € – ☕ 16 €

Rest *(dîner seult) (résidents seult)* – Menu 49 €

◆ Un raffinement très 18e s. règne dans ce château familial entouré d'un parc avec un étang. Chambres et salons sont décorés avec style et le soir, on dîne aux chandelles.

CHAMPILLON – 51 Marne – 306 F8 – rattaché à Épernay

CHAMPLIVE – 25 Doubs – 321 H3 – 259 h. – alt. 404 m – ✉ 25360 17 C1

Paris 438 – Besançon 24 – Lausanne 121

Auberge du Château de Vaite avec ch

17 Grande-Rue – ✆ 03 81 55 20 66 – www.auberge-chateau-vaite.com – Fermé 25 juin-8 juil. et 24 déc.-22 janv.

9 ch – †55 € ††55 € – ☕ 8 € – ½ P 56 €

Rest – Formule 10 € – Menu 12 € (déj. en sem.), 16/35 € – Carte 21/37 €

◆ Dans une grande salle à manger, vous apprécierez une fine cuisine traditionnelle réalisée avec de bons produits locaux. Les neuf chambres de l'hôtel proposent autant d'ambiances différentes (chic, blanche, nature...).

CHAMPS-SUR-YONNE – 89 Yonne – 319 E5 – rattaché à Auxerre

CHAMPTOCEAUX – 49 Maine-et-Loire – 317 B4 – 2 280 h. – alt. 68 m 34 B2 – ✉ 49270 Châteaux de la Loire

Paris 357 – Ancenis 9 – Angers 65 – Beaupréau 30

Le Champalud, ✆ 02 40 83 57 49, www.champtoceaux.fr

de l'Ile d'Or, à La Varenne, O : 5 km par D 751, ✆ 02 40 98 58 00

Site★ - Promenade de Champalud★★.

Le Champalud

1 pl. du Chanoine-Bricard – ✆ 02 40 83 50 09 – www.lechampalud.com

19 ch – †62/102 € ††62/102 € – ☕ 9 € – ½ P 67/88 €

Rest *(fermé dim. soir d'oct. à juin)* – Formule 13 € – Menu 19/42 € – Carte 32/48 €

◆ Au cœur du village, face à l'église, petit hôtel bien tenu, mêlant mobilier fonctionnel, poutres apparentes et vieilles pierres. Chambres spacieuses et bien équipées. Côté restaurant, décor rustique et cuisine traditionnelle. Bar-pub.

CHAMPVANS-LES-MOULINS – 25 Doubs – 321 F3 – rattaché à Besançon

CHANAS – 38 Isère – 333 B6 – 2 335 h. – alt. 150 m – ✉ 38150 43 E2

Paris 512 – Grenoble 89 – Lyon 57 – St-Étienne 75

Mercure

à l'échangeur A 7 – ✆ 04 74 84 27 50 – www.mercure.com

42 ch – †78/92 € ††86/100 € – ☕ 14 €

Rest *(fermé sam. midi et dim.)* – Formule 16 € – Menu 22 € – Carte 21/43 €

◆ Pour une étape sur la route des vacances, cet hôtel a l'avantage de se trouver à proximité de l'autoroute. Chambres claires, fonctionnelles et bien insonorisées ; restaurant traditionnel.

CHANCELADE – 24 Dordogne – 329 E4 – rattaché à Périgueux

CHANDAI – 61 Orne – 310 N2 – 657 h. – alt. 200 m – ✉ 61300 33 C3

Paris 129 – L'Aigle 10 – Alençon 72 – Chartres 71

L'Écuyer Normand

23 rte de Paris, D 926 – ✆ 02 33 24 08 54 – www.ecuyer-normand.com – Fermé merc. soir, dim. soir et lundi

Rest – Formule 14 € – Menu 19 € (sem.), 27/41 € – Carte 55/74 €

◆ Le pays des percherons n'est pas si lointain et cet Écuyer – une jolie auberge en brique – pourrait bien s'en faire un emblème : la puissance de la terre… apprivoisée. Hampe de bœuf grillée et petits légumes frais sautés au gingembre ; camembert au calvados en chapelure de pain d'épice maison, etc.

CHANDOLAS – 07 Ardèche – 331 H7 – 450 h. – alt. 115 m – ✉ 07230 44 A3

Paris 662 – Alès 43 – Aubenas 34 – Privas 66

Auberge les Murets

D 104, quartier Langarnayre – ✆ 04 75 39 08 32 – www.aubergelesmurets.com – Fermé 19 nov.-9 déc. et 2 janv.-3 fév.

10 ch – 65/75 € 65/85 € – 10 € – ½ P 60/68 €

Rest *Auberge les Murets* – voir les restaurants ci-après

◆ Les vignes et la nature à perte de vue pour cette jolie ferme cévenole du 18e s., avec ses chambres pimpantes, dont trois plus spacieuses et contemporaines. Un endroit vraiment sympa !

Auberge les Murets

D 104, quartier Langarnayre – ✆ 04 75 39 08 32 – www.aubergelesmurets.com – Fermé 19 nov.-9 déc., 2 janv.-3 fév., lundi sauf le soir d'avril à oct., mardi de nov. à mars et mardi midi en oct.

Rest – Formule 17 € – Menu 20/36 € – Carte 24/32 €

◆ Des voûtes et... le terroir ! La cuisine du chef, préparée en toute simplicité, joue agréablement avec la tradition et, l'été, il fait bon s'installer sous le mûrier.

CHANTEMERLE – 05 Hautes-Alpes – 334 H3 – rattaché à Serre-Chevalier

CHANTILLY – 60 Oise – 305 F5 – 10 957 h. – alt. 59 m – ✉ 60500 36 B3

Île de France

Paris 51 – Beauvais 55 – Compiègne 44 – Meaux 53

60, avenue du Maréchal Joffre, ✆ 03 44 67 37 37, www.chantilly-tourisme.com

Dolce Chantilly, à Vineuil-Saint-Firmin, Route d'Apremont, par rte d'Apremont : 3 km, ✆ 03 44 58 47 74

d'Apremont, à Apremont, CD 606, N : 7 km par D 606, ✆ 03 44 25 61 11

Les Golfs de Mont-Griffon, à Luzarches, Route Départementale 909, S : 11km par N 16, ✆ 01 34 68 10 10

Château★★★ - Parc★★ - Grandes Écuries★★ : musée vivant du Cheval★★ - L'Aérophile★ (vol en ballon captif) : ★.

Site★ du château de la Reine-Blanche S : 5,5 km.

Hotel du Parc sans rest

36 av. du Mar.-Joffre – ✆ 03 44 58 20 00 – www.hotel-parc-chantilly.com

57 ch – 103/153 € 133/203 € – 14 € Aa

◆ Bâtiment moderne, aux chambres assez spacieuses, claires et fonctionnelles, bénéficiant parfois d'une terrasse ; les plus calmes sont tournées vers le jardin. Bar anglais.

rte d'Apremont par ① et D 606

Dolce Chantilly

à 3 km – ✆ 03 44 58 47 77 – www.dolcechantilly.com – Fermé 23 déc.-1er janv.

194 ch – 150/300 € 150/300 € – 6 suites – 21 €

Rest *Carmontelle* ✿ – voir les restaurants ci-après

Rest *Le Sulky* – Menu 43 € bc/63 € bc – Carte 41/65 €

Rest *Le Swing* *(déj. seult)* – Formule 24 € – Menu 28 € (sem.)/38 € bc

◆ Dans ce resort avec golf, terrain de polo, espace détente et salles de séminaire, on se met au vert… Et dans les chambres de ce grand bâtiment d'inspiration classique, spacieuses et modernes, un fil rouge logique vers Chantilly : le cheval.

Carmontelle – Hôtel Dolce Chantilly

à 3 km – ✆ 03 44 58 47 57 – www.dolcechantilly.com – Fermé 23 déc.-1er janv., sam. midi, dim., lundi et fériés

Rest *(nombre de couverts limité, réserver)* – Menu 50 € bc (déj.), 72 € bc/120 € bc – Carte 105/140 €

Spéc. Langoustines rôties à plat et croustillant de mayonnaise au curry. Tournedos de bar de ligne rôti aux artichauts et fleurette de coquillages. Intensité chocolat.

◆ Ce restaurant gastronomique, au cœur du Dolce Chantilly Resort, donne sur les greens. Le chef, Alain Montigny (Meilleur Ouvrier de France 2004), élabore une cuisine volontiers inventive et privilégie les produits nobles.

CHANTILLY

Berteux (Av. de) . . . . **A** 2
Canardière (Quai de la) . . . . . . **A** 3
Cascades (R. des) . . . . **A** 4
Chantilly (R. de) . . . . **B** 5
Condé (Av. de) . . . . **B** 6
Connétable (R. du) . . . . **AB**
Embarcadère (R. de l') . . . . **A** 8
Faisanderie (R. de la) . . . . **B** 9
Gaulle (Av. du Gén.-de) . . . . . . **A** 10
Joffre (Av. du Mar.) . . . . **A**
Leclerc (Av. du Gén.) . . . . **A** 12
Libération Maurice Schumann (Bd de la) . . . . **A** 18
Orgemont (R. d') . . . . **A** 15
Paris (R. de) . . . . **A** 16
Vallon (Pl. Omer) . . . . **A** 21
Victor-Hugo (R.) . . . . **A** 22

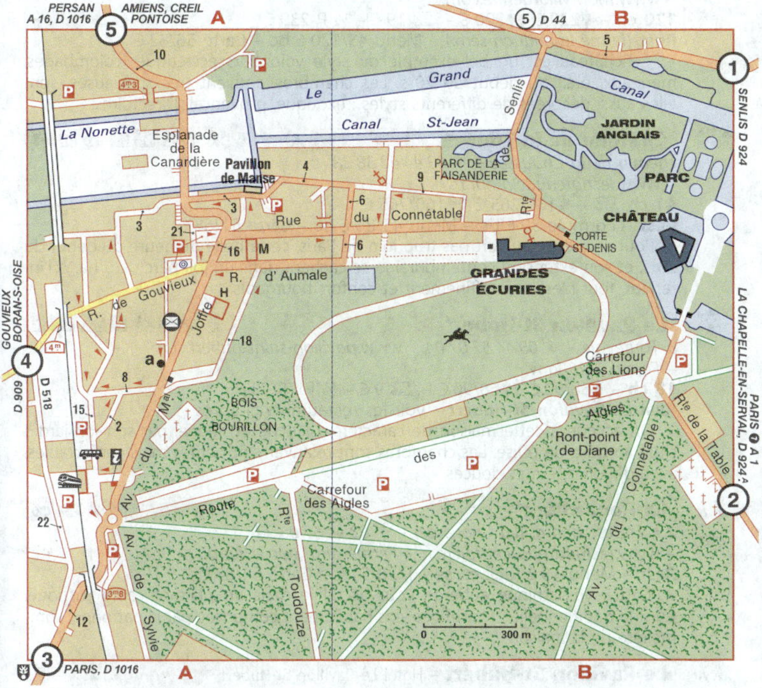

X X **Auberge La Grange aux Loups** avec ch

8 r. du 11 novembre, à Apremont, 6 km ✉ 60300
– ✆ 03 44 25 33 79 – www.lagrangeauxloups.com – Fermé 16-31 août, 2-17 janv., dim. soir et lundi
4 ch – †80 € ††80 € – ☕ 10 € **Rest** – Menu 26/57 € – Carte 70/100 €
◆ Auberge villageoise logée sous les poutres et solives d'une jolie salle rustique (cheminée centrale). Terrasse d'été et choix classique à la carte. Chambres calmes et bien tenues, installées dans une dépendance.

à Montgrésin 5 km par ②– ✉ 60560 Orry-la-Ville – ✉ 60560

Relais d'Aumale

37 pl. des Fêtes – ✆ 03 44 54 61 31 – www.relais-aumale.fr – Fermé 23 déc.-4 janv.
22 ch ☕ – †132/170 € ††152/192 € – 2 suites – ½ P 118/140 €
Rest ***Relais d'Aumale*** – voir les restaurants ci-après
◆ Cet ancien pavillon de chasse du duc d'Aumale se niche dans un jardin à l'orée de la forêt de Chantilly. Les chambres sont confortables et joliment décorées par un designer suédois (tons passés, velours).

X X **Relais d'Aumale**

37 pl. des Fêtes – ✆ 03 44 54 61 31 – www.relais-aumale.fr – Fermé 23 déc.-4 janv.
Rest – Formule 28 € – Menu 38/44 € – Carte 55/80 €
◆ Dans ce restaurant, deux styles de déco : l'une actuelle, l'autre châtelaine avec boiseries, plafond à la française et tableaux. La cuisine est traditionnelle, accompagnée d'une belle carte des vins, dont un excellent choix de bordeaux.

à Gouvieux 4 km par ④ – 9 540 h. – alt. 26 m – ✉ 60270

Château de Montvillargenne rest,

6 av. François Mathet – *✆ 03 44 62 37 37*
– *www.montvillargenne.com*
120 ch – †220 € ††220 € – ☕ 19 € – ½ P 239 €
Rest *(fermé le midi en sem.)* – Menu 43/120 € bc – Carte 56/82 €
◆ Ce château est un bel exemple du style volontiers éclectique (colombages, meneaux, etc.) du début du 20ᵉs. Les chambres, souvent très spacieuses, sont elles aussi décorées de différents styles : exotique, provençal, Directoire...

Château de la Tour

chemin de la Chaussée – *✆ 03 44 62 38 38*
– *www.lechateaudelatour.fr*
41 ch ☕ – †160/265 € ††160/265 €
Rest – Formule 30 € bc – Menu 45/86 € bc – Carte 51/68 €
◆ Pour se mettre au vert pas trop loin de Paris, cette belle demeure du début du 20ᵉs. et son extension contemporaine se cachent dans un joli parc de 5 ha. À l'intérieur, tout n'est que raffinement et confort bourgeois.

Le Pavillon St-Hubert

à Toutevoie – *✆ 03 44 57 07 04* – *www.pavillon-saint-hubert.com*
– *Fermé 2-20 janv.*
18 ch – †68/90 € ††68/90 € – ☕ 9 € – ½ P 75/90 €
Rest *Le Pavillon St-Hubert* – voir les restaurants ci-après
◆ On accède à cette maison de caractère, blanche et fleurie, par son joli jardin situé au bord de l'Oise. Les chambres sont relativement petites mais confortables, avec de jolies teintes douces.

La Renardière

2 r. Frères Segard, (La Chaussée) – *✆ 03 44 57 08 23*
– *www.restaurantlarenardiere.fr* – *Fermé dim. soir et lundi*
Rest – Menu 15 € (déj. en sem.), 28/51 € – Carte 54/85 €
◆ Cette sympathique auberge vous accueille dans un plaisant cadre rustique. Cuisine traditionnelle et carte des vins habilement composée par la patronne, sommelière de la maison.

Le Pavillon St-Hubert – Hôtel Le Pavillon St-Hubert

à Toutevoie – *✆ 03 44 57 07 04*
– *www.pavillon-saint-hubert.com*
– *Fermé 2 janv.-8 fév., dim. soir et lundi*
Rest – Menu 26 € (sem.), 36/50 € – Carte 42/72 €
◆ Un restaurant meublé dans le style Louis XIII ; l'été, de la terrasse dressée à l'ombre des tilleuls, on regarde passer lentement les péniches. Carte et menus proposent de grands classiques : foie gras, sole meunière, ris de veau...

Ô Relais de la Côte

9 r. de Chantilly – *✆ 03 44 57 01 19* – *Fermé fin juil. à début août, 24 déc.-2 janv., dim. soir, lundi soir et mardi*
Rest *(nombre de couverts limité, réserver)* – Formule 15 € – Menu 29/34 €
– Carte 30/55 €
◆ À la sortie de la ville, restaurant au style actuel (murs blancs, tableaux modernes, mobilier contemporain), jouissant d'une belle terrasse arborée. Cuisine au goût du jour.

rte de Creil 4 km par ⑤ – ✉ 60740 St-Maximin

Le Verbois

6 r. L.-Dubois, D 1016 – *✆ 03 44 24 06 22* – *www.leverbois.com* – *Fermé 16-31 août, 3-17 janv., dim. soir et lundi*
Rest – Formule 30 € – Menu 36 € (sem.), 40/67 € – Carte 59/85 €
◆ À l'orée de la forêt, ex-relais de chasse (1886) évoquant une maison de maître, agrandi d'une véranda cernée par le jardin. Tenue soignée. Cuisine du marché et de saison (gibier).

CHANTONNAY – 85 Vendée – **316** J7 – 8 088 h. – alt. 58 m **34** B3
– ✉ 85110

▶ Paris 410 – Nantes 79 – La Roche-sur-Yon 34 – Cholet 53

ℹ place de la Liberté, ☎ 02 51 09 45 77, www.ot-chantonnay.fr

Manoir de Ponsay ch,

5 km à l'Est par rte de Pouzauges et rte secondaire – ☎ 02 51 46 96 71 – www.manoirdeponsay.com – Ouvert avril-sept.

5 ch – †65/120 € ††65/120 € – ☕ 9 € **Table d'hôte** – Menu 32 € bc

◆ Pour jouir de la vie de château en pleine nature, ce manoir classé, transmis de père en fils depuis 1644, est idéal : chambres spacieuses et chargées d'histoire, parc, piscine... et cuisine familiale à la table d'hôte (sur réservation).

CHAOURCE – 10 Aube – **313** E5 – 1 104 h. – alt. 150 m – ✉ 10210 **13** B3

Champagne Ardenne

▶ Paris 196 – Auxerre 66 – Bar-sur-Aube 58 – Châtillon-sur-Seine 52

ℹ 2, Place de l'Échiquier, ☎ 03 25 40 97 22, www.tourisme-en-chaourcois.com

Église St-Jean-Baptiste★ : sépulcre★★.

Le Cadusia

21 rte de Troyes – ☎ 03 25 42 10 10 – www.le-cadusia.com

19 ch – †65 € ††68 € – ☕ 9 € – ½ P 68 €

Rest – Formule 13 € – Menu 17/24 € – Carte 24/47 €

◆ À la sortie de Chaource, sur la route de Troyes, cet hôtel-restaurant flambant neuf ne passe pas inaperçu ! Le style des chambres est résolument contemporain ; à la carte, on a le choix entre rôtisserie et mets traditionnels.

à Maisons-lès-Chaource 6 km au Sud-Est par D 34 – 181 h. – alt. 235 m – ✉ 10210

Aux Maisons

11 r. des AFN – ☎ 03 25 70 07 19 – www.logis-aux-maisons.com – Fermé dim. soir

23 ch – †68 € ††72 € – ☕ 10 € – ½ P 72 €

Rest *Aux Maisons* – voir les restaurants ci-après

◆ Au centre du village, la même famille tient cet établissement depuis quatre générations ! Les chambres sont confortables, fonctionnelles et donnent sur la piscine ou sur les prairies, où se prélassent parfois des chevaux. Reposant.

Aux Maisons

11 r. des AFN – ☎ 03 25 70 07 19 – www.logis-aux-maisons.com – Fermé dim. soir

Rest – Formule 17 € – Menu 25/68 € bc – Carte 48/69 €

◆ Dans cette ancienne grange champenoise d'allure bourgeoise, le chef, en phase avec son époque, adapte les codes traditionnels : nems de chaource et de champignons, pastilla d'agneau, croustillant de homard...

LA CHAPELLE-AUX-CHASSES – 03 Allier – **326** I2 – 228 h. **6** C1
– alt. 225 m – ✉ 03230

▶ Paris 294 – Moulins 21 – Bourbon-Lancy 22 – Decize 25

Auberge de la Chapelle aux Chasses

– ☎ 04 70 43 44 71 – aubergedelachapelleauxchasses.com – Fermé 25 fév.-14 mars, 29 oct.-8 nov., mardi et merc.

Rest *(réserver)* – Formule 14 € – Menu 22 € (sem.), 27/50 € – Carte 46/65 €

◆ Dans cet ancien presbytère au cœur du village, l'accueil est sympathique et l'on savoure une appétissante cuisine du moment, qui évolue au gré des saisons...

LA CHAPELLE-D'ABONDANCE – 74 Haute-Savoie – **328** N3 **46** F1
– 812 h. – alt. 1 020 m – Sports d'hiver : 1 000/1 850 m 1 11 – ✉ 74360

Alpes du Nord

▶ Paris 600 – Annecy 108 – Châtel 6 – Évian-les-Bains 29

ℹ Chef-lieu, ☎ 04 50 73 51 41, www.lachapelle74.com

Les Cornettes

– *04 50 73 50 24 – www.lescornettes.com – Fermé de mi-avril à début mai et de mi-oct. à mi-déc.*

42 ch – 75/105 € 115/150 € – 13 € – ½ P 85/155 €

Rest *Les Cornettes* – voir les restaurants ci-après

◆ Une affaire de famille depuis 1894 : cinq générations ont forgé cet hôtel-restaurant plein de vie, qui abrite même un musée savoyard ! Les chambres sont accueillantes et bien tenues, le restaurant honore le terroir local. Une corne d'abondance...

Les Gentianettes

rte de Chevenne – 04 50 73 56 46 – www.gentianettes.fr – Ouvert 16 mai à mi-sept. et 15 déc. à Pâques

36 ch – 99/159 € 99/159 € – 14 € – ½ P 89/127 €

Rest *Les Gentianettes* – voir les restaurants ci-après

◆ Meubles en sapin sculpté, cloches de vache et objets anciens célébrant la vie montagnarde : ce chalet a du cachet ! Les chambres sont charmantes, l'espace balnéo-piscine agréable et à l'heure des repas, la table cultive la tradition avec bonheur.

L'Ensoleillé

– *04 50 73 50 42 – www.hotel-ensoleille.com – Ouvert de juin à mi-sept. et de mi-déc. à fin mars*

35 ch – 70/80 € 80/110 € – 12 € – ½ P 63/100 €

Rest *L'Ensoleillé* – voir les restaurants ci-après

◆ Aux commandes de ce chalet ? Une famille dynamique qui a entamé de grandes rénovations. Chambres fonctionnelles avec balcon ; espace forme avec belle piscine couverte. Formule brasserie au déjeuner, cuisine soignée le soir et spécialités savoyardes à toute heure.

Les Cornettes – Hôtel Les Cornettes

– *04 50 73 50 24 – www.lescornettes.com – Fermé de mi-avril à début mai et de mi-oct. à mi-déc.*

Rest – Formule 18 € – Menu 23 € (sem.), 30/60 € – Carte 35/100 €

◆ Une table traditionnelle comme on n'en fait (presque) plus. Tout fait envie : terrine de queue de bœuf, tête de veau à l'ancienne, tranchettes de jambon "maison"... L'établissement dispose d'un boucher attitré, qui réalise d'authentiques salaisons !

Les Gentianettes

rte de Chevenne – 04 50 73 56 46 – www.gentianettes.fr – Ouvert 16 mai à mi-sept.,15 déc. à Pâques et fermé lundi midi et merc. midi sauf fév., juil. et août

Rest – Menu 21/65 € – Carte 45/65 €

◆ La neige, la montagne, l'envie de paresser près de la cheminée autour de jolis plats... Ici, pas d'esbroufe, mais une cuisine traditionnelle pleine de finesse : on se régale ! Côté carnotzet (à l'étage inférieur), honneur aux spécialités savoyardes.

L'Ensoleillé

– *04 50 73 50 42 – www.hotel-ensoleille.com – Ouvert de juin à mi-sept. et de mi-déc. à fin mars et fermé le mardi*

Rest – Formule 16 € – Menu 22 € (sem.), 31/55 € – Carte 31/60 €

◆ Cet imposant chalet n'a pas volé son nom : il jouit de l'ensoleillement exceptionnel de la vallée. On y apprécie une bonne cuisine du terroir alpin : savoureuses tommes de la vallée, charcuteries salées et séchées par le patron en personne, etc.

LA CHAPELLE-DE-GUINCHAY – 71 Saône-et-Loire – 320 I12 – 3 583 h. – alt. 200 m – 71570 — 8 C3

Paris 412 – Bourg-en-Bresse 50 – Caluire-et-Cuire 64 – Dijon 142

La Poularde (Olivier Muguet)

pl. de la Gare – 03 85 36 72 41 – http://lapoularde.free.fr – Fermé 9-30 août, 25-28 fév., dim. soir, mardi et merc.

Rest – Menu 35/60 € – Carte 75/90 €

Spéc. Crabe parfumé à la coriandre, moules et jus de concombre. Homard breton rôti au vinaigre de mangue façon tajine. Déclinaison sur la framboise : tartelette, coulis, sorbet et vinaigre. **Vins** Mâcon, Fleurie.

◆ Dès les amuse-bouches, on devine que la cuisine sera fine et raffinée, et l'on ne se trompe pas ! Le chef travaille seul des produits de grande qualité, avec beaucoup de délicatesse et de précision. Le tout dans un cadre zen et élégant.

LA CHAPELLE-EN-SERVAL – 60 Oise – 305 G6 – 2 684 h. 36 B3
– alt. 104 m – ✉ 60520

Paris 41 – Beauvais 64 – Chantilly 10 – Compiègne 43

Mont Royal

1 km à l'Est par D 118, rte de Plailly – ✆ 03 44 54 50 50 – www.tiara-hotels.com

107 ch – †150/410 € ††160/420 € – 4 suites – ☕ 25 €

Rest *Mont Royal* – voir les restaurants ci-après

◆ Ce superbe château de 1909 se dresse au milieu d'un grand parc arboré et s'inspire des châteaux du 18ᵉs. Dès l'entrée, hauts plafonds, miroirs et mobilier de style donnent le ton : luxe et raffinement. Un havre de paix !

Mont Royal

1 km à l'Est par D 118, rte de Plailly – ✆ 03 44 54 50 50 – www.tiara-hotels.com

Rest *(fermé le midi)* – Menu 65/95 € – Carte 75/105 €

◆ Un lieu superbe, au charme très classique : l'ancienne salle de bal du château, construite en rotonde et ornée de boiseries, lustres à pendeloques, etc. La cuisine gastronomique y valorise les traditions régionales.

LA CHAPELLE-EN-VERCORS – 26 Drôme – 332 F4 – 673 h. 43 E2
– alt. 945 m – Sports d'hiver : au Col de Rousset 1 255/1 700 m 8 – ✉ 26420

Alpes du Nord

Paris 604 – Die 41 – Grenoble 60 – Romans-sur-Isère 47

place Piétri, ✆ 04 75 48 22 54, www.vercors.com

Chapelle-en-Vercors, S : 2 km, ✆ 04 75 48 19 86

Grotte de la Draye blanche★, 5 km au S par D 178.

Des Sports ch,

av. des Grands Goulets – ✆ 04 75 48 20 39 – www.hotel-des-sports.com – Fermé 12 nov.-26 déc., 4 janv.-1er fév., dim. soir et lundi

10 ch – †54/58 € ††54/58 € – ☕ 9 € – ½ P 53/59 €

Rest – Formule 14 € – Menu 17/28 € – Carte 25/40 €

◆ Dans une rue commerçante à l'entrée du village, un véritable pied-à-terre pour cyclistes et randonneurs parcourant le Vercors. Chambres pimpantes et très bien tenues. Au restaurant, cadre campagnard, plats traditionnels et spécialités régionales.

LA CHAPELLE-ST-MESMIN – 45 Loiret – 318 H4 – rattaché à Orléans

LA CHAPELLE-TAILLEFERT – 23 Creuse – 325 I4 – rattaché à Guéret

CHARBONNIÈRES-LES-BAINS – 69 Rhône – 327 H5 – rattaché à Lyon

CHARENTON-LE-PONT – 94 Val-de-Marne – 312 D3 – 101 26 – voir à Paris, Environs

LA CHARITÉ-SUR-LOIRE – 58 Nièvre – 319 B8 – 5 278 h. – alt. 170 m 7 A2
– ✉ 58400 Bourgogne

Paris 212 – Auxerre 109 – Bourges 51 – Montargis 102

5, place Sainte-Croix, ✆ 03 86 70 15 06, www.lacharitesurloire-tourisme.com

Église N.-Dame★★ : ★★ sur le chevet - Esplanade rue du Clos ★.

Auberge de Seyr

4 Grande Rue – ✆ 03 86 70 03 51 – Fermé 22-29 mars, 16 août-6 sept., jeudi soir, dim. soir et lundi

Rest – Menu 13 € (sem.), 24/35 € – Carte 27/36 €

◆ Un restaurant tout simple, dont les salles sont rustiques et chaleureuses (poutres peintes, murs blancs). Le chef concocte de bons petits plats traditionnels.

CHARLEVILLE-MÉZIÈRES P – 08 Ardennes – 306 K4 – 50 876 h. 13 B1
– Agglo. 107 777 h. – alt. 145 m – ✉ 08000 Champagne Ardenne

Paris 230 – Luxembourg 168 – Reims 85 – Sedan 26

4, place Ducale, ✆ 03 24 55 69 90, www.charleville-mezieres.org

18 des Sept-Fontaines, à Fagnon, Abbaye de Sept Fontaines, SO : 10 km par D 139, ✆ 03 24 37 38 24

18 des Ardennes, à Villers-le-Tilleul, Base de Loisirs des Poursaudes, S : 21 km par D 764 et D 33, ✆ 03 24 35 64 65

Place Ducale★★ - Musée de l'Ardenne★ BX M[1] - Musée Rimbaud BX M[2] - Basilique N.-D.-d'Espérance : vitraux★★ BZ.

Le Dormeur du Val sans rest
32 bis r. de la Gravière – ✆ 03 24 420 430 – www.dormeur.fr BYd
17 ch – †90/170 € ††90/170 € – ☕ 20 €
◆ Ode à la poésie rimbaldienne dans cette ancienne imprimerie... Ici, le design et l'originalité arty sont de mise ; les chambres se font "Rime", "Strophe" ou "Poème".

Kyriad sans rest
pl. Bozzi – ✆ 03 24 26 32 32 – www.kyriad-charleville-mezieres.fr ABXn
54 ch – †79/90 € ††79/90 € – ☕ 10 €
◆ Un hôtel récent (2009) à côté de la cité administrative. La réception, la salle de petit-déjeuner – servi sous forme de buffet –, les chambres, tout est très contemporain, voire design. Dans son style, une adresse qui sort du lot.

La Clef des Champs
33 r. du Moulin – ✆ 03 24 56 17 50 – www.laclefdeschamps.fr – Fermé dim. soir de sept. a mai BXe
Rest – Formule 19 € – Menu 23/65 € – Carte 45/70 €
◆ Prenez la clef des champs près de la place Ducale, vous tomberez sous le charme de cette demeure du 17[e]s. Parquet, briques et poutres apparentes séduisent, tout comme la belle gastronomie contemporaine, teintée de touches japonisantes.

La Papillote
7 bis r. d'Aubilly – ✆ 03 24 37 41 34 – Fermé août, sam. midi, dim. soir et lundi
Rest – Formule 22 € – Menu 28 € BXb
◆ L'endroit est chaleureux comme tout avec ses poutres apparentes, sa cheminée et ses tables joliment dressées. Beaucoup de produits locaux, un registre traditionnel et un menu-carte à l'ardoise : on apprécie.

La Table d'Arthur "R"
9 r. Bérégovoy – ✆ 03 24 57 05 64 – Fermé vacances de printemps, 12 août-6 sept., lundi soir, merc. soir, dim. et fériés BXa
Rest – Formule 20 € – Menu 27 € – Carte 28/40 €
◆ Depuis 2010, cette table à la mode propose deux formules. Recettes traditionnelles et beaux flacons dans la cave voûtée ; au rez-de-chaussée, bistrot contemporain et grands classiques (tête de veau, steak tartare, etc.). Décontracté et original !

Amorini
46 pl. Ducale – ✆ 03 24 37 48 80 – Fermé 22 avril-7 mai, 29 juil.-20 août, dim., lundi et le midi BXt
Rest – Carte 23/35 €
◆ Goûtez à la "dolce vita" dans un cadre typiquement italien. Au menu, antipasti, charcuterie, bonnes pâtes et vins transalpins aux notes ensoleillées. Mamma mia, il y a aussi une petite épicerie !

à Montcy-Notre-Dame 4 km au Nord par D 1 BX – 1 535 h. – alt. 144 m – ✉ 08090

L'Auberge du Laminak
rte de Nouzonville – ✆ 03 24 33 37 55 – www.auberge-ardennes.com – Fermé 9-31 août, 2-8 janv., dim. soir, merc. soir et lundi
Rest *(nombre de couverts limité, réserver)* – Menu 27 € (sem.)/40 € – Carte 29/54 €
◆ Dans cette charmante auberge en lisière de forêt, le Pays basque rencontre les beaux produits des Ardennes. Résultat, des recettes savoureuses parfaitement maîtrisées, tels ce cabillaud en croûte de pancetta, cette poêlée de chipirons...

CHARLEVILLE-MÉZIÈRES

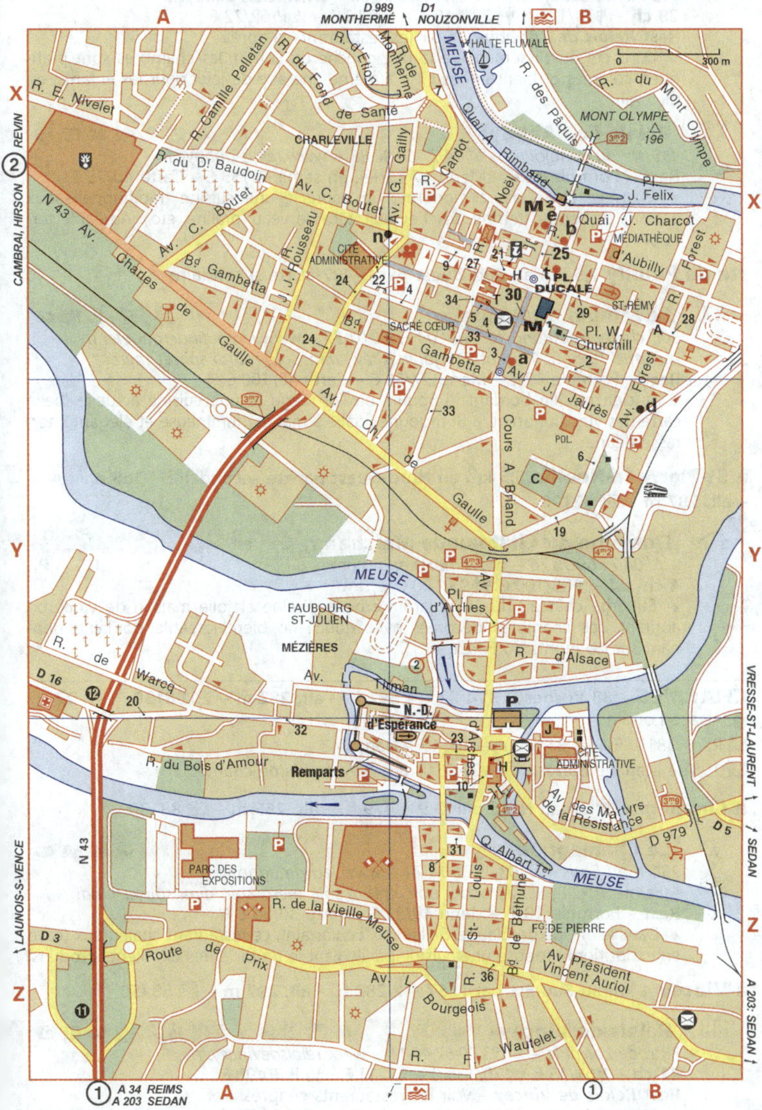

CHARLIEU – 42 Loire – 327 E3 – 3 652 h. – alt. 265 m – ✉ 42190 44 A1

Bourgogne

Paris 398 – Mâcon 77 – Roanne 18 – St-Étienne 102

place Saint-Philibert, ☎ 04 77 60 12 42, www.ville-charlieu.fr

Ancienne abbaye bénédictine★ : façade★★ - Couvent des Cordeliers★.

Relais de l'Abbaye

415 rte du Beaujolais – ☎ 04 77 60 00 88 – www.relais-abbaye.fr

28 ch – †74/125 € ††78/145 € – ☐ 10 € – ½ P 62/72 €

Rest *Relais de l'Abbaye* – voir les restaurants ci-après

◆ Dans cet établissement de la rive gauche du Sornin, les chambres sont pratiques, colorées et bien tenues ; il y a même une aire de jeux pour les enfants, en plein air.

Relais de l'Abbaye

415 rte du Beaujolais – ☎ 04 77 60 00 88 – www.relais-abbaye.fr

Rest – Formule 15 € – Menu 17 € (déj. en sem.), 27/55 € – Carte 40/75 €

◆ Dans ce Relais assez moderne, on apprécie une cuisine traditionnelle aux accents du terroir (terrine de chevreuil, tête de veau, praline, etc.). Agréable terrasse.

rte de Pouilly 2,5 km au Sud-Ouest par D 487 et rte secondaire

Le Moulin de Rongefer

300 chemin de Rongefer – ☎ 04 77 60 01 57 – www.lemoulinderongefer.fr – Fermé 16 août-10 sept., 15 janv.-5 fév., dim. soir, mardi soir et merc.

Rest – Formule 17 € – Menu 27/56 € – Carte 40/100 €

◆ Ancien moulin bordant le Sornin, où l'on déguste une cuisine actuelle (belle carte des vins honorant la Bourgogne). Salle à manger lumineuse et élégante, terrasse fleurie.

à St-Pierre-la-Noaille 5,5 km au Nord-Ouest par rte secondaire – 365 h. – alt. 287 m – ✉ 42190

Domaine du Château de Marchangy sans rest

– ☎ 04 77 69 96 76 – www.marchangy.com

4 ch ☐ – †85/100 € ††95/120 €

◆ Superbe château du 18^e^s., jardin arboré, piscine et jolie maison de vigneron abritant des chambres décorées avec goût... un bien agréable domaine donnant sur les monts du Forez.

CHARMES – 88 Vosges – 314 F2 – 4 597 h. – alt. 282 m – ✉ 88130 27 C3

Alsace Lorraine

Paris 381 – Épinal 31 – Lunéville 40 – Nancy 43

19 rue Maurice Barrès, ☎ 03 29 66 01 86, www.tourisme-charmes.fr

à Chamagne 4 km au Nord par D 9 – 479 h. – alt. 265 m – ✉ 88130

Le Chamagnon

236 r. du Patis – ☎ 03 29 38 14 74 – www.lechamagnon.fr – Fermé 1er-24 juil., 23 oct.-3 nov., mardi soir, merc. soir, dim. soir et lundi

Rest – Formule 10 € – Menu 19/53 € – Carte 30/55 €

◆ Dans le village de Claude Gellée dit "Le Lorrain", ce restaurant chaleureux (cave en exposition) propose une cuisine privilégiant le terroir et les excellents produits.

à Vincey 4 km au Sud-Est par N 57 – 2 282 h. – alt. 297 m – ✉ 88450

Relais de Vincey

33 r. de Lorraine – ☎ 03 29 67 40 11 – www.relaisdevincey.fr

41 ch – †61/75 € ††70/135 € – ☐ 11 € – ½ P 70/90 €

Rest *Relais de Vincey* – voir les restaurants ci-après

◆ Sur la route de Charmes, cet hôtel des années 1960 n'a cessé d'évoluer : deux piscines (extérieure et intérieure), d'agréables chambres contemporaines (bois exotique et tons chauds), tennis, fitness, etc. Une bonne étape.

XX **Relais de Vincey**

33 r. de Lorraine – ✆ 03 29 67 40 11 – www.relaisdevincey.fr – Fermé sam. midi et dim. soir

Rest – Formule 22 € – Menu 25 € (sem.), 28/35 € – Carte 31/51 €

◆ Pour une étape entre Épinal et Nancy, au cœur des Vosges (spécialités traditionnelles) mais aussi un peu au milieu de l'océan – large choix de fruits de mer et décor aux notes nautiques (panneaux de bois, hublots, etc.).

CHARMES-SUR-RHÔNE – 07 Ardèche – 331 K4 – 2 384 h. – alt. 112 m – ✉ 07800 — 44 B3

Paris 571 – Crest 23 – Montélimar 44 – Privas 29

XX **Le Carré d'Alethius** avec ch

rest,

4 r. Paul-Bertois – ✆ 04 75 78 30 52 – www.lecarredalethius.com – Fermé 2 sem. en mars, 2 sem. en août et 1 sem. en janv.

9 ch – †65/74 € ††74/80 € – ☕ 9 €

Rest *(fermé dim. soir, mardi midi et lundi)* – Formule 18 € – Menu 36/54 € – Carte 50/70 €

◆ Œuf de poule cuit à basse température, soupe de courge ; filet de dorade et légumes à la grecque... Une cuisine savoureuse et soignée (bon rapport qualité-prix), à apprécier dans un décor contemporain et lumineux. Chambres sobres et fraîches, certaines avec terrasse.

CHARNY-SUR-MEUSE – 55 Meuse – 307 D3 – rattaché à Verdun

CHAROLLES – 71 Saône-et-Loire – 320 F11 – 2 837 h. – alt. 279 m – ✉ 71120 Bourgogne — 8 C3

Paris 374 – Autun 80 – Chalon-sur-Saône 67 – Mâcon 55

24, rue Baudinot, ✆ 03 85 24 05 95, http://charolles.stationverte.com

De la Poste

2 av. de la Libération, (près de l'église) – ✆ 03 85 24 11 32 – www.hotel-laposte-doucet.com – Fermé 15 nov.-3 déc., 15 fév.-3 mars, jeudi soir hors saison, dim. soir et lundi

15 ch – †80/160 € ††95/160 € – ☕ 13 €

Rest *De la Poste* ✿ – voir les restaurants ci-après

◆ Cet hôtel-restaurant jouit d'une solide réputation – méritée – dans la région. Les chambres, douillettes et sagement contemporaines, font quelques clins d'œil au passé (meubles de famille, lustres à pampilles).

Le Clos de l'Argolay sans rest

21 quai de la Poterne – ✆ 03 85 24 10 23 – www.closdelargolay.fr – Fermé janv.

3 ch ☕ – †99 € ††125 €

◆ Dans la "Petite Venise" charolaise, une belle demeure du 18es. avec son jardin odorant, ses suites et son duplex rivalisant de charme. Au petit-déjeuner, on se régale du bon chèvre de la fromagerie familiale... quoi de plus bucolique ?

XXX ✿ **De la Poste** (Frédéric Doucet) – Hôtel De la Poste

2 av. de la Libération, (près de l'église) – ✆ 03 85 24 11 32 – www.hotel-laposte-doucet.com – Fermé 15 nov.-3 déc., 15 fév.-3 mars, jeudi soir hors saison, dim. soir et lundi

Rest – Menu 25 € (sem.), 42/70 € – Carte 56/90 €

Spéc. Tranche de foie gras poêlée aux coings du verger. Entrecôte charolaise cuite simplement au beurre. Crémeux chocolat, palet de mangue et chocolat chaud.

◆ Le jeune chef a repris le restaurant familial il y a quelques années et, à force de passion, l'a fait entrer de plain-pied dans le 21esiècle. On passe un beau moment à cette table où techniques classiques et produits de tradition (le bœuf charolais, évidemment) se déclinent avec finesse et imagination.

au Sud-Ouest 11 km par D 985 et D 270 – ✉ 71120 Changy

Le Chidhouarn
les Tardes, par D 270 – ☎ 03 85 88 32 07 – Fermé 3-13 sept., 14 janv.-7 fév., dim. soir de nov. à avril, lundi et mardi
Rest – Formule 15 € – Menu 20 € bc (déj. en sem.), 23/53 € – Carte 25/50 €
◆ Chidhouarn ? Le chaudron en breton. Dans cette enclave iodée en plein cœur du bocage charolais, les produits de la mer arrivent directement de Bretagne deux à trois fois par semaine. Extrafrais !

CHARQUEMONT – 25 Doubs – 321 K3 – 2 438 h. – alt. 864 m – ✉ 25140 17 C2

Paris 478 – Basel 98 – Belfort 66 – Besançon 75

Au Bois de la Biche avec ch
5 km au Sud-Est par D 10^E et rte secondaire – ☎ 03 81 44 01 82 – www.boisdelabiche.fr – Fermé 2 janv.-3 fév. et lundi
3 ch – 50 € 50 € – 7 € – ½ P 55 €
Rest – Menu 21 € (sem.), 31/42 € – Carte 30/58 €
◆ Point de ralliement des randonneurs, cette ancienne ferme en pleine nature domine les gorges du Doubs. La salle à manger, panoramique, fait face au Jura suisse ; appétissante cuisine régionale. Chambres classiques, au grand calme.

CHARROUX – 03 Allier – 326 F5 – 384 h. – alt. 420 m – ✉ 03140 5 B1

Auvergne

Paris 344 – Clermont-Ferrand 61 – Montluçon 68 – Moulins 52

rue de Poulaillerie, ☎ 04 70 56 87 71

La Maison du Prince de Condé sans rest
8 pl. d'Armes – ☎ 04 70 56 81 36 – www.maison-conde.com
5 ch – 56/91 € 66/91 €
◆ Dans ce beau village médiéval, cette maison raconte cinq siècles d'histoire (13e-18e s.) et son jardin s'épanouit sur les anciens murs d'enceinte. Force des vieilles pierres, décors d'autrefois : une charmante étape au nord de l'Auvergne.

Ferme Saint-Sébastien
chemin de Bourion – ☎ 04 70 56 88 83 – www.fermesaintsebastien.fr – Fermé 25 juin-5 juil., 18 déc.-25 janv., mardi sauf juil.-août et lundi
Rest *(réserver)* – Formule 25 € – Menu 30/95 €
◆ Dans cette authentique ferme bourbonnaise réhabilitée, il fait bon s'attabler autour des petits plats concoctés par la propriétaire... Elle réalise une cuisine d'aujourd'hui fleurant bon le terroir et renouvelle souvent sa carte.

à Valignat 8 km à l'Ouest sur D 183 – 70 h. – alt. 420 m – ✉ 03330

Château de l'Ormet sans rest
L'Ormet – ☎ 04 70 58 57 23 – www.chateaudelormet.com – Ouvert début avril à mi-nov.
4 ch – 64/87 € 71/95 €
◆ "Champêtre", "Renaissance", "Romantique"... les chambres de cette gentilhommière bourbonnaise du 18e s. ont du caractère ! Toutes donnent sur le parc, où s'épanouit un potager bio et un insolite miniréseau ferroviaire, la passion du patron.

CHARTRES – 28 Eure-et-Loir – 311 E5 – 39 159 h. 11 B1

– Agglo. 130 681 h. – alt. 142 m – Grand pèlerinage des étudiants (fin avril-début mai) – ✉ 28000 Île de France

Paris 89 – Évreux 78 – Le Mans 120 – Orléans 80

place de la Cathédrale , ☎ 02 37 18 26 26, www.chartres-tourisme.com

du Bois d'Ô, à Saint-Maixme-Hauterive, Ferme de Gland, par rte de Verneuil-sur-Avre : 26 km, ☎ 02 37 51 04 61

Cathédrale Notre-Dame★★★ : le portail Royal★★★, les vitraux★★★ - Vieux Chartres★ : église St-Pierre★, ★ sur l'église St-André, des bords de l'Eure - Musée des Beaux-Arts : émaux★ Y M² - COMPA★ (Conservatoire du Machinisme agricole et des Pratiques Agricoles) 2 km par D24.

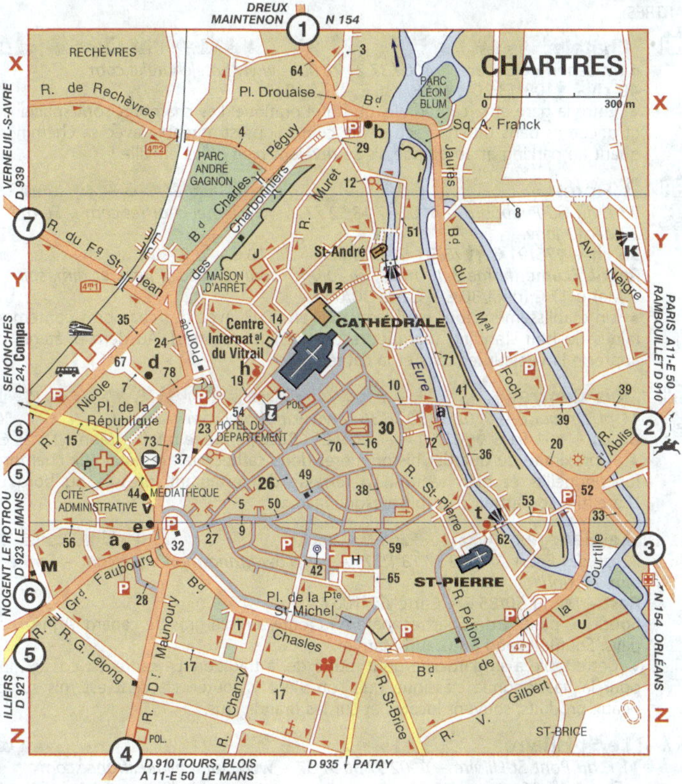

Aligre (Av. d') . . . . X 3
Alsace-Lorraine (Av. d') . . . . X 4
Ballay (R. Noël) . . . . Y 5
Beauce (Av. Jehan-de) . . . . . Y 7
Bethouard (Av.) . . . . Y 8
Bois-Merrain (R. du) . . . . . . Y 9
Bourg (R. du) . . . . Y 10
Brèche (R. de la) . . . . X 12
Cardinal-Pie (R. du) . . . . . . Y 14
Casanova (R. Danièle) . . . . . Y 15
Changes (R. des) . . . . Y 16
Châteaudun (R. de) . . . . Z 17
Châtelet (Pl.) . . . . Y 18
Cheval-Blanc (R. du) . . . . . . Y 19
Clemenceau (Bd) . . . . Y 20
Collin-d'Harleville (R.) . . . . . Y 23
Couronne (R. de la) . . . . Y 24
Cygne (Pl. du) . . . . Y 26
Delacroix (R. Jacques) . . . . . Y 27
Dr-Gibert (R. du) . . . . Z 28
Drouaise (R. Porte) . . . . X 29
Écuyers (R. des) . . . . Y 30
Épars (Pl. des) . . . . Z 32
Faubourg La Grappe (R. du) . . . . Y 33
Félibien (R.) . . . . Y 35
Fessard (R. G.) . . . . Y 78
Foulerie (R. de la) . . . . Y 36
Gaulle (Pl. Gén.-de) . . . . . . Y 37
Grenets (R. des) . . . . Y 38
Guillaume (R. du Fg) . . . . . . Y 39
Guillaume (R. Porte) . . . . . . Y 41
Halles (Pl. des) . . . . Z 42
Koenig (R. du Gén.) . . . . Y 44
Marceau (Pl.) . . . . Y 49
Marceau (R.) . . . . Y 50
Massacre (R. du) . . . . Y 51
Morard (Pl.) . . . . Y 52
Morard (R. de la Porte) . . . . . Y 53
Moulin (Pl. Jean) . . . . Y 54
Péri (R. Gabriel) . . . . Z 56
Poêle-Percée (R. de la) . . . . Z 59
St-Hilaire (R. du Pont) . . . . . Z 62
St-Maurice (R.) . . . . X 64
St-Michel (R.) . . . . Z 65
Semard (Pl. Pierre) . . . . Y 67
Soleil-d'Or (R. du) . . . . Y 70
Tannerie (R. de la) . . . . Y 71
Teinturiers (Q. des) . . . . Y 72
Violette (Bd Maurice) . . . . . . Y 73

Le Grand Monarque

22 pl. des Épars – ✆ 02 37 18 15 15 – www.bw-grand-monarque.com

50 ch – 112/195 € 132/195 € – 5 suites – 15 € **Ze**

Rest ***Le Georges*** ✿ **Rest** ***La Cour du Monarque*** – voir les restaurants ci-après

◆ L'hôtel de tradition par excellence, déjà recommandé par le guide Michelin 1900 ! Chambres spacieuses, élégantes et contemporaines, ou plus classiques (rénovations en cours). Un tour au luxueux spa s'impose avant d'aller dîner au Georges.

Mercure Cathédrale sans rest

3 r. du Gén.-Koenig – ✆ 02 37 33 11 11 – www.mercure.com **Yv**

67 ch – 99/126 € 109/140 € – 14 €

◆ Une situation avantageuse en centre-ville, des chambres modernes et bien insonorisées (avec vue sur la cathédrale pour la catégorie Privilège) : cet hôtel récent a de nombreux atouts. La nuit, on remarque de loin sa façade illuminée.

Châtelet sans rest

6 av. Jehan-de-Beauce – ☎ 02 37 21 78 00 – www.hotelchatelet.com

48 ch – †108/135 € ††108/135 € – ☕ 10 € **Yd**

◆ Entre la gare et la cathédrale, un hôtel pratique. Les chambres sont spacieuses et décorées dans un style actuel ; le coin salon est agréable avec sa cheminée ; quant au parking et au garage, ils se révèlent bien utiles en ville !

L'Hôtel

28 r. du Gd-Faubourg – ☎ 02 37 18 52 77 – www.lhotel-chartres.com – Fermé 23 déc.-2 janv. **Za**

36 ch – †75/91 € ††75/91 € – 1 suite – ☕ 10 € – ½ P 90 €

Rest *L'Écume* *(fermé 3-11 mars, 14 juil.-1er août, 23 déc.-2 janv. et dim. soir)* – Menu 17 € (déj.)/30 € – Carte 30/60 €

◆ Un établissement tout neuf, construit en 2008, avec des chambres contemporaines de bon standing (parquet, esprit design, couettes). Au dernier étage, on apprécie la vue sur les toits et la cathédrale.

Ibis Centre

14 pl. Drouaise – ☎ 02 37 36 06 36 – www.ibishotel.com **Xb**

82 ch – †61/91 € ††61/91 € – ☕ 9 € **Rest** *(fermé le midi)* – Menu 15/25 €

◆ À proximité du quartier historique et de la cathédrale, un hôtel aux chambres fonctionnelles et bien tenues. La terrasse du restaurant, dressée au bord de l'Eure, tire son attrait d'un pittoresque lavoir.

Le Georges – Hôtel Le Grand Monarque

22 pl. des Épars – ☎ 02 37 18 15 15 – www.bw-grand-monarque.com – Fermé dim. et lundi **Ze**

Rest – Menu 50/85 € – Carte 65/100 €

Spéc. Le "pantin" de Chartres, pâté en croûte au foie gras de canard. Agneau de pays. Soufflé chaud au Grand Marnier.

◆ Cette table a su garder le goût feutré de la tradition. Le cadre est cossu, idéal pour la gastronomie classique que l'on vient y goûter. L'accent est mis sur de beaux produits, souvent locaux, et sur les grands crus.

Le St-Hilaire

11 r. du Pont St-Hilaire – ☎ 02 37 30 97 57 – www.saint.hilaire.ifrance.com – Fermé 1er-16 août, vacances de printemps, dim. et lundi **YZt**

Rest *(nombre de couverts limité, réserver)* – Formule 23 € bc – Menu 27/42 € bc – Carte 28/47 €

◆ Un restaurant proche de l'église St-Pierre, où l'on concocte une cuisine traditionnelle à base de produits régionaux. Le jeune propriétaire est un ancien sommelier et, juste en face, il a aussi ouvert une boutique de vins.

Les Feuillantines

4 r. du Bourg – ☎ 02 37 30 22 21 – Fermé 1 sem. en avril, 3 sem. en août, 1 sem. en janv., dim. et lundi **Ya**

Rest *(réserver)* – Menu 19 € (sem.), 25/38 € – Carte 38/45 €

◆ Tatin de boudin blanc, parmentier de canard, gâteau marron-chocolat... La carte est alléchante, la formule intéressante et l'ambiance chaleureuse ! Certes la rue qui mène à ce petit restaurant est pentue, mais quand il s'agit de gourmandise...

La Cour du Monarque – Hôtel Le Grand Monarque

22 pl. des Épars – ☎ 02 37 18 15 07 – www.bw-grand-monarque.com

Rest – Formule 17 € bc – Carte 32/65 € **Ze**

◆ Il faut traverser le hall de l'hôtel du Grand Monarque pour entrer dans sa "Cour". On vient dans cette jolie salle sous verrière pour savourer une cuisine de saison misant sur les beaux produits.

Esprit Gourmand

6 r. du Cheval-Blanc – ☎ 02 37 36 97 84 – Fermé lundi et mardi **Yh**

Rest – Formule 16 € bc – Menu 25 € – Carte 26/40 €

◆ Dans une petite rue proche de la cathédrale, cet accueillant bistrot, tenu par un jeune couple charmant, a vraiment l'esprit gourmand. Cuisine traditionnelle à déguster dans le calme de la cour intérieure quand le temps le permet.

à l'Est 4 km par ② puis D 910 – ✉ 28000 Chartres

Novotel
av. Marcel Proust – ✆ 02 37 88 13 50 – www.novotel.com
112 ch – †102/120 € ††102/140 € – ☕ 15 €
Rest – Formule 17 € – Carte 24/45 €
◆ Entre zone commerciale et voies rapides, un Novotel "seventies" entièrement rénové dans un esprit contemporain. Les plus : le patio, la piscine extérieure et les jeux pour enfants.

à Chazay 12 km à l'Ouest par D 24 et D 121 - ✉ 28300 St-Aubin-des-Bois

L'Erablais sans rest
38 r. Jean Moulin – ✆ 02 37 32 80 53 – www.erablais.com – Fermé 16 déc.-4 janv.
3 ch ☕ – †47 € ††57 €
◆ Mais pourquoi ce nom ? La propriétaire se fera un plaisir de vous répondre, tout en vous faisant découvrir ses chambres, aménagées dans l'ancienne étable de cette ferme du 19es. : "Pivoine", "Iris", "Hortensia"... paisible et bucolique.

à St-Luperce 13 km à l'Ouest par ⑥ puis D 121 et D 114 – 883 h. – alt. 152 m – ✉ 28190

La Ferme de Mousseau sans rest
Lieu-dit "Mousseau" – ✆ 02 37 26 85 01 – www.lafermedemousseau.com – Ouvert 1er mars-15 nov.
3 ch ☕ – †50 € ††60 €
◆ Pour un séjour à la campagne dans une "vraie" ferme (encore exploitée). Cadre rustique et confortable, petit-déjeuner alléchant – confitures, brioches maison – dans les anciennes écuries : rien ne manque !

LA CHARTRE-SUR-LE-LOIR – 72 Sarthe – 310 M8 – 1 460 h. – alt. 55 m – ✉ 72340 Châteaux de la Loire — 35 D2

Paris 217 – La Flèche 57 – Le Mans 49 – St-Calais 30

13, place de la République, ✆ 02 43 44 40 04, www.vallee-du-loir.com

De France
20 pl. de la République – ✆ 02 43 44 40 16 – www.hoteldefrance-72.fr – Fermé 25 déc.-25 janv., dim. soir et lundi sauf le soir en juil.-août
21 ch – †57 € ††63/75 € – ☕ 9 € – ½ P 50 €
Rest *(réserver)* – Formule 12 € – Menu 15 € (sem.), 27/37 € – Carte 31/62 €
◆ Au bord du Loir, un de ces hôtels-restaurants traditionnels bien appréciés des touristes étrangers : il y règne en effet une vraie atmosphère vieille France... L'ensemble est très bien tenu et l'accueil est charmant.

CHARTRETTES – 77 Seine-et-Marne – 312 F5 – 2 540 h. – alt. 75 m – ✉ 77590 — 19 C2

Paris 66 – Créteil 44 – Montreuil 60 – Vitry-sur-Seine 48

Château de Rouillon sans rest
41 av. Charles de Gaulle – ✆ 01 60 69 64 40 – www.chateauderouillon.net
4 ch ☕ – †98/118 € ††98/118 €
◆ Château du 17es. et son majestueux parc à la française bordé par la Seine. Meubles de style et objets anciens composent un décor raffiné dans les chambres comme dans les salons.

CHASSAGNE-MONTRACHET – 21 Côte-d'Or – 320 I8 – 391 h. – alt. 200 m – ✉ 21190 — 7 A3

Paris 327 – Beaune 16 – Dijon 64 – Lons-le-Saunier 125

Château de Chassagne-Montrachet sans rest
5 r. du Château – 03 80 21 98 57 – www.michelpicard.com – Fermé 23 déc.-2 janv.
5 ch – 250 € 250 €
◆ Ce prestigieux domaine viticole vous ouvre les portes de son château (fin 18e s.) et de ses caves. Belles chambres très contemporaines, salles de bains créées par le sculpteur Argueyrolles, expositions d'art dans les élégants salons...

Le Chassagne (Stéphane Léger)
4 imp. Chenevottes – 03 80 21 94 94 – www.stephaneleger.com – Fermé 29 juil.-13 août, 17 déc.-7 janv., merc. soir, dim. soir et lundi
Rest – Formule 27 € – Menu 34 € (déj. en sem.), 49/89 € – Carte 70/105 €
Spéc. Brochette d'escargots de Bourgogne à la réglisse et langoustines aux saveurs de badiane. Poulet de Bresse, risotto et champignons de saison. Soufflé au citron vert et Grand Marnier. **Vins** Chassagne-Montrachet, Saint-Aubin.
◆ Le Chassagne ? Une belle étape gourmande ! À l'étage d'une charmante maison, on découvre ce lieu sobre et élégant, qui se marie à merveille avec la cuisine actuelle de Stéphane Léger, raffinée et aboutie.

CHASSELAY – 69 Rhône – **327** H4 – 2 703 h. – alt. 220 m – ✉ 69380 **43** E1
Paris 443 – L'Arbresle 15 – Lyon 21 – Villefranche-sur-Saône 18

Guy Lassausaie
r. de Belle-Sise – 04 78 47 62 59 – www.guy-lassausaie.com – Fermé 30 juil.-23 août, 25 fév.-6 mars, mardi et merc.
Rest – Menu 60/120 € – Carte 75/85 €
Spéc. Gâteau de tourteau et avocat au caviar. Poitrine de caille et foie gras en coque d'épices. Feuilleté minute de pomme Tatin, crème aux épices. **Vins** Saint-Véran, Fleurie.
◆ Au cœur du village, cette solide maison familiale vit avec son époque : sa séduisante cuisine, réalisée sur des bases classiques, le prouve – comme son décor, d'une élégance toute contemporaine.

CHASSENEUIL – 36 Indre – **323** E7 – 651 h. – alt. 140 m – ✉ 36800 **11** B3
Paris 299 – Châteauroux 27 – Guéret 99 – Orléans 173

Auberge des Saveurs
1 pl. de l'Église – 02 54 25 82 17 – www.auberge-des-saveurs.fr – Fermé sam. midi, mardi et merc.
Rest *(réserver)* – Menu 26/54 €
◆ Un joli néobistrot, avec ses cuisines ouvertes sur la salle. Le chef, un jeune Hollandais passionné de gastronomie, concocte des plats savoureux, dans l'air du temps.

CHASSENEUIL-DU-POITOU – 86 Vienne – **322** I5 – rattaché à Poitiers

---

CHASSE-SUR-RHÔNE – 38 Isère – **333** B4 – rattaché à Vienne

CHASSIGNOLLES – 43 Haute-Loire – **331** C1 – 85 h. – alt. 922 m – ✉ 43440 **6** C2
Paris 506 – Clermont-Ferrand 92 – Le Puy-en-Velay 80 – Saint-Étienne 155

Auberge de Chassignolles avec ch
(face à l'église) – 04 71 76 32 36 – www.aubergedechassignolles.com – Ouvert fin juin à début sept. et fermé lundi et le midi sauf dim.
8 ch – 45/65 € 45/65 € – 8 € – ½ P 45/58 €
Rest *(réserver)* – Menu 24 €
◆ Un jeune chef britannique et sa femme sont venus s'installer dans cette auberge au charme rétro. Une charcuterie délicieuse, un menu à l'ardoise composé à partir de beaux produits du terroir : tout est fait maison et c'est très bon ! Les chambres sont simples et fraîches, et l'on se réveille au son des cloches...

CHÂTEAU-ARNOUX-ST-AUBAN – 04 Alpes-de-Haute-Provence 41 C2

– **334** E8 – **5 270 h. – alt. 440 m** – ✉ **04160** Alpes du Sud

Paris 719 – Digne-les-Bains 26 – Forcalquier 30 – Manosque 42

4, place de la carrière, ✆ 02 96 73 49 57, www.tourisme-moncontour.com

Église St-Donat★ - Belvédère de la chapelle St-Jean★ - Site★ de Montfort.

La Bonne Étape

chemin du lac – ✆ 04 92 64 00 09 – www.bonneetape.com
– Fermé 2 janv.-12 fév.

18 ch – †180/215 € ††180/215 € – ☐ 25 € – ½ P 184/202 €

Rest ***La Bonne Étape*** – voir les restaurants ci-après

◆ Comment ne pas tomber sous le charme de cette demeure du 18es. qui fleure bon la Provence ? Un beau jardin fleuri, un grand potager bio, des chambres spacieuses, du mobilier d'époque : une Bonne Étape dont on ne veut repartir !

XXX **La Bonne Étape** (Jany Gleize)

chemin du lac – ✆ 04 92 64 00 09 – www.bonneetape.com
– Fermé 2 janv.-10 fév., 12-27 nov., lundi et mardi hors saison sauf fériés

Rest – Menu 42 € (déj.), 75/115 € – Carte 65/113 €

Spéc. Calamars farcis aux herbes vertes et aux pignons de pin (été). Pièce d'agneau rôtie, sariette, thym et laurier. Le chocolat dans tous ses états. **Vins** Coteaux de Pierrevert, Palette.

◆ On y apprécie une partition classique, à la croisée de la tradition gastronomique française et des incontournables de la cuisine provençale. Le cadre – belle interprétation bourgeoise du répertoire local – ajoute à l'agrément du moment.

XX **La Magnanerie** avec ch

Les Fillières, 2 km au Nord par N 85 – ✆ 04 92 62 60 11
– www.la-magnanerie.net – Fermé 23 avril-7 mai, 22 oct.-6 nov. et 24-30 déc.

9 ch – †65/89 € ††65/89 € – ☐ 9 € – ½ P 59/78 €

Rest *(fermé merc. soir de sept. à mai, dim. soir et lundi)* – Menu 19 € (sem.), 23/43 € – Carte 35/45 €

◆ Une équipe jeune et passionnée fait ici souffler un vent de modernité ! Spacieux intérieur, sobre et confortable dans l'esprit de l'époque ; cuisine inventive et réfléchie, contemporaine autant que gourmande. Chambres à l'unisson, sur des thèmes parfois décalés !

X **Au Goût du Jour**

14 av. du Gén.-de-Gaulle – ✆ 04 92 64 48 48 – Fermé 2 janv.-12 fév.

Rest – Formule 19 € bc – Menu 24 €

◆ Dans une salle aux couleurs de la Provence, on déguste des petits plats du terroir, très bistrotiers. Bons produits du marché et du jardin.

CHÂTEAUBOURG – 35 Ille-et-Vilaine – 309 N6 – 5 886 h. – alt. 50 m 10 D2

– ✉ 35220

Paris 329 – Angers 114 – Châteaubriant 52 – Fougères 44

Ar Milin'

30 r. de Paris – ✆ 02 99 00 30 91 – www.armilin.com – Fermé 23 déc.-1er janv.

32 ch – †85/200 € ††95/200 € – ☐ 12 € – ½ P 78/108 €

Rest ***Ar Milin'*** **Rest** ***Bistrot du Moulin*** – voir les restaurants ci-après

◆ Un authentique moulin en pierre du 19es., un parc immense où sont disséminées de monumentales œuvres d'art contemporain... et des chambres cosy : une douce idée de la tranquillité !

XX **Ar Milin'**

30 r. de Paris – ✆ 02 99 00 30 91 – www.armilin.com – Fermé 23 déc.-1er janv., mardi midi et lundi en juil.-août, dim. soir de nov. à mars et sam. midi

Rest – Formule 21 € – Menu 27/47 € – Carte 30/52 €

◆ Vue panoramique sur la Vilaine et l'immense parc, décor épuré : un cadre sympathique pour des plats bien de notre époque, à l'instar de ces tomates confites au chèvre frais, ou encore de ces magrets de canard rôtis au miel et au sésame...

Bistrot du Moulin

30 r. de Paris – ✆ 02 99 00 30 91 – www.armilin.com – Fermé 23 déc.-1er janv., dim. midi de sept. à avril et le soir

Rest – Formule 16 € – Menu 21 €

♦ Un lieu simple et convivial, ouvert seulement au déjeuner... On vient y apprécier une cuisine bistrotière épurée, à prix raisonnable, et l'on profite avec bonheur de la terrasse au bord de la rivière.

à St-Didier 6 km à l'Est par D 33 – 1 688 h. – alt. 49 m – ✉ 35220

Pen'Roc

à La Peinière, D 105 – ✆ 02 99 00 33 02 – www.penroc.fr – Fermé 23 déc.-3 janv.

27 ch – †86/244 € ††98/244 € – ☕ 13 € – ½ P 178/324 €

Rest ***Pen'Roc*** – voir les restaurants ci-après

♦ Ce Pen'Roc respire la sérénité : chambres au décor soigné et espace "détente et relaxation" (bassin de nage à contre-courant, sauna, hammam, jacuzzi), en pleine campagne.

Pen'Roc – Hôtel Pen'Roc

à La Peinière, D 105 – ✆ 02 99 00 33 02 – www.penroc.fr – Fermé 23 déc.-3 janv. et dim. soir hors saison

Rest – Formule 17 € – Menu 23 € (sem.), 34/85 € – Carte 61/200 €

♦ De petits salons intimes et feutrés, de jolies salles à manger en enfilade et – le plus important ! – une assiette du moment pleine de saveur, réalisée avec de beaux produits du terroir... On passe ici un bon moment gourmand.

CHÂTEAUBRIANT – 44 Loire-Atlantique – **316** H1 – 12 246 h. – alt. 70 m – ✉ 44110 Bretagne **34** B2

Paris 354 – Angers 72 – Laval 65 – Nantes 62

22, rue de Couëré, ✆ 02 40 28 20 90, www.tourisme-chateaubriant.fr

Château★.

La Ferrière rest,

r. Winston Churchill, au Sud par rte de Moisdon-la-Rivière (D 178) – ✆ 02 40 28 00 28 – www.hotellaferriere.fr

19 ch – †77/103 € ††77/103 € – ☕ 11 € – ½ P 66/80 €

Rest *(fermé dim. soir)* – Formule 15 € – Menu 20/42 € – Carte 39/60 €

♦ À la sortie de la cité, dans un parc planté d'arbres centenaires, une maison de maître de 1840 (pierre et brique, échauguettes, etc.), aux chambres classiques et assez spacieuses. Un peu moins de caractère dans l'annexe.

CHÂTEAU-CHALON – 39 Jura – **321** D6 – 168 h. – alt. 420 m – ✉ 39210 Franche-Comté Jura **16** B3

Paris 409 – Besançon 73 – Dole 51 – Lons-le-Saunier 14

Le Relais des Abbesses sans rest

r. de la Roche – ✆ 03 84 44 98 56 – www.chambres-hotes-jura.com – Ouvert de fév. à mi-nov.

5 ch ☕ – †65 € ††68/75 €

♦ Les propriétaires ont craqué pour cette maison de village surplombant les vignes et la vallée. Les chambres, baptisées Agnès, Marguerite et Eugénie offrent une superbe vue sur la Bresse ; Violette fait les yeux doux à Château-Chalon... Du cachet !

CHÂTEAU D'IF – **340** G6 Provence **40** B3

au départ de **Marseille** pour le château d'If★★ (✳★★★) 20 mn. Navettes Frioul If Express ✆ 04 91 46 54 65

LE CHÂTEAU D'OLÉRON – 17 Charente-Maritime – **324** C4 – voir à Île d'Oléron

CHÂTEAUDUN – 28 Eure-et-Loir – **311** D7 – 13 905 h. **11** B2
– alt. 140 m – ✉ 28200 Châteaux de la Loire

Paris 131 – Blois 57 – Chartres 45 – Orléans 53

1, rue de Luynes, ✆ 02 37 45 22 46, www.tourisme-chateaudun.fr

Château★★ - Vieille ville★ : église de la Madeleine★ - Promenade du Mail ≤★ - Musée des Beaux-Arts et d'Histoire naturelle : Collection d'oiseaux★ **M.**

Entre Beauce et Perche sans rest

9 La Varenne-Hodier, 3 km au Nord par rte de Chartres N 10 – ✆ 02 37 66 30 00 – www.hotelchateaudunlogis.fr

53 ch – †61/77 € ††61/77 € – ☕ 8 €

◆ Entre Beauce et Perche en effet, voilà un hôtel moderne, sobre et engageant. Les chambres sont claires et fonctionnelles ; l'ensemble convient parfaitement à une étape touristique ou un voyage d'affaires. Bon point, le parking sécurisé.

Aux Trois Pastoureaux

31 r. A. Gillet – ✆ 02 37 45 74 40 – www.aux-trois-pastoureaux.fr – Fermé 8-25 juil., 25 déc.-3 janv., 24 fév.-4 mars, dim. et lundi

Rest – Menu 21/44 € – Carte 33/65 €

◆ Boiseries, touches provençales et tableaux peints par un artiste local composent le décor du restaurant. Carte traditionnelle, menu médiéval et bon choix de vins au verre.

à Flacey 8 km au Nord par N 10 – 214 h. – alt. 157 m – ✉ 28800

Domaine de Moresville sans rest

rte de Brou, 3.5 km au Nord-Ouest par D110 – ✆ 02 37 47 33 94 – www.domaine-moresville.com

16 ch – †78/179 € ††89/250 € – 2 suites – ☕ 12 €

◆ Au cœur d'un parc planté d'arbres centenaires, un château du 18es. plein de charme. Caractère historique dans les jolis salons comme dans les chambres, tout confort (dont cinq aménagées dans l'orangerie). Sauna, jacuzzi.

CHÂTEAUFORT – 78 Yvelines – **311** I3 – **101** 22 – voir à Paris, Environs

CHÂTEAU-GAILLARD – 01 Ain – **328** E5 – 1 732 h. – alt. 253 m **44** B1
– ✉ 01500

Paris 464 – Bourg-en-Bresse 32 – Grenoble 140 – Lyon 53

La Villa L

130 chemin des Vignes – ✆ 04 74 39 96 86 – www.lavieillecote.com – Fermé 3 sem. en août, 1 sem. en janv., dim. et lundi

Rest – Menu 21/46 € – Carte 25/52 €

◆ De comptables devenus restaurateurs, les propriétaires ont eux-même transformé cette villa (belle véranda ouverte sur la nature). Monsieur pour les vins – surtout régionaux –, madame en cuisine : une table agréable, d'un bon rapport qualité-prix.

CHÂTEAU-GONTIER – 53 Mayenne – **310** E8 – 11 353 h. **35** C1
– alt. 33 m – ✉ 53200 Châteaux de la Loire

Paris 288 – Angers 50 – Châteaubriant 56 – Laval 30

place André Counord, Couvent des Ursulines, ✆ 02 43 70 42 74, www.sudmayenne.com

Intérieur roman★ de l'église St-Jean-Baptiste.

Parc Hôtel sans rest

46 av. Joffre, au Sud par N 162 – ✆ 02 43 07 28 41 – www.parchotel.fr – Fermé 7-22 avril, 21 déc.-6 janv. et 22 fév.-10 mars

21 ch – †62/82 € ††69/90 € – ☕ 10 €

◆ Dans le parc arboré et près de la piscine chauffée, on oublie vite la route toute proche. Chambres classiques, plus spacieuses dans la maison de maître du 19es. Accueil charmant.

L'Aquarelle

2 r. Félix Marchand, 1 km au Sud par D 267, rte de Ménil – ☎ 02 43 70 15 44 – www.restaurant-laquarelle.com – Fermé 5-21 mars, 19 nov.-6 déc., dim. soir, mardi soir et merc.

Rest – Formule 11 € – Menu 14 € (déj.), 25/80 € bc – Carte 35/50 €

◆ Une maison bordant la Mayenne, où le chef réalise une cuisine raffinée (brochettes de homard persillé, mousse de caramel...). Terrasse et grandes baies vitrées.

à Coudray **7 km au Sud-Est par D 22 – 833 h. – alt. 68 m – ✉ 53200**

L'Amphitryon avec ch

2 rte de Daon – ☎ 02 43 70 46 46 – www.lamphitryon53.fr – Fermé 1er-18 mai, vacances de la Toussaint et de Noël, dim. sauf le midi de mars à nov., mardi midi et lundi

6 ch – †58/74 € ††62/74 € – ☕ 8 €

Rest *(nombre de couverts limité, réserver)* – Formule 21 € – Menu 29/55 € – Carte 48/55 €

◆ Cet amphitryon vous reçoit dans sa maison du 19es. chic et bourgeoise. Tables joliment dressées ; produits du terroir pour une cuisine un brin créative. Chambres plaisantes, confortables et bien insonorisées, d'esprit actuel.

CHÂTEAUNEUF-DE-GALAURE – 26 Drôme – 332 C2 – 1 550 h. – alt. 253 m – ✉ 26330 43 E2

Paris 531 – Beaurepaire 19 – Romans-sur-Isère 27 – Tournon-sur-Rhône 25

Yves Leydier

1 r. du Stade – ☎ 04 75 68 68 02 – Fermé 1 sem. en sept., 25 janv.-28 fév., dim. soir, mardi soir et merc.

Rest – Carte 25/55 €

◆ Salle à manger rustique, véranda ouverte sur le jardin et terrasse ombragée : cette maison en galets de la Galaure est charmante. Carte classique variant avec les saisons.

CHÂTEAUNEUF-DU-FAOU – 29 Finistère – 308 I5 – 3 698 h. – alt. 130 m – ✉ 29520 Bretagne 9 B2

Paris 526 – Brest 65 – Carhaix-Plouguer 23 – Châteaulin 24

Place Ar Segal, ☎ 02 98 81 83 90, www.chateauneuf-du-faou.com

Domaine de Trévarez★ S : 6 km.

Le Relais de Cornouaille

9 r. Paul-Sérusier, rte Carhaix – ☎ 02 98 81 75 36 – www.lerelaisdecornouaille.com – Fermé oct., dim. soir et sam. hors saison

30 ch – †46/49 € ††54/57 € – ☕ 7 € – ½ P 50/52 €

Rest – Formule 12 € – Menu 18 € (sem.), 24/38 € – Carte 19/40 €

◆ Ambiance familiale dans ce sympathique hôtel à la façade fleurie. Il cumule les infrastructures les plus pratiques (chambres bien tenues, salles de réunion panoramiques, salle de banquet, restaurant traditionnel), la nature et les paysages.

CHÂTEAUNEUF-DU-PAPE – 84 Vaucluse – 332 B9 – 2 116 h. – alt. 87 m – ✉ 84230 Provence 42 E1

Paris 667 – Alès 82 – Avignon 19 – Carpentras 22

place du Portail, ☎ 04 90 83 71 08, www.ccpro.fr

<★★ du château des Papes.

Hostellerie Château des Fines Roches

rte de Sorgues et voie privée – ☎ 04 90 83 70 23 – www.chateaufinesroches.com

11 ch – †109/315 € ††109/315 € – ☕ 18 €

Rest *Hostellerie Château des Fines Roches* – voir les restaurants ci-après

◆ Étonnante vision... À la fois médiéval, provençal et maure, ce castel du 19es. ceint de tours crénelées surgit tel un mirage au milieu du fameux vignoble ! Un lieu raffiné, propice – si l'on souhaite – à une certaine fantaisie.

XXX **Hostellerie Château des Fines Roches**

rte de Sorgues et voie privée – ✆ 04 90 83 70 23 – www.chateaufinesroches.com – Fermé dim. soir et lundi de nov. à avril

Rest – Formule 22 € – Menu 27 € (sem.), 40/68 € – Carte 64/79 €

◆ À l'écart du village, sa terrasse verdoyante offre une vue plongeante sur le vignoble... Un décor parfait pour déguster quelque beau nectar du cru, accompagné par exemple d'une pièce de veau poêlée, aubergines et basilic, ou d'une tarte aux figues.

X **Le Verger des Papes**

au château – ✆ 04 90 83 50 40 – www.vergerdespapes.com – Fermé 20 déc.-1er mars, dim. soir, lundi soir, mardi soir et merc. soir d'oct. à mars

Rest – Menu 19 € (déj. en sem.)/30 € – Carte 37/45 €

◆ Quoi de plus plaisant que ce restaurant adossé aux remparts du château et sa terrasse réservant une vue à couper le souffle ? Cuisine provençale, bons produits et vins locaux.

à l'Ouest 4 km par D 17 – ✉ 84230 Châteauneuf-du-Pape

La Sommellerie

rte de Roquemaure – ✆ 04 90 83 50 00 – www.la-sommellerie.fr – Fermé 2-29 janv.

15 ch – †75/125 € ††75/125 € – 1 suite – ☕ 14 € – ½ P 94/119 €

Rest *(fermé sam. midi, dim. soir et lundi hors saison)* – Formule 23 € – Menu 31 € (sem.)/55 € – Carte 55/75 €

◆ Au cœur du vignoble de Châteauneuf, une bergerie du 17e s. joliment aménagée. Chambres fraîches tendues de tissus provençaux et jardin arboré. Cuisine méridionale ayant pour vedettes le gibier, la truffe et les herbes du jardin. L'été, repas sous la pergola.

CHÂTEAUNEUF-LE-ROUGE – 13 Bouches-du-Rhône – 340 I5 – 40 B3

– 2 104 h. – alt. 230 m – ✉ 13790

Paris 763 – Aix-en-Provence 14 – Aubagne 32 – Marseille 36

Mercure Ste-Victoire

rest,

D 7n, 2 km rte de St-Maximin – ✆ 04 42 20 21 51 – www.restaurantlagaliniere.fr

29 ch – †88/178 € ††88/178 € – ☕ 16 €

Rest *(fermé dim. soir du 15 oct. au 15 mars)* – Formule 18 € – Menu 34 €

◆ Ferme des Templiers au 12e s., puis relais de poste au 18e s., ce domaine veille agréablement sur votre sommeil. Décoration sobre et chaleureuse dans les chambres. Cuisine régionale de saison, servie dans une belle salle voûtée avec cheminée ou sur une jolie terrasse.

CHÂTEAUNEUF-VILLEVIEILLE – 06 Alpes-Maritimes – 341 E5 – 41 D2

– 835 h. – alt. 600 m – ✉ 06390

Paris 957 – Menton 42 – Nice 22 – Puget-Théniers 81

La Parare sans rest

67 Calade du Pastre – ✆ 04 93 79 22 62 – www.laparare.com – Fermé 1er- 25 déc.

4 ch ☕ – †135/160 € ††135/160 €

◆ Les amateurs de matériaux nobles seront comblés par cette surperbe bergerie du 17es. Dans les chambres, soies chinoises, lin et kilims, et un très beau salon sous des voûtes. La piscine, entourée de pierres vénérables, ne dépare pas !

CHÂTEAUROUX – 36 Indre – 323 G6 – 46 026 h. – alt. 155 m – 12 C3

– ✉ 36000 Limousin Berry

Paris 265 – Blois 101 – Bourges 65 – Limoges 125

1, place de la Gare, ✆ 02 54 34 10 74, www.chateauroux-tourisme.com

du Val de l'Indre, à Villedieu-sur-Indre, Parc du Château, par rte de Loches : 13 km, ✆ 02 54 26 59 44

Déols : clocher★ de l'ancienne abbaye, sarcophage★ dans l'église St-Etienne.

Plan page suivante

CHÂTEAUROUX

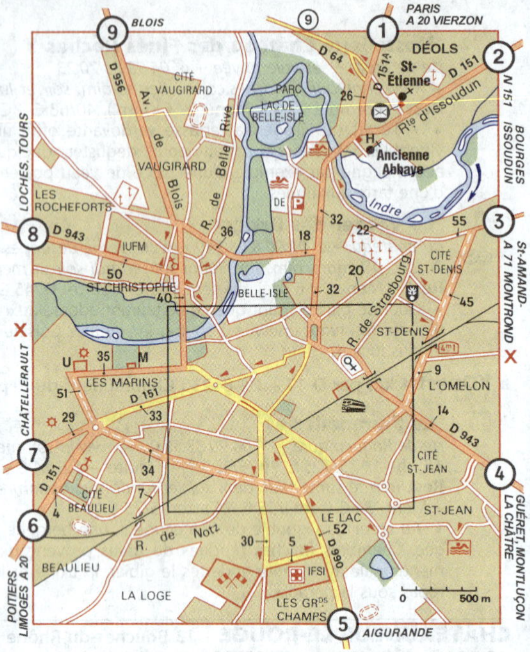

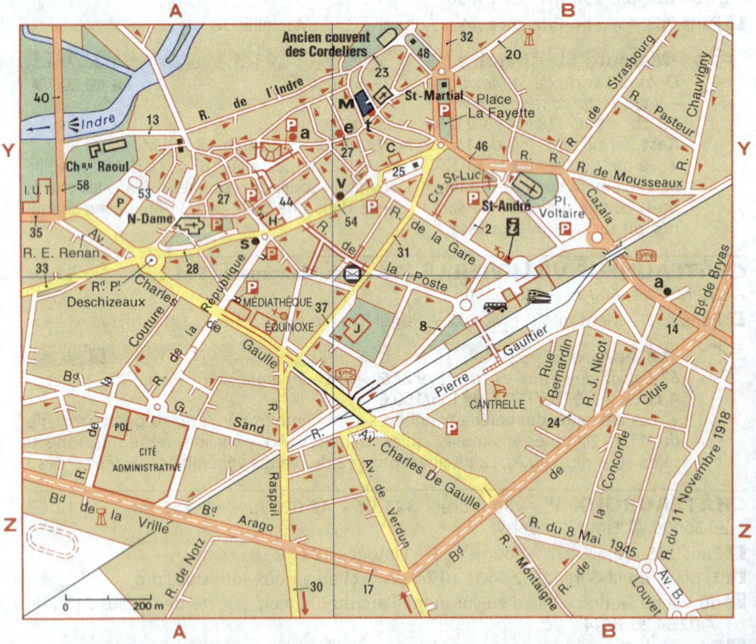

Colbert
3 av. de la Châtre – ✆ 02 54 35 70 00 – www.hotel-colbert.fr BZa
74 ch – 🛉98/150 € 🛉🛉115/170 € – 16 suites – ☕ 13 €
Rest *La Manufacture* *(fermé sam. midi)* – Menu 19/39 € – Carte 30/52 €
◆ Nouveau souffle pour l'ancienne manufacture de tabac de la ville, fermée en 1997 : les aménagements sont très modernes et soignés (insonorisation et literie excellentes, quelques chambres en duplex). Le restaurant cultive "le pain, le vin et la broche" : on rôtit chaque jour un bon produit, tel le poulet du Berry !

Ibis sans rest
16 r. V. Hugo – ✆ 02 54 34 61 61 – www.ibishotel.com BYv
60 ch – 🛉62/83 € 🛉🛉62/83 € – ☕ 9 €
◆ Central, fonctionnel et plutôt confortable. Un point de chute intéressant.

Élysée Hôtel sans rest
2 r. de la République – ✆ 02 54 22 33 66 – www.elysee-hotel-chateauroux.com
16 ch – 🛉79/112 € 🛉🛉79/112 € – ☕ 10 € AYs
◆ En centre-ville, cet immeuble début de siècle a un petit air de Paris... L'hôtel a été entièrement rénové en 2010, en parfaite harmonie avec l'époque.

Jeux 2 Goûts
42 r. Grande – ✆ 02 54 27 66 28 – www.jeux2gouts.fr – Fermé 25 juil.-15 août, vacances de fév., dim. et lundi BYt
Rest – Formule 12 € – Menu 23/49 € – Carte 30/52 €
◆ Du métier, du soin, le goût du Japon... De retour dans sa région natale après plusieurs années dans de belles maisons parisiennes, le jeune chef met Châteauroux en appétit : nems d'escargot, chutney d'échalote, sauce aigre douce ; émincé de joue de bœuf, choux rouge vinaigré ; etc.

Le P'tit Bouchon
64 r. Grande – ✆ 02 54 61 50 40 – www.leptitbouchon.fr – Fermé 3 sem. en août, dim., lundi et fériés BYe
Rest – Formule 14 € – Menu 18 € (déj. en sem.)/25 € – Carte 25/35 €
◆ On apprécie son bon rapport qualité-prix, sa chaleur (le décor fourmille d'objets hétéroclites) et... ses propriétaires, grands épicuriens : le patron conseille les vins, son épouse tient la crèmerie attenante et, en cuisine, le fiston fait mijoter de jolis petits plats bistrotiers !

Le Bistrot Gourmand
10 r. du Marché – ✆ 02 54 07 86 98 – www.lebistrotgourmand36.com – Fermé 4-18 mars, 19 août-10 sept., dim., lundi et fériés AYa
Rest – Formule 14 € – Menu 18 € (déj. en sem.), 25/35 € – Carte 26/40 €
◆ Au cœur de la vieille ville, un bistrot de quartier où l'on va comme en voisin, pour profiter, à prix justes, d'une côte de bœuf limousin ou de profiteroles au chocolat… Aux beaux jours, direction le patio fleuri, sur l'arrière.

CHÂTEAU-THÉBAUD – 44 Loire-Atlantique – 316 H5 – rattaché à Nantes

CHÂTEAU-THIERRY – 02 Aisne – 306 C8 – 14 831 h. – alt. 63 m 37 C3

– ✉ 02400 Champagne Ardenne
Paris 95 – Épernay 56 – Meaux 48 – Reims 58
9, rue Domaine Vallée, ✆ 03 23 83 51 14
du Val Secret, Le Val Secret, N : 5 km, ✆ 03 23 83 07 25
Maison natale de La Fontaine - Vallée de la Marne★.

Ile de France ch, rest,
60 r. L. Lhermitte, rte de Soissons – ✆ 03 23 69 10 12 – www.hotel-iledefrance.com
36 ch – 🛉85/97 € 🛉🛉85/97 € – 4 suites – ☕ 12 € – ½ P 80 €
Rest – Formule 15 € – Menu 25/45 € – Carte 40/60 €
◆ Hôtel surplombant la vallée de la Marne. Mobilier en fer forgé, rustique ou plus contemporain dans les chambres, douillettes et confortables. Spa et centre de remise en forme. Au restaurant, la carte change avec les saisons ; agréable terrasse panoramique.

CHÂTEL – 74 Haute-Savoie – **328** O3 – 1 243 h. – alt. 1 180 m – Sports d'hiver : 1 200/2 100 m 2 52 – ✉ 74390 Alpes du Nord **46** F1

Paris 578 – Annecy 113 – Évian-les-Bains 34 – Morzine 38

14 rue de Thonon, ✆ 04 50 73 22 44, http://info.chatel.com

Site★ - Lac du pas de Morgins★ S : 3 km.

Macchi

94 chemin de l'Etringa – ✆ 04 50 73 24 12 – www.hotelmacchi.com – Ouvert 5 juin-20 sept. et 15 déc.-20 avril

30 ch – †104/258 € ††149/369 € – ☐ 15 € – ½ P 101/230 €

Rest *(fermé le midi)* – Menu 20/37 €

◆ Derrière une jolie façade arborant des fresques tyroliennes, un hôtel charmant dont les chambres ont été rénovées en 2010. Beau spa indien, piscine couverte... Cosy, élégant et dépaysant ! Au restaurant, plats traditionnels et incontournables montagnards.

Fleur de Neige

564 rte de Vonnes – ✆ 04 50 73 20 10 – www.hotel-fleurdeneige.fr – Ouvert 1er juil.-2 sept. et 21 déc.-7 avril

28 ch – †67/140 € ††95/235 € – ☐ 14 € – ½ P 84/111 €

Rest *(fermé le midi)* – Carte 48/75 €

◆ Dans ce joli chalet, la plupart des chambres ont été rénovées en 2010. Fraîches et pimpantes, elles sont vraiment confortables. Espace balnéo pour se détendre après le ski. Cuisine traditionnelle soignée.

Belalp

382 rte de Vonnes – ✆ 04 50 73 24 39 – www.hotelbelalp.com – Ouvert 1er juil.-28 août et 18 déc.-30 mars

25 ch – †56/100 € ††70/120 € – ☐ 10 € – ½ P 60/96 €

Rest *(fermé mardi)* – Menu 19/35 € – Carte 25/50 €

◆ C'est un joli chalet aux volets verts, on y vient à ski et l'on y trouve un repos bien mérité dans une petite chambre, mignonne et très bien tenue (préférez-la côté vallée). Plats savoyards près de la cheminée du "carnotzet" ou dans la salle panoramique.

Le Kandahar

1620 rte de la Dranse, 1,5 km au Sud-Ouest par rte de la Béchigne – ✆ 04 50 73 30 60 – www.lekandahar.com – Fermé de mi-avril à mi-mai, 27 juin-11 juil., 28 oct.-22 déc.

8 ch – †52/62 € ††74/94 € – ☐ 10 € – ½ P 65/90 €

Rest *(fermé merc. soir et dim. soir hors saison)* – Formule 12 € – Menu 15 € (déj. en sem.), 23/47 € – Carte 26/65 €

◆ Kandahar ? Une cité afghane, une course à ski et cet accueillant chalet familial en contrebas de la station. Chambres petites mais pratiques, avec balcon ; navettes pour le Linga. Aucun doute au restaurant : on est en Savoie ! Une raclette près de la cheminée ?

Le Choucas sans rest

303 rte Vonnes – ✆ 04 50 73 22 57 – www.hotel-lechoucas.com – Ouvert 18 juin-18 sept. et 17 déc.-20 avril

12 ch – †67 € ††67 € – ☐ 9 €

◆ Un chalet largement fleuri... voilà de quoi attirer les choucas, ces jolis oiseaux. Et pour les amateurs de montagne à prix modéré, les chambres sont pratiques et très bien tenues.

Le Vieux Four

55 rte du Boude – ✆ 04 50 73 30 56 – www.levieuxfour-chatel.com – Ouvert 3 déc.-20 avril, 10 juin-18 sept. et fermé lundi

Rest – Menu 14/44 € – Carte 26/55 €

◆ Rustique et chaleureuse, cette vieille ferme (1852) joue la carte de l'authenticité et ravit ses hôtes. On admire les figurines nichées dans les mangeoires de l'étable, tout en se régalant de petits plats savoyards et du terroir.

CHÂTEL-GUYON – 63 Puy-de-Dôme – **326** F7 – 6 225 h. – alt. 430 m – Stat. therm. : mi-avril-fin oct. – Casino B – ✉ 63140 Auvergne **5** B2

Paris 411 – Clermont-Ferrand 21 – Gannat 31 – Vichy 43

1, avenue de l'Europe, ✆ 04 73 86 01 17, www.ot-chatel-guyon.com

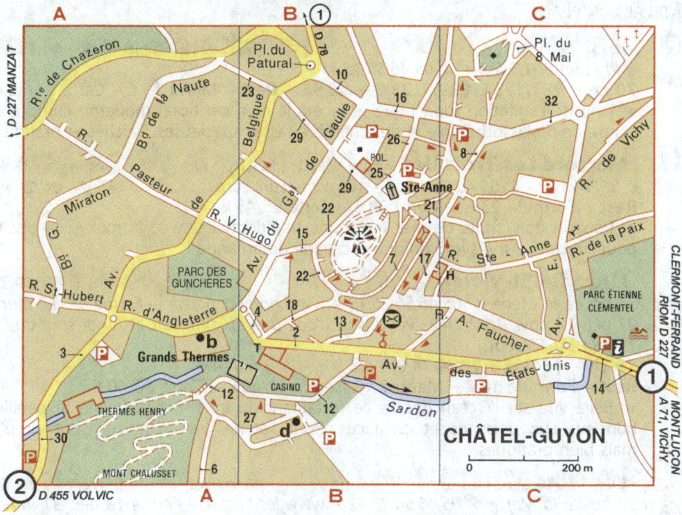

Baraduc (Av.) . . . . B 2	Dr-Levadoux (R.) . . . . B 13	Mont Oriol (R.) . . . . AB 23
Brocqueville (Av.) . . . . A 3	Europe (Av. de l') . . . . C 14	Ormeau (R. de l') . . . . B 26
Brosson (Pl.) . . . . B 4	Fénelon (R.) . . . . B 15	Orme (Pl. de l') . . . . B 25
Chalusset (R. du) . . . . A 6	Groslier (R. J.) . . . . B 16	Punett (R. A.) . . . . B 27
Château (R. du) . . . . B 7	Hôtel de Ville (R. de l') . . . . B 17	Remparts (R. des) . . . . B 29
Commerce (R. du) . . . . C 8	Lacroix (R.) . . . . B 18	Russie (Av. de) . . . . A 30
Coulon (R. Roger) . . . . B 10	Marché (Pl. du) . . . . B 21	Thermal (Bd) . . . . C 32
Dr-Gübler (R.) . . . . B 12	Maupassant (R. Guy-de) . . . . B 22	

Splendid
rest, VISA AE

5-7 r. d'Angleterre – ✆ 04 73 86 04 80 – www.hotelsplendid-chatelguyon.com – Fermé 23 déc.-20 fév. **Ab**

85 ch – †135/165 € ††135/165 € – 1 suite – ☕ 11 €

Rest *(fermé dim. soir et lundi de mi-nov. à fin mars)* – Menu 22 € (sem.)/32 € – Carte 28/58 €

◆ Guy de Maupassant, qui fréquenta cet ancien palace bâti en 1872, a laissé son nom à l'un des salons. Charmantes chambres rénovées dans la tendance inspirée de l'ancien. Majestueuse salle à manger du 19e s. : colonnes, belle cheminée en bois sculpté, etc.

Le Bellevue
rest, VISA

4 r. A. Punett – ✆ 04 73 86 07 62 – www.bellevue63.fr – Ouvert 1er avril-31 oct. **Bd**

38 ch – †68/88 € ††68/88 € – ☕ 10 € – ½ P 100/120 €

Rest – Formule 15 € – Menu 28/36 € – Carte 45/65 €

◆ Dominant la station thermale, cet hôtel 1930 invite au repos. Les chambres sont pratiques, et le cadre verdoyant. Cuisine traditionnelle – exclusivement pour les résidents – servie en terrasse aux beaux jours.

CHÂTELAILLON-PLAGE – 17 Charente-Maritime – 324 D3 — 38 A2

– 6 049 h. – alt. 3 m – Casino – ✉ 17340 Poitou Vendée Charentes

▶ Paris 482 – Niort 74 – Rochefort 22 – La Rochelle 19

ℹ 5, avenue de Strasbourg, ✆ 05 46 56 26 97, www.chatelaillon-plage-tourisme.fr

Mercure Les Trois Iles
A/C VISA AE

à la Falaise – ✆ 05 46 56 14 14 – www.mercure.com

79 ch – †84/205 € ††84/205 € – ☕ 14 €

Rest *Mercure Les Trois Iles* – voir les restaurants ci-après

◆ Oléron, Aix et Ré... de bien jolies îles à l'horizon. Les chambres sont contemporaines et confortables ; évidemment, on craque pour celles qui donnent sur la mer !

Ibis

à la Falaise, 1,5 km – ✆ 05 46 56 35 35
70 ch – 87/123 € 97/123 € – ☕ 9 € **Rest** – Menu 19 € – Carte 21/30 €
◆ Loin de l'agitation touristique et face à la mer, cet hôtel moderne compte un centre de thalassothérapie et des chambres assez spacieuses, fraîches et pratiques.

Mercure Les Trois Iles – Hôtel Mercure Les Trois Iles

à la Falaise – ✆ 05 46 56 14 14 – www.mercure.com
Rest – Formule 23 € – Menu 28 € – Carte 25/45 €
◆ Poisson frais, fruits de mer et cuisine traditionnelle, avec la mer et la piscine pour horizon... Une sympathique escapade gourmande !

L'Acadie St-Victor avec ch

35 bd de la Mer – ✆ 05 46 56 25 13 – www.hotel-acadie.fr – Fermé 1er-17 mars, 21 oct.-17 nov., 16-28 fév., vend. soir d'oct. à avril, dim. soir et lundi sauf du 15 juin au 15 sept.
15 ch – 54/66 € 54/74 € – ☕ 9 € – ½ P 64/74 €
Rest – Formule 18 € – Menu 23 € (sem.), 29/40 € – Carte 30/60 €
◆ Belle vue sur l'Océan depuis ce restaurant du front de mer et, côté papilles, honneur aux poissons et crustacés. Pour l'étape, les chambres sont simples mais bien pratiques.

Les Flots avec ch

52 bd de la Mer – ✆ 05 46 56 23 42 – www.les-flots.fr – Fermé 18 déc.-31 janv.
10 ch – 64/97 € 64/97 € – ☕ 9 €
Rest *(fermé mardi d'oct. à mars)* – Menu 27 € – Carte 29/59 €
◆ Un Bistrot marin ouvert sur l'immense plage et une carte pleine de fraîcheur, faisant évidemment la part belle aux produits iodés... Sur l'ardoise, des petits plats goûteux et gourmands mitonnés par un chef qui sait allier maîtrise et simplicité. Quant aux chambres, elles sont agréables et confortables.

LA CHÂTELAINE – 39 Jura – 321 E5 – 130 h. – alt. 560 m – ✉ 39600 16 B2

Paris 422 – Besançon 57 – Lons-le-Saunier 46

Séquoia sans rest

Grande Rue, (Domaine d'Artois) – ✆ 03 84 66 14 73 – www.hotel-sequoia-jura.com
20 ch – 79 € 89 € – ☕ 12 €
◆ Un grand parc, un château du 15es. et de jolies bâtisses en brique et bois réunies en un charmant hameau... Cachet, caractère, nature ! Dans les chambres, déco champêtre ou montagne, pour un esprit très cocooning.

LE CHÂTELET – 18 Cher – 323 J7 – 1 140 h. – alt. 200 m – ✉ 18170 12 C3

Paris 301 – Argenton-sur-Creuse 66 – Bourges 54 – Châteauroux 55

à Notre-Dame d'Orsan 7 km au Nord-Ouest par D 951 et D 65, rte de Lignères – ✉ 18170 Rezay

La Maison d'Orsan

– ✆ 02 48 56 27 50 – www.prieuredorsan.com – Ouvert d'avril à oct.
6 ch (½ P seult) – ½ P 198/283 €
Rest ***La Table d'Orsan*** – voir les restaurants ci-après
◆ Délicieuse étape dans un prieuré du 12es. Plus qu'une maison de caractère, c'est avant tout un superbe jardin monastique avec – accessoirement – des chambres sobres et raffinées, comme aime le dire le propriétaire... Exquis et romantique !

La Table d'Orsan

– ✆ 02 48 56 27 50 – www.prieuredorsan.com – Ouvert d'avril à oct. et fermé le midi
Rest – Menu 65 €
◆ Un endroit bourré de charme, champêtre et hors du temps... On savoure ici un menu unique mettant en avant les produits du terroir, du potager et du marché. Frais et goûteux !

CHÂTELLERAULT – 86 Vienne – 322 J4 – 33 540 h. – alt. 52 m **39** C1
– ✉ 86100 Poitou Vendée Charentes

Paris 304 – Châteauroux 98 – Cholet 134 – Poitiers 36

2, avenue Treuille, ✆ 05 49 21 05 47, www.ot-chatellerault.com

Villa Richelieu - Villa 61 et 63 sans rest

61-63 av. Richelieu – ✆ 06 70 15 30 90
– www.villarichelieu.com AYe

5 ch – †74/115 € ††90/115 €

◆ Une option originale pour dormir à Châtellerault : une maison d'hôtes où on loge en toute indépendance. Deux bâtisses au choix – côté rue (n° 63) ou côté cour et piscine (n° 61) – mêlant murs en tuffeau et esprit urbain. Les propriétaires se rendent disponibles dès qu'il le faut.

Alsace-Lorraine (Q.) . . . . AY 2
Blossac (Bd de) . . . . BY
Château (Q. du) . . . . AY 3
Clemenceau (Av. G.) . . . . BY 4
Cygne-Châteauneuf (R. du) . . . AY 5
Dupleix (Pl.) . . . . BY 6
Gaudeau-Lerpinière (R.) . . . . . . AY 7
Grande-Rue de Châteauneuf . . . . AZ 8
Kennedy (Av. J. F.) . . . . BZ 10
Krebs (R. Clément) . . . . AZ 12
Leclerc (Av. Mar.) . . . . BY 13
Martyrs-de-la-Résistance (Q. des) . . . . AZ 14
Napoléon-1er (Quai) . . . . AY 15
Nouveau-Brunswick (R. du) . . . . AZ 16
Prés. Roosevelt (Av.) . . . . AZ 18
St-Jacques (R. du Fg) . . . . BZ 19
Sully (R.) . . . . AZ 21
Thuré (R. de) . . . . AY 23
Trois-Pigeons (R. des) . . . . BZ 25
Villeneuve (R. Chanoine-de) . . . . AZ 27

XXX **La Gourmandine** avec ch
22 av. Président Wilson – ✆ 05 49 21 05 85 – www.la-gourmandine.com – Fermé 1er-8 mai, 7-27 nov., 2-12 janv., dim. soir et lundi midi AZx
13 ch – 88/138 € 98/148 € – 14 €
Rest *(dîner seult)* – Menu 28 € (sem.), 38/64 € – Carte 60/80 €
Rest ***Le Bistrot "Côté Jardin"*** *(déj. seult)* – Formule 15 € – Menu 18 € (sem.), 28/32 €
◆ Hauts plafonds, moulures, boiseries... une maison de maître estampillée 1905, pour une cuisine gastronomique d'aujourd'hui et assez soignée. Autre option pour le déjeuner en semaine : la bonne ardoise du Bistrot. Et pour l'étape, des chambres aussi soignées que contemporaines (Boudoir, Romance, Chinoise...).

XX **Bernard Gautier**
189 r. d'Antran – ✆ 05 49 90 24 74 – Fermé 5-25 mars, 27 août-9 sept., dim. et lundi AYt
Rest – Formule 15 € bc – Menu 28/45 € – Carte 40/62 €
◆ Terrine de langue de veau et légumes croquants, joue de porc aux agrumes et purée maison, feuilleté aux pommes caramélisées... Beaucoup de générosité et de gourmandise dans cette petite maison très recommandable ! Malgré des abords tristounets, la salle se révèle coquette.

à Usseau 7 km par ⑤, D 749 et D 75 – 646 h. – alt. 82 m – ✉ 86230

Château de la Motte
– ✆ 05 49 85 88 25 – www.chateau-de-la-motte.net – Fermé de mi-nov. à mi-mars
5 ch – 80/130 € 80/130 € **Table d'hôte** – Menu 30 € bc
◆ Tourelles, meneaux, mâchicoulis : ce château du 15es. surveille toujours la vallée, mais c'est aujourd'hui un couple d'amoureux des vieilles pierres qui vous y accueille... avec tous les égards. Caractère et élégance : on est conquis ! La table d'hôte fait honneur aux légumes "oubliés" du potager et aux fruits du verger.

CHÂTILLON – 92 Hauts-de-Seine – 311 J3 – 101 25 – voir à Paris, Environs

---

CHÂTILLON-ST-JEAN – 26 Drôme – 332 D3 – rattaché à Romans-sur-Isère

---

CHÂTILLON-SUR-CHALARONNE – 01 Ain – 328 C4 – 4 924 h. – alt. 177 m – ✉ 01400 Lyon Drôme Ardèche 43 E1

Paris 418 – Bourg-en-Bresse 28 – Lyon 55 – Mâcon 28
place du Champ de Foire, ✆ 04 74 55 02 27, www.tourisme-en-dombes.org
de La Bresse, à Condeissiat, Domaine de Mary, NE : 12 km par D 936 et D 64, ✆ 04 74 51 42 09
Triptyque★ dans l'ancien hôpital - Halles★.

La Tour
pl. de la République – ✆ 04 74 55 05 12 – www.hotel-latour.com – Fermé 23-29 déc.
19 ch – 90/135 € 115/170 € – 9 € – ½ P 65/113 €
Rest ***La Tour*** – voir les restaurants ci-après
◆ Charme et confort caractérisent cette superbe demeure du 14es., dont le style oscille entre cabinet de curiosités et esprit déco : salles de bains parfois ouvertes, tissus choisis, ciels de lit, objets chinés, etc.

XX **La Tour**
pl. de la République – ✆ 04 74 55 05 12 – www.hotel-latour.com – Fermé 23-29 déc., dim. soir, lundi midi et merc. midi
Rest – Formule 15 € – Menu 20 € (sem.), 38/65 € – Carte 64/86 €
◆ Dans cette Tour au cadre chamarré et un brin baroque, on sert des spécialités de poisson et... bressanes : poêlée de grenouilles, lièvre en estouffade, parmentier d'oie et de canard, etc.

à l'Abergement-Clémenciat **5 km au Nord-Ouest par D 7 et D 64^C – 791 h. – alt. 250 m – ✉ 01400**

XXX **St-Lazare**

le Bourg – ✆ 04 74 24 00 23 – www.lesaintlazare.fr – Fermé 19 juil.-11 août, 21-29 déc., vacances de fév., dim. soir, merc. et jeudi

Rest *(réserver)* – Formule 19 € – Menu 29/50 €

Rest *L'Épicerie* *(nombre de couverts limité, réserver)* – Formule 13 € – Menu 24 €

◆ Cette maison est dans la famille depuis 1899 ! Elle a du charme avec sa salle à manger lumineuse, sa jolie terrasse qui donne sur un jardin méditerranéen et sa cuisine à base de produits frais. Dans l'ancienne Épicerie de la grand-mère, on sert des formules rapides, dont une le soir autour de la grenouille...

CHÂTILLON-SUR-INDRE – 36 Indre – 323 D5 – 2 859 h. – alt. 115 m – ✉ 36700 11 B3

Paris 261 – Orléans 175 – Châteauroux 47 – Déols 51

boulevard du Général Leclerc, ✆ 02 54 38 74 19, www.chatillon-sur-indre.fr

La Poignardière ch,

4 km au Nord-Est par D 975 et D 28 direction Le Tranger – ✆ 02 54 38 78 14 – www.lapoignardiere.fr – Ouvert de mars à nov.

5 ch – †90 € ††100 € **Table d'hôte** – Menu 28 € bc

◆ Certaines demeures distillent un charme indéfinissable. Est-ce la promenade en barque sur l'étang, la beauté des arbres centenaires ou l'élégance sobre de cette demeure 1900 ? Est-ce le jardin d'hiver si romantique ou le dîner traditionnel ? Peut-être un peu tout cela...

X **Auberge de la Tour**

2 rte du Blanc – ✆ 02 54 38 44 20 – Fermé 17 sept.-4 oct., 3-20 janv., mardi d'oct. à mars, dim. soir et lundi

Rest – Menu 16/40 € – Carte 30/53 €

◆ Après un joli parcours dans de grandes maisons, le chef est rentré chez lui pour fonder son propre restaurant... Ici, il réinterpète les saveurs de son enfance selon son inspiration du moment. Son leitmotiv ? Faire plaisir... Pari réussi !

CHÂTILLON-SUR-SEINE – 21 Côte-d'Or – 320 H2 – 5 719 h. – alt. 219 m – ✉ 21400 Bourgogne 8 C1

Paris 233 – Auxerre 85 – Chaumont 60 – Dijon 83

place Marmont, ✆ 03 80 91 13 19, www.chatillonnais.fr

Source de la Douix★ - Musée★ du Châtillonnais : trésor de Vix★★.

La Côte d'Or

2 r. Charles-Ronot – ✆ 03 80 91 13 29 – www.hotel-delacotedor.fr – Fermé 1er janv.-16 fév., lundi et mardi

9 ch – †65/75 € ††65/75 € – ☕ 10 € – ½ P 75 €

Rest *La Côte d'Or* – voir les restaurants ci-après

◆ Ce relais de poste s'est transformé en sympathique hôtel-restaurant, avec des chambres classiques (mobilier ancien ou de style) et bien tenues, ainsi qu'un joli jardin planté de marronniers et d'érables... Le charme douillet d'antan !

XX **La Côte d'Or** – Hôtel La Côte d'Or

2 r. Charles-Ronot – ✆ 03 80 91 13 29 – www.hotel-delacotedor.fr – Fermé 1er janv.-16 fév., lundi et mardi

Rest – Menu 20/45 € – Carte 40/60 €

◆ On s'installe dans la belle salle rustique ou à l'ombre des arbres du jardin, puis on prend le temps de savourer l'appétissante cuisine traditionnelle et bourguignonne du chef. Les produits sont bien choisis... c'est simple et bon.

LA CHÂTRE – 36 Indre – 323 H7 – 4 465 h. – alt. 210 m – ✉ 36400 Limousin Berry 12 C3

Paris 298 – Bourges 69 – Châteauroux 37 – Guéret 53

134, rue Nationale, ✆ 02 54 48 22 64, www.pays-george-sand.com

les Dryades, à Pouligny-Notre-Dame, Hôtel des Dryades, S : 9 km par D 940, ✆ 02 54 06 60 67

À l'Escargot
pl. du Marché – ✆ 02 54 48 03 85 – www.auberge-restaurant-escargot.com – Fermé 1er-11 mars, 21 août-11 sept., dim. soir et lundi
Rest – Formule 17 € – Menu 35/40 €
◆ Pour la petite histoire, les parents de George Sand se seraient connus dans cette auberge... Auraient-ils apprécié la sympathique cuisine traditionnelle qu'on y sert aujourd'hui ? Certainement !

à Pouligny-Notre-Dame 12 km au Sud par D 940 – 624 h. – alt. 376 m – ✉ 36160

Les Dryades
28 r. du Golf – ✆ 02 54 06 60 60 – www.les-dryades.fr
80 ch – 99 € 169 € – 5 suites – 12 €
Rest – Menu 36 € – Carte 38/70 €
◆ Dans la mythologie grecque, les dryades étaient les nymphes protectrices de la forêt... Un nom tout trouvé pour ce bel hôtel contemporain donnant sur le golf verdoyant. Tons clairs et apaisants dans les chambres, spa très agréable.

CHÂTRES – 77 Seine-et-Marne – 312 F3 – 577 h. – alt. 116 m – ✉ 77610 — 19 C2

Paris 49 – Boulogne-Billancourt 57 – Montreuil 44 – Saint-Denis 62

Le Portail Bleu ch,
2 rte de Fontenay – ✆ 01 64 25 84 94 – www.leportailbleu.com
5 ch – 50 € 70/75 € **Table d'hôte** – Menu 24 € bc
◆ Cette ancienne ferme briarde (19e s.), impeccablement rénovée, abrite des chambres mansardées et douillettes, garnies de meubles et d'objets chinés avec passion. Table d'hôte.

CHAUBLANC – 71 Saône-et-Loire – 320 J8 – rattaché à St-Gervais-en-Vallière

CHAUDES-AIGUES – 15 Cantal – 330 G5 – 954 h. – alt. 750 m – Stat. therm. : début avril-début nov. – Casino – ✉ 15110 Auvergne — 5 B3

Paris 538 – Aurillac 94 – Espalion 54 – St-Chély-d'Apcher 30
29 Av Pierre Vialard, ✆ 04 71 23 52 75, www.chaudesaigues.com

Beauséjour
9 av. G.-Pompidou – ✆ 04 71 23 52 37 – www.hotel-beausejour-chaudes-aigues.com – Ouvert 1er avril-25 nov.
39 ch – 48/54 € 58/70 € – 8 € – ½ P 52/56 €
Rest – Menu 14/35 € – Carte 28/46 €
◆ Près du centre thermal, une grande bâtisse blanche. Les chambres, simples, claires et confortables, donnent pour la grande majorité sur la rivière toute proche, au calme ; pour l'agrément, une piscine chauffée bien appréciable et sa jolie terrasse.

Serge Vieira avec ch ch,
Château du Couffour, 2,5 km au Sud par rte de Rodez (D 921) – ✆ 04 71 20 73 85 – www.sergevieira.com – Ouvert 1er avril-30 nov. et fermé mardi et merc.
3 ch – 185 € 185 € – 17 € **Rest** – Menu 60/95 €
Spéc. Huîtres de la baie de l'enfer raidies, caviar d'aubergine et beignet de tétragone (juil.). Épaule et ris d'agneau allaiton rôtis au citron confit (août). Compotée de myrtilles sauvages, croustillant à l'anis et sphère orange-pistache (sept.).
◆ Dans son vaisseau contemporain (pierre, fer et verre) construit à l'aplomb d'une forteresse des 14 et 16es. et dominant l'Aubrac, Serge Vieira fait des merveilles. Sa cuisine révèle un grand savoir-faire... et elle a aussi une très belle âme ! Chambres agréables, conçues selon une démarche écologique.

CHAUMONT P – 52 Haute-Marne – 313 K5 – 24 039 h. – alt. 318 m – ✉ 52000 Champagne Ardenne — 14 C3

Paris 264 – Épinal 128 – Langres 35 – St-Dizier 74
37 rue de Verdun, ✆ 03 25 03 80 80, www.tourisme-chaumont-champagne.com
Viaduc★ - Basilique St-Jean-Baptiste★.

Carnot (Av.) . . . . Y 3	Hautefeuille (R.) . . . . Y 17	Souvenir Français (Av. du) . . . . Z 27
Champ-de-Mars (R. du) . . . . Y 4	Huguenу (R. du Cdt) . . . . . . Y 18	Toupot-de-Béveaux (R.) . . . . . Z 28
Clemenceau (R. G.) . . . . . . Z 7	Laloy (R.) . . . . Z 19	Tour Charton (R. de la) . . . . . . Z 30
Dutailly (R.) . . . . Y 8	Langres (Pt de) . . . . Z 20	Tour Mongeard (R. de la) . . . . Z 31
Fourcaut (R. V.) . . . . Y 10	Mariotte (R. V.) . . . . Z 22	Val Anne-Marie (R. du) . . . . . . Z 33
Girardon (R.) . . . . Y 12	Mgr Desprez (R.) . . . . YZ 24	Verdun (R. de) . . . . Z
Goguenheim (Pl. E.) . . . . . . Z 13	Palais (R. du) . . . . Y 25	Victoire-de-la-Marne (R.) . . . . . Y 34
Gouthière (R. J.) . . . . Y 14	St-Jean (R.) . . . . YZ 26	
Guyard (R.) . . . . Y 16		

De France

25 r. Toupot de Béveaux – ✆ 03 25 03 01 11 – www.hotel-france-chaumont.fr

20 ch – 79/119 € 85/128 € – 7 suites – 11 € **Zs**

Rest *(fermé 6-26 août, dim., fériés et le midi)* – Menu 20 € (sem.) – Carte 19/31 €

◆ À l'entrée de la zone piétonne, cet hôtel propose des chambres spacieuses, parées d'allusions discrètes à de lointaines destinations. Bonne insonorisation et literie neuve. Restaurant décoré dans un style contemporain et accueillant ; recettes traditionnelles.

Les Remparts

72 r. Verdun – ✆ 03 25 32 64 40 – www.hotel-les-remparts.fr – Fermé dim.

17 ch – 76 € 86 € – 12 € **Zb**

Rest ***Les Remparts*** – voir les restaurants ci-après

◆ En face d'un joli parc, cet hôtel propose des chambres colorées et confortables, agencées dans plusieurs immeubles anciens attenants. Ce petit côté "labyrinthe" fait le charme du lieu... Petit salon et bar.

XX **Les Remparts** – Hôtel Les Remparts

72 r. Verdun – ✆ 03 25 32 64 40 – www.hotel-les-remparts.fr – Fermé dim.
Rest – Formule 18 € – Menu 21 € (sem.), 31/52 € – Carte 21/52 € **Zb**
◆ Au pied de cet hôtel de caractère, entre gare et centre-ville, une table traditionnelle où la cuisine classique et les produits du terroir sont à l'honneur (truffe, aile de raie au fromage de Langres, etc.).

à Chamarandes 3,5 km par ③ et D 162 – 1 067 h. – ✉ 52000

XX **Au Rendez-Vous des Amis** avec ch

4 pl. du Tilleul – ✆ 03 25 32 20 20 – www.au-rendezvous-des-amis.com – Fermé 1er-12 mai, 28 juil.-21 août et 22 déc.-2 janv.
18 ch – †69/74 € ††76/82 € – ☕ 11 €
Rest *(fermé vend. soir, dim. soir et sam.)* – Menu 16 € (sem.), 33/39 € – Carte 46/62 €
◆ Sympathique auberge proposant une cuisine traditionnelle revisitée. Le cadre évoque un bistrot contemporain, mais on peut aussi choisir la terrasse en face de l'église. Chambres pour l'étape.

CHAUMONT-SUR-AIRE – 55 Meuse – 307 C5 – 166 h. – alt. 250 m – ✉ 55260 26 A2

▶ Paris 270 – Bar-le-Duc 24 – St-Mihiel 25 – Verdun 33

XX **Auberge du Moulin Haut** avec ch

1 km à l'Est sur rte de St-Mihiel – ✆ 03 29 70 66 46 – www.moulinhaut.fr
10 ch – †75/90 € ††75/90 € – ☕ 10 €
Rest *(fermé vacances de la Toussaint et de fév., dim. soir et lundi)* – Formule 15 € – Menu 29/59 € – Carte 40/60 €
◆ Des pierres, des poutres apparentes, une cheminée, un joli moulin (18e s.), le doux bruissement de l'eau... Cet endroit est charmant, et l'on y savoure une bonne cuisine traditionnelle. Pour l'étape, des chambres au calme, côté jardin ou rivière.

CHAUMONT-SUR-THARONNE – 41 Loir-et-Cher – 318 I6 – 1 076 h. – alt. 122 m – ✉ 41600 Châteaux de la Loire 12 C2

▶ Paris 165 – Blois 52 – Orléans 35 – Romorantin-Lanthenay 32
ℹ 10 rue de Romorantin, Mairie, ✆ 02 54 88 84 00, www.chaumont-sur-tharonne.fr

Le Mousseau sans rest

3 km par D 922 et rte secondaire – ✆ 02 54 88 53 92 – www.demeure-lemousseau.com
4 ch ☕ – †190/230 € ††190/250 €
◆ Magnifique gentilhommière du 19es. dans un immense parc au cœur de la Sologne sauvage. Chambres cosy et soignées (tissus choisis, mobilier de style) et beaux salons.

CHAUMOUSEY – 88 Vosges – 314 G3 – rattaché à Épinal

CHAUNY – 02 Aisne – 306 B5 – 12 146 h. – alt. 50 m – ✉ 02300 37 C2

▶ Paris 124 – Compiègne 46 – Laon 35 – Noyon 18
ℹ place du Marché Couvert, ✆ 03 23 52 10 79

XXX **Toque Blanche** avec ch (rest.)

24 av. V.-Hugo – ✆ 03 23 39 98 98 – www.toque-blanche.fr – Fermé 7-26 août, 2-7 janv., 16-24 fév., sam. midi, dim. soir et lundi
5 ch – †63/89 € ††74/89 € – ☕ 13 €
Rest – Menu 19 € (déj. en sem.), 31/74 € – Carte 67/76 €
◆ Blottie dans un parc, cette belle demeure bourgeoise de 1827, reconstruite en 1920, révèle un agréable décor romantique. Goûteuse cuisine actuelle.

au Rond-d'Orléans 8 km au Sud-Est par D 937 et D 1750 – ✉ 02300 Sinceny

Auberge du Rond d'Orléans
– ✆ *03 23 40 20 10*
21 ch – †48 € ††55 € – ☕ 7 € – ½ P 64 €
Rest *(fermé dim. soir)* – Menu 15 € bc (déj. en sem.), 19/60 € – Carte 40/67 €
◆ Au cœur de la forêt domaniale de Coucy-Basse et au grand calme, une bâtisse aux airs de motel, avec des chambres pratiques et bien tenues.

CHAUSEY (ÎLES) – 50 Manche – 303 B6 – voir à Îles Chausey

LA CHAUSSÉE D'IVRY – 28 Eure-et-Loir – 311 E2 – 1 011 h. – alt. 57 m – ✉ 28260

11 B1

▶ Paris 75 – Orléans 141 – Chartres 60 – Cergy 59

Le Gingko rest,
505 r. des Moulins, (golf Parc de Nantilly) – ✆ *02 37 64 01 11*
– *www.hotel-gingko.com*
20 ch – †80/165 € ††80/165 € – ☕ 10 €
Rest ***Du Golf*** – Carte 35/50 €
◆ Cette maison de maître du 19ᵉs. – aux dépendances plus récentes – est parfaite pour les golfeurs : elle jouxte directement le golf ; l'accueil se fait d'ailleurs au club-house. Chambres spacieuses et confortables, cuisine traditionnelle au restaurant : tout est réuni pour un bon séjour sportif.

CHAUSSENAC – 15 Cantal – 330 B3 – 238 h. – alt. 692 m – ✉ 15700

5 A3

▶ Paris 536 – Aurillac 51 – Clermont-Ferrand 133 – Limoges 166

La Fournio sans rest
Esclandines – ✆ *04 71 69 02 68* – *www.lafournio.fr* – *Ouvert 2 avril-31 oct., vacances de fév., de printemps et de Noël*
3 ch ☕ – †60/90 € ††65/95 €
◆ Cette maison appartenait à la grand-mère du propriétaire. La voilà qui revit, décorée dans un charmant style maison de campagne (poutres, meubles de famille, objets chinés). Un lieu délicieux, parfait pour un week-end en amoureux.

CHAUSSIN – 39 Jura – 321 C5 – 1 604 h. – alt. 191 m – ✉ 39120

16 A2

▶ Paris 354 – Beaune 52 – Besançon 76 – Chalon-sur-Saône 56

Chez Bach
4 pl. Ancienne Gare – ✆ *03 84 81 80 38* – *www.hotel-bach.com* – *Fermé 20 déc.-10 janv., vend. soir sauf du 14 juil. au 31 août, dim. soir et lundi midi sauf fériés*
23 ch – †73/92 € ††73/92 € – ☕ 12 € – ½ P 79/93 €
Rest ***Chez Bach*** – voir les restaurants ci-après
◆ À la sortie de ce village situé aux confins de la Bresse, de la Bourgogne et du Jura, un hôtel-restaurant familial, avec des chambres classiques et douillettes. Une étape bien agréable.

Chez Bach
4 pl. Ancienne Gare – ✆ *03 84 81 80 38* – *www.hotel-bach.com* – *Fermé 20 déc.-10 janv., vend. soir sauf du 14 juil. au 31 août, dim. soir et lundi midi sauf fériés*
Rest *(réserver)* – Formule 19 € – Menu 27/65 € – Carte 44/84 €
◆ Ballottine de poulet de Bresse et salade de girolles fraîches, filet de féra du Léman, cassolette d'escargots de Bourgogne... Ce Bach-là compose un menuet traditionnel accompagné de forts jolis breuvages, à déguster dans un cadre cossu.

CHAUVIGNY – 86 Vienne – 322 J5 – 6 875 h. – alt. 65 m – ✉ 86300

39 C1

Poitou Vendée Charentes

▶ Paris 333 – Bellac 64 – Le Blanc 36 – Châtellerault 30
ℹ 5 rue Saint Pierre, ✆ 05 49 46 39 01, www.chauvigny.fr
Ville haute★ - Église St-Pierre★ : chapiteaux du choeur★★ - Donjon de Gouzon★.
St-Savin : abbaye★★ (peintures murales★★★).

Lion d'Or ch, rest, rest, VISA

8 r. du Marché, (près de l'église) – ✆ 05 49 46 30 28 – Fermé 24 déc.-15 janv.
26 ch – †51 € ††51 € – ☕ 8 € – ½ P 48 €
Rest – Formule 12 € – Menu 19/44 € – Carte 26/48 €
◆ L'on y dort bien, dans cet ancien relais de poste (avec une annexe moderne) qui abrite des chambres simples et traditionnelles, aux tarifs mesurés pour une excellente tenue ! Aux commandes des cuisines, le patron ne manque pas de générosité.

CHAUX-NEUVE – 25 Doubs – **321** G6 – **261 h.** – **alt. 992 m** – ✉ **25240** **16** B3
Paris 450 – Besançon 94 – Genève 78 – Lons-le-Saunier 68

Auberge du Grand Gît ch, VISA

8 r des Chaumelles – ✆ 03 81 69 25 75 – www.aubergedugrandgit.com – Ouvert 5 mai-30 sept., 22 déc.-25 mars et fermé dim. soir, lundi et le midi
8 ch – †47/52 € ††52/57 € – ☕ 10 € – ½ P 52/57 €
Rest – Menu 19/38 € – Carte 18/42 €
◆ Un chalet récent, posté près des tremplins de saut à ski. Il règne ici une agréable atmosphère familiale et un calme plaisant. Chambres simples, d'esprit montagnard. Le patron mitonne une appétissante cuisine régionale, servie dans une sympathique salle rustique.

CHAVANOZ – 38 Isère – **333** E3 – **4 180 h.** – **alt. 234 m** – ✉ **38230** **44** B1
Paris 494 – Lyon 49 – Grenoble 101 – Villeurbanne 38

Aux Berges du Rhône avec ch VISA

hameau de Grange-Rouge, 2 km au Sud-Est par D 55 rte de Loyettes – ✆ 04 72 02 02 50 – www.aux-berges-du-rhone.com – Fermé dim. soir, merc. soir et lundi
7 ch ☕ – †95 € ††120 € – ½ P 125 €
Rest – Formule 24 € – Menu 29 € (sem.), 38/74 € – Carte 45/56 €
◆ Ce bâtiment récent, entouré d'un parc et proche du Rhône, a su adopter un style contemporain de bon goût. Moules, ravioles et girolles en gratin ; carpaccio de lotte fumée : exemples parmi d'autres d'un alléchant registre actuel. Pour faire une étape, des chambres confortables au décor épuré.

CHAVIGNOL – 18 Cher – **323** M2 – **rattaché à Sancerre**

CHAZAY – 28 Eure-et-Loir – **311** E5 – **rattaché à Chartres**

CHAZEY-SUR-AIN – 01 Ain – **328** E5 – **1 385 h.** – **alt. 235 m** – ✉ **01150** **44** B1
Paris 469 – Bourg-en-Bresse 45 – Chambéry 87 – Lyon 43

La Louizarde VISA

3 km au Sud par D 62 et rte secondaire – ✆ 04 74 61 53 23 – Fermé 29 avril-4 mai, 1er-15 sept., 23-28 déc., mardi soir, merc. soir et jeudi soir d'oct. à mai, sam. midi, dim. soir et lundi
Rest – Formule 16 € – Menu 25/35 €
◆ L'architecture de la maison, le décor d'esprit colonial et la magnifique terrasse ombragée ont de quoi séduire. La cuisine mêle les influences régionales à des notes plus actuelles comme le sucré-salé.

CHECY – 45 Loiret – **318** J4 – **8 044 h.** – **alt. 112 m** – ✉ **45430** **12** C2
Paris 142 – Orléans 10 – Fleury-les-Aubrais 13 – Olivet 28

Le Week-End VISA

1 pl. du Cloître – ✆ 02 38 86 84 93 – www.restaurant-leweekend.com – Fermé dim. soir et lundi
Rest – Menu 29 € (sem.), 39/65 € – Carte 55/61 €
◆ Un week-end, arrêtez-vous dans cette charmante maison ! Cailles, pigeonneau, retour de pêche selon la saison et beau choix de vins du Val de Loire (dégustation au caveau).

CHELLES – 60 Oise – **305** J4 – **rattaché à Pierrefonds**

CHÉNAS – 69 Rhône – **327** H2 – **489 h.** – **alt. 253 m** – ✉ **69840** **43** E1

Paris 407 – Mâcon 18 – Bourg-en-Bresse 45 – Lyon 59

XX **Les Platanes de Chénas**

aux Deschamps, 2 km au Nord par D 68 – ✆ 03 85 36 79 80 – www.platanes-chenas.com – Fermé 18-30 déc., 1er fév.-10 mars, mardi et merc.

Rest – Formule 19 € – Menu 28/51 € – Carte 40/60 €

◆ Dans ce joli village viticole dominant le Beaujolais, cette ancienne ferme est vraiment plaisante : évidemment, il y a une terrasse sous les platanes – charmante –, mais aussi de vastes salles feutrées et accueillantes. Quant à la cuisine régionale du chef, elle se révèle très goûteuse.

CHÊNEHUTTE-LES-TUFFEAUX – 49 Maine-et-Loire – **317** I5 – **rattaché à Saumur**

CHÉNÉRAILLES – 23 Creuse – **325** K4 – **736 h.** – **alt. 537 m** – ✉ **23130** **25** C1

Limousin Berry

Paris 369 – Aubusson 19 – La Châtre 63 – Guéret 32

32, route de gouzon, ✆ 05 55 62 91 22

Haut-relief★ dans l'église.

XX **Le Coq d'Or**

7 pl. du Champ-de-Foire – ✆ 05 55 62 30 83 – www.restaurant-coqdor-23.com – Fermé 25 juin-5 juil., 24 sept.-4 oct., 1er-20 janv., dim. soir, merc. soir et lundi

Rest – Formule 14 € – Menu 22 € (sem.), 25/47 € – Carte 35/71 €

◆ Une déco très... coquette, et pour cause : on trouve ici moult coqs rapportés des quatre coins du monde par les clients ! Dans l'assiette ? Une cuisine fine et maîtrisée, alliant saveurs du terroir et créativité. De quoi chanter "cocorico".

CHENONCEAUX – 37 Indre-et-Loire – **317** P5 – **353 h.** – **alt. 62 m** – ✉ **37150** Châteaux de la Loire **11** A1

Paris 234 – Amboise 12 – Château-Renault 36 – Loches 31

1, rue Bretonneau, ✆ 02 47 23 94 45, www.chenonceaux-blere-tourisme.com

Château de Chenonceau★★★.

Auberge du Bon Laboureur

6 r. Dr Bretonneau – ✆ 02 47 23 90 02 – www.bonlaboureur.com – Fermé 11 nov.-21 déc. et 6 janv.-14 fév.

23 ch – †95/155 € ††120/260 € – 3 suites – ☐ 15 € – ½ P 118/190 €

Rest *Auberge du Bon Laboureur* ✿ – voir les restaurants ci-après

◆ Près du "château des Dames", un véritable hameau de jolies maisonnettes couvertes de vigne vierge : chaque chambre y distille un charme particulier, comme si tout un pittoresque village se faisait demeure de famille...

La Roseraie

7 r. Dr Bretonneau – ✆ 02 47 23 90 09 – www.hotel-chenonceau.com – Ouvert 1er mars-4 déc.

18 ch – †55/75 € ††55/125 € – ☐ 11 €

Rest *(fermé lundi, le midi sauf vend., sam. et dim.)* – Formule 19 € – Menu 29 € – Carte 40/55 €

◆ Rustique, ce bâtiment tapissé de vigne vierge ne manque pas de charme... L'ambiance est familiale, les chambres fleuries comme le jardin, et la piscine invite à la détente.

XXX ✿ **Auberge du Bon Laboureur** (Antoine Jeudi) –

6 r. Dr Bretonneau – ✆ 02 47 23 90 02 – www.bonlaboureur.com – Fermé 11 nov.-21 déc., 6 janv.-14 fév. et mardi midi

Rest – Menu 30 € (déj. en sem.), 48/85 € – Carte 65/95 €

Spéc. Langoustines juste saisies et déclinaison de persil. Saint-pierre sauce hollandaise. Feuilleté aux fraises et rhubarbe, crème vanille (mai à sept.). **Vins** Montlouis-sur-Loire, Bourgueil.

◆ Cette valeur sûre creuse un sillon très fertile : celui de la finesse et de la subtilité, au service du produit et des saisons. Une belle table, avec un service agréable et un cadre élégant.

CHENÔVE – 21 Côte-d'Or – **320** K6 – **rattaché à Dijon**

CHÉPY – 80 Somme – 301 C7 – 1 295 h. – alt. 96 m – ✉ 80210 36 A1

Paris 207 – Abbeville 17 – Amiens 72 – Le Tréport 23

L'Auberge Picarde

pl. de la Gare – ✆ 03 22 26 20 78 – Fermé 26 déc.-16 janv.

25 ch – 48/65 € 53/70 € – 7 € – ½ P 64/98 €

Rest *L'Auberge Picarde* – voir les restaurants ci-après

◆ Dans un environnement champêtre, face à une gare désaffectée, c'est un hôtel tout simple avec ses chambres au mobilier un peu disparate. Il y a également un restaurant pour les affamés en route vers la côte picarde.

L'Auberge Picarde

pl. de la Gare – ✆ 03 22 26 20 78 – Fermé 26 déc.-16 janv., sam. midi, dim. et le midi du 16 au 30 août

Rest – Formule 12 € – Menu 16 € (sem.), 23/32 € – Carte 23/49 €

◆ Bien que située au cœur du Vimieu industriel, cet auberge a un petit air de restaurant de campagne. Le chef célèbre le terroir et la tradition et, pour clore le repas, plateau de fromages et charriot à dessert ne sont pas en reste.

CHERBOURG-OCTEVILLE – 50 Manche – 303 C2 – 39 774 h. 32 A1

– **Agglo. 117 855 h. – alt. 10 m – Casino BY – ✉ 50100** Normandie Cotentin

Paris 359 – Brest 399 – Caen 125 – Laval 224

quai Alexandre III, ✆ 02 33 93 52 02 www.cherbourgtourisme.com

de Cherbourg-Maupertus : ✆ 02 33 88 57 60, 11 km par ①.

de Cherbourg, à La Glacerie, Domaine des Roches, par rte de Valognes et D 122 : 7 km, ✆ 02 33 44 45 48

Fort du Roule ≤★ - Château de Tourlaville : parc★ 5 km par ①.

Le Louvre sans rest

2 r. H. Dunant – ✆ 02 33 53 02 28 – www.hotel-le-louvre.com – Fermé 16 déc.-2 janv. AXe

40 ch – 64/70 € 70/76 € – 9 €

◆ Une situation aussi centrale que le Louvre à Paris, avec bien sûr beaucoup moins d'espace et de luxe. Mais pour les prix, les chambres se révèlent confortables, modernes et calmes.

La Renaissance sans rest

4 r. de l'Église – ✆ 02 33 43 23 90 – www.hotel-renaissance-cherbourg.com

12 ch – 49/64 € 55/76 € – 9 € ABXa

◆ En léger retrait des quais, un petit hôtel familial, gai et bien tenu pratiquant des tarifs très raisonnables. Mansardes au dernier étage...

Ambassadeur sans rest

22 quai Caligny – ✆ 02 33 43 10 00 – www.ambassadeurhotel.com – Fermé 14 déc.-6 janv. BXv

40 ch – 44/62 € 56/72 € – 8 €

◆ Un hôtel tout simple et bon marché, face au port de pêche : en façade, les chambres ouvrent sur les quais et le bassin.

Angleterre sans rest

8 r. P. Talluau – ✆ 02 33 53 70 06 – www.hotelangleterre-fr.com AXk

23 ch – 41/50 € 46/60 €

◆ Tout près du centre piétonnier et commerçant, un hôtel modeste mais bien tenu (bonne literie). Pratique pour l'étape, avant de prendre le bateau vers... l'Angleterre.

Café de Paris

40 quai Caligny – ✆ 02 33 43 12 36 – www.restaurantcafedeparis.com – Fermé 3 sem. en mars, 3 sem. en nov., lundi midi et dim. BXYd

Rest – Menu 19 € (déj. en sem.), 23/37 € – Carte 30/60 €

◆ Une vraie brasserie de la mer ! Banc d'écailler au rez-de-chaussée, vue sur le port à l'étage – avec le spectacle, à l'heure de la marée, des chalutiers gorgés à ras bord de poissons et crustacés... La cuisine est iodée, évidemment, et bien goûteuse.

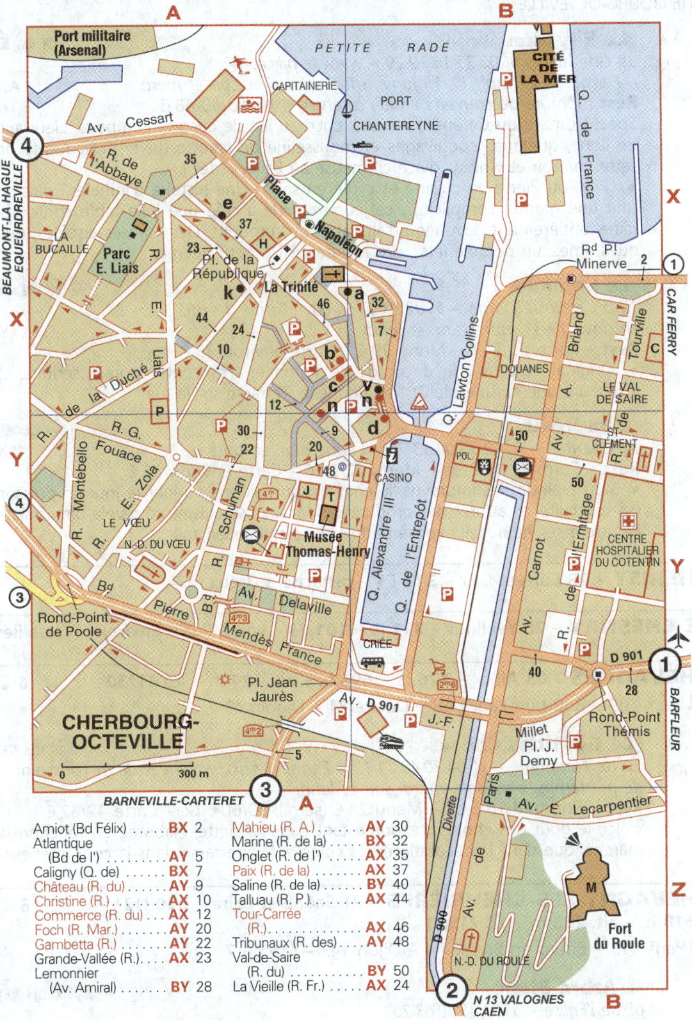

Amiot (Bd Félix)	BX	2	Mahieu (R. A.)	AY	30
Atlantique (Bd de l')	AY	5	Marine (R. de la)	BX	32
Caligny (Q. de)	BX	7	Onglet (R. de l')	AX	35
Château (R. du)	AY	9	Paix (R. de la)	AX	37
Christine (R.)	AX	10	Saline (R. de la)	BY	40
Commerce (R. du)	AX	12	Talluau (R. P.)	AX	44
Foch (R. Mar.)	AY	20	Tour-Carrée (R.)	AX	46
Gambetta (R.)	AY	22	Tribunaux (R. des)	AY	48
Grande-Vallée (R.)	AX	23	Val-de-Saire (R. du)	BY	50
Lemonnier (Av. Amiral)	BY	28	La Vieille (R. Fr.)	AX	24

XX Le Vauban

A/C VISA AE

22 quai Caligny – ✆ 02 33 43 10 11 – www.levauban-cherbourg.fr – Fermé vacances de la Toussaint, de fév., sam. midi, dim. soir et lundi BX**n**

Rest – Formule 19 € bc – Menu 22/42 € – Carte 39/68 €

◆ Face au pont mobile qui sépare les deux bassins portuaires : un vrai trait d'union avec la Manche... pour une belle cuisine de la mer. Bien sûr, il y a aussi quelques viandes, pour ceux qui préfèrent le plancher des vaches ! Décor classique.

Petit déjeuner compris ? La tasse ☕ suit directement le nombre de chambres.

Le Pily (Pierre Marion)

39 Gde Rue – 02 33 10 19 29 – www.le-pily.com – Fermé 1er-21 mai, 1er-15 janv., sam. midi, dim. soir et merc. AX**b**

Rest *(nombre de couverts limité, réserver)* – Menu 40/68 €

Spéc. Homard du Cotentin, haricots coco au lait de coco et combava. Lieu jaune de ligne, quelques coquillages et mousseline de carotte (hiver). Dacquoise noisette, marron et whisky, glace crémeuse au Baileys (déc.).

◆ "Pily" ou Pierre en cuisine et Lydie en salle... Une histoire d'initiales, mais surtout une grande complicité : ce jeune couple a créé une jolie table contemporaine, entièrement dévouée à l'alphabet des produits. Des phrases ciselées, quelques rimes, un rien d'effets : des assiettes ? Un petit poème.

Le Pommier

15 bis r. Notre-Dame – 02 33 53 54 60 – Fermé 3 sem. en nov., 19-31 mars, dim. et lundi AXY**n**

Rest – Formule 24 € – Menu 29 € – Carte environ 35 €

◆ Original et cosy : le décor de ce Pommier très contemporain séduit... On y savoure une cuisine plutôt traditionnelle. Terrasse sur la rue.

L'Imprévu

32 Gde Rue – 02 33 04 53 90 – Fermé dim. et lundi AX**c**

Rest – Formule 16 € bc – Menu 27/34 € – Carte environ 36 €

◆ Sans craindre les imprévus, le chef s'approvisionne au jour le jour en poissons (sa spécialité) et auprès des producteurs locaux : sa cuisine se révèle bien fraîche. Peintre à ses heures, il expose parfois ses créations en salle.

CHERISY – 28 Eure-et-Loir – 311 E3 – rattaché à Dreux

LE CHESNAY – 78 Yvelines – 311 I3 – 101 23 – voir à Paris, Environs (Versailles)

CHEVAGNES – 03 Allier – 326 I3 – 696 h. – alt. 224 m – ✉ 03230 6 C1

Paris 309 – Bourbon-Lancy 18 – Decize 31 – Digoin 43

Le Goût des Choses

12 rte Nationale – 04 70 43 11 12 – Fermé 1 sem. vacances de la Toussaint et de printemps, dim. soir, mardi soir et lundi

Rest – Formule 16 € bc – Menu 24 € (sem.), 30/60 € bc – Carte 42/62 €

◆ Ici, le goût des choses s'exprime tant dans l'assiette, élaborée en fonction du marché, que dans la décoration, très colorée. Miniterrasse dans la cour intérieure.

CHEVAGNY-LES-CHEVRIÈRES – 71 Saône-et-Loire – 320 I12 – 618 h. – alt. 230 m – ✉ 71960 8 C3

Paris 413 – Bourg-en-Bresse 44 – Dijon 143 – Mâcon 7

L'Arbre Blanc

pl. de l'Église – 03 85 40 63 26 – http://restaurant-alexandre-blanc.e-monsite.com – Fermé dim. soir, lundi et mardi

Rest *(nombre de couverts limité, réserver)* – Menu 28 € (déj.), 38/45 €

◆ Charmant restaurant chic et convivial, tout habillé de blanc. Dans les assiettes : finesse, tradition, créativité et... grenouilles et poulet à la crème ; la recette du bonheur !

CHEVAL-BLANC – 84 Vaucluse – 332 D11 – rattaché à Cavaillon

CHEVERNY – 41 Loir-et-Cher – 318 F7 – rattaché à Cour-Cheverny

---

LE CHEYLARD – 07 Ardèche – 331 I4 – 3 285 h. – alt. 450 m – ✉ 07160 44 A3

Paris 598 – Aubenas 50 – Lamastre 21 – Privas 47

rue du 5 Juillet 44, 04 75 29 18 71, www.ville-lecheylard.fr

Le Provençal rest,

17 av. de la Gare – ✆ 04 75 29 02 08 – www.hotelrestaurantleprovencal.com – Fermé 27 sept.-17 oct., 26 déc.-18 janv., vend. soir, dim. soir et lundi

10 ch – †54 € ††64/77 € – ☕ 10 € – ½ P 57 €

Rest *(résidents seult)* – Formule 17 € – Menu 24/44 € bc – Carte 30/40 €

◆ Bâtisse en pierre abritant de petites chambres simples et bien tenues. Garage à vélos apprécié des cyclistes qui parcourent la corniche de l'Eyrieux. Salles à manger sobrement rustiques, cuisine traditionnelle inspirée du terroir et sélection de vins du pays.

CHÉZERY-FORENS – 01 Ain – 328 I3 – 403 h. – alt. 585 m – ✉ 01410 45 C1

Paris 506 – Bellegarde-sur-Valserine 17 – Bourg-en-Bresse 82 – Gex 39

Commerce avec ch

– ✆ 04 50 56 90 67 – www.hotelducommerce-blanc.fr – Ouvert fév.-sept. et fermé de mi-juin à mi-juil., mardi et merc. hors vacances scolaires

7 ch – †59 € ††59 € – ☕ 8 € – ½ P 50/70 €

Rest – Menu 12 € (déj. en sem.), 25/42 € – Carte 15/42 €

◆ Cette attachante maison propose une généreuse cuisine régionale (grenouille en saison) dans un décor campagnard ou sur la terrasse bercée par le bruit des eaux de la Valserine. Petites chambres bien tenues et accueil plein de gentillesse.

CHILLE – 39 Jura – 321 D6 – rattaché à Lons-le-Saunier

CHILLEURS-AUX-BOIS – 45 Loiret – 318 J3 – 1 879 h. – alt. 125 m – ✉ 45170 12 C2

Paris 96 – Orléans 30 – Chartres 71 – Étampes 47

Le Lancelot

12 r. des Déportés – ✆ 02 38 32 91 15 – www.restaurant-le-lancelot.com – Fermé 6-27 août, 27 fév.-12 mars, merc. soir, dim. soir et lundi

Rest *(réserver)* – Formule 22 € – Menu 29/72 € – Carte 50/86 €

◆ Au centre du village, accueillante maison fleurie avec jardin et terrasse. La patronne propose ses créations personnelles et de vieilles recettes de famille.

CHINAILLON – 74 Haute-Savoie – 328 L5 – rattaché au Grand-Bornand

CHINON – 37 Indre-et-Loire – 317 K6 – 8 078 h. – alt. 40 m – ✉ 37500 Châteaux de la Loire 11 A3

Paris 285 – Châtellerault 51 – Poitiers 80 – Saumur 29

place Hofheim, ✆ 02 47 93 17 85, www.chinon-valdeloire.com

Vieux Chinon★★ : Grand Carroi★★ A E - Château★★ : ≤★★.

Château d'Ussé★★ 14 km par ①.

Plan page suivante

De France sans rest

47 pl. Gén. de Gaulle – ✆ 02 47 93 33 91 – www.bestwestern-hoteldefrance-chinon.com – Fermé 3 sem. en nov., 2 sem. en fév. et dim. soir de nov. à mars **As**

30 ch ☕ – †88/141 € ††95/151 € – 4 suites

◆ Dans ces deux maisons mitoyennes du 16es., près du centre historique, les chambres sont confortables et certaines donnent sur le château. Jolie courette intérieure.

Diderot sans rest

4 r. de Buffon – ✆ 02 47 93 18 87 – www.hoteldiderot.com – Fermé 5-20 déc. et 15 janv.-5 fév. **Bn**

23 ch – †46/68 € ††56/86 € – ☕ 9 €

◆ Cette belle demeure du 18es. propose des chambres joliment décorées dans un style ancien. Petit-déjeuner façon table d'hôte : produits fermiers et confitures maison.

XX **L'Océanic**

13 r. Rabelais – ✆ 02 47 93 44 55 – Fermé 27 fév.-11 mars, 26 août-4 sept., 30 déc.-6 janv., dim. soir et lundi **Au**

Rest – Formule 16 € bc – Menu 25/68 € bc – Carte 37/63 €

◆ L'enseigne le suggère : ici, les produits de la mer ultrafrais sont à l'honneur, cuisinés avec un zeste d'originalité. Le bonheur des amateurs de saveurs iodées... à prix doux !

XX **Au Chapeau Rouge**

49 pl. du Gén.-de-Gaulle – ✆ 02 47 98 08 08 – www.auchapeaurouge.fr – Fermé 29 oct.-21 nov., 20 fév.-15 mars, dim. soir, mardi midi et lundi **Av**

Rest – Formule 20 € – Menu 28/52 € – Carte 48/72 €

◆ Autour d'une place ombragée et de sa fontaine, aux pieds des remparts, on vient apprécier la cuisine de produits, simple et généreuse, de ce chef qui respecte les saisons.

X **Les Années Trente**

78 r. Voltaire – ✆ 02 47 93 37 18 – www.lesannees30.com – Fermé 21 juin-6 juil., 16-28 nov., mardi sauf le soir de juil. à sept. et merc. **At**

Rest – Formule 16 € bc – Menu 27/43 € – Carte 36/56 €

◆ Bibelots, petits tableaux et photos des années 1930 font le charme de ce restaurant du vieux Chinon. Cuisine au goût du jour à base de produits frais.

à Marçay 9 km par ③ et D 116 – 457 h. – alt. 65 m – ✉ 37500

Château de Marçay

rte du Château – ✆ 02 47 93 03 47 – www.chateaudemarcay.com – Fermé 20 nov.-12 déc., 10 janv.-9 fév. et 20 fév.-9 mars

29 ch – 100/290 € 100/290 € – 4 suites – 22 €

Rest *Château de Marçay* – voir les restaurants ci-après

◆ De nobles tours rondes, une belle pierre blanche... ce château des 12e-15^{e}s. a fière allure ! Tout autour : le calme d'un grand parc et des vignes (dégustations), en face desquelles se dresse une annexe. Pour un séjour à l'image de la région.

XXX **Château de Marçay**

rte du Château – ✆ 02 47 93 03 47 – www.chateaudemarcay.com – Fermé 20 nov.-12 déc., 10 janv.-9 fév., 20 fév.-9 mars, lundi et mardi d'oct. à mars
Rest – Formule 25 € – Menu 35 € (déj. en sem.), 45/98 € – Carte 80/120 €
Spéc. Marbré de foie gras, vinaigrette à la poire tapée. Sandre de Loire rôti à la lie de vin de Chinon. Macaron au chocolat, parfait à la cacahouète. **Vins** Chinon, Touraine.
◆ Dîner au château... On y accède par une allée privée et la silhouette de ses tours transporte dans un roman de l'amour courtois. Le cadre est élégant et chaleureux, la cuisine empreinte de nobles saveurs et... auréolée de vins de Loire, bien sûr.

CHISSAY-EN-TOURAINE – 41 Loir-et-Cher – **318** D7 – rattaché à Montrichard

---

CHISSEAUX – 37 Indre-et-Loire – **317** P5 – 627 h. – alt. 58 m – ✉ 37150 **11** A1

Paris 235 – Tours 37 – Amboise 14 – Loches 33

XX **Auberge du Cheval Rouge**

30 r. Nationale – ✆ 02 47 23 86 67 – www.auberge-duchevalrouge.com – Fermé 20 déc.-10 janv., dim. soir d'oct. à avril, lundi et mardi sauf fériés
Rest – Formule 15 € – Menu 28 € (sem.), 36/48 € – Carte 42/80 €
◆ L'ancien café du village abrite aujourd'hui ce coquet restaurant au cadre élégant, mêlant rustique et moderne. La cuisine est généreuse et la terrasse verdoyante, charmante.

CHITENAY – 41 Loir-et-Cher – **318** F7 – 1 020 h. – alt. 90 m – ✉ 41120 **11** A1

Paris 196 – Orléans 72 – Blois 15 – Romorantin-Lanthenay 39

Auberge du Centre rest,

34 Grande rue, (pl. de l'Église) – ✆ 02 54 70 42 11 – www.auberge-du-centre.com – Fermé fév.
26 ch – †63/70 € ††81/90 € – ☕ 11 € – ½ P 76/100 €
Rest *(fermé dim. soir hors saison, lundi sauf le soir en saison et mardi midi)* – Formule 20 € bc – Menu 25 € (sem.), 32/50 € – Carte 35/60 €
◆ À proximité des châteaux de la Loire, une engageante auberge de village dont la façade est couverte de vigne vierge. Chambres propres et mignonnes (motifs floraux, couleurs gaies) ; jardin arboré. Cuisine traditionnelle dans un cadre frais et cosy.

CHOISY-AU-BAC – 60 Oise – **305** I4 – rattaché à Compiègne

CHOLET – 49 Maine-et-Loire – **317** D6 – 54 118 h. – alt. 91 m – ✉ 49300 Châteaux de la Loire **34** B2

Paris 353 – Ancenis 49 – Angers 64 – Nantes 60
14, avenue Maudet, ✆ 02 41 49 80 00, www.ot-cholet.fr
de Cholet, Allée du Chêne Landry, ✆ 02 41 71 05 01
Musée d'Art et d'Histoire★ Z M.

Plan page suivante

Ibis Styles rest,

45 av. d'Angers – ✆ 02 41 71 08 08 BXt
59 ch ☕ – †115 € ††125 € – 2 suites
Rest *(fermé vend. soir)* – Formule 19 € – Menu 24 € (sem.)/37 € – Carte 26/40 €
◆ Une fois à l'intérieur, on oublie la zone commerciale toute proche : le décor, où domine le bois canadien, est chaleureux. Les chambres sont modernes, confortables et bien insonorisées. Carte traditionnelle dans un cadre dépaysant avec charpente et verrière.

San Benedetto sans rest

26 bd G.-Richard – ✆ 02 41 62 07 20 – www.sanbenedetto-hotel.com
50 ch – †88/126 € ††98/146 € – ☕ 12 € Ze
◆ C'est le plus ancien hôtel de la ville. Désormais, tout est très moderne, voire tendance, avec de beaux volumes. Les chambres, immaculées, sont ponctuées de touches colorées.

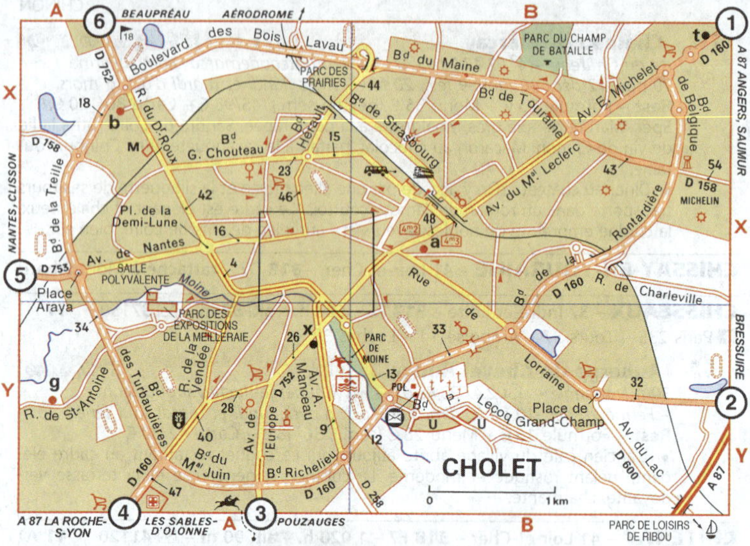

Abreuvoir (Av. de l') . . . . Z 2
Bons Enfants (R. des) . . . . . . Z 3
Bouet (Av. F.) . . . . AX 4
Bourg Baudry (R. du) . . . . Z 6
Bretonnaise (R.) . . . . Z 7
Champagny (Av. du Cdt-de) . . . . AY 9
Clemenceau (R. G.) . . . . Z 10
Coubertin (Bd P.-de) . . . . BY 12
Delhumeau-Plessis (Bd) . . . . . . BY 13
Faidherbe (Bd du Gén.) . . . . . . AY 15
Foch (Av. du Mar.) . . . . AX 16
Godinière (Bd de la) . . . . AX 18
Guérineau (Pl. A.) . . . . Z 20
Hôtel de Ville (R. de l') . . . . . Z 22
Joffre (Bd du Mar.) . . . . AX 23
libération (Av. de la) . . . . . . AY 26
Marne (Av. de la) . . . . AY 28
Maudet (Av.) . . . . Z 30
Maulévrier (R. de) . . . . BY 32
Minée (Bd de la) . . . . BY 33
Moine (R. de la) . . . . Z 36
Moinie (Bd de la) . . . . AY 34
Montfort (R. G.-de) . . . . Z 37
Nantaise (R.) . . . . Z 39
Napoléon-Bonaparte (Av.) . . . . . AY 40
Nationale (R.) . . . . Z
Pasteur (R. L.) . . . . AX 42
Poitou (Bd du) . . . . BX 43
Pont de Pierre (Bd du) . . . . . . AB 44
Puits de l'Aire (R. du) . . . . . . Z 45

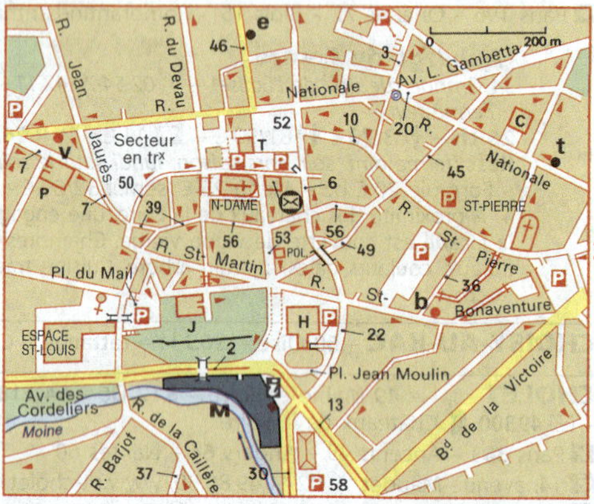

Richard (Bd G.) . . . . Z 46
Sablerie (R.) . . . . Z 49
Sables (Av. des) . . . . AY 47
Sadi-Carnot (R.) . . . . BX 48
Sardinerie (R. de la) . . . . Z 50
Toutlemonde (R. de) . . . . BX 54
Travot (Pl.) . . . . Z 52
Travot (R.) . . . . Z 53
Vieux Greniers (R. des) . . . . . . Z 56
8-Mai-1945 (Pl. du) . . . . Z 58

Park sans rest

4 av. A. Manceau – ✆ 02 41 62 65 45 – www.park-hotel-cholet.fr – Fermé 21 déc.-6 janv. AYx

54 ch – †64/72 € ††64/72 € – ☐ 8 €

◆ Chambres fonctionnelles et bien insonorisées, grande salle de réunion et petit-déjeuner buffet : une adresse pratique près de la patinoire de Cholet et du parc de Moine.

Demeure l'Impériale sans rest

28 r. Nationale – ✆ 02 41 58 84 84 – www.demeure-imperiale.com Zt

5 ch ☐ – †70 € ††80 €

◆ Accueil charmant dans cet hôtel particulier de 1860. Chambres lumineuses (fleurs, linge luxueux, parquet). Petit-déjeuner sous une verrière avec confiture et gâteaux maison.

La Grange

64 r. de St-Antoine – ✆ 02 41 62 09 83
– Fermé merc. soir, dim. soir et lundi AYg

Rest – Formule 18 € – Menu 28/51 € – Carte 70/90 €

◆ L'esprit nature domine dans cette ancienne ferme du pays. En terrasse, sous les poutres ou près de la cheminée, on se régale de ce charme agreste.

La Touchetière

41 r Roux – ✆ 02 41 62 55 03 – Fermé 1er-21 août, sam. midi, dim. soir et lundi soir AXb

Rest – Formule 23 € – Menu 28/75 € bc – Carte 36/61 €

◆ Cette vieille auberge a su préserver son cachet rustique : poutres blanchies, cheminée allumée en hiver, terrasse fleurie... pour une cuisine traditionnelle, bien sûr !

Au Passé Simple (Lilian Grimaud)

181 r. Nationale – ✆ 02 41 75 90 06 – www.au-passe-simple.fr
– Fermé 13 août-2 sept., 24 déc.-3 janv., dim. soir, lundi et merc. Zv

Rest – Formule 24 € – Menu 27 € (déj. en sem.), 40/80 € – Carte 57/72 €

Spéc. Homard bleu, royale au ris de veau et bonbon coulant (mai à oct.). Pigeon rôti sur peau, cuisses confites, girolles et jus corsé (sept. à nov.). Tube au chocolat croustillant-moussant et eau glacée à la framboise (juin à sept.). **Vins** Savennières, Saumur.

◆ Le cadre ne manque pas de charme et la cuisine est volontiers audacieuse, osant les réductions de sauce, les décoctions ou les infusions. De belles harmonies gustatives, joliment présentées.

L'Ourdissoir

40 r. St-Bonaventure – ✆ 02 41 58 55 18 – Fermé 22 juil.-9 août, 19-26 fév., dim. et lundi Zb

Rest – Formule 17 € – Menu 29/54 € – Carte environ 42 €

◆ De beaux murs en pierre, témoins du travail des tisserands de la ville du mouchoir. Le chef propose un menu découverte selon son inspiration et les propositions du marché.

Le Pouce Pied

1 r. du Lait-au-Beurre – ✆ 02 41 58 50 03 – www.lepoucepied.com – fermé 15 août-3 sept., sam. midi, dim. soir et lundi BXa

Rest – Menu 18 € (déj. en sem.), 28/49 € bc – Carte environ 39 €

◆ Un restaurant de poche un peu excentré, où les tables sont décorées de pouces-pieds ! La cuisine est alléchante et gorgée de saveurs, le tout à prix raisonnable.

à Nuaillé 7,5 km par ① et D 960 – 1 327 h. – alt. 133 m – ✉ 49340

Les Biches sans rest

2 r. d'Anjou – ✆ 02 41 62 38 99 – www.hoteldesbiches.com – Fermé vacances de Noël

12 ch – †57/63 € ††66/70 € – ☕ 8 €

◆ Un petit hôtel familial plaisant, avec ses chambres gaies, bien tenues et régulièrement rafraîchies. En été, les petits-déjeuners sont servis près de la piscine.

à Maulévrier 13 km par ② et D 20 – 3 011 h. – alt. 130 m – ✉ 49360

ℹ place de l'Hôtel de Ville, ✆ 02 41 55 06 50, www.maulevrier.fr

Château Colbert

pl. du Château – ✆ 02 41 55 51 33 – www.chateaucolbert.com – Fermé 17 déc.-8 janv., 15 fév.-4 mars et dim. soir

20 ch – †90/170 € ††90/170 € – 1 suite – ☕ 14 €

Rest *Château Colbert* – voir les restaurants ci-après

◆ Ce château du 17es. veille jalousement sur ses chambres meublées d'ancien. Celles du 1erétage sont magnifiques et donnent sur un splendide jardin japonais. Une belle manière de prolonger le rêve...

Château Colbert
pl. du Château – 02 41 55 51 33 – www.chateaucolbert.com – Fermé 17 déc.-8 janv., 15 fév.-4 mars et dim. soir
Rest – Menu 30 € (déj. en sem.), 34/75 € – Carte 52/70 €
◆ Dans le restaurant de ce château, les hauts plafonds et les lustres en cristal Grand Siècle embellissent un peu plus des repas basés sur une cuisine actuelle inspirée du terroir.

CHOMELIX – 43 Haute-Loire – 331 E2 – 501 h. – alt. 910 m – ✉ 43500 6 C3

Paris 519 – Ambert 36 – Brioude 52 – Le Puy-en-Velay 30

Auberge de l'Arzon avec ch — ch, rest,
pl. Fontaine – 04 71 03 62 35 – Ouvert 1er mai-30 sept. et fermé dim. soir, lundi et mardi sauf hôtel en juil.-août
9 ch – 56 € 61/82 € – 7 € – ½ P 58/82 €
Rest *(dîner seult sauf sam. et dim.)* – Menu 33/49 € – Carte 32/46 €
◆ Au cœur du village, cette bâtisse en pierre invite à un joli repas traditionnel, avec en vedette les champignons du pays. Le patron ramasse lui-même ses morilles ! Une dépendance située à l'arrière abrite des chambres très bien tenues.

CHONAS-L'AMBALLAN – 38 Isère – 333 B5 – rattaché à Vienne

CHORANCHE – 38 Isère – 333 F7 – 133 h. – alt. 280 m – ✉ 38680 43 E2

Alpes du Nord
Paris 588 – Grenoble 52 – Valence 48 – Villard-de-Lans 20
Grotte de Coufin★★.

Le Jorjane — rest,
Le village – 04 76 36 09 50 – www.lejorjane.com – Fermé 15-30 nov., dim. soir hors saison et lundi
7 ch – 40/53 € 40/53 € – 8 € – ½ P 43/49 €
Rest *(nombre de couverts limité, réserver)* – Menu 15/23 € – Carte 19/32 €
◆ Dans ce célèbre village aux sept grottes, cette auberge familiale propose des chambres bien pratiques. Les motards y sont particulièrement chouchoutés ; il faut dire que le patron est passionné de moto et de cuisine (plats traditionnels, grillades, salades, etc.).

CHORGES – 05 Hautes-Alpes – 334 F5 – 2 485 h. – alt. 864 m – ✉ 05230 41 C1

Alpes du Sud
Paris 717 – Digne-les-Bains 98 – Gap 18 – Marseille 193
place Centrale, 04 92 50 64 25, www.otchorges.com

Ax'Hôtel
ZA La Grande-Ile – 04 92 21 45 17 – www.ax-hotel.com
39 ch – 80/95 € 80/95 € – 1 suite – 8 € – ½ P 70/78 €
Rest *(fermé le midi)* – Menu 22/37 € – Carte 34/48 €
◆ Une construction moderne habillée de bois clair, au calme, près de Gap. La décoration est contemporaine, rehaussée d'illustrations évoquant les beautés naturelles. La Parenthèse propose une cuisine actuelle, servie face aux montagnes.

CIBOURE – 64 Pyrénées-Atlantiques – 342 C4 – rattaché à St-Jean-de-Luz

---

CIEURAC – 46 Lot – 337 F5 – 411 h. – alt. 247 m – ✉ 46230 28 B1

Paris 589 – Cahors 16 – Montauban 53 – Toulouse 105

Table de Haute Serre
Château de Haute Serre – 05 65 20 80 20 – www.hauteserre.fr – Fermé 20 nov.-9 janv., jeudi hors saison, dim. soir et merc.
Rest – Formule 25 € – Menu 35 €
◆ À l'entrée du château, au milieu des vignes, un lieu de convivialité pour une cuisine pleine de saveurs et de finesse. Idéal pour découvrir le vin, la truffe et le safran.

CINQ-CHEMINS – 74 Haute-Savoie – **328** L2 – rattaché à Thonon-les-Bains

LA CIOTAT – 13 Bouches-du-Rhône – **340** I6 – 33 790 h. – Casino **40** B3
– ✉ 13600 Provence

Paris 802 – Aix-en-Provence 53 – Brignoles 62 – Marseille 32

boulevard Anatole France, ✆ 04 42 08 61 32, www.tourisme-laciotat.com

Calanque de Figuerolles★ SO : 1,5 km puis 15 mn par D141 - Chapelle N.-D. de la Garde ≤★★ O : 2,5 km puis 15 mn.

- à l'Ile Verte ≤★ en bateau 30 mn .

au Liouquet 6 km à l'Est par D 559 (rte de Bandol) – ✉ 13600 La Ciotat

Roche Belle

Corniche du Liouquet – ✆ 04 42 71 47 60 – www.roche-belle.fr – Fermé 1er-15 nov., 12 fév.-5 mars, dim. sauf juil.-août, lundi et mardi midi

Rest *(nombre de couverts limité, réserver)* – Formule 20 € – Menu 34 € – Carte 35/64 €

◆ Dans un chaleureux cadre provençal, une maisonnette couverte de vigne vierge et sa terrasse plantée d'oliviers. La cuisine est goûteuse, ensoleillée, et fleure bon le Midi.

CIRES-LÈS-MELLO – 60 Oise – **305** F5 – 3 513 h. – alt. 39 m – ✉ 60660 **36** B3

Paris 65 – Beauvais 32 – Chantilly 17 – Compiègne 47

Relais du Jeu d'Arc

pl. Jeu-d'Arc , 1 km à l'Est – ✆ 03 44 56 85 00 – www.relais-jeu-arc.com – Fermé août et 21 déc.-1er janv.

14 ch – 65/125 € 65/125 € – 10 €

Rest *Relais du Jeu d'Arc* – voir les restaurants ci-après

◆ Les origines de ce relais de poste remontent au 17es. Les chambres sont modernes et confortables ; certaines avec mezzanine. Pierres et poutres apparentes leur confèrent un charme pittoresque.

Relais du Jeu d'Arc

pl. Jeu-d'Arc , 1 km à l'Est – ✆ 03 44 56 85 00 – www.relais-jeu-arc.com – Fermé août, 21 déc.-1er janv., dim. et lundi

Rest – Menu 18 € (sem.), 24/39 € – Carte 49/62 €

◆ Une ancienne écurie – au style typiquement régional – sert de cadre à ce sympathique restaurant : parfait pour déguster une cuisine traditionnelle près d'une belle cheminée en pierre ou sur la terrasse, au pied du château de Mello.

CLAIRAC – 47 Lot-et-Garonne – **336** E3 – 2 448 h. – alt. 52 m – ✉ 47320 **4** C2

Paris 690 – Agen 42 – Marmande 24 – Nérac 35

18 rue Gambetta, ✆ 05 53 88 71 59

L'Auberge de Clairac

12 rte Tonneins – ✆ 05 53 79 22 52 – www.aubergedeclairac.fr – Fermé vacances de Toussaint et de fév., dim. soir, mardi soir et merc.

Rest – Formule 20 € bc – Menu 29 € – Carte 30/51 €

◆ "Provençale", "Sud-Ouest", "Grand Large"... La propriétaire, fine cuisinière, concocte de jolies ardoises, sur des thèmes qui ravissent les habitués. Quant au menu, il change tous les deux ou trois mois, au gré des saisons.

CLAM – 17 Charente-Maritime – **324** H7 – rattaché à Jonzac

CLAMART – 92 Hauts-de-Seine – **311** J3 – **101** 25 – voir à Paris, Environs

CLAMECY – 58 Nièvre – **319** E7 – 4 331 h. – alt. 144 m – ✉ 58500 **7** B2
Bourgogne

Paris 208 – Auxerre 42 – Avallon 38 – Cosne-sur-Loire 52

7-9, rue du Grand Marché, ✆ 03 86 27 02 51, www.vaux-yonne.com

Église St-Martin★.

Hostellerie de la Poste

9 pl. Emile Zola – ☎ 03 86 27 01 55 – www.hostelleriedelaposte.fr

17 ch – †61/84 € ††61/84 € – ☕ 10 € – ½ P 89/120 €

Rest – Formule 21 € – Menu 26 € (sem.), 37/47 € – Carte environ 45 €

◆ Ex-relais de poste au cœur d'une jolie bourgade, tenu avec soin par un jeune couple. Coquettes petites chambres, plus calmes sur l'arrière. Salle à manger feutrée, entre boiseries et pierres apparentes, et saveurs du terroir revisitées.

Deux Pièces Cuisine

7 r. de la Monnaie – ☎ 03 86 27 25 07 – www.2pieces-cuisine.fr – Fermé mars, de mi-nov. à mi-déc., du lundi au jeudi d' oct. à mars sauf vacances scolaires et ouvert tous les soirs de mai à sept.

Rest *(nombre de couverts limité, réserver)* – Menu 25/48 € – Carte 33/54 €

◆ Une véritable petite bonbonnière, où se côtoient bibelots, oursons et même coucou suisse... L'âme cosy des lieux a conquis la clientèle locale. Cuisine actuelle.

CLARA – **66 Pyrénées-Orientales** – **344** F7 – **rattaché à Prades**

LES CLAUX – **05 Hautes-Alpes** – **334** I5 – **rattaché à Vars**

CLÉCY – **14 Calvados** – **303** J6 – **1 225 h.** – **alt. 100 m** – ✉ **14570** **32** B2

Normandie Cotentin

Paris 268 – Caen 39 – Condé-sur-Noireau 10 – Falaise 31

place du Tripot, ☎ 02 31 69 79 95

de Clécy-Cantelou, Manoir de Cantelou, SO : 4 km par D 133, ☎ 02 31 69 72 72

Croix de la Faverie★.

Au Site Normand

2 r. des Chatelets – ☎ 02 31 69 71 05 – www.hotel-clecy.com – Fermé 15 déc.-1er fév.

18 ch – †52 € ††54/60 € – ☕ 8 € – ½ P 56/58 €

Rest *Au Site Normand* – voir les restaurants ci-après

◆ C'est l'histoire d'un enfant du pays qui désirait ouvrir un hôtel-restaurant à son image : charmant et accueillant. C'est chose faite ! Les chambres sont de taille modeste mais elles ont tout le confort désiré. Parfait pour une étape gourmande.

Au Site Normand

2 r. des Chatelets – ☎ 02 31 69 71 05 – www.hotel-clecy.com – Fermé 15 déc.-1er fév.

Rest – Formule 14 € bc – Menu 24/35 € – Carte 24/40 €

◆ Poulet fermier au beurre d'abricot et cerfeuil, enroulé de maquereau à la vinaigrette de carotte... Le chef revisite la tradition avec maîtrise à travers une carte qui change régulièrement. Pour mieux suivre les saisons !

CLÉMONT – **18 Cher** – **323** J1 – **683 h.** – **alt. 141 m** – ✉ **18410** **12** C2

Paris 187 – Orléans 72 – Bourges 62 – Vierzon 71

Domaine des Givrys

4 km au Sud par D 79, rte de Ste-Montaine et rte secondaire – ☎ 02 48 58 80 74 – www.domainedesgivrys.com

5 ch ☕ – †67 € ††75 € **Table d'hôte** – Menu 35 € bc

◆ Douceur de vivre et sérénité en bordure d'étang et de rivière... Cette ancienne ferme au cœur d'un vaste domaine ravira les amoureux de la nature. Chambres sobres et classiques. Le terroir et la convivialité sont à l'honneur autour de la grande table d'hôte en chêne.

CLÈRES – **76 Seine-Maritime** – **304** G4 – **1 313 h.** – **alt. 113 m** **33** D1 – ✉ **76690** Normandie Vallée de la Seine

Paris 155 – Dieppe 45 – Forges-les-Eaux 35 – Neufchâtel-en-Bray 36

59, avenue du Parc, ☎ 02 35 33 38 64, www.ot-cleres.fr

Parc zoologique★.

à Frichemesnil 4 km au Nord-Est par D 6 et D 100 – 408 h. – alt. 150 m – ✉ 76690

XX **Au Souper Fin** (Eric Buisset) avec ch

1 rte de Clères – ✆ 02 35 33 33 88 – www.souperfin.com
– Fermé 6-30 août, vacances de Noël, dim. soir, merc. et jeudi
3 ch – †55 € ††70 € – ☕ 10 €
Rest – Formule 28 € – Menu 35 € (sem.)/56 € – Carte 58/84 €
Spéc. Rémoulade de tourteau et homard mariné (avril à oct.). Côte de veau aux morilles et vin jaune. Millefeuille à la vanille.
◆ Des mariages de saveurs réfléchis et flatteurs, des produits de qualité, très frais, beaucoup de soin... L'enseigne ne ment pas et c'est logique, tant le chef et son épouse veillent à satisfaire toujours davantage leurs clients ! Cette excellente adresse propose aussi de jolies petites chambres... pour rester un jour de plus ?

au Sud 2 km sur D 155 – ✉ 76690 Clères

X **Auberge du Moulin**

36 r. des Moulins-du-Tot – ✆ 02 35 33 62 76 – www.aubergedumoulin.org
– Fermé 20 août-6 sept., mardi sauf le soir d'avril à oct., dim. soir et lundi
Rest – Formule 19 € – Menu 28/48 € – Carte 39/63 €
◆ Auberge sympathique tournée vers un vieux moulin bordé par une petite rivière dont le cours est ponctué de cressonnières. Cuisine actuelle où entre le terroir. Terrasse d'été.

CLERMONT – 60 Oise – 305 F4 – 10 498 h. – alt. 125 m — 36 B2

– ✉ 60600 Nord Pas-de-Calais Picardie

Paris 79 – Amiens 83 – Beauvais 27 – Compiègne 34

19, place de l'Hôtel de Ville, ✆ 03 44 50 40 25, www.mairie-clermont.fr

à Étouy 7 km au Nord-Ouest par D 151 – 795 h. – alt. 85 m – ✉ 60600

XXX **L'Orée de la Forêt** (Nicolas Leclercq)

255 r. Forêt – ✆ 03 44 51 65 18 www.loreedelaforet.fr – Fermé 27 juil.-28 août, 2-11 janv., sam. midi, dim. soir, vend. et soirs fériés
Rest – Menu 30 € (déj. en sem.), 46/92 € – Carte 78/100 €
Spéc. Foie gras poêlé au sirop de betterave. Pigeonneau rôti, légumes du potager. Millefeuille vanillé.
◆ Une maison de maître du début du 20^{e}s., dans un paisible parc arboré. Le grand potager approvisionne la table en légumes frais ! Le millefeuille vanillé est divin.

CLERMONT-FERRAND P – 63 Puy-de-Dôme – 326 F8 – 139 006 h. — 5 B2

– **Agglo. 258 541 h. – alt. 401 m** – ✉ 63000 Auvergne

Paris 420 – Lyon 172 – Moulins 106 – ST-Étienne 147

de Clermont-Ferrand-Auvergne : ✆ 04 73 62 71 00, 6 km par D 766 CY.

place de la Victoire, ✆ 04 73 98 65 00, www.clermont-fd.com

Nouveau Golf de Charade, à Royat, O par D 5 : 8 km, ✆ 04 73 35 73 09

des Volcans, à Orcines, La Bruyère des Moines, NO : 9 km, ✆ 04 73 62 15 51

Circuit automobile de Charade, St Genès-Champanelle ✆ 04 73 29 52 95 AZ.

Le Vieux Clermont★ EFVX : Basilique de N.-D.-du-Port★★ (choeur★★★), Cathédrale★★ (vitraux★★), fontaine d'Amboise★, cour★ de la maison de Savaron EV - Cour★ dans l'Hôtel de Fonfreyde EV **M¹**, musée d'archéologie Bargoin★ FX - Le Vieux Montferrand★★ : hôtel de Lignat★, hôtel de Fontenilhes★, maison de l'Éléphant★, cour★ de l'hôtel Regin, porte★ de l'hôtel d'Albiat, - Bas-relief★ de la maison d'Adam et d'Ève - Musée d'art Roger-Quilliot - Belvédère de la D 941A ≤★★ AY.

Puy de Dôme ✳★★★ 15 km par ⑥ - Vulcania (Centre Européen du Vulcanisme). Parc Naturel régional des volcans d'Auvergne ★★★.

Plans pages suivantes

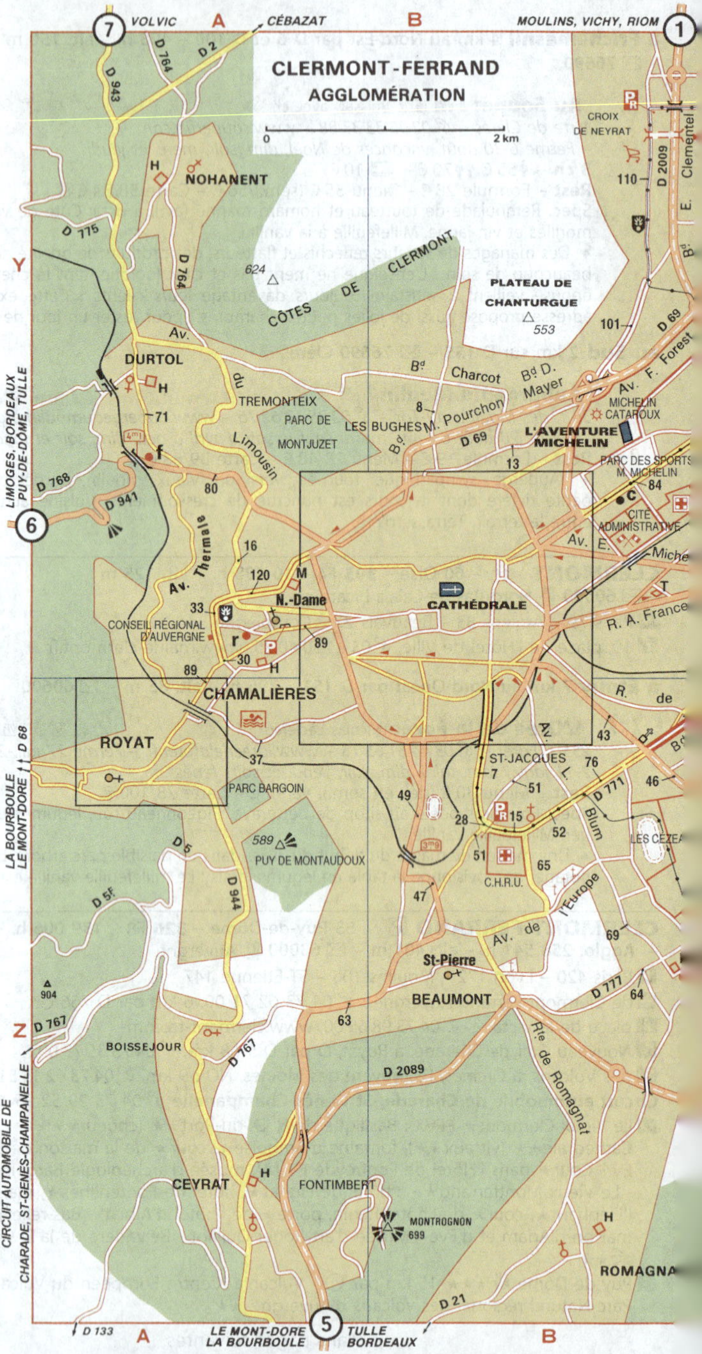
CLERMONT-FERRAND
AGGLOMÉRATION
0
2 km
7
VOLVIC
A
CÉBAZAT
B
MOULINS, VICHY, RIOM
1
D 943
D 764
D 2
CROIX DE NEYRAT
D 2009
110
E. Clementel
Bd
NOHANENT
H
D 775
Y
D 764
624
CÔTES DE CLERMONT
PLATEAU DE CHANTURGUE
553
101
D 69
Av. F. Forest
Av.
DURTOL
Bd Charcot
Bd D. Mayer
Av.
MICHELIN CATAROUX
LIMOGES, BORDEAUX PUY-DE-DÔME, TULLE
71
du
TREMONTEIX
8
PARC DE MONTJUZET
LES BUGHES
M. Pourchon
Bd
D 69
L'AVENTURE MICHELIN
f
13
PARC DES SPORTS M. MICHELIN
D 768
Limousin
80
84
C
D 941
6
Av. Thermale
16
CITÉ ADMINISTRATIVE
Av. E. Michel
120
M
N.-Dame
CATHÉDRALE
T
33
R. A. France
CONSEIL RÉGIONAL D'AUVERGNE
r
P
89
30
H
89
CHAMALIÈRES
R. de
ROYAT
43
D 68
37
ST-JACQUES
Av. L. Blum
76
LA BOURBOULE LE MONT-DORE
7
51
46
PARC BARGOIN
49
28
15
52
D 771
LES CÉZEA
589
PUY DE MONTAUDOUX
D 5
51
C.H.R.U.
65
D 944
D 5E
47
Av. de l'Europe
69
St-Pierre
BEAUMONT
D 777
64
904
Z
D 767
BOISSEJOUR
D 767
63
Rte de Romagnat
D 2089
CIRCUIT AUTOMOBILE DE CHARADE, ST-GENÈS-CHAMPANELLE
CEYRAT
H
FONTIMBERT
MONTROGNON
699
H
ROMAGNA
D 21
D 133
A
LE MONT-DORE LA BOURBOULE
5
TULLE BORDEAUX
B

AUBIÈRE

Cournon (Av. de) . . . . CZ
Maerte (Av. R.) . . . . CZ 55
Mont Mouchet (Av. du) . . BZ 64
Moulin (Av. Jean) . . . . CZ
Noellet (Av. J.) . . . . BZ 69
Roussillon (Av. du). . . . . . . CZ

BEAUMONT

Europe (Av. de l') . . . . BZ
Leclerc (Av. du Mar.) . . . . . BZ 47
Mont Dore (Av. du) . . . . ABZ 63
Romagnat (Rte de) . . . . . . BZ

CHAMALIÈRES

Claussat (Av. J.). . . . . AY 16
Europe (Carrefour de l') . . AY 30
Fontmaure (Av. de) . . . . . . AY 33
Gambetta (Bd) . . . . AZ 37
Royat (Av. de) . . . . AY 89
Thermale (Av.). . . . . AY
Voltaire (R.) . . . . AY 120

CLERMONT-FERRAND

Agriculture (Av. de l'). . . . . CY 3
Anatole-France (R.) . . . . . . BY
Bernard (Bd Cl.) . . . . BZ 7
Bingen (Bd J.) . . . . BCYZ
Blanzat (R. de) . . . . BY 8
Blériot (R. L.) . . . . CY 10
Blum (Av. L.) . . . . BZ
Brezet (Av. du). . . . . CY
Champfleuri (R. de) . . . . . BY 13
Charcot (Bd) . . . . BY
Churchill (Bd Winston) . . . BZ 15
Clementel (Bd E.) . . . . BY
Cugnot (R. N.-J.) . . . . CY 22
Dunant (Pl. H.) . . . . BZ 28
La-Fayette (Bd) . . . . BZ 43
Flaubert (Bd G.) . . . . CZ 32
Forest (Av. F.) . . . . BY
Jean-Moulin (Bd) . . . . CY 39
Jouhaux (Bd L.). . . . . CY 40
Kennedy (Bd J.-F.). . . . . . . CY 41
Kennedy (Carrefour) . . . . . CY 42
Landais (Av. des) . . . . . . BCZ 46
Libération (Av. de la) . . . . . BZ 49
Limousin (Av. du) . . . . AY
Liondards (Av. des) . . . . . . BZ 51
Loucheur (Bd Louis) . . . . . BZ 52
Mabrut (R. A.) . . . . CY 53
Margeride (Av. de la). . . . . CZ 58
Mayer (Bd D.) . . . . BY
Mermoz (Av. J.). . . . . CY
Michelin (Av. Édouard) . . . BY
Montalembert (R.) . . . . BZ 64
Oradour (R. de l') . . . . . . BCZ
Pochet-Lagaye (Bd P.). . . . BZ 76
Pompidou (Bd G.) . . . . CY
Pourchon (Bd M.) . . . . BY
Puy de Dôme (Av. du). . . . AY 80
Quinet (Bd Edgar) . . . . CY
République (Av. de la). . . . BY 84
St-Jean (Bd). . . . . CY 96
Sous les Vignes (R.) . . . . . BY 101
Torpilleur Sirocco (R. du). . BY 110
Verne (R. Jules). . . . . CY 117
Viviani (R.) . . . . CY

DURTOL

Paix (Av. de la). . . . . AY 71

D
E
V
X
Parc de Monjuzet
Rue Paul
R. de Nohanent
Boulevard Lavoisier
R. G. Durant
Alyre
St-Alyre
ST ALYRE
Tiretaine
Blanzat
R. de Blanzat
Pl. de
Notre Dame du Pont
R. du Belloy
Diomède
Boulevard du Clos
R. du Clos
R. Pierre Besset
R. Naturel
R. de Serbie
ST-EUTROPE
R. G. de Briauzat
Rue Fontgiève
92
R. A. Moinier
Amadéo
Rue G. Péri
36
95
Marché St-Pierre
FONTAINE D'AMBOISE
VIEUX CLERMONT
57
CITÉ JUDICIAIRE
R. Antoine Menat
STE-MARIE
Torrilhon
SQUARE AMADÉO
Boulevard Berthelot
29
R. des Gras
M¹
12
ESPACE MICHELIN
Pl. de Victoire
134
74
Mon de Savaron
Pl. Sugny
R. J.B. Lamartine
Av. F. Roosevelt
16
Rue Blatin
St-Pierre-les Minimes
Place de Jaude
25
HÔTEL DU DÉPt
93
Bd R. Rameau
Av. de Montjoly
R. L. Morel-Ladeuil
Duclaux
Rue Bonnabaud
Avenue Julien
Pl. L. Aragon
Av. G. Clemenceau
R. Juin
CENTRE JAUDE
38
Av. Pasteur
R. Eugène Gilbert
44
POL
Boulevard Pasteur
Pl. Galliéni
Bd Ch. de Gaulle
Av. Jean Jaurès
Boulevard A. Briand
R. des Salins
Drelon
Av. Marx
Pl. des Salins
(Pl. Gambetta)
MAISON DE LA CULTURE
Av. de la Libération
R. Abbé de l'Ep.
PIERRE DE COUBERTIN
R. de Bellevue
Bd Gambetta
Boulevard Jean Jaurès
R. Dormoy
SAINTE JEANNE D'ARC
a
c
e
f
k
m
r
t
u
x
A
P
T
6

Anatole-France (R.)	GX	4
Ballainvilliers (R.)	FX	5
Bergougnan (Av. R.)	DV	6
Blatin (R.)	DEX	
Bourse (Pl. de la)	EV	12
Centre Jaude	EX	
Claussat (Av. Joseph)	DX	16
Desaix (Bd)	EX	25
États-Unis (Av. des)	EV	29
Gaillard (Pl.)	EV	36
Gonod (R.)	EX	38
Gras (R. des)	EV	
Lagarlaye (R. de)	EX	44
Malfreyt (Bd L.)	EX	56
Marcombes (R. Ph.)	EV	57
Michel-de-l'Hospital (Pl.)	FX	62
Petit Gras (R. des)	EV	74
Port (R. du)	FV	
Poterne (Pl. de la)	EFV	77
St-Esprit (R.)	EX	87
St-Eutrope (Pl.)	EV	92
St-Genes (R.)	EX	
St-Hérem (R.)	EV	95
Terrail (R. du)	FV	108
Vercingétorix (Av.)	EFX	116
11-Novembre (R. du)	EV	134

Novotel

Z.I. du Brézet, r. G. Besse ✉ 63100 – ✆ 04 73 41 14 14 – www.novotel.com
131 ch – †100/200 € ††100/200 € – ☕ 14 € CY**a**
Rest *Le Jardin des Puys* ✆ 04 73 41 14 44 – Formule 17 € – Menu 27/57 € bc – Carte 23/49 €

◆ Espace, mobilier moderne en bois, tons chauds, bonne isolation phonique : réservez en priorité une chambre rénovée. Lignes actuelles dans le hall et le bar. Esprit contemporain au restaurant Le Jardin des Puys, ouvert sur la piscine et le parc ; plats régionaux.

Suite Novotel sans rest

52 av. de la République – ✆ 04 73 42 34 73 – www.suitenovotel.com
91 ch – †110/140 € ††110/140 € – ☕ 13 € BY**c**

◆ Cet hôtel récent, à la fois actuel et confortable – surtout les "suites" avec leur coin bureau modulable –, est facilement accessible par le tram. Boutique gourmande et espace business sont à disposition au rez-de-chaussée.

Kyriad Prestige

25 av. de la Libération – ✆ 04 73 93 22 22
– www.kyriad-prestige-clermont-ferrand.fr EX**m**
81 ch – †79/187 € ††79/187 € – ☕ 14 €
Rest *(fermé sam. et dim.)* – Formule 15 € bc – Carte 23/29 €

◆ Ce bâtiment moderne, situé en centre-ville, abrite des chambres contemporaines colorées ; à partir du 3e étage, côté rue, elles bénéficient de la vue sur les volcans. Carte traditionnelle et formules buffets au restaurant, dans un décor d'inspiration bistrot.

Lafayette sans rest

53 av. de l'Union Soviétique – ✆ 04 73 91 82 27 – www.hotel-le-lafayette.com
– Fermé 23 déc.-2 janv. GV**a**
48 ch – †71/125 € ††71/125 € – ☕ 10 €

◆ Hall contemporain, chambres actuelles (tons pastel, meubles de qualité) et bonne insonorisation caractérisent cet hôtel voisin de la gare.

Dav'Hôtel Jaude sans rest

10 r. Minimes – ✆ 04 73 93 31 49 – www.davhotel.fr EV**f**
28 ch – †61/68 € ††64/76 € – ☕ 10 €

◆ On apprécie cet hôtel pour sa proximité avec la place de Jaude (commerces, parking public, cinémas) et son décor gai et coloré. Chambres de bonne ampleur peu à peu rénovées.

Des Puys

16 pl. Delille – ✆ 04 73 91 92 06 – www.hoteldespuys.com – Fermé 23 déc.-1er janv. FV**n**
63 ch – †86/186 € ††86/186 € – ☕ 14 €
Rest *(Fermé août et 23 déc.-1er janv.)* – Formule 14 € – Menu 18 € (sem.), 25/36 € – Carte 28/45 €

◆ Si vous êtes perdu, n'hésitez pas à demander votre chemin aux Clermontois : ils connaissent tous la place où se situe cet hôtel. Confort, modernité et vue imprenable sur le Puy de Dôme depuis la salle des petits-déjeuners, au 6eétage !

Le Relais Kennedy sans rest

bd Edgar-Quinet – ✆ 04 73 23 37 01 – www.relais-kennedy.com CY**e**
55 ch – †83/99 € ††93/110 € – ☕ 12 €

◆ Cet hôtel a un petit je-ne-sais-quoi de colonial. L'ensemble est plutôt chic, et les chambres, actuelles et spacieuses, révèlent une douce atmosphère chaleureuse.

Ibis Montferrand

bd A.-Brugière – ✆ 04 73 23 00 04 CY**v**
77 ch – †58/100 € ††58/100 € – ☕ 9 €
Rest *(fermé sam. midi)* – Formule 14 € – Menu 19 € – Carte 21/36 €

◆ Bâtiment moderne en retrait d'un petit boulevard, abritant des chambres bien pensées : grand lit avec couette, espace de travail, mobilier en bois. Restaurant d'esprit bistrot, proposant par exemple bavette et andouillette.

Bordeaux sans rest
39 av. F.-Roosevelt – ✆ 04 73 37 32 32 – www.hoteldebordeaux.com – Fermé 24 déc.-10 janv. DXt
31 ch – †50/75 € ††60/85 € – ☕ 9 €
◆ Près du centre-ville, petit hôtel sympathique, parfaitement tenu. Chambres fonctionnelles, agréables avec leurs tons orangés.

Emmanuel Hodencq
pl. Marché St-Pierre, (1er étage) – ✆ 04 73 31 23 23 – www.hodencq.com – Fermé 6 août-3 sept., dim. et lundi EVa
Rest – Formule 27 € bc – Menu 39 € (sem.), 75/150 € bc – Carte 85/120 €
Spéc. Tarte fine aux cèpes du pays (automne). Noix de ris de veau aux morilles, jus au vin jaune (printemps). Paris-brest de mon enfance (oct. à mars).
◆ Une valeur sûre, au-dessus des halles. Décor alliant chaleur et élégance, dans une veine contemporaine très soignée ; terrasse verdoyante. Cuisine actuelle à base d'excellents produits.

Jean-Claude Leclerc
12 r. St-Adjutor – ✆ 04 73 36 46 30 – www.restaurant-leclerc.com – Fermé 13-21 mai, 12 août-4 sept., dim. et lundi EVk
Rest – Menu 32 € (déj. en sem.), 48/98 € – Carte 80/120 €
Spéc. Fraîcheur de légumes parfumée comme une minestrone, sardines grillées (été). Blanc de turbot et pointes d'asperges blanches parfumées au cumin et agrume (printemps). Ravioles de mangue aux fruits exotiques, sorbet ananas et brioche façon pain perdu (automne). **Vins** Vin de pays du Puy-de-Dôme, Châteaugay.
◆ Invitation à l'épicurisme en cette table clermontoise appréciée, où chaque assiette vaut une leçon de nature, entre classicisme et modernité. Atmosphère élégante et terrasse ombragée.

Amphitryon Capucine
50 r. Fontgiève – ✆ 04 73 31 38 39 – www.amphitryoncapucine.com – Fermé 31 juil.-19 août, dim. et lundi DVk
Rest – Formule 23 € – Menu 28/75 € – Carte 55/75 €
◆ Ce petit restaurant à la façade en bois abrite une salle à manger chaleureuse, agrémentée de poutres et d'une cheminée. Les menus, au goût du jour, changent au gré des saisons.

Apicius (Arkadiusz Zuchmanski)
16 r. Claussmann – ✆ 04 73 91 13 61 – www.apicius-clermont.com – Fermé 16-22 avril, 6-31 août, 1er-8 janv., sam., dim. et fériés FVb
Rest – Formule 32 € – Menu 47 € (sem.), 57/79 € – Carte 75/115 €
Spéc. Saint-Jacques en marinade de citron vert, salade d'algues au sésame (oct. à avril). Homard bleu rôti au beurre de crustacés et cèpes (juil. à nov.). Confidentiel pour chocophile à la fève tonka. **Vins** Châteaugay, Boudes.
◆ L'enseigne célèbre un cuisinier fameux de l'Antiquité, à juste titre : les assiettes, bien qu'actuelles, distillent des saveurs éternelles, celles des produits rendus dans leur vérité. Beau décor contemporain.

Pavillon Lamartine
17 r. Lamartine – ✆ 04 73 93 52 25 – www.pavillonlamartine.com – Fermé 5-20 août , 22-30 déc., lundi soir et dim. DXa
Rest – Formule 19 € – Carte 30/55 €
◆ Tout près de la place de Jaude, restaurant confortable et cossu proposant une cuisine alliant tradition et modernité. Des recettes revisitées goûteuses et gourmandes.

Fleur de Sel (Patrice Eschalier)
8 r. Abbé Girard – ✆ 04 73 90 30 59 – www.restaurantfleurdesel.com – Fermé août, vacances de Noël, dim., lundi et fériés FXa
Rest *(nombre de couverts limité, réserver)* – Menu 30 € (sem.)/75 € – Carte 75/95 €
Spéc. Sablé de langoustines aux petits pois et cantal vieux (printemps-été). Turbot grillé, courge butternut en gratin et en marmelade à l'orange (automne-hiver). Tarte fine aux poires caramelisées, glace au pain d'épice (automne-hiver). **Vins** Saint-Pourçain, Vin de pays du Puy-de-Dôme.
◆ Un décor à la blancheur immaculée et une cuisine originale qui fait la part belle à des produits de la mer d'une grande fraîcheur : cap sur les saveurs !

X **Goûts et Couleurs**

6 pl. du Changil – ✆ 04 73 19 37 82 – www.restaurantgoutsetcouleurs.com – Fermé 1er-8 mai, 8-31 août, lundi midi, sam. midi et dim. **EVr**

Rest – Formule 21 € – Menu 30/65 € – Carte 51/85 €

◆ Sur une petite place, sympathique restaurant pour déguster une cuisine dans l'air du temps. Cadre sobre, bicolore (blanc-mauve), orné de tableaux ; salle sous une arcade voûtée.

X **Brasserie Danièle Bath**

pl. Marché St-Pierre – ✆ 04 73 31 23 22 – www.baths.fr – Fermé 18-25 fév., 10-18 avril, 20 août-4 sept., dim., lundi et fériés **EVe**

Rest – Formule 19 € – Menu 25/36 € – Carte 35/56 €

◆ Décor de bistrot, salle à manger cossue égayée d'œuvres d'art contemporaines ou, en été, terrasse sur la place piétonne. Cuisine traditionnelle ; bon choix de vins au verre.

X **Le Moulin Blanc**

48 r. Chandiots – ✆ 04 73 23 06 81 – Fermé 30 juil.-20 août et 2-6 janv. **CYe**

Rest *(déj. seult)* – Formule 14 € – Menu 19 € (sem.), 25/46 € – Carte 21/50 €

◆ Bonne adresse pour qui souhaite déguster une cuisine traditionnelle soignée et savoureuse, à prix modérés. Décor coloré, accueil charmant.

X **Le Comptoir des Saveurs**

5 r. Ste-Claire – ✆ 04 73 37 10 31 – www.le-comptoir-des-saveurs.fr – Fermé 15-30 mars, 1er-15 août, dim. et lundi **EVx**

Rest – Formule 20 € – Menu 25/42 €

◆ On peut jouer à la dînette en picorant parmi les propositions du chef – plats servis en mini-portions – changées chaque jour. Un concept à découvrir dans une salle colorée.

X **L'Annexe**

1 r. de Courpière – ✆ 04 73 92 50 00 – www.l-annexe-restaurant.com – Fermé sam. midi, dim., lundi et fériés **GVt**

Rest – Formule 17 € – Menu 21 € (déj. en sem.), 28/58 € – Carte 45/53 €

◆ Une ancienne imprimerie transformée en loft branché et design, idéal pour déguster une cuisine gourmande et innovante. Les cuisines sont filmées en direct !

à Chamalières – 17 148 h. – alt. 450 m – ✉ 63400

Radio

43 av. P. et M.-Curie – ✆ 04 73 30 87 83 – www.hotel-radio.fr – Fermé 28 oct.-6 nov. et 2-14 janv. **Plan de Royat Bw**

25 ch – †86/130 € ††96/142 € – ☐ 13 € – ½ P 107/130 €

Rest ***Radio*** – voir les restaurants ci-après

◆ Les années 1930, c'était les années radio et les années Art déco. Cet hôtel des hauteurs de Chamalières en est un bel exemple, même si les chambres, amples et feutrées, sont décorées dans un style contemporain.

XXX **Radio** – Hôtel Radio

43 av. P. et M.-Curie – ✆ 04 73 30 87 83 – www.hotel-radio.fr – Fermé 28 oct.-6 nov., 2-14 janv., lundi midi, sam. midi et dim. **Plan de Royat Bw**

Rest – Menu 29 € (déj. en sem.), 39 € bc/85 € – Carte 75/88 €

◆ Verre, pylones, contraste du noir et du blanc, c'est toujours le style Art déco propre à cet hôtel-restaurant qui domine. La cuisine est également soucieuse de l'esthétique, avec de très belles présentations et une cuisine recherchée.

X **Ô Gré des Saveurs**

22 r. du Pont-de-la-Gravière – ✆ 04 73 36 99 35 – www.ogredesaveurs.com – Fermé 1er-8 janv., 29 mai-5 juin, 16-30 août, 26-31 déc., mardi soir, dim. soir et lundi **AYr**

Rest – Formule 13 € – Menu 15 € (sem.), 27/36 € – Carte 28/56 €

◆ Le produit est la source d'inspiration de ce jeune chef d'origine bretonne, au gré du marché du matin et des producteurs locaux. Tons blanc et acidulés, et ambiance conviviale.

à Pérignat-lès-Sarliève 8 km – 2 719 h. – alt. 364 m – ✉ 63170

Plateau de Gergovie★ : ✳★★ S : 8 km.

Gergovie
25 allée du Petit-Puy – ✆ 04 73 79 09 95 – www.hotelgergovie-clermontferrand.com
59 ch – †78/150 € ††78/150 € – 3 suites – ☕ 13 € CZr
Rest *(fermé le midi du 15 juil. au 22 août, sam. et dim.)* – Menu 17 € (déj. en sem.)/20 € – Carte 32/48 €
◆ Construit récemment en périphérie de la ville, grand bâtiment moderne dont les chambres, climatisées, offrent un confort actuel et un décor design et résolument sobre. Restaurant contemporain servant une cuisine traditionnelle. Belle terrasse d'été en teck.

rte de la Baraque – ✉ 63830 Durtol

Le Pré Carré (Xavier Beaudiment)
rte de la Baraque – ✆ 04 73 19 25 00 – www.restaurant-leprecarre.com – Fermé 1er-15 août, 1er-20 janv., dim. soir, lundi, mardi, merc. et le midi sauf dim.
Rest – Menu 75 € AYf
Spéc. Cuisine du marché.
◆ Concept audacieux adopté par ce jeune chef : pas de carte, mais un menu unique élaboré selon l'inspiration du moment, avec la complicité de tout un réseau de petits producteurs et... les herbes sauvages de la région. Une "cuisine d'instinct", alliée à un vrai sens des saveurs, qui fait mouche !

à La Baraque 6 km par ⑥ - ✉ 63870 Orcines

Le Relais des Puys
59 rte de la Baraque – ✆ 04 73 62 10 51 – www.relaisdespuys.com – Fermé 14 déc.-4 fév., dim. soir hors saison
36 ch – †66/81 € ††66/81 € – ☕ 9 € – ½ P 64/71 €
Rest ***Le Relais des Puys*** – voir les restaurants ci-après
◆ Depuis sept générations, la même famille veille sur ce relais de diligence devenu hôtel-restaurant. Les chambres sont d'apparence très simples, mais parfaitement tenues ; on peut donc s'y arrêter sans problème sur la route du Puy de Dôme.

Le Relais des Puys
59 rte de la Baraque – ✆ 04 73 62 10 51 – www.relaisdespuys.com – Fermé 14 déc.-4 fév., dim. soir hors saison et lundi midi
Rest – Formule 15 € – Menu 18/48 € – Carte 22/46 €
◆ Voilà un restaurant simple et chaleureux où l'on mange bien. Il ne reste qu'à se mettre devant la cheminée ou sur la terrasse pour goûter le poulet fermier à la gentiane, une terrine de rouget aux lentilles ou un bon plateau de fromages.

à Orcines 8 km par ⑥ – 3 259 h. – alt. 810 m – ✉ 63870

place de la Liberté, ✆ 04 73 62 20 08, www.orcines.fr

Les Hirondelles
34 rte de Limoges – ✆ 04 73 62 22 43 – www.hotel-leshirondelles.com – Ouvert 12 fév.-11 nov. et fermé dim. soir, mardi midi et lundi en fév.-mars
30 ch – †64/79 € ††69/84 € – ☕ 9 € – ½ P 62/69 €
Rest – Formule 17 € – Menu 21 € (sem.), 27/42 € – Carte 28/48 €
◆ Cette ancienne ferme, postée en lisière du parc naturel des Volcans, porte un bien joli nom et dégage un certain charme. Les chambres sont petites, mais fonctionnelles. Sous les voûtes de l'ancienne étable, on sert une cuisine auvergnate.

Auberge de la Baraque
2 rte de Bordeaux – ✆ 04 73 62 26 24 – www.laubrieres.com – Fermé 25 juin-11 juil., 2-16 janv., lundi, mardi et merc. sauf fériés
Rest – Menu 27/54 €
◆ La cuisine, séduisante et pleine de saveurs, est réalisée par la propriétaire de cet ancien relais de diligences et rehaussée par le cadre classique (lustres et moulures).

CLERMONT-L'HÉRAULT – 34 Hérault – 339 F7 – 7 395 h. 23 C2
– alt. 92 m – ✉ 34800 Languedoc Roussillon

Paris 718 – Béziers 46 – Lodève 24 – Montpellier 42

Place Jean Jaurès, ✆ 04 67 96 23 86, www.clermont-l-herault.com

Église St-Paul★.

Le Tournesol

2 r. Roger Salengro – 04 67 96 99 22 – www.letournesol.fr
Rest – Formule 13 € – Menu 16 € (déj.), 23/39 € – Carte 33/61 €
◆ Ce restaurant du centre-ville propose une cuisine traditionnelle qui suit... le soleil. Jolie véranda, mobilier en teck et grande terrasse plantée de palmiers.

à St-Saturnin-de-Lucian 10 km au Nord par D 609, D 908, D 141 et D 130 – 298 h. – alt. 150 m – ✉ 34725

Grotte de Clamouse★★ NE : 12 km - St-Guilhem-le-Désert : site★★, église abbatiale★ NE : 17 km.

Du Mimosa sans rest

10 pl. de la Fontaine – 04 67 88 62 62 – www.hoteldumimosa.blogspot.com – Ouvert mars à fin oct.
7 ch – †68/95 € ††68/95 € – ☕ 10 €
◆ Ravissante demeure séculaire (16ᵉs.) sur la place du village. Chambres spacieuses où s'harmonisent mobilier design, vieilles pierres et cheminées d'origine. Accueil à partir de 17h.

à Brignac 3 km à l'Est par D 4 – 565 h. – alt. 60 m – ✉ 34800

La Missare sans rest

9 rte de Clermont – 04 67 96 07 67 – http://la.missare.free.fr
4 ch ☕ – †75 € ††75 €
◆ La Missare ("le loir" en languedocien !) allie charme et sérénité : vastes chambres, meubles chinés, objets anciens, beau jardin envahi de fleurs, piscine, petit-déjeuner maison.

CLICHY – 92 Hauts-de-Seine – **311** J2 – **101** 15 – voir à Paris, Environs

CLIOUSCLAT – 26 Drôme – **332** C5 – 617 h. – alt. 235 m – ✉ 26270 **44** B3

Paris 586 – Valence 31 – Montélimar 24

La Treille Muscate

Le Village – 04 75 63 13 10 – www.latreillemuscate.com – Fermé 5 déc.-10 fév.
11 ch – †65/150 € ††65/150 € – 1 suite – ☕ 12 €
Rest *La Treille Muscate* – voir les restaurants ci-après
◆ Cette belle bâtisse en pierre est tout imprégnée de douceur provençale : le jardin ouvre sur les vergers alentour, les chambres sont raffinées... La tranquillité avec l'accent du Sud.

La Treille Muscate

Le Village – 04 75 63 13 10 – www.latreillemuscate.com – Fermé 5 déc.-10 fév. et lundi
Rest – Formule 20 € – Menu 29/33 € – Carte 29/38 €
◆ La terrasse, au cœur du village, dégage le charme de l'authenticité ; la salle voûtée est très cosy... Produits frais, saveurs régionales revisitées par le chef : l'assiette est au diapason. Tout est fait maison et cela se sent !

La Fontaine

Le Village – 04 75 63 07 38 – www.lafontaine-cliousclat.fr – Fermé vacances de fév., de la Toussaint et de Noël
Rest – Formule 12 € – Menu 20/38 € – Carte 30/47 €
◆ Un bistrot de campagne vraiment sympathique. Regardez bien : vous verrez le chef s'activer en cuisine autour de bons produits... Et savourez bien, car ses petits plats du terroirs sont alléchants !

CLISSON – 44 Loire-Atlantique – **316** I5 – 6 739 h. – alt. 34 m **34** B2 – ✉ 44190 Bretagne

Paris 396 – Nantes 31 – Niort 130 – Poitiers 151

place du Minage, 02 40 54 02 95, www.valleedeclisson.fr

Site★ - Domaine de la Garenne-Lemot★.

Villa Saint-Antoine

8 r. St-Antoine – ☎ 02 40 85 46 46 – www. hotel-villa-saint-antoine.com
43 ch – 78/178 € 92/162 € – 16 €
Rest – Formule 15 € – Carte 30/47 €
◆ Au cœur de Clisson – petite ville dont l'architecture s'inspire de la Toscane –, cette ancienne filature propose de belles chambres contemporaines rendant hommage à l'art italien. Terrasse au bord de l'eau. Cuisine du marché dans un décor façon bistrot moderne.

La Bonne Auberge

1 r. Olivier de Clisson – ☎ 02 40 54 01 90 – Fermé 6-29 août, 1er-19 janv., mardi midi, dim. soir, merc. soir et lundi
Rest – Formule 21 € – Menu 43/65 € – Carte 60/85 €
◆ Cette maison bourgeoise compte trois salles à manger élégantes et chaleureuses (boiseries blondes), dont une véranda ouverte sur un petit jardin. Carte fidèle à son classicisme.

à Gétigné 3 km au Sud-Est par D 149 et rte secondaire – 3 360 h. – alt. 26 m – ✉ 44190

La Gétignière

3 r. de la Navette – ☎ 02 40 36 05 37 – wwwlagetigniere@.com – Fermé 20 déc.-1er janv., dim. soir, mardi soir et lundi
Rest – Formule 18 € – Menu 22 € (sem.), 26/95 € bc – Carte 47/61 €
◆ Jolie maison fleurie au cœur du village. Salle contemporaine (murs gris, mobilier design) et terrasse ouvrant sur un petit jardin japonisant. Cuisine actuelle.

CLOHARS-FOUESNANT – 29 Finistère – 308 G7 – rattaché à Bénodet

---

CLUNY – 71 Saône-et-Loire – 320 H11 – 4 604 h. – alt. 248 m – ✉ 71250 8 C3

Bourgogne

Paris 384 – Mâcon 25 – Chalon-sur-Saône 49 – Montceau-les-Mines 44

6, rue Mercière, ☎ 03 85 59 05 34, www.cluny-tourisme.com

Anc. abbaye★★ : clocher de l'Eau Bénite★★ - Musée Ochier★ **M** - Clocher★ de l'église St-Marcel.

Château de Cormatin★★ (cabinet de St-Cécile★★★) N : 13 km - Communauté de Taizé N : 10 km.

Plan page suivante

De Bourgogne

pl. l'Abbaye – ☎ 03 85 59 00 58 – www.hotel-cluny.com – Fermé 1er déc.-10 fév.
14 ch – 91/101 € 91/131 € – 2 suites – 11 € **n**
Rest *De Bourgogne* – voir les restaurants ci-après
◆ En face de l'abbaye bénédictine, une maison de caractère où Lamartine avait ses habitudes. Les chambres sont classiques et bien tenues ; l'accueil fort aimable. La bonne adresse de la cité.

Hostellerie d'Héloïse avec ch

rest,

pont de l'Étang – ☎ 03 85 59 05 65 – www.hostelleriedheloise.com – Fermé 20 juin-10 juil. et de mi-déc. à mi-fév. **y**
13 ch – 53/68 € 63/68 € – 9 € – ½ P 61 €
Rest *(fermé dim. soir, jeudi midi et merc.)* – Formule 20 € bc – Menu 26/50 € – Carte 31/41 €
◆ Un établissement convivial et joliment rétro ! Les Héloïse et Abélard pourront y savourer une cuisine traditionnelle et régionale d'une belle finesse... Et pour l'étape, les chambres (presque toutes rénovées fin 2011) sont bien pratiques.

De Bourgogne – Hôtel De Bourgogne

pl. l'Abbaye – ☎ 03 85 59 00 58 – www.hotel-cluny.com – Fermé 1er déc.-10 fév., 2-9 juil., mardi et merc. **n**
Rest – Formule 19 € – Menu 26/48 € – Carte 36/52 €
◆ Une table de tradition à deux pas de la célèbre abbaye. Le chef travaille de bons produits du terroir : croustine de chèvre chaud du Clunisois et mesclun aux épices douces, filet de bœuf charolais et réduction de vin rouge du Mâconnais, etc.

Avril (R. d') 2
Conant (Espace K. J.) 3
Filaterie (R.) 4
Gaulle (Av. Ch.-de) 5
Lamartine (R.) 6
Levée (R. de la) 8
Marché (Pl. du). 9
Mercière (R.) 12
Prud'hon (R.) 14
Pte des Prés (R.) 13
République (R.) 15

LA CLUSAZ – 74 Haute-Savoie – 328 L5 – 1 888 h. – alt. 1 040 m 46 F1

– Sports d'hiver : 1 100/2 600 m 6 49 – 74220 Alpes du Nord

Paris 564 – Albertville 40 – Annecy 32 – Chamonix-Mont-Blanc 60

161, place de l'église, 04 50 32 65 00, www.laclusaz.com

E : Vallon des Confins★ - Vallée de Manigod★ S - Col des Aravis ★★ par ② : 7,5 km.

Au Cœur du Village

26 Montée du Château – 04 50 01 50 01 – www.hotel-aucoeurduvillage.fr – Fermé 23 avril-15 juin **a**

37 suites – 240/1080 € – 20 ch – 25 € – ½ P 170/410 €

Rest ***Le 5*** – voir les restaurants ci-après

◆ Le bois, le métal et le grès se mêlent ; le design, l'épure et la douceur rencontrent la montagne ; le spa est magnifique. Ouvert fin 2010, ce Cœur bat avec raffinement.

Beauregard

90 sentier du Bossonet – 04 50 32 68 00 – www.hotel-beauregard.fr – Fermé 15 oct.-20 nov. **k**

95 ch – 165/390 € 165/390 € – 13 € – ½ P 105/280 €

Rest – Formule 21 € – Menu 25 €

◆ Un grand chalet typique, au pied des pistes. Après une journée de ski, on se détend au salon ou dans la vaste piscine couverte. Une terrasse en plein soleil ? Pas de doute, c'est l'endroit idéal pour faire un repas traditionnel.

Les Sapins

105 chemin des Riffroids – 04 50 63 33 33 – www.clusaz.com – Ouvert 15 juin-9 sept. et 15 déc.-10 avril **h**

24 ch – 60/150 € 70/160 € – 12 € – ½ P 62/130 €

Rest – Formule 17 € – Menu 24/27 € – Carte 30/40 €

◆ Le charme d'un joli chalet familial surplombant le village... Bois blond et tomettes au salon, accès direct aux pistes : rien ne manque et l'on se sent bien. Un grand creux ? On se repaît de tartiflettes et de fondues en profitant de la vue sur les pentes enneigées.

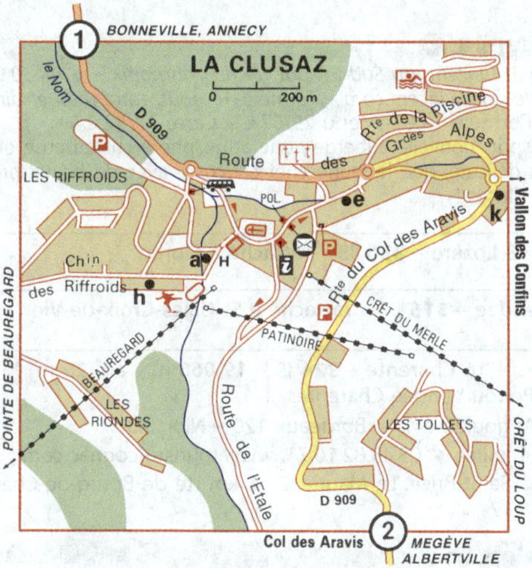

Alp'Hôtel

VISA

192 rte col des Aravis – ✆ 04 50 02 40 06 – www.clusaz.com
– Ouvert 15 juin-20 sept. et 15 déc.-20 avril **e**

15 ch – †80/220 € ††110/270 € – ☕ 13 € – ½ P 82/165 €

Rest – Formule 20 € – Menu 25/39 € – Carte 35/53 €

◆ Haut chalet au cœur de la station. Dans les chambres (toutes avec balcon) règne une agréable atmosphère savoyarde. Le restaurant est un vrai lieu de vie. Chaleureux !

Le 5 – Hôtel Au Cœur du Village

VISA

26 Montée du Château – ✆ 04 50 01 50 01 – www.hotel-aucoeurduvillage.fr
– Fermé 23 avril-15 juin **a**

Rest – Menu 55/90 € – Carte 75/105 €

◆ Sous l'égide d'un Meilleur Ouvrier de France 2011, ce restaurant chic, au cœur de la station, cultive les plaisirs d'une gastronomie fine et originale, à l'instar d'une minute de langoustine à la plancha et ris de veau braisé.

rte du Col des Aravis 4 km par ② – ✉ 74220 La Clusaz

Les Chalets de la Serraz

VISA

3862 rte du Col des Aravis – ✆ 04 50 02 48 29 – www.laserraz.com
– Fermé 22 avril-24 mai et 30 sept.-10 nov.

10 ch – †125/160 € ††130/175 € – ☕ 17 € – ½ P 105/180 €

Rest *(fermé le midi sauf week-ends en été)* – Menu 38 € – Carte 38/48 €

◆ Une ancienne ferme, la montagne à perte de vue et des chambres douillettes. Dans le jardin, de charmants chalets abritent les duplex (terrasse privative). Cuisine traditionnelle au restaurant. On s'y sent comme de vraies marmottes !

CLUSES – **74 Haute-Savoie** – **328** M4 – **17 972 h.** – **alt. 486 m** **46** F1
– ✉ **74300** Alpes du Nord

Paris 570 – Annecy 56 – Chamonix-Mont-Blanc 41 – Thonon-les-Bains 59

100, place du 11 Novembre, ✆ 04 50 96 69 69, www.cluses.com

Bénitier★ de l'église.

La Ferme du Lac

550 av. Louis-Coppel, lacs de Thyez – ✆ 04 50 18 94 00 – www.fermedulac.com
– Fermé 2 sem. en août

20 ch – †80/120 € ††90/120 € – ☕ 10 €

Rest *(fermé sam. midi et dim. soir)* – Formule 17 € – Menu 20 € (déj. en sem.)/29 €

◆ Dans un quartier calme, face aux lacs de Thyez, ce chalet tout neuf (ouvert en 2011) est charmant. Du bois, du cachet et des équipements high-tech : les chambres sont confortables et vraiment propices au repos, tout comme l'espace bien-être.

XX **Le St-Vincent**

14 r. Fg St-Vincent, au Sud-Est par rte de Chamonix – ✆ 04 50 96 17 47 – www.le-saint-vincent.com – Fermé 6-19 août, sam. midi et dim.

Rest – Formule 19 € – Menu 29/57 € – Carte 37/52 €

◆ Un esprit "nouvelle auberge", une atmosphère chaleureuse et une cuisine soignée et délicate, que le jeune chef concocte avec de beaux produits : la valeur sûre de Cluses !

COCURÈS – **48 Lozère** – **330** J8 – **rattaché à Florac**

COËX – **85 Vendée** – **316** E7 – **rattaché à St-Gilles-Croix-de-Vie**

COGNAC – **16 Charente** – **324** I5 – **19 066 h.** – **alt. 25 m** **38** B3
– ✉ **16100** Poitou Vendée Charentes

Paris 478 – Angoulême 45 – Bordeaux 120 – Niort 83

16, rue du 14 juillet, ✆ 05 45 82 10 71, www.tourism-cognac.com

Du Cognac, à Saint-Brice, La Maurie, E : 8 km rte de Bourg-de-Charente, ✆ 05 45 32 18 17

Le Valois sans rest

35 r. du 14 Juillet – ✆ 05 45 36 83 00 – www.hotellevalois.com – Fermé 23 déc.-4 janv. Za

46 ch – †72 € ††78 € – ☕ 9 €

◆ À deux pas des chais de Cognac, dans un immeuble des années 1980, des chambres fonctionnelles et assez spacieuses (une partie dans l'annexe voisine). L'entretien se révèle très soigné.

Héritage

25 r. d'Angoulême – ✆ 05 45 82 01 26 – www.hheritage.com – Fermé 25 fév.-13 mars Yz

19 ch – †65 € ††70 € – ☕ 8 €

Rest *(fermé dim. et lundi)* – Formule 17 € – Menu 20 € – Carte 25/46 €

◆ Des couleurs très flashy, une myriade de styles, plein de contrastes... Cet hôtel particulier du Second Empire (1865) bouscule son héritage avec décalage, jeunesse et chaleur. Cuisine traditionnelle au restaurant.

XX **Les Pigeons Blancs** avec ch

110 r. Jules-Brisson – ✆ 05 45 82 16 36 – www.pigeons-blancs.com – Fermé 15-30 nov. et dim. soir d'oct. à avril Yd

6 ch – †55/95 € ††65/115 € – ☕ 12 € – ½ P 85/115 €

Rest *(fermé dim. soir et lundi midi)* – Formule 25 € – Menu 34/59 € – Carte 48/75 €

◆ Séparé du centre-ville par la Charente, un relais de poste du 17ᵉs. dans un petit parc clos de mur. Un antre dédié à la tradition, sous l'égide de toute une famille (deux frères et leur sœur) très attachée au lieu.

X **Le Bistro de Claude**

35 r. Grande – ✆ 05 45 82 60 32 – www.bistro-de-claude.com – Fermé 2 sem. en août, sam. et dim. Yn

Rest – Formule 18 € – Menu 21 € (déj.)/30 € bc – Carte 36/60 €

◆ Vous ne connaissez pas Claude ? Son bistro est à son image : chaleureux, franc et... gourmand, avec de belles assiettes fort bien mijotées (lotte rôtie à l'espagnole, entrecôte du Limousin à la plancha, etc.). Tout Cognac connaît Claude !

X **La Courtine**

allée Fichon, parc François 1er – ✆ 05 45 82 34 78 – www.restaurant-la-courtine.fr – Fermé 24 déc.-17 janv. Yt

Rest – Formule 18 € – Menu 27 € – Carte 27/43 €

◆ Pour s'encanailler sur les rives de la Charente, une ancienne guinguette dans un site préservé... Le décor tout en bois fait remonter le temps, de même que la cuisine simple et traditionnelle, aux prix mesurés. À noter : la jolie terrasse face au ponton et, régulièrement, des soirées jazz !

COGNAC

Angoulême (R. d') . . . . Y
Armes (Pl. d') . . . . Y
Bazoin (R. Abel) . . . . Y 6
Boucher (R. Cl.) . . . . Y 7
Briand (R. A.) . . . . Y
Canton (R. du) . . . . Y 8
Champ de Mars (Allées du) . . Z 9
Château (Quai du) . . . . Y 10
Cordeliers (R. des) . . . . Y 11
Corderie (Allées de la) . . . . . . Z 12
François-1er (R.) . . . . Y 13
Germain (R. H.) . . . . Y 14
Grande Rue . . . . Y 15
Isle d'Or (R. de l') . . . . Y 16
Lusignan (R. de) . . . . Y 20
Magdeleine (R.) . . . . Y 21
Martell (Pl. Ed.) . . . . Z 22
Monnet (Pl. Jean) . . . . Z 23
Palais (R. du) . . . . Y 24
Victor-Hugo (Av.) . . . . Z
14-Juillet (R. du) . . . . Z 26

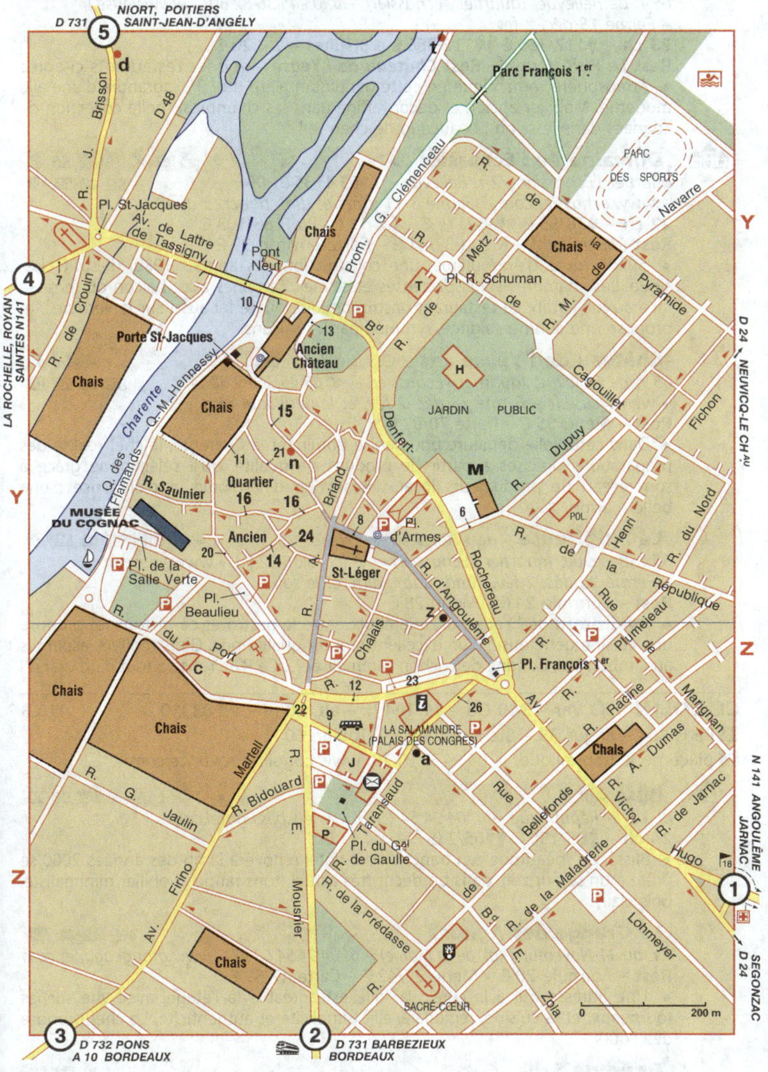

au Sud-Est **3 km par ① rte d'Angoulême et rte de Rouillac (D 15) – ✉ 16100 Châteaubernard**

Château de l'Yeuse
65 r. de Bellevue, (quartier l'Échassier) – ✆ 05 45 36 82 60 – www.yeuse.fr – Fermé 18 déc.-2 fév.
23 ch – †112/386 € ††112/386 € – 3 suites – ☕ 20 €
Rest *Le P'tit Yeuse* **Rest *Château de l'Yeuse*** – voir les restaurants ci-après
◆ Atmosphère romantique en cette gentilhommière du 19ᵉs. agrandie d'une aile moderne. Mobilier ancien et décor raffiné dans les chambres ; belle collection de cognacs dans le salon : beaucoup de charme !

Domaine de l'Échassier rest,
quartier l'Échassier, 72 r. Bellevue – ✆ 05 45 35 01 09 – www.echassier.com – Fermé 3-11 mars et dim. d' oct. à avril
22 ch – †78/95 € ††95/115 € – ☕ 13 € – ½ P 88/103 €
Rest *(dîner seult)* – Menu 37/41 € – Carte environ 39 €
◆ Sur la route d'Angoulême, une construction des années 1980, d'esprit classique. Les chambres sont spacieuses et calmes, certaines avec balcon ou terrasse face au joli jardin. Le restaurant gastronomique ouvre lui aussi sur la verdure... et propose une cuisine soignée, rythmée par les saisons.

XXX **Château de l'Yeuse** – Hôtel Château de l'Yeuse
65 r. de Bellevue, (quartier l'Échassier) – ✆ 05 45 36 82 60 – www.yeuse.fr – Fermé 18 déc.-2 fév. et le midi sauf dim.
Rest – Menu 55 € – Carte 70/97 €
◆ Dans cette jolie demeure bourgeoise dominant la Charente, le chef réalise des préparations précises à partir de produits de qualité, qu'il sélectionne grâce à son réseau de producteurs locaux. Beaucoup d'harmonie et d'élégance : une belle maison.

X **Le P'tit Yeuse** – Hôtel Château de l'Yeuse
65 r. Bellevue, (quartier l'Échassier) – ✆ 05 45 36 82 60 – www.yeuse.fr – Fermé 20 déc.-2 fév., lundi, sam., dim. et le soir
Rest – Formule 24 € – Menu 28 €
◆ Au Château de l'Yeuse, on a le choix entre le gastro et ce bistrot qui propose une cuisine généreuse, d'un excellent rapport qualité-prix. Œufs mollets, asperges au jambon cru, poitrine de cochon caramélisée… Ce P'tit Yeuse a tout d'un grand !

COGOLIN – 83 Var – 340 O6 – 11 104 h. – alt. 20 m – ✉ 83310 — 41 C3

Paris 864 – Fréjus 33 – Ste-Maxime 13 – Toulon 60

place de la République, ✆ 04 94 55 01 10, www.cogolin-provence.com

Bliss sans rest
pl. de la République – ✆ 04 94 54 15 17 – www.bliss-hotel.com
24 ch – †65/150 € ††65/235 € – ☕ 11 €
◆ Bliss... ou "béatitude" en français : cet hôtel rénové à la fin des années 2000 se prête à un séjour zen, dans un décor très actuel (tons taupe, mobilier minimaliste, bois clair).

XX **La Grange des Agapes**
7 r. du 11-Novembre, (pl. de la Mairie) – ✆ 04 94 54 60 97 – www.grangeagapes.com
Rest – Formule 20 € – Menu 27/42 € – Carte 47/59 €
◆ Une adresse qui a la cote : la salle est agréable (à l'étage, avec vue sur les fourneaux) et la cuisine, régionale, allie simplicité et authenticité. Le chef propose des cours.

X **Grain de Sel**
6 r. du 11-Novembre, (derrière la mairie) – ✆ 04 94 54 46 86 – Fermé vend. midi en été et lundi sauf le soir en juil. août
Rest *(nombre de couverts limité, réserver)* – Formule 22 € – Menu 29 € – Carte environ 40 €
◆ Au cœur de Cogolin, ce tout petit bistrot provençal ne manque pas de sel : un jeune couple en a repris les rênes en 2011 – elle en salle, lui en cuisine, pour cultiver toutes les saveurs du Sud.

COIGNIÈRES – 78 Yvelines – **311** H3 – **4 526 h.** – **alt. 160 m** – ✉ **78310** **18** A2

Paris 39 – Rambouillet 15 – St-Quentin-en-Yvelines 7 – Versailles 21

XXX **Le Capucin Gourmand**

170 N 10 – ✆ 01 34 61 46 06 – www.capucingourmand.com – Fermé dim. soir, lundi soir et lundi midi en juil.-août

Rest – Menu 30 € (déj. en sem.)/39 € – Carte environ 47 €

◆ Dans une zone commerciale, ancien relais de poste au charme préservé. Cuisine traditionnelle et salle à manger rustique, réchauffée l'hiver par une cheminée. Terrasse d'été.

COIRAC – 33 Gironde – **335** J6 – **200 h.** – **alt. 100 m** – ✉ **33540** **4** C2

Paris 598 – Bordeaux 49 – Langon 20 – Périgueux 131

X **Le Flore**

1 Petit-Champ-du-Bourg – ✆ 05 56 71 57 47 – Fermé dim. soir, mardi soir, merc. soir et lundi

Rest – Formule 15 € – Menu 18 € (déj. en sem.), 29/42 €

◆ Bonne petite table de campagne autour d'une cuisine du marché savoureuse et généreuse. Les propriétaires sont très accueillants et il y a même une terrasse sur un petit verger.

COISE-ST-JEAN-PIED-GAUTHIER – 73 Savoie – **333** J4 – **1 166 h.** – **alt. 292 m** – ✉ **73800** **46** F2

Paris 582 – Albertville 32 – Chambéry 23 – Grenoble 55

Château de la Tour du Puits

1 km par rte du Puits – ✆ 04 79 28 88 00 – www.chateaupuit.fr – Ouvert 1er mai-30 août

7 ch – †170/310 € ††170/310 € – ☕ 25 € – ½ P 150/220 €

Rest *(ouvert 15 juin-30 août) (dîner seult) (résidents seult)* – Menu 55/75 €

◆ Ce gracieux château rebâti au 18e s. dresse sa tour en poivrière au milieu d'un superbe parc arboré. Chambres décorées avec soin (boutis, mobilier chiné...). Héliport. Fine cuisine actuelle réalisée avec de bons produits ; jolie terrasse sous une tonnelle.

COL BAYARD – 05 Hautes-Alpes – **334** E5 – **alt. 1 248 m** – ✉ **05000 Gap** **41** C1

Alpes du Sud

Paris 658 – Gap 7 – La Mure 56 – Sisteron 60

à Laye 2,5 km au Nord par N 85 – 231 h. – alt. 1 170 m – ✉ 05500

X **La Laiterie du Col Bayard**

– ✆ 04 92 50 50 06 – www.laiterie-col-bayard.com – Fermé 14 nov.-16 déc. et lundi sauf vacances scolaires

Rest – Formule 13 € bc – Menu 18/45 € bc – Carte 14/48 €

◆ Jouxtant une laiterie-fromagerie, étonnant restaurant complété par une boutique de produits locaux. Terrasse face à la montagne. Plats du terroir et fromages à l'honneur.

COL DE BAVELLA – 2A Corse-du-Sud – **345** E9 – **voir à Corse**

COL DE CUREBOURSE – 15 Cantal – **330** D5 – **rattaché à Vic-sur-Cère**

COL DE LA CROIX-FRY – 74 Haute-Savoie – **328** L5 – **rattaché à Manigod**

COL DE LA FAUCILLE ★★ – 01 Ain – **328** J2 – **alt. 1 320 m** – **Sports d'hiver : (Mijoux-Lelex-la Faucille) 900/1 680 m** 3 29 – ✉ **01170 Gex** **46** F1

Franche-Comté Jura

Paris 480 – Bourg-en-Bresse 108 – Genève 29 – Gex 11

Descente sur Gex★★ (N 5) ✻★★ SE : 2 km - Mont-Rond★★ (accès par télécabine - gare à 500 m au SO du col).

La Mainaz

col de la Faucille, 1 km au Sud par D 1005 – 04 50 41 31 10 – www.la-mainaz.com – Fermé 17 juin-4 juil., 28 oct.-6 déc., dim. soir et lundi sauf vacances scolaires

21 ch – 87/102 € 87/123 € – 13 € – ½ P 84/94 €

Rest – Formule 27 € – Menu 35/46 € – Carte 33/96 €

◆ Atout incontestable de ce grand chalet en bois : la vue exceptionnelle sur le Léman et les Alpes. Il y règne comme une ambiance de pension de famille (certaines chambres récentes sont moins rétro). Tradition encore au restaurant panoramique.

La Couronne

– 04 50 41 32 65 – www.hotel-de-la-couronne.com – Ouvert 15 mai-30 sept. et 17 déc.-31 mars

15 ch – 68/78 € 68/78 € – 10 € – ½ P 68/74 €

Rest *(fermé merc. en juin et le midi en hiver)* – Formule 18 € – Menu 27 € (dîner)/42 € – Carte 37/67 €

◆ Quelle ambiance chaleureuse dans ce grand chalet au sommet du col de la Faucille ! On se réchauffe devant la cheminée ou on se prélasse dans les chambres d'esprit montagnard (les plus récentes). Pour se restaurer, deux options, dont le carnotzet avec ses spécialités fromagères.

COL DE LA MACHINE – 26 Drôme – 332 F4 – rattaché à St-Jean-en-Royans

COL DE LA SCHLUCHT – 88 Vosges – 314 K4 – alt. 1 258 m 27 D3

– Sports d'hiver : 1 150/1 250 m Alsace Lorraine

Paris 441 – Colmar 37 – Épinal 56 – Gérardmer 16

Route des Crêtes★★★ N et S - Le Hohneck ★★★ S : 5 km.

Le Collet

9937 rte de Colmar , (au Collet), 2 km sur rte de Gérardmer – 03 29 60 09 57 – www.chalethotel-lecollet.com

25 ch – 75 € 85 € – 6 suites – 15 € – ½ P 82 €

Rest ***Le Collet*** – voir les restaurants ci-après

◆ Un beau chalet, au cœur du parc régional des Ballons des Vosges. Les chambres, très douillettes, fourmillent de détails soignés (tissu des Vosges brodé, bois, pierre) et les environs... de sapins !

Le Collet

9937 rte de Colmar , (au Collet), 2 km sur rte de Gérardmer – 03 29 60 09 57 – www.chalethotel-lecollet.com

Rest – Formule 16 € – Menu 26/52 € – Carte 35/45 €

◆ Une "cuisine du terroir relookée", selon les propres mots du chef, qu'inspirent les choses "vraies", les légumes du potager et les produits de la ferme. Le goût des bonnes choses, dans un joli décor montagnard.

COL DU DONON – 67 Bas-Rhin – 315 G5 – alt. 718 m – 67130 1 A2

Grandfontaine Alsace Lorraine

Paris 402 – Lunéville 61 – St-Dié 41 – Sarrebourg 39

★★ sur la chaîne des Vosges.

Du Donon

– 03 88 97 20 69 – www.ledonon.com – Fermé 22-28 mars, 12 nov.-10 déc. et jeudi hors saison

22 ch – 50 € 74 € – 1 suite – 10 € – ½ P 67 €

Rest – Menu 20/37 € – Carte 20/40 €

◆ Sur le col, au milieu de la forêt, une imposante bâtisse abritant des chambres douillettes, d'esprit traditionnel, et des studios avec mansarde. Jolie piscine, sauna, jacuzzi. Cadre rustique et esprit régional au restaurant.

COL DU PAVILLON – 69 Rhône – 327 F3 – rattaché à Cours

COLIGNY – 01 Ain – 328 F2 – 1 150 h. – alt. 298 m 44 B1

– 01270

Paris 407 – Bourg-en-Bresse 24 – Lons-le-Saunier 39 – Mâcon 57

Au Petit Relais

Grande-Rue – ✆ 04 74 30 10 07 – www.aupetitrelais.fr – Fermé 19-29 mars, 24 sept.-4 oct., 3-6 déc., dim. soir, merc. soir et jeudi
Rest *(nombre de couverts limité, réserver)* – Menu 19 € (déj. en sem.), 29/60 € bc – Carte 45/94 €
◆ Ce Petit Relais propose une cuisine particulièrement goûteuse où se côtoient homard, poissons nobles, spécialités de la Bresse et vins choisis. La salle à manger est pimpante et l'été, on dresse la terrasse dans la cour intérieure.

COLLÉGIEN – 77 Seine-et-Marne – 312 F2 – 101 19 – voir à Paris, Environs (Marne-la-Vallée)

LA COLLE-SUR-LOUP – 06 Alpes-Maritimes – 341 D5 – 7 633 h. – alt. 90 m – ✉ 06480 Côte d'Azur 42 E2

Paris 919 – Antibes 15 – Cagnes-sur-Mer 7 – Cannes 26
28, rue Maréchal Foch, ✆ 04 93 32 68 36, www.lacollesurloup.fr

Alain Llorca

350 rte de St-Paul – ✆ 04 93 32 02 93 – www.alainllorca.com
10 ch – †150/250 € ††150/570 € – ☕ 20 €
Rest *Alain Llorca* – voir les restaurants ci-après
◆ Un "hôtel de chef" en pleine nature, à quelques minutes du joli village de la Colle-sur-Loup. Les chambres, élégantes, offrent de très beaux volumes et sont réparties dans deux jolies villas provençales.

L'Abbaye

ch,
541 bd Teisseire, rte de Grasse – ✆ 04 93 32 68 34 – www.hotelabbaye.com – Fermé nov. et 2-22 janv.
15 ch – †90/260 € ††140/260 € – ☕ 11 € **Rest** *(fermé mardi midi et lundi)* – Formule 17 € – Menu 21 € (déj. en sem.), 29/39 € – Carte 40/65 €
◆ Dans cette abbaye séculaire, qui appartenait autrefois aux moines de l'île St-Honorat, règne paradoxalement un esprit design et très tendance. Beaucoup de classe et d'originalité, pour un mélange des genres réussi.

Marc Hély sans rest

535 rte de Cagnes, 800 m au Sud-Est par D 6 – ✆ 04 93 22 64 10 – www.hotel-marc-hely.com – Ouvert fév.-oct.
11 ch – †100/140 € ††100/140 € – ☕ 12 €
◆ Cette grande maison, un peu en retrait de la route principale, bénéficie d'une très belle vue sur St-Paul-de-Vence. C'est calme, bien tenu, et les chambres sont décorées dans un style provençal simple et de bon ton.

Le Blanc Manger

1260 rte de Cagnes – ✆ 04 93 22 51 20 – www.leblancmanger.fr – Fermé dim. soir, lundi, mardi, merc. de janv. à mars
Rest *(nombre de couverts limité, réserver)* – Formule 25 € bc – Menu 29/60 €
◆ Ce petit restaurant n'est pas sans évoquer une bonbonnière avec son mobilier en fer forgé, ses tons rouille et ses photophores. Dans l'assiette, une "cuisine d'auteur" au féminin, inspirée par la Provence.

Alain Llorca – Hôtel Alain Llorca

350 rte de St-Paul – ✆ 04 93 32 02 93 – www.alainllorca.com
Rest – Menu 38 € (déj.), 50/70 € – Carte 51/121 €
Spéc. Légumes et fruits du pays au naturel, mozzarella et sorbet à la tomate confite. Loup à la tomate verte, fenouil au basilic et olives de Nice. Crème au chocolat, crumble noisette et glace chocolat.
◆ Ceux qui connaissaient déjà Alain Llorca, en particulier grâce au Moulin de Mougins, ont le plaisir de le retrouver ici chez lui, pour une véritable ode à la cuisine méditerranéenne, revisitée avec une sensibilité contemporaine. À noter : spécialité de viandes et crustacés rôtis sur le gril.

COLLEVILLE-SUR-MER – 14 Calvados – 303 G3 – 164 h. – alt. 42 m – ✉ 14710 Normandie Cotentin 32 B2

Paris 281 – Cherbourg 84 – Caen 49 – Saint-Lô 39

Domaine de L'Hostréière sans rest

rte du Cimetière Américain – ✆ 02 31 51 64 64 – www.domainedelhostreiere.com – Ouvert 13 avril-30 oct.

18 ch – †89/115 € ††89/115 € – ☕ 11 €

◆ Si vous cherchez le cimetière américain, vous êtes sans doute tout proche de cet engageant complexe hôtelier. Un jardin fleuri, une belle piscine, des chambres spacieuses : tout est réuni pour un repos bien mérité sur les chemins de l'Histoire.

COLLIAS – 30 Gard – 339 L5 – rattaché à Pont-du-Gard

COLLIOURE – 66 Pyrénées-Orientales – 344 J7 – 2 937 h. – alt. 2 m 22 B3

– Casino – ✉ 66190 Languedoc Roussillon

Paris 879 – Argelès-sur-Mer 7 – Céret 36 – Perpignan 30

place du 18 Juin, ✆ 04 68 82 15 47, www.collioure.com

Site ★★ - Retables ★ dans l'église Notre-Dame-des-Anges.

Relais des Trois Mas

rte de Port-Vendres – ✆ 04 68 82 05 07 – www.relaisdestroismas.com – Fermé 1er déc.-31 janv. **Bn**

21 ch – †100/165 € ††150/230 € – 2 suites – ☕ 18 € – ½ P 135/317 €

Rest *La Balette* ✿ – voir les restaurants ci-après

◆ De ces mas enchâssés dans la roche, la vue est imprenable sur la baie de Collioure et Notre-Dame-des-Anges ! Les chambres s'égayent de tissus catalans ; le jardin, la piscine complètent ce décor inspiré.

COLLIOURE

Aire (R. de l') . . . . . B 2
Amirauté (Q. de l') . . . . . B 3
Arago (R. François) . . . . . B 4
Argelès (Rte d') . . . . . A
Dagobert (R.) . . . . . B 7
Démocratie (R. de la) . . . . . B 8
Égalité (R. de l') . . . . . B 9
Ferry (R. Jules) . . . . . AB 13
Galère (R. de la) . . . . . A
Gaulle (Av. du Gén.) . . . . . B
Jean-Jaurès (Pl.) . . . . . B 14
Lamartine (R.) . . . . . B 15
Leclerc (Pl. Gén.) . . . . . AB 17
Maillol (Av. Aristide) . . . . . A
Mailly (R.) . . . . . B 19
Michelet (R. Jules) . . . . . A 20
Miradou (Av. du) . . . . . A 23
Pasteur (R.) . . . . . B
Pla de Las Fourques (R. du) . . . . . A
République (R. de la) . . . . . AB
Rolland (R. Romain) . . . . . A
Rousseau (R. J.-J.) . . . . . AB 29
St-Vincent (R.) . . . . . B 30
Soleil (R. du) . . . . . B 33
La Tour d'Auvergne (R. de) . . . . . B 16
Vauban (R.) . . . . . B 34
8 Mai 1945 (Pl. du) . . . . . B 35
18-Juin (Pl. du) . . . . . B 40

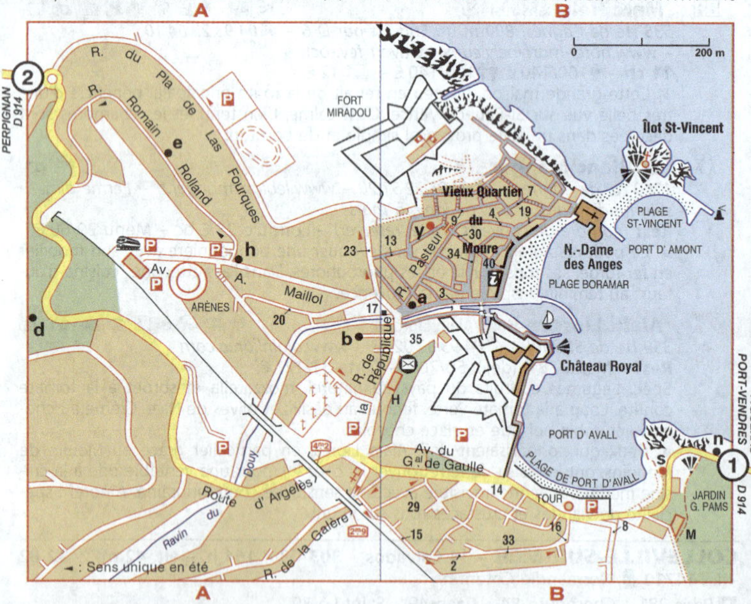

Casa Païral sans rest
imp.des Palmiers – ✆ 04 68 82 05 81 – www.hotel-casa-pairal.com – Ouvert 5 avril-11 nov. **Ab**
27 ch – †89/289 € ††89/289 € – ☕ 14 €
◆ Une jolie demeure du 19e s. avec son traditionnel patio à l'andalouse, son jardin planté de magnolias et d'essences méditerranéennes... Du caractère et la saveur des vacances ! Les chambres, plus sobres, sont néanmoins très soignées.

L'Arapède
rte Port-Vendres – ✆ 04 68 98 09 59 – www.arapede.com – Fermé 13 nov.-11 fév. **Ad**
20 ch – †55/80 € ††65/110 € – ☕ 10 € – ½ P 62/87 €
Rest *(dîner seult)* – Carte 25/50 €
◆ À la sortie de Collioure, un hôtel-restaurant récent. Dans les chambres, simplicité de bon aloi, mobilier de style catalan et... vue sur la mer et la piscine à débordement ! Un lieu sympa.

Madeloc sans rest
r. R. Rolland – ✆ 04 68 82 07 56 – www.madeloc.com – Ouvert vacances de fév. et 30 mars-11 nov. **Ae**
23 ch – †80/180 € ††80/180 € – ☕ 13 €
◆ Sur les hauteurs de la ville, dans un quartier résidentiel, un hôtel pratique et frais, avec des chambres agréables (certaines avec terrasse), un jacuzzi, une piscine panoramique et même un jardin à flanc de colline.

La Frégate
24 quai de l'Amirauté – ✆ 04 68 82 06 05 – www.fregate-collioure.com – Fermé fin nov. à début fév. **Ba**
26 ch – †50/75 € ††70/115 € – 1 suite – ☕ 8 € – ½ P 80/100 €
Rest *(fermé jeudi sauf juil.-août)* – Formule 10 € – Menu 18 € (dîner), 24/34 € – Carte 27/40 €
◆ Idéalement situé face au château, un hôtel-restaurant joliment rénové en 2009, avec des chambres sobres, claires et modernes. Une valeur simple et sûre.

Méditerranée sans rest
av. A. Maillol – ✆ 04 68 82 08 60 – www.mediterranee-hotel.com – Ouvert avril-nov. **Ah**
23 ch – †70/90 € ††70/110 € – ☕ 10 €
◆ Pratique ! Un hôtel des années 1970 avec des chambres simples et très propres, toutes avec balcon ou petite terrasse. Pour le farniente, on profite du solarium et du jardin en terrasses.

La Balette – Hôtel Relais des Trois Mas
rte de Port-Vendres – ✆ 04 68 82 05 07 – www.relaisdestroismas.com – Fermé 1er déc.-31 janv., merc. midi d'oct. à mars, lundi sauf le soir d'avril à sept. et mardi midi **Bn**
Rest – Formule 26 € bc – Menu 44/95 € – Carte 70/120 €
Spéc. Anchois de Collioure marinés et saumon sauvage fumé préparé comme un sushi. Loup sauvage, fricassée de légumes, vinaigrette pistou et tomate confite (mai à août). Chocolat Caraïbes et cacahouète, glace au caramel à la fleur de sel.
Vins Vin de pays des Côtes Catalanes, Collioure.
◆ Tous les parfums de la région catalane inspirent cette table baignée de soleil qui regarde la belle Collioure, les pieds dans l'eau. On travaille dans le respect des produits, et la carte des vins, avec quelque 500 références, mérite qu'on s'y attarde.

Le Neptune
rte Port-Vendres – ✆ 04 68 82 02 27 – www.leneptune-collioure.com – Fermé mardi sauf en saison **Bs**
Rest – Menu 36/79 € bc – Carte 42/84 €
◆ Exceptionnel ! Face au vieux port, un lieu magique avec ses terrasses nichées dans la roche, au cœur d'un beau jardin. Un restaurant ? Plutôt trois ! Selon son envie, on dînera d'une belle cuisine locale, de plats plus simples d'esprit brasserie, ou – en saison – de jolies spécialités de la mer (espace lounge).

Le 5ème Péché
18 r. de la Fraternité – ✆ 04 68 98 09 76 – www.le5peche.com
– Fermé 15 nov.-26 déc., janv., lundi, mardi midi, sam. midi et dim. soir
Rest *(nombre de couverts limité, réserver)* – Formule 18 € BY
– Menu 24 € (déj.), 34/55 € – Carte 42/54 €
◆ Un chef tokyoïte passionné de mets français et de vins... et sa petite table du vieux Collioure : quand le Japon rencontre la Catalogne ! Alors bien sûr, on déguste ici une cuisine fusion où le poisson ultrafrais est roi.

COLLONGES-AU-MONT-D'OR – 69 Rhône – 327 I5 – rattaché à Lyon

COLLONGES-LA-ROUGE – 19 Corrèze – 329 K5 – 460 h. 25 C3
– alt. 230 m – ✉ 19500 Périgord Quercy

Paris 505 – Brive-la-Gaillarde 21 – Cahors 105 – Figeac 75

le Bourg, ✆ 05 55 25 47 57, www.ot-collonges.fr

Village★★ : tympan★ et clocher★ de l'église, castel de Vassinhac★ - Saillac : tympan★ de l'église S : 4 km.

Jeanne
au bourg – ✆ 05 55 25 42 31 – www.jeannemaisondhotes.com
5 ch – 95 € 95 € **Table d'hôte** – Menu 35 € bc
◆ Rouge, elle l'est aussi cette fière demeure en pierres flanquée d'une tour (15ᵉs.). D'emblée, on se sent le bienvenu et les chambres séduisent avec leur mobilier d'antiquaire, leur cheminée, leurs poutres... Un style élégant et rustique que l'on retrouve à la table familiale, au jardin. Ah, les beaux jours !

Le Relais de St-Jacques de Compostelle avec ch
– ✆ 05 55 25 41 02 – www.hotel-relaisstjacques.com
– Fermé déc., janv., fév., mardi sauf juil.-août et merc.
10 ch – 55/80 € 63/88 € – 8 € – ½ P 80/130 €
Rest – Menu 16/27 € – Carte 32/52 €
◆ Dans cette bâtisse du 15ᵉs., la cuisine du terroir est à l'honneur. Chausson de foie gras, brouillade aux truffes, ris de veau... voilà quelques-unes des spécialités de la maison ! Pèlerin ou non, on peut également faire étape dans l'une des chambres du Relais, simples et bien tenues.

COLMAR – 68 Haut-Rhin – 315 I8 – 66 871 h. – Agglo. 116 268 h. 2 C2
– alt. 194 m – ✉ 68000 Alsace Lorraine

Paris 450 – Basel 68 – Freiburg-im-Breisgau 51 – Nancy 140

4, rue d'Unterlinden, ✆ 03 89 20 68 92, www.ot-colmar.fr

d'Ammerschwihr, à Ammerschwihr, Allée du Golf, NO : 9 km par D 415 puis D 11, ✆ 03 89 47 17 30

Musée d'Unterlinden★★★ (retable d'Issenheim★★★) - Ville ancienne★★ : Maison Pfister★★ BZ **W**, Collégiale St-Martin★ BY, Maison des Arcades★ CZ**K**, Maison des Têtes★ BY **Y** - Ancienne Douane★ BZ **D**, Ancien Corps de Garde★ BZ **B** - Vierge au buisson de roses★★ et vitraux★ de l'église des Dominicains BY - Vitrail de la Grande Crucifixion★ du temple St-Matthieu CY - La "petite Venise"★ : ≤★ du pont St-Pierre BZ , quartier de la Krutenau★, rue de la Poissonnerie★, façade du tribunal civil★ BZ **J** - Maison des vins d'Alsace par ①.

Plans pages suivantes

Les Têtes
19 r. des Têtes – ✆ 03 89 24 43 43 – www.maisondestetes.com – Fermé fév.
21 ch – 118/250 € 118/252 € – 15 € BYY
Rest *La Maison des Têtes* – Menu 28 € – Carte 35/69 €
◆ À l'attrait historique de cette superbe demeure, bâtie au 17ᵉs. sur les vestiges du mur d'enceinte de Colmar, s'ajoute le raffinement du décor. On retrouve cette même élégance et ce caractère si typiquement alsaciens dans la salle de restaurant de la fin du 19ᵉs. Ravissante cour intérieure.

Grand Hôtel Bristol
7 pl. de la Gare – ✆ 03 89 23 59 59 – www.grand-hotel-bristol.com AZg
91 ch – †118/185 € ††128/185 € – ☕ 16 €
Rest *Rendez-vous de Chasse* ✿ – voir les restaurants ci-après
Rest *L'Auberge* ✆ 03 89 23 17 57 – Formule 14 € – Menu 25 € (déj.)/35 € – Carte 29/45 €
◆ Face à la gare, cet immeuble de style Belle Époque est fort engageant. Beaucoup de confort dans les chambres contemporaines ou plus classiques et de beaux équipements, que ce soit pour les séminaires ou la détente. À l'Auberge, joli cadre 1900, plats et vins d'Alsace.

Le Colombier sans rest
7 r. Turenne – ✆ 03 89 23 96 00 – www.hotel-le-colombier.fr – Fermé 24 déc.-2 janv. BZu
28 ch – †89/252 € ††89/252 € – ☕ 12 €
◆ Qui pourrait croire que cette bâtisse régionale du 15es., pleine de charme avec son escalier Renaissance et son patio, dissimule pareille modernité ? L'intérieur a été entièrement conçu par un designer italien et c'est très réussi !

Hostellerie Le Maréchal
4 pl. des Six Montagnes Noires – ✆ 03 89 41 60 32 – www.le-marechal.com
30 ch – †85/95 € ††105/255 € – ☕ 15 € – ½ P 113/188 € BZb
Rest *A l'Échevin* – voir les restaurants ci-après
◆ Les chambres de ces maisons de la "Petite Venise" sont garnies de meubles de style (Louis XV, Louis XVI) et répondent aux noms évocateurs de Lully, Mozart, Bizet... Le petit-déjeuner, copieux à souhait, ne joue pas les arlésiennes.

St-Martin sans rest
38 Grand'Rue – ✆ 03 89 24 11 51 – www.hotel-saint-martin.com – Fermé 23-26 déc. et 1er janv.-22 mars BCZe
40 ch – †79/99 € ††89/154 € – ☕ 12 €
◆ Dans le quartier historique, ces quatre maisons des 14eet 17es. entourent une cour intérieure avec tourelle et escalier Renaissance. Les chambres, toutes différentes, ont le charme un peu rétro du style alsacien.

Hôtel Quatorze sans rest
14 r. des Augustins – ✆ 03 89 20 45 20 – www.hotelquatorze.com BZt
13 ch – †129/159 € ††160/260 € – ☕ 18 €
◆ Un boutique-hôtel urbain et contemporain, en plein cœur de la vieille ville. Le mari de la propriétaire est designer ; il a décoré les chambres dans des dégradés de blanc et de gris et a même dessiné le mobilier. Petit-déjeuner bio.

Turenne sans rest
10 rte Bâle – ✆ 03 89 21 58 58 – www.turenne.com CZx
82 ch – †55/90 € ††59/98 € – ☕ 9 €
◆ Architecture d'inspiration régionale, chambres fonctionnelles, copieux buffet au petit-déjeuner et prix sages : une adresse pratique à deux pas de la "Petite Venise".

XXX ✿ **Rendez-vous de Chasse** – Grand Hôtel Bristol
7 pl. de la Gare – ✆ 03 89 23 15 86 – www.grand-hotel-bristol.com AZg
Rest – Formule 33 € – Menu 53/75 € – Carte 65/95 €
Spéc. Œuf poché aux asperges, grosse mouillette et émulsion de jus de truffe. Filet de sole en croûte de pain, jus de crustacés. Meringue craquante à la fraise et citron vert (saison).
◆ Des lithographies de Daumier observent cette salle à la fois bourgeoise et cossue. Elles doivent souvent envier ceux qui peuvent prendre part au festin proposé par le chef, dans une veine classique de fort belle facture.

XXX **A l'Échevin** – Hostellerie Le Maréchal
4 pl. des Six Montagnes Noires – ✆ 03 89 41 60 32 – www.le-marechal.com – Fermé 14-31 janv. BZb
Rest – Formule 19 € – Menu 35/75 € – Carte 42/65 €
◆ Cet Échevin, posé sur les bords de la Lauch, comblera les amateurs de classicisme. À la carte, de beaux produits régionaux : foie gras, sandre, écrevisses, pigeonneau, etc. Le soir, on dîne aux chandelles au son de la musique... classique.

COLMAR

Agen (R. d')	BY	
Alsace (Av. d')	CYZ	
Ancienne Douane (Pl. de l')	CZ	2
Augustins (R. des)	BZ	3
Bagatelle (R. de la)	AY	
Bains (R. des)	BY	5
Bâle (Route de)	CZ	
Bartholdi (R.)	BCZ	
Blés (R. des)	BZ	9
Boulangers (R. des)	BY	12
Brasseries (R. des)	CY	13
Bruat (R.)	BZ	14
Cathédrale (Pl. de la)	BY	17
Cavalerie (R. de la)	BCY	
Champ-de-Mars (Bd du)	BYZ	18
Chauffour (R.)	BZ	20
Clefs (R. des)	BCY	
Clemenceau (Av. Georges)	BCZ	
Écoles (R. des)	BZ	22
Est (R. de l')	CYZ	
Fleischhauer (R.)	BCY	
Fleurent (R. J.-B.)	BY	24
Fleurs (R. des)	CZ	
Florimont (R. du)	AY	25
Foch (Av.)	BZ	
Fribourg (Av. de)	CZ	
Gare (Pl. et R. de la)	AZ	
Gaulle (Av. Gén.-de)	ABYZ	
Golbéry (R.)	BY	
Grad (R. Charles)	AY	
Grand'Rue	BCZ	31
Grenouillère (R. de la)	CYZ	32
Herse (R. de la)	BZ	33
Ingersheim (Rte d')	ABY	
Jeanne d'Arc (Pl.)	CY	
Joffre (Av.)	BZ	
Kléber (R.)	BY	35
Ladhof (R. du)	CY	36
Lasch (R. Georges)	AZ	37
Lattre-de-Tassigny (Av. J. de)	ABY	43
Leclerc (Bd du Gén.)	BZ	45
Liberté (Av. de la)	AZ	
Logelbach (R. du)	AY	
Manège (R. du)	BZ	49
Marchands (R. des)	BYZ	50
Marché-aux-Fruits (Pl. du)	BZ	51
Marne (Av. de la)	BZ	
Messimy (R.)	ABZ	52
Molly (R. Berthe)	BYZ	54
Mouton (R. du)	CY	57
Mulhouse (R. de)	AZ	
Neuf-Brisach (Rte de)	CY	
Nord (R. du)	BCY	
Poincaré (Av. Raymond)	ABZ	
Poissonnerie (R. et Q. de la)	BCZ	62
Preiss (R. Jacques)	ABZ	63
Rapp (Pl.)	BZ	
Rapp (R.)	BCY	
Reims (R. de)	BZ	65
République (Av. de la)	ABZ	
Ribeauvillé (R. de)	BY	67
Roesselman (R.)	BY	69
Rouffach (Rte de)	AZ	
St-Jean (R.)	BZ	71
St-Joseph (Pl. et R.)	AY	
St-Josse (R.)	CZ	
St-Léon (R.)	AY	
St-Nicolas (R.)	BY	73
St-Pierre (Bd et Pont)	BCZ	
Schlumberger (R. Camille)	ABZ	
Schwendi (R.)	CZ	
Sélestat (Rte de)	CY	
Semm (R. de la)	CZ	
Serruriers (R. des)	BY	75
Sinn (Quai de la)	BY	77
Six-Montagnes-Noires (Pl. des)	BZ	79
Stanislas (R.)	BY	
Tanneurs (R. des)	CZ	82
Têtes (R. des)	BY	83
Thann (R. de)	CY	
Tir (R. du)	AZ	
Turckheim (R. de)	AY	
Turenne (R.)	BCZ	
Unterlinden (Pl. d')	BY	85
Val St-Grégoire (R. du)	AY	
Vauban (R.)	CY	
Voltaire (R.)	ABZ	
Weinemer (R.)	BZ	86
1ère Armée Française (R. de la)	BY	
2 Février (Pl. du)	CY	87
5e Division-Blindée (R. de la)	BY	95
18 Novembre (Pl. du)	BY	97

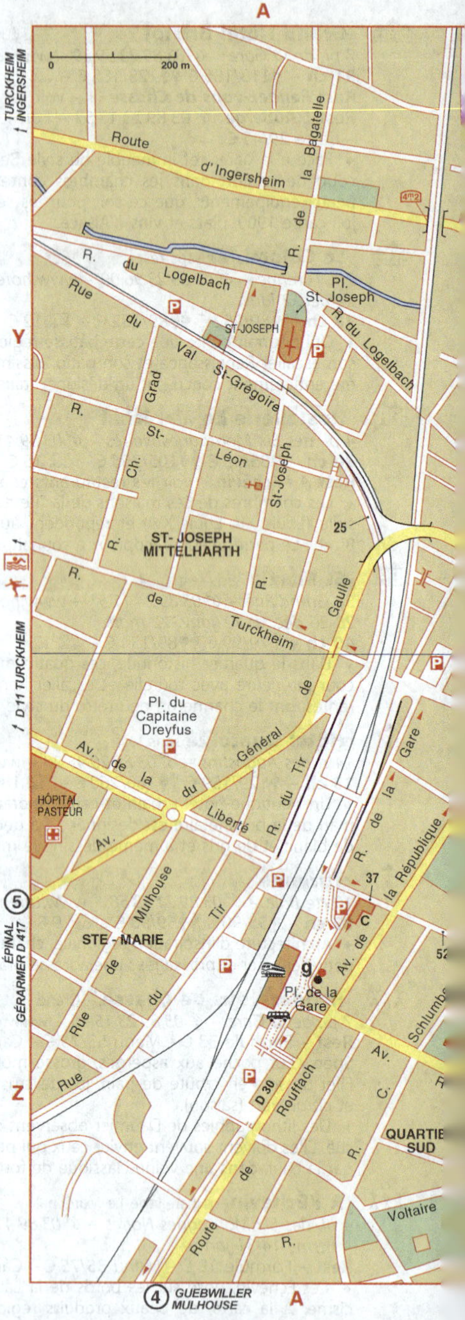

B
C
NANCY ST-DIÉ-DES-V.
STRASBOURG SÉLESTAT
R. d'Agen
R. de la 1ère Armée Française
R. Fleischhauer
Rte de Sélestat
CITÉ ADMINISTRATIVE
ST-LEON
R. Henry Wilhelm
R. de la Cavalerie
MANUFACTURE
VÉLODROME
Route d'Ingersheim
Logelbach
R. Golbery
R. Stanislas
R. Rapp
R. de Thann
R. du Nord
ST-ANTOINE LADHOF
MUSÉE D'UNTERLINDEN
Avenue de Neuf-Brisach
Rte de Neuf-Brisach
Église des Dominicains
R. des Clefs
R. Vauban
ST-MARTIN
Pl. Jeanne d'Arc
St-Matthieu
Av. de la République
Place Rapp
Ancien Hôpital
CHAMP DE MARS
Av. de la Marne
Quartier des Tanneurs
Lauch
R. St-Josse
Fontaine Roesselmann
VENISE
R. Schwendi
Av. d'Alsace
R. des Fleurs
R. Turenne
PETITE
Quartier de la Krutenau
JARDIN MÉQUILLET
Bd Saint-Pierre
Pont St-Pierre
I.U.F.M.
Av. Joffre
R. Bartholdi
HÔTEL DU DÉPARTEMENT
Route de Bâle
R. de la Semm
Av. Poincaré
Av. de Fribourg
Av. Georges Clemenceau
Av. Foch
MARAICHERS
D 13
R. de la Semm
FREIBURG-IM-B. NEUF-BRISACH
MULHOUSE A 35 BÂLE
Y
Z

JY'S (Jean-Yves Schillinger)
17 r. de la Poissonnerie – ✆ 03 89 21 53 60 – www.jean-yves-schillinger.com – Fermé 26 fév.-16 mars, lundi sauf le soir de juin à août et dim. BZ**g**
Rest – Formule 33 € – Menu 39 € (déj.), 57/75 € – Carte 55/82 €
Spéc. Thon rouge en croûte de quinoa soufflé, bonbon pané au pavot. Noix de ris de veau cuite entière puis caramélisée au jus de carotte. Transparence d'une cerise comme une forêt noire, sorbet griotte (été). **Vins** Riesling.
◆ JY'S pour Jean-Yves Schillinger ! C'est dans une jolie maison de 1750 à la façade en trompe-l'œil que se cache l'adresse branchée de Colmar, où officie ce chef inventif et bouillonnant d'idées. Décor ultracontemporain signé Olivier Gagnère.

Aux Trois Poissons
15 quai de la Poissonnerie – ✆ 03 89 41 25 21 – Fermé 2 sem. en juil.,1 sem. vacances de la Toussaint, dim. et lundi CZ**t**
Rest – Menu 21 € (sem.), 29/47 € – Carte 30/60 €
◆ L'ambiance est sympathique dans cette belle maison à colombages du 16ᵉ s. De la matelote au riesling en passant par la bouillabaisse, poissons et produits de la mer sont déclinés sous toutes les formes.

Côté Cour
1 r. St-Martin, (pl. de la Cathédrale) – ✆ 03 89 21 19 18 – www.cotecour-cotefour.fr – Fermé 18 fév.-6 mars, dim. soir et lundi
Rest – Formule 20 € – Menu 29 € – Carte 32/48 € BY**g**
◆ Au cœur de la vieille ville, on entre dans cette maison côté cour, justement... Des fresques, des affiches publicitaires, de la convivialité, on est bien dans une brasserie ! Tartare de pot-au-feu, sandre aux fruits coques... Appétissant.

Le Théâtre
1 r. des Bains – ✆ 03 89 29 29 29 – www.restaurantletheatre.net BY**a**
Rest – Formule 15 € bc – Menu 20/36 € – Carte 21/43 €
◆ Face au théâtre, ce restaurant animé a été repris en 2010 par M. Staub (les cocottes...). Le lieu s'inspire des bistrots à l'ancienne et l'on y sert une tarte flambée aux escargots !

L'Atelier du Peintre (Loïc Lefebvre)
1 r. Schongauer – ✆ 03 89 29 51 57 – www.atelier-peintre.fr – Fermé dim. et lundi
Rest – Formule 20 € – Menu 25 € (déj.), 37/70 € – Carte 55/65 € BZ**v**
Spéc. Foie gras aux girolles et amandes, émulsion de pomme de terre, jus à l'amaretto (août à oct.). Saint-Jacques bretonnes rôties au potiron, chou-fleur et crevette grise (oct. à janv.). Jaune comme citron et blanc comme neige.
◆ Dans cet Atelier élégant, où les murs s'égayent de nombreux tableaux, le chef, Loïc Lefebvre, brosse un portrait convaincant de la gastronomie française actuelle. Une jolie palette contemporaine !

Chez Hansi
23 r. des Marchands – ✆ 03 89 41 37 84 – Fermé 1 sem. en juin, janv., merc. et jeudi
Rest – Menu 20/40 € – Carte 35/41 € BZ**e**
◆ Cette maison à colombages typique du vieux Colmar est un vrai concentré d'Alsace ! On vous sert en costume traditionnel une véritable cuisine régionale, simple et savoureuse : choucroute, poulet poché au riesling, spaetzele...

La Petite Venise
4 r. de la Poissonnerie – ✆ 03 89 41 72 59 – www.restaurantpetitevenise.com – Fermé 24 juin-8 juil., dim. midi, jeudi midi et merc. sauf déc. BZ**t**
Rest – Carte 26/38 €
◆ Dans la "Petite Venise", cette maison du 17ᵉs. du même nom invite à goûter des recettes alsaciennes transmises de génération en génération, préparées au gré des saisons. Une adresse nostalgique et attachante, entre bistrot et winstub.

Bartholdi
2 r. des Boulangers – ✆ 03 89 41 07 74 – www.restaurant-bartholdi.fr – Fermé 16-30 juil., vacances de fév., dim. soir et lundi BY**e**
Rest – Menu 22/53 € – Carte 23/68 €
◆ Amoureux des vins alsaciens, vous trouverez forcément votre bonheur dans cette maison aux allures de winstub : le choix de crus régionaux est immense ! La cuisine est classique et sait faire la part belle aux spécialités régionales.

Wistub Brenner

1 r. Turenne – ✆ 03 89 41 42 33 – www.wistub-brenner.fr – Fermé 25 juin-1er juil., 12-21 nov., 7-27 janv., mardi et merc. sauf d'avril à déc. BZu

Rest – Formule 20 € – Menu 27/30 € – Carte environ 34 €

◆ Du mobilier chaleureux et rustique, des nappes à carreaux, on est bien dans cette authentique Wistub, qui a également pour elle une sympathique terrasse. La cuisine, on ne peut plus régionale, est à l'avenant : presskopf (hure de porc en gelée), salade au munster pané, choucroute !

L'Épicurien

11 r. Wickram – ✆ 03 89 41 14 50 – Fermé 1 sem. en juin, 1er-15 juil. et 1 sem. en nov. CZa

Rest – Menu 13 € (déj. en sem.) – Carte 30/50 €

◆ Ce bistrot à vin convivial est tout proche de la petite Venise. Un cadre aussi sympathique que la cuisine du chef et ses produits de qualité. La sélection de vins impressionne, avec environ 200 références. Pour changer un peu des winstubs !

à Horbourg 4 km à l'Est par rte de Neuf-Brisach - CY – 4 998 h. – alt. 188 m – ✉ 68180 Horbourg Wihr

L'Europe ch,

15 rte Neuf-Brisach – ✆ 03 89 20 54 00 – www.hotel-europe-colmar.com

124 ch – †59/99 € ††69/139 € – 4 suites – ☐ 12 €

Rest *Eden des Gourmets* *(fermé mardi et merc.)* – Formule 18 € – Menu 23 € (sem.), 43/53 € – Carte 35/60 €

Rest *L'Europe* *(fermé dim. et jeudi)* – Formule 14 € – Carte 22/35 €

◆ Cet imposant hôtel de style néo-alsacien, un peu en dehors de la ville, propose des chambres de bon confort. Mention spéciale pour les deux belles suites, plus design. Tout est parfaitement conçu pour l'organisation de séminaires, mais les loisirs et la gastronomie (à l'Eden des Gourmets) ne sont pas en reste.

à Ste-Croix-en-Plaine 10 km par ③ – 2 606 h. – alt. 192 m – ✉ 68127

Au Moulin

rte d'Herrlisheim, par D 1 – ✆ 03 89 49 31 20 – www.aumoulin.net – Ouvert 1er avril-20 déc.

16 ch – †48/75 € ††63/80 € – ☐ 9 €

Rest *(ouvert 1er mai-15 oct. et fermé dim.) (dîner seult) (résidents seult)* – Carte 25/45 €

◆ Lorsqu'on arrive dans cet ancien moulin à grain du 15e s., on est tout de suite frappé par l'ambiance familiale qui y règne. Les chambres, confortables, ont vue sur les Vosges et les résidents pourront goûter à la cuisine maison dans un cadre très couleur locale. Il y a même un petit musée d'objets alsaciens !

à Wettolsheim 4,5 km par ⑤ et D 1bis II – 1 697 h. – alt. 220 m – ✉ 68920

La Palette avec ch rest,

9 r. Herzog – ✆ 03 89 80 79 14 – www.lapalette.fr – Fermé 13-22 août, 23-26 déc., 2-11 janv. et 21 fév.-7 mars

16 ch – †66/72 € ††72/112 € – ☐ 11 € – ½ P 77 € **Rest** *(fermé dim. soir, mardi midi et lundi)* – Menu 13 € (déj. en sem.), 25/59 € – Carte 39/60 €

◆ Le chef a beau être savoyard, on déguste ici une belle cuisine traditionnelle alsacienne qui ne dédaigne pas les clins d'œil à la modernité. La carte des vins est très complète et met à l'honneur les vignerons du village. Chambres claires et fraîches pour l'étape.

à Ingersheim 4 km au Nord-Ouest - AY – 4 634 h. – alt. 220 m – ✉ 68040

La Taverne Alsacienne

99 r. de la République – ✆ 03 89 27 08 41 – Fermé 9-30 juil., 2-16 janv., jeudi soir, dim. soir et lundi

Rest – Formule 10 € – Menu 17 € (déj. en sem.), 21/53 € – Carte 35/65 €

◆ Au bord de la Fecht, la réputation de cette taverne n'est plus à faire. Même ceux qui ne connaissent rien à la cuisine alsacienne seront conquis par sa divine choucroute traditionnelle (entre autres délices) accompagnée de beaux vins d'Alsace.

COLOMBES – 92 Hauts-de-Seine – 312 C2 – voir à Paris, Environs

COLOMBEY-LES-DEUX-ÉGLISES – 52 Haute-Marne – 313 J4 14 C3

– 680 h. – alt. 353 m – ✉ 52330 Champagne Ardenne

Paris 248 – Bar-sur-Aube 16 – Châtillon-sur-Seine 63 – Chaumont 26

Place de l'Eglise, ✆ 03 25 03 80 80, www.colombey-les-deux-eglises.com

Mémorial du Général-de-Gaulle et la Boisserie (musée).

Hostellerie la Montagne

10 r. Pisseloup – ✆ 03 25 01 51 69 – www.hostellerielamontagne.com – Fermé 7-30 janv., lundi et mardi

9 ch – 120/170 € 120/170 € – 1 suite – 14 € – ½ P 103 €

Rest *Hostellerie la Montagne* – voir les restaurants ci-après

◆ Jardin et verger, décor à l'ancienne plein d'élégance (mobilier en chêne, cheminées, salles de bains rétro...). Non loin du cimetière où repose le général de Gaulle, cette demeure en pierre cultive joliment les charmes de la France éternelle.

Hostellerie la Montagne (Jean-Baptiste Natali)

10 r. Pisseloup – ✆ 03 25 01 51 69 – www.hostellerielamontagne.com – Fermé 7-30 janv., lundi et mardi

Rest – Menu 28 € (déj. en sem.), 55/85 € – Carte 75/95 €

Spéc. Cèpes rôtis en feuille de châtaignier et lard de Colonnata, sabayon au goût grillé (été-automne). Gibier (saison). Biscuit dacquoise et ganache jivara à l'orange confite. **Vins** Champagne, Coteaux champenois.

◆ Dans ce paisible village cher à de Gaulle, les beaux produits de nos terroirs... mais surtout un savoir-faire sans nostalgie, car la cuisine est ici affaire d'invention. La gastronomie française à l'heure contemporaine – et de même pour le décor !

COLOMIERS – 31 Haute-Garonne – 343 F3 – rattaché à Toulouse

COLROY-LA-ROCHE – 67 Bas-Rhin – 315 H6 – 480 h. – alt. 475 m 1 A2

– ✉ 67420

Paris 412 – Lunéville 70 – St-Dié 33 – Sélestat 31

Hostellerie La Cheneaudière

3 r. Vieux-Moulin – ✆ 03 88 97 61 64 – www.cheneaudiere.com

25 ch – 125/420 € 125/420 € – 7 suites – 25 €

Rest *Hostellerie La Cheneaudière* – voir les restaurants ci-après

◆ À flanc de colline, cette imposante demeure d'esprit traditionnel se révèle chic et accueillante. Que ce soit dans les chambres spacieuses aux teintes apaisantes ou dans les beaux espaces communs, on ressent comme un sentiment d'exclusivité...

Hostellerie La Cheneaudière

3 r. Vieux-Moulin – ✆ 03 88 97 61 64 – www.cheneaudiere.com

Rest *(dîner seult sauf weekend et fériés)* – Menu 52/99 € – Carte 77/121 €

◆ Dans cet établissement élégant, les salles à manger affichent clairement un style cossu. La carte, courte et raffinée, fait d'alléchantes propositions : variations autour du foie gras, fricassée de homard, pigeon de ferme rôti et farci...

COLY – 24 Dordogne – 329 I5 – rattaché au Lardin-St-Lazare

LA COMBE – 73 Savoie – 333 H4 – rattaché à Aiguebelette-le-Lac

COMBEAUFONTAINE – 70 Haute-Saône – 314 D6 – 547 h. 16 B1

– alt. 259 m – ✉ 70120

Paris 336 – Besançon 72 – Épinal 83 – Gray 40

42 Grande Rue, ✆ 03 84 92 11 80

Le Balcon avec ch

2 Grande-Rue – ✆ 03 84 92 11 13 – www.le-balcon.com – Fermé 25 juin-5 juil., 1er-4 oct., 26 déc.-17 janv., dim. soir, mardi midi et lundi

15 ch – 48/78 € 48/78 € – 10 € – ½ P 66/95 €

Rest – Menu 26/62 € – Carte 50/75 €

◆ Dans le jardinet de cette auberge coule une jolie fontaine... Une fois en salle, on se régale de plats classiques ou plus inventifs, dans un cadre champêtre et soigné (nappes blanches, cuivres et meubles cirés). Réservez une chambre sur l'arrière, au calme.

COMBLOUX - 74 Haute-Savoie - 328 M5 - 2 072 h. - alt. 980 m — 46 F1

- Sports d'hiver : 1 000/1 850 m 1 24 - ✉ 74920 Alpes du Nord

Paris 593 - Annecy 80 - Bonneville 37 - Chamonix-Mont-Blanc 31

49, chemin des Passerands, 04 50 58 60 49, www.combloux.com

★★★ - Table d'orientation★ de la Cry.

Aux Ducs de Savoie

rest,

au Bouchet - 04 50 58 61 43 - www.ducs-de-savoie.com

- Ouvert 1er juin-6 oct. et 15 déc.-25 avril

50 ch - 140/220 € 140/220 € - 18 € - ½ P 125/160 €

Rest - Formule 30 € - Carte 43/55 €

◆ Un vaste chalet tout en bois dans un superbe cadre alpin. Atmosphère conviviale et feutrée, piscine face au mont Blanc, sauna, jacuzzi et restaurant de tradition dans une salle panoramique : une agréable villégiature.

Au Cœur des Prés

rest,

152 chemin du Champet - 04 50 93 36 55 - www.hotelaucoeurdespres.com

- Ouvert de fin mai à fin sept. et de mi-déc. à début avril

33 ch - 80/145 € 90/145 € - 13 € - ½ P 80/105 €

Rest *(dîner seult)* - Menu 28 €

◆ Sur les hauts de Combloux, un beau chalet traditionnel tenu en famille, avec des chambres fraîches et pimpantes - dans un esprit montagnard et bucolique -, un restaurant classique et un joli jardin avec piscine... Les habitués sont nombreux et on les comprend !

Le Coin Savoyard

300 rte Cry, Cuchet - 04 50 58 60 27 - www.coin-savoyard.com

- Ouvert 10 juin-18 sept. et 15 déc.-10 avril

14 ch - 100/124 € 100/162 € - 11 € - ½ P 88/118 €

Rest *(fermé lundi midi en hiver sauf vacances scolaires et lundi en juin et sept.)* - Carte 22/42 €

◆ Un hôtel-restaurant de caractère - une ferme du 19es. -, où règne une atmosphère rustique à souhait. Sous ses allures d'auberge savoyarde, il abrite de confortables chambres, qui donnent toutes sur les monts. Et à l'heure du repas, spécialités régionales devant la cheminée ou dans le jardin.

Joly Site

81 rte de Sallanches - 04 50 58 60 07 - www.hotelcombloux.com

10 ch - 75/115 € 75/115 € - 9 € - ½ P 73/93 €

Rest *Joly Site* - voir les restaurants ci-après

◆ Au cœur du village, un sympathique hôtel avec des chambres fonctionnelles, dans un style montagnard sobre et plaisant. Oui, c'est bien un Joli Site !

Joly Site - Hôtel Joly Site

81 rte de Sallanches - 04 50 58 60 07 - www.hotelcombloux.com

Rest - Formule 15 € bc - Menu 29/34 € - Carte environ 32 €

◆ Il charme, ce restaurant rustique et chaleureux... Des poutres, des bibelots, mais surtout la cuisine goûteuse et bien ficelée de deux jeunes femmes pleines d'allant, qui mettent le terroir et les spécialités savoyardes à l'honneur.

COMBOURG - 35 Ille-et-Vilaine - 309 L4 - 5 514 h. - alt. 45 m — 10 D2

- ✉ 35270 Bretagne

Paris 387 - Avranches 58 - Dinan 25 - Fougères 49

23, place Albert Parent, 02 99 73 13 93, www.combourg.org

des Ormes, à Dol-de-Bretagne, Epiniac, N : 13 km par D 795, 02 99 73 54 44

Château★.

Du Château

1 pl. Chateaubriand - 02 99 73 00 38 - www.hotelduchateau.com - Fermé 16 déc.-22 janv.

33 ch - 117 € 154/230 € - ½ P 77/115 €

Rest *Du Château* - voir les restaurants ci-après

◆ Une belle maison ancienne au pied du château célébré par Chateaubriand... Chambres de bonne tenue, fraîches et douillettes, de style bucolique ou plus contemporain. Une bonne petite adresse de campagne !

XX **Du Château**

1 pl. Chateaubriand – ✆ 02 99 73 00 38 – www.hotelduchateau.com – Fermé 16 déc.-22 janv., dim. soir sauf juil.-août, lundi midi, mardi midi et sam. midi
Rest – Menu 26/55 € – Carte 42/76 €
◆ Cannelloni de lapin à la moutarde, pressé de volaille... Pour savourer cette alléchante cuisine gastronomique mâtinée de notes régionales, on s'installe dans la grande et accueillante salle bourgeoise, ou au jardin lorsque le temps le permet.

COMPIÈGNE – 60 Oise – **305** H4 – 41 648 h. – Agglo. 108 234 h. **36** B2
– alt. 41 m – ✉ 60200 Nord Pas-de-Calais Picardie

Paris 81 – Amiens 80 – Beauvais 61 – St-Quentin 74
place de l'Hôtel de Ville, ✆ 03 44 40 01 00, www.compiegne-tourisme.fr
de Compiègne, Avenue Royale, E : par avenue Royale, ✆ 03 44 38 48 00
du Château d'Humières, à Monchy Humières, Rue de Gournay, NO : 9 km par D202, ✆ 03 44 86 48 22

Palais★★★ : musée de la voiture★★, musée du Second Empire★★ - Hôtel de ville★ BZ **H** - Musée de la Figurine historique★ BZ **M** - Musée Vivenel : vases grecs★★ AZ **M¹**.
Forêt★★ (les Beaux Monts) - Rethondes : Clairière de l'Armistice★★ (statue du Maréchal Foch, dalle commémorative, wagon du Maréchal Foch).

De Flandre sans rest

16 quai de la République – ✆ 03 44 83 24 40 – www.hoteldeflandre.com – Fermé 23 déc.-2 janv. AY**u**
42 ch – †57/62 € ††70/75 € – ☕ 9 €
◆ Sur la rive droite de l'Oise, non loin de la gare, cet immeuble de la reconstruction abrite des chambres simples, d'esprit rustique. Bonne insonorisation.

XXX **L'Hostellerie du Royal Lieu** avec ch

9 r. de Senlis , par r. de Paris (AZ) 2 km au Sud-Ouest – ✆ 03 44 20 10 24 – www.host-royallieu.com
15 ch – †90/140 € ††90/140 € – ☕ 14 €
Rest – Formule 26 € – Menu 35/75 € – Carte 50/85 €
◆ Une hostellerie de tradition (19e s.) posée en lisière de forêt. Dans un beau décor classique – ou sous les arbres centenaires l'été – on déguste une cuisine gastronomique en prise sur les saisons. Les chambres jouent la carte du style, de la fraîcheur et du confort.

XXX **Rive Gauche**

13 cours Guynemer – ✆ 03 44 40 29 99 – http://rivegauche.pagesperso-orange.fr – Fermé lundi BY**e**
Rest – Menu 38/48 € – Carte 60/80 €
◆ Tartare de bar sauvage au citron vert ; râble de lapin farci aux légumes provençaux, tomates confites et gnocchis au jus de veau... Cuisine soignée sur la rive gauche de l'Oise.

XX **Du Nord** avec ch

pl. de la Gare – ✆ 03 44 83 22 30 – Fermé 1er-15 août, sam. midi et dim. soir
20 ch – †49 € ††55 € – ☕ 7 € – ½ P 71 € AY**b**
Rest – Menu 25 € (sem.), 37/50 € bc – Carte 44/125 €
◆ À deux pas de la gare, une cuisine classique servie dans une salle vaste et claire, avec vue sur les cuisines. Chambres fonctionnelles.

à Choisy-au-Bac 5 km par ② – 3 448 h. – alt. 40 m – ✉ 60750

XX **Auberge du Buissonnet**

825 r. Vineux – ✆ 03 44 40 17 41 – www.aubergedubuissonnet.fr – Fermé dim. soir et lundi
Rest – Formule 16 € – Menu 20 € (sem.)/26 € – Carte 39/52 €
◆ Quiétude et confort dans cette auberge traditionnelle, où la cuisine suit le cours des saisons : crème froide de radis et langoustines rôties, filet de bœuf poêlé et coulis de poivron rouge, etc.

COMPIÈGNE

Austerlitz (R. d') . . . . AZ 2
Boucheries (R. des) . . . . AZ 3
Capucins (R. des) . . . . AZ 4
Change (Pl. du) . . . . AZ 5
Clemenceau (Av. G.) . . . . BY 6
Harlay (R. de) . . . . AY 8
Hôtel-de-Ville (Pl. de l') . . . . . . AZ 10
Legendre (R. J.) . . . . BZ 12
Lombards (R. des) . . . . BZ 13
Magenta (R.) . . . . BZ 14
Notre-Dame-de-Bon-Secours (R.) . . . . AZ 15
Noyon (R. de) . . . . AY 16
Paris (R. de) . . . . AZ 17
Pierrefonds (R. de) . . . . BZ 18
St-Antoine (R.) . . . . AZ 19
St-Corneille (R.) . . . . AZ 20
St-Jacques (Pl.) . . . . BZ 22
Soissons (R. de) . . . . BY 24
Solferino (R.) . . . . AYZ 25
Sorel (R. du Prés.) . . . . AZ 26
Sous-Préfecture (R. de la) . . . BZ 27
54e-Rgt.-d'Infanterie (Pl.) . . . . AY 30

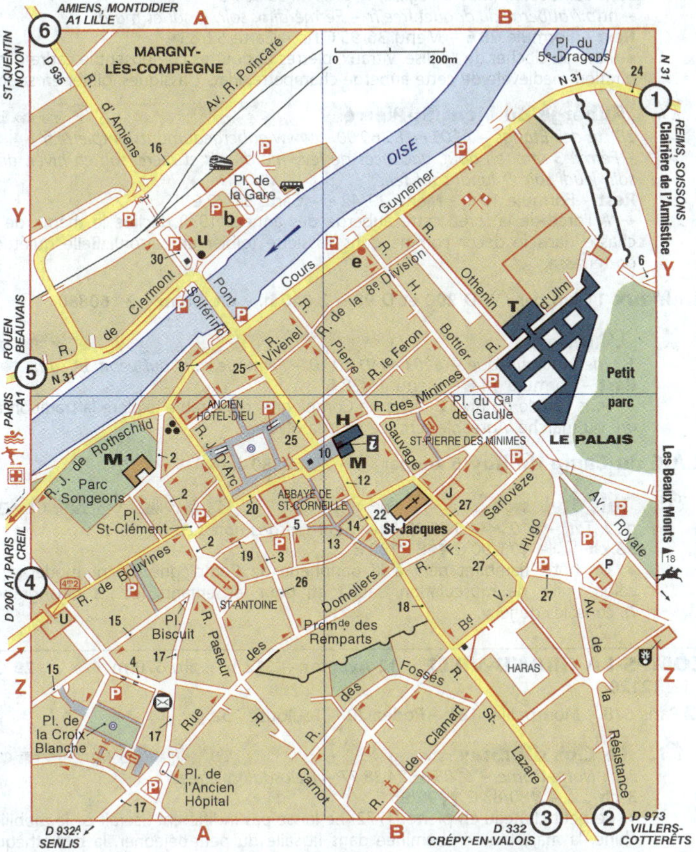

à Rethondes 10 km par ② – 705 h. – alt. 38 m – ✉ 60153

St-Crépin-aux-Bois : mobilier★ de l'église NE : 4 km.

Alain Blot

21 r. Mar. Foch – ✆ 03 44 85 60 24 – www.alainblot.com
– Fermé 1er-15 sept., 2-13 janv., sam. midi, dim. soir, lundi et mardi
Rest *(nombre de couverts limité, réserver)* – Menu 29 € (sem.), 57/90 €
Spéc. Croustillant de langoustine et émulsion de végétaux. Pièce de gros turbot rôti. Sensibilité "toute chocolat" grands crus.

◆ Près de l'église du village, en cette jolie maison de style régional, on sait cultiver le classicisme : mobilier ancien, petits fauteuils Louis XVI et cuisine d'une facture très soignée.

À la réservation, faites-vous bien préciser le prix et la catégorie de la chambre.

à Vieux-Moulin 10 km par ③ et D 14 – 609 h. – alt. 49 m – ✉ 60350

Mont St-Marc★ N : 2 km - Les Beaux-Monts★★ : ←★ NO : 7 km.

Auberge du Daguet

25 r. Saint Jean, (face à l'église) – ☎ 03 44 85 60 72 – http://auberge.du.daguet.free.fr – Fermé dim. soir, lundi et mardi

Rest – Formule 28 € – Menu 36/95 € bc – Carte 52/83 €

◆ Face au clocher de l'église, vitraux, pierres et poutres composent le cadre d'inspiration médiévale de cette auberge champêtre. Plats classiques, gibier en saison.

Auberge du Mont St-Pierre

28 rte des Étangs – ☎ 03 44 85 60 00 – www.aubergedumontsaintpierre.fr – Fermé 3 sem. en août, vacances de fév., mardi soir et merc. soir en hiver, dim. soir, jeudi soir et lundi sauf fériés

Rest – Formule 18 € – Menu 29/42 € – Carte 51/72 €

◆ À l'orée de la forêt, cette auberge des années 1930 décline le thème de la chasse dans le décor comme dans l'assiette (gibier en saison). Belle quiétude en terrasse.

au Meux 11 km par ⑤, D 200 et D 98 – 2 040 h. – alt. 50 m – ✉ 60880

L'Annexe

1 r. de la République – ☎ 03 44 91 10 10 – Fermé le soir sauf vend. et sam.

Rest – Formule 18 € – Menu 24/28 €

◆ Sous l'égide du Rive Gauche de Compiègne, cette table explore la tradition au gré du marché. Agréable terrasse sous la glycine.

Z.A.C du Camp du Roy 5 km par ⑥ - ✉ 60880 Jaux

Ibis Styles sans rest

pl. J.-Tati – ☎ 03 44 23 80 80 – www.all-seasons-hotels.com

58 ch – †71/90 € ††81/100 €

◆ Un hôtel flambant neuf à la périphérie de Compiègne. Décor moderne et coloré, salle de musculation, sauna et, pour les enfants (et les plus grands ?), consoles de jeux.

COMPS-LA-GRAND-VILLE – 12 Aveyron – 512 h. – alt. 670 m – ✉ 12120 — 29 C1

Paris 678 – Montpellier 181 – Rodez 20 – Toulouse 152

Le Clos d'Albray sans rest

3 pl. Notre-Dame – ☎ 05 65 74 38 77 – leclosdalbray.free.fr

3 ch – †80/85 € ††90/95 €

◆ Ce petit château en pierre (1772) ne laisse pas indifférent : serait-ce le mobilier chiné, la majestueuse cheminée dans la salle du petit-déjeuner, la bibliothèque ou le jardin ravissant ? Oui, mais aussi ce supplément d'âme qu'on nomme le caractère.

COMPS-SUR-ARTUBY – 83 Var – 340 O3 – 324 h. – alt. 898 m – ✉ 83840 Alpes du Sud — 41 C2

Paris 892 – Castellane 29 – Digne-les-Bains 82 – Draguignan 31

Balcons de la Mescla★★★ NO : 14,5 km - Tunnels de Fayet ←★★★ O : 20 km.

Grand Hôtel Bain

Av. de Fayet – ☎ 04 94 76 90 06 – www.grand-hotel-bain.fr – Fermé 11 nov.-26 déc.

17 ch – †65 € ††65 € – ☕ 9 € – ½ P 60 €

Rest – Formule 18 € – Menu 23/39 € – Carte 34/65 €

◆ Inscrite dans le Livre des records, cette auberge traditionnelle, peinte d'une diligence, est exploitée par la même famille depuis... 1737 ! Chambres simples de style rustique provençal.

CONCARNEAU – 29 Finistère – 308 H7 – 20 096 h. – alt. 4 m — 9 B2
– ✉ 29900 Bretagne

Paris 546 – Brest 96 – Lorient 49 – Quimper 22

pour **Beg Meil** - (juillet-août) Traversée 25 mn - Renseignements et tarifs : Vedettes Glenn, face au port de Plaisance à Concarneau ✆ 02 98 97 10 31

pour Iles Glénan - (avril à sept.) Traversée 1 h 10 mn - Renseignements et tarifs : Vedettes de l'Odet ✆ 02 98 57 00 58 pour les Iles Glénan et la Rivière de l'Odet - Vieux Port Bénodet

pour **La Rivière de l'Odet** - (avril à sept.) Traversée 4 h AR- Renseignements et tarifs : voir ci-dessus (Vedettes Glenn), au Port de pêche de Bénodet.

quai d'Aiguillon, ✆ 02 98 97 01 44, www.tourismeconcarneau.fr

Ville Close★★ C - Musée de la Pêche★ **M**[1] - Pont du Moros ≤★ B - Fête des Filets bleus★ (fin août).

Plan page suivante

Les Sables Blancs

plage des Sables Blancs – ✆ 02 98 50 10 12 – www.hotel-les-sables-blancs.com — **An**

18 ch – †95/260 € ††110/260 € – 2 suites – ☕ 15 € – ½ P 120/260 €

Rest *Le Nautile* – voir les restaurants ci-après

◆ Comme un paquebot sur la plage des Sables-Blancs, à la fois hôtel et restaurant distingué. Les chambres, claires et tendance, adoptent un style contemporain chic. Leurs terrasses face au large permettent de prendre un véritable bain de lumière !

L'Océan

plage des Sables Blancs – ✆ 02 98 50 53 50 – www.hotel-ocean.com

70 ch – †77/134 € ††84/144 € – ☕ 12 € – ½ P 80/110 € — **Ar**

Rest *(fermé déc., janv., dim. d'oct. à mars, sam. midi et lundi midi)* – Menu 24/35 €

◆ L'Océan ! Voilà l'atout majeur de cet imposant bâtiment moderne. Au salon, au restaurant – cuisine iodée – comme dans les chambres (avec un balcon pour celles qui donnent sur la plage), il est partout. Fonctionnel, spacieux et bien équipé : un hôtel pour un séjour reposant.

France et Europe sans rest

9 av. de la Gare – ✆ 02 98 97 00 64 – www.hotel-france-europe.com – Fermé mars

23 ch – †65/90 € ††65/90 € – ☕ 10 € — **Cb**

◆ Ambiance nautique dans cet hôtel sympathique, situé entre le port et la ville close. Quoique situé près d'un axe passant, il ne subit pas les nuisances sonores grâce à une bonne insonorisation. Parfait pour découvrir la ville.

Des Halles sans rest

r. Charles Linement, (pl. de l'Hôtel de Ville) – ✆ 02 98 97 11 41 – www.hoteldeshalles.com – Fermé vend., sam., dim. en nov. et janv.

25 ch – †49/74 € ††61/85 € – ☕ 10 € — **Cs**

◆ Lambris lasurés, couleurs vives, photos de voiliers : pas de doute, on est en bord de mer. Il règne une ambiance familiale dans cet hôtel très central, ce qui ajoute à la sensation de villégiature. Petit-déjeuner maison !

Le Nautile – Hôtel Les Sables Blancs

plage des Sables Blancs – ✆ 02 98 50 10 12 – www.hotel-les-sables-blancs.com

Rest – Formule 18 € – Menu 32/85 € – Carte 51/109 € — **An**

◆ On dirait un vaisseau prêt à s'élancer sur l'océan. À l'intérieur, tout respire cette élégance marine qui évoque les croisières des années 1930. Les produits de la mer, eux-aussi, se parent d'une certaine noblesse (homard, ormeaux, etc.).

La Coquille

1 quai du Moros – ✆ 02 98 97 08 52 – www.lacoquille-concarneau.com – Fermé 1 sem. en nov., 1 sem. en janv., dim. soir et lundi — **Bk**

Rest – Menu 29/45 € – Carte 48/80 €

Rest *Le Bistrot* *(déj. seult)* – Formule 15 € – Menu 20 €

◆ Dans la pure tradition bretonne, directement sur le port de pêche. On vient pour des poissons et des crustacés pleins de fraîcheur, accompagnés de produits du marché. Le midi, on se presse au Bistrot pour les suggestions à l'ardoise et l'ambiance franchement conviviale.

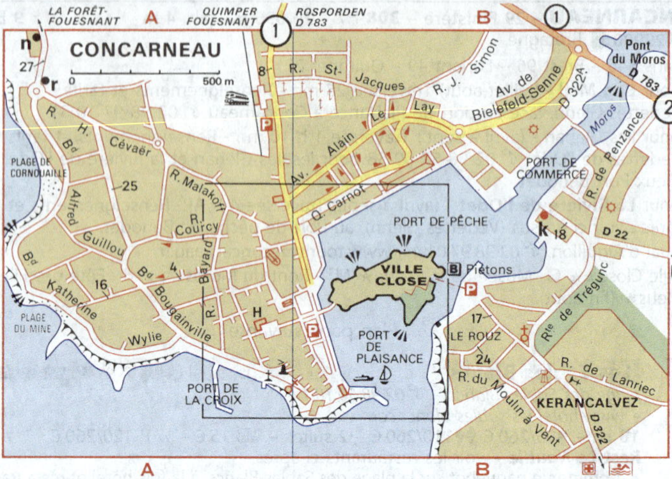

C

C

Ville close: Circulation réglementée l'été

Bougainville (Bd) C 3
Courbet (R. Amiral) . . . . A 4
Croix (Quai de la) C 5
Dr-P.-Nicolas (Av. du) . . . . . C 6
Dumont-d'Urville (R.) . . . . C 7
Gare (Av. de la) AC 8
Gaulle (Pl. Gén.-de) . . C 9
Guéguin (Av. Pierre) . . . C 10
Jean-Jaurès (Pl.) . C 12
Le Lay (Av. Alain) B
Libération (R. de la) . . . . . A 16
Mauduit-Duplessis (R.) . . . . B 17
Moros (R. du) . . . B 18
Morvan (R. Gén.) C 20
Pasteur (R.) . . . . . B 24
Renan (R. Ernest) A 25
Sables-Blancs (R. des) . . . . . . A 27
Vauban (R.) . . . . . C 29

L'Amiral

1 av. P. Guéguin – ✆ 02 98 60 55 23 – www.restaurant-amiral.com – Fermé 3 sem. en nov., 12-27 fév., dim. soir et lundi sauf juil.-août **Ct**

Rest – Formule 16 € – Menu 19 € (sem.), 27/40 € – Carte 31/53 €

◆ Un restaurant vraiment engageant, tout en boiseries sombres et allusions marines élégantes. Bien situé, face à la ville close, il propose tous les grands classiques d'une cuisine de la mer. En vedette, un menu homard à prix étudié.

Le Parvis des Halles

pl. du Gén.-de-Gaulle – ✆ 02 98 97 50 65 – Fermé 22-28 oct., 23-27 déc., dim. soir, mardi soir et merc. sauf juil.-août **Cd**

Rest – Formule 17 € – Menu 23/47 € – Carte 31/53 €

◆ Un quartier où bat le cœur de Concarneau, un peu en dehors des rues touristiques. Le chef travaille avant tout le poisson, avec des touches méditerranéennes héritées de ses expériences passées. Exemple : une dorade avec un risotto au parmesan.

Le Buccin

1 r. Duguay-Trouin – 02 98 50 54 22 – www.restaurantlebuccin.fr – Fermé lundi sauf le soir en saison, sam. midi et dim. soir Cv

Rest – Formule 13 € – Menu 18 € (déj.), 25/38 € – Carte 35/52 €

♦ Dans une petite rue légèrement en retrait du port de plaisance, voilà un restaurant chaleureux qui propose plusieurs menus intéressants au gré du marché, et des marées. Pour le homard et les coquillages, réservez le matin même.

CONCHES-EN-OUCHE – 27 Eure – 304 F8 – 5 034 h. – alt. 123 m – 33 D2

– ✉ 27190 Normandie Vallée de la Seine

Paris 118 – Bernay 34 – Dreux 49 – Évreux 18

place A. Briand, 02 32 30 76 42, www.conches-en-ouche.fr

Église Ste-Foy★.

La Grand'Mare

13 av. Croix-de-Fer – 02 32 30 23 30 – Fermé dim. soir et lundi

Rest – Menu 14 € (sem.), 18/45 € – Carte 24/36 €

♦ La mare se trouve juste à côté ! Dans cette maison à colombages du 19es., le cadre est rustique et soigné, écrin parfait pour une cuisine traditionnelle qui sait aller de l'avant. Pour une partie de campagne... Ouverture de chambres prévue pour début 2012.

CONCHY-LES-POTS – 60 Oise – 305 H3 – 616 h. – alt. 106 m – 36 B2

– ✉ 60490

Paris 100 – Compiègne 28 – Amiens 55 – Beauvais 68

Le Relais

D 1017 – 03 44 85 01 17 – Fermé fin juil.- début août, vacances de fév., dim. soir, merc. soir, lundi et mardi

Rest – Formule 20 € – Menu 29/84 € – Carte 53/80 €

♦ N'hésitez pas à pousser la porte de cet ancien relais routier peint en jaune : la salle à manger s'avère coquette et lumineuse, et la cuisine, traditionnelle et généreuse.

CONCREMIERS – 36 Indre – 323 C7 – 637 h. – alt. 82 m – ✉ 36300 – 11 B3

Paris 337 – Orléans 212 – Châteauroux 66 – Châtellerault 65

Château de Forges sans rest

1 km à l'Ouest par D 53 – 02 54 37 40 03 – www.chateaudeforges.fr

3 ch – 160 € 170 €

♦ Une nuit dans un beau château fort médiéval, cela vous tente ? Les preux chevaliers et gentes dames n'en oublient pas pour autant les joies du confort moderne : hammam, bain balnéo... et profitent d'un copieux petit-déjeuner du terroir, avant de repartir vers d'autres aventures.

CONDÉ-NORTHEN – 57 Moselle – 307 J4 – 593 h. – alt. 208 m – 27 C1

– ✉ 57220

Paris 350 – Metz 21 – Pont-à-Mousson 52 – Saarlouis 38

La Grange de Condé

41 r. des Deux-Nieds – 03 87 79 30 50 – www.lagrangedeconde.com – Fermé 3-20 janv.

17 ch – 115 € 115 € – 3 suites – 12 € – ½ P 93 €

Rest ***La Grange de Condé*** – voir les restaurants ci-après

♦ L'ancien corps de ferme familial (1682) s'est transformé en hôtel-restaurant. Les chambres sont spacieuses et classiques, avec des lits de belle ampleur. Pour se détendre : sauna, jacuzzi et hammam.

La Grange de Condé

41 r. des Deux-Nieds – 03 87 79 30 50 – www.lagrangedeconde.com – Fermé 3-20 janv.

Rest – Formule 10 € – Menu 17/49 € – Carte 37/71 €

♦ Dans cette ancienne grange qui fait également hôtel, la tradition règne en maître : plats en cocotte, terrines et viandes rôties à la broche. C'est copieux et généreux.

CONDETTE – 62 Pas-de-Calais – 301 C4 – 2 600 h. – alt. 35 m – ⊠ 62360 **30 A2**

Paris 245 – Amiens 117 – Arras 125 – Lille 128

Mairie, ☎ 03 21 32 88 88

L'Orée du Bois

20 r. de la Marne – ☎ 03 21 87 34 73 – Fermé dim. soir et lundi

Rest – Formule 15 € bc – Menu 27/50 € – Carte 33/55 €

◆ Cette ancienne épicerie de village abrite désormais un restaurant. Le décor, rehaussé de peintures et de lithographies, cadre bien avec une sympathique cuisine d'aujourd'hui.

CONDOM – 32 Gers – 336 E6 – 7 193 h. – alt. 81 m – ⊠ 32100 **28 A2**

Midi-Toulousain

Paris 729 – Agen 41 – Mont-de-Marsan 80 – Toulouse 121

50 boulevard de la Libération, ☎ 05 62 28 00 80, www.tourisme-tenareze.com

Cathédrale St-Pierre ★ : Cloître ★ Y - Villa romaine de Seviac ★ SO : par D15.

Les Trois Lys

38 r. Gambetta – ☎ 05 62 28 33 33 – www.lestroislys.com **Ya**

10 ch – †70/90 € ††110/170 € – ☕ 9 €

Rest *(fermé lundi midi, jeudi midi et dim. sauf juil.-août)* – Carte environ 35 €

◆ Cet hôtel particulier du 18e s. abrite des chambres personnalisées avec de beaux meubles anciens ou ethniques. Jolie piscine sur l'arrière. Cuisine simple servie dans la salle ou sur la terrasse en teck dressée dans la cour. Bar cosy.

Continental

20 r. du Mar.-Foch – ☎ 05 62 68 37 00 – www.lecontinental.net – Fermé 18-28 déc. **Yd**

1 ch – †45/49 € ††45/49 € – ☕ 8 €

Rest – Formule 13 € – Menu 21 € – Carte 26/42 €

◆ La Baïse coule au pied de cet hôtel. Les chambres, confortables et bien tenues, donnent pour la plupart sur une cour joliment aménagée (terrasse). Plats traditionnels dans un décor actuel, clair et lumineux.

CONDOM

Aquitaine (Av. d')	Y	2
Armuriers (R. des)	Y	5
Barlet (Pont)	Y	7
Bonnamy (R.)	YZ	8
Buzon (R. et Quai)	Z	12
Carmes (Pont des)	Z	14
Cazaubon (R. H.)	Z	16
Charron (R.)	Y	19
Cordeliers (R. des)	Z	21
Foch (R. Mar.)	Y	22
Gaichies (R.)	Y	24
Gambetta (R. L.)	Y	26
Jean-Jaurès (R.)	Z	28
Lannelongue (Pl.)	Y	31
Lion-d'Or (Pl. du)	Y	35
Monnaie (R. de la)	YZ	38
Paix (R. de la)	Z	40
Roquepine (R. de)	Z	44
Roques (R.)	Y	47
Saint-Exupéry (R.)	Z	50
St-Pierre (Pl.)	Y	53

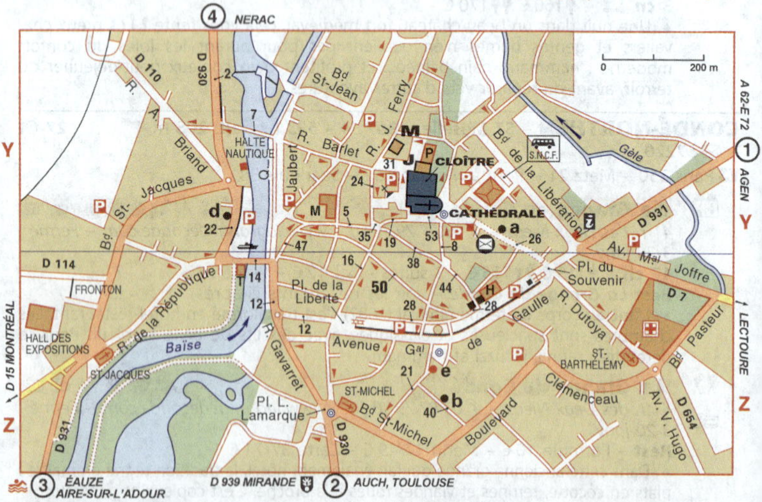

Logis des Cordeliers sans rest

2 bis r. de la Paix – ✆ 05 62 28 03 68 – www.logisdescordeliers.com – Fermé 2 janv.-3 fév. Zb

21 ch – †48/68 € ††48/68 € – ☕ 8 €

◆ Bâtiment des années 1970 situé dans un quartier tranquille. Chambres fonctionnelles ; optez pour celles donnant sur la piscine, agrémentées de petits balcons. Ambiance familiale.

La Table des Cordeliers (Éric Sampietro)

1 r. des Cordeliers – ✆ 05 62 68 43 82 – www.latabledescordeliers.com – Fermé 2 sem. en janv., dim. soir et lundi Ze

Rest – Menu 25 € (sem.), 40/70 € – Carte 64/70 €

Spéc. Pressé de foie gras et melon confit (été). Poêlée de ris de veau, écrasé de pomme de terre ratte et noisettes grillées. Coulant au chocolat et cèpes (automne). **Vins** Vin de pays des Côtes de Gascogne, Côtes du Brulhois.

◆ Dans cet ancien couvent, la cuisine se fonde sur le produit pour des mariages inventifs, osant l'alliance entre le sucré et le salé. Au salon, on admire la belle collection d'armagnacs.

CONDRIEU – 69 Rhône – 327 H7 – 3 762 h. – alt. 150 m – ✉ 69420 44 B2

Lyon Drôme Ardèche

Paris 497 – Annonay 34 – Lyon 41 – Rive-de-Gier 21

place du Séquoïa, ✆ 04 74 56 62 83

Calvaire ≤★.

Hôtellerie Beau Rivage

r. Beau Rivage – ✆ 04 74 56 82 82 – www.hotel-beaurivage.com

18 ch – †145 € ††170 € – 10 suites – ☕ 19 €

Rest *Hôtellerie Beau Rivage* – voir les restaurants ci-après

◆ Dans l'un des plus fameux vignobles des côtes du Rhône, cet hôtel familial semble rêvasser au bord du fleuve... Une douceur de vivre que l'on retrouve au jardin et dans les chambres, élégantes. Belle manière de découvrir cette région viticole.

Hôtellerie Beau Rivage

r. Beau Rivage – ✆ 04 74 56 82 82 – www.hotel-beaurivage.com

Rest – Menu 38 € (déj.), 60/89 € bc – Carte 65/95 €

◆ Une table classique et soignée, où les mets tirent partie des produits régionaux : rigotte de Condrieu (chèvre), fleurs de courgette, tapenade, etc. Les grandes baies vitrées et la terrasse permettent de profiter d'une vue exquise sur le fleuve.

CONFLANS-STE-HONORINE – 78 Yvelines – 311 I2 – 101 3 – voir à Paris, Environs

---

CONILHAC-CORBIÈRES – 11 Aude – 344 H3 – 819 h. – alt. 125 m – ✉ 11200 22 B3

Paris 802 – Montpellier 120 – Carcassonne 31 – Béziers 59

Auberge Côté Jardin avec ch

D 6113 – ✆ 04 68 27 08 19 – www.auberge-cotejardin.com – Fermé dim. soir et mardi midi de nov. à mai et lundi

12 ch – †60/130 € ††60/130 € – ☕ 12 €

Rest – Formule 20 € – Menu 28/55 € – Carte 50/80 €

◆ Bordant la nationale, mais en pleine nature : de la verdure, des fleurs, un endroit plein de fraîcheur et... de gourmandise. La carte est colorée et généreuse, et pour faire étape, on profite de chambres simples et cosy (certaines donnant sur les vignes).

CONLEAU – 56 Morbihan – 308 O9 – rattaché à Vannes

CONNELLES – 27 Eure – 304 H6 – 204 h. – alt. 15 m – ✉ 27430 — 33 D2

Paris 111 – Les Andelys 13 – Évreux 34 – Rouen 33

Le Moulin de Connelles

40 rte d'Amfreville-sous-les-Monts – ✆ 02 32 59 53 33 – www.moulin-de-connelles.fr – Fermé en janv.

8 ch – †130/225 € ††130/225 € – 5 suites – ☕ 17 € – ½ P 109/161 €

Rest *Le Moulin de Connelles* – voir les restaurants ci-après

♦ Sur un bras de la Seine, cet authentique manoir anglo-normand est un vrai joyau romantique ! Le parc est ravissant, l'accueil charmant et les chambres – classiques ou contemporaines – sont toujours d'un goût exquis. Tout est si délicat...

Le Moulin de Connelles

40 rte d'Amfreville-sous-les-Monts – ✆ 02 32 59 53 33 – www.moulin-de-connelles.fr – Fermé janv., dim. soir et lundi d'oct. à avril et le midi en juil.-août

Rest – Menu 35/72 € – Carte 50/75 €

♦ Dans cet ancien et superbe moulin surplombant un petit bras de la Seine, on se croirait presque à Chenonceau. Ici, le décor comme l'assiette ne sont qu'élégance et finesse, classicisme de bon aloi et douceur feutrée... Un joli songe à faire tout éveillé !

CONQUES – 12 Aveyron – 338 G3 – 281 h. – alt. 350 m – ✉ 12320 — 29 C1

Midi-Toulousain

Paris 601 – Aurillac 53 – Espalion 42 – Figeac 43

Le Bourg, ✆ 05 65 72 85 00, www.tourisme-conques.fr

Site★★ - Village★ - Abbatiale Ste-Foy★★ : tympan du portail occidental★★★ et trésor de Conques★★★ - Le Cendié★ O : 2 km par D 232 - Site du Bancarel★ S : 3 km par D 901.

Ste-Foy sans rest

r. Principale – ✆ 05 65 69 84 03 – www.hotelsaintefoy.com – Ouvert 14 mai-23 oct.

17 ch – †97/167 € ††120/197 € – ☕ 13 €

♦ Cette demeure du 17ᵉs. (belle façade à colombages) contemple la sublime abbatiale. Aux beaux jours, le patio sent la glycine et il fait bon y entendre bruire la fontaine ; les chambres sont rustiques et charmantes : tout est plaisant !

Auberge St-Jacques

r. Gonzague-Florent – ✆ 05 65 72 86 36 – www.aubergestjacques.fr – Fermé 2 janv.-2 fév., dim. soir et lundi du 15 nov. au 31 mars

Rest – Menu 19/38 € – Carte 28/42 €

♦ Dans ce superbe village sur la route de Compostelle, un restaurant rustique pour une cuisine d'inspiration régionale, simple et copieuse. Installé sur la terrasse, on admire l'abbatiale.

au Sud 3 km sur D 901 – ✉ 12320 Conques

Hervé Busset

Domaine de Cambelong – ✆ 05 65 72 84 77 – www.moulindecambelong.com – Ouvert 1er avril-31 oct. et fermé mardi midi, merc. midi et lundi hors saison

8 ch – †140/250 € ††140/330 € – 1 suite – ☕ 20 € – ½ P 135/220 €

Rest *Hervé Busset* ✿ – voir les restaurants ci-après

♦ Dans l'un des derniers moulins à eau du 18ᵉs. en bordure du Dourdou, les chambres jouent la carte du contraste, affichant un style résolument contemporain et design... Calme, reposant et singulier.

Hervé Busset

Domaine de Cambelong – ✆ 05 65 72 84 77 – www.moulindecambelong.com – Ouvert 1er avril-31 oct. et fermé mardi midi, merc. midi et lundi hors saison

Rest – Menu 35 € (sem.), 55/95 € – Carte 80/100 €

Spéc. "Le Sureau", truite fario basse température (saison). "Le Serpolet", agneau allaiton d'Aveyron (saison). "Le Mélilot" en hérisson façon omelette norvégienne (saison). **Vins** Marcillac, Vin de pays de l'Aveyron.

♦ Épure contemporaine et élégance au service d'une cuisine de chef, créative, maîtrisée et soignée. Hervé Busset, passionné par les herbes, les plantes régionales et les beaux produits, n'a de cesse d'innover et... c'est réussi !

LE CONQUET – 29 Finistère – 308 C4 – 2 604 h. – alt. 30 m – ✉ 29217 9 A2

Bretagne

Paris 619 – Brest 24 – Brignogan-Plages 59 – St-Pol-de-Léon 85

parc de Beauséjour, ✆ 02 98 89 11 31, www.leconquet.fr

Site★.

Île d'Ouessant★★ - Les Abers★★.

à la Pointe de St-Mathieu 4 km au Sud – ✉ 29217 Plougonvelin – ✉ 29217

Phare ✳★★ – Ruines de l'église abbatiale★.

Hostellerie de la Pointe St-Mathieu

– ✆ 02 98 89 00 19 – www.pointe-saint-mathieu.com – Fermé 17 fév.-20 mars

23 ch – 80/240 € 80/240 € – 13 €

Rest *Hostellerie de la Pointe St-Mathieu* – voir les restaurants ci-après

◆ Sémaphores, vestiges d'abbaye... Pas de doute, vous êtes au bout du monde, dans un paysage de tempête. Heureusement, cet hôtel d'apparence austère se révèle élégant et contemporain, tout en teintes douces. Autre refuge, l'espace bien-être.

Vent d'Iroise sans rest

– ✆ 02 98 89 45 00 – www.hotel-vent-iroise.com – Fermé vend., sam. et dim. du 16 fév. au 20 mars

24 ch – 54/145 € 54/145 € – 9 €

◆ Idéalement placé pour partir en balade sur les sentiers de la pointe St-Mathieu, cet hôtel récent conviendra à ceux qui recherchent un maximum de calme. Un style dépouillé et plaisant, pour communier avec la mer.

Hostellerie de la Pointe St-Mathieu

– ✆ 02 98 89 00 19 – www.pointe-saint-mathieu.com – Fermé 17 fév.-20 mars, dim. soir

Rest – Formule 25 € – Menu 31/78 € – Carte 50/110 €

◆ Vieilles pierres, cheminée monumentale et poutres se marient admirablement avec un mobilier franchement contemporain. Saint-Jacques, ormeaux, homard, foie gras de Bretagne : le chef met en valeur toute la noblesse du terroir.

LES CONTAMINES-MONTJOIE – 74 Haute-Savoie – 328 N6 46 F1

– 1 186 h. – alt. 1 164 m – Sports d'hiver : 1 165/2 500 m 4 22 – ✉ 74170

Alpes du Nord

Paris 606 – Annecy 93 – Bonneville 50 – Chamonix-Mont-Blanc 33

18, route de Notre-Dame de la Gorge, ✆ 04 50 47 01 58, www.lescontamines.com

Le Signal★ (par télécabine).

Gai Soleil rest,

288 chemin des Loyers – ✆ 04 50 47 02 94 – www.gaisoleil.com – Ouvert 15 juin-16 sept. et 17 déc.-21 avril

19 ch – 55/60 € 66/85 € – 11 € – ½ P 60/75 €

Rest *(fermé le midi sauf du 21 janv. au 11 fév., du 10 au 17 mars et du 16 juin au 16 sept.)* – Formule 15 € – Menu 19/28 € – Carte 20/38 €

◆ Un joli chalet dominant la station, superbement fleuri en saison, tout comme son agréable jardin. Les chambres, d'esprit montagne, sont simples et d'une tenue parfaite ; dans une salle rustique et chaleureuse, on sert des petits plats traditionnels (surtout pour les pensionnaires).

L'Ô à la Bouche

510 rte Notre-Dame-de-la-Gorge – ✆ 04 50 47 81 67 – www.lo-contamines.com – Fermé 5 nov.-15 déc. et lundi hors saison

Rest *(réserver)* – Menu 19 € (déj.), 28/48 € – Carte 30/48 €

◆ Un lieu, deux atmosphères, mais toujours l'eau à la bouche... Cadre contemporain autour d'une cuisine gastronomique fraîche et goûteuse ; au sous-sol (et seulement l'hiver), raclettes, fondues, grillades et convivialité toute montagnarde !

CONTAMINE-SUR-ARVE – 74 Haute-Savoie – 328 L4 – 1 572 h. 46 F1

– alt. 450 m – ✉ 74130

Paris 547 – Annecy 46 – Chamonix-Mont-Blanc 63 – Genève 20

Le Tourne Bride

94 rte d'Annemasse – 04 50 03 62 18 – www.letournebride.com – Fermé 25 juil.-15 août, 3-23 janv., dim. soir et lundi

Rest – Menu 15 € (déj. en sem.), 25/38 € – Carte 30/57 €

◆ Dans ces anciennes écuries décorées avec soin, la chef ne bride pas sa cuisine : généreuse, traditionnelle et inspirée par le terroir, notamment les poissons de lac.

CONTES – 06 Alpes-Maritimes – 341 E5 – 6 909 h. – alt. 250 m – ✉ 06390 41 D2

Paris 954 – Marseille 206 – Nice 21 – Antibes 43

13, place Jean Allardi, 04 93 79 13 99

La Fleur de Thym

3 bd Charles Alunni – 04 93 79 47 33 – www.lafleurdethym.fr – Fermé 24 déc.-10 janv., mardi soir et merc.

Rest – Formule 19 € – Menu 27/49 € – Carte 37/56 €

◆ Si vous passez sur cette route du pays des Paillons, vous pouvez vous arrêter dans cet établissement tenu par un couple impliqué. On y travaille les produits de saison et l'accueil est souriant.

CONTEVILLE – 27 Eure – 304 C5 – 871 h. – alt. 33 m – ✉ 27210 32 A3

Paris 181 – Évreux 102 – Le Havre 34 – Honfleur 15

Auberge du Vieux Logis (Éric Boilay)

– 02 32 57 60 16 – Fermé 1 sem. en mars, 2 sem. en oct., 1 sem. en janv., mardi sauf juil.-août, dim. soir et lundi

Rest – Menu 37 € (sem.), 57/77 € – Carte 90/120 €

Spéc. Carpaccio de saint-pierre aux truffes d'été (juin à sept.). Mignon de veau façon vallée d'Auge. Millefeuille minute de fraise et framboise, crème à la verveine (mai à sept.).

◆ Au cœur d'un charmant village normand... La cuisine est classique, toujours à la recherche de cuissons précises et de saveurs justes. Des mets goûteux réalisés à partir des meilleurs produits, souvent issus de la pêche locale.

au Marais Vernier 8 km à l'Est par D 312 et D 90 – 498 h. – alt. 10 m – ✉ 27680

Auberge de l'Etampage avec ch

42 quartier de l'Eglise – 02 32 57 61 51 – Fermé 23 déc.-1er fév., dim. soir et merc.

3 ch – †40 € ††40 € – 8 € – ½ P 56 €

Rest – Menu 19/30 € – Carte environ 39 €

◆ Les propriétaires de cette auberge à colombages sont très attachés à l'idée d'un bistrot de campagne. Desossé de poulet fermier au cidre, tarte aux pommes... Pas de doute, la cuisine du terroir aime les produits frais. Des chambres à prix doux viennent compléter cette charmante adresse.

CONTRES – 41 Loir-et-Cher – 318 F7 – 3 407 h. – alt. 98 m – ✉ 41700 11 A1

Paris 203 – Blois 22 – Châteauroux 79 – Montrichard 23

De France

ch, rest,

rte de Blois – 02 54 79 50 14 – www.hoteldefrance-contres.com – Fermé de fin janv. à début Mars

35 ch – †62/83 € ††65/92 € – 2 suites – 12 € – ½ P 79/83 €

Rest *(fermé lundi et mardi)* – Formule 22 € bc – Menu 28 € (sem.), 40/52 € – Carte 58/70 €

◆ Une bonne adresse familiale au centre de Contres. Chambres confortables, la plupart donnant sur le jardin et la piscine. Au restaurant – une grande salle à manger – la carte est traditionnelle.

La Botte d'Asperges

52 r. P. H. Mauger – 02 54 79 50 49 – www.labotte-dasperges.com – Fermé 18 août-4 sept., 2-17 janv., dim. soir et lundi

Rest – Formule 17 € – Menu 23/50 € – Carte 43/52 €

◆ Ici, le chef réalise une jolie cuisine de saison. Évidemment, l'asperge est à l'honneur, mais aussi le gibier. Cadre convivial (fresques sur la cuisine et le vin)... Ça vous botte ?

CONTREVOZ – 01 Ain – **328** G6 – rattaché à Belley

CONTREXÉVILLE – 88 Vosges – **314** D3 – 3 480 h. – alt. 342 m – Stat. therm. : début avril-fin oct. – Casino – ✉ 88140 Alsace Lorraine **26** B3

Paris 337 – Épinal 47 – Langres 75 – Nancy 83

116, rue du Shah de Perse, ☎ 03 29 08 08 68, www.tourisme-lorraine.fr

36 de Vittel Ermitage, N : 7 km, ☎ 03 29 08 81 53

9 du Bois de Hazeau, Centre Préparation Olympique, par D 429 : 4 km, ☎ 03 29 08 20 85

Cosmos ch, rest, VISA AE

13 r. de Metz – ☎ 03 29 07 61 61 – www.hotelcontrexeville.com – Ouvert 1er avril-31 oct.

77 ch – †79 € ††99 € – 6 suites – ☕ 13 € – ½ P 109 €

Rest – Menu 25/45 € – Carte 36/43 €

◆ L'atmosphère vieille France de cet hôtel aux chambres confortables nous transporte à la Belle Époque. Un endroit idéal pour les adeptes de fitness et de balnéothérapie. Menus classiques et diététiques servis dans une grande salle à manger rétro à souhait.

COQUELLES – 62 Pas-de-Calais – **301** D2 – rattaché à Calais

CORBEIL-ESSONNES – 91 Essonne – **312** D4 – **101** 37 – voir à Paris, Environs

CORBIGNY – 58 Nièvre – **319** F8 – 1 656 h. – alt. 203 m – ✉ 58800 Bourgogne **7** B2

Paris 236 – Autun 76 – Avallon 38 – Clamecy 28

8, rue de l'Abbaye, ☎ 03 86 20 02 53

Hôtel de L'Europe ch, VISA AE

7 Grande Rue – ☎ 03 86 20 09 87 – www.bourgognerestaurantparcmorvan.com – Fermé 22 déc.-2 janv. et en fév.

18 ch – †49/55 € ††63/75 € – ☕ 9 € – ½ P 64 €

Rest ***Le Cépage*** *(fermé dim. soir sauf juil.-août)* – Menu 29/58 € bc – Carte 28/45 €

Rest ***Le Bistrot*** *(fermé dim. soir sauf juil.-août)* – Formule 11 € – Menu 19/26 € – Carte 23/40 €

◆ Un sympathique hôtel familial dont les chambres, petites, sont très propres et bien équipées. Confiture maison au petit-déjeuner. Au Cépage, cuisine traditionnelle et belle petite carte des vins à prix sage. Menu bourguignon et plats du terroir au Bistrot.

CORDES-SUR-CIEL – 81 Tarn – **338** D6 – 1 017 h. – alt. 279 m – ✉ 81170 Midi-Toulousain **29** C2

Paris 655 – Albi 25 – Rodez 78 – Toulouse 82

place Jeanne Ramel-Cals, ☎ 05 63 56 00 52, www.cordessurciel.fr

Site★★ - La Ville haute★★ : maisons gothiques★★.

Hostellerie du Vieux Cordes VISA

21 r. St-Michel – ☎ 05 63 53 79 20 – www.hostelleriehvc.com – Fermé 2 janv.-12 fév.

19 ch – †59/122 € ††59/168 € – ☕ 13 € – ½ P 95/99 €

Rest *(fermé merc. midi de mai à sept., dim. soir de déc. à avril, mardi midi et lundi)* – Formule 24 € – Menu 27/43 € – Carte 36/49 €

◆ Un monastère du 13es. au cœur de la cité médiévale. Le bel escalier à vis ; les chambres fraîches conservant leur petit cachet ancien ; le joli patio et sa superbe glycine odorante, sous laquelle on prend ses repas aux beaux jours : tout cela est bien agréable.

rte d'Albi

L'Envolée sauvage

La Borie – ✆ 05 63 56 88 52 – www.lenvolee-sauvage.com – Fermé 1er nov.-30 mars
5 ch – 115/130 € 120/140 € – ½ P 95/100 €
Table d'hôte – Menu 35 €
◆ Rencontre du terroir et du raffinement pour cette ferme du 18es. Authenticité des vieilles pierres, plaisir de la piscine, charme des chambres cosy : on n'a plus du tout envie de s'envoler ! Les produits de la ferme (fruits, légumes, foie gras maison) garnissent la table d'hôte.

à Campes 3 km au Nord-Est par D 922, D 98 et rte secondaire – ✉ 81170

Le Domaine de la Borie Grande

St- Marcel-Campes – ✆ 05 63 56 58 24 – www.laboriegrande.com
5 ch – 125/175 € 125/175 €
Table d'hôte – Menu 40 € bc
◆ Une adresse secrète et raffinée, en pleine campagne. Dans cette demeure du 18es., la vue sur Cordes est superbe et les propriétaires reçoivent leurs hôtes en amis. Ils leur réservent de très belles chambres – décorées à la façon des maisons de famille d'antan –, ainsi qu'une suite aux airs de loft. On ne vient pas ici par hasard et l'on aimerait tant pouvoir rester !

CORDON – 74 Haute-Savoie – 328 M5 – 991 h. – alt. 871 m – ✉ 74700 46 F1

Alpes du Nord

Paris 589 – Annecy 76 – Bonneville 33 – Chamonix-Mont-Blanc 32

Place du Mont-Blanc, ✆ 04 50 58 01 57, www.cordon.fr

Site★.

Les Roches Fleuries

90 rte de la Scie – ✆ 04 50 58 06 71 – www.rochesfleuries.com – Ouvert mi-mai à mi-sept. et mi-déc. à mi-avril
20 ch – 140/220 € 140/285 € – 4 suites – 18 €
Rest *(fermé dim. soir, mardi midi et lundi)* – Formule 24 € – Menu 34/58 €
◆ Perché sur les hauteurs de Cordon, ce chalet est ravissant et la vue y est superbe ! Décor chaleureux (boiseries et élégant mobilier régional ancien), restaurant feutré, chambres douillettes et jolie piscine, idéale après une journée sur les pistes... Une certaine idée du luxe made in Savoie !

Le Cerf Amoureux

à Nant-Cruy, 2 km au Sud (rte Combloux) ✉ 74700 Sallanches – ✆ 04 50 47 49 24 – www.lecerfamoureux.com – Fermé avril et 16 sept.-8 oct.
9 ch – 155/245 € 155/295 € – 2 suites – 17 € – ½ P 126/196 €
Rest *(fermé dim. et lundi hors vacances scolaires) (dîner seult) (résidents seult)* – Menu 36 €
◆ Un beau chalet – tout de pierre et de bois vêtu – raffiné et très cosy. Délicieuses chambres avec balcon donnant sur les Aravis ou le mont Blanc ; repas "familial amélioré" (dixit le propriétaire) dans une salle de caractère ; espace bien-être... Est-ce l'amour qui rend ce Cerf si charmant ?

La Joubarbe au Balcon du Mont Blanc

2087 rte des Miaz – ✆ 04 50 91 15 35 – www.lajoubarbe.com
10 ch – 127/231 € 137/241 €
Rest *(dîner seult) (résidents seult)* – Menu 26 €
◆ Esprit des lieux ? Un beau chalet sur les hauteurs, où règne une charmante atmosphère maison d'hôtes de luxe. Les chambres, de style montagnard épuré, ont toutes un balcon ou une terrasse pour profiter de la vue imprenable sur les monts... Et autour de la table, des plats familiaux et un joli choix de vins.

Le Chamois d'Or

4080 rte de Cordon – ✆ 04 50 58 05 16 – www.hotel-chamoisdor.com – Ouvert 1er juin à mi-sept. et 17 déc. à début avril
26 ch – 95/140 € 135/190 € – 2 suites – 16 € – ½ P 90/120 €
Rest *(fermé merc. midi et jeudi midi)* – Formule 20 € – Menu 25 € (sem.), 28/32 € – Carte 35/65 €

◆ Piscine, tennis, fitness, sauna, jacuzzi, billard, restaurant traditionnel... Dans ce chalet familial, tout est pensé pour la détente. Quiétude et douceur dans les chambres et suites, dans un esprit montagnard élégant (tissus choisis). Pour paresser au coin du feu, le salon est idéal !

Le Cordonant

120 rte des Miaz – ✆ 04 50 58 34 56 – www.lecordonant.fr – Ouvert de mi-mai à fin sept. et de mi-déc. à mi-avril
16 ch – 75/95 € 95/105 € – 10 € – ½ P 75/90 €
Rest *Le Cordonant* – voir les restaurants ci-après

◆ Un grand et beau chalet d'esprit familial, de jolies chambres avec des meubles en bois peint, un jardin et une terrasse donnant sur la vallée de Sallanches, les aiguilles de Varens et le massif du Mont-Blanc... Une bonne adresse pour un séjour montagnard.

Le Cordonant – Hôtel Le Cordonant

120 rte des Miaz – ✆ 04 50 58 34 56 – www.lecordonant.fr – Ouvert de mi-mai à fin sept. et de mi-déc. à mi-avril
Rest – Menu 25/33 €

◆ Blotti au coin du feu, ou en terrasse, on se laisse porter par la douce atmosphère savoyarde des lieux. Un cadre délicieux pour (re)découvrir la saveur d'une copieuse cuisine familiale aux couleurs de la région.

CORENC – 38 Isère – 333 H6 – rattaché à Grenoble

CORMEILLES – 27 Eure – 304 C6 – 1 192 h. – alt. 80 m – ✉ 27260 32 A3

Paris 181 – Bernay 26 – Lisieux 19 – Pont-Audemer 17
14, place du Mont Mirel, ✆ 02 32 56 02 39, www.office-tourisme-cormeilles.com

L'Auberge du Président

70 r. de l'Abbaye – ✆ 02 32 57 80 37 – www.hotel-cormeilles.com – Fermé 3-10 janv.
14 ch – 65/85 € 75/90 € – 12 € – ½ P 70 €
Rest *(fermé mardi midi, merc. midi, jeudi midi et dim. soir d'oct. à mars, et lundi midi)* – Menu 19 € (sem.), 25/38 € – Carte 29/60 €

◆ L'enseigne rend hommage au président René Coty qui séjourna dans cette auberge. La façade à colombages n'a pas changé depuis la IVe République, mais les chambres respirent la fraîcheur, dans une jolie veine cosy qui fait que l'on s'y sent bien. Pause terroir au restaurant.

Gourmandises

29 r. de l'Abbaye – ✆ 02 32 42 10 96 – Fermé 2 janv.-3 fév., mardi midi, merc. midi en saison, mardi, merc. hors saison et lundi
Rest – Menu 29 € (déj.)/46 € – Carte 48/60 €

◆ En 2009, Alain Lamaison, après avoir dirigé les cuisines de plusieurs belles maisons, décide de s'adonner à ces Gourmandises. Résultat : une salle à manger en teintes douces, judicieusement épurée, des produits régionaux de qualité et de beaux plats de saison.

Un nom d'établissement passé en rouge désigne un « espoir ».
Le restaurant est susceptible d'accéder à une distinction supérieure : première étoile ou étoile supplémentaire. Vous les retrouverez dans la liste des tables étoilées en début de guide.

CORMERY – 37 Indre-et-Loire – 317 N5 – 1 656 h. – alt. 59 m **11 B2**
– ✉ 37320 Châteaux de la Loire

Paris 254 – Blois 63 – Château-Renault 48 – Loches 22

13, rue Nationale, ✆ 02 47 43 30 84

XX **Auberge du Mail**

2 pl. du Mail – ✆ 02 47 43 40 32 – www.aubergedumail-cormery.com – Fermé 30 avril-6 mai, 26 août-1er sept., 24-31 déc., le soir de mi-oct. à fin mars, sam. midi et jeudi

Rest – Formule 16 € – Menu 20 € (sem.), 30/52 € – Carte 25/58 €

♦ Maison de pays proche de l'abbaye – célèbre pour ses macarons. La terrasse, ombragée de tilleuls et de glycine, et l'intérieur rustique vont bien avec la cuisine, plutôt classique.

X **Auberge des 2 Cèdres**

av. de la Gare – ✆ 02 47 43 03 09 – Fermé 9-23 juil., 7-21 janv., le soir du dim. au jeudi et lundi

Rest – Formule 10 € – Menu 15 € (déj. en sem.), 20/31 € – Carte 22/30 €

♦ Cette bâtisse régionale proche de la gare, sur une route passante, a des faux airs de guinguette. Le chef cuisine des produits frais... Idéal pour les repas de famille.

CORNILLON – 30 Gard – 339 L3 – 869 h. – alt. 168 m – ✉ 30630 **23 D1**
Provence

Paris 666 – Avignon 50 – Alès 47 – Bagnols-sur-Cèze 17

XX **La Vieille Fontaine** avec ch

r. du Château – ✆ 04 66 82 20 56 – www.lavieillefontaine.net – Ouvert de Pâques à oct. et fermé lundi, mardi, merc. sauf juil.-août

8 ch – †115/165 € ††115/165 € – ☕ 12 € – ½ P 95/120 €

Rest *(dîner seult sauf dim.)* – Menu 40/65 €

♦ Maison de caractère adossée aux murailles médiévales. Dans la salle voûtée, on déguste une cuisine de tradition, dont la spécialité de la maison : les moules farcies à la diable. Piscine et jardin dominant la vallée ; petites chambres coquettes pour l'étape.

CORPS – 38 Isère – 333 I9 – 474 h. – alt. 939 m – ✉ 38970 **45 C3**
Alpes du Sud

Paris 626 – Gap 39 – Grenoble 64 – La Mure 24

Route Napoléon, ✆ 04 76 30 03 85, www.paysdecorps.fr

Barrage★★ et pont★ du Sautet O : 4 km.

Du Tilleul

r. des Fosses – ✆ 04 76 30 00 43 – www.hotel-restaurant-du-tilleul.com – Fermé 20 oct.-20 déc.

18 ch – †45/52 € ††52/72 € – ☕ 8 € – ½ P 55/65 €

Rest – Formule 14 € – Menu 17/39 € – Carte 18/25 €

♦ Un vieux village fort animé en été, peut-être en raison de son emplacement sur la route Napoléon. Les chambres sont fraîches et bien tenues (plus calmes à l'annexe) et le restaurant permet de découvrir le terroir local. Accueil charmant

à Aspres-les-Corps 5 km au Sud-Est par N 85 et D 58 – 134 h. – alt. 930 m
– ✉ 05800

Château d'Aspres

– ✆ 04 92 55 28 90 – www.chateau-daspres.com – Ouvert 1er mars-15 nov., 30 déc.-2 janv. et fermé dim. soir et lundi du 1er mars au 31 mai

8 ch – †88 € ††88/118 € – 3 suites – ☕ 12 € – ½ P 78/110 €

Rest – Menu 24/40 € – Carte 34/80 €

♦ Cette demeure seigneuriale (12e-17es.) domine la vallée du Champsaur. Portraits d'ancêtres, lourdes tentures, meubles d'époque : une décoration bourgeoise également à l'honneur dans les chambres. La vue sur le paysage environnant est superbe.

CORRENÇON-EN-VERCORS – 38 Isère – 333 G7 – rattaché à Villard-de-Lans

CORRÈZE – 19 Corrèze – 329 M3 – 1 175 h. – alt. 455 m – ✉ 19800 25 C3

Limousin Berry

Paris 480 – Aubusson 96 – Brive-la-Gaillarde 45 – Tulle 19

place de la Mairie, ✆ 05 55 21 32 82

Le Parc des 4 Saisons

ch,

av. de la Gare – ✆ 05 55 21 44 59 – www.leparc.info

5 ch – 58/88 € 65/95 € **Table d'hôte** – Menu 35 € bc

◆ Le jeune couple qui a aménagé cette ancienne maison de notable a voulu créer une chambre d'hôtes "écolo". Objets chinés, chambres pimpantes et confortables, parc agréable, piscine chauffée à l'énergie solaire : tout est prévu pour votre confort. Table d'hôte (sur réservation) trois soirs par semaine.

CORSE

Carte de l'île en fin de guide **15** B2

© C. Moirenc/Hemis.fr

Corse – **249 729 h.** – **345** – Corse

Transports maritimes

- Depuis la France continentale les relations avec la Corse s'effectuent à partir de Marseille, Nice et Toulon.
- au départ de Marseille : SNCM - 61 bd des Dames (2e) ✆ 0 825 888 088 (0,15 €/mn) et 3260 dîtes "SNCM". CMN - 4 quai d'Arenc (2e) ✆ 0 810 201 320
- au départ de Nice : SNCM - Ferryterranée quai du Commerce ✆ 04 93 01 47 56 ou dîtes SNCM (0,15 €/mn). CORSICA FERRIES - Port de Commerce ✆ 0 825 095 095 (0,15 €/mn)
- au départ de Toulon : SNCM - 49 av. Infanterie de Marine (15 mars-15 sept.) ✆ 0 825 888 088 (0,15 €/mn). CORSICA FERRIES - Gare Maritime ✆ 0 825 095 095, (0,15 €/mn).

Aéroports

- La Corse dispose de quatre aéroports assurant des relations avec le continent, l'Italie et une partie de l'Europe :
- Ajaccio ✆ 04 95 23 56 56, Calvi ✆ 04 95 65 88 44, Bastia ✆ 04 95 54 54 54, et Figari-Sud-Corse ✆ 04 95 71 10 10 (Bonifacio et Porto-Vecchio).
- Voir aussi au texte de ces localités.

Quelques golfs

- 9 Bastia, (voir à la localité), ✆ 04 95 38 33 99
- 18 de Sperone à Bonifacio, (voir à la localité), ✆ 04 95 73 17 13

AJACCIO P – 2A Corse-du-Sud – **345** B8 – **65 153 h.** – **Casino** Z **15** A3
– ✉ **20000**

Bastia 147 – Bonifacio 131 – Calvi 166 – Corte 80

d'Ajaccio-Napoléon Bonaparte : ☎ 04 95 23 56 56, 7 km par ①.

3, boulevard du Roi Jérôme, ☎ 04 95 51 53 03, www.ajaccio-tourisme.com

Vieille Ville★ - Musée Fesch★★ : peintures italiennes★★★ - Maison Bonaparte★ - Salon Napoléonien★ (1er étage de l'hôtel de ville) - Jetée de la Citadelle ≤★ - Place Gén.-de-Gaulle ou Place du Diamant ≤★.

Golfe d'Ajaccio★★. . Aux Iles sanguinaires★★.

Palazzu U Domu sans rest
17 r. Bonaparte – ☎ 04 95 50 00 20 – www.hotel-palazzudomu-ajaccio.com
45 ch – †159/365 € ††159/365 € – ☐ 19 € **Ze**
◆ Le palais du comte Pozzo di Borgo (18e s.) est désormais résolument design : escalier d'époque, teintes sombres, expos d'art contemporain. Trois catégories de chambres, suites.

Les Mouettes sans rest
9 cours Lucien-Bonaparte, par ② – ☎ 04 95 50 40 40 – www.hotellesmouettes.fr – Fermé 14 nov.-22 mars
28 ch – †100/450 € ††100/450 € – ☐ 18 €
◆ Une grande demeure rose de 1880, une vue superbe sur la piscine et la plage privée. Chambres sobres et spacieuses, la plupart avec loggia, pour rêver en regardant les mouettes.

Napoléon sans rest
4 r. Lorenzo Vero – ☎ 04 95 51 54 00 – www.hotelnapoleonajaccio.fr
62 ch – †69/111 € ††88/123 € – ☐ 11 € **Zs**
◆ Dans une ruelle discrète et calme, perpendiculaire au cours Napoléon. Chambres confortables, simplement décorées : parfait pour les affaires ou une visite rapide de la ville.

Albert-1er (Bd) . . . . Y 2
Bévérini Vico (Av.) . . . . Y 4
Colonna d'Ornano (Av. du Col.) . . . . Y 10
Griffi (Square P.) . . . . Y 22
Leclerc (Cours Gén.) . . . . . . Y 25
Madame-Mère (Bd) . . . . . . Y 29
Maillot (Bd H.) . . . . Y 30
Masséria (Bd) . . . . Y 32
Napoléon-III (Av.) . . . . Y 37
Napoléon (Cours) . . . . Y
Nicoli (Cours J.) . . . . Y 38
Paoli (Bd D.) . . . . Y 41
St-Jean (Montée) . . . . Y 51

Bonaparte (R.) . . . . Z 6
Dr-Ramaroni (Av. du) . . . . Z 17
Eugénie (Av. Impératrice) . . . . . . Z 18
Fesch (R. Cardinal) . . . . Z
Forcioli-Conti (R.) . . . . Z 20
Grandval (Cours) . . . . Z
Herminier (Quai l') . . . . Z 23
Macchini (Av. E.) . . . . Z 27
Napoléon-III (Av.) . . . . Z
Napoléon (Cours) . . . . Z
Notre-Dame (R.) . . . . Z 39
Pozzo-di-Borgo (R.) . . . . Z 44
Premier-Consul (Av.) . . . . Z 45
République (Q. de la) . . . . Z 48
Roi-de-Rome (R.) . . . . Z 49
Roi-Jérôme (Bd) . . . . Z 50
Sebastiani (R. Gén.) . . . . Z 53
Sérafini (Av. A.) . . . . Z 55
Soeur-Alphonse (R.) . . . . Z 56
Vero (R. Lorenzo) . . . . Z 58
Zévaco-Maire (R.) . . . . Z 60

Impérial sans rest

6 bd Albert 1er – ✆ 04 95 21 50 62 – www.hotelimperial-ajaccio.fr – Ouvert de mars à oct. **Ya**

44 ch – †78/120 € ††78/160 € – ☕ 10 €

◆ Une façade pimpante, en lisière de la ville, sur la promenade menant aux Sanguinaires. Le hall est "impérial" ; sorte d'hommage à Napoléon. Chambres simples, plage à deux pas.

Amirauté sans rest

19 rte de Sarténe, par ① – ✆ 04 95 27 22 57 – www.corsica-hotels.fr

104 ch – †49/220 € ††59/220 € – ☕ 10 €

◆ Vaste immeuble moderne en sortie de ville, vers l'aéroport. Chambres fonctionnelles, avec un mobilier épuré en bois blond. Piscine et terrasse tournées vers la mer.

San Carlu Citadelle sans rest

8 bd Casanova – ✆ 04 95 21 13 84 – www.hotel-sancarlu.com **Zf**

40 ch – †50/145 € ††50/170 € – ☕ 8 €

◆ Au cœur du vieil Ajaccio et à deux pas de la plage St-François, cet hôtel offre une vue superbe sur la citadelle et la mer. Les chambres ont été rénovées en 2011 dans une veine sobre et feutrée.

Kallisté sans rest

51 cours Napoléon – ✆ 04 95 51 34 45 – www.hotel-kalliste-ajaccio.com
45 ch – 64/77 € 80/102 € **Zb**
◆ Cet édifice (19e s.) du cours Napoléon a conservé ses murs de brique et de granit et ses plafonds voûtés. Chambres spartiates, idéales pour une étape ou un court séjour.

Grand Café Napoléon

10 cours Napoléon – ✆ 04 95 21 42 54 – grandcafenapoleon.com – Fermé 23 déc.-3 janv., sam. soir, dim. et fériés **Zd**
Rest – Menu 18 € (déj. en sem.), 30/45 € – Carte 40/71 €
◆ L'un des plus anciens cafés de l'île, avec son beau décor historique (carrelage à damiers, moulures). Cuisine fraîche et aromatique, salon de thé l'après-midi. Terrasse prisée.

L'Altru Versu

bd Nicéphore-Sephanopoli-de-Comnene, Les Sept Chapelles, rte des Iles Sanguinaires – ✆ 04 95 50 05 22 – www.laltruversu.com – Fermé janv., dim. soir et merc. hors saison
Rest – Carte 44/66 €
◆ De la lumineuse salle à manger à fleur d'eau, la vue sur le golfe est superbe. Parfums de clémentine et de myrte... La carte "terre et mer" donne une autre idée de la Corse.

Le 20123

2 r. Roi de Rome – ✆ 04 95 21 50 05 – www.20123.fr – Fermé lundi **Zv**
Rest *(dîner seult) (réserver)* – Menu 33 €
◆ On y apprécie, dans un décor de village corse reconstitué, une authentique cuisine du terroir (charcuterie, sanglier, ravioli au bruccio, crème de châtaigne). Une bonne adresse, tout en générosité.

A Nepita

4 r. San-Lazaro – ✆ 04 95 26 75 68 – Fermé août, 23-30 déc., lundi soir, mardi soir, merc soir, sam. midi et dim. **Yf**
Rest *(réserver)* – Formule 17 € – Menu 27 € (déj.)/29 €
◆ Dans ce petit établissement, un chef d'expérience concocte chaque jour un menu unique autour de deux plats au choix, au gré du marché et de ses envies. Fraîcheur et saveur !

L'Amuse Bouche

3 bd Pugliesi-Conti – ✆ 04 95 52 11 43 – Fermé juil., dim. soir et lundi
Rest – Menu 39/49 € – Carte 39/49 € **Ys**
◆ Amuse-bouches et produits bien sélectionnés (jambon corse, poisson frais) pour une cuisine aux parfums de la Méditerranée. Cadre intime et service prévenant.

Plaine de Cuttoli **15 km par ① par rte de Bastia, rte de Cuttoli (D 1) puis rte de Bastelicaccia – ✉ 20167 Mezzavia**

U Licettu avec ch

– ✆ 04 95 25 61 57 – www.u-licettu.com – Fermé 1er janv.-15 fév., dim. soir et lundi hors saison
5 ch – 75/90 € 75/90 € **Rest** *(réserver)* – Menu 40 € bc
◆ Villa dominant le golfe et noyée sous les fleurs, accueil charmant, plats corses copieux et savoureux (charcuteries maison) : de bonnes raisons de ne pas prendre le maquis ! La maison propose des chambres récentes, gaies et spacieuses, donnant sur le jardin.

à Pisciatello **12 km par ① et N 196 – ✉ 20117 Cauro**

Auberge du Prunelli

– ✆ 04 95 20 02 75 – Fermé mardi
Rest – Menu 20 € (déj.)/31 € bc – Carte 27/46 €
◆ À deux pas d'un petit pont sur le Prunelli, une auberge corse du 19es. avec sa treille. Légumes du potager et incontournables (omelette au brocciu, cabri rôti, figatelli).

rte des îles Sanguinaires par ② – ✉ 20000 Ajaccio :

Dolce Vita
à 9 km – ✆ 04 95 52 42 42 – www.hotel-dolcevita.com – Ouvert d'avril à oct.
32 ch – †210/450 € ††290/450 € – ☕ 26 € – ½ P 170/345 €
Rest ***La Mer*** – voir les restaurants ci-après
◆ La vie est douce dans cet hôtel à fleur d'eau : beau jardin, piscine et plage privée. Chambres spacieuses et contemporaines, toutes avec vue sur la Méditerranée...

Cala di Sole
ch, rest,
à 6 km – ✆ 04 95 52 01 36 – www.caladisole.fr – Ouvert avril-sept.
31 ch – †90/190 € ††130/250 € – ☕ 12 €
Rest *(ouvert juin-sept.)* – Carte 36/50 €
◆ Pour un séjour tonique les pieds dans l'eau : piscine, fitness, plongée, jet-ski et planche à voile. Chambres avec terrasse ou loggia donnant sur la mer. En saison, grillades et salades servies midi et soir à la paillote de l'hôtel, située sur la plage.

La Mer – Hôtel Dolce Vita
à 9 km – ✆ 04 95 52 42 42 – www.hotel-dolcevita.com – Ouvert d'avril à oct.
Rest – Menu 45 € – Carte 52/62 €
◆ La Mer et toutes ses splendeurs : on s'installe en terrasse, face aux Sanguinaires, pour déguster de beaux produits marins... Par temps frais, on apprécie la douceur bourgeoise qui règne dans la salle.

Palm Beach avec ch
ch,
à 5 km – ✆ 04 95 52 01 03 – www.palm-beach.fr
– Fermé 16 nov.-20 déc., dim. soir, lundi et le midi
9 ch – †104/190 € ††110/190 € – ☕ 21 €
Rest – Menu 69/89 € – Carte 70/100 €
Spéc. Aubergine à la Bonifacienne (été-automne). Poisson de pêche locale, légumes de saison et jus mousseux à la badiane. Soufflé au Grand Marnier. **Vins** Patrimonio, Ajaccio.
Rest ***L'Atelier*** *(fermé lundi et le soir)* – Menu 26 € – Carte 48/60 €
◆ Le restaurant embrasse le golfe d'Ajaccio, la Grande Bleue vient caresser sa terrasse... Une situation idyllique pour savourer une cuisine gastronomique raffinée, mettant en valeur de beaux produits. Menu plus simple au déjeuner côté Atelier. Chambres contemporaines et épurées, face à la mer.

ALÉRIA – 2B Haute-Corse – **345** G7 – **1 957 h. – alt. 20 m** – ✉ **20270** **15** B2
Bastia 71 – Corte 50 – Porto Vecchio 72
Casa Luciani RN 198, ✆ 04 95 57 01 51
Fort de Matra★ - Musée Jérôme-Carcopino collection de céramiques attiques★★ - Ville antique★.

L'Atrachjata sans rest
N 198 – ✆ 04 95 57 03 93 – www.hotel-atrachjata.net
30 ch – †49/159 € ††49/159 € – 2 suites – ☕ 8 €
◆ Au cœur de la Costa Serena, un hôtel familial accueillant situé en bordure de route. Les chambres fonctionnelles et bien tenues (à choisir de préférence sur l'arrière) conviendront parfaitement pour une étape.

L'Empereur
(N 198) – ✆ 04 95 57 02 13 – www.hotel-empereur.com
32 ch – †45/94 € ††52/100 € – ☕ 7 € – ½ P 48/63 €
Rest – Menu 15 € (sem.), 22/25 € – Carte 24/38 €
◆ À trois minutes de la plage, au bord de la nationale qui traverse le village, cette construction de style motel propose des chambres spacieuses et fonctionnelles donnant pour la plupart sur la piscine. Les duplex conviendront particulièrement aux vacances en famille.

ALGAJOLA – 2B Haute-Corse – **345** C4 – **303 h. – alt. 2 m** – ✉ **20220** **15** A1
Bastia 76 – Calvi 16 – L'Ile-Rousse 10
Place de la Gare, ✆ 04 95 62 78 32
Citadelle★.

Stellamare sans rest

chemin Santa Lucia – ✆ 04 95 60 71 18 – www.stellamarehotel.com – Ouvert 27 avril-14 oct.

16 ch – 🚹65/135 € 🚹🚹65/135 € – ☕ 10 €

◆ Sur les hauteurs de la station, un beau jardin très engageant, puis cette grande maison qui abrita jadis les locaux de l'ORTF. Chambres plaisantes et cosy donnant sur la mer ou la montagne.

Serenada sans rest

– ✆ 04 95 36 43 64 – www.hotel-serenada.com – Ouvert de mai à oct.

12 ch ☕ – 🚹92/250 € 🚹🚹92/250 €

◆ Presque les pieds dans l'eau, un hôtel récent vraiment accueillant. Les chambres sont très confortables, bien insonorisées et décorées dans un style sobre et contemporain.

AULLÈNE – 2A Corse-du-Sud – 345 D9 – 180 h. – alt. 825 m – ✉ 20116 — 15 B3

Ajaccio 73 – Bonifacio 84 – Corte 103 – Porto-Vecchio 59

San Larenzu sans rest

Pasta di Grano – ✆ 04 95 78 63 12 – http://sanlarenzu.com

5 ch ☕ – 🚹60 € 🚹🚹65 €

◆ En route pour le GR 20 ? Laurent propose des chambres bien tenues et... vend aussi sa charcuterie artisanale ! Bon petit-déjeuner (miel et confitures corses) face aux montagnes.

BARCAGGIO – 2B Haute-Corse – 345 F1 – ✉ 20275 Ersa — 15 B1

Bastia 55

Petra Cinta sans rest

au port – ✆ 04 95 36 87 45 – www.hotelpetracinta.free.fr – Fermé oct. à avril

9 ch – 🚹55/105 € 🚹🚹75/120 € – ☕ 7 €

◆ Dans cette jolie maison blanche, en retrait du pittoresque port, les chambres sont décorées avec goût, vraiment avenantes, et certaines sont même conçues pour les familles. Tout est doux et reposant, à prix raisonnable.

BASTELICA – 2A Corse-du-Sud – 345 D7 – 531 h. – alt. 800 m – ✉ 20119 — 15 B2

Ajaccio 43 – Corte 69 – Propriano 70 – Sartène 82

Route panoramique★ du plateau d'Ese.

A 400 m du col de Mercujo : belvédère ★★ et SO : 13,5 km.

Artemisia — rest,

Boccialacce, rte du Col de Scalella – ✆ 04 95 28 19 13 – www.hotel-artemisia.com – Fermé de début nov. à mi-déc.

10 ch – 🚹90/190 € 🚹🚹90/190 € – ☕ 12 €

Rest *Artemisia* *(fermé lundi hors saison) (dîner seult)* – Menu 33/35 €

◆ Le charme de la différence ! Né en 2010, cet hôtel associe architecture contemporaine et esprit loft. Dans les chambres, les lits placés devant de grandes baies tutoient la montagne. Le patron, enfant du village, conseille balades et adresses d'artisanat. Recettes corses à l'heure du dîner. Détente absolue...

Chez Paul avec ch

– ✆ 04 95 28 71 59

11 ch (½ P seult) – ½ P 50 € **Rest** – Formule 12 € – Menu 17/26 €

◆ Découvrez le truculent Paul et sa cuisine corse (charcuterie maison, daube de veau, cannelonis au brocciu). Sur la terrasse, vue plongeante sur le village et la vallée du Prunelli. Appartements autour de l'auberge, pratiques pour les familles.

Une bonne table sans se ruiner ? Repérez les Bib Gourmand.

BASTIA P – 2B Haute-Corse – **345** F3 – 43 477 h. – ✉ 20200 **15** B1

Ajaccio 148 – Bonifacio 171 – Calvi 92 – Corte 69

de Bastia-Poretta ✆ 04 95 54 54 54, 20 km par ②.

place Saint-Nicolas, ✆ 04 95 54 20 40, www.bastia-tourisme.com

Golf Club Borgo, Borgo Castellarese, S : 20 km par rte Aéroport, ✆ 04 95 38 33 99

Terra-Vecchia★ : le vieux port★★, oratoire de l'Immaculée Conception★ - Terra-Nova★ : Assomption de la Vierge★★ dans l'église Ste-Marie, décor★★ rococo dans la chapelle Ste-Croix.

Église Ste-Lucie ≤★★ 6 km NO par D 31 X - ※★★★ de la Serra di Pigno 14 km par ③ - ≤★★ du col de Teghime 10 km par ③.

Les Voyageurs sans rest

9 av. du Mar.-Sébastiani – ✆ 04 95 34 90 80 – www.hotel-lesvoyageurs.com

24 ch – †60/108 € ††75/115 € – ☕ 10 € **Xr**

◆ Entre le port et la gare, cet hôtel accueille les voyageurs – touristes et clientèle d'affaires – depuis plus d'un siècle ! Chaque chambre arbore un décor différent, sur le thème de l'ailleurs ou du cinéma. Sympathique.

Corsica Hôtels Bastia Centre sans rest

av. J.-Zuccarelli , par ③ – ✆ 04 95 55 05 10 – www.corsica-hotels.fr

71 ch – †49/159 € ††59/159 € – ☕ 9 €

◆ Sur les hauteurs de la ville, un hôtel récent et fonctionnel. Les chambres, rénovées en 2010, sont calmes et confortables. Petits plus bien appréciables : un parking, un garage et une carte snacking le soir.

Posta Vecchia sans rest

8 r. Posta Vecchia – ✆ 04 95 32 32 38 – www.hotel-postavecchia.com – Fermé 17 déc.-6 janv. **Ys**

50 ch – †45/95 € ††45/105 € – ☕ 7 €

◆ Au cœur de Terra-Vecchia (la vieille ville bastiaise), un immeuble traditionnel avec ses volets bleus et sa belle teinte terre de Sienne. Les chambres sont petites, mais coquettes et avenantes.

Chez Huguette

quai Sud, au Vieux-Port – ✆ 04 95 31 37 60 – www.chezhuguette.fr – Fermé 1er-15 déc., dim. sauf le soir du 15 juin au 15 sept. et ouvert du lundi au sam. du 15 fév. au 15 juin et du 15 sept. au 15 nov. **Zt**

Rest – Carte 35/60 €

◆ Un restaurant épuré, face aux nombreuses embarcations du vieux port. Cet agréable voisinage donne le ton à la cuisine, qui met à l'honneur fruits de mer et poissons frais. Et pour cause, trois à quatre fois par semaine, Huguette et son mari se fournissent directement chez les pêcheurs de Macinaggio !

La Table du Marché St Jean

pl. du Marché – ✆ 04 95 31 64 25 – Fermé dim. **Ya**

Rest – Menu 30 € – Carte 34/70 €

◆ Un jeune chef plein d'allant, une équipe dynamique... Cette Table a pris un nouveau départ à l'été 2010, mais n'a rien perdu de son charme. Poissons et fruits de mer extrafrais, petits plats préparés en toute simplicité, jolie terrasse sous les platanes et banc d'écailler : on passe un bon moment.

La Citadelle

6 r. Dragon – ✆ 04 95 31 44 70 – www.restaurantlacitadelle.com – Fermé dim. et lundi **Za**

Rest – Formule 28 € – Menu 35/48 € – Carte 40/50 €

◆ Dans cet ancien moulin à huile, tout est chaleureux : la déco, bien sûr – avec ses pierres apparentes, ses poutres, sa meule si pittoresque et sa presse à olives –, mais aussi l'appétissant menu autour du veau insulaire et de la langoustine du cap Corse. L'un des meilleurs restaurants de Bastia.

Campinchi (R. César)	Y	
Carbuccia (R. Gén.-de)	Z	2
Casanova (R. L.)	Z	3
Chanoine Colombani (R.)	X	4
Chanoine Leschi (R.)	X	5
Dr-Favale (Cours du)	Z	6
Donjon (Pl. du)	Z	7
Evêché (R. de l')	Z	8
Gaudin (Bd A.)	Z	
Giraud (Bd Gén.)	YZ	9
Landry (R. A.)	X	15
Leclerc (Sq. du Mar.)	X	17
Luccioni (R. José)	X	18
Marché (Pl. du)	Y	19
Marine (R. de la)	Z	20
Napoléon (R.)	Y	23
Neuve-St-Roch (R.)	Y	25
Paoli (Bd)	YZ	
Pierangeli (Cours H.)	Y	29
St-François (R.)	Y	32
St-Michel (R.)	Z	34
St-Roch (R.)	Y	35
Salicetti (R.)	Y	37
Sari (Av. Emile)	X	
Sébastiani (Av. Mar.)	X	38
Terrasses (R. des)	Y	39
Zéphyrs (R. des)	Y	42

A Vista

8 r. St-Michel, (La Citadelle) – 04 95 47 39 91 – www.restaurantavista.com – Fermé janv. Zv

Rest – Formule 19 € bc – Carte 35/110 €

◆ La terrasse de ce restaurant ? Un petit paradis avec une superbe vue sur la mer... Sans parler du décor résolument contemporain, de l'atmosphère chaleureuse et – bien sûr – de la bonne cuisine méditerranéenne du chef, concoctée avec de beaux poissons et légumes (souvent bio) de l'île.

à Palagaccio 2,5 km par ① – ✉ 20200 San Martino di Lota

L'Alivi

rte du Cap – 04 95 55 00 00 – www.hotel-alivi.com – Ouvert 15 mars-30 oct.

36 ch – 80/210 € 95/210 € – 1 suite – 15 € – ½ P 100/160 €

Rest ***L'Archipel*** – voir les restaurants ci-après

◆ La vie en bleu ! À 5 min du centre-ville, en direction du cap Corse, cet hôtel est une ode à la mer. Accès direct à la plage et vue plongeante sur les flots, qu'on paresse au solarium, crawle dans la piscine ou prenne l'air sur la terrasse de sa jolie chambre...

L'Archipel – Hôtel L'Alivi

rte du Cap – 04 95 55 00 10 – www.hotel-alivi.com – Ouvert 15 mars-30 oct. et fermé lundi sauf le soir en juil.-août et dim. soir

Rest – Carte 35/65 €

◆ Pâtes aux langoustes, loup en croûte de sel... Cette cuisine du Sud est très appétissante, et on la déguste dans un cadre magique, face à l'archipel toscan et presque les pieds dans l'eau. Une impression de bout du monde !

à Pietranera 3 km par ① – ✉ 20200 San Martino di Lota

Pietracap sans rest

sur D 131 – 04 95 31 64 63 – www.hotel-pietracap.com – Ouvert avril-nov.

39 ch – 97/224 € 97/224 € – 16 €

◆ Parc luxuriant, vue sur la mer... un havre de paix ! Les chambres sont spacieuses, la plupart avec balcon donnant sur la verdure et la Grande Bleue. Au petit-déjeuner, goûtez la bonne confiture d'orange maison (avec les agrumes du jardin).

Cyrnea sans rest

– 04 95 31 41 71 – http://hotelcyrnea.monsite.wanadoo.fr – Fermé 15 déc.-15 janv.

19 ch – 46/84 € 50/86 € – 6 €

◆ À côté de l'église et en bord de route, un petit hôtel avec des chambres simples, pratiques et bien tenues, certaines avec vue sur la mer. Atout charme : un jardin en terrasses qui mène directement à la plage.

à Miomo 5,5 km par ① – ✉ 20200 Santa Maria di Lota

Torremare

ch,

2 rte Bord de Mer – 04 95 33 47 20 – www.hotel-torremare-corse.com – Ouvert de début mai à fin sept.

7 ch – 90/110 € 110/165 € – 10 € **Rest** – Carte 25/46 €

◆ Sur la plage ! Ce petit hôtel-restaurant ne pouvait rêver meilleure situation... Toutes les chambres, lumineuses et épurées, donnent sur la mer. Simple et plaisant.

à San-Martino-di-Lota 13 km par ① et D 131 – 2 750 h. – alt. 350 m – ✉ 20200

La Corniche

hameau de Castagneto – 04 95 31 40 98 – www.hotel-lacorniche.com – Fermé janv.

20 ch – 55/105 € 55/112 € – 8 €

Rest ***La Corniche*** – voir les restaurants ci-après

◆ Perchée sur les hauteurs du village, à flanc de colline, cette jolie maison toute jaune offre une vue à couper le souffle sur la vallée, la mer et, au loin, l'île d'Elbe. Déco colorée dans les chambres, jolie piscine et... prix assez doux.

Château Cagninacci sans rest

Hameau de Mola – ✆ 06 78 29 03 94 – www.chateaucagninacci.com – Ouvert 15 mai-1er oct.

4 ch – 103/123 € 107/127 €

◆ À flanc de montagne et au grand calme, ce joli couvent du 17e s. cultive un certain esprit monacal et hors du temps. Superbes chambres meublées à l'ancienne, donnant – comme la terrasse – sur la mer et l'île d'Elbe... Un cachet indéniable !

La Corniche – Hôtel La Corniche

hameau de Castagneto – ✆ 04 95 31 40 98 – www.hotel-lacorniche.com – Fermé janv., dim. soir de nov. à avril, lundi et mardi

Rest – Menu 30 € – Carte 46/62 €

◆ Une maison chaleureuse accrochée à la montagne et donnant sur la mer, une belle terrasse sous les platanes... et ce n'est pas tout ! On déguste ici une cuisine traditionnelle généreuse et authentique. Que diriez-vous de beignets de fromage corse ou d'une assiette d'agneau confit aux herbes du maquis ?

rte d'Ajaccio 4 km par ② – ✉ 20600 Bastia

Ostella

av. Sampiero-Corso – ✆ 04 95 30 97 70 – www.hotel-ostella.com

52 ch – 70/150 € 110/150 € – 2 suites – 12 €

Rest *Ostella* – voir les restaurants ci-après

◆ Ne vous fiez pas à son aspect un peu banal dans la banlieue de Bastia, cet hôtel est vraiment sympathique : agréable spa, joli jardin, piscine couverte, solarium, chambres fraîches et colorées...

Ostella

av. Sampiero-Corso – ✆ 04 95 30 97 70 – www.hotel-ostella.com – Fermé sam. et dim.

Rest – Formule 19 € bc – Carte 24/46 €

◆ Cadre immaculé et espace lounge : un lieu dans l'air du temps, pour une cuisine soignée, qui fait la part belle aux préparations au wok ou à la plancha et s'accompagne de vins corses bien choisis.

rte de l'aéroport de Bastia-Poretta 18 km par ②, N 193 et D 507 ✉ 20290 Lucciana

Poretta sans rest

rte de l'aéroport – ✆ 04 95 36 09 54 – www.hotel-poretta.com

45 ch – 68/78 € 78/90 € – 9 €

◆ En retrait de la route, un hôtel récent dissimulé derrière des palmiers. Les chambres – rénovées au 1erétage dans un style contemporain – sont fonctionnelles et propres. Également des duplex, bien pratiques lors d'une étape en famille.

BOCOGNANO – 2A Corse-du-Sud – 345 D7 – 482 h. – alt. 600 m – ✉ 20136 — 15 B2

Ajaccio 39 – Bonifacio 155 – Corte 43

Cascade du Voile de la Mariée ★ 3,5 km au Sud.

Beau Séjour

– ✆ 04 95 27 40 26 – www.hotelbocognano.com – Ouvert 15 avril-7 oct.

18 ch – 52 € 62 € – 8 € – ½ P 54 €

Rest – Menu 17/23 € – Carte 22/40 €

◆ Au milieu des châtaigniers, bâtisse de 1890 appréciée des randonneurs et des amoureux de la nature. Les chambres ont un cachet rustique, surtout au 1er étage, avec leur mobilier régional. À la carte : soupe corse, civet de sanglier et gâteau à la châtaigne.

Se régaler sans se ruiner ? Repérez les Bib Gourmand. Ils vous aideront à dénicher les bonnes tables sachant marier cuisine de qualité et prix ajustés !

BONIFACIO – 2A Corse-du-Sud – 345 D11 – 2 872 h. – alt. 55 m 15 B3 – ✉ 20169

Ajaccio 132 – Corte 150 – Sartène 50

Figari-Sud-Corse : ✆ 04 95 71 10 10, 21 km au N.

2, rue Fred Scamaroni, ✆ 04 95 73 11 88

de Sperone, Domaine de Sperone, E : 6 km, ✆ 04 95 73 17 13

Site★★★ - Ville haute★★ : Place du marché ≤★★ - Trésor★ des églises de Bonifacio (Palazzu Publicu) - Eglise St-Dominique★ - Esplanade St-Francois ≤★★ - Cimetière marin★.

Grottes marines et la côte★★.

Genovese sans rest

Haute Ville – ✆ 04 95 73 12 34 – www.hotelgenovese.com – Fermé déc. et janv.

15 ch – †145/350 € ††145/350 € – 3 suites – ☐ 20 €

◆ Dans les remparts du fort, un établissement au minimalisme chic et moderne, propice à la détente. Belles chambres réparties autour de la cour, orientées côté citadelle ou port.

Santa Teresa sans rest

quartier St-François , (ville haute) – ✆ 04 95 73 11 32 – www.hotel-santateresa.com – Ouvert 10 avril-12 oct.

44 ch – †105/280 € ††105/280 € – ☐ 15 €

◆ Hôtel imposant surplombant les falaises. Chambres contemporaines très soignées ; certaines offrent une vue plongeante sur la grande bleue, avec la Sardaigne au loin !

A Trama

2 km à l'Est par rte Santa Manza – ✆ 04 95 73 17 17 – www.a-trama.com – Fermé 5 janv.-2 fév.

31 ch – †80/178 € ††93/198 € – ☐ 15 € – ½ P 107/144 €

Rest *(ouvert 1er avril-31 oct.) (dîner seult)* – Menu 36 € – Carte 38/47 €

◆ Les chambres sont disséminées dans cinq bungalows, au cœur d'un beau jardin planté d'oliviers et de palmiers. Décor soigné (mosaïques) et terrasses privées. Courte carte et cuisine méditerranéenne servies sous une véranda face à la piscine.

A Madonetta sans rest

r. Paul-Nicolaï – ✆ 04 95 10 36 39 – www.amadonetta.com

24 ch – †75/195 € ††75/195 € – 4 suites – ☐ 12 €

◆ Un hôtel flambant neuf proche de la marina et assez calme. Chambres claires et élégantes, certaines avec mezzanine. Agréable spa (bain à remous, hammam, solarium).

A Cheda

rte de Porto-Vecchio, 2 km au Nord-Est par N 198 – ✆ 04 95 73 03 82 – www.acheda-hotel.com

10 ch – †150/575 € ††150/575 € – 6 suites – ☐ 25 €

Rest *A Cheda* – voir les restaurants ci-après

◆ Pour se couper du monde : un jardin planté d'essences du Sud et des chambres délicieuses (terrasse privative, sauna) dans des maisonnettes.

Le Voilier

quai Comparetti – ✆ 04 95 73 07 06 – Fermé 14 janv.-14 fév., dim. soir et merc. hors saison

Rest – Formule 20 € – Menu 30 € – Carte 50/85 €

◆ Voguez sans crainte vers cette étape gourmande ! Décor élégant et terrasse sur la marina, cuisine iodée d'une grande fraîcheur, embellie de légumes et d'herbes aromatiques.

A Cheda – Hôtel A Cheda

rte de Porto-Vecchio, 2 km au Nord-Est par N 198 – ✆ 04 95 73 03 82 – www.acheda-hotel.com – Fermé 2 janv.-11 fév. et mardi d' oct. à mai

Rest *(dîner seult)* – Menu 42/80 € – Carte 42/60 €

◆ Bois, pierre, mosaïque... Un restaurant intime et une terrasse charmante, face à la piscine ! Tartare de veau bio, langoustines au four... On apprécie une belle cuisine d'aujourd'hui, qui met à l'honneur les produits corses.

Stella d'Oro

7 r. Doria , (ville haute) – ✆ 04 95 73 03 63 – Ouvert début avril-fin sept.

Rest – Formule 27 € – Carte 40/100 €

◆ Une maison ancienne (poutres, pressoir à olives et meule en pierre) dans la vieille ville. Cuisine savoureuse faisant la part belle à la pêche locale et aux langoustes.

Domaine de Licetto avec ch

rte Pertusato – ✆ 04 95 73 19 48 – www.licetto.com – Ouvert 1er avril-30 oct. et fermé dim.

19 ch – 55/105 € 55/105 € – 10 €

Rest *(dîner seult)* – Menu 38/110 € bc

◆ Sur une route isolée, une adresse sympathique, où l'on sert une cuisine familiale préparée avec les légumes et les herbes du potager. Chambres spacieuses, au calme, certaines avec une vue superbe sur la ville haute et les falaises. Réservez à l'avance.

à Gurgazu 6 km au Nord-Est par rte de Santa-Manza – ✉ 20169 Bonifacio

Du Golfe

Golfe Sant' Amanza – ✆ 04 95 73 05 91 – www.hoteldugolfe-bonifacio.com – Ouvert d'avril à mi-nov.

12 ch – 50/110 € 60/125 € – 8 € – ½ P 58/90 €

Rest – Formule 15 € – Menu 24 € – Carte 27/44 €

◆ Cette affaire familiale nichée dans un site sauvage du golfe de Santa Manza, à 50 m de la mer, séduit les amateurs de quiétude et de simplicité. Salle de restaurant conviviale et terrasse face à la côte. Appétissante cuisine, régionale et sans prétention.

au Nord-Est 10 km par rte de Porto-Vecchio (N 198) et rte secondaire – ✉ 20169 Bonifacio :

U Capu Biancu

Domaine de Pozzoniello – ✆ 04 95 73 05 58 – www.ucapubiancu.com – Ouvert 28 avril-14 oct.

33 ch – 195/978 € 195/978 € – 9 suites – 25 € – ½ P 182/572 €

Rest *U Capu Biancu* – voir les restaurants ci-après

◆ Dans un splendide jardin méditerranéen, au-dessus des eaux turquoises du golfe de Santa-Manza. Suites luxueuses et chambres côté mer ou côté maquis, piscine à débordement, spa... Un endroit idyllique !

U Capu Biancu

Domaine de Pozzoniello – ✆ 04 95 73 05 58 – www.ucapubiancu.com – Ouvert 28 avril-14 oct.

Rest – Menu 68 € – Carte 50/195 €

◆ Il y a le soleil, la mer et la Corse tout entière dans cet agréable restaurant... Le chef travaille des produits nobles et met en valeur le terroir ; il réalise des plats de tradition très appétissants.

à la plage de Calalonga 6 km à l'Est par D 258 et rte secondaire – ✉ 20169 Bonifacio

Marina di Cavu

– ✆ 04 95 73 14 13 – www.marinadicavu-hotel.com – Fermé 18 déc.-3 janv.

7 ch – 105/730 € 105/730 € – 2 suites – 23 € – ½ P 93 €

Rest *Marina di Cavu* – voir les restaurants ci-après

◆ Au bout d'un long chemin de terre, une impression de bout du monde, face aux îles Lavezzi et Cavallo. Le granit s'invite même dans la décoration des vastes chambres (mosaïques et mobilier d'Afrique du Nord)... Dépaysant !

Marina di Cavu

– ✆ 04 95 73 14 13 – www.marinadicavu-hotel.com – Ouvert avril-oct. et fermé le midi sauf de mi-juin à mi-sept.

Rest *(nombre de couverts limité, réserver)* – Formule 38 € – Menu 49 € (dîner)/ 140 € – Carte 68/92 €

◆ Dans ce restaurant original et élégant (décoré de granit), le chef travaille les produits nobles avec justesse et précision, pour une jolie cuisine du moment. Petit détail qui a son importance : la vue sur la mer est à couper le souffle !

CALACUCCIA – 2B Haute-Corse – **345** D5 – **325 h.** – **alt. 830 m** – ✉ **20224** **15** A2

Bastia 78 – Calvi 97 – Corte 35 – Piana 68

29B avenue Valdoniello, ✆ 04 95 47 12 62

Lac de Calacuccia★ - Tour du lac de barrage ≤ ★★ - Défilé de la Scala di Santa Regina★★ NE : 5 km.

Acqua Viva sans rest

– *✆ 04 95 48 06 90 – www.acquaviva-fr.com*

14 ch – †62/75 € ††65/79 € – ☕ 10 €

◆ Au débouché de la Scala di Santa Regina – taillée, dit-on, par la Vierge en personne –, un petit hôtel familial simple et engageant, avec des chambres d'une tenue irréprochable. Aux beaux jours, le petit-déjeuner est servi sous la glycine...

Auberge Casa Balduina sans rest

lieu-dit Le Couvent – ✆ 04 95 48 08 57 – www.casabalduina.com – Ouvert de Pâques à oct.

7 ch – †62/75 € ††65/79 € – ☕ 9 €

◆ Nichée dans un joli jardin, cette maison propose des chambres petites mais coquettes. Quant à la propriétaire, une ancienne cuisinière, elle vous réserve un accueil sympathique. Idéal pour une étape entre randonnée et canyoning.

CALVI – 2B Haute-Corse – **345** B4 – **5 409 h.** – ✉ **20260** **15** A1

Bastia 92 – Corte 88 – L'Ile-Rousse 25 – Porto 73

de Calvi-Ste-Catherine : ✆ 04 95 65 88 88, par ①.

Port de Plaisance, ✆ 04 95 65 16 67

Citadelle★★ : fortifications★ - La Marine★.

Intérieur★ de l'église St-Jean-Baptiste - La Balagne★★★.. La Balagne★★★.

La Villa

chemin de Notre-Dame-de-la-Serra, 1 km par ①

– ✆ 04 95 65 10 10 – www.hotel-lavilla.com – Fermé 3 janv.-10 fév.

36 ch – †100/980 € ††100/980 € – 18 suites – ☕ 35 €

Rest *La Table de Bastien* ✿ – voir les restaurants ci-après

Rest *La Terrasse* (ouvert 15 juin-15 sept.) – Carte 40/70 €

◆ La vieille ville et toute la baie semblent se prosterner devant cette Villa juchée sur les hauteurs ! Ce palace au luxe discret, digne d'un couvent comme d'une villa romaine, distille l'essence de l'Île de Beauté...

Regina sans rest

av. Santa Maria , par ① – ✆ 04 95 65 24 23 – www.reginahotelcalvi.com

44 ch – †65/320 € ††65/320 € – ☕ 12 €

◆ En léger surplomb de la ville, cet hôtel récent offre une vue partielle sur le port et le golfe de Calvi. Grandes chambres modernes tournées vers la mer ou la jolie piscine.

Mariana sans rest

av. Santa-Maria, par ① – ✆ 04 95 65 31 38 – www.hotel-mariana.com

53 ch – †60/195 € ††70/195 € – 2 suites – ☕ 12 €

◆ Hôtel récent surplombant le golfe de Calvi, avec des chambres fonctionnelles – la plupart avec une loggia privée côté mer. Dans l'aile la plus récente, elles sont contemporaines et chics. Piscine et solarium sur le toit-terrasse.

Hostellerie de l'Abbaye sans rest

rte de Santore – ✆ 04 95 65 04 27 – www.hostellerie-abbaye.com – Ouvert 1er avril-31 oct. **a**

43 ch – †87/187 € ††97/217 € – ☕ 16 €

◆ Une abbaye franciscaine du 16es. couverte de lierre, son beau jardin ombragé et odorant... et, en son sein, des chambres classiques et confortables. Un bon hôtel de tradition.

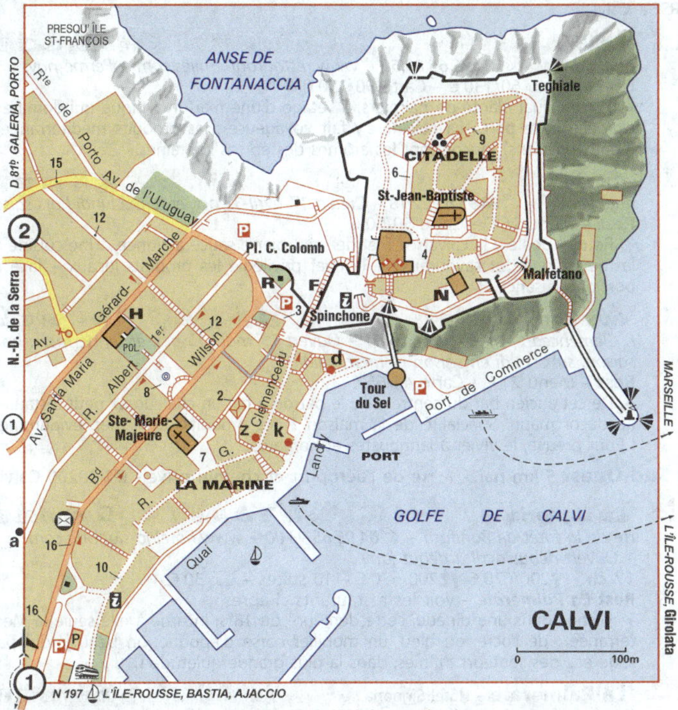

En saison: circulation modifiée

L'Onda sans rest
av. Christophe-Colomb, 1 km par ①
– ✆ 04 95 65 35 00 – www.hotel-londa.com
– Ouvert 30 avril-1er nov.
24 ch – †60/140 € ††60/140 € – ☕ 8 €

◆ À proximité de la plage et de la pinède, un petit immeuble des années 1980, engageant avec sa façade jaune vif. Chambres simples et un peu rétro, très bien tenues, toutes avec balcon. Parfait pour une étape.

La Table de Bastien – Hôtel La Villa
chemin de Notre-Dame-de-la-Serra, 1 km par ①
– ✆ 04 95 65 10 10 – www.hotel-lavilla.com
– Fermé 3 janv.-10 fév. et le midi de mi-juin à mi-sept.
Rest – Menu 70 € (dîner)/150 € – Carte 90/125 €

Spéc. Risotto carnaroli crémeux à la truffe noire, jus de volaille réduit. Quasi de veau corse, tomates confites et petits pois à la pancetta. Finger au chocolat lacté, compotée d'abricots et cubes glacés à la citronnelle. **Vins** Patrimonio, Corse-Calvi.

◆ Au sein de la Villa, dont le luxueux décor s'efface devant la majesté du panorama – la baie, la forteresse, les montagnes... –, cette Table cultive logiquement les beautés de l'île : le meilleur du terroir corse et de la pêche locale, rendus avec finesse. Pour un beau moment.

XXX **Emile's**

quai Landry – ✆ 04 95 65 09 60 – www.restaurant-emiles.com – Fermé nov.

Rest – Menu 60/130 € – Carte 90/130 € **k**

◆ Sur un quai planté de palmiers, à l'étage d'une maison typique qui domine la citadelle et le port... La cuisine s'y fait voyageuse : les produits méditerranéens (beaux poissons) rencontrent les arômes des épices lointaines.

X **Calellu**

quai Landry – ✆ 04 95 65 22 18 – Ouvert 1er avril-31 oct. et fermé lundi hors saison

Rest – Menu 25 € – Carte 50/60 € **d**

◆ Rouget poêlé à la calvaise ; filet de saint-pierre sauce araignée... Une cuisine de la mer soignée et savoureuse – le chef privilégie les produits locaux – face au port de plaisance.

X **Aux Bons Amis**

r. Clemenceau – ✆ 04 95 65 05 01 – Ouvert 1er mars-15 oct. et fermé merc. hors saison, sam. midi en saison et merc. midi **z**

Rest – Menu 21 € – Carte 45/65 €

◆ De cet ancien bar du centre-ville, le patron a fait un chaleureux petit restaurant au décor marin. Spécialité de la maison ? Les produits de la mer, évidemment ! Pour preuve, le vivier à langoustes et homards.

au Sud-Ouest 5 km par ① rte de l'aéroport et chemin privé - ✉ 20260 Calvi

La Signoria

rte de la forêt de Bonifato – ✆ 04 95 65 93 00 – www.hotel-la-signoria.com – Ouvert début avril à début janv.

17 ch – 🚹200/670 € 🚹🚹200/670 € – 10 suites – ☕ 30 €

Rest *La Palmeraie* – voir les restaurants ci-après

◆ Nichée dans une pinède, cette demeure du 18es. incarne à elle seule la Méditerranée : de l'ocre, du bleu, un mobilier corse d'époque, un beau jardin paysagé et... des senteurs infinies, dans la plus grande quiétude !

XXX **La Palmeraie** – Hôtel Signoria

rte de la forêt de Bonifato – ✆ 04 95 65 93 00 – www.hotel-la-signoria.com – Ouvert début avril à début janv.

Rest – Menu 58 € (dîner) – Carte 75/150 €

◆ Esprit boudoir, terrasse donnant sur un superbe jardin méridional : un lieu élégant pour une cuisine gastronomique soignée, plus ambitieuse le soir. La carte honore la terre et la mer, les produits nobles et les belles saveurs régionales.

CARGÈSE – 2A Corse-du-Sud – 345 A7 – 1 159 h. – alt. 75 m – ✉ 20130 15 A2

▶ Ajaccio 51 – Calvi 106 – Corte 119 – Piana 21

ℹ rue du Dr Dragacci, ✆ 04 95 26 41 31, www.ouestcorsica.com

◉ Église grecque ★ - Site★★ depuis le belvédère de la pointe Molendino E : 3 km.

Thalassa

plage du Pero, 1,5 km au Nord – ✆ 04 95 26 40 08 – www.thalassalura.com – Ouvert 1er mai-30 sept.

25 ch ☕ – 🚹90/120 € 🚹🚹95/125 € – ½ P 83/88 €

Rest *(fermé mai) (dîner seult) (résidents seult)*

◆ Sympathique ambiance de pension de famille dans cet hôtel donnant directement sur une plage magnifique. Chambres fonctionnelles côté mer, avec un balcon ou un jardinet ; parfait pour un séjour balnéaire. Cuisine traditionnelle corse.

CASAMOZZA – 2B Haute-Corse – 345 F4 – ✉ 20290 Lucciana 15 B1

▶ Bastia 20 – Corte 49 – Vescovato 6

Chez Walter

N 193 – ✆ 04 95 36 00 09 – www.hotel-chez-walter.com

64 ch – 🚹75/120 € 🚹🚹90/120 € – 2 suites – ☕ 9 € – ½ P 73/80 €

Rest *(fermé 17 déc.-7 janv. et dim. sauf le soir en août)* – Menu 22 € – Carte 33/55 €

◆ Non loin de l'aéroport de Bastia-Poretta, un complexe hôtelier récent au cœur d'un jardin méditerranéen. Plats traditionnels et pizzas au restaurant, piscine, tennis et fitness : les loisirs à l'honneur... et un grand espace séminaires.

CERVIONE – 2B Haute-Corse – **345** F6 – **1 646 h. – alt. 350 m** – ✉ **20221** **15** B2

Bastia 52 – Ajaccio 140 – Biguglia 45 – Corte 78

à Prunete 5,5 km à l'Est par D 71 – ✉ **20221**

Casa Corsa sans rest

Acqua Nera – ✆ 04 95 38 01 40 – www.casa-corsa.net

5 ch – 62 € 70 €

◆ Une étape idéale sur la côte, entre Bastia et Aléria. Dans cette villa typiquement méditerranéenne, les chambres ont un petit côté provençal. Au programme : petit-déjeuner sous la tonnelle, promenade parmi les arbres fruitiers...

COL DE BAVELLA – 2A Corse-du-Sud – **345** E9 – **alt. 1 218 m** – ✉ **20124** **15** B3

Zonza

Ajaccio 102 – Bonifacio 76 – Porto-Vecchio 49 – Propriano 49

Col et aiguilles de de Bavella★★★ - Forêt de Bavella★★.

Auberge du Col de Bavella

– ✆ 04 95 72 09 87 – www.auberge-bavella.com – Ouvert avril-oct.

Rest – Menu 23 € – Carte 20/30 €

◆ Gîte d'étape de style rustique sur le GR 20 au milieu des pins, à proximité des aiguilles de Bavella. Les spécialités : ragoût de haricots à la pancetta, courgette au brocciu.

CORTE – 2B Haute-Corse – **345** D6 – **6 779 h. – alt. 396 m** **15** B2

– ✉ **20250** Corse

Bastia 69 – Bonifacio 150 – Calvi 88 – L'Ile-Rousse 63

la Citadelle de Corté, ✆ 04 95 46 26 70

Ville haute★ : chapelle Ste-Croix★, citadelle★ ★, Belvédère ★ - Musée de la Corse★★.

★★ du Monte Cecu N : 7 km - SO : gorges de la Restonica★★.

Duc de Padoue sans rest

2 pl. de Padoue – ✆ 04 95 46 01 37 – http://www.ducdepadoue.com – Ouvert avril-nov.

11 ch – 65/118 € 75/123 € – 1 €

◆ Au cœur de la ville et tout près de la citadelle, une jolie bâtisse du 19es. entièrement rénovée en 2009, avec de belles chambres d'esprit contemporain, aux couleurs douces et reposantes. Un bon hôtel.

Le 24

24 cours Paoli – ✆ 04 95 46 02 90 – Fermé 15 fév.-4 mars et dim. hors saison

Rest – Formule 16 € bc – Menu 24 € – Carte 29/49 €

◆ Une petite adresse sympathique mêlant habilement déco joliment contemporaine et vieilles pierres. Menu du terroir corse et cuisine dans l'air du temps mâtinée de touches asiatiques ; alléchantes propositions à l'ardoise.

dans les Gorges de La Restonica Sud-Ouest sur D 623 – ✉ **20250 Corte**

Dominique Colonna sans rest

à 2 km – ✆ 04 95 45 25 65 – www.dominique-colonna.com – Ouvert avril-nov.

28 ch – 75/225 € 75/225 € – 1 suite – 12 €

◆ À l'entrée des gorges, mais surtout au bord de la rivière, entre rochers et pins : un lieu qui ravira les amoureux de nature et de quiétude ! Les chambres sont confortables et l'on profite d'une agréable piscine chauffée.

COTI-CHIAVARI – 2A Corse-du-Sud – **345** B9 – **733 h. – alt. 625 m** – ✉ **20138** **15** A3

Ajaccio 42 – Propriano 38 – Sartène 50

Le Belvédère

– ✆ 04 95 27 10 32 – www.lebelvederedecoti.com – Ouvert de mars à mi-nov.

13 ch (½ P seult) – ½ P 52/60 €

Rest *(fermé le midi sauf dim. de mars à mai) (réserver)* – Menu 27 €

◆ Véritable nid d'aigle dans le maquis, l'hôtel offre une vue époustouflante sur le golfe d'Ajaccio. Chambres spacieuses et fonctionnelles. Réservez à l'avance ! Cuisine authentique de la propriétaire : daube de veau, travers de porc au miel et poule au pot.

ECCICA-SUARELLA – 2A Corse-du-Sud – **345** C8 – **862 h.** – **alt. 300 m** – ✉ **20117** **15** A3

Ajaccio 19 – Corte 87 – Ghisonaccia 129 – Propriano 52

Carpe Diem Palazzu

– ✆ *04 95 10 96 10 – www.carpediem-palazzu.com – Fermé 22 déc.-10 janv.*
6 ch – †250/430 € ††250/430 € – ☕ 21 € **Table d'hôte** – Menu 35/55 €
◆ Pierre brute et bois omniprésents, mobilier chiné ou de style ; les suites de cette maison de maître du 18e s. sont décorées avec goût. Délicieux jardin, petite piscine et hammam. Menu unique proposant le meilleur du terroir corse, avec un pointe de créativité.

ERBALUNGA – 2B Haute-Corse – **345** F3 – ✉ **20222** **15** B1

Bastia 11 – Rogliano 30

Chapelle N.-D. des Neiges ★ 3 km à l'Ouest.

Castel'Brando sans rest

Rte du Cap – ✆ 04 95 30 10 30 – www.castelbrando.com – Ouvert 20 mars- 10 nov.
38 ch – †109/165 € ††109/165 € – 6 suites – ☕ 14 €
◆ Dans cette maison de maître édifiée par un médecin des armées napoléoniennes, tout est ravissant : le jardin luxuriant et ses jolis palmiers, les chambres raffinées (certaines dans des villas annexes), les piscines, l'espace forme et massage, la véranda... On aimerait rester toujours !

Le Pirate

au port – ✆ 04 95 33 24 20 – www.restaurantlepirate.com – Fermé janv.-fév., lundi et mardi sauf de juin à sept.
Rest – Menu 38 € (déj.), 68/90 € – Carte 75/100 €
Spéc. Risotto crémeux de poulpe à l'encre de seiche (printemps-été). Déclinaison autour du veau "bio" corse. Orange corse, parfait de son écorce et sphère de chocolat flambée au Grand Marnier. **Vins** Patrimonio, Coteaux du Cap Corse.
◆ Dans ce petit restaurant du port, original et pittoresque, le chef concocte une belle cuisine d'aujourd'hui, fine et précise. Le meilleur de la pêche locale, la viande des petits producteurs alentour : on ne triche pas avec les produits et cela se sent ! Et pour l'anecdote, le capitaine Crochet (ou du moins sa statue grandeur nature) veille sur les lieux...

ERSA – 2B Haute-Corse – **345** F2 – **150 h.** – **alt. 454 m** – ✉ **20275** **15** B1

Bastia 48 – Ajaccio 195

Le Saint-Jean

Botticella – ✆ 04 95 47 71 71 – www.lesaintjean.net – Ouvert mars-oct.
9 ch – †70/100 € ††75/125 € – ☕ 8 € **Rest** *(dîner seult)* – Menu 18/22 €
◆ Au bout du cap Corse, cette maison de maître a été joliment rénovée ! Mexicaine, Maroc, Mer, etc. : les chambres sont toutes différentes et dominent le maquis et le cap. Le soir, lorsqu'il fait beau, on peut dîner sur la terrasse, face à l'île de la Giraglia...

ÉVISA – 2A Corse-du-Sud – **345** B6 – **182 h.** – **alt. 850 m** – ✉ **20126** **15** A2

Ajaccio 71 – Calvi 96 – Corte 70 – Piana 33

Forêt d'Aïtone★★ - Cascades d'Aïtone★ NE : 3 km puis 30 mn.

Col de Vergio ★★ NE : 10 km.

Scopa Rossa

– ✆ *04 95 26 20 22 – www.hotelscoparossa.com – Ouvert mars-nov.*
28 ch – †49/63 € ††52/85 € – ☕ 8 € – ½ P 53/68 €
Rest *Scopa Rossa* – voir les restaurants ci-après
◆ Un hôtel des années 1970, idéal pour un séjour en famille à l'orée de la forêt d'Aïtone. Chambres simples et bien tenues (plus récentes à l'annexe) et bonne cuisine honorant le terroir.

Scopa Rossa – Hôtel Scopa Rossa
– *04 95 26 20 22 – www.hotelscoparossa.com – Ouvert mars-nov.*
Rest – Menu 22/40 € – Carte 35/45 €
◆ Dans ce restaurant rustique et sympathique, la propriétaire concocte une bonne cuisine du terroir vouée à la châtaigne : tourte, filet de porc, fondant... à la châtaigne, évidemment !

FAVONE – **2A Corse-du-Sud** – **345** F9 – **20135 Conca** **15** B3
Ajaccio 128 – Bonifacio 58

U Dragulinu sans rest
– *04 95 73 20 30 – www.hoteludragulinu.com – Ouvert 27 avril-30 oct.*
34 ch – **♦85/220 € ♦♦95/230 €**
◆ Cet hôtel tenu par deux sœurs jouit d'un emplacement idyllique, idéal pour un séjour balnéaire. Chambres fonctionnelles, dans le parc ou directement sur la plage...

FELICETO – **2B Haute-Corse** – **345** C4 – **210 h.** – **alt. 350 m** – **20225** **15** A1
Bastia 76 – Calvi 26 – Corte 72 – L'Ile-Rousse 15

Mare e Monti sans rest
– *04 95 63 02 00 – www.hotel-maremonti.com – Ouvert 15 avril-15 oct.*
16 ch – **♦79/139 € ♦♦79/139 €** – 13 €
◆ Fortune faite dans la canne à sucre, les ancêtres de la famille revinrent de Porto Rico et édifièrent cette jolie maison de maître (1870), entre mer et montagne. Bel escalier, fresques et voûtes : un "palais américain" plein de cachet.

L'ILE-ROUSSE – **2B Haute-Corse** – **345** C4 – **2 925 h.** – **20220** **15** A1
Bastia 67 – Calvi 25 – Corte 63
7, place Paoli, 04 95 60 04 35
Marché couvert★ - Ile de la Pietra★.
La Balagne★★★.

Perla Rossa sans rest
30 r. Notre-Dame – 04 95 48 45 30 – www.hotelperlarossa.com – Ouvert de fin avril à fin oct.
8 ch – **♦220/590 € ♦♦220/990 €** – 2 suites – 20 €
◆ Au cœur de la cité balnéaire, cette belle maison du 18ᵉs. a du caractère, avec ses grandes chambres contemporaines, lumineuses et épurées. Sur la terrasse, très belle vue sur la baie, pour s'émerveiller d'être en Corse !

Santa Maria sans rest
rte du Port – 04 95 63 05 05 – www.hotelsantamaria.com
56 ch – **♦87/400 € ♦♦100/400 €**
◆ Sur la langue de terre conduisant à la presqu'île de la Pietra (le joyau de l'Île-Rousse), un hôtel moderne bien agréable, avec des chambres confortables et raffinées dont la plupart donnent sur la mer ou le jardin méditerranéen. Accès direct à une petite plage aménagée.

Cala di l'Oru sans rest
bd Pierre Pasquini – 04 95 60 14 75 – www.hotel-caladiloru.com – Ouvert de mars à oct.
26 ch – **♦66/122 € ♦♦69/142 €** – 9 €
◆ Dans un quartier résidentiel, un hôtel décoré avec goût et des chambres avenantes donnant sur la mer ou la montagne. Les fils de la propriétaire exposent photos et œuvres d'art contemporain, et il y a aussi un joli jardin méridional.

L'Amiral sans rest
bd Ch.-Marie Savelli – 04 95 60 28 05 – www.hotel-amiral.com – Ouvert avril-sept.
19 ch – **♦80/110 € ♦♦80/110 €** – 10 €
◆ Embarquez à bord de cet hôtel très marin, presque les pieds dans l'eau : terrasse en teck, esprit bateau et chambres agréables et fonctionnelles, plus contemporaines côté plage.

La Pietra

chemin du Phare – 04 95 63 02 30 – www.hotel-lapietra.com – Ouvert d'avril à oct.
42 ch – 70/125 € 70/125 € – 10 €
Rest *(dîner seult)* – Menu 23 € – Carte 37/45 €
◆ Sur la route du phare de la Pietra, juste après le port, un hôtel-restaurant des années 1970 avec des chambres entièrement rénovées en 2011, toutes avec un balcon donnant sur la mer ou la tour génoise (15es.). Un lieu calme et sympathique.

Escale Côté Sud sans rest

22 r. Notre-Dame – 04 95 63 01 70 – www.hotel-cotesud.com
14 ch – 85/190 € 85/190 € – 12 €
◆ À deux pas de la plage et au cœur de la vieille ville, un hôtel d'esprit contemporain avec des chambres confortables, dont quelques-unes, plus spacieuses, donnent sur la Grande Bleue. Snacking au bar lounge, avec vue sur la mer.

Pasquale Paoli (Ange Cananzi)

2 pl. Paoli – 04 95 47 67 70 – www-pasquale-paoli.com – Fermé 23 janv.-29 fév., le midi en juil.-août, lundi midi de nov. à fév., dim. soir et merc. d'oct. à mai
Rest *(nombre de couverts limité, réserver)* – Menu 50/85 € – Carte 50/95 €
Spéc. Soupe "di gritta di mare", quelques penne al dente (mai à sept.). Noix de veau cuite en cocotte lutée, gnocchis à la farine de châtaigne. Soufflé glacé au cédrat de Soveria confit, meringue traditionnelle. **Vins** Calvi, Patrimonio.
◆ Un concentré de Corse à l'état pur, porté par deux passionnés : l'un en salle (décor dédié à Pascal Paoli) ; l'autre en cuisine, travaillant les meilleurs produits des petits producteurs locaux avec justesse et finesse. Sur la terrasse, sous les platanes, la vie est très belle...

Le Bistrot de la Place

3 pl. Paoli – 04 95 60 12 90 – Fermé dim. soir en juil.-août et lundi
Rest – Carte 59/78 €
◆ Sur la place Paoli – si typique –, un restaurant rustique et chaleureux. On sert une sympathique cuisine du marché, ainsi que des plats de tradition incontournables, tels les abats. Agréable terrasse sous la tonnelle et conseils avisés de la propriétaire pour les vins.

à Monticello **4,5 km au Sud-Est par D 63 – 1 708 h. – alt. 220 m – ✉ 20220**

A Piattatella sans rest

chemin St-François – 04 95 60 07 00 – www.apiattatella.com – Ouvert avril-oct.
13 ch – 160/328 € 160/328 € – 18 €
◆ A Piattatella, c'est une "cachette" en langue corse. Un nom tout trouvé pour ce bel hôtel niché sur les hauteurs du village, au cœur d'un jardin paisible et ravissant. Les paysages de Balagne, la piscine à débordement, l'élégance sobre et contemporaine et ce parfait sentiment d'exclusivité : tout est là...

A Pasturella avec ch

pl. du Village – 04 95 60 05 65 – www.a-pasturella.com – Fermé de mi-nov. à mi-déc. et 27 fév.-6 mars
12 ch – 65/100 € 75/115 € – 11 € – ½ P 85/110 €
Rest *(fermé dim. soir de mi-déc. à fin mars)* – Carte 38/91 €
◆ Sur la place de ce beau village perché trône ce restaurant très apprécié dans la région. On y honore le poisson (pêche du jour) et la tradition ; pour les petits appétits, tous les plats sont disponibles en demi-portion... Pour prolonger l'étape, des chambres sobres et élégantes.

à Pigna **8 km au Sud-Ouest par N 197 et D 151 – 102 h. – alt. 400 m – ✉ 20220**

Palazzu Pigna

– 04 95 47 32 78 – hotel-corse-palazzu.com – Ouvert avril à oct.
3 ch – 137/152 € 137/152 € – 2 suites – 19 €
Rest *(nombre de couverts limité, réserver)* – Formule 25 € – Carte 38/55 €
◆ Au cœur de Pigna, cette belle maison de maître du 18es. offre une vue superbe sur la plaine et la mer. Toutes les chambres sont empreintes de charme et de sérénité et certaines ont même une terrasse ; au restaurant, cuisine simple au milieu des vieilles poutres... Authentique et chaleureux.

A Mandria di Pigna

– ✆ 04 95 32 71 24 – www.amandria.com – Ouvert avril-oct.
Rest – Menu 35/45 € – Carte 38/57 €
◆ À l'entrée de ce village attachant, une bergerie contemporaine qui ne l'est pas moins. Courgettes, tomates et herbes aromatiques du potager, agneau cuit au feu de bois, cochon de lait à la broche, fromages : le terroir corse !

LEVIE – 2A Corse-du-Sud – **345** D9 – **757 h.** – **alt. 645 m** – ✉ **20170** **15** B3

Ajaccio 101 – Bonifacio 57 – Porto-Vecchio 39 – Sartène 28
rue Sorba, ✆ 04 95 78 31 70
Musée de l'Alta Rocca★ : christ en ivoire★.
Sites★★ de Cucuruzzu et Capula O : 7 km.

A Pignata

5 km rte des sites de Cucuruzzu et Capula – ✆ 04 95 78 41 90 – www.apignata.com – Ouvert avril-oct.
17 ch (½ P seult) – ½ P 90/180 €
Rest *A Pignata* – voir les restaurants ci-après
◆ Pour se ressourcer au grand calme, plusieurs maisons en pierre de pays, en pleine forêt... Les chambres, élégantes (gris et bruns chauds), ouvrent sur la verdure du massif de Bavella.

A Pignata

5 km rte des sites de Cucuruzzu et Capula – ✆ 04 95 78 41 90 – www.apignata.com – Ouvert avril-oct.
Rest – Menu 40 €
◆ Dans ce restaurant rustique, en pleine nature, la cuisine familiale a le bon goût de la tradition... Les produits sont d'une qualité exceptionnelle ; d'ailleurs, la charcuterie est fabriquée à partir des cochons de l'exploitation familiale !

La Pergola

r. Sorba – ✆ 04 95 78 41 62 – Ouvert de mai à sept.
Rest *(nombre de couverts limité, réserver)* – Formule 14 € – Menu 19 €
◆ Ne ratez pas l'entrée de ce petit restaurant discret ! On s'y régale de spécialités corses (terrine de sanglier, plats mijotés) à prix très digestes. Agréable tonnelle.

LUMIO – 2B Haute-Corse – **345** B4 – **1 180 h.** – **alt. 150 m** – ✉ **20260** **15** A1

Bastia 82 – Calvi 10 – L'Ile-Rousse 16

Chez Charles

rte de Calvi – ✆ 04 95 60 61 71 – www.hotelcorse-chezcharles.com – Ouvert 15 mars-2 janv.
29 ch – †120/350 € ††120/350 € – ☕ 16 €
Rest *Chez Charles* ✿ – voir les restaurants ci-après
◆ Agréable escapade en cet hôtel au décor contemporain et design, ouvrant sur le golfe de Calvi et la montagne (suites avec terrasse, piscine à débordement). Et à l'heure des gourmandises, faites donc un tour au restaurant...

Chez Charles

rte de Calvi – ✆ 04 95 60 61 71 – www.hotelcorse-chezcharles.com – Ouvert 15 mars-2 janv. et fermé le midi du 15 juin au 15 sept. sauf vend., sam., dim. et fériés
Rest – Formule 33 € – Menu 57/98 € – Carte 60/98 € ✿
Spéc. Risotto au jambon corse et tome de brebis râpée, jus de poulet rôti. Quasi de veau de Nessa cuit au sautoir, roulé de blettes et jus de veau. Macaron aux pistaches de Bronte, figue rôtie au miel et sorbet rhubarbe (sept.-oct.). **Vins** Calvi, Patrimonio.
◆ Un restaurant au décor contemporain, une jolie terrasse : idéal pour découvrir ou redécouvrir la saveur des produits du terroir corse à travers une cuisine dans l'air du temps – généreuse et pleine de finesse – concoctée par un chef... breton !

Le Matahari

plage de l'Arinella – 04 95 60 78 47 – www.lemataharі.com – Ouvert début avril à fin sept. et fermé lundi soir
Rest *(réserver)* – Menu 41 € (dîner) – Carte 55/65 €
◆ Posée sur la plage de l'Arinella, cette Matahari est une séductrice pleine d'exotisme : les pieds dans le sable, à la lueur des bougies, on se régale de bons produits de la mer, d'incontournables spécialités insulaires et de plats aux influences asiatiques... Le soir, réservation indispensable.

MACINAGGIO – 2B Haute-Corse – 345 F2 – ✉ 20248 — 15 B1

Bastia 37
port de plaisnce, 04 95 35 40 34

U Libecciu

rte de la Plage – 04 95 35 43 22 – www.u-libecciu.com – Ouvert 1er avril-15 oct.
30 ch – 62/100 € 84/154 € – 10 suites – ½ P 59/89 €
Rest *(dîner seult)* – Menu 20/32 € – Carte 23/43 €
◆ Près du port, un petit hôtel-restaurant d'esprit pension de famille, avec des chambres simples et spacieuses (avec terrasse), ainsi que des appartements loués à la semaine. Agréable piscine dans le jardin.

U Ricordu

rest,

– 04 95 35 40 20 – www.hotel-uricordu.com – Ouvert 30 mars-3 nov.
60 ch – 63/143 € 76/156 €
Rest *(ouvert 15 avril-15 oct.)* – Formule 14 € – Menu 21 € – Carte 14/35 €
◆ Après une balade vivifiante sur le sentier des douaniers, on regagne sa chambre fraîche et pimpante avec plaisir, côté piscine ou côté montagne... Une bonne adresse pour une étape au cap Corse !

MARINE-D'ALBO – 2B Haute-Corse – 345 F3 – 105 h. – alt. 110 m – ✉ 20217 — 15 B1

Bastia 40 – Ajaccio 181

Morganti

Marina D'albu ✉ 20217 Ogliastro – 04 95 37 85 10 – www.restaurantmorganti.com – Ouvert de fin mars à début nov. et weeks-ends hors saison
Rest – Menu 20 € – Carte 37/100 €
◆ Un restaurant tout simple, avec une jolie terrasse bordée de mûriers-platanes. Ici, on cuisine du poisson extrafrais en arrivage direct de Balagne et du cap Corse, pour des assiettes généreuses et vraiment respectueuses du produit.

MURO – 2B Haute-Corse – 345 C4 – 263 h. – alt. 350 m – ✉ 20225 — 15 A1

Bastia 105 – Ajaccio 160

Casa Theodora sans rest

Piazza a u Duttore – 04 95 61 78 32 – www.a-casatheodora.com – Ouvert mi-avril à fin oct.
5 ch – 150/220 € 150/270 € – 15 €
◆ Palazzo du 16es. réhabilité, portant le nom de l'éphémère roi de Corse, hôte des lieux en 1736. Architecture génoise, trompe-l'œil et fresques baroques, petite piscine intérieure.

NONZA – 2B Haute-Corse – 345 F3 – 66 h. – alt. 100 m – ✉ 20217 — 15 B1

Bastia 33 – Rogliano 49 – Saint-Florent 20

Casa Maria sans rest

au pied de la tour génoise – 04 95 37 80 95 – www.casamaria.fr – Ouvert d'avril à oct.
5 ch – 85/95 € 85/95 €
◆ Au pied d'une tour génoise et au cœur de ce joli village piétonnier, cette maison de maître (18e s.) est une bien agréable étape sur la route du cap : accueil chaleureux, chambres fraîches, mobilier ancien et... belle vue sur la mer.

OLETTA – 2B Haute-Corse – **345** F4 – **1 326 h.** – **alt. 250 m** – ✉ **20232** **15** B1

Bastia 18 – Calvi 78 – Corte 72 – L'Ile-Rousse 53

U Palazzu Serenu

– ✆ 04 95 38 39 39 – www.upalazzuserenu.com

8 ch – 165/545 € 180/560 €

Rest *U Palazzu Serenu* – voir les restaurants ci-après

◆ Embrassant le golfe de St-Florent et les paysages superbes du Nebbio, ce palais d'inspiration toscane (17ᵉs.) est un joyau ! Œuvres d'art contemporain et grand style, tout se mêle avec raffinement. Sérénité, charme et luxe discret...

A Magina

– ✆ 04 95 39 01 01 – *Ouvert avril-mi-oct. et fermé lundi sauf juil.-août*

Rest – Menu 28 € – Carte 35/55 €

◆ Une vue à couper le souffle sur le golfe de St-Florent, pour une vraie cuisine corse préparée en famille et servie dans un cadre contemporain. Le soir, depuis la terrasse, sublime coucher de soleil...

U Palazzu Serenu – Hôtel U Palazzu Serenu

– ✆ 04 95 38 39 39 – www.upalazzuserenu.com

Rest – Menu 37/56 € bc – Carte 43/89 €

◆ Espadon en carpaccio et sa marinade de tomates confites et copeaux de tomme corse, loup accompagné d'une caponata de légumes de saison... Une belle cuisine méditerranéenne, fraîche et épurée, dans un lieu à l'avenant, élégant et contemporain.

OLMETO – 2A Corse-du-Sud – **345** C9 – **1 216 h.** – **alt. 320 m** – ✉ **20113** **15** A3

Ajaccio 64 – Propriano 8 – Sartène 20

Montée de L'église, ✆ 04 95 74 65 87, www.oti-sartenaisvalinco.com

Santa Maria

pl. de l'Église – ✆ 04 95 74 65 59 – www.hotel-restaurant-santa-maria.com – Fermé nov. et déc.

12 ch – 46/59 € 46/59 € – 7 € – ½ P 45/57 €

Rest – Formule 16 € – Menu 24 € – Carte 38/47 €

◆ Ambiance familiale dans cet ancien moulin à huile qui fait face à l'église. Les chambres, fonctionnelles, donnent sur une ruelle ou... la vallée. Au restaurant, belles voûtes séculaires et terrasse fleurie pour apprécier soupes, charcuteries et plats en sauce.

à Olmeto-Plage 9 km au Sud-Ouest par D 157 – ✉ 20113

Ruesco

Capicciolo – ✆ 04 95 76 70 50 – www.hotel-ruesco.com – Ouvert 1ᵉʳ avril-30 sept.

25 ch – 90/150 € 150/210 € – 3 suites – 13 €

Rest – ✆ 04 95 76 20 95 – Menu 20 € (déj.) – Carte 30/65 €

◆ Dans une crique privée à l'issue d'une route étroite... Architecture moderne pour des suites luxueuses et des chambres classiques ouvrant sur la mer. La paillotte, entre piscine et plage, propose une carte simple mais aussi de la langouste et des poissons nobles.

au Sud 5 km par N 196 et rte secondaire – ✉ 20113 Olmeto

Marinca

Lieu-dit Vitricella – ✆ 04 95 70 09 00 – www.hotel-marinca.com – Ouvert 2 mai-29 sept.

58 ch – 255/390 € 380/700 € – 4 suites

Rest – Formule 35 € – Menu 45 €

Rest *Le Diamant Noir* *(dîner seult)* – Carte 56/91 €

◆ Au bord d'une crique, dans un parc fleuri, avec trois piscines à débordement descendant vers la plage privée... Dans les chambres, décor oriental et vue sur la mer ! Au restaurant, belle terrasse de style mauresque et cuisine traditionnelle. Pour le dîner, le Diamant Noir sert des repas plus élaborés.

PATRIMONIO – 2B Haute-Corse – **345** F3 – **666 h.** – **alt. 100 m** – ✉ **20253** **15** B1

Bastia 16 – St-Florent 6 – San-Michele-de-Murato 22

Église St-Martin★.

Du Vignoble sans rest

Santa Maria – ✆ 04 95 37 18 48 – www.hotel-du-vignoble.com – Ouvert d'avril à oct.

12 ch – 50/100 € 50/100 € – 6 €

◆ Au cœur du village, une belle maison de 1846 entièrement rénovée... Résultat : un lieu confortable et chaleureux avec ses murs patinés, ses meubles en fer forgé et sa boutique permettant de découvrir les vins de l'exploitation familiale.

Osteria di San Martinu

Santa Maria – ✆ 04 95 37 11 93 – Ouvert 1er mai-30 sept. et fermé merc. en sept.

Rest – Carte 25/40 €

◆ L'été, dans ce restaurant simple et chaleureux – à l'occasion, la patron pousse même la chansonnette ! –, on s'installe sous la pergola autour de grillades et de plats corses accompagnés de vin de Patrimonio, produit par le frère dudit patron.

PERI – 2A Corse-du-Sud – **345** C7 – **1 635 h.** – **alt. 450 m** – ✉ **20167** **15** A2

Ajaccio 26 – Corte 71 – Propriano 82 – Sartène 94

Chez Séraphin

(au Village) – ✆ 04 95 25 68 94 – Ouvert début avril à mi-oct. et fermé lundi

Rest *(réserver)* – Menu 45 € bc

◆ Typique maison corse dans un charmant village à flan de montagne. Menu unique appétissant : beignets aux fleurs d'acacia, tarte aux herbes du jardin, agneau rôti, etc.

PETRETO-BICCHISANO – 2A Corse-du-Sud – **345** C9 – **565 h.** – **alt. 600 m** – ✉ **20140** **15** A3

Ajaccio 52 – Sartène 35

De France

à Bicchisano – ✆ 04 95 24 30 55 – Ouvert d'avril à oct.

Rest *(réserver)* – Menu 18 € (déj. en sem.), 30/40 € – Carte 40/82 €

◆ Spécialités corses et produits maison (charcuteries, confitures, liqueurs) vous attendent dans cette chaleureuse salle à manger au cachet rustique ou sous la fraîche tonnelle.

PIANA – 2A Corse-du-Sud – **345** A6 – **444 h.** – **alt. 420 m** – ✉ **20115** **15** A2

Ajaccio 72 – Calvi 85 – Évisa 33 – Porto 13

Place de la mairie, ✆ 04 95 27 84 42

Golfe de Porto★★★.

Capo Rosso

rte des Calanches – ✆ 04 95 27 82 40 – www.caporosso.com – Ouvert 1er avril-20 oct.

46 ch (½ P seult en saison) – 105/175 € 129/190 € – ½ P 95/145 €

Rest – Carte 38/70 €

◆ Vue imprenable sur le golfe de Porto et les calanques depuis la piscine et les vastes chambres, toutes avec balcon et décorées dans un élégant style contemporain. Au restaurant panoramique, cuisine de qualité à base de pêche locale et de produits du terroir.

Le Scandola sans rest

rte de Cargèse – ✆ 04 95 27 80 07 – www.hotelscandola.com – Ouvert 1er avril-15 oct.

12 ch – 60/90 € 60/130 €

◆ Au cœur d'un site exceptionnel, un hôtel simple face à la presqu'île de Scandola. Bonne surprise : des chambres face à la mer, décorées avec soin et une pointe de romantisme.

PORTICCIO – 2A Corse-du-Sud – **345** B8 – ✉ **20166** 15 A3

Ajaccio 19 – Sartène 68

le village Les Echoppes, ✆ 04 95 25 10 09, www.porticcio-corsica.com

Le Maquis

– ✆ *04 95 25 05 55 – www.lemaquis.com – Fermé janv.-fév.*

20 ch – 160/800 € 180/800 € – 5 suites – 28 €

Rest ***L'Arbousier*** – voir les restaurants ci-après

◆ Cette demeure d'inspiration génoise, nichée dans un jardin luxuriant, est un petit bijou. Chambres spacieuses, décorées de mobilier ancien, avec une vue superbe sur la mer ; splendides piscines... Prenons le Maquis !

Sofitel Thalassa rest,

domaine de la Pointe – ✆ 04 95 29 40 40

– www.sofitel.com – Fermé 1er janv.-12 fév.

96 ch – 184/765 € 184/765 € – 2 suites – 26 €

Rest – Menu 57 € – Carte 60/100 €

◆ Complexe hôtelier voué à Neptune : situation isolée à la pointe du cap de Porticcio, institut de thalassothérapie, sports nautiques et chambres tournées vers la mer. Piscine à débordement. Carte traditionnelle et plats diététiques à déguster face aux flots.

L'Arbousier – Hôtel Le Maquis

– ✆ *04 95 25 05 55 – www.lemaquis.com – Fermé janv.-fév.*

Rest – Menu 80 € – Carte 80/133 €

◆ Savourer des langoustines, du homard et des poissons de petits pêcheurs locaux en regardant la mer... quel délice ! Une institution locale.

à Agosta-Plage 2 km au Sud – ✉ **20166 Porticcio**

Kallisté sans rest

rte du Vieux Molini – ✆ 04 95 25 54 19 – www.cyrnos.net – Ouvert 1er avril-1er nov.

8 ch – 79/139 € 89/209 €

◆ Une villa sur les hauteurs, avec une vue magnifique sur le golfe d'Ajaccio. Chambres sobres, meublées de teck, certaines avec terrasse. Grande piscine et jardin face à la mer.

PORTO – 2A Corse-du-Sud – **345** B6 – **544 h.** – ✉ **20150 Ota** 15 A2

Ajaccio 84 – Calvi 73 – Corte 93 – Évisa 23

Marina Porto, ✆ 04 95 26 10 55

Tour génoise★.

Golfe de Porto★★★ : les Calanche★★★ - NO : réserve de Scandola★★★, golfe★★ de Girolata.

Eden Park

4 km par rte de Calvi – ✆ 04 95 26 10 60 – www.hotels-porto.com – Ouvert 21 avril-30 sept.

35 ch – 140/285 € 155/300 € – ½ P 198/363 €

Rest – Carte 41/56 €

◆ Grand établissement composé de bungalows nichés dans un jardin luxuriant. Bel espace lounge et palmiers autour de la piscine. Cuisine actuelle à l'Acropole et restauration légère le midi en plein air au restaurant Le Grill.

Capo d'Orto sans rest

rte de Calvi – ✆ 04 95 26 11 14 – www.hotel-capo-dorto.com – Ouvert 10 avril-20 oct.

39 ch – 75/160 € 75/170 €

◆ Un hôtel sur la route de Calvi, surplombant le golfe. Deux types de chambres, dont les "Privilège", plus agréables avec leur balcon donnant sur la mer. Bel espace piscine.

Le Subrini sans rest

à la Marine – ✆ 04 95 26 14 94 – www.hotels-porto.com – Ouvert d'avril à oct.

23 ch – 60/90 € 85/140 €

◆ Un édifice en pierre de taille tout proche de la mer, face à la tour génoise. Décoration simple (mobilier en rotin) et chambres fonctionnelles avec vue sur la marina.

Le Belvédère sans rest

à la Marine – ✆ 04 95 26 12 01 – www.hotelrestaurant-lebelvedere-porto.com – Ouvert 1er avril-31 oct.

20 ch – 55/130 € 55/130 € – 12 €

◆ Au pied de la tour de Porto, un hôtel moderne en pierre rouge, à l'entrée discrète. Chambres simples et confortables avec vue sur le port ou plus calmes sur l'arrière.

Bella Vista sans rest

– ✆ 04 95 26 11 08 – www.hotel-corse.com – Ouvert d'avril à oct.

17 ch – 61/89 € 66/94 € – 12 €

◆ L'enseigne ne ment pas : la vue est belle, c'est incontestable, sur le Capo d'Orto... En outre, il règne dans ce petit hôtel une ambiance familiale. Chambres accueillantes et bon petit-déjeuner. L'une des adresses les plus plaisantes de Porto.

Romantique sans rest

à la Marine – ✆ 04 95 26 10 85 – www.hotel-romantique.com – Ouvert 20 avril-15 oct.

8 ch – 72/97 € 72/97 € – 13 €

◆ Chambres spacieuses, crépies et carrelées, équipées d'un mobilier de fabrication artisanale ; les balcons donnent tous sur une petite marina et un bois d'eucalyptus.

PORTO-POLLO – 2A Corse-du-Sud – 345 B9 – alt. 140 m – ✉ 20140 — 15 A3

Ajaccio 52 – Sartène 31

Le Golfe

– ✆ 04 95 74 01 66 – www.hotel-corse-porto-pollo.com

14 ch – 65/220 € 130/440 € – 4 suites

Rest – Formule 17 € – Menu 29 € – Carte 25/80 €

◆ Un bâtiment récent juste à côté du port. Les chambres sont sobres et élégantes, avec une jolie vue sur le golfe de Valinco où l'on peut se promener avec le bateau de l'hôtel. Brasserie lounge proposant une cuisine régionale soignée et des produits de la mer.

Les Eucalyptus sans rest

– ✆ 04 95 74 01 52 – www.hoteleucalyptus.com – Ouvert 15 avril-8 oct.

32 ch – 75/111 € 75/120 € – 9 €

◆ Cet hôtel familial tout simple, entièrement rénové en 2011, domine le golfe de Valinco. De la plupart des chambres, on contemple la plage, toute proche...

PORTO-VECCHIO – 2A Corse-du-Sud – 345 E10 – 11 057 h. – alt. 40 m – ✉ 20137 — 15 B3

Ajaccio 141 – Bonifacio 28 – Corte 121 – Sartène 59

Figari-Sud-Corse : ✆ 04 95 71 10 10, 23 km au SO.

rue du Docteur Camille de Rocca Serra, ✆ 04 95 70 09 58, www.ot-portovecchio.com

La Citadelle★.

Golfe de Porto-Vecchio★★ - Castellu d'Arraghju★ ★★ N : 7,5 km.

Casadelmar

7 km par rte de Palombaggia – ✆ 04 95 72 34 34 – www.casadelmar.fr – Ouvert 6 avril-4 nov.

20 suites – 530/6400 € – 14 ch

Rest *Casadelmar* ✿✿ – voir les restaurants ci-après

Rest *Le Grill* *(ouvert 1er mai-30 sept. et fermé le soir sauf juil.-août)* – Carte 60/95 €

◆ Un long parallélépipède de bois, dans un parc planté de figuiers, de grenadiers et d'oliviers. Des lignes géométriques étudiées, des espaces design... et partout – notamment de la piscine à débordement –, une vue magique sur la baie de Porto-Vecchio : la Corse à l'heure contemporaine *"and so chic"* !

Belvédère

5 km par rte de la plage de Palombaggia – 04 95 70 54 13 – www.hbcorsica.com – Fermé 8 janv.-8 mars

15 ch – 100/350 € 100/350 € – 4 suites – 20 €

Rest *Belvédère* – voir les restaurants ci-après

Rest *La Brocherie-Mari e Tarra* *(ouvert de mai à sept.)* – Carte 50/95 €

◆ Franchissez le lourd portail en bois sculpté et pénétrez dans une oasis de verdure, bordée d'une plage privée... Les chambres sont disséminées dans plusieurs pavillons : l'île de Beauté en toute tranquillité. Outre le restaurant gastronomique, jolie formule à la Brocherie (cabri et cochon de lait au feu de bois).

Alta Rocca sans rest

rte de Palombaggia – 04 95 70 22 01 – www.hotelaltarocca.com – Fermé de nov.-avril

15 ch – 187/695 € 187/695 € – 2 suites – 18 €

◆ Belle villa moderne à flanc de colline, avec une vue superbe sur la baie de Porto-Vecchio. Chambres très confortables avec balcon et terrasse. Belle piscine à débordement.

Les Bergeries de Palombaggia

12 km par rte de Palombaggia – 04 95 70 03 23 – www.hotel-palombaggia.com – Ouvert mi-avril à mi-oct.

10 ch – 148/536 € 168/556 € – 4 suites – 22 € – ½ P 146/330 €

Rest *La Table de Mina* *(fermé lundi)* – Menu 50 € (dîner) – Carte 46/72 €

◆ Parmi les oliviers et les cyprès, plusieurs maisonnettes construites dans l'esprit des anciennes bergeries, mais très confortables… luxueuses même ! Matériaux bruts, vue sur la mer (en étage), cuisine fraîcheur au restaurant, etc. : pour une belle et discrète villégiature à deux pas de la célèbre plage de Palombaggia.

Le Goéland

à la Marine – 04 95 70 14 15 – www.hotelgoeland.com – Ouvert 22 mars-6 nov.

34 ch – 110/420 € 110/420 € – ½ P 83/238 €

Rest – Formule 21 € – Menu 28 € – Carte 38/67 €

◆ Cet hôtel agréable a le pied marin : lampes-tempêtes, meubles aux peintures patinées... Mais aussi plage privée et ponton d'amarrage ! Le grand restaurant s'ouvre totalement sur le golfe et le jardin ; cuisine corse et plats méditerranéens affichés à l'ardoise.

Golfe Hôtel

r. du 9 Septembre 1943 – 04 95 70 48 20 – www.golfehotel-corse.com – Fermé vacances de Noël

45 ch – 82/297 € 100/338 € – ½ P 150/392 €

Rest *(fermé dim. et le midi)* – Menu 30 € – Carte 35/45 €

◆ Sur la route du port, cet hôtel propose des chambres décorées avec soin (moblier épuré, tons gris et blanc) disséminées autour de la piscine et du jardin. Viandes grillées et poissons à la plancha servis dans une belle salle à manger moderne et colorée.

Alcyon sans rest

9 r. Mar. Leclerc , (près de la poste) – 04 95 70 50 50 – www.hotel-alcyon.com

40 ch – 85/190 € 85/190 € – 9 €

◆ Un établissement moderne en centre-ville, abritant des chambres fonctionnelles et bien rénovées. Certaines, plus spacieuses, peuvent convenir aux familles.

San Giovanni

rte Arca, 3 km au Sud-Ouest par D 659 – 04 95 70 22 25 – www.hotel-san-giovanni.com – Ouvert 1er mars-14 nov.

30 ch – 75/135 € 85/145 € – 11 € – ½ P 68/103 €

Rest *(résidents seult)*

◆ L'hôtel de loisirs par excellence, charmant et familial, au calme dans un très beau jardin fleuri. La plupart des chambres ont une terrasse ou un petit jardin privatif. Mieux vaut réserver ! Petits-déjeuners et restauration simple servie sous la pergola.

XXX ✿✿ **Casadelmar** – Hôtel Casadelmar

7 km par rte de Palombaggia – ✆ 04 95 72 34 34 – www.casadelmar.fr – Ouvert 6 avril-4 nov. et fermé le midi

Rest – Menu 90/205 €

Spéc. Tortellini d'osso-buco, fondue au fromage d'Ubriaco et vieux balsamique. Saint-pierre fumé minute au bois de genévrier et sabayon au Muscat du Cap Corse. Cassata corse-sicilienne (printemps). **Vins** Patrimonio, Sartène.

◆ Dans le cadre ultracontemporain de ce luxueux hôtel, une table brillante : la vue sur la baie ensorcelle, la cuisine transporte... au cœur de la Méditerranée. Le chef Davide Bisetto magnifie les terroirs corse et italien, en signant une cuisine inventive qui ne ressemble qu'à elle-même.

XXX ✿ **Belvédère** – Hôtel Belvédère

5 km par rte de la plage de Palombaggia – ✆ 04 95 70 54 13 – www.hbcorsica.com – Fermé 8 janv.-8 mars, lundi et mardi du 12 oct. au 12 avril

Rest – Formule 29 € – Menu 85/110 € – Carte 85/115 €

Spéc. Nougat froid d'huîtres au caviar, tartare de ciboulette (printemps et automne). Dos de denti de palangre fumé au bois d'olivier, croûte de népita-pancetta et rougaille. Fusion passion-châtaigne. **Vins** Vin de Corse Porto Vecchio.

◆ La mer vient flirter avec les tables, les monts se découpent sur le ciel lointain... la terrasse est idyllique ! Fleurs du jardin, châtaignes, viandes et fromages corses : la carte épouse le territoire insulaire avec beaucoup d'attention.

X **L'Atelier du Troubadour**

13 r. Gén.- Leclerc, (près de la poste) – ✆ 04 95 70 08 62 – Fermé dim. d'oct. à juin

Rest – Formule 17 € – Carte 29/43 €

◆ Cette jolie maison corse de la vieille ville est une ode à la tradition et à la simplicité : viandes et poissons à la plancha, pâtes fraîches... Le meilleur de l'esprit brasserie !

X **Tamaricciu**

11 km par rte de la plage de Palombaggia – ✆ 04 95 70 49 89 – www.tamaricciu.com – Ouvert 7 avril-11 nov.

Rest – Carte 49/90 €

◆ Sur la sublime plage de Palombaggia, face à la mer turquoise, on déguste des pâtes fraîches, des poissons frais du jour et des desserts raffinés. Le dépaysement !

au golfe de Santa Giulia 8 km au Sud par N 198 et rte secondaire – ✉ 20137 Porto-Vecchio

Moby Dick

– ✆ 04 95 70 70 00 – www.sud-corse.com – Ouvert de mi-avril à mi-oct.

44 ch (½ P seult en saison) – 148/521 € 166/572 € – ½ P 130/323 €

Rest – Menu 42 € (dîner) – Carte 53/83 €

◆ Emplacement idyllique sur la lagune pour cet hôtel séparé du golfe aux couleurs polynésiennes par une plage de sable fin. Chambres spacieuses à choisir côté mer ou côté jardin. Grand buffet pour le déjeuner, cuisine méditerranéenne à l'honneur le soir.

Castell' Verde

– ✆ 04 95 70 71 00 – www.sud-corse.com – Ouvert mi avril-mi oct.

32 ch (½ P seult) – ½ P 184/370 €

Rest ***Le Costa Rica*** ✆ 04 95 72 24 51 – Menu 35 € – Carte 39/60 €

◆ Dans un parc protégé de 5 ha, de spacieux bungalows à portée de la grande bleue. Chambres au mobilier clair et épuré. Deux piscines, dont une chauffée ; accès direct à la plage. Sur la terrasse qui surplombe la baie, la cuisine s'inspire également de la mer.

Alivi sans rest

Marina di Santa Giulia – ✆ 04 95 52 01 68 – www.santa-giulia.fr – Ouvert 1er avril-10 nov.

10 ch – 120/350 € 140/370 € – 18 €

◆ Pour passer ses vacances au calme, un hôtel contemporain entre mer et maquis, aux chambres reposantes avec une petite terrasse. Piscine en rond face à la baie de Santa Giulia.

U Santa Marina

Marina Di Santa Giulia – ✆ 04 95 70 45 00 – www.usantamarina.com – Ouvert 25 mars-1er nov. et fermé le midi

Rest – Menu 69/125 € – Carte 90/120 €

Spéc. Ormeaux sauvages de Bretagne et moules corses (saison). Pavé de loup de ligne farci de vert de courgette cuit en coque d'argile. Coque de chocolat grand cru, parfait glacé à la vanille Bourbon. **Vins** Sartène, Porto-Vecchio.

◆ La vue sur le golfe y est délicieuse, plus encore la cuisine, signée par un jeune chef breton parfaitement acclimaté ! Chaque assiette témoigne d'un bel engagement. Si l'on pouvait aussi croquer le soleil couchant... Restauration légère sur la plage le midi, grill côté piscine.

Des Hauts de Santa Giulia

– ✆ 04 95 70 40 84 – Ouvert 18 mai-29 sept. et fermé lundi

Rest *(dîner seult) (réserver)* – Carte 50/75 €

◆ Un restaurant original, avec son mobilier chiné des années 1960 et sa terrasse sous les canisses. Cuisine parfumée et raffinée, aux influences asiatiques et méditerranéennes.

à Cala Rossa 10 km au Nord-Est par N 198 et D 468 – ✉ 20137 Lecci

Grand Hôtel de Cala Rossa

– ✆ 04 95 71 61 51 – www.cala-rossa.com – Ouvert 2 avril-30 oct.

31 ch – 385/1225 € 430/1225 € – 8 suites – ½ P 265/700 €

Rest *Grand Hôtel de Cala Rossa* – voir les restaurants ci-après

◆ À demeure d'exception, écrin splendide : un jardin luxuriant, un ponton privé sur la plage et un spa luxueux. Cet hôtel empreint de classicisme a quelque chose d'intemporel...

Grand Hôtel de Cala Rossa

– ✆ 04 95 71 61 51 – www.cala-rossa.com – Ouvert 2 avril-30 oct.

Rest *(dîner seult)* – Menu 130 € – Carte 105/146 €

Spéc. Foie gras de canard et pain perdu au thym-citron. Loup de Méditerranée piqué aux olives et tomates confites. L'amateur de chocolat nouvelle tendance. **Vins** Corse-Figari, Patrimonio.

◆ Dans ce domaine privé, la table se pare d'élégance – belle terrasse à l'ombre des pins parasols – et la cuisine méditerranéenne s'incarne dans le raffinement. Saveurs et parfums rendent hommage aux meilleurs produits.

PROPRIANO – 2A Corse-du-Sud – 345 C9 – 3 254 h. – alt. 5 m – ✉ 20110 15 A3

Ajaccio 74 – Bonifacio 62 – Corte 139 – Sartène 13

Port de Plaisance, ✆ 04 95 76 01 49, www.oti-sartenaisvalinco.com

Miramar Boutique Hôtel

rte de la Corniche – ✆ 04 95 76 06 13 – www.miramarboutiquehotel.com – Ouvert 15 mai-5 oct.

21 ch – 300/420 € 300/420 € – 5 suites – 20 €

Rest – Carte 40/70 €

◆ Au cœur d'un parc luxuriant, cette villa aux murs chaulés offre une vue plongeante sur le golfe de Valinco. Beaucoup de charme : objets chinés, espace et raffinement... Carte simple et légère le midi ; poisson à la plancha, terroir corse et langouste grillée le soir.

Le Lido

42 av. Napoléon-III – ✆ 04 95 76 06 37 – www.le-lido.com – Ouvert de mai à sept.

11 ch – 110/225 € 110/225 € – 12 €

Rest *Le Lido* – voir les restaurants ci-après

◆ Sur une presqu'île, une maison de charme les pieds dans l'eau, fondée en 1932... Bois exotique, objets chinés et mosaïques portugaises dans les chambres, qui donnent directement sur la plage ou sur le patio.

Neptune sans rest

39 r. du 9-Septembre – ✆ 04 95 76 10 20 – www.hotels-propriano.com

40 ch – ♦61/130 € ♦♦82/170 €

♦ Près du port et de la plage, cette bâtisse moderne propose des chambres fonctionnelles, certaines avec vue sur la mer. Petit-déjeuner face au golfe de Valinco. Grand spa de 200 m².

Le Claridge sans rest

1 r. Bonaparte – ✆ 04 95 76 05 54 – www.hotels-propriano.com – Ouvert avril-oct.

24 ch – ♦45/98 € ♦♦49/114 € – 7 €

♦ Un hôtel en plein centre de Propriano, un peu en retrait du port. Les chambres sont pratiques, toutes avec balcon. Très utile, le parking privatif.

Chez Parenti

10 av. Napoléon – ✆ 04 95 76 12 14 – www.chezparenti.fr – Ouvert 1er avril-14 oct. et fermé dim. soir et lundi sauf le soir en saison

Rest – Menu 46/58 € – Carte 58/75 €

♦ Pour une envie de poisson frais ou de homard (en vivier), ce restaurant, tenu depuis 1935 par la famille Parenti, dispose d'une agréable terrasse sur le port de plaisance.

Le Lido – Hôtel Le Lido

42 av. Napoléon-III – ✆ 04 95 76 06 37 – www.le-lido.com – Ouvert de mai à sept. et fermé le midi

Rest *(nombre de couverts limité, réserver)* – Menu 75 €

Spéc. Cuisine du marché.

♦ Une superbe escale face aux flots, un accueil prévenant, un menu unique et très bien ficelé pour une cuisine délicate et pleine de saveurs… Le Lido ? Le goût de la Corse, entre terre, mer et création contemporaine.

Terra Cotta

29 av. Napoléon – ✆ 04 95 74 23 80 – Ouvert de mi-mars à fin nov. et fermé dim. sauf le soir en juil.-août

Rest – Formule 21 € – Menu 36/55 € – Carte 46/65 €

♦ Dans ce charmant petit restaurant du port, le frère du patron fournit la pêche du jour. Pagre, liche, chapon, mustelle et autres poissons frais sont préparés avec grand soin.

ST-FLORENT – 2B Haute-Corse – 345 E3 – 1 636 h. – ✉ 20217 15 B1

Bastia 22 – Calvi 70 – Corte 75 – L'Ile-Rousse 45

centre Administratif, ✆ 04 95 37 06 04

Église Santa Maria Assunta★★ - Vieille Ville★.

Les Agriates★.

Demeure Loredana sans rest

Cisterninu Suttanu – ✆ 04 95 37 22 22 – www.demeureloredana.com – Ouvert 1er mai-4 nov.

15 ch – ♦190/440 € ♦♦190/440 € – 6 suites – 30 €

♦ Une demeure de caractère qui rivalise de détails raffinés. La déco mêle les styles... avec style et, dans le salon douillet et cossu, on se prend à rêver de l'Empire des Indes. Vue sur la mer, piscine à débordement : le luxe, tout simplement !

La Dimora sans rest

4,5 km par D 82 rte d'Oletta – ✆ 04 95 35 22 51 – www.ladimora.fr – Ouvert 5 avril-21 oct.

15 ch – ♦145/345 € ♦♦145/345 € – 2 suites – 19 €

♦ Matériaux nobles, authenticité et luxe contemporain discret... Dans l'arrière-pays, cette villa du 18e s. distille un vrai charme et vous reçoit en ami ; la piscine, l'espace bien-être et le jardin invitent délicatement au farniente.

La Roya

plage de la Roya, 1 km par rte de Calvi puis rte secondaire – 04 95 37 00 40 – www.hotelroya.com – Ouvert 27 mars-12 nov.

29 ch – 150/400 € 150/400 € – 3 suites – 25 €

Rest *La Roya* – voir les restaurants ci-après

◆ Sur la plage de sable fin de la Roya (accès direct) et dans un jardin ravissant embaumant les senteurs méditerranéennes, cet hôtel récent est un havre de paix. Les lits sont si douillets qu'on pourrait ne plus quitter la chambre, mais la Corse est si belle...

Dolce Notte sans rest

rte de Bastia – 04 95 37 06 65 – www.hotel-dolce-notte.com – Ouvert d'avril à oct.

20 ch – 70/170 € 70/170 € – 8 €

◆ En bord de mer, une maison corse avec des chambres donnant toutes sur les flots (balcon ou terrasse). Certaines arborent un style marin ; d'autres sont plus contemporaines (galets, voûtes, bois flotté) et toutes sont plaisantes.

Tettola sans rest

1 km au Nord sur D 81 – 04 95 37 08 53 – www.tettola.com – Ouvert avril-oct.

30 ch – 65/157 € 75/179 € – 12 €

◆ Un petit hôtel d'esprit familial donnant sur une plage de galets. Accueil aimable et chambres claires et bien tenues, plus calmes et spacieuses côté mer. Pratique pour l'étape.

La Florentine sans rest

1 km au Nord par D 81 – 04 95 37 00 99 – www.hotellaflorentine.fr – Ouvert avril-oct.

20 ch – 100/260 € 100/260 € – 15 €

◆ Jardin fleuri, terrasse ombragée, délicieuse piscine, couleurs chatoyantes, visite des plages du golfe sur le bateau de l'hôtel, chambres fraîches et confortables... Autant d'atouts pour ce sympathique établissement de bord de mer.

Maxime sans rest

St Florent – 04 95 37 05 30 – Ouvert de mars à nov.

19 ch – 57/85 € 57/85 € – 9 €

◆ Au cœur de la ville et au bord d'un petit canal (amarrage possible), une bâtisse blanche aux volets bleus et des propriétaires fort accueillants ! Chambres simples, pratiques et propres, le plus souvent avec une loggia ou un balcon.

La Maison Rorqual

rte de la Roya – 04 95 37 05 37 – www.maison-rorqual.com

5 ch – 230/480 € 230/480 € – 15 €

Table d'hôte – Menu 50 € bc/60 € bc

◆ Un hymne à l'authenticité corse ! Des pierres, une grande cheminée, une bibliothèque, un parc verdoyant et sa piscine à débordement, des chambres élégantes et raffinées, parfois baroques... tout est si soigné. Une des plus belles maisons d'hôtes de l'île de Beauté !

La Roya – Hôtel La Roya

plage de la Roya, 1 km par rte de Calvi puis rte secondaire – 04 95 37 00 40 – www.hotelroya.com – Ouvert 28 mars-31 oct.

Rest – Menu 55/95 € – Carte 70/100 €

Spéc. Foie gras. Pêche locale. Glaces maison. **Vins** Patrimonio.

◆ Atmosphère contemporaine et raffinée, terrasse dans le joli jardin, face à la plage : un cadre idyllique au service d'une cuisine fine et créative concoctée par un jeune chef... breton ! Carte plus simple le midi en saison.

La Rascasse

promenade des Quais, (1er étage) – 04 95 37 06 09 – Ouvert avril-oct. et fermé lundi sauf de juin à août

Rest – Menu 49/78 € – Carte 49/69 €

Rest *Le 137* 04 95 37 06 99 – Menu 29 € – Carte 35/45 €

◆ Envie d'un dîner gastronomique honorant les beaux produits et le poisson extrafrais ? La Rascasse s'ouvre à vous, face au port (salle à l'étage). Et pour un repas plus simple, dans une atmosphère conviviale et décontractée, son petit frère, le 137 (au rez-de-chaussée), est tout indiqué !

STE-LUCIE-DE-PORTO-VECCHIO – 2A Corse-du-Sud – **345** F9 **15** B3
– ✉ 20144 Corse

Ajaccio 157 – Ghisonaccia 42 – Porto-Vecchio 16 – Sartène 76

Mairie annexe, ✆ 04 95 71 48 99, www.zonza-saintelucie.com

Le Pinarello sans rest
Pinarello – ✆ 04 95 71 44 39 – www.lepinarello.com – Ouvert de mi-avril à mi-oct.

31 ch – †214/455 € ††230/551 € – 14 suites – ☐ 24 €

◆ Bel ensemble au luxe discret dans un cadre de rêve... Chambres et suites contemporaines, magnifique vue sur le golfe, centre de soins. À midi, snacking au luxueux bar-terrasse.

Le Rouf
Pinarello Sainte-Lucie-de-Porto-Vecchio – ✆ 04 95 71 50 48 – Ouvert avril-sept.

Rest – Carte 60/150 €

◆ Dans une maison de 1857, où les tables sont dressées face à la mer. Rougets et chapons, papillotes de mérou et homard grillé : ici on ne travaille que la meilleure qualité.

La Fleur de Sel
Pinarello – ✆ 04 95 71 06 49 – Ouvert 15 mars-1er oct.

Rest *(nombre de couverts limité, réserver)* – Menu 38/65 € – Carte 44/70 €

◆ Face à la Méditerranée, une terrasse romantique noyée sous les jasmins, les roses et les oliviers. Cuisine terre et mer à prix doux, servie dans de la porcelaine et de l'argenterie.

STE-LUCIE-DE-TALLANO – 2A Corse-du-Sud – **345** D9 – 405 h. **15** B3
– alt. 450 m – ✉ 20112

Ajaccio 92 – Bonifacio 68 – Porto-Vecchio 48 – Sartène 19

Santa Lucia
– ✆ 04 95 78 81 28 – Fermé janv. et dim. hors saison

Rest – Menu 19/25 € – Carte environ 30 €

◆ Sur la place du village, sa terrasse sous les platanes invite à faire une pause. À la carte : lapin au vin de myrte, civet de cochon sauvage et flan à la châtaigne...

STE-MARIE-SICCHÉ – 2A Corse-du-Sud – **345** C8 – 396 h. – alt. 420 m **15** A3
– ✉ 20190

Ajaccio 36 – Sartène 51

Santa Maria
– ✆ 04 95 25 72 65 – www.santa-maria-hotel.com

22 ch – †53/55 € ††58/76 € – ☐ 8 € – ½ P 55/65 €

Rest – Formule 17 € – Menu 19/25 € – Carte 17/41 €

◆ Ambiance de pension de famille dans cet hôtel des années 1970 prisé des randonneurs. Les chambres sont simples et bien tenues, certaines avec balcon. Salle à manger rustique où l'on sert une cuisine familiale : charcuteries maison et spécialités corses.

SANT'ANTONINO – 2B Haute-Corse – **345** C4 – 93 h. – alt. 500 m **15** A1
– ✉ 20220

Bastia 99 – Ajaccio 155 – Corte 74

I Scalini
haut du village – ✆ 04 95 47 12 92 – www.i-scalini.com – Ouvert de mai à sept., fermé le mardi en mai et juin, mardi soir et merc. soir en sept.

Rest *(nombre de couverts limité, réserver)* – Carte 33/46 €

◆ Dans ce superbe village de Balagne, ce repaire gourmand se mérite : on y accède par un escalier étroit, mais une fois installé sur la terrasse, on est époustouflé par la vue superbe sur la montagne et la mer, et séduit par les incontournables saveurs corses, ainsi que des plats plus osés, volontiers sucrés-salés.

SARTÈNE – 2A Corse-du-Sud – **345** C10 – 3 033 h. – alt. 310 m **15** A3 – ✉ 20100

Ajaccio 84 – Bonifacio 50 – Corte 149

6, rue Borgo, ✆ 04 95 77 15 40, www.oti-sartenaisvalinco.com

Vieille ville★★ - Musée de Préhistoire corse★.

Santa Barbara

1 km à l'Est par N 196 et rte secondaire – ✆ 04 95 77 09 06 – www.santabarbara.fr – Ouvert Pâques-15 oct. et fermé lundi sauf le soir en juil.-août

Rest – Menu 36 € – Carte 34/72 €

◆ Une villa moderne, dans un jardin exquis ouvrant sur Sartène et la vallée... Autres atouts : la cuisine, par une chef qui honore la tradition corse, et le service charmant, sous l'égide de sa fille.

SOLENZARA – 2A Corse-du-Sud – **345** F8 – 1 169 h. – ✉ 20145 **15** B3

Ajaccio 118 – Bonifacio 68 – Sartène 77

La Solenzara sans rest

quartier du Palais – ✆ 04 95 57 42 18 – www.lasolenzara.com – Ouvert mi-mars à fin oct.

28 ch – 85/140 € 85/140 €

◆ Grande demeure de style génois (18[e]s.) entourée d'un jardin. Chambres spacieuses, claires et sobres ; vue sur la mer à l'arrière. Espace bien-être, belle piscine à débordement.

Maison Rocca Serra sans rest

Scaffa Rossa, 1,5 km au Nord – ✆ 04 95 57 44 41

5 ch – 100 € 100 €

◆ Une grande bâtisse dans un jardin, d'où l'on accède directement à de petites criques privées... Chambres avec terrasse, décorées de mobilier ancien ; petit-déjeuner sous la véranda.

A Mandria

1 km au Nord – ✆ 04 95 57 41 95 – Fermé déc., janv., dim. soir et lundi hors saison

Rest – Menu 29/35 € – Carte 22/43 €

◆ Un restaurant au cadre pittoresque, proposant des grillades, des buffets de hors-d'œuvres et des spécialités corses. La pergola jouxte le potager.

ZONZA – 2A Corse-du-Sud – **345** E9 – 2 226 h. – alt. 780 m – ✉ 20124 **15** B3

Ajaccio 93 – Bonifacio 67 – Porto-Vecchio 40 – Sartène 38

Col et aiguilles de Bavella★★★ NE : 9 km.

Le Tourisme sans rest

rte de Quenza – ✆ 04 95 78 67 72 – www.hoteldutourisme.fr – Ouvert d'avril à oct.

16 ch – 85/150 € 100/165 €

◆ Cet ancien relais de diligences (1875) a conservé sa fontaine d'origine. Chambres sobres et colorées avec balcon. Jardin et belle piscine chauffée avec vue sur la forêt de Zonza.

CORTE – 2B Haute-Corse – **345** D6 – voir à Corse

CORVOL-D'EMBERNARD – 58 Nièvre – **319** D8 – 106 h. – alt. 260 m **7** B2 – ✉ 58210

Paris 236 – Cosne-sur-Loire 48 – Dijon 168 – Nevers 45

Le Colombier de Corvol

– ✆ 03 86 29 79 60 – www.lecolombierdecorvol.com

5 ch – 105 € 105/115 € **Table d'hôte** – Menu 45 € bc/65 € bc

◆ Ferme de caractère (1812) tenue par un couple belge amoureux d'art contemporain et de cuisine : chambres simples ornées d'œuvres, galerie dans une ancienne étable (expositions durant l'été) et table d'hôte orchestrée par monsieur, "amateur de plats en sauce".

COSNE-COURS-SUR-LOIRE – 58 Nièvre – **319** A7 – 11 065 h. **7** A2
– ✉ 58200 Bourgogne

Paris 186 – Auxerre 83 – Bourges 61 – Montargis 76

place de l'Hôtel de Ville, ✆ 03 86 28 11 85, www.ot-cosnesurloire.com

du Sancerrois, à Sancerre, N : 10 km par D 955, ✆ 02 48 54 11 22

Cheminée★ du musée.

Le Vieux Relais avec ch

11 r. St-Agnan – ✆ 03 86 28 20 21 – http://le-vieux-relais.fr – Fermé 23 déc.-12 janv., vend. soir, sam. midi et dim. soir sauf juil.-août

10 ch – †80 € ††86 € – ☕ 11 € – ½ P 82 €

Rest – Formule 17 € – Menu 22/50 € bc – Carte 43/75 €

◆ Une vénérable maison à colombages entre Loire et Nohain. L'atmosphère est chaleureuse et l'assiette fait la part belle à la tradition. Chambres pratiques pour l'étape.

Le Chat

42 r. Guérins, Villechaud – ✆ 03 86 28 49 03 – Fermé 1er-8 janv., 15-31 août, dim. soir, lundi soir et mardi

Rest – Formule 18 € – Menu 22 € (déj. en sem.), 26/39 €

◆ Cet ancien bar de village est tenu par un jeune chef dynamique. Tables en bois, comptoir carrelé et poutres. À l'ardoise, une cuisine de bistrot inventive et pleine de goût.

LE COTEAU – 42 Loire – **327** D3 – rattaché à Roanne

LA CÔTE-ST-ANDRÉ – 38 Isère – **333** E5 – 4 749 h. – alt. 370 m **44** B2
– ✉ 38260 Lyon Drôme Ardèche

Paris 525 – Grenoble 50 – Lyon 67 – La Tour-du-Pin 33

place Hector Berlioz, ✆ 04 74 20 61 43, www.tourisme-bievre-liers.fr

France avec ch

16 pl. de l'Église – ✆ 04 74 20 25 99 – www.hoteldefrance-csa.fr – Fermé 16-23 avril, 29 oct.-5 nov. et 24-30 déc.

15 ch – †55/60 € ††67/85 € – ☕ 10 € – ½ P 90/98 €

Rest *(fermé dim. soir et lundi)* – Formule 20 € – Menu 38/82 € – Carte 62/92 €

◆ Sacré coup de jeune pour ce restaurant au cœur de la cité natale de Berlioz : il affiche dorénavant un décor contemporain engageant. La cuisine s'est mise au diapason, au service des produits frais (homard, pigeonneau, saumon, foie gras, etc.). Des chambres simples permettent de faire étape.

COTI-CHIAVARI – 2A Corse-du-Sud – **345** B9 – voir à Corse

COTINIÈRE – 17 Charente-Maritime – **324** C4 – voir à Île d'Oléron

COUDEKERQUE-BRANCHE – 59 Nord – **302** C1 – rattaché à Dunkerque

COUDRAY – 53 Mayenne – **310** F8 – rattaché à Château-Gontier

LE COUDRAY-MONTCEAUX – 91 Essonne – **312** D4 – **106** 44 – voir à Paris, Environs (Corbeil-Essonnes)

COUËRON – 44 Loire-Atlantique – **316** F4 – rattaché à Nantes

COUILLY-PONT-AUX-DAMES – 77 Seine-et-Marne – **312** G2 **19** C2
– 2 074 h. – alt. 50 m – ✉ 77860 Île de France

Paris 45 – Coulommiers 20 – Lagny-sur-Marne 12 – Meaux 9

Auberge de la Brie (Alain Pavard)
14 av. Alphonse Boulingre , (D 436) – ✆ 01 64 63 51 80 – www.aubergedelabrie.com – Fermé 22 avril-1er mai , 4-27 août, 23 déc.-3 janv., dim. et lundi
Rest *(nombre de couverts limité, réserver)* – Formule 30 € – Menu 46/69 € – Carte 70/100 €
Spéc. Carpaccio de homard fumé, tartare de tomate, pignons de pin et vinaigrette de péquillos (mai à oct.). Ris de veau braisé au jus réduit, gratinée de macaronis farcis et ragoût de févettes. Soufflé au Grand Marnier, sorbet orange.
◆ Parmi les atouts que compte cette coquette maison briarde : son cadre contemporain raffiné, sa délicieuse cuisine actuelle personnalisée et son accueil tout sourire.

COUIZA – 11 Aude – 344 E5 – 1 209 h. – alt. 228 m – ✉ 11190 — 22 B3

Languedoc Roussillon

Paris 785 – Carcassonne 41 – Foix 75 – Perpignan 88

Château des Ducs de Joyeuse
allée du Château – ✆ 04 68 74 23 50 – www.chateau-des-ducs.com – Ouvert 29 mars-11 nov.
35 ch – †95/125 € ††95/235 € – ☕ 14 € – ½ P 134/164 €
Rest ***Château des Ducs de Joyeuse*** – voir les restaurants ci-après
◆ Construit pendant la Renaissance (16e s.), ce beau château fortifié n'en est pas moins totalement médiéval ! Pierres, poutres, baldaquins, salles voûtées... tout y est. Le parc longe joliment la rivière et ici, on sent bien.

Château des Ducs de Joyeuse
allée du Château – ✆ 04 68 74 23 50 – www.chateau-des-ducs.com – Ouvert 29 mars-11 nov.
Rest – Formule 19 € – Menu 29 € (déj.), 35/52 € – Carte 42/52 €
◆ Tartine mangue-crevettes, noisette d'agneau aux herbes fraîches et sa compotée de légumes de Méditerranée... Dans ce cadre châtelain, on se régale d'une sympathique cuisine d'aujourd'hui. Le passé recontre le présent et c'est plutôt réussi.

COULANDON – 03 Allier – 326 G3 – rattaché à Moulins

COULLONS – 45 Loiret – 318 L6 – 2 417 h. – alt. 166 m – ✉ 45720 — 12 C2

Paris 165 – Aubigny-sur-Nère 18 – Gien 16 – Orléans 60

La Canardière
1 r. de la Mairie – ✆ 02 38 29 23 47 – www.restaurantlacanardiere.fr – Fermé 13 août-4 sept., 17 déc.-1er janv., dim. soir, merc. soir, lundi et mardi
Rest – Menu 29/69 € – Carte 32/67 €
Rest ***Le Bistro*** – Formule 15 € – Menu 18 €
◆ Le cadre est rustique, avec ses poutres et sa cheminée en cuivre. La cuisine n'en est pas moins écoresponsable ! Légumes, herbes du jardin, inventivité et respect des saisons. Au Bistro, menu à l'ardoise ou carte traditionnelle dans une atmosphère conviviale.

COULOMBIERS – 86 Vienne – 322 H6 – 1 088 h. – alt. 141 m – ✉ 86600 — 39 C2

Paris 352 – Couhé 25 – Lusignan 8 – Parthenay 44

Auberge Le Centre Poitou avec ch
39 r. Nationale – ✆ 05 49 60 90 15 – www.centre-poitou.com – Fermé 23 oct.-7 nov., 23 fév.-11 mars, dim. soir et lundi de sept. à juin
13 ch – †50/55 € ††55 € – ☕ 9 € – ½ P 62/72 €
Rest – Formule 15 € bc – Menu 28/80 € – Carte 60/94 €
◆ Une bonne auberge tenue par la même famille depuis 1870 ! L'accueil n'est pas un vain mot et, dans l'assiette, on se régale d'une cuisine bien gourmande, concoctée avec de beaux produits. Tout est fait maison, même les viennoiseries du petit-déjeuner... Car on peut aussi faire étape dans une chambre cosy et charmante.

COULOMMIERS – 77 Seine-et-Marne – **312** H3 – 13 723 h. – alt. 85 m **19** D2
– ✉ 77120 Île de France
Paris 62 – Châlons-en-Champagne 111 – Meaux 26 – Melun 46
7, rue du Général-de-Gaulle, ✆ 01 64 03 88 09, www.coulommiers.fr

Les Échevins
quai de l'Hôtel-de-Ville – ✆ 01 64 20 75 85 – www.lesechevins.com – Fermé 24 juil.-15 août, vacances scolaires de fév., dim. et lundi
Rest – Formule 14 € – Menu 18 € – Carte 30/55 €
◆ Au cœur de la ville, cette maison posée sur la rive d'un canal du Morin dissimule une salle aux tons pastel et une terrasse d'été protégée. Menus inspirés par les saisons.

à Pommeuse Ouest : 6,5 km – 2 693 h. – alt. 67 m – ✉ 77515

Le Moulin de Pommeuse sans rest
32 av. Gén. Herne – ✆ 01 64 75 29 45 – www.le-moulin-de-pommeuse.com
5 ch – 56 € 75/87 €
◆ Ce moulin à eau du 14ᵉs. abrite de jolies chambres aux noms évocateurs : Semailles, Moisson, Batteuse... Petit salon aménagé dans l'ex-machinerie et parc agrémenté d'une île.

COULON – 79 Deux-Sèvres – **322** C7 – 2 210 h. – alt. 6 m – ✉ 79510 **38** B2
Poitou Vendée Charentes
Paris 418 – Fontenay-le-Comte 25 – Niort 11 – La Rochelle 63
31, rue Gabriel Auchier, mairie, ✆ 09 66 92 90 41, www.ville-coulon.fr
Marais poitevin★★.

Au Marais sans rest
quai L. Tardy – ✆ 05 49 35 90 43 – www.hotel-aumarais.com – Fermé 15 déc.-1er fév.
18 ch – 70 € 80 € – 12 €
◆ Face à l'embarcadère pour le Marais mouillé, deux anciennes maisons de bateliers rénovées. Agréables chambres mêlant classique et contemporain, certaines avec vue sur la Sèvre.

Le Central avec ch
4 r. d'Autrement – ✆ 05 49 35 90 20 – www.hotel-lecentral-coulon.com – Fermé 1er-13 mars, 1er-16 oct., dim. soir, lundi soir et mardi
13 ch – 56/58 € 65/81 € – 11 € – ½ P 62/70 €
Rest – Formule 15 € – Menu 19 € (sem.), 29/42 € – Carte 43/50 €
◆ Pour une escapade champêtre au cœur de la Venise verte... Poutres blanchies, vaisselier à l'ancienne. La cuisine cultive elle aussi la tradition : anguilles, escargots, fromage de chèvre. Chambres chaleureuses, revues dans un esprit campagnard chic.

COUPELLE-VIEILLE – 62 Pas-de-Calais – **301** F4 – 515 h. – alt. 147 m **30** A2
– ✉ 62310
Paris 232 – Abbeville 58 – Arras 64 – Boulogne-sur-Mer 48

Le Fournil
r. St-Omer – ✆ 03 21 04 47 13 – www.restaurant-lefournil.com – Fermé mardi soir, dim. soir, fériés le soir et lundi
Rest – Formule 14 € – Menu 17 € (sem.), 25/32 € – Carte 35/68 €
◆ Un ancien relais de poste typique du Pas-de-Calais. On y savoure une cuisine de saison aux accents régionaux et de bons vins... L'été, on s'installe dans le jardin ombragé.

COURBAN – 21 Côte-d'Or – **320** I2 – 165 h. – alt. 262 m – ✉ 21520 **8** C1
Paris 252 – Dijon 101 – Chaumont 43 – Langres 58

Château de Courban
7 r. du Lavoir – ✆ 03 80 93 78 69 – www.chateaudecourban.com
24 ch – 135 € 135 € – 16 € **Rest** – Menu 42/58 € – Carte 35/60 €
◆ Charmante, champêtre, authentique et confortable : telle est cette belle gentilhommière de 1837 ! Les jardins, la piscine à débordement, le spa et le restaurant traditionnel aux airs d'orangerie ajoutent encore au cachet du lieu.

COURBEVOIE – 92 Hauts-de-Seine – **311** J2 – **101** 15 – voir à Paris, Environs

COURCELLES-DE-TOURAINE – 37 Indre-et-Loire – **317** K4 – 441 h. **11** A2
– alt. 85 m – ✉ 37330

Paris 267 – Angers 74 – Chinon 46 – Saumur 46

du Château des Sept-Tours, E : 7 km, ✆ 02 47 24 69 75

au golf 7 km à l'Est dir. Ambillou puis Château La Vallière – ✉ 37330 Courcelles-de-Touraine :

Château des Sept Tours ch, rest, rest,
Le Vivier des Landes - D34 – ✆ 02 47 24 69 75 – www.7tours.com – Ouvert 3 mars-30 oct.
22 ch – 150/270 € 150/340 € – 20 €
Rest *(fermé dim. soir et lundi)* – Formule 26 € – Menu 37/60 € – Carte 26/60 €
Rest *Club House* *✆ 02 47 24 59 67 (fermé le soir du mardi au vend.)* – Formule 19 € – Menu 22 € – Carte environ 27 €
◆ Ce beau château du 15e s., entouré d'un golf 18 trous, est impressionnant avec ses... sept tours ! Chambres agréables, plus fonctionnelles dans l'orangerie. Cuisine gastronomique d'influence méridionale servie dans une salle bourgeoise ou sous la véranda. Carte actuelle au Club House, situé dans une ancienne chapelle.

COURCELLES-SUR-VESLE – 02 Aisne – **306** D6 – 332 h. – alt. 75 m **37** C2
– ✉ 02220

Paris 122 – Fère-en-Tardenois 20 – Laon 35 – Reims 39

Château de Courcelles
8 r. du Château – ✆ 03 23 74 13 53 – www.chateau-de-courcelles.fr
15 ch – 195/365 € 195/365 € – 3 suites – 20 € – ½ P 182/312 €
Rest *Château de Courcelles* – voir les restaurants ci-après
◆ De longues enfilades de fenêtres, des toits à la Mansart, des allées de buis taillé... la parfaite image d'un château français du 17es., fréquenté en leurs temps par Crébillon, Rousseau ou encore Cocteau. Grand style dans les chambres et belles prestations.

Château de Courcelles
8 r. du Château – ✆ 03 23 74 13 53 – www.chateau-de-courcelles.fr
Rest – Menu 55/95 € – Carte 80/120 €
Spéc. Foie gras de canard en habit vert à la croque au sel. Ris de veau cuit meunière, fine purée de coing au vinaigre de cidre. Pomme en pastilla aux raisins blonds, caramel crémeux à la fleur de sel et glace vanille. **Vins** Champagne.
◆ Le Grand Siècle loin de Versailles, fastueux sans être opulent... et un beau jardin d'hiver, d'inspiration Second Empire. Le décor ajoute à la noblesse de la cuisine, soignée, inventive et judicieuse.

COURCHEVEL – 73 Savoie – **333** M5 – Sports d'hiver : 1 100/2 750 m **45** D2
11 54 – ✉ 73120 Alpes du Nord

Paris 660 – Albertville 52 – Chambéry 99 – Moûtiers 25

Altiport ✆ 04 79 08 31 23, S : 4 km

le Cœur de Courchevel, ✆ 04 79 08 00 29, www.courchevel.com

Plan page suivante

à Courchevel 1850 – alt. 1 850 m – ✉ 73120

★ - Belvédère la Saulire★★★ (télécabine).

Les Airelles ch, rest,
Au Jardin Alpin – ✆ 04 79 00 38 38 – www.airelles.fr – Ouvert de mi-déc. à mi-avril
37 ch (½ P seult) – 15 suites – – ½ P 965/2610 € **Zh**
Rest *Pierre Gagnaire pour les Airelles* – voir les restaurants ci-après
Rest *La Table du Jardin Alpin* – Menu 170/190 € – Carte 280/570 €
Rest *Le Coin Savoyard* *(dîner seult)* – Carte environ 200 €
◆ Le palace des neiges par excellence. Derrière le ballet des voituriers en tenue de chasseur alpin et la magnifique façade de style austro-hongrois, tout n'est que luxe et raffinement : un superbe univers à la tyrolienne, ouaté comme un tapis de neige et… infiniment chaleureux. Quant au service, il est bien digne d'un tel établissement.

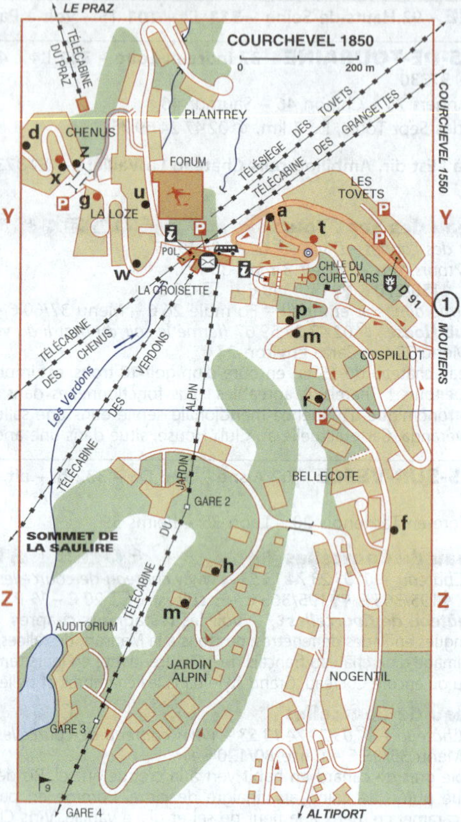

Cheval Blanc

au Jardin Alpin – ✆ 04 79 00 50 50 – www.chevalblanc.com – *Ouvert de mi-déc. à mi-avril* **Zm**

32 ch (½ P seult) – 2 suites – – ½ P 690/1312 €

Rest *Le 1947* ✿✿ – voir les restaurants ci-après

Rest *Le White* – Carte 130/290 €

◆ Du nom du célèbre château bordelais, un hôtel très "grand cru" ! Au sortir des pistes, on se réfugie avec plaisir dans ce chalet aménagé dans un superbe esprit contemporain, qui investit et réinvente tout l'imaginaire de l'hiver... Luxe et confort dans les moindres détails, avec un spa délicieux et deux restaurants pour toutes les envies.

Le Kilimandjaro

rte Altiport – **Z** – ✆ 04 79 01 46 46 – www.hotelkilimandjaro.com – *Ouvert de mi-déc. à mi-avril*

32 ch (½ P seult) – 3 suites – ½ P 345/870 €

Rest *La Table du Kilimandjaro* ✿ – voir les restaurants ci-après

Rest *Les Terrasses du Kilimandjaro* *(fermé le soir)* – Carte 85/160 €

◆ Bois vieillis, tissus chauds, cheminées... La quintessence des Alpes, rendue avec un grand raffinement : ainsi culmine ce Kilimandjaro, véritable hameau de montagne formé d'une collection de chalets. Équipements high-tech et confort absolu : un sommet pour les sports d'hiver.

Le Strato

rte de Bellecôte – ✆ 04 79 41 51 60 – www.hotelstrato.com – Ouvert 9 déc.-9 avril **Zf**

25 ch (½ P seult) – 23 suites – ½ P 440/2090 €

Rest ***Le Strato*** ✿✿ – voir les restaurants ci-après

◆ Né fin 2009, ce chalet associe luxe, grand confort et esprit sportif : spa de 800 m², mobilier design, pièces anciennes, décor sur le thème du ski, vue sur la vallée et... accès direct aux pistes. Un havre pour skieurs.

Amanresorts Le Mélézin

r. Bellecôte – ✆ 04 79 08 01 33 – www.amanresorts.com – Ouvert 16 déc.-15 avril **Yr**

23 ch – †790/1860 € ††790/1860 € – 8 suites – ☕ 30 €

Rest ***Amanresorts Le Mélézin*** – voir les restaurants ci-après

◆ Au pied des pistes, cet hôtel élégant se révèle être très intime et propice à la détente : spa complet, grandes chambres lumineuses et zen, certaines avec espace "day bed" (dédié au repos de jour). Le tout décoré avec un goût très sûr.

Le Lana

rte de Bellecote – ✆ 04 79 08 01 10 – www.lelana.com – Ouvert 9 déc.-9 avril **Yp**

55 ch (½ P seult) – 30 suites – ½ P 450/8000 €

Rest ***La Table du Lana*** – voir les restaurants ci-après

◆ L'un des premiers hôtels de la station, et toujours le chouchou de la jet-set ! Un soin tout particulier a été apporté aux décors – design et ultracossus – des chambres et des suites. Quant au spa, il est si délicieux qu'il en fait oublier les joies du ski...

Annapurna

rte Altiport - Z – ✆ 04 79 08 04 60 – www.annapurna-courchevel.com – Ouvert de mi-déc. à mi-avril

64 ch ☕ – †320/1345 € ††575/1360 € – 7 suites

Rest – Menu 70 € (déj.)/80 € – Carte 52/190 €

◆ Avis aux skieurs : cet hôtel – le plus haut de la station – tutoie les cimes, dans un environnement immaculé. Décor d'esprit montagnard ; les chambres au sud dominent les pistes. Grande salle à manger et terrasse face à la Saulire ; cuisine traditionnelle.

Les Suites de la Potinière sans rest

r. du Plantret – ✆ 04 79 08 00 16 – www.suites-potiniere.com – Ouvert de mi-déc. à fin avril **Yu**

16 suites – ††1200/2700 € – ☕ 30 €

◆ Luxe discret, raffinement et élégance en cet hôtel contemporain proche de la Croisette. Suites spacieuses, œuvres d'art. Petite restauration (tapas) au séduisant bar-lounge.

Saint-Roch

rte de Bellecôte – ✆ 04 79 08 02 66 – www.lesaintroch.com – Ouvert de mi-déc. à mi-avril **Ym**

19 suites (½ P seult) – 5 ch – ½ P 490/1710 €

Rest *(dîner seult)* – Menu 75 € – Carte 75/200 €

◆ Oubliez l'esprit montagnard dans cet hôtel ostensiblement chic et moderne, au décor parfois très original. Chaque chambre dispose de son hammam. Au restaurant, tout de noir vêtu, carte aux notes plus traditionnelles.

La Sivolière

r. des Chenus – ✆ 04 79 08 08 33 – www.hotel-la-sivoliere.com – Ouvert 9 déc.-30 avril **Yd**

24 ch – †400/420 € ††665/2210 € – 12 suites – ☕ 35 €

Rest ***La Sivolière*** – voir les restaurants ci-après

◆ Sur les hauteurs de la station, ce chalet de caractère distille un charme sûr. Décor contemporain et raffiné dans les espaces communs ; montagnard et cosy dans les chambres. Les must : le superbe spa et la piscine face à la forêt.

Le Chabichou

r. Chenus – 04 79 08 00 55 – www.chabichou-courchevel.com – Ouvert début juin à fin sept. et début déc. à fin avril **Yz**
33 ch – 105/1190 € 105/1190 € – 8 suites
Rest *Le Chabichou* ✿✿ **Rest *Le Chabotté*** – voir les restaurants ci-après
◆ Telle une hermine qui se pare de blanc l'hiver venu, un grand chalet immaculé comme la neige... Jolie osmose avec la montagne pour cet hôtel cossu, au décor très savoyard et chaleureux (omniprésence du bois). Construction d'un spa de 1 200 m².

De la Loze sans rest

r. Park City – 04 79 08 28 25 – www.la-loze.com – Ouvert de mi-déc. à mi-avril
28 ch – 180/520 € 180/520 € – 1 suite **Yw**
◆ Hôtel tourné vers les pistes, autrichien dans l'âme : bois couleur pain d'épice, chambres cosy ornées de frises et personnel en costume tyrolien. Petit hammam, sauna.

La Pomme de Pin

r. Chenus – 04 79 08 36 88 – www.pommedepin.com – Ouvert 12 déc.-10 avril
48 ch – 325/615 € 335/625 € – 1 suite – ½ P 240/358 € **Yx**
Rest *Le Bateau Ivre* ✿ – voir les restaurants ci-après
Rest – Formule 28 € – Carte 57/75 €
◆ Cette architecture moderne en bois et verre se distingue aisément parmi les chalets traditionnels. Belle vue sur la vallée et les sommets. Chambres spacieuses de style montagnard.

Courcheneige

r. de Nogentil – 04 79 08 02 59 – www.courcheneige.com – Ouvert 17 déc.-9 avril
86 ch (½ P seult) – ½ P 148/298 €
Rest – Formule 27 € – Menu 45 € – Carte 32/50 €
◆ Il règne une ambiance jeune, sportive et sympathique, dans ce chalet posé au milieu des pistes. Chambres de style régional, simples et bien tenues (couettes de lit). La terrasse du restaurant offre une vue imprenable sur les sommets ; carte traditionnelle.

Les Monts Charvin sans rest

impasse des Verdons – 04 79 04 19 10 – www.lesmontscharvin-courchevel1850.com – Ouvert de déc. à avril et juil.-août
19 ch – 150/550 € 150/550 € – 15 € **Ya**
◆ Petit hôtel convivial et authentique, au cœur de la station : coquette décoration alpestre, salon avec feu de cheminée, tenue impeccable. Tarifs intéressants pour Courchevel.

✿✿ **Pierre Gagnaire pour les Airelles** – Hôtel Les Airelles

Au Jardin Alpin – 04 79 00 38 38 – www.airelles.fr – Ouvert de mi-déc. à mi-avril **Zh**
Rest *(dîner seult)* – Menu 190 € (sem.)/265 € – Carte 290/340 €
Spéc. Galette de pain soufflée à la châtaigne, truffe croque au sel. Agneau de Lozère frotté d'origan, crêpe de pois chiche et ris caramélisé. Le "Grand Dessert" de Pierre Gagnaire. **Vins** Apremont, Mondeuse.
◆ Dans le décor fastueux des Airelles, une avalanche de saveurs ! Rien ne semble pouvoir brider l'inventivité de Pierre Gagnaire et de ses équipes : produits rares et superbes, mariages subtils et inattendus, etc. Une leçon de liberté, mais qui a un prix : l'addition atteint les sommets...

✿✿ **Le 1947** – Hôtel Cheval Blanc

au Jardin Alpin – 04 79 00 50 50 – www.chevalblanc.com – Ouvert de mi-déc. à mi-avril **Zm**
Rest *(dîner seult)* – Menu 250/400 € bc
Spéc. Mousseline de pomme de terre ratte au jus de poulet, truffe et jaune d'œuf confit. Filet de bœuf black angus à la royale, pâtes gonflées au jus de truffe. Fuseau croustillant au chocolat lacté, copeaux de truffe noire à la fleur de sel.
◆ 1947... le millésime mythique du Cheval Blanc et, au sein de l'hôtel éponyme, cette table exclusive placée sous les auspices de Yannick Alléno. À la carte : rien qu'une succession de grands plats, nobles et particulièrement fins. Évidemment, le Cheval Blanc domine la carte des vins.

XXX ✿✿ **Le Strato** – Hôtel Le Strato

rte de Bellecôte – ✆ 04 79 41 51 60 – www.hotelstrato.com – Ouvert 9 déc.-9 avril

Rest – Menu 110 € (déj.), 155/195 € – Carte 180/280 € Zf

Spéc. Raviolis de poireaux et foie gras aux truffes noires. Pigeon des Costières rôti puis laqué, navet et betterave glacés aux sucs de lavande. Mont-Blanc aux marrons confits d'Aubenas. **Vins** Chignin-Bergeron.

◆ Saveurs subtiles, compositions ciselées, créativité tout en finesse : le ski alpin pourrait symboliser la cuisine du Strato, qui slalome avec grâce et précision entre inspirations provençales et influences hivernales...

XXX ✿ **Le Bateau Ivre** (Jean-Pierre Jacob) – Hôtel La Pomme de Pin

r. Chenus – ✆ 04 79 00 11 71 – www.pommedepin.com

– Ouvert de mi-déc. à mi-avril et fermé le midi du lundi au vend. Yx

Rest – Menu 85/160 € – Carte 120/160 €

Spéc. Brochet en quenelles, émulsion d'écrevisses. Pigeon, mousseline de dattes et crémeux genièvre-citron. Soufflé chaud au Grand Marnier. **Vins** Roussette de Savoie, Chignin-Bergeron.

◆ Ce bateau des cimes offre une vue époustouflante sur Courchevel et les vagues blanches des sommets de la Vanoise : une bouffée d'air pur. Recettes actuelles accompagnées d'un beau choix de vins régionaux. Service attentif.

XXX ✿ **La Table du Kilimandjaro** – Hôtel Le Kilimandjaro

rte Altiport - Z – ✆ 04 79 01 46 46

– www.hotelkilimandjaro.com – Ouvert de mi-déc. à mi-avril

Rest *(dîner seult)* – Menu 95/160 € – Carte 155/225 €

Spéc. Langoustines bretonnes aux agrumes. Saint-pierre de Méditerranée piqué au fenouil sec, encornets au saté et olives taggiasche. Onctueux citron en texture crémeuse, pain de Gênes et comète glacée au calisson d'Aix.

◆ Une vue superbe sur les sommets et... une belle illustration de la haute gastronomie. Les produits sont superbes, travaillés avec art, pour le seul plaisir des sens. Le service prévenant et le cadre chaleureux (bois brut, cheminée, terrasse ouverte sur les pistes) ajoutent à l'agrément du moment.

XXX **La Sivolière** – Hôtel La Sivolière

r. des Chenus – ✆ 04 79 08 08 33 – www.hotel-la-sivoliere.com – Ouvert 9 déc.-30 avril Yd

Rest – Menu 90 € – Carte 75/95 €

◆ Le chef concocte ici une carte tendance à base de bons produits (ravioles de chèvre frais à la truffe noire, pot-au-feu d'aujourd'hui, île flottante au coulis de pop corn, etc.). Les amateurs de spécialités savoyardes ne sont pas oubliés !

XXX **Amanresorts Le Mélézin** – Hôtel Amanresorts Le Mélézin

r. Bellecôte – ✆ 04 79 08 01 33 – www.amanresorts.com

– Ouvert 16 déc.-15 avril Yr

Rest – Carte 70/100 €

◆ L'endroit respire l'élégance ! Outre la cuisine traditionnelle, les spécialités thaïlandaises sont à l'honneur ; quant à la qualité du service, elle est vraiment exceptionnelle.

XXX ✿✿ **Le Chabichou** (Michel Rochedy) – Hôtel Le Chabichou

r. Chenus – ✆ 04 79 08 00 55 – www.chabichou-courchevel.com

– Ouvert juil.-août et déc. à avril Yz

Rest – Menu 55 € (déj.), 90/195 € – Carte 170/210 €

Spéc. Pressé de foie gras et de lavaret fumé, fine gelée au citron et compression de topinambour. Poitrine de cochon du Cantal caramélisée au jus parfumé à la verveine. Le tout chocolat Michel Rochedy. **Vins** Roussette de Savoie, Chignin-Bergeron.

◆ Le Chabichou, c'est avant tout une cuisine classique comme on en trouve plus guère : produits nobles et mets composés dans les règles de l'art, au service des saveurs, tout simplement. Décor montagnard.

XXX **La Table du Lana** – Hôtel Le Lana

rte de Bellecôte – ✆ 04 79 08 01 10 – www.lelana.com – Ouvert 9 déc.-9 avril

Rest – Menu 40 € (déj.), 70/90 € – Carte 90/120 € Yp

◆ Bois vieilli et tissus épais : voici le décor cossu de la Table du Lana, feutrée et gastronomique le soir, plus décontractée au déjeuner – en particulier sur la terrasse ensoleillée, face aux pistes.

XX **Le Genépi**

r. Park City – ✆ 04 79 08 08 63 – www.legenepi-courchevel.com – Ouvert sept. à avril et fermé sam. et dim. de sept. à nov. **Yg**

Rest – Menu 29 € (déj. en sem.)/50 € – Carte 64/84 €

◆ Accueil sympathique en ce petit restaurant familial : le feu crépite dans le salon. Le chef, né à Courchevel, propose une cuisine régionale bien ficelée (menu skieur à midi).

XX **La Saulire**

pl. Rocher – ✆ 04 79 08 07 52 – www.lasaulire.fr – Ouvert 1er déc.-30 avril **Yt**

Rest – Formule 30 € – Menu 38 € (déj.) – Carte 50/90 €

◆ Au cœur de la Savoie : un décor tout de bois blond, rehaussé de vieux objets montagnards... Menu du jour à midi et recettes à base de truffes du Périgord le soir.

X **Le Chabotté** – Hôtel Le Chabichou

r. Chenus – ✆ 04 79 08 00 55 – www.chabichou-courchevel.com – Ouvert début juin à fin sept. et début déc. à fin avril **Yz**

Rest – Formule 20 € – Menu 25 € (déj.), 29/40 € – Carte 40/65 €

◆ Le Chabotté du Chabichou ? Une nouvelle formule assez futée, créée dans une extension construite... sous les pistes de ski. Après l'effort, le réconfort : tartiflette, raclette et viandes à la broche (entrecôte, gigot d'agneau, etc.).

à Courchevel 1650 par ① : 4 km – ✉ 73120

Manali

r. de la Rosière – ✆ 04 79 08 07 07 – www.hotelmanali.com – Ouvert déc.-avril

32 ch (½ P seult) – 5 suites – ½ P 225/485 €

Rest – Menu 80 € (dîner) – Carte 40/80 €

◆ Du nom d'un village himalayen, un luxueux chalet mâtiné d'exotisme : au gré des chambres, le bois montagnard rencontre des inspirations indiennes (frises sculptées) ou canadiennes (rondins de bois). Au restaurant, décor Bollywood et cuisine actuelle teintée d'épices.

Le Portetta

r. du Marquis – ✆ 04 79 08 01 47 – www.leportetta.com – Ouvert 10 déc.-15 avril

38 ch (½ P seult) – 6 suites – ½ P 170/340 €

Rest – Menu 65 € (dîner) – Carte 60/80 €

◆ Tout juste rénové, cet hôtel affiche une mine superbe : décor montagnard on ne peut plus cosy, espace détente (fitness, hammam, sauna, offre de soins, etc.), terrasse ensoleillée face aux pistes, accueil aimable... Un bien agréable refuge.

Le Seizena sans rest

– ✆ 04 79 08 26 36 – www.hotelseizena.com – Ouvert de mi-déc. à mi-avril

20 ch – †180/350 € ††180/350 €

◆ Un hommage original et réussi au Cessna et à l'aéronautique : chambres modernes évoquant des cabines, salles de bain façon cockpit, maquettes d'avions...

au Praz (Courchevel 1300) 8 km par ① – ✉ 73120 St Bon Tarentaise

Les Peupliers

– ✆ 04 79 08 41 47 – www.lespeupliers.com – Fermé mai-juin et les week-ends de sept. à nov.

35 ch – †90/220 € ††110/320 € – 12 € – ½ P 90/200 €

Rest *La Table de mon Grand-Père* – Menu 30 € – Carte 35/64 €

◆ Cet hôtel familial situé à deux pas d'un petit lac abrite des chambres chaleureuses et lambrissées ; elles sont dotées de balcons côté sud. Accueil sympathique. Jolies boiseries savoyardes et plats traditionnels à La Table de mon Grand-Père.

Azimut (François Moureaux)
Immeuble l'Or Blanc – ✆ 04 79 06 25 90 – www.restaurantazimut.com – Ouvert de mi-déc. à fin avril et fermé lundi midi et merc. midi
Rest *(réserver)* – Formule 27 € – Menu 30/90 € – Carte 50/90 €
Spéc. Foie gras poêlé et chutney d'ananas. Saint-Jacques à la crème de porto et étuvée d'endives. Moelleux au chocolat et cœur coulant passion. **Vins** Chignin-Bergeron, Mondeuse.
◆ Adresse sympathique et aux prix mesurés, qui propose une cuisine très sûre, simple et actuelle, à base d'excellents produits. Bon choix de vins du Jura. Accueil très aimable.

Le Bistrot du Praz
– ✆ 04 79 08 41 33 – www.bistrotdupraz.fr – Fermé 29 avril-24 juin et 30 sept.-4 nov.
Rest – Formule 18 € – Menu 28 € – Carte 35/70 €
◆ Dans le village du Praz, petit chalet au cadre savoyard chaleureux, proposant une cuisine de bistrot bien gourmande. Spécialités de foie gras (froid ou chaud).

à la Tania 12 km par ① – ✉ 73120
imm Folières, ✆ 04 79 08 40 40

Le Farçon (Julien Machet)
immeuble la Kalinka – ✆ 04 79 08 80 34 – www.lefarcon.fr – Ouvert mi-juin à mi-sept., début déc. à mi-avril et fermé lundi midi et dim. en été
Rest – Formule 29 € – Menu 42/110 € – Carte 60/100 €
Spéc. Huître spéciale servie tiède à la grenobloise. Ris de veau croustillant, artichaut et fraîcheur de réglisse. Le chocolat dans tous ses états. **Vins** Apremont, Chignin-Bergeron.
◆ Si l'agréable décor façon chalet (dû au père du chef, menuisier de son état) honore la Savoie, la cuisine explore un territoire de saveurs plus large, avec inventivité et soin.

COUR-CHEVERNY – 41 Loir-et-Cher – 318 F6 – 2 676 h. – alt. 86 m – ✉ 41700 11 AB1

Paris 194 – Blois 14 – Châteauroux 88 – Orléans 73
12, rue du Chêne des Dames, ✆ 02 54 79 95 63, www.bloispaysdechambord.com
Château de Cheverny★★★ S : 1 km - Porte★ de la chapelle du château de Troussay SO : 3,5 km - Château de Beauregard★ Châteaux de la Loire

St-Hubert
122 rte Nationale – ✆ 02 54 79 96 60 – www.hotel-sthubert.com
21 ch – †55 € ††60 € – ☕ 9 € – ½ P 60 €
Rest *(fermé dim. soir, merc. midi et vend. de nov. à mars)* – Formule 18 € – Menu 26/39 € – Carte 32/58 €
◆ Un petit hôtel placé sous la protection du patron des chasseurs – logique dans une localité avec une telle tradition de vénerie ! Plaisante ambiance provinciale, âtre au salon... Salle de restaurant lumineuse et colorée ; cuisine traditionnelle et gibier en saison.

à Cheverny 1 km au Sud – 936 h. – alt. 110 m – ✉ 41700

Château du Breuil
23 rte de Fougères, Ouest : 3 km par D 52 et voie privée – ✆ 02 54 44 20 20 – www.chateau-hotel-du-breuil.com
35 ch – †120/185 € ††140/230 € – 4 suites – ☕ 16 €
Rest *(dîner seult) (résidents seult)* – Menu 40 €
◆ Visitez Cheverny et logez au Breuil : un parc arboré de 30 ha préserve ce petit château (18e s.) du monde extérieur. Décor soigné ; quelques belles chambres dans les anciennes granges, côté verger. Cuisine traditionnelle au restaurant.

COURCOURONNES – 91 Essonne – 312 D4 – 101 36 – voir à Paris, Environs (Évry)

COURLAOUX – 39 Jura – 321 C7 – rattaché à Lons-le-Saulnier

COURMES – 06 Alpes-Maritimes – **341** D5 – **96 h.** – **alt. 630 m** – ✉ **06620** **42** E2

▶ Paris 942 – Marseille 214 – Monaco 71 – Nice 57

Auberge de Courmes avec ch

3 r. des Platanes – ☎ 04 93 77 64 70 – www.aubergedecourmes.com – Fermé 15 déc.-31 janv.

5 ch – †54 € ††54 € – ☕ 6 € – ½ P 55 €

Rest *(fermé mardi sauf juil.-août et lundi)* – Formule 18 € – Menu 23 €

◆ Gaspacho de tomate, filet de loup à la plancha, clafoutis aux fraises... Dans cette auberge communale reprise par un jeune couple sympathique, on savoure une agréable petite cuisine de terroir et de tradition. Jolie terrasse et, pour l'étape, des chambres très sobres.

COURS – 69 Rhône – **327** E3 – **3 899 h.** – **alt. 543 m** – ✉ **69470** **44** A1

▶ Paris 416 – Chauffailles 17 – Lyon 75 – Mâcon 70

au col du Pavillon 4 km à l'Est par D 64 – alt. 755 m – ✉ 69470 Cours la Ville

Le Pavillon

rest,

– ☎ 04 74 89 83 55 – www.hotel-pavillon.com

21 ch – †47 € ††57 € – ☕ 9 € – ½ P 54 €

Rest *(fermé dim. soir)* – Formule 12 € – Menu 16 € – Carte 30/55 €

◆ Pour une véritable cure de repos parmi les sapins, au col du Pavillon, bon point de départ pour de nombreuses randonnées. Une cuisine simple et classique, des chambres confortables (avec terrasse ou balcon) : les amateurs sont comblés.

COURSAC – 24 Dordogne – **329** E5 – **1 761 h.** – **alt. 200 m** – ✉ **24430** **4** C1

▶ Paris 556 – Angoulême 91 – Bordeaux 127 – Périgueux 14

Le Clos Bruyols sans rest

impasse de Bruyols – ☎ 05 53 07 56 61 – www.le-clos-bruyols.com – Fermé déc.

4 ch ☕ – †85/90 € ††90/120 €

◆ De chaque pièce de cette métairie, la propriétaire a fait un lieu unique (objets chinés, mobilier ancien). Mention spéciale pour la suite du colombier ! Bibliothèque, billard, sauna...

COURSEULLES-SUR-MER – 14 Calvados – **303** J4 – **4 169 h.** – ✉ **14470** Normandie Cotentin **32** B2

▶ Paris 252 – Arromanches-les-Bains 14 – Bayeux 24 – Cabourg 41

ℹ 5, rue du 11 novembre, ☎ 02 31 37 46 80, www.courseulles-sur-mer.com

◉ Clocher★ de l'église de Bernières-sur-Mer E : 2,5 km - Tour★ de l'église de Ver-sur-Mer O : 5 km par D 514.

◉ Château★★ de Fontaine-Henry S : 6,5 km.

La Pêcherie avec ch

rest, ch,

pl. 6-Juin – ☎ 02 31 37 45 84 – www.la-pecherie.fr

7 ch – †65/90 € ††65/90 € – ☕ 10 € – ½ P 65/84 €

Rest – Formule 15 € – Menu 20/38 € – Carte 35/60 €

◆ Derrière la façade à colombages, un intérieur empreint de nostalgie : horloges, portraits, poutres, jolie verrière... Poissons et crustacés sont à la fête, préparés par un chef qui aime son métier. Quelques chambres sont disponibles, pour rester tout près de la plage !

LA COURTEIX – 63 Puy-de-Dôme – **326** E8 – **rattaché à Pontgibaud**

COURTENAY – 45 Loiret – **318** P3 – **3 796 h.** – **alt. 146 m** – ✉ **45320** **12** D2

▶ Paris 118 – Auxerre 56 – Nemours 44 – Orléans 101

ℹ Place Honoré Combe, ☎ 02 38 97 27 87, www.courtenay45.fr

18 de Clairis, à Savigny-sur-Clairis, Domaine de Clairis, N : 7 km, ☎ 03 86 86 33 90

à Ervauville **9 km au Nord-Ouest par N 60, D 32 et D 34 – 544 h. – alt. 152 m – ✉ 45320**

XXX **Le Gamin**

– ✆ 02 38 87 22 02 – Fermé 18 juin-5 juil., 5-27 nov., dim. soir, lundi et mardi
Rest *(nombre de couverts limité, réserver)* – Menu 70 €

◆ Pour une soirée romantique, une épicerie transformée en élégante auberge, avec terrasse et joli jardin. La cuisine est séduisante, employant volontiers des produits nobles.

LA COURTINE – 23 Creuse – 325 K6 – 874 h. – alt. 789 m – ✉ 23100 25 D2

Paris 424 – Aubusson 38 – La Bourboule 53 – Guéret 80

31 rue de la Liberté, ✆ 05 55 66 76 58

XX **Au Petit Breuil** avec ch

rte de Felletin – ✆ 05 55 66 76 67 – www.lepetitbreuil.com – Fermé 19 déc.-12 janv., vend. soir du 15 sept. au 15 avril et dim. soir
9 ch – †48 € ††58 € – ☕ 7 € – ½ P 62 €
Rest – Menu 18/46 € – Carte 25/50 €

◆ Un restaurant contemporain et lumineux ouvrant sur la verdure. Salade de ris de veau, foie gras chaud et, en saison, champignons : dans l'assiette, de jolies spécialités traditionnelles et régionales. Pour l'étape, des chambres simples.

COUSSEY – 88 Vosges – 314 C2 – 715 h. – alt. 280 m – ✉ 88630 26 B3

Paris 290 – Metz 116 – Toul 48 – Vandœuvre-lès-Nancy 56

La Demeure du Gardien du Temps qui Passe

47 Grand Rue – ✆ 03 29 06 99 83 – www.lademeure88.com
5 ch ☕ – †55 € ††75 € **Table d'hôte** – Menu 20 €

◆ Cet ancien relais de poste (18e s.) dégage un charme authentique : jolis meubles chinés dans les chambres spacieuses et agréable salon-bibliothèque. À la table d'hôte, cuisine régionale avec de bonnes spécialités lorraines.

COUTANCES – 50 Manche – 303 D5 – 9 436 h. – alt. 91 m 32 A2

– ✉ 50200 Normandie Cotentin

Paris 335 – Avranches 52 – Cherbourg 76 – St-Lô 28

place Georges Leclerc, ✆ 02 33 19 08 10, www.tourisme-coutances.fr

Cathédrale★★★ : tour-lanterne★★★, parties hautes★★ - Jardin des Plantes★.

Plan page suivante

Cositel

r. de St-Malo par ④ – ✆ 02 33 19 15 00 – www.cositel.fr
55 ch – †67/102 € ††67/102 € – ☕ 11 € – ½ P 121/156 €
Rest *(fermé sam. midi et dim. midi)* – Formule 11 € – Menu 19 € (sem.), 23/35 € – Carte 19/41 €

◆ Sur les hauteurs de la ville, au milieu des champs (et de quelques maisons), cet hôtel moderne se révèle agréable : un ensemble bien pensé, fonctionnel et lumineux. Au restaurant, on peut admirer la cité couvée par la silhouette de sa cathédrale... Réservez à l'avance pour le festival Jazz sous les pommiers !

Manoir de L'Ecoulanderie sans rest

r. de la Broche – ✆ 02 33 45 05 05 – www.l-b-c.com **Yb**
4 ch ☕ – †130 € ††150 €

◆ Un enchantement ! Cette demeure blanche (17es.) et son jardin, tout en fleurs et bassins, dominent la ville et sa superbe cathédrale. On peut même en admirer les tours effilées depuis la piscine ! "Sous-bois", "La Source", "La Suite" : les chambres sont idéales pour une romance au charme d'antan...

COUTANCES

Albert-1er (Av.)	Z	2
Croûte (R. de la)	YZ	3
Daniel (R.)	Y	5
Duhamel (R.)	Z	6
Écluse-Chette (R. de l')	Y	8
Encoignard (Bd)	Z	9
Foch (R. Mar.)	Z	10
Gambetta (R.)	Y	12
Herbert (R. G.)	Z	13
Leclerc (Av. Division)	Y	15
Legentil-de-la-Galaisière (Bd)	Z	16
Lycée (R. du)	Z	17
Marest (R. Thomas-du)	Y	18
Milon (R.)	Y	19
Montbray (R. G.-de)	Z	20
Normandie (R. de)	Y	21
Palais-de-Justice (R. du)	Y	23
Paynel (Bd J.)	Y	24
Quesnel-Morinière (R.)	Z	26
République (Av. de la)	Y	27
St-Dominique (R.)	Y	29
St-Nicolas (R.)	Y	30
Tancrède (R.)	Y	32
Tourville (R.)	Y	33

Le Clos des Sens

55 r. Geoffroy-de-Montbray – ✆ 02 33 47 94 78 – www.leclosdessens.fr – Fermé 2 sem. en juil., 1 sem. en oct., 2 sem. en fév., dim. et lundi

Rest *(nombre de couverts limité, réserver)* – Formule 17 € – Menu 21 € (déj. en sem.), 33/46 € **Za**

◆ Jolie enseigne pour cette table logée dans une petite maison du 17es., qui conserve un peu de l'atmosphère de la cité épiscopale d'avant-guerre... La cuisine est toute d'aujourd'hui : des parfums, du croustillant, de la finesse, des cuissons précises... on se régale.

à Gratot 4 km par ④ et D 244 – 660 h. – alt. 83 m – ✉ 50200

Le Tourne-Bride

85 r. d'Argouges – ✆ 02 33 45 11 00 – Fermé 2 sem. en juil., 12-28 fév., dim. soir et lundi

Rest – Menu 18/37 € – Carte 30/60 €

◆ Près des ruines romantiques du château de Gratot, ce restaurant – et bar-tabac – fait œuvre de tradition : le chef cultive les classiques (telles les tripes à la mode de Caen !) avec fraîcheur et bonhomie.

CRAPONNE-SUR-ARZON – 43 Haute-Loire – 331 F2 – 2 149 h. – alt. 915 m – ✉ 43500 Lyon Drôme Ardèche 6 C2_3

Paris 473 – Clermont-Ferrand 110 – Le Puy-en-Velay 39 – St-Etienne 60

6, place du For, ✆ 04 71 03 23 14, www.otcraponne.com

L'Instant Gourmand

2 av. du Petit-Quina – ✆ 04 71 03 65 98 – www.restaurant-linstantgourmand-43.com – Fermé une sem. en mars, juin et nov.

Rest – Formule 13 € bc – Menu 26/52 € – Carte 30/44 €

◆ Un Instant Gourmand fait d'une cuisine plutôt contemporaine qui met en valeur les produits du Forez et du Velay. Le cadre est agréable et c'est la compagne du chef qui veille à votre bien-être. À noter : une jolie petite terrasse.

LA CRAU – 83 Var – 340 L7 – 16 356 h. – alt. 36 m – ✉ 83260 41 C3

Paris 847 – Brignoles 41 – Draguignan 71 – Hyères 9

37 avenue du 8 mai 1945, ✆ 04 94 66 14 48, www.la-crau.fr/laville_tourisme.html

Auberge du Fenouillet

20 av. du Gén.-de-Gaulle – ✆ 04 94 66 76 74 – Fermé 3-12 janv., mardi midi, dim. soir et lundi

Rest – Formule 24 € – Menu 48 € – Carte 38/75 €

◆ Fontaine et bouddhas, salles contemporaines cosy, vue sur les cuisines : une atmosphère zen, idéale pour déguster la cuisine actuelle et un brin créative du jeune chef.

CRAVANT – 89 Yonne – 319 F5 – 808 h. – alt. 120 m – ✉ 89460 7 B1

Paris 185 – Auxerre 19 – Avallon 33 – Clamecy 35

4, rue d'Orléans, ✆ 03 86 42 25 71, www.coeurdelyonne.com

Hostellerie St-Pierre

5 r. de l'Église – ✆ 03 86 42 31 67 – www.hostellerie-st-pierre.com – Fermé 20 déc.-10 janv.

9 ch – †64 € ††69 € – ☕ 9 € – ½ P 72 €

Rest *(fermé dim. hors saison) (dîner seult) (nombre de couverts limité, réserver)* – Menu 35 €

◆ Cet hôtel familial vous réserve un accueil chaleureux ; les chambres, petites mais coquettes, sont disposées autour d'une cour fleurie. Sauna et fitness dans la cave voûtée. Au restaurant, cuisine du marché et vieux millésimes à prix doux.

CRAVANT-LES-CÔTEAUX – 37 Indre-et-Loire – 317 L6 – 712 h. – alt. 50 m – ✉ 37500 11 A3

Paris 284 – Orléans 160 – Tours 45 – Joué-lès-Tours 37

Manoir des Berthaisières sans rest

– ✆ 02 47 98 35 07 – www.lesberthaisieres.com

3 ch ☕ – †55 € ††75/125 €

◆ Au cœur d'une immense propriété cultivant du cabernet-franc, ce petit manoir fortifié propose plusieurs chambres, une suite familiale et un gîte. Piscine, fitness et jacuzzi.

CRÈCHES-SUR-SAÔNE – 71 Saône-et-Loire – 320 I12 – rattaché à Mâcon

CRÉDIN – 56 Morbihan – 308 O6 – 1 452 h. – alt. 124 m – ✉ 56580 10 C2

Paris 451 – Rennes 100 – Vannes 49 – Pontivy 19

La Maison Blanche aux Volets Bleus

ch,

à Blézouan, 2,5 km à l'Est par D11 et rte secondaire – ✆ 02 97 38 58 61 – www.lamaisonblancheauxvoletsbleus.com – Fermé 2 sem. en nov., déc., janv. et 2 sem. en fév.

4 ch (½ P seult) – ½ P 110/125 € **Table d'hôte**

◆ Une Maison Blanche aux Volets Bleus dans un joli hameau... C'est dans cette atmosphère cosy que les Delhange – un charmant couple de Belges – vous reçoivent. Passionnés de cuisine, ils organisent des ateliers culinaires... Esprit de famille à la table d'hôte.

CREIL – 60 Oise – 305 F5 – 34 580 h. – alt. 30 m – ✉ 60100 36 B3

Île de France

Paris 63 – Beauvais 45 – Chantilly 9 – Clermont 17

41, place du Général-de-Gaulle, ✆ 03 44 55 16 07, www.tourismecreil.fr

18 d'Apremont, à Apremont, CD 606, SE : 6 km par D 1330, ✆ 03 44 25 61 11

La Ferme de Vaux

à Vaux , (sur D 120 direction Verneuil) – ✆ 03 44 64 77 00 – www.la-ferme-de-vaux.com – Fermé 4-19 août

28 ch – †75 € ††82 € – ☕ 9 € – ½ P 71 €

Rest *La Ferme de Vaux* – voir les restaurants ci-après

◆ Cette ancienne ferme francilienne (19ᵉs.), construite autour d'une cour fermée, se situe entre Chantilly et Senlis : une étape pratique pour le tourisme. Les chambres sont simples et bien tenues, plus spacieuses au rez-de-chaussée.

La Ferme de Vaux

à Vaux , (sur D 120 direction Verneuil) – ✆ 03 44 64 77 00 – www.la-ferme-de-vaux.com – Fermé 4-19 août, dim. soir, vend. soir et sam.

Rest – Menu 19/38 € – Carte 42/60 €

◆ Des pierres apparentes et une déco gaie et moderne... Du cachet ! La cuisine est traditionnelle : grenadin de veau, faux-filet au poivre vert, marmite de la mer, etc.

CRÉMIEU – 38 Isère – 333 E3 – 3 327 h. – alt. 200 m – ✉ 38460 44 B2

Lyon Drôme Ardèche

Paris 488 – Belley 49 – Bourg-en-Bresse 64 – Grenoble 86

9, place de la Nation Charles de Gaulle, ✆ 04 74 90 45 13, www.ville-cremieu.fr

Halles★.

Auberge de la Chaite avec ch

pl. des Tilleuls – ✆ 04 74 90 76 63 – www.aubergedelachaite.com – Fermé 6-24 avril, 26 août-2 sept., 20 déc.-15 janv., merc. midi, dim. soir et lundi

9 ch – 🚹47/58 € 🚹🚹49/72 € – ☕ 9 €

Rest – Menu 19 € (sem.), 29/38 € – Carte 29/56 €

◆ Face à la Porte de la Loi, cette maison de pays propose une cuisine très traditionnelle dans un cadre rustique (ou en terrasse quand le temps le permet). Chambres simples au charme désuet pour l'étape.

CRENEY-PRÈS-TROYES – 10 Aube – 313 E4 – rattaché à Troyes

CREON – 33 Gironde – 335 I6 – 4 030 h. – alt. 110 m – ✉ 33670 3 B1

Aquitaine

Paris 597 – Bordeaux 25 – Arcachon 88 – Langon 32

65, boulevardd Victor Hugo, ✆ 05 56 23 23 00

Château Camiac ch, rest,

rte de la forêt, (D 121) – ✆ 05 56 23 20 85 – www.chateaucamiac.com – Ouvert 2 mai-2 oct.

13 ch – 🚹160/280 € 🚹🚹160/280 € – 1 suite – ☕ 20 €

Rest *(fermé mardi et le midi en sem.)* – Menu 40 € – Carte 62/104 €

◆ Un beau château des 18eet 19es., au cœur du vignoble bordelais et d'un parc de 8 ha. Meubles de style, confort et authenticité : une étape pleine de charme... Les sportifs sauront profiter de la grande piscine et du tennis.

CRÉON-D'ARMAGNAC – 40 Landes – 335 K11 – 310 h. – alt. 130 m – ✉ 40240 4 C2

Paris 700 – Bordeaux 122 – Condom 47 – Mont-de-Marsan 36

Le Poutic ch,

1,5 km au Sud, rte de Cazaubon, par D 51 – ✆ 05 58 44 66 97 – www.chambre-hotes-landes.fr

3 ch ☕ – 🚹57/61 € 🚹🚹62/70 €

Table d'hôte *(fermé sam. et dim.)* – Menu 25 € bc/45 € bc

◆ Des chênes, des tilleuls, un beau parc et des chambres soignées (entrée indépendante). Douceur de vivre dans cette belle ferme landaise et... plaisirs gourmands (week-ends foie gras, armagnac...). Table régionale mettant le canard à l'honneur.

CRÉPON – 14 Calvados – 303 I4 – 213 h. – alt. 52 m – ✉ 14480 32 B2

Normandie Cotentin

Paris 257 – Bayeux 13 – Caen 23 – Deauville 66

Ferme de la Rançonnière
rte d'Arromanches-les-Bains – ✆ 02 31 22 21 73 – www.ranconniere.fr
35 ch – †60/180 € ††60/180 € – 2 suites – ☕ 12 € – ½ P 66/129 €
Rest ***Ferme de la Rançonnière*** – voir les restaurants ci-après
◆ Charme et caractère ! Imaginez une ferme médiévale fortifiée qui aurait conservé tout son cachet : pierres robustes, poutres patinées, mobilier d'époque... Les chambres sont à l'avenant et dégagent un luxe discret et authentique. Au cœur du Bessin.

Manoir de Mathan
à 600 m.
21 ch – †100/195 € ††100/195 € – 2 suites – ☕ 12 €
◆ Assurance de nuits très calmes dans les grandes chambres de cette ancienne métairie du 18ᵉs. (à 600 m de la Rançonnière), dont le décor de bois et de pierre fait remonter le temps...

Ferme de la Rançonnière – Hôtel Ferme de la Rançonnière
rte d'Arromanches-les-Bains – ✆ 02 31 22 21 73 – www.ranconniere.fr – Fermé 7-27 janv.
Rest – Formule 24 € – Menu 29/40 € – Carte 40/60 €
◆ Un cadre historique admirablement préservé : grande cheminée, belles voûtes en pierre... Le cadre idéal pour une cuisine traditionnelle et raffinée : terrine de pavé d'Isigny, gourmandise de lotte en aïoli, etc., et même un menu médiéval !

CRESSERONS – 14 Calvados – 303 J4 – rattaché à Douvres-la-Délivrande

CREST – 26 Drôme – 332 D5 – 7 793 h. – alt. 196 m – ✉ 26400 44 B3

Lyon Drôme Ardèche
▶ Paris 585 – Die 37 – Gap 129 – Grenoble 114
ℹ place du Docteur Rozier, ✆ 04 75 25 11 38, www.crest-tourisme.com
⛳ du Domaine de Sagnol, à Gigors-et-Lozeron, Domaine de Sagnol, NE : 19 km par D 731, ✆ 04 75 40 98 00
👁 Donjon★ : ✳★.

Kléber
6 r. A.-Dumont – ✆ 04 75 25 11 69 – www.le-kleber.com – Fermé 2-11 janv., dim. soir hors saison, merc. midi et lundi
Rest – Formule 25 € – Menu 39/59 € – Carte 65/90 €
◆ Dans une maison du centre-ville, un cadre contemporain feutré (tons beige et chocolat, tableaux, mise de table élégante) pour une cuisine actuelle et joliment présentée.

à La Répara-Auriples 8 km au Sud par D 538 et D 166 rte d'Autichamp – 229 h. – alt. 350 m – ✉ 26400

Le Prieuré des Sources
lieu dit Bouchassagne – ✆ 04 75 25 03 46 – www.prieuredessources.com
5 ch – †125/225 € ††125/225 € – ☕ 15 €
Table d'hôte – Menu 48 €
◆ Cet ancien prieuré vous ouvre ses portes : salon et salle à manger voûtés, grandes chambres décorées dans un style africain ou asiatique. Espace bien-être (fitness, jacuzzi, massages...). Cuisine au goût du jour avec les produits bio du potager et du marché.

CREST-VOLAND – 73 Savoie – 333 M3 – 388 h. – alt. 1 230 m 46 F1

– Sports d'hiver : 1 230/2 000 m ⛷17 ⛷ – ✉ 73590 Alpes du Nord
▶ Paris 588 – Albertville 24 – Annecy 53 – Chamonix-Mont-Blanc 47
ℹ Maison de Crest-Voland, ✆ 04 79 31 62 57, www.crestvoland-cohennoz.com

Le Caprice des Neiges
rte du Col des Saisies : 1 km – ✆ 04 79 31 62 95 – www.hotel-capricedesneiges.com – Ouvert de déc. à mi-avril et de mai à mi-sept.
16 ch – †65/138 € ††65/138 € – ☕ 12 € – ½ P 91/108 €
Rest ***Le Caprice des Neiges*** – voir les restaurants ci-après
◆ Un grand chalet fleuri en été, couvert de neige ouatée en hiver, à l'atmosphère chaleureuse et familiale. Les chambres sont habillées de bois brut et, après le ski, on se prélasse devant la cheminée. Sympathique caprice !

Mont Bisanne
– ✆ 04 79 31 60 26 – www.mont-bisanne.com – Ouvert mi-déc. à mi-avril et début juil. à fin août
14 ch – †45/50 € ††62/90 € – ☕ 9 € – ½ P 62/75 €
Rest *(fermé lundi sauf vacances scolaires en hiver, lundi et mardi en été)* – Formule 12 € – Menu 35 € (dîner), 40/50 € – Carte 20/50 €
◆ Chalet au cœur du village, face au télésiège. Les chambres, de style régional (lambris et mobilier vernis), y sont simples et fonctionnelles. Au restaurant, deux ambiances : savoyarde avec vue sur les Alpes ou contemporaine et cosy. Cuisine actuelle.

Le Caprice des Neiges – Hôtel Le Caprice des Neiges
rte du Col des Saisies : 1 km – ✆ 04 79 31 62 95 – www.hotel-capricedesneiges.com – Ouvert de déc. à mi-avril et de mai à mi-sept. et fermé le midi sauf vend. et sam. en hiver et dim.
Rest – Formule 15 € – Menu 22 € (sem.), 25/50 € – Carte 34/47 €
◆ Un restaurant de style savoyard, avec des baies vitrées donnant sur le massif des Aravis. Une truite de Marlens marinée aux baies roses, une bonne petite brioche et un sorbet citron : le chef trouve son inspiration entre terroir et tradition.

CRÉTEIL – 94 Val-de-Marne – 312 D3 – 101 27 – voir à Paris, Environs

CREULLY – 14 Calvados – 303 I4 – 1 569 h. – alt. 27 m – ✉ 14480 32 B2

Paris 253 – Bayeux 14 – Caen 20 – Deauville 62

Hostellerie St-Martin avec ch
6 pl. Edmond Paillaud – ✆ 02 31 80 10 11 – www.hostelleriesaintmartin.com – Fermé 18 déc.-8 janv.
12 ch – †55/57 € ††55/57 € – ☕ 7 € – ½ P 55 €
Rest – Menu 15 € (sem.), 22/45 € – Carte 22/75 €
◆ Il a du caractère ce restaurant avec ses belles salles voûtées du 16^{e}s., autrefois anciennes halles du village. La cuisine est traditionnelle : fruits de mer, feuilleté d'andouille, faisan au chou, etc. À l'étage, des chambres toutes simples, parfaites pour cette étape gastronomique.

LE CREUSOT – 71 Saône-et-Loire – 320 G9 – 23 207 h. 8 C3
– Agglo. 92 000 h. – alt. 348 m – ✉ 71200 Bourgogne

Paris 316 – Autun 30 – Beaune 46 – Chalon-sur-Saône 38
Château de la Verrerie, ✆ 03 85 55 02 46, www.creusot.net/otsi
Château de la Verrerie ★.
Mont St-Vincent ★ ✻★★.

La Petite Verrerie
4 r. J. Guesde – ✆ 03 85 73 97 97 – www.hotelfp-lecreusot.com – Fermé 22 déc.-3 janv.
37 ch – †88/110 € ††102/129 € – 6 suites – ☕ 15 €
Rest *(fermé sam. midi et dim.)* – Formule 30 € – Menu 34/118 € – Carte 30/40 €
◆ Jadis, cette jolie maison bourgeoise était la pharmacie des usines ! Aujourd'hui, c'est un hôtel avec des chambres classiques et confortables, des salles de réception et un restaurant célébrant le terroir bourguignon et la tradition. Une autre manière de se soigner.

Le Restaurant

r. des Abattoirs – ✆ 03 85 56 32 33 – Fermé août, 1 sem. en fév., lundi soir, sam., dim.
Rest *(nombre de couverts limité, réserver)* – Menu 24 € (sem.), 28/48 €
◆ Le quartier des abattoirs s'est mué en zone industrielle, mais ici le sens des beaux produits perdure... Design (avec, pour la touche rétro, le comptoir en bois et zinc), ce Restaurant est tout trouvé pour savourer une fine cuisine du moment accompagnée de jolis crus.

à Montcenis 3 km à l'Ouest par D 784 – 2 200 h. – alt. 400 m – ✉ 71710

Le Montcenis

2 pl. du Champ-de-Foire – ✆ 03 85 55 44 36 – www.restaurantlemontcenis.fr – Fermé 15 juil.-6 août, 1 sem. en janv., dim. soir, mardi soir et lundi
Rest *(nombre de couverts limité, réserver)* – Formule 17 € – Menu 22 € (déj. en sem.), 28/56 € – Carte 37/46 €
◆ Du cachet dans le décor (cave voûtée, pierres et poutres) comme dans l'assiette. Le chef travaille de beaux produits et change sa carte cinq fois par an, histoire de titiller les gourmands. Alléchant !

à Torcy 4 km au Sud par D 28 – 3 065 h. – alt. 310 m – ✉ 71210

Le Vieux Saule

lieu dit le Vieux Saule – ✆ 03 85 55 09 53 – www.restaurant-vieux-saule.com – Fermé 26 déc.-9 janv., dim. soir et lundi
Rest – Menu 19 € (sem.), 32/52 € – Carte 48/78 €
◆ Sandre en feuille de chou, râble de lapin farci aux légumes, crépinette de pied de cochon aux morilles... On vient ici pour la tradition et l'on n'est pas déçu !

CREUTZWALD – 57 Moselle – 307 L3 – 13 367 h. – alt. 210 m – ✉ 57150 27 C1

Paris 376 – Metz 53 – Neunkirchen 61 – Saarbrücken 37

Hôtel de Ville, ✆ 03 87 81 89 89

Auberge Richebourg

– ✆ 03 87 90 17 54 – www.aubergerichebourg.com – Fermé 1er-21 août, sam. midi, dim. soir et lundi
Rest – Formule 23 € – Menu 35 € (sem.), 45/58 € – Carte 40/64 €
◆ Façade rouge brique et décor contemporain, cette table suit la tendance. Dans l'assiette, c'est la même chose : pigeon au chutney de cerises, joue de bœuf mijotée, pastilla au chocolat... Quant à la terrasse, elle est bien agréable.

CREUZIER-LE-VIEUX – 03 Allier – 326 H5 – rattaché à Vichy

CRICQUEBOEUF – 14 Calvados – 303 M3 – rattaché à Honfleur

CRILLON – 60 Oise – 305 C3 – 436 h. – alt. 110 m – ✉ 60112 36 A2

Paris 103 – Aumale 33 – Beauvais 16 – Breteuil 33

La Petite France

7 r. Moulin – ✆ 03 44 81 01 13 – www.lapetitefrance-restaurant.com – Fermé 9-25 juil., dim. soir, merc. soir, lundi et mardi
Rest – Menu 15 € (sem.), 24 € bc/37 € – Carte 36/61 €
◆ Cette accueillante auberge située dans un village du Beauvaisis abrite deux salles à manger rustiques. Carte traditionnelle dont la tête de veau ravigote, spécialité maison.

CRILLON-LE-BRAVE – 84 Vaucluse – 332 D9 – 457 h. – alt. 340 m – ✉ 84410 42 E1

Paris 687 – Avignon 41 – Carpentras 14 – Nyons 37

Crillon le Brave
pl. de l'Église – ✆ 04 90 65 61 61 – www.crillonlebrave.com – Fermé 27 nov.-21 déc. et 2 janv.-2 mars
28 ch – †250/290 € ††250/290 € – 6 suites – ☕ 19 €
Rest *Crillon le Brave* – voir les restaurants ci-après
◆ Un village perché, le mont Ventoux à perte de vue et ces belles bastides en pierre... Les chambres sont tout imprégnées de Provence et le jardin à l'italienne descend jusqu'à la piscine. Magnifique, rare !

Crillon le Brave
pl. de l'Église – ✆ 04 90 65 61 61 – www.crillonlebrave.com – Fermé 27 nov.-21 déc. et 2 janv.-2 mars
Rest – Formule 25 € – Carte 50/80 €
◆ Niché au cœur d'un village tout en pierres, avec un grand morceau de Provence pour horizon (quelle terrasse romantique !), ce restaurant très élégant cultive évidemment le goût du Sud. À la carte : produits locaux et vins du cru.

CRISENOY – 77 Seine-et-Marne – 312 F4 – rattaché à Melun

LE CROISIC – 44 Loire-Atlantique – 316 A4 – 4 073 h. – alt. 6 m **34 A2**
– ✉ 44490 Bretagne
Paris 459 – La Baule 9 – Nantes 86 – Redon 66
6 rue du Pilori, ✆ 02 40 23 00 70, www.tourisme-lecroisic.fr
du Croisic, Golf de la Pointe, O : 3 km, ✆ 02 40 23 14 60
Océarium★ - ≤★ du Mont-Lénigo.

Le Fort de l'Océan
pointe du Croisic- AY – ✆ 02 40 15 77 77 – www.hotelfortocean.com
9 ch – †200/360 € ††200/360 € – ☕ 21 €
Rest *Le Fort de l'Océan* – voir les restaurants ci-après
◆ Un fortin en granit (17ᵉs.) isolé sur la côte sauvage : dans les chambres très confortables et feutrées (joli décor à l'ancienne), on admire à loisir l'océan se déchaînant sur les chaos de rochers… et le contraste est délicieux.

Les Vikings sans rest
à Port-Lin – ✆ 02 40 62 90 03 – www.hotel-les-vikings.com AZe
24 ch – †71/111 € ††71/111 € – ☕ 13 €
◆ Un bâtiment moderne au Croisic, en retrait de l'océan, mais la plupart des chambres – avec balcon ou bow-window – dominent la côte sauvage. Assez soigné et lumineux.

Les Nids sans rest
15 r. Pasteur, à Port-Lin – ✆ 02 40 23 00 63 – www.hotellesnids.com – Ouvert 1ᵉʳ avril-4 nov. AZf
24 ch – †64/80 € ††64/93 € – ☕ 9 €
◆ L'immeuble est moderne, les chambres simplement décorées et l'ambiance familiale. Avec le jardinet, l'aire de jeu et la piscine couverte, les enfants seront ravis !

Le Fort de l'Océan – Hôtel Le Fort de l'Océan
pointe du Croisic- AY – ✆ 02 40 15 77 77 – www.hotelfortocean.com – Fermé 12 nov.-15 déc., 4 janv.-4 fév., mardi du 10 sept. au 12 juil., lundi du 13 juil. au 9 sept. et le midi sauf sam. et dim.
Rest – Menu 60/85 € – Carte 100/150 €
Spéc. Homard translucide. Doubles filets de sole en collé-serré au thym-citron (mai à sept.). "Finger" fraise, crème à la vanille Bourbon (mai à sept.).
◆ Au pied de cet ancien fort "à la Vauban", un jeune chef et son équipe concoctent une cuisine de la mer pleine d'idées et de saveurs : que de vitalité ! Cadre classique, face au jardin enserré dans les fortifications.

L'Océan
à Port-Lin – ✆ 02 40 62 90 03 – www.restaurantlocean.com AZv
Rest – Carte 70/120 € **Rest *Le Bistrot de l'Océan*** – Carte 30/50 €
◆ Une situation unique, à même les rochers de la côte sauvage, magnifiquement illuminés le soir venu. La verrière atteint plus de 30 m de longueur, face au large ! Produits de la mer "tout frais pêchés", également déclinés – avec plus de simplicité – au Bistrot.

LE CROISIC

Aiguillon (Quai d')	AY	2
Cordiers (R. des)	BY	6
Europe (R. de l')	AY	7
Gaulle (Pl. du Gén.-de)	AZ	9
Grande-Rue	AY	12
Lénigo (Quai du)	AY	13
Lepré (Pl. Donatien)	AY	16
Mail de Broc (R. du)	AY	17
Petite Chambre (Q. de la)	BY	20
Pilori (R. du)	BY	22
Poilus (R. des)	BZ	23
Port Charly (Quai)	AY	26
Port Ciguet (Quai du)	AY	27
Port Lin (Av. de)	AZ	28
Rielle (Quai Hervé)	BY	32
Saint-Christophe (R.)	BY	33
Saint-Goustan (Av. de)	AY	35
18-Juin-1940 (Pl. du)	BZ	36

La Bouillabaisse Bretonne

12 quai de la Petite Chambre, (au port) – ✆ 02 40 23 06 74
– *www.labouillabaisse-lecroisic.com* – *Fermé 4 janv.-20 mars, le soir en sem. hors saison, dim. soir et mardi sauf juil.-août et lundi* BY**s**

Rest – Menu 17/35 € – Carte 32/70 €

◆ L'enseigne fera sourciller les Marseillais, mais la vue sur les flots réconciliera Bretons et Provençaux. Homards et langoustines vous tendent leurs pinces, en toute simplicité.

XX **Le Lénigo** VISA AE

11 quai Lénigo – ✆ 02 40 23 00 31 – www.le-lenigo.fr – Ouvert 15 fév.-11 nov. et fermé mardi sauf août et lundi AY**b**

Rest – Menu 27/42 € – Carte 40/70 €

◆ Face à la criée, embarquez dans ce restaurant tenu par toute une famille très sympathique. Atmosphère marine (bois vernis, hublots) et cuisine de la mer fraîche et soignée.

LA CROIX-BLANCHE – 71 Saône-et-Loire – 320 I11 – rattaché à Berzé-la-Ville

---

LA CROIX-FRY (COL DE) – 74 Haute-Savoie – 328 L5 – rattaché à Manigod

---

LA CROIX-ST-LEUFROY – 27 Eure – 304 H7 – 1 068 h. – alt. 24 m – ✉ 27490 33 D2

Paris 98 – Rouen 46 – Évreux 18 – Mantes-la-Jolie 47

XX **Le Cheval Blanc** VISA AE

27 r. de Louviers – ✆ 02 32 34 82 86 – Fermé 24 déc.-12 janv., dim. soir, mardi soir et merc.

Rest – Formule 18 € bc – Menu 27/35 € – Carte 33/49 €

◆ Terrine de foie de volaille, cuisse de pintade farcie et sa sauce au foie gras, camembert au calvados... Aucun doute, dans cette maison de pays joliment rustique, la tradition gourmande est au rendez-vous !

LA CROIX-VALMER – 83 Var – 340 O6 – 3 273 h. – alt. 120 m – ✉ 83420 Côte d'Azur 41 C3

Paris 873 – Draguignan 48 – Fréjus 35 – Le Lavandou 27

esplanade de la Gare, ✆ 04 94 55 12 12, www.lacroixvalmer.fr

Gassin Golf Country Club, à Gassin, Route de Ramatuelle, N : 8 km, ✆ 04 94 55 13 44

L'Orangeraie A/C ch, P VISA AE

rte de Ramatuelle – ✆ 04 94 55 27 27 – www.hotel-lorangeraie.com – Ouvert 6 avril-13 oct.

31 ch – †105/149 € ††105/325 € – ☕ 18 €

Rest *(ouvert 1er mai-30 sept. et fermé mardi)* – Menu 30 € – Carte 35/53 €

◆ Couvent, puis orphelinat, puis hôtel à la Belle Époque. Hall majestueux et vastes chambres romantiques, la plupart tournées vers la palmeraie et la mer : du lustre et du cachet ! Petite restauration en été dans un cadre historique.

Les Trois Îles sans rest A/C P VISA

146 bd du Littoral, Le Vergeron, rte de Gigaro – ✆ 04 94 49 03 73 – www.3iles.com – Ouvert mi-mars à mi-oct.

5 ch ☕ – †125/260 € ††125/260 €

◆ En face des îles d'Or, cette belle villa récente niche dans un charmant jardin fleuri, à flanc de colline. Les chambres sont chic et de bon goût, et l'on est aux petits soins.

à Gigaro 5 km au Sud-Est par rte secondaire – ✉ 83420 La Croix-Valmer

Château de Valmer Spa A/C P VISA AE

plage de Gigaro – ✆ 04 94 55 15 15 – www.chateauvalmer.com – Ouvert de mi-avril à mi-oct.

42 ch – †235/350 € ††235/515 € – 1 suite – ☕ 28 €

Rest *Château de Valmer* – voir les restaurants ci-après

◆ Une belle allée de palmiers qui se fraie un chemin entre les vignes : la première image offerte par ce domaine viticole du 19es. Tout y confirme l'impression liminaire : raffinement, lumière, esprit azuréen... et pour une nuit très romantique, deux magnifiques cabanes perchées dans les arbres !

La Pinède-Plage

plage de Gigaro – ✆ 04 94 55 16 16 – www.pinedeplage.com – Ouvert fin avril à début oct.

33 ch – 235/590 € 235/590 € – 28 €

Rest *La Pinède-Plage* – voir les restaurants ci-après

◆ L'hôtel porte bien son nom : ombragé de pins parasols et directement sur la plage ! Un établissement avec beaucoup de charme et de belles chambres ouvertes sur le large... Impression d'être loin de tout : parfait pour les vacances.

Château de Valmer – Hôtel Château de Valmer

plage de Gigaro – ✆ 04 94 55 15 15 – www.chateauvalmer.com – Ouvert de mi-avril à mi-oct. et fermé mardi

Rest *(dîner seult)* – Carte 70/90 €

◆ Artichauts violets "cuits, crus, frits" aux agrumes du château ; loup côtier à la plancha ; fraîcheur de pêches blanches... une carte éprise de Provence, dans un cadre séduisant (superbe terrasse). Et l'on peut découvrir les vins du domaine !

La Pinède-Plage – Hôtel La Pinède-Plage

plage de Gigaro – ✆ 04 94 55 16 16 – www.pinedeplage.com – Ouvert fin avril à début oct.

Rest – Carte 65/90 €

◆ Plaisirs d'un repas en bord de mer, sur une plage privée – avec en prime une belle vue sur les îles d'Or –, autour d'une jolie cuisine méridionale, mêlant poisson, terroir provençal et spécialités italiennes. Réservez !

CROS-DE-CAGNES – 06 Alpes-Maritimes – 341 D6 – rattaché à Cagnes-sur-Mer

---

CROZANT – 23 Creuse – 325 G2 – 511 h. – alt. 263 m – ✉ 23160 25 C1

Limousin Berry

Paris 329 – Argenton-sur-Creuse 31 – La Châtre 46 – Guéret 41

Ruines★.

Auberge de la Vallée

14 r. Guillaumin – ✆ 05 55 89 80 03 – www.laubergedelavallee.fr – Fermé 15 juin-1er juil., 1er-20 sept., mardi et merc.

Rest – Menu 16 € (sem.), 31/47 € – Carte 55/70 €

◆ Viandes d'éleveurs locaux, fromages de la région et légumes de son grand potager : le chef aime les beaux produits, dont il tire une bonne cuisine traditionnelle. Une sympathique auberge de campagne !

CROZET – 01 Ain – 328 J3 – 1 766 h. – alt. 540 m – ✉ 01170 46 F1

Paris 537 – Lyon 153 – Bourg-en-Bresse 105 – Genève 16

Jiva Hill Park Hôtel

rte d'Harée – ✆ 04 50 28 48 48 – www.jivahill.com

34 ch – 192/520 € 192/520 € – 22 € – ½ P 70 €

Rest *Shamwari* – voir les restaurants ci-après

◆ Raffinement, luxe et lignes contemporaines à 10 mn de l'aéroport de Genève. Cet hôtel, pensé comme un lodge sud-africain, est placé sous le signe de la sophistication chic.

Shamwari – Jiva Hill Park Hôtel

rte d'Harée – ✆ 04 50 28 48 47 – www.jivahill.com – Fermé dim. soir et lundi

Rest – Formule 24 € – Menu 34 € (déj. en sem.), 48/88 € – Carte 71/109 €

◆ Ce restaurant est décoré dans un style lodge, comme l'hôtel Jiva Hill Park où il se situe ; sa terrasse face au mont Blanc impressionne... Un lieu dans l'air du temps, comme sa goûteuse cuisine.

CROZON – 29 Finistère – 308 E5 – 7 680 h. – alt. 85 m – ✉ 29160 9 A2

Bretagne

Paris 587 – Brest 60 – Châteaulin 35 – Douarnenez 40

boulevard de Pralognan, ✆ 02 98 27 07 92, www.officedetourisme-crozon-morgat.fr

Retable★ de l'église.

Circuit des Pointes★★★.

De la Presqu'île

pl. de l'Église – ✆ 02 98 27 29 29 – Fermé 3 sem. en mars et 3 sem. en oct.
13 ch – †53/86 € ††53/86 € – ☕ 11 € – ½ P 67/83 €
Rest *Le Mutin Gourmand* – voir les restaurants ci-après
◆ Cette maison bretonne sur la place de l'église était autrefois la mairie de Crozon. Transformation réussie car l'établissement a été décoré avec goût. Restaurant gourmand, petites chambres plaisantes et ambiance marine.

Le Mutin Gourmand – Hôtel de la Presqu'île

pl. de l'Église – ✆ 02 98 27 06 51 – Fermé 3 sem. en mars, 3 sem. en oct., dim. soir et mardi midi hors saison, lundi sauf le soir en saison
Rest – Menu 29/75 € – Carte 37/51 €
◆ Ici, poissons et crustacés sont extrafrais ! Avec une araignée de mer, le chef imagine des cannellonis façon thaï : une autre manière d'appréhender la cuisine bretonne. Belle sélection de vins du Languedoc et de la Loire.

au Fret 5,5 km au Nord par D 155 et D 55 – ✉ 29160 Crozon

Hostellerie de la Mer

11 quai du Fret – ✆ 02 98 27 61 90 – www.hostelleriedelamer.com – Fermé vend., sam. et dim. en janv.
24 ch – †54/85 € ††54/130 € – ☕ 11 € – ½ P 62/100 €
Rest *(fermé 2 janv.-7 fév., sam. midi, dim. soir et lundi midi du 11 fév.-5 avril et du 4 nov.-24 déc.)* – Formule 19 € – Menu 26/73 € – Carte 39/155 €
◆ Face au port et à la rade de Brest, cette hostellerie ose le compromis entre style contemporain et néobreton. Beau panorama de certaines chambres et du restaurant où l'on honore, en toute logique, la mer.

CRUGNY – 51 Marne – 306 E7 – 606 h. – alt. 100 m – ✉ 51170 — 13 B2

Champagne Ardenne

Paris 135 – Châlons-en-Champagne 71 – Reims 28 – Soissons 39

La Maison Bleue

46 r. Haute – ✆ 03 26 50 84 63 – www.la-maison-bleue.com
4 ch ☕ – †90/135 € ††100/150 € **Table d'hôte** – Menu 45 € bc
◆ Au milieu d'un parc paisible baigné par un étang, cette accueillante maison se prête à un séjour agréable : piscine, jacuzzi et chambres confortables ; la plus spacieuse, sous les toits, donnant sur la vallée de l'Ardre... À la table d'hôte, cuisine traditionnelle mâtinée d'exotisme.

CRUIS – 04 Alpes-de-Haute-Provence – 334 D8 – 590 h. – alt. 728 m – ✉ 04230 — 40 B2

Paris 732 – Digne-les-Bains 42 – Forcalquier 22 – Manosque 42

Auberge de l'Abbaye avec ch

– ✆ 04 92 77 01 93 – http://auberge-abbaye-cruis.monsite-orange.fr – Fermé vacances de la Toussaint, de Noël, de fév., dim. soir, mardi soir et merc. de sept. à juin et le midi du lundi au jeudi en juil.-août
8 ch – †55/75 € ††55/75 € – ☕ 10 € – ½ P 63/73 €
Rest *(nombre de couverts limité, réserver)* – Formule 25 € – Menu 30/55 €
◆ Sympathique auberge familiale, avec une agréable terrasse ombragée près de l'église. La cuisine est fine et valorise les produits du terroir (canard, caille, agneau de Sisteron...). Chambres simples et impeccablement tenues. Pain maison au petit-déjeuner.

CRUSEILLES – 74 Haute-Savoie – 328 J4 – 3 657 h. – alt. 781 m – ✉ 74350 — 46 F1

Paris 537 – Annecy 19 – Bellegarde-sur-Valserine 44 – Bonneville 37
126 route Annecy, ✆ 04 50 27 70 96

XXX **L'Ancolie** avec ch

au parc des Dronières, Nord-Est : 1 km par D 15 – ✆ 04 50 44 28 98 – www.lancolie.com – Fermé vacances de la Toussaint et 23 janv.-12 fév.

10 ch – †94/132 € ††94/132 € – ☕ 15 € – ½ P 98/114 €

Rest *(fermé dim. soir sauf juil.-août et lundi)* – Formule 24 € – Menu 30 € (déj. en sem.), 43/72 € – Carte 59/75 €

◆ Au bord d'un petit lac, en toute quiétude, un agréable chalet où règne une charmante atmosphère savoyarde. À table, on déguste de bons petits plats traditionnels, tels ces médaillons de mignons de veau aux morilles ou ces filets de féra... Terrasse panoramique et, pour l'étape, jolies chambres lambrissées.

aux Avenières **6 km au Nord par D 41 et rte secondaire – ✉ 74350 Cruseilles**

Domaine du Château des Avenières

1060 rte du Château, (Lieu-Dit Chenaz) – ✆ 04 50 44 02 23 – www.avenieres.com – Fermé vacances de la Toussaint

14 ch – †140/590 € ††140/590 € – 6 suites – ☕ 20 €

Rest ***Domaine du Château des Avenières*** – voir les restaurants ci-après

◆ Bâti en 1907, ce manoir baroque semble nimbé de mystère. Son parc représentant un papillon, ses chambres de caractère – l'une d'elles dispose même d'un observatoire ! –, son annexe au chic très contemporain... sans parler de la vue imprenable sur la chaîne des Aravis : tout ici est romantique et romanesque.

XXX **Domaine du Château des Avenières**

1060 rte du Château, (Lieu-Dit Chenaz) – ✆ 04 50 44 02 23 – www.avenieres.com – Fermé vacances de la Toussaint

Rest – Formule 29 € – Menu 45/89 € – Carte 80/100 €

◆ Un lieu superbe, atypique et rococo, pour une cuisine créative et colorée, qui mêle les saveurs avec originalité. Que diriez-vous d'un roulé de saumon fumé maison, accompagné d'un sorbet au fenouil et de fleurs de pensées ?

au Nord **5 km par D 1201 – ✉ 74350 Cruseilles**

Rey sans rest

131 rte d'Annecy, au Col du Mont Sion – ✆ 04 50 44 13 29 – www.hotel-rey.com – Fermé 26 déc.-31 janv.

30 ch – †66/107 € ††66/107 € – ☕ 9 €

◆ Séparé de la route par le jardin et le court de tennis, avec ses chambres classiques et fonctionnelles, cet hôtel est parfait pour un voyage d'affaires comme pour un séjour sportif.

XX **La Clef des Champs**

131 rte d'Annecy, au col du Mont Sion – ✆ 04 50 44 13 11 – www.hotel-rey.com – Fermé 31 déc.-13 janv.

Rest – Formule 16 € – Menu 23 € (déj. en sem.), 31/47 € – Carte 41/47 €

◆ Prenez la clef des champs juste en face de l'hôtel Rey. Le cadre est chaleureux et la cuisine traditionnelle et gourmande : rognons au madère, soufflé chaud aux framboises, jambon de sanglier et gibier en saison...

CRUZY – 34 Hérault – 339 C8 – 953 h. – alt. 92 m – ✉ 34310 22 B2

▶ Paris 787 – Albi 130 – Carcassonne 59 – Montpellier 98

X **Le Terminus**

av. de la Gare, 1,5 km au Sud-Est, rte de Quarante par D 37 – ✆ 04 67 89 71 26 – www.leterminus-cote-gare.fr – Fermé 17 sept.-1er oct., 9-22 janv.

Rest – Formule 13 € bc – Menu 21/28 € – Carte 30/50 €

◆ Terminus ! Tous les gourmands sont invités à descendre dans cette gare reconvertie en petit néobistrot convivial. On sert ici une généreuse cuisine traditionnelle et quelques plats du terroir. Gigot d'agneau et purée maison, baba au rhum...

CUCUGNAN – 11 Aude – 344 G5 – 135 h. – alt. 310 m – ✉ 11350 22 B3

Languedoc Roussillon

▶ Paris 847 – Carcassonne 77 – Limoux 79 – Perpignan 42

◉ Circuit des Corbières cathares★★.

La Tourette sans rest

4 passage de la Vierge – 06 09 64 60 47 – www.latourette.eu

3 ch – 90 € 100/120 €

♦ Une jolie maison lovée au cœur de ce village pittoresque, au calme. "Indienne", "Indigo"... chaque chambre est une invitation raffinée au voyage et, au petit-déjeuner, on se régale de préparations maison. Chaleureux et tellement Sud !

Auberge du Vigneron avec ch

ch, VISA

– 04 68 45 03 00 – www.auberge-vigneron.com – Ouvert 16 mars-10 nov.

7 ch – 54/58 € 58/69 € – 9 € – ½ P 55/63 €

Rest *(fermé mardi midi hors saison, sam. midi en juil.-août et lundi)* – Formule 18 € – Menu 21 € (sem.), 28/38 € – Carte environ 43 €

♦ Une affaire de famille ! En cuisine, la chef et sa fille concoctent des plats traditionnels mais originaux ; monsieur est aux petits soins et leur pâtissier de fils (et frère) prépare les desserts... Sur la terrasse, la vue sur les vignobles est superbe et, pour l'étape, les chambres sont joliment arrangées.

Auberge de Cucugnan avec ch

ch, VISA

2 pl. Fontaine – 04 68 45 40 84 – www.auberge-de-cucugnan.com – Fermé 1er janv.-1er mars

9 ch – 52 € 52 € – 8 € – ½ P 51 €

Rest *(fermé jeudi sauf juil.-août)* – Formule 11 € – Menu 18/52 € – Carte 23/50 €

♦ Dans cette maison de pays au cœur du village, le temps semble s'être arrêté : on savoure tranquillement une cuisine traditionnelle simple dans une ambiance rustique (normal pour une ancienne grange)... Pour faire étape, les chambres sont sobres et très propres.

La Table du Curé avec ch

ch, VISA

1 chemin de Padern – 04 68 45 01 46 – www.auberge-la-table-du-cure.com – Fermé 12 nov.-31 janv.

3 ch – 55 € 55/65 € – 7 € – ½ P 51/56 €

Rest – Menu 16/52 € bc – Carte 20/50 €

♦ Fruits et légumes cathares, agneau catalan, pain et pâtes du moulin de Cucugnan : de beaux produits ancrés dans le terroir, au service d'une cuisine traditionnelle goûteuse et généreuse ! Dans sa maison rustique, ce curé sait recevoir... et peut même vous héberger dans de jolies chambres, épurées et nettes.

à Duilhac-sous-Peyrepertuse 4 km au Nord-Ouest par D 14 – 124 h. – alt. 336 m – ✉ 11350

Hostellerie du Vieux Moulin sans rest

VISA

24 r. de la Fontaine – 04 68 45 03 00 – www.auberge-vigneron.com – Ouvert 1er avril-11 nov.

14 ch – 58 € 65 €

♦ C'est un moulin en pierre, aux volets bleus, digne des contes d'Alphonse Daudet. Les chambres, impeccablement tenues, sont simples mais ont une âme – un petit côté rustique vraiment charmant.

CUCURON – 84 Vaucluse – 332 F11 – 1 829 h. – alt. 350 m – ✉ 84160 42 E1

Provence

Paris 739 – Apt 25 – Cavaillon 39 – Digne-les-Bains 109

rue Léonce Brieugne, 04 90 77 28 37, www.cucuron-luberon.com

Le Pavillon de Galon sans rest

chemin de Galon – 04 90 77 24 15 – www.pavillondegalon.com

3 ch – 175/265 € 190/280 €

♦ Un magnifique parc classé (jardin à la française, vignes, verger, buis, oliviers...) entoure ce pavillon de chasse du 18e s. Un domaine très privé, aux chambres raffinées.

La Petite Maison de Cucuron (Éric Sapet)
pl. de l'Étang – ✆ 04 90 68 21 99 – www.lapetitemaisondecucuron.com – Fermé lundi et mardi
Rest *(nombre de couverts limité, réserver)* – Menu 46/68 €
Spéc. Charlotte d'asperge verte, chair de tourteau et mayonnaise à la pomme (printemps). Lièvre à la royale (oct. à déc.). Tarte sablée aux fruits de saison. **Vins** Vin de pays des Bouches du Rhone, Luberon.
◆ Cette petite maison jaune près de l'étang propose une belle et goûteuse cuisine, au gré de l'inspiration du chef et du marché. Superbes salles à l'étage et délicieuse terrasse, comme un souvenir du temps jadis (boiseries, tomettes, tapisseries).

L'Horloge
55 r. L. Brieugne – ✆ 04 90 77 12 74 – www.horloge.netfirms.com – Fermé mardi de nov. à avril et merc.
Rest – Menu 20/46 € – Carte 35/60 €
◆ Changement d'heure en cette Horloge : depuis 2011, un jeune couple règne sur cet ancien pressoir à huile du 14ᵉs. Le nouveau chef et patron signe des petits plats aux accents provençaux.

CUERS – 83 Var – 340 L6 – 9 933 h. – alt. 140 m – ✉ 83390 — 41 C3

Paris 834 – Brignoles 25 – Draguignan 59 – Marseille 84
Place de la Convention, ✆ 04 94 48 56 27, www.ot-cuers.fr

Hôtellerie Kouros sans rest
Zac les Défens – ✆ 04 94 66 69 25 – www.hotelleriekouros.fr
8 ch – †72/95 € ††72/95 € – ☕ 10 €
◆ Une vraie hôtellerie d'aujourd'hui, tout en matières et tons naturels. "Patmos", "Rhodes", "Samos", etc. : chaque chambre porte le nom d'une île grecque, hommage aux origines des propriétaires.

Le Verger des Kouros
quartier des Cauvets, 2 km par rte de Solliès-Pont D 97 – ✆ 04 94 28 50 17 – www.le-verger-des-kouros.com – Fermé mardi
Rest – Formule 18 € – Menu 38 €
◆ Point de statues d'éphèbes, mais trois frères d'origine grecque à la tête de ce restaurant occupant une maison régionale. Fraîche salle à manger et recettes méditerranéennes.

CUGNAUX – 31 Haute-Garonne – 15 922 h. – alt. 165 m – ✉ 31270 — 28 B2

Paris 690 – Auch 79 – Foix 78 – Montauban 67

Domaine de Dubac sans rest
80 rte de Tournefeuille – ✆ 05 61 92 58 42 – www.domainededubac.com
3 ch ☕ – †88 € ††98 €
◆ Le propriétaire est né là, dans cette vaste propriété. C'est sans doute pour cela que le lieu a du caractère avec ses belles chambres soigneusement décorées. Le matin, on se régale de gâteaux maison, de thés parfumés, d'œufs du poulailler...

CUISEAUX – 71 Saône-et-Loire – 320 M11 – 1 765 h. – alt. 280 m – ✉ 71480 Bourgogne — 8 D3

Paris 395 – Chalon-sur-Saône 60 – Lons-le-Saunier 26 – Mâcon 74
rue des Lombards Cour des Princes d'Orange, ✆ 03 85 72 76 09

Vuillot
36 r. Vuillard – ✆ 03 85 72 71 79 – www.hotelvuillot.fr – Fermé 1ᵉʳ-15 janv. et 2 sem. en nov.
16 ch – †50/52 € ††58/60 € – ☕ 8 € – ½ P 45/55 €
Rest ***Vuillot*** – voir les restaurants ci-après
◆ Lors d'une étape dans ce bourg qui a conservé les vestiges de ses anciennes fortifications, cette maison bourguignonne en belles pierres du pays propose des chambres colorées, simples et fonctionnelles.

Vuillot
36 r. Vuillard – 03 85 72 71 79 – www.hotelvuillot.fr
– Fermé 1er -15 janv., 2 sem. en nov., dim. soir sauf juil.-août et lundi midi
Rest – Formule 13 € – Menu 22/36 € – Carte 29/61 €
◆ Dans cet hôtel-restaurant, on honore la tradition bressane avec de bons produits régionaux (poulet, écrevisses...).

CUISERY – **71 Saône-et-Loire** – **320** J10 – **1 629 h.** – **alt. 211 m** **8** C3
– ✉ **71290** Bourgogne
Paris 367 – Chalon-sur-Saône 35 – Lons-le-Saunier 50 – Mâcon 38
32, place d'Armes, 03 85 40 11 70, http://si.cuisery.pagesperso-orange.fr

Hostellerie Bressane
56 rte de Tournus – 03 85 32 30 66 – www.hostellerie-bressane.fr
– Fermé 1 sem. en juil., 28 déc.-2 fév., merc. et jeudi
15 ch – 65/90 € 75/120 € – 11 € – ½ P 82/105 €
Rest *Hostellerie Bressane* – voir les restaurants ci-après
◆ Hostellerie de tradition dans une bâtisse de la fin du 19es. Les chambres sont spacieuses et agréables, certaines sous les combles des anciennes écuries. Le jardin se révèle charmant.

Hostellerie Bressane
56 rte de Tournus – 03 85 32 30 66 – www.hostellerie-bressane.fr
– Fermé 1 sem. en juil., 28 déc.-2 fév., merc. et jeudi
Rest – Formule 26 € – Menu 30/65 € – Carte 36/65 €
◆ Un restaurant classique et élégant, une jolie terrasse sous un superbe platane... pour une fine cuisine de tradition, qui valorise le terroir avec subtilité. En prime, un service souriant et attentionné.

CULT – **70 Haute-Saône** – **321** E3 – **213 h.** – **alt. 270 m** – ✉ **70150** **16** B2
Paris 367 – Besançon 35 – Dole 44 – Vesoul 56

Les Egrignes sans rest
2 rte d'Hugier – 03 84 31 92 06 – www.les-egrignes.com – Ouvert 26 fév.-14 nov.
3 ch – 80/100 € 80/100 €
◆ Belle demeure de caractère (1849) entourée d'un parc fleuri et ombragé. Chambres très spacieuses, décorées avec raffinement, comme l'élégant salon. Délicieux petit-déjeuner.

CUQ-TOULZA – **81 Tarn** – **338** D9 – **640 h.** – **alt. 203 m** – ✉ **81470** **29** C2
Paris 713 – Toulouse 47 – Albi 72 – Castelnaudary 35

Cuq en Terrasses
Sud-Est : 2,5 km par D 45 – 05 63 82 54 00 – www.cuqenterrasses.com – Ouvert 1er avril-15 oct.
6 ch – 105/160 € 105/195 € – 2 suites – 15 € – ½ P 96/141 €
Rest *(fermé merc.) (dîner seult) (résidents seult)* – Menu 36 €
◆ Sur les hauteurs du village, cette charmante maison du 18es. est une perle : insolite jardin en terrasses, chambres calmes au décor raffiné, très "maison de famille". Côté papilles, le chef met en valeur les produits du potager et concocte une sympathique cuisine méditerranéenne, réservée aux pensionnaires.

CUREBOURSE (COL DE) – **15 Cantal** – **330** D5 – **rattaché à Vic-sur-Cère**

CURTIL-VERGY – **21 Côte-d'Or** – **320** J6 – **rattaché à Nuits-St-Georges**

CURZAY-SUR-VONNE – **86 Vienne** – **322** G6 – **461 h.** – **alt. 125 m** **39** C1
– ✉ **86600**
Paris 364 – Lusignan 11 – Niort 54 – Parthenay 34

Château de Curzay

rte de Jazeneuil – 05 49 36 17 00 – www.chateau-curzay.com – Ouvert 1er avril-31 déc.

20 ch – 200/400 € 200/400 € – 2 suites – 28 €

Rest *La Cédraie* – voir les restaurants ci-après

Rest *La Table d'à Côté* – Formule 29 € – Menu 35 € – Carte 42/50 €

◆ Superbe château (1710) au cœur d'un beau parc de 120 ha traversé par une rivière et abritant un haras. Chambres classiques au port tout aristocratique ; cuisine inventive ou saveurs traditionnelles ; bien-être et détente : on se rêve châtelain(e) !

La Cédraie – Hôtel Château de Curzay

rte de Jazeneuil – 05 49 36 17 00 – www.chateau-curzay.com – Ouvert 1er avril-31 déc. et fermé lundi, mardi et merc. sauf juil.-août et fériés

Rest – Menu 75/120 € – Carte 80/95 €

Spéc. Huîtres et brunoise de fenouil à l'iode, émulsion poire-citronnelle. Filet de bar rôti, crème de courgette du potager et carottes aux agrumes (été). Gelée à la verveine citronnée, croustillant de chocolat et glace mélisse (été).

◆ Dans ce décor noble et altier, le chef concocte une cuisine qui magnifie la saveur des produits de saison avec une belle finesse... Fruits et légumes du potager, herbes du jardin aromatique : qualité, simplicité, plaisir !

CUSSAY – 37 Indre-et-Loire – 317 N6 – 580 h. – alt. 105 m – ✉ 37240 — 11 B3

Paris 303 – Orléans 179 – Tours 67 – Joué-lès-Tours 62

La Ferme Blanche

La Chaume-Brangerie – 06 61 72 68 30 – www.la-ferme-blanche.com – Ouvert d' avril à oct.

3 ch – 130 € 130 € **Table d'hôte** – Menu 35 € bc

◆ Un peu à l'écart du village, au grand calme, une ferme en pierre (18e s.) joliment restaurée. Ambiance "campagne chic" dans les chambres aussi bien qu'au salon. À la table d'hôte, on profite d'une cuisine traditionnelle inspirée du terroir tourangeau.

CUSSEY-SUR-L'OGNON – 25 Doubs – 321 F2 – 912 h. – alt. 227 m – ✉ 25870 — 16 B2

Paris 412 – Besançon 14 – Gray 37 – Vesoul 45

Château de Moncley★ Franche-Comté Jura

La Vieille Auberge

1 grande rue – 03 81 48 51 70 – www.la-vieille-auberge.fr – Fermé 27 août-11 sept., 26 déc.-8 janv., vend. soir de nov. à janv., dim. soir et lundi

Rest – Menu 17 € (déj. en sem.), 22/55 € – Carte 45/60 €

◆ Maison ancienne tapissée de lierre, simple et engageante ; on y déguste des plats traditionnels et régionaux dans une salle discrètement rustique.

CUTS – 60 Oise – 305 J3 – 956 h. – alt. 79 m – ✉ 60400 — 37 C2

Paris 115 – Chauny 16 – Compiègne 26 – Noyon 10

Auberge Le Bois Doré avec ch

5 r. Ramée, D 934 – 03 44 09 77 66 – www.leboisdore.fr – Fermé 25 fév.-8 mars, mardi soir, dim. soir et lundi

3 ch – 47 € 62 € – 8 €

Rest – Formule 9 € – Menu 17 € (déj.), 20/38 € – Carte 32/48 €

◆ Sur la façade, une belle fresque en faïence représente l'établissement au début du 20e s. On cultive la tradition dans cette auberge plus que centenaire. Quelques chambres pour prolonger l'étape.

CUTXAN – 32 Gers – 336 B6 – rattaché à Barbotan-les-Thermes

CUVES – 50 Manche – **303** F7 – 357 h. – alt. 78 m – ✉ 50670 **32** A2

Paris 334 – Avranches 23 – Domfront 42 – Fougères 47

XX **Le Moulin de Jean**

Nord-Est : 2 km sur D 48 – ☎ 02 33 48 39 29 – www.lemoulindejean.com – Fermé 2-22 janv., lundi et mardi d'oct. à mars sauf vacances scolaires

Rest – Formule 28 € – Menu 34/75 € bc – Carte environ 37 €

◆ Dans un site bucolique, ancien moulin où se marient harmonieusement pierres, parquet et mise de table actuelle. Salon cosy devant une cave à vins vitrée. Cuisine du moment.

CUVILLY – 60 Oise – **305** H3 – 601 h. – alt. 78 m – ✉ 60490 **36** B2

Paris 93 – Compiègne 21 – Amiens 54 – Beauvais 61

XX **L'Auberge Fleurie**

64 rte Flandres, D 1017 – ☎ 03 44 85 06 55 – www.auberge-fleurie-gastronomie-60.com – Fermé 3-23 sept., 15-23 fév., mardi soir, merc. soir, jeudi soir, dim. soir et lundi

Rest – Menu 16 € (sem.), 30/40 € – Carte 40/65 €

◆ Relais de poste – fondé par un grognard de Napoléon – puis ferme, cette maison tapissée de vigne vierge propose aujourd'hui des petits plats dans la tradition picarde.

CUZANCE – 46 Lot – **337** F2 – 491 h. – alt. 233 m – ✉ 46600 **29** C1

Paris 507 – Cahors 80 – Sarlat-la-Canéda 40 – Tulle 61

Manoir de Malagorse ch,

Sud-Est 4,5 km par D103 rte de Rignac – ☎ 05 65 27 14 83 – www.manoir-de-malagorse.fr – Ouvert mars-nov. et week-ends en hiver

5 ch – 130/185 € 130/280 € **Table d'hôte** – Menu 42 €

◆ Ce domaine de 5 ha situé en pleine campagne vous promet un séjour mémorable : chambres personnalisées et salon-bibliothèque cosy logés dans une bâtisse régionale en pierre (19e s.). La table d'hôte met à l'honneur les fruits et légumes du Causse.

DACHSTEIN – 67 Bas-Rhin – **315** J5 – 1 543 h. – alt. 160 m – ✉ 67120 **1** A1

Paris 477 – Molsheim 6 – Saverne 28 – Sélestat 40

XX **Auberge de la Bruche**

1 r. Principale – ☎ 03 88 38 14 90 – www.auberge-bruche.com – Fermé 31 juil.-15 août, 27 déc.-6 janv., sam. midi, dim. soir et merc.

Rest – Menu 29/73 € bc – Carte 45/60 €

◆ Filet de sandre au speck, mignon de veau à la moutarde... Carte actuelle dans cette auberge fleurie, à deux pas de la porte du village et de la Bruche, un joli cours d'eau.

DAGLAN – 24 Dordogne – **337** D3 – 546 h. – alt. 101 m – ✉ 24250 **4** D2

Paris 558 – Bordeaux 203 – Cahors 51 – Sarlat-la-Canéda 23

le Bourg, ☎ 05 53 29 88 84, www.tourisme-ceou.com

XX **Le Petit Paris**

au bourg – ☎ 05 53 28 41 10 – www.le-petit-paris.fr – Fermé 12 nov.-13 fév., sam. midi, dim. soir et lundi sauf juil.-août

Rest *(nombre de couverts limité, réserver)* – Formule 25 € – Menu 29/38 € – Carte 30/48 €

◆ Ici, le chef met un point d'honneur à valoriser les produits de sa région. Crevettes cuites en tempura, risotto de noix de coco... c'est actuel, frais et savoureux !

LA DAILLE – 73 Savoie – **333** O5 – rattaché à Val-d'Isère

DAMBACH-LA-VILLE – 67 Bas-Rhin – **315** I7 – 1 938 h. – alt. 210 m **2** C1 – ✉ 67650 Alsace Lorraine

Paris 443 – Obernai 24 – Saverne 61 – Sélestat 8

Place du Marché, ☎ 03 88 92 61 00, www.pays-de-barr.com

Le Vignoble sans rest

1 r. de l'Église – ✆ 03 88 92 43 75 – www.hotel-vignoble-alsace.fr – Fermé de janv. à début fév.

7 ch – †60/70 € ††60/70 € – ☕ 8 €

◆ Attenante à l'église du village, cette ancienne grange alsacienne (1765) dispose de chambres coquettes et rustiques. Accueil chaleureux ; cour et jardinet.

DAMGAN – **56 Morbihan** – **308** P9 – **1 523 h.** – ✉ **56750** **9** B3

Paris 469 – Muzillac 10 – Redon 46 – La Roche-Bernard 25

Place Alexandre Tiffoche, ✆ 02 97 41 11 32, www.ot-damgan.com

De la Plage sans rest

38 bd de l'Océan – ✆ 02 97 41 10 07 – www.hotel-morbihan.com – Ouvert 7 fév.-10 nov.

16 ch – †78/130 € ††78/130 € – 1 suite – ☕ 13 €

◆ Cet hôtel n'est séparé de la plage que par une petite rue. Les chambres, peu à peu redécorées dans un style épuré, donnent sur la mer. Salle de détente (sauna et soins). Par beau temps, petit-déjeuner en terrasse.

Albatros

rest,

1 bd de l'Océan – ✆ 02 97 41 16 85 – www.hotel-albatros-damgan.com – Ouvert 1er avril-3 nov.

25 ch – †59/60 € ††59/75 € – ☕ 9 € – ½ P 58/67 €

Rest – Formule 13 € – Menu 20/38 € – Carte 35/55 €

◆ L'atout majeur de cet hôtel est son emplacement, juste en face de la plage et des voiliers. La majorité des chambres, très bien tenues, donnent sur l'océan. Au restaurant, grandes baies vitrée ouvrant sur les flots, plateaux de fruits de mer et poissons frais.

DAMPIERRE-EN-YVELINES – **78 Yvelines** – **311** H3 – **101** 31 – **voir à Paris, Environs**

DANIZY – **02 Aisne** – **306** C5 – **555 h.** – **alt. 54 m** – ✉ **02800** **37** C2

Paris 148 – Amiens 111 – Laon 32 – Saint-Quentin 28

Domaine le Parc

ch,

r. du Quesny – ✆ 03 23 56 55 23 – www.domaineleparc.fr – Fermé 18 déc.-8 janv.

5 ch ☕ – †75/95 € ††75/95 € **Table d'hôte** – Menu 38 € bc

◆ Belle demeure du 18e s. nichée dans un magnifique parc boisé. Esprit classique et romantique dans les chambres, dont certaines regardent la vallée de l'Oise. Séduisante cuisine familiale concoctée par la sympathique propriétaire, originaire de Hollande.

DANJOUTIN – **90 Territoire de Belfort** – **315** F11 – **rattaché à Belfort**

DANNEMARIE – **68 Haut-Rhin** – **315** G11 – **2 324 h.** – **alt. 320 m** – ✉ **68210** **1** A3

Paris 447 – Basel 43 – Belfort 25 – Colmar 58

Ritter

5 r. de la Gare – ✆ 03 89 25 04 30 – Fermé 17 juil.-2 août, 20-31 déc., 16 fév.-2 mars, lundi soir, jeudi soir et mardi

Rest – Formule 10 € – Menu 26/59 € bc – Carte 32/42 €

◆ Face à l'ancienne gare (désormais une médiathèque), il y a l'ancien théâtre... devenu restaurant ! Rien ne se crée, tout se transforme, et l'on savoure ici une honnête cuisine traditionnelle et du terroir. Spécialité de la maison ? La carpe frite en filet, encore meilleure sur la jolie terrasse.

Wach

13 pl. de l'Hôtel de Ville – ✆ 03 89 25 00 01 – Fermé 6-22 août, 23 déc.-14 janv. et lundi

Rest *(déj. seult)* – Menu 13 € (sem.), 16/36 € – Carte 30/46 €

◆ Dans ce modeste restaurant règne une plaisante atmosphère familiale... On y déguste une sympathique cuisine traditionnelle et régionale, accompagnée de nectars bien choisis (avec une prédilection pour les bordeaux et corbières).

DAVAYAT – 63 Puy-de-Dôme – **323** F7 – 565 h. – alt. 369 m – ✉ 63200 **5** B2
Auvergne

Paris 402 – Clermont-Ferrand 28 – Cournon-d'Auvergne 29 – Vichy 46

La Maison de la Treille sans rest
25 r. de l'Église – ✆ 04 73 63 58 20
– http://honnorat.la.treille.free.fr
4 ch – **†68/86 € ††75/93 €**
◆ Au cœur du village, l'architecture de cette demeure de 1810 s'inspire du néo-classicisme italien. Les chambres se trouvent dans l'orangerie, au milieu d'un ravissant jardin.

DAX – 40 Landes – **335** E12 – 20 528 h. – alt. 12 m – Stat. therm. : à St-Paul-lès-Dax : toute l'année – Casinos : La Potinière, et à St-Paul-lès-Dax – ✉ 40100 Aquitaine **3** B3

Paris 727 – Biarritz 61 – Bordeaux 144 – Mont-de-Marsan 54

11, cours Foch, ✆ 05 58 56 86 86, www.dax-tourisme.com

DAX

Aspremont (R. d')	A	2
Augusta (Cours J.)	B	3
Baignots (Allée des)	B	4
Bouvet (Pl. C.)	B	5
Carmes (R. des)	B	6
Carnot (Bd)	A	10
Cazade (R.)	B	12
Chanoine-Bordes (Pl.)	B	13
Chaulet (Av. G.)	AB	14
Clemenceau (Av. G.)	AB	15
Doumer (Av. P.)	A	16
Ducos (Pl. R.)	B	18
Foch (Cours Mar.)	B	19
Francis Plante (Av.)	A	35
Fusillés (R. des)	B	22
Gaulle (Espl. Gén.-de)	B	23
Lorrin (Bd C.)	A	26
Manoir (Bd Y.-du)	AB	28
Milliés-Lacroix (Av. E.)	AB	30
Neuve (R.)	B	31
Pasteur (Cours)	B	34
Sablar (Av. du)	B	37
St-Pierre (Pl.)	B	38
St-Pierre (R.)	B	39
St-Vincent-de-Paul (Av.)	AB	44
St-Vincent (R.)	B	40
Sully (R.)	B	47
Thiers (Pl.)	B	49
Toro (R. du)	B	50
Tuilleries (Av. des)	AB	51
Verdun (Cours de)	B	52
Victor-Hugo (Av.)	AB	54

ST-PAUL-LÈS-DAX

Foch (R. Mar.)	A	20
Lahillade (R. G.)	A	24
Liberté (Av. de la)	A	25
Loustalot (R. René)	A	27
Résistance (Av. de la)	A	36
St-Vincent-de-Paul (Av.)	A	45
Tambour (R. du)	B	47

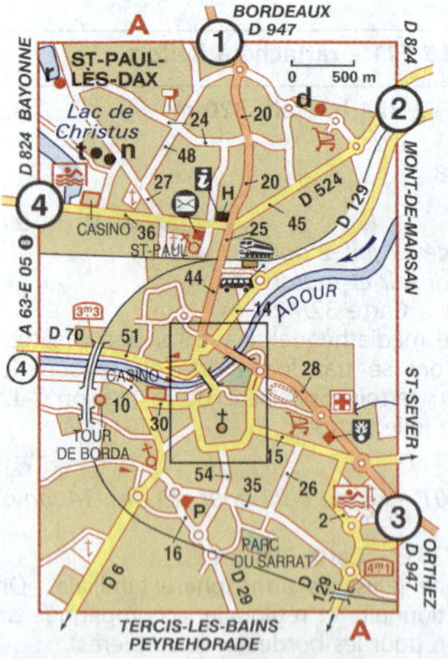

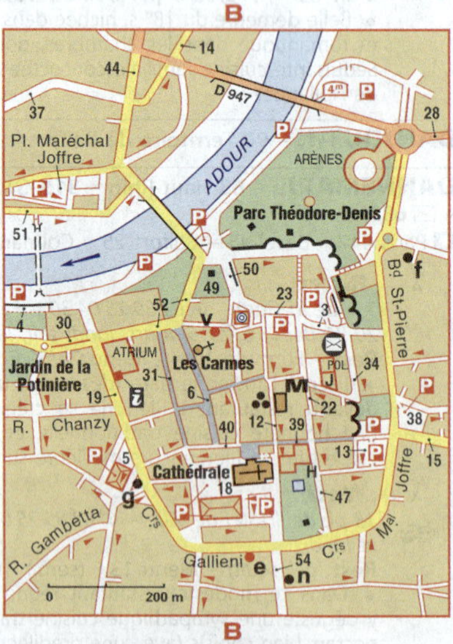

Le Grand Hôtel rest,
r. Source – ✆ 05 58 90 53 00 – www.thermes-dax.com – Fermé 17 déc.-8 janv.
128 ch – 73/97 € 81/109 € – 8 suites – 8 € – ½ P 60/74 € **Bf**
Rest – Formule 12 € – Menu 18/34 € – Carte 24/44 €
◆ Au cœur de la cité, une pension dédiée aux curistes (thermes intégrés), aux chambres fonctionnelles parfois équipées d'une kitchenette. Nombreuses animations (thés dansants). Le restaurant propose une formule attractive le midi.

Le Richelieu ch, rest,
13 av. V.-Hugo – ✆ 05 58 90 49 49 – www.le-richelieu.fr – Fermé 19 déc.-2 janv.
40 ch – 55/58 € 65/68 € – 7 € – ½ P 65 € **Bn**
Rest *(fermé 17-20 août, sam. midi, dim. soir et lundi)* – Formule 13 € bc – Menu 25/35 € – Carte 30/49 €
◆ Cet ancien relais de poste, situé sur un axe passant, dispose de chambres classiques et confortables. Celles de l'annexe ont été redécorées dans un beau style moderne. Cuisine actuelle au restaurant, agréablement décoré. Joli patio avec fontaine.

La Néhé sans rest
18 r. de la Fontaine Chaude – ✆ 05 58 90 16 46 – www.hotel-nehe-dax.com
20 ch – 49/51 € 59/63 € – 6 € **Bg**
◆ Tout près de la fontaine d'eau chaude, dans une rue piétonne, un hôtel pratique et bon marché. Chambres spacieuses et fonctionnelles agrémentées d'un mobilier en bois clair.

L'Amphitryon
38 cours Galliéni – ✆ 05 58 74 58 05 – Fermé 21 août-6 sept., 1er-30 janv., sam. midi, dim. soir et lundi **Be**
Rest *(nombre de couverts limité, réserver)* – Menu 20 € (sem.), 28/40 € – Carte 40/50 €
◆ Plaisante salle à manger au décor marin : tons crème et bleu, baromètre et maquette de bateau. La cuisine est généreuse : le poisson y domine bien sûr !

La Tête de l'Art
2 pl. Camille Bouvet – ✆ 05 58 74 00 13 – Fermé 5-12 juil., 15-23 août, 18-28 fév., merc. soir, dim. soir et lundi **Bv**
Rest – Menu 15 € (déj. en sem.), 20 € bc/30 € – Carte 33/48 €
◆ Un restaurant, deux atmosphères. Côté basque : superbes clichés de taureaux, poutres et tresses de piments. Côté breton : pêche et marine. Cuisine traditionnelle (ardoise).

à St-Paul-lès-Dax – 12 544 h. – alt. 21 m – ✉ 40990

68, avenue de la Résistance, ✆ 05 58 91 60 01, www.stpaullesdaxtourisme.fr

Calicéo ch, rest,
355 r. du Centre Aéré, au lac de Christus – ✆ 05 58 90 66 00 – www.hotelcaliceo.com **An**
148 suites – 125/164 € – 49 ch – 10 €
Rest – Formule 14 € – Menu 19/28 € – Carte 21/40 €
◆ Hôtel moderne équipé d'un centre de balnéothérapie avec un espace bien-être (spa, centre de soins). Chambres – en majorité des suites – agrémentées de balcons. Cuisine traditionnelle ou diététique au restaurant. Terrasse tournée vers le lac de Christus.

Du Lac rest, rest,
allée de Christus – ✆ 05 58 90 60 00 – www.thermes-dax.com – Ouvert 4 mars-25 nov. **At**
209 ch – 69/77 € 79/88 € – 10 € – ½ P 61/65 €
Rest ***L'Arc-en-Ciel*** ✆ 05 58 90 63 00 – Formule 15 € – Menu 18/25 € – Carte 24/38 €
◆ Imposant ensemble hôtelier et thermal situé à deux pas du lac de Christus. Chambres pratiques ; un grand nombre avec terrasse. Restaurant de style classique, mets traditionnels.

XXX Le Moulin de Poustagnacq

– ✆ *05 58 91 31 03 – www.moulindepoustagnacq.com – Fermé vacances de la Toussaint, 20-30 déc., vacances de fév., mardi midi, dim. soir et lundi*
Rest – Menu 29/69 € – Carte 60/75 € **Ar**
◆ Cet ancien moulin en lisière de bois vous séduira par sa salle à manger originalement décorée et sa terrasse au bord d'un étang. Cuisine actuelle aux accents régionaux.

X Mail Bistrot

507 rte de la Bernadère – ✆ *05 58 55 04 04 – Fermé dim.* **Ad**
Rest *(déj. seult)* – Formule 14 € – Menu 25 € – Carte 23/45 €
◆ L'emplacement (dans un centre commercial) surprend, mais le style du lieu, façon hangar aménagé, séduit. Cuisine fraîche d'esprit locavore, privilégiant les beaux produits.

DEAUVILLE – 14 Calvados – 303 M3 – 3 968 h. – alt. 2 m – Casino AZ 32 A3

– ✉ 14800 Normandie Vallée de la Seine

- Paris 202 – Caen 50 – Évreux 101 – Le Havre 44
- de Deauville-Normandie : ✆ 02 31 65 65 65, 5 km par ②BY.
- place de la Mairie, ✆ 02 31 14 40 00, www.deauville.org
- New Golf de Deauville, S : 3 km par D 278, ✆ 02 31 14 24 24
- de l'Amirauté, à Tourgéville, Route Départementale 278, S : 4 km par D 278, ✆ 02 31 14 42 00
- de Saint-Gatien, à Saint-Gatien-des-Bois, Le Mont Saint Jean, E : 10 km par D 74, ✆ 02 31 65 19 99
- Mont Canisy★ 5 km par ④ puis 20 mn.
- – La corniche normande★★ – La côte fleurie★★

DEAUVILLE

Blanc (R. E.) .... AZ 4
Colas (R. E.) .... AZ 5
Fossorier (R. R.) .... ABZ 8
Fracasse (R. A.) .... AZ
Gambetta (R.) .... BY 9
Gaulle (Av. Gén.-de) .... AZ 10
Gontaut-Biron (R.) .... AYZ 13
Hoche (R.) .... AYZ 20
Le-Hoc (R. D.) .... BZ 24
Laplace (R.) .... AZ 23
Le Marois (R.) .... AZ 25
Mirabeau (R.) .... BY 26
Morny (Pl. de) .... BZ 28
République (Av. de la) .... ABZ

Normandy-Barrière
38 r. J. Mermoz – ✆ 02 31 98 66 22 – www.lucienbarriere.com AZ**h**
259 ch – ♦341/920 € ♦♦341/920 € – 31 suites – ☕ 30 €
Rest *La Belle Époque* – voir les restaurants ci-après
◆ Un fier manoir anglo-normand reconnaissable entre mille : né en 1912, cet hôtel mythique est l'emblème de la station ! Toile de Jouy, boiseries... les chambres sont cosy, raffinées, et pour se détendre, on n'a que l'embarras du choix : piscine, tennis, centre de remise en forme...

Royal-Barrière rest,
bd Eugène-Cornuché – ✆ 02 31 98 66 33 – www.lucienbarriere.com – Ouvert 6 mars-1er nov. AZ**y**
253 ch – ♦175/775 € ♦♦175/775 € – 17 suites – ☕ 30 €
Rest *L'Etrier* – voir les restaurants ci-après
Rest *Côté Royal* *(dîner seult)* – Menu 50 € – Carte 62/86 €
◆ Imposante bâtisse 1900 appréciée par la jet-set et les stars du cinéma. Dans les chambres, luxueuses et chaleureuses, on se sent comme dans un petit palace ; certaines donnent sur la mer. Du style et du caractère, sans conteste !

81 L'Hôtel sans rest
81 av. de la République – ✆ 02 31 14 01 50 – www.81lhotel.com AZ**p**
20 ch – ♦139/310 € ♦♦139/310 € – ☕ 14 €
◆ Grand manoir anglo-normand (1906) à la déco atypique et intemporelle tout à la fois. Parquets et moulures d'époque, mobilier de style laqué argent, pampilles et reproductions de Lichtenstein... pour un esprit contemporain et cosy !

Almoria sans rest
37 av. de la République – ✆ 02 31 14 32 32 – www.almoria-deauville.com
60 ch – ♦80/240 € ♦♦80/240 € – ☕ 13 € BZ**q**
◆ Confort et épure : le credo de cet hôtel récent. Quelques chambres ont un accès direct au patio, où l'on prend son petit-déjeuner aux beaux jours.

Mercure Deauville Hôtel du Yacht Club sans rest
2 r. Breney – ✆ 02 31 87 30 00 – www.accorhotels.com
53 ch – ♦129/209 € ♦♦129/209 € – ☕ 16 € BY**b**
◆ Une bâtisse de style régional, pour un Mercure fonctionnel et contemporain donnant sur un jardin intérieur ou sur la marina. Et au petit-déjeuner, on peut manger bio !

L'Augeval sans rest
15 av. Hocquart de Turtot – ✆ 02 31 81 13 18 – www.augeval.com AZ**d**
40 ch – ♦72/170 € ♦♦98/245 € – 2 suites – ☕ 14 €
◆ Près de l'hippodrome et des haras, un agréable manoir normand, un brin rétro, et une villa d'esprit contemporain, le Trait d'Union... Après une journée de balade, rendez-vous près de la piscine ou au sauna.

Le Trophée sans rest
81 r. du Gén.-Leclerc – ✆ 02 31 88 45 86 – www.letrophee.com AZ**u**
35 ch – ♦75/135 € ♦♦109/239 € – ☕ 13 €
◆ Tout près des mythiques planches et du centre-ville. Donnant sur la rue ou la piscine, les chambres sont confortables et sobres, certaines avec baignoire balnéo. Et l'on peut aussi profiter du sauna et du hammam.

Continental sans rest
1 r. Désiré Le Hoc – ✆ 02 31 88 21 06 – www.hotel-continental-deauville.com
42 ch – ♦68/110 € ♦♦68/110 € – ☕ 9 € BZ**s**
◆ Construit en 1865 sur une avenue animée, cet hôtel est l'un des pionniers de la station. Les chambres y sont assez spacieuses, confortables et bien tenues ; pour la couleur locale, on vend même de bons produits régionaux !

Villa Joséphine sans rest
23 r. des Villas – ✆ 02 31 14 18 00 – www.villajosephine.fr – Fermé 2-12 janv.
9 ch – ♦119/169 € ♦♦142/349 € – ☕ 22 € AZ**b**
◆ Dans un quartier résidentiel, une charmante villa normande classée (fin 19e s.), entourée d'un jardin ravissant. Tout y est cosy et délicat (couleurs poudrées, mobilier de style, portraits de famille...), dans un esprit maison d'hôtes.

Marie-Anne sans rest
142 av. de la République – ✆ 02 31 88 35 32 – www.hotelmarieanne.com – Fermé 1er-21 janv. AZf
25 ch – 🚹80/250 € 🚹🚹80/250 € – ☕ 13 €
◆ Une villa à deux pas du casino, du golf et de l'hippodrome... Les chambres sont spacieuses et élégantes, plus calmes sur l'arrière ; à l'annexe, côté jardinet, plus de simplicité.

Ibis
9 quai de la Marine – ✆ 02 31 14 50 00 – www.ibishotel.com BZt
95 ch – 🚹63/119 € 🚹🚹73/119 € – ☕ 9 €
Rest – Formule 14 € – Carte 19/33 €
◆ Ibis d'esprit régional, juste à côté du port de plaisance. Pour les familles, les chambres en duplex sont idéales.

Le Chantilly sans rest
120 av. République – ✆ 02 31 88 79 75 – www.123france.com/chantilly/
17 ch – 🚹69/96 € 🚹🚹69/135 € – ☕ 9 € BZa
◆ Petit hôtel familial tout près de l'hippodrome de la Touques et du centre-ville. Les chambres, très bien tenues, sont plus tranquilles sur l'arrière.

Manoir de Benerville sans rest
– ✆ 02 31 14 68 80 – www.manoir-de-benerville.com
5 ch ☕ – 🚹110 € 🚹🚹220/320 €
◆ Sur les hauteurs de Deauville, cette villa anglo-normande (1874) cultive un style très "maison de poupée"... Du rose, des fleurs, la mer ou le joli parc en toile de fond... au grand calme !

L'Etrier – Hôtel Royal-Barrière
bd Eugène-Cornuché – ✆ 02 31 98 66 33 – www.lucienbarriere.com – Ouvert 6 mars-1er nov. et fermé le midi sauf sam. et dim. AZy
Rest – Menu 40 € (déj.), 60/195 € bc – Carte 91/144 €
◆ Boiseries, lustres, tentures épaisses, etc. Mettre le pied à l'Étrier, c'est entrer dans un univers délicieusement cosy et très "palace", où l'on apprécie une cuisine mêlant beaux produits et influences du moment.

La Belle Époque – Hôtel Normandy-Barrière
38 r. J. Mermoz – ✆ 02 31 98 66 22 – www.lucienbarriere.com AZh
Rest – Menu 55/65 € – Carte 67/107 €
◆ Le restaurant Belle Époque de l'élégant hôtel Normandy, qui se prête à la dégustation d'une sympathique cuisine de tradition. L'été, on dresse les tables dans la cour fleurie...

Le Spinnaker
52 r. Mirabeau – ✆ 02 31 88 24 40 – www.spinnakerdeauville.com – Fermé 18-27 juin, 19-28 nov., 2-18 janv., lundi et mardi sauf juil.-août BZv
Rest – Formule 26 € – Menu 55/85 € – Carte 55/95 €
◆ Feutré et actuel, ce "spi" ne vous fera pas gagner de régates, mais saura vous régaler d'une savoureuse cuisine de la mer, teintée de touches asiatiques et méditerranéennes, et d'excellents desserts. Service prévenant.

Augusto Chez Laurent
27 r. Désiré Le Hoc – ✆ 02 31 88 34 49 – www.restaurant-augusto.com – Fermé mardi sauf vacances scolaires et lundi BZk
Rest – Formule 18 € – Menu 23 € (déj.), 38/57 € – Carte 45/133 €
◆ Connue pour ses spécialités de homard et de poisson, cette institution tient le cap de la cuisine iodée depuis plus de 35 ans. Décor chic façon bateau.

La Flambée
81 r. Général Leclerc – ✆ 02 31 88 28 46 – www.laflambee-deauville.com
Rest – Formule 21 € bc – Menu 28/49 € – Carte 42/76 € AZt
◆ Une grande cheminée où l'on prépare de belles grillades sous vos yeux : cette Flambée ne peut être que gourmande et conviviale ! Bains de mer obligent, coquillages et crustacés tiennent aussi le haut du pavé (vivier).

L'Essentiel

29/31 r. Mirabeau – ✆ 02 31 87 22 11 – www.lessentiel-deauville.com – Fermé 1er-15 janv., lundi et mardi sauf en saison BZf

Rest – Formule 19 € – Menu 26 € (déj.)/52 € – Carte 49/65 €

◆ Ce bistrot contemporain célèbre le mariage réussi de l'Hexagone et de l'Asie. Mira – coréenne – et Charles – français – œuvrent à quatre mains à la ville comme en cuisine et concoctent de jolis plats fusion... Une belle invitation au voyage !

Le Comptoir et la Table

1 quai de la Marine – ✆ 02 31 88 92 51 – Fermé 12-30 nov. et merc. BYg

Rest – Formule 15 € – Menu 20 € (déj. en sem.)/30 € – Carte 40/55 €

◆ Un bistrot dans son jus "fifties" : fresque au plafond évoquant la vie trouvillaise, comptoir en bois et... de la convivialité à revendre. Le lieu idéal pour savourer des petits plats bistrotiers (ardoise), tout simplement frais et bons.

à Touques 2,5 km par ③ – 4 033 h. – alt. 10 m – ✉ 14800

place Lemercier, ✆ 02 31 88 70 93

Les Landiers

90 r. Louvel-et-Brière – ✆ 02 31 87 41 08 – www.restaurant-deauville.com – Fermé 20-30 juin, 2-10 janv., dim. soir, mardi et merc. sauf vacances scolaires

Rest – Formule 25 € – Menu 29/45 €

◆ Tout près de Deauville, une maison typiquement normande et des saveurs traditionnelles fleurant bon l'iode. L'accueil est charmant et, sur demande, on sert aussi des spécialités des pays de l'Est, car madame est ukrainienne.

L'Orangeraie

12 quai Monrival – ✆ 02 31 81 47 81 – www.lorangeraie-touques.com – Fermé jeudi sauf vacances scolaires et merc.

Rest – Formule 16 € – Menu 26/45 € – Carte 36/96 €

◆ Dans cette maison rustique (15es.), on savoure une cuisine traditionnelle et de saison qui fait preuve de beaucoup de générosité. Au dessert, pas de carte mais un plateau dégustation qui ravira les gourmands.

à Canapville 6 km par ③ – 233 h. – alt. 10 m – ✉ 14800

Auberge du Vieux Tour

36 rte départementale 677 – ✆ 02 31 65 21 80 – www.levieuxtour.com – Fermé 28 juin-8 juil., vacances de Noël, de fév., mardi et merc.

Rest – Menu 24 € (sem.), 29/55 € – Carte 34/60 €

◆ Une chaumière rustique près de la départementale, mais au calme et très accueillante ! Les patrons – de vrais passionnés – font surtout appel aux producteurs locaux et vous concoctent une sympathique cuisine de tradition.

au New Golf 3 km au Sud par D 278 - BAZ – ✉ 14800 Deauville

Du Golf-Barrière

ch, rest,

– ✆ 02 31 14 24 00 – www.lucienbarriere.com – Fermé de mi-nov. au 29 déc.

178 ch – †200/725 € ††200/725 € – ☕ 25 €

Rest *Le Club House* – voir les restaurants ci-après

Rest *Le Lassay* ✆ 02 31 14 24 48 *(dîner seult)* – Menu 43/65 € – Carte 47/76 €

◆ Surplombant la côte et en pleine campagne, ce superbe hôtel typiquement normand (1929) est un havre de paix ! Golf de 27 trous, vue sur la mer, espace... un lieu chic mais décontracté, décoré dans un esprit Art déco.

Le Club House – Hôtel Du Golf-Barrière

– ✆ 02 31 14 24 23 – www.lucienbarriere.com – Fermé de mi-nov. au 29 déc.

Rest *(déj. seult)* – Formule 21 € – Menu 25 € – Carte 33/49 €

◆ Un Club House tout près du golf, où il fait bon se restaurer d'une sympathique cuisine traditionnelle (tartares, salades, pâtes)... Formule snacking jusqu'à 17 h.

au Sud 6 km par D 278 et chemin de l'Orgueil – ✉ 14800 Deauville

Les Manoirs de Tourgéville

6 km au Sud par D 278 et chemin de l'Orgueil – ✆ 02 31 14 48 68 – www.lesmanoirstourgeville.com – Fermé 3-18 janv.

35 suites – 230/580 € – 22 ch – ☕ 25 € – ½ P 135/350 €

Rest ***1899*** – voir les restaurants ci-après

♦ En plein bocage du pays d'Auge, ce manoir est vraiment séduisant : chambres raffinées, apaisantes et spacieuses (nombreux duplex et triplex) ; piscine, vélo, massage, tennis, cinéma... Se lasser d'un tel endroit ? Impossible !

1899 – Hôtel Les Manoirs de Tourgéville

6 km au Sud par D 278 et chemin de l'Orgueil – ✆ 02 31 14 48 68 – www.lesmanoirstourgeville.com – Fermé 3-18 janv., dim. soir et lundi d'oct. à mars

Rest *(dîner seult)* – Menu 32 € – Carte 51/79 €

♦ Le 1899 ? Un restaurant chic, sobre et gourmand. Au déjeuner, la carte est volontairement courte (plats légers, snacking), mais à l'heure du dîner, l'assiette se pare de jolis mets cuisinés sur des bases traditionnelles.

DECIZE – 58 Nièvre – 319 D11 – 5 831 h. – alt. 197 m – ✉ 58300 7 B3

Bourgogne

Paris 270 – Châtillon-en-Bazois 34 – Luzy 44 – Moulins 35

place du Champ de Foire, ✆ 03 86 25 27 23, www.ville-decize.fr

Le Charolais

33 bis rte Moulins – ✆ 03 86 25 22 27 – Fermé 1er-9 janv., 1 sem. en fév., mardi du 10 oct. au 15 juin, dim. soir et lundi

Rest – Formule 16 € bc – Menu 18/52 € – Carte 35/65 €

♦ Dans cet agréable restaurant, le jeune chef mitonne des plats bien dans leur époque. Et dès que le temps le permet, place aux grillades et à la cuisine à la plancha... en terrasse.

LA DÉFENSE – 92 Hauts-de-Seine – 311 J2 – 101 14 – voir à Paris, Environs

---

DELLE – 90 Territoire de Belfort – 315 G11 – 6 000 h. – alt. 364 m – ✉ 90100 17 D1

Paris 448 – Besançon 108 – Belfort 25 – Bâle 97

Rue Joachim, ✆ 03 84 36 03 06, www.delle.fr

Hostellerie des Remparts

1 pl. Raymond Forni – ✆ 03 84 56 32 61 – www.hostellerie-des-remparts.fr – Fermé 3 sem. en août, 1 sem. en fév. et lundi

Rest – Formule 14 € – Menu 27/47 € – Carte 27/47 €

♦ Dans cette bâtisse de 1576 mêlant rusticité (à l'étage) et modernité (rez-de-chaussée), on se délecte de bons plats traditionnels. Terrasse en bord de rivière.

DELME – 57 Moselle – 307 J5 – 915 h. – alt. 220 m – ✉ 57590 27 C2

Paris 364 – Château-Salins 12 – Metz 33 – Nancy 36

33, rue Raymond Poincaré, ✆ 03 87 01 37 19, http://communedelme.free.fr

A la XIIe Borne

6 pl. de la République – ✆ 03 87 01 30 18 – www.12eme-borne.com – Fermé 2 sem. en juil. et 1er-15 janv.

15 ch – 61/73 € 61/73 € – ☕ 8 € – ½ P 66 €

Rest ***A la XIIe Borne*** – voir les restaurants ci-après

♦ Une auberge accueillante, tenue par la même famille depuis 1954 ! Les chambres, fonctionnelles et bien tenues, sont appréciées de la clientèle d'affaires en semaine ; quelques familiales plus spacieuses.

XX **A la XIIe Borne**

6 pl. de la République – ✆ 03 87 01 30 18 – www.12eme-borne.com – Fermé 2 sem. en juil., 1er-15 janv., dim. soir, mardi soir et lundi

Rest – Formule 9 € – Menu 23/50 € – Carte 52/64 €

◆ Dans ce restaurant au cachet traditionnel, on savoure une bonne cuisine régionale, parfois relevée d'épices. Tarte à la tomate et fromage de chèvre frais, pintadeau farci au foie gras de canard, île flottante... Formule rapide au déjeuner.

DERCHIGNY – 76 Seine-Maritime – 304 H2 – 538 h. – alt. 100 m – ✉ 76370 — 33 D1

Paris 206 – Barentin 64 – Dieppe 10 – Rouen 74

Manoir de Graincourt ch,

10 pl. Ludovic Panel – ✆ 02 35 84 12 88 – www.manoir-de-graincourt.fr

5 ch – 89/129 € 97/137 € **Table d'hôte** – Menu 37 € bc

◆ Pour l'anecdote, Renoir séjourna dans ce manoir typiquement normand (19es.). Les chambres, thématiques (meubles de famille ou chinés, beaux tissus, etc.), donnent sur un joli jardin clos ; la table d'hôte permet de savourer des plats traditionnels dans la belle cuisine rustique, mais pensez à réserver !

DESCARTES – 37 Indre-et-Loire – 317 N7 – 3 829 h. – alt. 50 m – ✉ 37160 Châteaux de la Loire — 11 B3

Paris 292 – Châteauroux 94 – Châtellerault 24 – Chinon 51

rue, Blaise Pascal, ✆ 02 47 92 42 20

X **Moderne** avec ch

15 r. Descartes – ✆ 02 47 59 72 11 – www.modernehotel.fr

11 ch – 44/50 € 44/50 € – 8 €

Rest – Formule 12 € – Menu 16/36 € – Carte 12/23 €

◆ L'enseigne "hôtel" est trompeuse : il y a bien un restaurant ici, tout près de la maison natale de René Descartes (devenue musée). On y sert une cuisine traditionnelle à base de produits frais. Les chambres, sobres et pratiques, peuvent dépanner.

DESVRES – 62 Pas-de-Calais – 301 E3 – 5 133 h. – alt. 98 m – ✉ 62240 — 30 A2

Paris 263 – Calais 40 – Arras 98 – Boulogne 19

41 bis, rue des Potiers, ✆ 03 21 92 09 09, www.paysfaiencedesvres.fr

Ferme du Moulin aux Draps

rte Crémarest, 1,5 km par D 254E – ✆ 03 21 10 69 59 – http://hotel-moulinauxdraps.com – Fermé 18 déc.-6 janv.

20 ch – 85/155 € 85/155 € – 12 € – ½ P 85/105 €

Rest *Ferme du Moulin aux Draps* – voir les restaurants ci-après

◆ Alentour : la forêt, les prairies et un vieux moulin du 15es. Un peu comme à la ferme, le confort en plus ! Les chambres sont plaisantes, douillettes et mansardées à l'étage. À conseiller pour se reposer au grand calme.

XX **Ferme du Moulin aux Draps**

rte Crémarest, 1,5 km par D 254E – ✆ 03 21 10 69 59 – http://hotel-moulinauxdraps.com – Fermé 18 déc.-6 janv., sam. midi, dim. soir et lundi midi d'oct. à avril

Rest – Menu 22 € (déj. en sem.), 27/46 € – Carte 42/65 €

◆ Les amateurs de charme bucolique apprécieront ce restaurant et sa cuisine régionale de saison. En terrasse ou devant la cheminée en faïence, difficile de résister au foie gras, au craquelin d'escargots, ou au tournedos de canard laqué !

Pour bien utiliser votre guide, consultez son mode d'emploi situé en pages d'introduction : symboles, classements, abréviations et autres signes n'auront plus de mystère pour vous !

LES DEUX-ALPES (Alpes de Mont-de-Lans et de Vénosc) 45 C2

– 38 Isère – **333** J7 – Sports d'hiver : 1 650/3 600 m 7 49 – 38860

Alpes du Nord

Paris 640 – Le Bourg-d'Oisans 26 – Grenoble 78

4, place des Deux-Alpes, 04 76 79 22 00, www.les2alpes.com

des Deux-Alpes, Rue des Vikings, E : 2 km, 04 76 80 52 89

Belvédères : de la Croix★, des Cîmes★ - Croisière Blanche★★★.

Chalet Mounier

rest, VISA

2 r. de la Chapelle – 04 76 80 56 90 – www.chalet-mounier.com – Ouvert 21 juin-1er sept. et 10 déc.-6 mai n

40 ch – 120/225 € 190/340 € – 4 suites – 20 € – ½ P 130/255 €

Rest *Le P'tit Polyte* – voir les restaurants ci-après

Rest *(fermé le midi)* – Menu 35 €

◆ Tout en haut de la station, sur le site d'une ferme d'alpage, l'aîné des hôtels de la station, né dès les années 1930 : les lieux ont la tradition de l'accueil chevillée au corps – des chevilles en bois, évidemment ! Tout pour un beau séjour à la montagne : grand confort, piscines, sauna, fitness, table gastronomique...

Souleil'Or

rest, VISA AE

10 r. Grand Plan – 04 76 79 24 69 – www.le-souleil-or.fr – Hôtel : ouvert 16 juin-26 août et 5 déc.-25 avril ; rest. : ouvert 20 déc.-25 avril t

42 ch – 105/165 € 135/222 € – ½ P 97/140 € **Rest** – Menu 37 € (dîner)

◆ Skieurs en hiver, randonneurs en été : au pied des pistes, ce grand chalet vit montagne ! La plupart des chambres ouvrent sur un balcon, pour un bol d'air maximal... et l'on se réfugie avec plaisir dans sa chambre, où lambrissé rime avec douillet.

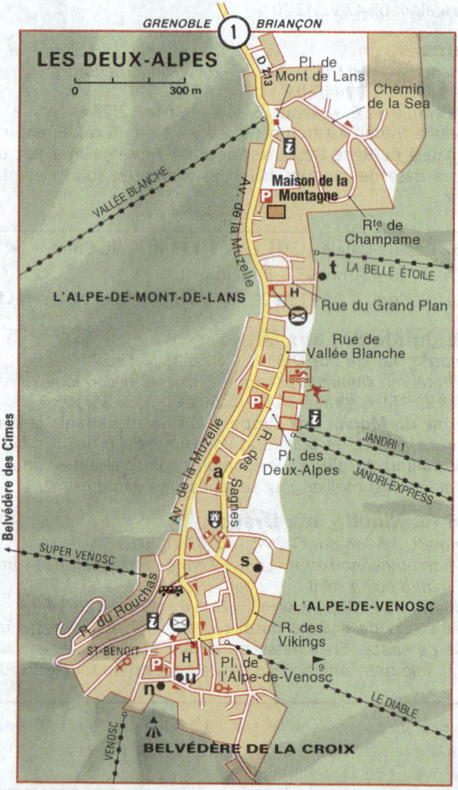

Les Mélèzes rest,

17 r. des Vikings – ✆ 04 76 80 50 50 – www.hotelmelezes.com – Ouvert 15 déc.-24 avril s

34 ch – 72/83 € 129/171 € – 12 € – ½ P 89/138 € **Rest** – Menu 34/78 €

◆ On peut rejoindre les skis aux pieds ce chalet construit dans les années 1960 au débouché des pistes. La plupart des chambres, d'esprit montagnard, ouvrent au sud. Quelques "suites" familiales. Deux options selon le repas : brasserie au déjeuner, spécialités savoyardes et classiques le soir.

Serre-Palas sans rest

13 pl. de l'Alpe de Venosc – ✆ 04 76 80 56 33 – www.hotelserre-palas.fr – Ouvert 21 juin-22 août, 22 oct.-1er nov. et 4 déc.-26 avril u

24 ch – 28/60 € 60/120 €

◆ Un bon rapport qualité-prix pour cet hôtel proche de la télécabine de Venosc. Côté sud, chaque chambre a son propre balcon face au massif de la Muzelle. Ambiance dans le ton : déco et mobilier montagnards !

Le P'tit Polyte – Hôtel Chalet Mounier

2 r. de la Chapelle – ✆ 04 76 80 56 90 – www.chalet-mounier.com – Ouvert 21 juin-1er sept. et 10 déc.-6 mai n

Rest *(fermé lundi et le midi sauf dim. et fériés)* – Menu 56/90 € – Carte 60/115 €

Spéc. Féra du Léman fumée, pressé de beaufort et de viande des grisons. Ris de veau au sautoir, composition du moment. "Cherryssimo" amande-griotte. **Vins** Vin de pays d'Allobrogie, Saint-Joseph.

◆ P'tit par le nom, mais grand par la qualité : ce noble chalet, au décor très contemporain, réserve une belle expérience autour de produits d'une parfaite fraîcheur et d'une cuisine tout en maîtrise. Finesse et justesse...

Le Diable au Cœur

au sommet de la télécabine du Diable – ✆ 04 76 79 99 50 – www.lediableaucoeur.com – Ouvert 28 juin-30 août et 2 déc.-30 avril

Rest *(déj. seult) (réserver)* – Formule 35 € – Carte 28/45 €

◆ Direction 2 400 m ! Empruntez la télécabine du Diable pour rejoindre ce joli Cœur : un charmant îlot de bois blond qui semble tutoyer les Écrins... La belle cuisine traditionnelle ajoute au plaisir du voyage.

Le Raisin d'Ours

98 av. de la Muzelle – ✆ 04 76 79 29 56 – www.leraisindours.fr – Fermé en mai, sept. et oct. a

Rest – Formule 20 € bc – Menu 25/38 € – Carte 20/48 €

◆ Le Raisin d'Ours ? Un arbuste du sud des Alpes et un écho à la vigne : double clin d'œil aux origines des propriétaires, jeune couple bourguignon-savoyard ! Le fruit de leur rencontre séduit : une table d'aujourd'hui, chaleureuse et plutôt soignée.

DHUIZON – 41 Loir-et-Cher – 318 G6 – 1 398 h. – alt. 93 m – ✉ 41220 — 12 C2

Paris 174 – Beaugency 23 – Blois 29 – Orléans 46

au Nord-Est 4 km par rte de Villeny et rte secondaire

La Maison de Capucine

(Ferme de l'Aunay) – ✆ 06 13 43 58 98 – www.lamaisondecapucine.com – Ouvert avril-nov.

4 ch – 150 € 150 € **Table d'hôte** *(fermé le midi)* – Menu 125/150 €

◆ En pleine forêt et vraiment au calme ! Cette jolie ferme solognote, parfaitement rénovée, abrite des chambres au charme champêtre (poutres, parquet, tomettes...). Au restaurant, cuisine bourgeoise bien maîtrisée variant autour de beaux produits de saison.

DIE – 26 Drôme – 332 F5 – 4 358 h. – alt. 415 m – ✉ 26150 — 44 B3

Alpes du Sud

Paris 623 – Gap 92 – Grenoble 110 – Montélimar 73

rue des Jardins, ✆ 04 75 22 03 03, www.diois-tourisme.com

Mosaïque★ dans l'hôtel de ville.

Paysages du Diois★★.

L' Escale de Die
av. de la Clairette – ✆ 04 75 22 00 95 – Fermé vacances de la Toussaint, 11-27 fév. et merc.
9 ch – 55/65 € 55/65 € – 8 € – ½ P 58/68 €
Rest – Menu 15 € (déj. en sem.), 24/35 € – Carte 19/46 €
♦ Il règne une agréable ambiance familiale dans cette maison à la façade fleurie. Chambres climatisées parfaitement tenues et confortables. Bon rapport qualité-prix. Au restaurant, cuisine traditionnelle tout en simplicité, servie dans une salle élégante.

DIEBOLSHEIM – 67 Bas-Rhin – 315 J7 – 617 h. – alt. 163 m – ✉ 67230 1 B2

Paris 529 – Strasbourg 44 – Freiburg im Breisgau 59 – Colmar 55

Ambiance Jardin sans rest
12 r. de L'Abbé-Wendling – ✆ 03 88 74 84 85 – www.ambiance-jardin.com
4 ch – 70 € 90 €
♦ De cette grange, les propriétaires ont fait une charmante maison d'hôtes, qui foisonne d'antiquités. Chambres aux tons pastel, spacieuses et cosy. Beau jardin.

DIEFFENBACH-AU-VAL – 67 Bas-Rhin – 315 H7 – 625 h. – alt. 350 m – ✉ 67220 2 C1

Paris 538 – Colmar 33 – Lahr 65 – Strasbourg 53

La Romance sans rest
17 r. de Neuve-Église – ✆ 03 88 85 67 09 – www.la-romance.net
5 ch – 90/100 € 95/105 €
♦ Au bout d'un chemin privé qui longe la forêt, cette charmante maison à colombages respire la sérénité. Chambres soignées et joliment colorées (deux avec terrasse donnant sur la vallée). Aux beaux jours, on peut prendre le petit-déjeuner au jardin.

DIEFFENTHAL – 67 Bas-Rhin – 315 I7 – 251 h. – alt. 185 m – ✉ 67650 2 C1

Paris 441 – Lunéville 100 – St-Dié 45 – Sélestat 7

Le Verger des Châteaux rest,
2 rte Romaine – ✆ 03 88 92 49 13 – www.verger-des-chateaux.fr
32 ch – 65/75 € 75/89 € – 9 € – ½ P 78 €
Rest *(fermé lundi midi)* – Formule 10 € – Menu 18/32 € – Carte 25/61 €
♦ Une imposante bâtisse bordant le fameux vignoble alsacien. Les chambres sont spacieuses, équipées de mobilier en bois blond ; mansardes familiales au dernier étage. Salle à manger donnant sur la campagne ; registre culinaire traditionnel. Winstub au décor coloré.

DIEFMATTEN – 68 Haut-Rhin – 315 G10 – 263 h. – alt. 300 m – ✉ 68780 1 A3

Paris 450 – Belfort 25 – Colmar 48 – Mulhouse 21

Auberge du Cheval Blanc avec ch rest,
17 r. Hecken – ✆ 03 89 26 91 08 – www.auchevalblanc.fr – Fermé 16 juil.-3 août et 12-20 janv.
8 ch – 54 € 95 € – 12 €
Rest *(fermé lundi et mardi)* – Formule 15 € – Menu 23 € bc (sem.), 28/72 € – Carte 47/86 €
♦ La déclinaison de foie gras ? L'un des grands classiques de cette élégante maison alsacienne, où la cuisine gastronomique épouse les saisons – notamment autour de menus à thème (truffe, bouillabaisse, etc.) et de vins bien choisis. Pour l'étape, d'agréables chambres fonctionnelles.

DIEPPE – 76 Seine-Maritime – 304 G2 – 33 590 h. – alt. 6 m – Casino Municipal AY – ✉ 76200 Normandie Vallée de la Seine 33 D1

Paris 197 – Abbeville 68 – Caen 176 – Le Havre 111
pont Jehan Ango, ✆ 02 32 14 40 60, www.dieppetourisme.com
de Dieppe-Pourville, Route de Pourville, O : 2 km par D 74, ✆ 02 35 84 25 05
Église St-Jacques★ - Chapelle N.-D.-de-Bon-Secours ★ - Musée★ du château (ivoires dieppois★).

Aguado sans rest

30 bd Verdun – ✆ *02 35 84 27 00*
– *www.hotelsdieppe.com* **BYs**

56 ch – 🚹60/140 € 🚹🚹70/140 € – ☕ 10 €

◆ Étonnant : l'immeuble enjambe une rue reliant le front de mer à la ville ! Quant aux chambres, bien insonorisées, elles sont décorées avec soin dans des styles variés... La moitié d'entre elles donnent sur la Manche, un plaisir à prolonger au petit-déjeuner.

Ango (R. J.)	BY	2
Barre (R. de la)	AZ	3
Barre (R. du Fg-de-la)	AZ	4
Belleteste (R. Jean)	BY	5
Bonne-Nouvelle (R.)	BY	6
Brunel (R. J.)	BY	7
Carénage (Q. du)	BY	12
Chastes (R. de)	AZ	13
Citadelle (Ch. de la)	AZ	14
Clemenceau (Bd G.)	BZ	15
Colbert (Pont)	BY	16
Desmarets (R.)	AZ	17
Duquesne (R.)	BY	19
Gaulle (Bd Gén.-de)	ABZ	22
Grande-Rue	ABY	
Groulard (R. C.)	AZ	23
Guerrier (R.)	BY	24
Joffre (Bd Mar.)	AZ	25
Leclerc (Av. Gén.)	BY	26
Levasseur (R.)	BY	28
Nationale (Pl.)	BY	29
Normandie-Sussex (Av.)	BZ	31
Petit-Fort (R. du)	BY	32
Polet (Gde-R. du)	BY	33
Puits-Salé (Pl. du)	AZ	34
Quiquengrogne (R.)	BY	35
République (R. de la)	AZ	36
St-Jacques (R.)	AYZ	37
St-Jean (R.)	BY	38
Sygogne (R. de)	AZ	39
Toustain (R.)	AZ	40
Victor-Hugo (R.)	AZ	41

Mercure la Présidence
1 bd de Verdun – ✆ 02 35 84 31 31 – www.hotel-la-presidence.com
85 ch – 105/135 € 115/155 € – 16 € AYa
Rest *(fermé sam. midi et dim. de janv. à mai et de sept. à déc.)* – Menu 29 € – Carte 35/45 €
◆ Près du casino et du centre de thalasso, ne vous laissez pas intimider par la façade un peu ingrate de cet hôtel : les chambres sont décorées avec goût (parquet, mobilier design et tons chatoyants) et la moitié ont vue sur les flots... Une ambiance marine qui se confirme au restaurant.

De l'Europe sans rest
63 bd Verdun – ✆ 02 32 90 19 19 – www.hotelsdieppe.com BYt
60 ch – 60/135 € 70/135 € – 10 €
◆ Sur le front de mer, du bois, du béton et... de l'allure ! À l'intérieur, les grandes chambres, colorées et meublées de rotin, regardent la Manche ; la clientèle locale vient volontiers boire un verre au bar, plutôt chaleureux.

La Villa Florida sans rest
24 chemin du Golf, au Sud-Ouest par D 75 - AZ – ✆ 02 35 84 40 37 – www.lavillaflorida.com
4 ch – 78/110 € 86/110 €
◆ Il flotte comme un parfum des Indes dans cette maison d'architecte dont la propriétaire est passionnée de yoga. Golf, Lotus, Bleue et... Yoga : les chambres, toutes plus apaisantes les unes que les autres, sont une invitation au voyage !

Les Voiles d'Or (Tristan Arhan)
2 chemin de la Falaise, par rte du Tréport puis direction chapelle N.-D.-de-Bon-Secours – ✆ 02 35 84 16 84 – www.lesvoilesdor.fr – Fermé 4 déc.-3 janv., dim. soir, lundi et mardi BYc
Rest *(nombre de couverts limité, réserver)* – Menu 35 € bc (déj. en sem.)/52 € – Carte 55/65 €
Spéc. Saint-Jacques rôties au beurre demi-sel (oct. à avril). Aiguillettes de bar cuites sur la peau, poêlée de bulots en persillade. Poire confite à la cannelle.
◆ À la barre de cette table perchée sur la falaise du Pollet, un chef amoureux fou des beaux produits... de la mer. Il les prépare avec un raffinement certain, tout en justesse et équilibre. Avis aux amateurs de poisson !

Bali-Dieppe
3 ch – 110 € 120 €
◆ Bali s'est installée à Dieppe par le truchement de ce beau pavillon en bois nerbau, construit en Asie puis remonté en France. Les chambres, très originales, sont confortables et exotiques. Dépaysement garanti !

Le Coup de Torchon
4 r. Vauquelin – ✆ 02 35 85 94 84 – Fermé 1er-8 août BYd
Rest – Formule 13 € – Menu 15 € (déj. en sem.) – Carte 35/47 €
◆ Coup de torchon dans cette rue un peu austère : derrière une façade rose, la cuisine de ce bistrot chic met en valeur d'excellents produits, parfois dieppois. Les ardoises murales vous font d'alléchantes propositions... à quoi bon résister ?

La Marmite Dieppoise
8 r. St-Jean – ✆ 02 35 84 24 26 – Fermé 1er-12 mars, 25 juin-5 juil., 19 nov.-3 déc., jeudi soir hors saison, dim. soir et lundi BYk
Rest – Formule 20 € – Menu 30/44 € – Carte 32/60 €
◆ Ici, la fameuse marmite dieppoise tient la vedette et les produits de la mer arrivent directement du port de pêche tout proche. Dîner aux chandelles les vendredis et samedis.

Bistrot du Pollet
23 r. Tête de Boeuf – ✆ 02 35 84 68 57 – www.bistrotdupollet.fr – Fermé 27 mars-11 avril, 28 août-12 septembe, 1er-16 janv., dim. et lundi BYe
Rest *(nombre de couverts limité, réserver)* – Formule 19 € – Carte 30/45 €
◆ Sur l'île portuaire du Pollet, ce bistrot de la mer joue la carte du chic contemporain. À l'ardoise, on découvre les suggestions du jour, souvent de beaux poissons pêchés non loin de là, tel cet appétissant lieu jaune au beurre d'araignée...

à Martin-Église **6 km au Sud-Est par D 1 - BYZ – 1 508 h. – alt. 11 m – ✉ 76370**

XX **Auberge du Clos Normand** avec ch

22 r. Henri IV – ✆ 02 35 40 40 40 – www.closnormand.fr – Fermé 15 nov.-5 déc. et 15 fév.-1er mars

10 ch – †69 € ††69 € – ☕ 8 €

Rest *(fermé mardi midi, merc. midi et lundi)* – Menu 23/33 € – Carte 39/54 €

◆ Dans un jardin bordé par une rivière, cet ancien relais de poste (15es.) est le repaire idéal des amateurs de cuisine traditionnelle ! Devant la grande cheminée en brique de Dieppe, on déguste des huîtres, des ris de veau et autres magrets... Quelques chambres calmes et feutrées dans les dépendances.

à Offranville **6 km par ②, D 927 et D 54 – 3 316 h. – alt. 80 m – ✉ 76550**

XX **Le Colombier**

r. Loucheur, (parc du Colombier) – ✆ 02 35 85 48 50 – www.restaurant-normandie-offranville-colombier.over-blog.com – Fermé 22 oct.-8 nov., 18 fév.-7 mars, mardi sauf juil.-août, dim. soir et merc.

Rest – Formule 19 € – Menu 25 € (sem.), 38/65 €

◆ Dans cette vénérable maison normande du 16es., l'imposante cheminée à colonnes se fond dans un beau décor contemporain. Saint-Jacques à la compote de poire, "poissons d'ici", pomme façon tatin... C'est fin, harmonieux et sagement original.

à Pourville-sur-Mer **5 km à l'Ouest par D 75 AZ – ✉ 76550 Hautot-sur-Mer**

XX **Le Trou Normand**

128 r. des Verts Bois – ✆ 02 35 84 59 84 – Fermé 26 août-10 sept., 29 déc.-18 janv., dim. soir et lundi

Rest – Menu 24/39 € – Carte 40/48 €

◆ Cette auberge est toute proche de la plage où débarquèrent, en 1942, les Canadiens de l'opération "Jubilee". Le cadre rustique sied à la cuisine traditionnelle et à la petite carte "terre et mer" qui varie au gré du marché.

DIEULEFIT **– 26 Drôme – 332 D6 – 3 088 h. – alt. 366 m – ✉ 26220** **44 B3**

Lyon Drôme Ardèche

Paris 614 – Crest 30 – Montélimar 29 – Nyons 30

1, place Abbé Magnet, ✆ 04 75 46 42 49, www.paysdedieulefit.eu

XX **Le Relais du Serre** avec ch

rte de Nyons , 3 km par D 538 – ✆ 04 75 46 43 45 – www.lerelaisduserre.com – Fermé 2-15 janv., dim. soir et lundi

7 ch – †50 € ††55/60 € – ☕ 9 € – ½ P 55/60 €

Rest – Formule 13 € – Menu 23/39 € – Carte 31/56 €

◆ Agréable maison à la façade rose, sur la route de la vallée du Lez. Salle colorée, agrémentée de fleurs et de tableaux ; copieuse cuisine traditionnelle et gibier en saison. Chambres modestes et bien tenues, pour l'étape.

au Poët-Laval **5 km à l'Ouest par D 540 – 893 h. – alt. 311 m – ✉ 26160**

Site★.

Les Hospitaliers

– ✆ 04 75 46 22 32 – www.hotel-les-hospitaliers.com – Ouvert 24 mars- 10 nov.

22 ch – †82/160 € ††82/160 € – ☕ 15 €

Rest *(fermé lundi et mardi sauf du 1er juil. au 9 sept.)* – Formule 27 € – Menu 42 € – Carte 60/75 €

◆ Dans un beau village médiéval, ces maisons en pierre sèche abritent des chambres de caractère (mobilier rustique et terrasse privative pour certaines). Pittoresque ! Le restaurant est élégant et valorise la belle cuisine de saison, fraîche et soignée.

au Nord 9 km par D 538, D 110 et D 245 - ✉ 26460 Truinas

La Bergerie de Féline ch, P

Les Charles – ✆ 04 75 49 12 78 – www.labergeriedefeline.com – Ouvert d'avril à oct.
5 ch – 130/210 € 130/210 € **Table d'hôte** – Menu 38 € bc
◆ Vue sur le Vercors, superbe piscine naturelle, cabane et hamac au fond du jardin... Dans cette bergerie du 18e s., la vie est bien douce ! Très jolies chambres (esprit design et matériaux naturels). À la table d'hôte, cuisine familiale à base de bons produits locaux.

DIGNE-LES-BAINS P – 04 Alpes-de-Haute-Provence – 334 F8 41 C2
– 17 268 h. – alt. 608 m – Stat. therm. : début mars-fin nov. – ✉ 04000

Alpes du Sud

Paris 744 – Aix-en-Provence 109 – Avignon 167 – Cannes 135

place du Tampinet, ✆ 04 92 36 62 62, www.ot-dignelesbains.fr

de Digne-les-Bains, 57 route du Chaffaut, par rte de Nice et D 12 : 7 km, ✆ 04 92 30 58 00

Musée départemental★ - Cathédrale N.D.-du-Bourg★ - Dalles à ammonites géantes★ N : 1 km par D 900A.

★ du Relais de Télévision.

Le Grand Paris

19 bd Thiers – ✆ 04 92 31 11 15 – www.hotel-grand-paris.com – Ouvert 1er mars-30 nov.
16 ch – 85/125 € 95/150 € – 4 suites – 17 € – ½ P 92/135 €
Rest ***Le Grand Paris*** – voir les restaurants ci-après
◆ Charme et authenticité pour ce couvent du 17es. aux chambres délicieusement vieille France... Ici, on cultive le sens de l'accueil et la belle tradition hôtelière.

Le Grand Paris

19 bd Thiers – ✆ 04 92 31 11 15 – www.hotel-grand-paris.com – Ouvert 1er avril-15 nov. et fermé lundi midi, mardi midi, merc. midi et jeudi midi hors saison
Rest – Formule 28 € – Menu 37/70 € – Carte 61/77 €
◆ Une maison pleine de cachet, avec un petit côté "à l'ancienne" tout à fait plaisant. La chef retravaille les recettes classiques de son père (jadis aux fourneaux) ; ses plats sont savoureux.

rte de Nice 2 km par N 85 – ✉ 04000 Digne-les-Bains

Villa Gaïa ch, P

24 rte de Nice – ✆ 04 92 31 21 60 – www.hotel-villagaia-digne.com – Ouvert 15 avril-2 juil. et 11 juil.-21 oct.
10 ch – 65/110 € 85/110 € – 12 € – ½ P 80/89 €
Rest *(fermé merc.) (dîner seult) (résidents seult)* – Menu 26 €
◆ Cette accueillante maison de maître du début du 18es. a conservé le charme d'autrefois : un grand parc, une bibliothèque et des chambres de style rétro (sans TV !). Cuisine régionale au restaurant.

DIGOIN – 71 Saône-et-Loire – 320 D11 – 8 596 h. – alt. 232 m – ✉ 71160 7 B3

Bourgogne

Paris 337 – Autun 69 – Charolles 26 – Moulins 57

8, rue Guilleminot, ✆ 03 85 53 00 81

à Vigny-les-Paray 9 km au Nord-Est par D 994 et D 52 – ✉ 71160

Auberge de Vigny P

– ✆ 03 85 81 10 13 – www.aubergedevigny.fr – Fermé 9-30 oct., 2-20 janv., dim. soir de nov. à mars, lundi et mardi
Rest – Formule 17 € – Menu 26/37 € – Carte 32/45 €
◆ Dans cette ancienne salle de classe décorée avec soin, on sert désormais une cuisine qui joue parfois avec les codes de la tradition (un bourguignon de calamars !). Pour une étape champêtre et souriante...

DIJON P – 21 Côte-d'Or – **320** K6 – **151 576 h.** – **Agglo. 236 953 h.** **8** D1
– **alt. 245 m** – ✉ **21000** Bourgogne

Paris 311 – Auxerre 152 – Besançon 94 – Genève 192

Dijon-Bourgogne ✆ 03 80 67 67 67, 6 km par ⑤.

11, rue des Forges, ✆ 08 92 70 05 58, www.visitdijon.com

de Dijon Bourgogne, à Norges-la-Ville, Bois de Norges, par de Langres : 15 km, ✆ 03 80 35 71 10

de Quetigny, à Quetigny, Rue du Golf, E : 5 km par D 107, ✆ 03 80 48 95 20

Circuit automobile de Dijon-Prenois ✆ 03 80 35 32 22, 16 km par ⑧

Palais des Ducs et des États de Bourgogne★★ : Musée des Beaux-Arts★★ (tombeaux des Ducs de Bourgogne★★★) - Rue des Forges★ - Église Notre-Dame★ - Plafonds★ du Palais de Justice DY **J** - Chartreuse de Champmol★ : Puits de Moïse★★★, Portail de la Chapelle★ A - Église St-Michel★ - Jardin de l'Arquebuse★ CY - Rotonde★★ dans la cathédrale St-Bénigne - Musée de la Vie bourguignonne★ DZ **M**[7] - Musée Archéologique★ CY **M**[2] - Musée Magnin★ DY **M**[5] - Jardin des Sciences★ CY **M**[8].

Plans pages 635, 636, 637

Sofitel La Cloche

14 pl. Darcy – ✆ 03 80 30 12 32 – www.hotel-lacloche.com CY**f**

64 ch – †210/360 € ††250/360 € – 4 suites – ☕ 20 €

Rest *Les Jardins de la Cloche* – voir les restaurants ci-après

◆ Une bâtisse Belle Époque (1884) où il fait bon vivre. Classicisme contemporain dans les chambres, duplex et appartements avec douche-hammam, salles de réunion tout équipées : cossu, charmant et douillet !

Hostellerie du Chapeau Rouge

5 r. Michelet – ✆ 03 80 50 88 88 – www.chapeau-rouge.fr CY**a**

29 ch – †115/165 € ††120/175 € – 2 suites – ☕ 17 €

Rest *Hostellerie du Chapeau Rouge* ✿ – voir les restaurants ci-après

◆ Un élégant Chapeau Rouge créé en 1863, mais toujours frais avec ses chambres au décor soigné, parfois très contemporaines. L'idéal ? Se reposer à l'espace bien-être et prendre l'apéritif au bar – d'une sophistication exquise –, avant un bon dîner.

Mercure-Centre Clemenceau

22 bd Marne – ✆ 03 80 72 31 13 – www.hotel-mercure-dijon.com EX**z**

123 ch – †149/250 € ††149/250 € – ☕ 16 €

Rest *Le Château Bourgogne* – Formule 28 € – Menu 33/59 € – Carte 40/101 € ✿

◆ Hôtel d'affaires jouxtant l'auditorium, les palais des congrès et des expositions. Les chambres, de facture contemporaine, sont agréables, tout comme la terrasse près de la piscine.

Philippe Le Bon

18 r. Ste-Anne – ✆ 03 80 30 73 52 – www.hotelphilippelebon.com DY**p**

41 ch – †85/97 € ††112/182 € – ☕ 13 €

Rest *L'Autre Entrée* – voir les restaurants ci-après

Rest *Les Oenophiles* – Menu 25 € (déj.), 39/59 € – Carte 57/70 €

◆ Trois hôtels particuliers du centre-ville (15e, 16e et 17e s.) avec une jolie cour intérieure gothique. Les chambres, bien insonorisées, sont avant tout pratiques ; quelques-unes ont vue sur les toits dijonnais. À l'heure des repas, deux options : restaurant traditionnel ou bistrot.

Du Nord

pl. Darcy – ✆ 03 80 50 80 50 – www.hotel-nord.fr – Fermé 20 déc.-7 janv. CY**w**

27 ch – †88/100 € ††100/112 € – ☕ 12 €

Rest *Porte Guillaume* – voir les restaurants ci-après

◆ Atmosphère, Atmosphère ? Cet Hôtel du Nord-là, tenu par la même famille depuis quatre générations, est idéalement situé au cœur du Dijon animé et commerçant. Et les chambres ? Elles sont fonctionnelles et bien insonorisées.

Wilson sans rest
1 r. de Longvic – ✆ 03 80 66 82 50 – www.wilson-hotel.com DZk
27 ch – †84/107 € ††84/107 € – ☕ 13 €
◆ Des pierres apparentes, des poutres, une grande cheminée où le feu crépite en hiver et des chambres sobres et plaisantes : le charme de l'ancien – logique pour un relais de poste du 17e s. – et tout le confort moderne !

Ibis-Centre Clemenceau sans rest
2 av. de Marbotte – ✆ 03 80 74 67 30 – www.hotel-ibisclemenceau-dijon.com
102 ch – †75/88 € ††75/88 € – ☕ 9 € EXa
◆ Ibis récent près des palais des congrès et des expositions – idéal pour un déplacement professionnel –, avec des chambres pratiques et bien insonorisées.

Montigny sans rest
8 r. Montigny – ✆ 03 80 30 96 86 – www.hotelmontigny.com
– Fermé 17 déc.-2 janv. CYe
28 ch – †56/58 € ††61/63 € – ☕ 8 €
◆ Non loin du centre-ville, avec un parking fermé. Les chambres, d'une tenue irréprochable, sont fonctionnelles et bien insonorisées. Simple, accueillant et pratique !

Victor Hugo sans rest
23 r. Fleurs – ✆ 03 80 43 63 45 – www.hotelvictorhugo-dijon.com CXb
23 ch – †39/43 € ††49/56 € – ☕ 6 €
◆ Petit hôtel dans une rue calme et résidentielle, à cinq minutes à pied du centre-ville. Les chambres, sobres mais très bien tenues, sont plus spacieuses côté cour... Quant aux prix, ils sont vraiment attractifs.

Le Pré aux Clercs (Jean-Pierre et Alexis Billoux) avec ch ch,
13 pl. de la Libération – ✆ 03 80 38 05 05
– www.jeanpierrebilloux.com – Fermé 19-28 août, 26 fév.-9 mars, dim. soir et lundi (sauf hôtel) DYn
5 ch – †200/350 € ††200/350 € – ☕ 25 €
Rest – Menu 36 € bc (déj. en sem.), 52/97 € – Carte 62/115 €
Spéc. Tarte de jambonnettes de grenouille, pétales d'ail et jus de grenouille. Compote de lièvre à la royale (oct. à fév.). Tube cacao, crème et glace chocolat, chantilly au café. **Vins** Marsannay blanc, Pernand-Vergelesses.
◆ Au rythme des saisons, les Billoux père et fils composent une partition culinaire d'un beau classicisme, où pointe aussi la fantaisie. Décor signé Hardouin-Mansart pour les scènes d'extérieur (la terrasse donnant sur la belle place de la Libération) ; raffinement cossu à l'intérieur... Un opéra de saveurs ! Pour prolonger l'étape, cinq chambres contemporaines.

Stéphane Derbord
10 pl. Wilson – ✆ 03 80 67 74 64 – www.restaurantstephanederbord.fr
– Fermé 24 juil.-16 août, 24 fév.-5 mars, dim. et lundi DZb
Rest – Menu 25 € (déj. en sem.), 50/95 € – Carte 77/108 €
Spéc. Cannelloni d'escargots de Bourgogne, croustille à l'ail et persil. Sandre rôti, réduction d'aligoté à l'estragon. Meringué au cassis et poivre de cassis. **Vins** Marsannay, Saint-Aubin.
◆ Dans cet élégant restaurant contemporain et joliment fleuri, Stéphane Derbord revisite avec brio la cuisine régionale et du marché. Ses mets s'allient avec finesse et précision, en écho à une très belle cave (millésimes anciens et grands crus).

La Dame d'Aquitaine
23 pl. Bossuet – ✆ 03 80 30 45 65 – www.ladamedaquitaine.fr – Fermé le midi du 20 juil. au 20 août, lundi midi et dim. CYm
Rest – Menu 22 € (déj. en sem.), 30/45 € – Carte 42/82 €
◆ Des voûtes, des arcs, des jeux de lumière dans une crypte du 13es. et une cuisine classique, pour les amateurs de... classicisme.

Les Jardins de la Cloche – Hôtel Sofitel La Cloche
14 pl. Darcy – ✆ 03 80 30 12 32 – www.hotel-lacloche.com
Rest – Formule 27 € bc – Menu 35 € bc/47 € bc – Carte 67/98 € CYf
◆ Makis de mangue et concombre, ravioles de volaille, croustillant au spéculos... Une cuisine dans l'air du temps pour une table d'affaires élégante, avec une jolie terrasse. Et le dimanche, on brunche !

DIJON

Aiguillottes (Bd des)	A	2
Albert-1er (Av.)	A	
Allobroges (Bd des)	A	3
Auxonne (R. d')	B	
Bachelard (Bd Gaston)	A	4
Bellevue (R. de)	A	5
Bertin (Av. J.B.)	B	6
Bourroches (Bd des)	A	
Briand (Av. A.)	B	8
Camus (Av. Albert)	B	12
Castel (Bd du)	A	13
Champollion (Av.)	B	15
Chanoine-Bardy (Imp.)	B	16
Chanoine-Kir (Bd)	A	17
Chateaubriand (R. de)	B	19
Chevreul (R.)	AB	
Chèvre-Morte (Bd de)	A	20
Chicago (Bd de)	B	
Churchill (Bd W.)	B	24
Clomiers (Bd des)	A	26
Concorde (Av. de la)	B	28
Cracovie (R. de)	B	
Dijon (R. de)	A	
Dr-Petitjean (Bd du)	B	
Doumer (Bd Paul)	B	
Drapeau (Av. du)	B	
Dumont (R. Ch.)	AB	
Eiffel (Av. G.)	A	
Einstein (Av. Albert)	A	36
Europe (Bd de l')	B	38
Europe (Rd-Pt de l')	B	40
Faubourg-St-Martin (R. du)	A	
Fauconnet (R. Gén.)	AB	42
Fontaine-des-Suisses (Bd)	B	44
Fontaine-lès-Dijon (R.)	A	43
France-Libre (Pl. de la)	AB	45
Gabriel (Bd)	B	46
Gallieni (Bd Mar.)	AB	48
Gaulle (Crs Gén.-de)	B	50
Gorgets (Bd des)	A	52
Gray (R. de)	B	
Jeanne-d'Arc (Bd)	B	55
Jean-Jaurès (Av.)	A	
Joffre (Bd Mar.)	B	
Jouvence (R. de)	A	
Kennedy (Bd J.)	A	56
Langres (Av. de)	B	
Longvic (R. de)	B	
Magenta (R.)	B	58
Maillard (Bd)	A	60
Malines (R. de)	B	
Mansard (Bd)	B	62
Mayence (R. de)	B	
Mirande (R. de)	B	
Mont-Blanc (Av. du)	B	65
Moulins (R. des)	A	
Moulin (R. Jean)	B	63
Nation (Rd-Pt de la)	B	66
Orfèvres (R. des)	A	68
Ouest (Bd de l')	A	69
Parc (Cours du)	B	70
Pascal (Bd)	B	
Poincaré (Av. R.)	B	71
Pompidou (Rd-Pt Georges)	B	72
Pompidou (Voie Georges)	B	
Pompon (Bd F.)	A	73
Prat (Av. du Colonel)	B	75
Rembrandt (Bd)	B	78
Rolin (Q. Nicolas)	A	79
Roosevelt (Av. F. D.)	B	80
Saint-Exupéry (Pl.)	B	85
Salengro (Pl. R.)	B	
Schuman (Bd Robert)	B	88
Stalingrad (Av. de)	B	
Stearinerie (R. de la)	A	
Strasbourg (Bd de)	B	90
Sully (R.)	B	
Talant (R. de)	A	
Trimolet (Bd)	B	91
Troyes (Bd de)	A	
Université (Bd de l')	B	
Valendons (Bd des)	A	
Valendons (R. des)	A	
Victor-Hugo (Av.)	A	
1er-Consul (Av. du)	A	
8-Mai-1945 (Rd-Pt du)	B	96
26e-Dragons (R. du)	B	98

DIJON

Adler (Pl. E.) . . . . EZ
Albert-1er (Av.) . . . . CY
Arquebuse (R. de l') . . . . CY
Audra (R.) . . . . CY
Auxonne (R. d') . . . . EZ
Barabant (Pl. Henri) . . . . DZ
Baudin (R. J.-B.) . . . . EYZ
Berbisey (R.) . . . . CYZ
Berlier (R.) . . . . DEY
Bordot (R.) . . . . DZ
Bossuet (R. et Pl.) . . . . CDY
Bouhey (Pl. J.) . . . . EX
Bourg (R. du) . . . . DY
Briand (Av. A.) . . . . EX 8
Brosses (Bd de) . . . . CY 9
Buffon (R.) . . . . DY
Cabet (R. P.) . . . . EY
Carnot (Bd) . . . . DEY
Castell (Bd du) . . . . CZ
Cellerier (R. J.) CX
Chabot-Charny (R.) . . . . DYZ
Champagne (Bd de) . . . . EX 14
Charrue (R.) . . . . DY 18
Chouette (R. de la) . . . . DY 21
Clemenceau (Bd G.) . . . . EX
Colmar (R. de) . . . . EX
Comte (R. A.) . . . . DY 27
Condorcet (R.) . . . . CY
Cordeliers (Pl. des) . . . . DY
Courtépée (R.) . . . . DX
Darcy (Pl.) . . . . CY
Daubenton (R.) . . . . CZ
Davout (R.) . . . . EY
Devosge (R.) . . . . CDXY
Diderot (R.) . . . . EY
Dr-Chaussier (R.) . . . . CY 32
Dubois (Pl. A.) . . . . CY 33
Dumont (R. Ch.) . . . . DZ
École-de-Droit (R.) . . . . DY 35
Égalité (R. de l') CX
Févret (R.) . . . . DZ
Foch (Av. Mar.) . . . . CY 43
Fontaine-lès-Dijon (R.) CX
Forges (R. des) . . . . DY
Fremiet (R. A.) . . . . DX
Gagnereaux (R.) . . . . DX
Garibaldi (Av.) . . . . DX
Gaulle (Crs Général-de) . . . . DZ
Godrans (R. des) . . . . DY 51
Grangier (Pl.) . . . . DY 54
Gray (R. de) . . . . EY
Guillaume-Tell (R.) . . . . CY
Hôpital (R. de l') . . . . CZ
Ille (R. de l') . . . . CZ
Jeannin (R.) . . . . DEY
Jean-Jaurès (Av.) . . . . CZ
Jouvence (R. de) . . . . DX
J.-J.-Rousseau (R.) . . . . DY
Ledru-Rollin (R.) . . . . EXY
Libération (Pl. de la) . . . . DY 57
Liberté (R. de la) . . . . CY
Longvic (R. de) . . . . DEZ
Magenta (R.) . . . . EZ 58
Manutention (R. de la) . . . . CZ
Marceau (R.) . . . . DX
Mariotte (R.) . . . . CY
Marne (Bd de la) . . . . EX
Metz (R. de) . . . . EY
Michelet (R.) . . . . CY 64
Mirande (R. de) . . . . EY
Monge (R.) . . . . CY
Montchapet (R. de) CX
Mulhouse (R. de) . . . . EXY
Musette (R.) . . . . DY
Parmentier (R.) . . . . EX
Pasteur (R.) . . . . DYZ
Perrières (R. des) . . . . CY
Perspective (Pl. de la) . . . . CZ
Petit-Cîteaux (R. du) . . . . CZ
Petit-Potet (R. du) . . . . DY 71
Piron (R.) . . . . DY
Préfecture (R. de la) . . . . DY
Prés.-Wilson (Pl.) . . . . DZ
Prévert (Pl. J.) . . . . CZ
Raines (R. du Fg) . . . . CYZ
Rameau (R.) . . . . DY 77
République (Pl. de la) . . . . DX
Rolin (Quai N.) . . . . CZ
Roses (R. des) CX

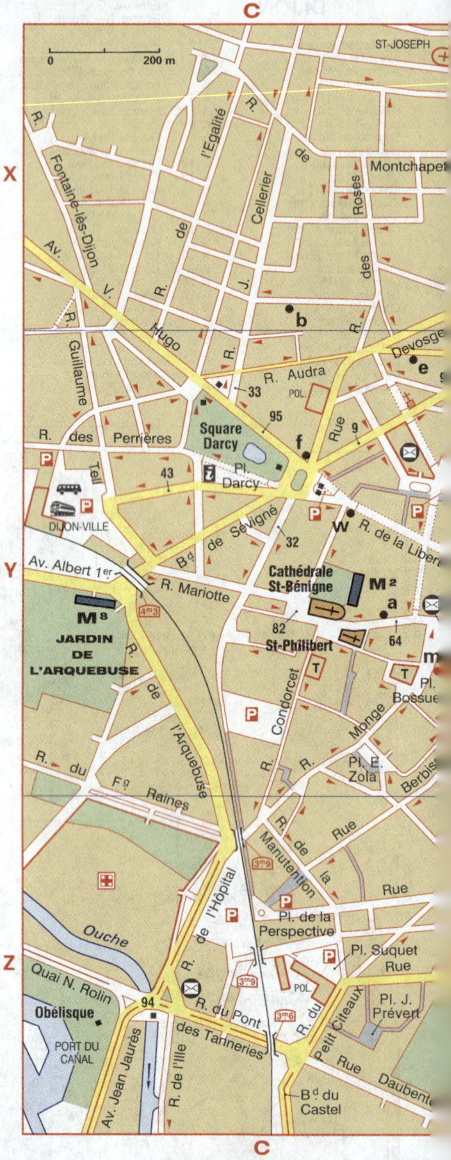

Roussin (R. Amiral) . . . . DY
Rude (Pl. F.) . . . . DY
Rude (R. F.) . . . . DY 81
Ste-Anne (R.) . . . . DYZ
St-Bénigne (Pl.) . . . . CY 82
St-Bernard (Pl.) . . . . DY 83
St-Michel (Pl.) . . . . DY 86
Sambin (R.) . . . . DX
Sévigné (Bd de) . . . . CY
Suquet (Pl.) . . . . CZ
Tanneries (Rd-Pt des) . . . . CZ
Théâtre (Pl. du) . . . . DY

D
E
X
Y
Z
Rue A. Frémiet
R. N.-R. Lepaute
R. de Jouvence
R. Gagnereaux
R. Courtépée
R. A. Sambin
Devosge
Av. Garibaldi
Rue Marceau
Parmentier
Bd de la Marne
Pl. J. Bouhey
PALAIS DES EXPOSITIONS
PALAIS DES CONGRÈS
AUDITORIUM
CITÉ JUDICIAIRE
Pl. R. Jardillier
Bd G. Clemenceau
Pl. de la République
HÔTEL DU DÉPARTEMENT
Bd de la Trémouille
HÔTEL DE RÉGION
R. de la Préfecture
R. J.-J. Rousseau
Rue de Mulhouse
R. Ledru Rollin
R. de Colmar
Boulevard Thiers
Rue Diderot
Rue Vannerie
R. Verrerie
N-DAME
R. Musette
R. DES FORGES
PALAIS DES DUCS
Pl. F. Rude
R. Jeannin
R. P. Cabet
Pl. du 30 Octobre
Rue Davout
R. de Metz
Rue de Gray
Voltaire
Carnot
R. Berbisey
R. du Bourg
R. Vauban
Pl. du Théâtre
R. Buffon
ST-MICHEL
R. Piron
R. Amiral Roussin
R. Chabot-Charny
CITÉ ADMINISTRATIVE
R. Berlier
Bd Carnot
R. Baudin
R. Baptiste
R. de Mirande
Pl. des Cordeliers
Ste-Anne
R. Turgot
R. Pasteur
Tivoli
R. Févret
Pl. Président Wilson
ST-PIERRE
R. du Transvaal
Pl. Henri Barabant
R. Bordot
R. Ch. Dumont
Cours Gal de Gaulle
R. de Longvic
R. M. Thibert
Rue d'Auxonne
Rue Jean-
Pl. E. Adler
Bd de l'Université
MAISON D'ARRÊT
Boulevard
98
8
14
93
83
54
81
21
27
92
86
57
77
35
18
71
58

XX ✿ **Hostellerie du Chapeau Rouge** (William Frachot)
5 r. Michelet – ✆ 03 80 50 88 88 – www.chapeau-rouge.fr – Fermé 2-23 janv., dim. et lundi CY**a**
Rest – Menu 42 € (déj.), 49/110 € – Carte 80/116 €
Spéc. Raviole de langoustine et foie gras, truffe du Périgord et bouillon de soja. Pigeon rôti, cuisses et abats en cannelloni. Biscuit léger cacao, ganache chocolat au parfum d'Earl Grey. **Vins** Meursault, Gevrey-Chambertin.
◆ Presque dans les bois, à la manière d'un Petit Chaperon rouge ! Ici, le décor s'inspire de la nature – gazon, fontaine, arbres – et s'accorde à merveille à la belle cuisine créative du chef, voyageur dans l'âme.

XX **La Maison des Cariatides**
28 r. Chaudronnerie – ✆ 03 80 45 59 25 – Fermé 2 sem. en août, 1er-15 janv., mardi midi, dim. et lundi DY**e**
Rest – Menu 21 € (déj. en sem.), 35/49 € – Carte 50/65 €
◆ Dans cette belle maison (1603) du quartier des antiquaires, la salle évoque... un loft très contemporain : le contraste séduit ! Quant à la cuisine, fraîche et bien dans notre époque, elle se révèle soignée et s'accompagne de bons bourgognes à prix raisonnable.

XX **Au 3 Vauban**
3 r. Vauban – ✆ 03 80 30 28 09 – www.au3vauban.com – Fermé 6-20 août, 1er-8 janv., 19-26 fév., lundi soir, mardi soir, merc. soir et dim. DY**u**
Rest – Formule 22 € – Menu 25 € (déj.), 40/75 € – Carte 45/70 €
◆ Un lieu baroque et cosy tout près du palais ducal, idéal pour savourer une cuisine fraîche et parfumée. Millefeuille de tartare de tomates vertes et jaunes, filet de canette et sa polenta, chariot de desserts... Un bon fortifiant que ce Vauban !

XX **Porte Guillaume** – Hôtel du Nord
pl. Darcy – ✆ 03 80 50 80 50 – www.hotel-nord.fr – Fermé 20 déc.-7 janv.
Rest – Formule 22 € – Menu 26/42 € – Carte 30/50 € CY**w**
◆ Une table de tradition vraiment intemporelle ! Œufs en meurette, coq au vin, poire pochée à la vanille... et il y a même un bar à vin dans le caveau voûté, qui ravira les amateurs de bourgognes.

XX **Ma Bourgogne**
1 bd P. Doumer – ✆ 03 80 65 48 06 – Fermé vacances de printemps, 26 juil.-20 août, dim. soir et sam. B**e**
Rest *(déj. seult)* – Menu 23/36 € – Carte 36/50 €
◆ Ma Bourgogne : tout est dit ! On savoure de bonnes spécialités régionales préparées dans les règles de l'art, ainsi que de jolis plats traditionnels.

X **Le Petit Vatel**
73 r. d'Auxonne – ✆ 03 80 65 80 64 – Fermé sam. midi et dim. sauf fériés
Rest – Formule 17 € – Menu 24/43 € – Carte 50/65 € EZ**a**
◆ Restaurant de quartier sympathique, rustique et accueillant ; la carte est traditionnelle – référence au célèbre Vatel oblige ! – et le pain est fait maison.

X **La Fringale**
53 r. Jeannin – ✆ 03 80 67 69 37 – Fermé août, lundi soir et dim. EY**a**
Rest *(nombre de couverts limité, réserver)* – Formule 15 € – Menu 18/28 € – Carte 38/69 €
◆ Une belle cuisine de la mer avec de bons poissons frais en arrivage direct de Guilvinec, des desserts maison simples mais bien faits : pour remédier à une fringale, cette institution dijonnaise est tout indiquée ! Déco contemporaine.

X **DZ'envies**
12 r. Odebert – ✆ 03 80 50 09 26 – www.dzenvies.com – Fermé dim.
Rest – Menu 17 € (déj.), 19/36 € – Carte 28/42 € DY**a**
◆ Sur la place du marché – où se tient un excellent marché ! –, une table contemporaine aux airs de cantine épurée et branchée. Au menu, une agréable cuisine de notre temps à prix raisonnable.

Chez Septime
11 av. Junot – 03 80 66 72 98 – www.chezseptime.fr – Fermé 7-18 août, dim. et lundi Bn

Rest – Formule 14 € – Menu 18 € (déj.) – Carte 32/38 €

◆ Un cadre très tendance (avec Superman qui vole sur un mur), une cuisine du moment à base de produits frais, une belle sélection de vins au verre : ce restaurant contemporain attire les branchés comme les gourmets !

Le Bistrot des Halles
10 r. Bannelier – 03 80 49 94 15 – www.brasserie-b9.com – Fermé 24 déc.-2 janv., dim. et lundi DYs

Rest – Menu 18 € (sem.) – Carte environ 31 €

◆ Face aux halles, un bistrot d'esprit 1900. Menu à l'ardoise, généreux plats canailles, volailles à la broche et convivialité garantie : les Dijonnais sont séduits !

Masami
79 r. Jeannin – 03 80 65 21 80 – www.restaurantmasami.com – Fermé 2 sem. en août et dim. EYt

Rest – Formule 15 € – Menu 19 € (déj.), 22/48 € – Carte 25/54 €

◆ Un petit restaurant japonais au cadre épuré, où l'on savoure une cuisine nippone authentique à prix raisonnable. Sashimis, glace maison au thé vert matcha... La carte est savoureuse et, pour ne rien gâcher, l'accueil se révèle très sympathique.

L'Autre Entrée – Hôtel Philippe Le Bon
18 r. Ste-Anne – 03 80 30 53 55 – www.hotelphilippelebon.com DYp

Rest – Formule 15 € – Menu 20 € – Carte 25/45 €

◆ Un bistrot convivial et très tendance, pour se retrouver entre amis autour d'un cocktail ou d'un verre de vin, de tapas, d'assiettes charcutières et d'autres petits plats...

Victor & Gustave
26 r. Odebert – 03 80 30 77 13 DYb

Rest – Formule 13 € – Carte 28/39 €

◆ Dans ce bistrot de poche sur la place du marché, face aux halles, le jeune chef sait cuisiner et cela se sent ! Sa carte est courte, bien ficelée et s'accompagne d'un menu du jour et d'un bon choix de vins au verre.

au Parc de la Toison d'Or 5 km au Nord par D 974 – ✉ 21000 Dijon

Holiday Inn
1 pl. Marie de Bourgogne – 03 80 60 46 00 – www.holiday-inn-dijon.com

100 ch – 141/160 € 152/175 € – 17 € Br

Rest *(fermé sam. midi et dim. midi)* – Menu 24 € (déj.)/49 € – Carte 35/60 €

◆ Un Holiday Inn de facture contemporaine, derrière le centre commercial de la Toison-d'Or. Idéal pour la clientèle d'affaires et pratique pour une étape (fin 2012, le tramway va passer juste devant l'hôtel).

à Chenôve 6 km par ⑥ – 14 481 h. – alt. 263 m – ✉ 21300

L'Escargotière
120 av. Roland-Carraz – 03 80 54 04 04 – www.hotel-escargotiere.fr – Fermé 20 déc.-3 janv.

41 ch – 65/69 € 68/73 € – 3 suites – 9 €

Rest ***La Véranda*** – voir les restaurants ci-après

◆ Un hôtel d'affaires en bord de route, avec des chambres pratiques et bien insonorisées, ainsi qu'un agréable restaurant. Parfait pour les séminaires.

Le Clos du Roy
35 av. du 14-Juillet – 03 80 51 33 66 – www.restaurant-closduroy.com – Fermé 6-26 août, merc. soir, dim. soir et lundi

Rest – Formule 18 € – Menu 25/60 € – Carte 51/70 €

◆ Un restaurant simple et lumineux dans le quartier dit des "Grands-Crus" – proximité de la route des vins oblige. Le chef y concocte une cuisine gastronomique très personnelle et ne travaille que des produits de toute première fraîcheur.

Auberge du Clos du Roy

2 pl. Anne Laprévote – ✆ 03 80 27 17 39 – www.aubergeduclosduroy.com – Fermé 6-26 août, dim. et le soir sauf vend. et sam.
Rest – Formule 15 € – Menu 25/33 € – Carte 25/35 €
◆ Mais qu'est devenu le café de la place du village ? Un néobistrot fort sympathique, entre poutres, vieilles pierres, cuisine canaille et petits plats de tradition. Les prix sont sages, la carte des vins 100 % locale... c'est généreux et bon !

La Véranda – Hôtel L'Escargotière

120 av. Roland-Carraz – ✆ 03 80 54 04 04 – www.hotel-escargotiere.fr – Fermé 20 déc.-3 janv.
Rest – Menu 21 € – Carte 20/35 €
◆ Un restaurant aux airs de jardin d'hiver, où l'on savoure une sympathique cuisine traditionnelle... Les grillades, plats à la broche et autres escargots tiennent une place de choix.

à Marsannay-la-Côte 8 km par ⑥ – 5 127 h. – alt. 275 m – ✉ 21160

41, rue de Mazy, ✆ 03 80 52 27 73, www.ot-marsannay.com

Les Gourmets

8 r. Puits-de-Têt, (près de l'église) – ✆ 03 80 52 16 32 – www.les-gourmets.com – Fermé 23 juil.-8 août, lundi et mardi
Rest – Formule 17 € – Menu 25/89 € – Carte 60/80 €
◆ À l'ombre du clocher de ce joli village de la côte de Nuits se cachent ces beaux Gourmets : on s'y régale d'une cuisine goûteuse, fraîche et très soignée. À noter : la formule (au déjeuner en semaine) à prix très doux...

à Talant 4 km – 11 750 h. – alt. 354 m – ✉ 21240

Table d'orientation ≤★.

La Bonbonnière sans rest

24 r. Orfèvres, (au vieux village) – ✆ 03 80 57 31 95 – www.labonbonnierehotel.fr As
19 ch – †85 € ††90/100 € – ☕ 11 €
◆ Dans un charmant village à quelques minutes du centre de Dijon, ce petit hôtel familial domine la ville et le lac Kir. Chambres spacieuses et bien tenues, agréable jardin... Une étape sympathique !

à Velars-sur-Ouche 11 km par ⑦et A 38 – 1 689 h. – alt. 280 m – ✉ 21370

L'Auberge Gourmande

17 allée de la Cude – ✆ 03 80 33 62 51 – www.auberge-velars.com – Fermé 16 août-8 sept., 2-23 janv., dim. soir, mardi et merc.
Rest – Menu 20 € (sem.), 29/52 € – Carte 29/62 €
◆ Une auberge de campagne comme on les aime ! L'atmosphère est cossue et chaleureuse ; la cuisine du terroir, bien généreuse, fait honneur aux saisons... et les patrons – de vrais passionnés d'œnologie – savent dénicher de bons vins.

à Prenois 12 km par ⑧par D 971 et D 104 – 397 h. – alt. 485 m – ✉ 21370

Auberge de la Charme (Nicolas Isnard et David Le Comte)

12 r. de la Charme – ✆ 03 80 35 32 84 – www.aubergedelacharme.com – Fermé 24-30 déc., dim. soir, lundi et mardi
Rest *(réserver)* – Menu 31 € bc (déj. en sem.), 49/85 €
Spéc. Pissaladière d'escargots de Bourgogne aux condiments. Ravioles de homard et ris de veau, écume d'une blanquette. Pêche Melba contemporaine (été). **Vins** Monthélie, Mercurey.
◆ Dans un village réputé gourmand, cette ancienne forge en pierre cultive un esprit jeune et frais. À quatre mains, les propriétaires réalisent une cuisine du marché délicate, spontanée et inventive... à découvrir dans un menu surprise !

rte de Troyes 4 km par ⑧ – ✉ 21121 Daix

XX **Les Trois Ducs**

5 rte de Troyes – ✆ 03 80 56 59 75 – www.restaurant-lestroisducs.com – Fermé 28 juil.-20 août, 20 déc.-5 janv., sam., dim. et lundi

Rest – Formule 22 € – Menu 25 € (déj.), 35/49 € – Carte 41/54 €

◆ Une élégance très contemporaine, rehaussée de tableaux modernes, pour ce confortable restaurant. À déguster, par exemple : déclinaison autour de la tomate, poisson du marché, charolais snacké... Et ce en terrasse dès les beaux jours.

à Hauteville-lès-Dijon 6 km par ⑧ et D 107F – 1 065 h. – alt. 402 m – ✉ 21121

XX **La Musarde** avec ch rest, rest,

7 r. des Riottes – ✆ 03 80 56 22 82 – www.lamusarde.fr – Fermé 23 déc.-10 janv.

13 ch – †53/64 € ††59/76 € – ☕ 10 €

Rest – Formule 18 € – Menu 22 € (sem.), 37/58 € – Carte 45/75 €

◆ Grand calme, verdure, salle à manger ouverte sur la belle terrasse et le jardin, cuisine traditionnelle... Tout semble réuni pour musarder sans retenue dans cette ferme du 19es. Chambres simples et bien tenues.

DINAN – 22 Côtes-d'Armor – **309** J4 – 10 953 h. – alt. 92 m **10** C2 – ✉ 22100 Bretagne

▶ Paris 400 – Rennes 54 – St-Brieuc 61 – St-Malo 32

ℹ 9, rue du Château, ✆ 02 96 87 69 76, www.dinan-tourisme.com

La Corbinais Golf Club, à Saint-Michel-de-Plélan, La Corbinais, O : 15 km, ✆ 02 96 27 64 81

de Saint-Malo, à Le Tronchet, rte de Dol-de-Bretagne : 19 km, ✆ 02 99 58 96 69

de Tréméreuc, à Tréméreuc, 14 rue de Dinan, par rte de Dinard : 11 km, ✆ 02 96 27 10 40

Vieille ville★★ : Tour de l'Horloge ✳★★ **R**, Jardin anglais ≤★★, place des Merciers★ BZ , rue du Jerzual★ BY, - Promenade de la Duchesse-Anne ≤★, Tour du Gouverneur ≤★★, Tour Ste-Catherine ≤★★ - Château★ : ✳★.

Plan page suivante

Jerzual

26 quai Talards, (au port) – ✆ 02 96 87 02 02 – www.bestwesterndinan.fr BYb

52 ch – †90/240 € ††90/240 € – ☕ 14 €

Rest *Jerzual* – voir les restaurants ci-après

◆ Face au port, au bord de la Rance, un hôtel très confortable : derrière la façade traditionnelle (pierre et ardoise), les chambres se révèlent spacieuses, contemporaines et feutrées. Un ensemble parfaitement tenu et fort plaisant.

Le d'Avaugour sans rest

1 pl. du Champ Clos – ✆ 02 96 39 07 49 – www.avaugourhotel.com – Ouvert 1er mars-31 oct. AZr

24 ch – †90/180 € ††90/190 € – ☕ 14 €

◆ Cette belle bâtisse en pierre du pays, adossée aux remparts de la ville, abrite de jolies chambres, décorées dans un style simple et romantique d'esprit breton. Aux beaux jours, on prend son petit-déjeuner dans le charmant jardin fleuri.

Le Challonge sans rest

29 pl. Duguesclin – ✆ 02 96 87 16 30 – www.hotel-dinan.fr AZe

18 ch – †62/69 € ††69/96 € – ☕ 9 €

◆ En centre-ville, cet hôtel à la longue façade classique vous accueille chaleureusement. Les chambres, confortables et bien insonorisées, ont un petit air british.

Arvor sans rest

5 r. Pavie – ✆ 02 96 39 21 22 – www.hotelarvordinan.com – Fermé 2-31 janv. BZu

24 ch – †61/78 € ††66/85 € – ☕ 7 €

◆ Un portail Renaissance sculpté donne accès à ce bâtiment du 18es., qui fut autrefois un couvent. Les chambres, rénovées en 2011, sont décorées – comme le salon – avec des meubles chinés chez les antiquaires. Une charmante simplicité.

Apport (R. de l')	ABY	2	Garaye (R. Comte de la)	AY	19	Michel (R.)	BY	36
Champ Clos (Pl. du)	ABZ	3	Grande-R.	AY	23	Mittrie (R. de la)	AZ	37
Château (R. du)	BZ	6	Haute-Voie (R.)	BY	24	Petit-Pain (R. du)	AZ	40
Cordeliers (Pl. des)	AY	7	Horloge (R. de l')	BZ	25	Poissonnerie (R. de la)	BY	42
Cordonnerie (R. de la)	AZ	8	Lainerie (R. de la)	BY	29	Rempart (R. du)	BY	43
Ferronerie (R. de la)	AZ	15	Marchix (R. du)	AYZ	32	Ste-Claire (R.)	BZ	45
Gambetta (R.)	AY	18	Merciers (Pl. des)	BYZ	33	St-Malo (R.)	BY	44

Ibis sans rest

1 pl. Duclos – 02 96 39 46 15 AY**a**

62 ch – 57/105 € 57/105 € – 9 €

◆ Fonctionnel et récemment rénové, un hôtel bien placé, à proximité des remparts et du château, disposant de chambres spacieuses et climatisées.

Le Logis du Jerzual sans rest

25 r. du Petit-Fort – 02 96 85 46 54 – www.logis-du-jerzual.com BY**q**

5 ch – 68/78 € 78/110 €

◆ Ce Logis du 15ᵉs., dressé entre le port et la ville haute, est précédé par un beau jardin en terrasse dominant la Rance. Dans les chambres, les meubles de famille, les lits à baldaquins et les tentures fleuries dégagent un charme sûr.

La Villa Côté Cour sans rest

10 r. Lord-Kitchener – 02 96 39 30 07 – www.villa-cote-cour-dinan.com – Fermé 14-20 mars AY**m**

5 ch – 82/232 € 89/239 €

◆ Dans le quartier de la gare, cette charmante villa en granit séduit par son intérieur lumineux et son jardin où embaume un tilleul. Les chambres sont claires et confortables (baignoires balnéo, espace sauna). Reposant.

L'Auberge du Pélican

3 r. Haute Voie – 02 96 39 47 05 – Fermé 4 janv.-4 fév., jeudi soir et lundi sauf juil.-août BY**d**

Rest – Formule 13 € – Menu 20/59 € – Carte 30/70 €

◆ Au cœur du vieux Dinan, sympathique adresse dont la décoration douce, en tons bleus, évoque l'eau. Jolie terrasse d'été. Dans l'assiette, tradition et produits de la mer.

Au Coin du Feu

66 r. de Brest, par ③ – ☏ 02 96 85 02 90 – www.coin-du-feu.com – Fermé dim. soir et lundi soir

Rest – Menu 13 € (déj. en sem.), 17/44 € – Carte 29/52 €

◆ Dans ce quartier récent, cette brasserie d'aujourd'hui (cuisines ouvertes sur la salle, four à bois) a vite conquis son public grâce à sa copieuse cuisine traditionnelle et son atmosphère conviviale.

Jerzual – Hôtel Jerzual

26 quai Talards, (au port) – ☏ 02 96 87 02 02 – www.bestwesterndinan.fr

Rest – Formule 14 € – Menu 21/28 € – Carte 28/50 € BY**b**

◆ Brandade de haddock, bar grillé à l'huile d'olive, carré de veau et sa poêlée de champignons... Dans ce chaleureux restaurant où le bois domine, le chef concocte une bonne cuisine traditionnelle et renouvelle sa carte avec les saisons.

Le Cantorbery

6 r. Ste-Claire – ☏ 02 96 39 02 52 – Fermé 1er-15 mars, 15-30 nov., dim. de nov. à mars et merc. de mars à nov. sauf juil.-août BZ**n**

Rest – Formule 14 € – Menu 17 € (déj.), 27/38 € – Carte 35/56 €

◆ Maison de ville du 17es. abritant une salle rustique où rôtissent les grillades dans la grande cheminée en pierre (à l'étage, pièce avec boiseries d'époque). Plats traditionnels.

DINARD – 35 Ille-et-Vilaine – 309 J3 – 11 033 h. – alt. 25 m – Casino BY 10 C1 – ✉ 35800 Bretagne

Paris 408 – Dinan 22 – Dol-de-Bretagne 31 – Rennes 73

de Dinard-Pleurtuit-St-Malo ☏ 02 99 46 18 46, 5 km par ①.

2, boulevard Féart, ☏ 02 99 46 94 12, www.ot-dinard.com

Dinard Golf, à Saint-Briac-sur-Mer, Boulevard de la Houle, O : 7 km, ☏ 02 99 88 32 07

de Tréméreuc, 14 r. de Dinan, par rte de Dinan : 6 km, ☏ 02 96 27 10 40

Pointe du Moulinet ★★ - Grande Plage ou Plage de l'Écluse★ - Promenade du Clair de Lune★ - Pointe de la Vicomté★★ - La Rance★★ en bateau - St-Lunaire : pointe du Décollé ★★ et grotte des Sirènes★ 4,5 km par ② - Usine marémotrice de la Rance : digue ★ SE : 4 km.

Pointe de la Garde Guérin★ : ★★ par ② : 6 km puis 15 mn.

Plan page suivante

Grand Hôtel Barrière de Dinard

46 av. George-V – ☏ 02 99 88 26 26 – www.lucienbarriere.com – Ouvert 16 mars-25 nov. BY**v**

89 ch – 135/500 € 135/500 € – 25 €

Rest *Le Blue B* – voir les restaurants ci-après

Rest *333 Café* *(déj. seult)* – Formule 19 € bc – Carte 29/56 €

◆ Ce "grand hôtel" du 19es., qui domine la promenade maritime du Clair-de-Lune, accueille les stars de cinéma lors du Festival du film britannique. Décor soigné, chambres sobres et raffinées : un endroit cosy.

Villa Reine Hortense sans rest

19 r. Malouine – ☏ 02 99 46 54 31 – www.villa-reine-hortense.com – Ouvert début avril à début oct. BY**e**

7 ch – 150/245 € 150/245 € – 1 suite – 16 €

◆ Toute la splendeur de la Belle Époque revit dans cette villa typique de la "perle" de la Côte d'Émeraude. Les chambres, élégantes et luxueuses, regardent la plage.

Novotel Thalassa rest,

1 av. du Château Hébert – ☏ 02 99 16 78 10 – www.accorthalassa.com – Fermé 4-25 déc. AY**r**

173 ch – 140/270 € 140/270 € – 18 €

Rest – Formule 15 € – Menu 31 € (dîner) – Carte 31/48 €

◆ Sur la pointe de St-Énogat – quel cadre ! –, cet hôtel dispose d'un superbe centre de thalassothérapie ; repos dans des chambres contemporaines, ou façon chalet dans l'aile annexe. Cuisine diététique les yeux rivés sur la Manche : telle est la carte du restaurant.

DINARD

Royale Emeraude sans rest

1 bd Albert 1er – ✆ 02 99 46 19 19 – www.hotelemeraudeplage.com

47 ch – 120/145 € 135/165 € – 19 € BYa

◆ Dans ce bel hôtel en pierre et brique rouge de 1876 (classé), on rêve de voyages lointains en regardant la mer... Les chambres sont cosy et raffinées, le salon "so british" !

Crystal sans rest

15 r. Malouine – ✆ 02 99 46 66 71 – www.crystal-hotel.com BYn

19 ch – 85/150 € 85/150 € – 12 €

◆ Les chambres de cet hôtel des années 1970 sont vastes et bien tenues, certaines avec vue sur la plage et la pointe de la Malouine.

La Vallée
6 av. George V – ✆ 02 99 46 94 00 – www.hoteldelavallee.com – Fermé 2 janv.-9 fév. BYg
23 ch – †80/160 € ††80/180 € – ☕ 14 €
Rest – Formule 22 € – Menu 43/62 € – Carte 38/122 €
◆ Bâtisse au charme typique des stations balnéaires. Les chambres, élégantes et contemporaines, arborent une couleur différente selon l'étage (rouille, turquoise, vert anis). Au restaurant, cap sur les produits de la mer et les petits plats bistrotiers.

Balmoral sans rest
26 r. du Mar.-Leclerc – ✆ 02 99 46 16 97 – www.hotels-balmoral.com
29 ch – †62/85 € ††72/95 € – ☕ 10 € BYt
◆ Petit immeuble des années 1900 joliment mis en valeur, frais et pimpant. Les chambres sont sobres, claires et bien équipées. Accueil aimable et tenue exemplaire.

Du Parc des Tourelles sans rest
20 av. Edouard-VII – ✆ 02 99 46 11 39 – www.hotelduparc.org – Ouvert 15 fév.-15 nov. AYx
19 ch – †56/71 € ††63/81 € – ☕ 9 €
◆ À quelques minutes de la plage et de l'animation de la station. Dans ce petit hôtel familial, les chambres sont fonctionnelles et très bien tenues ; les prix restent doux.

Le Blue B – Grand Hôtel Barrière de Dinard
46 av. George-V – ✆ 02 99 88 26 26 – www.lucienbarriere.com – Ouvert 16 mars-24 nov. BYv
Rest *(dîner seult)* – Menu 39/59 € – Carte 40/115 €
◆ Moulures, grand miroir : l'élégance du Second Empire revue et corrigée par le décorateur Jacques Garcia. C'est dans ce cadre opulent qu'on savoure la belle cuisine du moment du chef et... la vue sur la mer.

Didier Méril avec ch
1 pl. Gén.-de-Gaulle – ✆ 02 99 46 95 74 – www.restaurant-didier-meril.com
6 ch – †65/160 € ††65/160 € – ☕ 12 € – ½ P 70/115 € BZn
Rest – Formule 22 € – Menu 29 € (sem.), 35/65 € – Carte 55/75 €
◆ Tons orange et gris, cave vitrée, mobilier design et – clou du spectacle – vue splendide sur la baie du Prieuré : un décor moderne servant à merveille la cuisine traditionnelle. Chambres cosy et sobrement actuelles.

à St-Lunaire 5 km par ② par D786 – 2 323 h. – alt. 20 m – ✉ 35800
ℹ 72, boulevard du Général-de-Gaulle, ✆ 02 99 46 31 09, www.saint-lunaire.com

Le Décollé
1 Pointe du Décollé – ✆ 02 99 46 01 70 – www.restaurantdudecolle.com – Fermé 12 nov.-1er fév., merc., jeudi en mars, mardi sauf juil.-août et lundi
Rest *(réserver)* – Formule 17 € – Menu 30/40 € – Carte 45/72 €
◆ La carte fait la part belle aux produits de la mer, tandis que le sobre décor s'efface volontiers devant la superbe vue sur la Côte d'Émeraude. Terrasse idyllique.

DIOU – 36 Indre – **323** I4 – rattaché à Issoudun

DIRAC – 16 Charente – **324** L6 – 1 473 h. – alt. 147 m – ✉ 16410 **39** C3
▶ Paris 462 – Angoulême 11 – Périgueux 76 – Poitiers 126

Domaine du Châtelard
– ✆ 05 45 70 76 76 – www.domaineduchatelard.com – Fermé 22-30 oct. et 2-17 janv.
10 ch – †68/136 € ††80/160 € – ☕ 13 €
Rest *Domaine du Châtelard* – voir les restaurants ci-après
◆ Des bois, des prairies, un lac... Le domaine est superbe (80 ha) et cette "gentilhommière" pleine de cachet ! Une ode à la vie au grand air et à la nature, des chambres mêlant classicisme et douceur champêtre : une certaine idée du chic.

XX **Domaine du Châtelard**

– ✆ 05 45 70 76 76 – *www.domaineduchatelard.com* – *Fermé 22-30 oct., 2-17 janv., dim. soir sauf juil.-août et lundi*
Rest – Formule 25 € – Menu 38/58 €
◆ Gaspacho de fenouil, thon en marinade asiatique... Dans cette belle "maison de campagne", le chef choisit bien ses produits et réalise une cuisine dans l'air du temps, fraîche et fine. Le must ? Déjeuner sur la terrasse, avec vue sur le lac.

DISNEYLAND RESORT PARIS – 77 Seine-et-Marne – **312** F2 – **106** 22 – voir à Paris, Environs (Marne-La-Vallée)

DIVES-SUR-MER – 14 Calvados – **303** L4 – rattaché à Cabourg

---

DIVONNE-LES-BAINS – 01 Ain – **328** J2 – 7 806 h. – alt. 486 m **46** F1
– Stat. therm. : fin mars-mi-nov. – Casino – ✉ 01220 Franche-Comté Jura
Paris 488 – Bourg-en-Bresse 129 – Genève 18 – Gex 9
rue des Bains, ✆ 04 50 20 01 22, www.divonnelesbains.fr
de Divonne-les-Bains, Route de Gex, O : 2 km, ✆ 04 50 40 34 11
de Maison-Blanche, à Échenevex, SO : 11 km, ✆ 04 50 42 44 42

Le Grand Hôtel sans rest

av. des Thermes – ✆ *04 50 40 34 34*
– *www.domainedivonne.com*
129 ch – †149/400 € ††149/400 € – 12 suites – ☕ 22 €
◆ Ce "palace" de 1931 se dresse au cœur d'un parc planté d'immenses cèdres. Un cadre très Art déco, style qui domine dans certaines chambres ; d'autres sont plus contemporaines, mais tout aussi raffinées et spacieuses. Casino et golf.

Château de Divonne

115 r. des Bains – ✆ *04 50 20 00 32* – *www.chateau-divonne.com*
30 ch – †140/550 € ††140/550 € – 4 suites – ☕ 23 €
Rest *Château de Divonne* – voir les restaurants ci-après
◆ Perchée au-dessus de la ville, cette imposante demeure du 19ᵉs. se niche au cœur d'un superbe parc arboré. Belle hauteur sous plafond, escalier monumental, mobilier ancien dans les chambres : un style très châtelain !

La Villa du Lac

93 chemin du Chatelard – ✆ *04 50 20 90 00*
– *www.lavilladulac.com*
88 ch ☕ – †150/250 € ††150/250 € – ½ P 113 €
Rest – Formule 20 € – Menu 24 € – Carte 31/55 €
◆ Un ensemble moderne et fonctionnel, au calme, entre lac et ville. Les chambres (toutes avec balcon) sont bien pratiques, sans oublier les salles de séminaire équipées dernier cri et un spa très complet.

Le Jura sans rest

54 r. d'Arbère – ✆ *04 50 20 05 95* – *www.hotel-divonne.com*
25 ch – †71/136 € ††78/143 € – ☕ 11 €
◆ Un hôtel familial aux chambres bien tenues. Celles de l'annexe sont plus confortables et contemporaines ; elles ont même une terrasse. Le petit-déjeuner est servi dans la véranda... avec vue sur le jardin.

XXX **Château de Divonne** – Hôtel Château de Divonne

115 r. des Bains – ✆ *04 50 20 00 32*
– *www.chateau-divonne.com*
Rest – Formule 29 € – Menu 39 € (déj. en sem.), 76/96 € – Carte 74/101 €
◆ La salle à manger de ce chateau est vraiment élégante mais le point fort reste sa terrasse panoramique, enchanteresse. La cuisine, goûteuse et particulièrement soignée, marie les saveurs du Sud et du Jura.

XX **Le Rectiligne**

2981 rte du Lac – ✆ 04 50 20 06 13 – www.lerectiligne.fr – Fermé dim. et lundi de sept. à mai

Rest – Formule 26 € – Menu 30 € (déj. en sem.), 40/76 € – Carte 51/81 € le soir

♦ Au bord du lac, cette bâtisse blanche abrite un restaurant résolument moderne. Côté déco, tons pastel, mur d'eau et cave vitrée et, dans l'assiette, même esprit : cuisson à basse température, azote liquide...

XX **Le Pavillon du Golf**

av. des Thermes – ✆ 04 50 40 34 13 – www.domaine-de-divonne.com – Fermé 10 déc.-15 mars, lundi et mardi du 16 oct. au 30 avril

Rest – Formule 24 € – Menu 27 € (déj.)/37 € – Carte 38/55 €

♦ Cette ancienne ferme borde en effet le parcours de golf. Les lieux sont élégants : cheminée, fleurs fraîches, charmante terrasse... Au menu, une appétissante cuisine actuelle et, pour le déjeuner, une formule plus simple appréciée des golfeurs.

X **Gourmand'in**

76 Grande Rue – ✆ 04 50 28 93 02 – Fermé 1er-15 août, 1 sem. en janv.

Rest – Formule 14 € – Menu 17 € (déj. en sem.), 29/50 € bc – Carte 31/48 €

♦ Côté rue, le Gourmand'in, un bistrot sympathique et sobre, où le chef concocte une bonne cuisine de tradition. Côté cour, les Coulisses Gourmandes, une école de cuisine ludique.

DIZY – 51 Marne – 306 F8 – rattaché à Épernay

DOLANCOURT – 10 Aube – 313 H4 – 141 h. – alt. 112 m – ✉ 10200 — 13 B3

Paris 229 – Châlons-en-Champagne 92 – Saint-Dizier 63 – Troyes 45

Moulin du Landion

5 r. St-Léger – ✆ 03 25 27 92 17 – www.moulindulandion.com – Fermé 23-26 déc. et 2-20 janv.

16 ch – †59/99 € ††59/99 € – ☕ 11 €

Rest – Formule 23 € – Menu 32/45 € – Carte 33/49 €

♦ Dans ce moulin du 17es. accolé à un bâtiment plus récent, les chambres sont classiques et confortables, avec des balcons donnant sur le parc ou la rivière. Nigloland n'est pas très loin, ce qui ravira les enfants.

DOL-DE-BRETAGNE – 35 Ille-et-Vilaine – 309 L3 – 4 991 h. – alt. 20 m – ✉ 35120 Bretagne — 10 D2

Paris 378 – Alençon 154 – Dinan 26 – Fougères 54

3, Grande Rue des Stuarts, ✆ 02 99 48 15 37, www.pays-de-dol.com

des Ormes, Epiniac, S : 9 km par D 795, ✆ 02 99 73 54 44

Cathédrale St-Samson★★ - Cathédraloscope★ - Collection★ du musée Les "Trésors du mariage ancien" - Promenade des Douves : ≤★ - Mont-Dol ☀★ 4,5 km NO par D 155.

Des Ormes

Domaine des Ormes, 7 km au Sud par rte de Combourg – ✆ 02 99 73 53 40 – www.lesormes.com – Ouvert de mars à nov.

45 ch – †65/85 € ††75/115 € – ☕ 12 € – ½ P 67/87 €

Rest *(ouvert mars-oct.) (dîner seult)* – Carte 28/46 €

♦ Un domaine familial de 200 ha ! Activités sportives et ludiques à foison (équitation, golf, cabanes dans les arbres, etc.) et repos mérité dans des chambres sobres et pratiques. Pause gourmande simple et traditionnelle ; détente au bar, face à la piscine.

à Mont-Dol **3 km au Nord par D 155 – 1 216 h. – alt. 10 m – ✉ 35120**

Château de Mont-Dol ch,

1 r. de la Mairie – ✆ 02 99 80 74 24 – www.chateaumontdol.com – Fermé 15 nov.-15 déc. et janv.

5 ch – 85/95 € 90/95 € **Table d'hôte** – Menu 35 € bc

◆ Accueil charmant dans cette demeure bourgeoise du 19e s. située entre le Mont-St-Michel et St-Malo. Chambres cosy : mobilier de famille ou chiné. Table tenue par un chef ayant œuvré dans des maisons étoilées ; produits de la mer et légumes du potager à l'honneur.

DOLE – **39 Jura** – **321** C4 – **25 384 h. – alt. 220 m – ✉ 39100** **16** B2

Franche-Comté Jura

Paris 363 – Beaune 65 – Besançon 55 – Dijon 50

6, place Grévy, ✆ 03 84 72 11 22, www.tourisme-paysdedole.fr

Public du Val d'Amour, à Parcey, Chemin du Camping, S : 9 km par D 405 et N 5, ✆ 03 84 71 04 23

Le Vieux Dole★★ BZ : Collégiale Notre-Dame★ - Grille★ en fer forgé de l'église St-Jean-l'Evangéliste AZ - Le musée des Beaux-Arts★.

Fôret de Chaux★.

Au Moulin des Écorces

14 allée du Pont-Roman – ✆ 03 84 72 72 00 – www.aumoulindesecorces.fr

17 ch – 90/105 € 95/105 € – 1 suite – 12 € BZ**a**

Rest *(fermé dim. soir et lundi)* – Formule 15 € – Menu 22/65 € – Carte 39/70 €

◆ Minimaliste et chic ! Ce moulin au bord du Doubs a été restauré avec beaucoup de goût et ses chambres cultivent un bel esprit contemporain. Ici, on peut déjeuner tranquillement sur la terrasse, bercé par le bruissement de l'eau, ou manger sur le pouce (côté bistrot) avant de partir en vadrouille...

La Cloche sans rest

1 pl. Grévy – ✆ 03 84 82 06 06 – www.la-cloche.fr – Fermé 23 déc.-2 janv.

30 ch – 67/77 € 67/77 € – 12 € BY**v**

◆ Stendhal aurait séjourné dans cet hôtel voisin du cours St-Mauris. Les chambres sont très bien tenues et rénovées (depuis 2010) dans un style actuel et chaleureux.

La Chaumière (Joël Césari) avec ch

346 av. du Mar.-Juin, 3 km par ③ – ✆ 03 84 70 72 40 – Fermé vacances de la Toussaint, dim. sauf hôtel en juil.-août, lundi midi et sam. midi

19 ch – 80/130 € 95/130 € – 15 €

Rest – Formule 22 € bc – Menu 36 € (sem.), 55/85 € – Carte 65/85 €

Spéc. Escargots, fine gelée de persil et crème glacée à la gentiane. Poularde aux morilles et au vin jaune. Crème brûlée au vin jaune, croquant de morilles et glace aux baies de genièvre. **Vins** Arbois.

◆ Cachet des pierres apparentes, touches contemporaines et chambres confortables : une élégante auberge du 21es. La cuisine de Joël Césari, inventive et renouvelée au gré du marché, s'accompagne de beaux vins du Jura, choisis par un sommelier ravi de prodiguer ses conseils avisés.

La Romanée

13 r. des Vieilles-Boucheries – ✆ 03 84 79 19 05 – www.laromanee.info – Fermé 20-30 déc., 15 janv.-7 fév., dim. soir, mardi soir et merc. BZ**n**

Rest – Menu 20/43 € – Carte 30/55 €

◆ Cette boucherie de 1717 est pleine de charme (salle voûtée) et le jeune chef, originaire de Guérande, fait la part belle au... poisson, sans pour autant laisser les fous de viande au port.

Le Grévy

2 av. Eisenhower – ✆ 03 84 82 44 42 – Fermé 28 juil.-19 août, 24 déc.-1er janv., sam. et dim. BY**t**

Rest – Formule 15 € – Carte 20/63 €

◆ Banquettes, nappes à carreaux... un bistrot façon bouchon lyonnais. Évidemment, les tripes et autres plats canailles du Rhône et du Jura sont à l'honneur, mais le poisson n'est pas en reste.

DOLE

Arènes (R. des) . . . . ABZ
Besançon (R. de) . . . . BYZ
Béthouart (R. du Gén.) . . . . . BZ 2
Boyvin (R.) . . . . BZ 4
Chifflot (R. L.) . . . . AZ 5
Duhamel (Av. J) . . . . AZ 6
Gouvernement (R. du) . . . . . BY 9
Grande-Rue . . . . BZ 10
Jean-Jaurès (Av.) . . . . BY 13
Juin (Av. du Mar.) . . . . BZ 14
Lattre de Tassigny (Av. du Mar.de) . . . . BY 15
Messageries (R. des) . . . . . . AY 16
Nationale, Charles-de-Gaulle (Pl.) . . . . BZ 17
Parlement (R. du) . . . . BZ 18
Rockefeller (R. J.) . . . . BY 21
Sous-Préfecture (R. de la) . . . . BY 22

Iida-Ya

8 r. Arney – ✆ 03 84 70 98 73 – www.iida-ya.fr – Fermé 19-30 août et 23 déc.-7 janv.
Rest – Formule 15 € – Menu 25/45 € – Carte 21/48 € **BYb**
◆ Sushis, makis, tempuras... Dans son restaurant zen et chic – et sous vos yeux – le jeune chef nippon concocte des mets très raffinés ! Belle maîtrise de la tradition, saveurs au top : le pays du Soleil-Levant réveille les papilles de Dole.

à Rochefort-sur-Nenon 7 km par ② par D 673 – 570 h. – alt. 210 m – ✉ 39700

Fernoux-Coutenet

r. Barbière – ✆ 03 84 70 60 45 – www.hotelfernoux-coutenet.com – Fermé 20 déc.-5 janv.
17 ch – †58/62 € ††62/66 € – ☕ 9 € – ½ P 53/59 €
Rest *(fermé dim. soir d'oct. à avril)* – Formule 15 € – Menu 21/37 € – Carte environ 26 €
◆ Hôtel familial, simple et fonctionnel, où l'on peut aussi se restaurer d'une sympathique petite cuisine traditionnelle. Les propriétaires sont avenants ; les chambres agréables et bien tenues et il y a même un espace jeu pour les enfants.

à Parcey 8 km par ③ rte de Lons-le-Saunier – 941 h. – alt. 197 m – ✉ 39100

Les Jardins Fleuris
35 route Nationale 5 – ☎ 03 84 71 04 84 – www.restaurant-jardins-fleuris.com – Fermé 27 juin-10 juil., 12 nov.-2 déc., dim. soir et mardi
Rest – Menu 18/42 € – Carte 29/53 €
◆ Poêlée d'escargots, mignon de cochon, tarte Tatin... Au menu, des recettes traditionnelles, des plats canailles bien ficelés et de la gourmandise. L'accueil est charmant, ce qui ne gâche rien !

à Sampans 6,5 km au Nord par ① – 839 h. – alt. 222 m – ✉ 39100

Château du Mont Joly (Romuald Fassenet) avec ch
6 r. du Mont-Joly – ☎ 03 84 82 43 43 – www.chateaumontjoly.com – Fermé 24 déc.-17 janv., merc. sauf le soir en juil.-août et mardi
rest, rest,
7 ch – 90 € 90/200 € – 14 €
Rest – Menu 30 € (déj. en sem.)/125 € bc – Carte 80/100 €
Spéc. Escargots en viennoise d'herbes. Suprême de volaille de Bresse cuite en vessie, morilles à la crème et au vin jaune. Tarte au chocolat (automne-hiver).
Vins Côtes du Jura.
◆ Une maison de maître (18e s.) fort bien nommée... L'élégance et le raffinement contemporain servent à merveille une cuisine de haute volée ; la tradition s'habille de modernité pour révéler toute sa subtilité. Après cette belle émotion culinaire, quel plaisir de prolonger son séjour : les chambres sont très agréables et l'on s'y sent vraiment bien !

DOLUS-D'OLÉRON – 17 Charente-Maritime – 324 C4 – voir à Île d'Oléron

DOMFRONT-EN-CHAMPAGNE – 72 Sarthe – 310 J6 – 972 h. – alt. 131 m – ✉ 72240 35 C1

Paris 216 – Alençon 54 – Laval 77 – Le Mans 20

Midi
33 r. du Mans, D 304 – ☎ 02 43 20 52 04 – www.restaurantdumidi.com – Fermé 15-31 août, 15 fév.-15 mars, lundi, mardi et le soir sauf vend. et sam.
Rest – Menu 12 € (déj.), 20/35 € – Carte environ 35 €
◆ Terrine de campagne maison ; pièce de bœuf au poivre ; paris-brest... Dans cette auberge de village, le chef concocte des recettes traditionnelles dans les règles. Une adresse sympathique.

DOMMARTEMONT – 54 Meurthe-et-Moselle – 307 I6 – rattaché à Nancy

DOMME – 24 Dordogne – 329 I7 – 1 004 h. – alt. 250 m – ✉ 24250 4 D1

Périgord Quercy

Paris 538 – Sarlat-la-Canéda 12 – Cahors 51 – Fumel 50
place de la Halle, ☎ 05 53 31 71 00
La bastide★ : ✻★★★.

L'Esplanade avec ch
2 r. Pontcarral – ☎ 05 53 28 31 41 – www.esplanade-perigord.com – Fermé 4 nov.-14 déc., 14 janv.-14 fév., lundi sauf le soir de mai à sept. et merc. midi hors saison
15 ch – 80/95 € 80/150 € – 13 € – ½ P 97/133 €
Rest – Menu 35/70 € – Carte 50/120 €
◆ Une belle demeure ancienne sur les remparts, avec une terrasse sous les tilleuls. La cuisine est sincère, sans artifice, et fait apprécier les saveurs franches de la tradition. Chambres bourgeoises, certaines avec une jolie vue sur la vallée de la Dordogne.

Cabanoix et Châtaigne

3 r. Geoffroy-de-Vivans – ✆ 05 53 31 07 11 – www.restaurantcabanoix.com – Fermé 1 sem. en juin, 1 sem. en sept., 15 déc.-1er fév., mardi midi, merc. et sam. sauf juil.-août

Rest – Formule 22 € – Menu 28/36 €

◆ Un jeune couple de passionnés s'est installé dans cette maison médiévale et l'a transformée en bistrot chic. Cuisine élaborée à partir de produits frais des marchés locaux.

DOMPAIRE – 88 Vosges – 314 F3 – 1 050 h. – alt. 300 m – ✉ 88270 — 26 B3

Paris 366 – Épinal 21 – Luxeuil-les-Bains 61 – Nancy 64

Le Commerce avec ch

pl. Gén. Leclerc – ✆ 03 29 36 50 28 – Fermé 22 déc.-12 janv., dim. soir sauf hôtel et lundi

7 ch – †39 € ††43/46 € – ☕ 7 € – ½ P 40/44 €

Rest – Menu 13 € (déj. en sem.), 21/34 € – Carte 30/42 €

◆ La salle à manger, avec sa grande baie vitrée ouverte sur le jardin, est d'un commerce agréable. Cuisine régionale et produits locaux. Chambres simples et spacieuses pour une étape entre Vittel et Épinal.

DOMPIERRE-SUR-BESBRE – 03 Allier – 326 J3 – 3 216 h. – alt. 234 m – ✉ 03290 — 6 C1

Paris 324 – Bourbon-Lancy 19 – Decize 46 – Digoin 27

145, Grande Rue, ✆ 04 70 34 61 31, www.ot-valdebesbre.com

Auberge de l'Olive avec ch

av. de la Gare – ✆ 04 70 34 51 87 – www.auberge-olive.fr – Fermé 22 sept.-7 oct., 2-10 janv., dim. soir de nov. à mars et vend. sauf juil.-août

17 ch – †61 € ††61 € – ☕ 8 € – ½ P 88 €

Rest – Menu 20 € (sem.), 27/49 € – Carte 34/50 €

◆ L'auberge propose une cuisine traditionnelle et généreuse, à déguster sous une lumineuse véranda ou dans une salle à manger d'inspiration plus rustique. Chambres simples, fraîches et colorées, non loin du parc d'attractions du PAL.

DOMPIERRE-SUR-VEYLE – 01 Ain – 328 E4 – 1 198 h. – alt. 285 m – ✉ 01240 — 44 B1

Paris 439 – Belley 70 – Bourg-en-Bresse 18 – Lyon 58

L'Auberge de Dompierre

7 r. des Ecoles – ✆ 04 74 30 31 19 – www.aubergededompierresurveyle.com – Fermé 1 sem. en mai, 2 sem. en août, 22-30 déc. et le soir sauf sam.

Rest *(réserver)* – Formule 12 € bc – Menu 26/38 €

◆ Sur la place de l'église du village natal d'Eugénie Brazier, cette auberge familiale est tenue par un jeune couple... bien inspiré. Au menu, spécialités de la Dombes et quelques plats ibériques, hommage aux origines du patron.

DONCHERY – 08 Ardennes – 306 L4 – rattaché à Sedan

DONNAZAC – 81 Tarn – 338 D7 – rattaché à Cahuzac-sur-Vère

DONON (COL DU) – 67 Bas-Rhin – 315 G5 – voir à Col du Donon

DONZENAC – 19 Corrèze – 329 K4 – 2 440 h. – alt. 204 m – ✉ 19270 — 24 B3

Périgord Quercy

Paris 469 – Brive-la-Gaillarde 11 – Limoges 81 – Tulle 27

Siège Social 2, rue des Pénitents, ✆ 05 55 85 65 35, www.tourisme-donzenac-vigeois.fr

Les Pans de Travassac★.

Le Périgord

9 av. de Paris – ✆ 05 55 85 72 34 – Fermé vacances de la Toussaint, vacances de fév., dim. soir, lundi soir et merc.

Rest – Formule 19 € – Menu 22/42 € – Carte 36/51 €

◆ Si vous passez par ce restaurant couvert de vigne vierge, n'hésitez surtout pas à goûter la tête de veau sauce gribiche, c'est l'une des spécialités de la maison et elle est fameuse ! Rustique dans le bon sens du terme.

au Nord-Est sur D 920, près sortie 47 A20, dir. Sadroc

Relais du Bas Limousin

à Lafonsalade – ✆ 05 55 84 52 06 – www.relaisbaslimousin.fr – Fermé 5-18 nov. et dim. soir sauf en juil.-août

22 ch – 52/80 € 58/80 € – 10 € – ½ P 63/80 €

Rest *(fermé lundi midi)* – Formule 13 € – Menu 18 € (déj. en sem.), 26/34 € – Carte 32/58 €

◆ Cette auberge d'inspiration régionale, y compris en cuisine, se trouve en léger retrait de la route Limoges-Brives. L'ensemble est engageant, avec des chambres fonctionnelles, et l'on s'y met en quatre pour la satisfaction des clients.

DONZY – 58 Nièvre – 319 B7 – 1 627 h. – alt. 188 m – ✉ 58220 7 A2

Bourgogne

Paris 203 – Auxerre 66 – Bourges 73 – Clamecy 39

18, rue du Général Leclerc, ✆ 03 86 39 45 29, http://officetourismedonziais.com

Le Grand Monarque

10 r. de l'Étape, (près de l'église) – ✆ 03 86 39 35 44 – www.legrandmonarque-donzy.fr – Fermé 1er-15 nov. et 1er-15 janv.

12 ch – 49/75 € 58/75 € – 10 € – ½ P 70 €

Rest *(fermé mardi midi de nov. à fin mars, dim. soir et lundi)* – Formule 14 € – Menu 20/36 € – Carte 17/41 €

◆ Dans un paisible village, ancien relais de poste remontant au 16e s. Les chambres sont desservies par un escalier à vis et certaines arborent murs en pierre et ciel de lit. Le restaurant conserve un authentique fourneau à charbon ; plats du terroir.

LE DORAT – 87 Haute-Vienne – 325 D3 – 1 828 h. – alt. 209 m – ✉ 87210 24 B1

Limousin Berry

Paris 369 – Bellac 13 – Le Blanc 49 – Guéret 68

17, place de la Collégiale, ✆ 05 55 60 76 81, www.ledorat.reseaudescommunes.fr

Collégiale St-Pierre★★.

La Marmite

29 av. de la Gare – ✆ 05 55 60 66 94 – www.restaurant87-lamarmite.com – Fermé 27 sept.-6 oct., 24-29 déc., mardi et merc.

Rest – Menu 11/36 € – Carte 28/39 €

◆ Une maison d'après-guerre assez discrète, mais une salle chaleureuse, rustique et... pleine d'âme ! Le chef concocte une cuisine traditionnelle privilégiant le bœuf limousin et l'agneau, ainsi que de grandes assiettes bien généreuses, pour les gourmands pressés.

DOUAI – 59 Nord – 302 G5 – 42 413 h. – Agglo. 518 727 h. – alt. 31 m – ✉ 59500 31 C2

Nord Pas-de-Calais Picardie

Paris 194 – Arras 26 – Lille 42 – Tournai 39

70, place d'Armes, ✆ 03 27 88 26 79, www.ville-douai.fr

de Thumeries, à Thumeries, N : 15 km par D 8, ✆ 03 20 86 58 98

Beffroi★ BY D - Musée de la Chartreuse★★.

Centre historique minier de Lewarde★★ SE : 8 km par ②.

La Terrasse

AC rest,

36 terrasse St-Pierre – ✆ 03 27 88 70 04 – www.laterrasse.fr BYa

20 ch – 75 € 100 € – 12 € **Rest** – Menu 18/90 € – Carte 50/85 €

◆ Dans une ruelle jouxtant la collégiale St-Pierre, voilà bien un hôtel-restaurant des plus traditionnels – sa rénovation est prévue pour 2012. À table, honneur au classicisme et à Bacchus, avec une carte des vins comptant 900 références !

Armes (Pl. d') . . . . BY 2
Bellain (R. de) . . . . BY 3
Bellegambe (R. J.) . . . . BY 4
Béthune (R. de) . . . . AX 5
Boutique (R. A.) . . . . BX 7
Brebières (R. de) . . . . AZ 8
Canteleu (R. du) . . . . BY 9
Carnot (Pl.) . . . . BY
Chartreux (R. des) . . . . AX 10
Clocher-St-Pierre (R. du) . . . . . . BY 14
Cloche (R. de la) . . . . AY 13
Cloris (R. de la) . . . . AY 15
Comédie (R. de la) . . . . AZ 17
Dubois (R. P.) . . . . BX 18
Faidherbe (Bd) . . . . BY 19
Foulons (R. des) . . . . AZ 20
Gambetta (R. L.) . . . . BY 21
Gouvernement (R. du) . . . . BY 23
Leclerc (Av. Mar.) . . . . BY 24
Madeleine (R. de la) . . . . BY 25
Mairie (R. de la) . . . . BY 26
Malvaux (R. des) . . . . BX 27
Marceline (R.) . . . . BX 28
Massue (R. de la) . . . . AY 29
Merlin-de-Douai (R.) . . . . BY 30
Ocre (R. d') . . . . AX 33
Orchies (R. d') . . . . BX 34
Paris (R. de) . . . . BZ
Phalempin (Bd Paul) . . . . BY 35
Pont-St-Vaast (R. du) . . . . BX 36
Raches (R. de) . . . . BX 37
St-Christophe (R.) . . . . BY 39
St-Jacques (R.) . . . . BY 40
St-Michel (R.) . . . . BX 41
St-Samson (R.) . . . . AY 44
St-Sulpice (R.) . . . . BX 45
Université (R. de l') . . . . BZ 46
Valenciennes (R. de) . . . . BZ 49
Victor-Hugo (R.) . . . . BY 50

XX **Au Turbotin** A/C VISA MC AE

9 r. Massue – ☎ 03 27 87 04 16 – www.au-turbotin.com – Fermé 1er-21 août, vacances de Noël, sam. midi, dim. soir et lundi AYs

Rest – Menu 23/52 € – Carte 48/73 €

♦ Spécialités de la maison ? La choucroute de la mer et les saveurs iodées. Une sympathique ode marine tout en justesse... en face du palais de justice ! Et le cadre est très intime.

Un classement passé en rouge met en avant le charme de la maison XXX.

à Brebières 7 km par ③ – 4 929 h. – alt. 48 m – ✉ 62117

XXX **Air Accueil**

D 950 – ✆ 03 21 50 01 02 – Fermé 3 sem. en août, dim. soir et lundi

Rest – Menu 28/50 € – Carte 33/70 €

◆ Dans cette vaste auberge de bord de route, au charme un brin rétro, la carte fait honneur au patrimoine culinaire français. Une étape toujours bien appréciée.

DOUAINS – 27 Eure – **304** I7 – rattaché à Vernon

DOUARNENEZ – 29 Finistère – **308** F6 – 15 066 h. – alt. 25 m – ✉ 29100 Bretagne **9** A2

Paris 585 – Brest 76 – Lorient 88 – Quimper 23

1, rue Docteur Mével, ✆ 02 98 92 13 35, www.douarnenez-tourisme.com

Boulevard Jean-Richepin et nouveau port★ ★ Y - Port du Rosmeur★ - Musée à flot★★ - collection★ au musée du bateau - Ploaré : tour★ de l'église S : 1 km - Pointe de Leydé★ ★ NO : 5 km.

Le Clos de Vallombreuse

7 r. d'Estienne-d'Orves – ✆ 02 98 92 63 64 – www.closvallombreuse.com

25 ch – †55/150 € ††65/150 € – ☕ 13 € – ½ P 67/109 € Y**x**

Rest ***Le Clos de Vallombreuse*** – voir les restaurants ci-après

◆ Splendeur d'antan dans cette belle villa balnéaire du 19ᵉs. Esprit douillet dans les chambres – classiques dans la maison et plus contemporaines dans l'extension –, superbe piscine tournée vers la baie de Douarnenez... Du caractère !

De France

4 r. Jean-Jaurès – ✆ 02 98 92 00 02 – www.lafrance-dz.com – Fermé 27 fév.-11 mars, 5-21 nov., 19-26 déc. Y**r**

23 ch – †57/67 € ††65/75 € – ☕ 8 € – ½ P 72/76 €

Rest ***L'Insolite*** – voir les restaurants ci-après

◆ Dans cet Hôtel de France, les chambres jouent les contrastes, mélange de style contemporain dépouillé, de couleurs vives et de mobilier breton. Il souffle un vent de fraîcheur sur cet établissement né en 1878...

DOUARNENEZ

Anatole-France (R.) .... Y 2
Baigneurs (R. des) .... Y 5
Barré (R. J.) .... YZ 7
Berthelot (R.) .... Z 8
Centre (R. du) .... Y 10
Croas-Talud (R.) .... Z 14
Duguay-Trouin (R.) .... YZ 15
Enfer (Pl. de l') .... YZ 16
Grand-Port (Quai du) .... Y 19
Grand-Port (R. du) .... Y 20
Jaurès (R. Jean) .... YZ
Jean-Bart (R.) .... Y 24
Kerivel (R. E.) .... YZ 21
Laënnec (R.) .... Z 25
Lamennais (R.) .... Z 27
Marine (R. de la) .... Y 32
Michel (R. L.) .... Y 36
Monte-au-Ciel (R.) .... Z 37
Péri (Pl. Gabriel) .... Y 42
Petit-Port (Quai du) .... Y 43
Plomarc'h (R. des) .... YZ 44
Stalingrad (Pl.) .... Z 65
Vaillant (Pl. E.) .... Y 59
Victor-Hugo (R.) .... Z 60
Voltaire (R.) .... Y 62

Sens unique en saison: flèche noire

XX **Le Clos de Vallombreuse** – Hôtel Le Clos de Vallombreuse

7 r. d'Estienne-d'Orves – ✆ 02 98 92 63 64 – www.closvallombreuse.com Yx

Rest – Menu 21 € (sem.), 29/60 € – Carte 41/96 €

◆ Cette jolie villa du 19es. distille un charme bourgeois, mais c'est aussi un repaire de gourmands. Le chef réalise une belle cuisine de la mer autour de plats inspirés par le marché et attentifs aux saisons : frais et bon !

XX **L'Insolite** – Hôtel De France

4 r. Jean-Jaurès – ✆ 02 98 92 00 02 – www.lafrance-dz.com – Fermé vacances de fév., 5-21 nov. et 19-26 déc. Yr

Rest – Formule 14 € – Menu 17 € (déj. en sem.), 29/45 € – Carte 37/77 €

◆ Insolites, cet espuma de pâté Hénaff et ces chips de vitelote massala tandoori… Ici, le terroir flirte avec les épices et les inventions originales. La faute aux deux jeunes chefs, passionnés et formés dans de belles maisons. À découvrir !

X **Le Kériolet** avec ch

29 r. Croas-Talud – ✆ 02 98 92 16 89 – www.hotel-keriolet.com – Fermé 1er-10 fév. et lundi midi hors saison Za

8 ch – †55/60 € ††55/60 € – ☕ 7 € – ½ P 60/65 €

Rest – Formule 14 € – Menu 20/38 € – Carte 26/45 €

◆ Allez, on embarque ! Cuisine traditionnelle, produits du terroir et pêche locale en vue dans ce restaurant discrètement marin. On peut y dormir aussi, il y a des chambres toutes simples.

X **Quai 29**

11 quai du Petit-Port – ✆ 09 81 92 96 22 – Fermé de mi-nov. à mi-déc., merc. soir et jeudi soir en hiver et mardi Yb

Rest – Formule 14 € – Menu 18 € (déj. en sem.) – Carte 20/40 €

◆ C'est un peu la version bistrot de L'Insolite, le restaurant de l'hôtel de France ; d'ailleurs, les propriétaires sont les mêmes. Bien protégé par la baie vitrée, on nargue la tempête devant tapas, fruits de mer et formule à la plancha.

à Tréboul 3 km au Nord-Ouest – ✉29100 Douarnenez

Thalasstonic ch, rest,

r. des Professeurs Curie – ✆ 02 98 74 45 45 – www.hotel-douarnenez.com

44 ch – †95/140 € ††95/140 € – 6 suites – ☕ 13 € – ½ P 88/135 €

Rest *L'Armor* – Formule 21 € – Menu 27/62 € – Carte 36/75 €

◆ Cet hôtel respire l'air marin et vous garantit un séjour "tonic" dans des chambres spacieuses style "bateau". Plage et centre de thalassothérapie à proximité. Pour prolonger ces délicieux effets thérapeutiques, pourquoi ne pas essayer les préparations traditionnelles ou diététiques du restaurant ?

Ty Mad

plage St Jean, près chapelle St-Jean – ✆ 02 98 74 00 53 – www.hoteltymad.com – Ouvert 17 mars-12 nov.

14 ch – †60/84 € ††85/119 € – 1 suite – ☕ 13 €

Rest *(fermé mardi, merc., jeudi sauf de juil. à sept. et vacances scolaires et lundi) (dîner seult)* – Menu 30/32 € – Carte 36/60 €

◆ Ty mad : bonne maison en breton. Il faut dire que l'hôtel a du charme avec ses matériaux naturels (pierre et bois) et sa décoration franchement zen ; même la cour a des allures de jardin japonais. Cuisine bio aux herbes fraîches et piscine à contre-courant : on se sent bien.

DOUBS – 25 Doubs – 321 I5 – rattaché à Pontarlier

DOUCIER – 39 Jura – 321 E7 – 291 h. – alt. 526 m – ✉ 39130 16 B3

Paris 427 – Champagnole 21 – Lons-le-Saunier 25

Lac de Chalain★★ N : 4 km Franche-Comté Jura

XX **Le Comtois** avec ch
806 rue des 3 Lacs – 03 84 25 71 21 – www.lecomtoisdoucier.com – Fermé vacances de la Toussaint, dim. soir et lundi d'oct. à juin
6 ch – 55 € 66 € **Rest** – Formule 15 € – Menu 22/38 €
◆ Une jolie auberge de campagne tenue par un couple charmant... Dans une autre vie, monsieur était boulanger-traiteur ; aujourd'hui, avec sa cuisine à base de plantes et d'herbes du pays, il honore les recettes régionales. Attrayante sélection de vins du Jura et, pour l'étape, chambres simples à l'étage.

DOUÉ-LA-FONTAINE – 49 Maine-et-Loire – 317 H5 – 7 451 h. – alt. 75 m – 49700 Châteaux de la Loire — 35 C2

Paris 322 – Angers 40 – Châtellerault 86 – Cholet 50
30, place des Fontaines, 02 41 59 20 49, www.ot-douelafontaine.fr
Zoo de Doué★★.

XX **Auberge Bienvenue** avec ch
104 rte de Cholet, (face au zoo) – 02 41 59 22 44 – www.aubergebienvenue.com – Fermé 22 déc.-14 janv., dim. soir et lundi
11 ch – 65/90 € 65/90 € – 4 suites – 11 € – ½ P 74/105 €
Rest – Formule 20 € – Menu 26/56 € – Carte 43/64 €
◆ Une auberge idéale pour aller visiter le zoo local ou découvrir les roseraies. On y sert une savoureuse cuisine ancrée dans la tradition et les saisons (bœuf au tanin d'Anjou). Les chambres sont calmes, spacieuses et bien tenues.

DOURGNE – 81 Tarn – 338 E10 – 1 279 h. – alt. 250 m – 81110 — 29 C2

Paris 742 – Toulouse 67 – Carcassonne 52 – Castelnaudary 35
1, avenue du Maquis, 05 63 74 27 19, www.paysdedourgne-tourisme.com

X **Hostellerie de la Montagne Noire** avec ch
15 pl. des Promenades – 05 63 50 31 12 – www.montagnenoire.net – Fermé 31 août-7 sept. et 16-23 fév.
9 ch – 54 € 60 € – 9 € – ½ P 47 €
Rest – Formule 18 € – Menu 26/32 € – Carte 29/43 €
◆ Dans cette vieille maison en pierre, il fait bon s'installer autour de la généreuse et savoureuse cuisine traditionnelle du chef. L'été, on apprécie aussi la jolie terrasse sur la place bordée de platanes et, pour faire étape, les chambres sont modestes mais pratiques.

DOUSSARD – 74 Haute-Savoie – 328 K6 – 3 417 h. – alt. 456 m – 74210 — 46 F1

Paris 555 – Albertville 27 – Annecy 20 – Megève 42

Arcalod
104 rte de la Gare – 04 50 44 30 22 – www.hotelarcalod.fr – Ouvert 16 mai-23 sept.
33 ch – 70/90 € 70/95 € – 12 € – ½ P 68/85 €
Rest – Menu 22/33 € – Carte 26/32 €
◆ Un chalet familial vraiment sympathique : les chambres sont fraîches, calmes et agréables ; les propriétaires organisent de nombreuses activités gratuites (randonnée, tir à l'arc, vélo...), et il y aussi le jardin arboré, la grande piscine, le restaurant traditionnel...

DOUVAINE – 74 Haute-Savoie – 328 K3 – 4 769 h. – alt. 428 m – 74140 — 46 F1

Paris 555 – Annecy 63 – Chamonix-Mont-Blanc 87 – Genève 18
35 rue du Centre, 04 50 94 10 55, www.douvaine.fr

XXX **Ô Flaveurs** (Jérôme Mamet)
Château de Chilly , 2 km au Sud-Est par rte de Crépy – ☎ 04 50 35 46 55 – www.oflaveurs.com – Fermé 24 juil.-6 août, 1er-10 janv., mardi et merc.
Rest – Menu 35 € (déj. en sem.), 65/95 €
Spéc. Foie gras de canard des Landes confit à l'estragon et légumes acidulés. Selle d'agneau des Pyrénées farcie, légumes de saison et jus au romarin. Ondulation fraise, sorbet fraise des bois (été). **Vins** Vin de pays d'Allobrogie, Crépy.
◆ Pierres apparentes, poutres, cheminée : un petit château du 15es. authentique, élégant et romantique à souhait. Autour d'un menu unique, on découvre la cuisine pleine de saveurs et de fraîcheur d'un chef inventif et talentueux.

X **Le 111**
111 r. du Centre – ☎ 04 50 85 06 25 – www.le111.fr – Fermé 25 juil.-10 août, 1er-10 janv., mardi et merc.
Rest – Formule 14 € bc – Menu 27/36 € – Carte 27/41 €
◆ Un lieu convivial ! Du bois, de la pierre et... un propriétaire sommelier qui délivre des conseils fort avisés. Faites donc un tour à la cave pour choisir votre nectar, avant de vous régaler d'une belle cuisine traditionnelle.

DOUVRES-LA-DÉLIVRANDE – 14 Calvados – 303 J4 – 4 891 h. – alt. 19 m – ✉ 14440 Normandie Cotentin **32 B2**
Paris 246 – Bayeux 26 – Caen 15 – Deauville 48
41, rue Général-de-Gaulle, ☎ 02 31 37 93 10

à Cresserons 2 km à l'Est par D 35 – 1 231 h. – alt. 9 m – ✉ 14440

XXX **La Valise Gourmande**
7 rte de Lion-sur-Mer – ☎ 02 31 37 39 10 – www.lavalisegourmande-caen.com – Fermé dim. soir, mardi midi et lundi
Rest *(réserver)* – Menu 29/40 € – Carte 36/46 €
◆ Une adresse aussi charmante que gourmande. Blotti au fond d'un délicieux jardin clos, ce prieuré du 18es. semble attendre votre visite. Un accueil très souriant, un repas classique de qualité, des prix sages : on passe un bon moment.

DRACY-LE-FORT – 71 Saône-et-Loire – 320 I9 – rattaché à Chalon-sur-Saône

---

DRAGUIGNAN – 83 Var – 340 N4 – 36 648 h. – alt. 178 m – ✉ 83300 Côte d'Azur **41 C3**
Paris 862 – Fréjus 30 – Marseille 124 – Nice 89
2, avenue Lazard Carnot, ☎ 04 98 10 51 05, www.dracenie.com
18 de Saint Endréol, à La Motte, Route de Bagnols en Forêt, par rte du Muy et D 47 : 15 km, ☎ 04 94 51 89 89
Musée des Arts et Traditions populaires de moyenne Provence ★ **M2.**
Site ★ de Trans-en-Provence S : 5 km.

Plan page suivante

All Seasons sans rest
11 bd G. Clemenceau – ☎ 04 94 50 95 09 – www.all-seasons-hotels.com
38 ch – 🛉99/134 € 🛉🛉109/144 € **Zn**
◆ Entièrement rénové et idéalement situé en centre-ville, cet hôtel bénéficie de chambres spacieuses, bien équipées et insonorisées, dans un esprit assez tendance.

X **Lou Galoubet**
23 bd J.-Jaurès – ☎ 04 94 68 08 50 – www.lougaloubet.com – Fermé 1 sem. vacances de printemps, 1 sem. fin juil., 1 sem. fin août, 1 sem. vacances de fév., sam. midi, dim. soir, mardi soir et merc. **Ze**
Rest – Formule 19 € – Menu 22 € (déj. en sem.), 28/34 € – Carte 37/56 €
◆ Une fois passé la porte, on découvre les cuisines. Une belle entrée en matière, à l'unisson des assiettes qui vont à l'essentiel : terroir, saison et fraîcheur. Salle lumineuse.

DRAGUIGNAN

Cisson (R.) . . . . YZ 3
Clemenceau (Bd) . . . . Z
Clément (R. P.) . . . . Z 4
Droits-de-l'Homme
(Parvis des) . . . . Z 5
Gay (Pl. C.) . . . . Y 6
Grasse (Av. de) . . . . Y 8
Joffre (Bd. Mar.) . . . . Z 9
Juiverie (R. de la) . . . . Y 12
Kennedy (Bd J.) . . . . Z 13
Leclerc (Bd Gén.) . . . . Z 14
Marchands (R. des) . . . . Y 15
Marché (Pl. du) . . . . Y 16
Martyrs-de-la-Résistance
(Bd des) . . . . Z 17
Marx-Dormoy
(Bd) . . . . Z 18
Mireur (R. F.) . . . . Y 19
Observance (R. de l') . . . . Y 20
République (R. de la) . . . . Z 23
Rosso (Av. P.) . . . . Z 24

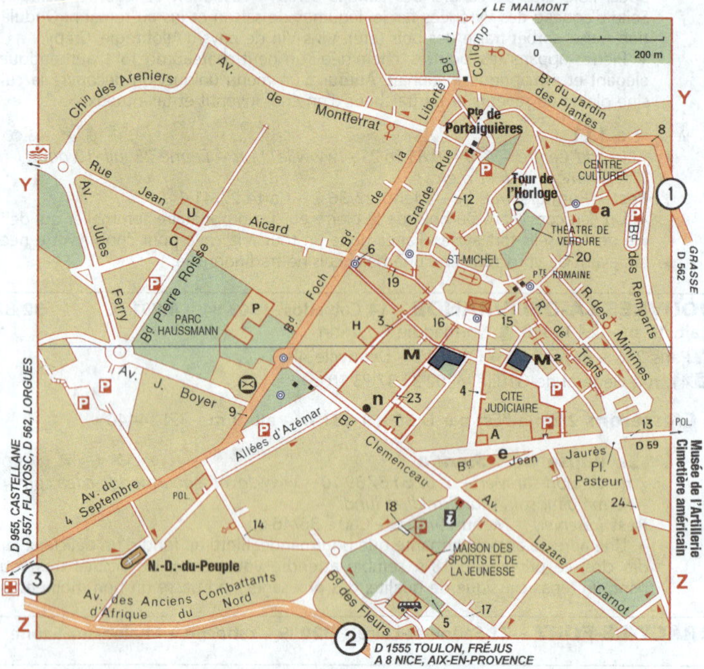

Côté Rue

42 Grande-Rue – ✆ 04 83 11 50 55 – www.restaurant-coterue.com – Fermé 3 sem. en mars, 1 sem. en juin, dim. et lundi — Ya

Rest – Formule 19 € – Menu 26/61 € – Carte 42/64 €

◆ Derrière la massive porte en bois de cette maison bourgeoise du 19es., un décor contemporain, des couleurs claires, des fleurs... et une cuisine gastronomique qui allie technique et esthétique. Saveurs profuses, contrastes, mélanges, etc.

rte de Flayosc 4 km par ③ et D 557 – ✉ 83300 Draguignan

Les Oliviers sans rest

rte de Flayosc - D557 – ✆ 04 94 68 25 74 – www.hotel-les-oliviers.com – Fermé 5-20 janv.

12 ch – †52/70 € ††56/70 € – ☕ 7 €

◆ Cet accueillant hôtel familial propose des chambres de plain-pied, parfaitement tenues. Le jardin fleuri abrite une piscine et on y sert le petit-déjeuner en été.

à Flayosc 7 km par ③ et D 557 – 4 391 h. – alt. 310 m – ✉ 83780

ℹ place Pied Bari, ✆ 04 94 70 41 31, www.dracenie.com

L'Oustaou

5 pl. Joseph-Brémond, (au village) – ✆ 04 94 70 42 69 – Fermé vacances de la Toussaint, de fév., dim. soir, mardi et merc. hors saison, lundi midi, mardi midi, merc. midi et vend. midi en juil.-août

Rest – Formule 19 € – Menu 29/45 € – Carte 40/60 €

◆ Le nom de cet ancien relais de poste signifie "petit mas". Décor actualisé, plein de fraîcheur, en harmonie avec la cuisine au goût du jour émaillée de touches régionales.

DRAIN – 49 Maine-et-Loire – **317** B4 – 1 817 h. – alt. 53 m – ✉ 49530 **34** B2

Paris 359 – Cholet 60 – Nantes 41 – Saint-Herblain 48

Le Mésangeau ch,

5 km au Sud par D 154 – ✆ 02 40 98 21 57 – www.loire-mesangeau.com

5 ch – 🚹80/100 € 🚹🚹90/110 € – ½ P 76/85 €

Table d'hôte – Menu 35 € bc

◆ Vaste gentilhommière de 1830, au sein d'un agréable parc (étang, chapelle, basse-cour, collection de voitures anciennes). Chambres spacieuses et confortables, ornées de mobilier et objets de style. Table d'hôte rustique : belle cheminée en pierre et plats du terroir.

DREUX – 28 Eure-et-Loir – **311** E3 – 31 212 h. – alt. 82 m **11** B1

– ✉ 28100 Normandie Vallée de la Seine

Paris 78 – Chartres 36 – Évreux 44 – Mantes-la-Jolie 43

9 cour de l'Hôtel-Dieu, ✆ 02 37 46 01 73, www.ot-dreux.fr

Beffroi★ AY **B** - Glaces peintes★★ de la chapelle royale St-Louis AY.

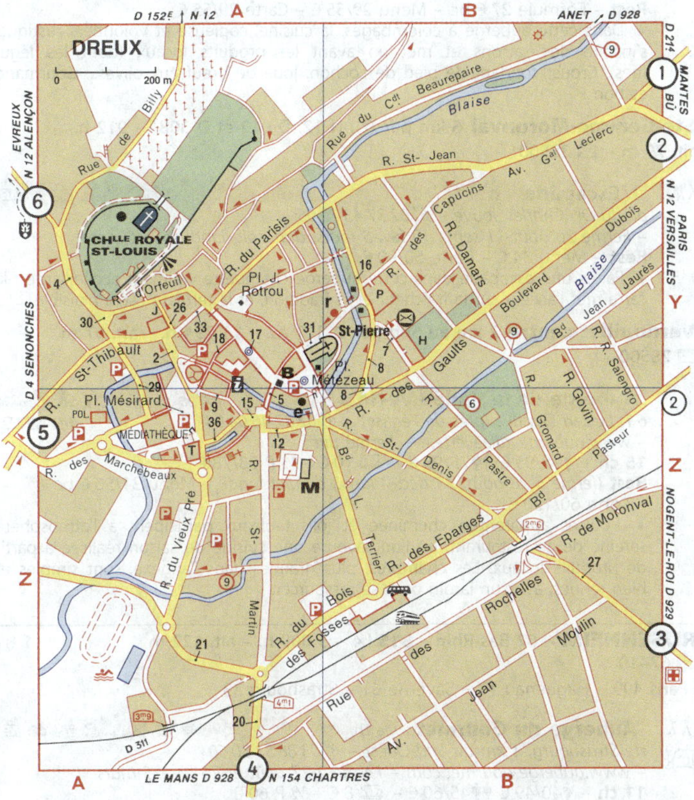

Le Beffroi sans rest
12 pl. Métézeau – ✆ 02 37 50 02 03 – www.hotelbeffroi.fr – Fermé 22 juil.-16 août
15 ch – †72 € ††72 € – ☐ 7 € AZ**e**
◆ Les chambres de cet hôtel central – sur la place du Beffroi – donnent sur la Blaise ou sur l'église St-Pierre et se révèlent traditionnelles et bien tenues ; au salon, le style est rustique. Une adresse pratique dans la région.

Le Saint-Pierre
19 r. Sénarmont – ✆ 02 37 46 47 00 – www.lesaint-pierre.com – Fermé 9-31 juil., 16-23 fév., jeudi soir, dim. soir et lundi BY**r**
Rest – Formule 15 € – Menu 18 € (sem.), 26/35 € – Carte 31/47 €
◆ Près de l'église, dans une rue commerçante, la propriétaire de cet agréable restaurant vous accueille avec le sourire. Le chef réalise une cuisine traditionnelle bien ficelée (navarin d'agneau, faux-filet béarnaise...) et à prix très sages.

à Chérisy 4,5 km par ② – 1 820 h. – alt. 88 m – ✉ 28500

Le Vallon de Chérisy
12 rte de Paris – ✆ 02 37 43 70 08 – www.le-vallon-de-cherisy.fr – Fermé 3-11 mars, 11 juil.-8 août, dim. soir, mardi soir et merc.
Rest – Formule 27 € bc – Menu 29/55 € – Carte 29/55 €
◆ Dans cette auberge à colombages, la cuisine, copieuse et volontiers rustique, s'inspire des saisons et met en avant les produits locaux (dont les légumes). Crousti-fondant de pied de cochon, joue de bœuf aux olives... Gourmand et bon !

à Ste-Gemme-Moronval 6 km par ②, N 12, D 912 et D 308[1] – 912 h. – alt. 79 m – ✉ 28500

L'Escapade
pl. du Dr. Charles Jouve – ✆ 02 37 43 72 05 – Fermé 20 août-11 sept., 19 fév.-5 mars, dim. soir, lundi soir et mardi
Rest – Menu 34 € – Carte 50/90 €
◆ Faites une escapade dans cette auberge champêtre vraiment accueillante : la carte met l'accent sur la fraîcheur et la tradition, et la terrasse est si plaisible...

à Vernouillet-centre 2 km au Sud par D 311 AZ – 11 794 h. – alt. 97 m – ✉ 28500

Auberge de la Vallée Verte avec ch — ch, ch,
6 r. Lucien Dupuis, (près de l'église) – ✆ 02 37 46 04 04 – www.aubergevalleeverte.fr – Fermé dim.
15 ch – †75/95 € ††75/95 € – ☐ 10 € – ½ P 73/78 €
Rest *(fermé 5-28 août, 23 déc.-7 janv., dim. et lundi)* – Menu 31/56 € bc – Carte 60/120 €
◆ Poutres apparentes, cheminée et jolis tableaux participent à l'atmosphère sereine de ce restaurant, où l'on savoure une cuisine de saison réalisée à partir de produits locaux. Les chambres, plus grandes dans l'annexe, sont simples et bien tenues, avec un jardin pour se ressourcer.

DRUSENHEIM – 67 Bas-Rhin – 315 L4 – 5 009 h. – alt. 122 m – ✉ 67410 1 B1

Paris 499 – Haguenau 17 – Saverne 61 – Strasbourg 33

Auberge du Gourmet avec ch
rte Strasbourg, 1 km au Sud-Ouest – ✆ 03 88 53 30 60 – www.auberge-gourmet.com – Fermé 2-27 août et 26 fév.-15 mars
11 ch – †40/49 € ††45/60 € – ☐ 8 € – ½ P 60 €
Rest *(fermé sam. midi, mardi soir et merc.)* – Formule 21 € – Menu 21/39 € – Carte 28/65 €
◆ Une auberge entourée d'un grand jardin l'isolant de la route. La cuisine, traditionnelle, est servie dans une chaleureuse salle ornée d'un plafond à caissons. Les chambres – assez spacieuses, claires et fraîches – sont très bien tenues.

DUCEY – 50 Manche – **303** E8 – 2 409 h. – alt. 15 m – ✉ 50220 **32** A3
Normandie Cotentin

Paris 348 – Avranches 11 – Fougères 41 – Rennes 80

4, rue du Génie, ✆ 02 33 60 21 53, www.ducey-tourisme.com

Moulin de Ducey sans rest

1 Grande Rue – ✆ 02 33 60 25 25 – www.moulindeducey.com – Fermé 16 déc.-2 janv. et 10-26 fév.

28 ch – †55/105 € ††63/105 € – ☕ 11 €

◆ Entre bief et Sélune, cet ancien moulin semble établi sur une île verdoyante... Les chambres distillent un esprit british et la salle du petit-déjeuner surplombe le vieux pont de pierre, d'où l'on peut pratiquer la pêche au saumon !

Auberge de la Sélune

2 r. St-Germain – ✆ 02 33 48 53 62 – www.selune.com – Fermé 22 nov.-12 déc., 17 janv.-10 fév. et lundi sauf le soir de mars à sept.

20 ch – †61 € ††63/67 € – ☕ 9 € – ½ P 67/69 €

Rest – Menu 16 € (sem.), 27/44 € – Carte 25/40 €

◆ Sur les bords de la Sélune qui part se jeter dans la baie du Mont-Saint-Michel, une bonne option pour dormir un peu à l'écart du circuit touristique. Les chambres sont simples et bien tenues, côté route ou côté jardin et rivière. Pratique : le restaurant traditionnel, aux prix mesurés.

DUHORT-BACHEN – 40 Landes – **335** J12 – 621 h. – alt. 72 m – ✉ 40800 **3** B3

Paris 710 – Bordeaux 150 – Mont-de-Marsan 30 – Pau 57

Les Arcades

232 pl. de la Mairie – ✆ 05 58 71 85 59 – Fermé 1 sem. en sept., 26-30 déc., mardi soir, dim. soir et lundi

Rest – Formule 10 € – Menu 20 € (sem.), 30/40 € – Carte 40/52 €

◆ Maison landaise noyée sous le lierre et les fleurs. Intérieur champêtre, agréable terrasse sous les arcades et petits plats mijotant en cuisine, revisités au fil des saisons.

DUILHAC-SOUS-PEYREPERTUSE – 11 Aude – **344** G5 – rattaché à Cucugnan

DUINGT – 74 Haute-Savoie – **328** K6 – 895 h. – alt. 450 m – ✉ 74410 **46** F1
Alpes du Nord

Paris 548 – Albertville 34 – Annecy 12 – Megève 48

108 rue du Vieux Village, ✆ 04 50 77 64 75, www.duingt.fr

Clos Marcel

410 allée de la Plage – ✆ 04 50 68 67 47 – www.closmarcel.com – Fermé 28 oct.-7 déc.

14 ch – †135/240 € ††135/240 € – 1 suite – ☕ 16 €

Rest *Comptoir du Lac* – voir les restaurants ci-après

◆ Sur un site privilégié au bord du lac d'Annecy (ponton privé), une architecture repensée dans un esprit écologique, des chambres design et confortables : un Clos Marcel résolument 21ᵉs.

Comptoir du Lac

410 allée de la Plage – ✆ 04 50 68 14 10 – www.closmarcel.com – Fermé 28 oct.-7 déc. et dim. soir de déc. à avril

Rest – Formule 25 € – Carte environ 44 €

◆ Un restaurant aux airs de grande verrière indus' et contemporaine, cerné par la verdure, la montagne et le lac... Un endroit vraiment sympa, pour une cuisine traditionnelle qui l'est elle aussi !

DUNES – 82 Tarn-et-Garonne – **337** A7 – 1 117 h. – alt. 120 m – ✉ 82340 **28** B2

Paris 655 – Agen 21 – Auvillar 13 – Miradoux 12

Les Templiers

1 pl. des Martyrs – ✆ 05 63 39 86 21 – Fermé vacances de la Toussaint, 20-27 fév., mardi soir, sam. midi, dim. soir et lundi
Rest – Menu 21 € (sem.), 29/49 € – Carte 48/56 €
◆ Au centre de cette jolie bourgade, dans une maison du 16ᵉs. au charme préservé. Les grands principes du chef : "la tradition, qui garantit la qualité" et "l'innovation, qui préserve de la routine". Un gage d'authenticité et de surprise... L'été, on se régale en profitant de la terrasse sous les arcades.

DUNIÈRES – **43 Haute-Loire** – **331** I2 – **2 967 h.** – **alt. 760 m** – ✉ **43220** **6** D3
Paris 549 – Le Puy-en-Velay 52 – St-Agrève 30 – St-Étienne 37

La Tour avec ch rest,

7 ter r. Fraisse, (D 61) – ✆ 04 71 66 86 66 – www.hotelrestaurantlatour.com – Fermé 1er-13 mars, 24 août-3 sept., 19-25 nov., 31 déc.-6 janv., 20-28 fév., vend. soir d'oct. à mai, dim. soir et lundi
11 ch – †56/62 € ††56/62 € – ☕ 8 € – ½ P 58/62 €
Rest – Formule 13 € – Menu 25/58 € – Carte 30/66 €
◆ Les produits locaux (lentilles vertes du Puy, escargots de Grazac, pintade fermière, etc.) se transforment en mets alléchants sous l'impulsion du chef. C'est bon, soigné, généreux, avec en prime, un beau chariot de fromages auvergnats. Tout est sympathique, y compris les chambres, bien pratiques.

DUNKERQUE – **59 Nord** – **302** C1 – **68 292 h.** **30** B1
– **Agglo. 191 173 h.** – **alt. 4 m** – **Casino : à Malo-les-Bains** – ✉ **59140**
Nord Pas-de-Calais Picardie
Paris 288 – Amiens 205 – Calais 47 – Ieper 56
rue de l'Amiral Ronarc'h, ✆ 03 28 66 79 21, www.dunkerque-tourisme.fr
de Dunkerque, à Coudekerque, Fort Vallières, SE : 1 km par D 72, ✆ 03 28 61 07 43
Port★★ - Musée d'Art contemporain★ : jardin des sculptures★ CDY - Musée des Beaux-Arts★ CDZ **M²** - Musée portuaire★ CZ **M³** .

Plans pages suivantes

Borel sans rest

6 r. L'Hermite – ✆ 03 28 66 51 80 – www.hotelborel.fr CY**u**
48 ch – †82 € ††92 € – ☕ 11 €
◆ Tout près du port de plaisance, cet hôtel est vraiment agréable : chambres parfaitement tenues, petits salons cosy, copieux petit-déjeuner... Une bonne étape à prix raisonnable.

Ibis

13 r. Leughenaer – ✆ 03 28 66 29 07 – www.ibishotel.com CY**s**
120 ch – †68/92 € ††68/92 € – ☕ 9 € **Rest** *(dîner seult)* – Carte 21/35 €
◆ Un hôtel de chaîne des années 1970, bien tenu et entièrement rénové entre 2007 et 2010. Formule "pasta" (lasagnes, pâtes...) à l'heure du dîner, pratique pour les résidents.

Le Corsaire

97 Entrée du Port – ✆ 03 28 59 03 61 – www.lecorsaire-dk.com – Fermé dim. soir et merc. soir CY**b**
Rest – Formule 18 € – Menu 28/42 € – Carte 30/60 €
◆ En lieu et place d'une ancienne station météo (1868), ce restaurant domine le port de plaisance. Ici, la carte suit l'air du temps, sans intempéries...

Le Vent d'Ange

1449 av. de Petite Synthe – ✆ 03 28 25 28 98 – www.leventdange.com – Fermé 15-30 août, 3-16 janv., mardi soir, dim. soir et lundi AX**f**
Rest – Formule 15 € – Menu 25/45 €
◆ Vent d'Ange ? Parce que le décor s'inspire des jolis angelots du baroque italien... et parce que la cuisine, fraîche comme un petit vent de printemps, fleure bon l'air du temps.

DUNKERQUE

L'Estouffade

2 quai de la Citadelle – ✆ 03 28 63 92 78 – www.estouffade.com – Fermé 27 fév.-5 mars, dim. soir et lundi CZ**r**

Rest – Menu 27/57 € – Carte 40/52 €

◆ Croquettes de crevettes grises, noix de Saint-Jacques accompagnées d'une émulsion d'amandes... Tout près du port, ce restaurant met la mer à l'honneur ! Accueil charmant.

L'Essentiel

451 r. Winston-Churchill – ✆ 03 28 60 51 32 – Fermé 1er-23 août, 1er-10 janv., sam. midi, dim. soir et lundi BX**b**

Rest – Formule 16 € – Menu 26/50 € – Carte 33/59 €

◆ À 500 m de la mer, dans un quartier peu touristique, une bonne surprise que cette assiette qui sait maîtriser l'essentiel : une cuisine d'aujourd'hui, pleine de mesure et de naturel (poisson frais). Décor moderne et ambiance feutrée.

L'Auberge de Jules

9 r. de la Poudrière – ✆ 03 28 63 68 80 – Fermé 1er-21 août, 1er-9 janv., sam. midi, dim. et fériés CY**a**

Rest – Formule 20 € – Menu 25/32 € – Carte 25/40 €

◆ Un bistrot gourmand, convivial et... familial. La patronne accommode le poisson tout frais pêché par son père et son frère. Quant à son "jules", il s'occupe des desserts.

DUNKERQUE

Albert-1er (R.)	CZ	2
Alexandre-III (Bd)	CZ	3
Arbres (R. des)	CDY	6
Asseman (Pl. P.)	DY	8
Bergues (R. du Canal de)	CZ	9
Bollaert (Pl. Émile)	CZ	12
Calonne (Pl.)	DZ	16
Carnot (Bd)	DY	18
Carton-Lurat (Av.)	DZ	19
Clemenceau (R.)	CZ	21
Écluse-de-Bergues (R.)	CZ	26
Faidherbe (Av.)	DY	
Fusillés-Marins (R.)	CZ	30
Gare (Pl. de la)	CZ	32
Gaulle (Pl. du Gén.-de)	CZ	33
Geeraert (Av. Adolphe)	DY	
Hermitte (R. l')	CY	35
Hollandais (Quai des)	CZ	36
Hôtel-de-Ville (R. de l')	DY	37
Jardins (Quai des)	CZ	38
Jean-Bart (Pl.)	CZ	41
Jean-Jaurès (R.)	CZ	40
Jeu-de-Paume (R. du)	CZ	42
Leclerc (R. du Mar.)	CY	43
Leughenaer (R. du)	CY	44
Lille (R. de)	CZ	45
Magasin-Général (R.)	CZ	48
Malo (Av. Gaspard)	DY	49
Mar.-de-France (Av. des)	DY	51
Mer (Digue de)	DY	
Minck (Pl. du)	CY	53
Paris (R. de)	CZ	54
Prés.-Poincaré (R. du)	CZ	57
Prés.-Wilson (R. du)	CZ	58
Quatre-Écluses (Quai)	CZ	59
Thiers (R.)	CZ	65
Turenne (Pl.)	DY	67
Valentin (Pl. C.)	CZ	68
Verley (Bd Paul)	DY	69
Victoire (Pl. et R. de la)	CDY	70
Victor-Hugo (Bd)	CZ	72

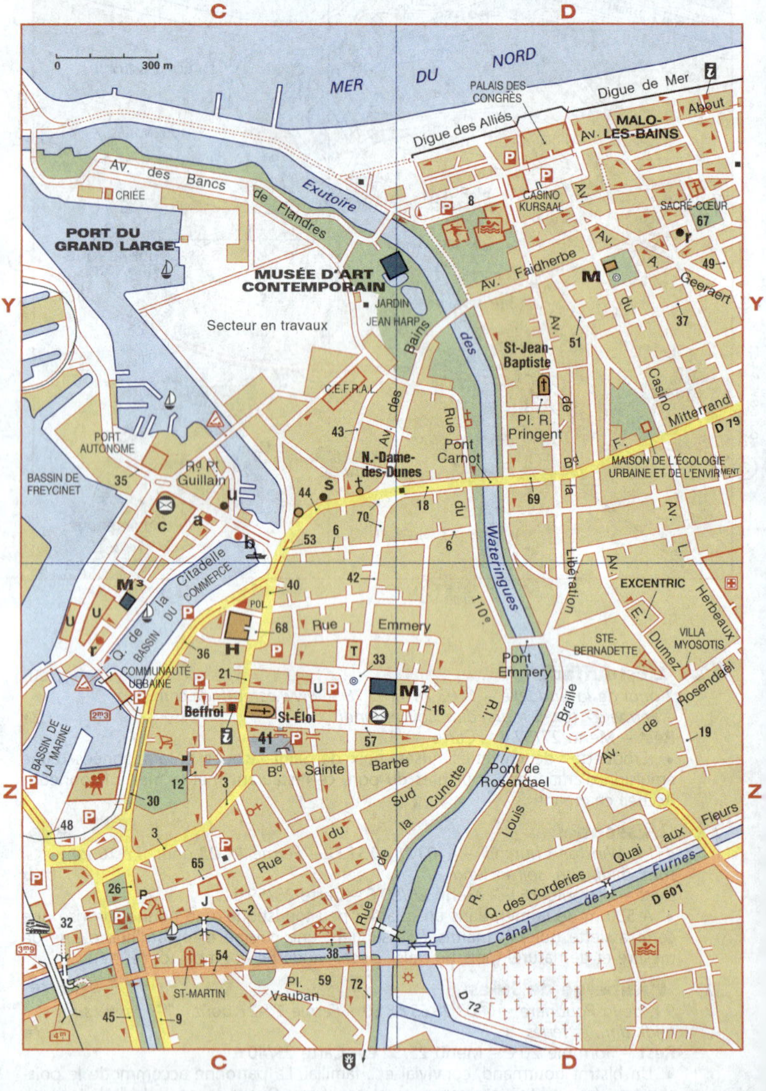

à Malo-les-Bains – ✉ 59240

L'Hirondelle rest, ch,

46 av. Faidherbe – *03 28 63 17 65* – *www.hotelhirondelle.com* DYr

50 ch – 60/80 € 74/100 € – 9 € – ½ P 63/75 €

Rest *(fermé 11 août-3 sept., 28 fév.-11 mars, dim. soir et lundi midi)* – Formule 15 € – Menu 22/42 € – Carte 23/50 €

◆ Au cœur de la petite station balnéaire, un sympathique hôtel familial. Les chambres, rénovées en 2011 dans un style contemporain et sobre, sont plaisantes. À table, honneur aux produits de la mer.

à Téteghem 6 km au Sud-Est par D 601 BX – 7 213 h. – alt. 1 m – ✉ 59229

La Meunerie avec ch

au Galghouck, 2 km au Sud-Est par D 4 – *03 28 26 14 30* – *www.lameunerie.fr*

9 ch – 90/138 € 90/138 € – 11 € – ½ P 110 €

Rest *(dîner seult sauf dim.)* – Menu 28/53 € bc

◆ Une bâtisse régionale à la sortie du village, dont les salons donnent sur un beau jardin. On vient d'abord pour la carte traditionnelle mais, lors d'une étape, on apprécie aussi le calme qui règne dans les chambres, toutes de belle taille.

à Coudekerque-Branche – 22 830 h. – alt. 1 m – ✉ 59210

Place de la République, 03 28 64 60 00

Le Soubise

49 rte de Bergues – *03 28 64 66 00* – *www.restaurant-soubise.com*
– Fermé 21-30 avril, 27 juil.-20 août, 21 déc.-7 janv., sam. et dim. BXg

Rest – Menu 29/50 € bc – Carte environ 50 €

◆ Dans ce relais de poste du 18es., le chef a fêté ses cinquante ans de métier en 2010 ! Et il continue vaillamment de concocter des plats traditionnels, généreux et goûteux.

à Cappelle-la-Grande 5 km au Sud sur D 916 – 8 138 h. – ✉ 59180

Mairie, 03 28 64 94 41, www.cappellelagrande.fr

Fleur de Sel

48 rte de Bergues – *03 28 64 21 80* – *www.fleurdesel-restaurant.com*
– Fermé dim. soir et merc. BXa

Rest – Formule 17 € – Menu 25/42 € – Carte 29/42 €

◆ Le long du canal, une auberge du 21es. mêlant agréablement pierres apparentes et esprit contemporain. En cuisine, le chef élabore des plats de tradition respectueux des saisons.

DUN-LE-PALESTEL – 23 Creuse – 325 G3 – 1 160 h. – alt. 370 m 25 C1
– ✉ 23800

Paris 349 – Limoges 83 – Guéret 29 – La Souterraine 18

81, Grande Rue , 05 55 89 24 61

Joly ch,

3 r. Bazenerye – *05 55 89 00 23* – *www.hoteljoly-limousin.com*
– Fermé 3-8 mars, 29 sept.-6 oct., dim. soir et lundi midi sauf fériés

26 ch – 46 € 50 € – 9 € – ½ P 42 €

Rest – Formule 9 € – Menu 11 € (déj. en sem.), 20/40 € – Carte 29/58 €

◆ Au cœur du village, un hôtel-restaurant agréable, avec des chambres spacieuses au décor quelque peu baroque et rococo, ou plus simples et fonctionnelles à l'annexe.

DURAS – 47 Lot-et-Garonne – 336 D1 – 1 202 h. – alt. 122 m – ✉ 47120 4 C2

Aquitaine

Paris 577 – Agen 90 – Marmande 23 – Périgueux 88

14, boulevard Jean Brisseau, 05 53 83 63 06, www.paysdeduras.com

Hostellerie des Ducs
bd. J.-Brisseau – 05 53 83 74 58 – www.hostellerieducs-duras.com
18 ch – 47/95 € 72/150 € – 11 € – ½ P 68/110 €
Rest ***Hostellerie des Ducs*** – voir les restaurants ci-après
◆ Un presbytère voisin du château et deux dépendances, dont une bâtisse du 13ᵉs. Avec poutres et vieilles pierres, certaines chambres tirent joliment parti du caractère des lieux ; d'autres sont plus simples mais agréables.

Hostellerie des Ducs
bd. J.-Brisseau – 05 53 83 74 58 – www.hostellerieducs-duras.com – Fermé dim. soir d'oct. à juin, lundi sauf le soir de juil. à sept. et sam. midi
Rest – Menu 15/49 € – Carte 56/78 €
◆ Dans la cuisine des ducs, le père et le fils s'activent aux fourneaux et vous concoctent des plats du terroir généreux et appétissants, avec de beaux produits. Quant au grand-père, il prépare le pain maison... Classique et authentique.

DURY – **80 Somme** – **301** G8 – **rattaché à Amiens**

EAUX-PUISEAUX – **10 Aube** – **313** D5 – **234 h.** – **alt. 220 m** – **10130** **13** B3
Paris 161 – Auxerre 53 – Sens 63 – Troyes 32

L'Étape gourmande
6 Gde-Rue – 03 25 80 36 96 – www.letape-gourmande.fr – Fermé mardi midi, dim. soir et lundi
14 ch – 59 € 59/65 € – 9 € – ½ P 62 €
Rest – Formule 18 € – Menu 26/38 € – Carte 32/51 €
◆ Ouvert sur la nature, cet hôtel récent propose des chambres fonctionnelles et parfaitement tenues. L'accueil est prévenant et l'endroit plutôt calme : une étape reposante.

EAUZE – **32 Gers** – **336** C6 – **3 935 h.** – **alt. 164 m** – **32800** **28** A2
Midi-Toulousain
Paris 719 – Auch 58 – Mont-de-Marsan 64 – Toulouse 131
2, rue Felix Soules, 05 62 09 85 62, www.mairie-eauze.fr
Trésor ★★.

La Vie en Rose
22 r. Saint-July – 05 62 09 83 29 – Fermé vacances de printemps, de la Toussaint, mardi soir et merc.
Rest – Menu 14 € (déj. en sem.), 27/43 € – Carte 35/55 €
◆ L'intérieur de ce restaurant a du charme et invite à apprécier, en toute sérénité, une cuisine mettant à l'honneur le terroir. Vins de Gascogne et accueil convivial.

EBERSMUNSTER – **67 Bas-Rhin** – **315** J7 – **454 h.** – **alt. 165 m** **2** C1
– **67600**
Paris 508 – Obernai 23 – St-Dié-des-Vosges 55 – Strasbourg 40

Des Deux Clefs
23 r. du Gén.-Leclerc – 03 88 85 71 55 – www.auxdeuxclefs.ifrance.com – Fermé 23 juil.-4 août, 24 déc.-9 janv., vacances de fév., lundi et merc. sauf fériés
Rest – Formule 14 € – Menu 32/35 € – Carte 35/54 €
◆ Ici, les poissons d'eau douce sont à l'honneur : friture, anguille, etc. On les déguste dans un restaurant au sobre décor alsacien, agrémenté d'une salle winstub.

ECCICA-SUARELLA – **2A Corse-du-Sud** – **345** C8 – **voir à Corse**

LES ÉCHELLES – **73 Savoie** – **333** H5 – **1 230 h.** – **alt. 386 m** **45** C2
– **73360 Les Echelles** Alpes du Nord
Paris 552 – Chambéry 24 – Grenoble 40 – Lyon 92
rue Stendhal, 04 79 36 56 24

à Chailles 5 km au Nord – ✉ 73360

Auberge du Morge avec ch
D 1006, Gorges de Chailles – ✆ 04 79 36 62 76 – www.aubergedumorge.com – Fermé 30 nov.-31 janv., jeudi midi et merc.
8 ch – †48 € ††52 € – ☕ 9 € – ½ P 64/69 €
Rest – Menu 30/45 € – Carte 29/45 €
◆ Auberge à l'entrée des gorges de Chailles, près d'un torrent apprécié des pêcheurs. On y déguste des recettes traditionnelles dans un décor champêtre. Chambres au charme d'antan, très bien tenues.

à St-Christophe-la-Grotte 5 km au Nord-Est par D 1006 et rte secondaire – 497 h. – alt. 425 m – ✉ 73360

La Ferme Bonne de la Grotte
– ✆ 06 67 02 98 68 – www.gites-savoie.com
4 ch ☕ – †79 € ††79 € **Table d'hôte** – Menu 20 € bc
◆ Cette ancienne ferme du 18e s. adossée à une falaise est le point de départ d'une randonnée vers la superbe grotte de St-Christophe. Chambres coquettes et chaleureuses. Plats régionaux servis dans un charmant cadre rehaussé de meubles authentiquement savoyard.

ECHENEVEX – 01 Ain – 328 J3 – rattaché à Gex

LES ÉCHETS – 01 Ain – 328 C5 – alt. 276 m – ✉ 01700 Miribel 43 E1

Paris 454 – L'Arbresle 28 – Bourg-en-Bresse 47 – Lyon 20

Christophe Marguin avec ch
916 rte de Strasbourg – ✆ 04 78 91 80 04 – www.christophe-marguin.com – Fermé 5-27 août, 23 déc.-7 janv., sam. midi, dim. soir et lundi
6 ch – †65 € ††70 € – ☕ 12 €
Rest – Formule 25 € – Menu 29 € (sem.), 46/85 € – Carte 60/90 €
◆ Une table élégante de la région lyonnaise, avec des boiseries, une bibliothèque et une cave riche en bordeaux et bourgognes. Cuisine classique et spécialités régionales (grenouilles, volaille à la crème, cervelle de canut). Quelques chambres permettent de prolonger l'étape.

ÉCHIROLLES – 38 Isère – 333 H7 – rattaché à Grenoble

ÉCULLY – 69 Rhône – 327 H5 – rattaché à Lyon

ÉGLETONS – 19 Corrèze – 329 N3 – 4 396 h. – alt. 650 m – ✉ 19300 25 C3

Paris 499 – Aubusson 75 – Aurillac 97 – Limoges 112
rue Joseph Vialaneix, ✆ 05 55 93 04 34, www.mairie-egletons.fr

Ibis
rte Ussel par D 1089 : 1,5 km – ✆ 05 55 93 25 16 – www.ibishotel.com
41 ch – †69/72 € ††69/72 € – ☕ 9 € **Rest** – Menu 19 €
◆ En pleine campagne haut-corrézienne, cet Ibis se démarque par ses grandes chambres (lits avec couettes) et son mobilier moderne. Le plan d'eau ajoute un supplément d'âme au lieu. La salle à manger intègre un salon avec cheminée ; carte traditionnelle.

EGUISHEIM – 68 Haut-Rhin – 315 H8 – 1 597 h. – alt. 210 m – ✉ 68420 2 C2

Alsace Lorraine
Paris 452 – Belfort 68 – Colmar 7 – Gérardmer 52
22a, Grand'Rue, ✆ 03 89 23 40 33, www.ot-eguisheim.fr
Circuit des remparts★ - Route des Cinq Châteaux★ SO : 3 km.

Hostellerie du Château sans rest
2 r. du Château – ✆ 03 89 23 72 00 – www.hostellerieduchateau.com
11 ch – †65/130 € ††70/135 € – ☕ 11 €
◆ Sur une petite place pittoresque, cette vieille demeure à colombages cache un hôtel qui sort du lot : ses chambres, d'inspiration ethnique, sont lumineuses et très accueillantes. En un mot : une âme chaleureuse.

St-Hubert sans rest

6 r. Trois Pierres – ✆ 03 89 41 40 50 – www.hotel-st-hubert.com – Fermé 22 juin-2 juil., 11-22 nov. et 8 janv.-1er mars

13 ch – †85/115 € ††85/115 € – 2 suites – ☕ 11 €

◆ Les vignes, la quiétude... pour un hôtel aux airs de gros pavillon, où l'on cultive avec bonheur l'esprit maison d'hôtes. Dormez tranquille sous l'œil bienveillant de saint Hubert (patron des chasseurs, dont la statue trône dans l'entrée) : les chambres sont agréables, certaines avec une petite terrasse.

Hostellerie du Pape

10 Grand'Rue – ✆ 03 89 41 41 21 – www.hostellerie-pape.com

44 ch – †76/109 € ††76/129 € – ☕ 10 € – ½ P 74/106 €

Rest – Menu 11 € (déj. en sem.), 20/39 € – Carte 26/50 €

◆ Non loin du château du pape Léon IX, un hôtel-restaurant de tradition, avec des chambres spacieuses, pratiques et bien tenues... Préférez les plus récentes, rénovées avec goût dans un joli style montagne (bois clair, tissus alsaciens, etc.).

Hostellerie des Comtes

2 r. des Trois Châteaux – ✆ 03 89 41 16 99 – www.hostellerie-des-comtes.com – Fermé janv.

17 ch – †55/69 € ††55/69 € – ☕ 9 € – ½ P 53/63 €

Rest – Menu 11 € (déj. en sem.), 15/40 € – Carte 20/35 €

◆ L'auberge de village typique : des chambres fonctionnelles et bien propres (dont quelques-unes avec une grande terrasse), un restaurant champêtre et familial, pour une bonne petite étape.

Auberge des Trois Châteaux

26 Grand'Rue – ✆ 03 89 23 11 22 – www.auberge-3-chateaux.com – Fermé 26 juin-4 juil., 13-21 nov.

12 ch – †52 € ††57/69 € – ☕ 8 € – ½ P 63/66 €

Rest *(fermé mardi soir et merc.)* – Menu 18/35 € – Carte 26/40 €

◆ Au cœur du village, trois maisons du 17es. au charme typiquement alsacien. Les chambres, rustiques, sont bien tenues et progressivement rafraîchies. Restaurant traditionnel, convivial pour un repas.

La Grangelière

59 r. Rempart-Sud – ✆ 03 89 23 00 30 – www.lagrangeliere.fr – Fermé jeudi hors saison, dim. soir et merc.

Rest – Formule 19 € – Menu 23 € (déj. en sem.), 27/49 € – Carte 30/57 €

◆ Des poules, il y en a partout dans cette attachante auberge : sur les murs, les rideaux, les tables... un peu comme dans la salle à manger d'une grand-tante collectionneuse. D'ailleurs, il règne ici une authentique atmosphère familiale, et l'on se régale d'une cuisine du terroir gourmande et inspirée !

Au Vieux Porche

16 r. des Trois Châteaux – ✆ 03 89 24 01 90 – www.auvieuxporche.fr – Fermé 12-18 nov., vacances de fév., mardi et merc.

Rest – Menu 21/45 € – Carte 25/60 €

◆ Cette demeure typique (1707) est installée sur le domaine viticole de la famille de la gérante. Son compagnon concocte de bons plats classiques et régionaux, mais il est également vigneron... Est-il vraiment besoin de préciser qu'ici, on se régale aussi de jolis crus ?

Le Pavillon Gourmand

101 r. Rempart-Sud – ✆ 03 89 24 36 88 – www.perso.orange.fr/pavillon.schubnel/ – Fermé 10 jours fin juin-début juil., mi-janv. à mi-fév., mardi et merc.

Rest – Menu 17/60 € bc – Carte 24/60 €

◆ Dans cette maison de village (1683), rustique comme il se doit, on savoure une cuisine traditionnelle et régionale soignée. Terrine de campagne aux pépites de foie gras, poulet au riesling, tarte flambée aux myrtilles... Gourmandises !

Il fait beau ? Savourez le plaisir de manger en terrasse :

EICHHOFFEN – 67 Bas-Rhin – **315** I6 – **523 h.** – **alt. 200 m** – ✉ **67140** **2** C1

Paris 497 – Strasbourg 38 – Colmar 43 – Offenburg 50

Les Feuilles d'Or sans rest

52 r. du Vignoble – ✆ 03 88 08 49 80 – www.lesfeuillesdor-alsace.com

5 ch – 75 € 80 €

◆ Bordée par les vignes du Moenchberg, cette maison d'aspect traditionnel est agréable et cosy, mêlant confort actuel et charme rustique (poutres apparentes). Chambres spacieuses.

EMBRUN – 05 Hautes-Alpes – **334** G5 – **6 267 h.** – **alt. 871 m** **41** C1
– ✉ **05200** Alpes du Sud

Paris 706 – Barcelonnette 55 – Briançon 48 – Digne-les-Bains 97

place Général-Dosse, ✆ 04 92 43 72 72, www.tourisme-embrun.com

Cathédrale N.-D. du Réal★ : trésor★, portail★ - Peintures murales★ dans la chapelle des Cordeliers - Rue de la Liberté et Rue Clovis-Huques★.

rte de Gap **3 km au Sud-Ouest par N 94 – ✉ 05200 Embrun**

Les Bartavelles

Clos des Pommiers, (RN 94) – ✆ 04 92 43 20 69 – www.bartavelles.com – Fermé 1er-16 janv.

42 ch – 78/98 € 78/108 € – 1 suite – 10 € – ½ P 67/92 €

Rest ***La Table de Paul*** – voir les restaurants ci-après

◆ Mélèze sculpté et pierres sèches locales : décor typé dans cette maison et ses trois bungalows... Chambre ou duplex, on a le choix ; quant au spa, il se révèle des plus agréables !

La Table de Paul – Hôtel Les Bartavelles

Clos des Pommiers, (RN 94) – ✆ 04 92 43 20 69 – www.bartavelles.com – Fermé 1er-16 janv., dim. soir et lundi midi d'oct. à mai

Rest – Formule 21 € – Menu 25/49 € – Carte 38/60 €

◆ Salade périgourdine, ravioles de brousse des Hautes-Alpes... Une cuisine de tradition bien copieuse dans ce sympathique hôtel-restaurant, au décor très nature.

ENGHIEN-LES-BAINS – 95 Val-d'Oise – **305** E7 – **101** 5 – voir à Paris, Environs

ENNORDRES – 18 Cher – **323** K2 – **220 h.** – **alt. 166 m** – ✉ **18380** **12** C2

Paris 191 – Orléans 102 – Bourges 44 – Vierzon 38

Les Chatelains

7 km à l'Est par D 171 – ✆ 02 48 58 40 37 – www.leschatelains.com

5 ch – 79/109 € 85/115 € **Table d'hôte** – Menu 30 € bc

◆ Au carrefour du Berry et de la Sologne, une ferme restaurée dans laquelle le charme d'antan (mobilier d'antiquaire et esprit brocante) rivalise avec la gentillesse des hôtes. Cerise sur le gâteau : la table d'hôte, joliment champêtre, et la cuisine de tradition.

ENSISHEIM – 68 Haut-Rhin – **315** I9 – **7 123 h.** – **alt. 217 m** – ✉ **68190** **1** A3

Paris 487 – Strasbourg 100 – Colmar 27 – Freiburg im Breisgau 68

Le Domaine du Moulin

44 r. 1ère Armée – ✆ 03 89 83 42 39 – www.hotel-domainedumoulin-alsace.com

65 ch – 93/130 € 104/145 € – 14 € – ½ P 88/115 €

Rest ***La Villa du Meunier*** ✆ 03 89 81 15 10 *(fermé sam. midi)* – Formule 14 € – Menu 20/58 € – Carte 28/59 €

◆ Le jardin, l'étang, la piscine et... cette grande maison récente et confortable, d'esprit alsacien. Dans les chambres, les meubles en bois, conçus sur mesure, évoquent l'univers des moulins. Quant au restaurant, il s'agit d'une authentique maison du meunier.

ENTRAYGUES-SUR-TRUYÈRE – 12 Aveyron – **338** H3 – 1 171 h. **29** C1
– alt. 236 m – ✉ 12140 Midi-Toulousain

Paris 600 – Aurillac 45 – Figeac 58 – Rodez 43

place de la République, ✆ 05 65 44 56 10, www.tourisme-entraygues.com

Vieux Quartier : Rue Basse★ - Pont gothique★.

Vallée du Lot★★.

La Rivière

60 av. du Pont-de-Truyère – ✆ 05 65 66 16 83 – www.hotellariviere.com – Fermé 2 sem. en déc., 2 sem. en fév.

31 ch – †69/79 € ††94/114 € – ☕ 12 €

Rest *La Rivière* – voir les restaurants ci-après

◆ Cet hôtel des bords de la Truyère cultive son style local (toit en lauzes, grande façade blanche) et... le goût de l'époque : les chambres, lumineuses et épurées, se révèlent fort agréables à vivre. Une belle étape dans la région.

Les Deux Vallées

7 av. du Pont-de-Truyère – ✆ 05 65 44 52 15 – www.hotel-les2vallees.com – Fermé fév., nov., vacances de Noël, dim. soir, vend. soir et sam. d'oct. à avril

20 ch – †49 € ††49 € – ☕ 8 € – ½ P 55 €

Rest – Formule 12 € – Menu 17/37 € – Carte 21/36 €

◆ Au cœur d'Entraygues, une maison régionale en pierre, avec des chambres fraîches, pratiques et très bien insonorisées ; au restaurant, cuisine traditionnelle et atmosphère campagnarde.

La Rivière – Hôtel La Rivière

60 av. du Pont-de-Truyère – ✆ 05 65 66 16 83 – www.hotellariviere.com – Fermé 2 sem. en déc. et 2 sem. en fév.

Rest – Menu 31/80 € – Carte 45/59 €

◆ Ouvert sur la verdure, un restaurant contemporain élégant et plaisant. On y apprécie une cuisine d'aujourd'hui raffinée, mêlant produits nobles et du terroir aveyronnais.

au Fel 10 km à l'Ouest par D 107 et D 573 – 171 h. – alt. 530 m – ✉ 12140

Auberge du Fel

Le Fel – ✆ 05 65 44 52 30 – www.auberge-du-fel.com – Ouvert 7 avril-3 nov.

10 ch – †58/69 € ††58/69 € – ☕ 9 € – ½ P 52/62 €

Rest *Auberge du Fel* – voir les restaurants ci-après

◆ Dans un hameau surplombant le Lot, une maison coiffée de lauzes avec une agréable terrasse sous une treille. Les chambres sont joliment arrangées et la tenue irréprochable.

Auberge du Fel

Le Fel – ✆ 05 65 44 52 30 – www.auberge-du-fel.com – Fermé 4 nov.-6 avril, le midi hors saison sauf sam. et dim.

Rest – Formule 17 € – Menu 26 €, 32/42 €

◆ Dans cette agréable auberge, pounti, truffade et cabécou arrosés du vin du Fel vous attendent. Tout est fait maison et cela fleure bon le terroir ! Une halte sympathique dans ce joli petit village de vignerons.

ENTZHEIM – 67 Bas-Rhin – **315** J5 – rattaché à Strasbourg

ÉPENOUX – 70 Haute-Saône – **314** E7 – rattaché à Vesoul

ÉPERNAY – 51 Marne – **306** F8 – 24 609 h. – alt. 75 m – ✉ 51200 **13** B2
Champagne Ardenne

Paris 143 – Châlons-en-Champagne 35 – Château-Thierry 57 – Reims 28

7, avenue de Champagne, ✆ 03 26 53 33 00, www.ot-epernay.fr

Caves de Champagne★★ - Collection archéologique★ au musée municipal.

La Villa Eugène sans rest

82 av. de Champagne, 1 km par ② – ✆ 03 26 32 44 76 – www.villa-eugene.com

15 ch – †129/344 € ††129/344 € – ☕ 17 €

◆ Cette belle demeure bourgeoise appartenait à un certain Eugène... Mercier, de la célèbre maison champenoise ! À méditer au bar à champagne, puis dans les chambres de style colonial ou Louis XVI. On prend son petit-déjeuner sous une jolie verrière, face à la piscine et au jardin.

Jean Moët sans rest — BYt

7 r. Jean-Moët – ✆ 03 26 32 19 22 – www.hoteljeanmoet.com

12 ch – 🚹155/225 € 🚹🚹155/225 € – ☕ 15 €

◆ C'est en plein centre d'Épernay, non loin du théâtre et du jardin de l'Hôtel-de-Ville, que ce bel hôtel particulier a ouvert en 2010. On "bullera" avec plaisir dans ses chambres raffinées et confortables. Tiens, un bar à champagne…

Le Clos Raymi sans rest — BZa

3 r. Joseph de Venoge – ✆ 03 26 51 00 58 – www.closraymi-hotel.com – Fermé 22 déc.-2 janv.

7 ch – 🚹110/150 € 🚹🚹150/170 € – ☕ 15 €

◆ Cette jolie maison de maître en briques rouges fut celle de la famille Chandon. L'ambiance est agréable au salon (moulures, œuvres d'art), et dans les chambres, claires et bien aménagées. Par beau temps, petit-déjeuner en terrasse !

Les Berceaux — AZa

13 r. des Berceaux – ✆ 03 26 55 28 84 – www.lesberceaux.com

28 ch – 🚹95 € 🚹🚹95 € – ☕ 11 € – ½ P 98 €

Rest ***Les Berceaux*** ✿ et **Rest** ***Bistrot le 7*** – voir les restaurants ci-après

◆ Au cœur de la pétillante cité, voilà un hôtel qui annonce la couleur dès le hall d'entrée : le sol vitré révèle de mousseuses bouteilles. Les chambres sont confortables, prélude à une belle étape gastronomique, qu'elle soit bistrot ou gastro.

Les Berceaux (Patrick Michelon) – Hôtel Les Berceaux
13 r. des Berceaux – ✆ 03 26 55 28 84 – www.lesberceaux.com – Fermé 13-28 août, 20 fév.-13 mars, lundi et mardi AZ**a**
Rest – Menu 33 € (déj. en sem.), 69/75 € – Carte 63/87 €
Spéc. Turbot sauvage braisé au vin de Champagne. Lièvre à la royale, champignons de saison, compotée de prunes et spaetzele (saison). Grande assiette tout chocolat. **Vins** Champagne.
◆ Le chef Patrick Michelon s'attache à faire ressortir le meilleur de la gastronomie champenoise, dans une veine authentiquement classique et avec maîtrise : qualité des produits, finesse des préparations... Le cadre est tout aussi élégant.

Le Théâtre
8 pl. P. Mendès-France – ✆ 03 26 58 88 19 – www.epernay-rest-letheatre.com – Fermé 15 juil.-1er août, 22-28 déc., 20 fév.-12 mars, dim. soir, mardi soir et merc. BY**f**
Rest – Formule 19 € – Menu 24 € (sem.), 30/50 € – Carte 36/66 €
◆ Près du théâtre, voici l'une des plus anciennes brasseries d'Épernay (début du 20e s.), tout en moulures et hauts plafonds – relevés par des tons gris et rouge plus contemporains. En cuisine, tradition rime avec saisons...

La Table Kobus
3 r. Dr Rousseau – ✆ 03 26 51 53 53 – www.latablekobus.com – Fermé 2 sem. en avril, 3 sem. en août, 23 déc.-8 janv., jeudi soir, dim. soir et lundi
Rest – Formule 20 € – Menu 29/49 € – Carte 50/70 € ABY**u**
◆ Dans cette sympathique brasserie 1900, on peut déguster du champagne en apportant ses propres bouteilles et ce, sans payer de droit de bouchon ! Les Sparnaciens s'y précipitent.

La Grillade Gourmande
16 r. de Reims – ✆ 03 26 55 44 22 – www.lagrilladegourmande.com – Fermé 2ème quinz. d'août, 1 sem. à Noël, 26 fév.-12 mars, dim. et lundi
Rest – Menu 19/55 € – Carte 30/58 € BY**d**
◆ Les spécialités du lieu ? Poêlée d'écrevisses au champagne, pigeonneau au foie gras, ris de veau à la bourgeoise... et des grillades préparées en salle, à la cheminée. En plus, le restaurant a changé de look en 2010 : gourmand et élégant !

Bistrot le 7 – Hôtel Les Berceaux
13 r. des Berceaux – ✆ 03 26 55 28 84 – www.lesberceaux.com AZ**a**
Rest – Formule 20 € – Menu 26/29 € – Carte 40/65 €
◆ Aux Berceaux, il y a aussi l'option Bistrot ! Foie gras maison, sole meunière, escargots persillés, picatta de veau... le 7 ou la simplicité dans le raffinement. Avec une belle sélection de champagnes.

à Dizy 3 km par ① – 1 676 h. – alt. 77 m – ✉ 51530

Les Grains d'Argent
1 allée du Petit Bois – ✆ 03 26 55 76 28 – www.lesgrainsdargent.com – Fermé 24-30 déc. et 2-8 janv.
21 ch – †99 € ††99 € – ☐ 15 € – ½ P 135 €
Rest *Les Grains d'Argent* – voir les restaurants ci-après
◆ Un petit peu en dehors d'Épernay, cette hôtellerie contemporaine se dresse au pied des vignes lourdes de grains d'or, ou d'argent. Les chambres sont plutôt plaisantes et c'est avec une certaine effervescence que l'on gagne le bar à champagne.

Les Grains d'Argent
1 allée du Petit Bois – ✆ 03 26 55 76 28 – www.lesgrainsdargent.com – Fermé 24-30 déc., 2-8 janv., sam. midi et dim.
Rest – Menu 26/89 € – Carte 69/98 €
◆ À look contemporain, cuisine de tradition ; tel est l'élégant paradoxe de ce restaurant. Avec de belles saveurs de saison – en été par exemple, une salade de homard aux truffes –, le champagne de vigneron indépendant fait merveille.

à Champillon 6 km par ① – 516 h. – alt. 210 m – ✉ 51160

Royal Champagne

D 201 – ☎ 03 26 52 87 11 – www.royalchampagne.com – Ouvert 2 mars-31 oct.
24 ch – †280/610 € ††280/610 € – 4 suites – ☕ 29 €
Rest *(fermé mardi midi, jeudi midi et lundi)* – Formule 39 € – Menu 70 € (dîner)/90 € – Carte 75/125 €
♦ Cet ancien relais de poste surplombe Épernay. Un luxe feutré émane des lieux, où dominent les belles matières. Pour s'abîmer en toute sérénité dans la contemplation du vignoble de Champagne et de la vallée de la Marne...

rte de Reims 8 km par ① – ✉ 51160 St-Imoges

La Maison du Vigneron

D 951 – ☎ 03 26 52 88 00 – www.lamaisonduvigneron.com – Fermé 2 sem. en août, 1 sem. en fév., dim. soir, lundi soir, mardi soir et merc.
Rest – Formule 20 € – Menu 33 € (sem.)/55 € – Carte 65/79 €
♦ Un jeune chef a repris cette auberge forestière en 2010 et elle est toujours autant appréciable. Poutres, lustres en fer forgé, cheminée : tout est en place pour un déjeuner ou un dîner dans le respect de la tradition.

à Ay 4 km au Nord-Est par D 201 – 4 134 h. – alt. 76 m – ✉ 51160

Castel Jeanson sans rest

24 r. Jeanson – ☎ 03 26 54 21 75 – www.casteljeanson.fr – Fermé 22 déc.-20 janv.
15 ch – †115/200 € ††115/200 € – 2 suites – ☕ 12 €
♦ Lire, se reposer, siroter un thé ou un verre de champagne du domaine, voilà ce qu'on aime faire dans cet hôtel particulier du 19es. Remarquable, la superbe verrière de style Art nouveau côté piscine.

Le Manoir des Charmes sans rest

83 bd Charles de Gaulle – ☎ 03 26 54 58 49 – www.lemanoirdescharmes.com – Fermé 24 déc.-15 janv.
5 ch ☕ – †120/145 € ††120/145 €
♦ Cette jolie maison bâtie en 1906 porte bien son nom. "Paradis", "Romance", "Songes", "Secrète"... chaque chambre a été décorée avec soin par la propriétaire. Le petit-déjeuner se prend sous une magnifique verrière. Que d'attentions !

Le Vieux Puits - Clos St-Georges

7 r. Jules-Lobet – ☎ 03 26 56 96 53 – www.levieuxpuits.com – Fermé 2 sem. en août, 26 déc.-9 janv., merc. et jeudi
Rest – Formule 26 € – Menu 40/68 € – Carte 62/89 €
♦ Blottie au cœur d'un jardin ombragé et fleuri, cette jolie maison de maître cultive une douce atmosphère bourgeoise. Cuisine traditionnelle et beau choix de champagnes.

à Mutigny 8 km au Nord-Est par D 201 et rte secondaire – 227 h. – alt. 221 m – ✉ 51160

Manoir de Montflambert sans rest

– ☎ 03 26 52 33 21 – www.manoirdemontflambert.fr
5 ch ☕ – †102/112 € ††117/132 €
♦ Il a belle allure, ce manoir du 17es. dans son grand parc. Les chambres sont romantiques à souhait – meubles patinés, tentures fleuries, baldaquins – et donnent sur la cour, la forêt ou... les vignes, car on est ici dans un domaine viticole !

à Vinay 6 km par ③ – 512 h. – alt. 102 m – ✉ 51530

Hostellerie La Briqueterie

4 rte de Sézanne – ☎ 03 26 59 99 99 – www.labriqueterie.fr – Fermé 10-25 déc. et 2-13 janv.
40 ch – †190/470 € ††190/470 € – ☕ 22 €
Rest ***Hostellerie La Briqueterie*** ✿ – voir les restaurants ci-après
♦ Un havre de paix raffiné et cosy au cœur du vignoble ! Au salon, l'ambiance est feutrée, presque "british", parfait pour déguster une coupe de champagne en toute tranquillité. Dans les chambres, teintes douces et belles matières...

XXX **Hostellerie La Briqueterie**

4 rte de Sézanne – 03 26 59 99 99 – www.labriqueterie.fr – Fermé 10-25 déc., 2-13 janv. et sam. midi

Rest – Menu 49 € (déj. en sem.), 60/110 € – Carte 90/106 €

Spéc. Tartare de langoustines aux senteurs d'agrumes, toast Melba et caviar. Dos de bar vapeur sous croûte d'algues, purée de fenouil, jus de champagne aux coquillages. Macaron parfumé aux poivres, ganache tendre aux senteurs de yuzu. **Vins** Champagne

◆ Un décor très cossu et classique, une cuisine gastronomique soignée, qui met l'accent sur des produits nobles ; tout cela donne envie de s'arrêter parmi les vignes, sur la route de Sézanne. Sans oublier les quelque 850 références de vins présentes à la carte...

ÉPINAL – 88 Vosges – 314 G3 – 33 043 h. – alt. 324 m – 88000 27 C3

Alsace Lorraine

Paris 385 – Belfort 96 – Colmar 88 – Mulhouse 106

6, place Saint-Goëry, 03 29 82 53 32, www.tourisme-epinal.com

des Images d'Épinal, par rte de St-Dié-des-Vosges : 3 km, 03 29 31 37 52

Vieille ville★ : Basilique★ - Parc du château★ - Musée départemental d'art ancien et contemporain★ - Imagerie d'Épinal.

Le Manoir

5 av. Provence – 03 29 29 55 55 – www.manoir-hotel.com BZ**n**

10 ch – 89/95 € 89/95 € – 2 suites – 15 €

Rest *Les Ducs de Lorraine* – voir les restaurants ci-après

◆ Une belle demeure bourgeoise pleine du cachet du 19ᵉs. Tableaux, tapis, boiseries, mobilier ancien... et équipements high-tech (haut débit, console de jeux...). Espace bien-être.

Mercure

13 pl. E. Stein – 03 29 29 12 91 – www.mercure.com AZ**e**

60 ch – 80/165 € 80/165 € – 16 €

Rest *(fermé vend. soir, sam. et dim.)* – Formule 18 € – Menu 25 € – Carte 28/39 €

◆ Près du musée d'Art ancien et contemporain, un immeuble du 19ᵉs. cachant un hôtel contemporain, récemment rénové. À l'arrière, les chambres ouvrent sur le canal. Carte traditionnelle au restaurant Le Mouton Blanc ; terrasse au calme.

XXX **Les Ducs de Lorraine** (Claudy Obriot et Stéphane Ringer) – Hôtel Le Manoir

5 av. Provence – 03 29 29 56 00 – www.ducsdelorraine.fr – Fermé 30 juil.-20 août, 1er-8 janv. et dim.

Rest – Menu 40 € (déj. en sem.), 64/95 € – Carte 90/130 € BZ**n**

Spéc. Déclinaison de foie gras en cinq façons. Tournedos de pigeon fourré au foie blond. Soufflé à la mirabelle. **Vins** Moselle rouge et blanc.

◆ Villa cossue de la fin du 19ᵉs., élégante salle à manger avec moulures et original mobilier tendance, goûteuse cuisine actuelle et vins choisis : une bien belle image d'Épinal !

X **Le Petit Robinson**

24 r. Raymond Poincaré – 03 29 34 23 51 – www.lepetitrobinson.fr – Fermé vacances scolaires sauf juil., sam. et dim. BZ**a**

Rest – Formule 13 € – Menu 20/40 € – Carte 30/45 €

◆ Un couple sympathique tient ce restaurant à la façade avenante, séparé de la Moselle par une placette. Un cadre chaleureux pour un registre culinaire traditionnel.

au Nord 3 km par ① **D 46** - **88000 Épinal**

La Fayette

3 r. Bazaine (Le-Saut-le-Cerf) – 03 29 81 15 15 – www.bestwestern-lafayette-epinal.com

58 ch – 98/125 € 98/125 € – 1 suite – 13 € – ½ P 76/84 €

Rest – Menu 19/44 € – Carte 40/58 €

◆ Aux portes d'Épinal, ce bâtiment de construction récente abrite de vastes chambres fonctionnelles – certaines d'esprit plus contemporain assez plaisantes. Espace bien-être : bassin à contre-courant, sauna, jacuzzi. Carte classique au restaurant.

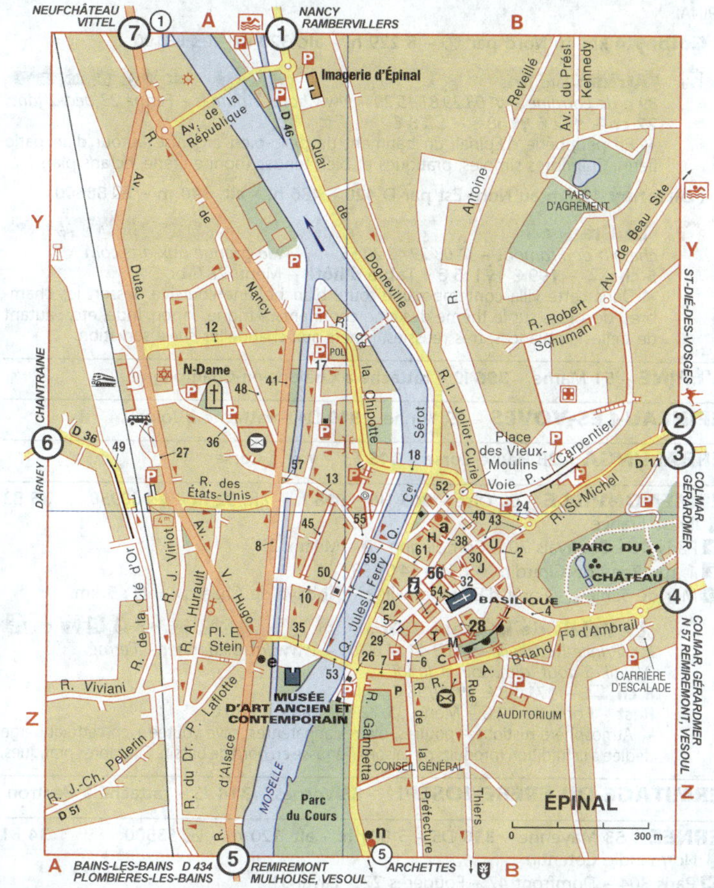

Abbé-Friesenhauser (R.) . . . . . . BZ 2
Ambrail (R. d') . . . . BZ 4
Bassot (Pl. Cl.) . . . . BZ 5
Blaudez (R. F.) . . . . BZ 6
Boegner (R. du Pasteur) . . . . . . BZ 7
Bons-Enfants (Quai des) . . . . . AZ 8
Boudiou (Pt et R. du) . . . . AZ 10
Boulay-de-la-Meurthe (R.) . . . . . AY 12
Bourg (R. L.) . . . . AY 13
Clemenceau (Pl.) . . . . AY 17
Clemenceau (Pont) . . . . BY 18
Comédie (R. de la) . . . . BZ 20
Entre-les-Deux-Portes (R.) . . . BYZ 24
États-Unis (R. des) . . . . AY
Foch (Pl.) . . . . BZ 26
Gaulle (Av. du Gén.-de) . . . . AY 27
Gelée (R. Cl.) . . . . BZ 28
Georgin (R.) . . . . BZ 29
Halles (R. des) . . . . BZ 30
Henri (Pl. E.) . . . . BZ 32
Lattre (Av. Mar.-de) . . . . AY 36
Leclerc (R. Gén.) . . . . BZ 38
Lormont (R.) . . . . BZ 40
Lyautey (R. Mar.) . . . . AY 41
Maix (R. de la) . . . . BZ 43
Minimes (R. des) . . . . AZ 45
Neufchâteau (R. F. de) . . . . AY 48
N.-D.-de-Lorette (R.) . . . . AY 49
Pinau (Pl.) . . . . AZ 50
Poincaré (R. Raymond) . . . . BY 52
Sadi-Carnot (Pont) . . . . AZ 53
St-Goery (R.) . . . . BZ 54
Schwabisch Hall (Pl. de) . . . . . . BZ 55
La Tour (R. G. de la) . . . . AZ 35
Vosges (Pl. des) . . . . BZ 56
4-Nations (Pl. des) . . . . AY 57
170e Régt-d'Inf. (Pont du) . . . . BZ 59
170e-Régt-d'Inf. (R. du) . . . . . . BZ 61

à Chaumousey 10 km par ⑥ et D 460 – 863 h. – alt. 360 m – ✉ 88390

XX **Le Calmosien**

37 r. d'Epinal – ☎ 03 29 66 80 77 – www.calmosien.com – Fermé 7-23 juil., dim. soir et lundi

Rest – Menu 23/63 € – Carte 40/60 €

◆ Pimpante maison bourgeoise du début du 20e s., proche de l'église du village. Cadre classique (tons pastel, tableaux et tables bien dressées) pour une cuisine au goût du jour.

à Golbey 4 km au Nord par ⑦ – 8 229 h. – alt. 320 m – ✉ 88190

Atrium sans rest
89 r. de Lorraine – ✆ 03 29 81 15 20 – www.hotel-atrium.fr – Fermé 23 déc.-2 janv.
22 ch – †62 € ††68 € – ☐ 8 €
◆ En périphérie d'Épinal, un bâtiment de plain-pied organisé autour d'un patio fleuri. Chambres simples, pratiques et bien tenues (bonne literie, écrans plats).

à Fontenay 13 km au Nord-Est par D 420 – 486 h. – alt. 390 m – ✉ 88600

La Grange
chemin de Framont – ✆ 03 29 43 20 55 – www.la-grange-aux-arts.com
5 ch ☐ – †99 € ††115 € **Table d'hôte** – Menu 28 € bc
◆ Dans cette villa contemporaine toute blanche, une coursive dessert les chambres, décorées sur le thème des cinq continents. Afrique, Japon, Inde, etc. : autant de belles ambiances, très réussies. Dîners aux chandelles sur réservation.

L'ÉPINE – 51 Marne – **306** I9 – rattaché à Châlons-en-Champagne

---

ÉPINEAU-LES-VOVES – 89 Yonne – **319** D4 – rattaché à Joigny

---

ERBALUNGA – 2B Haute-Corse – **345** F3 – voir à Corse

ERMENONVILLE – 60 Oise – **305** H6 – 918 h. – alt. 92 m – ✉ 60950 **36** B3
Île de France
Paris 51 – Beauvais 70 – Compiègne 42 – Meaux 25
1, rue René de Girardin, ✆ 03 44 54 01 58
Mer de Sable★ - Forêt d'Ermenonville★ - Abbaye de Chaalis★★ N : 3 km.

Le Relais de la Croix d'Or avec ch
2 r. Prince Radziwill – ✆ 03 44 54 00 04 – www.lacroixdor.net – Fermé 21 juil.-6 août, dim. soir et lundi
8 ch ☐ – †71/88 € ††79/98 €
Rest – Formule 20 € – Menu 35/72 € – Carte 60/80 €
◆ Atmosphère rustique – poutres, pierres apparentes, cave voûtée – en cette auberge dédiée à la tradition (produits de saison). Terrasse en bord de bassin. Chambres pratiques.

ERMITAGE-DU-FRÈRE-JOSEPH – 88 Vosges – **314** J5 – rattaché à Ventron

---

ERNÉE – 53 Mayenne – **310** D5 – 5 801 h. – alt. 120 m – ✉ 53500 **34** B1
Normandie Cotentin
Paris 304 – Domfront 47 – Fougères 22 – Laval 31
place de l'Hôtel de Ville, ✆ 02 43 08 71 10

Le Grand Cerf
19 r. Aristide Briand – ✆ 02 43 05 13 09 – www.legrandcerf.net – Fermé 6-13 août, 15-31 janv., dim. soir et lundi
Rest – Formule 16 € – Menu 18 € (sem.), 28/38 € – Carte 45/55 €
◆ Une auberge de village (salles sur deux niveaux, murs en pierres apparentes), où l'on vient apprécier une cuisine du terroir assez simple.

ERQUY – 22 Côtes-d'Armor – **309** H3 – 3 783 h. – alt. 12 m – ✉ 22430 **10** C1
Bretagne
Paris 451 – Dinan 46 – Dinard 39 – Lamballe 21
3, rue du 19 Mars 1962, ✆ 02 96 72 30 12, www.erquy-tourisme.com
Cap d'Erquy ★ NO : 3,5 km puis 30 mn.

Beauséjour sans rest
21 r. Corniche – ✆ 02 96 72 30 39 – www.beausejour-erquy.com – Ouvert 1er avril-15 nov.
14 ch – †57/90 € ††60/90 € – ☐ 10 €
◆ À 100 m de la plage, un hôtel-restaurant familial avec des chambres colorées, avenantes et bien tenues (dont la moitié donne sur le port de pêche) et une table traditionnelle bien iodée.

XX **L'Escurial**
bd de la Mer – ✆ 02 96 72 31 56 – Fermé janv., jeudi soir, dim. soir et lundi
Rest – Menu 21 € (sem.), 29/58 € – Carte 46/98 €
◆ Bouchées de hareng fumé et purée de pommes de terre, filet de lotte au lard et ses légumes de saison, menu homard en période estivale... Face au port, ce restaurant élégant est une ode aux produits de la mer.

à St-Aubin 3 km au Sud-Est par rte secondaire – ✉ 22430 Erquy

XX **Relais St-Aubin**
D 68 – ✆ 02 96 72 13 22 – www.relais-saint-aubin.fr – Fermé 15 nov.-15 déc., 15 janv.-15 fév., mardi sauf juil.-août et lundi
Rest – Formule 16 € – Menu 23/44 € – Carte 27/65 €
◆ Charmant et si bucolique, ce prieuré en pierre (17e s.) recouvert de vigne vierge ! Le jardin est ravissant et la déco vraiment originale : juke-box battant au rythme des fifties, mobilier rustique ou breton... Quant à l'assiette, elle est tout aussi plaisante et fait honneur aux belles saveurs de tradition.

ERSA – 2B Haute-Corse – 345 F2 – voir à Corse

ERSTEIN – 67 Bas-Rhin – 315 J6 – 10 301 h. – alt. 150 m – ✉ 67150 1 B2

Paris 514 – Colmar 49 – Molsheim 24 – St-Dié 69
16, rue du Général-de-Gaulle, ✆ 03 88 98 14 33

Crystal
41-43 av. de la Gare – ✆ 03 88 64 81 00 – www.hotelcrystal.fr – Fermé 27 juil.-5 août et 23 déc.-2 janv.
71 ch – †72/85 € ††85/125 € – 3 suites – ☕ 15 €
Rest *Le B* – voir les restaurants ci-après
◆ On peut sans hésiter faire une étape dans cet hôtel-restaurant récent, tout près de la voie rapide. Les chambres sont fonctionnelles (plus spacieuses au 3e étage) et l'on organise des sorties et des dégustations de vin.

XXX **Jean-Victor Kalt**
41 av. de la Gare – ✆ 03 88 98 09 54 – Fermé 15 juil.-10 août, 1er-8 janv., dim. soir, merc. soir, sam. midi et lundi
Rest – Menu 28/62 € – Carte 60/80 €
◆ Le chef aime son métier et le prouve : il élabore, au gré du marché, une belle cuisine classique et, lorsqu'il vient saluer ses hôtes, il prodigue de judicieux conseils.

XX **Le B** – Hôtel Crystal
41-43 av. de la Gare – ✆ 03 88 64 81 00 – www.hotelcrystal.fr – Fermé 27 juil.-5 août, 23 déc.-13 janv., vend. soir, sam. midi et dim.
Rest – Formule 11 € – Menu 25 € (sem.)/35 € – Carte 29/55 €
◆ Au sein de l'hôtel Crystal, un cadre plaisant, assez élégant et feutré, pour une cuisine traditionnelle qui mise sur la fraîcheur : saumon mariné à la citronnelle, lotte rôtie et pak choï, macaron framboise mangue hibiscus, etc.

ERVAUVILLE – 45 Loiret – 318 O3 – rattaché à Courtenay

ESCOIRE – 24 Dordogne – 329 G4 – 465 h. – alt. 100 m – ✉ 24420 4 C1

Paris 485 – Bordeaux 147 – Périgueux 13 – Sarlat-la-Canéda 72

Château d' Escoire sans rest
– ✆ 05 53 05 99 80 – www.escoire-lechateau.com – Ouvert Pâques à mi-nov.
5 ch ☕ – †70 € ††90 €
◆ Cette romantique demeure (18e s.) dominant le village bénéficie d'un grand parc, d'une piscine et d'un jardin à la française. Chambres spacieuses.

ESPALION – 12 Aveyron – 338 I3 – 4 477 h. – alt. 342 m – ✉ 12500 29 D1

Midi-Toulousain
Paris 592 – Aurillac 72 – Figeac 93 – Mende 101
23, place du Plô, ✆ 05 65 44 10 63, www.ot-espalion.fr
Église de Perse★ SE : 1 km.

De France sans rest
36 bd J.-Poulenc – ✆ 05 65 44 06 13 – www.hoteldefrance12.fr
23 ch – 49/55 € 60 € – 8 €
◆ Juste en face de la mairie, cet hôtel a été agrandi et totalement rénové en 2010 et 2011. Les chambres sont simples et fonctionnelles ; préférez celles des 2ᵉ et 3ᵉ étages, d'esprit plus contemporain. Un bon point de chute au cœur de cette jolie cité.

Le Méjane
r. Méjane – ✆ 05 65 48 22 37 – www.restaurant-mejane.fr
– Fermé 5 mars-3 avril, 19-27 juin, lundi soir en juil.-août, merc. sauf juil.-août, dim. soir et lundi midi
Rest – Formule 17 € – Menu 26/56 € – Carte 40/56 €
◆ Le Méjane, c'est d'abord un endroit agréable et feutré, d'une sobre élégance contemporaine. Et c'est surtout une cuisine qui ravit, soignée, fraîche et savoureuse : terrine de foie gras de canard maison, noix de veau de l'Aveyron jus à l'estragon...

ESPALY-ST-MARCEL – 43 Haute-Loire – 331 F3 – rattaché au Puy-en-Velay

ESPELETTE – 64 Pyrénées-Atlantiques – 342 D2 – 1 953 h. – alt. 77 m – ✉ 64250 3 A3

Paris 775 – Bordeaux 215 – Pau 134 – Donostia-San Sebastián 78
145, route Karrika Nagusia, ✆ 05 59 93 95 02, www.espelette.fr

Euzkadi rest, ch,
285 Karrika Nagusia – ✆ 05 59 93 91 88 – www.hotel-restaurant-euzkadi.com
– Fermé 1ᵉʳ nov.-24 déc., mardi hors saison et lundi
27 ch – 50/65 € 64/82 € – 9 € – ½ P 65/73 €
Rest – Menu 19 € (sem.), 29/36 € – Carte 26/40 €
◆ Dans la capitale du piment, une belle façade à la gloire du pays. La plupart des chambres arborent un style basque épuré : murs blancs et poutres. La piscine est agréable...

ESSOYES – 10 Aube – 313 H5 – 696 h. – alt. 170 m – ✉ 10360 13 B3

Paris 222 – Chaumont 65 – Dijon 120 – Troyes 49

Des Canotiers rest,
1 r. Pierre Renoir – ✆ 03 25 38 61 08 – www.hoteldescanotiers.com
– Fermé 17 déc.-4 janv., 15 fév.-6 mars, mardi midi et lundi d'oct. à mai
14 ch – 64 € 77 € – 10 € – ½ P 75 €
Rest – Formule 15 € – Menu 25/46 € – Carte 26/61 €
◆ Pratiques et propres, les chambres de cet hôtel donnent pour la plupart sur la vallée de l'Ource et sur le village où repose Auguste Renoir, le célèbre peintre des Canotiers et des Jeunes Filles au piano.

ESTAING – 12 Aveyron – 338 I3 – 607 h. – alt. 313 m – ✉ 12190 29 D1

Midi-Toulousain

Paris 602 – Aurillac 63 – Conques 33 – Espalion 10
24, rue François d'Estaing, ✆ 05 65 44 03 22

Le Manoir de la Fabrègues
rte d'Espalion, 3 km – ✆ 05 65 66 37 78 – www.manoirattitude.com
– Fermé 11 nov.-31 janv.
10 ch – 69/109 € 69/109 € – 1 suite – 9 €
Rest *(fermé dim. soir et lundi hors saison) (dîner seult)* – Menu 18/35 € bc – Carte 27/36 €
◆ Les propriétaires ont su insuffler l'esprit d'une maison d'hôtes à ce manoir du 15ᵉ s. (pierres du pays, poutres apparentes, cantou). Quant aux chambres, elles ont toute leur style : baroque, Empire, etc.

L' Auberge St-Fleuret

19 r. François d'Estaing, (face à la mairie) – ✆ 05 65 44 01 44 – www.auberge-st-fleuret.com – Ouvert d'avril à oct.

14 ch – †48/58 € ††48/58 € – ☕ 9 € – ½ P 50/55 €

Rest *(fermé lundi midi, mardi midi et merc. midi)* – Menu 19 € (sem.), 28/42 € – Carte 25/51 €

◆ Face à la mairie, ce relais de poste du 19e s. est désormais une sympathique auberge de tradition, avec des chambres colorées et pratiques. Terrasse surplombant la piscine.

ESTISSAC – **10 Aube** – **313** C4 – **1 796 h.** – **alt. 133 m** – ✉ **10190** **13** B3

Paris 158 – Châlons-en-Champagne 105 – Sens 44 – Troyes 23

Communauté de communes des Portes du Pays d'Othe, ✆ 03 25 40 42 42

Domaine du Voirloup

3 pl. Betty Dié – ✆ 03 25 43 14 27 – www.vrlp.com

3 ch ☕ – †65 € ††70/90 € **Table d'hôte** – Menu 30/35 € bc

◆ Dans le superbe parc de cette grande demeure bourgeoise de 1904 courent un ruisseau, une cascade et des canaux. Les chambres, joliment colorées, s'appellent Orient, Occident et Midi. À table, les menus changent selon le marché et, au petit-déjeuner, on savoure des gâteaux et confitures maison.

ESTIVAREILLES – **03 Allier** – **326** C4 – **1 046 h.** – **alt. 200 m** – ✉ **03190** **5** B1

Paris 317 – Bourbon-l'Archambault 45 – Montluçon 12 – Montmarault 36

Le Lion d'Or

D 2144 – ✆ 04 70 06 00 35 – www.hotel-leliondor.net – Fermé 18 mars-1er avril, 27 août-10 sept., dim. soir et lundi

Rest – Formule 15 € – Menu 19 € (sem.), 29/60 € – Carte 40/63 €

◆ Bâtisse centenaire bordant la route nationale. De belles poutres font le caractère de la salle à manger, tandis que la terrasse donne sur un parc arboré baigné par un étang.

ESTRABLIN – **38 Isère** – **333** C4 – **rattaché à Vienne**

ESTRÉES-ST-DENIS – **60 Oise** – **305** G4 – **3 614 h.** – **alt. 70 m** – ✉ **60190** **36** B2

Paris 81 – Beauvais 46 – Clermont 21 – Compiègne 17

du Château d'Humières, à Monchy Humières, Rue de Gournay, NE : 11 km m, ✆ 03 44 86 48 22

Moulin Brûlé

70 av. de Flandre – ✆ 03 44 41 97 10 – Fermé août, 1er-7 janv., dim. soir, lundi et mardi

Rest *(réserver)* – Formule 17 € – Menu 22/55 € – Carte 35/55 €

◆ Logé dans une ancienne épicerie, un restaurant mi-contemporain, mi-champêtre, agrémenté d'une terrasse fermée. Plats actuels et beau choix de bordeaux et de vins de Loire.

ÉTAMPES – **91 Essonne** – **312** B5 – **22 205 h.** – **alt. 80 m** – ✉ **91150** Île de France **18** B3

Paris 51 – Chartres 59 – Évry 35 – Fontainebleau 45

2, place de l'Hôtel de Ville, mairie, ✆ 01 69 92 69 00, www.mairie-etampes.fr

de Belesbat, à Boutigny-sur-Essonne, Domaine de Belesbat, E : 17 km par D 837 et D 153, ✆ 01 69 23 19 10

Collégiale Notre-Dame★.

Auberge de la Tour St-Martin

97 r. St-Martin – ✆ 01 69 78 26 19 – www.aubergedelatoursaintmartin.com – Fermé 1er-20 août, 2 sem. en fév., dim. soir et merc.

Rest – Carte 28/47 €

◆ Nouveau départ réussi pour ce restaurant au cadre rustique bien agréable (poutres, pierres apparentes et cheminée). La carte, traditionnelle, évolue au fil des saisons.

à Ormoy-la-Rivière 5 km au Sud par D 49 et rte secondaire – 947 h. – alt. 81 m – ✉ 91150

Le Vieux Chaudron

45 Grande Rue – ☎ 01 64 94 39 46 – www.levieuxchaudron.com – Fermé 31 juil.-21 août, 24 déc.-7 janv., jeudi soir, dim. soir et lundi

Rest – Formule 28 € – Menu 36/51 € – Carte 36/59 €

◆ Une petite auberge face à l'église, disposant d'un intérieur campagnard agrémenté d'une belle cheminée et d'une terrasse au calme. Appétissantes recettes dans l'air du temps.

ÉTANG-DE-HANAU – 57 Moselle – **307** Q4 – rattaché à Philippsbourg

LES ÉTANGS-DES-MOINES – 59 Nord – **302** M7 – rattaché à Fourmies

ÉTAPLES – 62 Pas-de-Calais – **301** C4 – 11 689 h. – alt. 10 m – ✉ 62630 Nord Pas-de-Calais Picardie **30** A2

Paris 228 – Calais 67 – Abbeville 55 – Arras 101

boulevard Bigot Descelers, ☎ 03 21 09 56 94, www.etaples-tourisme.com

Aux Pêcheurs d'Étaples

quai Canche – ☎ 03 21 94 06 90 – www.auxpecheursdetaples.fr

Rest – Formule 18 € – Menu 21/39 € – Carte 27/60 €

◆ Au rez-de-chaussée, une grande poissonnerie ; au 1er, un restaurant de poissons et fruits de mer... Fraîcheur garantie ! Vue sur l'aérodrome du Touquet... entre ciel et mer !

ÉTEL – 56 Morbihan – **308** L9 – 2 052 h. – alt. 20 m – ✉ 56410 Bretagne **9** B2

Paris 494 – Lorient 26 – Quiberon 24 – Vannes 37

place des Thoniers, ☎ 02 97 55 23 80, www.etel-tourisme.com

Le Trianon

rest,

14 r. du Gén.-Leclerc – ☎ 02 97 55 32 41 – www.letrianon56.com – Fermé janv.

22 ch – †50/75 € ††65/120 € – ☐ 10 € – ½ P 60/75 €

Rest *(fermé dim. soir et lundi midi hors saison)* – Formule 13 € – Menu 20 € (déj. en sem.), 25/35 € – Carte 20/45 €

◆ Près du port de pêche, des chambres provinciales et rétro, un peu hors du temps et parfaitement tenues (préférez celles de l'annexe) ! Jardinet au calme. Dans la salle rustique, on savoure une agréable cuisine traditionnelle.

ÉTOUY – 60 Oise – **305** F4 – rattaché à Clermont

ÉTRÉAUPONT – 02 Aisne – **306** F3 – 854 h. – alt. 127 m – ✉ 02580 **37** D1

Paris 184 – Avesnes-sur-Helpe 24 – Hirson 16 – Laon 44

Clos du Montvinage

8 r. Albert Ledant – ☎ 03 23 97 91 10 – www.clos-du-montvinage.fr – Fermé 6-19 août, 20 déc.-8 janv. et dim. soir

20 ch – †62/98 € ††74/109 € – ☐ 11 € – ½ P 60/74 €

Rest *Auberge du Val de l'Oise* – voir les restaurants ci-après

◆ Cette maison de maître du 19es. est vraiment avenante et ses chambres thématiques (montagne, bourgeoise, etc.) sont très bien tenues. Pour vos loisirs : belle salle de billard, tennis, vélos et croquet dans le parc.

Auberge du Val de l'Oise

8 r. Albert Ledant – ☎ 03 23 97 40 18 – www.clos-du-montvinage.fr – Fermé 6-19 août, 20 déc.-8 janv., dim. soir, lundi midi et merc. midi

Rest – Formule 21 € – Menu 23/46 € bc – Carte 21/46 €

◆ Dans cet agréable hôtel-restaurant, le chef suit les saisons et privilégie les petits producteurs locaux... L'assiette fait honneur à la tradition et au terroir.

ÉTRETAT – 76 Seine-Maritime – 304 B3 – 1 505 h. – alt. 8 m – Casino A 33 C1
– 76790 Normandie Vallée de la Seine

Paris 206 – Bolbec 30 – Fécamp 16 – Le Havre 29

place Maurice Guillard, 02 35 27 05 21, www.etretat.net

d'Étretat, Route du Havre, 02 35 27 04 89

Le Clos Lupin★ - Falaise d'Aval★★★ - Falaise d'Amont★★.

Dormy House
ch, rest,

rte du Havre – 02 35 27 07 88
– www.dormy-house.com As

60 ch – †68/200 € ††78/200 € – 3 suites – 17 € – ½ P 98/153 €

Rest *(fermé 2-24 janv.)* – Formule 27 € – Menu 39/73 € – Carte 47/59 €

◆ À flanc de falaise, cette House domine Étretat et la falaise d'Amont. Dans le jardin, la vue à travers les pins se révèle poétique avec, au loin, les bruits de la plage… Les chambres se répartissent entre le manoir de 1870 et plusieurs dépendances. À l'heure des repas, choisissez la salle panoramique !

Domaine St-Clair
rest,

chemin de St-Clair – 02 35 27 08 23
– www.hoteletretat.com Bu

21 ch – †90/550 € ††90/550 € – 14 € – ½ P 94/324 €

Rest *(fermé lundi midi, mardi midi, merc. midi et jeudi midi)* – Formule 25 € – Menu 35/85 € – Carte 61/84 €

◆ Sur les hauteurs, à l'issue d'un chemin tortueux, un lieu à part, où l'on renoue avec les plaisirs de la Belle Époque… Le domaine réunit un castel et une villa : autant d'espaces intimes et charmants, décorés dans un esprit baroque, canaille ou moderne ! Les échappées sur la côte invitent, elles, à la contemplation… Restaurant gastronomique.

Villa sans Souci sans rest

27 ter r. Guy de Maupassant – 02 35 28 60 14 – www.villa-sans-souci.fr

4 ch – †90 € ††110/160 € Bd

◆ Monsieur est amateur de voitures anciennes, madame de l'Afrique et tous deux partagent la passion du cinéma. Dans son grand parc arboré, cette villa début de siècle fourmille d'objets chinés et respire, tout simplement, l'amour de la vie ! Chaque chambre est dédiée à un film célèbre : à vous de jouer…

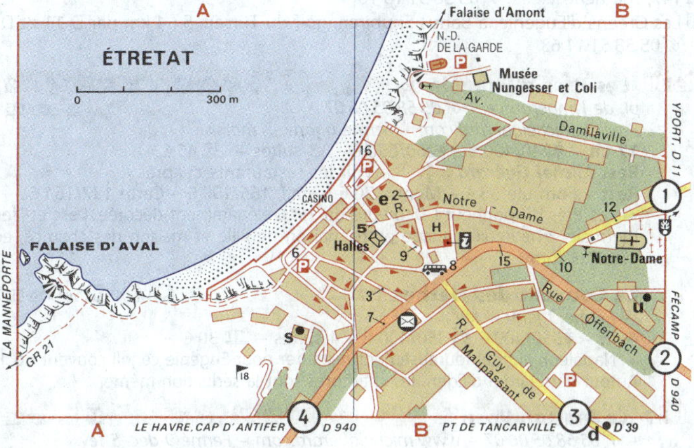

XX **Le Galion** VISA MC

bd R. Coty – ✆ 02 35 29 48 74 – www.etretat-legalion.fr – Fermé 15 déc.-20 janv., mardi et merc. sauf vacances scolaires Be

Rest – Menu 29/43 € – Carte 38/60 €

◆ Le trésor de ce galion-là ne se trouve pas à fond de cale, mais au plafond : une forêt de poutres sculptées du 14ᵉs., provenant d'une maison de Lisieux. La cuisine, traditionnelle, se distingue dans cette cité très touristique.

ÉTUPES – 25 Doubs – 321 L1 – rattaché à Sochaux

EU – 76 Seine-Maritime – 304 I1 – 7 419 h. – alt. 19 m – ✉ 76260 33 D1

Normandie Vallée de la Seine

Paris 176 – Abbeville 34 – Amiens 88 – Dieppe 33

place Guillaume le Conquérant, ✆ 02 35 86 04 68, www.ville-eu.fr

Collégiale Notre-Dame et St-Laurent★ - Chapelle du Collège★.

Manoir de Beaumont sans rest

rte de Beaumont, 3 km par D 49 puis direction Ferme de Beaumont – ✆ 02 35 50 91 91 – www.demarquet.eu – Fermé janv.

3 ch – †39/45 € ††49/60 €

◆ Dans cette demeure située à un saut de biche de la forêt d'Eu et à 5mn des plages, les propriétaires vous accueillent en amis. Les chambres délicieusement rétro, le salon Louis XVI et le joli parc ajoutent encore au charme du lieu.

Les maisons d'hôtes ne proposent pas les mêmes services qu'un hôtel. Elles se distinguent généralement par leur accueil et leur décor, qui reflètent souvent la personnalité de leurs propriétaires. Celles classées en rouge sont les plus agréables.

EUGÉNIE-LES-BAINS – 40 Landes – 335 I12 – 494 h. – alt. 65 m – Stat. therm. : mi-fév.-début déc. – ✉ 40320 Aquitaine 3 B3

Paris 731 – Aire-sur-l'Adour 12 – Dax 71 – Mont-de-Marsan 26

147, rue René Vielle, ✆ 05 58 51 13 16

Les Greens d'Eugénie, à Bahus-Soubiran, golf du Tursan, S : 4 km par D 11 et D 62, ✆ 05 58 51 11 63

Les Prés d'Eugénie VISA MC AE

pl. de l'Impératrice – ✆ 05 58 05 06 07 – www.michelguerard.com – Fermé 6 janv.-7 mars

17 ch – †240/400 € ††260/650 € – 13 suites – 45 €

Rest *Michel Guérard* ✿✿✿ – voir les restaurants ci-après

Rest – Formule 55 € – Menu 120 € (sem.), 165/190 € – Carte 137/164 €

◆ Les Prés du bonheur ! Demeure du 19ᵉs. élégamment décorée, parc et "ferme thermale" : heureux mariage entre maison de ville et maison des champs, entre plaisir et forme.

Le Couvent des Herbes A/C P VISA MC AE

– Fermé 3 janv.-4 fév.

4 ch – †350/400 € ††350/400 € – 4 suites – 30 €

◆ Napoléon III fit amoureusement restaurer pour Eugénie ce joli couvent du 18ᵉs. Autour d'un jardin d'Éden, les chambres sont la séduction même.

La Maison Rose ch, rest, P VISA MC AE

– ✆ 05 58 05 06 07 – www.michelguerard.com – Fermé 9 déc.-5 fév.

26 ch – †150/230 € ††150/230 € – 5 suites – 20 €

Rest *(résidents seult)* – Menu 45 €

◆ Couleurs pastel reposantes, mobilier en rotin blanc et fleurs fraîches, salon cosy aux murs tendus d'étoffe rayée : une ambiance guesthouse raffinée et réussie.

Michel Guérard – Hôtel Les Prés d'Eugénie
05 58 05 06 07 – www.michelguerard.com
– Fermé 6 janv.-7 mars, lundi soir et le midi en sem. sauf du 10 juil. au 27 août et sauf fériés
Rest *(nombre de couverts limité, réserver)* – Menu 120 € bc (sem.), 165/190 € – Carte 135/180 €
Spéc. Zéphyr de truffe "surprise exquise" en nuage. Suprême de caneton rôti "à la goutte rosée". Millefeuille comme un palais feuilleté aux fraises d'Eugénie.
Vins Tursan blanc, Vin de pays des Terroirs Landais rouge.
◆ Une signature à jamais associée à l'aventure de la Nouvelle Cuisine ! Une œuvre sensible, légère, inventive... une véritable ode aux saveurs, rendues dans une veine naturaliste. Mention spéciale à la magie des lieux, occasion d'une véritable parenthèse bucolique.

La Ferme aux Grives avec ch
– 05 58 05 05 06 – www.michelguerard.com – Fermé 6 janv.-7 fév., mardi soir et merc. sauf du 11 juil. au 27 août et fériés
4 ch – 350/400 € 450/600 € – 40 € **Rest** – Menu 48/52 €
◆ Auberge de village qui a retrouvé ses couleurs d'antan. Jardin potager, vieilles poutres et tomettes... Un cadre idéal pour savourer une cuisine du terroir joliment ressuscitée. Suites et chambre exquises, pour des nuits paisibles.

ÉVIAN-LES-BAINS – 74 Haute-Savoie – 328 M2 – 8 137 h. 46 F1
– alt. 370 m – Stat. therm. : mi-janv.-mi-déc. – Casino B – 74500

Alpes du Nord

Paris 577 – Genève 44 – Montreux 40 – Thonon-les-Bains 10

place d'Allinges, 04 50 75 04 26, www.eviantourism.com

Évian Masters Golf Club, Rive Sud du Lac de Genève, par rte de Thonon : 1 km, 04 50 75 46 66

Lac Léman★★★ - Promenade en bateau★★★ - L'escalier d'honneur★ de l'hôtel de ville.

Falaises★★.

Plan page suivante

Royal
13 av. des Mateirons – 04 50 26 85 00 – www.evianresort.com Cz
140 ch – 215/915 € 215/915 € – 12 suites – 27 € – ½ P 213/523 €
Rest *L'Edouard VII*
Rest *La Suite* – voir les restaurants ci-après
Rest *La Véranda* – Menu 45/60 €
◆ Un parc majestueux, une vue superbe sur les montagnes, trois restaurants, des chambres et salons garnis de mobilier de style... Plaisir ultime, l'institut de remise en forme propose des soins très complets. Ce luxueux palace né en 1907 mérite son nom.

Ermitage
1230 av. du Léman – 04 50 26 85 00 – www.evianermitage.com Ca
68 ch – 112/245 € 160/350 € – 12 suites – 25 €
Rest *La Table* Rest *La Bibliothèque* – voir les restaurants ci-après
◆ Cet imposant bâtiment Belle Époque se dresse sur les hauteurs d'Évian, dans un écrin de verdure. L'intérieur a été entièrement refait dans un style épuré, à partir de matériaux évoquant la nature (bois précieux, ardoise, galets...).

Hilton
27 quai Paul Léger – 04 50 84 60 00
– www.evianlesbains.hilton.fr Cb
165 ch – 119/600 € 139/620 € – 5 suites – ½ P 127/235 €
Rest *Riva* 04 50 84 60 30 – Formule 17 € – Carte 37/60 €
◆ Un bâtiment imposant, au cadre design et ultracontemporain. La majorité des chambres disposent d'un balcon face au lac. Un endroit parfait pour le farniente chic, avec une belle piscine et un superbe espace fitness.

ÉVIAN-LES-BAINS

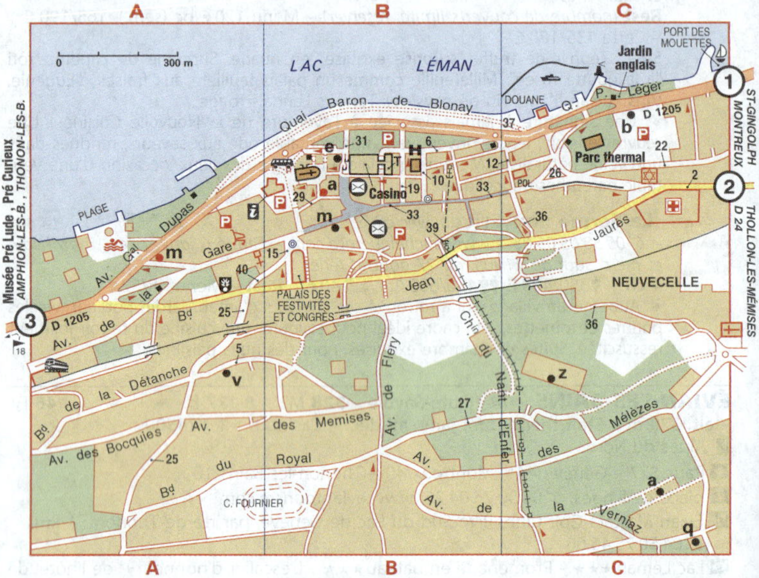

La Verniaz et ses Chalets

rte d'Abondance – *04 50 75 04 90* – *www.verniaz.com* – *Ouvert 12 fév.-6 nov.* **Cq**

32 ch – 90/149 € 95/274 € – 6 suites – 16 €

Rest *La Verniaz et ses Chalets* – voir les restaurants ci-après

◆ Cet ensemble de maisons et de chalets disséminés dans un très beau parc noyé sous les fleurs dégage un charme vieille France. De grandes chambres, des meubles anciens, la vue sur le lac : le temps semble suspendu...

Littoral sans rest

9 av. de Narvik – *04 50 75 64 00* – *www.hotel-littoral-evian.com* – *Fermé 19 oct.-11 nov.* **Be**

30 ch – 74/97 € 82/108 € – 10 €

◆ Pour trouver cet hôtel des années 1990, cherchez le casino, il est situé juste à côté. L'ensemble est cosy et chaleureux, dans un esprit montagne contemporain (bois et boutis dans les chambres) : comme une invitation au cocooning...

L'Oasis sans rest

11 bd Bennevy – *04 50 75 13 38* – *www.oasis-hotel.com* – *Ouvert 1er avril-30 sept.* **Av**

17 ch – 70/170 € 70/170 € – 12 €

◆ Sur les hauteurs d'Évian, un hôtel charmant aux chambres coquettes et douillettes, dont certaines font face au lac. Le jardin est bien agréable et de la terrasse, la vue est magnifique.

Continental sans rest

65 r. Nationale – *04 50 75 37 54* – *www.hotel-continental-evian.com* **Bm**

32 ch – 52/70 € 58/95 € – 9 €

◆ Ce petit hôtel familial, logé dans un édifice de 1868, est situé dans une rue piétonne, bien pratique lorsque l'on fait une cure. Chambres bien tenues, au mobilier ancien chiné par le propriétaire ; celles du 4e étage ont vue sur le lac.

XXXX **L'Edouard VII** – Hôtel Royal

13 av. des Mateirons – ✆ 04 50 26 85 00 – www.evianresort.com – Fermé du dim. au jeudi **Cz**

Rest *(dîner seult) (nombre de couverts limité, réserver)* – Carte 80/100 €

◆ Le restaurant Art déco du célèbre hôtel Royal, intime et feutré : on y goûte aussi bien la gastronomie, très actuelle, que la vue de la terrasse sur le jardin.

XXX **La Table** – Hôtel Ermitage

1230 av. du Léman – ✆ 04 50 26 85 54 – www.evianermitage.com **Ca**

Rest *(dîner seult)* – Menu 50/80 € – Carte 65/94 €

◆ La Table gastronomique de l'Ermitage décline les teintes feutrées pour mieux mettre en valeur les terroirs français et la qualité de leurs produits.

XXX **La Suite** – Hôtel Royal

13 av. des Mateirons – ✆ 04 50 26 85 00 – www.evianresort.com **Cz**

Rest – Menu 35 € (déj. en sem.)/40 € – Carte 37/75 €

◆ La salle à manger du palace Royal, décorée de fresques de Gustave Jaulnes, est toujours aussi belle et imposante. C'est dans ce décor historique, face au lac, que l'on apprécie une cuisine délicate et bien ficelée.

XXX **La Verniaz et ses Chalets** – Hôtel La Verniaz et ses Chalets

rte d'Abondance – ✆ 04 50 75 04 90 – www.verniaz.com – Ouvert 12 fév.-6 nov. **Cq**

Rest – Menu 38/77 € – Carte 55/75 €

◆ Le chef de La Verniaz a un nom prédestiné ! M. Léman prépare une cuisine classique à base de très beaux produits dont des poissons du... Léman. Selon les saisons, on s'installe sur la terrasse fleurie ou dans une salle très cosy.

XX **La Bibliothèque** – Hôtel Ermitage

1230 av. du Léman – ✆ 04 50 26 85 00 – www.evianermitage.com **Ca**

Rest *(déj. seult)* – Menu 29 € – Carte 38/62 €

◆ Ambiance lounge dans la Bibliothèque de l'Ermitage, idéale pour un tête-à-tête amoureux ou une réunion en petit comité. On feuillette le menu, succession de plats à base de produits bio, comme un livre ouvert face au lac.

X **Histoire de Goût**

1 av. gén.-Dupas – ✆ 04 50 70 09 98 – www.restaurant-histoiredegout.com – Fermé 2-17 janv. et lundi **Am**

Rest – Formule 18 € bc – Menu 28/39 € – Carte 44/55 €

◆ Casiers à vin et beau comptoir "pin et zinc" illustrent la passion du patron pour le vin. Le jeune chef travaille de beaux produits (poisson du lac, bœuf, cuisses de grenouille) pour un résultat fin et... de bon goût.

X **Instant Gourmand**

10 r. de l'Église – ✆ 04 50 04 74 98 – www.instantgourmand.fr – Fermé 12 nov.-3 déc., dim. et lundi **Ba**

Rest *(fermé dim. et lundi) (nombre de couverts limité, réserver)* – Menu 17 € (déj.), 25/33 €

◆ Dans ce restaurant de poche, la cuisine est fine et subtile, parfois ludique, valorisant le terroir avec une pointe de créativité et des touches asiatiques, origines du chef obligent (bouillon parfumé, citronnelle, litchis...).

ÉVISA – 2A Corse-du-Sud – **345** B6 – voir à Corse

ÉVOSGES – 01 Ain – **328** F5 – 130 h. – alt. 750 m – ✉ 01230 **45** C1

▶ Paris 481 – Aix-les-Bains 69 – Belley 37 – Bourg-en-Bresse 57

L'Auberge Campagnarde

Le village – ✆ 04 74 38 55 55 – Fermé 1er-8 sept., 16-30 nov., janv., mardi soir et merc. hors saison

15 ch – †44/85 € ††65/90 € – ☕ 10 €

Rest ***L'Auberge Campagnarde*** – voir les restaurants ci-après

◆ Dans ce village perché du Bugey, cette auberge est tenue par la même famille depuis cinq générations. L'accueil est toujours aussi chaleureux et l'on vient pour se reposer dans des chambres simples mais impeccables. Minigolf, piscine.

L'Auberge Campagnarde

Le village – ✆ 04 74 38 55 55 – Fermé 1er-8 sept., 16-30 nov., janv., mardi soir et merc.
Rest – Menu 23 € (déj. en sem.), 29/62 €

◆ L'auberge porte bien son nom, avec sa salle à manger champêtre à souhait et sa terrasse fleurie. Les produits sont frais et la cuisine, à la fois généreuse et féminine, a l'accent du terroir.

ÉVREUX P – 27 Eure – 304 G7 – 50 777 h. – alt. 64 m – ✉ 27000 — 33 D2

Normandie Vallée de la Seine

Paris 100 – Alençon 119 – Caen 135 – Chartres 78

1 ter, place de Gaulle, ✆ 02 32 24 04 43, www.grandevreuxtourisme.fr

18 d'Évreux, Chemin du Valème, par rte de Lisieux : 3 km, ✆ 02 32 39 66 22

Cathédrale Notre-Dame★★ - Châsse★★ dans l'église St-Taurin - Musée★★ M.

Mercure

bd Normandie – ✆ 02 32 38 77 77 – www.mercure.com — AZs

60 ch – †83/113 € ††88/121 € – ☕ 13 €

Rest – Formule 16 € – Menu 22/29 € – Carte 28/41 €

◆ Près du palais des congrès et au bord d'une petite rivière, un hôtel de chaîne récent et fonctionnel, parfaitement adapté aux attentes de la clientèle d'affaires.

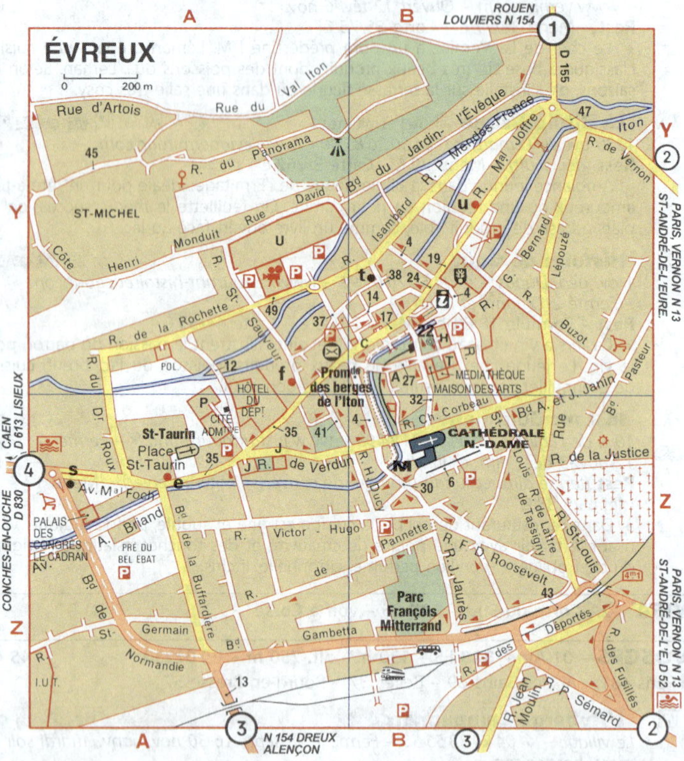

Borville-Dupuis (R.)	BY 4	Feray (R. Édouard)	BY 19	Leclerc (R. Gén.)	AY 37
Chambaudoin (Bd)	BZ 6	Gaulle (Pl. de)	BY 22	Lombards (R. des)	BY 38
Chartraine (R.)	BZ 8	Grand-Carrefour (Pl. du)	BY 24	Meilet (R. du)	AZ 41
Chauvin (Bd G.)	AY 12	Grenoble (R. de)	BY 27	Résistance (R. de la)	BZ 43
Cités Unies (Bd des)	AZ 13	Harpe (R. de la)	BZ 30	St-Michel (R. de)	AY 45
Clemenceau (Pl.)	BY 14	Horloge (R. de l')	BZ 32	Vigor (R.)	BY 47
Dr-Oursel (R.)	BY 17	Joséphine (R.)	AZ 35	7e-Chasseurs (R. du)	AY 49

L'Orme sans rest
13 r. Lombards – ✆ 02 32 39 34 12 – www.hotel-de-lorme.fr BYt
39 ch – †62 € ††72 € – ☕ 10 €
◆ Un hôtel central, pratique et bien agréable : les chambres sont spacieuses, sobres et très propres ; l'accueil se révèle des plus aimables.

La Gazette
7 r. St-Sauveur – ✆ 02 32 33 43 40 – www.restaurant-lagazette.fr – Fermé 1er-22 août, sam. midi et dim. AYf
Rest – Formule 18 € – Menu 21/58 € – Carte 43/66 €
◆ Dans cette petite maison à colombages, la déco – tendance – mêle harmonieusement l'épure et le charme des vieilles poutres... Quant à la cuisine de saison, elle honore les beaux produits. De quoi faire parler les gazettes !

Ô Saveurs
1 r. du Maréchal-Joffre – ✆ 02 32 31 61 05 – www.osaveurs.wifeo.com – Fermé 3 sem. en août BYu
Rest – Formule 17 € – Menu 27/60 € – Carte 42/58 €
◆ Pastilla de chèvre au miel, croustillant au chocolat et son émulsion de pistache... Le chef connaît ses classiques et les relève d'un soupçon d'air du temps. Son restaurant est à l'avenant, mêlant charme rustique et esprit contemporain.

La Croix d'Or
3 r. Joséphine – ✆ 02 32 33 06 07 – www.la-croix-dor.fr – Fermé dim. soir et lundi AZe
Rest – Menu 14 € (déj. en sem.), 17/33 € – Carte 28/45 €
◆ Atmosphère animée autour du comptoir... façon brasserie ! Et le parallèle ne s'arrête pas là : pour preuve, les grands salons, le banc d'écailler, le vivier à homards et la carte faisant honneur aux produits de la mer...

ÉVRON – 53 Mayenne – 310 G6 – 7 092 h. – alt. 114 m – ✉ 53600 35 C1

Normandie Cotentin
Paris 250 – Alençon 58 – La Ferté-Bernard 98 – Laval 32
place de la Basilique, ✆ 02 43 01 63 75
Basilique Notre-Dame★ : chapelle N.-D.-de l'Épine★★.

La Toque des Coëvrons
4 r. des Prés – ✆ 02 43 01 62 16 – www.latoquedescoevrons.com – Fermé 28 juil.-13 août, 28 fév.-14 mars, dim. soir, merc. soir et lundi
Rest – Formule 16 € – Menu 19 € (sem.), 26/45 € – Carte 35/64 €
◆ Le chef, toqué de recettes traditionnelles, mitonne de goûteux petits plats avec de bons produits locaux. Jolie salle rustique et ambiance familiale.

rte de Mayenne 6 km par D 7 – ✉ 53600 Mézangers

Au Relais du Gué de Selle
rte de Mayenne, D 7 – ✆ 02 43 91 20 00 – www.relais-du-gue-de-selle.com – Fermé 16 déc.-9 janv., 10-27 fév., vend. soir, dim. soir et lundi d'oct. à mai
30 ch – †61/271 € ††80/296 € – ☕ 11 € – ½ P 68/130 €
Rest ***Au Relais du Gué de Selle*** – voir les restaurants ci-après
◆ Sur une route de campagne, une ancienne ferme (1843) parfaite pour un séjour en famille : quelques chambres en duplex, un lac pour pêcher, une piscine chauffée... et des cabanes perchées dans les arbres où l'on peut même dormir !

Au Relais du Gué de Selle
rte de Mayenne, D 7 – ✆ 02 43 91 20 00 – www.relais-du-gue-de-selle.com – Fermé 16 déc.-9 janv., 10-27 fév., vend. soir, dim. soir d'oct. à mai et lundi sauf le soir de juin à sept.
Rest – Formule 16 € bc – Menu 24 € (sem.), 28/56 € – Carte 53/68 €
◆ Nappes blanches et service à l'ancienne : une table classique, entre cuisine française et terroir local. Au choix : la salle coiffée d'une haute charpente en forme de carène inversée ou la véranda face au lac. Formule bistrot au déjeuner.

ÉVRY – 91 Essonne – 312 D4 – 101 37 – voir à Paris, Environs

EYBENS – 38 Isère – 333 H7 – rattaché à Grenoble

EYGALIÈRES – 13 Bouches-du-Rhône – 340 E3 – 1 830 h. – alt. 134 m 42 E1
– ✉ 13810 Provence

Paris 701 – Avignon 28 – Cavaillon 14 – Marseille 83

La Bastide d'Eygalières
rte Orgon (D 24B) et chemin de Pestelade – ✆ 04 90 95 90 06 – www.hotellabastide.com
14 ch – †74/103 € ††86/155 € – ☐ 15 €
Rest *(ouvert avril-oct.)* – Formule 16 € – Menu 24 € (dîner), 27/38 € – Carte 30/42 €
◆ Charmante bastide aux volets bleus. À l'intérieur, murs blanc cassé, meubles patinés et tomettes... Joli jardin avec piscine, donnant sur les Alpilles. La cuisine privilégie les légumes et les produits bio : salades et tapas le midi, menu traditionnel le soir.

Mas dou Pastré sans rest
quartier St-Sixte, 1,5 km par rte Orgon (D 24B) – ✆ 04 90 95 92 61 – www.masdupastre.com – Fermé 15 nov.-15 déc.
15 ch – †100/180 € ††100/180 € – 2 suites – ☐ 15 €
◆ Cette ancienne bergerie a l'âme d'une "guesthouse" un peu insolite : décoration provençale à l'ancienne, meubles et bibelots chinés, jardin... et trois roulottes typiquement gitanes ! Pour se restaurer, cuisine régionale et bons produits du terroir.

Maison Bru (Wout Bru) avec ch
3,5 km rte d'Orgon – ✆ 04 90 90 60 34 – www.chezbru.com – Fermé dim. soir, mardi midi d'oct. à avril et lundi sauf le soir de mai à sept.
9 ch – †200/300 € ††200/300 € – ☐ 20 €
Rest – Menu 55 € (déj. en sem.), 195/170 € – Carte 110/160 €
Spéc. King crabe à la mousse de pomme de terre aux truffes. Cochon de lait au jus de porto, mousse de lait parfumée au romarin. Fraises marinées, parfait citron, infusion de pistache et sorbet au yaourt. **Vins** Vin de pays des Alpilles, Vin de pays des Bouches du Rhône.
◆ Bel endroit que ce mas en pierre blanche cerné par des oliviers centenaires. Au restaurant, décor contemporain et terrasse regardant les Alpilles ; cuisine au goût du jour. Chambres spacieuses et minimalistes. Équipements high-tech, grande piscine.

La Brasserie d'Eygalières
1 r. de la République – ✆ 04 90 95 93 17 – www.chezbru.com – Fermé 10 nov.-2 déc. et mardi sauf en saison
Rest – Formule 18 € – Menu 29/36 € – Carte 30/50 €
◆ Au cœur du village, un lieu décontracté aux allures de bistrot chic. Cuisine actuelle concoctée à partir de produits méridionaux. Agréable patio et terrasse sur la rue.

La Petite Table
av. Gén.-de-Gaulle, angle rte d'Orgon – ✆ 04 90 38 19 23 – www.la-petite-table-eygalieres.com – Fermé vacances de la Toussaint et de fév., mardi soir, sam. midi et merc. sauf du 15 juin au 15 sept.
Rest – Formule 21 € – Menu 39 €
◆ Jambonnettes de grenouilles rôties et leur émulsion à l'ail, quasi de veau en cocotte et poêlée de champignons... Dans cette sympathique maison de village, on se régale d'une jolie cuisine traditionnelle.

Sous Les Micocouliers
Traverse de Montfort – ✆ 04 90 95 94 53 – www.souslesmicocouliers.com – Fermé 3 janv.- 3 mars
Rest – Formule 22 € – Menu 29/90 € – Carte 38/66 €
◆ Une décoration élégante et colorée, une belle cheminée et, évidemment, une terrasse ombragée de micocouliers ! Fine cuisine actuelle, qui ne renie pas les classiques provençaux.

EYGUIÈRES – 13 Bouches-du-Rhône – 340 F3 – 6 378 h. – alt. 75 m 42 E1
– ✉ 13430 Provence

Paris 715 – Aix-en-Provence 49 – Arles 45 – Avignon 40

place de l'ancien Hôtel de Ville, ✆ 04 90 59 82 44

Le Relais du Coche

pl. Monier – ✆ 04 90 59 86 70 – www.lerelaisducoche.com – Fermé 9-23 juil., vacances de fév., sam. midi, dim. soir et lundi

Rest – Menu 17 € (déj. en sem.), 30/36 € – Carte 30/45 €

◆ Étonnant endroit que ce restaurant installé dans les écuries d'un ancien relais de diligences du 18es. ! Quelques tables dans le patio envahi de vigne vierge. Cuisine régionale.

EYMET – 24 Dordogne – 329 D8 – 2 538 h. – alt. 54 m – ✉ 24500 4 C2
Périgord Quercy

Paris 560 – Arcachon 72 – Bayonne 239 – Bordeaux 101

place de la Bastide, ✆ 05 53 23 74 95, http://fr.eymetperigord.com

La Cour d'Eymet avec ch

rest,

32 bd National – ✆ 05 53 22 72 83 – www.lacourdeymet.com – Fermé 25 juin- 5 juil., 15 fév.-10 mars, dim. soir, lundi, mardi et merc. de nov. à mars

3 ch – 80 € 100 €

Rest *(nombre de couverts limité, réserver)* – Formule 12 € – Menu 18 € (déj. en sem.), 39/49 € – Carte 40/60 €

◆ Sur la rue principale du bourg, une maison de style régional, flanquée d'une petite cour où l'on dresse quelques tables aux beaux jours. Cuisine soignée, à base d'excellents produits ; vins du pays. Quelques chambres spacieuses et plutôt coquettes.

EYMOUTIERS – 87 Haute-Vienne – 325 H6 – 2 055 h. – alt. 417 m 25 C2
– ✉ 87120 Limousin Berry

Paris 434 – Guéret 63 – Limoges 45 – Tulle 71

17 avenue de la Paix, ✆ 05 55 69 27 81, www.tourisme-eymoutiers.fr

La Cave

2 r. Karl-Marx – ✆ 05 55 69 45 34 – Fermé janv.

Rest – Menu 27 € – Carte 24/35 €

◆ Le patron, autodidacte, est animé d'une véritable passion pour la cuisine et le vin ! On approuve son idée d'un restaurant mi-brasserie (salades, tapas, planches de charcuterie et viandes grillées), mi-gastro, où tout est fait maison.

EYRAGUES – 13 Bouches-du-Rhône – 340 D2 – 4 338 h. – alt. 23 m 42 E1
– ✉ 13630

Paris 705 – Avignon 14 – Marseille 98 – Nîmes 64

Le Pré Gourmand

175 av. Marx-Dormoy – ✆ 04 90 94 52 63 – www.restaurant-lepregourmand.com – Fermé vacances de la Toussaint et de fév., sam. midi, dim. soir et lundi sauf feriés

Rest – Menu 27 € (sem.), 44/70 € – Carte 62/84 €

◆ De la terrasse, on aperçoit un pré fleuri, tandis que la carte, courte et alléchante, rend gourmand ! Cuisine soignée, à base de produits de saison, relevée d'herbes et de fleurs.

LES EYZIES-DE-TAYAC – 24 Dordogne – 329 H6 – 835 h. – alt. 70 m 4 C3
– ✉ 24620 Périgord Quercy

Paris 536 – Brive-la-Gaillarde 62 – Fumel 62 – Périgueux 47

Musée national de Préhistoire★★ - Château de Commarque★★ - Grotte du Grand Roc★★ : ★ - Grotte de Font-de-Gaume★★.

Les Glycines

4 av. de Laugerie, rte de Périgueux – ✆ 05 53 06 97 07 – www.les-glycines-dordogne.com – Ouvert de Pâques à la Toussaint
24 ch – 🚹95/235 € 🚹🚹95/235 € – ☕ 15 €
Rest *(fermé lundi midi et mardi midi sauf juil.-août)* – Formule 19 € – Menu 54/95 € – Carte environ 60 €
◆ Cet ancien relais de poste près de la Vézère embaume la nature, avec son parc, sa tonnelle de glycine et son potager. Les chambres, très confortables, sont vraiment reposantes. La carte est alléchante, embellie de notes actuelles et de légumes du jardin.

Hostellerie du Passeur

pl. de la Mairie – ✆ 05 53 06 97 13 – www.hostellerie-du-passeur.com – Ouvert de Pâques à la Toussaint
19 ch – 🚹70/120 € 🚹🚹85/180 € – ☕ 13 € – ½ P 94/146 €
Rest *Hostellerie du Passeur* – voir les restaurants ci-après
◆ Sur la place de la mairie, cette imposante demeure périgourdine est très accueillante : chambres coquettes (certaines de style contemporain un peu "flashy"), restaurant et même une boutique de produits du terroir et d'arts de la table.

Moulin de la Beune

2 r. du Moulin Bas – ✆ 05 53 06 94 33 – www.moulindelabeune.com – Ouvert 8 avril-31 oct.
20 ch – 🚹55 € 🚹🚹64/79 € – ☕ 8 € – ½ P 74/79 €
Rest *Au Vieux Moulin* – voir les restaurants ci-après
◆ Et au milieu du luxuriant jardin coule une rivière, la Beune. Puis il y a ces deux anciens moulins, cultivant avec bonheur leur ravissant charme champêtre et leur bel esprit maison de famille... Un lieu délicat, plaisant et reposant !

Le Cro Magnon

54 av. de la Préhistoire – ✆ 05 53 06 97 06 – www.hostellerie-cro-magnon.com – Ouvert 21 mars-1er nov.
15 ch – 🚹70 € 🚹🚹80/93 € – ☕ 10 € – ½ P 73/80 €
Rest *(fermé le midi sauf juil.-août)* – Formule 18 € – Menu 24/39 € – Carte 33/45 €
◆ Cette demeure adossée aux rochers n'a rien de préhistorique, avec ses chambres spacieuses, son joli salon avec cheminée et sa piscine. Repas traditionnels servis dans la véranda ou en terrasse ; petits-déjeuners dans un salon délicieusement cossu.

Hostellerie du Passeur – Hôtel Hostellerie du Passeur

pl. de la Mairie – ✆ 05 53 06 97 13 – www.hostellerie-du-passeur.com – Ouvert de Pâques à la Toussaint et fermé mardi midi, jeudi midi et sam. midi sauf juil.-août
Rest – Formule 12 € – Menu 27/46 €
◆ Honneur au Périgord autour d'une cuisine traditionnelle (foie gras, confit...) et d'une table dressée avec élégance. Formule plus simple et bistrotière le midi ; jolie terrasse.

Au Vieux Moulin – Hôtel Moulin de la Beune

2 r. du Moulin Bas – ✆ 05 53 06 94 33 – www.moulindelabeune.com – Ouvert 5 avril-31 oct.
Rest *(fermé mardi midi, merc. midi et sam. midi)* – Menu 19/48 € – Carte 60/126 €
◆ Une roue à aube, le doux bruissement de la rivière et un décor rustique à souhait... Ce moulin est charmant et l'on y savoure une cuisine traditionnelle goûteuse et bien tournée.

à l'Est 7 km par rte de Sarlat – ✉ 24620 Les Eyzies-de-Tayac

La Métairie

Lieu-dit Beyssac, sur D 47 – ✆ 05 53 29 65 32 – www.restaurant-la-metairie.com – Fermé janv., mardi midi, dim. soir et lundi hors saison, mardi midi en saison
Rest – Formule 16 € – Menu 20/41 € – Carte 29/41 €
◆ Au pied de la falaise, l'ancienne ferme du château de Beyssac, entourée d'un parc. La salle à manger a beau être rustique, la cuisine ne l'est pas et privilégie le poisson.

à l'Est **8 km par rte de Sarlat, C 3 dir. Meyrals et rte secondaire – ✉ 24220 Meyrals :**

Ferme Lamy sans rest
– ✆ 05 53 29 62 46 – www.ferme-lamy.com – Ouvert 3 avril-6 nov.
12 ch – †101/190 € ††101/190 € – ☕ 13 €
◆ Ambiance cosy dans cette ferme. Chambres calmes, joliment décorées de meubles anciens, et beau jardin.

ÈZE – 06 Alpes-Maritimes – **341** F5 – 2 961 h. – alt. 390 m – ✉ 06360 **42** E2

Côte d'Azur

Paris 938 – Cap d'Ail 6 – Menton 17 – Monaco 8

place du Général-de-Gaulle, ✆ 04 93 41 26 00, www.eze-riviera.com

Site★★ - Sentier Frédéric Nietzsche★ - Le vieux village★ - Jardin exotique ✻★★★.

"Belvédère" d'Èze ★★ O : 4 km.

Château de la Chèvre d'Or ch, rest,
r. du Barri, (accès piétonnier) – ✆ 04 92 10 66 66
– www.chevredor.com – Ouvert 2 mars-25 nov.
30 ch – †280/900 € ††280/900 € – 7 suites – ☕ 45 €
Rest *Château de la Chèvre d'Or* ✿✿
Rest *Les Remparts* – voir les restaurants ci-après
Rest *L'Eden* *(ouvert mi-avril à mi-oct. et fermé le midi)* – Carte 90/150 €
◆ Exceptionnel, divin, enchanteur... Un îlot céleste, agrippé aux rochers au-dessus de la mer ! La plupart des chambres, disséminées dans le village, jouissent d'une vue splendide, tout comme les restaurants.

Château Eza
r. Pise, (accès piétonnier) – ✆ 04 93 41 12 24 – www.chateaueza.com – Fermé 1er nov.-20 déc.
10 ch – †200/1200 € ††200/1200 € – 1 suite – ☕ 25 €
Rest *Château Eza* ✿ – voir les restaurants ci-après
◆ Dans cette demeure du 14es. perchée entre ciel et mer, la vue sur la côte est... époustouflante ! Quant à la décoration des chambres, elle mêle charme des pierres anciennes et raffinement contemporain : c'est élégant et subtil.

XXX ✿✿ **Château de la Chèvre d'Or** – Hôtel Château de la Chèvre d'Or
r. du Barri, (accès piétonnier)
– ✆ 04 92 10 66 66 – www.chevredor.com
– Ouvert 2 mars-25 nov. et fermé merc. en mars, lundi et mardi en nov.
Rest *(réserver)* – Menu 75 € (déj.)/195 € – Carte 190/250 € ✿
Spéc. Risotto crémeux, carpaccio de loup et tourteau au caviar d'Aquitaine. Suprême de pigeon de Bresse caramélisé, cuisse confite et tajine de légumes. Tarte citron meringuée revisitée. **Vins** Bellet, Côtes de Provence.
◆ À hôtel d'exception, table d'exception ! Pour cette institution de la gastronomie azuréenne, choisir l'excellence va de soi. Produits de premier ordre, mets fins et délicats, fraîcheur, couleurs… avec le décor et le service d'une grande maison.

XXX ✿ **Château Eza** – Hôtel Château Eza
r. Pise, (accès piétonnier) – ✆ 04 93 41 12 24 – www.chateaueza.com
– Fermé 1er nov.-20 déc., lundi et mardi de janv. à mars
Rest – Menu 45 € (déj.), 55/110 € – Carte 80/150 €
Spéc. Foie gras de canard poêlé et artichaut épineux au sel (avril à août). Ragoût de saint-pierre aux coquillages, pommes fondantes et fenouil (été). Forêt noire revisitée (avril à août). **Vins** Côtes de Provence, Bellet.
◆ Une expérience saisissante... Évidemment, il y a la mer à perte de vue, mais aussi la belle cuisine d'un chef qui a le souci de bien faire. Des saveurs pleines de finesse et un très bon rapport plaisir-prix.

XX **Les Remparts** – Hôtel Château de la Chèvre d'Or
r. du Barri, (accès piétonnier) – ✆ 04 92 10 66 66
– www.chevredor.com – Ouvert 6 avril-30 oct.
Rest *(déj. seult)* – Carte 90/150 €
◆ Une cuisine méridionale chic, servie le midi et en saison sur une terrasse sublime, posée en bordure de falaise avec une vue magique sur la baie des Anges...

Troubadour

r. du Brec, (accès piétonnier) – ✆ 04 93 41 19 03 – Fermé 3-11 mars, 2-6 juil., 12 nov.-17 déc., dim. et lundi

Rest *(réserver)* – Menu 39/42 € – Carte 50/65 €

◆ Dans une demeure ancienne, ce restaurant cultive son charme rustique. Le chef réalise une belle cuisine classique aux accents de Provence : l'une des rares bonnes tables du vieux village !

au Col d'Èze **3 km au Nord-Ouest – ✉ 06360 Eze**

Hermitage

1951 av. des Diables-Bleus, par la D 2564 (Grande Corniche) direction Nice – ✆ 04 93 41 00 68 – www.ezehermitage.com

16 ch – †75/130 € ††75/130 € – ☐ 13 € – ½ P 75/103 €

Rest *Hermitage* – voir les restaurants ci-après

◆ À deux pas du parc de la Grande-Corniche, cette maison locale est chaleureuse et engageante : les chambres sont petites mais propres, très bien insonorisées et non dénuées de charme... La propriétaire aime chiner et s'est chargée de la déco.

La Bastide aux Camélias sans rest

23c rte de l'Adret – ✆ 04 93 41 13 68 – www.bastideauxcamelias.com

5 ch ☐ – †130/240 € ††130/240 €

◆ Une belle villa provençale dans un écrin de verdure, avec des chambres méridionales, élégantes et très cosy. Pour la détente : piscine, hammam, sauna, jacuzzi... Une chambre d'hôtes très agréable !

Hermitage – Hôtel Hermitage

1951 av. des Diables-Bleus, par la D 2564 (Grande Corniche) direction Nice – ✆ 04 93 41 00 68 – www.ezehermitage.com

Rest – Formule 18 € – Menu 30 € – Carte 35/57 €

◆ Dans ce sympathique restaurant d'hôtel, le chef concocte une alléchante cuisine gorgée de soleil et de fraîcheur... La salle est ravissante et très originale avec ses meubles patinés ; l'été, on profite du joli jardin.

ÈZE-BORD-DE-MER – 06 Alpes-Maritimes – 341 F5 – ✉ 06360 Eze 42 E2

Côte d'Azur

Paris 959 – Menton 22 – Monaco 8 – Nice 14

Cap Estel

1312 av. Raymond-Poincaré – ✆ 04 93 76 29 29 – www.capestel.com – Fermé 4 janv.-2 mars et 20 juil.-24 août

14 suites – ††520/13350 € – 4 ch – ☐ 35 €

Rest *Cap Estel* – voir les restaurants ci-après

◆ Paradisiaque ! Sur une presqu'île privée, cette maison enchanteresse, construite par un prince russe à la fin du 19e s, cultive l'art du luxe discret. Salons magnifiques, chambres et suites somptueuses, parc, spa... pour un séjour de rêve, à l'abri des regards.

Cap Estel

1312 av. Raymond-Poincaré – ✆ 04 93 76 29 29 – www.capestel.com – Fermé 4 janv.-2 mars et 20 juil.-24 août

Rest – Formule 60 € – Menu 80/100 € – Carte 75/105 €

◆ Asperges vertes de l'arrière-pays et vinaigrette aux fruits de la passion, joues de lotte au gingembre frais et légumes de saison... On apprécie la cuisine méditerranéenne contemporaine du chef, ainsi que la splendide terrasse, face à la mer.

FALAISE – 14 Calvados – 303 K6 – 8 387 h. – alt. 132 m – ✉ 14700 32 B2

Normandie Cotentin

Paris 264 – Argentan 23 – Caen 36 – Flers 37

boulevard de la Libération, ✆ 02 31 90 17 26, www.falaise-tourisme.com

Château Guillaume-Le-Conquérant★ - Église de la Trinité★.

XX L'Attache

rte de Caen , 1,5 km au Nord par N158 – ✆ 02 31 90 05 38 – Fermé 10-30 sept., mardi et merc.

Rest *(nombre de couverts limité, réserver)* – Menu 20/55 € – Carte 40/65 €

◆ À la sortie de la ville, sur la route de Caen, on découvre cette maison bien avenante. Le chef, passionné de plantes et de légumes oubliés, a même publié des livres sur le sujet. Son credo, tradition et fraîcheur !

XX La Fine Fourchette

52 r. Georges-Clemenceau – ✆ 02 31 90 08 59 – www.fine-fourchette.fr – Fermé 18 fév.-8 mars et mardi soir hors saison

Rest – Formule 19 € – Menu 53 € – Carte 35/78 €

◆ Sur la traversée du bourg, cette maison en pierre des années 1950 est une institution dans la région. Elle retrouve une nouvelle jeunesse, avec l'arrivée du fils du chef en cuisine, qui insuffle modernité et simplicité à la carte.

à St-Pierre-Canivet 4 km au Nord par N 158 et D 6 – 365 h. – alt. 150 m – ✉ 14700

Domaine de la Tour sans rest

– ✆ 02 31 20 53 07 – www.domainedelatour.fr

4 ch ☕ – 🚹65 € 🚹🚹70 €

◆ Très nature, ces chambres dans le pavillon de chasse et les écuries du Château de la Tour. Tout est prévu pour un séjour au calme et en famille : chambres aménagées avec goût mais sans luxe ostentatoire, jeux pour enfants, fitness, parc...

LE FALGOUX – 15 Cantal – 330 D4 – 150 h. – alt. 930 m – Sports d'hiver : 1 050 m 1 – ✉ 15380 — 5 B3

Paris 533 – Aurillac 57 – Mauriac 29 – Murat 34

Vallée du Falgoux★.

Cirque du Falgoux★★ SE : 6 km - Puy Mary ✳★★★ : 1 h AR du Pas de Peyrol★★ SE : 12 km Auvergne

Des Voyageurs

– ✆ 04 71 69 51 59 – Fermé 2 nov.-25 janv. et merc. hors saison

14 ch – 🚹46 € 🚹🚹46 € – ☕ 8 € – ½ P 45 €

Rest – Menu 18/27 € – Carte 19/37 €

◆ Une auberge typique avec son restaurant traditionnel, sur la place du village, juste en face de l'église. Les chambres, claires et fonctionnelles, offrent une vue magnifique sur les hauteurs du Puy Mary. Un concentré d'Auvergne !

FALICON – 06 Alpes-Maritimes – 341 E5 – 1 926 h. – alt. 396 m – ✉ 06950 — 42 E2

Paris 935 – Cannes 42 – Nice 12 – Sospel 41

XX Parcours

1 pl. Marcel Eusebi – ✆ 04 93 84 94 57 – www.restaurant-parcours.com – Fermé 3 sem. en janv., dim. soir de sept. à juin, mardi sauf juil.-août et le soir en sept. et lundi

Rest – Formule 23 € – Menu 42/75 € – Carte 54/80 €

◆ Séduisant cocktail : écrans plasma retransmettant l'activité des cuisines, très agréable salle contemporaine avec une large baie vitrée donnant sur les vallons environnants et... plats d'aujourd'hui, composés avec des produits régionaux.

LE FAOU – 29 Finistère – 308 F5 – 1 786 h. – alt. 10 m – ✉ 29590 — 9 A2

Bretagne

Paris 560 – Brest 30 – Châteaulin 20 – Landerneau 23

10, rue du Gal-de-Gaulle, ✆ 02 98 81 06 85, www.cc-aulne-maritime.fr

Site★.

De Beauvoir
11 pl. Mairie – ✆ 02 98 81 90 31 – www.hotel-beauvoir.com – Fermé 15-29 déc. et dim. soir de fin sept. à fin mai
32 ch – 65/75 € 80/95 € – ½ P 63/70 €
Rest *La Vieille Renommée* – voir les restaurants ci-après
◆ Grand hôtel né au 19es. au cœur d'un village éminemment breton, au fond de l'estuaire du Faou. Les chambres sont classiques, le restaurant très agréable et l'accueil des plus aimables...

La Vieille Renommée
11 pl. Mairie – ✆ 02 98 81 90 31 – www.hotel-beauvoir.com – Fermé 15-29 déc., dim. soir de fin sept. à fin mai et lundi midi
Rest – Menu 16 € (déj. en sem.), 26/52 € – Carte 41/70 €
◆ Une maison de tradition, classique comme il se doit et où la table est dressée avec soin... Le chef concocte une cuisine de qualité, assortie d'une belle carte des vins. Une renommée bien présente.

LA FARLÈDE – 83 Var – 340 L6 – 7 993 h. – alt. 90 m – ✉ 83210 41 C3

Paris 853 – Marseille 76 – Toulon 12

L'Âne au Salon
3 r. Calade Ste-Elisabeth, (angle r. de la République) – ✆ 04 94 75 28 14 – www.aneausalon.com – Fermé 25 déc.-2 janv., lundi soir, sam. midi et dim.
Rest – Formule 15 € – Menu 27/35 € – Carte 32/44 €
◆ Un lieu atypique sautant joliment du coq à l'âne : un atelier d'artiste coloré, un coin boudoir et une "salle blanche". Cuisine revisitant le terroir méditerranéen.

FARROU – 12 Aveyron – 338 E4 – rattaché à Villefranche-de-Rouergue

LA FAUCILLE (COL DE) – 01 Ain – 328 J2 – voir à Col de la Faucille

FAULQUEMONT – 57 Moselle – 307 K4 – 5 507 h. – alt. 275 m 27 C1 – ✉ 57380

Paris 367 – Metz 38 – Château-Salins 29 – Pont-à-Mousson 46

au Nord : 3 km par rte de St-Avold et golf – ✉ 57380 Faulquemont

Hostellerie du Chambellan
av. Jean-Monnet, (au golf de Faulquemont) – ✆ 03 87 00 10 80 – www.lechambellan.com
44 ch – 85/110 € 90/115 € – 11 €
Rest *Toya* – voir les restaurants ci-après
Rest *La Mezzanine* ✆ 03 87 91 51 08 *(fermé 2 sem. en août, 1 sem. vacances de fév., sam. midi, dim. soir et lundi)* – Carte 25/50 €
◆ Juste à côté du golf de Faulquemont, ce bâtiment récent propose des chambres à la fois sobres, contemporaines et confortables ; certaines ont vue sur les greens. Cuisine de brasserie et pizzas servies à la Mezzanine.

Toya (Loïc Villemin)
av. Jean-Monnet, (au golf de Faulquemont) – ✆ 03 87 89 34 22 – www.lechambellan.com – Fermé 2 sem. en août, 1 sem. vacances de fév., sam. midi, dim. soir et lundi
Rest – Menu 27 € (déj. en sem.), 46/77 € – Carte environ 60 €
Spéc. Saint-Jacques bretonnes marinées et cuites aux épices. Bar sauvage aux tubercules oubliés, pomme et glace à la moutarde. Biscuit mi-cuit chocolat et pistache.
◆ Toya ? Un célèbre lac volcanique au nord du Japon et... cette table tendance zen (grande ouverte sur la verdure) pour une éruption de saveurs ! Beaux produits, technique soignée, inspiration maîtrisée, etc. Le jeune chef sait associer savoir-faire et sagesse.

FAVERGES – 74 Haute-Savoie – 328 K6 – 6 609 h. – alt. 507 m 45 C1 – ✉ 74210 Alpes du Nord

Paris 562 – Albertville 20 – Annecy 27 – Megève 35
place Marcel Piquand, ✆ 04 50 44 60 24, www.pays-de-faverges.com

Florimont

1006 r. du Champ-Canon, (rte d'Albertville) – ✆ 04 50 44 50 05 – www.hotelflorimont.com – Fermé 7 déc.-10 janv.

27 ch – †70/90 € ††80/120 € – ☕ 12 € – ½ P 79/105 €

Rest *Florimont* – voir les restaurants ci-après

◆ Le Florimont ? Un mot-valise composé de "fleur" et "mont" pour une enseigne qui dit vrai. Vue sur le mont Blanc, situation privilégiée près d'un golf et, pour ne rien gâcher, des chambres parfaitement tenues et un restaurant bien gourmand !

De Genève sans rest

34 r. République – ✆ 04 50 32 46 90 – www.hotellegeneve.com – Fermé 22 déc.-6 janv.

30 ch – †53/83 € ††53/83 € – ☕ 8 € – ½ P 55/61 €

◆ Un hôtel central reconnaissable entre mille avec sa jolie façade décorée de fleurs peintes. Des chambres pratiques (bien insonorisées côté rue) et très bien tenues ; une formule "soirée étape" intéressante... un bon point de chute !

Florimont – Hôtel Florimont

1006 r. du Champ-Canon, (rte d'Albertville) – ✆ 04 50 44 50 05 – www.hotelflorimont.com – Fermé 7 déc.-10 janv., dim. soir, lundi midi et sam.

Rest – Menu 28/44 € – Carte 44/60 €

◆ De beaux produits, des cuissons et des techniques maîtrisées, de la recherche et du caractère : la cuisine du chef est gourmande et pleine de saveurs ; quant au cadre, d'esprit montagnard, il ne manque pas de chaleur.

au Tertenoz **4 km au Sud-Est par D 12 et rte secondaire – ✉ 74210 Seythenex**

Au Gay Séjour avec ch

– ✆ 04 50 44 52 52 – www.hotel-gay-sejour.com – Fermé dim. soir et lundi sauf fériés et sauf juil.-août

11 ch – †74/86 € ††88/102 € – ☕ 12 € – ½ P 98/105 €

Rest – Formule 28 € – Menu 40/82 € – Carte 52/62 €

◆ Cette ferme-auberge du 17ᵉs. a fière allure : belle vue sur la vallée, décor contemporain haut en couleurs... pour une cuisine traditionnelle fort alléchante ! Pour dépanner, des chambres simples.

FAVERNEY – 70 Haute-Saône – 314 E6 – 1 044 h. – alt. 235 m – ✉ 70160 16 B1

▶ Paris 364 – Besançon 70 – Lure 48 – Vesoul 21

ℹ place de la Mairie, ✆ 03 84 91 30 71

à Breurey-lès-Faverney **3 km au Sud-Est par D 434 et D 6 – 554 h. – alt. 233 m – ✉ 70160**

Château de la Presle

3 r. Louis-Pergaud – ✆ 03 84 91 41 70 – www.chateaudelapresle.com

5 ch ☕ – †95/135 € ††110/140 € **Table d'hôte** – Menu 45 € bc

◆ Ce petit château du 19ᵉs. entouré d'un parc arboré de 6 ha domine le pittoresque village. Chambres ravissantes (toile de Jouy, style gustavien, etc.). Salon avec piano, billard sous les combles, beau spa. Cuisine bourgeoise servie dans une élégante salle.

FAVIÈRES – 80 Somme – 301 C6 – 459 h. – alt. 1 m – ✉ 80120 36 A1

▶ Paris 212 – Abbeville 22 – Amiens 77 – Berck-Plage 27

Le Crotoy : Butte du Moulin ≤★ SO : 5 km Picardie Flandres Artois

Les Saules

1075 r. des Forges – ✆ 03 22 27 04 20 – www.hotel-baie-somme.com

21 ch – †70/85 € ††70/99 € – ☕ 12 € – ½ P 72/83 €

Rest *(fermé dim.) (dîner seult)* – Menu 25/34 €

◆ Tranquillité assurée dans cette maison proche du parc ornithologique du Marquenterre. Chambres fonctionnelles avec vue sur le jardin ou la campagne environnante. Dîner servi aux résidents.

La Clé des Champs
pl. des Frères-Caudron – ✆ 03 22 27 88 00 – www.restaurant-lacledeschamps.fr – Fermé 24 août-3 sept., 2 sem. en janv., lundi et mardi sauf fériés
Rest – Formule 16 € – Menu 22 € (sem.), 27/42 €
◆ Cette ancienne ferme picarde est désormais une bonne adresse gourmande. Près de la cheminée, on se régale de jolis plats du marché : sole, asperges, escalope de foie gras...

FAVONE – 2A Corse-du-Sud – **345** F9 – voir à Corse

FAYENCE – 83 Var – **340** P4 – 4 895 h. – alt. 350 m – ✉ 83440 **41** C3
Côte d'Azur
Paris 884 – Castellane 55 – Draguignan 30 – Fréjus 36
place Léon Roux, ✆ 04 94 76 20 08, www.ville-fayence.fr
<★ de la terrasse de l'Église.

La Bégude du Pascouren sans rest
74 chemin de la Bane, 7,5 km au Sud par D 562 (rte de Draguignan) – ✆ 04 94 68 63 03 – www.chambres-hotes-labegudedupascouren.fr
5 ch – †117/163 € ††120/168 €
◆ Une partie de pétanque, quelques brasses dans la piscine chauffée, un tour en vélo (gracieusement prêté) puis une sieste dans sa chambre ou au jardin... Cette villa offre tous les plaisirs de la Provence.

La Table d'Yves
1357 rte de Fréjus, 2 km par D 563 – ✆ 04 94 76 08 44 – www.latabledyves.com – Fermé 1er-29 nov., jeudi sauf le soir en saison et merc.
Rest – Menu 29/53 €
◆ Dans cette jolie maison aux volets bleus, au milieu des vignes, on se délecte d'une agréable cuisine du marché. Salle à manger feutrée (tons beige et chocolat) et belle terrasse.

La Farigoulette
pl. du Château – ✆ 04 94 84 10 49 – www.lafarigoulette.com – Fermé 1er-25 déc., 25 fév.-7 mars, mardi sauf juil.-août et merc.
Rest – Formule 18 € – Menu 29/36 € – Carte 42/68 €
◆ Cette ancienne bergerie abrite deux charmantes salles à manger (poutres et pierres apparentes, mobilier ancien). Cuisine traditionnelle judicieusement actualisée.

Le Temps des Cerises
pl. République – ✆ 04 94 76 01 19 – Fermé 17 nov.-22 déc., le midi du 15 juin au 1er sept. sauf dim. et mardi
Rest – Menu 30/43 € – Carte 42/48 €
◆ Une terrasse sous la tonnelle, des cuisines ouvertes sur la salle et des tableaux peints par le père du chef. Ce dernier, d'origine hollandaise, chante la tradition... sans nostalgie.

à l'Ouest par rte de Seillans (D 19) et rte secondaire – ✉ 83440 Fayence

Moulin de la Camandoule
à 2 km – ✆ 04 94 76 00 84 – www.camandoule.com
9 ch – †70/98 € ††100/148 € – 1 suite – ☕ 14 € – ½ P 97/114 €
Rest ***Moulin de la Camandoule*** – voir les restaurants ci-après
◆ Ce moulin à huile du 17e s., alimenté en eau par un aqueduc auquel on prête des origines romaines, se dresse dans un bel écrin de verdure. Mobilier ancien dans les chambres. L'âme des vieilles pierres... portée par une jeune équipe dynamique !

Le Castellaras
461 chemin Peymeyan, à 4 km – ✆ 04 94 76 13 80 – www.restaurant-castellaras.com – Fermé de nov. à mi-mars, mardi sauf le soir en juil.-août et lundi
Rest – Menu 45/65 € – Carte 55/75 €
◆ Maison de caractère dans un jardin arboré, avec une superbe terrasse et le village pour toile de fond. Décor soigné et cuisine généreuse... aux couleurs de la Provence.

XX **Moulin de la Camandoule** – Hôtel Moulin de la Camandoule

à 2 km – ✆ 04 94 76 00 84 – www.camandoule.com
– Fermé jeudi sauf le soir en juil.-août et merc. de sept. à juin
Rest – Menu 30/57 € – Carte 37/57 €
◆ Beaucoup de cachet dans cet ancien moulin : rustique son mécanisme tout en rouages et poulies ; rustiques ses poutres, sa cheminée, ses vieux objets... La carte est exactement dans le ton : terroir et tradition provençale.

LE FAYET – 74 Haute-Savoie – 074 08 – rattaché à St-Gervais-les-Bains

FÉCAMP – 76 Seine-Maritime – 304 C3 – 19 434 h. – alt. 15 m – Casino 33 C1

AZ – ✉ 76400 Normandie Vallée de la Seine

Paris 201 – Amiens 165 – Caen 113 – Dieppe 66

Quai Sadi Carnot, ✆ 02 35 28 51 01, www.fecamptourisme.com

Abbatiale de la Trinité★ - Palais Bénédictine★★ - Musée des Terres-Neuvas et de la Pêche★ **M³** - Chapelle N.-D.-du-Salut ☀★★ N : 2 km par D 79 BY.

Plan page suivante

Le Grand Pavois sans rest

15 quai de la Vicomté – ✆ 02 35 10 01 01 – www.hotel-grand-pavois.com
35 ch – †95/260 € ††95/260 € – ☕ 15 € AY**r**
◆ Sa façade moderne pavoise sur les quais – une situation idéale ! Les prestations sont de qualité : décor contemporain, confort (excellente literie, bonne insonorisation), accueil aimable... et le petit-déjeuner se prend face aux bateaux. L'un des meilleurs hôtels de la région.

La Ferme de la Chapelle

2 km au Nord par rte du Phare et D 79 – ✆ 02 35 10 12 12
– www.fermedelachapelle.fr – Fermé 14-21 nov., 2-17 janv.
22 ch – †85/95 € ††85/95 € – ☕ 10 €
Rest *(fermé dim. soir et lundi)* – Formule 17 € – Menu 26 € – Carte 28/37 €
◆ Prenez de la hauteur ! On ne peut manquer, sur les falaises qui dominent Fécamp, cette ancienne ferme seigneuriale du 16ᵉs. bordée par la chapelle Notre-Dame-du-Salut, dédiée à la protection des marins. L'hôtel lui-même, classique et surtout bien calme, est gardien du sommeil !

D'Angleterre

91 r.de la Plage – ✆ 02 35 28 01 60 – www.hotelangleterre.com AY**s**
27 ch – †63/73 € ††63/93 € – 2 suites – ☕ 8 € – ½ P 62/75 €
Rest *(fermé 15-31 déc.) (dîner seult)* – Carte 15/25 €
◆ Un hôtel accueillant, non loin de la plage : les chambres, gaies et cosy, sont agréables après une journée de baignade. Au rez-de-chaussée, on trouve un pub très fréquenté et une crêperie non moins sympathique !

Vent d'Ouest sans rest

3 av. Gambetta – ✆ 02 35 28 04 04 – www.hotelventdouest.tm.fr – Fermé dim. soir sauf de juil. à sept. BY**t**
15 ch – †38/44 € ††50/60 € – ☕ 7 €
◆ Entre le port et le centre-ville, cet hôtel tout simple pratique des tarifs compétitifs : les chambres sont certes petites, mais fraîches et tenues avec un soin appuyé (jolies photos marines).

XXX **Auberge de la Rouge** avec ch

rte du Havre, 2 km par ③ – ✆ 02 35 28 07 59 – www.auberge-rouge.com
8 ch – †69 € ††69 € – ☕ 8 €
Rest *(fermé sam. midi, dim. soir et lundi)* – Formule 16 € – Menu 21/56 € – Carte 63/115 €
◆ Pause recommandée sur la route du Havre, dans cet ancien relais de poste qui propose une solide cuisine de tradition. Trois possibilités pour s'attabler : une salle rustique (avec une belle cheminée), une autre plus moderne, ou la terrasse face au jardin – sur lequel donnent toutes les chambres, si vous souhaitez prolonger l'étape...

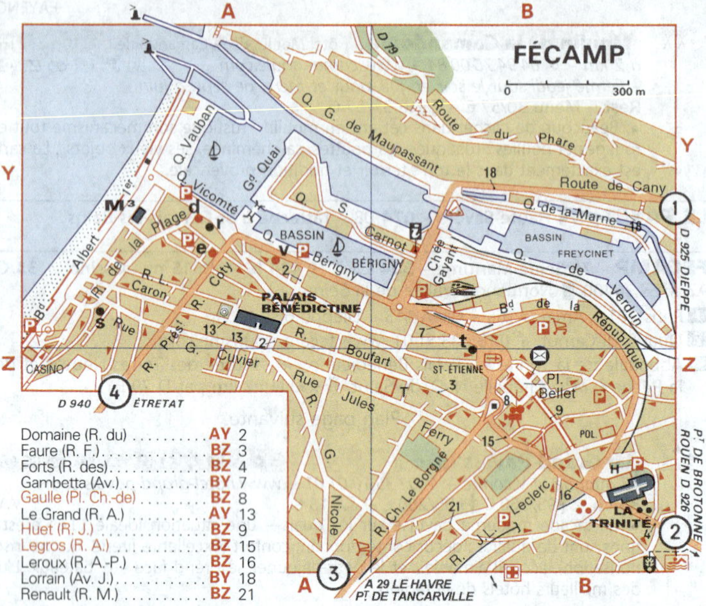

Domaine (R. du)	AY	2
Faure (R. F.)	BZ	3
Forts (R. des)	BZ	4
Gambetta (Av.)	BY	7
Gaulle (Pl. Ch.-de)	BZ	8
Le Grand (R. A.)	AY	13
Huet (R. J.)	BZ	9
Legros (R. A.)	BZ	15
Leroux (R. A.-P.)	BZ	16
Lorrain (Av. J.)	BY	18
Renault (R. M.)	BZ	21

La Marée

77 quai Bérigny, (1er étage) – ☎ 02 35 29 39 15 – www.fecamp-restaurant-la-maree.com – Fermé janv., jeudi soir, dim. soir et lundi hors saison AY**v**

Rest – Formule 17 € – Menu 22 € (sem.), 29/36 € – Carte 34/45 €

◆ Cette Marée se trouve au-dessus d'une poissonnerie et elle ouvre grand sur le port ! Difficile de trouver meilleure embarcation pour déguster une cuisine de la mer pleine de fraîcheur.

Le Vicomté

4 r. du Président René Coty – ☎ 02 35 28 47 63 – Fermé 1er-8 mai, 15 août-3 sept., 22 déc.-7 janv., dim., merc. et fériés AY**e**

Rest *(nombre de couverts limité, réserver)* – Menu 19 €

◆ Non loin des riches façades du palais Bénédictine, une petite maison qui cultive la bonhomie et la simplicité : affiches humoristiques, vieilles photos, tables serrées... sans oublier le patron en salle avec son grand tablier. Beaucoup de cœur dans l'accueil comme dans la cuisine, inspirée du marché !

La Marine

23 quai de la Vicomté – ☎ 02 35 28 15 94 AY**d**

Rest – Menu 15 € (sem.), 20/33 € – Carte 25/45 €

◆ Une adresse simple et sympathique, menée par une équipe soucieuse du plaisir des clients. L'enseigne dit tout : priorité au poisson et aux fruits de mer ! La salle de l'étage réserve une petite vue sur le port de plaisance.

FEGERSHEIM – 67 Bas-Rhin – **315** K6 – rattaché à Strasbourg

---

LE FEL – 12 Aveyron – **338** H3 – rattaché à Entraygues-sur-Truyères

---

FELDBACH – 68 Haut-Rhin – **315** H11 – 453 h. – alt. 410 m – ✉ 68640 **1** A3

Alsace Lorraine

Paris 461 – Altkirch 14 – Basel 34 – Belfort 46

Cheval Blanc

1 r. Bisel – ✆ 03 89 25 81 86 – Fermé 26 juin-11 juil., 21 janv.-5 fév., lundi et mardi

Rest – Menu 11 € (déj. en sem.), 16/39 € – Carte 22/49 €

◆ Quelques recettes actuelles ponctuent la carte mi-traditionnelle, mi-régionale de cette maison typique du Sundgau. Très beau choix de vins. Il y a une âme en cet établissement...

FELICETO – 2B Haute-Corse – 345 C4 – voir à Corse

FENOUILLET – 31 Haute-Garonne – 343 G2 – 5 100 h. – alt. 125 m 28 B2

– ✉ 31150

Paris 671 – Albi 82 – Montauban 49 – Toulouse 13

Le Virgil

40 r. Jean-Jaurès – ✆ 05 61 09 14 72 – www.levirgil.com – Fermé 1er-21 août

Rest – Formule 16 € bc – Menu 27/51 € – Carte 41/50 €

◆ "Virgil", c'est la contraction de Virginie et Gilles, le charmant couple aux commandes de ce restaurant. Ici, on se retrouve autour de plats du terroir simples et copieux.

FÈRE-EN-TARDENOIS – 02 Aisne – 306 D7 – 3 285 h. – alt. 180 m 37 C3

– ✉ 02130 Nord Pas-de-Calais Picardie

Paris 111 – Château-Thierry 23 – Laon 55 – Reims 50

18, rue Etienne-Moreau-Nelaton, ✆ 03 23 82 31 57

de Champagne, à Villers-Agron-Aiguizy, Moulin de Neuville, E : 17 km par D 2, ✆ 03 23 71 62 08

Château de Fère★ : Pont-galerie★★ N : 3 km.

Château de Fère

rte de Fismes, 3 km au Nord par D 967 – ✆ 03 23 82 21 13 – www.chateaudefere.com – Fermé 2 janv.-2 fév.

23 ch – †175/335 € ††175/335 € – 6 suites – ☕ 22 €

Rest *Château de Fère* – voir les restaurants ci-après

◆ Non loin se dressent les vestiges du château d'Anne de Montmorency. En pleine forêt et au grand calme, cette belle demeure du 16es. est chargée d'histoire, mais vit au présent : piscine, chambres confortables...

Château de Fère

rte de Fismes, 3 km au Nord par D 967 – ✆ 03 23 82 21 13 – www.chateaudefere.com – Fermé 2 janv. au 2 fév. et lundi midi sauf fériés

Rest – Menu 36 € (sem.), 52/90 € – Carte 71/100 €

◆ Fresque à la gloire de Jean de La Fontaine, cuisine classique et carte des vins mettant superbement à l'honneur la Champagne : aucun doute, la tradition a du bon !

FERNEY-VOLTAIRE – 01 Ain – 328 J3 – 7 822 h. – alt. 430 m 46 F1

– ✉ 01210 Franche-Comté Jura

Paris 499 – Bellegarde-sur-Valserine 37 – Genève 10 – Gex 10

de Genève-Cointrin ✆ (00 41 22) 717 71 11, 4 km au S.

26, Grand'Rue, ✆ 04 50 28 09 16

de Gonville, à Saint-Jean-de-Gonville, SO : 14 km par D 35 et D 984, ✆ 04 50 56 40 92

Château★.

Genève★★★.

Novotel

rte de Meyrin, par D 35 – ✆ 04 50 40 85 23 – www.novotel.com

80 ch – †82/200 € ††82/200 € – ☕ 15 € **Rest** – Menu 23 € – Carte 18/35 €

◆ Novotel proche de la frontière suisse avec des chambres contemporaines et fonctionnelles (bois clair et tendance zen)... Ici, tout est prévu pour les affaires et la détente.

De France

1 r. de Genève – ✆ 04 50 40 63 87 – www.hotelfranceferney.com – Fermé 7-15 avril, 29 juil.-15 août et 22 déc.-10 janv.

14 ch – †69/100 € ††89/115 € – ☐ 9 € – ½ P 75/92 €

Rest *De France* – voir les restaurants ci-après

◆ Cette maison du 18es. a su se moderniser tout en conservant le charme de l'ancien (pierres et poutres, escalier d'époque). Les chambres sont coquettes avec leurs boutis et leurs meubles de famille.

Le Pirate

1 chemin de la Brunette – ✆ 04 50 40 63 52 – www.lepirate.fr – Fermé 1er-21 août, 2-8 janv., dim. et lundi

Rest – Formule 28 € – Menu 32 € (déj.), 39 € bc/63 € – Carte 50/70 €

◆ Cette adresse dédiée aux produits de la mer est une institution. Corsaires et flibustiers d'un soir viennent y déguster poissons, coquillages et crustacés. Bien agréables, la profusion de plantes vertes dans le jardin d'hiver et la terrasse.

De France – Hôtel De France

1 r. de Genève – ✆ 04 50 40 63 87 – www.hotelfranceferney.com – Fermé 7-15 avril, 29 juil.-15 août, 22 déc.-10 janv., sam. midi, lundi soir et dim.

Rest – Formule 21 € – Menu 27 € (déj. en sem.), 40 € bc/66 € – Carte 41/71 €

◆ Le restaurant de l'hôtel de France est vraiment chaleureux avec ses belles poutres. La carte, plutôt actuelle, change selon les saisons, inspirée par les marchés du pays de Gex.

Le Chanteclair

13 r. Versoix – ✆ 04 50 40 79 55 – Fermé 3 sem. en août, dim. et lundi

Rest – Formule 25 € – Menu 30 € (déj. en sem.), 38/55 € – Carte 45/63 €

◆ Voilà un restaurant de poche résolument contemporain et feutré (tons gris, plancher sombre, peinture abstraite), où l'on vient déguster de beaux produits frais relevés d'influences diverses : terroir, Asie, Méditerranée.

FERRETTE – 68 Haut-Rhin – 315 H12 – 936 h. – alt. 470 m – ✉ 68480 1 A3

Alsace Lorraine

Paris 467 – Altkirch 20 – Basel 28 – Belfort 52

3A route de Lucelle, ✆ 03 89 08 23 88, www.sundgau-sudalsace.fr

de la Largue, à Seppois-le-Bas, Rue du Golf, O : 10 km par D 473 et D 24, ✆ 03 89 07 67 67

Site★ - Ruines du Château ←★.

à Lutter 8 km au Sud-Est par D 23 – 298 h. – alt. 428 m – ✉ 68480

L'Auberge Paysanne avec ch

1 r. de Wolschwiller – ✆ 03 89 40 71 67 – www.auberge-hostellerie-paysanne.com – Fermé 25 juin-10 juil., 24 déc.-14 janv., mardi midi et lundi

7 ch – †54/64 € ††54/64 € – ☐ 9 € – ½ P 54/59 €

Rest – Menu 12 € (déj. en sem.), 24/42 € – Carte 26/45 €

◆ Non loin de la frontière suisse, une maison pleine d'âme (vieilles photos, poêle en faïence, etc.) et tenue en famille. Le chef, d'origine méditerranéenne, concocte une cuisine traditionnelle aux légères fragrances du Sud. Pour faire étape, les chambres sont modestes, mais parfaitement tenues.

Hostellerie Paysanne

1 r. de Wolschwiller – ✆ 03 89 40 71 67 – www.auberge-hostellerie-paysanne.com – Fermé 25 juin-10 juil., 24 déc.-14 janv. et lundi

9 ch – †54/74 € ††64/74 € – ☐ 9 € – ½ P 59/64 €

◆ Cette ferme alsacienne (1618), démontée puis reconstruite dans le village, n'est autre que l'annexe de l'Auberge Paysanne. Les chambres, décorées dans un esprit campagne, sont simples et agréables.

LA FERRIÈRE-AUX-ÉTANGS – 61 Orne – 310 F3 – rattaché à Flers

FERRIÈRES-EN-GÂTINAIS – 45 Loiret – 318 N3 – 3 331 h. – alt. 96 m – ✉ 45210 Bourgogne 12 D2

Paris 99 – Auxerre 81 – Fontainebleau 40 – Montargis 12

place des Églises, ✆ 02 38 96 58 86, www.tourisme-ferrieres-loiret.fr

Croisée du transept★ de l'église St-Pierre et St-Paul.

L'Abbaye

– ✆ 02 38 96 53 12 – www.hotel-abbaye.fr – Fermé 6-19 août

30 ch – †73/87 € ††73/87 € – ☕ 10 € – ½ P 64 €

Rest ***L'Abbaye*** – voir les restaurants ci-après

◆ Cet hôtel-restaurant doit son nom à l'abbaye bénédictine de St-Pierre-et-St-Paul. Pour une étape ou un court séjour dans la région, préférez les chambres récemment rénovées, mieux équipées.

L'Abbaye – Hôtel L'Abbaye

– ✆ 02 38 96 53 12 – www.hotel-abbaye.fr – Fermé 6-19 août

Rest – Formule 14 € – Menu 24 € (sem.), 34/58 € – Carte 25/60 €

◆ Cuisse de canard confite et ses pommes de terre en persillade, filet de bœuf au roquefort, cassolette d'escargots... Une cuisine traditionnelle dans un restaurant classique, avec une terrasse très prisée dès les premiers beaux jours.

FERRIÈRES-LES-VERRERIES – 34 Hérault – 339 H5 – 61 h. – alt. 320 m – ✉ 34190 23 C2

Paris 747 – Alès 47 – Florac 86 – Montpellier 41

La Cour-Mas de Baumes avec ch

4 km à l'Est par D 107E4 – ✆ 04 66 80 88 80 – www.oustaldebaumes.com – Fermé janv., fév. sauf week-ends, dim. soir et lundi du 1er nov. au 15 mars

7 ch ☕ – †99 € ††110 € – ½ P 90 €

Rest – Formule 23 € – Menu 29/52 € – Carte 48/75 €

◆ Le ciel et la garrigue pour horizon... Renouez avec les éléments dans ce mas du 15e s. isolé sur un causse. Dans le décor élégant du restaurant, on déguste une cuisine très soignée, toute de saison et de fraîcheur. Les chambres sont propices à une escapade romantique...

LA FERTÉ-BEAUHARNAIS – 41 Loir-et-Cher – 318 I6 – 519 h. – alt. 101 m – ✉ 41210 Châteaux de la Loire 12 C2

Paris 183 – Orléans 45 – Blois 46 – Vierzon 56

Château de la Ferté Beauharnais sans rest

172 r. du Prince-Eugène – ✆ 02 54 83 72 18

3 ch ☕ – †145 € ††145 €

◆ Ce château fut la résidence de la famille de Beauharnais, et notamment de Joséphine, première épouse de Napoléon. Chambres de style (parquet, moulures, cheminée) et grand parc.

LA FERTÉ-BERNARD – 72 Sarthe – 310 M5 – 9 279 h. – alt. 90 m – ✉ 72400 Châteaux de la Loire 35 D1

Paris 164 – Alençon 56 – Chartres 79 – Châteaudun 65

15, place de la Lice, ✆ 02 43 71 21 21, www.tourisme-lafertebernard.fr

18 du Perche, à Souancé-au-Perche, La Vallée des Aulnes, NE : 21 km par D 923 et D137, ✆ 02 37 29 17 33

Église N.-D.-des Marais★★.

La Perdrix

2 r. de Paris – ✆ 02 43 93 00 44 – http://laperdrix.monsite-orange.fr – Fermé de mi-janv. à mi-fév., lundi soir et mardi

Rest – Formule 18 € – Menu 28/39 € – Carte 41/52 €

◆ À la limite du centre-ville, un décor très classique pour une cuisine non moins traditionnelle : jambonnette de volaille farcie et braisée au vin de Touraine ; douceur au chocolat noir et nougat...

Du Dauphin

3 r. d'Huisne, (accès piétonnier) – ✆ 02 43 93 00 39 – Fermé 13-20 avril, 3-24 août, dim. soir, jeudi soir et lundi

Rest – Menu 18 € (sem.), 27/49 € – Carte 41/63 €

◆ Croustillant de volaille et sa crème de lentilles, dorade sébaste au cumbawa, tiramisu au chocolat blanc, etc. Des saveurs dans l'air du temps dans une jolie maison du... 16e s. qui a su conserver son cachet d'antan (pierres, poutres, cheminée).

LA FERTÉ-MACÉ – 61 Orne – 310 G3 – 6 045 h. – alt. 250 m — 32 B3

– ✉ 61600 Normandie Cotentin

Paris 227 – Alençon 46 – Argentan 33 – Domfront 23

11, rue de la Victoire, ✆ 02 33 37 10 97, www.tourisme-lafertemace.fr

Auberge d'Andaines

rte de Bagnoles-de-l'Orne, 2 km au Sud par D 916 – ✆ 02 33 37 20 28 – www.aubergeandaines.com – Fermé vend. du 15 oct. au 1er avril

15 ch – 48/75 € 48/75 € – 8 € – ½ P 48/60 €

Rest *(fermé 15 janv.-10 fév.)* – Formule 11 € – Menu 17/38 € – Carte 10/25 €

◆ D'un côté, la route ; de l'autre, la forêt des Andaines et ses 8 000 ha de sous-bois rocailleux... Cette auberge traditionnelle fait le lien entre nature et modernité, en toute simplicité.

LA FERTÉ-ST-AUBIN – 45 Loiret – 318 I5 – 7 082 h. – alt. 114 m — 12 C2

– ✉ 45240 Châteaux de la Loire

Paris 153 – Blois 62 – Orléans 23 – Romorantin-Lanthenay 45

rue des Jardins, ✆ 02 38 64 67 93

des Aisses, Domaine des Aisses, SE : 3 km par N 20, ✆ 02 38 64 80 87

de Sologne, Route de Jouy-le-Potier, N-O : 5 km, ✆ 02 38 76 57 33

Château★.

L'Orée des Chênes

3,5 km au Nord-Est par rte de Marcilly – ✆ 02 38 64 84 00 – www.loreedeschenes.com

26 ch – 95/105 € 120/130 € – 14 € – ½ P 98/108 €

Rest ***L'Orée des Chênes*** – voir les restaurants ci-après

◆ L'agréable parc, l'étang, la piscine et... ces jolies bâtisses solognotes, avec des chambres accueillantes, feutrées, chic et bucoliques. Quiétude, verdure et confort !

L'Orée des Chênes

3,5 km au Nord-Est par rte de Marcilly – ✆ 02 38 64 84 00 – www.loreedeschenes.com

Rest – Formule 26 € – Menu 41/52 € – Carte 49/69 €

◆ Cachet et caractère, pour une table qui cultive avec élégance son atmosphère champêtre. Côté papilles, le chef concocte une cuisine de saison très joliment présentée.

à Ménestreau-en-Villette 7 km à l'Est par D 17 – 1 471 h. – alt. 122 m

– ✉ 45240

Le Relais de Sologne

63 pl. du 8-Mai-1945 – ✆ 02 38 76 97 40 – www.lerelaisdesologne.com – Fermé 30 juil.-6 août, 20-27 déc., vacances de fév., dim. soir, lundi soir, mardi soir et merc.

Rest – Formule 12 € – Menu 24/45 € – Carte 44/60 €

◆ Dans cette bonne auberge rustique, le chef travaille avec les producteurs locaux. Il sert aussi bien du gibier en saison – Sologne oblige –, que du poisson au soja et aux épices.

LA FERTÉ-ST-CYR – 41 Loir-et-Cher – 318 H6 – 975 h. – alt. 82 m — 12 C2

– ✉ 41220

Paris 170 – Blois 32 – Orléans 37 – Romorantin-Lanthenay 35

Saint-Cyr sans rest
15 r. de Bretagne – ✆ 02 54 87 90 51 – www.hotel-st-cyr.com – Fermé 20 déc.-4 janv. et 31 janv.-15 mars
20 ch – 61 € 69/76 € – 10 €
◆ Sympathique petit hôtel d'esprit maison d'hôtes. Les chambres sont chaleureuses (couleurs gaies, fer forgé...) ; boutique de produits du terroir et location de vélos.

LA FERTÉ-SOUS-JOUARRE – 77 Seine-et-Marne – 312 H2 – 9 032 h. – alt. 58 m – ✉ 77260 19 D1

Paris 67 – Melun 70 – Reims 83 – Troyes 116
34, rue des Pelletiers, ✆ 01 60 01 87 99, www.la-ferte-sous-jouarre.fr

Château des Bondons
47 r. des Bondons, 2 km à l'Est par D 70, rte de Montménard – ✆ 01 60 22 00 98 – www.chateaudesbondons.com
11 ch – 121/216 € 122/217 € – 3 suites – 15 €
Rest *Château des Bondons* – voir les restaurants ci-après
◆ Dans son parc planté d'arbres vénérables, ce château du 18ᵉs. dégage un charme bourgeois : meubles de style, chambres avec ciel de lit, cheminée... Pour découvrir la région ou, à une vingtaine de minutes de route, Disneyland Paris !

XXX **Auberge de Condé** avec ch
1 av. de Montmirail – ✆ 01 60 24 50 05 – www.auberge-de-conde.com
14 ch – 115 € 125 € – 15 €
Rest *(fermé dim. soir, lundi et mardi)* – Formule 28 € – Menu 50/65 € – Carte 58/110 €
Rest *Le Bistrot des Peintres* *(ouvert lundi et mardi)* – Formule 17 € – Menu 23 €
◆ Cette auberge, longtemps réputée, connaît depuis 2004 une véritable cure de jouvence. Au restaurant, qualité rime avec modernité, sous la houlette d'un jeune chef habile et inspiré. Hébergement de qualité : matériaux contemporains, confort et espace. Au Bistrot, ambiance plus rustique et carte traditionnelle.

XXX **Château des Bondons** – Hôtel Château des Bondons
47 r. des Bondons, 2 km à l'Est par D 70, rte de Montménard – ✆ 01 60 22 00 98 – www.chateaudesbondons.com
Rest *(fermé janv., lundi et mardi)* – Formule 22 € – Menu 41/80 € – Carte 61/132 €
◆ Nappes blanches, beau parquet, baies vitrées : les amateurs de classicisme élégant seront comblés. Idem avec la sole pochée au champagne, le civet de homard, le magret de canard à la bière de la Brie...

à Jouarre 3 km au Sud par D 402 – 4 158 h. – alt. 141 m – ✉ 77640

Île-de-France
rue de la Tour, ✆ 01 60 22 64 54, www.tourisme-jouarre.com
Crypte★ de l'abbaye

Le Plat d'Étain
6 pl. Auguste Tinchant – ✆ 01 60 22 06 07 – www.le-plat-d-etain.com – Fermé 30 juil.-15 août
18 ch – 55/69 € 59/69 € – 8 €
Rest *Le Plat d'Étain* – voir les restaurants ci-après
◆ Cette auberge, édifiée en 1840, se trouve à deux pas de l'abbaye et de ses cryptes carolingiennes. Les chambres sont simples et confortables ; parfait pour une étape dans la région.

XX **Le Plat d'Étain**
6 pl. Auguste Tinchant – ✆ 01 60 22 06 07 – www.le-plat-d-etain.com – Fermé 30 juil.-15 août, vend. soir et dim. soir
Rest – Formule 15 € – Menu 19 € (sem.), 28/46 € – Carte 37/59 €
◆ Un plat en étain, symbole du lieu, orne depuis toujours le mur de la salle de ce restaurant traditionnel. Parmi les spécialités, la quiche briarde et le foie gras maison.

FEURS – 42 Loire – 327 E5 – 7 561 h. – alt. 343 m – ✉ 42110 44 A2

Lyon Drôme Ardèche

Paris 433 – Lyon 69 – Montbrison 24 – Roanne 38

place du Forum, ✆ 04 77 26 05 27, www.feurs-tourisme.fr

Etésia sans rest

4 chemin des monts, rte de Roanne – ✆ 04 77 27 07 77 – www.hotel-etesia.fr

15 ch – †53/60 € ††60/68 € – ☕ 8 €

◆ À la sortie de la ville, cet hôtel dispose de chambres de plain-pied, pratiques et très bien tenues. Le jardin arboré est bien agréable et l'on peut même faire quelques brasses !

Chalet de la Boule d'Or

42 r. Cassin, (rte de Lyon) – ✆ 04 77 26 20 68 – www.chaletlabouledor.com – Fermé 17-22 avril, 24 juil.-20 août, 26 fév.-3 mars, dim. soir, merc. soir et lundi

Rest *(réserver)* – Formule 13 € – Menu 17 € (sem.), 29/56 € – Carte 37/66 €

◆ L'été, on déjeune à l'ombre d'un beau marronnier et, dès les premiers frimas, on se réfugie dans une salle rustique. Cuisine traditionnelle soignée, élaborée avec de bons produits.

à Salt-en-Donzy 5 km rte de Lyon – 493 h. – alt. 337 m – ✉ 42110

L'Assiette Saltoise

au bourg – ✆ 04 77 26 04 29 – www.assiette-saltoise.com – Fermé 1er-6 janv., mardi sauf le midi mai-sept. et merc.

Rest – Formule 12 € – Menu 22/30 € – Carte 29/35 €

◆ Rustique et convivial, ce petit restaurant fait la part belle à la tradition... Aux beaux jours, profitez de la terrasse sous les tilleuls.

à Naconne 3 km au Nord-Ouest par N 89 et D 112 – ✉ 42110

Brin de Laurier

– ✆ 04 77 26 07 50 – www.brindelaurier.com – Fermé 1er-10 mai, 27 août-7 sept., 23 déc.-12 janv., sam. midi, dim. soir et lundi

Rest – Menu 16 € (déj. en sem.), 27/46 € – Carte 45/55 €

◆ Un Brin de Laurier dans une maison framboise ! Le chef, inspiré par ses voyages, réalise une cuisine actuelle à base de produits du terroir. Jolie terrasse sous les glycines.

FEYTIAT – 87 Haute-Vienne – 325 E6 – 5 754 h. – alt. 365 m – ✉ 87220 24 B2

Paris 398 – Limoges 9 – Saint-Junien 41 – Panazol 5

Prieuré du Puy Marot

ch,

allée du Puy-Marot, 2 km au Nord-Est par rte de St-Just-le-Martel (D 98) – ✆ 05 55 48 33 97

3 ch ☕ – †65 € ††75 € **Table d'hôte** – Menu 30 € bc

◆ Surplombant la vallée de la Valoine, ce prieuré du 12es., plusieurs fois remanié, coule des jours paisibles au milieu d'un beau jardin. Du style, un accueil charmant et ce petit supplément d'âme qui fait la différence. Le soir, cuisine traditionnelle.

FIGEAC – 46 Lot – 337 I4 – 9 984 h. – alt. 214 m – ✉ 46100 29 C1

Périgord Quercy

Paris 578 – Aurillac 64 – Rodez 66 – Villefranche-de-Rouergue 36

place Vival, ✆ 05 65 34 06 25, www.tourisme-figeac.com

Le vieux Figeac★★ : hôtel de la Monnaie★ **M¹**, musée Champollion★★ **M²** près de la place aux Ecritures★ - Chapelle N.D.-de-Pitié★ dans l'église St-Sauveur.

Le Pont d'Or

2 av. J. Jaurès – ✆ 05 65 50 95 00 – www.hotelpontdor.com x

35 ch – †78/124 € ††78/124 € – ☕ 12 € – ½ P 64/87 €

Rest *Le Pont d'Or* – voir les restaurants ci-après

◆ Cet hôtel borde le Célé, face à la vieille ville. Chambres de bon confort, avec des équipements de qualité et, pour certaines, vue sur la rivière. Sauna, piscine et fitness sur le toit !

Aujou (R. d')		Clermont (R.)	13	Ortabadial (R.)	29
Baduel (R.)	2	Colomb (R. de)	14	Raison (Pl. de la)	32
Balène (R.)	3	Crussol (R. du)	15	Roquefort (R.)	33
Barthal (Pl.)	4	Delzhens (R.)	17	St-Jacques (R.)	34
Bonhore (R.)	5	Ecritures (Pl. des)	18	St-Thomas (R.)	35
Canal (R. du)	6	Ferrer (R.)	19	Seguier (R.)	36
Carnot (Pl.)	7	Gambetta (R.)	20	Tomfort (R.)	37
Caviale (R.)	9	Herbes (Pl. aux)	23	Vival (Pl.)	39
Champollion (Pl. et R. des Frères)	12	Laurière (R.)	24	11-Novembre (R. du)	41
		Michelet (Pl. E.)	26	16-Mai (R. du)	42

Le Champollion sans rest

3 pl. Champollion
– ☏ 05 65 34 04 37 **v**

10 ch – †47 € ††52 € – ☕ 7 €

◆ Une maison médiévale sur la jolie place Champollion, face au "moucharabieh typographique" (2009) qui rehausse la façade du musée éponyme. Chambres fonctionnelles, en noir et blanc.

Des Bains sans rest

1 r. Griffoul – ☏ 05 65 34 10 89
– www.hoteldesbains.fr
– Fermé 16 déc.-7 janv. et le week-end du 2 nov. au 27 fév. **n**

19 ch – †47/58 € ††58/71 € – ☕ 8 €

◆ Un hôtel familial face à la vieille ville. Cet ancien établissement de bains publics abrite des chambres simples et bien tenues. Terrasse au bord de la rivière.

XXX **La Dînée du Viguier**

4 r. Boutaric – ✆ 05 65 50 08 08 – www.ladineeduviguier.fr
– Fermé 20-28 nov., 15 janv.-6 fév., lundi sauf le soir d'avril à sept., dim. soir d'oct. à mars et sam. midi **s**
Rest – Formule 19 € – Menu 29/73 € – Carte 55/68 €
◆ Au cœur de la cité médiévale, dans l'ancienne salle des gardes du château du Viguier : haut plafond de poutres peintes, cheminée au manteau sculpté... et cuisine bien plus actuelle !

X **Le Pont d'Or** – Hôtel Le Pont d'Or

2 av. J. Jaurès – ✆ 05 65 50 95 00 – www.hotelpontdor.com – Fermé 22 déc.-7 janv. **x**
Rest – Formule 12 € – Menu 14 € (déj. en sem.), 22/32 € – Carte 26/46 €
◆ À la carte de ce restaurant, une cuisine bien traditionnelle qu'apprécieront les amateurs : salade quercynoise, omelette aux cèpes, ris de veau, souris d'agneau...

à Capdenac-le-Haut 5 km par ② – ✉ 46100

Le Relais de la Tour

ch, rest,

pl. Lucter – ✆ 05 65 11 06 99 – www.lerelaisdelatour.fr – Fermé vacances de la Toussaint et de fév.
11 ch – ♦55/63 € ♦♦65/91 € – ½ P 56/66 €
Rest *(fermé vend. soir, dim. soir et lundi)* – Formule 10 € bc – Menu 14 € (déj. en sem.), 21/34 € – Carte 23/32 €
◆ Cette maison villageoise du 15e s. entièrement restaurée fait face à une tour médiévale qui surplombe la vallée du Lot. Chambres sobrement décorées. Plats du terroir au restaurant.

FISMES – 51 Marne – 306 E7 – 5 330 h. – alt. 70 m – ✉ 51170 13 B2

Paris 131 – Château-Thierry 42 – Compiègne 69 – Laon 37
28, rue René Letilly, ✆ 03 26 48 81 28, www.fismes-tourisme.fr

La Boule d'Or

rest,

11 r. Lefèvre – ✆ 03 26 48 11 24 – www.boule-or.com – Fermé 23 janv.-11 fév., mardi midi, dim. soir et lundi
8 ch – ♦59/62 € ♦♦59/66 € – 8 €
Rest – Formule 15 € – Menu 20/47 € – Carte 37/47 €
◆ Pour une étape sur le chemin des rois de France, entre Reims et Soisson, cet hôtel, avec ses petites chambres bien tenues, représente une bonne option. Cuisine traditionnelle au restaurant.

FITOU – 11 Aude – 344 I5 – 868 h. – alt. 38 m – ✉ 11510 22 B3

Languedoc Roussillon
Paris 823 – Carcassonne 90 – Narbonne 40 – Perpignan 29
Fort de Salses★★ SO : 11 km.

X **Le Toit Vert** avec ch

chemin les Pujades – ✆ 04 68 45 60 28 – www.letoitvert.com
3 ch – ♦45 € ♦♦45 € – 7 €
Rest *(fermé 6 oct.-28 mars, mardi, merc. et jeudi)* – Formule 24 € – Menu 30 €
◆ Si elle n'est pas dans son atelier de céramique, la propriétaire aide sa fille en salle, avec gentillesse et simplicité. Quant à son mari, il vous propose une carte des vins et un petit menu renouvelés très régulièrement. Lotte à la bahianaise, ravioles de crevette ou encore pudding... C'est frais et sympathique. Pour l'étape, des chambres acidulées.

FLACEY – 28 Eure-et-Loir – 311 E7 – rattaché à Châteaudun

FLAGEY-ÉCHEZEAUX – 21 Côte-d'Or – 320 J7 – rattaché à Vougeot

FLAMANVILLE – 50 Manche – 303 A2 – 1 725 h. – alt. 74 m – ✉ 50340 32 A1

Paris 371 – Barneville-Carteret 23 – Cherbourg 27 – Valognes 36

1, rue du Château, ☎ 02 33 52 61 23

Bel Air sans rest

2 r. du Château – ☎ 02 33 04 48 00 – www.hotelbelair-normandie.com – Fermé 15 déc.-15 fév.

11 ch – †65/105 € ††65/105 € – ☕ 10 €

◆ Une jolie dépendance du château, appréciée pour son grand calme. Les chambres, toutes différentes, sont propres et coquettes, dans un esprit province. Accueil charmant.

Le Sémaphore

Chasse de la Houe – ☎ 02 33 52 18 98 – www.restaurantlesemaphore.com – Fermé 12 déc.-8 fév., dim. soir, mardi sauf juil.-août et lundi

Rest – Formule 12 € – Menu 21/37 € – Carte 27/47 €

◆ Vue sublime sur la Manche et les îles anglo-normandes depuis cet ancien sémaphore perché sur une falaise. Dans l'assiette, tradition, produits de la mer et influences du Périgord, région dont le chef est originaire.

FLAVIGNY-SUR-MOSELLE – 54 Meurthe-et-Moselle – 307 I7 – rattaché à Nancy

FLAYOSC – 83 Var – 340 N4 – rattaché à Draguignan

LA FLÈCHE – 72 Sarthe – 310 I8 – 15 359 h. – alt. 33 m – ✉ 72200 Châteaux de la Loire 35 C2

Paris 244 – Angers 52 – Laval 70 – Le Mans 44

boulevard de Montréal, ☎ 02 43 94 02 53, www.tourisme-lafleche.fr

Prytanée militaire★ - Boiseries★ de la chapelle N.-D.-des-Vertus - Parc zoologique du Tertre Rouge★ 5 km par ② puis D 104.

Bazouges-sur-le-Loir : pont ←★, 7 km par ④.

Plan page suivante

Le Relais Cicero sans rest

18 bd Alger – ☎ 02 43 94 14 14 – www.cicero.fr – Fermé 1er-15 août et 23 déc.-6 janv. Ya

21 ch – †78/88 € ††78/138 € – ☕ 12 €

◆ Un joli ensemble au cœur de la ville : réunis par une cour fleurie, les bâtiments d'un couvent du 17es. et d'une imprimerie du 19es. (le cicéro est une unité de mesure en typographie). Vieilles pierres et grand calme, donc, pour cette hôtellerie au charme d'antan.

Le Vert Galant sans rest

70 Grande Rue – ☎ 02 43 94 00 51 – www.vghotel.com Yr

22 ch – †75/88 € ††85/98 € – ☕ 12 €

◆ Dans la principale rue commerçante de La Flèche, non loin du prytanée, un authentique relais de poste du 18es. avec son porche qui dessert la cour à l'arrière. Les chambres sont simples, avec quelques notes exotiques à travers le mobilier.

Le Moulin des Quatre Saisons

r. Gallieni – ☎ 02 43 45 12 12 – www.camilleconstantin.com – Fermé vacances de la Toussaint, de fév., dim. soir, merc. soir et lundi Ze

Rest – Menu 27 € (sem.), 41/45 € – Carte 48/72 €

◆ Gambas croustillantes et aïoli, filet de cabillaud et mousse de céleri... D'agréables saveurs dans un cadre privilégié : un moulin du 17es. posé sur les eaux du Loir. Sur la belle carte des vins, la Loire et l'Autriche – pays d'origine de la propriétaire – ont la cote.

FLÉCHIN – 62 Pas-de-Calais – 301 G4 – 533 h. – alt. 96 m – ✉ 62960 — 30 B2

▶ Paris 246 – Arras 63 – Lens 55 – Lille 72

La Maison — VISA MC AE

20 r. Haute – ✆ 03 21 12 69 33 – www.lamaisonrestaurant.com – Fermé 26-29 déc., sam. midi, dim. soir, lundi et merc.

Rest *(nombre de couverts limité, réserver)* – Menu 17 € (déj. en sem.), 27/70 €

◆ Une belle maison 1900 : parquet d'époque, objets chinés, superbe lustre Gallet... Le chef concocte une cuisine où se mêlent produits du terroir et bio, légumes oubliés et épices.

FLERS – 61 Orne – 310 F2 – 15 716 h. – alt. 270 m – ✉ 61100 — 32 B2

Normandie Cotentin

▶ Paris 234 – Alençon 73 – Argentan 42 – Caen 60

ℹ 2 Place du Dr Vayssières, ✆ 02 33 65 06 75, www.flers-tourisme.fr

⛳ du Houlme, à La Selle-la-Forge, Le Bourg, par rte de Bagnoles-de-l'Orne : 4 km, ✆ 02 33 64 42 83

Le Galion sans rest — P VISA MC AE

5 r. V. Hugo – ✆ 02 33 64 47 47 – www.hotellegalion.fr – Fermé 23 déc.-1er janv.

31 ch – †58 € ††64 € – ☕ 9 € — AZ**b**

◆ Une construction assez moderne dans une rue calme : un hôtel bien pensé, sobrement décoré et dont l'ambiance se révèle feutrée. Une bonne option pour une étape à Flers.

Beverl'inn

9 r. Chaussée – ✆ 02 33 96 79 79 – www.beverlinn.com – Fermé 22 déc.-5 janv.
16 ch – †45/48 € ††51 € – ☕ 6 € – ½ P 63/66 € AZ**s**
Rest *(fermé sam. midi et dim.)* – Formule 11 € bc – Menu 16/30 € – Carte environ 28 €
◆ Un petit hôtel tout simple, bien tenu et bon marché, à deux pas du centre-ville. Grillades au feu de bois au restaurant.

Au Bout de la Rue

60 r. de la Gare – ✆ 02 33 65 31 53 – www.auboutdelarue.com – Fermé 29 avril-6 mai, 2-20 août, 1er-8 janv., merc. soir, sam. midi, dim. et fériés
Rest – Formule 16 € – Menu 21/35 € – Carte 27/51 € AZ**n**
◆ Gagnez le bout de la rue pour découvrir ce bistrot plutôt chic, où un jeune chef signe des recettes pétillantes et maîtrisées : bouillon d'étrille au parfum de fenouil et tourteau à l'orange ; sphère au chocolat et crémeux à la châtaigne...

Auberge du Relais Fleuri

115 r. Schnetz , par ⑤ – ✆ 02 33 65 23 89 – www.aubergelerelaisfleuri.fr – Fermé 27 fév.-21 mars, 1 sem. vacances de Noël, vend. soir, dim. soir et lundi
Rest – Formule 12 € – Menu 17 € (sem.), 28/39 € – Carte 36/57 €
◆ Une grande envie de bien faire, un joli réseau de producteurs locaux (œufs, beurre frais, pigeon, fromages, etc.) et une carte de saison... Pas de doute, ce relais normand est une bonne auberge d'aujourd'hui ! Quelques tables sous le tilleul.

FLERS

Boule (R. de la) . . . . AY
Charleston (Pl.) . . . . AYZ 3
Delaunay (R.) . . . . AY 4
Dr-Vayssières (Pl. du) . . . . AY 6
Domfront (R. de) . . . . AZ
Duhalde (Pl. P.) . . . . AZ
Gaulle (Pl. Ch.-de) . . . . AY 9
Géroudière (R. de la) . . . . BZ 10
Gévelot (R. J.) . . . . AY 12
Messei (R. de) . . . . AZ
Moulin (R. du) . . . . ABY 14
Paris (R. de) . . . . BY
Pont Feron (R. du) . . . . BZ 15
République (R. de la) . . . . AYZ 16
St-Gilles (R.) . . . . BYZ 18
Salles (R. J.) . . . . AY 19
Schnetz (R.) . . . . AYZ
6-Juin (R. du) . . . . AY

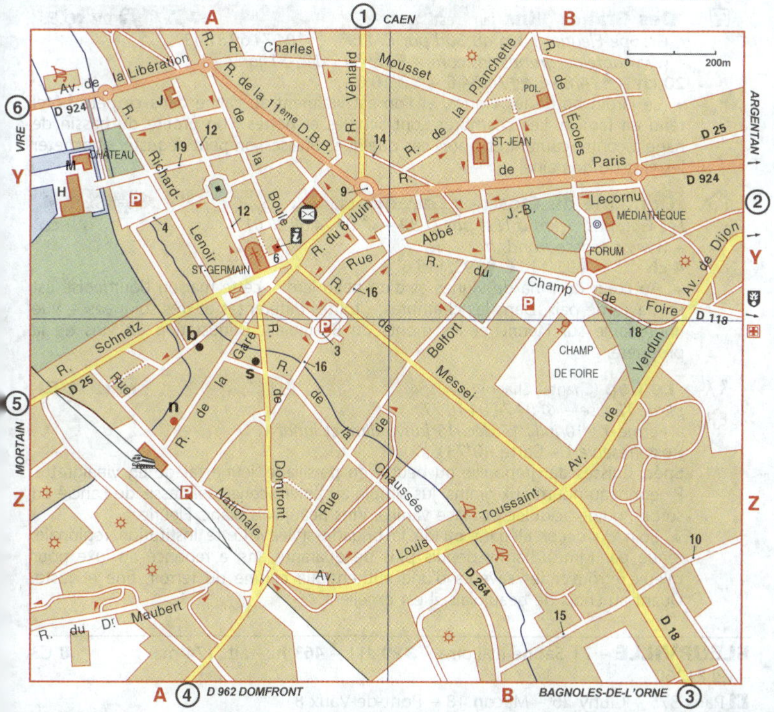

au Buisson-Corblin 4 km par ② – ✉ 61100 Flers

XX **Auberge des Vieilles Pierres**
– *✆ 02 33 65 06 96 – www.aubergedesvieillespierres.fr – Fermé 6-26 août, vacances de fév., dim. soir, mardi soir et lundi*
Rest – Menu 16 € (sem.), 27/60 € – Carte 39/50 €
♦ Saint-Jacques poêlées et marmelade d'endives à l'orange ; demi-perdreau, confit d'oignon rouge, crème pimentée... Sous l'égide d'un couple de bons professionnels, cette auberge a su conquérir une clientèle fidèle dans la région.

à La Ferrière-aux-Étangs 10 km par ③ – 1 568 h. – alt. 304 m – ✉ 61450

XX **Auberge de la Mine** (Hubert Nobis)
le Gué-Plat, à 3 km par rte de Dompierre – ✆ 02 33 66 91 10 – www.aubergedelamine.com – Fermé 16 juil.-8 août, 1er-22 janv., dim. soir, lundi et mardi
Rest – Formule 20 € – Menu 26 € (sem.)/65 € – Carte 65/75 €
Spéc. Barre de foie gras en fine gelée de poiré et cacao (juil. à sept.). Ris de veau piqué à l'andouille de Vire et braisé au foin. Poires rôties, crème glacée à la réglisse (automne). **Vins** Vin de pays du Calvados.
♦ Ce tout petit coin de Normandie connut la prospérité après la découverte d'un filon de fer... Dans l'ancienne cantine des mineurs, Hubert Norbis cultive toujours les richesses de la terre avec une main de velours : technique éprouvée, parfums équilibrés... le terroir normand cuisiné comme un trésor.

FLEURIE – 69 Rhône – 327 H2 – 1 239 h. – alt. 320 m – ✉ 69820 — 43 E1

Lyon Drôme Ardèche

Paris 410 – Bourg-en-Bresse 46 – Lyon 58 – Mâcon 22

Des Grands Vins sans rest
r. Grappe Fleurie, 1 km au Sud par D 119E – ✆ 04 74 69 81 43 – www.hoteldesgrandsvins.com – Fermé 15 déc.-31 janv.
20 ch – †74/84 € ††74/84 € – ☕ 10 €
♦ Le jardin borde les vignes, et l'on est vraiment au calme dans ce petit hôtel tenu en famille. Les chambres sont simples et nettes ; on profite du bassin de nage à contre-courant et, après ces quelques brasses, on peut déguster et acheter les vins du domaine.

Domaine du Clos des Garands sans rest
Les Garands, 1 km à l'Est par D 32 – ✆ 04 74 69 80 01 – www.closdesgarands.fr
4 ch ☕ – †95/115 € ††95/115 €
♦ Au cœur de 6 ha de vignes et d'un beau jardin, cette maison bourgeoise est un havre de paix. Dans les chambres – toutes différentes et très soignées –, vue imprenable sur Fleurie et les monts du Beaujolais. Dégustation de vins de la propriété.

XX **Le Cep** (Chantal Chagny)
pl. de l'Église – ✆ 04 74 04 10 77 – Fermé 1er-10 juil., 15 déc.-15 janv., dim. et lundi
Rest *(réserver)* – Carte 40/73 €
Spéc. Cuisses de grenouille au beurre en persillade, jeune salade en vinaigrette. Pigeonneau nourri aux grains, jus simple au poivre concassé. Cassis de Lancié en sorbet, pulpe acidulée et glace vanille. **Vins** Beaujolais blanc, Fleurie.
♦ Foin du décor élégant ou de la brigade stylée ! Cette institution régionale, tenue par Mme Chagny depuis plus de quarante ans, a renoncé au luxe pour mieux retrouver les saveurs d'une authentique cuisine du terroir, fine et juste. Quant au choix de beaujolais, il est excellent.

FLEURVILLE – 71 Saône-et-Loire – 320 J11 – 463 h. – alt. 174 m – ✉ 71260 — 8 C3

Paris 375 – Cluny 26 – Mâcon 18 – Pont-de-Vaux 8

Château de Fleurville

r. du Glamont – ✆ 03 85 27 91 30 – www.chateau-de-fleurville.com – Fermé 5 nov.-31 déc.

14 ch – †130/145 € ††130/180 € – 1 suite – ☕ 15 € – ½ P 146/156 €

Rest *(fermé le midi sauf dim.)* – Menu 39/79 € – Carte 76/90 €

◆ Dans son ravissant parc, un petit château du 17[e]s. en pierre bourguignonne, flanqué d'une jolie tour. Dans les chambres, tissus tendus et meubles anciens ; pour la détente, piscine, tennis et restaurant gastronomique.

à Mirande 3 km au Nord-Ouest – ✉ 71260 Montbellet

La Marande avec ch

rte de Lugny – ✆ 03 85 33 10 24 – www.hotel-restaurant-la-marande.com – Fermé 1 sem. en automne, 3 sem. en janv., 21-28 fév., mardi sauf le soir en juil.-août et lundi

5 ch – †70 € ††70 € – ☕ 9 €

Rest – Menu 28/68 € – Carte 44/55 €

◆ "Marander" en patois local veut dire… aller manger ! Dans cette belle maison bourgeoise, les tables sont dressées avec une élégance toute contemporaine. Préparations maîtrisées et subtiles, assiettes visuellement flatteuses ; le chef est passé par de grandes maisons et cela se sent. Chambres pour l'étape.

FLEURY-LA-FORÊT – 27 Eure – 304 J5 – 266 h. – alt. 161 m – ✉ 27480 33 D2

Paris 108 – Rouen 42 – Évreux 99 – Beauvais 49

Château de Fleury la Forêt sans rest

4 rte de Lyons, 1,5 km au Sud-Ouest par D 14 – ✆ 02 32 49 63 91 – www.chateau-fleury-la-foret.com

3 ch ☕ – †80 € ††80 €

◆ Pour une escapade très normande ! Le château (16e-18[e]s.) est superbe avec ses chambres meublées d'époque et – fait original – sa collection de poupées et d'objets anciens. Le petit-déjeuner dans la cuisine historique est un grand moment.

FLEURY-SUR-ORNE – 14 Calvados – 303 J5 – rattaché à Caen

FLORAC – 48 Lozère – 330 J9 – 1 900 h. – alt. 542 m – ✉ 48400 23 C1

Languedoc Roussillon

Paris 622 – Alès 65 – Mende 38 – Millau 84

33, avenue J. Monestier, ✆ 04 66 45 01 14, www.mescevennes.com

Corniche des Cévennes★.

Des Gorges du Tarn

48 r. Pêcher – ✆ 04 66 45 00 63 – www.hotel-gorgesdutarn.com – Ouvert de Pâques à la Toussaint et fermé jeudi midi, sam. midi et merc.

24 ch – †58/85 € ††58/85 € – ☕ 9 € – ½ P 58/63 €

Rest *L'Adonis* – voir les restaurants ci-après

◆ Une sympathique auberge de village à l'entrée (ou à la sortie) des gorges du Tarn. Côté chambres, préférez les plus récentes, au style contemporain et frais (plus spacieuses à l'annexe), puis faites un tour au restaurant !

L'Adonis – Hôtel des Gorges du Tarn

48 r. Pêcher – ✆ 04 66 45 00 63 – www.hotel-gorgesdutarn.com – Ouvert de Pâques à la Toussaint et fermé jeudi midi, sam. midi et merc.

Rest – Menu 25/38 €

◆ De bons produits cévenols pour une cuisine actuelle ; un service très attentionné et une jolie sélection de vins régionaux : un Adonis tout en gourmandise, feutré et accueillant.

à Cocurès 5,5 km au Nord-Est par D 806 et D 998 – 197 h. – alt. 600 m – ✉ 48400

La Lozerette VISA AE
– ✆ *04 66 45 06 04 – www.lalozerette.com – Ouvert du 30 mars à la Toussaint*
20 ch – †60/92 € ††60/92 € – ☕ 15 € – ½ P 58/76 €
Rest *La Lozerette* – voir les restaurants ci-après
◆ Dans ce hameau cévenol, une jolie demeure avec des chambres d'esprit chalet, lumineuses et toutes avec un petit balcon en bois. Une déco simple mais vraiment mignonne, pour un lieu attachant.

La Lozerette VISA AE
– ✆ *04 66 45 06 04 – www.lalozerette.com – Ouvert du 30 mars à la Toussaint et fermé mardi soir hors saison sauf résidents, mardi midi et merc. midi*
Rest – Menu 17/49 € – Carte 33/39 €
◆ Dans cette charmante auberge, la propriétaire est sommelière : elle se fera un plaisir de vous guider dans l'accord de votre nectar avec la cuisine du chef, concoctée à base des meilleurs produits régionaux. Le plateau de fromages est superbe... Savoureux !

FLUMET – 73 Savoie – **333** M3 – **865 h. – alt. 920 m – Sports d'hiver : 1 000/2 030 m** 11 – ✉ **73590** Alpes du Nord **46** F1

Paris 582 – Albertville 22 – Annecy 51 – Chamonix-Mont-Blanc 43

avenue de Savoie, ✆ 04 79 31 61 08, www.flumet-montblanc.com

Cœur de Marie P
aux Glières, 5 km au Nord par D 909 rte de la Giettaz – ✆ 04 79 31 38 84 – www.chalet-marie.com
4 ch ☕ – †59/67 € ††66/76 € **Table d'hôte** – Menu 24 € bc
◆ Chalet (1810) portant le nom d'une fleur ancienne. Décor tout bois et chambres cosy : rideaux brodés, tissus savoyards, bibelots choisis... À l'étage, au coin du feu, dîner familial aux accents savoyards et petit-déjeuner avec confitures maison.

FOIX P – 09 Ariège – **343** H7 – **9 712 h. – alt. 375 m** – ✉ **09000** **29** C3
Midi-Toulousain

Paris 762 – Andorra-la-Vella 102 – Carcassonne 89 – St-Girons 45

29, rue Delcassé, ✆ 05 61 65 12 12, www.tourisme-foix-varilhes.fr

de l'Ariège, à La Bastide-de-Sérou, Unjat, par rte de St-Girons : 15 km, ✆ 05 61 64 56 78

Site★ - ★ de la tour du château - Route Verte★★ O par D17 A.

Rivière souterraine de Labouiche★ NO : 6,5 km par D1.

Du Lac ch, AC ch, rest, P VISA
rte de Toulouse, 3 km par ① – ✆ 05 61 65 17 17 – www.hoteldulac-foix.fr
35 ch – †67/75 € ††67/85 € – ☕ 9 € – ½ P 65/74 €
Rest *(fermé 24 déc.-1er janv., dim. soir d'oct. à juin et le midi)* – Menu 25/29 € – Carte environ 39 €
◆ Tout près du lac et de ses nombreuses activités nautiques. Bungalows dans le jardin et chambres dans la bâtisse principale, dont certaines rafraîchies en 2010. Au restaurant, vue sur l'eau et cuisine bistrotière.

Eychenne sans rest VISA
11 r. N. Peyrevidal – ✆ 05 61 65 00 04 – www.hotel-eychenne.com Ab
16 ch – †45/48 € ††52/60 € – ☕ 6 €
◆ Au pied du château, cet hôtel ne passe pas inaperçu avec sa tour en bois et son bar de village façon pub anglais... Chambres simples et pratiques (plus spacieuses dans la tour).

Phoebus AC VISA AE
3 cours Irénée Cros – ✆ 05 61 65 10 42 – www.ariege.com/le-phoebus – Fermé 21 juil.-23 août, sam. midi, dim. soir et lundi Ba
Rest – Formule 19 € – Menu 29/87 € bc – Carte 30/70 €
◆ Le chef privilégie les produits régionaux et concocte une cuisine actuelle. Vue sur l'Ariège et le château ; accueil soigné et pensé notamment pour les non-voyants (carte en braille).

FOIX

Alsace-Lorraine (Bd) . . . . B 2
Bayle (R.) . . . . B
Chapeliers (R. des) . . . . A 3
Delcassé (R. Th.) . . . . B 4
Delpech (R. Lt P.) . . . . A 5
Duthil (Pl.) . . . . B 6
Fauré (Cours G.) . . . . AB 7
Labistour (R. de) . . . . B 8
Lazéma (R.) . . . . A 9
Lérida (Av. de) . . . . A 10
Lespinet (R. de) . . . . A 13
Marchands (R. des) . . . . B 12
Préfecture (R. de la) . . . . A 14
Rocher (R. du) . . . . A 20
St-Jammes (R.) . . . . A 22
St-Volusien (Pl.) . . . . A 23
Salenques (R. des) . . . . A 24

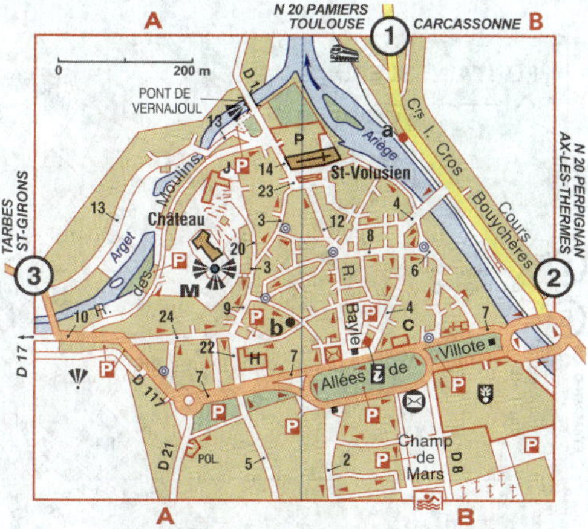

FONDAMENTE – 12 Aveyron – **338** K7 – 298 h. – alt. 430 m **29** D2
– ✉ 12540

▶ Paris 679 – Albi 109 – Millau 43 – Montpellier 98

Baldy avec ch — rest, ch, VISA AE

Vallée de Sorgues, (Bourg Fondamente) – ✆ 05 65 99 37 38 – www.hotel-sorgues.com – Hôtel : ouvert de Pâques à oct. et fermé dim. soir et lundi soir

9 ch – 🛉50/72 € 🛉🛉50/72 € – ☕ 10 € – ½ P 60/62 €

Rest *(fermé jeudi midi, dim. soir et lundi) (réserver)* – Formule 18 € bc – Menu 24 € (déj.), 30/65 €

◆ Dans cette sympathique auberge familiale, le chef – un ancien boucher – mise sur la fraîcheur des produits et propose une carte régionale, courte mais très alléchante. Pour l'étape, petites chambres simples et bien tenues.

FONS – 46 Lot – **337** H4 – 400 h. – alt. 260 m – ✉ 46100 **29** C1

▶ Paris 562 – Toulouse 190 – Cahors 66 – Villefranche-de-Rouergue 47

Domaine de la Piale sans rest

La Piale, 1 km au Sud – ✆ 05 65 40 19 52 – www.domainedelapiale.com

4 ch ☕ – 🛉70/125 € 🛉🛉70/125 €

◆ Une adresse idéale pour se mettre au vert. Ambiance familiale et agréable cadre rustique et campagnard (poutres, pierres apparentes). Les chambres occupent une ancienne grange.

FONTAINEBLEAU – 77 Seine-et-Marne – **312** F5 – 15 411 h. **19** C3
– alt. 75 m – ✉ 77300 Île de France

▶ Paris 64 – Melun 18 – Montargis 51 – Orléans 89

ℹ 4, rue Royale, ✆ 01 60 74 99 99, www.fontainebleau-tourisme.com

⛳ U.C.P.A. Bois-le-Roi, à Bois-le-Roi, Base de loisirs, par rte de Melun : 10 km, ✆ 01 64 81 33 31

◉ Palais★★★ : Grands appartements★★★ (Galerie François 1er★★★, Salle de Bal★★★) - Jardins★ - Musée napoléonien d'Art et d'Histoire militaire : collection de sabres et d'épées★ M1 - Forêt★★★ - Gorges de Franchard★★ 5 km par ⑥.

Plan page suivante

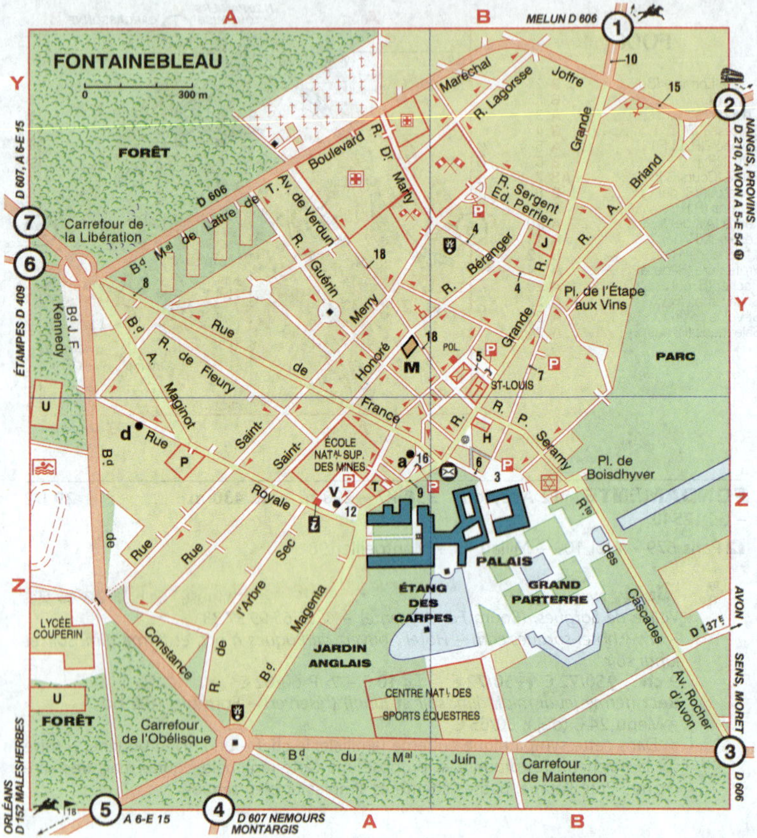

Armes (Pl. d') BZ 3	Churchill (Bd W.) AY 8	Gaulle (Pl. Gén.-de) AZ 12
Bois (R. des) BY 4	Dénecourt (R.) AZ 9	Grande (R.) BY
Briand (R. Aristide) BY	Étape aux Vins (Pl. de l') BY	Leclerc (Bd du Mar.) BY 15
Calas (R. du Commissaire) BY 5	Foch (Bd du Mar.) BY 10	Napoléon Bonaparte (Pl.) AZ 16
Chancellerie (R. de la) BZ 6	France (R. de) AYZ	Paroisse (R. de la) AY 18
Château (R. du) BY 7		

Grand Hôtel de l'Aigle Noir sans rest

27 pl. Napoléon Bonaparte – 01 60 74 60 00 – www.hotelaiglenoir.fr

53 ch – 110/170 € 110/170 € – 4 suites – 16 € **AZa**

◆ Ancien hôtel particulier construit au 15es. situé tout près du château. Ambiance feutrée et chambres personnalisées par de beaux meubles, certaines de style Empire.

Mercure

41 r. Royale – 01 64 69 34 34 – www.mercure.com **AZd**

97 ch – 160/170 € 160/170 € – 18 €

Rest *(fermé 29 juil.-22 août et 16 déc.-2 janv.,dim. midi, vend. soir et sam.)* – Carte 35/45 €

◆ Cet établissement confortable et de qualité propose des chambres fonctionnelles. Détendez-vous devant la cheminée du salon ou profitez de l'ambiance cosy du bar. Cuisine traditionnelle dans la salle contemporaine prolongée d'une terrasse avec vue sur le parc.

De Londres sans rest

1 pl. Gén. de Gaulle – ✆ 01 64 22 20 21 – www.hoteldelondres.com – Fermé 12-19 août et 23 déc.-6 janv. AZv

16 ch – †100/170 € ††130/200 € – ☕ 14 €

◆ Cet hôtel, face au château, existe depuis le 16ᵉs. Chambres amples et insonorisées, élégamment décorées : beaux tissus, meubles rustiques et de style, gravures de chasse.

FONTAINE-DE-VAUCLUSE – 84 Vaucluse – 332 D10 – 690 h. 42 E1
– alt. 75 m – ✉ 84800 Provence

Paris 697 – Apt 34 – Avignon 33 – Carpentras 21

chemin de la Fontaine, Résidence Jean Garcin, ✆ 04 90 20 32 22, www.oti-delasorgue.fr

La Fontaine de Vaucluse★ - Collection Casteret★ au Monde souterrain de Norbert Casteret - Église St-Véran★.

Du Poète sans rest

– ✆ 04 90 20 34 05 – www.hoteldupoete.com – Ouvert 3 mars-2 déc.

24 ch – †95/310 € ††95/310 € – ☕ 17 €

◆ Ce charmant moulin du 19ᵉs. est entouré d'un jardin luxuriant, traversé par la Sorgue. Chambres discrètement provençales. On prend le petit-déjeuner en face des cascades.

Philip

chemin de la Fontaine – ✆ 04 90 20 31 81 – Ouvert 1er avril-30 sept. et fermé le soir sauf du 16 juin au 31 août

Rest – Menu 27/39 €

◆ Au pied de la célèbre fontaine, une affaire de famille avec son atmosphère de guinguette, la déco contemporaine en plus. Vue magnifique, terrasse et bonne cuisine régionale.

FONTAINE-SOUS-JOUY – 27 Eure – 304 H7 – 814 h. – alt. 35 m 33 D2
– ✉ 27120

Paris 90 – Évreux 17 – Rouen 55 – Versailles 80

Clos de Mondétour sans rest

17 r. de la Poste – ✆ 06 71 13 11 57 – www.closdemondetour.com

3 ch ☕ – †80/100 € ††80/120 €

◆ Un petit village quiet de la vallée de l'Eure et cette belle demeure du 16ᵉs. restaurée avec goût. Toile de Jouy, objets chinés, superbe cheminée dans le salon, patine de l'ancien : un esprit maison de famille vraiment charmant !

FONTANGES – 15 Cantal – 330 D4 – rattaché à Salers

LE FONTANIL – 38 Isère – 333 H6 – rattaché à Grenoble

FONTANS – 48 Lozère – 330 I6 – 209 h. – alt. 1 030 m – ✉ 48700 23 C1

Paris 560 – Mende 35 – Montpellier 216 – Le Puy-en-Velay 79

La Grange d'Émilie ch, ch,

Le Comte de Fontans, 500 m à l'Est au croisement D 7 et D 4 – ✆ 04 66 47 30 82 – www.chambrehotes-emilie.com – Fermé 3 nov.-1er avril

5 ch ☕ – †95/115 € ††105/125 €

Table d'hôte *(fermé merc. soir et sam. soir en juil.-août)* – Menu 35 €

◆ De la ferme familiale, Émilie et son mari ont fait une maison d'hôtes accueillante et une table honorant le terroir. Bois, pierre et poutres : la décoration raffinée mêle le charme rustique, l'esprit champêtre et l'épure contemporaine... Un lieu attachant !

FONTENAI-SUR-ORNE – 61 Orne – 310 I2 – rattaché à Argentan

FONTENAY – 88 Vosges – 314 H3 – rattaché à Épinal

FONTENAY-LE-COMTE – 85 Vendée – **316** L9 – 14 341 h. **34** B3

– alt. 21 m – ✉ 85200 Poitou Vendée Charentes

Paris 442 – Cholet 103 – La Rochelle 51 – La Roche-sur-Yon 64

8, rue de Grimouard, ☎ 02 51 69 44 99, www.tourisme-sudvendee.com

Clocher★ de l'église N.-Dame **B** - Intérieur★ du château de Terre-Neuve.

Le Rabelais

19 r. Ouillette – ☎ 02 51 69 86 20 – www.hotel-lerabelais.com BZ**a**

54 ch – 🛉79/102 € 🛉🛉89/119 € – ☕ 10 € – ½ P 75/85 €

Rest *Le Rabelais* – voir les restaurants ci-après

◆ Une bâtisse de style vendéen à l'entrée de la vieille ville. Dans les chambres en rez-de-jardin, atmosphère nature ; à l'étage, ambiance plus urbaine et design. Jusque dans l'espace détente règnent le confort et le bien-être.

Le Logis de la Clef de Bois sans rest

5 r. du Département – ☎ 02 51 69 03 49 – www.clef-de-bois.com – Ouvert avril-déc. AY**b**

4 ch ☕ – 🛉105 € 🛉🛉135 €

◆ Un hôtel particulier raffiné (17^e^s. et 18^e^s.) avec parquet et cheminées d'origine, bibliothèque, billard... "Simenon", "Queneau", "Ragon" : les chambres ont du caractère et la suite "Rabelais" évoque la commedia dell'arte avec originalité.

Le Vieux Pressoir

5 r. Folie – ☎ 02 51 69 47 90 – www.levieux-pressoir.com – Fermé 1er-21 août et 24 déc.-1er janv.

Rest – Formule 11 € – Menu 24/37 € – Carte 27/51 €

◆ Cuisse de pintade à l'estragon, fricassée d'escargots, œufs cocotte au jambon de Vendée : la carte fait honneur à la tradition, sans oublier de saluer la région... dans un cadre frais et lumineux.

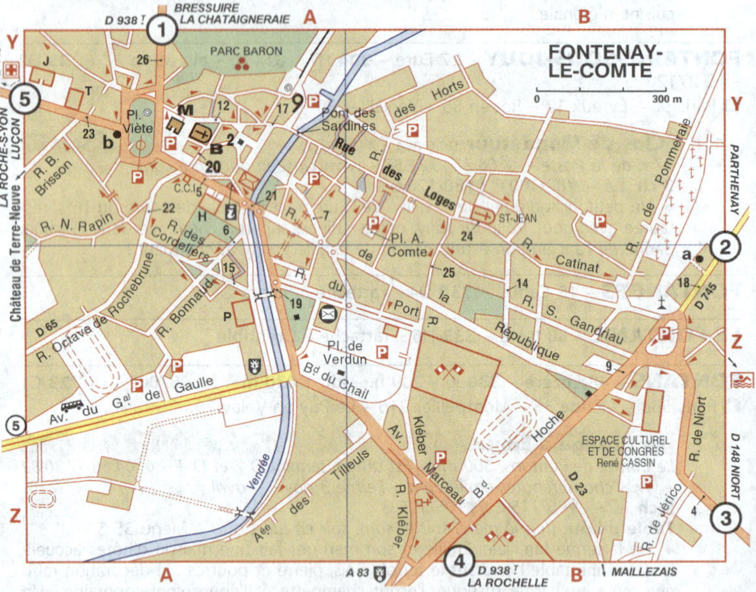

Belliard (Pl.)	**AY** 2	Guillemet (R.)	**AY** 12	Pont-Neuf	**AY** 21
Capitale du Bas Poitou (Bd de la)	**BZ** 4	Jacobins (R. des)	**BZ** 14	Puits St-Martin (R.)	**AY** 22
Clemenceau (R. G.)	**AY** 5	Lamy (R. P.)	**AZ** 15	Rabelais (R.)	**AY** 23
Collardeau (R.)	**AY** 6	Orfèvres (R. des)	**AY** 17	République (R. de la)	**ABZ**
Dr-Audé (R. du)	**AY** 7	Ouillette (R. de l')	**BZ** 18	St-Jean (R.)	**BY** 24
Du Guesclin (Bd)	**BZ** 9	Poey d'Avant (Quai)	**AZ** 19	St-Nicolas (R.)	**BZ** 25
		Pont aux Chèvres (R.)	**AY** 20	Tiraqueau (R.)	**AY** 26

XX **Le Rabelais** – Hôtel Le Rabelais
19 r. Ouillette – ✆ 02 51 69 86 20
– www.hotel-lerabelais.com BZa
Rest – Formule 16 € – Menu 20/32 € – Carte 27/42 €
♦ Le Rabelais saura combler les appétits gargantuesques : buffets et cuisine traditionnelle dans un cadre lumineux, avec une jolie terrasse donnant sur la piscine...

à St-Hilaire-des-Loges 11 km par ② – 1 886 h. – alt. 48 m – ✉ 85240

X **Le Pantagruelion**
9 r. Octroi – ✆ 02 51 00 59 19 – Fermé 1er-15 juil., 1 sem. en fév., sam. midi, dim. soir et merc.
Rest – Formule 17 € – Menu 25/37 € – Carte 45/60 €
♦ Poutres, pierres apparentes... une atmosphère rustique à souhait pour déguster de sympathiques recettes traditionnelles valorisant les bons produits du terroir.

à Velluire 11 km par ④, D 938 ter et D 68 – 536 h. – alt. 9 m – ✉ 85770

XXX **Auberge de la Rivière** avec ch
r. du Port-de-la-Fouarne – ✆ 02 51 52 32 15 – www.hotel-riviere-vendee.com – Fermé 18 fév.-8 mars, 19 nov.-5 déc., mardi midi, dim. soir d'oct. à mai et lundi sauf le soir de juin à sept.
11 ch – †55/88 € ††65/98 € – ☕ 11 € – ½ P 72/87 €
Rest – Formule 19 € – Menu 25/50 €
♦ Dans cette auberge bucolique, au bord de la rivière, le chef a plus d'un tour dans son four : sauté de veau à la mode italienne, tendre et savoureux ; délicat ballotin de saumon aux herbes aromatiques... Des assiettes gourmandes ! Et pour l'étape, des chambres coquettes et au calme.

FONTETTE – 89 Yonne – 319 F7 – rattaché à Vézelay

FONTEVRAUD-L'ABBAYE – 49 Maine-et-Loire – 317 J5 – 1 503 h. – alt. 75 m – ✉ 49590 Châteaux de la Loire 35 C2

Paris 296 – Angers 78 – Chinon 21 – Loudun 22
place Saint-Michel, ✆ 02 41 51 79 45
Abbaye★★★ - Église St-Michel★.

Hostellerie la Croix Blanche
5 pl. Plantagenets – ✆ 02 41 51 71 11
– www.hotel-croixblanche.com
23 ch – †70/110 € ††70/145 € – 2 suites – ☕ 12 €
Rest *Hostellerie la Croix Blanche* – voir les restaurants ci-après
♦ On vient depuis plus de trois cents ans dans cette auberge... pour découvrir l'abbaye royale du 12es. située juste en face. Les chambres sont modernes (literie neuve, écran plat) et vraiment pratiques.

XX **La Licorne**
allée Ste-Catherine – ✆ 02 41 51 72 49 – Fermé 12 déc.-25 janv., dim. soir, merc. soir et lundi sauf de juil. à sept.
Rest *(nombre de couverts limité, réserver)* – Menu 25/55 €
– Carte 51/83 €
♦ Pas de vraie licorne dans cette demeure du 18es. (tuffeau, poutres) mais la terrasse et le jardin fleuri sont délicieux. Les légumes du jardin se retrouvent à la carte.

XX **Hostellerie la Croix Blanche** – Hostellerie la Croix Blanche
5 pl. Plantagenets – ✆ 02 41 51 71 11
– www.hotel-croixblanche.com
Rest – Menu 23/39 € – Carte 37/50 €
♦ Après la visite de l'abbaye ou une bonne nuit reposante côté hôtel, vous pourrez déguster une agréable cuisine régionale actualisée.

FONTJONCOUSE – 11 Aude – 344 H4 – 131 h. – alt. 298 m – ✉ 11360 22 B3

▶ Paris 822 – Carcassonne 56 – Narbonne 32 – Perpignan 65

XXX ✿✿✿ **Auberge du Vieux Puits** (Gilles Goujon) avec ch

5 av. St Victor – ✆ 04 68 44 07 37 – www.aubergeduvieuxpuits.fr – Fermé 2 janv.-11 mars, lundi midi et mardi midi du 20 juin au 9 sept., dim. soir, lundi et mardi du 10 sept. au 19 juin

8 ch – †225/295 € ††225/295 € – ☕ 25 €

Rest – Menu 70 € (déj. en sem.), 135/160 € – Carte 145/185 € ✿

Spéc. Œuf de poule "pourri" de truffes sur une purée de champignons et truffe. Filet de rouget barbet, pomme bonne bouche fourrée d'une brandade à la cèbe en "bullinada". Sablé feuille de chocolat, surprise de framboise sauce "choc o'thé" et sorbet framboise. **Vins** Corbières blanc et rouge.

◆ Le produit est la star de cette cuisine inspirée qui porte certaines émotions gustatives à l'incandescence. Saisons, terroir, invention : Gilles Goujon excelle dans l'équilibre, avec précision et humilité, entouré d'une équipe proche du client. Hébergement de qualité, mêlant cadre rustique et décor contemporain.

La Maison des Chefs

(à 300 m dans le village) – ✆ 04 68 44 07 37 – www.aubergeduvieuxpuits.fr – fermé 2 janv.-4 mars, dim. soir, lundi et mardi du 12 sept. au 19 juin

6 ch – †155 € ††155 € – ☕ 25 €

◆ Les chambres de cette annexe sont placées sous le patronage des grands chefs : ustensiles, vestes signées Bocuse, Troigros, etc. Cours de cuisine.

FONT-ROMEU – 66 Pyrénées-Orientales – 344 D7 – 2 003 h. – alt. 1 800 m – Sports d'hiver : 1 900/2 250 m 1 28 – Casino – ✉ 66120 22 A3

Languedoc Roussillon

▶ Paris 858 – Andorra la Vella 73 – Ax-les-Thermes 56 – Bourg-Madame 18

ℹ 38, avenue Emmanuel Brousse, ✆ 04 68 30 68 30, www.font-romeu.fr

de Font-Romeu, Espace Sportif Colette Besson, N : 1 km, ✆ 04 68 30 10 78

◉ Camaril★★★, retable★ et chapelle★ de l'Ermitage - ☀★★ Calvaire.

Le Grand Tétras sans rest

14 av. E. Brousse – ✆ 04 68 30 01 20 – www.hotelgrandtetras.fr AXr

36 ch – †75/103 € ††75/103 € – ☕ 10 € – ½ P 67/81 €

◆ Au cœur de la station, cet hôtel familial est vraiment plaisant. Les chambres sont décorées dans un esprit montagne, certaines avec balcon et vue sur les Pyrénées... et il y a même un jacuzzi extérieur et une piscine couverte sur le toit.

Sun Valley rest,

3 av. Espagne – ✆ 04 68 30 21 21 – www.hotelsunvalley.fr – Fermé 31 oct.-30 nov. AXf

41 ch – †70/109 € ††83/119 € – ☕ 10 € – ½ P 69/95 €

Rest *(dîner seult) (résidents seult)* – Menu 25 € – Carte 25/38 €

◆ Animations en saison, billard, cheminée, bel espace bien-être et relaxation au dernier étage... un hôtel de montagne orienté loisirs, idéal pour les groupes.

Clair Soleil

29 av. François Arago, rte Odeillo : 1 km – ✆ 04 68 30 13 65 – www.hotel-clair-soleil.com – Fermé 13 avril-16 mai et 2 nov.-18 déc.

29 ch – †51/60 € ††51/60 € – ☕ 9 € – ½ P 70/79 € AYb

Rest *(fermé le midi du lundi au jeudi)* – Menu 22/38 € – Carte 38/47 €

◆ Belle vue sur la vallée, atmosphère familiale et accueil aux petits soins... un hôtel sympathique, avec des chambres peu à peu rénovées dans un style frais.

XX **La Chaumière**

96 av. Emmanuel Brousse – ✆ 04 68 30 04 40 – www.lachaumiere-font-romeu.fr – Fermé 18 juin-8 juil., 15-28 oct., lundi et mardi hors vacances scolaires

Rest – Formule 17 € – Menu 22 € – Carte 35/55 € BXe

◆ Dans ce restaurant chaleureux, le truculent patron a installé une... cave à jambon pour conserver de vraies merveilles. Voilà qui en dit long sur son amour des produits. Mets catalans, délicieuses tapas, vins régionaux et bodega sur la terrasse !

FONT-ROMEU

Allard (R. Henri) .... BX 2
Brousse (Av. Emmanuel) .... BX 3
Calvet (R.) .... BX 5
Capelle (R. du Docteur) .... AX 6
Cytises (R. des) .... AX 8
Ecureuils (R. des) .... AX 9
Espagne (Av. d') .... AX
Genêts d'Or (R. des) ...... BY 12
Liberté (R. de la) .... AY 13
Maillol (R.) .... BX 15
République (R. de la) ..... AY 16
Saules (R. des) .... AY 18
Trombe (R. Professeur) .... AY 19

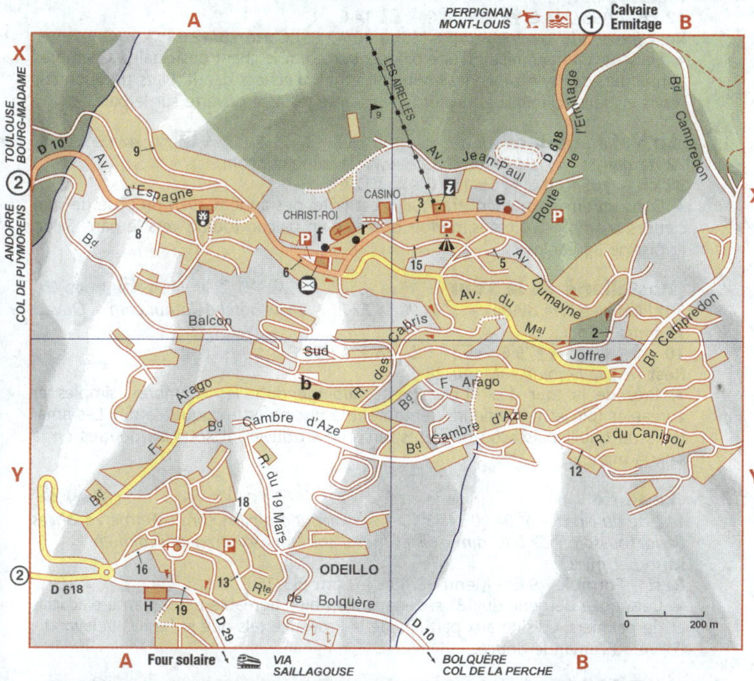

à Via 5 km au Sud par D 29 **AY** – ✉ 66210 Font Romeu Odeillo Via – ✉ 66120

L'Oustalet

av. du Mar. Leclerc – ✆ 04 68 30 11 32 – www.hoteloustalet.com – Fermé 15 avril-8 mai et 15 oct.-15 nov.
27 ch – †47/62 € ††47/62 € – ☕ 8 € – ½ P 45/52 €
Rest *(dîner seult) (résidents seult)* – Menu 14 €
◆ Étape idéale pour les skieurs et les randonneurs. Ce joli chalet propose des chambres simples et engageantes (la plupart avec balcon) et les pensionnaires peuvent dîner sur place. Accueil aimable, prix doux : un endroit sympathique... et il y a même une piscine extérieure.

FONTVIEILLE – 13 Bouches-du-Rhône – 340 D3 – 3 533 h. – alt. 20 m 42 E1 – ✉ 13990 Provence

▶ Paris 712 – Arles 12 – Avignon 30 – Marseille 92
ℹ avenue des Moulins, ✆ 04 90 54 67 49
◉ Moulin de Daudet ≤★.
◉ Chapelle St-Gabriel★ N : 5 km.

La Regalido

r. F. Mistral – ✆ 04 90 54 60 22 – www.laregalido.com – Fermé 3 janv.-12 fév.
15 ch – †159/320 € ††159/320 € – ☕ 20 €
Rest *(fermé lundi)* – Menu 39/55 € – Carte 48/69 €
◆ Ce vieux moulin à huile, blotti au cœur d'un exubérant jardin fleuri, est un régal ! Chambres contemporaines, sobres et élégantes. Piscine et mini spa. Salle à manger voûtée et terrasse pour déguster des menus uniques (variations autour d'un produit du terroir).

La Peiriero

36 av. des Baux – ✆ 04 90 54 76 10 – www.hotel-peiriero.com – Ouvert 15 fév.-15 nov.

42 ch – †93/214 € ††93/214 € – ☕ 14 €

Rest *(ouvert 1er avril-31 oct.)* – Menu 30/42 € – Carte 28/42 €

◆ Plaisant hôtel au milieu d'une pinède, bercé par le chant des cigales. Chambres pimpantes, de style provençal. Minigolf et jeu d'échecs géant. Plats traditionnels servis en salle (climatisée) ou sur la ravissante terrasse ouverte sur le parc.

Le Val Majour sans rest

22 rte d'Arles – ✆ 04 90 54 62 33 – www.levalmajour.com

32 ch – †65/160 € ††65/160 € – ☕ 12 €

◆ Dans un environnement tranquille, cet hôtel des années 1970 propose de spacieuses chambres colorées, parfois dotées d'un balcon tourné vers le parc. Salon et piscine agréables.

Hostellerie de la Tour

3 r. Plumelets, rte d'Arles – ✆ 04 90 54 72 21 – www.hotel-delatour.com – Ouvert 15 mars-30 oct.

10 ch – †65 € ††75 € – ☕ 11 € – ½ P 62/66 €

Rest *(fermé le midi)* – Menu 28 €

◆ Près de la tour des Abbés, petite auberge dont les chambres, simples et agréables (pin et tissus fleuris), entourent la piscine et le coquet jardin. Les amateurs de bouillabaisse ou de petits farcis se retrouveront sous les poutres de la salle à manger.

Le Patio

117 rte du Nord – ✆ 04 90 54 73 10 – www.lepatio-alpilles.com – Fermé vacances de la Toussaint, de fév., dim. soir et mardi soir hors saison, jeudi midi en saison et merc.

Rest – Formule 19 € – Menu 38/45 € – Carte 55/76 €

◆ Cette jolie bergerie du 18e s. s'égaye d'un bien agréable patio planté d'acacias et de palmiers. Cuisine aux parfums de la Provence tels que le basilic, la lavande, l'olive ou l'amande douce...

La Table du Meunier

42 cours Hyacinthe-Bellon – ✆ 04 90 54 61 05 – Fermé nov., 20-29 déc., fév., mardi sauf juil.-août et merc.

Rest *(nombre de couverts limité, réserver)* – Formule 22 € – Menu 27/35 € – Carte environ 43 €

◆ Non loin du moulin d'Alphonse Daudet, plus de meunier mais une cuisine provençale bien copieuse. Poulailler de 1765 et charmante terrasse décorée de... gallinacés.

rte de Tarascon 5 km au Nord-Ouest par D 33 – ✉ 13150 Tarascon

Les Mazets des Roches

rte de Fonvieille – ✆ 04 90 91 34 89 – www.mazetsdesroches.com – Ouvert d'avril à mi-oct.

38 ch – †60/137 € ††69/153 € – ☕ 12 €

Rest *(fermé jeudi midi et sam. midi sauf juil.-août)* – Formule 16 € – Menu 21 € (sem.), 27/44 € – Carte 21/44 €

◆ Idéal pour se mettre au vert (parc boisé, piscine de 25 m). Chambres fonctionnelles et confortables, égayées de boutis et de lin. Cuisine classique inspirée par la Provence (poisson à l'huile d'olive, citron et fenouil), servie dans la salle à manger-véranda.

FORBACH

– 57 Moselle – 307 M3 – 21 752 h. – Agglo. 104 074 h. – alt. 222 m – ✉ 57600 Alsace Lorraine **27 C1**

Paris 385 – Metz 59 – St-Avold 23 – Sarreguemines 21

Château Barrabino - Av St Rémi, ✆ 03 87 85 02 43, www.tourisme.forbach.com

XX **Le Schlossberg**

13 r. du Parc – ✆ 03 87 87 88 26 – Fermé 23 juil.-9 août, 27 déc.-11 janv., dim. soir, mardi soir et merc.

Rest – Menu 19 € (sem.), 30/53 € – Carte 34/54 €

◆ Bâti en pierre du pays, un restaurant adossé au parc du Schlossberg. La cuisine, bien que traditionnelle, se pare de touches contemporaines. Les plus : l'accueil charmant et la terrasse sous les tilleuls.

à Stiring-Wendel 3 km au Nord-Est par D 603 – 12 311 h. – alt. 240 m – ✉ 57350

1, place de Wendel, ✆ 03 87 87 07 65

XXX **La Bonne Auberge** (Lydia Egloff)

15 r. Nationale – ✆ 03 87 87 52 78 – Fermé 15-31 août, 28 déc.-7 janv., sam. midi, dim. soir et lundi

Rest – Menu 45 € (déj. en sem.), 65/115 € – Carte 70/100 €

Spéc. Tatin de foie d'oie aux coings (oct. à fév.). "Krumberkichl" de turbot au brou de noix. Crème soufflée à l'irish-coffee.

◆ Lydia Egloff prépare une cuisine inventive aux saveurs complexes, tandis que sa sœur vous accueille avec grâce. Une serre en guise de jardin d'hiver, des baies vitrées, un décor original, une belle carte des vins : l'enseigne dit la vérité !

à Rosbrück 6 km au Sud-Ouest – 763 h. – alt. 200 m – ✉ 57800

XXX **Auberge Albert Marie**

1 r. Nationale – ✆ 03 87 04 70 76 – Fermé 10-18 juil., sam. midi, dim. soir et lundi

Rest – Formule 26 € bc – Menu 39 € (déj.), 45/60 € – Carte 45/70 €

◆ Salle à manger bourgeoise, plafond à caissons, boiseries sombres : la tradition – savoureuse – est également à l'honneur sur la carte. Depuis quarante ans, cette maison enchante ses hôtes et n'usurpe guère sa belle réputation !

FORCALQUIER – 04 Alpes-de-Haute-Provence – 334 C9 40 B2

– 4 645 h. – alt. 550 m – ✉ 04300 Provence

Paris 747 – Aix-en-Provence 80 – Apt 42 – Digne-les-Bains 50

13, place du Bourguet, ✆ 04 92 75 10 02

Site★ - Cimetière classé★ - ✻★ de la terrasse N.-D. de Provence.

Mane★ - St-Michel-l'Observatoire★ - Observatoire de Haute-Provence★.

La Bastide Saint Georges sans rest

rte de Banon, 2 km par D 950 – ✆ 04 92 75 72 80 – www.bastidesaintgeorges.com – Fermé 22 nov.-25 déc. et 3 janv.-1er mars

21 ch – †110/255 € ††110/255 € – 1 suite – ☕ 17 €

◆ Beaucoup de charme en ce domaine paysagé. Les chambres sont décorées avec goût – et au naturel : bois, pierre, lin –, la plupart avec terrasse. Piscine, spa et massages.

X **Les Terrasses de la Bastide**

rte de Banon, (Domaine Bastide St Georges) – ✆ 04 92 73 32 35 – www.lesterrassesdelabastide.com – Fermé 28 nov.-20 déc., 1er fév.-6 mars, dim. soir, mardi midi et lundi sauf du 15 mai au 30 sept. et merc. midi

Rest – Formule 20 € bc – Menu 27 € – Carte 27/42 €

◆ Restaurant méditerranéen orné de photos sur le thème de l'olive. Cuisine traditionnelle du marché, avec en spécialité les pieds et paquets. Terrasse tournée vers le jardin.

à l'Est 4 km par D 4100 et rte secondaire – ✉ 04300 Forcalquier

Auberge Charembeau sans rest

rte de Niozelles, (Lieu-dit Charambau) – ✆ 04 92 70 91 70 – www.charembeau.com – Ouvert 1er mars-15 nov.

25 ch – †68/75 € ††68/127 € – ☕ 10 €

◆ Ferme du 18e s. dans un charmant parc vallonné. Cadre bucolique, bouquets de fleurs fraîches, grandes chambres de style provençal, piscine : comme une invitation à la détente...

à Mane 4 km au Sud par D 4100 – 1 355 h. – alt. 500 m – ✉ 04300

Couvent des Minimes rest,
chemin des Jeux de Maï – ☎ 04 92 74 77 77
– www.couventdesminimes-hotelspa.com
42 ch – †190/230 € ††190/490 € – 4 suites
Rest *Le Cloître* – voir les restaurants ci-après
Rest *Le Bancaou* – Menu 30/45 € – Carte 38/49 €
◆ Couvent des Minimes (1862) superbement mué en hôtel de luxe. Dans les chambres, décor sobre et raffiné (chêne massif, tons chauds) ; jardin aux nombreuses essences et spa signé L'Occitane.

Mas du Pont Roman sans rest
chemin de Châteauneuf , rte d'Apt – ☎ 04 92 75 49 46 – www.pontroman.com
10 ch – †70/80 € ††95 € – 9 €
◆ Près d'un vieux pont roman, un mas en pierre dans un joli jardin... Les plus : de ravissantes chambres provençales, des piscines balnéo et à contre-courant, un coquet salon...

Le Cloître – Hôtel Couvent des Minimes
chemin des Jeux de Maï – ☎ 04 92 74 77 77
– www.couventdesminimes-hotelspa.com – Fermé janv., mardi d'oct. à avril et lundi
Rest *(dîner seult)* – Menu 90/125 € – Carte 105/137 €
◆ Poêlée provençale, olives et croustillant de parmesan, selle d'agneau rôtie en croûte d'herbes... La cuisine méditerranéenne du Cloître ravit ; quant à la terrasse ombragée, elle est divine !

LA FORÊT-FOUESNANT – 29 Finistère – 308 H7 – 3 261 h. 9 B2
– alt. 19 m – ✉ 29940 Bretagne

Paris 552 – Concarneau 8 – Pont-l'Abbé 22 – Quimper 16
2, rue du Vieux Port, ☎ 02 98 51 42 07, www.foret-fouesnant-tourisme.com

Auberge St-Laurent
6 rte de Beg Menez, 2 km rte Concarneau par la côte – ☎ 02 98 56 98 07 – Fermé vacances de la Toussaint, de fév., dim. soir, lundi soir, mardi soir sauf de fin juin à début sept. et merc.
Rest – Formule 15 € – Menu 23/40 € – Carte 28/48 €
◆ Il est bon, parfois, de se délasser loin des circuits touristiques, de lézarder en terrasse, de profiter d'un jardin fleuri : ça ouvre l'appétit ! On n'en apprécie que mieux la cuisine du moment, parfois agrémentée de saveurs asiatiques.

FORGES-LES-EAUX – 76 Seine-Maritime – 304 J4 – 3 527 h. 33 D1
– alt. 161 m – Casino – ✉ 76440 Normandie Vallée de la Seine

Paris 117 – Rouen 44 – Abbeville 73 – Amiens 72
rue Albert Bochet, ☎ 02 35 90 52 10, www.forgesleseaux-tourisme.fr

Le Continental sans rest
av. des Sources, rte de Dieppe – ☎ 02 32 89 50 50 – www.domainedeforges.com
44 ch – †62/79 € ††72/79 € – 10 €
◆ Cette belle construction des années 1920 se trouve à deux pas du parc thermal et du casino. Les chambres sont spacieuses et contemporaines ; quant au salon et à la salle de petit-déjeuner, ils sont bien agréables.

FORT-MAHON-PLAGE – 80 Somme – 301 C5 – 1 317 h. – alt. 2 m 36 A1
– Casino – ✉ 80120 Nord Pas-de-Calais Picardie

Paris 225 – Abbeville 41 – Amiens 90 – Berck-sur-Mer 19
1000, avenue de la Plage, ☎ 03 22 23 36 00, www.fort-mahon-plage.com
de Belle-Dune, Promenade du Marquenterre, (près de l'Aquaclub), ☎ 03 22 23 45 50
Parc ornithologique du Marquenterre★★ S : 15 km.

Auberge Le Fiacre

à Routhiauville, 2 km au Sud-Est par rte de Rue – ✆ 03 22 23 47 30 – www.lefiacre.fr – Fermé 16 déc.-8 fév.

11 ch – 106/122 € 106/122 € – 3 suites – 15 €

Rest ***Auberge Le Fiacre*** – voir les restaurants ci-après

◆ Idéal pour se mettre au vert et découvrir la baie de Somme ! Dans cette ancienne ferme du Marquenterre, on apprécie les chambres douillettes et le joli jardin. Sans oublier la piscine, même si la mer n'est pas très loin.

La Terrasse

1461 av de la Plage – ✆ 03 22 23 37 77 – www.hotellaterrasse.com – Fermé 2-22 janv.

56 ch – 44/109 € 44/109 € – 11 € – ½ P 44/78 €

Rest ***La Terrasse*** – voir les restaurants ci-après

◆ Dans cet hôtel du front de mer, les chambres sont confortables et donnent sur le large ou, plus au calme, sur la cour. Parfait pour passer quelques jours dans cette petite station posée sur une plage immense.

Auberge Le Fiacre – Hôtel Auberge Le Fiacre

à Routhiauville, 2 km au Sud-Est par rte de Rue – ✆ 03 22 23 47 30 – www.lefiacre.fr – Fermé 16 déc.-8 fév., 12 nov.-15 mars et lundi midi

Rest – Menu 29/48 € – Carte 47/58 €

◆ L'influence ch'ti commence à se faire sentir (bière, ratte du Touquet, macarons d'Amiens, etc.), et le chef, d'origine belge, organise régulièrement des soirées à thème autour d'un produit. Un endroit sympathique, joliment rustique.

La Terrasse – Hôtel La Terrasse

1461 av de la Plage – ✆ 03 22 23 37 77 – www.hotellaterrasse.com – Fermé 2-22 janv.

Rest – Menu 15/50 € bc – Carte 30/60 €

◆ De cette Manche que l'on voit par les baies vitrées proviennent les succulents produits que le chef met à l'honneur. Du homard bien sûr mais aussi des huîtres, du bar rôti, de la sole, des maquereaux, le tout bien iodé.

LA FOSSETTE (PLAGE DE) – 83 Var – 340 N7 – rattaché au Lavandou

FOS-SUR-MER – 13 Bouches-du-Rhône – 340 E5 – 15 448 h. – alt. 11 m – ✉ 13270 Provence 40 A3

Paris 750 – Aix-en-Provence 55 – Arles 42 – Marseille 51

Place de l'Hotel de Ville, ✆ 04 42 47 71 96, www.fos-sur-mer.fr

Village ★.

Ariane Fos

rte d'Istres : 3 km – ✆ 04 42 05 00 57 – www.arianefoshotel.com

72 ch – 87/142 € 92/147 € – 11 €

Rest *(fermé sam. et dim.)* – Formule 16 € – Menu 20 € (sem.)/25 € – Carte 24/43 €

◆ Près de l'étang de l'Estomac, un hôtel confortable, pratique pour les affaires ou les réceptions. Chambres spacieuses et fonctionnelles. Équipements pour les séminaires. Cuisine traditionnelle (carpaccios, salades) dans une salle lumineuse, face à la piscine.

FOUCHÈRES – 10 Aube – 313 F5 – 494 h. – alt. 138 m – ✉ 10260 13 B3

Paris 189 – Troyes 25 – Bar-sur-Aube 42 – Bar-sur-Seine 11

Auberge de la Seine

1 fg de Bourgogne – ✆ 03 25 40 71 11 – www.aubergedelaseine.com – Fermé 19 déc.-2 janv., merc. du 1er sept. au 15 avril, dim. soir et lundi

Rest – Formule 19 € – Menu 29/68 € bc – Carte 40/60 €

◆ Relais de poste du 18es. avec une belle terrasse surplombant la Seine. On y mange une cuisine du moment, utilisant parfois des produits nobles (foie gras, ris de veau, truffes, homard). Le chef a également une prédilection pour le poisson.

FOUDAY – 67 Bas-Rhin – 315 H6 – 350 h. – ✉ 67130 Alsace Lorraine 1 A2

Paris 412 – St-Dié 34 – Saverne 55 – Sélestat 37

Julien

D 1420 – ✆ 03 88 97 30 09 – www.hoteljulien.com – Fermé 9-28 janv.

44 ch – 115 € 177 € – 15 suites – 16 € – ½ P 97/121 €

Rest *Julien* – voir les restaurants ci-après

◆ Un bien beau chalet, impressionnant dans son magnifique parc fleuri traversé par la Bruche. Les chambres sont raffinées, mariant la chaleur du bois à la richesse des étoffes, certaines avec jacuzzi. L'espace bien-être est superbe !

Julien

D 1420 – ✆ 03 88 97 30 09 – www.hoteljulien.com – Fermé 9-28 janv. et mardi

Rest – Menu 14 € (déj. en sem.), 22/60 € – Carte 32/50 €

◆ Serveuses en habit traditionnel, décor bourgeois typique des Vosges (tout en bois !), ici tout respire l'authenticité. À table, tradition française et terroir alsacien donnent ce qu'ils ont de meilleur. Et c'est copieux...

FOUESNANT – 29 Finistère – 308 G7 – 9 557 h. – alt. 30 m – ✉ 29170 9 B2

Bretagne

Paris 555 – Carhaix-Plouguer 69 – Concarneau 11 – Quimper 16

Espace Kernevelech, ✆ 02 98 51 18 88, www.tourisme-fouesnant.fr

18 de Cornouaille, à La Forêt-Fouesnant, Manoir du Mesmeur, E : 4 km par D 44, ✆ 02 98 56 97 09

L'Orée du Bois sans rest

4 r. Kergoadig, (près église) – ✆ 02 98 56 00 06 – www.hotel-oreedubois.com

15 ch – 40/80 € 40/80 € – 8 €

◆ Voilà un petit hôtel frais et sympathique où l'on vous accueille avec un grand sourire ! Les chambres sont simples, évoquant les délices de la mer toute proche. Prix tout doux, comme le climat...

au Cap Coz 2,5 km au Sud-Est par rte secondaire – ✉ 29170 Fouesnant

De la Pointe du Cap Coz

153 av. de la Pointe – ✆ 02 98 56 01 63 – www.hotel-capcoz.com – Fermé dernière sem. de nov., 1er janv.-12 fév. et dim. soir du 1er oct. au 15 mars

16 ch – 63/66 € 73/103 € – 12 € – ½ P 80/98 €

Rest *De la Pointe du Cap Coz* – voir les restaurants ci-après

◆ Cette bâtisse bretonne se dresse à l'extrémité de la pointe du Cap-Coz, sur une bande de sable prise entre l'Atlantique et l'anse de Port-la-Forêt. Les chambres vivent en symbiose avec les flots... Décoration sobre et élégante, d'esprit bord de mer.

Belle-Vue

30 descente Belle-Vue – ✆ 02 98 56 00 33 – www.hotel-belle-vue.com – Ouvert 1er mars-1er nov.

18 ch – 63/74 € 67/96 € – 10 € – ½ P 69/80 €

Rest *Belle-Vue* – voir les restaurants ci-après

◆ Quelle vue sur la baie de la Forêt-Fouesnant ! Les chambres sont pimpantes avec leurs couleurs claires et gaies et, bien entendu, elles donnent sur les flots ou le jardin. S'installer sur la terrasse face à la plage est un vrai plaisir...

De la Pointe du Cap Coz – Hôtel De la Pointe du Cap Coz

153 av. de la Pointe – ✆ 02 98 56 01 63 – www.hotel-capcoz.com – Fermé dernière sem. de nov., 1er janv.-12 fév., dim. soir de sept. à juin, lundi et mardi sauf les soirs en juil.-août et merc.

Rest – Menu 29/55 € – Carte 49/90 €

◆ Une petite maison blanche qui semble posée sur l'océan... C'est là, presque au bout du monde, qu'on apprécie la délicieuse cuisine du chef. Ce dernier valorise les produits de la pêche, sans pour autant oublier le terroir breton !

Belle-Vue – Hôtel Belle-Vue

30 descente Belle-Vue – ✆ 02 98 56 00 33 – www.hotel-belle-vue.com – Ouvert 1er mars-1er nov., fermé lundi

Rest – Menu 26/44 € – Carte 30/53 €

◆ Une adresse sympathique, juste en face de la plage. D'autant plus sympathique quand on déguste des langoustines bien fraîches, accompagnées d'une mayonnaise maison, du poisson frais ou un bon dessert. Pas de doute, le chef connaît son affaire !

à Beg-Meil 5 km au Sud par D 45 – ✉ 29170

Bistrot Chez Hubert

16 r. des Glénan – ✆ 02 98 94 98 04 – www.bistrotchezhubert.fr – Fermé 20-30 juin, 3 sem. en nov., mardi de sept. à juin et lundi

Rest – Formule 15 € – Menu 17 € (déj. en sem.) – Carte 32/48 €

◆ Un bistrot de famille : c'est l'arrière-grand-mère du chef qui le fonda en 1903. La cuisine bourgeoise y a toujours cours : poisson, gibier en saison et, en spécialité, pied de porc désossé farci au foie gras. Formule tapas au bar.

à la Pointe de Mousterlin 6 km au Sud-Ouest par D 145 et D 134 – ✉ 29170 Fouesnant

De la Pointe de Mousterlin

108 rte de la Pointe – ✆ 02 98 56 04 12 – www.mousterlinhotel.com – Fermé 12 fév.-6 mars, mardi midi, dim. soir et lundi du 17 oct. au 12 avril

43 ch – †61/157 € ††73/157 € – 1 suite – ☐ 15 €

Rest *De la Pointe de Mousterlin* – voir les restaurants ci-après

◆ Une dune plantée de pins et puis... la plage. L'hôtel est grand – pratique en plein été – avec des chambres spacieuses et agréables. En plus, il y a tout ce qu'il faut pour les loisirs. Les amoureux de la mer et de la nature vont adorer !

De la Pointe de Mousterlin

108 rte de la Pointe – ✆ 02 98 56 04 12 – www.mousterlinhotel.com – Fermé 12 fév.-6 mars, mardi midi, dim. soir et lundi du 17 oct. au 12 avril

Rest – Formule 19 € – Menu 25/45 € – Carte 47/58 €

◆ Le chef a beau être anglais, sa cuisine a l'accent du terroir... marin, mais pas seulement ! Oui, il y a les fruits de mer, le poisson frais, mais aussi du lapin braisé, de l'andouille aux pommes caramélisées...

FOUGÈRES – 35 Ille-et-Vilaine – 309 O4 – 20 078 h. – alt. 115 m 10 D2 – ✉ 35300 Bretagne

Paris 326 – Avranches 44 – Laval 53 – Le Mans 132

2, rue Nationale, ✆ 02 99 94 12 20, www.ot-fougeres.fr

Château★★ - Église St-Sulpice★ - Jardin public★ : ≤★ - Vitraux★ de l'église St-Léonard - Rue Nationale★.

Plan page suivante

Les Voyageurs sans rest

10 pl. Gambetta – ✆ 02 99 99 08 20 – www.hotel-fougeres.fr – Fermé 22 déc.-2 janv. BYe

32 ch – †57/61 € ††71/130 € – ☐ 11 €

◆ Établissement centenaire situé au cœur de la ville haute, bien tenu et peu à peu renové. De colorées et fonctionnelles, les chambres y gagnent un esprit contemporain, plus cosy.

Haute Sève

37 bd Jean-Jaurès – ✆ 02 99 94 23 39 – www.lehauteseve.fr – Fermé 24 juil.-21 août, 1er-20 janv., 20 fév.-9 mars, dim. soir et lundi BYz

Rest – Menu 21 € bc (déj. en sem.), 26/45 € – Carte 39/51 €

◆ L'avenante façade à colombages abrite une salle à manger relookée dans un esprit contemporain. Cuisine régionale mise au goût du jour, à base de bons produits du terroir.

Baron (R.)	BY	3
Le Bouteiller (R.)	AY	16
Briand (Pl. A.)	BY	5
Feuteries (R. des)	BY	8
Forêt (R. de la)	BY	
Foskéraly (R.)	AY	10
Gaulle (Av. Gén.-de)	BY	12
Grande Douve (Pl. de la)	BY	13
Jean-Jaurès (Bd)	BY	
Leclerc (Bd Mar.)	BY	17
Lusignan (R. de)	AY	19
Mendès-France (R. P.)	BYZ	20
Nançon (R. du)	AY	22
Nationale (R.)	ABY	
Porte-Rogers (R.)	BY	26
Porte-St-Léonard (R.)	AY	28
Providence (R. de la)	AY	29
Sévigné (R. Mme de)	BZ	32
Tanneurs (R. des)	AY	38
Tribunal (R. du)	BY	40
Verdun (R. de)	BY	42

FOUGEROLLES – 70 Haute-Saône – **314** G5 – **3 841 h. – alt. 311 m** **17** C1
– ✉ **70220** Franche-Comté Jura

Paris 374 – Épinal 49 – Luxeuil-les-Bains 10 – Remiremont 25

1, rue de la Gare, ✆ 03 84 49 12 91, www.otsi-fougerolles.net

Ecomusée du Pays de la Cerise et de la Distillation★.

XX **Au Père Rota**

8 Grande Rue – ✆ 03 84 49 12 11 – Fermé 31 août-4 sept., 2-30 janv., dim. soir, lundi et mardi

Rest – Formule 21 € – Menu 27 € (déj.), 35/70 € – Carte 52/80 €

◆ Fougerolles, son kirsch et... son Père Rota, un restaurant feutré, où l'on déguste une bonne cuisine authentique (poularde, gratin dauphinois...). Beaux millésimes en cave.

FOURAS – 17 Charente-Maritime – **324** D4 – **4 095 h. – alt. 5 m** **38** A2
– Casino – ✉ **17450** Poitou Vendée Charentes

Paris 485 – Châtelaillon-Plage 18 – Rochefort 15 – La Rochelle 34

avenue du Bois Vert, ✆ 05 46 84 60 69, www.rochefort-ocean.com

Donjon ✱★.

Grand Hôtel des Bains sans rest

15 r. Gén. Bruncher – ✆ 05 46 84 03 44 – www.grandhotel-desbains.fr – Ouvert 16 mars-4 nov.

31 ch – †45/65 € ††45/80 € – ☕ 9 €

◆ Le "plus" de cet ancien relais de poste ? La chambre 1, face à la mer. Les autres donnent côté rue (double-vitrage) ou sur le patio fleuri, agréable l'été – d'autant que l'on y prend le petit-déjeuner.

FOURMIES – 59 Nord – **302** M7 – 12 996 h. – alt. 200 m – ✉ 59610 **31** D3
Nord Pas-de-Calais Picardie
Paris 214 – Avesnes-sur-Helpe 16 – Charleroi 60 – Hirson 14
20a rue Jean Jaurès, ✆ 03 27 61 16 79, www.cc-actionpaysdefourmies.fr
Musée du textile et de la vie sociale★.

aux Étangs-des-Moines 2 km à l'Est par D 964 et rte secondaire – ✉ 59610 Fourmies

Ibis sans rest
r. des Étangs des Moines – ✆ 03 27 60 21 54
31 ch – 59/66 € 59/66 €
◆ En lisière de forêt, relais motard dont le propriétaire organise des excursions "moto verte". Chambres fonctionnelles et bien tenues, donnant sur les étangs ou la verdure.

FRANCESCAS – 47 Lot-et-Garonne – **336** E5 – 708 h. – alt. 109 m **4** C2 – ✉ 47600
Paris 720 – Agen 28 – Condom 18 – Nérac 14

Le Relais de la Hire
11 r. Porte-Neuve – ✆ 05 53 65 41 59 – www.la-hire.com – Fermé 27 oct.-4 nov., vacances de fév., dim. soir, mardi soir, merc. soir et lundi
Rest *(réserver)* – Formule 15 € – Menu 25/56 € – Carte 40/60 €
◆ Confortable décor classique, charmante terrasse au cœur des plantes aromatiques – dont un bel arbre poivrier du Sichuan – que le chef utilise dans ses recettes... Il fait bon s'installer ici, autour de plats régionaux qui suivent l'air du temps.

FRÉHEL – 22 Côtes-d'Armor – **309** H3 – 1 551 h. – alt. 72 m – Casino **10** C1 – ✉ 22240
Paris 433 – Dinan 38 – Lamballe 28 – St-Brieuc 40
place de Chambly, ✆ 02 96 41 57 23
☼★★★.
Fort La Latte★★ : site★★, ☼★★ SE : 5 km.

Le Victorine
3 pl. Chambly – ✆ 02 96 41 55 55 – www.levictorine.net – Fermé 21 oct.-12 nov., 24 fév.-12 mars, dim. soir et lundi sauf de mi-juil. à fin août
Rest – Menu 15 € (déj. en sem.), 22/38 € – Carte 23/52 €
◆ Sur la place du village, un restaurant traditionnel tenu en famille. Le chef concocte des plats bien généreux et vous régalera peut-être d'une terrine de caille au foie gras, d'un lieu jaune à la nantaise ou d'un lapin aux pruneaux...

FRÉJUS – 83 Var – **340** P5 – 52 687 h. – alt. 20 m – ✉ 83600 **41** C3
Côte d'Azur
Paris 868 – Cannes 40 – Draguignan 31 – Hyères 90
✆ 3635 (dîtes auto-train - 0,34 €/mn)
249, rue Jean Jaurès, ✆ 04 94 51 83 83, www.frejus.fr
de Roquebrune, à Roquebrune-sur-Argens, Quartier des Planes, O : 6 km par D 8, ✆ 04 94 19 60 35
de Valescure, à Saint-Raphaël, Route des golfs, NE : 8 km, ✆ 04 94 82 40 46
Groupe épiscopal★★ : baptistère★★, cloître★, cathédrale★ - Ville romaine★ A : arènes★ - Parc zoologique★ N : 5 km par ③.

Plans pages suivantes

L'Aréna
145 r. Gén. de Gaulle – ✆ 04 94 17 09 40 – www.hotel-frejus-arena.com – Fermé nov. Cr
39 ch – 89/130 € 89/130 € – 14 €
Rest – Formule 19 € – Menu 26/65 € – Carte 39/78 €
◆ Chambres cosy (tissus régionaux, mobilier peint, faïence…), patio odorant, piscine bleu azur : un pur concentré de Provence dans cette délicieuse maison proche des arènes. Au restaurant, vous goûterez une cuisine gorgée de soleil.

FRÉJUS

Agachon (Av. de l') . . . . A 2
Alger (Bd) . . . . B 5
Brosset (Av. du Gén.) . . . . . AB 13
Carrara (R. Jean) . . . . A 16
Decuers (Bd S.) . . . . A 23
Donnadieu (R.) . . . . B 24
Einaudi (R. Albert) . . . . A 25
Europe (Av. de l') . . . . A 26
Fabre (Av. Hippolyte) . . . . . . B 27
Garros (R. Roland) . . . . B 32
Libération (Bd de la) . . . . . . B 40
Papin (R. Denis) . . . . B 46
Triberg (R. de) . . . . A 53
Verdun (Av. de) . . . . A 56
Victor-Hugo (Av.) . . . . B 60
XVe-Corps (Av. du) . . . . A 62

ST-RAPHAËL

Coty (Promenade René) . . . . B 20
Gaulle (Av. du Gén.-de) . . . . . B 33
Leclerc (Av. Mar.) . . . . B 39
Mimosas (Bd des) . . . . B 43
Myrtes (Av. des) . . . . B 45
Poincaré (Av. Raymond) . . . . B 47
Rivière (Av. Théodore) . . . . . . B 51
Valescure (Av. de) . . . . B 54

L'Amandier

19 r. Marc-Antoine-Desaugiers – ✆ 04 94 53 48 77 – www.restaurant-lamandier.com – Fermé vacances de la Toussaint, 31 déc.-10 janv., lundi midi, merc. midi et dim. **Dv**

Rest *(nombre de couverts limité, réserver)* – Formule 21 € – Menu 25/38 € – Carte 35/49 €

◆ Une adresse sympathique à deux pas de la mairie. Deux salles sobrement rustiques, dont une voûtée. Cuisine méridionale tout simplement bonne et belle sélection de vins.

à Fréjus-Plage AB – ✉ 83600 Fréjus

L'Oasis sans rest

imp. Charcot – ✆ 04 94 51 50 44 – www.hotel-oasis.net – Ouvert 1er fév.-12 nov.

27 ch – †39/73 € ††39/73 € – ☕ 8 € **Bh**

◆ Il règne une ambiance familiale dans cet hôtel des années 1950 situé dans un quartier calme. Chambres fonctionnelles néo-rustiques. Petit-déjeuner sous la pergola en saison.

Atoll sans rest

923 bd de la Mer – ✆ 04 94 51 53 77 – www.atollhotel.fr **At**

30 ch – †47/75 € ††47/75 € – ☕ 7 €

◆ À proximité des plages et de la marina, petit établissement familial tout simple abritant des chambres bien tenues, fonctionnelles et sobrement aménagées.

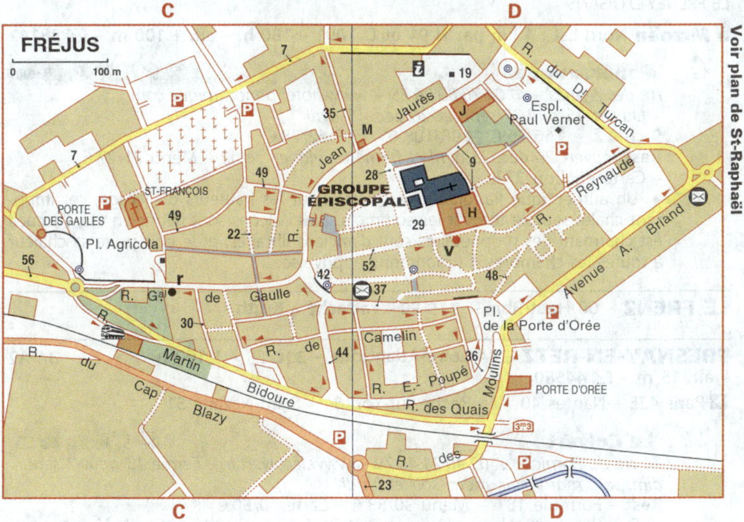

Aubenas (R. Joseph) . . . . **C** 7	Formigé (Pl.) . . . . **D** 29	Liberté (Pl. de la) . . . . **C** 42
Beausset (R. du) . . . . **D** 9	Gallus (R.) . . . . **C** 30	Montgolfier (R.) . . . . **C** 44
Clemenceau (Pl. G.) . . . . **D** 19	Girardin (R.) . . . . **C** 35	Portalet (Passage du) . . . . **D** 48
Craponne (R.) . . . . **C** 22	Glacière (Pl. de la) . . . . **D** 36	Potiers (R. des) . . . . **C** 49
Decuers (Bd S.) . . . . **D** 23	Grisolle (R.) . . . . **D** 37	Sieyès (R.) . . . . **D** 52
Fleury (R. de) . . . . **D** 28	Jean-Jaurès (R.) . . . . **C**	Verdun (Av. de) . . . . **C** 56

Le Mérou Ardent

157 bd la Libération – ✆ 04 94 17 30 58
– Fermé 1 sem. en juin, 20 nov.-25 déc., sam. midi, lundi midi et jeudi midi en juil.-août, merc. et jeudi de sept. à juin **Be**

Rest – Menu 18/36 € – Carte 25/50 €

◆ Sympathique restaurant du front de mer où la carte, plutôt traditionnelle, privilégie les recettes de poisson. Aux beaux jours, service en terrasse, face à la plage.

Une bonne table sans se ruiner ? Repérez les Bib Gourmand.

FRÉLAND – 68 Haut-Rhin – 315 H7 – 1 408 h. – alt. 425 m – ✉ 68240 2 C2

▶ Paris 438 – Colmar 20 – Mulhouse 63 – Strasbourg 91

La Haute Grange sans rest

la Chaude Côte – ✆ 03 89 71 90 06 – www.lahautegrange.fr

4 ch – †90/120 € ††110/140 €

◆ Un indéniable cachet ! Adossée à une colline, cette maison ancienne est bucolique et charmante. Les propriétaires l'ont décorée avec soin, mêlant raffinement contemporain et patine des ans. Après une nuit sereine – les chambres sont épurées et toutes différentes –, on savoure un délicieux petit-déjeuner.

LE FRENEY-D'OISANS – 38 Isère – 333 J7 – 273 h. – alt. 926 m – ✉ 38142 45 C2

▶ Paris 626 – Bourg-d'Oisans 12 – La Grave 16 – Grenoble 64

ℹ Le Village, ✆ 04 76 80 05 82

◉ Barrage du Chambon★★ SE : 2 km - Gorges de l'Infernet★ SO : 2 km

Alpes du Nord

à Mizoën Nord-Est : 4 km par N 91 et D 1091 – 180 h. – alt. 1 100 m – ✉ 38142

Panoramique

rte des Aymes – ✆ 04 76 80 06 25 – www.hotel-panoramique.com – Ouvert 15 mai-27 sept. et 26 déc.-15 avril

9 ch – †66/76 € ††98/108 € – ½ P 62/78 €

Rest *(ouvert 26 déc.-25 avril et fermé le midi en sem.)* – Menu 21/27 € – Carte environ 27 €

◆ Un authentique Panoramique ! Perché sur les hauteurs du village, cet imposant chalet semble tutoyer les sommets... Les balcons sont fleuris en été, l'accueil est charmant (les propriétaires sont d'anciens libraires) et le bois prête sa chaleur à toutes les chambres. La montagne apprivoisée...

LE FRENZ – 68 Haut-Rhin – **315** F9 – rattaché à Kruth

FRESNAY-EN-RETZ – 44 Loire-Atlantique – **316** E5 – 1 169 h. – alt. 15 m – ✉ 44580 **34** A2

Paris 425 – Nantes 40 – La Roche-sur-Yon 64 – Saint-Nazaire 51

Le Colvert

14 rte de Pornic – ✆ 02 40 21 46 79 – www.lecolvert.fr – Fermé 13 août-7 sept., dim. soir, mardi soir, merc. soir et lundi

Rest – Formule 18 € – Menu 30/53 € – Carte 40/50 €

◆ Deux espaces selon vos envies : côté col, une salle élégante où déguster une cuisine soignée ; côté vert, une brasserie conviviale, au décor vigneron (bonne formule déjeuner).

FRESNE-CAUVERVILLE – 27 Eure – **304** C6 – 201 h. – alt. 160 m – ✉ 27260 **33** C2

Paris 155 – Évreux 59 – Le Havre 134928 – Rouen 81

Le Clos de l'Ambroisie

La Forge Subtile, 500 m au Sud-Est – ✆ 02 32 42 76 40 – www.closdelambroisie.fr

4 ch – †70 € ††80 €

Table d'hôte *(fermé lundi, merc., vend. et dim.)* – Menu 28 € bc

◆ Une magnifique longère du 18^e^s. – un ancien pressoir – au milieu d'un beau jardin fleuri, comme une invitation à la détente... Thématiques colorées et souvent florales dans les chambres et cuisine traditionnelle teintée d'exotisme à la table d'hôte (sur réservation).

LE FRET – 29 Finistère – **308** D5 – rattaché à Crozon

FRICHEMESNIL – 76 Seine-Maritime – **304** G4 – rattaché à Clères

---

FROENINGEN – 68 Haut-Rhin – **315** H10 – rattaché à Mulhouse

---

FROIDETERRE – 70 Haute-Saône – **314** H6 – rattaché à Lure

FRONCLES-BUXIERES – 52 Haute-Marne – **313** K4 – 1 618 h. – alt. 226 m – ✉ 52320 **14** C3

Paris 282 – Bar-sur-Aube 41 – Chaumont 28 – Neufchâteau 52

Au Château

Parc d'Activités – ✆ 03 25 02 93 84 – www.restaurant.auchateau.monsite.orange.fr – Fermé vacances de Noël, sam. midi et dim. soir

Rest – Menu 13 € (déj. en sem.), 27/52 € – Carte 39/60 €

◆ Non pas un château, mais l'ancienne demeure du maître de forges ! On y dîne dans trois petits salons bourgeois ou sur la terrasse couverte, face au parc. Cuisine audacieuse.

FRONTONAS – 38 Isère – **333** E4 – 1 830 h. – alt. 260 m – ✉ 38290 **44** B2

Paris 495 – Ambérieu-en-Bugey 44 – Lyon 34 – La Tour-du-Pin 26

Auberge du Ru

Le Bergeron – ✆ 04 74 94 25 71 – www.aubergeduru.fr – Fermé 9-31 juil., 19-28 fév., dim. soir, lundi et mardi

Rest – Formule 19 € bc – Menu 29/49 €

◆ Décor frais et original (tons mode, clins d'œil culinaires, toiles monochromes) et saveurs du moment sont au menu de cette petite maison régionale. Le patron, sommelier professionnel, saura vous conseiller de jolis côtes-du-rhône.

LA FUSTE – 04 Alpes-de-Haute-Provence – **334** D10 – rattaché à Manosque

FUTEAU – 55 Meuse – **307** B4 – rattaché à Ste-Menehould (51 Marne)

FUVEAU – 13 Bouches-du-Rhône – **340** I5 – 8 894 h. – alt. 283 m – ✉ 13710 **40** B3

Paris 765 – Brignoles 53 – Manosque 73 – Marseille 36

5 cours Victor Leydet, ✆ 04 42 50 49 77, www.fuveau-tourisme.com

Mona Lisa Ste-Victoire

375 R.D 6, (face au golf de Château l'Arc) – ✆ 04 42 68 19 19 – www.seml.fr

81 ch – †65/125 € ††65/125 € – ☐ 10 €

Rest *(fermé sam. et dim. d'oct. à avril et le midi)* – Menu 18/24 €

◆ Bâtiment récent, pour les amateurs de golf (terrain tout proche). Chambres reposantes et bien pensées, certaines avec vue sur la Ste-Victoire. Sauna et fitness. Lumineux restaurant dont les baies vitrées s'ouvrent sur la terrasse et la piscine.

LA GACILLY – 56 Morbihan – **308** S8 – 2 263 h. – alt. 22 m – ✉ 56200 **10** C2

Paris 415 – Nantes 96 – Rennes 64 – Vannes 65

Place de la Ferronnerie, ✆ 02 99 08 21 75, www.paysdelagacilly.com

La Grée des Landes

1,5 km au Sud-Est par rte de Cournon – ✆ 02 99 08 50 50 – www.lagreedeslandes.com – Fermé 2-8 janv.

29 ch – †135/145 € ††135/145 € – ☐ 13 € – ½ P 110/120 €

Rest ***Les Jardins Sauvages*** – voir les restaurants ci-après

◆ Un vrai concept que cet "éco-hôtel spa" Yves Rocher : architecture bioclimatique et matériaux bruts (lin, coton, chêne). Soins esthétiques et repos total face à la vallée de l'Aff.

Les Jardins Sauvages – Hôtel La Grée des Landes

1,5 km au Sud-Est par rte de Cournon – ✆ 02 99 08 50 50 – www.lagreedeslandes.com – Fermé 2-8 janv.

Rest – Formule 20 € – Menu 27 € (déj. en sem.), 32/70 € – Carte 45/58 €

◆ La Grée des Landes, hôtel écolo made by Yves Rocher, se devait d'avoir un restaurant en accord avec ses principes. C'est chose faite avec ces Jardins Sauvages, où traçabilité et produits locavores (potager bio) dominent.

GAGNY – 93 Seine-Saint-Denis – **305** G7 – **101** 18 – voir à Paris, Environs

GAILLAC – 81 Tarn – **338** D7 – 13 127 h. – alt. 143 m – ✉ 81600 **29** C2

Midi-Toulousain

Paris 672 – Albi 26 – Cahors 89 – Castres 52

Abbaye Saint-Michel, ✆ 05 63 57 14 65, www.tourisme-vignoble-bastides.com

Vigne en Foule

80 pl. de la Libération – ✆ 05 63 41 79 08 – www.vigneenfoule.com

Rest – Formule 13 € – Menu 16 € (déj.) – Carte 17/60 €

◆ Ici, la vigne règne en maître ! Le midi, on sert des plats simples aux saveurs franches – tapas, velouté de courgette, carpaccio, etc. –, accompagnés de bons vins nature. Le soir, les menus jouent la bistronomie. Attention, il y a foule !

La Table du Sommelier
34 pl. du Griffoul – ✆ 05 63 81 20 10 – www.latabledusommelier.com – Fermé dim. sauf juil.-août et lundi
Rest – Formule 14 € – Menu 18 € (déj.)/45 € bc
◆ Avec une telle enseigne, nul doute, c'est Bacchus que l'on célèbre dans ce "bistrot-boutique" situé sous les arcades de la place du marché. Les accords mets-vins y sont à l'honneur, bien sûr !

GAILLARD – 74 Haute-Savoie – 328 K3 – rattaché à Annemasse

GAILLON – 27 Eure – 304 I7 – 7 052 h. – alt. 15 m – ✉ 27600 33 D2
Normandie Vallée de la Seine
Paris 94 – Les Andelys 13 – Évreux 25 – Rouen 48
4, place Aristide Briand, ✆ 02 32 53 08 25, www.ville-gaillon.fr
de Gaillon, Les Artaignes, E : 1 km par D 515, ✆ 02 32 53 89 40

à Vieux-Villez 4 km à l'Ouest par D 6015 – 199 h. – alt. 125 m – ✉ 27600

Château Corneille
17 r. de l'Église – ✆ 02 32 77 44 77 – www.chateau-corneille.fr
20 ch – †92 € ††110 € – ☕ 12 €
Rest *La Closerie* *(fermé sam. midi et dim. soir)* – Formule 14 € – Menu 22/37 € – Carte 30/55 €
◆ Est-ce la quiétude du parc planté d'arbres centenaires, le cachet de ce manoir du 18e s., ou encore le confort sobre et douillet des chambres ? En tout cas, on prendrait bien racine au Château Corneille !

à St-Aubin-sur-Gaillon 2 km au Sud – 1 660 h. – alt. 130 m – ✉ 27600

L'Atelier de Jacques
r. du Bois-de-Saint-Paul, (ZA des Champs-Chouette), sortie 17 par A13 – ✆ 02 32 54 06 33 – www.erisay-brasserie.fr – Fermé 22 juil.-22 août, 23 déc.-2 janv., le soir du lundi au jeudi, sam. midi et dim.
Rest – Formule 20 € – Menu 25/38 € – Carte 27/45 €
◆ Une brasserie des temps modernes, à la fois conviviale et contemporaine dans son bâtiment cubique. Ravioles de homard, assiette du boucher, etc. L'adresse plaira aux amateurs de cuisine authentique revisitée et de produits de saison !

GALLARGUES-LE-MONTUEUX – 30 Gard – 339 J6 – 3 199 h. – alt. 55 m – ✉ 30660 23 C2
Paris 735 – Montpellier 36 – Nîmes 26 – Arles 51

Orchidéa
9 pl. Coudoulié – ✆ 04 66 73 34 07 – Fermé dim.
Rest – Formule 18 € – Menu 26 € (déj. en sem.)/34 € – Carte environ 50 €
◆ Une maison conviviale, d'esprit "table d'hôte". Au gré de son inspiration et du marché, le chef concocte une alléchante ardoise du jour, teintée de saveurs méridionales.

GAMBAIS – 78 Yvelines – 311 G3 – 2 422 h. – alt. 119 m – ✉ 78950 18 A2
Paris 55 – Dreux 27 – Mantes-la-Jolie 32 – Rambouillet 22

Auberge du Clos St-Pierre
2 bis r. Goupigny – ✆ 01 34 87 10 55 – www.restaurant-clossaintpierre-78.com – Fermé 29 juil.-21 août, dim. soir, mardi soir et lundi
Rest – Formule 20 € – Menu 24 € (déj.), 38/43 €
◆ Une cuisine de tradition se concocte derrière la devanture rouge de cette auberge. Salle avenante (murs jaunes, cheminée) et, l'été, tables au jardin, à l'ombre du tilleul.

GANNAT – 03 Allier – 326 G6 – 5 868 h. – alt. 345 m – ✉ 03800 5 B1
Auvergne
Paris 383 – Clermont-Ferrand 49 – Montluçon 78 – Moulins 58
11, place Hennequin, ✆ 04 70 90 17 78, www.bassin-gannat.com
Évangéliaire★ au musée municipal (château).

Le Frégénie

4 r. des Frères-Bruneau – ✆ 04 70 90 04 65 – www.le-fregenie.com – Fermé 26 déc.-4 janv., le soir sauf vend. et sam.

Rest – Menu 15 € (déj. en sem.), 24/44 €

◆ Un ancien relais de poste bourbonnais à la décoration classique, où l'on vous reçoit avec chaleur. Cuisine gastronomique respectueuse des produits, et toujours de saison.

GAP – 05 Hautes-Alpes – 334 E5 – 38 584 h. – alt. 735 m – ✉ 05000 **41** C1

Alpes du Sud

Paris 665 – Avignon 209 – Grenoble 103 – Sisteron 52

2a, cours Frédéric Mistral, ✆ 04 92 52 56 56, www.gap-tourisme.fr

Alpes Provence Gap Bayard, Station Gap Bayard, par rte de Grenoble : 7 km, ✆ 04 92 50 16 83

Vieille ville★ - Musée départemental★.

GAP

Balmens (R.)	Z	3
Carnot (R.)	Z	4
Curie (Bd P. et M.)	Y	5
Dumont (Av. du Cdt)	Y	6
Euzières (Pl. Frédéric)	Z	7
Eymar (R. Jean)	Y	8
Faure-du-Serre (R.)	Y	9
France (R. de)	Y	10
Jean-Jaurès (Av.)	Z	12
Ladoucette (Cours)	Y	13
Libération (Bd de)	Y	14
Mazel (R. du)	Z	15
Moreau (R. E.)	Z	16
Révelly (Pl. du)	Y	17
Roux (R. Colonel)	Z	19
St-Arnoux (Pl.)	Z	20
Valserres (R. de)	Z	23

Le Clos

20 ter av. du cdt. Dumont, par ① rte Grenoble et chemin privé – ✆ 04 92 51 37 04 – www.leclos.fr – Fermé 18 oct.-23 nov. et dim.
28 ch – 53/60 € 53/60 € – 10 € – ½ P 51/58 €
Rest *Le Clos* – voir les restaurants ci-après
◆ À 500 m du centre-ville, une sympathique maison avec des chambres bien conçues, dont certaines avec balcon... et il y a aussi des jeux pour les enfants dans le jardin : un endroit simple mais bien tenu.

Kyriad sans rest

5 chemin des Matins Calmes, par ③ : 2,5 km (près piscine), rte Sisteron – ✆ 04 92 51 57 82 – www.kyriad.com
26 ch – 60/80 € 60/80 € – 9 €
◆ Aux portes de Gap, sur la route Napoléon, un hôtel accueillant qui dispose de chambres fraîches et spacieuses. Joli jardin fleuri où l'on sert le petit-déjeuner à la belle saison.

Patalain

2 pl. Ladoucette – ✆ 04 92 52 30 83 – www.lepatalain.com – Fermé 31 déc.-25 janv., dim. et lundi Y**d**
Rest – Menu 40/45 € – Carte environ 43 €
Rest *Bistro du Patalain* – Formule 17 € – Menu 20/25 €
◆ Belle maison de maître (1890) dotée d'un jardin et d'une terrasse sous une glycine. Carte traditionnelle proposée dans une salle bourgeoise classiquement aménagée. Au Bistro, ambiance "bouchon lyonnais", menu du jour inscrit sur ardoise et plats régionaux.

Le Pasturier

18 r. Pérolière – ✆ 04 92 53 69 29 – www.restaurantlepasturier.com – Fermé 25 juin-3 juil., 26 nov.-3 déc., 2-15 janv., mardi midi, dim. soir et lundi
Rest – Formule 18 € – Menu 29/43 € – Carte 43/56 € Y**a**
◆ Décor aux tons ensoleillés dans cette sympathique petite adresse du vieux Gap. Cuisine régionale et beau livre de cave ; terrasse ombragée sur l'arrière.

Le Bouchon

4 La Placette – ✆ 04 92 46 02 43 – fermé 24 déc.-4 janv., 2 sem. en mai, 24 août-3 sept., dim. et lundi Y**b**
Rest – Formule 15 € – Carte 25/40 €
◆ Sur une placette du centre-ville, un bistrot chaleureux dont le décor est dédié... au vin. Goûteuse et généreuse cuisine du marché, bien dans son temps, à base de légumes bio.

Le Clos – Hôtel Le Clos

20 ter av. du cdt. Dumont, par ① rte Grenoble et chemin privé – ✆ 04 92 51 37 04 – www.leclos.fr – Fermé 18 oct.-23 nov., lundi et dim. soir
Rest – Menu 19/31 € – Carte 25/40 €
◆ Buffet de hors-d'œuvre, petits plats traditionnels – agneau rôti au miel de lavande, filet mignon à la réglisse, entre autres. Un restaurant sympathique, avec une jolie terrasse pour les beaux jours.

à La Bâtie-Neuve 10 km par ② – 2 116 h. – alt. 852 m – ✉ 05230

La Pastorale sans rest

Les Brès, 4 km au Nord-Est par D 214 et D 614 – ✆ 04 92 50 28 40 – www.lapastorale.net – Ouvert 1er mai-30 oct.
8 ch – 82 € 82/109 € – 10 €
◆ Il faut emprunter de petites routes en lacets pour rallier cette bâtisse du 16es. Entre ses murs biscornus, les chambres sont délicieuses ! Salle voûtée pour le petit-déjeuner.

GAPENNES – 80 Somme – 301 E6 – 258 h. – alt. 76 m – ✉ 80150 — 36 A1

Paris 178 – Abbeville 62 – Amiens 17 – Berck 50

La Nicoulette sans rest

7 r. de St-Riquier – ✆ 03 22 28 92 77 – www.nicoulette.com – Fermé 11 nov.-14 fév.
5 ch – 80 € 85/95 €
◆ Mobilier chiné çà et là, briques apparentes, chambres de plain-pied sur le joli jardin... Cette ancienne ferme picarde ne manque pas de charme. Jacuzzi pour la détente.

GARABIT (VIADUC DE) – 15 Cantal – 330 H5 – voir à Viaduc de Garabit

LA GARDE – 04 Alpes-de-Haute-Provence – 334 H10 – rattaché à Castellane

LA GARDE – 48 Lozère – 330 H5 – rattaché à St-Chély-d'Apcher

LA GARDE-ADHÉMAR – 26 Drôme – 332 B7 – 1 141 h. – alt. 178 m 44 B3
– ✉ 26700 Lyon Drôme Ardèche

Paris 624 – Montélimar 24 – Nyons 42 – Pierrelatte 7

le village, ✆ 04 75 04 40 10

Église★ – ≤★ de la terrasse.

Le Logis de l'Escalin

Les Mamarteaux, 1 km au Nord par D 572 – ✆ 04 75 04 41 32 – www.lescalin.com

14 ch – †66/90 € ††70/95 € – ☕ 12 €

Rest *Le Logis de l'Escalin* – voir les restaurants ci-après

◆ À la sortie du village et au grand calme, cette belle ferme – façon mas provençal – propose des chambres aux couleurs du Sud, assez confortables.

Le Logis de l'Escalin

Les Mamarteaux, 1 km au Nord par D 572 – ✆ 04 75 04 41 32 – www.lescalin.com – Fermé dim. soir et lundi

Rest – Formule 21 € bc – Menu 26 € (sem.), 32/65 € – Carte 46/82 €

◆ Filet mignon sur une pâte feuilletée aux oignons et olives, façon pissaladière ; petits légumes provençaux marinés et grillés... Une goûteuse cuisine traditionnelle, à savourer près de la cheminée ou sous le platane.

LA GARDE-GUÉRIN – 48 Lozère – 330 L8 – ✉ 48800 23 C1
Languedoc Roussillon

Paris 610 – Alès 59 – Aubenas 69 – Florac 71

Donjon ✵★ – Belvédère du Chassezac★★.

Auberge Régordane

Prévenchères – ✆ 04 66 46 82 88 – www.regordane.com – Ouvert 14 avril-29 sept.

16 ch – †62/73 € ††62/73 € – ☕ 10 € – ½ P 61/69 €

Rest – Menu 22/41 € – Carte 37/61 €

◆ Au cœur d'un village fortifié entouré de lande et interdit à la circulation, cette demeure seigneuriale (16es.) mêle charme des vieilles pierres et esprit monacal. Au restaurant, on admire la salle voûtée et son superbe cantou (cheminée) ; cuisine du terroir.

LA GARENNE-COLOMBES – 92 Hauts-de-Seine – 311 J2 – 101 – voir à Paris, Environs

GARGAS – 84 Vaucluse – 332 F10 – 2 986 h. – alt. 275 m – ✉ 84400 42 E1

Paris 735 – Aix-en-Provence 91 – Avignon 53 – Marseille 107

Domaine de la Coquillade

4,5 km au Sud-Ouest par D 83 – ✆ 04 90 74 71 71 – www.coquillade.fr – Ouvert 15 mars-31 oct.

14 ch – †165/370 € ††165/370 € – 14 suites – ☕ 20 €

Rest *Le Gourmet* ✿ et **Rest *Le Bistrot - Jardin dans les Vignes*** – voir les restaurants ci-après

◆ Un hameau provençal dont les origines remontent au 11es. : tel est le cadre de ce luxueux domaine hôtelier ! Le jardin s'étage en terrasses face au Luberon ; les chambres, épurées, expriment la quintessence des lieux (vieilles pierres, charpentes) ; le tout au sein d'un vignoble de 30 ha. Vendange de plaisirs...

XXX ✿ **Le Gourmet** – Hôtel Domaine de la Coquillade

4,5 km au Sud-Ouest par D 83 – ✆ 04 90 74 71 71 – www.coquillade.fr – Ouvert 15 mars-31 oct.

Rest – Menu 38 € (déj. en sem.), 52/110 € – Carte environ 75 €

Spéc. Foie gras de canard du Luberon poêlé, purée de carotte à la vanille Bourbon. Rouget de Méditerranée à la plancha, petits légumes de saison braisés au safran. Millefeuille léger à la vanille, violettes et baies de cassis. **Vins** Ventoux, Luberon.

◆ On est un peu au royaume de Bacchus dans ce restaurant bien nommé, situé au cœur d'un domaine viticole. On déguste les vins du cru et... l'on rend grâce à tous les fruits de la terre provençale, cuisinés avec grande finesse. Le décor lui non plus ne manque pas de superbe (colonnes, charpente).

X **Le Bistrot - Jardin dans les Vignes** – Hôtel Domaine de la Coquillade

4,5 km au Sud-Ouest par D 83 – ✆ 04 90 74 71 71 – www.coquillade.fr – Ouvert 15 mars-31 oct. et fermé mardi et merc. sauf de mi-juin à mi-sept.

Rest *(dîner seult)* – Menu 32 € – Carte 50/69 €

◆ Dans le caveau de dégustation en hiver, dans le jardin au milieu des vignes l'été... Un fil très rouge, donc, pour ce bistrot gourmand : le travail des saisons et le sens du terroir – au sein d'un hôtel qui vaut le coup d'œil !

GARIDECH – 31 Haute-Garonne – 343 H2 – 1 554 h. – alt. 180 m – ✉ 31380 — 29 C2

Paris 687 – Albi 58 – Auch 96 – Toulouse 21

XX **Le Club**

rte d'Albi – ✆ 05 61 84 20 23 – www.leclubchampetre.com – Fermé 10 août-1er sept., sam. midi, dim. soir et lundi

Rest – Formule 18 € – Menu 28/44 € – Carte 42/54 €

◆ Dans cette maison en pleine campagne, les patrons concoctent une cuisine de terroir et de tradition avec de beaux produits ; la carte varie avec les saisons.

GARNACHE – 85 Vendée – 316 F6 – rattaché à Challans

GARONS – 30 Gard – 339 L6 – rattaché à Nîmes

GARREVAQUES – 81 Tarn – 338 D10 – 322 h. – alt. 192 m – ✉ 81700 — 29 C2

Paris 727 – Carcassonne 53 – Castres 31 – Toulouse 52

Le Pavillon du Château

Château de Garrevaques – ✆ 05 63 75 04 54 – www.garrevaques.com

15 ch – †110/180 € ††130/220 € – ☕ 15 € – ½ P 110/130 €

Rest *(réserver)* – Menu 25 €

◆ Au cœur du pays cathare, dans un parc de 7 ha, ce bel hôtel occupe les écuries d'un château du 16es. remanié au 19es. Charme, authenticité et tableaux contemporains ; meubles chinés et équipements dernier cri ; superbe spa ; restaurant classique et salle voûtée au dîner : tout se mêle avec élégance...

Le Château de Garrevaques

✆ 05 63 75 04 54 – www.garrevaques.com – Fermé déc. et janv.

5 ch – †150/220 € ††150/220 € – ☕ 15 €

◆ Au château, les chambres sont cossues et raffinées... et le parc est si paisible !

GARRIGUES – 34 Hérault – 339 J6 – 152 h. – alt. 62 m – ✉ 34160 — 23 C2

Paris 756 – Alès 51 – Montpellier 37 – Nîmes 46

Château Roumanières

pl. de la Mairie – ✆ 04 67 86 49 70 – www.chateauroumanieres.com

5 ch ☕ – †75/115 € ††80/120 € – ½ P 60/108 €

Table d'hôte – Menu 20 € bc/48 € bc

◆ Cette maison familiale – ancien château du village – jouxte le domaine viticole et sa ferme fortifiée. Salle de réception du 13e s., belles chambres mariant l'ancien et l'actuel. Table d'hôte dans la salle à manger voûtée ; dégustation des vins de la propriété.

GASNY – 27 Eure – **304** J7 – 2 876 h. – alt. 36 m – ✉ 27620 **33** D2

Paris 77 – Évreux 43 – Mantes-la-Jolie 20 – Rouen 71

de Villarceaux, à Chaussy, Château du Couvent, N : 11 km par D 37, ✆ 01 34 67 73 83

Auberge du Prieuré Normand

1 pl. de la République – ✆ 02 32 52 10 01 – www.aubergeduprieurenormand.com – Fermé mardi soir et merc.

Rest – Formule 20 € – Menu 28/43 € – Carte 45/60 €

◆ Faux-filet à la crème et aux champignons, sole meunière, entrecôte poêlée, café liégeois... Dans cette auberge de village coquette et typique (colombages), on déguste une cuisine traditionnelle soignée.

GASSIN – 83 Var – **340** O6 – 2 884 h. – alt. 200 m – ✉ 83580 **41** C3

Côte d'Azur

Paris 872 – Fréjus 34 – Le Lavandou 31 – St-Tropez 9

Gassin Golf Country Club, Route de Ramatuelle, ✆ 04 94 55 13 44

Terrasse des Barri ★.

Moulins de Paillas ★★ SE : 3,5 km.

Auberge la Verdoyante

866 chemin vicinal Coste Brigade – ✆ 04 94 56 16 23 – www.la-verdoyante.fr – Ouvert début fév.-fin oct. et fermé du lundi au jeudi en fév. et mars, lundi midi et merc. d'avril à nov.

Rest – Menu 28/52 € – Carte 41/57 €

◆ Auberge noyée dans la verdure. Goûtez son appétissante cuisine régionale sur la terrasse dominant le golfe de St-Tropez, ou dans une coquette salle provençale avec cheminée.

LA GAUDE – 06 Alpes-Maritimes – **341** D5 – 6 716 h. – alt. 240 m – ✉ 06610 **42** E2

Paris 930 – Marseille 202 – Nice 30

8, rue Louis-Michel Féraud, ✆ 04 93 24 47 26, www.mairie-lagaude.fr

Aux Caprices de Caroline avec ch rest, VISA AE

221 rte de St-Laurent, 2 km au Nord par D 118 – ✆ 04 93 24 40 60 – www.auxcapricesdecaroline.com – Fermé 5-11 mars, 19 août-3 sept., 28 oct.-12 nov.

7 ch – †62/72 € ††72/82 € – ☕ 9 €

Rest – *(fermé sam. midi, dim. soir et lundi)* Menu 27 € (sem.), 35/58 € – Carte 50/65 €

◆ Caroline n'est pas capricieuse, inventive plutôt, grâce à un chef qui concocte une cuisine méditerranéenne originale. Quelques clins d'œil culinaires évoquent les origines de la patronne et pourtant, parmi les oliviers centenaires, Béthune est bien loin. Les chambres portent les noms de jazzmen célèbres.

GAUJAC – 30 Gard – **339** M4 – 939 h. – alt. 90 m – ✉ 30330 **23** D2

Paris 673 – Avignon 39 – Montpellier 93 – Nîmes 45

La Maison

r. du Presbytère – ✆ 04 66 39 33 08 – www.lamaison.gaujac.com – fermé vacances de la Toussaint, de fév., dim. soir, mardi et merc.

Rest – Menu 16 € (déj. en sem.), 28/33 €

◆ Un jeune couple a relevé de ses ruines cette cave vigneronne tout en pierres. Elle en cuisine, lui – sommelier – en salle : cette jolie Maison est bien d'aujourd'hui !

GAVARNIE – 65 Hautes-Pyrénées – **342** L8 – 147 h. – alt. 1 350 m – Sports d'hiver : 1 350/2 400 m 11 – ✉ 65120 Midi-Toulousain **28** A3

Paris 901 – Lourdes 52 – Luz-St-Sauveur 20 – Pau 96

le village, ✆ 05 62 92 48 05, www.gavarnie.com

Village★ - Cirque de Gavarnie★★★ S : 3 h 30.

à Gèdre 9 km au Nord par D 921 – 263 h. – alt. 1 000 m – ✉ 65120

Brèche de Roland
– ✆ 05 62 92 48 54 – *www.pyrenees-hotel-breche.com – Fermé 1er-12 avril et 5-30 nov.*
24 ch – †85/95 € ††105/160 € – 1 suite – ☕ 11 € – ½ P 75/120 €
Rest – Menu 22/34 € – Carte 33/47 €
◆ Au pied des cirques de Gavarnie et de Troumouse, auberge familiale aménagée dans une maison de pays ; lieu de départ idéal pour la découverte d'une nature intacte. Petit fitness. Salle à manger rustique ornée d'une belle cheminée et recettes du terroir.

GAZERAN – 78 Yvelines – **311** G4 – rattaché à Rambouillet

GÈDRE – 65 Hautes-Pyrénées – **342** L8 – rattaché à Gavarnie

---

GÉMENOS – 13 Bouches-du-Rhône – **340** I6 – 6 007 h. – alt. 150 m **40** B3
– ✉ 13420 Provence

Paris 788 – Aix-en-Provence 39 – Brignoles 48 – Marseille 25
cours Pasteur, ✆ 04 42 32 18 44
Parc de St-Pons★ E : 3 km.

Bastide Relais de la Magdeleine
rd-pt de la Fontaine, D 396 – ✆ 04 42 32 20 16
– www.relais-magdeleine.com – Ouvert 23 mars-1er nov.
28 ch – †115/140 € ††115/220 € – ☕ 16 €
Rest *Relais de la Magdeleine* – voir les restaurants ci-après
◆ C'est toute la noblesse provençale qui s'exprime dans cette demeure du 18e s. : mobilier ancien, tableaux, tissus... même le chant des cigales semble élégant !

Bed & Suites sans rest
250 av. Château de Jouques, 2 km au Sud, au parc d'activités de Gémenos
– ✆ 04 42 32 72 73 – www.bestwestern-gemenos.com
30 ch – †59/135 € ††65/135 € – ☕ 9 €
◆ Derrière sa façade ocre, un hôtel aux chambres modernes (plus calmes à l'avant), décorées sur le thème de la mer et de la Provence, certaines avec balcon ou terrasse.

Du Parc
Vallée St-Pons, 1 km par D 2 – ✆ 04 42 32 20 38 – www.hotel-parc-gemenos.com
13 ch – †52/58 € ††56/61 € – ☕ 9 € – ½ P 59/75 €
Rest – Formule 15 € – Menu 25/42 € – Carte 34/69 €
◆ Non loin du parc de St-Pons, une sympathique adresse noyée dans la verdure, avec des chambres simples et colorées. Spécialités régionales (soupe de poisson, pieds et paquets, encornet farci, etc.) à déguster en terrasse ou dans une grande salle lumineuse.

Relais de la Magdeleine – Hôtel Bastide Relais de la Magdeleine
rd-pt de la Fontaine, D 396 – ✆ 04 42 32 20 16
– www.relais-magdeleine.com – Ouvert 23 mars-1er nov. et fermé lundi midi et merc. midi
Rest – Formule 33 € – Menu 46 € – Carte 40/60 €
◆ Une superbe maison provençale, où il fait bon s'attabler à l'ombre des platanes ou à la lueur des bougies... Côté papilles, on savoure une cuisine traditionnelle ensoleillée.

GENAS – 69 Rhône – **327** J5 – rattaché à Lyon

GENESTON – 44 Loire-Atlantique – **316** G5 – 3 429 h. – alt. 28 m **34** B2
– ✉ 44140

Paris 398 – Cholet 60 – Nantes 20 – La Roche-sur-Yon 47

XX **Le Pélican**

13 pl. Georges Gaudet – ✆ 02 40 04 77 88 – Fermé 30 juil.-21 août, 13-20 fév., dim. soir, lundi et mardi

Rest – Formule 18 € – Menu 22/42 €

◆ Ouvrez grand la bouche : ce Pélican propose une cuisine de tradition soignée et savoureuse, d'un excellent rapport qualité-prix. Décor pimpant derrière une façade en bois peint.

GENEUILLE – 25 Doubs – 321 F3 – rattaché à Besançon

GÉNIN (LAC) – 01 Ain – 328 H3 – rattaché à Oyonnax

GÉNISSAC – 33 Gironde – 335 J5 – 1 644 h. – alt. 10 m – ✉ 33420 3 B1

Paris 581 – Agen 167 – Bordeaux 38 – Périgueux 105

L'Arbre Rouge

1393 rte de la Palus, à Port de Génissac, 5 km au Nord par D 121 et rte secondaire – ✆ 05 57 24 43 72 – www.larbrerouge.com – Ouvert 15 avril-15 oct.

5 ch – 90/110 € 90/110 €

Table d'hôte *(ouvert mardi, jeudi et sam.)* – Menu 35 € bc

◆ Un charme fou ! Dans cette ferme du 18e s., au bord de la Dordogne, tout n'est que raffinement – sobre et design. Quelques brasses dans la piscine couverte, puis on musarde sur le ponton, en laissant filer le temps. Chemin faisant, l'appétit grandit : poisson à la plancha, pâtes maison... une jolie table d'hôte.

GENNES – 49 Maine-et-Loire – 317 H4 – 1 960 h. – alt. 28 m – ✉ 49350 35 C2

Châteaux de la Loire

Paris 305 – Angers 33 – Bressuire 65 – Cholet 68

square de l'Europe, ✆ 02 41 51 84 14, www.cc-gennois.fr

Église★★ de Cunault SE : 2,5 km - Église★ de Trèves-Cunault SE : 3 km.

XX **L'Aubergade**

7 av. des Cadets – ✆ 02 41 51 81 07 – Fermé vacances de la Toussaint, mardi et merc.

Rest – Formule 18 € – Menu 28/80 € bc – Carte 35/55 €

◆ Le chef de cette auberge n'hésite pas à mêler les influences et à parfumer sa cuisine de touches exotiques, avec habileté. Une invitation au voyage, dans un décor fort élégant...

GENNES-SUR-SEICHE – 35 Ille-et-Vilaine – 309 P7 – 795 h. – alt. 80 m – ✉ 35370 10 D2

Paris 325 – Angers 83 – Nantes 113 – Rennes 57

XX **Le Vallon de Beauregard**

16 r. de l'Église – ✆ 02 99 96 95 79 – www.levallondebeauregard.com – Fermé15 août-6 sept., 3-18 janv., dim. soir, lundi et mardi

Rest – Menu 28/45 € – Carte 32/48 €

◆ Dans un village niché aux portes de la Mayenne, les anciennes écuries de cette maison de maître abritent la salle à manger. Cuisine actuelle privilégiant les produits du terroir.

GENNEVILLE – 303 N3 – rattaché à Honfleur

GENSAC – 33 Gironde – 335 L6 – 850 h. – alt. 78 m – ✉ 33890 4 C1

Paris 554 – Bergerac 39 – Bordeaux 63 – Libourne 33

5, place de la Mairie, ✆ 05 57 47 46 67, www.tourisme-castillonpujols.fr

XX **Remparts** avec ch

16 r. Château – ✆ 05 57 47 43 46 – www.lesremparts.net – Fermé janv. et fév.

7 ch – 60/85 € 60/85 € – 9 € – ½ P 64/76 €

Rest – Menu 25/34 € – Carte environ 36 €

◆ Près de l'église, une bâtisse de caractère avec une jolie vue sur la vallée et un jardin très mignon... Le chef est anglais et revisite habilement le terroir régional autour d'un menu qui change tous les jours. Pour l'étape, des chambres avenantes à l'ombre du clocher, dans le presbytère médiéval.

au Sud-Ouest 2 km par D18 et D15E1 – ✉ 33350 Ste-Radegonde

Château de Sanse rest,
– 05 57 56 41 10 – www.chateaudesanse.com – Fermé janv.
12 ch – †120/210 € ††120/210 € – 4 suites – ☕ 12 € – ½ P 96/137 €
Rest *(réserver)* – Formule 20 € – Menu 32/42 € – Carte 40/55 €
◆ Dominant la campagne et les vignobles, cette belle demeure (18es.) en pierre blonde est vraiment au grand calme ! Parc verdoyant, grande piscine chauffée, restaurant, chambres spacieuses et charmantes : une étape pleine de cachet.

Les bonnes adresses à petit prix ? Suivez les Bibs : «Bib Gourmand» rouge pour les tables, et «Bib Hôtel» bleu pour les chambres.

GÉRARDMER – 88 Vosges – **314** J4 – 8 700 h. – alt. 669 m – Sports d'hiver : 660/1 350 m 31 – Casino AZ – ✉ 88400 Alsace Lorraine **27** C3

Paris 425 – Belfort 78 – Colmar 52 – Épinal 40

4, place des Déportés, 03 29 27 27 27, www.gerardmer.net

Lac de Gerardmer★ - Lac de Longemer★ - Saut des Cuves★ E : 3 km par ①.

Le Grand Hôtel rest,
pl. du Tilleul – 03 29 63 06 31 – www.grandhotel-gerardmer.com AZf
62 ch – †73/198 € ††96/250 € – 14 suites – ☕ 18 € – ½ P 85/145 €
Rest *L'Assiette du Coq à l'Âne*
Rest *Le Pavillon Pétrus* – voir les restaurants ci-après
Rest *Le Grand Cerf* *(dîner seult)* – Menu 28 €
◆ Né au 19es., il cultive sans faillir l'âme de la station vosgienne. De vastes chambres au décor classique ou contemporain, de superbes suites tout en bois dans un chalet indépendant, un spa magnifique, trois restaurants... Un fleuron en matière d'accueil et de confort.

Le Manoir au Lac ch,
chemin de la Droite du Lac, rte d'Épinal, 1 km par ③ – 03 29 27 10 20 – www.manoir-au-lac.com – Fermé 12 nov.-3 déc.
10 ch – †160/300 € ††160/300 € – 2 suites – ☕ 20 €
Rest *(fermé dim., lundi, mardi et merc.) (dîner seult) (résidents seult)* – Menu 30 €
◆ Dans son parc escarpé dominant le lac, cet imposant chalet de 1830 fut jadis fréquenté par Maupassant. Piano, beau mobilier, chambres raffinées et magnifique panorama. Salon de thé.

Beau Rivage
esplanade du Lac – 03 29 63 22 28 – www.hotel-beaurivage.fr AYe
49 ch – †70/327 € ††89/358 € – 1 suite – ☕ 13 € – ½ P 88/220 €
Rest *Côté Lac* – voir les restaurants ci-après
Rest *Le Toit du Lac* *(fermé merc. et jeudi sauf vacances scolaires)* – Menu 28/35 € – Carte 34/40 €
◆ Tel un paquebot (le bâtiment date des années 1950), il est posé face au lac et ses rives verdoyantes... Les chambres sont confortables, très contemporaines, et les mieux exposées offrent une vue superbe ! À l'heure des repas, deux options : gastronomie côté lac ou plats à la plancha sur le toit-terrasse.

Jamagne rest, rest,
2 bd Jamagne – 03 29 63 36 86 – www.jamagne.com – Fermé 11 nov.-21 déc.
48 ch – †60/90 € ††70/130 € – ☕ 10 € – ½ P 65/85 € AYg
Rest – Menu 19 € (sem.), 29/49 € – Carte 26/66 €
◆ Chambres d'esprit traditionnel joliment rénovées et espace bien-être très complet : cap sur la détente dans cet hôtel tenu par la même famille depuis 1905. Plats de tradition, spécialités et vins d'Alsace dans une grande salle aux couleurs du Sud.

Déportés (Pl. des) . . . . . AY 3
Ferry (Pl. Albert) . . . . . . AZ 5
Gaulle (R. Ch.-de) . . . . ABZ
Kelsch (Bd) . . . . BY
Leclerc (Pl. Gén.) . . . . . . AY 6
Mitterrand (R. F.) . . . . . . AY 8
Ville-de-Vichy (Av. de la) . . . . AZ 9
Xettes (Bd des) . . . . AY 12

Gérard d'Alsace sans rest

14 r. du 152° R.I. – ✆ 03 29 63 02 38 – www.hotel-gerard-dalsace.com – Fermé 24 juin-8 juil. AZ**v**

13 ch – 🛉59/65 € 🛉🛉65/80 € – ☕ 9 €

◆ Une maison traditionnelle, à 300 m du lac. Les chambres sont vraiment douillettes, décorées dans un esprit chalet, avec de jolis boutis et des tissus aux couleurs vives.

De la Paix

rest, VISA AE

6 av. de la Ville-de-Vichy – ✆ 03 29 63 38 78 – www.hoteldelapaix.fr

24 ch – 🛉56/100 € 🛉🛉63/111 € – ☕ 9 € – ½ P 64/89 € AZ**s**

Rest ***L'Alsace*** *(fermé dim. soir et lundi sauf vacances scolaires et fériés)* – Formule 21 € – Menu 27 € – Carte environ 30 €

◆ Face au lac et au casino, une construction traditionnelle aux chambres rajeunies. Accès à la piscine couverte, au spa et à la salle de massages du Beau Rivage voisin. Dans le cadre lumineux du restaurant, on apprécie une cuisine traditionnelle et des spécialités alsaciennes.

Les Reflets du Lac sans rest

201 chemin du Tour-du-Lac, au bout du lac, 2,5 km par ③ – ✆ 03 29 60 31 50 – www.lesrefletsdulac.com – Fermé 15 nov.-15 déc.

14 ch – 🛉56 € 🛉🛉56 € – ☕ 8 €

◆ Le petit plus de cet hôtel ? La vue apaisante sur le lac dont jouissent la plupart des chambres, sobres et confortables, dans un esprit chalet. Accueil chaleureux.

Côté Lac – Hôtel Beau Rivage

esplanade du Lac – ✆ 03 29 63 22 28 – www.hotel-beaurivage.fr AY**e**

Rest – Menu 26 € (déj. en sem.), 39/78 € – Carte 64/81 €

◆ Sa grande terrasse toise évidemment le lac... Une belle situation pour ce restaurant très confortable, dont la carte affectionne les produits nobles et les vins d'Alsace.

Le Pavillon Pétrus – Le Grand Hôtel

pl. du Tilleul – ✆ 03 29 63 06 31 – www.grandhotel-gerardmer.com – Fermé le midi sauf vend., sam., dim. et fériés AZf

Rest – Menu 45/90 € – Carte 56/90 €

◆ Chaises capitonnées de velours, lustres à pendeloques, nappes blanches... Un décor au classicisme achevé, pour une cuisine gastronomique soignée – à l'instar d'une pièce de bœuf wagyu à la plancha, purée truffée.

L'Assiette du Coq à l'Âne – Le Grand Hôtel

pl. du Tilleul – ✆ 03 29 63 06 31 – www.grandhotel-gerardmer.com AZf

Rest – Formule 15 € bc – Menu 18 € (sem.), 24/28 € – Carte 26/50 €

◆ Sautez allégrement sur l'Assiette du Coq à l'Âne, la bonne petite adresse "terroir" de Gérardmer, en forme de chalet vosgien. En spécialité : la choucroute, généreuse et goûteuse !

à Xonrupt-Longemer 4 km par ① – 1 587 h. – alt. 714 m – ✉ 88400

Les Jardins de Sophie

Domaine de la Moinaudière, rte du Valtin, 4 km au Nord-Ouest par D23 et rte secondaire – ✆ 03 29 63 37 11 – www.hotel-lesjardinsdesophie.com

32 ch – †130/210 € ††150/289 € – ☕ 16 € – ½ P 134/201 €

Rest *(fermé mardi soir et merc. hors saison et hors vacances scolaires)* – Menu 28 € (déj. en sem.), 44/74 € – Carte 57/78 €

◆ Blotti parmi de gigantesques épicéas, un hôtel luxueux où règne une atmosphère raffinée et cosy, savant mariage d'un décor de montagne et de touches design. Le spa est superbe. Au restaurant, décor chaleureux et élégant ; cuisine actuelle.

La Devinière sans rest

318 montée des Broches – ✆ 03 29 63 23 89 – www.chambredhote-deviniere.com – Fermé 18 mars-6 avril, 10 juin-5 juil. et 25 sept.-25 oct.

5 ch ☕ – †60/70 € ††68/88 €

◆ Les atouts de cette ferme restaurée ? La tranquillité, la vue sur la forêt, un espace bien-être (sauna finlandais), une piscine extérieure chauffée et cinq grandes chambres.

aux Bas-Rupts 4 km par ② – ✉ 88400 Gérardmer

Les Bas-Rupts

181 rte de la Bresse – ✆ 03 29 63 09 25 – www.bas-rupts.com

21 ch – †145/220 € ††145/320 € – 4 suites – ☕ 22 € – ½ P 160/260 €

Rest *Les Bas-Rupts* ✿ – voir les restaurants ci-après

◆ Un parfait décor pour un séjour de charme à la montagne : boiseries, cheminées, salons confortables, objets anciens, tableaux, piscine intérieure, etc. – sans compter l'accueil exquis. On ne peut quitter les lieux sans nostalgie...

Auberge de la Poulcière

10 chemin du Bouchot – ✆ 03 29 42 04 33 – www.auberge-poulciere.com – Fermé 15 oct.-20 déc.

6 ch – †90 € ††90 € – ☕ 9 € – ½ P 70 €

Rest *(fermé mardi et merc.) (dîner seult sauf sam. et dim.) (nombre de couverts limité, réserver)* – Formule 22 € – Menu 27/39 € – Carte environ 29 €

◆ Une auberge en pleine nature – cernée par les jonquilles au printemps... Entre ces murs datés de 1775, âme rustique et confort contemporain se conjuguent avec charme. Chambres avec kitchenette. Côté cuisine, le chef ne jure que par les produits frais !

Les Bas-Rupts (Michel Philippe) – Hôtel Les Bas-Rupts

181 rte de la Bresse – ✆ 03 29 63 09 25 – www.bas-rupts.com

Rest *(réserver)* – Menu 35 € (déj. en sem.), 52/98 € – Carte 50/95 €

Spéc. Tripes au riesling à la crème et moutarde. Côtelette de caille des Vosges farcie au foie gras. Ruches glacées au miel de montagne. **Vins** Muscat d'Alsace, Pinot noir d'Alsace.

◆ La table des Bas-Rupts est une valeur sûre, idéale pour apprécier une cuisine classique réalisée dans les règles de l'art et aux saveurs très flatteuses. Même la rusticité de certains mets – telles les tripes au riesling – se fait raffinement... Décor élégant et chaleureux.

XX **Cap Sud**

144 rte de la Bresse – ✆ 03 29 63 06 83 – www.le-refuge-gerardmer.com – Fermé lundi sauf fériés

Rest – Formule 13 € bc – Carte 18/28 €

◆ Escale maritime au cœur des Vosges : décor "paquebot" en acajou côté salle, vue sur les montagnes côté véranda et cuisine du large d'inspiration méditerranéenne. Salon-fumoir.

GERBEROY – **60 Oise** – **305** C3 – **92 h.** – **alt. 180 m** – ✉ **60380** **36** A2

Paris 110 – Aumale 30 – Beauvais 22 – Breteuil 37

XX **Hostellerie du Vieux Logis**

25 r. Logis du Roy – ✆ 03 44 82 71 66 – www.hostellerieduvieuxlogis.com – Fermé 20 déc.-20 janv., vacances de fév., dim. soir, lundi soir, mardi soir et merc.

Rest – Menu 25/46 € – Carte 43/69 €

◆ À l'entrée du vieux village fortifié, désormais pris d'assaut par les peintres et les touristes. Plats traditionnels axés terroir servis dans une salle rustique.

GERMAGNY – **71 Saône-et-Loire** – **320** H9 – **170 h.** – **alt. 265 m** – ✉ **71460** **8** C3

Paris 361 – Chalon-sur-Saône 27 – Mâcon 54 – Montceau-les-Mines 28

X **Les Vignes**

Le Bourg – ✆ 03 85 49 23 23 – www.lesvignes-germagny.fr

Rest – Formule 12 € – Menu 21/29 € – Carte 23/36 €

◆ Terrine de campagne aux châtaignes, blanquette de veau façon grand-mère... Dans cette auberge de village, on sert une cuisine traditionnelle et régionale bien alléchante. Et la viande bovine provient d'un abattoir tout proche.

GERMIGNY-L'ÉVÊQUE – **77 Seine-et-Marne** – **312** G2 – **rattaché à Meaux**

GÉTIGNÉ – **44 Loire-Atlantique** – **316** I5 – **rattaché à Clisson**

LES GETS – **74 Haute-Savoie** – **328** N4 – **1 276 h.** – **alt. 1 170 m** – **Sports d'hiver : 1 170/2 000 m** 5 47 – ✉ **74260** Alpes du Nord **46** F1

Paris 579 – Annecy 77 – Bonneville 33 – Cluses 19

place de la Mairie, ✆ 04 50 75 80 80, www.lesgets.com

des Gets, Les Chavannes, E : 3 km, ✆ 04 50 75 87 63

Mont Chéry ✳ ★★.

Le Labrador

266 rte du Léry – ✆ 04 50 75 80 00 – www.labrador-hotel.com – Ouvert 23 juin-9 sept. et 22 déc.-14 avril

20 ch – †140/190 € ††190/290 € – 1 suite – ½ P 130/190 €

Rest *Le St-Laurent* *(dîner seult sauf été)* – Menu 30/90 € – Carte 48/70 €

◆ Délicieuse halte près de la cheminée du salon, dans ce chalet à la décoration typiquement savoyarde. Chambres confortables et bien tenues. Au petit-déjeuner, le patron sert les œufs de sa propre ferme ! Au restaurant, beaux produits au service d'une cuisine savoureuse.

La Marmotte

61 r. du Chêne – ✆ 04 50 75 80 33 – www.hotel-marmotte.com – Ouvert 1er juin-30 sept. et 1er déc.-30 avril

56 ch – †196/600 € ††196/600 € – 16 € – ½ P 153/400 €

Rest *(fermé le midi) (résidents seult)* – Menu 30 €

◆ Après une journée de ski, détendez-vous près de la cheminée avant de vous faire dorloter dans le superbe spa (750 m²). Chambres douillettes et agrémentées de boiseries, où paresser avec délectation, comme... une marmotte ! Au restaurant, cuisine simple et vue sur les pistes.

Alpina rest,
55 imp. de la Grange-Neuve – ✆ 04 50 75 80 22 – www.hotelalpina.fr – Ouvert 25 mai-25 sept. et 15 déc.-15 avril
38 ch – †73/167 € ††99/236 € – ☕ 11 € – ½ P 87/158 €
Rest – Formule 23 € – Menu 28/37 € – Carte 38/55 €
◆ Non loin du téléphérique, ce beau chalet familial domine le bourg... Les chambres, de style savoyard, sont spacieuses ; l'été, on profite du jardin. Le restaurant se révèle sympathique : cuisine aux accents du pays, vue sur la vallée et belles boiseries.

Crychar
136 impasse de la Grange-Neuve, par rte La Turche – ✆ 04 50 75 80 50 – www.crychar.com – Ouvert 20 juin-9 sept. et 15 déc.-15 avril
15 ch – †99/175 € ††130/280 € – ☕ 15 € – ½ P 115/185 €
Rest *(dîner seult)* – Menu 37 €
◆ Un petit chalet au pied des pistes, chaleureux et confortable : le feu crépite dans le salon, les chambres (rénovées en 2010) sont pimpantes et ont toutes un balcon. Au restaurant, honneur aux beaux produits et au fait maison : un joli concentré de Savoie !

Régina rest,
534 r. du Centre – ✆ 04 50 75 80 44 – www.hotelregina74.com – Ouvert 1er juil.-31 août et 17 déc.-18 avril
20 ch (½ P seult en hiver) – ½ P 65/96 €
Rest – Menu 19/41 € – Carte 30/44 €
◆ L'un des premiers hôtels de la station, géré de père en fils depuis 1937 ; l'actuel propriétaire est également guide de montagne. Chambres simples, mais chaleureuses et très bien tenues. Au restaurant, on déguste une sympathique cuisine traditionnelle.

L'Ô à la Bouche
610 r. du Centre – ✆ 04 50 79 74 11 – www.hotel-belalpe.com – Fermé 15 avril-10 juin et 15 sept.-15 déc.
Rest – Formule 10 € – Carte 13/32 €
◆ Magret de canard aux myrtilles, pigeonneau rôti aux figues et lard paysan, filets de perche à l'estragon... Cette cuisine traditionnelle met vraiment l'eau à la bouche !

GEVREY-CHAMBERTIN – 21 Côte-d'Or – 320 J6 – 3 084 h. 8 D1
– alt. 275 m – ✉ 21220 Bourgogne

Paris 315 – Beaune 33 – Dijon 13 – Dole 61
1, rue Gaston Roupnel, ✆ 03 80 34 38 40, www.ot-gevreychambertin.fr

Grands Crus sans rest
r. de Lavaux – ✆ 03 80 34 34 15 – www.hoteldesgrandscrus.com – Ouvert de début mars à fin nov. Ac
24 ch – †82/95 € ††82/95 € – ☕ 12 €
◆ Des "Grands Crus" au milieu des vignobles et un peu à l'écart du village. Jardin fleuri, chambres classiques (mobilier ancien) d'une tenue sans faille... une étape agréable et au calme.

Arts et Terroirs sans rest
28 rte de Dijon – ✆ 03 80 34 30 76 – www.arts-et-terroirs.com Be
20 ch – †92 € ††92 € – ☕ 13 €
◆ Un hôtel traditionnel en bord de nationale, mais très bien insonorisé. La majorité des chambres – spacieuses et classiques – donnent sur le joli jardin. Petits plus : un salon douillet et une belle sélection de vins du village (dégustations).

Chez Guy
3 pl. de la Mairie – ✆ 03 80 58 51 51 – www.chez-guy.fr – Fermé 23 déc.-2 janv. et dim. de fin nov. à mi-mars Az
Rest – Formule 27 € – Menu 29/55 €
◆ Des petits plats régionaux bien gourmands à prix raisonnable ; une remarquable sélection de vins qui met toute la Bourgogne à l'honneur ; un cadre contemporain et frais... Guy sait recevoir !

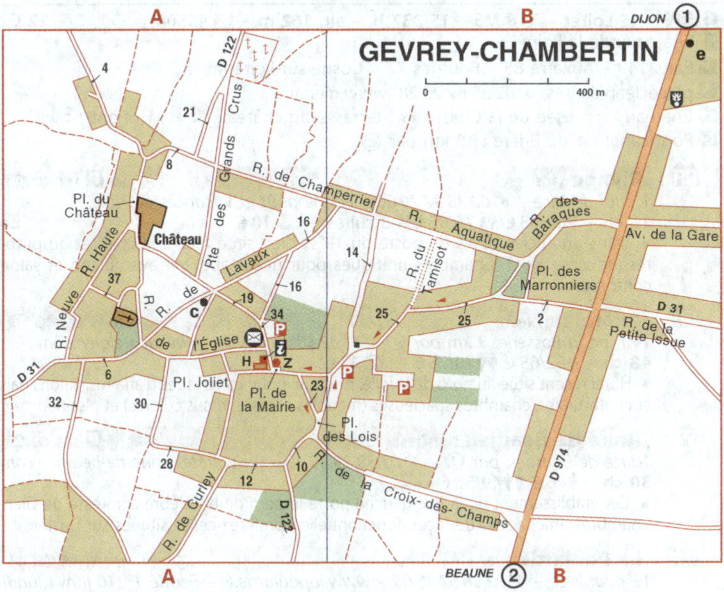

Ancienne Poste (R. de l') . . . . . B 2
Argillière (Chemin de l') . . . . . A 4
Aumonerie (R. de l') . . . . . A 6
Caron (R. du) . . . . . A 8
Chambertin (R. du) . . . . . A 10
Chêne (R. du) . . . . . A 12
Combe du Bas (R.) . . . . . B 14
Combe du Dessus (R.) . . . . . A 16
Docteur-Magnon-Pujo (R. du) . . . . . A 19
En Songe (R. d') . . . . . A 21
Gaizot (R. du) . . . . . A 23
Lattre-de-Tassigny (R. du Maréchal de) . . . . . B 25
Mees (R. des) . . . . . A 28
Meixvelle (R. de) . . . . . A 30
Planteligone (R. de) . . . . . A 32
Roupnel (R. Gaston) . . . . . A 34
Tison (R. du) . . . . . A 37

GEX – 01 Ain – 328 J3 – 9 694 h. – alt. 626 m – 01170 46 F1

Franche-Comté Jura

Paris 490 – Genève 19 – Lons-le-Saunier 93 – Pontarlier 110

square Jean Clerc, 04 50 41 53 85, www.paysdegex-lafaucille.com

de Maison-Blanche, à Échenevex, S : 3 km par D 984, 04 50 42 44 42

à Echenevex 4 km au Sud par D 984^{c} et rte secondaire – 1 538 h. – alt. 580 m – 01170

Auberge des Chasseurs

711 rte de Naz-Dessus – 04 50 41 54 07
– www.aubergedeschasseurs.com
– Ouvert mi-fév. à mi-nov.

15 ch – 85/155 € 115/265 € – ½ P 105/175 €

Rest *Auberge des Chasseurs* – voir les restaurants ci-après

♦ Coquette maison recouverte de vigne vierge avec le mont Blanc en toile de fond. Intérieur scandinave avec boiseries peintes, photographies de Cartier-Bresson (un ancien client !). Tout ici respire la sérénité et l'art de vivre.

Auberge des Chasseurs

711 rte de Naz-Dessus – 04 50 41 54 07
– www.aubergedeschasseurs.com
– Ouvert mi-fév. à mi-nov. et fermé dim. soir, lundi et mardi

Rest *(réserver)* – Formule 20 € bc – Menu 45/69 € – Carte 40/70 €

♦ Point besoin d'être un chasseur pour apprécier ce restaurant chaleureux dépendant de l'hôtel du même nom. On y déguste une cuisine plutôt classique et, de la terrasse, la vue est tout ce qu'il y a de plus champêtre.

GIEN – 45 Loiret – 318 M5 – 15 337 h. – alt. 162 m – ✉ 45500 12 C2

Châteaux de la Loire

Paris 149 – Auxerre 85 – Bourges 77 – Cosne-sur-Loire 46

place Jean Jaurès, ✆ 02 38 67 25 28, www.gien.fr

Château★ : musée de la Chasse★★, terrasse du château ≤★ M - Pont ≤★.

Pont-canal★★ de Briare : 10 km par ②.

Rivage sans rest

1 quai de Nice – ✆ 02 38 37 79 00 – Fermé août et vacances de Noël

16 ch – †64/98 € ††74/98 € – 3 suites – ☕ 10 € Za

◆ Dans un ancien relais de poste du 19ᵉs., bien situé face à la Loire et au pittoresque vieux pont. Chambres pratiques pour une étape, bar avec piano et salon confortable.

Axotel sans rest

14 r. de la Bosserie, 3 km par ① – ✆ 02 38 67 11 99 – www.axotelgien.com

48 ch – †62/65 € ††70/75 € – ☕ 11 €

◆ Hôtel récent situé au nord de la ville, pratique pour les voyages d'affaires. Salons gais et confortables, chambres spacieuses (meubles cérusés, tissus colorés) et piscine.

Anne de Beaujeu sans rest

10 rte de Bourges, par ③ – ✆ 02 38 29 39 39 – www.hotel-anne-de-beaujeu.com

30 ch – †46 € ††49/56 € – ☕ 7 €

◆ Cet établissement de la rive gauche porte le nom de la célèbre comtesse de Gien. Chambres aménagées de façon fonctionnelle ; préférez celles situées sur l'arrière.

La Poularde avec ch

A/C rest,

13 quai Nice – ✆ 02 38 67 36 05 – www.lapoularde.fr – Fermé 1er-10 janv., lundi sauf hôtel et dim. soir Ze

9 ch – †53 € ††60 € – ☕ 10 € **Rest** – Menu 29/75 € – Carte 65/85 €

◆ En bordure du fleuve, une maison bourgeoise où la cuisine traditionnelle est servie dans du Gien. Poularde au menu, bien entendu, mais aussi cuisses de grenouille ou sandre au chinon. Chambres pratiques et bien tenues.

GIEN

Anne-de-Beaujeu (R.) Z 2
Bildstein (R. du Lt.) Y 3
Briqueteries (R. des) Y
Château (Pl. du) Z
Clemenceau (R. G.) Z 5
Curie (Pl.) Y
Gambetta (R.) Z 6
Hôtel-de-Ville (R. de l') Z 7
Jeanne-d'Arc (R.) YZ
Jean-Jaurès (Pl.) Z 9
Joffre (Q. du Mar.) Z
Leclerc (Av. du Mar.) Z 12
Lenoir (Quai) Z
Louis-Blanc (R.) Z 13
Marienne (R. de l'Adj.-Chef) Z 15
Montbricon (R. de) YZ
Noé (R. de) Y
Paris (R. de) YZ
Paul-Bert (R.) Z 16
Président-Wilson (Av.) Y 17
République (Av. de la) Y 19
Thiers (R.) Z 23
Verdun (R. de) Y
Victor-Hugo (R.) Z 24
Vieille Boucherie (R.) Z 25
Villejean (R. J.) Y

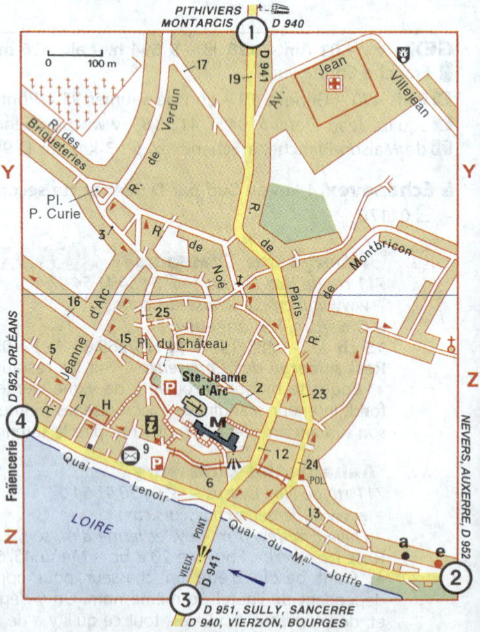

XX **Côté Jardin** AC VISA MC

14 rte Bourges, par ③ – ✆ 02 38 38 24 67 – Fermé 26 juil.-8 août, 21 déc.-8 janv., mardi et merc.

Rest *(nombre de couverts limité, réserver)* – Menu 25 € (sem.), 37/49 € – Carte 40/65 €

◆ Un sympathique restaurant plein de fraîcheur, sur la rive gauche. Avec recherche, le chef travaille de bons produits (escargots, joue de boeuf, fromages régionaux...).

X **Le P'tit Bouchon** VISA MC

66 r. B. Palissy, par r. Hôtel de Ville Z – ✆ 02 38 67 84 40 – Fermé 1er-8 mai, 13 août-4 sept., 24-31 janv., dim. et lundi

Rest – Formule 16 € – Menu 23 € – Carte 23/31 €

◆ Tête de veau en hiver, terrine de lapin, saucisse de Morteau... répertoire bistrotier et menus s'annoncent ici à l'ardoise. Le cadre est rustique, l'ambiance chaleureuse.

au Sud par ③, D 940 et rte secondaire : 3 km – ✉ 45500 Poilly-lez-Gien

Villa Hôtel ♿ ch, P VISA MC

ZA le Clair Ruisseau, allée du Vieux Cours – ✆ 02 38 27 03 30 – villahotel@wanadoo.fr

24 ch – †41 € ††41 € – ☕ 6 € – ½ P 40/43 €

Rest *(dîner seult)* – Menu 13/16 €

◆ Parfait pour une étape à prix doux : un hôtel moderne au confort simple, formé de plusieurs maisons pavillonnaires dont les chambres profitent du calme alentour.

GIENS – 83 Var – **340** L7 – ✉ 83400 Hyeres ▮ Côte d'Azur **41** C3

▶ Paris 860 – Carqueiranne 10 – Draguignan 87 – Hyères 9

◉ Ruines du château des Pontevès ☼★★.

Voir plan de Giens à Hyères.

Le Provençal P VISA MC AE

pl. St-Pierre – ✆ 04 98 04 54 54 – www.provencalhotel.com – Ouvert 14 avril-14 oct. Xs

41 ch – †95/155 € ††115/180 € – ☕ 15 € – ½ P 100/140 €

Rest – Menu 29/57 € – Carte 53/110 €

◆ Hôtel bâti à flanc de colline, dans un parc ombragé et fleuri qui dégringole en terrasses jusqu'à la mer. Chambres provençales. Parking privé à 500 m. Le panorama offert par le restaurant a peut-être inspiré le poète Saint-John Perse, célèbre résident de la presqu'île.

GIFFAUMONT-CHAMPAUBERT – 51 Marne – **306** K11 – 259 h. – alt. 130 m – ✉ 51290 ▮ Champagne Ardenne **14** C2

▶ Paris 208 – Bar-le-Duc 53 – Chaumont 75 – St-Dizier 25

ℹ Maison du Lac, ✆ 03 26 72 62 80, www.lacduder.com

◉ Lac du Der-chantecoq★★.

Le Cheval Blanc ♿ rest, ch, P VISA MC AE

21 r. du Lac – ✆ 03 26 72 62 65 – www.lecheval-blanc.net – Fermé 2-19 sept., 6-23 janv., dim. soir, mardi midi et lundi

14 ch – †75 € ††75/85 € – 1 suite – ☕ 10 € – ½ P 72 €

Rest – Formule 20 € – Menu 25/60 € – Carte 41/64 €

◆ Cette accueillante maison ne se trouve qu'à 500 m de l'un des plus grands lacs artificiels d'Europe : le lac du Der. Chambres ultrapropres, jardin et jacuzzi : tout est prévu pour se reposer. Cuisine du terroir au restaurant, dont des charcuteries corses, origines du patron obligent.

GIF-SUR-YVETTE – 91 Essonne – **312** B3 – **101** 33 – voir à Paris, Environs

---

GIGARO – 83 Var – **340** O6 – rattaché à La Croix-Valmer

GIGNAC – 34 Hérault – **339** G7 – 5 165 h. – alt. 53 m – ✉ 34150 **23** C2

▶ Paris 719 – Béziers 58 – Lodève 25 – Montpellier 30

ℹ 3, Parc d'activités de Camalcé, ✆ 04 67 57 58 83, www.saintguilhem-valleeherault.fr

XX **de Lauzun** (Matthieu de Lauzun)

3 bd de l'Esplanade – ✆ 04 67 57 50 83 – www.restaurant-delauzun.com – Fermé 2 sem. en fév.-mars, 1 sem. en août, 2 sem. en nov., sam. midi, dim. soir, lundi et fériés

Rest – Formule 25 € – Menu 42/75 € – Carte 40/65 €

Spéc. Betterave et fromage de chèvre, marinade de couteaux et beignet de brandade de haddock. Maigre de ligne rôti et pissaladière aux olives vertes. Tarte fine aux pommes, crème chiboust et crème glacée au géranium odorant. **Vins** Terrasses du Larzac, Faugères.

◆ Cette maison, face à l'esplanade, est menée par un jeune chef de talent. Décor sobre et soigné à l'image de la cuisine, séduisante avec ses belles associations de saveurs – originales et bien pensées – et ses assiettes très graphiques. Bon choix de vins locaux.

GIGONDAS – 84 Vaucluse – 332 D9 – 572 h. – alt. 313 m – ✉ 84190 42 E1

Provence

Paris 662 – Avignon 40 – Nyons 31 – Orange 20

Place Gabrielle Andéol, ✆ 04 90 65 85 46

Les Florets

2 km à l'Est par rte secondaire – ✆ 04 90 65 85 01 – www.hotel-lesflorets.com – Fermé janv. à mi-mars

15 ch – 70/100 € 84/130 € – 15 € – ½ P 89/118 €

Rest *(fermé merc.)* – Formule 25 € – Menu 32/48 € – Carte 55/65 €

◆ Au pied des Dentelles de Montmirail, cet hôtel situé en plein vignoble abrite de séduisantes chambres colorées (avec terrasse à l'annexe). Décor et cuisine inspirés par la région, vins du domaine et jolie terrasse.

X **L'Oustalet**

pl. du village – ✆ 04 90 65 85 30 – www.restaurantoustalet.com – Fermé 1er déc.-5 janv., dim. soir et lundi

Rest *(nombre de couverts limité, réserver)* – Formule 32 € – Menu 39/120 € bc – Carte 45/70 €

◆ Dans ce beau village de vignerons, cet Oustalet vous délecte d'une cuisine savoureuse, aux doux parfums provençaux. Installez-vous sous les vieux platanes... On dirait le Sud !

GILETTE – 06 Alpes-Maritimes – 341 D4 – 1 472 h. – alt. 420 m 41 D2

– ✉ 06830 Côte d'Azur

Paris 946 – Antibes 43 – Nice 36 – St-Martin-Vésubie 45

place du Dr Morani, ✆ 04 92 08 98 08, www.esteron.fr

※★★ des ruines du château.

à Vescous par rte de Rosquesteron (D 17) : 9 km – ✉ 06830 Toudon

X **La Capeline**

rte de Roquesteron – ✆ 04 93 08 58 06 – www.restaurant-lacapeline.com – Ouvert du jeudi au dim. de mars à nov., les week-ends de nov. à fév. et fermé le soir sauf vend. et sam. en saison

Rest *(réserver)* – Formule 20 € – Menu 23 € (sem.)/28 €

◆ Après plusieurs kilomètres sur une route escarpée, une maison rustique qui se mérite. Le chef concocte une authentique cuisine niçoise, avec de bons produits locaux et de saison ; chaque jour, il propose un menu unique qui ravit les habitués... et les autres ! Belle terrasse ombragée.

GILLY-LÈS-CÎTEAUX – 21 Côte-d'Or – 320 J6 – rattaché à Vougeot

GIMBELHOF – 67 Bas-Rhin – 315 K2 – rattaché à Lembach

GIMEL-LES-CASCADES – 19 Corrèze – 329 M4 – 704 h. – alt. 375 m 25 C3

– ✉ 19800

Paris 493 – Limoges 104 – Tulle 13 – Brive-la-Gaillarde 40

le Bourg, ✆ 05 55 21 44 32

Hostellerie de la Vallée

au bourg – ✆ 05 55 21 40 60 – www.hotel-restaurant-gimel.fr – Fermé 16 déc.-9 janv. et dim. soir d'oct. à mai
9 ch – †65 € ††65 € – ☕ 9 € – ½ P 57 €
Rest *(fermé vend. soir, sam. midi et dim. soir d'oct. à mai sauf fériés)* – Formule 21 € – Menu 26/33 € – Carte 31/48 €
♦ Gimel est réputé pour ses cascades ; cette maison de pays bien rénovée permet d'y faire une halte de choix en profitant de chambres confortables. Un jeune couple dynamique et motivé veille au grain, y compris en cuisine. Ambiance conviviale !

LA GIMOND – 42 Loire – 327 F6 – 251 h. – alt. 625 m – ✉ 42140 — 44 A2

▶ Paris 485 – Saint-Étienne 18 – Annonay 67 – Lyon 58

Le Vallon du Moulin

– ✆ 04 77 30 97 06 – Fermé 23 août-3 sept., 28 fév.-12 mars, dim. soir, mardi soir, merc. et lundi sauf le midi en juil.-août
Rest – Menu 21 € (déj. en sem.), 28/49 €
♦ Au cœur d'un village, ce sympathique restaurant contemporain propose une bonne cuisine (saumon à la niçoise, croustillant de framboise...) évoluant au rythme des saisons.

GIMONT – 32 Gers – 336 H8 – 2 874 h. – alt. 180 m – ✉ 32200 — 28 B2

Midi-Toulousain

▶ Paris 701 – Colomiers 40 – Toulouse 51 – Tournefeuille 40
ℹ 53, boulevard du Nord, ✆ 05 62 67 77 87, www.tourisme-gimont.com

Château de Larroque — rest,

rte de Toulouse – ✆ 05 62 67 77 44 – www.chateaularroque.fr – Fermé 2-25 janv., 20-28 fév., dim. soir, mardi midi et lundi d'oct. à avril
16 ch – †89/115 € ††95/120 € – 1 suite – ☕ 14 € – ½ P 88/100 €
Rest – Menu 23/60 € – Carte 28/70 €
♦ Un beau château, édifié en 1805, entouré d'un parc paisible avec piscine et tennis. Certaines chambres, et l'un des salons, ont été décorés dans un style plus contemporain. Cuisine traditionnelle dans un cadre élégant, à déguster sous la tonnelle en été.

Villa Cahuzac

1 av. de Cahuzac – ✆ 05 62 62 10 00 – www.villacahuzac.com
11 ch – †98 € ††98 € – ☕ 12 € – ½ P 84 €
Rest ***Villa Cahuzac*** – voir les restaurants ci-après
♦ Maison typique de la région (1885) avec des chambres pratiques et soignées (lambris et parquet). Celles du 1er étage ouvrent sur un corridor qui plonge sur le patio fleuri.

Villa Cahuzac

1 av. de Cahuzac – ✆ 05 62 62 10 00 – www.villacahuzac.com – Fermé le midi
Rest – Menu 30/44 € – Carte environ 43 €
♦ Dans ce restaurant aux airs de joli passage couvert, on sert une cuisine de terroir et de tradition... Le canard et le foie gras sont d'ailleurs les stars de la carte !

GINASSERVIS – 83 Var – 340 K3 – 1 442 h. – alt. 407 m – ✉ 83560 — 40 B3

▶ Paris 781 – Aix-en-Provence 53 – Avignon 111 – Manosque 23

Chez Marceau avec ch

pl. Jean Jaurès – ✆ 04 94 80 11 21 – www.chezmarceau.com – Fermé 15-30 nov., 15-30 janv., dim. soir et lundi
6 ch – †45 € ††55 € – ☕ 6 € – ½ P 50/56 €
Rest – Menu 15 € (sem.), 25/45 € – Carte 34/81 €
♦ Entre Durance et Verdon, plongez au cœur de la vie méridionale dans cette sympathique auberge. Terrasse dressée sur la place. Cuisine régionale et chambres pour l'étape.

GINCLA – 11 Aude – 344 E6 – 44 h. – alt. 570 m – ✉ 11140 22 B3

Paris 821 – Carcassonne 77 – Foix 88 – Perpignan 67

Hostellerie du Grand Duc

2 rte de Boucheville – ☎ 04 68 20 55 02 – www.host-du-grand-duc.com – Ouvert 1er avril-1er nov.

12 ch – 62/70 € 75/85 € – 11 € – ½ P 80/85 €

Rest *(fermé merc. midi)* – Formule 27 € – Menu 33/78 € – Carte 35/55 €

♦ Cette belle maison de maître (18es.) recouverte de lierre est charmante. Toile de Jouy, mobilier chiné, poutres, pierres apparentes : les chambres ont toute leur personnalité propre. Et puis il y a le beau jardin, la salle à manger rustique, la quiétude que rien ne vient troubler...

GIRMONT-VAL-D'AJOL – 88 Vosges – 314 H5 – rattaché à Remiremont

GISORS – 27 Eure – 304 K6 – 11 681 h. – alt. 60 m – ✉ 27140 33 D2

Normandie Vallée de la Seine

Paris 73 – Beauvais 33 – Évreux 66 – Mantes-la-Jolie 40

4, rue du Général-de-Gaulle, ☎ 02 32 27 60 63, www.tourisme-gisors.fr

de Chaumont-en-Vexin, à Chaumont-en-Vexin, Château de Bertichères, E : 8 km par D 982, ☎ 03 44 49 00 81

de Rebetz, à Chaumont-en-Vexin, Route de Noailles, E : 12 km par D 981, ☎ 03 44 49 15 54

Château fort★★ - Église St-Gervais et St-Protais★.

Le Cappeville

13 r. Cappeville – ☎ 02 32 55 11 08 – www.lecappeville.com – Fermé 3-15 janv., merc. et jeudi

Rest – Menu 29/52 € – Carte 50/73 €

♦ Pigeon rôti à la crème de laitue, langoustines et potiron confit : au cœur de la capitale du Vexin normand, le terroir prend un coup de jeune et la carte suit les saisons.

à Bazincourt-sur-Epte 6 km au Nord par D 14 – 646 h. – alt. 55 m – ✉ 27140

Château de la Rapée

2 km à l'Ouest par rte secondaire – ☎ 02 32 55 11 61 – www.hotelrapee.com – Fermé 15 août-1er sept. et 15 fév.-14 mars

12 ch – 95 € 95/160 € – 14 € – ½ P 87/100 €

Rest *(fermé merc.)* – Formule 25 € bc – Menu 37/57 € – Carte 60/72 €

♦ Château aux allures de manoir anglo-normand posé dans une campagne préservée (haras à proximité). Les chambres, dotées de mobilier ancien, sont spacieuses et profitent du parc. Salle à manger chaleureuse au décor bourgeois rehaussé de boiseries ; cuisine classique.

GIVERNY – 27 Eure – 304 I6 – 502 h. – alt. 17 m – ✉ 27620 33 D2

Paris 75 – Cergy 47 – Évreux 37 – Rouen 65

La Réserve sans rest

(près de la mairie), 2 km au Nord par r. Blanche-Hochedé-Monet et C3 direction Bois-Jérôme – ☎ 02 32 21 99 09 – www.giverny-lareserve.com – Ouvert avril-oct.

5 ch – 105 € 165 €

♦ Cette belle demeure familiale à la façade jaune safran, perchée sur les hauts de Giverny, n'est pas sans rappeler la maison du grand peintre. Nombreux attraits : un grand parc, un calme parfait et des chambres avec beaucoup de caractère.

GIVET – 08 Ardennes – 306 K2 – 6 736 h. – alt. 103 m – ✉ 08600 14 C1

Champagne Ardenne

Paris 287 – Charleville-Mézières 58 – Fumay 23 – Rocroi 41

10, quai des Fours, ☎ 08 10 81 09 75, www.valdardennetourisme.com

≤★ du fort de Charlemont★.

Les Reflets Jaunes sans rest

2 r. du Gén.-de-Gaulle – ✆ 03 24 42 85 85 – www.les-reflets-jaunes.com

17 ch – †62/96 € ††69/120 € – ☕ 10 €

◆ Près du centre historique, cet hôtel en briques rouges – façade typique de la région – dispose de chambres spacieuses et confortables (baignoire-jacuzzi pour certaines). Copieux petit-déjeuner.

Le Val St-Hilaire sans rest

7 quai des Fours – ✆ 03 24 42 38 50 – www.hotel-val-st-hilaire.com

20 ch – †72 € ††95 € – ☕ 11 €

◆ Les chambres de cet ancien hôtel particulier (1719), posé sur une rive de la Meuse, sont pratiques, bien tenues et insonorisées. Points positifs : la vue sur le fleuve et l'amabilité de l'accueil.

Le Roosevelt sans rest

14 quai des Remparts – ✆ 03 24 42 14 14 – http://hotel-le-roosevelt.com – Fermé 20 déc.-7 janv.

8 ch – †70/80 € ††85 € – ☕ 8 €

◆ C'est vrai qu'il est joli ce val d'Ardenne... Alors, pourquoi ne pas faire étape sur le quai ? Cette maison en pierre typique vous propose des chambres fonctionnelles et bien tenues. À noter : on propose croques, salades, glaces, etc., à la crêperie-salon de thé.

Auberge de la Tour

6 quai des Fours – ✆ 03 24 40 41 71 – www.auberge-de-la-tour.net – Fermé 17 déc.-16 janv. et lundi d'oct. à mars

Rest – Formule 14 € – Menu 19 € (déj.), 26/42 € – Carte 27/57 €

◆ Le chef de cette jolie auberge rustique réalise une cuisine plutôt traditionnelle (dont quelques plats alléchants à base de homards du vivier). La terrasse a vue sur la Meuse : bien agréable en été.

GIVORS – 69 Rhône – 327 H6 – 19 477 h. – alt. 156 m – ✉ 69700 — 44 B2

Lyon Drôme Ardèche

Paris 480 – Lyon 25 – Rive-de-Gier 17 – Vienne 12

1, place de la Liberté, ✆ 04 78 07 41 38, www.otfleuvegivorsgrigny.fr

à Loire-sur-Rhône 5 km par N 86, rte de Condrieu – 2 348 h. – alt. 140 m – ✉ 69700

Mouton-Benoît

1167 rte de Beaucaire – ✆ 04 78 07 96 36 – www.restaurant-moutonbenoit.com – Fermé 3 sem. en août et sam.

Rest *(déj. seult sauf vend.)* – Menu 24 € bc (déj. en sem.), 31/36 € – Carte 36/58 €

◆ L'établissement fut fondé en 1833 et l'on y retrouve la belle âme des maisons anciennes. La cuisine cultive joliment la tradition comme les saveurs d'aujourd'hui : asperges meunières, veau de lait aux champignons, canard aux épices, etc.

GLAINE-MONTAIGUT – 63 Puy-de-Dôme – 326 H8 – 536 h. – alt. 350 m – ✉ 63160 — 6 C2

Paris 440 – Clermont-Ferrand 31 – Issoire 37 – Thiers 21

Auberge de la Forge avec ch

– ✆ 04 73 73 41 80 – www.aubergedelaforgeglainemontaigut.com – Fermé dim. soir et merc.

4 ch – †39 € ††48 € – ☕ 6 € – ½ P 48 €

Rest – Formule 14 € – Menu 20 € (sem.), 28/42 € – Carte 22/58 €

◆ Face à la belle église romane, sympathique auberge refaite à l'ancienne (murs de pisé) et proposant une reconstitution de la forge du village. La cuisine est bien réalisée, avec des spécialités parfois surprenantes comme la fricassée de crêtes de coq...

GLUIRAS – 07 Ardèche – **331** J4 – 393 h. – alt. 800 m – ✉ 07190 **44** B3

Paris 606 – Le Cheylard 20 – Lamastre 40 – Privas 33

Le Relais de Sully avec ch

pl. centrale – ✆ 04 75 66 63 41 – www.lerelaisdesully.com
– Fermé 18-29 déc., 15 janv.-15 mars, dim. soir, merc. soir et lundi sauf juil.-août

4 ch – †39 € ††39 € – ☕ 6 €

Rest – Formule 15 € – Menu 19 € (sem.), 25/39 €

◆ Au cœur de ce village perché ardéchois, une maison en pierre devancée par une véranda. Le jovial patron aime cuisiner les produits du terroir local, de même que le poisson, selon les arrivages. Chambres modestes, utiles en dépannage.

GODEWAERSVELDE – 59 Nord – **302** D3 – 2 020 h. – alt. 45 m **30** B2
– ✉ 59270

Paris 263 – Arras 90 – Brugge 97 – Lille 41

L'Estaminet du Centre

11 rte de Steenvoorde – ✆ 03 28 42 21 72 – www.estaminetducentre.com
– Fermé 20 déc.-3 janv., dim. soir, lundi soir, mardi et merc.

Rest – Menu 24/29 € – Carte 23/39 €

◆ Un estaminet typique qui a gardé son âme conviviale : ici, on se régale de délicieuses recettes du Nord, simples et goûteuses. Harengs, flamiche au maroilles, carbonade...

GOLBEY – 88 Vosges – **314** G3 – rattaché à Épinal

GOLFE DE SANTA-GIULIA – 2A Corse-du-Sud – **345** E10 – voir à Corse (Porto-Vecchio)

GOLFE-JUAN – 06 Alpes-Maritimes – **341** D6 – ✉ 06220 Vallauris **42** E2

Côte d'Azur

Paris 905 – Antibes 5 – Cannes 6 – Grasse 23

boulevard des Frères Roustan, ✆ 04 93 63 73 12

pour Vallauris voir plan de Cannes

Beau Soleil sans rest

6 impasse Beau-Soleil, par D 6007 (dir. Antibes)
– ✆ 04 93 63 63 63 – www.hotel-beau-soleil.com
– Ouvert 5 mars-15 nov.

30 ch – †57/83 € ††71/137 € – ☕ 10 €

◆ Dans une impasse tranquille à 500 m de la plage du Midi, un hôtel récent avec des chambres agréables et très bien tenues, ainsi qu'une jolie piscine autour de laquelle on peut musarder sur un transat.

Nounou

bd des Frères Roustan, (à la plage) – ✆ 04 93 63 71 73 – www.nounou.fr
– Fermé 12 nov.-25 déc.

Rest – Menu 39/69 € – Carte 80/110 €

◆ Nounou vit sur la plage ! Près des baies vitrées, la vue sur le rivage est superbe ; la déco est une ode à la Grande Bleue et, dans l'assiette, on se régale de spécialités bien iodées, dont la bouillabaisse et la bourride.

Tétou

10 bd des Frères Roustan, (à la plage) – ✆ 04 93 63 71 16
– Ouvert de début mars à mi-oct. et fermé lundi midi, mardi midi et merc.

Rest – Carte 120/200 €

◆ Fondée en 1920, cette institution locale n'a rien perdu de son charme si typiquement balnéaire (du blanc, du bleu azur...). Au menu, bouillabaisse, produits de la mer et saveurs régionales.

à Vallauris Nord-Ouest : 2,5 km par D 135 – 29 111 h. – alt. 120 m – ✉ 06220

avenue Georges Clemenceau, ✆ 04 93 63 82 58

Musée national "la Guerre et la Paix" (château) - Musée de l'Automobile★ NO : 4 km.

Le Mas Samarcande sans rest

138 Grand-Boulevard de Super-Cannes – ✆ 04 93 63 97 73 – www.mas-samarcande.com

5 ch – 120/135 € 120/135 €

◆ Sur les hauteurs de Vallauris, cette belle villa est une véritable invitation à la détente ! Les chambres, originales et raffinées, mêlent inspiration provençale et exotique... et sur la terrasse, on peut lézarder en profitant de la jolie vue sur la baie.

GONFREVILLE-CAILLOT – 76 Seine-Maritime – 304 C4 – 317 h. – alt. 119 m – ✉ 76110 33 C1

Paris 196 – Caen 112 – Évreux 124 – Rouen 74

L'Auberge de la Motte

196 rte de Goderville – ✆ 02 35 28 71 84 – www.aubergedelamotte.com – Fermé 4-14 oct.

Rest *(réserver)* – Menu 18 € (sem.), 27/46 €

◆ Dans un paisible village, une jolie chaumière coiffée de chaume... Le cadre est charmant, très rustique – mais nullement figé : en ces lieux, un jeune chef signe une cuisine créative aboutie, avec de beaux assortiments de produits.

GORDES – 84 Vaucluse – 332 E10 – 2 134 h. – alt. 372 m – ✉ 84220 42 E1

Provence

Paris 712 – Apt 19 – Avignon 38 – Carpentras 26

le Château, ✆ 04 90 72 02 75, www.gordes-village.com

Site★ - Village★ - Château : cheminée★ - Village des Bories★★ SO : 2 km par D 15 puis 15 mn - Abbaye de Sénanque★★ NO : 4 km - Pressoir★ dans le musée des Moulins de Bouillons S : 5 km.

La Bastide de Gordes & Spa

au village – ✆ 04 90 72 12 12 – www.bastide-de-gordes.com – Fermé 3 janv.-28 fév.

34 ch – 220/515 € 220/515 € – 7 suites – 28 €

Rest ***La Bastide de Gordes & Spa*** – voir les restaurants ci-après

◆ Si un bâtiment avait de la prestance comme une personne, cette bastide du 16ᵉs. pourrait se targuer d'en avoir beaucoup ! Côté vallée ou côté village, les chambres sont superbes et très confortables. Quant au spa... Le luxe à la provençale.

Les Bories & Spa

rte de l'Abbaye de Sénanque, 2 km – ✆ 04 90 72 00 51 – www.hotellesbories.com – Fermé 6 janv.-14 fév.

31 ch – 300/450 € 300/450 € – 2 suites – 23 € – ½ P 235/310 €

Rest ***Les Bories*** – voir les restaurants ci-après

◆ Les "bories", ce sont ces cabanes en pierres sèches des anciens bergers de Provence... Un modèle pour l'architecture de ce luxueux établissement, qui semble vivre en communion avec la garrigue, entre lavandes et oliviers. Lumière, raffinement...

Le Gordos sans rest

1,5 km par rte de Cavaillon – ✆ 04 90 72 00 75 – www.hotel-le-gordos.com – Ouvert 24 mars-2 nov.

19 ch – 90/142 € 128/226 € – 17 €

◆ Posté à l'entrée du village, un mas en pierre sèche frais et charmant. Les chambres avec terrasse donnent sur le jardin, où embaument les fleurs et les plantes aromatiques.

Le Mas des Romarins sans rest

rte de Sénanque – ✆ 04 90 72 12 13 – www.masromarins.com – Fermé 13 nov.-16 déc. et 6 janv.-7 mars

13 ch – 76/127 € 99/204 €

◆ Ferme centenaire dominant Gordes. Les chambres sont fraîches et cosy ; de la terrasse, à l'ombre des mûriers, la vue est un délice. Restauration possible certains soirs.

Les Bories – Hôtel Les Bories & Spa
rte de l'Abbaye de Sénanque, 2 km – 04 90 72 00 51 – www.hotellesbories.com – Fermé 6 janv.-14 fév., dim. soir et lundi du 4 nov. au 24 mars
Rest *(réserver)* – Menu 57/92 € – Carte 86/102 €
Spéc. Courgettes fleurs soufflées au basilic (avril à sept.). Carré d'agneau laqué au citron confit (juin à août). Pêche jaune rôtie à la verveine, financier à la pêche (juin à août). **Vins** Côtes du Luberon.
◆ Un cadre idyllique, à la fois secret et grand ouvert sur la garrigue... Les saveurs provençales prennent ici toute leur dimension : parfums sublimés, textures équilibrées, accords harmonieux... le travail du chef est très délicat.

La Bastide de Gordes & Spa – Hôtel La Bastide de Gordes & Spa
au village – 04 90 72 12 12 – www.bastide-de-gordes.com – Fermé 3 janv.-28 fév.
Rest – Menu 38 € (déj.)/62 € – Carte 96/121 € le soir
◆ Pour ce restaurant de grand hôtel, un décor très classique (moulures, nappes blanches) et une large terrasse panoramique. Une belle vue du Sud... où la carte puise ses produits et son caractère.

rte d'Apt 2 km à l'Est par D 2 – ✉ 84220 Gordes

Auberge de Carcarille
rte d'Apt, 4 km par D 2 – 04 90 72 02 63 – www.auberge-carcarille.com – Fermé 11 nov.-29 janv.
20 ch – 72 € 115 € – 13 € – ½ P 85/107 €
Rest *Auberge de Carcarille* – voir les restaurants ci-après
◆ Passé l'allée de cyprès, on découvre cette jolie maison en pierre sèche qui embaume le bon air de la Provence. Chaque chambre ouvre sur un balcon ou une terrasse, la piscine est entourée d'oliviers... les cigales chantent tout l'été.

La Ferme de la Huppe
ch,
5 km par D 156 rte de Goult – 04 90 72 12 25 – www.lafermedelahuppe.com – Ouvert 21 mars-4 nov.
10 ch – 45/108 € 115/215 € – ½ P 94/142 €
Rest *(fermé merc. et le midi)* – Formule 29 € – Menu 42 €
◆ Jolie fermette du 18e s. en pierre sèche. Les chambres fleurent bon le lin et la lavande, comme un rêve provençal. Très jolie piscine parmi les arbustes. La salle à manger évoque une "borie", cette cabane du Lubéron. Savoureuse cuisine régionale actualisée.

Auberge de Carcarille – Hôtel Auberge de Carcarille
rte d'Apt, 4 km par D 2 – 04 90 72 02 63 – www.auberge-carcarille.com – Fermé 11 nov.-29 janv. et vend. sauf le soir d'avril à sept.
Rest – Menu 20 € (déj.), 35/52 € – Carte 37/57 €
◆ Menthe poivrée, tomates, fèves, basilic... Au menu : légumes du potager et herbes aromatiques ! Dans la jolie salle en sous-pente ou sur la terrasse verdoyante, on apprécie une savoureuse cuisine régionale.

rte des Imberts Sud-Ouest : 4 km par D 2 – ✉ 84220 Gordes

Mas de la Senancole
Hameau les Imberts – 04 90 76 76 55 – www.mas-de-la-senancole.com – Fermé 2 janv.-7 fév.
21 ch – 99/233 € 99/233 € – 13 €
Rest *L'Estellan* – voir les restaurants ci-après
◆ La Sénancole coule à proximité de ce petit mas en pierre. Chambres agréables (bois peint et fer forgé), certaines avec terrasse. Espace détente avec sauna, hammam, jacuzzi.

Le Moulin des Sources sans rest
Hameau des Gros – 04 90 72 11 69 – www.le-moulin-des-sources.com – Ouvert de mars à nov.
5 ch – 105/190 € 105/190 €
◆ On se prélasse volontiers dans cet ancien moulin à huile aux murs voûtés, allant du salon-bibliothèque au jardin, puis à la piscine. Belles chambres aux teintes terriennes.

XX **Le Mas Tourteron**
chemin de St-Blaise – ✆ 04 90 72 00 16 – www.mastourteron.com – Ouvert 15 fév.-31 oct. et fermé dim. soir, lundi, mardi et le midi sauf juil.-août
Rest – Menu 54 €
◆ Ce joli mas et sa terrasse sous les mûriers dégagent un charme à la Pagnol. Le credo du lieu : une "cuisinière dans sa maison" qui régale d'une généreuse cuisine provençale.

XX **L'Estellan** – Hôtel Mas de la Senancole
Hameau les Imberts – ✆ 04 90 72 04 90 – www.restaurant-estellan.com – Fermé 2 janv.-7 fév., dim. soir et lundi de nov. à mars
Rest – Formule 19 € – Menu 26 € (déj. en sem.), 35/49 € – Carte 46/65 €
◆ Un restaurant au charme poétique et rétro, dans un mas en pierre. Ail, olive, plantes aromatiques en vedette d'une goûteuse cuisine provençale.

GORGES DE LA RESTONICA – 2B Haute-Corse – 345 D6 – voir à Corse (Corte)

GOSNAY – 62 Pas-de-Calais – 301 I4 – rattaché à Béthune

LA GOUESNIÈRE – 35 Ille-et-Vilaine – 309 K3 – 1 645 h. – alt. 22 m – ✉ 35350 10 D1

Paris 390 – Dinan 25 – Dol-de-Bretagne 13 – Lamballe 65

Maison Tirel-Guérin
à la Gare (rte de Cancale) : 1,5 km par D 76 – ✆ 02 99 89 10 46 – www.tirelguerin.com – Fermé 23 déc.-1er fév.
57 ch – †67/206 € ††67/206 € – 3 suites – ☕ 14 €
Rest ***Maison Tirel-Guérin*** ✿ – voir les restaurants ci-après
◆ Face à la gare, dans un environnement pourtant sans attrait, cet ancien relais de poste ne manque pas de séduire : accueil prévenant, espace et confort, piscine couverte... Une adresse traditionnelle et familiale d'excellente tenue.

XXX ✿ **Maison Tirel-Guérin**
à la Gare (rte de Cancale) : 1,5 km par D 76 – ✆ 02 99 89 10 46 – www.tirelguerin.com – Fermé 23 déc.-1er fév., dim. soir d'oct. à mars et lundi midi sauf fériés
Rest *(réserver)* – Menu 28/110 € – Carte 55/135 €
Spéc. Ravioles de langoustines et bouillon mousseux de morilles. Homard bleu braisé "Jean-Luc". Velouté de chocolat Caraïbes, chamallow, poire et cannelle.
◆ Ne pas chercher à épater, mais faire plaisir, tout simplement : le joli pari relevé par cette table bretonne, où la maîtrise d'exécution se met au service des plus beaux produits de saison. Cadre classique, fort confortable.

GOULT – 84 Vaucluse – 332 E10 – 1 176 h. – alt. 258 m – ✉ 84220 42 E1

Paris 714 – Apt 14 – Avignon 41 – Bonnieux 8

XX **La Bartavelle**
r. du Cheval-Blanc – ✆ 04 90 72 33 72 – www.bartavelle.free.fr – Fermé mi-nov. à fin fév., mardi et merc.
Rest *(dîner seult) (nombre de couverts limité, réserver)* – Menu 42 €
◆ Le "petit Marcel" et son chasseur de père auraient apprécié cette salle voûtée avec ses tomettes... rouges comme des bartavelles ! Plats régionaux pour ce restaurant de poche.

X **Le Garage à Lumières**
Hameau de Lumières – ✆ 04 32 50 29 32
Rest – Carte 33/47 €
◆ Un ancien garage transformé en restaurant branché et design : murs décorés de petites voitures, toiles contemporaines et belle cuisine actuelle, sobrement créative.

GOUMOIS – 25 Doubs – 321 L3 – 187 h. – alt. 490 m – ✉ 25470 17 C2

Paris 513 – Besançon 92 – Montbéliard 55 – Morteau 47
Corniche de Goumois★★, **Franche-Comté Jura**

Taillard

3 rte de la Corniche – ✆ 03 81 44 20 75 – www.hoteltaillard.com – Ouvert 15 mars-8 nov.

16 ch – †88/114 € ††88/114 € – 4 suites – ☕ 14 € – ½ P 87/125 €

Rest *Taillard* – voir les restaurants ci-après

◆ Situé à flanc de colline, un hôtel familial (1875) plaisant avec un très joli jardin, pour les amoureux de la nature. Les chambres, classiques ou plus contemporaines à l'annexe, sont confortables et soignées (meubles chinés, tableaux, etc.).

Le Moulin du Plain

Lieu-dit Le Moulin du Plain – ✆ 03 81 44 41 99 – www.moulinduplain.com – Ouvert 25 fév.-1er nov.

21 ch – †49 € ††69 € – ☕ 8 € **Rest** – Menu 23/35 € – Carte 22/58 €

◆ En pleine nature, auberge familiale au bord du Doubs, appréciée par les pêcheurs. Chambres simples, dont une partie tournée vers la rivière (deux duplex pour les familles). Dans les assiettes, priorité aux truites, morilles et autres produits de la région.

Taillard – Hôtel Taillard

3 rte de la Corniche – ✆ 03 81 44 20 75 – www.hoteltaillard.com – Ouvert 15 mars-8 nov. et fermé merc. soir d'oct. à avril, lundi midi et merc. midi

Rest – Formule 18 € – Menu 25 € (déj.), 36/97 € bc – Carte 46/85 €

◆ La vue sur la vallée est très agréable et la cuisine du terroir concoctée par le chef – savoureuse et très raffinée – n'a rien à lui envier ! Une maison familiale et de tradition.

GOUPILLIÈRES – 14 Calvados – 303 J5 – 158 h. – alt. 162 m – ✉ 14210 — 32 B2

▶ Paris 255 – Caen 24 – Condé-sur-Noireau 27 – Falaise 34

Auberge du Pont de Brie

Halte de Grimbosq, 1,5 km à l'Est – ✆ 02 31 79 37 84 – www.pontdebrie.com – Fermé 2-11 juil., 19 déc.-21 janv., 25 fév.-6 mars, nov. et déc. sauf week-ends, mardi sauf août et lundi

Rest – Menu 22/48 € – Carte 34/55 €

◆ Avec ses escarpements et ses jolis points de vue, la vallée de l'Orne mérite une visite ! Faites donc une halte dans cette auberge, où l'on déguste andouillette de canard, entrecôte au camembert, côte de veau grand-mère... Sympathique et traditionnel.

GOURDON – 46 Lot – 337 E3 – 4 603 h. – alt. 250 m – ✉ 46300 — 28 B1

Périgord Quercy

▶ Paris 543 – Bergerac 91 – Brive-la-Gaillarde 66 – Sarlat-la-Canéda 26

ℹ 24, rue du Majou, ✆ 05 65 27 52 50, www.tourisme-gourdon.com

◉ Rue du Majou★ - Cuve baptismale★ dans l'église des Cordeliers - Esplanade ✳★.

◉ Grottes de Cougnac★ NO : 3 km.

Hostellerie de la Bouriane

pl. du Foirail – ✆ 05 65 41 16 37 – www.hotellabouriane.fr – Fermé 14-23 oct., 20 janv.-10 mars, dim. soir et lundi du 20 oct. au 30 avril

20 ch – †77/115 € ††77/115 € – ☕ 13 € – ½ P 78/92 €

Rest *(dîner seult sauf dim.)* – Menu 27/49 € – Carte 45/85 €

◆ Une maison centenaire qui cultive le sens de l'hospitalité. Chambres rustiques et soignées, mansardées au dernier étage. Agréable jardin. Au restaurant, pierres apparentes et grande cheminée pour une ambiance élégante et chaleureuse. Goûteuse cuisine classique.

GOURETTE – 64 Pyrénées-Atlantiques – 342 K7 – alt. 1 400 m – Sports d'hiver : 1 400/2 400 m 1 18 – ✉ 64440 Eaux Bonnes — 3 B3

Aquitaine

▶ Paris 829 – Argelès-Gazost 35 – Eaux-Bonnes 9 – Laruns 14

ℹ place Sarrière, ✆ 05 59 05 12 17, www.gourette.com

◉ Col d'Aubisque ✳★★ N : 4 km.

Boule de Neige
– ✆ 05 59 05 10 05 – *www.hotel-bouledeneige.com* – *Ouvert 1er juil.-6 sept. et 1er déc.-14 avril*
22 ch – †50/98 € ††68/120 € – ☕ 9 € – ½ P 67/78 €
Rest – Menu 14 € (déj.)/30 € – Carte 19/36 €
◆ Les atouts de cet hôtel : sa situation au pied des pistes, face aux sommets, et ses petites chambres de style chalet (la moitié avec mezzanine). Restaurant contemporain décoré de rondins de bois et de pierres apparentes. Cuisine traditionnelle ; snack à midi.

L'Amoulat
rte de l'Aubisque – ✆ 05 59 05 12 06 – *Ouvert 16 juin-16 sept. et 22 déc.-26 mars*
12 ch (½ P seult) – ½ P 65/69 €
Rest *(dîner seult en hiver)* – Menu 18/25 € – Carte 21/40 €
◆ Sur les hauteurs de Gourette et près de la route menant au col de l'Aubisque, cet hôtel dispose de petites chambres, fonctionnelles et bien tenues. Cuisine simple servie sous la véranda ou dans la salle rustique (réservée aux pensionnaires).

GOURNAY-EN-BRAY – 76 Seine-Maritime – 304 K5 – 6 229 h. – alt. 94 m – ✉ 76220 Normandie Vallée de la Seine — 33 D2

Paris 97 – Amiens 78 – Les Andelys 38 – Beauvais 31
9, place d'Armes, ✆ 02 35 90 28 34, www.ot-gournay-en-bray.fr

Le Saint Aubin
3 km par D 915 rte de Dieppe – ✆ 02 35 09 70 97 – *www.hotel-saint-aubin.fr*
60 ch – †72/120 € ††72/120 € – ☕ 8 € – ½ P 91 €
Rest *(fermé dim. soir et sam.)* – Menu 16/25 € – Carte 18/45 €
◆ Cette construction récente, prisée par la clientèle d'affaires (plusieurs salles de réunion), se trouve légèrement en retrait de la route de Dieppe. Les chambres sont fonctionnelles et utiles pour l'étape.

Le Cygne sans rest
20 r. Notre Dame – ✆ 02 35 90 27 80 – *www.hotellecygne.fr*
29 ch – †48/60 € ††48/60 € – ☕ 7 €
◆ Hôtel familial et accueillant, situé au centre de cette petite cité du pays de Bray. Les chambres sont bien tenues et parfaitement insonorisées. Le soir en semaine, la patron, cuisinier de métier, propose un menu unique.

GOUVIEUX – 60 Oise – 305 F5 – rattaché à Chantilly

GOUY-ST-ANDRÉ – 62 Pas-de-Calais – 301 E5 – rattaché à Hesdin

GRAMAT – 46 Lot – 337 G3 – 3 524 h. – alt. 305 m – ✉ 46500 — 29 C1
Périgord Quercy

Paris 534 – Brive-la-Gaillarde 57 – Cahors 58 – Figeac 36
place de la République, ✆ 05 65 38 73 60, www.rocamadour.com

Du Centre
pl. de la République – ✆ 05 65 38 73 37 – *www.lecentre.fr*
20 ch – †53/69 € ††53/69 € – ☕ 9 € – ½ P 65 €
Rest – Formule 13 € – Menu 17/39 € – Carte 29/55 €
◆ Un bon point de chute, associant belles prestations et esprit contemporain – l'adresse a été récemment rénovée de pied en cap ! Les chambres offrent un superbe confort et des literies king size.

Lion d'Or
8 pl. de la République – ✆ 05 65 10 46 10 – *www.liondorhotel.fr*
15 ch – †66/75 € ††75/95 € – ☕ 9 €
Rest *Lion d'Or* – voir les restaurants ci-après
Rest *Le Quinze* *(ouvert en saison)* – Menu 24 € – Carte environ 25 €
◆ En plein centre-ville, cette jolie demeure régionale de caractère est placée sous la houlette d'un enfant du pays. Les chambres ont été rénovées avec goût en 2010 et arborent un joli décor aux couleurs pastel.

Le Relais des Gourmands

2 av. de la Gare – ✆ 05 65 38 83 92 – www.relais-des-gourmands.fr – Fermé 1 sem. en oct., 23 déc.-4 janv. et 2 fév.-6 mars

16 ch – 59/77 € 60/77 € – 9 € – ½ P 59/70 €

Rest *Le Relais des Gourmands* – voir les restaurants ci-après

◆ Accueil attentionné et bonne tenue dans cet établissement situé face à la gare. Les chambres, de facture actuelle, sont sobres et fonctionnelles. Le plus : l'agréable piscine entourée d'un jardin.

Hostellerie du Causse

2 km par rte de Cahors – ✆ 05 65 10 60 60 – www.hostellerieducausse.com – Fermé 2-31 janv.

31 ch – 60/66 € 66/76 € – 9 € – ½ P 66/72 €

Rest *(fermé sam. midi, dim. soir et vend. d'oct. à mars)* – Formule 14 € – Menu 19 € (sem.), 28/59 € – Carte 42/52 €

◆ À l'écart du centre, cette belle bâtisse récente, inspirée du style local, possède des chambres assez spacieuses, à la fois modernes et pratiques.

Moulin de Fresquet

1 km par rte de Figeac – ✆ 05 65 38 70 60 – www.moulindefresquet.com – Ouvert d'avril à oct.

5 ch – 69/83 € 69/118 € **Table d'hôte** *(fermé jeudi)* – Menu 28 € bc

◆ Ce moulin où cohabitent trois époques (14e, 18e et 19es.) se dresse au sein d'un jardin baigné par un bief. Meubles, tableaux, tapisseries et objets anciens habillent les chambres, très cosy ! La table d'hôte sert une appétissante cuisine régionale.

Lion d'Or – Hôtel Lion d'Or

8 pl. de la République – ✆ 05 65 10 46 10 – www.liondorhotel.fr – Fermé dim. soir et lundi

Rest – Menu 26/75 € bc – Carte environ 64 €

◆ Le chef concocte ici des recettes traditionnelles qui mettent l'eau à la bouche : foie gras au Lillet, trilogie d'agneau et pastis quercynois... À déguster en terrasse ou dans la salle bourgeoise de ce restaurant d'hôtel cossu.

Le Relais des Gourmands – Hôtel Le Relais des Gourmands

2 av. de la Gare – ✆ 05 65 38 83 92 – www.relais-des-gourmands.fr – Fermé 1 sem. en oct., 23 déc.-4 janv., 2 fév.-6 mars, lundi sauf le soir juil.-août et dim. soir

Rest – Formule 17 € – Menu 19 € (sem.), 21/43 € – Carte 32/65 €

◆ Le chef de ce restaurant lumineux, dépendant de l'hôtel éponyme, possède une belle réputation dans la région. La carte est alléchante, et les produits frais comme on les aime.

LE GRAND-BORNAND – 74 Haute-Savoie – 328 L5 – 2 203 h. – alt. 934 m – Sports d'hiver : 1 000/2 100 m 2 37 – ✉ 74450 46 F1

Alpes du Nord

Paris 564 – Albertville 47 – Annecy 31 – Bonneville 23

, ✆ 04 50 02 78 00, www.legrandbornand.com

Les Fermes de Pierre et Anna sans rest

Les Plans, (Au Golf), 5 km à l'Est par D 4e – ✆ 04 50 51 54 99 – www.fermes-pierre-anna.com – Fermé 15-30 nov.

8 ch – 69/105 € 87/129 € – 11 €

◆ Authentique ! Tel est ce confortable chalet du 18es. Le golf et les pistes de ski de fond sont à deux pas, tandis que la quiétude et la douceur de vivre sont ici même, chez Pierre et Anna.

Croix St-Maurice

(face à l'église) – ✆ 04 50 02 20 05 – www.hotel-lacroixstmaurice.com – Fermé 1er-26 oct.

21 ch – 67/99 € 67/99 € – 9 € – ½ P 58/83 €

Rest – Menu 23/31 € – Carte 29/49 €

◆ Chalet traditionnel au cœur de la petite capitale... du reblochon. Chambres chaleureuses, dans le style local ; petit espace bien-être. Pour se restaurer, brasserie, pizzas et spécialités savoyardes.

Vermont sans rest
rte du Bouchet, (Pont de Suize) – ✆ 04 50 02 36 22 – www.hotelvermont.fr – Ouvert de début juin à mi-sept. et de début déc. à fin avril
23 ch ☕ – 🚹83/111 € 🚹🚹103/132 €
◆ Près de la télécabine de la Joyère, un gros chalet familial avec des chambres pratiques et très propres (la plupart avec balcon). Petit fitness pour se détendre après le ski.

Confins des Sens
Le Villavit – ✆ 04 50 69 94 25 – www.confins-des-sens.com – Fermé 3 sem. en juin, 3 sem. en oct., dim. soir et merc.
Rest – Formule 26 € – Menu 38/69 € – Carte environ 56 €
◆ La spécialité de la maison ? La délicieuse soupe de foie gras au muscat et sa compotée d'oignons au cromesquis. Le terroir, avec la touche de créativité qui fait la différence !

au Chinaillon Nord : 5,5 km par D 4 – ✉ 74450 Le Grand Bornand

Les Cimes sans rest
– ✆ 04 50 27 00 38 – www.hotel-les-cimes.com – Ouvert 23 juin-1er sept. et 8 déc.-21 avril
10 ch – 🚹89/139 € 🚹🚹89/159 € – 1 suite – ☕ 13 €
◆ Un chalet atypique – le magasin du rez-de-chaussée, éclectique et chic, est tenu par la propriétaire – qui cultive avec soin son esprit familial. Quant aux chambres, ce sont de douillets cocons !

La Crémaillère
Le Chinaillon – ✆ 04 50 27 02 33 – www.hotel-la-cremaillere.fr – Ouvert 15 juin-15 sept. et 20 déc.-20 avril
15 ch – 🚹75/115 € 🚹🚹75/115 € – ☕ 8 € – ½ P 68/86 €
Rest *(fermé mardi midi et lundi)* – Menu 20/36 € – Carte 20/33 €
◆ Dans les chambres, petites mais très propres, vue sur les pistes ! Et l'on peut même entendre bruire le cours d'eau qui a donné son nom au village. Au petit-déjeuner, confiture maison. Le patron cuisine d'agréables plats savoyards avec des produits de qualité.

à la Vallée du Bouchet – ✉ 74450

Le Chalet des Troncs
Vallée du Bouchet, 6,5 km à l'Est – ✆ 04 50 02 28 50 – www.chaletdestroncs.com
5 ch – 🚹178/248 € 🚹🚹184/425 € – ☕ 15 € **Table d'hôte** – Menu 40/55 €
◆ On dirait une ferme perdue en pleine nature ; c'est une maison charmante, fleurant bon l'authenticité... Hammam panoramique et superbe piscine couverte alimentée à l'eau de source. Ici, la propriétaire réalise une sympathique cuisine familiale avec les produits de son potager.

GRANDCAMP-MAISY – 14 Calvados – 303 F3 – 1 775 h. – alt. 5 m — 32 B2
– ✉ 14450 Normandie Cotentin
Paris 297 – Caen 63 – Cherbourg 73 – St-Lô 40
118, rue Aristide-Briand, ✆ 02 31 22 62 44

La Faisanderie sans rest
av. du Col.-Courson – ✆ 02 31 22 70 06
3 ch ☕ – 🚹45 € 🚹🚹55 €
◆ Une charmante demeure tapissée de vigne vierge, au cœur d'un domaine où l'on élève des chevaux. On vous accueille dans un salon cossu avec cheminée avant de vous accompagner à votre chambre ; une vraie maison de famille, au calme !

La Marée
5 quai Henri-Chéron – ✆ 02 31 21 41 00 – www.restolamaree.com – Fermé 1er janv.-10 fév.
Rest *(réserver)* – Formule 16 € – Menu 20/27 € – Carte 38/60 €
◆ Un ancien bar de pêcheur joliment contemporain, décoré de belles photos ayant pour thème... la mer. Le chef n'a qu'à traverser la rue pour se fournir à la criée. Résultat : une cuisine inventive et d'une totale fraîcheur, vivement conseillée.

GRAND'COMBE-CHÂTELEU – 25 Doubs – 321 J4 – rattaché à Morteau

LA GRANDE-MOTTE – 34 Hérault – 339 J7 – 8 352 h. – alt. 1 m – Casino – ✉ 34280 Languedoc Roussillon 23 C2

Paris 747 – Aigues-Mortes 12 – Lunel 16 – Montpellier 28

Place du 1er Octobre 1974, ☎ 04 67 56 42 00, www.lagrandemotte-tourisme.com

de La Grande-Motte, Avenue du Golf, N : 2 km, ☎ 04 67 56 05 00

Les Corallines

rest,

615 allée de la Plage, (Le Point Zéro) – ☎ 04 67 29 13 13 – www.thalasso-grandemotte.com – Fermé 22 déc.-20 janv.

39 ch – 130/196 € 130/196 € – 3 suites – 15 €

Rest – Menu 25/31 € – Carte 35/41 €

◆ Sur le bord de mer, un complexe hôtelier moderne avec centre de thalassothérapie et spa. Chambres avec balcon, belle piscine et terrasse panoramique face au littoral. Au restaurant, cadre japonisant et zen pour une cuisine aux parfums méditerranéens.

Novotel

1641 av. du Golf – ☎ 04 67 29 88 88 – www.novotel.com

80 ch – 95/195 € 95/195 € – 3 suites – 15 €

Rest – Formule 16 € – Carte 21/50 €

◆ À l'entrée du golf, cet hôtel a récemment été entièrement rénové : hall monumental coiffé d'une coupole en verre, grandes chambres aux normes de la chaîne, belles suites. Au restaurant ouvert sur la piscine, formules traditionnelles et saveurs de Méditerranée.

Mercure

ch,

140 r. du port – ☎ 04 67 56 90 81 – www.mercure.com

99 ch – 100/180 € 100/180 € – 18 suites – 15 € **Rest** – Carte 35/45 €

◆ Cette imposante bâtisse domine le port de plaisance, au cœur de la station. Les chambres, spacieuses, bénéficient d'un balcon tourné vers la mer. Carte traditionnelle proposée dans un décor actuel ou sur une terrasse ombragée de platanes.

Golf Hôtel sans rest

1920 av. du Golf – ☎ 04 67 29 72 00 – www.golfhotel34.com

44 ch – 94/127 € 98/135 € – 1 suite – 14 €

◆ Dans un quartier calme, face à une pinède, un hôtel construit à la fin des années 1980. Les chambres ouvrent par une loggia sur le golf ou le plan d'eau du Ponant.

De la Plage

allée du Levant, direction Grau-du-Roi – ☎ 04 67 29 93 00 – www.hp-lagrandemotte.fr – Ouvert 1er avril-1er nov.

38 ch – 89/189 € 89/189 € – 1 suite – 16 €

Rest *(ouvert 1er avril-30 oct. et fermé dim. sauf juil.-août) (dîner seult)* – Carte 31/49 €

◆ Sur la plage évidemment... Cet hôtel tenu par un jeune couple a bénéficié de travaux de modernisation (literie neuve, décor contemporain). Les balcons face à la Méditerranée sont bien agréables. Au restaurant ouvert le soir, cuisine estivale face à la piscine.

Azur Bord de Mer sans rest

pl. Justin – ☎ 04 67 56 56 00 – www.hotelazur.net

20 ch – 69/159 € 75/159 € – 13 €

◆ Telle une vigie scrutant la grande bleue, un hôtel familial ancré sur le môle fermant le port au sud. Chambres douillettes, au décor classique ou contemporain. Piscine chauffée.

Europe sans rest

allée des Parcs – ☎ 04 67 56 62 60 – www.hoteleurope34.com – Ouvert mars à nov.

34 ch – 69/140 € 69/140 € – 11 €

◆ Derrière le palais des congrès, un sympathique hôtel familial né dans les années 1970. Piscine, terrasse-solarium et salon marocain en plein air.

XXX **Alexandre**

esplanade Maurice Justin – ✆ 04 67 56 63 63 – www.alexandre-restaurant.com – Fermé janv., dim. soir sauf juil.-août, mardi d'oct. à mars et lundi
Rest – Formule 32 € – Menu 50/80 € – Carte 52/80 €
Rest ***Bistrot d'Alexandre*** *(ouvert 5 juin-5 sept.) (déj. seult)* – Menu 23 €
◆ La table gastronomique se situe à l'étage et bénéficie d'une belle vue sur le port et le large... On y propose une cuisine très classique, où dominent les produits de la mer. Côté Bistrot, au rez-de-chaussée, ambiance décontractée et viandes ou poissons grillés.

GRAND-FOUGERAY – 35 Ille-et-Vilaine – 309 L8 – 2 279 h. – alt. 40 m – ✉ 35390 — 10 D2

▶ Paris 392 – Rennes 49 – Cesson-Sévigné 52 – Bruz 41

Les Palis

15 pl. de l'Église – ✆ 02 99 08 30 80 – www.hotelcharmebretagne.com
16 ch – †90/135 € ††90/145 € – ☕ 11 € – ½ P 82/85 €
Rest *(fermé dim. soir)* – Formule 17 € – Menu 22 € (sem.), 29/39 € – Carte 13/19 €
◆ Dans une maison en pierre du 18ᵉs., sur la place centrale du village, des chambres tout à fait contemporaines, en gris et blanc, avec un mobilier en bois clair. Restaurant traditionnel.

LE GRAND-VILLAGE-PLAGE – 17 Charente-Maritime – 324 C4 – voir à Île d'Oléron

---

GRANDVILLERS – 88 Vosges – 314 I3 – 697 h. – alt. 365 m – ✉ 88600 — 27 C3

▶ Paris 404 – Épinal 22 – Lunéville 48 – Gérardmer 29

Europe et Commerce

3 et 4 rte de Bruyères – ✆ 03 29 65 71 17 – www.hotel-europe-commerce.fr – Fermé 23 juil.-12 août
20 ch – †48/56 € ††48/56 € – ☕ 8 €
Rest *(fermé vend. soir et dim. soir)* – Menu 12 € (sem.), 16/39 € – Carte 24/46 €
◆ D'un côté de la route, le restaurant ; de l'autre – et un peu en retrait – les chambres, dans un bâtiment des années 1980 bordé par un petit jardin. Cuisine traditionnelle.

GRANE – 26 Drôme – 332 C5 – 1 722 h. – alt. 175 m – ✉ 26400 — 44 B3

▶ Paris 599 – Lyon 136 – Montélimar 35 – Valence 32
ℹ Le Village, ✆ 04 75 62 66 08, www.grane.org

XX **La Demeure de Grâne** avec ch

8 pl. de l'Église – ✆ 04 75 62 60 64 – www.lademeuredegrane.com
8 ch – †57 € ††57 € – ☕ 7 € – ½ P 80 €
Rest *(fermé dim. soir, lundi sauf juil.-août, merc. midi, jeudi midi et mardi)* – Menu 23 € (sem.), 37/55 €
◆ Sur la place de l'église, cette sympathique auberge vous reçoit autour de sa table traditionnelle. Terrasse ombragée par des arbres séculaires. Chambres fonctionnelles récentes.

GRANGES-LÈS-BEAUMONT – 26 Drôme – 332 C3 – rattaché à Romans-sur-Isère

---

GRANGES-STE-MARIE – 25 Doubs – 321 H6 – rattaché à Malbuisson

---

GRANS – 13 Bouches-du-Rhône – 340 F4 – 4 153 h. – alt. 52 m – ✉ 13450 — 40 B3

▶ Paris 729 – Arles 43 – Marseille 50 – Martigues 29
ℹ boulevard Victor Jauffret, ✆ 04 90 55 88 92

Le Planet

pl. J. Jaurès – ✆ 04 90 55 83 66 – www.restaurant-le-planet.com – Fermé 26 sept.-11 oct., 27 fév.-12 mars, dim. soir de nov. à mars, lundi et mardi

Rest – Menu 19 € (déj. en sem.), 26/45 € – Carte 31/57 €

◆ Cet ancien moulin à huile abrite un petit restaurant joliment voûté. En terrasse, à l'ombre des platanes, on est bien sur la planète Provence ! Cuisine du cru, bien copieuse.

GRANVILLE – 50 Manche – 303 C6 – 13 087 h. – alt. 10 m – Casino et à St-Pair-sur-Mer – ✉ 50400 Normandie Cotentin — 32 A2

Paris 342 – Avranches 27 – Cherbourg 105 – St-Lô 57

4, cours Jonville, ✆ 02 33 91 30 03, www.ville-granville.fr

de Granville, à Bréville-sur-Mer, Pavillon du Golf, par rte de Coutances : 5 km, ✆ 02 33 50 23 06

Le tour des remparts★ : place de l'Isthme ≤★ - Pointe du Roc : site★.

Mercure le Grand Large sans rest

5 r. Falaise – ✆ 02 33 91 19 19 – www.mercure-granville.com

51 ch – †75/185 € ††75/185 € – ☐ 14 €

◆ Sur la falaise dominant la plage, cet hôtel associé à un centre de thalassothérapie propose des chambres et des studios bien équipés, donnant la plupart sur la mer. De la salle du petit-déjeuner et du solarium, la vue est tout aussi agréable.

La Citadelle

34 r. du Port – ✆ 02 33 50 34 10 – www.restaurant-la-citadelle.com – Fermé 10 déc.-18 janv., mardi d'oct. à mars et merc.

Rest – Formule 18 € – Menu 25 € (sem.)/31 € – Carte 30/53 €

◆ Dégustez homards de Chausey et autres produits de la mer dans un décor aux teintes reposantes ou sur la terrasse face au port, pour admirer les petits bateaux de plaisance en partance pour les îles...

GRASSE – 06 Alpes-Maritimes – 341 C6 – 51 580 h. – alt. 250 m – Casino – ✉ 06130 Côte d'Azur — 42 E2

Paris 905 – Cannes 17 – Digne-les-Bains 118 – Draguignan 53

22, cours Honoré Cresp, Palais des Congrès, ✆ 04 93 36 66 66, www.grasse.fr

de St-Donat, à Le Plan-de-Grasse, 270 route de Cannes, par rte de Cannes : 5 km, ✆ 04 93 09 76 60

Grasse Country Club, 1 route des 3 Ponts, O : 5 km par D 11, ✆ 04 93 60 55 44

de la Grande Bastide, à Châteauneuf-Grasse, 761 Chemin des Picholines, E : 6 km par D 7, ✆ 04 93 77 70 08

Opio Valbonne, à Opio, Château de la Bégude, E : 11 km par D 4, ✆ 04 93 12 00 08

Saint-Philippe Golf Academy, à Sophia-Antipolis, Avenue Roumanille, E : 12 km, ✆ 04 93 00 00 57

Vieille ville★ : Place du Cours★ ≤★ Z - Toiles★ de Rubens dans la cathédrale Notre-Dame-du-Puy Z **B** - Parc de la Corniche ✻★★ 30 mn Z - Jardin de la Princesse Pauline ≤★ X **K** - Musée international de la Parfumerie ★★ Z.

Montée au col du Pilon ≤★★ 9 km par ④.

La Bastide St-Antoine

48 av. Henri-Dunant, (quartier St-Antoine), 1,5 km par ② et rte de Cannes – ✆ 04 93 70 94 94 – www.jacques-chibois.com

11 ch – †240/570 € ††240/570 € – 5 suites – ☐ 29 €

Rest *La Bastide St-Antoine* ✿ – voir les restaurants ci-après

◆ Nichée au cœur d'une immense oliveraie et d'un magnifique parc fleuri, cette bastide du 18^e^s. est divine ! Les chambres, de style provençal ou contemporain, sont d'un luxe élégant et discret et l'on s'y sent bien.

GRASSE

Barri (Pl. du) . . . . Z 4
Bellevue (Bd) . . . . X 5
Charabot (Bd) . . . . XY 6
Conte (R. D.) . . . . Y 7
Cresp (Cours H.) . . . . Z 8
Crouët (Bd Jacques) . . . . . X 10
Droite (R.) . . . . Y 12
Duval (Av. M.) . . . . X 14
Évêché (R. de l') . . . . Z 15
Fontette (R. de) . . . . Y 16
Foux (Pl. de la) . . . . Y 17
Fragonard (Bd) . . . . Z 18
Gaulle (Av. Gén.-de) . . . . X 20
Gazan (R.) . . . . Z 22
Herbes (Pl. aux) . . . . Y 23
Jeu-de-Ballon (Bd) . . . . YZ
Journet (R. M.) . . . . YZ 26
Juin (Av. Mar.) . . . . Y 27
Lattre-de-Tassigny (Av. Mar.-de) . . . . X 28
Leclerc (Bd Mar.) . . . . X 30
Libération (Av.) . . . . X 32
Mougins-Roquefort (R.) . . Z 33
Moulin-des-Paroirs (R.) . . X 34
Oratoire (R. de l') . . . . Y 35
Ossola (R. Jean) . . . . Z 38
Petit-Puy (Pl. du) . . . . Z 42
Poissonnerie (Pl.) . . . . Z 43
Prés.-Kennedy (Bd) . . . . . X 45
Reine-Jeanne (Bd) . . . . . . X 48
Rothschild (Bd de) . . . . . . X 49
St-Martin (Traverse) . . . . . Z 50
Sémard (Av. P.) . . . . X 53
Thiers (Av.) . . . . Y
Touts-Petits (Trav.) . . . . . . Z 55
Tracastel (R.) . . . . Z 57
Victoria (Av.) . . . . X 60
Victor-Hugo (Bd) . . . . . X, Z 59
11-Novembre (Av. du) X, Y 63

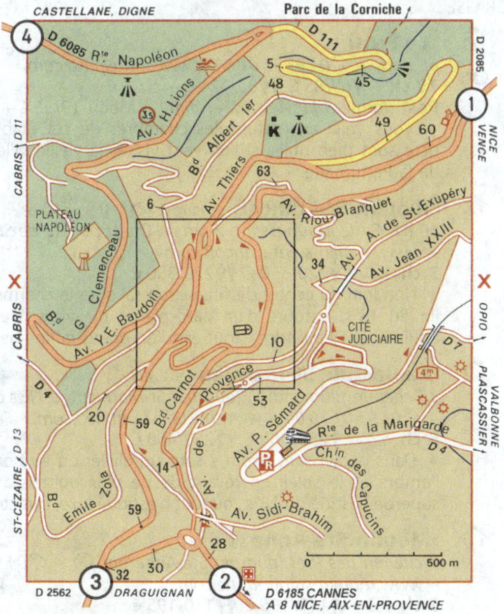

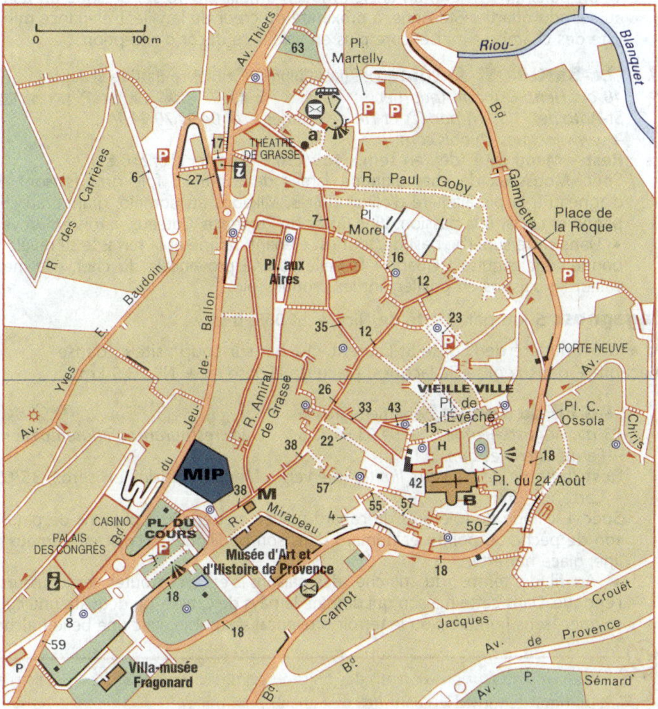

Le Patti

pl. Patti – 04 93 36 01 00 – www.hotelpatti.com **Ya**
73 ch – 69/85 € 85/124 € – 9 €
Rest *(fermé 8 janv.-5 fév. et dim.)* – Menu 19/38 € – Carte 30/60 €
◆ Vous voilà au parfum, les chambres de cet établissement à la belle façade ocre sont bien utiles si l'on veut visiter la vieille ville ou le musée international de la Parfumerie.

Moulin St-François sans rest

60 av. G. de Maupassant, 2 km à l'Ouest par rte de St-Cézaire – 04 93 42 14 35 – www.moulin-saint-francois.com
3 ch – 220/350 € 220/350 €
◆ Non loin du centre de Grasse, on savoure le charme et la quiétude de ce moulin du 18ᵉs. entouré d'un parc planté d'oliviers. Vieilles pierres, teintes claires, équipement high-tech : tout est d'un grand raffinement.

La Bastide St-Mathieu sans rest

35 chemin Blumenthal, (quartier St-Mathieu), à l'Est du plan par av. Jean-XXIII – 04 97 01 10 00 – www.bastidestmathieu.com – Fermé 15 déc.-31 janv.
5 ch – 250/380 € 250/400 €
◆ Dans le ravissant jardin – sous un olivier ou au bord de la piscine –, on prend l'ombre et le soleil en rêvant de ne plus quitter la Provence... ni même cette superbe bastide du 18ᵉs., où tout n'est que luxe, caractère, raffinement et élégance.

Moulin Ste-Anne sans rest

9 chemin des Prés, quartier Ste-Anne par ③ – 04 92 42 01 70 – www.moulin-sainte-anne.com
5 ch – 110/195 € 110/195 €
◆ Un puits, une rivière, un ancien moulin à huile du 18ᵉs. : presque un hameau au sein du quartier Ste-Anne, à proximité du cœur de la ville. L'élégance minimaliste des chambres met encore plus en valeur ce décor d'exception.

La Bastide St-Antoine (Jacques Chibois) – Hôtel La Bastide St-Antoine

48 av. Henri-Dunant, (quartier St-Antoine), 1,5 km par ② et rte de Cannes – 04 93 70 94 94 – www.jacques-chibois.com
Rest – Menu 59 € (déj. en sem.), 169/190 € – Carte 110/210 €
Spéc. Mousseux de champignons, lames de truffe au foie gras (saison). Selle d'agneau à la pissaladière d'olives noires. Mikados au pomélo, granité au champagne et caviar à la passion. **Vins** Côtes de Provence, Coteaux varois en Provence.
◆ Dans cette superbe bastide, tout est élégant, raffiné et la terrasse se révèle tout bonnement exquise ! Quant à la belle cuisine provençale du chef, elle met en valeur les saisons en privilégiant les produits bio.

à Magagnosc 5 km par ① rte de Nice – 06520

★ du cimetière de l'Eglise St-Laurent - Le Bar-sur-Loup : site★, danse macabre★ dans l'église St-Jacques, place de l'Église ★ NE : 3,5 km.

Au Fil du Temps (Sébastien Giraud)

83 av. Auguste-Renoir – 04 93 36 20 64 – www.restaurantaufildutemps.com – Fermé merc. et dim.
Rest *(nombre de couverts limité, réserver)* – Menu 20 € (déj. en sem.), 35/65 € – Carte 60/75 €
Spéc. Escalope de foie gras de canard poêlée, betterave et pignons de pin. Poisson de pêche au pointu et homard dans son bouillon. Chocolat et crémeux praliné, glace noisette.
◆ Au fil du temps, du marché, des saisons... et avec toutes les couleurs de l'époque. Dans cette maison qui domine le pays de Grasse, on déguste une cuisine soignée, sans fioritures, où le terroir provençal s'exprime avec une belle fraîcheur.

Le symbole vous garantit des nuits au calme. En rouge ? Une délicieuse tranquillité : juste le chant des oiseaux au petit matin…

au Sud-Est 5 km par D 4- ✉ 06130 Grasse

XX **Lou Fassum**

381 rte de Plascassier – ✆ 04 93 60 14 44 – www.loufassum.com – Fermé janv., dim. soir d'oct. à avril et merc.

Rest *(nombre de couverts limité, réserver)* – Formule 25 € bc – Menu 39 € (déj. en sem.), 55 € bc/78 € – Carte 80/115 €

◆ De la terrasse dressée sous les tilleuls, la vue sur Mouans-Sartoux et le golfe de Théoule est exceptionnelle. Le chef travaille des produits d'une belle fraîcheur et privilégie les producteurs locaux. Pour un agréable moment...

au Val du Tignet 8 km par ③ rte de Draguignan par D 2562 – ✉ 06530 Peymeinade

XX **Auberge Chantegrill**

291 rte de Draguignan – ✆ 04 93 66 12 33 – www.restaurantchantegrill.com – Fermé 15-31 janv., dim. soir et merc. d'oct. à avril

Rest – Formule 16 € – Menu 22 € (sem.), 29/49 € – Carte 50/62 €

◆ Grande cheminée, terrasse fleurie, accueil chaleureux et cuisine traditionnelle copieuse et savoureuse. Tout cela fleure bon la Provence : une bonne auberge !

à Cabris 5 km à l'Ouest par D 4 X – 1 456 h. – alt. 550 m – ✉ 06530

4, rue de la Porte Haute, ✆ 04 93 60 55 63

Site★ - ≤★★ des ruines du château.

Horizon sans rest

100 Promenade St-Jean – ✆ 04 93 60 51 69 – Ouvert 25 avril-15 oct.

22 ch – †90/150 € ††90/150 € – ☕ 12 €

◆ Dans un joli village perché où résida Saint-Exupéry, ce petit hôtel familial se révèle fort avenant. La terrasse, la piscine et les chambres offrent une vue à couper le souffle : Grasse, le golfe de Cannes, l'Estérel... Espace musée dédié aux activités locales ; accueil charmant.

XX **Auberge du Vieux Château** avec ch

pl. du Panorama – ✆ 04 93 60 50 12 – www.aubergeduvieuxchateau.com

4 ch – †80/130 € ††80/130 € – ☕ 12 €

Rest *(fermé lundi et mardi sauf le soir en juil.-août)* – Menu 29 € (déj. en sem.), 39/55 € – Carte 39/46 €

◆ Sur une placette de ce village médiéval, une belle demeure ancienne à deux pas des ruines du château. On s'installe dans une charmante salle provençale ou sur la délicieuse terrasse, et on savoure une cuisine méditerranéenne de saison concoctée avec de bons produits. Pour l'étape, des chambres coquettes.

X **Auberge de la Chèvre d'Or**

1 pl. du Puits – ✆ 04 93 60 54 22 – Fermé janv.

Rest – Formule 19 € – Menu 25/35 € – Carte 39/48 €

◆ À l'entrée du village, une sympathique auberge familiale où déguster une cuisine traditionnelle savoureuse et copieuse... Décor rustique et provençal, feu de cheminée en hiver et jolie terrasse : vive la Chèvre d'Or de Cabris !

GRATENTOUR – 31 Haute-Garonne – **343** G2 – rattaché à Toulouse

---

GRATOT – 50 Manche – **303** D5 – rattaché à Coutances

LE GRAU-D'AGDE – 34 Hérault – **339** F9 – rattaché à Agde

LE GRAU-DU-ROI – 30 Gard – **339** J7 – 8 110 h. – alt. 2 m – Casino **23** C2

– ✉ 30240 Languedoc Roussillon

Paris 751 – Aigues-Mortes 7 – Arles 55 – Lunel 22

30, rue Michel Rédarès, ✆ 04 66 51 67 70, www.vacances-en-camargue.com

Requinarium★.

Splendid sans rest
bd Mar.-Alphonse-Juin – ✆ 04 66 51 41 29 – www.splendid-camargue.com
51 ch – 62/90 € 78/130 € – 12 €
◆ Face à la mer, un hôtel moderne avec des balcons à tous les étages. Depuis les chambres, la vue est... splendide ! L'ensemble est propre et bien tenu. Accueil aimable.

Les Acacias sans rest
21 r. Egalité – ✆ 04 66 51 40 86 – www.hotel-les-acacias.fr – Fermé 30 déc.-10 fév.
28 ch – 55/90 € 55/90 € – 10 €
◆ Un hôtel familial tout près de la plage. Une terrasse plantée d'acacias sépare les deux maisons : décor provençal dans l'une, plus sobre dans l'autre. Simple et bien tenu.

à Port Camargue Sud : 3 km par D 62B – ✉ 30240 Le Grau du Roi

Spinaker
pointe de la Presqu'île – ✆ 04 66 53 36 37 – www.spinaker.com – Fermé 24-30 déc. et janv.
16 ch – 88/130 € 88/140 € – 5 suites – ½ P 89/105 €
Rest ***Carré des Gourmets*** – voir les restaurants ci-après
◆ Un hôtel avec ponton privé ! Ce complexe moderne est amarré à la marina, au bout de la presqu'île. Toutes les chambres donnent de plain-pied sur le jardin et... sur la jolie piscine bordée de palmiers.

Mercure ch, rest,
rte Marines – ✆ 04 66 73 60 60 – www.thalassa.com – Fermé 7-25 déc.
89 ch – 120/180 € 120/180 € – 14 €
Rest – Menu 25 € – Carte 25/45 €
◆ Détente face aux dunes et à la mer : cet ensemble hôtelier comprend un centre de thalasso et la plupart de ses chambres regardent les flots (toutes avec balcon). Cuisine traditionnelle et recettes diététiques au restaurant, perché au 6e étage.

L'Oustau Camarguen ch,
3 rte Marines – ✆ 04 66 51 51 65 www.oustaucamarguen.com – Ouvert 23 mars-4 nov.
32 ch – 90/125 € 90/125 € – 8 suites – 12 € – ½ P 82/100 €
Rest *(ouvert 1er mai-fin sept. et fermé merc. soir sauf juil.-août et le midi en sem.)* – Menu 29/33 €
◆ Un petit mas camarguais qui a le goût de la Provence : fer forgé, terre cuite, bois patiné... Les chambres sont assez spacieuses et disposent de terrasses ou de jardins privés au calme ! Le restaurant est agréable : on sert une cuisine classique au bord de la piscine...

Carré des Gourmets – Hôtel Spinaker
pointe de la Presqu'île – ✆ 04 66 53 36 37 – www.spinaker.com – Fermé 24-30 déc., janv., lundi et mardi sauf juil.-août et fériés
Rest – Carte 48/65 €
◆ Une cuisine classique, goûteuse et appétissante, à savourer dans un cadre très "bord de mer"... La superbe terrasse ouvre sur la marina et ses bateaux de plaisance.

L'Amarette
centre commercial Camargue 2000 – ✆ 04 66 51 47 63 – www.l-amarette.com – Fermé de fin nov. à fin janv. et merc. sauf juil.-août
Rest – Formule 24 € – Menu 39 € – Carte 43/85 €
◆ Près de la plage, ce restaurant dispose d'une terrasse en étage qui offre une belle vue sur la baie d'Aigues-Mortes. Agréable cuisine de la mer.

GRAUFTHAL – 67 Bas-Rhin – **315** H4 – **rattaché à La Petite-Pierre**

LA GRAVE – 05 Hautes-Alpes – **334** F2 – **497 h.** – **alt. 1 526 m** – **Sports d'hiver : 1 450/3 250 m** 2 2 – 05320 Alpes du Nord **41** C1

Paris 642 – Briançon 38 – Gap 126 – Grenoble 80

route nationale 91, 04 76 79 90 05, www.lagrave-lameije.com

Glacier de la Meije★★★ (par téléphérique) - ★★★.

Oratoire du Chazelet★★★ NO : 6 km.

Les Chalets de la Meije sans rest

– 04 76 79 97 97 – www.chaletdelameije.com – Ouvert 26 mai-29 sept. et 30 déc.-21 avril

18 ch – 69/90 € 95/100 € – 9 suites

◆ Cet ensemble de chalets jouit d'une superbe situation face au parc des Écrins. Chambres ou duplex coquets et bien tenus, au décor montagnard chaleureux. Espace bien-être.

GRAVESON – 13 Bouches-du-Rhône – **340** D2 – **3 836 h.** – **alt. 14 m** – 13690 Provence **42** E1

Paris 696 – Avignon 14 – Carpentras 40 – Cavaillon 30

Le Grand Portail - Cours National, 04 90 95 88 44

Musée Auguste-chabaud★.

Moulin d'Aure rest,

rte de St-Rémy-de-Provence, 1 km par D 5 – 04 90 95 84 05 – www.hotel-moulindaure.com

19 ch – 96/200 € 96/200 € – 16 €

Rest *(ouvert de début mars au 15 oct. et fermé lundi midi sauf en juil.-août)* – Formule 25 € – Menu 39/65 € – Carte 50/95 €

◆ Dans un grand parc planté d'oliviers, cette bastide récente dispose de jolies chambres provençales (fer forgé, tomettes, couleurs du Sud) ; quelques-unes avec terrasse. Sous les belles poutres du restaurant, on déguste une fraîche cuisine franco-italienne.

Le Cadran Solaire sans rest

5 r. du Cabaret-Neuf – 04 90 95 71 79 – www.hotel-en-provence.com – Ouvert 15 mars-15 nov.

12 ch – 72/120 € 72/120 € – 9 €

◆ Quelle que soit l'heure donnée par le cadran solaire, ce relais de poste du 16[e]s. a un charme fou ! Les chambres, avec leur mobilier chiné, sont délicieuses ; le jardin aussi.

Le Clos des Cyprès

rte de Châteaurenard – 04 90 90 53 44 – Fermé le soir en sem. hors saison, merc. soir, dim. soir et lundi en saison

Rest *(nombre de couverts limité, réserver)* – Menu 41/56 €

◆ Cette villa provençale au milieu d'un beau parc dégage un charme cossu. Sur l'ardoise, rien que des bonnes surprises : de beaux produits frais, une cuisine fine et soignée.

GRAY – 70 Haute-Saône – **314** B8 – **6 088 h.** – **alt. 220 m** – 70100 **16** B2 Franche-Comté Jura

Paris 336 – Besançon 45 – Dijon 50 – Dole 46

Ile Sauzay, 03 84 65 14 24, www.ville-gray.fr

Hôtel de ville★ - Collection de pastels et dessins★ de Prud'hon au musée Baron-Martin★.

à Rigny 5 km au Nord-Est par D 70 et D 2 – 613 h. – alt. 196 m – 70100

Château de Rigny ch,

70 r. des Epoux Blanchot – 03 84 65 25 01 – www.chateau-de-rigny.com

28 ch – 95/140 € 95/230 € – 12 € – ½ P 99/168 €

Rest – Menu 35/65 € – Carte 41/65 €

◆ Cette demeure du 17e s. est nichée au cœur d'un magnifique parc à l'anglaise, avec sa rivière et son étang. Chambres décorées de mobilier d'époque, réparties dans trois bâtiments. Piscine, tennis. Cuisine classique ; primeurs au printemps et gibier en automne.

GRENOBLE P – 38 Isère – 333 H6 – 156 659 h. – Agglo. 419 334 h. 45 C2
– alt. 213 m – ✉ 38000 Alpes du Nord

Paris 566 – Chambéry 55 – Genève 143 – Lyon 105

de Grenoble-Isère ✆ 04 76 65 48 48, 39 km par ⑥.

14, rue de la République, ✆ 04 76 42 41 41, www.grenoble-tourisme.com

de Seyssins, à Seyssins, 29 rue du Plâtre, ✆ 04 76 70 12 63

de Grenoble, à Bresson, Route de Montavie, S : 6 km par D 269, ✆ 04 76 73 65 00

Site★★★ - Église-musée St-Laurent★★ : crypte St-Oyand★★ FY - Fort de la Bastille ✳★★ par téléphérique EY - Vieille ville★ EY : Palais de Justice★ (boiseries★) - escalier★ de l'hôtel d'Ornacieux EY J - Musées : de Grenoble★★★ FY, de la Résistance et de la Déportation★ F , de l'ancien Evêché-Patrimoines de l'Isère★★ - Musée dauphinois★ : chapelle★★, exposition thématique★★ EY.

Plans pages suivantes

Park Hôtel

10 pl. Paul Mistral – ✆ 04 76 85 81 23 – www.park-hotel-grenoble.fr
– Fermé 28 juil.-26 août et 22 déc.-1er janv. FZw
49 ch – 120/205 € 150/265 € – 9 suites – 17 €
Rest *Louis 10* – voir les restaurants ci-après
◆ Belle rénovation en 2008 pour cet hôtel dont les chambres, spacieuses, marient sobriété et raffinement. Au bar, dans les salons et au restaurant, c'est la même élégante décontraction : un must pour les hommes d'affaires.

Mercure Président

11 r. du Gén.-Mangin ✉ 38100 – ✆ 04 76 56 26 56 – www.mercure.com
105 ch – 99/189 € 109/189 € – 17 € AXy
Rest – Formule 19 € – Carte 26/35 €
◆ Un hôtel plaisant, avec salles de séminaire, fitness, sauna, jacuzzi et terrasse au jardin. Bien pratiques, les grands parkings.

Novotel Centre

à Europole, 5 pl. Robert Schuman – ✆ 04 76 70 84 84 – www.novotel.com
116 ch – 142/167 € 142/167 € – 2 suites – 15 € AVr
Rest – Formule 14 € – Menu 30 € (sem.), 32 € bc/60 € bc – Carte 22/46 €
◆ Impossible de manquer cet hôtel, il fait partie intégrante du centre de congrès de l'Europole. Les chambres sont presque japonisantes, modernes comme l'ensemble du bâtiment et le beau fitness. Les hommes d'affaires pressés pourront profiter de la cuisine traditionnelle et des grillades.

Lesdiguières

122 cours de la Libération – ✆ 04 38 70 19 50 – www.hotellesdiguieres.com
– Fermé vacances scolaires, vend., sam. et dim. AXb
23 ch – 71 € 77 € – 1 suite – 9 €
Rest – Formule 17 € – Menu 25/57 €
◆ Expérience originale dans cette institution grenobloise, à la fois hôtel, restaurant et école hôtelière réputée depuis 1917 ! Les chambres sont confortables (plus tranquilles sur le parc) et le service... assidu : une bonne manière de joindre l'utile à l'agréable.

Patrick Hotel sans rest

116 cours de la Libération – ✆ 04 76 21 26 63 – www.patrickhotel-grenoble.com
56 ch – 97 € 107 € – 12 € AXn
◆ L'hôtel moderne par excellence, d'ailleurs entièrement rénové en 2009. La rocade sud n'est pas loin et les chambres sont bien insonorisées. Plutôt plaisants, le petit bar et le salon.

Terminus sans rest

10 pl. de la Gare – ✆ 04 76 87 24 33 – www.terminus-hotel-grenoble.fr
39 ch – 79/99 € 99/149 € – 12 € DYt
◆ Impossible de manquer son train, cet hôtel familial est juste en face de la gare. Les chambres sont décorées simplement et souvent spacieuses – avec une vue sur le Moucherotte et le massif du Vercors aux derniers étages.

Angleterre sans rest
5 pl. Victor-Hugo – ✆ 04 76 87 37 21
– www.hotel-angleterre-grenoble.com EZ**z**
62 ch – ♦120/190 € ♦♦120/190 € – ☕ 13 €
◆ Un hôtel bien situé, sur la place la plus chic de la ville et face au jardin public. Ses chambres sont fonctionnelles ; certaines mansardées, d'autres équipées de baignoires balnéo. Les hommes d'affaires apprécient.

Splendid sans rest
22 r. Thiers – ✆ 04 76 46 33 12 – www.splendid-hotel.com DZ**q**
50 ch – ♦69/145 € ♦♦79/145 € – ☕ 9 €
◆ Près du musée des Rêves mécaniques, faites donc un songe dans des chambres enjolivées de fresques originales. Pour les séjours prolongés, l'annexe La Villa propose des chambres avec kitchenettes.

Europe sans rest
22 pl. Grenette – ✆ 04 76 46 16 94 – www.hoteleurope.fr EY**t**
45 ch – ♦73/83 € ♦♦83/93 € – ☕ 9 €
◆ Au cœur du vieux Grenoble, l'hôtel le plus ancien de la ville, entièrement rénové en 2011, propose des chambres au style sobre et agréable. De bonnes prestations, également adaptées à l'organisation de séminaires.

Gallia sans rest
7 bd Mar. Joffre – ✆ 04 76 87 39 21 – www.hotel-gallia.com – Fermé 21 juil.-25 août EZ**s**
35 ch – ♦58/67 € ♦♦63/70 € – ☕ 8 €
◆ Ses propriétaires ont su insuffler à cette adresse un esprit familial et convivial. Hall, chambres, tout est clair et très bien tenu. L'ensemble à prix doux.

Institut sans rest
10 r. L. Barbillon – ✆ 04 76 46 36 44 – www.institut-hotel.fr DY**h**
48 ch – ♦48/67 € ♦♦50/79 € – ☕ 8 €
◆ L'accueil tout sourire, la bonne tenue et les prix modérés sont les atouts de cet hôtel fonctionnel, aux chambres bien équipées (pour moitié climatisées). En outre, il est très bien situé, entre la gare et le centre des congrès.

Trianon sans rest
3 r. P.-Arthaud – ✆ 04 76 46 21 62 – www.hotel-trianon.com – Fermé 2 sem. en août DZ**v**
38 ch – ♦48/85 € ♦♦50/95 € – ☕ 9 € – ½ P 45/75 €
◆ Un hôtel aux prix modérés, où l'on est sûr d'être reçu avec gentillesse et hospitalité dans une ambiance familiale. Les chambres sont simples, certaines avec une déco à thème ("Pompadour", "Bergerie", etc.).

XXX **Le Fantin Latour**
1 r. Gén. Beylié – ✆ 04 76 01 00 97 – www.fantin-latour.net FZ**a**
Rest *(fermé dim. et lundi) (dîner seult sauf sam.)* – Menu 45 € (dîner)/82 €
Rest *Le 18.36* 5 r. Abbé de la Salle *(fermé sam. et dim.) (déj. seult)* – Menu 26 € – Carte 42/58 €
◆ Un cadre féerique que ce bel hôtel particulier du 19ᵉs., autrefois musée Fantin Latour. Les assiettes aussi ont de la personnalité ; assemblages complexes de saveurs, de plantes, de couleurs vives. Le chef met littéralement en scène ses préparations ! Version brasserie de cette cuisine spontanée au 18 36.

XXX **Louis 10** – Park Hôtel
10 pl. Paul Mistral – ✆ 04 76 85 84 27
– www.park-hotel-grenoble.fr
– Fermé 28 juil.-26 août et 22 déc.-1ᵉʳ janv., sam. midi, dim. et fériés FZ**w**
Rest – Formule 22 € bc – Menu 75 € (dîner) – Carte 48/73 €
◆ Au sein de l'élégant Park Hôtel, Le Louis 10 affiche un cadre très design (tons blanc et noir, jeux de lumière, etc.). On y savoure une cuisine classique mâtinée de notes exotiques.

CORENC

Eygala (Av. de l') . . . . BCV
Grésivaudan (Av. du) . . . . BCV

EYBENS

Innsbruck (Av. d') . . . . BX 38
Jean-Jaurès (Av.) . . . . BX
Mendès-France (R.) . . . . BX
Poisat (Av. de) . . . . BX 47

ÉCHIROLLES

Etats-Généraux (Av. des) . . . . AX 30
Grugliasco (Av. de) . . . . AX
Jean-Jaurès (Crs) . . . . AX
Kimberley (Av. de) . . . . ABX

FONTAINE

Briand (Av. A.) . . . . AV
Joliot-Curie (Bd) . . . . AV
Vercors (Av. du) . . . . AV

GRENOBLE

Alliés (R. des) . . . . AX
Alsace-Lorraine (Av.) . . . . DYZ 3
Ampère (R.) . . . . AV
Augereau (R.) . . . . DZ
Barnavel (R.) . . . . EFY 5
Bayard (R.) . . . . FY 6
Belgique (Av. Albert-1er de) . . . . EFZ 7
Belgrade (R. de) . . . . EY 9
Bernard (Q. Cl.) . . . . DY
Berriat (Crs) . . . . AV, DZ
Berthelot (Av. M.) . . . . BX
Bistesi (R.) . . . . FZ 10
Bizanet (R.) . . . . FGY
Blanchard (R. P.) . . . . EYZ
Blum (Av. Léon) . . . . AX
Boissieux (R. B.-de) . . . . EZ
Bonne (R. de) . . . . EZ 12
Brenier (R. C.) . . . . DY 13
Briand (Pl. A.) . . . . DY
Brocherie (R.) . . . . EY 15
Casimir-Périer (R.) . . . . EZ 16
Champollion (R.) . . . . FZ 17
Champon (Av. Gén.) . . . . FZ
Chanrion (R. J.) . . . . FYZ
Chenoise (R.) . . . . EFY 18
Claudel (R. P.) . . . . BX 20
Clemenceau (Bd) . . . . FGZ
Clot-Bey (R.) . . . . EYZ 21
Condillac (R.) . . . . EZ
Condorcet (R.) . . . . DZ
Créqui (Q.) . . . . DEY
Diables-Bleus (Bd des) . . . . FZ 24
Diderot (R.) . . . . AV 25
Dr-Girard (Pl.) . . . . FY 26
Driant (Bd Col.) . . . . FZ 27
Dubedout (Pl. H.) . . . . DY 28
Esclangon (R. F.) . . . . AV 29
Esmonin (Av. E.) . . . . AX
l'Europe (Av. de) . . . . BX 31
Fantin-Latour (R.) . . . . FZ 32
Faure (R. E.) . . . . FZ
La Fayette (R.) . . . . EY 39
Flandrin (R. J.) . . . . GZ 33
Foch (Bd Mar.) . . . . DEZ
La Fontaine (Crs) . . . . EZ
Fourier (R.) . . . . FZ 34
France (Q. de) . . . . DEY
Gambetta (Bd) . . . . DEZ
Graille (Q. de la) . . . . DY
Grande-Rue . . . . EY 37
Grenette (Pl.) . . . . EY
Gueymard (R. E.) . . . . DY
Haxo (R.) . . . . FZ
Hébert (R.) . . . . FYZ
L'Herminier (R. Cdt) . . . . FY 41
Hoche (R.) . . . . EZ
Jay (Q. S.) . . . . EY
Jeanne-d'Arc (Av.) . . . . GZ
Jean-Jaurès (Crs) . . . . DYZ
Joffre (Bd Mar.) . . . . DEZ
Jongking (Q.) . . . . FY
Jouhaux (R. L.) . . . . BX, GZ
Jouvin (Q. X.) . . . . FY
Lakanal (R.) . . . . EZ
Lavalette (Pl.) . . . . FY 40
Leclerc (Av. Mar.) . . . . FY
Lesdiguières (R.) . . . . EZ
Libération et du Gén.-de Gaulle (Crs de la) . . . . AX
Lyautey (Bd Mar.) . . . . EZ 42
Lyon (Rte de) . . . . DY
Malakoff (R.) . . . . FGZ
Mallifaud (R.) . . . . EFZ
Martyrs (R. des) . . . . AV
Mistral (Pl. P.) . . . . FZ
Montorge (R.) . . . . EY 43
Mortillet (R. de) . . . . FGY
Moyrand (R.) . . . . FGZ
Notre-Dame (Pl.) . . . . FY
Pain (Bd J.) . . . . FZ
Palanka (R.) . . . . EY 44
Pasteur (Pl.) . . . . FZ 45
Perrière (Q.) . . . . EY 46
Perrot (Av. J.) . . . . BX, FZ
Poulat (R. F.) . . . . EY 48
Prévost (R. J.) . . . . DZ
Randon (Av. Mar.) . . . . FY
Reynier (R. A.) . . . . AX 49
Reynoard (Av. M.) . . . . BX 5
Rey (Bd Ed.) . . . . EY
Rhin-et-Danube (Av.) . . . . AX
Rivet (Pl. G.) . . . . EZ 5
Rousseau (R. J.-J.) . . . . EY 5
Sablon (Pont du) . . . . GY
Ste-Claire (Pl.) . . . . EY 5
St-André (Pl.) . . . . EY 5
Sembat (Bd A.) . . . . EZ
Servan (R.) . . . . FY 5
Stalingrad (R. de) . . . . AX 6
Strasbourg (R. de) . . . . EFZ 6
Thiers (R.) . . . . DZ
Très-Cloîtres (R.) . . . . FY 6
Turenne (R.) . . . . DZ

ST-PIERRE-DE-CHARTREUSE
1
D 512
B
C
D 1090
ST-ISMIER
CORENC
l'Eygala
D 590
D 512A
Av. de Grésivaudan
MEYLAN
Av. du Taillefer
Gde Rue
LA TRONCHE
Av. des Maquis du Grésivaudan
Musée Hébert
Av. du Grésivaudan
Av. de Verdun
Av. du Vercors
Z.I.R.S.T.
ALBERTVILLE
Av. des Alpes
Bd
2
CHAMBÉRY, TURIN
A 41
19
27
Gde Rue
ISÈRE
N 87
MUSÉE DE GRENOBLE
DOMAINE
UNIVERSITAIRE
V
1
Av. G. Péri
Av. A. Croizat
Av. J. Jaurès
GIÈRES
LANCEY
DOMÈNE D523
D 269
R. Léon Jouhaux
Av. J. Vallès
LA BAJATIÈRE
ST-MARTIN D'HÈRES
Maison de la Culture
20
Av. J. Perrot
Av. Potié
Av. de la Galochère
FORT DU MURIER
D 524
3
CHAMROUSSE
URIAGE-LES-BAINS
Av. M. Cachin
54
Av. J. Prévert
4
VILLE NEUVE
LE VILLAGE
Av. J. Jaurès
D 5
R. Antoine
31
X
SUMMUM
ALPEXPO
38
D 269
47
POISAT
D 112
5
EYBENS
6
R. Mendès-France
GRENOBLE
0
1 km
D 5
d
D 269c
VIZILLE
B
C

GRENOBLE

Street	Grid	No.
Alsace-Lorraine (Av.)	DYZ	3
Barnavel (R.)	EFY	5
Bayard (R.)	FY	6
Belgique (Av. Albert-1er-de)	EFZ	7
Belgrade (R. de)	EY	9
Bistesi (R.)	FZ	10
Blanchard (R. P.)	EYZ	
Bonne (R. de)	EZ	12
Brenier (R. C.)	DY	13
Brocherie (R.)	EY	15
Casimir-Périer (R.)	EZ	16
Champollion (R.)	FZ	17
Chenoise (R.)	EFY	18
Clot-Bey (R.)	EYZ	21
Diables-Bleus (Bd des)	FZ	24
Dr-Girard (Pl.)	FY	26
Driant (Bd Col.)	FZ	27
Dubedout (Pl. H.)	DY	28
Fantin-Latour (R.)	FZ	32
Flandrin (R. J.)	GZ	33

Foch (Bd Mar.) . . . . DEZ
Fourier (R.) . . . . FZ 34
Grande-Rue . . . . EY 37
Grenette (Pl.) . . . . EY
Lavalette (Pl.) . . . . FY 40
La Fayette (R.) . . . . EY 39
L'Herminier (R. Cdt) . . . . . FY 41
Lyautey (Bd Mar.) . . . . EZ 42
Montorge (R.) . . . . EY 43
Palanka (R.) . . . . EY 44
Pasteur (Pl.) . . . . FZ 45
Perrière (Q.) . . . . EY 46
Poulat (R. F.) . . . . EY 48
Rivet (Pl. G.) . . . . EZ 53
Rousseau (R. J.-J.) . . . . . . EY 55
Ste-Claire (Pl.) . . . . EY 57
St-André (Pl.) . . . . EY 56
Servan (R.) . . . . FY 59
Strasbourg (R. de) . . . . . . EFZ 62
Très-Cloître (R.) . . . . FY 63
Vicat (R.) . . . . EZ 66
Victor-Hugo
(Pl.) . . . . EZ
Voltaire (R.) . . . . FY 68

XXX **Auberge Napoléon** A/C VISA MC AE D

7 r. Montorge – ✆ 04 76 87 53 64 – www.auberge-napoleon.fr – Fermé 30 avril-9 mai, 30 juil.-16 août, 2-10 janv. et dim. EY**b**

Rest *(dîner seult) (nombre de couverts limité, réserver)* – Menu 39/69 € – Carte 49/73 €

◆ La maison entretient le souvenir de Napoléon Bonaparte, son hôte le plus célèbre, avec un décor Empire assez théâtral. La jeune chef ose une cuisine inventive, tel ce menu qui décline le foie gras de l'entrée au dessert.

XX **Sens** VISA MC

50 bd Gambetta – ✆ 04 76 95 03 58 – www.michaelbreuil.com – Fermé 15 juil.-15 août, 24 déc.-15 janv., le midi sauf vend., dim. et lundi EZ**f**

Rest – Menu 70/140 €

◆ "Cuisine créative d'inspiration environnementale". Le message est clair dans ce restaurant élégant aménagé dans l'une des tours de garde de la ville. Le jeune chef a une approche très personnelle, parfois presque provocante, et bien maîtrisée.

XX **Le Mas Bottero** A/C VISA MC

168 cours Berriat – ✆ 04 76 21 95 33 – www.lemasbottero.com – Fermé 8-16 avril, 22 juil.-21 août, dim. et lundi AV**n**

Rest – Formule 21 € – Menu 26 € (déj.), 38/59 € – Carte 42/67 €

◆ Truite du Vercors, fruits et légumes du Grésivaudan, noix de Grenoble, desserts à la Chartreuse... Trois mots clés pour ce mas féru de cuisine méditerranéenne : terroir, marché et saisons !

XX **À Ma Table** A/C VISA MC

92 cours J. Jaurès – ✆ 04 76 96 77 04 – www.restaurant-amatable-grenoble.fr – Fermé 16 juil.-6 août, 2-9 janv., sam. midi, dim. sauf le midi d'oct. à mai et lundi DZ**t**

Rest *(nombre de couverts limité, réserver)* – Formule 18 € bc – Menu 25/42 € – Carte 45/65 €

◆ Pour trouver cette devanture discrète, allez vers le marché de l'Estacade. Ce bistrot contemporain séduit avec sa courte carte et ses propositions alléchantes : salade de cailles aux noisettes, agneau à la crème d'ail, etc. Jeune et familial.

XX **Marie Margaux** A/C VISA MC AE D

12 r. Marcel Porte ✉ 38100 – ✆ 04 76 46 46 46 – www.lemariemargaux.com – Fermé 21 juil.-21 août, dim. soir, lundi soir et mardi soir EZ**m**

Rest – Formule 13 € – Menu 19 € (déj. en sem.), 28/53 € – Carte 35/53 €

◆ Marie et Margaux, grands-mères tutélaires de cette avenante maison familiale. À la carte : lieu à la vinaigrette d'herbes fines, thon sauce poivrons doux, turbot au citron confit... Un style provençal et chaleureux, avec le poisson en vedette.

XX **Chasse-Spleen** A/C VISA MC AE D

6 pl. Lavalette – ✆ 04 38 37 03 52 – www.le-chasse-spleen.com – Fermé lundi midi, sam. midi et dim. FY**e**

Rest – Formule 17 € – Menu 28/38 € – Carte 40/49 €

◆ Le nom d'un vin baptisé ainsi par Baudelaire lors d'un séjour à Moulis-en-Médoc. Aux murs, poèmes de l'auteur pour la nourriture spirituelle et dans l'assiette, cuisine dauphinoise pour le plaisir des sens.

X **L'Exception** A/C VISA MC AE

4 cours Jean-Jaurès – ✆ 04 76 47 03 12 – www.restaurant-lexception.com – Fermé 1er-6 janv., 23 juil.-15 août, sam. et dim. DY**a**

Rest – Formule 13 € – Menu 15 € (déj.), 26/52 € – Carte 45/70 €

◆ Une adresse simple qui ne désemplit pas ; on s'y presse pour la généreuse cuisine de terroir proposée à prix sages. Pour des délices terre et mer...

X **Le Village** A/C VISA MC AE

20 r. de Strasbourg – ✆ 04 76 87 88 44 – Fermé 3 juil.-2 août, 24 déc.-4 janv., mardi midi, dim. et lundi FZ**b**

Rest – Formule 14 € – Menu 17 € (déj. en sem.), 27/42 € – Carte 32/45 €

◆ Est-ce à cause de la cuisine du chef, de son amour des produits frais, ou de la décoration d'inspiration industrielle, toujours est-il que ce Village a beaucoup de succès. Comme c'est souvent plein à craquer, mieux vaut réserver.

X **Le Grill Parisien** VISA MC AE

34 av Alsace-Lorraine – ✆ 04 76 46 10 16 – Fermé 30 juil.-22 août, 1er-6 janv., sam., dim. et fériés DYZr

Rest – Formule 23 € – Menu 32 € – Carte 42/57 €

◆ Pas si parisien que cela ! Installés à la table d'hôte (dans la cuisine) ou sous les poutres de la salle à manger, les habitués se régalent d'une cuisine traditionnelle qui a surtout l'accent... du Sud.

à Corenc – 3 790 h. – alt. 450 m – ✉ 38700

XX **La Corne d' Or** VISA MC AE

159 rte de Chartreuse, par ① : 3,5 km sur D 512 – ✆ 04 38 86 62 36 – www.cornedor.fr – Fermé 14 août-4 sept., dim. soir et lundi midi

Rest – Formule 20 € – Menu 26 € (déj. en sem.), 42/78 € – Carte 57/85 €

◆ De la terrasse, le panorama sur Grenoble et la chaîne de Belledonne est vraiment ravissant. Le chef, passionné de botanique, invente des recettes embaumant l'humus, le fenouil sauvage, la reine des prés...

XX **Le Provence** VISA MC AE

28 av. du Grésivaudan – ✆ 04 76 90 03 38 – www.leprovence.fr – Fermé sam. midi, dim. sauf le midi de sept. a juin et lundi CVx

Rest – Formule 22 € bc – Menu 26 € (déj.), 35/69 € bc – Carte 38/80 €

◆ Ici, le chef fait lui-même son marché, d'où les suggestions à l'ardoise ; on peut d'ailleurs le voir travailler en cuisine via un écran. Le soleil de la Provence en direct, avec poisson grillé et cuisine à l'huile d'olive !

à Eybens : 5 km – 9 397 h. – alt. 230 m – ✉ 38320

Château de la Commanderie VISA MC AE

17 av. d'Échirolles – ✆ 04 76 25 34 58 – www.commanderie.fr – Fermé 20 déc.-3 janv. BXd

42 ch – †100/191 € ††111/205 € – ☕ 17 €

Rest *(fermé vacances de la Toussaint, de Noël, sam. midi, dim. et lundi)* – Formule 27 € bc – Menu 44/78 € – Carte 60/89 €

◆ Cette ancienne commanderie des Templiers a gardé le charme d'antan – meubles ancestraux, portraits de famille, tapisseries d'Aubusson –, ce qui n'empêche pas certaines chambres d'être flambant neuves. Restaurant classique et spa très complet.

à Bresson Sud par av. J. Jaurès : 8 km par D 269c – 695 h. – alt. 300 m – ✉ 38320

XXX **Chavant** avec ch VISA MC AE

2 r. Emile Chavant – ✆ 04 76 25 25 38 – www.chavanthotel.com – Fermé 20-28 déc., sam. midi, dim. soir et lundi

7 ch – †130/150 € ††140/180 € – ☕ 15 €

Rest – Menu 34 € (déj. en sem.), 52/115 € – Carte 35/50 €

◆ Cette auberge, tenue par la famille Chavant depuis 1852, est le restaurant classique par excellence. Pressé de homard aux agrumes, noix d'agneau au thym pastilla de chou... et service stylé : rien ne manque ! Pour le reste : fumoir, cave à vins, piscine, chambres spacieuses : on sait s'occuper des clients.

à Échirolles : 4 km – 35 688 h. – alt. 237 m – ✉ 38130

Dauphitel VISA MC AE

16 av. Kimberley – ✆ 04 76 33 60 60 – www.dauphitel.fr AXe

68 ch – †74/130 € ††74/130 € – ☕ 10 €

Rest *(fermé 4-26 août, 24 déc.-2 janv., sam., dim. et fériés)* – Formule 22 € – Menu 25/40 € – Carte 26/49 €

◆ Cet hôtel d'architecture récente contemple les montagnes toutes proches. Chambres confortables, salles de séminaire bien équipées, restaurant traditionnel et piscine entourée de verdure : un bon compromis entre hôtel d'affaires et de loisirs.

au Nord-Ouest par A 48

au Fontanil : **8 km par A 48, sortie 14 et D 1075 – 2 735 h. – alt. 210 m – ✉ 38120**

La Queue de Cochon

rte de Lyon – ☎ 04 76 75 65 54 – www.laqueuedecochon.fr – Fermé merc. soir, dim. soir et lundi
Rest – Formule 30 € – Menu 28 € (sem.), 30/52 € – Carte 36/49 €
◆ Tout est bon dans le cochon ! Mais que l'on ne s'y trompe pas, on vient ici surtout pour les buffets et les grillades (viandes et poissons). La terrasse en plein air, entourée d'un jardin, est bien agréable.

près échangeur A 48 **sortie n° 12/13 : 12 km – ✉ 38340 Voreppe**

Novotel

ch,

1625 rte de Veurey – ☎ 04 76 50 55 55 – www.novotel.com
114 ch – †75/159 € ††75/159 € – ☕ 15 €
Rest – Formule 13 € – Menu 17 € – Carte 20/42 €
◆ Voilà un hôtel qui prouve que l'on peut se trouver à proximité d'une autoroute et être entouré de champs. Les chambres sont grandes et confortables, conformément aux dernières normes de la chaîne.

GRÉOUX-LES-BAINS – 04 Alpes-de-Haute-Provence – 334 D10 — 40 B2

– 2 476 h. – alt. 386 m – Stat. therm. : début mars-mi-déc. – Casino – ✉ 04800
Alpes du Sud
Paris 783 – Aix-en-Provence 55 – Brignoles 52 – Digne-les-Bains 69
5, avenue des Marronniers, ☎ 04 92 78 01 08, www.greoux-les-bains.com

La Crémaillère

rest,

776 av. des Thermes, rte de Riez – ☎ 04 92 70 40 04 – www.mascremailleregreoux.com – Ouvert 1er avril-15 déc.
51 ch – †90/140 € ††90/140 € – ☕ 12 € – ½ P 84/109 €
Rest – Formule 19 € – Menu 27/45 € – Carte 39/55 €
◆ À deux pas des thermes troglodytiques, cet hôtel, confortable et chic, est idéal pour se ressourcer. Chambres contemporaines et lumineuses, avec balcon ou loggia. Cuisine "santé nature" pour les curistes.

Villa Borghèse

rest,

av. des Thermes – ☎ 04 92 78 00 91 – www.hotel-villaborghese.com – Ouvert 17 mars-2 déc.
67 ch – †70/170 € ††90/170 € – ☕ 14 € – ½ P 86/127 €
Rest – Formule 24 € – Menu 33/45 € – Carte 46/63 €
◆ Cette Villa Borghèse, tapissée de vigne vierge, abrite de grandes chambres traditionnelles avec loggia. Sauna, espace beauté et cours de bridge. Cuisine provençale au restaurant.

Les Alpes

19 av. des Alpes – ☎ 04 92 74 24 24 – www.hoteldesalpes04.fr – Fermé 17 déc.-15 janv.
26 ch – †60/134 € ††80/134 € – ☕ 12 €
Rest *(fermé dim. soir et lundi midi de nov. à mi-mars)* – Menu 25/37 € – Carte 28/49 €
◆ Ce petit hôtel familial, au pied du château des Templiers, dispose de chambres actuelles de bon confort, dont neuf avec terrasse. Bons plats provençaux servis au bord de la piscine. Salle contemporaine et cuisines ouvertes.

Le Verdon

rest, rest,

rte de Riez – ☎ 08 26 46 81 83 – www.chainethermale.fr – Ouvert 5 mars-24 nov.
64 ch – †60/80 € ††60/80 € – ☕ 14 € – ½ P 64/74 €
Rest – Formule 17 € – Menu 24 € – Carte environ 38 €
◆ Les chambres de cet hôtel sont fraîches et pratiques, avec un balcon donnant sur le village ou la garrigue. Agréable jardin avec terrain de pétanque. Vaste salle à manger, terrasse verdoyante et recettes au goût du jour.

GRESSE-EN-VERCORS – 38 Isère – 333 G8 – 382 h. – alt. 1 205 m – 45 C2

– Sports d'hiver : 1 300/1 700 m 10 – ✉ 38650 Alpes du Nord

Paris 610 – Clelles 22 – Grenoble 48 – Monestier-de-Clermont 14

le Faubourg, ✆ 04 76 34 33 40, www.gresse-en-vercors.fr

Col de l'Allimas ★ S : 2 km.

Le Chalet

Le Village – ✆ 04 76 34 32 08 – www.lechalet.free.fr – Fermé 11 mars-5 mai, 14 oct.-21 déc. et merc. midi sauf vacances scolaires

25 ch – †61 € ††65/85 € – 12 € – ½ P 66/78 €

Rest *Le Chalet* – voir les restaurants ci-après

◆ L'âme du Vercors et de la montagne, déclinée avec fraîcheur et simplicité : un vrai chalet d'aujourd'hui, tenu avec un soin méticuleux. Et aux commandes : toute une famille animée par le désir de bien faire.

Le Chalet

Le Village – ✆ 04 76 34 32 08 – www.lechalet.free.fr – Fermé 11 mars-5 mai, 14 oct.-21 déc. et merc. midi sauf vacances scolaires

Rest – Formule 15 € – Menu 18 € (sem.), 28/53 € – Carte 28/57 €

◆ Tourte dauphinoise, épaule d'agneau confite, tarte au citron meringuée, etc. En deux mots : tradition et générosité. Tels sont les atouts de cette table familiale, au décor classique (jardin d'hiver).

GRESSY – 77 Seine-et-Marne – 312 F2 – 101 10 – voir à Paris, Environs

GRÉSY-SUR-ISÈRE – 73 Savoie – 333 K4 – 1 259 h. – alt. 350 m – 46 F2

– ✉ 73460

Paris 595 – Aiguebelle 12 – Albertville 18 – Chambéry 35

Site★★ - Château de Miolans ★ : Tour St-Pierre ★★, souterrain de défense★ Alpes du Nord

La Tour de Pacoret avec ch

La Tour de Pacoret, 1,5 km au Nord-Est par D 201 – ✆ 04 79 37 91 59 – www.hotel-pacoret-savoie.com – Ouvert 1er mai-20 oct.

10 ch – †75/190 € ††80/190 € – 12 € – ½ P 70/128 €

Rest *(fermé merc. midi sauf juil.-août, lundi en oct. et mardi)* – Formule 15 € – Menu 21 € (sem.), 29/59 € – Carte 42/70 €

◆ Cette tour de guet édifiée en 1283 garde la combe de Savoie. Lumineuse salle à manger, agréable terrasse avec vue sur les sommets environnants et cuisine traditionnelle.

GREZ-EN-BOUÈRE – 53 Mayenne – 310 F7 – 995 h. – alt. 85 m – 35 C1

– ✉ 53290

Paris 276 – Nantes 143 – Laval 35 – Angers 66

Château de Chanay

4 km à l'Ouest par D 28 – ✆ 02 43 70 98 81 – www.chateau-de-chanay.com – Fermé 15 déc.-31 janv.

3 ch – †80/110 € ††90/120 € **Table d'hôte** – Menu 30 € bc

◆ Au cœur d'un parc boisé, cette gentilhommière (1805) a conservé son précieux cachet d'antan (parquet et boiseries d'origine). Chambres confortables et élégantes ; belle bibliothèque. À la table d'hôte, cuisine maison servie dans une salle au charme classique.

GRÈZES – 46 Lot – 337 G4 – 160 h. – alt. 312 m – ✉ 46320 – 29 C1

Paris 562 – Aurillac 84 – Cahors 50 – Figeac 21

Le Grézalide

– ✆ 05 65 11 20 40 – www.grezalide.com – Ouvert 6 avril-7 oct.

19 ch – †67/87 € ††67/167 € – 11 € – ½ P 75/100 €

Rest *(fermé le midi)* – Menu 25/45 €

◆ Au cœur de ce village du Quercy, une adresse qui vous entraîne sur les chemins de l'art avec ses chambres dédiées à des artistes (Dalí, Rodin...) et son espace exposition. Une cuisine aux accents du terroir vous attend dans une jolie salle à manger voûtée.

LA GRIÈRE – 85 Vendée – 316 H9 – rattaché à La Tranche-sur-Mer

GRIGNAN – 26 Drôme – 332 C7 – 1 521 h. – alt. 198 m – ✉ 26230 44 B3

Lyon Drôme Ardèche

Paris 629 – Crest 46 – Montélimar 25 – Nyons 25

place Sévigné, ✆ 04 75 46 56 75

Château★★ - Église St-Sauveur ✻★- La Garde Adhémar★.

Manoir de la Roseraie

1 chemin des Grands-Prés, rte de Valréas – ✆ 04 75 46 58 15 – www.manoirdelaroseraie.com – Ouvert 10 fév.-5 nov. et fermé en sem. du 24 sept. au 17 mai

21 ch – 🚹215/415 € 🚹🚹215/415 € – ☕ 20 €

Rest ***Manoir de la Roseraie*** – voir les restaurants ci-après

◆ Dans un très joli parc avec une roseraie et une belle piscine, un ravissant manoir du 19ᵉs. et son annexe plus récente. Les chambres, certes un brin surannées, sont spacieuses et confortables.

Le Clair de la Plume

pl. du Mail – ✆ 04 75 91 81 30 – www.clairplume.com

17 ch – 🚹99 € 🚹🚹99/199 € – ☕ 15 € – ½ P 90/145 €

Rest – Formule 20 € bc – Menu 32/49 € – Carte 33/60 €

◆ Dans cette séduisante demeure provençale (18ᵉs.) et son annexe, les chambres sont charmantes (mobilier chiné, bibelots), certaines donnant sur le ravissant jardin de curé.

La Bastide de Grignan sans rest

120 chemin de Bessas, 1 km par D 541 rte de Montélimar – ✆ 04 75 90 67 09 – www.labastidedegrignan.com

16 ch – 🚹70/165 € 🚹🚹70/165 € – ☕ 13 €

◆ Cette demeure récente est délicatement posée sur une ancienne garrigue truffière, au calme ! Faites comme elle et profitez de chambres coquettes et provençales. Belle piscine.

Le Serre de la Maniette sans rest

400 Chemin de la Maniette, à 2 km, après la Grotte de Rochecourbière – ✆ 04 75 46 92 39 – www.lamaniette.com – Fermé en avril et 1ᵉʳ oct.-15 nov.

4 ch ☕ – 🚹120/140 € 🚹🚹120/140 €

◆ Chênes verts, figuiers, cyprès, potager, piscine... le jardin de cette maison ancienne est exquis. Les chambres ne sont pas en reste côté déco (certaines avec terrasse privée) et les propriétaires – personnes de culture – se révèlent charmants.

La Table des Délices

1 km par D 541 rte de Montélimar – ✆ 04 75 46 57 22 – www.latabledesdelices.com – Fermé 15-30 nov., 1ᵉʳ-11 janv., mardi midi en juil.-août, mardi soir hors saison, dim. soir et lundi

Rest – Formule 26 € – Menu 36/90 € – Carte 45/70 €

◆ Une jolie maison sur la route de la grotte de Mme de Sévigné. Le chef concocte une cuisine actuelle (dont un menu du jour). Bonne sélection de vins (côtes-du-rhône méridionaux).

Manoir de la Roseraie – Hôtel Manoir de la Roseraie

1 chemin des Grands-Prés, rte de Valréas – ✆ 04 75 46 58 15 – www.manoirdelaroseraie.com – Ouvert 10 fév.-5 nov. et fermé en sem. du 24 sept. au 17 mai

Rest *(réserver)* – Formule 24 € – Menu 28/59 € – Carte 55/75 €

◆ Une rotonde, une verrière et une terrasse donnant sur le joli parc : un lieu indéniablement cossu. Le chef s'approvisionne en priorité chez les producteurs locaux et concocte une cuisine gastronomique dans l'air du temps.

Le Poème de Grignan

r. St-Louis – ✆ 04 75 91 10 90 – www.lepoemedegrignan.com – Fermé 1 sem. en sept., 15-30 nov., 1 sem. en janv., mardi de nov. à janv. et merc.

Rest *(nombre de couverts limité, réserver)* – Menu 29 € (sem.), 33/48 €

◆ Une maison de village, des porcelaines anciennes, des fleurs : le thème est lancé. Ici, tout est fait maison, soigné, goûteux... et fleure bon la Provence !

rte de Montélimar **4 km par D 541 et rte secondaire - ✉ 26230 Grignan**

La Maison du Moulin
chemin de la Motte – ✆ 04 75 46 56 94 – www.maisondumoulin.com – Fermé 24 oct.-5 nov. et 19 déc.-5 janv.

5 ch – 90/140 € 100/150 € **Table d'hôte** – Menu 35 € bc/55 € bc

◆ Dans ce moulin du 18e s. au bord d'une rivière, on profite d'un potager bio, d'une piscine, d'un sauna, d'une salle de massages et... de chambres ravissantes (meubles chinés) ! À la table d'hôte, plats provençaux mitonnés par la propriétaire.

GRIMAUD – 83 Var – 340 O6 – 4 272 h. – alt. 105 m – ✉ 83310 — 41 C3

Côte d'Azur

Paris 861 – Fréjus 32 – Le Lavandou 32 – St-Tropez 12

1, boulevard des Aliziers, ✆ 04 94 55 43 83, www.grimaud-provence.com

Château ≤★.

Port Grimaud★ : ≤★ 5 km.

Le Verger Maelvi sans rest
2 km à l'Ouest par D 14, rte de Collobrières – ✆ 04 94 55 57 80 – www.hotel-grimaud.com – Ouvert 1er avril-5 nov.

14 ch – 95/280 € 95/280 € – 2 suites – 19 €

◆ On n'entend que le doux chuchotement de la rivière dans ce joli mas champêtre et son pavillon "bio", au fond du jardin. L'été, odeurs de glycine et copieux petit-déjeuner sous l'agréable pergola, face à la piscine.

La Boulangerie sans rest
2 km à l'Ouest par D14 rte de Collobrières – ✆ 04 94 43 23 16 – www.hotel-laboulangerie.com – Ouvert 1er mai-9 oct.

10 ch – 119/129 € 119/149 € – 2 suites – 11 €

◆ Sur les hauteurs du village, un agréable petit mas niché dans la verdure. Chambres d'esprit provençal, ambiance conviviale. Détente et bien-être sont au rendez-vous.

Athénopolis
3,5 km au Nord-Ouest par D 558, rte de La Garde-Freinet – ✆ 04 98 12 66 44 – www.athenopolis.com – Ouvert 1er avril-31 oct.

11 ch – 97/135 € 103/145 € – 12 € – ½ P 86/121 €

Rest *(ouvert de mai à mi-oct. et fermé merc. midi sauf juil.-août et lundi midi) (nombre de couverts limité, réserver)* – Formule 19 € – Menu 25 € – Carte 38/48 €

◆ Dans le paysage méditerranéen – presque grec – du massif des Maures, une maison aux volets bleus. Les chambres ont toutes leur propre loggia ou terrasse. L'ensemble est charmant et l'on profite au maximum de la nature. Cuisine traditionnelle au restaurant.

Les Santons
rte Nationale – ✆ 04 94 43 21 02 – www.restaurant-les-santons.fr – Fermé 15 nov.-20 déc., le midi en sem. en juil.-août, dim. soir et lundi d'oct.-mars

Rest – Formule 37 € bc – Menu 59/59 € – Carte 71/150 €

◆ Des recettes classiques (sole au champagne, poire Belle-Hélène...) dans un cadre chaleureux : salon avec cheminée et fauteuils club, salle à manger élégante. Accueil charmant.

La Bretonnière
pl. des Pénitents – ✆ 04 94 43 25 26 – www.bretonniere.1s.fr – Fermé 1er nov.-31 déc., mardi de janv. à mars, dim. sauf le midi de janv. à mars, le midi en juil.-août et lundi sauf juil.-août

Rest – Formule 20 € – Menu 29/49 € – Carte 50/62 €

◆ Au cœur du bourg médiéval, face à la chapelle des Pénitents, une table qui invite... au péché de gourmandise. Savoureuse cuisine de tradition, par un chef d'origine belge.

XX **Le Mûrier**

La Boal, 1,5 km au Sud-Est par D 14 – ✆ 04 94 56 31 62 – www.restaurant-lemurier.fr – Fermé 5-19 mars, dim. soir du 15 oct. à Pâques, lundi et le midi en juil.-août

Rest – Formule 31 € – Carte 51/58 €

◆ C'est un couple franco-japonais qui préside à la destinée de cette jolie villa bordée de mûriers. Ici, courte carte alléchante et rapport plaisir-prix garanti !

X **Le Coteau Fleuri** avec ch

A/C ch, VISA AE

pl. des Pénitents – ✆ 04 94 43 20 17 – www.coteaufleuri.fr – Fermé 3 nov.-18 déc.

14 ch – †61/115 € ††61/115 € – ☐ 12 € – ½ P 73/100 €

Rest *(ouvert 3 janv.-30 sept. et fermé le midi en juil.-août, lundi midi, vend. midi et mardi)* – Formule 27 € – Menu 45/105 € bc – Carte 70/90 €

◆ Une ancienne magnanerie sur une placette pittoresque du vieux village. Cuisine classique servie dans la salle ornée d'une grande cheminée ou sur la terrasse tournée vers le massif des Maures. Les chambres, au décor monacal, sont sobres et bien tenues.

GROISY – 74 Haute-Savoie – **328** K4 – 2 891 h. – alt. 690 m – ✉ 74570 **46** F1

▶ Paris 534 – Annecy 17 – Bellegarde-sur-Valserine 40 – Bonneville 29

XX **Auberge de Groisy**

VISA

34 rte du Chef-Lieu – ✆ 04 50 68 09 54 – www.auberge-groisy.com – Fermé 1er-20 sept., vacances de Noël, dim. soir, lundi et mardi

Rest *(nombre de couverts limité, réserver)* – Menu 30/70 € – Carte 50/80 €

◆ Une jolie ferme du 19es. revue à la mode d'aujourd'hui : pierres apparentes et poutres pour le cachet ; douceur contemporaine très nature (du beige, du lin...). Un endroit charmant, idéal pour déguster la cuisine du chef, goûteuse et bien dans son époque, qui valorise les produits de la région.

GRUISSAN – 11 Aude – **344** J4 – 4 410 h. – alt. 2 m – Casino **22** B3

– ✉ 11430 ▮ Languedoc Roussillon

▶ Paris 796 – Carcassonne 73 – Narbonne 15 – Perpignan 76

ℹ 1, boulevard du Pech-Maynaud, ✆ 04 68 49 09 00, www.gruissan-mediterranee.com

Le Phoebus

ch, A/C rest, P VISA AE

bd de la Sagne, (au casino) – ✆ 04 68 49 03 05 – www.phoebus-sa.com

50 ch – †50/119 € ††50/119 € – ☐ 10 €

Rest – Menu 20/45 € – Carte 22/52 €

◆ Une adresse pratique ! Bordant l'étang et intégré au complexe du casino, ce Phoebus prend des airs de motel : les chambres sont joliment arrangées et celles du rez-de-chaussée ont même une petite terrasse avec vue sur l'eau.

X **L'Estagnol**

A/C VISA AE

12 av. Narbonne – ✆ 04 68 49 01 27 – Fermé vacances de fév., lundi et le soir en hiver sauf vend. et sam.

Rest – Formule 13 € – Menu 24/30 € – Carte 35/50 €

◆ Donnant sur l'étang, cette authentique maison de pêcheur a fait du poisson la star de ses assiettes ! La cuisine se révèle simple, fraîche et bonne ; quant à l'ambiance, elle est décontractée et méridionale à souhait.

GRUSON – 59 Nord – **302** H4 – rattaché à Lille

LE GUA – 17 Charente-Maritime – **324** E5 – 2 023 h. – alt. 3 m **38** B3

– ✉ 17600

▶ Paris 493 – Bordeaux 126 – Rochefort 26 – La Rochelle 63

ℹ Salle Basse Place Poste, ✆ 05 46 23 17 28

Le Moulin de Châlons avec ch

à Châlons, 1 km à l'Ouest par rte de Royan – ✆ 05 46 22 82 72 – www.moulin-de-chalons.com – Fermé 12-26 mars, 13 nov.-4 déc., dim. soir et lundi midi d'oct. à avril

10 ch – †115/165 € ††115/165 € – ☕ 13 €

Rest – Menu 29/50 € – Carte 40/80 €

◆ Soupe de melon au pineau, marinade de coquillages et son granité de tomates... le chef connaît son métier – cuissons millimétrées, saveurs harmonieuses – et concocte une appétissante cuisine d'aujourd'hui. Cadre élégant et contemporain dans un joli moulin ; chambres donnant sur le parc bucolique.

GUEBERSCHWIHR – 68 Haut-Rhin – 315 H8 – 835 h. – alt. 260 m – ✉ 68420 Alsace Lorraine 1 A2

Paris 487 – Colmar 12 – Guebwiller 18 – Mulhouse 36

Relais du Vignoble

33 r. des Forgerons – ✆ 03 89 49 22 22 – www.relaisduvignoble.com – Fermé fév.

30 ch – †49/65 € ††55/110 € – ☕ 9 € – ½ P 64/68 €

Rest *Belle Vue* – voir les restaurants ci-après

◆ Situé à flanc de coteau, cette grande bâtisse jouxte la cave familiale, normal dans un village de vignerons ! La plupart des chambres, simples mais bien tenues, donnent sur les vignes.

Belle Vue – Hôtel Relais du Vignoble

29 r. des Forgerons – ✆ 03 89 49 31 09 – www.relaisduvignoble.com – Fermé fév., jeudi midi et merc.

Rest – Menu 16 € (déj. en sem.), 22/38 € – Carte 33/47 €

◆ C'est vrai que la vue est belle de la terrasse de ce restaurant d'hôtel, les vignobles s'étendent à perte de vue. Plats traditionnels (pâté en croûte, choucroutes, poissons) et vins du domaine.

GUEBWILLER – 68 Haut-Rhin – 315 H9 – 11 575 h. – alt. 300 m – ✉ 68500 Alsace Lorraine 1 A3

Paris 474 – Belfort 52 – Colmar 27 – Épinal 96

71, rue de la République, ✆ 03 89 76 10 63, www.tourisme-guebwiller.fr

Église St-Léger★ : façade Ouest★★ - Intérieur★★ de l'église N.-Dame★ : Maître-Hôtel★★ - Hôtel de ville★ - Musée du Florival★.

Vallée de Guebwiller★★ NO.

Domaine du Lac

244 r. de la République, vers Buhl – ✆ 03 89 76 15 00 – www.domainedulac-alsace.com

69 ch – †62/140 € ††62/140 € – ☕ 13 € – ½ P 63/81 €

Rest *Les Terrasses* – voir les restaurants ci-après

◆ Deux hôtels en un ! Le Lac, avec de petites chambres colorées, design et fonctionnelles ; les Rives, plus confortables et cosy, dans une belle veine contemporaine. Vue sur le lac ou le ruisseau à l'arrière.

Les Terrasses

244 r. de la République, vers Buhl – ✆ 03 89 76 15 76 – www.domainedulac-alsace.com – Fermé sam. midi

Rest – Formule 16 € – Menu 19 € (déj. en sem.), 32/47 € – Carte 37/53 €

◆ Un cadre contemporain et soigné, ouvert sur la verdure, et une belle terrasse au bord du plan d'eau : un lieu agréable, où l'on apprécie une cuisine contemporaine et très fraîche (tout est fait sur place, y compris le pain au levain).

à Murbach 5 km au Nord-Ouest par D 40^{II} – 137 h. – alt. 420 m – ✉ 68530

Église★★.

Le St-Barnabé
53 r. de Murbach – ✆ 03 89 62 14 14 – www.le-stbarnabe.com – Fermé 7-14 mars et 8 janv.-5 fév.
26 ch – †78/165 € ††88/165 € – ☕ 13 € – ½ P 97/131 €
Rest *Le Jardin des Saveurs* – voir les restaurants ci-après
◆ En plein cœur de la forêt et au milieu d'un jardin verdoyant, cette maison alsacienne est charmante... Les chambres sont décorées avec soin dans un style coloré et reposant ; quant à l'espace bien-être, il se révèle très plaisant (piscine chauffée toute l'année).

Le Schaeferhof ch,
6 r. de Guebwiller – ✆ 03 89 74 98 98 – www.schaeferhof.fr – Fermé 10-30 janv.
4 ch ☕ – †135/145 € ††160/170 €
Table d'hôte – Menu 48 € (sem.)/150 € bc
◆ Cette métairie du 18^{e}s. est tout simplement superbe ! Partout, la propriétaire, amoureuse du beau, a imprimé sa patte. Mobilier chiné, tissus raffinés... chaque détail a été soigneusement pensé. Du cachet et une âme authentique, même à table, où l'on use de moult raffinements pour vous régaler.

Le Jardin des Saveurs – Hôtel Le St-Barnabé
53 r. de Murbach – ✆ 03 89 62 14 14 – www.le-stbarnabe.com – Fermé 7-14 mars, 1er-11 juil., dim. soir de nov. à avril, jeudi midi et merc.
Rest – Formule 17 € – Menu 30/75 € – Carte 47/79 €
◆ Un coin de nature vosgienne... et de gourmandise ! Sous l'œil du propriétaire – cuisinier de formation – le chef travaille de beaux produits (souvent bio) et concocte des plats réjouissants, qui font la part belle aux saisons et au terroir.

à Rimbach-près-Guebwiller 11 km à l'Ouest par D 5^{I} – 243 h. – alt. 550 m – ✉ 68500

L'Aigle d'Or avec ch
5 r. Principale – ✆ 03 89 76 89 90 – www.hotelaigledor.com – Fermé 27 fév.-27 mars
15 ch – †40 € ††52/58 € – ☕ 9 € – ½ P 53/56 €
Rest *(fermé lundi de mi-juil. à mi-sept.)* – Formule 11 € – Menu 19/38 € – Carte 28/48 €
◆ Une vraie auberge champêtre (cheminée, ravissant jardin), tenue par la même famille depuis 1926. Le chef concocte une cuisine valorisant le terroir et la tradition ; pour prolonger l'étape, on propose des chambres sobres et fraîches, dont certaines soigneusement rénovées en 2010.

GUÉCÉLARD – 72 Sarthe – 310 J7 – 2 674 h. – alt. 45 m – ✉ 72230 — 35 C1

Paris 219 – Château-du-Loir 38 – La Flèche 26 – Le Grand-Lucé 38

La Botte d'Asperges
49 r. Nationale – ✆ 02 43 87 29 61 – www.la-botte-dasperges.fr – Fermé 19-26 mars, 6-27 août, 2-9 janv., dim. soir et lundi sauf fériés
Rest – Menu 16/53 € – Carte 29/59 €
◆ Cette auberge de tradition est un repaire de gourmands. La chef, Karine Lefriec, travaille surtout des produits locaux (dont les fameuses asperges) et ça nous botte !

GUENROUËT – 44 Loire-Atlantique – 316 E2 – 2 860 h. – alt. 30 m – ✉ 44530 — 34 A2

Paris 430 – Nantes 56 – Redon 21 – St-Nazaire 41

Relais St-Clair
31 r. de l'Isac, (rte de Nozay) – ✆ 02 40 87 66 11 – www.relais-saint-clair.com – Fermé 2 sem. en nov., mardi soir, merc. soir et lundi
Rest – Menu 25 € (déj. en sem.), 29/69 € – Carte 45/62 €
Rest *Le Jardin de l'Isac* – Formule 10 € – Menu 13 € (déj. en sem.), 19/20 € – Carte 32/52 €
◆ Dans cette bâtisse fleurie qui surplombe le canal de Nantes à Brest, on privilégie les menus et les produits locaux (poissons, coquillages). Belle carte des vins. À l'étage inférieur, sous les glycines, formule brasserie (grillades et buffets) au Jardin de l'Isac.

Le Paradis des Pêcheurs

au Cougou, 5 km au Nord-Ouest par D 102 – ✆ 02 40 87 64 10 – Fermé vacances de la Toussaint, de fév., lundi soir, mardi soir, jeudi soir et merc.
Rest – Formule 11 € – Menu 21/35 € – Carte environ 41 €
◆ Dans un hameau tranquille de l'Argoat, une auberge rustique des années 1930 (poutres et cheminée). Après le repas, d'inspiration régionale, on peut se promener dans le parc.

GUÉRANDE – 44 Loire-Atlantique – 316 B4 – 15 228 h. – alt. 54 m – ✉ 44350 Bretagne — 34 A2

Paris 450 – La Baule 6 – Nantes 77 – St-Nazaire 20
1, place du Marché au Bois, ✆ 08 20 15 00 44, www.ot-guerande.fr
Collégiale St-Aubin★.

Hôtel de la Cité sans rest

2 pl. Dolgellau – ✆ 02 40 22 02 20 – www.hotel-guerande.com
60 ch – 72/189 € 78/195 € – 12 €
◆ À 1 km de la cité, dans une zone d'activités, cet hôtel flambant neuf offre un bon rapport qualité-prix : literie moelleuse, matériaux contemporains (résine, stuc), photos graphiques...

La Guérandière sans rest

5 r. Vannetaise – ✆ 02 40 62 17 15 – www.guerandiere.com
5 ch – 62/82 € 62/92 € – 10 €
◆ Demeure du 19ᵉs. pleine de charme, au pied des remparts. Chambres cosy et colorées, plusieurs avec cheminée. L'été, petit-déjeuner servi dans le jardin ou sous la verrière.

LA GUERCHE-DE-BRETAGNE – 35 Ille-et-Vilaine – 309 O7 – 4 220 h. – alt. 77 m – ✉ 35130 Bretagne — 10 D2

Paris 324 – Châteaubriant 30 – Laval 53 – Redon 84
14 rue d'Anjou, ✆ 02 99 96 30 78, www.laguerchedebretagne-tourisme.fr

La Calèche avec ch

16 av. du Gén.-Leclerc – ✆ 02 99 96 21 63 – www.restaurant-la-caleche.com – Fermé 2-25 août, 25-31 déc. sauf hôtel, lundi, vend. soir et dim. soir
12 ch – 52 € 64 € – 11 € – ½ P 73 €
Rest – Formule 15 € – Menu 17 € (sem.), 28/37 € – Carte 31/51 €
◆ Généreuse cuisine du terroir servie dans une sobre salle à manger complétée par une véranda et un petit espace bistrot. Chambres fonctionnelles.

GUÉRET P – 23 Creuse – 325 I3 – 14 063 h. – alt. 457 m – ✉ 23000 Limousin Berry — 25 C1

Paris 351 – Châteauroux 90 – Limoges 93 – Montluçon 66
1, rue Eugène France, ✆ 05 55 52 14 29, www.ot-gueret.fr
Émaux Champlevés★ du musée d'art et d'archéologie de la Sénatorerie.

Auclair sans rest

19 av. de la Sénatorerie – ✆ 05 44 00 03 93 – www.hotelauclair.fr
31 ch – 63/68 € 63/68 € – 8 €
◆ Dans le centre-ville, un hôtel d'esprit contemporain... Tons chocolat et or, décor épuré dans les chambres, terrasse avec piscine : un endroit sympathique et tendance.

Le Coq en Pâte

2 r. de Pommeil – ✆ 05 55 41 43 43 – Fermé 1ᵉʳ-16 juil., 25 fév.-13 mars, dim. soir et lundi soir
Rest – Menu 17 € (sem.), 30/56 € – Carte 65/120 €
◆ Une belle cuisine classique qui varie avec les saisons... mais le homard du vivier et le filet de bœuf sont des résidents permanents de cette maison bourgeoise et cossue (19ᵉs.). Un agréable moment gastronomique.

à La Chapelle-Taillefert 8 km au Sud par D 940 – 370 h. – alt. 497 m – ✉ 23000

Influence

1 r. des Remparts – ✆ 05 55 81 98 32 – www.restaurant-influence-creuse.fr – Fermé 1 sem. en avril, 1 sem. en août et 1 sem. en déc.

Rest – Formule 12 € bc – Menu 19/36 € – Carte 25/45 €

♦ Papillote de truite au roquefort, pavé de veau au citron et graines de fenouil, poire rôtie à la vanille... Le patron – chef particulier d'un préfet pendant dix ans – aime les beaux produits et nous régale d'une jolie cuisine de saison.

GUÉRY (LAC DE) – 63 Puy-de-Dôme – 326 D9 – rattaché au Mont-Dore

GUÉTHARY – 64 Pyrénées-Atlantiques – 342 C4 – 1 332 h. – alt. 15 m 3 A3

– ✉ 64210 Pays Basque et Navarre

Paris 780 – Bayonne 19 – Biarritz 9 – Pau 125

74, rue du Comte de Swiecinski, ✆ 05 59 26 56 60, www.guethary-tourisme.com

Villa Catarie sans rest

415 av. du Gén. de Gaulle – ✆ 05 59 47 59 00 – www.villa-catarie.com

14 ch – †150/220 € ††150/220 € – 2 suites – ☕ 12 €

♦ Ravissante demeure basque de 1830, à deux pas du port et des plages. Chambres cosy, aux tons pastel. L'été, petit-déjeuner servi au jardin. Il règne ici un esprit familial.

Brikéténia

r. de l'Église – ✆ 05 59 26 51 34 – www.briketenia.com – Fermé 2-18 nov.

15 ch – †75/95 € ††80/95 € – ☕ 10 €

Rest *Brikéténia* ✿ – voir les restaurants ci-après

♦ Sur le site d'une ancienne briquetterie (d'où "Brikéténia"), ce relais de poste du 17e s., blanc et rouge, abrite des chambres simples, qui valent surtout pour leur vue dégagée sur les environs. Pratique si l'on veut profiter du (bon) restaurant.

Arguibel sans rest

1146 chemin de Laharraga – ✆ 05 59 41 90 46 – www.arguibel.fr – Fermé 3 janv.-10 fév.

5 ch – †110/285 € ††120/295 € – ☕ 16 €

♦ Superbe villa de style néobasque, à l'intérieur très raffiné, mariant objets design, meubles traditionnels et toiles d'artistes contemporains... Chaque chambre a sa personnalité.

Brikéténia (Martin et David Ibarboure) – Hôtel Brikéténia

✿

r. de l'Église – ✆ 05 59 26 51 34 – www.briketenia.com – Fermé 2-18 nov. et mardi du 15 sept. au 30 juin

Rest – Menu 35 € (déj. en sem.), 55/87 € – Carte 60/100 €

Spéc. Millefeuille de foie gras, chutney d'abricot aux saveurs de pain d'épice. Veau fermier du pays basque, jus tranché et marmelade de truffe (hiver). Fuseau de sorbet fraise et rhubarbe, meringue coco et cristal de fleur (été). **Vins** Irouléguy.

♦ Dans cette demeure blanche des années 1930, père et fils signent une cuisine de grande qualité : assaisonnements subtils, effets de transparence ou de contraste, produits choisis à leur parfaite maturité... Un vrai travail sur le naturel.

LE GUÉTIN – 18 Cher – 323 O5 – ✉ 18150 12 D3

Paris 252 – Bourges 58 – La Guerche-sur-l'Aubois 11 – Nevers 13

Auberge du Pont-Canal

37 r. des Ecluses – ✆ 02 48 80 40 76 – www.auberge-du-pont-canal.fr – Fermé 2-10 janv. et lundi

Rest – Menu 13 € (déj.), 20/30 € – Carte 16/46 €

♦ Dans cette petite auberge familiale jouxtant le pont de l'Allier, la tradition est à l'honneur... Ris de veau, cuisses de grenouille et friture font la fierté de la maison.

GUEWENHEIM – 68 Haut-Rhin – **315** G10 – **1 222 h.** – **alt. 323 m** – ✉ **68116** **1** A3

Paris 458 – Altkirch 23 – Belfort 36 – Mulhouse 21

De la Gare

2 r. de Soppe – ☎ 03 89 82 51 29 – Fermé 26 juil.-13 août, 18 fév.-5 mars, mardi soir et merc.

Rest – Formule 10 € – Menu 30/45 € – Carte 32/60 €

◆ Une très contemporaine institution locale (depuis 1874) ! Ou comment mixer élégance, peps et convivialité ; mêler brasserie sur le pouce et joli repas traditionnel sur la belle terrasse verdoyante... Ou comment présenter l'une des plus belles cartes des vins de France – rien que ça – tout en restant simple.

GUIDEL – 56 Morbihan – **308** K8 – **10 073 h.** – **alt. 38 m** – ✉ **56520** **9** B2

Paris 511 – Lorient 14 – Pont-Aven 26 – Quimper 60

9, rue Saint-Maurice, ☎ 02 97 84 78 00, www.lorient-tourisme.fr

Le Domaine de Kerbastic

rest,

rte de Locmaria – ☎ 02 97 65 98 01 – www.domaine-de-kerbastic.com – Fermé janv. et fév.

17 ch – 115/360 € 115/360 € – 17 € – ½ P 125 €

Rest – Formule 30 € bc – Carte 42/65 €

◆ Colette, Proust, Cocteau... que d'hommes illustres ont séjourné dans cette demeure princière ! Depuis 2007, elle s'est muée en hôtel luxueux, très privé... à votre tour de vous délecter de son charme raffiné ! Au restaurant règnent l'élégance et la tradition.

GUILLESTRE – 05 Hautes-Alpes – **334** H5 – **2 290 h.** – **alt. 1 000 m** – ✉ **05600** Alpes du Sud **41** C1

Paris 715 – Barcelonnette 51 – Briançon 36 – Digne-les-Bains 114

Maison du tourisme place Salva, ☎ 04 92 45 04 37, www.pays-du-guillestrois.com

Porche★ de l'église - Pied-la-Viste ≤★ E : 2 km - Peyre-Haute ≤★ S : 4 km puis 15 mn.

Combe du Queyras★★ NE : 5,5 km.

Dedans Dehors

ruelle Sani – ☎ 04 92 44 29 07 – Ouvert mi-mai à fin sept.

Rest – Carte 25/35 €

◆ Une ruelle médiévale dessert cette cave voûtée : tartines, salades et cuisine du terroir à la plancha, le tout agrémenté de fleurs et d'herbes folles. Un bistrot éclectique !

à Mont-Dauphin gare 4 km au Nord-Ouest par D 902ᴬ et N 94 – ✉ 05600

Charpente★ de la caserne Rochambeau.

Lacour et rest. Gare

– ☎ 04 92 45 03 08 – www.hotel-lacour.com – Fermé sam. sauf juil.-août et sauf de Noël à Pâques

46 ch – 37/69 € 37/69 € – 8 € – ½ P 51 €

Rest – Formule 12 € – Menu 16 € (sem.), 22/31 € – Carte 15/52 €

◆ En contrebas des fortifications de Mont-Dauphin, cet hôtel familial et son annexe proposent des chambres d'un confort simple, plus au calme côté jardin. Restaurant contemporain logé dans un autre bâtiment ; cuisine régionale, buffet de hors-d'œuvres.

à Mont-Dauphin 6 km au Nord-Ouest par D 37 – **142 h.** – **alt. 1 050 m** – ✉ **05600**

Quartier des Artisans d'Art, ☎ 04 92 45 17 80

La Maison du Guil

ch,

La Font d'Eygliers – ☎ 04 92 50 16 20 – www.lamaisonduguil.com – Fermé 2 sem. en avril, 1 sem. en août et de fin oct. à mi-déc.

4 ch – 110/130 € 110/130 € **Table d'hôte** – Menu 35 €

◆ Au-dessus des gorges du Guil, ancien prieuré du 16ᵉ s. restauré avec inspiration : entre vieilles pierres et mobilier design de qualité, intimité ainsi que charme sont au rendez-vous. Cuisine du marché inventive, servie sous les voûtes de l'ancienne bergerie.

GUILLIERS – 56 Morbihan – 308 Q6 – 1 308 h. – alt. 86 m – ✉ 56490 10 C2

Paris 418 – Dinan 66 – Lorient 91 – Ploërmel 13

Au Relais du Porhoët

11 pl. de l'Église – ✆ 02 97 74 40 17 – www.aurelaisduporhoet.com – Fermé 2 sem. en janv.

12 ch – 41/52 € 54/60 € – 8 € – ½ P 45/47 €

Rest *Au Relais du Porhoët* – voir les restaurants ci-après

◆ Une discrète auberge de village, dont les habitués taisent comme un secret le bon confort, l'entretien sans défaut et les tarifs très compétitifs. La plupart des chambres, classiques, ouvrent sur l'église.

Au Relais du Porhoët

11 pl. de l'Église – ✆ 02 97 74 40 17 – www.aurelaisduporhoet.com – Fermé 2 sem. en janv., dim. soir et lundi sauf en juil.-août

Rest – Formule 10 € – Menu 14 € (sem.), 22/45 € – Carte 25/41 €

◆ Des pierres apparentes, une cheminée monumentale, quelques notes colorées : une âme rustique mais nullement écrasante, pour une cuisine régionale généreuse et bien tournée, dont les prix tout doux font aussi plaisir.

GUINGAMP – 22 Côtes-d'Armor – 309 D3 – 7 477 h. – alt. 81 m 9 B1

– ✉ 22200 Bretagne

Paris 484 – Carhaix-Plouguer 49 – Lannion 32 – Morlaix 53

2, place Champ au Roy, ✆ 02 96 43 73 89, www.ot-guingamp.org

de Bégard, à Bégard, Krec'h An Onn, par rte de Lannion : 13 km, ✆ 02 96 45 32 64

Basilique N.D.-de-Bon-Secours ★ B.

La Demeure

5 r. du Gén.-de-Gaulle – ✆ 02 96 44 28 53 – www.demeure-vb.com – Fermé 17 août-2 sept., 26 déc.-4 janv. et dim. d'oct. à avril Bb

10 ch – 66 € 85/145 € – 9 €

Rest *Sidonie et Compagnie* 6 r. de la Pompe *(fermé sam. et dim.) (déj. seult)* – Carte environ 30 €

◆ Cette belle maison de maître (18[e]s.) hébergea un temps la gendarmerie. Aujourd'hui, point de plaintes en ces lieux, aux chambres élégantes et toutes différentes (tissus choisis, atmosphère feutrée), d'esprit classique ou bord de mer chic. Qui plus est, l'accueil est charmant.

Ibis sans rest

6 r. de la Chesnaye, sortie Guingamp centre -1 km par ④ – ✆ 02 96 21 09 41

49 ch – 46/90 € 46/90 € – 9 €

◆ Tout près des axes routiers et non loin du centre-ville, un hôtel Ibis rénové de A à Z en 2010 dans un esprit contemporain. Petit-déjeuner servi dès 4 h du matin, chambres fonctionnelles : une adresse commode pour l'étape.

De l'Arrivée sans rest

19 bd Clemenceau, (face à la gare) – ✆ 02 96 40 04 57 – www.hotel-arrivee.com Ba

27 ch – 45/49 € 57/64 € – 8 €

◆ L'enseigne évoque la proximité de la gare ferroviaire. À l'arrivée ou au départ de Guingamp, cet hôtel s'avère pratique avec ses petites chambres bien rénovées.

La Boissière

90 r. Yser, (dir. Tréguier, Plouisy), 1 km par ⑧ – ✆ 02 96 21 06 35 – www.restaurant-la-boissiere.com – Fermé 11-27 fév., 20 août-2 sept., sam. midi, dim. soir et lundi

Rest – Formule 14 € – Menu 16 € (déj. en sem.), 23/60 € – Carte 37/63 €

◆ Demeure en pierre du pays, digne d'une vieille maison de famille, au cœur d'un parc verdoyant (jeux pour enfants). Décor classique et cuisine de tradition appuyée sur les saisons.

Le Clos de la Fontaine

9 r. du Gén.-de-Gaulle – ✆ 02 96 21 33 63 – Fermé 15-31 juil., 15-28 fév., mardi soir sauf en été, dim. soir et lundi **Bd**

Rest – Formule 15 € – Menu 21 € (sem.), 28/39 € – Carte 32/45 €

◆ Le patron est passionné par le poisson et ne transige pas : dans votre assiette, toute la fraîcheur de la pêche côtière, mise en valeur par des sauces délicates et des cuissons précises. Tout aussi bretons, le kouign patatez, le traou mad, etc.

GUISSENY – 29 Finistère – 308 E3 – 1 886 h. – alt. 18 m – ✉ 29880 9 A1

▶ Paris 591 – Brest 35 – Landerneau 27 – Morlaix 56

ℹ 2 rue Traverse, ✆ 02 98 25 67 99

Auberge de Keralloret

3 km au Sud par D 10 et rte secondaire – ✆ 02 98 25 60 37 – www.keralloret.com

11 ch – †54/62 € ††62/81 € – ☕ 10 € – ½ P 62/70 €

Rest – Formule 16 € – Menu 21/30 € – Carte environ 33 €

◆ Charme, tranquillité et caractère : trio gagnant pour cette ancienne ferme joliment rénovée. Le décor contemporain des chambres, réparties dans plusieurs bâtisses de granit, s'inspire de la région et de son identité, celle de l'estran et du pays pagan. Au restaurant, kig-ha-farz, fruits de mer, etc.

GUJAN-MESTRAS – 33 Gironde – 335 E7 – 18 461 h. – alt. 5 m – Casino – ✉ 33470 Aquitaine 3 B2

▶ Paris 638 – Andernos-les-Bains 26 – Arcachon 10 – Bordeaux 56

ℹ 19, avenue de Lattre-de-Tassigny, ✆ 05 56 66 12 65, www.gujanmestras.com

27 de Gujan-Mestras, Route de Sanguinet, S : 5 km par D 1250 et D 65, ✆ 05 57 52 73 73

◉ Parc ornithologique du Teich★ E : 5 km.

La Guérinière

18 cours de Verdun, à Gujan – 05 56 66 08 78 – www.laguerinière.com
23 ch – 130/175 € 130/175 € – 2 suites – 12 € – ½ P 140/160 €
Rest *La Guérinière* – voir les restaurants ci-après
◆ Hôtel d'esprit balnéaire situé au centre du principal port ostréicole du bassin d'Arcachon. Les chambres sont spacieuses, aménagées avec goût dans un esprit zen et épuré ; quant à la terrasse bordant la piscine, elle est très agréable.

La Guérinière

18 cours de Verdun, à Gujan – 05 56 66 08 78 – www.laguerinière.com – Fermé sam. midi
Rest – Menu 48 € bc (sem.), 70/120 € – Carte 80/150 €
Spéc. Huîtres sauce poulette et herbier de céleri. Homard bleu braisé au beurre de gingembre. Soufflé chaud au Grand Marnier. **Vins** Pessac-Léognan, Graves.
◆ Le chef concocte une cuisine dans l'air du temps, sophistiquée et parfumée, à savourer au bord de la piscine ou dans la salle joviale et colorée, d'esprit contemporain.

GUNDERSHOFFEN – 67 Bas-Rhin – 315 J3 – 3 454 h. – alt. 180 m – 67110 1 B1

Paris 466 – Haguenau 16 – Sarreguemines 61 – Strasbourg 45

Le Moulin sans rest

r. Moulin – 03 88 07 33 30 – www.hotellemoulin.com – Fermé 31 juil.-20 août, 2-9 janv. et 27 fév.-12 mars
11 ch – 95 € 95 € – 1 suite – 19 €
◆ Ancien moulin au milieu d'un beau parc où coule une rivière. Chambres au décor soigné, joliment rustiques ou contemporaines. Calme, raffinement et... accueil charmant !

Le Cygne

35 Gd'Rue – 03 88 72 96 43 – www.aucygne.fr – Fermé 30 juil.-20 août, 2-9 janv., 27 fév.-12 mars, dim. soir, mardi midi et lundi
Rest – Menu 50 € (sem.), 62/108 € – Carte 90/100 €
Spéc. Grosses morilles farcies (printemps). Emincé de rognon de veau, écrasée de pomme de terre aux truffes, jus au vieux porto. Variation autour du chocolat. **Vins** Crémant d'Alsace, Pinot Gris.
◆ Un Cygne plein d'élégance ! Après y avoir fait ses armes pendant de longues années, comme second de cuisine, Fabien Mengus en a repris le flambeau fin 2011 : dans la lignée de son prédécesseur, il signe une cuisine très soignée, revisitant avec invention les règles de l'art.

Le Soufflet

13 r. de la Gare – 03 88 72 91 20 – www.lesoufflet.free.fr – Fermé 1er-15 août, sam. midi, lundi soir, merc. soir et jeudi soir
Rest – Formule 27 € – Menu 33/52 € – Carte 32/70 €
Rest *Bahnstub* – Formule 8 € – Menu 13 € (déj.)/20 € – Carte 25/48 €
◆ Derrière la façade fleurie de ce restaurant, découvrez une salle plaisante et sobre et savourez une cuisine classique. Aux beaux jours, repas sous la pergola. Ambiance familiale à la Bahnstub : plats du jour et spécialités alsaciennes.

GY – 70 Haute-Saône – 314 C8 – 1 039 h. – alt. 237 m – 70700 16 B2

Franche-Comté Jura

Paris 356 – Besançon 32 – Dijon 69 – Dôle 50

Grande rue, 03 84 32 93 93

Château★.

Pinocchio sans rest

3 r. Beauregard – 03 84 32 95 95 – www.hotel-pinocchio.fr
14 ch – 50/65 € 70/150 € – 8 €
◆ La décoration de cette jolie maison régionale en pierre est un hommage à la célèbre marionnette ! Chambres sobres, claires et confortables. Charmant jardin avec piscine.

HABÈRE-POCHE – 74 Haute-Savoie – **328** L3 – **1 192 h.** – **alt. 945 m** **46** F1
– **Sports d'hiver** – ✉ **74420**

Paris 564 – Annecy 63 – Bonneville 33 – Genève 37

Chef-Lieu, ☎ 04 50 39 54 46, www.vallee-verte.com

Col de Cou★ NO : 4 km Alpes du Nord

Tiennolet

– ☎ 04 50 39 51 01 – Fermé 2-28 juin, 18 oct.-11 nov., dim. soir, mardi soir et merc. sauf vacances scolaires

Rest – Formule 16 € – Menu 28/39 € – Carte 30/45 €

◆ Au centre du village, un restaurant de montagne rustique et chaleureux, avec une agréable terrasse exposée plein sud. Les deux chefs apportent une touche toute personnelle à leur jolie cuisine traditionnelle et régionale.

HAGETMAU – 40 Landes – **335** H13 – **4 544 h.** – **alt. 96 m** – ✉ **40700** **3** B3
Aquitaine

Paris 737 – Aire-sur-l'Adour 34 – Dax 45 – Mont-de-Marsan 29

place de la République, ☎ 05 58 79 38 26, www.tourisme-hagetmau.com

Chapiteaux★ de la Crypte de St-Girons.

Les Lacs d'Halco

3 km au Sud-Ouest par rte de Cazalis – ☎ 05 58 79 30 79 – www.hotel-des-lacs-dhalco.fr

23 ch – †100/150 € ††100/150 € – ☕ 16 € – ½ P 100/130 €

Rest – Formule 22 € – Menu 33 € (sem.), 44/60 € – Carte 39/60 €

◆ Acier, verre, bois et pierre : esprit zen dans cet étonnant "paquebot" design ouvert sur la nature, entre lac et forêt. Belles chambres contemporaines ; barques, minigolf, etc. Un restaurant en rotonde, presque posé sur l'eau, et une appétissante cuisine du terroir.

Le Jambon

245 av. Carnot – ☎ 05 58 79 32 02 – www.hotellejambon.fr – Fermé janv., dim. soir et lundi

7 ch – †65 € ††70/80 € – ☕ 8 € – ½ P 65/75 €

Rest ***Le Jambon*** – voir les restaurants ci-après

◆ Cette grande maison du centre-ville héberge des chambres spacieuses, lumineuses, bien insonorisées et d'une tenue scrupuleuse ; toutes donnent sur l'espace piscine joliment fleuri. Un bon plan !

Le Jambon

245 av. Carnot – ☎ 05 58 79 32 02 – www.hotellejambon.fr – Fermé janv., dim. soir et lundi

Rest – Formule 15 € – Menu 25/40 € – Carte environ 25 €

◆ Émincé de magret de canard, caille farcie au foie gras, turbot en papillote, etc. : le propriétaire concocte une généreuse cuisine traditionnelle et landaise. Cadre raffiné.

HAGONDANGE – 57 Moselle – **307** I3 – **9 275 h.** – **alt. 160 m** **26** B1
– ✉ **57300** Alsace Lorraine

Paris 324 – Luxembourg 49 – Metz 21 – Thionville 17

place Jean Burger, ☎ 03 87 70 35 27

Quai des Saveurs (Frédéric Sandrini)

69 r. de la Gare – ☎ 03 87 71 24 98 – www.quaidessaveurs.com – Fermé 16-31 août, 13-22 fév., dim. soir et lundi

Rest – Menu 39/69 € – Carte 60/85 €

Spéc. Gambas fumée au bois de hêtre, pannacotta de mozzarella et ravioles d'olives noires (avril à sept.). Ris de veau braisé, morilles et sabayon au vin jaune. Sablé breton de pomme cuites comme une tatin, crème légère a la vanille (sept. a déc.). **Vins** Vins de Moselle.

◆ Face à la gare, ce restaurant contemporain est bien engageant. Une impression qui se confirme une fois à table avec une cuisine fraîche et séduisante, dans l'air du temps. De belles saveurs, raffinées, qui confirment le talent d'un chef passionné.

HAGUENAU – 67 Bas-Rhin – **315** K4 – 35 144 h. – alt. 150 m **1** B1
– ✉ 67500 Alsace Lorraine

Paris 478 – Baden-Baden 41 – Sarreguemines 93 – Strasbourg 33

place de la Gare, ✆ 03 88 06 59 99, www.tourisme-haguenau.eu

Soufflenheim Baden-Baden, à Soufflenheim, Allée du Golf, E : 14 km par D 1063, ✆ 03 88 05 77 00

Musée historique★ BZ **M²** - Retable★ dans l'église St-Georges - Boiseries★ dans l'église St-Nicolas.

Le Jardin

16 r. Redoute – ✆ 03 88 93 29 39 – www.lejardinhaguenau.fr – Fermé 31 juil.-15 août, 25 fév.-12 mars, mardi et merc. BZ**n**

Rest – Formule 17 € – Menu 31/50 € – Carte 38/46 €

◆ Levez les yeux pour contempler l'élégant plafond de style Renaissance de la salle. Puis savourez une bonne cuisine classique, assez épurée ; le poisson y est à l'honneur.

au Sud-Est 3 km par D 329 et rte secondaire – ✉ 67500 Haguenau

Champ'Alsace sans rest

12 r. St-Exupéry – ✆ 03 88 93 30 13 – www.champ-alsace.com

40 ch – †66 € ††66 € – ☕ 9 €

◆ Dans une zone artisanale, non loin de l'aérodrome. Chambres propres et spacieuses, la plupart décorées de grandes fresques invitant au voyage : "Afrique", "Russie"... et même l'Amérique avec "Obama" ! Restauration simple servie dans deux salles contemporaines.

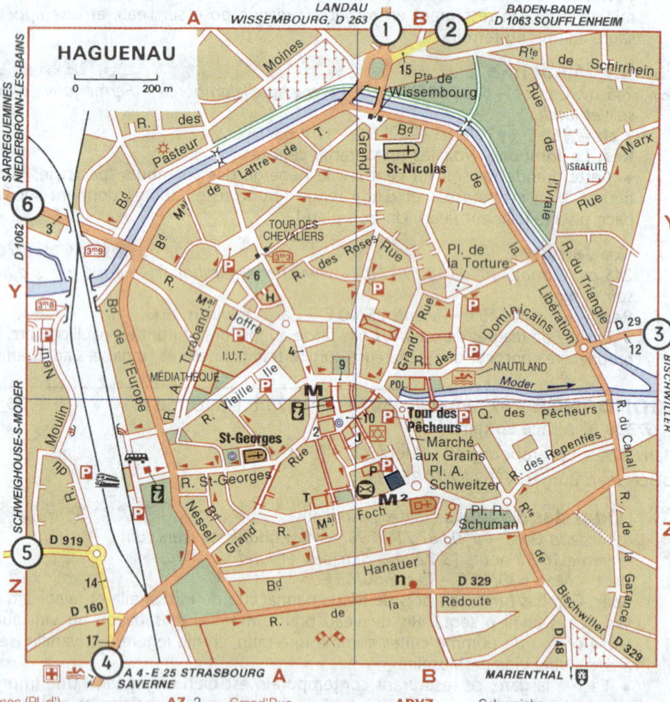

Armes (Pl. d') .... AZ 2
Bitche (Rte de) .... AY 3
Château (R. du) .... AY 4
Gaulle (Pl. Ch.-de) .... AY 6
Grand'Rue .... ABYZ
Moder (R. de la) .... AY 9
République (Pl. de la) .... ABZ 10
Rhin (Rte du) .... BY 12
Schweighouse (Rte de) .... AZ 14
Soufflenheim (Rte de) .... BY 15
Strasbourg (Rte de) .... AZ 17

LA HAIE-TONDUE – 14 Calvados – 303 M4 – ✉ 14950 | 32 A3

Paris 198 – Caen 41 – Deauville 15 – Le Havre 53

La Haie Tondue

– ✆ *02 31 64 85 00 – www.restaurants.deauville-trouville.com – Fermé 1 sem. en juin, 1 sem. en nov., 2 sem. en janv., lundi soir sauf août et mardi*

Rest – Menu 26/49 € – Carte 25/47 €

◆ Terrine maison, lapin aux saveurs d'Auge, agneau à la crème d'ail... Dans cette maison couverte de vigne vierge, la cuisine est traditionnelle et bien tournée. Rustique, le cadre l'est également ! Accueil chaleureux.

HAMBACH – 57 Moselle – 307 N4 – 2 719 h. – alt. 230 m – ✉ 57910 | 27 C1

Paris 396 – Metz 70 – Saarbrücken 23 – Sarreguemines 8

Hostellerie St-Hubert

La Verte Forêt – ✆ *03 87 98 39 55 – www.hostellerie-saint-hubert.com – Fermé 22-29 déc.*

51 ch – †59/62 € ††79/82 € – 2 suites – ☕ 9 € – ½ P 79 €

Rest – Menu 14 € (sem.), 19/45 € – Carte 28/58 €

◆ Au sein d'un complexe de loisirs verdoyant – plan d'eau pour se baigner, camping et terrain de tennis –, cet hôtel-restaurant dispose de chambres spacieuses, meublées de bois blanc. Parfait pour les séminaires et les fêtes de famille.

HAMBYE – 50 Manche – 303 E6 – 1 176 h. – alt. 111 m – ✉ 50450 | 32 A2

Normandie Cotentin

Paris 316 – Coutances 20 – Granville 30 – St-Lô 25

Église abbatiale★★.

à l'Abbaye 3,5 km au Sud par D 51 – ✉ 50450 Hambye

Auberge de l'Abbaye avec ch

5 rte de l'Abbaye – ✆ *02 33 61 42 19 – Fermé 9-30 janv., dim. soir et lundi*

6 ch – †48 € ††53 € – ☕ 9 € – ½ P 66 €

Rest – Formule 17 € – Menu 27/68 € – Carte 39/65 €

◆ Non loin de l'abbaye, une jolie auberge en pierre du pays, avec sa salle classique, son jardin où il fait bon s'installer dès que le temps le permet et... sa cuisine de saison et du marché. Pour l'étape, des chambres simples et bien tenues.

HANVEC – 29 Finistère – 308 G5 – 1 956 h. – alt. 103 m – ✉ 29460 | 9 A-B2

Paris 568 – Brest 35 – Quimper 48 – Rennes 216

Les Chaumières de Kerguan sans rest

Kerguan, 2 km par rte de Sizun – ✆ *06 01 96 87 53 – http://leschaumieresdekerguan.fr*

4 ch ☕ – †42/44 € ††51/56 €

◆ Jolie longère protégée par un toit de chaume, située dans un hameau d'anciennes fermes restaurées. Chambres cosy et petit-déjeuner avec confitures et jus de pomme maison.

HARDELOT-PLAGE – 62 Pas-de-Calais – 301 C4 – ✉ 62152 | 30 A2

Neufchatel Hardelot Nord Pas-de-Calais Picardie

Paris 254 – Arras 114 – Boulogne-sur-Mer 15 – Calais 51

476, avenue Francois-1er, ✆ 03 21 83 51 02

36 d'Hardelot, à Neufchâtel-Hardelot, 3 avenue du Golf, E : 1 km, ✆ 03 21 83 73 10

Du Parc

111 av. Francois 1er – ✆ *03 21 33 22 11 – www.hotelduparc-hardelot.com*

80 ch – †125/190 € ††135/210 € – 1 suite – ☕ 14 € – ½ P 94/132 €

Rest *Du Parc* – voir les restaurants ci-après

◆ Les bâtiments de ce complexe hôtelier ont un petit côté chalet et se fondent parfaitement dans le style de cette jolie station de la Côte d'Opale. Quant aux chambres, elles se la jouent "british", meubles en bois peint et teintes douces.

Régina

185 av. François 1er – ✆ 03 21 83 81 88 – www.lereginahotel.fr – Ouvert 24 fév.-26 nov.

42 ch – †71/79 € ††71/79 € – ☕ 11 € – ½ P 61/65 €

Rest ***Le Woods*** – voir les restaurants ci-après

◆ Cette bâtisse moderne se trouve à la lisière de la pinède de cette élégante station de la Côte d'Opale, non loin du golf. Après une bonne balade, les chambres, claires et fonctionnelles, invitent au repos.

Du Parc – Hôtel Du Parc

111 av. Francois 1er – ✆ 03 21 33 22 11 – www.hotelduparc-hardelot.com

Rest – Formule 22 € bc – Menu 28/39 € – Carte 38/61 €

◆ Ce restaurant distille un charme feutré ; un cadre classique en accord avec la cuisine, basée sur des produits régionaux : homard d'Audresselles, crustacés et poissons de Boulogne-sur-Mer, volailles de Licques...

Le Woods – Hôtel Régina

185 av. François-1er – ✆ 03 21 83 81 88 – www.lereginahotel.fr – Ouvert 24 fév.-26 nov. et fermé dim. soir d'oct. à juin, mardi midi de juil. à sept. et lundi

Rest – Menu 22/38 € – Carte 23/49 €

◆ Le Woods ? Un décor chaleureux et une jolie terrasse... Parfait pour déguster des plats classiques : saumon, cabillaud rôti, côtes d'agneau au romarin, etc.

HARRICOURT – 08 Ardennes – 306 L6 – 50 h. – alt. 180 m – ✉ 08240 14 C1

Paris 236 – Châlons-en-Champagne 86 – Charleville-Mézières 61 – Sedan 42

La Montgonière

1 r. St-Georges – ✆ 03 24 71 66 50 – www.lamontgoniere.net

3 ch ☕ – †90 € ††90/110 € **Table d'hôte** – Menu 25 €

◆ Un parc avec un étang, des boiseries, une bibliothèque, du mobilier ancien... On passe de beaux jours dans cette demeure familiale du 17es., où l'élégance se transmet de génération en génération. Table d'hôte sur réservation.

HASPARREN – 64 Pyrénées-Atlantiques – 342 E4 – 6 131 h. – alt. 50 m – ✉ 64240 Pays Basque et Navarre 3 AB3

Paris 783 – Bayonne 24 – Biarritz 34 – Cambo-les-Bains 9

2, place Saint-Jean, ✆ 05 59 29 62 02, www.hasparren-tourisme.fr

Grottes d'Oxocelhaya et d'Isturits★★ SE : 11 km.

Les Tilleuls

pl. de Verdun – ✆ 05 59 29 62 20 – www.hotelestilleuls.fr – Fermé 5-11 nov., 22 fév.-10 mars, dim. soir et sam. du 25 sept. au 11 juil. sauf fériés

25 ch – †48/54 € ††58/65 € – ☕ 8 € – ½ P 48/54 €

Rest – Menu 14 € (sem.), 25/30 € – Carte 24/42 €

◆ Non loin de la maison où vécut l'écrivain Francis Jammes, cette construction de style basque dispose de chambres simples et bien tenues. Idéal pour l'étape. Salle à manger rustique et cuisine traditionnelle sans prétention.

au Sud 6km par D152 et voie secondaire - ✉64240 Hasparren

Ferme Hégia (Arnaud Daguin)

chemin Curutxeta , (quartier Zelai) – ✆ 05 59 29 67 86 – www.hegia.com

5 ch (½ P seult) – ½ P 325 € **Table d'hôte** *(menu unique)*

◆ Si loin de tout... cette ancienne ferme labourdine (1746) n'a que la montagne pour vis-à-vis ! Entièrement rénové, son décor ultradesign, épuré et superbe, est propice au calme intérieur. Moment de plaisir autour des fourneaux, où le propriétaire-chef cultive son inspiration au gré du marché...

HASPRES – 59 Nord – **302** I6 – 2 713 h. – alt. 44 m – ✉ 59198 **31** C3

Paris 197 – Avesnes-sur-Helpe 49 – Cambrai 18 – Lille 66

Auberge St-Hubert

62 r. Arthur Brunet, 1 km par rte de Denain (D 955) – ✆ 03 27 25 70 97 – www.aubergesaint-hubert.fr – Fermé août, 3-12 janv., dim. soir et lundi sauf fériés

Rest – Menu 20 € (sem.), 26/48 € bc – Carte 35/55 €

◆ Dans cette maison en brique rouge règne un agréable esprit auberge qui ravit les habitués. Évidemment, ces derniers viennent aussi pour la carte traditionnelle (gibier en saison).

HAUTEFORT – 24 Dordogne – **329** H4 – 1 100 h. – alt. 160 m – ✉ 24390 Périgord Quercy **4** D1

Paris 466 – Bordeaux 189 – Brive-la-Gaillarde 57 – Périgueux 59

place du Marquis J. F. de Hautefort, ✆ 05 53 50 40 27, www.ot-hautefort.com

Au Périgord Noir sans rest

La Genèbre – ✆ 05 53 50 40 30 – www.hotel-perigordnoir.com

29 ch – 47/52 € 47/52 € – 7 €

◆ Bâtisse récente face au château de Hautefort, proposant des chambres très fonctionnelles, bien tenues et calmes. Réception partiellement automatisée.

HAUTE-GOULAINE – 44 Loire-Atlantique – **316** H4 – rattaché à Nantes

HAUTELUCE – 73 Savoie – **333** M3 – 873 h. – alt. 1 150 m – ✉ 73620 **45** D1
Alpes du Nord

Paris 606 – Albertville 24 – Annecy 62 – Chambéry 77

Chef Lieu, ✆ 04 79 38 21 64, www.hauteluce.com

La Ferme du Chozal

– ✆ 04 79 38 18 18 – www.lafermeduchozal.com – Ouvert de juin à début oct. et de mi-déc. à mi-avril

11 ch – 110/155 € 110/155 € – 15 € – ½ P 105/128 €

Rest *La Ferme du Chozal* – voir les restaurants ci-après

◆ Voilà comment une ancienne ferme – un grand et beau chalet – devient un hôtel très agréable avec sa piscine extérieure chauffée, ses chambres douillettes habillées de bois blond et son espace bien-être complet. C'est vraiment réussi !

La Ferme du Chozal

– ✆ 04 79 38 18 18 – www.lafermeduchozal.com – Ouvert de juin à début oct., mi-déc. à mi-avril et fermé dim. soir et lundi en juin, sept. et oct. et le midi en sem. de juin à début oct.

Rest *(réserver)* – Menu 28/50 € – Carte 40/57 €

◆ Bien que ce restaurant cultive un style montagnard typique, la cuisine n'en n'est pas moins actuelle, appétissante avec ses beaux produits, et osant les associations originales. Sur la carte des vins, les Alpes sont à l'honneur.

HAUTERIVES – 26 Drôme – **332** D2 – 1 584 h. – alt. 299 m – ✉ 26390 **43** E2
Lyon Drôme Ardèche

Paris 540 – Grenoble 77 – Lyon 85 – Valence 46

Mairie, le village, ✆ 04 75 68 83 10, www.ot-hauterives.fr

Le Palais Idéal★★.

Le Relais

1 pl. Gén.-de-Miribel – ✆ 04 75 68 81 12 – www.hotel-relais-drome.com – Fermé 15 janv.-28 fév., dim. soir et lundi sauf juil.-août

16 ch – 58 € 66 € – 9 €

Rest – Formule 14 € – Menu 24/38 € – Carte 30/70 €

◆ Les visiteurs du "Palais idéal" édifié par le facteur Cheval pourront faire étape dans cette solide maison à la façade en galets roulés. Chambres simples et bien tenues. Petits plats traditionnels servis dans la salle rustique ou en terrasse.

LES HAUTES-RIVIÈRES – 08 Ardennes – 306 L3 – 1 725 h. 14 C1
– alt. 175 m – ✉ 08800 Champagne Ardenne

Paris 254 – Châlons-en-Champagne 150 – Charleville-Mézières 22 – Sedan 29

Croix d'Enfer ≤★ S : 1,5 km par D 13 puis 30 mn - Vallon de Linchamps★ N : 4 km.

Les Saisons

5 Grande-Rue – ✆ 03 24 53 40 94 – www.restaurant-lessaisons.com
– Fermé 16-31 août, vacances de fév., dim. soir, merc. soir et lundi sauf fériés
Rest – Formule 13 € – Menu 25/50 € – Carte 30/50 €

◆ Un petit restaurant sympathique, au centre du village. Ici, la cuisine traditionnelle valorise les produits locaux : jambon de sanglier ou de pays, gibier et champignons en saison...

HAUTEVILLE-LÈS-DIJON – 21 Côte-d'Or – 320 J5 – rattaché à Dijon

LE HAVRE – 76 Seine-Maritime – 304 A5 – 178 769 h. 33 C2
– Agglo. 248 547 h. – alt. 4 m – Casino HZ – ✉ 76600
Normandie Vallée de la Seine

Paris 198 – Amiens 184 – Caen 90 – Lille 318

Pont de Normandie : péage en 2010 : autos 5 €, auto et caravane 5,80 €, camions et autocars 6,30 à 12,50 €, gratuit pour motos.

du Havre-Octeville : ✆ 02 35 54 65 00 A.

186, boulevard Clemenceau, ✆ 02 32 74 04 04, www.lehavretourisme.com

18 du Havre, à Octeville-sur-Mer, 17 chemin Saint Supplix, par rte d'Etretat : 10 km, ✆ 02 35 46 36 50

Port★★ EZ - Quartier moderne★ EFYZ : église St-Joseph★★ EZ, pl. de l'Hôtel-de-Ville★ FY47, Av. Foch★ EFY - Musée André-Malraux★★ EZ - Maison de l'Armateur ★★ GZ.

Ste-Adresse★ : circuit★.

Plans pages 796, 797, 798, 799

Pasino

pl. Jules Ferry, (au casino) – ✆ 02 35 26 00 00 – www.pasino-lehavre.fr
45 ch – †130/160 € ††130/160 € – 5 suites – ☐ 15 € FZb
Rest *La Brasserie* – Formule 15 € bc – Menu 20 € – Carte 25/50 €

◆ Témoin de la reconstruction du Havre dans les années 1950, par Auguste Perret, cette bâtisse classée abrite un casino, un hôtel (quelques junior suites) et un spa complet. Agréable Brasserie dont la terrasse donne sur le bassin du Commerce.

Novotel

20 cours Lafayette – ✆ 02 35 19 23 23 – www.novotel.com HZa
134 ch – †101/170 € ††101/170 € – 6 suites – ☐ 14 €
Rest – Formule 17 € – Menu 29 € – Carte 29/38 €

◆ Hôtel contemporain proche de la gare, face au bassin Vauban, dont les chambres sont confortables.

Vent d'Ouest sans rest

4 r. Caligny – ✆ 02 35 42 50 69 – www.ventdouest.fr EZa
35 ch – †107/137 € ††107/137 € – 3 suites – ☐ 12 €

◆ Tout près de l'église Saint-Joseph, un hôtel plein de cachet : les chambres, très douillettes, sont décorées avec soin (thèmes "Mer", "Capitaine" et "Montagne") et il y a même un billard !

Les Voiles sans rest

3 pl. Clemenceau , à Ste-Adresse ✉ 76310 – ✆ 02 35 54 68 90
– www.hotel-lesvoiles.com Ae
16 ch – †80/199 € ††90/199 € – ☐ 12 €

◆ Ici, on met vraiment les voiles... Passé la façade assez banale, on découvre un hôtel charmant, à l'esprit très "large". Mobilier bateau, vue sur la mer : rien ne manque !

Art Hôtel sans rest

147 r. Louis Brindeau – 02 35 22 69 44 – www.art-hotel.fr FZ**g**

31 ch – 89/159 € 95/165 € – 14 €

◆ Face à l'espace Oscar-Niemeyer et typique des années 1950, cet hôtel allie sobriété, confort et touches arty (expositions). Pour l'anecdote, l'ascenseur est très surprenant ! À découvrir...

Terminus

23 cours de la République – 02 35 25 42 48 – www.grand-hotel-terminus.fr – Fermé 22 déc.-2 janv. HZ**e**

40 ch – 60/105 € 73/105 € – 1 suite – 9 €

Rest *(fermé 13 juil.-26 août, 22 déc.-1er janv., vend., sam. et dim.) (dîner seult) (résidents seult)* – Menu 19 €

◆ Un Terminus face à la gare, dont les chambres, "rouges" ou "jaunes", sont très bien tenues. Sobre, pratique et accueillant. Le soir, restauration traditionnelle pour les résidents.

Des Phares sans rest

29 r. du Gén.-de-Gaulle, à Ste-Adresse 76310 – 02 35 46 31 86 – www.hoteldesphares.com EY**n**

25 ch – 70/99 € 70/99 € – 9 €

◆ Une villa à 200 m de la plage, où règne un sympathique esprit "maison de famille". Les chambres sont bourgeoises et cossues, ou plus simples dans les pavillons annexes.

Jean-Luc Tartarin

73 av. Foch – 02 35 45 46 20 – www.jeanluc-tartarin.com – Fermé 29 juil.-16 août, 2-16 janv., dim. et lundi FY**t**

Rest – Formule 29 € – Menu 46/145 € – Carte 90/110 €

Spéc. Œuf au plat en trompe-l'œil. Sole Normande revisitée (sept. à fév.). Millefeuille à la vanille. **Vins** Vin de pays du Calvados.

◆ Saveurs harmonieuses, technique précise, originalité et inspiration : Jean-Luc Tartarin signe une cuisine belle et passionnée, où le modernisme du Havre rencontre l'âme du terroir normand... Quant au décor, il est chic, sobre et contemporain.

La Petite Auberge

32 r. Ste-Adresse – 02 35 46 27 32 – www.lapetiteauberge-lehavre.fr – Fermé 2 sem. en été, 1 sem. en fév., dim. soir, merc. midi et lundi EY**r**

Rest – Formule 19 € bc – Menu 25 € (sem.), 28/39 € – Carte 42/50 €

◆ Dans cette petite auberge, autrefois relais de poste, on propose une goûteuse cuisine du terroir à prix étudiés. Façade normande rafraîchie, tout comme le décor, chaleureux.

L'Orchidée

41 r. du Gén.-Faidherbe – 02 35 21 32 42 – Fermé sam. midi, dim. soir et lundi GZ**s**

Rest – Formule 19 € – Menu 29/39 € – Carte 44/52 €

◆ Saint-Jacques à la sauce dieppoise, terrine de foie de volaille : des plats traditionnels remis au goût du jour dans un restaurant tout simple. Une bonne petite adresse du port.

Le Wilson

98 r. du Prés. Wilson – 02 35 41 18 28 – Fermé 16 juil.-3 août, 18-28 fév., dim. soir, lundi soir, mardi soir et merc. EY**k**

Rest – Formule 13 € – Menu 19 € (sem.), 27/37 € – Carte 26/47 €

◆ Croustillant d'andouille, délicieuse tarte aux pommes servie encore chaude... Ici, la tradition a du bon ! Cerise sur le gâteau : le sourire des patrons.

Une bonne table sans se ruiner ? Repérez les Bib Gourmand.

Alma (R. de l') . . . . **EY** 3
Anfray (R.) . . . . **GZ** 5
Archinard (Av. Gén.) . . . . **GZ** 9
Bernardin-de-St-Pierre (R.) . . . . **FZ** 13
La Bourdonnais (R.) . . . . **EY** 54
Bretagne (R. de) . . . . **FGZ** 14
Briand (R. A.) . . . . **HY**
Brindeau (R. L.) . . . . **EFZ** 15

Churchill (Bd W.) . . . . **HZ** 24
Delavigne (Quai C.) . . . . **GZ** 29
Delavigne (R. C.) . . . . **GHY**
Drapiers (R. des) . . . . **FZ** 32
Étretat (R. d') . . . . **EY**
Faidherbe (R. Gén.) . . . . **GZ** 36
Féré (Quai Michel) . . . . **FZ** 37

François le Chevalier (Passerelle) . . . . **GZ** 3
Fratacci (Crs Cdt) . . . . **HZ** 1
Gaulle (Pl. Gén.-de) . . . . **FZ** 4
Genestal (R. H.) . . . . **FY** 4
Honegger (R. A.) . . . . **FZ** 4
Hôtel-de-Ville (Pl. de l') . . . . . . **FYZ** 4
Huet (R. A.-A.) . . . . **FY** 4

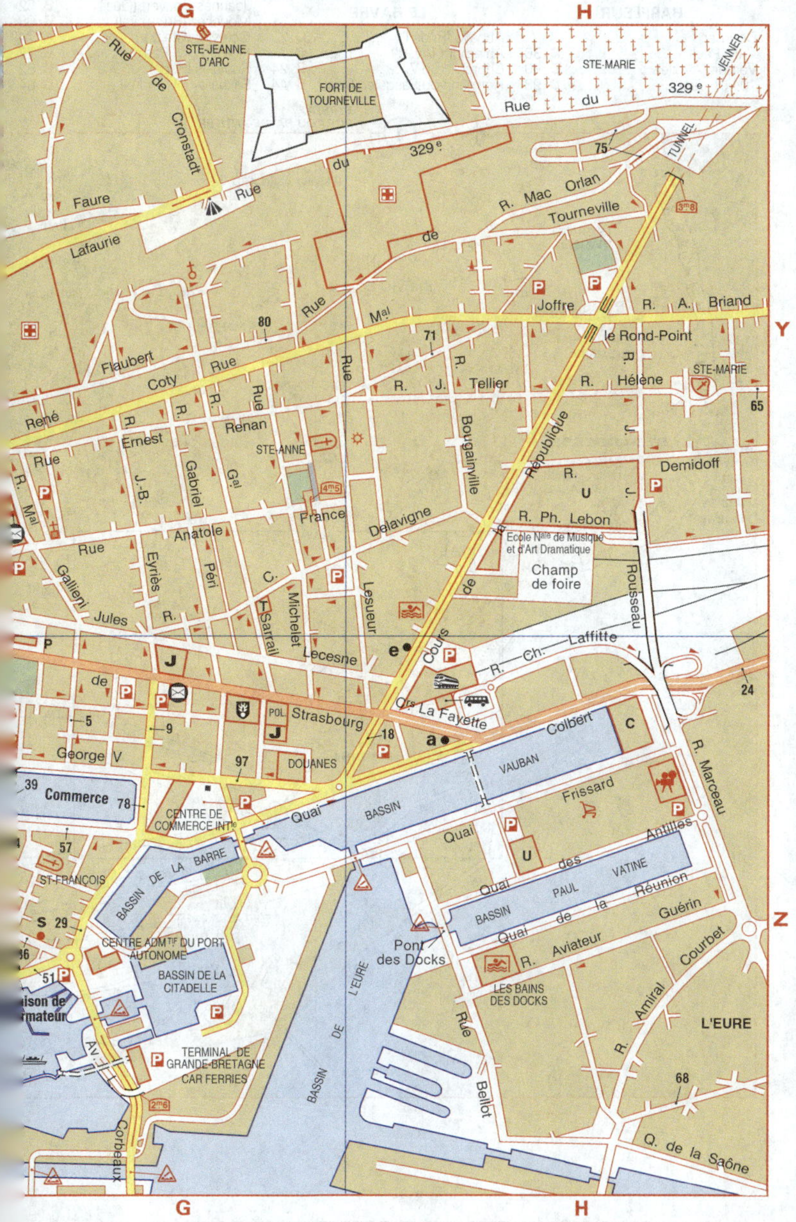
G
H
Y
Z
STE-JEANNE D'ARC
FORT DE TOURNEVILLE
STE-MARIE
JENNER
Rue du 329e
Rue de Cronstadt
Faure
Lafaurie
Rue du 329e
TUNNEL
R. Mac Orlan
Rue de Tourneville
Joffre
R. A. Briand
le Rond-Point
Rue Mal
Flaubert
Coty
René
Rue
R. J. Tellier
R. Hélène
STE-MARIE
Renan
Ernest
STE-ANNE
Bougainville
République
Demidoff
Gabriel
J.-B.
Gal
France
Delavigne
R. Ph. Lebon
Ecole Nale de Musique et d'Art Dramatique
Champ de foire
Rousseau
Anatole
Rue
Gallieni
Eyriès
Peri
C.
Michelet
Lesueur
Cours de la
Jules
R.
Sarrail
Lecesne
R. Ch. Laffitte
de
Strasbourg
Crs La Fayette
Colbert
George V
DOUANES
Commerce
VAUBAN
BASSIN
R. Marceau
CENTRE DE COMMERCE INTle
Quai
Frissard
Antilles
BASSIN DE LA BARRE
ST-FRANÇOIS
Quai des
VATINE
PAUL
BASSIN
Réunion
Quai de la
Guérin
CENTRE ADMTIF DU PORT AUTONOME
Pont des Docks
R. Aviateur
Courbet
BASSIN DE LA CITADELLE
LES BAINS DES DOCKS
L'EURE
TERMINAL DE GRANDE-BRETAGNE CAR FERRIES
BASSIN DE L'EURE
Rue Bellot
R. Amiral
Q. de la Saône
Corbeaux
Av.
80
71
65
75
5
9
97
18
39
78
57
29
51
24
68

HARFLEUR

Doumer (R. Paul) . . . . **D** 30
Verdun (Av. de) . . . . **D** 90
104 (R. des) . . . . **D** 98

LE HAVRE

Abbaye (R. de l') . . . . **C** 2
Aplemont (Av. d') . . . . **C** 7
Churchill (Bd W.) . . . . **B** 24
Hermann-du-Pasquier (Quai) . **B** 44
Joannès-Couvert (Quai) . . . . . **B** 52
Mouchez (Bd Amiral) . . . . **B** 68
Octeville (Rte d') . . . . **A** 74
Picasso (Av. Pablo) . . . . **C** 77
Rouelles (R. de) . . . . **C** 82
Sakharov (R. Andréï) . . . . **C** 84

Les maisons d'hôtes ne proposent pas les mêmes services qu'un hôtel. Elles se distinguent généralement par leur accueil et leur décor, qui reflètent souvent la personnalité de leurs propriétaires. Celles classées en rouge sont les plus agréables.

Val-aux-Corneilles (Av.) . . . . . . C 88

SAINTE-ADRESSE

Cap (Rte du) . . . . A 20

Cavell (R. E.) . . . . A 21
Clemenceau (Pl.) . . . . A 25
Gaulle (R. Gén.-de) . . . . A 42
Ignauval (R. d') . . . . A 50

Prés.-F.-Faure (Bd). . . . . A 78
Reine-Élisabeth (R.) . . . . A 79
Roi-Albert (R. du) . . . . A 81
Vitantal (R. de) . . . . A 93

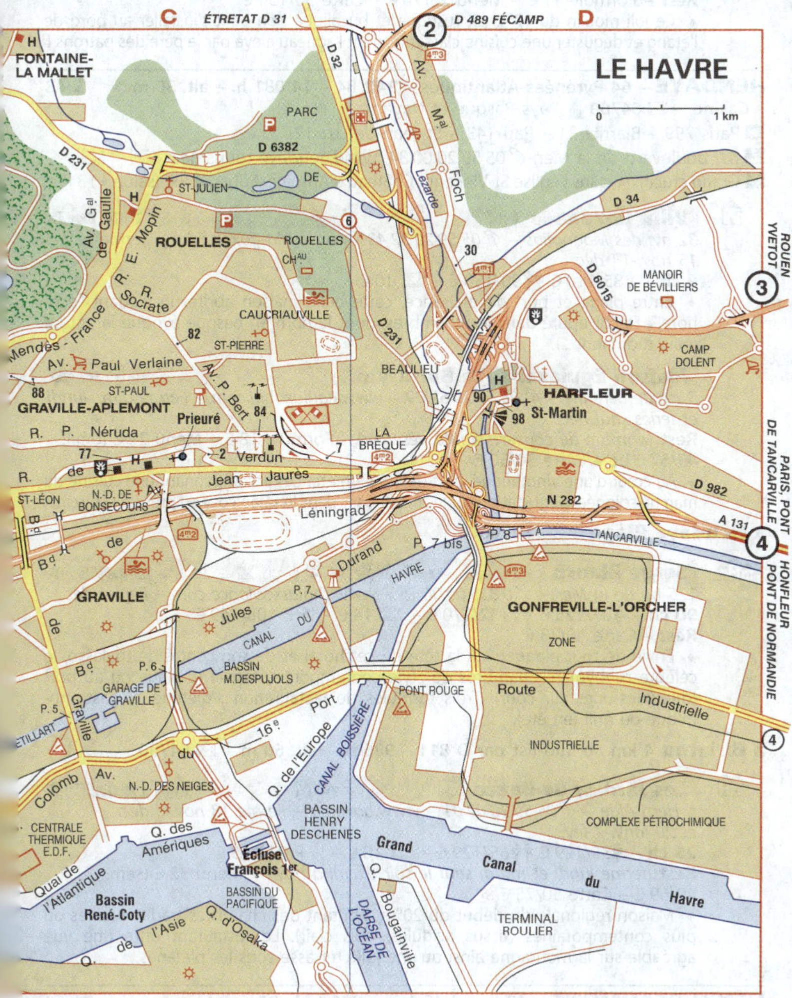

C D

HÉDÉ – 35 Ille-et-Vilaine – **309** L5 – **1 771 h.** – **alt. 90 m** – ✉ **35630** **10** D2

Bretagne

Paris 372 – Avranches 71 – Dinan 33 – Dol-de-Bretagne 31

Mairie, ✆ 02 99 45 46 18

Château de Montmuran★ et église des Iffs★ O : 8 km.

XX **La Vieille Auberge**

rte de Tinténiac – ✆ 02 99 45 46 25 – www.lavieilleauberge35.fr – Fermé 23 août-7 sept., 13-28 fév., dim. soir et lundi

Rest – Formule 17 € – Menu 25/78 € – Carte 50/150 €

◆ Ce joli moulin du 17ᵉs. est rustique et bucolique : on peut s'installer au bord de l'étang et déguster une cuisine classique, dont l'agneau élevé par le père des patrons !

HENDAYE – 64 Pyrénées-Atlantiques – 342 B4 – 14 081 h. – alt. 30 m 3 A3

– Casino – ✉ 64700 Pays Basque et Navarre

Paris 799 – Biarritz 31 – Pau 143 – St-Jean-de-Luz 12

67, boulevard de la Mer, ✆ 05 59 20 00 34, www.hendaye-tourisme.fr

Grand crucifix★ dans l'église St-Vincent - Château d'Antoine-Abbadie★★ (salon★) 3 km.

Villa Goxoa sans rest

32 av. des Magnolias – ✆ 05 59 20 32 43 – www.villa-goxoa.com – Fermé 15 nov.-1er déc.

9 ch – †85/110 € ††90/150 € – ☕ 10 €

◆ Entre plage et port de plaisance, cette belle maison abrite un élégant "éco-hôtel". Décor épuré dans les chambres, dont le nom en basque évoque la nature (eau, montagne...).

X **Maison Eguiazabal-Le Bar à Vin**

3 rte de Béhobie – ✆ 05 59 20 67 09 – www.eguiazabal.com – Fermé dim., lundi et fériés sauf déc.

Rest *(nombre de couverts limité, réserver)* – Formule 18 € – Menu 22 € (déj.), 45/67 € bc – Carte 30/50 €

◆ Au cœur d'une vinothèque, plus de 1 500 références accompagnant une cuisine du marché soignée. Dégustation sur le zinc (tapas), dans le salon cosy ou près de la piscine.

à Hendaye Plage – ✉ 64700

Serge Blanco

125 bd de la Mer – ✆ 0 825 00 00 15 – www.thalassoblanco.com – Fermé déc.

90 ch – †87/125 € ††132/170 € – ☕ 14 € – ½ P 108/149 €

Rest – Carte 40/73 €

◆ Envie de tout plaquer ? À la tête de cet hôtel et de son centre de thalasso, le célèbre rugbyman. Chambres de style contemporain, face à la plage ou au port (quelques-unes sur cour). Trois formules de restauration : diététique, gastronomique ou grill (en été).

à Biriatou 4 km au Sud-Est par D 811 – 986 h. – alt. 60 m – ✉ 64700

Les Jardins de Bakéa

r. Herri Alde – ✆ 05 59 20 02 01 – www.bakea.fr – Fermé 18 nov.-6 déc. et 20 janv.-7 fév.

25 ch – †55/129 € ††65/129 € – ☕ 10 € – ½ P 81/113 €

Rest *(fermé lundi et mardi sauf le soir d'avril à nov.)* – Menu 32 € (sem.), 49/69 € – Carte 50/75 €

◆ Maison régionale du début du 20ᵉ s., abritant des chambres traditionnelles ou plus contemporaines (tissus acidulés, bois clair). Le restaurant offre une vue agréable sur la montagne ainsi qu'une jolie terrasse sous les platanes.

HÉNIN-BEAUMONT – 62 Pas-de-Calais – 301 K5 – 25 612 h. 31 C2

– alt. 30 m – ✉ 62110 Nord Pas-de-Calais Picardie

Paris 194 – Arras 25 – Béthune 30 – Douai 13

Novotel

av. de la République, près échangeur Autoroute A1, par D 943 ✉ 62950 – ✆ 03 21 08 58 08 – www.novotel.com

81 ch – †59/176 € ††59/176 € – ☕ 14 €

Rest – Formule 17 € – Menu 21 € – Carte environ 30 €

◆ Dans un centre commercial, ce Novotel est protégé par un îlot de verdure. Hall moderne et chambres de type "novation". Salle à manger contemporaine, tables dressées près de la piscine (lorsque le temps le permet) et cuisine au goût du jour.

HENNEBONT – 56 Morbihan – **308** L8 – 14 624 h. – alt. 15 m **9** B2
– ✉ 56700 Bretagne

Paris 492 – Concarneau 57 – Lorient 13 – Pontivy 51

9, place Maréchal-Foch, ✆ 02 97 36 24 52, www.hennebont-tourisme.com

Tour-clocher★ de la basilique N.-D.-de-Paradis.

Port-Louis : citadelle★★ (musée de la Compagnie des Indes★★, musée de l'Arsenal★) S : 13 km.

rte de Port-Louis 4 km au Sud par D 781 – ✉ 56700 Kervignac

Château de Locguénolé

à Locguénolé – ✆ 02 97 76 76 76 – www.chateau-de-locguenole.com – Fermé 2 janv.-12 fév.

18 ch – 112/295 € 112/295 € – 4 suites – 20 €

Rest *Château de Locguénolé* – voir les restaurants ci-après

◆ Villégiature à la bretonne... Dans son immense parc, cette belle demeure domine la ria du Blavet. Le paysage change avec les marées, mais le plaisir s'y décline dans la permanence : architecture classique, enfilade de salons, mobilier ancien, etc.

Chaumières de Kerniaven

à 3 km – ✆ 02 97 76 91 90 – www.chaumieres-de-kerniaven.com – Ouvert 28 avril-29 sept.

9 ch – 68/110 € 70/110 € – 14 €

◆ Présentez-vous à l'accueil au Château de Locguénolé ; vous serez conduit jusqu'à ces deux chaumières du 17e s. perdues dans la nature, idéales pour se ressourcer.

XXX **Château de Locguénolé**

à Locguénolé – ✆ 02 97 76 76 76 – www.chateau-de-locguenole.com – Fermé 2 janv.-12 fév., lundi et le midi sauf dim.

Rest – Menu 44/94 € – Carte 65/110 €

Spéc. Ormeaux de l'Île de Groix rôtis aux noisettes torréfiées (oct.-nov.). Homard bleu rôti, consommé de crustacés et artichauts violets au thé fumé (avril-mai). Sphère guanaja aux fraises de Plougastel (mai-juin).

◆ Plaisirs gastronomiques dans un décor très classique (tapisseries, lustres à pampilles, chandeliers, etc.), plus champêtre dans une seconde salle (pierres apparentes, vue sur le jardin). Cuisine très ouvragée, fondée sur des produits de qualité.

L'HERBAUDIÈRE – 85 Vendée – **316** C5 – voir à Île de Noirmoutier

HERBIGNAC – 44 Loire-Atlantique – **316** C3 – 5 345 h. – alt. 18 m **34** A2
– ✉ 44410

Paris 446 – La Baule 24 – Nantes 72 – Redon 37

2, rue Pasteur, ✆ 02 40 19 90 01, www.herbignac.com

au Sud 6 km rte de Guérande par D774 – ✉ 44410 Herbignac

XX **La Chaumière des Marais**

– ✆ 02 40 91 32 36 – www.lachaumieredesmarais.com – Fermé vacances de la Toussaint, 15-29 fév., lundi sauf juil.-août et mardi

Rest – Formule 18 € – Menu 28/63 € bc – Carte 49/55 €

◆ Jolie chaumière briéronne aux abords fleuris, avec poutres et cheminée. En cuisine, on utilise les herbes, les fleurs (capucines), les tomates et les fruits rouges du potager...

HÉRÉPIAN – 34 Hérault – **339** D7 – rattaché à Bédarieux

HÉROUVILLE – 95 Val-d'Oise – **305** D6 – **106** 6 – voir à Paris, Environs (Cergy-Pontoise)

HÉROUVILLE-ST-CLAIR – 14 Calvados – **303** J4 – rattaché à Caen

HESDIN – 62 Pas-de-Calais – 301 F5 – 2 451 h. – alt. 27 m – ✉ 62140 30 A2

Nord Pas-de-Calais Picardie

Paris 210 – Abbeville 36 – Arras 58 – Boulogne-sur-Mer 65

place d' Armes, mairie, ✆ 03 21 86 19 19, www.tourisme7vallees.com

Trois Fontaines

16 rte d'Abbeville – ✆ 03 21 86 81 65 – www.hotel-les3fontaines.com – Fermé 18 déc.-4 janv.

16 ch – †57/67 € ††61/74 € – ☕ 8 € – ½ P 50/53 €

Rest ***Trois Fontaines*** – voir les restaurants ci-après

◆ Un hôtel dans un quartier pavillonnaire en périphérie de la ville ; les chambres sont assez petites, en rez-de-jardin avec terrasse. Préférez celles de l'extension récente, décorées dans un chaleureux style scandinave (lambris, mobilier rustique).

L'Écurie

17 r. Jacquemont – ✆ 03 21 86 86 86 – www.restaurant-lecurie.com – Fermé 1er-15 juil., dim. soir, mardi soir et lundi

Rest – Formule 14 € – Menu 20/26 € – Carte 27/45 €

◆ À deux pas du bel hôtel de ville, un sympathique restaurant qui célèbre le cheval (sculptures en bois, enseigne). Lumineuse salle agrémentée de faïences. Cuisine traditionnelle.

Trois Fontaines – Hôtel Trois Fontaines

16 rte d'Abbeville – ✆ 03 21 86 81 65 – www.hotel-les3fontaines.com – Fermé 18 déc.-4 janv., lundi midi et sam. midi

Rest – Formule 15 € bc – Menu 19/37 € – Carte 22/48 €

◆ On se sent bien dans ce restaurant : la salle est conviviale avec sa cheminée, et ceux qui aiment la cuisine traditionnelle (escargots, sole meunière, etc.) passeront un bon moment.

à Gouy-St-André 14 km à l'Ouest par N 39 et D 137 – 621 h. – alt. 100 m – ✉ 62870

Le Clos de la Prairie avec ch

17 r. de St-Rémy – ✆ 03 21 90 39 58 – www.leclosdelaprairie.com – Fermé 23-28 déc., lundi midi, mardi midi, sam. midi et merc.

AC ch, ch,

8 ch – †95/125 € ††95/125 € – ☕ 15 €

Rest – Formule 20 € – Menu 35/50 € – Carte 50/80 €

◆ Dans un sympathique village, restaurant chaleureux niché dans un corps de ferme. Terrasse ouverte sur la campagne. Cuisine traditionnelle revisitée, rythmée par le marché. Les belles chambres, contemporaines et climatisées, dominent la vallée de l'Authie.

HESDIN-L'ABBÉ – 62 Pas-de-Calais – 301 D3 – rattaché à Boulogne-sur-Mer

HÉSINGUE – 68 Haut-Rhin – 315 J11 – rattaché à St-Louis

HEUDICOURT-SOUS-LES-CÔTES – 55 Meuse – 307 F5 – rattaché à St-Mihiel

HEYRIEUX – 38 Isère – 333 D4 – 4 705 h. – alt. 220 m – ✉ 38540 44 B2

Paris 487 – Lyon 30 – Pont-de-Chéruy 22 – La Tour-du-Pin 35

L'Alouette

rte de St-Jean-de-Bournay, à 3 km ✉ 38090 – ✆ 04 78 40 06 08 – www.restaurant-alouette.com – Fermé une sem. en avril, 21 juil.-13 août, 23 déc.-2 janv., sam. midi, dim. soir et lundi

Rest – Formule 21 € bc – Menu 38/51 € – Carte 40/70 €

◆ Alouette, gentille alouette... Voilà un restaurant contemporain bien agréable avec ses œuvres d'art, son piano à queue et son joli jardin. Le chef concocte une cuisine traditionnelle à partir des produits du marché. Belle carte des vins.

HIERES-SUR-AMBY – 38 Isère – **333** E3 – 1 153 h. – alt. 216 m – ✉ 38118 **44** B1

Paris 489 – Bourg-en-Bresse 57 – Grenoble 107 – Lyon 61

Le Val d'Amby avec ch — AC rest, ch, VISA MC AE

pl. de la République – ✆ 04 74 82 42 67 – www.hotel-levaldamby.com – Fermé 15-22 avril, 6-22 août, 24-27 déc., 25 fév.-3 mars, dim. soir et merc.

13 ch – †55/65 € ††61/75 € – ☕ 8 € – ½ P 65 €

Rest – Formule 13 € bc – Menu 25 € (sem.), 29/60 € – Carte 34/54 €

◆ Dans cette belle maison de pays sur la place du village, l'accueil est chaleureux et l'on savoure une cuisine traditionnelle aux accents méridionaux. Menu du jour, plus simple, servi au café. Chambres fonctionnelles et bien tenues, à prix sages.

HINSINGEN – 67 Bas-Rhin – **315** F3 – 84 h. – alt. 220 m – ✉ 67260 **1** A1

Paris 405 – St-Avold 35 – Sarrebourg 37 – Sarreguemines 22

La Grange du Paysan — AC P VISA MC

23 r. Principale – ✆ 03 88 00 91 83 – Fermé 1 sem. fin juin, 1 sem. fin janv. et lundi

Rest – Formule 12 € – Menu 18/50 € – Carte 17/50 €

◆ Vieilles poutres, licous et autres objets du monde agricole : on appréciera dans cette salle champêtre une cuisine du terroir généreuse (produits de l'élevage familial).

HIRMENTAZ – 74 Haute-Savoie – **328** M3 – rattaché à Bellevaux

HOCHSTATT – 68 Haut-Rhin – **315** H10 – rattaché à Mulhouse

HOHRODBERG – 68 Haut-Rhin – **315** G8 – alt. 750 m – ✉ 68140 **1** A2

Alsace Lorraine

Paris 462 – Colmar 26 – Gérardmer 37 – Guebwiller 47

<★★.

Panorama — < ch, AC rest, P VISA MC AE

3 rte de Linge Hohrodberg – ✆ 03 89 77 36 53 – www.hotel-panorama-alsace.com – Fermé 7 janv.-7 fév.

30 ch – †49/77 € ††59/77 € – ☕ 13 € – ½ P 52/74 €

Rest – Formule 15 € – Menu 21/48 € bc – Carte 22/47 €

◆ Quel panorama ! Face à la vallée de Munster, une sympathique bâtisse hôtelière avec des chambres confortables (certaines donnant sur les Vosges) qui, par touches, évoquent l'Alsace. La région s'invite aussi à table, avec des spécialités telles que le presskopf de la mer... et la montagne pour horizon.

LE HOHWALD – 67 Bas-Rhin – **315** H6 – 492 h. – alt. 570 m – Sports d'hiver : 600/1 100 m 1 – ✉ 67140 Alsace Lorraine **2** C1

Paris 430 – Lunéville 89 – Molsheim 33 – St-Dié 46

square Kuntz, ✆ 03 88 08 33 92, www.pays-de-barr.com

Le Neuntelstein★★ <★★ N : 6 km puis 30 mn.

La Forestière — < ch, P

10 A chemin-du-Eck – ✆ 03 88 08 31 08 – www.laforestiere-alsace.fr – Fermé 1 sem. en avril, 1 sem. fin juin et 1 sem. en fév.

5 ch ☕ – †75/95 € ††90/110 € **Table d'hôte** – Menu 28 € bc/38 € bc

◆ Sur les hauteurs de cette petite station de montagne, avec la forêt toute proche, une grande maison très tranquille : espace, modernité, confort... et saveurs, car ses charmants propriétaires sont passionnés par la cuisine alsacienne et le gibier !

HOLNON – 02 Aisne – **306** B3 – rattaché à St-Quentin

LE HÔME – 14 Calvados – **303** L4 – rattaché à Cabourg

HONFLEUR – 14 Calvados – **303** N3 – 8 163 h. – alt. 5 m – ✉ 14600 **32** A3

Normandie Vallée de la Seine

Paris 195 – Caen 69 – Le Havre 27 – Lisieux 38

Pont de Normandie : péage en 2010 : autos 5 €, auto et caravane 5,80 €, camions et autocars 6,30 à 12,50 €, gratuit pour motos.

quai Lepaulmier, ☏ 02 31 89 23 30, www.ot-honfleur.fr

le vieux Honfleur★★ : Vieux bassin★★ AZ, église Ste-Catherine★★ AY et clocher★ AY **B** - Côte de Grâce★★ AY : calvaire★★.

Pont de Normandie★★ par ① : 4 km (péage).

La Ferme St-Siméon

20 r. A. Marais, par ③ – ☏ 02 31 81 78 00 – www.fermesaintsimeon.fr

30 ch – 🛉150/615 € 🛉🛉150/615 € – 4 suites – ☕ 30 € – ½ P 232/464 €

Rest ***La Ferme St-Siméon*** ✿ – voir les restaurants ci-après

◆ Haut lieu de l'histoire de la peinture, l'auberge que fréquentaient les impressionnistes est devenue un hôtel magnifique dont le parc domine l'estuaire. Les chambres, au calme, réinventent le style rustique... version luxe. Très haut de gamme !

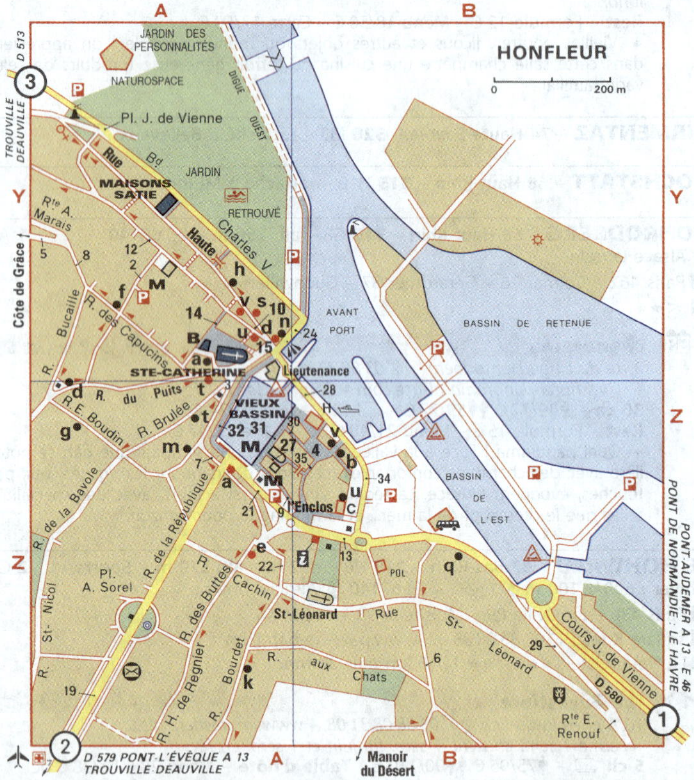

Albert-1er (R.) . . . . . AY 2
Berthelot (Pl. P.) . . . . . AZ 3
Boudin (Pl. A.) . . . . . BZ 4
Cachin (R.) . . . . . AZ
Charrière-de-Grâce (R.) . . . . . AY 5
Charrière-St-Léonard (R.) . . . . . BZ 6
Dauphin (R. du) . . . . . AZ 7
Delarue-Mardrus (R. L.) . . . . . AY 8
Fossés (Cours des) . . . . . AZ 9
Hamelin (Pl.) . . . . . AY 10
Homme-de-Bois (R.) . . . . . AY 12
Lingots (R. des) . . . . . AY 14
Logettes (R. des) . . . . . AY 15
Manuel (Cours A.) . . . . . AZ 19
Montpensier (R.) . . . . . AZ 21
Notre-Dame (R.) . . . . . AZ 22
Passagers (Quai des) . . . . . ABY 24
Le-Paulmier (Quai) . . . . . BZ 13
Porte-de-Rouen (Pl. de la) . . . . . AZ 25
Prison (R. de la) . . . . . AZ 27
Quarantaine (Quai de la) . . . . . BZ 28
République (R. de la) . . . . . AZ
Revel (R. J.) . . . . . BZ 29
Ste-Catherine (Quai) . . . . . AZ 32
St-Antoine (R.) . . . . . BZ 30
St-Étienne (Quai) . . . . . AZ 31
Tour (Quai de la) . . . . . BZ 34
Ville (R. de la) . . . . . BZ 35

Le Manoir des Impressionnistes
r. A. Marais , par ③ – ✆ 02 31 81 63 00 – www.manoirdesimpressionnistes.eu – Fermé janv.
10 ch – †110/450 € ††110/450 € – ☕ 24 €
Rest *Le Manoir des Impressionnistes* – voir les restaurants ci-après
◆ Colombages peints, fenêtres à croisillons, toitures asymétriques, petit parc : ce manoir du 18es. pourrait inspirer un tableau. On accède aux chambres par un bel escalier de bois, la mer est en contrebas : si romantique...

Les Maisons de Léa sans rest
pl. Ste-Catherine – ✆ 02 31 14 49 49 – www.lesmaisonsdelea.com AY**a**
24 ch – †120/210 € ††120/210 € – 6 suites – ☕ 15 €
◆ Ces trois anciens logis de pêcheur (16es.) et leur grenier à sel illustrent parfaitement l'attrait propre à Honfleur. Un véritable hôtel de charme, près du clocher en bois de Ste-Catherine, avec, détail délicieux, un superbe spa.

L'Écrin sans rest
19 r. E. Boudin – ✆ 02 31 14 43 45 – www.honfleur.com/default-ecrin.htm
30 ch – †115/250 € ††115/250 € – 3 suites – ☕ 15 € AZ**g**
◆ Écrin précieux que ce véritable petit musée rempli d'objets d'art et d'ornements anciens. Côté chambres – d'époque –, tous les styles cohabitent, de la jolie mansarde au grand lit à baldaquin... Petit-déjeuner servi face au jardin.

La Maison de Lucie sans rest
44 r. des Capucins – ✆ 02 31 14 40 40 – www.lamaisondelucie.com
9 ch – †150/200 € ††150/200 € – 3 suites – ☕ 18 € AY**f**
◆ Quel charme ! Des boiseries, des canapés en cuir, une bibliothèque... Cette maison du 18es. propose toute une gamme de chambres décorées avec le meilleur goût. Un sens du détail qui fait la différence.

L'Absinthe sans rest
1 r. de la Ville – ✆ 02 31 89 23 23 – www.absinthe.fr – Fermé de mi-nov. à mi-déc. BZ**v**
10 ch – †120/185 € ††120/185 € – 2 suites – ☕ 12 €
◆ La "fée verte" se fait reposante dans ce presbytère du 16es. devenu un hôtel insolite. Par petites touches, elle cohabite avec les teintes douces des chambres, pleines de charme (certaines dans une maison face aux quais) : envoûtant.

Des Loges sans rest
18 r. Brûlée – ✆ 02 31 89 38 26 – www.hoteldesloges.com AZ**t**
14 ch – †110/135 € ††110/135 € – ☕ 12 €
◆ Ces trois maisons traditionnelles du 17es. abritent un boutique hôtel au décor contemporain et épuré. Murs bruts, bois clair, bons équipements : on est pile dans la tendance et la jeune clientèle urbaine est séduite !

Mercure sans rest
r. Vases – ✆ 02 31 89 50 50 – www.accor-hotels.com BZ**q**
56 ch – †88/135 € ††88/135 € – ☕ 13 €
◆ En arrivant de l'autoroute ou du pont de Normandie, on a toutes les chances de trouver ce Mercure proche du centre. Un soin particulier est apporté aux chambres, colorées et fonctionnelles. Pour le calme, préférez celles sur l'arrière.

Ibis Styles sans rest
3 quai de la Tour – ✆ 02 31 89 21 22 – www.all-seasons-hotels.com
48 ch ☕ – †89/99 € ††99/109 € BZ**u**
◆ Après rénovation, un hôtel flambant neuf, avide de couleurs flashy et de mobilier design. Fonctionnalité avant tout dans les chambres et emplacement très central : une adresse très pratique.

Le Cheval Blanc sans rest
2 quai des Passagers – ✆ 02 31 81 65 00 – www.hotel-honfleur.com
32 ch – †89/160 € ††89/160 € – 2 suites – ☕ 12 € AY**n**
◆ Ce relais de poste du 15es., transformé depuis longtemps en hôtel, a l'avantage d'avoir vue sur l'avant-port. Les chambres sont bien tenues et les suites de l'étage – plus spacieuses – adoptent un style davantage personnel.

Kyriad
62 cours A. Manuel, par ② – ✆ 02 31 89 41 77 – www.kyriad.fr – Fermé 23-26 déc.
50 ch – 69/99 € 69/99 € – 11 €
Rest – Menu 25 € (déj.) – Carte environ 27 €
◆ Un hôtel un peu excentré, mais très pratique, surtout en période d'affluence : les prix sont modérés, les chambres bien insonorisées et fonctionnelles.

La Petite Folie sans rest
44 r. Haute – ✆ 06 74 39 46 46 – www.lapetitefolie-honfleur.com – Fermé 5 janv.-12 fév. AY**h**
5 ch – 160/175 € 160/175 €
◆ Flânez donc dans cette rue animée du vieux Honfleur, vous trouverez cette "folie" douce, authentique maison d'hôtes de charme. Meubles et objets chinés, tomettes, linge luxueux, petit-déjeuner dans le jardin aux beaux jours.... Superbe !

À L' École Buissonnière sans rest
4 r. de la Foulerie – ✆ 06 16 18 43 62 – www.a-lecole-buissonniere.com
5 ch – 100/180 € 100/180 € AZ**m**
◆ Cette école-là a un cachet fou ! À deux pas du vieux bassin, les salles de classe 1900 sont devenues des chambres délicieuses. La cour avec ses colombages, la superbe cuisine ouverte pour le petit-déjeuner gourmand... Vive la rentrée !

Le Clos Bourdet sans rest
50 r. Bourdet – ✆ 06 07 48 99 67 – www.leclosbourdet.com – Fermé janv.
5 ch – 135 € 145 € AZ**k**
◆ Dans un grand jardin clos à flanc de colline... C'est dire comme cette belle maison bourgeoise du 18ᵉs. est au calme ! Œuvres d'art et meubles chinés lui donnent un style déco très affirmé. Pâtisseries du propriétaire au petit-déjeuner.

La Cour Ste-Catherine sans rest
74 r. du Puits – ✆ 02 31 89 42 40 – www.coursaintecatherine.com AYZ**d**
5 ch – 80/100 € 80/100 €
◆ Sur les hauteurs d'Honfleur, un ancien couvent du 17ᵉs. – qui fut aussi une cidrerie – aux chambres délicieusement tranquilles, décorées avec goût. Les petits-déjeuners sont servis dans l'ancien pressoir, un modèle de charme rustique.

La Ferme St-Siméon – Hôtel La Ferme St-Siméon
20 r. A. Marais, par ③ – ✆ 02 31 81 78 00 – www.fermesaintsimeon.fr
Rest – Menu 55 € (déj. en sem.), 90/129 € – Carte 110/150 €
Spéc. Saint-pierre et poêlée de poulpe au jus de poivron rouge grillé à l'anchois. Caneton vendéen à la broche, arachides torréfiées et mélasse de fruits en tourte. Baba rhum-ananas, tuile transparente noix de coco.
◆ Un cadre superbe, véritable ode aux arts de la table, entre poutres anciennes et terrasse face à la roseraie... La cuisine ravit également les sens : produits choisis, maîtrise technique, inspiration, tout est réuni pour un rendez-vous réussi avec la cuisine d'aujourd'hui.

L'Absinthe
10 quai Quarantaine – ✆ 02 31 89 39 00 – www.absinthe.fr – Fermé 15 nov.-15 déc. BZ**b**
Rest – Menu 30/59 € – Carte 66/84 €
◆ Pour déguster un tartare d'huître ou un poisson très frais à la cuisson parfaite, cet ancien bar de pêcheur face au port – dans des maisons des 15ᵉet 17ᵉs. – est l'endroit idéal. Détail important en été : on peut dîner en terrasse.

Le Manoir des Impressionnistes – Hôtel Le Manoir des Impressionnistes
r. A. Marais , par ③ – ✆ 02 31 81 63 00 – www.manoirdesimpressionnistes.eu – Fermé janv., lundi midi, jeudi midi, vend. midi, mardi et merc.
Rest – Menu 48/75 € – Carte 51/88 €
◆ Dans ce petit manoir sur les hauteurs de Honfleur, la table mise aussi bien sur les produits de la mer que de la terre. Une cuisine de saison au rythme du marché... et du potager.

Sa. Qua. Na (Alexandre Bourdas)

22 pl. Hamelin – ✆ 02 31 89 40 80 – www.alexandre-bourdas.com – Fermé 2 sem. en juin, mi-janv. à fin fév., lundi, mardi et merc. AY**u**

Rest *(nombre de couverts limité, réserver)* – Menu 65/95 €

Spéc. Homard poché au citron vert et bouillon noix de coco. Pastilla de pigeon (automne). Carré de truffes au chocolat blanc (hiver).

◆ Sa. Qua. Na pour "saveurs, qualité, nature" ou encore "poisson" (sakana) en nippon : telle est la formule magique d'Alexandre Bourdas, formé chez Bras et passé par le Japon. Il signe une authentique cuisine d'auteur, millimétrée, très intuitive et inventive. À la découverte des saveurs... Cadre moderne, tendance zen.

Entre Terre et Mer

12 pl. Hamelin – ✆ 02 31 89 70 60 – www.entreterreetmer-honfleur.com – Fermé janv. AY**d**

Rest – Formule 23 € – Menu 28/55 € – Carte 58/85 €

◆ Sur une place près du vieux bassin, ce restaurant navigue entre terre et mer dans l'assiette comme dans le décor, avec des photos de vaches, de moutons et de poissons. Un cadre apaisant avec, dans l'hôtel en face, un sympathique bar à huîtres.

Le Bréard

7 r. du Puits – ✆ 02 31 89 53 40 – www.restaurant-lebreard.com – Fermé 7-23 janv., merc. midi, lundi et mardi AY**t**

Rest – Menu 29/55 €

◆ Cadre contemporain et cuisine subtile dans ce restaurant d'une ruelle pavée proche de l'église Ste-Catherine. Le chef associe de belles saveurs avec créativité. Beaucoup de fraîcheur et de générosité !

La Fleur de Sel

17 r. Haute – ✆ 02 31 89 01 92 – www.lafleurdesel-honfleur.com – Fermé 1er-7 juil., janv., mardi et merc. AY**v**

Rest – Menu 29/69 €

◆ Poutres apparentes, tomettes et collection de... guides Michelin : au premier regard, ce restaurant a l'air bien sympathique. D'excellents produits, une cuisine soignée, des allusions au répertoire régional : la première impression était la bonne.

L' Endroit

3 r. Charles-et-Paul-Bréard – ✆ 02 31 88 08 43 – Fermé lundi et mardi AZ**e**

Rest – Menu 26 € – Carte 35/45 €

◆ Difficile d'imaginer ici un tel endroit ! Des allures de loft, une cuisine grande ouverte sur la salle : l'adresse est novatrice. Hamburger au foie gras, rognons revisités, superbes desserts... The place to be.

Au P'tit Mareyeur

4 r. Haute – ✆ 02 31 98 84 23 – www.auptitmareyeur.fr – Fermé 22 juin-1er juil., 2-31 janv., mardi et merc. AY**s**

Rest *(nombre de couverts limité, réserver)* – Menu 25 € (déj.), 30/49 € – Carte 40/64 €

◆ Atmosphère intime dans cette sympathique maison, reconnaissable à sa façade bleue. Le jeune chef s'y connaît en produits de la mer avec, comme spécialité, la bouillabaisse honfleuraise. Des saveurs bien marquées, un pur plaisir !

L'Ecailleur

1 r. de la République – ✆ 02 31 89 93 34 – www.lecailleur.fr – Fermé 17-31 mars, 16-30 juin, 17-31 déc., jeudi hors saison et merc. AZ**a**

Rest – Menu 27/41 € – Carte 34/56 €

◆ Larguez les amarres ! Ce restaurant face au vieux bassin évoque une vraie cabine de paquebot (boiseries, cordages, hublots). Le chef est autodidacte et laisse libre court à son imagination, à partir de produits de qualité. Une agréable traversée.

à la Rivière-St-Sauveur 2 km par ① – 2 025 h. – alt. 1 m – ✉ 14600

Antarès sans rest

r. St-Clair – ☎ 02 31 89 10 10 – www.antares-honfleur.com

76 ch – †89/159 € ††89/159 € – ☕ 14 €

◆ En quelques années, les chambres de ce complexe hôtelier ont été rénovées (écrans plats, couettes...), tout comme la piscine, le hammam, le sauna et le spa ! Une adresse tout confort.

Les Bleuets sans rest

11 r. Desseaux – ☎ 02 31 81 63 90 – www.motel-les-bleuets.com – Fermé 2 janv.-10 fév.

18 ch ☕ – †67/110 € ††75/110 €

◆ Cet établissement a tout d'un motel : façade bleu et blanc, espace détente (sauna, hammam) et des chambres avec miniterrasse ou balcon. L'entretien est irréprochable et l'on peut vous prêter des vélos pour découvrir les environs.

à Genneville 10 km au Sud-Ouest par ① et D 140 – 735 h. – alt. 90 m – ✉ 14600

Le Grand Clos de St-Martin sans rest

Hameau St-Martin – ☎ 02 31 87 80 44 – www.legrandclosdesaintmartin.com

3 ch ☕ – †88 € ††98/118 €

◆ Pommiers, plan d'eau, chevaux, architecture de colombages (superbe), quiétude... Comme un rêve de Normandie ! Et les chambres affichent un joli côté bonbonnière. Produits maison au petit-déjeuner.

à Barneville-la-Bertran 5 km par ②, D 62 et D 279 – 147 h. – alt. 48 m – ✉ 14600

Auberge de la Source

ch, ch,

– ☎ 02 31 89 25 02 – www.auberge-de-la-source.fr

14 ch – †100/195 € ††100/245 € – 1 suite – ☕ 14 €

Rest *(fermé le midi du lundi au jeudi et mardi soir de nov. à mars)* – Formule 32 € – Menu 38 €

◆ À l'entrée du village, cette jolie maison en brique rouge et sa longère à colombages semblent incarner l'idéal champêtre : un jardin et ses beaux arbres fruitiers ; des bassins où fraient truites et esturgeons ; des chambres d'esprit nature et cosy... et un restaurant aux airs d'auberge chic. Charmant !

au Nord-Ouest 3 km par ③ rte de Trouville – ✉ 14600 Vasouy

La Chaumière

rte du Littoral, Vasouy – ☎ 02 31 81 63 20 – www.hotel-chaumiere.fr

9 ch ☕ – †200/320 € ††220/340 €

Rest *La Chaumière* – voir les restaurants ci-après

◆ Cette jolie ferme normande du 17ᵉs. se dresse face à l'estuaire de la Seine, dans un parc qui dévale jusqu'à la mer. Là, pourquoi ne pas pique-niquer ? Puis remonter vers les belles chambres, luxueuses, où le bois chaleureux domine...

La Chaumière

rte du Littoral, Vasouy – ☎ 02 31 81 63 20 – www.hotel-chaumiere.fr – Fermé mardi midi, merc. midi et jeudi midi

Rest *(nombre de couverts limité, réserver)* – Carte 50/60 €

◆ Langoustines au beurre d'herbes, soles fraîches, croque de foie gras... La gourmandise s'empare de cette Chaumière le soir venu. Un cadre rustique et élégant, pour profiter pleinement de la Côte Fleurie.

au Nord-Ouest 8 km par ③ rte de Trouville et rte secondaire – ✉ 14600 Honfleur

Le Romantica

chemin Petit Paris – ☎ 02 31 81 14 00 – www.romantica-honfleur.com

35 ch – †60 € ††70 € – ☕ 9 € – ½ P 72/100 €

Rest *(fermé jeudi midi et merc.)* – Formule 18 € – Menu 25/38 € – Carte 30/63 €

◆ Sur les hauteurs du village, cette bâtisse régionale offre calme et confort avec ses chambres plutôt classiques. Les points forts de la maison : la vue sur la Manche et les deux piscines, intérieure et extérieure.

à Cricqueboeuf 9 km par ③ et rte de Trouville – 203 h. – alt. 25 m – ✉ 14113

Manoir de la Poterie & Spa ch,
chemin P.-Ruel – ✆ 02 31 88 10 40
– www.honfleur-hotel.com
23 ch – †147/248 € ††147/248 € – 1 suite – ☕ 21 €
Rest *(fermé le midi en sem.)* – Menu 33/80 € – Carte 44/78 €
◆ Face à la mer ! Dans cette solide bâtisse d'inspiration normande, les chambres rêvent aux styles Louis XVI, Directoire, marin ou contemporain. Côté vue, vous avez le choix entre l'estran ou la campagne. Avec son cadre raffiné, le restaurant se prête à un moment romantique.

à Villerville 10 km par ③, rte de Trouville – 771 h. – alt. 10 m – ✉ 14113
40, rue Général Leclerc, ✆ 02 31 87 21 49, www.villerville.fr

Le Bellevue
rte d'Honfleur – ✆ 02 31 87 20 22 – www.bellevue-hotel.fr – Fermé 2 janv.-9 fév.
22 ch – †95/115 € ††95/115 € – 4 suites – ☕ 12 € – ½ P 85/120 €
Rest *Le Bellevue* – voir les restaurants ci-après
◆ Cette demeure dominant la mer fut, à la fin du 19ᵉs., la villégiature d'un directeur de l'Opéra-Comique de Paris. Parmi les chambres, confortables, certaines ont vue sur la Manche. Une belle étape entre Honfleur et Trouville.

Le Bellevue
7 allée du Jardin-Madame, rte d'Honfleur – ✆ 02 31 87 20 22
– www.bellevue-hotel.fr – Fermé 2 janv.-9 fév., mardi midi, merc. midi et jeudi midi
Rest – Menu 26/43 € – Carte 38/55 €
◆ Grâce à la véranda, on profite pleinement de la vue sur la mer et le jardin. Un cadre cossu pour déguster huîtres, homard du vivier et spécialités du terroir normand. Pour finir, quoi de mieux qu'un verre de calvados devant la cheminée ?

L'HÔPITAL-ST-BLAISE – 64 Pyrénées-Atlantiques – 342 H5 – 78 h. – alt. 145 m – ✉ 64130 Aquitaine — 3 B3

Paris 796 – Oloron-Ste-Marie 18 – Orthez 32 – Pau 52
Église★.

Auberge du Lausset
– ✆ 05 59 66 53 03 – Fermé mardi et merc. d'oct. à mai
Rest – Menu 14 € (sem.), 21/32 € – Carte 39/51 €
◆ Le village, avec sa belle église romane, est tout petit. Si l'intérieur de ce restaurant n'a rien de particulier, l'assiette, en revanche, éclate de couleurs. Tout est fait maison !

HORBOURG – 68 Haut-Rhin – 315 I8 – rattaché à Colmar

HOSSEGOR – 40 Landes – 335 C13 – 3 672 h. – alt. 4 m – Casino – ✉ 40150 Aquitaine — 3 A3

Paris 752 – Bayonne 25 – Biarritz 32 – Bordeaux 170
place des Halles, ✆ 05 58 41 79 00, www.hossegor.fr
d'Hossegor, 333 avenue du Golf, SE : 0,5 km, ✆ 05 58 43 56 99
de Seignosse, à Seignosse, avenue du Belvédère, N : 5 km par D 152, ✆ 05 58 41 68 30
de Pinsolle, à Soustons, Port d'Albret Sud, N : 10 km par D 4, ✆ 05 58 48 03 92
Le lac★ - Les villas basco-landaises★.

Les Hortensias du Lac sans rest
1578 av. du Tour du Lac – ✆ 05 58 43 99 00
– www.hortensias-du-lac.com – Ouvert de mi-mars à mi-nov.
20 ch – †142/248 € ††142/248 € – 5 suites – ☕ 21 €
◆ Trois belles maisons entourées d'une pinède, au bord du lac marin... Dans les chambres, luxe décontracté et décoration d'inspiration 1930. Délicieux petit-déjeuner sucré-salé.

Pavillon Bleu sans rest
av. Touring Club de France – 05 58 41 99 50 – www.pavillonbleu.fr
20 ch – 79/220 € 79/220 € – 12 €
◆ Une grande maison de construction récente, près du lac marin : les chambres, avec balcon, sont fonctionnelles et bien équipées (baignoires balnéo). Le restaurant et sa terrasse offrent la vue sur les flots ; cuisine au goût du jour.

Mercédès sans rest
63 av. du Tour du Lac – 05 58 41 98 00 – www.hotel-mercedes.com – Ouvert 1er avril-1er nov.
36 ch – 90/150 € 90/270 € – 12 €
◆ Établissement balnéaire (1953) proche du lac ; les chambres possèdent presque toutes un balcon et une kitchenette. En été, le petit-déjeuner est servi près de la piscine.

202 sans rest
202 av. du Golf – 05 58 43 22 02 – www.hotel202.fr – Fermé 3 janv.-6 fév.
25 ch – 95/230 € 120/230 € – 2 suites – 14 €
◆ Une jolie villa immaculée, où règne une ambiance assez jeune. Les chambres sont spacieuses et cosy, toutes avec balcon. Terrasse en teck. L'adresse design d'Hossegor.

Jean des Sables
121 av. de la Dune – 05 58 72 29 82 – Fermé 7 janv.-13 fév., dim. soir, mardi midi et lundi du 1er oct. au 31 mai, lundi midi, merc. midi et vend. midi de juin à sept.
Rest – Formule 30 € bc – Menu 58/89 € – Carte 62/95 €
◆ Cadre épuré pour ce restaurant de plage du chef Jean Cousseau : béton ciré, murs clairs, vivier, vue sur l'Océan... Carte créative privilégiant poissons et produits de saison.

HOUAT (ÎLE D') – 56 Morbihan – 308 N10 – voir à Île d'Houat

LA HOUBE – 57 Moselle – 307 O7 – 57850 Dabo 27 D2

Paris 453 – Lunéville 86 – Phalsbourg 18 – Sarrebourg 27

Des Vosges avec ch
41 r. de la Forêt-Brulée – 03 87 08 80 44 – www.hotel-restaurant-vosges.com – Fermé 24 sept.-6 oct., 1er fév.-1er mars, mardi soir et merc.
9 ch – 40/45 € 55/60 € – 8 € – ½ P 48 €
Rest – Formule 10 € – Menu 21/29 € – Carte 25/40 €
◆ Bien sympathique cette petite auberge de village, un peu perdue au-dessus du rocher de Dabo. On déjeune en admirant la forêt vosgienne, gagné par la beauté du cadre et d'une cuisine respectueuse du terroir. Chambres simples pour l'étape.

LES HOUCHES – 74 Haute-Savoie – 328 N5 – 3 098 h. – alt. 1 004 m – Sports d'hiver : 1 010/1 900 m 2 16 – 74310 Alpes du Nord 46 F1

Paris 602 – Annecy 89 – Bonneville 47 – Chamonix-Mont-Blanc 9
place de la Mairie, 04 50 55 50 62, www.leshouches.com
Le Prarion★★.

Du Bois
475 avenue des Alpages, La Griaz – 04 50 54 50 35 – www.hotel-du-bois.com – Fermé 8 nov.-10 déc.
43 ch – 50/162 € 50/182 € – 11 € – ½ P 57/125 €
Rest *(fermé 13 avril-15 mai et 6 oct.-10 déc.) (dîner seult)* – Menu 22 €
◆ Ce sympathique chalet offre pour horizon... le mont Blanc. Des prestations intéressantes : chambres simples et pratiques (murs blanchis à la chaux, mobilier rustique), appartements de style contemporain dans l'annexe, restaurant typiquement savoyard, belle piscine couverte, bassin extérieur, sauna, etc.

Auberge Beau Site

52 r. de l'Eglise – ✆ 04 50 55 51 16 – www.hotel-beausite.com – Ouvert 1er juin-26 sept. et 20 déc.-20 avril

18 ch – †80/95 € ††92/135 € – ☐ 11 € – ½ P 86/105 €

Rest *Le Pèle* (dîner seult en hiver) – Menu 28/36 € – Carte environ 35 €

◆ Au pied du clocher de la station, une jolie auberge rose aux volets verts, tenue en famille... Les chambres sont spacieuses, impeccables et décorées dans un esprit savoyard simple et plaisant. Au restaurant, décor rustique, atmosphère conviviale et carte traditionnelle.

Auberge Le Montagny sans rest

490 rte du Pont – ✆ 04 50 54 57 37 – www.chamonix-hotel.com – Ouvert 23 juin-16 sept. et 17 déc.-10 avril

8 ch – †75 € ††84 € – ☐ 10 €

◆ En léger retrait de la station – en toute quiétude –, un petit chalet coquet. Du bois partout, des tissus joliment choisis : il règne ici un bel esprit montagne et la tenue des chambres est excellente. Une très bonne petite adresse !

au Prarion par télécabine – ✉ 74310 Les Houches

☀★★ 30 mn.

Le Prarion

alt.1 860 – ✆ 04 50 54 40 07 – www.prarion.com – Ouvert 16 juin-16 sept. et 22 déc.-21 avril

12 ch (½ P seult) – ½ P 120/140 € **Rest** – Menu 32 € (dîner) – Carte 20/42 €

◆ Mont-Blanc, massif des Aravis, vallées de Chamonix et de Sallanches : une vue à couper le souffle dans ce chalet au charme authentique. Chambres en bois brut (assez simples et jolies) ; dortoir pour les alpinistes ; repas traditionnels (self en hiver et menu unique au dîner)... Le bel esprit montagne !

HOUDAN – 78 Yvelines – 311 F3 – 3 257 h. – alt. 104 m – ✉ 78550 18 A2

Île de France

Paris 60 – Chartres 55 – Dreux 20 – Évreux 52

4, place de la Tour, ✆ 01 30 59 53 86, www.cc-payshoudanais.fr

36 de la Vaucouleurs, à Civry-la-Forêt, r. de l'Eglise, N : 11 km par D 983, ✆ 01 34 87 62 29

27 des Yvelines, à La Queue-les-Yvelines, Château de la Couharde, E : 12 km par N 12, ✆ 01 34 86 48 89

La Poularde

24 av. de la République, (rte de Maulette D 912) – ✆ 01 30 59 60 50 – www.alapoularde.com – Fermé 12-29 août, 29 oct.-6 nov., dim. soir, lundi et mardi

Rest – Formule 22 € – Menu 29 € (déj. en sem.)/54 € – Carte 29/70 €

◆ La carte traditionnelle met en valeur la fameuse poule de Houdan et les truffes en saison. Salle à manger classique et grande terrasse pour l'été. Belle collection de whisky.

Le Donjon

14 r. d'Epernon, (près de l'église) – ✆ 01 30 59 79 14 – www.restaurant-ledonjon.fr – Fermé 1 sem. en mars, 2 sem. en août, dim. soir, jeudi soir et lundi

Rest – Formule 24 € – Menu 36/68 € bc – Carte 50/58 €

◆ Du château médiéval ne subsiste que le donjon, voisin de ce restaurant. Cuisine traditionnelle rythmée par les saisons, servie dans une salle classique, de bon confort.

HOUDEMONT – 54 Meurthe-et-Moselle – 307 H7 – rattaché à Nancy

---

HOULGATE – 14 Calvados – 303 L4 – 1 960 h. – alt. 11 m – Casino 32 B2

– ✉ 14510 Normandie Vallée de la Seine

Paris 214 – Caen 29 – Deauville 14 – Lisieux 33

10, boulevard des Belges, ✆ 02 31 24 34 79, www.ville-houlgate.fr

18 d'Houlgate, à Gonneville-sur-Mer, E : 3 km par D 513, ✆ 02 31 24 80 49

Falaise des Vaches Noires★ au NE.

Villa les Bains sans rest

31 r. des Bains – ✆ 02 31 24 80 40 – www.hotelhoulgate.fr – Fermé 15 nov.-15 déc. et janv.

17 ch – †95/160 € ††95/160 € – ☕ 12 €

◆ Cet hôtel a été entièrement rénové pour devenir l'adresse de charme – et tendance – de Houlgate, en plein cœur de la station. Les chambres sont d'un bon confort et celles du dernier étage offrent une très belle vue sur la mer.

L'Éden

7 r. Henri-Fouchard – ✆ 02 31 24 84 37 – www.restaurant-leden.com – Fermé 8-18 oct., 2 janv.-5 fév., lundi et mardi sauf du 7 juil. au 31 août

Rest – Formule 18 € – Menu 22 € (sem.), 27/44 € – Carte 37/55 €

◆ Deux atmosphères pour cet Éden, classique ou façon jardin d'hiver, avec vue sur les cuisines. Andouille de Vire et cromesquis de camembert, homard braisé au pommeau... Le chef mitonne avec soin une cuisine traditionnelle juste et généreuse.

HUEZ – 38 Isère – **333** J7 – rattaché à Alpe d'Huez

HUNINGUE – 68 Haut-Rhin – **315** J11 – rattaché à St-Louis

HURIGNY – 71 Saône-et-Loire – **320** I12 – rattaché à Mâcon

HUSSEREN-LES-CHÂTEAUX – 68 Haut-Rhin – **315** H8 – 526 h. **2** C2
– alt. 380 m – ✉ 68420 Alsace Lorraine

Paris 455 – Belfort 69 – Colmar 10 – Gérardmer 55

Husseren-les-Châteaux

r. Schlossberg – ✆ 03 89 49 22 93 – www.hotel-husseren-les-chateaux.com

36 ch – †88/103 € ††120/189 € – 2 suites – ☕ 13 € – ½ P 100/113 €

Rest – Menu 22/34 € – Carte 26/38 €

◆ Sur les hauteurs du massif vosgien, un vaste établissement avec des chambres spacieuses (la plupart avec une mezzanine), décorées dans un esprit hôtelier fonctionnel. Belle piscine couverte, tennis, brasserie et restaurant, espace séminaire... Idéal pour un séjour en famille comme pour un voyage business.

HYÈRES – 83 Var – **340** L7 – 55 135 h. – alt. 40 m – Casino : **41** C3
des Palmiers Z – ✉ 83400 Côte d'Azur

Paris 851 – Aix-en-Provence 102 – Cannes 123 – Draguignan 78

de Toulon-Hyères : ✆ 0 825 01 83 87, SE : 4 km V.

Rotonde du Park Hôtel, Avenue de Belgique, ✆ 04 94 01 84 50, www.hyeres-tourisme.com

≤★ de la place St-Paul Y **49** - ≤★ du parc St-Bernard Y - ≤★ de l'esplanade de la Chapelle N.-D. de Consolation V **B** - ✱★ des Ruines du Château des aires - Presqu'île de Giens★★.

Mercure

19 av. A. Thomas – ✆ 04 94 65 03 04 – www.mercure.com **Vx**

83 ch – †112/189 € ††124/199 € – ☕ 13 €

Rest – Formule 15 € – Carte 20/45 €

◆ Hôtel lumineux, situé près de la voie d'Olbia et d'un centre d'affaires. Chambres fonctionnelles et contemporaines disposant d'équipements dernier cri. Au restaurant, cuisine régionale et service au bord de la piscine en saison.

L'Europe sans rest

45 av. E. Cavell – ✆ 04 94 00 67 77 – www.hotel-europe-hyeres.com

42 ch – †75/160 € ††85/180 € – ☕ 10 € **Vr**

◆ Face à la gare, bâtiment du 19es. entièrement rénové en 2010. Chambres d'esprit zen (tons gris et taupe) et belle terrasse panoramique sur le toit.

HYÈRES-GIENS

Almanarre (Rte de l') . . . . X 2
Barbacane (R.) . . . . Y 3
Barruc (R.) . . . . Y 4
Belgique (Av. de) . . . . Y 5
Bourgneuf (R.) . . . . Y 6
Chateaubriand (Bd) . . . . Y 7
Clemenceau (Pl.) . . . . Y 9
Clotis (Av. J.) . . . . V 10
Costebelle (Montée) . . . . V 12
Degioanni (R. R.) . . . . X 13
Denis (Av. A.) . . . . Y
Dr-Perron (Av.) . . . . Z 14
Foch (Av. Mar.) . . . . Z 15
Gambetta (Av.) . . . . Z
Gaulle (Av. de) . . . . Y 16
Geoffroy-St-Hilaire (Av.) . . . . . V 17
Godillot (Av. A.) . . . . V 18
Herriot (Bd E.) . . . . X 20
Iles d'Or (Av. des) . . . . Z
Lattre-de-Tassigny (Av. de) . . . V 22
Lefebvre (Pl. Th.) . . . . Z 23
Macri (Ch. Soldat) . . . . V 25
Madrague (Rte de la) . . . . X 26
Mangin (Av. Gén.) . . . . Y 28
Massillon (Pl. et R.) . . . . Y 29
Millet (Av. E.) . . . . Z 32
Moulin-Premier (Chemin du) . . V 33
Noailles (Montée de) . . . . Y 34
Nocart (Bd) . . . . Y 35
Palyvestre (Chemin du) . . . . . . V 36
Paradis (R. de) . . . . Y 37
Plaine-de-Bouisson (Chemin) . . X 38
Provence (R. de) . . . . Y 40
Rabaton (R.) . . . . Y 41
République (Pl. et R.) . . . . Y 42
Riondet (Av.) . . . . YZ 43
Riquier (Av. O.) . . . . V 44
Roubaud (Ch.) . . . . V 45
Ste-Catherine (R.) . . . . Y 50
Ste-Claire (R.) . . . . Y 51
St-Bernard (R.) . . . . Y 46
St-Esprit (R.) . . . . Y 47
St-Paul (Pl. et R.) . . . . Y 49
Strasbourg (Cours) . . . . Y 52
Versin (Pl. L.) . . . . Z 53
Victoria (Av.) . . . . Z 54
11-Novembre (Pl.) . . . . V 56
15e-Corps-d'Armée (Av. du) . . . V 57

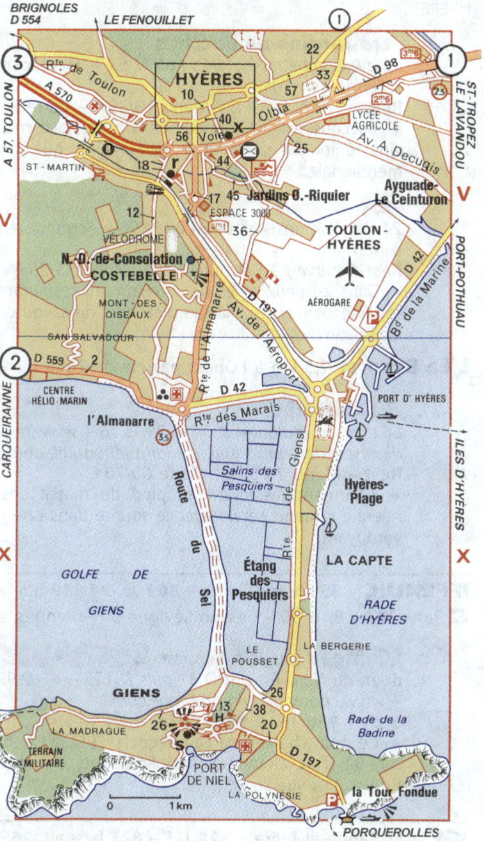

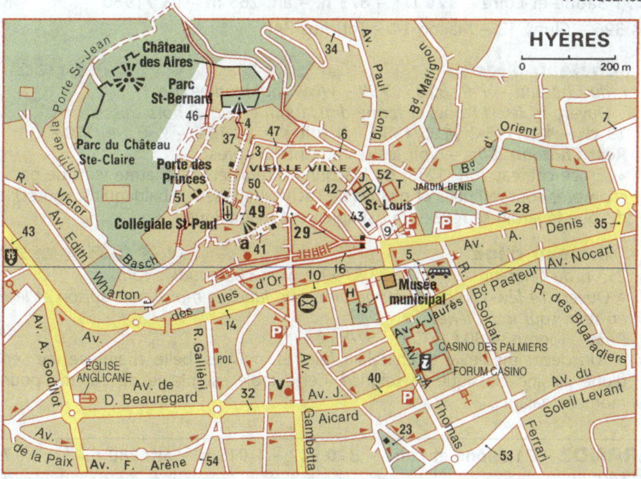

Les Jardins de Bacchus

32 av. Gambetta – ✆ 04 94 65 77 63 – www.bacchushyeres.com – Fermé dim. soir Zv

Rest – Formule 14 € – Menu 19/39 € – Carte 30/45 €

◆ Bacchus est à l'honneur dans cette jolie maison à l'ambiance feutrée... Les vins régionaux ravissent le palais, ainsi que la savoureuse cuisine d'influence méridionale...

Joy

24 r. de Limans – ✆ 04 94 20 84 98 – Fermé 2 sem. en janv., dim. et lundi hors saison Ya

Rest *(réserver)* – Formule 20 € – Menu 35/55 € – Carte 30/50 €

◆ Dans les deux salles de ce charmant restaurant contemporain ou sur la petite terrasse donnant sur la rue piétonne, on savoure une subtile cuisine en prise sur les saisons.

à La Bayorre 2,5 km à l'Ouest par rte de Toulon – ✉ 83400 Hyères

La Colombe

663 rte de Toulon – ✆ 04 94 35 35 16 – www.restaurantlacolombe.com – Fermé dim. soir de sept. à juin, mardi midi en juil.-août, sam. midi et lundi

Rest – Menu 28/65 € – Carte 60/70 €

◆ Charmant restaurant au pied du massif des Maurettes. Cuisine méditerranéenne raffinée, servie avec le sourire dans une jolie salle à manger ou un patio verdoyant.

IFFENDIC – 35 Ille-et-Vilaine – 309 J6 – 4 119 h. – alt. 48 m – ✉ 35750 10 C2

Paris 393 – Bruz 36 – Cesson-Sévigné 50 – Rennes 40

Château du Pin sans rest

6 km au Nord-Est par D 31 puis D 125 – ✆ 02 99 09 34 05 – www.chateaudupin-bretagne.com

5 ch – †88/163 € ††88/163 € – ☕ 14 €

◆ Ce petit château de campagne (1795) fait le bonheur des amateurs de littérature et d'art. Grand salon-bibliothèque, chambres aux noms d'écrivains (Hugo, Proust...) et vue sur le parc.

IGÉ – 71 Saône-et-Loire – 320 I11 – 873 h. – alt. 265 m – ✉ 71960 8 C3

Paris 396 – Cluny 13 – Mâcon 14 – Tournus 34

Château d'Igé

r. du Château – ✆ 03 85 33 33 99 – www.chateaudige.com – Ouvert 14 fév.-11 nov. et fermé dim., lundi et mardi hors saison

13 ch – †95/195 € ††95/195 € – 4 suites – ☕ 16 € – ½ P 140/170 €

Rest *Château d'Igé* – voir les restaurants ci-après

◆ En ce château fort (1235) du Mâconnais, caractère et charme vont de pair. Les chambres sont raffinées et pleines de cachet (tapisseries, baldaquins, voûtes), tandis que le jardin se révèle tout simplement magnifique.

Château d'Igé

252 r. du Château – ✆ 03 85 33 33 99 – www.chateaudige.com – Ouvert 14 fév.-11 nov. et fermé dim. soir, lundi et mardi hors saison et le midi en sem. sauf jours fériés

Rest – Menu 34/80 € – Carte 57/85 €

◆ Un décor médiéval et châtelain (pierres, poutres, belle cheminée) au service d'une cuisine classique et soignée. Cette table est pleine de charme pour un moment galant...

IGUERANDE – 71 Saône-et-Loire – 320 E12 – 1 015 h. – alt. 280 m – ✉ 71340 7 B3

Paris 399 – Dijon 184 – Mâcon 105 – Roanne 21

La Colline du Colombier

3,5 km au Sud-Ouest par D 9 et rte secondaire – ✆ 03 85 84 07 24 – www.troisgros.com – Ouvert de mi-mars à mi-nov. et fermé jeudi sauf de juin à sept. et merc.

Rest – Menu 30/60 € – Carte 50/85 €

◆ En pleine campagne, dominant la Loire, une ferme restaurée dans un style certes champêtre... mais chic et épuré ! Un lieu nature et design, pour déguster une cuisine du terroir raffinée et elle aussi mâtinée de modernité.

ILAY – 39 Jura – **321** F7 – ✉ 39150 Chaux du Dombief **16** B3

Franche-Comté Jura

Paris 439 – Champagnole 19 – Lons-le-Saunier 36 – Morez 22

Cascades du Hérisson★★★.

Auberge du Hérisson

5 rte des Lacs, (carrefour D 75-D 39) – ✆ 03 84 25 58 18 – www.herisson.com – Ouvert fév.-oct.

16 ch – †48/60 € ††48/60 € – ☕ 10 € – ½ P 48/58 €

Rest *(ouvert 15 fév.-31 oct.)* – Menu 19/45 € – Carte 22/50 €

◆ Au pied du sentier qui mène aux cascades du Hérisson, une auberge familiale et rustique, très appréciée des randonneurs. Les chambres sont bien pratiques et, à table, on sert une cuisine régionale (grenouille, friture de truitelle, etc.).

ÎLE-AUX-MOINES – 56 Morbihan – **308** N9 – 573 h. – alt. 16 m **9** A3
– ✉ 56780 Bretagne

Accès par transports maritimes - Stationnement à Port-Blanc en Baden

Les Embruns

r. du Commerce – ✆ 02 97 26 30 86 – www.restaurantlesembruns.com – Fermé 15 janv.-1er mars, 3-22 oct. et merc. sauf juil.-août

Rest – Menu 20/27 € – Carte 23/35 €

◆ Pas de chichi dans ce sympathique bar-restaurant ! Après une promenade sous les embruns, on savoure ici tourteaux, poissons frais, huîtres et fruits de mer.

L'ÎLE BOUCHARD – 37 Indre-et-Loire – **317** L6 – 1 754 h. – alt. 41 m **11** A3
– ✉ 37220 Châteaux de la Loire

Paris 284 – Châteauroux 118 – Chinon 16 – Châtellerault 49

16, place Bouchard, ✆ 02 47 58 67 75

Chapiteaux★ et Cathèdre★ dans le prieuré St-Léonard.

Champigny-sur-Veude : vitraux★★ de la Ste-Chapelle★ SO : 10,5 km.

Auberge de l'Ile

3 pl. Bouchard – ✆ 02 47 58 51 07 – www.aubergedelile.fr – Fermé 1er déc.-27 janv., mardi et merc. sauf fériés

Rest – Menu 30/46 €

◆ Sur une île au milieu de la Vienne... Cette auberge propose de bons produits, cuisinés avec soin. Le cadre est contemporain, avec une terrasse pour rêver au bord de l'eau.

à Sazilly 7 km à l'Ouest par D 760 – **317** L6 – 254 h. – alt. 40 m – ✉ 37220

Auberge du Val de Vienne

30 rte de Chinon – ✆ 02 47 95 26 49 – www.aubergeduvaldevienne.com – Fermé 3-29 janv., 1 sem. en sept., 1 sem. en nov., dim. soir et lundi

Rest – Formule 15 € – Menu 18 € (sem.), 29/51 € – Carte 35/51 €

◆ Faites une halte gourmande dans cet ancien relais de poste (1870) au cœur du vignoble de Chinon. Décor chaleureux se mariant parfaitement avec une cuisine actuelle de qualité.

ÎLE-D'AIX ★ - 17 Charente-Maritime - 324 C3 - 223 h. - alt. 10 m 38 A2
– ✉ 17123 Poitou Vendée Charentes

Accès par transports maritimes

depuis **La Rochelle** - Service saisonnier (avril-oct.) - Traversée 1h 15 mn - Renseignements et tarifs : Croisières Inter Iles, 0 825 135 500 (0,15 €/mn) (La Rochelle)

depuis **Boyardville** (Ile d'Oléron) - Service saisonnier - Traversée 30 mn - Renseignements et tarifs : Croisières Inter Iles 0 825 135 500 (0,15 €/mn), (Boyardville)

depuis **Sablanceaux** (Ile de Ré) - Service saisonnier - Agences Inter Iles de Sablonceaux - Renseignements et tarifs 0 825 135 500

depuis **Fouras** traversée en 20 mn - Service Maritime-Sté Fouras-Aix - 0 820 16 00 17 (0,12 €/min) ; Service permanent - Traversée 30 mn - Renseignements et tarifs 0 820 160 017 (0,12 €/mn)

depuis la **Pointe de la Fumée** (2,5 km NO de Fouras) - Traversée 20 mn - Renseignements et tarifs à Société Fouras-Aix 0 820 160 017 (0,12 €/mn), www.service-maritime-iledaix.com

Napoléon

r. Gourgaud – ✆ 05 46 84 00 77 – www.hotel-ile-aix.com – Fermé 12 nov. -7 fév.

18 ch – †85/140 € ††85/180 € – ☕ 12 € – ½ P 81/128 €

Rest ***Napoléon*** – voir les restaurants ci-après

◆ Vingt minutes de bateau et... la quiétude d'une île préservée. Dans cette jolie maison ancienne rénovée dans un bel esprit contemporain, les chambres sont douillettes (certaines face à la mer). Ici, la défaite de Napoléon eût semblé plus douce.

Napoléon

r. Gourgaud – ✆ 05 46 84 00 77 – www.hotel-ile-aix.com – Fermé 12 nov. -7 fév.

Rest – Formule 22 € – Menu 26/29 € – Carte 28/48 €

◆ Au restaurant de l'hôtel Napoléon, le chef réalise une jolie cuisine d'aujourd'hui. Un cadre élégant mêlant design et touches baroques ; une jolie terrasse... Très sympathique !

ÎLE D'ARZ – 308 O9 Bretagne 9 A3

Accès par transports maritimes

depuis **Barrarach et Conleau** - Traversée 20 mn - Renseignements : Compagnie du Golfe ✆ 02 53 46 56 56, www.compagnie-du-golfe.fr

depuis **Vannes** d'avril à fin sept. - Traversée 30 mn - Renseignements : Navix S.A. Gare Maritime (Vannes) ✆ 0825 132 100.

ÎLE-DE-BATZ – 29 Finistère – 308 G2 – 574 h. – alt. 30 m – ✉ 29253 9 B1
Bretagne

Accès par transports maritimes

depuis **Roscoff** - Traversée 15 mn - Renseignements et tarifs : CFTM BP 10 - 29253 Île de Batz ✆ 02 98 61 78 87 - Armein ✆ 02 98 61 75 47 - Armor Excursion ✆ 02 98 61 79 66, www.vedettes.armor.ile-de-batz.fr

lieu-dit le Débarcadère, ✆ 02 98 61 75 70, www.iledebatz.net

Ti Va Zadou sans rest

au bourg – ✆ 02 98 61 76 91 – www.tivazadou-iledebatz.fr – Ouvert 9 fév.-14 nov.

4 ch ☕ – †55 € ††65 €

◆ En arrivant de l'embarcadère, on aperçoit la maison avec ses volets bleus, à droite de l'église. Très vite, on se sent en famille ; puis c'est le plaisir des chambres adorables, étincelantes de propreté, des fenêtres qui s'ouvrent sur la mer !

ÎLE DE BENDOR – 83 Var – 340 J7 – ✉ 83150 40 B3

Accès par transports maritimes depuis Bandol par vedette (traversée 7mn) renseignements et tarifs : ✆ 04 94 29 44 34.

allées Vivien - B.P. 45, ✆ 04 94 29 41 35, www.bandol.fr

Le Delos

– 04 94 05 90 90 – *www.bendor.com* – *Ouvert avril-oct.*
61 ch – 190/235 € 300/345 € – 8 suites – 15 € – ½ P 245/290 €
Rest ***Le Delos*** – voir les restaurants ci-après
◆ Une île méditerranéenne pour soi seul... ou presque. Sept minutes de traversée suffisent pour rejoindre ce havre de paix, où la nature semble conserver tous ses droits – et les hommes celui d'une vie très douce ! Architectures italiennes, villas au bord de l'eau : de superbes prestations, pour un séjour unique.

Le Delos

– 04 94 05 90 90 – *www.bendor.com* – *Ouvert avril-oct.*
Rest – Menu 32 € (déj. en sem.), 55/95 €
◆ Prenez le large ! Sur l'île de Bendor, ce Delos (du nom de l'île d'Apollon en Grèce) offre l'occasion d'une parenthèse très méditerranéenne. Sentiment délicieux d'être à l'écart... et de revenir aux sources. À la carte, saveurs du Sud et poisson !

ÎLE-DE-BRÉHAT ★ – 22 Côtes-d'Armor – 309 D1 Bretagne 10 C1

Accès par transports maritimes, pour **Port-Clos.**
- depuis la **Pointe de l'Arcouest** - Traversée 10 mn - Renseignements et tarifs : Vedettes de Bréhat 02 96 55 79 50
- depuis **St-Quay-Portrieux** - Service saisonnier - Traversée 1 h 15 mn - Renseignements et tarifs : Vedettes de Bréhat (voir ci-dessus).
- depuis **Binic** - Service saisonnier - Traversée 1 h 30 mn - Renseignements et tarifs : Vedettes de Bréhat (voir ci-dessus).
- depuis **Erquy** - Service saisonnier - Traversée 1 h 15 mn - Renseignements et tarifs : Vedettes de Bréhat (voir ci-dessus).

Tour de l'île★★ - Phare du Paon★ - Croix de Maudez ★ - Chapelle St-Michel ★★ - Bois de la citadelle ★.

Bellevue

Port-Clos – 02 96 20 00 05 – *www.hotel-bellevue-brehat.com* – *Fermé janv.-fév.*
19 ch – 72/97 € 72/160 € – 11 €
Rest – Menu 26/41 € – Carte 41/58 €
◆ Imaginez... Après une promenade sur le ponton ou vers la pointe de l'Arcouest, vous revenez à vélo vers l'hôtel (location de bicyclettes) ; vous admirez la mer sur la terrasse puis rejoignez votre chambre pour profiter de la baignoire balnéo... Tout est clair, marin, comme le restaurant. Un séjour océanique !

La Vieille Auberge

au bourg – 02 96 20 00 24 – *www.brehat-vieilleauberge.eu*
– *Ouvert 7 avril-2 nov.*
15 ch – 79/94 € 79/111 € – 10 € – ½ P 71/79 €
Rest – Menu 18 € (déj.) – Carte environ 20 €
◆ On rejoint à pied cette ancienne maison de corsaires : le patrimoine écologique de l'île mérite bien que l'on oublie sa voiture ! Les chambres sont confortables et toutes simples, comme la cuisine (moules, soupe de poissons, etc) ; pour pêcher la crevette, on vous prêtera un ciré et des bottes. Reposant !

ÎLE DE GROIX ★ – 56 Morbihan – 308 K9 Bretagne 9 B2

Accès par transports maritimes pour **Port-Tudy** (en été **réservation recommandée** pour le passage des véhicules).
- depuis **Lorient** - Traversée 35 mn - Tarifs, se renseigner : S.M.N., r. G. Gahinet 0 820 056 000, www.smn-navigation.fr.

Site★ de Port-Lay - Trou de l'Enfer★.

La Jetée sans rest

1 quai de Port-Tudy – 02 97 86 80 82 – *www.hoteldelajetee.fr* – *Fermé 5 janv.-15 fév.*
8 ch – 59/69 € 59/69 € – 9 €
◆ Fraîches et pimpantes, toutes les chambres de cette petite maison blanche donnent sur la jetée ou la côte du Gripp. Petit-déjeuner au bar marin ou sur la terrasse.

Le Sémaphore de la Croix sans rest

Le Sémaphore – ✆ 02 97 86 86 43 – www.semaphoredelacroix.fr – Ouvert d'avril à mi-nov.

5 ch – 165/205 € 165/205 €

◆ L'isolement de ce sémaphore du 19es. le pare de romantisme. Chambres raffinées, certaines avec terrasse. Jardin fleuri et vue superbe sur l'océan en font un petit paradis.

ÎLE DE JERSEY ★★ – 309 J1 – 85 150 h. Normandie Cotentin

Accès par transports maritimes pour **St-Hélier (réservation indispensable).**

depuis **Granville** - Catamaran rapide - traversée 60 mn (St-Hélier) par Manche Iles Express : ✆ 0 825 131 050 (0,15 €/mn)

depuis **St-Malo** (réservation obligatoire). par Catamaran (Condor Ferries) - Traversée 1 h 10 mn - Renseignements et tarifs : gare maritime de la bourse (St-Malo) Terminal Ferry du Naye ✆ 0 825 135 135 (0,15 €/mn).

depuis **Carteret :** Catamaran - service saisonnier (traversée 50 mn -Gorey) par Manche Iles Express ✆ 0 825 131 050 (0,15 €/mn) www.manche-iles-express.com

*Ressources hôtelières voir le guide MICHELIN : **Great Britain and Ireland***

ÎLE DE NOIRMOUTIER – 85 Vendée – 316 C6 – alt. 8 m — 34 A2

Poitou Vendée Charentes

Accès - par le pont routier au départ de Fromentine : passage gratuit.

- par le passage du Gois** : 4,5 km.
- passage par beau temps limité de une heure et demie avant et jusqu'à une heure et demie après la basse mer, par mauvais temps ou petite marée, ne pas s'écarter de l'heure de la basse mer. Voir les panneaux d'affichage sur place, avant l'accès au Gois.

L'HERBAUDIÈRE – 85 Vendée – ✉ 85330 Noirmoutier en l'Île — 34 A2

Paris 469 – Cholet 140 – Nantes 85 – La Roche-sur-Yon 91

La Marine (Alexandre Couillon)

3 r. Marie-Lemonnier, (sur le port) – ✆ 02 51 39 23 09
– www.restaurantlamarine.blogspot.com
– Fermé 11 déc.-21 janv., dim. soir, mardi et merc.

Rest – Menu 54/126 € bc

Spéc. Coquillages selon la marée, bouillon d'oignon rouge et cerise, mousse de champignon (juin à juil.). Homard, chou-fleur fumé aux aiguilles de pin, betterave et mûre (juin à oct.). Fraise au sirop et épices douces, curry et sorbet fraise mara des bois (été). **Vins** Fiefs Vendéens Brem, Fiefs Vendéens Mareuil.

Rest ***La Table d'Élise*** – voir les restaurants ci-après

◆ Dans cette jolie maison de pays, le chef, talentueux et créatif, compose des assiettes subtiles, abouties et raffinées, magnifiant des produits de la mer déjà au top. Quant au cadre, il est pop, pétillant et contemporain... à l'instar de la cuisine !

La Table d'Élise

5 r. Marie-Lemonnier, (sur le port) – ✆ 02 28 10 68 35 – Fermé 11 déc.-21 janv., dim. soir, mardi et merc.

Rest – Formule 19 € – Menu 29 € – Carte 36/54 €

◆ Cette table marine – l'annexe du restaurant gastronomique La Marine – honore les beaux produits iodés. On reconnaît le sens des saveurs et la précision d'exécution du chef, version bistrot et sans façon... Un bon moment !

NOIRMOUTIER-EN-L'ÎLE – 85 Vendée – 4 756 h. – alt. 8 m – ✉ 85330 — 34 A2

Paris 464 – Cholet 135 – Nantes 80 – La Roche-sur-Yon 86

Route du Pont, Barbâtre, ✆ 02 51 39 80 71, www.ile-noirmoutier.com

Collection de faïences anglaises★ au château.

Fleur de Sel

r. des Saulniers – ✆ 02 51 39 09 07 – www.fleurdesel.fr – Ouvert 31 mars-4 nov.

35 ch – 100/170 € 100/220 € – ½ P 90/135 €

Rest *Fleur de Sel* – voir les restaurants ci-après

◆ Un lieu paisible et verdoyant, entre practice de golf, piscine, tennis et chambres coquettes au décor soigné, d'esprit marin ou cosy... Ici, calme, confort et détente passent avant tout !

Le Grand Four

1 r. de la Cure, (derrière le château) – ✆ 02 51 39 61 97 – www.legrandfour.com – Fermé déc.- janv., jeudi midi hors saison, dim. soir et lundi sauf le soir en juil.-août

Rest – Formule 23 € – Menu 29/79 €– Carte 46/95 €

◆ Une belle maison bourgeoise tapissée de vigne vierge : un cadre intime, cossu et tout simplement idéal pour savourer une jolie cuisine du moment, fraîche et bien iodée.

Fleur de Sel – Hôtel Fleur de Sel

r. des Saulniers – ✆ 02 51 39 09 07 – www.fleurdesel.fr – Ouvert 31 mars-4 nov. et fermé le midi sauf juil.-août et fériés, lundi midi et mardi midi en juin et sept.

Rest – Formule 16 € – Menu 21/41 € – Carte 38/49 €

◆ Un restaurant très mer... pour une cuisine simple mais bien faite, qui accorde une place de choix aux produits iodés.

L'Étier

rte de L'Épine, 1 km au Sud-Ouest – ✆ 02 51 39 10 28 – www.restaurant-letier.fr – Fermé déc., janv., mardi sauf juil.-août et lundi

Rest – Formule 17 € – Menu 25/55 € – Carte 42/55 €

◆ Une maison basse typique de l'île, agréable avec son intérieur rustique et sa véranda donnant sur l'étier de l'Arceau. On y déguste de beaux produits de la pêche locale : une cuisine de bon artisan, savoureuse et fraîche.

au Bois de la Chaize 2 km à l'Est – ✉ 85330 Noirmoutier en l'Île

Bois★.

Les Prateaux

8 allée du Tambourin – ✆ 02 51 39 12 52 – www.lesprateaux.com – Ouvert 16 mars-6 nov.

21 ch – 90/185 € 90/185 € – 14 € – ½ P 120/135 €

Rest *Les Prateaux* – voir les restaurants ci-après

◆ Une jolie maison dans la pinède et donnant sur la plage : idyllique ! Les chambres, spacieuses et souvent de plain-pied, sont classiques et très douillettes (lits king size). Une douceur de vivre qui ravit les nombreux habitués.

St-Paul

15 av. du Mar.-Foch – ✆ 02 51 39 05 63 – www.hotel-saint-paul.net – Ouvert 14 fév.-15 nov.

34 ch – 70/125 € 70/190 €

Rest *St-Paul* – voir les restaurants ci-après

◆ Un hôtel d'esprit balnéaire (19es.) au cœur des bois et d'un parc fleuri, au grand calme. Les chambres, classiques et assez cossues, sont agréables et, pour la détente, rien ne manque : spa complet (hammam, massages, soins), piscine...

Château du Pélavé

9 allée de Chaillot – ✆ 02 51 39 01 94 – www.chateau-du-pelave.fr

16 ch – 111/225 € 111/259 € – 12 €

Rest *Château du Pélavé* – voir les restaurants ci-après

◆ En quête de tranquillité ? Ce petit castel de la fin du 19es. est idéal, blotti dans son ravissant parc arboré et fleuri. D'esprit zen, baroque, colonial ou classique, les chambres sont toutes différentes, mais toujours cosy.

XXX **Les Prateaux** – Hôtel Les Prateaux

8 allée du Tambourin – ✆ 02 51 39 12 52 – www.lesprateaux.com – Ouvert 16 mars-6 nov., fermé le midi du 16 mars au 6 avril et du 15 oct. au 5 nov. et mardi

Rest – Formule 24 € – Menu 39/59 € – Carte 38/78 €

◆ Dans ce joli restaurant ouvert sur un jardin fleuri, le chef concocte une cuisine de tradition savoureuse et bien tournée : filet de bœuf et ses pommes de terre de Noirmoutier, crème brûlée, etc.

XX **St-Paul** – Hôtel St-Paul

15 av. du Mar.-Foch – ✆ 02 51 39 05 63 – www.hotel-saint-paul.net – Ouvert 14 fév.-15 nov. et fermé dim. soir et lundi hors saison

Rest – Formule 17 € – Menu 30/70 € – Carte 40/60 €

◆ Au menu, de bonnes recettes de tradition donnant la priorité aux produits de la mer. On se régalera ainsi d'une papillote de homard, de langoustines rôties ou de côtes de veau à la crème de cèpes... dans un cadre classique.

XX **Château du Pélavé** – Hôtel Château du Pélavé

9 allée de Chaillot – ✆ 02 51 39 01 94 – www.chateau-du-pelave.fr – Fermé dim. soir, merc. midi, lundi et mardi d'oct. à mars sauf vacances scolaires

Rest – Formule 24 € – Menu 31/68 € bc – Carte 46/63 €

◆ Dîner dans une demeure victorienne... et, pour un peu, se croire outre-Manche ! La carte, traditionnelle, fait la part belle aux saveurs iodées et s'accompagne de bons vins de petits producteurs dénichés par le directeur.

ÎLE DE PORQUEROLLES – 83 Var – 340 M7 – ✉ 83400 41 C3

Accès par transports maritimes

depuis **La Tour Fondue** (presqu'île de Giens) - Traversée 20 mn - Renseignements et tarifs : T.L.V. et T.V.M. ✆ 04 94 58 21 81, www.tlv-tvm.com (La Tour Fondue).

depuis **Cavalaire** - service saisonnier - Traversée 1 h 40 mn ou **Le Lavandou** -service saisonnier - Traversée 50 mn. Renseignements et tarifs : Vedettes Îles d'Or 15 quai Gabriel-Péri ✆ 04 94 71 01 02 (Le Lavandou)

depuis **Toulon** - service saisonnier - Traversée 1 h - Renseignements et tarifs : Se renseigner auprès de l'Office du tourisme de Toulon ✆ 04 94 18 53 00.

Le Mas du Langoustier

3,5 km à l'Ouest du port – ✆ 04 94 58 30 09 – www.langoustier.com – Ouvert de fin avril à début oct.

45 ch (½ P seult) – 5 suites – ½ P 180/315 €

Rest *Le Mas du Langoustier* ✿ – voir les restaurants ci-après

◆ Un petit coin de paradis à la pointe de l'île... Cette belle demeure de style provençal abrite des chambres spacieuses, fraîches et très bourgeoises. Le luxe ? Le calme et la végétation luxuriante. Navettes régulières avec le continent... qui semble si loin.

Villa Ste-Anne

pl. d'Armes – ✆ 04 98 04 63 00 – www.sainteanne.com – Ouvert 21 mars-30 sept.

25 ch (½ P seult) – ½ P 85/145 € **Rest** – Menu 25 € – Carte 32/65 €

◆ À côté de la petite église, sur la placette du village, une maison traditionnelle fort bien tenue, aux chambres récemment rénovées. Le restaurant, de style bistrot, jouit d'une terrasse ombragée ; cuisine traditionnelle.

Auberge des Glycines

pl. d'Armes – ✆ 04 94 58 30 36 – www.auberge-glycines.com

11 ch (½ P seult) – ½ P 89/179 €

Rest – Formule 20 € – Menu 25 € – Carte 35/60 €

◆ Un sympathique petit coin de Provence, agréable pour un séjour sur l'île. Accueil chaleureux et décor coloré ! La Méditerranée est à l'honneur au restaurant, qui cache un joli patio ombragé.

Le Mas du Langoustier – Hôtel Le Mas du Langoustier
3,5 km à l'Ouest du port – ✆ 04 94 58 30 09
– www.langoustier.com – Ouvert de fin avril à début oct.
Rest – Menu 62/130 € – Carte 70/110 €
Spéc. Tartare de daurade royale en aumonière de carpaccio de bœuf. Filet de chapon cuit vapeur sous un voile de bourride noire. Ceviche de frécinette au citron vert, sphère chocolat au confit de bananes. **Vins** Vin de l'Île de Porquerolles.
◆ Dans ce mas coupé du monde, avec pour seul vis-à-vis la flore méditerranéenne et la mer, les saveurs prennent sans doute un relief particulier... mais la qualité d'exécution et la générosité des recettes sont bien réelles, et le plaisir évident.

ÎLE DE PORT-CROS ★★★ – 83 Var – 340 N7 – ✉ 83400 Côte d'Azur 41 C3

Accès par transports maritimes

depuis **Hyères** - renseignements et tarifs : T.L.V. et T.V.M. 04 94 57 44 07 - depuis **Le Lavandou** -Traversée 35 mn - Renseignements et tarifs : Vedettes Îles d'Or 15 quai Gabriel-Péri ✆ 04 94 71 01 02 (Le Lavandou)

depuis **Cavalaire** - Traversée 45 mn - Renseignements et tarifs : voir ci-dessus

depuis **La Tour Fondue** - Traversée 1 h - Renseignements et tarifs : T.L.V. - T.V.M. ✆ 04 94 58 21 81.

Le Manoir
– ✆ 04 94 05 90 52 – http://monsite.wanadoo.fr/hotelmanoirportcros
– Ouvert 30 avril-5 oct.
23 ch (½ P seult) – ½ P 165/250 €
Rest ***Le Manoir*** – voir les restaurants ci-après
◆ Un privilège que de séjourner sur cette magnifique île protégée ! Ce joli manoir du 19es. a l'âme d'une maison de famille, où l'on partage son temps entre plage (à deux pas) et jardin. Pour jouer les Robinson... sans télévision ni Internet !

Le Manoir
– ✆ 04 94 05 90 52 – http://monsite.wanadoo.fr/hotelmanoirportcros
– Ouvert 30 avril-5 oct.
Rest – Menu 48 € (dîner), 58/90 € – Carte 50/90 €
◆ Sous de vieux eucalyptus, la terrasse regarde les voiliers dans la rade de Port-Cros. Bel endroit pour une cuisine qui embaume les parfums de la région : filet de bœuf grillé, jus romarin et gingembre ; larme glacée à la nougatine d'olive...

ÎLE DE RÉ ★ – 17 Charente-Maritime – 324 B2 Poitou Vendée Charentes 38 A2

Accès par le pont routier (voir à La Rochelle).

ARS-EN-RÉ – 17 Charente-Maritime – 1 318 h. – alt. 4 m – ✉ 17590 38 A2

Paris 506 – Fontenay-le-Comte 85 – Luçon 75 – La Rochelle 34

26, place Carnot, ✆ 05 46 29 46 09, www.iledere-arsenre.com

Le Martray
8 rte d'Ars, le Martray, 3 km à l'Est par D 735 – ✆ 05 46 29 40 04
– www.hotel-le-martray.com – Fermé 3 janv.-11 fév.
15 ch – 🚹76/154 € 🚹🚹76/154 € – ☕ 11 €
Rest *(fermé dim. soir et merc. sauf juil.-août et lundi)* – Menu 22/48 €
– Carte 37/63 €
◆ "Marocaine", "Rhétaise", "Espagnole"... les chambres sont toutes originales et confortables, et certaines donnent sur les marais et la mer, car la plage est à deux pas ! Et au restaurant ? Cap sur les saveurs iodées. Voilà bien des raisons de ne pas se fier à la façade un peu banale de cet hôtel.

Le Sénéchal sans rest
6 r. Gambetta – ✆ 05 46 29 40 42 – www.hotel-le-senechal.com – Fermé 3 janv.-10 fév.
22 ch – 🚹60/260 € 🚹🚹60/260 € – ☕ 12 €
◆ Au cœur du village, une maison qui a un charme fou ! Les patios sentent bon la lavande et le romarin ; partout, de beaux meubles chinés, des matériaux nobles et des objets design, pour une atmosphère très déco et résolument chaleureuse.

XX **Le Bistrot de Béné**

1 quai Criée – ✆ 05 46 29 40 26 – Fermé 2 janv.-2 mars, lundi et mardi hors saison
Rest – Formule 26 € – Menu 30 € – Carte 65/101 €
◆ Poêlé, vapeur ou au four ? Chez Béné, on choisit la cuisson de son poisson... Une façon originale de découvrir de bons petits plats traditionnels et bien iodés. Quant au cadre, il est élégant et lumineux, avec une terrasse face au port.

X **Ô de Mer**

5 r. Thiers – ✆ 05 46 29 23 33 – www.odemerbistrotgourmand.fr – Fermé 26 nov.-16 déc., 15 janv.-10 fév., dim. soir et lundi sauf en saison
Rest – Formule 25 € – Carte 36/60 €
◆ Les propriétaires ? Un couple belge qui, après dix ans passés en Australie, a trouvé son coin de paradis à Ars. Philosophie de la maison ? Accueillir, faire plaisir et partager... autour d'une cuisine traditionnelle actualisée. Goûteux !

LE BOIS-PLAGE-EN-RÉ – 17 Charente-Maritime – 2 330 h. – alt. 5 m – ✉ 17580 — 38 A2

Paris 494 – Fontenay-le-Comte 74 – Luçon 64 – La Rochelle 23
87, rue des Barjottes, ✆ 05 46 09 23 26

L'Océan

172 r. St-Martin – ✆ 05 46 09 23 07 – www.re-hotel-ocean.com – Fermé 3 janv.-9 fév.
29 ch – †75/180 € ††75/180 € – ☕ 10 € – ½ P 70/122 €
Rest *L'Océan* – voir les restaurants ci-après
◆ Maisons aux murs chaulés où bois blond, courtepointes et tissus brodés distillent le charme intemporel des habitations rhétaises. Les chambres sont très coquettes (plus contemporaines autour de la piscine) et l'on s'y sent bien.

Les Bois Flottais sans rest

chemin des Mouettes – ✆ 05 46 09 27 00 – www.lesboisflottais.com – Ouvert 2 mars-15 nov. et 26 déc.-3 janv.
19 ch – †75/157 € ††75/157 € – ☕ 12 €
◆ À l'écart de l'agitation du village, un petit hôtel tenu par un jeune couple accueillant. Tomettes, lambris lasurés, bibelots marins : des chambres confortables au décor très insulaire, toutes de plain-pied et donnant sur l'une des piscines.

La Villa Passagère sans rest

25 av. du Pas des Bœufs – ✆ 05 46 00 26 70 – www.hotel-lavillapassagere.fr – Ouvert 6 avril-11 nov.
13 ch ☕ – †90/160 € ††90/160 €
◆ Des petites maisons régionales autour d'une agréable piscine et d'un jardin odorant (lavande et romarin), avec des chambres de plain-pied, simples et lumineuses : pour un passage sur l'île paisible et plaisant.

XX **L'Océan** – Hôtel L'Océan

172 r. St-Martin – ✆ 05 46 09 23 07 – www.re-hotel-ocean.com – Fermé 3 janv.-9 fév. et merc. sauf le soir d'avril à sept.
Rest – Formule 19 € – Menu 25/34 € – Carte 33/55 €
◆ Soupe de poisson, faux-filet grillé, banane rôtie... Le chef concocte de bons petits plats de tradition, que l'on savoure dans une atmosphère très bord de mer. Jolie terrasse aux beaux jours.

LA FLOTTE – 17 Charente-Maritime – 2 946 h. – alt. 4 m – ✉ 17630 — 38 A2

Paris 489 – Fontenay-le-Comte 68 – Luçon 58 – La Rochelle 17
quai de Sénac , ✆ 05 46 09 60 38, www.laflotte-iledere.fr

Richelieu

44 av. de la Plage – ✆ 05 46 09 60 70 – www.hotel-le-richelieu.com – Fermé 2 janv.-4 fév.
37 ch – †110/470 € ††120/470 € – 3 suites – ☕ 30 € – ½ P 125/355 €
Rest *Richelieu* – voir les restaurants ci-après
◆ Face à la mer, une très belle villa rhétaise, immaculée comme il se doit. Les chambres sont raffinées, dans un esprit classique ou bord de mer chic, certaines avec une grande terrasse donnant sur les flots. Centre de thalassothérapie, fitness... Un superbe moment de détente !

XXX **Richelieu** – Hôtel Richelieu

44 av. de la Plage – ✆ 05 46 09 60 70 – www.hotel-le-richelieu.com – Fermé 2 janv.-4 fév.

Rest – Menu 50/75 € – Carte 55/85 €

◆ Vue sur le jardin et sur la mer pour cette table classique et élégante... Le chef cuisine une agréable cuisine du moment faisant la part belle aux saveurs iodées (plats plus simples le midi).

XX **L'Écailler**

3 quai Sénac – ✆ 05 46 09 56 40 – www.lecailler-iledere.com – Ouvert 1er mars-30 nov. et fermé mardi sauf juil.-août et lundi

Rest – Menu 42 € (déj.)/56 € – Carte 48/90 €

◆ Sur le joli petit port, une maison d'armateur (1652) chaleureuse et soignée (boiseries, cheminée, parquet ancien) qui honore la pêche locale... Aux beaux jours, on profite de la terrasse. Une bonne adresse gourmande !

X **Chai nous comme Chai vous**

1 r. de la Garde – ✆ 05 46 09 49 85 – www.chainouscommechaivous.over-blog.com – Fermé 1er-16 mars, 27 juin-4 juil., 3-19 janv., merc. et jeudi sauf vacances scolaires

Rest *(nombre de couverts limité, réserver)* – Menu 21/45 €

◆ On se sent un peu comme chez soi dans ce restaurant de poche coquet et convivial. Au menu, une jolie cuisine de la mer, des vins bien choisis, une touche d'inventivité et de sympathiques petites attentions... Réservez !

RIVEDOUX-PLAGE – 17 Charente-Maritime – 2 285 h. – alt. 2 m – ✉ 17940 38 A2

Paris 483 – Fontenay-le-Comte 63 – Luçon 53 – La Rochelle 12

place de la République, ✆ 05 46 09 80 62, www.rivedoux-plage.fr

La Marée

321 av. A. Sarrault, rte de St-Martin – ✆ 05 46 09 80 02 – www.hoteldelamaree.com

26 ch – †66/236 € ††66/236 € – ☐ 18 € – ½ P 80/165 €

Rest ***La Marée*** – voir les restaurants ci-après

◆ Un hôtel face à la mer avec des chambres d'esprit contemporain et épuré donnant toutes sur les flots... Frais et confortable. Pour les amateurs d'eau douce, la piscine et le jacuzzi sont bien agréables.

Le Grand Large

154 av. des Dunes – ✆ 05 46 09 89 51 – www.hoteldugrandlarge.com – Ouvert de mi-mars à nov.

30 ch – †60/185 € ††60/185 € – ☐ 12 € – ½ P 71/132 €

Rest – Formule 17 € – Menu 22/36 € – Carte 29/44 €

◆ Ouvert sur le large, un hôtel-restaurant de style rhétais autour d'une belle piscine. Les chambres, claires, confortables et pratiques, ont toutes un balcon ou une terrasse... Et pour un repas décontracté, on se retrouve autour de pâtes, de pizzas et de petits plats traditionnels.

XX **La Marée** – Hôtel La Marée

321 av. A. Sarrault, rte de St-Martin – ✆ 05 46 35 39 44 – www.hoteldelamaree.com

Rest – Formule 15 € – Menu 23/76 € – Carte 37/72 €

◆ Dans ce bistrot chic et contemporain, la carte, dans l'air du temps, est courte mais alléchante et l'on propose aussi un menu homard, à déguster sur la terrasse, face à l'Océan, pour se sentir vraiment en vacances !

ST-CLÉMENT-DES-BALEINES – 17 Charente-Maritime – 723 h. – alt. 2 m – ✉ 17590 38 A2

Paris 509 – Fontenay-le-Comte 89 – Luçon 79 – La Rochelle 38

200, rue du Centre, ✆ 05 46 29 24 19, www.stclementdesbaleines.com

L'Arche de Noé (parc d'attractions) : Naturama★ (collection d'animaux naturalisés) - Phare des Baleines ✻★ N : 2,5 km.

Le Chat Botté sans rest

2 pl. de l'Église – ✆ 05 46 29 21 93 – www.hotelchatbotte.com – Fermé 1 sem. fin nov. et de début janv. à mi-fév.

20 ch – †61/69 € ††73/83 € – 3 suites – ☕ 14 €

◆ Atmosphère cosy (bois, tons pastel), petit-déjeuner servi au cœur d'un adorable jardin et centre de beauté : une adresse dédiée à la détente et au bien-être !

Le Chat Botté

r. de la Mairie – ✆ 05 46 29 42 09 – www.restaurant-lechatbotte.com – Fermé déc.-janv. et merc. de sept. à mars

Rest – Menu 23 € (sem.), 37/75 € – Carte 50/80 €

◆ Dans sa belle auberge marine, ce Chat-là ne chausse pas ses bottes pour partir à la pêche, mais c'est tout comme ! À sa table, on se régale de poissons exclusivement sauvages, fraîchement choisis par le chef à la criée de La Rochelle.

ST-MARTIN-DE-RÉ – 17 Charente-Maritime – 2 585 h. – alt. 14 m – ✉ 17410 — 38 A2

Paris 493 – Fontenay-le-Comte 72 – Luçon 62 – La Rochelle 22

2, quai Nicolas Baudin, ✆ 05 46 09 20 06, www.saint-martin-de-re.fr

Fortifications★.

De Toiras

1 quai Job-Foran – ✆ 05 46 35 40 32 – www.hotel-de-toiras.com

20 ch – †135/510 € ††135/550 € – 9 suites – ☕ 29 €

Rest *(fermé dim. et lundi de nov. à avril et le midi)* – Menu 55 € – Carte 75/105 €

◆ Une maison d'armateur datant du 17^{e}s., toute de charme : décoration soignée, à la fois luxueuse et simple, chambres très chaleureuses, accueil particulièrement attentionné, et une cuisine fraîche et bien tournée au restaurant, apprécié des résidents... Une perle rare !

Villa Clarisse

5 r. du Gén.-Lapasset – ✆ 05 46 35 40 32 – www.villa-clarisse.com – Ouvert avril-oct.

6 ch – †135 € ††480 € – 3 suites – ☕ 19 €

◆ À 250 m de l'hôtel de Toiras, une Villa en apparence plus modeste... mais tout aussi raffinée par la qualité de ses aménagements et l'inspiration de ses décors, dans le bel esprit de l'île. Un petit havre de paix.

Le Clos St-Martin sans rest

8 cours Pasteur – ✆ 05 46 01 10 62 – www.le-clos-saint-martin.com – Fermé 14 nov.-15 déc.

33 ch – †135/460 € ††135/460 € – ☕ 17 €

◆ Non loin du port mais au calme, une belle maison dans un superbe jardin verdoyant. Joli hammam en mosaïque, spa, piscines et chambres d'esprit rhétais, d'une élégance sobre et très nature... Du charme à revendre !

La Baronnie Hôtel & Spa sans rest

17-21 r. Baron-de-Chantal – ✆ 05 46 09 21 29 – www.hotel-labaronnie.com – Ouvert 30 mars-11 nov.

17 ch – †130/270 € ††130/270 € – ☕ 16 €

◆ Au cœur d'un beau jardin odorant – en toute quiétude –, deux élégants hôtels particuliers mitoyens (18^{e}s.) restaurés avec goût dans un esprit bourgeois. Dans les chambres règne une vraie douceur de vivre, celle des demeures de famille, à la fois douillettes et cossues...

La Jetée sans rest

quai G. Clemenceau – ✆ 05 46 09 36 36 – www.hotel-lajetee.com

17 ch – †98/135 € ††98/135 € – 7 suites – ☕ 12 €

◆ Sur le port, au cœur de l'animation, un hôtel d'esprit contemporain. Les chambres sont avant tout fonctionnelles et néanmoins chaleureuses (couleurs tendance), et il y a un joli patio, où l'on prend son petit-déjeuner aux beaux jours.

Le Galion sans rest
allée Guyane – 05 46 09 03 19 – www.hotel-legalion.com
29 ch – 75/130 € 80/135 € – 10 €
◆ Les remparts de Vauban protègent ce Galion des humeurs de l'Océan ; quant aux chambres, sobres, fraîches et très bien tenues, elles donnent pour la plupart sur le large (quatre côté patio). Une bonne petite adresse.

La Maison Douce sans rest
25 r. Mérindot – 05 46 09 20 20 – www.lamaisondouce.com – Fermé 13 nov.-25 déc. et 2 janv.-15 fév.
11 ch – 130/215 € 130/215 € – 15 €
◆ Charme à l'horizon ! Cette maison typiquement rhétaise (19[e]s.) porte bien son nom : atmosphère feutrée, chambres délicieuses, salles de bains rétro et joli jardin aux effluves délicats, où l'on prend son petit-déjeuner en été.

Du Port sans rest
29 quai Poithevinière – 05 46 09 21 21 – www.iledere-hot-port.com – Fermé 3 sem. en janv.
35 ch – 72/113 € 78/125 € – 10 €
◆ Au cœur du quartier animé de St-Martin-de-Ré, un hôtel bien pratique, avec des chambres lumineuses, très propres, simples et accueillantes, dont certaines donnent sur le port.

L'Avant Port
8 quai Daniel Rivaille – 05 46 68 06 68 – www.lavantport.com – Fermé de début janv. à mi-fév., mardi soir, jeudi midi et merc. du 15 nov. au 20 déc., dim. soir, mardi midi et lundi sauf juil.-août et sauf fériés
Rest – Formule 22 € – Menu 30 € (déj. en sem.) – Carte 42/75 €
◆ À l'entrée du port, au calme, un bistrot chic qui mêle avec bonheur les styles industriel et Louis XVIII. Un cadre branché, pour une cuisine sans esbroufe, où le produit passe avant tout : poisson extrafrais, légumes de l'île, etc.

STE-MARIE-DE-RÉ – 17 Charente-Maritime – 3 112 h. – alt. 9 m – ✉ 17740 38 A2

Paris 486 – Fontenay-le-Comte 66 – Luçon 55 – La Rochelle 15
place d'Antioche, 05 46 30 22 92

Atalante
r. Port Notre-Dame – 05 46 30 22 44 – www.relaisthalasso.com – Fermé 6-19 janv.
96 ch – 85/531 € 110/531 €
Rest *Atalante* – voir les restaurants ci-après
◆ Face à la mer, un hôtel au grand calme, entièrement rénové en 2011. Mobilier contemporain et esprit zen dans les chambres, en adéquation avec la vocation de l'établissement, axé sur la thalassothérapie et la détente...

Les Vignes de la Chapelle sans rest
5 r. de la Manne – 05 46 30 20 30 – www.lesvignesdelachapelle.com – Ouvert 30 mars-6 nov.
17 suites – 95/310 € – 2 ch – 13 €
◆ Face aux vignes et à la mer, cet hôtel de style local est écorespectueux (matériaux naturels, panneaux solaires...) et cultive un bel esprit nature. Chambres de plain-pied avec terrasse ; espace bien-être... Tranquillité, sobriété et confort !

L'Ile sous le Vent
17 bis r. du Petit-Labat – 05 46 09 60 53 – www.ilesouslevent.com
9 ch – 60/109 € 60/109 € – 10 €
Rest *L'Ile sous le Vent* – voir les restaurants ci-après
◆ Une belle et grande maison de plain-pied, bien dans l'esprit de l'île. Les chambres, intimes et décorées avec goût, sont quant à elles un îlot de sérénité, sans même parler du jardin ou de la piscine... Un endroit calme et charmant.

Atalante – Hôtel Atalante
r. Port Notre-Dame – 05 46 30 22 44 – www.relaisthalasso.com – Fermé 6-19 janv.
Rest – Formule 22 € – Menu 39/46 € – Carte 50/84 €
◆ Un bistrot chic et chaleureux ouvert sur le divin spectacle de l'Atlantique, pour une cuisine du moment qui fait la part belle aux produits de la mer...

L'Ile sous le Vent – Hôtel L'Ile sous le Vent
17 bis r. du Petit-Labat – 05 46 09 60 53 – *www.ilesouslevent.com* – *Fermé le midi, dim. et lundi*
Rest – Menu 35 € bc
◆ Une charmante Île sous le Vent qui met le poisson à l'honneur, comme il se doit. Le chef est ancien pâtissier et tout est fait maison, de l'entrée jusqu'au dessert. Savoureux...

ÎLE-DE-SEIN – 29 Finistère – 308 B6 – 214 h. – ✉ 29990 Bretagne 9 A2

Accès Transports piétons uniquement
depuis **Brest** (le dim. en juil.-août) - Traversée 1 h 30 mn - Renseignements et tarifs : Cie Maritime Penn Ar Bed (Brest) 02 98 70 70 70
depuis **Audierne** (toute l'année) Traversée 1 h - Renseignements et tarifs : voir ci-dessus.
depuis **Camaret** (le dim. en juil.-août) Traversée 1 h - Renseignements et tarifs : Cie Maritime Penn Ar Bed (Brest) 02 98 80 80 80

Ar Men
rte du Phare – 02 98 70 90 77 – *www.hotel-armen.net* – *Ouvert 11 fév.-1er nov.*
10 ch – †45 € ††55/70 € – ☕ 7 € – ½ P 55/63 €
Rest *(fermé dim. soir et merc.)* – Menu 20 €
◆ La dernière maison en sortant du bourg, sur la route du phare. Les amoureux de la mer et du calme apprécieront les chambres océanes, presques nues, avec vue sur le large. Tout aussi efficace, la cuisine, qui change au gré de la pêche (ragoût de homard sur réservation). Pain maison, aux algues !

ÎLE DES EMBIEZ – 83 Var – 340 J7 – ✉ 83140 Côte d'Azur 40 B3

Hélios
au port – 04 94 10 66 10 – *www.les-embiez.com*
60 ch – †140/170 € ††140/170 € – 1 suite – ☕ 12 € – ½ P 80/95 €
Rest – Menu 17/30 € – Carte 29/37 €
◆ Rien que sept minutes de traversée pour rejoindre cette charmante petite île... Les chambres sont lumineuses et actuelles, avec balcon côté port. La terrasse du restaurant donne sur la marina ; la cuisine, bien ficelée, chante avec l'accent du Sud.

ÎLE-D'HOUAT – 56 Morbihan – 308 N10 – 274 h. – alt. 31 m – ✉ 56170 Bretagne 10 C3

Accès par transports maritimes
depuis **Quiberon** - Traversée 45 mn - Renseignements et tarifs : la Compagnie Océane Le Palais SMN 0 820 056 000 (0,12 €/mn)(Quiberon) www.smn-navigation.fr
depuis **La Trinité-sur-Mer** (juil.-août) Traversée 1 h - Navix : cours des quais 0 825 162 100 (0,15 €/mn)
depuis **Vannes**, Port Navalo, Locmariaquer, la Turballe et le Croisic - renseignements et tarifs : la Compagnie des Iles 0825 164 100 (0,15 €/mn), www.compagniedesiles.com
Le Bourg ★.

La Sirène
rest, ch,
rte du Port – 02 97 30 66 73 – *www.houat-la-sirene.com* – *Ouvert de Pâques à fin sept. et week-ends en oct.*
20 ch – †110/130 € ††110/150 € – ☕ 12 € – ½ P 80/100 €
Rest – Formule 17 € – Menu 22 € (sem.)/33 € – Carte 35/75 €
◆ Hôtel familial ancré au cœur du bourg. Les chambres sont fonctionnelles et bien tenues, certaines avec vue sur mer. Cuisine traditionnelle au restaurant, où les poissons sont fournis par les pêcheurs locaux. Moules-frites et salades pour les petits budgets.

ÎLE D'OLÉRON ★ – 17 Charente-Maritime – 324 C4 38 A2

Poitou Vendée Charentes

Accès par le pont viaduc : passage gratuit.

LA COTINIÈRE – 17 Charente-Maritime – ✉ 17310 St Pierre d Oleron 38 A2

Paris 522 – Marennes 22 – Rochefort 44 – La Rochelle 80

22, rue du Port, ✆ 05 46 47 09 08

Face aux Flots sans rest

24 r. du Four – ✆ 05 46 47 10 05 – www.hotel-faceauxflots-oleron.com – Ouvert 11 fév.-10 nov. et vacances de Noël

22 ch – †53/115 € ††56/130 € – ☕ 10 €

◆ Un petit hôtel de bord de mer sympathique, avenant et tenu en famille. Les chambres sont simples, fraîches et impeccables (dont quatre avec petit balcon), et celles du 2e étage ont une très jolie vue sur les flots... évidemment !

Île de Lumière sans rest

av. des Pins – ✆ 05 46 47 10 80 – www.moteliledelumiere.com – Ouvert 6 avril-30 sept.

45 ch ☕ – †81/150 € ††81/150 €

◆ Des chambres dans de petits pavillons, sur un site assez sauvage... façon motel. Toutes ont une terrasse privative donnant sur la mer, les dunes ou la piscine : c'est sobre, bien tenu et vraiment très tranquille !

De la Plage sans rest

51 bd du Capitaine-Leclerc – ✆ 05 46 47 28 79 – www.oleronhotel.com – Ouvert 6 fév.-31 oct.

19 ch – †55/85 € ††55/85 € – ☕ 8 €

◆ Une jolie maison oléronaise dans un jardin arboré, au calme et tout près de la plage. Les chambres sont simples et classiques, d'une tenue parfaite et d'un rapport qualité-prix excellent. Un bon petit hôtel !

à la Ménounière 2 km au Nord par rte secondaire ✉ 17310 St-Pierre-d'Oléron

Saveurs des Îles

18 r. de la Plage – ✆ 05 46 75 86 68 – www.saveursdesiles.fr – Ouvert 2 avril-7 nov. et fermé mardi midi et lundi sauf le soir en juil.-août, merc. midi en saison

Rest – Menu 28/55 € – Carte 50/70 €

◆ Les propriétaires ont construit eux-mêmes ce joli restaurant ethnique et sa terrasse zen et apaisante... Désormais, Cécile vous accueille avec le sourire, tandis que Patrick concocte de bons plats créatifs relevés de saveurs exotiques.

DOLUS-D'OLÉRON – 17 Charente-Maritime – 3 166 h. – alt. 7 m – ✉ 17550 38 A2

Paris 511 – Rochefort 39 – La Rochelle 75 – Saintes 58

Parvis Saint-André, ✆ 05 46 75 32 84, www.ile-oleron-marennes.com

à la Rémigeasse 2 km à l'Ouest par rte secondaire – ✉ 17550 Dolus-D'Oléron

Le Grand Large

2 av. de l'Océan – ✆ 05 46 75 77 77 – www.le-grand-large.fr – Ouvert 23 mars-5 nov.

28 ch – †110/410 € ††110/410 € – ☕ 27 € – ½ P 60 €

Rest *Le Grand Large* – voir les restaurants ci-après

◆ Ce fleuron de la villégiature balnéaire des années 1960 a retrouvé sa belle jeunesse en 2011, grâce à ses propriétaires. Tombés sous le charme, ils ont quitté leur Luberon pour Oléron, et bien leur en a pris ! Design, nature et trendy : un lieu chic au bord de l'eau, entre embruns, air du large et évocation de la douceur des sixties.

Le Grand Large

2 av. de l'Océan – ✆ 05 46 75 77 77 – www.le-grand-large.fr – Ouvert 23 mars-5 nov. et fermé mardi

Rest – Formule 28 € – Menu 35 € (déj. en sem.), 50/75 € – Carte 52/75 €

◆ Un lieu tendance et contemporain... comme la cuisine du marché concoctée par le jeune chef. Pour l'anecdote, Matthieu Amalric a filmé quelques scènes de Tournée dans ce bel hôtel-restaurant, alors encore désaffecté mais néanmoins superbe !

ST-PIERRE-D'OLÉRON – 17 Charente-Maritime – 6 377 h. – alt. 8 m 38 A2
– ✉ 17310

▶ Paris 522 – Marennes 22 – Rochefort 44 – La Rochelle 80
ℹ place Gambetta, ✆ 05 46 47 11 39, www.saint-pierre-oleron-tourisme.fr
◉ Église ✳★.

Le Square sans rest
pl. des Anciens-Combattants – ✆ 05 46 47 00 35 – www.le-square-hotel.fr – Ouvert mars-oct.
26 ch – †48/90 € ††48/90 € – ☕ 9 €
◆ Près du marché couvert, un petit hôtel tenu par un jeune couple sympathique... La plupart des chambres ont été rénovées dans un esprit contemporain et, pour la détente, il y a une grande piscine dans la cour intérieure. Prix raisonnables.

Les Alizés
4 r. Dubois-Aubry – ✆ 05 46 47 20 20 – Ouvert de début mars à début déc. et fermé mardi et merc. sauf de mi-juil. à mi-sept. et fériés
Rest – Menu 19 € (sem.), 30/35 € – Carte 26/50 €
◆ Un vent de fraîcheur souffle sur ce restaurant aux allures de jolie cabane de pêcheur... Ici, on se régale de saveurs océaniques, forcément ! Aux beaux jours, la terrasse est très agréable.

ST-TROJAN-LES-BAINS – 17 Charente-Maritime – 1 477 h. – alt. 5 m 38 A2
– ✉ 17370

▶ Paris 509 – Marennes 16 – Rochefort 38 – La Rochelle 74
ℹ carrefour du Port, ✆ 05 46 76 00 86, www.st-trojan-les-bains.fr

Novotel
plage de Gatseau, 2,5 km au Sud – ✆ 05 46 76 02 46 – www.accorthalassa.com – Fermé 25 nov.-26 déc.
109 ch – †125/275 € ††125/275 € – ☕ 17 € – ½ P 112/172 €
Rest – Formule 22 € – Menu 30 € – Carte 29/50 €
◆ Face à la plage un hôtel-centre de thalassothérapie dédié à la détente, au bien-être et à la diététique. D'esprit contemporain, les chambres sont confortables... Repos garanti !

Hostellerie Les Cleunes sans rest
25 bd Plage – ✆ 05 46 76 03 08 – www.hotel-les-cleunes.com – Ouvert 1er avril-11 nov.
41 ch ☕ – †107/271 € ††120/283 €
◆ Sur le front de mer, une grande maison vendéenne avec sa piscine donnant sur l'Océan... Les chambres sont confortables et chaleureuses (plus spacieuses côté mer). Création d'un espace bien-être prévue pour 2012.

Mer et Forêt
16 bd Pierre-Wiehn – ✆ 05 46 76 00 15 – www.hotel-ile-oleron.com – Ouvert 8 avril-26 sept.
43 ch – †54/135 € ††54/205 € – ☕ 10 €
Rest *Mer et Forêt* – voir les restaurants ci-après
◆ Dans un quartier résidentiel, un hôtel balnéaire avec des chambres fonctionnelles et très bien tenues donnant sur la forêt de pins ou sur la mer. Pour faire quelques brasses dans l'eau douce, la piscine est très sympa.

L'Albatros
11 bd Dr Pineau – ✆ 05 46 76 00 08 – www.albatros-hotel-oleron.com – Ouvert 9 fév.-4 nov.
12 ch – †75/130 € ††75/130 € – ☕ 11 € – ½ P 78/105 €
Rest *(fermé lundi midi hors saison)* – Formule 18 € – Menu 30/50 € – Carte 28/64 €
◆ Un hôtel "les pieds dans l'eau" et au grand calme, façon mer d'huile ! Les chambres ont été rénovées en 2010 dans un esprit frais et contemporain et l'on s'y sent vraiment bien. Évidemment, la carte du restaurant fait la part belle aux produits de la pêche locale. Sympathique.

Mer et Forêt – Hôtel Mer et Forêt
16 bd Pierre-Wiehn – ✆ 05 46 76 00 15 – www.hotel-ile-oleron.com – Ouvert 8 avril-26 sept.
Rest – Formule 15 € bc – Menu 20/38 € – Carte 28/41 €
◆ Beau panorama sur le pont-viaduc et le continent, terrasse donnant sur la mer... Un endroit agréable pour déguster une cuisine traditionnelle simple et bien faite, avec quelques suggestions du jour.

LE CHÂTEAU-D'OLÉRON – 17 Charente-Maritime – 3 941 h. – alt. 9 m **38** A2 – ✉ 17480

Paris 524 – Poitiers 190 – La Rochelle 72 – Saintes 54
place de la République , ✆ 05 46 47 60 51, www.ot-chateau-oleron.fr

Les Jardins d'Aliénor avec ch
11 r. Mar.-Foch – ✆ 05 46 76 48 30 – www.lesjardinsdalienor.com
4 ch – †87/147 € ††87/147 € – ☕ 6 €
Rest *(fermé le midi en juil.-août, lundi et mardi)* – Menu 26 € bc (déj.), 41/65 € – Carte 41/53 €
◆ Mélange de styles – d'hier et d'aujourd'hui – et joli mur végétal dans le patio : un cadre chic pour savourer une cuisine assez contemporaine. À l'étage, délicieuses chambres au charme champêtre, climatisées et bien équipées.

LE GRAND-VILLAGE-PLAGE – 17 Charente-Maritime – 993 h. – alt. 6 m **38** A2 – ✉ 17370

Paris 525 – Poitiers 191 – La Rochelle 73 – Rochefort 36
3, boulevard de la Plage, ✆ 05 46 47 58 00, www.ile-oleron-marennes.com

Le Relais des Salines
Port des Salines – ✆ 05 46 75 82 42 – www.lerelaisdessalines.com – Ouvert de mi-mars à mi-nov. et fermé lundi sauf vacances scolaires
Rest – Formule 20 € – Carte environ 27 €
◆ Atmosphère décontractée, esprit bistrot marin tendance, terrasse côté marais salants et belle ardoise de suggestions iodées : cette ancienne cabane ostréicole est une perle !

ÎLE D'OUESSANT – 29 Finistère – **308** A4 Bretagne **9** A1

Accès Transports piétons uniquement
depuis **Brest** - Traversée 2 h 15 mn - Renseignements et tarifs : Cie Maritime Penn Ar Bed (Brest) ✆02 98 80 80 80
depuis **Le Conquet** - Traversée 1 h - Renseignements et tarifs : voir ci-dessus
depuis **Camaret** (uniquement mi juillet-mi août) - Traversée 1 h 15 mn - Renseignements et tarifs : voir ci-dessus.

Ti Jan Ar C' Hafé sans rest
Kernigou – ✆ 02 98 48 82 64 – www.tijan.fr – Fermé 11 nov.-20 déc. et 4 janv.-15 fév.
8 ch – †69/99 € ††69/99 € – ☕ 10 €
◆ À l'entrée du bourg de Lampaul, un vrai petit hôtel de charme, point de chute parfait pour visiter l'île. Les chambres sont ravissantes, colorées et du meilleur goût. Tout est délicieux : la terrasse, le calme, la nature pleine de poésie...

Ty Korn
au bourg de Lampaul – ✆ 02 98 48 87 33 – Fermé 16-30 nov., 4-25 janv., dim. et lundi sauf fériés
Rest *(nombre de couverts limité, réserver)* – Formule 15 € – Menu 31 € (dîner) – Carte 33/47 €
◆ À Ouessant, tout le monde connaît cette adresse près de l'église de Lampaul. Des fruits de mer, des poissons fraîchement pêchés ; c'est convivial et généreux. Un restaurant qui risque de devenir votre QG sur l'île !

ÎLE D'YEU★★ – 85 Vendée – 316 BC7 Poitou Vendée Charentes 34 A3

Accès par transports maritimes pour **Port-Joinville.**

depuis Fromentine (toute l'année) - Traversée de 30 à 45 mn - Renseignements et tarifs : Cie Yeu Continent (à Fromentine) ✆ 0 825 853 000 (0,15 €/mn), www.compagnie-yeu-continent.fr

depuis Barbâtre : Cie Vendéenne ✆ 0 825 139 085 (0,15 €/mn), www.compagnievendeenne.com

depuis St-Gilles-Croix-de-Vie et depuis Les Sables d'Olonne (Quai Bénatier) (Service Saisonnier avril-sept.) : Cie Vendéenne ✆ 0 825 139 085 (0,15 €/mn), www.compagnievendeenne.com

depuis Fromentine : traversée de 30 à 70 mn - Renseignements à Cie Yeu Continent BP 16-85550 La Barre-de-Monts ✆ 0 825 853 000 (0,15 €/mn), www.compagnie-yeu-continent.fr.

PORT-JOINVILLE – 85 Vendée – 4 807 h. – ✉ 85350 34 A3

Paris 457 – Challans 26 – Nantes 69 – La Roche-sur-Yon 70

Vieux Château★ : ≤★★ SO : 3,5 km - Grand Phare ≤★ SO : 3 km.

L'Escale sans rest

14 r. de La Croix de Port – ✆ 02 51 58 50 28 – www.yeu-escale.fr – Fermé 15 nov.-15 déc.

29 ch – †62/84 € ††62/84 € – ☕ 9 €

◆ En retrait du port, une Escale typique de l'île avec sa façade blanche et ses volets colorés. Les chambres sont simples et très bien tenues, certaines en rez-de-jardin. Petit plus appréciable à Yeu, on peut louer des vélos sur place.

Atlantic Hôtel sans rest

quai Carnot – ✆ 02 51 58 38 80 – www.hotel-yeu.com – Fermé janv.

18 ch – †45/94 € ††45/94 € – ☕ 8 €

◆ Face à l'embarcadère, des chambres claires d'où l'on profite avec ravissement du tintement des mâts ou de la tranquillité du village et de ses jardinets de pêcheurs. Un hôtel simple et pratique avant tout.

Port Baron

5 bis r. Georgette – ✆ 02 51 59 15 88 – Fermé 2 sem. en oct., janv. à mi-fév., mardi midi et lundi

Rest – Menu 20 € (déj. en sem.), 35/45 € – Carte 35/45 €

◆ Vieilles affiches, banquettes et disques anciens : dans cette atmosphère de bistrot à l'ancienne, le chef concocte une jolie cuisine de la mer, qui varie avec les arrivages... Rétro en diable et convivial. Et il y a même un toit-terrasse !

L'ILE-ROUSSE – 2B Haute-Corse – 345 C4 – voir à Corse

ÎLE ST-HONORAT★★ – 06 Alpes-Maritimes – 341 D6 Côte d'Azur 42 E2

depuis **Cannes** Traversée 15 mn par Cie Esterel Chanteclair-Gare Maritime des Iles ✆ 04 93 39 11 82

La Tonnelle

✉ 06400 Cannes – ✆ 04 92 99 54 08 – www.tonnelle-abbayedelerins.com – Fermé 1er nov.-16 déc.

Rest *(déj. seult) (réserver)* – Formule 25 € – Menu 30 € – Carte 45/180 €

◆ Loin des paillettes de la Croisette, à 20mn de bateau de Cannes, cette maison – propriété de l'abbaye de l'île, qui produit du vin – cultive de jolies saveurs méridionales, avec générosité et sans prétention. La terrasse ombragée est délicieuse, comme la vue sur la côte... Possibilité de manger sur le pouce.

ÎLE STE-MARGUERITE★★ – 06 Alpes-Maritimes – 341 D6 Côte d'Azur 42 E2

Accès par transports maritimes

depuis **Cannes** Traversée 15 mn par Cie Esterel Chanteclair-Gare Maritime des Iles ✆ 04 93 39 11 82

Forêt★★ - ≤★ de la terrasse du Fort-Royal.

ÎLES CHAUSEY – 50 Manche – 303 B6 – ✉ 50400 32 A2

Normandie Cotentin

Accès par transports maritimes

depuis **Granville** - Traversée 50 mn - Renseignements à : Vedette "Jolie France II" Gare Maritime ✆ 02 33 50 31 81 (Granville), Compagnie Corsaire : ✆ 0 825 138 100 (0,15 €/mn), www.compagniecorsaire.com

depuis **St-Malo** - Traversée 1 h 10 mn - Compagnie Corsaire : ✆ 0 825 138 100 (0,15 €/mn).

Grande Ile★.

Fort et des Iles avec ch ch, VISA MC

– ✆ 02 33 50 25 02 – *www.hotel-chausey.com – Ouvert 7 avril-30 sept. et fermé lundi sauf fériés*

8 ch (½ P seult) – ½ P 73 € **Rest** *(réserver)* – Menu 23/80 € – Carte 32/80 €

◆ Homards, huîtres et poissons : dans cette jolie maison de granit, on savoure une agréable cuisine iodée qui varie au gré de la pêche. La vue sur l'archipel est belle et donne envie de prolonger l'étape... Ça tombe bien, les chambres sont simples et sans télévision, pour mieux profiter de la quiétude insulaire.

LAS ILLAS – 66 Pyrénées-Orientales – 344 H8 – rattaché à Maureillas-las-Illas

ILLHAEUSERN – 68 Haut-Rhin – 315 I7 – 742 h. – alt. 173 m – ✉ 68970 2 C2

Paris 452 – Artzenheim 15 – Colmar 19 – St-Dié 55

La Clairière sans rest P VISA MC AE

rte de Guémar – ✆ 03 89 71 80 80 – www.hotel-la-clairiere.com – Fermé janv. et fév.

25 ch – †77/98 € ††98/210 € – ☕ 12 €

◆ À l'orée de la forêt de l'Ill, vaste construction inspirée de l'architecture alsacienne. Chambres personnalisées, calmes et spacieuses ; certaines regardent les Vosges.

Les Hirondelles sans rest AC P VISA MC

33 r. du 25 janvier – ✆ 03 89 71 83 76 – www.hotelleshirondelles.com – Fermé 26 août-5 sept. et 29 janv.-10 mars

19 ch ☕ – †77 € ††88 €

◆ Un accueil sympathique vous est réservé dans cette ancienne ferme à la fois rustique et chaleureuse. Les chambres, bien équipées, se répartissent autour d'une jolie cour. Agréable piscine.

Auberge de l'Ill (Marc Haeberlin) AC P VISA MC AE

✿✿✿ *2 r. de Collonges-au-Mont-d'Or – ✆ 03 89 71 89 00 – www.auberge-de-l-ill.com – Fermé 12 fév.-13 mars, 1er-7 janv., lundi et mardi*

Rest *(réserver)* – Menu 99 € (déj. en sem.), 121/162 € – Carte 130/210 €

Spéc. Salade de tripes. Homard Prince Vladimir. Pêche Haeberlin. **Vins** Pinot blanc, Riesling.

◆ Ce n'était, à l'origine, qu'une petite auberge sur les rives de l'Ill, appréciée pour sa matelote au riesling. Au fil du 20es., la famille Haeberlin a su l'élever au rang d'institution, et voilà bien un fief de la grande tradition : celle qui a inspiré et inspirera encore des générations de cuisiniers, et qui conserve intacts la fraîcheur et le souffle de l'excellence.

Hôtel des Berges AC VISA MC AE

– ✆ *03 89 71 87 87 – www.hoteldesberges.com – Fermé 12 fév.-13 mars, 1er-7 janv., lundi et mardi*

11 ch – †315/370 € ††315/370 € – 2 suites – ☕ 28 €

◆ Dans l'environnement bucolique du jardin baigné par l'Ill, à deux pas de l'Auberge, un délicieux refuge pour les gourmets attirés par la renommée de l'assiette... Quiétude, grand confort et raffinement.

ILLKIRCH-GRAFFENSTADEN – 67 Bas-Rhin – 315 K5 – rattaché à Strasbourg

ILLZACH – 68 Haut-Rhin – 14 568 h. – alt. 239 m – ✉ 68110 **1** A3

Paris 479 – Colmar 42 – Strasbourg 114

XX **La Closerie**

6 r. Henry-de-Crousaz – ✆ 03 89 61 88 00 – www.closerie.fr – Fermé 24 juil.-14 août, 25 déc.-3 janv., sam. midi, lundi soir et dim.

Rest – Menu 26 € (déj.), 43/64 € – Carte 29/78 €

Rest *Bistronomie* *(dîner seult)* – Formule 24 € – Menu 29 €

◆ Le fond et la forme ; la légèreté et l'harmonie ; les mets et les vins ; la gastronomie et, le soir, la bistronomie... le tout avec élégance. Dans cette maison centenaire baignée de verdure, on ne plaisante pas avec la gourmandise !

INGERSHEIM – 68 Haut-Rhin – **315** H8 – rattaché à Colmar

INNENHEIM – 67 Bas-Rhin – **315** J6 – 1 090 h. – alt. 150 m – ✉ 67880 **1** B2

Paris 487 – Molsheim 12 – Obernai 10 – Sélestat 34

Au Cep de Vigne

5 r. Barr – ✆ 03 88 95 75 45 – www.aucepdevigne.com – Fermé 2-17 janv., 20 juin-4 juil., dim. soir et lundi

37 ch – †62/70 € ††67/80 € – ☕ 9 € – ½ P 70/75 €

Rest *(fermé vend. soir, dim. soir et lundi)* – Formule 12 € – Menu 21/39 € – Carte 26/48 €

◆ À l'occasion d'un périple entre Strasbourg, la route des vins et les Vosges, vous pouvez vous arrêter dans cette grande maison à colombages ; les chambres sont spacieuses et sans prétention. Et pour se délasser, un joli parc arboré...

INXENT – 62 Pas-de-Calais – **301** D4 – rattaché à Montreuil

ISBERGUES – 62 Pas-de-Calais – **301** H4 – rattaché à Aire-sur-la-Lys

ISIGNY-SUR-MER – 14 Calvados – **303** F4 – 2 761 h. – alt. 4 m **32** A2
– ✉ 14230 Normandie Cotentin

Paris 298 – Bayeux 35 – Caen 64 – Carentan 14

16, rue Émile Demagny, ✆ 02 31 21 46 00, www.cc-isigny-grandcamp-intercom.fr

De France

13 r. E. Demagny – ✆ 02 31 22 00 33 – www.hotel-france-isigny.fr – Fermé 23 déc.-7 janv.

18 ch – †50/60 € ††60 € – ☕ 9 € – ½ P 52/55 €

Rest *(fermé vend. soir, sam. midi et dim. soir d'oct. à mars)* – Formule 12 € – Menu 15 € (sem.), 20/36 € – Carte 21/36 €

◆ Amateurs de beurre et de crème, peut-être aurez-vous envie de vous arrêter dans la rue principale de cette célèbre cité laitière... Cet hôtel affiche un style simple et pimpant ; le restaurant comblera les envies d'huîtres et de cuisine iodée. Prix raisonnables.

L'ISLE-ADAM – 95 Val-d'Oise – **305** E6 – 11 394 h. – alt. 28 m **18** B1
– ✉ 95290 Île de France

Paris 41 – Beauvais 49 – Chantilly 24 – Compiègne 66

18 avenue des écuries de Conti, ✆ 01 34 69 41 99, www.tourisme-isle-adam.net

de l'Isle-Adam, 1 chemin des Vanneaux, NE : 5 km, ✆ 01 34 08 11 11

Les Golfs de Mont Griffon, à Luzarches, Route Départementale 909, NE : 5 km, ✆ 01 34 68 10 10

Paris International Golf Club, à Baillet-en-France, 18 route du Golf, SE par D 301 : 15 km, ✆ 01 34 69 90 00

Chaire★ de l'église St-Martin.

X **Le Relais Fleuri**

61 bis r. St-Lazare – ✆ 01 34 69 01 85 – Fermé 3-28 août, dim. soir, lundi soir, merc. soir et mardi

Rest – Formule 26 € – Menu 32/35 €

◆ Trois ambiances dans cette auberge familiale : salle rustique, salon Régence ou véranda plus actuelle. Plats classiques à savourer à l'ombre des tilleuls aux beaux jours.

L'ISLE-D'ABEAU – **38 Isère** – **333** E4 – **15 329 h.** – **alt. 265 m** **44** B2
– ✉ **38080**

▶ Paris 499 – Bourgoin-Jallieu 6 – Grenoble 72 – Lyon 38

Le Relais du Çatey avec ch
10 r. Didier – ✆ 04 74 18 26 50 – www.le-relais-du-catey.com – Fermé 4-28 août et 23 déc.-1er janv.
7 ch – 60/80 € 60/80 € – 9 € – ½ P 55/65 €
Rest *(fermé dim. et lundi)* – Menu 24 € (déj. en sem.), 36/59 € – Carte 43/70 €
◆ Décor et éclairage contemporains soulignent le cachet préservé de cette maison dauphinoise de 1774. Magret de canard laqué aux épices, rouget aux olives accompagné d'un minestrone de lentilles au citron vert... Après tant de saveurs, les chambres permettent de goûter un délicieux repos.

à l'Isle-d'Abeau-Ville-Nouvelle **Ouest : 4 km par N 6 – 38 769 h. –** ✉ **38080**

Mercure
20 r. Condorcet – ✆ 04 74 96 80 00 – www.hotel-lisledabeau.fr
189 ch – 95/150 € 105/160 € – 40 suites – 14 €
Rest ***La Belle Époque*** *(fermé vend. soir, sam. et dim. d'avril à fin sept.)* – Formule 18 € – Menu 23 € – Carte 32/40 €
Rest ***New Sunset*** ✆ 04 74 96 81 77 *(fermé vend. soir, sam. et dim. d'oct. à mars)* – Formule 11 € – Carte 21/31 €
◆ Ce Mercure œuvre pour le bien-être de ses hôtes : construction "géobiologique" (tendance Feng Shui), centre de remise en forme, bel équipement sportif. Les chambres affichent un style standard et minimaliste ; quelques studios sont à disposition dans l'annexe. Pour se restaurer, deux possibilités, dont le piano-bar New Sunset.

L'ISLE-JOURDAIN – **32 Gers** – **336** I8 – **7 025 h.** – **alt. 116 m** **28** B2
– ✉ **32600** Midi-Toulousain

▶ Paris 682 – Auch 45 – Montauban 58 – Toulouse 37

ℹ route de Mauvezin, ✆ 05 62 07 25 57, www.mairie-islejourdain.com

Las Martines, Route de Saint Livrade, N : 4 km, ✆ 05 62 07 27 12

du Château de Barbet, à Lombez, Route de Boulogne, SO par D 634 : 25 km, ✆ 05 62 62 08 54

Centre-musée européen d'art campanaire★.

à Pujaudran **Est : 8 km par N 124 – 1 271 h. – alt. 302 m –** ✉ **32600**

Le Puits St-Jacques (Bernard Bach)
av. Victor Capoul – ✆ 05 62 07 41 11 – www.lepuitssaintjacques.com – Fermé 2-20 sept., 1er-24 janv., dim. soir, lundi et mardi
Rest *(réserver)* – Menu 29 € (déj. en sem.), 65/110 € – Carte 90/120 €
Spéc. Foie gras de canard confit aux graines de fenouil. Pied, échine et carré de porc noir de Bigorre, jus à l'ail doux de Saint-Clar. Véritable chocolat liégeois servi devant vous. **Vins** Vin de pays du Lot, Madiran.
◆ Cette maison gersoise, jadis relais sur la route de Compostelle, abrite une salle à manger raffinée et un patio à l'atmosphère méridionale. Cuisine séduisante et inspirée, osant les nouvelles tendances.

L'ISLE-JOURDAIN – **86 Vienne** – **322** K7 – **1 225 h.** – **alt. 142 m** **39** C2
– ✉ **86150** Poitou Vendée Charentes

▶ Paris 375 – Confolens 29 – Niort 104 – Poitiers 53

ℹ 1 place d'Armes, ✆ 05 49 48 80 36, http://odt-isle-jourdain.a3w.fr

à Port-de-Salles **Sud : 7 km par D 8 et rte secondaire –** ✉ **86150**

Val de Vienne sans rest
Port de Salles – ✆ 05 49 48 27 27 – www.hotel-valdevienne.com
20 ch – 90/125 € 90/125 € – 1 suite – 13 €
◆ Non loin du circuit automobile du Val-de-Vienne, en pleine campagne, un véritable motel : chaque chambre dispose d'une entrée indépendante et d'une terrasse face au jardin bordé par la Vienne.

L'ISLE-SUR-LA-SORGUE – 84 Vaucluse – 332 D10 – 18 933 h. 42 E1
– alt. 57 m – ✉ 84800 Provence

Paris 693 – Apt 34 – Avignon 23 – Carpentras 18

place de la Liberté, ✆ 04 90 38 04 78, www.oti-delasorgue.fr

Décoration★ de la collégiale de Notre-Dame des Anges.

Église★ du Thor O : 5 km.

Les Névons sans rest
chemin des Névons, (derrière la poste) – ✆ 04 90 20 72 00 – www.hotel-les-nevons.com – Fermé mi-déc. à mi-janv.
44 ch – †57/110 € ††57/110 € – ☕ 9 €
◆ Près du centre-ville, des chambres fonctionnelles, plus confortables dans l'aile la plus récente ; certaines avec balcon. Sympathique petit-déjeuner (confitures maison).

La Maison sur la Sorgue sans rest
6 r. Rose-Goudard – ✆ 06 87 32 58 68 – www.lamaisonsurlasorgue.com
4 ch ☕ – †250/360 € ††250/360 €
◆ Un très bel hôtel particulier, décoré sur le thème des voyages. Les chambres ont toutes leur cachet : baignoire sur pieds, loggia, vue sur l'église... Délicieux patio et piscine.

XX **La Prévôté** avec ch
4 bis r. J.-J.-Rousseau, (derrière l'église) – ✆ 04 90 38 57 29 – www.la-prevote.fr – Fermé 1er-14 mars, 11 nov.-5 déc., merc. de sept. à juin, merc. midi, lundi en juil.-août et mardi
5 ch ☕ – †135/210 € ††135/210 €
Rest *(nombre de couverts limité, réserver)* – Formule 26 € bc – Menu 39/70 € – Carte 47/55 €
◆ Dans un couvent du 17e s. ouvrant sur un bras de la Sorgue, on savoure une cuisine basée sur des produits frais, dans un cadre raffiné (cheminée, poutres apparentes). Chambres très joliment décorées.

XX ✿ **Le Vivier**
800 cours F. Peyre (rte de Carpentras) – ✆ 04 90 38 52 80 – www.levivier-restaurant.com – Fermé 20 fév.-13 mars, 1 sem. en août, 1 sem. en nov., 1 sem. en janv., jeudi midi en juil.-août, dim. soir de sept. à juin, vend. midi, sam. midi et lundi
Rest – Menu 30 € (déj. en sem.), 48/75 € – Carte 50/80 € ✿
Spéc. L'assiette façon tapas. Pithiviers de pigeon du comtat aux cèpes et foie gras. Le tout chocolat. **Vins** Côtes du Rhône, Ventoux.
◆ Voilà une belle table contemporaine : sa terrasse face à la Sorgue et ses rives verdoyantes est un plaisir pour les yeux, plus encore ses assiettes, très graphiques et soignées. Le chef mêle saveurs et textures avec délicatesse et subtilité.

XX **Café Fleurs**
9 r. T.-Aubanel – ✆ 04 90 20 66 94 – www.cafefleurs.com – Fermé en janv., mardi et merc. sauf le soir de mi-juin à fin août
Rest – Formule 19 € – Menu 23 € (déj. en sem.), 39/56 € – Carte 54/73 €
◆ Deux salles au décor provençal clair et soigné, une agréable terrasse ombragée au bord de l'eau : joli cadre pour une cuisine actuelle au charme typiquement méridional.

XX **L'Oustau de l'Isle**
147 chemin du Bosquet, 1 km par rte d'Apt – ✆ 04 90 20 81 36 – www.restaurant-oustau.com – Fermé 22 nov.-7 déc., 17 janv.-4 fév., mardi et merc.
Rest – Formule 16 € – Menu 29 € (sem.), 33/49 € – Carte 36/54 €
◆ Ce mas entouré de verdure possède une ravissante terrasse ombragée et deux salles épurées, décorées de reproductions de Modigliani. Délicate cuisine d'inspiration provençale.

Le Jardin du Quai

91 av. J.-Guigue, (près de la gare) – ✆ 04 90 20 14 98 – www.lejardinduquai.com – Fermé mardi et merc. sauf de mi-juin à mi-sept.

Rest – Menu 35 € (sem.), 40/43 €

◆ Avec son jardin ombragé, ce bistrot dégage un vrai charme rétro. Menu unique du marché, pour une cuisine goûteuse et juste. L'annexe "à KO'T" propose des petits plats le midi.

au Nord par D 938 et rte secondaire – ✉ 84740 Velleron

Hostellerie La Grangette

807 chemin Cambuisson, à 6 km – ✆ 04 90 20 00 77 – www.la-grangette-provence.com – Ouvert 13 fév.-9 nov.

16 ch – – 99/240 € 99/240 € – ½ P 99/170 €

Rest *(fermé lundi et mardi) (dîner seult) (nombre de couverts limité, réserver)* – Formule 38 € – Menu 50 € – Carte 30/62 €

◆ Ancienne ferme provençale décorée dans un style rustique et cossu. Chambres stylées, de tailles diverses, et belle literie. Cuisine régionale gorgée de soleil, à apprécier dans une salle intime ou en plein air l'été.

rte d'Apt 6 km au Sud-Est par D 901– ✉ 84800 Lagnes

Le Mas des Grès

– ✆ 04 90 20 32 85 – www.masdesgres.com – Ouvert 15 mars-11 nov.

14 ch – 80/230 € 80/230 € – 12 € – ½ P 90/150 €

Rest ***Le Mas des Grès*** – voir les restaurants ci-après

◆ Ce mas provençal restauré avec goût invite à la détente : jardin, terrasse ombragée, aire de jeux pour les enfants, petit espace fitness... et des chambres coquettes, décorées avec soin. Cerise sur le gâteau : le petit-déjeuner est fort bon.

Le Mas des Grès

– ✆ 04 90 20 32 85 – www.masdesgres.com – Ouvert 15 mars-11 nov. et fermé le midi sauf juil.-août

Rest *(réserver)* – Menu 36 €

◆ Aux beaux jours, les tables prennent leurs aises sous la treille ou sous les platanes... Une bouffée de fraîcheur dans ce mas très avenant, qui propose chaque jour sur son ardoise un menu du marché plein de couleurs.

au Sud-Ouest 4 km par D 938 (rte de Cavaillon) et rte secondaire – ✉ 84800 L'Isle-sur-la-Sorgue

Mas de Cure Bourse

120 chemin de Serre – ✆ 04 90 38 16 58 – www.masdecurebourse.com – Fermé 2-23 janv.

14 ch – 90/100 € 90/100 € – 11 €

Rest *(fermé dim. soir et lundi de nov. à avril)* – Formule 20 € bc – Menu 27 € (déj. en sem.), 39/63 € – Carte 18/46 €

◆ Le calme règne en maître dans cet authentique mas du 18e s., perdu au milieu des vergers. Intérieur rustique, chambres impeccables, piscine et jardin ombragé. Cuisine du Sud servie dans la salle à manger provençale ou à l'ombre d'arbres centenaires.

L'ISLE-SUR-SEREIN – 89 Yonne – 319 H6 – 756 h. – alt. 190 m – ✉ 89440 7 B2

Paris 209 – Auxerre 50 – Avallon 17 – Montbard 36

Auberge du Pot d'Étain avec ch

24 r. Bouchardat – ✆ 03 86 33 88 10 – www.potdetain.com – Fermé 15-31 oct., fév., dim. soir et mardi midi sauf juil.-août et lundi

9 ch – 60/90 € 60/90 € – 9 € – ½ P 75 €

Rest – Menu 27/53 € – Carte 48/75 €

◆ Cuisine aux accents régionaux, belle sélection de bourgognes, chambres coquettes et colorées : une auberge sympathique dans la bucolique vallée du Serein... à deux tours de roue de l'A6 !

ISPE – 40 Landes – 335 D8 – rattaché à Biscarrosse

LES ISSAMBRES – 83 Var – 340 P5 – ✉ 83380 Côte d'Azur 41 C3

Paris 877 – Draguignan 40 – Fréjus 11 – St-Raphaël 14

place San-Peire, mairie, ✆ 04 94 55 07 16

à San-Peire-sur-Mer – ✉ 83520

Le Provençal rest, ch,

D 559 – ✆ 04 94 55 32 33 – www.hotel-leprovencal.com – Ouvert 1er mars-1er nov.

27 ch – 73/142 € 79/142 € – 12 €

Rest *Les Mûriers* *(fermé mardi midi)* – Formule 23 € – Menu 29/57 € – Carte 53/100 €

◆ Dans le golfe de St-Tropez, une maison colorée des années 1930, tenue par la même famille depuis quatre générations. Chambres fonctionnelles, certaines avec vue sur la mer. Cuisine méditerranéenne servie dans une salle provençale ou à l'ombre des mûriers.

au parc des Issambres – ✉ 83380 Les Issambres

La Quiétude ch,

D 559 – ✆ 04 94 96 94 34 – www.hotel-laquietude.com – Ouvert 26 mars -4 nov.

19 ch – 50/100 € 56/100 € – 10 € – ½ P 59/84 €

Rest *(dîner seult sauf dim.)* – Menu 22/38 € – Carte 27/42 €

◆ En bordure d'un axe passant, un hôtel familial aux chambres fraîches et colorées (certaines offrent une échappée sur le large). Petit jardin avec piscine. Plats simples axés sur la tradition et les saveurs du Sud, à déguster sur la terrasse, face à la mer.

à la calanque des Issambres – ✉ 83380 Les Issambres

Chante-Mer

pl. Ottaviani, (au village provençal) – ✆ 04 94 96 93 23 – Fermé 15 déc.-31 janv., mardi sauf le soir de Pâques à oct. et lundi

Rest – Menu 25/45 € – Carte 47/60 €

◆ À l'écart de l'agitation touristique – et du front de mer –, une adresse conviviale, où l'on apprécie une cuisine traditionnelle simple et généreuse. Terrasse en façade.

ISSOIRE – 63 Puy-de-Dôme – 326 G9 – 14 163 h. – alt. 400 m – ✉ 63500 Auvergne 5 B2

Paris 446 – Clermont-Ferrand 36 – Le Puy-en-Velay 94 – Thiers 56

9, place Saint Paul, ✆ 04 73 89 15 90, www.sejours-issoire.com

Anc. abbatiale St-Austremoine★★ Z.

Le Pariou

18 av. Kennedy, 1 km par ① – ✆ 04 73 55 90 37 – www.hotel-pariou.com – Fermé 17 déc.-3 janv.

54 ch – 68/77 € 80/88 € – 10 € – ½ P 70/71 €

Rest *Le Jardin* *(fermé dim. et lundi)* – Formule 13 € – Menu 20/38 € – Carte 33/46 €

◆ Bâtisse des années 1950 entièrement redécorée dans un agréable style moderne et design. Chambres colorées, plus spacieuses dans l'aile récente. Au Jardin, on déguste des produits frais, du pain et des desserts maison.

Toqué

35 r. St-Antoine – ✆ 04 73 54 95 06 – www.gourmands-gourmets.com – Fermé 30 mai-7 juin, 1er-16 sept., 2-17 janv., dim. soir et lundi Ze

Rest – Formule 19 € – Menu 25/43 € – Carte 28/52 €

◆ Ce restaurant au cadre minimaliste, proche de l'abbatiale St-Austremoine, ravit les toqués de gastronomie, avec sa carte alléchante et bien équilibrée !

à St-Rémy-de-Chargnat 7 km par ② et D 999 – 562 h. – alt. 400 m – ✉ 63500

Château de la Vernède sans rest

– ✆ 04 73 71 07 03 – www.chateauvernedeauvergne.com – Ouvert mars-nov.

5 ch – 70 € 70 €

◆ Un joli château remanié en 1850, ancien relais de chasse de la reine Margot, où meubles d'époque côtoient tableaux anciens et pièces rares. Beaucoup de goût et de romantisme !

ISSOIRE

Altaroche (Pl.) . . . . Z 2
Ambert (R. d') . . . . Y
Ancienne Caserne (R. de l') . . . Z 3
Berbiziale (R. de la) . . . . Y
Buisson (Bd A.) . . . . Y
Cerf Volant (R. du) . . . . Y 4
Châteaudun (R. de) . . . . Z 5
Cibrand (Bd J.) . . . . Y
Dr-Sauvat (R.) . . . . Z
Duprat (Pl. Ch.) . . . . Y
Espagnon (R. d') . . . . Z
Foirail (Pl. du) . . . . Y
Fours (R. des) . . . . Z
Gambetta (R.) . . . . Z 6
Gare (Av. de la) . . . . Z 9
Gaulle (Pl. du Gén.-de) . . . . . . Y
Gauttier (R. Eugène) . . . . Y
Haïnl (Bd G.) . . . . Z
Hauterive (R. E. d') . . . . Z
Libération (Av. de la) . . . . Z 10
Manlière (Bd de la) . . . . Z
Mas (R. du) . . . . Y
Montagne (Pl. de la) . . . . Y
Notre-Dame des Filles (R.) . . . Z 12
Palais (R. du) . . . . Y
Pomel (Pl. N.) . . . . Z 13
Ponteil (R. du) . . . . Y 16
Pont (R. du) . . . . Z 14
Postillon (R. du) . . . . Z
République (Pl. de la) . . . . Z
St-Avit (Pl.) . . . . Y 22
Sous-Préfecture (Bd de la) . . . Z
Terraille (R. de la) . . . . Z 24
Triozon-Bayle (Bd) . . . . YZ 25
Verdun (Pl. de) . . . . Z 26
8 Mai (R. du) . . . . Y 30

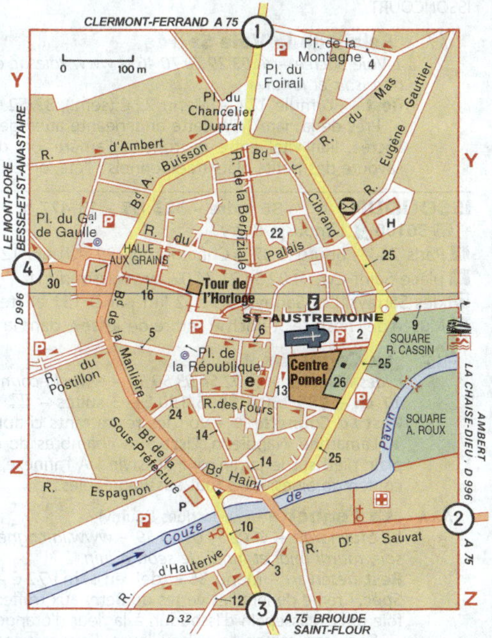

à Sarpoil 10 km par ② et D 999 – ✉ 63490 St-Jean-en-Val

La Bergerie (Cyrille Zen)
– ✆ 04 73 71 02 54 – *www.labergeriedesarpoil.com – Fermé 18-25 juin, 17-24 sept., 2 janv.-1er fév., dim. soir, mardi et merc.*
Rest *(nombre de couverts limité, réserver)* – Menu 19 € (déj. en sem.), 28/70 € – Carte 44/98 €
Spéc. Pressé de pot-au-feu à ma façon (hiver). Confit de lièvre à la royale (automne). Autour du macaron, abricots du Roussillon, amande et lavande (été).
Vins Côtes d'Auvergne Boudes.
◆ Point d'habitudes moutonnières en cette Bergerie, mais du soin apporté à chaque assiette, de subtils mariages de saveurs, de textures, de couleurs… Une cuisine à la fois fine et gourmande ! Élégant décor d'esprit classique, avec une cheminée allumée en hiver.

à Perrier 5 km par ④ et D 996 – 822 h. – alt. 415 m – ✉ 63500

La Cour Carrée avec ch
17 av. du Tramot – ✆ 04 73 55 15 55 – www.cour-carree.com – Fermé 30 oct.-10 nov., 2-12 janv., dim. soir et lundi soir du 15 sept. au 15 juin et le midi sauf dim. et fériés
3 ch – †80/95 € ††80/95 € – ☕ 11 € – ½ P 78/85 €
Rest *(nombre de couverts limité, réserver)* – Menu 28/45 €
◆ Cette ancienne maison de vigneron vous accueille dans une salle lumineuse ouverte sur... une cour carrée ! Derrière les baies vitrées, le chef cuisine d'excellents produits, tout en subtilité. Chambres élégantes et très confortables, parfaites pour une étape.

ISSONCOURT – 55 Meuse – 307 C5 – 117 h. – alt. 260 m – ✉ 55220 26 A2

Les Trois Domaines
▶ Paris 265 – Bar-le-Duc 28 – St-Mihiel 28 – Verdun 28

Relais de la Voie Sacrée

1 Voie Sacrée – ✆ 03 29 70 70 46 – www.voiesacree.com – Fermé 2 janv.-13 fév., dim. soir et lundi

Rest – Formule 17 € – Menu 22 € (sem.), 32/52 € – Carte 47/78 €

◆ Près de la gare TGV, cette engageante auberge rustique borde la célèbre Voie Sacrée, lien vital entre le front et l'arrière lors de la bataille de Verdun. On y savoure des petits plats traditionnels ; l'été, on profite de la terrasse.

ISSOUDUN – 36 Indre – 323 H5 – 13 477 h. – alt. 130 m 12 C3

– ✉ 36100 Limousin Berry

Paris 244 – Bourges 37 – Châteauroux 29 – Tours 127

place Saint-Cyr, ✆ 02 54 21 74 02, www.issoudun.fr

des Sarrays, Les Sarrays, SO : 12 km par D 151 et rte secondaire, ✆ 02 54 49 54 49

Musée de l'hospice St-Roch★ : arbre de Jessé★ dans la chapelle et apothicairerie★ AB.

La Cognette

r. des Minimes – ✆ 02 54 03 59 59 – www.la-cognette.com Ae

17 ch – †85/150 € ††95/150 € – 3 suites – ☕ 15 € – ½ P 105/125 €

Rest *La Cognette* ✿ – voir les restaurants ci-après

◆ Lamartine, Napoléon, Liszt : les chambres de ce charmant hôtel, souvent de plain-pied sur le jardin, ont du style ! À l'annexe, elles sont plus simples et plus contemporaines, mais tout aussi agréables...

La Cognette (Jean-Jacques Daumy)

✿ *bd Stalingrad – ✆ 02 54 03 59 59 – www.la-cognette.com – Fermé janv., dim. soir, mardi midi et lundi de sept. à juin* Az

Rest *(réserver)* – Menu 35 € (déj. en sem.)/72 € – Carte 65/120 €

Spéc. Crème de lentilles vertes du Berry aux truffes. Duo d'oursins en émulsion de foie gras. Massepain d'Issoudun à la fleur d'oranger. **Vins** Reuilly, Quincy.

◆ Dans son roman La Rabouilleuse, Balzac évoque La Cognette, qui le lui rend bien. Ce joli boudoir, tout à la gloire du grand écrivain, célèbre aussi le classicisme culinaire, les plats du terroir et même quelques créations plus actuelles.

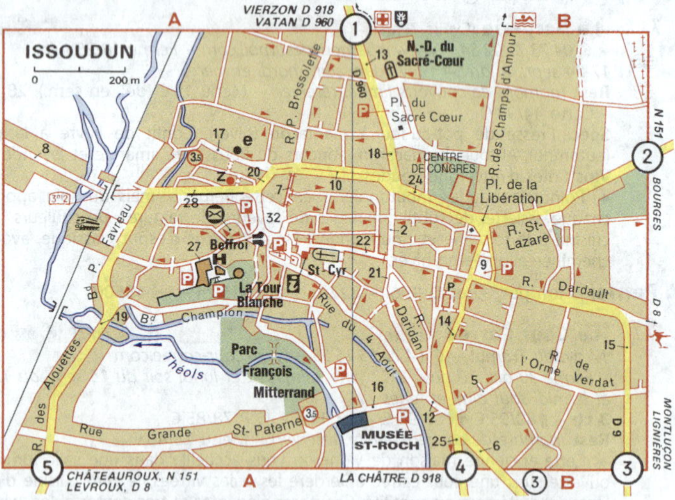

Avenier (R. de l') . . . . . B 2
Bons-Enfants (R. des) . . . . . B 5
Capucins (R. des) . . . . . B 6
Casanova (R. D.) . . . . . A 7
Chinault (Av. de) . . . . . A 8
Croix-de-Pierre (Pl. de la) . . . . . B 9
Dormoy (Bd M.) . . . . . A 10
Entrée-de-Villatte (R.) . . . . . B 12
Estienne-d'Orves (R. d') . . . . . B 13
Fossés-de-Villatte (R. des) . . . . . B 14
Gaulle (Av. Ch. de) . . . . . B 15
Hospices St-Roch (R.) . . . . . B 16
Minimes (R. des) . . . . . A 17
Père-Jules-Chevalier (R. du) . . . . . B 18
Ponts (R. des) . . . . . A 19
Poterie (R. de la) . . . . . A 20
Quatre-Vents (R. des) . . . . . B 21
République (R. de la) . . . . . AB 22
Roosevelt (Bd Prés.) . . . . . B 24
St-Martin (R.) . . . . . B 25
Semard (R. P.) . . . . . A 27
Stalingrad (Bd de) . . . . . A 28
10-Juin (Pl. du) . . . . . A 32

à Diou par ① : 12 km sur D 918 – 280 h. – alt. 130 m – ✉ 36260

XX **L'Aubergeade**

rte d'Issoudun – ✆ 02 54 49 22 28 – Fermé dim. soir et merc. soir
Rest – Menu 20 € (déj. en sem.), 31/40 € – Carte 45/58 €
♦ En amoureux des bons vins, le chef vous propose un tour du monde des jolis crus et vous fait aussi découvrir le très local reuilly. Et pour ne rien gâcher, il concocte de bons petits plats dans l'air du temps.

à St-Valentin 11 km à l'Ouest par D 8 et D 12 – 273 h. – alt. 151 m – ✉ 36100

XX **Au 14 Février**

2 r. du Portail – ✆ 02 54 03 04 96 – www.au14fevrier.com – Fermé 29 août-20 sept., 3-10 janv., merc. midi, dim. soir, lundi et mardi
Rest – Menu 25 € (déj. en sem.), 32/62 €
Spéc. Foie gras de canard du Périgord grillé, compote d'ananas parfumée au poivre long et à la cardamome. Friture croustillante de turbot en kadaïf, risotto de chou-fleur. Pomme grillée à la citronnelle et crème chiboust caramélisée.
♦ Au cœur du "village des amoureux", une vraie surprise que cette table tenue par toute une équipe japonaise. Saveurs nipponnes et françaises joliment mêlées : un mariage très réussi, un amour de cuisine fusion ! Cadre raffiné et service charmant.

IS-SUR-TILLE – 21 Côte-d'Or – **320** K4 – 3 882 h. – alt. 284 m – ✉ 21120 **8** C2

Paris 332 – Chenôve 43 – Dijon 30 – Talant 32

Place de la République, ✆ 03 80 95 24 03

Auberge Côté Rivière

3 r. des Capucins – ✆ 03 80 95 65 40 – www.auberge-cote-riviere.com – Fermé 1 sem. en août et 24 déc-6 janv.
9 ch – †78/130 € ††78/130 € – ☕ 10 € – ½ P 76/138 €
Rest *Auberge Côté Rivière* – voir les restaurants ci-après
♦ Ce parc au bord de la rivière est si bucolique... Et abrite cette charmante maison bourgeoise, avec ses chambres claires et accueillantes. Au petit-déjeuner, on savoure le pain du boulanger, ainsi qu'un bon jus d'oranges pressées.

XX **Auberge Côté Rivière**

3 r. des Capucins – ✆ 03 80 95 65 40 – www.auberge-cote-riviere.com – Fermé 1 sem. en août et 1 sem. en janv., dim. soir et lundi
Rest – Menu 19 € (déj. en sem.), 27/62 € – Carte 45/62 €
♦ Cette grange à houblon n'a rien perdu de son cachet d'antan... Selon la saison, on aime se réchauffer près de la belle cheminée ou prendre le frais dans le joli parc, tout en se régalant des bons petits plats traditionnels du chef.

ISSY-LES-MOULINEAUX – 92 Hauts-de-Seine – **311** J3 – **101** 25 – voir à Paris, Environs

---

ISTRES – 13 Bouches-du-Rhône – **340** E5 – 42 603 h. – alt. 32 m – ✉ 13800 Provence **40** A3

Paris 745 – Arles 46 – Marseille 55 – Martigues 14

30, allées Jean Jaurés, ✆ 04 42 81 76 00, www.istres.fr

Plan page suivante

Le Castellan sans rest

15 bd L. Blum – ✆ 04 42 55 13 09 – www.hotel-lecastellan.com AXa
17 ch – †52 € ††63 € – ☕ 7 €
♦ Parmi les points forts de cette adresse proche de la place forte grécoligure : chambres claires et bien tenues, accueil aimable et prix doux. Idéal pour visiter la région.

ISTRES
0 300 m
MIRAMAS D 596
AVIGNON SALON-DE-PROVENCE
A
B
X
Y
Z
ÉTANG DE L' OLIVIER
LA GROSSE ROCHE
OPPIDUM DU CASTELLAN
PARC STE-CATHERINE
Av. St-Exupéry
N 1569 AÉRODROME D' ISTRES-LE-TUBÉ
Ch. du Castellan
R. des Arnavaux
de St-Étienne
D 16
ST-CHAMAS
NOTRE-DAME DE BEAUVOIR
Avenue R. Marcel Roustan
R. du Cascaveau
Suffren
CENTRE ADM
Craponne
Gouin
Bd Dethez
LES BAUMES
Félix
Vauranne
Pl. Salengro
Chemin du Cros de la Carrière
LA ROMANIQUETTE
Bd Ed. Guizonnier
Canal de Boisgelin
Chemin du Rouquier
Corniche de
Prat
J.-J.
ARÈNES
Canal de
Avenue
Bd Filippi
R. de la Poutre
R. Genestelle
LA PYRAMIDE
Av. des Bolles
PARC DES SPORTS B. BARDIN
Prom. J. d' Arbaud
POL.
Pl. de l' Amphore
ÉTANG DE BERRE
Raymond
Gouin
Radolfzell
LES HEURES CLAIRES
N 569 ARLES, FOS-SUR-MER N 1569 SALON-DE-PROVENCE
Félix
Avenue
Rond-Point Nelson Mandela
Chemin
Av. Radolfzell
PARC DES SALLES
Av. des Anciens Combattants
PARC DES QUATRE-VENTS
de
PORT DES HEURES CLAIRES
PRÉPAOU
Avenue
Avenue
TOUR
St-Pierre
D 5
Av. des Cardalines
MARTIGUES

XX **La Table de Sébastien** (Sébastien Richard)
7 av. H.-Boucher – 04 42 55 16 01 – www.latabledesebastien.fr – Fermé 28 août-6 sept. , 2-17 janv., dim. de juil. à sept., mardi d'oct. à juin et lundi AXn
Rest – Menu 28 (sem.), 48/72 € – Carte 68/75 €
Spéc. Potager de légumes biologiques, cuits et crus à l'huile d'olive d'Istres (mars à sept.). Dos de loup, cocos et condiments d'ici et d'ailleurs (juil. à sept.). Feuille à feuille d'aubergine cristalisée, brousse et olives confites (mars à août). **Vins** Coteaux d'Aix en Provence, Vin de pays des Bouches du Rhône.
◆ Le chef réinterprète avec finesse et talent le répertoire culinaire régional, en s'appropriant des produits de première qualité. Dans une ancienne bergerie, avec une terrasse sous les platanes.

au Nord 4 km par ③, N 569 et rte secondaire – ✉ 13800 Istres

Ariane sans rest
12 av. de Flore – 04 42 11 13 13 – www.arianehotel-istres.com
44 ch – 68/99 € 68/99 € – 5 suites – 11 €
◆ Dans un quartier résidentiel, cet hôtel récent propose des chambres confortables et des appartements, parfois dotés d'une kitchenette et d'une terrasse côté piscine.

ITTERSWILLER – 67 Bas-Rhin – 315 I6 – 276 h. – alt. 235 m – ✉ 67140 2 C1

Alsace Lorraine
Paris 502 – Erstein 25 – Mittelbergheim 5 – Molsheim 26
Mairie, 03 88 85 50 12, www.itterswiller-commune.fr

Arnold
98 rte des Vins – 03 88 85 50 58 – www.hotel-arnold.com
28 ch – 86/118 € 86/118 € – 1 suite – 12 € – ½ P 85/101 €
Rest *Winstub Arnold* – voir les restaurants ci-après
◆ Sur la route des vins, deux bâtisses à colombages dans un village de carte postale ! Le panorama est superbe : la plupart des chambres dominent le vignoble, les villages de la plaine d'Alsace et la Forêt-Noire... Décor chaleureux.

XX **Winstub Arnold**
98 rte des Vins – 03 88 85 50 58 – www.hotel-arnold.com – Fermé dim. soir et lundi de nov. à mai
Rest – Formule 18 € – Menu 22 € (sem.), 32/59 € – Carte 29/67 €
◆ Cette winstub met à l'honneur les "elsässische spezialitäten" : kougelhopf, choucroute et tant de plats régionaux ! Soulevez donc le couvercle en fonte qui protège le baeckeofe servi en cocotte...

ITXASSOU – 64 Pyrénées-Atlantiques – 342 D5 – 2 026 h. – alt. 39 m 3 A3

– ✉ 64250 Pays Basque et Navarre
Paris 787 – Bayonne 24 – Biarritz 25 – Cambo-les-Bains 5
Église★.

Du Fronton
– 05 59 29 75 10 – www.hotelrestaurantfronton.com – Fermé 12-18 nov., 1er janv.-15 fév. et merc.
21 ch – 50/67 € 50/67 € – 3 suites – 8 € – ½ P 50/68 €
Rest – Menu 22/42 € – Carte 38/55 €
◆ Maison basque adossée au fronton de pelote du village. Chambres spacieuses dans l'aile récente ; petit cachet local pour les plus anciennes. Cuisine d'auberge généreuse, avec des produits de terroir et un menu "tout cerise". Monts d'Itxassou en toile de fond.

Txistulari
– 05 59 29 75 09 – www.txistulari.fr – Fermé 10 déc.-3 janv.
22 ch – 45/57 € 48/65 € – 7 €
Rest *(fermé dim. soir et sam. de nov. à mars)* – Formule 12 € – Menu 17 €
◆ L'hôtel est tout proche de la petite route conduisant au Pas de Roland. Chambres sobres et bien tenues, rénovées en 2010 côté jardin. Environnement calme et verdoyant. Cuisine simple, servie dans une grande salle à manger colorée ou sous la terrasse couverte.

Le Chêne rest,

(près de l'église) – ✆ 05 59 29 75 01 – Fermé janv.-fév., mardi sauf de juin-oct. et lundi

16 ch – †42/46 € ††52/58 € – ☕ 7 € – ½ P 54/60 €

Rest – Menu 30 € – Carte 30/34 €

◆ Face à l'église du village, cette auberge accueille les voyageurs depuis 1696 ! Chambres et équipements anciens, mais bien entretenus. Au restaurant, décor rustique et cuisine du Pays basque ; belle terrasse.

IVOY-LE-PRÉ – 18 Cher – 323 K2 – 873 h. – alt. 276 m – ✉ 18380 12 C2

Paris 202 – Bourges 38 – Orléans 105 – Vierzon 41

Château d'Ivoy sans rest

rte d'Henrichemont – ✆ 02 48 58 85 01 – www.chateaudivoy.com

5 ch ☕ – †145 € ††175/195 €

◆ Ce château des 16e-17es. au cœur d'un domaine préservé a toute une histoire (Henri IV y séjourna et le Grand Meaulnes y fut tourné). Atmosphère chaleureuse de manoir anglais.

JALIGNY-SUR-BESBRE – 03 Allier – 326 I4 – 641 h. – alt. 246 m – ✉ 03220 Auvergne 6 C1

Paris 335 – Clermont-Ferrand 101 – Mâcon 123 – Moulins 38

De Paris ch,

3 Grande-Rue – ✆ 04 70 34 82 63 – www.hotelrestaurantdeparis.fr – Fermé 11-26 fév.

6 ch – †60 € ††60 € – ☕ 8 € – ½ P 65 €

Rest – Formule 13 € – Menu 20/42 € – Carte 25/45 €

◆ Une adresse familiale au cœur d'un petit village tranquille. Les chambres, simples et fonctionnelles, sont idéales pour une étape près du parc d'attractions et animalier du PAL. Cuisine traditionnelle servie dans un cadre rustique ; patio pour les beaux jours.

JANVRY – 91 Essonne – 101 33 – voir à Paris, Environs

JARNAC – 16 Charente – 324 I5 – 4 515 h. – alt. 26 m – ✉ 16200 38 B3

Poitou Vendée Charentes

Paris 475 – Angoulême 31 – Barbezieux 30 – Bordeaux 113

place du Château, ✆ 05 45 81 09 30, www.jarnac-tourisme.fr

Donation François-Mitterrand - Maison Courvoisier - Maison Louis-Royer.

Château Saint-Martial ch,

56 r. des Chabannes – ✆ 05 45 83 38 64 – www.chateausaintmartial.fr – Fermé 24 fév.-4 mars

5 ch ☕ – †87/127 € ††107/147 € **Table d'hôte** – Menu 42 € bc

◆ Ce beau château du 19es. – son architecture éclectique atteste l'époque – appartint à la famille Bisquit, célèbre pour son cognac. On y mène toujours grand train : salons immenses, décors profus, tableaux, meubles anciens... pour un séjour en majesté.

Du Château

15 pl. du Château – ✆ 05 45 81 07 17 – www.restaurant-du-chateau.com – Fermé 5-19 mars, 13-20 août et 5-19 nov.

Rest – Formule 24 € – Menu 32 € (déj.), 48/84 € bc – Carte 50/75 €

◆ Des airs de brasserie chic et contemporaine au cœur de Jarnac, ville natale et pays de cœur de François Mitterrand. On se délecte d'une cuisine du moment, fine et savoureuse, réalisée avec de beaux produits par un jeune chef plein d'allant.

à Bourg-Charente **Ouest : 6 km par N 141 et rte secondaire – 739 h. – alt. 14 m – ✉ 16200**

XXX ✿ **La Ribaudière** (Thierry Verrat)

2 pl. du Port – ✆ 05 45 81 30 54 – www.laribaudiere.com – Fermé 15-28 oct., vacances de fév., dim. soir, mardi midi et lundi

Rest – Menu 44/115 € bc – Carte 75/99 €

Spéc. Escargots petits gris à la graisse de canard, bouillon d'ortie sauvage (juil.à sept.). Truite du gouffre de Gensac en croûte de truffe noire. Tarte tout chocolat "premier cru", sorbet cacao intense, sauce caramel au beurre salé. **Vins** Vin de pays Charentais

◆ Une grande villa contemporaine, avec un jardin qui descend en pente douce vers la Charente... La terrasse est superbe, la salle très originale – blanche et pop ! Dans le même ton, le chef signe une belle cuisine, où l'invention cultive le naturel. La force tranquille.

à Bassac **Sud-Est : 7 km par N 141 et D 22 – 545 h. – alt. 20 m – ✉ 16120**

L'Essille

r. de Condé – ✆ 05 45 81 94 13 – www.hotel-restaurant-essille.com – Fermé 1er-8 janv.

17 ch – †65/75 € ††65/75 € – ☕ 10 € – ½ P 60/65 €

Rest *(fermé sam. midi et dim. soir)* – Menu 16 € (déj. en sem.), 27/48 € – Carte 44/58 €

◆ Coup de chapeau : cet hôtel-restaurant a bénéficié en 2010 d'une véritable cure de jouvence. Les chambres associent esprit contemporain et petits prix ; le restaurant étonne par sa mise en scène originale, très design. Cuisine traditionnelle, avec une belle collection de cognacs.

JARVILLE-LA-MALGRANGE – 54 Meurthe-et-Moselle – 307 I6 – rattaché à Nancy

---

JASSANS-RIOTTIER – 01 Ain – 328 B5 – 5 934 h. – alt. 180 m – ✉ 01480 43 E1

Paris 439 – Bourg-en-Bresse 79 – Lyon 34 – Saint-Étienne 93

X **L'Embarcadère**

15 av. de la Plage – ✆ 04 74 07 07 07 – www.georgesblanc.com

Rest – Menu 20 € (déj. en sem.), 25/52 € – Carte 35/59 €

◆ Embarquement immédiat pour cette nouvelle adresse de Georges Blanc au bord de la Saône, entre guinguette chic et brasserie contemporaine. Cuisses de grenouilles, œuf de ferme "canaille", poulet de Bresse : une tradition très tendance...

JAUJAC – 07 Ardèche – 331 H6 – 1 191 h. – alt. 450 m – ✉ 07380 44 A3

Lyon Drôme Ardèche

Paris 616 – Lyon 185 – Montélimar 59 – Pierrelatte 71

La Calade, ✆ 04 75 35 49 61, www.jaujac.fr/tourisme-loisirs-jaujac

Le Rucher des Roudils sans rest

Les Roudils, 4 km au Nord-Ouest – ✆ 04 75 93 21 11 – www.lesroudils.com – Ouvert 2 avril-14 nov.

3 ch ☕ – †65/70 € ††65/70 €

◆ Adresse du bout du monde, grande ouverte sur le massif du Tanargue. Les chambres ont beaucoup de caractère, de même que le salon avec sa cheminée cévenole.

JAUSIERS – 04 Alpes-de-Haute-Provence – 334 I6 – rattaché à Barcelonnette

---

JERSEY (ÎLE DE) – JSY Jersey – 309 J1 – voir à Île de Jersey

JOIGNY – 89 Yonne – 319 D4 – 10 403 h. – alt. 79 m – ✉ 89300 7 B1

Bourgogne

Paris 144 – Auxerre 28 – Gien 74 – Montargis 59

4, quai Ragobert, ✆ 03 86 62 11 05, www.tourisme-joigny.fr

du Roncemay, à Chassy, Château du Roncemay, par rte de Montargis : 18 km, ✆ 03 86 73 50 50

du Roncemay, à Chassy, Château du Roncemay, par rte de Montargis : 18 km, ✆ 03 86 73 50 50

Vierge au sourire ★ dans l'église St-Thibault A E - Côte St-Jacques ★ ≤ ★ 1,5 km par D 20 A.

La Côte St-Jacques

14 fg de Paris – ✆ 03 86 62 09 70
– www.cotesaintjacques.com – Fermé 2-23 janv. et lundi Ar
31 ch – 🛉225/510 € 🛉🛉225/510 € – 1 suite – ☕ 30 € – ½ P 250/330 €
Rest *La Côte St-Jacques* ✿✿✿ – voir les restaurants ci-après

◆ Au bord de l'Yonne, cet hôtel luxueux offre de nombreux agréments : moments de détente à la piscine, au spa, sur le bateau privé ; sommeil réparateur dans des chambres raffinées ; et beaux plaisirs gastronomiques...

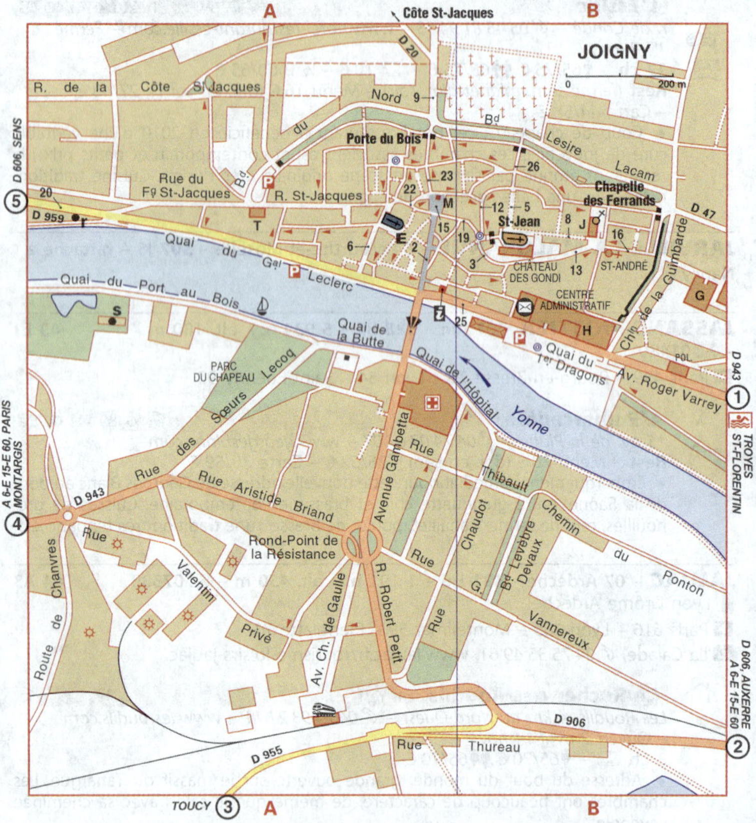

Cortel (R. Gabriel) . . . . . A 2
Couturat (R.) . . . . . B 3
Dans le Château (R.) . . . . . B 5
Étape (R. de l') . . . . . A 6
Ferrand (R. Jacques) . . . . . B 8
Forêt d'Othe (Av. de la) . . . . . A 9
Fossés-St-Jean (R. des) . . . . . B 12
Gambetta (Av.) . . . . . A
Grenet (R. Dominique) . . . . . B 13
Joigny (Pl. Jean-de) . . . . . A 15
Moines (R. des) . . . . . B 16
Montant au Palais (R.) . . . . . B 19
Paris (Faubourg de) . . . . . A 20
Pilori (Pl. du) . . . . . A 22
Porte du Bois (R. de la) . . . . . A 23
Ragobert (Quai Henri) . . . . . AB 25
Tour Carrée (R. de la) . . . . . B 26

Le Rive Gauche
r. du Port-au-Bois – 03 86 91 46 66 – www.hotel-le-rive-gauche.fr
42 ch – 75/85 € 75/85 € – 10 € – ½ P 72/77 € As
Rest ***Le Rive Gauche*** – voir les restaurants ci-après
◆ Sur la rive gauche de l'Yonne, ce grand établissement construit dans les années 1990 propose des chambres spacieuses, bien équipées et lumineuses. Le tout au sein d'un grand parc, avec plan d'eau et même héliport !

La Côte St-Jacques (Jean-Michel Lorain) – Hôtel La Côte St-Jacques
14 fg de Paris – 03 86 62 09 70
– www.cotesaintjacques.com – Fermé 2-23 janv., mardi midi et lundi
Rest *(réserver)* – Formule 100 € bc – Menu 135 € (déj.), 150/180 € Ar
– Carte 125/195 €
Spéc. Genèse d'un plat sur le thème de l'huître. Escargots petits gris, tripes et girolles au céleri (saison). Assortiment de cinq desserts servis en petites assiettes.
Vins Bourgogne Chardonnay, Irancy.
◆ D'une petite couturière audacieuse à son petit-fils globe-trotter, le nom de la famille n'a cessé de se décliner... en gourmandise(s). Épices, produits exotiques, techniques nouvelles – mais avec toujours la Bourgogne au cœur : Jean-Michel Lorain signe une cuisine inventive, qui célèbre le beau produit.

Le Rive Gauche – Hôtel Le Rive Gauche
r. du Port-au-Bois – 03 86 91 46 66 – www.hotel-le-rive-gauche.fr – Fermé dim. soir d'oct. à Pâques As
Rest – Menu 23 € (déj. en sem.), 29/43 € – Carte 40/50 €
◆ Atout charme : la terrasse face aux rives de l'Yonne. La salle offre aussi de belles échappées sur la verdure et la carte mêle tradition et invention. La preuve ? Cette lotte cuisinée comme un couscous avec une gaufre aux senteurs de merguez.

à Épineau-les-Voves 7,5 km par ② – 721 h. – alt. 92 m – 89400

L'Orée des Champs
(D 606) – 03 86 91 20 39 – Fermé 23 juil. au 9 août, vacances de fév., lundi soir, mardi soir, merc. soir, jeudi soir et dim. soir
Rest – Formule 14 € – Menu 31/56 € – Carte 30/35 €
◆ Ici, on traverse le jardin (jeux pour enfants), puis on s'installe sur la terrasse ombragée ou dans la plaisante salle aux tons rouge et ocre. Carte traditionnelle.

JOINVILLE – 52 Haute-Marne – 313 K3 – 3 762 h. – alt. 195 m 14 C2
– 52300 Champagne Ardenne

Paris 244 – Bar-le-Duc 54 – Bar-sur-Aube 47 – Chaumont 44
place Saunoise, 03 25 94 17 90
Château du Grand Jardin★.

Le Soleil d'Or
9 r. des Capucins – 03 25 94 15 66 – www.hotellesoleildor.fr
26 ch – 65/80 € 100/140 € – 10 €
Rest ***Le Soleil d'Or*** – voir les restaurants ci-après
◆ Les origines de cette maison chaleureuse remontent au 17^{e}s. La plupart des chambres sont décorées avec goût, dans un esprit contemporain (murs en chaux, boutis, tableaux).

Le Soleil d'Or
9 r. des Capucins – 03 25 94 15 66 – www.hotellesoleildor.fr – Fermé 3 sem. en août, vacances de la Toussaint et de fév., dim. et lundi
Rest – Formule 17 € bc – Menu 25/48 € – Carte 40/68 €
◆ Le soleil brille sur cette cuisine servie dans un décor d'inspiration historique. On y marie avec subtilité de jolis produits pour un résultat flatteur. Une bonne adresse dans la région.

JOINVILLE-LE-PONT – 94 Val-de-Marne – 312 D3 – 101 27 – voir à Paris, Environs

JONGIEUX – 73 Savoie – 333 H3 – 308 h. – alt. 300 m – ✉ 73170 **45 C1**

▶ Paris 528 – Annecy 58 – Chambéry 25 – Lyon 103

Auberge Les Morainières (Michaël Arnoult)

rte de Marétel – ✆ 04 79 44 09 39 – www.les-morainieres.com – Fermé 12-18 nov., 26 déc.-12 janv., mardi sauf juil.-août et lundi

Rest – Menu 28 € (déj. en sem.), 45/80 € – Carte 70/100 €

Spéc. Foie gras des Landes rôti, rhubarbe et fleur de sureau (mai à juil.). Pigeon de Racan rôti, gâteau des cuisses et truffe de Jongieux (déc. à fév.). Myrtilles sauvages, crème légère et glace verveine (août-sept.). **Vins** Roussette de Marestel, Mondeuse.

◆ Au sommet d'un coteau planté de vignes, dans un ancien cellier dominant la vallée et le Rhône... Loin des sentiers battus, la table de Mickaël Arnoult mérite un détour ! Car ce jeune chef imagine une cuisine d'une grande finesse, flatteuse sans être prétentieuse, créative sans être déroutante. Il impose son style.

JONS – 69 Rhône – 327 J5 – 1 286 h. – alt. 205 m – ✉ 69330 **43 E1**

▶ Paris 476 – Lyon 28 – Meyzieu 10 – Montluel 8

Auberge de Jons

rte du Pont – ✆ 04 78 31 29 85 – www.auberge-de-jons.fr – Fermé 24 déc.-1er janv.

34 ch – †75/160 € ††75/160 € – 3 suites – ☕ 13 € – ½ P 149/209 €

Rest *Lounge Boat* *(fermé 3 sem. en août)* – Menu 26 € (sem.), 32/48 € – Carte 29/55 €

◆ Au bord du Rhône, un joli complexe hôtelier avec un ravissant cottage en bois et ses chambres d'esprit chalet, de confortables bungalows familiaux, ou des chambres classiques et contemporaines dans la bâtisse originelle. Côté détente : piscine, restaurant d'esprit paquebot, etc.

JONZAC – 17 Charente-Maritime – 324 H7 – 3 552 h. – alt. 40 m – Stat. therm. : début mars-début déc. – Casino – ✉ 17500 **38 B3**

Poitou Vendée Charentes

▶ Paris 512 – Angoulême 59 – Bordeaux 84 – Cognac 36

ℹ 22, place du Château, ✆ 05 46 48 49 29, www.jonzac.fr

Hostellerie du Coq d' Or avec ch

18 pl. du Château – ✆ 05 46 48 00 06 – www.lecoqdor.fr – Fermé en janv., dim. soir et lundi

5 ch – †89/99 € ††89/99 € – ☕ 10 €

Rest – Menu 15 € (déj. en sem.)/30 € – Carte 26/51 €

◆ Sur la place du château, une demeure rétro en diable et très élégante. On se régale de plats bistrotiers, généreux et savoureux, ou d'une cuisine plus actuelle... Et pour prolonger l'étape, les chambres sont confortables et charmantes.

à Clam 6 km au Nord par D 142 – 354 h. – alt. 67 m – ✉ 17500

Le Vieux Logis

r. du 8 mai-1945 – ✆ 05 46 70 20 13 – www.vieuxlogis.com

10 ch – †62/70 € ††62/75 € – ☕ 10 € – ½ P 55/65 €

Rest – Menu 17 € (sem.), 26/40 € – Carte 37/60 €

◆ Au cœur du Jonzaçais. Dans ce joli logis, les chambres donnent de plain-pied sur le jardinet et, côté papilles, on prend un bon bol de terroir – avec aussi quelques plats plus exotiques, clins d'œil du patron à ses voyages... À noter : la boutique d'artisanat d'outre-mer.

JOSSELIN – 56 Morbihan – 308 P7 – 2 604 h. – alt. 58 m – ✉ 56120 **10 C2**

Bretagne

▶ Paris 428 – Dinan 86 – Lorient 76 – Rennes 79

ℹ 26 rue des Trente, ✆ 02 97 22 36 43, www.josselin-communaute.fr

◉ Château★★ : façade★★ - Basilique N.-D.-du-Roncier★ - ≤★ du Pont Ste-Croix.

Du Château

1 r. du Gén.-de-Gaulle – ✆ 02 97 22 20 11 – www.hotel-chateau.com – Fermé 2-15 nov., 21-31 déc. et 20 janv.-5 fév.

35 ch – †63/68 € ††74/93 € – ☕ 9 € – ½ P 62/72 €

Rest – Formule 11 € – Menu 18/40 € – Carte 29/69 €

◆ Cet hôtel-restaurant des bords de l'Oust, créé en 1958, fait face au château des Rohan. Les chambres ont été rénovées en 2010 et la moitié donnent sur les puissantes murailles. Cuisine traditionnelle dans une salle d'esprit médiéval ou sur la terrasse tournée vers la forteresse.

JOUARRE – 77 Seine-et-Marne – **312** H2 – **rattaché à La Ferté-sous-Jouarre**

JOUCAS – 84 Vaucluse – **332** E10 – 316 h. – alt. 263 m – ✉ 84220 **42** E1

Paris 716 – Apt 14 – Avignon 42 – Carpentras 32

Hostellerie Le Phébus & Spa

rte de Murs – ✆ 04 90 05 78 83 – www.lephebus.com – Ouvert 1er avril-30 oct.

14 ch – †210/355 € ††210/355 € – 10 suites – ☕ 26 €

Rest ***Xavier Mathieu*** ✿ **Rest** ***Le Café de la Fontaine*** – voir les restaurants ci-après

◆ Phébus... l'autre nom d'Apollon – et ce séjour que le dieu de la Beauté n'aurait sans doute pas renié ! Nichée dans la verdure, cette demeure provençale domine le Luberon ; la plupart des chambres jouissent d'un balcon, d'une terrasse voire d'une minipiscine privée. Si loin du monde des hommes...

Le Mas des Herbes Blanches

2,5 km rte de Murs – ✆ 04 90 05 79 79 – www.herbesblanches.com – Fermé 1er mars-7 mai et 1er nov.-3 mai

17 ch – †165/660 € ††165/660 € – 2 suites – ☕ 23 €

Rest ***Le Mas des Herbes Blanches*** – voir les restaurants ci-après

◆ Une architecture tout en pierres sèches, l'ombre des oliviers sous le soleil du Sud, une superbe piscine... et surtout un panorama grandiose sur la vallée du Luberon. Adossé au plateau de Vaucluse, ce mas est un sommet de Provence !

Le Mas du Loriot sans rest

4 km rte de Murs – ✆ 04 90 72 62 62 – www.masduloriot.com – Ouvert 31 mars-21 oct.

7 ch – †60/145 € ††60/145 € – ☕ 13 €

◆ Maison familiale perdue dans la garrigue, au cœur du parc régional du Luberon. Les chambres, confortables, sont en rez-de-jardin. Agréable piscine parmi les pins et la lavande.

Xavier Mathieu – Hostellerie Le Phébus & Spa

rte de Murs – ✆ 04 90 05 78 83 – www.lephebus.com – Ouvert 1er avril-30 oct. et fermé mardi midi, merc. midi et jeudi midi

Rest – Menu 49 € (sem.), 85/130 € – Carte 80/145 €

Spéc. Soupe au pistou. Pieds et paquets. Choco coco-curry . **Vins** Côtes de Luberon

◆ Grandi à Marseille, Xavier Mathieu a la Provence chevillée au corps. Recherche, technique, précision... mais surtout sens des saveurs et inspiration : chaque plat est une variation sur les origines. À découvrir dans le cadre privilégié d'une luxueuse bastide dans la garrigue.

Le Mas des Herbes Blanches – Hôtel Le Mas des Herbes Blanches

2,5 km rte de Murs – ✆ 04 90 05 79 79 – www.herbesblanches.com – Fermé 1er mars-7 mai et 1er nov.-3 mai

Rest – Menu 38 € (déj.)/90 € – Carte 63/113 €

◆ Une terrasse panoramique ? Un véritable balcon sur tout le Luberon ! Et chaque assiette ajoute senteurs et arômes au spectacle – avec de subtils dosages d'épices, qui rappellent les origines thaïlando-cambodgiennes du jeune chef. Un bel endroit.

Le Café de la Fontaine – Hostellerie Le Phébus & Spa
rte de Murs – ✆ 04 90 05 78 83 – www.lephebus.com – Ouvert juin-sept.
Rest *(déj. seult)* – Carte 39/75 €
◆ L'évocation très chic d'un café de village... Au cœur du luxueux hôtel Phébus, les abords de la piscine prennent l'allure d'une placette – avec sa fontaine – et la carte égrène plats provençaux et familiaux. Le tout dans une ambiance so lounge !

JOUGNE – 25 Doubs – **321** I6 – **1 376 h. – alt. 1 001 m – Sports d'hiver : à Métabief 880/1 450 m** 22 – ✉ **25370** Franche-Comté Jura **17** C3
Paris 464 – Besançon 79 – Champagnole 50 – Lausanne 48

La Couronne
6 r. de l'Église – ✆ 03 81 49 10 50 – www.hotel-couronne-jougne.com – Fermé nov., dim. soir et lundi hors saison et vacances scolaires
11 ch – 68/73 € 70/75 € – 2 suites – 9 € – ½ P 68/86 €
Rest *La Couronne* – voir les restaurants ci-après
◆ Près de l'église, une maison de pays (18[e]s.) où l'on se sent bien, tout simplement... Les chambres sont cosy et joliment décorées ; certaines ouvrent sur les monts du Jura.

La Couronne
6 r. de l'Église – ✆ 03 81 49 10 50 – www.hotel-couronne-jougne.com – Fermé nov., dim. soir et lundi hors saison et vacances scolaires
Rest – Formule 20 € – Menu 28/47 € – Carte 32/58 €
◆ De douces saveurs régionales et de bons produits cuisinés avec justesse : une terrine de lapin aux noisettes ouvre grand l'appétit ; un rôti de veau, bien moelleux, fleure bon le repas dominical de notre enfance... Une Couronne bien méritée !

JOUILLAT – 23 Creuse – **325** I3 – **469 h. – alt. 396 m** – ✉ **23220** **25** C1
Paris 345 – Domérat 74 – Guéret 15 – Limoges 102

La Maison Verte ch,
2 Lombarteix , 2 km au Nord par D 940 et rte secondaire – ✆ 05 55 51 93 34 – www.lamaisonvertecreuse.com
4 ch – 70 € 90/110 € **Table d'hôte** – Menu 25 € bc
◆ Isolée dans la verdure, cette ferme du 19e s. ne pourrait être plus au calme ! Jardin, potager, piscine, grandes chambres au décor soigné préservant l'âme des lieux et cuisine traditionnelle préparée par le propriétaire : ici, on se sent bien.

JOUX – 69 Rhône – **327** F4 – **665 h. – alt. 520 m** – ✉ **69170** **44** A1
Paris 437 – Lyon 51 – St-Étienne 102 – Villeurbanne 60

Le Tilia
pl. du Plaisir – ✆ 04 74 05 19 46 – www.letilia.com – Fermé 17-31 août, 20-26 fév., dim. soir, lundi et mardi
Rest – Formule 20 € – Menu 26/60 € – Carte 42/60 €
◆ De retour d'Australie, le chef a eu envie d'ouvrir sa propre maison avec sa compagne, rencontrée là-bas... De la salle des fêtes du village, ils ont fait un restaurant cosy où la généreuse cuisine traditionnelle n'hésite pas à faire des sauts du côté du pays des kangourous.

JOYEUSE – 07 Ardèche – **331** H7 – **1 626 h. – alt. 180 m** – ✉ **07260** **44** A3
Lyon Drôme Ardèche
Paris 650 – Alès 54 – Mende 97 – Privas 55
Montée de la Chastellane, ✆ 04 75 89 80 92, www.tourisme-beaumedrobie.fr
Corniche du Vivarais Cévenol★★ O.

Les Cèdres ch, ch,
quartier La Glacière – ✆ 04 75 39 40 60 – www.hotelcedres.com – Ouvert 15 avril-15 oct.
43 ch – 55/61 € 65/71 € – 9 € **Rest** – Menu 18/31 € – Carte 30/45 €
◆ Cet hôtel occupe une ancienne usine textile, sur les rives de la Beaume. Préférez les chambres sur l'arrière, plus calmes. Tir à l'arc, canoë, piscine chauffée... Au restaurant, la carte met en valeur les produits ardéchois ; le buffet de hors-d'œuvre est très prisé.

JUAN-LES-PINS – 06 Alpes-Maritimes – 341 D6 – alt. 2 m – Casino : Eden Beach FZ – ✉ 06160 Côte d'Azur 42 E2

Paris 910 – Aix-en-Provence 161 – Cannes 10 – Nice 22

51, boulevard Guillaumont, ✆ 04 97 23 11 10

Massif de l'Esterel★★★ - Massif de Tanneron★.

Juana

la Pinède, 19 av. G. Gallice – ✆ 04 93 61 08 70 – www.hotel-juana.com – Fermé 27 oct.-29 déc. FZ**f**

37 ch – †175/740 € ††175/740 € – 3 suites – ☕ 27 €

Rest *Café Marianne* – voir les restaurants ci-après

◆ Luxueux hôtel des années 1930 où l'on sait cultiver l'art de recevoir. Chambres Art déco exquises, équipements haut de gamme, superbe piscine et, pour l'anecdote, magnifique ascenseur en bois... Le charme fou de la French Riviera !

Belles Rives

33 bd E.-Baudoin – ✆ 04 93 61 02 79 – www.bellesrives.com – Fermé 2 janv.-1er mars FZ**d**

39 ch – †203/850 € ††203/850 € – 4 suites – ☕ 27 €

Rest *La Passagère* – voir les restaurants ci-après

Rest *Plage Belles Rives* *(ouvert d'avril à oct. et fermé le soir sauf en juil.-août)* – Carte 40/80 €

◆ Un petit joyau Art déco où vécut Francis Scott Fitzgerald. Bar d'époque classé, chambres joliment décorées (mobilier rétro), restaurant 1930 ou table près des flots, ponton et plage privés... Élégance et nostalgie.

JUAN-LES-PINS

Ardisson (Bd B.) .... FZ 5
Courbet (Av. Amiral) .... EZ 18
Docteur-Dautheville (Av.) ... FZ 22
Docteur-Hochet (Av. du) .... FZ 23
Gallet (Av. Louis) .... EZ 27
Gallice (Av. G.) .... FZ 29
Hôtel-des-Postes (R. de l') ... FZ 44
Iles (R. des) .... EZ 46
Joffre (Av. du Maréchal) ..... EFZ 47
Lauriers (Av. des) .... FZ 48
Maupassant (Av. Guy-de) .... EFZ 53
Oratoire (R. de l') .... FZ 56
Palmiers (Av. des) .... FZ 59
Paul (R. M.) .... EZ 60
Printemps (R. du) .... FZ 63
Ste-Marguerite (R.) .... EZ 74
St-Honorat (R.) .... EZ 71
Vilmorin (Av.) .... EZ 88

Accès et sorties: voir à Antibes

Garden Beach

15 bd E.-Baudoin – ☎ 04 92 93 57 57 – www.garden-beach-hotel.com – Fermé déc. et janv. FZw

175 ch – 99/599 € 99/939 € – 23 € – ½ P 97/347 €

Rest *La Plage* *(ouvert mi avril-mi oct. et le soir en juil.-août)* – Formule 23 € – Menu 32 € – Carte 32/72 €

♦ En bordure de la pinède et jouxtant le casino, un hôtel balnéaire récent. La moitié des chambres donnent sur la mer et, pour la détente, plage privée, fitness, sauna, restaurant méditerranéen, etc.

Ambassadeur

50 chemin des Sables – ☎ 04 92 93 74 10 – www.hotel-ambassadeur.com – Fermé déc. FZs

196 ch – 109/490 € 130/490 € – 25 suites – 25 €

Rest *Grill Les Palmiers* *(ouvert juil.-août) (déj. seult)* – Carte 37/52 €

Rest *Le Cézanne* *(fermé le midi en juil.-août)* – Menu 29 € (dîner) – Carte 37/52 €

♦ Élégance contemporaine de bon ton dans les chambres, salles de séminaire et restaurants, plage privée... Tout près de la pinède, ce vaste complexe hôtelier a de quoi séduire vacanciers et businessmans.

Ste-Valérie sans rest

r. Oratoire – ☎ 04 93 61 07 15 – www.juanlespins.net – Ouvert 26 avril-12 oct.

24 ch – 160/550 € 160/550 € – 20 € FZp

♦ Un havre de paix que ces belles villas made in Méditerranée ! Les chambres, d'esprit très Sud, donnent sur le jardin luxuriant et sur la piscine ; les salles de bains sont superbes et l'accueil des plus aimables... Cossu et raffiné.

La Villa sans rest

av. Saramartel – ☎ 04 92 93 48 00 – www.hotel-villa-juan.com – Ouvert mars- fin oct. FZn

26 ch – 129/339 € 129/339 € – 18 €

♦ Le jardin de cette grande villa 1900 est ravissant avec ses cèdres et ses oliviers. Et que dire de la jolie piscine, de l'accueil délicieux, des chambres sobres et très élégantes, du bar d'esprit colonial où il fait bon musarder ? Qu'on adore !

Astoria sans rest

15 av. Mar. Joffre – ☎ 04 93 61 23 65 – www.hotellastoria.com FZa

49 ch – 95/195 € 95/195 € – 10 €

♦ Près de la gare et à deux pas de la plage, ce petit hôtel récent est vraiment pratique, tant pour un séjour d'affaires que pour l'agrément. Les chambres, toutes avec balcon et certaines donnant sur la mer, sont contemporaines et bien tenues.

Des Mimosas sans rest

r. Pauline – ☎ 04 93 61 04 16 – www.hotelmimosas.com – Ouvert 1er mai- 30 sept. EZq

34 ch – 95/100 € 130/160 € – 10 €

♦ Sur les hauteurs de Juan, cette grande villa 1900 d'une blancheur immaculée se niche dans un joli parc planté de palmiers. Les chambres sont confortables et très bien tenues, les plus agréables donnant sur la piscine...

Juan Beach sans rest

5 r. de l'Oratoire – ☎ 04 93 61 02 89 – www.hoteljuanbeach.com – Ouvert d'avril à oct. FZe

24 ch – 99/159 € 119/182 € – 3 suites – 13 €

♦ Une villa en bleu et blanc... très bord de mer ! Jolie piscine pour faire quelques brasses dans l'eau douce, accueil chaleureux de la propriétaire et chambres d'esprit provençal, simples mais bien tenues.

Eden Hôtel sans rest

16 av. L. Gallet – ☎ 04 93 61 05 20 – www.edenhoteljuan.com – Ouvert de mars à oct. EZz

17 ch – 58/96 € 82/108 € – 7 €

♦ Près de la plage, un hôtel 1930 simple et convivial. Certaines chambres sont un peu vieillottes ; préférez donc celles qui ont été rénovées dans un esprit contemporain. Petit-déjeuner sur une jolie terrasse.

XXX **La Passagère** – Hôtel Belles Rives
33 bd E.-Baudoin – ✆ 04 93 61 02 79 – www.bellesrives.com – Fermé 2 janv.-1er mars, lundi et mardi hors saison FZ**d**
Rest – Formule 35 € bc – Menu 50 € (déj. en sem.), 65/120 € – Carte 80/140 €
◆ Un beau décor 1930 façon "paquebot", une jolie terrasse face à la mer... Un cadre idyllique qui ravit la clientèle huppée internationale. À la carte, une cuisine du moment aux accents du Sud.

XX **Café Marianne** – Hôtel Juana
la Pinède, 19 av. G. Gallice – ✆ 04 93 61 08 70 – www.hotel-juana.com – Fermé 27 oct.-29 déc. FZ**f**
Rest – Formule 19 € bc – Menu 29/38 € – Carte 32/71 €
◆ Pour une incursion gourmande et raffinée dans le superbe hôtel Juana. Le chef concocte une belle cuisine traditionnelle et propose un menu attractif, dont l'entrée et le plat changent chaque jour... Tendance et chic !

XX **L'Amiral**
7 av. Amiral Courbet – ✆ 04 93 67 34 61 – Fermé 16-25 janv., sam. midi, dim. soir, lundi et le midi en juil.-août EZ**h**
Rest – Menu 25/38 € – Carte 30/70 €
◆ Cuisines ouvertes, plats au comptoir pour les gourmands désirant déjeuner sur le pouce, vivier... Un restaurant frais et contemporain, pour des mets à l'avenant. Déclinés autour de deux petits menus de saison, ils enchantent les habitués.

XX **Le Paradis**
13 bd Beaudouin – ✆ 04 93 61 22 30 – www.restaurant-le-paradis.com – Fermé dim. soir et lundi de nov. à fév. FZ**g**
Rest – Formule 25 € – Menu 38/42 € – Carte 40/80 €
◆ Pour atteindre le Paradis, il faut emprunter le passage qui traverse les immeubles jouxtant le casino. Là, vue sur la mer et... gourmandise ! Le chef travaille des produits de saison, pour une carte dans l'air du temps qui ravit les papilles.

JUGY – 71 Saône-et-Loire – **320** J10 – **rattaché à Sennecey-le-Grand**

JULIÉNAS – 69 Rhône – **327** H2 – **809 h.** – **alt. 276 m** – ✉ 69840 **43** E1
Lyon Drôme Ardèche
Paris 403 – Bourg-en-Bresse 51 – Lyon 63 – Mâcon 15

Chez la Rose
pl. du Marché – ✆ 04 74 04 41 20 – www.chez-la-rose.fr – Ouvert de mars à mi-déc.
7 ch – †61/110 € ††61/110 € – 6 suites – ☕ 10 € – ½ P 71/125 €
Rest *Chez la Rose* – voir les restaurants ci-après
◆ Un agréable hôtel-restaurant de village, avec une jolie terrasse et une petite piscine. Les chambres, toutes très bien tenues, affichent des styles très différents, du très classique et rustique au plus contemporain.

Les Vignes sans rest
à 0,5 km rte St-Amour – ✆ 04 74 04 43 70 – www.hoteldesvignes.com – Fermé 4 déc.-9 fév.
22 ch – †50/83 € ††62/83 € – ☕ 9 €
◆ Petit hôtel simple et agréable posé au cœur des vignes, à flanc de coteau. Accueil aimable, chambres soignées et terrasse pour les petits-déjeuners aux beaux jours.

XX **Chez la Rose** – Hôtel Chez la Rose
pl. du Marché – ✆ 04 74 04 41 20 – www.chez-la-rose.fr – Ouvert de mars à mi-déc. et fermé mardi midi, jeudi midi, vend. midi et lundi
Rest – Formule 23 € – Menu 31/59 € – Carte 30/55 €
◆ Œuf cocotte aux morilles, cabillaud à la vapeur et ses pointes d'asperge, salade de fruits et sa glace au yaourt... Dans un cadre très lumineux et frais, on savoure une sympathique cuisine traditionnelle accompagnée de vins du cru.

La Taverne du Coq

pl. du Marché – ✆ 04 74 04 41 98 – www.coq-julienas.com – Fermé mi-déc. à mi-mars, jeudi soir, mardi soir et merc.
Rest – Menu 23 € – Carte environ 28 €
◆ Un petit bistrot délicieusement rétro (tomettes, comptoir en zinc, belle cheminée et vieilles affiches), où l'on savoure une bonne cuisine du terroir accompagnée de vins des producteurs locaux. Vraiment sympa !

JULLIÉ – 69 Rhône – 327 H2 – 417 h. – alt. 370 m – ✉ 69840 43 E1

Paris 415 – Bourg-en-Bresse 55 – Lyon 67 – Mâcon 20

Domaine de la Chapelle de Vâtre sans rest

Le Bourbon, 2 km au Sud par D 68 et D 68e – ✆ 04 74 04 43 57 – www.vatre.com
3 ch – 60/80 € 70/95 €
◆ Au sommet d'une colline couverte de vignes, ce beau domaine viticole domine la plaine de la Saône. Le lieu marie avec goût le contemporain et les vieilles pierres ; les chambres sont simples et coquettes (tomettes, meubles chinés...).

JUMIÈGES – 76 Seine-Maritime – 304 E5 – 1 718 h. – alt. 25 m – ✉ 76480 Normandie Vallée de la Seine 33 C2

Paris 160 – Caudebec-en-Caux 16 – Rouen 28
rue Guillaume le Conquérant, ✆ 02 35 37 28 97, www.jumiegesinfotourisme.com
de Jumièges, Jumièges-Le Mesnil, SE : 2,5 km par D 65, ✆ 02 35 05 32 97
Ruines de l'abbaye★★★.

Spa Hôtel Le Domaine Le Clos des Fontaines sans rest

191 r. des Fontaines – ✆ 02 35 33 96 96 – www.leclosdesfontaines.com – Fermé 20 déc.-20 janv.
19 ch – 90/130 € 90/230 € – 15 €
◆ Tout près des vestiges de l'abbaye, ces pavillons néonormands sont nichés dans un grand jardin. Fès, Kyoto... voyage immobile dans les chambres et calme absolu dans le beau spa zen.

L' Auberge des Ruines

17 pl. de la Mairie – ✆ 02 35 37 24 05 – www.auberge-des-ruines.fr – Fermé 2 sem. en janv., dim. soir et merc.
Rest – Menu 22 € (déj. en sem.), 28/70 € – Carte 60/70 €
◆ Dans cette demeure normande, à deux pas des ruines de l'abbaye, la table est joliment dressée et l'on savoure une cuisine d'aujourd'hui, sympathique et savoureuse.

JUNGHOLTZ – 68 Haut-Rhin – 315 H9 – 912 h. – alt. 332 m – ✉ 68500 1 A3

Paris 475 – Belfort 62 – Colmar 32 – Mulhouse 23

Les Violettes

rte de Thierenbach, 1 km à l'Ouest – ✆ 03 89 76 91 19 – www.les-violettes.com – Fermé 3-20 janv.
57 ch – 140/290 € 140/290 € – 4 suites – 23 €
Rest *(dîner seult)* – Menu 47/59 € – Carte 45/85 €
◆ Dans un cadre verdoyant, une bâtisse imposante aux airs de chalet, dont les chambres et suites, d'esprit alsacien raffiné, se révèlent très confortables (moins cossues à la Gentilhommière). Superbe spa (avec espace fitness), restaurant... Détente.

JURANÇON – 64 Pyrénées-Atlantiques – 342 J5 – rattaché à Pau

JUVIGNAC – 34 Hérault – 339 H7 – rattaché à Montpellier

JUVIGNY – 74 Haute-Savoie – 328 K3 – rattaché à Annemasse

JUVIGNY-SOUS-ANDAINE – 61 Orne – 310 F3 – 1 059 h. – alt. 200 m – ✉ 61140 32 B3

Paris 239 – Alençon 51 – Argentan 47 – Domfront 12

Au Bon Accueil avec ch

23 pl. St Michel – ✆ 02 33 38 10 04 – www.aubonaccueil-normand.com – Fermé 15 fév.-15 mars.

7 ch – 56/72 € 56/72 € – 10 € – ½ P 62 €

Rest *(fermé dim. soir et lundi)* – Menu 15 € (déj. en sem.), 19/45 € – Carte 30/55 €

◆ L'enseigne ne ment pas ! Derrière l'élégante façade, un accueil plein de gentillesse, une cuisine du terroir qui ne manque pas de générosité et des chambres parfaitement tenues.

KATZENTHAL – 68 Haut-Rhin – 315 H8 – 553 h. – alt. 280 m – ✉ 68230 2 C2

Paris 445 – Colmar 8 – Gérardmer 53 – Munster 18

A l'Agneau avec ch

16 Grand'Rue – ✆ 03 89 80 90 25 – www.agneau-katzenthal.com – Fermé 27 juin-7 juil., 14-23 nov., 24-28 déc., 21 fév.-16 mars

12 ch – 45/62 € 45/62 € – 11 € – ½ P 55/70 €

Rest *(fermé mardi soir de mi-oct. à fin juin, jeudi midi et merc.)* – Formule 14 € – Menu 22/46 € – Carte 25/50 €

◆ Cette jolie maison au décor typiquement alsacien est douce... comme un agneau. On y savoure une cuisine du marché, des spécialités régionales et des vins du cru. Pour l'étape, des chambres classiques.

KAYSERSBERG – 68 Haut-Rhin – 315 H8 – 2 726 h. – alt. 242 m – ✉ 68240 Alsace Lorraine 2 C2

Paris 438 – Colmar 12 – Gérardmer 46 – Guebwiller 35

39, rue du Gal-de-Gaulle, ✆ 03 89 78 22 78, www.kaysersberg.com

Église Ste-Croix ★ : retable★★ - Hôtel de ville★ - Vieilles maisons★ - Pont fortifié★ - Maison Brief★.

Chambard

r. du Gén.-de-Gaulle – ✆ 03 89 47 10 17 – www.lechambard.fr

32 ch – 203/276 € 251/398 € – 5 suites – 20 €

Rest *Chambard* – **Rest *Winstub*** et **Rest *Flamme & Co*** – voir les restaurants ci-après

◆ Véritable institution dans la cité, le Chambard arbore une allure superbe : derrière sa belle façade traditionnelle (18^{e}s.), un décor ultracontemporain, chic et tendance ; un spa dernier cri ; un restaurant de haute gastronomie, une winstub charmante... et partout un très grand confort.

Les Remparts et Les Terrasses sans rest

4 r. Flieh – ✆ 03 89 47 12 12 – www.lesremparts.com

44 ch – 56/69 € 59/92 € – 9 €

◆ Dans un quartier résidentiel calme, un hôtel familial où le sens de l'accueil n'est pas un vain mot. Les chambres sont pratiques, la plupart avec un joli balcon fleuri en saison ; au petit-déjeuner, on se régale de bons produits locaux.

Constantin sans rest

10 r. Père Kohlman – ✆ 03 89 47 19 90 – www.hotel-constantin.com

20 ch – 52/57 € 62/78 € – 9 €

◆ Dans cette maison de vigneron (19^{e}s.), les chambres sont simples et rustiques (parfois avec une mezzanine), très bien tenues et d'un bon rapport qualité-prix. Petit plus : on prend son petit-déjeuner sous une jolie verrière.

Chambard (Olivier Nasti) – Hôtel Chambard

r. du Gén.-de-Gaulle – ✆ 03 89 47 10 17 – www.lechambard.fr

Rest *(fermé mardi midi, merc. midi et lundi)* – Formule 36 € – Menu 59/102 € – Carte 80/125 €

Spéc. Escargots à l'alsacienne façon nouvelle mode. Filet de chevreuil des chasses alsaciennes aux fruits rouges en aigre doux. Feuille à feuille à la vanille Bourbon, yaourt et sorbet exotique. **Vins** Riesling, Pinot Gris.

◆ Découpes, cuissons, assaisonnements... Tout est si soigneusement réglé dans la cuisine d'Olivier Nasti, et pourtant !, chaque assiette laisse libre cours à l'émotion... Effet imparable de l'harmonie des saveurs et de la finesse. Décor épuré.

XX **Le Moreote**

12 r. du Gén.-Rieder – ✆ 03 89 47 39 08 – www.moreote.com – Fermé 20 juil.-16 août, merc. et jeudi

Rest *(nombre de couverts limité, réserver)* – Formule 16 € – Menu 38/75 € – Carte 45/65 €

◆ Filets de rouget barbet au pinot noir, compression de tartare de bœuf... Dans ce restaurant rustique et chaleureux, le chef ne travaille que de beaux produits et réalise une jolie cuisine ancrée dans la tradition et rehaussée de vins bien choisis.

XX **La Vieille Forge**

1 r. des Écoles – ✆ 03 89 47 17 51 – Fermé 30 déc.-19 janv.

Rest – Formule 10 € – Menu 19/39 € – Carte 29/60 €

◆ Des poutres, un vieux poêle en faïence... le cachet de l'ancien, certes, mais une déco colorée et pleine de peps pour un lieu qui n'en manque pas. En cuisine, le chef et son fils concoctent de bons petits plats traditionnels 100 % maison.

X **Winstub** – Hôtel Chambard

r. du Gén.-de-Gaulle – ✆ 03 89 47 10 17 – www.lechambard.fr

Rest – Formule 13 € – Carte 33/53 €

◆ Une cuisine de terroir et de tradition dans une winstub typiquement alsacienne et vraiment attachante ! Nappes à carreaux, boiseries : rien ne manque...

X **Au Lion d'Or**

66 r. Gén. de Gaulle – ✆ 03 89 47 11 16 – www.auliondor.fr – Fermé 1 sem. début juil., fév., mardi sauf le midi de mai à oct. et merc.

Rest – Formule 13 € – Menu 17/35 € – Carte 20/35 €

◆ Cette maison de 1521, tenue par la même famille depuis 1764, a beaucoup de cachet, et l'on y déguste de savoureux plats traditionnels. De beaux produits et l'envie de bien faire : c'est bon et il n'y a pas de mystère !

X **Flamme & Co** – Hôtel Chambard

r. du Gén.-de-Gaulle – ✆ 03 89 47 16 16 – www.lechambard.fr – Fermé le midi et lundi

Rest – Carte 35/42 €

◆ La tarte flambée érigée en concept, et même en concept branché ! Four à bois éclairé par des spots fluo, fauteuils zébrés, sets de D.J. certains soirs... et des créations telle que la flammée fromage frais aux herbes, noix, pousses d'épinard et miel poivré.

à Kientzheim Est : 3 km par D 28 – 777 h. – alt. 225 m – ✉ 68240

Pierres tombales★ dans l'église.

L'Abbaye d'Alspach sans rest

2 r. Mar. Foch – ✆ 03 89 47 16 00 – www.hotel-abbaye-alspach.com – Fermé 3 janv.-15 mars

29 ch – †83/125 € ††83/125 € – 5 suites – ☕ 12 €

◆ Faire étape dans ce couvent du 11ᵉs. sera l'occasion de découvrir une charmante bourgade médiévale et de profiter du style rustique et cossu d'un hôtel familial. De surcroît, le petit-déjeuner fait la part belle aux produits locaux !

Hostellerie Schwendi

2 pl. Schwendi – ✆ 03 89 47 30 50 – www.schwendi.fr

29 ch – †72 € ††82/112 € – ☕ 11 € – ½ P 83/98 €

Rest *Hostellerie Schwendi* – voir les restaurants ci-après

◆ Cette grande maison à pans de bois a vraiment bonne mine sur la petite place du village. L'ambiance est familiale et l'on se sent bien dans ses chambres rustiques et pimpantes. L'annexe "La maison Germaine" est tout aussi agréable.

XX **Hostellerie Schwendi** – Hostellerie Schwendi

2 pl. Schwendi – ✆ 03 89 47 30 50 – www.schwendi.fr – Fermé 24 déc.-13 mars, jeudi midi et merc.

Rest – Menu 20/61 € – Carte 27/53 €

◆ Ici, on dîne dans l'ancienne cave à vin de l'auberge. Croquettes de munster, foie gras aux griottes, truite au riesling... : le chef privilégie le meilleur de la gastronomie régionale. En été, on se régale sur la place. Pittoresque !

KEMBS-LOÉCHLÉ – 68 Haut-Rhin – 315 J11 – alt. 245 m – ✉ 68680 1 B3

Paris 493 – Altkirch 26 – Basel 16 – Belfort 70

Les Écluses

8 r. Rosenau – ✆ 03 89 48 37 77 – www.lesecluses.fr – Fermé 12-26 sept., 5-17 janv., merc. soir d'oct. à avril, dim. soir et lundi

Rest – Formule 11 € – Menu 14/39 € – Carte 25/55 €

◆ Non loin du canal de Huningue et de la "Petite Camargue" alsacienne, on déguste une cuisine traditionnelle qui fait la part belle au poisson, dans une atmosphère chaleureuse et familiale.

KIENTZHEIM – 68 Haut-Rhin – 315 H8 – rattaché à Kaysersberg

KILSTETT – 67 Bas-Rhin – 315 L4 – 2 369 h. – alt. 130 m – ✉ 67840 1 B1

Paris 489 – Haguenau 23 – Saverne 51 – Strasbourg 14

Oberlé

11 rte Nationale – ✆ 03 88 96 21 17 – www.hotel-restaurant-oberle.fr – Fermé 16 août-7 sept. et 26 janv.-3 fév.

30 ch – †48 € ††60 € – ☕ 6,50 € – ½ P 46 €

Rest *(fermé dim. soir d'oct. à mars, vend. midi et jeudi)* – Menu 10 € (déj. en sem.), 23/37 € – Carte 26/52 €

◆ Chambres sobres, fonctionnelles et très bien insonorisées dans cet établissement familial, situé à proximité d'un passage à niveau. Au restaurant, atmosphère conviviale et cuisine aux couleurs régionales.

Au Cheval Noir

1 r. du Sous-Lieutenant-Maussire – ✆ 03 88 96 22 01 – www.restaurant-cheval-noir.fr – Fermé 16 juil.-10 août, 10-25 janv., lundi et mardi

Rest – Formule 13 € – Menu 25/49 € – Carte 37/51 €

◆ Belle maison à colombages (18es.), dans la même famille depuis cinq générations. Salle principale chaleureuse, décorée sur le thème de la chasse ; cuisine bourgeoise raffinée.

KOENIGSMACKER – 57 Moselle – 307 I2 – 2 034 h. – alt. 150 m – ✉ 57970 26 B1

Paris 349 – Luxembourg 50 – Metz 39 – Völklingen 69

11 rue de l'Eglise, mairie, ✆ 03 82 59 89 10

Moulin de Méwinckel sans rest

chemin de Méwinckel – ✆ 03 82 55 03 28

5 ch ☕ – †47 € ††55/70 €

◆ Même si la roue à aube tourne toujours, c'est moins un moulin qu'une ferme noyée dans la verdure... Les chambres sont simples, agréables, et les nuits s'écoulent au rythme de l'eau toute proche. Petit-déjeuner maison !

LE KREMLIN-BICÊTRE – 94 Val-de-Marne – 312 D3 – 101 26 – voir à Paris, Environs

KRUTH – 68 Haut-Rhin – 315 F9 – 1 016 h. – alt. 498 m – ✉ 68820 1 A3

Alsace Lorraine

Paris 453 – Colmar 63 – Épinal 68 – Gérardmer 31

Cascade St-Nicolas★ SO : 3 km par D 13b1 - Musée du textile et des costumes de Haute-Alsace à Husseren-Wesserling SE : 6 km.

au Frenz Ouest : 5 km par D 13bis – 1 016 h. – alt. 498 m – ✉ 68820 Kruth

Les Quatre Saisons

3 rte du Frentz – ✆ 03 89 82 28 61 – www.hotel4saisons.com – Fermé 1er-7 juil., 11-22 nov., 8-19 janv.

9 ch – †50/65 € ††50/70 € – ☕ 9 €

Rest ***Les Quatre Saisons*** – voir les restaurants ci-après

◆ On se croirait dans un petit chalet familial au cœur de la forêt : tout est soigné, mignon, accordé avec goût. Les chambres ? De petits nids douillets et chaleureux. Le petit-déjeuner ? Un pur délice, avec des confitures maison, de la charcuterie, du fromage... Et ici, même les prix sont doux.

Les Quatre Saisons

3 rte du Frentz – ✆ 03 89 82 28 61 – www.hotel4saisons.com – Fermé 1er-7 juil., 11-22 nov., 8-19 janv., mardi et merc.

Rest – Menu 16/38 € – Carte 23/46 €

◆ Roland et Christelle aux fourneaux ; Frédéric choisissant avec soin de jolis crus... Un père, sa fille et son gendre, pour un trio gourmand et gagnant. Dans ce chalet douillet, on se régale d'une délicieuse cuisine de saison, sans fausse note !

LABAROCHE – 68 Haut-Rhin – 315 H8 – 2 229 h. – alt. 750 m – ✉ 68910 — 2 C2

▶ Paris 441 – Colmar 17 – Gérardmer 49 – Munster 25

ℹ 2, impasse Prés. Poincaré, ✆ 03 89 49 80 56

La Rochette

500 lieu-dit La Rochette – ✆ 03 89 49 80 40 – www.larochette-hotel.fr – Fermé 12-29 mars et 12-28 nov.

11 ch – †68/85 € ††70/92 € – ☕ 12 € – ½ P 68/82 €

Rest ***La Rochette*** – voir les restaurants ci-après

◆ Au cœur des Ballons des Vosges, cette grosse maison tenue en famille cultive le sens de l'accueil ! Les chambres sont très plaisantes, dans un esprit épuré où domine le bois clair ; quant au restaurant, il réserve son lot de gourmandises...

La Rochette

500 lieu-dit La Rochette – ✆ 03 89 49 80 40 – www.larochette-hotel.fr – Fermé 12-29 mars, 12-28 nov., lundi et mardi

Rest – Formule 13 € – Menu 29/52 € – Carte 29/52 €

◆ Une belle découverte que ce restaurant contemporain ! Aux fourneaux, père et fils réalisent des plats savoureux et fins, telle une réconfortante matelote au riesling. Et un deuxième fils œuvre en salle... avec sa maman, en tant que sommelier. Une histoire de famille.

LABASTIDE-BEAUVOIR – 31 Haute-Garonne – 343 I4 – 1 042 h. – alt. 260 m – ✉ 31450 — 29 C2

▶ Paris 701 – Albi 97 – Castelnaudary 35 – Toulouse 25

L' Oustal du Lauragais

ch,

rte de Mauremont – ✆ 05 34 66 16 16 – www.oustal-lauragais.fr – Fermé 21 déc.-2 janv.

14 ch – †69 € ††69 € – ☕ 7 €

Rest *(fermé 6-26 août)* – Menu 16/26 € – Carte environ 26 €

◆ Ah, la quiétude d'une jolie ferme restaurée, au milieu de la verdure ! Les chambres sont toutes identiques, simples et très bien tenues (le plus souvent avec balcon). Au restaurant, cuisine de tradition.

LABASTIDE-DE-VIRAC – 07 Ardèche – 331 I7 – 218 h. – alt. 207 m – ✉ 07150 — 44 A3

▶ Paris 675 – Alès 42 – Lyon 213 – Privas 73

Le Mas Rêvé sans rest

3 km à l'Est par D 217 et rte secondaire – ✆ 04 75 38 69 13 – www.lemasreve.com – Ouvert 1er mai-30 sept.

5 ch – 95/125 € 95/150 €

◆ Marie-Rose et Guido Goossens ont restauré cette ferme ardéchoise avec soin ; les chambres sont pleines de charme, le jardin vraiment beau et la piscine... rafraîchissante !

LABASTIDE-MURAT – 46 Lot – 337 F4 – 640 h. – alt. 447 m – 29 C1

– ✉ 46240 Périgord Quercy

Paris 543 – Brive-la-Gaillarde 66 – Cahors 32 – Figeac 45

Grand'Rue, ✆ 05 65 21 11 39

La Garissade

20 pl. de la Mairie – ✆ 05 65 21 18 80 – www.garissade.com – Ouvert avril-oct.

19 ch – 62/68 € 68/75 € – 9 € – ½ P 71/74 €

Rest *La Garissade* – voir les restaurants ci-après

◆ Une ambiance familiale règne dans cette maison villageoise du 13e s. La particularité des chambres, plutôt sobres : un mobilier conçu par un artisan local.

La Garissade

20 pl. de la Mairie – ✆ 05 65 21 18 80 – www.garissade.com – Ouvert avril-oct.

Rest – Formule 14 € – Menu 18/28 €

◆ Dans un hôtel en pierres blondes du pays, ce restaurant a petit côté bistrot chic, avec une carte qui s'inspire du terroir : foie gras et truffes, veau élevé sous la mère, agneau fermier du Quercy, bœuf de l'Aubrac...

LABOURSE – 62 Pas-de-Calais – 301 J5 – rattaché à Béthune

LACABARÈDE – 81 Tarn – 338 H10 – 311 h. – alt. 325 m – ✉ 81240 – 29 C2

Paris 754 – Béziers 71 – Carcassonne 53 – Castres 36

Demeure de Flore

106 Grand'rue – ✆ 05 63 98 32 32 – www.demeuredeflore.com

11 ch – 90 € 125 € – 14 €

Rest *(fermé 2-31 janv. et lundi hors saison)* – Menu 29 € (déj. en sem.)/35 €

◆ Passé l'allée bordée de grands arbres, on découvre cette jolie maison de maître (1890) en pleine nature, face à la Montagne Noire. Le propriétaire, italien, en a fait un hôtel charmant... Une déco florentine, colorée et atypique, des chambres cosy et confortables : le Sud par voie express !

LACAPELLE-VIESCAMP – 15 Cantal – 330 B5 – 452 h. – alt. 550 m – 5 A3

– ✉ 15150

Paris 547 – Aurillac 19 – Figeac 57 – Laroquebrou 12

Du Lac

– ✆ 04 71 46 31 57 – www.hoteldulac-cantal.com – Fermé 10-22 janv.

23 ch – 60/80 € 60/80 € – 9 € – ½ P 58/68 €

Rest *(fermé sam. midi)* – Formule 14 € – Menu 25/35 € – Carte 32/49 €

◆ Séjour au calme dans cet hôtel situé un peu en dehors du village. Préférez les chambres côté jardin, plus spacieuses et avec balcon ou terrasse. Un hébergement simple et très bien tenu, à proximité du lac de St-Étienne-Cantalès.

LACAUNE – 81 Tarn – 338 I8 – 2 690 h. – alt. 793 m – Casino – 29 D2

– ✉ 81230 Midi-Toulousain

Paris 708 – Albi 67 – Béziers 89 – Castres 48

place Général-de-Gaulle, ✆ 05 63 37 04 98

Le Relais de Fusies

2 r. de la République – ✆ 05 63 37 02 03 – www.hotelfusies.fr – Fermé 2-16 janv.

30 ch – 60/70 € 70/90 € – 10 € – ½ P 65/70 €

Rest *Le Relais de Fusies* – voir les restaurants ci-après

◆ Ne vous fiez pas à la façade un peu fanée de ce relais de poste de village : à l'intérieur, tout a été joliment restauré, sans perdre en authenticité. Quant aux chambres, elles sont sobres, mais fraîches et pratiques. Une étape agréable !

XX **Le Relais de Fusies** – Hôtel Le Relais de Fusies
2 r. de la République – ✆ 05 63 37 02 03 – www.hotelfusies.fr – Fermé 2-16 janv., dim. soir de nov. à mars et lundi
Rest – Formule 13 € – Menu 16/45 € – Carte 25/46 €
◆ Dans ce restaurant classique et accueillant, le chef s'attache à travailler de beaux produits et réalise une bonne cuisine de terroir, accompagnée de jolis vins.

XX **Calas** avec ch
pl. Vierge – ✆ 05 63 37 03 28 – www.claude calas.com – Fermé 23 déc.-15 janv.
16 ch – †40/55 € ††45/60 € – ☐ 7 € – ½ P 50/60 €
Rest *(fermé vend. soir, sam. midi et dim. soir d'oct. à Pâques)* – Menu 16 € (sem.), 23/38 € – Carte 30/40 €
◆ Quatre générations se sont succédé à la tête de cette institution locale, où l'on se sustente d'une solide cuisine du terroir dans une atmosphère chaleureuse. Le dimanche, le chef propose un "menu des amis" et, pour prolonger l'étape, les chambres sont avenantes.

LACAVE – 46 Lot – 337 F2 – 290 h. – alt. 130 m – ✉ 46200 — 29 C1

Périgord Quercy
Paris 528 – Brive-La-Gaillarde 51 – Cahors 58 – Gourdon 26
Grottes★★.

Château de la Treyne
3 km à l'Ouest par D 23, D 43 et voie privée – ✆ 05 65 27 60 60 – www.chateaudelatreyne.com – Ouvert 19 mars-15 nov. et 23 déc.-3 janv.
14 ch – †200/440 € ††200/440 € – 2 suites – ☐ 24 €
Rest *Château de la Treyne* ✿ – voir les restaurants ci-après
◆ Une situation idyllique, en surplomb de la Dordogne qui lui prête ses reflets... Vivre est un art en ce château des 14ᵉ-17ᵉs. ! Le parc abrite un jardin à la française et une chapelle romane (expositions, concerts), les chambres sont somptueuses.

Pont de l'Ouysse
– ✆ 05 65 37 87 04 – www.lepontdelouysse.fr – Ouvert 24 mars-4 nov. et fermé lundi sauf le soir du 10 juil. au 31 août et mardi midi
14 ch – †130/200 € ††130/200 € – ☐ 16 € – ½ P 140/190 €
Rest *Pont de l'Ouysse* ✿ – voir les restaurants ci-après
◆ Une séduisante demeure du 19ᵉs., dans un jardin baigné par l'Ouysse, qui a creusé ce vallon escarpé et verdoyant... Beaucoup de charme dans les chambres, mêlant goût de l'ancien et esprit champêtre, et belle attention portée aux clients.

XXX ✿ **Pont de l'Ouysse** (Daniel et Stéphane Chambon) – Hôtel Pont de l'Ouysse
– ✆ 05 65 37 87 04 – www.lepontdelouysse.fr – Ouvert 24 mars-4 nov. et fermé lundi sauf le soir du 10 juil. au 31 août et mardi midi
Rest – Menu 55/90 € – Carte 68/175 €
Spéc. Foie de canard "bonne maman". Pomme de terre charlotte en habit noir de truffe. Millefeuille caramélisé au chocolat et crème légère à la vanille. **Vins** Cahors, Vin de pays du Lot.
◆ Daniel et Stéphane Chambon – père et fils – œuvrent dorénavant de concert. Entre transmission et invention, l'âme généreuse et les beaux produits du Sud-Ouest pétillent de saveurs nouvelles. Charmante terrasse sous les tilleuls.

XXX ✿ **Château de la Treyne** – Hôtel Château de la Treyne
3 km à l'Ouest par D 23, D 43 et voie privée – ✆ 05 65 27 60 60 – www.chateaudelatreyne.com – Ouvert 19 mars-15 nov. et 23 déc.-3 janv. et fermé le midi du mardi au vend.
Rest – Menu 48 € (déj.), 96/138 € – Carte 112/161 €
Spéc. Asperges vertes crues et cuites, sur leur pulpe au jus de truffes, balluchon d'œuf poché. Millefeuille de bœuf et foie gras au vin de Cahors, gratin d'amandine aux morilles. Tarte au citron meringuée, glace caramel au beurre salé. **Vins** Cahors.
◆ Quel lieu splendide ! La Dordogne serpente au pied de ce superbe château tout environné de verdure. La vue de la terrasse laisse rêveur... On apprécie d'autant plus le repas, dans une veine classique, élégante et soignée.

LAC CHAMBON ★★ – 63 Puy-de-Dôme – **326** E9 – alt. 877 m – Sports d'hiver : 1 150/1 760 m 9 – ✉ 63790 Chambon sur Lac Auvergne 5 B2

Paris 456 – Clermont-Ferrand 37 – Condat 39 – Issoire 32

Le Grillon

– ✆ 04 73 88 60 66 – www.hotel-grillon.com – Ouvert 11 fév.-7 nov.

20 ch – †45/50 € ††50/70 € – ☕ 9 € – ½ P 50/58 € **Rest** *(fermé lundi midi sauf 10 juil.- 20 août)* – Formule 15 € – Menu 20 € (sem.), 22/43 € – Carte 20/50 €

◆ Voici une affaire familiale bien menée ! Les chambres sont douillettes et décorées avec soin par la propriétaire. Le chef réalise avec bonheur une solide cuisine régionale, à déguster face au lac.

Beau Site

– ✆ 04 73 88 61 29 – www.beau-site.com – Ouvert 11 fév.-15 oct.

17 ch – †50 € ††52/55 € – ☕ 9 € – ½ P 50/55 €

Rest *(fermé mardi midi, jeudi midi d'avril à oct. et le midi en fév. et mars)* – Formule 15 € – Menu 19/32 € – Carte 30/45 €

◆ Cette belle maison fleurie domine le lac. Les chambres sont très bien tenues, avec vue sur le plan d'eau ou la plage. Cuisine du terroir à déguster sur la terrasse ou derrière les baies vitrées... pour profiter de la vue sur le rivage.

LAC DE GUÉRY – 63 Puy-de-Dôme – **326** D9 – rattaché au Mont-Dore

LAC DE LA LIEZ – 52 Haute-Marne – **313** M6 – rattaché à Langres

LAC DE PONT – 21 Côte-d'Or – **320** G5 – rattaché à Semur-en-Auxois

LAC GÉNIN – 01 Ain – **328** H3 – rattaché à Oyonnax

LACHASSAGNE – 69 Rhône – **327** H4 – 884 h. – alt. 368 m – ✉ 69480 43 E1

Paris 445 – Lyon 30 – Villeurbanne 39 – Vénissieux 43

La Table de Lachassagne (Anthony Fusco)

850 rte de la colline – ✆ 04 74 67 14 99 – www.restaurant-lachassagne.com – Fermé 1er-15 août, 2-15 janv., dim. soir, lundi et mardi

Rest *(nombre de couverts limité, réserver)* – Formule 25 € – Menu 41/55 €

Spéc. Saint-Jacques d'Erquy juste saisies, champignons et coquillages (oct. à avril). Agneau du Limousin servi rosé, semoule et citron confit. Biscuit mi-cuit chocolat noir, caramel liquide et sorbet mangue.

◆ Ses abords sont sans charme mais la salle se révèle coquette, avec une terrasse dominant la vallée de la Saône. Quant à l'assiette... Le chef travaille comme un artisan, faisant le pari d'une approche simple au service des meilleurs produits (beau réseau de fournisseurs de la région). Excellent rapport qualité-prix !

LACOMBE – 11 Aude – **344** E2 – 166 h. – alt. 750 m – ✉ 11310 22 B2

Paris 771 – Carcassonne 33 – Montpellier 177 – Toulouse 95

À la Prise d'Alzeau

à la Prise-d'Alzeau – ✆ 04 68 25 46 94 – www.prisedalzeau.com – Ouvert avril-nov.

Rest – Menu 25/39 €

◆ Ce jeune et sympathique couple hollandais a trouvé son coin de paradis au cœur de la forêt, dans une ancienne chaufferie de colonie de vacances transformée en belle auberge champêtre ! Eelco (le mari) réalise une cuisine de produits très plaisante, avec deux envies : bien faire et faire plaisir...

LACROIX-FALGARDE – 31 Haute-Garonne – **343** G3 – rattaché à Toulouse

LADOIX-SERRIGNY – 21 Côte-d'Or – **320** J7 – rattaché à Beaune

LAGARDE-ENVAL – 19 Corrèze – **329** L4 – 746 h. – alt. 480 m – ✉ 19150 25 C3

Paris 488 – Aurillac 71 – Brive-la-Gaillarde 35 – Mauriac 66

Auberge du Pays
rte de l'Étang – ✆ 05 55 27 16 12 – www.aubergedupays.fr – Fermé 15 août-15 sept., sam. et dim.
Rest – Formule 10 € – Menu 13 € (déj.), 22/30 € – Carte 35/42 €
◆ Sympathique maison familiale qui fait aussi bar-tabac. Salle à manger rafraîchie et terrasse où l'on sert une cuisine typiquement locale ; farcedure le jeudi d'octobre à avril.

LAGARRIGUE – **81 Tarn** – **338** F9 – **rattaché à Castres**

LAGORD – **17 Charente-Maritime** – **324** D2 – **7 240 h.** – **alt. 23 m** – ✉ **17140** **38** A2
Paris 475 – Poitiers 142 – La Rochelle 5 – La Roche-sur-Yon 94

Du Château
123 av. du Clavier – ✆ 05 46 07 91 42 – www.lhotelduchateau.com
20 ch – †160/340 € ††160/340 € – ☕ 15 €
Rest ***Le 123*** – voir les restaurants ci-après
◆ Au cœur d'un parc de 12 ha, un très joli château du 19ᵉs. qui ne laisse rien deviner de sa décoration intérieure... Dans les chambres et les salons, un mot d'ordre : design. Classique, contemporain et surtout très élégant : un lieu au top !

Le 123 – Hôtel Du Château
123 av. du Clavier – ✆ 05 46 07 91 42 – www.lhotelduchateau.com
Rest – Formule 16 € – Menu 18 € (déj. en sem.), 25/50 €
◆ Une grande verrière donnant sur le parc, une déco résolument contemporaine et trendy au service d'une cuisine à l'avenant, alléchante et fraîche... La vie de château version 21ᵉs. !

LAGRASSE – **11 Aude** – **344** G4 – **599 h.** – **alt. 108 m** – ✉ **11220** **22** B3
Languedoc Roussillon
Paris 819 – Carcassonne 51 – Montpellier 133 – Perpignan 97
6, boulevard de la Promenade, ✆ 04 68 43 11 56, www.lagrasse.com
Abbaye Ste-Marie d'Orbieu★.

Hostellerie des Corbières avec ch
9 bd de la Promenade – ✆ 04 68 43 15 22 – www.hostellerie-des-corbieres.com – fermé 15-30 nov. et 10 janv.-10 fév.
6 ch – †70/75 € ††70/95 € – ☕ 8 € – ½ P 70/83 €
Rest *(fermé jeudi)* – Formule 17 € – Menu 22/37 € – Carte 41/56 €
◆ Le relais de poste du village a fait peau neuve... Aujourd'hui, c'est un restaurant bien dans son époque, tenu par un jeune couple accueillant. La carte fait honneur au terroir et, après un bon repas, on peut même rester dormir (chambres sobres et mignonnes, un brin rétro).

LAGRAVE – **81 Tarn** – **338** D7 – **1 774 h.** – **alt. 150 m** – ✉ **81150** **29** C2
Paris 686 – Albi 16 – Montauban 63 – Toulouse 63

Château de Touny
32 chemin de Touny – ✆ 05 63 57 90 90 – www.tounylesroses.com
3 ch ☕ – †103/128 € ††103/128 € **Table d'hôte** – Menu 28 € bc/38 € bc
◆ Au cœur du vignoble de Gaillac et au bord du Tarn, un beau château (18ᵉet 19ᵉs.) flanqué de deux pigeonniers. Dans le parc s'épanouissent des roses anciennes, et les chambres – mariant les genres avec élégance – respirent la sérénité. Sur le ponton, la gabarre et les kayaks du domaine sont amarrés, qui n'attendent que vous... Un lieu charmant et hors du temps !

LAGUIOLE – **12 Aveyron** – **338** J2 – **1 269 h.** – **alt. 1 004 m** – **Sports d'hiver : 1 100/1 400 m** 10 – ✉ **12210** Midi-Toulousain **29** D1
Paris 571 – Aurillac 79 – Espalion 22 – Mende 83
Place de la Mairie, ✆ 05 65 44 35 94, www.laguiole-online.com
de Mezeyrac, Soulages, O : 12 km par D 541, ✆ 05 65 44 41 41

Hôtel Auguy-Gilles Moreau

2 allée de l'Amicale – ✆ 05 65 44 31 11 – www.hotel-auguy.fr – Fermé 12 nov.-21 déc., 7 janv.-12 fév., mardi et merc. sauf juil.-août
20 ch – †50/110 € ††50/110 € – ☕ 11 €
Rest *Hôtel Auguy-Gilles Moreau* – voir les restaurants ci-après
◆ Une maison de tradition à l'âme hospitalière. Préférez les chambres côté jardin, plus calmes et plus confortables (quelques balcons). De la verdure, le grand air de l'Aubrac et... une jolie piscine pour faire quelques brasses !

Le Relais de Laguiole

espace Les Cayres – ✆ 05 65 54 19 66 – www.relais-laguiole.com – Ouvert 7 avril-1er nov.
33 ch – †82/95 € ††82/151 € – ☕ 11 € – ½ P 70/105 €
Rest *(dîner seult)* – Menu 22/37 € – Carte 35/55 €
◆ Une bâtisse récente d'esprit régional, avec des chambres vastes et fonctionnelles. Grande piscine couverte ; copieux buffet de petits-déjeuners avec gâteaux maison ; restaurant traditionnel (le soir) : une étape agréable, idéale en famille.

Régis sans rest

3 pl. de la Patte d'Oie – ✆ 05 65 44 30 05 – www.hotel-regis-laguiole.com – Ouvert 10 fév.-15 nov. et 27 déc.-3 janv.
15 ch – †40/51 € ††45/129 € – ☕ 9 €
◆ Relais de diligence du 19es. au cœur de la cité aveyronnaise, tenu par la même famille depuis trois générations. Les chambres, fraîches et contemporaines, sont agréables, tout comme la piscine.

La Ferme de Moulhac sans rest

2,5 km au Nord-Est par rte secondaire – ✆ 05 65 44 33 25 – www.fermedemoulhac.fr
5 ch ☕ – †70/75 € ††75/120 €
◆ Calme, air pur et repos garantis dans cette ferme familiale. Pour l'anecdote, le propriétaire est un "vrai" agriculteur, toujours en activité. Les chambres mêlent joliment l'ancien et le moderne ; le petit-déjeuner se révèle copieux et il y a même une cuisinette à votre disposition... Authentique et sympa !

Hôtel Auguy-Gilles Moreau – Hôtel Auguy-Gilles Moreau

2 allée de l'Amicale – ✆ 05 65 44 31 11 – www.hotel-auguy.fr – Fermé 12 nov.-21 déc., 7 janv.-12 fév., mardi et merc. sauf juil.-août
Rest *(nombre de couverts limité, réserver)* – Formule 22 € – Menu 29 € (déj. en sem.), 47/79 € – Carte 50/78 €
◆ Le restaurant, bien connu dans la région, a pris un nouveau départ en 2010, sous la houlette d'un jeune chef enthousiaste. Il réalise une cuisine bien tournée et savoureuse. De la finesse, de beaux produits et l'envie de bien faire !

à l'Est 6 km par rte de l'Aubrac (D 15) – ✉ 12210 Laguiole

Bras

rte de l'Aubrac – ✆ 05 65 51 18 20 – www.bras.fr – Ouvert début avril à fin oct. et fermé lundi sauf juil.-août
11 ch – †265/422 € ††265/422 € – 2 suites – ☕ 28 €
Rest *Bras* ✿✿✿ – voir les restaurants ci-après
◆ Au-dessus de Laguiole, à l'aplomb du plateau de l'Aubrac : plein sud, tout l'Aveyron se déploie à vos pieds ! C'est ici que Michel Bras a décidé de recréer l'auberge familiale, devenue vaisseau contemporain. Dans la transparence du verre, la nature est à vous…

Bras (Michel et Sébastien Bras)

✿✿✿ *rte de l'Aubrac – ✆ 05 65 51 18 20 – www.bras.fr – Ouvert début avril à fin oct. et fermé mardi midi et merc. midi sauf juil.-août et lundi*
Rest *(nombre de couverts limité, réserver)* – Menu 118/190 € – Carte 160/190 €
Spéc. Gargouillou de jeunes légumes, herbes et fleurs. Agneau allaiton rôti sur os et jus parfumé. Biscuit tiède au chocolat coulant. **Vins** Marcillac, Gaillac.
◆ Aubrac, Aubrac... Telle est l'incantation dont résonne cette table magique ! Suc du terroir, sève des herbes aromatiques : le style Bras père et fils puise au cœur du produit. Ainsi le gargouillou, précipité unique d'une sensibilité et des légumes ou fleurs du jour. L'invention faite chant de la terre.

au Golf **12 km à l' Ouest par D541, D213 et rte secondaire**

Domaine de Mezeyrac ch, ch, ch,

– *05 65 44 41 41 – www.golf-laguiole.fr – Ouvert 4 avril-2 nov.*

11 ch – 59/75 € 59/169 € – 9 € – ½ P 55/100 €

Rest *(réserver)* – Menu 19 € (déj.), 29/38 € – Carte 28/38 €

◆ En pleine nature, cette ancienne ferme s'est transformée en charmant complexe hôtelier, avec un golf de neuf trous et un restaurant dans la jolie grange rustique. Grand calme assuré, chambres confortables et vue sur les greens.

LAILLY-EN-VAL – 45 Loiret – 318 H5 – 2 500 h. – alt. 86 m – ✉ 45740 12 C2

Paris 158 – Blois 42 – Fleury-les-Aubrais 37 – Orléans 31

Domaine de Montizeau ch,

5 km au Sud-Est par D19 (rte de Ligny) et rte secondaire – 02 38 45 34 74 – www.domaine-montizeau.com

4 ch – 75 € 85/100 € **Table d'hôte** – Menu 30 € bc

◆ Cet ancien relais de chasse du 17e s., noyé sous la végétation, est un véritable havre de paix. Les chambres sont délicieuses et font des clins d'œil à l'Italie, aux fleurs ou à la chasse, mais avec humour ! L'hôtesse cuisine au gré de son inspiration.

LALACELLE – 61 Orne – 310 I4 – 272 h. – alt. 300 m – ✉ 61320 32 B3

Paris 208 – Alençon 20 – Argentan 34 – Domfront 42

Château de Carrouges★★ N : 11 km Normandie Cotentin

La Lentillère

rte d'Alençon : 1,5 km par N 12 – 02 33 27 38 48 – www.lalentillere.fr – Fermé 24-31 déc. et dim. soir

8 ch – 45/90 € 45/90 € – 9 €

Rest ***La Lentillère*** – voir les restaurants ci-après

◆ En bordure de N 12, cet ancien relais de poste paraît un peu bousculé par la circulation automobile moderne... On l'oublie la nuit venue et dans le jardin à l'arrière. Parfait pour l'étape.

La Lentillère

rte d'Alençon : 1,5 km par N 12 – 02 33 27 38 48 – www.lalentillere.fr – Fermé 24-31 déc., dim. soir, vend. soir de mi nov. à mi mars

Rest – Formule 11 € – Menu 14 € (déj. en sem.), 20/39 €

◆ Dans cet hôtel-restaurant traditionnel, la carte cultive... le goût du terroir, au gré des saisons. Une vraie table de campagne, très honnête.

LALLEYRIAT – 01 Ain – 328 E4 – rattaché à Bourg-en-Bresse

LAMAGDELAINE – 46 Lot – 337 E5 – rattaché à Cahors

LAMALOU-LES-BAINS – 34 Hérault – 339 D7 – 2 280 h. – alt. 200 m – Stat. therm. : début fév.-début déc. – Casino – ✉ 34240 Languedoc Roussillon 22 B2

Paris 732 – Béziers 39 – Lodève 38 – Montpellier 79

1, avenue Capus, 04 67 95 70 91, www.ot-lamaloulesbains.fr

de Lamalou-les-Bains, Route de Saint-Pons, SE : 2 km par D 908, 04 67 95 08 47

Église de St-Pierre-de-Rhèdes★ SO : 1,5 km.

St-Pierre-de-Rhèdes★ SO : 1,5 km.

Du Square sans rest

11 av. Mal.-Foch – 04 67 23 09 93 – www.hoteldusquare.com – Fermé de mi-déc. à fin fév.

14 ch – 42/50 € 44/52 € – 7 €

◆ Cette construction de type motel propose des chambres de plain-pied sobrement décorées mais pratiques, plus au calme sur l'arrière. Certaines bénéficient d'une petite terrasse.

à Combes 10 km à l'Ouest par D 908 et D 180 – 311 h. – alt. 480 m – ✉ 34240

Auberge de Combes
– ✆ 04 67 95 66 55 – www.aubergedecombes.com – Fermé janv., mardi de nov. à avril, dim. soir sauf juil.-août et lundi
Rest – Formule 22 € bc – Menu 29/75 € – Carte 48/68 €
◆ Désormais, père et fils œuvrent de concert dans cette auberge qui domine la vallée de l'Orb. Ils tirent le meilleur du terroir : un tel environnement inspire à une suavité brute !

LAMASTRE – 07 Ardèche – **331** J4 – 2 523 h. – alt. 375 m – ✉ 07270 **44** B2
Lyon Drôme Ardèche
Paris 577 – Privas 55 – Le Puy-en-Velay 72 – St-Étienne 90
place Montgolfier, ✆ 04 75 06 48 99, www.lamastre.fr

Midi (Bernard Perrier)
pl. Seignobos – ✆ 04 75 06 41 50 – www.restaurantlemidi.free.fr – Fermé 19-23 juin, fin déc. à fin janv., vend. soir, dim. soir et lundi
Rest – Menu 40/93 €
Spéc. Salade tiède de foie gras de canard et champignons des bois. Poularde de Bresse en vessie. Soufflé glacé aux marrons de l'Ardèche. **Vins** Saint-Joseph, Saint-Péray.
◆ Cette maison située au cœur du village a su conserver son charme d'autrefois. On y déguste des mets classiques réalisés avec soin, dans la tradition de la cuisine française.

LAMBALLE – 22 Côtes-d'Armor – **309** G4 – 11 705 h. – alt. 55 m **10** C2
– ✉ 22400 Bretagne
Paris 431 – Dinan 42 – Rennes 81 – St-Brieuc 21
place du Champ de Foire, ✆ 02 96 31 05 38, www.lamballe-tourisme.com
Haras national★.

Plan page suivante

Kyriad sans rest
29 bd Jobert – ✆ 02 96 31 00 16 – www.hotel-lamballe.com **Ba**
27 ch – †63/98 € ††63/98 € – ☕ 9 €
◆ Face à la gare, un établissement dont les chambres, fonctionnelles, sont décorées à l'identique et bien insonorisées. Petit-déjeuner buffet servi dans une salle claire.

Lion d'Or sans rest
3 r. du Lion d'Or – ✆ 02 96 31 20 36 – www.leliondor-lamballe.com – Fermé 23 déc.-4 janv. **Ad**
17 ch – †53/58 € ††56/69 € – ☕ 8 €
◆ Cet hôtel familial s'est rajeuni. Ainsi, ses chambres, assez petites mais bien tenues, ont été repeintes en blanc pour plus de luminosité. Formule buffet au petit-déjeuner.

à la Poterie 3,5 km par ① – ✉ 22400 Lamballe

Manoir des Portes
– ✆ 02 96 31 13 62 – www.manoirdesportes.com – Fermé 21 déc.-3 janv.
16 ch – †48/76 € ††57/100 € – ☕ 9 € – ½ P 51/74 €
Rest *Manoir des Portes* – voir les restaurants ci-après
◆ Ce manoir du 16ᵉs. tout en pierre ouvre sur un beau jardin fleuri, nanti d'un verger et d'un potager. Les chambres allient éléments anciens (mansardes), décoration très colorée et grand calme. Centre équestre à proximité.

Manoir des Portes
– ✆ 02 96 31 13 62 – www.manoirdesportes.com – Fermé 21 déc.-3 janv., sam. midi, dim. soir et lundi
Rest – Formule 20 € – Menu 25 € – Carte 33/42 €
◆ Dans ce restaurant joliment rustique (poutres, pierres, cheminée), on savoure une bonne cuisine traditionnelle. Les propositions du chef suivent le marché et changent tous les jours... Faites votre choix à l'ardoise !

LAMBALLE

Augustins (R. des) . . . . . A 2	Dr-Lavergne (R. du) . . . . . A 16	Mouëxigné (R.) . . . . . B 31
Bario (R.) . . . . . A 3	Foch (R. Mar.) . . . . . B 19	Poincaré (R.) . . . . . B 34
Blois (R. Ch. de) . . . . . B 5	Gesle (Ch. de la) . . . . . A 23	Préville (R.) . . . . . B 35
Boucouets (R. des) . . . . . B 7	Grand Bd (R. du) . . . . . A 24	St-Jean (R.) . . . . . A 37
Cartel (R. Ch.) . . . . . A 8	Hurel (R. du Bg) . . . . . B 25	St-Lazare (R.) . . . . . A 38
Charpentier (R. Y.) . . . . . B 14	Jeu-de-Paume (R. du) . . . . . A 26	Tery (R. G.) . . . . . A 39
Dr-Calmette (R. du) . . . . . A 15	Leclerc (R. Gén.) . . . . . B 29	Tour-aux-Chouettes (R.) . . . . . B 42
	Marché (Pl. du) . . . . . A 30	Val (R. du) . . . . . AB
	Martray (Pl. du) . . . . . A	Villedeneu (R.) . . . . . A 45

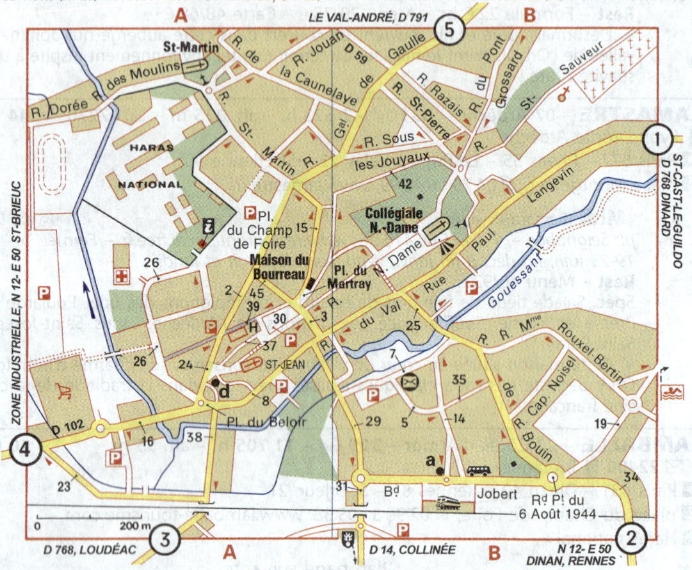

à St-Aaron 6 km par ⑤ – ✉ 22400 Lamballe

Au Clos du Lit

r. de la Ville-D'Ys – ☎ 02 96 31 17 48 – www.auclosdulit.com

4 ch – †44/54 € ††49/59 € **Table d'hôte** – Menu 18 € bc

◆ Fervents du tourisme vert, les propriétaires de ce petit manoir l'ont décoré à la gloire de la Bretagne authentique et reçoivent leurs hôtes en amis. Les chambres (esprit bucolique, mer, etc.) respirent la quiétude, tout comme la bibliothèque et le joli jardin. À table, on apprécie une bonne cuisine familiale.

LAMOTTE-BEUVRON – 41 Loir-et-Cher – 318 J6 – 4 610 h. – alt. 114 m – ✉ 41600 — 12 C2

Paris 171 – Blois 59 – Gien 58 – Orléans 36

1, rue de l'Allée verte, ☎ 02 54 83 01 73, www.ot-coeurdesologne.com

Tatin

5 av. de Vierzon, (face à la gare) – ☎ 02 54 88 00 03 – www.hotel-tatin.fr – Fermé 29 juil.-14 août, 18 déc.-4 janv., 26 fév.-13 mars, dim. soir, mardi midi et lundi

14 ch – †64/74 € ††64/137 € – ☕ 9 €

Rest – Formule 26 € – Menu 34/61 € – Carte 86/100 €

◆ Dans cette hôtellerie familiale, les chambres sont simples mais bien tenues. C'est ici que les sœurs Tatin inventèrent leur fameuse tarte aux pommes (le fourneau de l'époque est exposé au bar)... Une tradition toujours vivante !

LAMOTTE-WARFUSEE – 80 Somme – 301 I8 – 572 h. – alt. 90 m – ✉ 80800 — 36 B2

Paris 141 – Abbeville 72 – Amiens 22 – Cambrai 68

MICHELIN OnWay*
Vous n'êtes jamais seul sur la route
24h/24
7j/7
N
O
E
S
€
EURO RSCG 360 - Michelin RCS 855 200 507 Clermont-Ferrand - Crédit photo © Michelin - novembre 2011.
Pour connaître les conditions générales d'accès à l'offre MICHELIN OnWay, consultez notre site internet www.michelin.fr ou contactez-nous au N°Cristal 09 69 39 02 02
APPEL NON SURTAXE
*Pour l'achat de 2 pneus de marque MICHELIN Tourisme, 4x4, Camionnette, été ou hiver + 1 inscription valable sur 2 ans.
MICHELIN
Une meilleure façon d'avancer

Cartes et Guides MICHELIN :
pour un voyage réussi !
QUEL ITINÉRAIRE ?
OÙ DORMIR ?
OÙ DÎNER ?
QUE VISITER ?
À QUEL PRIX ?
CORSE
France 2012
France 2012
MICHELIN
www.michelin-boutique.com
www.voyage.viamichelin.fr
ATLAS ROUTIER
France 2012
THAÏLANDE
LONDRES
MICHELIN
Une meilleure façon d'avancer

Le Saint-Pierre

3 r. Delambre – ✆ 03 22 42 26 66 – Fermé le soir 1er oct.-31 janv. sauf vend. et sam., dim. soir, merc. soir et lundi
Rest – Formule 15 € bc – Menu 23/27 € – Carte 27/42 €
◆ Près du canal de la Somme, le Saint-Pierre vous mène au paradis sans passer par le purgatoire... Accueil sympathique d'un couple franco-roumain et généreuse cuisine classique.

LAMOURA – **39 Jura** – **321 F8** – **543 h.** – **alt. 1 156 m** – **Sports d'hiver : voir aux Rousses** – ✉ **39310** **16 B3**

Paris 477 – Genève 47 – Gex 29 – Lons-le-Saunier 74
Grande Rue , ✆ 03 84 41 27 01

La Spatule

Grande'rue – ✆ 03 84 41 20 23 – www.hotellaspatule.com – Fermé nov.
26 ch – 45/65 € 65/67 € – 10 € – ½ P 62 €
Rest *(fermé lundi hors saison)* – Formule 13 € – Menu 22/30 € – Carte 26/45 €
◆ Au pied des pistes, un beau chalet avec des chambres pratiques et contemporaines (à l'exception de quelques-unes plus "montagne") proposées à des tarifs très compétitifs ! Et il y a aussi un restaurant traditionnel et un "canotzet" pour déguster des spécialités fromagères.

LAMPAUL-PLOUARZEL – **29 Finistère** – **308 C4** – **2 058 h.** – **alt. 34 m** – ✉ **29810** **9 A1**

Paris 615 – Brest 24 – Quimper 98 – Rennes 263
7, rue de la Mairie, ✆ 02 98 84 04 74

Auberge du Vieux Puits

pl. de l'Église – ✆ 02 98 84 09 13 – http://monsite.orange.fr/aubergeduvieuxpuits – Fermé 12-30 mars, 17 sept.-5 oct., dim. soir et lundi
Rest – Menu 19 € (sem.), 35/62 € – Carte 35/82 €
◆ Elle a du charme cette maison bretonne au centre du village... et le puits est toujours là ! Foie gras de Ploudaniel (maison), raie aux algues, crevettes sauce crustacés, etc. : une belle mise en valeur des produits du terroir.

LANARCE – **07 Ardèche** – **331 G5** – **170 h.** – **alt. 1 180 m** – ✉ **07660** **44 A3**

Paris 579 – Aubenas 44 – Langogne 18 – Privas 72

Le Provence

N 102 – ✆ 04 66 69 46 06 – www.hotel-le-provence.com – Ouvert 15 mars-11 nov.
19 ch – 48/62 € 48/69 € – 9 € – ½ P 50/60 €
Rest – Formule 13 € – Menu 20/37 € – Carte 23/41 €
◆ Une bâtisse récente longeant un axe fréquenté, mais toutes les chambres, rénovées et bien insonorisées, ouvrent du côté opposé à la route. Au restaurant, produits du terroir (charcuterie, champignons, agneau) et portions très généreuses !

LANCIÉ – **69 Rhône** – **327 H2** – **742 h.** – **alt. 210 m** – ✉ **69220** **43 E1**

Paris 418 – Lyon 56 – Villeurbanne 65 – Saint-Étienne 115

Le Petit Nid de Pierres

Le Chatelard – ✆ 04 74 04 10 39 – www.pariaud.com
5 ch – 80 € 85 € **Table d'hôte** – Menu 30 € bc
◆ À deux pas du cœur du village, cette ferme en pierre forme un ravissant hameau... La cour, la piscine, les balcons fleuris, la fontaine et les chambres au décor soigné : tout est charmant ! À la table d'hôte, on apprécie les plats régionaux concoctés avec les légumes du potager, ainsi que les vins du domaine.

LANCIEUX – **22 Côtes-d'Armor** – **309 J3** – **1 412 h.** – **alt. 24 m** – ✉ **22770** **10 C1**

Paris 413 – Rennes 80 – Saint-Brieuc 85 – Saint-Malo 18
square Jean Conan, ✆ 02 96 86 25 37, www.lancieux-tourisme.fr

Des Bains sans rest

20 r. Poncel – ✆ 02 96 86 31 33 – www.hoteldesbains-lancieux.fr – Fermé sam. et dim. de déc. à mars sauf vacances scolaires

12 ch – †65/120 € ††70/120 € – ☕ 9 €

◆ Au cœur du village et non loin du rivage, un hôtel tenu en famille et né en 1894. Les chambres sont avant tout pratiques et bien tenues, certaines avec une cuisinette.

LANCRANS – 01 Ain – 328 I4 – rattaché à Bellegarde-sur-Valserine

---

LANGEAC – 43 Haute-Loire – 331 C3 – 3 960 h. – alt. 505 m – ✉ 43300 **6 C3**

Auvergne

Paris 508 – Brioude 31 – Mende 92 – Le Puy-en-Velay 45

Place Aristide Briand, ✆ 04 71 77 05 41

à Reilhac Nord : 3 km par D 585 – ✉ 43300 Mazeyrat d Allier

Val d'Allier rest, rest,

– ✆ 04 71 77 02 11 – www.hotelvalallier.fr – Ouvert avril-oct. et fermé dim. et lundi hors saison

22 ch – †55 € ††65 € – ☕ 10 €

Rest *(fermé le midi) (réserver)* – Formule 19 € – Menu 22/42 €

◆ Les amateurs de sports nature et de randos en Auvergne aiment cette adresse. Pourquoi ? Pour ses chambres simples d'une tenue irréprochable (plus calmes sur l'arrière) et pour sa cuisine du terroir. Idéal pour les petits budgets.

LANGEAIS – 37 Indre-et-Loire – 317 L5 – 3 992 h. – alt. 41 m **11 A2**

– ✉ 37130 Châteaux de la Loire

Paris 259 – Angers 101 – Château-la-Vallière 28 – Chinon 26

place du 14 Juillet, ✆ 02 47 96 58 22, www.tourisme-langeais.com

Château★★ : appartements★★★.

Parc★ du château de Cinq-Mars-la-Pile NE : 5 km par N 152.

Au Coin des Halles

9 r. Gambetta – ✆ 02 47 96 37 25 – www.aucoindeshalles.com – Fermé de mi-janv. à mi-fév., jeudi midi et merc.

Rest – Formule 23 € – Menu 29/49 € – Carte 46/65 €

◆ Une maison typiquement tourangelle, à deux pas du château. Le décor est agréable et la cuisine, boostée par les produits du terroir, fait mouche ! Accueil charmant en prime.

à St-Patrice Ouest : 10 km par rte de Bourgueil – 678 h. – alt. 39 m – ✉ 37130

Château de Rochecotte

43 r. Dorothée de Dino – ✆ 02 47 96 16 16 – www.chateau-de-rochecotte.fr – Fermé 18 fév.-8 mars

32 ch – †139/155 € ††148/165 € – 3 suites – ☕ 19 € – ½ P 133/141 €

Rest *Château de Rochecotte* – voir les restaurants ci-après

◆ Le souvenir de la duchesse de Dino et de Talleyrand plane sur cette élégante demeure aristocratique. Dans l'enfilade des magnifiques salons, les chambres intimes et raffinées, jusqu'au superbe parc, les plaisirs du 18^e^s. restent intacts !

Château de Rochecotte

43 r. Dorothée de Dino – ✆ 02 47 96 16 16 – www.chateau-de-rochecotte.fr – Fermé 18 fév.-8 mars

Rest – Formule 33 € – Menu 45/65 €

◆ Dans cet élégant château du Siècle des lumières, proche des vignobles de Bourgueil, la gastronomie se décline avec classicisme : magret de canard rôti et jus de viande au basilic ; parfait glacé aux marrons confits... À l'aune de son décor 18^e^s.

LANGOGNE – 48 Lozère – 330 L6 – 3 129 h. – alt. 913 m – ✉ 48300 **23 C1**

Paris 577 – Mende 48 – Le Puy-en-Velay 42 – Privas 95

15, boulevard des Capucins, ✆ 04 66 69 01 38

de Langogne Barres, Domaine de Barres, S : 3 km par N 88, ✆ 04 66 69 01 11

Domaine de Barrès

rte de Mende – ✆ 04 66 46 08 37 – www.domainedebarres.com – Ouvert 15 mars-15 nov. et fermé lundi sauf juil.-août
16 ch – 110/140 € 110/140 € – 15 € – ½ P 105 €
Rest ***Domaine de Barrès*** – voir les restaurants ci-après
◆ Au cœur d'un parc de 25 ha, avec un golf 9 trous, une noble demeure du 18ᵉs., entièrement réaménagée par l'architecte Jean-Michel Wilmotte, qui a signé jusqu'au mobilier : un vrai contraste derrière la belle façade tout en pierre !

Domaine de Barrès

rte de Mende – ✆ 04 66 46 08 37 – www.domainedebarres.com – Ouvert 15 mars-15 nov. et fermé le midi sauf week-end, lundi sauf juil.-août et dim. soir
Rest – Menu 28/40 € bc
◆ Cette table assez élégante a fait le choix de proposer un menu unique (entrée, poisson, viande et dessert). Une bonne formule : les produits sont extrafrais et l'on peut se fier au talent de la chef, qui signe, avec une inspiration chaque jour renouvelée, une cuisine à la fois fine, simple et originale.

LANGON – 33 Gironde – 335 J7 – 7 409 h. – alt. 10 m – ✉ 33210 3 B2

Aquitaine
Paris 624 – Bergerac 83 – Bordeaux 49 – Libourne 54
11, allées Jean-Jaurès, ✆ 05 56 63 68 00, www.sauternais-graves-langon.com
des Graves et Sauternais, Lac de Seguin, E : 5 km par D 116, ✆ 05 56 62 25 43
Château de Roquetaillade★★ S : 7 km.

Alienor sans rest

rte de Fargues – ✆ 05 56 62 15 15 – www.hotel-alienorlangon.fr
20 ch – 65 € 70 € – 8 €
◆ Près d'un accès à l'autoroute et dans un environnement calme et verdoyant, un hôtel tout neuf (2011), d'esprit fonctionnel. Les chambres sont plaisantes et bien insonorisées ; la décoration sobre et de bon goût : une bonne étape !

Claude Darroze avec ch

95 cours Gén. Leclerc – ✆ 05 56 63 00 48 – www.darroze.com – Fermé 14 oct.-7 nov., 5-22 janv., dim. soir et lundi midi hors saison
15 ch – 65/98 € 75/98 € – 13 €
Rest – Menu 40/85 € – Carte 65/100 €
Spéc. Salade de homard tiède aux légumes croquants, vinaigrette balsamique. Agneau de lait des graves rôti, côte et filet persillé, son jus. Le rêve d'enfant.
Vins Graves, Côtes de Bordeaux Saint-Macaire.
◆ Cette belle auberge provinciale au charme bourgeois sait perpétuer les traditions : on y savoure une délicieuse cuisine du Sud-Ouest, accompagnée de bons bordeaux (600 appellations). Les petits plus appréciables : l'agréable terrasse sous les platanes et les chambres, pimpantes et fraîches.

à St-Macaire Nord : 2 km – 1 996 h. – alt. 15 m – ✉ 33490

Verdelais : calvaire ≤★ N : 3 km - Château de Malromé★ N : 6 km - Ste-Croix-du-Mont : ≤★, grottes★ NO : 5 km.

Abricotier avec ch

rest, ch,

D 1113 – ✆ 05 56 76 83 63 – www.restaurant-labricotier.com – Fermé 19-26 mars, 31 août-4 sept., 12 nov.-9 déc., mardi soir et lundi
3 ch – 62 € 65 € – 8 € **Rest** – Menu 21/42 € – Carte 40/60 €
◆ À deux pas de la cité médiévale, cette maison régionale réjouit par son atmosphère décontractée, sa terrasse ombragée et son appétissante cuisine du marché (pintade rôtie aux girolles, cheesecake aux fruits, etc.). Quelques chambres spacieuses dans l'annexe.

Une bonne table sans se ruiner ? Repérez les Bib Gourmand.

LANGRES – 52 Haute-Marne – **313** L6 – 8 240 h. – alt. 466 m **14** C3

– ✉ 52200 Champagne Ardenne

Paris 285 – Chaumont 35 – Dijon 79 – Nancy 142

Place Bel Air - Square Olivier Lahalle, ✆ 03 25 87 67 67, www.tourisme-langres.com

Site★★ - Promenade des remparts★★ - Cathédrale St-Mammès★ Y - Section gallo-romaine★ au musée d'art et d'histoire Y **M**[1].

Le Cheval Blanc

VISA MC AE

4 r. de l'Estres – ✆ 03 25 87 07 00 – www.hotel-langres.com – Fermé 1er-29 nov. **Za**

23 ch – 🛉75/105 € 🛉🛉85/150 € – ☕ 10 € – ½ P 85/120 €

Rest ***Le Cheval Blanc*** – voir les restaurants ci-après

◆ Le lieu est chargé d'histoire ! En effet, c'est dans cette église que Bossuet reçut le sous-diaconat. La Révolution en fit une auberge et depuis, on vient se reposer dans des chambres de caractère, plus fonctionnelles à l'annexe.

Le Cheval Blanc

VISA MC AE

4 r. de l'Estres – ✆ 03 25 87 07 00 – www.hotel-langres.com – Fermé 1er-29 nov. et merc. midi **Za**

Rest – Formule 20 € – Menu 35/48 € – Carte 45/85 €

◆ Inutile de se cabrer, ce restaurant propose une belle cuisine basée sur des produits du terroir. Le chef n'hésite pas à rehausser le tout de touches d'inventivité : Saint-Jacques à la pomme verte, fraisier destructuré, etc.

LANGRES

Aubert (R.)	Y	
Barbier-d'Aucourt (R.)	Y	3
Beligné (R. Ch.)	Y	4
Belle-Allée (La)	Y	5
Boillot (R.)	Y	6
Boulière (Porte)	Y	
Boulière (R.)	Y	7
Canon (R.)	Y	8
Centenaire (Pl. du)	Y	10
Chambrûlard (R.)	X	12
Chavannes (R. des)	Z	13
Crémaillière (R. de la)	Y	14
Croc (R. du)	Y	15
Denfert-Rochereau (R.)	Z	16
Diderot (Pl.)	Y	
Diderot (R.)	YZ	
Durand (R. Pierre)	Y	17
Duvet (Pl. J.)	Y	
États-Unis (Pl. des)	Z	
Gambetta (R.)	Y	18
Grand-Bie (R. du)	Y	19
Grand-Cloître (R. du)	Y	20
Grouchy (Pl. Col.-de)	Z	21
Hôtel-de-Ville (Porte de l')	Y	
Jenson (Pl.)	Z	
Lambert-Payen (R.)	Y	24
Lattre-de-Tassigny (Bd Mar.-de)	YZ	
Leclerc (R. Général)	Y	25
Lescornel (R.)	Y	26
Longe-Porte (Porte de)	X	
Longe-Porte (R. de)	X	27
Mance (Square J.)	Y	28
Minot (R.)	Z	31
Morlot (R. Card.)	Y	32
Roger (R.)	Y	33
Roussat (R. Jean)	Y	35
St-Didier (R.)	Y	36
Tassel (R.)	X	
Terreaux (R. des)	Y	37
Tournelle (R. de la)	Y	39
Turenne (R. de)	Y	41
Ursulines (R. des)	Y	43
Verdun (Pl. de)	X	
Walferdin (R.)	Y	44
Ziegler (Pl.)	Y	45

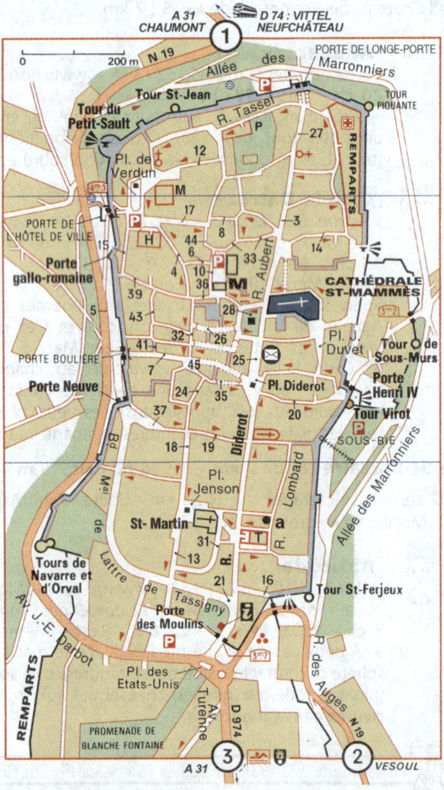

au Lac de la Liez par ②, N 19 et D 284 : 6 km – ✉ 52200 Langres

XX **Auberge des Voiliers** avec ch

1 r. des Voiliers, (lac de la Liez) – ✆ 03 25 87 05 74 – www.hotel-voiliers.com – Ouvert 15 mars-15 nov. et fermé dim. soir et lundi hors saison

10 ch – †55/60 € ††90/120 € – ☕ 9 € – ½ P 60/90 €

Rest – Formule 18 € – Menu 25/55 € – Carte 25/58 €

◆ Cette auberge jouit d'une situation idéale au bord du lac. À déguster sa cuisine traditionnelle sous la véranda et avec pareille vue, on se croirait en vacances ! Les chambres, fonctionnelles et climatisées, entretiennent l'illusion du voyage nautique.

LANGUIMBERG – 57 Moselle – **307** M6 – 208 h. – alt. 290 m – ✉ 57810 **27** C2

▶ Paris 411 – Lunéville 43 – Metz 79 – Nancy 65

XX ✿ **Chez Michèle** (Bruno Poiré)

57 r. Principale – ✆ 03 87 03 92 25 – www.chezmichele.fr – Fermé 1er-16 sept., 24 déc.-14 janv., lundi soir en hiver, mardi et merc.

Rest – Formule 22 € – Menu 36/85 € – Carte 55/85 €

Spéc. Foie gras de canard. Bœuf aux légumes. Café liégeois. **Vins** Vin de Moselle.

◆ Ancien café de village, puis auberge familiale... et enfin table gastronomique reconnue dans la région : jolie trajectoire pour ce restaurant dorénavant tenu par Bruno, fils de Michèle, qui signe une cuisine d'aujourd'hui généreuse et précise.

Envie de partir à la dernière minute ?
Visitez les sites Internet des hôtels pour bénéficier de promotions tarifaires.

LANNEPAX – 32 Gers – **336** D7 – 565 h. – alt. 168 m – ✉ 32190 **28** A2

▶ Paris 749 – Aire-sur-l'Adour 48 – Auch 41 – Barbotan-les-Termes 34

X **Les Caprices d'Antan**

pl. de la Mairie – ✆ 05 62 65 76 92 – www.aubergelescapricesdantan.fr – Fermé 20 juin-4 juil., 19 sept.-4 oct., 2-10 janv., dim. soir et lundi

Rest – Menu 16 € bc (déj. en sem.)/28 €

◆ Dans cette auberge conviviale, l'ardoise change chaque jour ; les assiettes explosent de saveurs d'ici et d'ailleurs, de couleurs... La patronne a le goût du voyage (elle a vécu au Brésil) et aime faire découvrir les petits vins locaux. Généreux, simple et bon !

LANNILIS – 29 Finistère – **308** D3 – 5 084 h. – alt. 48 m – ✉ 29870 **9** A1

▶ Paris 599 – Brest 23 – Landerneau 29 – Morlaix 63

ℹ 1, place de l'Église, ✆ 02 98 04 05 43, www.abers-tourisme.com

XX ✿ **Auberge des Abers** (Jean-Luc L'Hourre)

5 pl. Gén. Leclerc, (près de l'église) – ✆ 02 98 04 00 29 – www.auberge-des-abers.fr – Fermé 30 sept.-15 oct. et 25 fév.-5 mars

Rest *(ouvert le soir du merc. au sam. et dim. midi) (nombre de couverts limité, réserver)* – Formule 22 € – Menu 48 € (dîner), 72/125 € bc

Spéc. Homard saisi au lambic de bretagne (été). Barbue cloutée de citrons confits. Fraises de Plougastel en croustillant à l'orange (été).

Rest *Côté Bistrot* *(ouvert le midi du mardi au sam.)* – Formule 17 € – Menu 22 € (déj.), 24/31 € – Carte 25/50 €

◆ Le chef signe une jolie cuisine de la mer, personnelle et gourmande, à déguster dans un décor sobre et lumineux. Il propose des cours de cuisine, pour mieux comprendre les secrets de l'alchimie gustative... Cuisine traditionnelle et beaux produits côté Bistrot.

Les Oliviers

6 r. Carellou – ✆ 02 98 04 19 94 – www.lesoliviers-restaurant.over-blog.com – Fermé vacances de Noël, sam. midi, mardi soir et merc.
Rest – Formule 12 € – Menu 21 € (sem.), 28/46 € – Carte 30/56 €
◆ Ces Oliviers-là se plaisent en terre bretonne. Le chef, originaire de Montpellier, travaille de très beaux produits (cochon du Ventoux, sélection du mareyeur, taureau de Camargue AOC, etc.) qu'il fait chanter avec l'accent du Sud.

Chaque restaurant étoilé est accompagné de trois spécialités représentatives de sa cuisine. Il arrive parfois qu'elles ne puissent être servies : c'est souvent au profit d'autres savoureuses recettes inspirées par la saison. N'hésitez pas à les découvrir !

LANNION – 22 Côtes-d'Armor – 309 B2 – 19 733 h. – alt. 12 m 9 B1

– ✉ 22300 Bretagne
Paris 516 – Brest 96 – Morlaix 42 – St-Brieuc 65
de Lannion : ✆ 02 96 05 82 00, 4 km au N.
Quai d'Aiguillon, ✆ 02 96 46 41 00, www.ot-lannion.fr
Maisons anciennes★ (pl.Général Leclerc) - Église de Brélévenez★ : mise au tombeau★

Manoir du Launay sans rest

chemin de Ker-Ar-Faout, à Servel, 3 km au Nord-Ouest par D 21 – ✆ 02 96 47 21 24 – www.manoirdulaunay.com
5 ch – 85/90 € 90/130 €
◆ Reconstruit après la guerre, ce manoir du 17ᵉs. a conservé son charme ; pour y accéder, on traverse le grand parc. Les chambres (Morgane, Guenièvre, etc.) ont été décorées dans des couleurs tendres et meublées avec simplicité. Au grand calme !

rte de Perros-Guirec 5 km par D 788 – ✉ 22300 Lannion

Arcadia

Crec'h-Quillé – ✆ 02 96 48 45 65 – www.hotel-arcadia.com – Fermé 21 déc.-7 janv.
42 ch – 56/67 € 56/67 € – 8 €
Rest *Le St Gilles* *(fermé sam. et dim.)* – Formule 13 € – Menu 16 €
◆ Pas loin du Cnet, cet hôtel d'aspect récent conviendra aussi bien au tourisme qu'aux voyages d'affaires. Les chambres sont sobres, décorées dans un style contemporain, et il y a quelques duplex. Entre autres commodités : bar avec billard, piscine sous véranda et restaurant traditionnel.

à La Ville-Blanche par rte de Tréguier : 5 km sur D 786 – ✉ 22300 Rospez

La Ville Blanche (Jean-Yves Jaguin)

– ✆ 02 96 37 04 28 – www.la-ville-blanche.com – Fermé 2-11 juil., 23 déc.-fin janv., merc. sauf juil.-août, dim. soir et lundi
Rest *(réserver)* – Menu 31 € (sem.), 47/73 € – Carte 68/82 €
Spéc. Huîtres tièdes au bouillon de poule, flan de foie gras et galettes de blé noir (mi-oct. à fin avril). Homard breton rôti au four au beurre salé, ses pinces en ragoût (mi-mars à fin oct.). Sablé aux fraises, mousse glacée à la bergamote (printemps-été).
◆ On vient ici pour se faire plaisir ! Dans cette jolie longère, une belle clientèle d'habitués se donne rendez-vous pour goûter une cuisine fine et parfumée, subtilement relevée par les herbes aromatiques du jardin potager.

LANS-EN-VERCORS – 38 Isère – **333** G7 – **2 474 h. – alt. 1 120 m** **45** C2
– **Sports d'hiver : 1 020/1 980 m** 16 – ✉ **38250**

Paris 576 – Grenoble 27 – Villard-de-Lans 8 – Voiron 37

246, avenue Léopold Fabre, ✆ 08 11 46 00 38, www.ot-lans-en-vercors.fr

Le Val Fleuri sans rest

730 av. Léopold Fabre – ✆ 04 76 95 41 09 – www.le-val-fleuri.com – Ouvert 1er mai-30 sept., 18 déc.-31 mars et fermé dim. soir et lundi hors vacances scolaires

14 ch – 45/70 € 45/70 € – 9 €

◆ Une belle et grande bâtisse Art déco au cachet pieusement conservé. Des meubles années 1920, un grand jardin, des chambres particulièrement bien tenues, les massifs alentour : telle une réminiscence des premiers séjours à la montagne...

LAON – 02 Aisne – **306** D5 – **26 175 h. – alt. 181 m** – ✉ **02000** **37** D2

Nord Pas-de-Calais Picardie

Paris 141 – Reims 62 – St-Quentin 48 – Soissons 38

place du Parvis Gautier de Mortagne, ✆ 03 23 20 28 62, www.tourisme-paysdelaon.com

de l'Ailette, à Cerny-en-Laonnois, S : 16 km par D 967, ✆ 03 23 24 83 99

Site★★ - Cathédrale Notre-Dame★★ : nef★★★ - Rempart du Midi et porte d'Ardon★ CZ - Abbaye St-Martin★ BZ - Porte de Soissons★ ABZ - Rue Thibesard ★ BZ - Musée★ et chapelle des Templiers★ CZ.

Plans pages suivantes

La Bannière de France

11 r. F. Roosevelt – ✆ 03 23 23 21 44 – www.hoteldelabannieredefrance.com

18 ch – 79 € 86 € – 9 € – ½ P 86 € BCZt

Rest – Formule 16 € – Menu 22/56 € – Carte 26/60 €

◆ Édifié en 1685 au cœur de la cité médiévale, ce relais postal accueillit le premier cinéma laonnois dans sa salle de banquet (années 1920). Une étape sympathique, avec des chambres traditionnelles d'une tenue irréprochable.

Zorn - La Petite Auberge

45 bd Brossolette – ✆ 03 23 23 02 38 – www.zorn-lapetiteauberge.com – Fermé 2 sem. en août, sam. midi, lundi soir et dim. sauf fériés CYa

Rest – Formule 17 € – Menu 27/53 € – Carte 69/95 €

Rest *Bistrot St-Amour* ✆ 03 23 23 31 01 – Formule 11 € – Menu 15/18 € – Carte environ 28 €

◆ Dans la ville basse, restaurant agencé dans un esprit contemporain : lignes épurées, tons sobres, peintures abstraites. Cuisine inventive et belle sélection de vins (Côtes-du-Rhône). Formules express dans le décor tout simple du Bistrot St-Amour.

à Samoussy par ② et D 977 : 13 km – **358 h. – alt. 84 m** – ✉ **02840**

Le Relais Charlemagne

4 rte de Laon – ✆ 03 23 22 21 50 – www.lerelaischarlemagne.fr – Fermé 1er-21 août, vacances de fév., merc. soir, dim. soir, fériés le soir et lundi

Rest – Menu 28 € (sem.), 43/55 € – Carte 54/73 €

◆ Berthe, la mère de Charlemagne, était originaire de ce village. La maison abrite deux salles feutrées dont l'une s'ouvre sur le jardin. Cuisine classique et ambiance familiale.

à Chamouille par D 967 DZ : 13 km – **256 h. – alt. 112 m** – ✉ **02860**

Du Golf de l'Ailette

ch, rest,

23 r. du Chemin-des-Dames, (parc nautique de l'Ailette), 0,5 km au Sud par D 967 – ✆ 03 23 24 84 85 – www.ailette.fr

58 ch – 85/99 € 89/109 € – 14 €

Rest – Formule 23 € – Menu 28 € – Carte 33/42 €

◆ Sur les rives du lac d'Ailette, entre calme et verdure... Dans ce bâtiment des années 1990, les chambres sont spacieuses et contemporaines, toutes avec un balcon donnant sur l'eau. Golf, sports nautiques : côté détente, rien ne manque !

LAON

Le symbole vous garantit des nuits au calme. En rouge ? Une délicieuse tranquillité : juste le chant des oiseaux au petit matin…

LAPALISSE – **03 Allier** – **326** I5 – **3 175 h.** – **alt. 280 m** – ✉ **03120** **6** C1

Auvergne

Paris 346 – Digoin 45 – Mâcon 122 – Moulins 50

26, rue Winston Churchill, ✆ 04 70 99 08 39, www.cc-paysdelapalisse.fr

Château★★.

Galland avec ch

20 pl. de la République – ✆ 04 70 99 07 21 – www.hotelgalland.fr
– Fermé 2-10 janv., dim. soir sauf juil.-août et lundi
7 ch – 56/66 € 56/66 € – 8 € – ½ P 59/64 €
Rest – Formule 16 € – Menu 26/57 € – Carte 39/63 €
◆ Plats actuels mettant à l'honneur les produits régionaux, servis dans une élégante salle à manger contemporaine égayée de tons pastel. Chambres sobres et bien tenues.

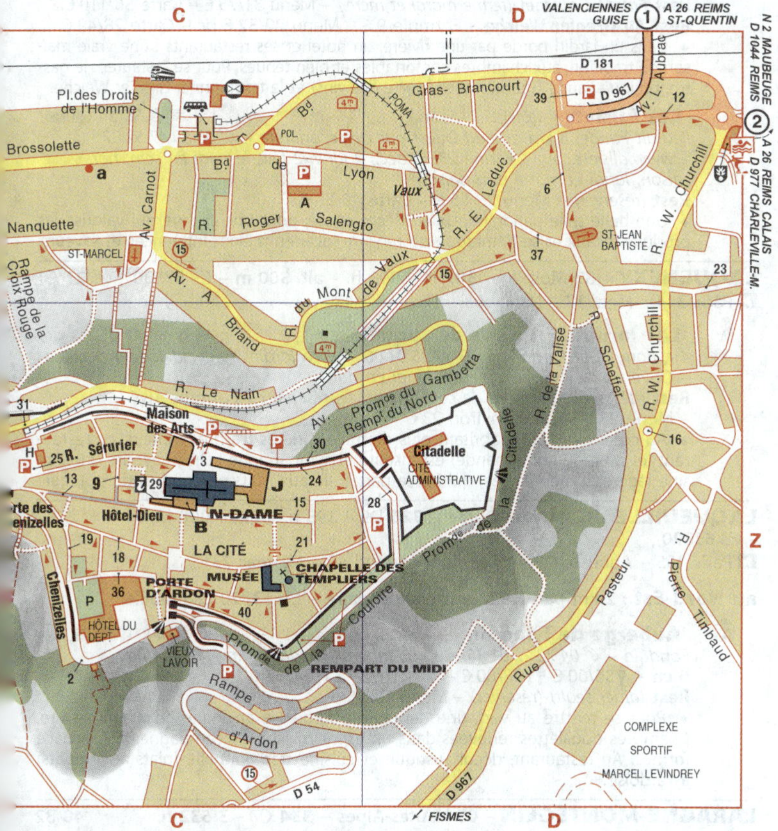

La sélection des hôtels et restaurants changent tous les ans.
Chaque année, changez votre guide MICHELIN !

LAPOUTROIE – 68 Haut-Rhin – 315 H8 – 2 030 h. – alt. 420 m – ✉ 68650 Alsace Lorraine

1 A2

▶ Paris 430 – Colmar 21 – Munster 31 – Ribeauvillé 20

Les Alisiers

lieu-dit Faudé, 3 km au Sud-Ouest par rte secondaire – ✆ 03 89 47 52 82
– *www.alisiers.com* – *Fermé 23-26 déc. et 2 janv.-2 fév.*
16 ch – †65/132 € ††65/132 € – ☕ 11 €
Rest ***Les Alisiers*** – voir les restaurants ci-après
◆ À 700 m d'altitude, dominant le vallon, cette ancienne ferme du pays welche (datée de 1819) est bourrée de charme ! Les chambres sont chaleureuses – certaines décorées avec soin à la façon d'un chalet contemporain – et l'on s'y sent bien...

Du Faudé
28 r. Gén. Dufieux – ✆ 03 89 47 50 35 – www.faude.com – Fermé 7-26 mars, 7-26 nov.
30 ch – †48/88 € ††61/109 € – 2 suites – ☐ 13 €
Rest *Faudé Gourmet* *(fermé mardi et merc.)* – Menu 31/75 € – Carte 56/110 €
Rest *Au Grenier Welche* – Formule 9 € – Menu 20/32 € bc – Carte 28/49 €
◆ Dans un jardin bordé par une rivière, un hôtel et ses restaurants : une vraie maison de tradition, aux chambres confortables et bien tenues. Pour se restaurer : le gastronomique Faudé Gourmet (belle carte des vins) et le traditionnel Grenier Welche.

Les Alisiers – Hôtel Les Alisiers
lieu-dit Faudé, 3 km au Sud-Ouest par rte secondaire – ✆ 03 89 47 52 82 – www.alisiers.com – Fermé 23-26 déc., 2 janv.-2 fév., le midi en sem. hors saison, lundi et mardi hors saison
Rest *(réserver)* – Menu 25/65 € – Carte 40/50 €
◆ Une belle salle panoramique au décor épuré, pour une cuisine qui valorise les produits locaux et se démarque du registre local en mêlant influences et saveurs.

LAQUENEXY – 57 Moselle – 307 I4 – 993 h. – alt. 300 m – ✉ 57530 27 C1

Paris 344 – Metz 17 – Nancy 63 – Thionville 43

Les Jardins Fruitiers de Laquenexy
4 r. Bourger-et-Perrin – ✆ 03 87 35 01 00 – www.jardinsfruitiersdelaquenexy.com – Ouvert d'avril à oct. et fermé lundi et mardi
Rest *(déj. seult) (nombre de couverts limité, réserver)* – Formule 18 € – Menu 23 € – Carte environ 23 €
◆ Au cœur d'un jardin abritant plus de mille variétés d'arbres fruitiers, ce restaurant (et boutique gourmande) est insolite et sympathique ! On y savoure une cuisine légère et bien ficelée, qui fait la part belle aux fruits et légumes du potager.

LAQUEUILLE – 63 Puy-de-Dôme – 326 D9 – 393 h. – alt. 1 000 m – ✉ 63820 5 B2

Paris 455 – Aubusson 74 – Clermont-Ferrand 40 – Mauriac 73

au Nord-Est : 2 km par D 922 et rte secondaire – ✉ 63820 Laqueuille

Auberge de Fondain
Fondain – ✆ 04 73 22 01 35 – www.auberge-fondain.com – Fermé nov.
6 ch – †36/60 € ††48/80 € – ☐ 10 € – ½ P 51/67 €
Rest *(dîner seult) (réserver)* – Menu 18/25 €
◆ Pour se mettre au vert, une demeure bourgeoise ancienne en pleine nature. Chambres douillettes rénovées dans un esprit maison de campagne, VTT, espace forme... Au restaurant, décor rustique et cuisine traditionnelle (plats auvergnats) à l'ardoise.

LARAGNE-MONTÉGLIN – 05 Hautes-Alpes – 334 C7 – 3 532 h. – alt. 571 m – ✉ 05300 40 B2

Paris 687 – Digne-les-Bains 58 – Gap 40 – Sault 60
place des Aires, ✆ 04 92 65 09 38

Les Terrasses
av. de Provence, (D 1075) – ✆ 04 92 65 08 54 – http://perso.wanadoo.fr/hotellesterrasses/ – Ouvert 1er avril-1er nov.
15 ch – †30/55 € ††48/55 € – ☐ 8 € – ½ P 54 €
Rest *(ouvert 1er mai-1er oct. et fermé le midi)* – Formule 18 € – Menu 23/28 € – Carte environ 26 €
◆ Petit hôtel familial aux chambres modestes et très bien tenues ; côté jardin, plus au calme, elles possèdent une terrasse d'où l'on aperçoit le village et le mont Chabre. Repas traditionnel dans une salle aux tons ensoleillés ou sous la pergola tapissée de vigne vierge.

L'Araignée Gourmande
8 r. de la Paix – ✆ 04 92 65 13 39 – Fermé 16-30 nov., vacances de Noël, 27 fév.-14 mars, dim. soir, mardi soir et merc.
Rest – Formule 15 € – Menu 25/32 € – Carte 36/65 €
◆ Cette table familiale saura vous prendre dans sa toile : salle lumineuse au coloris jaune provençal, cuisine traditionnelle généreuse, service efficace et prix doux.

LARÇAY – 37 Indre-et-Loire – **317** N4 – **2 316 h.** – **alt. 82 m** – ✉ **37270** **11** B2

Paris 243 – Angers 134 – Blois 55 – Poitiers 103

Manoir de Clairbois sans rest

2 imp. du Cher – ✆ 02 47 50 59 75 – www.manoirdeclairbois.com

3 ch – 120/150 € 120/150 €

◆ Le Cher longe le parc de ce manoir du 19ᵉs. Le décor est soigné, avec de beaux meubles d'époque dans les parties communes. Chambres bonbonnières, le confort en plus !

LE LARDIN-ST-LAZARE – 24 Dordogne – **329** I5 – **1 937 h.** **4** D1
– **alt. 86 m** – ✉ **24570**

Paris 503 – Brive-la-Gaillarde 28 – Lanouaille 38 – Périgueux 47

au Sud : 4 km par D 704, D 62 et rte secondaire – ✉ 24570 Condat-sur-Vézère :

Château de la Fleunie

– ✆ 05 53 51 32 74 – www.lafleunie.com – Ouvert mars- nov.

33 ch – 78/98 € 78/195 € – 15 € – ½ P 98/151 € **Rest** – Menu 45 €

◆ Ce château féodal, au cœur d'un vaste domaine boisé, impressionne ; il y a même un parc animalier ! On cultive le style châtelain, avec poutres, vieilles pierres et beau salon dans la tour. Cuisine classique servie près d'une noble cheminée.

à Coly Sud-Est : **6 km par D 74 et D 62 – 229 h. – alt. 113 m** – ✉ **24120**

Église★★ de St-Amand-de-Coly SO : 3 km, **Périgord Quercy.**

Manoir d'Hautegente

– ✆ 05 53 51 68 03 – www.manoir-hautegente.com – Ouvert 1ᵉʳ mai-15 oct.

17 ch – 95/250 € 95/250 € – 15 € – ½ P 163/318 €

Rest *(fermé le midi sauf sam. et dim.)* – Menu 35/100 € bc – Carte 56/63 €

◆ Dans un parc traversé par une rivière, un moulin du 14ᵉ s. tapissé de vigne vierge. La beauté du site, les meubles anciens et le bar installé dans l'ancienne forge dégagent un charme véritable. Un écrin bourgeois pour une cuisine inspirée du marché.

LARDY – 91 Essonne – **312** C4 – **5 662 h.** – **alt. 70 m** – ✉ **91510** **18** B2

Paris 46 – Boulogne-Billancourt 49 – Évry 29 – Montreuil 47

Auberge de l'Espérance

80 Grande-Rue – ✆ 01 69 27 40 82 – Fermé 7-31 août, 1 sem. fin janv., lundi et le soir sauf vend. et sam.

Rest – Formule 13 € bc – Menu 33/50 € bc – Carte environ 40 €

◆ Au cœur de ce charmant village de l'Essonne, une auberge au cadre frais et lumineux où l'on se régale d'une bonne cuisine actuelle. Petit patio-terrasse pour les beaux jours.

LARGENTIÈRE – 07 Ardèche – **331** H6 – **1 805 h.** – **alt. 240 m** **44** A3
– ✉ **07110** Lyon Drôme Ardèche

Paris 645 – Alès 66 – Aubenas 18 – Privas 49

8, rue Camille Vielfaure, ✆ 04 75 39 14 28, www.largentiere.net

Le vieux Largentière★.

à Rocher Nord : **4 km par D 5 – 275 h. – alt. 353 m** – ✉ **07110**

Le Chêne Vert

– ✆ 04 75 88 34 02 – www.hotellechenevert.com – Ouvert 1ᵉʳ avril-31 oct. et fermé lundi et mardi en oct.

25 ch – 67/90 € 67/90 € – 10 € – ½ P 60/78 €

Rest *(fermé lundi midi)* – Menu 20/40 € – Carte 35/50 €

◆ Aux confins du Vivarais et des Cévennes, une adresse conviviale aux chambres pratiques, certaines avec balcon offrant une jolie vue sur la vallée. À table, plats traditionnels et recettes régionales servis dans un décor bourgeois.

à Sanilhac **Sud : 7 km par D 312 – 382 h. – alt. 420 m – ✉ 07110**

Auberge de la Tour de Brison ch, ch,
à la Chapelette – ✆ 04 75 39 29 00 – www.belinbrison.com
– Ouvert 1er avril-31 oct. et fermé merc. sauf de juin à août
14 ch – 64/72 € 64/120 € – 10 € – ½ P 64/97 €
Rest *(réserver)* – Menu 30 € – Carte 26/35 €
◆ De cette accueillante auberge bâtie à flanc de colline, la vue plonge sur la vallée et sur le plateau du Coiron. Chambres actuelles, jardin et superbe piscine à débordement. Au restaurant, cadre chaleureux, terrasse panoramique et menu du terroir proposé de vive voix.

LARMOR-BADEN – **56 Morbihan** – **308** N9 – **816 h.** – **alt. 10 m** **9** A3
– ✉ **56870**
Paris 474 – Auray 15 – Lorient 59 – Pontivy 66
place de l'Eglise, mairie, ✆ 02 97 57 05 38, www.tourisme-vannes.com
Cairn ★★ de l'île Gavrinis : 15 mn en bateau.

Auberge du Parc Fétan
17 r. de Berder – ✆ 02 97 57 04 38 – www.hotel-parcfetan.com
– Ouvert 12 fév.-13 nov.
25 ch – 45/130 € 45/130 € – 9 € – ½ P 54/97 €
Rest *(fermé merc. sauf le soir de juin à août, sam. midi et mardi)* – Formule 15 € – Menu 23/35 € – Carte 26/50 €
◆ À proximité de la baie et des sentiers côtiers, un hôtel convivial et parfaitement tenu, doté de chambres plutôt petites, simples et claires, la plupart ouvrant sur le golfe du Morbihan. Produits de la mer et cuisine traditionnelle dans une ambiance bistrot.

LARMOR-PLAGE – **56 Morbihan** – **308** K8 – **8 397 h.** – ✉ **56260** Bretagne **9** B2
Paris 510 – Lorient 7 – Quimper 74 – Vannes 66
★ du Pont St-Maurice.

Les Rives du Ter
bd Jean Monnet – ✆ 02 97 35 33 50 – www.lesrivesduter.com
58 ch – 102/125 € 113/125 € – 15 € – ½ P 89/96 €
Rest – Formule 19 € – Menu 24/45 € – Carte environ 40 €
◆ Un hôtel récent (2005) bordant le Ter... Un style épuré règne dans les chambres, toutes spacieuses avec une terrasse ou un balcon donnant sur l'étang, bien au calme. Une bonne solution pour profiter des jolies plages des environs.

LARNAC – **30 Gard** – **339** K3 – **rattaché à St-Ambroix**

LAROQUE-DES-ALBERES – **66 Pyrénées-Orientales** – **344** I7 **22** B3
– **1 977 h.** – **alt. 100 m** – ✉ **66740**
Paris 883 – Figueres 50 – Montpellier 187 – Perpignan 39
20, rue Carbonneil, ✆ 04 68 95 49 97

Les Palmiers (Bart Thoelen)
33 av. Louis et Michel Soler – ✆ 04 68 89 73 61 – www.lespalmiers.eu
– Fermé 2 janv.-7 fév., dim. soir et mardi sauf de mi-juin à mi-sept., sam. midi et lundi
Rest – Menu 24 € (déj. en sem.), 45/95 € – Carte 65/95 €
Spéc. Carpaccio de cèpes confits et truffe d'automne (sept. à déc.). Rouget de roche, sauce bouillabaisse et légumes confits (été). Fraises du Roussillon en textures surprenantes (juil.-août). **Vins** Côtes du Roussillon.
◆ Au fil du marché et des saisons, le chef, d'origine belge, signe une cuisine méditerranéenne tout en finesse, mariant de très beaux produits du terroir ou de la mer. L'accueil est charmant et l'on propose un joli choix de vins du Roussillon.

LARRAU – **64 Pyrénées-Atlantiques** – **342** G6 – **208 h.** – **alt. 636 m** **3** B3
– ✉ **64560**
Paris 832 – Oloron-Ste-Marie 42 – Pau 75 – St-Jean-Pied-de-Port 64

Etchemaïté

Le Bourg – ✆ 05 59 28 61 45 – www.hotel-etchemaite.fr – Fermé 2 janv.-12 mars, dim. soir et lundi de nov. à avril

16 ch – 47/60 € 47/78 € – 8 €, ½ P 50/65 € **Rest** *(fermé 2 janv.-18 mars, dim. soir et lundi du 11 nov. au 15 mai)* – Menu 18 € (sem.), 25/40 € – Carte 34/40 €

◆ Simplicité et accueil familial d'une auberge de montagne, dans un hameau de la pittoresque Haute-Soule. Dans la salle à manger : pierres et poutres apparentes, nappes basques, cheminée et vue sur la vallée. Recettes régionales.

LASCABANES – 46 Lot – 337 D5 – 184 h. – alt. 180 m – ✉ 46800 28 B1

Paris 598 – Montauban 69 – Toulouse 120 – Villeneuve-sur-Lot 61

Le Domaine de Saint-Géry

– ✆ 05 65 31 82 51 – www.saint-gery.com – Ouvert 15 avril-1er nov. et les week-ends en janv.-fév.

5 ch – 220/360 € 220/360 € – 28 €

Table d'hôte *(réservation conseillée)* – Menu 45/204 €

◆ Ce domaine comprend une truffière, une exploitation agricole et des sentiers de randonnée ! Cinq jolies chambres sont réparties dans plusieurs bâtiments. À la table d'hôte, plats régionaux et belles pièces de viande rôties.

LASCELLE – 15 Cantal – 330 D4 – 312 h. – alt. 760 m – ✉ 15590 5 B3

Paris 555 – Aurillac 16 – Bort-les-Orgues 84 – Brioude 94

Du Lac des Graves

Jaulhac – ✆ 04 71 47 94 06 – www.lacdesgraves.com – Fermé 1er nov.-5 déc. et 6-18 janv.

22 ch – 60/75 € 60/80 € – 8 €

Rest *(fermé le midi) (résidents seult)* – Menu 16/26 €

◆ Randonneurs, kayakistes et adeptes du VTT apprécieront ce vaste parc aménagé au bord d'un lac. Chalets et cubes en bois au bord de l'eau, roulottes bohème parmi les ânes et les moutons ; l'hébergement est très original !

LASSEUBE – 64 Pyrénées-Atlantiques – 342 J3 – 1 608 h. – ✉ 64290 3 B3

Paris 797 – Bordeaux 219 – Pau 19 – Tarbes 60

La Ferme Dagué sans rest

chemin Croix de Dagué – ✆ 05 59 04 27 11 – www.ferme-dague.com – Ouvert 30 avril-22 oct.

5 ch – 45/63 € 55/65 €

◆ Cette ferme béarnaise du 18es. a conservé sa superbe cour fermée. Chambres coquettes, dont la décoration met en valeur le cachet rustique. Copieux petit-déjeuner.

La Promenade

r. de la République – ✆ 05 59 04 26 24 – Fermé 1 sem. en juin, 2 sem. en nov. et lundi

Rest – Menu 13 € (déj.) – Carte 25/40 €

◆ Une bonne petite table de terroir, où simplicité rime avec qualité. Préparations maison, produits frais et de saison. Ambiance familiale.

LASTOURS – 11 Aude – 344 F3 – 165 h. – ✉ 11600 22 B2

Paris 782 – Carcassonne 19 – Castres 52 – Toulouse 107

Le Puits du Trésor (Jean-Marc Boyer)

21 rte des Quatre Châteaux – ✆ 04 68 77 50 24 – www.lepuitsdutresor.com – Fermé 2-16 janv., 15 fév.-7 mars, dim. soir, lundi et mardi

Rest *(nombre de couverts limité, réserver)* – Menu 39 € (déj. en sem.), 45/72 € – Carte 50/85 €

Spéc. Tarte fine de homard, sabayon coraillé (juin à sept.). Foie de veau aux baies de genièvre et aux agrumes (hiver). Soufflé de l'écureuil (automne). **Vins** Minervois blanc et rouge.

Rest *L'Auberge* – Formule 15 € – Menu 20 € – Carte 20/35 €

◆ Ce village au pied des vestiges du château de Lastours a plus d'un tour dans son sac ! À commencer par ce Puits du Trésor, ode contemporaine à la gastronomie et aux belles saveurs. L'Auberge n'est pas en reste : le menu du jour sur ardoise, traditionnel, est bien alléchant. Conserves du chef à emporter.

LATILLÉ – 86 Vienne – 322 G5 – 1 429 h. – alt. 150 m – ✉ 86190 39 C1

▶ Paris 358 – Niort 65 – Poitiers 29 – Tours 122

La Gentilhommière sans rest

1 pl. Robert-Gerbier – ✆ 05 49 36 34 20 – www.gentilhommiere.fr

5 ch – 100 € 100 €

◆ Elle porte bien son nom, cette Gentilhommière (1785) parée de superbes atours : tentures, boiseries, mobilier et objets anciens... un véritable répertoire de styles (chambres Art déco, Empire, Directoire, etc.). Le parc dégage une douce quiétude...

LATTES – 34 Hérault – 339 I7 – rattaché à Montpellier

LAUTERBOURG – 67 Bas-Rhin – 315 N3 – 2 241 h. – alt. 115 m 1 B1 – ✉ 67630

▶ Paris 519 – Haguenau 40 – Karlsruhe 22 – Strasbourg 63

ℹ 21, rue de la 1ère Armée, ✆ 03 88 94 66 10

La Poêle d'Or

35 r. Gén.-Mittelhauser – ✆ 03 88 94 84 16 – www.la-poeledor.com – Fermé mardi soir et merc.

Rest – Formule 14 € – Menu 30/55 € – Carte 35/85 €

◆ Dans cette maison à colombages, on savoure une cuisine actuelle dans une élégante salle (boiseries, plafond à caissons). Véranda et terrasse.

LAUZERTE – 82 Tarn-et-Garonne – 337 C6 – 1 505 h. – alt. 224 m 28 B1 – ✉ 82110 Midi-Toulousain

▶ Paris 614 – Agen 53 – Auch 98 – Cahors 39

ℹ place des Cornières, ✆ 05 63 94 61 94, www.lauzerte-tourisme.fr

⛳9 des Roucous, à Sauveterre, E : 16 km par D 34, ✆ 05 63 95 83 70

Du Quercy avec ch rest,

fg d'Auriac – ✆ 05 63 94 66 36 – Fermé vacances de la Toussaint et de fév., dim. soir sauf juil.-août et lundi

9 ch – 65/95 € 95/110 € – 7 € – ½ P 65 €

Rest – Formule 11 € – Menu 25/30 € – Carte 18/32 €

◆ Au cœur de ce bourg pittoresque, cette maison de pays possède le charme désuet des auberges de campagne... Les propriétaires se mettent en quatre pour satisfaire leurs hôtes ; on savoure donc de bons petits plats du terroir (dont l'agneau du Quercy). Pour l'étape, des chambres simples et bien tenues.

LAVAL P – 53 Mayenne – 310 E6 – 50 931 h. – alt. 65 m – ✉ 53000 35 C1

Châteaux de la Loire

▶ Paris 280 – Angers 79 – Le Mans 86 – Rennes 76

ℹ 1, allée du Vieux Saint-Louis, ✆ 02 43 49 46 46, www.laval-tourisme.com

⛳18 de Laval, à Changé, Le Jariel, N : 8 km par D 104, ✆ 02 43 53 16 03

👁 Vieux château★ Z : charpente★★ du donjon, musée d'Art naïf★, ≤★ des remparts - Vieille ville★ YZ : - Les quais★ ≤★ - Jardin de la Perrine★ Z - Chevet★ de la basilique N.-D. d'Avesnières X - Église N.-D. des Cordeliers★ : retables★★ X - Lactopôle★★.

Perier du Bignon rest,

7 r. du Marchis – ✆ 02 43 66 02 02 – www.hotel-perier-du-bignon.com Zt

26 ch – 95/115 € 110/180 € – 3 suites – 12 € – ½ P 140/210 €

Rest *(fermé dim. soir, mardi midi et lundi)* – Formule 18 € – Menu 28 € (déj. en sem.), 35/90 € bc – Carte 40/80 €

◆ Ce bel hôtel particulier du 18e s. (classé) s'élève sur les hauteurs de la ville. Les chambres y sont cosy, raffinées et toutes différentes (plus grandes dans la partie ancienne). Élégants salons classiques et carte traditionnelle ; formule bistrot le midi.

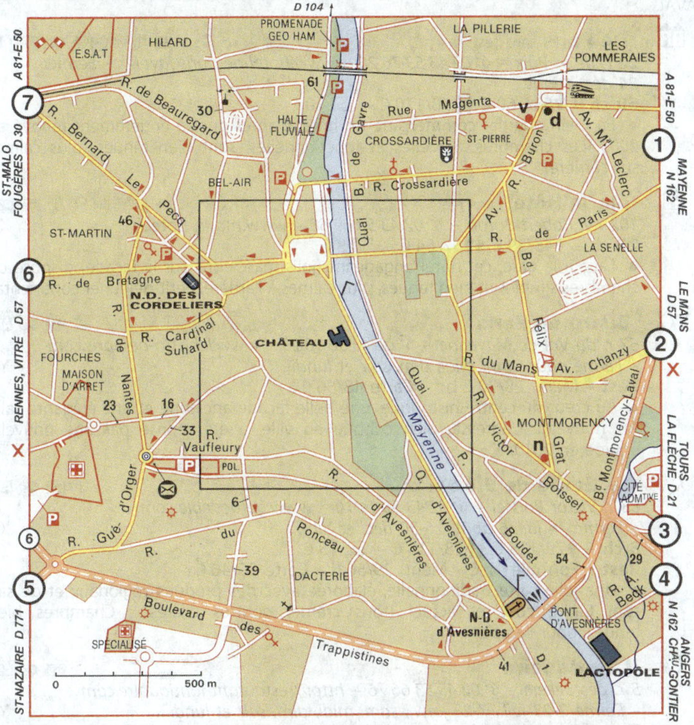

LAVAL

- Alègre (Prom. Anne d') . . . . Z 3
- Avesnières (Q. d') . . . . Z 5
- Avesnières (R. d'). . . . . Z 7
- Le Basser (Bd F.). . . . . X 29
- Bourg-Hersent (R.) . . . . X 6
- Briand (Pont A.) . . . . Y 8
- Britais (R. du) . . . . Y 9
- Chapelle (R. de) . . . . Z 12
- Déportés (R. des) . . . . Y 13
- Douanier-Rousseau (R.) . . . Z 14
- Droits de l'homme (Parvis des). . . . . Y 15
- Étaux (R. des) . . . . X 16
- Gambetta (Quai) . . . . Y 17
- Gaulle (R. Gén.-de) . . . . Y
- Gavre (Q. B.-de). . . . . Y 18
- Grande-Rue . . . . Z 19
- Hardy-de-Lévaré (Pl.) . . . . . . Z 22
- Haut-Rocher (R.) . . . . X 23
- Jean-Fouquet (Q.) . . . . Y 26
- Macé (R. J.) . . . . X 30
- Messager (R.) . . . . X 33
- Moulin (Pl. J.) . . . . Y 34
- Orfèvres (R. des) . . . . Z 36
- Paix (R. de la) . . . . Y
- Paradis (R. de) . . . . Z 37
- Picardie (R. de) . . . . X 39
- Pin-Doré (R. du) . . . . Z 40
- Pont-d'Avesnières (Bd du) . . X 41
- Pont-de-Mayenne (R. du) . . . Z 43
- Renaise (R.) . . . . Y 44
- Résistance (Crs de la) . . . . . Y 45
- St-Martin (R.) . . . . X 46
- Serruriers (R. des) . . . . Z 47

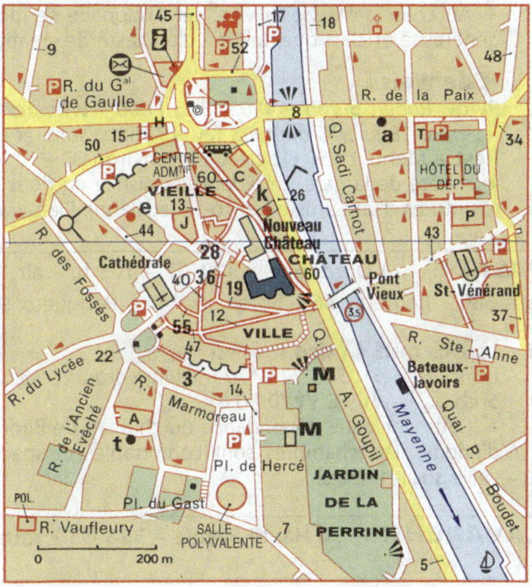

- Solférino (R.) . . . . Y 48
- Souchu-Servinière (R.) . . . . . Y 50
- Strasbourg (R. de) . . . . Y 52
- Tisserands (Bd des). . . . . X 54
- Trémoille (Pl. de la). . . . . Z 28
- Trinité (R. de la) . . . . Z 55
- Val-de-Mayenne (R. du) . . . . YZ 60
- Vieux-St-Louis (R. du) . . . . . . X 61

De Paris sans rest
22 r. de la Paix – ✆ 02 43 53 76 20 – www.hotel-de-paris-laval.fr – Fermé 24 déc.-4 janv. Ya
50 ch – 53/160 € 58/170 € – 10 €
◆ En plein quartier commerçant, un hôtel d'après-guerre entièrement rénové en 2005. Les chambres, actuelles et fonctionnelles, sont bien tenues (plus calmes sur l'arrière).

Marin'Hôtel sans rest
102 av. Robert Buron – ✆ 02 43 53 09 68 – www.marin-hotel.fr Xd
25 ch – 45/59 € 57/64 € – 8 €
◆ Face à la gare, cet hôtel engageant (jolis mascarons sur la façade) dispose de chambres simples et bien tenues, plus calmes à l'arrière. Petit-déjeuner continental.

Bistro de Paris
67 r. du Val de Mayenne – ✆ 02 43 56 98 29 – www.lebistro-de-paris.com – Fermé août, sam. midi, dim. soir et lundi Yk
Rest – Menu 28/70 € bc – Carte 48/56 €
◆ Au cœur du centre historique, une belle façade ancienne et une élégante salle Art nouveau. L'adresse, bien connue en ville, a été reprise par une nouvelle équipe en 2010.

La Gerbe de Blé avec ch
83 r. Victor Boissel – ✆ 02 43 53 14 10 – www.gerbedeble.com – Fermé 14 juil.-6 août, 26-30 déc. et dim. Xn
8 ch – 79/115 € 98/115 € – 15 €
Rest – Formule 17 € – Menu 29/56 € – Carte 39/46 €
◆ Une jolie carte traditionnelle, élaborée avec des produits régionaux et de saison. Cadre cosy et actuel (tons crème, poutres claires...). Chambres bien tenues, pour l'étape.

L'Antiquaire
5 r. des Béliers – ✆ 02 43 53 66 76 – http://restaurant-lantiquaire.com – Fermé 2-23 juil., 7-28 janv., sam. midi, dim. soir et lundi Ye
Rest – Formule 16 € – Menu 23/48 € – Carte 31/52 €
◆ Au cœur de la vieille ville, cet Antiquaire se montre plaisant et cosy. Cuisine généreuse et classique, teintée d'un zeste de créativité.

Edelweiss
99 av. Robert Buron – ✆ 02 43 53 11 00 – www.restaurant-edelweiss.fr – Fermé 18 juil.-16 août, 13 fév.-1er mars, sam. et dim. Xv
Rest – Menu 17/50 € bc – Carte environ 32 €
◆ À côté de la gare, cet Edelweiss distille un doux parfum, convivial et ethnique (peintures d'une artiste franco-sénégalaise). Plats traditionnels sans esbroufe.

LAVALADE – 24 Dordogne – 329 G7 – 105 h. – alt. 190 m – ✉ 24540 4 C2

Paris 580 – Bergerac 46 – Bordeaux 144 – Périgueux 94

Le Grand Cèdre sans rest
Le Bourg – ✆ 05 53 22 57 70 – www.legrandcedre.com – Ouvert Pâques-11 nov.
5 ch – 65 € 70/80 €
◆ Cette ancienne dépendance du château de Biron a su préserver son caractère d'origine. Les chambres sont confortables et spacieuses, et le cèdre du jardin veille sur les hôtes.

LE LAVANCHER – 74 Haute-Savoie – 328 O5 – rattaché à Chamonix

LE LAVANDOU – 83 Var – 340 N7 – 5 778 h. – alt. 1 m – ✉ 83980 41 C3

Côte d'Azur

Paris 873 – Cannes 102 – Draguignan 75 – Fréjus 61

quai Gabriel-Péri, ✆ 04 94 00 40 50, www.ot-lelavandou.fr

Ile d'Hyères★★★.

LE LAVANDOU

Bois-Notre-Dame (R. du) . . . . A 2
Bouvet (Bd Gén.-G) . . . . A 3
Cazin (R. Charles) . . . . A 4
Gaulle (Av. Gén.-de) . . . . AB
Lattre-de-Tassigny (Bd de) . . . A 7
Martyrs-de-la-Résistance (Av. des) . . . . A 8
Patron Ravello (R.) . . . . B 10
Péri (Quai Gabriel) . . . . B 12
Port Cros (R.) . . . . A 15
Port (R. du) . . . . B 13
Vincent-Auriol (Av. Prés.) . . . . A 16

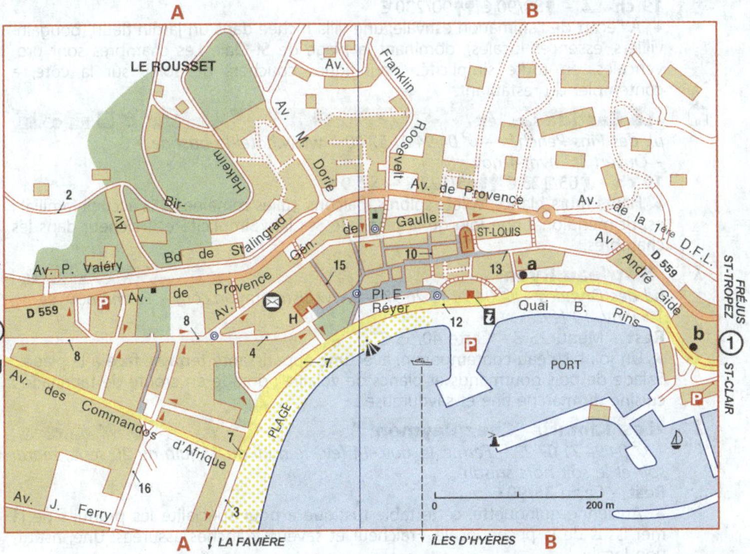

Baptistin sans rest
quai Baptistin-Pins – ✆ 04 98 00 44 51 – www.baptistin-hotel-lavandou.com **Bb**
14 ch – 👤90/140 € 👥90/140 € – ☕ 16 €
◆ Face au port, cet hôtel flambant neuf joue la carte de la modernité : décor design, formes cubiques et équipements de qualité, pour des chambres invitant au cocooning.

Le Rabelais sans rest
r. Rabelais, (face au vieux port) – ✆ 04 94 71 00 56 – www.le-rabelais.fr – Fermé 15 nov.-15 déc. **Ba**
21 ch – 👤65/120 € 👥65/120 € – ☕ 7 €
◆ Petit hôtel très bien tenu, agréablement situé sur le front de mer, abritant des chambres fraîches et colorées. L'été, petit-déjeuner en terrasse face à l'animation du port.

à St-Clair par ① : 2 km – ✉ 83980 Le Lavandou

Roc Hôtel sans rest
5 bd des Dryades – ✆ 04 94 01 33 66 – www.roc-hotel.com – Ouvert de fin mars à mi-oct.
30 ch ☕ – 👤80/129 € 👥164/209 € – 1 suite
◆ Un hôtel accroché aux rochers, au-dessus de la mer... Les chambres, avec leur terrasse, sont lumineuses : pour un séjour tonique, choisissez-les face au large !

Méditerranée
– ✆ 04 94 01 47 70 – www.hotel-med.fr – Ouvert 30 mars-20 oct.
20 ch – 👤81/91 € 👥98/136 € – ☕ 9 € – ½ P 80/99 €
Rest *(fermé merc. et le midi) (résidents seult)*
◆ Soleil et plaisirs de la Méditerranée au bord de cette plage de sable fin. Chambres contemporaines et fonctionnelles ; optez pour celles regardant la mer. Ambiance familiale. Décor coquet au restaurant, agréable terrasse ombragée ; cuisine traditionnelle.

Belle Vue sans rest
– ✆ 04 94 00 45 00 – *www.bellevue.fr* – *Ouvert avril-oct.*
19 ch – 80/90 € 90/230 €
◆ À l'écart de l'animation estivale, une villa nichée dans un jardin fleuri (bougainvilliers, essences locales), dominant la plage de St-Clair. Les chambres sont provençales, en toute simplicité. Magnifiques couchers de soleil sur la côte, à contempler du restaurant.

La Bastide sans rest
pl. des Pins Penchés – ✆ 04 94 01 57 00 – *www.hotel-la-bastide.fr*
– *Ouvert 1er avril-4 nov.*
19 ch – 65/123 € 65/123 € – 9 €
◆ Hauts murs blancs, volets colorés, balcons, tuiles romaines et... accueil familial : esprit méridional non loin de la plage de St-Clair. Simplicité et fraîcheur dans les chambres.

Bistr'eau Ryon
bd des Dryades – ✆ 04 94 15 26 97 – *www.bistreauryon.com* – *Fermé nov. et 1er janv.-10 fév.*
Rest – Menu 25 € – Carte 40/55 €
◆ Un joli bistr'eau contemporain, avec une appétissante terrasse face à la plage... Salade de pois gourmands et blancs de volaille ; dorade en croûte de tapenade : cuisine du marché fine et savoureuse !

Les Tamaris "Chez Raymond"
– ✆ 04 94 71 07 22 – *Fermé 11 nov.-14 fév., le midi du 15 juin au 20 sept., mardi soir et le soir hors saison*
Rest – Carte 35/90 €
◆ Ancienne guinguette, cette table rustique a pour spécialité les produits de la mer issus de la pêche locale. Fraîcheur et saveurs franches assurées. Une institution locale.

à Aiguebelle par ① : 4,5 km – ✉ 83980 Le Lavandou

Les Alcyons sans rest
av. des Trois-Dauphins – ✆ 04 94 05 84 18 – *www.hotellesalcyons.com* – *Ouvert de début avril à mi-oct.*
24 ch – 79/156 € 79/156 €
◆ Dans la mythologie, rencontrer des alcyons – oiseaux marins fabuleux – était présage de calme et de paix... Accueil attentionné et cadre contemporain, face à la mer.

Hydra sans rest
av. du Levant – ✆ 04 94 71 65 46 – *www.hotel-hydra.fr*
27 ch – 80/98 € 95/120 € – 3 suites – 15 €
◆ De l'île grecque qui lui a donné son nom, cet hôtel moderne a hérité la luminosité. Chambres confortables et vastes suites familiales. Passage souterrain avec accès direct à la mer.

Beau Soleil
av. des Trois Dauphins – ✆ 04 94 05 84 55 – *www.hotel-lavandou.com*
– *Ouvert avril-oct.*
15 ch (½ P seult en saison) – 54/101 € 79/101 € – 7 € – ½ P 78/85 €
Rest – Formule 15 € – Menu 30/39 € – Carte 32/45 €
◆ Aiguebelle ("belle eau") et beau soleil : l'essentiel pour des vacances réussies ! Profitez ici de chambres confortables (balcons) et bien tenues : le patron est un excellent bricoleur. Formule snack à midi, spécialités locales le soir ; terrasse sous les platanes.

LAVANNES – **51 Marne** – **306** H7 – **578 h.** – **alt. 100 m** – ✉ **51110** **13** B2
Paris 161 – Châlons-en-Champagne 56 – Épernay 43 – Reims 14

La Closerie des Sacres sans rest
7 r. Chefossez – ✆ 03 26 02 05 05 – *www.closerie-des-sacres.com*
3 ch – 78 € 94 €
◆ Engageante, l'architecture traditionnelle de cette ancienne ferme. Les chambres d'hôtes ont été aménagées avec goût dans les écuries, habillées de mobilier ancien, de fer forgé et de tissus choisis. Un charme plein de simplicité.

LAVARDIN – 41 Loir-et-Cher – 318 C5 – rattaché à Montoire-sur-le-Loir

LAVAUDIEU – 43 Haute-Loire – 331 C2 – 228 h. – alt. 465 m – ✉ 43100 6 C3

Auvergne

Paris 488 – Brioude 11 – Clermont-Ferrand 78 – Le Puy-en-Velay 56

Fresques★ de l'église abbatiale - Cloître★ - Carrefour du vitrail★.

Le Colombier sans rest

rte des Fontannes – ✆ 04 71 76 09 86 – www.lecolombier-lavaudieu.com – Ouvert 1er mai-30 sept.

4 ch – 60 € 70 €

◆ Une maison récente, sur les hauteurs du village – l'un des plus beaux de France. Les chambres – "Velay", "Afrique" (lit à baldaquin en bambou), "Maroc" – sont impeccables. Vieux pigeonnier, jardin... et vue superbe sur la vallée !

Auberge de l'Abbaye

– ✆ 04 71 76 44 44 – http://lavaudieu.free.fr – Fermé 15 nov.-15 mars, lundi et mardi

Rest – Menu 17 € (déj.), 23/27 € bc – Carte 18/29 €

◆ Cette auberge, voisine de la belle abbaye, donne sa version – charmante – du style rustique. La convivialité s'impose autour de la cuisine régionale de la patronne (produits du marché). Une ambiance chaleureuse, relayée en salle par son mari.

Court La Vigne

– ✆ 04 71 76 45 79

– Fermé déc., janv., mardi et merc.

Rest *(nombre de couverts limité, réserver)* – Menu 24/30 € – Carte environ 32 €

◆ Cherchez le cloître médiéval, cette charmante bergerie du 15es. est juste à deux pas. Tout y est plaisant, le bar et sa cheminée, la galerie d'art et la cour ! Des vins bio locaux accompagnent une cuisine du terroir tout en simplicité.

LES LAVAULTS – 89 Yonne – 319 H8 – rattaché à Quarré-les-Tombes

LAVAUR – 81 Tarn – 338 C8 – 10 364 h. – alt. 140 m – ✉ 81500 29 C2

Midi-Toulousain

Paris 682 – Albi 51 – Castelnaudary 56 – Castres 40

Tour des Rondes, ✆ 05 63 58 02 00

des Étangs de Fiac, à Fiac, Brazis, E : 11 km par D 112, ✆ 05 63 70 64 70

Cathédrale St-Alain★.

Ibis sans rest

1 av. G. Pompidou – ✆ 05 63 83 08 08 – www.ibishotel.com

58 ch – 62/98 € 62/98 € – 9 €

◆ Dans un quartier résidentiel, un Ibis avec des chambres claires, pratiques et toutes climatisées. Petits plus : un agréable jardinet ; un bar avec snacking et grillades en saison.

LAVELANET – 09 Ariège – 343 J7 – 6 747 h. – alt. 512 m – ✉ 09300 29 C3

Paris 784 – Carcassonne 71 – Castelnaudary 53 – Foix 28

Maison de Lavelanet - place Henri-Dunant, ✆ 05 61 01 22 20

à Nalzen Ouest : 6 km sur D 117 – 127 h. – alt. 632 m – ✉ 09300

Les Sapins

Conte – ✆ 05 61 03 03 85 – www.restaurantlessapins.com – Fermé 2-15 nov., 12-23 janv., dim. soir, lundi et mardi sauf fériés

Rest – Menu 15 € (déj. en sem.), 24/49 € – Carte 33/62 €

◆ Au pied d'une forêt de sapins, cette maison aux airs de chalet est tout simplement rustique et chaleureuse... On vient y apprécier le goût de la tradition.

à Montségur Sud : 13 km par D 109 et D 9 – 108 h. – alt. 900 m – ✉ 09300

Village, ✆ 05 61 03 03 03, www.montsegur.fr

Auberge de Montségur avec ch

– *✆ 05 61 01 10 24 – www.aubergemontsegur.com – Fermé Janvier*

13 ch – †48 € ††48 € – ☕ 8 €

Rest – Formule 15 € – Menu 20/29 € – Carte 29/36 €

◆ Une auberge médiévale au cœur d'un village ariégeois, pour un joli voyage dans le temps. Le chef mitonne une cuisine régionale avec les produits bio des fermes des montagnes : civets, confits, magrets selon les saisons. Chambres simples et confortables (certaines avec bain balnéo).

LAVENTIE – 62 Pas-de-Calais – **301** J4 – 4 790 h. – alt. 18 m – ✉ 62840 **30** B2

Paris 229 – Armentières 13 – Arras 45 – Béthune 18

Le Cerisier (Éric Delerue)

3 r. de la Gare – ✆ 03 21 27 60 59 – www.lecerisier.com – Fermé 1 sem. en fév., dim. soir, sam. midi et lundi

Rest – Menu 29/75 € – Carte 85/120 €

Spéc. Escalope de foie gras de canard, compotée de cerises (juin à sept.). Saint-Jacques, endives caramélisées et beurre d'orange (oct. à mai). Cheese cake à la cerise, sorbet Cherry-Marnier (juin à sept.).

◆ Cette maison bourgeoise en brique rouge, typiquement régionale, est bien plaisante. La cuisine est fine et ose les variations de saison ("Balade", "Promenade du pêcheur"...).

LAVOUX – 86 Vienne – **322** J5 – rattaché à Poitiers

LAYE – 05 Hautes-Alpes – **334** E5 – rattaché à Col Bayard

LES LECQUES – 83 Var – **340** J6 – rattaché à St-Cyr-sur-Mer

LECTOURE – 32 Gers – **336** F6 – 3 746 h. – alt. 155 m – ✉ 32700 **28** B2

Midi-Toulousain

Paris 708 – Agen 39 – Auch 35 – Condom 26

place du Général-de-Gaulle, ✆ 05 62 68 76 98, www.lectoure.fr

Site★ - Promenade du bastion ≤★ - Musée municipal★.

De Bastard

r. Lagrange – ✆ 05 62 68 82 44 – www.hotel-de-bastard.com – Fermé 20 déc.-20 janv.

28 ch – †50/60 € ††55/100 € – 2 suites – ☕ 11 € – ½ P 60/80 €

Rest *(fermé dim. soir, mardi midi et lundi)* – Menu 18 € (déj.), 29/48 €

◆ En plein centre de la cité gersoise, bel hôtel particulier du 18e s. abritant des chambres coquettes ; celles du 2e étage sont mansardées. Bar cosy. Plats du terroir et de poisson proposés dans trois salons cossus (meubles Louis XVI) ou sur la terrasse.

L'Auberge des Bouviers

8 r. Montebello – ✆ 05 62 68 95 13 – www.auberge-des-bouviers.com – Fermé 10-22 janv., sam. midi, dim. soir et lundi

Rest – Formule 14 € – Menu 19 € (sem.), 25/32 € – Carte 35/63 €

◆ Chaleureux restaurant installé dans une demeure du 17e s. qui a conservé ses pierres et poutres apparentes. Cuisine traditionnelle.

LEGÉ – 44 Loire-Atlantique – **316** G6 – 4 159 h. – alt. 56 m – ✉ 44650 **34** B3

Paris 424 – Nantes 44 – La Roche-sur-Yon 32

8, rue de la Chaussée, ✆ 02 40 26 30 49, www.ville-lege44.fr

Villa des Forges sans rest

Les Forges – ✆ 02 40 26 36 58 – www.villadesforges.com

5 ch ☕ – †65/75 € ††75/85 €

◆ Alliance des vieilles pierres et du design le plus contemporain, en ce corps de ferme du 18e s. rénové par son propriétaire architecte. Beaux espaces, jacuzzi, étang et prés...

LÉGNY – 69 Rhône – **327** G4 – 545 h. – alt. 297 m – ✉ 69620 **43** E1

Paris 454 – Bourg-en-Bresse 94 – Lyon 32 – Saint-Étienne 91

Côté Hôtel sans rest

Les Ponts Tarrets – ☎ 04 78 43 09 71 – www.cote-hotel.com – Fermé 24 déc.-1er janv. et dim. soir

26 ch – †55/135 € ††55/135 € – ☕ 7 €

◆ Les thèmes de la forêt et des appellations beaujolaises sont à l'honneur dans les chambres de cet hôtel flambant neuf. Il faut dire qu'à 30mn de Lyon, c'est un bon point de départ pour découvrir la région. Accueil sympathique et prix doux.

LEMBACH – 67 Bas-Rhin – **315** K2 – 1 734 h. – alt. 190 m – ✉ 67510 **1** B1

Alsace Lorraine

Paris 470 – Bitche 32 – Haguenau 25 – Strasbourg 58

23, route de Bitche, ☎ 03 88 94 43 16, www.ot-lembach.com

Château de Fleckenstein ★ NO : 7 km.

Au Heimbach sans rest

15 rte de Wissembourg – ☎ 03 88 94 43 46 – www.hotel-au-heimbach.fr

18 ch – †50/60 € ††75 € – ☕ 10 €

◆ Au cœur du village, repos et réconfort dans des chambres simples, douillettes et rustiques. Copieux petit-déjeuner ; accueil convivial.

Auberge du Cheval Blanc (Pascal Bastian) avec ch

4 rte de Wissembourg – ☎ 03 88 94 41 86 – www.au-cheval-blanc.fr – Fermé 25 juin-13 juil. et mi-janv. à début fév.

13 ch – †105/250 € ††105/250 € – ☕ 14 €

Rest *(fermé vend. midi, lundi et mardi)* – Menu 46/95 € – Carte 70/100 €

Spéc. Cannelloni de foie gras poêlé aux champignons des bois, émulsion de truffe noire. Noisette et dos de chevreuil "Fleckenstein" (automne-hiver). Le grand dessert du Cheval Blanc. **Vins** Riesling, Pinot gris.

Rest *D'Rössel Stub* ☎ 03 88 94 29 02 – Menu 15 € (déj. en sem.), 26/35 € – Carte 25/45 €

◆ Cossu et épuré, tout en conservant son charme typiquement alsacien... un ancien relais de poste du 18e s. très raffiné ! Carte fidèle aux grands classiques et plats inventifs. Luxueuses junior suites contemporaines (minispa). Au D'Rössel Stub, boiseries et recettes du terroir ; belles chambres traditionnelles à l'étage.

à Gimbelhof Nord : 10 km par D 3, D 925 et rte forestière – ✉ 67510 Lembach

Gimbelhof avec ch

– ☎ 03 88 94 43 58 – www.gimbelhof.com – Fermé 2 sem. en mars et 14 nov.-26 déc.

10 ch ☕ – †53/60 € ††106/120 € – ½ P 53/60 €

Rest *(fermé lundi et mardi)* – Menu 12 € (sem.), 24/30 € – Carte 19/40 €

◆ Cette auberge forestière du "pays des trois frontières", au cœur du massif vosgien, séduira les amoureux de la nature. Ambiance rustique ; cuisine régionale. Pour l'étape, chambres simples et agréables, très bien tenues.

LEMPDES – 63 Puy-de-Dôme – **326** G8 – 8 312 h. – alt. 330 m – ✉ 63370 **5** B2

Paris 420 – Clermont-Ferrand 11 – Issoire 36 – Thiers 36

Sébastien Perrier

6 r. Caire – ☎ 04 73 61 74 71 – www.sebastienperrier.fr – Fermé août, 1-7 janv., merc. soir, dim. soir et lundi

Rest – Menu 19 € (déj. en sem.), 29/60 € – Carte 35/56 €

◆ Sur la place du village, un restaurant chaleureux et contemporain (murs gris, fauteuils club rouges, vaisselle design). Cuisine actuelle, avec une pointe de créativité.

LENS – 62 Pas-de-Calais – 301 J5 – 36 120 h. – Agglo. 323 174 h. 30 B2
– alt. 38 m – ✉ 62300 Nord Pas-de-Calais Picardie

Paris 199 – Arras 18 – Béthune 19 – Douai 24

26, rue de la Paix, ☎ 03 21 67 66 66, www.tourisme-lenslievin.fr

Lensotel

centre commercial Lens 2, 4 km par ⑤ ✉ 62880 – ☎ 03 21 79 36 36 – www.lensotel.com

70 ch – †77/87 € ††85/97 € – ☐ 11 € – ½ P 70/81 €

Rest *Lensotel* – voir les restaurants ci-après

♦ Difficile de croire qu'un hôtel-restaurant de style provençal se trouve au cœur d'une zone commerciale du Nord, et pourtant ! Les chambres, toutes de plain-pied, sont plaisantes et décorées de teintes vives. Préférez-les côté jardin.

L'Arcadie II

13 r. Decrombecque – ☎ 03 21 70 32 22 – www.restaurant-arcadie2.fr – Fermé dim. soir et lundi soir BY**r**

Rest – Menu 17 € (déj. en sem.), 34/53 € bc – Carte 35/56 €

♦ En plein centre-ville, ce restaurant élégant (tableaux colorés, grands chandeliers en argent) accueille les gourmets amateurs d'une cuisine classique soignée.

LENS

Anatole-France (R.)	BXY	2
Basly (Bd Émile)	ABY	
Berthelot (R. Marcelin)	BY	3
Combes (R. Émile)	CX	4
Decrombecque (R. Guilsain)	BXY	6
Diderot (R. Denis)	CY	7
Faidherbe (R. Louis)	BY	8
Flament (R. Étienne)	BX	10
Freycinet (R. Louis-de)	CX	12
Gare (R. de la)	BCY	
Gauthier (R. François)	BY	13
Havre (R. du)	BY	14
Hospice (R. de l')	CY	15
Huleux (R. François)	BXY	16
Jean-Jaurès (Pl.)	BY	18
Jean-Moulin (R.)	BX	19
Lamendin (R. Arthur)	CXY	20
Lanoy (R. René)	BXY	21
Leclerc (R. du Mar.)	BY	22
Paix (R. de la)	BY	23
Paris (R. de)	BY	24
Pasteur (R. Louis)	BX	25
Pourquoi Pas (R. du)	ABX	26
Pressense (R. Francis-de)	CX	27
République (Pl. de la)	BY	28
Reumaux (Av. Elie)	ABX	29
Sorriaux (R. Uriane)	BCX	30
Varsovie (Av. de)	CY	31
Wetz (R. du)	BX	32
8-Mai-1945 (R.)	CY	33
11-Novembre (R. du)	ABX	36

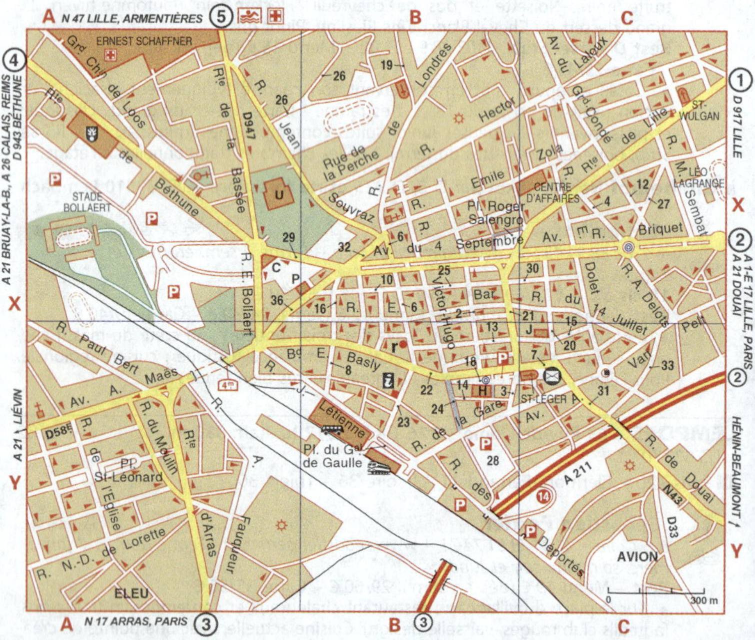

Lensotel – Hôtel Lensotel
centre commercial Lens 2, 4 km par ⑤ ✉ 62880 – ✆ 03 21 79 36 36 – www.lensotel.com
Rest – Menu 20/36 € – Carte 29/59 €
◆ L'endroit est plutôt plaisant avec sa grande cheminée allumée en hiver et sa véranda. Au menu, tradition et saisonnalité avec des plats comme la salade de homard au foie gras ou le millefeuille de ris de veau au maroilles.

LÉON – 40 Landes – 335 D11 – 1 766 h. – alt. 9 m – ✉ 40550 3 B2

Paris 724 – Castets 14 – Dax 30 – Mont-de-Marsan 75
65, place Jean Baptiste Courtiau, ✆ 05 58 48 76 03, www.ot-leon.fr
de Moliets, à Moliets-et-Maa, Côte d'Argent - Club House, SO : 8 km par D 652 puis D 117, ✆ 05 58 48 54 65
Courant d'Huchet★ en barque NO : 1,5 km Aquitaine

Hôtel du Lac sans rest
2 r. des Berges du Lac – ✆ 05 58 48 73 11 – www.hoteldulac-leon.com – Ouvert de fin avril à fin sept.
14 ch – †55/70 € ††58/70 € – ☕ 7 €
◆ Les chambres, simples mais soignées, donnent pour la plupart sur le lac. Petits-déjeuners servis sous la véranda ou, en été, sur la terrasse au bord de l'eau.

Ô Mille et Une Pâtes
108 av. du Marensin – ✆ 05 58 49 24 21 – omilleetunepates.com – Ouvert 26 mars-14 nov. et fermé mardi et merc. sauf du 1er juil. au 15 sept.
Rest – Menu 30 € (déj. en sem.) – Carte 30/60 €
◆ Un emplacement improbable, dans une zone commerciale, et un décor façon bistrot. Outre les pâtes, la carte fait la part belle aux poissons et aux viandes à la plancha.

LÉOTOING – 43 Haute-Loire – 331 B1 – 205 h. – alt. 620 m – ✉ 43410 5 B2

Paris 478 – Aurillac 104 – Clermont-Ferrand 63 – Le Puy-en-Velay 79

À la Buissonnière
1 r. de l'École – ✆ 04 71 76 31 41 – www.alabuissonniere.com – Ouvert de mai à oct.
4 ch ☕ – †75/95 € ††75/105 € **Table d'hôte** – Menu 24 € bc/40 € bc
◆ Avec une Buissonnière comme celle-là, on risque de ne jamais retourner à l'école ! Profitez donc du village médieval, du jardin et de ses roses en liberté, de la piscine qui domine les monts d'Auvergne, sans oublier les jolies chambres et la cuisine familiale de la propriétaire, à base de produits bio...

LESPERON – 40 Landes – 335 E11 – 981 h. – alt. 75 m – ✉ 40260 3 B2

Paris 702 – Bordeaux 123 – Mont-de-Marsan 85 – Pau 141

Escalandes
35 r. du Commerce – ✆ 05 58 89 61 45 – www.hotel-escalandes.com – Fermé lundi midi d'oct. à mars, vend. soir et dim.
10 ch – †66/80 € ††106/121 € – ☕ 8 € – ½ P 106/121 €
Rest – Menu 20/26 € – Carte 37/52 €
◆ Une architecture landaise typique, avec ses colombages et sa glycine. Dans les chambres, un réel effort de décoration a été fait, en toute simplicité. Ambiance campagne d'aujourd'hui au restaurant, pour une cuisine traditionnelle simple et efficace.

LESPIGNAN – 34 Hérault – 339 E9 – 3 089 h. – alt. 61 m – ✉ 34710 22 B2

Paris 769 – Béziers 11 – Capestang 20 – Montpellier 78

Hostellerie du Château
4 r. Figuiers – ✆ 04 67 37 67 71 – www.philippe-caumil.fr – Fermé mardi sauf le soir en juil.-août et lundi
Rest – Formule 18 € bc – Menu 28/50 € – Carte 36/52 €
◆ Au cœur du village, château dont la salle à manger se distingue par son décor contemporain. Cuisine actuelle. La terrasse offre une vue imprenable sur les villages alentour.

LES PLANCHES-PRÈS-ARBOIS – 39 Jura – **321** E5 – rattaché à Arbois

LESPONNE – 65 Hautes-Pyrénées – **342** M4 – rattaché à Bagnères-de-Bigorre

LESTELLE-BÉTHARRAM – 64 Pyrénées-Atlantiques – **342** K6 – 819 h. **3** B3
– alt. 299 m – ✉ 64800 Aquitaine

Paris 801 – Laruns 35 – Lourdes 17 – Nay 8

Rue Albret, Mairie, ✆ 05 .5 9. 61 .9 3. 59, www.lestelle-betharram.fr

Grottes★ de Bétharram S : 5 km.

Le Vieux Logis
2 km rte des Grottes de Bétharram par D 937 – ✆ 05 59 71 94 87 – www.hotel-levieuxlogis.com – Fermé 1er-7 nov., 21 déc.-3 janv., 1er-25 fév., dim. soir et lundi hors saison
34 ch – †57/85 € ††57/85 € – ☕ 10 € – ½ P 63/78 €
Rest *(fermé lundi midi)* – Formule 18 € bc – Menu 23/36 € – Carte 35/55 €
◆ Chambres fonctionnelles dans le corps de cette ancienne ferme des années 1800. Bungalows rustiques disséminés dans l'agréable parc, proche des grottes de Bétharram. Au restaurant, cheminée d'époque et cuisine régionale simple.

LEUCATE – 11 Aude – **344** J5 – 3 858 h. – alt. 21 m – ✉ 11370 **22** B3
Languedoc Roussillon

Paris 821 – Carcassonne 88 – Narbonne 38 – Perpignan 35

Espace Henri de Monfreid, ✆ 04 68 40 91 31, www.tourisme-leucate.fr

★ du sémaphore du Cap E : 2 km.

Jardin des Filoche
64 av. Jean Jaurès – ✆ 04 68 40 01 12 – Fermé de déc. à fév., le midi sauf dim., dim. soir et mardi du 1er oct. au 31 mars et lundi
Rest – Menu 28/32 €
◆ Un agréable restaurant – terrasse fleurie, jardin –, où l'on travaille en famille et dans la bonne humeur. Dans la salle, vue sur les cuisines et les bons plats traditionnels du chef... idéal pour les curieux ! Judicieux choix de crus locaux.

à Port-Leucate Sud : 7 km par D 627 – ✉ 11370 Leucate

rue Dour, ✆ 04 68 40 91 31

Des Deux Golfs sans rest
sur le port – ✆ 04 68 40 99 42 – www.hoteldes2golfs.com – Ouvert avril-nov.
30 ch – †37/49 € ††49/65 € – ☕ 7 €
◆ Entre lac et mer, un hôtel récent dont les chambres, simples, propres et pratiques, ont toutes une petite loggia donnant le plus souvent sur le port de plaisance.

LEUTENHEIM – 67 Bas-Rhin – **315** M3 – 847 h. – alt. 119 m – ✉ 67480 **1** B1

Paris 501 – Haguenau 22 – Karlsruhe 46 – Strasbourg 45

Auberge Au Vieux Couvent
à Koenigsbruck, 4 km au Nord par D 163 – ✆ 03 88 86 39 86 – Fermé 5-14 mars, 13-28 août, lundi et mardi
Rest – Formule 9 € – Menu 28/37 € – Carte 29/47 €
◆ Au cœur de la forêt, une maison à colombages (fin du 17es.) simple et rustique. Carte actuelle et copieuse revisitant les spécialités régionales.

LEVALLOIS-PERRET – 92 Hauts-de-Seine – **311** J2 – **101** 15 – voir à Paris, Environs

LEVERNOIS – 21 Côte-d'Or – **320** J8 – rattaché à Beaune

LEVIE – 2A Corse-du-Sud – **345** D9 – voir à Corse

LEYNES – 71 Saône-et-Loire – **320** I12 – **483 h.** – **alt. 340 m** – ✉ **71570** **8** C3

▶ Paris 402 – Bourg-en-Bresse 51 – Charolles 58 – Mâcon 15

Le Fin Bec

pl. de la Mairie – ✆ 03 85 35 11 77 – www.lefinbec.com – Fermé janv., jeudi soir, dim. soir et lundi

Rest – Menu 18/39 € – Carte 31/60 €

◆ N'ayez pas le bec fin en visant l'humble décor de ce petit restaurant villageois : l'accueil y est charmant et l'on y déguste une agréable cuisine traditionnelle : escargots, quenelles de brochets, grenouilles... Le tout à prix raisonnable !

LÉZIGNAN-CORBIÈRES – 11 Aude – **344** H3 – **9 968 h.** – **alt. 51 m** – ✉ **11200** **22** B3

▶ Paris 804 – Carcassonne 39 – Narbonne 22 – Perpignan 85

ℹ 9, cours de la République, ✆ 04 68 27 05 42, www.lezignan-corbieres.fr

Le Mas de Gaujac

r. Gustave Eiffel, Z. I. Gaujac vers accès A61 – ✆ 04 68 58 16 90 – www.masdegaujac.fr – Fermé 20-26 déc.

21 ch – †76 € ††76 € – ☕ 10 €

Rest – Formule 17 € – Menu 20/37 € – Carte 30/45 €

◆ Une bâtisse récente non loin de l'autoroute, vraiment pratique pour l'étape. Chambres simples, fraîches et agréables ; restaurant traditionnel.

La Maison de Marthe sans rest

37 bd Marx-Dormoy – ✆ 04 68 44 10 71 – www.lamaison-de-marthe.com

3 ch ☕ – †70/75 € ††95/110 €

◆ Le sol de l'entrée portait ses initiales gravées dans le marbre : un signe pour celle qui a racheté cette bâtisse du 16ᵉs. sur un coup de cœur, avant d'en faire une demeure bourgeoise du 21ᵉs., chaleureuse, épurée... élégante ! Et pour les gourmands, le petit-déjeuner est exquis.

LEZOUX – 63 Puy-de-Dôme – **326** H8 – **5 541 h.** – **alt. 340 m** – ✉ **63190** **6** C2

Auvergne

▶ Paris 434 – Clermont-Ferrand 33 – Issoire 43 – Riom 38

ℹ Place de la Mairie, mairie, ✆ 04 73 73 01 00

Les Voyageurs avec ch

2 pl. de la Mairie – ✆ 04 73 73 10 49 – Fermé 15 août-4 sept. et 26 déc.-3 janv.

10 ch – †52 € ††58 € – ☕ 8 €

Rest – Menu 14 € (déj. en sem.), 16/40 € – Carte 30/40 €

◆ Dans une bâtisse des années 1960 faisant face à la mairie, sympathique adresse familiale. Aux fourneaux, la patronne concocte une cuisine traditionnelle à prix doux (grande salle assez colorée). Chambres bien tenues, en partie relookées dans un esprit contemporain.

à Bort-l'Étang 8 km au Sud-Est par D 223 et D 309 – 548 h. – alt. 420 m – ✉ 63190

👁 ⁂★ de la terrasse du château★ à Ravel O : 5 km.

Château de Codignat

Ouest : 1 km – ✆ 04 73 68 43 03 – www.codignat.com – Ouvert 23 mars-1ᵉʳ nov.

15 ch – †225/395 € ††225/395 € – 4 suites – ☕ 25 € – ½ P 198/380 €

Rest *Château de Codignat* ✿ – voir les restaurants ci-après

◆ Les chambres évoquent Barbe-Bleue, Louis XI, Jacques Cœur, etc. Dans toutes, on a l'impression d'être plongé au cœur d'un conte médiéval. Imprimés soyeux, balustres dorées, dais sculptés : ce château du 15ᵉs. n'a rien d'un ogre, mais d'une fée !

Château de Codignat

Ouest : 1 km – ✆ 04 73 68 43 03 – www.codignat.com – Ouvert 23 mars-1er nov. et fermé le midi du lundi au vend. sauf fériés

Rest *(nombre de couverts limité, réserver)* – Menu 57/110 € – Carte 95/120 €

Spéc. Écrevisses pattes rouges, vinaigrette au combava et légumes croquants (mai-juin). Canette fermière, foie gras poêlé, crumble de melon et coulis de dattes (juil.-août). Pastille Vichy au miel d'Auvergne et fraises en millefeuille (mai à août).

Vins Saint-Pourçain, Vin de pays du Puy-de-Dôme.

◆ Le chef signe une cuisine originale, marquée par le jeu subtil des saveurs. Quant au décor, il est élégant, avec une pointe de faste qui rappelle l'atmosphère des buffets châtelains d'antan... On passe un beau moment en ces lieux.

à l'Ouest 5 km par N 89 ✉63190 Seychalles

Chante Bise

à Courcourt – ✆ 04 73 62 91 41 – restaurant-chantebise63.com – Fermé 16 août-6 sept., 16 fév.-8 mars, mardi soir et jeudi soir du 1er déc. au 8 mars, dim. soir, merc. soir et lundi sauf fériés

Rest – Formule 11 € – Menu 20/37 € – Carte 25/35 €

◆ Ambiance conviviale et familiale en ce restaurant agrémenté de pierres apparentes et de boiseries. Les menus, traditionnels, évoluent avec les saisons. Terrasse ombragée.

LIBOURNE – 33 Gironde – 335 J5 – 23 725 h. – alt. 7 m – ✉ 33500 3 B1

Aquitaine

Paris 576 – Agen 129 – Bergerac 64 – Bordeaux 30

45, allée Robert Boulin, ✆ 05 57 51 15 04, www.libourne-tourisme.com

de Teynac, à Beychac-et-Caillau, Domaine de Teynac, par rte de Bordeaux et D 1089 : 15 km, ✆ 05 56 72 85 62

de Bordeaux Cameyrac, à Saint-Sulpice-et-Cameyrac, par rte de Bordeaux et D1089 : 16 km, ✆ 05 56 72 96 79

Mercure sans rest

3 quai Souchet – ✆ 05 57 25 64 18 – www.mercure.com AYt

81 ch – †80/125 € ††80/125 € – 3 suites – ☕ 15 €

◆ Un Mercure contemporain sur les quais de la Dordogne. Chambres très bien insonorisées, avec douche à l'italienne ; offre bio au petit-déjeuner.

De France sans rest

7 r. Chanzy – ✆ 05 57 51 01 66 – www.hoteldefrancelibourne.com BYa

25 ch – †65/145 € ††65/145 € – ☕ 13 €

◆ Un relais de poste qui marie habilement tradition et modernité ! Résultat : un endroit chaleureux avec des chambres agréables, dont les plus haut de gamme sont très confortables.

Chez Servais

14 pl. Decazes – ✆ 05 57 51 83 97 – Fermé 1er-10 mai, 16-30 août, dim. soir et lundi BYn

Rest – Formule 19 € – Menu 27/40 €

◆ Rognons de veau, bar rôti, tarte fine de Saint-Jacques... Le chef connaît ses classiques et fait la part belle au poisson. Un Servais généreux, décontracté, à prix plutôt doux et... au cœur de la bastide !

Bord d'Eau

par ⑤ : 1,5 km – ✆ 05 57 51 99 91 – Fermé 23-30 sept., 12-26 nov., 17 fév.-4 mars, merc. soir, dim. soir et lundi

Rest – Menu 20 € (sem.), 33/50 € – Carte 35/45 €

◆ Appétissante cuisine du marché avec vue imprenable sur la Dordogne ! Il faut dire que la maison, sur pilotis, borde la rivière...

LIBOURNE

à La Rivière 6 km à l'Ouest par ⑤ – 316 h. – alt. 6 m – ✉ 33126

Château de La Rivière sans rest

par D 670 – ☎ 05 57 55 56 51 – www.vignobles-gregoire.com – Ouvert de mars à oct.

5 ch ☕ – 🚹126/186 € 🚹🚹146/206 €

◆ Un château de la Renaissance restauré par Viollet-le-Duc. Les chambres, spacieuses et confortables, cultivent évidemment leur esprit... châtelain. Au petit-déjeuner, on se régale de pâtisseries maison et, pour le cachet, on visite les caves souterraines du domaine.

La sélection des hôtels et restaurants changent tous les ans.
Chaque année, changez votre guide MICHELIN !

LIÈPVRE – 68 Haut-Rhin – **315** H7 – 1 746 h. – alt. 272 m – ✉ 68660 **2** C1

Paris 428 – Colmar 35 – Ribeauvillé 27 – St-Dié 31

à La Vancelle (Bas-Rhin) Nord-Est : 2,5 km par D 167 – 397 h. – alt. 400 m – ✉ 67730

Auberge Frankenbourg (Sébastien Buecher) avec ch

13 r. Gén.de Gaulle – ✆ 03 88 57 93 90 – www.frankenbourg.com – Fermé 25 juin-6 juil., 8-16 nov., 15 fév.-7 mars

11 ch – †65 € ††75 € – ☕ 12 € – ½ P 67 €

Rest *(fermé mardi soir et merc.)* – Menu 31 € (sem.), 48/69 € – Carte 54/65 €

Spéc. Foie gras poêlé et champignons de La Vancelle (automne). Pigeon en basse température. Tube de l'été. **Vins** Riesling, Sylvaner.

◆ Dans cette auberge née au début du 20e s., dont le décor mêle boiseries et esprit zen, officient deux frères pleins d'allant. Sébastien réalise une cuisine de produit, goûteuse et élégante, tandis que Guillaume mène le jeu en salle. Quant aux chambres, elles sont peu à peu rénovées dans l'esprit du restaurant.

LIESSIES – 59 Nord – **302** M7 – 539 h. – alt. 165 m – ✉ 59740 **31** D3

Nord Pas-de-Calais Picardie

Paris 223 – Avesnes-sur-Helpe 14 – Charleroi 48 – Hirson 24

20, rue du Maréchal Foch, ✆ 03 27 57 91 11

Parc départemental du Val Joly★ E : 5 km.

Château de la Motte

14 r. de la Motte, 1 km au Sud par rte secondaire – ✆ 03 27 61 81 94 – www.chateaudelamotte.fr – Fermé 16 déc.-8 fév.

10 ch – †62 € ††76 € – ☕ 10 € – ½ P 76 €

Rest *(fermé dim. soir et lundi mid hors saison)* – Formule 18 € – Menu 23 € (sem.), 41 € bc/65 € – Carte 35/65 €

◆ En pleine campagne, cette demeure fut la maison de retraite des moines de l'abbaye voisine ! Difficile de faire plus paisible... Les chambres sont agréables et fonctionnelles et, au restaurant, on savoure une cuisine traditionnelle et régionale.

Le Carillon

1 r. Roger-Salengro, (face à l'église) – ✆ 03 27 61 80 21 – www.le-carillon.com – Fermé 1er-14 mars, 22-29 août, 14-28 nov., 13 fév.-6 mars, lundi soir, mardi soir, jeudi soir, dim. soir et merc.

Rest *(nombre de couverts limité, réserver)* – Menu 18 € (sem.), 33/44 €

◆ Une terrasse sous les platanes, des poutres apparentes, une petite épicerie fine : cette maison a du charme. À la carte, les beaux produits du terroir carillonnent harmonieusement sur un air bien gourmand !

LIEUSAINT – 77 Seine-et-Marne – **312** E4 – **101** 38 – voir à Paris, Environs (Sénart)

LA LIEZ (LAC DE) – 52 Haute-Marne – **313** M6 – rattaché à Langres

LIFFRE – 35 Ille-et-Vilaine – **309** M5 – 6 684 h. – alt. 95 m – ✉ 35340 **10** D2

Paris 359 – Laval 84 – Rennes 25 – Saint-Lô 131

Hôtel La Reposée

La Quinte, sortie 26 sur A 84 – ✆ 02 99 68 31 51 – www.hotel-la-reposee.com – Fermé 4-24 août

25 ch – †65/75 € ††75/85 € – ☕ 10 € – ½ P 90/110 €

Rest ***L'Escu de Runfao*** – voir les restaurants ci-après

◆ Près de l'autouroute, certes, mais dans un joli parc verdoyant. Aves ses chambres bien tenues, douillettes et sa salle de séminaire, cette grande bâtisse d'inspiration bretonne est sympathique et bien pratique.

L'Escu de Runfao – Hôtel La Reposée

La Quinte, sortie 26 sur A 84 – ✆ 02 99 68 31 51 – www.hotel-la-reposee.com – Fermé 4-24 août, sam. midi et dim. soir

Rest – Menu 23 € (sem.), 30/52 € – Carte 58/75 €

◆ Fleur de courgette farcie au rouget barbet, risotto aux langoustines, ris de veau et homard breton au sauterne... une cuisine de saison à savourer dans une atmosphère cosy et contemporaine, en admirant le grand jardin.

LIGNY-EN-CAMBRÉSIS – 59 Nord – 302 I7 – 1 733 h. – alt. 127 m – ✉ 59191 31 C3

Paris 193 – Arras 51 – Cambrai 17 – Valenciennes 42

Château de Ligny

2 r. Pierre Curie – ✆ 03 27 85 25 84 – www.chateau-de-ligny.fr
– Fermé 1er-15 août, fév., dim. soir, lundi et mardi

21 ch – †120/200 € ††120/200 € – 5 suites – ☕ 15 €

Rest *Château de Ligny* ✿ – voir les restaurants ci-après

◆ Une tour médiévale, un beau manoir de la Renaissance flamande et une "Résidence" construite en 2001 dans l'esprit des lieux. Une page d'histoire... et de confort ! Les chambres sont très raffinées, dans une veine classique (plus spacieuses dans l'aile récente).

Château de Ligny

2 r. Pierre Curie – ✆ 03 27 85 25 84 – www.chateau-de-ligny.fr
– Fermé 1er-15 août, fév., dim. soir, lundi et mardi

Rest – Formule 30 € – Menu 56/97 € – Carte 73/105 €

Spéc. Foie gras de canard des Landes aux abricots, réduction de vin de Banyuls. Sole et petits crustacés mijotés dans une bisque de crevettes grises. Soufflé chaud à la chicorée.

◆ Salle d'armes ou bibliothèque ? En ces lieux, l'atmosphère est aristocratique à souhait (boiseries, tentures, cheminée en bois sculpté, etc.), servant à merveille une cuisine gastronomique très maîtrisée, aux saveurs marquées.

LILLE

Plans de la ville pages suivantes **31** C2

© B. Rieger/Hemis.fr

P – **59 – Nord – 225 784 h. – Agglo. 1 014 586 h. – alt. 10 m** – ✉ **59000**
– **302** G4 – Nord Pas-de-Calais Picardie

Paris 223 – Bruxelles 114 – Gent 75 – Luxembourg 310

Office de tourisme

place Rihour, BP 205, ✆08 91 56 20 04, www.lilletourism.com

Aéroport

Lille-Lesquin : ✆0 891 67 32 10 (0,23 €/mn), 7 km par A1 **3**HT

Quelques golfs

Lille Métropole, à Ronchin, Rond Point des Acacias, ✆03 20 47 42 42

du Sart, à Villeneuve-d'Ascq, 5 rue Jean Jaurès, par D 656 : 7 km, ✆03 20 72 02 51

de Bondues, à Bondues, Château de la Vigne, Nord : 10 km, ✆03 20 23 20 62

des Flandres, à Marcq-en-Baroeul, 159 boulevard Clemenceau, par D 670 : 4,5 km, ✆03 20 72 20 74

de Brigode, à Villeneuve-d'Ascq, 36 avenue du Golf, par D146 : 9 km, ✆03 20 91 17 86

A VOIR

Le quartier St-Sauveur, autour de l'Hôtel de Ville : porte de Paris★ **1**FZ, vue★ du beffroi de l'Hôtel de Ville • Palais des Beaux-Arts★★★ **1**EZ

Le Vieux Lille★★ 1EY **:** vieille Bourse★★, demeure de Gilles de la Boé★ (29 place Louise-de-Bettignies) • Rue de la Monnaie★ • Hospice Comtesse★ • Maison natale du Général de Gaulle★ **1**EY • Église St-Maurice★ **1**EFY • La Citadelle★ **4**BV

Les quartiers qui bougent : place du Général de Gaulle ou Grand'Place★ **1**EY • Place Rihour **1**EY • Rue de Béthune, pour ses cinémas **1**EYZ • Euralille et la tour du Crédit Lyonnais★ • Autour de la gare Lille-Flandres **1**FY

...Et aux environs : Villeneuve d'Ascq, le musée d'Art moderne★★ **3**HS**M** • Bondues, le château du Vert-Bois★ **3**HR • Bouvines, les vitraux de l'église et l'évocation de la bataille **3**JT • Marché de Wazemmes★ • Gare St-Sauveur★

Anatole-France (R.) . . . . EY 3
Barre (R. de la). . . . . EY 9
Béthune (R. de) . . . . EYZ
Bettignies (Pl. L. de) . . . . . . EY 16
Chats-Bossus (R. des) . . . . EY 27
Debierre (R. Ch.) . . . . FZ 43
Delesalle (R. E.) . . . . EZ 45
Déportés (R. des) . . . . FY 46
Dr-Calmette (Bd) . . . . FY 51
Esquermoise (R.) . . . . EY
Faidherbe (R.) . . . . EY
Faubourg-de-Roubaix
(R. du). . . . . FY 55
Fosses (R. des). . . . . EYZ 61
Gambetta (R. Léon) . . . . . DEZ
Gare (Pl. de la) . . . . FY 65
Gaulle (Pl. Gén.-de) . . . . EY 66
Grande-Chaussée
(R. de la). . . . . EY 73
Hôpital-Militaire (R.) . . . . . . EY 78
Jacquemars-Giélée
(R.) . . . . EZ 81
Jardins (R. des) . . . . EY 83
Kennedy (Av. Prés.). . . . . . . FZ 86
Lebas (Bd J. B.) . . . . FZ 93
Lefèvre (R. G.) . . . . FZ 100
Lepelletier (R.) . . . . EY 102
Maillotte (R.) . . . . EZ 105
Mendès-France (Pl.) . . . . . . EY 115
Monnaie (R. de la) . . . . EY 120
Nationale (R.) . . . . DEYZ
Neuve (R.) . . . . EY 123
Pasteur (Bd L.) . . . . FY 125
Réduit (R. du). . . . . FZ 132
Rihour (Pl.) . . . . EY 133
Roisin (R. Jean) . . . . EY 135
Rotterdam (Parvis de). . . . . . FY 137
Roubaix (R. de) . . . . EFY 138
St-Génois (R.) . . . . EY 139
St-Venant (Av. Ch.) . . . . . . FYZ 141
Sec-Arembault (R. du) . . . . EY 144
Suisses (Pl. des) . . . . FY 146
Tanneurs (R. des) . . . . EYZ 147
Tenremonde (R.) . . . . EY 148
Théâtre (Pl. du) . . . . EY 150
Trois-Mollettes (R. des). . . . EY 154
Vieille-Comédie
(R. de la). . . . . EY 162

HAUBOURDIN
Carnot (R. Sadi) . . . . GT 22
Vanderhaghen (R. A.) . . . . GT 157

HELLEMMES-LILLE
Salengro (R. Roger). . . . . HS 142

HEM
Clemenceau (Bd G.) . . . . JS 28
Croix (R. de) . . . . JS 40
Gaulle (Av. Ch.-de) . . . . JS 64

LAMBERSART
Hippodrome (Av. de l') . . . . GS 76

LANNOY
Leclerc (R. du Gén.). . . . . JS 97
Tournai (R. de) . . . . JS 153

LA MADELEINE
Gambetta (R.) . . . . GS 63
Gaulle (R. du Gén.-de) . . . . HS 69
Lalau (R.) . . . . HS 87

LILLE
Arras (R. du Fg d') . . . . GT 4
Postes (R. du Fg des) . . . . GST 129

LOMME
Dunkerque (Av. de). . . . . GS 52

LOOS
Doumer (R. Paul). . . . . GT 49
Foch (R. du Mar.) . . . . GST 58
Potié (R. Georges). . . . . GT 130

LYS-LEZ-LANNOY
Guesde (R. Jules) . . . . JS 75
Lebas (R. J.-B.). . . . . JS 94

MARCQ-EN-BARŒUL
Clemenceau (Bd) . . . . HS 30
Couture (R. de la) . . . . HS 39
Foch (Av. Mar.) . . . . HS 57
Nationale (R.) . . . . HS 122

MARQUETTE-LEZ-LILLE
Lille (R. de). . . . . GS 103
Menin (R. de). . . . . HS 117

MONS-EN-BARŒUL
Gaulle (R. du Gén.-de) . . . . HS 70

MOUVAUX
Carnot (Bd). HR 21

ST-ANDRÉ-LEZ-LILLE
Lattre-de-Tassigny (Av. du Mar.-de). GS 91
Leclerc (R. du Gén.) . . . . GS 99

TOUFFLERS
Déportés (R. des). . . . . JS 48

TOURCOING
Yser (R. de l') . . . . JR 165
3-Pierres (R. des) . . . . JR 166

VILLENEUVE-D'ASCQ
Ouest (Bd de l') . . . . HS 124
Ronsse (R. Ch.) . . . . JT 136
Tournai (Bd de). . . . . JT 151

WAMBRECHIES
Marquette (R. de) . . . . GZ 108

WATTIGNIES
Clemenceau (R.) . . . . GT 31
Gaulle (R. du Gén.-de). . . . . GT 72
Victor-Hugo (R.) . . . . GT 160

WATTRELOS
Carnot (R.) . . . . JRS 24
Jean-Jaurès (R.) . . . . JR 82
Lebas (R. J.-B.). . . . . JR 96
Mont-à-Leux (R. du). . . . . JR 121

HALLUIN
OOSTENDE
MENEN
KORTRIJK GENT
A 14-E 17
KORTRIJK
3
RONCQ
NEUVILLE-EN-FERRAIN
RISQUONS TOUT
Hôp. Dron
MOUSCRON
LINSELLES
TOURCOING
LUINGNE
BELGIQUE
MONT-A-LEUX
HERSEAUX
Bourgogne
Pont de Neuville
Phalempins
Colbert
Tourcoing centre
Tourcoing Sébastopol
LES BALLONS
PARC DU LION
CHAU DU VERT BOIS
Septentrion
MOUVAUX
Carliers
Mercure
Alsace
Gare J. Lebas
Roubaix Grand-Place
BONDUES
AÉRODROME LILLE-MARCQ
WATTRELOS
Roubaix Ch. de Gaulle
Euroteleport
ROUBAIX
LEERS
Av. de la Marne
MARCQ-EN-B.
MARQUETTE-LEZ-LILLE
Croix Mairie
CROIX
Epeule Montesquieu
LYS-LEZ-LANNOY
Wasquehal Hôtel de V.
Croix Centre
WASQUEHAL
LANNOY
LA MADELEINE
Wasquehal Pavé de Lille
Jean Jaurès
LE SART
TOUFFLERS
HEM
ST-MAURICE
les Prés
Mons Sarts
FLERS
LA COUSINERIE
SAILLY-LEZ-LANNOY
MONS-EN BARŒUL
FIVES
Fort de Mons
Mairie de Mons
PARC DU HÉRON
FOREST-S-MARQUE
HELLEMMES
STADIUM
VILLENEUVE-D'ASCQ
Marbrerie
Hellemmes
Lézennes
P. de Bois
ANNAPPES
BASE DE LOISIRS
WILLEMS
Villeneuve d'Ascq Hôtel de V.
Triolo
ASCQ
LÉZENNES
TRESSIN
SIN
Cité Scientifique
BAISIEUX
GD STADE
Quatre Cantons
ANSTAING
CHÉRENG
RONCHIN
GRUSON
FACHES-THUMESNIL
SAINGHIN-EN-MÉLANTOIS
LESQUIN
Marque
BOUVINES
C.R.T.
LILLE-LESQUIN
CYSOING
PÉRONNE-EN-MÉLANTOIS
VENDEVILLE
AÉROGARE
PARIS
VALENCIENNES
ST-AMAND-LES-EAUX
2 km
A 17 TOURNAI
A 17 KORTRIJK TOURNAI
TOURNAI BRUXELLES

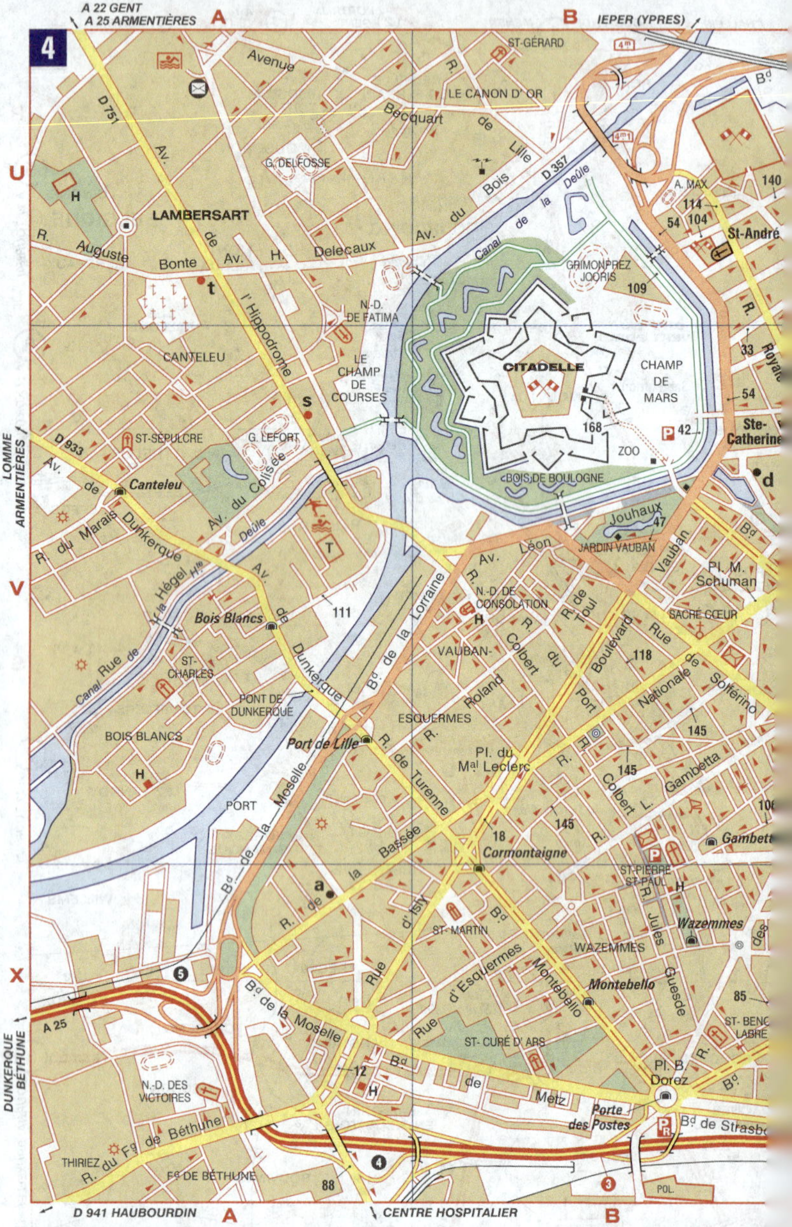
A 22 GENT
A 25 ARMENTIÈRES
A
B
IEPER (YPRES)
4
U
V
X
LOMME
ARMENTIÈRES
DUNKERQUE
BÉTHUNE
D 941 HAUBOURDIN
CENTRE HOSPITALIER
ST-GÉRARD
Avenue
Becquart
R. de Lille
LE CANON D' OR
D 751
Av. de l'Hippodrome
G. DELFOSSE
Bois du
D 357
Canal de la Deûle
LAMBERSART
R. Auguste Bonte
Av. H. Delecaux
A. MAX
114
104
54
140
St-André
GRIMONPREZ JOORIS
109
N.-D. DE FATIMA
CANTELEU
LE CHAMP DE COURSES
CITADELLE
CHAMP DE MARS
33
R. Royale
54
ST-SÉPULCRE
G. LEFORT
168
42
Ste-Catherine
ZOO
D 933
Av. de Dunkerque
Canteleu
Av. du Colisée
BOIS DE BOULOGNE
R. du Marais
Deûle
Jouhaux
47
JARDIN VAUBAN
Av. Léon
Bd Vauban
Pl. M. Schuman
Hégel
111
Bois Blancs
N.-D. DE CONSOLATION
R. de Toul
SACRÉ CŒUR
Canal Rue de
ST-CHARLES
Bd de la Lorraine
VAUBAN
R. Colbert
R. du Port
Boulevard
118
Rue Nationale
Rue de Solférino
PONT DE DUNKERQUE
R. Roland
ESQUERMES
145
BOIS BLANCS
Port de Lille
R. de Turenne
Pl. du Mal Leclerc
145
Gambetta
PORT
Bd de la Moselle
Bassée
18
Cormontaigne
145
R. L. Colbert
Gambetta
ST-PIERRE ST-PAUL
R. Jules Guesde
Wazemmes
a
R. de la Bassée
R. d'Isly
ST-MARTIN
WAZEMMES
Bd Montebello
Montebello
A 25
Bd de la Moselle
Rue d'Esquermes
Rue
85
ST-BENOÎT LABRE
ST-CURÉ D'ARS
12
N.-D. DES VICTOIRES
Bd de Metz
Pl. B. Dorez
Porte des Postes
R. du Fg de Béthune
Bd de Strasbourg
THIRIEZ
Fg DE BÉTHUNE
88
POL

Marronniers (Allée des) . . . . . BU 109
Marx-Dormoy (Av.) . . . . AV 111
Maubeuge (R. de) . . . . CX 112
Max (Av. Adolphe) . . . . BU 114
Meurein (R.) . . . . BV 118
St-Sébastien (R.) . . . . BCU 140
Schuman (Pl. Maurice) . . . . . BV
Stations (R. des) . . . . BV 145
Valenciennes (R. de) . . . . CX 156
Verdun (Bd de) . . . . DX 159
Wazemmes (R. de) . . . . BCX 163
43e-Régt-d'Infanterie (Av. du) . . . . BV 168

Barrière Lille
777 bis Pont-de-Flandres ✉ 59777 – ✆ 03 28 14 45 00 – www.lucienbarriere.com **1FYa**
139 ch – †210/290 € ††210/290 € – 3 suites – ☕ 24 €
Rest *Les Hauts de Lille* ✆ 03 28 14 45 50 – Formule 30 € bc – Menu 48/89 € bc – Carte 50/75 €
Rest *La Terrasse du Parc* – Menu 15/26 € bc – Carte 20/41 €
◆ Dans ce grand bâtiment de verre, on peut aller au théâtre, au casino et... regagner en un clin d'œil son hôtel – le dernier né du groupe Barrière (2010). Espace, lumière, luxe sans ostentation : de très séduisantes prestations. Pour une pause chic et gourmande autour d'une belle cuisine de saison, rendez-vous aux Hauts de Lille. Ambiance brasserie à La Terrasse du Parc.

L'Hermitage Gantois
224 r. de Paris – ✆ 03 20 85 30 30 – www.hotelhermitagegantois.com
72 ch – †239/645 € ††239/645 € – ☕ 19 € **1EZb**
Rest – Menu 48/68 € – Carte 50/80 €
Rest *L'Estaminet* *(fermé dim.)* – Formule 18 € – Carte 18/30 €
◆ Fondé vers 1460, cet ancien hospice est devenu hôtel en 2003. Architectures anciennes, nouveau classicisme contemporain, cours et patios intérieurs... de quoi vouloir vivre en ermite ! Le restaurant gastronomique ne manque pas d'élégance, tandis que l'estaminet cultive joliment l'esprit du Nord.

Couvent des Minimes Alliance
17 quai du Wault ✉ 59800 – ✆ 03 20 30 62 62 – www.alliance-lille.com **4BVd**
80 ch – †220/250 € ††220/250 € – 3 suites – ☕ 19 €
Rest *Le Jardin du Cloître* *(fermé lundi du 15 juil. au 20 août)* – Formule 26 € – Menu 32 € (sem.)/38 € – Carte 30/56 €
◆ Un lieu chargé d'histoire, à deux pas de la citadelle. Dans ce joli couvent du 17ᵉs., on profite de chambres spacieuses et élégantes... Une belle idée du bien-être et de la détente ! Au restaurant, mariage réussi du contemporain et de l'ancien autour d'une carte dans l'air du temps ; piano-bar.

Crowne Plaza
335 bd Leeds – ✆ 03 20 42 46 46 – www.lille-crowneplaza.com **1FYn**
121 ch – †195/300 € ††195/300 € – ☕ 19 €
Rest – Formule 21 € – Menu 24 € (déj.), 29/35 € – Carte 37/57 €
◆ Face à la gare TGV, de vastes chambres contemporaines, zen et très bien équipées, certaines avec une vue superbe sur Lille et son beffroi. Décor design (mobilier signé Starck), carte actuelle et formules buffet au restaurant.

Grand Hôtel Bellevue sans rest
5 r. Jean Roisin – ✆ 03 20 57 45 64 – www.grandhotelbellevue.com **1EYa**
60 ch – †115/180 € ††115/180 € – ☕ 13 €
◆ Idéal pour profiter pleinement des charmes de la ville ! Les chambres, fraîches et pimpantes, ne manquent pas d'allure (mobilier de style Directoire, salles de bains en marbre) et les plus prisées donnent sur la Grand'Place.

Novotel Lille Gares
49 r. de Tournai ✉ 59800 – ✆ 03 28 38 67 00 – www.novotel.com **1FZu**
96 ch – †95/211 € ††95/211 € – 5 suites – ☕ 15 €
Rest – Formule 14 € – Carte 25/35 €
◆ Près de la gare Lille-Flandres, un Novotel entièrement rénové en 2009 : pratique et confortable, tant pour la clientèle d'affaires que les touristes.

Mercure Centre Opéra sans rest
2 bd Carnot ✉ 59800 – ✆ 03 20 14 71 47 – www.mercure.com **1EYh**
101 ch – †75/195 € ††95/215 € – ☕ 15 €
◆ En plein centre-ville, juste derrière le théâtre, un décor soigné : chambres d'inspiration flamande (mobilier façon Art déco) ; élégant salon.

Art Déco Romarin sans rest
110 r. République, à la Madeleine – ✆ 03 20 14 81 81 – www.hotelartdecoromarin.com 1FYt
56 ch – 90/160 € 90/160 € – 13 €
◆ Sur une avenue passante, mais très bien insonorisé. Les chambres sont classiques et agréables, dans un style qui s'inspire de l'Art déco ; au bar, l'atmosphère est très feutrée.

De la Paix sans rest
46 bis r. de Paris – ✆ 03 20 54 63 93 – www.hotel-la-paix.com 1EYr
36 ch – 86/115 € 95/125 € – 9 €
◆ Artiste dans l'âme, la propriétaire de cet hôtel (1782) expose des reproductions de tableaux et a réalisé la fresque qui orne la salle des petits-déjeuners. Chambres classiques et douillettes.

Hôtel Up sans rest
17 pl. des Reignaux – ✆ 03 20 06 06 93 – www.hotelup.fr 1EYy
27 ch – 119/219 € 119/219 € – 14 €
◆ Près de la gare, un hôtel contemporain mêlant épure et touches de fantaisie, une équipe accueillante et un petit-déjeuner très appétissant (buffet) : hip hip hip pour Up !

De la Treille sans rest
7/9 pl. Louise-de-Bettignies – ✆ 03 20 55 45 46 – www.hoteldelatreille.com
42 ch – 90/145 € 95/150 € – 14 € 1EYb
◆ Idéal pour flâner au cœur du Vieux-Lille. Les chambres sont un peu exiguës, mais fraîches et bien agencées ; à l'heure du petit-déjeuner, les faims de loup seront comblées.

La Maison Carrée sans rest
29 r. Bonte-Pollet – ✆ 03 20 93 60 42 – www.lamaisoncarree.fr 4AXa
5 ch – 140/210 € 150/230 €
◆ Cet hôtel particulier en brique rouge (début du 20ᵉs.) est splendide ! Élégance épurée dans les chambres (certaines, très spacieuses, sont idéales en famille) ; expos d'art.

La Maison du Champlain sans rest
13 r. Nicolas-Leblanc – ✆ 03 20 54 01 38 – www.lechamplain.fr – Fermé août 1EZu
4 ch – 110/140 € 150 € – 1 suite
◆ Beaucoup de charme dans cette maison bourgeoise typique (1873), restaurée avec goût. Les chambres, très spacieuses, sont à la fois cosy et feutrées. Un espace bien-être, installé dans d'anciennes caves voûtées, invite à la détente.

XXX **À L'Huîtrière**
3 r. des Chats-Bossus ✉ 59800 – ✆ 03 20 55 43 41 – www.huitriere.fr – Fermé 29 juil.-20 août, dim. soir et soirs fériés 1EYg
Rest – Menu 45 € (déj. en sem.), 105/150 € – Carte 80/140 €
◆ Une institution lilloise pour les amoureux de poissons, coquillages et crustacés. Les produits sont de belle fraîcheur, le cadre élégant... Et l'on peut faire un détour par la boutique-traiteur (somptueux décor en céramique) ou une pause gourmande au bar à huîtres.

XXX **La Laiterie** (Benoit Bernard)
138 av. de l'Hippodrome, à Lambersart ✉ 59130 – ✆ 03 20 92 79 73 – www.lalaiterie.fr – Fermé dim. et lundi 4AVs
Rest – Formule 48 € bc – Menu 52/105 € – Carte 75/120 €
Spéc. Thon aux cinq épices chinoises, émulsion à l'orange (nov. à fév.). Tarte fine de rouget au basilic, moutarde, pistou et fromage frais aux herbes (juin à août). Tartelette au chocolat blanc et fruit de la passion (juil.-août).
◆ Un lieu chaleureux ; un chef atypique et passionné. Réalisée avec de très beaux produits de saison, la cuisine de Benoît Bernard ravit par son caractère. Et l'on boit du petit lait... mais aussi d'excellents vins (bourgognes et bordeaux).

XXX **Le Sébastopol** (Jean-Luc Germond)

1 pl. Sébastopol – ☎ 03 20 57 05 05 – www.restaurant-sebastopol.fr – Fermé 3 sem. en août, dim. soir, sam. midi et lundi midi **1EZa**

Rest – Menu 43/70 € – Carte 75/90 €

Spéc. Poissons de petits bateaux. Gibier et champignons des bois (saison). Vaporeux glacé à la chicorée à café.

◆ Passé la porte de cette belle maison bourgeoise, on est conquis par sa quiétude... et séduit par la carte. Sur de solides bases classiques et avec des produits savamment choisis, le chef honore les saisons et le goût.

XX **Monsieur Jean**

12 r. de Paris – ☎ 03 28 07 70 72 – www.restaurant-monsieurjean.fr – Fermé 13-26 août **1EYv**

Rest – Formule 23 € – Menu 29/36 € – Carte 35/69 €

◆ Façade flamande, magnifique escalier, mur en brique orné de sculptures en pierre : une demeure au puissant charme du Nord... De belles saveurs traditionnelles se font sentir et, le midi, on peut "fooder" bio (soupes, tartes...).

XX **Clément Marot**

16 r. de Pas – ☎ 03 20 57 01 10 – www.clement-marot.com – Fermé dim.

Rest – Formule 19 € – Menu 37 € – Carte 42/82 € **1EYn**

◆ Pour l'anecdote, cette maison est tenue par les descendants du poète cadurcien Clément Marot ; c'est le lieu idéal pour ceux qui aiment faire rimer cuisine traditionnelle et convivialité.

XX **Brasserie de la Paix**

25 pl. Rihour – ☎ 03 20 54 70 41 – www.restaurantsdelille.com – Fermé dim.

Rest – Formule 14 € – Menu 19 € (sem.), 28/49 € bc – Carte 32/60 € **1EYz**

◆ Une institution lilloise à deux pas du palais Rihour. Esprit Art déco, banc d'écailler et carte de brasserie faisant la part belle aux produits de la mer : rien ne manque !

XX **La Table du Champlain**

17 r. Nicolas-Leblanc – ☎ 03 20 54 01 38 – www.lechamplain.fr – Fermé août, sam. midi et lundi **1EZu**

Rest – Menu 29/45 € bc

◆ Beaucoup de douceur dans ce restaurant intime, où dominent le blanc et le crème. Le chef signe une cuisine savoureuse, inspirée par les produits du moment.

XX **L'Écume des Mers**

10 r. de Pas – ☎ 03 20 54 95 40 – www.ecume-des-mers.com **1EYn**

Rest – Formule 18 € – Menu 25 € (dîner en sem.) – Carte 32/70 €

◆ De cette brasserie, on retient l'ambiance animée (plus intime en mezzanine), la carte du jour axée produits de la mer, le banc d'écailler... Et il y a même quelques viandes !

XX **Le Why Not**

9 r. Maracci – ☎ 03 20 74 14 14 – www.lewhynot-restaurant.fr – Fermé 9-23 juil., 9 août-3 sept., 1-8 janv., mardi midi, sam. midi, dim. soir et lundi **1EYm**

Rest – Formule 23 € – Menu 29/36 € – Carte 44/72 €

◆ Des voûtes en brique rouge, une déco contemporaine et une atmosphère conviviale : cette cave du Vieux-Lille a vraiment du charme. La cuisine du chef – un globe-trotter dans l'âme – épouse l'air et les saveurs du temps.

XX **La Cense**

27 r. Auguste-Bonte, à Lambersart ✉ 59130 – ☎ 03 20 92 22 74 – www.la-cense.fr – Fermé 2 sem. en août, sam. midi, dim. soir et lundi

Rest – Formule 20 € bc – Menu 24/41 € – Carte 43/65 € **4AUt**

◆ Une grange du 17ᵉs., sa belle charpente apparente, ses murs en brique et craie : voilà pour le cachet. Et côté fourneaux, le chef concocte une agréable cuisine de saison.

L'Atelier Gourmand

4 r. des Bouchers – ☎ 03 20 37 38 53 – Fermé vacances de printemps, août, dim. et fériés 1EYu

Rest *(nombre de couverts limité, réserver)* – Formule 12 € – Menu 20 € (déj. en sem.) – Carte 45/57 €

◆ Quasi de veau et sa polenta au parmesan, petit beurre maison et son crémeux au caramel au beurre salé... une cuisine bistronomique réalisée avec de beaux produits du moment. Sympathique !

à Bondues – 9 939 h. – alt. 37 m – ✉ 59910

16 place de l'Abbé Bonpain, mairie, ☎ 03 20 25 94 94, www.ville-bondues.fr

Auberge de l'Harmonie

pl. Abbé Bonpain – ☎ 03 20 23 17 02 – www.aubergeharmonie.fr – Fermé 11 juil.-2 août, dim. soir, mardi soir, jeudi soir et lundi 3HRt

Rest – Formule 26 € bc – Menu 37/55 € – Carte 48/75 €

◆ Une jolie auberge du 19^{e}s. tout en harmonie (tons gais, terrasse verdoyante) pour une carte qui s'habille aux couleurs de l'hiver, du printemps, de l'été...

Val d'Auge (Christophe Hagnerelle)

805 av. du Gén.-de-Gaulle – ☎ 03 20 46 26 87 – www.valdauge.com – Fermé 4-9 mars, 29 avril-8 mai, 29 juil.-17 août, 23-30 déc., dim. sauf fériés, sam. midi et lundi 3HRa

Rest – Formule 28 € – Menu 36 € (déj.), 64/93 € bc – Carte 60/80 €

Spéc. Tranche de foie gras de canard saisie à la plancha. Suprême de pigeon rôti, cuisse à l'ail nouveau. Pêche pochée (saison).

◆ Des papilles en émoi : le chef réalise une cuisine de saison précise et goûteuse, avec une pointe d'inventivité. Quant au cadre, il est charmant, épuré et lumineux. Ce Val est une jolie maison.

à Marcq-en-Baroeul – 38 874 h. – alt. 15 m – ✉ 59700

111, avenue Foch, ☎ 03 20 72 60 87, www.ot-marcqenbaroeul.com

Mercure

157 av. de la Marne, 5 km par D 670 – ☎ 03 28 33 12 12 – www.mercure.com

125 ch – †95/225 € ††95/225 € – 1 suite – ☕ 18 € 3HSs

Rest ***L'Europe*** ☎ 03 28 33 12 68 – Formule 16 € – Carte 32/65 €

◆ Près des grands axes autoroutiers, des chambres spacieuses et confortables, idéales pour la clientèle d'affaires. Pour se restaurer sur place, la brasserie est agréable (banc d'écailler).

Le Septentrion

parc du Château Vert-Bois, 9 km par D 617 – ☎ 03 20 46 26 98 – www.septentrion.fr – Fermé dim. soir, mardi soir, merc. soir et lundi

Rest – Formule 35 € bc – Menu 43/69 € – Carte 40/60 € 3HRn

◆ Une dépendance du château du Vert-Bois au sein de la fondation Prouvost-Septentrion (boutiques d'artisanat). Côté papilles, cap sur les produits de saison ; côté mirettes, vue bucolique sur le parc.

La Salle à Manger

99 r. Jules-Delcenserie – ☎ 03 20 65 21 19 – www.restaurant-lasalleamanger.fr – Fermé 2 sem. en août, 22 déc.-2 janv., vacances de fév., lundi soir, mardi soir, merc. soir et dim. 3HSu

Rest *(nombre de couverts limité, réserver)* – Formule 28 € – Menu 45 € (dîner) – Carte 34/42 €

◆ Aux commandes ? Un jeune couple charmant. Monsieur réalise une cuisine de l'instant avec une pointe d'Orient... et pour cause, il a travaillé deux ans au Maroc. L'ardoise ? Courte et appétissante. Et l'atmosphère ? Tamisée, épurée et intime.

La Table de Marcq

944 av. de la République – ☎ 03 20 72 43 55 – Fermé 3 sem. en août, 1 sem. en fév., mardi soir, merc. soir, dim. soir et lundi 3HSe

Rest – Formule 17 € – Menu 22/40 € bc – Carte 22/38 €

◆ De son passé de café de quartier, cette table a gardé le beau comptoir et la convivialité. Avec des produits de qualité, le patron élabore une sympathique cuisine traditionnelle.

à Villeneuve d'Ascq – 62 717 h. – alt. 26 m – ✉ 59491

i chemin du Chat Botté, ✆ 03 20 43 55 75, www.villeneuvedascq-tourisme.eu

XX **Le Carré des Sens**

73 av. de Flandres – ✆ 03 20 82 05 97 – www.carre-des-sens.com – Fermé lundi soir, sam. midi et dim. **3HSv**

Rest – Formule 25 € – Menu 33/65 € – Carte 52/76 €

◆ Un quartier résidentiel discret et ce Carré contemporain, sobre et dépouillé, qui ne passe pas inaperçu ! Le chef sélectionne des produits de première fraîcheur et réalise une cuisine actuelle assez savoureuse.

à Gruson – 1 140 h. – alt. 52 m – ✉ 59152

XX **L'Arbre** (Yorann Vandriessche)

✿ *1 pavé Jean-Marie Leblanc, (croisement chemin de Bourghelles), 1 km à l'Est par D 90 – ✆ 03 20 79 55 33 – www.larbre.com – Fermé 23 avril-1er mai, 10-31 août, 2-10 janv., mardi soir, sam. midi, dim. soir et lundi* **3JTb**

Rest – Formule 22 € – Menu 29/58 € – Carte 46/70 €

Spéc. Œuf "gras" bio, homard, jus crémeux et mouillette croustillante au beurre salé. Cabillaud juste saisi, millefeuille de tomate à la tapenade et anchois marinés. Pomme caramélisée sur sablé breton, caramel au lait et crème glacée Carambar.

◆ Une bonne étape que cet ancien estaminet placé sur le trajet de la course Paris-Roubaix. Loin de "l'enfer du Nord", on est ici au paradis de la gourmandise, des mets saisonniers et des saveurs iodées. Soin et harmonie, sans heurts ni cahots !

à Sainghin-en-Mélantois – 2 364 h. – alt. 49 m – ✉ 59262

La Verdière

ch,

1839 r. de Lille – ✆ 03 20 05 05 61 – www.la-verdiere.eu **3HTk**

5 ch – †98/150 € ††120/170 € **Table d'hôte** – Menu 20 € bc/35 € bc

◆ Une jolie bâtisse bourgeoise nichée dans un grand parc. Pas de doute, ici on cultive l'art du bien-recevoir, ainsi qu'un certain esprit demeure de famille (mobilier chiné patiné par les ans, tons cosy). Petit-déjeuner avec des produits maison et cuisine de tradition.

à l'aéroport de Lille-Lesquin – ✉ 59810 Lesquin – ✉ 59810

Mercure Aéroport

110 r. Jean Jaurès – ✆ 03 20 87 46 46 – www.mercure-lille-aeroport.com

215 ch – †82/187 € ††82/187 € – ☕ 15 € **3HTr**

Rest ***La Flamme*** – Formule 20 € – Menu 25/30 € – Carte 30/70 €

◆ Un hôtel de facture contemporaine, face à l'aéroport (service de navettes gratuites). Chambres spacieuses, confortables et bien équipées. Au restaurant, convivialité, plats régionaux et rôtisserie.

Novotel Aéroport

55 rte de Douai – ✆ 03 20 62 53 53 – www.novotel.com **3HTt**

92 ch – †82/153 € ††82/153 € – ☕ 14 €

Rest – Formule 16 € – Carte 20/40 €

◆ Cette construction basse est la plus ancienne de la chaîne (1967). Chambres confortables, dont la moitié rénovées dans un style contemporain.

Agena sans rest

451 av. du Gén.-Leclerc ✉ 59155 – ✆ 03 20 60 13 14 – www.hotel-agena.com

40 ch – †73/75 € ††75/81 € – ☕ 9 € **3HTv**

◆ Non loin d'une zone commerciale, un hôtel pratique et accueillant. Les chambres sont très bien tenues, en rez-de-jardin. Préférez-les au calme, côté patio.

à Capinghem – 1 617 h. – alt. 50 m – ✉ 59160

X **La Marmite de Pierrot**

93 r. Poincaré – ✆ 03 20 92 12 41 – www.pierrot-de-lille.com – Fermé dim. soir, mardi soir, merc. soir, jeudi soir et lundi **2GSv**

Rest – Formule 26 € – Menu 29/42 € – Carte 26/42 €

◆ Un bistrot rustique, où règne une atmosphère conviviale et bon enfant. On se retrouve autour de plats généreux, dont beaucoup de cochonnailles et de produits tripiers.

à Bois-Grenier 15 km par ⑫, sortie n°8 (Armentières) et D 222 – 1 442 h. – alt. 5 m – ✉ 59280

XX **La Table des Jardins** (Guillaume Thuin)
✿ *480 r. de la Guennerie, 2 km au Sud-Ouest par D 222 (dir. Fleurbaix) et rte secondaire, direction cimetière anglais Y. Farm – ✆ 03 20 57 75 52 – Fermé 16-31 janv., dim. soir, mardi soir et merc.*
Rest *(nombre de couverts limité, réserver)* – Menu 45 € bc (déj. en sem.), 60/95 € bc
Spéc. Légumes d'été crus, cuits, et frits. Homard bleu, salicornes, pêche blanche rôtie et amandes fraîches (saison). Cake à la carotte, ganache chocolat au lait, granité orange-gingembre.
◆ Au milieu des champs, une ferme rénovée dans une veine très... design ! Même esprit contemporain côté cuisine : le chef fait rimer créativité et qualité, avec de belles compositions qui révèlent les saveurs les plus essentielles.

à St-André-Lez-Lille – 10 770 h. – alt. 20 m – ✉ 59350

ℹ 89, rue du Général Leclerc, ✆ 03 20 51 79 05

XXX **La Quintinie**
501 av. du Mal.-de-Lattre-de-Tassigny, (D 57) – ✆ 03 20 40 78 88 – www.alaquintinie.com – Fermé 18 juil.-16 août, lundi et le soir sauf sam.
Rest – Formule 23 € bc – Menu 40/45 € – Carte 35/78 € **2GSt**
◆ Cette jolie maison en brique est agrémentée d'un potager : c'est ravissant ! Le chef réalise une cuisine classique, ainsi que quelques plats bistrotiers à prix adouci.

LIMAY – 78 Yvelines – **311** G2 – 15 961 h. – alt. 16 m – ✉ 78520 **18** A1

▶ Paris 56 – Argenteuil 50 – Boulogne-Billancourt 52 – Saint-Denis 60

XX **Au Vieux Pêcheur**
5 quai Albert 1er – ✆ 01 30 92 77 78 – www.auvieuxpecheur.fr – Fermé 30 avril-7 mai, 30 juil.-27 août, vacances de Noël, merc. soir, dim. soir et lundi
Rest – Formule 27 € – Menu 35/63 € bc – Carte 51/85 €
◆ En face du vieux pont de Limay, sur la Seine. Plusieurs salles et plusieurs ambiances (contemporaine ou plus feutrée) pour déguster une cuisine traditionnelle soignée.

LIMERAY – 37 Indre-et-Loire – **317** P4 – rattaché à Amboise

---

LIMOGES Ⓟ – 87 Haute-Vienne – **325** E6 – 140 138 h. – **24** B2
Agglo. 173 299 h. – alt. 300 m – ✉ 87000 Limousin Berry

▶ Paris 391 – Angoulême 105 – Brive-la-Gaillarde 92 – Châteauroux 126

✈ Limoges : ✆ 05 55 43 30 30, 8 km par ⑦.

ℹ 12, boulevard de Fleurus, ✆ 05 55 34 46 87, www.limoges-tourisme.com

⛳18 de la Porcelaine, à Panazol, Celicroux, par rte de Clermont-Ferrand : 9 km, ✆ 05 55 31 10 69

⛳18 de Limoges, Avenue du Golf, par rte de St-Yriex : 3 km, ✆ 05 55 30 21 02

◉ Cathédrale St-Etienne★ - Église St-Michel-des-Lions★ - Cour du temple★ CZ115 - Jardins de l'évêché★ - Musée national de la porcelaine Adrien Dubouché★★ (porcelaines) BY - Rue de Boucherie★ - Musée de l'évêché★ : les émaux★ - Chapelle St-Aurélien★ - Gare des Bénédictins★.

Plans pages suivantes

🏨 **Mercure Royal Limousin** sans rest
1 pl. de la République – ✆ 05 55 34 65 30 – www.mercure-limoges.com
82 ch – †85/180 € ††85/180 € – ☕ 14 € **CYu**
◆ Trois niveaux de confort dans ce Mercure de centre-ville. Les chambres sont bien insonorisées et, au petit-déjeuner, le buffet se révèle copieux.

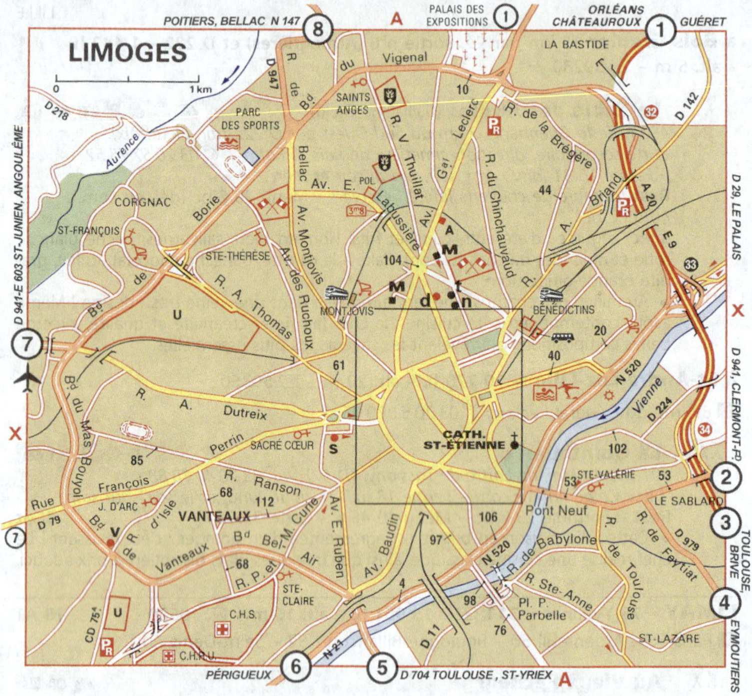

Allende (Quai Salvador)	AX	4	Lattre-de-Tassigny (Av. Mar. de)	AX	53	Révolution (Av. de la)	AX	97
Arcades (Bd des)	AX	10	Mauvendière (R. de la)	AX	61	Révolution (Pont de la)	AX	98
Casseaux (Av. des)	AX	20	Naugeat (Av. de)	AX	68	Sablard (Av. du)	AX	102
Gagnant (Av. J.)	AX	40	Pompidou (Av. G.)	AX	76	Sadi-Carnot (Pl.)	AX	104
Grand-Treuil (R. du)	AX	44	Puy-Las-Rodas (R. du)	AX	85	Ste-Claire (R.)	AX	112
Labussière (Av. E.)	AX	51				St-Martial (Quai)	AX	106

Domaine de Faugeras rest,

allée de Faugeras, 3 km au Nord-Est par r. A-Briand et D 142 AX
– *☎ 05 55 34 66 22*
9 ch – †105/116 € ††121/220 € – 2 suites – ☕ 14 €
Rest *(fermé lundi soir, sam. midi et dim.)* – Menu 25 € (déj.), 36/56 €
– Carte 40/80 €
◆ Ce château du 18ᵉs. marie avec la plus grande élégance cachet historique et sobriété contemporaine. Quant au grand parc, il surplombe la ville... C'est chic, calme et charmant. Au restaurant, cuisine traditionnelle.

Richelieu sans rest

40 av. Baudin – ☎ 05 55 34 22 82 – www.hotel-richelieu.com CZ**k**
41 ch – †85/160 € ††85/160 € – 2 suites – ☕ 14 €
◆ Un hôtel près de la mairie, deux bâtiments : dans mon premier, les chambres sont classiques ; dans mon second, elles sont plus raffinées, chaleureuses et confortables.

Atrium sans rest

22 allée de Seto - Parc du Ciel – ☎ 05 55 10 75 75
– www.interhotel-atrium.com DY**a**
70 ch – †70/140 € ††80/140 € – ☕ 12 €
◆ Un entrepôt des douanes reconverti en hôtel : c'est original ! Les chambres sont pratiques et certaines donnent sur la jolie gare de Limoges et les caténaires, pour les amateurs.

LIMOGES

Rue	Carré	N°
Aine (Pl. d')	BZ	2
Allois (R. des)	DZ	6
Amphithéâtre (R. de l')	BY	8
Barreyrrette (Pl. de la)	CZ	12
Bénédictins (Av. des)	DY	14
Betoulle (Pl. L.)	CZ	16
Boucherie (R. de la)	CZ	18
Cathédrale (R. de la)	DZ	23
Clocher (R. du)	CZ	25
Collège (R. du)	CZ	26
Consulat (R. du)	CZ	
Coopérateurs (R. des)	BY	27
Dupuytren (R.)	CZ	30
Ferrerie (R.)	CZ	33
Fonderie (R. de la)	BY	35
Fontaine-des-Barres (Pl.)	CY	37
Gambetta (Bd)	BCZ	
Giraudoux (Square Jean)	CY	42
Haute-Cité (R.)	DZ	46
Jacobins (Pl. des)	CZ	49
Jean-Jaurès (R.)	CYZ	
Louis-Blanc (Bd)	CZ	
Louvrier-de-Lajolais (R.)	BY	55
Manigne (Pl.)	CZ	57
Maupas (R. du)	DY	59
Michels (R. Charles)	CZ	63
Motte (Pl. de la)	CZ	66
Périn (Bd G.)	CY	71
Préfecture (R. de la)	CY	83
Raspail (R.)	DZ	89
Réforme (R. de la)	CY	91
République (Pl. de la)	CY	95
St-Martial (R.)	CY	107
St-Maurice (Bd)	DZ	109
St-Pierre (Pl.)	CZ	110
Stalingrad (Pl.)	CY	113
Temple (Cour du)	CZ	115
Temple (R. du)	CZ	116
Tourny (Carrefour)	CY	118
Victor-Hugo (Bd)	BY	120
Vigne-de-Fer (R.)	CZ	122
71e-Mobile (R. du)	DZ	125

Nos Rev sans rest

16 r. Gén. Bessol – ✆ 05 55 77 41 43 – www.hotelnos-rev.com **DYu**

12 ch – †50 € ††63 € – ☕ 8 €

◆ L'hôtel est proche de la gare, mais il a d'autres atouts : son style contemporain (touches baroques) et son ambiance familiale font que l'on s'y sent tout simplement bien.

Art Hôtel Tendance sans rest

37 r. Armand Barbes – ✆ 05 55 77 31 72 – www.arthoteltendance.com **AXt**

13 ch – †57/65 € ††65/71 € – ☕ 8 €

◆ Un petit hôtel dans un quartier résidentiel. Les plus jolies chambres ? Canada, Grèce et Inde. Dépaysement garanti et tenue impeccable !

St-Martial sans rest
21 r. A. Barbès – ✆ 05 55 77 75 29
– www.hotelsaintmartiallimoges.com AXn
30 ch – 60/89 € 60/89 € – 10 €
◆ Hôtel pratique et familial, tout proche du centre-ville. Les chambres sont très bien tenues et la moitié d'entre elles ont été entièrement rénovées en 2010.

Amphitryon (Richard Lequet)
26 r. Boucherie – ✆ 05 55 33 36 39 – Fermé 1er-9 mai, 21 août-5 sept., 1er-9 janv., 26 fév.-5 mars, dim. et lundi CZu
Rest – Formule 25 € – Menu 46/74 € – Carte 75/120 €
Spéc. Raviolis de langoustine et tomates confites à la coriandre, bouillon citronnelle-gingembre (été). Pigeon rôti aux aromates (sept.- oct.). Paris-brest.
◆ Dans cette jolie maison à pans de bois, au cœur du pittoresque "village" des Bouchers, Richard Lequet travaille avec application et se plaît à jouer sur les textures et les saveurs tranchées... En salle, sa femme vous reçoit avec beaucoup de gentillesse.

Le Vanteaux
162 bd de Vanteaux – ✆ 05 55 49 01 26 – www.levanteaux.com
– Fermé 30 avril-8 mai, 17-21 mai, 6-20 août, 1er-9 janv., dim. soir et lundi
Rest – Formule 20 € – Menu 22 € (déj. en sem.), 29/42 € AXv
– Carte 50/70 €
◆ Son chef se définit comme un "agitateur de gourmandises" ! On apprécie sa cuisine ludique et tendance qui revisite les classiques régionaux... À noter : le chariot de minidesserts, fort alléchant. L'été, on s'installe sur le toit, à l'ombre des canisses.

L 'Escapade du Gourmet
5 r. du 71ème-Mobiles – ✆ 05 55 32 40 26 – www.lescapadedugourmet.com
– Fermé 5-22 août DZu
Rest – Formule 19 € – Menu 23/51 € – Carte environ 49 €
◆ Cette brasserie du centre-ville s'inspire de la Belle Époque : plafond et verrières reproduisant les œuvres de Mucha et, pour rester dans le ton, cuisine traditionnelle.

Le Versailles
20 pl. Aine – ✆ 05 55 34 13 39 – www.brasserie-le-versailles-limoges.com
Rest – Formule 22 € bc – Menu 24/29 € – Carte 25/65 € BZa
◆ Brasserie fondée en 1932, en face du palais de justice. Un lieu très vivant et une carte "tout maison" fort sympathique, avec un large choix de viandes limousines.

La Cuisine
21 r. Montmailler – ✆ 05 55 10 28 29 – www.restaurantlacuisine.com – Fermé 1er-15 août, 15-30 janv., dim. et lundi BYa
Rest – Formule 19 € – Menu 26/55 € – Carte 39/65 €
◆ Décor d'inspiration bistrot et carte... bistronomique. Ici, le jeune chef a la passion du beau produit et concocte une cuisine inventive, savoureuse et fraîche.

La Maison des Saveurs
74 av. Garibaldi – ✆ 05 55 79 30 74 – Fermé 16-30 juil., sam. midi, dim. soir et lundi AXd
Rest – Formule 16 € bc – Menu 26/60 € – Carte 52/83 €
◆ Cuisine traditionnelle – foie gras, magrets fermiers, médaillon de veau cuit au sautoir – mettant à l'honneur le terroir limousin. C'est simple, bon et l'endroit est intime.

27
27 r. Haute-Vienne – ✆ 05 55 32 27 27 – www.le27.com
– Fermé dim. et fériés CZa
Rest – Formule 11 € – Menu 17 € (déj.) – Carte 20/50 €
◆ Cap sur le rouge (des murs en laqué bordeaux, du vermillon, des rayonnages garnis de jolis crus...) et honneur à la bonne chère : vue sur les cuisines et petits plats "néobistrot". Le 27 ? Un numéro gagnant.

Les Petits Ventres

20 r. de la Boucherie – ✆ 05 55 34 22 90 – www.les-petits-ventres.com – Fermé 25 fév.-12 mars, 21 avril-7 mai, 8-22 sept., dim. et lundi CZ**u**

Rest – Formule 16 € – Menu 26/36 € – Carte 30/45 €

◆ Atmosphère bon enfant garantie dans cette maison du 14^{e}s., autour d'une cuisine où l'air du temps se saupoudre d'une pointe d'exotisme. Pour les petits ventres... et les autres.

La Table du Couvent-Paroles de Chef

15 r. Neuves-des-Carmes – ✆ 05 55 32 30 66 – www.latableducouvent.com – Fermé 5-26 août, lundi et mardi AX**s**

Rest – Menu 19 € (déj. en sem.), 24/38 € – Carte 30/50 €

◆ Le charme du couvent des Carmes et l'audace contemporaine. Une pause gourmande, un cours de cuisine, quelques emplettes dans la boutique des arts de la table ? Tout est possible, parole de chef !

Chez Alphonse

5 pl. Motte – ✆ 05 55 34 34 14 – Fermé 29 juil.-6 août, 1er-9 janv., dim. et fériés

Rest – Formule 14 € – Carte 20/47 € CZ**e**

◆ Pourquoi Alphonse ? Parce que, dans ce bistrot canaille et généreux, le patron fonçait se ravitailler aux halles. Authentique... comme la terrine maison, apportée entière !

La Table de Jean

5 r. Boucherie – ✆ 05 55 32 77 91 – Fermé 24 déc.-3 janv., sam., dim. et fériés CZ**x**

Rest *(nombre de couverts limité, réserver)* – Formule 19 € – Menu 25 € (déj.) – Carte 34/47 € le soir

◆ Une bonne table du quartier historique : décor épuré, service sympathique et crus choisis (grand choix au verre). De quoi apprécier la courte carte, ancrée dans l'époque.

à St-Martin-du-Fault **par ⑦, N 141, D 941 et D 20 : 13 km – ✉ 87510**

Chapelle St-Martin

– ✆ 05 55 75 80 17 – www.chapellesaintmartin.com – Fermé 1er janv.-6 fév.

10 ch – †80/280 € ††80/280 € – 4 suites – ☐ 17 €

Rest ***Chapelle St-Martin*** – voir les restaurants ci-après

◆ Nichée dans un grand parc, tout près d'un bois, cette gentilhommière cultive avec sérénité son élégance bourgeoise : chambres parées d'étoffes colorées, beau mobilier, tentures fleuries et quelques luxueuses suites contemporaines...

Chapelle St-Martin

– ✆ 05 55 75 80 17 – www.chapellesaintmartin.com – Fermé 1er janv.-6 fév., dim. soir de nov. à mars, mardi midi, merc. midi et lundi

Rest *(nombre de couverts limité, réserver)* – Menu 35 (déj. en sem.) 55/98 € – Carte 68/110 €

◆ Dans ce petit castel cossu et raffiné, le chef et sa brigade sélectionnent rigoureusement de beaux produits régionaux... Ils concoctent alors une savoureuse cuisine classique, qu'ils n'hésitent pas à parsemer d'inventivité.

LIMOUX – 11 Aude – 344 E4 – 9 781 h. – alt. 172 m – ✉ 11300 22 B3

Languedoc Roussillon

Paris 769 – Carcassonne 25 – Foix 70 – Perpignan 104

32 promenade du Tivoli, ✆ 04 68 31 11 82

Grand Hôtel Moderne et Pigeon

1 pl. Gén.-Leclerc, (près de la poste) – ✆ 04 68 31 00 25 – www.grandhotelmodernepigeon.fr – Fermé 15 déc.-15 janv.

14 ch – †79/93 € ††89/106 € – 3 suites – ☐ 12 € – ½ P 90/93 €

Rest ***Grand Hôtel Moderne et Pigeon*** – voir les restaurants ci-après

◆ Escalier superbe, fresques, vitraux, ciels de lit et baldaquins : une âme et du style dans cette ancienne demeure aristocratique du 17e s., qu'on quitte à regret...

XX **Grand Hôtel Moderne et Pigeon** – Grand Hôtel Moderne et Pigeon
1 pl. Gén.-Leclerc, (près de la poste) – ✆ 04 68 31 00 25
– www.grandhotelmodernepigeon.fr – Fermé 15 déc.-15 janv., dim. soir et lundi
Rest – Menu 39/92 € – Carte 48/75 €
◆ Classique, raffinée, savoureuse et réjouissante : la cuisine du chef est à l'image du bel hôtel particulier dans lequel elle s'épanouit. Quant à la carte des vins, elle recèle de biens jolis crus.

X **Tantine et Tonton**
29 av. Fabre-d'Églantine – ✆ 04 68 31 21 95 – Fermé lundi soir et dim.
Rest – Formule 14 € – Menu 29/35 € bc – Carte 45/61 €
◆ Cadre traditionnel, ambiance décontractée, un peu comme... en famille. Sur la table, des produits bio et de jolis vins régionaux (proposés au verre) au service de plats de saison bien troussés et forts en goût. Merci Tantine et Tonton !

X **L'Odalisque**
38 r. des Cordeliers – ✆ 04 68 20 53 18 – www.odalisque11.fr – Fermé en mars, mardi soir hors saison, lundi soir et dim.
Rest – Formule 19 € – Menu 22 € (déj. en sem.), 28/55 € – Carte 40/65 €
◆ Night and day. Le soir, esprit gastronomique avec une cuisine savoureuse, généreuse et respectueuse du produit ; dans la journée, bistrot autour d'un menu assez simple, mais tout aussi gourmand. Cette Odalisque est une fieffée séductrice.

LINGOLSHEIM – 67 Bas-Rhin – 315 K5 – rattaché à Strasbourg

LINIÈRES-BOUTON – 49 Maine-et-Loire – 317 J4 – 98 h. – alt. 53 m 35 C2
– ✉ 49490

Paris 293 – Nantes 155 – Angers 67 – Tours 58

Château de Boissimon sans rest
– ✆ 02 41 83 30 86 – www.chateaudeboissimon.com – Ouvert d'avril à oct.
5 ch – 110/130 € 130/190 €
◆ La destination idéale pour un week-end à deux : un parc aux arbres centenaires, des chambres élégantes (Baroque, Gustavienne, etc.) qui subliment l'esprit du lieu. Avec piscine !

LE LIOUQUET – 13 Bouches-du-Rhône – 340 I6 – rattaché à La Ciotat

---

LISIEUX – 14 Calvados – 303 N5 – 22 109 h. – alt. 51 m 33 C2
– Pèlerinage (fin septembre) – ✉ 14100 Normandie Vallée de la Seine

Paris 179 – Alençon 94 – Caen 64 – Évreux 73
11, rue d'Alençon, ✆ 02 31 48 18 10, www.lisieux-tourisme.com
Cathédrale St-Pierre★ BY.
Château★ de St-Germain-de-Livet 7 km par ④.

Mercure
par ② : 2,5 km (rte de Paris) – ✆ 02 31 61 17 17 – www.hotellisieux.com
69 ch – 92/107 € 98/110 € – 15 €
Rest – Menu 18/24 € – Carte 25/50 €
◆ En périphérie de Lisieux, des chambres confortables et bien tenues (mansardées au dernier étage). L'été, on profite de la terrasse du restaurant et de la piscine.

De la Place sans rest
67 r. Henry Chéron – ✆ 02 31 48 27 27 – www.lisieux-hotel-delaplace.com
– Fermé 2 déc.-6 janv. ABYa
30 ch – 69/85 € 79/95 € – 10 €
◆ Un hôtel central – juste en face de la cathédrale – où l'on vous reçoit avec la plus grande amabilité. Sympathique : les chambres simples et gaies, et le petit-déjeuner, très copieux.

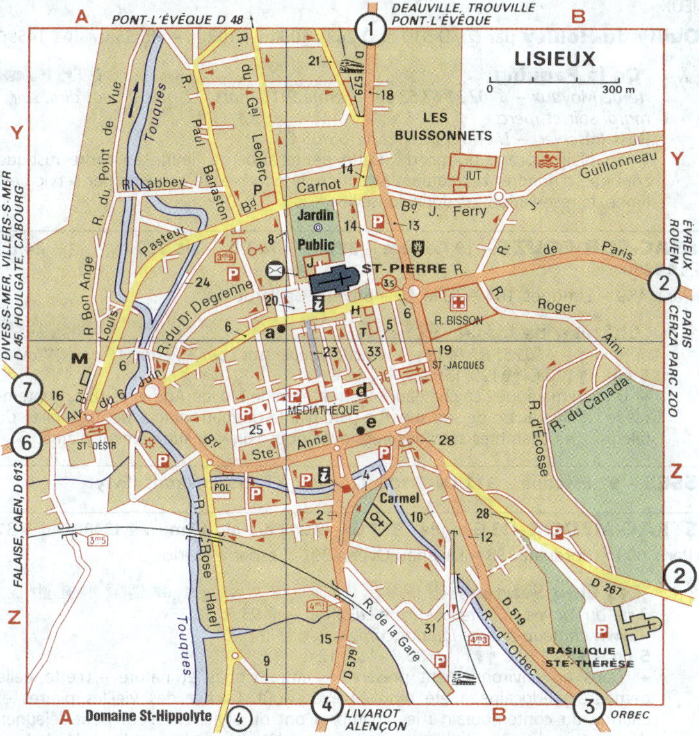

Alençon (R. d') . . . . . . **BZ** 2	Duchesne-Fournet (Bd) . . . . . . **BY** 13	Oresme (Bd N.) . . . . . . **BY** 21
Carmel (R. du) . . . . . . **BZ** 4	Foch (R. Mar.) . . . . . . **BY** 14	Pont-Mortain (R.) . . . . . . **BZ** 23
Char (R. au) . . . . . . **BY** 5	Fournet (R.) . . . . . . **BZ** 15	Remparts (Quai des) . . . . . . **AY** 24
Chéron (R. Henry) . . . . . . **ABY** 6	Guizot (R.) . . . . . . **AZ** 16	République (Pl. de la) . . . . . . **ABZ** 25
Condorcet (R.) . . . . . . **AY** 8	Herbet-Fournet (Bd) . . . . . . **BY** 18	Ste-Thérèse (Av.) . . . . . . **BZ** 28
Creton (R.) . . . . . . **ABZ** 9	Jeanne-d'Arc (Bd) . . . . . . **BZ** 19	Verdun (R. de) . . . . . . **BZ** 31
Dr-Lesigne (R.) . . . . . . **BZ** 10	Mitterrand (Pl. F.) . . . . . . **ABY** 20	Victor-Hugo (Av.) . . . . . . **BZ** 33
Dr-Ouvry (R.) . . . . . . **BZ** 12		

L 'Espérance

16 bd Ste-Anne – ☎ 02 31 62 17 53 – www.lisieux-hotel.com – Ouvert de mi-avril à fin-oct. BZ**e**

100 ch – †79/115 € ††89/129 € – ☕ 11 €

Rest – Menu 22/39 € – Carte 40/70 €

◆ Cette bâtisse normande à colombages a beau être l'un des plus anciens hôtels de Lisieux, ses chambres n'en sont pas moins contemporaines et cossues. Les groupes de pélerins apprécient la grande salle à manger Art déco et la cuisine traditionnelle tout en simplicité.

Aux Acacias

13 r. Résistance – ☎ 02 31 62 10 95 – Fermé dim. soir et lundi BZ**d**

Rest – Menu 18 € (sem.), 25/46 € – Carte 36/65 €

◆ Ces Acacias fleurent bon la Provence : mobilier rustique en bois peint, nappes et tentures pastel. Pourtant, le chef concocte une cuisine traditionnelle où les produits du terroir normand figurent en bonne place.

Une nuit douillette sans se ruiner ? Repérez les Bib Hôtel.

à Ouilly-du-Houley par ②, D 510 et D 262 : 10 km – 192 h. – alt. 55 m – ✉ 14590

De la Paquine
rte de Moyaux – ✆ 02 31 63 63 80 – Fermé 2-17 mars, 12 nov.-2 déc., dim. soir, mardi soir et merc.
Rest *(réserver)* – Menu 35 € – Carte 55/65 €
◆ En plein bocage normand ! Cette petite auberge fleurie au cadre rustique continue d'honorer la tradition. Attention, le nombre de couverts par service est limité, la réservation est donc conseillée.

LISSAC-SUR-COUZE – 19 Corrèze – **329** J5 – 702 h. – alt. 170 m – ✉ 19600 **24** B3
Paris 489 – Limoges 101 – Tulle 45 – Brive-la-Gaillarde 14

Château de Lissac sans rest
au bourg – ✆ 05 55 85 14 19 – www.chateaudelissac.com – Fermé 15 nov.-1er avril
5 ch – 120 € 120/150 € – 12 €
◆ Un lieu magique ! Le château, construit entre le Moyen-Âge et le 18e s., contemple le lac de Causse de son superbe parc planté de marronniers, de magnolias, de tilleuls... Les chambres sont décorées avec goût ; un vrai supplément d'âme.

LISSES – 91 Essonne – **312** D4 – **106** 32 – voir à Paris, Environs (Évry)

LISTRAC-MEDOC – 33 Gironde – **335** G4 – 2 242 h. – alt. 40 m – ✉ 33480 **3** B1
Paris 609 – Bordeaux 38 – Lacanau-Océan 39 – Lesparre-Médoc 31

Les Cinq Sens sans rest
7 rte du Mayne, (Château Mayne-Lalande) – ✆ 05 56 58 27 63 – www.chateau-mayne-lalande.com
5 ch – 89/120 € 111/180 € – 12 €
◆ Dans un environnement préservé – entre vignes et nature –, cette belle demeure médocaine a été rénovée avec goût. Cachet des vieilles pierres et charme du contemporain : les chambres ont du style. Excellent petit-déjeuner, dégustation des vins de la propriété, espace détente... le luxe et la quiétude !

LIVRY-GARGAN – 93 Seine-Saint-Denis – **305** G7 – **101** 18 – voir à Paris, Environs

---

LA LLAGONNE – 66 Pyrénées-Orientales – **344** D7 – rattaché à Mont-Louis

---

LLO – 66 Pyrénées-Orientales – **344** D8 – rattaché à Saillagouse

---

LOCHES – 37 Indre-et-Loire – **317** O6 – 6 450 h. – alt. 80 m – ✉ 37600 Châteaux de la Loire **11** B3
Paris 261 – Blois 68 – Châteauroux 72 – Châtellerault 56
place de la Marne, ✆ 02 47 91 82 82, www.loches-tourainecotesud.com
de Loches-Verneuil, à Verneuil-sur-Indre, La Capitainerie, par D 943 : 10 km, ✆ 02 47 94 79 48
Cité médiévale★★ : donjon★★, église St-Ours★, Porte Royale★, porte des cordeliers★, hôtel de ville★ Y H - Chateaux★★ : gisant d'Agnès Sorel★, triptyque★ - Carrières troglodytiques de Vignemont★.
Portail★ de la Chartreuse du Liget E : 10 km par ②.

Le George Sand
39 r. Quintefol – ✆ 02 47 59 39 74 – www.hotelrestaurant-georgesand.com
19 ch – 45/50 € 65/130 € – 11 € – ½ P 59/68 € Zs
Rest *(fermé dim. soir du 1er oct. au 31 mars)* – Formule 12 € bc – Menu 25/36 € – Carte environ 34 €
◆ Cette demeure du 15e s. sur les berges de l'Indre possède un esprit d'auberge familiale. Bel escalier à vis en pierre, chambres rustiques dont la moitié donne sur le fleuve. Plaisant restaurant (poutres, cheminée) et délicieuse terrasse couverte avec vue bucolique.

LOCHES

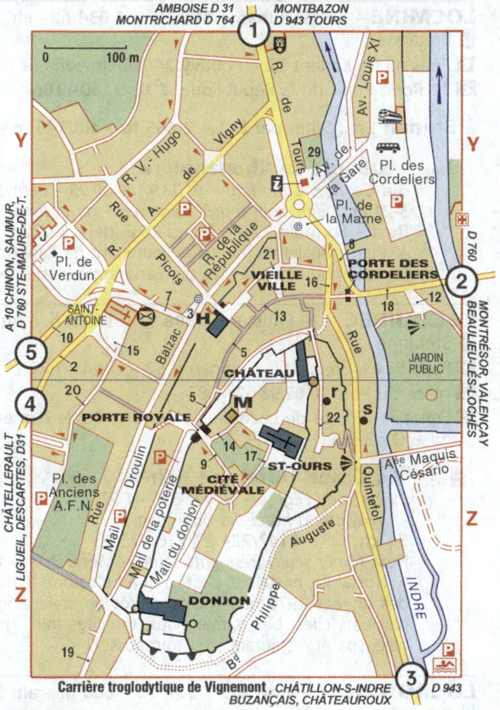

La Maison de l'Argentier du Roy sans rest

21 r. Saint-Ours – ✆ 02 47 91 62 86 – www.argentier-du-roy.eu **Z r**

4 ch – †75 € ††95/120 €

◆ Une maison en tuffeau dans la partie médiévale de la ville, pour un voyage hors du temps. Les chambres, thématiques, se nomment Belle Époque, Jacques Cœur, Gîte du Chevalier et Bibliothèque de Balzac.

LOCMARIAQUER – **56 Morbihan** – **308** N9 – **1 674 h.** – **alt. 5 m** **9** A3

– ✉ **56740** Bretagne

Paris 488 – Auray 13 – Quiberon 31 – La Trinité-sur-Mer 10

rue de la Victoire, ✆ 02 97 57 33 05, www.ot-locmariaquer.com

Ensemble mégalithique ★★ - dolmens de Mané Lud★ et de Mané Rethual★ - Tumulus de Mané-er-Hroech★ S : 1 km - Dolmen des Pierres Plates★ SO : 2 km - Pointe de Kerpenhir ≤★ SE : 2 km.

Des Trois Fontaines sans rest

rte d'Auray – ✆ 02 97 57 42 70 – www.hotel-troisfontaines.com – Fermé 14 nov.-13 fév.

18 ch – †75/135 € ††75/135 € – ☕ 11 €

◆ À l'entrée du village, un hôtel engageant avec un beau jardin fleuri. L'agréable salon et les chambres, meublées d'acajou, évoquent le bord de mer. Accueil vraiment charmant.

Le Neptune sans rest

port du Guilvin – ✆ 02 97 57 30 56 – www.hotel-le-neptune.fr – Ouvert 1er avril-30 sept.

12 ch – †53/75 € ††53/75 € – ☕ 7,50 €

◆ Cet hôtel familial, situé sur le port du Guilvin, propose des chambres toutes simples. Préférez celles de l'annexe, plus spacieuses et dotées d'une terrasse donnant sur le golfe.

LOCMINÉ – 56 Morbihan – 308 N7 – 4 034 h. – alt. 108 m – ✉ 56500 10 C2

Bretagne

Paris 453 – Lorient 52 – Pontivy 24 – Quimper 114

12 Rond-Point de la République, ✆ 02 97 60 49 06

à Bignan Est : 5 km par D 1 – 2 665 h. – alt. 148 m – ✉ 56500

XX **Auberge La Chouannière**

6 r. Georges Cadoudal – ✆ 02 97 60 00 96 – Fermé 1er-17 mars, 28 juin-6 juil., 5-21 oct., dim. soir, mardi soir, merc. soir et lundi

Rest – Formule 22 € – Menu 26 € (déj.), 32/72 € bc

◆ Pierre Guillemot, farouche lieutenant de Cadoudal, était natif du village : il est l'un des chouans célébrés par l'enseigne... Sobre décor et carte classique.

LOCQUIREC – 29 Finistère – 308 J2 – 1 437 h. – alt. 15 m – ✉ 29241 9 B1

Bretagne

Paris 534 – Brest 81 – Guingamp 52 – Lannion 22

place du Port, ✆ 02 98 67 40 83

Église★ - Pointe de Locquirec★ 30 mn - Table d'orientation de Marc'h Sammet ≤★ O : 3 km.

Le Grand Hôtel des Bains rest,

15 bis r. de l'Église – ✆ 02 98 67 41 02 – www.grand-hotel-des-bains.com

36 ch – †142/224 € ††160/250 €

Rest *(dîner seult) (résidents seult)* – Menu 39 € – Carte 60/106 €

◆ Nostalgie, nostalgie, c'est ici que fut tourné "L'Hôtel de la Plage". Aucun vestige des années 1970 néanmoins, plutôt un style élégant très Nouvelle-Angleterre : parquets cirés, beaux matériaux, tonalités miel, gris perle, bleu rétro... Face à la baie, spa et restaurant sont tout aussi chic.

LOCRONAN – 29 Finistère – 308 F6 – 800 h. – alt. 105 m – ✉ 29180 9 A2

Bretagne

Paris 576 – Brest 66 – Briec 22 – Châteaulin 18

place de la Mairie, ✆ 02 98 91 70 14

Place★★ - Église St-Ronan et chapelle du Pénity★★ - Montagne de Locronan ☀★ E : 2 km.

Le Prieuré ch,

11 r. Prieuré – ✆ 02 98 91 70 89 – www.hotel-le-prieure.com – Hôtel : Ouvert 15 mars-11 nov., rest : fermé 15 nov.-5 déc.

15 ch – †55/62 € ††66/75 € – ☕ 9 € – ½ P 62/66 €

Rest – Formule 13 € – Menu 18/38 € – Carte 25/60 €

◆ On ne peut pas la manquer cette maison de pays, à l'entrée du village – si breton et réputé pour être l'un des plus jolis de France ! Un hôtel-restaurant aux chambres simples et bien tenues (plus agréables et plus calmes sur l'arrière).

au Nord-Ouest : 3 km par rte secondaire – ✉ 29550 Plonévez-Porzay

Manoir de Moëllien ch,

– ✆ 02 98 92 50 40 – www.moellien.com – Ouvert 26 mars-15 nov.

18 ch – †73/88 € ††73/148 € – ☕ 12 € – ½ P 72/110 €

Rest *(fermé merc. hors saison) (dîner seult)* – Menu 35 €

◆ Des pierres grises, une silhouette mystérieuse : il est vraiment joli ce manoir du 17es., planté dans son grand parc en pleine campagne. Les chambres sont aménagées dans les dépendances, bien au calme, décorées dans un style plus campagnard que châtelain. Les résidents apprécient l'imposant restaurant.

LOCTUDY – 29 Finistère – 308 F8 – 4 161 h. – alt. 8 m – ✉ 29750 9 A2

Bretagne

Paris 587 – Rennes 236 – Quimper 26 – Concarneau 40

place des Anciens Combattants, ✆ 02 98 87 53 78, www.loctudy.fr

Un Vent de Fleurs sans rest

15 r. des Jonquilles – ✆ 02 98 87 57 34 – www.unventdefleurs.com

3 ch – 🚹65 € 🚹🚹65 € – ☕ 8 €

◆ Des fleurs, des fleurs partout dans le magnifique jardin paysagé qui entoure la maison. Tout est moderne mais de bon goût : les chambres (Agapanthe, Églantine, Myosotis), le salon ou la bibliothèque. Et les propriétaires sont charmants !

Auberge Pen Ar Vir

r. Cdt.-Carfort – ✆ 02 98 87 57 09 – Fermé vacances de la Toussaint, 5-25 janv., mardi sauf le soir de mai à sept., merc. de mi-sept. à mi-avril, dim. soir et lundi

Rest – Formule 22 € – Menu 32/75 €

◆ En travaillant avec la pêche locale, le chef mise sur la simplicité et la fraîcheur : il pratique une cuisine de l'instant, centrée sur la qualité du produit. Élégant cadre contemporain ; on peut dîner au jardin, qui descend jusqu'à la mer...

LODÈVE – 34 Hérault – 339 E6 – 7 345 h. – alt. 165 m – ✉ 34700 23 C2

Languedoc Roussillon

Paris 695 – Alès 98 – Béziers 63 – Millau 60

7, place de la République, ✆ 04 67 88 86 44, www.lodevoisetlarzac.fr

Anc. cathédrale St-Fulcran★ - Musée de Lodève★- Cirque du Bout du Monde★.

Paix

11 bd Montalangue – ✆ 04 67 44 07 46 – www.hotel-dela-paix.com – Fermé 15-30 nov., fév., sam. midi, dim. soir et lundi d' oct. à avril sauf vacances scolaires

22 ch – 🚹50 € 🚹🚹55/85 € – 1 suite – ☕ 8 € – ½ P 61 €

Rest – Formule 20 € – Menu 25/50 € – Carte 36/44 €

◆ Relais de poste converti en hôtel familial, aux portes des Grands Causses. Les chambres arborent un style provençal coloré et gai ; le petit-déjeuner (buffet) est très copieux.

Du Nord sans rest

18 bd Liberté – ✆ 04 67 44 10 08 – Fermé 10 déc. au 15 janv.

24 ch – 🚹43/50 € 🚹🚹50/60 € – 1 suite – ☕ 8 €

◆ Cet immeuble du centre-ville a vu naître le compositeur Georges Auric en 1899. Il abrite des chambres simples et fonctionnelles. Agréable terrasse pour le petit-déjeuner, sauna.

LOGONNA-DAOULAS – 29 Finistère – 308 F5 – 2 053 h. – alt. 45 m – ✉ 29460 9 A2

Paris 578 – Brest 25 – Morlaix 75 – Quimper 59

Le Domaine de Moulin Mer

34 rte de Moulin Mer, 1 km par D 333 – ✆ 02 98 07 24 45 – www.domaine-moulin-mer.com

5 ch ☕ – 🚹80/130 € 🚹🚹80/130 € **Table d'hôte** – Menu 40 € bc

◆ Sur la route du littoral, cette demeure début 20e s. posée dans un beau jardin fleuri, planté de palmiers et magnolias, recèle des chambres parfaitement tenues, décorées de meubles chinés. Menu du jour préparé par le propriétaire (uniquement hors saison).

LOHÉAC – 35 Ille-et-Vilaine – 309 K7 – 685 h. – alt. 50 m – ✉ 35550 10 D2

Paris 380 – Châteaubriant 51 – Ploërmel 47 – Redon 33

Manoir de l'automobile★★ **Bretagne.**

Hostellerie du Village sans rest

21 r. de la Poste – ✆ 02 99 34 19 19 – www.hotel-cafeduvillage.com – Fermé 20 déc.-10 janv.

6 ch – 🚹63/150 € 🚹🚹70/150 € – ☕ 9 €

◆ Ancienne étape pour les pèlerins de Compostelle (16es.). Chambres de caractère (quelques lits clos), thématiques dans l'annexe ("Capitaine", "Serre", etc.). Bar à vin très rustique.

LOIRÉ – 49 Maine-et-Loire – **317** D3 – 816 h. – alt. 39 m – ✉ 49440 **34** B2

▶ Paris 322 – Ancenis 35 – Angers 45 – Châteaubriant 34

XXX **Auberge de la Diligence** (Michel Cudraz)

4 r. de la Libération – ✆ 02 41 94 10 04 – www.diligence.fr – Fermé 7-15 avril, 4-26 août, 22 déc.-1er janv. , sam. midi, dim. soir et lundi

Rest *(nombre de couverts limité, réserver)* – Formule 30 € – Menu 40/82 € – Carte 45/90 €

Spéc. Ravioles de langoustines à la vapeur, bisque de homard et satay. Poitrine de veau du Limousin au sésame torréfié façon thaï. Cannelloni croustillant au chocolat au lait, croque chocolat noisette. **Vins** Savennières, Chinon.

◆ Vieilles pierres et terrasse au jardin : un charmant écrin pour une ambitieuse cuisine contemporaine, relevée par les herbes du potager et quelques notes d'Asie, passion du chef.

LOIRE-SUR-RHÔNE – 69 Rhône – **327** H6 – rattaché à Givors

LOMENER – 56 Morbihan – **308** K8 – rattaché à Ploemeur

LA LONDE-LES-MAURES – 83 Var – **340** M7 – 10 028 h. – alt. 24 m – ✉ 83250 **41** C3

▶ Paris 868 – Marseille 93 – Toulon 29 – La Seyne-sur-Mer 35

ℹ avenue Albert Roux, ✆ 04 94 01 53 10, www.ot-lalondelesmaures.fr

XX **Cédric Gola**

22 av. Georges-Clemenceau – ✆ 04 94 66 97 93 – Fermé 1 sem. en mars et en juin, 12 nov.-26 déc., le midi sauf le dim. de sept. à juin, lundi et mardi

Rest *(nombre de couverts limité, réserver)* – Menu 36/75 €

◆ Ce bistrot chic (beau carrelage d'époque, haut plafond, vieux comptoir...) propose une cuisine fine, marquée par le Sud et les saisons (menu truffe). Accueil charmant.

LONDINIÈRES – 76 Seine-Maritime – **304** I3 – 1 215 h. – alt. 78 m – ✉ 76660 **33** D1

▶ Paris 147 – Amiens 78 – Dieppe 27 – Neufchâtel-en-Bray 14

ℹ Mairie, ✆ 02 35 94 90 69

X **Auberge du Pont**

14 r. du Pont de Pierre – ✆ 02 35 93 80 47 – Fermé 15 janv.-10 fév., dim. soir et lundi

Rest – Menu 10 € (sem.), 16/32 € – Carte 18/40 €

◆ Le temps semble s'être arrêté dans cette petite auberge normande. Dans une salle de style champêtre, on déguste une cuisine traditionnelle à prix raisonnable.

LA LONGEVILLE – 25 Doubs – **321** I4 – rattaché à Montbenoît

LONGJUMEAU – 91 Essonne – **312** C3 – **101** 35 – voir à Paris, Environs

LONGUYON – 54 Meurthe-et-Moselle – **307** E2 – 5 665 h. – alt. 213 m – ✉ 54260 **26** B1

▶ Paris 314 – Metz 79 – Nancy 133 – Sedan 69

ℹ place S. Allende, ✆ 03 82 39 21 21, www.ot-longuyon.asso.fr

à Rouvrois-sur-Othain (Meuse) Sud : 7,5 km par D 618 – 195 h. – alt. 223 m – ✉ 55230

XX **La Marmite**

11 rte Nationale – ✆ 03 29 85 90 79 – Fermé 30 août-10 sept., 2-18 janv., mardi en hiver, dim. soir et lundi sauf fériés

Rest – Menu 15 € (déj.), 26/49 € – Carte 35/60 €

◆ Dans cette Marmite, uniquement des plats authentiques et savoureux, concoctés avec de bons produits locaux ; le chef fait lui-même ses salaisons. Une ambiance rustique bien agréable pour une belle approche du terroir. Accueil tout sourire.

LONS – 64 Pyrénées-Atlantiques – 342 J3 – 11 851 h. – alt. 162 m 3 B3
– ✉ 64140

▶ Paris 837 – Bordeaux 259 – Pau 6 – Tarbes 50

Le Fer à Cheval

1 av. des Martyrs-du-Pont-Long – ✆ 05 59 32 17 40 – www.hotel-leferacheval.com

10 ch – †55/67 € ††65/77 € – ☕ 8 € – ½ P 71/74 €

Rest *(fermé dim. soir)* – Formule 18 € bc – Menu 24 € (déj. en sem.), 38/38 € – Carte 45/52 €

◆ Ce relais de poste a fait peau neuve en 2010 et c'est réussi ! Les chambres marient le contemporain et l'ancien avec simplicité et sont bien insonorisées. Au restaurant, cuisine actuelle sans prétention. L'été, on profite de la terrasse : glycine, tilleul, camélias...

LONS-LE-SAUNIER P – 39 Jura – 321 D6 – 18 122 h. – alt. 255 m 16 B3
– Stat. therm. : mi-mars-fin nov. – Casino – ✉ 39000 Franche-Comté Jura

▶ Paris 408 – Besançon 84 – Bourg-en-Bresse 73 – Chalon-sur-Saône 61

i place du 11 Novembre, ✆ 03 84 24 65 01, www.ot-lons-le-saunier.com

18 du Val de Sorne, Vernantois, S : 6 km par D 117 et D 41, ✆ 03 84 43 04 80

◉ Rue du Commerce★ - Théâtre★ - Pharmacie★ de l'Hôtel-Dieu.

Plan page suivante

Du Béryl sans rest

805 bd de l'Europe, 1 km par ① rte de Besançon puis D 1083 – ✆ 03 84 24 40 50 – www.groupe-emeraude.com

40 ch – †60/75 € ††65/95 € – ☕ 10 €

◆ Un hôtel très agréable, à deux pas du casino. Les chambres sont spacieuses et reposantes (tons beige et chocolat, meubles clairs), à prix sages.

Du Parc rest,

9 av. J. Moulin – ✆ 03 84 86 10 20 – www.hotel-parc.fr Ys

16 ch – †55 € ††62 € – ☕ 8 €

Rest *(fermé dim. soir)* – Formule 12 € – Menu 16/30 € – Carte 15/26 €

◆ Près du parc des Bains, un hôtel simple et pratique, avec des chambres bien tenues et un restaurant traditionnel axé terroir.

La Comédie

65 pl. de la Comédie – ✆ 03 84 24 20 66 – Fermé 2 sem. en avril, 3 sem. en août, dim. et lundi Ye

Rest – Menu 19/33 € – Carte 49/64 €

◆ Des masques vénitiens célébrant l'art de la comédie et un chef qui maîtrise l'art culinaire, faisant honneur aux produits de la mer. Saint-Jacques et gambas en tempura, filet d'églefin... Goûteux et extrafrais !

à Chille 3 km par ① rte de Besançon et D 157 – 334 h. – alt. 330 m – ✉ 39570

Parenthèse

186 chemin du Pin – ✆ 03 84 47 55 44 – www.hotelparenthese.com – Fermé 22-29 déc.

34 ch – †99/153 € ††99/153 € – ☕ 11 € – ½ P 92/119 €

Rest *Parenthèse* – voir les restaurants ci-après

◆ Quelques brasses au grand air, une balade dans le parc, un beau moment de détente au spa et un petit somme dans une chambre lumineuse et spacieuse, avant le dîner au restaurant... Une parenthèse enchantée, au calme.

Parenthèse

186 chemin du Pin – ✆ 03 84 47 55 44 – www.hotelparenthese.com – Fermé 22-29 déc., dim. soir sauf juil.-août, sam. midi et lundi midi

Rest – Menu 20 € (sem.), 29/58 € – Carte 39/67 €

◆ Encornets dans un bouillon thaï ; ballotin de truite régionale dans des feuilles de blette... Cet élégant restaurant contemporain propose une savoureuse cuisine d'aujourd'hui, concoctée avec de bons produits du terroir.

Anc.-Collège (Pl. de l') . . . . Y 2
Bichat (Pl.) . . . . Y 3
Chevalerie (Prom. de la) . . . . . Y 7
Chevalerie (R. de la) . . . . Y 9
Colbert (Cours) . . . . Y 12
Commerce (R. du) . . . . Y
Cordeliers (R. des) . . . . Y 13
Curé-Marion (R. du) . . . . Z 14
Ferry (Bd J.) . . . . Z 15
Jean-Jaurès (R.) . . . . YZ
Lafayette (R.) . . . . Y 16
Lattre-de-T. (Bd Mar. De) . . . . . Z 18
Lecourbe (R.) . . . . Y
Liberté (Pl. de la) . . . . Y
Mendès-France (Av. P.) . . . . . . Y 23
Monot (R. E.) . . . . Y 24
Moulin (Av. J.) . . . . Y 25
Pasteur (R.) . . . . Y 26
Préfecture (R. de la) . . . . Z 27
Sébile (R.) . . . . Y 30
Tamisier (R.) . . . . Y 31
Trouillot (R. G.) . . . . Y 32
Vallière (R. de) . . . . YZ 34
11-Novembre (Pl. du) . . . . Y 35

au Sud **6 km par D 117 et D 41 – ✉ 39570 Vernantois**

Domaine du Val de Sorne

rest,

✆ 03 84 43 04 80 – www.valdesorne.com – Fermé 17 déc.-13 janv.

35 ch – 95/125 € 110/160 € – 14 € – ½ P 88/113 €

Rest – ✆ 03 84 43 13 03 *(fermé dim. soir de nov. à fév.)* – Formule 20 € – Menu 25/42 € bc – Carte 45/75 €

◆ Raffinement contemporain dans l'enceinte d'un très beau golf. Et pour la détente, difficile de faire mieux : piscine, tennis, billard... Au restaurant, la terrasse donne sur les greens ; l'été, on y savoure des grillades, bercé par le doux bruissement de la Sorne.

à Courlaoux **8 km par ③ rte de Chalon-sur-Saône, D 678 – 939 h. – alt. 230 m – ✉ 39570**

L'Épicurien

1 r. des Perroux – ✆ 03 84 24 63 91 – www.restaurant-lepicurien.fr – Fermé 23-30 déc., 15-30 oct., sam. midi, dim. soir et lundi

Rest – Formule 15 € – Menu 19 € (sem.), 28/52 € – Carte 43/64 €

◆ On craque pour cet Épicurien contemporain et décontracté, où la cuisine se fait généreuse et savoureuse. Biscuit de crabe et pamplemousse, suprême de pintade et sa compotée de légumes... Gourmandise !

LE LONZAC – 19 Corrèze – 329 L3 – 796 h. – alt. 450 m – ✉ 19470 25 C2

Paris 479 – Limoges 90 – Tulle 29 – Brive-la-Gaillarde 62

Auberge du Rochefort avec ch

36 av. de la Libération – ☎ 05 55 97 93 42 – www.auberge-du-rochefort.fr – Fermé 3-23 nov. et mardi

6 ch (½ P seult) – ½ P 45 €

Rest – Menu 11 € (déj. en sem.), 20/30 € – Carte 28/63 €

◆ Cette maison à colombages semble tout droit sortie d'une carte postale. L'accueil est à la hauteur de la cuisine, soignée, qui revisite les grands classiques régionaux comme la tête de veau sauce gribiche. Pour prolonger l'étape, quelques chambres assez confortables.

LORAY – 25 Doubs – 321 I4 – 466 h. – alt. 745 m – ✉ 25390 17 C2

Paris 448 – Baume-les-Dames 35 – Besançon 46 – Morteau 22

Robichon avec ch

22 Grande Rue – ☎ 03 81 43 21 67 – www.hotel-robichon.com – Fermé 1er-8 oct., 15-25 nov., 15-31 janv., sam. midi, dim. soir et lundi

11 ch – †54/59 € ††54/59 € – ☐ 9 €

Rest – Formule 18 € – Menu 28/72 € – Carte 30/90 €

Rest *P'tit Bichon* *(fermé sam. midi, dim. soir et lundi soir)* – Formule 13 € bc – Menu 16/20 € – Carte 15/40 €

◆ Robuste maison régionale située au centre du bourg. Cuisine de tradition servie dans une salle contemporaine (boiseries claires et mobilier coloré). Petites chambres traditionnelles pour l'étape. Au P'tit Bichon, décor façon chalet franc-comtois, plats régionaux, grillades et menu du jour.

LORGUES – 83 Var – 340 N5 – 8 909 h. – alt. 200 m – ✉ 83510 41 C3

Côte d'Azur

Paris 841 – Brignoles 34 – Draguignan 12 – Fréjus 37

12 rue du 8 Mai, ☎ 04 94 73 92 37, http://lorgues-tourisme.fr

Bruno (Clément Bruno) avec ch

2350 rte des Arcs, Campagne Mariette, 3 km au Sud-Est par rte des Arcs – ☎ 04 94 85 93 93 – www.restaurantbruno.com – Fermé dim. soir et lundi du 15 sept. au 15 juin

6 ch – †150 € ††150 € – ☐ 15 € **Rest** *(réserver)* – Menu 65/165 €

Spéc. Brouillade aux truffes noires du haut pays Varois. Pigeon feuilleté au foie gras et aux truffes. Moelleux au chocolat noir. **Vins** Côtes de Provence.

◆ Un chef truculent, vouant une passion à la truffe, tient ce mas entouré de vignes. Décor rustico-provençal charmant, menu unique dédié au précieux tubercule (d'hiver et d'été). Jolies chambres en rez-de-jardin.

Le Chrissandier

18 cours de la République – ☎ 04 94 67 67 15 – www.lechrissandier.com – Fermé janv., mardi et merc. sauf en été

Rest – Formule 15 € – Menu 51/80 € – Carte 45/150 €

◆ Jolie adresse dont le chef honore tradition et beaux produits. Derrière une devanture de bois, décor agréable mêlant tons clairs et pierres ; patio sous une treille.

au Nord-Ouest par rte de Salernes, D 10 et rte secondaire : 8 km – ✉ 83510

Château de Berne

rte de Salernes – ☎ 04 94 60 48 88 – www.chateauberne.com – Fermé 2 janv.-2 mars

18 ch – †190/360 € ††190/360 € – 1 suite – ☐ 25 €

Rest *L'Orangerie* **Rest *La Bouscarelle*** – voir les restaurants ci-après

◆ Au bout d'un long chemin serpentant à travers la garrigue... une parenthèse bénie dans un domaine viticole de 600 ha ! On partage son temps entre les chambres – élégantes –, les cours de cuisine, les dégustations de vin, les concerts, le spa...

XXX **L'Orangerie** – Hôtel Château de Berne

rte de Salernes – ✆ 04 94 60 48 88 – www.chateauberne.com – Fermé 2 janv.-2 mars et le midi de mi-avril à mi-oct.

Rest – Menu 24 € (déj.), 59/99 € – Carte 60/90 €

◆ Culture du vin, saveurs du Sud, décor raffiné... L'image d'un certain art de vivre, au sein même d'un vignoble provençal dont on peut découvrir la production. Superbe terrasse sous le soleil !

X **La Bouscarelle** – Hôtel Château de Berne

rte de Salernes – ✆ 04 94 60 48 88 – www.chateauberne.com – Ouvert de mi-avril à mi-oct.

Rest *(déj. seult)* – Formule 22 € – Menu 28/35 € – Carte 32/45 €

◆ Dans ce grand domaine viticole, les grillades se font évidemment aux sarments de vigne... Telle est la spécialité de cette "brasserie provençale", au cœur du luxueux domaine hôtelier du château de Berne.

LORIENT – 56 Morbihan – 308 K8 – 58 148 h. – Agglo. 116 174 h. 9 B2

– alt. 4 m – ✉ 56100 Bretagne

Paris 503 – Quimper 69 – St-Brieuc 116 – St-Nazaire 146

de Lorient-Bretagne Sud : ✆ 02 97 87 21 50, 9 km par D 162 AZ.

quai de Rohan, ✆ 02 97 84 78 00, www.lorient-tourisme.fr

de Valqueven, à Quéven, Lieu dit Kerruisseau, N : 8 km par D 765, ✆ 02 97 05 17 96

Base des sous-marins★ AZ - Intérieur★ de l'église N.-D.-de-Victoire BY **E** - Cité de la voile Eric-Tabarly★★.

Mercure sans rest

31 pl. Jules-Ferry – ✆ 02 97 21 35 73 – www.accorhotels.com BZ**m**

58 ch – †109/129 € ††109/129 € – ☕ 14 €

◆ Situation très pratique : commerces, palais des congrès et bassin à flot sont à proximité. Le décor du salon-bar et des chambres évoque discrètement la Compagnie des Indes.

Escale Océania sans rest

30 r. du Couëdic – ✆ 02 97 64 13 27 – www.oceaniahotel.com – Fermé 21 déc.-2 janv. BY**a**

32 ch – †61/105 € ††67/105 € – ☕ 10 €

◆ Accueil chaleureux dans cet hôtel idéalement situé en centre-ville, entre la gare et le palais des Congrès. Chambres rénovées en 2010, actuelles et bien insonorisées.

Cléria sans rest

27 bd Mar.-Franchet-d'Esperey – ✆ 02 97 21 04 59 – www.hotel-cleria.com

33 ch – †59/89 € ††59/89 € – ☕ 9 € AY**f**

◆ Les chambres de cet hôtel sont peu à peu rénovées dans un style actuel ; celles qui donnent sur la courette fleurie (petits-déjeuners en été) sont plus au calme.

Astoria sans rest

3 r. de Clisson – ✆ 02 97 21 10 23 – www.hotelastoria-lorient.com – Fermé 19 déc.-2 janv. BY**e**

35 ch – †60/85 € ††60/85 € – ☕ 9 €

◆ Un établissement sympathique à plus d'un égard : accueil familial chaleureux, chambres simples mais personnalisées, expositions de peintures dans la salle des petits-déjeuners.

Central Hôtel sans rest

1 r. Cambry – ✆ 02 97 21 16 52 – www.centralhotellorient.com – Fermé vacances de Noël BZ**b**

21 ch – †57/68 € ††57/75 € – ☕ 9 €

◆ Enseigne justifiée pour cet hôtel familial du... centre-ville. Les chambres, fonctionnelles et bien tenues, bénéficient d'une bonne isolation phonique.

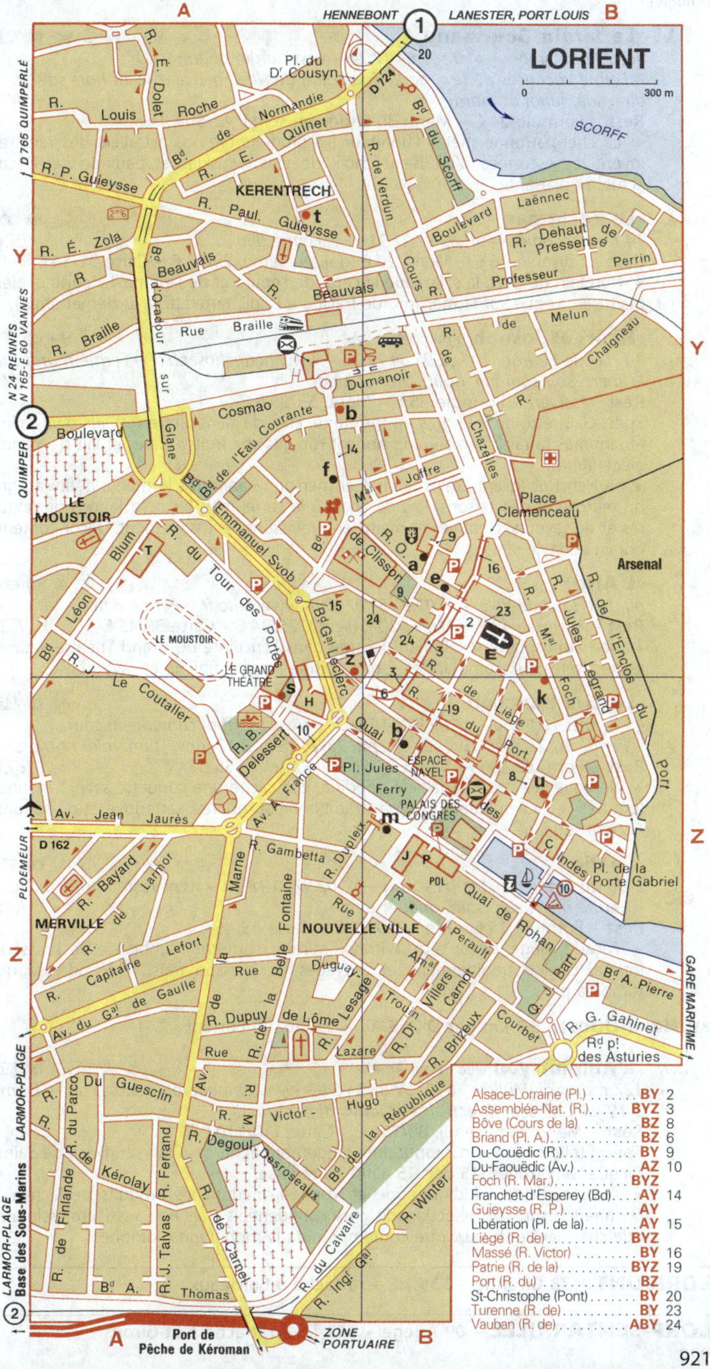
LORIENT
0
300 m
A
B
Y
Z
HENNEBONT
LANESTER, PORT LOUIS
D 765 QUIMPERLÉ
N 24 RENNES
N 165-E 60 VANNES
QUIMPER
PLOEMEUR
LARMOR-PLAGE
LARMOR-PLAGE
Base des Sous-Marins
GARE MARITIME
Port de
Pêche de Kéroman
ZONE
PORTUAIRE
SCORFF
KERENTRECH
LE MOUSTOIR
MERVILLE
NOUVELLE VILLE
Arsenal
D 724
D 162
Pl. du
Dr Cousyn
R. P. Guieysse
R. É. Zola
R. Braille
Rue Braille
Bd de Normandie
R. E. Quinet
R. Paul. Guieysse
R. de Verdun
Bd du Scorff
Boulevard Laënnec
R. Dehaut de Pressensé
Professeur
Perrin
Cours de Chazelles
R. de Melun
R. Chaigneau
Dumanoir
Cosmao
Boulevard
Bd de l'Eau Courante
Bd d'Oradour-sur-Glane
Bd Emmanuel Svob
R. du Tour des Portes
Mal Joffre
Bd de Clisson
R. O.
Place Clemenceau
R. Mal Foch
R. Jules Legrand
R. de l'Enclos du Port
R. de Liège
R. du Port
Quai des Indes
Pl. de la Porte Gabriel
Quai de Rohan
Bd Gal Leclerc
R. B. Delessert
Pl. Jules Ferry
ESPACE NAYEL
PALAIS DES CONGRÈS
LE MOUSTOIR
LE GRAND THÉÂTRE
R. J. Le Coutaller
Bd Léon Blum
Av. Jean Jaurès
Av. A. France
R. Gambetta
R. Dupleix
Av. de la Marne
Rue Belle Fontaine
R. Bayard
R. de Larmor
R. Capitaine Lefort
Av. du Gal de Gaulle
R. Dupuy de Lôme
Rue Duguay Trouin
R. Lesage
Rue Lazare
R. Dr. Villers
R. Carnot
R. Brizeux
R. Perault
Amal
Courbet
Q. J. Bart
Bd A. Pierre
R. G. Gahinet
Rd pt des Asturies
R. du Guesclin
R. du Parco
R. de Finlande
R. de Kérolay
R. Ferrand
R. J. Talvas
Bd A. Thomas
R. Degoul
Desroseaux
R. M. Victor-Hugo
Bd de la République
R. de Carnel
R. du Calvaire
R. Ingr Gal
R. Winter
POL

XX **Le Jardin Gourmand**

46 r. Jules Simon – ✆ 02 97 64 17 24 – www.jardin-gourmand.fr – Fermé vacances de fév., de la Toussaint, de Noël, merc. et jeudi hors saison, dim. soir, lundi et mardi AY**t**

Rest – Formule 24 € – Menu 30 € (déj. en sem.), 42/56 €

◆ La chef-patronne met à l'honneur les produits bretons à travers des recettes inventives escortées d'un beau choix de vins, whiskies et eaux-de-vie. Décor actuel et plaisant.

XX **Le Yachtman**

14 r. Poissonnière – ✆ 02 97 21 31 91 – Fermé dim. BZ**u**

Rest – Formule 16 € – Menu 20 € (déj. en sem.), 29/43 € – Carte 31/54 €

◆ Non loin du port, la salle joue la carte de l'épure et de l'intime. La cuisine, bien maîtrisée, vogue sur la mer (morue fraîche à l'aïoli, tartelette à la clémentine...).

X **Henri et Joseph** (Philippe Le Lay)

4 r. Léo-le-Bourgo – ✆ 02 97 84 72 12 – www.henrietjoseph.fr – Fermé mardi soir et merc. soir sauf juil.-août, dim. et lundi AY**z**

Rest *(réserver)* – Formule 25 € – Menu 55/95 €

Spéc. Gaufrette de foie gras au thé fumé. Filet de saint-pierre rôti, jus d'un tajine et légumes rafraîchis (mai-juin). Abricot rôti, jus aux fruits éclatés et lait d'amande glacé (août).

◆ Ni Henri ni Joseph, mais le chef en personne annonce le menu, défini au gré du marché et des saisons. Pas de choix à la carte, mais les associations de textures et de saveurs, créatives et maîtrisées, ravissent nécessairement. Décor contemporain au style sûr.

X **L'Alto**

pl. de l'Hôtel-de-Ville – ✆ 02 97 84 07 57 – www.lalto.fr – Fermé dim.

Rest – Formule 13 € – Menu 20 € (sem.), 25/34 € – Carte 30/45 € AZ**s**

◆ Une atmosphère résolument lounge dans l'enceinte du Grand Théâtre + deux jeunes frères aux commandes = une cuisine sincère, fraîche et savoureuse.

X **Le Tire Bouchon**

45 r. Jules-Legrand – ✆ 02 97 84 71 92 – www.letirebouchonlorient.com – Fermé 16-23 mai, 19 août-6 sept., 23-26 déc., 2-12 janv., sam. midi et merc.

Rest – Formule 13 € – Menu 27/56 € – Carte 35/55 € BZ**k**

◆ Ne vous fiez pas à la façade anodine, elle cache une coquette salle à manger (poutres et cheminée). Cuisine traditionnelle épurée, attentive aux saisons. Accueil souriant.

X **Le Pic**

2 bd du Mar.-Franchet-d'Esperey – ✆ 02 97 21 18 29 – www.restaurant-lepic.com – Fermé merc. soir, sam. midi et dim. AY**b**

Rest – Formule 15 € – Menu 19/39 € – Carte 35/45 €

◆ Façade rouge, décor rétro (vitraux, miroirs, comptoir), ambiance de brasserie intime, cuisine traditionnelle et arrivages de poisson frais... Une adresse qui tombe à pic !

au Nord-Ouest : 3,5 km par D 765 AY – ✉ 56100 Lorient

XXX **L'Amphitryon** (Jean-Paul Abadie)

127 r. du Col.-Müller – ✆ 02 97 83 34 04 – www.amphitryon-abadie.com – Fermé 3-19 juin, 23 sept.-9 oct., 1er-10 janv., dim. et lundi

Rest – Menu 50 € (sem.), 88/150 € – Carte 110/170 €

Spéc. Étrille comme un cappuccino, gingembre et citron. Club sandwich de Saint-Jacques aux truffes (15 déc.-15 avril). La réglisse.

◆ Cuisine d'auteur ludique, fine et inspirée, mettant les produits de la mer à l'honneur ; superbe sélection de crus confidentiels ; service aussi professionnel que charmant et beau cadre contemporain : l'Amphitryon triomphe !

LORMONT – 33 Gironde – **335** H5 – **rattaché à Bordeaux**

LORP-SENTARAILLE – 09 Ariège – **343** E6 – **rattaché à St-Girons**

LORRIS – 45 Loiret – **318** M4 – 2 916 h. – alt. 126 m – ✉ 45260 **12** C2
Châteaux de la Loire

Paris 132 – Gien 27 – Montargis 23 – Orléans 55
1, rue des Halles, ✆ 02 38 94 81 42, www.tourisme-lorris.com
Église N.-Dame★.

Guillaume de Lorris
8 Grande-Rue – ✆ 02 38 94 83 55 – Fermé vacances de Noël, merc. soir, dim. soir, lundi et mardi
Rest *(nombre de couverts limité, réserver)* – Menu 28/40 € – Carte 33/44 €
◆ L'allusion à l'auteur du Roman de la Rose est trompeuse : ici, point de civet médiéval, mais une carte honorant avec finesse les produits de la mer. La petite salle rustique est souvent pleine.

LOUBRESSAC – 46 Lot – **337** G2 – 489 h. – alt. 320 m – ✉ 46130 **29** C1
Périgord Quercy

Paris 531 – Brive-la-Gaillarde 47 – Cahors 73 – Figeac 44
le bourg, ✆ 05 65 10 82 18
Site★ du château.

Le Relais de Castelnau
rte de Padirac – ✆ 05 65 10 80 90 – www.relaisdecastelnau.com – Ouvert 1er avril-fin oct. et fermé dim. soir et lundi en avril et oct.
40 ch – †55/110 € ††55/150 € – ☐ 10 € – ½ P 76/89 €
Rest *(fermé le midi sauf dim.)* – Menu 19 € (dîner), 25/48 € – Carte 35/60 €
◆ Cette construction moderne, tournée vers l'imposant château de Castelnau-Bretenoux, offre une vue imprenable sur la campagne. Chambres colorées et pratiques. Cuisine de tradition au restaurant ; terrasse panoramique face aux vallées de la Bave et de la Dordogne.

LOUDÉAC – 22 Côtes-d'Armor – **309** F5 – 9 733 h. – alt. 155 m **10** C2
– ✉ 22600 Bretagne

Paris 438 – Carhaix-Plouguer 69 – Dinan 76 – Pontivy 24
1, rue Saint-Joseph, ✆ 02 96 28 25 17, www.centrebretagne.com

Voyageurs
10 r. Cadélac – ✆ 02 96 28 00 47 – www.hoteldesvoyageurs.fr
30 ch – †49/85 € ††59/85 € – ☐ 8 € – ½ P 53 €
Rest *(fermé 22 déc.-3 janv., vend. soir, dim. soir et sam.)* – Menu 16 € (sem.), 21/45 € – Carte 26/41 €
◆ Bienvenue aux voyageurs ! L'hôtel affiche un style contemporain de bon aloi, l'ensemble est d'une excellente tenue et son restaurant traditionnel tombe à point nommé pour les résidents. Une bonne adresse de l'Argoat.

LOUDUN – 86 Vienne – **322** G2 – 7 146 h. – alt. 120 m – ✉ 86200 **39** C1
Poitou Vendée Charentes

Paris 311 – Angers 79 – Châtellerault 47 – Poitiers 55
2, rue des Marchands, ✆ 05 49 98 15 96, www.ville-loudun.fr
18 de Loudun, à Roiffé, Domaine de Saint Hilaire, N : 18 km par D 147, ✆ 05 49 98 78 06
Tour carrée ✻★

L'Aumônerie sans rest
3 bd Mar. Leclerc – ✆ 05 49 22 63 86 – www.l-aumonerie.biz
4 ch ☐ – †43/49 € ††52/57 €
◆ Un logis du 13e siècle tout en tuffeau, avec un jardin clos de murs... Mobilier ancien, excellente literie, accueil charmant : ne vous faites pas prier si vous faites étape dans la localité.

LOUÉ – 72 Sarthe – 310 I7 – 2 113 h. – alt. 112 m – ✉ 72540 35 C1

Paris 230 – Laval 59 – Le Mans 30 – Rennes 127

Ricordeau avec ch rest,

13 r. de la Libération – ✆ 02 43 88 40 03 – www.hotel-ricordeau.fr – Fermé 1 sem. en nov. et 1 sem. en fév., dim. soir, lundi et mardi

13 ch – †80/150 € ††80/150 € – ☕ 13 € – ½ P 108/160 €

Rest – Formule 28 € – Menu 38 €, 45/56 € – Carte 53/78 €

Rest *La Table du Coq* *✆ 02 43 88 31 14 (fermé 26 oct.-9 nov., le soir du merc. au sam. et dim.)* – Menu 14 € bc (déj.)/21 €

◆ Aux beaux jours, installez-vous sur l'agréable terrasse dressée dans le parc, au bord de la Vègre, et laissez-vous tenter par la bonne cuisine gastronomique du chef. Langoustines rôties aux asperges blanches, cuisses de canette en parmentier... Pour prolonger l'étape dans ce relais de poste cossu, des chambres agréables et des repas bistrotiers à la Table du Coq.

LOUHANS – 71 Saône-et-Loire – 320 L10 – 6 435 h. – alt. 179 m 8 D3 – ✉ 71500 Bourgogne

Paris 373 – Bourg-en-Bresse 61 – Chalon-sur-Saône 38 – Dijon 85

1, Arcade Saint-Jean, ✆ 03 85 75 05 02, www.bresse-bourguignonne.com

Grande-Rue★.

Le Moulin de Bourgchâteau

r. Guidon, rte de Chalon – ✆ 03 85 75 37 12 – www.bourgchateau.com

19 ch – †51 € ††57/65 € – ☕ 9 € – ½ P 70/75 €

Rest *Le Moulin de Bourgchâteau* – voir les restaurants ci-après

◆ Ce moulin du 18[e]s. posé sur un bras de la Seille est pleine de caractère. Les propriétaires, deux frères d'origine italienne, sont aux petits soins et dans les chambres, décorées de meubles chinés, on entend le murmure de la rivière.

Barbier des Bois

rte de Cuiseaux, 3,5 km au Sud-Est par D 996 – ✆ 03 85 75 55 65 – www.barbierdesbois.com – Fermé 20 déc.-3 janv.

15 ch – †63/79 € ††79 € – ☕ 10 €

Rest *Barbier des Bois* – voir les restaurants ci-après

◆ Les chambres de ce motel situé en pleine campagne ont un petit côté zen avec leurs teintes claires et leur terrasse face à la nature. L'ensemble est très bien tenu et le service est à l'image du lieu : sympathique et dynamique.

Le Moulin de Bourgchâteau – Hôtel Le Moulin de Bourgchâteau

r. Guidon, rte de Chalon – ✆ 03 85 75 37 12 – www.bourgchateau.com – Fermé 6-28 nov. et lundi de sept. à juin

Rest *(nombre de couverts limité, réserver)* – Formule 21 € – Menu 28/55 € – Carte 42/53 €

◆ La salle à manger, juste au-dessus de l'eau, a du style avec ses rouages, ses poutres et ses vieilles pierres. Parmi les spécialités traditionnelles – préparées avec finesse –, volaille de Bresse et pâtes fraîches faites minute.

Barbier des Bois – Hôtel Barbier des Bois

rte de Cuiseaux, 3,5 km au Sud-Est par D 996 – ✆ 03 85 75 55 65 – www.barbierdesbois.com – Fermé dim. soir

Rest – Formule 15 € – Menu 20/48 € – Carte 30/60 €

◆ Une halte culinaire bien agréable dans cet ancien corps de ferme au décor contemporain. Dans l'assiette, de la générosité et de beaux produits : ravioles au comté, velouté accompagné d'une brochette d'escargots, financier fait minute...

à Bruailles 8 km au Sud-Est par D 972 – 927 h. – alt. 198 m – ✉ 71500

La Ferme de Marie-Eugénie

225 allée de Chardenoux – ✆ 03 85 74 81 84 – www.lafermedemarieeugenie.fr – Fermé 23-27 déc.

4 ch ☕ – †100/125 € ††100/125 € **Table d'hôte** – Menu 35 €

◆ Cette ferme du 18[e]s., tout en poutres et en torchis, décorée avec goût, est reposante à souhait. Les chambres jouent le contraste : pierre de Bourgogne, bois massif et mobilier contemporain, et comme l'endroit est un peu isolé, la généreuse table d'hôte est vraiment une bonne option.

LOURDES – 65 Hautes-Pyrénées – **342** L6 – **15 410 h.** – **alt. 420 m** **28** A3
– **Grand centre de pèlerinage** – ✉ **65100** Midi-Toulousain

Paris 850 – Bayonne 147 – Pau 45 – St-Gaudens 86

de Tarbes-Lourdes-Pyrénées : ✆ 05 62 32 92 22, 10 km par ①.

place Peyramale, ✆ 05 62 42 77 40, www.lourdes-infotourisme.com

Lourdes Golf Club, Chemin du Lac, par rte de Pau : 3 km, ✆ 05 62 42 02 06

Château fort★ DZ - Musée de Cire de Lourdes★ DZ **M¹** - Basilique souterraine St-Pie X CZ - Pic du Jer★.

Grand Hôtel Moderne

ch, ch, rest, VISA

21 av. Bernadette-Soubirous – ✆ 05 62 94 12 32 – www.grandhotelmoderne.com – Ouvert avril-oct. CZy

106 ch – 106/136 € 126/204 € – 5 suites – 14 € – ½ P 95/125 €

Rest – Menu 28 € – Carte 38/55 €

◆ Cette construction de 1896, édifiée par un membre de la famille de Bernadette Soubirous, a retrouvé tout son lustre d'antan : magnifique façade et décor intérieur classique. Cuisine traditionnelle servie dans la salle ornée de boiseries style Majorelle.

Éliseo

ch, rest, VISA

4-6 r. Reine-Astrid – ✆ 05 62 41 41 41 – www.hoteleliseolourdes.fr – Fermé 2 nov.-6 déc., 10 déc.-6 fév. et 14 fév.-31 mars CZp

197 ch – 91/116 € 124/174 € – 7 suites – 15 € – ½ P 99/124 €

Rest – Menu 33 € (déj.)/37 € – Carte 43/60 €

◆ À proximité de la grotte, établissement abritant de grandes chambres modernes très bien équipées. Boutique de souvenirs, salon cosy et terrasses panoramiques sur le toit. Cuisine traditionnelle servie dans des salles à manger spacieuses, de style actuel.

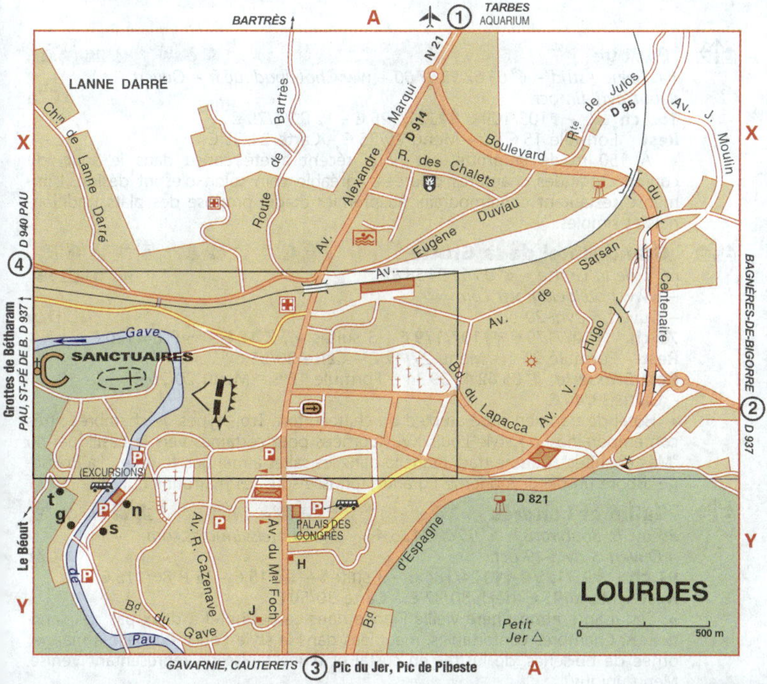

LOURDES

Basse (R.) . . . . DZ 5
Bourg (Chaussée du) . . . . DZ 8
Capdevielle (R. Louis) . . . . EZ 12
Carrières Peyramale (R. des) . CZ 15
Fontaine (R. de la). . . . . DZ 20
Fort (R. du) . . . . DZ 22
Grotte (Bd de la) . . . . DZ 30
Jeanne-d'Arc (Pl.) . . . . DZ 35
Latour-de-Brie (R. de) . . . . DZ 40
Marcadal (Pl. du). . . . . DZ 45
Marqui (Av. Alexandre) . . . . DEZ 46
Martyrs-de-la-Déportation (R. des). . . . . EZ 47
Paradis (Espl. du) . . . . CZ 50
Petits Fossés (R. des) . . . . . . DZ 53
Peyramale (Av.). . . . . CZ 55
Peyramale (Pl.) . . . . DZ 56
Pont-Vieux. . . . . CZ 57
Pyrénées (R. des) . . . . DZ 59
Reine-Astrid (R. de la). . . . . . . CZ 60
Ste-Marie (R.) . . . . CZ 68
St-Frai (R. Marie) . . . . CZ 65
St-Michel (Pont) . . . . DZ 66
St-Pierre (R.) . . . . DZ 67
Schœpfer (Av. Mgr) . . . . CZ 71
Soubirous (Av. Bernadette) . . CZ 73
Soubirous (R. Bernadette) . . . DZ 74

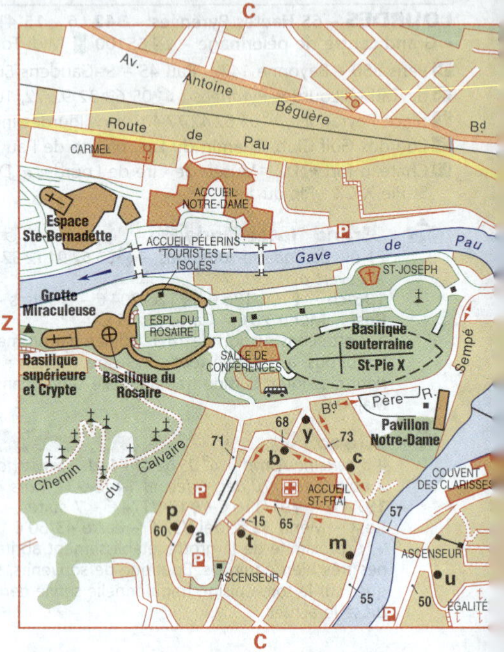

Padoue

1 r. Reine-Astrid – ✆ 05 62 53 07 00 – www.hotelpadoue.fr – Ouvert début avril-fin oct. CZa

155 ch – 105/109 € 121/125 € – ½ P 76/79 €

Rest – Formule 15 € bc – Menu 20/25 € – Carte 24/35 €

♦ À 150 m de la grotte, cet hôtel récent a été conçu dans le souci du confort : grandes chambres colorées, agréable coin salon d'esprit design. L'immense restaurant contemporain, au premier étage, propose des plats traditionnels et simples.

Grand Hôtel de la Grotte

66 r. de la Grotte – ✆ 05 62 94 58 87 – www.hoteldelagrotte.com – Ouvert 5 avril-20 oct. DZy

75 ch – 107/179 € 107/179 € – 5 suites – 17 € – ½ P 84/120 €

Rest – Formule 21 € – Menu 27/42 € – Carte 36/55 €

Rest *Brasserie* ✆ 05 62 42 39 34 – Formule 16 € – Menu 20/26 € – Carte 33/44 €

♦ Hôtel de tradition situé au pied du château fort. Trois types de chambres : très contemporaines, de style Louis XVI (tournées pour certaines vers la basilique) ou "Master suites". Cuisine traditionnelle dans les salles à manger, feutrées. La Brasserie arbore un décor moderne ; grande terrasse sous les marronniers.

Gallia et Londres

26 av. B. Soubirous – ✆ 05 62 94 35 44 – www.hotelsvinuales.com – Ouvert 5 avril-19 oct. CZc

91 ch – 95/125 € 124/184 € – 3 suites – 15 € – ½ P 86/116 €

Rest – Menu 25 € (déj.), 30/37 € – Carte 30/50 €

♦ Séduisante atmosphère vieille France dans ce bel hôtel à deux pas des sanctuaires. Chambres confortables, meublées dans le style Louis XVI. Salle à manger ornée de boiseries, de lustres en cristal et d'une tapisserie représentant Venise. Menu unique.

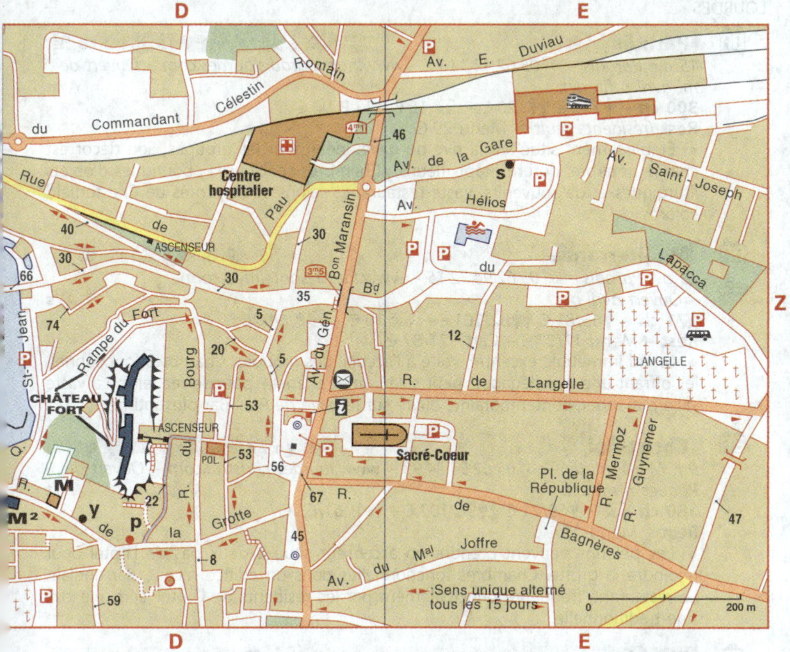

Miramont

rest,

40 av. Peyramale – ✆ 05 62 94 70 00 – www.hotelmiramontlourdes.fr – Ouvert 3 avril-3 nov. AYg

92 ch – 53/69 € 80/108 € – 10 € – ½ P 67/81 €

Rest – Menu 15/26 € – Carte 28/41 €

◆ Hôtel récent entièrement rénové en 2008. Hall contemporain lumineux, bar et salon confortable, chambres dans le même esprit et dotées d'un mobilier design. Au restaurant ouvert sur le gave, belle décoration actuelle et cuisine traditionnelle.

Mercure Impérial

ch, rest,

3 av. Paradis – ✆ 05 62 94 06 30 – www.mercure.com – Fermé 15 déc.-31 janv.

93 ch – 72/140 € 81/153 € – 2 suites – 15 € CZu

Rest *(fermé 15 déc.-1er fév.)* – Formule 12 € bc – Carte 36/47 €

◆ Établi au pied du château et dominant le gave, hôtel des années 1930 dont on a conservé le bel escalier central et les vitraux. Chambres fonctionnelles ; terrasse panoramique sur le toit. Salle à manger contemporaine et carte de tradition.

Beauséjour

rest, rest,

16 av. de la Gare – ✆ 05 62 94 38 18 – www.hotel-beausejour.com EZs

45 ch – 72/98 € 82/195 € – 11 € – ½ P 70/125 €

Rest – Formule 14 € – Menu 18 € – Carte 27/52 €

◆ Façade 1900, jardin avec jolie vue sur le château et les toits de la ville, intérieur cossu et chambres avenantes caractérisent ce petit hôtel jouxtant la gare. Cuisine traditionnelle sans prétention servie dans la véranda ou sur la terrasse.

St-Sauveur

ch, ch,

9 r. Ste-Marie – ✆ 05 62 94 25 03 – www.hotelsvinuales.com – Fermé 10 déc.-5 fév.

174 ch – 72/85 € 90/116 € – 10 € CZb

Rest – Formule 19 € – Menu 29 € – Carte 25/37 €

◆ Hôtel contemporain proche du lieu de pèlerinage. Vaste hall baigné par un puits de lumière ; chambres confortables. À l'heure du repas, répertoire culinaire traditionnel dans l'élégante salle à manger ou sous la verrière.

Paradis
rest, VISA AE

15 av. Paradis – 05 62 42 14 14 – www.hotelparadislourdes.com – Ouvert de mi avril à fin oct. AY**n**

300 ch – 110 € 120 € – 15 € – ½ P 90 €

Rest *(résidents seult)* – Menu 29 €

◆ Établissement situé sur la rive du gave, idéal pour les groupes. Son décor est chargé : marbre, dorures, tapis fleuris... Chambres spacieuses ; boutiques d'objets liturgiques et de souvenirs. Vaste restaurant ; salons et bar dotés de Chesterfield colorés.

Méditerranée
VISA AE

23 av. Paradis – 05 62 94 72 15 – www.lourdeshotelmed.com – Ouvert avril-oct. AY**s**

171 ch – 65/81 € 82/101 € – 10 € – ½ P 64/76 €

Rest – Menu 17/27 € – Carte 21/37 €

◆ Grand immeuble excentré, voué à l'accueil des groupes. Chambres fonctionnelles offrant une vue dégagée, petit solarium et chapelle pour se recueillir. La vaste salle à manger, contemporaine, ouvre sur le gave de Pau. Bar plus intime.

Christ-Roi
ch, rest, rest, VISA AE

9 r. Mgr Rodhain – 05 62 94 24 98 – www.lourdes-christroi.com – Ouvert de Pâques à mi-oct. AY**t**

180 ch – 69/71 € 98/102 € – ½ P 61/63 €

Rest – Menu 21 €

◆ Les pèlerins peuvent prendre un ascenseur situé à deux pas de l'hôtel pour rejoindre la grotte. Chambres fonctionnelles dans un édifice récent. Bar anglais. Le restaurant, fréquenté principalement par les résidents de l'hôtel, sert une cuisine traditionnelle.

Florida
ch, rest, VISA AE

3 r. Carrières Peyramale – 05 62 94 51 15 – www.hotelsabadie-lourdes.com – Ouvert 3 avril-30 oct. CZ**t**

115 ch – 65/70 € 80/85 € – 2 suites – 7 € – ½ P 55/68 €

Rest – Menu 15 €

◆ Chambres confortables et bien insonorisées ; quelques-unes sont destinées aux familles. Aménagements bien conçus pour l'accueil des personnes handicapées. Sobre décor dans la salle à manger ; sur la terrasse, vue imprenable sur la ville et les Pyrénées.

Notre Dame de France
ch, rest, VISA

8 av. Peyramale – 05 62 94 91 45 – www.hotelnd-france.fr – Ouvert 21 mars-31 oct. CZ**m**

74 ch – 45/60 € 50/80 € – 8 € – ½ P 40/75 €

Rest – Formule 11 € – Menu 15/18 €

◆ Le long du gave de Pau, hôtel dirigé par la même famille depuis plusieurs générations. Agencement fonctionnel dans les chambres, simples et bien tenues. Cuisine traditionnelle et atmosphère de pension de famille au restaurant.

Alexandra
VISA AE

3 r. du Fort – 05 62 94 31 43 – Fermé une sem. en nov. et lundi DZ**p**

Rest – Menu 13,50 € (déj. en sem.), 17/27 € – Carte 30/52 €

◆ Cette discrète maison à façade rouge est un vrai petit miracle ! Cuisine goûteuse servie dans deux univers singuliers : l'un intime et cosy ; l'autre contemporain et décalé.

LOURMARIN – 84 Vaucluse – 332 F11 – 997 h. – alt. 224 m – ✉ 84160 42 E1

Provence

Paris 732 – Apt 19 – Aix-en-Provence 37 – Cavaillon 32

Place H. Barthelemy, 04 90 68 10 77, www.lourmarin.com

Château★.

Le Moulin de Lourmarin sans rest
r. du Temple – ✆ 04 90 68 06 69 – www.moulindelourmarin.com – Fermé début janv.-mi fév.
18 ch – 110/220 € 110/220 € – 2 suites – 20 €
◆ Un hôtel de charme dans un moulin à huile du 18ᵉs., au cœur de ce ravissant village. Chambres confortables, habillées de tonalités douces, décorées dans le style provençal.

Mas de Guilles
ch,
rte Vaugines : 2 km – ✆ 04 90 68 30 55 – www.guilles.com – Ouvert de début avril à fin oct.
28 ch – 76/90 € 76/230 € – 16 € **Rest** *(dîner seult)* – Menu 52 €
◆ Au milieu des vignes, ce mas de caractère, calme et romantique à souhait, abrite des chambres lumineuses d'inspiration provençale et d'autres plus contemporaines. Belle cuisine traditionnelle servie dans une jolie salle voûtée ou sur une vaste terrasse.

La Bastide de Lourmarin
ch,
rte de Cucuron – ✆ 04 90 07 00 70 – www.hotelbastide.com – Fermé 2 janv.-11 fév.
19 ch – 85/150 € 100/300 € – 15 €
Rest *(fermé dim. soir, mardi midi et lundi sauf juil.-août)* – Formule 19 € – Menu 25/34 € – Carte 34/43 €
◆ Bastide récente dissimulant de belles suites et des chambres thématiques. Mobilier contemporain, objets chinés, touches ethniques et équipements de pointe pour un style très tendance. Cuisine méridionale servie en terrasse l'été, au bord de la piscine.

Auberge La Fenière (Reine Sammut) avec ch
ch,
D943, 2 km par rte de Cadenet – ✆ 04 90 68 11 79 – www.reinesammut.com – Fermé 13 nov.-9 déc. et janv.
16 ch – 105/165 € 126/210 €
Rest *(fermé mardi midi et lundi)* – Menu 65/125 € – Carte 105/135 €
Spéc. Petits violets farcis au pied de porc, barigoule de moelle d'artichaut au lard paysan (été). Poitrine de pigeonneau rôti à l'ail confit et ravioles d'abats. Tablette noire crémeuse et sorbet au yaourt grec. **Vins** Côtes du Luberon.
Rest *Bistrot La Cour de Ferme* *(fermé mardi et merc. en hiver)* – Menu 35/39 €
◆ Dans un parc verdoyant face au Grand Luberon, pour un moment de grâce... culinaire : une cuisine fine signée par une "reine" des saveurs. Au Bistrot, ambiance chaleureuse sous le préau autour des recettes de campagne. Les chambres, stylées et agréables à vivre, se répartissent dans plusieurs bâtiments du domaine.

LOUVIERS – 27 Eure – 304 H6 – 18 195 h. – alt. 15 m – ✉ 27400 — 33 D2

Normandie Vallée de la Seine

Paris 104 – Les Andelys 22 – Lisieux 75 – Mantes-la-Jolie 51
10, rue du Maréchal Foch, ✆ 02 32 40 04 41, www.tourisme-seine-eure.com
du Vaudreuil, à Le Vaudreuil, par rte de Rouen : 6 km, ✆ 02 32 59 02 60
Église N.-Dame★ : oeuvres d'art★, porche★.
Vironvay ★.

Le Pré St-Germain
7 r. St-Germain – ✆ 02 32 40 48 48 – www.le-pre-saint-germain.com – Fermé 23 déc.-1ᵉʳ janv.
34 ch – 57/80 € 67/97 € – 11 €
Rest *Le Pré St-Germain* – voir les restaurants ci-après
◆ Légèrement excentrée et au calme, une grande bâtisse avec des chambres rénovées en 2010 dans un style contemporain et frais. Une bonne étape pour visiter les curiosités de Louviers, dont le beau cloître des Pénitents ou l'église Notre-Dame.

XX **Le Pré St-Germain**

7 r. St-Germain – 02 32 40 48 48 – www.le-pre-saint-germain.com – Fermé 29 juil.-19 août, 23 déc. 8 janv., sam. et dim.
Rest – Formule 18 € bc – Menu 21/37 € – Carte 25/68 €
♦ Dans cet hôtel-restaurant, la cuisine traditionnelle du chef est généreuse et savoureuse. Foie gras maison, dos de cabillaud au beurre nantais, tarte fine aux pommes flambée au calva... On passe un bon moment gourmand ! Jolie terrasse.

à St-Étienne-du-Vauvray 7 km au Nord-Est par N 154 et D 77 – 698 h. – alt. 13 m – 27430

X **La Ferme de la Haute Crémonville**

rte de Crémonville, 2,5 km au Sud-Ouest par D 77 et rte secondaire – 02 32 59 14 22 – www.restaurant-ferme-haute-cremonville.com – Fermé 3-10 mars, 22-29 avril, 8-22 août, merc. soir, sam. midi et dim.
Rest *(réserver)* – Menu 29 € – Carte 30/40 €
♦ Dans cette belle ferme normande du 18e s., tout est si bucolique : la terrasse, les poutres, la cheminée... Quant à l'alléchante cuisine traditionnelle, rythmée par les saisons, elle couronne le tout. Ah, le charme champêtre !

LE LUC – 83 Var – 340 M5 – 9 043 h. – alt. 160 m – 83340 41 C3

Côte d'Azur

Paris 836 – Cannes 75 – Draguignan 29 – Fréjus 41

3, place de la Liberté, 04 94 60 74 51, www.mairie-leluc.com

XX **Le Gourmandin**

pl. L. Brunet – 04 94 60 85 92 – www.legourmandin.com – Fermé 25 août-23 sept., 25 fév.-10 mars, dim. soir, jeudi soir et lundi
Rest *(réserver)* – Menu 27/47 € – Carte environ 43 €
♦ Cette auberge de village vous convie aux plaisirs d'un repas traditionnel aux accents méridionaux. Le tout dans un cadre rustico-provençal des plus chaleureux.

LUCELLE – 68 Haut-Rhin – 315 H12 – 41 h. – alt. 640 m – 68480 1 A3

Alsace Lorraine

Paris 472 – Altkirch 29 – Basel 41 – Belfort 56

au Nord-Est : 4,5 km par D 41 et rte secondaire – 68480 Lucelle

Le Petit Kohlberg rest,

03 89 40 85 30 – www.petitkohlberg.com – Fermé 23-28 déc., vacances de fév.
30 ch – †60/66 € ††60/66 € – 11 € – ½ P 66/69 €
Rest – Menu 25 € (sem.), 28/58 € – Carte 24/54 €
♦ En pleine campagne, une hôtel-restaurant au grand calme. Les chambres sont confortables, dans un esprit fonctionnel ; quant à la salle à manger, elle est grande ouverte sur le joli parc, fleuri et boisé.

LA LUCERNE-D'OUTREMER – 50 Manche – 303 D7 – 815 h. – alt. 70 m – 50320 32 A2

Paris 332 – Caen 100 – Saint-Lô 65 – Saint-Malo 84

XX **Le Courtil de la Lucerne**

17 r. de la Libération, (Le Bourg) – 02 33 61 22 02 – Fermé 2-17 janv., dim. soir, mardi soir et merc.
Rest – Formule 13 € – Menu 16 € (sem.), 27/35 € – Carte 36/56 €
♦ Installé dans l'ancien presbytère d'un petit village normand, ce restaurant, sobrement décoré, propose une cuisine dans l'air du temps et soignée.

LUCEY – 54 Meurthe-et-Moselle – 307 G6 – rattaché à Toul

LUCHÉ-PRINGÉ – 72 Sarthe – 310 J8 – 1 647 h. – alt. 34 m – 72800 35 C2

Châteaux de la Loire

Paris 242 – Angers 68 – La Flèche 14 – Le Lude 10

4, rue Paul Doumer, mairie, 02 43 45 44 50, www.tourisme-bassinludois.fr

XX **Auberge du Port des Roches** avec ch

au port des roches, 2,5 km à l'Est par D 13 et D 214 – ✆ 02 43 45 44 48 – Fermé 30 janv.-10 mars, 20-24 août, 29 oct.-7 nov., dim. soir, mardi midi et lundi

12 ch – †50/60 € ††50/60 € – ☕ 8 € – ½ P 61 €

Rest – Menu 25/54 € – Carte 39/58 €

◆ Terrasse et jardin au fil de l'eau, plaisante salle champêtre, cuisine traditionnelle authentique et gourmande : faites fi de la morosité dans cette sympathique auberge des bords du Loir ! Pour l'étape, des chambres fraîches et colorées.

LUCHON – 31 H.-Gar. – **343** B8 – voir Bagnères-de-Luchon

LUCINGES – 74 Haute-Savoie – **328** k3 – 1 497 h. – alt. 700 m – ✉ 74380 **46** F1

Paris 559 – Annecy 49 – Thonon-les-Bains 33 – Bonneville 18

X **Le Bonheur dans Le Pré** avec ch

2011 rte de Bellevue, 2,5 km au Nord-Est par D 183 – ✆ 04 50 43 37 77 – www.lebonheurdanslepre.com – Fermé vacances de la Toussaint et 21 déc.-15 janv.

7 ch – †60/100 € ††70/100 € – ☕ 9 € – ½ P 75 €

Rest *(fermé dim. et lundi) (dîner seult) (réserver)* – Menu 35 €

◆ Dans cette vieille ferme en pleine nature, rien n'est plus vrai ! On y vient pour se ressourcer au calme et goûter aux superbes produits du potager et du poulailler, ainsi qu'aux vins naturels soigneusement sélectionnés que l'on peut également acheter à la boutique.

LUÇON – 85 Vendée – **316** I9 – 9 753 h. – alt. 8 m – ✉ 85400 **34** B3

Poitou Vendée Charentes

Paris 438 – Cholet 89 – Fontenay-le-Comte 30 – La Rochelle 43

square Édouard Herriot, ✆ 02 51 56 36 52, www.tourisme-lucon.com

Cathédrale Notre-Dame ★ - Jardin Dumaine ★.

XXX **La Mirabelle**

89 bis r. de Gaulle, rte des Sables-d' Olonne – ✆ 02 51 56 93 02 – www.restaurant-lamirabelle.com – Fermé dim. soir et lundi soir sauf en août et mardi sauf fériés

Rest – Formule 22 € bc – Menu 24/70 € – Carte 55/75 €

◆ Une Mirabelle fraîche et sympathique, avec sa jolie terrasse fleurie... Côté papilles, on déguste une cuisine traditionnelle et régionale bien tournée, réalisée avec de beaux produits du terroir.

X **Au Fil des Saisons** avec ch

55 rte de la Roche-sur-Yon – ✆ 02 51 56 11 32 – www.aufildessaisons-vendee.com – Fermé 27 août-9 sept. et 2-15 janv.

6 ch – †49/62 € ††58/70 € – ☕ 8 € – ½ P 55/62 €

Rest *(Fermé sam. midi, dim. soir et lundi)* – Formule 14 € – Menu 25/45 €

◆ Au fil des saisons, on s'installe dans la salle, simple et coquette, ou bien on file dans la véranda ou au jardin... En toute saison, on prend le temps de savourer des petits plats d'aujourd'hui, frais et parfumés. Et pour l'étape, les chambres sont agréables et confortables.

à Moreilles 11 km au Sud-Est par D 949 et D 137 – 339 h. – alt. 5 m – ✉ 85450

Château de l'Abbaye ch,

– ✆ 02 51 56 17 56 – www.chateau-moreilles.com

5 ch – †79/119 € ††89/249 € – ☕ 14 € **Table d'hôte** – Menu 36 €

◆ Un château romantique tenu par une famille chaleureuse... Les chambres sont cosy (tissus tendus, mobilier ancien) et les salons élégants. Une petite tête dans la piscine avant de goûter la cuisine ménagère de la table d'hôte ? À l'annexe – un corps de ferme –, esprit plus champêtre mais tout aussi charmant.

LES LUCS-SUR-BOULOGNE – 85 Vendée – **316** H6 – 3 231 h. – alt. 70 m – ✉ 85170 **34** B3

Paris 441 – Angers 146 – Nantes 61 – La Roche-sur-Yon 23

place Sénéchal, ✆ 02 51 46 51 28

Auberge du Lac

250 r. du Gén.-Charette – ✆ 02 51 46 59 59 – www.aubergedulac85.com – Fermé 20 déc.-10 janv., dim. soir, mardi soir et merc.

Rest – Formule 16 € – Menu 27/47 € – Carte 29/35 €

◆ Anguille fumée au foie gras, poêlée de ris de veau, moelleux au chocolat... Dans cette bien nommée Auberge du Lac, le chef concocte une cuisine traditionnelle savoureuse et gourmande. De temps à autre, il n'hésite pas à se montrer plus créatif, pour le plus grand plaisir des habitués !

LUC-SUR-MER – 14 Calvados – 303 J4 – 3 172 h. – Casino – ✉ 14530 32 B2

Normandie Cotentin

Paris 249 – Arromanches-les-Bains 23 – Bayeux 29 – Cabourg 28

rue du Docteur Charcot, ✆ 02 31 97 33 25, www.luc-sur-mer.fr

Parc municipal★.

Des Thermes et du Casino

5 r. Guyemer – ✆ 02 31 97 32 37 – www.hotelresto-lesthermes.com – Ouvert 26 mars-31 oct.

48 ch – †86/124 € ††86/124 € – ☕ 12 €

Rest *Au Jardin de la Mer* – voir les restaurants ci-après

◆ Une adresse tonique directement sur la promenade, à proximité des thermes et du casino, comme son nom l'indique. Les chambres avec balcon ont vue sur la mer ; c'est tellement bien situé !

Au Jardin de la Mer

5 r. Guyemer – ✆ 02 31 97 32 37 – www.hotelresto-lesthermes.com – Ouvert 26 mars-24 oct.

Rest – Formule 19 € – Menu 27/49 € – Carte 40/70 €

◆ Un nom poétique pour ce restaurant entre Manche et jardin fleuri où embaument les pommiers. Homards du vivier, poissons de Port-en-Bessin, recettes du terroir... Un sympathique potager !

Ne confondez pas les couverts et les étoiles ! Les couverts définissent une catégorie de confort et de service. L'étoile couronne uniquement la qualité de la cuisine, quel que soit le standing de la maison.

LE LUDE – 72 Sarthe – 310 J9 – 4 061 h. – alt. 48 m – ✉ 72800 35 D2

Châteaux de la Loire

Paris 244 – Angers 63 – Chinon 63 – La Flèche 20

place François de Nicolay, ✆ 02 43 94 62 20, www.tourisme-bassinludois.fr

Château★★.

L'Auberge Alsacienne

rest,

14 r. de la Boule-d'Or – ✆ 02 43 48 20 45 – www.auberge-alsacienne-le-lude.com

7 ch – †54/57 € ††54/77 € – ☕ 9 € – ½ P 55/80 €

Rest *(fermé mardi midi, dim. soir et lundi)* – Formule 10 € – Menu 13 € (déj. en sem.), 18/28 € – Carte 19/38 €

◆ Simple, tranquille et familial, cet hôtel-restaurant offre un confort appréciable au cœur du Lude. Le bâtiment est un ancien couvent ! Dépaysement au restaurant : vous voilà en Alsace, choucroute comprise.

La Renaissance avec ch

ch, rest, rest,

2 av. Libération – ✆ 02 43 94 63 10 – www.renaissancelelude.com – Fermé 28 oct.-10 nov., 26 fév.-10 mars

8 ch – †50/60 € ††50/60 € – ☕ 10 € – ½ P 65/70 €

Rest – Formule 11 € bc – Menu 17 € (sem.), 27/39 € – Carte 19/45 €

◆ Des produits sarthois et angevins, mais aussi le serpolet, la cardamome, le pavot, la mangue... Ce restaurant traditionnel est à la page, avec sa cuisine qui explore de nouveaux mariages de saveurs. Accueil sympathique.

LUDES – 51 Marne – **306** G8 – 634 h. – alt. 140 m – ✉ 51500 **13** B2

Paris 157 – Châlons-en-Champagne 52 – Reims 15 – Épernay 22

Domaine Ployez-Jacquemart sans rest

8 r. Astoin – ☎ 03 26 61 11 87 – www.ployez-jacquemart.fr – Fermé 17 déc.-15 janv.

5 ch – 115/135 € 115/135 €

◆ Pour les adeptes de tourisme viticole, cette belle demeure dédiée au champagne depuis 1930 cultive l'art de vivre à la française. Les chambres sont très raffinées ; après une dégustation, quoi de mieux qu'une promenade parmi les vignes ?

LUMBRES – 62 Pas-de-Calais – **301** F3 – 3 720 h. – alt. 45 m – ✉ 62380 **30** A2

Paris 261 – Arras 81 – Boulogne-sur-Mer 43 – Calais 44

rue François Cousin, ☎ 03 21 93 45 46

Du Golf

chemin des Bois, 2 km au Nord-Ouest par D 225, au golf de l'A – ☎ 03 21 11 42 42 – www.stomer-hoteldugolf.com

54 ch – 129/199 € 129/199 € – 15 € – ½ P 115/150 €

Rest – Formule 22 € bc – Menu 29/59 € – Carte 37/61 €

◆ Les golfeurs impénitents vont se régaler ! Au départ du parcours de l'Aa, cet hôtel évoque les lodges nord-américains. En plus, les confortables chambres donnent sur les greens ou sur la forêt.

Moulin de Mombreux

2 km à l'Ouest par rte de Boulogne, D 225 et rte secondaire – ☎ 03 21 39 13 13 – www.moulindemombreux.com – Fermé janv., dim. soir de mi-nov. à début avril

24 ch – 94 € 114 € – 15 €

Rest *Moulin de Mombreux* – voir les restaurants ci-après

◆ Ce ravissant moulin du 18es. au bord du Bléquin permet de se reposer en pleine nature. Les chambres, confortables, sont décorées avec une charmante simplicité, et le beau parc invite à la promenade.

Moulin de Mombreux

2 km à l'Ouest par rte de Boulogne, D 225 et rte secondaire – ☎ 03 21 39 13 13 – www.moulindemombreux.com – Fermé janv., dim. soir de mi-nov. à début avril, lundi midi, sam. midi et dim. midi

Rest – Formule 16 € bc – Menu 34/39 € – Carte 43/70 €

◆ Beaucoup de charme pour ce restaurant situé à l'étage de l'hôtel du Moulin de Mombreux (poutres, cheminée en brique). On vient s'y adonner aux délices de la cuisine de saison du Nord : velouté de chou-fleur, potjevleesch, mignon de porc...

LUNAS – 34 Hérault – **339** E6 – 650 h. – alt. 281 m – ✉ 34650 **22** B2

Paris 710 – Montpellier 68 – Béziers 76 – Millau 73

Le Presbitère, ☎ 04 67 23 76 67

Château de Lunas

promenade des Platanettes – ☎ 04 67 23 87 99 – www.chateaudelunas.fr – Fermé 15 janv.-1er mars, mardi et merc. sauf juil.-août

Rest – Menu 23/43 € – Carte 28/68 €

◆ Château du 17es. dressé au bord du Gravezon. Des tableaux contemporains s'intègrent au décor historique des salles à manger. Jolie terrasse. Cuisine du marché.

LUNEL – 34 Hérault – **339** J6 – 24 417 h. – alt. 6 m – ✉ 34400 **23** C2

Languedoc Roussillon

Paris 733 – Aigues-Mortes 16 – Alès 58 – Arles 56

16, cours Gabriel Péri, ☎ 04 67 71 01 37, www.ot-paysdelunel.fr

Chodoreille

140 r. Lakanal – ☎ 04 67 71 55 77 – www.chodoreille.fr – Fermé 12 août-3sept., 2-15 janv., dim. et lundi

Rest – Menu 23 € (déj. en sem.), 29/54 € – Carte 44/66 €

◆ Une maison agréable pour déguster une cuisine généreuse : la spécialité est le taureau camarguais ! Bons chariots de fromages et de desserts. Terrasse sous le pamplemoussier.

LUNÉVILLE – 54 Meurthe-et-Moselle – **307** J7 – **20 096 h.** **27** C2
– **alt. 224 m** – ✉ **54300** Alsace Lorraine

Paris 347 – Épinal 69 – Metz 95 – Nancy 36

aile sud du Château, ✆ 03 83 74 06 55, www.ot-lunevillois.com

Château★ - Parc des Bosquets★ - Boiseries★ de l'église St-Jacques

Les Pages rest, VISA AE

5 quai des Petits-Bosquets – ✆ 03 83 74 11 42 – http://hotel-les-pages.fr
37 ch – †60/88 € ††75/105 € – ☕ 10 € – ½ P 60/75 €
Rest ***Le Petit Comptoir*** ✆ 03 83 73 14 55 *(fermé 30 déc.-2 janv., sam. midi et dim. soir)* – Menu 17 € (sem.), 22/44 € bc – Carte 30/45 €
◆ Un hôtel au bord de la Meurthe, juste en face du château. Plusieurs catégories de chambres sont proposées, celles à l'étage étant les plus spacieuses et les plus modernes. Bistrot attenant.

à Moncel-lès-Lunéville **3 km à l'Est par rte de St-Dié (D 590) – 466 h.**
– alt. 234 m – ✉ 54300

Relais St-Jean A/C VISA AE

22 av. de l'Europe – ✆ 03 83 74 08 65 – www.relaissaintjean.fr
– Fermé 6-26 août, 2 sem. en fév., dim. soir, merc. soir et lundi
Rest – Formule 12 € – Menu 15 € (sem.), 24/35 € – Carte 23/53 €
◆ La spécialité de ce restaurant de la vallée de la Meurthe ? La tête de veau ! Et d'autres recettes classiques du registre traditionnel : foie gras, ris de veau aux morilles, mousse au chocolat maison, etc. Pour une étape sympathique.

au Sud **5 km par rte de Rambervillers, puis av. G. Pompidou et cités Ste-Anne**
– ✉ **54300 Lunéville**

Château d'Adoménil A/C rest, VISA AE

– ✆ 03 83 74 04 81 – www.adomenil.com – Fermé janv., vacances de fév., dim. soir d'oct. à avril, mardi de nov. à fév. et lundi
9 ch – †185/265 € ††185/265 € – 5 suites – ☕ 22 € – ½ P 210/250 €
Rest ***Château d'Adoménil*** ✿ – voir les restaurants ci-après
Rest ***Version A*** – Menu 35 € – Carte 37/60 €
◆ On a forcément une bonne raison de loger dans cette belle demeure du 18e s., que ce soit pour son parc boisé, ses chambres bourgeoises ou son cachet historique indéniable. N'en n'oubliez pas pour autant les deux restaurants !

Château d'Adoménil (Cyril Leclerc) A/C VISA AE

– ✆ 03 83 74 04 81 – www.adomenil.com – Fermé janv., vacances de fév., dim. soir d'oct. à avril, mardi de nov. à fév., merc. midi, jeudi midi, vend. midi et lundi
Rest – Menu 58 € (sem.)/110 € – Carte 90/140 €
Spéc. Langoustines, caviar d'Aquitaine, yuzu et curry. Poitrine de pigeonneau du terroir Lorrain. Variation d'un dessert autour de la mirabelle de Lorraine (20 août-15 sept.). **Vins** Côtes de Toul gris et rouge.
◆ Charme et noblesse ! Tentures chatoyantes et boiseries sombres se marient admirablement aux touches baroques et contemporaines. La cuisine est à l'avenant, avec de superbes produits en vedette et des présentations qui flattent l'œil.

LURE – 70 Haute-Saône – **314** G6 – **8 264 h.** – **alt. 290 m** **17** C1
– ✉ **70200** Franche-Comté Jura

Paris 387 – Belfort 37 – Besançon 77 – Épinal 77

35, avenue Carnot, ✆ 03 84 62 80 52

à Roye **Est : 2 km par rte de Belfort – 1 261 h. – alt. 301 m – ✉ 70200**

Le Saisonnier VISA

56 r. de la Verrerie, N 19 – ✆ 03 84 30 46 00 – Fermé dim. soir, lundi soir et merc.
Rest *(nombre de couverts limité, réserver)* – Menu 24/60 €
◆ Derrière les épais murs de cette ancienne ferme, un bar en pierre et deux salles à manger, l'une rustique et l'autre plus moderne. Sympathique cuisine du marché.

à Froideterre Nord-Est : 3 km par D 486 et D 99 – 365 h. – alt. 306 m – ✉ 70200

XX **Hostellerie des Sources et H. San Val'Eau** avec ch

4 r. du Grand-Bois – ✆ 03 84 30 34 72 ch, VISA
– www.hostellerie-des-sources.com – Fermé 2-10 janv., dim. soir, lundi et mardi
5 ch – 72/129 € 72/129 € – 10 € – ½ P 95/140 €
Rest *(nombre de couverts limité, réserver)* – Carte 31/44 €
◆ De la ferme familiale, Sandrine et Valéry, un charmant jeune couple, ont fait un agréable petit restaurant. Cadre rustique, alléchante carte et beau choix de vins à prix doux. Hébergement dans cinq pavillons en bois tournés vers la campagne. Sauna et jacuzzi.

LUSSAC-LES-CHÂTEAUX – 86 Vienne – **322** K6 – 2 355 h. **39** D2
– alt. 104 m – ✉ 86320 Poitou Vendée Charentes
Paris 355 – Bellac 42 – Châtellerault 52 – Montmorillon 12
place du 11 novembre 1918, ✆ 05 49 84 57 73, www.tourisme-lussac-les-chateaux.fr
Nécropole mérovingienne★ de Civaux NO : 6 km sur D 749.

Les Orangeries ch, VISA AE

12 av. du Dr Dupont – ✆ 05 49 84 07 07 – www.lesorangeries.com
– Fermé 2 sem. en fév.
15 ch – 75/145 € 80/145 € – 4 suites – 13 €
Rest – Formule 18 € – Menu 22 € (déj. en sem.), 29/53 € – Carte 33/43 €
◆ Des volets vert d'eau, des vieilles pierres, un toit de tuiles, du mobilier ancien : le charme d'une maison de pays du 18ᵉs. Au bord de la superbe piscine, seules les oreilles sensibles regretteront que la nationale soit si proche... Cuisine traditionnelle "locavore" au restaurant, aménagé dans un ancien chai.

LUTTER – 68 Haut-Rhin – **315** I12 – rattaché à Ferrette

LUXÉ – 16 Charente – **324** K4 – rattaché à Mansle

LUXEUIL-LES-BAINS – 70 Haute-Saône – **314** G6 – 7 482 h. **17** C1
– alt. 305 m – Stat. therm. : fin mars-mi-nov. – Casino – ✉ 70300
Franche-Comté Jura
Paris 379 – Épinal 58 – Vesoul 32 – Vittel 72
rue Victor Genoux, Maison du Cardinal Jouffroy, ✆ 03 84 40 06 41, www.luxeuil.fr
18 de Luxeuil Bellevue, à Genevrey, RN 57, par rte de Vesoul : 11 km, ✆ 03 84 95 82 00
Hôtel du Cardinal Jouffroy★ - Musée de la tour des Échevins : stèle★ - Anc. Abbaye St-Colomban★ - Maison François1ᵉʳ★.

Les Sources sans rest VISA AE

2 av. Jean-Moulin, (face au parc thermal) – ✆ 03 84 93 70 04
– www.70lessources.fr – Fermé 21 déc.-6 janv.
41 ch – 55/99 € 65/109 € – 9 €
◆ À quelques pas des thermes, cette bâtisse de 1860, entièrement rénovée, propose 41 studios de style contemporain (avec kitchenette) donnant sur le parc ou la ville.

LUYNES – 37 Indre-et-Loire – **317** M4 – 5 025 h. – alt. 60 m – ✉ 37230 **11** B2
Châteaux de la Loire
Paris 247 – Angers 115 – Chinon 41 – Langeais 15
9, rue Alfred Baugé, ✆ 02 47 55 77 14
Église★ au Vieux-Bourg de St-Etienne de Chigny O : 3 km.

Domaine de Beauvois

4 km au Nord-Ouest par D 49 – ✆ 02 47 55 50 11 VISA AE
– www.beauvois.com
36 ch – 116/465 € 116/465 € – 22 €
Rest ***Domaine de Beauvois*** – voir les restaurants ci-après
◆ Vaste manoir des 16ᵉet 17ᵉs. au cœur d'un parc arboré avec un étang. Les chambres et leurs belles tentures murales confirment une impression d'élégant classicisme, tout comme le restaurant.

Domaine de Beauvois

4 km au Nord-Ouest par D 49 – 02 47 55 50 11 – www.beauvois.com – fermé dim. soir, le midi du lundi au jeudi de nov. à mars
Rest – Menu 32 € (déj.)/69 € – Carte 58/79 €
◆ Une grande salle à manger cossue, des salons intimes... pour une agréable cuisine de saison. Cette table gastronomique cultive son élégance bourgeoise avec raffinement.

Le XII de Luynes avec ch

12 r. de la République – 02 47 26 07 41 – www.le-xii.com – Fermé 25 juil.-15 août, dim. soir, mardi soir et merc.
5 ch – †100/125 € ††120/150 € – ☐ 10 €
Rest – Menu 22 € (déj. en sem.), 30/39 € – Carte 55/70 €
◆ Pleine vue sur les cuisines, salle troglodyte et terrasse donnant sur le château : du cachet et une cuisine personnelle qui fait la part belle au poisson et aux spécialités tourangelles. Jolies chambres à l'étage.

LUZ-ST-SAUVEUR – 65 Hautes-Pyrénées – 342 L7 – 1 032 h. – 28 A3

– alt. 710 m – Sports d'hiver : 1 800/2 450 m 14 – Stat. therm. : mi-avril-début nov. – ✉ 65120 Midi-Toulousain

Paris 882 – Argelès-Gazost 19 – Cauterets 24 – Lourdes 32
20, place du 8 mai, 05 62 92 30 30, www.luz.org
Église fortifiée★.

à Esquièze-Sère au Nord – 395 h. – alt. 710 m – ✉ 65120

Le Montaigu

rest,

rte de Vizos – 05 62 92 81 71 – www.hotelmontaigu.com – Fermé 15 avril-2 mai, 30 sept.-1er déc.
42 ch – †65/70 € ††70/85 € – ☐ 9 € – ½ P 64/69 €
Rest *(fermé lundi et mardi sauf vacances scolaires et le midi)* – Menu 17/26 € – Carte 34/48 €
◆ Bâtiment situé au pied d'un château en ruine (15e s.). Grandes chambres fonctionnelles, dont quelques-unes plus récentes ; certaines disposent d'un balcon donnant sur les montagnes. Restaurant cultivant la tradition ; lumineux salon tourné vers le jardin.

Terminus sans rest

r. Marcadaou – 05 62 92 80 17 – www.luz-terminus.fr – Fermé mai et nov.
16 ch – †42 € ††50 € – ☐ 7 €
◆ Grande maison de village disposant de chambres fonctionnelles, dont certaines colorées et actuelles (rouge, gris souris...). Aux beaux jours, petit-déjeuner dans le jardin.

LUZY – 58 Nièvre – 319 G11 – 2 031 h. – alt. 275 m – ✉ 58170 Luzy – 7 B3

Paris 319 – Dijon 122 – Nevers 81 – Le Creusot 47
place Chanzy, 03 86 30 02 65, www.mairie-luzy.fr

Le Morvan

73 av. Dr-Dollet – 03 86 30 00 66 – www.hotelrestaurantdumorvan.fr – Fermé 26 fév.-12 mars, 27 août-3 sept., sam. midi, dim. soir et lundi
Rest – Formule 12 € – Menu 17 € (déj. en sem.), 27/74 € – Carte 55/74 €
◆ Joliesse des assiettes, harmonie des textures et des bons produits... Un véritable ballet de saveurs et d'inventivité dans une atmosphère rustique et champêtre.

LYON

Plans de la ville pages suivantes **43** E1

🅿 – **69 – Rhône – 474 946 h. – Agglo. 1 422 331 h. – alt. 175 m – ✉ 69000** – **327** I5 – Lyon Drôme Ardèche

Paris 458 – Genève 151 – Grenoble 106 – Marseille 314

Office de tourisme

place Bellecour, BP 2254, ✆04 72 77 69 69, www.lyon-france.com

Transports

Auto-train ✆ 3635 (dîtes auto-train - 0,34 €/mn)

Aéroport

Lyon Saint-Exupéry ✆ 0 826 800 826 (0,15 €/mn), 25 km par ④

Casino

à la Tour de Salvagny
le Pharaon (quai Charles-de-Gaulle à Lyon)

Quelques golfs

18 de Lyon Chassieu, à Chassieu, Route de Lyon, ✆04 78 90 84 77

18 de Salvagny, à La Tour-de-Salvagny, 100 rue des Granges, par rte de Roanne : 20 km, ✆04 78 48 88 48

9 public de Miribel Jonage, à Vaulx-en-Velin, Chemin de la Bletta, NE : 9 km, ✆04 78 80 56 20

18 de Mionnay-la-Dombes, à Mionnay, Domaine de Beau Logis, N : 23 km par D 1083, ✆04 78 91 84 84

36 de Lyon, à Villette-d'Anthon, E : 25 km par D 517, D6 et D 55, ✆04 78 31 11 33

A VOIR

Le site : ←★★★ depuis la basilique Notre-Dame de Fourvière **3** et **5**EX • Montée du Garillan★**3** et **5**EX • Depuis la place Rouville **3**EV, ←★ sur la Saône et la presqu'île

Lyon antique : le Parc archéologique de Fourvière★, avec les théâtres romains et l'Odéon **5**EY • Aqueducs romains **5**EY • Musée de la Civilisation gallo-romaine★★ **5**EY**M[10]**, dont la table claudienne★★★

Le Vieux Lyon : les quartiers St-Jean, St-Paul et St-Georges★★★**3** et **5**EFXY • Rue St-Jean, la cour intérieure★★ du n° 28 et la cour de l'hôtel du Gouvernement★ au n° 2 • Couloir voûté★ au n°18 de la rue Lainerie • Galerie★★ de l'hôtel Bullioud au n°8 rue Juiverie • Hôtel Gadagne★**3** et **5**FX**M[4]**, siège du musée historique de Lyon★, du musée lapidaire★ et du musée international de la Marionnette★ • Primitiale St-Jean★ et son chœur★★ 5EFY • Rue du Bœuf★, dont la maison du Crible★ au n°16 • Théâtre "le Guignol de Lyon" 3 et 5FXT

Sur la presqu'île : place des Terreaux et sa fontaine★ 3 et 5FX • Palais St-Pierre★ 3 et 5FXM[9] • Musée des Beaux-Arts★★★ 3 et 5FXM[9] - Musée historique des tissus★★★ 5FYM[17] • Musée de l'imprimerie★★ 3 et 5FXM[16] • Musée des Arts décoratifs★★ 5FYM[7]

La Croix Rousse, aux origines de la soierie lyonnaise : mur des Canuts 3FVR • Maison des Canuts 3FVM[5] • Ateliers de Soierie vivante★ 3FVE

Sur la rive gauche du Rhône : parc de la Tête d'Or et sa roseraie★ 4GHV • Centre d'Histoire de la Résistance et de la Déportation★ 5FZM[1] • Musée d'Art contemporain★ 4GU • Musée urbain Tony-Garnier 2CQ • Halle Tony-Garnier 1BQR • Château Lumière 2CQM[2]

Aux environs : musée de l'automobile Henri-Malartre★★, à Rochetaillée-sur-Saône (12 km par ⑪)

RÉPERTOIRE DES RUES DE LYON

OULLINS

PIERRE-BÉNITE

STE-FOY-LÈS-LYON

ST-DIDIER-AU-MONT-D'OR

ST-FONS

ST-GÉNIS-LAVAL

ST-PRIEST

TASSIN-LA-DEMI-LUNE

VAULX-EN-VELIN

VÉNISSIEUX

VILLEURBANNE

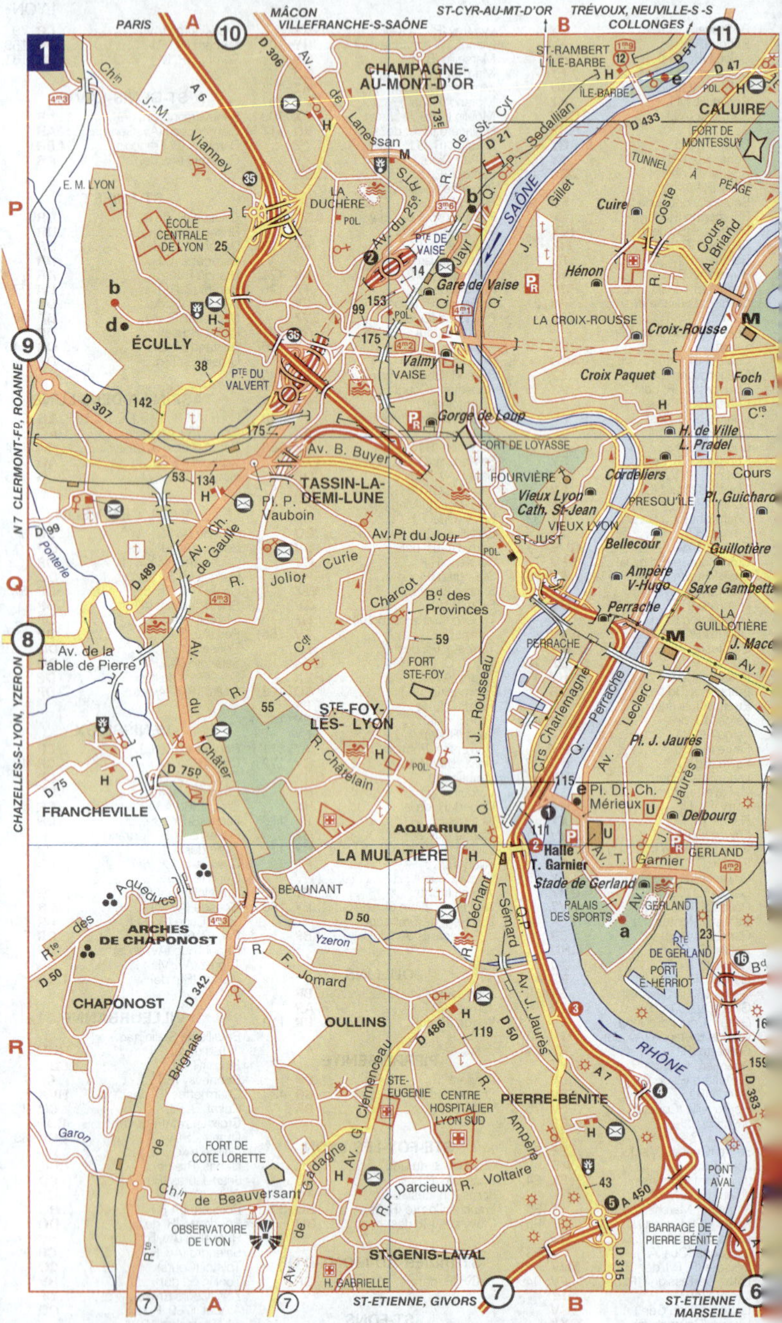
1
PARIS
A
10
MÂCON
VILLEFRANCHE-S-SAÔNE
ST-CYR-AU-MT-D'OR
B
TRÉVOUX, NEUVILLE-S.-S.
COLLONGES
11
CHAMPAGNE-AU-MONT-D'OR
ST-RAMBERT
L'ÎLE-BARBE
ÎLE-BARBE
CALUIRE
FORT DE MONTESSUY
TUNNEL
PÉAGE
E. M. LYON
ÉCOLE CENTRALE DE LYON
LA DUCHÈRE
PTE DE VAISE
Gare de Vaise
SAÔNE
Cuire
Hénon
LA CROIX-ROUSSE
Croix-Rousse
ÉCULLY
PTE DU VALVERT
Valmy
VAISE
Croix Paquet
Foch
Gorge de Loup
FORT DE LOYASSE
H. de Ville
L. Pradel
FOURVIÈRE
Cordeliers
Cours
Av. B. Buyer
TASSIN-LA-DEMI-LUNE
Pl. P. Vauboin
Vieux Lyon
Cath. St-Jean
PRESQU'ÎLE
Pl. Guichard
VIEUX LYON
ST-JUST
Bellecour
Guillotière
Av. Pt du Jour
Av. Ch. de Gaulle
R. Joliot Curie
Ampère
V-Hugo
Saxe Gambetta
Bd des Provinces
Charcot
Perrache
LA GUILLOTIÈRE
PERRACHE
J. Macé
Av. de la Table de Pierre
FORT STE-FOY
N 7 CLERMONT-FD, ROANNE
CHAZELLES-S-LYON, YZERON
STE-FOY-LÈS-LYON
R. Châtelain
Crs Charlemagne
Q. Perrache
Av. Leclerc
Pl. J. Jaurès
J. J. Rousseau
Pl. Dr. Ch. Mérieux
Delbourg
FRANCHEVILLE
AQUARIUM
Halle T. Garnier
Av. T. Garnier
GERLAND
LA MULATIÈRE
Stade de Gerland
PALAIS DES SPORTS
BEAUNANT
Aqueducs
ARCHES DE CHAPONOST
Yzeron
R. F. Jomard
Q. Déchant
Sémard
Av. J. Jaurès
RTE DE GERLAND
PORT E. HERRIOT
CHAPONOST
D 342
OULLINS
RHÔNE
Av. G. Clemenceau
STE-EUGÉNIE
CENTRE HOSPITALIER LYON SUD
PIERRE-BÉNITE
R. Ampère
Garon
FORT DE COTE LORETTE
Chin de Beauversant
R. P. Darcieux
R. Voltaire
PONT AVAL
OBSERVATOIRE DE LYON
BARRAGE DE PIERRE BÉNITE
ST-GENIS-LAVAL
H. GABRIELLE
A 7
A 450
A 6
D 315
D 383
7
ST-ETIENNE, GIVORS
ST-ETIENNE
MARSEILLE
6
P
Q
R
8
9

D 1083 BOURG-EN-B.
A 46 MÂCON
A 46 MÂCON
A 42 BOURG, GENÈVE
LYON
2
GRAND PARC MIRIBEL JONAGE
ÎLE DE LA PAPE
N 346
A 42
PORTE DE CROIX-LUIZET
PTE DE LA DOUA
PTE DE ST-CLAIR
PTE DE LA PAPE
RHÔNE
CUIRE
Cité Internationale
PARC DE LA TÊTE D'OR
VAULX-EN-VELIN
P. de Croix Luizet
ST-JEAN
Av. 8 Mai 1945
Av. M. Cachin
Av. G. Péri
Av. P. Marcelin
Av. Grandclément
Canal de Jonage
Pt de la Soie
D 317
MORESTEL CRÉMIEU
Av. R. Salengro
Charpennes Charles Hernu
République-Villeurbanne
Gratte-Ciel
Masséna
Vitton
Brotteaux
LES BROTTEAUX
GRATTE-CIEL
T.N.P.
Flachet
Cusset
L. Bonnevay
Astroballe
La Soie
R. Émile Zola
R. du 4 Août 1789
Cours Tolstoï
VILLEURBANNE
Lafayette
LA PART DIEU
La Part Dieu
Garibaldi
Rue Léon Blum
Av. de Bohlen
D 112
Av. Roosevelt
R. A. Dumas
Av. R. Salengro
R. de la Poudrette
Rte de Genas
D 29
MONCHAT
Av. Lacassagne
Sans-Souci
Monplaisir Lumière
É-HERRIOT
Grange-Blanche
CENTRE INTAL DE RECHERCHE SUR LE CANCER
Pinel
VINATIER
D 383
Bd L. Bonnevay
Av. P. Brossolette
BRON
Bd Ch. de Gaulle
PARC DES EXPOSITIONS
CHASSIEU
MONPLAISIR
J. MERMOZ
Laënnec
Av. Mermoz
Mermoz Pinel
Berthelot
Bd des États-Unis
Rte de Vienne
ST-JEAN-DE-DIEU
ÉTATS-UNIS
Av. Paul Santy
FORT DE BRON
Bd des Droits de l'Homme
D 506
AÉRODROME DE LYON BRON
A 43
Parilly
PARC DÉPARTEMENTAL DE PARILLY
LYON II
UNIVERSITÉS EUROPÉENNES
PTE DES ALPES
D 306
Bd Urbain Est
R. de l'Aviation
Bonnevay
Pl. J. Grandclément
Av. Ch. de Gaulle
Bd de Parilly
D 102
R. du Dauphiné
VÉNISSIEUX
Av. de la République
R. G. Péri
Bd L. Guérin
Av. J. Guesde
D 95
Bd J. Joliot-Curie
RENAULT
VÉHICULES INDUSTRIELS
Gare de Vénissieux
ST-PRIEST
R. Gambetta
Gr.de Rue
CHAMBÉRY, GRENOBLE BOURGOIN-J.
ST-FONS
Av. M. Thorez
Av. J. Cagne
R. E. Zola
Bd A. Croizat
Ch.in du Charbonnier
R. du Lyonnais
D 318
R. A. Briand
D 307
Y. Farge
MÉDIATHÈQUE
VIENNE VALENCE
CORBAS
A 46 HEYRIEUX
1 km

E
F
3
0
300 m
BOULEVARD
PÉRIPHÉRIQUE
117
Montée de l'Église
Sédallian
Paul
Quai
Joseph
Gillet
SAÔNE
Q. G. Clemenceau
ST-CÔME ST-DAMIEN
ST-ROMAIN
ST-CAMILLE
CALUIRE
ET
Coste
Av. J. Monnet
Pasteur
Rue
Brunier
Pierre
Cuire
Canuts
Rue de Margnolles
Secteur des en trx
Mtée de la Boucle
CENTRE LIVET ENFANTS
R. H. Chevalier
R. Deleuvre
Rue Ph. de Lassalle
CROIX ROUSSE
ST-DENIS
ST-EUCHER
Hénon
Rue Hénon
STE-ÉLISABETH
Bd des Canuts
35
Belfort
LA CROIX ROUSSE
ST-AUGUSTIN
75
U
V
X
ST-CHARLES
Chazière
Bony
Croix Rousse
Bd de la Croix Rousse
POL
ST-BERNARD
94
R. des Chartreux
BON PASTEUR
ECOLE NATLE DES BEAUX-ARTS
Croix Paquet
FORT ST-JEAN
ST-BRUNO
Pl. des Chartreux
Pl. Rouville
21
16
ST-POLYCARPE
93
86
Cours du Gal Giraud
5
166
CONSERVATOIRE NATL DE MUSIQUE
Pl. des Terreaux
123
OPÉRA NATAL
Quai Saint Vincent
N.-D. ST-VINCENT
Hôtel de Ville L. Pradel
Quai Pierre Scize
ST-PAUL
109
127
136
TOUR MÉTALLIQUE
Mtée de Garillan
ST-NIZIER
FOURVIÈRE
N.-D. DE FOURVIÈRE
VIEUX LYON
R. St-Jean
140
84
40
Cordeliers
147
PRESQU'ÎLE
ST-BONAVENTURE
149
127

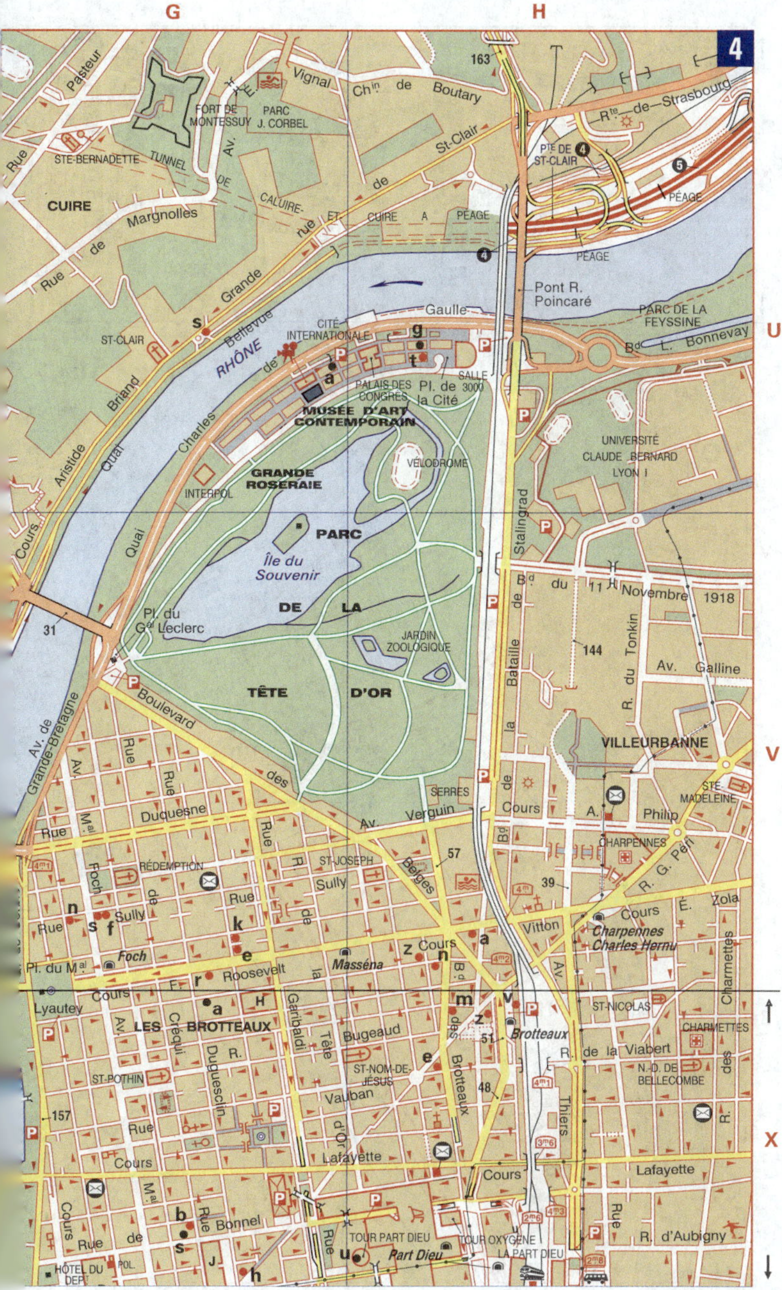
G
H
4
U
V
X
FORT DE MONTESSUY
PARC J. CORBEL
Vignal
Chin de Boutary
Pasteur
STE-BERNADETTE
TUNNEL DE CALUIRE- ET- CUIRE A PÉAGE
CUIRE
Rue de Margnolles
Grande rue de St-Clair
Rte de Strasbourg
Pte DE ST-CLAIR
PÉAGE
163
Pont R. Poincaré
PARC DE LA FEYSSINE
Bd L. Bonnevay
Quai Charles de Gaulle
CITÉ INTERNATIONALE
Quai de Bellevue
ST-CLAIR
RHÔNE
PALAIS DES CONGRÈS
Pl. de la Cité
SALLE 3000
MUSÉE D'ART CONTEMPORAIN
GRANDE ROSERAIE
VÉLODROME
INTERPOL
UNIVERSITÉ CLAUDE BERNARD LYON I
Quai Aristide Briand
Cours
Quai Charles de Gaulle
PARC DE LA TÊTE D'OR
Île du Souvenir
Pl. du Gal Leclerc
JARDIN ZOOLOGIQUE
31
Bd du 11 Novembre 1918
Stalingrad
Bd de la Bataille de Stalingrad
144
R. du Tonkin
Av. Galline
VILLEURBANNE
Av. de Grande-Bretagne
Boulevard des Belges
SERRES
Av. Verguin
Cours A. Philip
STE-MADELEINE
CHARPENNES
R. G. Péri
Rue Duquesne
Rue Duguesclin
Av. Mal Foch
RÉDEMPTION
ST-JOSEPH
57
39
Rue Sully
Rue Vendôme
Rue de la Tête d'Or
Cours Vitton
Cours E. Zola
Charpennes Charles Hernu
Pl. du Mal Foch
Cours F. Roosevelt
Masséna
Cours Lyautey
LES BROTTEAUX
Av. Créqui
R. Duguesclin
Rue Garibaldi
Rue Bugeaud
ST-NOM-DE-JÉSUS
Rue Vauban
Bd des Brotteaux
Brotteaux
51
48
Av. Thiers
ST-NICOLAS
CHARMETTES
R. de la Viabert
N.-D. DE BELLECOMBE
R. des Charmettes
ST-POTHIN
157
Rue Cours Lafayette
Cours Lafayette
Cours Mal Rue Bonnel
Rue de Bonnel
TOUR PART DIEU
Part Dieu
TOUR OXYGÈNE
LA PART DIEU
Rue
R. d'Aubigny
HÔTEL DU DÉPT
POL.
a b e f g h k m n r s t u v z

5
E
F
X
Y
Z
CONSERVATOIRE NAT. DE MUSIQUE
Quai Saint Vincent
Pierre Scize
Pl. des Terreaux
OPÉRA NAT.
Hôtel de Ville L. Pradel
N.-D. ST-VINCENT
ST-PAUL
TOUR MÉTALLIQUE
Mtée de Garillan
FOURVIÈRE
N.-D. DE FOURVIÈRE
VIEUX LYON
ST-NIZIER
Cordeliers
ST-BONAVENTURE
PRESQU'ÎLE
ST-JEAN
Vieux Lyon Cath. St-Jean
Aqueducs Romains
R. Radisson
THÉÂTRES ROMAINS
MINIMES
Pl. de Trion
R. de Trion
ST-JUST
TUNNEL DE FOURVIÈRE
ST-GEORGES
Quai Fulchiron
Tilsitt
Bellecour
Pl. Bellecour
HÔTEL DIEU
ST-FRANÇOIS
ST-IRÉNÉE
Chemin de Choulan
St-Martin d'Ainay
Ampère V. Hugo
Gailleton
Bernard
Rue de Condé
STE-CROIX
Pl. Carnot
Quai du Docteur
Av. Debrousse
Q. des Étroits
Perrache
PERRACHE
CENTRE HOSP. ST JOSEPH ST LUC
J. MOULIN LYON III
LUMIÈRE LYON II
Avenue
DEBROUSSE
Quai Rambaud
Cours Suchet
Rousseau
SAÔNE
STE-BLANDINE
Charlemagne
Perrache
R. G. Nadaud
Rue Lortet
RHÔNE
Av. Leclerc
Farge
Quai Jean-Jacques
HÔTEL DE RÉGION
Cours Charlemagne
Quai Rambaud
A 7-E 15
Av. Yves Farge
R. Crépet
N.-D. DES ANGES
Pl. J. Jaurès
Boulevard
R. Clément Marot
Av. Leclerc

G
H
6
X
Y
Z
LES BROTTEAUX
Cours Lyautey
Av. Créqui
R. Duguesclin
Garibaldi
Tête d'Or
Bugeaud
ST-NOM-DE-JÉSUS
Vauban
des Brotteaux
Brotteaux
ST-NICOLAS
CHARMETTES
R. de la Viabert
N.-D. DE BELLECOMBE
Thiers
ST-POTHIN
Rue
157
88
Cours Lafayette
Lafayette
Cours
M.al
b
s
Rue Bonnel
Rue de
TOUR PART DIEU
Part Dieu
TOUR OXYGÈNE
LA PART DIEU
R. d'Aubigny
Rue
HÔTEL DU DÉPT
POL.
J
h
Servient
IMMACULÉE CONCEPTION
CITÉ ADMVE D'ÉTAT
PART DIEU
178
Pompidou
G.
Av.
R.
la
de
Pl. Guichard
de
t
Liberté
ST-SACREMENT
101
Paul
Bert
Flandin
Av. Lacassagne
Pl. Raspail
Guillotière
Cours
Saxe
Créqui
Duguesclin
ST-JACQUES
Garibaldi
Av. F. Faure
Faure
Marseille
Grande
Saxe Gambetta
ST-ANDRÉ
Jaurès
Av.
Félix
Garibaldi
M
Gambetta
POL.
PRISON MONTLUC
Béchevelin
Rue
a
N.-D. ST-LOUIS
de
la
Pl. de Stalingrad
172
Jean
M
Cours
U
J. MOULIN LYON III
Sans Souci
LA GUILLOTIÈRE
STE-MARIE-DE-LA GUILLOTIÈRE
Guillotière
A.
Thomas
R.
M.
Chevreul
Bloch
Garibaldi
Av.
Tchécoslovaques
Av. des Frères Lumière
Villon
Pl. J. Macé
J. Macé
131
Route
Berthelot
Rue
41
des
Bd
Rue
Rue
POL.
Avenue
Secteur en trx
M.
Berliet
Gerland
180
de
CIMETIÈRE ISRAÉLITE
Villon
Berthelot
Bd des États-Unis
de
Vienne
Barret
Croix
Rue
Rue
Musée urbain Tony-Garnier

Liste alphabétique des hôtels
Index of hotels

Liste alphabétique des restaurants
Index of restaurants

Centre-ville (Bellecour-Terreaux)

Sofitel

20 quai Gailleton ✉ *69002* Ⓜ *Bellecour* – ✆ *04 72 41 20 20* – *www.sofitel.com* **5FYp**

135 ch – 230/380 € 230/380 € – 29 suites – ☕ 26 €

Rest *Les Trois Dômes* – voir les restaurants ci-après

Rest *Silk Brasserie* ✆ 04 72 41 20 80 – Formule 18 € – Menu 25 € – Carte 35/55 €

◆ Un Sofitel luxueux et élégant, de facture contemporaine, et des prestations bien évidemment à l'avenant. Pour l'anecdote, Bill Clinton a séjourné dans la suite présidentielle. Deux options à l'heure des repas : la belle table des Trois Dômes et le Silk (carte internationale, cadre zen).

Le Royal Lyon

20 pl. Bellecour ✉ *69002* Ⓜ *Bellecour* – ✆ *04 78 37 57 31* – *www.lyonhotel-leroyal.com* **5FYg**

69 ch – 260/340 € 340/390 € – 5 suites – ☕ 22 €

Rest *Côté Cuisine* – voir les restaurants ci-après

◆ Ouvert en 1912, le Royal séduit alors par son confort et son raffinement. Cent ans plus tard, cette institution n'a rien perdu de son faste... Moulures, toiles de Jouy : l'élégance, tout simplement.

Globe et Cécil sans rest

21 r. Gasparin ✉ *69002* Ⓜ *Bellecour* – ✆ *04 78 42 58 95* – *www.globeetcecilhotel.com* **5FYb**

60 ch ☕ – 145/150 € 180/185 €

◆ Un hôtel de la fin du 19es. en plein centre-ville, avec des chambres charmantes (parquet et cheminée dans certaines). Dans une autre vie, la propriétaire se destinait au notariat, mais cela fait maintenant 40 ans qu'elle accueille ses hôtes avec une gentillesse infinie !

Mercure Plaza République sans rest

5 r. Stella ✉ *69002* Ⓜ *Cordeliers* – ✆ *04 78 37 50 50* – *www.mercure.com* **5FYk**

78 ch – 109/209 € 119/219 € – ☕ 17 €

◆ Un hôtel de chaîne agréable et bien situé, très apprécié de la clientèle d'affaires (salles de réunion).

Grand Hôtel des Terreaux sans rest

16 r. Lanterne ✉ *69001* Ⓜ *Hôtel de Ville* – ✆ *04 78 27 04 10* – *www.hotel-lyon.fr* **3FXu**

53 ch – 85/95 € 115/170 € – ☕ 12 €

◆ Chambres décorées avec goût, petite piscine intérieure et service attentif : ce relais de poste du 19es. est propice à la détente, au cœur de la ville.

Des Artistes sans rest

8 r. Gaspard-André ✉ *69002* Ⓜ *Bellecour* – ✆ *04 78 42 04 88* – *www.hoteldesartistes.fr* **5FYr**

45 ch – 92/144 € 105/164 € – ☕ 12 €

◆ Impossible de manquer les trois coups depuis cet hôtel voisin du théâtre des Célestins ! Et quand l'heure du repos a sonné, on file dans une chambre coquette et fraîche.

La Résidence sans rest

18 r. V. Hugo ✉ *69002* Ⓜ *Bellecour* – ✆ *04 78 42 63 28* – *www.hotel-la-residence.com* **5FYs**

67 ch – 92 € 92 € – ☕ 8 €

◆ Hôtel tenu par la même famille depuis les années 1960. Les chambres sont assez rétro, confortables et très propres (quelques-unes au décor plus actuel).

Des Célestins sans rest

4 r. des Archers ✉ *69002* Ⓜ *Bellecour* – ✆ *04 72 56 08 98* – *www.hotelcelestins.com* **5FYa**

25 ch – 69/131 € 81/141 € – ☕ 9 €

◆ Un hôtel dans un immeuble d'habitation, c'est plutôt rare. Chambres agréables, dont une très jolie junior suite au 5eétage (grande douche à l'italienne, écran plat...).

Perrache

Grand Hôtel Mercure Château Perrache
12 cours Verdun ✉ 69002 Ⓜ Perrache – ✆ 04 72 77 15 00 – www.mercure-lyon-centre-chateau-perrache.com **5EYa**
111 ch – †109/239 € ††109/239 € – 2 suites – ☕ 17 €
Rest *Les Belles Saisons* *(fermé 25 juil.-25 août, week-ends et fériés)* – Formule 18 € bc – Carte 30/50 €
◆ Bâti en 1900, cet hôtel a conservé un peu de son cachet : beau hall avec boiseries, fresques Art nouveau et moulures ; mobilier authentique dans les chambres les plus prestigieuses. Au restaurant, élégance du style Majorelle et carte traditionnelle.

Axotel
12 r. Marc-Antoine Petit ✉ 69002 Ⓜ Perrache – ✆ 04 72 77 70 70 – www.hotel-axotel-perrache.fr **5EZr**
130 ch – †75/110 € ††75/110 € – ☕ 10 €
Rest *Le Chalut* *(fermé 25 juil.-21 août, vend. soir, sam. midi et dim.)* – Formule 20 € bc – Menu 25 € – Carte 28/70 €
◆ Un établissement idéal pour la clientèle d'affaires : plusieurs salles de séminaire et des chambres bien équipées. Dans les filets du Chalut, du poisson bien sûr, et des propositions qui varient avec les saisons.

Verdun sans rest
82 r. de la Charité ✉ 69002 Ⓜ Perrache – ✆ 04 78 37 34 71 – www.bestwestern-hoteldeverdun.com – Fermé 30 juil.-12 août **5FYm**
26 ch – †65/160 € ††65/160 € – ☕ 12 €
◆ Petit hôtel fonctionnel et bien tenu, près de la gare. Chambres presque toutes rénovées en 2010 ; copieux petit-déjeuner.

Vieux-Lyon

Villa Florentine
25 montée St-Barthélémy ✉ 69005 Ⓜ Fourvière – ✆ 04 72 56 56 56 – www.villaflorentine.com **3EXs**
21 ch – †255/465 € ††255/465 € – 7 suites – ☕ 25 €
Rest *Les Terrasses de Lyon* ✿ – voir les restaurants ci-après
◆ Sur la colline de Fourvière, cette demeure d'inspiration Renaissance (18e s.) jouit d'une vue incomparable sur la ville. Côté chambres, le raffinement et le classicisme sont de mise.

Cour des Loges
6 r. du Bœuf ✉ 69005 Ⓜ Vieux Lyon – ✆ 04 72 77 44 44 – www.courdesloges.com
57 ch – †204/289 € ††255/605 € – 4 suites – ☕ 25 € **3FXn**
Rest *Les Loges* ✿ **Rest *Café-Épicerie*** – voir les restaurants ci-après
◆ Voûtes, galeries, passages... tout le charme de la Renaissance au cœur du quartier du Vieux-Lyon, le design et l'élégance contemporaine en prime. Un établissement magique, sans même parler du bistrot et du restaurant gastronomique.

Collège sans rest
5 pl. St Paul ✉ 69005 Ⓜ Vieux Lyon – ✆ 04 72 10 05 05 – www.college-hotel.com **3FXf**
39 ch – †125 € ††155 € – ☕ 12 €
◆ Pupitres, cheval d'arçon, cartes géographiques : tout ici évoque l'école d'antan, dans un esprit design. Chambres d'une blancheur immaculée, avec balcon ou terrasse, et sympathique bar à gôneries – les tapas lyonnaises !

La Croix-Rousse (bord de Saône)

Lyon Métropole
85 quai J. Gillet ✉ 69004 – ✆ 04 72 10 44 44 – www.lyonmetropole.com **3EUk**
118 ch – †160/240 € ††160/240 € – ☕ 18 €
Rest *Le Lyon Plage* ✆ 04 72 10 44 30 – Menu 23 € – Carte 25/42 €
◆ Hôtel apprécié pour sa piscine olympique et ses équipements sportifs : superbe spa, fitness, courts de tennis et de squash, practices, etc. Préférez les chambres rénovées en 2009. Au restaurant, la carte met les produits de la mer à l'honneur.

Cité Internationale

Hilton
70 quai Ch.-de-Gaulle ✉ 69006 – ✆ 04 78 17 50 50
– www.hilton.com **4GUa**
194 ch – ♦150/365 € ♦♦150/365 € – 5 suites – ☕ 24 €
Rest *Blue Elephant* Rest *Brasserie* – voir les restaurants ci-après
◆ Imposant hôtel en verre et brique doté d'un "business center" et de deux restaurants. Chambres et suites très bien équipées, donnant sur le parc de la Tête-d'Or ou le Rhône.

De la Cité
22 quai Ch.-de-Gaulle ✉ 69006 – ✆ 04 78 17 86 86
– www.lyon.concorde-hotels.com **4HUg**
159 ch – ♦95/380 € ♦♦95/380 € – 5 suites – ☕ 22 €
Rest – ✆ 04 78 17 86 84 *(fermé sam., dim. et le soir sauf de mai à sept.)*
– Formule 17 € bc – Menu 22/27 € – Carte 26/41 €
◆ Bâtisse récente dans la cité dessinée par Renzo Piano, avec des chambres lumineuses donnant sur le parc de la Tête-d'Or ou le Rhône. Cuisine traditionnelle et produits régionaux au restaurant ; agréable terrasse.

Les Brotteaux

Le Roosevelt sans rest
48 r. de Sèze ✉ 69006 Ⓜ Foch – ✆ 04 78 52 35 67 – www.hotel-roosevelt.com
– Fermé 11-19 août **4GXa**
48 ch – ♦90/180 € ♦♦90/180 € – ☕ 15 €
◆ Hôtel agréable et confortable. Côté cour, les chambres sont plus spacieuses, plus calmes et... elles donnent sur la célèbre chocolaterie Bernachon. Pour une pause gourmande, la boutique est d'ailleurs à quelques pas !

La Part-Dieu

Radisson Blu
129 r. Servient, (32ème étage) ✉ 69003 Ⓜ Part-Dieu – ✆ 04 78 63 55 00
– www.radissonblu.com/hotel-lyon **4HXu**
245 ch – ♦115/285 € ♦♦115/285 € – ☕ 20 €
Rest *L'Arc-en-Ciel* – voir les restaurants ci-après
Rest *Bistrot de la Tour* *(fermé 25 juil.-16 août, sam., dim. et le soir)* – Formule 16 € bc – Menu 19 € – Carte 25/55 €
◆ Hôtel d'affaires dont la réception se trouve au 32ᵉétage du "crayon" ! Dans certaines chambres, la vue sur la ville est exceptionnelle et, pour manger, deux options : le Bistrot ou le gastronomique Arc-en-Ciel.

Créqui Part-Dieu
37 r. Bonnel ✉ 69003 Ⓜ Place Guichard – ✆ 04 78 60 20 47
– www.bestwestern-lyonpartdieu.com **4GXs**
46 ch – ♦80/164 € ♦♦80/194 € – 3 suites – ☕ 15 €
Rest *La Cantine du Palais* ✆ 04 78 60 83 96 *(fermé août, sam. et dim.)*
– Formule 16 € – Menu 20 € (déj.)/25 €
◆ En face de la cité judiciaire et tout près des halles Paul-Bocuse. Les chambres sont confortables et il y a même une jolie cour fleurie... À la Cantine, récréation (décor sur le thème de l'école) autour de plats traditionnels.

La Guillotière

Du Pont Wilson sans rest
6 r. Mazenod ✉ 69003 Ⓜ Guillotière – ✆ 04 78 60 94 94
– www.hotelwilson-lyon.com **6GYt**
54 ch – ♦75/305 € ♦♦85/315 € – ☕ 16 €
◆ Bien situé (près des quais et du pont Wilson), cet hôtel répond aux besoins de la clientèle d'affaires et dispose de chambres assez spacieuses.

Gerland

Novotel Gerland

70 av. Leclerc ✉ 69007 – ✆ 04 72 71 11 11 – www.novotel.com **1BQe**
180 ch – 🚹109/199 € 🚹🚹109/199 € – 6 suites – ☕ 14 €
Rest – Menu 17 € – Carte 25/45 €
◆ Près de la halle Tony-Garnier et du stade de Gerland, un Novotel entièrement rénové en 2009 et 2010.

Vaise – 47 886 h. – ✉ 69009

Dock Ouest sans rest

39 r. des Docks ✉ 69009 Ⓜ Gare de Vaise – ✆ 04 78 22 34 34 – www.dockouest.com **1BPb**
43 ch – 🚹70/130 € 🚹🚹70/130 € – ☕ 12 €
◆ Juste en face du "fast-food" de Bocuse, un hôtel flambant neuf dans un quartier prometteur. Comme il se doit dans cet environnement high-tech, les chambres sont sobres et confortables (avec un coin kitchenette). Petit-déjeuner gourmand.

Restaurants

Paul Bocuse

40 r. de la Plage, au pont de Collonges, 12 km au Nord par bords Saône (D 433, D 51) ✉ 69660 – ✆ 04 72 42 90 90 – www.bocuse.fr **1BP**
Rest – Menu 140/225 € – Carte 115/215 €
Spéc. Soupe aux truffes noires V.G.E.. Volaille de Bresse en vessie "Mère Fillioux". Gâteau Président "Maurice Bernachon". **Vins** Pouilly-Fuissé, Moulin-à-Vent.
◆ Temple de la tradition, institution du service à l'ancienne... Les modes glissent sur le restaurant-monument de "maître Paul", imperturbable au temps qui passe. Toujours la même soupe présidentielle et... trois étoiles depuis 1965 !

Pierre Orsi

3 pl. Kléber ✉ 69006 Ⓜ Masséna – ✆ 04 78 89 57 68 – www.pierreorsi.com – Fermé dim. et lundi sauf fériés **4GVe**
Rest – Menu 45 € (déj. en sem.), 60/115 € – Carte 60/130 €
Spéc. Ravioles de foie gras de canard au jus de porto et truffes. Pigeonneau en cocotte aux gousses d'ail confites en chemise. Crêpe Suzette au beurre d'orange. **Vins** Viré-Clessé, Saint-Joseph.
◆ Une maison ancienne, des salons feutrés et une jolie terrasse fleurie : l'adresse est élégante ! Quant à la cuisine de Pierre Orsi, c'est une symphonie de notre temps interprétée avec finesse.

Les Terrasses de Lyon – Hôtel Villa Florentine

25 montée St-Barthélémy ✉ 69005 Ⓜ Fourvière – ✆ 04 72 56 56 02 – www.villaflorentine.com – Fermé dim. et lundi **3EXs**
Rest – Menu 38 € (déj.), 48/93 € – Carte 71/120 €
Spéc. Tiramisu de gamberoni, crémeux de crustacés. Pigeon de Bresse rôti au four, asperges blanches braisées en cocotte. Ganache manjari aux agrumes. **Vins** Moulin-à-Vent, Condrieu.
◆ Davy Tissot maîtrise sa partition culinaire : les saveurs se mêlent avec raffinement, les parfums s'échappent avec délice et les saisons sont magnifiées ! En terrasse, le panorama, splendide, laisse rêveur.

Têtedoie (Christian Têtedoie)

montée du Chemin-Neuf ✉ 69005 Ⓜ Minimes – ✆ 04 78 29 40 10 – www.tetedoie.com – Fermé dim. **5EYn**
Rest – Menu 45 € bc (déj. en sem.), 56/96 € – Carte 76/90 €
Spéc. Foie gras bardé au jambon serrano et nougat glacé. Homard et tête de veau. Croustillant chocolat manjari et fruits rouges. **Vins** Saint-Joseph, Brouilly.
Rest *La Terrasse de l'Antiquaille* *(ouvert de mi-avril à mi-oct.)* – Formule 28 € bc – Menu 40 €
◆ Sur la colline de Fourvière, ce restaurant élégant et design domine Lyon. Christian Têtedoie explore la tradition française avec talent ; la cave est très étoffée et le bar à cocktail "is the place to be". Côté Terrasse, ambiance plus décontractée pour de belles saveurs méditerranéennes et une cuisine à la plancha.

Les Trois Dômes – Hôtel Sofitel

20 quai Gailleton, (8ème étage) ✉ 69002 Ⓜ Bellecour – ✆ 04 72 41 20 97 – www.les-3-domes.com – Fermé 22 juil.-20 août, 3-11 mars, dim. et lundi

Rest – Menu 43 € (déj.), 79/135 € – Carte 110/160 € **5FYp**

Spéc. Quenelle de brochet aux écrevisses et pousses d'épinard. Volaille de Bresse en infusion de verveine fraîche. Crémeux framboise et réglisse au chocolat noir, sorbet framboise. **Vins** Condrieu, Saint-Joseph.

◆ Au dernier étage de l'hôtel, une cuisine pleine de hauteur, savoureuse et inventive, jouant sur de somptueux accords mets-vins. Le cadre est élégant et épuré, rappelant le travail des canuts lyonnais, et la vue sur Lyon tout simplement magique...

Les Loges – Hôtel Cour des Loges

6 r. du Bœuf ✉ 69005 Ⓜ Vieux Lyon – ✆ 04 72 77 44 44 – www.courdesloges.com – Fermé juil., août, dim., lundi et le midi **3FXn**

Rest – Menu 68/85 € – Carte 72/106 €

Spéc. Escargots du pays du Mont-Blanc pochés dans une crème d'ail rose de Lautrec et magret légèrement fumé. Agneau du Limousin, épigramme croustillant à la pistache et jus de badiane fraîche. Gourmandise autour d'un fruit de saison.

◆ Un cadre enchanteur : sous une verrière contemporaine, une cour florentine cernée par trois étages de galeries. On y dîne à la lueur des bougies et le temps semble s'arrêter ! Et la cuisine, raffinée et inventive, ajoute l'harmonie au romantisme...

Mère Brazier (Mathieu Viannay)

12 r. Royale ✉ 69001 Ⓜ Hôtel de Ville – ✆ 04 78 23 17 20 – www.lamerebrazier.fr – Fermé 30 juil.-25 août, 23 fév.- 3 mars, sam. et dim.

Rest – Formule 37 € – Menu 40 € (déj.), 59/122 € – Carte 90/145 € **3FVa**

Spéc. Galette de blé noir, purée de poireau et andouille, huître et caviar (sept. à avril). Poularde de Bresse demi-deuil, petits légumes et cerises au vinaigre. Paris-brest, glace aux noisettes caramélisées et pralin. **Vins** Pouilly-Fuissé, Côte Rôtie.

◆ Figure tutélaire de la cuisine lyonnaise, Eugénie Brazier (1895-1977) s'est sans doute penchée sur le berceau de Mathieu Viannay, Meilleur Ouvrier de France. Une belle continuité pour cette maison emblématique, entre classicisme de haute volée et création.

Auberge de l'Ile (Jean-Christophe Ansanay-Alex) soir, P

sur l'Ile Barbe ✉ 69009 – ✆ 04 78 83 99 49 – www.aubergedelile.com – Fermé dim. et lundi **1BPe**

Rest – Formule 35 € – Menu 60 € (déj. en sem.)/115 € – Carte 95/135 €

Spéc. Foie gras de canard cuit au torchon, brioche mousseline tiède. Cœur d'une pièce de bœuf wagyu lentement maturée, sauce béarnaise. Soufflé de pêche blanche, sorbet pêche de vigne. **Vins** Condrieu, Beaujolais.

◆ Presque à la campagne... au cœur de la verdoyante île Barbe, posée sur la Saône. Des murs datés de 1601, une douce intimité et une cuisine très fine, avec des associations de saveurs saisissantes et de belles envolées dans la création.

L'Arc-en-Ciel – Hôtel Radisson Blu

129 r. Servient, (32ème étage) ✉ 69003 Ⓜ Part-Dieu – ✆ 04 78 63 55 00 – www.radissonblu.com/hotel-lyon – Fermé mi-juil. à fin août, sam. midi et dim.

Rest – Menu 46 € (sem.), 57/92 € – Carte 65/114 € **4HXu**

◆ Au 32eétage du "crayon", cet Arc-en-Ciel domine tout Lyon... Dans un décor élégant, l'assiette prend de belles couleurs de saison et s'accompagne de superbes nectars à la robe chatoyante.

Brasserie Léon de Lyon

1 r. Pleney, (angle r. du Plâtre) ✉ 69001 Ⓜ Hôtel de Ville – ✆ 04 72 10 11 12 – www.leondelyon.com **5FXr**

Rest – Formule 20 € – Menu 23 € (sem.), 31/35 € – Carte 38/55 €

◆ Cette institution lyonnaise fondée en 1904 a conservé son cadre cossu et son atmosphère conviviale. Excellents produits au service de plats canailles et gourmands.

XX **La Rémanence**
31 r. du Bât-d'Argent ✉ 69001 Ⓜ Hôtel de Ville – ✆ 04 72 00 08 08 – www.laremanence.fr – Fermé dim. et lundi **5FXh**
Rest – Formule 27 € – Menu 37/71 € – Carte 50/89 €
◆ Crémeux d'épinard et rouget barbet, tourte feuilletée de gibier... Sous les voûtes de cet élégant réfectoire jésuite du 16[e]s., la cuisine a de beaux airs de messe pour le temps présent.

XX ✿ **Le Gourmet de Sèze** (Bernard Mariller)
129 r. de Sèze ✉ 69006 Ⓜ Masséna – ✆ 04 78 24 23 42 – www.le-gourmet-de-seze.com – Fermé 17-21 mai, 28 juil.-23 août, 24-28 fév., dim., lundi et fériés **4HVz**
Rest *(nombre de couverts limité, réserver)* – Formule 25 € – Menu 35 € (déj. en sem.), 48/113 €
Spéc. Croustillants de pieds de cochon compotés à la moutarde en grains. Coquilles Saint-Jacques de la baie de Saint-Brieuc (oct. à mars). Grand dessert du gourmet en quatre assiettes. **Vins** Condrieu, Saint-Joseph.
◆ Vingt ans en 2011 et ce Gourmet n'a pas pris une ride ! La cuisine de Bernard Mariller a la fougue et la fraîcheur de la jeunesse, ainsi que la finesse du grand classicisme...

XX **Cazenove**
75 r. Boileau ✉ 69006 Ⓜ Masséna – ✆ 04 78 89 82 92 – www.le-cazenove.com – Fermé août, sam. et dim. **4GVk**
Rest – Menu 35/45 € – Carte 30/105 €
◆ La Belle Époque rêvée, avec ses bronzes et ses appliques rétro ! L'ambiance est feutrée (banquettes capitonnées) et l'on savoure une cuisine de tradition saupoudrée d'inventivité.

XX **Le Passage**
8 r. Plâtre ✉ 69001 Ⓜ Hôtel de Ville – ✆ 04 78 28 11 16 – www.le-passage.com – Fermé août, dim., lundi et fériés **5FXr**
Rest – Menu 35/55 € – Carte 45/80 €
◆ Un Passage chaleureux, fait de boiseries, de tapisseries pourpres et de lustres en cristal. Œufs brouillés et truffe, pigeon rôti : honneur à la cuisine classique.

XX **L'Alexandrin**
83 r. Moncey ✉ 69003 Ⓜ Place Guichard – ✆ 04 72 61 15 69 – www.lalexandrin.fr – Fermé 29 juil.-21 août, 24-29 déc., dim. et lundi
Rest – Formule 28 € – Menu 60/115 € **4GXh**
◆ Cet Alexandrin fait rimer originalité avec générosité, sur la base de beaux produits du terroir. Un moment de poésie bien agréable, dans le cadre d'une salle feutrée et d'une jolie terrasse...

XX **Alex**
44 bd des Brotteaux ✉ 69006 Ⓜ Brotteaux – ✆ 04 78 52 30 11 – Fermé août, dim. et lundi **5HXe**
Rest – Formule 19 € – Menu 23 € (déj.), 30/62 € – Carte 55/64 €
◆ Alex ? C'est le chef (et propriétaire) de ce restaurant chic et sobre. Avec de beaux produits frais glanés au marché, il concocte une cuisine bien ficelée.

XX **La Tassée**
20 r. Charité ✉ 69002 Ⓜ Bellecour – ✆ 04 72 77 79 00 – www.latassee.fr – Fermé dim. **5FYu**
Rest – Menu 29/79 € – Carte 47/87 €
◆ Une institution locale, tenue par la même famille depuis trois générations. Ici, on cultive l'art de mêler tradition, terroir et esprit contemporain sans perdre son âme !

XX **La Table de Suzanne**
37 r. Auguste-Comte ✉ 69002 Ⓜ Ampère – ✆ 04 78 37 49 83 – www.latabledesuzanne.com – Fermé 31 juil.-20 août, dim. et lundi
Rest – Formule 17 € – Menu 22 € (déj.)/44 € – Carte environ 47 € **5FYq**
◆ Un restaurant raffiné du quartier des antiquaires, où la cuisine dite "gastronomique" vit avec son temps. Pour preuve, ce crémeux de champignons ou ce tartare de bar...

XX **Cuisine & Dépendances Acte II**

68 r. de la Charité ✉ 69002 Ⓜ Perrache – ✆ 04 78 37 45 02
– www.cuisineetdependances.com – Fermé 3-18 août, dim. et lundi
Rest – Formule 16 € – Menu 30/84 € – Carte 40/76 € **5FYd**

◆ Cet acte II se joue dans un décor tendance, chic et cosy. Un sympathique écrin pour apprécier une cuisine d'une belle finesse axée sur les produits de la mer.

XX **Brasserie Georges**

30 cours Verdun ✉ 69002 Ⓜ Perrache – ✆ 04 72 56 54 54
– www.brasseriegeorges.com **5FZb**
Rest – Menu 20/25 € – Carte 25/40 €

◆ "Bonne bière et bonne chère depuis 1836", cadre Art déco jalousement préservé et atmosphère ad hoc : cette brasserie est une véritable institution.

XX **Le Potiquet**

27 r. de l'Arbre Sec ✉ 69001 Ⓜ Hotel de Ville – ✆ 04 78 30 65 44
– www.lepotiquet.com – Fermé août, sam. midi, dim. et lundi **3FXw**
Rest – Formule 18 € – Menu 29/49 € – Carte 40/50 €

◆ Un endroit sobre et élégant... Les pierres apparentes donnent ce petit je-ne-sais-quoi qui fait la différence, tout comme la cuisine du chef, bistronomique et fraîche.

XX **Le Vivarais**

1 pl. Gailleton ✉ 69002 Ⓜ Bellecour – ✆ 04 78 37 85 15
– Fermé dim. **5FYr**
Rest – Formule 18 € bc – Menu 25/35 € – Carte 35/50 €

◆ Ici, un Meilleur Ouvrier de France et sa fille cuisinent à quatre mains ! Quenelles, rognons, tête de veau, bœuf à la ficelle... et joli décor rétro.

XX **La Voûte - Chez Léa**

11 pl. A. Gourju ✉ 69002 Ⓜ Bellecour – ✆ 04 78 42 01 33
– Fermé dim. et fériés **5FYe**
Rest – Menu 18 € (déj. en sem.), 30/41 € – Carte 35/48 €

◆ L'un des plus vieux restaurants de Lyon ! Dans une atmosphère chaleureuse, on perpétue avec brio la tradition. En témoignent cette belle carte de gibier en automne ou ces savoureux plats régionaux.

XX **Blue Elephant** – Hôtel Hilton

70 quai Ch.-de-Gaulle ✉ 69006 – ✆ 04 78 17 50 00 – www.hilton.com
– Fermé août, sam. midi, dim. et lundi **4GUa**
Rest – Menu 28 € (déj.), 43/55 € – Carte 35/55 €

◆ Sans conteste, cet Éléphant voit la vie en bleu et nous régale d'une bonne cuisine thaïlandaise préparée avec des produits importés de Bangkok. Buffet au déjeuner et suggestions selon le marché et les saisons.

XX **Brasserie** – Hôtel Hilton

70 quai Ch.-de-Gaulle ✉ 69006 – ✆ 04 78 17 51 00 – www.hilton.com
Rest – Formule 21 € – Menu 24 € (déj. en sem.)/26 € **4GUa**
– Carte 38/55 €

◆ Carte traditionnelle, buffet d'entrées et de desserts (à l'heure du déjeuner) et décor façon 1900 : cette Brasserie compte son lot d'habitués et séduit la clientèle d'affaires. Brunch très prisé le dimanche.

X **Au 14 Février**

6 r. Mourguet ✉ 69005 Ⓜ Vieux Lyon – ✆ 04 78 92 91 39
– www.au14fevrier.com – Fermé 1er-10 janv., dim., lundi et le midi sauf sam.
Rest *(nombre de couverts limité, réserver) (menu unique)* **5EFYt**
– Menu 75 €

Spéc. Foie gras des Landes poêlé, purée de panais, sauce orange et carottes caramelisées. Jambonnette de pigeonneau rôti. Corolle de rose, féerie de framboises au chocolat blanc. **Vins** Condrieu, Châteauneuf-du-Pape.

◆ Idéale pour la St-Valentin... et tous les dîners à deux, une table intime et romantique ! Le jeune chef, d'origine japonaise, revisite avec grande sensibilité la gastronomie française.

Maison Clovis (Clovis Khoury)
19 bd Brotteaux ✉ 69006 Ⓜ Brotteaux – ✆ 04 72 74 44 61 – www.maisonclovis.com – Fermé 1er-22 août, 2-10 janv., dim. et lundi
Rest – Menu 26 € (déj. en sem.), 42/70 € – Carte 65/95 € **4HXm**
Spéc. Langoustines Bretonnes (avril à oct.). Pomme de ris de veau du Limousin. Harmonie aux grands crus de chocolat. **Vins** Côtes du Rhône, Morgon.
◆ Un lieu design et élégant, sans être guindé... Clovis Khoury prépare ici une savoureuse cuisine de saison à base de très beaux produits. La carte est courte, mais le choix néanmoins cornélien.

Eskis
11 r. Chavanne ✉ 69001 Ⓜ Cordeliers – ✆ 04 78 27 86 93 – www.eskis-restaurant.com – Fermé 5 août-5 sept. et 1er-15 janv. **4FXe**
Rest – Menu 35 € (sem.), 49/69 €
◆ Ici, l'originalité a toute sa place ! Le jeune chef, curieux de tout, élabore une cuisine moléculaire et créative. Le cadre est au diapason : moderne et zen.

L'Ouest
1 quai du Commerce, Nord par bords de Saône (D 51) ✉ 69009 – ✆ 04 37 64 64 64 – www.nordsudbrasseries.com **3EUb**
Rest – Formule 21 € – Menu 24 € (sem.)/32 € – Carte 28/55 €
◆ Brasserie design (bois, béton, métal, écrans géants, cuisines ouvertes), jolie terrasse côté Saône et recettes des îles : Bocuse met le cap à l'ouest ! La carte n'hésite pas à s'inspirer des Antilles, du Japon, de l'Italie...

Le Nord
18 r. Neuve ✉ 69002 Ⓜ Hôtel de Ville – ✆ 04 72 10 69 69 – www.nordsudbrasseries.com **5FXp**
Rest – Formule 21 € – Menu 24 € (sem.)/32 € – Carte 28/55 €
◆ Banquettes, sol en mosaïque, boiseries, lampes boule : un vrai décor 1900 dans cette brasserie – la première ouverte par Bocuse. Quant aux plats, ils sont ancrés dans la tradition.

Le Sud
11 pl. Antonin-Poncet ✉ 69002 Ⓜ Bellecour – ✆ 04 72 77 80 00 – www.nordsudbrasseries.com **5FYx**
Rest – Formule 21 € – Menu 24 € (sem.)/32 € – Carte 28/55 €
◆ Point cardinal de la géographie bocusienne, cette brasserie évoque le bassin méditerranéen par son décor coloré et sa cuisine ensoleillée. L'été, en terrasse, on dirait le Sud.

L'Est
14 pl. J. Ferry, (gare des Brotteaux) ✉ 69006 Ⓜ Brotteaux – ✆ 04 37 24 25 26 – www.nordsudbrasseries.com **4HXv**
Rest – Formule 21 € – Menu 24 € (sem.)/32 € – Carte 28/55 €
◆ Le charme ferroviaire ! D'une ancienne gare, Paul Bocuse a fait l'une de ses brasseries cardinales et conviviales. Cuisines ouvertes, trains miniatures et saveurs des cinq continents.

33 Cité
33 quai Charles-de-Gaulle ✉ 69006 – ✆ 04 37 45 45 45 – www.33cite.com – Fermé 8-21 août **4HUt**
Rest – Formule 20 € – Menu 23 € (sem.)/27 € – Carte 35/48 €
◆ Trois chefs de talent se sont associés pour faire de ce 33-là un lieu gourmand. Côté papilles, une carte brasserie alléchante ; côté mirettes, vue sur le parc de la Tête-d'Or.

Argenson Gerland
40 allée P.-de-Coubertin, à Gerland ✉ 69007 Ⓜ Stade de Gerland – ✆ 04 72 73 72 73 – www.nordsudbrasseries.com **1BRa**
Rest – Formule 20 € – Menu 23/32 € – Carte 39/52 €
◆ L'une des brasseries de Paul Bocuse, voisine du stade de Gerland. Intérieur chaleureux, terrasse sous les platanes et carte traditionnelle où pointe l'accent du Sud.

M

47 av. Foch ✉ 69006 Ⓜ Foch – ✆ 04 78 89 55 19 – www.mrestaurant.fr – Fermé 30 juil.-22 août, 11-19 fév., sam. et dim. **4GVs**

Rest – Formule 18 € – Menu 24/34 € – Carte environ 34 €

◆ Une cuisine gourmande débordant de saveurs dans un lieu vitaminé au design un brin psychédélique ? C'est bon, charmant et dans l'air du temps : on M !

Thomas

6 r. Laurencin ✉ 69002 Ⓜ Bellecour – ✆ 04 72 56 04 76 – www.restaurant-thomas.com – Fermé 3 sem. en août, 24 déc.-2 janv., sam. et dim.

Rest – Formule 15 € – Menu 18 € (déj.), 41/59 € **5FYw**

Rest *Comptoir Thomas* ✆ 04 72 41 92 99 – Carte 25/55 €

◆ Sous l'égide d'un jeune chef à la passion communicative, une cuisine fine et savoureuse (carte renouvelée chaque mois) dans un bistrot contemporain et cosy. À deux pas, deux annexes tout aussi sympathiques, dont le trendy Comptoir et ses plats à la plancha.

Rue Le Bec

43 quai Rambaud, (nouveau quartier Confluence) ✉ 69002 Ⓜ Perrache – ✆ 04 78 92 87 87 – www.nicolaslebec.com **5EZb**

Rest – Formule 20 € – Carte 23/65 €

◆ Créée par l'un des chefs les plus en vue de la ville, cette Rue est vite devenue incontournable. Un concept unique : tous les métiers de bouche réunis dans une vaste halle gourmande et design (2 000 m^2). Un "gastrodrome" impressionnant !

Les Oliviers

20 r. Sully ✉ 69006 Ⓜ Foch – ✆ 04 78 89 07 09 – www.lesoliviers-lyon.fr – Fermé 1er-8 mai, août, sam., dim. et fériés **4GVf**

Rest – Formule 17 € – Menu 24/35 € – Carte 35/42 €

◆ Un petit coin de Provence niché dans le 6e arrondissement : on sert ici une appétissante cuisine du soleil et les poissons grillés comptent parmi les vedettes de la maison.

Bernachon Passion

42 cours Franklin-Roosevelt ✉ 69006 Ⓜ Foch – ✆ 04 78 52 23 65 – www.bernachon.com – Fermé 21 juil.-21 août, dim., lundi et fériés

Rest *(déj. seult) (nombre de couverts limité, réserver)* – Menu 26 € – Carte 35/45 € **4GVr**

◆ Un restaurant tenu par la fille et les petits-enfants de Paul Bocuse, propriétaires de la célèbre chocolaterie attenante. Recettes traditionnelles et plat du jour le midi ; salon de thé.

Mon Bistrot à Moi

84 cours Vitton ✉ 69006 Ⓜ Brotteaux – ✆ 04 78 52 47 28 – www.monbistrotamoi.fr – Fermé 1er-22 août, 1 sem. en fév., sam. et dim.

Rest *(nombre de couverts limité, réserver)* – Menu 22 € – Carte 22/30 € **4HVa**

◆ Un sympathique bistrot contemporain dans le quartier des Brotteaux : casseroles en cuivre aux murs, cuisine canaille dans l'assiette, vins à l'ardoise et excellent rapport qualité-prix. "À Moi" mais partageur !

Le Splendid

3 pl. Jules-Ferry Ⓜ Brotteaux – ✆ 04 37 24 85 85 – www.georgesblanc.com – Fermé 1er-15 août **4HVz**

Rest – Formule 20 € – Menu 28/49 € – Carte 36/60 €

◆ Brasserie chic et confortable de la dynastie Georges Blanc (Vonnas). La cuisine du terroir y est généreuse, canaille et bien ficelée, offrant un bon rapport plaisir-prix.

Maison Villemanzy

25 montée St-Sébastien ✉ 69001 Ⓜ Croix-Paquet – ✆ 04 72 98 21 21 – www.maison-villemanzy.com – Fermé 4-20 août, 23 déc.-8 janv., lundi midi et dim.

Rest *(réserver)* – Formule 19 € – Menu 25 € **3FVh**

◆ Perchée sur les pentes de la Croix-Rousse, cette maison offre en terrasse une vue splendide sur la ville. Intérieur façon bistrot rétro, recettes familiales et plats canailles.

Magali et Martin

11 r. des Augustins ✉ 69001 Ⓜ Hôtel de Ville – ✆ 04 72 00 88 01 – Fermé 13-25 août, 23 déc.-9 janv., sam. et dim. **3FXj**

Rest – Formule 18 € – Menu 21 € (déj.), 33/55 € – Carte 35/48 €

♦ La maison est dirigée par un couple charmant : Martin, venu d'Autriche, s'exprime en cuisine, au gré du marché ; Magali, lyonnaise, choisit les vins et mène la danse... en salle.

Balthaz'art

7 r. des Pierres Plantées ✉ 69001 Ⓜ Croix-Rousse – ✆ 04 72 07 08 88 – www.restaurantbalthazart.fr – Fermé 16-22 avril, 6-28 août, 24-31 déc., mardi midi, merc. midi, dim. et lundi **3FVm**

Rest – Menu 15 € (déj. en sem.), 26/30 € – Carte 29/42 €

♦ Presque au sommet de la Croix-Rousse, ce restaurant – l'ancien QG du PCF – se mérite ! Du rouge (bien sûr), des reproductions de Picasso ou Modigliani : la fantaisie et la joliesse dans la déco comme dans l'assiette... avec des vins bien choisis.

Les Saveurs de Py

8 r. Pailleron ✉ 69004 Ⓜ Henon – ✆ 04 78 28 80 86 – www.saveursdepy.fr – Fermé dim soir, mardi midi et lundi **3FVn**

Rest – Menu 15 € (déj.), 29/36 €

♦ En plein cœur du quartier animé de la Croix-Rousse, un de ces petits bistrots contemporains, conviviaux comme on les aime. Au menu : des produits frais, du fait maison et une cuisine du marché qui ose les touches japonisantes.

Ponts et Passerelles

5 pl. Dr.-Gailleton ✉ 69002 Ⓜ Bellecour – ✆ 04 78 38 70 70 – www.pontsetpasserelles.com – Fermé 10 août-1er sept., 25 déc.-5 janv., dim. et lundi **5FYa**

Rest *(nombre de couverts limité, réserver)* – Formule 16 € – Menu 19 € (sem.), 26/33 €

♦ Un néobistrot convivial. Côté look : un décor contemporain mâtiné de touches nostalgiques ; côté cook : une fine et goûteuse cuisine du marché, où les produits locaux sont rois.

Testa d'Oca

1 r. de l'Antiquaille ✉ 69005 Ⓜ Minimes – ✆ 04 74 26 95 73 – www.testadoca.com – Fermé 7-20 août **5EYa**

Rest – Menu 19 € (déj.), 28/45 € – Carte 35/45 €

♦ Testa d'oca ? Cela veut dire "tête d'oie" en italien. Logique : c'est le restaurant italien de Christian Têtedoie ! Pour déguster pâtes, antipasti et tiramisu à prix modérés.

Les Adrets

30 r. Boeuf ✉ 69005 Ⓜ Vieux Lyon – ✆ 04 78 38 24 30 – Fermé 9-14 avril, août, 24 déc.-6 janv., sam. et dim. **3EXv**

Rest – Formule 16 € bc – Menu 23 € (dîner), 30/45 € – Carte 35/61 €

♦ Une vraie bonne adresse du Vieux-Lyon, où savourer de généreuses recettes traditionnelles. Et le décor ? Poutres apparentes, tomettes et cuisines en partie visibles de la salle.

L'Espace Carnot

4 pl. Carnot ✉ 69002 Ⓜ Perrache – ✆ 04 72 41 98 40 – Fermé 1er-7 janv.

Rest – Formule 16 € – Menu 19 € (déj. en sem.), 22/35 € – Carte 30/45 € **5FYh**

♦ Juste en face de la gare de Perrache, cette brasserie chaleureuse (boiseries) est bien engageante. On y sert une cuisine bistrotière et canaille, dans un registre traditionnel et lyonnais. Tarifs raisonnables.

Côté Cuisine – Hôtel Le Royal Lyon

20 pl. Bellecour ✉ 69002 Ⓜ Bellecour – ✆ 04 78 37 57 31 – www.lyonhotel-leroyal.com – Fermé 31 juil.-27 août, dim. et lundi

Rest – Formule 22 € – Menu 31 € – Carte 35/42 € **5FYg**

♦ Dans un cadre rétro et raffiné – celui du Royal, un hôtel mythique à Lyon – le chef concocte une cuisine traditionnelle de belle facture, écurie Bocuse oblige... Une certaine idée de la gastronomie à la française !

Le Potager des Halles

3 r. de la Martinière ✉ 69001 Ⓜ Hôtel de Ville – ✆ 04 72 00 24 84 – www.lepotagerdeshalles.com – Fermé 1er-15 août, 1 sem. à Noël, dim. et lundi

Rest – Menu 17 € (déj. en sem.), 36/52 € bc – Carte 34/45 € **3FXt**

◆ Une table sympathique, entre quais de la Saône et halles de la Martinière. Quasi de veau aux carottes de couleur, aile de raie aux salicornes, etc. : produits bio et cuisine de marché sont à la fête ! Juste à côté, le comptoir à tapas.

L'Art et la Manière

102 Gde-Rue de la Guillotière ✉ 69007 Ⓜ Saxe-Gambetta – ✆ 04 37 27 05 83 – www.art-et-la-maniere.fr – Fermé 3 sem. en août, lundi soir, sam. et dim.

Rest – Formule 15 € – Menu 18 € (déj.), 25/33 € – Carte 25/35 € **6GYa**

◆ Un bistrot contemporain qui célèbre l'amitié, la cuisine du marché et ces vins gouleyants que l'on boit à prix doux. Une belle manière de découvrir le quartier de la Guillotière. Les habitués sont nombreux, alors pensez à réserver !

Cuisine & Dépendances

46 r. Ferrandière ✉ 69002 Ⓜ Cordeliers – ✆ 04 78 37 44 84 – www.cuisineetdependances.com – Fermé 1 sem. en août, dim. et lundi

Rest – Formule 16 € – Menu 27/70 € – Carte 38/55 € **5FXs**

◆ Petite salle tout en longueur, design et très chaleureuse, ambiance lounge et cuisine inventive célébrant le poisson : les Lyonnais sont vraiment dépendants de ce restaurant.

Le 126

126 r. de Seze ✉ 69006 Ⓜ Masséna – ✆ 04 78 52 74 34 – Fermé 3 sem. en août, 1er-7 janv., sam. et dim. **4HVn**

Rest – Formule 16 € – Menu 32 € (dîner)/37 €

◆ Un restaurant de poche très convivial, dont la devise est claire : "Une carte courte axée sur le produit." Ici, on savoure une cuisine fine et goûteuse, avec une pointe d'invention.

L'Ourson qui Boit

23 r. Royale ✉ 69001 Ⓜ Croix-Paquet – ✆ 04 78 27 23 37 – Fermé 4 sem. en juil.-août, 2 sem. en déc., merc. et dim. **3FVb**

Rest – Formule 14 € – Menu 17 € (déj.)/25 €

◆ Dans ce bistrot contemporain, le chef japonais, qui est passé par de belles maisons, fait fusionner le terroir français avec les parfums subtils du yuzu, du gingembre... le tout à prix doux. On craque pour cet Ourson !

Café-Épicerie – Hôtel Cour des Loges

6 r. du Bœuf ✉ 69005 Ⓜ Vieux Lyon – ✆ 04 72 77 44 44 – www.courdesloges.com **3FXn**

Rest – Formule 15 € – Carte 33/55 €

◆ Dans le cadre merveilleux de la Cour des Loges, un Café-Épicerie où règne une atmosphère de bistrot branché... On vient y apprécier des petits plats bien tournés dont le choix change chaque jour.

Mon Bistrot Italien

33 r. Malesherbes ✉ 69006 Ⓜ Foch – ✆ 04 72 44 37 29 – Fermé août, 1 sem. en janv., dim. et lundi **4GVn**

Rest – Formule 19 € bc – Menu 24 € – Carte 24/30 €

◆ Pâtes, pizzas, risottos... Dans ce bistrot installé à quelques pas des Oliviers (son aîné), la Botte est à l'honneur, ainsi que toutes les saveurs du Sud. Jolis vins italiens.

La Terrasse St-Clair

2 Grande Rue St-Clair ✉ 69300 Caluire-et-Cuire – ✆ 04 72 27 37 37 – www.terrasse-saint-clair.com – Fermé 5-22 août, 23 déc.-15 janv., dim. et lundi

Rest – Formule 18 € – Menu 25/36 € – Carte 25/36 € **4GUs**

◆ Hommage à la Fanny – tant redoutée des boulistes ! – dans ce restaurant aux allures de guinguette. Bonne cuisine de tradition, terrasse sous les platanes et... terrain de pétanque.

Le Contretête

55 quai Pierre Scize ✉ 69005 – ✆ 04 78 29 41 29 – Fermé 3 sem. en août, sam. midi et dim. **3EXa**

Rest – Formule 17 € – Carte 27/40 €

◆ Couvé par Christian Têtedoie, ce bistrot cultive l'authenticité et propose des recettes de grand-mère mitonnées comme autrefois. Le décor à l'ancienne regorge de vieux objets.

LES BOUCHONS : *dégustation de vins régionaux et cuisine locale dans une ambiance typiquement lyonnaise*

Daniel et Denise

156 r. Créqui ✉ 69003 Ⓜ Place Guichard – ✆ 04 78 60 66 53 – www.daniel-et-denise.fr – Fermé 27 juil.-27 août, 23 déc.-3 janv., sam., dim. et fériés **4GXb**

Rest – Menu 27 € – Carte 35/42 €

◆ Un bouchon pur jus : cadre patiné, ambiance décontractée, cuisine goûteuse et généreuse concoctée avec d'excellents produits. Évidemment, les plats typiques sont à l'honneur !

La Machonnerie

36 r. Tramassac ✉ 69005 Ⓜ Vieux Lyon – ✆ 04 78 42 24 62 – www.lamachonnerie.com – Fermé 15-30 juil., 2 sem. en janv., dim. et le midi sauf sam. **5EYn**

Rest *(réserver)* – Menu 28/45 € bc – Carte 32/55 €

◆ Au pied de Fourvière, cette institution locale perpétue la tradition du mâchon lyonnais : bonne franquette, convivialité et authentiques recettes régionales.

Le Garet

7 r. Garet ✉ 69001 Ⓜ Hôtel de Ville – ✆ 04 78 28 16 94 – Fermé 27 juil.-27 août, sam. et dim. **3FXa**

Rest *(réserver)* – Menu 18 € (déj.)/23 € – Carte 20/36 €

◆ Une véritable institution bien connue des amateurs de cuisine lyonnaise : tête de veau, tripes, quenelles ou andouillettes se dégustent en toute convivialité dans un cadre exemplaire du genre.

Café des Fédérations

8 r. Major Martin ✉ 69001 Ⓜ Hôtel de Ville – ✆ 04 78 28 26 00 – www.lesfedeslyon.com – Fermé 24 déc.-3 janv. et dim. **3FXz**

Rest *(réserver)* – Menu 19 € (déj.)/25 €

◆ Décor immuable (tables accolées, nappes à carreaux, saucissons suspendus) et ambiance bon enfant dans ce vrai bouchon, incontestable conservatoire de la cuisine lyonnaise.

Environs

à Rillieux-la-Pape 7 km par ① D 483 et D 484 – 29 578 h. – alt. 269 m – ✉ 69140

Larivoire (Bernard Constantin)

chemin des Iles – ✆ 04 78 88 50 92 – www.larivoire.com – Fermé 16-28 août, dim. soir, lundi soir et mardi

Rest – Menu 36/89 € – Carte 75/95 €

Spéc. Crème mousseuse de grenouilles aux champignons et dés de foie gras. Dos de cabillaud contisé au pata negra, fondue de cébettes et fèves. Soufflé chaud au Grand Marnier. **Vins** Pouilly-Fuissé, Crozes-Hermitage.

◆ Une maison familiale depuis trois générations et la relève est déjà assurée : le fils du chef, Camille, fait l'école hôtelière et s'occupe du service. On n'a pas fini de se régaler dans cette demeure bourgeoise, où le classicisme est élevé au rang d'art majeur.

à Meyzieu **14 km par ③ et D 517 – 29 463 h. – alt. 201 m – ✉ 69330**

🅸 de Lyon, à Villette-d'Anthon, NE : 12 km par D 6, ✆ 04 78 31 11 33

XX **La Petite Auberge du Pont d'Herbens**
32 r. Victor Hugo – ✆ 04 78 31 41 09 – www.petite-auberge-pont-dherbens.com – Fermé mars, lundi et mardi sauf midi fériés
Rest – Formule 15 € – Menu 21 € (déj.), 29/60 € – Carte 27/65 €
◆ Un feu crépite dans la cheminée de cette auberge de campagne (tout près du lac du Grand-Large) pendant que le patron concocte une belle cuisine de tradition. Bon et authentique !

à Genas **12 km à l'Est par rte de Genas (D 29) - DQ – 11 667 h. – alt. 218 m – ✉ 69740**

🅸 Place du Gén de Gaulle, ✆ 04 72 47 11 11

Ambassadeur
36 r. Antoine Pinay – ✆ 04 78 40 02 02 – www.ambassadeur-hotel.fr
84 ch – †90/175 € ††90/175 € – ☕ 12 €
Rest *(fermé 2-22 août, sam. et dim.)* – Formule 18 € – Menu 22/37 € – Carte 41/51 €
◆ Des chambres très bien tenues, dans un style sobre et contemporain. Fonctionnel et idéal pour la clientèle d'affaires. Le plus : un agréable jardin japonais.

à Ecully **7 km à l'Ouest (A6, sortie n° 36) - AP – 17 953 h. – alt. 240 m – ✉ 69130**

Les Hautes Bruyères sans rest
5 chemin des Hautes Bruyères – ✆ 06 08 48 69 50 – www.lhb-hote.fr
5 ch ☕ – †140/190 € ††140/205 € **1APd**
◆ Charme patiné, authenticité et sérénité à 10mn de l'effervescence lyonnaise : cette demeure de jardinier (19^e^s.), jadis rattachée au château voisin, cultive avec raffinement son esprit "maison de famille". Délicieux petit-déjeuner.

XXX **Saisons**
Château du Vivier, 8 chemin Trouillat – ✆ 04 72 18 02 20 – www.institutpaulbocuse.com – Fermé 30 juil.-20 août, 17 déc.-3 janv., merc. soir, sam. et dim. **1APb**
Rest – Formule 27 € – Menu 32/50 €
◆ Ce beau château (19^e^s.), bordé d'un parc, abrite l'école hôtelière internationale fondée en 1990 sous la houlette de Paul Bocuse. Les étudiants assurent cuisine et service.

à St-Priest **3 km au Sud-Est par D 318 – 41 460 h. – alt. 208 m – ✉ 69800**

Golden Tulip Lyon Millénaire
160 cours du 3e Millénaire – ✆ 04 37 25 25 25 – www.hotelgoldentuliplyon.com **1BPa**
131 ch – †95/350 € ††95/350 € – 2 suites – ☕ 19 €
Rest ***Le Cocon*** – voir les restaurants ci-après
◆ Une architecture impressionnante, véritable millefeuille de pierre, de bois et de verre ! Sur le site du parc technologique, cet hôtel labellisé Haute Qualité Environnementale offre espace, clarté et confort optimal. Très innovant.

XX **Le Cocon**
160 cours du 3e Millénaire – ✆ 04 37 25 21 07 – www.hotelgoldentuliplyon.com **1BPa**
Rest – Formule 19 € – Menu 26/29 € – Carte environ 34 €
◆ Au sein d'un hôtel très high-tech, cette table cultive des recettes éprouvées : un décor élégant, des tables bien dressées et une carte de qualité, en lien avec le marché et les productions locales (nombreux produits bio).

à Charbonnières-les-Bains 8 km par ⑨ et N 7 – 4 728 h. – alt. 233 m – ✉ 69260

Parc Lacroix Laval : château de la Poupée★.

Le Pavillon de la Rotonde

3 av. Georges Bassinet – ✆ 04 78 87 79 79 – www.pavillon-rotonde.com – Fermé 29 juil.-28 août

16 ch – †330/530 € ††360/560 € – ☕ 30 €

Rest *Philippe Gauvreau* ✿✿ – voir les restaurants ci-après

◆ À deux pas du casino et dans un beau parc arboré, cet hôtel luxueux mêle contemporain et discrètes touches Art déco. Certaines chambres disposent d'un hammam et d'une terrasse... La table elle non plus ne manque pas de panache.

Philippe Gauvreau – Hôtel Le Pavillon de la Rotonde

3 av. Georges Bassinet – ✆ 04 78 87 79 79 – www.pavillon-rotonde.com – Fermé 29 juil.-28 août, 2-9 janv., sam. midi, dim. et lundi

Rest – Menu 50 € (déj.), 120/148 € – Carte 120/180 €

Spéc. Grosse morille farcie de cuisses de grenouilles et queues d'écrevisses. Homard Breton cuit en tajine. Cannellonis de chocolat amer à la glace de crème brûlée. **Vins** Condrieu, Côte Rôtie.

◆ Une salle en demi-lune, magique et élégante, qui brille dans le ciel de la gastronomie : Philippe Gauvreau réussit un parfait alliage de produits et de saveurs ; sa cuisine resplendit.

Porte de Lyon 10 km par ⑩ (échangeur A 6-N 6) – ✉ 69570 Dardilly

Novotel Lyon Nord

– ✆ 04 72 17 29 29 – www.novotel.com

107 ch – †79/165 € ††79/165 € – ☕ 14 €

Rest – Formule 13 € – Menu 17 € – Carte environ 30 €

◆ Dans le parc d'affaires de Dardilly, hôtel des années 1970 ayant adopté un style contemporain. Parfait pour l'étape.

à St-Cyr-au-Mont-d'Or 10 km au Nord par rte de St-Cyr BP – 5 443 h. – alt. 320 m – ✉ 69450

L'Ermitage

chemin de l'Ermitage, 2,5 km au sommet du Mont Cindre – ✆ 04 72 19 69 69 – www.ermitage-college-hotel.com

28 ch – †145/195 € ††145/195 € – 1 suite – ☕ 12 €

Rest – Formule 27 € – Menu 33 €

◆ Cet hôtel ne manque pas d'atouts : vue extraordinaire sur Lyon et les Monts-d'Or, cadre design et épuré pour une sérénité à son zénith. Dans la "cuisine à manger", on savoure de belles spécialités lyonnaises... Et la terrasse suspendue est superbe !

à Collonges-au-Mont-d'Or 12 km au Nord par bords de Saône (D 433, D 51) – BP – 3 824 h. – alt. 176 m – ✉ 69660

voir ✿✿✿ Paul Bocuse à Lyon

à l'aéroport de Lyon St-Exupéry : 27 km par A 43 – ✉ 69125

NH Lyon Aéroport

Aéroport Lyon St-Exupéry, terminal 1 – ✆ 04 72 23 05 50 – www.nh-hotels.fr

245 ch – †99/375 € ††99/375 € – ☕ 23 €

Rest – Menu 16 € (déj.), 21/26 € – Carte 24/50 €

◆ Des chambres contemporaines, agréables et bien insonorisées, juste en face de l'aérogare. À noter : un fitness très complet et une importante capacité d'accueil pour les séminaires.

LYONS-LA-FORÊT – 27 Eure – 304 I5 – 754 h. – alt. 88 m – ✉ 27480 33 D2

Normandie Vallée de la Seine

Paris 104 – Beauvais 57 – Mantes-la-Jolie 66 – Rouen 35

20, rue de l'Hôtel de Ville, ✆ 02 32 49 31 65, www.paysdelyons.com

La Licorne

27 pl. Isaac-Bensarade – ✆ 02 32 48 24 24 – www.hotel-licorne.com

15 ch – 🚹135/180 € 🚹🚹135/295 € – 6 suites – ☕ 22 €

Rest *La Licorne* – voir les restaurants ci-après

◆ Au cœur du joli village de Lyons et non loin de la superbe forêt domaniale, cette authentique Licorne normande a de beaux secrets à faire partager : ses chambres sont d'un raffinement très contemporain (douches à l'italienne, baignoires sur pieds, parquet...) et le spa Nuxe est une petite merveille !

Le Grand Cerf

20 pl. de la Halle-Benserade – ✆ 02 32 49 50 50 – www.grandcerf.fr – Fermé nov.-fév. sauf sam.

13 ch – 🚹110/225 € 🚹🚹110/225 € – ☕ 22 €

Rest *Le Grand Cerf* – voir les restaurants ci-après

◆ Sur la pittoresque place du village, célèbre pour sa halle du 18es., ce Grand Cerf à colombages abrite de vastes chambres champêtres, ou plutôt... "forestières" : beaucoup de branchages et même du bois de cerf. Insolite et très plaisant !

Les Lions de Beauclerc

7 r. Hôtel de ville – ✆ 02 32 49 18 90 – www.lionsdebeauclerc.com

6 ch – 🚹74/79 € 🚹🚹79/84 € – ☕ 9 €

Rest *Les Lions de Beauclerc* – voir les restaurants ci-après

◆ Atmosphère maison bourgeoise et boutique d'antiquités, meubles chinés et bibelots... Ces lions-là ont du chien ! Les chambres sont charmantes, confortables et parfaitement tenues.

La Licorne – Hôtel La Licorne

27 pl. Isaac-Bensarade – ✆ 02 32 48 24 24 – www.hotel-licorne.com – Fermé merc.

Rest *(dîner seult sauf sam. et dim.)* – Menu 43/119 € bc – Carte 59/75 €

◆ Beignets de jeune carotte et émulsion de moule bien iodée, turbot au épices et sa mousseline d'artichaut... : une cuisine fraîche et savoureuse dans un restaurant intime, qui sait mêler rustique et contemporain avec charme.

Le Grand Cerf – Hôtel Le Grand Cerf

20 pl. de la Halle-Benserade – ✆ 02 32 49 50 50 – www.grandcerf.fr – Fermé lundi et mardi

Rest – Formule 23 € bc – Menu 29/39 € – Carte 43/50 €

◆ Ce néobistrot rustique possède un indéniable cachet : un décor de poutres et de briques, assorti d'une agréable terrasse dans la cour pavée. On y apprécie une jolie cuisine bistrotière, déclinée en petits menus renouvelés chaque mois.

Les Lions de Beauclerc – Hôtel Les Lions de Beauclerc

7 r. Hôtel de ville – ✆ 02 32 49 18 90 – www.lionsdebeauclerc.com – Fermé mardi

Rest – Formule 12 € – Menu 15/28 € – Carte 15/30 €

◆ Dans cet hôtel-restaurant, on savoure une sympathique cuisine traditionnelle, mais aussi des crêpes et galettes... Après le repas, on peut faire un petit détour par la boutique d'antiquités.

LYS-ST-GEORGES – 36 Indre – 323 G7 – 223 h. – alt. 200 m – ✉ 36230 12 C3

Paris 287 – Argenton-sur-Creuse 29 – Bourges 80 – Châteauroux 29

Auberge La Forge

7 r. du Château – ✆ 02 54 30 81 68 – www.restaurantlaforge.com – Fermé 27 juin-3 juil., 26 sept.-12 oct., 2-24 janv., dim. soir, lundi et mardi

Rest – Menu 19 € (déj. en sem.), 29/49 € – Carte 33/69 €

◆ Une belle auberge champêtre, où ni poutres ni tomettes ne manquent. Quant à l'assiette, elle récèle de bien belles saveurs du terroir. Gourmandise... à prix doux !

MACÉ – 61 Orne – 310 J3 – rattaché à Sées

MACHÉZAL – 42 Loire – 327 E4 – 411 h. – alt. 623 m – ✉ 42114 44 A1

Paris 428 – Lyon 59 – Saint-Étienne 93 – Clermont-Ferrand 133

Le Myrrhis

– ✆ 04 77 62 47 25 – www.lemyrrhis.eu – Fermé 1er-8 sept., 2-26 janv., dim. soir, lundi et mardi

Rest – Menu 16 € (déj. en sem.), 26/38 € – Carte 42/68 €

◆ Au pied de l'église, cette maison est tenue par un jeune couple plein d'allant. Aux fourneaux, monsieur élabore une cuisine élégante. Salle raffinée, aux tons pastel.

MACHILLY – 74 Haute-Savoie – 328 K3 – 970 h. – alt. 525 m – ✉ 74140 46 F1

Paris 548 – Annemasse 11 – Genève 21 – Thonon-les-Bains 20

Le Refuge des Gourmets

90 rte des Framboises – ✆ 04 50 43 53 87 – www.refugedesgourmets.com – Fermé 13 août-4 sept., 20-29 fév., dim. soir et lundi

Rest – Formule 25 € – Menu 33/72 € – Carte 60/80 €

◆ Carpaccio de langoustines, filets de féra cuits à basse température, pêche pochée et son sorbet à la menthe... Ce restaurant cossu, d'inspiration Belle Époque, est un vrai refuge gourmet ! Le chef et sa brigade concoctent une jolie cuisine classique et de saison, rehaussée de touches créatives.

LA MACHINE (COL DE) – 26 Drôme – 332 F4 – rattaché à St-Jean-en-Royans

MACINAGGIO – 2B Haute-Corse – 345 F2 – voir à Corse

MÂCON P – 71 Saône-et-Loire – 320 I12 – 34 298 h. – alt. 175 m – ✉ 71000 Bourgogne 8 C3

Paris 391 – Bourg-en-Bresse 38 – Chalon-sur-Saône 59 – Lyon 71

1 place Saint Pierre, ✆ 03 85 21 07 07, www.macon-tourism.com

de la Commanderie, à Crottet, L'Aumusse, par rte de Bourg-en-Bresse : 7 km, ✆ 03 85 30 44 12

de Mâcon La Salle, à La Salle, par rte de Tournus : 14 km, ✆ 03 85 36 09 71

Musée des Ursulines★ BY **M1** - Musée Lamartine BZ **M2** - Apothicairerie★ de l'Hôtel-Dieu BY - ≤★ du Pont St-Laurent.

Roche de Solutré★★ O : 9 km - Clocher★ de l'église de St-André de Bagé E : 8,5 km.

Plan page suivante

Park Inn

26 r. Pierre-de-Coubertin, 0,5 km par ① – ✆ 03 85 21 93 93 – www.macon.parkinn.fr

64 ch – †78/126 € ††89/141 € – ☕ 14 €

Rest *(fermé dim. et lundi) (dîner seult)* – Carte 34/43 €

◆ Près du port de plaisance, un hôtel fonctionnel répondant aux exigences de la clientèle d'affaires. La moitié des chambres ont vue sur la Saône, le bar est très agréable et l'été, on peut se restaurer au bord de la piscine.

Du Nord sans rest

313 quai Jean-Jaurès – ✆ 03 85 38 08 68 – www.hotel-dunord.com – Fermé 5-19 août et 17 déc.-3 janv. BY**g**

15 ch – †70/73 € ††80/83 € – ☕ 8 €

◆ Sur les quais, à quelques pas du centre, le meilleur petit hôtel de la ville : atmosphère familiale, prix raisonnables, chambres rénovées en 2010 et bons petits-déjeuners.

XXX ## Pierre (Christian Gaulin)

7 r. Dufour – ✆ 03 85 38 14 23 – www.restaurant-pierre.com – Fermé 3 sem. en juil., vacances de fév., dim. soir, mardi midi et lundi BZ**k**

Rest – Menu 25 € (déj. en sem.), 31/79 € – Carte 70/90 €

Spéc. Foie gras de canard poêlé. Tournedos charolais. Soufflé chaud aux griottines confites. **Vins** Mâcon Uchizy, Givry.

◆ Une grande et belle cheminée ; autour, des pierres apparentes, des poutres et beaucoup de raffinement. Dans l'assiette, même élégance : Christian Gaulin marie classicisme, terroir et modernité... et le fait bien.

XX ## Le Poisson d'Or

allée du Parc, par ① et bords de Saône – ✆ 03 85 38 00 88 – www.lepoissondor.com – Fermé 4-28 oct., dim. soir, mardi soir et merc.

Rest – Menu 25 € (sem.), 33/61 € – Carte 54/82 €

◆ Père et fils concoctent une jolie cuisine d'aujourd'hui, fine et précise, où le poisson et les fruits de mer portent haut leur couronne d'or. Côté décor, des murs pastel et de grandes baies vitrées pour noyer son regard dans la Saône.

XX ## L'Ethym'Sel

10 r. Gambetta – ✆ 03 85 39 48 84 – Fermé 3-10 mars, 29 juil.-20 août, dim. sauf le midi de sept. à juin, lundi en juil.-août, mardi soir et merc. sauf en juil.-août BZ**t**

Rest – Formule 15 € – Menu 17 € (sem.), 27/46 € – Carte 33/44 €

◆ Tout près des quais, un joli restaurant contemporain et reposant, où il fait bon s'attabler. La cuisine, traditionnelle, est plutôt bien ficelée... et les prix sont doux.

MÂCON

Barre (Pl. de la)	AYZ	2
Barre (R. de la)	BZ	3
Dombey (R.)	BZ	5
Dufour (R.)	BZ	6
Gaulle (Av. Gén.-de)	BY	7
Laguiche (R. Ph.)	BZ	8
Lamartine (R.)	BYZ	9
Paix (Square de la)	BY	10
Perrier (R.)	AY	12
Poissonnière (Pl.)	BZ	13
Pont (R. du)	BZ	14
Préfecture (R. de la)	BY	15
St-Étienne (Pl.)	BY	17
St-Nizier (R.)	BZ	18
Sigorgne (R.)	BZ	19
Strasbourg (R. de)	BY	20
Ursulines (R. des)	BY	21
11-Nov.-1918 (R. du)	ABY	22
28-Juin-1944 (R.)	BY	24

L'Ambroisie
103 r. Marcel-Paul, (Rond-Point de l'Europe), par ③ – ✆ 03 85 38 12 21 – www.lambroisie.fr – Fermé 1er-15 août et dim.
Rest – Formule 16 € – Menu 21/45 € – Carte 25/59 €
◆ Un pressé de canard confit ou un velouté d'asperge, un filet de rascasse et son risotto crémeux au gingembre ? La carte est bistronomique et de saison, le lieu très convivial. Une vraie gourmandise !

à St-Laurent-sur-Saône (01 Ain) – 1 736 h. – alt. 176 m – ✉ 01750

L'Autre Rive
143 quai Bouchacourt – ✆ 03 85 39 01 02 – www.lautrerive.fr – Fermé 24-27 déc., dim. soir, lundi et mardi midi BZa
Rest – Formule 19 € – Menu 25/35 € – Carte 29/48 €
◆ Une carte de tradition axée sur les délices régionaux (poulet de Bresse, grenouille en saison) et les saveurs iodées, une terrasse donnant sur la Saône : gagnez l'autre rive !

Le Saint-Laurent
1 quai Bouchacourt – ✆ 03 85 39 29 19 – www.georgesblanc.com BZb
Rest – Formule 19 € – Menu 28/45 € – Carte 35/52 €
◆ Cette brasserie chic et rétro accueillit F. Mitterrand et M. Gorbatchev ! Se régalèrent-ils d'une matelote de sandre, de ravioles d'escargot ou d'un poulet de Bresse ? D'une jolie cuisine canaille, c'est certain.

à Sennecé-lès-Mâcon 7,5 km par ① – ✉ 71000 Mâcon – ✉ 71000

Auberge de la Tour
604 r. Vrémontoise – ✆ 03 85 36 02 70 – www.auberge-tour.fr – Fermé 12-18 juin, 30 oct.-12 nov., 20 fév.-12 mars, mardi midi, dim. soir et lundi
24 ch – †46 € ††52/77 € – ☕ 10 €
Rest *Auberge de la Tour* – voir les restaurants ci-après
◆ Une sympathique auberge familiale et rustique, tout près de la tour de guet (la curiosité du village). Les chambres sont impeccablement tenues. L'occasion d'une étape viticole : la cave de la commune se trouve juste en face.

Auberge de la Tour
604 r. Vrémontoise – ✆ 03 85 36 02 70 – www.auberge-tour.fr – Fermé 12-18 juin, 30 oct.-12 nov., 20 fév.-12 mars, mardi midi, dim. soir et lundi
Rest – Formule 15 € – Menu 19 € (déj.), 25/45 € – Carte 28/46 €
◆ Le patron de cette auberge – un passionné du terroir – concocte une généreuse cuisine régionale. Volaille de Bresse, andouille du pays, civet de lièvre et autre pigeonneau en crapaudine s'accompagnent d'un beau choix de vins du Mâconnais.

à Crèches-sur-Saône 8 km au Sud par ③ et N 6 – 2 830 h. – alt. 180 m – ✉ 71680
466, route nationale 6, ✆ 03 85 37 48 32

Hostellerie du Château de la Barge
rte des Bergers, 1 km au Nord-Ouest par D89 – ✆ 03 85 23 93 23 – www.chateaudelabarge.fr – Fermé 22 déc.-3 janv.
22 ch – †100 € ††105/120 € – 3 suites – ☕ 14 €
Rest *Hostellerie du Château de la Barge* – voir les restaurants ci-après
◆ Au pied des vignes, un joli parc, une piscine et cette vaste demeure du 17e s. Au programme, repos dans une chambre très contemporaine ou plus "châtelaine" : de quoi reprendre des forces !

Hostellerie du Château de la Barge
rte des Bergers, 1 km au Nord-Ouest par D89 – ✆ 03 85 23 93 23 – www.chateaudelabarge.fr – Fermé 22 déc.-3 janv.
Rest – Formule 18 € bc – Menu 21 € (sem.), 26/75 € bc – Carte 59/80 €
◆ Les deux chefs de cet élégant restaurant se mettent en quatre pour interpréter les classiques de la gastronomie du terroir : tarte fine aux escargots ail et persil, risotto de homard, gaufrettes mâconnaises... Beau choix de pouilly-fuissé.

à Hurigny 5,5 km au Nord-Est par D 82 AY et rte secondaire – 1 834 h. – alt. 275 m – ✉ 71870

Château des Poccards sans rest
120 rte des Poccards – ☎ 03 85 32 08 27 – www.chateau-des-poccards.com – Ouvert de mi-mars à mi-nov.
5 ch – 80/100 € 110/150 €
◆ C'est dans un ravissant parc à l'anglaise que se niche ce château de 1805. Tomettes, meubles chinés, déco soignée (chambres "coloniale", "Louis XV", etc.) : du cachet ! Pour ne rien gâcher, l'été, on prend son petit-déjeuner en terrasse.

LA MADELAINE-SOUS-MONTREUIL – 62 Pas-de-Calais – 301 D5 – rattaché à Montreuil

---

MADIRAN – 65 Hautes-Pyrénées – 342 L1 – 458 h. – alt. 125 m – ✉ 65700 28 A2

Paris 753 – Pau 51 – Tarbes 41 – Toulouse 154

Le Prieuré
4 r. de l'Église – ☎ 05 62 31 44 52 – www.leprieure-madiran.com – Fermé janv.
Rest – Menu 19 € (déj. en sem.), 38/45 €
◆ Ce monastère du 11[e]s. abrite un restaurant au décor élégant, mais aussi la maison des vins de Madiran. Terrasse sous la tonnelle et cuisine régionale.

MAFFLIERS – 95 Val-d'Oise – 305 E6 – 1 631 h. – alt. 145 m – ✉ 95560 18 B1

Paris 29 – Beaumont-sur-Oise 10 – Beauvais 53 – Compiègne 73

Novotel ch, rest,
allée des Marronniers – ☎ 01 34 08 35 35 – www.novotel.com
99 ch – 90/190 € 90/190 € – 14 €
Rest – Formule 13 € – Carte 20/40 €
◆ Un ensemble au grand calme avec, à l'entrée du parc, une annexe moderne. Chambres refaites selon le dernier concept de la chaîne. Sauna, piscine intérieure. Le restaurant occupe une demeure fin 18e s. et propose des plats actuels. Terrasse face à la nature.

MAGAGNOSC – 06 Alpes-Maritimes – 341 C5 – rattaché à Grasse

MAGALAS – 34 Hérault – 339 E8 – 2 692 h. – alt. 115 m – ✉ 34480 22 B2

Paris 755 – Montpellier 82 – Béziers 17 – Narbonne 54
Z.A.E l'Audacieuse, ☎ 04 67 36 67 13

Ô. Bontemps
pl. de l'Église – ☎ 04 67 36 20 82 – www.o-bontemps.com – Fermé 18-27 mars, 27 mai-5 juin, 2-18 sept., 29 déc.-15 janv., dim., lundi et fériés
Rest – Formule 22 € – Menu 28 € (sem.), 32/67 €
◆ Sympathique bistrot tenu par un jeune chef qui a autant l'instinct du produit que le sens du spectacle (admirez sa découpe des viandes en salle !). Réservation nécessaire…

LA MAGDELEINE – 16 Charente – 324 K3 – rattaché à Barbézieux-St-Hilaire

---

MAGESCQ – 40 Landes – 335 D12 – 1 688 h. – alt. 28 m – ✉ 40140 3 B2

Paris 722 – Bayonne 45 – Biarritz 52 – Castets 13
1, place de l'Église, ☎ 05 58 47 76 24, http://mairie-magescq.fr

Relais de la Poste
24 av. de Maremne – ☎ 05 58 47 70 25 – www.relaisposte.com – Fermé 12 nov.-15 déc., 2-14 janv., lundi et mardi du 15 janv. au 30 mars
14 ch – 220/270 € 220/270 € – 2 suites – 25 € – ½ P 215/240 €
Rest *Relais de la Poste* – voir les restaurants ci-après
◆ Des tapis de fleurs, un verger, des ceps de vignes, de belles allées de pins, une superbe piscine... On ne se lasse pas de ce parc de 8 ha, ni des chambres d'ailleurs, spacieuses et très confortables. Un castel landais plein de caractère.

XXX ✿✿ **Relais de la Poste** (Jean Coussau)

24 av. de Maremne – ✆ 05 58 47 70 25 – www.relaisposte.com – Fermé 12 nov.-15 déc., 2-14 janv., jeudi midi en juil.-août, mardi sauf le soir en juil.-août et lundi

Rest *(réserver)* – Menu 55 € (déj. en sem.), 85/115 € – Carte 80/110 €

Spéc. Foie gras de canard aux raisins. Magret de palombe aux cèpes (oct. à fév.). La pistache dans tous ses états. **Vins** Jurançon, Vin de pays des Terroirs Landais.

◆ Une valeur très sûre : de père en fils, on cultive ici le classicisme de main de maître. Une partition exécutée dans les règles de l'art, au service de produits superbes et de saveurs pleines de naturel. Pour un grand repas, face à la pinède.

X **Côté Quillier**

26 av. de Maremne – ✆ 05 58 47 79 50 – www.relaisposte.com – Fermé 15 nov.-15 déc. et 2-14 janv.

Rest – Formule 19 € – Menu 28/33 € – Carte 30/40 €

◆ Bistrot à l'allure élégante, dont les couleurs tendance s'harmonisent au mobilier design. Terrasse et magnifique jardin où vous attend un jeu... de quilles. Cuisine du marché.

MAGNAC-BOURG – 87 Haute-Vienne – 325 F7 – 1 004 h. – alt. 444 m – ✉ 87380 24 B2

Paris 419 – Limoges 31 – St-Yrieix-la-Perche 28 – Uzerche 28

2, place de la Bascule, ✆ 05 55 00 89 91, www.otissaure.boonzai.com

Auberge de l'Étang

9 rte de la Gare – ✆ 05 55 00 81 37 – www.aubergedeletang.com – Fermé 11 nov.-10 déc., 17 fév.-5 mars, dim. soir et lundi sauf juil.-août

14 ch – †50/61 € ††50/61 € – ☐ 9 €

Rest *(fermé dim. soir, lundi de sept. à juin et merc. midi en juil.-août)* – Menu 16 € (sem.), 22/46 € – Carte 37/73 €

◆ Au bord d'un étang, un petit hôtel-restaurant engageant et bien pratique pour une étape sur la route des vacances (l'autoroute n'est qu'à 1 km). Les chambres sont bien tenues, l'accueil sympathique et les enfants apprécieront la piscine !

MAGNY-COURS – 58 Nièvre – 319 B10 – rattaché à Nevers

MAGNY-LE-HONGRE – 77 Seine-et-Marne – 312 F2 – 106 22 – voir à Paris, Environs (Marne-la-Vallée)

MAÎCHE – 25 Doubs – 321 K3 – 4 179 h. – alt. 777 m – ✉ 25120 17 C2

Franche-Comté Jura

Paris 498 – Besançon 75 – Belfort 60 – Montbéliard 42

place de la Mairie, ✆ 03 81 64 11 88, http://maiche.free.fr

à Mancenans Lizerne 2,5 km à l'Est par D 464 et D 272 – 165 h. – alt. 720 m – ✉ 25120

X **Au Coin du Bois**

4 r. sous le rang, La Lizerne – ✆ 03 81 64 00 55 – www.restaurant-aucoindubois.com – Fermé 30 juil.-9 août, 16-26 janv., dim. soir, merc. soir et lundi

Rest – Formule 10 € – Menu 26/58 € – Carte 28/66 €

◆ Joli chalet entouré de sapins. L'agréable terrasse et la sobre salle à manger d'esprit rustique servent de cadre à une cuisine soignée, réalisée à base de produits frais.

MAILLANE – 13 Bouches-du-Rhône – 340 D3 – rattaché à St-Rémy-de-Provence

MAINTENON – 28 Eure-et-Loir – 311 F4 – 4 461 h. – alt. 109 m – ✉ 28130 12 C1

Paris 90 – Chartres 19 – Évry 77 – Orléans 104

place Aristide Briand, ✆ 02 37 23 05 04

Le Petit Marché

2 bis pl. Omer et Noé Sadorge – ✆ 02 37 23 17 38 – Fermé 24 fév.-15 mars, dim. soir de nov. à fin mars et merc.

Rest – Formule 14 € – Menu 19/26 € – Carte 27/46 €

◆ Le credo de cette brasserie moderne ? La convivialité, et des plats tendance bistrotière (la viande en vedette). C'est copieux, généreux, et de la salle, on peut voir le chef en cuisine. Pas de doute, tout est frais et fait minute !

MAISONS-ALFORT – **94 Val-de-Marne** – **312** D3 – **101** 27 – **voir à Paris, Environs**

MAISONS-DU-BOIS – **25 Doubs** – **321** I5 – **rattaché à Montbenoit**

MAISONS-LAFFITTE – **78 Yvelines** – **311** I2 – **101** 13 – **voir à Paris, Environs**

MAISONS-LÈS-CHAOURCE – **10 Aube** – **313** F5 – **rattaché à Chaource**

MALAUCÈNE – **84 Vaucluse** – **332** D8 – **2 652 h.** – **alt. 333 m** – ✉ **84340** Provence **40** B2

Paris 673 – Avignon 45 – Carpentras 18 – Vaison-la-Romaine 10

place de la Mairie, ✆ 04 90 65 22 59, http://villagemalaucene.free.fr

Le Domaine des Tilleuls sans rest

rte du Mont-Ventoux – ✆ 04 90 65 22 31 – www.hotel-domainedestilleuls.com – Ouvert de mars à oct.

20 ch – †65/85 € ††75/99 € – ☕ 13 €

◆ Une magnanerie du 18[e]s. décorée dans le style provençal et très appréciée des randonneurs. Préférez les chambres donnant sur le parc planté de platanes et de... tilleuls !

La Chevalerie

53 pl. de l'Église, (Les Remparts) – ✆ 04 90 65 11 19 – www.la-chevalerie.net – Fermé 20-30 janv., 20-28 fév., dim. soir et lundi

Rest *(nombre de couverts limité, réserver)* – Formule 17 € – Menu 20 € (sem.), 30/48 € – Carte 35/50 €

◆ Cette belle et imposante bâtisse fut jadis la demeure des princes d'Orange. On y accède désormais les "armes déposées" pour apprécier une cuisine traditionnelle et généreuse.

MALBUISSON – **25 Doubs** – **321** H6 – **626 h.** – **alt. 900 m** – ✉ **25160** **17** C3
Franche-Comté Jura

Paris 456 – Besançon 74 – Champagnole 42 – Pontarlier 16

69, Grande Rue, ✆ 03 81 69 31 21

Lac de St-Point★.

Le Lac

65 Grande Rue – ✆ 03 81 69 34 80 – www.hotel-le-lac.fr – Fermé 12 nov.-13 déc.

53 ch – †46/64 € ††57/121 € – 3 suites – ☕ 14 € – ½ P 60/91 €

Rest *Le Lac* – Menu 18 € (sem.), 28/48 € – Carte 39/75 €

Rest *Du Fromage* – Formule 11 € – Menu 18/22 € – Carte 22/42 €

◆ Maison ancienne sur la rue principale, orientée vers le lac côté jardin. Intérieur cossu et rétro ; quelques chambres modernisées. Copieux petits-déjeuners, pâtisseries maison au salon de thé. Cuisine classique à la table du Lac. Tartes, fondues et raclettes au Restaurant du Fromage.

Beau Site

67 Grande Rue – ✆ 03 81 69 70 70 – www.hotel-le-lac.fr – Fermé 12 nov.-13 déc.

17 ch – †33/40 € ††40 € – ☕ 11 € – ½ P 51 €

◆ Ce bâtiment d'architecture italienne abrite des chambres simples et fonctionnelles. Accueil à l'hôtel du Lac.

De la Poste

61 Grande Rue – ✆ 03 81 69 79 34 – www.hotel-le-lac.fr – Fermé 12 nov.-14 déc.

10 ch – 🚹40 € 🚹🚹44/51 € – ☕ 11 € – ½ P 51/55 €

Rest *À la Ferme* *(fermé dim. soir, mardi soir et lundi sauf juil.-août)* – Menu 11 € (déj. en sem.), 17/19 € – Carte 20/38 €

◆ Dans ce sympathique petit hôtel, les chambres sont colorées ; préférez celles donnant sur le lac, plus au calme. Trois plaisantes salles (rustique, classique ou "À la Ferme") pour savourer une cuisine axée terroir.

Le Bon Accueil (Marc Faivre) avec ch

Grande Rue – ✆ 03 81 69 30 58 – www.le-bon-accueil.fr – Fermé 12-28 mars, 29 oct.-13 nov., 17 déc.-16 janv., dim. soir sauf août, mardi midi et lundi

12 ch – 🚹78 € 🚹🚹78/120 € – ☕ 11 € – ½ P 83/104 €

Rest – Formule 25 € bc – Menu 37/66 € – Carte 65/95 €

Spéc. Tarte fine à la morteau, étuvée de poireaux, œuf poché. Féra du lac Léman à l'absinthe de Pontarlier (été). Sorbet à la gentiane, macaronade aux pamplemousses. **Vins** Arbois rouge, Côtes du Jura.

◆ Bon accueil et art de recevoir depuis quatre générations ! On fait une belle étape dans cette maison régionale, chaleureuse et confortable. À l'heure des repas, plaisirs de haute gastronomie : Marc Faivre signe une cuisine fine et savoureuse, où le terroir révèle une belle fraîcheur.

aux Granges-Ste-Marie 2 km au Sud-Ouest – ✉ 25160 Labergement Ste Marie

Auberge du Coude

1 r. du Coude – ✆ 03 81 69 31 57 – www.aubergeducoude.com – Fermé 7 nov.-20 déc.

11 ch – 🚹60/65 € 🚹🚹60/65 € – ☕ 9 € – ½ P 60/65 €

Rest *Auberge du Coude* – voir les restaurants ci-après

◆ Lovée près d'un coude du lac de St-Point, cette maison en pierre (1826) s'intègre tout naturellement au paysage verdoyant du haut Doubs. Les chambres sont simples et bien tenues. Nature autant que chaleureux !

Auberge du Coude

1 r. du Coude – ✆ 03 81 69 31 57 – www.aubergeducoude.com – Fermé 7 nov.-20 déc., dim. soir

Rest – Menu 19 € (sem.), 29/55 € – Carte 40/70 €

◆ Dans une atmosphère champêtre (lambris, poutres), une cuisine régionale généreuse et pourtant parée d'une certaine légèreté : la marque d'un chef au beau parcours. Jolie sélection de vins du Jura.

LA MALÈNE – 48 Lozère – 330 H9 – 167 h. – alt. 450 m – ✉ 48210 23 C1

Languedoc Roussillon

Paris 609 – Florac 41 – Mende 41 – Millau 44

Village, ✆ 04 30 43 61 04

O : les Détroits★★ et cirque des Baumes★★ (en barque).

au Nord-Est 5,5 km sur D 907bis – ✉ 48210 Ste Énimie

Château de la Caze

– ✆ 04 66 48 51 01 – www.chateaudelacaze.com – Ouvert 6 avril-2 nov. et fermé jeudi en oct.

9 suites – 🚹🚹180/280 € – 7 ch – ☕ 15 € – ½ P 113/141 €

Rest *Château de la Caze* – voir les restaurants ci-après

◆ Sur les rives du Tarn, un superbe château fortifié construit au 15ᵉs. Mobilier ancien, tours crénelées, baldaquins et vieilles pierres : rien ne manque ! Une atmosphère résolument châtelaine au cœur d'une nature préservée.

XXX **Château de la Caze**

– *04 66 48 51 01 – www.chateaudelacaze.com – Ouvert 6 avril-2 nov. et fermé jeudi midi et merc. midi sauf août*

Rest – Formule 29 € – Menu 38/65 € – Carte 55/74 €

◆ Dans l'ancienne chapelle de ce divin château, place aux nourritures terrestres ! Le chef concocte une cuisine gastronomique pleine de finesse, valorisant les beaux produits frais (quelques légumes du potager) et rehaussée de très bons vins du Languedoc-Roussillon.

MALESHERBES – 45 Loiret – 318 L2 – 6 059 h. – alt. 108 m 12 C1

– 45330 Châteaux de la Loire

Paris 75 – Étampes 26 – Fontainebleau 27 – Montargis 62

Place de l'Hôtel de Ville, 02 38 34 81 94, www.ville-malesherbes.fr

18 du Château d'Augerville, à Augerville-la-Rivière, Place du Château, S : 8 km par D 410, 02 38 32 12 07

Écu de France

10 pl. Martroi – 02 38 34 87 25 – www.hotel-ecudefrance.fr

16 ch – †58/70 € ††58/70 € – 8 € – ½ P 61/67 €

Rest *Écu de France* Rest *Brasserie de l'Écu* – voir les restaurants ci-après

◆ À deux pas du château de Malesherbes, un ancien relais de poste tenu par la même famille depuis 1938. Les chambres sont spacieuses et certaines sont décorées dans un style contemporain (ce sont les plus agréables). Une bonne étape.

La Lilandière sans rest

7 chemin de la Messe, (hameau de Trézan) – 02 38 34 84 51 – www.lalilandiere.fr

5 ch – †60 € ††67 €

◆ Pierres, poutres et couleurs tendres se mêlent avec goût dans cette ancienne ferme. Les amateurs de pêche et de canoë apprécient la rivière qui longe le jardin. Piscine d'été.

XX **Écu de France** – Hôtel Écu de France

10 pl. Martroi – 02 38 34 87 25 – www.hotel-ecudefrance.fr – Fermé 6-19 août, jeudi soir et dim. soir

Rest – Menu 25 € (sem.), 35/35 € – Carte 25/54 €

◆ Saint-Jacques, foie gras : telles sont, entre autres, les spécialités de ce sympathique restaurant rustique et... traditionnel ! Aux beaux jours, on les savoure sur la jolie terrasse fleurie.

X **Brasserie de l'Écu** – Hôtel Écu de France

10 pl. Martroi – 02 38 34 87 25 – www.hotel-ecudefrance.fr – Fermé 6-19 août, jeudi soir et dim. soir

Rest – Carte 22/48 €

◆ Repas express à la Brasserie de l'Écu, autour d'une grillade, d'une salade ou de la spécialité de la maison : la tête de veau sauce ravigote ! Avis aux amateurs...

MALICORNE-SUR-SARTHE – 72 Sarthe – 310 I8 – 1 952 h. 35 C2

– alt. 39 m – 72270 Châteaux de la Loire

Paris 236 – Château-Gontier 52 – La Flèche 16 – Le Mans 32

5, place Duguesclin, 02 43 94 74 45

XX **La Petite Auberge**

5 pl. Duguesclin – 02 43 94 80 52 – www.petite-auberge-malicorne.fr – Fermé 22 déc.-28 fév., le soir sauf sam. de sept. à avril, dim. soir et mardi soir de mai à août et lundi

Rest – Formule 18 € – Menu 25 € (sem.), 28/49 € – Carte 27/47 €

◆ L'été, on s'attable en terrasse, à fleur d'eau, et l'hiver, on se réfugie auprès de la belle cheminée du 13ᵉs. Une petite auberge comme on les aime, où l'on cuisine joliment la tradition...

MALLING – 57 Moselle – 307 I2 – 508 h. – alt. 158 m 26 B1

– 57480

Paris 352 – Luxembourg 35 – Metz 43 – Trier 63

à Petite Hettange 1 km à l'Est sur D 654 – ✉ 57480

Olmi
11 rte Nationale – ✆ 03 82 50 10 65 – www.olmi-restaurant.fr – Fermé 2-18 juil., dim. soir, mardi et merc.
Rest – Menu 38/65 € – Carte 55/80 €
◆ Oubliez le relais routier, vous êtes désormais dans une auberge contemporaine. Le chef élabore une carte volontairement réduite, d'esprit classique, influencée par ses origines italiennes. Bien agréable, la terrasse sous les arbres.

MALO-LES-BAINS – 59 Nord – 302 C1 – rattaché à Dunkerque

MANCENANS LIZERNE – 25 Doubs – 321 K3 – rattaché à Maîche

MANCEY – 71 Saône-et-Loire – 320 I10 – rattaché à Tournus

MANCIET – 32 Gers – 336 C7 – rattaché à Nogaro

MANDELIEU – 06 Alpes-Maritimes – 341 C6 – 21 192 h. – alt. 4 m – Casino : Royal Hôtel Z – ✉ 06210 Côte d'Azur

42 E2

Paris 890 – Brignoles 86 – Cannes 9 – Draguignan 53
806 avenue de Cannes, ✆ 04 93 93 64 64, www.ot-mandelieu.fr
de Mandelieu, Route du Golf, SO : 2 km, ✆ 04 92 97 32 00
Riviera Golf Club, Avenue des Amazones, SO : 2 km, ✆ 04 92 97 49 49
<★ de la colline de San Peyré - Site★ du château-musée.

Plan page suivante

Les Bruyères sans rest
1400 av. Fréjus – ✆ 04 93 49 92 01 – www.hotellesbruyeres.net – Fermé 5-30 janv.
14 ch – †70/100 € ††70/100 € – ☕ 9 € Yh
◆ Sur la N 7 et non loin de la plage et du golf, un petit hôtel récent avec des studios et des chambres très propres et pratiques (kitchenette). Petit plus : la bonne insonorisation.

Azur sans rest
192 av. du Mar.-Juin – ✆ 04 93 49 24 24 – www.azur-hotel-mandelieu.com – Ouvert 15 fevrier-31 oct. Yk
48 ch – †59/93 € ††74/111 € – ☕ 9 €
◆ Les atouts de cet hôtel situé dans un immeuble récent ? Sa piscine sur l'arrière, bordée par un bar sympathique, et sa terrasse au dernier étage pour prendre le petit-déjeuner au soleil.

La Napoule – ✉ 06210

Site★ du château-musée.

Pullman Royal Casino
605 av. Gén.-de-Gaulle, D 6098 – ✆ 04 92 97 70 00 – www.pullmanhotels.com Za
213 ch – †264/444 € ††379/599 € – 2 suites – ☕ 22 €
Rest *Royal Bay* ✆ 04 92 97 70 20 *(fermé dim. soir et lundi de nov. à mars)* – Menu 21/28 € – Carte 40/75 €
◆ Hors saison, c'est l'hôtel idéal pour le business et lorsqu'arrivent les beaux jours, c'est une possibilité d'hébergement grand confort. Les chambres sont douillettes, la piscine et la plage bien sympathiques, et l'on peut tenter la cuisine fusion, sans prétention, du Royal Bay.

Villa Parisiana sans rest
152 r. Argentière – ✆ 04 93 49 93 02 – www.villaparisiana.com – Fermé 28 nov.-27 déc. et 6-15 janv. Zd
13 ch – †46/73 € ††46/73 € – ☕ 7 €
◆ Cette villa 1900, située dans le quartier résidentiel du château, a un certain cachet et propose des petites chambres bien pratiques à prix raisonnable. On est tout près du port et de l'Oasis des frères Raimbault, parfait pour les gourmets !

LA NAPOULE

Abaguiers (R. des) . . . . Z 2
Argentière (Rue de l') . . . . . . Z 3
Aulas (R. Jean) . . . . Z 4
Balcon d'Azur (Rd-Pt) . . . . . . Z 5
Carle (R. J.-H) . . . . Z 10
Chantier Naval (R. du) . . . . . . Z 12
Clews (Av. H.) . . . . Z
Fanfarigoule (Bd) . . . . Z
Gaulle (Av. Gén.-de) . . . . Z
Hautes Roches (R. des) . . . . . Z 20
Mancha (Av. de la) . . . . Z 22
Petit Port (R. du) . . . . Z
Pierrugues (R. Charles) . . . . . Z 24
Plage (R. de la) . . . . Z
Riou (Av. du) . . . . Z
San-Peyré (Bd du) . . . . Z
Soustelle (Bd J.) . . . . Z
23-Août (Av. du) . . . . Z

MANDELIEU-LA-NAPOULE

Bon Puits (Bd du) . . . . Y 6
Cannes (Av. de) . . . . Y 8
Ecureuils (Bd des) . . . . Y 13
Esterel Parc (Bd) . . . . Y 14
Europe (Av. de l') . . . . Y 16
Fontmichel (Av. G.-de) . . . . . . Y 17
Fréjus (Av. de) . . . . Y
Gaulle (Av. Gén.-de) . . . . Y 19
Juin (Av. Mar.) . . . . Y
Marine-Royale (Allée de la) . . Y 23
Mer (Av. de la) . . . . Y
Princes (Bd des) . . . . Y 25
République (Av. de la) . . . . . . Y 27
Ricard (Av. P.) . . . . Y
Siagne (R. de la) . . . . Y
Tavernière (Bd de la) . . . . Y 28

L'Oasis (Stéphane, Antoine et François Raimbault)

XXXX ✿✿ soir,

r. J.-H.-Carle – ✆ 04 93 49 95 52 – www.oasis-raimbault.com – Fermé mi-déc. à mi-janv., lundi sauf le soir en saison et dim. hors saison **Zr**

Rest – Formule 58 € – Menu 95 € (sem.), 125/180 € – Carte 120/200 €

Spéc. Soleil levant de poisson cru "souvenir d'Osaka". Pêche locale au gré du marché Forville et de la criée aux flaveurs de Provence. Caravane des desserts. **Vins** Bellet, Les Baux de Provence.

Rest ***Le Bistrot L'Etage*** – voir les restaurants ci-après

◆ Luxuriant patio, cadre élégant, délicieuses recettes méridionales aux accents orientaux, caravane des desserts, ateliers gourmands (cuisine, pâtisserie, œnologie) : cette oasis fraternelle n'a rien d'un mirage !

La Pomme d'Amour

XX

209 av. du 23 Août – ✆ 04 93 49 95 19 – Fermé 15 nov.-15 déc., mardi midi et lundi **Zu**

Rest – Formule 26 € – Menu 32/55 € – Carte 48/73 €

◆ Derrière la façade fleurie de cette maison du centre de La Napoule, tout près de la gare, l'ambiance est chaleureuse et le style cosy. C'est la patronne qui officie en cuisine. Sa spécialité ? Un menu "homard" plutôt alléchant.

Les Bartavelles

XX

1 pl. du Château – ✆ 04 93 49 95 15 – Fermé 27 oct.-7 nov., 2-15 janv., mardi et merc. hors saison **Zf**

Rest – Formule 21 € – Menu 28/42 € – Carte 28/50 €

◆ Dans cette maison traditionnelle, le chef travaille des produits de qualité et cuisine des plats copieux et savoureux. À vous une salade de rougets pamplemousse confit, un thon aux petits légumes ou des crêpes Suzette !

La Brocherie

XX

11 av. Henri-Clews, (au port) – ✆ 04 93 49 80 73 – www.restaurantlabrocherie.com **Zg**

Rest – Menu 38 € – Carte 38/150 €

◆ Une bonne adresse de poissons et fruits de mer ; les premiers arrivent de l'Atlantique ou de la pêche locale, les seconds sont fournis par l'un des meilleurs écaillers. La vue de la terrasse est vraiment magnifique !

La Palméa

XX

198 av. Henri-Clews – ✆ 04 92 19 22 50 – www.lapalmea.com – Fermé de mi-nov. à mi-déc. **Zs**

Rest – Formule 24 € – Menu 30/55 € – Carte 52/75 €

◆ Place au poisson et aux saveurs du Sud dans ce restaurant situé sur l'avenue du port de plaisance. L'accueil est prévenant, et de la véranda, on contemple les bateaux.

La Rotonde

X

391 av. du 23-Août – ✆ 04 93 49 82 60 – www.restaurantlarotonde.com – Fermé deux sem. en mars, mardi et merc. sauf le soir en juil.-août

Rest – Formule 19 € – Menu 27/55 € – Carte 40/90 € **Zh**

◆ Un restaurant central dont la salle à manger donne sur la mer et le massif de l'Esterel. Les produits sont très frais et la cuisine, traditionnelle, a des accents méditerranéens (aïoli maison, brandade, olives, crème de bourride...).

La Voile Bleue du Bistrot du Port

X

4 av. Henry-Clews, (au port) – ✆ 04 93 49 80 60 – www.voilebleue-bistrotduport.com – Fermé 9 janv.-3 fév., merc. hors saison **Zb**

Rest – Formule 19 € bc – Menu 26/32 € – Carte 40/70 €

◆ Pour avoir une vue unique sur les bateaux, jetez l'ancre dans ce restaurant à l'ambiance marine et chaleureuse dont les spécialités, quoi de plus logique, sont les poissons et les crustacés, sans oublier les huîtres et la bouillabaisse.

Le Bistrot L'Etage – Rest. L'Oasis

r. J.-H.-Carle – ✆ 04 93 49 95 52 – *www.oasis-raimbault.com* – *Fermé mi-déc.-mi-janv., dim. et lundi* Zr

Rest – Menu 29 € (sem.), 33/38 € – Carte 29/38 €

♦ À l'Étage – bien nommé – du restaurant gastronomique L'Oasis, on se régale de plats bistrotiers soignés et parfois oubliés : blanquette de veau, terrine à l'aïoli, bœuf en daube...

MANDEREN – 57 Moselle – 307 J2 – rattaché à Sierck-les-Bains

MANE – 04 Alpes-de-Haute-Provence – 334 C9 – rattaché à Forcalquier

---

MANIGOD – 74 Haute-Savoie – 328 L5 – 912 h. – alt. 950 m – ✉ 74230 46 F1

Paris 558 – Albertville 39 – Annecy 25 – Chamonix-Mont-Blanc 67

Col de la Crois-Fry, ✆ 04 50 44 92 44, www.manigod.com

Vallée de Manigod★★ Alpes du Nord.

rte du col de la Croix-Fry : 5 ,5 km - ✉ 74230 Manigod

Chalet Hôtel Croix-Fry

– ✆ 04 50 44 90 16 – www.hotelchaletcroixfry.com – Ouvert de mi-juin à mi-sept. et mi-déc. à mi-avril

8 ch – 🚹150/190 € 🚹🚹160/480 € – 1 suite – ☕ 20 € – ½ P 145/230 €

Rest *La Table de Marie-Ange* – voir les restaurants ci-après

♦ Dans un cadre idyllique, au milieu des alpages, un beau chalet tenu par la même famille depuis des décennies (accueil charmant). Magnifiquement restauré, il révèle un bel intérieur montagnard... Un lieu superbe !

La Table de Marie-Ange – Chalet Hôtel Croix-Fry

✆ 04 50 44 90 16 – www.hotelchaletcroixfry.com – Ouvert de mi-juin à mi-sept. et mi-déc. à mi-avril et fermé lundi midi, mardi midi et merc.

Rest – Menu 28 € (déj.), 50/78 € – Carte 62/91 €

♦ La terrasse panoramique face aux Aravis est tout simplement magique, et il est difficile de quitter la Table de Marie-Ange ! On s'y régale d'une jolie cuisine pétrie d'authenticité régionale et concoctée avec de beaux produits.

MANOM – 57 Moselle – 307 I2 – rattaché à Thionville

MANOSQUE – 04 Alpes-de-Haute-Provence – 334 C10 – 22 270 h. – alt. 387 m – ✉ 04100 Provence 40 B2

Paris 758 – Aix-en-Provence 57 – Avignon 91 – Digne-les-Bains 61

place du Docteur Joubert, ✆ 04 92 72 16 00, www.manosque-tourisme.com

18 du Lubéron, à Pierrevert, La Grande Gardette, par rte de la Bastide-des-Jourdans : 7 km, ✆ 04 92 72 17 19

Le vieux Manosque★ : Porte Saunerie★, façade★ de l'hôtel de ville - Sarcophage★ et Vierge noire★ dans l'église N.-D. de Romigier - Fondation Carzou★ M - ≤★ du Mont d'Or NE : 1,5 km.

Pré St-Michel sans rest

435 montée de la Mort d'Imbert , 1,5 km au Nord par bd M. Bret et rte Dauphin – ✆ 04 92 72 14 27 – www.presaintmichel.com

24 ch – 🚹70/120 € 🚹🚹70/120 € – ☕ 12 €

♦ Récente bâtisse régionale aux chambres spacieuses, décorées avec goût dans le style provençal ; quelques-unes profitent d'une terrasse privative. Vue sur les toits de Manosque.

Le Sud

80 bd Charles-de-Gaulle, par ① – ✆ 04 92 87 78 58 – www.hotel-lesud.com

36 ch – 🚹70/105 € 🚹🚹80/115 € – ☕ 13 € – ½ P 65/85 €

Rest – Menu 17/32 € – Carte 25/55 €

♦ Hôtel d'affaires, idéal pour les séminaires, situé aux portes du vieux Manosque. Les chambres, toutes identiques, et les salons arborent un décor aux accents provençaux. L'esprit du Sud souffle sur le restaurant (couleurs ensoleillées et plats régionaux).

MANOSQUE

Arthur-Robert (R.) 2
Aubette (R. d') 3
Bret (Bd M.) 5
Chacundier (R.) 6
Cougourdelles (Bd des) 7
Dauphine (R.) 8
Giono (Av. J.) 9
Grande (R.) 10
Guilhempierre (R.) 12
Hôtel-de-Ville (Pl. de l') 13
Jean-Jacques-Rousseau (R.) 14
Marchands (R. des) 15
Mirabeau (Bd) 16
Mont-d'Or (R. du) 17
Observantins (Pl. des) 19
Ormeaux (Pl. des) 20
Paul-Martin Nalin (Bd) 21
Pelloutier (Bd C.) 22
Plaine (Bd de la) 23
République (R. de la) 26
St-Lazare (Av.) 28
Saunerie (R. de la) 30
Soubeyran (R.) 32
Tanneurs (R. des) 33
Tourelles (R. des) 34
Voland (R.) 35
Vraies-Richesses . . . .
(Montée des) 36

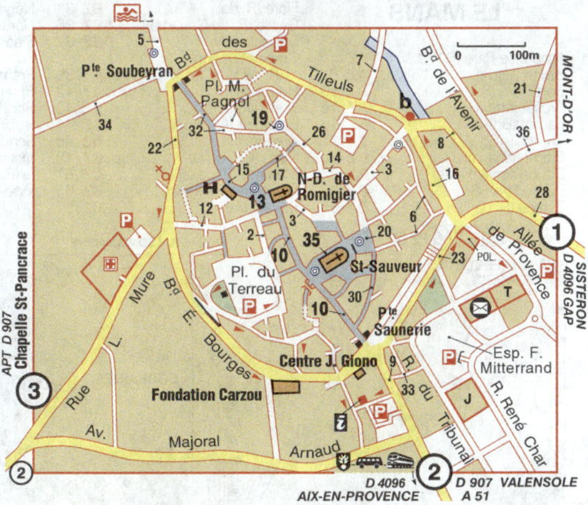

Les Monges sans rest
3627 rte d'Apt, 4 km au Nord-Ouest par D 907 et rte secondaire – ✆ 04 92 72 68 41 – www.lesmonges.com – Ouvert 20 avril-14 oct.
5 ch – 65/80 € 65/80 €
◆ Une imposante bergerie en pierre sur les hauteurs, au grand calme. Accueil sympathique, chambres fraîches et fonctionnelles. Le matin, confiture maison et œufs de la ferme.

Sens et Saveurs VISA AE
43 bd des Tilleuls – ✆ 04 92 75 00 00 – www.sensetsaveurs.com – Fermé 7-21 août, 2-12 janv., jeudi soir et dim. **b**
Rest – Formule 20 € – Menu 27/50 € – Carte 33/49 €
◆ Monastère, filature, entrepôt, théâtre : la grande salle voûtée a traversé les époques. Un lieu de caractère et de charme pour une cuisine méridionale empreinte de personnalité.

à La Fuste 6,5 km au Sud-Est par rte de Valensole – ✉ 04210 Valensole

La Fuste avec ch ch, rest, VISA
lieu-dit la Fuste – ✆ 04 92 72 05 95 – www.lafuste.com
14 ch – 79/150 € 119/250 € – 1 suite – 18 € **Rest** *(fermé sam. midi, dim. soir et lundi de sept. à mai)* – Formule 29 € – Menu 39/95 € – Carte 55/90 €
◆ Nouveau départ pour cette élégante hostellerie située au cœur d'un parc. La cuisine, foisonnante de saveurs, est servie dans de belles salles à manger, dont une panoramique, ou en terrasse, sous les platanes.

LE MANS P – 72 Sarthe – 310 K6 – 143 547 h. – Agglo. 194 825 h. 35 D1 – alt. 80 m – ✉ 72000 Châteaux de la Loire

Paris 206 – Angers 97 – Le Havre 213 – Nantes 184
rue de l'Étoile Hôtel des Ursulines, ✆ 02 43 28 17 22, www.lemanstourisme.com
18 de Sargé-lès-le-Mans, à Sargé-lès-le-Mans, Rue du Golf, par rte de Bonnétable : 6 km, ✆ 02 43 76 25 07
18 des 24 Heures-Le Mans, à Mulsanne, par rte de Tours : 11 km, ✆ 02 43 42 00 36
Circuit des 24 heures et circuit Bugatti ✆ 02 43 40 24 24 : 5 km par ④.
Cathédrale St-Julien★★ : chevet★★★ - Le Vieux Mans★★ : maison de la Reine Bérengère★, enceinte gallo-romaine★ DV **M²** - Église de la Couture★ : Vierge★★ - Église Ste-Jeanne-d'Arc★ - Musée de Tessé★ - Abbaye de l'Épau★ BZ , 4 km par D 152 - Musée de l'Automobile★★ : 5 km par ④.

Plans pages 976, 977

LE MANS

Ambroise Paré (R.) . . . . AZ 4
Ballon (R. de) . . . . AZ 6
Bertinière (R. de la) . . . . BZ 10
Brosselette (Bd P.) . . . . AZ 15
Carnot (Bd) . . . . AZ 16
Churchill (Bd W.) . . . . BZ 17
Clemenceau (Bd G.) . . . . BZ 18
Douce-Amie (R. de) . . . . BZ 22
Durand (Av. G.) . . . . BZ 26
Esterel (R. de l') . . . . BZ 30
Flore (R. de) . . . . BZ 31
Gaulle (R. du Gén.-de) . . . . ABZ 36
Géneslay (Av. F.) . . . . ABZ 37
Grande-Maison (R. de la) . . . . AZ 39
Heuzé (Av. O.) . . . . AZ 42
Jean-Jaurès (Av.) . . . . BZ 43
Lefeuvre (Av. H.) . . . . AZ 44
Maillets (R. des) . . . . BZ 46
Mare (CH. de la) . . . . BZ 49
Mariette (R. de la) . . . . BZ 51
Monthéard (Av. de) . . . . BZ 55
Moulin (Av. J.) . . . . BZ 57
Négrier (Bd du Gén.) . . . . . . BZ 58
Néruda (R. Pablo) . . . . BZ 60
Pied-Sec (R. de) . . . . AZ 63
Pointe (R. de la) . . . . AZ 64
Prémartine (Rte de) . . . . BZ 67
Riffaudières (Bd des) . . . . . . AZ 73
Rondeau (R. J.) . . . . AZ 74
Rubillard (Av.) . . . . AZ 78
Schuman (Bd R.) . . . . BZ 80
Victimes du Nazisme (R. des) . . . . BZ 82
Yvré-Levêque (Ch. d') . . . . BZ 87

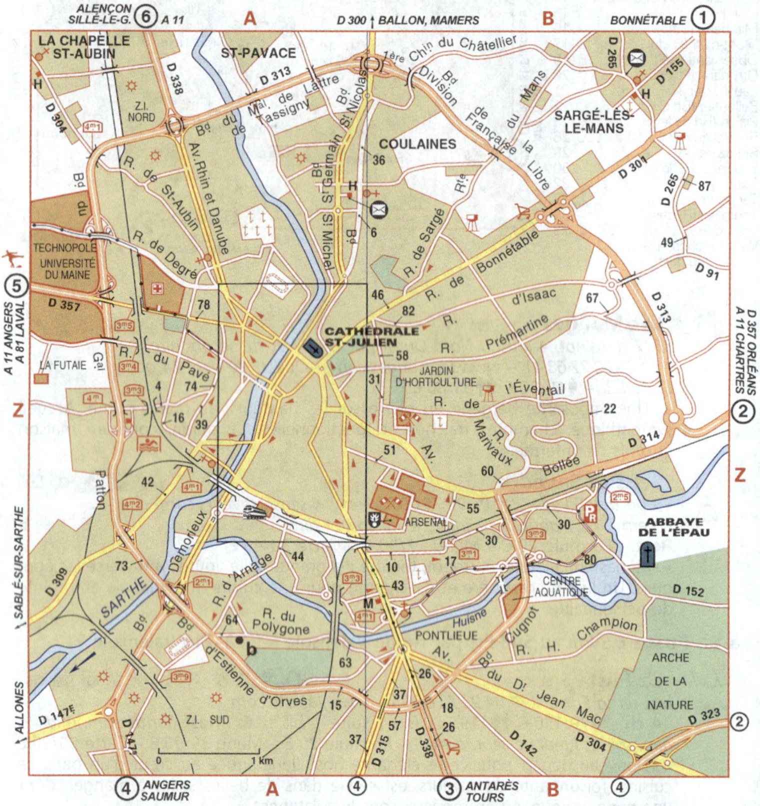

Mercure Centre sans rest

19 r. Chanzy – ✆ 02 43 40 22 40 – www.mercure.com DXp

71 ch – †88/153 € ††103/168 € – 2 suites – ☕ 14 €

◆ Ce bel immeuble néoclassique (19es.) abritait autrefois... le siège des Mutuelles du Mans ! Ses garanties ? Un bon niveau de confort, un certain esprit contemporain et du calme, à deux pas de la vieille ville.

Chantecler sans rest

50 r. Pelouse – ✆ 02 43 14 40 00 – www.hotelchantecler.fr CYf

35 ch – †77/205 € ††89/220 € – 3 suites – ☕ 12 €

◆ Un hôtel traditionnel entre gare et centre-ville. Mention spéciale à la salle des petits-déjeuners, aux airs de jardin d'hiver. D'importants travaux de rénovation sont programmés : renseignez-vous.

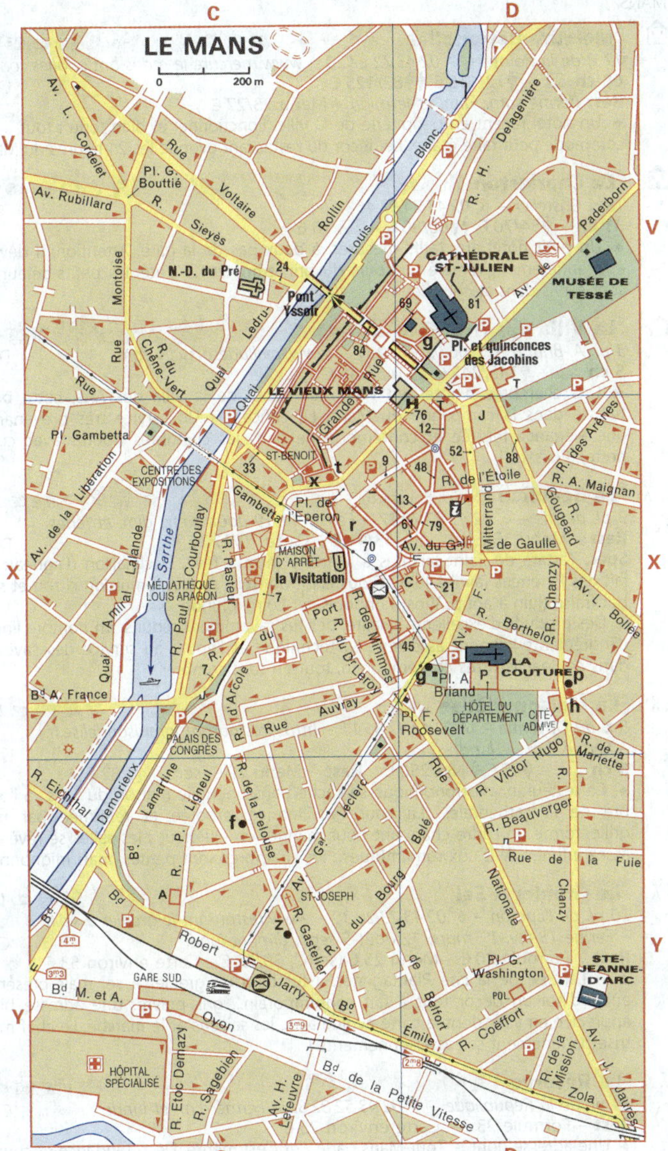

Barbier (R.)	CX	7	Gambetta (R.)	CX		Reine-Bérengère (R. de la)	DV	69
Barillerie (R. de la)	CX	9	Levasseur (Bd René)	DX	45	République (Pl. de la)	CX	70
Blondeau (R. C.)	DX	12	Marchande (R.)	DX	48	Rostov-s-le-Don (Av. de)	DX	76
Bolton (R. de)	DX	13	Mendès-France (R. P.)	DX	52	St-Jacques (R.)	DX	79
Courthardy (R.)	DX	21	Minimes (R. des)	CX		Triger (R. Robert)	DV	81
Dr-Gallouëdec (R.)	CV	24	Nationale (R.)	DY		Wright (R. Wilbur)	CV	84
Galère (R. de la)	CX	33	Perle (R. de la)	DX	61	33e-Mobiles (R. du)	DX	88

Mercure Batignolles
17 r. de la Pointe – ✆ 02 43 72 27 20 – www.mercure-le-mans-batignolles.com
68 ch – 72/115 € 82/125 € AZ**b**
Rest *(fermé sam., dim. et le midi)* – Menu 23/27 €
◆ Un hôtel récent en périphérie de la ville. Fonctionnel et bien tenu : tout à fait commode pour faire étape. Le décor du restaurant évoque les 24 heures du Mans.

Le Charleston sans rest
18 r. Gastelier – ✆ 02 43 24 87 46 CY**z**
31 ch – 54/70 € 60/80 € – 10 €
◆ Un petit hôtel aux tarifs mesurés, à deux pas de la gare. Attention, il devrait être entièrement rénové au cours du printemps 2012. L'été, les petits-déjeuners sont servis dans la cour fleurie.

La Villa des Arts City sans rest
3 pl. A.-Briand – ✆ 06 08 94 19 17 – www.lavilladesartscity.com DX**g**
5 ch – 145/245 € 145/245 €
◆ Des chambres d'hôtes en ville : le "bébé" de la Villa des Arts, cette belle bâtisse dans la campagne du Mans. Le concept ? Un service très prévenant ; une élégance feutrée et contemporaine dans les chambres (toutes avec cuisinette). Plaisant !

Le Beaulieu (Olivier Boussard)
3 pl. des Ifs – ✆ 02 43 87 78 37 – Fermé 11-19 août, sam., dim. et fériés
Rest – Menu 35 € bc (déj.), 53/91 € – Carte 70/120 € DX**h**
Spéc. Tartare de Saint-Jacques à la truffe (nov. à fév.). Déclinaison d'agneau de lait des Pyrénées (avril à juin). Croustillant de fruits rouges, émulsion citron et sorbet fraise (juin à août). **Vins** Montlouis-sur-Loire, Chinon.
◆ Des produits d'excellente qualité, des jus savamment réduits, un nombre limité d'ingrédients joliment associés... La technique et l'épure au service des saveurs, dans ce Beaulieu très contemporain, tout en tons sombres.

La Maison d'Élise avec ch
8 r. du Doyenné – ✆ 02 43 47 85 11 – http://restaurant-lamaisondelise.fr – Fermé dim. et lundi DV**g**
5 ch – 85 € 85/250 € **Rest** – Menu 29 € (sem.), 40/82 €
◆ Ce restaurant gastronomique se cache dans une jolie maison du 18^{e}s., à l'ombre de la cathédrale... La cour gravillonnée, arborée et refermée par une grille, forme un cadre charmant pour manger en extérieur ; les salles se révèlent assez intimes. Avis aux romantiques : les chambres sont petites, mais mignonnes.

Le Grenier à Sel
26 pl. de l'Eperon – ✆ 02 43 23 26 30 – www.restaurant-le-grenier-a-sel.fr – Fermé 15 fév.-1er mars, 12 août-5 sept., dim. et lundi CX**t**
Rest – Formule 20 € – Menu 25 € (sem.), 39/62 € – Carte environ 53 €
◆ À l'entrée de la cité Plantagenêt, il fut bien un grenier à sel mais présente aujourd'hui un décor tout à fait contemporain... gris poivre. Une adresse bien appréciée en ville, dont la carte évolue avec les saisons et le marché. Le chef maîtrise parfaitement ses assaisonnements !

La Réserve
34 pl. de la République – ✆ 02 43 52 82 82 – Fermé dim. et lundi CX**r**
Rest – Formule 23 € – Carte environ 25 €
◆ Une adresse dont le Tout-Mans parle... et c'est mérité. Déco tendance et courte carte autour d'une belle cuisine classique revisitée, ainsi qu'une ardoise d'appétissantes propositions du jour : une Réserve de saveurs !

La Ciboulette
14 r. de la Vieille Porte – ✆ 02 43 24 65 67 – Fermé 30 août-12 sept. et lundi
Rest – Formule 14 € – Menu 24/55 € – Carte 34/56 € CX**x**
◆ Dans le vieux Mans, derrière une façade à colombages, une sympathique petite adresse : la couleur rouge domine, l'atmosphère évoque un bistrot... et la carte fait profession de tradition (terrine de lapin, cake aux citrons confits, etc.).

à Savigné-l'Évêque 10 km par ① – 4 033 h. – alt. 60 m – ✉ 72460

La Villa des Arts sans rest
68 Grande-Rue – ✆ 06 08 94 19 17
– www.lavilladesarts.com
5 ch – †165/260 € ††165/260 € – ☕ 15 €
◆ Dé-li-cieux ! Des petits ponts en fer forgé qui enjambent des douves en eau, des arbres centenaires et... cette très belle demeure du 18es., bien nommée : objets d'art, mobilier ancien et, partout, des fresques – fruit de deux années de travail – qui évoquent le charme des villas italiennes de la Renaissance. Le tout éminemment confortable...

à Arnage 10 km par ④ – 5 131 h. – alt. 42 m – ✉ 72230

Auberge des Matfeux
289 av. Nationale, Sud sur D 147 – ✆ 02 43 21 10 71
– www.aubergedesmatfeux.fr – Fermé 10-19 avril, 23 juil.-22 août, 2-8 janv., 18-27 fév., dim. soir, lundi et mardi
Rest – Menu 37/71 € – Carte 45/86 €
◆ Des fauteuils à pois, des motifs abstraits aux murs, une vaisselle signée par un artiste local, etc. : un décor très contemporain et original – vraiment élégant ! – pour une cuisine soignée, qui aime revisiter les classiques, et de bien beaux millésimes de bordeaux et vins de Loire.

à l'Ouest 4 km par ⑤ sur D 357 – ✉ 72000 Le Mans

Auberge de la Foresterie
ch, rest,
rte de Laval – ✆ 02 43 51 25 12
– www.aubergedelaforesterie.com
41 ch – †78/98 € ††88/110 € – ☕ 12 €
Rest *(fermé sam. midi et dim. soir)* – Formule 16 € – Menu 24/30 €
– Carte 22/37 €
◆ Sur la route de Laval, cet hôtel est aisément accessible de l'autoroute A 81. Pour l'étape donc, des chambres assez spacieuses, fonctionnelles et bien tenues. Cuisine traditionnelle au restaurant.

à St-Saturnin 8 km par ⑥ – 2 306 h. – alt. 80 m – ✉ 72650

Domaine de Chatenay sans rest
sur D 304 rte de la Chapelle St-Aubin – ✆ 02 43 25 44 60
– www.domainedechatenay.com
8 ch ☕ – †117 € ††140 €
◆ Cette demeure du 18es. apparaît au bout d'une belle allée cavalière, au cœur de la campagne mancelle... Meubles de famille, tapisseries, trumeaux, vieux portraits, etc., évoquent un décor à la Balzac. Le roman se finit toujours bien, chaque matin, dans le salon Empire, autour du petit-déjeuner...

MANSLE – 16 Charente – 324 L4 – 1 520 h. – alt. 65 m – ✉ 16230 — 39 C2

▶ Paris 421 – Angoulême 26 – Cognac 53 – Limoges 93
ℹ place du Gardoire, ✆ 05 45 20 39 91, www.ot-paysmanslois.fr

Beau Rivage
pl. Gardoire – ✆ 05 45 20 31 26 – www.hotel-beau-rivage-charente.com – Fermé 20 fév.-11 mars, 17 déc.-6 janv.
29 ch – †63/72 € ††63/72 € – ☕ 10 € – ½ P 57 €
Rest *(fermé dim. soir du 1er mars au 30 avril et du 1er oct. au 28 fév.)*
– Menu 14 € (sem.), 20/37 € – Carte 24/58 €
◆ Un jardin en pente douce au bord de la Charente, des chambres fraîches et cosy, un restaurant traditionnel avec une terrasse donnant sur la rivière : ce Beau Rivage est vraiment plaisant.

à Luxé 6 km à l'Ouest par D 739 – 790 h. – alt. 70 m – ✉ 16230

XX **Auberge du Cheval Blanc** VISA MC AE

à la gare – ✆ 05 45 22 23 62 – www.auberge-cheval-blanc.com
– Fermé 1er-10 sept., fév., dim. soir, lundi et mardi

Rest – Menu 19 € bc (déj. en sem.), 29/46 € – Carte 35/39 €

◆ Sur la place de la gare, cette sympathique auberge centenaire vous invite à déguster une cuisine régionale généreuse et soignée. Poireaux vinaigrette avec de bons morceaux de haddock, tournedos de porc et sa délicieuse purée de céleri...

Une bonne table sans se ruiner ? Repérez les Bib Gourmand.

MANTES-LA-JOLIE – 78 Yvelines – 311 G2 – 42 593 h. – alt. 34 m – ✉ 78200 Île de France

18 A1

Paris 56 – Beauvais 69 – Chartres 78 – Évreux 46

8 bis, rue Marie et Robert Dubois, ✆ 01 34 77 10 30

de Guerville, à Guerville, La Plagne, par rte de Houdan : 6 km, ✆ 01 30 92 45 45

de Moisson-Mousseaux, à Moisson, Base de Loisir de Moisson, par rte de Vernon et rte secondaire : 14 km, ✆ 01 34 79 39 00

de Villarceaux, à Chaussy, Château du Couvent, N : 20 km par D 147, ✆ 01 34 67 73 83

Collégiale Notre-Dame★★ BB.

XX **Rive Gauche** VISA MC

1 r. du Fort – ✆ 01 30 92 30 16
– Fermé 3 août-1er sept., sam. midi, dim. et lundi **Ba**

Rest – Formule 22 € bc – Carte 40/50 €

◆ Près de la Seine, derrière la porte aux Prêtres, un restaurant sympathique au décor métissé. La cuisine brasse également les influences, de l'Asie en passant par l'Italie.

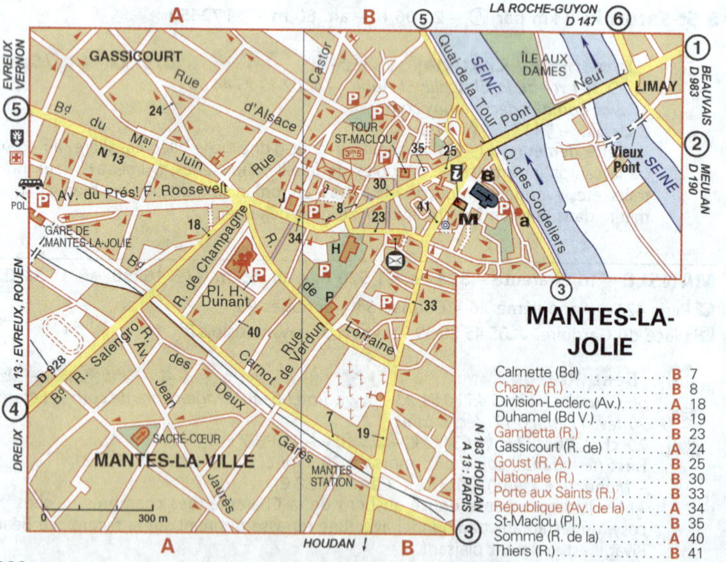

à Mantes-la-Ville 2 km par ③ – 18 891 h. – alt. 36 m – ✉ 78711

XXX **Le Moulin de la Reillère**

171 rte de Houdan – ✆ 01 30 92 22 00 – www.lemoulindelareillere.fr – Fermé 1 sem. en mai, 3 sem. début août, 1 sem. en janv., sam. midi, dim. soir et lundi

Rest – Formule 26 € – Menu 35 € – Carte 39/69 €

◆ Belle auberge aménagée dans un ancien moulin du 18^{e}s. Un cadre bourgeois, avec sa terrasse et son ravissant jardin fleuri ; une cuisine classique bien réalisée.

à Rosay 10 km par ③ – 371 h. – alt. 98 m – ✉ 78790

XX **Auberge de la Truite**

1 r. Boinvilliers – ✆ 01 34 76 30 52 – Fermé 1er-10 janv., mardi midi, dim. soir et lundi

Rest – Formule 32 € – Menu 42/89 € – Carte 55/70 €

◆ Dans cette ancienne épicerie de village, on vient pour la cuisine – classique et variant au gré des saisons –, mais on peut aussi s'offrir l'un des tableaux en exposition !

MANTES-LA-VILLE – 78 Yvelines – **311** G2 – rattaché à Mantes-la-Jolie

---

MANVIEUX – 14 Calvados – **303** I3 – rattaché à Arromanches-les-Bains

---

MANZAC-SUR-VERN – 24 Dordogne – **329** E5 – 527 h. – alt. 80 m – ✉ 24110 **4** C1

▶ Paris 502 – Bergerac 34 – Bordeaux 112 – Périgueux 20

XX **Le Lion d'Or** avec ch

pl. de l'Église – ✆ 05 53 54 28 09 – www.lion-dor-manzac.com – Fermé 15-30 nov., 9 fév.-3 mars, dim. soir sauf juil.-août, mardi midi en juil.-août et lundi

8 ch – †59 € ††65 € – ☕ 9 €

Rest – Formule 14 € – Menu 20/34 € – Carte 34/50 €

◆ On s'installe dans une salle lumineuse, agrémentée de bibelots, et on savoure une copieuse cuisine au goût du jour prenant souvent l'accent du terroir.

MARAIS-VERNIER – 27 Eure – **304** C5 – rattaché à Conteville

---

MARAUSSAN – 34 Hérault – **339** D8 – rattaché à Béziers

MARÇAY – 37 Indre-et-Loire – **317** K6 – rattaché à Chinon

MARCIAC – 32 Gers – **336** C8 – 1 231 h. – alt. 150 m – ✉ 32230 **28** A2

Midi-Toulousain

▶ Paris 801 – Auch 50 – Bordeaux 189 – Toulouse 129

ℹ 21 place de l'Hôtel de Ville, ✆ 05 62 08 26 60, www.marciactourisme.com

La Baguenaude sans rest

9 r. de Juillac – ✆ 05 62 09 57 03 – www.labaguenaude.fr

4 ch ☕ – †85/100 € ††85/120 €

◆ Les amoureux du jazz pourront baguenauder vers cette jolie maison du 19^{e}s., ils ne seront pas déçus ! Décoration éclectique et élégante, cour intérieure, fontaine : lénifiant.

X **La Petite Auberge**

pl. de l'Hôtel-de-ville – ✆ 05 62 09 31 33 – Fermé 1 sem. en août, vacances de la Toussaint, merc. soir et jeudi

Rest – Formule 10 € bc – Menu 20/28 € – Carte 30/47 €

◆ Au centre de la bastide, une jolie maison à colombages sous les arcades. Près de la cheminée, on apprécie la soupe de saison et une cuisine régionale fraîche et bien réalisée.

Le Café Zik

Lac de Marciac – ✆ 05 62 09 88 72 – www.lecafezik.com – Fermé 4-20 janv.
Rest – Formule 14 € – Menu 19/45 € – Carte 40/52 €
◆ Dans ce restaurant du bord du lac, la cuisine est à l'image du chef : jeune, authentique et pleine de finesse. Du porcelet noir de Bigorre cuit à la perfection, une déclinaison autour de l'abricot... De beaux produits, et en avant la musique !

MARCILLAC-LA-CROISILLE – 19 Corrèze – 329 N4 – 834 h. – alt. 550 m – ✉ 19320 Limousin Berry — 25 C3

Paris 498 – Argentat 26 – Aurillac 80 – Égletons 17

au Pont-du-Chambon 15 km au Sud-Est, par D 978 (dir. Mauriac), D 60 et D 13

✉ 19320 St-Merd-de-Lapleau

Fabry (Au Rendez-vous des Pêcheurs) avec ch

– ✆ 05 55 27 88 39 – www.rest-fabry.com
– Ouvert 14 fév.-11 nov. et fermé dim. soir, mardi midi et lundi hors saison
8 ch – †48 € ††48/52 € – ½ P 49/56 €
Rest – Menu 16 € (sem.), 26/42 € – Carte 32/45 €
◆ Pour une échappée au calme sur les bords de la Dordogne, voilà une maison familiale pleine de charme. Produits régionaux, herbes du jardin, participent à une cuisine du terroir teintée de modernité (foie gras poêlé au kumquat confit, variation autour de la rose et de la rhubarbe, etc.). Chambres pour l'étape.

MARCILLY-EN-VILLETTE – 45 Loiret – 318 J5 – 1 961 h. – alt. 124 m – ✉ 45240 — 12 C2

Paris 153 – Blois 83 – Orléans 23 – Romorantin-Lanthenay 55

La Ferme des Foucault sans rest

6 km au Sud-Est par D 64 rte de Sennely – ✆ 02 38 76 94 41
– www.ferme-des-foucault.com – Fermé de début janv. à mi-fév.
3 ch – †80 € ††85/95 €
◆ Ancienne ferme à colombages nichée au cœur de la forêt. Ses chambres, coquettes et très spacieuses, s'agrémentent de meubles rustiques ; l'une d'elles dispose d'une terrasse.

MARCQ-EN-BAROEUL – 59 Nord – 302 G3 – rattaché à Lille

MARENNES – 17 Charente-Maritime – 324 D5 – 5 465 h. – alt. 10 m – ✉ 17320 Poitou Charentes Vendée — 38 A2

Paris 524 – Poitiers 191 – La Rochelle 58

place Chasseloup-Laubat, ✆ 05 46 85 04 36, www.ile-oleron-marennes.com

Le Buccin

6 r. des Martyrs – ✆ 05 46 36 33 47 – www.restaurant-le-buccin.com – Fermé 11 nov.-12 fév.
Rest – Menu 17/38 € – Carte 26/45 €
◆ Buccin ? Le nom scientifique du bulot. Aux commandes de cette jolie maison du port, deux frères – l'un au service, l'autre en cuisine avec sa brigade –, pour une belle cuisine de la mer réalisée avec des produits extrafrais : simple et bon.

MAREUIL-CAUBERT – 80 Somme – 301 D7 – rattaché à Abbeville

MARGAUX – 33 Gironde – 335 G4 – 1 479 h. – alt. 16 m – ✉ 33460 — 3 B1

Paris 599 – Bordeaux 29 – Lesparre-Médoc 42

18 de Margaux, 5 route de l 'Ile Vincent, N : 1 km, ✆ 05 57 88 87 40

à Labarde **5 km au Sud par D 2 – 619 h. – alt. 14 m – ✉ 33460**

La Gare Gourmande

3 rte des Châteaux – ✆ 05 56 35 92 38 – www.la-gare-gourmande.com – Fermé 2 sem. en août, sam., dim., le soir sauf jeudi et vend.

Rest *(nombre de couverts limité, réserver)* – Formule 20 € – Menu 25 € (déj.)/40 €

◆ Il règne un bel esprit table d'hôte dans cette ancienne gare de village : le jeune chef concocte chaque jour un menu unique pour une vingtaine de chanceux. Tourtière de lapin aux herbes, blanc-manger... Un vrai bon plan tradi et convivial !

à Arcins **6 km au Nord-Ouest par D 2 – 398 h. – alt. 10 m – ✉ 33460**

Le Lion d'Or

11 rte de Pauillac – ✆ 05 56 58 96 79 – Fermé juil., 23 déc.-3 janv., dim., lundi et fériés

Rest *(nombre de couverts limité, réserver)* – Menu 15 € bc (sem.) – Carte 40/55 €

◆ Sur la route du Médoc, une auberge de village (19es.) au cadre patiné par les ans – boiseries, casiers à bouteilles... On y savoure une jolie cuisine du marché et de copieux plats du terroir dans une atmosphère résolument chaleureuse.

MARGÈS – 26 Drôme – 332 D3 – 877 h. – alt. 282 m – ✉ 26260 43 E2

Paris 551 – Grenoble 92 – Hauterives 14 – Romans-sur-Isère 13

Auberge Le Pont du Chalon

50 rte des Dauphins, 2 km au Sud par D 538 – ✆ 04 75 45 62 13 – www.auberge-pontduchalon.com – Fermé 17 août-1er sept., 23-30 déc. et 15 fév.-1er mars

9 ch – †50 € ††55 € – ☕ 9 € – ½ P 55/58 €

Rest *(fermé dim. soir, merc. soir, lundi et mardi)* – Formule 13 € – Menu 20/35 € – Carte 25/47 €

◆ Ambiance chaleureuse et raffinée dans cette auberge 1900, nichée derrière un rideau de platanes. Les chambres sont assez joliment meublées. Salle à manger à la fois rustique et cossue, belle terrasse sous la pergola et cuisine traditionnelle.

MARGUERITTES – 30 Gard – 339 L5 – rattaché à Nîmes

MARIENTHAL – 67 Bas-Rhin – 315 K4 – ✉ 67500 1 B1

Paris 479 – Haguenau 5 – Saverne 42 – Strasbourg 30

Le Relais Princesse Maria Leczinska

1 r. Rothbach – ✆ 03 88 93 43 48 – Fermé sam. midi, dim. soir et merc.

Rest *(nombre de couverts limité, réserver)* – Formule 15 € – Menu 19 € (déj. en sem.), 40/54 €

◆ Aux commandes : un couple japonais amoureux de la cuisine française ! Un relais entre tradition et épure (poutres, vitrail, tons clairs) ; une carte actuelle, riche de saveurs.

MARIGNANE – 13 Bouches-du-Rhône – 340 G5 – 33 909 h. – alt. 10 m – ✉ 13700 Provence 40 B3

Paris 753 – Aix-en-Provence 24 – Marseille 26 – Martigues 16

de Marseille-Provence : ✆ 04 42 14 14 14.

4, boulevard Frédéric Mistral, ✆ 04 42 31 12 97, www.tourisme-marignane.com

Canal souterrain du Rove★ SE : 3 km.

à l'aéroport de Marseille-Provence au Nord – ✉ 13700

Pullman
– ✆ 04 42 78 42 78 – www.pullman-marseille-provence.com
177 ch – 🚹150/310 € 🚹🚹175/325 € – 1 suite – ☕ 22 €
Rest – Menu 30 € (déj.) – Carte 45/60 €
◆ À quelques minutes de l'aéroport, ce bâtiment des années 1970 a su composer avec le design actuel. Chambres contemporaines ou "provençal chic", belle piscine et espace fitness. Cuisine méditerranéenne servie à toute heure dans une ambiance lounge ; vinothèque.

Best Western Marseille Aéroport
(face à l'aéroport) ✉ *13127 Vitrolles*
– ✆ *04 42 15 54 00* – *www.bwmrs.com*
120 ch – 🚹109/199 € 🚹🚹109/199 € – ☕ 13 €
Rest – Formule 23 € bc – Carte 25/48 €
◆ Pour une escale ou un séminaire, un hôtel moderne qui se donne une allure classique par son mobilier. La grande piscine entourée de teck confirme cette intention. Pour se restaurer, carte brasserie ou cuisine traditionnelle. Salon privé sur demande.

Z.I. Les Estroublans 4 km au Nord-Est par D 9 (rte Vitrolles)
– ✉ 13127 Vitrolles

Novotel
24 r. de Madrid – ✆ *04 42 89 90 44* – *www.novotel.com*
117 ch – 🚹80/160 € 🚹🚹80/160 € – ☕ 15 €
Rest – Formule 17 € – Carte 23/38 €
◆ Entre la gare TGV et l'aéroport de Marseille, hôtel doté de chambres spacieuses et bien insonorisées, selon le concept Novation. Belle roseraie dans le jardin. Cuisine traditionnelle au restaurant et Novotel Café pour manger sur le pouce.

MARIGNY – 71 Saône-et-Loire – 320 G9 – 136 h. – alt. 320 m – ✉ 71300 8 C3

Paris 380 – Dijon 110 – Mâcon 66 – Nevers 174

L'Atelier du Goût
Le Bourg – ✆ *03 85 57 81 87* – *www.latelierdugout71.fr* – *Fermé 16-29 août, 6-16 janv., mardi et merc.*
Rest – Formule 15 € – Menu 25/68 € – Carte 40/71 €
◆ Côté déco, les tableaux de la propriétaire – institutrice de formation – égayent joliment la salle. Côté fourneaux, son chef de mari, amoureux des belles saveurs, concocte une cuisine de saison qui honore les produits... Gourmand et bon !

MARIGNY-ST-MARCEL – 74 Haute-Savoie – 328 I6 – 641 h. – alt. 404 m – ✉ 74150 46 F1

Paris 536 – Aix-les-Bains 22 – Annecy 19 – Bellegarde-sur-Valserine 43

Blanc avec ch
90 av. Sindeldorf – ✆ *04 50 01 09 50* – *www.blanc-hotel-restaurant.fr* – *Fermé 26 déc.-2 janv.*
16 ch – 🚹70/150 € 🚹🚹70/150 € – ☕ 12 € – ½ P 78 €
Rest *(fermé dim. soir et sam. sauf juil.-août)* – Menu 27/85 € – Carte 37/90 €
◆ Une auberge familiale d'esprit chalet, pour une cuisine traditionnelle et régionale de bon aloi. L'été, on profite de la terrasse ombragée, face au jardin et la piscine ; en toute saison, l'étape est agréable : chambres spacieuses et confortables.

MARINGUES – 63 Puy-de-Dôme – 326 G7 – 2 722 h. – alt. 315 m – ✉ 63350 Auvergne 6 C2

Paris 409 – Clermont-Ferrand 32 – Lezoux 16 – Riom 22

XX **Le Clos Fleuri** avec ch

rte de Clermont – ✆ 04 73 68 70 46 – www.leclosfleuri.net – Fermé 15 fév.-13 mars, lundi sauf le soir en juil.-août, vend. soir et dim. soir de sept. à juin

15 ch – †48 € ††59 € – ☕ 8 € – ½ P 55 €

Rest – Formule 13 € bc – Menu 24/41 € – Carte 27/45 €

◆ Virage à 180° avec un décor résolument moderne pour cette maison tenue par la même famille depuis trois générations. Beau jardin visible de la salle ; cuisine traditionnelle.

XX **Le Carrousel**

14 r. du Pont de Morge – ✆ 04 73 68 70 24 – www.restaurant-lecarrousel.com – Fermé 16 juil.-3 août et 9-26 janv., mardi et merc.

Rest – Menu 24/58 € – Carte 51/66 €

◆ Un décor sobre et contemporain (tons chauds, poutres immaculées) pour un beau moment de convivialité autour de recettes actuelles et délicates, réalisées par un chef très pro.

MARLENHEIM – **67 Bas-Rhin** – **315** I5 – **3 509 h.** – **alt. 195 m** **1** A1
– ✉ **67520** Alsace Lorraine

Paris 468 – Haguenau 50 – Molsheim 13 – Saverne 18

11, place du Kaufhus, ✆ 03 88 87 75 80, www.tourisme-marlenheim.fr

Le Cerf

30 r. Gén.-de-Gaulle – ✆ 03 88 87 73 73 – www.lecerf.com

16 ch ☕ – †89/137 € ††129/297 € – 2 suites – ½ P 104/263 €

Rest ***Le Cerf*** ✿ – voir les restaurants ci-après

◆ Cet ancien relais de poste ne manque pas d'élégance : jolie cour fleurie, bel espace bien-être, chambres raffinées (d'esprit alsacien ou contemporain), accueil très professionnel... Un cerf doux comme un agneau !

Hostellerie Reeb

2 r. Albert Schweitzer – ✆ 03 88 87 52 70 – www.hostellerie-reeb.fr – Fermé 2-20 janv.

26 ch – †60/65 € ††60/65 € – ☕ 9 € – ½ P 60 €

Rest ***La Crémaillère*** *(fermé dim. soir et lundi)* – Formule 12 € – Menu 20 € (sem.), 30/38 € – Carte 27/60 €

◆ Aux portes du village où débute la route des Vins, grande maison à colombages dotée de chambres spacieuses et classiques. À la Crémaillère, cuisine régionale servie dans un décor bourgeois de style alsacien "tout bois".

XXX ✿ **Le Cerf** (Michel Husser) – Hôtel Le Cerf

30 r. Gén.-de-Gaulle – ✆ 03 88 87 73 73 – www.lecerf.com – Fermé mardi et merc.

Rest – Menu 39 € (déj. en sem.), 63/79 € – Carte 75/115 €

Spéc. Pastilla de foie gras de canard d'Alsace poêlé aux fruits de saison. Choucroute au cochon de lait sous toutes ses formes et foie gras fumé. Partition de sorbets et glaces aux cinq parfums comme un vacherin. **Vins** Crémant d'Alsace rosé, Riesling.

◆ Une valeur sûre de la gastronomie alsacienne, dont on ne se lasse pas ! Le chef signe une cuisine très maîtrisée, avec de constants rappels aux traditions régionales – certaines un peu oubliées... – et à la fois personnelle. En un mot : savoureux.

MARLY-LE-ROI – **78 Yvelines** – **312** B2 – **101** 12 – **voir à Paris, Environs**

MARMANDE – **47 Lot-et-Garonne** – **336** C2 – **17 947 h.** – **alt. 30 m** **4** C2
– ✉ **47200** Aquitaine

Paris 666 – Agen 67 – Bergerac 57 – Bordeaux 90

11 rue Toupinerie, ✆ 05 53 64 44 44, www.valdegaronne.com/tourisme

Le Capricorne sans rest

av. Hubert Ruffe, rte d'Agen, 2 km par D 813 – ✆ 05 53 64 16 14 – www.lecapricorne-hotel.com – Fermé 16 déc.-1er janv.

34 ch – †65 € ††75 € – ☕ 8 €

◆ Dans une zone commerciale, un hôtel très pratique, bien tenu et insonorisé. Bon rapport qualité-prix.

à Pont-des-Sables 5 km au Sud par D 933 – 1 210 h. – alt. 27 m – ✉ 47200

Halte nautique-Pont des Sables, ✆ 05 53 89 25 59, www.valdegaronne.com/tourisme

Auberge de l' Escale

Pont des Sables – ✆ 05 53 93 60 11 – Fermé 3-10 sept., 13-18 nov., 2-9 janv., sam. midi, dim. soir et lundi

Rest – Formule 15 € – Menu 23/63 € bc – Carte 34/69 €

◆ Cette auberge conviviale est le rendez-vous des plaisanciers. Généreuse cuisine du Sud-Ouest, grillades au feu de bois et jolie terrasse surplombant le canal... pour ne pas perdre de vue son navire !

MARMANHAC – 15 Cantal – **330** C4 – 736 h. – alt. 650 m – ✉ 15250 **5** B3

Paris 566 – Aurillac 17 – Clermont-Ferrand 154 – Saint-Flour 69

Château de Sédaiges sans rest

– ✆ 04 71 47 30 01 – www.chateausedaiges.com
– Ouvert 1er mai-30 sept.

5 ch – 110 € 110 €

◆ Un vrai château de conte de fées, bel exemple d'architecture troubadour (12e-19es.), dans un parc plein de noblesse. Escalier monumental en bois, superbes tapisseries des Flandres ; les chambres ont le charme reposant du temps jadis...

MARNANS – 38 Isère – **333** E6 – 135 h. – alt. 410 m – ✉ 38980 **43** E2

Lyon Drôme Ardèche

Paris 558 – Grenoble 62 – Lyon 96 – Valence 89

Auberge de Marnans "Atelier Nicolas Grandclaude" avec ch

2 pl. du Prieuré – ✆ 04 76 36 28 71 rest,
– www.ateliergrandclaude.com – Fermé dim. soir, lundi et mardi sauf le soir en juil.-août

4 ch – 55/63 € 68/76 € – 8 €

Rest *(réserver)* – Formule 16 € – Menu 19 € (déj. en sem.), 27/50 €
– Carte 45/55 €

◆ Arrêt conseillé ! Des chambres spacieuses et jolies (meubles anciens), un petit-déjeuner très copieux, un accueil charmant… Ce jeune couple fait souffler un vent de fraîcheur sur cette auberge isolée. Et que dire de la table ? Le chef signe une cuisine précise et inventive… qui donne envie de ne plus repartir.

MARNE-LA-VALLÉE – Île-de-France – **312** E2 – **101** 19 – voir à Paris, Environs

MARQUAY – 24 Dordogne – **329** H6 – 564 h. – alt. 175 m – ✉ 24620 **4** D3

Périgord Quercy

Paris 530 – Brive-la-Gaillarde 55 – Périgueux 60 – Sarlat-la-Canéda 12

La Condamine ch,

1 km rte de Meyrals – ✆ 05 53 29 64 08 – www.hotel-lacondamine.com
– Ouvert 6 avril-11 nov.

22 ch – 45/65 € 49/75 € – 8 € – ½ P 50/65 €

Rest – Formule 12 € bc – Menu 19/35 € – Carte 20/45 €

◆ Bâtisse d'allure traditionnelle dominant la campagne périgourdine. Quelques chambres avec balcon et vue sur la nature. Sage décor d'esprit agreste. Minigolf, boulodrome. Restaurant de style "pension de famille" ; la terrasse ouvre sur le jardin et la piscine.

Maison de Marquay ch,

Le Bourg – ✆ 05 53 59 53 59 – www.maisondemarquay.fr – Fermé déc., janv. et fév. sauf vacances scolaires

5 ch – 78/156 € 78/156 €

Table d'hôte – Menu 29 €

◆ Un havre de paix au cœur du bourg... Derrière les murs en pierre du jardin, on se prélasse au bord de la piscine et on profite du grand confort des lieux, où dialoguent joliment l'ancien et le moderne. Accueil très agréable ! Monsieur, ancien chef cuisinier, œuvre rien que pour vous à la table d'hôte.

MARSANNAY-LA-CÔTE – 21 Côte-d'Or – 320 J6 – rattaché à Dijon

MARSANNE – 26 Drôme – 332 C6 – 1 211 h. – alt. 250 m – ✉ 26740 44 B3

Lyon Drôme Ardèche

Paris 611 – Lyon 149 – Romans-sur-Isère 69 – Valence 48

Place Emile Loubet, ✆ 04 75 90 31 59, www.marsanne.info

Domaine de la Vivande

rte de Cléon d'Andran, 2,5 km au Sud-Est par D57 – ✆ 04 75 00 56 64 – www.domainedelavivande.com – Fermé 1er-31 janv., lundi hors saison et dim. soir

9 ch – †74/119 € ††79/135 € – ☕ 13 €

Rest *(fermé mardi midi, merc. midi et jeudi midi)* – Menu 26/49 € – Carte 42/55 €

◆ En pleine campagne, cette belle maison du 18e s. propose des chambres spacieuses (mezzanine) et confortables, à la décoration contemporaine. Environnement arboré, piscine. Cuisine au goût du jour servie dans une belle salle voûtée.

MARSEILLAN – 34 Hérault – 339 G8 – 7 738 h. – alt. 3 m – ✉ 34340 23 C2

Languedoc Roussillon

Paris 754 – Agde 7 – Béziers 31 – Montpellier 49

avenue de la Méditerranée, ✆ 04 67 21 82 43, www.marseillan.com

La Table d'Emilie

8 pl. Carnot – ✆ 04 67 77 63 59 – Fermé 3-24 nov., 3-15 janv., lundi midi et jeudi midi du 1er juil.-30 sept., dim. soir, lundi et merc. du 1er oct.-30 juin

Rest – Menu 19 € (déj. en sem.), 29/52 € – Carte 45/56 €

◆ Une table d'Émilie... jolie ! Maisonnette du 12es. au charme romantique (pierres apparentes, voûte d'ogives, patio verdoyant). Cuisine au goût du jour sagement inventive.

Le Château du Port

9 quai de la Résistance – ✆ 04 67 77 31 67 – www.chateauduport.com – Ouvert 14 fév. à mi-oct. et fermé lundi et mardi sauf de mi-juin à mi-sept.

Rest – Menu 28 € – Carte 30/45 €

◆ Bistrot chic contemporain installé dans une belle maison bourgeoise du 19es. Produits de la mer, recettes régionales revisitées et agréable terrasse au bord du canal.

Chez Philippe

20 r. Suffren – ✆ 04 67 01 70 62 – Fermé 17 oct.-2 nov., 3 sem. en janv., lundi de juil. à sept. et mardi

Rest *(réserver)* – Formule 15 € – Menu 19 € (déj. en sem.)/28 €

◆ Sympathique ambiance méridionale à proximité du bassin de Thau : cuisine ensoleillée, salle aux couleurs du Sud et terrasse dressée sous les pins parasols...

MARSEILLE

Plans de la ville pages suivantes **40** B3

© E. Luider/Hemis.fr

🅿 – **13 Bouches-du-Rhône – 851 420 h. – Agglo. 1 433 462 h. – ✉ 13000** – **340** H6 – **114** 28 – Provence

Paris 769 – Lyon 314 – Nice 189 – Torino 373

Office de tourisme

Annexe Gare Saint-Charles, ✆ 0 826 500 5 00, www.marseille-tourisme.com

Transports

Auto-train ✆ 3635 (dîtes auto-train - 0,34 €/mn)

Tunnel Prado-Carénage : péage 2011, tarif normal : 2,60 €

Transports maritimes

Pour le Château d'If : Navettes Frioul If Express ✆ 04 91 46 54 65

Pour la Corse : SNCM 61 bd des Dames (2e) ✆ 3260 dîtes SNCM (0,15 €/mn) - CMN 4 quai d'Arenc (2e) ✆ 0 810 201 320, www.lameridionale.fr

Aéroport

Marseille-Provence ✆ 04 42 14 14 14, 28 km par ①

Quelques golfs

Marseille-La Salette, 65, impasse des Vaudrans, E : 10 km à la Valentine, ✆ 04 91 27 12 16

d'Allauch, Domaine de Fontvieille, NE : 14 km par rte d'Allauch, ✆ 04 91 07 28 22

A VOIR

Le quartier du Vieux Port : le Vieux Port★★, notamment le quai des Belges (marché aux poissons) **3**ET**5** • Musée d'Histoire de Marseille★**3**ET**M³** • Musée du Vieux Marseille**3**DET**M⁷** • Musée des Docks romains★**3**DT**M⁶** • ≤ depuis le belvédère St-Laurent★**3**DT**D** • Musée Cantini★**4**FU**M²**

Le quartier du Panier : centre de la Vieille Charité★★, qui réunit le Musée d'archéologie méditerranéenne et le Musée d'Arts africains, océaniens et amérindiens (MAAOA)★★**3**DS**E** • Ancienne cathédrale de la Major★**3**DS**B**

Notre-Dame de la Garde : la basilique★★**3**EV et son panorama★★★ sur Marseille • Basilique St-Victor★ et sa crypte★★**3**DU

La Canebière : de la rue Longue-des-Capucins au cours Julien. Place du Marché-des-Capucins, rue du Musée, rue Rodolph-Pollack, rue d'Aubagne, rue St-Ferréol…

Quartier Longchamp : musée Grobet-Labadié★★**4**GS**M⁸** • Palais Longchamp★**4**GS, siège du musée des Beaux-Arts★ et du musée d'Histoire naturelle★

Quartier du Pharo (Sud) : corniche J.-F.-Kennedy★★**1**AYZ • Vallon des Auffes★★**1**AY

Aux alentours de Marseille : château d'If★★ et son panorama★★★ • Massif des Calanques★★★ • Musée de la faïence★

MARSEILLE

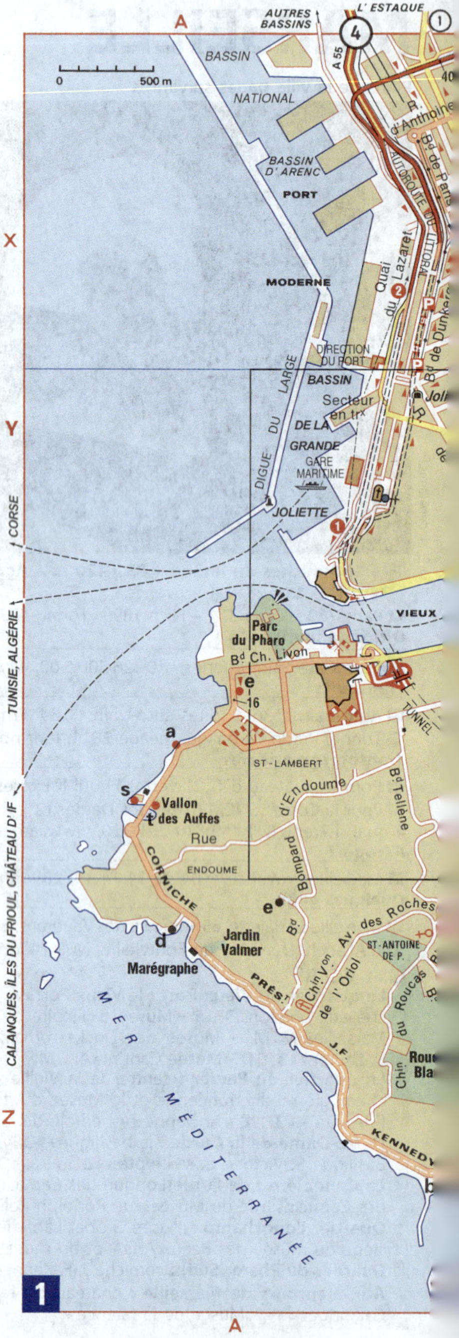

A
AUTRES BASSINS
L' ESTAQUE
4
1
0 500 m
BASSIN
NATIONAL
BASSIN D' ARENC
PORT
MODERNE
R. d'Anthoine
Bd de Paris
AUTOROUTE DU LITTORAL
Quai du Lazaret
Bd de Dunkerque
DIRECTION DU PORT
BASSIN
DE LA
GRANDE
JOLIETTE
GARE MARITIME
Secteur en trx
DIGUE DU LARGE
X
Y
Z
CORSE
TUNISIE, ALGÉRIE
CALANQUES, ÎLES DU FRIOUL, CHÂTEAU D' IF
VIEUX
Parc du Pharo
Bd Ch. Livon
TUNNEL
16
ST-LAMBERT
Rue d'Endoume
Bd Tellène
Vallon des Auffes
ENDOUME
CORNICHE
Bd Bompard
Av. des Roches
ST-ANTOINE DE P.
Jardin Valmer
Marégraphe
PRÉST J.F. KENNEDY
Chin Von de l'Oriol
Chin du Roucas Blanc
MER MÉDITERRANÉE
1
A

Bougainville
LYON
FOS, AIX-EN-P.
B
C
D 908
LA ROSE
Bd de Plombières
Chin de Ste-Marthe
D 4e
36
National
ST-MAURONT
ST-CHARLES
ST-MARTIN
R. Salengro
BELLE DE MAI
Av. des Chutes Lavie
Bd A. Fleming
ZÉNITH LE-DÔME
St-Just
ST-JUST
59
HÔTEL DU DÉPARTEMENT
X
STE-MARIE-MADELEINE
Av. Dupac
Chartreux
Désirée Clary
N.-D. BON PASTEUR
R. Guibal
Bd de Paris
61
U
Av. Gal Leclerc
PALAIS LONGCHAMP
Cinq-Avenues Longchamp
17
Bd de la Blancarde
ST-BARNABÉ
Pelletan
Guesde
35
Gare St-Charles
ST-CHARLES
Colbert-H. de la Région
Réformés Canebière
CINQ AVENUES
LES
Av. Mal Foch
ST-CALIXTE
Pl. Sébastopol
Bd Sakakini
Y
Vieux Port-H. de Ville
LA CANEBIÈRE
Noailles
Cours Belsunce
R. d'Aix
Pl. J. Jaurès
Bd Chave
70
LA BLANCARDE
La Blancarde
PORT
Rue de Rome
Cours Lieutaud
Bd Jeanne d'Arc
ST-PIERRE
LA POMME
D 2
N-D du Mont Cours Julien
R. Saint-Pierre
R. St-Pierre
47
LA CONCEPTION
Bd Baille
Baille
la Timone
ST-PIERRE
Estrangin Préfecture
Bd N-Dame
Paradis
Castellane
TIMONE
Av. de la Timone
TOULON AUBAGNE
PRADO-CARÉNAGE
N.-D. DE LA GARDE
Bd Vauban
Pl. Castellane
Av. de Toulon
A 50
2
51
SACRÉ-CŒUR
(PÉAGE)
Av. du Prado
PARC DU 26e CENTENAIRE
Av. de la Capelette
Rue
Av.
Périer
Bd Rabatau
R. Cantini
Rouet
LA CAPELETTE
Boulevard Périer
Estrangin
Mermoz
N.-DAME
Bd Rabatau
35
PÉRIER
Rolland
Paradis
R. J.
Prado
D 559
PARC CHANOT
PALAIS DES CONGRÈS
Rd-Pt du Prado
M
Bd Schlœsing
R. Teisseire
Huveaune
PALAIS DES SPORTS
Bd R. Rolland
Z
Stade-Vélodrome
Ste-Marguerite Dromel
Bd Ste-Marguerite
52
R. du Commandant
Av. du Prado
Bd Michelet
ST-GINIEZ
ÉLE NATLE SUPRE DE DANSE
Av. de Mazargues
D 559
STE-MARGUERITE
Parc Balnéaire Prado
Parc Borély
POINTE ROUGE
RTE DU LITTORAL CASSIS
3
CASSIS

3
D
E
S
T
U
V
0
200 m
BASSIN
DE LA
GRANDE
JOLIETTE
DIGUE
DU
LARGE
Secteur en travaux
GARE MARITIME
CORSE
TUNISIE, ALGÉRIE
CALANQUES, CHÂTEAU D'IF
CHÂTEAU
Fort St-Jean
Parc du Pharo
Fort St-Nicolas
BASILIQUE ST-VICTOR
Pl. St-Victor
VIEUX PORT
Ferry Boat
TUNNEL ST-LAURENT
Théâtre de la Criée
Quai de Rive Neuve
Quai du Port
LE PANIER
les Accoules
Pl. de Lenche
R. du Panier
R. Caisserie
Espl. de la Tourette
Av. St-Jean
ST-LAURENT
Cath. de la Major
POL.
Hôtel-Dieu
Pl. de la Joliette
Joliette
Quai de la Joliette
Av. R. Schuman
S.N.C.M.
R. de l'Évêché
R. V. Leblanc
R. de la Joliette
R. des Dames
J. Guesde
Pl. Marceau
ST-LAZARE
Fauchier
Av. C. Pelletan
Secteur en travaux
HÔTEL DE LA RÉGION
CITÉ DE LA MUSIQUE
LES CARMES
Colbert
H. de la Région
ST-CANNAT
République
CENTRE BOURSE
St-Ferréol
Vieux Port Hôtel de Ville
Opéra
les Arcenaulx
ST-CHARLES
Rue Neuve Ste-Catherine
Rue Sainte
R. Fort N.-Dame
Cours Puget
Bd de la Corderie
Jardin Puget
Av. de la Corse
Bd Livon
Av. Pasteur
R. d'Endoume
Chin du Roucas Blanc
Bd Tellène
TUNNEL
N.-D. DE LOURDES ST-PHILIPPE
R. Dragon
PRADO
Notre-Dame
NOTRE-DAME DE LA GARDE
ST-FRANÇOIS D'ASSISE

MARSEILLE

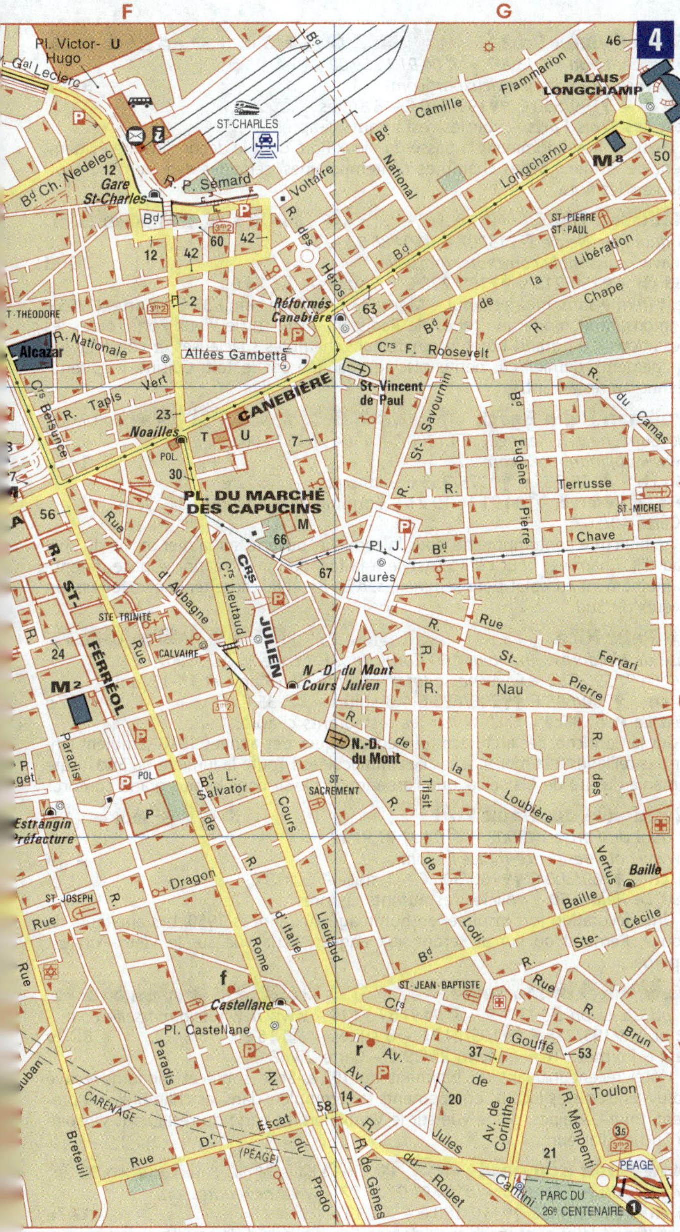
F
G
4
PALAIS LONGCHAMP
Pl. Victor-Hugo
ST-CHARLES
Gare St-Charles
Bd Ch. Nedelec
R. P. Sémard
Voltaire
Bd National
Camille Flammarion
Bd Longchamp
ST-PIERRE ST-PAUL
Bd de la Libération
R. Chape
R. des Héros
Réformés Canebière
Crs F. Roosevelt
Allées Gambetta
R. Nationale
Alcazar
T. THÉODORE
R. Tapis Vert
Crs Belsunce
CANEBIÈRE
Noailles
St-Vincent de Paul
R. St-Savournin
Bd Eugène Pierre
R. du Camas
R. Terrusse
ST-MICHEL
Bd Chave
PL. DU MARCHÉ DES CAPUCINS
Pl. J. Jaurès
CRS JULIEN
Crs Lieutaud
R. d'Aubagne
R. ST-FÉRRÉOL
STE-TRINITÉ
CALVAIRE
N.-D. du Mont Cours Julien
N.-D. du Mont
Rue St-Pierre
Rue Ferrari
R. Nau
R. de la Loubière
R. de Tilsit
R. des Vertus
Baille
Bd Baille
Ste-Cécile
ST-SACREMENT
Bd L. Salvator
R. Paradis
Estrangin Préfecture
R. Dragon
ST-JOSEPH
R. de Rome
Cours Lieutaud
R. d'Italie
R. de Lodi
ST-JEAN-BAPTISTE
Castellane
Pl. Castellane
Crs Gouffé
R. Brun
R. de Toulon
Av. de Corinthe
R. Menpenti
R. Jules Cantini
Av. du Prado
R. de Gênes
Rue du Rouet
CARÉNAGE
Rue Breteuil
Escat (PÉAGE)
PÉAGE
PARC DU 26e CENTENAIRE
S
T
U
V

Sofitel Vieux Port

36 bd Ch.-Livon ✉ *13007 – ✆ 04 91 15 59 00 – www.sofitel-marseille-vieuxport.com* **3DUn**

134 ch – 🚹199/550 € 🚹🚹199/550 € – 3 suites – ☕ 25 €

Rest *Les Trois Forts* – voir les restaurants ci-après

◆ Luxueux hôtel dominant la passe du Vieux-Port, dont le décor s'inspire évidemment de la mer... Belles chambres contemporaines, certaines avec terrasse tournée vers les flots.

Radisson Blu

38 quai Rive-Neuve ✉ *13007 – ✆ 04 88 92 19 50 – www.radissonblu.com/hotel-marseille* **3DUd**

183 ch – 🚹150/215 € 🚹🚹150/225 € – 6 suites – ☕ 25 €

Rest *(fermé sam. midi et dim.)* – Menu 23 € (déj. en sem.)/35 € – Carte 42/55 €

◆ Imposant et moderne : tel est le Radisson, ancré sur le Vieux Port. Toutes les prestations d'un grand hôtel international : chambres spacieuses et confortables, équipements dernier cri, petite piscine chauffée sur le toit. Cuisine méditerranéenne au restaurant.

Pullman Palm Beach

200 Corniche J.-F.-Kennedy ✉ *13007 – ✆ 04 91 16 19 00 – www.pullmanhotels.com* **1AZb**

160 ch – 🚹155/285 € 🚹🚹175/355 € – 10 suites – ☕ 22 €

Rest *La Réserve* ✆ 04 91 16 19 21 – Formule 34 € – Menu 38 € (sem.) – Carte 40/50 €

◆ Architecture contemporaine, sous la corniche, ouverte sur la mer et l'île du château d'If. Chambres tout confort (style à la fois design et marin), espace détente et équipement complet pour séminaires. À La Réserve, cadre tendance, terrasse et saveurs du Sud.

Le Petit Nice

anse de Maldormé, (hauteur 160 Corniche J.-F.-Kennedy) ✉ *13007 – ✆ 04 91 59 25 92 – www.passedat.fr – Fermé 1er-15 nov. et 1er-15 janv.*

13 ch – 🚹200/685 € 🚹🚹200/685 € – 3 suites – ☕ 35 € **1AZd**

Rest *Le Petit Nice* ✿✿✿ – voir les restaurants ci-après

◆ Sur la Corniche, ces architectures néoclassiques des années 1910 semblent lancer des œillades à la mer et à ses îles immaculées ! Toute la lumière du Sud, toute la magie du site de Marseille, que l'on admire à loisir dans le plus grand confort...

Résidence du Vieux Port

18 quai du Port ✉ *13002 – ✆ 04 91 91 91 22 – www.hotel-residence-marseille.com* **3ETa**

51 ch – 🚹160/300 € 🚹🚹160/300 € – 1 suite – ☕ 18 €

Rest *Le Relais 50* – voir les restaurants ci-après

◆ Une décoration fort inspirée, en hommage aux années 1950. Les amateurs de Prouvé, Perriand ou Lurçat seront aux anges ! Et la vue sur le Vieux-Port est superbe...

New Hôtel of Marseille

71 bd Ch.-Livon ✉ *13007 – ✆ 04 91 31 53 15 – www.newhotelofmarseille.com*

92 ch – 🚹195/215 € 🚹🚹195/215 € – 8 suites – ☕ 16 € **3DUv**

Rest – Formule 16 € – Menu 25/39 € – Carte 25/48 €

◆ Hôtel récent incluant un bâtiment du 19e s. Style sobre et moderne égayé d'œuvres d'artistes locaux, équipements très complets dans les chambres qui profitent, pour certaines, d'une vue sur le Vieux Port. La carte du restaurant s'inspire du Sud et d'ailleurs.

New Hôtel Bompard

2 r. Flots-Bleus ✉ *13007 – ✆ 04 91 99 22 22 – www.new-hotel.com*

51 ch – 🚹110/160 € 🚹🚹110/180 € – ☕ 12 € **1AZe**

Rest *(fermé le midi et week-ends de déc. à mars) (résidents seult)* – Carte environ 26 €

◆ Attention, ça grimpe ! Cet hôtel près de la corniche propose des chambres classiques et confortables dans un jardin fleuri (suites d'esprit provençal dans un mas séparé). Menu du marché et formule du jour servis en terrasse ou dans la salle à manger du Lautrec.

Grand Tonic Hôtel
43 quai des Belges ✉ 13001 – ✆ 04 91 55 67 46 – www.tonic-hotel.com **3EUt**
56 ch – 109/395 € 109/395 € – 16 €
Rest – Formule 16 € – Menu 22 € – Carte 35/64 €
◆ Hôtel de style contemporain, en plein cœur de Marseille. Les chambres, agrémentées de baignoires à remous, sont plus grandes côté Vieux Port. À table, appétissante cuisine traditionnelle aux accents du Sud et ambiance chic "tout en blanc".

New Hôtel Vieux Port sans rest
3 bis r. Reine-Élisabeth ✉ 13001 – ✆ 04 91 99 23 23 – www.new-hotel.com
42 ch – 90/220 € 90/240 € – 11 € **3ETu**
◆ Pondichéry, Soleil Levant, Mille et une nuits ou Afrique noire : de jolies chambres thématiques empreintes d'exotisme, qui invitent au voyage et à la détente, à côté du Vieux Port.

Escale Océania sans rest
5 La Canebière ✉ 13001 – ✆ 04 91 90 61 61 – www.oceaniahotels.com **3ETf**
45 ch – 89/200 € 89/200 € – 10 €
◆ En bas de la Canebière – parfait pour visiter la ville –, cette bâtisse ancienne entièrement rénovée en 2009 profite de chambres bien conçues, lumineuses et assez spacieuses.

Alizé sans rest
35 quai des Belges ✉ 13001 – ✆ 04 91 33 66 97 – www.alize-hotel.com **3ETUb**
39 ch – 79/150 € 79/150 € – 9 €
◆ Devant le célèbre marché aux poissons, hôtel fonctionnel très bien tenu. Préférez les 16 chambres en façade, entièrement rénovées, qui profitent du spectacle du port...

Hermès sans rest
2 r. Bonneterie ✉ 13002 – ✆ 04 96 11 63 63 – www.hotelmarseille.com **3ETe**
29 ch – 50/105 € 50/105 € – 9 €
◆ Un hôtel central très simple, proposant de petites chambres commodes. La "nuptiale", d'esprit bateau et perchée sur le toit, offre un magnifique panorama.

XXXX ✿✿✿ **Le Petit Nice** (Gérald Passédat) – Hôtel Le Petit Nice
anse de Maldormé, (hauteur 160 Corniche J.-F.-Kennedy) ✉ 13007 – ✆ 04 91 59 25 92 – www.passedat.fr – Fermé 1er-15 nov., 1er-15 janv., dim. et lundi **1AZd**
Rest – Menu 90 € (déj. en sem.), 155/280 € – Carte 170/280 €
Spéc. Anémones de mer en beignets légers et onctueux iodé. Loup de palangre "Lucie Passédat". Gentillesse à la mangue et vinaigre acidulé. **Vins** Côtes de Provence, Coteaux d'Aix-en-Provence.
◆ "Ma cuisine est d'ici, du Sud, définitivement." Le style Passédat, c'est la Provence et le mistral, la vie du port et le goût du voyage, la liberté dans l'ancrage ! Et plus encore la Méditerranée, "mon potager"... On redécouvre les richesses de cette mer rêvée, ainsi qu'un magnifique symbole : la bouillabaisse.

XXX ✿ **L'Épuisette**
Vallon des Auffes ✉ 13007 – ✆ 04 91 52 17 82 – www.l-epuisette.com – Fermé 7-31 août, 1 sem. en fév., dim. et lundi **1AYs**
Rest – Menu 60/145 € bc – Carte 95/145 €
Spéc. King crabe au jus de persil, purée d'ail dans sa coque de pomme de terre (printemps-été). Tajine de homard aux petits légumes et artichauts piquants (printemps-été). Sphère mangue-citron vert façon "œuf poché" (printemps/été). **Vins** Coteaux d'Aix-en-Provence, Coteaux varois en Provence.
◆ Sur les rochers de l'enchanteur vallon des Auffes, cette nef vitrée vous convie à un agréable voyage culinaire, dans un espace lumineux et raffiné. Service attentionné.

XXX **Une Table au Sud** (Lionel Lévy)

2 quai du Port, (1er étage) ✉ 13002
– ✆ 04 91 90 63 53 – www.unetableausud.com
– Fermé 2 sem. en août, vacances de Noël, dim. et lundi **3ETc**

Rest – Formule 36 € – Menu 71/127 € bc – Carte 70/110 €

Spéc. Milkshake de bouillabaisse. Suprême de pigeonneau fumé, fricassée de girolles et abricots (sept.). Comme un tiramisu, arlette à la framboise (automne).
Vins Coteaux d'Aix-en-Provence, Bandol.

◆ Ce restaurant vous invite aux plaisirs de l'œil et du goût : cuisine inventive où pointent les délicieux parfums du Sud et vue plongeante sur le Vieux Port dominé par la "Bonne Mère"...

XXX **Miramar**

12 quai du Port ✉ 13002 – ✆ 04 91 91 10 40 – www.bouillabaisse.com – Fermé dim. et lundi **3ETv**

Rest – Carte 60/80 €

◆ Luxueuse brasserie au décor rétro (banquettes, velours rouge, boiseries). Magnifique bouillabaisse et autres spécialités de poisson à déguster face au Vieux Port (terrasse).

XXX **Les Trois Forts** – Hôtel Sofitel Vieux Port

36 bd Ch.-Livon ✉ 13007 – ✆ 04 91 15 59 56
– www.sofitel-marseille-vieuxport.com **3DUn**

Rest – Formule 50 € bc – Menu 70/190 € bc – Carte 80/120 €

◆ Au 7e étage, le panorama est... sublime ! Vue sur le port et cuisine d'aujourd'hui aux beaux accents du Sud : un bien joli moment gourmet en perspective.

XX **Péron**

56 Corniche J.-F.-Kennedy ✉ 13007 – ✆ 04 91 52 15 22
– www.restaurant-peron.com – Fermé 2 sem. en hiver **1AYa**

Rest – Menu 64/78 € – Carte 64/77 €

◆ Cette bâtisse accrochée à la roche offre une vue d'exception sur les îles du Frioul. Décor contemporain aux notes marines, ambiance décontractée et cuisine inspirée du grand Sud.

XX **Chez Fonfon**

140 Vallon des Auffes ✉ 13007 – ✆ 04 91 52 14 38 – www.chez-fonfon.com
– Fermé 2-17 janv., lundi sauf le soir de mai à oct. et dim. **1AYt**

Rest – Menu 43/55 € – Carte 46/57 €

◆ Une maison familiale (1952) agréable pour son cadre contemporain et pour ses produits de la mer, tout droit sortis des "pointus" en bois que l'on aperçoit dans le petit port.

XX **Le Moment Christian Ernst**

5 pl. Sadi Carnot ✉ 13002 – ✆ 04 91 52 47 49 – www.lemoment-marseille.com
– Fermé 14-22 août, dim. et lundi **3ESa**

Rest – Formule 19 € – Menu 38/69 € – Carte 53/76 €

◆ Près du Vieux Port, table tendance aux multiples facettes : cadre très moderne (prix du design de la ville en 2009), ateliers, vinothèque, vente à emporter. Cuisine actuelle.

XX **Michel-Brasserie des Catalans**

6 r. des Catalans ✉ 13007 – ✆ 04 91 52 30 63 – www.restaurant-michel.com
– Fermé 1er-15 juil. **1AYe**

Rest – Carte 82/90 €

◆ Ambiance 100 % marseillaise dans cette institution située face à la plage des Catalans, et où la bouillabaisse est... une religion ! Pêche du jour exposée dans un "pointu".

XX **Cyprien**

56 av. de Toulon ✉ 13006 – ✆ 04 91 25 50 00 – www.restaurant-cyprien.com
– Fermé 2 août-1er sept., 24 déc.-5 janv., lundi soir, sam. midi, dim. et fériés

Rest – Menu 23/53 € – Carte 27/65 € **4GVr**

◆ Non loin de la place Castellane, une table traditionnelle : le décor, aux notes bourgeoises, sied à la cuisine, d'esprit classique.

XX **Le Relais 50** – Hôtel Résidence du Vieux Port

18 quai du Port ✉ 13002 – ✆ 04 91 52 52 50 – www.hotel-residence-marseille.com **3ETa**

Rest – Formule 25 € – Menu 28 € (déj.) – Carte 38/65 €

◆ Vive les années 1950 ! Carrelage géométrique, appliques, chaises arrondies, etc., le tout très coloré : ce Relais joue la carte "revival" avec élégance. Au menu : une jolie cuisine provençale, saisonnière et "locavore" (produits de la région).

X **Le Ventre de l'Architecte - Le Corbusier**

280 bd Michelet, (Cité Radieuse, 3ème étage), par ③ ✉ 13008 – ✆ 04 91 16 78 00 – www.hotellecorbusier.com – Fermé 31 juil.- 20 août, 3-10 janv., dim. et lundi

Rest – Formule 30 € – Menu 35 € (déj. en sem.), 42/69 €

◆ Fascinante expérience culturelle et gustative que ce restaurant situé dans la Cité radieuse de Le Corbusier. Mobilier années 1950 (Prouvé, Jacobsen) et fine cuisine inventive.

X **Axis**

8 r. Sainte Victoire ✉ 13006 – ✆ 04 91 57 14 70 – www.restaurant-axis.com – Fermé août, 24-30 déc., sam. midi, lundi soir et dim. **4FVf**

Rest – Formule 17 € – Menu 21 € (déj. en sem.), 30/38 € – Carte 33/48 €

◆ Agréable restaurant d'esprit loft (sol en béton ciré, éclairage tamisé, mobilier Starck), où déguster une cuisine bien dans notre époque (produits de saison).

X **La Table du Fort**

8 r. Fort-Notre-Dame ✉ 13007 – ✆ 04 91 33 97 65 – www.latabledufort.fr – Fermé juil., le midi en août, sam. midi, lundi midi et dim. **3EUn**

Rest – Menu 19 € (déj. en sem.), 35/49 € – Carte 38/50 €

◆ Adresse au cadre coloré et feutré, tenue par un jeune couple dynamique. Lui, en cuisine, pour des plats au goût du jour ; elle, en salle, pour un service tout sourire.

X **Charles Livon**

89 bd Charles-Livon ✉ 13007 – ✆ 04 91 52 22 41 – www.charleslivon.fr – Fermé 3 sem. en août, dim. soir, mardi midi et lundi **3DUf**

Rest *(nombre de couverts limité, réserver)* – Formule 19 € – Menu 23 € (déj. en sem.), 28/49 € – Carte 46/55 €

◆ Face au palais du Pharo, établissement au sobre décor contemporain. La cuisine, actuelle dans l'esprit, a l'accent de la région, à l'image de la carte des vins.

X **Lauracée**

96 r. Grignan ✉ 13001 – ✆ 04 91 33 63 36 – www.lelauracee.com – fermé août, lundi soir, sam. midi et dim. **3EUt**

Rest – Formule 21 € bc – Menu 24 € (déj.), 39/45 € – Carte 50/70 €

◆ C'est bien clair, le patron ne sert que des produits frais : "je ne sais pas faire autre chose !" Sa cuisine a l'accent du Sud... Décor tout simple, en retrait du Vieux Port.

X **Le Café des Épices**

4 r. Lacydon ✉ 13002 – ✆ 04 91 91 22 69 – www.cafedesepices.com – Fermé sam. soir, dim., lundi et fériés **3DTd**

Rest *(nombre de couverts limité, réserver)* – Formule 21 € – Menu 25 € (déj.)/40 €

◆ Un restaurant de poche, ouvrant sur la place Bargemon, réaménagée avec originalité. Cuisine créative, signée par un chef amoureux de son métier, des produits locaux et des voyages.

à Plan-de-Cuques **10 km au Nord-Est par La Rose et D 908 – 11 096 h. – alt. 70 m – ✉ 13380**

Le César

av. G. Pompidou – ✆ 04 91 07 25 25 – www.lecesar.fr

30 ch – †80/98 € ††100/110 € – ☕ 10 € – ½ P 95 €

Rest *(fermé dim. soir)* – Menu 28 € – Carte 20/36 €

◆ Un hôtel où l'on pratique le farniente autant que les affaires : chambres fonctionnelles, espace remise en forme, belle piscine à péristyle et grandes salles de séminaire. Cuisine régionale (uniquement à la carte durant la période estivale). Agréable terrasse.

MARSOLAN – 32 Gers – 336 F6 – 434 h. – alt. 171 m – ✉ 32700 28 B2

Paris 721 – Agen 49 – Auch 43 – Toulouse 115

Lous Grits
rest,

au village – ✆ *05 62 28 37 10* – *www.hotel-lousgrits.com*
5 ch – 195 € 195 € – 20 €
Rest *(dîner seult) (résidents seult)* – Menu 42 € (dîner)
◆ On se sent comme chez soi dans cette maison qui cultive l'art de vivre à la gasconne (meubles de famille, bibelots, faïences et mosaïques, peintures). Goût, raffinement et... entretien impeccable ! Cuisine traditionnelle au restaurant (menu dédié au canard).

MARTAINVILLE-ÉPREVILLE – 76 Seine-Maritime – 304 H5 – rattaché à Rouen

MARTEL – 46 Lot – 337 F2 – 1 579 h. – alt. 225 m – ✉ 46600 29 C1

Périgord Quercy

Paris 510 – Brive-la-Gaillarde 33 – Cahors 79 – Figeac 59

place des Consuls, ✆ 05 65 37 43 44, www.martel.fr

Place des Consuls★ - Façade★ de l'Hotel de la Raymondie★.

Relais Ste-Anne
ch,

r. Pourtanel – ✆ *05 65 37 40 56* – *www.relais-sainte-anne.com* – *Ouvert 15 mars-15 nov.*
14 ch – 55/185 € 80/185 € – 2 suites – 15 € – ½ P 78/176 €
Rest *(fermé le midi du lundi au jeudi)* – Formule 18 € – Menu 25/29 € – Carte 40/46 €
◆ Ce charmant relais, ceint d'un beau parc fleuri où se dresse une chapelle, est un ancien pensionnat de jeunes filles. Élégant salon et chambres au décor raffiné. Restaurant coiffé d'une belle charpente ; cheminée monumentale d'esprit romantique. Plats actuels.

Auberge des Sept Tours avec ch

av. de Turenne – ✆ *05 65 37 30 16* – *www.auberge7tours.com* – *Fermé vacances de Noël et de fév.*
7 ch – 56/60 € 56/60 € – 8 €
Rest *(fermé vend. soir, sam. midi et dim. soir sauf juil.-août)* – Menu 13 € bc (déj. en sem.), 20 € bc/30 € – Carte 30/48 €
◆ Pimpante salle à manger-véranda tournée vers la campagne. Carte traditionnelle, spécialités de canard et sélection de vins axée sur la région. Chambres rustiques.

MARTIEL – 12 Aveyron – 338 D4 – 903 h. – alt. 400 m – ✉ 12200 29 C1

Paris 613 – Cahors 49 – Rodez 63 – Toulouse 134

Les Fontaines sans rest

Pleyjean, par rte de Villeneuve, D 76 – ✆ *05 65 29 46 70* – *www.lesfontaines.net* – *Ouvert 1er avril-31 oct.*
3 ch – 55 € 65 €
◆ Dans un hameau, non loin de la vallée de l'Aveyron, cette jolie maison en pierre (rénovée avec soin par un couple d'Anglais) fait rimer charme authentique, déco romantique et douceur bucolique... Au petit-déjeuner, bons produits régionaux.

MARTIGNÉ-BRIAND – 49 Maine-et-Loire – 317 G5 – 1 855 h. – alt. 75 m – ✉ 49540 35 C2

Paris 324 – Angers 33 – Cholet 46 – Nantes 113

Château des Noyers
ch,

5 km à l'Ouest par D 208 – ✆ *02 41 54 09 60* – *www.chateaudesnoyers.com* – *Ouvert 1er avril-15 nov.*
5 ch – 80/140 € 160/280 € **Table d'hôte** – Menu 45 € bc
◆ Pour une balade au temps jadis : un château classé des 16e-17es., entouré de vignobles. Gentillesse de l'accueil, mobilier d'époque, piscine, tennis : tout un poème ! Le rêve continue avec les dégustations dans l'ancienne prison reconvertie en chai.

MARTIGUES – 13 Bouches-du-Rhône – **340** F5 – **46 471 h.** – **alt. 1 m** **40** B3
– ✉ **13500** Provence

Paris 769 – Aix-en-Provence 45 – Arles 53 – Marseille 40

Maison du tourisme -rond point de l'Hôtel de Ville, ✆ 04 42 42 31 10

Miroir aux oiseaux★ - Étang de Berre★ Z.

★ de la chapelle N.D.-des-Marins, 3,5 km par ④.

St-Roch AC ch, P VISA MC AE

av. G. Braque – ✆ 04 42 42 36 36 – www.hotelsaintroch.com **Yx**
61 ch – †98 € ††116 € – ½ P 75 €
Rest *(fermé 25 déc.-1er janv.)* – Menu 21/31 € – Carte 30/51 €
◆ Sur les hauteurs de la "Venise provençale", cet hôtel des années 1970 se modernise progressivement ; préférez les chambres rénovées. La terrasse du restaurant donne sur les vestiges pittoresques d'un moulin de 1527. Cuisine traditionnelle provençale.

MARTIGUES

Allende (Bd S.) . . . . Y 2
Belges (Esplanade des) . . . . . . Z 3
Brescon (Quai) . . . . Z 4
Cachin (Bd Marcel) . . . . Z 5
Combes (R. L.) . . . . Z 7
Denfert-Rochereau (R. Colonel P.) . . . . Y 8
Dr-Flemming (Av. du) . . . . Y 9
Gambetta (R. L.) . . . . Z 12
Girondins (Quai des) . . . . Y 13
Lamartine (Pl.) . . . . Z 15
Libération (Pl. de la) . . . . Z 16
Lorto (Av. P.-di) . . . . Z 17
Marceau (Quai F.) . . . . Z 18
Martyrs (Pl. des) . . . . Z 19
Richaud (Bd) . . . . Z 22
Roques (R. Jean) . . . . Y 24
Tessé (Quai Maurice) . . . . Y 25
4-Septembre (Cours du) . . . . . . Z 27

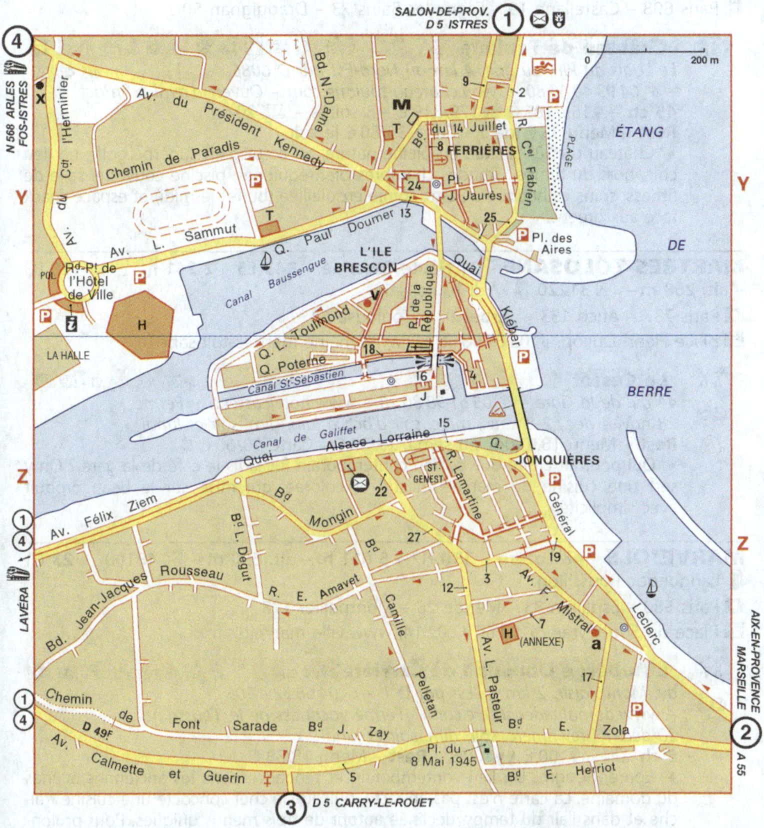

XX **Le Bouchon à la Mer**

19 quai L.-Toulmond – ✆ 04 42 49 41 41 – www.lebouchonalamer.fr – Fermé mardi midi, dim. soir et lundi Yv

Rest – Formule 24 € – Menu 28 € – Carte 45/60 €

◆ À deux pas quai Brescon ou "Miroir aux Oiseaux", le charme d'une vieille maison martégale avec vue sur le canal. La cuisine est goûteuse et inspirée par la Méditerranée...

X **Le Garage**

20 av. Frédéric-Mistral – ✆ 04 42 44 09 51 – www.restaurantmartigues.com – Fermé 30 juil.-20 août, 31 déc.-14 janv., sam. midi, dim. soir et lundi

Rest – Formule 26 € – Menu 38/59 € – Carte environ 38 € Za

◆ Le jeune chef passionné à l'origine du concept ne roule pas des mécaniques ! Il concocte devant les clients une cuisine fusion soignée, dans cet ancien garage très design.

MARTILLAC – 33 Gironde – 335 H6 – rattaché à Bordeaux

MARTIN-ÉGLISE – 76 Seine-Maritime – 304 G2 – rattaché à Dieppe

---

LA MARTRE – 83 Var – 340 O3 – 163 h. – alt. 984 m – ✉ 83840 41 C2

Paris 808 – Castellane 19 – Digne-les-Bains 73 – Draguignan 50

Château de Taulane

Le Logis du Pin, au golf, 4 km au Nord-Est par D 6085 – ✆ 04 93 40 60 80 – www.chateau-taulane.com – Ouvert d'avril à fin oct.

45 ch – †155/185 € ††179/319 € – 3 suites – ☕ 20 €

Rest – Menu 35 € (déj.) – Carte 35/80 € le soir

◆ Château du 18e s. situé en pleine nature, au cœur d'un superbe golf : un lieu chic, hors du temps. Grandes chambres bien équipées, piscine couverte, salle de fitness, soins esthétiques. Gastronomie ensoleillée (buffet le midi) et espace snack face aux greens.

MARTRES-TOLOSANE – 31 Haute-Garonne – 343 E5 – 2 241 h. – alt. 268 m – ✉ 31220 Midi-Toulousain 28 B3

Paris 737 – Auch 133 – Tarbes 94 – Toulouse 62

place Henri Dulion, ✆ 05 61 98 66 41, www.mairie-martres-tolosane.fr

XX **Le Castet**

44 av. de la Gare – ✆ 05 61 98 80 20 – www.hotelcastet.fr – Fermé 28 nov.-4 déc., 2-8 janv., merc. soir d'oct. à juin, dim. soir et lundi

Rest – Menu 18 € (déj. en sem.), 29/35 € – Carte 50/60 €

◆ Qui pourrait croire que ce lieu contemporain fut jadis le café de la gare ? On y sert une cuisine du marché fraîche et colorée, qui mise sur le beau produit avec simplicité.

MARVEJOLS – 48 Lozère – 330 H7 – 5 011 h. – alt. 650 m – ✉ 48100 23 C1

Languedoc Roussillon

Paris 580 – Espalion 83 – Mende 28 – Montpellier 178

Place du Soubeyran, ✆ 04 66 32 02 14, www.ville-marvejols.fr

XX **L'Auberge Domaine de Carrière** avec ch

av. Montplaisir, 2 km à l'Est par D 1 – ✆ 04 66 32 47 05 – www.domainedecarriere.com – Fermé vacances de la Toussaint, 20 déc.-1er fév., merc. soir, dim. soir et lundi

5 ch ☕ – †100 € ††100 € **Rest** – Menu 18/38 €

◆ Épuré, design... Un lieu contemporain et tendance dans les anciennes écuries du domaine. La carte n'est pas en reste, puisque le chef concocte une cuisine fraîche et dans l'air du temps, déclinée autour de trois menus uniques. Pour prolonger l'étape, les chambres sont élégantes et spacieuses.

MASSANGIS – 89 Yonne – 319 G6 – 411 h. – alt. 265 m – ✉ 89440 7 B2

▶ Paris 213 – Auxerre 48 – Dijon 132 – Nevers 169

Carpe Diem

53 Grande-Rue – ✆ 03 86 33 89 32 – www.acarpediem.com

5 ch – 60 € 65 € **Table d'hôte** – Menu 35 € bc

◆ De ce corps de ferme (18e-19es.) situé dans un paisible village, les propriétaires ont fait un lieu charmant, cosy et élégant : mobilier de famille, boiseries et parquet, jardin fleuri... À la table d'hôte, cuisine traditionnelle et classicisme de bon aloi.

MASSERET – 19 Corrèze – 329 K2 – 673 h. – alt. 380 m – ✉ 19510 24 B2

▶ Paris 432 – Guéret 132 – Limoges 45 – Tulle 48

ℹ le Bourg, ✆ 05 55 73 40 42, www.pays-uzerche.fr

De la Tour

7 pl. Marcel Champeix – ✆ 05 55 73 40 12 – www.hoteldelatourmasseret.com – Fermé dim. soir sauf juil.-août

25 ch – 48/75 € 50/75 € – 8 € – ½ P 62/78 €

Rest – Formule 14 € – Menu 20/45 € – Carte 32/50 €

◆ Sur les hauteurs de ce bourg limousin – gage de tranquillité –, cet hôtel familial propose des chambres simples et bien tenues au mobilier rustique, ou plus contemporaines. De la terrasse, on a une jolie vue sur... la tour !

MASSIAC – 15 Cantal – 330 H3 – 1 833 h. – alt. 534 m – ✉ 15500 5 B3

Auvergne

▶ Paris 484 – Aurillac 84 – Brioude 23 – Issoire 38

ℹ Place de la Gare, ✆ 04 71 23 07 76, www.paysdemassiac.com

◉ N : Gorges de l'Alagnon★ - Site de la chapelle Ste-Madeleine★ N : 2 km.

Grand Hôtel de la Poste

26 av. Ch. de Gaulle – ✆ 04 71 23 02 01 – www.hotel-massiac.com – Fermé 15 nov.-22 déc., mardi soir et merc. de janv. à mars

33 ch – 44/60 € 44/60 € – 7 € – ½ P 47/56 €

Rest – Menu 15 € (sem.), 23/39 € – Carte 21/40 €

◆ Pas de panique si, après des heures de route sur l'A 75, vous vous retrouvez au niveau de Massiac. Cet établissement imposant, au fonctionnement familial, propose des chambres tout à fait confortables. Pour se détendre, il y a aussi de nombreux équipements de loisirs (fitness, jacuzzi, squash, etc.).

La Colombière sans rest

rte de Grenier Montgon, 1 km au Nord par D 909 – ✆ 04 71 23 18 50 – www.hotel-lacolombiere.com – Fermé 1er fév.-1er mars

30 ch – 44/46 € 52/54 € – 7 €

◆ Ses grandes chambres fonctionnelles (mobilier neuf, sanitaires bien équipés, tenue exemplaire) font de cet hôtel récent une étape pratique sur la route des gorges de l'Alagnon.

MASSIGNAC – 16 Charente – 324 N5 – 407 h. – alt. 240 m – ✉ 16310 39 C3

▶ Paris 445 – Angoulême 46 – Nontron 36 – Rochechouart 17

ℹ Maison des Lacs, ✆ 05 45 65 26 69, www.lacs-de-haute-charente.com

Le Domaine des Étangs

– ✆ 05 45 61 85 00 – www.domainedesetangs.com – Fermé 7-31 janv.

16 ch – 140/225 € 140/225 € – 5 suites – 20 €

Rest *(fermé dim. soir, lundi et mardi hors saison)* – Formule 18 € – Menu 32/42 €

◆ Disséminées dans un parc immense, entre verdure et étangs, de superbes métairies abritant des chambres tout de bois, de cuivre et de verre vêtues... Le luxe certes, mais tout en noble discrétion et au cœur d'une nature préservée ! Et pour dîner, rendez-vous dans les anciennes écuries, pleines de cachet.

MASSY – 91 Essonne – 312 C3 – 101 25 – voir à Paris, Environs

MATOUGUES – 51 Marne – **306** I9 – rattaché à Châlons-en-Champagne

MAUBEC – 84 Vaucluse – **332** D10 – 1 829 h. – alt. 120 m – ✉ 84660 **42** E1
Maubec

Paris 717 – Avignon 36 – Marseille 84 – Valence 156

La Bastide du Bois Bréant ch, ch,

501 chemin du Puits de Grandaou – ☎ 04 90 05 86 78 – www.hotel-bastide-bois-breant.com – Ouvert 11 mars-6 nov.

12 ch – 128/215 € 128/215 € – 1 suite

Rest *(fermé merc., dim. et lundi) (dîner seult) (résidents seult)* – Menu 28 €

◆ Au milieu d'une chênaie, cette bastide a préservé son âme provençale. Meubles chinés et atmosphère cosy dans les chambres, ou trip écolo au sommet d'une cabane dans un arbre ! Menu unique réservé aux résidents (cuisine régionale).

MAUBEUGE – 59 Nord – **302** L6 – 32 374 h. – Agglo. 117 470 h. **31** D2
– alt. 134 m – ✉ 59600 Nord Pas-de-Calais Picardie

Paris 242 – Mons 21 – St-Quentin 114 – Valenciennes 39

place Vauban, ☎ 03 27 62 11 93, www.ville-maubeuge.fr

au Sud par rte d'Avesnes-sur-Helpe – ✉ 59330 Beaufort

Auberge de l'Hermitage

6 km au Sud par N 2 – ☎ 03 27 67 89 59 – Fermé 25 juil.-13 août, 26-31 déc., dim. soir, mardi soir, jeudi soir et lundi

Rest – Formule 22 € – Menu 26 € (sem.), 50/80 € – Carte 60/80 €

◆ En bord de route et à l'orée du parc naturel régional de l'Avesnois, cette jolie maison fait honneur à la tradition culinaire. Rien d'étonnant au pays des fameux maroilles !

Le Relais de Beaufort

8 km au Sud par N 2 – ☎ 03 27 63 50 36 – www.relaisdebeaufort.fr – Fermé 16 août-3 sept., dim. soir et lundi

Rest – Menu 27/43 € – Carte 30/65 €

◆ Une auberge, deux atmosphères – rustique ou contemporaine –, mais surtout une généreuse cuisine traditionnelle... Pour preuve, cette savoureuse terrine de gibier maison.

MAULÉVRIER – 49 Maine-et-Loire – **317** E6 – rattaché à Cholet

MAUREILLAS-LAS-ILLAS – 66 Pyrénées-Orientales – **344** H8 **22** B3
– 2 638 h. – alt. 130 m – ✉ 66480 Languedoc Roussillon

Paris 873 – Gerona 71 – Perpignan 31 – Port-Vendres 31

avenue Mal Joffre, ☎ 04 68 83 48 00

à Las Illas 11 km au Sud-Ouest par D 13 – ✉ 66480

Hostal dels Trabucayres avec ch

– ☎ 04 68 83 07 56 – Hôtel : ouvert 15 avril-20 oct., rest. fermé 1er janv.-15 mars, 25-30 oct., mardi et merc. hors saison

5 ch – 34 € 34 € – 6 € – ½ P 39 €

Rest – Menu 14 € bc (sem.), 16 € bc/53 € bc – Carte 24/38 €

◆ Auberge rustique (1840) postée sur le GR 10, au cœur d'une forêt de chênes-lièges et... au calme ! Après une bonne marche, on dévore de copieux petits plats du terroir catalan, et pour le repos du randonneur, des chambres très simples (toilettes et douches sur le palier), ainsi que deux gîtes récents.

MAURIAC – 15 Cantal – **330** B3 – 3 876 h. – alt. 722 m – ✉ 15200 **5** A3
Auvergne

Paris 490 – Aurillac 53 – Clermont-Ferrand 113 – Le Mont-Dore 77

1, rue Chappe d'Auteroche, ☎ 04 71 67 30 26, www.salers-tourisme.fr

Val-Saint-Jean, O : 2 km, ☎ 06 07 74 22 29

Basilique Notre-Dame-des-Miracles★ - Le Vigean : châsse★ dans l'église NE : 2 km.

Barrage de l'Aigle★★ : 11 km par D 678 et D105 Limousin Berry

Auv'Hôtel sans rest

4 r. du 11-Novembre – ✆ 04 71 68 19 10 – www.auv-hotel.fr – Fermé 3-10 oct. et janv.

13 ch – 🛉45/50 € 🛉🛉50/60 € – ☕ 7 €

◆ Située à côté de la basilique romane Notre-Dame-des-Miracles, une sympathique petite adresse aux fenêtres fleuries. Les chambres sont simples et mignonnes : parfait pour les petits budgets.

MAUROUX – 46 Lot – **337** C5 – rattaché à Puy-l'Évêque

MAURY – 66 Pyrénées-Orientales – **344** G6 – 902 h. – alt. 200 m – ✉ 66460 **22** B3

Paris 876 – Carcassonne 142 – Montpellier 179 – Perpignan 35

Avenue Jean Jaurès, Maison du Terroir, ✆ 04 68 50 08 54

Pascal Borrell

La Maison du Terroir, av. Jean-Jaurès – ✆ 04 68 86 28 28 – www.maison-du-terroir.com – Fermé 1er-15 janv., 24 fév.-11 mars, dim. soir, lundi et merc. de sept. à juin

Rest – Formule 20 € – Menu 28 € (sem.), 55/75 € – Carte 80/95 €

Spéc. Tube aromatique de calamar et de tourteau, tartare de tomate verte (juin à sept.). Carré de veau des Pyrénées cuit à basse température, jus d'un braisage vigneron (avril à oct.). Sablé à la fève tonka, chocolat grand cru du Mexique. **Vins** Maury.

◆ Un restaurant épuré et contemporain pour une cuisine qui a du goût, du relief, de la personnalité ! Le chef choisit de beaux produits et sait en exalter les saveurs ; les vins du terroir de Maury (qu'on peut choisir au verre) s'accordent parfaitement à ces mets...

MAUSSANE-LES-ALPILLES – 13 Bouches-du-Rhône – **340** D3 – 2 102 h. – alt. 32 m – ✉ 13520 **42** E1

Paris 712 – Arles 20 – Avignon 30 – Marseille 81

place Laugier de Monblan, ✆ 04 90 54 33 60

Le Pré des Baux sans rest

r. Vieux Moulin – ✆ 04 90 54 40 40 – www.lepredesbaux.com – Ouvert 30 mars-5 nov.

10 ch – 🛉95/135 € 🛉🛉95/135 € – ☕ 13 €

◆ Les chambres de plain-pied entourent la piscine et le jardin méridional, au calme. Petit-déjeuner (fruits frais, confitures artisanales) servi sur les terrasses privatives.

Castillon des Baux sans rest

10 bis av. de la Vallée des Baux – ✆ 04 90 54 31 93 – www.castillondesbaux.com – Fermé janv.

16 ch – 🛉85/150 € 🛉🛉85/150 € – ☕ 12 €

◆ Bâtisse ocre rouge façon mas, entourée d'un jardin d'oliviers (belle piscine). Les chambres aux tons pastel, spacieuses et sobres, ont presque toutes un balcon ou une terrasse.

Aurelia sans rest

124 av. de la Vallée des Baux – ✆ 04 90 54 22 54 – www.bestwestern-aurelia.com – Fermé 1er-11 janv.

39 ch – 🛉125 € 🛉🛉125 € – ☕ 10 €

◆ Un établissement récent d'allure régionale, près de la voie Aurélia. La décoration des chambres (plus agréables côté piscine) est sobre avec quelques touches provençales.

Val Baussenc

122 av. de la Vallée des Baux – 04 90 54 38 90 – www.valbaussenc.com – Ouvert 1er mars-31 oct.
23 ch – 71/125 € 82/125 € – 1 suite – 11 €
Rest *(fermé merc.) (dîner seult)* – Menu 27/36 € – Carte 42/50 €
◆ Une maison au décor provençal qui magnifie avec originalité la pierre calcaire des Baux. Les chambres, presque toutes avec terrasse ou balcon, profitent du calme de la campagne environnante. Petite salle à manger, treille et cuisine aux couleurs du Sud.

Ou Ravi Provençau

34 av. de la Vallée des Baux – 04 90 54 31 11 – www.ouravi.net – Fermé 22-30 juin, 15 nov.-15 déc., 15 janv.-10 fév., mardi et merc.
Rest – Formule 20 € – Menu 40 € – Carte 35/75 €
◆ Authentique, goûteuse et généreuse... la cuisine servie dans cette jolie maison méridionale semble sortir du "Reboul" : daube, escargots à la suçarelle, lapin au thym, etc.

La Place

65 av. de la Vallée des Baux – 04 90 54 23 31 – www.restaurant-laplace.fr – Fermé mardi de nov. à mars et merc. d'oct. à mai
Rest – Menu 34/44 € – Carte 38/46 €
◆ Cette "Place", d'un style rétro revisité (lustres en cristal, tons anis et prune), et sa terrasse servent d'écrin à une cuisine d'aujourd'hui, aux accents du Sud.

au Paradou 2 km à l'Ouest par D 17, rte d'Arles – 1 290 h. – alt. 21 m – 13520

Le Hameau des Baux

chemin de Bourgeac – 04 90 54 10 30 – www.hameaudesbaux.com – Ouvert d'avril à oct.
15 ch – 195/230 € 195/315 € – 5 suites – 21 €
Rest *(fermé dim. soir et lundi) (nombre de couverts limité, réserver)* – Menu 29 € (déj.), 39/54 € – Carte 50/58 €
◆ Cette reconstitution d'un hameau provençal entouré de cyprès et d'oliviers est un enchantement. La décoration raffinée des salons, les jardins fleuris, les chambres... et la chapelle sont superbes. Au potager", on revisite avec classe la cuisine provençale.

Du Côté des Olivades

lieu-dit de Bourgeac – 04 90 54 56 78 – www.ducotedesolivades.com
10 ch – 102/225 € 102/295 € – 17 € – ½ P 130/191 €
Rest *Du Côté des Olivades* – voir les restaurants ci-après
◆ Une bastide contemporaine nichée au milieu des oliviers : chambres de style provençal ou magnifiques suites très design dans l'annexe.

B design & Spa

lieu dit de Bourgeac
14 suites – 335/450 € – 1 ch – 17 € – ½ P 169/304 €
◆ La modernité au service du confort et du bien-être résume l'esprit de cet hôtel, à l'entrée de la propriété. Vastes suites, décoration confiée à un designer, terrasses.

La Maison du Paradou

2 rte de St-Roch – 04 90 54 65 46 – www.maisonduparadou.com
5 ch – 200/285 € 200/285 €
Table d'hôte – Menu 35 € bc (déj.)/75 € bc
◆ Relais de poste (1699) couvert de glycine, tenu par des Britanniques et doté de chambres hyperconfortables. Très beau salon voûté, jardin provençal et piscines d'eau salée... Table d'hôtes (sur réservation) sous la pergola avec, en toile de fond, les Alpilles.

Du Côté des Olivades – Hôtel Du Côté des Olivades

lieu-dit de Bourgeac – 04 90 54 56 78 – www.ducotedesolivades.com
Rest *(nombre de couverts limité, réserver)* – Formule 29 € – Carte 49/86 €
◆ Légumes primeurs provençaux, poissons de ligne... Dans ce charmant restaurant, la chef, autodidacte et passionnée, concocte une cuisine fine et subtile à base de beaux produits.

Le Bistrot du Paradou

57 av. de la Vallée des Baux – ✆ 04 90 54 32 70 – Fermé 4-26 mars, vacances de Noël, de fév., dim. et lundi

Rest *(réserver)* – Menu 43 € bc (déj.)/49 € bc

◆ Cette maison aux volets bleus conviviale est une institution locale. Elle fleure bon l'aïoli, la volaille de Bresse à la broche et les tartes maison. Attention, menu unique !

MAUVEZIN – 32 Gers – **336** H7 – **1 849 h. – alt. 153 m** – ✉ **32120** **28** B2

Paris 685 – Auch 32 – Montauban 57 – Toulouse 73

place de la Libération, ✆ 05 62 06 79 47

Engalin

4 km au Nord par D 654 et rte secondaire – ✆ 05 62 05 62 05 – www.engalin.fr – Fermé janv., lundi et mardi

Rest – Formule 21 € – Menu 27 € – Carte 30/45 €

◆ C'est LE restaurant de Mauvezin, un vrai lieu tendance niché au fond du Gers, dans une dépendance de château. Cuisine de produits locaux, bien frais, et vins de Gascogne.

MAUZAC-ET-ST-MEYME-DE-ROZENS – 24 Dordogne – **329** F6 **4** C3
– **845 h. – alt. 49 m** – ✉ **24150**

Paris 596 – Agen 116 – Bordeaux 151 – Périgueux 64

La Métairie

– ✆ 05 53 22 50 47 – www.la-metairie.com – Ouvert d'avril à oct. et vacances de Noël

9 ch – †125/155 € ††135/185 € – 1 suite – ☕ 18 €

Rest – Formule 33 € – Menu 43/58 € – Carte 56/87 €

◆ Un hôtel charmant et romantique, installé dans une maison du 19ᵉs., au cœur d'un superbe parc de 3 ha. Les chambres ont beaucoup de classe et, le plus souvent, une terrasse privative. Restaurant au cadre rustique pour une cuisine s'inspirant du terroir.

MAYENNE – 53 Mayenne – **310** F5 – **13 295 h. – alt. 124 m** **35** C1
– ✉ **53100** Normandie Cotentin

Paris 283 – Alençon 61 – Flers 56 – Fougères 47

quai de Waiblingen, ✆ 02 43 04 19 37, www.paysdemayenne-tourisme.fr

Ancien château ≤★.

Le Grand Hôtel

2 r. Ambroise de Loré – ✆ 02 43 00 96 00 – www.grandhotelmayenne.com – Fermé 29 juil.-19 août, 22 déc.-6 janv. et sam. soir de nov. à avril

22 ch – †74/102 € ††88/132 € – ☕ 13 € – ½ P 84/104 €

Rest ***Le Grand Hôtel*** – voir les restaurants ci-après

◆ Cet hôtel central, créé en 1850, dispose de chambres très bien tenues. On vient d'abord se garer tranquillement dans la cour fleurie qui sert de parking avant de profiter du confortable salon et du bar à whiskies.

L'Éveil des Sens (Nicolas Nobis)

429 bd Paul-Lintier – ✆ 02 43 30 42 17 – www.restaurant-leveildessens.fr – Fermé 13 août-3 sept., 2-23 janv., mardi midi, dim. soir et lundi

Rest *(nombre de couverts limité, réserver)* – Formule 18 € – Menu 31/46 €

Spéc. Foie gras de canard, gelée de badiane et croustillant d'escargot (printemps). Saint-pierre nature, étuvée de chou rave et légereté de coquillage (été). Croustillant de chocolat et praliné, glace café blanc (automne).

◆ Des cuissons et assaisonnements précis, une créativité bien maîtrisée, des produits de qualité : cette table réveille les papilles et y laisse une empreinte durable ! Décor sobre et moderne.

Le Grand Hôtel – Le Grand Hôtel

2 r. Ambroise de Loré – ✆ 02 43 00 96 00 – www.grandhotelmayenne.com – Fermé 29 juil.-19 août, 22 déc.-6 janv., sam. sauf le soir de mai à sept. et dim. de nov. à avril

Rest – Formule 16 € – Menu 19/51 € – Carte 51/75 €

◆ Ici, on a le choix entre deux salles de restaurant, dont une véranda avec vue sur la Mayenne. La carte est plutôt classique avec en semaine pour le déjeuner une formule «bouchon» à prix étudié.

rte de Laval au Sud par N 162 – ✉ 53100 Mayenne

La Marjolaine

au domaine du Bas-Mont, à 6,5 km – ✆ 02 43 00 48 42 – www.lamarjolaine.fr – Fermé 30 juil.-5 août et 23 fév.-11 mars

33 ch – †53/122 € ††53/122 € – ☕ 9 € – ½ P 69/89 €

Rest *La Marjolaine* – voir les restaurants ci-après

Rest *Le Bistrot de La Marjolaine* *(fermé sam., dim. et fériés) (déj. seult)* – Formule 14 € – Menu 17 €

◆ Près de Mayenne, mais en pleine nature : dans le parc aux arbres centenaires coule une rivière... On peut loger au château (17ᵉs.) ou à la ferme, à moins de préférer les chambres plus actuelles de la dépendance. Espace détente.

La Marjolaine

au domaine du Bas-Mont, à 6,5 km – ✆ 02 43 00 48 42 – www.lamarjolaine.fr – Fermé 30 juil.-5 août, 23 fév.-11 mars, vend. soir de janv. à Pâques et dim. soir d'oct. à Pâques

Rest – Menu 19 € (déj. en sem.), 26/43 € – Carte 48/69 €

◆ Dans ce restaurant élégant, on savoure une cuisine classique où les tendances actuelles se devinent par petites touches : pigeonneau au jus de mûre, blanquette de ris de veau et langoustines, escargots aux oreilles de cochon...

Beau Rivage avec ch

rte de St-Baudelle, à 4 km – ✆ 02 43 00 49 13 – www.restaurantbeaurivage.com – Fermé dim. soir et lundi

8 ch – †58 € ††72 € – ☕ 9 € – ½ P 84 €

Rest – Formule 14 € – Menu 18/37 € – Carte 28/56 €

◆ Un délicieux air de guinguette règne dans cette maison au bord de la Mayenne. Terrasse ombragée, cuisine classique et mets cuits à la rôtissoire. Chambres fraîches et colorées.

MAZAMET – 81 Tarn – 338 G10 – 9 963 h. – alt. 241 m – ✉ 81200 29 C2

Midi-Toulousain

Paris 739 – Albi 64 – Carcassonne 50 – Castres 21

de Castres-Mazamet : ✆ 05 63 70 34 77, 14 km à l'Ouest

3 rue des Casernes, ✆ 05 63 61 27 07, www.tourisme-mazamet.com

de Mazamet-la-Barouge, Pont de l'Arn, N : 3 km, ✆ 05 63 61 06 72

★ des gorges de l'Arnette S : 4 km.

Mets et Plaisirs

7 av. Albert Rouvière – ✆ 05 63 61 56 93 – www.metsetplaisirs.com – Fermé 2-23 août, 24 déc.-8 janv., dim. soir et lundi

11 ch – †45 € ††55/65 € – ☕ 7 €

Rest *Mets et Plaisirs* – voir les restaurants ci-après

◆ Dans le centre de Mazamet, une maison de maître du début du 20ᵉs. avec des chambres assez petites et simples, mais bien tenues... Quant au restaurant, il ravira les gourmands !

La Villa de Mazamet

4 r. Pasteur – ✆ 05 63 97 90 33 – www.villademazamet.com – Fermé 24 déc.-6 janv.

5 ch ☕ – †85/140 € ††95/150 € **Table d'hôte** – Menu 33 €

◆ Les propriétaires ? Deux Anglais tombés amoureux du Sud et de cette très belle maison de maître, avec son grand escalier en pierre, ses moulures, ses cheminées en marbre, etc. Les chambres, spacieuses et claires, sont raffinées ; l'accueil est charmant... Une très bonne adresse de Mazamet.

Mets et Plaisirs – Hôtel Mets et Plaisirs

7 av. Albert Rouvière – ✆ 05 63 61 56 93 – www.metsetplaisirs.com – Fermé 2-23 août, 24 déc.-8 janv., dim. soir et lundi

Rest – Menu 17 € (sem.), 30/55 € – Carte 48/56 €

◆ Une maison bourgeoise et un cadre... classique – moulures, boiseries, etc. Aux fourneaux, le propriétaire prépare une cuisine fraîche et bien tournée, avec des produits choisis. On a du plaisir à savourer ses mets !

MAZAN – 84 Vaucluse – 332 D9 – rattaché à Carpentras

MAZAYE – 63 Puy-de-Dôme – 326 E8 – 660 h. – alt. 760 m – ✉ 63230 5 B2

Paris 441 – Clermont-Fd 23 – Le Mont-Dore 32 – Pontaumur 27

Auberge de Mazayes

à Mazayes-Basses – ✆ 04 73 88 93 30 – www.auberge-mazayes.com – Fermé 15 déc.-25 janv., dim. soir et lundi de sept. à avril et mardi midi

15 ch – †55/68 € ††67/80 € – ☕ 9 € – ½ P 66/70 €

Rest *Auberge de Mazayes* – voir les restaurants ci-après

◆ Cette belle ferme rustique est le pied-à-terre parfait pour sillonner la campagne auvergnate. Profitez des chambres coquettes et au calme, avant de repartir à l'assaut des monts Dôme.

Auberge de Mazayes

à Mazayes-Basses – ✆ 04 73 88 93 30 – www.auberge-mazayes.com – Fermé 15 déc.-25 janv., dim. soir et lundi de sept. à avril et mardi midi

Rest – Formule 14 € – Menu 25 € (sem.)/32 € – Carte 27/45 €

◆ Des moellons de basalte, du bois patiné... et tout le goût de l'Auvergne : feuilleté au cantal, truffade du Cantal et de l'Aveyron, truite au lard, petit salé aux lentilles vertes du Puy, pounti et fromages régionaux, etc. Sincère et généreux !

MAZEROLLES – 40 Landes – 335 I11 – rattaché à Mont-de-Marsan

MEAULNE – 03 Allier – 326 C3 – 775 h. – alt. 185 m – ✉ 03360 5 B1

Auvergne

Paris 307 – Clermont-Ferrand 126 – Moulins 96 – Montluçon 31

Au Cœur de Meaulne

20 pl. de l'Eglise – ✆ 04 70 06 20 30 – www.aucoeurdemeaulne.com – Fermé 27 oct.-7 nov., 11-26 fév.

6 ch – †53 € ††63 € – ☕ 10 € – ½ P 64 €

Rest *Au Cœur de Meaulne* – voir les restaurants ci-après

◆ Cette auberge vous héberge dans des chambres fraîches et nettes, où des tronçons de bois de la forêt de Tronçais tiennent lieu de tables de nuit !

Manoir du Mortier

ch,

Le Mortier – ✆ 06 62 21 08 82 – www.manoirdumortier.com – Ouvert avril-nov.

4 ch ☕ – †85/150 € ††85/150 € **Table d'hôte** – Menu 32 € bc/45 € bc

◆ En pleine nature, à l'orée d'une forêt, manoir familial du 18e s. joliment restauré. Ciels de lit, tentures, objets anciens : les chambres sont très romantiques. Repas sur réservation, servis devant la cheminée ou en terrasse. Idéal pour se ressourcer.

Au Cœur de Meaulne – Hôtel Au Cœur de Meaulne

20 pl. de l'Eglise – ✆ 04 70 06 20 30 – www.aucoeurdemeaulne.com – Fermé 27 oct.-7 nov., 11-26 fév., mardi et le midi hors week-end

Rest *(nombre de couverts limité, réserver)* – Menu 30/46 € – Carte 37/70 €

◆ Des produits de qualité et l'envie de bien faire : une jolie recette pour une cuisine dans l'air du temps... qui met l'eau à la bouche ! Et l'été, il fait bon s'attabler sous les feuilles du vieux marronnier.

MEAUX – 77 Seine-et-Marne – **312** G2 – 48 653 h. – alt. 51 m **19** C1
– ✉ 77100 Île de France

Paris 54 – Compiègne 68 – Melun 56 – Reims 98

1, place Doumer, ✆ 01 64 33 02 26, www.ville-meaux.fr

de Meaux Boutigny, à Boutigny, par A 140 et D 228 : 11km, ✆ 01 60 25 63 98

Crécy Golf Club, à Crécy-la-Chapelle, route de Guérard, par A 140 et rte de Melun : 16 km, ✆ 01 64 75 34 44

Disneyland Paris, à Magny-le-Hongre, Allée de la Mare Houleuse, S : 16 km par D5, ✆ 01 60 45 68 90

Centre épiscopal★ ABY : cathédrale★ **B**, ≤★ de la terrasse des remparts.

XX **La Grignotière**

36 r. de la Sablonnière – ✆ 01 64 34 21 48 – Fermé août, sam. midi, mardi et merc.
Rest – Formule 25 € – Menu 35/46 € – Carte 58/72 € **CZd**
◆ On apprécie ce restaurant rustique bien agréable avec sa cheminée en état de marche. Sympathique cuisine de tradition et beaux plateaux de fruits de mer servis toute l'année.

à Germigny-l'Évêque 8 km par ①, D 405 et D 97 – 1 303 h. – alt. 49 m – ✉ 77910

XX **Hostellerie Le Gonfalon** avec ch

2 r. de l'Église – ✆ 01 64 33 16 05 – www.hotelgonfalon.com – Fermé 2 janv.-7 fév.
9 ch – †70/80 € ††80/90 € – ☕ 12 €
Rest – Formule 25 € – Menu 38/68 € – Carte 60/80 €
◆ Fraîcheur et charme inondent la terrasse romantique de cette auberge en bord de Marne. Cuisine actuelle et du marché, servie l'hiver au coin du feu, dans la salle Louis XIII. Chambres très calmes, parfois dotées d'une grande terrasse privative côté rivière.

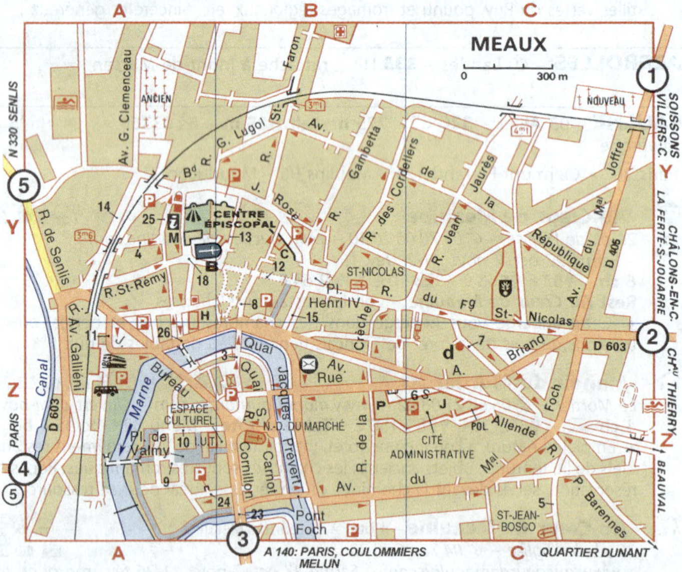

Berge (R. Cdt) . . . . **BZ** 3	Grand Cerf (R. du) . . . . **BY** 8	St-Étienne (Pl.) . . . . **AY** 18
Courteline (R. G.) . . . . **AY** 4	Jablinot (R.) . . . . **ABZ** 10	St-Nicolas (R. du Fg) . . . . **CY**
Dunant (Av. H.) . . . . **CZ** 5	Leclerc-et-de-la-2e-Div.-Blindée (R. Gén.) . . . . . . **BY** 12	St-Rémy (R.) . . . . **AY**
Europe (Pl. de l') . . . . **BCZ** 6	Notre-Dame (R.) . . . . **BY** 13	Tessan (R. F.-de) . . . . **BZ** 23
La-Fayette (Pl.) . . . . **AZ** 11	Pinteville (Cours) . . . . **AY** 14	Tronchet (R.) . . . . **ABZ** 24
Fublaines (R. de) . . . . **CZ** 7	Raoult (Cours) . . . . **BY** 15	Ursulines (R. des) . . . . **AY** 25
Grande Ile (R. de la) . . . . . . **AZ** 9		Victor-Hugo (Quai) . . . . **AZ** 26

à Trilbardou 7 km par ④ et D 27 – 613 h. – alt. 47 m – ✉ 77450

M. et Mme. Cantin sans rest

2 r. de l'Église – ✆ 01 60 61 08 75

3 ch – 50 € 64 €

◆ Le canal de l'Ourcq longe le jardin de cette demeure du 19[e]s. Chambres à la décoration raffinée. Pour les sportifs, une piste cyclable depuis Paris permet d'y accéder en vélo !

MEAUZAC – 82 Tarn-et-Garonne – **337** D7 – 1 055 h. – alt. 76 m **28** B2
– ✉ 82290

Paris 628 – Cahors 57 – Montauban 16 – Toulouse 67

Manoir des Chanterelles

à Bernon-Boutounelle, 2170 rte de Castelsarrasin, 2 km au Nord par D 45 – ✆ 05 63 24 60 70 – www.manoirdeschanterelles.com – Fermé dim. soir hors saison

5 ch – 80/130 € 90/130 € **Table d'hôte** – Menu 30 € bc

◆ Un beau manoir flanqué de tourelles au cœur d'un parc et d'un verger de pommiers. Savane, Louis XVI, Orientale, Romantique et Zen : les chambres, confortables, offrent un décor bigarré et opulent. Piscine et tennis pour la détente.

LES MÉES – 04 Alpes-de-Haute-Provence – **334** D8 – 3 591 h. **40** B2
– alt. 410 m – ✉ 04190

Paris 733 – Avignon 155 – Digne-les-Bains 22 – Marseille 115

21, boulevard de la République, ✆ 04 92 34 36 38

La Marmite du Pêcheur

bd des Tilleuls – ✆ 04 92 34 35 56 – lamarmitedupecheur.com – Fermé 2-12 janv., mardi et merc.

Rest – Menu 20 € (déj. en sem.), 35/58 € – Carte 40/71 €

◆ Au pied des célèbres rochers pointus du village, on se régale de spécialités de poisson et de produits de la mer (bouillabaisse sur commande). Cadre contemporain.

MEGÈVE – 74 Haute-Savoie – **328** M5 – 3 868 h. – alt. 1 113 m **46** F1
– Sports d'hiver : 1 113/2 350 m 9 70 – Casino AY – ✉ 74120

Alpes du Nord

Paris 598 – Albertville 32 – Annecy 60 – Chamonix-Mont-Blanc 33

Altiport de Megève ✆ 04 50 21 33 67, SE : 7 km **BZ**

70, Rue Monseigneur Conseil, ✆ 04 50 21 27 28, www.megeve.com

du Mont-d'Arbois, 3001 route Edmond de Rothschild, E : 2 km, ✆ 04 50 21 29 79

Mont d'Arbois★★.

Plan page suivante

Les Fermes de Marie

163 chemin de la Riante Colline, par ② – ✆ 04 50 93 03 10 – www.fermesdemarie.com – Ouvert 1er Juin-14 oct. et 1er déc.-14 avril

70 ch – 280/1050 € 280/1050 € – 10 suites – 27 € – ½ P 215/770 €

Rest – Carte 80/100 €

Rest *Restaurant Alpin* *(dîner seult)* – Menu 60 €

◆ On se verrait bien vivre dans ce hameau de fermes savoyardes reconstituées. Charme authentique, calme, luxe tout en sobriété... un paradis des neiges. Et le spa est superbe ! Au restaurant, le chef travaille de beaux produits ; sa cuisine est fine et élégante. Rôtisserie et spécialités fromagères au Restaurant Alpin.

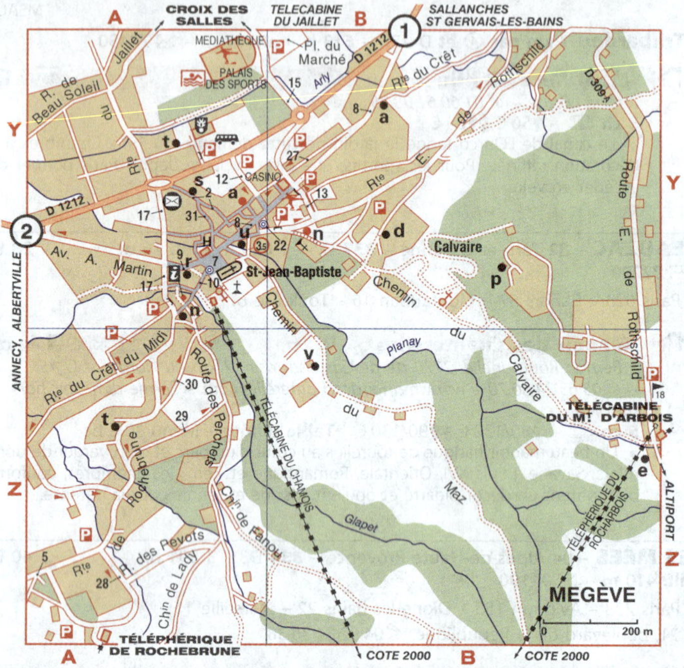

Arly (R. d') .... AY 2	Muffat-de-St-Amour (R. du Gén.) .... AY 12	St-François (R.) .... ABY 27
Bouchet (Rte du) .... AZ 5	Oberstdorf (R.) .... BY 13	Téléphérique (Rte du) .... AZ 28
Église (Pl. de l') .... AY 7	Palais des Sports (Rte du) ... ABY 15	Torrents (R. des) .... AZ 29
Feige (R. Ch.) .... ABY 8	Poste (R. de la) .... AY 17	Verte (Allée) .... AZ 30
Martin (R. A.) .... AY 9	Résistance (Pl. de la) .... AY 22	5-Rues (Passage des) .... AY 31
Monseigneur-Conseil (R.) ..... AY 10		

Le Fer à Cheval

rest, rest,

36 rte Crêt d'Arbois – ✆ 04 50 21 30 39 – www.feracheval-megeve.com – Ouvert de fin juin à début sept. et de mi-déc. à mi-avril BY**a**

38 ch (½ P seult) – 16 suites – ½ P 185/550 €

Rest *(dîner seult)* – Menu 65 € – Carte 70/90 €

Rest *L'Alpage* *(dîner seult)* – Carte 45/65 €

◆ Pourquoi le Fer à Cheval ? En hommage au forgeron du village, qui bâtit ce superbe chalet en 1938. Ici, l'esprit savoyard est sublimé (que de bois et de chaleur...), et le spa grandiose. Pour une échappée gastronomique, le chef, soucieux du bon produit, concocte une cuisine pleine de raffinement. Plats du terroir à L'Alpage.

Lodge Park

rest,

100 r. Arly – ✆ 04 50 93 05 03 – www.lodgepark.com – Ouvert 16 déc.-25 mars

39 ch – 🕴265/670 € 🕴🕴265/670 € – 11 suites – ☕ 25 € AY**s**

Rest – Carte 70/150 €

◆ Atypique, chic et hors du temps : ce Lodge Park est tout cela à la fois. Trophées de chasse, cheminées en pierre... les chambres sont de vrais cocons. Magique ! Au restaurant, honneur à une cuisine du monde vraiment alléchante.

La sélection de ce guide s'enrichit avec vous : vos découvertes et vos commentaires nous intéressent. Faites-nous part de vos satisfactions ou de vos déceptions. Coup de cœur ou coup de colère : écrivez-nous !

Chalet du Mont d'Arbois

447 chemin de la Rocaille, par rte Edmond-de-Rothschild – 04 50 21 25 03 – www.domainedumontdarbois.com – Ouvert de mi-juin à mi-sept. et de début déc. à mi-avril BYp

23 ch – 250/1050 € 290/1050 € – 1 suite – 28 €

Rest *1920* – Menu 55 € (dîner) – Carte 77/122 €

◆ Un endroit chic, chaleureux et raffiné, une vue sublime sur les sommets : toute la féerie de Megève. Ou l'art d'apprécier le luxe d'une piscine semi-couverte chauffée à 30° C comme celui d'un dîner romantique... Caviar, truffes, cuisine bien dans son époque et recettes chères à la famille Rothschild : il fait bon s'installer dans l'un des fauteuils club du restaurant.

Chalet Noémie

447 chemin de la Rocaille

5 suites – 700/4200 € – 28 €

◆ Le Chalet de Noémie constitue une délicieuse annexe, distillant un inénarrable charme savoyard.

Chalet Alice

447 chemin de la Rocaille

6 ch – 400/600 € 400/600 € – 2 suites – 28 €

◆ Un chalet à l'ancienne… pourtant flambant neuf. Cosy, ravissant, il renferme une collection rare de cannes et pipes appartenant aux Rothschild.

Mont-Blanc

29 r. Ambroise-Martin, (pl. de l'Église) – 04 50 21 20 02 – www.hotelmontblanc.com – Fermé 21 avril-1er juin AYr

29 ch – 270/490 € 270/590 € – 11 suites – 27 €

Rest *Les Enfants Terribles* – voir les restaurants ci-après

◆ Le mythique doyen des hôtels megèvans, magnifiquement illuminé le soir venu : le "21e arrondissement de Paris" selon Cocteau, qui y a laissé son empreinte. Du faste, un bar à champagne, le charme des sports d'hiver... la belle vie, très mondaine !

Chalet St-Georges

159 r. Mgr Conseil – 04 50 93 07 15 – www.hotel-chaletstgeorges.com – Ouvert de fin juin à mi-sept. et de mi-déc. à mi-avril AYn

19 ch – 217/830 € 217/830 € – 5 suites – 23 € – ½ P 165/475 €

Rest *La Table du Pêcheur* *(fermé 31 mars-15 déc.) (dîner seult)* – Carte 35/50 €

Rest *La Table du Trappeur* 04 50 21 15 73 *(fermé 10 avril-31 mai)* – Menu 27 € (sem.) – Carte 35/50 €

◆ Des livres anciens disséminés un peu partout ? Oui ! On peut les consulter dans le ravissant salon à l'atmosphère so british, ou douillettement lové dans son lit. Cuisine iodée et spécialités régionales à la Table du Pêcheur, très cosy. Boiseries, viandes rôties, terroir et belle carte des vins à la Table du Trappeur.

Alpaga

rte du Prariand , (allée des Marmoussets), 1,5 km par ② et rte secondaire – 04 50 91 48 70 – www.alpaga.com – Ouvert 9 déc.-10 avril et juil.-août

22 ch – 290/635 € 290/635 € – 4 suites

Rest *(dîner seult)* – Carte 20/45 €

◆ Un hameau de chalets très chics et contemporains, à l'écart de la station. Ici règne un esprit résolument high-tech. Mignon de porc à la réglisse et ses pommes de terre farcies façon tartiflette, tarte au beaufort : la table est actuelle et bien gourmande !

L'Arboisie

483 rte du Gollet – 04 50 55 35 90 – www.hmc-hotels.com – Ouvert 1er juil.-4 sept. et 10 déc.-10 avril BYd

62 suites – 240/690 € – 7 ch – 20 €

Rest *(ouvert 10 déc.-10 avril et 1er juil.-31 août)* – Menu 28/40 € – Carte 25/45 €

◆ Sur les hauteurs du village, un établissement avec de grandes chambres ou des suites (avec petite cuisine), donnant presque toutes sur la vallée. Bel espace détente et grande salle de réunion. Offre de restauration traditionnelle.

Au Coin du Feu

252 rte de Rochebrune – ✆ 04 50 21 04 94 – www.coindufeu.com – Ouvert 16 déc.-9 avril AZt

23 ch – 190/400 € 190/400 € – 17 € – ½ P 145/250 €

Rest ***Le St-Nicolas*** *(dîner seult)* – Menu 48/59 €

◆ Des cheminées, de jolis motifs floraux habillant toutes les chambres : une atmosphère authentique, familiale et chic. Petit espace bien-être avec salle de massage. Spécialités traditionnelles et fromagères servies dans une élégante taverne montagnarde.

La Ferme du Golf sans rest

3048 rte Edmond-de-Rothschild – ✆ 04 50 21 14 62 – www.domainedumontdarbois.com – Ouvert de mi-juin à mi-sept. et de mi-déc. à fin avril BZe

19 ch – 145/205 € 205/305 €

◆ Au pied des remontées mécaniques, un sympathique hôtel – jadis une ferme – avec des chambres bien tenues, plus calmes côté vallée. Salon accueillant (cheminée, billard) ; jacuzzi.

Au Cœur de Megève

44 av. Charles Feige – ✆ 04 50 21 25 30 – www.hotel-megeve.com AYu

29 ch – 96/214 € 96/214 € – 7 suites – 13 €

Rest *(fermé merc. et jeudi hors saison)* – Formule 24 € bc – Menu 35 € (dîner) – Carte 31/74 €

Rest ***St-Jean*** *(ouvert de mi-déc. à fin mars et fermé lundi hors vacances scolaires) (dîner seult)* – Menu 40 € – Carte 52/83 €

◆ Un hôtel d'esprit pension de famille au cœur de la station. Déco savoyarde dans les chambres ; vue sur les pistes ou sur le village et le torrent : typique, pratique et bien tenu ! Au restaurant, honneur à la tradition et au terroir en toute simplicité. Spécialités fromagères et convivialité de bon aloi au Saint-Jean.

La Grange d'Arly

10 r. des Allobroges – ✆ 04 50 58 77 88 – www.grange-darly.com – Ouvert de fin juin à mi-sept. et de mi-déc. à fin mars AYt

22 ch – 147/194 € 170/234 € – ½ P 119/151 €

Rest *(dîner seult)* – Menu 19/34 €

◆ Hôtel familial impeccablement tenu. Les chambres sont assez spacieuses (quelques-unes mansardées ou en duplex) et le bois naturel domine. Une valeur simple et sûre ! Au restaurant, cuisine traditionnelle.

La Chaumine sans rest

36 chemin des Bouleaux, par chemin du Maz – ✆ 04 50 21 37 05 – www.hotel-lachaumine-megeve.com – Ouvert 23 juin-2 sept. et 17 déc.-15 avril BZv

11 ch – 77/115 € 92/117 € – 10 €

◆ À 300 m du village et de la télécabine du Chamois, une ferme du 19es. joliment restaurée à la mode savoyarde. Les chambres sont douillettes et... au calme !

Les Enfants Terribles – Hôtel Mont-Blanc

29 r. Ambroise-Martin, (pl. de l'Église) – ✆ 04 50 58 76 69 – www.hotelmontblanc.com – Fermé 21 avril-1er juin et ouvert vend. soir et sam. soir en juin, sept. et nov., vacances de la Toussaint et le midi du 18 déc. au 28 fév. AYr

Rest – Carte 62/105 €

◆ Point d'impertinence mais une belle liberté chez ces Enfants Terribles : tons brun, noir et rouge, lumières tamisées, musique d'ambiance et... fresque de Cocteau – ancien habitué des lieux. Une brasserie très en vue !

Flocons Village

75 r. St-François – ✆ 04 50 78 35 01 – www.floconsdesel.com AYa

Rest – Menu 29 € – Carte 29/42 €

◆ Bienvenue dans l'annexe d'Emmanuel Renaut, le chef bien connu des Flocons de Sel (Leutaz). Ces Flocons-ci font fondre de plaisir avec une cuisine actuelle soignée et des plats du terroir d'une grande finesse. Le rapport qualité-prix est excellent !

X **Le Vieux Megève** VISA

58 pl. de la Résistance – ✆ 04 50 21 16 44 – www.restaurant-vieux-megeve.fr – Ouvert 11 juil.-31 août et 11 déc.-30 mars et fermé lundi en hiver, mardi midi en janv. et mars BYn

Rest – Carte 30/50 €

◆ Authentiticité montagnarde : le credo de ce Vieux Megève, une institution familiale depuis 1965. Belles spécialités fromagères, portions généreuses et ambiance rustique à souhait...

X **Le Crystobald** VISA

489 rte Nationale, par ① – ✆ 04 50 21 26 82 – Fermé 21 mai-8 juin, 26 nov.-14 déc., dim. soir, lundi et mardi hors saison

Rest – Formule 19 € – Menu 22 € (déj.)/30 € – Carte 30/67 €

◆ Crystobald ? Le prénom du fils des patrons, un sympathique couple belgo-aveyronnais. Ici, la carte, dans l'air du temps, est courte et alléchante : tout est fait maison !

au sommet du Mont d'Arbois par télécabine du Mt d'Arbois ou télécabine de la Princesse – alt. 1 833 m – ✉ 74170 St Gervais les Bains

X **L'Idéal 1850** VISA AE

– ✆ 04 50 21 31 26 – www.domainedumontdarbois.com – Ouvert mi-déc. à mi-avril

Rest *(déj. seult)* – Carte 42/88 €

◆ Une ferme d'alpage devenue le restaurant d'altitude le plus en vue de la station. Ici, la Savoie est à l'honneur et, sur la terrasse, le panorama sur le mont Blanc est... idéal.

à la Côte 2000 8 km au Sud-Est par rte Edmond de Rothschild - BZ – ✉ 74120 Megève

X **Côte 2000** soir, VISA AE

3461 rte de la Côte 2000 – ✆ 04 50 21 31 84 – Ouvert mi-déc. à fin avril

Rest – Carte 35/60 €

◆ Près des remontées mécaniques. Pour l'anecdote, ce chalet autrichien (propriété des Rothschild) fut démonté puis reconstruit ici dans les années 1960. Cuisine régionale généreuse.

à Leutaz 4 km au Sud-Ouest par rte du Bouchet AZ – ✉ 74120 Megeve

XXX ✿✿✿ **Flocons de Sel** (Emmanuel Renaut) avec ch P VISA AE

1775 rte du Leutaz, 4 km au Sud-Ouest par rte du Bouchet - ZA – ✆ 04 50 21 49 99 – www.floconsdesel.com – Fermé 1er mai-7 juin et 12 nov.-7 déc.

9 ch – †180/700 € ††180/700 € – ☕ 30 €

Rest *(fermé mardi et merc.)* – Menu 42 € (déj.), 80/150 € – Carte 110/145 €

Spéc. Feuille de topinambour, bouillon beurré au clou de girofle et truffe (oct. à mars). Filet de féra du lac Léman, pâte de citron et origan. Tarte chaude au chocolat fumé, glace au bois et fine meringue. **Vins** Vin de pays d'Allobrogie, Mondeuse d'Arbin.

◆ Des chalets isolés en pleine nature... une source d'inspiration lumineuse pour Emmanuel Renaut, amoureux – et ambassadeur – de la montagne. Il signe une cuisine très personnelle, qui ne craint pas le dépouillement... pour mieux servir l'essentiel. Bois brut, poêle ou cheminée, lits king size bien douillets : les chambres sont élégantes, tout en épure.

XX **La Sauvageonne - Chez Nano** VISA

– ✆ 04 50 91 90 81 – www.sauvageonne-megeve.com – Ouvert juil.-sept., déc.-avril et fermé lundi midi et mardi midi hors vacances scolaires

Rest – Formule 23 € – Menu 30 € (déj.) – Carte 51/73 €

◆ Cheminée monumentale, lustres en cristal, cave à cigares et cuisine traditionnelle parsemée de touches world : la Sauvageonne est extravagante, lounge et très people.

Le Refuge

2615 rte du Leutaz – ✆ 04 50 21 23 04 – www.refuge-megeve.com – Fermé juin, 15 oct.-15 nov., dim. soir,lundi, mardi et merc.
Rest – Formule 23 € – Menu 28 € (sem.) – Carte 45/55 €
◆ Un charmant Refuge, typique et convivial, sur les hauteurs de la station. On y sert une vraie cuisine de chef, fine et goûteuse, et les incontournables savoyards bien sûr.

MEILLARD – 03 Allier – 326 G4 – 244 h. – alt. 340 m – ✉ 03500 — 5 B1

Paris 319 – Clermont-Fd 86 – Mâcon 149 – Montluçon 68

L'Auberge Gourmande

au bourg – ✆ 04 70 42 06 09 – Fermé dim. soir et merc.
Rest – Menu 28 € – Carte environ 37 €
◆ L'ancienne école du village abrite cette jolie auberge entièrement rafraîchie : style néorustique et teintes sobres. Cuisine traditionnelle.

MEILLONNAS – 01 Ain – 328 F3 – 1 298 h. – alt. 271 m – ✉ 01370 — 44 B1

Paris 432 – Bourg-en-Bresse 12 – Mâcon 47 – Nantua 37

Auberge Au Vieux Meillonnas

Le Mollard – ✆ 04 74 51 34 46 – www.auvieuxmeillonnas.fr – Fermé vacances de fév., de printemps ,22 août-5 sept., mardi soir, dim. soir et merc.
Rest – Menu 16/35 € – Carte 27/60 €
◆ Dans un charmant village, cette ferme bressane offre un cadre délicieusement champêtre (carreaux de ciment, pierres et poutres, grand jardin). On fait presque tout maison, y compris le pain ; de quoi honorer la cuisine régionale !

MEISENTHAL – 57 Moselle – 307 P5 – 751 h. – alt. 380 m – ✉ 57960 — 27 D2

Paris 440 – Haguenau 47 – Sarreguemines 38 – Saverne 40

Auberge des Mésanges

r. des Vergers – ✆ 03 87 96 92 28 – www.aubergedesmesanges.com – Fermé 24 déc.-3 janv.
20 ch – †47/52 € ††54/65 € – ☕ 9 € – ½ P 55/60 €
Rest *(fermé mardi midi, dim. soir et lundi)* – Formule 11 € – Menu 23 € – Carte 33/39 €
◆ Au cœur du parc naturel des Vosges du Nord, une auberge familiale dans une maison centenaire à la lisière de la forêt. Au programme : petites chambres toutes simples et cuisine traditionnelle (tartes flambées le soir). Parfait pour visiter le centre international d'Art verrier.

MÉJANNES-LÈS-ALÈS – 30 Gard – 339 J4 – rattaché à Alès

MÉLISEY – 70 Haute-Saône – 314 H6 – 1 721 h. – alt. 330 m – ✉ 70270 — 17 C1

Franche-Comté Jura

Paris 397 – Belfort 33 – Besançon 92 – Épinal 63

place de la Gare, ✆ 03 84 63 22 80, www.melisey.com

La Bergeraine

27 rte des Vosges – ✆ 03 84 20 82 52 – www.labergeraine.fr – Fermé dim. soir, mardi soir et merc. sauf fériés
Rest *(réserver)* – Formule 18 € – Menu 25/90 € – Carte 55/85 €
◆ Cette coquette maison située à la sortie du bourg dégage une atmosphère contemporaine et chaleureuse (parquet, tons pastel...). Intéressante cuisine, sophistiquée et classique.

MELLE – 79 Deux-Sèvres – 322 F7 – 3 623 h. – alt. 138 m – ✉ 79500 — 39 C2

Paris 394 – Niort 30 – Poitiers 60 – St-Jean-d'Angély 45

3, rue Émilien Traver, ✆ 05 49 29 15 10, http://decouvertes.paysmellois.org

XX **Les Glycines** avec ch — rest, AC, VISA, MC, AE

– 05 49 27 01 11 – *www.hotel-lesglycines.com*
7 ch – 52/70 € 59/78 € – 9 € – ½ P 57/65 €
Rest – Formule 20 € – Menu 26/44 € – Carte 35/58 €
♦ La jolie véranda de ce restaurant couvert de glycines dissimule un décor contemporain et cossu. On y revisite les plats régionaux – tel ce lapin farci à la tapenade et au fromage de chèvre – et il y a un menu du jour à la brasserie. Chambres coquettes.

MELUN P – 77 Seine-et-Marne – **312** E4 – **38 938 h.** — **19** C2
– **Agglo. 107 705 h. – alt. 43 m – ✉ 77000** Île de France
Paris 47 – Fontainebleau 18 – Orléans 104 – Troyes 128
18, rue Paul Doumer, 01 64 52 64 52, www.ville-melun.fr
U.C.P.A. Bois-le-Roi, à Bois-le-Roi, Base de loisirs, par rte de Fontainebleau : 8 km, 01 64 81 33 31
de Greenparc, à Saint-Pierre-du-Perray, Route de Villepècle, par rte de Cesson : 15 km, 01 60 75 40 60
Blue Green Golf de Villeray, à Saint-Pierre-du-Perray, par rte de Corbeil : 21 km, 01 60 75 17 47
Portail★ de l'église St-Aspais.
Vaux-le-Vicomte : château★★ et jardins★★★ 6 km par ②.

Plan page suivante

XX **La Melunoise** — VISA, MC, AE

5 r. Gâtinais – 01 64 39 68 27 – www.lamelunoise.fr – Fermé août, vacances de fév., dim. soir, lundi, mardi et merc. X**b**
Rest – Menu 32 € – Carte 33/50 €
♦ Discrète maison en retrait de la circulation. Deux salles à manger sobrement rustiques – séparées par un petit hall rehaussé de vieilles pierres – et carte traditionnelle.

XX **Le Mariette** — AC, VISA, MC

31 r. St-Ambroise – 01 64 37 06 06 – www.lemariette.fr – Fermé 1er-25 août, 24 fév.-5 mars, lundi soir, sam. midi et dim. AZ**a**
Rest – Menu 29 € (déj.), 38/60 € – Carte 55/74 €
♦ Les tons chauds dominent dans le décor plutôt moderne de ce restaurant où la cuisine fait la part belle aux produits de saison. Suggestions du marché et bon choix de vins au verre.

X **La Bodega** — VISA, MC, AE

18 quai Hippolyte Rossignol – 01 64 37 10 57 – www.bodega-melun.fr – Fermé 3 sem. en août, 24 déc.-2 janv., lundi soir, sam. midi et dim. AZ**d**
Rest – Formule 16 € – Carte 35/55 €
♦ On vient ici pour retrouver l'esprit de l'Espagne et sa savoureuse cuisine, principalement des Asturies. Produits de belle qualité, délicieuse charcuterie parfumée.

à Crisenoy 10 km par ② – 634 h. – alt. 89 m – ✉ 77390

XXX **Auberge de Crisenoy** — VISA, MC

23 r. Grande – 01 64 38 83 06 – Fermé 23 juil.-13 août, 23 déc.-2 janv., 1 sem. en mars, dim. soir, merc. soir et lundi
Rest – Menu 22 € (déj.), 33/50 € – Carte 41/62 €
♦ Au cœur d'un petit village, cette auberge a une belle âme : pierre brute, poutres, cheminée... autour d'une sympathique cuisine du marché.

à Vaux-le-Pénil 3 km au Sud-Est – 11 257 h. – alt. 60 m – ✉ 77000

XXX **La Table St-Just** (Fabrice Vitu) — AC, P, VISA, MC, AE

r. de la Libération, (près du château) – 01 64 52 09 09 – www.restaurant-latablesaintjust.com – Fermé 22 avril-3 mai, 1er-24 août, 23 déc.-3 janv., dim., lundi et fériés X**s**
Rest – Menu 48/115 € – Carte 70/100 €
Spéc. Salade de homard à l'orange. Ris de veau aux morilles (saison). Soufflé chaud au Grand Marnier.
♦ Ancienne ferme dépendant du château de Vaux-le-Pénil. C'est aujourd'hui un restaurant aménagé avec goût sous une haute charpente en chêne. Belle cuisine actualisée.

LE MÉE-SUR-SEINE

Courtilleraies (Av. des) .... X 10
Dauvergne (Av. M.) .... X 12

MELUN

Alsace-Lorraine (Q.) ..... BZ 2
Carnot (R.) .... AY 3
Chartrettes (Rte de) ...... X 6
Chasse (R. de la) .... X 7
Corbeil (Av. de) .... X 8
Courtille (R. de la) .... BZ 9
Doumer (R. Paul) .... BY 13
Europe (Rd-Pt de l') .... X 14
Gallieni (Pl.) .... X 17
Gaulle (Av. du Gén. de) .... X 18
Godin (Av. E.) .... AZ 19
Jean-Jaurès (Av.) .... X 20
Leclerc (Av. Gén.) .... X 22
Libération (Av. de la) .... X 23
Miroir (R. du) .... AY 25
Montagne-du-Mée
(R. de la) .... AY 26
Pompidou (Av. G.) .... X 33
Pouteau (R. René) .... BY 34
Prés.-Despatys (R.) ...... AY 35
Rossignol (Q. H.) .... X 39
St-Ambroise (R.) .... AZ
St-Aspais (R.) .... BY 41
St-Étienne (R.) .... AZ 43
Thiers (Av.) .... AZ, X 46
Vaux (R. de) .... X 49
Voisenon (Rte de) .... X 53
13e-Dragons (Av.) .... X 60
31e-d'Inf. (Av. du) .... X 65

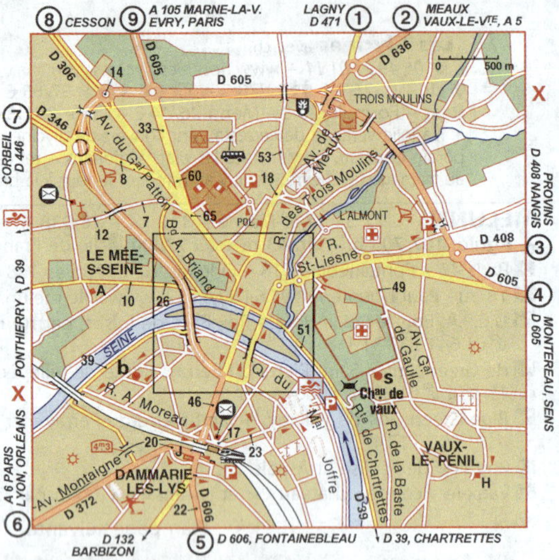

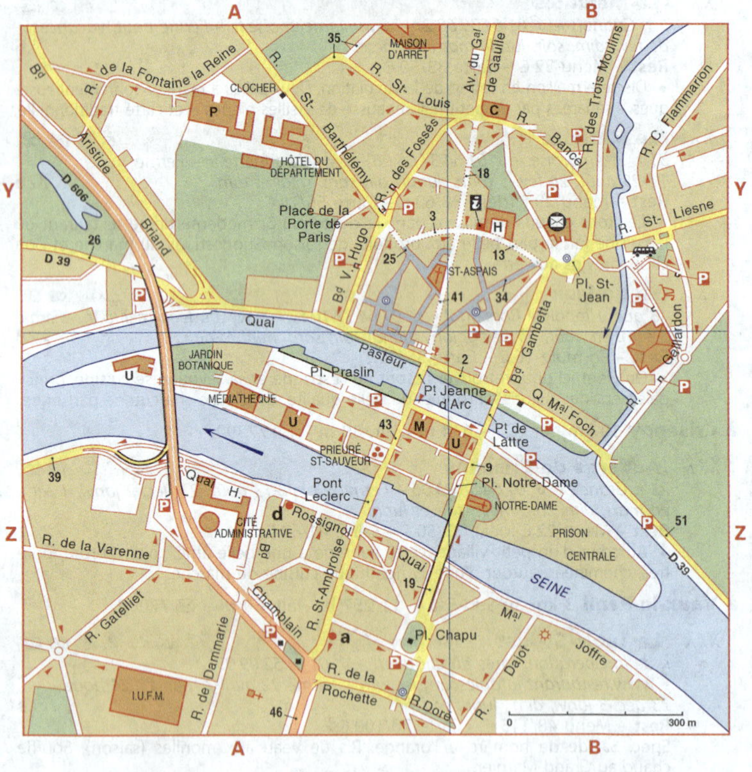

MENDE P – 48 Lozère – **330** J7 – 12 190 h. – alt. 731 m – ✉ 48000 **23** C1

Languedoc Roussillon

Paris 584 – Alès 102 – Aurillac 150 – Gap 305

Place du Foirail, ✆ 04 66 94 00 23, www.ot-mende.fr

Cathédrale★ - Pont N.-Dame★.

De France

9 bd. L. Arnault – ✆ 04 66 65 00 04 – www.hoteldefrance-mende.com – Fermé 26 déc.-12 janv. v

31 ch – †88/110 € ††90/130 € – 5 suites – ☐ 11 € – ½ P 82/90 €

Rest *De France* – voir les restaurants ci-après

◆ Un beau toit de lauze, des pierres : cette maison des années 1730 a du caractère et se révèle très accueillante. Fer forgé, bois wengé, tomettes, chambres aux lignes épurées (dont deux avec un jardinet privé) : tout est charmant.

Du Pont Roupt

av. 11-Novembre, par ③ – ✆ 04 66 65 01 43 – www.hotel-pont-roupt.fr – Fermé 23-29 déc.

25 ch – †78/125 € ††78/125 € – ☐ 12 € – ½ P 68/105 €

Rest *(fermé dim. soir hors saison, sam. midi et lundi midi)* – Formule 20 € – Menu 24/69 € bc – Carte 33/73 €

◆ Au bord du Lot, une maison tenue en famille, avec des chambres fonctionnelles et bien tenues, ainsi qu'un restaurant traditionnel. Le plus : la piscine intérieure.

De France – Hôtel De France

9 bd. L. Arnault – ✆ 04 66 65 00 04 – www.hoteldefrance-mende.com – Fermé 26 déc.-12 janv., lundi midi hors saison et sam. midi v

Rest – Menu 29/47 € – Carte 36/47 €

◆ Tartare de légumes de saison et brochette de langoustines ; faux-filet de bœuf de Lozère et poêlée de champignons frais... Le chef concocte une bonne cuisine du marché qui fait la part belle aux produits du terroir. Un lieu sympathique.

MENDE

Aigues-Passes (R. d') . . . 2
Ange (R. de l') . . . 3
Angiran (R. d') . . . 4
Arjal (R. de l') . . . 5
Beurre (Pl. au) . . . 6
Blé (Pl. au) . . . 7
Britexte (Bd) . . . 8
Capucins (Bd des) . . . 9
Carmes (R. des) . . . 10
Chanteronne (R. de) . . . 12
Chaptal (R.) . . . 13
Chastel (R. du) . . . 14
Collège (R. du) . . . 18
Droite (R.) . . . 19
Écoles (R. des) . . . 20
Épine (R. de l') . . . 21
Estoup (Pl. René) . . . 22
Gaulle (Pl. Ch.-de) . . . 23
Montbel (R. du Fg) . . . 24
Piencourt (Allée) . . . 25
Planche (Pont de la) . . . 26
Pont N.-Dame (R. du) . . . 27
République (Pl. et R.) . . . 30
Roussel (Pl. Th.) . . . 32
Soubeyran (Bd du) . . . 33
Soubeyran (R.) . . . 34
Soupirs (Allée des) . . . 36
Urbain V (Pl.) . . . 37

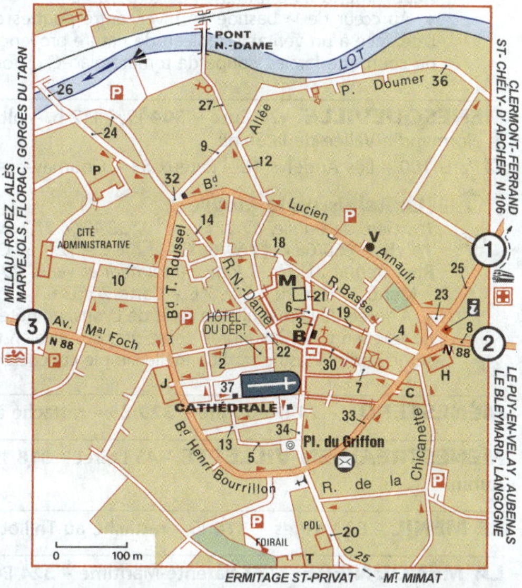

à Chabrits 5 km au Nord-Ouest par ③ et D 42 – ✉ 48000 Mende

La Safranière
hameau de Chabrits – ☎ 04 66 49 31 54 – Fermé 18 fév.-19 mars, 3-10 sept., merc. midi sauf juil.-août, dim. soir et lundi
Rest *(réserver)* – Formule 20 € – Menu 24 € (sem.), 29/48 €
◆ Une étape gourmande sur les premières marches du Gévaudan, sur le site d'une ancienne exploitation de safran. Dans un décor frais et coloré, on apprécie une jolie cuisine de saison ; les vins et fromages de la région sont à l'honneur.

MÉNERBES – 84 Vaucluse – 332 E11 – 1 153 h. – alt. 224 m – ✉ 84560 42 E1
Provence
Paris 713 – Aix-en-Provence 59 – Apt 23 – Avignon 40
≤★ de la terrasse de l'église.

La Bastide de Marie
rte de Bonnieux – ☎ 04 90 72 30 20 – www.labastidedemarie.com – Ouvert 20 avril-3 nov.
10 ch – 220/365 € 220/365 € – 5 suites – ☐ 20 €
Rest ***La Bastide de Marie*** – voir les restaurants ci-après
◆ Cette superbe bastide au cœur des vignes incarne l'esprit de la Provence. Pierres apparentes, meubles anciens, tissus nobles, coins et recoins... font le caractère de chaque chambre. Romantique et charmant, idéal pour se retrouver !

La Bastide de Soubeyras
rte des Beaumettes, à 3 km – ☎ 04 90 72 94 14 – www.bastidesoubeyras.com
5 ch ☐ – 145 € 195 €
Table d'hôte *(ouvert de mai à oct.)* – Menu 40 € bc
◆ Cette belle demeure en pierre sèche, perchée sur une colline, domine le village. Ravissantes chambres d'esprit provençal ; jardin et piscine pour le farniente. Un soir par semaine, la maîtresse de maison fait table d'hôte et met à l'honneur le Luberon.

La Bastide de Marie – Hôtel La Bastide de Marie
rte de Bonnieux – ☎ 04 90 72 30 20 – www.labastidedemarie.com – Ouvert 20 avril-3 nov.
Rest – Menu 89 € (dîner) – Carte 35/65 €
◆ Au cœur de la bastide en hiver, entre poutres et vieilles pierres ; en terrasse l'été, face à un véritable tableau de nature provençale. Idéal pour déguster fleurs de courgette farcies, soupe de tomate glacée, clafoutis aux cerises du verger...

MÉNESQUEVILLE – 27 Eure – 304 I5 – 417 h. – alt. 65 m – ✉ 27850 33 D2
Normandie Vallée de la Seine
Paris 100 – Les Andelys 16 – Évreux 53 – Gournay-en-Bray 33

Le Relais de la Lieure
1 r. Gén. de Gaulle, (D 321) – ☎ 02 32 49 06 21 – www.relaisdelalieure.com
14 ch – 60/68 € 60/68 € – ☐ 8 € – ½ P 60 €
Rest *(fermé 21 déc.-3 janv., lundi midi et vend. du 15 oct. au 1er avril)* – Menu 17 € (sem.), 24/37 € – Carte 26/53 €
◆ À l'orée de la magnifique forêt de Lyons, un hôtel-restaurant familial. Dans l'annexe récente, les chambres, assez grandes et bien tenues, donnent de plain-pied sur le jardin. Cuisine traditionnelle simple concoctée par le patron.

MÉNESTÉROL – 24 Dordogne – 329 B5 – rattaché à Montpon-Ménestérol

---

MENESTREAU-EN-VILLETTE – 45 Loiret – 318 J5 – rattaché à La Ferté-St-Aubin

---

LE MÉNIL – 88 Vosges – 314 I5 – rattaché au Thillot

LA MÉNOUNIÈRE – 17 Charente-Maritime – 324 B4 – voir à île d'Oléron

MENNECY – 91 Essonne – 312 D4 – 13 227 h. – alt. 52 m – ✉ 91540 — 18 B2

Paris 43 – Bobigny 53 – Créteil 37 – Évry 10

Place de la Mairie, ✆ 01 69 90 80 30, www.mennecy.fr

À Vos Papilles

47 bd Charles-de-Gaulle – ✆ 01 60 77 25 44 – Fermé 3 sem. en août, mardi et merc.

Rest – Formule 20 € – Menu 34 € – Carte 40/57 €

◆ En retrait du centre-ville, ce restaurant réalise une cuisine actuelle avec des produits de qualité et de saison. Une adresse engageante parfaitement tenue.

MENTHON-ST-BERNARD – 74 Haute-Savoie – 328 K5 – 1 863 h. – alt. 482 m – ✉ 74290 Alpes du Nord — 46 F1

Paris 548 – Albertville 37 – Annecy 10 – Bonneville 50

Chef-lieu, ✆ 04 50 60 14 30, www.rivepleinsoleil.com

Château de Menthon★ : ≤★ E : 2 km.

Palace de Menthon

ch, rest,

665 rte des Bains – ✆ 04 50 64 83 00 – www.palacedementhon.com

60 ch – †95/150 € ††140/180 € – 5 suites – ☕ 15 €

Rest *Le Viù* – voir les restaurants ci-après

Rest *Palace Beach* *(ouvert 1er juin-31 août)* – Menu 40 €

◆ Entre lac et montagne, cet imposant hôtel de 1911 a un vrai cachet et cultive avec élégance l'art de recevoir... Le parc verdoyant et délicieux, les chambres confortables (mobilier de style), les restaurants et la belle piscine couverte creusée dans la roche : tout invite à la détente !

Beau Séjour sans rest

161 allée des Tennis – ✆ 04 50 60 12 04 – www.hotelbeausejour-menthon.com – Ouvert 15 avril-fin sept.

18 ch – †70 € ††85/90 € – ☕ 8 €

◆ Non loin du lac, une jolie maison traditionnelle et familiale, bucolique, rétro en diable et... si paisible. Chambres au charme champêtre, joli jardin : un séjour aux airs de délicieuses vacances chez une tendre grand-maman !

La Vallombreuse sans rest

534 rte Moulins, 700 m. à l'Est par rte du Col de Bluffy – ✆ 04 50 60 16 33 – www.la-vallombreuse.com

5 ch ☕ – †75/130 € ††75/130 €

◆ Tout le cachet et la patine de l'ancien dans cette belle maison du 15e s. Les chambres sont grandes et joliment arrangées, dans un esprit classique ou savoyard ; le beau jardin est apaisant et, sur réservation, on peut se restaurer à la table d'hôte.

Le Viù – Hôtel Palace de Menthon

665 rte des Bains – ✆ 04 50 64 83 00 – www.palacedementhon.com

Rest – Formule 25 € bc – Menu 40 €

◆ De la couleur et de grands miroirs ciselés pour la touche de baroque, une vue imprenable sur le lac... Un restaurant chic, trendy et terriblement cosy, au service d'une cuisine d'aujourd'hui, fine et goûteuse.

Le Confidentiel

24 rte des Moulins – ✆ 04 50 44 00 68 – Fermé 7-17 avril, 14 sept.-3 oct., 2-10 janv., lundi et mardi

Rest *(nombre de couverts limité, réserver)* – Menu 29/33 €

◆ Au cœur de ce village dominant le lac, une petite adresse qui gagne à ne pas rester confidentielle : la cuisine, délicate et subtile, ravit les papilles ! On se régalera par exemple d'un gaspacho petits pois, d'une selle d'agneau à l'ail des bois...

MENTON – 06 Alpes-Maritimes – **341** F5 – 28 833 h. – Casino : du Soleil **42** E2 AZ – ✉ 06500 Côte d'Azur

Paris 956 – Cannes 63 – Cuneo 102 – Monaco 11

8, avenue Boyer, ✆ 04 92 41 76 76, www.menton.fr

Site★★ - Vieille ville★★ : Parvis St-Michel★★, Façade★ de la Chapelle de la Conception BY **B** - ≤★ du cimetière Anglais BX **D** - Promenade du Soleil★★, ≤★ de la jetée Impératrice-Eugénie BV - Jardin de Menton★ : le Val Rameh★ BV **E** - Salle des mariages★ de l'hôtel de Ville BY **H** - Musée des Beaux-Arts★ (palais Carnolès) AX **M¹**.

Jardin Hanbury★★ à Vintimille, O : 2 km.

Napoléon sans rest

29 Porte de France – ✆ 04 93 35 89 50 – www.napoleon-menton.com

43 ch – 89/179 € 99/189 € – 1 suite – 12 € **BUa**

◆ Un hôtel très Riviera ! Dans une atmosphère élégante et contemporaine, les chambres rendent de charmants hommages à leurs illustres hôtes (Cocteau, Sutherland...). Et quand on a la chance d'être côté mer, les terrasses en teck sont idylliques.

Riva sans rest

600 promenade du Soleil – ✆ 04 92 10 92 10 – www.rivahotel.com – Fermé 20 oct.-15 janv. **CZn**

40 ch – 94/136 € 94/136 € – 11 €

◆ Sur le front de mer, hôtel balnéaire récent. Solarium, jacuzzi, chambres fonctionnelles – très confortables – avec balcon... L'appel du farniente face à la Grande Bleue ou la montagne !

MENTON

Alliés (Av. des)	AU	3
Briand (Av. A.)	BU	7
Coty (Cours René)	AU	14
France (Av. Porte de)	BU	17
Madone (Av. de la)	AV	25
Mansfield (Av. K.)	BU	26
Morillot (R. Paul)	AV	28
St-Jacques (Av.)	BU	34

ROQUEBRUNE-CAP-MARTIN

Briand (Av. A.)	AV	9
Centrale (Av.)	AV	13
Churchill (Av. W.)	AV	15
Monléon (Av. F. de)	AV	20
Pasteur (Av. L.)	AV	31

Princess et Richmond

617 promenade du Soleil – ✆ 04 93 35 80 20 – www.princess-richmond.com
– Fermé 3 nov.-13 déc. CZs
44 ch – 🚹93/150 € 🚹🚹93/150 € – 2 suites – ☕ 11 € – ½ P 83/111 €
Rest *Le Galet* ✆ 04 93 35 24 75 *(fermé lundi midi, merc. midi et mardi)* – Formule 15 € bc – Menu 29 €
◆ Tellement Côte d'Azur : une plage de galets au pied de l'hôtel, un solarium et un jacuzzi sur le toit, un restaurant traditionnel et des chambres lumineuses – certaines braquées sur la Grande Bleue…

Prince de Galles

4 av. Gén. de Gaulle – ✆ 04 93 28 21 21 – www.princedegalles.com
64 ch – 🚹71/140 € 🚹🚹76/140 € – ☕ 12 € – ½ P 70/103 € AVe
Rest *Le Petit Prince* – voir les restaurants ci-après
◆ Pour l'anecdote, cet agréable hôtel fut jadis caserne de carabiniers des princes de Monaco (1860) ! Aujourd'hui, entre deux petits sommes, on va la fleur au fusil et l'on paresse tranquillement dans le joli jardin donnant sur la mer…

Méditerranée

ch, rest,

5 r. de la République – ✆ 04 92 41 81 81 – www.hotel-med-menton.com
89 ch – 🚹59/159 € 🚹🚹59/159 € – ☕ 14 € – ½ P 50/96 € DYa
Rest – Formule 13 € – Menu 26 €
◆ Près de la vieille ville – pratique mais un peu bruyant –, un grand bâtiment récent avec des chambres confortables et bien tenues. Petit plus : le bar panoramique.

Paris Rome

79 Porte de France – ✆ 04 93 35 70 35 – www.paris-rome.com
– Fermé 6 nov.-29 déc. et 9-27 janv. BU**n**
18 ch – †68/78 € ††91/158 € – 1 suite – ☕ 13 € – ½ P 106/134 €
Rest ***Paris Rome*** – voir les restaurants ci-après
◆ À l'entrée du port de Garavan, un hôtel familial aux couleurs du Sud... Contemporaines, indiennes, zen, classiques ou provençales : les chambres sont bien agréables.

Mirazur (Mauro Colagreco)

30 av. Aristide-Briand – ✆ 04 92 41 86 86 – www.mirazur.fr
– Ouvert mi-fév. à début nov. et fermé lundi sauf juil.-août, le midi en juil.-août sauf week-ends et mardi BU**m**
Rest *(nombre de couverts limité, réserver)* – Formule 29 € – Menu 39 € (déj. en sem.), 65/120 €
Spéc. Légumes de saison et herbes du potager, bouillon de parmesan. Poisson de la pêche locale, velouté de capucine et compotée de mandarine (mars à juin). Crème au safran, espuma d'amande et brioche à la fleur d'oranger. **Vins** Côtes de Provence, Bellet.
◆ Décor épuré, vue somptueuse sur la mer et la vieille ville : ce Mirazur est un écrin ! Mauro Colagreco y élabore une cuisine très personnelle, mettant en valeur les plantes aromatiques, les fleurs, les légumes de son potager et les agrumes... Les saisons, le marché et l'instant sont illuminés.

Paris Rome – Hôtel Paris Rome

79 Porte-de-France – ✆ 04 93 35 70 35 – www.paris-rome.com
– Fermé 6 nov.-29 déc., 9-27 janv., mardi midi et lundi BU**n**
Rest *(nombre de couverts limité, réserver)* – Formule 25 € – Menu 55/90 € – Carte 69/101 €
◆ Entre Paris et Rome, il y a Menton et ses beaux produits gorgés de soleil, mis en valeur par une cuisine très inventive. Technique et originalité font bon ménage dans ce cadre ravissant – un patio, des bambous noirs...

Le Petit Prince – Hôtel Prince de Galles

4 av. Gén. de Gaulle – ✆ 04 93 41 66 05 – www.princedegalles.com
Rest – Formule 18 € – Menu 23/40 € – Carte 30/60 € AV**e**
◆ Un restaurant lumineux ; une terrasse cernée par les palmiers et les cactus ; une cuisine traditionnelle bien sympathique... Le Petit Prince a dit : "Nous reviendrons ici."

La Cantinella

8 r. Trenca – ✆ 04 93 41 34 20 – Fermé 26 juin-10 juil., 10-31 janv., merc. midi et mardi sauf fériés DY**d**
Rest *(nombre de couverts limité, réserver)* – Menu 21 € (sem.) – Carte 20/50 €
◆ Pêche locale, pâtes fraîches, minestrone, poutine (alevins frits) en saison : le patron, sicilien, aime faire plaisir à ses clients et leur mitonne de savoureux plats du Sud (entre Nice et Italie), en prise sur le marché. Convivialité garantie.

LES MENUIRES – 73 Savoie – **333** M6 – **alt. 1 400 m – Sports d'hiver : 1 400/3 200 m 8 36** – ✉ **73440 St Martin de Belleville** **46** F2
Alpes du Nord
▶ Paris 632 – Albertville 51 – Chambéry 101 – Moûtiers 27
ℹ immeuble Belledonne, ✆ 04 79 00 73 00, www.lesmenuires.com

Chalet Hôtel Kaya

à Reberty – ✆ 04 79 41 42 00 – www.hotel-kaya.com – Ouvert de mi-déc. à mi-avril
50 ch – †184/646 € ††184/646 € – 4 suites – ☕ 24 €
Rest ***Le K*** – Menu 60 € (dîner) – Carte 35/56 €
◆ Paisibles salons (billard, cheminée), chambres confortables, dans un style épuré et contemporain joliment rehaussé par la chaleur du bois. Sauna, hammam, piscine. Cuisine actuelle (avec des accents terroir) et, à l'heure du goûter, gourmandises pour tout le monde !

L'Ours Blanc

à Reberty 2000 – 04 79 00 61 66 – www.hotel-ours-blanc.com – Ouvert 5 déc.-16 avril

53 ch (½ P seult) – ½ P 82/107 € **Rest** – Menu 26/99 € – Carte 28/90 €

◆ Sur les pistes des Trois-Vallées, grand chalet au décor montagnard. Chambres claires avec balcon ; salon douillet (cheminée) et beau fitness. Chaleureux restaurant "tout bois" tourné vers le massif de la Masse ; recettes régionales.

MERCATEL – 62 Pas-de-Calais – **301** J6 – rattaché à Arras

MERCUÈS – 46 Lot – **337** E5 – rattaché à Cahors

MERCUREY – 71 Saône-et-Loire – **320** I8 – 1 322 h. – alt. 269 m – ✉ 71640 **8** C3

Paris 344 – Autun 39 – Beaune 26 – Chagny 11

Hôtellerie du Val d'Or

140 Grande-Rue – 03 85 45 13 70 – www.le-valdor.com – Fermé 16 déc.-20 janv., dim. soir du 15 nov. au 15 mars, mardi midi et lundi

12 ch – 70/98 € 70/98 € – 11 € – ½ P 87 €

Rest *Hôtellerie du Val d'Or* – voir les restaurants ci-après

◆ Dans ce village vigneron de la côte chalonnaise, cet ancien relais de poste propose une douzaine de chambres et un agréable jardin : parfait pour découvrir l'un des vins les plus connus de Bourgogne.

Hôtellerie du Val d'Or

140 Grande-Rue – 03 85 45 13 70 – www.le-valdor.com – Fermé 16 déc.-20 janv., dim. soir du 15 nov. au 15 mars, mardi midi et lundi

Rest – Menu 22 € (déj.), 29/76 € – Carte 49/85 €

◆ Une table comme une ode au classicisme et au terroir, avec de beaux produits, travaillés avec générosité : chevreau rôti, cochon fermier, anguilles et silure de Saône...

MÉREAU – 18 Cher – **323** I4 – rattaché à Vierzon

MÉRIBEL – 73 Savoie – **333** M5 – Sports d'hiver : 1 450/2 950 m 16 **46** F2
45 – ✉ 73550 Alpes du Nord

Paris 621 – Albertville 41 – Annecy 85 – Chambéry 90

Le Bourg, 04 79 08 60 01, www.meribel.net

Méribel, B.P. 54, NE : 4 km, 04 79 00 52 67

★★★ la Saulire, ★★ Mont du Vallon, ★★ Roc des Trois marches, ★★ Tougnète.

Plan page suivante

L'Hélios

rte de la Renarde – 04 79 24 22 42 – www.lhelios.com – Ouvert déc.-avril

18 ch – 450/570 € 450/570 € – 20 € – ½ P 300/360 € **m**

Rest *L'Hélios* – voir les restaurants ci-après

◆ Sur les hauteurs de Méribel, ce chalet en pierre et mélèze de Sibérie est vraiment superbe ! Dans les chambres règne une atmosphère contemporaine, nordique ou savoyarde des plus raffinées ; pour la détente, le spa est idéal et... très joli.

Le Grand Cœur & Spa

– 04 79 08 60 03 – www.legrandcoeur.com – Ouvert 16 déc.-9 avril

35 ch – 270/565 € 295/730 € – 4 suites **a**

Rest *Le Grand Cœur* – voir les restaurants ci-après

◆ Romantisme et luxe se sont donné rendez-vous dans ce majestueux hôtel – l'un des plus anciens de la station. Bois blond et belles étoffes ornent les chambres, ce qui leur donne un charme véritable. Joli spa, accueil prévenant : du standing !

Allodis

au Belvédère – 04 79 00 56 00 – www.hotelallodis.com – Ouvert début juil. à sept. et de mi-déc. à mi-avril **d**

44 ch – 145/347 € 236/572 € – 6 suites – ½ P 133/351 €

Rest – Formule 42 € – Menu 51 € (déj.), 60/80 € – Carte 70/95 €

◆ Ce joli chalet domine la station, donnant directement sur les pistes. Chambres spacieuses (balcon), douillettes et décorées dans un esprit montagne. Piscine, sauna, hammam. Cuisine traditionnelle servie dans un cadre cossu ; terrasse panoramique face à la vallée.

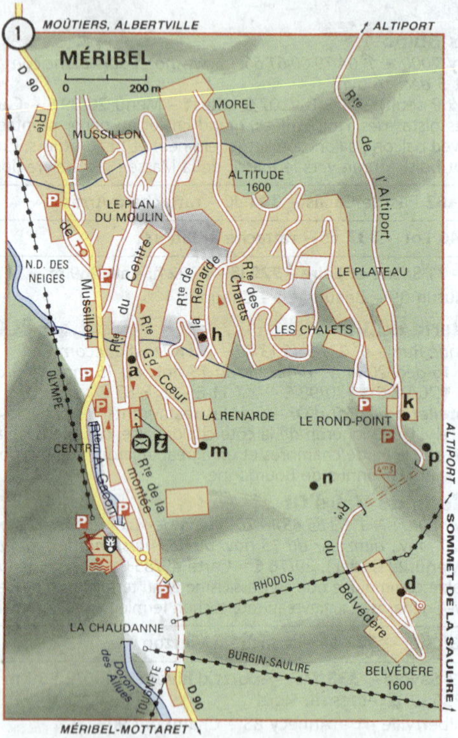

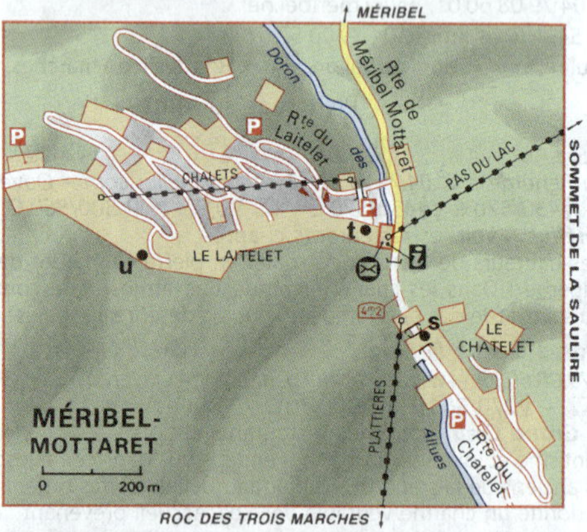

Le Yéti ch,

rd-pt des Pistes – ✆ 04 79 00 51 15 – www.hotel-yeti.com – Ouvert 30 juin-26 août et 8 déc.-20 avril **p**

31 ch – 158/295 € 219/360 € – ½ P 120/242 €

Rest – Menu 33/51 € – Carte 29/45 €

◆ Un chaleureux "home" des neiges : décoration raffinée – boiseries cirées, jolies têtes de lit –, bar et salon au coin du feu, sauna et hammam. Tables joliment dressées au restaurant (le soir) et terrasse plein sud, idéale à l'heure du déjeuner.

Marie-Blanche — ch, rest, VISA

rte de la Renarde – ✆ 04 79 08 65 55 – www.marie-blanche.com – Ouvert 5 juil.-27 août et 13 déc.-20 avril **h**

21 ch – ♀173/304 € ♀♀230/315 € – ½ P 150/192 €

Rest *(fermé le midi du 5 juil. au 27 août)* – Menu 44 € – Carte 45/75 €

◆ Ce chalet familial vous accueille dans de coquettes chambres savoyardes dotées d'un balcon. Salon-bar avec cheminée centrale et vue sur la montagne. Jolie terrasse, salle à manger éclairée par de grandes baies vitrées et cuisine régionale.

L'Orée du Bois — VISA

rte du Belvédère, au rd-pt des Pistes – ✆ 04 79 00 50 30 – www.meribel-oree.com – Ouvert mi déc.-mi avril **k**

35 ch (½ P seult) – – ½ P 164/187 €

Rest *(dîner seult)* – Menu 40/53 € – Carte 40/50 €

◆ Une adresse sympathique qui cultive la tradition savoyarde. Chambres lambrissées dotées d'un balcon. En hiver, belles flambées dans la cheminée du salon. Carte brasserie le midi et plus traditionnelle le soir ; sushis sur commande. Terrasse panoramique

Adray Télébar — VISA AE

sur les pistes (accès piétonnier) – ✆ 04 79 08 60 26 – www.telebar-hotel.com – Ouvert 15 déc.-15 avril **n**

29 ch (½ P seult) – ½ P 145/225 € **Rest** – Formule 29 € – Carte 35/65 €

◆ L'accueil courtois – on vient vous chercher en chenillette – et la situation, atypique et dépaysante, font oublier un intérieur simple. Chambres bien tenues. À table, cuisine familiale et terrasse panoramique avec vue imprenable sur le domaine skiable.

L'Hélios – Hôtel L'Hélios — VISA

rte de la Renarde – ✆ 04 79 24 22 42 – www.lhelios.com – Ouvert déc.-avril

Rest – Formule 25 € – Menu 60 € (dîner)/80 € – Carte 40/70 € **m**

◆ Asperges vertes au jambon ibérique, filet de bœuf rôti parfumé au piment d'espelette et sa polenta aux poivrons doux... De beaux produits, pour une cuisine raffinée ! Au déjeuner, plats de brasserie et terrasse donnant sur les cimes.

Le Grand Cœur – Hôtel Le Grand Cœur & Spa — VISA AE

– ✆ 04 79 08 60 03 – www.legrandcoeur.com – Ouvert 16 déc.-9 avril

Rest – Menu 80 € (dîner)/98 € – Carte 65/180 € **a**

◆ La grande salle à manger a de l'allure, avec ses arcades et ses boiseries claires, et le midi, sur la terrasse, on peut rêver face à la piste olympique. La cuisine est bonne, les produits sont frais, le tout dans un esprit gastronomique.

Le Plantin — VISA AE

3,5 km par ① – ✆ 04 79 04 12 11 – www.leplantin.com – Ouvert 9 déc.-24 avril

Rest – Formule 32 € – Menu 60 € – Carte 60/90 €

◆ Très beau chalet, tout en lambris, pierres, objets agrestes et touches contemporaines. Cuisine savoureuse réalisée avec de bons produits ; cave recélant de grands crus.

Le Blanchot — VISA AE

3,5 km par rte de l'Altiport – ✆ 04 79 00 55 78 – Ouvert juil.-août et de mi-déc. à mi-avril

Rest – Carte 45/70 €

◆ Ce chalet, bordé par les pistes et le golf, dispose d'une salle cosy et d'une terrasse tournée vers la forêt de sapins. Recettes savoyardes, plats actuels et belle cave.

à l'altiport **Nord-Est : 4,5 km – ✉ 73550 Méribel-les-Allues**

Altiport Hôtel — VISA AE

– ✆ 04 79 00 52 32 – www.altiporthotel.com – Ouvert de mi-déc. à mi-avril et de fin juin à début sept.

39 ch – ♀270/320 € ♀♀270/320 € – 1 suite – 25 € – ½ P 65 €

Rest – Formule 29 € – Menu 55 € (dîner), 80/120 € – Carte 40/85 €

◆ Grand chalet jouxtant l'altiport (survol du mont Blanc) et proche du golf. Coquettes chambres bien insonorisées ; confortable salon (cheminée). Cuisine traditionnelle servie dans une élégante salle montagnarde ; terrasse ensoleillée offrant un beau panorama.

à Méribel-Mottaret 6 km – ✉ 73550

Mont Vallon
– ☎ 04 79 00 44 00 – *www.hotel-montvallon.com – Ouvert 16 déc.- 22 avril*
90 ch (½ P seult) – 2 suites – ½ P 195/410 € s
Rest ***Le Chalet*** *(fermé le midi)* – Menu 75 €
Rest ***Brasserie Le Schuss*** – Formule 34 € – Menu 49 € – Carte 49/85 €
◆ Atmosphère douillette (boiseries, tissus coordonnés...) dans les chambres de ce grand hôtel situé au pied des pistes. Sauna, hammam, squash, jacuzzi. Décor chaleureux et chic au Chalet. Côté Brasserie, petite restauration le midi et plats savoyards le soir.

Alpen Ruitor
– ☎ 04 79 00 48 48 – *www.alpenruitor.com – Ouvert de mi-déc. à mi-avril*
44 ch ☕ – 1 suite – ½ P 340/450 € t
Rest *(dîner seult)* – Menu 37 € – Carte environ 40 €
◆ Les chambres disposent d'un balcon avec vue sur les pistes (sud) ou la vallée (nord). Ambiance et décor aux couleurs du Tyrol. Agréable salon-bar (cheminée). Accueil attentionné. Jolies fresques dans la salle à manger, où l'on sert des spécialités régionales.

Les Arolles
– ☎ 04 79 00 40 40 – *www.arolles.com – Ouvert 22 déc.-20 avril* u
54 ch ☕ – †160/200 € ††248/320 € – ½ P 165/200 €
Rest – Formule 25 € – Menu 30/45 € – Carte environ 30 €
◆ Imposant chalet ménageant un accès direct aux pistes et aux arolles – l'autre nom des pins cembro de la région. Chambres bien tenues, avec balcon ; espaces détente et loisirs. Cuisine régionale (raclettes, fondues) et grande terrasse, bien agréable au déjeuner.

aux Allues Nord : 7 km par D 915A – 1 864 h. – alt. 1 125 m – ✉ 73550

La Croix Jean-Claude
– ☎ 04 79 08 61 05 – *www.croixjeanclaude.com – Fermé 1er mai-1er juin*
15 ch – †66/134 € ††66/134 € – ☕ 10 € – ½ P 73/106 €
Rest *(fermé sam. midi et dim. hors saison)* – Carte 40/80 €
◆ Cette bâtisse de la fin des années 1940 compte parmi les plus anciens hôtels des Trois-Vallées. Douillettes chambres montagnardes ; salon et bar chaleureux. Au restaurant, cadre savoyard et cuisine traditionnelle.

MÉRIGNAC – 33 Gironde – 335 H5 – rattaché à Bordeaux

MERKWILLER-PECHELBRONN – 67 Bas-Rhin – 315 K3 – 905 h. – alt. 160 m – ✉ 67250 Alsace Lorraine   1 B1

▶ Paris 496 – Haguenau 17 – Strasbourg 51 – Wissembourg 18
ℹ 1, route de Lobsann, ☎ 03 88 80 72 36

XX **Auberge Baechel-Brunn** avec ch
3 rte de Soultz – ☎ 03 88 80 78 61 – www.baechel-brunn.com – Fermé 3 sem. en août, 2 sem. en janv., dim. soir, lundi soir et mardi
5 ch ☕ – †40/50 € ††50/75 €
Rest – Formule 20 € – Menu 26 € (déj. en sem.), 43/53 € – Carte 42/60 €
◆ Poutres et murs clairs, pierres apparentes : le charme d'une vieille grange, l'épure contemporaine. Fine cuisine aux notes actuelles, réalisée avec d'excellents produits. Chambres coquettes dans une résidence située à quelques pas du restaurant ; jardin arboré.

MERLETTE – 05 Hautes-Alpes – 334 F4 – rattaché à Orcières

MERRY-SUR-YONNE – 89 Yonne – 319 E6 – 217 h. – alt. 150 m – ✉ 89660   7 B2

▶ Paris 203 – Auxerre 44 – Avallon 32 – Dijon 139

Le Charme Merry

30 rte de Compostelle – ✆ 03 86 81 08 46 – www.lecharmemerry.com – Fermé 2 janv.-11 mars

4 ch – 140 € 140 € **Table d'hôte** – Menu 49 € bc

◆ Dans cette maison de vigneron (1647), il fait bon flâner près de la piscine ou musarder dans les superbes chambres contemporaines (pierre de pays, grandes photos prises par le patron, salles d'eau design).

MÉRU – 60 Oise – 305 D5 – 12 812 h. – alt. 110 m – ✉ 60110 36 B3

Nord Pas-de-Calais Picardie

Paris 60 – Beauvais 27 – Compiègne 74 – Mantes-la-Jolie 62

des Templiers, à Ivry-le-Temple, O : 9 km par D 121 et D 105, ✆ 03 44 08 73 72

Les Trois Toques

21 r. P. Curie – ✆ 03 44 52 01 15 – www.lestroistoques.fr – Fermé 1er-15 août, dim. soir, mardi soir et merc.

Rest – Formule 15 € – Menu 17/30 € bc

◆ Cuisine au goût du jour concoctée par le chef-patron et servie dans une salle au cadre moderne, rehaussée d'un mobilier rustique. Un agréable moment en perspective.

MERVILLE FRANCEVILLE-PLAGE – 14 Calvados – 303 K4 32 B2
– 1 874 h. – alt. 2 m – ✉ 14810

Paris 225 – Beuvron-en-Auge 20 – Cabourg 7 – Caen 20

place de la Plage, ✆ 02 31 24 23 57, www.ot-mervillefranceville.fr

Le Vauban sans rest

8 rte de Cabourg – ✆ 02 31 24 23 37 – www.hotel-vauban-franceville.com

17 ch – 50/63 € 50/63 € – 8 €

◆ Sur une route passante, non loin de la plage, cet hôtel familial propose des chambres simples et bien tenues, plus calmes dans l'annexe. Leur rénovation a débuté en 2011 et l'accueil est toujours aussi sympathique.

MÉRY-SUR-OISE – 95 Val-d'Oise – 305 E6 – 101 4 – voir à Paris, Environs (Cergy-Pontoise)

LE MESNIL-AMELOT – 77 Seine-et-Marne – 312 E1 – voir à Paris, Environs

MESNIL-ST-PÈRE – 10 Aube – 313 G4 – 400 h. – alt. 131 m 13 B3
– ✉ 10140 Champagne Ardenne

Paris 200 – Bar-sur-Aube 32 – Châtillon-sur-Seine 55 – St-Dizier 74

Parc naturel régional de la forêt d'Orient★★.

Auberge du Lac - Au Vieux Pressoir avec ch

5 r. du 28 août – ✆ 03 25 41 27 16 – www.auberge-du-lac.fr – Fermé 11 déc.-20 janv., dim. soir du 4 nov. au 11 mars, lundi midi et mardi midi

21 ch – 69/115 € 73/127 € – 14 € – ½ P 88/120 €

Rest – Menu 25 € (déj.), 40/78 € – Carte 62/111 €

◆ Sur la route du lac d'Orient, cette jolie maison à colombages, typique de la Champagne humide, a conservé son charme simple et rustique. La cuisine est fine et joue avec la tradition : langoustines aux asperges vertes, saumon fumé à la chantilly de combawa ... Chambres agréables pour une étape gastronomique.

LE MESNIL-SUR-OGER – 51 Marne – 306 G9 – 1 237 h. – alt. 119 m 13 B2
– ✉ 51190 Champagne Ardenne

Paris 158 – Châlons-en-Champagne 31 – Épernay 16 – Reims 43

Musée de la vigne et du vin (maison Launois).

XX **Le Mesnil**

2 r. Pasteur – 03 26 57 95 57 – www.restaurantlemesnil.com – Fermé vacances de fév., dim. soir et merc.

Rest – Formule 18 € – Menu 24 € – Carte 40/60 €

◆ Foie gras maison au ratafia, ris de veau braisé au vin jaune, tartare de rumsteak, etc. Une bonne cuisine bistrotière en plein cœur d'un village viticole. Carte de champagnes... exclusivement du Mesnil, classé "Grand Cru" !

MESNIL-VAL – **76 Seine-Maritime** – **304** H1 – ✉ **76910** **33** D1

Paris 184 – Amiens 96 – Dieppe 28 – Le Tréport 6

Royal Albion sans rest

1 r. de la Mer – 02 35 86 21 42 – www.treport-hotels.com – Fermé 19-26 déc.

25 ch – 65/78 € 68/136 € – 10 €

◆ Perchée sur une falaise, cette belle bâtisse (caserne de douaniers au 19es.) domine la mer. Les chambres se prénomment Galway, Blue Harbour, Victoria... et tout cela a un petit côté "british" vieille école qui n'est guère déplaisant.

MESQUER – **44 Loire-Atlantique** – **316** B3 – **1 694 h.** – **alt. 6 m** – ✉ **44420** **34** A2

Paris 460 – La Baule 16 – Nantes 86 – St-Nazaire 29

place du Marché - Quimiac, 02 40 42 64 37, www.mesquerquimiac.com

XX **La Vieille Forge**

32 r. d'Aha – 02 40 42 62 68 – www.vieilleforge.fr – Fermé une sem. en juin, une sem. en oct., 15 janv.-7 fév., lundi soir, mardi soir et merc.

Rest – Menu 13 € (déj. en sem.), 26/70 € bc – Carte 35/53 €

◆ Cette ancienne forge (1711) abrite deux salles dont l'une donne sur le jardin et la terrasse. Un jeune chef y prépare désormais une cuisine traditionnelle bien tournée.

MESSANGES – **40 Landes** – **335** C12 – **953 h.** – **alt. 8 m** – ✉ **40660** **3** A2

Paris 717 – Bayonne 46 – Bordeaux 157 – Mont-de-Marsan 92

route des Lacs, 05 58 48 93 10

La Maison de la Prade sans rest

av. de la Plage – 05 58 48 38 96 – www.lamaisondelaprade.com – Ouvert de mars à nov.

16 ch – 95/125 € 95/180 € – 12 €

◆ Près d'une plage sauvage et cerné par une forêt de pins, un bâtiment Art déco réaménagé en hôtel contemporain. Chambres spacieuses et claires ; terrasse au bord de la piscine.

MESSERY – **74 Haute-Savoie** – **328** K2 – **2 054 h.** – **alt. 428 m** – ✉ **74140** **46** F1

Paris 560 – Annecy 68 – Annemasse 23 – Thonon-les-Bains 17

5, rue des Écoles, 04 50 94 75 55, www.messery-tourisme.com

X **L'Atelier des Saveurs**

7 chemin sous les Prés – 04 50 94 73 40 – Fermé 28 oct.-10 nov., mardi midi, dim. et lundi

Rest *(nombre de couverts limité, réserver)* – Menu 26/45 € – Carte 32/45 €

◆ Un temple dédié à Bacchus – les casiers à bouteilles tapissent littéralement les murs et il y a aussi une boutique –, tandis que l'assiette se pare de belles saveurs traditionnelles réinterpétées par un chef passionné... Convivial et bon !

MÉTABIEF – **25 Doubs** – **321** I6 – **954 h.** – **alt. 960 m** – **Sports d'hiver : 1000/1423 m** **20** – ✉ **25370** Franche-Comté Jura **17** C3

Paris 466 – Besançon 78 – Champagnole 45 – Morez 49

Étoile des Neiges
4 r. du Village – ☎ 03 81 49 11 21 – www.hoteletoiledesneiges.fr
23 ch – †54/58 € ††54/58 € – ☕ 8 € – ½ P 50/54 €
Rest *(fermé jeudi soir et dim. soir hors saison)* – Formule 10 € – Menu 17/26 € – Carte 25/42 €
♦ Hôtel familial très bien tenu dans une station prisée, été comme hiver, des "vététistes", randonneurs et skieurs. Jolies chambres lambrissées avec balcon fleuri. Cuisine régionale soignée à déguster dans une sobre salle habillée de bois.

METZ P – 57 Moselle – **307** I4 – 122 838 h. – Agglo. 322 526 h. **26** B1
– alt. 173 m – ✉ 57000 Alsace Lorraine

Paris 330 – Luxembourg 62 – Nancy 57 – Saarbrücken 69

de Metz-Nancy-Lorraine : ☎ 03 87 56 70 00, 35 km par ③.

2 place d'Armes, ☎ 03 87 55 53 76, http://tourisme.metz.fr

de la Grange-aux-Ormes, à Marly, Rue de la Grange aux Ormes, S : 3 km par D 5, ☎ 03 87 63 10 62

du Technopôle Metz, 1 rue Félix Savart, par D 955 : 5 km, ☎ 03 87 78 71 04

de Metz Chérisey, à Verny, Château de Cherisey, par D 913 et D 67 : 14 km, ☎ 03 87 52 70 18

Cathédrale St-Etienne★★★ CDV - Porte des Allemands★ DV - Esplanade★ CV : église St-Pierre-aux-Nonnains★ CX **V** - Place St-Louis★ DVX - Église St-Maximin★ DVX - Narthex★ de l'église St-Martin DX - ≤★ du Moyen Pont CV - Musée de la Cour d'Or★★ (section archéologique★★★) **M¹** DV - Place du Général de Gaulle★ DX- Centre Pompidou-Metz★★★ BZ.

Plans pages suivantes

La Citadelle
5 av. Ney – ☎ 03 87 17 17 17 – www.citadelle-metz.com CX**y**
46 ch – †185/430 € ††205/450 € – ☕ 24 €
Rest ***Le Magasin aux Vivres*** ✿ – voir les restaurants ci-après
♦ Ce luxueux hôtel du centre-ville a su marier les contrastes : ses spacieuses chambres contemporaines prennent leur aise dans un bâtiment militaire du 16ᵉs. Parfait pour un week-end chic à Metz.

Novotel Centre
pl. des Paraiges – ☎ 03 87 37 38 39 – www.accorhotels.com DV**t**
120 ch – †85/159 € ††85/159 € – ☕ 14 € **Rest** – Menu 17 € – Carte 19/48 €
♦ Au cœur de la ville, non loin de la cathédrale, des chambres vastes et très modernes. Après le travail, on peut faire une pause au Novotel Café, profiter de la terrasse au bord de la piscine ou encore du fitness complet.

De la Cathédrale sans rest
25 pl. de Chambre – ☎ 03 87 75 00 02 – www.hotelcathedrale-metz.fr
30 ch – †75/110 € ††80/110 € – ☕ 11 € CV**v**
♦ Cette maison du 17ᵉs. peut s'enorgueillir d'avoir reçu de belles plumes : Madame de Staël et Chateaubriand. Les chambres (une partie dans une demeure voisine) sont toutes d'une belle élégance : parquet, poutres apparentes, meubles chinés, etc.

Escurial sans rest
18 r. Pasteur – ☎ 03 87 66 40 96 – www.escurial-hotel.com – Fermé 29 déc.-1ᵉʳ janv.
36 ch – †60/78 € ††74/86 € – ☕ 12 € CX**d**
♦ L'adresse simple et fonctionnelle par excellence, non loin de la gare. Les chambres sont fraîches, toutes aménagées de la même manière, et d'une tenue parfaite.

Le Magasin aux Vivres (Christophe Dufossé) – Hôtel La Citadelle
5 av. Ney – ☎ 03 87 17 17 17 – www.citadelle-metz.com
– Fermé 19 fév.-5 mars, 29 juil.-13 août, sam. midi, dim. et lundi CX**y**
Rest – Menu 45 € (déj.), 68/110 € – Carte 99/129 €
Spéc. Cassolettes gourmandes. Bar en croûte de sel, algues naturelles. Parfait glacé caramel, espuma carambar. **Vins** Vins de Moselle.
♦ Les vivres de ce Magasin appartenant à un bel hôtel contemporain (une ancienne citadelle militaire !) sont avant tout des produits nobles de grande qualité : foie gras, homard, truffe, Saint-Jacques, etc. Le tout préparé avec soin...

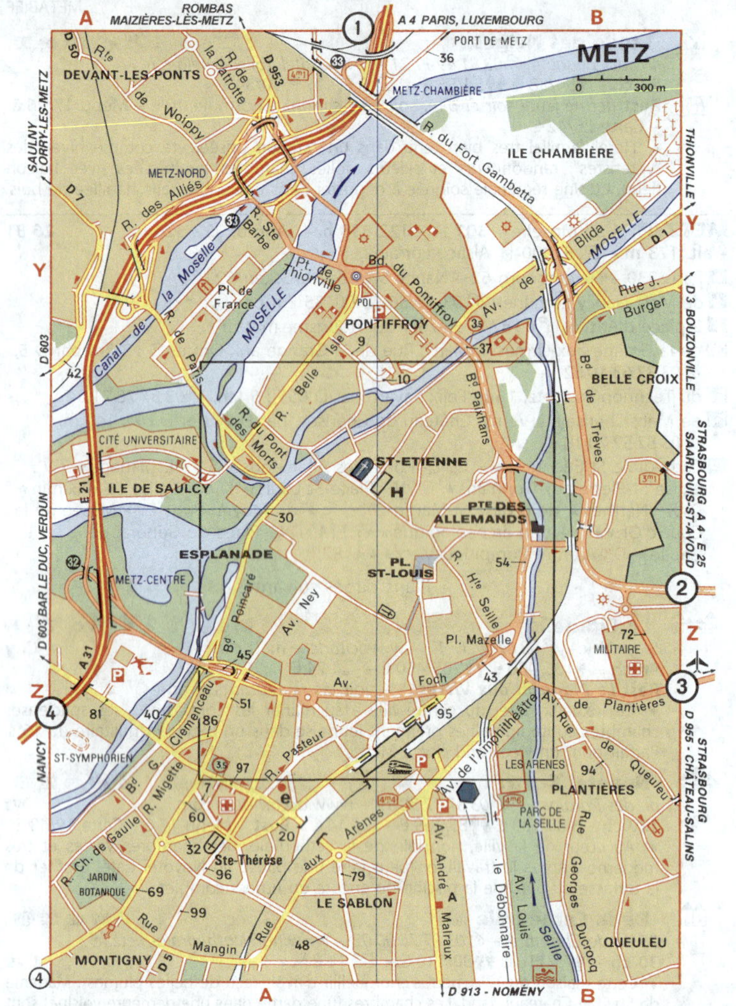

Bénédictins (R. des) . . . . AY 9
Chambière (R.) . . . . BY 10
Charles Abel (R.) . . . . AZ 7
Clovis (R.) . . . . AZ 20
Garde (R. de la) . . . . AYZ 30
Goethe (R.) . . . . AZ 32
Grange-aux-Dames (R.) . . . . BY 36
Grilles (Pont des) . . . . BY 37
Hegly (Allée V.) . . . . AZ 40
Henri II (Av.) . . . . AY 42
Jean XXIII (Av.) . . . . BZ 43
Joffre (Av.) . . . . AZ 45
Lagneau (R. Jules) . . . . AZ 48
Lattre-de-T. (Av. de) . . . . . . AZ 51
Maginot (Bd André) . . . . BZ 54
Nancy (Av. de) . . . . AZ 60
Pont-à-Mousson (R. de) . . . . AZ 69
Pont-Rouge (R. du) . . . . BZ 72
St-Pierre (R.) . . . . AZ 79
St-Symphorien (Bd) . . . . AZ 81
Salis (R. de) . . . . AZ 86
Trois-Évêchés (R. des) . . . . . BZ 94
Vauban (R.) . . . . BZ 95
Verdun (R. de) . . . . AZ 96
Verlaine (R.) . . . . AZ 97
20e-Corps-Américain (R. du) . . . . AZ 99

XX **Le Chat Noir**

30 r. Pasteur – ✆ 03 87 56 99 19

– Fermé 24 déc.-5 janv., dim. soir et lundi AZe

Rest – Formule 27 € bc – Menu 33/55 € – Carte 42/60 €

◆ Chaises léopard, masques africains et tons chocolat composent le décor exotique de cette adresse à mi-chemin entre la brasserie et le bistrot. La cuisine reste classique mais se nuance de touches contemporaines.

METZ

Thierry "Saveurs et Cuisine"

5 r. des Piques, "Maison de la Fleure de Ly" – ✆ 03 87 74 01 23 – www.restaurant-thierry.fr – Fermé 29 juil.-16 août, 24 fév.-10 mars, merc. et dim.

Rest – Formule 20 € – Menu 27 € (sem.)/37 € – Carte 37/45 € DV**a**

♦ Dans cet hôtel particulier (16^{e}s.) de la vieille ville, une clientèle un peu bobo vient déguster une cuisine fusion mariant les influences exotiques. Un bistrot chic où les vins étrangers épousent même quelques recettes classiques...

À Côté
43 pl. de Chambre – ✆ 03 87 66 38 84 – www.restaurant-acote.fr – Fermé 1er-10 août, dim. et lundi CVh

Rest – Menu 35 € – Carte 30/45 €

◆ Cette adresse tendance a fait le choix d'une restauration conviviale et décontractée, autour de petits plats à la mode tapas. Service au comptoir, face aux cuisines ouvertes. Un concept qui tombe pile.

au Nord par ① et A 31 sortie Maizières-lès-Metz : 10 km – ✉ 57280 Maizières-lès-Metz

Novotel-Hauconcourt
– ✆ 03 87 80 18 18 – www.novotel.com

132 ch – 69/149 € 69/149 € – 14 €

Rest – Formule 17 € – Carte 28/38 €

◆ En périphérie nord de Metz, ce fut l'un des tout premiers hôtels de cette chaîne créée au début des années 1970. Pratique pour rejoindre l'autoroute ou profiter de la zone commerciale.

rte de Saarlouis 13 km par ② , N 233 et D 954 - ✉ 57640 Ste-Barbe

Mazagran
1 rte de Boulay – ✆ 03 87 76 62 47 – www.restaurant-mazagran.com – Fermé 28 fév.-8 mars, 21 août-8 sept., 1er-11 janv., dim. soir, lundi et mardi

Rest – Formule 22 € – Menu 29/62 € – Carte 53/68 €

◆ Dans cette ferme bâtie par l'un des soldats qui défendit en 1840 le fortin de Mazagran (Algérie), le cadre est à la fois feutré et cosy. La cuisine épouse l'air du temps... temps que l'on prend avec plaisir sur la terrasse face au jardin.

à Borny par ③ et rte Strasbourg : 3 km – ✉ 57070 Metz

Le Jardin de Bellevue
58 r. Claude Bernard, (près du Technopole Metz 2000) – ✆ 03 87 37 10 27 – www.jardindebellevue.com – Fermé 9-22 avril, 6-20 août, 27 déc.-4 janv., sam. midi, dim. soir, mardi soir et lundi

Rest – Menu 28 € (déj.), 43/67 € – Carte 60/80 €

◆ La clientèle locale plébiscite cette maison centenaire de la périphérie messine (à 2 km du centre Pompidou). À l'intérieur, le style est contemporain mais sans excès, idéal pour une cuisine actuelle proche des saisons. Accueil charmant !

à Plappeville par av. Henri II - AY : 7 km – 2 230 h. – alt. 280 m – ✉ 57050

La Vigne d'Adam
50 r. du Gén.-de-Gaulle – ✆ 03 87 30 36 68 – www.lavignedadam.com – Fermé 15-31 août, vacances de Noël, dim. et lundi

Rest – Menu 28/60 € bc – Carte 32/70 €

◆ Au cœur du village, cette ancienne maison de vigneron a été transformée en restaurant et bar à vins, le tout très tendance. Gargouillou de légumes aux truffes ou pigeon au foie gras trouvent donc le bon flacon pour les accompagner.

METZERAL – 68 Haut-Rhin – 315 G8 – 1 099 h. – alt. 480 m – ✉ 68380 1 A2

Paris 464 – Colmar 25 – Gérardmer 39 – Guebwiller 41

Aux Deux Clefs
12 r. Altenhof – ✆ 03 89 77 61 48 – www.aux-deux-clefs.com

15 ch – 55 € 65 € – 10 € – ½ P 55/65 €

Rest *(fermé lundi)* – Menu 25/55 € – Carte 22/78 €

◆ Perché sur les hauteurs du village, au bord d'un petit étang, cet hôtel-restaurant de tradition est très tranquille et il y règne un esprit maison d'hôtes bien sympathique... Les chambres, régulièrement rafraîchies, sont simples et agréables.

MEUCON – 56 Morbihan – 308 O8 – rattaché à Vannes

MEUDON – 92 Hauts-de-Seine – 311 J3 – 101 24 – voir à Paris, Environs

MEUNG-SUR-LOIRE – 45 Loiret – **318** H5 – 6 122 h. – alt. 90 m **12** C2
– ✉ 45130 Châteaux de la Loire

Paris 149 – Blois 43 – Fleury-les-Aubrais 31 – Orléans 25

7, rue des Mauves, ✆ 02 38 44 32 28, www.visitez-meungsurloire.fr

Le Relais Louis XI

2 r. St-Pierre – ✆ 02 38 44 27 71 – www.lerelaislouisxi.com – fermé 1er-15 janv.
12 ch – 60/199 € 60/199 € – 15 €
Rest ***Le Relais Louis XI*** – voir les restaurants ci-après
◆ Dans un esprit maison d'hôtes, cette demeure historique propose des chambres thématiques fort plaisantes (baroque, chinoise, lys, etc.), la plupart avec vue sur la Loire.

Le Relais Louis XI

2 r. St-Pierre – ✆ 02 38 44 27 71 – www.lerelaislouisxi.com – Fermé 1er-15 janv., mardi et merc. d'oct. à mars
Rest – Menu 29/49 € – Carte 37/54 €
◆ Fricassée de champignons sauvages, soupe de panais, cabillaud à la provençale, ou encore agneau aux épices douces : une table qui mise joliment sur les saisons et les produits bio du potager. Cette salle voûtée est un vrai repaire gourmand !

MEURSANGES – 21 Côte-d'Or – **320** J8 – rattaché à Beaune

MEURSAULT – 21 Côte-d'Or – **320** I8 – 1 566 h. – alt. 243 m – ✉ 21190 **7** A3
Bourgogne

Paris 326 – Dijon 55 – Lons-le-Saunier 117 – Mâcon 86

place de l'Hôtel de Ville, ✆ 03 80 21 25 90, www.ot-meursault.fr

Les Charmes sans rest

10 pl.du Murger – ✆ 03 80 21 63 53 – www.hotellescharmes.com – Fermé 8-22 janv. et dim. soir de nov. à mars
14 ch – 70/110 € 80/120 € – 11 €
◆ Au cœur du village, une grosse maison de viticulteur (18es.) avec son jardin arboré et ses chambres classiques (moulures, mobilier ancien) ou plus contemporaines. Préférez ces dernières, moins grandes mais rénovées en 2010.

Le Relais de la Diligence

49 r. de la Gare, 2,5 km au Sud-Est par D 23 – ✆ 03 80 21 21 32 – www.relaisdeladiligence.com – Fermé 18 déc.-25 janv., mardi soir et merc.
Rest – Menu 10 € (déj.), 19/46 € – Carte 23/50 €
◆ Près de la gare, cet ancien relais de poste en pierre du pays est une bonne auberge ! Carte traditionnelle et vue panoramique sur les vignes, dans la salle principale comme en terrasse.

Le Chevreuil avec ch

pl. de l'Hôtel-de-Ville – ✆ 03 80 21 23 25 – www.lechevreuil.fr – Fermé 12-19 août, 23-30 déc. et 13 fév.-4 mars
11 ch – 70 € 70/80 € – 9 € – ½ P 75 €
Rest *(fermé jeudi midi, dim. soir et merc.)* – Formule 20 € – Menu 23/58 € – Carte 43/62 €
◆ Ce Chevreuil est célèbre depuis 1870 ! Pourquoi ? Pour sa "terrine chaude de la mère Daugier", qui met les gourmands en émoi et dont la recette est bien gardée. Elle s'accompagne de jolis crus – la jeune propriétaire est fille de vignerons et vous proposera même les vins familiaux. Une fois repu, on peut prolonger l'étape (chambres sobres et contemporaines).

Le Bouchon

1 pl. de l'Hôtel-de-Ville – ✆ 03 80 21 29 56 – www.restaurant-le-bouchon.com – Fermé 4-14 mars, 8-18 juil., 16 déc.-9 janv., sam. midi, dim. soir et lundi
Rest – Formule 11 € – Menu 17/31 € – Carte 29/47 €
◆ Sur la place de la mairie, ce petit bistrot revendique fièrement son esprit "bouchon" lyonnais. Au gré des saisons et au plus près de la fraîcheur, le chef navigue entre terroir et tradition, pour le plaisir des habitués.

LE MEUX – 60 Oise – **305** H4 – rattaché à Compiègne

MEXIMIEUX – 01 Ain – 328 E5 – 7 334 h. – alt. 245 m – ✉ 01800 44 B1

Paris 458 – Bourg-en-Bresse 37 – Chambéry 120 – Genève 118

1, rue de Genève, ✆ 04 74 61 11 11, www.mairie-meximieux.fr

La Cour des Lys

17 r. de Lyon – ✆ 04 74 61 06 78 – www.la-cour-des-lys.com – Fermé 5-11 mars, 13-27 août, 5-11 nov., 2-9 janv., dim. soir, merc. midi, jeudi midi et lundi

Rest – Formule 21 € – Menu 27/47 € – Carte 47/70 €

♦ Une cuisine classique misant sur la tradition (foie gras, daurade royale aux escargots, volaille de Bresse, grenouilles poêlées), ce que reflète parfaitement la décoration du lieu.

au Pont de Chazey-Villieu 3 km à l'Est par D 1084 – ✉ 01800 Villieu-Loyes-Mollon

La Mère Jacquet avec ch

Pont de Chazey – ✆ 04 74 61 94 80 – www.lamerejacquet.com – Fermé 8-25 août, vacances de Noël

19 ch – †57/67 € ††67/77 € – ☕ 8 €

Rest *(fermé sam. midi, dim. soir et vend.)* – Menu 23 € (sem.), 36/46 € – Carte 40/65 €

♦ La tradition initiée par la Mère Jacquet se perpétue au fil des générations dans cette grande maison solidement plantée au bord de la route. Des chambres simples, des plats classiques (foie gras, terrine maison, pigeonneau en croûte) : on sait pourquoi on y vient !

MEYLAN – 38 Isère – 333 H6 – rattaché à Grenoble

MEYMAC – 19 Corrèze – 329 N2 – 2 625 h. – alt. 702 m – ✉ 19250 25 C2

Limousin Berry

Paris 443 – Aubusson 57 – Limoges 96 – Neuvic 30

1, place de l'Hôtel de Ville, ✆ 05 55 95 18 43

Vierge noire★ dans l'église abbatiale.

Chez Françoise avec ch

24 r. Fontaine du Rat – ✆ 05 55 95 10 63 – www.chezfrancoise.fr – Fermé 24 déc.-1er fév., dim. soir et lundi

4 ch – †60/70 € ††60/70 € – ☕ 8 €

Rest – Formule 14 € – Menu 29/35 € – Carte 20/56 €

♦ Dans cette maison rustique du 16es., les spécialités corréziennes sont à l'honneur, comme la farce dure, le millassou, les tourtous et les confits, le tout accompagné de bons bordeaux. Des chambres bien tenues et spacieuses permettent de faire étape.

MEYRONNE – 46 Lot – 337 F2 – 302 h. – alt. 130 m – ✉ 46200 29 C1

Paris 524 – Brive-la-Gaillarde 47 – Cahors 76 – Figeac 54

La Terrasse

pl. de l'Église – ✆ 05 65 32 21 60 – www.hotel-la-terrasse.com – Ouvert 21 mars-1er nov.

11 ch – †85/140 € ††85/140 € – 4 suites – ☕ 13 € – ½ P 85/125 €

Rest *La Terrasse* – voir les restaurants ci-après

♦ Pour se rêver en seigneur du Lot, un château du 11es. dressé fièrement au-dessus de la Dordogne. Vieilles pierres, poutres et bon confort : charme et caractère, en toute simplicité !

La Terrasse

pl. de l'Église – ✆ 05 65 32 21 60 – www.hotel-la-terrasse.com – Ouvert 21 mars-1er nov. et fermé mardi midi

Rest – Menu 20 € (déj. en sem.), 29/52 € – Carte 60/79 €

♦ La terrasse, qui domine la Dordogne, est imparable pour un dîner romantique, et l'hiver on peut se réfugier sous les voûtes médiévales de cette ancienne place forte... Au menu : le doux parfum du terroir, avec quelques œillades vers le Sud.

MEYRUEIS – 48 Lozère – **330** I9 – 882 h. – alt. 698 m – ✉ 48150 23 C1

Languedoc Roussillon

Paris 643 – Florac 36 – Mende 57 – Millau 43

Tour de l'Horloge, ☎ 04 66 45 60 33, www.meyrueis-office-tourisme.com

NO : Gorges de la Jonte★★.

Aven Armand★★★ NO : 11 km - Grotte de Dargilan★★ NO : 8,5 km.

Château d'Ayres rest,

rte d'Ayres, 1,5 km à l'Est par D 57 – ☎ 04 66 45 60 10
– www.chateau-d-ayres.com – Fermé 3 janv.-15 fév.
22 ch – †99/132 € ††99/172 € – 7 suites – ☕ 16 € – ½ P 86/122 €
Rest *(fermé 4 janv.-14 fév.)* – Formule 23 € – Menu 23/55 € – Carte 58/78 €
◆ Tentures fleuries, trophées de chasse, parc de 6 ha, restaurant traditionnel : beaucoup de charme et de calme dans ce prieuré bénédictin du 12es. marqué par l'histoire cévenole. Pour l'anecdote, Charles de Gaulle a séjourné ici...

Du Mont Aigoual

34 quai Barrière – ☎ 04 66 45 65 61 – www.hotel-mont-aigoual.com
– Ouvert 31 mars-4 nov.
30 ch – †60 € ††60/80 € – ☕ 8 € – ½ P 60/68 €
Rest *(fermé mardi midi sauf juil.-août)* – Menu 22/45 €
◆ Au pied du massif de l'Aigoual, ce village est idéal pour partir à la découverte des Grands Causses et des Cévennes. Et dans cet hôtel-restaurant familial, avec un jardin et une piscine, les prix sont très raisonnables. Une bonne étape.

Family Hôtel rest,

4 r. Barrière – ☎ 04 66 45 60 02 – www.hotel-restaurant-family-48-12.com
– Ouvert 1er avril-6 nov.
48 ch – †42/56 € ††50/56 € – ☕ 8 € – ½ P 55/56 €
Rest – Menu 14 € (déj. en sem.), 19/33 € – Carte 18/45 €
◆ Parfait pour les familles, comme son nom l'indique. Bordant le Bétuzon (un affluent de la Jonte), un hôtel-restaurant avec des chambres pratiques, bien tenues et douillettes (couettes) ; jardin et piscine avec jacuzzi, accessibles par une passerelle.

MEYZIEU – 69 Rhône – **327** J5 – rattaché à Lyon

MÈZE – 34 Hérault – **339** G8 – 10 507 h. – alt. 20 m – ✉ 34140 23 C2

Languedoc Roussillon

Paris 746 – Agde 21 – Béziers 43 – Lodève 52

Château Girard, ☎ 04 67 43 93 08, www.ville-meze.fr

Villa gallo-romaine★ de Loupian N : 1,5 km.

De la Pyramide sans rest

8 promenade Sergent Jl.-Navarro – ☎ 04 67 46 61 50 – www.hoteldelapyramide.fr
– Fermé de mi-déc. à mi-janv.
22 ch – †65/95 € ††65/95 € – ☕ 8 €
◆ Belle demeure provençale au cœur d'un petit parc. Chambres très confortables au décor épuré (murs blancs, mobilier en fer forgé), avec des balcons ouverts sur l'étang de Thau.

à Bouzigues 4 km au Nord-Est par D 613 et rte secondaire – 1 536 h. – alt. 3 m – ✉ 34140

La Côte Bleue

av. Louis Tudesq – ☎ 04 67 78 31 42 – www.la-cote-bleue.fr
31 ch – †92/97 € ††92/97 € – ☕ 13 €
Rest ***La Côte Bleue*** – voir les restaurants ci-après
◆ Au bord de l'étang de Thau, une grande piscine, des chambres agréables et assez spacieuses (avec balcon)... et les flots pour horizon. Une belle invitation au farniente et à la détente !

À La Voile Blanche ch,

1 av. Louis Tudesq – 04 67 78 35 77 – www.alavoileblanche.com – Fermé 15-30 nov. et merc. d'oct. à mars
8 ch – 65/190 € 65/190 € – 8 €
Rest – Formule 14 € bc – Menu 18 € (déj.) – Carte 30/40 €
◆ Au bord de l'étang, ses parcs à huîtres et son petit port, une maison au décor ultracontemporain, étudié et raffiné. Certaines chambres ont une terrasse. Côté restaurant, ambiance décontractée et cuisine méridionale privilégiant poissons et coquillages à la plancha.

La Côte Bleue – Hôtel La Côte Bleue

av Louis Tudesq – 04 67 78 31 42 – www.la-cote-bleue.fr – Fermé 1 sem. en nov., 12 fév.-4 mars et merc. hors saison
Rest – Menu 29 € (sem.), 34/44 € – Carte 40/55 €
◆ À la bien nommée Côte Bleue, on déguste une sympathique cuisine de la mer (dont les fameuses huîtres de Bouzigues). Aux beaux jours, il fait bon s'installer sous les pins de la terrasse !

MÉZIDON – 14 Calvados – 303 L5 – 4 679 h. – alt. 25 m – ✉ 14270 32 B2

Paris 202 – Alençon 107 – Caen 27 – Rouen 119

Le Saint-Pierre

74 pl. Charles-de-Gaulle – 02 31 40 47 94 – www.lesaint-pierre.fr
14 ch – 55 € 66 € – 8 €
Rest *Le Saint-Pierre* – voir les restaurants ci-après
◆ Résolument design ! Transformation réussie pour cette imposante bâtisse qui affiche désormais couleurs flashy ou profondes, lignes épurées et toiles abstraites, ainsi qu'un bar très concept.

Le Saint-Pierre – Hôtel Le Saint-Pierre

74 pl. Charles-de-Gaulle – 02 31 40 47 94 – www.lesaint-pierre.fr
Rest – Formule 19 € – Menu 25/32 €
◆ Acidulé, vitaminé, élégant... Telle est la clé de ce Saint-Pierre ! Le décor comme la cuisine sont à l'avenant ; le jeune chef ose le steak tartare de canard, les rillettes de lapin aux poires, etc.

MÉZOS – 40 Landes – 335 E10 – 863 h. – alt. 23 m – ✉ 40170 3 B2

Paris 684 – Bordeaux 124 – Dax 58 – Mont-de-Marsan 107
Avenue de la Gare, 05 58 42 64 37, www.ot-mezos.fr

La Maison de Mézos sans rest

av. de l' Océan – 05 58 42 61 38 – www.hotel-mezos.fr – Ouvert de mars à nov.
9 ch – 95 € 95 € – 9 €
◆ Dans un petit village landais, coquette maison à l'ambiance familiale, entre hôtel et chambre d'hôtes (mobilier chiné). Pavillon et roulottes dans le grand jardin. Piscine.

MÉZY-MOULINS – 02 Aisne – 306 D8 – 510 h. – alt. 81 m – ✉ 02650 37 C3

Paris 103 – Amiens 221 – Laon 92 – Reims 55

Le Moulin Babet avec ch ch,

8 r. du Moulin Babet à Moulins (N3) – 03 23 71 44 72 – www.hotel-moulinbabet.com – Fermé 24 déc.-11 janv., dim. soir (sauf hôtel), mardi et merc.
7 ch – 70/90 € 70/90 € – 9 €
Rest – Menu 18 € (sem.), 32/65 € – Carte 49/58 €
◆ En pleine campagne, un moulin qui a conservé sa roue, visible depuis le hall. Salle à manger d'esprit rustique où l'on sert une cuisine actuelle. Belles chambres contemporaines.

MIEUSSY – 74 Haute-Savoie – 328 M4 – 2 078 h. – alt. 636 m 46 F1
– ✉ 74440 Alpes du Nord

Paris 563 – Annecy 62 – Bonneville 21 – Chamonix-Mont-Blanc 59
Le Pont du Diable, 04 50 43 02 72, www.mieussy-sommand.com

Vacca Park
Plateau de Sommand, Praz de Lys 1 420 m – 04 50 34 20 88 – www.vaccapark.com – Fermé mi avril-fin mai et fin oct.-mi déc.
15 ch – 89/105 € 120/138 € – 12 € – ½ P 95/105 €
Rest – Menu 20/45 € – Carte 25/39 €
◆ Au milieu des pâturages et des pistes, un joli chalet refait à neuf en 2011, avec des chambres coquettes et chaleureuses, ainsi qu'un restaurant traditionnel et savoyard. Pour l'anecdote, il y a une photo de vache (presque grandeur nature) sur chaque porte... Et oui, en latin, vacca signifie "vache" !

MILLAU – 12 Aveyron – 338 K6 – 21 943 h. – alt. 372 m 29 D2
– 12100 Languedoc Roussillon

Paris 636 – Albi 106 – Mende 95 – Montpellier 114

Viaduc de Millau : péage en 2011, aller simple : autos (saison) 7,70 €, (hors saison) 6,00 €, autos et caravanne (saison) 11,60 €, (hors saison) 9,00 €,camions 21,30 à 28,90 €, motos 3,90 €.

1, place du Beffroi, 05 65 60 02 42, www.ot-millau.fr

Musée de Millau★ : poteries★, maison de la Peau et du Gant ★ (1er étage) **M** - Viaduc ★★★.

Canyon de la Dourbie★★ 8 km par ②.

Plan page suivante

Mercure
1 pl. de la Tine – 05 65 59 29 00 – www.mercure.com BY**m**
57 ch – 89/200 € 89/200 € – 15 €
Rest *(fermé 21 déc.-13 janv.)* – Menu 11 € (déj.), 18/26 € – Carte 20/40 €
◆ En plein centre-ville, un Mercure contemporain et chaleureux. Les chambres sont vastes et lumineuses (certaines avec balcon), une partie offrant une vue sur le viaduc.

Domaine de St-Estève
av. de Millau Plage, au Nord-Est par D 187 -BY – 05 65 69 12 12 – www.domaine-saint-esteve.fr – Fermé 11 nov.-31 déc.
36 ch – 89/119 € 89/119 € – 12 € – ½ P 75/85 €
Rest *Domaine de St-Estève* – voir les restaurants ci-après
◆ De ravissants chalets qui se fondent avec bonheur dans la végétation méditerranéenne, le viaduc de Millau en toile de fond... Les chambres sont confortables (toutes avec terrasse) et il y a même une jolie piscine à débordement.

Cévenol Hôtel
115 r. Rajol – 05 65 60 74 44 – www.cevenol-hotel.fr BY**k**
42 ch – 52/65 € 52/65 € – 8 € – ½ P 52/58 €
Rest – Formule 12 € – Menu 18/30 € – Carte 32/60 €
◆ Dans un quartier résidentiel excentré et non loin du Tarn, un hôtel avenant avec des chambres pratiques, spacieuses et bien tenues.

Ibis sans rest
r. du Sacré Cœur – 05 65 59 29 09 – www.ibishotel.com BY**b**
46 ch – 60/99 € 60/99 € – 10 €
◆ En plein centre-ville, un Ibis confortable et idéalement situé ! Pratique, le parking fermé.

Capion
3 r. J.-F.-Alméras – 05 65 60 00 91 – www.restaurant-capion.com – Fermé 2-18 juil., 1er-7 janv., mardi soir et merc. AY**f**
Rest – Formule 14 € bc – Menu 23/40 € – Carte 30/50 €
◆ Cet établissement du centre-ville affiche souvent complet. On y déguste une copieuse cuisine traditionnelle valorisant le terroir, ainsi qu'un "menu d'ailleurs" mâtiné d'épices.

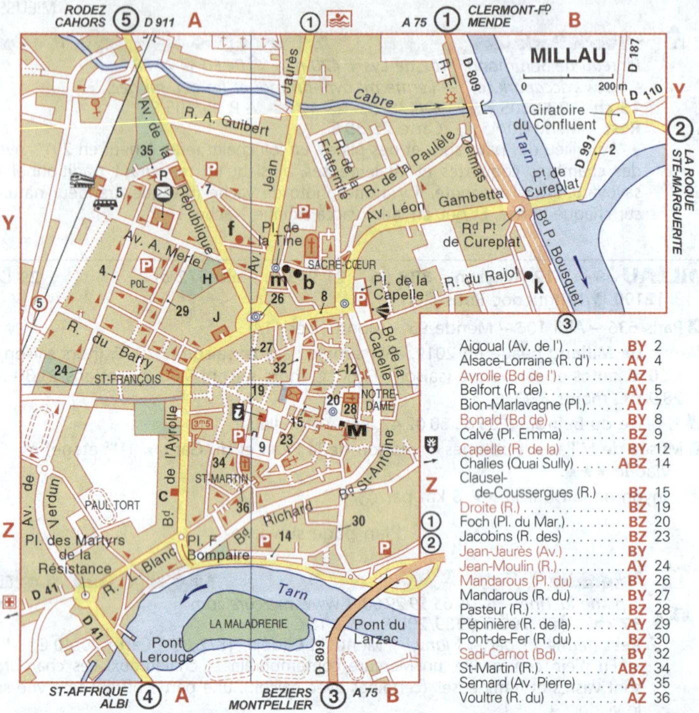

Aigoual (Av. de l')	BY	2
Alsace-Lorraine (R. d')	AY	4
Ayrolle (Bd de l')	AZ	
Belfort (R. de)	AY	5
Bion-Marlavagne (Pl.)	AY	7
Bonald (Bd de)	BY	8
Calvé (Pl. Emma)	BZ	9
Capelle (R. de la)	BY	12
Chalies (Quai Sully)	ABZ	14
Clausel-de-Coussergues (R.)	BZ	15
Droite (R.)	BZ	19
Foch (Pl. du Mar.)	BZ	20
Jacobins (R. des)	BZ	23
Jean-Jaurès (Av.)	BY	
Jean-Moulin (R.)	AY	24
Mandarous (Pl. du)	BY	26
Mandarous (R. du)	BY	27
Pasteur (R.)	BZ	28
Pépinière (R. de la)	AY	29
Pont-de-Fer (R. du)	BZ	30
Sadi-Carnot (Bd)	BY	32
St-Martin (R.)	ABZ	34
Semard (Av. Pierre)	AY	35
Voultre (R. du)	AZ	36

Domaine de St-Estève – Hôtel Domaine de St-Estève

av. de Millau Plage, au Nord-Est par D 187 -BY- – ✆ 05 65 69 12 12 – www.domaine-saint-esteve.fr – Fermé 11 nov.-31 déc., sam. midi, dim. soir et lundi de nov. à avril

Rest – Formule 15 € – Menu 19/45 € – Carte 28/66 €

◆ Une déco contemporaine et épurée, pour une agréable cuisine faisant la part belle aux produits locaux : ravioles de langoustine, tête de veau sauce gribiche ou choucroute de la mer... Le choix est vaste.

au Sud 2 km par ④ rte St-Affrique – ✉ 12100 Millau

Château de Creissels

pl. du Prieur – ✆ 05 65 60 16 59 – www.chateau-de-creissels.com – Fermé janv., fév. et dim. soir de nov. à mars

26 ch – †63/89 € ††80/148 € – ☕ 10 € – ½ P 63/122 €

Rest – ✆ 05 65 60 31 79 *(fermé dim. soir et lundi midi sauf de juin à sept.)* – Formule 16 € bc – Menu 24/57 € – Carte 38/59 €

◆ Un château du 12^e^s. sur un piton rocheux, auquel on accède par une petite route... Quelques chambres sont de style gothique ; celles de l'extension, tout en épure, mêlent meubles anciens et style contemporain avec élégance.

Si vous recherchez un hébergement particulièrement agréable pour un séjour de charme, réservez dans un établissement classé en rouge : ⌂, ⌂... ⌂⌂⌂.

MILLY-LA-FORÊT – 91 Essonne – **312** D5 – **4 738 h. – alt. 68 m** **18** B3
– ✉ **91490** Île de France

Paris 58 – Étampes 25 – Évry 31 – Fontainebleau 19

17, rue Langlois, ✆ 01 64 98 83 17, www.milly-la-foret.fr/Office-de-Tourisme-du-canton

Parc★★ du chateau de Courances★★ N : 5 km.

à Auvers (S.-et-M.) **4 km au Sud par D 948** – ✉ **77123 Noisy sur Ecole** – ✉ **77123**

Auberge d'Auvers Galant

7 r. d'Auvers – ✆ 01 64 24 51 02 – http://perso.wanadoo.fr/auvers-galant – Fermé 20 août-4 sept., 21 janv.-12 fév., dim. soir, lundi et mardi

Rest – Formule 21 € – Menu 26 € (sem.)/52 € – Carte 50/75 €

◆ Rien à redouter de ce Galant-là : c'est en tout bien tout honneur qu'il vous propose une halte dans un intérieur rustique coloré. Recettes traditionnelles (dont la tête de veau).

MIMIZAN – 40 Landes – **335** D9 – **6 903 h. – alt. 13 m – Casino** **3** B2
– ✉ **40200** Aquitaine

Paris 692 – Arcachon 67 – Bayonne 109 – Bordeaux 109

38, avenue Maurice Martin, ✆ 05 58 09 11 20, www.mimizan-tourisme.com

Plage Sud

De France sans rest

18 av. de la Côte d'Argent – ✆ 05 58 09 09 01 – www.hoteldefrance-mimizan.com – Ouvert 1er mars-20 oct.

21 ch – †50/85 € ††58/91 € – ☕ 7 €

◆ Le premier hôtel de la station, construit en bois en 1870, puis en dur en 1920. Toutes pimpantes, les chambres sont impeccables et disposent du wifi gratuit.

L'Airial sans rest

6 r. Papeterie – ✆ 05 58 09 46 54 – www.hotel-airial.com – Fermé dim. soir et lundi hors saison

18 ch – †43/60 € ††45/75 € – ☕ 8 €

◆ Un bâtiment des années 1970 dans un quartier résidentiel. Ambiance familiale, confort simple, jardin pour le petit-déjeuner et décor tout bleu et blanc : ambiance balnéaire garantie.

MIOMO – 2B Haute-Corse – **345** F3 – **voir à Corse (Bastia)**

MIONNAY – 01 Ain – **328** C5 – **2 115 h. – alt. 276 m** – ✉ **01390** **43** E1

Paris 457 – Bourg-en-Bresse 44 – Lyon 23 – Meximieux 26

de Mionnay-la-Dombes, Domaine de Beau Logis, E : 3 km, ✆ 04 78 91 84 84

Alain Chapel (Romain Chapel) avec ch

60 rte de Bourg – ✆ 04 78 91 82 02 – www.alainchapel.fr – Fermé janv., 1 sem. en août, vend. midi, lundi et mardi sauf fériés

12 ch – †130/150 € ††130/150 € – ☕ 21 €

Rest – Menu 58 € (déj. en sem.), 115/130 € – Carte 85/130 €

Spéc. Chaud-froid de langoustines d'Écosse aux girolles d'Auvergne (été-automne). Pigeon de Bresse aux jeunes légumes, jus crémé à la badiane (printemps-automne). Pêche blanche rôtie au miel de lavande et glace à la pâte d'amande crue (été). **Vins** Morgon, Saint-Aubin.

◆ Une maison mythique de la gastronomie bressane et... française ! Les trois salles en enfilade, d'une grande élégance, se prêtent avec chaleur et romantisme à la dégustation d'une cuisine fine et classique. Quelques jolies chambres pour passer la nuit.

MIRAMAR – 06 Alpes-Maritimes – **341** C7 – **rattaché à Théoule-sur-Mer**

MIRAMBEAU – 17 Charente-Maritime – **324** G7 – **1 486 h. – alt. 59 m** **38** B3
– ✉ **17150**

Paris 515 – Bordeaux 72 – Angoulême 73 – Cognac 48

90, avenue de la République, ✆ 05 46 49 62 85, www.mirambeau-tourisme.fr

Château de Mirambeau rest,
1 av. des Comtes Duchatel – ✆ 05 46 04 91 20
– www.chateaumirambeau.com – Ouvert 6 avril-3 nov.
22 ch – 230/950 € 230/950 € – 30 €
Rest – Formule 45 € – Menu 68/97 € – Carte 75/120 €
◆ Parc immense, fastueux salons, restaurant cossu, piscine couverte et chambres raffinées – entre marqueterie, boiseries et tentures : ce superbe château du 19es. n'est que charme et élégance !

MIRANDE – 71 Saône-et-Loire – 320 J11 – rattaché à Fleurville

MIREBEL – 39 Jura – 321 E6 – 237 h. – alt. 580 m – ✉ 39570 16 B3

Paris 419 – Champagnole 17 – Lons-le-Saunier 17

Mirabilis
41 Grande-Rue – ✆ 03 84 48 24 36 – www.lemirabilis.com – Fermé 2-20 janv., mardi et merc. de sept. à juin et lundi
Rest – Formule 12 € – Menu 20/50 € – Carte 30/45 €
◆ Filet de saint-pierre et sa raviole de courgette, aumônière de grenouille et escargots aux fines herbes... Dans cette chaleureuse maison ancienne (1760), le chef concocte une cuisine colorée et goûteuse, sur de belles bases régionales.

MIREPOIX – 09 Ariège – 343 J6 – 3 123 h. – alt. 308 m – ✉ 09500 29 C3

Midi-Toulousain

Paris 753 – Carcassonne 52 – Castelnaudary 34 – Foix 37
place Maréchal Leclerc, ✆ 05 61 68 83 76, www.tourisme-mirepoix.com
Place principale★★.

Relais Royal
8 r. Mar. Clauzel – ✆ 05 61 60 19 19 – www.relaisroyal.com – Fermé 2 janv.-12 fév.
5 ch – 199/299 € 199/299 € – 4 suites – 20 €
Rest *Relais Royal* – voir les restaurants ci-après
◆ Au cœur du pays cathare, une belle demeure de maître (1742), où histoire et modernité se côtoient subtilement. Un grand escalier dessert les chambres, spacieuses, et le bassin de nage, bordé par une terrasse, est ravissant.

Les Minotiers
av. Mar.-Foch – ✆ 05 61 69 37 36 – www.lesminotiers.com
40 ch – 45/130 € 49/130 € – 7 € – ½ P 94 €
Rest *(fermé sam. midi)* – Formule 12 € – Menu 17/38 € – Carte 30/54 €
◆ Espace, confort, lumière : dans cette ancienne minoterie, tout est neuf et plaisant, faisant rimer simplicité et qualité. Traditionnelle, la carte du restaurant met en avant les produits régionaux.

Relais Royal – Hôtel Relais Royal
8 r. Mar. Clauzel – ✆ 05 61 60 19 19 – www.relaisroyal.com – Fermé 2 janv.-12 fév., lundi et mardi
Rest *(dîner seult sauf dim.)* – Menu 50 €
◆ Élégance contemporaine dans cette maison bourgeoise du 18es., au service d'une cuisine d'aujourd'hui, juste et raffinée.

Les Remparts avec ch
6 cours L.-Pons-Tande – ✆ 05 61 68 12 15 – www.hotelremparts.com – Fermé 11-20 mars, 17-26 juin et 23 nov.-8 déc.
8 ch – 54/110 € 60/120 € – 12 €
Rest – Formule 17 € – Menu 29/49 € – Carte 34/59 €
◆ Dans cette maison construite sur les remparts de la ville, la pierre et le bois se mêlent avec chaleur et élégance. Le chef s'attache à valoriser les produits de la région. Chambres simples et agréables (plus calmes côté cour), certaines avec baignoire balnéo.

MIRMANDE – 26 Drôme – **332** C5 – 486 h. – alt. 204 m – ✉ 26270 **44** B3
Lyon Drôme Ardèche

Paris 603 – Lyon 141 – Valence 42 – Romans-sur-Isère 61

place du Champ de Mars, ☎ 04 75 63 10 88, www.officetourismemirmande.fr

De Mirmande sans rest

Le Village – ☎ 04 75 63 13 18 – www.hotelmirmande.fr

9 ch – †70/140 € ††70/140 € – ☕ 11 €

◆ Ce charmant hôtel est logé dans l'ancienne épicerie du village. Vous y découvrirez de spacieuses chambres à la déco chic et sobre, avec un équipement de qualité.

La Capitelle

Le Rempart – ☎ 04 75 63 02 72 – www.lacapitelle.com – Fermé 15 déc.-15 fév. et mardi sauf juil.-août

12 ch – †85/140 € ††85/150 € – ☕ 12 € – ½ P 84/125 €

Rest *(fermé merc. midi et mardi sauf juil.-août)* – Formule 19 € – Menu 25 € (déj.), 39/53 € – Carte 50/60 €

◆ Cette ancienne magnanerie, située au cœur du vieux village, fut la résidence du cubiste André Lhote. Beaux meubles d'antiquaire dans les chambres. La cheminée monumentale en pierre est l'âme de la salle à manger voûtée. Terrasse avec vue sur vergers et collines.

MISSILLAC – 44 Loire-Atlantique – **316** D3 – 4 717 h. – alt. 44 m **34** A2
– ✉ 44780 Bretagne

Paris 436 – Nantes 62 – Redon 24 – St-Nazaire 37

la Chinoise, ☎ 02 40 88 35 14

Retable★ dans l'église - Site★ du château de la Bretesche O : 1 km.

La Bretesche

Domaine de la Bretesche, rte de la Baule – ☎ 02 51 76 86 96 – www.bretesche.fr

30 ch – †157/469 € ††157/469 € – ☕ 23 € – ½ P 158/314 €

Rest *La Bretesche* – voir les restaurants ci-après

Rest *Le Club* *(fermé le soir d'oct. a janv. sauf vend. soir et sam. soir)* – Formule 20 € – Menu 25 € (déj.)/35 € – Carte 45/58 €

◆ Dans les dépendances du château de Missillac, dont les tours se reflètent sur le lac contigu. Mobilier de style et détails tendance, salon dans les anciennes écuries, espace bien-être... à deux pas du golf 18-trous (club-house).

La Bretesche

Domaine de la Bretesche, rte de la Baule – ☎ 02 51 76 86 96 – www.bretesche.fr – Fermé 12 fév.-8 mars, le midi sauf dim. et lundi de nov. à mars

Rest – Menu 49/106 € – Carte 80/95 €

◆ Un restaurant gastronomique cossu et bourgeois (vue sur le lac, feu de cheminée en hiver). À la carte : lieu jaune et son émulsion d'asperges, palet au chocolat et sa glace au caramel au lait d'amande, etc.

MITTELBERGHEIM – 67 Bas-Rhin – **315** I6 – 667 h. – alt. 220 m **2** C1
– ✉ 67140 Alsace Lorraine

Paris 499 – Barr 2 – Erstein 24 – Molsheim 23

12, rue Principale, mairie, ☎ 03 88 08 92 29

Gilg avec ch

1 r. Rotland – ☎ 03 88 08 91 37 – www.hotel-gilg.com – Fermé 1er-18 juil., 7-31 janv., mardi et merc.

19 ch – †55/70 € ††60/90 € – ☕ 9 €

Rest – Menu 28 € (sem.), 30/70 € – Carte 40/65 €

◆ La winstub d'origine, où fut créé, dit-on, le pâté vigneron, s'est muée en un restaurant sympathique et convivial. Généreux plats traditionnels, inspirés du répertoire alsacien.

MITTELHAUSEN – 67 Bas-Rhin – **315** J4 – 547 h. – alt. 185 m **1** B1
– ✉ 67170

Paris 478 – Haguenau 21 – Saverne 22 – Strasbourg 24

À l'Étoile

12 r. La Hey – ✆ 03 88 51 28 44 – www.hotel-etoile.fr – Fermé 1er-16 janv. et dim. soir
31 ch – 60/70 € 65/85 € – ☕ 9 € – ½ P 67/80 €
Rest ***À l'Étoile*** – voir les restaurants ci-après
◆ Nous voilà dans le pays de la Zorn, le pays de "l'or vert", c'est-à-dire le houblon ! Cette maison de pays (1888) a conservé son charme traditionnel alsacien, tandis que l'annexe, plus récente, ose le style contemporain. Un bon rapport qualité-prix.

À l'Étoile

12 r. La Hey – ✆ 03 88 51 28 44 – www.hotel-etoile.fr – Fermé 8 juil.-2 août, 1er-16 janv., dim. soir et lundi
Rest – Formule 12 € – Menu 20/44 € bc – Carte 23/50 €
◆ Dans la chaleureuse salle à manger décorée de boiseries, c'est toute l'Alsace qui vous donne rendez-vous. Entendez par là toutes ses saveurs, ses vins et son terroir !

MITTELWIHR – **68 Haut-Rhin** – **315** H8 – **780 h.** – **alt. 210 m** – ✉ **68630** **2** C2
Paris 445 – Colmar 10 – Kaysersberg 6 – Sélestat 20

Le Mandelberg sans rest

chemin du Mandelberg – ✆ 03 89 49 09 49 – www.hotelmandelberg.fr – Fermé 2-30 janv.
18 ch – 75/120 € 75/120 € – ☕ 12 € – ½ P 80/103 €
◆ Pourquoi ne pas s'arrêter dans ce village du "Midi de l'Alsace" pour y voir fleurir les amandiers ? Ce sera l'occasion de profiter des chambres confortables et de la belle piscine de cette grande bâtisse de style néo-alsacien.

Le Mittelwihr sans rest

19 rte du Vin – ✆ 03 89 49 09 90 – http://hotelmittelwihr.fr.monsite-orange.fr – Fermé fév.
15 ch – 67/115 € 67/115 € – ☕ 11 €
◆ Sur la route des vins, cette maison couleurée propose des chambres reposantes meublées de manière simple et rustique. Détail important, elles sont climatisées, car il peut faire chaud en Alsace ! Petit-déjeuner vraiment copieux.

La Table de Mittelwihr

19a rte du Vin – ✆ 03 89 78 61 40 – www.la-table-de-mittelwihr.com – Fermé 1er-15 nov., 2-10 janv., dim. soir de janv. à mars, mardi midi et lundi
Rest – Menu 18 € (déj.), 31/48 € – Carte 37/61 €
◆ L'architecture intérieure de ce restaurant est pour le moins originale avec ses poutres en bois courbées ; un mélange de tradition et de modernité que l'on retrouve dans les assiettes. À noter, la terrasse, très agréable en été.

MIZOËN – **38 Isère** – **333** J7 – **rattaché au Freney-d'Oisans**

MOËLAN-SUR-MER – **29 Finistère** – **308** J8 – **6 932 h.** – **alt. 58 m** – ✉ **29350** Bretagne **9** B2
Paris 523 – Carhaix-Plouguer 66 – Concarneau 27 – Lorient 27
20, place de l'Église, ✆ 02 98 39 67 28, www.moelan-sur-mer.fr

Manoir de Kertalg sans rest

rte de Riec-sur-Belon, 3 km à l'Ouest par D 24 et chemin privé – ✆ 02 98 39 77 77 – www.manoirdekertalg.com – Ouvert 6 avril-4 nov.
8 ch – 125/225 € 140/280 € – ☕ 15 €
◆ Une altière demeure du 19es. dans un superbe parc forestier. Proportions monumentales, richesse des matériaux, chambres spacieuses et raffinées : un bel exemple de classicisme. Brann, propriétaire des lieux, y expose ses œuvres.

Les Moulins du Duc

rte des Moulins, 2 km au Nord-Ouest par rte secondaire – ✆ 02 98 96 52 52 – www.hotel-moulins-du-duc.com – Ouvert 15 mars-15 nov.
20 ch – 105/265 € 105/265 € – 5 suites – ☕ 23 €
Rest ***Le Raphaël*** – voir les restaurants ci-après
◆ Quel charme bucolique, quelle fraîcheur ! Une rivière serpente, des canards s'ébattent dans l'étang... Beaucoup de poésie naturelle pour ce moulin du 16es. devenu un hôtel raffiné. Tout est charmant, les chambres, le restaurant, etc.

Le Raphaël – Hôtel Les Moulins du Duc

rte des Moulins, 2 km au Nord-Ouest par rte secondaire – ✆ 02 98 96 52 52 – www.hotel-moulins-du-duc.com – Ouvert 15 mars-15 nov. et fermé le midi sauf sam. et dim.

Rest – Menu 40/105 € – Carte 55/120 €

◆ On a réellement l'impression de dîner à fleur d'eau dans le cadre atypique de cet ancien moulin à la grâce pastorale. La cuisine terre et mer suit la tendance actuelle, au gré du cycle des saisons.

MOIRAX – 47 Lot-et-Garonne – 336 F5 – rattaché à Agen

MOISSAC – 82 Tarn-et-Garonne – 337 C7 – 12 290 h. – alt. 76 m 28 B2

– ✉ 82200 Midi-Toulousain

Paris 632 – Agen 57 – Auch 87 – Cahors 63

6, place Durand de Bredon, ✆ 05 63 04 01 85, http://tourisme.moissac.fr

d'Espalais, à Valence-d'Agen, L'Illôt, par rte d'Agen : 20 km, ✆ 05 63 29 04 56

Église St-Pierre★ : portail méridional★★★, cloître★★★, christ★.

Boudou ☀★ 7 km par ③.

Le Moulin de Moissac ch, rest,

Esplanade du Moulin – ✆ 05 63 32 88 88 – www.lemoulindemoissac.com b

36 ch – 89/166 € 89/166 € – 12 € – ½ P 90/138 €

Rest *(fermé dim. midi et sam.)* – Menu 20 € (sem.), 23/55 € – Carte 29/43 €

◆ Sur les bords du Tarn, un moulin du 15es. aux chambres sobres et élégantes, d'esprit mer, campagne ou montagne. Les plus spacieuses offrent une jolie vue sur la rivière et, pour la détente, on profite d'un spa très complet. Bistrot traditionnel.

MOISSAC

Alsace-Lorraine (Bd d') . . 2
Cayrou (Av. H.) 3
Gascogne (Av. de) 4
Guilerand (R.) 5
Lakanal (Bd) 6
Récollets (Pl. des) 8
République (R. de la) . . 9

L'Armateur

1 r. Francis-Raynal – ☎ 05 63 32 85 10 f
16 ch – †85/130 € ††85/130 € – ☐ 11 € – ½ P 66/86 €
Rest *(fermé lundi midi, sam. et dim.)* – Formule 17 € – Menu 20/29 € – Carte 35/50 €

◆ Près du canal, dans l'ancien quartier des marins, cette maison bourgeoise du 18ᵉs. a été entièrement restaurée dans un esprit contemporain épuré. Minimalisme fluide, blancheur immaculée, murs en brique : élégant ! Côté jardin, les chambres sont très au calme.

Le Pont Napoléon-La Table de Nos Fils avec ch

2 allées Montebello – ☎ 05 63 04 01 55 – www.le-pont-napoleon.com n
14 ch – †45/50 € ††54/58 € – ☐ 8 € **Rest** – Menu 28/42 € – Carte 35/45 €

◆ Tout près du pont Napoléon, cette table se montre cosy et raffinée ; l'une des salles ouvre sur la terrasse donnant sur le Tarn. Le chef, au joli parcours, concocte une cuisine d'aujourd'hui fraîche et bien tournée.

au Nord **9 km par D 7 – ✉ 82400 St-Paul-Espis**

Le Manoir St-Jean

à St-Jean-de-Cornac – ☎ 05 63 05 02 34 – www.manoirsaintjean.com – Fermé 2-29 nov.
10 ch – †110/135 € ††110/135 € – 9 suites – ☐ 13 € – ½ P 100/135 €
Rest ***Le Manoir St-Jean*** – voir les restaurants ci-après

◆ Cette belle maison de maître (19ᵉ s.), à la décoration très soignée – mobilier chiné, trompe-l'œil, etc. –, a du cachet et une âme... Les chambres sont toutes différentes (esprit Art déco, marin, etc.) et le jardin se révèle agréable, comme la jolie piscine.

Le Manoir St-Jean

à St-Jean-de-Cornac – ☎ 05 63 05 02 34 – www.manoirsaintjean.com – Fermé 2-29 nov., dim. et lundi du 15 sept. au 15 juin
Rest *(dîner seult) (réserver)* – Menu 38/70 € – Carte 40/80 €

◆ Une grande salle à manger bourgeoise, plaisante et raffinée, pour une cuisine qui l'est tout autant. Avec de bons produits de saison, le chef concocte des plats sains et goûteux, aux saveurs délicates.

MOISSAC-BELLEVUE – **83 Var** – **340** M4 – **rattaché à Aups**

MOISSIEU-SUR-DOLON – **38 Isère** – **333** C5 – **684 h.** – **alt. 350 m** – ✉ **38270** **44** B2

▶ Paris 511 – Grenoble 78 – Lyon 55 – La Tour-du-Pin 53

Domaine de la Colombière

Château de Moissieu – ☎ 04 74 79 50 23 – www.lacolombiere.com
21 ch – †99/129 € ††99/139 € – 1 suite – ☐ 14 €
Rest *(Fermé dim. soir et lundi sauf juil.-août)* – Menu 29/65 € – Carte 35/100 €

◆ Demeure bourgeoise de 1820 entourée d'un parc de 4 ha. Vastes chambres bien équipées, décorées sur le thème des peintres célèbres. Au restaurant, cuisine actuelle réalisée avec de bons produits. Salles de réception.

MOLINEUF – **41 Loir-et-Cher** – **318** E6 – **rattaché à Blois**

MOLITG-LES-BAINS – **66 Pyrénées-Orientales** – **344** F7 – **216 h.** – **alt. 607 m** – **Stat. therm. : début avril-début déc.** – ✉ **66500** **22** B3

Languedoc Roussillon

▶ Paris 896 – Perpignan 50 – Prades 7 – Quillan 56

ℹ route des Bains, ☎ 04 68 05 03 28, www.molitg.com

Château de Riell

– 04 68 05 04 40 – *www.chateauderiell.com* – *Ouvert 31 mars-2 nov.*
16 ch – 145/320 € 145/320 € – 3 suites – 20 € – ½ P 132/275 €
Rest *Château de Riell* – voir les restaurants ci-après
◆ D'aspect austère, ce château se révèle baroque et chaleureux. Les chambres distillent une élégance toute languedocienne, la luxuriance du parc est un vrai bonheur et l'on prend son petit-déjeuner dans une datcha... sans parler de la vue sur le Canigou !

Grand Hôtel Thermal

– 04 68 05 00 50 – *www.grandhotelmolitg.com* – *Ouvert 1er avril-2 déc.*
38 ch – 115/220 € 115/220 € – 5 suites – 17 € – ½ P 80/135 €
Rest *Grand Hôtel Thermal* – voir les restaurants ci-après
◆ Un hôtel thermal raffiné et apaisant : les tons clairs dominent dans les chambres, bien confortables, et le jardin s'épanouit dans un beau décor de rocailles naturelles. Fait remarquable, le marbre des Pyrénées s'impose partout dans les bains.

Château de Riell – Hôtel Château de Riell

– 04 68 05 04 40 – *www.chateauderiell.com* – *Ouvert 31 mars-2 nov. et fermé lundi et le midi sauf week-end et juil.-août*
Rest – Menu 50/110 € bc – Carte 78/105 €
◆ Un restaurant raffiné et largement ouvert sur la forêt, où la carte célèbre la belle cuisine catalane... Les chefs ont été formés chez Michel Guérard et cela se sent : un beau moment !

Grand Hôtel Thermal – Grand Hôtel Thermal

– 04 68 05 00 50 – *www.grandhotelmolitg.com* – *Ouvert 1er avril-2 déc. et fermé dim.*
Rest – Formule 27 € – Menu 35/45 € – Carte 44/58 €
◆ Dans ce restaurant aux couleurs du Sud et de la Catalogne, curistes et gourmands peuvent ripailler ensemble. Au choix : petits plats du terroir ou cuisine diététique inspirés par Michel Guérard.

MOLLANS-SUR-OUVÈZE – 26 Drôme – 332 E8 – 1 023 h. – alt. 280 m – 26170 Alpes du Sud — 44 B3

Paris 676 – Carpentras 30 – Nyons 21 – Vaison-la-Romaine 13

Le St-Marc — rest, VISA AE

av. de l'Ancienne Gare – 04 75 28 70 01 – *www.saintmarc.com* – *Ouvert 7 avril-27 oct.*
21 ch – 65/96 € 65/96 € – 11 € – ½ P 68/83 €
Rest *(fermé dim. soir en avril et de mi-sept. à fin oct.) (dîner seult)* – Menu 32/36 €
◆ Au pied du mont Ventoux, cette maison provençale dispose de chambres fonctionnelles. Grand jardin avec piscine et tennis. Cuisine du Sud servie dans une salle rustique ou sur la terrasse fleurie.

MOLLÉGÈS – 13 Bouches-du-Rhône – 340 E3 – 2 453 h. – alt. 55 m – 13940 — 42 E1

Paris 704 – Avignon 24 – Cavaillon 9 – Marseille 80

Mas du Capoun avec ch — ch, ch,

27 av. des Paluds – 04 90 26 07 12 – *www.masducapoun.fr* – *Rest : fermé 25 oct.-10 nov. et de mi-fév. à mi-mars ; hôtel : ouvert de Pâques à oct.*
6 ch – 85/95 € 95/105 €
Rest *(fermé mardi soir, sam. midi et merc.)* – Formule 22 € bc – Menu 35 €
◆ Mas raffiné où l'on mange dans une salle lumineuse et épurée ou, en été, sous la charpente d'une superbe grange restaurée. Belle cuisine actuelle à partir de produits frais. Jolies chambres confortables à l'arrière du bâtiment, avec terrasse privative.

MOLLKIRCH – 67 Bas-Rhin – **315** I5 – **948 h.** – **alt. 320 m** – ✉ **67190** **1** A2

Paris 485 – Molsheim 11 – Saverne 35 – Strasbourg 40

Fischhutte

30 rte de la Fischhutte, rte Grendelbruch : 3,5 km – ☎ 03 88 97 42 03 – www.fischhutte.com – Fermé 10 avril-3 mai et 23 juil.-7 août

18 ch – †71/91 € ††81/162 € – ☐ 13 € – ½ P 79/119 €

Rest *(fermé lundi et mardi)* – Formule 14 € – Menu 19 € (dîner), 33/80 € bc – Carte 27/49 €

◆ Adresse champêtre de la vallée de la Magel. Confortables chambres au décor contemporain ; certaines offrent une vue sur la forêt vosgienne. Espace brasserie flanqué d'une coquette salle à manger. Carte régionale ; gibier en saison.

MOLSHEIM – 67 Bas-Rhin – **315** I5 – **9 344 h.** – **alt. 180 m** – ✉ **67120** Alsace Lorraine **1** A1

Paris 477 – Lunéville 94 – St-Dié 79 – Saverne 28

19, place de l'Hôtel Ville, ☎ 03 88 38 11 61, www.ot-molsheim-mutzig.com

La Metzig★ - Église des Jésuites★.

Fresques★ de la chapelle St-Ulrich N : 3,5 km.

Diana

pont de la Bruche – ☎ 03 88 38 51 59 – www.hotel-diana.com

67 ch – †95/135 € ††95/135 € – 3 suites – ☐ 12 € – ½ P 95/110 €

Rest *(fermé 24-31 déc. et dim.)* – Formule 28 € – Carte 29/40 €

◆ Construction des années 1970 agrémentée de nombreuses œuvres d'art. Chambres actuelles avec mobilier et déco design. Pour le bien-être : spa, superbe fitness, jardin. Au restaurant, carte dans l'air du temps et belle cave.

Le Bugatti sans rest

r. de la Commanderie – ☎ 03 88 49 89 00 – www.hotel-le-bugatti.com – Fermé 24 déc.-1er janv.

59 ch – †60/78 € ††60/78 € – ☐ 7 €

◆ Une construction de facture contemporaine, tout près des légendaires usines Bugatti. Les chambres, rénovées en 2007, sont fonctionnelles et actuelles.

LES MOLUNES – 39 Jura – **321** F8 – **137 h.** – **alt. 1 274 m** – ✉ **39310** **16** B3

Paris 485 – Genève 49 – Gex 30 – Lons-le-Saunier 74

Le Pré Fillet

rte des Moussières – ☎ 03 84 41 62 89 – www.hotel-leprefillet.com – Fermé 22 avril-2 mai, 20 oct.-18 déc., dim. soir et lundi

15 ch – †57 € ††57 € – ☐ 8 € – ½ P 58 €

Rest – Formule 14 € bc – Menu 22/40 € – Carte 15/50 €

◆ Pour un séjour très "nature", une hôtellerie de moyenne montagne, simple et sympathique. Chambres bien tenues, sauna et jacuzzi avec vue sur la campagne et cuisine du terroir très copieuse.

Le Trappeur

Le Manon – ☎ 03 84 41 21 26 – www.hoteltrappeur.com

10 ch – †65/77 € ††65/77 € – ☐ 7 €

Rest *(fermé lundi)* – Formule 17 € – Menu 20 € – Carte 32/45 €

◆ En pleine nature et au grand calme. Ce petit chalet est idéal pour se mettre au vert en famille : atmosphère conviviale, chambres impeccables et pratiques ; cuisine du terroir et pizzas cuites au four... C'est simple, mais de qualité !

MONACO (PRINCIPAUTE DE) – **341** F5 – **115** 27 – voir en fin de guide

MONCEL-LÈS-LUNÉVILLE – 54 Meurthe-et-Moselle – **307** K7 – rattaché à Lunéville

MONDEMENT-MONTGIVROUX – 51 Marne – **306** E10 – rattaché à Sézanne

MONDRAGON – 84 Vaucluse – **332** B8 – **3 574 h.** – **alt. 40 m** – ✉ **84430** **40** A2

Paris 640 – Avignon 45 – Montélimar 40 – Nyons 41

XX **La Beaugravière** avec ch

N 7 – ✆ 04 90 40 82 54 – www.beaugraviere.com – Fermé 15-30 sept., dim. soir et lundi

4 ch – 80 € 80 € – 9 €

Rest – Formule 19 € – Menu 29/110 € – Carte 50/150 €

◆ Maison provençale mettant le classicisme et la truffe à l'honneur ; superbe carte des vins. Installez-vous près de la cheminée monumentale ou sur la terrasse ombragée. Chambres pratiques pour l'étape.

MONEIN – **64 Pyrénées-Atlantiques** – **342** I3 – **4 452 h.** – **alt. 154 m** – ✉ **64360** **3** B3

Paris 799 – Navarrenx 20 – Oloron-Ste-Marie 21 – Pau 23

X **L'Auberge des Roses**

quartier Loupien, 3 km au Nord par D 9 puis D 2 et rte secondaire – ✆ 05 59 21 45 63 – Fermé 3 sem. en sept., 2 sem. en fév., lundi et merc.

Rest – Menu 26/36 € – Carte 29/42 €

◆ Monsieur et Madame Rose vous accueillent dans un beau cadre ancien (pierres et poutres) rénové, au pied des vignes de Jurançon. Cuisine appétissante à base de produits frais.

MONESTIER – **24 Dordogne** – **329** C7 – **369 h.** – **alt. 100 m** – ✉ **24240** **4** C1

Paris 612 – Agen 109 – Bordeaux 117 – Périgueux 71

Château des Vigiers

au golf des Vigiers ✉ 24240 Monestier – ✆ 05 53 61 50 00 – www.vigiers.fr – Fermé 16-25 déc. et 19-26 fév.

87 ch – 195/420 € 195/420 € – 24 €

Rest *Les Fresques* – voir les restaurants ci-après

Rest *Brasserie Le Chai* – Menu 25/35 € – Carte 35/50 €

◆ En bordure du golf et dans un beau parc arboré, ce château du 16ᵉs. est si paisible... Les chambres affichent un style élégant et classique, tandis que, dans l'annexe – une jolie bâtisse aux airs de séchoir à tabac –, elles sont plus contemporaines... Raffinement et verdure !

Château des Baudry

3 km au Nord par D 4, rte de Saussignac et rte secondaire – ✆ 05 53 23 46 42 – www.chateaudesbaudry.com

4 ch – 105 € 120/150 € – 12 € **Table d'hôte** – Menu 35 €

◆ En plein vignoble d'AOC Saussignac, célèbre pour son vin liquoreux, cette ancienne ferme propose des chambres spacieuses avec cheminées et plafonds à la française. Jolie salle à manger où l'on sert le repas le soir (apéritif offert) et patio pour les beaux jours.

XXX **Les Fresques** – Hôtel Château des Vigiers

au golf des Vigiers ✉ 24240 Monestier – ✆ 05 53 61 50 39 – www.vigiers.fr – Ouvert mi-avril à mi-oct. et fermé dim. et merc.

Rest *(dîner seult)* – Menu 45/79 € – Carte 73/81 €

◆ Classique, feutrée, élégante : une table gastronomique autour d'une cuisine fine et soignée, de produits nobles (truffe en saison) et de vins locaux, à commencer par ceux du vignoble de la propriété.

MONESTIER-DE-CLERMONT – **38 Isère** – **333** G8 – **1 156 h.** – **alt. 825 m** – ✉ **38650** Alpes du Nord **45** C2

Paris 598 – Grenoble 36 – La Mure 29 – Serres 72

103 bis, Grand Rue, ✆ 04 76 34 15 99, www.monestierdeclermont.com

Au Sans Souci

Le Bourg, à St-Paul-lès-Monestier, 2 km au Nord-Ouest par D 8 – ✆ 04 76 34 03 60 – www.au-sans-souci.com – Fermé 15 déc.-30 janv., dim. soir et lundi

12 ch – 55 € 65/75 € – 8,50 €

Rest *Au Sans Souci* – voir les restaurants ci-après

◆ Une ancienne scierie au cœur du Vercors : comme l'on dit en Suisse, pour "scier du bois" toute la nuit, l'adresse est idéale… d'autant qu'il y règne un grand calme et une ambiance chaleureuse. Un séjour sans souci, assurément.

Piot

7 chemin des Chambons – 04 76 34 07 35 – www.hotel-piot.fr – Ouvert 15 mars-15 nov., fermé lundi et mardi de sept. à juin
10 ch – 50/52 € 55/60 € – 9 € – ½ P 65 €
Rest *(fermé mardi midi et merc. midi en juil. août)* – Formule 14 € – Menu 20 € (déj.)/35 € – Carte 25/47 €
◆ Cette imposante villa bourgeoise de 1912 niche dans un petit parc planté de sapins centenaires. Les chambres sont simples et bien tenues, l'atmosphère conviviale, et le potager fournit au restaurant de beaux légumes frais.

Au Sans Souci – Hôtel Au Sans Souci

Le Bourg, à St-Paul-lès-Monestier, 2 km au Nord-Ouest par D 8 – 04 76 34 03 60 – www.au-sans-souci.com – Fermé 15 déc.-30 janv., dim. soir et lundi
Rest – Menu 19 € (sem.), 27/52 € – Carte 35/55 €
◆ La bonne cuisine fait-elle oublier ses soucis ? Le remède mérite d'être tenté, surtout lorsque l'on vous propose des petits plats de saison bien tournés et savoureux, tels des ravioles du Vercors et morilles farcies au foie gras.

LE MONÊTIER-LES-BAINS – 05 Hautes-Alpes – 334 H3 – rattaché à Serre-Chevalier

LA MONGIE – 65 Hautes-Pyrénées – 342 N5 – Sports d'hiver : 28 A3

1 800/2 500 m 3 41 – 65200 Bagneres de Bigorre Midi-Toulousain
Paris 853 – Bagnères-de-Bigorre 25 – Bagnères-de-Luchon 72 – Tarbes 48
rue Pic d'Espade, 05 62 91 94 15, www.bagneresdebigorre-lamongie.com
Le Taoulet ★★ N par téléphérique - Col du Tourmalet★★ O : 4 km.
Pic du Midi de Bigorre★★★.

au Nord-Est 8 km par D 918 – 65710 Campan

La Maison d'Hoursentut

– 05 62 91 89 42 – www.maison-hoursentut.com
13 ch – 60/65 € 60/65 € – 8 €
Rest *(dîner seult) (résidents seult)* – Menu 20 €
◆ Dans un hameau, cet hôtel-restaurant surprend par son décor contemporain plutôt minimaliste... avec par exemple des rondins de bois en guise de tables de nuit. Les chambres conviennent aussi bien aux couples qu'aux familles. Restaurant traditionnel.

MONHOUDOU – 72 Sarthe – 310 K5 – 199 h. – alt. 130 m – 72260 35 D1

Paris 199 – Alençon 30 – Le Mans 42 – Nantes 223

Château de Monhoudou

2 km au Sud par D 117 et rte secondaire – 06 83 35 39 12 – www.monhoudou.com
5 ch – 110/170 € 110/170 € **Table d'hôte** – Menu 44 € bc/72 € bc
◆ Les vicomtes de Monhoudou habitent ce château depuis... dix-neuf générations ! Sentiment de permanence et d'immuabilité : voilà ce qu'inspirent son architecture Renaissance, ses portraits de famille, son superbe mobilier d'époque, son parc à l'anglaise... Une plongée dans l'histoire.

MONNAIE – 37 Indre-et-Loire – 317 N4 – 3 906 h. – alt. 113 m – 37380 11 B2

Paris 227 – Château-Renault 15 – Tours 16 – Vouvray 10

L'Épicurien

53 r. Nationale – 02 47 56 10 34 – www.restaurant-lepicurien.com – Fermé jeudi soir, dim. soir et lundi
Rest – Formule 18 € – Menu 25/42 € – Carte 40/54 €
◆ Sur l'axe principal du bourg, ce restaurant semble plutôt rétro mais il n'en n'est rien. La cuisine est actuelle, presque sophistiquée, et réalisée avec de bons produits.

MONPAZIER – 24 Dordogne – 329 G7 – 527 h. – alt. 180 m – 24540 4 C2

Périgord Quercy
Paris 575 – Bergerac 47 – Périgueux 75 – Sarlat-la-Canéda 50
place des Cornières, 05 53 22 68 59, www.pays-des-bastides.com
Place des Cornières★.

Edward 1er

5 r. St-Pierre – ✆ 05 53 22 44 00 – www.hoteledward1er.com – Ouvert 16 mars-12 nov.
10 ch – 56/86 € 68/102 € – 2 suites – 12 €
Rest ***Edward 1er*** – voir les restaurants ci-après
◆ Une belle gentilhommière du 19ᵉs. et... les joies de la vie de château ! Tout est charmant, romantique et raffiné : moulures, meubles de style, ciels de lit et... chambres avec vue sur la nature, le jardin ou le village.

Edward 1er

5 r. St-Pierre – ✆ 05 53 22 44 00 – www.hoteledward1er.com – Ouvert 16 mars-12 nov. et fermé merc. sauf juil.-août
Rest *(dîner seult) (réserver)* – Menu 29/39 €
◆ Une table élégante dans un joli petit château et un menu qui change chaque jour, au gré de l'inspiration du chef. Ce dernier travaille de bons produits périgourdins et cela se sent !

Bistrot 2

Foirail Nord – ✆ 05 53 22 60 64 – www.bistrot2.fr – Fermé sam. midi, lundi soir et vend. de mi-sept. à juin
Rest – Formule 16 € – Menu 24/29 € – Carte environ 27 €
◆ Une partie de l'équipe de l'Edward Iᵉʳ a investi ce nouveau bistrot contemporain et revisite des plats régionaux de manière très séduisante. Terrasse ombragée de glycines.

MONTAGNAC – 04 Alpes-de-Haute-Provence – 334 E10 – 413 h. – alt. 614 m – ✉ 04500 41 C2

Paris 799 – Avignon 151 – Digne-les-Bains 51 – Marseille 105

La Maison du Bois Doré sans rest

Lieu-dit Plan-de-Croix, 2 km au Nord-Ouest par D 11, rte de Riez et chemin secondaire – ✆ 04 92 77 43 76 – www.provenceguesthouse.com – Fermé 5 janv.-15 mars
4 ch – 82 € 87 €
◆ Pour vivre loin de tout... Cette ancienne ferme apicole est entourée de champs de lavande et de chênes truffiers. Décor zen et moderne dans les chambres, avec terrasse.

MONTAGNAT – 01 Ain – 328 E3 – 1 588 h. – alt. 262 m – ✉ 01250 44 B1

Paris 447 – Bourg-en-Bresse 8 – Lyon 84 – Mâcon 55

Au Pot de Grès

2013 rte du Village – ✆ 04 74 51 67 05 – Fermé vacances de Pâques, 22 août-7 sept.,vacances de la Toussaint, dim. soir, lundi soir et mardi soir
Rest – Formule 16 € bc – Menu 27/48 € – Carte 35/48 €
◆ Dans cette jolie maison de campagne, on se réchauffe en hiver près de la cheminée et en été on se prélasse sur la terrasse fleurie. Côté carte, le chef revisite habilement les plats du terroir (produits choisis).

MONTAGNE – 33 Gironde – 335 K5 – 1 653 h. – alt. 80 m – ✉ 33570 4 C1

Paris 541 – Agen 129 – Bordeaux 41 – Bergerac 61

Le Vieux Presbytère

pl. de l'Église – ✆ 05 57 74 65 33 – www.restaurant-montagne-st-emilion.com – Fermé vacances de la Toussaint, de Noël, de fév., mardi sauf juil.-août et merc.
Rest – Formule 20 € bc – Menu 28/65 € bc – Carte environ 52 €
◆ Cet ancien presbytère est bien engageant, avec son décor rustique et sa jolie terrasse ! Saveurs du moment et bons vins du cru (soirées œnologiques en fin de semaine et menus proposant un accord mets et vins)... Une bonne petite adresse.

MONTAGNE-DU-SEMNOZ – 74 Haute-Savoie – 328 J6 – ✉ 74000 46 F1

Alpes du Nord

Paris 552 – Aix-les-Bains 43 – Albertville 60 – Annecy 17

Crêt de Châtillon ✻★★★ (**accès** par D 41 : d'Annecy 20 km ou du col de Leschaux 14 km, puis 15 mn).

par D 41 – ✉ 74000 Annecy

Les Rochers Blancs

près du sommet, alt. 1 650 – ✆ 04 50 01 23 60 – www.lesrochersblancs.com – Ouvert 10 juin-15 sept. et 15 déc.-15 avril

15 ch – †48/52 € ††68/74 € – ☕ 9 € – ½ P 68/72 €

Rest – Menu 20/38 € – Carte 33/40 €

♦ Panorama exceptionnel à 1 650 m d'altitude et... grande quiétude ! Ce chalet typiquement savoyard, tenu en famille, a des airs de sympathique auberge fromagère. Chambres simples et chaleureuses, petits plats régionaux : un lieu accueillant.

MONTAGNIEU – 38 Isère – **333** F4 – **rattaché à La Tour-du-Pin**

MONTAGNY – 42 Loire – **327** E3 – **1 116 h. – alt. 530 m** – ✉ **42840** **44** A1

Paris 408 – Lyon 70 – Montbrison 78 – Roanne 15

L'Air du Temps

1 r. de la République – ✆ 04 77 66 11 31 – www.lairdutemps42.fr – Fermé 2-10 janv., dim. soir, lundi et merc.

Rest – Formule 13 € – Menu 20/49 € – Carte 35/60 €

♦ Un restaurant bien agréable, aménagé à l'étage d'un ancien café. La cuisine est... dans l'air du temps et suit les saisons !

MONTAGNY-LÈS-BEAUNE – 21 Côte-d'Or – **320** J8 – **rattaché à Beaune**

MONTAIGU – 85 Vendée – **316** I6 – **4 959 h. – alt. 40 m** – ✉ **85600** **34** B3

Paris 389 – Cholet 36 – Fontenay-le-Comte 88 – Nantes 37

69, place du Champ de Foire, ✆ 02 51 06 39 17, www.officedetourisme.terresdemontaigu.fr

Mémorial de Vendée ★★ : le logis de la Chabotterie★ (salles historiques★★) SO : 14 km, le chemin de la Mémoire des Lucs★ SO : 24 km

Poitou Charentes Vendée

au Pont de Sénard **7 km au Nord par N 137 et D 77** – ✉ 85600 St-Hilaire-de-Loulay

Le Pont de Sénard

ch, rest,

– ✆ 02 51 46 49 50 – www.hotel-pontdesenard.fr – Fermé 6-19 août, 29 oct.-4 nov. et 26 déc.-2 janv.

25 ch – †55 € ††73 € – ☕ 9 € – ½ P 78 €

Rest *(fermé vend. soir d'oct. à mai et dim. soir)* – Formule 11 € – Menu 20/47 €

♦ Bordant la Maine, cet hôtel s'épanouit dans un environnement délicieusement bucolique. Terrasse donnant sur la rivière, chambres simples et bien tenues, équipement complet pour les séminaires... l'établissement compte de nombreux fidèles.

MONTAIGUT-LE-BLANC – 63 Puy-de-Dôme – **326** F9 – **rattaché à Champeix**

MONTARCHER – 42 Loire – **327** C7 – **63 h. – alt. 1 160 m** – ✉ **42380** **44** A2

Lyon Drôme Ardèche

Paris 491 – Clermont-Ferrand 154 – Lyon 109 – Le Puy-en-Velay 68

Le Clos Perché avec ch

le bourg – ✆ 04 77 50 00 08 – http://leclosperche.blogspot.com – Fermé 1 sem. début nov., janv., merc. sauf juil.-août et mardi

4 ch ☕ – †40 € ††55 €

Rest – Menu 15 € (déj. en sem.), 25/32 € – Carte 35/42 €

♦ Dans un village perché sur les hauts plateaux du Forez, cette auberge en pierre a été reprise par un jeune chef en 2011. À la carte : la tradition déclinée au présent, avec une indéniable envie de bien faire. Quelques chambres d'hôtes pour l'étape.

MONTAREN-ET-ST-MÉDIERS – 30 Gard – **339** L4 – **rattaché à Uzès**

MONTARGIS – 45 Loiret – **318** N4 – 15 526 h. – alt. 95 m **12** D2
– ✉ 45200 Châteaux de la Loire

Paris 109 – Auxerre 81 – Bourges 117 – Orléans 73

10 rue Renée de France, ✆ 02 38 98 00 87, www.agglo-montargoise.fr

de Vaugouard, à Fontenay-sur-Loing, Chemin des Bois, par rte de Fontainebleau : 9 km, ✆ 02 38 89 79 09

Collection Girodet★ du musée **M[1]**.

Plan page suivante

XXX **La Gloire** (Jean-Claude Martin) avec ch — rest, A/C rest, VISA MC AE

74 av. Gén.-de-Gaulle – ✆ 02 38 85 04 69 – www.lagloire-montargis.com
– Fermé 20 août-6 sept., 18 fév.-7 mars, mardi et merc. **Ym**

12 ch – †60 € ††66 € – ☕ 9 €

Rest – Menu 30 € (sem.), 42/58 € bc – Carte 65/140 €

Spéc. Salade de homard au goût du jour, vinaigrette de crustacés. Dos de bar, purée truffée au corail de homard. Chariot de desserts. **Vins** Sancerre, Menetou-Salon.

◆ Cette Gloire n'a rien de pompeux ; dans ce restaurant clair et fleuri, l'accueil est charmant. La tradition gastronomique y est revisitée de manière subtile et généreuse, en témoigne la savoureuse caravane des desserts ! Chambres confortables.

XX **L'Orangerie** — A/C VISA MC

57 r. Jean-Jaurès – ✆ 02 38 93 33 83 – www.restaurant-orangerie-montargis.com
– Fermé 25 avril-8 mai, lundi soir, mardi et merc. **Yt**

Rest – Menu 23 € (sem.), 34/42 € – Carte 35/70 €

◆ Adresse familiale avec de chaleureuses petites salles à manger (poutres apparentes, tons clairs) et une véranda aux allures de jardin d'hiver. Cuisine traditionnelle et gourmande.

XX **L'Agrappe Cœur** — A/C P VISA MC AE

22 r. Jean-Jaurès – ✆ 02 38 85 22 65 – www.restaurant-agrappecoeur.com
– Fermé 10-30 août, dim. soir, mardi soir et lundi **Ya**

Rest – Menu 24 € (sem.), 36/44 € – Carte 40/65 €

◆ Derrière la jolie façade blanche, un comptoir des années 1930, puis des salles contemporaines ou d'esprit bistrot chic. Cuisine traditionnelle utilisant de bons produits.

XX **Les Dominicaines** — VISA MC AE

6 r. du Dévidet – ✆ 02 38 98 10 22 – www.restaurant-lesdominicaines.com
– Fermé 2 sem. en août, merc. soir, sam. midi et dim. **Ze**

Rest *(réserver)* – Formule 18 € – Menu 22/48 € bc – Carte 38/68 €

◆ Ces Dominicaines-là n'invitent pas à faire maigre, bien que l'on fasse ici la part belle aux produits de la mer. Parmi les incontournables de la chef, le homard bleu rôti.

à Amilly 5 km par ③ – 11 548 h. – alt. 110 m – ✉ 45200

Le Belvédère sans rest — P VISA MC

192 r. Jules-Ferry – ✆ 02 38 85 41 09 – http://hbelvedere.pagesperso-orange.fr/
– Fermé 5-26 août et 14-18 déc.

24 ch – †62/70 € ††70/75 € – ☕ 12 €

◆ Une grande maison avec un jardin fleuri, face à l'école du village. On se croirait dans une pension de famille : l'accueil est charmant et la décoration un peu désuète.

rte de Ferrières par ①, N 7 et rte secondaire – ✉ 45210 Fontenay-sur-Loing

Domaine de Vaugouard — P VISA MC AE

chemin des Bois – ✆ 02 38 89 79 00
– www.vaugouard.com – Fermé 17 déc.-1er janv.

49 ch – †165/245 € ††165/245 € – ☕ 18 € – ½ P 135/170 €

Rest – Formule 18 € bc – Menu 38 € (dîner) – Carte 23/80 €

◆ Joli château du 18es. situé au cœur d'un parcours de golf et d'un très beau parc. Les chambres, plus grandes dans les dépendances, distillent un délicat charme bourgeois et permettent de se ressourcer en toute quiétude, avant de faire quelques brasses, putts ou smashs.

MONTARGIS

Anatole-France (Bd) . . . . **Y** 2
Ancien Palais (R.) . . . . **Z** 3
Baudin (Bd Paul) . . . . **YZ** 4
Belles Manières (Bd) . . . . **Z** 5
Bon-Guillaume (R. du) . . . . . . **Z** 6
Carnot (R. Lazare) . . . . **Y** 8
Cormenin (R.) . . . . **Z** 12
Decourt (R. E.) . . . . **Y** 13
Dr-Roux (R. du) . . . . **Y** 15
Dr-Szigeti (Av. du) . . . . **Y** 16
Dorée (R.) . . . . **Z**
Ferry (Pl. Jules) . . . . **Z** 20
Fg de la Chaussée (R. du) . **YZ** 17
Fg d'Orléans (R. du) . . . . . . **YZ** 18
Jean-Jaurès (R.) . . . . **Y** 21
Kléber (R.) . . . . **Y** 22
Laforge (R. R.) . . . . **Z** 23
Lamy (R. Jean) . . . . **Y** 24
Longeard (R. du) . . . . **Y** 26
Moulin à Tan (R.du) . . . . **Z** 28
Pêcherie (R. de la) . . . . **Z** 30
Poterne (R. de la) . . . . **Z** 32
Pougin-de-la-Maisonneuve (R.) . . . . **Z** 33
Prés.-Roosevelt (R.) . . . . **Y** 34
République (Pl. de la) . . . . **Z** 36
Sédillot (R.) . . . . **Y** 37
Tellier (R. R.) . . . . **Z** 39
Vaublanc (R. de) . . . . **Z** 41
Verdun (Av. de) . . . . **Y** 42
18-Juin-1940 (Pl. du) . . . . **Z** 45

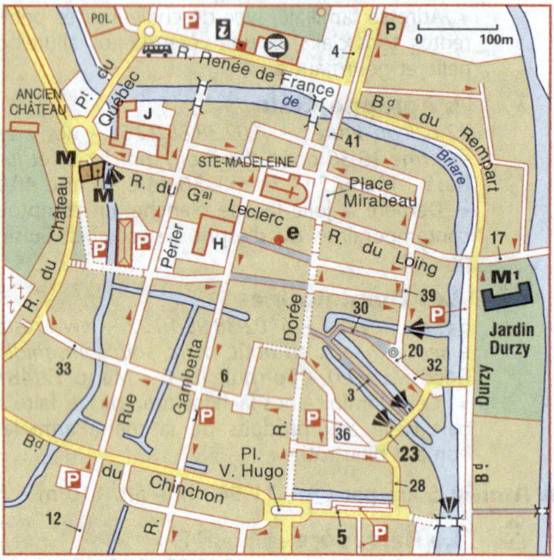

MONTAUBAN P – 82 Tarn-et-Garonne – **337** E7 – **55 974 h.** – **28** B2
– **alt. 98 m** – ✉ **82000** Midi-Toulousain

Paris 627 – Agen 86 – Albi 73 – Auch 86

4 rue du Collège, Esplanade des Fontaines, ☎ 05 63 63 60 60, www.montauban-tourisme.com

des Aiguillons, Route de Loubejac, N : 8 km par D 959, ☎ 05 63 31 35 40

Le vieux Montauban★ : portail★ de l'hôtel Lefranc-de-Pompignan Z **E** - Musée Ingres★ - Place Nationale★ - Dernier Centaure mourant★ (bronze de Bourdelle) **B.**

Pente d'eau de Montech★ : 15 km par ③ et D 928.

MONTAUBAN

Abbaye (R. de l') . . . . Z
Alsace-Lorraine (Bd) . . . . . . X 3
Arago (R.) . . . . Z
Banque (R. de la) . . . . Z
Barbazan (R.) . . . . Z
Bourdelle (Pl.) . . . . Z 4
Bourjade (Pl. L.) . . . . Z 6
Briand (Av. A.) . . . . Y 7
Cambon (R.) . . . . Z 9
Carmes (R. des) . . . . Z 10
Chamier (Av.) . . . . Y 12
Cladel (R. L.) X
Comédie (R. de la) . . . . Z 13
Consul-Dupuy (Allée du) . . . Z 14
Coq (Pl. du) . . . . Z 16
Dr-Alibert (R.) X
Dr-Lacaze (R. du) . . . . Z 19
Doumerc (Bd B.) X
Foch (Pl. du Mar.) . . . . Z
Fort (R. du) . . . . Z
Gambetta (Av.) . . . . YZ
Garrisson (Bd G.) . . . . YZ
Gaulle (Av. Ch.-de) . . . . Y 25
Grand'Rue Sapiac . . . . Z
Grand'Rue Villenouvelle . . . . X 28
Guibert (Pl.) . . . . Z 29
Herriot (Av. É.) . . . . Y 30
Hôtel-de-Ville (R. de l') . . . . Z 31
Ingres (R. D.) X
Jourdain (R. A.) . . . . Z
Lacapelle (Fg) . . . . YZ
Lafon (R. du Pasteur L.) . . . Y 34
Lafon (R. Mary) . . . . Z 32
Lagrange (R. L.) . . . . YZ 35
Leclerc (Pl. du Gén.) . . . . . . Z
Libération (Pl. de la) X
Lycée (R. du) . . . . Z
Malcousinat (R.) . . . . Z 36
Mandoune (R. de la) . . . . Z
Marceau-Hamecher (Av.) . . . . Y 37
Marre (R. H.) . . . . Z
Martyrs (Carrefour des) . . . . Z 46
Marty (Pl. A.) . . . . XY
Mayenne (Av.) . . . . Y 50
Michelet (R.) . . . . Z 51
Midi-Pyrénées (Bd) . . . . Z 52
Monet (R. J.) . . . . Z 53
Montauriol (Bd) . . . . Y
Montmurat (Q. de) . . . . Z 54
Mortarieu (Allées de) . . . . . . Z 56
Moustier (Fg du) . . . . Z
Nationale (Pl.) . . . . Z
Notre-Dame (R.) . . . . Z 60
Piquard (Sq Gén.) . . . . Z 62
Pouvillon (R. E.) . . . . Z
Prax-Paris (Pl.) . . . . Z
République (R. de la) . . . . . . Z 63
Résistance (R. de la) . . . . . . Z 64
Roosevelt (Pl. F.) . . . . Z 66
Ste-Claire (R.) . . . . Z
St-Jean (R.) . . . . X 67
Sapiac (Pont de) . . . . YZ 68
Sarrail (R. Gén.) . . . . Y 70
Verdun (Q. de) . . . . Z 71
10e-Dragons (Av. du) X
11e-Rég.-d'Infanterie (Av. du) . . . . X 73
19-Août-1944 (Av. du) . . . . . X 75
22-Septembre (Pl. du) . . . . . Z 76

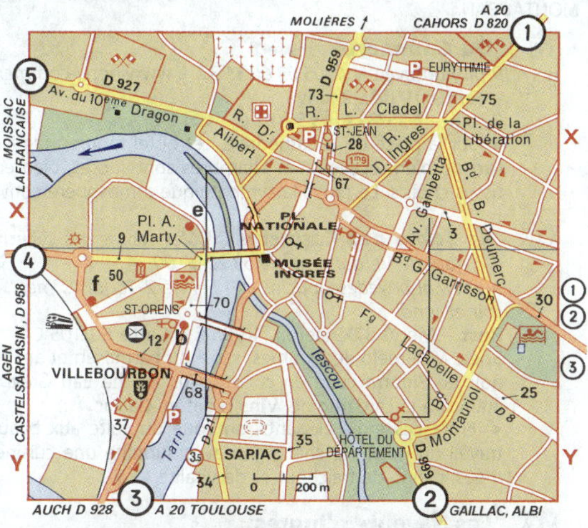

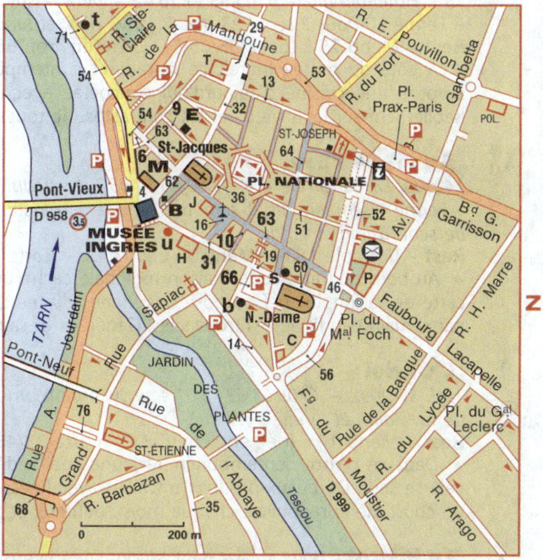

Abbaye des Capucins Spa & Resort

6-8 quai de Verdun – ✆ *05 63 22 00 00*
– *www.abbayedescapucins.fr* Zt

85 ch – †99/149 € ††99/149 € – 4 suites – ☕ 17 €

Rest *La Table des Capucins* ✿ **Rest *Le Bistrot*** – voir les restaurants ci-après

◆ Pour apaiser corps et esprit... Ce couvent classé (1630) s'est mué en hôtel contemporain à la fois harmonieux et raffiné. La belle Table des Capucins et le Bistrot sont là pour rappeler que le plaisir de la chère n'est pas un vain mot.

Mercure

rest, VISA AE

12 r. Notre-Dame – ✆ *05 63 63 17 23* – *www.mercure.com* Zs

44 ch – †97 € ††107 € – ☕ 12 € **Rest** – Formule 12 € – Carte environ 25 €

◆ Cet hôtel particulier (18es.) en brique rose abrite un Mercure plaisant, avec des chambres spacieuses, confortables et bien insonorisées, selon les normes de la chaîne.

Du Commerce sans rest

9 pl. Roosevelt – ✆ 05 63 66 31 32 – www.hotel-commerce-montauban.com – Fermé 19 déc.-2 janv. Zb

27 ch – 55/81 € 59/81 € – 9 €

◆ Sur la place de la cathédrale, cet hôtel tenu en famille perpétue la tradition et l'art du bien recevoir. Les chambres sont sobres, bien entretenues et égayées de tissus choisis. Le plus : la sympathique atmosphère conviviale.

La Table des Capucins – Hôtel Abbaye des Capucins Spa & Resort

6-8 quai de Verdun – ✆ 05 63 22 00 00 – www.abbayedescapucins.fr – Fermé 2-16 janv., merc. midi, sam. midi, dim. soir et lundi Zt

Rest – Menu 32 € (sem.), 46/95 € – Carte 60/105 €

Spéc. Méli-mélo de légumes, sablé au parmesan et anchois marinés. Côte de porc noir de Bigorre cuite en cocotte, jus au thé Earl Grey. Choco-Capucins et glace arabica à la cardamome. **Vins** Fronton, Gaillac.

◆ Entre ces murs élégants, on voue un culte aux beaux produits, et surtout au travail du goût : le chef signe avec subtilité une cuisine-plaisir aux saveurs affirmées, pleine de fraîcheur et de vitalité.

Les Saveurs d'Ingres

13 r. Hôtel-de-Ville – ✆ 05 63 91 26 42 – www.lessaveursdingres.com – Fermé 20 août-2 sept., 23 déc.-7 janv., dim. et lundi Zu

Rest – Menu 25 € (déj.), 35/65 € – Carte environ 65 €

◆ À côté du musée Ingres, ce restaurant contemporain est fort plaisant. On y savoure une cuisine d'aujourd'hui concoctée avec de bons produits et jouant habilement sur les saveurs et les contrastes... le tout à tarif raisonnable.

Au Fil de l'Eau

14 quai Dr Lafforgue – ✆ 05 63 66 11 85 – www.aufildeleau82.com – Fermé 1 sem. en juil., 1 sem. en fév., merc. soir sauf juil.-août, dim. sauf le midi de sept. à juin et lundi Xe

Rest – Formule 18 € – Menu 35 €, 50 € bc – Carte 45/73 €

◆ Au bord du Tarn, cette maison régionale cache un restaurant coloré. Outre la carte de saison, le chef propose des menus du marché, renouvelés plusieurs fois par semaine au fil de ses trouvailles. Généreux et savoureux !

L'Ouriol

1 pl. St-Orens – ✆ 05 63 63 45 01 – www.ouriol.com – Fermé août, vacances de fév., dim. et lundi Yb

Rest – Menu 17 € (déj. en sem.)/28 € – Carte 35/45 €

◆ Dans ce bistrot contemporain, le jeune chef a déjà une solide expérience et cela se sent. De beaux produits travaillés avec finesse, une cuisine très fraîche et un court menu renouvelé chaque mois : goûteux et tendance.

Le Bistrot – Hôtel Abbaye des Capucins Spa & Resort

6-8 quai de Verdun – ✆ 05 63 22 00 00 – www.abbayedescapucins.fr Zt

Rest – Formule 19 € – Menu 23 € – Carte 27/58 €

◆ Par beau temps, ce bistrot chic déploie sa terrasse à l'intérieur même du cloître de l'abbaye des Capucins. Un bel endroit pour apprécier une cuisine simple et savoureuse : salades fraîches, omelettes, risotto, osso-buco...

MONTAULIEU – 26 Drôme – 332 E7 – rattaché à Nyons

MONTAUROUX – 83 Var – 340 P4 – 5 350 h. – alt. 364 m – ✉ 83440 41 C3

Côte d'Azur

Paris 890 – Cannes 36 – Draguignan 37 – Fréjus 30

place du Clos, ✆ 04 94 47 75 90, www.tourisme-montauroux.fr

Auberge Eric Maio

quartier Narbonne, 2169 par CD 37, 2 km au Sud-Est du village – ✆ 04 94 47 71 65 – www.eric.maio.com – Fermé 1er-16 nov., 1er janv.-1er fév., mardi et merc.

Rest – Formule 28 € – Menu 37 € (déj. en sem.), 55/100 €

Spéc. Tartare d'huître et soupe de fromage de chèvre à la truffe noire (nov. à mars). Pigeon en croûte farci de truffe et foie gras, jus de viande au romarin. Une vision différente d'une tarte au citron de Menton (fév. à avril).

◆ Délicieuse cuisine au goût du jour servie dans une élégante salle provençale ou sur la terrasse ombragée et fleurie : une halte gourmande sur la route du lac de St-Cassien.

MONTBARD – 21 Côte-d'Or – 320 G4 – 5 554 h. – alt. 221 m – ✉ 21500 Bourgogne

8 C2

Paris 240 – Autun 87 – Auxerre 81 – Dijon 81

place Henri Vincenot, ✆ 03 80 92 53 81, www.ot-montbard.fr

Parc Buffon★.

Abbaye de Fontenay★★★ E : 6 km par D 905.

à St-Rémy 3 km à l'Ouest par D 905 – 810 h. – alt. 207 m – ✉ 21500

La Mirabelle

1 r. de la Brenne – ✆ 03 80 92 40 69 – Fermé 20 août-3 sept., 23 déc.-6 janv., dim. soir, mardi soir et merc.

Rest *(nombre de couverts limité, réserver)* – Menu 19 € (sem.), 30/40 € – Carte 43/62 €

◆ À proximité du canal, cette ancienne grange à sel abrite une salle pleine de cachet, avec une jolie voûte et des pierres apparentes. Ambiance chaleureuse et cuisine traditionnelle goûteuse et soignée.

MONTBAZON – 37 Indre-et-Loire – 317 N5 – 3 920 h. – alt. 59 m – ✉ 37250 Châteaux de la Loire

11 B2

Paris 247 – Châtellerault 59 – Chinon 41 – Loches 33

esplanade du Val de l'Indre, ✆ 02 47 26 97 87, www.ot-valdelindre.com

Château d'Artigny

2 km au Sud-Ouest par D 17 – ✆ 02 47 34 30 30 – www.artigny.com

58 ch – †140/510 € ††140/510 € – 2 suites – ☐ 23 €

Rest – Menu 35 € (déj.), 52/115 € bc – Carte 70/130 €

◆ Ce château dont le parc boisé et les jardins à la française surplombent l'Indre fut conçu dans les années 1920 par le parfumeur Coty. Pur style classique et faste omniprésent. Cuisine classique, somptueuse carte des vins et collection de vieux armagnacs.

Moulin d' Artigny

7 ch – †110 € ††110 € – ☐ 23 €

◆ À 800 m, l'annexe du château occupe un joli pavillon, rustique et moins luxueux, au bord de la rivière. Très bucolique.

Domaine de la Tortinière

rte de Ballan-Veigné, 2 km au Nord par D 910 et D 287 – ✆ 02 47 34 35 00 – www.tortiniere.com – Fermé 18 déc.-28 fév.

25 ch – †145/275 € ††145/275 € – 5 suites – ☐ 18 €

Rest *(fermé dim. soir de nov. à mars) (réserver)* – Formule 29 € bc – Menu 39 € (déj.) – Carte 50/60 €

◆ Ce château du Second Empire se dresse au cœur d'un parc dominant l'Indre. Les chambres ont beaucoup de charme, certaines dans un style contemporain. Agréable piscine. La salle à manger donne sur une terrasse avec la vallée en toile de fond : cuisine actuelle.

XX **Olivier Arlot - La Chancelière** VISA AE

1 pl. des Marronniers – ✆ 02 47 26 00 67 – www.olivierarlot.fr – Fermé 1 sem. en sept., dim. et lundi sauf fériés

Rest – Menu 29 € (déj. en sem.), 39/69 € – Carte 50/70 €

Spéc. Foie gras de canard confit, maki de poire tapée. Saint-pierre gratiné au beurre de coriandre, réduction perlée à l'huile de sésame. Crêpe Suzette à ma façon. **Vins** Chinon, Montlouis-sur-Loire.

♦ Nouveau départ pour cette institution bien connue en Touraine, sous l'égide du chef Olivier Arlot, qui y appose son nom et son style : il signe une cuisine nette et précise, maniant l'épure contemporaine avec inspiration. Décor à l'unisson, chic et sobre.

Ouest 5 km par D 910, D 287 et D 87 – ✉ 37250 Montbazon

XX **Le Moulin Fleuri** avec ch VISA AE

rte du Ripault – ✆ 02 47 26 01 12 – www.moulin-fleuri.com – Fermé 17-25 déc., de mi-janv. à fin fév., dim. soir du 11 nov. au 30 mars, mardi soir, jeudi midi et merc.

10 ch – †85 € ††85/120 € – ☐ 12 € – ½ P 87/113 €

Rest – Formule 22 € – Menu 30 € – Carte 31/51 €

♦ Un bras de l'Indre actionnait jadis la roue de ce moulin à grains (16e s.). Recettes traditionnelles, beaux fromages et plus de 800 références sur la carte des vins... à déguster au bord de l'eau ! Les chambres, côté rivière ou jardin, sont sobrement décorées.

Un classement passé en rouge met en avant le charme de la maison XXX.

MONTBÉLIARD – 25 Doubs – 321 K1 – 26 207 h. 17 C1

– Agglo. 113 059 h. – alt. 325 m – ✉ 25200 Franche-Comté Jura

Paris 477 – Belfort 22 – Besançon 76 – Mulhouse 60

1, rue Henri-Mouhot, ✆ 03 81 94 45 60, www.paysdemontbeliard-tourisme.com

18 de Prunevelle, à Dampierre-sur-le-Doubs, Ferme des Petits Bans, par rte de Besançon : 8 km, ✆ 03 81 98 11 77

Le Vieux Montbéliard★ : hôtel Beurnier-Rossel★ - Sochaux : Musée de l'aventure Peugeot★★.

Bristol sans rest VISA AE

2 r. de Velotte – ✆ 03 81 94 43 17 – www.hotel-bristol-montbeliard.com

50 ch – †62/89 € ††65/95 € – ☐ 8 € **Zb**

♦ Au cœur du centre historique, hôtel des années 1930 dont les chambres les plus récentes, d'esprit contemporain, sont les plus agréables. Piscine intérieure et sauna.

Aux Relais Verts sans rest VISA AE

r. des frères Deckherr – ✆ 03 81 90 10 69 – www.hotelrelaisvert.net – Fermé 23 déc.-1er janv. **Xv**

64 ch – †69/93 € ††69/93 € – ☐ 8 €

♦ Dans une zone commerciale, cet hôtel actuel dispose de petites chambres fonctionnelles distribuées autour du patio, ou plus spacieuses et chaleureuses dans l'aile récente. Cuisine traditionnelle avec spécialités franc-comtoises.

XXX **Le St-Martin** (Olivier Prevot-Carme) VISA AE

1 r. Gén. Leclerc – ✆ 03 81 91 18 37 – www.le-saint-martin.fr – Fermé 5-11 mars, 30 avril-9 mai, 30 juil.-20 août, sam. midi, dim. et lundi **Zu**

Rest – Menu 29 € (sem.)/65 € – Carte 50/80 €

Spéc. Déclinaison de foie gras. Poularde aux morilles et risotto crémeux au vin jaune (hiver-printemps). Crème brûlée à l'absinthe. **Vins** Arbois Pupillin, Pinot gris d'Alsace.

♦ Dans un cadre contemporain, raffiné et cossu, le chef concocte une cuisine personnelle, évoluant au gré du marché et mêlant savamment les saveurs et les produits régionaux.

MONTBÉLIARD

Albert-Thomas (Pl.) . . . . Z 2
Audincourt (R. d') . . . . XY 4
Belchamp (R. de) . . . . Y 5
Besançon (Fg de) . . . . X 7
Blancheries (R.des) . . . . Z 8
Chabaud-Latour (Av.) . . . . X 9
Cuvier (R.) . . . . Z
Denfert-Rochereau (Pl.) . . . . . Z 10
Dorian (Pl.) . . . . Z 12
Épinal (R. d') . . . . Z 13
Febvres (R. des) . . . . Z 14
Gambetta (Av.) . . . . X 15
Helvétie (Av. d') . . . . X 18
Jean-Jaurès (Av.) . . . . Y 20
Joffre (Av. du Mar.) . . . . X 22
Lattre-de-Tassigny (Av. du Mar. de) . . . . Z 23
Leclerc (R. Gén.) . . . . Z 24
Ludwigsburg (Av. de) . . . . X 26
Petite-Hollande (R.) . . . . XY 28
St-Georges (Pl.) . . . . Z 29
Schiffre (R. de) . . . . Z 32
Toussain (R. P.) . . . . X 36
Valentigney (R. de) . . . . Y 40

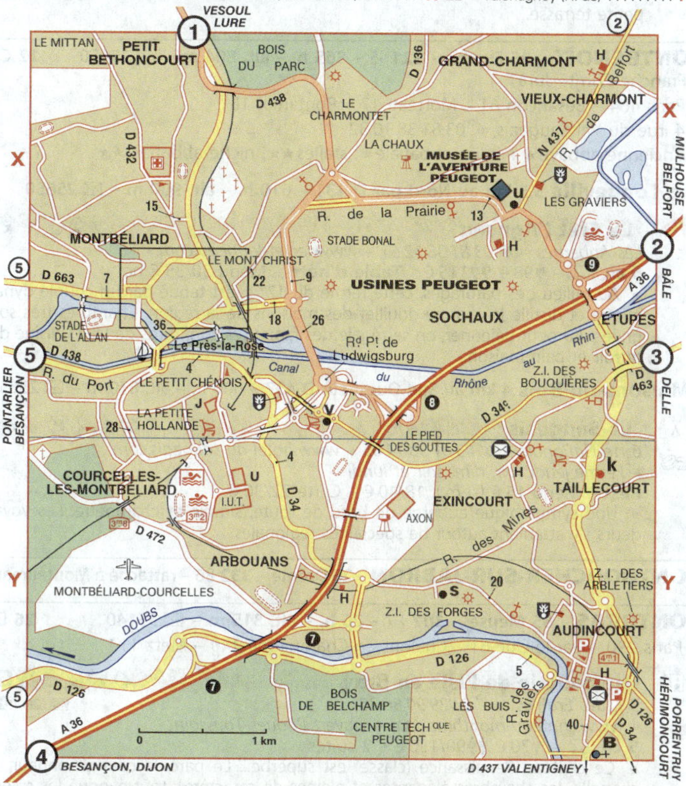

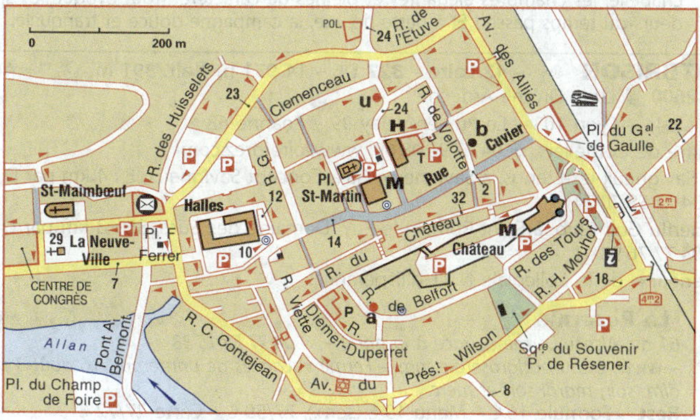

XX **Joseph**

17 r. de Belfort – 03 81 91 20 02 – Fermé 11-17 juil., 15-21 août, dim. et lundi
Rest – Carte 55/75 € **Za**
◆ Plaisante salle dans l'air du temps, épurée et soignée. Avec de bons produits de saison, le chef concocte une cuisine traditionnelle revue et corrigée. L'été, petite terrasse.

MONTBENOÎT – **25 Doubs** – **321** I5 – **365 h.** – **alt. 804 m** – ✉ **25650** **17** C2
Franche-Comté Jura

Paris 464 – Besançon 61 – Morteau 17 – Pontarlier 15
4, rue du Val Saugeais, 03 81 38 10 32
Ancienne abbaye★ : église abbatiale★, stalles★★, niche abbatiale★★.

à La Longeville **5,5 km au Nord par D 131 – 610 h. – alt. 900 m – ✉ 25650**

Le Crêt l'Agneau

Les Auberges – 03 81 38 12 51 – www.lecret-lagneau.com
5 ch – 98 € 115 € **Table d'hôte** – Menu 30/35 € bc
◆ Au milieu des pâturages, cette ferme du 17e s. est tenue par un couple dynamique et distille le charme douillet des maisons de la région. Chambres très soignées. Au petit-déjeuner, on se régale des fameuses confitures de Lili ! Cuisine du terroir et pain maison.

à Maisons-du-Bois **4 km au Sud-Ouest sur D 437 – 600 h. – alt. 810 m – ✉ 25650**

X **Le Saugeais**

6 rte Nationale – 03 81 38 14 65 – www.hotel-du-saugeais.com – Fermé jeudi soir, dim. soir et lundi
Rest – Menu 15 € (sem.), 18/40 € – Carte 22/30 €
◆ Une sympathique auberge de bord de route, simple et champêtre. Les voyageurs s'y attablent autour de spécialités régionales.

MONTBOUCHER-SUR-JABRON – **26 Drôme** – **332** B6 – **rattaché à Montélimar**

MONTBRAS – **55 Meuse** – **307** F7 – **26 h.** – **alt. 315 m** – ✉ **55140** **26** B2

Paris 290 – Bar-le-Duc 61 – Châlons-en-Champagne 140 – Metz 117

Hostellerie de l'Isle en Bray sans rest

3 r. des Erables – 03 29 90 86 36 – www.chateau-montbras.com – Ouvert Pâques-Toussaint
5 ch – 70 € 90/130 € – 2 suites
◆ Ce château Renaissance (classé) est superbe... Le parc, la cour d'honneur, la chapelle, les chambres élégantes et pleines de caractère : tout évoque les splendeurs du temps passé ! Et à perte de vue, la campagne douce et tranquille.

MONTBRISON – **42 Loire** – **327** D6 – **14 931 h.** – **alt. 391 m** – ✉ **42600** **44** A2
Lyon Drôme Ardèche

Paris 444 – Lyon 103 – Le Puy-en-Velay 99 – Roanne 68
Cloître de Cordeliers, 04 77 96 08 69, www.loireforez.com
18 de Savigneux-les-Étangs, à Savigneux, Gaia Concept Savigneux, E : 4 km par D 496, 04 77 58 70 74
9 Superflu Golf Club, à Saint-Romain-le-Puy, Domaine des Sucs, SE : 8 km par D 8, 04 77 76 93 41
Intérieur★ de la Collégiale N.-D.-d'Espérance.

XX **La Roseraie**

61 av. Alsace-Lorraine, (face à la gare) – 04 77 58 15 33 – www.restaurantlaroseraie.com – Fermé vacances de printemps, 16 août-3 sept., dim. soir, mardi soir et merc.
Rest – Formule 16 € – Menu 19 € (sem.), 27/59 € – Carte 27/72 €
◆ Un restaurant gai et coloré ! Ici, le chef ne travaille que des produits frais et concocte une cuisine inspirée du terroir, avec une touche d'inventivité.

à Savigneux 2 km à l'Est par D 496 – 3 111 h. – alt. 382 m – ✉ 42600

Marytel sans rest
95 rte de Lyon – ✆ 04 77 58 72 00 – www.hotel-marytel.com
45 ch – 63/85 € 71/95 € – ☕ 9 €
◆ Dans ce vaste hôtel au sortir de la ville, les chambres sont agréables : décor contemporain tout en sobriété, douche à l'italienne, équipements dernier cri, double vitrage...

Yves Thollot
93 rte de Lyon – ✆ 04 77 96 10 40 – www.yves-thollot.com
– Fermé 5-26 août, 2-9 janv., vacances de fév., dim. soir, mardi soir et lundi
Rest – Menu 23/60 € – Carte 38/61 €
◆ Une maison récente noyée dans la verdure, avec une agréable terrasse ombragée. La cuisine, traditionnelle, est généreuse et sans ostentation.

à St-Romain-le-Puy 8 km au Sud-Est par D 8 et D 107 – 3 496 h. – alt. 405 m – ✉ 42610

Sous le Pic-La Pérolière sans rest
20 r. Jean-Moulin – ✆ 04 77 76 97 10 – www.laperoliere.com – Fermé 3 janv.-1er mars
3 ch ☕ – 55 € 70 €
◆ Un havre de paix au pied d'un prieuré du 11es. : ferme forézienne (fin 19es.) où mobilier chiné et fer forgé se mêlent. L'été, on prend son petit-déjeuner dans l'orangeraie.

MONTCEAU-LES-MINES – 71 Saône-et-Loire – 320 G9 – 19 692 h. 8 C3

– Agglo. 92 000 h. – alt. 285 m – ✉ 71300 Bourgogne

Paris 333 – Autun 47 – Chalon-sur-Saône 46 – Mâcon 69

16, rue Carnot, ✆ 03 85 69 00 00, www.montceau-tourisme.fr

du Château d'Avoise, à Montchanin, 9 rue de Mâcon, par rte de Chalon-sur-Saône : 14 km, ✆ 03 85 78 19 19

Mont-St-Vincent : tour ※★★ 12 km par ②.

Plan page suivante

Nota Bene
70 quai Jules-Chagot – ✆ 03 85 69 10 15 – www.notabene.fr AZ**b**
46 ch – 39/79 € 55/85 € – ☕ 7 € – ½ P 48/53 €
Rest *(fermé dim.)* – Menu 14 € (déj. en sem.) – Carte environ 25 €
◆ Un hôtel convivial face au pont levant du canal. Les chambres sont confortables (quelques-unes familiales) et l'on profite d'une salle de squash et de musculation. Au restaurant, plats traditionnels, pâtes, pizzas, etc.

Le France (Jérôme Brochot)
7 pl. Beaubernard – ✆ 03 85 67 95 30 – www.jeromebrochot.com – Fermé 31 juil.-24 août, 2-20 janv., sam. midi, dim. soir et lundi AZ**k**
Rest – Formule 25 € – Menu 43/105 € – Carte 55/75 €
Spéc. Filet de bœuf charolais confit aux aromates, fines tranches de comté. Pigeon fermier en deux façons, jus aux baies de genièvre (mars à juil.). Sorbet au foin, pommes confites à la cannelle (sept. à fév.). **Vins** Rully, Santenay.
◆ Un lieu élégant, tout de beige et de blanc vêtu. En cuisine, Jérôme Brochot travaille de superbes produits (essentiellement bio) et revisite majestueusement ses classiques pour élaborer des mets raffinés et sagement inventifs.

à Blanzy 2 km au Sud-Est par ② et D 980 – 6 729 h. – alt. 288 m – ✉ 71450

Le Plessis
33 rte de Mâcon – ✆ 03 85 57 46 08 – www.restaurant-le-plessis.com
– Fermé 1 sem. en avril, 2 sem. en sept., 2 sem. en janv., sam. midi, dim. soir et lundi
Rest – Formule 18 € – Menu 22 € (sem.), 26/49 € – Carte 29/50 €
◆ Œufs en meurette, escargots de Bourgogne : on vient ici pour... la tradition. Le chef concocte une cuisine gourmande et goûteuse, qui met en valeur les produits régionaux. Et l'été, il fait bon paresser sur la terrasse, face aux flots.

MONTCEAU-LES-MINES

André-Malraux (R.)	AY	3
Barbès (R.)	ABZ	
Bel Air (R. de)	BY	4
Carnot (R.)	AZ	6
Champ du Moulin (R. du)	BYZ	7
Chausson (R. Henri)	BZ	9
Emorine (R. Antoine)	BZ	10
Gauthey (Quai)	AZ	12
Génelard (R. de)	BZ	13
Guesde (Quai Jules)	AY	14
Hospice (R. de l')	AZ	15
Jean-Jacques-Rousseau (R.)	BZ	16
Jean-Jaurès (R.)	AZ	
Lamartine (R.)	AZ	19
Merzet (R. Étienne)	BY	21
Palinges (R. de)	BZ	22
Paul-Bert (R.)	AZ	24
Pépinière (R. de la)	AY	25
République (R. de la)	AY	26
Sablière (R. de la)	ABY	27
St-Vallier (R. de)	BZ	28
Semard (R. de)	BZ	30
Strasbourg (R. de)	BZ	31
Tournus (R. de)	BZ	33
8-Mai-1945 (R. du)	BY	34
11-Nov.-1918 (R. du)	AY	36

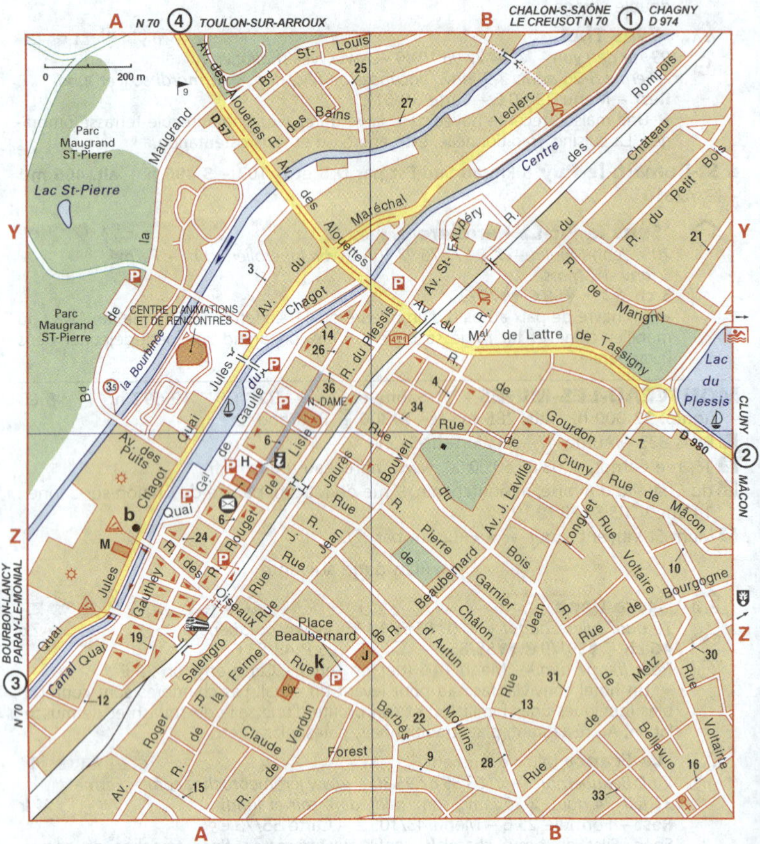

MONTCENIS – 71 Saône-et-Loire – **320** G9 – rattaché au Creusot

---

MONTCHAUVET – 78 Yvelines – **311** F2 – 294 h. – alt. 100 m **18** A2
– ✉ 78790

Paris 67 – Dreux 33 – Évreux 47 – Mantes-la-Jolie 16

XX **La Jument Verte**

6 pl. de l'Église – ☎ 01 30 93 43 60 – Fermé 1er-15 sept. et vacances de fév.

Rest – Menu 30/43 € – Carte 35/50 €

◆ Un cadre digne du roman éponyme de Marcel Aymé : maison à pans de bois, terrasse sur la place du village et intérieur rustique (pierres, poutres, cheminée). Plats traditionnels.

MONTCHENOT – 51 Marne – **306** G8 – rattaché à Reims

MONTCLUS – 30 Gard – **339** L3 – **151 h.** – **alt. 94 m** – ✉ **30630** **23** D1

▶ Paris 657 – Alès 46 – Avignon 58 – Bagnols-sur-Cèze 24

La Magnanerie de Bernas

à Bernas, 2 km à l'Est – ✆ *04 66 82 37 36*
– www.magnanerie-de-bernas.com – Ouvert 1er avril-30 sept.
15 ch – †50/70 € ††50/135 € – 2 suites – ☕ 13 €
Rest *(fermé le midi sauf dim. et fériés)* – Formule 25 € – Menu 25/48 €
– Carte 43/50 €

♦ Superbe situation pour cette magnanerie des 12e et 13e s. surplombant la vallée de la Cèze. Bel intérieur champêtre, où domine la pierre. Chambres pleines de charme ; grande piscine et solarium. Au restaurant, belle salle voûtée et cuisine traditionnelle.

MONTCUQ – 46 Lot – **337** D5 – **1 315 h.** – **alt. 205 m** – ✉ **46800** **28** B1

Périgord Quercy

▶ Paris 605 – Agen 67 – Cahors 27 – Montauban 81

ℹ 8, rue de la Promenade, ✆ 05 65 22 94 04, www.tourisme-montcuq.com

Four

4 r. Montmartre – ✆ *05 65 21 23 08* – *www.4ruemontmartre.com*
3 ch ☕ – †110/155 € ††120/165 € **Table d'hôte** – Menu 35/45 € bc

♦ Au cœur du village médiéval, cette superbe maison du 15e s. est décorée de manière contemporaine et c'est tout simplement réussi ! Un escalier à vis conduit à la salle à manger (cheminée monumentale). Cuisine familiale.

MONTCY-NOTRE-DAME – 08 Ardennes – **306** K4 – **rattaché à Charleville-Mézières**

MONT-DAUPHIN-GARE – 05 Hautes-Alpes – **334** H4 – **rattaché à Guillestre**

MONT-DAUPHIN – 05 Hautes-Alpes – **334** H4 – **rattaché à Guillestre**

MONT-DE-MARSAN P – 40 Landes – **335** H11 – **30 162 h.** **3** B2
– **alt. 43 m** – ✉ **40000** Aquitaine

▶ Paris 706 – Agen 120 – Bayonne 106 – Bordeaux 131

ℹ 6, place du Général Leclerc, ✆ 05 58 05 87 37, www.tourisme-montdemarsan.fr

18 Stade Montois, à Saint-Avit, Pessourdat, par rte de Langon : 10 km, ✆ 05 58 75 63 05

◉ Musée Despiau-Wlérick★.

Plan page suivante

Le Renaissance

225 av. de Villeneuve, 2 km par ② – ✆ 05 58 51 51 51 – www.le-renaissance.com
30 ch – †72/119 € ††79/119 € – ☕ 8 €
Rest *(fermé 24 déc.-31 janv., sam. et dim.)* – Formule 19 € bc – Menu 29/51 €
– Carte 35/50 €

♦ Hôtel légèrement excentré, d'atmosphère contemporaine (tons chocolat, parquet, jardin intérieur exotique...). Les chambres sont confortables et fonctionnelles. Restaurant clair et sobre ménageant une belle vue sur un étang. Cuisine régionale actualisée.

Abor

112 chemin de Lubet, rte Grenade, 3 km par ④ ✉ *40280* – ✆ *05 58 51 58 00*
– www.aborhotel.com – Fermé 23 déc.-2 janv.
68 ch – †64/74 € ††71/92 € – ☕ 9 € – ½ P 58/72 €
Rest *(fermé sam. midi et dim. midi)* – Formule 14 € – Menu 17 € (sem.), 24/42 €
– Carte 25/50 €

♦ Construction des années 1990 à la périphérie de la "capitale" du pays de Marsan. Petites chambres propres, fonctionnelles et bien insonorisées, sans fioriture. Salle à manger claire ; recettes traditionnelles et buffets.

MONT-DE-MARSAN

Alsace-Lorraine (R. d') ... AZ 2
Auribeau (Bd d') .... AZ 3
Bastiat (R. F.)........... ABZ
Bosquet (R. Mar.) .... AZ 4
Briand (R. A.) .... BY 5
Brouchet (Allées) .... BZ 6
Carnot (Av. Sadi) .... BZ 7
Delamarre (Bd) .... BZ 8
Despiau (R. Ch.) .... AZ 9
Farbos (Allées Raymond) . BZ 10
Gambetta (R. L.) .... BZ 12
Gaulle (Pl. Ch.-de) .... BY 13
Gourgues (R. D.-de) ...... BY 14
Landes (R. L.-des) .... BZ 15
Lasserre (R. Gén.) .... AZ 16
Lattre-de-Tassigny (Bd de) BY 17
Leclerc (Pl. du Gén.) ..... BZ 18
Lesbazeilles (R. A.) .... BZ 19
Martinon (R.) .... BZ 20
Pancaut (Pl. J.) .... AZ 21
Poincaré (Pl. R.) .... AY 22
Président-Kennedy (Av. du) .... BZ 23
Ruisseau (R. du) .... AZ 24
St-Jean-d'Août (R.) .... AY 25
St-Roch (Pl.) .... BZ 26
Victor-Hugo (R.) .... BY 27
8-Mai-1945 (R. du) .... BY 28
34e-d'Inf. (Av. du) .... BZ 29

Richelieu

3 r. Wlérick – ✆ 05 58 06 10 20 – www.hotel-richelieu-montdemarsan.com
29 ch – †56/70 € ††64/84 € – ☕ 9 € – ½ P 60/80 € BY**h**
Rest ***Richelieu*** – voir les restaurants ci-après
♦ Au cœur de la vieille ville, cet hôtel-restaurant est voisin du musée Despiau-Wlérick (sculptures). Les chambres sont simples (certaines dans un style plus frais et contemporain), mais très bien tenues.

Les Clefs d'Argent (Christophe Dupouy)

333 av. des Martyrs de la Résistance, par ⑥ – ✆ 05 58 06 16 45 – www.clefs-dargent.com – Fermé vacances de Noël, 3 sem. en août, dim. soir et lundi
Rest – Menu 20 € (déj. en sem.), 40/90 € bc – Carte environ 65 €
Spéc. Grillade de foie de canard au coing, bouillon de cèpe au jasmin (automne). Ris de veau, caramel de yuzu, légumes croquants et herbes fraîches. "Baba-cool ou baba colada". **Vins** Vin de pays des Landes, Jurançon.
♦ Les Clefs d'Argent ? Un restaurant en or, où décoration et cuisine rivalisent de goût. Épure contemporaine pour l'une ; couleurs et inventivité pour l'autre.

Richelieu – Hôtel Richelieu

3 r. Wlérick – ✆ 05 58 06 10 20 – www.hotel-richelieu-montdemarsan.com – Fermé 1er-10 janv., vend. soir du 26 juil. au 27 sept., dim. soir et sam.
Rest – Formule 17 € – Menu 19 € (sem.), 27/46 € – Carte environ 46 € BY**h**
♦ Dans un hôtel au cœur de la vieille ville, une vaste salle aux airs de brasserie où l'on sert une agréable cuisine traditionnelle.

à Mazerolles 6,5 km à l'Est par D 1 et rte secondaire – 696 h. – alt. 84 m – ✉ 40090

Auberge de la Pouillique

656 chemin de la Pouillique – ✆ 05 58 75 22 97 – www.restaurant-auberge-lapouillique.com – Fermé 20 août-10 sept., dim. soir, mardi soir, merc. soir et lundi
Rest – Menu 18/33 € – Carte 33/41 €
♦ Une auberge bien cachée, en prenant un petit chemin... Cuivres, cheminée, vieilles assiettes : voilà pour le décor. Et dans l'assiette, tradition et invention... avec finesse !

MONTDIDIER – 80 Somme – **301** I10 – 6 046 h. – alt. 82 m **36** B2
– ✉ 80500 Nord Pas-de-Calais Picardie

Paris 108 – Amiens 39 – Beauvais 49 – Compiègne 36

5, place du Général-de-Gaulle, ✆ 03 22 78 92 00, www.montdidier-tourisme.fr

Dijon

1 pl. 10 Août 1918, (rte de Breteuil) – ✆ 03 22 78 01 35 – www.hotelledijon.com – Fermé 6-28 août, 24 déc.-2 janv. et dim. soir

19 ch – †48 € ††68/72 € – ☕ 8 €

Rest *Dijon* – voir les restaurants ci-après

◆ Les voyageurs fatigués n'auront que quelques pas à faire en sortant de la gare pour trouver cette belle maison bourgeoise. Les chambres sont simples mais bien tenues et l'on aime s'installer autour du joli bar décoré de mosaïques !

Dijon

1 pl. 10 Août 1918, (rte de Breteuil) – ✆ 03 22 78 01 35 – www.hotelledijon.com – Fermé 6-28 août, 24 déc.-2 janv. et dim. soir

Rest – Formule 15 € – Menu 20 € (sem.)/31 € – Carte 48/55 €

◆ Le saviez-vous ? Montdidier est la ville natale de Parmentier. Néanmoins, le chef préfère tête de veau sauce ravigote, ficelle picarde et viandes grillées au célèbre hachis. L'endroit est sympathique et joliment rustique.

MONT-DOL – 35 Ille-et-Vilaine – **309** L3 – rattaché à Dol-de-Bretagne

LE MONT-DORE – 63 Puy-de-Dôme – **326** D9 – 1 384 h. – alt. 1 050 m **5** B2
– Sports d'hiver : 1 050/1 850 m 2 18 – Stat. therm. : mi-avril-fin oct.
– Casino Z – ✉ 63240 Auvergne

Paris 462 – Aubusson 87 – Clermont-Ferrand 43 – Issoire 49

avenue de la Libération, ✆ 04 73 65 20 21, www.sancy.com/commune/mont-dore

du Mont-Dore, par rte de la Tour d'Auvergne : 2 km, ✆ 04 73 65 00 79

Etablissement thermal : galerie César★, salle des pas perdus ★ - Puy de Sancy ✳★★★ 5 km par ② puis 1 h. AR de téléphérique et de marche - Funiculaire du capucin★.

Col de la Croix-St-Robert ✳★★ 6,5 km par ②.

Plan page suivante

Gran Carlina

6 r. René-Cassin – ✆ 04 73 21 67 14 – www.hotel-gran-carlina.com – Fermé de mi-oct. à mi-déc. Zb

56 ch – †85/110 € ††95/125 € – 6 suites – ☕ 12 €

Rest – Menu 23 € – Carte 28/71 €

◆ Beaucoup de calme et une vue superbe sur le massif du Sancy : des atouts de choix pour cet hôtel construit au cours des années 1970 et récemment réhabilité. Cuisine classique au restaurant.

Panorama

27 av. de la Libération – ✆ 04 73 65 11 12 – www.hotel-le-panorama.com – Ouvert 1er mai-20 sept. et 20 déc.-30 mars Zu

39 ch – †80/150 € ††80/150 € – ☕ 13 €

Rest *(fermé le midi)* – Menu 23/29 €

◆ Hôtel-restaurant des années 1960 surplombant la station, non loin du "chemin des Artistes". Chambres dans l'air du temps ; belle piscine panoramique et, au bar, détente au coin du feu.

Le Castelet

av. M. Bertrand – ✆ 04 73 65 05 29 – www.lecastelet-montdore.com – Ouvert 16 mai-30 sept. et 22 déc.-fin mars Yt

35 ch – †62/73 € ††62/90 € – ☕ 9 € – ½ P 54/73 €

Rest *Le Castelet* – voir les restaurants ci-après

◆ Au cœur de paysages verdoyants, cette maison des années 1920 dégage une atmosphère chaleureuse. Les chambres, sobres et contemporaines, sont parfaites pour une étape dans le massif du Sancy.

LE MONT-DORE

Apollinaire (R. S.)	Y	2
Artistes (Chemin des)	Z	
Banc (R. Jean)	Y	3
Belges (Av. des)	Y	
Bertrand (Av. M.)	Y	
Chazotte (R. Capitaine)	Y	4
Clemenceau (Av.)	Z	5
Clermont (Av. de)	Y	7
Crouzets (Av. des)	Y	
Déportés (R. des)	Z	8
Dr-Claude (R.)	Y	
Duchâtel (R.)	Z	9
Favart (R.)	Y	12
Ferry (Av. J.)	YZ	
Gaulle (Pl. Ch.-de)	Y	14
Guyot-Dessaigne (Av.)	Y	15
Latru (R.)	Y	
Lavialle (R.)	Y	
Leclerc (Av. du Gén.)	Y	
Libération (Av. de la)	YZ	
Melchi-Roze (Chemin)	Y	
Meynadier (R.)	YZ	
Mirabeau (Bd)	Y	
Montlosier (R.)	Y	19
Moulin (R. Jean)	Z	20
Panthéon (Pl. du)	Z	22
Pasteur (R.)	Y	
Ramond (R.)	Z	24
République (Pl. de la)	Z	26
Rigny (R.)	Z	28
Sand (Allée G.)	YZ	29
Sanistas (R. F.)	Y	
Verrier (R. P.)	Y	
Wilson (Av.)	Y	
19-Mars-1962 (R. du)	Y	32

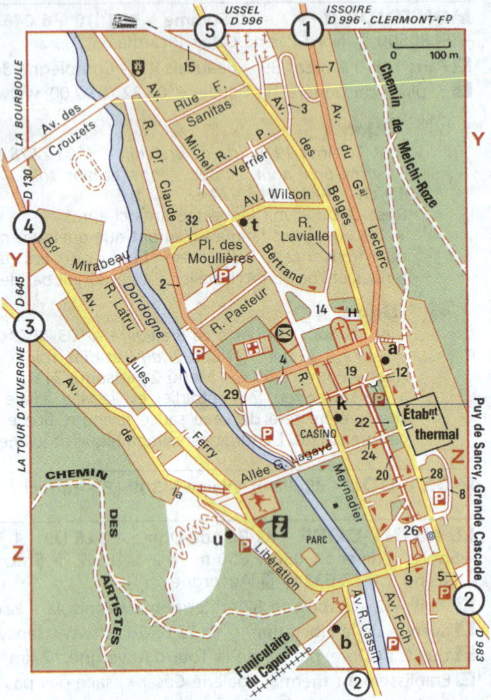

De Russie

3 r. Favart – ✆ 04 73 65 05 97 – www.lerussie.com **Ya**

32 ch – †60/75 € ††60/75 € – 1 suite – ☕ 10 €

Rest ***Le 1050*** – voir les restaurants ci-après

◆ La joie et la bonne humeur règnent dans cet hôtel né en 1902. Tout est décoré dans un style jeune et original, y compris les chambres, et tout est fait pour que l'on se sente bien, du petit-déjeuner copieux jusqu'aux prestations "ski".

Parc

rest,

r. Meynadier – ✆ 04 73 65 02 92
– www.hotelduparc-montdore.com
– Ouvert 15 avril-1er oct. et 25 déc.-25 mars **Zk**

37 ch – †51/55 € ††58/63 € – ☕ 8 € – ½ P 52/55 €

Rest *(résidents seult)* – Menu 15 €

◆ Bel immeuble centenaire au centre de la célèbre station thermale où, déjà, les Gaulois venaient "prendre les eaux". Chambres confortables et bien tenues. Boiseries, moulures, haut plafond et cheminée distinguent la salle à manger ; cuisine traditionnelle.

Les Charmettes sans rest

30 av. G. Clemenceau, par ② – ✆ 04 73 65 05 49
– www.hotellescharmettes.com
– Fermé 25 mars-14 avril et 3 nov.-16 déc.

19 ch – †47/50 € ††49/68 € – ☕ 7 €

◆ Au cœur de la station, une petite maison où vous apprécierez des chambres douillettes et confortables, décorées dans un esprit montagne. Agréable coin salon-bibliothèque.

La Closerie de Manou sans rest
Le Genestoux, 3 km par ⑤ et D 996 – ✆ 04 73 65 26 81 – www.lacloseriedemanou.com – Ouvert d'avril à mi-oct.
5 ch – †60/65 € ††85/90 €
◆ Cette maison auvergnate du 18ᵉs. entourée de verdure est une petite merveille. Ses chambres cosy, assez vastes, ont du caractère, et l'accueil est tout à fait charmant !

Le Castelet – Hôtel Le Castelet
av. M. Bertrand – ✆ 04 73 65 05 29 – www.lecastelet-montdore.com – Ouvert 16 mai-30 sept. et 22 déc.-fin mars Yt
Rest – Formule 18 € – Menu 23/28 €
◆ Les amateurs de cuisine auvergnate sont ravis du menu unique consacré au terroir proposé ici. Il faut dire que potée, petit salé, truffade et autres pounti ont de quoi mettre du baume au cœur !

Le Pitsounet
Le Genestoux, 3 km par ⑤ sur D 996 – ✆ 04 73 65 00 67 – www.lepitsounet.com – Fermé 2 nov.-15 déc., dim. soir et lundi sauf juil.-août et fév.
Rest – Menu 18/35 € – Carte 21/36 €
◆ Atmosphère agreste dans ce chalet posté en bordure d'une route départementale, abritant deux salles à manger rustiques. Copieuse cuisine régionale à prix doux.

La Golmotte
Le Barbier, 2,5 km par ② – ✆ 04 73 65 05 77 – www.aubergelagolmotte.com – Fermé 8 nov.-15 déc.
Rest – Menu 16/37 € – Carte 28/41 €
◆ Cuisine traditionnelle revisitée avec goût et subtilité par un chef amoureux des produits et de sa région. Salle rustique installée dans l'ancienne étable de la ferme.

Le 1050 – Hôtel De Russie
3 r. Favart – ✆ 04 73 65 05 97 – www.lerussie.com Ya
Rest – Menu 18 € – Carte 26/40 €
◆ Ce restaurant ose le mélange des genres côté déco et c'est réussi. On y sert une bonne cuisine régionale avec ses "must", tels le chou farci, la potée auvergnate, la viande de Salers...

au Lac de Guéry 8,5 km par ① sur D 983 – ✉ 63240 Auvergne

Lac★.

Auberge du Lac de Guéry avec ch
– ✆ 04 73 65 02 76 – www.auberge-lac-guery.fr – Ouvert 22 janv.-19 mars et 1ᵉʳ avril-14 oct.
10 ch – †55 € ††62 € – 9 € – ½ P 64 €
Rest *(fermé merc. midi sauf vacances scolaires)* – Menu 21/42 € – Carte 25/48 €
◆ Auberge au bord d'un lac de l'enchanteur parc régional des Volcans d'Auvergne. Cuisine régionale, simple et goûteuse, servie dans une salle à manger au décor rustique.

au pied du Puy de Sancy 3 km par ② – ✉ 63240 Le Mont-Dore – alt. 1 885 m

Puy Ferrand
– ✆ 04 73 65 18 99 – www.hotel-puy-ferrand.com – Fermé 30 sept.-18 déc.
36 ch – †65/76 € ††69/88 € – 10 € – ½ P 62/78 €
Rest *Puy Ferrand* – voir les restaurants ci-après
◆ Une vraie bouffée d'air pur que ce majestueux chalet parmi les sapins, au pied des pistes. Sport et nature y sont bien représentés avec le magasin de ski attenant, la piscine et le fitness. Un style délicieusement montagnard.

Puy Ferrand
– ✆ 04 73 65 18 99 – www.hotel-puy-ferrand.com – Fermé 30 sept.-18 déc.
Rest – Formule 16 € – Menu 24/33 € – Carte 27/43 €
◆ Dans un chalet, un restaurant bien sympathique qui propose de bonnes recettes de la région, comme la fondue mont-dorienne, la truffade ou le petit salé aux lentilles. La terrasse face aux montagnes achève de donner le sourire.

MONTEAUX – 41 Loir-et-Cher – **318** D7 – 768 h. – alt. 62 m **11** A1
– ✉ 41150

Paris 210 – Blois 25 – Orléans 85 – Tours 40

Le Château du Portail sans rest

La Besnerie, 1 km par rte de Mesland – ✆ 02 54 70 22 88 – www.chateauduportail.com – Fermé 3-15 janv.

5 ch – 160/190 € 160/190 €

◆ Sa situation entre Blois et Amboise est idéale pour visiter les châteaux de la Loire. Luxueuse demeure (17e-18e s.) avec jardin à la française et chambres aux meubles anciens.

MONTEILS – 82 Tarn-et-Garonne – **337** F6 – rattaché à Caussade

MONTÉLIER – 26 Drôme – **332** D4 – 3 433 h. – alt. 219 m – ✉ 26120 **43** E2

Paris 567 – Crest 27 – Romans-sur-Isère 13 – Valence 12

La Martinière

ZA La Pimpie, rte de Chabeuil – ✆ 04 75 59 60 65 – www.a-lamartiniere.com

30 ch – 55 € 62 € – 8 € – ½ P 62 €

Rest – Menu 15 € (déj. en sem.), 22/65 € – Carte 21/75 €

◆ Dans cette maison récente, les chambres sont petites mais confortables. Agréable piscine dans le jardin. Au restaurant, atmosphère néoprovençale, cuisine traditionnelle assez simple et très beau choix de bordeaux.

MONTÉLIMAR – 26 Drôme – **332** B6 – 34 847 h. – alt. 90 m **44** B3
– ✉ 26200 Lyon Drôme Ardèche

Paris 602 – Avignon 83 – Nîmes 108 – Le Puy-en-Velay 132

Allées Provençales, ✆ 04 75 01 00 20, www.montelimar-tourisme.com

de La Valdaine, à Montboucher-sur-Jabron, Château du Monard, E : 4 km par D 540, ✆ 04 75 00 71 33

de la Drôme provencale, à Clansayes, par N 7 et rte de Nyons : 21 km, ✆ 04 75 98 57 03

Allées provençales★ - Musée de la Miniature★ **M.**

Site★★ du Château de Rochemaure★, 7 km par ④.

Du Parc sans rest

27 av. Ch. de Gaulle – ✆ 04 75 01 00 73 – www.hotelduparc-montelimar.com

16 ch – 54/124 € 54/124 € – 8 € **Ya**

◆ Hôtel accueillant, construit en même temps que la gare toute proche, dans les années 1860. Petites chambres très propres (bonne literie). Breakfast en terrasse l'été.

Aux Gourmands

8 pl. du Marché – ✆ 04 75 01 16 21 – www.aux-gourmands.fr – Fermé 28 août-5 sept., 25 déc.-7 janv., dim. et lundi **Yf**

Rest – Menu 29/59 € – Carte 39/55 €

◆ Une adresse canaille et gourmande, sur la place du Marché... Lui est passionné par le vin (600 références !), elle – en cuisine – par les bons produits et la bistronomie.

Petite France

34 imp. Raymond Daujat – ✆ 04 75 46 07 94 – Fermé 21 juil.-20 août, 21-25 déc., dim. sauf le midi de nov. à avril et lundi **Yn**

Rest – Formule 13 € – Menu 22/32 € – Carte 30/45 €

◆ Il faut aller dénicher cette petite adresse dans une impasse, au cœur de la vieille ville... Décor jaune citron et cuisine traditionnelle à base de produits frais.

Le Grillon

33 bd Meynot – ✆ 04 75 01 79 02 – Fermé dim. soir et lundi **Zx**

Rest – Formule 11 € – Menu 14 € (déj. en sem.), 16/33 € – Carte 27/45 €

◆ Ce Grillon chante la tradition, avec le petit accent du terroir provençal... Terrasse sous les platanes, salle classique.

MONTÉLIMAR

Adhémar (R.)	Z	2
Aygu (Av.)	Z	4
Baudina (R.)	Y	5
Blanc (Pl. L.)	Z	6
Bourgneuf (R.)	Y	8
Carmes (Pl. des)	Y	9
Chemin Neuf (R. du)	Z	10
Clercs (Pl. des)	Y	12
Corneroche (R.)	Y	14
Cuiraterie (R.)	Z	15
Desmarais (Bd Marre)	Y	17
Dormoy (Pl. M.)	Z	18
Espoulette (Av. d')	Z	19
Europe (Pl. de l')	Z	21
Fust (Pl. du)	Y	23
Gaulle (Bd Gén.-de)	Z	25
Juiverie (R.)	Y	28
Julien (R. Pierre)	YZ	
Loubet (Pl. Émile)	Z	29
Loubet (R. Émile)	Z	30
Meyer (R. M.)	Y	32
Monnaie-Vieille (R.)	Y	34
Montant-au-Château (R.)	Y	35
Planel (Pl. A.)	Z	37
Poitiers (R. Diane de)	Z	38
Porte Neuve (R.)	Z	39
Prado (Pl. du)	Y	41
Puits Neuf (R. du)	Y	42
Rochemaure (Av. de)	Y	47
St-Martin (Montée)	Y	50
St-Pierre (R.)	Y	51
Villeneuve (Av. de)	Y	54

par N 7 7,5 km par ② – ✉ 26780 Châteauneuf-du-Rhône

Pavillon de l'Étang

N 7 – ✆ 04 75 90 76 82 – www.lepavillondeletang.fr – Fermé 24 oct.-10 nov., 2-14 janv., merc. soir, dim. soir et lundi

Rest *(nombre de couverts limité, réserver)* – Formule 23 € bc – Menu 36/70 € bc – Carte 35/61 €

◆ Le cadre bucolique et l'accueil avenant font l'attrait de cette maison en pleine campagne. Cadre raffiné et chaleureux. Menu truffe en saison et spécialité de gratin de homard.

au Sud 9 km par ② puis N 7 et D 844, rte Donzère – ✉ 26780 Malataverne

Domaine du Colombier

– ✆ 04 75 90 86 86 – www.domaine-colombier.com

23 ch – †110/115 € ††130/210 € – 3 suites – ☕ 19 €

Rest ***Domaine du Colombier*** – voir les restaurants ci-après

◆ Un parc arboré, une piscine pour se prélasser et un accueil aux petits soins : tout est si paisible... Pour ne rien gâcher, cette bastide cultive son style provençal avec subtilité et raffinement. Pour une très belle échappée !

Domaine du Colombier

– ✆ 04 75 90 86 86 – www.domaine-colombier.com

Rest – Menu 31 € (déj. en sem.), 52/85 € – Carte 75/106 €

◆ Une salle voûtée immaculée et sagement contemporaine ; une terrasse délicieuse : sur les ruines d'un hermitage monastique, ce domaine est incontestablement apaisant... Quant à la cuisine, fine et ancrée dans l'époque, elle ravit les papilles.

Une bonne table sans se ruiner ? Repérez les Bib Gourmand.

à St-Marcel-lès-Sauzet 7 km au Nord-Est par D 6 - Y - 1 138 h. - alt. 110 m - ✉ 26740

XX **Le Prieuré**

au village - ☎ 04 75 46 78 68 - www.restau-le-prieure.com - Fermé 5-12 mars, 14 oct.-6 nov., dim. soir, jeudi soir et lundi
Rest - Formule 17 € bc - Menu 33/45 € bc - Carte 27/63 €
◆ Joie du gallinacé... une impressionnante collection de coqs décore la salle de cette belle maison colorée ! On y apprécie une cuisine de tradition à l'accent provençal.

MONTENACH - 57 Moselle - **307** J2 - rattaché à Sierck-les-Bains

---

MONTENDRE - 17 Charente-Maritime - **324** H8 - 3 144 h. - alt. 90 m **38** B3
- ✉ 17130 Poitou Charentes Vendée
Paris 522 - Bordeaux 74 - Poitiers 186 - La Rochelle 138
1 place de l'Église, ☎ 05 46 49 46 45, www.montendre-tourisme.fr

X **La Quincaillerie**

30 r. de l'Hôtel-de-Ville - ☎ 05 46 70 42 41 - www.restaurant-laquincaillerie.fr - Fermé 2 sem. en janv., 12-24 nov., dim. soir, mardi soir et lundi
Rest - Formule 13 € - Menu 15 € (déj. en sem.), 26/36 €
◆ Du métal, des pierres, des poutres, un beau parquet... Cette ancienne quincaillerie, sobre et élégante, est pile dans la tendance bistrot chic. Et dans l'assiette, de la générosité et des beaux produits, le tout à prix d'ami ! Menu unique le midi.

MONTESQUIEU-DES-ALBÈRES - 66 Pyrénées-Orientales - **344** I7 **22** B3
- 1 146 h. - alt. 260 m - ✉ 66740
Paris 877 - Barcelona 178 - Montpellier 181 - Perpignan 34

X **Le Cabaret**

Mas des Trompettes-Hautes - ☎ 04 68 83 34 57 - Fermé 3 janv.-15 fév. et le midi
Rest *(réservation indispensable)* - Carte 25/80 €
◆ Des œuvres d'artistes locaux, des objets anciens, un bassin de carpes koï, des cuisines ouvertes sur la salle : un lieu atypique et convivial. Comme le dit le chef, il "chine puis cuisine", au gré du marché et de la criée. Suivez-le sans hésiter.

MONTESQUIOU - 32 Gers - **336** D8 - 605 h. - alt. 214 m - ✉ 32320 **28** A2
Paris 783 - Auch 33 - Tarbes 60 - Toulouse 112
Mairie, ☎ 05 62 70 91 18

Maison de la Porte Fortifiée

au village, près de la porte fortifiée - ☎ 05 62 70 97 06 - www.porte-fortifiee.eu - Fermé 7 janv.-29 mars
4 ch - 80/110 € 90/130 € **Table d'hôte** - Menu 34 €
◆ Deux belles maisons anciennes situées près de la porte fortifiée (13e s.) du village. Les chambres, décorées de mobilier chiné, ont beaucoup de charme, et la journée commence avec l'odeur des croissants frais. Table d'hôte aux saveurs d'ici et d'ailleurs.

MONTEUX - 84 Vaucluse - **332** C9 - rattaché à Carpentras

MONTFAUCON - 25 Doubs - **321** G3 - rattaché à Besançon

MONTFAVET - 84 Vaucluse - **332** C10 - rattaché à Avignon

MONTFORT-EN-CHALOSSE - 40 Landes - **335** F12 - 1 145 h. **3** B3
- alt. 110 m - ✉ 40380 Aquitaine
Paris 744 - Aire-sur-l'Adour 57 - Dax 19 - Hagetmau 27
55, place Foch, ☎ 05 58 98 58 50, www.tourisme-montfortenchalosse.fr
Musée de la Chalosse★.

Aux Tauzins
rte d'Hagetmau – 05 58 98 60 22 – www.auxtauzins.com – Fermé 28 sept.-15 oct., 13 fév.-12 mars, dim. soir et lundi sauf juil.-août
16 ch – 61 € 82 € – 8 € – ½ P 90 €
Rest *(fermé lundi sauf le soir en juil.-août et dim. soir hors saison)* – Menu 23/44 € – Carte 45/60 €
◆ Adresse familiale proposant des chambres simples et bien tenues ; certaines sont dotées d'un balcon donnant sur les vallons de la Chalosse. Jardin avec mini-golf et piscine. Restaurant panoramique de style champêtre, terrasse sous la glycine et spécialités régionales.

MONTFORT-L'AMAURY – 78 Yvelines – **311** G3 – 3 102 h. – alt. 185 m – 78490 Île de France **18** A2

Paris 46 – Dreux 36 – Houdan 18 – Mantes-la-Jolie 31
3, rue Amaury, 01 34 86 87 96, www.ville-montfort-l-amaury.fr
du Domaine du Tremblay, à Le Tremblay-sur-Mauldre, Place de l'Eglise, E : 8 km, 01 34 94 25 70
Église★ - Ancien cimetière★ - Ruines du château ★.

St-Laurent sans rest
2 pl. Lebreton – 01 34 57 06 66 – www.hotelsaint-laurent.com – Fermé 30 juil.-20 août et 27 déc.-3 janv.
15 ch – 105/190 € 110/195 € – 16 €
◆ À vous de choisir votre décor : le superbe hôtel particulier du 17es., les récentes chambres du pavillon situé dans le jardin ou le grand luxe de la Résidence.

MONTGENEVRE – 05 Hautes-Alpes – **334** I3 – 486 h. – alt. 1 850 m – 05100 **41** C1

Paris 757 – Briançon 13 – Gap 99 – Marseille 274
route d'Italie, 04 92 21 52 52, www.montgenevre.com

Le Chalet Blanc
Hameau de l'Obélisque – 04 92 44 27 02 – www.hotellechaletblanc.com – Ouvert fin juin à mi-sept. et mi-déc. à mi-avril
32 ch – 140/380 € 140/380 €
Rest ***La Table Blanche*** – voir les restaurants ci-après
◆ Cet hôtel cossu, dernier-né de la station, affiche d'emblée son standing. Confort au top et décoration associant les matériaux alpins (pierre, bois) et le style contemporain. Espace bien-être.

La Table Blanche
Hameau de l'Obélisque – 04 92 44 27 02 – www.hotellechaletblanc.com – Ouvert fin juin à mi-sept. et mi-déc. à mi-avril
Rest *(dîner seult)* – Menu 35 € – Carte 40/60 €
◆ Tartare de Saint-Jacques, filet d'agneau au foin et ses frites de beaufort... Une agréable cuisine du moment dans un chalet élégant, épuré et design.

MONTGIBAUD – 19 Corrèze – **329** J2 – 231 h. – alt. 460 m – 19210 **24** B2

Paris 434 – Arnac-Pompadour 15 – Limoges 47 – St-Yrieix-la-Perche 23

Le Tilleul de Sully
– 05 55 98 01 96 – Fermé 19 déc.-9 janv., mardi soir hors saison, dim. soir et lundi sauf fériés
Rest *(nombre de couverts limité, réserver)* – Formule 15 € bc – Menu 19 € (sem.), 28/42 € – Carte 35/45 €
◆ C'est là, à l'ombre du vieux tilleul, que se trouve cette auberge de campagne. Fleurs de courgette, carottes, choux pommelés, groseilles, etc., abondent dans le potager et le chef sait les préparer ! Une savoureuse cuisine du terroir corrézien à déguster devant la cheminée ou dehors, face aux arbres fruitiers.

MONTGRÉSIN – 60 Oise – **305** G6 – rattaché à Chantilly

LES MONTHAIRONS – 55 Meuse – **307** D4 – rattaché à Verdun

MONTHIEUX – 01 Ain – **328** C5 – **595 h.** – **alt. 295 m** – ✉ **01390** **43** E1

Paris 443 – Bourg-en-Bresse 38 – Lyon 31 – Meximieux 26

Le Gouverneur

D 6 – ☎ 04 72 26 42 00 – www.golfgouverneur.fr – Fermé 22 déc.-4 janv.

53 ch – †110/130 € ††110/130 € – ☕ 12 €

Rest *(fermé dim. d' oct. à mars) (dîner seult)* – Formule 18 € bc – Menu 29/43 € – Carte 30/50 €

◆ Cet hôtel en pleine campagne n'est autre que l'ancien domaine du gouverneur de la Dombes (14e s.). Parfait pour des activités de plein air comme le golf (9 et 18 trous) ou la pêche grâce aux nombreux étangs. Chambres fonctionnelles et confortables ; restaurant, club house, etc.

MONTHION – 73 Savoie – **333** L4 – **rattaché à Albertville**

MONTIGNAC – 24 Dordogne – **329** H5 – **2 852 h.** – **alt. 77 m** **4** D1 – ✉ **24290** Périgord Quercy

Paris 513 – Brive-la-Gaillarde 39 – Limoges 126 – Périgueux 54

place Bertran-de-Born, ☎ 05 53 51 82 60, www.tourisme-vezere.com

Grottes de Lascaux★★ SE : 2 km.

Le Thot, espace cro-magnon★ S : 7 km - Église★★ de St-Amand de Coly E : 7 km.

Relais du Soleil d'Or

16 r. du 4 Septembre – ☎ 05 53 51 80 22 – www.le-soleil-dor.com – Fermé janv.-fév.

32 ch – †69/103 € ††69/157 € – ☕ 13 € – ½ P 73/117 €

Rest *Relais du Soleil d'Or* Rest *Le Bistrot* – voir les restaurants ci-après

◆ Un ancien relais de poste avec un grand parc, au centre de la petite cité périgourdine. Les chambres de l'annexe sont confortables et plus contemporaines ; la plupart donnent sur la verdure.

Hostellerie la Roseraie

11 pl. d'Armes – ☎ 05 53 50 53 92 – www.laroseraie-hotel.com – Ouvert 7 avril-1er nov.

14 ch – †75/95 € ††80/190 € – ☕ 14 € – ½ P 85/165 €

Rest *Hostellerie la Roseraie* – voir les restaurants ci-après

◆ Au cœur du village médiéval, une demeure du 19es. sur les bords de la Vézère. Les chambres sont coquettes et portent des noms de roses. Et dans le jardin : une roseraie...

Relais du Soleil d'Or – Hôtel Relais du Soleil d'Or

16 r. du 4 Septembre – ☎ 05 53 51 80 22 – www.le-soleil-dor.com – Fermé janv.-fév., dim. soir et lundi de nov. à mars

Rest – Menu 27/53 € – Carte 26/48 €

◆ Un relais ensoleillé (véranda face à la piscine) où l'on propose une cuisine traditionnelle : bonbons d'escargots persillés ; tournedos de canard, sauce miel et agrume...

Hostellerie la Roseraie – Hostellerie la Roseraie

11 pl. d'Armes – ☎ 05 53 50 53 92 – www.laroseraie-hotel.com – Ouvert 7 avril-1er nov. et fermé le midi hors saison

Rest – Menu 27/55 € – Carte 27/60 €

◆ Un restaurant au charme bourgeois et romantique, une belle terrasse ombragée... Autant dire que ce cadre sert à merveille la cuisine du chef, tout en classicisme.

Le Bistrot – Hôtel Relais du Soleil d'Or

16 r. du 4 Septembre – ☎ 05 53 51 80 22 – www.le-soleil-dor.com – Fermé janv.-fév., dim. soir et lundi de nov. à mars

Rest – Menu 11 € (déj. en sem.)/18 € – Carte environ 27 €

◆ Dans ce Bistrot, rendez-vous avec une cuisine traditionnelle simple mais bien ficelée... Idéal pour un repas sur le pouce.

MONTIGNY-LA-RESLE – 89 Yonne – **319** F4 – **607 h.** – **alt. 155 m** **7** B1 – ✉ **89230**

Paris 170 – Auxerre 14 – St-Florentin 19 – Tonnerre 32

Le Soleil d'Or

N 77 – ✆ 03 86 41 81 21 – www.lesoleil-dor.com – Fermé dim. soir de nov. à fév.
16 ch – †59/72 € ††59/72 € – ☕ 10 € – ½ P 65 €
Rest – Formule 12 € – Menu 30 € (déj. en sem.), 45/58 € – Carte 50/90 €
◆ Ancien relais de poste situé en bordure de route nationale. Les chambres, pratiques et climatisées, ont été aménagées sur l'arrière (dans les granges), comme dans un motel. Au restaurant, cuisine traditionnelle ; beau petit salon orné de boiseries.

MONTIGNY-LE-BRETONNEUX – **78 Yvelines** – **311** I3 – **101** 22 – **voir à Paris, Environs (St-Quentin-en-Yvelines)**

MONTIGNY-LE-ROI – **52 Haute-Marne** – **313** M6 – **2 181 h.** – **alt. 404 m** – ✉ **52140** **14** C3

Paris 296 – Bourbonne-les-Bains 21 – Chaumont 35 – Langres 23

L'Arcombelle rest,

25 av. de Lierneux – ✆ 03 25 90 30 18 – www.hotel-arcombelle.com
– Fermé vend. et sam. en janv., dim. d'oct. à mars
24 ch – †65/88 € ††65/88 € – ☕ 10 € **Rest** – Menu 20/40 € – Carte 37/56 €
◆ Sur un carrefour à l'entrée du village, un hôtel pratique pour le tourisme ou les affaires, proposant des chambres conviviales et bien insonorisées. Salle à manger typique des années 1980. Parmi les spécialités : foie gras, saumon fumé et fondue champennoise.

MONTIGNY-LÈS-ARSURES – **39 Jura** – **321** E5 – **272 h.** – **alt. 400 m** – ✉ **39600** **16** B2

Paris 417 – Besançon 46 – Lons-le-Saunier 42 – Pontarlier 55

Château de Chavanes sans rest

r. St-Laurent – ✆ 03 84 37 47 95 – www.chateau-de-chavanes.com
– Ouvert avril-fin oct.
5 ch ☕ – †130/145 € ††130/145 €
◆ Au cœur d'un domaine viticole, cette charmante gentilhommière de 1708 marie avec goût le chic contemporain et la patine de l'ancien. Meubles chinés, touches design : la déco est vraiment très réussie ! Et il y a aussi le caveau de dégustation, la jolie terrasse donnant sur les vignes...

MONTIPOURET – **36 Indre** – **323** H7 – **566 h.** – **alt. 200 m** – ✉ **36230** **12** C3

Paris 295 – Châteauroux 28 – Issoudun 37 – Orléans 169

à La Brande 5 km au Nord-Est par D49 et rte secondaire - ✉36230 Montipouret

Maison Voilà ch,

La Brande – ✆ 02 54 31 17 91 – www.maisonvoila.com
4 ch ☕ – †50 € ††80 € **Table d'hôte** – Menu 10/25 €
◆ En pleine campagne, cette ferme du 19e s. est tout simplement cosy. Un jardin planté d'arbres fruitiers, un repas pris en compagnie des propriétaires sur la terrasse ou près de la cheminée... Voilà, tout est dit.

MONTJEAN-SUR-LOIRE – **49 Maine-et-Loire** – **317** D4 – **2 745 h.** – **alt. 44 m** – ✉ **49570** Châteaux de la Loire **34** B2

Paris 324 – Angers 28 – Ancenis 30 – Châteaubriant 64

20 rue d'Anjou, ✆ 02 41 39 07 10

Le Fief des Cordeliers sans rest

lieu-dit Bellevue – ✆ 02 41 43 96 09 – http://logis.lefiefdescordeliers.com
4 ch ☕ – †62/76 € ††76/132 €
◆ Toute la douceur angevine imprègne cet ancien couvent du 15e s., qui domine la Loire et la vallée (belvédère dans le parc). Chambres de bon confort, au mobilier classique.

XX **Auberge de la Loire** avec ch rest,

2 quai des Mariniers – ✆ 02 41 39 80 20 – www.aubergedelaloire.com
– Fermé 21 déc.-15 janv.
8 ch – †54/63 € ††54/63 € – ☐ 9 €
Rest *(fermé merc. soir et dim. soir de mars à oct. et merc. midi)* – Formule 14 € – Menu 21/46 € – Carte 30/50 €
◆ Accueillante auberge familiale des bords de Loire. On y déguste une délicieuse cuisine traditionnelle à base de produits frais, provenant notamment de la pêche locale. Chambres simples et bien tenues, dont la moitié regardent le fleuve.

MONTLIARD – 45 Loiret – 318 L3 – rattaché à Bellegarde

MONTLIVAULT – 41 Loir-et-Cher – 318 F6 – 1 327 h. – alt. 77 m – ✉ 41350 — 11 B2

▶ Paris 180 – Blois 13 – Olivet 58 – Orléans 56

XX ✿ **La Maison d'à Côté** (Ludovic Laurenty) avec ch

25 rte de Chambord – ✆ 02 54 20 62 30 – www.lamaisondacote.fr
– Fermé 12-30 nov., 2-19 janv., mardi et merc.
8 ch – †78/95 € ††78/95 € – ☐ 10 € – ½ P 87/95 €
Rest – Formule 25 € bc – Menu 40/65 €
Spéc. Asperges de Vineuil, croquettes d'herbes fraîches et mousseline citron (avril-mai). Porcelet vendômois rôti, galette de maïs et légumes de saison. Macaron de fraises de Montlivault, crème légère pistache et coulis fruits rouges (juin-juil.). **Vins** Cheverny, Vouvray.
◆ Dans cette auberge de village, l'atmosphère est feutrée et contemporaine... Le chef concocte une belle cuisine du marché, respectueuse des produits et des saisons. Pour prolonger l'étape, des chambres tout en sobriété et raffinement (bois sombre, couleurs chaudes).

MONT-LOUIS – 66 Pyrénées-Orientales – 344 D7 – 288 h. – alt. 1 565 m – ✉ 66210 Languedoc Roussillon — 22 A3

▶ Paris 867 – Andorra-la-Vella 90 – Font-Romeu-Odeillo-Via 10 – Perpignan 81
ℹ 3, rue Lieutenant Pruneta, ✆ 04 68 04 21 97, http://mont-louis.net
◉ Remparts★ - Lacs des Bouillouses★.

à la Llagonne 3 km au Nord par D 118 – 260 h. – alt. 1 600 m – ✉ 66210

Corrieu rest,

– ✆ 04 68 04 22 04 – www.hotel-corrieu.com
– Ouvert 16 juin-17 sept., 22 déc.-6 janv. et 12 janv.-24 mars
20 ch – †64/80 € ††68/90 € – 3 suites – ☐ 11 € – ½ P 62/105 €
Rest *(dîner seult)* – Menu 21/42 € – Carte 27/50 €
◆ Cette grande bâtisse de style régional se révèle être l'hôtel familial par excellence, avec les Pyrénées pour toile de fond ! Les chambres sont simples, certaines avec balcon ; mention spéciale pour les "lodges" mansardés. Nature, chevaux, restaurant traditionnel : une bouffée d'air frais.

MONTLOUIS – 18 Cher – 323 K4 – 116 h. – alt. 180 m – ✉ 18160 — 12 C3

▶ Paris 277 – Bourges 39 – Châteauroux 56 – Orléans 152

Domaine de Varennes sans rest

– ✆ 02 48 60 11 86 – www.domaine-de-varennes.com – Fermé 5 janv.-20 mars
5 ch ☐ – †70/100 € ††75/105 €
◆ Une ferme médiévale, un manoir du 18es. et une annexe. Les chambres – douillettes et un brin romantiques – invitent au rêve et, dans le parc, on profite de la piscine et du golf.

MONTLOUIS-SUR-LOIRE – 37 Indre-et-Loire – 317 N4 – 10 444 h. – alt. 60 m – ✉ 37270 Châteaux de la Loire — 11 B2

▶ Paris 235 – Amboise 14 – Blois 49 – Château-Renault 32
ℹ 4, place Abraham Courtemanche, ✆ 02 47 45 85 10, www.ville-montlouis-loire.fr

Château de la Bourdaisière sans rest

– ✆ 02 47 45 16 31 – *www.chateaulabourdaisiere.com*
– *Ouvert 1er avril-15 nov.*
26 ch – †165/275 € ††165/305 € – ☕ 15 €
◆ Un séjour royal ! En son temps, ce château accueillit Gabrielle d'Estrées. Tomates et dalhias sont désormais les favoris... du potager ; découvrez-les au salon de thé.

Le Montloire

4 bis pl F.-Mitterrand – ✆ 02 47 50 84 84 – www.montloire.fr
23 ch – †65 € ††65 € – ☕ 8 € – ½ P 60 €
Rest *(fermé dim.)* – Formule 18 € bc – Menu 22/45 € – Carte 28/35 €
◆ Montloire était autrefois le nom du village ; c'est désormais un hôtel bien pratique, aux chambres simples et agréables. Avant une nuit de repos, on peut se laisser tenter par cette cuisine traditionnelle à prix raisonnable.

Toque et Vins

47 Quai A.-Baillet – ✆ 02 47 52 34 58 – www.restaurant-toque-et-vins.fr – Fermé 1er-10 août, dim. soir et lundi
Rest – Formule 20 € – Menu 33/62 € – Carte 47/71 €
◆ Sur la route longeant la Loire, faites une pause gourmande dans cette maison régionale et savourez un pressé de foie gras et ris de veau à la gelée de Montlouis, par exemple...

MONTLUÇON – 03 Allier – 326 C4 – 39 492 h. – alt. 220 m 5 B1

– ✉ 03100 Auvergne

Paris 327 – Bourges 97 – Clermont-Ferrand 112 – Limoges 155

67 ter, boulevard de Courtais, ✆ 04 70 05 11 44, www.montlucontourisme.com

du Val de Cher, à Nassigny, 1 route du Vallon, N : 20 km par D 2144, ✆ 04 70 06 71 15

Intérieur★ de l'église St-Pierre (Sainte Madeleine★★) CYZ - Esplanade du château ≤★.

Plan page suivante

Des Bourbons

A/C rest,

47 av. Marx Dormoy – ✆ 04 70 05 28 93 – www.hotel-des-bourbons.com
42 ch – †59 € ††62/67 € – ☕ 9 € – ½ P 55/59 € BZa
Rest *(fermé 23 juil.-20 août, dim. soir et lundi)* – Formule 20 € – Menu 23/43 € – Carte 28/45 €
Rest *Brasserie Pub 47* ✆ 04 70 05 22 79 *(fermé 22 juil.-20 août, dim. soir et lundi)* – Menu 16/19 € – Carte 20/40 €
◆ Face à la gare, un immeuble à la façade engageante, fin 19es., abritant des chambres sobres et fonctionnelles (mobilier hôtelier). Restaurant traditionnel et brasserie.

Grenier à Sel avec ch

pl. des Toiles – ✆ 04 70 05 53 79 – www.legrenierasel.com – Fermé 1er-9 mai, vacances de la Toussaint, 15 fév.-3 mars, sam. midi en hiver, dim. soir de sept. à juin et lundi sauf le soir en juil.-août CZn
7 ch – †80/115 € ††115/135 € – ☕ 11 €
Rest – Menu 23/69 € – Carte 51/77 €
◆ Demeure de charme du 15e s. au cœur de la cité médiévale. Cuisine actuelle servie dans un cadre raffiné. Profitez de la terrasse, c'est un petit coin de paradis. Chambres confortables et plaisantes (douches hydromassantes dans certaines).

Safran d'Or

12 pl. des Toiles – ✆ 04 70 05 09 18 – Fermé 30 août-6 sept., dim. soir, mardi soir et lundi CZu
Rest – Formule 17 € – Menu 22/36 € – Carte 45/54 €
◆ Une maison fort engageante à deux pas de la cité médiévale. Le chef y concocte à sa façon une agréable cuisine traditionnelle. Cadre contemporain et terrasse aux beaux jours.

MONTLUÇON

Barathon (R.)	CZ	2
Beaulieu (R. de)	AX	4
Blanzat (R. de)	AX	5
Château (R. du)	CZ	6
Châtelet (Pont du)	AX	8
Courtais (Bd de)	BCZ	
Desmoulins (R. C.)	AX	9
Dienat (R. du)	AX	10
Egalité (R. de l')	AX	12
Einstein (R. A.)	AX	13
Faucheroux (R.)	AX	14
Favières (Quai)	BY	15
Fontaine (R. de la)	CZ	16
Forges (R. Porte)	CZ	17
Jean-Jaurès (Pl.)	CZ	18
Menut (R. L.)	CY	22
Nègre (Av. J.)	AX	24
Notre-Dame (Pl.)	CZ	25
Notre-Dame (R.)	CZ	26
Pamparoux (R.)	AX	27
Petit (R. P.)	CY	30
Picasso (R. P.)	CY	31
Piquand (R. E.)	BZ	32
République (Av.)	BY	
St-Pierre (Pl.)	BCZ	35
St-Pierre (R. Fg)	BY	36
St-Roch (R.)	BCZ	38
Semard (R. P.)	AX	40
Serruriers (R.)	BCZ	42
Thomas (Av. A.)	AX	45
Verrerie (R. et Pl. de la)	AX	46
Victor-Hugo (R.)	AX	47
Villon (R. P.)	AX	49
Voltaire (R.)	AX	50
5 Piliers (R. des)	CZ	52

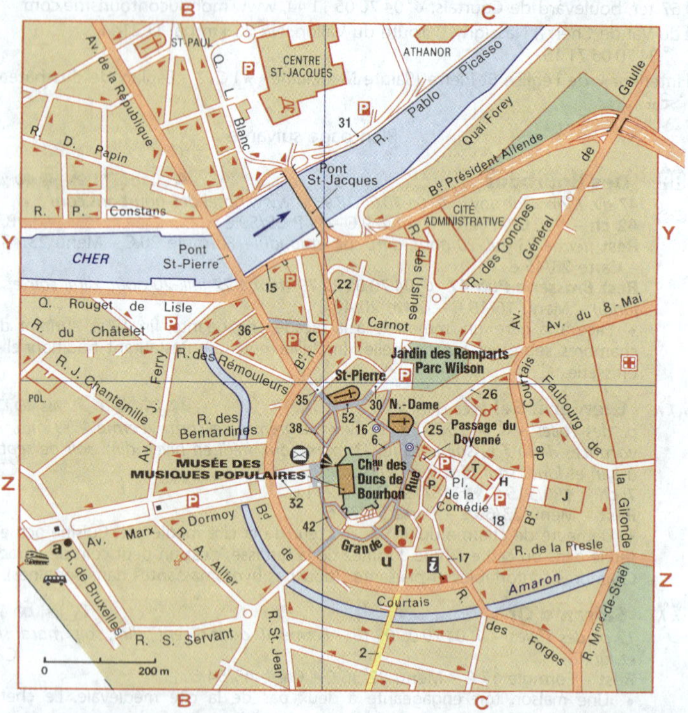

à St-Victor 7 km par ① – 2 014 h. – alt. 212 m – ✉ 03410

Le Jardin Délice
6 rte de Paris – ✆ 04 70 28 80 64 – Fermé 3 sem. en juil., vacances de la Toussaint et de fév.
25 ch – †50 € ††65 € – ☕ 9 €
Rest *Le Jardin Délice* – voir les restaurants ci-après
◆ Un hôtel de plain-pied en bordure de route, dont les chambres, pratiques et parfaitement tenues, ouvrent sur la campagne ou le jardin.

Le Jardin Délice
6 rte de Paris – ✆ 04 70 28 80 64 – Fermé 3 sem. en juil., vacances de la Toussaint, vacances de fév., dim. soir, lundi midi et merc.
Rest – Menu 16 € (déj.)/49 € – Carte 44/76 €
◆ Foie gras, veau poêlé à l'échalote, homard et Saint-Jacques à l'aneth... Côté décor : la salle se révèle lumineuse et avenante, de même la terrasse. Aucun doute, c'est un peu le Jardin des Délices !

MONTLUEL – 01 Ain – **328** D5 – 6 774 h. – alt. 190 m – ✉ 01120 **43** E1
Paris 472 – Bourg-en-Bresse 59 – Chalamont 20 – Lyon 26
28 place Carnot, ✆ 08 75 28 27 72
de Lyon, à Villette-d'Anthon, S : 12 km par D 61, ✆ 04 78 31 11 33

Petit Casset sans rest
96 imp. du Petit Casset, à La Boisse, 2 km au Sud-Ouest – ✆ 04 78 06 21 33 – www.lepetitcasset.fr
17 ch – †71 € ††75 € – ☕ 9 €
◆ Un hôtel sous la vigne vierge, au calme dans un quartier résidentiel, avec un agréable jardin et une petite piscine. Les chambres, pas très grandes, sont bien tenues et fraîches ; certaines avec terrasse.

à Ste-Croix 5 km au Nord par D 61 – 524 h. – alt. 263 m – ✉ 01120

Hôtel Chez Nous
– ✆ 04 78 06 60 60 – www.hotel-restaurant-chez-nous.com
30 ch – †56 € ††60 € – ☕ 8 € – ½ P 46 €
Rest *Hôtel Chez Nous* – voir les restaurants ci-après
◆ "Chez Nous", il y a cette bâtisse à moitié vêtue de bois et de vigne vierge qui propose des chambres fonctionnelles et pratiques. Pour se détendre, le billard attend dans le salon...

Hôtel Chez Nous
– ✆ 04 78 06 61 20 – www.hotel-restaurant-chez-nous.com – Fermé 2-23 janv., mardi midi, dim. soir et lundi
Rest – Formule 13 € – Menu 24 € (déj.), 31/55 € – Carte 37/60 €
◆ On se sent comme chez soi dans ces coquettes salles à manger et sur la grande terrasse ombragée de platanes. Parfait pour découvrir une cuisine régionale concoctée avec des produits frais.

MONTMARAULT – 03 Allier – **326** E5 – 1 571 h. – alt. 480 m **5** B1
– ✉ 03390
Paris 346 – Gannat 41 – Montluçon 31 – Moulins 47

France avec ch
1 r. Marx Dormoy – ✆ 04 70 07 60 26 – www.hoteldefrance-montmarault.com – Fermé 16-23 avril, 14 nov.-5 déc., dim. soir et lundi sauf fériés
9 ch – †49/62 € ††49/62 € – ☕ 9 €
Rest – Menu 19 € (sem.), 29/51 € – Carte 28/56 €
◆ Un France où père et fils œuvrent à quatre mains, concoctant une agréable cuisine traditionnelle. Chambres coquettes et bien tenues, plus calmes sur l'arrière.

MONTMÉLARD – 71 Saône-et-Loire – **320** G12 – 315 h. – alt. 522 m **8** C3
– ✉ 71520
Paris 393 – Mâcon 43 – Montceau-les-Mines 56 – Paray-le-Monial 34

Le St-Cyr avec ch

Le Bourg – 03 85 50 20 76 – www.lesaintcyr.fr – Fermé vacances de fév., 2-8 janv.
7 ch – 48/57 € 57/66 € – 8 € – ½ P 53 €
Rest – Menu 16 € (sem.), 22/40 € – Carte 25/37 €
◆ La propriétaire est originaire de la Réunion et son mari rend hommage à ses origines par des menus spéciaux en hiver. Le reste de l'année, la tradition est à l'honneur : volaille à la crème, croustillant d'escargots, canard au miel... Les chambres de l'établissement sont chaleureuses et reposantes.

MONTMÉLIAN – 73 Savoie – **333** J4 – 4 057 h. – alt. 307 m – 73800 **46** F2
Alpes du Nord

Paris 574 – Albertville 35 – Allevard 22 – Chambéry 14
46, rue du Docteur Veyrat, 04 79 84 42 23, www.montmelian.com
du Granier Apremont, à Apremont, Chemin de Fontaine Rouge, O : 8 km par D 201, 04 79 28 21 26
※★★ du rocher.

George

11 quai de l'Isère, (D 1006) – 04 79 84 05 87 – www.hotelgeorge.fr
11 ch – 42 € 49 € – 7 € – ½ P 59 €
Rest *(fermé 1er-15 juil., vacances de la Toussaint et le midi) (résidents seult)* – Menu 12/17 €
◆ Ancien grenier à sel du 18e s. situé en bordure de route, idéal pour l'étape. Collection de vieux outils ; chambres simples et bien tenues (plus calmes à l'arrière). Petite restauration traditionnelle et menu du jour.

MONTMERLE-SUR-SAÔNE – 01 Ain – **328** B4 – 3 806 h. – alt. 170 m – 01090 **43** E1

Paris 419 – Bourg-en-Bresse 44 – Lyon 48 – Mâcon 34

Émile Job

12 r. du Pont – 04 74 69 33 92 – www.hotelemilejob.com – Fermé 5-20 mars, 22 oct.-14 nov., dim. soir d'oct. à mai, mardi midi et lundi
14 ch – 63/73 € 73/83 € – 8 €
Rest *Émile Job* – voir les restaurants ci-après
◆ Sur les bords de Saône, cette maison régionale a su préserver son atmosphère familiale (troisième génération tout de même). Les chambres sont chaleureuses et colorées, dans une veine contemporaine ; celles de l'annexe sont plus rétro.

Émile Job

12 r. du Pont – 04 74 69 33 92 – www.hotelemilejob.com – Fermé 5-20 mars, 22 oct.-14 nov., dim. soir d'oct. à mai, mardi midi et lundi
Rest – Menu 20 € (sem.), 30/59 € – Carte 44/72 €
◆ Que l'on soit résident ou non à l'hôtel, on risque d'apprécier ces grands classiques qui valorisent le terroir (grenouilles, poissons de lac, poulette de Bresse). Le tout dans un agréable cadre bourgeois.

MONTMIRAIL – 84 Vaucluse – **332** D9 – rattaché à Vacqueyras

---

MONTMORENCY – 95 Val-d'Oise – **305** E7 – **101** 5 – voir Paris, Environs

---

MONTMORILLON – 86 Vienne – **322** L6 – 6 443 h. – alt. 100 m – 86500 Poitou Vendée Charentes **39** D2

Paris 354 – Bellac 43 – Châtellerault 56 – Limoges 88
2, place du Maréchal Leclerc, 05 49 91 11 96, www.tourisme-montmorillon.fr
Église Notre-Dame : fresques★ dans la crypte Ste-Catherine.

Hôtel de France

4 bd de Strasbourg – ✆ 05 49 84 09 09
36 ch – †50 € ††57/64 € – ☕ 8 € – ½ P 60 €
Rest *Le Lucullus* **Rest *Bistrot de Lucullus*** – voir les restaurants ci-après
◆ Après une dizaine d'années passées au Cameroun, un jeune couple du métier a repris cette affaire en 2011. Un retour aux sources : les lieux respirent la tradition hôtelière française, des salles à manger aux chambres. Et les projets ne manquent pas.

Le Lucullus – Hôtel de France

4 bd de Strasbourg – ✆ 05 49 84 09 09 – Fermé 24-30 déc., dim. soir, lundi et mardi
Rest – Menu 22 € – Carte 35/43 €
◆ Près du pont sur la Gartempe, l'un de ces hôtels-restaurants qui cultivent le goût de la tradition. À la carte : tartare de canard au couteau mariné à la confiture d'orange, millefeuille de crêpe soufflé au caramel de beurre salé...

Bistrot de Lucullus – Hôtel de France

4 bd de Strasbourg – ✆ 05 49 84 09 09 – Fermé 24-30 déc., vend. soir, dim. midi et sam.
Rest – Formule 14 € – Carte 23/30 €
◆ Sous l'impulsion de ses nouveaux patrons, ce bistrot joue la carte d'une déco seventies – symbole : le fauteuil pivotant – et c'est sympathique ! Tradition dans l'assiette : une cuisine bien tournée, où les saveurs n'ont rien de psychédélique.

MONTNER – 66 Pyrénées-Orientales – 344 H6 – 312 h. – alt. 127 m – ✉ 66720 22 B3

▶ Paris 860 – Amélie-les-Bains-Palalda 60 – Font-Romeu-Odeillo-Via 82 – Perpignan 28

Auberge du Cellier avec ch

1 r. Ste-Eugénie – ✆ 04 68 29 09 78 – www.aubergeducellier.com – Fermé 22 oct.-30 nov., lundi d'oct. à avril, mardi et merc.
4 ch – †59 € ††68 € – ☕ 9 € – ½ P 68 €
Rest – Menu 19 € (déj.), 41/69 € – Carte 57/63 €
◆ Dans cette charmante maison locale, le chef – un enfant du pays revenu aux sources – s'approvisionne surtout chez les petits producteurs locaux et concocte une cuisine délicate, sincère et éclatante de saveurs. Un régal pour les yeux et les papilles ! Quant aux chambres, elles sont simples mais agréables.

MONTOIRE-SUR-LE-LOIR – 41 Loir-et-Cher – 318 C5 – 4 087 h. – alt. 65 m – ✉ 41800 Châteaux de la Loire 11 B2

▶ Paris 186 – Blois 52 – La Flèche 81 – Le Mans 70

ℹ 16, place Clemenceau, ✆ 02 54 85 23 30, www.otsi-montoire.fr

◉ Chapelle St-Gilles★ : fresques★★ - Pont ≤★.

à Lavardin 2 km au Sud-Est par D 108 – 217 h. – alt. 78 m – ✉ 41800

◉ Jardin du Plessis-Sasnières★ .

Relais d'Antan

6 pl. du Capt.-du-Vigneau – ✆ 02 54 86 61 33 – www.relaisdantan.fr – Fermé en oct., en fév., dim. soir d'oct. à mai, lundi et mardi
Rest – Menu 30/42 € – Carte 35/45 €
◆ Dans un pittoresque village, auberge rustique dont l'une des salles à manger est ornée de fresques d'inspiration médiévale. Agréable terrasse bordant la rive du Loir.

MONTPELLIER P – 34 Hérault – 339 I7 – 252 998 h. 23 C2
– Agglo. 287 981 h. – alt. 27 m – ✉ 34000 Languedoc Roussillon

Paris 758 – Marseille 173 – Nice 330 – Nîmes 55

de Montpellier-Méditerranée ✆ 04 67 20 85 00, 7 km au SE par ③.

30, allée Jean de Latre de Tassigny, ✆ 04 67 60 60 60, www.ot-montpellier.fr

de Fontcaude, à Juvignac, Route de Lodève, par rte de Lodève : 8 km, ✆ 04 67 45 90 10

de Coulondres, à Saint-Gély-du-Fesc, 72 rue des Erables, par rte de Ganges : 12 km, ✆ 04 67 84 13 75

Montpellier Massane, à Baillargues, Domaine de Massane, par rte de Nîmes : 13 km, ✆ 04 67 87 87 89

Vieux Montpellier★★ : hôtel de Varennes★ FY **M²**, hôtel des Trésoriers de la Bourse★ FY **Q**, rue de l'Ancien Courrier★ EFY **4** - Promenade du Peyrou★★ : ≤★ de la terrasse supérieure - Quartier Antigone★ - Musée Fabre★★ FY - Musée Cabières-d'Espeyran★ FY - Musée Atger★ (dans la faculté de médecine) EX - Musée languedocien★ (dans l'hôtel des trésoriers de France) FY **M¹**.

Château de Flaugergues★ E : 3 km - Château de la Mogère★ E : 5 km par D 24 DU.

Plans pages suivantes

Pullman Antigone
1 r. des Pertuisanes – ✆ 04 67 99 72 72 – www.pullmanhotels.com CU**t**
86 ch – †130/270 € ††130/270 € – 2 suites – ☕ 22 €
Rest – Formule 25 € – Menu 40/46 € – Carte 45/65 €
◆ Au sein du quartier d'affaires dessiné par Ricardo Bofill, cet hôtel a été entièrement rénové en 2011. De belles prestations : confort contemporain, salles de séminaire, piscine chauffée et restaurant sur le toit, etc.

Crowne Plaza Corum
190 r. d'Argencourt – ✆ 04 67 72 22 22 – www.crowneplaza.com/montpellier
142 ch – †125/250 € ††125/250 € – 4 suites – ☕ 18 € CU**v**
Rest *(dîner seult)* – Carte 35/50 €
◆ Un hôtel d'affaires flambant neuf, face au centre des congrès. Les chambres se révèlent confortables et élégantes, avec des références originales – et colorées – à l'Asie, l'Afrique, etc. Réussi !

Mercure Antigone
285 bd Aéroport International – ✆ 04 67 20 63 63 – www.mercure.com
114 ch – †95/165 € ††95/165 € – ☕ 16 € DU**f**
Rest *(fermé sam. midi et dim.)* – Carte 36/45 €
◆ Ce Mercure jouit d'une situation avantageuse, face au quartier Antigone et près du passage du tramway. Nombreuses salles de séminaires, parking fermé. Spécialités régionales et buffets au restaurant.

D'Aragon sans rest
10 r. Baudin – ✆ 04 67 10 70 00 – www.hotel-aragon.fr – Fermé 1er-22 janv.
12 ch – †75/145 € ††92/170 € – ☕ 12 € FY**a**
◆ Dans une rue calme, un petit hôtel confortable, avec des détails charmants : meubles de style, cheminées, fenêtres à espagnolette... Le petit-déjeuner sous la verrière est agréable.

New Hôtel du Midi sans rest
22 bd Victor Hugo – ✆ 04 67 92 69 61 – www.new-hotel.com FZ**b**
44 ch – †90/135 € ††100/180 € – ☕ 12 €
◆ À un entrechat de la place de la Comédie, face au théâtre, un bel immeuble du début du 20es. (vitraux, mosaïques), aux chambres spacieuses et classiques, ornées de photos d'opéra.

Du Parc sans rest
8 r. A. Bège – ✆ 04 67 41 16 49 – www.hotelduparc-montpellier.com
19 ch – †52/83 € ††59/98 € – ☕ 10 € BT**k**
◆ Une bonne adresse, assez centrale : cette maison du 18es., tenue par deux associées, a l'allure d'une demeure particulière (meubles et objets chinés, tapis, cour fleurie...).

Le Guilhem sans rest

18 r. J.-J. Rousseau – ✆ 04 67 52 90 90 – www.leguilhem.com EYa

35 ch – †96/190 € ††96/190 € – ☕ 13 €

◆ Près du Peyrou, trois maisons des 16e et 17es. mêlant caractère et esprit cosy : portes anciennes, alcôves, jolis imprimés... Certaines chambres toisent les tours de la cathédrale !

Du Palais sans rest

3 r. Palais – ✆ 04 67 60 47 38 – www.hoteldupalais-montpellier.fr EYm

26 ch – †70/92 € ††77/92 € – ☕ 12 €

◆ Immeuble centenaire proche du palais de justice. Les chambres, petites et classiques, ont de délicates attentions (fleurs fraîches, chocolats, etc.). Ambiance familiale.

Ulysse sans rest

338 av. de St-Maur – ✆ 04 67 02 02 30 – www.hotel-ulysse.fr CTb

25 ch – †75/110 € ††80/120 € – ☕ 12 €

◆ Heureux qui comme Ulysse... Dans un quartier pavillonnaire, cet hôtel sympathique et fort bien tenu propose des chambres simples et coquettes. Copieux petit-déjeuner.

Les Troënes sans rest

17 av. É. Bertin-Sans, par av. Charles Flahaut et rte de Ganges, dir. Hôpitaux-Faculté - AT ✉ 34090 – ✆ 04 67 04 07 76 – www.hotel-les-troenes.fr

14 ch – †54/56 € ††63 € – ☕ 8 €

◆ Excentré mais relié au cœur de la ville par le tramway. L'accueil est familial et les chambres, sobres et fonctionnelles, sont d'une tenue irréprochable. Tarifs attractifs.

Baudon de Mauny sans rest

1 r. de la Carbonnerie – ✆ 04 67 02 21 77 – www.baudondemauny.com

5 ch – †155/215 € ††165/275 € – ☕ 15 € FYy

◆ Beautés d'hier et d'aujourd'hui... Dallage ancien, portes sculptées, hauts plafonds, mais aussi mobilier design et aménagement très contemporain : au cœur de la ville, cet hôtel particulier du 18es. arbore une mine superbe !

Clos de l'Herminier sans rest

201 r. du Mas-de-Nègre, (face au stade Yves du Manoir), 3 km par ⑤ – ✆ 04 67 07 98 88 – www.closdelherminier.com

4 ch ☕ – †80/90 € ††100/130 €

◆ Cultivez les charmes d'antan dans cette ancienne propriété vinicole du 19es., isolée dans un quartier en construction. On oublie la ville dans le joli parc arboré (avec piscine), les chambres aux notes champêtres et autour du petit-déjeuner, avec confitures maison...

Le Jardin des Sens (Jacques et Laurent Pourcel) avec ch

11 av. St-Lazare – ✆ 04 99 58 38 38 – www.jardindessens.com CTe

15 ch – †170/480 € ††170/480 € – ☕ 22 €

Rest *(fermé lundi midi, merc. midi et dim.) (nombre de couverts limité, réserver)* – Menu 48 € (déj. en sem.), 83 € bc/170 € – Carte 110/175 €

Spéc. Escalope de foie gras de canard poêlée, millefeuille de pomme-passion au pain d'épice. Filet de turbot rôti et encornets à la plancha, risotto de riz noir vénéré. "Le Pavillon Français". **Vins** Pic Saint-Loup, Vin de pays de l'Aude.

◆ Un grand cube de verre, ouvert sur un jardin méditerranéen : en pénétrant chez les frères Pourcel, on reste saisi par ce cadre original, à la croisée du minéral et du végétal. Leur cuisine aussi est histoire de dialogues : entre le Sud et l'ailleurs, hier et aujourd'hui, etc. Chambres contemporaines très luxueuses.

Cellier Morel

27 r. Aiguillerie, (Maison de la Lozère) – ✆ 04 67 66 46 36 – www.celliermorel.com – Fermé 1er-15 août, lundi midi, merc. midi, sam. midi, dim. et fériés

Rest – Formule 30 € – Menu 52/120 € bc – Carte 80/108 € FYd

◆ Dans la Maison de la Lozère, sous de superbes voûtes du 13es., une cuisine qui honore ce département, avec invention (faux-filet de veau et aubergines au miso). Une valeur sûre.

MONTPELLIER

Anatole-France (R.) . . . . **BU** 3
Arceaux (Bd des) . . . . **AU** 7
Bazille (R. F.) . . . . **BCV** 12
Blum (R. Léon) . . . . **CU** 13
Broussonnet (R. A.) . . . . **AT** 18
Chancel (Av.) . . . . **AT** 25
Citadelle (Allée) . . . . **CU** 26
Clapiès (R.) . . . . **AU** 28
Comte (R. A.) . . . . **AU** 29
Délicieux (R. B.) . . . . **CT** 31
États-du-Languedoc (Av.) . . . . . . **CU** 35
Fabre-de-Morlhon (Bd) . . . . **BV** 36
Fg-Boutonnet (R.) . . . . **BT** 37
Fg-de-Nîmes (R. du) . . . . **CT** 41
Flahault (Av. Ch.) . . . . **AT** 43

Fontaine-de-Lattes (R.) . . . . CU 44
Henri-II-de-Montmorency (Allée) CU 51
Leclerc (Av. du Mar.) . . . . CV 58
Millénaire (Pl. du) . . . . CU 62
Nombre-d'Or (Pl. du) . . . . CU 64
Ollivier (R. A.) . . . . CU 66
Le Polygone . . . . CU
Pont-de-Lattes (R. du) . . . . CU 69
Pont-Juvénal (Av.) . . . . CDU 70
Près-d'Arènes (Av. des) . . . . BV 71
Prof.-E.-Antonelli (Av.) . . . . CDV 72
Proudhon (R.) . . . . BT 73
René (R. H.) . . . . CV 74
Villeneuve-d'Angoulême (Av.) . . . . ABV 88

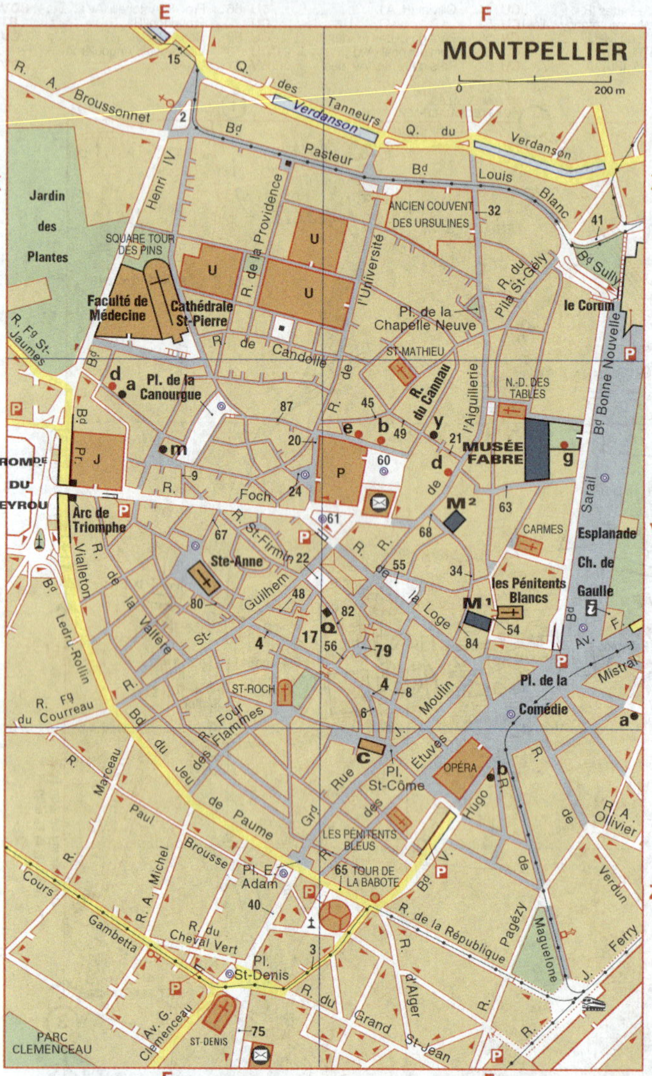

MONTPELLIER
0
200 m
E
F
X
Y
Z
R. A. Broussonnet
Q. des Tanneurs
Verdanson
Q. du Verdanson
Bd Pasteur
Bd Louis Blanc
Bd Sully
Jardin des Plantes
SQUARE TOUR DES PINS
Faculté de Médecine
Cathédrale St-Pierre
Bd Henri IV
R. de la Providence
l'Université
ANCIEN COUVENT DES URSULINES
R. du Pila St-Gély
le Corum
Pl. de la Chapelle Neuve
R. de Candolle
ST-MATHIEU
R. du Cannau
l'Aiguillerie
N.-D. DES TABLES
Bd Bonne Nouvelle
R. Fg St-Jaumes
Pl. de la Canourgue
PROMDE DU PEYROU
Arc de Triomphe
R. Foch
MUSÉE FABRE
Esplanade Ch. de Gaulle
Bd Sarail
CARMES
les Pénitents Blancs
Ste-Anne
R. St-Firmin
R. de la Loge
St-Guilhem
R. de la Valfère
Bd Vialleton
Bd Ledru-Rollin
R. Fg du Courreau
ST-ROCH
R. Four des Flammes
R. Moulin
Étuves
Pl. de la Comédie
Av. F. Mistral
Pl. St-Côme
OPÉRA
Grd Rue J.
Rue des
R. Hugo
R. A. Ollivier
R. de Verdun
Bd du Jeu de Paume
R. Marceau
R. Paul Brousse
LES PÉNITENTS BLEUS
Pl. E. Adam
TOUR DE LA BABOTE
Bd V.
R. de la République
R. Pagézy
Maguelone
J. Ferry
R. A. Michel
Cours Gambetta
R. du Cheval Vert
Pl. St-Denis
R. du Grand St-Jean
R. d'Alger
Av. G. Clemenceau
ST-DENIS
PARC CLEMENCEAU

La Réserve Rimbaud (Charles Fontes)

820 av. St-Maur – ✆ 04 67 72 52 53 – www.reserve-rimbaud.com – Fermé vacances de la Toussaint, 2-13 janv., sam. midi, dim. soir et lundi **DTw**

Rest – Formule 25 € – Menu 32 € (déj. en sem.), 60/75 €

Spéc. Homard bleu, melon et amandes fraîches, bouillon gingembre-citronnelle (saison). Saint-pierre poêlé, poivron doux confit et haricots coco à l'eau de tomate. Fraises et framboises en biscuit moelleux aux amandes (saison). **Vins** Coteaux du Languedoc.

◆ Des compositions judicieuses, centrées sur le produit et pleines de fraîcheur : cette table rend hommage au soleil et à la terre du Sud. Belle terrasse sous les platanes, au bord du Lez.

Castel Ronceray

130 r. Castel Ronceray, par ⑤ – ✆ 04 67 42 46 30 – www.lecastelronceray.fr – Fermé 16 août-6 sept, vacances de fév., dim. et lundi

Rest – Formule 30 € bc – Menu 47/69 € – Carte 48/74 €

◆ Dans un parc ombragé, une maison de maître d'esprit Napoléon III (boiseries, velours, etc.) pour savourer une agréable cuisine gastronomique concoctée avec des produits régionaux. Le plus : l'épouse du chef est une sommelière passionnée !

Les Vignes

2 r. Bonnier d'Alco – ✆ 04 67 60 48 42 – www.lesvignesrestaurant.com – Fermé 1er-8 janv., mardi soir et dim. **FYe**

Rest – Formule 22 € – Menu 28/75 € bc – Carte 45/64 €

◆ Il vous faudra descendre quelques marches pour rejoindre l'élégante salle voûtée de ce restaurant. Terrasse côté patio. Cuisine régionale (suggestions du marché à l'ardoise).

Prouhèze Saveurs

728 av. de la Pompignane – ✆ 04 67 79 43 34 – www.prouheze-saveurs.com – Fermé 25 juil.-25 août, merc. soir, sam. midi, dim. et lundi **DUa**

Rest – Formule 18 € – Menu 28/35 €

◆ Saucisse-aligot, poulet aux écrevisses de mon grand-père, agneau... les Prouhèze sont originaires de l'Aubrac ! Décor très frais (tons gris et vert anis), patio pour l'été.

Tamarillos

2 pl. Marché aux Fleurs – ✆ 04 67 60 06 00 – www.tamarillos.biz – Fermé 1er-4 nov., vacances de fév. et dim. midi en août **FYb**

Rest *(nombre de couverts limité, réserver)* – Formule 24 € – Menu 38/90 € – Carte 45/59 €

◆ Les fruits et les fleurs inspirent la cuisine et le décor haut en couleur de cette adresse originale, tenue par un chef sacré par deux fois champion de France des desserts.

Insensé

39 bd Bonne-Nouvelle – ✆ 04 67 58 97 78 – Fermé dim. soir et lundi

Rest – Formule 20 € – Menu 29 € – Carte environ 30 € **FYg**

◆ Insensé... ce restaurant dans l'enceinte du musée Fabre ! Imaginée par les frères Pourcel, cette "œuvre" moderne et design bouscule les habitudes, entre terroir et snacking.

La Compagnie des Comptoirs

51 av. Frédéric Delmas – ✆ 04 99 58 39 29 – www.lacompagniedescomptoirs.com – Fermé sam. midi et lundi **CTu**

Rest – Formule 22 € – Menu 29 € – Carte environ 60 €

◆ Autre création des frères Pourcel, inspirée par les comptoirs français des Indes : saveurs du Sud et d'Orient, décor ad hoc et terrasse en partie dressée sous une tente bédouine !

Le Petit Jardin

20 r. J.-J. Rousseau – ✆ 04 67 60 78 78 – www.petit-jardin.com – Fermé vacances de la Toussaint, 24 déc.-2 janv. et lundi du 15 oct. au 15 mai **EYd**

Rest – Formule 27 € – Menu 35/49 € – Carte 38/60 €

◆ Un décor contemporain (mobilier design, lithographies) pour une cuisine dans l'air du temps et le jeune chef ne travaille que de bons produits ! Bar à vins et tapas, belle terrasse.

à Castries 8 km par ① et D 112e - 5 519 h. - alt. 70 m - ✉ 34160

19, rue Sainte Catherine, ✆ 04 99 74 01 77, www.ot-castries.fr

Disini

1 r. des Carrières – ✆ 04 67 41 97 86 – www.disini-hotel.com
15 ch – 105/135 € 185/215 € – 1 suite – 15 €
Rest *Disini* – voir les restaurants ci-après
◆ Disini ou "ici" en balinais... Dans une forêt de chênes verts, cet hôtel récent mêle touches ethniques (Asie et Afrique) et confort high-tech, dans une ambiance feutrée et reposante.

Disini

1 r. des Carrières – ✆ 04 67 41 97 86 – www.disini-hotel.com
Rest – Formule 19 € – Carte 47/69 €
◆ Colonial, exotique et chaleureux : le décor est joliment planté ! Et dans l'assiette, une cuisine de qualité (produits régionaux). On vous proposera peut-être une belle souris d'agneau confite, ou une terrine de joue de bœuf...

à Castelnau-le-Lez 7 km par ① et N 113 – 14 999 h. – alt. 60 m – ✉ 34170

Domaine de Verchant

1 bd Philippe-Lamour – ✆ 04 67 07 26 00 – www.domainedeverchant.com
26 ch – 230/800 € 230/800 € – 5 suites – 25 €
Rest *Domaine de Verchant* – voir les restaurants ci-après
◆ Une allée de platanes mène à cette belle propriété viticole du 16es., cernée par les vignes... Les chambres sont superbes (design italien, équipements high-tech, charpentes et vieilles pierres) ; le spa exquis.

Domaine de Verchant

1 bd Philippe-Lamour – ✆ 04 67 07 26 00 – www.domainedeverchant.com
Rest *(nombre de couverts limité, réserver)* – Formule 24 € – Menu 90 € (dîner) – Carte 50/80 €
◆ Un lieu design et contemporain pour une cuisine fraîche et tout à fait dans l'air du temps... En prime, on sert les vins du domaine.

à Baillargues 8 km par ① et D 112e, D 613 puis N 113 – 6 054 h. – alt. 23 m – ✉ 34670

Golf Hôtel de Massane

au golf de Massane – ✆ 04 67 87 87 87 – www.massane.com
32 ch – 107/120 € 125/145 € – 12 €
Rest *(fermé dim. soir de nov. à fév.)* – Menu 28 € (dîner)/36 € – Carte 34/50 €
◆ Vaste complexe hôtelier doté de nombreux équipements pour les loisirs et la détente. Les chambres, spacieuses et colorées, regardent pour certaines la piscine. Salle à manger contemporaine tournée vers le golf ; cuisine actuelle et vins régionaux.

près échangeur A9-Montpellier-Sud 2 km par ④ – ✉ 34000 Montpellier

Novotel

125 bis av. Palavas – ✆ 04 99 52 34 34 – www.novotel.com
162 ch – 110/170 € 110/170 € – 14 €
Rest – Formule 13 € – Menu 17 € – Carte 19/35 €
◆ Situation utile à proximité d'un échangeur sur l'A9. Le restaurant ouvre sur la piscine.

à Lattes 5 km par ④ – 16 319 h. – alt. 3 m – ✉ 34970

Grand Place Jacques d'Aragon, ✆ 04 67 22 52 91, www.ville-lattes.fr

Domaine de Soriech

chemin de Soriech, face Z.A.C. Soriech – ✆ 04 67 15 19 15 – www.domaine-de-soriech.fr – Fermé vacances de fév., dim. soir et lundi
Rest – Menu 30 € (déj. en sem.), 42/76 € – Carte 50/80 €
◆ Dans son parc avec palmiers et pins géants, cette belle villa évoque les modèles californiens des années 1970. Décor design et œuvres contemporaines. Cuisine régionale.

XXX **Le Mazerand**

Mas De Causse CD 172 – ✆ 04 67 64 82 10 – www.le-mazerand.com – Fermé vacances de fév., sam. midi, dim. soir et lundi

Rest – Formule 22 € – Menu 28/63 € – Carte 42/88 €

◆ Cette propriété, dont l'origine remonte au 17ᵉs., marie avantageusement vieilles pierres et décor moderne. Jolies terrasses. Cuisine du terroir (produits frais).

X **Le Bistrot d'Ariane**

5 r. des Chevaliers de Malte, à Port Ariane – ✆ 04 67 20 01 27 – www.bistrot-ariane.fr – Fermé 18 déc.-3 janv. et dim. sauf fériés

Rest – Formule 20 € – Menu 30 € – Carte 38/60 €

◆ Sur le port, un grand et chaleureux bistrot (comptoir en bois, luminaires anciens). Le patron annote lui-même – avec pertinence – la carte des vins, où dominent les crus régionaux.

X **Sensation**

2 r. des Consuls, à Port Ariane – ✆ 04 67 50 39 31 – www.restaurantsensation.fr – Fermé dim. et lundi sauf fériés

Rest – Formule 16 € – Menu 29/51 €

◆ Sensation, impression, émotion... Tout ce que recherche ce jeune chef très créatif (pâtissier de formation – on le ressent), qui s'est lancé ici avec sa compagne. Décor simple.

à Juvignac **6 km par ⑥, rte de Millau – 6 451 h. – alt. 32 m – ✉ 34990**

Montpellier Resort

rte de Lodève, au golf international – ✆ 04 67 45 90 00 – www.golfhotelmontpellier.com

46 ch – †80/108 € ††80/108 € – 40 suites – ☕ 12 € **Rest** – Carte 38/46 €

◆ Hôtel estimé des golfeurs qui testent leur swing à Juvignac. La majorité des chambres (certaines avec terrasse) ouvrent sur les greens. Pour les longs séjours, des suites avec cuisinette. Salle de restaurant contemporaine ; formule rapide au club-house.

MONTPEZAT-DE-QUERCY – 82 Tarn-et-Garonne – 337 E6 — 28 B1

– 1 442 h. – alt. 275 m – ✉ 82270 Midi-Toulousain

Paris 600 – Cahors 29 – Montauban 39 – Toulouse 91

boulevard des Fossés, ✆ 05 63 02 05 55, www.tourisme-montpezat-de-quercy.com

Domaine de Lafon

Pech de Lafon, 4 km au Sud par rte de Mirabel, D 20 et D 69 – ✆ 05 63 02 05 09 – www.domainedelafon.com – Fermé mars, nov. et 15-28 fév.

3 ch ☕ – †65/70 € ††80/89 € **Table d'hôte** – Menu 27 € bc

◆ Une jolie maison bourgeoise au cœur de la campagne vallonnée, des chambres accueillantes et décorées avec soin dans un esprit indien ou Provence chic (lits à baldaquin dans l'une d'entre elles), une belle bibliothèque aménagée dans le pigeonnier : ici, tout est paisible... Cuisine du Sud-Ouest à la table d'hôte.

MONTPON-MÉNESTÉROL – 24 Dordogne – 329 B5 – 5 606 h. — 4 C1

– alt. 93 m – ✉ 24700

Paris 532 – Bergerac 40 – Libourne 43 – Périgueux 56

place Clemenceau, ✆ 05 53 82 23 77, www.tourisme-montpon.fr

à Ménestérol **1 km au Nord – ✉ 24700 Montpon-Ménestérol**

XX **Auberge de l'Eclade**

17 r. Paul-Émile-Victor, rte de Coutras – ✆ 05 53 80 28 64 – www.auberge-de-leclade.com – Fermé vacances de la Toussaint, dim. soir, lundi soir, mardi soir et merc.

Rest – Formule 15 € – Menu 28/58 € – Carte 37/59 €

◆ Au calme près de la chapelle romane du village, une table bien appréciée dans la région : décor soigné (tout en tons clairs), terrasse verdoyante et bon choix de vins et de whiskys.

MONTRÉAL – 32 Gers – 336 D6 – 1 269 h. – alt. 131 m – ✉ 32250 28 A2

Midi-Toulousain

Paris 725 – Agen 57 – Auch 59 – Condom 16

place de l'hôtel de ville, ✆ 05 62 29 42 85, www.montrealdugers.com

de Guinlet, à Eauze, S : 12 km par D 29, ✆ 05 62 09 80 84

La Bombance

lieu-dit Bidon – ✆ 05 62 29 28 80 – www.labombance.fr

Rest – Menu 26/50 € – Carte 35/55 €

◆ Une grande et belle maison dans la campagne. Beaucoup de goût et de saveurs ici, principalement à base de poisson... Plutôt original dans une région où le canard est roi !

Daubin

Face à l'église – ✆ 05 62 29 44 40 – Fermé vacances de fév., dim. soir, lundi et mardi

Rest – Menu 16 € (déj. en sem.), 26/58 € – Carte 48/71 €

◆ Terrasse sous les platanes, goûteuse cuisine du terroir, dégustation de vins régionaux... Côté bar, on mange à la bonne franquette, bien calé sur des tonneaux.

MONTREDON – 11 Aude – 344 F3 – rattaché à Carcassonne

MONTREUIL – 62 Pas-de-Calais – 301 D5 – 2 300 h. – alt. 54 m 30 A2

– ✉ 62170 Nord Pas-de-Calais Picardie

Paris 232 – Abbeville 49 – Arras 86 – Boulogne-sur-Mer 38

21, rue Carnot, ✆ 03 21 06 04 27, www.tourisme-montreuillois.com

Site★ - Citadelle★ : ≤★★ - Remparts★ - Église St-Saulve★.

Château de Montreuil

4 chaussée des Capucins – ✆ 03 21 81 53 04 – www.chateaudemontreuil.com – Fermé 16 déc.-3 fév. et lundi sauf juil.-août et fériés

12 ch – 150/235 € 150/235 € – 4 suites – 20 €

Rest *Château de Montreuil* ✿ – voir les restaurants ci-après

◆ Dans la partie haute de la ville, une grande et élégante demeure toute blanche (années 1920) dans un jardin clos, à l'abri des remparts... et du monde extérieur. Beaucoup de calme et de raffinement en ces lieux, dans une veine classique.

Hermitage

pl. Gambetta – ✆ 03 21 06 74 74 – www.hermitage-montreuil.com

57 ch – 95/135 € 95/165 € – 15 €

Rest *Le Jéroboam* – voir les restaurants ci-après

◆ Cette belle bâtisse en brique rouge, construite sous Napoléon III, est désormais un hôtel tout ce qu'il y a de plus classique. Les chambres, assez sobres, offrent de beaux volumes : une étape prisée des amateurs de golf et de rallyes.

Coq Hôtel

2 pl. de la Poissonnerie – ✆ 03 21 81 05 61 – www.coqhotel.fr – Fermé 19 déc.-3 fév.

19 ch – 105/132 € 105/132 € – 21 € – ½ P 90/100 €

Rest *Le Coquempot* *(fermé nov.-mars, vend. midi, sam. midi et jeudi)* – Formule 18 € – Menu 25/48 €

◆ Cette maison bourgeoise dresse sa belle façade en brique rouge sur une placette du centre. Les chambres sont simples et douillettes : parfait pour une étape dans cette petite ville médiévale.

Château de Montreuil (Christian Germain) – Hôtel Château de Montreuil

✿

4 chaussée des Capucins – ✆ 03 21 81 53 04 – www.chateaudemontreuil.com – Fermé 16 déc.-3 fév., mardi midi et lundi sauf juil.-août et jeudi midi

Rest – Menu 35 € (déj.), 75/95 € – Carte 75/90 €

Spéc. Ravioles translucides de homard à la mangue verte et sauge ananas. Merlan en croûte dorée, citron vert et câpres. Arlette aux framboises et crème de pistache (été).

◆ Les assiettes sont belles à regarder, plus encore à déguster... Joli moment de gastronomie au cœur de Montreuil, sous l'égide d'un chef amoureux du produit et précis dans son travail. Décor classique.

Le Darnétal avec ch
pl. Darnétal – ✆ 03 21 06 04 87 – Fermé 24 juin-12 juil., 19-31 déc., lundi et mardi
3 ch – 50 € 50 € – 6 €
Rest – Formule 16 € – Menu 21 € (sem.), 28/40 € – Carte 32/51 €
◆ Sur l'une des places de la ville haute, auberge rustique décorée d'une profusion de tableaux, bibelots anciens et cuivres. Ambiance conviviale et cuisine traditionnelle.

Le Jéroboam – Hôtel Hermitage
1 r. des Juifs (Cours de l'Hermitage) – ✆ 03 21 86 65 80 – www.hermitage-montreuil.com – Fermé 25 déc.-2 janv., lundi sauf le soir en juil.-août et dim.
Rest – Formule 17 € – Menu 25 € (sem.)/33 € – Carte 45/55 €
◆ Ce restaurant joue l'éclectisme : carte dans le vent (classiques de bistrot, spécialités régionales, cuisine fusion), vins de petits producteurs et déco design. Un esprit très "wine bar" !

à La Madelaine-sous-Montreuil 3 km à l'Ouest par D 139 et rte secondaire – 171 h. – alt. 7 m – ✉ 62170

Auberge de la Grenouillère (Alexandre Gauthier) avec ch
– ✆ 03 21 06 07 22 – www.lagrenouillere.fr – Fermé mars, 20 déc.-4 fév., mardi et merc. sauf juil.-août
12 ch – 140/215 € 140/215 € – 21 €
Rest – Formule 45 € – Menu 85 € (sem.)/110 € – Carte 73/98 €
Spéc. Tasse d'eau de mer. Homard au genièvre. Bulle d'oseille.
◆ Hors les murs de l'auberge familiale, le jeune chef médiatique a inauguré en 2011 un lieu à l'image de sa cuisine. Laboratoire, forge ou loft ? Cadre et saveurs ne ressemblent qu'à eux-mêmes, au service de la matière brute... ou crue. Un vrai concept pour les amateurs. De même côté hôtel, avec la création de "huttes" dans le jardin, entre confort et esprit nature.

à Inxent 9 km au Nord sur D 127 – 154 h. – alt. 28 m – ✉ 62170

Auberge d'Inxent avec ch
318 r. de la Vallée de la Course – ✆ 03 21 90 71 19 – Ouvert 8 fév.-11 nov. et fermé 25 juin-5 juil., mardi et merc.
5 ch – 71/77 € 71/77 € – 10 € – ½ P 64/72 €
Rest – Menu 17/31 € – Carte 23/63 €
◆ Beaux meubles et chaleureuse atmosphère familiale en ce restaurant aménagé dans un ancien presbytère (18e s). Cuisine régionale assortie d'un grand choix de vins bien choisis. Pour l'étape, chambres feutrées au mobilier de style Louis-Philippe.

MONTREUIL – 93 Seine-Saint-Denis – 311 k2 – 101 17 – voir à Paris, Environs

MONTREVEL-EN-BRESSE – 01 Ain – 328 D2 – 2 351 h. – alt. 215 m 44 B1 – ✉ 01340

Paris 395 – Bourg-en-Bresse 18 – Mâcon 25 – Pont-de-Vaux 22
place de la Grenette, ✆ 04 74 25 48 74, www.cc-montrevelenbresse.fr

Léa (Louis Monnier)
10 rte d'Etrez – ✆ 04 74 30 80 84 – www.restaurant-lea.com – Fermé 28 juin-13 juil., 20 déc.-15 janv., lundi sauf juil.-août, dim. soir et merc.
Rest *(nombre de couverts limité, réserver)* – Menu 36 € (déj.), 55/75 € – Carte 70/100 €
Spéc. Gâteau de foies blonds de volaille de Bresse, coulis de homard. Poularde de Bresse à la crème et aux morilles. Marquise au chocolat amer, crème vanille et orange confite. **Vins** Viré-Clessé, Bugey Manicle blanc.
◆ Quelle plaisir de déguster une vraie cuisine classique dans cette très accueillante maison bourgeoise. Beaucoup de charme et le goût des produits nobles (homard, volaille de Bresse, belles viandes et poissons sauvages) : au-delà des modes.

Le Comptoir

9 Grande-Rue – 04 74 25 45 53 – Fermé 30 juin-15 juil., 22 déc.-13 janv., dim. soir, mardi soir et merc.

Rest – Menu 18/32 € – Carte 24/37 €

◆ Envie d'un verre au Comptoir ? Ce café de village joue la carte de la nostalgie, façon Gabin et Verneuil : banquettes, affiches, miroirs et... spécialités bistrotières (avec quelques plats régionaux).

rte de Bourg-en-Bresse **2 km au Sud sur D 975 – ✉ 01340 Montrevel-en-Bresse**

Pillebois

– 04 74 25 48 44 – www.hotellepillebois.com

31 ch – 65/85 € 75/90 € – 1 suite – 9 €

Rest ***Les Vallons*** – voir les restaurants ci-après

◆ Cette bâtisse moderne de style bressan abrite des chambres fonctionnelles et bien tenues, toutes dans un style contemporain. La piscine découverte et la terrasse sont propices au farniente.

Les Vallons – Hôtel Pillebois

– 04 74 25 48 44 – www.hotellepillebois.com – Fermé 23-29 déc., dim. soir et lundi midi

Rest – Formule 16 € – Menu 23 € (sem.), 29/47 € – Carte 40/50 €

◆ Pourquoi ne pas se laisser tenter par le restaurant de l'hôtel Pillebois, décoré dans des tons chauds ? Au menu, une cuisine du terroir revisitée : cromesquis d'escargots, poulet de Bresse rôti ou à la crème, pavé de charolais, etc.

MONTRICHARD – 41 Loir-et-Cher – 318 E7 – 3 430 h. – alt. 62 m 11 A1

– ✉ 41400 Châteaux de la Loire

Paris 220 – Blois 37 – Châteauroux 85 – Châtellerault 95

1, rue du Pont, 02 54 32 05 10, www.officetourisme-montrichard.com

Donjon★ : ✳★★.

Le Bellevue

24 quai de la République – 02 54 32 06 17 – www.hotel-le-bellevue41.com – Fermé vend., sam. et dim. du 19 nov. au 9 déc.

29 ch – 70/98 € 78/120 € – 3 suites – 11 € – ½ P 70/95 €

Rest *(fermé 19 nov.-9 déc. et vend. de nov. à avril)* – Formule 16 € – Menu 20/58 € – Carte 41/65 €

◆ Enseigne-vérité : la plupart des chambres offrent une vue panoramique sur le Cher. Quelques suites dans une villa toute proche. Au restaurant, baies vitrées sur la vallée et carte traditionnelle.

à Chissay-en-Touraine **4 km à l'Ouest par D 176 – 1 113 h. – alt. 63 m – ✉ 41400**

Château de Chissay

– 02 54 32 32 01 – www.chateaudechissay.com – Ouvert 2 avril-4 nov.

23 ch – 135/240 € 135/240 € – 9 suites – 15 € – ½ P 125/180 €

Rest – Formule 28 € – Menu 45/65 € – Carte 50/90 €

◆ Louis XI, le général de Gaulle : ce château du 15e s. a accueilli d'illustres personnages ! Chambres classiques ; la troglodytique et le duplex du donjon ne manquent pas d'originalité... Au restaurant : voûtes, boiseries, mobilier Louis XIII et... cuisine actuelle.

MONTRICOUX – 82 Tarn-et-Garonne – 337 F7 – 1 045 h. – alt. 113 m 29 C2

– ✉ 82800

Paris 618 – Cahors 51 – Gaillac 39 – Montauban 25

Château de Montricoux : Musée Marcel-Lenoir★.

Les Gorges de l'Aveyron

Le Bugarel – ☎ 05 63 24 50 50 – www.gorges-aveyron.com – Fermé mars, 2-31 janv., mardi sauf du 15 juin au 15 sept. et lundi

Rest – Formule 29 € – Menu 34/65 €

◆ Au cœur d'un parc verdoyant baigné par l'Aveyron, cette villa cossue est une véritable invitation à savourer une cuisine de saison agréable et bien ficelée. La grande terrasse se révèle incontournable aux beaux jours.

Les Gorges de l'Aveyron

Le Bugarel – ☎ 05 63 24 50 50 – www.gorges-aveyron.com

5 ch – †75/160 € ††75/160 € – ☕ 13 €

◆ Ravissant ! Cet ancien moulin (1796) a beaucoup d'allure : les chambres y sont classiques et feutrées, le salon charmant (piano, cheminée en pierre de taille) et la piscine délicieuse...

MONTROND-LES-BAINS – 42 Loire – 327 E6 – 4 652 h. – alt. 356 m – Stat. therm. : fin mars-fin nov. – Casino – ✉ 42210 Lyon Drôme Ardèche

44 A2

▶ Paris 447 – Lyon 69 – Montbrison 15 – Roanne 58

ℹ avenue des Sources, ☎ 04 77 94 64 74, www.paysdesaintgalmier.fr

18 du Forez, Domaine de Presles, S : 12 km par D 1082 et D 16, ☎ 04 77 30 86 85

Hostellerie La Poularde avec ch

2 r. de St-Étienne – ☎ 04 77 54 40 06 – www.la-poularde.com – Fermé 6-27 août, 2-24 janv., mardi midi, dim. soir et lundi

16 ch – †97 € ††205 € – ☕ 23 €

Rest *(réserver)* – Menu 38 €, 67/122 € – Carte 90/150 €

◆ Dans ce joli relais de poste (1732), la cuisine – traditionnelle et un brin créative – est savoureuse ; elle s'accompagne de bons vins... Dégustation dans un cadre élégant. Pour l'étape, chambres cosy ou, côté piscine, appartements et duplex.

Carré Sud

4 rte de Lyon – ☎ 04 77 54 42 71 – www.carre-sud.com – Fermé 1 sem. en mars, 26 août-9 sept., dim. soir et merc.

Rest – Formule 17 € – Menu 25 € (déj. en sem.), 29/57 € – Carte 29/57 €

◆ Carrément Sud ! Après les palaces de la Côte d'Azur, le chef est revenu dans sa région pour partager son amour du Midi. Assiettes ensoleillées, comme le décor (terrasse verte).

MONTROUGE – 92 Hauts-de-Seine – 311 J3 – 101 25 – voir à Paris, Environs

---

MONTS – 37 Indre-et-Loire – 317 M5 – 6 934 h. – alt. 50 m – ✉ 37260

11 B2

▶ Paris 254 – Azay-le-Rideau 13 – Chenonceaux 48 – Chinon 33

Au Carrousel des Saveurs

2 r. Jean-Colin – ☎ 02 47 26 76 86 – www.aucarrouseldessaveurs.fr – Fermé 15-31 juil., dim. soir et lundi

Rest – Formule 14 € – Menu 24/52 €

◆ Aumônière de saumon mariné et ses petits légumes croquants, limande meunière à l'anis étoilé, carré d'agneau rôti au basilic : cette petite auberge familiale et rustique des bords de l'Indre est... un carrousel de jolies saveurs !

MONT-SAINT-JEAN – 21 Côte-d'Or – 249 h. – alt. 478 m – ✉ 21320

8 C2

▶ Paris 265 – Dijon 62 – Mâcon 146 – Nevers 183

Les Roches

r. de Glanot – ☎ 03 80 84 32 71 – www.lesroches-burgundy.com

5 ch ☕ – †93/159 € ††103/169 €

Table d'hôte *(fermé dim., mardi et merc.)* – Menu 32 €

◆ Lustres à pampilles, moulures, mobilier chiné : cette maison bourgeoise (1901) cultive son style châtelain avec une certaine élégance. Le jardin est charmant, tout comme la vue sur le Morvan et l'accueil des propriétaires. Le soir, les résidents – et les autres ! – dînent autour de petits plats de tradition.

LE MONT-ST-MICHEL – 50 Manche – 303 C8 – 42 h. – alt. 10 m 32 A3

– ✉ 50170 Normandie Cotentin, Bretagne

Paris 359 – Alençon 135 – Avranches 23 – Dinan 58

Corps de Garde des Bourgeois, ✆ 02 33 60 14 30, www.ot-montsaintmichel.com

Abbaye★★★ : La Merveille★★★, Cloître★★★ - Remparts★★ - Grande-Rue★ - Jardins de l'abbaye★ - Baie du Mont-St-Michel★★.

à la Digue 2 km au Sud sur D 976 – ✉ 50170 Le Mont-St-Michel

Relais St-Michel

– ✆ *02 33 89 32 00 – www.relais-st-michel.fr*

32 ch – †210/360 € ††210/360 € – 7 suites – ☐ 22 € – ½ P 192/267 €

Rest – Formule 18 € – Menu 25 € (déj.), 49/65 € – Carte 68/82 €

◆ Pour les touristes et les pélerins d'aujourd'hui, une étape très confortable... face à la silhouette du Mont : dans ce relais contemporain (1995), la quasi totalité des chambres ouvrent par de grandes baies – et avec balcon ou terrasse – sur l'étendue des herbus et l'abbaye. Restaurant panoramique.

Mercure

– ✆ *02 33 60 14 18 – www.le-mont-saint-michel.com*

100 ch – †81/130 € ††86/138 € – ☐ 14 € – ½ P 75/103 €

Rest *Le Pré Salé* – Menu 20/50 € – Carte 26/80 €

◆ Tous les avantages de la chaîne Mercure juste à côté du Couesnon, à l'amorce de la digue. Le restaurant a la bonne idée de consacrer une partie de sa carte à l'agneau de pré-salé.

Le Relais du Roy

rte du Mont St-Michel – ✆ 02 33 60 14 25 – www.le-relais-du-roy.com – Fermé 2-28 janv.

27 ch – †77/105 € ††79/110 € – ☐ 10 €

Rest – Formule 14 € – Menu 19/38 € – Carte 32/58 €

◆ À l'entrée de la digue, une ancienne ferme de la fin du 18es., tout en pierres, et une extension moderne. Les chambres, classiques et bien tenues, ouvrent pour certaines sur le Couesnon – les plus calmes. Le restaurant fait profession de tradition : agneau de pré-salé et fruits de mer.

MONTSALVY – 15 Cantal – 330 C6 – 882 h. – alt. 800 m – ✉ 15120 5 B3

Auvergne

Paris 586 – Aurillac 31 – Entraygues-sur-Truyère 14 – Figeac 57

rue du Tour-de-Ville, ✆ 04 71 46 94 82, www.chataigneraie-cantal.com

Puy-de-l'Arbre ✻★ NE : 1,5 km.

L'Auberge Fleurie avec ch — AC rest,

pl. du Barry – ✆ 04 71 49 20 02 – www.auberge-fleurie.com – Fermé 18-25 juin, 17-24 sept., 2 janv.-13 fév., dim. soir et lundi sauf juil.-août

7 ch – †43/72 € ††43/61 € – ☐ 8 € – ½ P 49/61 €

Rest – Menu 16 € (déj. en sem.), 24/45 € – Carte 32/55 €

◆ Avis aux amateurs : ici, on a la passion du terroir et des bons vins ! Craquant de ris de veau aux Saint-Jacques, canard à la plancha sauce cranberries... Dans cette auberge couverte de vigne vierge, le chef revisite joliment la tradition. Quelques chambres à l'étage.

MONT-SAXONNEX – 74 Haute-Savoie – 328 L4 – 1 518 h. 46 F1

– alt. 1 000 m – ✉ 74130

Paris 572 – Annecy 57 – Genève 38 – Lyon 189

247 route de l'Eglise, ✆ 04 50 96 97 27, www.villagesdufaucigny.com

Jalouvre

45 rte Gorge-du-Cé – ✆ 04 50 96 90 67 – www.lejalouvre.com – Fermé 2 sem. en janv.

14 ch – †65 € ††80 € – ☐ 9 € – ½ P 61 €

Rest *(résidents seult)* – Menu 15 € (déj.), 20/45 € – Carte 35/52 €

◆ Bien au calme dans un village de montagne, un hôtel confortable et avenant avec des chambres décorées dans un bel esprit de chalet contemporain. Pour se sustenter, deux possibilités : un bistrot régional et un restaurant traditionnel dans un décor tout en bois.

MONTSÉGUR – 09 Ariège – 343 I7 – rattaché à Lavelanet

MONTSOREAU – 49 Maine-et-Loire – 317 J5 – 491 h. – alt. 77 m 35 C2
– ✉ 49730 Châteaux de la Loire

Paris 292 – Angers 75 – Châtellerault 65 – Chinon 18

15, avenue de la Loire, ☎ 02 41 51 70 22

☼★★ du belvédère.

Candes St-Martin★ : Collégiales★.

La Marine de Loire sans rest

9 av. de la Loire – ☎ 02 41 50 18 21 – www.hotel-lamarinedeloire.com

8 ch – †98/190 € ††150/190 € – 3 suites – ☕ 13 €

◆ Un hôtel de charme décoré avec goût : les chambres, aux noms poétiques, sont délicieuses et le jardin d'agrément idéal pour se reposer. Grand jacuzzi et brunch le dimanche.

Le Bussy sans rest

4 r. Jeanne d'Arc – ☎ 02 41 38 11 11 – www.hotel-lebussy.fr – Ouvert de mi-mars à mi-déc.

12 ch – †75/105 € ††75/105 € – ☕ 11 €

◆ La plupart des chambres de cette maison du 18es. regardent le joli château de la Dame de Monsoreau, dont Bussy était l'amant. Salle des petits-déjeuners troglodytique.

Diane de Méridor

12 quai Ph.-de-Commines – ☎ 02 41 51 71 76 – www.restaurant-dianedemeridor.com – Fermé mardi et merc. sauf le soir en saison

Rest – Formule 18 € – Menu 29/70 € bc – Carte 55/67 €

◆ Une grande salle avec vue sur la Loire, des murs en tuffeau : un cadre à l'unisson de la cuisine, classique et inspirée par les produits régionaux.

MOOSCH – 68 Haut-Rhin – 315 G9 – 1 789 h. – alt. 390 m – ✉ 68690 1 A3

Paris 469 – Colmar 53 – Mulhouse 29 – Strasbourg 128

Aux Trois Rois

35 r. du Gén.-de-Gaulle – ☎ 03 89 82 34 66 – www.aux-trois-rois.com – Fermé 25 juin-10 juil., 27 déc.-10 janv., lundi et mardi

Rest – Formule 14 € – Menu 33/55 € – Carte 40/65 €

◆ Pâté en croûte, tête de veau... Ici, les éternels bistrotiers sont rois, mais ils partagent volontiers leur couronne avec les produits de la mer. À l'ardoise, des propositions sans cesse renouvelées et des vins qui sont de vraies petites trouvailles : un royaume du goût, de la qualité et de la convivialité !

MORANGIS – 91 Essonne – 312 D3 – 101 35 – voir à Paris, Environs

MOREILLES – 85 Vendée – 316 J9 – rattaché à Luçon

MORESTEL – 38 Isère – 333 F3 – 4 090 h. – alt. 220 m – ✉ 38510 45 C2

Paris 506 – Lyon 65 – Vénissieux 63 – Villeurbanne 64

100, place des Halles, ☎ 04 74 80 19 59, www.morestel.com

Auberge du Fouron

254 chemin de Malissole, RN 75, rte de Bourg – ☎ 04 74 80 28 69 – www.aubergedufouron.com – Fermé 1er-15 mai, 2 sem. en oct., sam. midi de sept. à mai, dim. soir et lundi

Rest – Menu 28/48 € – Carte 35/52 €

◆ Des herbes aromatiques, des fleurs comestibles, des légumes du potager : la recette du bonheur selon cette auberge. On se laissera donc tenter par une soupe froide de brocolis à l'huile d'argan, de la lingue à la crème d'amarante...

MORET-SUR-LOING – 77 Seine-et-Marne – 312 F5 – 4 423 h. 19 C3
– alt. 50 m – ✉ 77250 Île de France

Paris 74 – Fontainebleau 11 – Melun 28 – Nemours 17

4 bis, place de Samois, ✆ 01 60 70 41 66, www.ville-moret-sur-loing.fr

de la Forteresse, à Thoury-Férottes, Domaine de la Forteresse, SO : 15 km par D 218 et D 22, ✆ 01 60 96 95 10

Site★.

Auberge de la Terrasse

40 r. Pêcherie – ✆ 01 60 70 51 03 – www.auberge-terrasse.com

17 ch – 47/69 € 61/83 € – 10 € – ½ P 69 €

Rest – Formule 19 € – Menu 22 € (sem.), 36/51 € – Carte 27/46 €

◆ Cette bâtisse ancienne longe le Loing, tranquille rivière immortalisée par Sisley. Les petites chambres, insonorisées, sont simples mais très bien tenues. Bien pour une étape près de Fontainebleau ou un voyage d'affaires.

Le Relais de Pont-Loup

14 r. Peintre Sisley – ✆ 01 60 70 43 05 – www.lerelaispontloup.com – Fermé 1 sem. en août, 1 sem. en janv., mardi soir, merc. soir d'oct. à avril, dim. soir et lundi

Rest *(réserver)* – Menu 29/47 € – Carte 30/65 €

◆ Ici, on accède à la salle par la cuisine. Cadre rustique à souhait : briques, poutres, cheminée et rôtissoire. Terrasse tournée vers le jardin s'étendant jusqu'au Loing.

Hostellerie du Cheval Noir avec ch

47 av. Jean Jaurès – ✆ 01 60 70 80 20 – www.chevalnoir.fr – Fermé 2 sem. fin juil.-début août, 2 sem. fin janv.-début fév., lundi midi et mardi midi

11 ch – 75/175 € 75/175 € – 12 € – ½ P 92/127 €

Rest – Menu 28/90 € – Carte 76/85 €

◆ Cet ex-relais postal du 18e s., bâti face à l'une des portes de l'ancienne place forte, propose une cuisine inventive jouant sur les saveurs douces et épicées.

MOREY-ST-DENIS – 21 Côte-d'Or – 320 J6 – 687 h. – alt. 275 m 8 D1
– ✉ 21220

Paris 318 – Beaune 30 – Dijon 16

Castel de Très Girard

7 r. de Très Girard – ✆ 03 80 34 33 09 – www.castel-tres-girard.com

8 ch (½ P seult) – ½ P 140/330 €

Rest *Castel de Très Girard* – voir les restaurants ci-après

◆ Une très belle maison de maître du 18es. au cœur de ce village typiquement bourguignon. Les chambres, cossues et spacieuses, sont idéales pour se prélasser, tout comme la belle terrasse, le jardin et la piscine...

Castel de Très Girard

7 r. de Très Girard – ✆ 03 80 34 33 09 – www.castel-tres-girard.com – Fermé dim. soir et lundi du 15 nov. à fin mars

Rest – Menu 21 € (déj.), 26/39 € – Carte 39/82 €

◆ Dans ce restaurant mêlant élégamment charme rustique et douceur contemporaine, le chef réalise une belle cuisine, faite de fraîcheur de saison, de saveurs du terroir et de modernité... L'art de la conjugaison !

MORGAT – 29 Finistère – 308 E5 – 7 535 h. – ✉ 29160 Crozon 9 A2
Bretagne

Paris 590 – Brest 62 – Châteaulin 38 – Douarnenez 42

Grandes Grottes★.

Julia

rest,

43 r. de Tréflez – ✆ 02 98 27 05 89 – www.hoteljulia.fr – Ouvert d'avril à déc.

15 ch – 52/152 € 52/152 € – 1 suite – 10 € – ½ P 60/136 €

Rest *(ouvert avril-sept. et fermé le midi sauf juil.-août)* – Formule 16 € – Menu 23/34 € – Carte 34/46 €

◆ Dans un quartier calme, à deux minutes de la mer, cet hôtel de tradition a entamé sa "mue" et se dote peu à peu de confortables installations contemporaines. Cuisine traditionnelle, chambres encore un peu disparates : une adresse bien pratique pour découvrir la région.

De la Baie sans rest VISA

46 bd Plage – ✆ 02 98 27 07 51 – wwww.hoteldelabaie-crozon-morgat.com
26 ch – †45/60 € ††55/75 € – ☕ 11 €
◆ Au cœur de Morgat, cet hôtel offre une vue imprenable sur la plage... Les chambres, d'esprit actuel, gaies et soignées, sont d'un bon rapport qualité-prix. On prend son petit-déjeuner dans le salon de thé. Une adresse où l'on se sent bien.

Saveurs et Marée VISA

52 bd de la Plage – ✆ 02 98 26 23 18 – Fermé 12 janv.-25 fév. et lundi de fin sept. à avril
Rest – Formule 14 € – Menu 18 € (sem.), 28/49 € – Carte 19/50 €
◆ Une cuisine "dans le vent" pour cette maison conviviale, au cœur de la station balnéaire. Marée et saveurs sont au rendez-vous avec des spécialités comme le poisson au beurre blanc, la marmite de homard, etc. Et des desserts soignés !

Se régaler sans se ruiner ? Repérez les Bib Gourmand. Ils vous aideront à dénicher les bonnes tables sachant marier cuisine de qualité et prix ajustés !

MORILLON – 74 Haute-Savoie – **328** N4 – rattaché à Samoëns

MORLAIX – 29 Finistère – **308** H3 – 15 574 h. – alt. 7 m – ✉ 29600 **9** B1
Bretagne
Paris 538 – Brest 61 – Quimper 78 – St-Brieuc 86
place des Otages, ✆ 02 98 62 14 94, www.tourisme.morlaix.fr
de Carantec, à Carantec, Rue de Kergrist, N : 13 km par D73, ✆ 02 98 67 09 14
Vieux Morlaix★ : Viaduc★ - Grand'Rue★ - Intérieur★ de la maison de "la Reine Anne" - Vierge★ dans l'église St-Mathieu - Rosace★ dans le musée des Jacobins★.
Calvaire★★ de Plougonven★ 12 km par D 9.

Plan page suivante

Du Port sans rest VISA AE

3 quai de Léon – ✆ 02 98 88 07 54 – www.lhotelduport.com – Fermé 20 déc.-3 janv. AYr
25 ch – †50/74 € ††60/82 € – ☕ 9 €
◆ Une bonne petite adresse que cette maison bretonne du 19ᵉs. face au port de plaisance. Les chambres sont pratiques et bien insonorisées ; certaines avec vue sur les quais. Randonneurs, le GR 34 passe juste là !

Les Bruyères sans rest P VISA AE

3 km par rte de Plouigneau Est sur D 712 - BZ – ✆ 02 98 88 08 68 – www.hotel-morlaix.com
32 ch – †53/71 € ††53/74 € – ☕ 8 €
◆ En léger retrait de la route, une construction cubique des années 1970. Chambres fonctionnelles (mobilier pratique et couleurs gaies) et accueillante salle des petits-déjeuners : pour une étape à prix raisonnable.

Manoir de Coat Amour ch, P VISA

rte de Paris – ✆ 02 98 88 57 02 – www.gites-morlaix.com – Fermé janv.-fév.
5 ch ☕ – †78/122 € ††78/122 € BZr
Table d'hôte – Menu 35 € bc/58 € bc
◆ Sur les hauteurs de la ville, cette maison de maître du 19ᵉs. aux airs de malouinière a un charme fou. Entourées d'un grand parc fleuri d'essences rares, les chambres sont délicieusement reposantes, embellies de meubles chinés. La maîtresse des lieux fait table d'hôte certains soirs de la semaine : chic !

Le Viaduc VISA

3 rampe St-Mélaine – ✆ 02 98 63 24 21 – www.le-viaduc.com – Fermé 30 sept.-24 oct., dim. soir et lundi sauf juil.-août BYs
Rest – Formule 15 € – Menu 29 € – Carte 32/50 €
◆ Cette maison compte parmi les plus vieilles du secteur de l'église St-Mélaine. Les spécialités du chef, dont le père était boucher ? La viande, les abats et le célèbre kig-ha-farz, le pot-au-feu breton. Mais il y a du poisson, bien sûr !

MORLAIX

Aiguillon (R. d')	BZ	2
Allende (Pl. S.)	BZ	3
Ange-de-Guernisac (R.)	BY	5
Bouchers (R. des)	BZ	6
Brest (R. de)	AZ	
Carnot (R.)	BZ	7
Dossen (Pl.du)	BZ	8
Grand'R.	BZ	
Jacobins (Pl. des)	BZ	12
Mur (R. du)	BZ	13
Otages (Pl. des)	AY	
Paris (Rte de)	BZ	14
Paris (R. de)	BZ	
Poan-Ben (allée du)	BZ	16
Son (Venelle au)	BZ	18
Traoulen (Pl.)	BZ	20

L'Estaminet

23 r. du Mur – ✆ 02 98 88 00 17 – www.restaurantmorlaix.com – fermé dim. et lundi BZt

Rest – Carte 20/45 €

◆ Dans une rue piétonne du vieux Morlaix, un restaurant à deux facettes : bar à vins en façade, style lounge sur l'arrière. Boosté par un accueil sympathique, on déguste avec plaisir hure de saumon, lasagnes de la mer et bons desserts...

L'Hermine

35 r. Ange-de-Guernisac – ✆ 02 98 88 10 91 – www.restaurantmorlaix.com – Fermé dim. midi et merc. BYd

Rest – Formule 12 € bc – Carte 15/25 €

◆ Poutres, tables en bois ciré, objets rustiques : une crêperie bien sympathique dans un pittoresque quartier piétonnier. On peut choisir parmi une cinquantaine de crêpes au sarrasin et au froment.

MORLANNE – 64 Pyrénées-Atlantiques – 342 I1 – 539 h. – alt. 180 m – ✉ 64370 3 B3

Paris 771 – Bordeaux 193 – Mont-de-Marsan 59 – Pau 36

Cap e Tot

Carrère du Château – ✆ 05 59 81 62 68 – Fermé 15-30 juin, 3 sem. en sept., 24 déc.- 15 janv., merc. soir et jeudi midi sauf 15 juil.-30 août, merc. midi, dim. soir, lundi et mardi

Rest – Menu 25/55 €

◆ Deux salles, deux formules : d'un côté, un bistrot béarnais et ses plats goûteux et généreux ; de l'autre, un gastronomique (menu unique) à l'ambiance cosy et contemporaine.

MORNAC-SUR-SEUDRE – 17 Charente-Maritime – 324 D5 – 782 h. 38 A3
– alt. 5 m – ✉ 17113 Poitou Charentes Vendée

Paris 510 – Angoulême 109 – Poitiers 177 – La Rochelle 70

46, place du Port, ✆ 05 46 22 61 68

Les Basses Amarres
5 r. des Basses-Amarres – ✆ 05 46 22 63 31 – www.lesbassesamarres.com – Fermé 2 sem. en nov., 2 sem. en janv., vacances de fév., mardi et merc. sauf juil.-août

Rest – Menu 26/45 € – Carte 40/54 €

◆ Larguez les amarres dans cette ruelle d'un petit village très typique, en pleine zone ostréicole. Dans ce bistrot marin, on déguste de frais produits de la mer face aux marais.

MORSBRONN-LES-BAINS – 67 Bas-Rhin – 315 K3 – 614 h. 1 B1
– alt. 200 m – ✉ 67360

Paris 489 – Haguenau 11 – Sarreguemines 68 – Strasbourg 44

27 rue Principale, ✆ 03 88 09 30 18

La Source des Sens
19 rte d'Haguenau – ✆ 03 88 09 30 53 – www.lasourcedessens.fr – Fermé 16-30 juil., janv., dim. soir, mardi midi et lundi

14 ch – †90/120 € ††120/200 € – ☕ 15 € – ½ P 110/150 €

Rest *La Source des Sens* – voir les restaurants ci-après

◆ Un hôtel-restaurant très agréable dans cette station thermale du nord de l'Alsace. Chambres tendance au design sobre, espace bien-être complet avec un superbe et immense spa : tous les sens sont flattés.

La Source des Sens
19 rte d'Haguenau – ✆ 03 88 09 30 53 – www.lasourcedessens.fr – Fermé 16-30 juil., janv., dim. soir, mardi midi et lundi

Rest – Formule 16 € – Menu 25 € (déj. en sem.), 35/65 € – Carte 48/70 €

◆ Le cadre est résolument contemporain – mobilier design et vue sur les cuisines via un écran plasma – et la carte se veut créative, surtout le soir. Pour preuve, des langoustines accompagnées de chips de vitelote, un sorbet à la coriandre...

MORTAGNE-AU-PERCHE – 61 Orne – 310 M3 – 4 111 h. 33 C3
– alt. 260 m – ✉ 61400 Normandie Vallée de la Seine

Paris 153 – Alençon 39 – Chartres 80 – Lisieux 89

Halle aux Grains, ✆ 02 33 85 11 18, www.ot-mortagneauperche.fr

De Bellême Saint-Martin, à Bellême, Les Sablons, S : 17 km par D 938, ✆ 02 33 73 12 79

Boiseries★ de l'église N.-Dame.

Du Tribunal
4 pl. Palais – ✆ 02 33 25 04 77 – www.hotel-tribunal.fr

21 ch – †58/70 € ††58/120 € – ☕ 11 € – ½ P 75/100 €

Rest *Du Tribunal* – voir les restaurants ci-après

◆ Une ravissante maison fleurie (13e-18e s.), parfaite pour découvrir le Perche. Gracieuses, les chambres sont parées de jolis motifs et de couleurs vives. Accueil très sympathique.

Du Tribunal
4 pl. Palais – ✆ 02 33 25 04 77 – www.hotel-tribunal.fr

Rest – Formule 15 € bc – Menu 29/65 € bc – Carte 60/80 €

◆ Dans ce décor bourgeois (fauteuils de velours rouge, cheminée, etc.), les produits du terroir épousent la tendance, telle cette crème de panais accompagnée de son espuma, d'une mousseline de brebis et de chips au lard.

au Pin-la-Garenne **9 km au Sud par rte Bellême sur D 938 – 634 h. – alt. 158 m – ✉ 61400**

La Croix d'Or

6 r. de la Herse – ✆ 02 33 83 80 33 – http://lacroixdor.free.fr – Fermé 1 sem. vacances de la Toussaint et fév., mardi et merc.

Rest – Formule 13 € – Menu 20/45 € – Carte 26/53 €

◆ Une auberge champêtre où règne une authentique atmosphère familiale. Après un joli parcours dans de grands établissements, le chef est revenu au pays et a fait de la maison de sa grand-mère un repaire traditionnel et... gourmand !

MORTAGNE-SUR-GIRONDE – 17 Charente-Maritime – 324 F7 38 B3

– 1 030 h. – alt. 51 m – ✉ 17120 Poitou Vendée Charentes

Paris 509 – Blaye 59 – Jonzac 30 – Pons 26

1 place des Halles, ✆ 05 46 90 52 90, www.ot-mortagne.com

Chapelle★ de l'Ermitage St-Martial S : 1,5 km.

La Maison du Meunier sans rest

36 quai de l'Estuaire, (au port) – ✆ 05 46 97 75 10 – www.maisondumeunier.com – Fermé 15 nov.-1er mars

5 ch – 70 € 70 €

◆ Des meubles chinés, des photos anciennes, une moto : la déco de cette belle maison du 18e s. est... insolite et charmante. Dans la salle de jeux, le propriétaire – un Hollandais fort accueillant – a constitué une superbe collection de flippers et organise des tournois : avis aux amateurs !

Envie de partir à la dernière minute ?
Visitez les sites Internet des hôtels pour bénéficier de promotions tarifaires.

MORTEAU – 25 Doubs – 321 J4 – 6 499 h. – alt. 780 m – ✉ 25500 17 C2

Franche-Comté Jura

Paris 468 – Basel 121 – Belfort 88 – Besançon 65

Espace Christian Genevard, place de la Halle, BP 72054, ✆ 03 81 67 18 53, www.morteau.org

La Guimbarde sans rest

10 pl. Carnot – ✆ 03 81 67 14 12 – www.la-guimbarde.com

25 ch – 53/100 € 58/100 € – 8 €

◆ Un imposant édifice du 19e s. en plein centre-ville. Les chambres, de style contemporain, sont spacieuses et bien tenues. Le week-end, piano-bar au salon... sans guimbarde !

Auberge de la Roche (Philippe Feuvrier)

9 r. du Pont-de-la-Roche , 3 km au Sud-Ouest par D 437 ✉ 25570 – ✆ 03 81 68 80 05 – www.aubergedelaroche.com – Fermé 5-14 juil., 1 sem. en janv., mardi soir, dim. soir et lundi

Rest – Menu 27 € (sem.), 43/78 € – Carte 65/90 €

Spéc. La grosse tranche de foie d'oie poélée. Le paillasson de grosses langoustines bretonnes décortiquées et rôties. Les chariots de desserts. **Vins** Arbois, Côtes du Jura

◆ Accueil chaleureux et cuisine franc-comtoise revisitée ont fait la renommée de ce restaurant situé dans la verte campagne du Haut-Doubs. Apéritif et café servis en terrasse.

JacquesAlexandre

34 Grande-Rue – ✆ 03 81 43 14 19 – Fermé 24 déc.-16 janv., lundi sauf le soir de mai à sept. et dim.

Rest – Menu 16 € (déj. en sem.), 19/42 € – Carte 25/38 €

◆ Un sympathique néobistrot dans une maison de pays. Vue alléchante sur les cuisines depuis la salle "Comptoir" ; carte faisant honneur à la tradition et à la cuisine de brasserie.

à Grand'Combe-Châteleu **5 km au Sud-Ouest par D 437 et D 47 – 1 352 h. – alt. 760 m – ✉ 25570**

Fermes anciennes★.

XX **Faivre** VISA MC

2, bas de Grand'Combe – ✆ 03 81 68 84 63 – www.restaurant-faivre.fr/ – Fermé dim. soir et lundi

Rest – Formule 18 € bc – Menu 28/60 € – Carte 25/60 €

◆ Un hameau pittoresque, de belles fermes anciennes alentour, une maison au charme rustique : le décor est planté. Ici, on déguste des plats régionaux, dont le célèbre "jésus".

MORTEMART – 87 Haute-Vienne – 325 C4 – 125 h. – alt. 300 m – ✉ 87330 Limousin Berry 24 A1

Paris 388 – Bellac 14 – Confolens 31 – Limoges 41

Place Château des Ducs, ✆ 05 55 68 98 98

XX **Le Relais** avec ch VISA MC

1 pl. Royale – ✆ 05 55 68 12 09 – www.le-relais-mortemart.fr – Fermé fév., mardi sauf du 15 juil. au 31 août et lundi

5 ch – †47/53 € ††50/53 € – ☐ 10 € – ½ P 65 €

Rest – Menu 20 € (sem.), 29/47 € – Carte 37/52 €

◆ Une sympathique auberge de campagne, avec ses pierres apparentes, sa cheminée et ses poutres... On y déguste une cuisine traditionnelle concoctée avec de bons produits et, pour faire étape, les chambres sont simples et coquettes.

MORZINE – 74 Haute-Savoie – 328 N3 – 2 933 h. – alt. 960 m – Sports d'hiver : 1 000/2 100 m 6 61 – ✉ 74110 Alpes du Nord 46 F1

Paris 586 – Annecy 84 – Cluses 26 – Genève 58

23, Place du Baraty, ✆ 04 50 74 72 72, www.morzine-avoriaz.com

Avoriaz, à Avoriaz, E : 12 km par D 338, ✆ 04 50 74 11 07

le Pléney★ par téléphérique, pointe du Nyon★ par téléphérique - Télésiège de Chamoissière★★.

Plan page suivante

Le Samoyède VISA MC AE

9 pl. de l'Office du Tourisme – ✆ 04 50 79 00 79 – www.hotel-lesamoyede.com – Ouvert mi-juin à mi-sept. et mi-déc. à mi-avril Bg

30 ch – †55/102 € ††76/295 € – 1 suite – ☐ 12 € – ½ P 85/199 €

Rest *L'Atelier* – voir les restaurants ci-après

◆ Au cœur de la station, un grand chalet plein de charme. Ses chambres, spacieuses et décorées de bois blond, donnent pour la plupart sur la montagne. Un cocon chic et chaleureux !

Le Dahu rest, VISA MC

293 chemin du Mas Métout – ✆ 04 50 75 92 92 – www.dahu.com – Ouvert 1er juil.-2 sept. et 15 déc.-7 avril Bz

31 ch – †60/145 € ††80/270 € – 8 suites – ☐ 15 € – ½ P 80/175 €

Rest *(fermé le midi en hiver sauf vacances scolaires et mardi soir)* – Menu 32 € (dîner), 50/70 €

◆ Au calme sur la rive droite de la Dranse, ce grand chalet domine la vallée. Atmosphère joliment montagnarde dans les chambres (la plupart avec balcon) ; bel espace forme. Au restaurant, plats traditionnels (menu unique) et, selon la saison, soirées "pierrade" – et oui ! – ou "savoyardes"...

Champs Fleuris rest, VISA MC

247 rte du Téléphérique – ✆ 04 50 79 14 44 – www.hotel-champs-fleuris.com – Ouvert 25 juin-5 sept. et 18 déc.-10 avril Af

47 ch – †100/150 € ††100/300 € – ☐ 13 € – ½ P 92/192 €

Rest – Menu 24 € (déj.)/30 €

◆ Hôtel idéalement situé au pied du téléphérique du Pléney. Dans le salon crépite la cheminée et, après une journée de ski, on a plaisir à regagner sa chambre, si douillette ! Cuisine traditionnelle surtout destinée aux résidents.

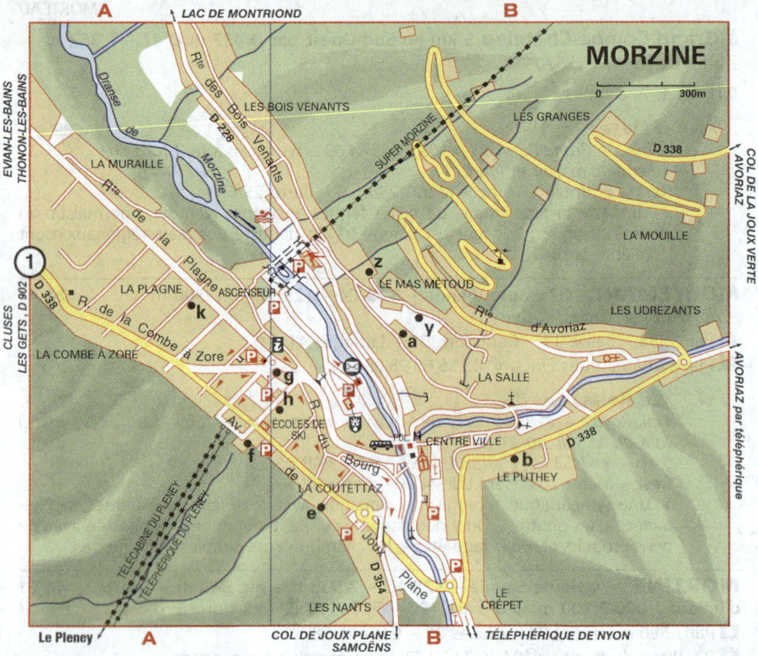

La Bergerie sans rest

103 rte du Téléphérique – ✆ 04 50 79 13 69
– www.hotel-bergerie.com
– Ouvert 28 juin-12 sept. et 16 déc.-22 avril **Bh**

25 ch – 🕴110/240 € 🕴🕴140/330 € – 2 suites – ☕ 12 €

◆ Un chalet fort sympathique où règne une ambiance jeune et familiale : chambres cosy et presque toutes équipées d'une kitchenette, jeux pour les enfants et piscine chauffée.

Chalet Philibert

480 rte des Putheys – ✆ 04 50 79 25 18
– www.chalet-philibert.com
– Ouvert 15 juin-15 sept. et 1er déc.-20 avril **Bb**

26 ch ☕ – 🕴65/150 € 🕴🕴130/300 €

Rest *Le Restaurant du Chalet* – voir les restaurants ci-après

◆ Chalet rénové dans le respect de l'authenticité savoyarde, avec de beaux matériaux anciens (bois, pierre) glanés dans les fermes voisines. Chambres confortables et chaleureuses.

La Clef des Champs

ch, rest,

av. Joux-Plane – ✆ 04 50 79 10 13
– www.clefdeschamps.com
– Ouvert 30 juin-2 sept. et 17 déc.-10 avril **Be**

30 ch – 🕴90/160 € 🕴🕴90/160 € – ☕ 12 € – ½ P 77/100 €

Rest *(résidents seult)* – Menu 25 €

◆ Un chalet au pied des pistes, dont les balcons en bois semblent découpés dans une fine dentelle. Chambres de style montagnard, joliment arrangées et très bien tenues. Au restaurant, atmosphère tout bois – of course – et cuisine française aux accents du terroir.

Fleur des Neiges rest,
227 Tdm de Nant Crue – 04 50 79 01 23 – www.hotelfleurdesneigesmorzine.com – Ouvert 1er juil.-10 sept. et 20 déc.-15 avril **Ak**
31 ch – 65/100 € 100/160 € – ½ P 75/105 €
Rest *(fermé le midi)* – Menu 30 €
◆ La Fleur des Neiges ? Une jolie plante tenue par un couple franco-canadien accueillant et jovial. C'est chaleureux, typique et bien entretenu ! Côté sport et détente : fitness, sauna, tennis et piscine. Cuisine traditionnelle (menu unique). L'été, on profite du jardin.

L'Hermine Blanche rest,
414 chemin du Mas Metout – 04 50 75 76 55 – www.hermineblanche.com – Ouvert 30 juin-2 sept. et 22 déc.-20 avril **By**
25 ch – 55/73 € 65/93 € – 9 € – ½ P 67/87 €
Rest *(dîner seult)* – Menu 25 €
◆ Près de la route d'Avoriaz, un chalet dont les chambres sont simples, fraîches et accueillantes (toutes avec balcon). Agréable piscine semi-couverte et jacuzzi face au jardin. Cuisine traditionnelle pour les résidents.

Les Côtes
265 chemin de la Salle – 04 50 79 09 96 – www.hotel-lescotes.com – Ouvert 29 juin-1er sept. et 22 déc.-8 avril **Ba**
23 ch – 66/100 € 66/100 € – 9 € – ½ P 61/91 €
Rest *(fermé 24 mars-8 avril, 7-14 janv. et 18-25 fév.) (dîner seult) (résidents seult)* – Menu 23/26 € – Carte environ 32 €
◆ Billard, flipper, baby-foot, minibowling : ici, les petits et grands enfants n'ont pas le temps de s'ennuyer ! Chambres et studios sobres et bien tenus ; belle piscine sous une verrière. Le soir, menu unique réservé aux résidents, sans chichi.

L'Atelier – Hôtel Le Samoyède
– 04 50 79 00 79 – www.hotel-lesamoyede.com – Ouvert de début juil. à mi-sept., mi-déc. à mi-avril et fermé le midi sauf dim. et fériés **Bg**
Rest – Menu 40/108 € bc – Carte 50/69 €
◆ Une table élégante, au sein de l'hôtel Samoyède : c'est le fils de la famille qui œuvre en cuisine. Intransigeant sur les produits, au fait des tendances, il réalise une cuisine franche et savoureuse, accompagnée de beaux bourgognes et bordeaux.

Le Restaurant du Chalet – Hôtel Chalet Philibert
– 04 50 79 25 18 – www.chalet-philibert.com – Ouvert déc.- avril **Bb**
Rest *(dîner seult) (réserver)* – Carte 55/75 €
◆ Nem de tourteau au parfum de piment d'Espelette, diablotins d'amandes en chaud-froid de pain d'épice... Sous l'égide d'un chef passionné, une valeur sûre que cette table certes un peu excentrée, mais où l'on se réfugie avec plaisir.

MOSNAC – 17 Charente-Maritime – 324 G6 – rattaché à Pons

MOSNES – 37 Indre-et-Loire – 317 P4 – 745 h. – alt. 70 m – ✉ 37530 11 A1

Paris 211 – Blois 26 – Orléans 86 – Tours 37

Domaine des Thômeaux rest,
12 r. des Thômeaux – 02 47 30 40 14 – www.domainedesthomeaux.fr
35 ch – 75/220 € 75/220 € – 12 € – ½ P 75/147 €
Rest *(fermé dim. soir, mardi midi et lundi de nov. à mars)* – Menu 24 € – Carte 34/40 €
◆ Ce château tourangeau en brique et tuffeau abrite des chambres thématiques sur les villes du monde. Détente et loisirs garantis avec le spa et le parc Fantasy Forest. La salle à manger est vraiment grande ! On y sert une cuisine traditionnelle, un brin fusion.

LA MOTHE-ACHARD – 85 Vendée – 316 G8 – 2 425 h. – alt. 20 m – ✉ 85150 34 B3

Paris 446 – Challans 40 – Nantes 90 – La Roche-sur-Yon 25
56, rue G. Clemenceau, 02 51 05 90 49, www.achards-tourisme.com

Domaine de Brandois

La Forêt, proche du jardin extraordinaire – ✆ 02 51 06 24 24 – www.domainedebrandois.com

26 ch – 99/195 € 99/195 € – 12 €

Rest ***Domaine de Brandois*** – voir les restaurants ci-après

◆ Au cœur d'un immense parc boisé, en pleine nature, ce petit château du 19es. cultive l'art de la convivialité. Patine du temps, charme historique et... élégance résolument contemporaine et design. Du style !

Domaine de Brandois

La Forêt, proche du jardin extraordinaire – ✆ 02 51 06 24 24 – www.domainedebrandois.com – Fermé sam. midi et dim. soir

Rest – Formule 25 € – Menu 35 €

◆ Moulures, parquets et mobilier design : le charme châtelain et le raffinement contemporain au service d'une cuisine qui sait aussi mêler la tradition et l'air du temps...

LA MOTTE – 83 Var – 340 O5 – 2 900 h. – alt. 79 m – ✉ 83920 — 41 C3

Paris 864 – Cannes 54 – Fréjus 25 – Marseille 118

25, boulevard André Bouis, ✆ 04 94 84 33 76, www.ville-la-motte.com

Le Mas du Père sans rest

280 chemin du Péré – ✆ 04 94 84 33 52 – www.lemasdupere.com

3 ch – 85/112 € 85/112 €

◆ Dans un village perché, ce mas provençal entouré de verdure abrite des chambres cosy, pourvues de terrasses privatives. Jolie vue sur le massif des Maures de la piscine.

LA MOTTE-D'AIGUES – 84 Vaucluse – 332 G11 – 1 328 h. – alt. 375 m – ✉ 84240 — 40 B2

Paris 758 – Avignon 80 – Digne-les-Bains 104 – Marseille 63

Du Lac avec ch

lieu-dit Pied-Bernard, (Étang de la Bonde), 2 km au Sud-Ouest par D 27 – ✆ 04 90 09 14 10 – www.restaurantdulac.eu – Fermé vacances de la Toussaint, de Noël, de fév., merc. midi d'oct. à mai, mardi sauf le soir de juin à sept. et lundi

3 ch – 100/150 € 100/150 €

Rest – Menu 26 € (déj. en sem.), 29/55 €

◆ Cadre d'une élégante sobriété, quasi british, pour une cuisine utilisant les produits du terroir et influencée par le raffinement des produits asiatiques. Terrasse au bord du lac. Pour prolonger la magie, quelques chambres à l'étage, dans le même esprit.

MOTTEVILLE – 76 Seine-Maritime – 304 F4 – rattaché à Yvetot

MOUANS-SARTOUX – 06 Alpes-Maritimes – 341 C6 – 10 290 h. – alt. 120 m – ✉ 06370 — 42 E2

Paris 904 – Antibes 15 – Cannes 9 – Grasse 8

258, avenue de Cannes, ✆ 04 93 75 75 16, www.mouans-sartoux.com

Le Relais Gourmand

400 rte de Valbonne, vers Plascassier, 4 km – ✆ 04 93 60 10 57 – www.lerelais-gourmand.com – Fermé 1er-15 janv.

12 ch – 69/90 € 84/110 € – 13 € – ½ P 103/125 €

Rest – Menu 20 € (déj. en sem.), 23/40 € – Carte 25/50 €

◆ Un hôtel tout simple, qui propose des petites chambres agréables et bien tenues. Les plus : la direction fournit des draps de bain pour se prélasser autour de la piscine et le restaurant propose une cuisine méridionale attrayante, à base de légumes bio.

MOUDEYRES – 43 Haute-Loire – 331 G4 – 105 h. – alt. 1 177 m – ✉ 43150 — 6 C3

Paris 565 – Aubenas 64 – Langogne 58 – Le Puy-en-Velay 26

Le Pré Bossu

– *04 71 05 10 70 – www.auberge-pre-bossu.com – Ouvert 1er mai-30 oct. et fermé lundi en mai, sept. et oct.*

6 ch – 105 € 130/155 € – 17 €

Rest *Le Pré Bossu* – voir les restaurants ci-après

◆ À l'entrée d'un village de montagne, une chaumière ravissante et cosy à souhait. La plupart des chambres disposent d'un petit salon et, au petit déjeuner, on se régale de gourmandises maison (gâteaux, yaourts, confitures) devant la cheminée.

Le Pré Bossu

– *04 71 05 10 70 – www.auberge-pre-bossu.com – Ouvert 1er mai-30 oct. et fermé lundi en mai, sept. et oct.*

Rest *(dîner seult)* – Menu 42/62 €

◆ Le patron a un bien joli parcours gastronomique derrière lui, ce qui explique son amour des bons produits. Dans un registre traditionnel, il concocte une cuisine de l'instant vraiment savoureuse. Joli choix de vins de propriétaires.

MOUGINS – 06 Alpes-Maritimes – 341 C6 – 19 703 h. – alt. 260 m 42 E2

– 06250 Côte d'Azur

Paris 902 – Antibes 13 – Cannes 8 – Grasse 12

18 boulevard Georges Courteline, 04 93 75 87 67, www.mougins.fr/tourisme

Royal Mougins Golf Club, 424 avenue du Roi, par D 35 : 3,5 km, 04 92 92 49 69

de Cannes Mougins, 175 avenue du Golf, SO : 8 km, 04 93 75 79 13

Site★ - Ermitage N.-D. de Vie : site★, ★ SE : 3,5 km - Musée de l'Automobiliste★ NO : 5 km.

Le Mas Candille ch, rest,

bd C. Rebuffel – 04 92 28 43 43

– www.lemascandille.com – Fermé janv. et fév.

39 ch – 295/545 € 295/545 € – 7 suites – 28 € – ½ P 390/490 €

Rest *Le Candille* – voir les restaurants ci-après

Rest *Pergola* *(ouvert mai-sept. et fermé le soir sauf juil.-août)* – Formule 40 € bc – Menu 55/70 € bc – Carte 40/70 €

◆ Ce superbe mas du 18es. et sa bastide récente ne sont que douceur et quiétude : chambres raffinées, suites mêlant élégamment le contemporain à l'esprit Sud, délicieux spa japonisant et parc immense aux doux effluves méridionaux...

Royal Mougins Golf Resort

424 av. du Roi Mougins – 04 92 92 49 69

– www.royalmougins.fr

29 ch – 210/540 € 210/540 € – 29 suites **Rest** – Carte 42/60 €

◆ Tout ici est dernier cri, et pour cause : l'établissement est surtout fréquenté par une clientèle privilégiée qui vient profiter du golf privé, l'un des plus exigeants et sélects au monde. Une ode au luxe contemporain, y compris sur la superbe terrasse du restaurant qui domine les greens.

Hôtel de Mougins

205 av. du Golf, 2,5 km par rte d'Antibes – 04 92 92 17 07

– www.hotel-de-mougins.com – Fermé 17 déc.-15 janv.

50 ch – 195/275 € 195/275 € – 1 suite – 20 €

Rest *Le Jardin* – voir les restaurants ci-après

◆ Le jardin fleure bon l'oranger, la lavande et le romarin... Au détour d'une senteur, on trouve refuge dans quatre charmantes bastides. Les chambres affichent un style provençal chic – très apprécié de la clientèle étrangère – et la piscine est délicieuse !

Le Moulin de Mougins avec ch

1028 av. Notre-Dame-de-Vie, 2,5 km au Sud-Est par D 3 – 04 93 75 78 24

– www.moulindemougins.com – Fermé lundi et mardi d'oct. à avril

9 ch – 150/350 € 150/350 € – 15 €

Rest – Formule 39 € bc – Menu 49 € (déj.)/180 € – Carte 90/155 €

◆ Dans ce vénérable moulin du 16es. – une institution de la Côte d'Azur –, la carte associe grands classiques, exotisme et produits nobles. On prend le repas face au beau jardin, orné d'œuvres d'art... Et pour passer la nuit, les chambres, d'esprit contemporain, sont charmantes. Cours de cuisine et boutique gourmande.

XXX **Le Candille** – Hôtel Le Mas Candille

bd C. Rebuffel – ✆ 04 92 28 43 43 – www.lemascandille.com – Fermé janv., fév., lundi midi et mardi midi de mai à sept.

Rest – Menu 70/130 € – Carte 110/150 €

Spéc. Tarte tatin au foie gras façon Candille. Poissons rôtis. Soufflé Candille découverte (printemps-été). **Vins** Côtes de Provence.

◆ Une table élégante, avec une belle vue en terrasse... Ici, le chef et sa brigade réalisent une cuisine subtile, avec d'excellents produits du marché. Fraîcheur, finesse et précision : une belle expérience !

XXX **Le Jardin** – Hôtel de Mougins

205 av. du Golf, 2,5 km par rte d'Antibes – ✆ 04 92 92 17 07 – www.hotel-de-mougins.com – Fermé 17 déc.-15 janv., dim. et lundi de nov. à fév.

Rest – Formule 29 € bc – Menu 35 € (déj.), 50/80 € – Carte 55/80 €

◆ Le chef est italien et privilégie les produits de sa terre natale et de Sicile ; il signe une savoureuse cuisine méditerranéenne. Le midi, honneur à la belle simplicité, à la légèreté et aux légumes. Terrasse verdoyante.

XX **La Place de Mougins**

41 pl. du Commandant Lamy, (au vieux village) – ✆ 04 93 90 15 78 – www.laplacedemougins.com – Fermé 20 nov.-5 déc., 7-13 fév., dim. soir et lundi de sept. à juin

Rest – Formule 30 € – Menu 49 € (dîner)/75 € – Carte 50/105 €

◆ Sur la place du village, évidemment ! Dans ce charmant restaurant règne une atmosphère chic et cosy, tandis qu'en cuisine, c'est l'ébullition autour d'un chef créatif et passionné ; chaque mois, il met en valeur un produit de saison, magnifiant la truffe, l'asperge...

XX **Le Clos St-Basile**

351 av. St-Basile – ✆ 04 92 92 93 03 – Fermé 2 sem. en mars, 2 sem. en nov., le midi en juil.-août, mardi et merc. de sept. à juin

Rest – Formule 19 € – Menu 39 € (dîner)/49 € – Carte 45/82 €

◆ La patronne est décoratrice et cela se voit : la salle à manger hésite entre le style bonbonnière et la brocante chic. Le chef, qui est passé par de grandes maisons, élabore une fine cuisine à partir de produits de saison.

XX **L'Amandier de Mougins**

pl. des Patriotes, (au vieux village) – ✆ 04 93 90 00 91 – www.amandier.fr – Fermé merc. hors saison

Rest – Formule 19 € – Menu 26 € (déj.)/35 € – Carte 45/65 €

◆ Aux portes de ce village cher à Picasso, cette maison bien connue a bénéficié d'une cure de jouvence en 2011 : son charme provençal resplendit de fraîcheur. Au menu : une appétissante cuisine niçoise et... un panorama superbe en terrasse !

X **Brasserie de la Méditerranée**

32 pl. du Commandant Lamy, (au vieux village) – ✆ 04 93 90 03 47 – www.brasserie-la-mediterranee.com – Fermé 10 janv.-9 fév.

Rest – Formule 17 € – Menu 24 € (déj.)/58 € – Carte 35/100 €

◆ Sur la pittoresque place centrale, un bistrot bien sympathique ! Velouté de cèpes, ris de veau panés accompagnés de bons sanguins... Ici, le chef trouve son inspiration dans la tradition et les belles saveurs du Sud.

X **Le Bistrot de Mougins**

pl. du village – ✆ 04 93 75 78 34 – Fermé 27 nov.-27 déc., merc. et le midi

Rest *(réserver)* – Menu 37/52 € – Carte 45/65 €

◆ Fraîche alternative aux incontournables terrasses mouginoises que ce petit restaurant aménagé dans une agréable cave voûtée (en fait d'anciennes écuries !). On y dîne d'une cuisine provençale simple.

MOULICENT – 61 Orne – 310 N3 – 291 h. – alt. 335 m – ✉ 61290 33 C3

▶ Paris 148 – Caen 134 – La Ferté-Bernard 51 – Nogent-le-Rotrou 35

Château de la Grande Noë sans rest

500 m à l'Ouest par D 289 – ☎ 02 33 73 63 30
– www.chateaudelagrandenoe.com – Ouvert d'avril à nov.
3 ch – 80/90 € 110/130 €

◆ Dans son domaine verdoyant de 135 ha, cet élégant château (15e-18es.) offre l'occasion d'une étape de charme au cœur du Perche. Les meubles, les portraits, les objets anciens y racontent l'histoire d'une famille... et d'un certain art de vivre.

MOULIN-DE-MALFOURAT – 24 Dordogne – 329 D7 – rattaché à Bergerac

MOULINS P – 03 Allier – 326 H3 – 19 760 h. – alt. 240 m – ✉ 03000 6 C1

Auvergne

▶ Paris 294 – Bourges 101 – Clermont-Ferrand 105 – Nevers 56

ℹ 11, rue François Péron, ☎ 04 70 44 14 14, www.moulins-tourisme.com

de Moulins-Les Avenelles, à Toulon-sur-Allier, Les Avenelles, par rte de Vichy : 7 km, ☎ 04 70 44 02 39

Cathédrale Notre-Dame★ : triptyque★★★, vitraux★★ - Statue Jacquemart★ - Mausolée du duc de Montmorency★ (chapelle de la visitation) - Musée d'Art et d'Archéologie★★.

Plan page suivante

Le Parc

31 av. du Gén.-Leclerc – ☎ 04 70 44 12 25 – www.hotel-moulins.com
– Fermé 21 déc.-3 janv. BX**a**
26 ch – 54/78 € 54/78 € – 9 € – ½ P 60/64 €
Rest ***Le Parc*** – voir les restaurants ci-après

◆ Tout près de la gare et d'un petit parc verdoyant, un établissement familial, sobre et bien tenu. Les chambres sont claires et fonctionnelles ; les salles de bains bien équipées.

XXX **Le Clos de Bourgogne** avec ch

83 r. de Bourgogne – ☎ 04 70 44 03 00
– www.clos-de-bourgogne.com – Fermé 15 août-6 sept., 24 déc.-16 janv. et dim. d'oct. à avril DY**n**
11 ch – 80/170 € 80/170 € – 13 €
Rest *(fermé sam. midi, dim. soir et lundi)* – Formule 16 € – Menu 22 € (déj. en sem.), 27/65 € – Carte 22/48 €

◆ Bel établissement bourgeois dans un havre de verdure. Les chambres déclinent les ambiances propres à cette gentilhommière du 18e s. (boudoir, toile de Jouy). Cuisine gastronomique.

XXX **Des Cours**

36 cours J. Jaurès – ☎ 04 70 44 25 66 – www.restaurant-des-cours.com – Fermé 27 août-8 sept., vacances de fév., dim. soir, mardi soir sauf juil.-août et merc.
Rest – Formule 22 € – Menu 24/55 € – Carte 55/65 € DY**x**

◆ Maison verdoyante située non loin de la vieille ville. Les produits sont frais, souvent d'origine locale. Une belle table bourgeoise et élégante. Terrasse aux beaux jours.

XX **Le Trait d'Union**

16 r. Gambetta – ☎ 04 70 34 24 61 – Fermé 15-31 juil., 15-23 fév., dim. et lundi
Rest – Menu 23 € (déj. en sem.)/38 € – Carte 48/65 € DZ**t**

◆ Trait d'union entre l'agréable cadre contemporain (tableaux modernes, compositions florales) et la cuisine de ce jeune chef-patron : fraîche, sérieuse et bien présentée.

XX **Le Parc** – Hôtel Le Parc

31 av. du Gén.-Leclerc – ☎ 04 70 44 12 25 – www.hotel-moulins.com – Fermé 27 juil.-19 août, 21 déc.-3 janv., dim. soir et sam. BX**a**
Rest – Menu 23 € (sem.), 33/40 € – Carte 40/60 €

◆ Médaillon de lotte poêlé, filet de charolais aux morilles, ou encore foie gras maison : dans ce sympathique hôtel-restaurant familial, on vous sert une cuisine traditionnelle "aux petits oignons".

MOULINS

Allier (Pl. d') . . . . CDZ
Allier (R. d') . . . . DYZ
Alsace-Lorraine (Av. d') . . . BX 3
Ancien Palais (R.) . . . . DY 4
Bourgogne (R. de) . . . . . BV, DY 6
Bréchimbault (R.) . . . . DZ 7
Cerf-Volant (R. du) . . . . BV 8
Clermont-Ferrand (Rte de) AX 10
Desboutins (R. M.) . . . . . . BX 16
Fausses Braies (R. des) . . DY 19
Flèche (R. de la) . . . . DZ 20
Grenier (R.) . . . . DY 25
Horloge (R. de l') . . . . DZ 26
Hôtel de Ville (Pl. de l') . . . DY 27
Jeu de Paume (R. du) . . . . BV 28
Leclerc (Av. Général) . . . . . BX 30
Libération (Av. de la) . . . . . AX 31
Montilly (Rte de) . . . . AX 32
Orfèvres (R. des) . . . . DY 33
Pascal (R. Blaise-) . . . . CZ 34
Péron (R. F.) . . . . DY 35
République (Av. de la) . . . . BX 36
Tanneries (R. des) . . . BV, DV 38
Tinland (R. M.) . . . . CY 39
Vert Galant (R. du) . . . . . CDY 40
4 Septembre (R. du) . . . . . DZ 42

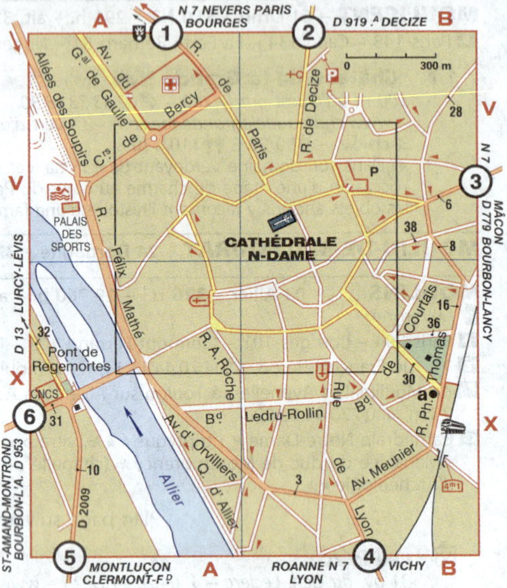

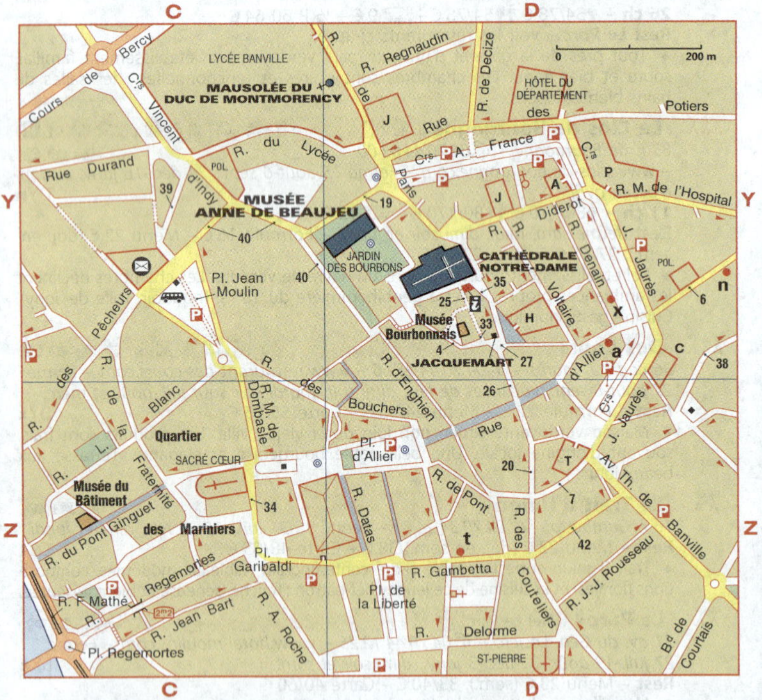

9/7 Olivier Mazuelle

97 r. d'Allier – ✆ 04 70 35 01 60 – www.restaurant-9-7.com – Fermé 1 sem. en juil., 2 sem. en août, lundi soir, sam. midi et dim. DYa

Rest – Formule 17 € – Menu 24/41 € – Carte 40/55 €

◆ Au n° 97, un décor zen et contemporain (tons vert pastel, tables en bois bien espacées, plantes...) et des petits plats soignés, à la mode des bistrots gourmands. Agréable.

rte de Paris 8 km par ① – ✉ 03460 Trevol

Mercure

RN 7 – ✆ 04 70 46 84 84 – www.mercure.com

42 ch – †63/90 € ††63/90 € – ☕ 14 €

Rest *(fermé dim. soir de mi-oct. à mi-mars) (dîner seult)* – Carte environ 30 €

◆ L'hôtel borde un axe passant, mais les chambres – de style contemporain – tournent le dos à la route et font face au jardin et à la piscine. Le restaurant se prolonge d'une terrasse ; cuisine traditionnelle et carte de "grands vins à petits prix".

à Coulandon 8 km par ⑥ et D 945 – 689 h. – alt. 250 m – ✉ 03000

Le Chalet

26 rte du Chalet, 2 km au Nord-Est – ✆ 04 70 46 00 66 – www.hotel-lechalet.fr – Fermé 20 déc.-9 janv.

28 ch – †55 € ††75 € – ☕ 10 € – ½ P 65 €

Rest *Montégut* – voir les restaurants ci-après

◆ Calme absolu au cœur d'un parc agréable avec étang... et petit côté provincial pour ces chambres bien tenues, réparties entre le chalet et les communs. Dépaysant et accueillant !

La Grande Poterie

9 r. de la Grande-Poterie, 3 km au Sud-Ouest – ✆ 04 70 44 30 39 – www.lagrandepoterie.com – Ouvert 15 mars-31 oct.

4 ch ☕ – †60 € ††73 € **Table d'hôte** – Menu 28 € bc

◆ Une belle maison à vivre : dans cette ancienne grange réhabilitée, on profite de la quiétude des chambres décorées avec goût ou l'on se prélasse dans le parc fleuri, au bord de la piscine... La table d'hôte honore les spécialités auvergnates.

Montégut – Hôtel Le Chalet

26 rte du Chalet, 2 km au Nord-Est – ✆ 04 70 46 00 66 – www.hotel-lechalet.fr – Fermé 21 déc.- 4 janv.

Rest – Menu 18 € (sem.), 23/52 € – Carte 36/57 €

◆ Au Montégut, on savoure une cuisine à base de produits régionaux dans un cadre sobre et avenant... Et l'été, on profite de la jolie terrasse verdoyante !

MOULINS-LA-MARCHE – 61 Orne – 310 L3 – 785 h. – alt. 257 m – ✉ 61380 33 C3

Paris 156 – L'Aigle 19 – Alençon 50 – Argentan 45

1, Grande Rue, ✆ 02 33 34 45 98

Le Dauphin

66 Grande Rue – ✆ 02 33 34 50 55 – www.hotel-ledauphin.fr

7 ch – †55/60 € ††60/75 € – ☕ 8 € – ½ P 75 €

Rest *(fermé dim. soir, mardi soir et lundi sauf fériés)* – Formule 11 € bc – Menu 20/55 € – Carte 28/53 €

◆ Tel un fils de roi, peut-être pas ; comme un poisson dans l'eau, certainement. Si vous aimez faire étape dans un relais de poste au goût d'autrefois, les chambres, plutôt spacieuses, ont été rénovées avec soin.

LE MOULLEAU – 33 Gironde – 335 D7 – rattaché à Arcachon

MOULON – 33 Gironde – 335 J5 – 951 h. – alt. 8 m – ✉ 33420 4 C1

Paris 603 – Agen 126 – Bordeaux 41 – Périgueux 108

5 Lasserre sans rest

5 lieu-dit La Serre – ☎ 05 57 51 79 62 – www.5lasserre.com

3 ch – ♂145/280 € ♂♂145/280 €

◆ En pleine nature, cette ferme a été rénovée luxueusement dans un esprit contemporain chic... Les chambres sont grandes et très raffinées ; la piscine à débordement donne sur la Dordogne et il y a même une vraie salle de cinéma et une petite galerie d'art. Un lieu d'exception !

MOURÈZE – 34 Hérault – 339 F7 – 171 h. – alt. 200 m – ✉ 34800 23 C2

Languedoc Roussillon

Paris 717 – Bédarieux 22 – Clermont-l'Hérault 8 – Montpellier 50

Cirque★★.

Navas "Les Hauts de Mourèze" sans rest

Cirque dolomitique – ☎ 04 67 96 04 84 – Ouvert d'avril à oct.

16 ch – ♂45/50 € ♂♂55/60 € – ☕ 7 €

◆ Une bâtisse des années 1970, d'inspiration régionale. Les chambres sont simples (ni téléphone ni TV), à deux pas du superbe cirque de Mourèze. Calme et nature, à bon prix...

MOURIÈS – 13 Bouches-du-Rhône – 340 E3 – 3 085 h. – alt. 13 m – ✉ 13890 42 E1

Paris 713 – Avignon 36 – Arles 29 – Marseille 75

2, rue du Temple, ☎ 04 90 47 56 58

Terriciaë sans rest

rte de Maussane (D 17) – ☎ 04 90 97 06 70 – www.hotel-terriciae.fr – Fermé 20 déc.-10 janv.

31 ch – ♂87/170 € ♂♂107/195 € – ☕ 12 €

◆ Cet hôtel né en 2004 propose des chambres provençales calmes et bien tenues, dont 2 duplex et 2 junior suites, donnant parfois sur la grande piscine. Jardin d'oliviers et terrasse.

Le Vallon du Gayet

rte de Servannes – ☎ 04 90 47 50 63 – www.levallondegayet.com – Fermé 15 déc.-15 janv.

24 ch – ♂89/99 € ♂♂99/115 € – ☕ 11 €

Rest *(fermé 2 sem. en nov., 2 sem. en janv., mardi midi, merc. midi et lundi hors saison)* – Menu 25 € – Carte 30/55 €

◆ Agréable auberge familiale dans un mas au pied des Alpilles. Chambres confortables, rustiques ou plus contemporaines, toutes de plain-pied et donnant sur le parc. Cuisine régionale, grillades et pizzas à déguster en terrasse à l'ombre des pins et des mûriers.

MOUSSEY – 10 Aube – 313 E4 – rattaché à Troyes

MOUSSOULENS – 11 Aude – 344 E3 – 898 h. – alt. 175 m – ✉ 11170 22 B2

Paris 763 – Carcassonne 15 – Montpellier 164 – Toulouse 87

La Rougeanne sans rest

– ☎ 04 68 24 46 30 – www.larougeanne.com

5 ch ☕ – ♂77/105 € ♂♂81/110 €

◆ Une maison qui met le cap au sud, en regardant amoureusement le Malepère et les Pyrénées. Olivier, Tomette, Romarin... les chambres sentent bon la Provence et évoquent les jours heureux des vacances familiales. On prend le petit-déjeuner dans la belle orangerie ou le jardin, on se prélasse. Du soleil et du style !

Envie de partir à la dernière minute ?
Visitez les sites Internet des hôtels pour bénéficier de promotions tarifaires.

MOUSTIERS-STE-MARIE – 04 Alpes-de-Haute-Provence – 334 F9 41 C2

– 710 h. – alt. 631 m – ✉ 04360 Alpes du Sud

Paris 783 – Aix-en-Provence 90 – Digne-les-Bains 47 – Draguignan 61

place de l'Église, ✆ 04 92 74 67 84

Site★★ - Église★ - Musée de la Faïence★.

Grand Canyon du Verdon★★★ -Lac de Ste-Croix★★.

La Bastide de Moustiers

Chemin de Quinson, au Sud du village, par D 952 et rte secondaire – ✆ 04 92 70 47 47 – www.bastide-moustiers.com – Fermé 3 janv.-1er mars, mardi et merc. de nov. à mars

11 ch – 205/385 € 205/385 € – 1 suite – ☕ 22 €

Rest *La Bastide de Moustiers* ✿ – voir les restaurants ci-après

◆ Un petit chemin, une grille en fer forgé, des arbres fruitiers, des vieilles pierres, des faïences régionales, des draps en lin, un grand potager aromatique, un âne, des chevaux, un poney... Plus qu'un inventaire à la Prévert, le charme irrésistible d'une bastide du 17e s. !

Les Restanques de Moustiers sans rest

rte des Gorges du Verdon, à 500 m par rte de Castellane – ✆ 04 92 74 93 93 – www.hotel-les-restanques.com – Ouvert 24 mars-11 nov.

20 ch – 75/99 € 75/99 € – 2 suites – ☕ 9 €

◆ Cette bâtisse neuve domine la vallée. Les chambres, toutes fraîches, ont des terrasses au rez-de-chaussée. La salle des petits-déjeuners, ornée de faïences locales, est charmante.

La Ferme Rose sans rest

chemin de Peyrengue, au Sud du village, par rte Ste-Croix-du-Verdon – ✆ 04 92 75 75 75 – www.lafermerose.com – Ouvert 20 mars-15 nov.

12 ch – 80/155 € 80/155 € – ☕ 11 €

◆ Sympathique ambiance guesthouse dans cette ancienne ferme située au pied du village. Meubles chinés, bibelots et collections diverses en font un petit musée vivant au charme fou !

Le Colombier sans rest

à 500 m par rte de Castellane – ✆ 04 92 74 66 02 – www.le-colombier.com – Ouvert 4 avril-4 nov.

22 ch – 72/102 € 75/102 € – 1 suite – ☕ 9 €

◆ Hôtel situé à 300 m du charmant village, aux chambres coquettes et colorées, la plupart avec terrasse. Beau jardin avec petite piscine et jacuzzi.

Le Clos des Iris sans rest

Chemin de Quinson, au Sud du village, par D 952 et rte secondaire – ✆ 04 92 74 63 46 – www.closdesiris.fr – Fermé déc. et janv.

9 ch – 67/75 € 67/75 € – ☕ 10 €

◆ Coquettes chambres provençales (sans TV !), terrasses privatives, accueil charmant : cette paisible maison nichée dans la verdure et les fleurs ne manque pas d'attraits.

La Bonne Auberge

rte de Castellane, (au village) – ✆ 04 92 74 66 18 – www.bonne-auberge-moustiers.com – Ouvert 1er avril-31 oct.

19 ch – 50/57 € 66/81 € – ☕ 9 € – ½ P 61/66 €

Rest *La Bonne Auberge* – voir les restaurants ci-après

◆ À l'entrée du village, cet hôtel familial dispose de chambres claires et pratiques. Un endroit sympa, avec une terrasse agréable et une piscine à débordement.

La Bouscatière

chemin Marcel Provence – ✆ 04 92 74 67 67 – www.labouscatiere.com

4 ch – 115/210 € 115/210 € – ☕ 16 €

Table d'hôte – Menu 35/50 €

◆ Superbe demeure du 18e s. accrochée à la falaise. Chambres délicieusement décorées, jardin clos, produits régionaux à la table d'hôte. Luxe, calme et sobriété...

XXX **La Bastide de Moustiers** – Hôtel La Bastide de Moustiers

Chemin de Quinson, au Sud du village, par D 952 et rte secondaire – 04 92 70 47 47 – www.bastide-moustiers.com – Fermé, 3 janv.-1er mars, mardi et merc. de nov. à mars

Rest *(nombre de couverts limité, réserver)* – Menu 60/74 € – Carte 65/80 €

Spéc. Petits farcis de notre potager à notre façon (juil. à sept.). Agneau de La Palud à la broche, panisses dorées et légumes en beaux morceaux. Tian à l'orange, marmelade d'agrumes et crème légère (nov. à avril). **Vins** Coteaux varois en Provence.

◆ En cette belle bastide – propriété d'Alain Ducasse –, on déguste une cuisine méditerranéenne et légumière pleine des senteurs du marché et du potager (ne manquez pas le jardin des simples attenant !). Un joli résumé de la Provence...

XX **La Ferme Ste-Cécile**

1,5 km par rte de Castellane – 04 92 74 64 18 – www.ferme-ste-cecile.com – Fermé 15 nov. à début mars, dim. soir sauf juil.-août et lundi

Rest – Formule 26 € – Menu 35 €

◆ Ce restaurant de charme prend ses aises dans une ancienne ferme. Le chef concocte avec délicatesse et subtilité une savoureuse cuisine du Sud ; belle carte des vins.

XX **La Treille Muscate**

pl. de l'Église – 04 92 74 64 31 – www.restaurant-latreillemuscate.com – Ouvert 5 fév.-30 nov. et fermé merc. sauf le midi hors saison et jeudi sauf juil.-août

Rest – Formule 20 € – Menu 29/49 € – Carte 42/62 €

◆ Sympathique bistrot provençal : salle au charme simple, terrasse imparable (sous un platane centenaire de la place de l'église) et cuisine savoureuse.

X **La Bonne Auberge** – Hôtel La Bonne Auberge

rte de Castellane, (au village) – 04 92 74 66 18 – www.bonne-auberge-moustiers.com – Ouvert 1er avril-31 oct. et fermé dim. soir et lundi hors saison, sam. midi, lundi midi et jeudi midi en saison

Rest – Menu 20/39 € – Carte 38/56 €

◆ Toute la rusticité provençale dans un restaurant chaleureux : une Bonne Auberge ! Évidemment, la carte fait la part belle aux spécialités régionales, mais aussi aux petits plats de tradition.

MOUTHIER-HAUTE-PIERRE – 25 Doubs – 321 H4 – 310 h. – alt. 450 m – ✉ 25920 Franche-Comté Jura

17 C2

Paris 442 – Baume-les-Dames 55 – Besançon 39 – Pontarlier 23

Belvédère de Mouthier ★★ SE : 2,5 km - Gorges de Nouailles★ SE : 3,5 km - Belvédère du moine de la vallée★★- Source de la Loue★★.

La Cascade

4 rte des Gorges de Noailles – 03 81 60 95 30 – www.hotel-lacascade.fr – Fermé 25 nov.-15 déc. et 2-20 janv.

16 ch – †58/70 € ††58/74 € – ☕ 10 € – ½ P 63/66 €

Rest – Menu 15 € (déj. en sem.), 30/40 € – Carte 36/48 €

◆ Un hôtel agréable : jolie vue sur la vallée de la Loue ; chambres actuelles et bien tenues (la plupart avec balcon ou loggia). Au restaurant, on déguste une cuisine traditionnelle en admirant les gorges de Nouailles.

MOÛTIERS – 73 Savoie – 333 M5 – 3 892 h. – alt. 480 m – ✉ 73600

46 F2

Alpes du Nord

Paris 607 – Albertville 26 – Chambéry 76 – St-Jean-de-Maurienne 85

place Saint-Pierre, 04 79 24 04 23, www.ot-moutiers.com

XX **Le Coq Rouge**

115 pl. A. Briand – 04 79 24 11 33 – www.lecoqrouge.com – Fermé 26 juin-20 juil., dim. et lundi

Rest – Formule 22 € – Menu 29/49 € – Carte 37/62 €

◆ Maison de 1735 au décor plein de fantaisie : ici, les coqs et la nature sont à l'honneur. Cuisine de saison de facture classique ; quelques notes créatives.

La Voûte
172 Grande rue – ✆ 04 79 24 23 23 – www.restaurantlavoute.com – Fermé 9-23 avril, 20 août-3 sept., 24-31 déc., merc. soir, dim. et lundi
Rest – Formule 11 € – Menu 18 € (déj.), 28/50 € bc – Carte 30/58 €
◆ Dans une rue piétonne proche de la cathédrale, ambiance montagnarde (poutres, boiseries) et cuisine de saison mettant le poisson à l'honneur.

MOUTIERS-AU-PERCHE – 61 Orne – 310 O4 – 441 h. – alt. 190 m – ✉ 61110 33 C3

Paris 152 – Alençon 73 – Caen 178 – Rouen 147

Villa Fol Avril
2 r. des Fers-Chauds – ✆ 02 33 83 22 67 – www.villafolavril.fr – Fermé janv.
9 ch – †75/130 € ††75/130 € – ☐ 12 €
Rest *(fermé merc. midi et jeudi midi d'oct. à avril, dim. soir, mardi midi et lundi)* – Formule 22 € – Menu 33 € – Carte 29/50 €
◆ Une charmante échappée bucolique dans un relais de poste du 17^{e}s. rénové dans un esprit cosy, très maison de campagne... Les chambres sont douces et raffinées avec leur jolies teintes pastel ; au restaurant, le chef concocte des plats traditionnels et, aux beaux jours, on profite du jardin et de la piscine.

MOUZON – 08 Ardennes – 306 M5 – 2 392 h. – alt. 160 m – ✉ 08210 14 C1

Champagne Ardenne

Paris 261 – Carignan 8 – Charleville-Mézières 41 – Longwy 62

place du Colombier, ✆ 03 24 29 79 91

Église Notre-Dame★.

Les Échevins
33 r. Charles-de-Gaulle – ✆ 03 24 26 10 90 – www.restaurant-lesechevins.fr – Fermé dim. soir, lundi soir et merc. soir
Rest – Menu 20 € (déj. en sem.), 25/53 € – Carte 25/40 €
◆ On imagine aisément que les échevins de Mouzon aient pu se réunir dans cette maison à colombages du 17e s., désormais modernisée avec goût. Plats aux saveurs franches, cuissons précises, service impeccable et prix doux : une bonne adresse.

MUHLBACH-SUR-MUNSTER – 68 Haut-Rhin – 315 G8 – 770 h. – alt. 460 m – ✉ 68380 Alsace Lorraine 1 A2

Paris 462 – Colmar 24 – Gérardmer 37 – Guebwiller 45

Perle des Vosges
22 rte Gaschney – ✆ 03 89 77 61 34 – www.perledesvosges.net – Fermé 2 janv.-1er fév.
45 ch – †48/135 € ††48/135 € – ☐ 9 € – ½ P 53/95 €
Rest ***Perle des Vosges*** – voir les restaurants ci-après
◆ Au pied du Hohneck, cet hôtel tenu en famille – les deux fils ont repris le flambeau, mais leur mère n'est jamais loin – est bien agréable : les chambres, spacieuses et pratiques, donnent très souvent sur les Vosges ; on se détend au fitness panoramique et... l'on se régale au restaurant !

Perle des Vosges
22 rte Gaschney – ✆ 03 89 77 61 34 – www.perledesvosges.net – Fermé 2 janv.-1er fév.
Rest – Formule 18 € – Menu 21/45 € – Carte 42/54 €
◆ Le chef, formé dans de grandes maisons, est une perle ! Ses assiettes, gorgées de saveurs, copieuses et joliment présentées, honorent la région et les grands classiques de la gastronomie française. Et l'été, on file en terrasse...

MUIDES-SUR-LOIRE – 41 Loir-et-Cher – 318 G5 – 1 336 h. – alt. 82 m – ✉ 41500 11 B2

Paris 169 – Blois 20 – Châteauroux 109 – Orléans 48

place de la Libération, ✆ 02 54 87 58 36

Château de Colliers sans rest
rte de Blois, RD 951 – ✆ 02 54 87 50 75 – www.chateau-colliers.com
5 ch – †130 € ††141 €
◆ Au bout de l'allée bordée de tilleuls, de frênes et de marronniers... ce beau château de la Loire (18es.). Peintures classées, mobilier de style dans les chambres : du cachet !

Auberge du Bon Terroir
20 r. du 8-Mai 1945 – ✆ 02 54 87 59 24 – Fermé 23 nov.-8 déc., 4-26 janv., lundi et mardi
Rest – Menu 30/38 € – Carte 37/71 €
◆ Dans cette auberge de village, la patronne concocte une agréable cuisine traditionnelle, tandis que son mari vous accueille, tout sourire... Terrasse à l'ombre des tilleuls.

MULHOUSE – 68 Haut-Rhin – 315 I10 – 111 860 h. 1 A3

– **Agglo. 234 445 h. – alt. 240 m – ✉ 68100** Alsace Lorraine
Paris 465 – Basel 34 – Belfort 43 – Freiburg-im-Breisgau 59
de Basel Mulhouse Freiburg (Euro-Airport) 27 km par ③, ✆ 03 89 90 31 11, ✆ 061 325 3111 de Suisse, ✆ 0761 1200 3111 d'Allemagne.
✆ 3635 et tapez 42 (0,34 €/mn)
9, avenue du Maréchal Foch, ✆ 03 89 35 48 48, www.tourisme-mulhouse.com
Parc zoologique et botanique★★ - Hôtel de Ville★★ FY **H1**, musée historique★★ - Vitraux★ du temple St-Étienne - Musée de l'automobile-collection Schlumpf★★★ BU - Musée français du chemin de fer★★★ AV - Musée de l'Impression sur étoffes★ FZ **M6** - Electropolis : musée de l'énergie électrique★ AV **M2**.
Musée du Papier peint★ : collection★★ à Rixheim E : 6 km DV **M7**.

Plans pages suivantes

Du Parc
26 r. Sinne – ✆ 03 89 66 12 22 – www.hotelduparc-mulhouse.com FZ**p**
76 ch – †80/99 € ††90/210 € – 7 suites – 19 €
Rest *(fermé 14 juil.-15 août)* – Formule 18 € – Menu 24 € (déj.) – Carte 30/63 €
◆ Luxueux palace dans les années 1930, cet hôtel cultive son charme rétro et son esprit Art déco. Au Charlie's Bar résonnent tous les soirs des mélodies jazzy : on s'en délecte le temps d'un verre ou d'un dîner...

Holiday Inn
34 r. P.-Cézanne – ✆ 03 89 60 44 44 – www.holidayinn-mulhouse.com
75 ch – †81/209 € ††96/224 € – 5 suites – 16 € AV**c**
Rest *Brasserie Flo* *(fermé 1er janv.-1er mai)* – Formule 19 € – Menu 26 € – Carte 29/55 €
◆ Dans une zone d'affaires, esprit contemporain et international : lounge bar, chambres confortables, agréable espace bien-être et, pour se restaurer, une brasserie du groupe Flo.

Bristol sans rest
18 av. de Colmar – ✆ 03 89 42 12 31 – www.hotelbristol.com FY**e**
85 ch – †55/160 € ††65/200 € – 6 suites – 9 €
◆ À deux pas du centre historique, le Bristol dispose de salons de séminaire très appréciés. Côté chambres, une décoration classique, chaleureuse et variée, parfois plus contemporaine. Service prévenant.

Mercure Centre
4 pl. du Gén.-de-Gaulle – ✆ 03 89 36 29 39 – www.mercure.com FZ**b**
92 ch – †141/231 € ††141/231 € – 15 €
Rest – Formule 13 € – Carte 30/40 €
◆ En face de la gare TGV et non loin du musée de l'Impression sur étoffes, un bâtiment des années 1970 avec des chambres confortables, rénovées pour la plupart dans un esprit épuré et contemporain.

Kyriad Centre sans rest
15 r. Lambert – ✆ 03 89 66 44 77 – www.kyriad.com ou www.hotel-mulhouse.com
60 ch – 71/200 € 79/220 € – 10 € FY**a**
◆ En plein centre-ville, dans un quartier piéton calme et commerçant, un hôtel récent qui a une âme, avec des chambres simples mais accueillantes. Au petit-déjeuner, on déguste le pain du boulanger voisin fraîchement sorti du four.

Il Cortile (Stefano D'Onghia)
11 r. des Franciscains – ✆ 03 89 66 39 79 – www.ilcortile-mulhouse.fr – Fermé 29 avril-6 mai, 12-26 août, 9-23 janv., dim. et lundi EY**a**
Rest – Menu 29 € (déj. en sem.), 59/75 € – Carte 60/85 €
Spéc. Mezzaluna aux palourdes et petits calamars, écume de coquillages. Suprême de pigeon rôti, cuisses en cannelloni et échalotes confites au sauvignon du Piémont. Pannacotta framboise, sorbet framboise-basilic.
◆ Le chef, d'origine italienne, est un vrai autodidacte. Après trente ans passés dans le commerce et un stage dans les cuisines d'une grande maison parisienne, il a réalisé son rêve : ravir nos papilles des saveurs délicates de la Botte. Reconversion réussie ! Et une mention spéciale pour la superbe terrasse.

Oscar
1 av. Maréchal-Joffre – ✆ 03 89 45 25 09 – www.bistrot-oscar.com – Fermé 1er-16 août, 20 déc.-4 janv., sam. midi, dim. et fériés FZ**x**
Rest – Formule 19 € – Menu 35/50 € – Carte 40/100 €
◆ Une brasserie à la parisienne, avec son atmosphère conviviale, sa terrasse fleurie et ses grands classiques, tels le tartare ou l'andouillette. Ici, tout est fait maison – même le pain – et les vins sont très bien choisis (petits producteurs).

L'Estérel
83 av. de la 1ère Division Blindée – ✆ 03 89 44 23 24 – Fermé 27 avril-3 mai, 2 sem. en août, vacances de la Toussaint, 21 fév.-7 mars, dim. soir, merc. soir et lundi
Rest – Formule 13 € – Menu 24 € (sem.)/49 € – Carte 39/70 € CV**t**
◆ Et oui, Mulhouse aussi possède son Estérel... On y savoure une agréable cuisine du marché 100 % maison, pile dans l'air du temps. L'été, la terrasse ombragée est prise d'assaut.

La Table de Michèle
16 r. de Metz – ✆ 03 89 45 37 82 – www.latabledemichele.fr – Fermé 21 août-3 sept., sam. midi, dim. et lundi FY**t**
Rest – Formule 17 € – Menu 27 € (déj. en sem.), 30/45 € – Carte 30/42 €
◆ Michèle joue du piano debout... en cuisine, bien sûr ! Son répertoire ? Plutôt traditionnel, mais sensible aux quatre saisons. Côté décor : chaleur du bois et ode à la nature.

Poincaré II
6 porte Bâle – ✆ 03 89 46 00 24 – Fermé 1er-8 août, sam. sauf le soir de mi-mai à mi-sept. et dim. FY**m**
Rest – Formule 17 € – Menu 22 € (déj. en sem.), 29/68 € – Carte 31/88 €
◆ Une vraie cuisine traditionnelle dans un authentique bistrot, tenu par un patron truculent et fana de gastronomie ! Les produits sont bien choisis, les assiettes ont du goût et l'on peut même savourer de jolis vins "nature".

à Baldersheim 8 km par ① – 2 506 h. – alt. 226 m – ✉ 68390

Au Cheval Blanc
27 r. Principale – ✆ 03 89 45 45 44 – www.hotel-cheval-blanc.com
82 ch – 69/112 € 81/127 € – 12 € – ½ P 72/81 €
Rest *(fermé dim. soir)* – Menu 19/55 € – Carte 20/59 €
◆ Dans ce sympathique village alsacien, un hôtel tenu par la même famille depuis 1879. Les chambres, confortables et très propres, sont toutes identiques. Cuisine traditionnelle sans prétention servie dans une jolie salle recouverte de boiseries.

Au Vieux Marronnier
à 300 m – ✆ 03 89 36 87 60 – www.hotel-cheval-blanc.com
8 ch – 91 € 91 € – 6 suites – 12 €
◆ L'annexe récente du Cheval Blanc abrite des studios et de petits appartements, bien pratiques lors de longs séjours ou d'une étape en famille (cuisinettes bien équipées).

à Rixheim 3 km au Sud-Est par D 66 – 13 068 h. – alt. 240 m – ✉ 68170

La Grange à Élise sans rest

68 Grand-Rue – ✆ 03 89 54 20 71 – www.grange-elise.com **DVa**

5 ch – **†74 € ††97 €**

◆ Rose, Lys, Iris... Les chambres de cette charmante demeure – une ancienne grange – évoquent un joli jardin fleuri. Objets chinés, boutis, bibelots et confort douillet : un esprit "maison de poupée" attachant, qui ravira les amateurs du genre.

Le 7ème Continent

35 av. Gén.-de-Gaulle – ✆ 03 89 64 24 85 – www.le7emecontinent.fr – Fermé 1er-9 janv., dim. soir et lundi **DVt**

Rest – Formule 18 € – Menu 39/68 € – Carte environ 54 €

◆ Sur ce Continent gastronomique, le chef est un vrai passionné ! Cours de cuisine, menus à thème... tout est bon pour partager l'amour de la bonne chère. Sa carte, "renouvelée tous les mois pour que les clients ne mangent jamais pareil", est une ode au marché et aux produits. Cadre atypique et charmant.

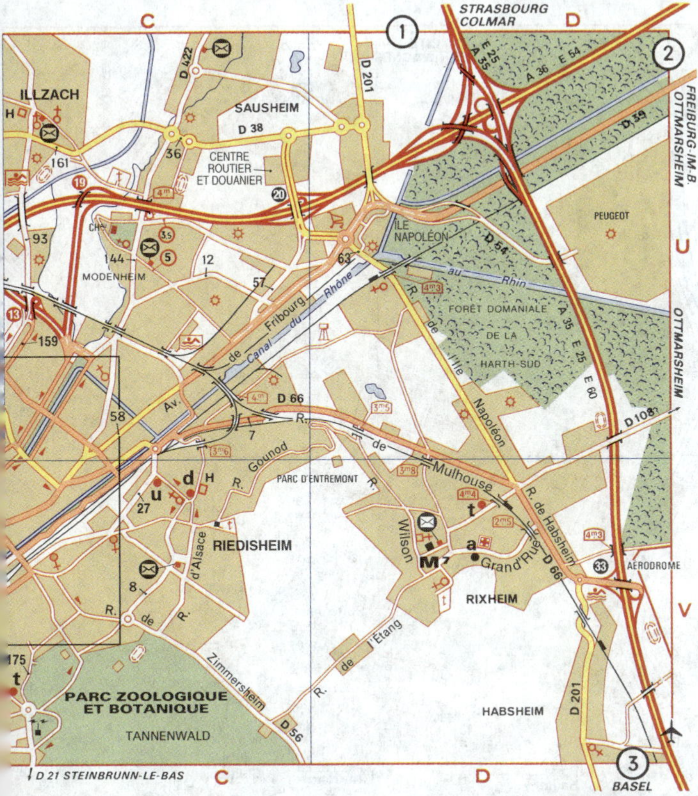

Lefèbvre (R.) .... BU 73
Lustig (R. Auguste) .... BV 81
Mertzau (R. de la) .... BU 87
Mer-Rouge
(R. de la) .... AV 86
Mitterrand (Av. F.) .... BV 90
Mulhouse (Fg de) .... BU 92
Mulhouse (ILLZACH)
(R. de) .... CU 93
Mulhouse
(MORSCHWILLER-
LE-BAS) (R. de) .... AV 94
Nordfeld (R. du) .... CV 98
Soultz (R. de) .... BU 148
Thann (R. de) .... BV 155
Université (Rue de l') ..... BV 158
Vosges (R. des) .... BCU 161
1ère-Armée-Française
(R.) .... AV 173
9e-Div.-d'Infanterie-Col.
(R.) .... CV 175

à Riedisheim 2 km au Sud-Est par D 56 et D 432 – 12 236 h. – alt. 225 m – ✉ 68400

XXX ✿ La Poste (Jean-Marc Kieny)

7 r. Gén. de Gaulle – ✆ 03 89 44 07 71 – www.restaurant-kieny.com – Fermé 3 sem. en août, dim. soir, mardi midi et lundi CVd

Rest – Formule 25 € – Menu 41/125 € bc – Carte 60/80 €

Spéc. Tapas alsaciens en hommage à notre région. Veau de lait masqué d'une bolognaise de homard. Le fameux chocolat en 3D. **Vins** Pinot Gris, Pinot Noir.

◆ Dans ce chaleureux relais de poste (1850) se transmettent depuis six générations les secrets de la bonne cuisine. Aujourd'hui, le chef concocte des plats bien dans leur époque, goûteux, fins et mâtinés de tradition alsacienne. Belle adresse.

XX Auberge de la Tonnelle

61 r. Mar.-Joffre – ✆ 03 89 54 25 77 – Fermé dim. soir, fériés et le soir

Rest – Menu 25 € (déj. en sem.)/65 € – Carte 46/61 € CVu

◆ Dans un quartier résidentiel un peu excentré, cette auberge ravit ses habitués : ils y savourent une cuisine classique accompagnée de jolis crus (bourgognes et vins de petits producteurs) ; l'été, on les retrouve sur la terrasse.

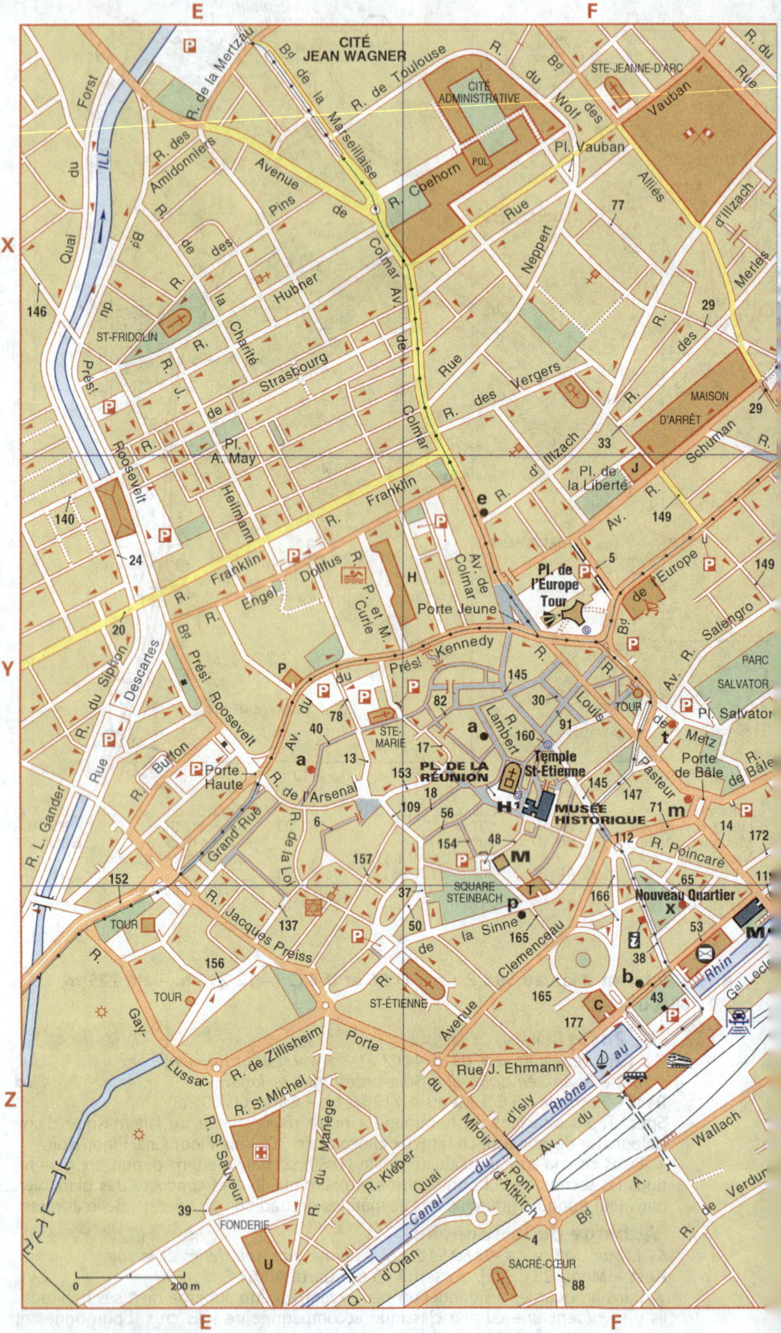
E
F
X
Y
Z
CITÉ JEAN WAGNER
CITÉ ADMINISTRATIVE
POL.
STE-JEANNE-D'ARC
Vauban
Pl. Vauban
R. de la Mertzau
Bd de la Marseillaise
R. de Toulouse
R. du Wolf
Bd des Alliés
R. Coehorn
Rue Neppert
77
d'Illzach
Merles
29
R. des Amidonniers
Avenue de Colmar
Pins
Quai du Forst
ILL
R. de la Charité
R. des Hubner
Bd du Prést Roosevelt
146
ST-FRIDOLIN
R. J. de Strasbourg
Rue de Colmar
R. des Vergers
MAISON D'ARRÊT
Schuman
33
Pl. A. May
R. Heilmann
R. Franklin
Pl. de la Liberté
Av. de l'Europe
149
140
24
Franklin
Engel Dollfus
R. P. et M. Curie
H
Av. de Colmar
Porte Jeune
Pl. de l'Europe
Tour
5
R. Salengro
PARC SALVATOR
Pl. Salvator
20
R. du Siphon
Rue Descartes
Bd Prést Roosevelt
Prést Kennedy
145
30
91
R. Louis
TOUR
R. de Metz
Porte de Bâle
R. de Bâle
R. Buffon
Porte Haute
Av. du
78
40
a
STE-MARIE
82
R. Lambert
160
Temple St-Étienne
PL. DE LA RÉUNION
13
17
153
R. de l'Arsenal
18
109
56
H1
MUSÉE HISTORIQUE
145
147
R. Pasteur
71
m
14
172
R. L. Gander
Grand Rue
R. de la Loi
6
157
154
48
M
112
R. Poincaré
65
152
TOUR
SQUARE STEINBACH
37
166
Nouveau Quartier
x
R. Jacques Preiss
137
50
la Sinne
p
165
Clemenceau
53
38
b
Rhin
Gal Leclerc
156
TOUR
R. Gay-Lussac
ST-ÉTIENNE
Avenue
165
C
43
177
R. de Zillisheim
Porte du Miroir
Rue J. Ehrmann
au
Rhône
R. St Michel
d'Isly
R. St Sauveur
du Manège
Av. du
Wallach
R. Kléber
Quai
Canal du
Pont d'Altkirch
A.
39
FONDERIE
U
R. de Verdun
Bd
4
SACRÉ-CŒUR
88
0
200 m
d'Oran
E
F

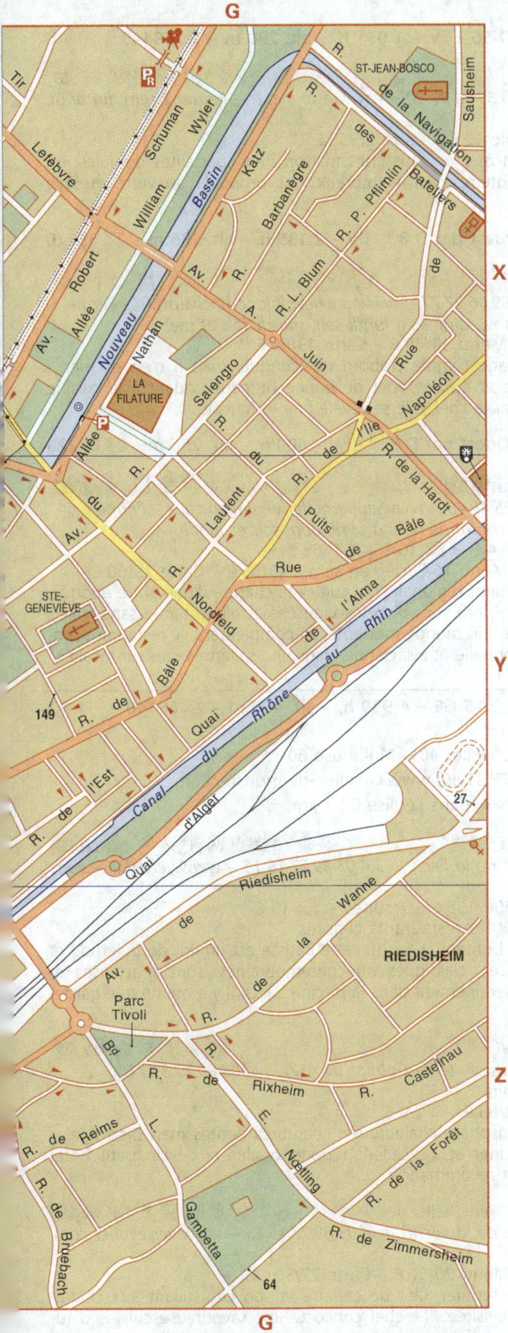

MULHOUSE

Altkrich (Av. d') . . . . FZ 4
Anvers (R. d') . . . . FY 5
Augustins (Passage des) . . EY 6
Bonbonnière (R.) . . . . EY 13
Bonnes-Gens (R. des) . . . . . FY 14
Bons-Enfants (R. des) . . . . . FY 17
Boulangers (R. des) . . . . FY 18
Briand (Av. Aristide) . . . . . . EY 20
Cloche (Quai de la) . . . . EY 24
Colmar (Av. de) . . . . EFXY
Dollfus (Av. Gustave) . . . . . GY 27
Dreyfus (R. du Capit.) . . . . . FX 29
Engelmann (R.) . . . . FY 30
Ensisheim (R. d') . . . . FX 33
Fleurs (R. des) . . . . FYZ 37
Foch (Av. du Mar.) . . . . FZ 38
Fonderie (R. de la) . . . . EZ 39
Franciscains (R. des) . . . . . . EY 40
Gaulle (Pl. du Gén.-de) . . . . FZ 43
Guillaume-Tell (Pl. et R.) . . . FY 48
Halles (R. des) . . . . FZ 50
Henner (R. J.-J.) . . . . FZ 53
Henriette (R.) . . . . FY 56
Jardin-Zoologique (R. du) . . GZ 64
Joffre (Av. du Mar.) . . . . . . FYZ 65
Lambert (R.) . . . . FY
Lattre-de-Tassigny (Av. Mar.-de) . . . . FY 71
Loisy (R. du Lt de) . . . . FX 77
Lorraine (R. de la) . . . . EY 78
Maréchaux (R. des) . . . . FY 82
Montagne (R. de la) . . . . FZ 88
Moselle (R. de la) . . . . FY 91
Président-Kennedy (Av. du) . . . . EFY
Raisin (R. du) . . . . EFY 109
République (Pl. de la) . . . . . FY 112
Riedisheim (Pont de) . . . . . . FZ 119
Ste-Claire (R.) . . . . EZ 137
Ste-Thérèse (R.) . . . . EY 140
Sauvage (R. du) . . . . FY 145
Schoen (R. Anna) . . . . EX 146
Somme (R. de la) . . . . FY 147
Stalingrad (R. de) . . . . FY 149
Stoessel (Bd Charles) . . . . EYZ 152
Tanneurs (R. des) . . . . EFY 153
Teutonique (Passage) . . . . . FY 154
Tour-du-Diable (R.) . . . . EZ 156
Trois-Rois (R. des) . . . . EY 157
Victoires (Pl. des) . . . . FY 160
Wicky (Av. Auguste) . . . . . . FZ 165
Wilson (R.) . . . . FYZ 166
Zuber (R.) . . . . FY 172
17-Novembre (R. du) . . . . . FZ 177

à Zimmersheim 5 km par D 56 - CV - 1 051 h. - alt. 290 m - ✉ 68440

Jules

5 r. de Mulhouse – ✆ 03 89 64 37 80 – www.restojules.fr – Fermé 2 sem. fin août, dim. et lundi

Rest *(réserver)* – Formule 12 € – Carte 28/55 €

◆ Abats, produits de la mer et pâtisseries maison : les spécialités de Jules, un sympathique bistrot contemporain. Nombreux vins proposés au verre et salle d'été face au jardin.

à Hochstatt 7 km au Sud-Ouest par D 8III - BV - 2 135 h. - alt. 286 m - ✉ 68720

Au Cheval Blanc

55 Grande Rue – ✆ 03 89 06 27 77 – www.auchevalblanc-hochstatt.fr – Fermé 1er-15 août, 24 déc.-3 janv., dim. soir, lundi soir, mardi soir et merc.

Rest – Formule 22 € – Menu 30/48 € – Carte 43/69 €

◆ Cette maison de village semble d'abord quelconque, mais il n'en est rien ! La déco, contemporaine et épurée, met de bonne humeur ; quant à la cuisine du marché concoctée par le chef, elle se révèle fine et fraîche.

à Froeningen 9 km au Sud-Ouest par D 8BIII - BV - 600 h. - alt. 256 m - ✉ 68720

Auberge de Froeningen

2 rte Illfurth – ✆ 03 89 25 48 48 – www.aubergedefroeningen.com – Fermé 13-27 août, 9 -31 janv., mardi de nov. à avril, dim. soir et lundi

7 ch – †61/64 € ††71/74 € – ☕ 10 € – ½ P 68 €

Rest – Formule 13 € – Menu 16 € (déj. en sem.), 25/55 € – Carte 25/60 €

◆ Une auberge typiquement régionale, qui cultive le charme d'une autre époque. Les chambres (sans télévision) sont bien insonorisées et d'une tenue sans faille... Idéal pour se déconnecter du monde moderne. En complément, le restaurant propose une cuisine traditionnelle et alsacienne, dans une salle très couleur locale.

MUNSTER – 68 Haut-Rhin – 315 G8 – 4 939 h. – alt. 400 m – ✉ 68140 1 A2

Alsace Lorraine

Paris 458 – Colmar 19 – Guebwiller 40 – Mulhouse 60

1, rue du Couvent, ✆ 03 89 77 31 80, www.la-vallee-de-munster.com

Soultzbach-les-Bains : autels★★ dans l'église E : 7 km.

Verte Vallée

10 r. A. Hartmann, (parc de la Fecht) – ✆ 03 89 77 15 15 – www.vertevallee.com – Fermé 7 janv.-2 fév.

112 ch – †90/135 € ††90/135 € – 7 suites – ☕ 15 €

Rest ***Verte Vallée*** – voir les restaurants ci-après

◆ Dans un grand jardin bordant la Fecht, cette bâtisse est un îlot de quiétude et de détente. Les chambres, classiques ou contemporaines, sont spacieuses et cosy... Et pour barboter sereinement dans la piscine à jets, il y a même une garderie d'enfants.

Deybach sans rest

4 r. du Badischhof, 1 km par rte de Colmar (D 417) – ✆ 03 89 77 32 71 – www.hotel-deybach.com

16 ch – †47/50 € ††52/63 € – ☕ 9 €

◆ Accueil souriant, atmosphère chaleureuse, chambres petites mais bien agréables, copieux petit-déjeuner et... excellent rapport qualité-prix ! Un petit hôtel tenu en famille vivement recommandé.

Verte Vallée – Hôtel Verte Vallée

10 r. A. Hartmann, (parc de la Fecht) – ✆ 03 89 77 15 15 – www.vertevallee.com – Fermé 7 janv.-2 fév.

Rest – Formule 16 € – Menu 20/50 € – Carte 27/50 €

◆ Crémeux de munster fermier, filet de canette et son croustillant aux châtaignes, meringue glacée revisitée... Le chef concocte une savoureuse cuisine d'aujourd'hui et le sommelier se fait un plaisir de vous parler de ses jolis crus.

XX **A l'Agneau d'Or**

2 r. St-Grégoire – ✆ 03 89 77 34 08 – www.martinfache.com – Fermé lundi et mardi

Rest *(nombre de couverts limité, réserver)* – Menu 29 € (déj. en sem.)/36 € – Carte 43/54 €

◆ Quenelles de truite aux écrevisses et beurre blanc au riesling, choucroute... Dans cette chaleureuse maison régionale, le chef revisite à sa façon la tradition et le terroir. Gibier en saison.

à Wihr-au-Val **6 km à l'Est par D 417 – 1 210 h. – alt. 330 m – ✉ 68230**

XX **Nouvelle Auberge** (Bernard Leray)

rte de Colmar – ✆ 03 89 71 07 70 – www.nauberge.com – Fermé 2-10 juil., 24-26 déc., vacances de fév., dim. soir, lundi et mardi

Rest – Menu 33/72 € – Carte 55/75 €

Spéc. Soupe d'escargots jus de persil aillé, consommé de bœuf en tasse et une tartine. Gibier d'Alsace, garniture de saison (juil. à janv.). Meringue et mousse au chocolat, craquant de pralin et gavottes, glace chicorée. **Vins** Riesling, Pinot noir.

Rest *Bistrot* *(fermé le soir)* – Formule 11 € – Menu 19 € (déj. en sem.)/25 € – Carte environ 25 €

◆ Dans cette Nouvelle Auberge, élégante et attachante, les propriétaires jouent un délicieux "double jeu" culinaire ! Gastronomie à l'étage, avec une fine cuisine classique parfaitement maîtrisée par le chef ; brasserie alsacienne au rez-de-chaussée... et ses savoureuses spécialités régionales.

MURAT – 15 Cantal – 330 F4 – 2 045 h. – alt. 930 m – ✉ 15300 — 5 B3

Auvergne

Paris 520 – Aurillac 48 – Brioude 59 – Issoire 74

2, rue du fauboug Notre-Dame, ✆ 04 71 20 09 47

Site★★ - Église★ d'Albepierre-Bredons S : 2 km.

à l'Est **4 km par N 122, rte de Clermont-Ferrand – ✉ 15300 Murat**

XXX **Le Jarrousset**

– ✆ 04 71 20 10 69 – www.restaurant-le-jarrousset.com – Fermé janv., lundi et mardi sauf juil.-août

Rest – Formule 16 € – Menu 22/73 € bc – Carte environ 45 €

◆ Dans un environnement verdoyant, cette auberge traditionnelle cultive le goût des produits locaux : le chef s'approvisionne auprès d'un réseau de fermes sélectionnées avec soin. Une table bucolique et gourmande.

LA MURAZ – 74 Haute-Savoie – 328 K4 – 926 h. – alt. 630 m – ✉ 74560 — 46 F1

Paris 545 – Annecy 33 – Annemasse 11 – Thonon-les-Bains 41

XX **L'Angélick**

160 Centre Village – ✆ 04 50 94 51 97 – www.angelick.fr – Fermé 14-30 août, 23 déc.-5 janv., dim. soir, lundi, mardi et le midi en sem.

Rest – Menu 39/75 € – Carte 56/65 €

Rest *La Brasserie* *(déj. seult)* – Menu 13/25 €

◆ Un restaurant gastronomique chaleureux et cossu, où le chef travaille de bons produits, osant des mariages créatifs et audacieux. Côté Brasserie (le midi en semaine), on se régale à bon compte de petits plats sympathiques.

MURBACH – 68 Haut-Rhin – 315 G9 – rattaché à Guebwiller

MUR-DE-BARREZ – 12 Aveyron – 338 H1 – 821 h. – alt. 790 m – ✉ 12600 — 29 D1

Midi-Toulousain

Paris 567 – Aurillac 38 – Rodez 73 – St-Flour 56

12, Grand' Rue, ✆ 05 65 66 10 16, www.carladez.fr

Auberge du Barrez

av. du Carladez – 05 65 66 00 76 – www.aubergedubarrez.com – Fermé 2 janv.-28 fév.

18 ch – †48/63 € ††62/91 € – 9 € – ½ P 60/75 €

Rest *Auberge du Barrez* – voir les restaurants ci-après

◆ Dans son jardin fleuri, cette grande maison est vraiment accueillante : les chambres sont fraîches et bien tenues (certaines avec terrasse) et, à l'heure des gourmandises, on n'est pas déçu !

Auberge du Barrez

av. du Carladez – 05 65 66 00 76 – www.aubergedubarrez.com – Fermé 2 janv.-28 fév., mardi midi sauf du 10 juil. au 4 sept., merc. midi sauf d'avril à sept. et lundi midi

Rest – Menu 15 € (déj. en sem.), 26/45 € – Carte 38/51 €

◆ Aux commandes de cet agréable restaurant : un jeune couple plein d'allant. Madame est pâtissière et son chef de mari concocte une cuisine du terroir aveyronnais copieuse et bien tournée. Aux beaux jours, on profite avec gourmandise de la terrasse.

MÛR-DE-BRETAGNE – 22 Côtes-d'Armor – 309 E5 – 2 094 h. – alt. 225 m – 22530 Bretagne — 10 C2

Paris 457 – Carhaix-Plouguer 50 – Guingamp 47 – Loudéac 20

place de l'Église, 02 96 28 51 41, www.guerledan.fr

Rond-Point du lac ★ - Lac de Guerlédan★★ O : 2 km.

Auberge Grand'Maison (Christophe Le Fur) avec ch

1 r. Léon-le-Cerf – 02 96 28 51 10 – www.auberge-grand-maison.com – Fermé 1er-9 juil., 7-22 oct., 2-10 janv., 13-28 fév., mardi sauf le soir en saison, dim. soir et lundi

8 ch – †50/90 € ††50/90 € – 12 € – ½ P 78/98 €

Rest – Menu 25 € (déj. en sem.), 48/78 € – Carte 60/90 €

Spéc. Civet d'ormeaux et bigorneaux (oct. à mars). Croque pigeon en tartine gourmande et foie gras. Breiz touch, mousse ivoire, caramel au beurre salé et glace au lait ribot.

◆ Actuelle, créative, voire évolutive, la cuisine de Christophe Le Fur appelle les adjectifs. Combinaisons de saveurs et de textures, exploration de toutes les possibilités offertes par l'Armor et l'Argoat : cette belle auberge contemporaine sait se faire remarquer. Ses chambres aussi ont du caractère !

MURET – 31 Haute-Garonne – 343 F4 – 23 297 h. – alt. 169 m – 31600 — 28 B2

Paris 698 – Auch 96 – Foix 102 – Montauban 76

Place Léon Blum, 05 61 51 91 59

La Villa 31 avec ch — rest,

350 rte de Rieumes – 05 61 56 39 73 – www.lavilla31.fr

4 ch – †85/105 € ††85/105 € – 10 €

Rest – Formule 18 € – Menu 26/38 € – Carte 35/50 €

◆ Dans cette grande villa, le parti pris est simple : le style contemporain – presque dépouillé – et la dominante de blanc et de gris permettent de se concentrer sur l'assiette. Et cela tombe bien, car tout est à la fois beau et bon ! Les chambres et la piscine invitent à prolonger ce bon moment...

MURO – 2B Haute-Corse – 345 C4 – voir à Corse

MUS – 30 Gard – 339 K6 – 1 281 h. – alt. 53 m – 30121 Provence — 23 C2

Paris 737 – Arles 52 – Montpellier 37 – Nîmes 26

La Paillère

26 av. du Puits Vieux – 04 66 35 55 93 – www.paillere.com

5 ch – †90 € ††90 € **Table d'hôte** – Menu 25 € bc

◆ Cette maison du 17e s., discrète et patinée par le temps, cultive un certain art de vivre : patio verdoyant, chambres originales (Provence, Mongolie, etc.). Pour l'anecdote, elle fut la propriété de Régine et Delon y a séjourné ! Recettes du Sud à la table d'hôte.

MUTIGNY – 51 Marne – **306** G8 – rattaché à Épernay

MUTZIG – 67 Bas-Rhin – **315** I5 – 5 844 h. – alt. 190 m – ✉ 67190 **1** A1
Alsace Lorraine
Paris 479 – Obernai 11 – Saverne 30 – Sélestat 38

L'Ours de Mutzig
pl. Fontaine – ✆ *03 88 47 85 55* – *www.loursdemutzig.com* – *Fermé 1er-15 janv.*
47 ch – †69/79 € ††69/79 € – ☕ 11 € – ½ P 64/69 €
Rest *(fermé jeudi)* – Formule 10 € – Menu 17/38 € – Carte 33/45 €
◆ Dans cette maison à la jolie façade bleue (1900), les chambres sont plaisantes, décorées dans un style contemporain ou plus classique (bois) dans les mansardes du 3e étage. Carte traditionnelle ; çà et là, des ours en peluche peuplent la salle.

LE MUY – 83 Var – **340** O5 – 8 900 h. – alt. 27 m – ✉ 83490 **41** C3
Paris 861 – Antibes 59 – Marseille 132 – Toulon 77
9, allées Victor Hugo, ✆ 04 94 45 12 79, www.ville-lemuy.fr

L'Orée du Bois
rond-point Sainte-Roseline, rte de Draguignan, RD 1555 – ✆ *04 98 11 12 40* – *www.oreedubois83.com*
31 ch – †87/104 € ††95/120 € – ☕ 13 € – ½ P 71/91 €
Rest *(fermé dim. soir, lundi hors saison et sam. midi)* – Formule 18 € – Menu 22 € (déj. en sem.), 29/57 € – Carte 42/63 €
◆ Bâtiment moderne de style provençal (crépis ocre), alignant comme dans un motel de petites chambres pratiques, toutes avec terrasses face au jardin et à la piscine. Sauna, hammam, jacuzzi. Cuisine traditionnelle servie dans une salle rustique (vieux four, poutres).

au Nord **3 km par rte de Callas**

Château des Demoiselles
2040 rte de Callas – ✆ *06 15 83 48 95* – *www.chateaudesdemoiselles.com* – *Fermé mars et 14 nov.-28 fév.*
5 ch ☕ – †125/150 € ††125/200 € **Table d'hôte** – Menu 35 € bc/45 € bc
◆ Une majestueuse allée de platanes mène à cette bastide provençale (1830), au cœur d'un vignoble. Décor d'esprit 18e s. revisité. Vins du domaine et table d'hôte sur réservation.

NACONNE – 42 Loire – **327** E5 – rattaché à Feurs

NAINVILLE-LES-ROCHES – 91 Essonne – **312** D4 – 445 h. – alt. 77 m – ✉ 91750 **19** C2
Paris 49 – Boulogne-Billancourt 49 – Montreuil 50 – Saint-Denis 62

Le Clos des Fontaines sans rest
3 r. de l'Église – ✆ *01 64 98 40 56* – *www.closdesfontaines.com*
5 ch ☕ – †75/90 € ††90/110 €
◆ Un havre de paix non loin d'une zone d'activité. Cet ancien presbytère dans un jardin arboré bénéficie de chambres très calmes, toutes personnalisées. Petit-déjeuner gourmand.

NAJAC – 12 Aveyron – **338** D5 – 752 h. – alt. 315 m – ✉ 12270 **29** C1
Midi-Toulousain
Paris 629 – Albi 51 – Cahors 85 – Gaillac 51
place du Faubourg, ✆ 05 65 29 72 05
La Forteresse★ : ≤★.

L' Oustal del Barry
2 pl. Sol de Barry – ✆ *05 65 29 74 32* – *www.oustaldelbarry.com* – *Ouvert 24 mars-4 nov.*
17 ch – †47/51 € ††57/77 € – ☕ 10 € – ½ P 62/70 €
Rest ***L' Oustal del Barry*** – voir les restaurants ci-après
◆ Nichée au cœur d'un magnifique village médiéval dominé par sa forteresse du 11e s., une maison accueillante avec des chambres sobres mais douillettes, donnant sur le bourg ou la vallée.

Le Belle Rive rest,

Au Roc du Pont, 3 km au Nord-Ouest par D 39 – ✆ 05 65 29 73 90 – www.lebellerive.com – Ouvert 1er avril-31 oct. et fermé dim. soir en oct.

21 ch – 60/63 € 60/63 € – 9 € – ½ P 60/63 €

Rest *(fermé dim. soir et lundi midi en oct.)* – Formule 11 € – Menu 22/40 € – Carte 30/48 €

◆ Une histoire de famille... depuis cinq générations ! Un hôtel-restaurant au bord de l'Aveyron, avec des chambres un brin rustiques, simples et propres. Grande terrasse fleurie et ombragée pour profiter de la cuisine régionale du chef.

L' Oustal del Barry – Hôtel L' Oustal del Barry

2 pl. Sol de Barry – ✆ 05 65 29 74 32 – www.oustaldelbarry.com – Ouvert 24 mars-4 nov. et fermé lundi midi et mardi midi sauf du 20 juin au 1er sept.

Rest – Formule 17 € – Menu 19 € (déj. en sem.), 26/53 € bc – Carte 40/73 €

◆ Dans ce charmant restaurant rustique, le chef met à l'honneur la région et le terroir en travaillant de beaux produits... De l'une des salles, on peut même admirer son potager !

NALZEN – **09 Ariège** – **343** I7 – **rattaché à Lavelanet**

NANCY P – **54 Meurthe-et-Moselle** – **307** I6 – **106 361 h.** **26** B2
– **Agglo. 331 363 h.** – **alt. 206 m** – ✉ **54000** Alsace Lorraine

Paris 314 – Dijon 216 – Metz 57 – Reims 209

de Metz-Nancy-Lorraine : ✆ 03 87 56 70 00, 43 km par ⑥.

✆ 3635 et tapez 42 (0,34 €/mn)

place Stanislas, ✆ 03 83 35 22 41, www.ot-nancy.fr

de Nancy Pulnoy, à Pulnoy, 10 rue du Golf, par rte de Château-Salins et D 83 : 7 km, ✆ 03 83 18 10 18

de Nancy, à Aingeray, 1 chemin du golf, NO : 17 km par D 90, ✆ 03 83 24 53 87

Place Stanislas★★★, Arc de Triomphe★ BY **B** - Place de la Carrière★ et Palais du Gouverneur★ BX **R** - Palais ducal★★ : musée historique lorrain★★★ - Église et Couvent des Cordeliers★ : gisant de Philippe de Gueldre★★ - Porte de la Craffe★ - Église N.-D.-de-Bon-Secours★ EX - Façade★ de l'église St-Sébastien - Musées : Beaux-Arts★★ BY **M3**, Ecole de Nancy★★ DX **M4**, aquarium tropical★ du muséum-aquarium CY **M8** - Jardin botanique du Montet★ DY.

Basilique★★ de St-Nicolas-de-Port par ② : 12 km.

Plans pages suivantes

Park Inn rest,

11 r. Raymond Poincaré – ✆ 03 83 39 75 75 – www.nancy-parkinn.fr

192 ch – 125/145 € 125/145 € – 16 € AY**r**

Rest *(fermé 11-26 août, 17-31 déc., sam., dim. et fériés)* – Formule 17 € – Menu 21 € – Carte 28/40 €

◆ Cette grande tour de verre et d'acier a un atout de poids : sa situation au cœur du quartier des affaires, non loin du centre historique. Les chambres sont spacieuses, fonctionnelles et bien équipées. Pratique : le restaurant pour ceux qui ne voudraient pas ressortir.

D'Haussonville sans rest

9 r. Mgr Trouillet – ✆ 03 83 35 85 84 – www.hotel-haussonville.fr – Fermé 2 sem. début janv. AX**g**

4 suites – 140/230 € – 3 ch – 16 €

◆ Les amateurs de demeures classées seront comblés par ce splendide hôtel particulier du 16es. Ici, tout n'est que raffinement : cheminées et parquets d'époque, beau salon avec piano à queue, antiquités... Quel charme !

Des Prélats sans rest

56 pl. Mgr Ruch – ✆ 03 83 30 20 20 – www.hoteldesprelats.com – Fermé 24 déc.-4 janv. CY**r**

42 ch – 92/122 € 112/142 € – 13 €

◆ Cet hôtel particulier du 17es. adossé à la cathédrale est superbe ! Les chambres, toutes spacieuses, rivalisent de caractère et de raffinement (lits à baldaquin, vitraux, objets chinés). Le genre d'endroit que l'on quitte à regret...

Mercure Centre Stanislas sans rest
5 r. des Carmes – ✆ 03 83 30 92 60 – www.mercure.com **BYm**
80 ch – †102/204 € ††102/204 € – ☕ 16 €
◆ Au cœur de Nancy, un hôtel bien situé, près de la place Stanislas. Les chambres, contemporaines, ont tout le confort souhaité. Le matin, en plus du buffet habituel, une sélection de produits bio vous est proposée. Le plus : le parking privé.

Crystal sans rest
5 r. Chanzy – ✆ 03 83 17 54 00 – www.bwcrystal.com – Fermé 24 déc.-4 janv.
58 ch – †79/140 € ††79/140 € – ☕ 12 € **AYa**
◆ Voilà un établissement familial bien situé ! Quelques minutes à pied suffisent pour rejoindre la gare, aller au musée ou faire les magasins. Les chambres sont agréables et bien tenues ; les "Supérieur" étant plus cosy.

Maison de Myon
7 r. Mably – ✆ 03 83 46 56 56 – www.maisondemyon.com – Fermé 18 fév.-1er mars **CYs**
5 ch ☕ – †110 € ††130 € **Table d'hôte** – Menu 30 € bc/100 €
◆ Dans cette demeure du 18es., tout est du meilleur goût. Que ce soit dans les chambres ou dans les salons, meubles anciens et design côtoient tissus élégants, œuvres d'art et objets précieux. Même l'ancienne écurie s'est transformée en belle bibliothèque ! Cours de cuisine, dégustations de vin, table d'hôte...

Le Capu
31 r. Gambetta – ✆ 03 83 35 26 98 – www.lecapu.com – Fermé 13-19 août et sam. midi **BYm**
Rest – Formule 19 € – Menu 29 € (sem.), 46/76 € – Carte 74/86 €
◆ Le Capucin Gourmand était une institution bien connue à Nancy ; depuis 2011, voici le Capu ! Un nom raccourci, un nouveau décor chic et feutré (avec les anciennes boiseries et moulures) et toujours la même cuisine de saison, parée de notes originales.

La Maison dans le Parc
3 r. Ste-Catherine – ✆ 03 83 19 03 57 – www.lamaisondansleparc.com – Fermé 29 avril-8 mai, 12-21 août, 1er-17 janv., dim. soir , lundi et mardi **BYn**
Rest – Menu 29 € (déj. en sem.)/35 € bc – Carte 62/85 €
◆ Cette demeure du 19es. est... très contemporaine (tons gris, mobilier John Hutton), et bien sûr, il y a un beau parc, à deux pas de la place Stanislas. La chef, autodidacte, mêle produits d'ici, saveurs d'Asie et jolis vins. Chic et branché !

La Toq'
1 r. Mgr Trouillet – ✆ 03 83 30 17 20 – www.latoqueblanche.fr – Fermé vacances de printemps, 25 juil.-17 août, vacances de fév., dim. soir et lundi
Rest – Formule 20 € – Menu 28/70 € – Carte 60/78 € **ABYz**
◆ Voûtes et pierres apparentes pour un cadre moderne distingué, voire épuré ; au cœur de la vieille ville, la Toq' va de l'avant, portée par des produits de qualité. De belles saveurs, bien affirmées...

Les Agaves
2 r. des Carmes – ✆ 03 83 32 14 14 – www.les-agaves-nancy.com – Fermé 1er-15 août, lundi soir, merc. soir et dim. **BYu**
Rest – Formule 20 € – Menu 25 € – Carte 30/36 €
◆ Cap au Sud pour ce restaurant élégant qui flirte avec l'esprit bistrot. Le chef mêle influences méditerranéennes, provençales et italiennes ; même la carte des vins fait la part belle aux crus de la Botte.

Les Petits Gobelins
18 r. de la Primatiale – ✆ 03 83 35 49 03 – www.lespetitsgobelins.fr – Fermé 1er-23 août, 2-6 janv., dim. et lundi **CYz**
Rest – Formule 18 € – Menu 26 € (sem.), 38/68 € – Carte 40/75 €
◆ C'est dans une rue piétonne que l'on déniche cette demeure du 18es. qui abrite un agréable bistrot contemporain. Ici, on mise sur de beaux produits – sans oublier la carte des vins, pertinente.

JARVILLE-LA-MALGRANGE

LAXOU

NANCY

Raugraff (R.) .... BY 75
St-Dizier (R.) .... BCYZ
St-Épvre (Pl.) .... BY 82
St-Georges (R.) .... CY
St-Jean (R.) .... BY
St-Lambert (R.) .... DV 84
St-Léon (R.) .... AY 85
Source (R. de la) .... AY 99
Stanislas (R.) .... BY 100

Strasbourg (Av. de) .... EX 102
Tomblaine (R. de) .... EV 103
Trois-Maisons (R. du Fg des) .... AX 104
Trouillet (R.) .... AXY 105
Verdun (R. de) .... DV 106
Victor-Hugo (R.) .... DV 107
Visitation (R. de la) .... BY 109
XXe-Corps (Av. du) .... EV 110

VANDŒUVRE-LÈS-NANCY

Barthou (Bd L.) .... EX 12
Doumer (Av. P.) .... EX 30
Europe (Bd de l') .... DEY 33
Frère (R. Gén.) .... DY 35
Jeanne-d'Arc (Av.) .... DEY 45
Jean-Jaurès (Av.) .... DXY 42
Leclerc (Av. Gén.) .... DY 48

V Four

10 r. St-Michel – ☎ 03 83 32 49 48 – www.levfour.fr – Fermé 3-14 sept., 29 janv.-8 fév., dim. soir et lundi BX**r**

Rest *(nombre de couverts limité, réserver)* – Formule 19 € – Menu 27/55 € – Carte 58/70 €

◆ Ce restaurant de poche à la fois chic et sobre, situé dans une petite rue piétonne, connaît un franc succès et c'est justifié. La cuisine est précise et savoureuse, le service vraiment attentif ; bref, on passe un bon moment.

Chez Tanésy "Le Gastrolâtre"

23 Grande Rue – ☎ 03 83 35 51 94 – Fermé 14-30 juil. , vacances de la Toussaint, 1er-7 janv., mardi midi, dim. et lundi BY**v**

Rest *(nombre de couverts limité, réserver)* – Menu 27 € (déj.)/45 € – Carte 53/70 €

◆ Un chef, un vrai, et un côté bistrot rétro en plein cœur de la vieille ville. Authentiques et gourmands, les plats canailles se succèdent : volaille en vessie, terrine du tripier, baeckeofe de foie gras... Et les sorbets sont maison !

Les Pissenlits

25 bis r. des Ponts – ☎ 03 83 37 43 97 – www.les-pissenlits.com – Fermé 1er-15 août, dim. et lundi BY**e**

Rest – Menu 21/40 € bc – Carte 21/50 €

Rest *Vins et Tartines* ☎ 03 83 35 17 25 – Carte 28/60 €

◆ Un bel exemple de l'École de Nancy ! Le décor est aussi esthétique que la cuisine régionale est copieuse : salade de... pissenlits au lard, matelote de filets de sandre, ris de veau aux morilles, etc. L'annexe Vins et Tartines – bien nommée – se la joue bistrot dans une belle cave voûtée.

à Dommartemont – 644 h. – alt. 299 m – ✉ 54130

La Ferme Ste Geneviève - L'Ermitage

2 chemin du Pain-de-Sucre – ☎ 03 83 29 13 49 – www.lafermesaintegenevieve.com – Fermé vacances de Noël, dim. soir, mardi soir, merc. soir, jeudi soir et lundi

Rest *(nombre de couverts limité, réserver)* – Menu 45/80 €

Rest *Le Bistrot* – Formule 16 € – Menu 20/28 €

◆ Deux formules dans cette maison postée sur les hauteurs de la ville. Ambiance feutrée et résolument contemporaine dans la partie gastronomique ; plats régionaux, traditionnels et ardoise du jour au Bistrot. La terrasse de ce dernier a comme des airs de guinguette.

à Jarville-la-Malgrange – 9 438 h. – alt. 210 m – ✉ 54140

Les Chanterelles

27 av. Malgrange – ☎ 03 83 51 43 17 – www.restaurant-leschanterelles.com – Fermé jeudi soir, dim., lundi et mardi EX**n**

Rest – Menu 19 € (déj. en sem.), 29/45 €

◆ Après une visite au musée de l'Histoire du fer, on peut pousser la porte de ce restaurant de quartier. Le cadre est simple et l'assiette ne déroge pas à la tradition : foie gras, filet mignon de porc à la bière, croustillant de munster, etc.

à Houdemont – 2 435 h. – alt. 270 m – ✉ 54180

Novotel Nancy Sud

8 allée de la Genelière, (près du centre commercial) – ☎ 03 83 56 10 25 – www.novotel.com EY**s**

86 ch – †65/155 € ††65/155 € – ☕ 14 €

Rest – Formule 13 € – Menu 17 € – Carte 16/47 €

◆ À la croisée des autoroutes Nancy-Paris-Strasbourg, faire une halte dans cet hôtel peut s'avérer salutaire. La plupart des chambres, spacieuses, ont adopté un design contemporain. Parfaite pour se détendre avant de reprendre la route, la terrasse du restaurant au bord de la piscine.

à Flavigny-sur-Moselle 16 km par ③ et A 330 – 1 774 h. – alt. 240 m – ✉ 54630

XXX **Le Prieuré** avec ch

3 r. du Prieuré – ☎ 03 83 26 70 45 – Fermé 1er-8 mai, 16 août-2 sept., 28 déc.-3 janv., 16-28 fév., dim. soir, merc. soir et lundi
4 ch – †127 € ††127 € – ☕ 15 €
Rest *(nombre de couverts limité, réserver)* – Carte 70/90 €
◆ Ce Prieuré se cache derrière une façade modeste, et son jardin prend des allures de cloître. Le cadre est élégant avec ses salons où cohabitent meubles lorrains, étains et cheminée ; la cuisine, classique, colle aux saisons.

à Vandoeuvre-lès-Nancy – 31 083 h. – alt. 300 m – ✉ 54500

Cottage-Hôtel rest,

– ☎ 03 83 44 69 00 – www.groupe-mengin.com – Fermé 1er-15 août et 24-31 déc.
64 ch – †48/65 € ††48/65 € – ☕ 10 € – ½ P 46/53 €
Rest *(fermé dim.)* – Formule 16 € – Menu 19/39 € bc – Carte 22/54 €
◆ Nous voici au cœur du technopôle de Nancy-Brabois, près de l'hippodrome. Ici, les chambres adoptent progressivement un style contemporain de bon aloi. La clientèle d'affaires et les résidents apprécient la carte traditionnelle du restaurant, et ses buffets.

à Neuves-Maisons 14 km par ④ – 7 147 h. – alt. 230 m – ✉ 54230

XX **L'Union**

1 r. A. Briand – ☎ 03 83 47 30 46 – www.restaurantlunion.com – Fermé 2 sem. en août et janv. et lundi
Rest – Formule 12 € – Menu 27/38 € – Carte 42/54 €
◆ Cette jolie petite maison colorée, autrefois café du village, propose une cuisine traditionnelle bien sympathique : râble de lapin à la truffe, fricassée de volaille au champagne, tête de veau, etc. Et puis, il y a la terrasse ombragée...

NANS-LES-PINS – 83 Var – 340 J5 – 4 099 h. – alt. 380 m – ✉ 83860 40 B3

Paris 794 – Aix-en-Provence 44 – Brignoles 26 – Marseille 42
2, cours Général-de-Gaulle, ☎ 04 94 78 95 91
de la Sainte-Baume, Domaine de Châteauneuf, N : 4 km par D 80, ☎ 04 94 78 60 12

Domaine de Châteauneuf

3 km au Nord par D 560 – ☎ 04 94 78 90 06 – www.domaine-de-chateauneuf.fr – Ouvert avril-oct.
29 ch – †143/395 € ††169/395 € – 1 suite – ☕ 19 €
Rest ***Domaine de Châteauneuf*** – voir les restaurants ci-après
◆ Pas de luxe opulent, mais un raffinement discret et une certaine authenticité dans cette belle bastide du 18e s., nichée au cœur du golf de la Sainte-Baume. Persiennes en bois, mobilier provençal, salles de bains à l'ancienne...

XXX **Domaine de Châteauneuf**

3 km au Nord par D 560 – ☎ 04 94 78 90 06 – www.domaine-de-chateauneuf.fr – Ouvert avril-oct.
Rest – Formule 30 € – Menu 40/86 € – Carte 65/75 €
◆ Un décor classique, en camaïeu de gris, et... une belle terrasse sous des platanes centenaires : le goût de la Provence ! La carte aussi est ancrée dans la région (mérou de Méditerranée cuit sur la peau, réduction de soupe, fenouil et oignons).

XX **Château de Nans** avec ch

quartier du Logis, 3 km par D 560 (rte d'Auriol) – ☎ 04 94 78 92 06 – www.chateau-de-nans.com – Hôtel : ouvert 1er avril-14 oct. , Rest : fermé 25 nov.-3 déc., 15 fév.-15 mars, lundi et mardi sauf le soir en juil.-août
5 ch ☕ – †115 € ††130 €
Rest – Menu 25 € (déj. en sem.), 50/60 € – Carte environ 52 €
◆ Un charmant castel du 19e s., à la fois chic et cosy – malgré la proximité de la route. Il est agréable de s'attabler dans la véranda façon jardin d'hiver... Cuisine fine, aux accents du Sud. Décor soigné dans les chambres ; mention spéciale à celles de la tour !

L'Éveil des Sens

42 rte de Marseille – ✆ 04 94 04 41 65 – www.leveildessensrestaurant.fr – fermé dim. soir et merc. soir d'oct. à mars et lundi

Rest – Formule 16 € – Menu 29/80 € – Carte 45/70 €

◆ Une maison particulière devenue restaurant, à la sortie de Nans. Seiches à la plancha, tatin de fenouil confit, crème de spéculos… des associations de saveurs qui flattent les sens.

NANTERRE – 92 Hauts-de-Seine – **311** J2 – **101** 14 – voir Paris, Environs

NANTES

Plans de la ville pages suivantes **34** B2

© R. Cintract/Hemis.fr

P – **44 Loire-Atlantique** – **283 288 h.** – **Agglo. 569 961 h.** – **alt. 8 m** – ✉ **44000** – **316** G4 – Bretagne

Paris 381 – Angers 88 – Bordeaux 325 – Quimper 233

Office de tourisme

2 place Saint Pierre, BP 64106, ✆08 92 46 40 44, www.nantes-tourisme.com

Aéroport

International Nantes-Atlantique ✆02 40 84 80 00, 10 km par D 85 **1**BX

Quelques golfs

de Nantes Erdre, Chemin du Bout des Landes, N : 6 km par D 69, ✆02 40 59 21 21

de Carquefou, à Carquefou, Boulevard de l'Epinay, N : 9 km par D 337, ✆02 40 52 73 74

de Nantes, à Vigneux-de-Bretagne, RD 81, NO : par D965 et D 81 : 16 km, ✆02 40 63 25 82

A VOIR

Nantes médiévale, sur les pas des ducs de Bretagne : le château★★ (tour de la Couronne d'Or★★ et puits★★) **4**HY • Cathédrale St-Pierre-et-St-Paul★★ (tombeau de François II★★ et cénotaphe de Lamoricière★) **4**HY

Un petit tour des musées : musée des Beaux-Arts★★**4**HY • Muséum d'histoire naturelle★★**3**FZ**M**[4] • Musée Dobrée★**3**FZ • Musée archéologique★**3**FZ**M**[1] • Musée Jules-Verne★**1**BX**M**[5]

Nantes du 18e siècle : l'ancienne île **Feydeau**★**4**GZ

... du 19e siècle : passage Pommeraye★**4**GZ**150** • Quartier Graslin★**3**FZ • Cours Cambronne★**3**FZ • Jardin des Plantes★**4**HY

... et d'aujourd'hui : le Lieu Unique★**4**HY

Autour de Nantes : parcours Estuaire★★ • Canal de Nantes à Brest★

NANTES
0
1 km
1
A
B
V
X
REDON
RENNES
NOZAY
7
6
5
VANNES, LA BAULE
ST-NAZAIRE
ST-ETIENNE-DE-MONTLUC
D 101
COUËRON
LE PELLERIN
NOIRMOUTIER
PORNIC
PONT-DE-ST-NAZAIRE
PAIMBŒUF
ORVAULT
LE BOIS-RAGUENET
LES BASSES-LANDES
PORTE DE GESVRES
A 844
MAISON D' ARRÊT
I.N.R.A.
PORTE DE RENNES
EPM
LA BUGALLIÈRE
SAUTRON
D 965
PORTE D'ORVAULT
N 165-E 60
LE CROISY
LA MORLIÈRE
Av. F. Vincent
LA BOISSIERE
LE PONT DU CENS
BRIMBERNE
PORTE DE SAUTRON
L' ANGEVINIÈRE
LA GAUDINIÈRE
Route de Vannes
Bd Schuman
N 444
LAËNNEC
PORTE DE CHÉZINE
TILLAY
Bd du Massacre
Rte d'Armor
ZENITH
PORTE D'ARMOR
PARC TECHNOLOGIQUE
ATLANTIS
LES DERVALLIÈRES
Bd Salvador Allende
PORTE D'ATLANTIS
Bd F. Mitterrand
VÉLODROME
Bd Ch. de Gaulle
PORTE DE ST-HERBLAIN
ST-HERBLAIN
L' ORVASSERIE
BELLEVUE
Bd J. Moulin
Sq. M. Schwob
PORTE DE L'ESTUAIRE
CHANTENAY
LA JANVRAIE
HAUTE-INDRE
ÎLE DE
Bras
LOIRE
TRENTEMOULT
Pont de Cheviré
CHEVIRÉ
Rte de Paimbœuf
REZÉ
LE PORT LAVIGNE
CITÉ RADIEUSE LE CORBUSIER
PORTE DE BOUGUENAIS
LES COUËTS
PORTE DE GRAND LIEU
BOUGUENAIS
Rte de Paimbœuf
CENTRE CULTUREL PIANO' CKTAIL
PORTE DE RETZ
EADS
NANTES-ATLANTIQUE
AÉROGARE
N 844
D 723
D 7514
D 823
D 85
D 17
D 75
D 107
D 58
D 42
D 69
D 411
N 137
E 3

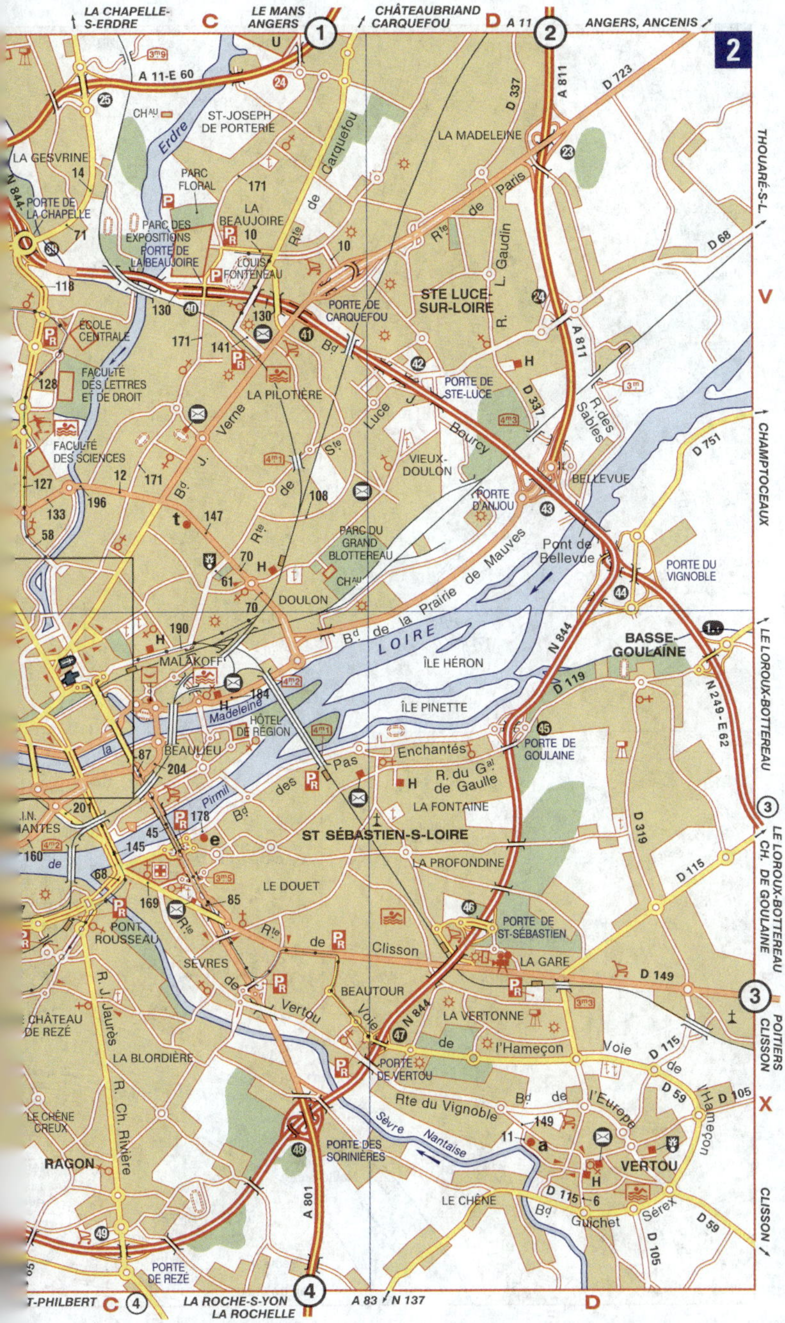
LA CHAPELLE-S-ERDRE
LE MANS ANGERS
CHÂTEAUBRIAND CARQUEFOU
A 11
ANGERS, ANCENIS
2
THOUARÉ-S-L.
CHAMPTOCEAUX
LE LOROUX-BOTTEREAU
LE LOROUX-BOTTEREAU CH. DE GOULAINE
POITIERS CLISSON
CLISSON
T-PHILBERT
LA ROCHE-S-YON LA ROCHELLE
A 83 N 137
ST-JOSEPH DE PORTERIE
LA GESVRINE
PORTE DE LA CHAPELLE
PARC FLORAL
PARC DES EXPOSITIONS
PORTE DE LA BEAUJOIRE
LA BEAUJOIRE
LOUIS FONTENEAU
LA MADELEINE
STE LUCE-SUR-LOIRE
PORTE DE CARQUEFOU
PORTE DE STE-LUCE
ÉCOLE CENTRALE
FACULTÉ DES LETTRES ET DE DROIT
FACULTÉ DES SCIENCES
LA PILOTIÈRE
VIEUX-DOULON
PORTE D'ANJOU
BELLEVUE
Pont de Bellevue
PORTE DU VIGNOBLE
PARC DU GRAND BLOTTEREAU
DOULON
BASSE-GOULAINE
LOIRE
ÎLE HÉRON
ÎLE PINETTE
MALAKOFF
HÔTEL DE RÉGION
BEAULIEU
PORTE DE GOULAINE
LA FONTAINE
ST SÉBASTIEN-S-LOIRE
LA PROFONDINE
LE DOUET
PORTE DE ST-SÉBASTIEN
LA GARE
PONT ROUSSEAU
SÈVRES
BEAUTOUR
LA VERTONNE
CHÂTEAU DE REZÉ
LA BLORDIÈRE
PORTE DE VERTOU
LE CHÊNE CREUX
RAGON
PORTE DES SORINIÈRES
LE CHÊNE
VERTOU
PORTE DE REZÉ
Sèvre Nantaise
Erdre
A 11-E 60
A 811
D 723
D 337
D 68
D 751
N 844
D 119
N 249-E 62
D 319
D 115
D 149
D 59
D 105
A 801
Rte de Vignoble
Bd de l'Europe
Bd Guichet
R. J. Jaurès
R. Ch. Rivière
R. du Gal de Gaulle
Bd des Enchantés
Rte de Clisson
Rte de Vertou
Bd de la Prairie de Mauves
Rte de Paris
Rte de Carquefou
Bd J. Verne
Bd J. Bourcy
R. L. Gaudin
R. des Sables
Voie de l'Hameçon
Sérex

3
E
F
Y
Z
Bd des Anglais
R. d' Arsonval
R. E. Branly
Gaston Serpette
Bd Meusnier de Querlon
Rue
R. A. Daudet
R. du Maine
Rue des Hauts Pavés
Noire
PARC DES CAPUCINS
Parc de Procé
Bd A. Pageot
Pl. A. France
R. A. Dumas
MISÉRICORDE
Rue des Dervallières
Pl. Paul Doumer
R. F. Merlant
N-D TOUTES-JOIES
R. Félibien
Pl. Viarme
R. du Parc de Procé
Rue Bouchaud
R. de la Chézine
Av. Camus
Rue de la Bastille
Rue Monselet
Pl. E. Normand
Harouys
MAISON D'ARRÊT
Bd R. G. Guist'hau
R. Marceau
Pl. A. Briand
R. Lafayette
R. Mondésir
R. du Boccage
R. Colbert
R. Lamartine
Pl. Canclaux
R. de Gigant
R. Racine
Pl. Graslin
R. Appert
R. de la Ville en Bois
Bd P. Langevin
Rue
Place Beaumanoir
MUSÉE DOBRÉE
M4
M1
COURS CAMBRONNE
M
Bd Pasteur
Pl. Gal Mellinet
Mellier
Bd de Launay
Lamoricière
R. Dobrée
N-D de Bon-Port
R. St-Aignan
Place L. Daubenton
Quai de la Fosse
LOIRE
Quai F.
Baboneau
R.
L'Escorteur d'escadre Maillé-Brézé
Bd Allende
Q. E. Renaud
Bd
R. J. Blanchart
ÎLE DE NANTES
LES MACHINES DE L'ÎLE
LA FABRIQUE
Secteur en travaux
Bd
R. La Noue
R. L.
Bd
Bureau
a
b
d
q
T
51
69
69
136
139
148
148
151
189
202
126
195
91
117
64
33
63
54
187
152
159
166
13
205
188
162
89
181
123
19
30
25
5
82
94

G
H
4
Y
Z
NANTES
0
300 m
GARE FLUVIALE
131
207
POL.
CENTRE CAMBRONNE
Rue Desaix
177
Buat
R. de Châteaulin
Île de Versailles
Maison de l'Erdre
Jardin japonais
21
Rue Russeil
Paul Bellamy
Quai H. Barbusse
Av. R. F. Farineau
R. Amiral Ronar'ch
R. du Général
57
Turpin
Chanzy
R. Pitre-Chevalier
Bonnefoy
66
Rue de Bel-Air
Pl. de Chateaubriand
172
154
R. du Préfet
I.U.T.
Gaston
Joffre
Gambetta
ST-CLÉMENT
BOUTEILLERIE
192
R. J. Jaurès
d'Arc
Q. de Versailles
Erdre
36
R. Sully
R. Mal
153
JARDIN DES PLANTES
ST-SIMILIEN
HÔTEL DU DÉPARTEMENT
168
180
Pl. Mal Foch
46
R. S. Baudry
MUSÉE DES BEAUX-ARTS
Pl. du Pt Morand
3
208
Pte St-Pierre
CHAPELLE DE L'ORATOIRE
Rue Cassegrain
CATHÉDRALE ST-PIERRE ET ST-PAUL
l'Immaculée
95
96
175
174
125
27
TOUR BRETAGNE
16
114
la Psalette
93
122
GARE-NORD
CHÂTEAU
199
144
105
31
120
Strasbourg
72
GARE-SUD
33
79
18
37
179
104
40
ST-NICOLAS
52
9
8
Ste-Croix
165
105
Quai de Malakoff
Le Lieu Unique
Pl. Royale
208
138
SQ. ELISA MERCŒUR
76
Baco
Allée
78
Canal St Félix
135
Av. Carnot
81
165
73
48
Péhant
CITÉ DES CONGRÈS
PGE POMMERAYE
49
ANCNE ÎLE FEYDEAU
24
106
142
R. E.
Fouré
Av. J. C. Bonduelle
Pl de Tbilissi
Rue
Chée de la Madeleine
Bd Jean Monnet
FACULTÉ DE MÉDECINE ET DE PHARMACIE
97
ANCNE ÎLE GLORIETTE
R. G. Veil
Rieux
R. de Magellan
C.H.U. HÔTEL DIEU
des Olivettes
28
Q. de Tourville
Q. Moncousu
Q. Morice
Madeleine
Bras
de
la
André
Mitterrand
90
7
Q. A. Rhuys
Q. Hoche
Bd Gaston Doumergue
ÉCOLE D'ARCHITECTURE
Fer de
Tour d'Auvergne
Pl. François II
R. L. Blanc
Bd Vincent
Gâche
JARDIN EXOTIQUE DES FONDERIES
Duc
Prairie au
157
Bd Babin-Chevaye
STE-MADELEINE
121

RÉPERTOIRE DES RUES DE NANTES

St-Pierre (Cours) . . . . HY 174
St-Pierre (Pl.) . . . . GY 175
St-Rogatien (R.) . . . . HY 177
St-Sébastien (Côte) . . . . . . CX 178
Salengro (Pl. R.) . . . . GY 180
Sanitat (Pl. du) . . . . FZ 181
Santeuil (R.) . . . . GZ 183
Sarrebrück (Bd de) . . . . CX 184
Say (R. L.) . . . . BV 186
Schuman (Bd R.) . . . . BV
Scribe (R.) . . . . FZ 187
Serpette (Bd G.) . . . . EY
Sibille (R. M.) . . . . FZ 188
Simon (R. Jules) . . . . EY 189
Stalingrad (Bd de) . . . . CX 190
Strasbourg (R. de) . . . . GY
Sully (R.) . . . . HY
Talensac (R.) . . . . GY 192
Tbilissi (Pt de) . . . . ZH
Tertre (Bd du) . . . . BX 193
Thomas (Bd A.) . . . . EY 195
Tortière (Pont de la) . . . . . . CV 196
Tourville (Quai de) . . . . GZ
Turpin (R. Gaston) . . . . HY
Vannes (Rte de) . . . . BV
Veil (R. G.) . . . . GZ
Verdun (R. de) . . . . GY 199
Versailles (Quai de) . . . . GY
Vertou (Rte de) CX
Viarme (Pl.) . . . . FY
Victor-Hugo (Bd) . . . . CX 201
Villebois-Mareuil (R.) . . . . . . FY 202
Ville-en-Bois (R. de la) . . . . . EZ
Viviani (R. René) . . . . CX 204
Voltaire (R.) . . . . FZ 205
Waldeck-Rousseau (Pl.) . . GHY 207
50-Otages (Crs des) . . . . GYZ 208

ORVAULT

Ferrière (Av. de la) . . . . BV 80
Goupil (Av. A.) . . . . BV 88
Mendès-France (Bd) . . . . . BV 124
Rennes (Rte de) . . . . BV 156
Vannes (Rte de) . . . . BV
Vincent (Av. F.) . . . . BV

REZÉ

Gaulle (Bd Gén.-de) . . . . . . CX 87
Jean-Jaurès (R.) CX
Rivière (R. Ch.) CX

STE-LUCE-SUR-LOIRE

Bellevue (Pont de) . . . . DV
Gaudin (R. L.) . . . . DV
Sables (R. des) . . . . DV

ST-HERBLAIN

Allende (Bd S.) . . . . ABX
Armor (Rte d') . . . . AV
Dr-Boubée (R. du) . . . . AX 67
Gaulle (Av. Ch.-de) . . . . AX
Massacre (Bd du) . . . . BV
Mitterrand (Bd F.) . . . . AX
Monnet (R. J.) . . . . AX 125

ST-SÉBASTIEN-SUR-LOIRE

Clisson (Rte de) . . . . CDX
Gaulle (R. du Gén.-de) . . . . DX
Pas-Enchantés (Bd des) . CDX

VERTOU

Arnaud (R. A.) . . . . DX 6
Beauséjour (R.) . . . . DX 11
Europe (Bd de l') . . . . DX
Guichet Sérex (Bd) . . . . DX
Pont de l'Arche (R. du) . . . . DX 149
Vignoble (Rte du) . . . . DX

Novotel Cité des Congrès
3 r. Valmy – ✆ 02 51 82 00 00 – www.novotel.fr **4HZt**
103 ch – †70/299 € ††70/299 € – 2 suites – ☕ 14 €
Rest – Formule 13 € – Carte 16/33 €
♦ L'hôtel jouxte la Cité des Congrès. Grandes chambres contemporaines ; certaines offrant un joli coup d'œil sur le canal St-Félix. Coin jeux pour les enfants. Au Novotel Café, carte simple avec plats à la plancha et salades.

Novotel Centre Bord de Loire
1 bd Martyrs Nantais ✉ 44200 – ✆ 02 40 47 77 77 – www.novotel.com
108 ch – †75/230 € ††85/240 € – ☕ 14 € **4HZv**
Rest *(fermé sam. midi et dim. midi)* – Menu 21 € – Carte 26/39 €
♦ Sur les rives de l'île de Nantes, face au tramway : une situation privilégiée pour cet hôtel entièrement rénové. Chambres spacieuses et climatisées. Restauration simple à la brasserie.

L'Hôtel sans rest
6 r. Henri-IV – ✆ 02 40 29 30 31 – www.nanteshotel.com – Fermé 24 déc.-2 janv.
31 ch – †79/140 € ††79/160 € – ☕ 11 € **4HYz**
♦ Malgré une façade banale, un vrai hôtel de charme, au décor contemporain chaleureux. Les chambres donnent sur le joli jardin ou le château des Ducs de Bretagne. Tenue soignée.

La Pérouse sans rest
3 allée Duquesne – ✆ 02 40 89 75 00 – www.hotel-laperouse.fr **4GYb**
46 ch – †89/195 € ††89/195 € – ☕ 14 €
♦ Un objet architectural d'avant-garde (1993) devenu familier au cœur de Nantes : la façade graphique annonce l'esprit des chambres, originales et minimalistes. Avis aux amateurs !

Mercure Gare Sud
50 quai Malakoff – ✆ 02 40 35 30 30 – www.mercure.com **4HYm**
91 ch – †67/175 € ††72/180 € – ☕ 14 €
Rest – Formule 15 € – Menu 18 € – Carte 25/40 €
♦ À la sortie de la gare (accès sud) et à deux pas du Lieu Unique. Chambres aux lignes épurées et aux couleurs naturelles, propices au repos ; quelques-unes ont vue sur le canal St-Félix. Au restaurant, cuisine de brasserie et plats du jour.

Graslin sans rest
1 r. Piron – ✆ 02 40 69 72 91 – www.hotel-graslin.com **3FZv**
47 ch – †59/135 € ††69/135 € – ☕ 10 €
♦ Près de l'Opéra, cet hôtel entièrement rénové en juin 2009 propose deux catégories de chambres, décorées dans un esprit contemporain alliant fonctionnalité et notes Art déco.

Ibis Styles Centre sans rest
3 r. Couëdic – ✆ 02 40 35 74 50 – www.accorhotels.com **4GZh**
65 ch – 65/175 € 75/185 €
◆ À deux pas de la place Royale, bâtiment moderne abritant de plaisantes chambres contemporaines (bois sombre, écrans plats). Du dernier étage, belle vue sur les toits de la ville.

Pommeraye sans rest
2 r. Boileau – ✆ 02 40 48 78 79 – www.hotel-pommeraye.com **4GZt**
50 ch – 54/124 € 59/164 € – 11 €
◆ À côté du célèbre passage Pommeraye et des boutiques de la rue Crébillon, hôtel contemporain décoré avec goût (bel accord de tons safran et parme). Artistes en résidence.

Belfort sans rest
1 r. de Belfort – ✆ 02 40 47 05 57 – www.brithotel.fr **4HZc**
50 ch – 63/115 € 63/120 € – 9 €
◆ Hôtel récent parfaitement pensé : décor sobre et élégant, insonorisation, couettes, douches à l'italienne... Au dernier étage, chambres avec balcon dominant toute la ville.

L'Atlantide (Jean-Yves Guého)
16 quai E. Renaud ✉ 44100 – ✆ 02 40 73 23 23 – www.restaurant-atlantide.net – Fermé 28 juil.-27 août, 24 déc.-2 janv., sam. midi, dim. et fériés **3EZa**
Rest – Menu 32 € (déj.), 60/95 € – Carte 73/98 €
Spéc. Homard de pays façon "sandwich", tomates confites et oignons nouveaux (avril à sept.). Lièvre à la royale, macaronis et champignons des bois (oct. à déc.). Traditionnel kouign amann, poire rôtie, glace caramel au beurre salé (sept. à avril).
Vins Muscadet de Sèvre et Maine sur lie, Savennières.
◆ Vue panoramique sur le fleuve et la ville depuis ce restaurant contemporain situé au sommet d'un immeuble moderne. Cuisine inventive et attrayante carte de vins de Loire.

L'Abélia
125 bd des Poilus – ✆ 02 40 35 40 00 – www.restaurantlabelia.com – Fermé 17-21 avril, 7-31 août, 24 déc.-1er janv., dim. et lundi **2CVt**
Rest – Formule 25 € – Menu 33/50 €
◆ Décor élégant et chaleureux d'une demeure bourgeoise du début du 20es. restaurée avec goût (parquet, tommettes, pierres apparentes). Cuisine actuelle.

Le Rive Gauche
10 côte St-Sébastien – ✆ 02 40 34 38 52 – www.lerivegauche-restaurant.com – Fermé 28 avril-8 mai, 26 juil.-23 août, 22 déc.-2 janv., sam. midi, dim. soir et lundi
Rest – Menu 22 € (sem.), 33/89 € – Carte 50/69 € **2CXe**
◆ Cette maison à l'écart du centre-ville offre, de sa véranda, une jolie vue sur les quais, la Loire et l'île Beaulieu ; terrasse ensoleillée sur l'arrière. Cuisine au goût du jour.

L'Océanide
2 r. P.-Bellamy – ✆ 02 40 20 32 28 – www.restaurant-oceanide.com – Fermé 28 juil.-20 août, dim. et lundi **4GYn**
Rest – Menu 20 € (sem.), 28/68 € – Carte 50/65 €
◆ C'est en voisin que le chef fait ses achats au célèbre marché de Talensac, et la fraîcheur du poisson, parfaitement mis en valeur, ne trompe pas ! Agréable cadre au charme désuet.

La Poissonnerie
4 r. Léon-Maître – ✆ 02 40 47 79 50 – www.lapoissonnerie.fr – Fermé 7-23 août, 24 déc.-4 janv., sam. midi, lundi midi et dim. **4GZe**
Rest – Formule 15 € – Menu 27/60 €
◆ L'enseigne donne le ton : ici, on exalte les bienfaits de l'océan, dans les assiettes, simples et précises, et dans le décor, marin autant que cosy. Bon choix de muscadets.

Félix
1 r. Lefèvre Utile – ✆ 02 40 34 15 93 – www.brasseriefelix.com **4HZa**
Rest – Formule 15 € – Menu 20 € – Carte 28/45 €
◆ Grande brasserie contemporaine proposant toutes les spécialités du genre : tartare, huîtres... Attablez-vous près des baies vitrées ou en terrasse pour admirer le canal St-Félix.

La Cigale
4 pl. Graslin – ✆ 02 51 84 94 94 – www.lacigale.com **3FZd**
Rest – Menu 15 € (déj. en sem.), 18/28 € – Carte 27/56 €
◆ Véritable institution que cette brasserie née en 1895, face à l'opéra : son décor classé (céramiques, miroirs) illustre toute l'ivresse ornementale du Modern Style. Superbe !

Le 1
1 r. Olympe-de-Gouges, (à l'angle du quai F. Mitterrand) – ✆ 02 40 08 28 00 – www.leun.fr **4GZc**
Rest – Menu 14 € (déj. en sem.)/28 € – Carte 31/59 €
◆ Unique et précurseur : vaste salle cernée de baies, cuisines rutilantes offertes à la vue, mobilier design et ludique. À la carte, plats de tradition ou plus voyageurs...

Maison Baron Lefèvre
33 r. de Rieux – ✆ 02 40 89 20 20 – Fermé 1er-15 août, dim. et lundi **4HZn**
Rest – Formule 18 € – Menu 25 € – Carte 39/65 €
◆ Néobrasserie installée dans un ancien entrepôt de maraîchers (bois, brique, métal) : belle ambiance autour de cocottes en fonte et autres plats de tradition... Épicerie fine.

Les Temps Changent
1 pl. A. Briand – ✆ 02 51 72 18 01 – www.restaurant-lestempschangent.fr – Fermé 1er-21 août, sam., dim. et fériés **3FYq**
Rest – Formule 16 € – Menu 26/42 € – Carte environ 52 €
◆ Dans ce bistrot chic, le temps est un allié : le chef renouvelle ses menus tous les mois, selon son inspiration, et chaque soir, l'ambiance se fait plus cosy. Belle carte des vins.

Le Square
14 r. Jemmapes – ✆ 02 40 35 98 09 – www.squarenantes.com – Fermé dim.
Rest – Formule 14 € – Menu 19 € (sem.)/32 € – Carte 36/54 € **4HZm**
◆ Une brasserie appréciée en ville : décor moderne (cuisines ouvertes), agréable terrasse sous les érables et cuisine créative mêlant produits régionaux et épices variées.

L'Atelier d'Alain
24 r. des Olivettes – ✆ 02 40 84 38 66 – www.atelieralain.fr – Fermé août, merc. soir, sam. midi et dim. **4HZd**
Rest *(réserver)* – Menu 23 € – Carte 21/60 €
◆ Un atelier très en vue, à la fois chic et décontracté. Assis au comptoir, on peut admirer le chef composant ses assiettes de saison. Belle carte des vins, liqueurs et whiskys.

Le Paludier
2 r. Santeuil – ✆ 02 40 69 44 06 – Fermé 3 sem. en août, lundi midi, sam. midi et dim. **4GZs**
Rest – Formule 18 € – Menu 20 € (dîner en sem.), 28/35 € – Carte 26/57 €
◆ Produits frais et de saison, inspiration régionale (escargots de Vendée, produits de la mer, sablés bretons), décor aux notes océanes... Le tout à deux pas de la place Graslin, dans une rue piétonne et animée !

Le Gressin
40 bis r. Fouré – ✆ 02 40 48 26 24 – Fermé 3 sem. en août, lundi soir, sam. midi et dim.
Rest – Menu 15 € (déj.), 24/29 € **4HZf**
◆ Petit restaurant de quartier : pierres apparentes, mobilier rustique, jonc de mer, expositions de tableaux, etc. Les menus, traditionnels, évoluent avec les saisons.

Les Bouteilles
22 r. Armand-Brossard – ✆ 02 40 12 10 38 – Fermé 3 sem. en août, 1 sem. en fév., sam. midi, dim. et lundi **4GYf**
Rest *(nombre de couverts limité, réserver)* – Carte 20/60 €
◆ Un bistrot à vins épatant : décor sympathique honorant Bacchus, belle cuisine de produits (charcuteries corses, plats canailles, poisson de la marée...) et mémorable carte des vins.

Le Bistrot à Gilles
11 bis r. Bastille – ✆ 02 40 20 41 58 – www.lebistrotagilles.fr – Fermé 3 sem. en août, 1 sem. en fév., 1 sem. en avril, dim. et lundi **3FYb**
Rest – Formule 13 € – Menu 17/29 €
◆ Ce bistrot épuré ? Une table sans chichi. En bon professionnel, le chef concocte des plats traditionnels selon le marché et des recettes du Sud-Ouest... à prix mitonnés.

Environs

à Sucé-sur-Erdre 16 km au Nord, sortie n° 23 et D 37 - CV - 6 172 h. - alt. 14 m ✉ 44240
ℹ quai de Cricklade, ✆ 02 40 77 70 66

Les Arbres Rouges
ch,

570 rte de Carquefou – ✆ 02 51 81 15 00 – www.lesarbresrouges.com
5 ch – 97 € 112/119 € **Table d'hôte** – Menu 39 € bc
♦ Dans un quartier résidentiel, une grande maison d'architecte à la déco pointue : un véritable précis de savoir-vivre contemporain... Piscines intérieur-extérieur, équipements high-tech.

au Bord de l'Erdre 11 km par D 178 ou sortie n° 24 autoroute A 11 et rte de la Chantrerie - CV

De la Régate

155 rte de Gachet ✉ 44300 Nantes – ✆ 02 40 50 22 22 – www.hotel-nantes-laregate.com
42 ch – 79/165 € 79/165 € – 12 €
Rest *Manoir de la Régate* – voir les restaurants ci-après
♦ Près de l'Erdre, bâtiment contemporain de plain-pied construit selon des normes environnementales (toit végétal, panneaux solaires). Chambres fonctionnelles de bonne facture.

Manoir de la Régate – Hôtel de la Régate

155 rte de Gachet ✉ 44300 Nantes – ✆ 02 40 18 02 97 – www.manoir-regate.com – Fermé dim. soir et fériés
Rest – Menu 22 € (déj. en sem.), 27/70 € – Carte 57/89 €
♦ Belle demeure blanche nantie de vigne vierge, dans un environnement verdoyant. Agréable terrasse ; intérieurs élégants. Carte dans l'air du temps, évoluant avec les saisons.

Auberge du Vieux Gachet

rte de Gachet ✉ 44470 Carquefou – ✆ 02 40 25 10 92 – Fermé 15-28 août, dim. soir et lundi soir
Rest – Formule 17 € – Menu 20 € (déj.)/54 € – Carte 47/67 €
♦ Cette ancienne ferme rappelle la campagne d'antan, à deux pas de la ville. Poutres, ambiance rustique et terrasse sous les tilleuls au bord de l'Erdre. Cuisine actuelle.

rte des Bords de Loire par D 751 DV, sortie 44 Porte du Vignoble

Clémence

à 15 km, à la Chebuette – ✆ 02 40 36 03 18 – www.restaurantclemence.fr – Fermé 6-30 août, 1 sem. en fév., dim. soir, lundi et merc.
Rest – Formule 15 € bc – Menu 34/84 € bc
♦ C'est en cette auberge bordant la Loire que Clémence Lefeuvre (1860-1932) créa le beurre blanc. Le chef lui rend un savoureux hommage, mêlant tradition, produits frais et invention.

La Divate

28 Levée de la Divate , à 11 km, à Boire-Courant – ✆ 02 40 54 19 66 – Fermé 3 sem. en juil., vacances de fév., dim. soir, mardi et merc.
Rest – Formule 15 € – Menu 19/50 € – Carte 49/53 €
♦ Pimpante maison de pêcheur postée sur une digue, où déguster de copieuses spécialités des bords de Loire. Pierre et bois composent un joli décor champêtre.

à Haute-Goulaine 14 km par ③ et D 119 – 5 487 h. – alt. 41 m – ✉ 44115

Manoir de la Boulaie (Laurent Saudeau)

33 r. Chapelle St-Martin – ✆ 02 40 06 15 91 – www.manoir-de-la-boulaie.fr – Fermé 30 juil.-23 août, 23 déc.-17 janv., dim. soir, lundi et merc.
Rest – Formule 38 € – Menu 78/195 € bc – Carte 95/130 €
Spéc. Spirale de langoustines, ris de veau et cocos de Paimpol (automne-hiver). Bar aux coquillages, ail noir et pak-choï. Le cassis et le fenouil aux olives taggiasches. **Vins** Muscadet de Sèvre-et-Maine, Saumur.
♦ Beau domaine parmi les vignobles : la vaste demeure (années 1920) se dresse dans un parc aux accents de liberté… Laurent Saudeau cuisine en toute invention, entre produits d'ici et épices d'ailleurs. Spacieuses salles, mise de table raffinée.

à Vertou 10 km par D 59 sortie porte de Vertou – 21 422 h. – alt. 32 m – ✉ 44120

place du Beau Verger, ✆ 02 40 34 94 36

Monte-Cristo

Chaussée des Moines – ✆ 02 40 34 40 36 – www.monte-cristo.fr
– Fermé vacances de Toussaint, 1 sem. à Noël, 1 sem. en fév., 1 sem. à Pâques, merc. soir, dim. soir et lundi 2DXa
Rest – Formule 16 € – Menu 19 € (déj. en sem.), 28/48 € – Carte 32/58 €
◆ Dumas débuta ici l'écriture du Comte de Monte-Cristo ! Point de tragique vengeance en ce lieu agréable : décor contemporain, véranda et terrasse face à la Sèvre, cuisine actuelle.

à Château-Thébaud 18 km par ③ , D 149, D74 et D63 – 2 794 h. – alt. 58 m – ✉ 44690

Auberge la Gaillotière

La Gaillotière – ✆ 02 28 21 31 16 – www.auberge-la-gaillotiere.fr
– Fermé 17 juil.-8 août, 15 fév.-16 mars, mardi soir et merc.
Rest – Menu 13 € (déj. en sem.), 18/27 €
◆ Tête-à-tête avec le vignoble nantais : les ceps viennent presque caresser les murs de pierre de cet ancien chai... Plats régionaux goûteux et généreux, et vins du Val de Loire !

à St-Fiacre-sur-Maine 10 km au Sud-Est par D 59 – 1 172 h. – alt. 46 m – ✉ 44690

La Demeure de Saint Fiacre sans rest

Les Gras Mouton – ✆ 02 40 43 46 33 – www.lademeure.fr
3 ch – †115 € ††115 €
◆ Une demeure en pierre au cœur des vignes du muscadet sur lie. Agréable accord d'un aménagement très contemporain et de grands volumes anciens (murs en moellons, charpente...).

à l'aéroport international Nantes-Atlantique sortie 51 porte de Grandlieu-Bouguenais – ✉ 44340 Bouguenais

Océania

– ✆ 02 40 05 05 66 – www.oceaniahotels.com 1BXe
85 ch – †175 € ††175 € – 2 suites – 15 €
Rest *(fermé sam. midi et dim. midi)* – Formule 15 € – Menu 22/27 € – Carte 26/45 €
◆ Imposante façade contemporaine rythmée par des pilastres. Chambres pratiques dans un style actuel épuré (panneaux de bois, fauteuils design). Une navette relie l'hôtel à l'aéroport. Grande salle à manger (formules, carte traditionnelle) et terrasse au bord de la piscine.

à Coueron 15 km par D 107, sortie porte de l'Estuaire – 18 373 h. – alt. 13 m – ✉ 44220

Le François II

5 pl. Aristide-Briand – ✆ 02 40 38 32 32 – www.francois2.com
– Fermé 17-22 avril, 24 juil.-15 août, 1er-6 janv., merc. soir sauf juil.-août, dim. soir, mardi soir, jeudi soir et lundi
Rest – Formule 12 € – Menu 14 € (déj. en sem.), 21/50 € – Carte 32/48 €
◆ L'enseigne honore le duc de Bretagne, père d'Anne, mort à Couëron. Ici, la tradition est reine : décor rustique (pierres apparentes) et généreuses spécialités (produits locaux).

à St-Herblain 8 km à l'Ouest – 43 177 h. – alt. 8 m – ✉ 44800

La Marine

esplanade de la Bégraisière – ✆ 02 40 95 26 66 – www.hotel-marine.fr
24 ch – †65/85 € ††71/91 € – 8 € 1BVm
Rest *(fermé vend. soir, sam. et dim.)* – Formule 14 € – Menu 25 € (sem.), 32/42 € – Carte 24/33 €
◆ Accueil charmant en cette demeure des années 1990, nichée au cœur d'un grand et paisible jardin. Vastes chambres, décorées dans une veine très classique. Salle à manger-véranda ouverte sur la verdure ; cuisine traditionnelle.

XX **Les Caudalies**

229 rte de Vannes – ✆ 02 40 94 35 35 – www.restaurant-lescaudalies.com – Fermé 26 juil.-26 août, 13-23 fév., dim. et lundi **1BVv**

Rest – Menu 19 € (sem.), 28/65 € bc – Carte 36/45 €

◆ En bord de route, villa des années 1980 relookée dans un style très actuel. Le chef propose une cuisine inventive, mêlant inspirations régionales et épices du monde.

à Orvault 6 km par N 137 sortie porte de Rennes – 24 442 h. – alt. 45 m – ✉ 44700

Le Domaine d'Orvault rest,

24 chemin des Marais-du-Cens – ✆ 02 40 76 84 02 – www.domaine-orvault.com **1BVe**

40 ch – **†**104/124 € **††**118/138 €

Rest *(fermé dim. du 15 oct. au 1er avril)* – Formule 28 € – Menu 38/66 € – Carte 56/86 €

◆ Dans un quartier résidentiel entouré de verdure, un hôtel qui a fait peau neuve ces dernières années : chambres contemporaines (balcons au dernier étage), grand centre de balnéothérapie offrant de nombreux soins. Restaurant actuel, belle terrasse sous les tilleuls.

Du Parc sans rest

92 r. de la Garenne – ✆ 02 40 63 04 79 – www.hotel-du-parc-nantes.com – Fermé 3-27 août et 21 déc.-2 janv. **1AVq**

30 ch – **†**53/69 € **††**53/69 € – 8 €

◆ Ceint d'un parc boisé invitant à la flânerie (ou au jogging...), cet hôtel familial dispose de chambres aux tons pastel, propres et bien insonorisées. Petite restauration le soir.

à Sautron 12 km au Nord-Ouest, sortie n° 35 – 6 860 h. – alt. 64 m – ✉ 44880

X **Au Retour du Marché**

11 r. de Bretagne – ✆ 02 40 63 64 66 – www.auretourdumarche.fr – Fermé 3 sem. en août, merc. soir, dim. et lundi

Rest *(nombre de couverts limité, réserver)* – Menu 17/29 €

◆ Comme le nom l'indique, le chef concocte ses menus en fonction du marché : c'est simple, bon et plein de fraîcheur ! L'adresse rencontre le goût de l'époque, réservez à l'avance...

NANTOUX – 21 Côte-d'Or – 320 I7 – 195 h. – alt. 295 m – ✉ 21190 — 7 A3

Paris 326 – Chalon-sur-Saône 37 – Le Creusot 48 – Dijon 55

Domaine de la Combotte sans rest

r. de Pichot – ✆ 03 80 26 02 66 – www.lacombotte.com

5 ch – **†**89 € **††**116 €

◆ Au cœur d'un village viticole, plusieurs maisonnettes modernes au milieu des vignes. En saison, le propriétaire organise des séjours truffe ; on part en balade avec ses labradors, de fins limiers... Champêtre et accueillant !

NANTUA – 01 Ain – 328 G4 – 3 633 h. – alt. 479 m – ✉ 01130 — 45 C1

Franche-Comté Jura

Paris 476 – Aix-les-Bains 79 – Annecy 67 – Bourg-en-Bresse 52

13 place de la Déportation, ✆ 04 74 75 00 05, www.nantua-tourisme.com

Église St-Michel★ : Martyre de St-Sébastien★★ par E. Delacroix - Lac★.

La cuivrerie★ de Cerdon.

L'Embarcadère

13 av.du Lac – ✆ 04 74 75 22 88 – www.hotelembarcadere.com – Fermé 19 déc.-5 janv.

45 ch – **†**62/77 € **††**62/77 € – 10 € – ½ P 78/85 €

Rest ***L'Embarcadère*** – voir les restaurants ci-après

◆ Un hôtel contemporain posé en bordure de lac, tout environné de collines boisées. Le panorama vaut une bouffée d'air pur et l'on rechigne à regagner sa chambre...

L'Embarcadère
13 av.du Lac – ✆ 04 74 75 22 88 – www.hotelembarcadere.com – Fermé 19 déc.-5 janv.
Rest – Menu 25 € (sem.), 45/68 € – Carte 72/86 €
◆ Les atouts de cet Embarcadère gourmand ? Sa situation près du lac bien entendu, sans oublier sa vue panoramique ainsi qu'une goûteuse cuisine régionale.

à Brion **Nord-Ouest : 5 km par D 1084 et D 979 – 506 h. – alt. 475 m – ✉ 01460**

Bernard Charpy
1 r. la Croix-Chalon – ✆ 04 74 76 24 15 – Fermé 13-21 mai, 3 août-3sept., 26 déc.-3 janv., sam. midi, dim. soir et lundi
Rest – Formule 21 € – Menu 25/42 € – Carte 44/62 €
◆ Une haute charpente, des tons gris et lavande, de grandes baies ouvrant sur la verdure... Le ton est contemporain, mais la cuisine cultive le meilleur de la tradition. Mention spéciale au choix de poissons, d'eau douce comme d'eau salée.

LA NAPOULE – 06 Alpes-Maritimes – 341 C6 – rattaché à Mandelieu

NARBONNE – 11 Aude – 344 J3 – 51 005 h. – alt. 13 m 22 B3
– ✉ 11100 Languedoc Roussillon

Paris 787 – Béziers 28 – Carcassonne 61 – Montpellier 96
✆ 3635 (dîtes auto-train - 0,34 €/mn)
31, rue Jean Jaurès, ✆ 04 68 65 15 60, www.mairie-narbonne.fr
Cathédrale St-Just-et-St-Pasteur★★ (Trésor : tapisserie représentant la Création★★) - Donjon Gilles Aycelin★ ☼★ **H** - Choeur★ de la basilique St-Paul - Palais des Archevêques★ BY : musée d'Art et d'Histoire★ - Musée archéologique★ - Musée lapidaire★ BZ - Pont des marchands★.

Plan page suivante

La Résidence sans rest
6 r. du 1er Mai – ✆ 04 68 32 19 41 – www.hotelresidence.fr AYr
26 ch – 80/110 € 86/125 € – ☕ 10 €
◆ Jean Marais, Louis de Funès, Georges Brassens, Michel Serrault... un prestigieux livre d'or ! Salons aux notes baroques, grand escalier en marbre : on a préservé l'esprit de cet immeuble du 19e s., et c'est plaisant.

De France sans rest
6 r. Rossini – ✆ 04 68 32 09 75 – www.hotelnarbonne.com – Fermé fév.
15 ch – 33/75 € 35/75 € – ☕ 7 € BZs
◆ Dans une petite rue calme, près du centre-ville, un hôtel familial tout en sobriété. Les chambres, pratiques et bien tenues, donnent sur la cour intérieure.

Le Clos des Chevaliers sans rest
21 imp. Hélène Boucher, Les Hauts de Narbonne par ③ – ✆ 04 68 41 50 79 – www.leclosdeschevaliers.com
4 ch ☕ – 110/140 € 110/140 €
◆ Belle surprise que cet îlot de quiétude et de verdure. La maîtresse de maison, décoratrice dans l'âme, a créé des chambres insolites : drapés précieux dans l'une, mobilier argenté dans l'autre, etc. Toutes disposent d'un accès direct sur le jardin.

La Table St-Crescent (Lionel Giraud)
68 av. Gén. Leclerc, au Palais du Vin par ③ – ✆ 04 68 41 37 37 – www.la-table-saint-crescent.com – Fermé 26 mars-9 avril, 24 sept.-8 oct., sam. midi, dim. soir et lundi
Rest – Formule 25 € – Menu 48/79 € – Carte 58/92 €
Spéc. Huîtres Tarbouriech en 2 services. Bisque bouille safranée de langoustines et coquillages rôtis au foie gras. Compression d'un vacherin fraise des bois, sorbet basilic. **Vins** Corbières, Vin de pays de la Valée du Paradis.
◆ On oublie vite l'environnement peu guilleret, en bordure de route, pour se concentrer sur l'essentiel : un lieu plaisant, contemporain et raffiné, dans un oratoire médiéval ; une cuisine inventive, passionnée et séduisante, respectueuse de l'âme des produits... et accompagnée de bons vins régionaux.

NARBONNE

Anatole-France (Av.) . . . . . . AYZ 2
Ancienne Porte de Béziers (R. de l') . . . . BY 4
Ancien Courrier (R. de l') . . . BY 3
Blum (Sq. Th.-Léon) . . . . BY 6
Cabirol (R.) . . . . AZ 7
Chennebier (R.) . . . . AY 9
Concorde (Pont de la) . . . . . . AY 10
Condorcet (Bd) . . . . BY 12
Courier (R. P.-L.) . . . . BZ 13
Crémieux (R. B.) . . . . BZ 15
Deymes (R. du Lt.-Col.) . . . . BY 16
Droite (R.) . . . . BY
Escoute (Pont de l') . . . . AY 17
Fabre (R. Gustave) . . . . AY 18
Foch (Av. Mar.) . . . . BY 19
Garibaldi (R.) . . . . BY 20
Gaulle (Bd Gén.-de) . . . . BY 21
Gauthier (R. Armand) . . . . . . BY 22
Hôtel de Ville (Pl. de l') . . . . BYZ
Jacobins (R. des) . . . . BZ 23
Jean-Jaurès (R.) . . . . AY 24
Joffre (Bd Mar.) . . . . AYZ 25
Liberté (Pont de la) . . . . BZ 27
Lion d'Or (R. du) . . . . AY 28
Louis-Blanc (R.) . . . . BY 29
Luxembourg (R. du) . . . . AZ 30
Major (R. de la) . . . . BZ 31
Maraussan (R.) . . . . AZ 32
Marchands (Pont des) . . . . . BZ 36
Michelet (R.) . . . . BZ 33
Mirabeau (Cours) . . . . BZ 35
Pyrénées (Av. des) . . . . AY 37
Pyrénées (Pl. des) . . . . AZ 39
Rabelais (R.) . . . . AZ 40
République (Crs de la) . . . . . BZ 41
Salengro (Pl. R.) . . . . BY 43
Sermet (Av. E.) . . . . BY 44
Toulouse (Av. de) . . . . AZ 45
Voltaire (Pont) . . . . AY 47

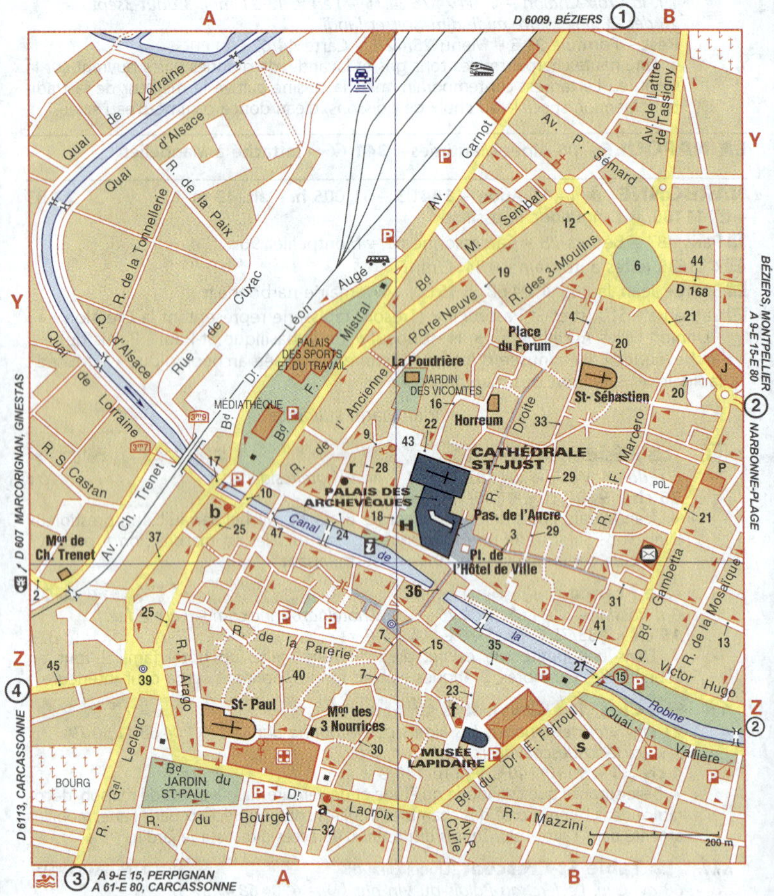

XX **Le Petit Comptoir** A/C VISA AE
4 bd Mar. Joffre – 04 68 42 30 35 – www.petitcomptoir.com
– Fermé 12-31 juil., 1er-7 janv., dim. et lundi de mai à sept. AYb
Rest – Formule 15 € – Menu 18 € (déj. en sem.), 28/48 € – Carte 35/60 €
◆ Un bistrot au cachet 1930 qui honore le beau produit et la cuisine... bistrotière. Et si l'envie vous prenait d'acheter l'un des vins servis ici – 350 références, essentiellement régionales –, un détour par la cave s'impose !

La Table des Cuisiniers Cavistes
4 pl. Lamourguier – ✆ 04 68 32 96 45 – www.cuisiniers-cavistes.com – Fermé 28 fév.-13 mars BZf
Rest – Menu 21 € (déj.)/29 € – Carte 35/50 €
◆ Le concept ? Une cave à manger décorée sur le thème du vin, avec de bons nectars du Languedoc, quelques conserves maison et une cuisine de l'instant et du marché, réalisée avec de beaux produits labellisés. L'été, la terrasse est très sympa.

Le 26
8 bd Dr-Lacroix – ✆ 04 68 41 46 69 – www.restaurantle26.fr – Fermé 1er-15 juin, dim. et lundi AZa
Rest – Formule 16 € – Menu 20/38 € – Carte 42/55 €
◆ Le patron mitonne de bons plats traditionnels vraiment appétissants et les habitués ne s'y trompent pas, qui lui laissent carte blanche pour composer le menu. L'atmosphère est conviviale, cela va sans dire !

à l'Hospitalet 10 km par ② rte de Narbonne-Plage (D 168) – ✉ 11100 Narbonne

Château l'Hospitalet rest,
rte de Narbonne Plage – ✆ 04 68 45 28 50 – www.chateau-lhospitalet.com
38 ch – †85/315 € ††95/315 € – ☕ 16 €
Rest – ✆ 04 68 45 28 54 *(fermé dim. soir et lundi de nov. à mars)* – Menu 29 € bc (déj.) – Carte 40/63 €
◆ En pleine garrigue et au cœur d'un domaine viticole, ce complexe hôtelier cultive l'art de l'hospitalité. Les chambres arborent un agréable style contemporain et tout ici invite à la détente : expos d'art, boutiques d'artisanat, bistrot gastronomique valorisant les vins du domaine... Un lieu qui bouge !

à Bages 8 km par ③, D 6009 et D 105 – 835 h. – alt. 30 m – ✉ 11100

ℹ Maison des arts - 8, rue des Remparts, ✆ 04 68 42 81 76, www.bages.fr

Les Palombières d'Estarac ch,
Estarac, au Sud-Ouest – ✆ 04 68 42 45 56 – www.palombieres-estarac.com
4 ch ☕ – †64/118 € ††74/128 € **Table d'hôte** – Menu 30 € bc
◆ "Océane", "Soleillad", "Olivine","Topaze" : des chambres fraîches et mignonnes dans un authentique mas au milieu de la garrigue. Pour les hôtes, la table prend des accents méridionaux ; l'hiver, on se retrouve autour de la cheminée.

Le Portanel
la Placette – ✆ 04 68 42 81 66 – www.leportanel.net – Fermé dim. soir et lundi
Rest – Formule 19 € bc – Menu 27/50 € – Carte 37/82 €
◆ La Méditerranée et ses jolis poissons s'invitent à la table de cette ancienne maison de pêcheur perchée dans le vieux village : un comble ! Est-ce la jolie vue sur l'étang qui les appâte si bien ? Pour info, accès piéton par un escalier.

à Ornaisons 14 km par ④, D 6113 et D 24 – 1 203 h. – alt. 34 m – ✉ 11200

Le Relais du Val d'Orbieu
par D 24 – ✆ 04 68 27 10 27 – www.relaisduvaldorbieu.com – Fermé 30 nov.-1er fév. et dim. en nov. et fév.
18 ch – †60/145 € ††65/165 € – 2 suites – ☕ 17 €
Rest *(dîner seult)* – Menu 29/49 € – Carte 49/59 €
◆ Un moulin à plâtre au cœur du vignoble des Corbières... au calme ! Les chambres, sobres et fraîches, sont disposées autour d'un patio ; certaines jouissent d'une terrasse sur le jardin. L'esprit des lieux : provençal, familial et très convivial.

à Canet 14 km par ④, D 6 113, D 11 puis rte secondaire – 1 244 h. – ✉ 11200

Château des Fontaines sans rest
2 av. de la Distillerie – ✆ 04 68 49 72 48 – www.chateau-des-fontaines.com – Ouvert Pâques-sept.
5 ch ☕ – †90/130 € ††95/140 €
◆ Pour l'anecdote, le lustre en Murano du grand escalier pèse plus de 400 kg et en dit long sur la magnificience de cette maison de maître ! Tentures et objets d'art dans les salons et les chambres, bassin dans le parc : du classicisme, du style et... un certain art de vivre à la française.

NARBONNE PLAGE – 11 Aude – 344 K4 – ✉ 11100 22 B3

Languedoc-Roussillon

Paris 799 – Carcassonne 74 – Montpellier 103 – Perpignan 79

avenue des Vacances, ☎ 04 68 49 84 86, www.narbonne-tourisme.com

De la Clape

ch, VISA AE

4 r. des Fleurs – ☎ 04 68 49 80 15 – www.hoteldelaclape.com – Ouvert 30 mars-2 janv.

24 ch – 67/84 € 75/92 € – 6 suites

Rest *(ouvert 6 avril-15 déc.) (dîner seult)* – Menu 19/35 €

◆ Coloré, original, simple et chaleureux : tel est cet hôtel niché au cœur de la station, à 80 m de la plage. Terrasse, piscine, salon d'été... les vacances !

LA NARTELLE – 83 Var – 340 O6 – rattaché à Ste-Maxime

NASBINALS – 48 Lozère – 330 G7 – 504 h. – alt. 1 180 m – Sports d'hiver : 1 240/1 320 m 1 – ✉ 48260 Languedoc Roussillon 22 B1

Paris 573 – Aurillac 105 – Aumont-Aubrac 24 – Mende 57

Village, ☎ 04 66 32 55 73, www.nasbinals.fr

La Borie de l'Aubrac

ch, VISA

La Grange des Enfants, 4,5 km au Sud par D 900 et rte secondaire – ☎ 04 66 45 76 97 – www.borie-aubrac.com

5 ch – 90/110 € 90/130 € **Table d'hôte** – Menu 30 € bc

◆ Il est aveyronnais, elle est espagnole et, après un joli parcours hôtelier, ils ont eu envie d'ouvrir leur maison d'hôtes de charme. Une ferme sur le plateau de l'Aubrac ? Le lieu était tout trouvé, et ils en ont fait un havre raffiné, mêlant habilement vieilles pierres et épure contemporaine. Une réussite !

NATZWILLER – 67 Bas-Rhin – 315 H6 – 611 h. – alt. 500 m – ✉ 67130 2 C1

Paris 422 – Barr 25 – Molsheim 31 – St-Dié 43

Auberge Metzger

VISA AE

55 r. Principale – ☎ 03 88 97 02 42 – www.hotel-aubergemetzger.com – Fermé 25 juin-2 juil., 17-25 déc., 9-30 janv., dim. soir sauf juil.-août et lundi

15 ch – 72/82 € 72/82 € – 12 € – ½ P 78/89 €

Rest *Auberge Metzger* – voir les restaurants ci-après

◆ Cette jolie maison fleurie fait l'unanimité et cela se comprend ! L'accueil est charmant, les chambres spacieuses et confortables, la tenue exemplaire, les prix mesurés. On quitte les lieux avec regret...

Auberge Metzger

VISA AE

55 r. Principale – ☎ 03 88 97 02 42 – www.hotel-aubergemetzger.com – Fermé 25 juin-2 juil., 17-25 déc., 9-30 janv., dim. soir sauf juil.-août et lundi

Rest – Formule 14 € – Menu 21/58 € – Carte 35/45 €

◆ Cuissons précises, produits de qualité, accompagnements soignés : Yves Metzger mitonne une cuisine régionale délicieuse... et vraiment bon marché ! Une raison de plus pour faire étape dans cette auberge accueillante.

NAVARRENX – 64 Pyrénées-Atlantiques – 342 H5 – 1 132 h. – alt. 125 m – ✉ 64190 3 B3

Paris 787 – Pau 43 – Mourenx 15 – Oloron-Ste-Marie 23

place des Casernes, ☎ 05 59 38 32 85

Du Commerce

VISA AE

pl. des Casernes – ☎ 05 59 66 50 16 – www.hotel-commerce.fr – Fermé 1er-10 janv., 22-31 déc.

23 ch – 45/62 € 55/72 € – 8 € – ½ P 47/57 €

Rest *(fermé dim. soir et lundi d'oct. à déc. et en mars)* – Formule 12 € – Menu 20 €, 28/39 € – Carte 20/45 €

◆ Bâtisses béarnaises situées dans une bastide fondée en 1316. Chambres confortables, actuelles et cosy dans la demeure principale ; celles de l'annexe sont simples et rustiques. Salle à manger au décor campagnard, où l'on sert une cuisine régionale.

NEAUPHLE-LE-CHÂTEAU – 78 Yvelines – **311** H3 – 2 981 h. **18** A2
– alt. 185 m – ✉ 78640 Île de France

Paris 38 – Dreux 42 – Mantes-la-Jolie 32 – Rambouillet 24

14, place du Marché, ✆ 01 34 89 78 00

Domaine du Verbois

38 av. de la République – ✆ 01 34 89 11 78 – www.hotelverbois.com
– Fermé 2 sem. en août et vacances de Noël
22 ch – 105/180 € 115/180 € – 12 €
Rest *Domaine du Verbois* – voir les restaurants ci-après
◆ On ferait bien une halte romantique dans cette belle demeure bourgeoise de la fin du 19es. : piano à queue dans le salon, terrasse entourée de balustrades dominant la vallée de la Mauldre, chambres cosy... Le classique a du bon.

Le Clos St-Nicolas sans rest

33 r. St-Nicolas – ✆ 01 34 89 76 10 – www.clos-saint-nicolas.com
5 ch – 92 € 98 €
◆ Atmosphère familiale dans cette belle et noble maison de 1830. Chambres d'esprit classique, aux teintes variées (jaune, vert, rouge). Agréable véranda pour le petit-déjeuner.

Domaine du Verbois – Hôtel Domaine du Verbois

38 av. de la République – ✆ 01 34 89 11 78
– www.hotelverbois.com – Fermé 2 sem. en août, vacances de Noël et dim. soir
Rest – Menu 39/49 € – Carte 45/55 €
◆ Depuis des années, le chef est resté fidèle à cette belle maison. Les salles à manger ont un charme feutré et la jolie terrasse invite à découvrir une cuisine traditionnelle, rehaussée de petites touches inventives.

NÉGREVILLE – 50 Manche – **303** C3 – 819 h. – alt. 70 m – ✉ 50260 **32** A1

Paris 342 – Caen 108 – Saint-Lô 72 – Cherbourg 22

au Nord-Est 5 km par D 146 et D 62 - ✉ 50260 Négreville

Château de Pont Rilly sans rest

– ✆ 02 33 40 47 50 – www.chateau-pont-rilly.com
4 ch – 130 € 150 €
◆ Au bout d'une longue allée, on découvre ce beau château du 18es. et son grand jardin à la française... Boiseries, cheminée en pierre de Valognes, mobilier ancien et superbe cuisine rustique où l'on prend le petit-déjeuner : du caractère !

NÉRIS-LES-BAINS – 03 Allier – **326** C5 – 2 704 h. – alt. 364 m – Stat. therm. : fin mars-fin oct. – Casino – ✉ 03310 Auvergne **5** B1

Paris 336 – Clermont-Ferrand 86 – Montluçon 9 – Moulins 73

carrefour des Arènes, ✆ 04 70 03 11 03, www.ville-neris-les-bains.fr

18 de Sainte-Agathe, Villebret, par rte de Montluçon : 4 km, ✆ 04 70 03 21 77

Le Garden

ch,

12 av. Marx-Dormoy – ✆ 04 70 03 21 16
– http://monsite.wanadoo.fr/hotellegarden – Fermé 20 nov.-7 janv.
19 ch – 52/70 € 52/70 € – 7 € – ½ P 53/60 €
Rest – Formule 16 € – Menu 18/65 € – Carte 28/55 €
◆ À deux pas du centre de la station thermale, cette grande villa dispose d'un agréable jardin. Les chambres, tout en sobriété, sont bien tenues.

NÉRONDES – 18 Cher – **323** M5 – 1 486 h. – alt. 200 m – ✉ 18350 **12** D3

Paris 240 – Bourges 37 – Montluçon 84 – Nevers 33

9 la Vallée de Germigny, à Saint-Hilaire-de-Gondilly, Domaine de Villefranche, NE: 9 km par D 6, ✆ 02 48 80 23 43

Le Lion d'Or avec ch
pl. de la Mairie – ✆ 02 48 74 87 81 – www.lion-dor.net – Fermé 20 août-3 sept., 23 janv.-26 fév., dim. soir, merc. midi, lundi et soirs fériés
10 ch – 58 € 58 € – 8 € – ½ P 58 €
Rest – Formule 13 € – Menu 19 € (sem.), 24/39 € – Carte 44/58 €
◆ Dans cette auberge familiale au cœur du bourg, on déguste une savoureuse cuisine traditionnelle. C'est coquet et chaleureux ! Chambres petites mais agréables, à prix doux.

NESTIER – 65 Hautes-Pyrénées – 342 O6 – 168 h. – alt. 500 m – ✉ 65150 — 28 A3

Paris 789 – Auch 74 – Bagnères-de-Luchon 45 – Lannemezan 14

Relais du Castéra avec ch
pl. du Calvaire – ✆ 05 62 39 77 37 – www.hotel-castera.com – Fermé 2-10 juin, 13-20 oct., 2-31 janv., dim. soir, mardi soir et lundi
6 ch – 58/70 € 58/75 € – 9 € – ½ P 59/72 €
Rest – Menu 20 € (déj. en sem.), 26/50 € – Carte 48/60 €
◆ Une auberge rustique, où l'on déguste une cuisine du terroir dans un cadre agréable. Chambres simples (la moitié rafraîchies dans un style actuel).

LE NEUBOURG – 27 Eure – 304 F7 – 4 109 h. – alt. 130 m – ✉ 27110 — 33 C2

Normandie Vallée de la Seine

Paris 122 – Évreux 26 – Rouen 47 – Versailles 112

place du Maréchal Leclerc, ✆ 02 32 35 40 57, www.le-neubourg.fr

Acadine Hôtel sans rest
11 rte de Conches – ✆ 02 32 36 00 36 – www.hotel-acadine-le-neubourg.com
46 ch – 60/81 € 60/81 € – 8 €
◆ Créé en 2010 à la sortie du Neubourg, cet hôtel propose des chambres très spacieuses, simples et contemporaines, à des prix fort compétitifs. Une bonne affaire.

NEUF-BRISACH – 68 Haut-Rhin – 315 J8 – 2 083 h. – alt. 197 m – ✉ 68600 — 2 C2

Alsace Lorraine

Paris 475 – Basel 63 – Belfort 80 – Colmar 17

6, place d'Armes, ✆ 03 89 72 56 66, www.tourisme-paysdebrisach.com

à Biesheim Nord : 3 km par D 468 – 2 348 h. – alt. 189 m – ✉ 68600

Aux Deux Clefs
50 Grand Rue – ✆ 03 89 30 30 60 – www.deux-clefs.com
26 ch – 58/75 € 75/95 € – 10 € – ½ P 67 €
Rest *(fermé 26 déc.-2 janv. et dim. soir)* – Formule 10 € – Menu 22/54 € – Carte 22/45 €
◆ Cette belle maison régionale est presque aussi fleurie que son jardin ! Les chambres, assez spacieuses, sont fonctionnelles et bien tenues. Deux clefs pour les affamés, une brasserie traditionnelle et un restaurant d'esprit plus gastronomique.

NEUFCHÂTEAU – 88 Vosges – 314 C2 – 7 034 h. – alt. 300 m – ✉ 88300 — 26 B3

Alsace Lorraine

Paris 321 – Belfort 158 – Chaumont 57 – Épinal 75

3, rue de la 1ère Armée Française, ✆ 03 29 94 10 95, www.neufchateau-tourisme.com

Escalier★ de l'hôtel de ville - Groupe en pierre★ dans l'église St-Nicolas.

L'Eden
2 r. 1ère Armée Française – ✆ 03 29 95 61 30 – www.leden.fr
27 ch – 60/95 € 70/110 € – 9 €
Rest *(fermé 2-15 janv., dim. soir et lundi midi)* – Formule 21 € – Menu 26/45 € bc – Carte 26/51 €
◆ Ce grand bâtiment propose des chambres actuelles et confortables de taille variable, aux couleurs chaleureuses. Celles du dernier étage sont équipées d'un bain à remous. Salle à manger d'inspiration Louis XVI. Les menus oscillent entre classicisme et terroir.

Le Romain et H. Le Richevaux avec ch rest,

74 av. Kennedy – ✆ 03 29 06 18 80 – www.hotelmotel-lerichevaux.fr
13 ch – †45/50 € ††45/50 € – ☐ 6 € – ½ P 65 €
Rest – Formule 10 € – Menu 16/30 € – Carte 22/47 €
◆ Désormais, on peut choisir ici entre une salle classique et un espace brasserie. Au menu, cuisine régionale rustique (lapin, boudin, escargots) et fruits de mer. Dans une construction de style motel, chambres tout confort, certaines avec mezzanine.

NEUFCHÂTEL-EN-BRAY – 76 Seine-Maritime – 304 I3 – 4 917 h. – alt. 99 m – ✉ 76270 Normandie Vallée de la Seine — 33 D1

Paris 133 – Abbeville 57 – Amiens 72 – Rouen 50

6, place Notre-Dame, ✆ 02 35 93 22 96, www.ot-pays-neufchatelois.fr

18 de Saint-Saëns, à Saint-Saëns, Domaine du Vaudichon, SO : 17 km par D 6028 et D 929, ✆ 02 35 34 25 24

Forêt d'Eawy★★ 10 km au SO.

Les Airelles avec ch

2 passage Michu, (près de l'église) – ✆ 02 35 93 14 60 – www.les-airelles-neufchatel.com – Fermé vacances de la Toussaint, de fév., dim. soir de sept. à juin, mardi midi et lundi sauf juil.-août et sauf hôtel
14 ch – †57/68 € ††57/68 € – ☐ 9 € – ½ P 60/65 €
Rest – Menu 17 € (sem.), 23/42 € – Carte 40/62 €
◆ Dans cette avenante demeure traditionnelle du centre-ville, la registre culinaire est actuel, mais n'oublie pas le terroir : trou normand, croustillant de Neufchâtel, camembert... En été, on s'attarde sur la terrasse fleurie et, pour l'étape, il y a même quelques chambres d'une fraîcheur immaculée.

NEUFCHÂTEL-EN-SAOSNOIS – 72 Sarthe – 310 K4 – 950 h. – alt. 190 m – ✉ 72600 — 35 D1

Paris 200 – Alençon 15 – Le Mans 56 – Nantes 228

Les Étangs de Guibert avec ch ch,

2 km à l'Est par rte secondaire – ✆ 02 43 97 15 38 – www.lesetangsdeguibert.com – Fermé dim. soir et lundi
15 ch – †65/100 € ††65/100 € – ☐ 10 €
Rest – Formule 15 € – Menu 20 € (sem.), 35/70 € – Carte 29/60 €
◆ En pleine campagne, on apprécie la quiétude de cette ancienne ferme et de son grand étang privé, où l'on peut même pêcher ! Le cadre est classique, la cuisine rehaussée d'épices et d'exotisme, la carte des vins riche de crus bio et du Val de Loire. Quant aux chambres, elles sont évidemment... très calmes.

NEUFCHÂTEL-SUR-AISNE – 02 Aisne – 306 G6 – 438 h. – alt. 59 m – ✉ 02190 — 37 D2

Paris 163 – Laon 46 – Reims 22 – Rethel 33

9 de Menneville, à Menneville, La Haie Migaut, SO : 3 km, ✆ 03 23 79 79 88

Le Jardin

22 r. Principale – ✆ 03 23 23 82 00 – www.restaurant-le-jardin.com – Fermé 2 sem. en sept., 3 sem. en janv., dim. soir, lundi et mardi
Rest – Menu 18 € (déj. en sem.), 26/60 € – Carte 55/65 €
◆ Du vert et des fleurs partout ! Sol façon "gazon", murs fleuris, véranda... une atmosphère bucolique. Menus composés selon le marché.

NEUILLÉ-LE-LIERRE – 37 Indre-et-Loire – 317 O3 – 726 h. – alt. 92 m – ✉ 37380 — 11 B2

Paris 217 – Amboise 16 – Château-Renault 10 – Montrichard 34

XX **Auberge de la Brenne** avec ch

19 r. de la République – ✆ 02 47 52 95 05 – www.auberge-brenne.com – Fermé 28 nov.-9 déc., 16 janv.-9 fév., dim. soir du 15 sept. au 15 juin, mardi et merc.

5 ch – †67 € ††67/100 € – ☐ 12 € – ½ P 95 €

Rest *(réserver)* – Formule 18 € bc – Menu 29/58 € – Carte 40/65 €

◆ Andouillette et sa tarte à l'échalote, lapin délicatement mijoté dans une sauce au sauvignon : la tradition et les bons produits ont trouvé leur repaire tourangeau. Accueil charmant. À 50 m du restaurant, maison des années 1900 disposant de chambres confortables.

NEUILLY-LE-REAL – 03 Allier – 326 H4 – 1 362 h. – alt. 260 m 6 C1

– ✉ 03340

▶ Paris 313 – Mâcon 128 – Moulins 16 – Roanne 82

XX **Logis Henri IV**

13 r. du 14 Juillet – ✆ 04 70 43 87 64 – Fermé une sem. en sept., 2 sem. en fév., dim. soir et lundi

Rest – Formule 14 € – Menu 19 € (déj. en sem.), 29/51 € – Carte 22/46 €

◆ Charme assuré pour cette demeure historique à colombages du 16ᵉs. dans un village tranquille de la Sologne bourbonnaise. Au menu, recettes traditionnelles et viande de pays.

NEUVÉGLISE – 15 Cantal – 330 F5 – 1 153 h. – alt. 938 m – ✉ 15260 5 B3

▶ Paris 528 – Aurillac 78 – Espalion 66 – St-Chély-d'Apcher 42

ℹ le Bourg, ✆ 04 71 23 85 43

à Cordesse Est : 1,5 km sur D 921 – ✉ 15260 Neuvéglise

XX **Relais de la Poste** avec ch

– ✆ 04 71 23 82 32 – www.relaisdelaposte.com – Ouvert 8 avril-4 nov.

9 ch – †55/75 € ††60/75 € – ☐ 11 € – ½ P 68/78 €

Rest *(fermé lundi midi)* – Formule 16 € – Menu 19 € (déj. en sem.), 29/50 € – Carte 24/56 €

◆ Cette maison, construite dans les années 1980 dans l'esprit de la région, a pris un coup de jeune, mariant désormais rustique et contemporain. En revanche, on vous y mitonne toujours de bons plats régionaux. Les chambres, rénovées en 2010, permettent de prolonger l'étape.

NEUVES-MAISONS – 54 Meurthe-et-Moselle – 307 H7 – rattaché à Nancy

NEUVILLE-DE-POITOU – 86 Vienne – 322 H4 – 4 892 h. – alt. 116 m 39 C1

– ✉ 86170

▶ Paris 335 – Châtellerault 36 – Parthenay 41 – Poitiers 16

ℹ 28, place Joffre, ✆ 05 49 54 47 80, www.ot-neuville.com

La Roseraie ch,

78 r. A. Caillard – ✆ 05 49 54 16 72 – www.laroseraiefrance.fr

5 ch ☐ – †64/78 € ††68/88 € **Table d'hôte** – Menu 28 € bc/32 € bc

◆ Le jardin est évidemment fleuri de roses et l'ensemble de cette maison de maître (19ᵉs.) dégage un frais et élégant parfum, simple et soigné (mobilier ancien, tons clairs). Esprit international autour de la table d'hôte : les propriétaires sont originaires du Zimbabwe et d'Angleterre !

XX **St-Fortunat** (Fabien Dupont)

4 r. Bangoura-Moridé – ✆ 05 49 54 56 74 – www.saintfortunat.com – Fermé dim. soir, lundi et fériés

Rest – Formule 15 € – Menu 22 € (déj. en sem.), 40/60 € – Carte 44/62 €

Spéc. L'incontournable vaporeux d'huîtres. Porc noir en cuisson lente, jus à la truffe, cannelloni de champignons. Soufflé au Grand Marnier.

◆ Dans le centre de Neuville, un restaurant accueillant et intime, avec un paisible patio. Son jeune chef bouscule les habitudes à travers une cuisine originale, aux saveurs marquées, qui a trouvé un public fidèle !

NEUVILLE-ST-AMAND – 02 Aisne – 306 B4 – rattaché à St-Quentin

NÉVACHE – 05 Hautes-Alpes – 334 H2 – 334 h. – alt. 1 640 m – ✉ 05100 41 C1

Paris 693 – Briançon 21 – Le Monêtier-les-Bains 35 – Montgenèvre 25

Ville Haute, ✆ 04 92 20 02 20, www.accueil-tourisme-nevache.com

Le Chalet d'En Hô

ch, rest, VISA

hameau des Chazals – ✆ 04 92 20 12 29 – www.chaletdenho.com – Ouvert 9 juin-16 sept. et 22 déc.-1er avril

14 ch – †102/147 € ††133/150 € – ☕ 12 € – ½ P 89/99 €

Rest *(dîner seult)* – Menu 26 €

◆ Là-haut dans la montagne… Environnement naturel privilégié pour ce chalet cossu où domine le mélèze. Chambres à l'ambiance cocooning, sauna, jacuzzi et massages. La coquette salle à manger évoque les activités montagnardes d'antan. Cuisine de tradition.

NEVERS P – 58 Nièvre – 319 B10 – 37 556 h. – Agglo. 100 556 h. 7 A2

– alt. 194 m – Pèlerinage de Ste-Bernadette d'Avril à Octobre : couvent St-Gildard – ✉ 58000 Bourgogne

Paris 236 – Bourges 70 – Clermont-Ferrand 161 – Orléans 167

rue Sabatier, Palais Ducal, ✆ 03 86 68 46 00, www.nevers-tourisme.com

18 du Nivernais, à Magny-Cours, Le Bardonnay, E : 2 km par D 200, ✆ 03 86 58 18 30

Circuit automobile permanent à Magny-Cours ✆ 03 86 21 80 00, 12 km par ④.

Cathédrale St-Cyr-et-Ste-Julitte★★ - Palais ducal★ - Église St-Étienne★ - Façade★ de la Chapelle Ste-Marie - Porte du Croux★ - Faïences de Nevers★ du musée municipal Frédéric Blandin **M¹.**

Circuit de Nevers-Magny-Cours : musée Ligier F1★.

Plan page suivante

Mercure Pont de Loire

ch, P VISA AE

quai Médine – ✆ 03 86 93 93 86 – www.alpha-hotellerie.com **Za**

59 ch – †88/101 € ††98/111 € – ☕ 14 €

Rest – Menu 22/34 € – Carte 30/45 €

◆ Hôtel bien situé au bord de la Loire. Chambres agréables, certaines offrant une belle perspective sur le fleuve ; confortable bar avec un piano. Repas dans la salle panoramique ou sur la vaste terrasse ; carte des vins inspirée par la région.

De Diane

VISA AE

38 r. du Midi – ✆ 03 86 57 28 10 – www.bestwesterndiane-nevers.com – Fermé 20 déc.-4 janv. **Zb**

30 ch – †82/125 € ††96/145 € – ☕ 12 € – ½ P 76/86 €

Rest *(fermé vend. midi et dim.)* – Formule 14 € – Menu 21/27 € – Carte 14/27 €

◆ Dans cette demeure ancienne, tout près de la gare, les chambres sont vastes, bien entretenues et meublées avec soin. La salle des petits-déjeuners occupe une tour du 14e s. Au restaurant, décor tout en sobriété et cuisine classique.

Ibis

ch, ch, P VISA AE

r. du Plateau de la Bonne Dame, par ④ – ✆ 03 86 37 56 00 – www.ibishotel.com

56 ch – †65/80 € ††65/80 € – ☕ 9 € **Rest** *(dîner seult)* – Menu 17 €

◆ Hôtel des années 1980 situé sur la rive gauche, tout près du pont de Loire. Les chambres, propres et bien tenues, sont avant tout fonctionnelles (plus calmes sur l'arrière). Restauration traditionnelle.

Jean-Michel Couron

VISA

21 r. St-Étienne – ✆ 03 86 61 19 28 – www.jm-couron.com – Fermé 16 juil.-7 août, 18 fév.-5 mars, dim. soir, lundi et mardi **Yr**

Rest *(nombre de couverts limité, réserver)* – Menu 23 € (sem.), 35/56 € – Carte 60/79 €

Spéc. Coquilles Saint-Jacques (mi-oct à mi-avril). Pièce de bœuf charolais rôtie. Soupe de chocolat et palmiers feuilletés. **Vins** Pouilly-Fumé, Sancerre

◆ Une belle cuisine inventive dans une ruelle du vieux Nevers... On peut même dîner sous les voûtes (14es.) de l'ancien cloître de l'église St-Étienne !

NEVERS

Ardilliers (R. des) . . . . Y 2
Banlay (R. du) . . . . V 3
Barre (R. de la) . . . . Y 4
Bourgeois (R. Mlle) . . . . V 5
Champ-de-Foire (R. du) . . . . . . Z 6
Charnier (R. du) . . . . Y 7
Chauvelles (R. des) . . . . V 8
Cloître-St-Cyr (R. du) . . . . Z 9
Colbert (Av.) . . . . Y 10
Coquille (Pl. G.) . . . . Y 12
Docks (R. des) . . . . V 13
Fer (R. du) . . . . Y 47
Fonmorigny (R.) . . . . Y 48
Francs-Bourgeois (R. des) . . . . Y 14
Jacobins (R. des) . . . . Z 16
Lattre-de-Tassigny (Bd Mar.-de) V 17
Mancini (Pl.) . . . . Y 50
Mantoue (Quai de) . . . . Z 18
Marceau (Av.) . . . . Y 19
Midi (R. du) . . . . Z 20
Mirangron (R.) . . . . Y 49
Nièvre (R. de) . . . . Y 21
Ouches (R. des) . . . . YZ 22
Passière (Rue de la) . . . . Y 23
Pelleterie (R. de la) . . . . Y 24
Petit-Mouësse (R. du) . . . . X 26
Porte-du-Croux (R. de la) . . . . . Z 51
Préfecture (R. de la) . . . . Y 27
Récollets (R. des) . . . . Z 52
Remigny (R. de) . . . . Y 28
Renardats (R. des) . . . . V 30
République (Bd de la) . . . . . . VX 32
République (Pl. de la) . . . . Z 34
Roy (R. Ch.) . . . . Y 36
St-Martin (R.) . . . . Y 38
St-Sébastien (Pl.) . . . . Y 39
Tillier (R. C.) . . . . Z 40
Vaillant-Couturier (R. Paul) . . . V 42
14-Juillet (R. du) . . . . Z 45

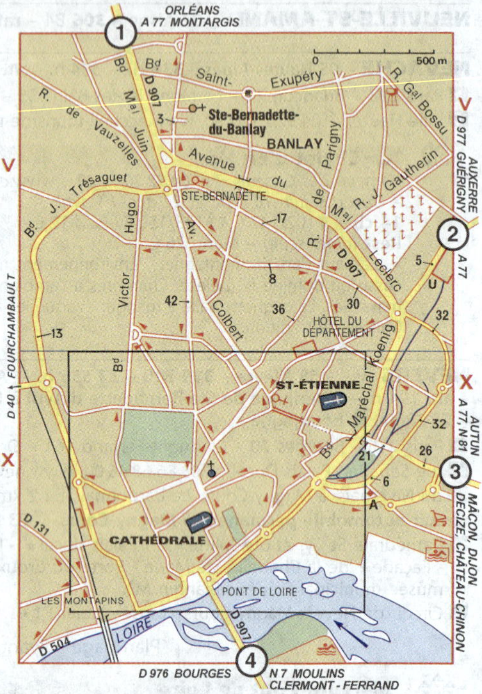

XX **La Botte de Nevers** VISA MC

r. du Petit Château, (angle r. Saint Martin) – ✆ 03 86 61 16 93 – www.labottedenevers.fr – Fermé 6-29 août, dim. soir, mardi midi et lundi

Rest – Menu 23 € (sem.), 32/55 € – Carte 30/60 € Yn

◆ La cuisine de tradition, le cadre d'inspiration médiévale et les quelques épées ornant l'escalier accentuent la référence à la célèbre estocade du duc de Nevers.

X **Au Bistro Gourmand** VISA MC AE

pl. de la Résistance, (Porte de Paris) – ✆ 03 86 61 45 09 – www.au-bistro-gourmand.com – Fermé 4-14 mars, 25 août-10 sept., 23-27 déc., lundi soir et dim. sauf fériés Yt

Rest – Formule 13 € bc – Menu 22/35 € – Carte 36/45 €

◆ Saint-Jacques juste saisies, aile de raie servie en cocotte, soupe de cerise... Pas de doute : dans ce bistro cosy (tons chocolat, tableaux zen), le chef ravit les gourmands !

rte d'Orléans par ① – ✉ 58640 Varennes-Vauzelles

XX **Le Bengy** A/C P VISA MC AE

25 rte de Paris, à 4,5 km par D 907 – ✆ 03 86 38 02 84 – www.le-bengy-restaurant.com – Fermé 29 avril-2 mai, 29 juil.-21 août, 17 fév.-5 mars, dim. et lundi

Rest – Menu 18 € (sem.), 22/32 € – Carte 32/46 €

◆ Tons beige et chocolat, lignes contemporaines, cuir, fer forgé et plantes vertes : un restaurant un brin japonisant, qui affiche souvent complet. Cuisine actuelle et soignée.

à Sauvigny-les-Bois 10 km par ③D 978 et D 18 – 1 515 h. – alt. 210 m – ✉ 58160

XX **Moulin de l'Étang** P VISA MC

64 rte de l'Étang – ✆ 03 86 37 10 17 – www.moulindeletang.fr – Fermé 25 juil.-18 août, 26-30 déc., vacances de fév., merc. soir, dim. soir et lundi

Rest – Menu 20/45 € – Carte 24/48 €

◆ Dans cette ancienne ferme, tout près d'un étang cerné par les bois, le chef travaille de bons produits frais et réalise une cuisine traditionnelle de belle facture.

rte de Moulins 3 km par ④, sur N 7 – ✉ 58000 Challuy

XX **La Gabare** P VISA MC AE

171 rte de Lyon – ✆ 03 86 37 54 23 – www.restaurant-lagabare.fr – Fermé 15 juil.-8 août, dim. et merc.

Rest – Menu 19/26 € – Carte 32/50 €

◆ Cette vieille ferme joliment restaurée abrite deux salles rustiques : poutres apparentes, grande cheminée... Le lieu idéal pour savourer une cuisine traditionnelle généreuse.

à Magny-Cours 12 km par ④, rte Moulins – 1 443 h. – alt. 205 m – ✉ 58470

Alliance A/C P VISA MC AE

Ferme du domaine de Bardonnay – ✆ 03 86 21 22 33 – www.alliance-hotel-nevers.com

68 ch – †104 € ††104 € – 2 suites – ☕ 18 €

Rest *(fermé sam. et dim. du 15 nov. au 15 janv.)* – Formule 14 € – Menu 17 € – Carte 24/44 €

◆ La ferme d'origine, qui appartenait à l'agriculteur concepteur du circuit automobile tout proche, est complétée par une aile moderne abritant les chambres ; certaines ont vue sur la piscine ou le golf. Au restaurant, cuisine traditionnelle.

NÉVEZ – 29 Finistère – **308** I8 – 2 679 h. – alt. 40 m – ✉ 29920 **9** B2

Paris 547 – Lorient 51 – Quimper 40 – Rennes 196

18 place de l' Église, ✆ 02 98 06 87 90, www.nevez.com

Le Bistrot de l'Écailler
au port de Kerdruc, 3 km à l'Est par D 77 et rte secondaire – ✆ 02 98 06 78 60 – Ouvert mi-avril à fin sept. et fermé mardi et merc. sauf le soir en juil.-août
Rest – Menu 45 € – Carte 30/50 €
♦ Un joli bistrot marin et sa petite terrasse au bord de l'Aven. À la carte : pêche du jour et beaux fruits de mer – la propriétaire est la fille d'un célèbre ostréiculteur ! Autre spécialité, le homard-frites au kari gosse (le "curry breton").

à Raguenès-Plage **4 km au Sud par rte secondaire – ✉ 29920**

Ar Men Du
47 r. des Îles – ✆ 02 98 06 84 22 – www.men-du.com – Fermé 2 nov.-15 déc. et 6 janv.-8 mars
14 ch – 85/199 € 85/199 € – 13 €
Rest *Ar Men Du* – voir les restaurants ci-après
♦ Sur une lande sauvage cernée par l'océan (site classé), cette maison néobretonne vibre avec les éléments : décor des chambres façon clipper, vue sur les flots et l'île Raguénès... Bol d'air et évasion garantis !

Ar Men Du
47 r. des Îles – ✆ 02 98 06 84 22 – www.men-du.com – Fermé 2 nov.-15 déc., 6 janv.-8 mars, mardi midi et merc. midi
Rest *(réserver)* – Formule 29 € – Menu 39/78 € – Carte 55/75 €
Spéc. Tartare de bar de ligne "minute". Turbot sauvage en croûte de pomme de terre. Ravioles de fruits de saison, jus tiède.
♦ Un site extraordinaire que cette pointe isolée qui vit à l'heure des marées... L'assiette elle-même vaut un petit paysage marin : le chef cuisine avec soin les produits de la mer et certaines associations de saveurs sont décoiffantes !

NÉVILLE – 76 Seine-Maritime – 304 E3 – 1 102 h. – alt. 80 m – ✉ 76460 33 C1

Paris 191 – Caen 148 – Évreux 120 – Rouen 61

Nature et Lin sans rest
9 r. de la Bergerie – ✆ 06 45 91 16 93 – www.nature-lin.com
4 ch – 130/170 € 130/170 €
♦ Rosaline, Élise, Aurore, etc. : chaque chambre porte le nom d'une variété de lin. Hommage aux cultures environnantes mais aussi aux matériaux naturels, au blanc et à l'écru... Cette ancienne ferme respire le bien-être – et la piscine couverte est délicieuse ! Pour le petit-déjeuner, pain aux graines de lin, bien sûr.

NEXON – 87 Haute-Vienne – 325 E6 – 2 435 h. – alt. 359 m – ✉ 87800 24 B2

Paris 416 – Limoges 27 – Panazol 27 – St-Junien 56
Conciergerie du Château, ✆ 05 55 58 28 44, www.pays-nexon.fr

Les Chaumières avec ch
Domaine des Landes, à 2 km par D 11 – ✆ 05 55 58 25 26 – www.les-chaumieres.com – Fermé 16 août-4 sept. et 1er-13 janv.
2 ch – 80 € 80 € – 10 €
Rest *(fermé dim. soir, lundi et mardi) (réserver)* – Menu 38 € – Carte 38/45 €
♦ Une chaumière dans un parc arboré, une salle chaleureuse... C'est dans ce décor champêtre que l'on déguste une cuisine de saison, autour d'une très courte carte renouvelée chaque mois. Chambres simples pour prolonger l'étape.

NEYRAC-LES-BAINS – 07 Ardèche – 331 H5 – ✉ 07380 44 A3

Paris 606 – Alès 92 – Aubenas 16 – Montélimar 56

Du Levant
Meyras – ✆ 04 75 36 41 07 – www.hotel-levant.com – Ouvert 29 mars-21 nov. et fermé mardi sauf le soir en juil.-août, dim. soir et lundi
Rest – Formule 19 € – Menu 26/65 € – Carte environ 32 €
♦ Près des thermes, cette auberge familiale vous régale depuis 1887 d'une cuisine soignée à base de produits locaux : châtaigne, volaille, agneau... Terrasse sous les platanes.

NÉZIGNAN-L'ÉVÈQUE – 34 Hérault – 339 F8 – rattaché à Pézenas

NICE

Plans de la ville pages suivantes **42** E2

© C. Moirenc/Hemis.fr

P – **06 Alpes-Maritimes** – **344 875 h.** – **Agglo. 946 630 h.** – **alt. 6 m** – ✉ **06000** – **341** E5 – **115** 26 27 – Côte d'Azur

Paris 927 – Cannes 33 – Genova 192 – Lyon 471

Offices de tourisme

5 prom. des Anglais, ✆08 92 70 74 07, www.nicetourisme.com
Aéroport Nice Côte d'Azur - Terminal 1, ✆08 92 70 74 07, www.nicetourisme.com
Gare de Nice, Av. Thiers, ✆08 92 70 74 07, www.nicetourisme.com

Transports

Auto-train ✆ 3635 (dîtes auto-train - 0,34 €/mn)

Transports maritimes

Pour la Corse : SNCM - Ferryterranée quai du Commerce ✆0 825 888 088 (0,15 €/mn) 4JZ
CORSICA FERRIES Port de Commerce ✆ 04 92 00 42 93

Aéroport

Nice-Côte-d'Azur ✆ 0820 423 333 (0,12 €/mn), 6 km 1AU

Casino

Ruhl, 1 promenade des Anglais 3FZ
Le Palais de la Méditerranée, 15 promenade des Anglais 3FZ

A VOIR

Le front de mer et le vieux Nice : le site★★ • La Promenade des Anglais★★ • Vue depuis le château★★ • Intérieur de l'église St-Martin★ • Église St-Jacques★4HZ • Le palais Lascaris, pour son escalier monumental★4HZ**V** • Cathédrale Ste-Réparate (intérieur)★4HZ • Chapelle de l'Annonciation (décors)★4HZ**B** • Chapelle de la Miséricorde (retables)★4HZ**D**

Cimiez : musée Marc-Chagall★★4GX • Musée Matisse★★4HV**M⁴** • Monastère franciscain★ et les primitifs niçois★★ exposés dans l'église 4HV**K** • Site archéologique gallo-romain★

Les quartiers Ouest : musée des Beaux-Arts Jules Chéret★★3DZ • Musée d'Art naïf Anatole Jakovsky★1AU**M¹⁰** • Serre géante du parc Phoenix★1AU • Musée des Arts asiatiques★★

Promenade du Paillon : musée d'Art moderne et d'Art contemporain★★4HY**M²** • Palais des Arts, du Tourisme et des Congrès (Acropolis)★4HJX

Autres curiosités : cathédrale orthodoxe russe St-Nicolas★3EXY • Mosaïque★ de Chagall à la faculté de droit 3DZ**U** • Musée Masséna★3FZ**M³**

RÉPERTOIRE DES RUES DE NICE

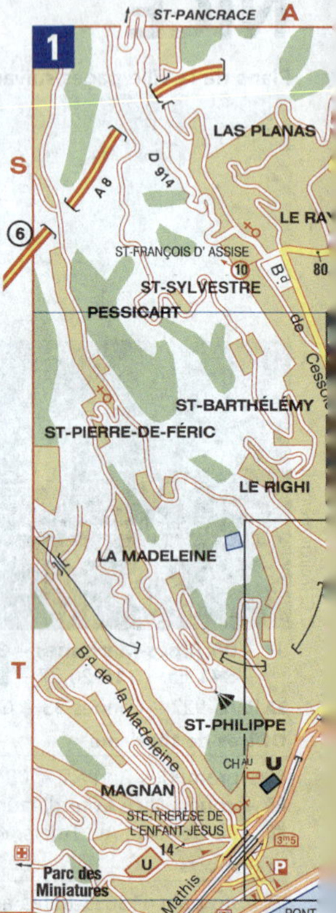

Michelet (R.) . . . . **FV**
Monastère (Av. Pl.). . . . . **HV** 46
Montréal (Bd de) . . . . **AU**
Mont-Boron (Bd). . . . . **CT**
Moulin (Pl. Jean). . . . . **HY** 47
Napoléon III (Bd) . . . . **AU** 52
Observatoire (Bd de l') . . . . **CST**
Paillon (Promenade) . . . . . . **HZ**
Papacino (Quai) . . . . **JZ**
Paradis (R.) . . . . **GZ** 55
Parc Impérial (Bd du) . . . . . **DEX**
Passy (R. F.). . . . . **EY** 57
Pasteur (Bd) . . . . **JV**
Pastorelli (R.). . . . . **GY** 58
Pessicart (Av. de). . . . . **DEX**
Phocéens (Av. des) . . . . **GZ** 59
Pilatte (Bd de) . . . . **JZ**
Pompidou (Bd G.) . . . . **AU** 62
Princesse-Grace-de-Monaco
(Bd) . . . . **CTU**
Prince-de-Galles (Bd) . . . . **GHV**

Raiberti (R.). . . . . **FVX**
Rauba-Capéu (Quai) . . . . . . **HJZ**
Raybaud (Av. J.) . . . . **BS**
Raynaud (Bd A.) . . . . **FV**
Ray (Av. du). . . . . **FV** 63
République (Av. de la) . . . . **JXY** 64
Riquier (Bd de). . . . . **JY**
Risso (Bd) . . . . **JXY**
Rivoli (R. de). . . . . **FZ** 65
Roquebillière (R. de) . . . . . **JVX**
Rossini (R.) . . . . **FY**
Ste-Marguerite (Av.). . . . . . . **AU**
St-Augustin (Av.) . . . . **AU** 67
St-Barthélemy (Av.). . . . . **EV**
St-François-de-Paule (R.) . . **GHZ** 72
St-Jean-Baptiste (Av.). . . . . . **HY** 73
St-Lambert (Av.) . . . . **FV**
St-Pierre-de-Féric (Rte). . . . **DX**
St-Roch (Bd) . . . . **CT**
St-Sylvestre (Av.) . . . . **AS** 80
Saleya (Cours). . . . . **HZ** 82

Sauvan (R. H.) . . . . **EZ** 84
Ségurane (R. C.) . . . . **JY**
Semard (Bd P.). . . . . **CST**
Sémeria (Av. D.) . . . . **JV**
Sola (Bd Pierre) . . . . **JX**
Stalingrad (Bd de) . . . . **JZ**
Thiers (Av.) . . . . **EFY**
Trachel (R.). . . . . **FX**
Turin (Rte de). . . . . **JV**
Tzaréwitch (Bd) . . . . **DEY**
Valrose (Av.). . . . . **FV**
Val-Marie (Av. du). . . . . **AU** 87
Vérany (Bd J.-B.) . . . . **JV**
Verdun (Av. de). . . . . **FGZ** 89
Vernier (R.). . . . . **FX**
Victor-Hugo (Bd) . . . . **FYZ**
Voie Romaine . . . . **BS** 90
Walesa (Bd Lech) . . . . **JYZ** 91
Wilson (Pl.) . . . . **HY** 92
2-Corniches (Bd des) . . . . . . **CT** 93

NICE

3
ST-BARTHÉLEMY
St-Barthélemy
ST-MAURICE
Sq^re R. Boyer
Ste-Jeanne-d'Arc
R. Michelet
Bd Joseph Garnier
Pl. Ch. de Gaulle
Pessicart
ST-PAUL
C.F.P.
ST-ÉTIENNE
NICE-VILLE
CATH. RUSSE ST-NICOLAS
Bd du Tzarewitch
ST-PHILIPPE
LES BAUMETTES
MUSÉE DES BEAUX ARTS
LA BUFFA
SACRÉ-CŒUR
CASINO
ST-PIERRE-D'ARÈNE
PROMENADE DES ANGLAIS
BAIE DES
ÎLE STE-MARGUE
D
E
F
V
X
Y
Z

G
H
J
4
V
X
Y
Z
SITE GALLO-ROMAIN
CIMIEZ
Bd Prince de Galles
Av. de Flirey
Av. Gal Estienne
Avenue
Sainte Rosalie
Corniche des Arènes
Boulevard Pasteur
Av. Cavell
Av. Edith
Av. de Cimiez
Av. Léopold II
Bd Villebois-Mareuil
Av. George V
Av. Flora
Q. Mal Lyautey
Bd J. B. Vérany
Rte de Turin
Paillon
Av. D. Semeria
Rue de Roquebillière
ST-ROCH
COMPLEXE SPORTIF VAUBAN
ACROPOLIS EXPOSITIONS
N. D. AUXILIATRICE
PALAIS DES SPORTS JEAN BOUIN
MUSÉE CHAGALL
TUNNEL MALRAUX
CARABACEL
Bd Carabacel
Av. Emile Bieckert
ACROPOLIS-PALAIS DES CONGRÈS
Bd Pierre Sola
Bd Risso
Bd Gal L. Delfino
Rue Barberis
RIQUIER
ST JOSEPH
Rue Auguste
Pl. Arson
Rue Barla
Rue Arson
Bd de Riquier
Pl. Max Barel
Bd Maréchal Foch
Rue Dubouchage
Rue Gioffredo
Pl. Garibaldi
ST-JEAN-BAPTISTE
St-Augustin
R. Cassini
R. Ségurane
R. F. Guizol
N. D. DU PORT
Promenade du Paillon
Ste-Réparate
ST-JACQUES
Pl. et Espace Masséna
Château
Port
Q. Papacino
Bd de Stalingrad
LAZARET
Bd F. Pilatte
Quai des États-Unis
ANGES
Q. Rauba-Capeù
Pl. Guynemer
GARE MARITIME
CORSE
0
300 m

Negresco

37 promenade des Anglais – ✆ 04 93 16 64 00 – www.lenegresco.com **3FZk**

96 ch – 170/680 € 170/680 € – 21 suites – 30 €

Rest *Chantecler* **Rest *La Rotonde*** – voir les restaurants ci-après

◆ Bâti en 1912 par Henri Negresco, cet "hôtel-musée" mythique et majestueux regorge d'œuvres d'art exceptionnelles, cultivant la démesure dans un choc des styles qui n'appartient qu'à lui. De l'emphase, de la couleur et des restaurants tout aussi somptueux... Opulence !

Palais de la Méditerranée

ch,

13 promenade des Anglais – ✆ 04 92 14 77 00 – http://palais.concorde-hotels.fr **3FZg**

187 ch – 150/995 € 150/995 € – 13 suites – 27 €

Rest *Le 3e* ✆ 04 92 14 76 00 – Formule 25 € – Menu 39/54 € bc – Carte 45/70 €

◆ Plus qu'un palais Art déco dédié à la Méditerranée, une légende ! Faste d'une villégiature "made in" promenade des Anglais, luxe contemporain dans les chambres – les suites sont superbes – et festivités au casino... Au 3e, dégustation de tapas et plats actuels dans une atmosphère "cosy", "lounge" ou "terrasse".

Exedra

12 bd Victor Hugo – ✆ 04 97 03 89 89 – www.boscolohotels.com **3FYd**

107 ch – 170/350 € 170/350 € – 3 suites – 25 €

Rest *La Pescheria* – voir les restaurants ci-après

◆ Une façade Belle Époque éclatante pour un vaisseau grandiose, entièrement rénové entre 2005 et 2008. Résultat : un univers ultradesign et immaculé, tout en luxe et sobriété... L'Exedra, ou l'art de vivre la Côte d'Azur à l'heure internationale.

Le Méridien

ch,

1 promenade des Anglais – ✆ 04 97 03 44 44 – www.lemeridiennice.fr

316 ch – 180/650 € 190/650 € – 2 suites **3FZd**

Rest *Le Colonial Café* ✆ 04 97 03 40 36 – Menu 39/110 € bc – Carte 44/68 €

Rest *La Terrasse du Colonial* ✆ 04 97 03 40 37 – Formule 36 € – Menu 39/110 € bc – Carte 44/68 €

◆ Chambres élégantes – les plus confortables donnent sur le jardin ou les flots –, institut de beauté et piscine chauffée sur le toit, face à la baie des Anges... du soleil ! Au Colonial Café, l'atmosphère se fait exotique, autour d'une cuisine actuelle (plus étoffée l'hiver), tandis que la Terrasse regarde la mer et sent bon la Provence.

Radisson Blu

ch,

223 promenade des Anglais – ✆ 04 97 17 71 77 – www.radissonblu.com/hotel-nice/restaurant **1AUn**

331 ch – 160/450 € 175/465 € – 13 suites

Rest – ✆ 04 97 17 72 78 – Menu 25 € (déj.) – Carte 35/60 €

◆ Esprit contemporain et international, avec de nombreuses salles de séminaire. Les chambres, décorées sur le thème Urban, Chili ou Océan, sont soignées. Et sur la terrasse, la vue sur la baie est tout simplement sublime... On y sirote un cocktail, autour de la piscine.

Élysée Palace

rest,

59 promenade des Anglais – ✆ 04 93 97 90 90 – www.elyseepalace.com **3EZd**

143 ch – 100/285 € 100/285 € – 2 suites – 21 € – ½ P 85/177 €

Rest *Le Clos des Gourmets* – Formule 23 € – Menu 26 € (déj.)/29 € – Carte 42/57 €

◆ Une façade en verre sombre agrémentée d'une Vénus en bronze, beaucoup de blanc et des touches argentées, une piscine sur le toit : un lieu contemporain et tendance, "so nice" et tellement Côte d'Azur ! Saveurs du Sud au Clos des Gourmets.

Boscolo Hôtel Plaza

12 av. de Verdun – ✆ 04 93 16 75 75 – www.boscolohotels.com **4GZu**

172 ch ☕ – 🚹140/633 € 🚹🚹140/633 € – 5 suites

Rest *(fermé dim. hors saison)* – Formule 19 € – Carte 30/50 €

◆ Un hôtel imposant rénové par étape. Sur le toit, il y a le ciel, le soleil et la vue sur la mer. Le repos ? Dans des chambres spacieuses, à préférer côté jardin. On peut aussi travailler (nombreuses salles de séminaire) et se restaurer (carte méditerranéenne).

La Pérouse

11 quai Rauba-Capéu ✉ 06300 – ✆ 04 93 62 34 63 – www.hotel-la-perouse.com

54 ch – 🚹195/1200 € 🚹🚹195/1200 € – 2 suites – ☕ 21 € **4HZk**

Rest *(fermé 1er déc.-31 janv.)* – Menu 39/85 € – Carte 20/55 €

◆ Un endroit charmant et un peu secret, arrimé au rocher du château. Les chambres, méditerranéennes et raffinées, côtoient un bien joli jardin, où l'on peut se régaler d'une cuisine simple et saine, à l'ombre des citronniers... Quant à la vue – sublime –, elle inspira Raoul Dufy, lui qui peignit la baie des Anges si amoureusement.

Goldstar Resort

45 r. Maréchal Joffre – ✆ 04 93 16 92 77 – www.goldstar-resort.com

50 suites – 160/700 € – ☕ 20 € **3FZe**

Rest – Formule 22 € bc – Menu 25 € (sem.)/70 € – Carte 42/71 €

◆ Resort urbain et high-tech. Les suites, où bois et granit dominent, ravissent des familles très internationales (kitchenette). Sur la terrasse, il fait bon profiter du fitness, de la piscine et du solarium ; quant au restaurant traditionnel, il offre une jolie vue sur les toits de Nice.

Hi Hôtel

3 av. des Fleurs – ✆ 04 97 07 26 26 – www.hi-hotel.net **3EZa**

37 ch – 🚹144/229 € 🚹🚹144/229 € – 1 suite – ☕ 20 €

Rest – Formule 16 € – Menu 20 € (dîner) – Carte 20/40 €

◆ Attention les yeux : cet hôtel, conçu par la designer Matali Crasset, est tendance, écolo et chic. Et il y a même une plage privée ! Un art de vivre contemporain et international... Table bio et carte de sushis (sans thon rouge) pour manger sain et équilibré.

West End

31 promenade des Anglais – ✆ 04 92 14 44 00 – www.hotel-westend.com

121 ch – 🚹130/400 € 🚹🚹130/400 € – 19 suites – ☕ 19 € **3FZp**

Rest ***Le Siècle*** – Formule 17 € – Menu 25 € – Carte 35/70 €

◆ La promenade des Anglais, la splendeur Louis-Philippe : voilà pour le charme rétro d'un établissement fondé en 1842 ! Et pour les amoureux du contemporain, cap sur les chambres épurées et immaculées ; les autres s'en remettront à un classicisme de bon aloi.

Masséna sans rest

58 r. Gioffredo – ✆ 04 92 47 88 88 – www.hotel-massena-nice.com **4GZk**

110 ch – 🚹159/339 € 🚹🚹159/339 € – 1 suite – ☕ 20 €

◆ Tout près de la place Masséna, un hôtel à la jolie façade Belle Époque. Les chambres sont très bien tenues et, au 6e étage, certaines ont une terrasse avec vue sur les toits.

Mercure Centre Notre-Dame sans rest

28 av. Notre-Dame – ✆ 04 93 13 36 36
– www.mercure.com **3FXYq**

198 ch – 🚹127/327 € 🚹🚹127/327 € – 3 suites – ☕ 18 €

◆ Mercure d'esprit contemporain. Les chambres donnant sur le jardin sont les plus agréables ; piscine sur le toit et grand solarium.

Le Grimaldi sans rest

15 r. Grimaldi – ✆ 04 93 16 00 24 – www.le-grimaldi.com **3FYs**

46 ch – 🚹85/160 € 🚹🚹95/205 € – ☕ 15 €

◆ Mobilier provençal, fer forgé et beaux tissus Pierre Frey dans les chambres, petites terrasses au dernier étage : il y a du soleil dans cet hôtel ! Bon buffet au petit-déjeuner.

Villa Victoria sans rest
33 bd Victor-Hugo – ✆ 04 93 88 39 60 – www.villa-victoria.com – Fermé 12-27 déc.
38 ch – 80/175 € 80/200 € – 15 € **3FZs**
◆ Un hôtel très "Sud" dans un bel immeuble ancien. Préférez les chambres avec balcon, qui donnent sur le joli jardin méditerranéen. L'été, petit-déjeuner servi dans ce dernier.

Windsor rest,
11 r. Dalpozzo – ✆ 04 93 88 59 35 – www.hotelwindsornice.com **3FZf**
57 ch – 95/190 € 95/190 € – 12 €
Rest *(fermé le midi et dim.)* – Menu 28/31 € – Carte 33/45 €
◆ Un beau jardin, une volière avec des oiseaux exotiques, 30 chambres imaginées par des artistes (Ben, Basserode...) et un espace détente complet (hammam, massages) : du cachet ! Cuisine du Sud, servie l'été entre palmiers et bougainvillées.

Mercure Promenade des Anglais sans rest
2 r. Halévy – ✆ 04 93 82 30 88 – www.mercure.com
124 ch – 89/359 € 89/359 € – 16 € **3FZv**
◆ Un Mercure jouxtant le casino Ruhl. Chambres contemporaines, spacieuses et bien insonorisées ; vue sur la mer, la ville, le jardin ou le patio.

Petit Palais sans rest
17 av. Emile Bieckert – ✆ 04 93 62 19 11 – www.petitpalaisnice.fr **4HXp**
25 ch – 110/180 € 130/220 € – 15 €
◆ Ce "Petit Palais" où vécut Sacha Guitry se dresse sur la colline de Cimiez. Charme bourgeois mâtiné de belles touches ethniques et, dans la plupart des chambres, vue plongeante sur la baie des Anges !

Brice sans rest
44 r. Mar. Joffre – ✆ 04 93 88 14 44 – www.nice-hotel-brice.com **3FZx**
58 ch – 48/140 € 52/160 € – 13 €
◆ Qui est ce Brice de Nice ? Une maison de caractère au cœur de la ville, dans un jardinet planté d'essences méditerranéennes. Les chambres, agréables, sont fonctionnelles et bien tenues.

Aria sans rest
15 av. Auber – ✆ 04 93 88 30 69 – www.hotel-aria-nice.cote.azur.fr **3FYu**
26 ch – 65/84 € 70/124 € – 4 suites – 10 €
◆ Hôtel du quartier des Musiciens. Le propriétaire, passionné de littérature, organise chaque mois une conférence sur ce thème. Les chambres sont simples et bien tenues, la moitié avec vue sur un joli square. Accueillant !

De Flore sans rest
2 r. Maccarani – ✆ 04 92 14 40 20 – www.hoteldeflore-nice.fr **3FZz**
63 ch – 90/160 € 99/175 € – 2 suites
◆ Meubles en fer forgé, sièges en osier et couleurs du Midi dans des chambres pratiques et impeccablement tenues. Patio pour prendre le petit-déjeuner dans un cadre azuréen.

Durante sans rest
16 av. Durante – ✆ 04 93 88 84 40 – www.hotel-durante.com – Fermé janv.
28 ch – 82/102 € 95/115 € – 10 € **3FYb**
◆ Si le quartier (près de la gare) manque de charme, la maison en est pleine : chambres propres et très coquettes, jacuzzi dans le jardin méditerranéen... Original et cosy.

Les Cigales sans rest
16 r. Dalpozzo – ✆ 04 97 03 10 70 – www.hotel-lescigales.com **3FZb**
19 ch – 75/119 € 80/145 € – 11 €
◆ Derrière la façace raffinée de cet hôtel particulier niçois ? Des chambres agréables et pratiques, mansardées au dernier étage. Et sur le toit ? Une jolie petite terrasse.

Armenonville sans rest
20 av. Fleurs – ✆ 04 93 96 86 00 – www.hotel-armenonville.com **3EZb**
12 ch – 50/107 € 63/107 € – 12 €
◆ Quiétude et charme bourgeois dans cette jolie villa 1900. Des orangers et des citronniers embaument le jardin et, dans certaines chambres, on admire les meubles venus du Negresco !

De la Fontaine sans rest
49 r. France – ✆ 04 93 88 30 38 – www.hotel-fontaine.com – Fermé 6-20 janv.
29 ch – †79/105 € ††92/145 € – ☕ 11 € **3FZt**
◆ Dans une rue commerçante et animée. Les chambres des 2 et 3e étages ont été rénovées en 2010 ; pour plus de calme, préférez-les sur le patio, où murmure une fontaine.

Villa Rivoli sans rest
10 r. Rivoli – ✆ 04 93 88 80 25 – www.villa-rivoli.com **3FZa**
26 ch – †69/155 € ††79/175 € – ☕ 12 €
◆ De cet hôtel particulier Belle Époque, la propriétaire – qui a travaillé au Negresco – a fait un hôtel charmant... Toile de Jouy, antiquités : un joli esprit bonbonnière règne dans les chambres.

Chantecler – Hôtel Negresco
37 promenade des Anglais – ✆ 04 93 16 64 00 – www.lenegresco.com – Fermé 2 janv.-7 fév., lundi, mardi et le midi sauf dim. **3FZk**
Rest – Menu 90/130 € – Carte 95/170 €
Spéc. Cannellonis en mousseline de cuisses de grenouilles. Ris de veau clouté au chorizo, fricassée de girolles et macaronis dorés. Pomme soufflée de sucre acidulée, sablé Breton, cerises glacées. **Vins** Bellet, Vin de pays des Alpes Maritimes.
◆ Boiseries, tapisserie d'Aubusson, rideaux en damas ou en lampas de soie : un magnifique décor Régence ! Les mets, fins et délicats, ne sont pas en reste : sélectionnant les meilleurs produits, Jean-Denis Rieubland fait montre d'une superbe ambition dans la création. Les sens sont à la fête...

L'Ane Rouge
7 quai Deux-Emmanuel ✉ 06300 – ✆ 04 93 89 49 63 – www.anerougenice.com – Fermé vacances de fév., jeudi midi et merc. **4JZm**
Rest – Formule 23 € – Menu 35/68 € – Carte 54/82 €
◆ Le chef travaille en direct avec de petits pêcheurs locaux et réalise une cuisine régionale d'une belle finesse. L'été, on se régale sur la terrasse ensoleillée. Chic, frais et bon !

La Réserve de Nice
60 bd Franck-Pilatte – ✆ 04 97 08 14 80 – www.lareservedenice.com
Rest – Formule 25 € – Menu 48/95 € – Carte 63/101 € **2CTb**
◆ Décor élégant pour cette Réserve aux airs de paquebot Art déco. On savoure une cuisine raffinée en goûtant la vue superbe sur la baie des Anges et l'Esterel.

Aphrodite (David Faure)
10 bd Dubouchage – ✆ 04 93 85 63 53 – www.restaurant-aphrodite.com – Fermé 1er-26 janv., 12-26 août, dim. et lundi **4HYs**
Rest – Menu 27 € (déj.), 40/99 € – Carte 60/110 €
Spéc. Cromesquis de petits gris aux noisettes et perles nacrées. Poulpe de roche cuisiné comme un stockfisch. Le "frisson" d'Aphrodite. **Vins** Côtes de Provence, Vin de pays des Alpes Maritimes.
◆ Ode contemporaine au terroir niçois, où la technique sert à dessein l'émotion gustative. Le soir, le chef laisse parler son amour de la créativité dans un menu dégustation qui élève la cuisine moléculaire au rang de déesse.

L'Univers-Christian Plumail
54 bd J. Jaurès ✉ 06300 – ✆ 04 93 62 32 22 – www.christian-plumail.com – Fermé sam. midi, lundi midi et dim. **4HZu**
Rest *(réserver)* – Formule 22 € – Menu 46/75 € – Carte 52/85 €
Spéc. Tarte froide et gelée à la tomate aux légumes d'une salade Niçoise. Daurade royale rôtie, bouillon léger à l'ail, artichauts poivrades cuits et crus. Soufflé aux citrons, compote de fruits à la badiane. **Vins** Bellet, Vin de pays des Alpes Maritimes.
◆ On vient de loin pour savourer l'authentique et goûteuse cuisine niçoise qui a fait la réputation de la maison. Accueil très aimable. Et l'été, on profite de la terrasse...

XX ✿ **Flaveur** (Gaël et Mickaël Tourteaux)

25 r. Gubernatis – ✆ 04 93 62 53 95 – www.flaveur.net – Fermé 15-31 août 4HYx

Rest *(nombre de couverts limité, réserver)* – Formule 35 € bc – Menu 45 € (dîner)/70 €

Spéc. Saumon mi-cuit, gelée de rougail et combava. Géline de Touraine, le suprême rôti, la cuisse façon boudin blanc à la citronnelle (mai à sept.). Banane glacée, Suzette au rhum vieux, coriandre et tapioca vert. **Vins** Côtes de Provence, Bellet.

♦ Passion, fraîcheur et personnalité résument cette adresse créée par trois compères – deux frères en cuisine, un ami en salle. Jeux sur les textures, plats d'esprit canaille (le midi), notes d'exotisme... De belles flaveurs, dans un décor très original.

XX **Les Viviers**

22 r. A. Karr – ✆ 04 93 16 00 48 – www.les-viviers-nice.com – Fermé 21 juil.-20 août, sam. midi, dim. et feriés 3FYk

Rest – Menu 29 € (déj.), 55/85 € – Carte 39/85 €

Rest *Le Bistrot* *(fermé 21 juil.-20 août et fériés)* – Formule 16 € – Menu 32 € (dîner) – Carte 37/83 €

♦ Atmosphère cosy aux Viviers, idéale pour déguster une belle cuisine de la mer. Ici, le poisson arrive majoritairement de Bretagne. Au Bistrot, ambiance conviviale autour de recettes iodées plus simples, mais toujours d'excellente fraîcheur !

XX ✿ **Le Bistrot Gourmand** (David Vaqué)

3 r. Desboutin – ✆ 04 92 14 55 55 – www.lebistrogourmand.fr – Fermé 18 juin-2 juil., 17-27 déc., merc. midi et dim. 4GZt

Rest *(réserver)* – Formule 15 € – Menu 28/55 € – Carte 40/85 €

Spéc. Risotto aux girolles et truffes. Bouillabaisse. Millefeuille vanille.

♦ Cet élégant bistrot ne désemplit pas... et c'est justice ! Né fin 2010 à l'initiative d'une équipe passionnée, il s'impose déjà comme une valeur sûre : tout est préparé minute, avec un savoir-faire indéniable. Saveurs du marché, patte de chef et excellent rapport qualité-prix : réjouissant.

XX ✿ **Keisuke Matsushima**

22 ter r. de France – ✆ 04 93 82 26 06 – www.keisukematsushima.com – Fermé lundi midi, sam. midi et dim. 3FZe

Rest – Formule 18 € – Menu 25 € (déj.), 38/98 € – Carte 58/111 €

Spéc. Foie gras de canard du Gers grillé, haricots verts, pêche blanche et réduction de banyuls (printemps-été). Millefeuille de bœuf simmental juste saisi au wasabi, saveur japonaise. Chocolat noir manjari en biscuit coulant et glace lavande. **Vins** Bellet, Côtes de Provence.

♦ Décor minimaliste, à la japonaise, tout en bois brut et tons sobres. Mets délicats et inventifs, à base d'excellents produits. Également table d'hôte sur réservation.

XX **Les Deux Canailles**

6 r. Chauvain – ✆ 09 53 83 91 99 – www.lesdeuxcanailles.com – Fermé dim. et merc. 4GZb

Rest – Formule 20 € – Menu 35 € (dîner)/55 € – Carte 40/50 €

♦ Les Deux Canailles ? Deux associés plein d'allant ayant réuni une équipe franco-japonaise jeune, aguerrie et passionnée... La cuisine ? Française d'aujourd'hui, fraîche et d'une belle finesse, avec quelques touches nippones. Bilan : un bon moment !

XX **Les Pêcheurs**

18 quai des Docks – ✆ 04 93 89 59 61 – www.lespecheurs.com – Fermé janv., mardi sauf le soir en juil.-août et lundi 4JZv

Rest – Menu 29/39 € – Carte 40/66 €

♦ Ce restaurant du port est une invitation au voyage : atmosphère bateau façon Capitaine Nemo, couleurs lagon, agréable terrasse pour prendre le soleil... Quant aux assiettes, joliment présentées, elles valorisent les produits de la mer.

XX **Luc Salsedo**

14 r. Maccarani – ✆ 04 93 82 24 12 – www.restaurant-salsedo.com – Fermé le midi et merc. 3FYh

Rest – Menu 44/65 € – Carte 44/74 €

♦ Aux commandes de ce restaurant convivial et cosy : un jeune couple fort sympathique. Monsieur a du métier et concocte un menu aux accents du Sud qui change tous les dix jours, au gré du marché.

XX **L'Aromate** (Mickaël Gracieux)

20 av. Mar. Foch – ✆ 04 93 62 98 24 – www.laromate.fr – Fermé 1 sem. en août, 2 sem. en nov., 2 sem. en janv., le midi, dim. et lundi **4GYv**

Rest *(nombre de couverts limité, réserver)* – Menu 55/75 € – Carte 65/80 €

Spéc. Asperges cuites en cocotte lutée et sabayon citron-mélisse (avril à juin). Veau en pâte à sel aux herbes, ravioles d'oignons et cèpes rôtis (août à oct.). Vanille crémeuse sur une tarte feuilletée et fraises mara des bois (juin à oct.). **Vins** Coteaux varois en Provence.

◆ Une table lancée par un couple amoureux de gastronomie. Pari réussi ! Préparations délicates, assiettes graphiques : le chef et patron confirme son talent, mûri dans de grandes maisons. Cadre intime.

XX **La Rotonde** – Hôtel Negresco

37 promenade des Anglais – ✆ 04 93 16 64 00 – www.lenegresco.com

Rest – Menu 34/48 € – Carte 50/80 € **3FZk**

◆ Un décor de carrousel – chevaux de bois et automates ! –, une terrasse sur la promenade des Anglais... Telle est la brasserie très chic du mythique Negresco.

XX **La Pescheria** – Hôtel Exedra

12 bd Victor Hugo – ✆ 04 97 03 89 89 – www.boscolohotels.com **3FYd**

Rest – Formule 18 € – Carte 40/55 €

◆ Cette trattoria se distingue, au sein de l'ultradesign hôtel Exedra. Le décor étonne en juxtaposant la salle, chic et feutrée, aux cuisines, reconstituées tel un décor ancien, derrière de grandes vitres d'atelier. Pasta, jambon cru, risotto...

X **Bistrot d'Antoine**

27 r. de la Préfecture – ✆ 04 93 85 29 57 – Fermé vacances de Pâques, 3 sem. en août, vacances de Noël, dim. et lundi **4HZx**

Rest *(nombre de couverts limité, réserver)* – Carte 24/37 €

◆ Tartine de filets de rouget, langue de bœuf sauce raifort : cette cuisine bistrotière et canaille, aux beaux accents méridionaux, enchante les gourmands... Franc succès pour Antoine !

X **Saison**

17 r. Gubernatis – ✆ 04 93 85 69 04 – www.saison-nice.com – Fermé dim. et lundi

Rest – Formule 16 € – Menu 35/70 € – Carte 33/47 € **4HYx**

◆ Restaurant japonais ouvert en 2009, sous la gérance de Keisuke Matsushima (du restaurant éponyme). Cadre sobre, menu très attractif le midi, bon choix de vins et sakés.

X **La Merenda**

4 r. Raoul-Bosio – Fermé 5-11 mars, 6-19 août, sam. et dim. **4HZa**

Rest *(nombre de couverts limité, réserver)* – Carte 27/40 €

◆ Pas de réservation téléphonique (il faut passer) et cartes de crédit bannies... Rédhibitoire ? Non : on fait salle comble tous les jours grâce à une authentique cuisine niçoise.

X **Yuzu**

35 r. Maréchal-Joffre – ✆ 04 93 85 79 87 – www.yuzu-sushi.com – Fermé dim. et lundi

Rest *(réserver)* – Formule 13 € – Menu 34 € – Carte 26/50 € **3FZu**

◆ Un petit sushiya simple et authentique. Le chef, très expérimenté, y prépare une vraie cuisine japonaise et fait son marché chaque jour, afin de dénicher le meilleur de la pêche locale... Savoir-faire, précision, tradition et qualité !

X **La Casbah**

3 r. Dr Balestre – ✆ 04 93 85 58 81 – Fermé juil., août, dim. soir et lundi

Rest – Carte 22/30 € **4GYa**

◆ Une Casbah familiale et conviviale... Le couscous, généreux, fait la part belle à l'agneau, aux légumes frais et à une semoule délicieuse, travaillée dans les règles de l'art. En guise de dessert, vous prendrez bien une pâtisserie orientale ?

à l'aéroport de Nice-Côte-d'Azur 7 km – ✉ 06200 Nice

Novotel Arenas ch,

455 promenade des Anglais – ✆ 04 93 21 22 50 – www.novotel.com

131 ch – †87/167 € ††87/167 € – ☕ 15 € **1AUe**

Rest – Formule 13 € – Menu 17 € – Carte 18/44 €

◆ Un hôtel d'esprit contemporain, à côté de l'aéroport. Bonne insonorisation, salles de séminaire... idéal pour la clientèle d'affaires.

Park Inn Nice ch, VISA AE
179 bd René Cassin – ✆ 04 93 18 34 00 – www.parkinn.com/airporthotel-nice
152 ch – †94/140 € ††94/140 € – 1 suite – ☕ 17 € **1AUd**
Rest – Formule 17 € – Menu 35 € – Carte 29/51 €
◆ Pratique lors d'un départ en voyage... Chambres agréables, contemporaines et plutôt spacieuses, disposant d'une grande penderie, pour faire et refaire sa valise.

Ibis Styles Nice Aéroport sans rest VISA AE
127 bd René Cassin – ✆ 04 92 29 44 30 – www.all-seasons-hotels.com
91 ch ☕ – †88/168 € ††98/178 € **1AUb**
◆ Un hôtel récent (2008) du quartier Arenas, près de l'aéroport. Les chambres, pratiques et bien conçues, sont décorées sur le thème de l'aviation.

à l'Aire St-Michel Nord : 9 km par bd. de Cimiez – BS

Au Rendez-vous des Amis VISA AE
176 av. Rimiez ✉ 06100 – ✆ 04 93 84 49 66 – www.rdvdesamis.fr
– Fermé 29 oct.-21 nov., 18 fév.-6 mars, mardi sauf juil.-août et merc.
Rest – Formule 19 € – Menu 25/38 € – Carte 30/45 €
◆ Accueil chaleureux et ambiance amicale... évidemment ! Savoureux plats niçois (choix volontairement restreint). L'été, on profite de la terrasse, à l'ombre d'un tilleul, et l'on peut même faire une partie de pétanque.

à St-Isidore par ⑦ : 13 km – ✉ 06200

Servotel VISA AE
30 av. A. Verola – ✆ 04 93 29 99 00 – www.servotel-nice.fr
84 ch – †77/123 € ††87/133 € – 2 suites – ☕ 15 €
Rest *(fermé sam. midi et dim. midi)* – Menu 24/49 € bc – Carte 45/64 €
◆ Un établissement récent près d'un centre commercial. Chambres bien insonorisées ; équipements pour séminaires ; restauration traditionnelle et régionale : idéal pour la clientèle d'affaires.

NIEDERBRONN-LES-BAINS – 67 Bas-Rhin – 315 J3 – 4 402 h. 1 B1

– alt. 190 m – Stat. therm. : fév.-déc. – Casino – ✉ 67110 Alsace Lorraine
Paris 460 – Haguenau 23 – Sarreguemines 55 – Saverne 40
6, place de l'Hôtel de Ville, ✆ 03 88 80 89 70, www.ot-niederbronn.com

Mercure sans rest VISA AE
14 av. Foch – ✆ 03 88 80 84 48 – www.mercure.com
55 ch – †62/73 € ††71/91 € – 4 suites – ☕ 12 €
◆ Non loin du casino, l'ancien Grand Hôtel, mué en Mercure, a conservé un peu de son esprit Belle Époque. Chambres spacieuses (trois niveaux de confort) ; agréable salon.

Le Bristol rest, VISA AE
4 pl. de l'Hôtel-de-Ville – ✆ 03 88 09 61 44 – www.lebristol.com
26 ch – †55/60 € ††65/70 € – ☕ 9 € – ½ P 65/70 €
Rest – Menu 10 € (déj. en sem.), 18/42 € – Carte 29/49 €
◆ Hôtel situé au cœur de la station thermale. Élégante réception de bois vêtue ; chambres colorées et coquettes, très chaleureuses (mobilier en bois clair). Cuisine traditionnelle à déguster dans une salle classique et cossue ou à la winstub.

Du Parc VISA AE
r. de la République – ✆ 03 88 09 01 42 – www.parchotel.net
42 ch – †55/70 € ††65/80 € – ☕ 9 € – ½ P 49/70 €
Rest – Formule 10 € – Menu 27/48 € – Carte 25/45 €
◆ Un hôtel plaisant à deux pas du centre-ville. Classiques (boiseries alsaciennes) ou plus actuelles, les chambres y sont coquettes et bien tenues. Charme traditionnel dans l'assiette comme en salle (bel esprit winstub, plafonds peints...).

L'Atelier du Sommelier VISA AE
35 r. des Acacias, à 2 km vers complexe sportif – ✆ 03 88 09 06 25
– www.atelierdusommelier.com – Fermé 29 août-11 sept., 1er-15 janv., 23-30 fév., sam. midi, lundi et mardi
Rest – Menu 28 € (sem.), 39/51 € – Carte 38/64 €
◆ Sur les hauteurs de la ville, à l'orée de la forêt, ce restaurant au charme rustique est dédié à Bacchus : caisses de vin et crus exposés (en vente). Cuisine épurée.

NIEDERSCHAEFFOLSHEIM – 67 Bas-Rhin – 315 K4 – 1 246 h. – alt. 185 m – ✉ 67500 1 B1

Paris 473 – Haguenau 7 – Saverne 35 – Strasbourg 28

XXX **Au Bœuf Rouge** avec ch rest, AC rest, P VISA AE

39 r. du Gén. de Gaulle – ✆ 03 88 73 81 00 – www.boeufrouge.com – Fermé 16 juil.-8 août et 27 fév.-15 mars

13 ch – †80 € ††80 € – ☕ 12 € – ½ P 80 €

Rest *(fermé dim. soir, mardi midi et lundi)* – Menu 32 € (sem.), 41/75 € – Carte 56/78 €

◆ Une institution tenue par la même famille depuis 1880. Accueil chaleureux, décor élégant et cuisine soignée, sur des bases classiques (selle de veau de lait, girolles et cosses truffées). Confortables chambres traditionnelles.

NIEDERSTEINBACH – 67 Bas-Rhin – 315 K2 – 145 h. – alt. 225 m – ✉ 67510 Alsace Lorraine 1 B1

Paris 460 – Bitche 24 – Haguenau 33 – Lembach 8

Cheval Blanc P VISA

11 r. Principale – ✆ 03 88 09 55 31 – www.hotel-cheval-blanc.fr – Fermé 20 juin-5 juil., 26 nov.-6 déc. et 30 janv.-8 mars

28 ch – †51/70 € ††65/85 € – 1 suite – ☕ 12 € – ½ P 62/68 €

Rest *Cheval Blanc* – voir les restaurants ci-après

◆ Tout une famille passionnée tient les rênes de ce Cheval Blanc posté sur l'axe principal du village. Derrière la façade à colombages, des chambres coquettes et douillettes – une préférence particulière pour celles qui conservent un décor alsacien typique... Une excellente adresse.

XX **Cheval Blanc** AC P VISA

11 r. Principale – ✆ 03 88 09 55 31 – www.hotel-cheval-blanc.fr – Fermé 20 juin-5 juil., 26 nov.-6 déc., 30 janv.-8 mars et jeudi

Rest – Menu 28/58 € – Carte 28/65 €

◆ L'âme d'une winstub... et le goût du pays porté avec amour : quiche lorraine, truite du vivier au riesling, mousse au kirsch, etc. Très recommandable !

à Wengelsbach Nord-Ouest : 5 km par D 190 – ✉ 67510

X **Au Wasigenstein** VISA

32 r. Principale – ✆ 03 88 09 50 54 – www.wasigenstein-wengelsbach.com – Fermé 15 janv.-15 fév., merc. et jeudi de nov. à fév., lundi et mardi

Rest – Formule 12 € – Menu 21/30 € – Carte 17/35 €

◆ Une auberge de montagne toute simple, située dans un vallon de la forêt vosgienne. Gibier, atmosphère rustique (trophées de chasse), terrasse... un lieu prisé des randonneurs.

NIEUIL – 16 Charente – 324 N4 – 937 h. – alt. 150 m – ✉ 16270 39 C2

Paris 434 – Angoulême 42 – Confolens 24 – Limoges 66

à l'Est 2 km par D 739 et rte secondaire - ✉ 16270 Nieuil

Château de Nieuil sans rest AC P VISA AE

– ✆ 05 45 71 36 38 – www.chateaunieuilhotel.com – Ouvert d'avril à oct.

12 ch – †126/270 € ††140/300 € – 2 suites – ☕ 15 € – ½ P 135/210 €

◆ Ce château Renaissance, ancien rendez-vous de chasse de François Ier, se dresse fièrement dans un vaste parc arboré, au grand calme. Piscine, tennis, jardin à la française, balade autour de l'étang et belles chambres de style Empire, Art déco, classique... Détente et élégance !

XX **La Grange aux Oies** P VISA AE

dans le parc du château – ✆ 05 45 71 81 24 – www.grange-aux-oies.com – Fermé 19-30 mars, 2 nov.-1er déc., dim. soir, lundi sauf le soir en juil.-août, mardi sauf juil.-août et sauf le soir de Pâques à la Toussaint

Rest – Formule 26 € bc – Menu 50/68 € – Carte 50/70 €

◆ Dans les écuries du Château de Nieuil, ce restaurant associe avec bonheur déco tendance et vieilles pierres. Cuisine dans l'air du temps, à l'image des lieux, et menu végétarien élaboré avec les légumes du potager du chef.

NIEULLE-SUR-SEUDRE – 17 Charente-Maritime – **324** D5 – 958 h. **38** A2
– alt. 3 m – ✉ 17600

▶ Paris 503 – Poitiers 170 – La Rochelle 60 – Rochefort 30

Le Logis de Port Paradis ch,

12 r. de Port-Paradis – ✆ 05 46 85 37 38 – www.portparadis.com

5 ch – †68/73 € ††68/73 € **Table d'hôte** – Menu 21 € bc/31 € bc

◆ Petites maisons typiquement charentaises dans un village ostréicole... Les chambres, décorées avec goût (têtes de lit très "couleur locale") sont vraiment plaisantes. Le soir, on dîne avec les sympathiques propriétaires autour d'huîtres, de plats de poisson, etc. ; copieux petit-déjeuner 100 % maison.

NÎMES 🅿 – 30 Gard – **339** L5 – 140 267 h. – Agglo. 148 889 h. **23** C3
– alt. 39 m – ✉ 30000 Languedoc Roussillon

▶ Paris 706 – Lyon 251 – Marseille 123 – Montpellier 58

✈ de Nîmes-Alès-Camargue-Cévennes : ✆ 04 66 70 49 49, 12 km par ⑤.

ℹ 6, rue Auguste, ✆ 04 66 58 38 00, www.ot-nimes.fr

⛳18 de Nimes Vacquerolles, 1075 chemin du Golf, par D 999 : 6 km, ✆ 04 66 23 33 33

⛳18 de Nimes Campagne, Route de Saint Gilles, par rte de l'Aéroport : 11 km, ✆ 04 66 70 17 37

Arènes★★★ - Maison Carrée★★★ - Jardin de la Fontaine★★ : Tour Magne★, ≤★ - Intérieur★ de la chapelle des Jésuites DU **B** - Carré d'Art★ - Musée d'Archéologie★ **M¹** - Musée du Vieux Nîmes **M³** - Musée des Beaux-Arts★ **M²**.

NÎMES

Jardins Secrets sans rest

3 r. Gaston-Maruejols – ✆ 04 66 84 82 64 – www.jardinssecrets.net **BYm**

10 ch – †195/450 € ††195/450 € – 4 suites – ☕ 25 €

◆ Exquis et confidentiel... Au cœur de la ville, cet hôtel est une parenthèse : au sein d'un jardin semé de milles essences, le décor, œuvre d'un décorateur de talent, puise dans tous les raffinements du 18ᵉs. Le spa est très beau.

Vatel rest,

140 r. Vatel , par av. Kennedy AY – ✆ 04 66 62 57 57 – www.hotelvatel.com

46 ch – †125/230 € ††135/230 € – ☕ 13 €

Rest *Les Palmiers* *(fermé de mi-juil. à mi-août, dim. soir, lundi et le midi)* – Menu 31/54 € – Carte 47/66 €

Rest *Le Provençal* – Formule 19 € – Menu 22/27 €

◆ Rien ne l'indique, mais c'est ici que les élèves de l'école hôtelière voisine se forment ! Ce grand immeuble contemporain est très agréable pour jouer au client : ambiance feutrée, chambres avec balcon, espace bien-être... Deux restaurants d'application : l'un gastronomique, l'autre bistrot ; deux bonnes notes.

Novotel Atria Nîmes Centre

5 bd de Prague – ✆ 04 66 76 56 56 – www.accor-hotels.com **DVf**

112 ch – †90/250 € ††90/250 € – 7 suites – ☕ 15 €

Rest – Formule 13 € – Carte 20/41 €

◆ Pour la clientèle d'affaires, au cœur de la ville (garage privé) et disposant d'un centre de congrès. Au dernier étage, la vue sur Nîmes vaut le coup d'œil. Carte Novotel Café au restaurant.

NÎMES

Arènes (Bd des) ..... CV 2
Aspic (R. de l') ..... CUV
Auguste (R.) ..... CU 4
Bernis (R. de) ..... CV 6
Chapitre (R. du) ..... CU 12
Courbet (Bd Amiral) ..... DUV 14
Crémieux (R.) ..... DU 16
Curaterie (R.) ..... DU 17
Daudet (Bd Alphonse) ..... CU 18
Fontaine (Quai de la) ..... CU 20
Gambetta (Bd) ..... CDU
Grand'Rue ..... DU 24
Guizot (R.) ..... CU 26
Halles (R. des) ..... CU 27
Horloge (R. de l') ..... CU 28
Libération (Bd de la) ..... DV 30
Madeleine (R. de la) ..... CU 32
Maison Carrée (Pl. de la) ..... CU 33
Marchands (R. des) ..... CU 35
Nationale (R.) ..... CDU
Perrier (R. Gén.) ..... CU
Prague (Bd de) ..... DV 42
République (R. de la) ..... CV 43
Saintenac (Bd E.) ..... DU 45
Victor-Hugo (Bd) ..... CUV
Violettes (R.) ..... CV 49

C D

C D

La Maison de Sophie sans rest
31 av. Carnot – ✆ 04 66 70 96 10 – www.hotel-nimes-gard.com BY**t**
8 ch – †140/290 € ††160/290 € – ☕ 16 €
◆ Hall en marbre, bel escalier, vitraux d'époque, salons cosy, bibliothèques... Sophie vous accueille dans sa maison, une demeure bourgeoise imprégnée par l'esprit des années 1900 !

L'Orangerie
755 r. Tour-de-l'Évêque – ✆ 04 66 84 50 57 – www.orangerie.fr BZ**k**
37 ch – †79/215 € ††79/215 € – ☕ 12 € – ½ P 75/143 €
Rest – Menu 28/54 € – Carte 28/54 €
◆ En bordure de ville, une maison du 19e s. aux allures de vieux mas... Au choix : décor provençal ou classique, terrasse face à la piscine, bain bouillonnant, chambres familiales. Côté restaurant, notes colorées et carte traditionnelle (produits régionaux).

Le Pré Galoffre sans rest
rte de Générac, 6 km au Sud par D 13 - BZ – ✆ 04 66 29 65 41 – www.lepregaloffre.com
27 ch – †65/130 € ††65/130 € – ☕ 12 €
◆ Pour séjourner à l'orée de la ville, dans la campagne nîmoise. Une belle allée de platanes mène à cette demeure du 17es., assez coquette. L'été, petit-déjeuner près de la piscine.

Marquis de la Baume sans rest
21 r. Nationale – ✆ 04 66 76 28 42 DU**b**
34 ch – †65/140 € ††75/195 € – ☕ 12 €
◆ Amateur de vieilles pierres ? Vous admirerez la cour intérieure de cet hôtel particulier du 17es., flanquée d'un superbe escalier à balustre. Chambres modernes, aux tons chauds.

Kyriad Plazza sans rest
10 r. Roussy – ✆ 04 66 76 16 20 – www.hotel-kyriad-nimes.com DU**n**
28 ch – †71/120 € ††71/120 € – ☕ 9 €
◆ Près des arènes, un hôtel sympathique – et commode avec son garage en plein centre-ville. Chambres bien tenues, certaines avec terrasse et vue sur les toits. Accueil charmant.

Vincent Croizard
17 r. des Chassaintes – ✆ 04 66 67 04 99 – www.restaurantcroizard.com – Fermé une sem. fin août, 24 déc.-7 janv., mardi et merc. CU**p**
Rest – Formule 23 € – Menu 28 € (déj.), 45/58 €
◆ Dans une rue étroite près du Carré d'Art, il faut d'abord sonner à la porte de cette discrète maison de ville. Surprise : elle cache une grande salle contemporaine, ouverte sur un patio. Atmosphère feutrée et jolie cuisine créative, osant des mariages inédits.

Aux Plaisirs des Halles
4 r. Littré – ✆ 04 66 36 01 02 – www.auxplaisirsdeshalles.com – Fermé vacances de la Toussaint et de fév., dim. et lundi CU**r**
Rest – Menu 21 € (sem.), 28/60 € – Carte 55/79 €
◆ Pour l'hiver, une salle moderne habillée de bois ; pour l'été, un joli patio ; toute l'année, une cuisine du marché simple et bien tournée. Les vins du Languedoc sont à la fête !

Le Magister
5 r. Nationale – ✆ 04 66 76 11 00 – www.le-magister-a-table.com – Fermé 14 juil.-15 août, merc. midi, sam. midi et dim. DU**q**
Rest – Formule 20 € – Menu 25/43 € – Carte 35/48 €
◆ Pour déguster une appétissante cuisine traditionnelle, dont une incontournable brandade de morue. Loin de Nîmes, la grande salle habillée de pin évoque un chalet de montagne !

Tendances Lisita
2 bd des Arènes – ✆ 04 66 67 29 15 – www.lelisita.com – Fermé dim. et lundi sauf le soir en juil.-août CV**h**
Rest – Formule 24 € – Menu 29 € – Carte 41/63 €
◆ Moment de plaisir face aux arènes : la nuit venue, la terrasse sous les platanes s'ouvre sur le monument illuminé... À la carte, une cuisine régionale soignée et généreuse, avec un beau choix de vins.

L'Exaequo

11 r. Bigot – ✆ 04 66 21 71 96 – Fermé 11 août-2 sept., 23 déc.-2 janv., sam. midi et dim. CVa

Rest – Formule 14 € – Menu 18 € (déj. en sem.), 22/34 €

◆ Tons blancs, musique d'ambiance, mobilier design, patio avec brumisateur... Un cadre résolument lounge, non loin des arènes romaines. Cuisine actuelle.

Le Marché sur la Table

10 r. Littré – ✆ 04 66 67 22 50 – Fermé lundi et mardi CUd

Rest – Carte 35/50 €

◆ Une petite adresse sympathique, où l'on déguste une cuisine de bistrot qui respire la fraîcheur : chaque matin, le patron fait son marché aux halles voisines !

L'Annexe

166 av. de la Bouvine, (face au stade des Costières), 2 km au Sud par ⑤ – ✆ 04 66 64 85 31 – www.brasserielannexe.com

Rest – Formule 20 € – Menu 25 € – Carte 40/60 €

◆ Face au stade des Costières, une grande brasserie très contemporaine – mais où les banquettes conservent toute leur place. Plats classiques (bœuf grillé, huîtres) et vins locaux.

Le Bois Mangé

168 allée de l'Amérique-Latine – ✆ 04 66 64 65 65 – www.le-boismange.com – Fermé dim. BZa

Rest – Formule 19 € – Menu 22 € – Carte 25/40 €

◆ On y mange et on y boit... En périphérie de la ville, une adresse tendance qui cultive le goût des produits frais. Chaque plat peut être accompagné de la garniture de son choix.

à Marguerittes par ② et D 981 : 8 km – 8 671 h. – alt. 60 m – ✉ 30320

L'Hacienda

ch, rest,

Le Mas de Brignon, 2 km au Sud-Est par rte secondaire – ✆ 04 66 75 02 25 – www.hotel-hacienda-nimes.fr – Ouvert 2 avril-28 oct.

12 ch – †82/142 € ††92/162 € – ☕ 16 € – ½ P 96/136 €

Rest *(fermé dim. soir) (dîner seult) (résidents seult)* – Menu 34 € (sem.)/44 € – Carte 52/82 €

◆ En pleine campagne, ce grand mas provençal (de construction récente) a les oliviers et les amandiers pour voisins... La plupart des chambres ont terrasse ou balcon. Au restaurant, on apprécie une cuisine traditionnelle, servie l'été au bord de la piscine.

à Garons par ⑤, D 42 et D 442 : 9 km – 4 373 h. – alt. 90 m – ✉ 30128

Alexandre (Michel Kayser)

2 r. X.-Tronc – ✆ 04 66 70 08 99 – www.michelkayser.com – Fermé 19 août-4 sept., 20 fév.-6 mars, mardi de sept. à juin, dim. sauf le midi de sept. à juin et lundi

Rest – Formule 47 € bc – Menu 68 € (sem.)/139 € – Carte 100/150 €

Spéc. Îles flottantes aux truffes sur velouté de cèpes (sept. à avril.). Filet de saint-pierre, encornets rôtis parfumés et "churros" à l'encre de seiche. Écrin des desserts. **Vins** Costières de Nîmes, Vin de pays du Gard.

◆ Dès le printemps, le jardin dévoile tous ses charmes, sous la lumière filtrée par des cèdres du Liban centenaires... Diaphane et émouvante : telle est aussi la cuisine de Michel Kayser, qui signe des assiettes à la fois créatives et très maîtrisées.

NIORT P – 79 Deux-Sèvres – **322** D7 – 58 072 h. – alt. 24 m **38** B2
– ✉ 79000 Poitou Vendée Charentes

Paris 408 – Bordeaux 184 – Nantes 142 – Poitiers 76

16, rue du Petit Saint-Jean, ✆ 05 49 24 18 79, www.niortmaraispoitevin.com

18 de Niort, Chemin du Grand Ormeau, S : 3 km près de l'hippodrome, ✆ 05 49 09 01 41

Donjon★ : salle de la chamoiserie et de la ganterie★ - Le Pilori★.

Le Marais Poitevin★★.

Plan page suivante

Abreuvoir (R. de l') . . . . AYZ 2
Ancien-Oratoire (R. de l') . . . . . AZ 3
Boutteville (R. Th.-de) . . . . BY 4
Brisson (R.) . . . . AY 5
Bujault (Av. J.) . . . . BZ 6
Chabaudy (R.) . . . . AZ 7
Commerce (Passage du) . . . . . BZ 8
Cronstadt (Quai) . . . . AY 9
Donjon (Pl. du) . . . . AY 13
Espingole (R. de l') . . . . AZ 20
Huilerie (R. de l') . . . . AZ 22
Largeau (R. Gén.) . . . . AZ 23
Leclerc (R. Mar.) . . . . BY 24
Main (Bd) . . . . AY 25
Martyrs-Résistance (Av.) . . . . BZ 26
Pérochon (R. Ernest) . . . . BZ 28
Petit-Banc (R. du) . . . . AZ 29
Pluviault (R. de) . . . . BY 30
Pont (R. du) . . . . AY 31
Rabot (R. du) . . . . AY 32
Regratterie (R. de la) . . . . AY 33
République (Av. de la) . . . . BY 34
Ricard (R.) . . . . BZ 35
St-Jean (R.) . . . . AYZ
St-Jean (R. de la Porte) . . . . . . AZ 38
St-Jean (R. du Petit) . . . . AY 37
Strasbourg (Pl. de) . . . . BY 39
Temple (Pl. du) . . . . BZ 40
Thiers (R.) . . . . AY 42
Tourniquet (R. du) . . . . AZ 43
Verdun (Av. de) . . . . BZ 44
Victor-Hugo (R.) . . . . BY 45
Vieux-Fourneau (R. du) . . . . BY 46
Yvers (R.) . . . . BY 48

La Chamoiserie sans rest

10 r. de l'Espingole – ✆ 05 49 78 07 07
– www.hotelparticulierniort.com AZf

16 ch – †70/124 € ††70/124 € – ☕ 12 €

◆ Une très belle demeure de famille de la fin du 19[e]s. Joli parquet, moulures pleines de charme et ravissant jardin ; les chambres sont décorées dans le style contemporain en vogue.

Mercure ch, rest,

80 bis av. de Paris – ✆ 05 49 24 29 29
– www.mercure.com BYa

99 ch – †90/120 € ††90/120 € – 2 suites – ☕ 14 €

Rest *(fermé le sam. midi)* – Formule 20 € – Menu 24 €
– Carte environ 33 €

◆ Des chambres soignées et de bonne ampleur dans cet hôtel contemporain à deux pas du centre-ville. Jardin avec piscine. Restaurant sous une verrière, chaleureux et moderne. En été, on peut dîner à l'ombre des arbres.

Le Grand Hôtel sans rest

32 av. de Paris – ✆ 05 49 24 22 21 – www.grandhotelniort.com BY**v**

39 ch – 🕴69/97 € 🕴🕴79/107 €

◆ Un établissement central, pratique pour sillonner la ville. Les chambres sur rue sont spacieuses et cosy, d'autres donnent sur le petit jardin. Buffet au petit-déjeuner.

Sandrina sans rest

43 av. St-Jean d'Angély, par ④: 200 m – ✆ 05 49 79 28 42 – www.hotel-sandrina.com – Fermé 26 déc.-2 janv.

18 ch – 🕴55/58 € 🕴🕴55/58 € – 7 €

◆ Adresse familiale du centre proposant des chambres fonctionnelles, colorées et d'une tenue irréprochable. Parking fermé à disposition.

La Belle Étoile

115 quai M. Métayer, près du périphique Ouest : 2,5 km - AY – ✆ 05 49 73 31 29 – www.la-belle-etoile.fr – Fermé 13-27 août, dim. soir, merc. soir et lundi

Rest – Formule 22 € – Menu 31/69 € – Carte 55/65 €

◆ Au bord de la Sèvre, une élégante maison bourgeoise d'esprit cosy, avec une terrasse ombragée. Cuisine plutôt classique, accompagnée d'une jolie collection de vieux millésimes.

L'Adress...

247 av. de La Rochelle-ZA – ✆ 05 49 79 41 06 – Fermé 28 mai-3 juin, 30 juil.-19 août, 2-8 janv., dim. et lundi

Rest – Formule 17 € – Menu 27/48 € – Carte 39/53 €

◆ C'est l'adresse qui monte à Niort. Le décor est tonique, et l'on afflue pour goûter une cuisine inventive qui ne lésine pas sur les effets de style et les associations de saveurs.

Mélane

1 pl. du Temple – ✆ 05 49 04 00 40 – www.lemelane.com – Fermé dim. et lundi BZ**a**

Rest – Formule 16 € – Menu 20 € (déj.), 26/37 € – Carte 28/45 €

◆ Cette adresse, bien connue des Niortais, propose une carte mêlant la tradition aux tendances du moment. Beaucoup de vert dans la décoration, comme une invitation au zen.

La Tartine

2 bis r. de la Boule-d'Or – ✆ 05 49 28 20 15 – www.la-tartine.fr – Fermé sam. midi et dim. BY**e**

Rest – Formule 14 € – Menu 23/30 € – Carte 23/42 €

◆ Cinq salles aux atmosphères différentes : bistrot, cosy ou tendance. C'est branché et convivial, et il y en a pour tous les goûts : carpaccios, tartines, salades et tapas.

Le Dîner aux Chandelles

74 quai M. Métayer, près du périphérique Ouest : 2,5 km - AY – ✆ 05 49 73 33 33 – Fermé 24 avril-8 mai, 4-12 sept., 24 déc.-10 janv., sam. midi, dim. soir et lundi

Rest – Formule 13 € – Menu 24/41 € – Carte 35/57 €

◆ Sur les bords de la Sèvre niortaise, un ancien bistrot de pêcheur converti en resto jeune et tendance. Dans l'assiette : des épices et des clins d'œil à la cuisine du monde.

à St-Liguaire 4,5 km à l'Ouest par D9 et rte secondaire – ✉ 79000 Niort

Auberge de la Roussille

imp. de la Roussille – ✆ 05 49 06 98 38 – www.laroussille.com – Fermé 5-14 mars, 1er-10 oct., 26 déc.-11 janv., merc. soir d'oct. à mars, dim. soir, lundi et mardi

Rest – Menu 23 €, 30/59 € – Carte 35/60 €

◆ Cette ancienne maison d'éclusier, au bord de la Sèvre, est prisée pour son charme bucolique et sa cuisine savoureuse aux accents exotiques. La terrasse est ravissante !

à St-Symphorien 7 km par ④ rte de St-Jean-d'Angély, D 650 et D 174 – 1 782 h. – alt. 28 m – ✉ 79270

Auberge de Crespé avec ch

99 rte d'Aiffres – ✆ 05 49 32 97 61 – Fermé 14 juil.-6 août, dim. et lundi
4 ch – 65 € 70 € **Rest** – Formule 16 € – Menu 20/38 €
◆ Cuisine traditionnelle confectionnée selon le marché et les saisons ; on grille la côte de bœuf à la cheminée dans la salle à manger rustique. Chambres confortables et meublées d'ancien, dans le ton de cette maison bourgeoise du 18e s. sise dans un parc arboré.

NISSAN-LEZ-ENSERUNE – 34 Hérault – **339** D9 – 3 410 h. – alt. 21 m – ✉ 34440 Languedoc Roussillon **22** B2

Paris 774 – Béziers 12 – Capestang 9 – Montpellier 82
square Rene Dez, ✆ 04 67 37 14 12
Oppidum d'Ensérune★ : musée★, ★ NO : 5 km.

Résidence ch, VISA AE

35 av. Cave – ✆ 04 67 37 00 63 – www.hotel-residence.com – Fermé 19 déc.-10 janv.
23 ch – 67/87 € 67/95 € – 11 € – ½ P 70/75 €
Rest – Formule 15 € – Menu 28/48 € – Carte 33/62 €
◆ Une demeure bourgeoise au cœur du village. Les chambres mêlent mobilier ancien et style contemporain ; elles sont plus petites dans l'annexe, une maison de vigneron du 19e s. Aux beaux jours, cuisine régionale servie sur la jolie terrasse ombragée, face à la piscine.

NITRY – 89 Yonne – **319** G5 – 389 h. – alt. 240 m – ✉ 89310 **7** B1

Paris 195 – Auxerre 36 – Avallon 23 – Vézelay 31

Auberge La Beursaudière ch, VISA AE

9 chemin de Ronde – ✆ 03 86 33 69 69 – www.beursaudiere.com – Fermé 3-29 janv.
11 ch – 80/120 € 80/120 € – 10 €
Rest – Menu 27/44 € – Carte 29/65 €
◆ Les dépendances de ce prieuré du 12e s. ne manquent pas de caractère : pierres apparentes, tomettes et poutres dans les chambres, pigeonnier médiéval... Authentique ! Cuisine du terroir servie en costume régional, dans un cadre joliment rustique. Belle cave.

NOAILHAC – 81 Tarn – **338** G9 – 817 h. – alt. 222 m – ✉ 81490 **29** C2

Paris 730 – Albi 55 – Béziers 99 – Toulouse 90

Hostellerie d'Oc VISA

av. Charles-Tailhades – ✆ 05 63 50 50 37 – Fermé 3-19 sept., 9 janv.-2 fév., merc. soir et lundi
Rest – Menu 12 € (sem.), 17/34 € – Carte 25/47 €
◆ Au cœur du village, un petit restaurant de campagne au charme rustique... Et dans l'assiette, une cuisine régionale simple et copieuse.

NOAILLY – 42 Loire – **327** D3 – 756 h. – alt. 240 m – ✉ 42640 **44** A1

Paris 395 – Lyon 98 – Roanne 13 – Vichy 68

Château de la Motte VISA

La Motte Nord, à 1,5 km – ✆ 04 77 66 64 60 – www.chateaudelamotte.net – Ouvert 14 fév.-12 nov.
5 ch – 79/110 € 87/118 € **Table d'hôte** – Menu 28 € bc
◆ Niché dans un magnifique parc, ce château (18e-19e s.) abrite des chambres dédiées à des écrivains (mobilier d'époque). La "Lamartine", très originale, a une baignoire ronde dans la tour. Table traditionnelle, privilégiant les légumes du potager. Séjours à thèmes.

NOCÉ – 61 Orne – **310** N4 – rattaché à Bellême

NOEUX-LES-MINES – 62 Pas-de-Calais – 301 I5 – 12 113 h. – alt. 29 m – ✉ 62290 Nord Pas-de-Calais Picardie 30 B2

Paris 208 – Arras 28 – Béthune 5 – Bully-les-Mines 8

d'Olhain, à Houdain, Parc départemental de Nature, S : 11 km par D 65 et D 301, ☎ 03 21 02 17 03

La Maison Rouge

374 r. Nationale – ☎ 03 21 61 65 65 – www.hotel-lamaisonrouge.com

40 ch – 108 € 108 € – 12 €

Rest – Formule 20 € – Menu 27 € (sem.)/40 € – Carte 48/55 €

◆ Maison typiquement régionale en brique rouge, dévoilant d'agréables chambres contemporaines. Le restaurant décline avec élégance... le rouge par petites touches, et une cuisine bien dans son époque.

L'Atelier des Saveurs

94 rte Nationale – ☎ 03 21 26 74 74 – www.latelier-des-saveurs.fr – Fermé 1er-15 août, 2-8 janv., dim. soir et lundi

Rest – Formule 15 € – Menu 34/48 €

◆ Ce restaurant a été repris par un jeune couple de la région. Il fait bon s'attabler devant son appétissante cuisine et la salle est conviviale, avec ses murs en brique.

NOGARO – 32 Gers – 336 B7 – 1 975 h. – alt. 98 m – ✉ 32110 28 A2

Paris 729 – Agen 88 – Auch 63 – Mont-de-Marsan 45

81, rue Nationale, ☎ 05 62 09 13 30

Solenca

rte d'Auch – ☎ 05 62 09 09 08 – www.solenca.com

48 ch – 65/72 € 65/72 € – 9 € – ½ P 57/60 €

Rest – Formule 12 € – Menu 16/49 € – Carte 31/51 €

◆ Une étape simple mais conviviale au cœur du pays gersois. Les chambres, toutes identiques, sont bien tenues et pratiques. Agréable piscine entourée d'un jardin arboré. Restaurant et terrasse champêtres pour une cuisine de terroir.

à Manciet Nord-Est : 9 km par N 124 – 795 h. – alt. 131 m – ✉ 32370

La Bonne Auberge avec ch

pl. du Pesquerot – ☎ 05 62 08 50 04 – Fermé 18-31 déc., dim. soir et lundi

14 ch – 42 € 52 € – 8 € – ½ P 58 €

Rest – Formule 13 € – Menu 25/50 € – Carte 30/45 €

◆ Maison centenaire chaleureuse avec ses deux salles à manger : l'une, en véranda, ouverte sur la terrasse ; l'autre décorée de boiseries. Belle collection d'armagnacs, idéale pour terminer un repas de tradition.

NOGENT – 52 Haute-Marne – 313 M5 – 4 018 h. – alt. 410 m – ✉ 52800 Champagne Ardenne 14 C3

Paris 289 – Bourbonne-les-Bains 35 – Chaumont 24 – Langres 25

place du Général de Gaulle, ☎ 03 25 03 69 18, www.villedenogent52.com

Musée de la coutellerie de l'espace Pelletier - Musée du patrimoine coutelier.

Du Commerce

pl. Gén. de Gaulle – ☎ 03 25 31 81 14 – www.relais-sud-champagne.com – Fermé 21 déc.-2 janv., sam. de sept. à juin, dim. et fériés

18 ch – 73 € 73 € – 10 € – ½ P 65 €

Rest – Formule 13 € – Menu 22/35 € – Carte 40/50 €

◆ Bonne étape sur la coquette place de la mairie, près du musée de la Coutellerie. Chambres fraîches, meublées simplement. Ambiance un brin bourgeoise au restaurant ou atmosphère plus décontractée à la brasserie... pour une cuisine régionale.

NOGENT-LE-ROI – 28 Eure-et-Loir – 311 F4 – 4 114 h. – alt. 93 m – ✉ 28210 Île de France 11 B1

Paris 77 – Ablis 35 – Chartres 28 – Dreux 19

Mairie, ☎ 02 37 51 23 20, www.nogent-le-roi.com

du Château de Maintenon, à Maintenon, 1 route de Gallardon, SE : 8 km par D 983, ☎ 02 37 27 18 09

XX **Relais des Remparts**

2 r. du Marché-aux-Légumes – ✆ 02 37 51 40 47 – www.relais-des-remparts.com – Fermé 5-22 août, vacances de fév., mardi soir de nov. à fév., dim. soir et lundi

Rest – Formule 17 € – Menu 20 € (sem.), 28/37 € – Carte 28/48 €

◆ Les clés du succès de ce restaurant ? Une cuisine traditionnelle et goûteuse, un service aimable et efficace, un cadre agréable et des tarifs abordables. Une adresse assurément sympathique !

NOGENT-LE-ROTROU – 28 Eure-et-Loir – 311 A6 – 11 124 h. – alt. 116 m – ✉ 28400 Normandie Vallée de la Seine — 11 B1

Paris 146 – Alençon 65 – Chartres 54 – Châteaudun 55

44, rue Villette-Gaté, ✆ 02 37 29 68 86, www.nogentlerotrou-tourisme.fr

Brit Hôtel du Perche sans rest

r. de la Bruyère, 2 km par ⑤ – ✆ 02 37 53 43 60 – www.hotel-du-perche.com

40 ch – †54 € ††62 € – ☕ 8 €

◆ En dehors de Nogent-le-Rotrou, desservi par la rocade, un hôtel moderne et plutôt agréable, avec des chambres confortables et parfaitement tenues. Petit-déjeuner sous forme de buffet.

Sully sans rest

51 r. des Viennes – ✆ 02 37 52 15 14 – www.hotelsullynogent.fr – Fermé 27 déc.-3 janv. Ys

42 ch – †59/74 € ††69/87 € – ☕ 9 €

◆ Si vous ne le saviez pas, le duc de Sully repose à Nogent-le-Rotrou (son cénotaphe est visible dans l'Hôtel-Dieu). Pour faire étape, cet hôtel paisible du centre-ville propose des chambres fonctionnelles et bien tenues. Pratique et abordable.

XX **L' Alambic**

20 av. de Paris, à Margon 1,5 km par ① – ✆ 02 37 52 19 03 – Fermé 2-23 août, 17-29 fév., mardi soir, merc. soir, dim. soir et lundi

Rest – Menu 15 € (sem.), 25/46 € – Carte 47/75 €

◆ Un restaurant tout simple, à l'entrée de la localité. Au menu, une cuisine traditionnelle avec, pour spécialités, le foie gras et surtout la tête de veau. Le chef, bon professionnel, passe souvent en salle, l'occasion de discuter gastronomie.

NOGENT-LE-ROTROU

Bouchers (R. des) . . . . Z 2
Bourg-le-Comte (R.) . . . . . . Z 3
Bretonnerie (R.) . . . . Z
Château-St-Jean (R.) . . . . . Z
Croix-la-Comtesse (R.) . . . . Y
Deschanel (R.) . . . . YZ
Dr-Desplantes (R.) . . . . Z 8
Foch (Av. Mar.) . . . . Y 9
Fuye (R. de la) . . . . YZ 10
Giroust (R.) . . . . Y 12
Gouverneur (R.) . . . . YZ 13
Marches-St-Jean (R. des) . . . Z 14
Paty (R. du) . . . . Z 15
Poupardières (R. des) . . . . . Z 16
Prés (Av. des) . . . . Y
République (Pl. de la) . . . . . Z 17
Rhône (R. de) . . . . Z 18
St-Hilaire (R.) . . . . Y
St-Laurent (R.) . . . . Z 20
St-Martin (R.) . . . . Y
Sully (R. de) . . . . YZ 23
Villette-Gaté (R.) . . . . Y 25

NOGENT-SUR-MARNE – 94 Val-de-Marne – **312** D2 – **101** 27 – voir Paris, Environs

NOGENT-SUR-SEINE – 10 Aube – **313** B3 – 6 060 h. – alt. 67 m **13** A2 – ✉ 10400 Champagne Ardenne

Paris 105 – Épernay 83 – Fontainebleau 66 – Provins 19

53 rue des Fossés, ✆ 03 25 39 42 07, www.tourisme-nogentais.fr

Domaine des Graviers

30 r. des Graviers – ✆ 03 25 21 81 90 – www.domaine-des-graviers.com – Fermé 20 déc.-10 janv.

26 ch – 94/142 € 107/157 €

Rest *(fermé dim.)* – Formule 23 € – Menu 33 € (sem.), 39/46 € bc

◆ Dans un parc de 17 ha au bord de la Seine, cette belle demeure de 1899 abrite un salon bourgeois et des chambres plaisantes, toutes différentes. Les dépendances, le minigolf et le tennis viennent compléter l'ensemble. Le restaurant, réservé aux résidents, donne sur de jolis arbres centenaires.

Beau Rivage avec ch

20 r. Villiers-aux-Choux, (près de la piscine) – ✆ 03 25 39 84 22 – www.hotel-beaurivage-nogentsurseine.com – Fermé 16 août-4 sept., 18 fév.-11 mars, dim. soir et lundi

10 ch – 64 € 74 € – 10 € – ½ P 80 €

Rest – Formule 18 € – Menu 23/44 € – Carte 50/65 €

◆ Voilà un Beau Rivage où il serait dommage de ne pas accoster... Ses atouts : une salle lumineuse ouverte sur une terrasse bucolique bordant la Seine, une cuisine de saison embellie d'épices et d'herbes du jardin et, pour l'étape, des chambres fraîches et bien tenues.

NOIRLAC – 18 Cher – **323** K6 – rattaché à St-Amand-Montrond

NOIRMOUTIER (ÎLE DE) – 85 Vendée – **316** C6 – voir à Île de Noirmoutier

NOISY-LE-GRAND – 93 Seine-Saint-Denis – **305** G7 – **101** 18 – voir à Paris, Environs

NOIZAY – 37 Indre-et-Loire – **317** O4 – 1 123 h. – alt. 56 m – ✉ 37210 **11** B2

Paris 230 – Amboise 11 – Blois 44 – Tours 21

Château de Noizay

Promenade de Waulsort – ✆ 02 47 52 11 01 – www.chateaudenoizay.com – Fermé 23 janv.-18 mars

19 ch – 165/310 € 165/310 € – 22 € – ½ P 178/248 €

Rest *Château de Noizay* – voir les restaurants ci-après

◆ Grand escalier, vitraux, armures : ce château du 16ᵉs., niché dans un parc, domine le village et son vignoble. Les chambres sont grandes et joliment meublées, plus actuelles dans le Pavillon de l'Horloge. Idéal pour un séjour romantique.

Château de Noizay

Promenade de Waulsort – ✆ 02 47 52 11 01 – www.chateaudenoizay.com – Fermé 23 janv.-18 mars

Rest – Formule 27 € – Menu 35 € (déj.), 55/81 € – Carte 67/89 €

◆ Pour dîner au château, quoi de mieux que ces charmants salons bourgeois ? Foie gras au vouvray moelleux, bar de ligne, biche et sanglier en saison : la cuisine d'aujourd'hui épouse le terroir et les vins de Loire.

NOLAY – 21 Côte-d'Or – **320** H8 – 1 496 h. – alt. 299 m – ✉ 21340 **7** A3

Bourgogne

Paris 316 – Autun 30 – Beaune 20 – Chalon-sur-Saône 34

24, rue de la République, ✆ 03 80 21 80 73, www.nolay.com

site★ du Château de la Rochepot E : 5 km - Site★ du Cirque du Bout-du-Monde NE : 5 km.

De la Halle sans rest
pl. des Halles – ✆ 03 80 21 76 37 – www.terroirs-b.com/lahalle
13 ch – †60/64 € ††62/66 € – ☕ 7 €
◆ Sur la place centrale, face aux halles et à l'église, deux maisons du 14e s. séparées par une cour intérieure. Les chambres, joliment champêtres, sont très bien tenues (plus spacieuses sur l'arrière).

NONANCOURT – 27 Eure – 304 H9 – 2 188 h. – alt. 117 m – ✉ 27320 33 D2

Paris 97 – Alençon 97 – Chartres 51 – Évreux 35
Place Aristide Briand, ✆ 02 32 58 28 74

Relais du Vieux Château
39 av. Victor-Hugo – ✆ 02 32 58 00 74 – www.lerelaisduvieuxchateau.com – fermé 2 sem. en sept., 1 sem. en hiver, dim soir et lundi
Rest – Formule 21 € – Menu 30/66 €
◆ Gaspacho de tomate au pistou et chèvre frais ; joue de bœuf confite au porto, pommes de terre de l'île de Ré à la cébette... Le chef, passé par de bonnes maisons, apprivoise la cuisine rustique pour lui donner de jolies manières. Une belle auberge.

LES NONIÈRES – 26 Drôme – 332 G5 – alt. 282 m – ✉ 26410 45 C3

Paris 648 – Die 25 – Gap 84 – Grenoble 73

Le Mont-Barral
– ✆ 04 75 21 12 21 – www.hotelmontbarral-vercors.com – Ouvert 3 mars-11 nov. et fermé mardi soir et merc. hors vacances scolaires
19 ch – †59 € ††59/66 € – ☕ 9 € – ½ P 59/67 €
Rest – Menu 20/35 € – Carte 21/45 €
◆ Établissement entièrement rénové qui propose des chambres modernes et tout confort. Beau mobilier en fer forgé, tennis, piscine, sauna... Équipe dynamique. Au restaurant, cuisine régionale et menu consacré au terroir qui peuvent se déguster sur la terrasse.

NONTRON – 24 Dordogne – 329 E2 – 3 444 h. – alt. 260 m – ✉ 24300 Limousin Berry 4 C1

Paris 454 – Angoulême 45 – Libourne 135 – Limoges 68
3, avenue du Général Leclerc, ✆ 05 53 56 25 50, www.nontron.fr

Grand Hôtel
3 pl. A. Agard – ✆ 05 53 56 11 22 – www.hotel-pelisson-nontron.com – Fermé dim. soir de sept. à juin
22 ch – †55 € ††67 € – ☕ 9 € – ½ P 65 €
Rest *Grand Hôtel* – voir les restaurants ci-après
◆ On cultive l'art de recevoir à l'ancienne dans ce relais de poste où règne une atmosphère vieille France. Les chambres sont certes un peu datées, mais impeccablement tenues.

Grand Hôtel
3 pl. A. Agard – ✆ 05 53 56 11 22 – www.hotel-pelisson-nontron.com – Fermé dim. soir sauf en juil.-août
Rest – Formule 20 € bc – Menu 24 € (sem.), 27/50 € – Carte 30/75 €
◆ Un restaurant comme autrefois, avec des plats régionaux servis dans un cadre rustique (poutres, cuivres, cheminée) ou en terrasse face à la piscine.

NONZA – 2B Haute-Corse – 345 F3 – voir à Corse

NOTRE-DAME-DE-BELLECOMBE – 73 Savoie – 333 M3 – 501 h. – alt. 1 150 m – Sports d'hiver : 1 150/2 070 m 19 – ✉ 73590 Alpes du Nord 46 F1

Paris 585 – Albertville 25 – Annecy 54 – Chambéry 76
Chef Lieu, ✆ 04 79 31 61 40, www.notredamedebellecombe.com

La Ferme de Victorine

Le Planay, 3 km à l'Est par rte des Saisies – 04 79 31 63 46 – www.la-ferme-de-victorine.com – Fermé 4-29 juin, 11 nov.-19 déc., dim. soir et lundi sauf de juin à août

Rest – Formule 22 € – Menu 27/52 € – Carte 39/70 €

◆ Une ferme plus vraie que nature ! Dans la jolie salle rustique, on aperçoit les vaches de l'étable. Goûteuse cuisine régionale actualisée, fidèle aux saisons (poisson, gibier).

NOTRE-DAME-DE-GRAVENCHON – 76 Seine-Maritime – 304 D5 – 33 C2

– 8 208 h. – alt. 35 m – ✉ 76330 Normandie Vallée de la Seine

Paris 176 – Bolbec 14 – Le Havre 40 – Rouen 51

Pascal Saunier

1 av. Amiral Grasset – 02 35 38 60 67 – www.hotelpascalsaunier.com

29 ch – 77/112 € 88/145 € – 11 €

Rest *(fermé août, 23 déc.-3 janv., vend. soir, sam. et dim.)* – Menu 32/55 € – Carte 45/60 €

◆ Une grande demeure à colombages (1937) dans un jardin paisible. Les chambres sont claires et impeccablement tenues, et les propriétaires vous réservent un accueil sympathique. Côté papilles, une ardoise traditionnelle renouvelée chaque jour.

NOTRE-DAME-DE-LIVAYE – 14 Calvados – 303 M5 – 132 h. – 33 C2

– alt. 27 m – ✉ 14340

Paris 185 – Caen 36 – Le Havre 86 – Lisieux 16

Aux Pommiers de Livaye ch,

02 31 63 01 28 – http://bandb.normandy.free.fr – Ouvert de début fév. à mi-nov.

5 ch – 78 € 92 € **Table d'hôte** – Menu 28 €

◆ Une allée de pommiers conduit à cette paisible ferme du 18es. Dans les chambres, des lits en fer forgé, des tissus fleuris, des armoires de famille... Tout a ce petit côté dépareillé qui fait le charme des maisons authentiques. Petite production de cidre et cuisine régionale : on est bien en Normandie !

NOTRE-DAME-DE-MONTS – 85 Vendée – 316 D6 – 1 841 h. – 34 A3

– alt. 6 m – ✉ 85690

Paris 457 – Challans 22 – Nantes 72 – Noirmoutier-en-l'Ile 26

6, rue de la Barre, 02 51 58 84 97, www.notre-dame-de-monts.fr

La Barre-de-Monts : Centre de découverte du Marais breton-vendéen N : 6 km

Poitou Charentes Vendée

L'Orée du Bois ch,

14 r. Frisot – 02 51 58 84 04 – www.oree-du-bois.com – Ouvert 1er avril-2 nov.

30 ch – 50/80 € 55/80 € – 8 € – ½ P 52/65 €

Rest *(dîner seult) (résidents seult)* – Menu 17/20 €

◆ Dans un quartier résidentiel calme, un hôtel d'esprit vendéen avec des chambres claires et fonctionnelles autour de la piscine (terrasse pour celles du rez-de-chaussée). Pour les résidents, dîner autour d'un menu unique variant chaque jour.

NOTRE-DAME D'ORSAN – 18 Cher – 323 J6 – rattaché au Châtelet

NOTRE-DAME-DU-GUILDO – 22 Côtes-d'Armor – 309 I3 – 3 187 h. – 10 C1

– alt. 52 m – ✉ 22380

Paris 427 – Rennes 94 – Saint-Brieuc 49 – Saint-Malo 32

Château du Val d'Arguenon sans rest

1 km à l'Est par D 786 ✉ 22380 St-Cast – 02 96 41 07 03 – www.chateauduval.com – Ouvert de Pâques à fin sept.

5 ch – 95/140 € 95/150 €

◆ Un jardin en pente douce jusqu'à la mer... et cette demeure de famille (16e-18es.) au vrai charme breton. Les chambres ont du caractère (mobilier ancien) et, pour se mettre vraiment au vert, il y a aussi des cabanes dans les arbres !

NOTRE-DAME-DU-HAMEL – 27 Eure – **304** D8 – 222 h. – alt. 200 m **33** C2
– ✉ 27390

Paris 158 – L'Aigle 21 – Argentan 48 – Bernay 28

Le Moulin de la Marigotière

D 45 – ✆ 02 32 44 58 11 – www.moulin-marigotiere.com
– Fermé 21 fév.-10 mars, lundi soir sauf juil.-août, dim. soir, mardi soir et merc.

Rest – Menu 30 € (déj. en sem.), 42/75 € – Carte 56/75 €

◆ Cet ancien moulin prête son atmosphère bourgeoise à des repas classiques (déclinaisons autour du homard, association fruits et foie gras, risotto aux escargots, etc.). Les plus : l'accueil et le joli parc traversé par la Charentonne.

NOTRE-DAME-DU-PÉ – 72 Sarthe – **310** H8 – 555 h. – alt. 73 m **35** C2
– ✉ 72300

Paris 262 – Angers 51 – La Flèche 28 – Nantes 140

La Reboursière ch,

1 km au Sud par D 134 et rte secondaire – ✆ 02 43 92 92 41
– www.lareboursiere.fr

4 ch – 72 € 85 € **Table d'hôte** – Menu 28 € bc

◆ Une authentique longère du 19ᵉs. en pleine nature... Beaux meubles anciens, poutres et pierres apparentes, joli jardin, etc. : une douce note campagnarde, qui s'incarne dans les produits du potager et du verger à l'heure du dîner. Nature !

NOUAN-LE-FUZELIER – 41 Loir-et-Cher – **318** J6 – 2 496 h. **12** C2
– alt. 113 m – ✉ 41600

Paris 177 – Blois 59 – Cosne-Cours-sur-Loire 74 – Gien 56

1 rue Grande Sologne, ✆ 02 54 88 74 40

Domaine des Fontaines sans rest

rte de Lamotte-Beuvron, 2 km au Nord par N 20 – ✆ 02 54 83 78 87
– www.hotel-domaine-des-fontaines.com

11 ch – 80/170 € 80/170 € – 12 €

◆ Belle maison bourgeoise en brique rouge, au charme typiquement solognot... Chambres confortables, sobres et élégantes, mansardées au dernier étage. Petit-déjeuner sous la véranda.

Le Dahu

14 r. H. Chapron – ✆ 02 54 88 72 88 – www.restaurantledahu.com
– Fermé 7-29 mars, 13 nov.-6 déc., 2-31 janv., mardi soir du 1ᵉʳ oct. au 15 avril, merc. et jeudi

Rest – Menu 34/41 € – Carte 50/60 €

◆ On se sent vraiment à la campagne dans cette ancienne bergerie ! On déguste une cuisine traditionnelle dans une salle rustique ou, aux beaux jours, dans l'agréable jardin.

NOUILHAN – 65 Hautes-Pyrénées – **342** M4 – 190 h. – alt. 196 m **28** A2
– ✉ 65500

Paris 771 – Pau 47 – Tarbes 24 – Toulouse 144

Les 3B ch, ch,

8 rte des Pyrénées, D 935 – ✆ 05 62 96 79 78 – www.hoteldes3b.com

7 ch – 50/55 € 50/55 € – 7 € – ½ P 45 €

Rest *(fermé jeudi)* – Formule 12 € – Menu 18 € (sem.), 25/31 € – Carte 24/35 €

◆ Corps de ferme typiquement bigourdan situé en bord de route ; les chambres y sont propres, jolies et bien équipées (plus calmes à l'arrière et disposant d'une terrasse). Recettes traditionnelles à base de produits frais dans une salle épurée et feutrée.

LE NOUVION-EN-THIÉRACHE – 02 Aisne – **306** E2 – 2 829 h. **37** D1
– alt. 185 m – ✉ 02170

Paris 198 – Avesnes-sur-Helpe 20 – Guise 21 – Hirson 25

Place du général De Gaulle, ✆ 03 23 97 98 06

Paix

37 r. J. Vimont-Vicary – ☎ 03 23 97 04 55 – www.hotel-la-paix.fr – Fermé 13-30 août, 23 déc.-3 janv., 14-28 fév. et dim. soir

16 ch – †65 € ††80 € – ☕ 10 € – ½ P 58/78 €

Rest *Paix* – voir les restaurants ci-après

◆ Un hôtel familial parfaitement tenu, avec des chambres toutes différentes. Sympathique, pratique et économique !

Paix

37 r. J. Vimont-Vicary – ☎ 03 23 97 04 55 – www.hotel-la-paix.fr – Fermé 13-30 août, 23 déc.-3 janv., 14-28 fév., sam. midi, dim. soir et lundi

Rest – Formule 18 € – Menu 20 € (sem.)/39 € – Carte 39/50 €

◆ Briques, miroirs, tons pastel et bibelots : un décor agréable, au service d'une cuisine de tradition vraiment plaisante ! Les propositions du chef changent chaque semaine et l'on ne se lasse pas de ses petits plats...

NOUZERINES – 23 Creuse – **325** J2 – rattaché à Boussac

NOVALAISE – 73 Savoie – **333** H4 – rattaché à Aiguebelette-le-Lac

NOVES – 13 Bouches-du-Rhône – **340** E2 – 5 106 h. – alt. 42 m – ✉ 13550 Provence **42** E1

Paris 688 – Arles 38 – Avignon 14 – Carpentras 33

Boulevard de la République, ☎ 04 90 92 90 43, www.noves.com

Auberge de Noves

rte de Châteaurenard, 2 km par D 28 – ☎ 04 90 24 28 28 – www.aubergedenoves.com – Fermé 2 janv.-10 fév.

21 ch – †150/425 € ††150/425 € – 2 suites – ☕ 22 €

Rest *Auberge de Noves* – voir les restaurants ci-après

◆ Une noble demeure du 19ᵉs. et son vaste parc : une certaine idée du chic et de la Provence, dans une veine classique... Les chambres sont spacieuses et élégantes ; certaines sont même nichées dans l'ancienne chapelle.

Auberge de Noves

rte de Châteaurenard, 2 km par D 28 – ☎ 04 90 24 28 28 – www.aubergedenoves.com – Fermé 2 janv.-10 fév., lundi et mardi d'oct. à mai

Rest – Menu 50 € (déj. en sem.)/115 € – Carte 68/115 €

◆ Cette auberge se révèle très raffinée, et sa terrasse sous les arbres idyllique ! À l'image du lieu, la cuisine donne dans le beau classicisme : le chef vous régalera, par exemple, d'un foie gras, d'un tartare de bœuf au couteau, etc.

NOYAL-MUZILLAC – 56 Morbihan – **308** Q9 – 2 340 h. – ✉ 56190 **10** C3

Paris 456 – La Baule 44 – St-Nazaire 52 – Vannes 30

Manoir de Bodrevan

2 km au Nord-Est par D 153 et rte secondaire – ☎ 02 97 45 62 26 – www.manoir-bodrevan.com

6 ch – †81/149 € ††81/149 € – ☕ 14 € **Rest** *(réserver)* – Menu 39 €

◆ Ce pavillon de chasse du 16ᵉ s. en pierre est envahi de verdure. Les chambres tirent leur cachet de ce cadre rustique et élégant. Accueil cordial et calme assuré. Menu du jour, poissons et produits de la mer préparés par le maître des lieux selon le marché.

NOYALO – 56 Morbihan – **308** O9 – 738 h. – ✉ 56450 **9** A3

Paris 468 – La Baule 75 – Rennes 116 – Vannes 15

L'Hortensia avec ch

18 r. Ste-Brigitte – ☎ 02 97 43 02 00 – www.restaurantlhortensia.com – Fermé 15-30 nov., lundi sauf du 15 juil. au 26 août

5 ch – †66 € ††66 € – ☕ 9 € – ½ P 66 €

Rest – Formule 22 € – Menu 29/100 € bc – Carte 50/120 €

◆ Ancienne ferme en pierre du 19ᵉ s., habillée de toiles et de mobilier contemporains. Cuisine tendance, goûteuse et généreuse, faisant la part belle aux produits de la mer et au terroir breton. Chambres coquettes, décorées sur le thème de l'hortensia.

NOYAL-SUR-VILAINE – 35 Ille-et-Vilaine – **309** M6 – rattaché à Rennes

NOYANT-DE-TOURAINE – 37 Indre-et-Loire – **317** M6 – rattaché à Ste-Maure-de-Touraine

NOYERS – 89 Yonne – **319** G5 – 715 h. – alt. 175 m – ✉ 89310 **7** B1

Paris 211 – Auxerre 46 – Dijon 129 – Troyes 82

22, place de l'Hôtel de ville, ✆ 03 86 82 66 06, www.noyers-et-tourisme.com

Les Millésimes

14 pl. de l'Hôtel-de-Ville – ✆ 03 86 82 82 16 – www.maison-paillot.com – Fermé début déc. à début mars, dim. soir et lundi sauf juil. août

Rest – Menu 20/38 €

◆ Ce restaurant champêtre et élégant se tient derrière la boucherie-charcuterie familiale. Le terroir et les vins bourguignons sont à l'honneur... ainsi que les produits maison !

NOYON – 60 Oise – **305** J3 – 13 821 h. – alt. 52 m – ✉ 60400 **37** C2

Nord Pas-de-Calais Picardie

Paris 108 – Amiens 67 – Compiègne 29 – Laon 53

1 place Bertrand Labarre, ✆ 03 44 44 21 88, www.noyon-tourisme.com

Cathédrale Notre-Dame★★ - Abbaye d'Ourscamps★ 5 km par N 32.

Saint Eloi ch,

81 bd Carnot – ✆ 03 44 44 01 49 – www.hotelsainteloi.fr

30 ch – †75/110 € ††75/110 € – ☐ 12 € – ½ P 85/95 €

Rest *(fermé sam. midi et dim. soir)* – Formule 30 € – Menu 38 € (dîner), 53 € bc/66 € bc – Carte 48/75 €

◆ Un élégant castel tout en briques, tourelles et colombages (1870), abritant des chambres classiques et confortables – plus simples dans l'annexe. Stucs, mobilier de style et lustres en cristal au restaurant ; cuisine de tradition.

Le Cèdre sans rest

8 r. de l'Évêché – ✆ 03 44 44 23 24 – www.hotel-lecedre.com

35 ch – †73/79 € ††84/90 € – ☐ 9 € – ½ P 66 €

◆ Construction récente en briques rouges, en harmonie avec la cité. Les chambres, chaleureuses et bien équipées, offrent pour la plupart une vue sur la cathédrale.

Dame Journe

2 bd Mony – ✆ 03 44 44 01 33 – www.damejourne.fr – Fermé 7-20 sept., 5-12 janv., dim. soir, mardi soir, merc. soir, jeudi soir et lundi

Rest – Menu 23 € (déj. en sem.), 30/40 € – Carte 36/51 €

◆ Fréquenté par des habitués, un établissement au cadre chaleureux et soigné : fauteuils de style Louis XVI et boiseries. Cuisine traditionnelle, avec un bon choix de menus.

NUAILLÉ – 49 Maine-et-Loire – **317** E6 – rattaché à Cholet

NUEIL-LES-AUBIERS – 79 Deux-Sèvres – **316** M6 – 5 412 h. – ✉ 79250 **38** B1

Paris 364 – Bressuire 15 – Cholet 29 – Poitiers 100

Le Moulin de la Sorinière

2 km au Sud-Ouest par D 33, rte de Cerizay et C 3 – ✆ 05 49 72 39 20 – www.hotel-moulin-soriniere.com – Fermé 23 avril-8 mai, 29 oct.-5 nov. et 5-11 fév.

8 ch – †50/54 € ††56/61 € – ☐ 9 € – ½ P 54/57 €

Rest *Le Moulin de la Sorinière* – voir les restaurants ci-après

◆ Ce vieux moulin du 19ᵉs. a conservé son charme bucolique ; la rivière traverse le jardin et le potager, et les chambres ont des noms de fleurs. Pour les effeuiller au grand calme...

Le Moulin de la Sorinière
2 km au Sud-Ouest par D 33, rte de Cerizay et C 3 – 05 49 72 39 20 – www.hotel-moulin-soriniere.com – Fermé 23 avril-8 mai, 29 oct.-5 nov. et 5-11 fév., dim. soir et lundi
Rest – Formule 17 € – Menu 28 € (sem.)/36 € – Carte 28/36 €
◆ Les grandes baies vitrées de cette ancienne grange donnent sur un jardin bien agréable, source d'inspiration pour un chef amoureux des produits de saison. Après le repas, une balade digestive près de la rivière s'impose.

NUITS-ST-GEORGES – 21 Côte-d'Or – 320 J7 – 5 516 h. – alt. 243 m 8 D1

– ✉ 21700 Bourgogne
Paris 320 – Beaune 22 – Chalon-sur-Saône 45 – Dijon 22
3, rue Sonoys, 03 80 62 11 17

La Gentilhommière
13 vallée de la Serrée, rte Meuilley, 1,5 km à l'Ouest – 03 80 61 12 06 – www.lagentilhommiere.fr – Fermé de mi-déc. à fin janv.
31 ch – 115 € 115 € – 18 €
Rest *Le Chef Coq* – voir les restaurants ci-après
◆ Un joli pavillon de chasse du 16es. tout près du village et déjà au vert, avec son parc traversé par une rivière. Les chambres sont thématiques (Afrique, Oriental, Pop Art...) ; les plus spacieuses se situent dans l'annexe.

Hostellerie St-Vincent
r. Gén. de Gaulle – 03 80 61 14 91 – www.hostellerie-st-vincent.com – Fermé 1 sem. à Noël et dim. soir de nov. à mars
23 ch – 78/101 € 86/125 € – 11 €
Rest *L'Alambic* – voir les restaurants ci-après
◆ Dans cette grosse maison d'aspect traditionnel, les chambres sont pratiques et bien insonorisées... et pour faire le plein de gourmandises, il y a même une petite boutique de produits régionaux !

Le Chef Coq – Hôtel La Gentilhommière
13 vallée de la Serrée, rte Meuilley, 1,5 km à l'Ouest – 03 80 61 12 06 – www.lagentilhommiere.fr – Fermé de mi-déc. à fin janv., merc. midi, sam. midi et mardi
Rest – Menu 24 € (déj. en sem.), 49/62 € – Carte 65/85 €
◆ Des pierres, des poutres, une déco tendance et chaleureuse pour un restaurant qui joue joliment sur deux tableaux. Le midi, plats simples d'inspiration internationale ; le soir, place à une carte plus gastronomique et étoffée.

La Cabotte
24 Grande-Rue – 03 80 61 20 77 – www.restaurantlacabotte.fr – Fermé 1 sem. en avril, 2-16 janv., lundi midi, sam. midi et dim.
Rest *(nombre de couverts limité, réserver)* – Menu 29/53 € – Carte 42/60 €
◆ Une cuisine actuelle fine et gourmande à prix doux, de la convivialité à revendre, un cadre rustique sympathique et une carte des vins restreinte mais judicieuse : cette Cabotte en a dans la caboche et l'on se régale !

L'Alambic – Hostellerie St-Vincent
r. Gén. de Gaulle – 03 80 61 35 00 – www.hostellerie-st-vincent.com – Fermé 1 sem. à Noël, dim. soir de nov. à mars, lundi midi et mardi midi
Rest – Formule 16 € – Menu 20 € (déj.), 25/58 € – Carte 40/50 €
◆ Dans cette cave voûtée, bâtie avec des pierres de l'ancienne prison de Beaune, trône un superbe alambic... Quant à la cuisine, loin d'être alambiquée, elle est régionale, simple et goûteuse et s'accompagne de bons vins locaux.

à Curtil-Vergy Nord-Ouest : 7 km par D 25, D 35 et rte secondaire – 111 h. – ✉ 21220

Manassès sans rest
r. Guillaume de Tavanes – 03 80 61 43 81 – www.hotelmanasses.com – Ouvert de mars à nov.
12 ch – 80/105 € 80/105 € – 13 €
◆ Une maison vigneronne typique et... atypique. Évidemment il y a de jolies chambres (classiques ou rustiques), mais aussi un musée de la vigne, une salle de dégustation – ici, on est d'abord viticulteur – et un petit-déjeuner gargantuesque !

NYONS – 26 Drôme – 332 D7 – 7 096 h. – alt. 271 m – ✉ 26110 44 B3

Lyon Drôme Ardèche

Paris 653 – Alès 109 – Gap 106 – Orange 43

pavillon du tourisme - place de la Libération, ☎ 04 75 26 10 35, www.paysdenyons.com

Vieux Nyons★ : Rue des Grands Forts★ - Pont Roman (vieux Pont)★.

La Caravelle sans rest

8 r. Antignans, par prom. Digue – ☎ 04 75 26 07 44 – www.lacaravelle-nyons.com – Ouvert 1er avril-31 oct.

11 ch – 🛉79/89 € 🛉🛉79/119 € – ☕ 10 €

◆ Une belle villa 1930 et son jardin planté de catalpas, des arbres fleuris en été. Chambres soignées, parfois décorées de hublots provenant d'un ancien navire de guerre.

Une Autre Maison

pl. de la République – ☎ 04 75 26 43 09 – www.uneautremaison.com – Fermé de mi-déc. à mi-janv. **d**

10 ch – 🛉80/140 € 🛉🛉80/140 € – ☕ 15 € – ½ P 90/125 €

Rest *Une Autre Maison* – voir les restaurants ci-après

◆ Confort, bien-être et élégance : une Maison d'un Autre siècle (fin du 19es.), vraiment charmante ! Les chambres sont ravissantes et toutes différentes ; la piscine et le jardin tout bonnement délicieux.

Une Autre Maison – Hôtel Une Autre Maison

pl. de la République – ☎ 04 75 26 43 09 – www.uneautremaison.com – Fermé de mi-déc. à mi-janv. **d**

Rest *(dîner seult)* – Menu 40 €

◆ Dans cette belle maison ancienne au fond d'un divin jardin, le chef concocte une bonne cuisine du marché, et notamment de jolis plats de poisson. Les résidents de l'hôtel sont ravis et les autres aussi !

rte de Gap par ① 7 km sur D 94 – ✉ 26110 Nyons

La Charrette Bleue

– ☎ 04 75 27 72 33 – www.lacharrettebleue.net – Fermé 2-31 janv., dim. soir d'oct. à mars, mardi de sept. à juin et merc.

Rest – Formule 20 € – Menu 29/45 € – Carte 35/58 €

◆ Impossible de rater ce relais de poste du 18es. en pierre calcaire, avec sa charrette bleue posée sur le toit ! Joli cadre rustique, cuisine traditionnelle et vins choisis.

rte d'Orange par ③ sur D 94 – ✉ 26110 Nyons

La Bastide des Monges sans rest

à 4 km – ☎ 04 75 26 99 69 – www.bastidedesmonges.com – Fermé 15-30 nov. et 1er janv.-28 fév.

9 ch – 🛉78/125 € 🛉🛉78/125 € – ☕ 12 €

◆ Couvent du 18es. transformé en hôtel agréable. Les chambres, provençales, sont avenantes et donnent sur le jardin ou les vignes. Accueil charmant ; belle terrasse.

à Montaulieu 14 km à l'Est par D 94, D 64 et D 501 – 74 h. – alt. 510 m – ✉ 26110

Les Terrasses

ch,

au village – ☎ 04 75 27 42 91 – www.lesterrasses-montaulieu.fr – Ouvert 15 avril-15 nov.

3 ch ☕ – 🛉150/180 € 🛉🛉170/200 €

Table d'hôte – Menu 30 € bc/45 € bc

◆ Cette maison a été restaurée par des amoureux des vieilles pierres et elle est resplendissante ! Déco chinée, belle piscine et nature intacte : le bonheur hors du temps ! À la table d'hôte, cuisine régionale non dénuée de créativité et bons côtes-du-rhône.

Envie de partir à la dernière minute ?
Visitez les sites Internet des hôtels pour bénéficier de promotions tarifaires.

NYONS

Autiero (Pl.) 2
Chapelle (R. de la) 3
Digue (Promenade de la) 4
Liberté (R. de la) 6
Maupas (R.) 8
Petits Forts . . . . (R. des) 10
Randonne (R.) 12
Résistance (R.de la) 14

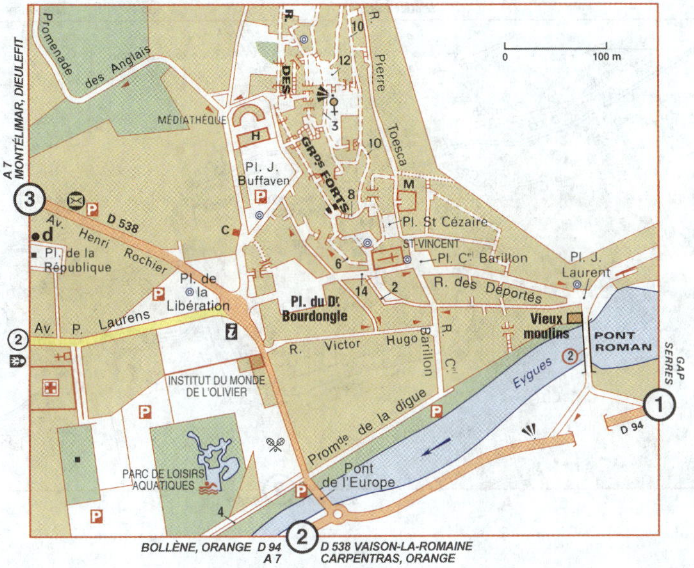

OBERHASLACH – **67 Bas-Rhin** – **315** H5 – **1 771 h.** – **alt. 270 m** **1** A1
– ✉ **67280** Alsace Lorraine

Paris 482 – Molsheim 16 – Saverne 32 – St-Dié 57

22, rue du Nideck, mairie, ✆ 03 88 50 90 15

Hostellerie St-Florent

28 r. Nideck – ✆ 03 88 50 94 10 – www.hostellerie-saint-florent.com – Fermé 25 juin-4 juil. et 15-23 nov.

23 ch – 46/53 € 46/53 € – 9 € – ½ P 51 €

Rest ***Hostellerie St-Florent*** – voir les restaurants ci-après

◆ Il règne une ambiance vraiment chaleureuse dans cette maison alsacienne nichée entre les vignes, au cœur d'un village fleuri du Nideck. Les chambres sont à prix très doux et les jolis chemins aux alentours n'attendent que les randonneurs !

Hostellerie St-Florent

28 r. Nideck – ✆ 03 88 50 94 10 – www.hostellerie-saint-florent.com – Fermé 25 juin-4 juil., 15-23 nov., sam. midi, dim. soir et lundi

Rest – Formule 12 € – Menu 23/35 € – Carte 29/41 €

◆ Il a vraiment du charme ce restaurant, avec ses jolies boiseries et ses lampes rétro. Une bonne entrée en matière pour goûter à de vraies spécialités alsaciennes comme le cervelas grillé, la tarte à l'oignon ou la choucroute royale.

OBERNAI – **67 Bas-Rhin** – **315** I6 – **10 883 h.** – **alt. 185 m** – ✉ **67210** **1** A2
Alsace Lorraine

Paris 488 – Colmar 50 – Molsheim 12 – Sélestat 27

place du Beffroi, ✆ 03 88 95 64 13, www.obernai.fr

Place du Marché★★ - Hôtel de ville★ **H** - Tour de la Chapelle★ **L** - Ancienne halle aux blés★ **D** - Maisons anciennes★.

Plan page suivante

OBERNAI

Chanoine Gyss (R. du) . . . . . . A 2
Chapelle (R. de la) . . . . A 3
Dietrich (R.) . . . . A 4
Étoile (Pl. de l') . . . . A 5
Fines Herbes (Pl. des) . . . . AB 6
Juifs (Ruelle des) . . . . A 8
Marché (R. du) . . . . B 12
Sainte-Odile (R.) . . . . A 16

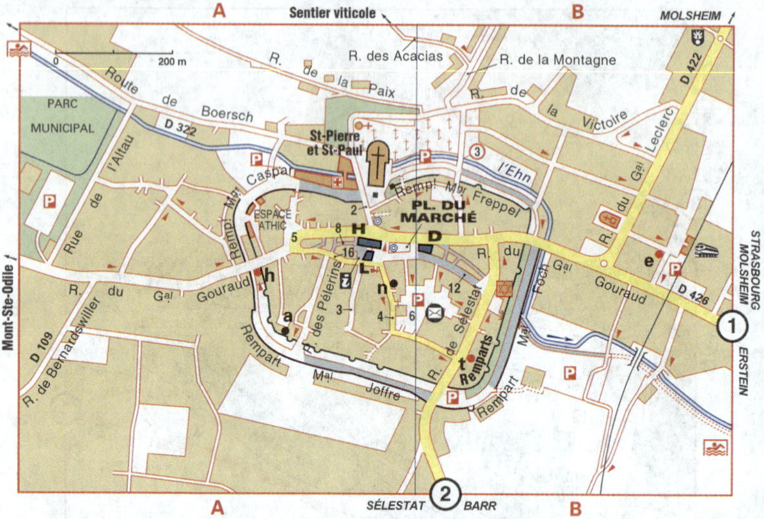

Le Parc

169 rte d'Ottrott, à l'Ouest par D 426 – ✆ 03 88 95 50 08 – www.hotel-du-parc.com – Fermé 1er-13 juil. et 20 déc.-20 janv.

54 ch – †140/260 € ††140/260 € – 8 suites – ☕ 21 €

Rest *La Table* Rest *Le Stub* – voir les restaurants ci-après

◆ Dans cette grande demeure à pans de bois, les chambres et suites adoptent un style régional ou contemporain. Superbe piscine intérieure dans l'espace bien-être ; toutes sortes de massages sont proposés, dont l'Alsacien aux essences des Vosges !

À la Cour d'Alsace

3 r. Gail – ✆ 03 88 95 07 00 – www.cour-alsace.com – Fermé 24 déc.-26 janv. **Aa**

48 ch – †114/199 € ††139/239 € – 5 suites – ☕ 19 € – ½ P 115/145 €

Rest *Jardin des Remparts* Rest *Caveau de Gail* – voir les restaurants ci-après

◆ On pénètre d'abord dans la cour intérieure, non loin du centre historique de la ville. Là, dans cette ancienne propriété des barons de Gail, confort, douceur de vivre et luxe sont au rendez-vous. Idéal pour une étape gastronomique ou culturelle.

Le Colombier sans rest

6 r. Dietrich – ✆ 03 88 47 63 33 – www.hotel-colombier.com **An**

46 ch – †91/135 € ††91/135 € – 8 suites – ☕ 12 €

◆ Au cœur de la vieille ville, cette bâtisse régionale s'est parée de modernité. Spacieuses chambres avec vue sur les toits au 4e étage. Espace détente "zen".

Les Jardins d'Adalric sans rest

19 r. du Mar.-Koenig, par ① – ✆ 03 88 47 64 47 – www.jardins-adalric.com

46 ch – †78/120 € ††78/120 € – 2 suites – ☕ 11 €

◆ Dans cet hôtel récent, légèrement excentré, les chambres sont sobres et contemporaines. L'été, on prend son petit-déjeuner sur la terrasse et on profite du jardin.

La Fourchette des Ducs (Nicolas Stamm)

6 r. de la Gare – ✆ 03 88 48 33 38 – www.lafourchettedesducs.com – Fermé 5-12 mars, 30 juil.-15 août, 1er-10 janv., dim. soir, lundi et le midi sauf dim. **Be**

Rest *(nombre de couverts limité, réserver)* – Menu 95/130 € – Carte 120/175 €

Spéc. Jambonnettes de cuisse de grenouille, bonbon de foie gras de canard. Suprême et cuisse de pigeonneau d'Alsace. Crème au moka, ganache moelleuse aux épices et chocolat. **Vins** Riesling, Pinot Gris.

◆ L'hiver, atmosphère cosy (boiseries et poutres apparentes) ; l'été, fraîcheur contemporaine dans une salle ouverte sur la cour intérieure... Et en toute saison, une assiette classique – avec une pointe de créativité – pour de succulents coups de fourchette.

La Table – Hôtel Le Parc

169 rte d'Ottrott, à l'Ouest par D 426 – ✆ 03 88 95 50 08 – www.hotel-du-parc.com – Fermé 1er-13 juil., 20 déc.-20 janv., dim., lundi et le midi

Rest – Menu 48 € (sem.), 58/75 € – Carte 55/75 €

◆ Voilà une Table raffinée et typiquement alsacienne : lustres en cristal, bois couleur de miel et grande cheminée. Tournedos de biche au pinot noir, pressé de caille, ravioles aux lentins de chêne... une cuisine à la fois classique et soignée.

Jardin des Remparts – Hôtel À la Cour d'Alsace

3 r. Gail – ✆ 03 88 95 07 00 – www.cour-alsace.com – Fermé 30 juil.-2 sept., 26 déc.-28 fév., jeudi midi, vend. midi, sam. midi, dim. soir, lundi, mardi et merc. **Aa**

Rest – Menu 48/92 € – Carte 51/118 €

◆ Une adresse de caractère ! Décorée dans un style classique et luxeux, elle propose des plats traditionnels ou plus créatifs : velouté d'escargots, foie gras à la rhubarbe, etc.

Le Bistro des Saveurs (Thierry Schwartz)

35 r. de Sélestat – ✆ 03 88 49 90 41 – Fermé 4-28 mars, 15 juil.-8 août, dim. et lundi **Bt**

Rest – Menu 34 € bc (déj. en sem.), 50/104 € bc – Carte 60/85 €

Spéc. Quatuor de betteraves, beurre citron jaune et gewurztraminer (sept. à déc.). Cabri-carottes cuits longuement. Douceur rutabaga, sauce ivoire (sept.à avril). **Vins** Pinot blanc, Riesling.

◆ Poutres apparentes, bouteilles en vitrine, cheminée : le cadre est raffiné... La cuisine allie produits bruts, invention et finesse d'exécution. Accueil chaleureux.

Caveau de Gail – Hôtel À la Cour d'Alsace

3 r. Gail – ✆ 03 88 95 07 00 – www.cour-alsace.com – fermé 26 déc.-26 janv. et sam. midi **Aa**

Rest – Formule 27 € – Menu 31 € – Carte 33/50 €

◆ Ce Caveau est en fait une sorte de winstub de luxe ! La cuisine traditionnelle y est à l'honneur, avec de belles allusions au terroir alsacien : truite aux amandes, choucroute aux trois poissons, crème brûlée au marc de gewurztraminer, etc.

Le Stub – Hôtel Le Parc

169 rte d'Ottrott, à l'Ouest par D 426 – ✆ 03 88 95 50 08 – www.hotel-du-parc.com – Fermé 1er-13 juil., 20 déc.-20 janv., dim., lundi et le soir

Rest – Formule 25 € – Menu 32 € – Carte 35/45 €

◆ Le bois qui décore les murs de cette Stub a été récupéré dans d'anciennes fermes ; un cadre chaleureux avec ses alcôves et son poêle en faïence, pour déguster tartare de hareng "grand-mère", pied de porc farci, quenelles de brochet...

À l'Agneau d'Or

99 r. Gén.-Gouraud – ✆ 03 88 95 28 22 – agneaudor.eresto.net **Ah**

Rest – Menu 22/32 € – Carte 25/50 €

◆ Accueil familial dans cette maison à colombages située près des remparts. Sympathique petite salle alsacienne (banquettes en bois, plafond peint) et cuisine typique de la région.

à Ottrott 4 km à l'Ouest par D 426 – 1 649 h. – alt. 268 m – ✉ 67530

46, rue Principale, ✆ 03 88 95 83 84, www.ottrott.com
Couvent de Ste-Odile : ※★★ de la terrasse, chapelle de la Croix★ SO : 11 km - pèlerinage 13 décembre.

Hostellerie des Châteaux
Ottrott-le-Haut – ✆ 03 88 48 14 14 – www.hostellerie-chateaux.fr – Fermé fév.
55 ch – †139/349 € ††139/349 € – 12 suites – ☐ 20 €
Rest ***Hostellerie des Châteaux*** – voir les restaurants ci-après
◆ Cet imposant hôtel vous invite à un grand moment de détente : spa et soins très complets, superbe piscine intérieure. Dans les chambres, spacieuses, l'esprit contemporain se marie au style alsacien. Chic !

Le Clos des Délices
17 rte de Klingenthal, 1 km au Nord-Ouest par D 426 – ✆ 03 88 95 81 00 – www.leclosdesdelices.com
20 ch – †109/140 € ††109/239 € – 1 suite – ☐ 18 € – ½ P 111/149 €
Rest *(fermé dim. soir sauf fériés)* – Menu 29/59 € – Carte 53/82 €
◆ Dans un grand parc près de la route, on remarque d'abord la jolie façade tapissée de verdure... puis on paresse agréablement dans une chambre raffinée, colorée et bien insonorisée. Petit spa. Le restaurant ouvre sur les bois. Carte traditionnelle sagement créative.

À l'Ami Fritz
Ottrott-le-Haut – ✆ 03 88 95 80 81 – www.amifritz.com – Fermé 9-23 janv.
24 ch – †90/125 € ††90/180 € – 2 suites – ☐ 14 € – ½ P 87/135 €
Rest ***À l'Ami Fritz*** – voir les restaurants ci-après
◆ Cette maison régionale dégage beaucoup de charme... Le décor des chambres est très soigné, dans une veine contemporaine agréable à vivre. Un hôtel de qualité.

Beau Site
Ottrott-le-Haut – ✆ 03 88 48 14 30 – www.hotel-beau-site.fr – Fermé fév.
18 ch – †69/169 € ††69/169 € – ☐ 15 € – ½ P 51/66 €
Rest *(fermé dim. soir, mardi midi et lundi)* – Formule 19 € – Menu 25 € (sem.)/34 € – Carte 30/71 €
◆ Cette grande maison à oriels et colombages abrite des chambres confortables (certaines avec balcon). Le must : celles du dernier étage, spacieuses et contemporaines. Au restaurant – une luxueuse winstub ornée d'œuvres de Spindler –, carte axée terroir.

Aux Chants des Oiseaux sans rest
Ottrott-le-Haut – ✆ 03 88 95 87 39 – www.chantsdesoiseaux.com – Fermé 28 juin-8 juil. , 9-31 janv., dim. soir, lundi et mardi
14 ch – †82/95€ ††82/110 € – 2 suites – ☐ 14 € – ½ P 82/105 €
◆ Dans un quartier résidentiel, cette maison des années 1980 dispose de chambres agréables et cosy. Sur la terrasse (côté piscine), chant des oiseaux et vue sur le mont Ste-Odile.

Domaine Le Moulin
32 rte de Klingenthal, 1 km au Nord-Ouest par D 426 – ✆ 03 88 95 87 33 – www.domaine-le-moulin.com – Fermé 20 déc.-20 janv. et 1er-8 août
21 ch – †60/70 € ††72/80 € – 2 suites – ☐ 11 € – ½ P 67/76 €
Rest *(fermé sam. midi, dim. soir et lundi midi)* – Formule 16 € – Menu 23 € (déj. en sem.), 28/57 € – Carte 30/65 €
◆ Ce vaste hôtel entouré d'un parc (rivière, étang) impose sa présence sur la route des Vins. Chambres douillettes et, dans l'annexe, grands appartements (duplex) plus modernes. Au restaurant, carte régionale et terrasse face à la forêt.

À l'Ami Fritz – Hôtel À l'Ami Fritz
Ottrott-le-Haut – ✆ 03 88 95 80 81 – www.amifritz.com – Fermé 1er-8 juil., 9-23 janv. et merc.
Rest – Formule 21 € – Menu 28/68 € – Carte 38/68 €
◆ M. Fritz, c'est le chef-patron, mais l'enseigne fait aussi référence au roman d'Erckmann et Chatrian (1854), dont le héros sacrifie tout à la bonne chère. Un sacré patronage pour une cuisine très savoureuse, dans un décor qui porte également haut le charme de la région !

Hostellerie des Châteaux - Hostellerie des Châteaux
Ottrott-le-Haut – 03 88 48 14 14 – www.hostellerie-chateaux.fr – Fermé fév.
Rest – Menu 59/93 € – Carte 61/109 €
◆ Un cadre feutré et intime, pour une carte qui se veut sophistiquée : saumon mariné aux fleurs de câpres, feuilletage de ris de veau, caillé de munster à l'ail des ours...

OBERSTEIGEN – 67 Bas-Rhin – **315** H5 – ✉ 67710 Alsace Lorraine **1** A1
Paris 466 – Molsheim 27 – Sarrebourg 32 – Saverne 16
Vallée de la Mossig★ E : 2 km.

Hostellerie Belle Vue rest, rest,
16 rte de Dabo – 03 88 87 32 39 – www.hostellerie-belle-vue.com – Ouvert 1er avril-3 janv. et fermé dim. soir et lundi hors saison sauf fériés
24 ch – †70/90 € ††80/95 € – 1 suite – ☐ 10 € – ½ P 75/85 €
Rest – Formule 19 € – Menu 25/43 € – Carte 29/60 €
◆ Au cœur d'une "station climatique" de la forêt vosgienne, une auberge accueillante et confortable : chambres spacieuses (aménagement classique), salon avec billard et cheminée, spa, jacuzzi, fitness... Esprit alsacien au restaurant, dans le décor et dans l'assiette.

OBERSTEINBACH – 67 Bas-Rhin – **315** K2 – 225 h. – alt. 239 m **1** B1
– ✉ 67510 Alsace Lorraine
Paris 458 – Bitche 22 – Haguenau 35 – Strasbourg 68

Anthon avec ch
40 r. Principale – 03 88 09 55 01 – www.restaurant-anthon.fr – Fermé janv., mardi et merc.
12 ch – †50 € ††69 € – ☐ 10 € – ½ P 76 €
Rest – Menu 25/49 € – Carte 37/62 €
◆ Une élégante salle en rotonde dans une maison à colombages (1860) : l'endroit est idéal pour savourer une cuisine classique et de terroir. Chambres spacieuses, dont deux conservent des lits traditionnels en alcôve.

OBJAT – 19 Corrèze – **329** J4 – 3 615 h. – alt. 131 m – ✉ 19130 **24** B3
Paris 467 – Brive-la-Gaillarde 21 – Limoges 79 – Tulle 45
place Charles de Gaulle, 05 55 25 96 73, www.objat.fr

La Tête de L'Art
53 av. J. Lascaux – 05 55 25 50 42 – Fermé 28 juin-8 juil., mardi soir et merc.
Rest – Formule 14 € – Menu 17 € (déj. en sem.), 22/39 € – Carte 22/39 €
◆ Afin de marier l'art avec le goût, ce restaurant familial expose des toiles d'artistes locaux. En cuisine, le chef prépare des recettes traditionnelles rehaussées d'une pointe d'originalité. Une enseigne appréciée dans la région.

OFFRANVILLE – 76 Seine-Maritime – **304** G2 – rattaché à Dieppe

OGLIASTRO – 2B Haute-Corse – **345** F3 – voir à Corse

OGNES – 02 Aisne – **306** B5 – rattaché à Chauny

L'OIE – 85 Vendée – **316** J7 – 1 102 h. – alt. 102 m – ✉ 85140 **34** B3
Paris 394 – Cholet 40 – Nantes 62 – Niort 94

Le Grand Turc
33 r. Nationale – 02 51 66 08 74 – www.hotel-legrandturc.fr – Fermé 20 déc.-10 janv.
29 ch – †56/99 € ††68/99 € – ☐ 10 €
Rest *Le Grand Turc* – voir les restaurants ci-après
◆ L'enseigne évoque le mamelouk Amakuc, chef de la garde de Napoléon Ier lors du passage de ce dernier à l'auberge. Si celle-ci donne sur la nationale, les chambres – d'esprit frais et agréable – se trouvent sur l'arrière, au calme.

Le Grand Turc

33 r. Nationale – ✆ 02 51 66 08 74 – www.hotel-legrandturc.fr – Fermé 20 déc.-10 janv., sam. soir hors saison et dim.
Rest – Menu 14 € (déj.)/39 € – Carte 46/72 €
◆ Cuisine traditionnelle côté "gastro" ; buffet et plat du jour à la brasserie... deux offres de restauration chez ce Grand Turc qu'on croque !

OINVILLE-SOUS-AUNEAU – 28 Eure-et-Loir – 311 G5 – 323 h. – alt. 150 m – ✉ 28700 12 C1

Paris 77 – Chartres 20 – Montigny-le-Bretonneux 50 – Orléans 88

Caroline Lethuillier sans rest

1 r. des harres, à Cherville, 2 km à l'Ouest – ✆ 02 37 31 72 80 – www.cherville.com
4 ch – 51/53 € 62/66 €
◆ Dans cette ferme beauceronne du début du 19e s., on cultive toujours céréales et betteraves. Mme Lethuillier fait tout elle-même, de la décoration des jolies chambres – très spacieuses – au petit-déjeuner. Vive le tourisme rural !

OISLY – 41 Loir-et-Cher – 318 F7 – 337 h. – alt. 120 m – ✉ 41700 11 A1

Paris 208 – Blois 27 – Châteauroux 80 – Tours 61

Saint-Vincent

Le Bourg – ✆ 02 54 79 50 04 – Fermé 1er-15 oct., vacances de Noël, 15 janv.-8 fév., lundi soir d'oct. à Pâques, mardi et merc.
Rest – Menu 28/65 € – Carte 47/90 €
◆ La cuisine actuelle attire les gourmets en ce restaurant rustique dont l'enseigne célèbre le patron des vignerons. Dégustations de vins du pays. Terrasses aux beaux jours.

OIZON – 18 Cher – 323 L2 – 722 h. – alt. 230 m – ✉ 18700 12 C2

Paris 179 – Bourges 54 – Cosne-sur-Loire 35 – Gien 29

Les Rives de l'Oizenotte

à l'étang de Nohant, 1 km à l'Est – ✆ 02 48 58 06 20 – www.lesrivesdeloizenotte.fr – Fermé 20 déc.-20 janv., dim. soir de la Toussaint à Pâques, lundi et mardi
Rest *(nombre de couverts limité, réserver)* – Formule 21 € bc – Menu 32 €
◆ Cuisine régionale au bord de l'eau ! Sur la jolie terrasse ou dans la salle décorée sur le thème de la pêche, qu'il est agréable de contempler l'étang...

OLEMPS – 12 Aveyron – 338 H4 – rattaché à Rodez

OLÉRON (ÎLE D') – 17 Charente-Maritime – 324 C4 – voir à Île d'Oléron

OLIVET – 45 Loiret – 318 I4 – rattaché à Orléans

OLLIOULES – 83 Var – 340 K7 – 12 995 h. – alt. 52 m – ✉ 83190 40 B3

Côte d'Azur

Paris 829 – Aix-en-Provence 80 – Marseille 59 – Toulon 8

116, avenue Philippe de Hauteclocque, ✆ 04 94 63 11 74, www.ollioules.com

Gorges d'Ollioules★.

La Table du Vigneron

724 chemin de la Tourelle, (Domaine de Terrebrune), par rte de Gros-Cerveau – ✆ 04 94 88 36 19 – fermé 15 fév.-8 mars, dim. soir hors saison et lundi
Rest *(nombre de couverts limité, réserver)* – Menu 25/40 € – Carte 55/75 €
◆ Beaucoup de raffinement dans ce domaine viticole aux allures de bonbonnière chic. Près de la cheminée ou sur la terrasse, la cuisine et les fromages sont goûteux – et le bandol...

OLMETO – 2A Corse-du-Sud – 345 C9 – voir à Corse

OLMETO PLAGE – 2A Corse-du-Sud – 345 C9 – voir à Corse, Olmeto

OLORON-STE-MARIE

Barthou (R. Louis) . . . . B
Bellevue (Promenade) . . . . B 2
Biscondau (R. du) . . . . B 3
Bordelongue (R. A.) . . . . B 4
Camou (R.) . . . . B
Casamayor-Dufaur (R.) . . . . A 5
Cathédrale (R. de la) . . . . . . A 6
Dalmais (R.) . . . . B 7
Derême (Av. Tristan) . . . . . . A 8
Despourrins (R.) . . . . A 9
Gabe (Pl. Amédée) . . . . B 10
Gambetta (Pl.) . . . . B 12
Jaca (Pl.) . . . . A 13
Jeliote (R.) . . . . B 14
Lattre-de-Tassigny
(Av. du Mar. de) . . . . A 23
Mendiondou (Pl. Léon) . . . . B 15
Moureu
(Av. Charles et Henri) . . . A 16
Oustalots (Pl. des) . . . . A 18
Pyrénées (Bd des) . . . . A 19
Résistance (Pl. de la) . . . . . B 20
St-Grat (R.) . . . . A 22
Toulet (R. Paul-Jean) . . . . . . A 24
Vigny (Av. Alfred de) . . . . . . A 26
4-Septembre (Av. du) . . . . . . A 28
14-Juillet (Av. du) . . . . A 30

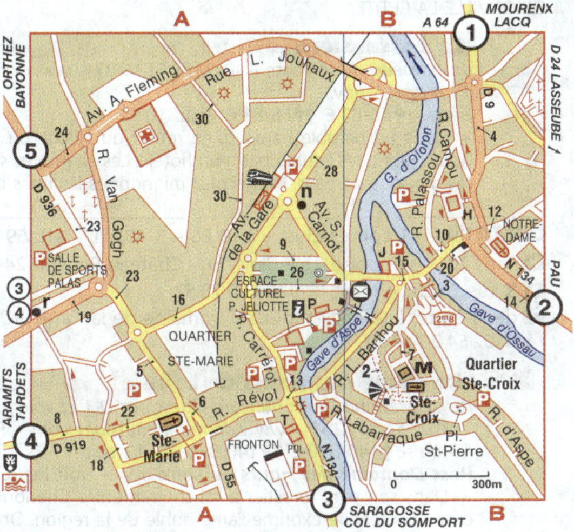

OLORON-STE-MARIE – 64 Pyrénées-Atlantiques – **342** I5 **3** B3
– 11 200 h. – alt. 224 m – ✉ 64400 Aquitaine

Paris 809 – Bayonne 105 – Mont-de-Marsan 101 – Pau 34

allées du Comte de Tréville, ✆ 05 59 39 98 00, www.tourisme-oloron.com

Portail★★ de l'église Ste-Marie.

Alysson

bd des Pyrénées – ✆ 05 59 39 70 70 – www.alysson-hotel.fr **Ar**

46 ch – †77/85 € ††88/110 € – 1 suite – ☕ 11 €

Rest *(fermé 19 déc.-4 janv., 20-28 fév., vend. soir d'oct. à avril, sam. sauf le soir de mai à sept.)* – Formule 22 € – Menu 28/55 € – Carte 50/80 €

◆ En bordure d'un axe passant, hôtel récent abritant des chambres spacieuses et fonctionnelles (certaines avec baignoire balnéo), rénovées de pied en cap ces dernières années. Boiseries et baies vitrées ouvertes sur le jardin dans la vaste salle à manger.

La Paix sans rest

24 av. Sadi-Carnot – ✆ 05 59 39 02 63 – www.hotel-oloron.com – Fermé 22 déc.-3 janv. **An**

24 ch – †50/65 € ††50/69 € – ☕ 8 €

◆ Hôtel familial bien entretenu, situé dans le quartier de la gare. Chambres simples et claires, pratiques pour l'étape. Accueil convivial.

OMIÉCOURT – 80 Somme – **301** K9 – 246 h. – alt. 85 m – ✉ 80320 **37** B2

Paris 128 – Amiens 64 – Saint-Quentin 39 – Compiègne 53

Château d'Omiécourt sans rest

4 r. du Bosquet – ✆ 03 22 83 01 75 – www.chateau-omiecourt.com

5 ch ☕ – †70/110 € ††110/140 €

◆ Château de famille où l'on est accueilli par la 6e génération. Chambres "Médicis", "1900"... au beau mobilier chiné. Practice de golf dans le parc ; piscines intérieure et d'été.

OMONVILLE-LA-PETITE – 50 Manche – **303** A1 – 123 h. – alt. 33 m **32** A1
– ✉ 50440

Paris 380 – Barneville-Carteret 45 – Cherbourg 25 – Nez de Jobourg 7

La Fossardière sans rest
au hameau de la Fosse – ☎ 02 33 52 19 83 – www.lafossardiere.fr – Ouvert 15 mars-15 nov.
8 ch – †68/81 € ††68/81 € – ☕ 10 €
◆ Dans un paisible hameau, en retrait du village où repose Jacques Prévert, un hôtel qui ne ressemble pas à un hôtel... Les chambres sont réparties dans des petites maisons de pays, toutes plus mignonnes les unes que les autres. Reposant !

ONZAIN – 41 Loir-et-Cher – **318** E6 – **3 432 h.** – **alt. 69 m** – ✉ 41150 **11** A1
Paris 201 – Amboise 21 – Blois 19 – Château-Renault 24
3, rue Gustave Marc, ☎ 02 54 20 78 52
de la Carte, à Chouzy-sur-Cisse, Domaine de la Carte, SO : 6 km par D 952, ☎ 02 54 20 49 00

Domaine des Hauts de Loire
rte de Mesland, 3 km au Nord-Ouest par D 1 et voie privée – ☎ 02 54 20 72 57 – www.domainehautsloire.com – Fermé 1er déc.-20 fév.
19 ch – †140/310 € ††140/310 € – 12 suites – ☕ 23 €
Rest *Domaine des Hauts de Loire* ✿✿ – voir les restaurants ci-après
◆ Dans son parc forestier à mi-chemin entre Chenonceaux, Amboise et Blois, ce castel centenaire exprime l'âme noble de la région. Objets anciens, imprimés chatoyants, beaux volumes (certaines chambres sous la charpente apparente) : le savoir-vivre à la ligérienne...

Château des Tertres sans rest
11 bis r. de Meuves – ☎ 02 54 20 83 88 – www.chateau-tertres.com – Ouvert 1er avril-18 oct.
18 ch – †72/90 € ††84/128 € – ☕ 10 €
◆ Gentilhommière du Second Empire ceinte d'un magnifique parc de 5 ha. Chambres de style Napoléon III ou Louis-Philippe, originales et contemporaines dans le cottage attenant.

✿✿ **Domaine des Hauts de Loire** – Hôtel Domaine des Hauts de Loire
rte de Mesland, 3 km au Nord-Ouest par D 1 et voie privée – ☎ 02 54 20 72 57 – www.domainehautsloire.com – Fermé 1er déc.-20 fév., lundi et mardi sauf fériés
Rest – Menu 68/160 € – Carte 108/180 €
Spéc. Salade d'anguille à la vinaigrette d'échalote. Filet de bœuf poché, bouillon parfumé au rutabaga et ravioli de foie gras et légumes. Soufflé au citron vert et marmelade de mangue au rhum roux. **Vins** Touraine Mesland, Touraine.
◆ Dans cet élégant pavillon de chasse du 19e s., du gibier bien sûr (automne-hiver), mais aussi des poissons de la Loire, de beaux légumes et fruits de saison... D'excellents produits et une exécution très fine, avec comme but ultime : le goût.

OPIO – 06 Alpes-Maritimes – **341** C5 – **2 123 h.** – **alt. 300 m** – ✉ 06650 **42** E2
Paris 911 – Cannes 17 – Digne-les-Bains 125 – Draguignan 74
Carrefour La Font-Neuve, ☎ 04 93 60 61 72, www.officedetourisme-opio.com

Le Mas des Géraniums
1 km à San Peyre, à l'Est sur D 7 – ☎ 04 93 77 23 23 – www.le-mas-des-geraniums.com – Fermé 2 nov.-18 déc., mardi et merc.
Rest – Formule 17 € – Menu 23 € (sem.), 35/46 € – Carte 40/70 €
◆ Une belle auberge sur la colline d'Opio. Dans son joli jardin ou sous la tonnelle, on déguste une de ces cuisines provençales traditionnelles où les produits sont gorgés de fraîcheur.

ORADOUR-SUR-GLANE – 87 Haute-Vienne – **325** D5 – **2 222 h.** – **alt. 275 m** – ✉ 87520 Limousin Berry **24** B2
Paris 408 – Angoulême 85 – Bellac 26 – Confolens 33
place du Champ de Foire, ☎ 05 55 03 13 73, www.oradour-sur-glane.fr
"Village martyr" dont la population a été massacrée en juin 1944.

Le Milord

10 av. du 10-Juin – ✆ 05 55 03 10 35 – www.restaurant-traiteur-lemilord.com – Fermé dim. soir

Rest – Formule 12 € – Menu 18/46 € – Carte 17/48 €

◆ Ici règne une atmosphère résolument familiale. Épaulée par ses parents, la jeune cuisinière concocte des plats traditionnels sans fioriture, mais généreux. Allez venez, Milord...

ORADOUR-SUR-VAYRES – 87 Haute-Vienne – 325 C6 – 1 510 h. – alt. 322 m – ✉ 87150

24 A2

Paris 433 – Limoges 40 – Panazol 45 – St-Junien 23

5, av. du 8 Mai 1945, ✆ 05 55 78 22 21, www.ot-feuillardiers-perigordlimousin.com

La Bergerie des Chapelles

chemin de la Côte, 1 km au Sud par rte de Cussac – ✆ 05 55 78 29 91 – www.domainedeschapelles.com – Fermé nov. et janv.

7 ch – †65/135 € ††70/140 € – ☕ 11 € – ½ P 69/106 €

Rest *(fermé dim. et lundi) (dîner seult) (résidents seult)* – Menu 26/30 €

◆ Une ancienne bergerie dans un grand parc, en pleine nature... Avec son fort caractère rustique et ses belles touches contemporaines, elle a un sacré charme bucolique ! Petit plus : certaines chambres ont une terrasse côté piscine. Menu unique pour les résidents.

ORANGE – 84 Vaucluse – 332 B9 – 29 527 h. – alt. 97 m – ✉ 84100

42 E1

Provence

Paris 655 – Alès 84 – Avignon 31 – Carpentras 24

5, cours Aristide Briand, ✆ 04 90 34 70 88, www.otorange.fr

d'Orange, Route de Camaret, par rte du Mt-Ventoux : 4 km, ✆ 04 90 34 34 04

Théâtre antique★★★ - Arc de Triomphe★★ - Colline St-Eutrope ≤★.

Plan page suivante

Arène Kulm

pl. Langes – ✆ 04 90 11 40 40 – www.hotel-arene.fr AYa

40 ch – †75/195 € ††85/195 € – ☕ 10 €

Rest *(fermé le soir sauf merc. et dim.)* – Formule 13 € – Menu 19/24 € – Carte 28/40 €

◆ Sur une place piétonne, imposante demeure des années 1800 proposant de belles chambres aux tons pastel, sobres et confortables (lits king size, écran plat, grande douche). Petits plats italiens servis à midi dans un cadre de café contemporain.

Le Glacier sans rest

46 cours A. Briand – ✆ 04 90 34 02 01 – www.le-glacier.com – Fermé 21 déc.-7 janv., vend., sam. et dim. de nov. à fév. AYr

28 ch – †50/95 € ††50/110 € – ☕ 9 €

◆ Accueil très aimable et ambiance familiale dans cette maison tenue de mère en fille depuis trois générations. Coquettes chambres au décor soigné.

St-Jean sans rest

1 cours Pourtoules – ✆ 04 90 51 15 16 – www.hotelsaint-jean.com – Fermé 20 déc.-4 janv. BZs

22 ch – †60/70 € ††70/115 € – ☕ 8 €

◆ Hôtel familial dans un relais de poste du 17e s. adossé à la colline St-Eutrope. Chambres mignonnes et fonctionnelles ; l'une d'elle est très insolite (mur taillé dans la roche).

Justin de Provence sans rest

chemin Mercadier, 2 km par ② – ✆ 04 90 69 57 94 – www.justin-de-provence.com

5 ch ☕ – †110/190 € ††115/195 €

◆ Le mas du grand-père Justin mué en une superbe maison de famille... Chambres rétro, bistrot à la Pagnol, piscine intérieure, oliviers et lauriers : un pur concentré de Provence !

XX Le Parvis

55 cours Pourtoules – ✆ 04 90 34 82 00 – Fermé 30 août-11 sept., 11 nov.-4 déc., 17-31 janv., dim. et lundi BZ**e**

Rest – Formule 15 € – Menu 28/48 €

◆ Tradition ! Ici, la cuisine marie terroir, épices et légumes régionaux. Confortable salle à manger aux couleurs du Sud (plafond à la française).

X Au Petit Patio

58 cours Aristide-Briand – ✆ 04 90 29 69 27 – Fermé 1er-8 sept., 19 déc.-2 janv., 15 fév.-1er mars, jeudi soir de nov. à mars, merc. soir et dim. AZ**b**

Rest – Formule 18 € bc – Menu 25/35 € – Carte 37/47 €

◆ Un bistrot coloré, d'inspiration provençale, où poisson et plats dans l'air du temps sont à l'honneur (pissaladière aux anchois, pannacotta...). Agréable terrasse.

X La Rom'Antique

5 pl. Silvain, (r. Madeleine Roch) – ✆ 04 90 51 67 06 – www.la-romantique.com – Fermé dim. soir d'oct. à mai, sam. midi et lundi BZ**r**

Rest – Formule 13 € bc – Menu 25/35 €

◆ L'été, on s'installe sur la terrasse en se délectant de la vue sur le théâtre antique et de saveurs ensoleillées... Belle carte de desserts et ardoise du jour le midi.

ORANGE

Arc de Triomphe (Av. de l')	AY	
Artaud (Av. A.)	ABY	
Blanc (R. A.)	BZ	
Briand (Crs A.)	AYZ	
Caristie (R.)	BY	2
Châteauneuf (R. de)	BZ	3
Clemenceau (Pl. G.)	BY	4
Concorde (R. de la)	BY	
Contrescarpe (R. de la)	BY	
Daladier (Bd E.)	ABY	
Fabre (Av. H.)	BY	
Frères-Mounet (Pl. des)	BY	5
Guillaume-le-Taciturne (Av.)	BY	
Herbes (Pl. aux)	BY	7
Lacour (R.)	AY	
Leclerc (Av. Gén.)	BZ	
Levade (R. de la)	BY	
Mistral (Av. F.)	BY	9
Noble (R. du)	ABY	
Pourtoules (Cours)	BZ	
Pourtoules (R.)	BZ	12
Princes d'Orange-Nassau (Mtée des)	AZ	
République (Pl. de la)	BY	14
République (R. de la)	BY	16
Roch (R. Madeleine)	BZ	18
St-Clement (R.)	AZ	
St-Florent (R.)	BY	20
St-Jean (R.)	AY	
St-Martin (R.)	AY	22
Tanneurs (R. des)	AY	24
Thermes (Av. des)	AZ	
Tourre (R. de)	AZ	26
Victor-Hugo (R.)	AY	

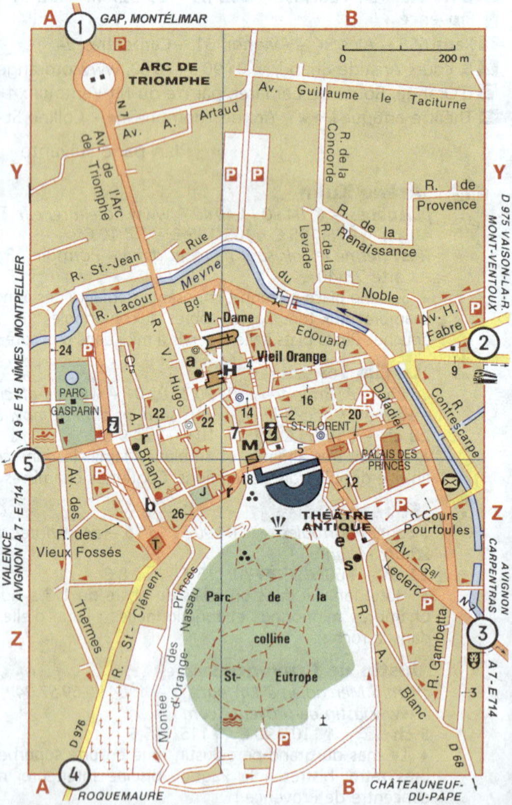

au Nord 4 km par ①, N 7 et rte secondaire - ✉ 84100 Orange

XX **Le Mas des Aigras - Table du Verger** avec ch
chemin des Aigras, (Russamp Est) – ✆ 04 90 34 81 01 A/C ch, P VISA
– www.masdesaigras.com – fermé 29 fév.-12 mars, 25 oct.-8 nov., 20 déc.-7 janv., 15-28 fév., lundi, mardi et merc. d'oct. à mars
9 ch – †75/160 € ††75/160 € – ☕ 13 €
Rest *(fermé lundi midi, merc. midi et sam. midi d'avril à sept.)* – Formule 20 € – Menu 30/55 € – Carte 45/75 €
◆ Joli mas en pierre au milieu des vignes et des champs. Le chef réalise, en partie devant ses hôtes, une goûteuse cuisine à base de produits bio. Cadre soigné et agréable terrasse. Pour l'étape, chambres égayées de couleurs provençales.

à Sérignan-du-Comtat par ① N 7 et D 976 : 8 km – 2 404 h. – alt. 80 m – ✉ 84830

XXX **Le Pré du Moulin** (Pascal Alonso) avec ch A/C rest,
✿ *rte de Ste-Cécile-les-Vignes – ✆ 04 90 70 14 55* P VISA
– www.predumoulin.com – Fermé dim. soir de sept. à juin, mardi midi de juin à sept. et lundi.
12 ch – †110/350 € ††110/350 € – ☕ 18 € – ½ P 125/245 €
Rest *Les Tables de Campagne* – voir les restaurants ci-après
Rest – Menu 45 € (dîner)/69 € – Carte 80/120 €
Spéc. Raviole ouverte de truffes et artichaut (déc. à mars). Poêlée de grenouilles meunière. Baba flambé au rhum. **Vins** Côtes du Rhône Villages.
◆ D'abord moulin, puis école communale, cette maison de village en pierre séduit par son atmosphère bucolique... et plus encore par sa cuisine, qui cultive le classicisme avec un soin précieux. La terrasse ombragée elle aussi fleure bon la Provence ! Chambres pratiques pour l'étape.

XX **Les Tables de Campagne** – Restaurant Le Pré du Moulin
rte de Ste-Cécile-les-Vignes – ✆ 04 90 70 14 55 A/C VISA
– www.predumoulin.com – Fermé dim. soir de sept. à juin, mardi midi de juin à sept. et lundi.
Rest – Carte 32/49 €
◆ Des Tables moins campagnardes que contemporaines, parfaites pour un déjeuner au gré des saveurs du marché.

à Caderousse 6 km au Sud-Ouest par ④ et D 17 – 2 727 h. – alt. 40 m – ✉ 84860

⌂ **La Bastide des Princes** ch, P VISA
chemin de Bigonnet – ✆ 04 90 51 04 59 – www.bastide-princes.com – Ouvert 6 avril-11 nov.
5 ch ☕ – †110/135 € ††125/149 € – ½ P 107/125 €
Table d'hôte – Menu 45/50 €
◆ Belle demeure du 17e s. entourée d'un parc où abondent figuiers et oliviers. Chambres cosy et espace détente original côté grange (bar, cheminée, piscine intérieure). Cuisine régionale préparée par le patron avec les herbes et les légumes du potager.

ORBEC – 14 Calvados – **303** O5 – 2 384 h. – alt. 110 m – ✉ 14290 **33** C2
Normandie Vallée de la Seine
Paris 173 – L'Aigle 38 – Alençon 80 – Argentan 53
6, rue Grande, ✆ 02 31 32 56 68, www.tourisme-normandie.fr
Vieux manoir★.

XXX **Au Caneton** VISA AE
32 r. Grande – ✆ 02 31 32 73 32 – www.aucaneton.fr – Fermé 10-24 sept., 7-15 janv., dim. soir et lundi
Rest *(nombre de couverts limité, réserver)* – Menu 25/51 € – Carte 60/85 €
◆ Huîtres, homard, foie gras... Pour une telle cuisine classique, cette charmante maison à colombages du 17e s., à la fois rustique et feutrée (poutres, cuivres, assiettes anciennes), est le cadre parfait.

ORBEY – 68 Haut-Rhin – **315** G8 – **3 604 h.** – **alt. 550 m** – **Sports d'hiver : voir "Le Bonhomme"** – ✉ **68370** Alsace Lorraine **1** A2

Paris 434 – Colmar 23 – Gérardmer 42 – Munster 21

48, rue du Général-de-Gaulle, ✆ 03 89 71 30 11, www.orbey.fr

Bois Le Sire et son Motel

rest,

20 r. Ch.-de-Gaulle – ✆ 03 89 71 25 25 – www.bois-le-sire.fr – Fermé 6 janv.-6 fév.

36 ch – †60/100 € ††60/100 € – 1 suite – ☕ 10 € – ½ P 62/82 €

Rest *(fermé lundi sauf juil.-août)* – Formule 9 € – Menu 17/68 € bc – Carte 28/62 €

◆ Sur la route principale du village, une grande bâtisse colorée et son annexe aux airs de motel. Dans cette dernière, les chambres sont plus grandes et plus calmes, mais partout elles sont pratiques et agréables. Pour la détente, un espace forme (piscine, hammam...). Restaurant traditionnel.

à Basses-Huttes 4 km au Sud par D 48 – ✉ 68370 Orbey

Wetterer

– ✆ 03 89 71 20 28 – www.hotel-wetterer.com – Fermé 12-29 mars, 7-29 nov. et 7 janv.-14 fév.

15 ch – †44/48 € ††57/62 € – ☕ 9 € – ½ P 52/56 €

Rest *(fermé mardi midi et merc.)* – Menu 18/35 € – Carte 18/42 €

◆ Entre montagne, pâturages et forêt – quiétude garantie ! –, cette grande maison rustique propose des chambres simples et bien tenues, ainsi qu'une cuisine traditionnelle bon marché. Idéal pour les familles et les amateurs de nature.

à Pairis 3 km au Sud-Ouest par D 48[II] – ✉ 68370 Orbey

Lac Noir★ : ≤★ 30 mn O : 5 km.

Le Domaine de Pairis

233 lieu-dit Pairis – ✆ 03 89 71 20 15 – www.pairis.fr

14 ch – †69 € ††79/99 € – ☕ 10 €

Rest *(fermé lundi soir, mardi soir et merc. soir et le midi sauf dim. et feriés)* – Menu 27 € – Carte 20/50 €

◆ Dans cette grande bâtisse en léger retrait de la route, les chambres sont agréables et confortables, dans un esprit épuré et chaleureux. Beaucoup de blanc, des tableaux contemporains : du goût, sans ostentation.

ORCHIES – 59 Nord – **302** H5 – **8 305 h.** – **alt. 40 m** – ✉ **59310** **31** C2

Paris 219 – Denain 28 – Douai 20 – Lille 29

42, rue Jules Roch, ✆ 03 20 64 86 32, www.orchies.com

Le Manoir

ch,

Hameau de Manneville, à l'Ouest par D 549, rte de Seclin – ✆ 03 20 64 68 68 – www.manoir.net – Fermé 28 juil.-26 août

34 ch – †79/150 € ††79/150 € – ☕ 13 €

Rest *(fermé 26-31 déc., vend. soir, sam. midi, dim. soir et soirs fériés)* – Formule 17 € – Menu 23/37 € – Carte 26/65 €

◆ Proximité de l'A 23 et chambres parfaitement insonorisées, en plus d'être fonctionnelles et très bien tenues : une gageure ! Et pour les grosses faims, on sert ici une généreuse cuisine traditionnelle.

La Chaumière

685 r. Henri Fiévet, 3 km au Sud par D 957, rte de Marchiennes – ✆ 03 20 71 86 38 – www.restaurant-lachaumiere.com – Fermé 3-17 sept., fév., dim. soir et lundi

Rest – Formule 13 € – Menu 30/84 € bc – Carte 38/50 €

◆ Une auberge, une vraie ! Le décor est rustique à souhait, et la carte honore la tradition. Amateurs de fromages, le plateau met en appétit et s'accompagne de jolis bordeaux.

ORCIÈRES – 05 Hautes-Alpes – **334** F4 – 700 h. – alt. 1 446 m – Sports d'hiver : à Orcières-Merlette 1 850/2 650 m 2 26 – ✉ 05170 **41** C1

Alpes du Sud

Paris 676 – Briançon 109 – Gap 32 – Grenoble 113

Maison du Tourisme, Merlette, ✆ 04 92 55 89 89, www.orcieres.com

Vallée du Drac Blanc★★ NO : 14 km.

à Merlette 5 km au Nord par D 76 – ✉ 05170 Orcieres

Les Gardettes avec ch

– ✆ 04 92 55 71 11 – www.gardettes.com – Ouvert 15 déc.-fin avril et 20 juin-5 sept.

15 ch – †52/105 € ††52/105 € – ☐ 8 € – ½ P 45/79 €

Rest – Menu 24/35 € – Carte 22/48 €

◆ Restaurant familial abrité dans une ancienne étable : joli décor typiquement montagnard. Cuisine du terroir et spécialités fromagères (fondues, raclettes). Chambres modestes et bonnes confitures maison au petit-déjeuner.

ORCINES – 63 Puy-de-Dôme – **326** F8 – rattaché à Clermont-Ferrand

ORCIVAL – 63 Puy-de-Dôme – **326** E8 – 254 h. – alt. 840 m – ✉ 63210 **5** B2

Auvergne

Paris 441 – Aubusson 82 – Clermont-Ferrand 27 – Le Mont-Dore 17

le Bourg, ✆ 04 73 65 89 77, www.terresdomes-sancy.com

Basilique Notre-Dame★★.

Notre Dame

– ✆ 04 73 65 82 02 – Fermé 10 nov.-31 janv.

7 ch – †40 € ††48 € – ☐ 7 € – ½ P 50 €

Rest – Formule 12 € – Menu 17/28 € – Carte 20/35 €

◆ Vent de fraîcheur dans cette jolie maison : tout a été refait à neuf en 2009 ! Les chambres sont pimpantes et colorées (l'une d'elles avec terrasse donnant sur la basilique). Le restaurant, de style bistrot auvergnat, propose une cuisine régionale et familiale.

ORGELET – 39 Jura – **321** D7 – 1 733 h. – alt. 500 m – ✉ 39270 **16** B3

Paris 434 – Besançon 104 – Bourg-en-Bresse 68 – Lons-le-Saunier 20

La Valouse

12 r. des Fossés, (face à l'église) – ✆ 03 84 25 54 80 – www.hotel-restaurant-jura.com – Fermé 20 déc.-20 janv. et dim. soir

14 ch – †64 € ††84 € – ☐ 9 € – ½ P 80 €

Rest *La Valouse* – voir les restaurants ci-après

◆ Face à l'église classée (14ᵉs.), cet hôtel familial propose des chambres sobres, pratiques et bien insonorisées, idéales pour une étape.

La Valouse

12 r. des Fossés, (face à l'église) – ✆ 03 84 25 54 80 – www.hotel-restaurant-jura.com – Fermé 20 déc.-20 janv. et dim. soir

Rest – Formule 18 € – Menu 20/64 € – Carte 36/55 €

◆ Dans ce restaurant coquet et accueillant, le chef réalise une cuisine du terroir actualisée et propose aussi un plat du jour servi dans l'atmosphère conviviale du bistrot... L'été, on file sur la terrasse ombragée.

ORGEVAL – 78 Yvelines – **311** H2 – **101** 11 – voir à Paris, Environs

ORGON – 13 Bouches-du-Rhône – **340** F3 – 3 030 h. – alt. 90 m – ✉ 13660 Provence **42** E1

Paris 712 – Aix-en-Provence 58 – Avignon 29 – Marseille 72

place de la Liberté, ✆ 04 90 73 09 54

Le Mas de la Rose ch, ch,
rte d'Eygalières, 4 km au Sud-Ouest par D 24b – ✆ 04 90 73 08 91 – www.mas-rose.com – Fermé 4 janv.-26 fév.
8 ch – 190/380 € 190/380 € – 1 suite – 23 €
Rest *(ouvert 13 mai-30 sept. et fermé dim. et lundi) (dîner seult) (résidents seult)* – Menu 52 €
◆ Dans un site bucolique, d'anciennes bergeries (17e s.) joliment réaménagées en maison de charme. Chambres provençales personnalisées. Superbe jardin paysager avec piscine. Le soir en saison, le restaurant propose un menu du marché dans un cadre néorustique raffiné.

La sélection de ce guide s'enrichit avec vous : vos découvertes et vos commentaires nous intéressent. Faites-nous part de vos satisfactions ou de vos déceptions. Coup de cœur ou coup de colère : écrivez-nous !

ORLÉANS P – 45 Loiret – **318** I4 – **113 257 h.** – **Agglo. 263 292 h.** – **alt. 100 m** – ✉ **45000** Châteaux de la Loire **12** C2

Paris 132 – Caen 311 – Clermont-Ferrand 295 – Le Mans 143

2, place de l'Étape, ✆ 02 38 24 05 05, www.tourisme-orleans.com

de Limère, à Ardon, 1411 allée de la Pomme de Pin, S : 9 km par D 326, ✆ 02 38 63 89 40

d'Orléans Donnery, à Donnery, Domaine de la Touche, E :17 km par N 460, ✆ 02 38 59 25 15

de Sologne, à La Ferté-Saint-Aubin, Route de Jouy-le-Potier, S : 24 km par N 20 et D 18, ✆ 02 38 76 57 33

de Marcilly, à Marcilly-en-Villette, Domaine de la Plaine, SE par D 14 et D 108 : 18 km, ✆ 02 38 76 11 73

Cathédrale Ste-Croix★★ : boiseries★★ - Maison de Jeanne d'Arc★ **V** - Quai Fort-des-Tourelles ≤★ EZ **60** - Musée des Beaux-Arts★★ **M1** - Musée Historique et Archéologique★ **M2** - Muséum★.

Olivet : parc floral de la Source★★ SE : 8 km CZ.

Plans pages suivantes

Mercure ch, ch,
44 quai Barentin – ✆ 02 38 62 17 39 – www.mercure-orleans-centre.com
110 ch – 79/155 € 94/175 € – 1 suite – 15 € DZ**t**
Rest *(fermé sam. midi, dim. midi et fériés le midi)* – Formule 16 € – Carte 26/40 €
◆ À deux pas du centre-ville, des chambres fonctionnelles, spacieuses et confortables. Vue sur la Loire ou les toits depuis les étages supérieurs. Au restaurant Le Chaland, décor marin sur le thème de la batellerie.

D'Arc sans rest
37 r. de la République – ✆ 02 38 53 10 94 – www.hoteldarc.fr EY**g**
35 ch – 98/141 € 113/181 € – 14 €
◆ Derrière une belle façade Art nouveau, au cœur de la ville, des chambres de bon confort (moulures, mobilier de style Louis-Philippe, salles de bains design). L'ascenseur d'époque est digne d'un musée !

Des Cèdres sans rest
17 r. du Mar.-Foch – ✆ 02 38 62 22 92 – www.hotelcedresorleans.com – Fermé 24 déc.-11 janv. DY**b**
32 ch – 67/86 € 69/101 € – 9 €
◆ À l'écart du centre, une maison de maître au calme, avec des chambres sobres et bien tenues. On peut prendre son petit-déjeuner face au jardin planté de... cèdres.

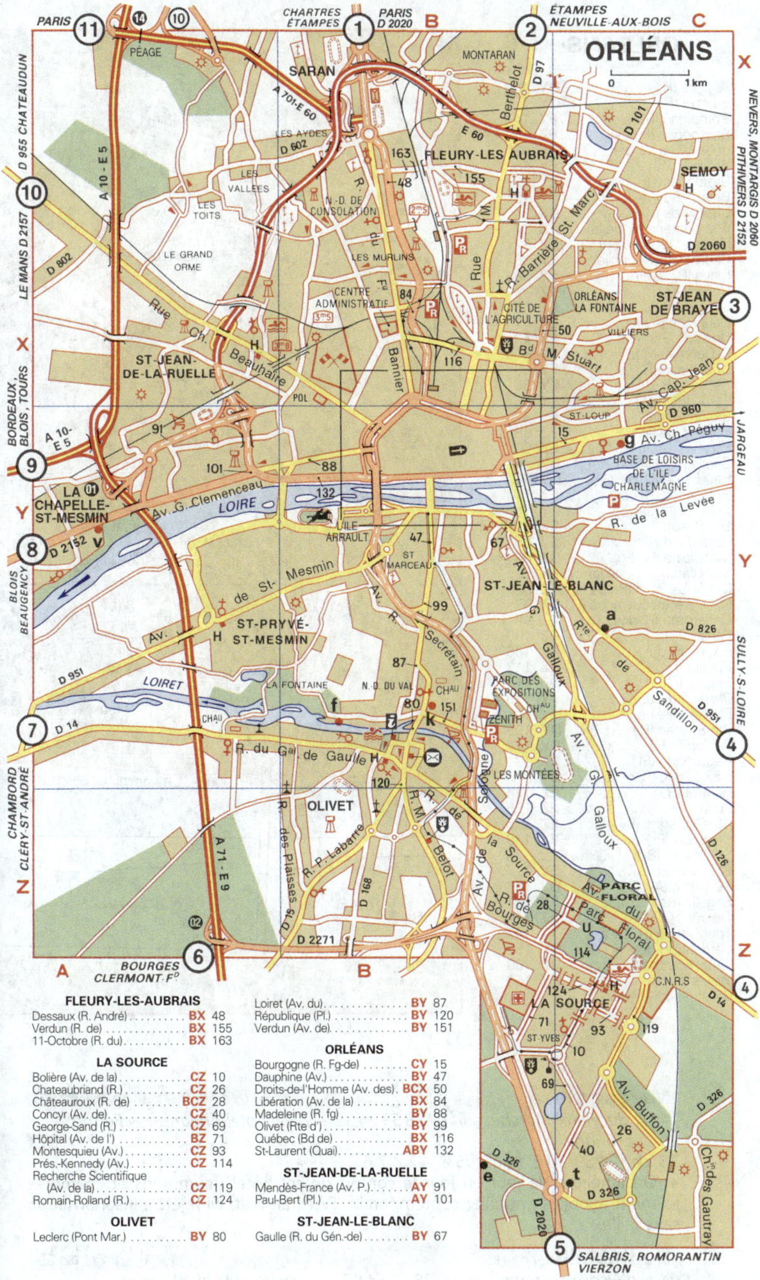

FLEURY-LES-AUBRAIS

- Dessaux (R. André) .... BX 48
- Verdun (R. de) .... BX 155
- 11-Octobre (R. du) .... BX 163

LA SOURCE

- Bolière (Av. de la) .... CZ 10
- Chateaubriand (R.) .... CZ 26
- Châteauroux (R. de) .... BCZ 28
- Concyr (Av. de) .... CZ 40
- George-Sand (R.) .... CZ 69
- Hôpital (Av. de l') .... BZ 71
- Montesquieu (Av.) .... CZ 93
- Prés.-Kennedy (Av.) .... CZ 114
- Recherche Scientifique (Av. de la) .... CZ 119
- Romain-Rolland (R.) .... CZ 124

OLIVET

- Leclerc (Pont Mar.) .... BY 80
- Loiret (Av. du) .... BY 87
- République (Pl.) .... BY 120
- Verdun (Av. de) .... BY 151

ORLÉANS

- Bourgogne (R. Fg-de) .... CY 15
- Dauphine (Av.) .... BY 47
- Droits-de-l'Homme (Av. des) . BCX 50
- Libération (Av. de la) .... BX 84
- Madeleine (R. fg) .... BY 88
- Olivet (Rte d') .... BY 99
- Québec (Bd de) .... BX 116
- St-Laurent (Quai) .... ABY 132

ST-JEAN-DE-LA-RUELLE

- Mendès-France (Av. P.) .... AY 91
- Paul-Bert (Pl.) .... AY 101

ST-JEAN-LE-BLANC

- Gaulle (R. du Gén.-de) .... BY 67

ORLÉANS

Antigna (R.)	DY	4
Bannier (R.)	DY	
Bothereau (R. R.)	FY	14
Bourgogne (Fg de)	FZ	15
Bourgogne (R. de)	EFZ	
Brésil (R. du)	FY	16
Bretonnerie (R. de la)	DEY	17
Briand (Bd A.)	FY	19
Champ-de-Mars (Av.)	DZ	25
Charpenterie (R. de la)	EZ	34
Châtelet (Square du)	EZ	32
Chollet (R. Théophile)	EY	36
Claye (R. de la)	FY	38
Coligny (R.)	FZ	39
Croix-de-la-Pucelle (R.)	EZ	43
Dauphine (Av.)	EZ	47
Dolet (R. Étienne)	EZ	49
Ducerceau (R.)	EZ	51
Dupanloup (R.)	EFY	53
Escures (R. d')	EY	55
Étape (Pl. de l')	EY	56
Ételon (R. de l')	FY	57
Folie (R. de la)	FZ	58
Fort-des-Tourelles (Q.)	EZ	60
Gaulle (Pl. du Gén.-de)	DZ	65
Hallebarde (R. de la)	DY	70
Hôtelleries (R. des)	EZ	71
Jeanne d'Arc (R.)	EY	
Lin (R. au)	EZ	81
Loire (Pl. de la)	EZ	85
Madeleine (R. Fg)	DZ	88
Manufacture (R. de la)	FY	89
Motte-Sanguin (Bd de la)	FZ	95
N.-D.-de-Recouvrance (R.)	DZ	97
Oriflamme (R. de l')	FZ	98
Parisie (R.)	EZ	100
Poirier (R. du)	EZ	106
Pothier (R.)	EZ	112
Prague (Quai)	DZ	113
Pressoir (R. du)	FY	115
Pte-Madeleine (R.)	DY	108
Pte-St-Jean (R.)	DY	109
Rabier (R. F.)	EY	117
République (Pl.)	EZ	121
République (R. de la)	EY	
Roquet (R.)	EZ	124
Royale (R.)	EZ	125
Ste-Catherine (R.)	EZ	135
Ste-Croix (Pl.)	EYZ	139
St-Euverte (Bd)	FYZ	126
St-Euverte (R.)	FY	127
Secrétain (Av. R.)	DZ	140
Segellé (Bd P.)	FY	141
Tabour (R. du)	EZ	145
Tour Neuve (R. de la)	FZ	147
Verdun (Bd de)	DY	152
Vieux-Marché (Pl.)	DZ	159
Weiss (R. L.)	FY	160
6-Juin 1944 (Pl. du)	FY	162

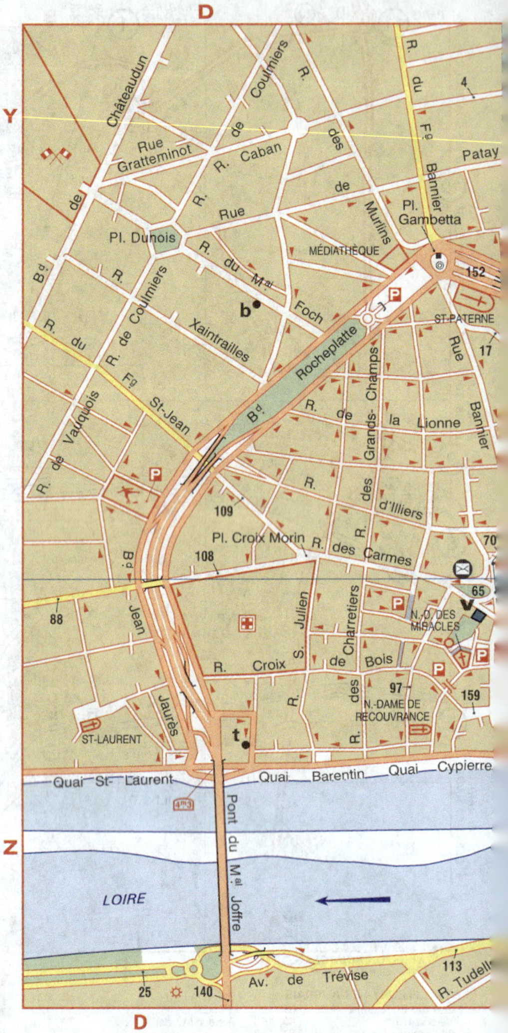

Marguerite sans rest

14 pl. du Vieux Marché – ✆ 02 38 53 74 32 – www.hotel-orleans.fr – Fermé 26 déc.-6 janv. DZ**f**

25 ch – 🚹59/90 € 🚹🚹69/95 € – ☕ 7 €

♦ On améliore de jour en jour le confort de cet hôtel : communs et chambres joliment relookés (mobilier contemporain, TV écran plat, wi-fi, etc.), insonorisation sans faille.

De l'Abeille sans rest

64 r. d'Alsace-Lorraine – ✆ 02 38 53 54 87 – www.hoteldelabeille.com

27 ch – 🚹69/79 € 🚹🚹98/130 € – ☕ 11 € EY**k**

♦ En centre-ville, cet hôtel tenu par la même famille depuis quatre générations a joliment traversé les époques : papiers peints anglais, meubles chinés, petit-déjeuner bio...

Le Lièvre Gourmand (William Page)

28 quai du Chatelet
– *✆ 02 38 53 66 14*
– *www.lelievregourmand.com*
– *Fermé vacances de Noël* EZ**q**

Rest *(réserver)* – Menu 35 € (déj.), 45/55 €

Spéc. Truffe en risotto et chantilly. Tourteau en île flottante et nem à tremper (été). Soufflé banane-passion.

◆ Des canapés blancs, des nappes blanches ; tout est blanc – ou presque – dans cette jolie maison de 1854. Le style est contemporain et la cuisine originale : le chef, d'origine australienne, signe de belles assiettes, bien pensées et très savoureuses.

XX **Eugène**
24 r. Ste-Anne – ✆ 02 38 53 82 64 – Fermé 1er-8 mai, 1er-15 août, 24 déc.-2 janv., sam. et dim. EYu
Rest – Formule 18 € – Menu 24/55 € – Carte 32/75 €
◆ Cette petite adresse est bien connue des Orléanais, qui s'y pressent pour déguster une belle cuisine aux saveurs méridionales dans un cadre aussi plaisant que chaleureux.

X **La Parenthèse**
26 pl. du Châtelet – ✆ 02 38 62 07 50 – www.restaurant-la-parenthese.com – Fermé 4-28 août, dim. et lundi EZa
Rest – Formule 14 € – Menu 17 € (déj.), 28/36 €
◆ Chartreuse de tourteau et saumon fumé ; canon d'agneau farci à la tapenade... Fraîcheur, harmonie et modernité en cette table nichée entre des murs de 1597.

X **La Dariole**
25 r. Étienne-Dolet – ✆ 02 38 77 26 67 – Fermé 4-27 août, sam., dim. et le soir sauf mardi et vend. EZv
Rest *(nombre de couverts limité, réserver)* – Formule 19 € – Menu 24/37 €
◆ Une véritable bonbonnière que cette maison à colombages (15es.) proche de la cathédrale. Le chef fait mouche à chaque plat : soin et tradition, alliés à une pointe d'originalité.

à St-Jean-de-Braye Est : 4 km - CXY – 18 933 h. – alt. 108 m – ✉ 45800

Novotel Orléans St-Jean-de-Braye ch, ch,
145 av. de Verdun, N 152 – ✆ 02 38 84 65 65 – www.novotel.com
107 ch – †79/155 € ††79/155 € – ☕ 14 €
Rest – Formule 16 € – Menu 21 € – Carte 25/60 €
◆ Bien situé – près de l'autoroute et en lisière de forêt –, avec des chambres dernière génération et un jardin (piscine et jeux pour enfants).

XX **Les Toqués**
71 chemin du Halage – ✆ 02 38 86 50 20 – Fermé 1 sem. à Paques, 6-31 août, dim. et lundi CYg
Rest – Menu 22 € (déj. en sem.)/32 €
◆ Au bord de la Loire, une auberge en prise sur notre époque : intérieur moderne et convivial, délicieuse terrasse, appétissante carte actuelle... Chapeau les Toqués !

à St-Jean-le-Blanc 3 km au Sud – 8 294 h. – alt. 95 m – ✉ 45650

Villa Marjane sans rest
121 rte de Sandillon, D 951 – ✆ 02 38 66 35 13 – www.villamarjane.com
19 ch – †64/74 € ††64/89 € – ☕ 9 € CYa
◆ Cette maison bourgeoise du 18es. ne manque pas de charme : vieux parquet, mobilier chiné, chambres soigneusement décorées et ambiance familiale. Une halte agréable.

à La Source 11 km au Sud-Est - BCZ – ✉ 45100 Orleans

Novotel Orléans La Source ch, ch,
2 r. H. de Balzac, (carrefour N20-D326, rte de Concyr) – ✆ 02 38 63 04 28 – www.novotel.com CZt
119 ch – †79/175 € ††79/175 € – ☕ 14 €
Rest – Formule 17 € – Carte 23/45 €
◆ Dans un parc de 3 ha, un Novotel aux chambres vastes et actuelles (mobilier modulable), rénovées selon le dernier concept de la chaîne. Aire de jeux pour enfants. Carte "Novotel Café" au restaurant, ouvert sur la piscine et la verdure.

Un classement passé en rouge met en avant le charme de la maison XXX.

au parc de Limère Sud-Est : 13 km par N 20 et D 326 – ✉ 45160 Ardon

Domaine des Portes de Sologne
200 allée des 4 vents ch, rest,
– ✆ 02 38 49 99 99 – www.portes-de-sologne.com BZe
117 ch – †111/159 € ††118/169 € – ☕ 13 €
Rest – ✆ 02 38 49 99 90 – Formule 22 € – Menu 29/55 € – Carte 50/82 €
♦ En pleine campagne, complexe hôtelier proche d'un golf et d'un centre de balnéothérapie. Chambres sobres, charmants cottages (duplex familiaux) et équipements pour séminaires. Restaurant moderne et cossu où l'on sert une cuisine dans l'air du temps.

à Olivet 5 km au Sud par av. du Loiret et bords du Loiret – 20 103 h. – alt. 100 m – ✉ 45160 Châteaux de la Loire

236, rue Paul Genain, ✆ 02 38 63 49 68, www.ot-olivet.fr

Le Rivage
635 r. Reine-Blanche – ✆ 02 38 66 02 93 – www.lerivage-olivet.com – Fermé 25 déc.-21 janv., dim. soir de nov. à mars et sam. midi BYf
Rest – Menu 26/65 € – Carte 46/84 €
♦ Belles villas, vieux moulins... Profitez pleinement du spectacle bucolique des rives du Loiret depuis la véranda ou la terrasse à fleur d'eau. Cuisine traditionnelle.

La Laurendière
68 av. du Loiret – ✆ 02 38 51 06 78 – www.lalaurendiere.new.fr
– Fermé 16-29 août, 19 fév.-6 mars, lundi soir, mardi soir et merc. BYk
Rest – Menu 23/49 € – Carte 37/65 €
♦ Nappe blanche, argenterie, vaisselle en faïence de Gien : le décor se prête à la dégustation de spécialités de toujours, accompagnées de crus de Loire.

à la Chapelle-St-Mesmin 4 km à l'Ouest- AY – 9 367 h. – alt. 101 m – ✉ 45380

Côté Saveurs
55 rte d'Orléans – ✆ 02 38 72 29 51 – www.cotesaveurs.com
– Fermé 27 fév.-12 mars, 29 juil.-14 août et 22 déc.-2 janv. AYv
Rest – Formule 20 € – Menu 31/39 € bc – Carte 47/59 €
♦ Lustre d'une maison bourgeoise et peps de notre époque ! On déguste ici une cuisine de saison, franche et savoureuse (foie gras à la réglisse, bouillon de petits pois...).

ORLY (Aéroports de Paris) – 94 Val-de-Marne – **312** D3 – **101** 26 – voir à Paris, Environs

---

ORMOY-LA-RIVIÈRE – 91 Essonne – **312** B5 – rattaché à Étampes

---

ORNAISONS – 11 Aude – **344** I3 – rattaché à Narbonne

ORNANS – 25 Doubs – **321** G4 – 4 124 h. – alt. 355 m – ✉ 25290 **16** B2
Franche-Comté Jura

Paris 428 – Baume-les-Dames 42 – Besançon 26 – Morteau 48

7, rue Pierre Vernier, ✆ 03 81 62 21 50

Grand Pont ≤★ - O : Vallée de la Loue★★ - Le Château ≤★ N : 2,5 km.

De France
r. P. Vernier – ✆ 03 81 62 24 44 – www.hoteldefrance-ornans.com
– Fermé 21 oct.-7 nov., 17 déc.-24 janv., sam. et dim. de nov. à avril
25 ch – †65 € ††85 € – 1 suite – ☕ 10 € – ½ P 80 €
Rest ***De France*** – voir les restaurants ci-après
♦ Hôtel traditionnel au cœur de la "perle de la Loue". Les chambres sont agréables et il y a aussi une très belle suite contemporaine. Parcours privé de pêche à la mouche mondialement réputé.

Le Jardin de Gustave

28 r. Édouard-Bastide – ✆ 03 81 62 21 47 – www.lejardindegustave.fr
4 ch – 70/90 € 90 € **Table d'hôte** – Menu 28 € bc
◆ Charme et authenticité ! Dans cette plaisante maison bordant la Loue, les chambres portent des noms qui annoncent la couleur et... le décor (Avec Vue, Champêtre, Gustavienne, etc.). Confiture maison au petit-déjeuner et agréable cuisine aux accents régionaux.

Le Courbet

34 r. P. Vernier – ✆ 03 81 62 10 15 – www.restaurantlecourbet.com – Fermé vacances de Noël, de mi-fév. à mi-mars, mardi midi, dim. soir et lundi
Rest – Menu 26/36 € – Carte 35/51 €
◆ Sobre et bistrotière, ou bien classique, raffinée et cosy ? Selon votre humeur, optez pour l'une des deux salles... Délicieuse cuisine du marché et terrasses surplombant la Loue.

De France – Hôtel De France

r. P. Vernier – ✆ 03 81 62 24 44 – www.hoteldefrance-ornans.com – Fermé 21 oct.-7 nov., 17 déc.-24 janv., sam. et dim. de nov. à avril, lundi midi d'avril à nov.
Rest – Menu 22 € (sem.), 29/36 € – Carte 33/52 €
◆ Des poutres apparentes, une salle douillette et plaisante : dans cette maison de tradition, on vient déguster une sympathique cuisine du terroir.

à Saules 6 km au Nord-Est par D 492 – 215 h. – alt. 585 m – ✉ 25580

La Griotte

3 r. des Cerisiers – ✆ 03 81 57 17 71 – www.lagriotte.fr – Fermé 21 août-5 sept., 8 janv.-14 mars, mardi soir d'oct. à avril, merc. soir, dim. soir et lundi
Rest *(nombre de couverts limité, réserver)* – Menu 15 € (déj. en sem.), 19/32 € – Carte 25/44 €
◆ Tradition, saveurs de saison et spécialités régionales : une belle Griotte, tendre et goûteuse. Cerise sur le gâteau : l'accueil souriant et l'addition sans acidité.

OROUET – 85 Vendée – 316 E7 – rattaché à St-Jean-de-Monts

ORPIERRE – 05 Hautes-Alpes – 334 C7 – 324 h. – alt. 682 m – ✉ 05700 40 B2

Alpes du Sud
Paris 689 – Château-Arnoux 47 – Digne-les-Bains 72 – Gap 55
le Village, ✆ 04 92 66 30 45

aux Bégües 4,5 km au Sud-Ouest – ✉05700 Orpierre

Le Céans

rte des Princes d'Orange – ✆ 04 92 66 24 22 – www.le-ceans.fr.st – Ouvert 15 mars-1er nov. et fermé merc. en oct. et mars-avril
21 ch – 48/52 € 52/100 € – 8 € – ½ P 47/65 €
Rest *(fermé le midi en sem. sauf juil.-août)* – Formule 14 € – Menu 17/38 € – Carte 25/39 €
◆ Au sein d'un hameau du massif des Baronnies, des petites chambres et des pavillons familiaux dispersés dans un parc agreste descendant jusqu'à la rivière, le Céans. À table, cuisine traditionnelle généreuse : veau juteux, soupe au pistou, fromages locaux, etc.

ORTHEVIELLE – 40 Landes – 335 E13 – 857 h. – alt. 20 m – ✉ 40300 3 B3

Paris 764 – Bordeaux 185 – Mont-de-Marsan 90 – Pau 82

La Ferme d'Orthe

9 r. de la Fontaine – ✆ 05 58 73 01 03 – Fermé vacances de printemps, 17 déc.-3 janv., dim. soir et lundi du 15 sept. au 15 juin
Rest – Formule 12 € bc – Menu 23 € – Carte 32/40 €
◆ Une grande cheminée pour griller la côte de bœuf, des poutres solides : un vrai restaurant de campagne. Plats simples et réjouissants : confit maison, parillada, foie gras...

ORTHEZ – 64 Pyrénées-Atlantiques – **342** H4 – **10 406 h.** – **alt. 55 m** – ✉ **64300** Aquitaine **3** B3

Paris 765 – Bayonne 74 – Dax 39 – Mont-de-Marsan 57

rue Bourg-Vieux, ✆ 05 59 38 32 84, www.tourisme-bearn-gaves.com

de Salies-de-Béarn, à Salies-de-Béarn, Quartier Hélios, par rte de Bayonne : 17 km, ✆ 05 59 38 37 59

Pont Vieux★.

Au Temps de la Reine Jeanne A/C ch, VISA AE

44 r. Bourg-Vieux – ✆ 05 59 67 00 76 – www.reine-jeanne.fr
30 ch – †58/88 € ††68/110 € – ☕ 10 €
Rest *(fermé dim. soir du 23 oct. au 12 fév.)* – Formule 13 € – Menu 24/36 € – Carte 45/62 €
◆ Maisons du 14e s. organisées autour d'un joli patio. Chambres modestes (plus modernes, amples et confortables dans l'un des bâtiments). Petit fitness. Recettes traditionnelles et du terroir servies au restaurant, rustique à souhait.

ORVAULT – 44 Loire-Atlantique – **316** G4 – rattaché à Nantes

OSNY – 95 Val-d'Oise – **305** D6 – **106** 5 – **101** 2 – voir à Paris, Environs (Cergy-Pontoise)

OSSÈS – 64 Pyrénées-Atlantiques – **342** E3 – **824 h.** – **alt. 102 m** – ✉ **64780** Aquitaine **3** B3

Paris 811 – Bordeaux 233 – Pamplona 89 – Pau 151

La Ferme Gourmande A/C VISA

3 km à l'Est par D 8 et rte secondaire – ✆ 05 59 37 77 32 – www.restaurant-fermegourmande.com – Fermé 2 sem. en nov., 2-15 janv. et 14-28 fév.
Rest – Menu 29/37 € – Carte 32/47 €
◆ Verts pâturages et grelot chantant des vaches : cette ancienne ferme ressuscite le mythe paysan ! Le chef affectionne les produits régionaux et sait les mettre en valeur...

OSTHOUSE – 67 Bas-Rhin – **315** J6 – **958 h.** – **alt. 155 m** – ✉ **67150** **1** B2

Paris 502 – Obernai 17 – Offenburg 35 – Sélestat 23

À la Ferme sans rest P VISA AE

10 r. du Château – ✆ 03 90 29 92 50 – www.hotelalaferme.com
15 ch – †87/200 € ††92/200 € – ☕ 15 €
◆ Calme et sérénité, dans cette ferme du 18e s. et ses séchoirs. Les chambres – vastes – arborent un décor rustique ou contemporain (dont une à la japonaise). Service soigné.

À l'Aigle d'Or P VISA AE

14 r. de Gerstheim – ✆ 03 88 98 06 82 – www.hotelalaferme.com – Fermé 3 sem. en août, vacances de Noël, vacances de fév., lundi et mardi
Rest – Menu 35 € (sem.), 39/88 € – Carte 42/65 €
Rest *Winstub* – Formule 14 € – Carte 32/45 €
◆ Jolie maison de village arborant une magnifique enseigne en fer forgé. Cuisine classique servie dans un cadre alsacien bourgeois et chaleureux. À la Winstub, plats traditionnels, ambiance détendue et décor assez cossu.

OSTWALD – 67 Bas-Rhin – **315** K5 – rattaché à Strasbourg

OTTROTT – 67 Bas-Rhin – **315** I6 – rattaché à Obernai

OUCHAMPS – 41 Loir-et-Cher – **318** E7 – **815 h.** – **alt. 92 m** – ✉ **41120** **11** A1

Paris 199 – Blois 18 – Montrichard 19 – Romorantin-Lanthenay 40

Château de Fougères-sur-Bièvre★ NO : 5 km Châteaux de la Loire

Relais des Landes

1,5 km au Nord sur D 7 – ✆ 02 54 44 40 40 – www.relaisdeslandes.com – Ouvert 10 mars-29 nov.
28 ch – 112/132 € 112/163 € – 15 € – ½ P 115/140 €
Rest *(fermé le midi et mardi)* – Menu 29/42 €
◆ Belle gentilhommière du 17e s. et son vaste parc (plan d'eau). Chambres spacieuses, de style traditionnel ; duplex avec terrasse privative... On est au calme ! Dîner dans la salle champêtre (cheminée, fresque) ou la véranda donnant sur le jardin.

OUCQUES – 41 Loir-et-Cher – 318 E5 – 1 459 h. – alt. 127 m 11 B2
– ✉ 41290

Paris 160 – Beaugency 30 – Blois 27 – Châteaudun 30
Mairie, ✆ 02 54 23 11 00

Du Commerce avec ch
rest,

9 r. de Beaugency – ✆ 02 54 23 20 41 – www.hotel-commerce-oucques.com – Fermé 22 déc.-5 janv., 1 sem. en mars, dim. soir, lundi soir sauf juil.-août et fériés et lundi midi
10 ch – 72 € 78 € – 11 € – ½ P 75 €
Rest *(réserver)* – Formule 16 € – Menu 23/63 € – Carte 50/81 €
◆ Accueil attentionné dans cette salle à manger tendance seventies où l'on déguste une cuisine au goût du jour bien tournée. Chambres très colorées et bien tenues.

OUESSANT (ÎLE D') – 29 Finistère – 308 A4 – voir à Île d'Ouessant

OUILLY-DU-HOULEY – 14 Calvados – 303 N4 – rattaché à Lisieux

OUISTREHAM – 14 Calvados – 303 K4 – 9 322 h. – Casino : Riva Bella 32 B2
– ✉ 14150 Normandie Cotentin

Paris 234 – Arromanches-les-Bains 33 – Bayeux 44 – Cabourg 20
esplanade Lofi, ✆ 02 31 97 18 63, www.ville-ouistreham.fr
Église St-Samson★.

La Mare Ô Poissons

68 r. Emile-Herbline – ✆ 02 31 37 53 05 – www.lamareopoissons.fr
30 ch – 90/115 € 95/135 € – 13 €
Rest ***La Mare Ô Poissons*** – voir les restaurants ci-après
◆ La Mare, bien connue à l'entrée de Ouistreham, a fait des petits, avec 30 chambres inaugurées en 2010. Tout est flambant neuf, contemporain et l'art est à l'honneur, avec des expositions de sculptures et de tableaux. Une adresse dynamique.

Du Phare

10 pl. Gén.-de-Gaulle – ✆ 02 31 97 13 13 – www.hotelduphare.fr – Fermé 24 déc.-1er janv.
19 ch – 56/65 € 56/65 € – 9 €
Rest *(fermé le soir d'oct. à mai et le merc. de mi-sept. à mai)* – Formule 12 € – Menu 18/22 € – Carte 15/40 €
◆ Emplacement stratégique (tout près du terminal du ferry) et tenue parfaite : deux atouts majeurs pour cet hôtel tout simple et très pratique, tenu par la même famille depuis cinq générations. Petite brasserie en complément.

Le Normandie
ch,

71 av. M. Cabieu, (au port d'Ouistreham) – ✆ 02 31 97 19 57 – www.lenormandie.com – Fermé 24 déc.-10 fév.
22 ch – 59/69 € 69 € – 10 € – ½ P 71 €
Rest – Formule 18 € – Menu 23/36 € – Carte 25/43 €
◆ En léger retrait du terminal du ferry et de la place du marché aux poissons, un hôtel-restaurant avenant, avec des chambres très sobres, fraîches et fonctionnelles.

XX **La Mare Ô Poissons** – Hôtel La Mare Ô Poissons

68 r. Emile-Herbline – ✆ 02 31 37 53 05 – www.lamareopoissons.fr – Fermé dim. soir et lundi midi d'oct. à mi-mars

Rest – Formule 18 € – Menu 29/39 € – Carte 40/53 €

♦ Dans cette Mare plutôt design, c'est la mer qui est à l'honneur (une jolie soupe de poisson par exemple). Pas d'esbroufe mais une cuisine à la page qui utilise aussi à bon escient les beaux produits du terroir normand.

X **La Table d'Hôtes**

10 av. du Gén.-Leclerc – ✆ 02 31 97 18 44 – Fermé 20 juin-3 juil., mardi et merc.

Rest *(réserver)* – Formule 19 € – Menu 26 € (déj.)/31 €

♦ On se sent tout de suite à l'aise dans ce restaurant familial ; le cadre est simple et convivial avec son beau comptoir en bois. Le chef change régulièrement son menu unique, au gré de la criée et de son inspiration – mais toujours dans le respect de la tradition.

à Riva-Bella – ✉ 14150 Ouistreham

Riva Bella ch, rest,

av. Cdt-Kieffer – ✆ 02 31 96 40 40 – www.hotel-rivabella-ouistreham.com – Fermé 16-26 déc.

84 ch – †110/185 € ††135/235 € – 5 suites – ☕ 16 €

Rest – Formule 23 € – Menu 30/39 € – Carte 33/60 €

♦ En bord de plage, à deux pas du casino, ce complexe hôtelier fait partie d'un grand centre de thalassothérapie. Entièrement rénové en 2010, il affiche un décor résolument contemporain et relaxant, surtout dans les chambres donnant sur la mer. Parfait pour les amateurs de séjour "detox".

Ibis Styles

37 r. des Dunes – ✆ 02 31 96 20 20 – www.all-seasons-hotels.com

49 ch ☕ – †73/78 € ††84/99 €

Rest – Formule 11 € – Menu 16/23 € – Carte 25/38 €

♦ Un bâtiment moderne, à quelques pas du port. Tout y évoque le large : le nom des couloirs menant aux chambres, leur décor "cabine de paquebot", les tableaux... Pour que le voyage soit complet, certaines chambres donnent sur le terminal du ferry.

De la Plage sans rest

39 av. Pasteur – ✆ 02 31 96 85 16 – www.hotel-ouistreham.com – Fermé 13-23 fév.

16 ch – †60/67 € ††72/82 € – ☕ 10 €

♦ On aime le charme presque suranné de cette villa anglo-normande de la fin du 19es. Bien au calme, un peu en retrait, on s'y repose de l'agitation – toute relative – de Ouistreham. Les chambres sont délicieusement rétro et l'accueil, spontané !

St-Georges

51 av. Andry – ✆ 02 31 97 18 79 – www.hotel-le-saint-georges.com – Fermé 3-24 janv., dim. soir et lundi midi d'oct. à mars

18 ch – †63/75 € ††75/85 € – ☕ 10 € – ½ P 75/78 €

Rest *St-Georges* – voir les restaurants ci-après

♦ C'est vraiment l'hôtel typique de bord de mer, installé dans une bâtisse de la fin du 19es., avec un jardin sur l'arrière. Les chambres sont agréables, classiques et bien tenues ; certaines ont vue sur la Manche.

XX **St-Georges** – Hôtel St-Georges

51 av. Andry – ✆ 02 31 97 18 79 – www.hotel-le-saint-georges.com – Fermé 3-24 janv., dim. soir et lundi midi d'oct. à mars

Rest – Formule 15 € – Menu 24/42 € – Carte 26/69 €

♦ Gris et rose, élégant et moderne, tel est le restaurant panoramique de l'hôtel St-Georges. Pour déguster des huîtres, du homard, de beaux plateaux de fruits de mer ou un bon steak tartare, voire des rognons au jus de truffes : c'est idéal !

LES OURSINIÈRES – **83 Var** – **340** L7 – **rattaché au Pradet**

OUSSON-SUR-LOIRE – **45 Loiret** – **318** N6 – **754 h.** – **alt. 158 m** **12** D2

– ✉ **45250**

Paris 165 – Gien 19 – Montargis 51 – Orléans 96

Le Clos du Vigneron

18 rte Nationale 7 – ✆ 02 38 31 43 11 – www.hotel-clos-du-vigneron.com – Fermé 5-28 sept., 22 déc.-14 janv.

8 ch – 57 € 57 € – 8 € – ½ P 67 €

Rest *Le Clos du Vigneron* – voir les restaurants ci-après

◆ Ses propriétaires choient ce Clos très fleuri et parfaitement tenu. Les chambres se trouvent dans un bâtiment au fond du jardin, toutes de plain-pied et assez indépendantes. Une bonne étape.

Le Clos du Vigneron

18 rte Nationale 7 – ✆ 02 38 31 43 11 – www.hotel-clos-du-vigneron.com – Fermé 5-28 sept., 22 déc.-14 janv., dim. soir, mardi soir et merc.

Rest – Formule 17 € – Menu 30/48 € – Carte 38/48 €

◆ Tons pastel, nappes claires, tableaux colorés, etc. : il règne une élégance simple et champêtre dans cette maison à colombages. On y apprécie une cuisine de saison et surtout... de fraîcheur, faisant la part belle au poisson.

OUZOUER-SUR-LOIRE – 45 Loiret – 318 L5 – 2 713 h. – alt. 140 m – ✉ 45570 12 C2

Paris 151 – Gien 16 – Montargis 45 – Orléans 54

L'Abricotier

106 r. Gien – ✆ 02 38 35 07 11 – Fermé 1er-15 août, 24-31 déc., dim. soir, merc. soir et lundi

Rest *(nombre de couverts limité, réserver)* – Formule 17 € – Menu 24/40 € – Carte 38/52 €

◆ À la sortie du village, une auberge avec son agréable terrasse où l'on dîne à l'ombre d'un sapin, et non d'un abricotier ! Goûteuse cuisine traditionnelle.

OYONNAX – 01 Ain – 328 G3 – 23 114 h. – alt. 540 m – ✉ 01100 45 C1

Franche-Comté Jura

Paris 484 – Bourg-en-Bresse 60 – Nantua 19

1, rue Bichat, ✆ 04 74 77 94 46, www.tourisme-oyonnax.com

La Toque Blanche

11 pl. Émile Zola – ✆ 04 74 73 42 63 – www.latoqueblanche-oyonnax.com – Fermé 22 juil.-20 août, 2-10 janv., sam. midi, dim. soir et lundi

Rest – Menu 15 € (sem.), 20/70 € – Carte 43/64 €

◆ Il faut aller en centre-ville, en face de la grande église, pour découvrir ce restaurant chaleureux. Confluences géographiques obligent, la table marie la Bresse, le Jura et le Lyonnais avec un certain classicisme.

au Lac Genin Sud-Est : 10 km par D 13 – ✉ 01130 Charix

Site★ du lac.

Auberge du Lac Genin avec ch

– ✆ 04 74 75 52 50 – www.lac-genin.fr – Fermé 15 oct.-30 nov., dim. soir et lundi

rest, ch,

3 ch – 50/60 € 50/60 € – 6 €

Rest – Menu 12 € (déj. en sem.), 18/20 € – Carte 22/42 €

◆ Une charmante petite auberge, au bord d'un lac, au milieu de la forêt... On grille à la cheminée et la patronne prépare des plats traditionnels, des frites maison, des fondues, de la croûte aux morilles, etc. Quoique modernes, les chambres ne renient pas l'esprit montagnard.

OZENAY – 71 Saône-et-Loire – rattaché à Tournus

OZOIR-LA-FERRIÈRE – 77 Seine-et-Marne – 312 F3 – 106 33 – 101 30 – voir à Paris, Environs

---

PACY-SUR-EURE – 27 Eure – 304 I7 – 4 806 h. – alt. 40 m – ✉ 27120 33 D2

Normandie Vallée de la Seine

Paris 81 – Dreux 38 – Évreux 20 – Louviers 33

place Dufay, ✆ 02 32 26 18 21, www.cape-tourisme.fr

L'Étape de la Vallée
– ✆ 02 32 36 12 77 – www.etapedelavallee.com
15 ch – 61/90 € 71/98 € – 11 € – ½ P 70/80 €
Rest *(fermé jeudi soir, dim. soir et lundi)* – Menu 19 € (déj. en sem.), 29/49 € – Carte 35/80 €
◆ Dans cette grande maison blanche, les chambres sont douillettes, très chaleureuses et donnent sur le joli jardin, la terrasse ou l'Eure... Quel plaisir d'entendre bruire la rivière en se réveillant ! Reposant et charmant.

Altina
rte de Paris – ✆ 02 32 36 13 18 – www.hotelaltina.com
29 ch – 59/69 € 59/69 € – 9 € – ½ P 55 €
Rest – Formule 13 € – Menu 15 € (déj.), 17/39 € – Carte 29/49 €
◆ Dans une zone commerciale, cet hôtel récent est très apprécié de la clientèle d'affaires : chambres sobres et pratiques, salles de conférence et, ponctuellement, soirées à thème au piano-bar.

à Cocherel 6,5 km au Nord-Ouest par D 836 – ✉ 27120 Houlbec Cocherel

Le Bouchon de Cocherel
8 r. Aristide-Briand – ✆ 02 32 36 68 27 – www.lebouchondecocherel.fr – Fermé 3-26 sept., lundi soir, mardi et merc.
Rest – Formule 25 € – Menu 31/35 €
◆ Sur une route bucolique, dans le hameau où est enterré Aristide Briand, cette jolie maison normande donne l'occasion de faire une pause gourmande. À l'ardoise, une bonne petite cuisine traditionnelle et, pour l'étape, deux chambres agréables.

PAILHEROLS – 15 Cantal – **330** E5 – 169 h. – alt. 1 000 m – ✉ 15800 **5** B3
Paris 558 – Aurillac 32 – Entraygues-sur-Truyère 45 – Murat 39

Auberge des Montagnes
Le Bourg – ✆ 04 71 47 57 01 – www.auberge-des-montagnes.com – Fermé 20 mars-4 avril, 8 oct.-20 déc. sauf vacances de Toussaint
13 ch – 55/68 € 55/68 € – 9 € – ½ P 52/60 €
Rest *Auberge des Montagnes* – voir les restaurants ci-après
◆ Ce qui frappe d'abord dans cette adresse pleine de charme perdue en pleine montagne, c'est la gentillesse de l'accueil. On vous reçoit en famille et tout est prévu pour un séjour parfait : de jolies chambres, un spa avec piscine, des jeux...

Clos des Gentianes
– *Fermé 20 mars-4 avril et 5 nov.-10 déc.*
10 ch – 77/112 € 77/112 € – 11 € – ½ P 67/77 €
◆ Choisissez cette annexe si vous aimez marcher, elle est à 400 m de l'hôtel. L'environnement est superbe, c'est calme et un soin tout particulier a été apporté à la décoration. Une bouffée d'air pur !

Auberge des Montagnes
Le Bourg – ✆ 04 71 47 57 01 – www.auberge-des-montagnes.com – Fermé 20 mars-4 avril, 8 oct.-20 déc. sauf vacances de Toussaint, mardi midi et lundi
Rest – Menu 24 € (sem.), 30/39 € – Carte 34/48 €
◆ Elle est bien chaleureuse, cette pittoresque auberge au toit de lauzes. Le chef, au beau parcours, y explore le terroir avec soin, générosité et toujours les meilleurs produits locaux. Un concentré de Cantal gourmand !

PAIMPOL – 22 Côtes-d'Armor – **309** D2 – 7 835 h. – alt. 15 m – ✉ 22500 Bretagne **10** C1
Paris 494 – Guingamp 29 – Lannion 33 – St-Brieuc 46
Place de la République, ✆ 02 96 20 83 16, ww.paimpol-goelo.com
Abbaye de Beauport★ 2 km par D 786 - Tour de Kerroc'h ★ 3 km par D 789 puis 15 mn.
Pointe de Minard★★ 11 km par D 786.

K'Loys ch, VISA AE

21 quai Morand – ✆ 02 96 20 40 01 – www.k-loys.com

17 ch – †65/180 € ††85/180 € – ☐ 8 €

Rest – Menu 19/35 € – Carte 24/55 €

◆ Une ancienne demeure d'armateur, face au port, devenue hôtel de caractère. Les lieux semblent tout droit sortis d'un autre siècle : mobilier ancien, salon bourgeois, bistrot marin et petit-déjeuner sous la véranda. Du charme...

Goëlo sans rest VISA AE

quai Duguay-Trouin – ✆ 02 96 20 82 74 – www.legoelo.com

32 ch – †50/72 € ††65/72 € – ☐ 8 €

◆ Ce bâtiment récent, amarré sur le port de plaisance, offre une jolie vue sur les mâts. On vous accueille avec beaucoup d'amabilité et les petites chambres constituent un joli point de chute pour découvrir la région (île de Bréhat, abbaye de Beauport, etc.).

La Vieille Tour VISA AE

13 r. de l'Église – ✆ 02 96 20 83 18 – www.lavieilletour-paimpol.fr
– Fermé 17 juin-2 juil., 18 nov.-3 déc., dim. soir et merc. soir sauf juil.-août et lundi

Rest – Formule 18 € – Menu 31/60 € – Carte 43/83 €

◆ Cette charmante auberge du vieux Paimpol est un bel exemple du rustique d'aujourd'hui. La cuisine joue elle aussi avec la tradition : huîtres chaudes aux herbes fraîches, cabillaud aux asperges et espuma d'andouille fumée, etc.

La Cotriade VISA

16 quai Armand Dayot – ✆ 02 96 20 81 08 – www.la-cotriade.com
– Fermé 22-28 déc., 18-25 mars, dim. midi hors saison et lundi sauf juil.-août

Rest – Formule 19 € – Menu 25 € (déj. en sem.)/41 € – Carte 47/60 €

◆ Jetez l'ancre dans ce petit bistrot presque zen, ou en terrasse, sur le port. Le chef calque ses créations sur les marées et les saisons, utilisant des poissons nobles ou à redécouvrir. Tonique et bien iodé.

à Ploubazlanec 3,5 km au Nord par D 789 – 309 D2 – 3 238 h. – alt. 60 m – ✉ 22620

Les Agapanthes sans rest VISA AE

1 r. Adrien Rebours – ✆ 02 96 55 89 06 – www.hotel-les-agapanthes.com
– Fermé 2-31 janv.

21 ch – †45/95 € ††45/95 € – ☐ 9 €

◆ Voilà une maison typiquement régionale, au milieu d'un jardin que l'on imagine fleuri... d'agapanthes. Les chambres, cossues et confortables, ont un petit je-ne-sais-quoi de British, on est à l'écoute du client : une bonne adresse près de Paimpol.

PAIMPONT – 35 Ille-et-Vilaine – 309 I6 – 1 654 h. – alt. 159 m – ✉ 35380 Bretagne 10 C2

▶ Paris 393 – Bruz 37 – Cesson-Sévigné 54 – Rennes 42

ℹ 5, esplanade de Brocéliande, ✆ 02 99 07 84 23, www.tourisme-broceliande.com

La Corne de Cerf sans rest [P]

Le Cannée, 2 km au Sud par D 71 – ✆ 02 99 07 84 19 – http://corneducerf.bcld.net – Fermé janv. et fév.

3 ch ☐ – †50 € ††58 €

◆ Longère décorée dans l'esprit maison d'artistes à deux pas de la forêt de Brocéliande. Chambres lumineuses et printanières. Pains, brioches et confitures maison, le tout bio...

PAIRIS – 68 Haut-Rhin – 315 G8 – rattaché à Orbey

LE PALAIS – 56 Morbihan – 308 M10 – voir à Belle-Ile-en-Mer

PALAVAS-LES-FLOTS – 34 Hérault – 339 I7 – 6 034 h. – alt. 1 m – Casino – ✉ 34250 Languedoc Roussillon 23 C2

▶ Paris 763 – Aigues-Mortes 26 – Montpellier 17 – Nîmes 60

ℹ Phare de la Méditerranée, ✆ 04 67 07 73 34, www.palavaslesflots.com

◉ Ancienne cathédrale★ de Maguelone SO : 4 km.

Brasilia sans rest

9 bd Joffre – ☎ 04 67 68 00 68 – www.brasilia-palavas.com – Fermé de mi-déc. à mi-janv.

22 ch – 55/116 € 55/116 € – 9 €

◆ Ambiance contemporaine pour cet hôtel à la jolie façade de mosaïque bleue, situé sur le front de mer. Chambres fonctionnelles, toutes avec balcon ou terrasse.

Amérique Hôtel sans rest

av. F. Fabrègue – ☎ 04 67 68 04 39 – www.hotelamerique.com

47 ch – 75/110 € 75/110 € – 8 €

◆ Cet hôtel se compose de deux bâtiments séparés par une avenue conduisant droit à la mer : la partie principale abrite des chambres rénovées, plus confortables ; l'autre la piscine.

L'Escale

5 bd Sarrail, (rive gauche) – ☎ 04 67 68 24 17 – www.restaurant-escale-palavas-les-flots.com – Fermé 2-8 janv., merc. de sept. à juin sauf fériés, merc. midi et jeudi midi en juil.-août

Rest – Formule 19 € – Menu 30/46 € – Carte 47/60 €

◆ L'élégante salle à manger et la véranda offrent une belle perspective sur la plage. Proximité de la mer oblige, la généreuse cuisine au goût du jour s'en inspire largement.

Le St-Georges

4 bd Maréchal-Foch, (à côté du casino) – ☎ 04 67 68 31 38 – Fermé sam. midi, dim. soir et lundi de sept. à juin et le midi en juil.-août

Rest – Formule 21 € – Menu 26/36 € – Carte 43/66 €

◆ Accueil convivial et cuisine dans l'air du temps : deux bonnes raisons de franchir la porte de ce petit restaurant d'esprit contemporain !

PALEYRAC – 24 Dordogne – **329** G7 – **rattaché au Buisson-de-Cadouin**

LA PALUD-SUR-VERDON – 04 Alpes-de-Haute-Provence – **334** G10 **41** C2
– 313 h. – alt. 930 m – ✉ 04120 Alpes du Sud

Paris 796 – Castellane 25 – Digne-les-Bains 65 – Draguignan 60

le Château, ☎ 04 92 77 32 02, www.lapaludsurverdon.com

Belvédères : Trescaïre★★, 5 km, l'Escalès★★★, 7 km par D952 puis D 23 - Point Sublime★★★, sur le Grand Canyon du Verdon NE : 7,5 km puis 15 mn.

Des Gorges du Verdon

1 km par rte de la Maline Sud – ☎ 04 92 77 38 26 – www.hotel-des-gorges-du-verdon.fr – Ouvert 6 avril-14 oct.

27 ch – 150/230 € 180/230 € – 3 suites

Rest – Formule 22 € – Menu 26 € (déj.), 35/50 € – Carte 40/50 €

◆ Un rêve pour les randonneurs fatigués que cet hôtel de charme dominant les vallées... Chambres colorées (duplex, suites) et bons équipements pour les loisirs : hamman, jacuzzi, piscine. Au restaurant, cuisine régionale et ambiance chaleureuse.

PAMIERS – 09 Ariège – **343** H6 – 15 857 h. – alt. 280 m **29** C3
– ✉ 09100 Midi-Toulousain

Paris 745 – Auch 147 – Carcassonne 76 – Castres 106

boulevard Delcassé, ☎ 05 61 67 52 52, http://ot-pamiers.fr

De France

5 cours Joseph-Rambaud – ☎ 05 61 60 20 88 – www.hotel-de-france-pamiers.com

31 ch – 55/65 € 65/80 € – 8 € – ½ P 54/61 €

Rest *De France* – voir les restaurants ci-après

◆ Si vous êtes en route vers Andorre ou les stations de ski des Pyrénées, n'hésitez pas à vous arrêter dans cet hôtel proche du centre-ville. Ses chambres sont contemporaines, sobres et bien tenues. Une halte sympathique.

De la Paix AC rest, P VISA MC AE

4 pl. A. Tournier – ✆ 05 61 67 12 71 – www.hoteldelapaix-pamiers.com
14 ch – †45/52 € ††55/62 € – ☕ 8 € – ½ P 52/55 €
Rest *(fermé 24 déc.-2 janv. et dim.)* – Menu 19 € (sem.) – Carte 23/44 €
♦ Petit tour de France : cet ancien relais de poste (assez central) est dirigé par un jeune patron originaire de Corse, qui a tenu une brasserie à Besançon ! Chambres sobres et agréables ; au restaurant, tradition et rusticité (beaux plafonds moulurés de 1760).

De France – Hôtel De France AC P VISA MC AE

5 cours Joseph-Rambaud – ✆ 05 61 60 20 88 – www.hotel-de-france-pamiers.com – Fermé vend., sam. et dim.
Rest – Formule 15 € – Menu 18/30 €
♦ Dans ce restaurant au cadre épuré, l'assiette, actuelle, respecte les saisons et met en avant les produits issus du bio et des petites productions. C'est simple et généreux : on se régale !

LE PARADOU – 13 Bouches-du-Rhône – **340** D3 – rattaché à Maussane-les-Alpilles

---

PARAMÉ – 35 Ille-et-Vilaine – **309** J3 – voir à St-Malo

PARAY-LE-MONIAL – 71 Saône-et-Loire – **320** E11 – 9 123 h. **7** B3
– alt. 245 m – ✉ 71600 Bourgogne

Paris 360 – Mâcon 67 – Montceau-les-Mines 37 – Moulins 67
25, avenue Jean-Paul II, ✆ 03 85 81 10 92, www.paraylemonial.fr
Basilique du Sacré-Coeur★★ - Hôtel de ville★ **H.**

Terminus rest, P VISA MC AE

27 av. de la Gare – ✆ 03 85 81 59 31 – www.terminus-paray.fr – Fermé vacances de la Toussaint et dim. **s**
18 ch – †49 € ††69 € – ☕ 9 € – ½ P 53 €
Rest *(dîner seult)* – Menu 15/19 € – Carte 30/49 €
♦ Rose bonbon ! Cet hôtel de gare ne passe pas inaperçu... Dans un style assez classique, les chambres sont agréables et confortables. Et il y a aussi un restaurant traditionnel, avec sa terrasse dès les premiers beaux jours.

Grand Hôtel de la Basilique AC rest, VISA MC AE

18 r. de la Visitation – ✆ 03 85 81 11 13 – www.hotelbasilique.com – Ouvert 20 mars-30 oct. **a**
53 ch – †41/52 € ††48/60 € – ☕ 8 €
Rest – Formule 13 € bc – Menu 16 € (déj.), 19/51 € – Carte 22/55 €
♦ Depuis quatre générations, la même famille tient cet hôtel-restaurant situé à deux pas de la basilique ; certaines chambres donnent d'ailleurs sur cette merveille romane. Carte traditionnelle au restaurant.

L'Apostrophe AC VISA MC

69 av. Ch.-de-Gaulle – ✆ 03 85 25 45 07 – www.restaurantlapostrophe.fr – Fermé 15-26 avril, 19 août-3 sept., lundi en hiver et dim. **b**
Rest – Formule 18 € – Menu 22/39 € – Carte 33/52 €
♦ La cité du Sacré-Cœur se laisse désormais apostropher par ce restaurant moderne et sympathique où le chef utilise les bases traditionnelles à bon escient. Un vrai coup de jeune sur la ville.

à Sermaize-du-Bas 12,5 km par ③ par D 34 puis D 458 à Poisson dir. St -Julien-de-Civry – ✉ 71600 Poisson

M. Mathieu sans rest P

– ✆ 03 85 81 06 10 – Ouvert 15 mars-11 nov.
3 ch ☕ – †47/52 € ††52/62 €
♦ Le propriétaire, un ancien fermier, a vécu toute sa vie dans cet ancien relais de chasse en pierres dorées. Une tour ronde mène aux chambres où l'on peut goûter, à prix doux, au calme de la campagne.

PARAY-LE-MONIAL

Alsace-Lorraine (Pl.) 2
Billet (R.) 3
Chapelains (Allée des) 5
Charolles (Av. de) 6
Commerce (Quai du) 7
Dauphin-Louis (Bd) 8
Desrichard (R. Louis) 9
Deux ponts (R.) 12
Dr-Griveaud (R.) 13
Four (R. du) 14
Gaulle (Av. Ch.-de) 15
Guignault (Pl.) 17
Industrie (Quai de l') 18
Jean-Jaurès (Cours) 20
Lamartine (Pl.) 21
Paix (R. de la) 23
Regnier (Bd H.-de) 26
République (R.) 27
St-Vincent (R.) 28
Victor-Hugo (R.) 29
Visitation (R.) 30

à Poisson 8 km par ③ sur D 34 – 581 h. – alt. 300 m – ✉ 71600

XX **La Poste et Hôtel La Reconce** avec ch — rest,

Le Bourg – ☎ 03 85 81 10 72 – www.hotel-lareconce.com – Fermé janv., mardi midi en juil.-août et lundi
7 ch – †60/74 € ††74/114 € – ☐ 12 €
Rest – Formule 16 € – Menu 28 € (sem.), 44/80 € – Carte 48/65 €
♦ Un vent nouveau souffle dans ce bel établissement qui fait face à l'église. La cuisine est goûteuse et le chef privilégie les produits terre et mer, dont... le poisson ! L'accueil est charmant et les chambres coquettes donnent envie de s'arrêter pour la nuit.

au Sud-Ouest 4 km par ⑤ sur N 79 – ✉ 71600 Paray-le-Monial

Le Charollais

Le Colayot – ☎ 03 85 81 03 35 – www.lecharollais.fr
20 ch – †53 € ††59 € – ☐ 7 €
Rest – Formule 12 € – Menu 20 € – Carte 16/30 €
♦ Un établissement pratique lorsque l'on fait de la route, de type motel, avec des chambres simples et bien tenues. Pour se restaurer : grillades (surtout de viande charolaise) et pizzas.

PARC du FUTUROSCOPE – 86 Vienne – **322** I4 – rattaché à Poitiers

---

PARCEY – 39 Jura – **321** C4 – rattaché à Dole

PARENTIS-EN-BORN – 40 Landes – **335** E8 – 5 051 h. – alt. 32 m – ✉ 40160 Aquitaine **3** B2

Paris 658 – Arcachon 43 – Bordeaux 76 – Mimizan 25
place du Général-de-Gaulle, ☎ 05 58 78 43 60, www.parentis.com

X **Chez Flo** avec ch

9 r. St-Barthélémy – ☎ 05 58 78 40 21 – Fermé dim. sauf le midi en juil.-août et lundi
6 ch – †36 € ††45 € – ☐ 6 € **Rest** – Formule 11 € bc – Menu 20 €
♦ Un restaurant convivial, avec des photos, des dessins, des objets personnels du patron... Dans l'esprit du lieu, la cuisine est épatante : sous la houlette d'un jeune chef passionné, tout est fait maison, avec des produits frais. Quelques chambres pour l'étape.

PARIS et ENVIRONS

Plans de la ville pages suivantes **21** D2

© M. Bureau/AFP Creative / Photononstop

75 – Ville-de-Paris – 2 211 297 h. – Agglo. 11 532 398 h. – alt. 30 m – ✉ 75000

Offices de tourisme

www.parisinfo.com

Bureaux permanents :

ℹ Anvers - 72 bd de Rochechouard (18e)

ℹ Gare de l'Est - Place du 11-Novembre-1918 (10e)

ℹ Gare de Lyon - 20 bd Diderot (12e)

ℹ Gare du Nord - 18 rue de Dunkerque (10e)

ℹ Montmartre - place du tertre-Montmartre (18e)

ℹ Porte de Versailles - 1 place de la porte de Versailles (15e)

ℹ Pyramides - 25 rue des Pyramides (1er)

Kiosques estivaux : Bastille, Champs-Élysées Clemenceau, Hôtel de Ville et Notre-Dame.

Aéroports

www.aeroportsdeparis.fr, informations sur les vols au : ✆ 39 50.

✈ **Liaison Paris-aéroport de Roissy-Charles-de-Gaulle**

En taxi : entre 30 mn et 1 h de trajet.

En RER B (Châtelet) : 30 mn

Avec Roissybus (départ de l'Opéra, angle de la rue Scribe et de la rue Auber) : de 45 mm à 1 h. Informations : www.ratp.fr

Cars Air France : n°2 (Étoile, Porte Maillot) : 45 mn et n°4 (gare Montparnasse, gare de Lyon) : 50 mn. Informations : www.cars-airfrance.com

Métro CDGVAL : navette gratuite 24h/24 entre les terminaux, les parkings et les gares TGV et RER.

✈ **Liaison Paris-aéroport d'Orly**

En taxi : 20 à 30 mn de trajet.

Avec Orlybus (Denfert-Rochereau) : 30 mn de trajet. En RER B (Châtelet) et OrlyVal (changement à Antony) : 25 mn.

Informations : www.ratp.fr et www.orlyval.com

Cars Air France : n°1 (Étoile, Invalides, gare Montparnasse) : 35 mn à 45 mn. Informations : www.cars-airfrance.com

Circuler dans Paris

En taxi

Les tarifs varient en fonction de l'heure et du jour de la course (plus cher la nuit et le dimanche), mais aussi de la zone géographique. Le détail des tarifs A (journée), B (dimanche et soirée) et C (nuit) sont affichés clairement dans les véhicules.

Métro et bus

Le métro reste le meilleur moyen de se déplacer dans Paris pour être à l'heure à ses rendez-vous. Les 14 lignes de métro fonctionnent entre 5h30 et 00h45 (01h45 vendredi, samedi et veille de fêtes). Les touristes préféreront le réseau de bus pour profiter de l'animation urbaine et de la vue sur les monuments. La nuit, les bus Noctiliens prennent le relais. Horaires, titres de transport et itinéraires sur : www.ratp.fr et www.transilien.com

Vélib'

Créé en juillet 2007, Vélib' est un système de location de vélos en libre service. Pour une somme modique, vous pouvez emprunter un vélo dans l'une des nombreuses stations et le redéposer dans une autre. Utilisez la carte Michelin n°61 Paris Velib' ou rendez-vous sur www.velib.paris.fr (✆01 30 79 79 30).

A VOIR

Perspectives célèbres : de la place de la Concorde, perspective★★★ des Champs-Élysées et de l'Arc de Triomphe, jusqu'à l'Arche de la Défense • Terrasse du Palais de Chaillot (Trocadéro) : perspective★★★ sur la Tour Eiffel et l'École militaire • Point de vue du pont Alexandre III★★ sur les Invalides, le Grand et le Petit Palais

Paris vue d'en haut : Tour Eiffel★★★ • Tour Montparnasse★★★ • Tour de Notre-Dame★★★ • Dôme du Sacré-Cœur★★★ • Plate-forme de l'Arc-de-Triomphe★★★

Eglises et grands monuments historiques : palais et musée du Louvre★★★ • Tour Eiffel★★★ • Notre-Dame★★★ • Sainte-Chapelle★★★ • Arc de Triomphe★★★ • Invalides★★★ (tombeau de Napoléon) • Palais-Royal★★ • Opéra Garnier★★ • Conciergerie★★ • Panthéon★★ • Palais et Jardins du Luxembourg★★ • St-Germain-des-Prés★★ • St-Étienne-du-Mont★★ • St-Germain-l'Auxerrois★★

Principaux musées : le Louvre★★★ • Orsay★★★ (milieu du 19e s.-début du 20e s.) • Musée d'Art moderne du Centre Georges Pompidou★★★ • Musée de l'Armée★★★ (aux Invalides) • Arts décoratifs★★ (107 rue de Rivoli) • Musée national du Moyen Âge et Thermes de Cluny★★ • Rodin★★ (Hôtel de Biron) • Carnavalet★★ (Histoire de Paris) • Picasso★★ • Cité des Sciences et de l'Industrie★★ (La Villette) • Marmottan★★ (peintres impressionnistes) • Orangerie★★ (des impressionnistes à 1930) • Jacquemart-André★★ • Musée des Arts et Métiers★★ • Musée national des Arts asiatiques (Guimet)★★ • Musée du Quai-Branly (Arts premiers)★★ • Musées de Trocadéro : Cité de l'Architecture et du Patrimoine★★ et Musée national de la Marine★★ • Institut du Monde Arabe★★

Paris actuel : la Défense★★ (C.N.I.T., la Grande Arche) • Centre Georges-Pompidou★★★ • Palais Omnisports de Bercy★ • Bibliothèque nationale de France, site François-Mitterrand★

Quartiers pittoresques et historiques : le Marais★★★ (place des Vosges★★★, Hôtel Lamoignon★★, Hôtel Guénégaud★★, Palais Soubise★★) • Montmartre★★★ (basilique du Sacré-Cœur★★, église St-Pierre★) • L'Île St-Louis★★ • Les quais★★★ (entre le Pont des Arts et le Pont de Sully) • St-Germain-des-Prés★★ • Quartier St-Séverin★★ • Le canal St-Martin★

Shopping : les grands magasins du bd Haussmann (Printemps et Galeries Lafayette), le BHV (rue de Rivoli), le Bon Marché (rue de Sèvres) • Commerces de luxe : Faubourg St-Honoré et avenue Montaigne (mode), rue de la Paix et place Vendôme (joaillerie), rue Royale (faïencerie et cristallerie)

Brocante et antiquités : marché aux Puces★ (Porte de Clignancourt) • Village Suisse (av. de la Motte-Picquet) • Louvre des Antiquaires

Liste alphabétique des hôtels
Index of hotels

PARIS

Liste alphabétique des restaurants
Index of restaurants

D

E

F

PARIS

PARIS

Les tables étoilées
Starred establishments

✿ 2012

page

PARIS

Bib Gourmand

Repas soignés à prix modérés
Good food at moderate prices

L'Accolade - 17e	X	1351
A et M Restaurant - 16e	XX	1342
L'Affriolé - 7e	X	1294
Ambassade d'Auvergne - 3e **N**	XX	1269
L'Atelier du Parc - 15e **N**	XX	1331
L'Auberge Aveyronnaise - 12e	X	1322
Auberge Pyrénées Cévennes - 11e	X	1318
Au Bon Accueil - 7e	X	1292
Le Bélisaire - 15e	X	1334
Beurre Noisette - 15e	X	1333
Bibimbap - 5e **N**	X	1277
Bistro des Gastronomes - 5e **N**	X	1277
Le Bistro T - 14e **N**	X	1327
Bistrot Paul Bert - 11e	X	1319
Le Bouco - 8e	X	1309
Café Constant - 7e	X	1294
Café Moderne - 2e	X	1266
Café Panique - 10e	X	1316
Caffé dei Cioppi - 11e	X	1320
Les Cailloux - 13e	X	1324
La Cantine du Troquet - 14e	X	1328
Le Caroubier - 15e	XX	1332
Carte Blanche - 9e	X	1313
Le Casse Noix - 15e **N**	X	1334
Les Caves de Solignac - 14e **N**	X	1328
La Cerisaie - 14e	X	1327
Chatomat - 20e **N**	X	1356
Chez Casimir - 10e **N**	X	1317
Chez Géraud - 16e	XX	1343
Chez Léon - 17e	X	1350
Chez les Anges - 7e	XX	1291
Chez Marie-Louise - 10e **N**	X	1316
Le Clos des Gourmets - 7e	X	1292
Les Cocottes - 7e	X	1293
L'Entredgeu - 17e	X	1352
L'Épicuriste - 15e **N**	X	1334
L'Épi Dupin - 6e	X	1285
La Ferrandaise - 6e **N**	X	1285
Fish La Boissonnerie - 6e **N**	X	1286
Graindorge - 17e	XX	1349
Les Grandes Tables du 104 - 19e **N**	X	1355
L'Hermès - 19e **N**	X	1355
Impérial Choisy - 13e	X	1324
L'Inattendu - 15e	XX	1331
Jadis - 15e	X	1334
Jean-Pierre Frelet - 12e	X	1322
Kigawa - 14e **N**	X	1329
Lao Lane Xang 2 - 13e	X	1324

Environs

Hôtels agréables
Particulary pleasant hotels

Environs page

Restaurants agréables
Particularly pleasant restaurants

L'Abeille - 16e	XXXX ✿✿	1340
Alain Ducasse au Plaza Athénée - 8e	XXXXX ✿✿✿	1302
Les Ambassadeurs - 8e	XXXXX ✿	1302
L'Ambroisie - 4e	XXXX ✿✿✿	1271
Apicius - 8e	XXXX ✿✿	1303
L'Atelier de Joël Robuchon - Étoile - 8e	X ✿✿	1308
L'Atelier de Joël Robuchon - St-Germain - 7e	X ✿✿	1292
Bon - 16e	XX	1342
Café Lenôtre - Pavillon Elysée - 8e	X	1308
Caïus - 17e	X	1350
Camélia - 1er	XX	1261
114, Faubourg - 8e	XX	1305
Le Cinq - 8e	XXXXX ✿✿	1301
Cristal Room Baccarat - 16e	XX	1342
La Cuisine - 8e	XX	1305
Le Dali - 1er	XXX	1260
Les Enfants Terribles - 8e	XXX	1304
Épicure au Bristol - 8e	XXXXX ✿✿✿	1302
L'Espadon - 1er	XXXXX ✿✿	1259
Frédéric Simonin - 17e	XX ✿	1348
La Grande Cascade - 16e	XXXX ✿	1345
Le Grand Véfour - 1er	XXXX ✿✿	1260
Gwon's Dining - 15e	X	1332
Il Carpaccio - 8e	XX	1305
Il Vino d'Enrico Bernardo - 7e	XX ✿	1290
Jean-François Piège - 7e	XX ✿✿	1290
Le Jules Verne - 7e	XXX ✿	1289
Lasserre - 8e	XXXXX ✿✿	1303
Ledoyen - 8e	XXXXX ✿✿✿	1302
Mama Shelter - 20e	X	1356
Le Meurice - 1er	XXXXX ✿✿✿	1259
1728 - 8e	XXX	1304
Mini Palais - 8e	XX	1306
Mori Venice Bar - 2e	XX	1266
Les Ombres - 7e	XX	1290
L'Opéra - 9e	XX	1313
Paris - 6e	XXX ✿	1282
Pershing Hall - 8e	XX	1306
Le Pré Catelan - 16e	XXXXX ✿✿✿	1345
Prunier - 16e	XXX	1340
Le Relais Plaza - 8e	XX	1305
Le Restaurant - 6e	XX ✿	1282
Senderens - 8e	XXX ✿✿	1303
De Sers - 8e	XX	1306
Shang Palace - 16e	XXX ✿	1340
La Société - 6e	XX	1283
Sola - 5e	X ✿	1276
Sur Mesure par Thierry Marx - 1er	XXX ✿✿	1260
La Table du Lancaster - 8e	XXX ✿	1303
Taillevent - 8e	XXXXX ✿✿	1302
La Tour d'Argent - 5e	XXXXX ✿	1275
1 Place Vendôme - 1er	XX	1261

Environs

		page
L'Auberge de l'Élan - Cernay-la-Ville	X	1365
Auberge Ravoux - Auvers-sur-Oise	X ☺	1358
Cazaudehore - Saint-Germain-en-Laye	XXX	1386
Le Cellier du Manoir - Gressy	XXX	1371
Le Corot - Ville-d'Avray	XXX	1395
L'Escarbille - Meudon	XX ✿	1376
Gordon Ramsay au Trianon - Versailles	XXXX ✿✿	1393
La Gueulardière - Ozoir-la-Ferrière	XXX	1380
Hostellerie du Prieuré - Saint-Prix	X	1387
Pavillon Henri IV - Saint-Germain-en-Laye	XXX	1385
La Plancha - Maisons-Laffitte	X	1374
Le Pouilly - Pouilly-le-Fort	XX ✿	1388
Tastevin - Maisons-Laffitte	XXX ✿	1374
La Véranda - Versailles	XX	1394
Le Village - Marly-le-Roi	XX ✿	1374

Menus à moins de 30 €
Menus for less than 30 €

Environs

PARIS

Restaurants par type de cuisine
Restaurants by cuisine type

Au goût du jour

PARIS

Basque

Bistrot

Brasserie

Chinoise

PARIS

PARIS

Le plat que vous recherchez...
Traditional dishes

PARIS

Tête de veau

Tripes

PARIS

Tables en terrasse
Outside dining

Environs

Restaurants avec salons particuliers
Private dining rooms

Environs

Restaurants ouverts samedi & dimanche
Restaurants open on Saturday & Sunday

Environs

Restaurants ouverts au mois d'août
Restaurants open in August

Environs

PARIS

Restaurants ouverts tard le soir
Restaurants open late

Heure de la dernière commande signalée entre parenthèses
Time of last orders in brackets

0
1 km
SEINE
COURBEVOIE
LEVALLOIS-PERRET
CLICHY
D 909
D 911
D 19
D 912
Pte de Clichy
Pte de St-Ouen
Bd Bessières
Av. de St-Ouen
D 908
Pte d'Asnières
LA DEFENSE
A 14
Pte de Champerret
NEUILLY-S-SEINE
D 913
Bd Berthier
Av. de Clichy
17E ARR.
BATIGNOLLES
Pl. de Clichy
Bd Wagram
Bd de Villiers
Av.
Bd Gouvion St-Cyr
PALAIS DES CONGRÈS DE PARIS
WAGRAM
Av. de
Bd de Courcelles
R. d'Amsterdam
PARC MONCEAU
Malesherbes
GARE ST-LAZARE
Bd R. de Clichy
Pte Maillot
Av. de la Gde Armée
Longchamp
Allée de
Pte Dauphine
Avenue Foch
ARC DE TRIOMPHE
Bd Haussmann
Bd
ÉTOILE
CHAMPS-ÉLYSÉES
8E ARR.
OPÉRA GARNIER
MADELEINE
Av. Marceau
Bd Lannes
TROCADÉRO
CONCORDE
Rue
Quai des Tuileries
BOIS DE BOULOGNE
Pte de la Muette
Av. Mandel
New-York
PALAIS DE CHAILLOT
Quai d'Orsay
MUSÉE D'ORSAY
Suchet
Av. de
Av. Bosquet
PASSY
TOUR EIFFEL
INVALIDES
Bd
16E ARR.
MAISON DE RADIO-FRANCE
ÉCOLE MILITAIRE
Bd des Invalides
7E ARR.
St-
Bd de Grenelle
Q. de Grenelle
SEINE
Av. de Breteuil
Bd Sèvres
Rennes
A 13
Pte d'Auteuil
Bd Murat
AUTEUIL
Versailles
Citroën
15E ARR.
Bd Garibaldi
R. de
Vaugirard
Bd du R.
6E ARR.
Montparnasse
PARC DES PRINCES
BEAUGRENELLE
Lecourbe
Av.
Raspail
Bd
de
R. de la Convention
de
Av.
D 907
Quai
Rue
Rue
GARE MONTPARNASSE
VAUGIRARD
du
D 910
Pte de St-Cloud
Quai d'Issy
Bd Victor
PORTE DE VERSAILLES
DENFERT ROCHEREAU
BOULOGNE-BILLANCOURT
Pte de Sèvres
PARIS EXPO
Bd Lefèbvre
14E ARR.
R. d'Alésia
Maine
D 1
Boulevard
Bd
Brune
Av. Jean Moulin
Av. du
ALÉS
D 7
VANVES
Périphérique
Pte de Châtillon
Pte d'Orléa
D 989
MALAKOFF
ISSY-LES-MOULINEAUX
D 906
MONTROUGE
D 920

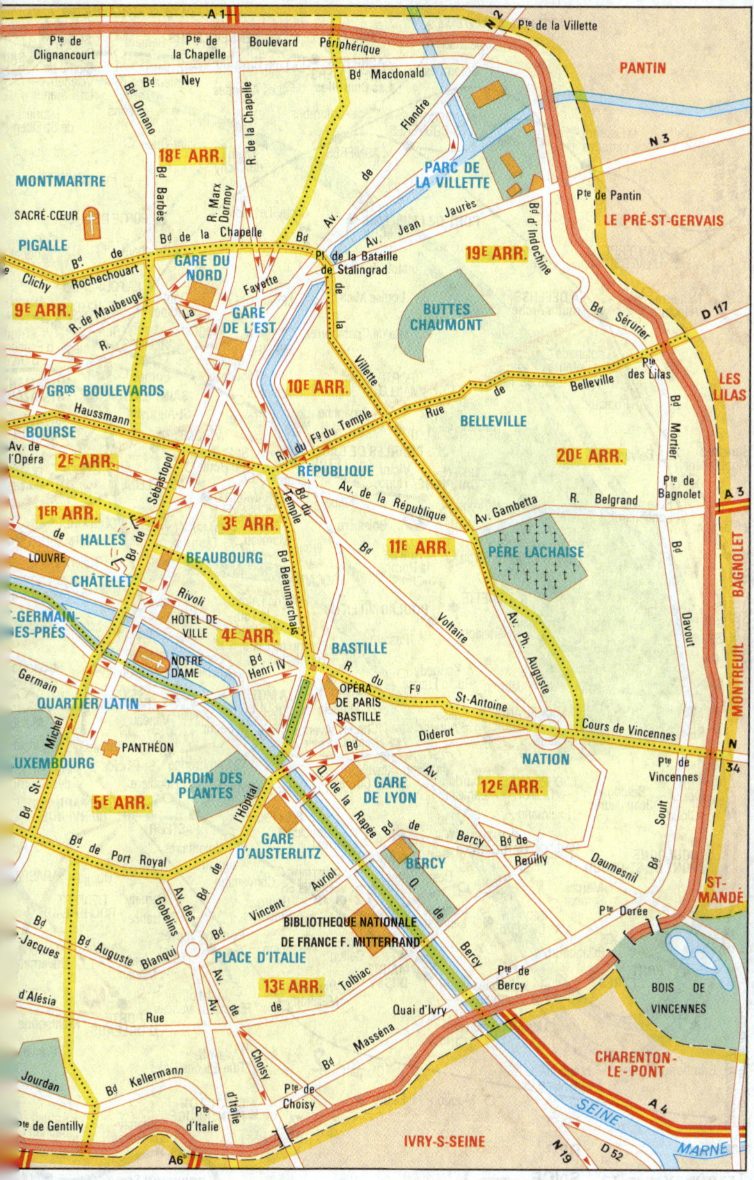

18E ARR.
19E ARR.
10E ARR.
9E ARR.
2E ARR.
1ER ARR.
3E ARR.
4E ARR.
11E ARR.
20E ARR.
12E ARR.
5E ARR.
13E ARR.
MONTMARTRE
SACRÉ-CŒUR
PIGALLE
GARE DU NORD
GARE DE L'EST
PARC DE LA VILLETTE
BUTTES CHAUMONT
GRDS BOULEVARDS
BOURSE
RÉPUBLIQUE
BELLEVILLE
HALLES
LOUVRE
BEAUBOURG
CHÂTELET
PÈRE LACHAISE
HÔTEL DE VILLE
NOTRE DAME
BASTILLE
OPÉRA DE PARIS BASTILLE
QUARTIER LATIN
PANTHÉON
NATION
JARDIN DES PLANTES
GARE DE LYON
GARE D'AUSTERLITZ
BERCY
BIBLIOTHEQUE NATIONALE DE FRANCE F. MITTERRAND
PLACE D'ITALIE
BOIS DE VINCENNES
PANTIN
LE PRÉ-ST-GERVAIS
LES LILAS
BAGNOLET
MONTREUIL
ST-MANDÉ
CHARENTON-LE-PONT
IVRY-S-SEINE
SEINE
MARNE
A 1
N 2
N 3
D 117
A 3
N 34
A 4
A 6b
N 19
D 52
Boulevard Périphérique
Pte de Clignancourt
Pte de la Chapelle
Pte de la Villette
Pte de Pantin
Pte des Lilas
Pte de Bagnolet
Pte de Vincennes
Pte Dorée
Pte de Bercy
Pte de Choisy
Pte d'Italie
Pte de Gentilly
Bd Macdonald
Bd Ney
Bd Ornano
R. de la Chapelle
Bd Barbès
R. Marx Dormoy
Bd de la Chapelle
Av. de Flandre
Av. Jean Jaurès
Bd d'Indochine
Pl. de la Bataille de Stalingrad
Av. de la Villette
Bd Sérurier
Bd de Rochechouart
Clichy
R. de Maubeuge
R. La Fayette
Haussmann
Av. de l'Opéra
Bd Sébastopol
R. du Fg du Temple
Rue de Belleville
Bd du Temple
Av. de la République
Av. Gambetta
R. Belgrand
Bd Mortier
Bd Davout
Bd Beaumarchais
Bd Voltaire
Av. Ph. Auguste
R. de Rivoli
Bd Henri IV
R. du Fg St-Antoine
Cours de Vincennes
Bd Diderot
Av. Daumesnil
Bd de Reuilly
Bd de Bercy
Bd Soult
Bd St-Germain
Bd St-Michel
LUXEMBOURG
Bd de l'Hôpital
Q. de la Rapée
Bd de Port Royal
Av. des Gobelins
Bd Vincent Auriol
Q. de Bercy
Bd St-Jacques
Bd Auguste Blanqui
Rue de Tolbiac
Av. de Choisy
Av. d'Italie
Quai d'Ivry
Bd Masséna
Bd Kellermann
R. d'Alésia
Jourdan

PARIS

ARGENTEUIL, PONTOISE
le Stade
Colombes
ASNIÈRES-GENNEVILLIERS-Les Courtilles
13
T 1
Le Village
GENNEVILLIERS
Le Luth
Timbaud
C1
C3
PONTOISE - VALMONDOIS
PERSAN-
Chin des Reniers
L'Ile-St-Denis
D1
Parc des Chanteraines
La Noue
Mairie de Villeneuve-La-Garenne
Les Agnettes
Bois-Colombes
Gabriel-Péri
les Grésillons
Mairie de St-Ouen
BÉCON-LES-BRUYÈRES
la Garenne-Colombes
les Vallées
ASNIÈRES
Mairie de Clichy
Saint-Ouen
Garibaldi
CERGY POISSY MANTES
3
Porte de St-Ouen
Clichy-Levallois
PONT DE LEVALLOIS BÉCON
2
PORTE DE CLICHY
A3
A5
NANTERRE UNIVERSITE
Courbevoie
Brochant
Guy Môquet
Anatole France
1
LA DÉFENSE Grande Arche
Nanterre Préfecture
T 2
Louise Michel
PEREIRE - LEVALLOIS
Pont-Cardinet
LA FOURCHE
PLACE DE CLICHY
Blanche
A1
Porte de Champerret
Wagram
Rome
Trinité d'Estienne d'Orves
Esplanade de la Défense
PEREIRE
Malesherbes
VILLIERS
Liège
Pont de Neuilly
PORTE MAILLOT
Monceau
Europe
14
HAUSSMANN ST-LAZARE
Puteaux
les Sablons
Courcelles
SAINT-LAZARE
Argentine
NEUILLY PORTE MAILLOT
6
Ternes
St-Augustin
E1
HAVRE CAUMARTIN
Suresnes Mont Valérien
Belvédère
CHARLES DE GAULLE ÉTOILE
MIROMESNIL
St-Philippe du Roule
AUBER
CHAUSSÉE D'ANTIN la Fayette
PORTE DAUPHINE
Victor Hugo
George V
MADELEINE
OPÉRA
Suresnes Longchamp
Avenue Foch
Kléber
FRANKLIN D. ROOSEVELT
2
le Val d'Or
Boissière
Alma Marceau
CHAMPS-ÉLYSÉES Clemenceau
CONCORDE
PYRAMIDES
Iéna
Avenue Henri Martin
Rue de la Pompe
Tuileries
ST NOM-LA-BRETÈCHE VERSAILLES-R.D. LA VERRIÈRE
TROCADÉRO
INVALIDES
PALAIS ROYAL Musée du Louvre
les Côteaux
LA MUETTE
BOULAINVILLIERS
Pont de l'Alma
Assemblée Nationale
la Tour Maubourg
Musée d'Orsay
Ranelagh
Passy
Solférino
Champ de Mars Tour Eiffel
Varenne
École Militaire
Kennedy Radio France
Rue du Bac
St-Germain des Prés
Jasmin
Bir-Hakeim
SÈVRES BABYLONE
Dupleix
St-François Xavier
LA MOTTE PICQUET GRENELLE
les Milons
MICHEL ANGE AUTEUIL
Église d'Auteuil
Javel
Vaneau
Mabillon
Charles Michels
Avenue Émile Zola
Ségur
St-Sulpice
Porte d'Auteuil
DUROC
Rennes
Cambronne
St-Placide
Notre-Dame des Champs
Mirabeau
Javel-André Citroën
MICHEL ANGE MOLITOR
Chardon Lagache
Boulogne Jean Jaurès
Commerce
Sèvres Lecourbe
Falguière
Parc de Saint-Cloud
MONTPARNASSE BIENVENÜE
Exelmans
Bd Victor
Félix Faure
PASTEUR
Boucicault
8
10
BOULOGNE PONT DE ST-CLOUD
PONT DU GARIGLIANO
T 3
Lourmel
Volontaires
Vavin
Porte de St-Cloud
BALARD
Vaugirard
Edgar Quinet
Desnouettes
Gaîté
RASPAIL
Marcel Sembat
Henri Farman
PORTE DE VERSAILLES
Convention
T 2
Pernety
DENFERT ROCHEREAU
Georges Brassens
Suzanne Lenglen
Plaisance
ISSY-VAL DE SEINE
Porte d'Issy
Musée de Sèvres
9
Porte de Vanves
Alésia
Billancourt
Corentin Celton
Brancion
Didot
Jean Moulin
Mouton Duvernet
PONT DE SÈVRES
12
MAIRIE D'ISSY
Vanves-Malakoff
Jacques-Henri Lartigue
Malakoff-Plateau de Vanves
4
PORTE D'ORLÉANS
Montsouris
les Moulineaux
Issy
Gentilly
Malakoff-Rue Étienne Dolet
PLAISIR-GRIGNON RAMBOUILLET
Brimborion
Meudon-sur-Seine
Clamart
2
Laplace
Meudon-Val Fleury
CHÂTILLON-MONTROUGE
C7
C5
3
13
Fontenay-aux-Roses
Arcueil-Cachan
Bagneux
ROBINSON
Sceaux
B2
ST-REMY-LES-CHEVREUSE AEROPORT D'ORLY
Métro
7
RER
A1
Tramway
T 2
SNCF
Correspondance Coincidenza
Interchange station Correspondencia
Umsteigestation Overstapstation

LUZARCHES
Marché de St-Denis
13
ST-DENIS UNIVERSITÉ
la Courneuve - 6 Routes
Hôtel de Ville de la Courneuve
le Bourget
Drancy
B3
B5
AEROPORT CHARLES DE GAULLE MITRY-CLAYE
Théâtre Gérard Philipe
Basilique de St-Denis
Cimetière de St-Denis
Stade Géo André
LA COURNEUVE-8 MAI 1945
Basilique de St-Denis
Cosmonautes
la Courneuve-Aubervilliers
Danton
Maurice Lachâtre
Drancy-Avenir
Hôpital Avicenne
St-Denis Porte de Paris
Hôpital Delafontaine
7
Escadrille Normandie-Niemen
Carrefour Pleyel
Stade de France St-Denis
Fort d'Aubervilliers
Gaston Roulaud
la Plaine Stade de France
la Ferme
Libération
4
12
Aubervilliers-Pantin Quatre Chemins
Jean Rostand
PORTE DE CLIGNANCOURT
PORTE DE LA CHAPELLE
Hôtel de Ville de Bobigny
5
Auguste Delaune
Simplon
BOBIGNY Pablo Picasso
Pont de Bondy
Jules Joffrin
MARCADET POISSONNIERS
Porte de la Villette
Pantin
T 1
Lamarck Caulaincourt
Marx Dormoy
Corentin Cariou
Bobigny-Pantin Raymond Queneau
Petit Noisy
Abbesses
Château Rouge
Crimée
NOISY-LE-SEC
BARBÈS ROCHECHOUART
Riquet
Porte de Pantin
Église de Pantin
Hoche
PIGALLE
LA CHAPELLE
STALINGRAD
BONDY, MEAUX, VILLIERS-S-MARNE, PROVINS
E2
E4
Anvers
LOUIS BLANC
Laumière
Ourcq
St Georges
JAURÈS
2
N.-D. de Lorette
GARE DU NORD
MAGENTA
7 bis
Buttes Chaumont
Danube
PRÉ-ST-GERVAIS
Poissonnière
Château Landon
Bolivar
Botzaris
7 bis
3 bis
MAIRIE DES LILAS
11
le Peletier
Cadet
GARE DE L'EST
Colonel Fabien
Jourdain
Télégraphe
RICHELIEU DROUOT
Château d'Eau
Pyrénées
PLACE DES FÊTES
PORTE DES LILAS
PARIS
Grands Boulevards
Bonne Nouvelle
Jacques Bonsergent
4 Septembre
STRASBOURG ST-DENIS
BELLEVILLE
St-Fargeau
Goncourt
Pelleport
3
Bourse
RÉAUMUR SÉBASTOPOL
Temple
RÉPUBLIQUE
Couronnes
Sentier
Parmentier
Ménilmontant
1
Étienne Marcel
ARTS ET MÉTIERS
GAMBETTA
GALLIENI
Filles du Calvaire
OBERKAMPF
3 bis
Porte de Bagnolet
3
LES HALLES
Rue St-Maur
Louvre Rivoli
CHÂTELET LES HALLES
Rambuteau
PÈRE LACHAISE
9
Richard Lenoir
St-Ambroise
St-Sébastien Froissart
MAIRIE DE MONTREUIL
11
HÔTEL DE VILLE
Philippe Auguste
(Parcs Disneyland)
CHÂTELET
Voltaire
Chemin Vert
Alexandre Dumas
Robespierre
Croix de Chavaux
Cité
Bréguet Sabin
Charonne
St-Paul
Avron
Porte de Montreuil
Pont Marie
BASTILLE
Ledru-Rollin
Rue des Boulets
Maraîchers
ODÉON
ST-MICHEL-Notre-Dame
2
Buzenval
A4
Sully Morland
Porte de Vincennes
VINCENNES
CLUNY-SORBONNE
Maubert Mutualité
Faidherbe Chaligny
NATION
St-Mandé
REUILLY DIDEROT
6
Fontenay-sous-Bois
Cardinal Lemoine
JUSSIEU
Quai de la Rapée
Picpus
Bérault
A2
GARE DE LYON
1
CHÂTEAU DE VINCENNES
Luxembourg
Place Monge
Montgallet
GARE D'AUSTERLITZ
DAUMESNIL
Bel Air
Censier Daubenton
10
BERCY
Michel Bizot
Campo-Formio
Dugommier
Les Gobelins
St-Marcel
Quai de la Gare
Porte Dorée
St-Jacques
PLACE D'ITALIE
Chevaleret
Cour St-Émilion
Porte de Charenton
Glacière
Nationale
5
14
Corvisart
BIBLIOTHÈQUE FRANÇOIS MITTERRAND
Liberté
Cité Universitaire
OLYMPIADES
Tolbiac
Stade Charléty
MAISON BLANCHE
Porte de Choisy
PORTE D'IVRY
T 3
Charenton-Écoles
Ivry-s-Seine
École Vétérinaire de Maisons-Alfort
Poterne des Peupliers
MAIRIE D'IVRY
Pierre et Marie Curie
Maisons-Alfort Stade
le Kremlin-Bicêtre
Porte d'Italie
7
Maisons-Alfort les Juilliottes
Vitry-s-Seine
Maisons-Alfort Alfortville
Créteil-l'Echat
Villejuif-Léo Lagrange
Créteil-Université
Villejuif-Paul Vaillant-Couturier
le Vert-de-Maisons
Créteil-Préfecture
VILLEJUIF Louis Aragon
les Ardoines
7
C2
C4
C6
D2
D4
8
POINTE DU LAC

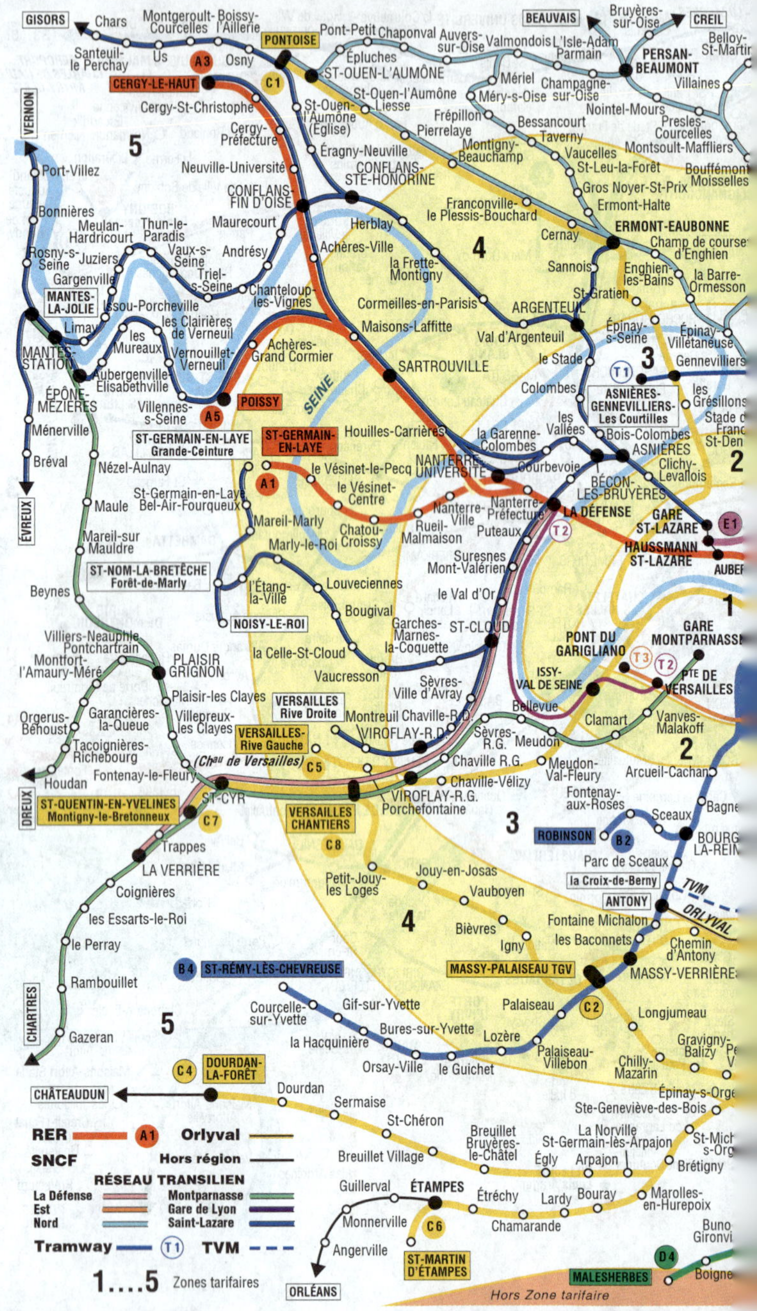
GISORS
Chars
Montgeroult-Courcelles
Boissy-l'Aillerie
PONTOISE
Pont-Petit
Chaponval
Auvers-sur-Oise
BEAUVAIS
Valmondois
L'Isle-Adam Parmain
Bruyères-sur-Oise
CREIL
Belloy-St-Martin
PERSAN-BEAUMONT
Santeuil-le Perchay
Us
A3
Osny
Épluches
ST-OUEN-L'AUMÔNE
Mériel
Champagne-sur-Oise
Villaines
CERGY-LE-HAUT
C1
Cergy-St-Christophe
St-Ouen-l'Aumône (Église)
St-Ouen-l'Aumône Liesse
Méry-s-Oise
Nointel-Mours
Frépillon
Bessancourt
Presles-Courcelles
VERNON
Cergy-Préfecture
Pierrelaye
Taverny
Montsoult-Maffliers
5
Éragny-Neuville
Montigny-Beauchamp
Vaucelles
Port-Villez
Neuville-Université
CONFLANS-STE-HONORINE
St-Leu-la-Forêt
Bouffémont Moisselles
CONFLANS-FIN D'OISE
Gros Noyer-St-Prix
Franconville-le Plessis-Bouchard
Ermont-Halte
Bonnières
Thun-le-Paradis
Maurecourt
Herblay
4
Cernay
ERMONT-EAUBONNE
Meulan-Hardricourt
Champ de courses d'Enghien
Rosny-s-Seine
Juziers
Vaux-s-Seine
Andrésy
Achères-Ville
la Frette-Montigny
Sannois
Enghien-les-Bains
la Barre-Ormesson
Gargenville
Triel-s-Seine
St-Gratien
MANTES-LA-JOLIE
Issou-Porcheville
Chanteloup-les-Vignes
Cormeilles-en-Parisis
ARGENTEUIL
Limay
les Clairières de Verneuil
Maisons-Laffitte
Épinay-s-Seine
Épinay-Villetaneuse
les Mureaux
Achères-Grand Cormier
Val d'Argenteuil
3
MANTES-STATION
Vernouillet-Verneuil
le Stade
Gennevilliers
Aubergenville-Élisabethville
SARTROUVILLE
T1
SEINE
Colombes
ASNIÈRES-GENNEVILLIERS-Les Courtilles
les Grésillons
ÉPÔNE-MÉZIÈRES
Villennes-s-Seine
POISSY
Stade de France St-Denis
A5
les Vallées
Ménerville
ST-GERMAIN-EN-LAYE Grande-Ceinture
ST-GERMAIN-EN-LAYE
Houilles-Carrières
la Garenne-Colombes
Bois-Colombes
ASNIÈRES
Bréval
Nézel-Aulnay
le Vésinet-le-Pecq
NANTERRE-UNIVERSITÉ
Courbevoie
Clichy-Levallois
2
A1
le Vésinet-Centre
BÉCON-LES-BRUYÈRES
St-Germain-en-Laye Bel-Air-Fourqueux
Maule
Nanterre-Ville
Nanterre-Préfecture
LA DÉFENSE
GARE ST-LAZARE
E1
ÉVREUX
Mareil-Marly
Chatou-Croissy
Rueil-Malmaison
Puteaux
T2
HAUSSMANN ST-LAZARE
AUBER
Mareil-sur Mauldre
Marly-le-Roi
ST-NOM-LA-BRETÈCHE Forêt-de-Marly
Suresnes Mont-Valérien
l'Étang-la-Ville
Louveciennes
Beynes
le Val d'Or
1
Bougival
NOISY-LE-ROI
Garches-Marnes-la-Coquette
ST-CLOUD
PONT DU GARIGLIANO
GARE MONTPARNASSE
Villiers-Neauphle Pontchartrain
la Celle-St-Cloud
T3
Montfort-l'Amaury-Méré
PLAISIR GRIGNON
ISSY-VAL DE SEINE
PTE DE VERSAILLES
Vaucresson
Sèvres-Ville d'Avray
Plaisir-les Clayes
VERSAILLES Rive Droite
Bellevue
Garancières-la-Queue
Orgerus-Béhoust
Villepreux-les Clayes
Montreuil
Chaville-R.D.
Clamart
Vanves-Malakoff
VIROFLAY-R.D.
Sèvres-R.G.
Meudon
VERSAILLES-Rive Gauche
Tacoignières-Richebourg
(Chau de Versailles)
C5
Chaville R.G.
Meudon-Val-Fleury
2
Arcueil-Cachan
Fontenay-le-Fleury
Chaville-Vélizy
Houdan
ST-CYR
VIROFLAY-R.G.
Fontenay-aux-Roses
Bagneux
DREUX
ST-QUENTIN-EN-YVELINES Montigny-le-Bretonneux
Porchefontaine
3
Sceaux
C7
VERSAILLES CHANTIERS
ROBINSON
B2
BOURG-LA-REINE
Trappes
C8
Parc de Sceaux
LA VERRIÈRE
Jouy-en-Josas
la Croix-de-Berny
TVM
Petit-Jouy-les Loges
Vauboyen
ANTONY
Coignières
ORLYVAL
4
Bièvres
Fontaine Michalon
les Essarts-le-Roi
Igny
les Baconnets
Chemin d'Antony
le Perray
B4
ST-RÉMY-LÈS-CHEVREUSE
MASSY-PALAISEAU TGV
MASSY-VERRIÈRES
Rambouillet
Courcelle-sur-Yvette
Gif-sur-Yvette
Palaiseau
C2
Longjumeau
CHARTRES
5
Bures-sur-Yvette
Lozère
la Hacquinière
Gravigny-Balizy
Gazeran
Palaiseau-Villebon
Orsay-Ville
le Guichet
Chilly-Mazarin
C4
DOURDAN-LA-FORÊT
Épinay-s-Orge
CHÂTEAUDUN
Dourdan
Sermaise
Ste-Geneviève-des-Bois
St-Chéron
Breuillet Bruyères-le-Châtel
La Norville St-Germain-lès-Arpajon
St-Michel-s-Orge
RER
A1
Orlyval
SNCF
Hors région
Breuillet Village
Égly
Arpajon
Brétigny
RÉSEAU TRANSILIEN
La Défense
Est
Nord
Montparnasse
Gare de Lyon
Saint-Lazare
Guillerval
ÉTAMPES
Étréchy
Lardy
Bouray
Marolles-en-Hurepoix
Monnerville
C6
Chamarande
Tramway
T1
TVM
Angerville
ST-MARTIN D'ÉTAMPES
D4
Buno-Gironville
MALESHERBES
Boigneville
1....5 Zones tarifaires
ORLÉANS
Hors Zone tarifaire

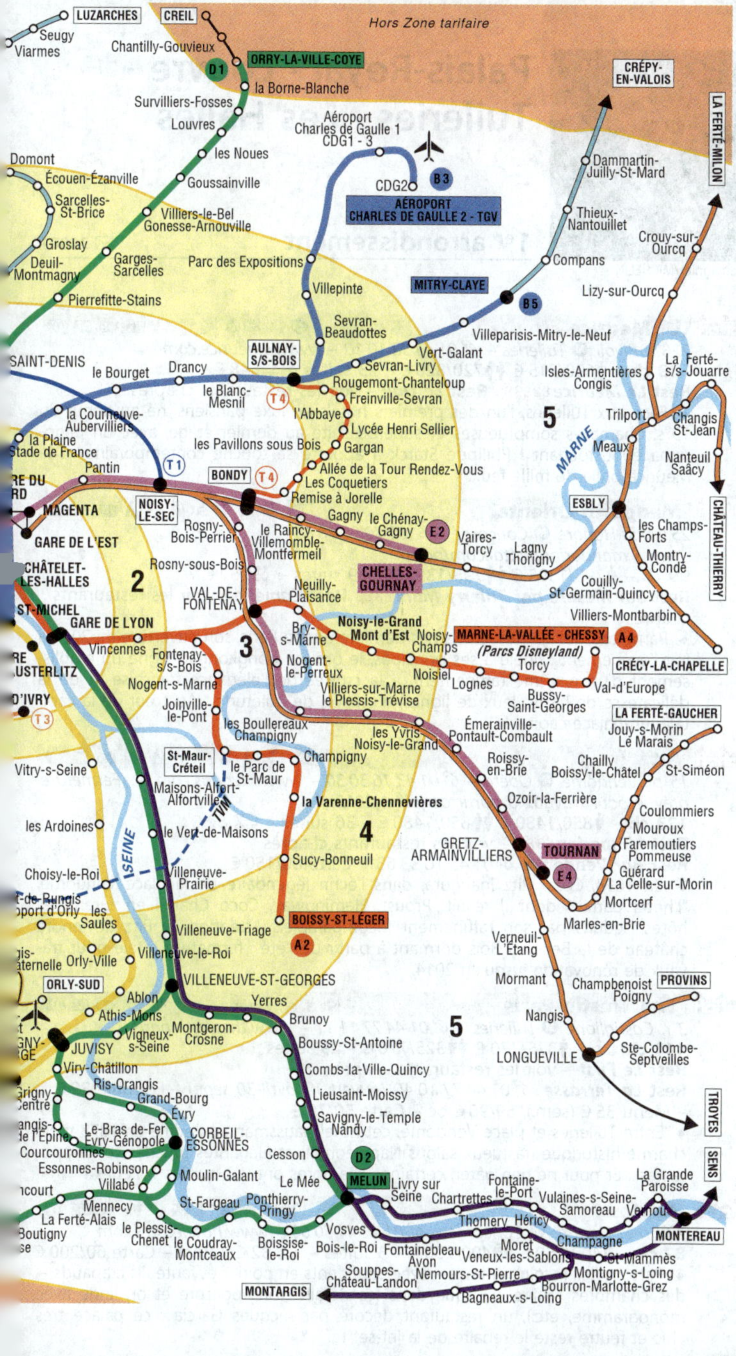
LUZARCHES
CREIL
Seugy
Viarmes
Chantilly-Gouvieux
Hors Zone tarifaire
ORRY-LA-VILLE-COYE
D1
la Borne-Blanche
Survilliers-Fosses
Louvres
Aéroport Charles de Gaulle 1 CDG1 - 3
CRÉPY-EN-VALOIS
LA FERTÉ-MILON
les Noues
Domont
Écouen-Ézanville
Goussainville
CDG2
B3
AÉROPORT CHARLES DE GAULLE 2 - TGV
Dammartin-Juilly-St-Mard
Sarcelles-St-Brice
Villiers-le-Bel Gonesse-Arnouville
Thieux-Nantouillet
Crouy-sur-Ourcq
Groslay
Deuil-Montmagny
Garges-Sarcelles
Parc des Expositions
Compans
Villepinte
MITRY-CLAYE
Lizy-sur-Ourcq
Pierrefitte-Stains
B5
Sevran-Beaudottes
Villeparisis-Mitry-le-Neuf
SAINT-DENIS
AULNAY-S/S-BOIS
Vert-Galant
le Bourget
Drancy
Sevran-Livry
Isles-Armentières Congis
La Ferté-s/s-Jouarre
le Blanc-Mesnil
T4
Rougemont-Chanteloup
Freinville-Sevran
la Courneuve-Aubervilliers
l'Abbaye
5
Trilport
Changis St-Jean
Lycée Henri Sellier
la Plaine Stade de France
les Pavillons sous Bois
Gargan
MARNE
Meaux
Nanteuil Saâcy
Pantin
T1
BONDY
T4
Allée de la Tour Rendez-Vous
Les Coquetiers
RE DU
RD
Remise à Jorelle
ESBLY
CHÂTEAU-THIERRY
MAGENTA
NOISY-LE-SEC
Gagny
le Chénay-Gagny
les Champs-Forts
GARE DE L'EST
Rosny-Bois-Perrier
le Raincy-Villemomble-Montfermeil
E2
Vaires-Torcy
Lagny Thorigny
Montry-Condé
CHÂTELET-LES-HALLES
2
Rosny-sous-Bois
CHELLES-GOURNAY
Couilly-St-Germain-Quincy
VAL-DE-FONTENAY
Neuilly-Plaisance
ST-MICHEL
Villiers-Montbarbin
GARE DE LYON
Bry-s-Marne
Noisy-le-Grand Mont d'Est
Noisy-Champs
MARNE-LA-VALLÉE - CHESSY
A4
Vincennes
3
(Parcs Disneyland)
RE
USTERLITZ
Fontenay-s/s-Bois
Nogent-le-Perreux
Torcy
CRÉCY-LA-CHAPELLE
Noisiel
Nogent-s-Marne
Lognes
Val-d'Europe
D'IVRY
Villiers-sur-Marne le Plessis-Trévise
Bussy-Saint-Georges
Joinville-le-Pont
LA FERTÉ-GAUCHER
T3
les Boullereaux Champigny
les Yvris Noisy-le-Grand
Émerainville-Pontault-Combault
Jouy-s-Morin Le Marais
St-Maur-Créteil
le Parc de St-Maur
Champigny
Roissy-en-Brie
Chailly Boissy-le-Châtel
St-Siméon
Vitry-s-Seine
Maisons-Alfort-Alfortville
la Varenne-Chennevières
Ozoir-la-Ferrière
TVM
Coulommiers
les Ardoines
le Vert-de-Maisons
4
Mouroux
SEINE
GRETZ-ARMAINVILLIERS
Faremoutiers Pommeuse
Sucy-Bonneuil
TOURNAN
Choisy-le-Roi
Villeneuve-Prairie
E4
Guérard
La Celle-sur-Morin
-de-Rungis
port d'Orly
les Saules
Mortcerf
BOISSY-ST-LÉGER
Villeneuve-Triage
Marles-en-Brie
A2
Verneuil-L'Étang
is-ternelle
Orly-Ville
Villeneuve-le-Roi
ORLY-SUD
VILLENEUVE-ST-GEORGES
Mormant
Champbenoist Poigny
PROVINS
Ablon
Yerres
Athis-Mons
Brunoy
Nangis
5
GNY-GE
Vigneux-s-Seine
Montgeron-Crosne
JUVISY
Boussy-St-Antoine
LONGUEVILLE
Ste-Colombe-Septveilles
Viry-Châtillon
Combs-la-Ville-Quincy
Ris-Orangis
Grigny-Centre
Grand-Bourg
Lieusaint-Moissy
TROYES
Évry
angis-de l'Épine
Savigny-le-Temple Nandy
Le-Bras de-Fer Évry-Génopole
CORBEIL-ESSONNES
Courcouronnes
Cesson
D2
SENS
Essonnes-Robinson
Moulin-Galant
La Grande Paroisse
Le Mée
MELUN
Fontaine-le-Port
ncourt
Villabé
Livry sur Seine
Chartrettes
Vulaines-s-Seine-Samoreau
Vernou
Mennecy
St-Fargeau
Ponthierry-Pringy
La Ferté-Alais
Thomery
Héricy
MONTEREAU
Boutigny
le Plessis-Chenet
Vosves
Champagne
se
le Coudray-Montceaux
Boissise-le-Roi
Bois-le-Roi
Fontainebleau-Avon
Moret Veneux-les-Sablons
St-Mammès
Souppes-Château-Landon
Nemours-St-Pierre
Montigny-s-Loing
MONTARGIS
Bourron-Marlotte-Grez
Bagneaux-s-Loing

S. Sauvignier/MICHELIN

Palais-Royal · Louvre · Tuileries · Les Halles

1er arrondissement ✉ 75001

Le Meurice

228 r. Rivoli Ⓜ *Tuileries – ✆ 01 44 58 10 10 – www.lemeurice.com*
138 ch – 600/715 € 720/820 € – 23 suites – 48 €
Rest *Le Meurice* ✿✿✿ **Rest *Le Dali*** – voir les restaurants ci-après
◆ Face aux Tuileries, l'un des premiers hôtels de luxe parisiens, né au début du 19es. Chambres somptueuses et superbe suite au dernier étage, avec un panorama époustouflant ! Philippe Starck a apporté sa touche contemporaine et le Meurice brille de mille feux.

Mandarin Oriental

251 r. St-Honoré Ⓜ *Concorde – ✆ 01 70 98 78 88 – www.mandarinoriental.com/paris/*
99 ch – 795/1395 € 795/1395 € – 39 suites – 52 €
Rest *Sur Mesure par Thierry Marx* ✿✿ **Rest *Camélia*** – voir les restaurants ci-après
◆ Parmi tous les grands hôtels nés dernièrement à Paris, son ouverture mi-2011 a fait l'événement : fidèle à ses principes, le groupe hongkongais signe un établissement d'un extrême raffinement, à la croisée de l'élégance française et de la délicatesse de l'Asie. Jeux de lignes, d'espace, de quiétude... Au cœur de la capitale, un palace capital !

Ritz

15 pl. Vendôme Ⓜ *Opéra – ✆ 01 43 16 30 30 – www.ritzparis.com – (Fermeture prévue pour travaux à partir de juillet 2012)*
123 ch – 850/1480 € 850/1480 € – 36 suites – 52 €
Rest *L'Espadon* ✿✿ – voir les restaurants ci-après
Rest *Bar Vendôme* ✆ 01 43 16 33 63 – Carte 80/150 €
◆ En 1898, César Ritz inaugura, dans l'écrin légendaire de la place Vendôme, "l'hôtel parfait" dont il rêvait. Proust, Hemingway, Coco Chanel en furent les hôtes, séduits par son raffinement incomparable... Attention, le Ritz deviendra château de la Belle au Bois dormant à partir de l'été : fermeture totale pour travaux de rénovation jusqu'en 2014.

The Westin Paris

ch, rest,

3 r. Castiglione Ⓜ *Tuileries – ✆ 01 44 77 11 11 – www.thewestinparis.fr*
440 ch – 325/770 € 325/770 € – 29 suites
Rest *Le First* – voir les restaurants ci-après
Rest *La Terrasse* ✆ 01 44 77 10 40 *(ouvert 1er avril-30 sept.)* – Formule 29 € – Menu 35 € (sem.), 59/90 € bc – Carte 50/75 €
◆ Entre Tuileries et place Vendôme, cet hôtel haussmannien édifié en 1878 mêle charme historique (fastueux salons Napoléon III) et élégantes touches contemporaines... Et pour ne rien gâter, certaines chambres ont vue sur les Tuileries !

Costes

ch,

239 r. St-Honoré Ⓜ *Concorde – ✆ 01 42 44 50 00 – www.hotelcostes.com*
82 ch – 400/750 € 400/750 € – 3 suites – 32 € **Rest** – Carte 60/200 €
◆ Partout des recoins intimes – avec confidents en poirier et fauteuils crapauds –, des chambres raffinées jusque dans les détails (tons pourpre et or, linge avec monogramme, etc.), un restaurant décoré par Jacques Garcia : ce palace très chic et feutré reste le repaire de la jet-set !

De Vendôme

1 pl. Vendôme Ⓜ *Opéra – ✆ 01 55 04 55 00 – www.hoteldevendome.com*
29 ch – ♦300/450 € ♦♦390/620 € – 8 suites – ☕ 35 €
Rest *1 Place Vendôme* – voir les restaurants ci-après
◆ L'autre hôtel de la place Vendôme ! Dans ce beau bâtiment du 18e s., les meubles anciens et le marbre côtoient les équipements dernier cri avec le plus grand naturel, et l'élégance se niche dans les moindres détails... Un bijou.

Le Burgundy

6-8 r. Duphot Ⓜ *Madeleine – ✆ 01 42 60 34 12 – www.leburgundy.com*
51 ch – ♦400/1250 € ♦♦400/1250 € – 8 suites – ☕ 44 €
Rest *Le Baudelaire* ✿ – voir les restaurants ci-après
◆ Luxueux, feutré et arty... Dans ce palace, les boiseries se confondent à merveille avec les tissus colorés, les meubles design et les œuvres d'art contemporain.

Renaissance Paris Vendôme

4 r. du Mont-Thabor Ⓜ *Tuileries – ✆ 01 40 20 20 00*
– www.renaissanceparisvendome.com
97 ch – ♦350/590 € ♦♦350/590 € – 15 suites – ☕ 29 €
Rest *Pinxo* – voir les restaurants ci-après
◆ Immeuble du 19es. métamorphosé en boutique hôtel contemporain. Bois, tons miel et chocolat : les chambres sont élégantes et très confortables ! Et l'on paresse avec ravissement dans le joli bar chinois.

Castille Paris

33 r. Cambon Ⓜ *Madeleine – ✆ 01 44 58 44 58 – www.castille.com*
91 ch – ♦500/1700 € ♦♦500/1700 € – 17 suites – ☕ 28 €
Rest *L'Assaggio* – voir les restaurants ci-après
◆ Côté "Opéra", un précieux décor contemporain d'inspiration vénitienne ; côté "Rivoli", un cadre noir et blanc très graphique, en écho à la maison Chanel voisine. Dans les deux cas, un hôtel très haute couture !

Regina

2 pl. des Pyramides Ⓜ *Tuileries – ✆ 01 42 60 31 10 – www.regina-hotel.com*
120 ch – ♦360/627 € ♦♦360/1027 € – 10 suites – ☕ 32 €
Rest – Formule 32 € – Menu 36 € (déj.) – Carte 40/60 €
◆ Cet hôtel 1900 a conservé son atmosphère et son décor Art nouveau. Superbe hall, mobilier ancien dans les chambres (plus calmes côté patio et certaines avec vue sur la tour Eiffel). Cuisine traditionnelle près de la jolie cheminée Majorelle ou dans la cour fleurie.

Cambon sans rest

3 r. Cambon Ⓜ *Concorde – ✆ 01 44 58 93 93 – www.hotelcambon.com*
40 ch – ♦250/320 € ♦♦350/420 € – 8 suites – ☕ 22 €
◆ Entre le jardin des Tuileries et la rue St-Honoré, cet hôtel compte de nombreux fidèles : accueil charmant, plaisantes chambres mêlant mobilier contemporain et tableaux anciens...

Royal St-Honoré sans rest

221 r. St-Honoré Ⓜ *Tuileries – ✆ 01 42 60 32 79*
– www.hotel-royal-st-honore.com
72 ch – ♦230/390 € ♦♦230/490 € – ☕ 19 €
◆ Sur le site de l'ancien hôtel de Noailles, immeuble cossu du 19e s. aux chambres raffinées. On prend son petit-déjeuner dans un décor Louis XVI et, le soir venu, on profite du bar, très cosy.

Meliá Vendôme sans rest

8 r. Cambon Ⓜ *Concorde – ✆ 01 44 77 54 00 – www.melia.com*
83 ch – ♦389/469 € ♦♦409/549 € – 4 suites – ☕ 28 €
◆ Un hôtel élégant, tout en rouge et or, où règne une atmosphère feutrée. Esprit romantique dans les chambres, salon sous une verrière Belle Époque et bel espace petit-déjeuner...

PARIS

Washington Opéra sans rest
50 r. Richelieu Ⓜ Palais Royal – ✆ 01 42 96 68 06 – www.washingtonopera.com
36 ch – †215/335 € ††215/335 € – ☕ 15 €
♦ La marquise de Pompadour vécut dans ce bel hôtel particulier. On marche aujourd'hui sur ses pas avec plaisir : les chambres, décorées dans les styles Directoire ou gustavien, sont raffinées et chaleureuses. Au 6e étage, terrasse offrant une belle vue sur les jardins du Palais-Royal.

Mayfair sans rest
3 r. Rouget-de-Lisle Ⓜ Concorde – ✆ 01 42 60 38 14 – www.hotelmayfairparis.com
40 ch – †175/700 € ††200/700 € – 7 suites – ☕ 25 €
♦ Idéalement situé entre deux places royales – Concorde et Vendôme –, élégant hôtel au charme très classique : mobilier de style, tentures à médaillons, lampes sur pied... Parfaite tenue.

Mansart sans rest
5 r. des Capucines Ⓜ Opéra – ✆ 01 42 61 50 28 – www.espritdefrance.com
57 ch – †150/210 € ††195/450 € – ☕ 17 €
♦ Jouxtant la place Vendôme due à Mansart, cet hôtel rend un bel hommage à l'architecte de Louis XIV. Chambres classiques, mobilier de style Empire ou Directoire et hall plus contemporain.

Opéra Richepanse sans rest
14 r. Chevalier de St-George Ⓜ Madeleine – ✆ 01 42 60 36 00 – www.richepanse.com
35 ch – †250/480 € ††250/480 € – 3 suites – ☕ 19 €
♦ Tchaïkovski avait ses habitudes dans ce bel hôtel Art déco. Point besoin d'être mélomane pour apprécier le confort des chambres, donnant pour certaines sur la Madeleine. Une adresse avec un certain cachet.

Novotel Paris Les Halles
8 pl. M.-de-Navarre Ⓜ Châtelet – ✆ 01 42 21 31 31 – www.novotelparisleshalles.com
285 ch – †159/540 € ††159/540 € – 5 suites – ☕ 18 €
Rest *(fermé dim. midi et sam.)* – Formule 17 € – Carte 28/48 €
♦ Face au forum des Halles, cet hôtel de chaîne jouit d'une situation centrale ! Autres bons points : chambres zen tout confort et salles de séminaire très bien équipées. Cuisine traditionnelle et à la plancha ; bar ouvert jusqu'à 2 h.

Louvre St-Honoré sans rest
141 r. St-Honoré Ⓜ Louvre Rivoli – ✆ 01 42 96 23 23 – www.paris-hotel-louvresainthonore.com
37 ch – †195/350 € ††220/400 € – ☕ 19 €
♦ À deux pas du Louvre, voici une jolie façade du 18e s. (classée) qui cache un hôtel rénové en 2008-2009 dans une veine contemporaine colorée. Grand calme dans le bâtiment sur cour.

Britannique sans rest
20 av. Victoria Ⓜ Châtelet – ✆ 01 42 33 74 59 – www.hotel-britannique.fr
39 ch – †167/176 € ††187/304 € – ☕ 14 €
♦ Créé par une famille anglaise sous le règne de Victoria, cet hôtel superpose les influences impériales. Chambres cossues à l'exotisme raffiné ; charmant salon. So british !

Thérèse sans rest
5 r. Thérèse Ⓜ Pyramides – ✆ 01 42 96 10 01 – www.hoteltherese.com
43 ch – †165/350 € ††165/350 € – ☕ 13 €
♦ Une adresse charmante : décor cosy et contemporain mêlant tons pastel et boiseries... Les chambres sont douillettes et le salon vraiment chaleureux !

Relais St-Honoré sans rest
308 r. St Honoré Ⓜ Tuileries – ✆ 01 42 96 06 06 – www.relaissainthonore.com
15 ch – †206/229 € ††213/229 € – 1 suite – ☕ 13 €
♦ Dans cet hôtel (17e s.), le petit-déjeuner n'est servi que dans les chambres ! Le matin, on peut donc musarder tout à son aise, entre poutres (sauf au 1er étage) et meubles anciens.

Le Crayon sans rest
25 r. du Bouloi ✉ 75001 PARIS Ⓜ Palais Royal – ✆ 01 42 36 54 19
26 ch – †95/390 € ††105/390 € – ☕ 12 €
◆ Un hôtel tout sauf banal ! À mi-chemin entre la demeure d'artiste et la maison de famille, il ose la couleur, le vintage et les contrastes détonants. La décoratrice a elle-même chiné tout le mobilier : chaque chambre est une création originale.

Relais du Louvre sans rest
19 r. Prêtres-St-Germain-l'Auxerrois Ⓜ Louvre Rivoli – ✆ 01 40 41 96 42 – www.relaisdulouvre.com
20 ch – †94/170 € ††141/250 € – 1 suite – ☕ 13 €
◆ Derrière cette étroite façade du 18es., un hôtel de caractère, paisible et bien tenu. Chambres raffinées et confortables ; belle suite au dernier étage, idéale en famille.

Place du Louvre sans rest
21 r. Prêtres-St-Germain-L'Auxerrois Ⓜ Louvre Rivoli – ✆ 01 42 33 78 68 – www.espritdefrance.com
20 ch – †170/240 € ††180/240 € – ☕ 15 €
◆ À l'ombre de l'église St-Germain-l'Auxerrois, chambres coquettes portant des noms de peintres. Le petit-déjeuner est servi dans une cave voûtée du 14e s. jadis reliée au Louvre !

Aux Ducs de Bourgogne sans rest
19 r. du Pont-Neuf Ⓜ Châtelet – ✆ 01 42 33 95 64 – www.paris-hotel-bourgogne.com
50 ch – †125/450 € ††155/480 € – ☕ 17 €
◆ Cet immeuble du 19es. dispose de petites chambres très bien tenues et mansardées au dernier étage. Mobilier en bois massif, tissus tendus... Une ambiance résolument feutrée.

Louvre Ste-Anne sans rest
32 r. Ste-Anne Ⓜ Pyramides – ✆ 01 40 20 02 35 – www.louvre-ste-anne.fr
20 ch – †111/140 € ††126/177 € – ☕ 12 €
◆ Un hôtel bien sympathique dans la rue des restaurants japonais. Les chambres sont petites, mais agréables et bien agencées (deux avec terrasse et vue sur le Sacré-Cœur).

Le Meurice – Hôtel Le Meurice
228 r. de Rivoli Ⓜ Tuileries – ✆ 01 44 58 10 55 – www.lemeurice.com – Fermé 2-18 mars, 14 juil.-27 août, sam., dim. et fériés
Rest – Menu 105 € (déj.), 260/420 € bc – Carte 165/300 €
Spéc. Soupe de légumes au pistou sur une gelée chaude aux pignons de pin (été). Homard bleu dans une soupe à l'huile d'olive. Cœurs de poires rôties au caramel épicé (automne).
◆ Le décor mirifique ressuscite le Grand Siècle, dans l'esprit des appartements royaux de Versailles. En chef Roi-Soleil, Yannick Alléno règne sur une carte qui révèle un brillant alliage de classicisme et d'inventivité. Même la saveur du produit le plus simple devient extravagance… Service impérial.

L'Espadon – Hôtel Ritz
15 pl. Vendôme, (fermeture pour travaux prévue à partir de juillet 2012) Ⓜ Opéra – ✆ 01 43 16 30 80 – www.ritzparis.com
Rest – Menu 80 € (déj. en sem.), 115/350 € bc – Carte 160/275 €
Spéc. Langoustines nacrées, émincé de pêche et coulis à l'émulsion d'amandes. Agneau en panaché aux piquillos, pommes fondantes et condiment abricot-estragon. Millefeuille "Tradition Ritz".
◆ La salle, submergée d'ors et de drapés, est éblouissante. Dans ce cadre magique, la cuisine de Michel Roth, d'un classicisme sans faille, atteint sa meilleure expression. Service irréprochable. Attention, fermeture au cours de l'été 2012 pour plusieurs mois de travaux.

XXXX ✿✿ **Le Grand Véfour** (Guy Martin)

17 r. Beaujolais Ⓜ Palais Royal – ✆ 01 42 96 56 27 – www.grand-vefour.com – Fermé 30 juil.-28 août, 24 déc.-1er janv., sam. et dim.

Rest – Menu 96 € (déj.)/282 € – Carte 197/272 €

Spéc. Ravioles de foie gras, crème foisonnée truffée. Pigeon Prince Rainier III. Palet noisette et chocolat au lait, glace au caramel et prise de sel de Guérande.

◆ Dans les jardins du Palais-Royal, cette luxueuse maison de style Directoire – haut lieu de la gastronomie depuis plus de 200 ans – est chargée d'histoire(s) ! Cuisine inventive signée Guy Martin.

XXXX ✿✿ **Carré des Feuillants** (Alain Dutournier)

14 r. de Castiglione Ⓜ Tuileries – ✆ 01 42 86 82 82 – www.carredesfeuillants.fr – Fermé août, sam. midi et dim.

Rest – Menu 78 € (déj.), 200/225 € bc – Carte 150/175 €

Spéc. Écrevisses en infusion parfumée, huîtres spéciales d'Arcachon en ravioles de chair de pétoncle (printemps-été). Tronçon de turbot sauvage dans son jus, caviar ébène, riz noir et semoule de brocoli (printemps-été). Pêche blanche, amandes fraîches et miel de callune (été).

◆ Atmosphère élégante, contemporaine et zen sur le site du couvent des Feuillants. On savoure une cuisine bien dans son époque, aux jolis accents gascons. Superbes vins et armagnacs.

PARIS

Question de standing : n'attendez pas le même service dans un X ou un ⌂ que dans un XXXXX ou un ⌂⌂⌂⌂⌂.

XXX ✿✿ **Sur Mesure par Thierry Marx** – Hôtel Mandarin Oriental

251 r. St-Honoré Ⓜ Concorde – ✆ 01 70 98 73 00 – www.mandarinoriental.com – Fermé dim. et lundi

Rest – Menu 75 € (déj. en sem.), 145/180 €

Spéc. Risotto de soja. Volaille de Bresse en deux cuissons, amandes et girolles. L'ylang-ylang.

◆ Voilà bien un travail d'orfèvre, millimétré et "sur mesure" : Thierry Marx confirme son talent de grand faiseur ; chaque assiette révèle le geste d'un chercheur inlassable, parfois malicieux, toujours exact. Une expérience en soi, à laquelle contribue l'étonnant décor, immaculé et éthéré.

XXX **Le Dali** – Hôtel Le Meurice

228 r. Rivoli Ⓜ Tuileries – ✆ 01 44 58 10 44 – www.lemeurice.com

Rest – Carte 50/140 €

◆ Le "deuxième" restaurant du Meurice, dirigé lui aussi par Yannick Alléno, entre cantine de luxe et table soignée. Beau décor classique – pilastres et miroirs – relevé d'une pointe de surréalisme (superbe fresque à la Dalí signée Ara Starck).

XXX ✿ **Le Baudelaire** – Hôtel Le Burgundy

6-8 r. Duphot Ⓜ Madeleine – ✆ 01 42 60 34 12 – www.leburgundy.com – Fermé dim.

Rest – Formule 42 € – Menu 55 € (déj. en sem.)/145 € – Carte 70/130 €

Spéc. Crabe et tomate ancienne, nectarine et basilic thaï (mai à sept.). Calamars à la plancha, millefeuille de légumes, ail confit et panisse dorée. Feuilles de chocolat mi-amer, mousse stracciatella et glace vanille.

◆ Au sein du luxueux hôtel Burgundy, né en 2010, cette table s'impose comme une valeur sûre : un chef au beau parcours y propose une cuisine délicate, aux associations de saveurs élégantes.

XXX **Macéo**

15 r. Petits-Champs Ⓜ Bourse – ✆ 01 42 97 53 85 – www.maceorestaurant.com – Fermé 30 juil.-22 août, sam. midi, dim. et fériés

Rest – Formule 30 € – Menu 35/48 € – Carte 50/65 €

◆ Moulures, parquet, beaux miroirs : un cadre Second Empire pour une cuisine... de notre époque, autour des produits de saison. Menu végétarien et carte de vins du monde.

Kei (Kei Kobayashi)
5 r. du Coq-Héron Ⓜ Louvre Rivoli – ✆ 01 42 33 14 74 – www.restaurant-kei.fr – Fermé 5-26 août, vacances de Noël, dim. et lundi
Rest – Menu 38 € (déj.)/95 €
Spéc. Foie gras, gelée de raisin, amandes fraîches et pomme. Filet de rouget au pamplemousse confit. Assiette chocolat, sorbet chocolat au lait.
♦ Enfant au Japon, Kei Kobayashi découvre la gastronomie française à la télévision. Une révélation ! La majorité venue, il gagne l'Hexagone pour une formation dans les plus grandes maisons. Ce parcours s'incarne aujourd'hui chez lui, dans ses assiettes fines et métissées, bien dignes d'un passionné.

Le First – Hôtel The Westin Paris
3 r. Castiglione Ⓜ Tuileries – ✆ 01 44 77 10 40 – www.thewestinparis.fr
Rest – Formule 29 € – Menu 35 € (sem.), 59/90 € bc – Carte 50/75 €
♦ À deux pas des Tuileries, au sein du Westin, un véritable boudoir aux éclairages veloutés – la griffe Jacques Garcia –, où la cuisine revisite la tradition (ainsi un lapereau du Gâtinais à la sauge). L'été, direction la Terrasse dressée dans la cour, si paisible...

Camélia – Mandarin Oriental
251 r. St-Honoré Ⓜ Concorde – ✆ 01 70 98 74 00 – www.mandarinoriental.com/paris/
Rest – Formule 45 € – Carte 62/105 €
♦ Faire simple, se concentrer sur la saveur de très beaux produits, s'inspirer des classiques de la gastronomie française et les rehausser d'une touche d'Asie : tel est le credo de Thierry Marx pour ce Camélia, un lieu élégant, apaisant, zen...

1 Place Vendôme – Hôtel De Vendôme
1 pl. Vendôme Ⓜ Opéra – ✆ 01 55 04 55 00 – www.hoteldevendome.com – Fermé août
Rest – Formule 45 € bc – Menu 85 € (dîner) – Carte 70/95 €
♦ L'adresse a tout d'un appartement parisien, chic et intemporel. Ou comment se sentir chez soi place Vendôme... À la carte : timbale de maquereau, caviar d'aubergine et coquillages aux herbes ; colonne Vendôme chocolatée, pannacotta ; etc.

Goumard
9 r. Duphot Ⓜ Madeleine – ✆ 01 42 60 36 07 – www.goumard.com
Rest – Formule 34 € – Menu 44/64 € – Carte 57/86 €
♦ Cette maison plus que centenaire a pris un tournant : décor contemporain, choix de viandes en plus des spécialités de la mer (dégustation d'huîtres au bar). Ouvert de midi à minuit.

Pinxo – Hôtel Renaissance Paris Vendôme
9 r. d'Alger Ⓜ Tuileries – ✆ 01 40 20 72 00 – www.pinxo.fr – Fermé août, sam. midi et dim.
Rest – Menu 29 € bc (déj.) – Carte 45/55 €
♦ Mobilier épuré, tons noir et blanc, vue sur les cuisines : un décor sobre et chic pour "pinxer" (prendre avec les doigts) des petits plats à la mode Dutournier.

Palais Royal
110 Galerie de Valois - Jardin du Palais Royal Ⓜ Bourse – ✆ 01 40 20 00 27 – www.restaurantdupalaisroyal.com – Fermé dim.
Rest – Carte 55/80 €
♦ Sous les fenêtres de l'appartement de Colette, on déguste une belle cuisine traditionnelle dans une salle aux accents Art déco... La terrasse ouvre sur les jardins du Palais-Royal.

Pierre au Palais Royal
10 r. Richelieu Ⓜ Palais Royal – ✆ 01 42 96 09 17 – www.pierreaupalaisroyal.com – Fermé 3 sem. en août, sam. midi et dim.
Rest – Formule 33 € – Menu 39/62 €
♦ Cette institution a évolué avec son époque : salle en noir et blanc, d'un effet chic et sobre, et plats inspirés par le Sud-Ouest, présentés avec passion par le patron.

Saudade
34 r. des Bourdonnais Ⓜ Pont Neuf – ✆ 01 42 36 03 65 – www.restaurantsaudade.com – Fermé 15-31 août et dim.
Rest – Menu 23 € bc (déj. en sem.) – Carte 30/52 €
♦ Pour un repas au Portugal... en plein Paris, rendez-vous dans ce restaurant décoré d'azulejos. Plats typiques et vins lusitaniens à déguster au son du fado.

L'Atelier Berger

49 r. Berger Ⓜ *Louvre Rivoli – ✆ 01 40 28 00 00 – Fermé sam. midi et dim.*
Rest – Menu 35/69 € – Carte 35/58 €
◆ Esprit bistrot chic face au jardin des Halles. Ambiance feutrée et cuisine bien dans son époque : la fraise rencontre le vinaigre balsamique, le rouget est juste poêlé...

L'Assaggio – Hôtel Castille Paris

37 r. Cambon Ⓜ *Madeleine – ✆ 01 44 58 45 67 – www.castille.com – Fermé août, 24-30 déc., sam. et dim.*
Rest – Formule 38 € – Menu 45 € (déj.) – Carte 60/200 €
◆ L'Assaggio ou "la dégustation" en italien. Grand ouvert sur un patio peint de fresques et orné d'une fontaine, le cadre évoque la villa d'Este près de Rome. Les saveurs, elles, sont italiennes sans trompe-l'œil : antipasti, pasta, risottos, etc.

Yam'Tcha (Adeline Grattard)

4 r. Sauval Ⓜ *Louvre Rivoli – ✆ 01 40 26 08 07 – www.yamtcha.com – Fermé mars, avril, août, vacances de Noël, dim. soir, mardi midi et lundi*
Rest *(nombre de couverts limité, réserver)* – Menu 50 € (déj. en sem.)/85 €
Spéc. Saint-Jacques vapeur, nouilles de patate douce, émulsion de shitaké. Bar façon cantonnaise, riz noir sauté aux encornets et boudin basque. Crème renversée à la courge spaghetti, mousse au thé Lapsang Souchong.
◆ La table étonnante d'une jeune chef formée à l'Astrance et à Hong Kong. Sens du produit remarquable, associations simples et saisissantes – entre France et Asie – pensées en accord avec une sélection d'excellents thés : tout est limpide. Vingt couverts seulement !

Les Bistronomes

34 r. de Richelieu Ⓜ *Palais Royal – ✆ 01 42 60 59 66 – www.lesbistronomes.fr – Fermé 3 sem. en août, 1 sem. vacances de Noël, sam. midi, dim. et lundi*
Rest – Formule 26 € – Menu 35 € (déj.) – Carte 46/66 €
◆ Les gastronomes, ou bistronomes, ont eu vite fait de repérer cette adresse pourtant discrète, née début 2011. La qualité de sa cuisine ne pouvait rester inaperçue, mélange de registre bourgeois, tendance et... bistrotier : pannacotta de chou-fleur, pigeon à la française, ananas braisé, etc.

Spring

6 r. Bailleul Ⓜ *Louvre Rivoli – ✆ 01 45 96 05 72 – www.springparis.fr – Fermé août, vacances de fév., mardi midi, sam. midi, dim. et lundi*
Rest – Menu 42 € (déj.)/74 €
◆ Le chef, autodidacte, est originaire de Chicago. Dans cette maison décontractée, à son image, il réalise sous vos yeux une belle cuisine de produits. Jolie cave voûtée pour prendre un verre, apéritifs dînatoires au "bar à manger"... Un lieu inspiré !

Au Gourmand

17 r. Molière Ⓜ *Pyramides – ✆ 01 42 96 22 19 – www.augourmand.fr – Fermé lundi midi, sam. midi, dim. et feriés*
Rest – Menu 30/35 € – Carte 55/68 €
◆ Près de l'avenue de l'Opéra, un lieu éclectique, rococo et théâtral avec sa bibliothèque en trompe-l'œil. Cuisine de tradition, dont un menu "tout légumes" ; service accort.

La Régalade St-Honoré

123 r. St-Honoré Ⓜ *Louvre Rivoli – ✆ 01 42 21 92 40 – Fermé août, 24 déc.-4 janv., sam. et dim.*
Rest – Menu 35 €
◆ Après le succès de la mythique Régalade du 14e arrondissement, Bruno Doucet récidive dans le quartier des Halles. La formule est la même et... l'on se régale toujours autant.

L'Absinthe

24 pl. Marché-St-Honoré Ⓜ *Pyramides – ✆ 01 49 26 90 04 – www.restaurantabsinthe.com – Fermé 23 déc.-3 janv., sam. midi et dim.*
Rest – Formule 32 € – Menu 40 € – Carte environ 48 €
◆ Un bistrot néorétro plein d'allure, qui rappelle l'époque où la "fée verte" était en vogue (zinc, carrelage ancien, horloge monumentale). Plats traditionnels de saison.

Bistrot St-Honoré
10 r. Gomboust Ⓜ Pyramides – ✆ 01 42 61 77 78 – Fermé 24 déc.-2 janv. et dim.
Rest – Formule 31 € – Carte 54/75 €
◆ Typiquement parisien, ce petit bistrot rustique célèbre la Bourgogne à travers une cuisine généreuse et des vins du terroir. Cadre chaleureux et ambiance décontractée.

Kaï
18 r. du Louvre Ⓜ Louvre Rivoli – ✆ 01 40 15 01 99 – Fermé 1 sem. en avril, 3 sem. en août, 1 sem. à Noël et dim.
Rest – Formule 25 € – Carte 55/70 €
◆ Une table nippone réjouissante et authentique ! Décor épuré, spécialités tokyoïtes (sushis, grillades sur charbon) et petites douceurs françaises... de chez Pierre Hermé.

Nodaïwa
272 r. St-Honoré Ⓜ Palais Royal – ✆ 01 42 86 03 42 – www.nodaiwa.com – Fermé 1er-20 août, 30 déc.-10 janv. et dim.
Rest – Formule 18 € – Menu 21 € (déj.), 29/65 €
◆ Table japonaise dont la grande spécialité est l'anguille, préparée avec un soin méticuleux. Salle tout en longueur et minimaliste, bien à l'image d'une… anguille.

Bistrot Mavrommatis
18 r. Duphot, (1er étage) Ⓜ Madeleine – ✆ 01 42 97 53 04 – www.mavrommatis.com – Fermé août, sam., dim. et fériés
Rest *(déj. seult)* – Formule 20 € – Menu 28 € – Carte 30/40 €
◆ Un petit temple grec à deux pas de l'église de la Madeleine : épicerie au rez-de-chaussée, taverne à l'étage (photos du pays), nombreuses spécialités pour se restaurer à bon compte.

Les Cartes Postales
7 r. Gomboust Ⓜ Pyramides – ✆ 01 42 61 02 93 – Fermé 2 sem. en août, 25 déc.-2 janv., lundi soir, sam. midi et dim.
Rest – Formule 25 € – Menu 70 € (dîner) – Carte 45/75 €
◆ Savoureuse cuisine française relevée de notes nippones, signée par un chef japonais. Intéressante formule et demi-portions à la carte, pour deux fois plus de plaisir.

Kunitoraya
5 r. Villedo Ⓜ Pyramides – ✆ 01 47 03 07 74 – www.kunitoraya.com – Fermé 2 sem. en août, vacances de fév., dim. soir et lundi
Rest – Formule 22 € – Menu 50/90 € – Carte 40/80 €
◆ Vieux zinc, miroirs et faïence métro : le Paris des soupers 1900... pour une cuisine nippone soignée à base d'udon, pâtes maison réalisées avec une farine de blé importée du Japon !

Zen
8 r. de L'Échelle Ⓜ Palais Royal – ✆ 01 42 61 93 99 – Fermé 10-20 août
Rest – Carte 20/35 €
◆ Table japonaise traditionnelle par sa carte (étoffée), et contemporaine par son décor : lignes épurées tout en rondeur, omniprésence du blanc et du vert acidulé.

Crudus
21 r. St-Roch Ⓜ Pyramides – ✆ 01 42 60 90 29 – cibus@wanadoo.fr – Fermé 1 sem. en mai, 3 sem. en août, 1 sem. en déc., sam. midi et dim.
Rest *(nombre de couverts limité, réserver)* – Formule 25 € – Menu 30 € (déj.) – Carte 45/65 €
◆ Dans ce petit restaurant italien, priorité aux produits bio... Des saveurs naturelles à déguster dans un décor simple et avenant (parquet, murs blancs, tables en plexiglas).

Baan Boran
43 r. Montpensier Ⓜ Palais Royal – ✆ 01 40 15 90 45 – www.baan-boran.com – Fermé sam. midi et dim.
Rest – Menu 15 € (déj.)/39 € – Carte 30/45 €
◆ Escale asiatique face au théâtre du Palais-Royal : spécialités thaïlandaises préparées au wok et servies dans un cadre contemporain épuré (bois exotique, cuir, tons beige et gris).

Cibus

5 r. Molière Ⓜ Palais Royal – ✆ 01 42 61 50 19 – Fermé 3 sem. en août, lundi midi, sam. midi et dim.

Rest *(nombre de couverts limité, réserver)* – Formule 30 € – Menu 38 € (déj.) – Carte 52/65 €

♦ Cibus : "nourriture", en latin. Auspices millénaires pour ce restaurant italien qui porte haut la gastronomie transalpine (produits bio). Décor très simple et accueil convivial.

Chez La Vieille "Adrienne"

1 r. Bailleul Ⓜ Louvre Rivoli – ✆ 01 42 60 15 78 – Fermé sam. midi et dim.

Rest *(réserver)* – Formule 28 € – Menu 38/60 €

♦ Terrine de canard, navarin d'agneau, mousse au chocolat : une cuisine de bistrot immuable, dans une atmosphère patinée, d'un autre temps...

Lescure

7 r. Mondovi Ⓜ Concorde – ✆ 01 42 60 18 91 – Fermé 1er-29 août, 23 déc.-3 janv., sam. et dim.

Rest – Menu 25 € bc – Carte 30/40 €

♦ Auberge rustique tout près de la place de la Concorde. On y déguste au coude-à-coude, à la table commune, de copieuses spécialités du Sud-Ouest.

Gwadar

39 r. St-Roch Ⓜ Pyramides – ✆ 01 42 96 28 24 – www.restaurantgwadar.com – Fermé dim.

Rest – Formule 15 € – Menu 20/25 € – Carte environ 30 €

♦ Niché sur une banquette en velours, dans un cadre cosy et sobre, on voit défiler de beaux petits plats indo-pakistanais... Et l'on salive en attendant son poulet tandoori...

S. Sauvignier/MICHELIN

Bourse · Sentier

2e arrondissement ✉ 75002

Park Hyatt

5 r. de la Paix Ⓜ Opéra – ✆ 01 58 71 12 34 – www.paris.vendome.hyatt.fr

118 ch – †600/800 € ††600/800 € – 40 suites – ☕ 48 €

Rest ***Pur'*** ✿ – voir les restaurants ci-après

Rest ***Les Orchidées*** ✆ 01 58 71 10 60 *(fermé le soir)* – Carte 70/140 €

♦ Ed Tuttle a conçu un hôtel conforme à ses rêves, sur la célèbre rue de la Paix : collection d'art contemporain et classicisme à la française, mobilier mêlant avec subtilité le style Louis XVI et les années 1930, spa et équipements high-tech, restaurants pour toutes les envies... Un authentique palace.

Westminster

13 r. de la Paix Ⓜ Opéra – ✆ 01 42 61 57 46 – www.hotelwestminster.com

85 ch – †230/550 € ††230/550 € – 17 suites – ☕ 30 €

Rest ***Le Céladon*** ✿ – voir les restaurants ci-après

Rest ***Le Petit Céladon*** ✆ 01 47 03 40 42 *(ouvert le week-end et fermé en août et vacances de Noël)* – Menu 58 € bc

♦ Né en 1809 et aujourd'hui bicentenaire, c'est en 1846 qu'il prit le nom de son plus fidèle client, le duc de Westminster. Ce dernier avait le goût du raffinement à la française ! À noter, le week-end, Céladon devient Petit Céladon : carte plus simple et service décontracté.

Édouard VII
39 av. de l'Opéra Ⓜ *Opéra – ✆ 01 42 61 86 11 – www.edouard7hotel.com*
69 ch – 🛉250/300 € 🛉🛉300/450 € – 8 suites – ☕ 27 €
Rest *Cuisine L'E 7* *✆ 01 42 61 86 26 (fermé 30 juil.-19 août et fériés)* – Formule 28 € – Menu 35/69 € – Carte 40/55 €
◆ Chatoiement des tissus et raffinement dans les chambres "Couture", tandis que les "Edouard VII" se veulent plus sobres... Partout règne une véritable élégance et les suites sont superbes. Bar cosy et petite restauration dans un cadre contemporain très plaisant.

L'Horset Opéra sans rest
18 r. d'Antin Ⓜ *Opéra – ✆ 01 44 71 87 00 – www.hotelhorsetopera.com*
54 ch ☕ – 🛉175/275 € 🛉🛉195/305 €
◆ Dans cet hôtel à deux pas du palais Garnier, l'atmosphère est très feutrée ; dans les chambres, classicisme de bon goût (tentures et tissus assortis, boiseries chaleureuses).

De Noailles sans rest
9 r. de la Michodière Ⓜ *Quatre Septembre – ✆ 01 47 42 92 90 – www.hotelnoailles.com*
51 ch – 🛉150/385 € 🛉🛉150/385 € – 5 suites – ☕ 18 €
◆ Élégance très contemporaine et design derrière une jolie façade 1900. Chambres zen et épurées, ouvertes pour la plupart sur le patio (avec balcon aux 5e et 6e étages).

Malte Opéra sans rest
63 r. de Richelieu Ⓜ *Quatre Septembre – ✆ 01 44 58 94 94 – www.astotel.com*
64 ch – 🛉179/479 € 🛉🛉179/479 € – ☕ 15 €
◆ Une bâtisse du 17es. face à la Bibliothèque nationale. Chambres de facture classique – plus calmes côté cour – et petit-déjeuner servi dans un joli patio, près d'un olivier !

Victoires Opéra sans rest
56 r. Montorgueil Ⓜ *Etienne Marcel – ✆ 01 42 36 41 08 – www.victoiresopera.com*
24 ch – 🛉215/335 € 🛉🛉215/335 € – ☕ 15 €
◆ Montorgueil : un quartier piéton et animé... C'est ici que se trouve cet hôtel contemporain, dans un immeuble du 17e s. Tons chauds, mobilier actuel : les chambres ont du style !

Gramont Opéra sans rest
22 r. Gramont Ⓜ *Richelieu Drouot – ✆ 01 42 96 85 90 – www.parishotelgramont.com*
25 ch – 🛉120/160 € 🛉🛉150/230 € – ☕ 13 €
◆ Un charmant hôtel près de l'Opéra-Comique... Imprimés floraux, teintes mauve et chocolat : frais, harmonieux et vraiment joli. Duplex avec terrasse donnant sur les toits.

Pur' – Hôtel Park Hyatt
5 r. de la Paix Ⓜ *Opéra – ✆ 01 58 71 10 61 – www.paris.vendome.hyatt.fr – Fermé août et le midi*
Rest – Menu 85/135 € – Carte 90/180 €
Spéc. Foie gras de canard poêlé pigmenté de poivron rouge et citron vert. Bar de ligne demi-sel et artichauts poivrade. Coqueline caramélisée au sucre brun.
◆ Pure réjouissance à l'heure du dîner : décor contemporain très élégant et mets créatifs concoctés par le chef qui accorde avec soin d'excellents produits. Beau, savoureux et raffiné !

Le Céladon – Hôtel Westminster
15 r. Daunou Ⓜ *Opéra – ✆ 01 42 61 77 42 – www.leceladon.com – Fermé août, sam. et dim.*
Rest – Menu 49 € (déj.)/95 € – Carte 80/120 €
Spéc. Girolles et cochon ibérique, pluma grillé et jambon de Guijuelo en fins copeaux. Turbot sauvage cuit sur l'arête, gelée chaude aux crevettes grises et thym-citron. Quartiers de pêche rôtis, chutney au romarin et brioche tiède.
◆ Décor très raffiné au Céladon, entre style Régence, tableaux anciens et notes orientales (vases en céladon : porcelaine chinoise vert pâle). Sur de belles bases classiques, le chef concocte une cuisine dans l'air du temps.

PARIS

Drouant
16 pl. Gaillon Ⓜ Quatre Septembre – ✆ 01 42 65 15 16 – www.drouant.com
Rest – Menu 44 € (déj.) – Carte 68/75 €
◆ Un lieu mythique : on y décerne le prix Goncourt depuis 1914 ! Sous la houlette d'Antoine Westermann, les plats de tradition se parent de modernité. Élégant décor cossu.

Le Versance
16 r. Feydeau Ⓜ Bourse – ✆ 01 45 08 00 08 – www.leversance.fr – Fermé 22 juil.-20 août, 24 déc.-2 janv., sam. midi, dim. et lundi
Rest – Formule 32 € bc – Menu 38 € bc (déj.) – Carte 55/75 €
◆ Un cadre épuré où poutres, vitraux et mobilier design font des étincelles. La cuisine du chef globe-trotter n'est pas en reste : homard au curry, ris de veau et poires aux épices...

Mori Venice Bar
2 r. du Quatre-Septembre Ⓜ Bourse – ✆ 01 44 55 51 55 – www.mori-venicebar.com
Rest – Menu 40 € (déj. en sem.) – Carte 54/95 €
◆ La gastronomie vénitienne est méconnue, et le chef, passionné, la défend avec goût ! Starck a signé le décor, évoquant le raffinement et le secret propres à Venise... Véranda face à la Bourse et comptoir pour prendre un verre autour de quelques antipasti.

La Fontaine Gaillon
pl. Gaillon Ⓜ Quatre Septembre – ✆ 01 47 42 63 22 – www.la-fontaine-gaillon.com – Fermé août, sam. et dim.
Rest – Menu 45 € (déj.) – Carte 70/90 €
◆ Bel hôtel particulier du 17es., supervisé par Gérard Depardieu : cadre feutré, terrasse au pied de la fontaine, cuisine valorisant la mer et plaisante sélection de vins.

Passage 53 (Shinichi Sato)
53 passage des Panoramas Ⓜ Grands Boulevards – ✆ 01 42 33 04 35 – www.passage53.com – Fermé août, vacances de fév., dim. et lundi
Rest *(nombre de couverts limité, réserver)* – Menu 60 € (déj. en sem.)/110 €
Spéc. Menu dégustation surprise.
◆ Dans un passage couvert resté dans son jus, un décor minimal et un très beau panorama de cuisine contemporaine : au gré du marché, le jeune chef japonais – formé à l'Astrance – délivre des compositions d'une netteté imparable (à la cuisson millimétrée).

Gallopin
40 r. N.-D.-des-Victoires Ⓜ Bourse – ✆ 01 42 36 45 38 – www.brasseriegallopin.com
Rest – Formule 20 € – Menu 25 € (déj.)/38 € – Carte 40/68 €
◆ Juste en face du palais Brongniart, une brasserie au précieux décor victorien fondée en 1876 par un certain... Gallopin. Grands classiques de la brasserie et plats bistrotiers.

Vaudeville
29 r. Vivienne Ⓜ Bourse – ✆ 01 40 20 04 62 – www.vaudevilleparis.com
Rest – Formule 26 € – Menu 32 € – Carte 40/85 €
◆ Grande brasserie Art déco, dans la pure tradition parisienne. Le jour, "cantine" de nombreux journalistes et le soir, "relâche" des sorties de théâtres !

Saturne
17 r. N.-D.-des-Victoires Ⓜ Bourse – ✆ 01 42 60 31 90 – Fermé août, vacances de Noël, sam. et dim.
Rest – Menu 37 € (déj.), 60/69 € – Carte 55/78 €
◆ Saturne : dieu de l'agriculture et anagramme de "natures". Le credo du jeune chef : de très bons produits, des vins naturels et un menu unique, dans une ambiance loft très parisienne. Et pour l'anecdote, le pain est tout bonnement... divin !

Café Moderne
40 r. N.-D.-des-Victoires Ⓜ Bourse – ✆ 01 53 40 84 10 – Fermé 1er-24 août, sam. et dim.
Rest – Formule 28 € – Menu 35/39 €
◆ Près de la Bourse, élégante table moderne, bondée le midi, intime le soir. Décor et carte honorent les crus français. Fiez-vous à l'instinct du chef, épris des produits de saison !

Bistro Volnay

8 r. Volney Ⓜ *Opéra – ✆ 01 42 61 06 65 – www.bistrovolnay.fr – Fermé 5-25 août, sam. et dim.*

Rest – Menu 38/55 €

◆ On y redécouvre avec plaisir les classiques bistrotiers, aux délicats parfums. Décor élégant revisitant tout l'esprit des années 1930 (miroirs, banquettes…).

Liza

14 r. de la Banque Ⓜ *Bourse – ✆ 01 55 35 00 66 – www.restaurant-liza.com – Fermé sam. midi et dim. soir*

Rest – Formule 16 € – Carte 40/60 €

◆ Loin des clichés, cette table libanaise, mise en scène par des designers du pays (ambiance lounge et orientale), réinterprète les recettes traditionnelles ; c'est fin et parfumé !

Bi Zan

56 r. Ste-Anne Ⓜ *Quatre Septembre – ✆ 01 42 96 67 76 – Fermé 2 sem. en août et dim.*

Rest – Menu 38 € (déj. en sem.), 65 € bc/95 € bc – Carte 30/95 €

◆ Bi Zan désigne une région montagneuse du Japon. L'adresse – zen, voire minimaliste – est connue des amateurs de cuisine nippone. Comptoir et salle à l'étage ; belle carte de sakés.

Chez Georges

1 r. du Mail Ⓜ *Bourse – ✆ 01 42 60 07 11 – Fermé août, vacances de Noël, sam. et dim.*

Rest – Carte 40/70 €

◆ Une nouvelle équipe en 2010, mais toujours le même esprit : un vrai bistrot parisien dans son jus rétro ! Cuisine traditionnelle et vins bien choisis, à savourer au coude-à-coude.

Aux Lyonnais

32 r. St-Marc Ⓜ *Richelieu Drouot – ✆ 01 42 96 65 04 – www.alain-ducasse.com – Fermé août, sam. midi, dim. et lundi*

Rest *(réserver)* – Menu 28 € (déj.) – Carte 40/53 €

◆ Dans ce bistrot fondé en 1890, on se régale d'une savoureuse cuisine qui explore la gastronomie lyonnaise. Cadre délicieusement rétro : zinc, banquettes, miroirs biseautés, moulures...

Silk & Spice

6 r. Mandar Ⓜ *Sentier – ✆ 01 44 88 21 91 – www.silkandspice.fr – Fermé sam. midi et dim. midi*

Rest – Formule 16 € – Menu 25/52 € – Carte 30/53 €

◆ Atmosphère feutrée et belles saveurs d'inspiration thaïe. Gambas et crevettes dans une réduction à la citronnelle, bœuf mijoté au curry vert : les grands classiques de la maison !

Pierrot

soir,

18 r. Étienne Marcel Ⓜ *Etienne Marcel – ✆ 01 45 08 00 10 – Fermé dim.*

Rest – Carte 40/55 €

◆ Dans ce bistrot convivial, tenu par deux jeunes Aveyronnais, viandes de l'Aubrac, foie gras maison et carré d'agneau aux herbes réjouissent les habitués... et les autres !

Frenchie

5 r. du Nil Ⓜ *Sentier – ✆ 01 40 39 96 19 – www.frenchie-restaurant.com – Fermé 2 sem. en août, vacances de Noël, le midi, sam. et dim.*

Rest *(nombre de couverts limité, réserver)* – Formule 34 € – Menu 38/45 €

◆ Près du Sentier, petite salle d'esprit loft (briques, poutres, pierres) et cuisine contemporaine signée par un jeune chef au parcours international. Drôlement*savoury.*

Osteria Ruggera

35 r. Tiquetonne Ⓜ *Étienne Marcel – ✆ 01 40 26 13 91 – Fermé 14-28 août, sam. midi et dim. midi*

Rest *(nombre de couverts limité, réserver)* – Formule 20 € – Menu 24 € (déj.) – Carte 35/50 €

◆ Dans ce quartier Montorgueil si branché, une petite adresse italienne qui cultive le goût de la simplicité : décor rustique et spécialités siciliennes aux parfums authentiques.

Une Poule sur un Mur
5 r. Marie-Stuart Ⓜ Etienne Marcel – ✆ 01 42 33 05 89 – www.unepoulesurunmur.fr – Fermé 6-25 août, 23 déc.-2 janv., sam. midi, dim. et lundi
Rest – Formule 16 € – Menu 18 € (déj.) – Carte 34/46 €
◆ Point d'inquiétude : ici, les poules ne picorent pas que du pain dur ! Mais bien plutôt, au gré des saisons, un artichaut barigoule au magret fumé, un lieu jaune relevé de tapenade... Un vrai nid gourmand, à deux pas des Halles.

Koetsu
42 r. Ste-Anne Ⓜ Quatre Septembre – ✆ 01 40 15 99 90 – Fermé dim.
Rest – Menu 15 € (déj.), 19/57 € – Carte 20/60 €
◆ Au milieu de ses consœurs, cette table japonaise ne déroge pas à la tradition : décor sobre et cuisine qui va à l'essentiel, avec ses sushis, sashimis et autres yakitoris.

PARIS

S. Sauvignier/MICHELIN

Le Haut Marais · Temple

3e arrondissement

✉ 75003

Pavillon de la Reine sans rest
28 pl. des Vosges Ⓜ Bastille – ✆ 01 40 29 19 19 – www.pavillon-de-la-reine.com
38 ch – †330/490 € ††390/500 € – 16 suites – ☕ 34 €
◆ Élégance et luxe du Paris historique, tout en noble discrétion. Passé les voûtes de la place des Vosges, première illumination à la vision de la belle cour verdoyante. Et le ravissement ne cesse pas : les chambres sont raffinées et feutrées ; le petit spa couronne le tout !

Murano Resort
13 bd du Temple Ⓜ Filles du Calvaire – ✆ 01 42 71 20 00 – www.muranoresort.com
49 ch – †229/900 € ††229/900 € – 2 suites – ☕ 28 €
Rest – Formule 25 € bc – Menu 30 € (déj.) – Carte 45/155 €
◆ Unique en son genre – design immaculé ponctué de couleurs vives –, cet hôtel séduit les "beautiful people" à l'affût des tendances, à deux pas du Marais. Équipements high-tech, bar pop art, restaurant branché, etc.

Du Petit Moulin sans rest
29 r. du Poitou Ⓜ St-Sébastien Froissart – ✆ 01 42 74 10 10 – www.hoteldupetitmoulin.com
17 ch – †190/350 € ††190/350 € – ☕ 15 €
◆ Christian Lacroix a imaginé le décor de cet hôtel du Marais. C'est inédit, raffiné... entre tradition et modernité. Baignoire à pieds, tons flashy : chaque chambre est un bijou !

Little Palace sans rest
4 r. Salomon de Caus Ⓜ Réaumur Sébastopol – ✆ 01 42 72 08 15 – www.littlepalacehotel.com
49 ch – †178/235 € ††198/273 € – 4 suites – ☕ 15 €
◆ Un Little Palace "so charming", mêlant avec bonheur styles Belle Époque et contemporain. Chambres chaleureuses, à choisir de préférence aux 6e et 7e étages (balcon et vue sur Paris).

Austin's Arts et Métiers sans rest
6 r. Montgolfier Ⓜ Arts et Métiers – ✆ 01 42 77 17 61 – www.hotelaustins.com
29 ch – †110/116 € ††150/160 € – ☕ 10 €
◆ Pas de mystère dans les chambres jaunes, rouges ou bleues de ce petit hôtel faisant face au musée des Arts et Métiers : elles sont sobres, chaleureuses et bien tenues.

Jacques de Molay sans rest

94 r. des Archives Ⓜ République – ✆ 01 42 72 68 22 – www.hotelmolay.fr
23 ch – †133/176 € ††145/196 € – ☕ 12 €
◆ Du rose, du jaune... dans cet hôtel particulier, chaque étage arbore fièrement sa couleur. Chambres propres et bien tenues, gentiment kitsch ; petit-déjeuner sous une jolie verrière.

Des Archives sans rest

87 r. des Archives Ⓜ Temple – ✆ 01 44 78 08 00 – www.hoteldesarchives.com
19 ch – †99/260 € ††99/260 € – 4 suites – ☕ 12 €
◆ Près de la mairie du 3e arrondissement. Les chambres sont sobres ; les quatre suites – de véritables petits appartements – se révèlent idéales pour un séjour en famille.

Ambassade d'Auvergne

22 r. du Grenier-St-Lazare Ⓜ Rambuteau – ✆ 01 42 72 31 22 – www.ambassade-auvergne.com
Rest – Formule 22 € – Menu 28 € – Carte 33/54 €
◆ Les classiques d'une province riche de traditions et de saveurs : saucisse sèche, lentilles vertes du Puy et l'incontournable aligot... le tout arrosé de vins d'Auvergne.

Le Carré des Vosges

15 r. St-Gilles Ⓜ Chemin Vert – ✆ 01 42 71 22 21 – www.lecarredesvosges.fr – Fermé 6-30 août, sam. midi, dim. et lundi
Rest – Formule 15 € – Menu 18 € (déj.), 38/62 € – Carte 44/60 €
◆ À deux pas de la rue des Francs-Bourgeois et de ses boutiques branchées, ce bistrot de quartier au décor soigné propose une cuisine du marché ancrée sur les saisons. Un mélange de simplicité étudiée et de classiques réalisés dans les règles de l'art.

Pramil

9 r. Vertbois Ⓜ Temple – ✆ 01 42 72 03 60 – Fermé 1er-7 mai, 14-27 août, dim. midi et lundi
Rest – Formule 20 € – Menu 30 € – Carte 30/40 €
◆ Le décor a l'élégance de se faire oublier : tout en sobriété, il met en valeur la belle générosité de la cuisine du marché d'Alain Pramil, un autodidacte passionné qui, dans une autre vie, était professeur de physique !

Glou

101 r. Vieille-du-Temple Ⓜ St-Sébastien Froissart – ✆ 01 42 74 44 32 – www.glou-resto.com
Rest – Formule 15 € – Carte 25/58 €
◆ Près du musée Picasso, un bistrot d'esprit loft – décontraction comprise –, où la cuisine du marché se pense avec un joli cru. Beau choix de vins au verre et ardoise du jour très intéressante !

Au Bascou

38 r. Réaumur Ⓜ Arts et Métiers – ✆ 01 42 72 69 25 – www.au-bascou.fr – Fermé août, 24-30 déc., sam. et dim.
Rest – Formule 18 € – Menu 25 € (déj.) – Carte 36/60 €
◆ Dans ce bistrot, véritable institution parisienne, la cuisine chante avec les chauds accents de la terre basque. Les produits viennent du "pays", et les spécialités du terroir fraternisent avec les préparations canailles. Chaleureux !

Café des Musées

49 r. de Turenne Ⓜ Chemin Vert – ✆ 01 42 72 96 17 – cafedesmusees.fr – Fermé 2-8 janv. et 6-27 août
Rest – Formule 14 € – Menu 22 € (dîner) – Carte 24/47 €
◆ Entre les musées Picasso et Carnavalet, un bistrot typiquement parisien : convivialité, cuisine maison dans l'esprit du lieu, plats canailles et du marché.

L'Olivier

15 bd du Temple Ⓜ Filles du Calvaire – ✆ 01 42 77 12 51 – www.olivier-restau.com – Fermé 10-31 août, 20-28 déc., sam. midi et dim.
Rest – Formule 17 € bc – Menu 40 € – Carte 37/44 €
◆ À deux pas de la place de la République, un tout petit restaurant grec tenu en famille... La cuisine, soignée et réalisée avec de bons produits, est authentique !

S. Sauvignier/MICHELIN

Île de la Cité · Île St-Louis · Le Marais · Beaubourg

4e arrondissement ✉ 75004

PARIS

Jeu de Paume sans rest
54 r. St-Louis-en-l'Ile Ⓜ *Pont Marie – ✆ 01 43 26 14 18 – www.jeudepaumehotel.com*
28 ch – †145/255 € ††230/450 € – 2 suites – ☕ 18 €
◆ Au cœur de l'île St-Louis, cette halle du 17e s., jadis vouée au jeu de paume, s'est muée en hôtel de caractère. Poutres apparentes, belle hauteur sous plafond : une sobre élégance contemporaine dans des chambres entièrement rénovées en 2010.

Bourg Tibourg sans rest
19 r. Bourg Tibourg Ⓜ *Hôtel de Ville – ✆ 01 42 78 47 39 – www.hotelbourgtibourg.com*
30 ch – †190 € ††250/270 € – ☕ 16 €
◆ Un hôtel entièrement décoré par Jacques Garcia. Néogothique, baroque, oriental... chaque chambre a son propre univers, tout en luxe et raffinement. Une petite perle en plein Marais.

Duo sans rest
11 r. Temple Ⓜ *Hôtel de Ville – ✆ 01 42 72 72 22 – www.duoparis.com*
56 ch – †140/200 € ††210/380 € – 2 suites – ☕ 15 €
◆ Un passé préservé (escalier classé, cave voûtée du 16e s.) et une atmosphère résolument contemporaine, douce et design : un beau Duo gagnant tenu par la même famille depuis 1918.

Villa Mazarin sans rest
6 r. des Archives Ⓜ *Hôtel de Ville – ✆ 01 53 01 90 90 – www.villamazarin.com*
29 ch – †220/350 € ††220/350 € – ☕ 12 €
◆ Parfait pour rejoindre Notre-Dame, la place des Vosges ou Beaubourg. Un hôtel central qui revisite le style Second Empire sous l'angle contemporain. Quelques duplex.

Deux Îles sans rest
59 r. St-Louis-en-l'Ile Ⓜ *Pont Marie – ✆ 01 43 26 13 35 – www.hoteldesdeuxiles.com*
17 ch – †179 € ††210 € – ☕ 13 €
◆ Cet hôtel a été entièrement rénové : du beige et du brun, du rotin, des poutres apparentes... Certes les chambres sont petites, mais elles offrent beaucoup de confort.

Beaubourg sans rest
11 r. Simon Le Franc Ⓜ *Rambuteau – ✆ 01 42 74 34 24 – www.hotelbeaubourg.com*
28 ch – †95/230 € ††100/230 € – ☕ 10 €
◆ Juste derrière le Centre Pompidou ! Cet hôtel dispose de chambres accueillantes et bien insonorisées, plus grandes et souvent dotées de poutres dans le bâtiment donnant sur la rue.

Caron de Beaumarchais sans rest
12 r. Vieille-du-Temple Ⓜ *Hôtel de Ville – ✆ 01 42 72 34 12 – www.carondebeaumarchais.com*
19 ch – †99/195 € ††135/195 € – ☕ 13 €
◆ Un voyage qui vous transporte au 18e s. Les chambres révèlent un univers raffiné : jolis imprimés, gravures évoquant Le Mariage de Figaro, antiquités...

Lutèce sans rest
65 r. St-Louis-en-l'Ile Ⓜ *Pont Marie – ✆ 01 43 26 23 52 – www.hoteldelutece.com*
23 ch – †170 € ††210 € – ☕ 13 €
◆ Un emplacement idéal sur l'île St-Louis, pour les amoureux du Paris historique. Boiseries, poutres et tomettes au salon ; petites chambres fonctionnelles, tout en sobriété.

Castex sans rest

5 r. Castex Ⓜ *Bastille – ✆ 01 42 72 31 52 – www.castexhotel.com*
30 ch – †109/145 € ††129/175 € – ☕ 10 €
◆ La clientèle américaine, entre autres, apprécie la mise en scène Grand Siècle de cette demeure. Petites chambres soignées (tomettes, mobilier Louis XIII et rustique).

L'Ambroisie (Bernard et Mathieu Pacaud)

9 pl. des Vosges Ⓜ *St-Paul – ✆ 01 42 78 51 45*
– Fermé août, vacances de fév., dim. et lundi
Rest – Carte 200/350 €
Spéc. Brioche mousseline à l'œuf mollet et caviar, sabayon au citron. Aumonière de pigeon au chou vert, sauce au vin jaune. Tarte sablée au cacao amer, glace à la vanille Bourbon.
◆ L'ambroisie n'est-elle pas la nourriture des dieux de l'Olympe ? Sans conteste, la cuisine de Bernard et Mathieu Pacaud – deux générations de concert – touche à l'absolu : éclat des saveurs, science des produits, perfection d'exécution. Un classicisme imparable ! Le tout dans l'écrin royal d'un hôtel particulier de la place des Vosges (17es.). Nourritures immortelles...

Benoit

20 r. St-Martin Ⓜ *Châtelet-Les Halles – ✆ 01 42 72 25 76*
– www.alain-ducasse.com – Fermé août
Rest – Menu 34 € (déj.) – Carte 55/85 €
Spéc. Escargots en coquille, beurre d'ail et fines herbes. Tête de veau sauce ravigote. Profiteroles sauce chocolat chaud.
◆ Alain Ducasse supervise ce bistrot chic et animé, l'un des plus anciens de Paris. Cuisine classique, respectueuse de l'âme de cette authentique et belle maison.

Bofinger

soir, VISA AE

5 r. Bastille Ⓜ *Bastille – ✆ 01 42 72 87 82 – www.bofingerparis.com*
Rest – Formule 29 € – Menu 34 € – Carte 40/70 €
◆ Institution de la vie parisienne au remarquable décor alsacien : coupole, marqueteries, miroirs, peintures signées Hansi. Le charme de cette brasserie créée en 1864 opère toujours.

Mon Vieil Ami

69 r. St-Louis-en-l'Île Ⓜ *Pont Marie – ✆ 01 40 46 01 35 – www.mon-vieil-ami.com*
– Fermé 1er-20 août, 1er-20 janv., lundi et mardi
Rest – Menu 43 € – Carte 43/55 €
◆ Vieilles poutres et décor contemporain... Une auberge tendance, où savourer de goûteuses recettes traditionnelles, joliment modernisées et ponctuées de clins d'œil à l'Alsace.

Le Gaigne

12 r. Pecquay Ⓜ *Rambuteau – ✆ 01 44 59 86 72 – www.restaurantlegaigne.fr*
– Fermé août, dim. et lundi
Rest – Formule 17 € – Menu 23 € (déj. en sem.), 45/64 € bc – Carte 47/65 €
◆ Le jeune chef est passé par de grandes maisons et concocte une bien jolie cuisine de saison (menu renouvelé chaque mois). L'endroit est tout petit ; mieux vaut donc réserver !

L'Osteria

10 r. Sévigné Ⓜ *St-Paul – ✆ 01 42 71 37 08 – www.l-osteria.fr – Fermé dim., lundi et fériés*
Rest *(réserver)* – Formule 19 € – Menu 23 € (déj. en sem.) – Carte 38/84 €
◆ Une discrète trattoria appréciée par une clientèle fidèle et quelques vedettes (autographes et dessins aux murs)... Gnocchis, risotto : de belles spécialités maison.

Claude Colliot

40 r. des Blancs Manteaux Ⓜ *Rambuteau – ✆ 01 42 71 55 45*
– www.claudecolliot.com – Fermé août, dim. et lundi
Rest – Formule 24 € – Menu 29 € (déj. en sem.), 54/65 € – Carte environ 45 €
◆ Chez Claude Colliot, point d'énoncés pompeux, mais une cuisine de saison qui traite les excellents produits avec tous les égards... Léger, sain et savoureux. Le soir, réservez !

PARIS

Suan Thaï
VISA MC AE

35 r. Temple Ⓜ Rambuteau – ✆ 01 42 77 10 20

Rest – Formule 15 € – Menu 17 € (déj.), 28/38 € – Carte 32/52 €

◆ Plus grand, plus beau, plus confortable : fin 2011, le Suan Thaï a déménagé à 100 m de son ancienne adresse, et l'on y déguste toujours la même cuisine thaïe authentique et délicate, à prix doux. Il est plus que jamais nécessaire de réserver.

Au Bourguignon du Marais
VISA MC AE

52 r. François-Miron Ⓜ St-Paul – ✆ 01 48 87 15 40 – Fermé 3 sem. en août, vacances de fév., dim. et lundi

Rest – Carte 32/63 €

◆ Dans le quartier du Marais, une enseigne qui dit vrai : on savoure ici de bons petits plats régionaux, tout en générosité. Incontournable bœuf bourguignon, escargots à l'ail et au persil... et jolie carte de vins 100 % bourguignonne !

Les Fous de l'Île
A/C VISA MC AE

33 r. des Deux-Ponts Ⓜ Pont Marie – ✆ 01 43 25 76 67 – www.lesfousdelile.com

Rest – Menu 18 € (déj. en sem.), 22/27 €

◆ Au cœur de l'île St-Louis, un néobistrot qui fait rimer saveurs et bonne humeur. Chapeau aussi à la déco, entre casiers en bois et collection de poules. Régalé, mais pas plumé !

Isami
A/C VISA MC

4 quai d'Orléans Ⓜ Pont Marie – ✆ 01 40 46 06 97 – Fermé août, vacances de Noël, dim. et lundi

Rest *(nombre de couverts limité, réserver)* – Carte 60/150 €

◆ Quelques tables, un comptoir... une sobriété toute nippone. Sushis, sashimis et autres makis : la maison fait la part belle au poisson extrafrais, livré quotidiennement.

Le Gorille Blanc
VISA MC AE

4 impasse Guéménée ✉ 75004 Ⓜ Bastille – ✆ 01 42 72 08 45 – Fermé dim.

Rest – Formule 18 € – Carte 29/48 €

◆ Gare au Gorille Blanc, il est si gourmand ! Heureusement, dans ce bistrot rétro, le chef concocte une généreuse cuisine bistrotière et ménagère : terrine de champignons à la crème d'ail, chipirons sautés, fricassée de lapin aux oignons...

Ph. Gajic/MICHELIN

Quartier Latin · Jardin des Plantes · Mouffetard

5e arrondissement
✉ 75005

Seven sans rest
A/C VISA MC AE

20 r Berthollet ✉ 75005 Paris 05 Ⓜ Les Gobelins – ✆ 01 43 31 47 52 – www.sevenhotelparis.com

35 ch – †287/777 € ††287/777 € – ☕ 18 €

◆ Surprise ! Une fois franchie la porte de ce bâtiment très parisien, on découvre un hôtel ultradesign et presque fantasmagorique. Lumières bleutées, plafonds figurant un ciel nuageux, lits en lévitation, transparences : une expérience ultime.

Des Grands Hommes sans rest
17 pl. Panthéon Ⓜ Luxembourg – ✆ 01 46 34 19 60 – www.hoteldesgrandshommes.com
31 ch – †160/330 € ††170/330 € – ☕ 10 €
◆ Bel emplacement près du Panthéon pour cet hôtel plein de charme. Les chambres, très bien tenues et aménagées dans un style Directoire, ont beaucoup de caractère. De même la vue des balcons et terrasses des 5e et 6e étages !

Select sans rest
1 pl. de la Sorbonne Ⓜ Cluny la Sorbonne – ✆ 01 46 34 14 80 – www.selecthotel.fr
66 ch ☕ – †165/215 € ††215/420 €
◆ Lorsque l'on pénètre dans le hall de cet hôtel très... sélect, on est saisi par son design contemporain. Les chambres, en revanche, marient avec habileté pierres et poutres historiques avec un mobilier tendance. Une adresse de qualité.

Panthéon sans rest
19 pl. Panthéon Ⓜ Luxembourg – ✆ 01 43 54 32 95 – www.hoteldupantheon.com
36 ch – †100/310 € ††100/320 € – ☕ 13 €
◆ Le Panthéon, la Sorbonne, le jardin du Luxembourg : pas de doute, nous sommes en plein cœur du Quartier latin ! Dans les chambres, les tissus floraux dominent, amplifiant l'atmosphère d'élégance cosy. Un hôtel à la fois romantique et raffiné.

Relais St-Jacques sans rest
3 r. Abbé-de-l'Épée Ⓜ Luxembourg – ✆ 01 53 73 26 00 – www.relais-saint-jacques.com
22 ch – †199/499 € ††199/499 € – ☕ 17 €
◆ Un hôtel très parisien, dans une rue plutôt tranquille. Inspirées par les châteaux de la Loire, les chambres affichent des styles variés (Directoire, Louis-Philippe, etc.). Un ensemble intime, idéal pour découvrir le quartier.

Grand Hôtel St-Michel sans rest
19 r. Cujas Ⓜ Luxembourg – ✆ 01 46 33 33 02 – www.grand-hotel-st-michel.com
45 ch – †215/350 € ††215/350 € – 2 suites – ☕ 20 €
◆ À quelques pas du trépidant boulevard St-Michel, cet hôtel a fait le pari – réussi – du design et du confort : formes épurées, détails originaux et teintes apaisantes. Fitness et hammam permettent de se délasser avant une bonne nuit de sommeil.

Villa Panthéon sans rest
41 r. des Écoles Ⓜ Maubert Mutualité – ✆ 01 53 10 95 95 – www.leshotelsdeparis.com
59 ch – †159/580 € ††159/580 € – ☕ 15 €
◆ Boiseries sombres, fauteuils Chesterfield et lampes d'inspiration Liberty... Bien que très rive gauche, cet hôtel a un côté british, ou scottish pour être plus précis. D'ailleurs, un beau choix de whiskys vous attend au bar.

Jardin de Cluny sans rest
9 r. du Sommerard Ⓜ Maubert Mutualité – ✆ 01 43 54 22 66 – www.hoteljardindecluny.com
40 ch – †130/250 € ††130/250 € – ☕ 15 €
◆ Les voyageurs soucieux de leur environnement apprécieront cet hôtel certifié Écolabel. L'élégance et le confort des chambres ne sont en rien sacrifiés ; la salle voûtée où l'on sert le petit-déjeuner a beaucoup de charme.

Du Levant sans rest
18 r. de la Harpe Ⓜ St-Michel – ✆ 01 46 34 11 00 – www.hoteldulevant.com
47 ch ☕ – †78/142 € ††124/175 €
◆ Les chambres de cet hôtel bâti en 1875 sont hautes en couleurs : rouge, jaune, rose vifs... Les bons points : un salon reposant, un bon emplacement pour découvrir la capitale et des prix raisonnables.

Royal St-Michel sans rest
3 bd St-Michel Ⓜ St-Michel – ✆ 01 44 07 06 06 – www.hotelroyalsaintmichel.com
39 ch – †154/260 € ††154/320 €
◆ Toute l'ambiance du Quartier latin aux portes de cet hôtel chaleureux ! Il faut dire qu'il se trouve juste en face de la fontaine St-Michel. Contemporaines et cosy, les chambres sont bien insonorisées : détail utile dans ce secteur animé.

Grandes Écoles sans rest
75 r. Cardinal-Lemoine Ⓜ Cardinal Lemoine – ✆ 01 43 26 79 23 – www.hotel-grandes-ecoles.com
51 ch – †120/138 € ††120/145 € – 9 €
◆ Comme un air de campagne en plein Paris pour cet hôtel isolé au fond d'un petit passage pavé. Dans les chambres : pas de télévision, du papier-peint à fleurs et des couvre-lits en dentelle. L'été, on prend le petit-déjeuner au jardin.

Albe sans rest
1 r. Harpe Ⓜ St-Michel – ✆ 01 46 34 09 70 – www.albehotel.fr
43 ch – †110/220 € ††130/350 € – 13 €
◆ Notre-Dame, le Quartier latin, l'île St-Louis... Paris est à vous ! Outre ces atouts géographiques, cet hôtel se révèle très agréable avec son style clair et design. Les chambres ne sont pas très grandes mais on s'y sent vraiment bien.

PARIS

Agora St-Germain sans rest
42 r. Bernardins Ⓜ Maubert Mutualité – ✆ 01 46 34 13 00 – www.hotelagorasaintgermain.com
39 ch – †195/275 € ††195/295 € – 12 €
◆ Voisin de l'église St-Nicolas-du-Chardonnet, cet hôtel propose des chambres fonctionnelles et classiques, plus calmes côté cour. La réception, chaleureuse et colorée, et la salle des petits-déjeuners sont très plaisantes. Accueillant !

Minerve sans rest
13 r. des Écoles Ⓜ Maubert Mutualité – ✆ 01 43 26 26 04 – www.parishotelminerve.com
54 ch – †102/188 € ††132/188 € – 9 €
◆ Derrière sa façade fleurie, cet hôtel révèle un certain cachet. Toile de Jouy aux murs, poutres apparentes et mobilier rustique dans les chambres : l'ensemble a un style cossu. Réconfortant après une journée à arpenter les rues de Paris.

Le Petit Paris sans rest
214 r. St-Jacques Ⓜ Luxembourg – ✆ 01 53 10 29 29 – www.hotelpetitparis.com
20 ch – †180/360 € ††180/360 € – 12 €
◆ Design et ludique, pop et noble à la fois... Les chambres épousent avec raffinement l'époque médiévale, les seventies, les années 1920, les styles Louis XV ou Napoléon III, le tout en technicolor !

Sorbonne sans rest
6 r. Victor-Cousin Ⓜ Cluny La Sorbonne – ✆ 01 43 54 58 08 – www.hotelsorbonne.com
38 ch – †120/370 € ††130/370 € – 13 €
◆ Couleurs très vives ou aplats de noir profond, mobilier design ou fauteuils Louis XVI habillés d'imprimés flashy, hall gris brillant : le Sorbonne est entré dans le 21es. Pour une autre approche de la rive gauche.

The Five sans rest
3 r. Flatters Ⓜ Gobelins – ✆ 01 43 31 74 21 – www.thefivehotel.com
24 ch – †145/202 € ††205/345 € – 1 suite – 15 €
◆ Five, comme le 5e et les cinq sens, au fondement du concept de ce petit hôtel résolument design. Avec leur éclairage en fibre optique et leur mobilier contemporain, les chambres sont très originales. On peut choisir jusqu'à leur ambiance parfumée !

Résidence Henri IV sans rest
50 r. des Bernardins Ⓜ Maubert Mutualité – ✆ 01 44 41 31 81 – www.residencehenri4.com
13 ch – †140/330 € ††150/330 € – 8 €
◆ Le souvenir du bon roi Henri plane sur cet hôtel flambant neuf. Avec leurs ciels de lits, leurs boiseries claires et leurs tissus fleuris, les chambres sont à la fois classiques et contemporaines. Et le quartier est si joli...

St-Jacques sans rest

35 r. des Écoles Ⓜ Maubert Mutualité – ✆ 01 44 07 45 45 – www.paris-hotel-stjacques.com

36 ch – †121/138 € ††144/276 € – ☕ 14 €

◆ Ce petit hôtel familial propose des chambres classiques, avec moulures au plafond et fresques romantiques ; les "deluxe" ont été joliment rénovées dans une veine plus cossue. Un style "so french" qui ravit les touristes de passage.

Tour Notre-Dame sans rest

20 r. Sommerard Ⓜ Cluny la Sorbonne – ✆ 01 43 54 47 60 – www.tour-notre-dame.com

47 ch – †120/250 € ††120/250 € – ☕ 14 €

◆ Un hôtel totalement rénové et fort bien situé, juste à côté du musée de Cluny : l'occasion de découvrir les superbes tapisseries de la Dame à la licorne. Si vous avez besoin de plus de calme, choisissez les chambres donnant sur l'arrière.

St-Christophe sans rest

17 r. Lacépède Ⓜ Place Monge – ✆ 01 43 31 81 54 – www.saint-christophe-hotel.com

31 ch – †105/130 € ††115/150 € – ☕ 9 €

◆ Le naturaliste Lacépède a donné son nom à la rue ; le Jardin des Plantes est proche. Dans ce petit hôtel familial, les chambres ne sont pas très grandes mais elles ont ce caractère rustique si typiquement français...

La Tour d'Argent

15 quai de la Tournelle Ⓜ Maubert Mutualité – ✆ 01 43 54 23 31 – www.latourdargent.com – Fermé août, dim. et lundi

Rest – Menu 65 € (déj.), 160/180 € – Carte 180/250 €

Spéc. Quenelles de brochet André Terrail. Caneton "Tour d'Argent". Crêpes Belle Époque.

◆ Un panorama inoubliable – le chevet de Notre-Dame serti dans Paris ! – et une table de grande tradition, dont les classiques valent un musée de la gastronomie ; ainsi le mythique caneton de Challans... Service formel et élégant, à l'ancienne. Cave exceptionnelle !

La Truffière

4 r. Blainville Ⓜ Place Monge – ✆ 01 46 33 29 82 – www.latruffiere.com – Fermé 23-30 déc., dim. et lundi

Rest – Formule 26 € – Menu 30 € (déj. en sem.), 75/135 € – Carte 80/140 €

Spéc. Œuf mollet en croûte de pain, piqure de jus de truffe. Parmentier de canard aux truffes. Soufflé chaud au limoncello et yuzu confit.

◆ Une valeur sûre que cette belle maison du 17es., où l'on déguste des recettes pleines de finesse et révélant les produits du terroir, rehaussées, en saison, par les suaves parfums de la truffe blanche ou noire... La carte des vins, riche de crus du monde entier, est remarquable.

Atelier Maître Albert

1 r. Maître Albert Ⓜ Maubert Mutualité – ✆ 01 56 81 30 01 – www.ateliermaitrealbert.com – Fermé 1er-15 août, vacances de Noël, sam. midi et dim. midi

Rest – Formule 25 € – Menu 30 € (déj.)/35 € – Carte 45/63 €

◆ Une cheminée médiévale et des rôtissoires cohabitent avec un bel intérieur design signé J.-M. Wilmotte. Guy Savoy a imaginé la carte, avec des produits d'une qualité indéniable. Imaginez une volaille à la peau croustillante, son jus parfumé...

Mavrommatis

42 r. Daubenton Ⓜ Censier Daubenton – ✆ 01 43 31 17 17 – www.mavrommatis.fr – Fermé dim. soir, mardi midi, merc. midi, jeudi midi et lundi

Rest – Formule 22 € – Menu 35 € bc (déj. en sem.) – Carte 42/55 €

◆ Une autre vision de la cuisine grecque à Paris ! Le cadre est élégant et le chef livre une belle interprétation de la gastronomie hellénique. Agneau, poulpe, légumes méditerranéens, vin résiné, etc. : des réalisations de grande qualité.

PARIS

Marty

20 av. des Gobelins Ⓜ Les Gobelins – ✆ 01 43 31 39 51 – www.marty-restaurant.com – Fermé août

Rest – Menu 38 € – Carte 42/90 €

◆ Cette brasserie Art déco est une véritable institution des Gobelins. On y sert de beaux plats de brasserie avec des spécialités de poissons (par exemple, une raie pochée ultrafraîche). Joli banc d'huîtres et de fruits de mer.

Sola

12 r. de l' Hôtel-Colbert Ⓜ Maubert Mutualité – ✆ 01 43 29 59 04 – www.restaurant-sola.com – Fermé 12-29 août, 24 déc.-2 janv., 26-28 fév., dim. et lundi

Rest – Menu 35 € (déj.), 50/75 €

Spéc. Homard, crème aux jeunes oignons. Bar au shiso. Matcha sésame.

◆ Tout près des quais donnant sur Notre-Dame et... déjà au Japon ! Le jeune chef, originaire du pays du Soleil-Levant, confirme que les gastronomies française et nippone peuvent fusionner en d'harmonieuses créations. Les produits d'ici sont rehaussés de saveurs originales et présentés avec grâce.

PARIS

Moissonnier

28 r. des Fossés-St-Bernard Ⓜ Jussieu – ✆ 01 43 29 87 65 – Fermé août, dim. et lundi

Rest – Carte 30/65 €

◆ Le décor de ce bistrot a résisté à toutes les modes : zinc rutilant, murs patinés, banquettes... Chaussons de ris de veau et autre terrine de queue de bœuf ne sont que quelques exemples parmi les spécialités du chef, qui a un joli tour de main !

L'A.O.C.

14 r. des Fossés St-Bernard Ⓜ Maubert Mutualité – ✆ 01 43 54 22 52 – www.restoaoc.com – Fermé 22 juil. -20 août, dim. et lundi

Rest – Formule 23 € – Menu 31 € – Carte 30/50 €

◆ Une adresse pour les carnassiers ! Les viandes sont toutes d'origine contrôlée et portées à maturation par le propriétaire lui-même. La rôtissoire dans l'entrée donne le ton : entrecôte, os à moelle, etc. Le tout dans une ambiance conviviale.

Chez René

soir,

14 bd St-Germain Ⓜ Maubert Mutualité – ✆ 01 43 54 30 23 – Fermé août, 23 déc.-3 janv., dim. et lundi

Rest – Carte 30/65 €

◆ Depuis les années 1950, ce bistrot est une institution ! Si la carte a parfois l'accent lyonnais, on se régale également de classiques, comme le bœuf bourguignon ou des asperges nappées de sauce mousseline, très aérienne...

Au Moulin à Vent

20 r. des Fossés-St-Bernard Ⓜ Jussieu – ✆ 01 43 54 99 37 – www.au-moulinavent.com – Fermé août, sam. midi, dim. et lundi

Rest – Formule 29 € – Carte 48/85 €

◆ Depuis 1946, rien n'a changé dans ce bistrot parisien... ou si peu. Le joli décor rétro s'est patiné avec les ans et la cuisine traditionnelle s'est enrichie de spécialités de viandes : steack au couteau, côte de bœuf, etc. Bien sympathique.

Les Papilles

30 r. Gay-Lussac Ⓜ Luxembourg – ✆ 01 43 25 20 79 – www.lespapillesparis.com – Fermé 20-30 mars, 20 juil.-20 août, vacances de Noël, dim. et lundi

Rest – Formule 24 € – Menu 33 € – Carte 39/45 €

◆ Bistrot, cave et épicerie : une adresse attachante, où l'on fait pitance entre casiers à vins et étagères garnies de conserves. Le soir, on vous propose un menu unique où les suggestions gourmandes affolent les papilles.

Ribouldingue

10 r. St-Julien-le-Pauvre Ⓜ Maubert Mutualité – ✆ 01 46 33 98 80 – Fermé 1 sem. au printemps, 8-31 août, 27 déc.-4 janv., dim. et lundi

Rest – Formule 26 € – Menu 32 €

◆ Osé, ce sympathique bistrot d'abats ravit les amateurs de "canailleries" (groin, tétines, cervelle, langue, etc.)... mais pense aussi aux autres (nombreux plats classiques). Une institution de la triperie !

Les Délices d'Aphrodite

4 r. Candolle Ⓜ Censier Daubenton – ✆ 01 43 31 40 39 – www.mavrommatis.fr

Rest – Formule 20 € – Carte 31/45 €

◆ Dans ce sympathique restaurant aux allures de taverne, on se croirait presque en Grèce ! Poulpe mariné, caviar d'aubergines, moussaka, etc. Cette cuisine fraîche et ensoleillée tire le meilleur parti de produits de qualité.

Coco de Mer

34 bd St-Marcel Ⓜ St-Marcel – ✆ 01 47 07 06 64 – www.cocodemer.fr – Fermé 2 sem. en août

Rest *(dîner seult)* – Formule 18 € – Menu 23/35 € – Carte 28/35 €

◆ Lassé par la grisaille ? Direction les Seychelles pour un ti-punch pieds nus dans le sable fin de la véranda et des recettes qui ont le parfum des îles. En attendant de réserver un billet d'avion, savourez donc un cari d'espadon bien relevé.

Ciasa Mia

19 r Laplace Ⓜ Maubert Mutualité – ✆ 01 43 29 19 77 – www.ciasamia.com – Fermé 2 sem. en août, vacances de Noël, lundi midi, sam. midi et dim.

Rest *(nombre de couverts limité, réserver)* – Formule 19 € – Menu 22 € (déj.), 42/59 € – Carte 48/65 €

◆ Le jeune chef est originaire de l'Italie et réalise une cuisine à son image, généreuse, authentique et sincère. Bien installé devant la cheminée, on profite pleinement de ses créations originales. Tout est fait maison, du pain jusqu'aux desserts.

Bistro des Gastronomes

10 r. du Cardinal-Lemoine Ⓜ Cardinal Lemoine – ✆ 01 43 54 62 40 – www.bistrodesgastronomes.com – Fermé sam. midi et lundi midi

Rest – Formule 19 € – Menu 35/40 € – Carte 38/60 €

◆ Bonne nouvelle pour les gastronomes : une cantine toute neuve dans le 5e, sous l'égide d'un jeune chef partageur ! Parmentier de queue de bœuf, figues rôties, etc. : les classiques du bistrot, reproduits dans la fraîcheur du dernier marché...

Petit Pontoise

9 r. Pontoise Ⓜ Maubert Mutualité – ✆ 01 43 29 25 20

Rest – Carte 35/57 €

◆ À deux pas des quais de la Seine et de Notre-Dame, ce bistrot sympathique a son charme. Les ardoises affichent des suggestions aussi classiques qu'alléchantes : terrine de canard, cassolette d'escargots, veau aux morilles... Chaleureux !

L'Agrume

15 r. des Fossés-St-Marcel Ⓜ St-Marcel – ✆ 01 43 31 86 48 – Fermé août, 1er-15 déc., dim. et lundi

Rest – Formule 19 € – Menu 24 € (déj.)/39 € – Carte 45/65 €

◆ Ici, on mise sur les saisons, la fraîcheur des produits (le poisson vient de Bretagne et les primeurs des meilleures adresses) et une exécution pleine de finesse. L'assiette pétille de saveurs. Un bon bistrot de chef !

Lhassa

13 r. Montagne-Ste-Geneviève Ⓜ Maubert Mutualité – ✆ 01 43 26 22 19 – Fermé lundi

Rest – Formule 12 € – Menu 15/25 € – Carte 23/34 €

◆ Une belle occasion de découvrir la cuisine tibétaine. Accroché au murs orangés, le dalaï-lama observe avec bienveillance le repas : raviolis grillés, sauté de bœuf mariné, yaourt maison... Le nirvana ?

Bibimbap

32 bd de l'Hôpital Ⓜ Gare d'Austerlitz – ✆ 01 43 31 27 42 – www.bibimbap.fr

Rest – Formule 10 € – Menu 26/34 €

◆ Êtes-vous plutôt ssambap ou bap ? Pour en décider, courez vite au Bibimbap, petit restaurant typiquement coréen. Vive, très fraîche, soignée, diététique (pour les initiés : fondée sur l'énergie), sa cuisine est un vrai plaisir !

S. Sauvignier/MICHELIN

St-Germain-des-Prés · Odéon · Jardin du Luxembourg

6e arrondissement ✉ 75006

Lutetia
45 bd Raspail Ⓜ *Sèvres Babylone – ✆ 01 49 54 46 46 – www.lutetia-paris.com*
206 ch – †250/570 € ††270/600 € – 25 suites – ☕ 28 €
Rest *Paris* ✿ **Rest *Brasserie Lutetia*** – voir les restaurants ci-après
◆ Témoin de l'histoire et des arts, ce grand hôtel de la rive gauche édifié en 1910 conjugue style Art déco et références contemporaines (sculptures de César, Arman, etc.). Un style que l'on retrouve dans les chambres, plus ou moins récentes. Concerts de jazz.

Victoria Palace sans rest
6 r. Blaise-Desgoffe Ⓜ *St-Placide – ✆ 01 45 49 70 00 – www.victoriapalace.com*
58 ch ☕ – †290/386 € ††290/386 € – 4 suites
◆ Un hôtel de grande tradition : tissus choisis, mobilier Louis XVI et salles de bains en marbre dans les chambres ; les junior suites offrent de beaux volumes, propices à la détente. Tout aussi relaxant, le salon, très victorien.

L'Hôtel
13 r. des Beaux-Arts Ⓜ *St-Germain des Prés – ✆ 01 44 41 99 00 – www.l-hotel.com*
16 ch – †285/680 € ††285/680 € – 4 suites – ☕ 16 €
Rest *Le Restaurant* ✿ – voir les restaurants ci-après
◆ C'est à "L'Hôtel" que mourut en 1900 le grand Oscar Wilde. Le décor, depuis signé Jacques Garcia, n'est pas sans rappeler les fastes de l'art pour l'art, avec des allusions aux styles baroque, Empire, oriental. Esthétique et atypique.

L'Abbaye sans rest
10 r. Cassette Ⓜ *St-Sulpice – ✆ 01 45 44 38 11 – www.hotel-abbaye.com*
40 ch ☕ – †252/488 € ††272/488 € – 4 suites
◆ Un hôtel d'un charme rare. Installé dans un ancien couvent du 17es., il propose des chambres très raffinées, à la fois classiques et lumineuses. Dans la cour verdoyante coule une fontaine, tout est si calme... Personnel attentif et prévenant.

Relais Christine sans rest
3 r. Christine Ⓜ *St-Michel – ✆ 01 40 51 60 80 – www.relais-christine.com*
47 ch – †320/980 € ††320/980 € – 4 suites – ☕ 30 €
◆ Une demeure historique ! Les salons feutrés, les chambres joliment décorées, dégagent un charme très particulier, et l'on prend son petit-déjeuner sous des voûtes du 13es. Très plaisants : le petit espace détente et le prêt de vélos.

Relais St-Germain
9 carr. de l'Odéon Ⓜ *Odéon – ✆ 01 44 27 07 97 – www.hotelrsg.com*
22 ch ☕ – †180/280 € ††220/440 €
Rest *Le Comptoir du Relais* – voir les restaurants ci-après
◆ Au carrefour de l'Odéon, l'animation ne cesse jamais. Raison de plus pour trouver refuge dans cet hôtel raffiné. Poutres patinées, étoffes chatoyantes et meubles anciens lui donnent un réel cachet. De vraies chambres d'écrivains...

Esprit St-Germain sans rest
22 r. St-Sulpice Ⓜ *Mabillon – ✆ 01 53 10 55 55 – www.espritsaintgermain.com*
23 ch – †340/590 € ††340/590 € – 5 suites – ☕ 28 €
◆ Dans le salon-bibliothèque, les tableaux orientalistes et la moquette léopard donnent le ton : élégance et confort pour un style très lounge. Les chambres sont plus sobres mais une réelle attention est portée à votre bien-être.

Le Six sans rest
14 r. Stanislas Ⓜ Notre-Dame des Champs – ✆ 01 42 22 00 75 – www.hotel-le-six.com
37 ch – †229/450 € ††229/450 € – 4 suites – ☕ 22 €
◆ Un hôtel contemporain parfaitement situé, entre le jardin du Luxembourg, St-Germain-des-Prés et Montparnasse. Les chambres, sobres et bien agencées, rendent hommage en photo aux légendes du quartier ; petit spa bien aménagé.

D'Aubusson sans rest
33 r. Dauphine Ⓜ Odéon – ✆ 01 43 29 43 43 – www.hoteldaubusson.com
49 ch – †250/625 € ††250/625 € – ☕ 25 €
◆ Cet hôtel particulier conserve ce raffinement propre au 17es. avec son salon, ses beaux parquets, ses tapisseries d'Aubusson... Paradoxalement, les chambres sont d'une sobre modernité. En fin de semaine, soirées musicales au Café Laurent.

Ste-Beuve sans rest
9 r. Ste-Beuve Ⓜ Notre-Dame des Champs – ✆ 01 45 48 20 07 – www.hotelsaintebeuve.com
22 ch – †169/370 € ††169/370 € – ☕ 15 €
◆ Cosy et chaleureux : deux adjectifs qui correspondent bien à cet hôtel du meilleur goût. Dans les chambres, les meubles chinés tranchent sur des teintes raffinées et l'on se rafraîchit dans des salles de bains en noir et blanc. Bien agréable.

Bel Ami St-Germain des Prés sans rest
7 r. St-Benoit Ⓜ St-Germain des Prés – ✆ 01 42 61 53 53 – www.hotel-bel-ami.com
107 ch – †230/670 € ††230/670 € – 4 suites – ☕ 25 €
◆ Rien à voir avec le roman de Maupassant même si nous sommes à St-Germain, quartier littéraire s'il en est. Une adresse pour urbains chic, avec un bar tendance et des chambres sobres et contemporaines, rénovées pour certaines. Bel espace détente.

Madison sans rest
143 bd St-Germain Ⓜ St-Germain des Prés – ✆ 01 40 51 60 00 – www.hotel-madison.com
48 ch ☕ – †200/580 € ††200/580 € – 2 suites
◆ Camus aimait fréquenter cet établissement, probablement à cause de son emplacement idéal, au cœur de St-Germain-des-Prés. Les chambres ont toutes été rénovées dans un style contemporain assez composite ; certaines ont vue sur l'église.

Buci sans rest
22 r. Buci Ⓜ Mabillon – ✆ 01 55 42 74 74 – www.buci-hotel.com
19 ch – †180/380 € ††240/620 € – 5 suites – ☕ 20 €
◆ Une bien belle situation au cœur d'une rue commerçante et joyeuse pour cet hôtel intimiste. Les chambres s'essayent à tous les styles, du contemporain en passant par des tentures à la Pompadour ou un style boudoir ; préférez-les rénovées.

La Villa St-Germain sans rest
29 r. Jacob Ⓜ St-Germain des Prés – ✆ 01 43 26 60 00 – www.villa-saintgermain.com
31 ch – †205/470 € ††205/470 € – ☕ 22 €
◆ L'atmosphère de cet hôtel évoque les demeures de famille, version moderne. En effet, le décor épuré ravira les amateurs de chic contemporain : mobilier en wengé, étoffes précieuses et lumières douces. Demandez les chambres rénovées.

Relais Médicis sans rest
23 r. Racine Ⓜ Odéon – ✆ 01 43 26 00 60 – www.relaismedicis.com
17 ch ☕ – †142/172 € ††172/258 €
◆ C'est derrière une façade discrète, juste en face du théâtre de l'Odéon, que se dissimule ce ravissant établissement. Couleurs ensoleillées, meubles chinés : les chambres sont de style provençal et l'on s'y sent comme chez soi.

Au Manoir St-Germain-des-Prés sans rest
153 bd St-Germain Ⓜ St-Germain des Prés – ✆ 01 42 22 21 65 – www.paris-hotels-charm.com
28 ch – †200/366 € ††200/366 € – ☕ 14 €
◆ Un manoir juste en face du Café de Flore ? Pas tout à fait, mais une belle adresse néanmoins, à la fois douillette et cosy. Dans les chambres, les tissus chatoyants flattent l'œil et certaines ont vue sur l'église. Charmant, le jardin d'hiver.

PARIS

Luxembourg Parc sans rest
42 r. Vaugirard Ⓜ St-Sulpice – ✆ 01 53 10 36 50 – www.hotelluxparc.com
23 ch – †280/495 € ††280/495 € – ☕ 15 €
◆ Nul besoin d'être parisien pour apprécier la poésie du jardin du Luxembourg. L'hôtel est juste en face ! Délicieusement bourgeois, son décor classique ravira les amateurs d'élégance feutrée. Détente assurée dans le salon, près de la cheminée.

Le Sénat sans rest
10 r. de Vaugirard Ⓜ Luxembourg – ✆ 01 43 54 54 54 – www.hotelsenat.com
35 ch – †180/525 € ††180/525 € – 6 suites – ☕ 17 €
◆ La devanture sombre annonce la couleur : voici un hôtel contemporain aux chambres confortables et feutrées (plus calmes sur cour). Parmi ses atouts : la proximité du palais du Sénat et un petit-déjeuner buffet de qualité.

Pas de Calais sans rest
59 r. des Saints-Pères Ⓜ St-Germain des Prés – ✆ 01 45 48 78 74 – www.hotelpasdecalais.com
38 ch – †160/340 € ††170/340 € – ☕ 15 €
◆ La légende dit que Sartre et Beauvoir auraient séjourné ici, peut-être appréciaient-ils cette rue tranquille ? Les chambres sont toutes différentes : très grandes ou plus petites, traditionnelles ou rénovées dans un style moderne. N'hésitez pas à préciser votre choix lors de la réservation.

La Villa d'Estrées et Résidence des Arts sans rest
17 r. Gît le Coeur Ⓜ St-Michel – ✆ 01 55 42 71 11 – www.villadestrees.com
21 ch – †145/365 € ††155/365 € – ☕ 12 €
◆ Un établissement qui donne sa propre version, actuelle, du style Napoléon III. Côté Villa, les détails précieux foisonnent et les chambres sont feutrées et confortables. Plus fonctionnelle, la Résidence permet de longs séjours (cuisinettes).

Left Bank St-Germain sans rest
9 r. de l'Ancienne-Comédie Ⓜ Odéon – ✆ 01 43 54 01 70 – www.paris-hotels-charm.com
30 ch – †140/370 € ††140/370 € – 1 suite – ☕ 12 €
◆ Les amateurs de style rustique seront comblés ! Cet hôtel regorge de meubles massifs de style Louis XIII, de tapisseries d'Aubusson, de damas et colombages... Quelques chambres offrent un beau panorama sur les toits de Paris et ses monuments.

Récamier sans rest
3 bis pl. St-Sulpice Ⓜ St-Sulpice – ✆ 01 43 26 04 89 – www.hotelrecamier.com
24 ch – †260/450 € ††260/450 € – ☕ 18 €
◆ En 2009, une rénovation remarquable a fait de cette ancienne pension de famille un véritable hôtel de charme : décors soignés (différents styles 20es.), équipements high-tech… Chic et exclusif, place St-Sulpice.

La Belle Juliette
ch, ch,
92 r. du Cherche-Midi Ⓜ Vaneau – ✆ 01 42 22 97 40 – www.labellejuliette.com
32 ch – †220/600 € ††220/600 € – 2 suites – ☕ 20 €
Rest *Le Talma* *(fermé 2 sem. en août, dim. soir et lundi)* – Carte 38/54 €
◆ Hommage à la légendaire beauté de Juliette Récamier. Le cadre est charmant, mariant la grâce de l'ancien aux audaces colorées du contemporain. Au gré des jours, les lieux accueillent "afternoon tea", concerts de piano (certains dimanches), etc.

Odéon St-Germain sans rest
13 r. St-Sulpice Ⓜ Odéon – ✆ 01 43 25 70 11 – www.hotelosg.com
27 ch – †137/480 € ††169/480 € – ☕ 14 €
◆ Un hôtel très bien situé derrière l'Odéon. Les murs sont du 16es. mais le style, intemporel, est signé Jacques Garcia : tentures en soie, mobilier opulent, ciels de lit damassés... Un confort et un charme indéniables.

Villa Madame sans rest
44 r. Madame Ⓜ St-Sulpice – ✆ 01 45 48 02 81 – www.villa-madame.com
28 ch – †235/395 € ††235/395 € – ☕ 18 €
◆ Madame est très rive gauche ! À la fois élégant et chaleureux, ce petit hôtel de caractère mise sur les détails raffinés, les harmonies de couleurs apaisantes et les installations high-tech. Près de la cheminée, on feuillette un livre d'art...

Des Académies et des Arts sans rest

15 r. de la Grande-Chaumière Ⓜ *Vavin – ✆ 01 43 26 66 44 – www.hoteldesacademies.com*

20 ch – †189/314 € ††189/314 € – ☕ 16 €

◆ Les corps blancs de Jérôme Mesnager et les sculptures de Sophie de Watrigant se déclinent partout dans cet hôtel dédié à la création. Les chambres, bien que relativement petites, sont chaleureuses. Espace bien-être et salon de thé.

De Sèvres sans rest

22 r. Abbé-Grégoire Ⓜ *St-Placide – ✆ 01 45 48 84 07 – www.hoteldesevres.com*

32 ch – †89/185 € ††99/215 € – 1 suite – ☕ 13 €

◆ Amoureux du shopping, cet hôtel se trouve juste à côté du Bon Marché ! L'ensemble est chaleureux, dominé par des teintes beige et marron. La salle des petits-déjeuners donne sur une courette fleurie. Espace bien-être.

Fontaines du Luxembourg sans rest

4 r. Vaugirard Ⓜ *Odéon – ✆ 01 43 25 35 90 – www.hotel-luxembourg.com*

30 ch – †126/370 € ††144/370 € – ☕ 14 €

◆ Un hôtel rénové en 2010 : poutres et pierres cohabitent désormais avec une décoration enlevée et colorée. Bleu, vert, taupe... les chambres sont apaisantes et des photos des fontaines de Paris – référence à l'enseigne – ornent les têtes de lit.

Clos Médicis sans rest

56 r. Monsieur-Le-Prince Ⓜ *Odéon – ✆ 01 43 29 10 80 – www.hotelclosmedicisparis.com*

37 ch – †150/300 € ††180/300 € – 1 suite – ☕ 13 €

◆ À quelques pas du jardin du Luxembourg, cet hôtel de 1773 invite à la détente dans un intérieur tout en sobriété. Certaines chambres sur cour ont été rénovées et sont à la fois modernes et accueillantes, n'hésitez pas à les demander.

Régent sans rest

61 r. Dauphine Ⓜ *Odéon – ✆ 01 46 34 59 80 – www.hotelleregent.com*

25 ch – †150/260 € ††150/260 € – ☕ 14 €

◆ Cet hôtel de tradition jouit d'une situation très centrale, à deux pas du café des Deux Magots. Les chambres sont petites, colorées et reposantes, certaines avec un balcon pour profiter un peu plus de Paris.

De Fleurie sans rest

32 r. Grégoire-de-Tours Ⓜ *Odéon – ✆ 01 53 73 70 00 – www.hotel-de-fleurie.fr*

29 ch – †115/205 € ††135/320 € – ☕ 13 €

◆ Cet hôtel à la façade ornée de statues jouit d'un bon emplacement : les chambres, sobres et simplement agencées, sont calmes, qu'elles donnent sur la cour ou sur la rue, peu passante.

Apostrophe sans rest

3 r. Chevreuse Ⓜ *Vavin – ✆ 01 56 54 31 31 – www.apostrophe-hotel.com*

16 ch – †149/350 € ††149/350 € – ☕ 17 €

◆ Osant un design singulier, toutes les chambres de cet hôtel hors normes racontent une histoire : ici des voilages imprimés de photographies, là un papier peint insolite... À noter : les mini-chaînes adaptées aux iPods.

Mayet sans rest

3 r. Mayet Ⓜ *Duroc – ✆ 01 47 83 21 35 – www.mayet.com*

23 ch – †120/190 € ††150/190 € – ☕ 10 €

◆ Dépaysement garanti dans ce petit hôtel avenant proche du métro Duroc. Entre tags d'artistes contemporains et déco orientalisante, l'endroit distille un charme très particulier. Les 1 001 nuits du 21e s. en quelque sorte.

Chaplain Rive Gauche sans rest

11 bis r. Jules-Chaplain Ⓜ *Vavin – ✆ 01 43 26 47 64 – www.hotelchaplain.com*

25 ch – †120/340 € ††120/340 € – ☕ 7 €

◆ Mystérieux sourires... Ceux de Marylin Monroe, Bardot ou la Joconde se sont transformés en têtes de lits design. Dans sa rue tranquille, ce petit hôtel continue son bonhomme de chemin, à la fois coquet et contemporain. Bien agréable, le patio.

Le Clément sans rest
6 r. Clément Ⓜ Mabillon – ✆ 01 43 26 53 60 – www.hotel-clement.fr
28 ch – †132/147 € ††147/175 € – ☕ 12 €
◆ Depuis trois générations, la même famille tient cet hôtel face au marché St-Germain. Les chambres sont simples et très bien tenues ; celles donnant sur la cour sont un peu sombres. Un bon rapport qualité-prix pour le quartier.

De St-Germain sans rest
50 r. du Four Ⓜ Sèvres Babylone – ✆ 01 45 48 91 64 – www.hotel-de-saint-germain.fr
30 ch – †89/159 € ††95/170 € – ☕ 12 €
◆ Les atouts majeurs de ce modeste hôtel familial ? Son emplacement, entre Mabillon et Sèvres-Babylone, sa propreté méticuleuse et ses tarifs, assez raisonnables. Parfait pour un court séjour parisien.

Paris – Hôtel Lutetia
45 bd Raspail Ⓜ Sèvres Babylone – ✆ 01 49 54 46 90 – www.lutetia-paris.com – Fermé août, sam., dim. et fériés
Rest – Menu 65 € bc (déj.), 75/145 € – Carte 70/160 €
Spéc. Cannelloni de foie gras de canard à la truffe noire du Périgord (déc. à fév.). Turbot de Bretagne cuit sur l'os, jeunes légumes à la dulce marine et à la laitue de mer. Le "tout-chocolat" d'un gourmand de cacao.
◆ Fidèle au style du Lutetia qui l'abrite, la salle d'esprit Art déco, signée Sonia Rykiel, reproduit l'un des salons du paquebot Normandie. C'est dans ce décor feutré que l'on déguste de beaux produits de saison préparés avec maîtrise.

Hélène Darroze
4 r. d'Assas Ⓜ Sèvres Babylone – ✆ 01 42 22 00 11 – www.helenedarroze.com
Rest *(1er étage) (fermé le midi en août, dim. et lundi)* – Menu 65 € bc (déj.), 125/175 € bc
Spéc. Foie de canard des Landes confit aux épices douces, chutney de figue. Pigeonneau de Racan flambé au capucin, foie gras de canard grillé au feu de bois. Noisette du Piémont, mousse praliné, crémeux chocolat et écume de thym citron (automne).
Rest *Le Salon* *(fermé août, dim. et lundi)* – Formule 28 € – Menu 85/105 € bc
◆ Dans un décor contemporain, feutré et tamisé, Hélène Darroze imagine une cuisine fine et savoureuse, riche de ses origines landaises. Au rez-de-chaussée, la chef tient Salon pour des "petits plats" chic aux accents du Sud-Ouest.

Relais Louis XIII (Manuel Martinez)
8 r. des Grands-Augustins Ⓜ Odéon – ✆ 01 43 26 75 96 – www.relaislouis13.com – Fermé août, dim. et lundi
Rest – Menu 50 € (déj.), 80/130 € – Carte 120/150 €
Spéc. Ravioli au homard, foie gras et crème de cèpes. Caneton challandais cuisiné au grès de la saison. Millefeuille à la vanille Bourbon.
◆ Dans cette maison du 16es., les trois salles à manger de style Louis XIII ont beaucoup de caractère : vitraux, pierres apparentes, colombages... Fine cuisine classique, à découvrir notamment à travers l'intéressante formule déjeuner.

Un Dimanche à Paris
4 cours du Commerce-St-André Ⓜ Odéon – ✆ 01 56 81 18 18 – www.un-dimanche-a-paris.com – Fermé 31 juil.-20 août, dim. soir et lundi
Rest – Formule 26 € bc – Menu 34 € bc (déj. en sem.), 75/105 € bc – Carte 61/89 €
◆ Dans ce "concept store", le chocolat est roi ! Au restaurant, il relève viandes et poissons des notes épicées du cacao. Mention spéciale aux desserts, savoureux. Un cadre élégant, également parfait pour boire un chocolat l'après-midi.

Le Restaurant – Hôtel L'Hôtel
13 r. des Beaux-Arts Ⓜ St-Germain des Prés – ✆ 01 44 41 99 01 – www.l-hotel.com – Fermé août, 23-28 déc., dim. et lundi
Rest – Formule 42 € – Menu 52 € (déj. en sem.), 95/160 € bc – Carte 80/115 €
Spéc. Coquillages, mousse raifort en ravigote et salicornes. Lotte cloutée au lomo, poivron rouge et calamar. Pomme pochée dans un jus de cassis, sablé épicé.
◆ Un nouveau chef est arrivé en avril 2011 dans ce "Restaurant" de "L'Hôtel", dont le décor est lui aussi signé Jacques Garcia. Il revisite les classiques de la gastronomie française avec des créations parfumées, basées sur d'excellents produits.

XX La Société

4 pl. St-Germain-des-Prés Ⓜ *St-Germain des Prés – ✆ 01 53 63 60 60 – www.restaurantlasociete.com*

Rest – Carte 44/100 €

◆ Une adresse stylée et glamour, signée Costes ; sa terrasse face à l'église St-Germain-des-Prés est un grand rendez-vous mondain ! La carte, représentative du lieu, met en scène plats classiques et influences asiatiques.

XX Méditerranée

2 pl. Odéon Ⓜ *Odéon – ✆ 01 43 26 02 30 – www.la-mediterranee.com – Fermé 24-31 déc.*

Rest – Formule 26 € – Menu 30 € – Carte 50/70 €

◆ Dans ce restaurant face au théâtre de l'Odéon, des fresques évoquent la Méditerranée et la cuisine de la mer chante avec l'accent du Sud. Un soin tout particulier est apporté au choix des produits. Bergère d'azur infinie...

XX Sensing

19 r. Bréa Ⓜ *Vavin – ✆ 01 43 27 08 80 – www.restaurant-sensing.com – Fermé août, lundi midi et dim.*

Rest – Menu 55 € bc (déj.), 75 € bc/140 € bc – Carte 80/95 €

◆ Ici, le cadre au design dépouillé fait sensation, comme la présentation des plats, qui flatte l'œil. Un restaurant piloté par Guy Martin, bien dans son époque.

PARIS

XX Caméléon d'Arabian

6 r. Chevreuse Ⓜ *Vavin – ✆ 0143 27 43 27 – www.cameleonjeanpaularabianparis.com – Fermé 4-15 août, 24 déc.-3 janv., sam. midi, dim. et lundi*

Rest – Formule 25 € – Menu 29 € (déj.)/45 € – Carte 48/90 €

◆ Un bistrot chaleureux et confortable (banquettes en velours, vue sur les fourneaux). On apprécie ici une cuisine bourgeoise revisitée avec des "must" comme le foie et la langue de veau sauce gribiche. Un Caméléon aux couleurs du temps !

XX La Petite Cour

8 r. Mabillon Ⓜ *Mabillon – ✆ 01 43 26 52 26 – www.lapetitecour.fr – Fermé sam. midi*

Rest – Formule 27 € – Menu 36 € (dîner)/49 € – Carte 42/60 €

◆ Il faut descendre quelques marches en face du marché St-Germain pour découvrir l'étonnante terrasse en contrebas. Un cadre doucement fané pour une cuisine qui ne l'est pas ! C'est fin, franc, intelligent : l'œuvre d'un chef au beau parcours.

XX Brasserie Lutetia – Hôtel Lutetia

45 bd Raspail Ⓜ *Sèvres Babylone – ✆ 01 49 54 46 76 – www.lutetia-paris.com*

Rest – Formule 37 € – Menu 45 € (déj.), 49/75 € – Carte 57/90 €

◆ Le Lutetia, c'est aussi cette brasserie à l'ambiance inimitable. Parmi les chromes et les miroirs, on déguste de beaux plateaux de fruits de mer et des grands classiques comme la sole meunière, la bouillabaisse ou le baba au rhum.

XX Fogón

soir,

45 quai des Grands-Augustins Ⓜ *St-Michel – ✆ 01 43 54 31 33 – www.fogon.fr – Fermé 31 juil.-21 août, 24 déc.-7 janv., lundi et le midi sauf sam. et dim.*

Rest – Menu 54/64 € – Carte environ 60 €

◆ L'Espagne s'invite sur les quais de la Seine. Ici, les spécialités ibériques se mettent en scène dans un cadre design chic des plus tendance. Attention, les menus et les riz en paella sont servis pour deux personnes minimum.

XX Alcazar

62 r. Mazarine Ⓜ *Odéon – ✆ 01 53 10 19 99 – www.alcazar.fr*

Rest – Formule 29 € bc – Menu 37 € bc (déj. en sem.)/42 € – Carte 45/60 €

◆ L'adresse de Sir Conran attire les adeptes d'électro chic, d'expositions photographiques et de soirées lyriques. Côté cuisine, le répertoire classique côtoie les recettes d'ailleurs. Alors, fish and chips ou cailles farcies au foie gras ?

Les Bouquinistes

53 quai des Grands-Augustins Ⓜ *St-Michel – ✆ 01 43 25 45 94 – www.guysavoy.com – Fermé 5-23 août, 23 déc.-5 janv., sam. midi et dim.*

Rest – Formule 29 € bc – Menu 32 € bc (déj.)/80 € – Carte 64/75 €

◆ Face aux quais des bouquinistes, une cuisine originale dans un cadre contemporain. On y déguste ravioles de homard, agneau en trois textures, etc., en discutant – pourquoi pas – littérature. Intéressante formule au déjeuner.

Yugaraj

14 r. Dauphine Ⓜ *Odéon – ✆ 01 43 26 44 91 – Fermé août et lundi*

Rest – Formule 19 € – Menu 28/48 € – Carte 36/54 €

◆ Dépaysement assuré dans ce haut lieu de la gastronomie indienne (boiseries, objets anciens, etc.). Les amateurs auront l'embarras du choix entre butter chicken, assortiment de viandes grillées, curry de poisson au lait de coco, etc.

Le Chardenoux des Prés

27 r. du Dragon Ⓜ *St-Germain des Prés – ✆ 01 45 48 29 68 – www.restaurantlechardenouxdespres.com*

Rest – Menu 25 € (déj. en sem.) – Carte 45/70 €

◆ La version bis du Chardenoux de Cyril Lignac, dans un lieu autrefois mythique. L'ardoise du jour propose un petit menu, tandis qu'à la carte, les recettes de bistrot et autres plats en cocotte cohabitent avec les influences actuelles.

Emporio Armani Caffé

149 bd St-Germain Ⓜ *St-Germain des Prés – ✆ 01 45 48 62 15*

Rest – Formule 29 € – Menu 35 € (déj. en sem.) – Carte 40/80 €

◆ Au 1er étage de la boutique, ce Caffé à l'italienne "molto elegante" draine une clientèle très rive gauche. C'est une valeur sûre de la cuisine transalpine à Paris, avec de beaux produits en provenance directe de la péninsule.

Ze Kitchen Galerie (William Ledeuil)

4 r. des Grands-Augustins Ⓜ *St-Michel – ✆ 01 44 32 00 32 – www.zekitchengalerie.fr – Fermé sam. midi et dim.*

Rest – Formule 27 € bc – Menu 39 € (déj.)/80 € – Carte environ 70 €

Spéc. Sardines marinées, marmelade de tomate et gingembre. Fleur de courgette, crabe mou en tempura. Glace chocolat blanc et wasabi, condiment framboise.

◆ Séduisante carte fusion influencée par l'Asie, cadre épuré aux airs de loft, tableaux contemporains, vue sur les cuisines. Depuis plus de dix ans, Ze Kitchen reste l'un des incontournables de la rive gauche.

Toyo

17 r. Jules Chaplain Ⓜ *Vavin – ✆ 01 43 54 28 03 – Fermé août, lundi midi et dim.*

Rest – Menu 35/99 €

◆ Dans une autre vie, Toyomitsu Nakayama était le chef privé du couturier Kenzo ; aujourd'hui, il excelle dans l'art d'assembler les saveurs et les textures, entre France et Asie. Frais et fin.

Agapé Substance

66 r. Mazarine Ⓜ *Odéon – ✆ 01 43 29 33 83 – www.agapesubstance.com – Fermé 15 juil.-21 août, dim. et lundi*

Rest *(nombre de couverts limité, réserver)* – Menu 39 € (déj. en sem.), 99/169 € bc

◆ Dans cette annexe de l'Agapé créée mi-2011, on peut saisir la substance même de la création culinaire. Pas de séparation avec la cuisine ; on suit l'élaboration des recettes en direct ! La carte fonctionne par ingrédient : champignon, lotte, pêche, etc.

La Marlotte

55 r. du Cherche-Midi Ⓜ *St-Placide – ✆ 01 45 48 86 79 – www.lamarlotte.com – Fermé 15-21 août*

Rest – Formule 21 € – Menu 26 € (déj. en sem.)/29 € – Carte 32/52 €

◆ Une "auberge d'aujourd'hui", non loin du Bon Marché, où l'on croise éditeurs et hommes politiques. La cuisine honore la tradition : harengs pommes à l'huile, terrine de foies de volaille, raie à la grenobloise, etc. Généreux et de saison.

Allard

1 r. de l'Éperon Ⓜ *St-Michel – ✆ 01 43 26 48 23*

Rest – Formule 22 € – Menu 30 € (déj.)/34 € – Carte 40/65 €

◆ On pénètre par la cuisine dans ce temple de la tradition ! Servis dans un décor 1900 pur jus, les plats hésitent entre registre bourgeois et bistrotier : harengs pommes à l'huile, ris de veau aux morilles, poulet de Bresse rôti...

KGB

25 r. des Grands-Augustins Ⓜ *St-Michel – ✆ 01 46 33 00 85 – www.kitchengaleriebis.com – Fermé 23 juil.-15 août, dim. et lundi*

Rest – Menu 27 € (déj. en sem.), 34/60 € – Carte 45/59 €

◆ KGB pour Kitchen Galerie Bis. Il y règne le même esprit qu'à la maison mère, à mi-chemin entre galerie d'art et restaurant peu conventionnel. La cuisine est originale et explore des associations sucré-salé aux épices mâtinées d'Asie.

L'Épi Dupin

11 r. Dupin Ⓜ *Sèvres Babylone – ✆ 01 42 22 64 56 – www.epidupin.com – Fermé 1er-24 août, lundi midi, sam. et dim.*

Rest *(nombre de couverts limité, réserver)* – Formule 25 € – Menu 35/49 €

◆ Pierres, colombages et poutres : un cadre convivial, pour une délicieuse cuisine qui revisite la tradition. Ce restaurant de poche a conquis le quartier du Bon Marché !

PARIS

La Maison du Jardin

27 r. Vaugirard Ⓜ *Rennes – ✆ 01 45 48 22 31 – Fermé 1er-22 août, sam. midi, dim. et fériés*

Rest *(réserver)* – Formule 26 € bc – Menu 32 €

◆ À deux pas du Luxembourg, ce bistrot explore la tradition avec bonté et simplicité : terrine maison, soupe de saison, pastilla d'agneau, cabillaud et sa polenta aux courgettes, assiette tout chocolat... et bouteilles à prix sages.

Yen

22 r. St-Benoît Ⓜ *St-Germain-des-Prés – ✆ 01 45 44 11 18 – Fermé 2 sem. en août et dim.*

Rest – Formule 38 € – Menu 68 € (dîner)/85 € – Carte 40/80 €

◆ Un restaurant au décor japonais très épuré pour amateurs de minimalisme zen. La carte fait la part belle à la spécialité du chef : le soba, des nouilles de sarrasin chaudes ou froides, préparées sous vos yeux.

La Ferrandaise

8 r. de Vaugirard Ⓜ *Odéon – ✆ 01 43 26 36 36 – www.laferrandaise.com – Fermé 3 sem. en août, lundi midi, sam. midi et dim.*

Rest – Formule 16 € – Menu 34/46 €

◆ Dans ce joli restaurant près du Luxembourg, on honore le Puy-de-Dôme. Le patron a même imaginé un partenariat avec des éleveurs de vaches ferrandaises ! Le chef, qui lui est breton, concocte une cuisine franche et savoureuse. Une belle association.

Shu

8 r. Suger Ⓜ *St-Michel – ✆ 0146 34 25 88 – www.restaurant-shu.com – Fermé 2 sem. en août, vacances de printemps et dim.*

Rest *(dîner seult) (nombre de couverts limité, réserver)* – Menu 38/56 €

◆ Il faut se baisser pour passer par la porte qui mène à cette cave du 17es. Dans un décor minimaliste, on découvre une cuisine japonaise authentique et bien maîtrisée, où la fraîcheur des produits met en valeur kushiage, sushis et sashimis.

Le Cherche Midi

22 r. du Cherche-Midi Ⓜ *Sèvres Babylone – ✆ 01 45 48 27 44 – www.lecherchemidi.fr*

Rest *(nombre de couverts limité, réserver)* – Carte 34/53 €

◆ Un authentique bistrot italien ! Pâtes fraîches maison et superbes charcuteries : jambon de Parme (affiné au moins 24 mois), mortadelle, bresaola... Quant à la mozzarella, bien crémeuse, elle arrive par avion deux à trois fois par semaine !

Marco Polo

8 r. de Condé Ⓜ Odéon – ✆ 01 43 26 79 63

Rest *(nombre de couverts limité, réserver)* – Formule 20 € – Menu 36 € – Carte 38/57 €

◆ Les habitués apprécient l'ambiance à la fois feutrée et conviviale du Marco Polo ; comme ils sont nombreux, mieux vaut réserver. Il faut dire que les antipasti, raviolis aux cèpes et autres risottos du jour sont préparés avec soin.

Fish La Boissonnerie

69 r. de Seine Ⓜ Odéon – ✆ 01 43 54 34 69 – Fermé 1 sem. en août et 20 déc.-2 janv.

Rest – Formule 13 € – Menu 27 € (déj.)/35 €

◆ Sa façade en mosaïque est un must du quartier ! Voilà une dizaine d'années que ce restaurant honore Bacchus et les produits de la mer : vichyssoise aux huîtres, Saint-Jacques aux cocos de Paimpol, dorade aux artichauts barigoule. Convivial !

Azabu

3 r. A. Mazet Ⓜ Odéon – ✆ 01 46 33 72 05 – www.azabu-paris.com – Fermé 2 sem. en août, dim. midi et lundi

Rest *(nombre de couverts limité, réserver)* – Formule 19 € – Menu 43 € (dîner), 52/62 € – Carte 40/74 €

◆ Une bonne adresse japonaise au décor sobre et contemporain. On mange à table ou au comptoir, face au teppanyaki. Parmi les spécialités, le zensai bento (un assortiment d'entrées), le bar grillé ou le bœuf Wagyu au radis râpé.

L'Altro

16 r. du Dragon Ⓜ St-Germain des Prés – ✆ 01 45 48 49 49 – www.laltro.fr – Fermé 1 sem. en août, dim. et lundi

Rest – Formule 17 € – Menu 22 € (déj. en sem.) – Carte 30/60 €

◆ L'Italie à la carte, dans un décor qui hésite entre loft et bistrot new-yorkais (banquettes noires, carrelage blanc aux murs, cuisines vitrées). L'ambiance est décontractée : idéal pour savourer de bonnes pastas et des antipastis.

Le Timbre

3 r. Ste-Beuve Ⓜ Notre-Dame des Champs – ✆ 01 45 49 10 40 – www.restaurantletimbre.com – Fermé 1er-7 mai, 23 juil.-24 août, vacances de Noël, dim. et lundi

Rest *(nombre de couverts limité, réserver)* – Formule 22 € – Menu 26 € (déj.)/ 30 € – Carte 32/40 €

◆ On se bouscule dans ce sympathique petit bistrot, grand comme un timbre-poste. L'ardoise affiche les propositions du jour, réalisées sous vos yeux par un jeune chef britannique... qui concocte une cuisine française d'une belle finesse.

Wadja

10 r. Grande-Chaumière Ⓜ Vavin – ✆ 01 46 33 02 02 – Fermé 6-25 août, 1 sem. en fév., sam. midi, dim. et fériés

Rest – Formule 16 € – Menu 19 € (déj.) – Carte 40/50 € le soir

◆ Tables serrées, vieux zinc, miroirs, lithographies années 1930 : pas de doute, c'est un bistrot. Un seul menu le midi, d'un bon rapport qualité-prix ; le soir, l'ardoise s'épanouit entre ris de veau poêlés et crêpes fourrées aubergine-cardamome.

Le Comptoir du Relais – Hôtel Relais St-Germain

5 carr. de l'Odéon Ⓜ Odéon – ✆ 01 44 27 07 50 – www.hotelrsg.com

Rest *(réservation conseillée le soir)* – Menu 55 € (dîner en sem.)/125 € – Carte 30/50 €

◆ Dans ce sympathique bistrot de poche des années 1930, Yves Camdeborde régale ses clients d'une généreuse cuisine traditionnelle. Le midi, on sert des plats de brasserie tandis que le soir, un menu unique plus raffiné vous est proposé.

Tsukizi

2bis r. des Ciseaux Ⓜ St-Germain des Prés – ✆ 01 43 54 65 19 – Fermé 1er-22 août, 26 déc.-9 janv., dim. midi et lundi

Rest – Formule 17 € – Carte 35/60 €

◆ Dans la petite salle de ce restaurant tout simple, on a l'impression d'être au Japon. Le chef prépare sous vos yeux sushis, makis et sashimis à partir de poissons d'une bonne fraîcheur. Oursins et Saint-Jacques en saison.

S. Sauvignier/MICHELIN

Tour Eiffel · École Militaire · Invalides

7e arrondissement

✉ 75007

Duc de St-Simon sans rest

14 r. St-Simon Ⓜ Rue du Bac – ✆ 01 44 39 20 20 – www.hotelducdesaintsimon.com

29 ch – †210/265 € ††210/295 € – 5 suites – ☕ 15 €

◆ Passé le petit porche apparaît la courette pavée, puis c'est l'émerveillement devant ce bel hôtel particulier du 18es. Tentures, boiseries, gravures, mobilier d'antiquaire : une vraie demeure bourgeoise d'autrefois, où le charme le dispute à la quiétude !

K+K Hotel Cayré sans rest

4 bd Raspail Ⓜ Rue du Bac – ✆ 01 45 44 38 88 – www.kkhotels.com/cayre

125 ch – †255/440 € ††295/470 € – ☕ 28 €

◆ Une jolie façade haussmannienne qui contraste avec les salons et les chambres d'esprit contemporain : quelle élégance de style ! Au sous-sol, on profite d'un bel espace de remise en forme, avec sauna et salle de massage.

Montalembert

3 r. Montalembert Ⓜ Rue du Bac – ✆ 01 45 49 68 68 – www.montalembert.com

50 ch – †250/650 € ††250/650 € – 5 suites – ☕ 24 € **Rest** – Carte 45/75 €

◆ Entre St-Germain-des-Prés et le musée d'Orsay, un très beau bâtiment (1926) dont les chambres – de style Louis-Philippe ou, pour la plupart, décorées par Christian Liaigre dans un esprit contemporain chic – sont très agréables. Certaines jouissent d'une jolie vue sur les toits de Paris...

Pont Royal sans rest

7 r. Montalembert Ⓜ Rue du Bac – ✆ 01 42 84 70 00 – www.hotel-pont-royal.com

75 ch – †420/590 € ††420/590 € – 10 suites – ☕ 25 €

◆ Dans cet hôtel très rive gauche résonnent encore les voix de F. S. Fitzgerald et de sa femme Zelda, des habitués dans les années 1920. Ancré dans l'histoire littéraire, le Pont Royal est aussi résolument contemporain... et bourré de charme !

Le Bellechasse sans rest

8 r. de Bellechasse Ⓜ Musée d'Orsay – ✆ 01 45 50 22 31 – www.lebellechasse.com

33 ch – †220/410 € ††220/410 € – ☕ 21 €

◆ Un bel hôtel entièrement décoré par Christian Lacroix. Le créateur a signé des chambres design aux touches colorées, anciennes ou contemporaines, souvent oniriques : un "voyage dans le voyage" très mode et plein de caractère !

D'Orsay sans rest

93 r. de Lille Ⓜ Solférino – ✆ 01 47 05 85 54 – www.espritdefrance.com

40 ch – †145/190 € ††170/380 € – 1 suite – ☕ 15 €

◆ Un agréable hôtel dans deux immeubles de la fin du 18es. Les chambres, d'esprit classique, sont chaleureuses et assez spacieuses... Quant au salon, idéal pour faire une pause après une journée passée au musée, il donne sur un petit patio verdoyant.

St-Vincent sans rest

5 r. Pré aux Clercs Ⓜ Rue du Bac – ✆ 01 42 61 01 51 – www.hotel-st-vincent.com

22 ch – †180/520 € ††290/520 € – ☕ 14 €

◆ Un bel hôtel particulier au cœur du Carré Rive gauche, pour un boutique-hôtel chic et feutré qui compte de nombreux habitués. Les chambres, soignées et chaleureuses, revisitent l'esprit Napoléon III avec élégance.

Le Walt sans rest

37 av. de la Motte-Picquet Ⓜ École Militaire – ✆ 01 45 51 55 83 – www.lewaltparis.com

25 ch – †149/345 € ††149/345 € – ☕ 16 €

◆ Havre de paix en plein cœur de Paris (non loin de la tour Eiffel et des Invalides), le Walt joue la carte du confort contemporain et de l'originalité. Pour preuve, ces copies de chefs-d'œuvre de l'art classique en guise de têtes de lit.

Duquesne Eiffel sans rest

23 av. Duquesne Ⓜ École Militaire – ✆ 01 44 42 09 09 – www.hde.fr
40 ch – †140/250 € ††140/250 € – ☕ 12 €
◆ Non loin des Invalides, un hôtel avenant avec des chambres cosy, actuelles et confortables. Au 5e étage, on profite d'une vue superbe sur la tour Eiffel et l'École militaire.

De L'Empereur sans rest

2 r. Chevet Ⓜ La Tour Maubourg – ✆ 01 45 55 88 02 – www.hotelempereur.com
31 ch – †105/150 € ††130/240 € – ☕ 12 €
◆ Un hôtel qui a une âme. Mobilier d'inspiration Empire et, côté façade (avec balcon au 5eétage), vue parfaite sur les ors du dôme des Invalides... où dort pour toujours l'Empereur.

De Suède St-Germain sans rest

31 r. Vaneau Ⓜ Rue du Bac – ✆ 01 47 05 00 08 – www.hoteldesuede.com
38 ch – †119/219 € ††119/285 € – 1 suite – ☕ 13 €
◆ Dans une rue calme, un hôtel traditionnel dont l'ambiance se révèle familiale... Les chambres sont classiques et sept d'entre elles offrent une jolie vue sur les jardins de Matignon !

PARIS

Le Tourville sans rest

16 av. de Tourville Ⓜ École Militaire – ✆ 01 47 05 62 62 – www.hoteltourville.com
30 ch – †240/490 € ††240/490 € – ☕ 15 €
◆ Ce petit hôtel de caractère cultive un esprit feutré, avec une touche british vraiment plaisante (coin salon avec bibliothèque, beaux tissus chatoyants, etc.). Agréables chambres classiques ou plus contemporaines, dont quatre avec terrasse.

Muguet sans rest

11 r. Chevert Ⓜ École Militaire – ✆ 01 47 05 05 93 – www.hotelmuguet.com
43 ch – †105/150 € ††133/245 € – ☕ 13 €
◆ Dans une rue peu passante, à deux pas des Invalides, un hôtel chaleureux, classique et très bien tenu, où règne une sympathique atmosphère familiale. Le plus : certaines chambres donnent sur un jardinet fleuri, au calme.

7 Eiffel sans rest

17 bis r. Amélie Ⓜ La Tour Maubourg – ✆ 01 45 55 10 01 – www.7eiffel.com
32 ch – †215/395 € ††215/395 € – ☕ 19 €
◆ Une déco design pile dans l'air du temps, avec ses effets de matière et de transparence ; un accueil aux petits soins ; une grande terrasse sur le toit... Tout est ici feutré et confortable !

Bourgogne et Montana sans rest

3 r. de Bourgogne Ⓜ Assemblée Nationale – ✆ 01 45 51 20 22 – www.bourgogne-montana.com
28 ch ☕ – †240/365 € ††240/365 € – 4 suites
◆ Raffinement et esthétisme dans cet hôtel du 18es., qui mêle l'ancien et le contemporain. Les chambres du dernier étage ménagent une belle vue sur le Palais-Bourbon... Un lieu plein de cachet.

De Varenne sans rest

44 r. de Bourgogne Ⓜ Varenne – ✆ 01 45 51 45 55 – www.hoteldevarenne.com
25 ch – †129/159 € ††139/249 € – ☕ 11 €
◆ Entre le musée Rodin et l'Assemblée nationale, un hôtel niché dans une jolie courette, en toute quiétude. L'esprit des lieux ? Très classique (style Louis XVI ou Empire) et apprécié des nombreux touristes en quête de charme "made in Paris".

Relais Bosquet sans rest

19 r. du Champ-de-Mars Ⓜ École Militaire – ✆ 01 47 05 25 45 – www.hotelrelaisbosquet.com
40 ch – †150/295 € ††150/295 € – ☕ 15 €
◆ Un hôtel discret, tenu en famille, pour des chambres simples et soignées, d'esprit classique ou davantage contemporain. Pour être plus au calme, préférez-les sur l'arrière, côté courette.

Lenox St-Germain sans rest
9 r. de l'Université Ⓜ *St-Germain des Prés – ✆ 01 42 96 10 95 – www.lenoxsaintgermain.com*
34 ch – †170/260 € ††170/290 € – ☕ 15 €
◆ Un grand salon Art déco façon club de jazz, très prisé des résidents mais aussi des habitants du quartier, qui aiment y prendre le petit-déjeuner ; des chambres d'esprit baroque, élégantes et pleines de style... Sympathique étape !

Du Cadran sans rest
10 r. du Champ-de-Mars Ⓜ *École Militaire – ✆ 01 40 62 67 00 – www.hotelducadran.com*
41 ch – †171/250 € ††171/280 € – ☕ 13 €
◆ Horloges, réveils... Le thème du cadran est à l'honneur jusque dans le décor contemporain et minimaliste de cet agréable hôtel. Détail qui ravira les gourmands : il y a deux entrées... dont l'une par une boutique de chocolats !

Londres Eiffel sans rest
1 r. Augereau Ⓜ *École Militaire – ✆ 01 45 51 63 02 – www.londres-eiffel.com*
30 ch – †135/185 € ††150/240 € – ☕ 14 €
◆ Ce petit hôtel est si douillet avec ses beaux tissus choisis (Liberty, toile de Jouy, etc.), et il y règne un sympathique esprit familial ! Autre atout de taille : le calme, tout près de la très vivante rue St-Dominique...

St-Germain sans rest
88 r. du Bac Ⓜ *Rue du Bac – ✆ 01 49 54 70 00 – www.hotel-saint-germain.fr*
30 ch ☕ – †200/220 € ††200/240 €
◆ Toile de Jouy, mobilier ancien... Cet hôtel dégage une atmosphère douce et cosy, à deux pas du Bon Marché, des ministères et de St-Germain-des-Prés. Confortable et plaisant.

Champ de Mars sans rest
7 r. du Champ-de-Mars Ⓜ *École Militaire – ✆ 01 45 51 52 30 – www.hotelduchampdemars.com*
25 ch – †95 € ††105/115 € – ☕ 8 €
◆ Entre le Champ-de-Mars et les Invalides, à deux pas de l'agréable marché de la rue Clerc, un hôtel familial aux chambres charmantes et assez romantiques, avec leur joli décor "Liberty". Les prix restent mesurés, ce qui ne gâte rien.

France sans rest
102 bd de la Tour Maubourg Ⓜ *École Militaire – ✆ 01 47 05 40 49 – www.hoteldefrance.com*
60 ch – †95/170 € ††120/170 € – ☕ 12 €
◆ Chambres sobres, fonctionnelles et bien tenues. Côté rue, certaines offrent une belle vue sur l'église des Invalides ; côté cour, tranquillité assurée.

St-Thomas d'Aquin sans rest
3 r. Pré-aux-Clercs Ⓜ *Rue du Bac – ✆ 01 42 61 01 22 – www.hotel-st-thomas-daquin.com*
21 ch – †150/170 € ††160/180 € – ☕ 11 €
◆ Non loin de St-Germain-des-Prés, un immeuble du 18es. avec des chambres certes petites, mais plaisantes et meublées d'ancien. Au dernier étage, elles sont mansardées.

Le Jules Verne
2e étage Tour Eiffel, ascenseur privé pilier sud Ⓜ *Bir-Hakeim – ✆ 01 45 55 61 44 – www.lejulesverne-paris.com*
Rest – Menu 85 € (déj. en sem.), 165/200 € – Carte 160/205 €
Spéc. Homard de nos côtes en bellevue, sabayon au fumet de crustacés et caviar gold. Tournedos de bœuf et foie gras de canard, pommes soufflées et sauce Périgueux. L'écrou au chocolat et praliné croustillant, glace noisette.
◆ Au 2eétage de la tour Eiffel, son décor design atteint des hauteurs, vue magique en prime ! Patrimoine français à la carte : grands plats et vins d'excellence en forme de symboles.

PARIS

Le Divellec (Jacques Le Divellec)
107 r. de l'Université Ⓜ Invalides – ✆ 01 45 51 91 96 – Fermé 27 juil.-27 août, 21 déc.-2 janv., sam. et dim.
Rest – Menu 50 € (déj.), 140/180 € – Carte 110/220 €
Spéc. Émincé de turbot truffé. Tournedos de maquereau facon périgourdine. Soufflé chaud fraises des bois et sorbet coquelicot.
◆ La mer (ou presque) à deux pas des Invalides... Dans ce restaurant au décor un brin suranné, le chef conserve intacte la passion de la cuisine : en 2012, il fête ses 80 ans mais tient toujours la barre, concoctant des plats iodés nobles et savoureux.

Arpège (Alain Passard)
84 r. de Varenne Ⓜ Varenne – ✆ 01 45 51 47 33 – www.alain-passard.com – Fermé sam. et dim.
Rest – Menu 120 € (déj.)/320 € – Carte 182/287 €
Spéc. Couleur, saveur, parfum et dessin du jardin. Aiguillettes de homard "bleu nuit" de l'archipel de Chausey. Millefeuille Arpège.
◆ Bois précieux, décor de verre signé Lalique : préférez l'élégante salle contemporaine au caveau, et dégustez l'éblouissante cuisine "légumière" d'un chef-poète du terroir, amoureux des produits et cultivant son beau jardin – en l'occurrence, ses trois potagers !

PARIS

Pétrossian
144 r. de l'Université Ⓜ Invalides – ✆ 01 44 11 32 32 – www.petrossian.fr – Fermé août, dim. et lundi
Rest – Formule 32 € – Menu 70/250 € – Carte 55/110 €
◆ Les Pétrossian régalent les Parisiens du caviar de la Caspienne depuis 1920. À l'étage de la boutique, élégante salle de restaurant et plaisante cuisine de la mer.

Jean-François Piège – Rest. Thoumieux
79 r. St-Dominique, (1er étage) Ⓜ La Tour Maubourg – ✆ 01 47 05 79 79 – www.thoumieux.com – Fermé 30 juil.-26 août, sam. et dim.
Rest *(nombre de couverts limité, réserver)* – Menu 85 € (déj.), 115/185 € bc
Spéc. Sélection des plus beaux produits de saison.
◆ À l'étage de la brasserie Thoumieux, un salon particulier où Jean-François – rendu célèbre au Crillon – vous reçoit... comme à la maison ! On dresse la table, vous choisissez un produit, et un plat surprise vient à se créer dans la cuisine contiguë. D'une sincérité éblouissante.

Les Ombres
27 quai Branly, (musée du Quai Branly - 5ème étage) Ⓜ Alma Marceau – ✆ 01 47 53 68 00 – www.lesombres-restaurant.com
Rest – Formule 26 € – Menu 38 € (déj.)/65 € – Carte 65/105 €
◆ Perché sur le toit du musée du Quai-Branly, ce restaurant entièrement vitré – c'est Jean Nouvel qui a signé l'architecture intérieure et extérieure – fait un clin d'œil à la tour Eiffel toute proche. Quant à la cuisine, subtile et fine, elle épouse l'air du temps.

Il Vino d'Enrico Bernardo
13 bd La Tour-Maubourg Ⓜ Invalides – ✆ 01 44 11 72 00 – www.ilvinobyenricobernardo.com – Fermé sam. midi
Rest – Formule 25 € – Menu 70 € (déj.), 98 € bc/150 € bc – Carte 105/150 €
Spéc. Tartare de turbot, caviar oscietre, fleurs de courgettes et mousse de gin (printemps-été). Caille rôtie, patates douces et crème de Saint Nectaire (hiver). Soufflé glacé noisette et chocolat, mousse de cannelle et glace caramel (automne-hiver).
◆ Choisissez le vin et laissez faire côté cuisine ! Dans son restaurant chic et design, le Meilleur Sommelier du monde 2004 inverse la tendance en associant les mets aux vins.

Le Violon d'Ingres (Christian Constant)
135 r. St-Dominique Ⓜ École Militaire – ✆ 01 45 55 15 05 – www.leviolondingres.com
Rest – Menu 36 € (déj. en sem.)/80 € – Carte 63/75 €
Spéc. Œufs de poule mollets, roulés à la mie de pain, toasts au beurre truffé. Suprême de bar croustillant, ravigote aux câpres. Soufflé chaud à la vanille, sauce caramel au beurre salé.
◆ Cette salle raffinée, d'esprit bistrot contemporain, réunit les gourmets avertis, comblés par une cuisine de qualité qui valorise les produits et les saisons sans renier la tradition.

XX **Cigale Récamier**

4 r. Récamier Ⓜ *Sèvres Babylone – ✆ 01 45 48 86 58 – Fermé dim.*
Rest – Carte 40/55 €
◆ Une adresse discrète et élégante, où les éditeurs et hommes politiques du quartier ont leurs habitudes. Outre les classiques bistrotiers, la maison décline de jolis soufflés salés et sucrés dont les parfums évoluent au fil des mois.

XX **Le Clarisse**

29 r. Surcouf Ⓜ *La Tour Maubourg – ✆ 01 45 50 11 10 – www.leclarisse.fr – Fermé sam. midi et dim.*
Rest – Formule 29 € – Menu 35 € (déj.), 65/85 € – Carte 67/75 €
◆ Près des Invalides, un restaurant au cadre épuré, tout de noir, blanc et or, où l'on déguste une cuisine de saison métissée, fraîche et dans l'air du temps. C'est beau et... bon !

XX **Chez les Anges**

54 bd de la Tour-Maubourg Ⓜ *La Tour Maubourg – ✆ 01 47 05 89 86 – www.chezlesanges.com – Fermé sam. et dim.*
Rest – Menu 34/45 € – Carte 45/100 €
◆ Un décor contemporain pour une cuisine goûteuse et sincère, entre tradition et modernité : galette de pied de cochon, filet de merlan, foie de veau au chou rouge braisé, baba au rhum...

XX **Auguste** (Gaël Orieux)

54 r. Bourgogne Ⓜ *Varenne – ✆ 01 45 51 61 09 – www.restaurantauguste.fr – Fermé 1er-22 août, sam. et dim.*
Rest – Menu 35 € (déj.)/85 € – Carte 75/115 €
Spéc. Ormeaux de l'Île de Groix, julienne de seiche et pâtes cuisinées comme une paella. Noix de ris de veau croustillante, cacahouètes caramélisées et pleurotes au vin jaune. Soufflé au chocolat pur Caraïbes, glace au miel et pollen.
◆ Design, coloré, élégant : Auguste sied bien à la cuisine de Gaël Orieux, un chef passionné et amoureux des produits... Ses plats ? Une quête d'harmonie et d'inventivité, mêlant finement la terre et la mer. Prix étudiés le midi, grand jeu le soir.

XX **Tante Marguerite**

5 r. Bourgogne Ⓜ *Assemblée Nationale – ✆ 01 45 51 79 42 – www.bernard-loiseau.com – Fermé août, sam., dim. et fériés*
Rest – Menu 35 € (déj.)/49 € – Carte 54/74 €
◆ À deux pas du Palais-Bourbon, une cuisine traditionnelle qui défend notamment de belles racines bourguignonnes, escargots compris. Boiseries, chaises Louis XV et... étonnante table design (la n° 20) : l'atmosphère est résolument cossue.

XX **Café de l'Esplanade**

52 r. Fabert Ⓜ *La Tour Maubourg – ✆ 01 47 05 38 80*
Rest – Carte 60/80 €
◆ Un Café des frères Costes ? Forcément tendance ! Décor signé Jacques Garcia – avec d'étonnants boulets de canon, comme un clin d'œil à l'hôtel des Invalides tout proche – et carte d'esprit brasserie chic, sympathique mais chère.

XX **Vin sur Vin**

20 r. de Monttessuy Ⓜ *Pont de l'Alma – ✆ 01 47 05 14 20 – Fermé 4-28 août, 22 déc.-8 janv., lundi sauf le soir de sept. à mars, sam. midi et dim.*
Rest *(nombre de couverts limité, réserver)* – Menu 60 € (déj.) – Carte 80/135 €
Spéc. Galette de pieds de cochon. Ris de veau français. Soufflé chaud.
◆ Accueil aimable, élégant décor, atmosphère de maison particulière, délicieuse cuisine classique et carte des vins très étoffée (600 appellations) : vingt sur vingt !

XX **Thoumieux** avec ch

79 r. St-Dominique Ⓜ *La Tour Maubourg – ✆ 01 47 05 79 00 – www.thoumieux.com*
15 ch – †150/180 € ††200/450 € – ☕ 20 €
Rest *Jean-François Piège* ✿✿ – voir les restaurants ci-après
Rest – Formule 29 € – Carte 38/61 €
◆ Banquettes rouges et miroirs, actrices et hommes du monde : cette brasserie de 1923 marie Belle Époque et actualité ! La carte est originale et fait de jolies œillades à l'esprit des lieux. On accède aux chambres par un escalier confidentiel : atmosphère intime et cosy...

PARIS

XX

La Cuisine

14 bd La Tour-Maubourg Ⓜ Invalides – ✆ 01 44 18 36 32 – lacuisine.lesrestos.com – Fermé sam. midi et dim. midi

Rest – Formule 28 € – Menu 33/40 € – Carte 50/81 €

◆ Dans cette Cuisine sobre et élégante, les produits sont à l'honneur, les plats fleurent bon la tradition, le pain est fait maison, et le tout s'accompagne d'un bon choix de vins au verre ou en carafe. On passe un bon moment.

XX

Le Bamboche

15 r. Babylone Ⓜ Sèvres Babylone – ✆ 01 45 49 14 40 – www.lebamboche.com – Fermé 12-26 août et dim. midi

Rest – Formule 25 € – Menu 32 € (sem.)/80 € – Carte 58/80 €

◆ Ici, on bamboche en toute discrétion : les rideaux sont fermés et ne laissent rien soupçonner de ce joli restaurant, tout en sobriété. Côté papilles : gambas poêlées à l'hibiscus, chaud-froid de foie gras au pain d'épices...

XX

D'Chez Eux

2 av. Lowendal Ⓜ École Militaire – ✆ 01 47 05 52 55 – www.chezeux.com – Fermé août

Rest – Formule 29 € – Menu 35 € (déj. en sem.) – Carte 60/100 €

◆ Copieuses assiettes inspirées du Sud-Ouest et concoctées avec de beaux produits, ambiance d'auberge provinciale, serveurs en tablier de bougnat... La recette séduit depuis plus de 40 ans et n'a pas pris une ride !

X

L'Atelier de Joël Robuchon - St-Germain

5 r. de Montalembert Ⓜ Rue du Bac – ✆ 01 42 22 56 56 – www.joel-robuchon.com – Accueil de 11h30 à 15h30 et de 18h30 à minuit. Réservations uniquement pour certains services : se renseigner.

Rest – Menu 160 € – Carte 63/172 €

Spéc. Tomates anciennes relevées de sumac à l'huile d'olive (juil. à oct.). Agneau de lait en côtelettes à la fleur de thym. Les tartes de tradition assorties.

◆ Concept original dans un décor chic signé Rochon : pas de tables, mais de hauts tabourets alignés face au comptoir, pour déguster des mets déclinés en assiettes façon tapas. Superbe exécution : le grand art de la simplicité !

X

Gaya Rive Gauche par Pierre Gagnaire

44 r. du Bac Ⓜ Rue du Bac – ✆ 01 45 44 73 73 – www.pierre-gagnaire.com – Fermé 23 déc.-3 janv. et dim.

Rest – Menu 60 € (déj.) – Carte 50/110 €

Spéc. Mousseline de champignons de Paris au porto blanc, encornets farcis de veau à l'estragon. Merlan brillant au beurre d'herbes et moelle de bœuf, timbale de cocos de Paimpol. Biscuit citron imbibé au limoncello, marmelade de pamplemousse et crémeux d'huile d'olive.

◆ Dans ce beau bistrot contemporain et décontracté, au décor gris-bleu conçu par Christian Ghion, on se régale de recettes plus créatives les unes que les autres, sublimant – avec finesse et sans esbroufe – les produits de la mer.

X

Le Clos des Gourmets

16 av. Rapp Ⓜ Alma Marceau – ✆ 01 45 51 75 61 – www.closdesgourmets.com – Fermé 1er-25 août, dim. et lundi

Rest – Menu 30 € (déj.)/35 € – Carte 39/55 €

◆ Dans ce néobistrot épuré et chaleureux, le chef, en véritable amateur de bonne chère, a le souci de bien faire. Crème brûlée aux asperges, fenouil confit aux épices douces : sa cuisine est franche et pleine de jolies saveurs !

X

Au Bon Accueil

14 r. Monttessuy Ⓜ Pont de l'Alma – ✆ 01 47 05 46 11 – www.aubonaccueilparis.com – Fermé 1er-15 août, sam. et dim.

Rest – Menu 32 € – Carte 40/65 €

◆ À l'ombre de la tour Eiffel, un bistrot au chic discret où l'on sert une appétissante cuisine du marché, sensible au rythme des saisons. Très bon rapport qualité-prix.

Les Fables de La Fontaine (Sébastien Gravé)

131 r. St-Dominique Ⓜ École Militaire – ✆ 01 44 18 37 55 – www.lesfablesdelafontaine.net – Fermé 23-28 déc.

Rest *(nombre de couverts limité, réserver)* – Formule 30 € bc – Menu 35 € bc (déj. en sem.)/90 € bc – Carte 60/90 €

Spéc. Toro en gelée de rouille et émulsion chaude (mars à sept.). Saint-Jacques poêlées et gratin de macaronis au parmesan et truffe noire (nov. à fév.). Gâteau basque cuit minute.

◆ Une fable gourmande et subtile, dans laquelle le chef a donné le tout premier rôle au poisson. Sa carte est courte, inspirée et bien pensée ; elle s'accompagne d'une belle sélection de vins au verre... Ce bistrot de poche est un vrai poème !

Les Cocottes

135 r. St-Dominique Ⓜ École Militaire – www.lesrestaurantsdeconstant.com

Rest – Carte 32/54 €

◆ Le concept ? Une cuisine de bistrot joliment revisitée et servie dans des cocottes : terrine de campagne, côte de veau rôtie... Très convivial, mais l'on ne peut pas réserver !

Aida (Koji Aida)

1 r. Pierre Leroux Ⓜ Vaneau – ✆ 01 43 06 14 18 – www.aidaparis.com – Fermé 1 sem. en mars, 3 sem. en août, le midi et lundi

Rest *(nombre de couverts limité, réserver)* – Menu 160 €

Spéc. Sashimi. Teppanyaki de chateaubriand de bœuf limousin. Gâteaux de haricots rouges sucrés.

◆ Le temps d'un repas, on est transporté au pays du Soleil-Levant... Ici, tout respire l'authenticité et la pureté, autour d'une cuisine nippone d'une belle finesse. Le poisson, présenté vivant et préparé devant vous, semble sortir de la mer... Le grand art de la simplicité et de la transparence !

35° Ouest

35 r. de Verneuil Ⓜ Rue du Bac – ✆ 01 42 86 98 88 – Fermé 29 juil.-28 août, 24 déc.-2 janv., dim. et lundi

Rest *(nombre de couverts limité, réserver)* – Formule 33 € bc – Carte 60/110 €

Spéc. Rémoulade de tourteau et granny-smith. Sole poêlée meunière, pommes de terres écrasées. Sorbet vanille au muscat de Beaumes-de-Venise.

◆ Discret et tout petit, ce restaurant fait l'éloge des mets iodés. Le chef privilégie la simplicité, la fraîcheur et la saveur de produits bien choisis... Résultat : une cuisine exécutée dans les règles de l'art. Cap à l'Ouest !

Kinnari

8 r. Malar Ⓜ La Tour Maubourg – ✆ 01 47 05 18 18 – Fermé dim.

Rest – Formule 19 € – Menu 22/39 € – Carte 30/45 €

◆ Tenu par le frère du patron du Suan Thaï (4e), Kinnari s'inspire du décor et des recettes de son aîné : salade de papaye verte aux crevettes, magret de canard sauce tamarin...

Le 122

122 r. de Grenelle Ⓜ Solférino – ✆ 01 45 56 07 42 – www.le122.fr – Fermé 28 juil.-19 août, sam. et dim.

Rest – Formule 19 € – Menu 26 € (déj.)/39 € – Carte 39/52 €

◆ Un restaurant contemporain et design, non loin des ministères. Le propriétaire se rend tous les jours à Rungis et en rapporte de beaux produits ; en cuisine, le chef concocte des plats inventifs, pile dans la tendance bistronomique.

Fontaine de Mars

129 r. St-Dominique Ⓜ École Militaire – ✆ 01 47 05 46 44 – www.fontainedemars.com

Rest – Carte 38/88 €

◆ Un parfait bistrot des années 1930 (restauré à l'identique), rétro et convivial. Côté gourmandises, la carte donne dans la vraie tradition : boudin, andouillette, filet de bœuf sauce béarnaise, magret de canard... En un mot : bistrot !

L'Affriolé

17 r. Malar Ⓜ Invalides – ✆ 01 44 18 31 33 – Fermé 3 sem. en août, dim. et lundi
Rest – Formule 18 € – Menu 25 € (déj.)/35 €
◆ Ardoise du jour, menu du mois... Le chef suit de près les arrivages du marché. Le décor, contemporain et design, ajoute au charme du lieu ! Et il y a même une formule "bento", pour les hommes (et les femmes) pressés.

Le Petit Bordelais

22 r. Surcouf Ⓜ Invalides – ✆ 01 45 51 46 93 – www.le-petit-bordelais.com – Fermé août, 1 sem. en fév., dim. et lundi
Rest – Formule 19 € – Menu 32/70 € – Carte 50/58 €
◆ Le goût des jolis nectars, le sens de la convivialité et l'envie de faire plaisir avec une cuisine fraîche, bien ficelée et sans chichi... Ce Petit Bordelais n'a pas tardé à se forger une solide clientèle d'habitués, et l'on sait pourquoi !

P'tit Troquet

28 r. de l'Exposition Ⓜ École Militaire – ✆ 01 47 05 80 39 – Fermé août, sam. midi, lundi midi et dim.
Rest *(nombre de couverts limité, réserver)* – Formule 21 € – Menu 33/40 €
◆ Pour sûr, il est p'tit, ce bistrot ! Son charme nostalgique (vieilles réclames et zinc d'époque) sied à sa cuisine : veau en cocotte, bœuf bourguignon, tarte chocolat caramel...

Les Botanistes

11 bis r. Chomel Ⓜ Sèvres-Babylone – ✆ 01 45 49 04 54 – Fermé 3 sem. en août, dim. et fériés
Rest – Formule 18 € – Carte 31/57 €
◆ Harengs marinés, volaille fermière, sablé à la pomme... De beaux spécimens de cuisine bistrotière, dans leur environnement naturel : banquettes, tables en bois, vieux carrelage, etc.

Veramente

2 r. Sedillot Ⓜ Pont de l'Alma – ✆ 01 45 51 95 82 – www.veramente.fr – Fermé 2 sem. en août et dim.
Rest – Formule 20 € – Menu 24 € (déj.) – Carte 38/62 €
◆ Burrata, bresaola, speck... Dans ce petit restaurant intime et feutré, les produits de la Botte sont à l'honneur. Le chef, d'origine napolitaine, n'a pas son pareil pour vous régaler d'aubergines au four, ou encore d'un délicieux tiramisu.

Dar Lyakout

94 bd de la Tour-Maubourg Ⓜ École Militaire – ✆ 01 45 50 16 16 – www.darlyakout.com – Fermé 5-25 août
Rest – Formule 19 € bc – Menu 36 € (déj. en sem.) – Carte 31/50 €
◆ Couscous, tajines, pâtisseries orientales... Née en 2010, une table marocaine gourmande et fine, dans un décor qui réconcilie le style lounge et l'artisanat marocain.

Le Bistrot du 7ème

56 bd de La Tour-Maubourg Ⓜ La Tour Maubourg – ✆ 01 45 51 93 08 – Fermé sam. midi et dim. midi
Rest – Formule 14 € – Menu 16 € (déj.)/25 € – Carte 29/39 €
◆ Zinc, vieilles affiches et nappes en papier : cet authentique bistrot de quartier égrène avec soin toutes les spécialités du genre, de la terrine de lapin au confit de canard.

Café Constant

139 r. St-Dominique Ⓜ École Militaire – ✆ 01 47 53 73 34 – www.maisonconstant.com
Rest – Formule 16 € – Menu 23 € (déj. en sem.) – Carte 34/52 €
◆ Une annexe de Christian Constant simple et conviviale. Cuisine de bistrot gourmande à prix doux : œufs mimosa, tartare d'huîtres, agneau rôti, riz au lait... Sans réservation.

Pottoka

4 r. de l'Exposition Ⓜ École Militaire – ✆ 01 45 51 88 38 – Fermé 20-27 déc. et dim.
Rest – Formule 17 € – Menu 22 € (déj.) – Carte 30/45 €
◆ Un bistrot convivial, où il fait bon boire et se régaler, en toute simplicité. Respectivement originaires du Sud-Ouest et de Paris, les deux associés vénèrent le rugby, les bons produits... et proposent une cuisine basque gourmande et généreuse.

PARIS

Florimond

19 av. de La Motte-Picquet Ⓜ École Militaire – ✆ 01 45 55 40 38 – Fermé 27 juil.-16 août, 24-27 déc., vacances de fév., lundi midi, sam. midi et dim.

Rest – Menu 21 € (déj.)/35 € – Carte 45/65 €

◆ Florimond – du nom du jardinier de Monet à Giverny – a l'esprit bistrotier et convivial... Pour faire honneur à ce prénom chantant, le chef agrémente sa cuisine du terroir (nombreux produits corréziens) de beaux légumes et céréales.

Laiterie Sainte Clotilde

64 r. de Bellechasse Ⓜ Solférino – ✆ 01 45 51 74 61 – Fermé 1er-23 août, vacances de Noël, sam. midi et dim.

Rest – Formule 20 € – Menu 24 € (déj.)/29 € – Carte 30/35 €

◆ Une ancienne laiterie (fin du 19es.) bobo-nostalgique : chaises en formica, grande banquette rouge et... cuisine tendance ménagère, soupe du jour comprise. Informel et convivial.

Oudino

17 r. Oudinot Ⓜ Vaneau – ✆ 01 45 66 05 09 – www.oudino.fr – Fermé 4-19 août, 24 déc.-1er janv., sam. et dim.

Rest – Formule 19 € – Carte 29/45 €

◆ Une pause gourmande non loin des ministères. Croustillant d'épaule d'agneau, parmentier de canard, œuf à la neige... On propose ici une cuisine bistrotière, et la formule du jour se révèle attractive.

PARIS

S. Sauvignier/MICHELIN

Champs-Élysées · Concorde · Madeleine

8e arrondissement ✉ 75008

Plaza Athénée

25 av. Montaigne Ⓜ Alma Marceau – ✆ 01 53 67 66 65 – www.plaza-athenee-paris.com

146 ch – †635/735 € ††795/965 € – 45 suites – ☕ 52 €

Rest *Alain Ducasse au Plaza Athénée* ✿✿✿

Rest *Le Relais Plaza* – voir les restaurants ci-après

Rest *La Cour Jardin* ✆ 01 53 67 66 02 *(ouvert de mi-mai à mi-sept.)* – Carte 80/140 €

◆ Le palace parisien par excellence, ouvert en 1911 ! Styles classique ou Art déco dans les chambres, luxueux institut de beauté Dior, dorures, marbre... Le confort absolu ! À la belle saison, mets classiques à savourer sur la charmante terrasse de la Cour Jardin.

Le Bristol

112 r. Fg St-Honoré Ⓜ Miromesnil – ✆ 01 53 43 43 00 – www.lebristolparis.com

152 ch – †700/850 € ††850/1660 € – 36 suites – ☕ 55 €

Rest *Épicure* ✿✿✿ **Rest *114, Faubourg*** – voir les restaurants ci-après

◆ Ce palace de 1925, agencé autour d'un magnifique jardin, a conservé toute sa superbe. Les luxueuses chambres de style Louis XV ou Louis XVI cohabitent avec des suites (Lune de miel, Impériale, etc.) aux impressionnantes proportions. Non moins exceptionnelle, la piscine dominant Paris...

Four Seasons George V
31 av. George-V Ⓜ *George V – ✆ 01 49 52 70 00 – www.fourseasons.com/paris*
197 ch – †895/1275 € ††895/1275 € – 48 suites – ☕ 52 €
Rest *Le Cinq* ✿✿ – voir les restaurants ci-après
Rest *La Galerie* ✆ 01 49 52 70 06 – Carte 110/200 €
◆ Ce palace mythique, né en 1928, s'est paré des splendeurs et raffinements du 18es. Chambres luxueuses et spacieuses, belles collections d'œuvres d'art et spa superbe. Mets de tradition à la Galerie ; l'été, les tables sont dressées dans la belle cour intérieure.

Le Royal Monceau
37 av. Hoche Ⓜ *Charles de Gaulle-Etoile – ✆ 01 42 99 88 00 – www.leroyalmonceau.com*
108 ch – †850/1200 € ††850/1200 € – 41 suites – ☕ 45 €
Rest *La Cuisine* **Rest *Il Carpaccio*** – voir les restaurants ci-après
Rest *Le Grand Salon* – Carte 59/91 €
◆ L'hôtel a fait peau neuve en 2010 pour se transformer en palace du 21es. Décoré par Philippe Starck, il se joue des codes en vigueur : galerie d'art, librairie, salle de cinéma high-tech... À la pointe de l'art de vivre contemporain !

Crillon
10 pl. de la Concorde Ⓜ *Concorde – ✆ 01 44 71 15 00 – www.crillon.com – (fermeture prévue pour travaux à partir de l'été 2012)*
119 ch – †950/1130 € ††950/1130 € – 28 suites – ☕ 62 €
Rest *Les Ambassadeurs* ✿ – voir les restaurants ci-après
Rest *L'Obé* ✆ 01 44 71 15 15 *(fermé 3 sem. en juil.)* – Formule 39 € – Menu 59/79 € bc – Carte 60/100 €
◆ Ce chef-d'œuvre de l'architecture du 18es., dont la façade magnifie la place de la Concorde, a conservé sa fastueuse ornementation. Sonia Rykiel et Sybille de Margerie ont repensé, sans trahir, la décoration des chambres. Un palace mythique !

Fouquet's Barrière
46 av. George-V Ⓜ *George V – ✆ 01 40 69 60 00 – www.fouquets-barriere.com*
81 ch ☕ – †770/990 € ††770/990 € – 31 suites
Rest *Le Diane* ✿ – voir les restaurants ci-après
◆ Né en 2006 dans le sillage de la mythique brasserie, ce luxueux hôtel a été décoré par Jacques Garcia : styles Empire et Art déco, foisonnement d'acajou, de soie, de velours... associés à des équipements high-tech et un spa superbe !

Champs-Élysées Plaza
35 r. de Berri Ⓜ *George V – ✆ 01 53 53 20 20 – www.champselyseesplaza.com*
25 ch – †390/890 € ††390/890 € – 10 suites – ☕ 26 €
Rest *(fermé 3 sem. en août et fériés)* – Formule 35 € – Menu 42 € – Carte 52/88 €
◆ Élégance et espace, harmonie des couleurs, mélange des styles, service attentionné, fitness... Cet hôtel est un concentré de luxe feutré et cossu.

Napoléon
40 av. Friedland Ⓜ *Charles de Gaulle-Etoile – ✆ 01 56 68 43 21 – www.hotelnapoleonparis.com*
65 ch – †217/540 € ††217/540 € – 37 suites – ☕ 26 €
Rest *(fermé sam. et dim.) (déj. seult)* – Carte 45/75 €
◆ À deux pas de l'Étoile chère à Napoléon, un hôtel rendant hommage à cette figure de l'Histoire (autographes, figurines, tableaux d'époque). Chambres feutrées de style Directoire ou Empire. Carte traditionnelle au restaurant dans un décor de boiseries.

Lancaster
7 r. Berri Ⓜ *George V – ✆ 01 40 76 40 76 – www.hotel-lancaster.fr*
57 ch – †490/650 € ††590/750 € – 14 suites – ☕ 38 €
Rest *La Table du Lancaster* ✿ – voir les restaurants ci-après
◆ Marlène Dietrich appréciait le luxe discret de cet hôtel particulier, construit en 1889 à deux pas des Champs-Élysées. Hall et salons sont plaisants avec leur mobilier d'antiquaire.

Marriott

70 av. des Champs-Élysées Ⓜ *Franklin D. Roosevelt – ✆ 01 53 93 55 00 – www.marriottchampselysees.com*

173 ch – 🕴389/699 € 🕴🕴389/699 € – 19 suites – ☕ 29 €

Rest *Le Restaurant* ✆ 01 53 93 55 44 *(Fermé sam. midi et dim. midi)* – Formule 33 € – Menu 39 € – Carte 48/79 €

◆ Un bel immeuble hausmannien sur les Champs-Élysées... Les chambres, spacieuses et rénovées en 2009, sont d'une sobre élégance contemporaine ; certaines donnent sur la mythique avenue, d'autres sur l'atrium ou la cour intérieure. Plats traditionnels et grillades au Restaurant ; terrasse paisible.

Hyatt Regency

24 bd Malhesherbes Ⓜ *Madeleine – ✆ 01 55 27 12 34 – www.paris.madeleine.hyatt.com*

82 ch – 🕴290/680 € 🕴🕴290/680 € – 4 suites – ☕ 42 €

Rest *Café M* – Formule 44 € – Menu 50 €

◆ Une belle verrière réalisée par Eiffel, d'agréables chambres contemporaines : un hôtel sobre et chaleureux tout à la fois. Sauna, hammam... Cuisine actuelle au Café M et, le soir, bar à champagne.

Bedford

17 r. de l'Arcade Ⓜ *Madeleine – ✆ 01 44 94 77 77 – www.hotel-bedford.com*

135 ch – 🕴162/258 € 🕴🕴176/300 € – 10 suites – ☕ 20 €

Rest *Le Victoria* – voir les restaurants ci-après

◆ Cet hôtel fondé en 1848 perpétue avec élégance une certaine idée de la tradition hôtelière. Les chambres, agréables, sont d'un raffinement discret. Une adresse à la fois confortable et d'un bon rapport qualité-prix pour le quartier.

Hilton Arc de Triomphe

51 r. de Courcelles Ⓜ *Courcelles – ✆ 01 58 36 67 00 – www.hilton.com*

383 ch – 🕴295/750 € 🕴🕴295/750 € – 80 suites – ☕ 36 €

Rest *Safran* – voir les restaurants ci-après

◆ Inspiré des paquebots des années 1930, cet hôtel en restitue tout l'esprit, luxueux et raffiné : élégantes chambres Art déco signées Jacques Garcia – très calmes côté patio –, spa, fitness...

Vernet

25 r. Vernet Ⓜ *Charles de Gaulle-Etoile – ✆ 01 44 31 98 00 – www.hotelvernet.com*

41 ch – 🕴270/640 € 🕴🕴270/640 € – 9 suites – ☕ 30 €

Rest *Le Vernet* – voir les restaurants ci-après

◆ Bel immeuble des Années folles dans une petite rue près des Champs-Élysées. Les chambres sont raffinées, dans la grande tradition, certaines décorées dans un style plus contemporain. Il se dégage de ces lieux un je-ne-sais-quoi de très parisien !

La Trémoille

14 r. Trémoille Ⓜ *Alma Marceau – ✆ 01 56 52 14 00 – www.hotel-tremoille.com*

88 ch – 🕴310/840 € 🕴🕴310/840 € – 5 suites – ☕ 35 €

Rest *Louis²* *(fermé sam. midi, dim. et fériés)* – Formule 33 € – Menu 50 € (dîner) – Carte 40/60 €

◆ Moulures, jolis tissus tendus, marbre noir et blanc dans les salles de bains : un bel esprit néo-rétro règne dans les chambres ! Atmosphère lounge au Louis2 et... cuisine actuelle.

Sofitel le Faubourg

15 r. Boissy-d'Anglas Ⓜ *Concorde – ✆ 01 44 94 14 14 – www.sofitel.com*

122 ch – 🕴450/850 € 🕴🕴450/850 € – 25 suites – ☕ 34 €

Rest *Café Faubourg* – voir les restaurants ci-après

◆ Élégant hôtel dans deux demeures des 18e et 19e s. Belles suites rénovées en 2010 dans un style contemporain ; chambres joliment feutrées, salon sous verrière, fitness et hammam.

San Régis
12 r. J. Goujon Ⓜ *Champs-Elysées Clemenceau – ✆ 01 44 95 16 16 – www.hotel-sanregis.fr*
41 ch – 380/680 € 510/680 € – 3 suites – 42 €
Rest *(fermé août, sam. et dim. (sauf résidents))* – Formule 32 € – Carte 52/74 €
◆ Hôtel particulier de 1857 remanié avec goût : un bel escalier (vitraux et statues) conduit aux chambres, ravissantes : certaines sont très classiques, d'autres plus contemporaines. Le restaurant occupe un luxueux salon feutré – une vraie bonbonnière – et cultive la tradition.

Balzac sans rest
6 r. Balzac Ⓜ *George V – ✆ 01 44 35 18 00 – www.hotelbalzac.com*
60 ch – 275/990 € 290/990 € – 10 suites – 38 €
◆ À quelques pas des Champs-Élysées, cet hôtel arbore un décor néoclassique, tout en opulence et chatoiement (mobilier de style Louis XVI, dorures, marbre).

De Vigny
ch, rest,
9 r. Balzac Ⓜ *George V – ✆ 01 42 99 80 80 – www.hoteldevigny.com*
29 ch – 235/600 € 275/600 € – 8 suites – 32 €
Rest *Baretto* ✆ 01 42 99 80 10 *(fermé 15-21 août)* – Formule 35 € – Menu 45 € (déj. en sem.) – Carte 60/75 €
◆ Hôtel discret et raffiné près des Champs-Élysées ; les chambres sont sobres, décorées dans un esprit classique, british, Louis XV... Dans le salon, un feu crépite... Au Baretto, carte méditerranéenne (plus simple le soir) dans une jolie salle Art déco.

Intercontinental Avenue Marceau
64 av. Marceau Ⓜ *George V – ✆ 01 44 43 36 36 – www.ic-marceau.com*
55 ch – 250/1600 € 250/1600 € – 30 €
Rest *M64* – voir les restaurants ci-après
◆ Luxueux hôtel design à deux pas de la place de l'Étoile. Le décor marie haute technologie, meubles contemporains et répliques de fresques et de croquis de la Renaissance italienne.

Daniel
ch,
8 r. Frédéric Bastiat Ⓜ *St-Philippe du Roule – ✆ 01 42 56 17 00 – www.hoteldanielparis.com*
22 ch – 290/590 € 390/590 € – 4 suites – 34 €
Rest – ✆ 01 42 56 17 05 *(fermé en août, sam. et dim.)* – Menu 40 € – Carte 45/90 €
◆ Cet hôtel a le goût du voyage ! Toiles de Jouy, meubles et objets du monde entier campent un décor raffiné et chaleureux... pour globe-trotters parisiens. Cuisine influencée par la Méditerranée et suggestions du marché.

De Sers
41 av. Pierre 1er de Serbie Ⓜ *George V – ✆ 01 53 23 75 75 – www.hoteldesers.com*
45 ch – 450/680 € 480/680 € – 7 suites – 35 €
Rest *De Sers* – voir les restaurants ci-après
◆ Le marquis de Sers ne reconnaîtrait pas son hôtel particulier de la fin du 19es. Il faut dire qu'il mélange les styles avec succès : si le hall a conservé son caractère d'origine, les chambres, elles, sont résolument contemporaines. Élégant.

La Maison Champs-Élysées
ch, ch,
8 r. J.-Goujon Ⓜ *Franklin D Roosevelt – ✆ 01 40 74 64 64 – www.lamaisonchampselysees.com*
51 ch – 450/500 € 450/500 € – 6 suites – 26 €
Rest *(fermé 10-20 août, sam. et dim.) (déj. seult)* – Formule 35 € – Menu 42/49 €
◆ Un hôtel très particulier, où le faste du Second Empire côtoie les lignes épurées d'un design contemporain dû à Martin Margiela. Salon blanc, fumoir noir, équipements dernier cri, restaurant très graphique : une signature.

François 1er sans rest
7 r. Magellan Ⓜ *George V – ✆ 01 47 23 44 04 – www.hotelfrancoispremier.com*
40 ch – 250/490 € 270/490 € – 2 suites – 22 €
◆ Marbre de Carrare, moulures, objets chinés, meubles anciens et tableaux à foison : Pierre-Yves Rochon a créé un cadre luxueux et raffiné. Copieux petit-déjeuner (buffet).

PARIS

Chateaubriand sans rest
6 r. Chateaubriand Ⓜ *George V – ✆ 01 40 76 00 50 – www.hotelchateaubriand.com*
28 ch – †205/374 € ††205/590 € – ☕ 22 €
◆ Des peintures, des bibelots et de beaux meubles d'antiquaire dans les chambres : le charme d'une maison particulière ! On prend son petit-déjeuner face au petit patio.

Bradford Élysées sans rest
10 r. St-Philippe-du-Roule Ⓜ *St-Philippe du Roule – ✆ 01 45 63 20 20 – www.astotel.com*
50 ch – †199/529 € ††199/529 € – ☕ 15 €
◆ Cheminées en marbre, moulures, parquet, petit-déjeuner sous une jolie verrière, décor rétro et ascenseur d'époque : un conservatoire du charme parisien... la modernité en plus.

Opéra Diamond sans rest
4 r. de la Pépinière Ⓜ *St-Lazare – ✆ 01 44 70 02 00 – www.paris-hotel-diamond.com*
30 ch – †250/550 € ††250/550 € – ☕ 23 €
◆ Hôtel ouvert en 2009, tout de noir et de cristal vêtu. Le concept : rendre hommage à la féminité et aux diamants. Esprit baroque dans les chambres ; patio avec fontaine et brin de verdure.

Royal sans rest
33 av. de Friedland Ⓜ *Charles de Gaulle-Etoile – ✆ 01 43 59 08 14 – www.royal-hotel.com*
57 ch – †200/780 € ††270/780 € – ☕ 16 €
◆ Atmosphère feutrée dans les chambres : décor sobre, bonne insonorisation et, pour certaines, vue sur l'Arc de Triomphe ! Après une journée de balade, le salon est très reposant.

Le Mathurin sans rest
43 r. des Mathurins Ⓜ *Havre Caumartin – ✆ 01 44 94 20 94 – www.le-mathurin.com*
52 ch – †250/450 € ††280/450 € – 2 suites – ☕ 27 €
◆ La devise de la maison : "Le luxe d'être chez soi." Et l'on aimerait faire de cet hôtel, garni de livres, feutré, élégant et apaisant, son home sweet home !

Pershing Hall
49 r. Pierre Charron Ⓜ *George V – ✆ 01 58 36 58 00 – www.pershinghall.com*
20 ch ☕ – †299/780 € ††299/780 € – 6 suites
Rest *Pershing Hall* – voir les restaurants ci-après
◆ Hôtel particulier, demeure du général Pershing pendant la Grande Guerre, club de vétérans et depuis 2001, établissement de standing, scénographié par la designer Andrée Putman. Une véritable page de la vie parisienne, au chic discret.

Le 123 sans rest
123 r. du Faubourg St-Honoré Ⓜ *St-Philippe-du-Roule – ✆ 01 53 89 01 23 – www.astotel.com*
41 ch – †199/529 € ††199/529 € – ☕ 15 €
◆ Mélange des genres, des couleurs et des matières, croquis de stylistes : les chambres de cet hôtel sont vraiment "haute couture". Parfait pour un séjour shopping dans un faubourg très... mode.

Le A sans rest
4 r. d' Artois Ⓜ *St-Philippe du Roule – ✆ 01 42 56 99 99 – www.hotel-le-a-paris.com*
25 ch – †250/510 € ††250/510 € – 1 suite – ☕ 24 €
◆ Le plasticien Hyber et l'architecte Méchiche ont imaginé cet hôtel design en noir et blanc. Les chambres, comme les salons, jouent l'épure... avec un "e" majuscule !

Chambiges Élysées sans rest
8 r. Chambiges Ⓜ *Alma Marceau – ✆ 01 44 31 83 83 – www.hotelchambiges.com*
26 ch ☕ – †290/400 € ††290/480 € – 8 suites
◆ Le mot "cosy" semble avoir été inventé pour cet hôtel installé dans un immeuble hausmmannien. Tout y est : boiseries, tentures et tissus chaleureux, meubles chinés, jardin fleuri. Une atmosphère romantique et feutrée, tout près des Champs-Élysées.

Cristal sans rest
9 r. Washington Ⓜ George V – ✆ 01 45 63 27 33 – www.hotel-le-cristal.com
25 ch – †179/390 € ††179/390 € – 1 suite – ☕ 18 €
◆ Un hôtel minéral, une explosion de couleurs, et pour cause... Toute la déco se décline autour du cristal de roche ! Effets d'optique, mobilier de designer : urbain et chic.

Opal sans rest
19 r. Tronchet Ⓜ Havre Caumartin – ✆ 01 42 65 77 97 – www.paris-hotel-opal.com
33 ch – †199/460 € ††229/500 € – 1 suite – ☕ 19 €
◆ Entre les grands magasins et la Madeleine, cet hôtel, rénové en 2008, propose des chambres chaleureuses (tissus rayés, couleurs vives). Esprit design au salon et... cheminée !

Relais Monceau sans rest
85 r. Rocher Ⓜ Villiers – ✆ 01 45 22 75 11 – www.relais-monceau.com
51 ch – †158/264 € ††158/264 € – ☕ 12 €
◆ Entre le parc Monceau et la gare St-Lazare, cet établissement dispose de chambres confortables et accueillantes. Pour se détendre, un joli salon et un agréable bar.

PARIS

Élysées Mermoz sans rest
30 r. J. Mermoz Ⓜ Franklin D. Roosevelt – ✆ 01 42 25 75 30 – www.hotel-elyseesmermoz.com
22 ch – †160/250 € ††160/250 € – 5 suites – ☕ 18 €
◆ Rénové en 2010, cet hôtel affiche un style contemporain très cosy. Expos d'art, chambres raffinées – les vertes sont charmantes ! – et salle des petits-déjeuners vraiment plaisante.

West-End sans rest
7 r. Clément-Marot Ⓜ Alma Marceau – ✆ 01 47 20 30 78 – www.hotel-west-end.com
49 ch ☕ – †199/509 € ††199/509 €
◆ Lithographies anciennes, copies de tableaux de maîtres et équipements dernier cri vous attendent dans ces chambres classiques, souvent très colorées. Agréable salon.

De l'Arcade sans rest
9 r. de l'Arcade Ⓜ Madeleine – ✆ 01 53 30 60 00 – www.hotel-arcade.com
48 ch – †157/199 € ††180/212 € – 4 suites – ☕ 15 €
◆ Depuis quatre générations, la même famille dirige cet hôtel situé tout près de la Madeleine. Chambres sobrement décorées, égayées de gravures et de tableaux.

Beauchamps
24 r. Ponthieu Ⓜ Franklin D. Roosevelt – ✆ 01 53 89 58 58 – www.hotelbeauchamps.com
83 ch – †214/1000 € ††214/1000 € – 6 suites – ☕ 22 €
Rest *Velvet* *(fermé 3 sem. en août, 1 sem. en déc., sam., dim. et fériés)*
◆ Un lieu, deux atmosphères. Le grand hall contemporain dessert deux ailes très différentes : côté "Ponthieu" règne un esprit parisien élégant (mobilier design original) ; côté "Colisée", place au confort sobre et fonctionnel d'un ancien hôtel Mercure. Cuisine franco-italienne au Velvet (tapas le soir).

Le Vignon sans rest
23 r. Vignon Ⓜ Madeleine – ✆ 01 47 42 93 00 – www.levignon.com
28 ch – †180/350 € ††180/350 € – ☕ 20 €
◆ Hôtel chaleureux à deux pas de la Madeleine. Dans les chambres, le mobilier, très coloré et presque pop, contraste avec les murs blancs. Au 6e étage, charme des mansardes !

Arioso sans rest
7 r. d'Argenson Ⓜ Miromesnil – ✆ 01 53 05 95 00 – www.arioso-hotel.com
28 ch – †145/285 € ††145/285 € – ☕ 15 €
◆ Bien situé, ce bel immeuble haussmannien dispose de chambres décorées avec goût, certaines avec de charmants balcons. Les salons sont agréables, de même le patio fleuri.

Atlantic sans rest
44 r. de Londres Ⓜ St-Lazare – ✆ 01 43 87 45 40 – www.atlanticparis.fr
81 ch – †110/195 € ††165/215 € – ☕ 16 €
◆ Aquarelles, maquettes de bateaux... Quelques notes marines évoquent le voyage dans cet hôtel voisin de la gare St-Lazare, y compris dans les chambres rénovées, plus séduisantes.

Le Lavoisier sans rest
21 r. Lavoisier Ⓜ St-Augustin – ✆ 01 53 30 06 06 – www.hotellavoisier.com
27 ch – †199/305 € ††199/305 € – 3 suites – ☕ 15 €
◆ Chambres cosy, petit salon-bibliothèque intime faisant office de bar et salle voûtée pour les petits-déjeuners, tout près de l'église St-Augustin.

St-Augustin Élysées sans rest
9 r. Roy Ⓜ St-Augustin – ✆ 01 42 93 32 17 – www.astotel.com
63 ch – †165/299 € ††165/299 € – ☕ 12 €
◆ Situé dans une rue assez calme, un hôtel rénové en 2006, à la décoration harmonieuse et plutôt moderne. Chambres contemporaines, parées de bois sombre et de couleurs gaies.

Astoria Opéra sans rest
42 r. de Moscou Ⓜ Rome – ✆ 01 42 93 63 53 – www.astotel.com
86 ch – †139/299 € ††139/299 € – ☕ 12 €
◆ La clientèle d'affaires apprécie ces chambres sobres et actuelles dans le quartier de l'Europe. Fauteuils en cuir dans le coin salon, petits-déjeuners servis sous une verrière.

Mercure Opéra Garnier sans rest
4 r. de l'Isly Ⓜ St-Lazare – ✆ 01 43 87 35 50 – www.mercure.com
140 ch – †170/380 € ††170/380 € – ☕ 19 €
◆ Un hôtel de chaîne pratique, entre la gare St-Lazare et les grands magasins. Les chambres sont fonctionnelles et, l'été, on prend son petit-déjeuner (buffet) dans un jardinet.

Le Pavillon des Lettres sans rest
12 r. des Saussaies Ⓜ Miromesnil – ✆ 01 49 24 26 26 – www.pavillondeslettres.com
26 ch – †255/490 € ††255/490 € – ☕ 25 €
◆ Un hôtel littéraire en plein cœur de Paris ? Vingt-six chambres pour les vingt-six lettres de l'alphabet, chacune portant le nom d'un écrivain et déclinant son œuvre dans leur décoration. Élégant et subtil : parfait pour réviser ses classiques et découvrir la ville autrement.

Cordélia sans rest
11 r. Greffulhe Ⓜ Madeleine – ✆ 01 42 65 42 40 – www.cordelia-paris-hotel.com
30 ch – †96/165 € ††96/215 € – ☕ 16 €
◆ Une façade engageante, des petites chambres bien tenues, une sympathique salle voûtée pour les petits-déjeuners et un confortable salon : tous les atouts d'un hôtel familial.

Alison sans rest
21 r. de Surène Ⓜ Madeleine – ✆ 01 42 65 54 00 – www.hotelalison.com
34 ch – †101/179 € ††125/199 € – ☕ 11 €
◆ Dans une rue calme près de la Madeleine, ce petit hôtel offre un bon rapport qualité-prix. Chambres fonctionnelles et de bon confort.

Le Cinq – Hôtel Four Seasons George V
31 av. George V Ⓜ George V – ✆ 01 49 52 71 54 – www.fourseasons.com/paris
Rest – Menu 85 € (déj.)/220 € – Carte 170/300 €
Spéc. Ventrèche de thon rouge de Méditerranée, tartare en gelée et escabèche. Dos de cabillaud nacré, soleil de courgette fleur, beurre acidulé à la prune umé (été). Lingot chocolat "After-eight", granité peppermint (été-automne).
◆ Dans un décor majestueux – à la gloire du Grand Trianon –, les serveurs en costume jouent un ballet parfaitement orchestré et la succession des mets étourdit les sens. Une prestation de haute volée, sous l'égide du chef Éric Briffard. Superbe carte des vins.

PARIS

Ledoyen

8 av. Dutuit (carré Champs-Élysées) Ⓜ Champs Elysées Clemenceau – ✆ 01 53 05 10 01 – Fermé 30 juil.-19 août, lundi midi, sam., dim. et fériés

Rest – Menu 88 € (déj.), 199/299 € bc – Carte 160/280 €

Spéc. Grosses langoustines bretonnes, émulsion d'agrumes. Blanc de turbot braisé, pommes de terre ratte truffées. Croquant de pamplemousse cru et cuit.

◆ Un pavillon néoclassique posé dans les jardins des Champs-Élysées... Le site est privilégié, le décor luxueux, la table remarquable ! Christian Le Squer revendique "une cuisine sans mise en scène, mais vraiment cuisinée". Le plaisir est tout simplement... imparable et intense.

Les Ambassadeurs – Hôtel Crillon

10 pl. de la Concorde, (fermeture prévue pour travaux à partir de l'été 2012) Ⓜ Concorde – ✆ 01 44 71 16 16 – www.crillon.com – Fermé dim. et lundi

Rest – Menu 68 € (déj. en sem.), 160/270 € bc – Carte 100/200 €

Spéc. Foie gras de canard des Landes cuit en cocotte lutée. Carré d'agneau en cheveux d'anges, quinoa bio à l'aubergine fondante. Finger choco-noisette aux nuances citronnées.

◆ Dans l'ancienne salle de bal du célèbre hôtel de Crillon (18es.) : la majesté faite décor ! Une jeune équipe a repris en 2010 les rênes de cette ambassade de la grande cuisine ; la carte, tout en harmonie et saveurs, est digne des lieux.

PARIS

Alain Ducasse au Plaza Athénée – Hôtel Plaza Athénée

25 av. Montaigne Ⓜ Alma Marceau – ✆ 01 53 67 65 00 – www.alain-ducasse.com – Fermé 23 juil.-29 août, 17-30 déc., lundi midi, mardi midi, merc. midi, sam., dim. et fériés

Rest – Menu 360 € – Carte 220/360 €

Spéc. Légumes et fruits. Homard et pommes de mer. Baba au rhum comme à Monte-Carlo.

◆ Au cœur du célèbre palace, la griffe Ducasse dans sa quintessence : le geste brut, où les cuisiniers ignorent le superflu ; le produit, rendu dans sa vérité ; et l'harmonie des saveurs, cristallines ! Patrick Jouin, qui a repensé le décor Régence, en a lui aussi révélé la beauté...

Épicure – Hôtel Bristol

112 r. Fg St-Honoré Ⓜ Miromesnil – ✆ 01 53 43 43 00 – www.lebristolparis.com

Rest – Menu 130 € (déj.)/280 € – Carte 135/280 €

Spéc. Macaronis farcis, truffe noire, artichaut et foie gras de canard. Poularde de Bresse cuite en vessie, sauce au vin jaune. Précieux chocolat "nyangbo", cacao liquide, fine tuile croustillante et sorbet.

◆ Un nom, un cadre : en 2011, la table du Bristol s'est métamorphosée. Face au jardin, on découvre une salle lumineuse, d'une élégance sobre et racée, où brille l'éclat du 18es. et... la cuisine d'Éric Fréchon, toute de classicisme et de fraîcheur. Ce technicien virtuose fait preuve d'une liberté exigeante à l'égard de la grande tradition, pour les plus belles saveurs !

Taillevent

15 r. Lamennais Ⓜ Charles de Gaulle-Etoile – ✆ 01 44 95 15 01 – www.taillevent.com – Fermé 28 juil.-27 août, sam., dim. et fériés

Rest *(nombre de couverts limité, réserver)* – Menu 82 € (déj.)/195 € – Carte 130/225 €

Spéc. Rémoulade de tourteau à l'aneth, sauce fleurette citronnée. Selle et côte d'agneau de Lozère dorées, fenouil confit aux saveurs méridionales. Tarte renversée au chocolat et au café grillé.

◆ Son nom évoque l'élégance, la discrétion, l'exigence, le style... Depuis 1946, Taillevent est incontournable dans le paysage de la haute gastronomie française, cultivant un classicisme brillant – et nullement figé.

Comment choisir, dans une localité, entre deux adresses de même catégorie (nombre de 🏠 ou de ✕) ? Sachez que les établissements sont classés par ordre de préférence au sein de chaque catégorie : les meilleures adresses d'abord.

Lasserre

17 av. F.-D.-Roosevelt Ⓜ Franklin D. Roosevelt – ✆ 01 43 59 53 43 – www.restaurant-lasserre.com – Fermé août, mardi midi, merc. midi, sam. midi, dim. et lundi

Rest – Menu 80 € (déj.)/195 € – Carte 135/250 €

Spéc. Caviar gold en délicate royale de laitue. Canette des Dombes aux figues. Craquant choco-framboise.

◆ L'un des temples de la gastronomie parisienne... Colonnes, tentures, cristal : le décor ignore résolument l'époque et, sous l'égide d'une nouvelle équipe, l'assiette relève le défi d'exalter le classicisme dans la fraîcheur ! Ce qui est bien cuisiné semble indémodable...

Laurent

41 av. Gabriel Ⓜ Champs Elysées Clemenceau – ✆ 01 42 25 00 39 – www.le-laurent.com – Fermé 23 déc.-2 janv., sam. midi, dim. et fériés

Rest – Menu 85/185 € – Carte 155/240 €

Spéc. Araignée de mer dans ses sucs en gelée, crème de fenouil. Flanchet de veau de lait braisé, blettes à la moelle (avril à oct.). Glace vanille minute.

◆ Classique, la carte cultive les codes de la tradition bleu blanc rouge et séduit une clientèle d'habitués – et de célébrités – de longue date ! Décor néoclassique : pilastres, colonnes, frontons, chapiteaux antiques...

Apicius (Jean-Pierre Vigato)

20 r. d'Artois Ⓜ St-Philippe du Roule – ✆ 01 43 80 19 66 – www.restaurant-apicius.com – Fermé août, sam., dim. et fériés

Rest – Menu 160/200 € – Carte 120/215 €

Spéc. Langoustines bretonnes cuites en coque, thé fumé de crustacés comme une soupe miso. Tourte de canard façon "grande cuisine bourgeoise". Soufflé au chocolat noir et chantilly sans sucre.

◆ Dans un hôtel particulier classé (18e s.), un cadre élégant – à la fois contemporain, baroque et rococo – sans être guindé... Jean-Pierre Vigato y signe une "cuisine vérité" guidée par le beau produit. Superbe cave.

Pierre Gagnaire

6 r. Balzac Ⓜ George V – ✆ 01 58 36 12 50 – www.pierregagnaire.com – Fermé août, vacances de Noël, sam. et dim.

Rest – Menu 110 € (déj.)/265 € – Carte 300/350 €

Spéc. Saveurs estivales. Sole et anémone de mer. Le grand dessert de Pierre Gagnaire.

◆ Le cadre contemporain, chic et feutré, s'efface devant l'avalanche de mets, d'inventivité, de curiosité, d'ouverture d'esprit... Grand amateur de jazz et d'art, Pierre Gagnaire fait chanter saveurs, couleurs et textures ! Une fête pour les sens.

Senderens

9 pl. de la Madeleine Ⓜ Madeleine – ✆ 01 42 65 22 90 – www.senderens.fr – Fermé 1er-21 août et fériés

Rest – Menu 116/160 € bc – Carte 90/140 €

Spéc. Saumon snacké, sushis de légumes et pamplemousse. Cochon de lait de Burgos, carottes fanes aux baies roses et avocat. Millefeuille à la vanille de Tahiti.

Rest *Bar le Passage* ✆ 01 42 65 56 66 – Menu 36 € – Carte 40/55 €

◆ Hier Lucas-Carton, aujourd'hui Senderens. Les boiseries Art nouveau cohabitent avec un mobilier futuriste, l'ambiance est plus décontractée... et l'essentiel demeure : le plaisir du palais, à travers une cuisine excellente, créative et épurée ! Au Passage, ambiance lounge et cuisine du marché.

La Table du Lancaster Hôtel Lancaster

7 r. de Berri Ⓜ George V – ✆ 01 40 76 40 18 – www.hotel-lancaster.fr – Fermé sam. midi

Rest – Menu 52 € bc (déj. en sem.), 115/145 € – Carte 95/165 €

Spéc. Grenouilles à la meunière sauce persil-parmesan. Sole à la ciboulette selon la recette historique des frères Troisgros. Soufflé à la truffe.

◆ Un cadre élégant avec chinoiseries et jardin zen... Cette table au nom légendaire ne pouvait qu'en appeler à un chef tel que Michel Troisgros (Roanne) pour superviser la carte. On y retrouve tout son goût de l'ailleurs, décliné par thèmes : produits, saveurs et sens.

PARIS

PARIS

XXX **Les Enfants Terribles**

8 r. Lord-Byron Ⓜ Charles de Gaulle-Etoile – ✆ 01 53 89 90 91 – www.enfantsterribles-paris.com – Fermé 3 sem. en août, sam. midi et dim.

Rest – Formule 45 € bc – Carte 56/100 €

◆ Terriblement chic : moulures classiques, verrière métallique, mobilier moderne et stylé... La carte est riche, mêlant de multiples influences (tradition, Asie, etc.).

XXX **1728**

8 r. d'Anjou Ⓜ Madeleine – ✆ 01 40 17 04 77 – www.1728-paris.com – Fermé 3 sem. en août, dim. et fériés

Rest – Menu 35 € (déj. en sem.) – Carte 68/100 €

◆ Ambiance romantique dans les salons de cet hôtel particulier du 18es. La cuisine marie volontiers les saveurs de l'Orient et de l'Occident. Voyage dans le temps et par le monde...

XXX **Le Diane** – Hôtel Fouquet's Barrière

46 av. George-V Ⓜ Georges V – ✆ 01 40 69 60 60 – www.fouquets-barriere.com – Fermé 20 juil.-21 août, 5-14 janv., sam. midi, dim. et lundi

Rest – Menu 60 € bc (déj.), 78/125 € – Carte 90/160 €

Spéc. Tourte de caille au foie gras. Turbot aux huîtres. Soufflé au Grand Marnier, sorbet mandarine.

◆ Confidentiel au sein de l'hôtel Fouquet's Barrière, le Diane offre élégance et discrétion : sa salle en rotonde, tout en tons mordorés, ouvre sur un agréable patio. On y déguste une cuisine gastronomique de belle facture, au classicisme soigné.

XXX **Le Vernet** – Hôtel Vernet

25 r. Vernet Ⓜ Charles de Gaulle-Etoile – ✆ 01 44 31 98 00 – www.hotelvernet.com – Fermé 3 sem. en août, sam. et dim.

Rest – Formule 39 € – Menu 105 € (dîner) – Carte 63/100 €

◆ Au cœur de l'hôtel Vernet, une salle superbe, sous une grande verrière ouvragée – signée Eiffel –, avec pilastres, drapés, etc. Cette table s'impose pour une belle occasion… Cuisine soignée, mêlant répertoire classique et associations nouvelles.

XXX **Fouquet's**

99 av. Champs-Élysées Ⓜ George V – ✆ 01 40 69 60 50 – www.lucienbarriere.com

Rest – Menu 89 € – Carte 70/145 €

◆ Le rendez-vous du Tout-Paris depuis 1899... On va au Fouquet's comme on visite la tour Eiffel, pour son décor classé et sa terrasse sur les Champs. Mets classiques et plats de brasserie.

XXX **Copenhague**

142 av. des Champs-Élysées, (Maison du Danemark - 1er étage) Ⓜ George V – ✆ 01 44 13 86 26 – www.copenhague-paris.com – Fermé 5-26 août, sam. midi, dim. et fériés

Rest – Menu 51/98 € – Carte 70/130 €

◆ Dans la Maison du Danemark, avec le portrait de la reine ! Les saveurs danoises ne font pas vitrine : blinis, aquavit, saumon, renne fumé... Vue sur les Champs, terrasse à l'arrière.

XXX **Stella Maris** (Tateru Yoshino)

4 r. Arsène Houssaye Ⓜ Charles de Gaulle-Etoile – ✆ 01 42 89 16 22 – Fermé sam. midi, dim. et fériés

Rest – Menu 68 € (déj.), 70/130 € – Carte 80/110 €

Spéc. Millefeuille de thon mariné et aubergine en tapenade. Carré d'agneau de Lozère rôti en persillade. Kouign amann façon penthièvre, sorbet au cidre, sauce pomme verte.

◆ Un chef japonais brillant, épris de gastronomie française, signe la carte classique de ce restaurant raffiné, proche de l'Arc de Triomphe. Décor épuré, touches Art déco.

XXX **Maison Blanche**

15 av. Montaigne Ⓜ Alma Marceau – ✆ 01 47 23 55 99 – www.maison-blanche.fr – Fermé 5-25 août, sam. midi et dim. midi

Rest – Formule 39 € – Menu 69 € (déj.)/110 € – Carte 60/200 €

◆ Prenez vos quartiers sur le toit du théâtre des Champs-Élysées, dans ce loft design qui domine Paris ! Cuisine contemporaine : saveurs méditerranéennes, d'Asie...

Le Chiberta

3 r. Arsène-Houssaye Ⓜ Charles de Gaulle-Etoile – ✆ 01 53 53 42 00 – www.lechiberta.com – Fermé 2 sem. en août, sam. midi et dim.

Rest – Menu 55 € (sem.), 100/155 € bc – Carte 80/100 €

Spéc. Terrine de foie gras de canard au porto, chutney de melon acidulé. Filet de daurade royale poêlée, écrasé de potimarron et salades amères. Terrine de pamplemousse sauce thé earl grey.

◆ Lumière tamisée, décor feutré et dépouillé conçu par J.-M. Wilmotte (tons sombres, insolites "murs à bouteilles") : l'écrin chic d'une cuisine inventive supervisée par Guy Savoy.

Oth Sombath

184 r. du Fg-St-Honoré Ⓜ St-Philippe-du-Roule – ✆ 01 42 56 55 55 – www.othsombath.com – Fermé août et dim.

Rest – Formule 28 € – Menu 35 € (déj.), 40/70 € – Carte 55/75 €

◆ Un décor résolument moderne et élégant pour ce thaï qui n'a rien de traditionnel : nem au foie gras, bar au citron vert, crevettes au curry jaune, émincé de bœuf au basilic thaï...

Citrus Étoile

6 r. Arsène-Houssaye Ⓜ Charles de Gaulle-Étoile – ✆ 01 42 89 15 51 – www.citrusetoile.com – Fermé 23 déc.-4 janv., sam., dim. et fériés

Rest – Menu 49 € (déj.), 75/99 € – Carte 70/90 €

◆ Gilles Épié signe une cuisine originale, à la croisée d'une solide formation classique et de belles expériences à l'étranger (Californie). Déco élégante, accueil délicieux.

Le Victoria – Hôtel Bedford

17 r. de l'Arcade Ⓜ Madeleine – ✆ 01 44 94 77 77 – www.hotel-bedford.com – Fermé août, le soir, sam., dim. et fériés

Rest – Formule 39 € – Menu 47 € – Carte 59/65 €

◆ Un décor 1900 avec une profusion de motifs décoratifs en stuc et une superbe coupole : le Victoria est le joyau de l'hôtel Bedford. Dans un tel cadre, la cuisine traditionnelle est à sa place !

Le Relais Plaza – Hôtel Plaza Athénée

25 av. Montaigne Ⓜ Alma Marceau – ✆ 01 53 67 64 00 – www.plaza-athenee-paris.com – Fermé 24 juil.-29 août

Rest – Menu 48 € – Carte 75/140 €

◆ La cantine chic et feutrée des maisons de couture voisines. Très beau décor des années 1930 inspiré du paquebot Normandie ; cuisine actuelle sur de sérieuses bases classiques.

Il Carpaccio – Hôtel Le Royal Monceau

37 av. Hoche Ⓜ Charles De Gaulle-Etoile – ✆ 01 42 99 88 00 – www.leroyalmonceau.com – Fermé août, vacances scolaires de fév., dim. et lundi

Rest – Carte 90/130 €

◆ On y accède par un étonnant couloir orné de milliers de coquillages... Même ravissement dans la salle, qui évoque un élégant jardin d'hiver. La carte est volontairement simple, dans cet esprit familial qui va si bien à la cuisine italienne.

114, Faubourg – Hôtel Bristol

114 r. Fg St-Honoré Ⓜ Miromesnil – ✆ 01 53 43 44 44 – www.lebristolparis.com – Fermé sam. midi et dim. midi

Rest – Formule 46 € – Carte 80/100 €

◆ Une brasserie so chic – colonnes dorées, motifs floraux, grand escalier – créée en 2009 dans la nouvelle aile du Bristol. Un décor chatoyant pour une cuisine éclectique et pétillante !

La Cuisine – Hôtel Le Royal Monceau

37 av. Hoche Ⓜ Charles De Gaulle Etoile – ✆ 01 42 99 88 00 – www.leroyalmonceau.com

Rest – Carte 80/120 €

◆ Toute l'atmosphère exclusive d'un restaurant de palace, mais dans une veine intime et artiste (photos originales, lithographies, etc.) : la "Cuisine" du Royal Monceau évoque un salon particulier... Cuisine française.

PARIS

XX **Pershing Hall** – Hôtel Pershing Hall

49 r. Pierre Charron Ⓜ George V – ✆ 01 58 36 58 36 – www.pershinghall.com

Rest – Formule 39 € – Menu 45 € (déj. en sem.) – Carte 70/100 €

◆ Atmosphère contemporaine et cuisine "in" – mélange d'influences françaises, italiennes et asiatiques – pour ce restaurant au décor branché. La cour face au mur végétal impressionne ; beau choix de champagnes.

XX **De Sers** – Hôtel De Sers

41 av. Pierre 1er de Serbie Ⓜ George V – ✆ 01 53 23 75 75 – www.hoteldesers.com – Fermé août et dim. soir

Rest – Formule 35 € – Menu 50/109 € – Carte 50/80 €

◆ Élégance minimaliste et cadre design pour ce restaurant qui privilégie les produits bio. Certaines recettes sont basses calories, détail utile si l'on est au régime. Agréable terrasse et salon privé pour les déjeuners d'affaires.

XX **Mini Palais**

Au Grand Palais - 3 av. Winston Churchill Ⓜ Champs-Elysées Clemenceau – ✆ 01 42 56 42 42 – www.minipalais.com

Rest – Formule 28 € – Carte 32/74 €

◆ Au Grand Palais se cache ce Mini Palais, dédié aux plaisirs... du palais ! Honneur aux beaux produits, à la générosité et à la simplicité ; en complément, carte d'en-cas pour grignoter de midi à minuit et salon de thé. La terrasse est exquise.

PARIS

XX **Nolita**

1 av. Matignon, (Motor Village - 2ème étage) Ⓜ Franklin D. Roosevelt – ✆ 01 53 75 78 78 – www.motorvillage.fr

Rest – Carte 40/75 €

◆ Un restaurant chic, au sein du MotorVillage (showroom d'un grand groupe auto italien). La cuisine joue la carte de l'authenticité transalpine et les saveurs démarrent au quart de tour !

XX **L'Arôme**

✿ *3 r. St-Philippe-du-Roule Ⓜ St-Philippe-du-Roule – ✆ 01 42 25 55 98 – www.larome.fr – Fermé août, sam. et dim.*

Rest – Formule 39 € – Menu 69/119 €

Spéc. Salade de homard breton à la sauce ponzu, guacamole d'avocat. Poêlée de sot l'y laisse de volaille de Bresse aux cèpes et girolles (saison). Millefeuille déstructuré, caramel et noisettes du Piémont.

◆ En salle, Éric Martins vous conseille des vins en parfaite harmonie avec les plats de Thomas Boullault. Ce dernier réalise une cuisine française raffinée et inventive, accordant la toute première place aux produits de saison. Chic, chaleureux et... plein d'arômes !

XX **Le 39V** (Frédéric Vardon) soir,

✿ *39 av. George V, (6ème étage), entrée par le 17 r. Quentin Bauchart Ⓜ George V – ✆ 01 56 62 39 05 – www.le39v.com – Fermé août, sam. et dim.*

Rest – Formule 40 € – Menu 50 € (déj.)/85 € – Carte 65/125 €

Spéc. Pâté de canard en croûte, jeunes pousses et condiments. Saint-pierre de Bretagne, artichauts bouquet et sucs persillés. Carré "39V" tout chocolat.

◆ La température monte au 39 de l'avenue George-V ! Au 6e étage de ce bel immeuble haussmannien – sur les toits de Paris –, dans un décor épuré, on s'enfièvre pour les belles saveurs : le chef signe une cuisine raffinée, sur de solides bases classiques, avec pour clef de voûte d'excellents produits...

XX **M64** – Hôtel Intercontinental Avenue Marceau

64 av. Marceau Ⓜ George V – ✆ 01 44 43 36 50 – www.ic-marceau.com – Fermé dim. soir

Rest – Formule 41 € – Menu 49 € (déj.) – Carte 70/85 €

◆ Un cadre lounge pour une cuisine du marché volontairement "nature", qui privilégie la spontanéité et, évidemment, la fraîcheur. Les cuisines ouvertes permettent de suivre en direct le joli travail du chef.

XX **Café Faubourg** – Hôtel Sofitel le Faubourg

15 r. Boissy-d'Anglas Ⓜ Concorde – ✆ 01 44 94 14 24 – www.sofitel.com – Fermé sam. midi et dim. midi

Rest – Carte 60/75 €

◆ Nouveau chef en 2011 pour ce restaurant au cadre très "mode". D'origine japonaise, passé par de belles maisons, il signe une cuisine inventive et savoureuse, telle une queue de lotte pochée, bouillon au safran et riz sauvage.

XX **Safran** – Hôtel Hilton Arc de Triomphe

51 r. de Courcelles Ⓜ Courcelles – ✆ 01 58 36 67 96 – www.hilton.com

Rest – Formule 31 € – Carte 40/85 €

◆ Pas de rupture de style pour ce Safran de l'hôtel Hilton, qui attire une clientèle du monde entier : sol en marbre, terrasses, grands miroirs... Les spécialités de brasserie dominent à la carte. Brunch très prisé le dimanche.

XX **Marius et Janette**

4 av. George V Ⓜ Alma Marceau – ✆ 01 47 23 41 88

Rest – Menu 48 € (sem.) – Carte 78/137 €

◆ Un élégant décor façon yacht, des filets de pêche, etc. Ici, les produits de la mer sont évidemment à l'honneur ; la carte est renouvelée chaque jour, au gré des arrivages...

PARIS

XX **Market**

15 av. Matignon Ⓜ Franklin D. Roosevelt – ✆ 01 56 43 40 90 – www.jean-georges.com

Rest – Formule 36 € – Carte 50/80 €

◆ Béton ciré, lin, bois et touches ethniques : un bistrot chic et "in" au service d'une belle cuisine fusion placée sous les auspices new-yorkais de Jean-Georges Vongerichten.

XX **Tante Louise**

41 r. Boissy-d'Anglas Ⓜ Madeleine – ✆ 01 42 65 06 85 – www.bernard-loiseau.com – Fermé août, sam., dim. et fériés

Rest – Formule 25 € – Menu 38/59 € – Carte 60/72 €

◆ L'enseigne évoque la "Mère" parisienne à l'origine de ce restaurant Art déco. À la carte, des recettes traditionnelles et des allusions au terroir bourguignon : escargots au beurre persillé, rognons de veau, etc. Un grand classique.

XX **Mimosa**

37 r. de Miromesnil Ⓜ Miromesnil – ✆ 01 42 65 78 60 – Fermé août, sam. et dim.

Rest – Menu 36 €

◆ En 2010, le Mimosa s'appelait encore Maxan. Désormais, c'est une jeune chef passée chez Gérard Besson qui œuvre dans cet établissement aux allures arty. Soupe aux palourdes, œuf... mimosa revisité, bar en croûte d'escargots : que de parfums !

XX **Indra**

10 r. Cdt-Rivière Ⓜ St-Philippe-du-Roule – ✆ 01 43 59 46 40 – www.restaurant-indra.com

Rest – Menu 40 € (déj.), 44/65 € – Carte 40/60 €

◆ L'un des premiers restaurants indiens de France (1976), dont le cadre – ravissant – invite à un voyage culinaire au nord du pays des Maharadjas. Beau choix de plats végétariens.

XX **Diep**

55 r. Pierre-Charon Ⓜ George V – ✆ 01 45 63 52 76 – www.diep.fr

Rest – Carte 40/75 €

◆ Du rouge, du noir, des alcôves et des panneaux sculptés : l'Asie dans le décor, tout comme dans l'assiette. Plats chinois et thaïlandais ; poissons et crustacés à l'honneur.

XX **La Fermette Marbeuf 1900**

5 r. Marbeuf Ⓜ Alma Marceau – ✆ 01 53 23 08 00 – www.fermettemarbeuf.com

Rest – Formule 24 € – Menu 33/48 € – Carte 45/70 €

◆ Un lieu mythique qui ravira les amateurs d'Art nouveau. Superbe verrière, céramiques, fonte : tout y est... Dans l'assiette, rien que des grands classiques : turbot sauce hollandaise, soufflé au Grand Marnier, etc. Quelle Belle Époque !

XX **Le Stresa**

7 r. Chambiges Ⓜ Alma Marceau – ✆ 01 47 23 51 62 – www.lestresa.com – Fermé août, 20 déc.-4 janv., 1er-8 mai, sam. et dim.

Rest *(réserver)* – Carte 70/110 €

◆ Trattoria du Triangle d'or fréquentée par une clientèle très jet-set. Compressions de César, œuvres d'Arman... Les artistes aussi apprécient la cuisine italienne.

XX **Bistrot du Sommelier**

97 bd Haussmann Ⓜ St-Augustin – ✆ 01 42 65 24 85 – www.bistrotdusommelier.com – Fermé 28 juil.-26 août, 22 déc.-1er janv., sam. et dim.

Rest – Formule 33 € – Menu 39 € (déj.), 65 € bc/110 € bc – Carte 50/70 €

◆ On vient dans ce bistrot de Philippe Faure-Brac, meilleur sommelier du monde en 1992, pour sa cuisine du marché, son joli caveau de dégustation et ses "vendredis du vigneron".

XX **Al Ajami**

58 r. François 1er Ⓜ George V – ✆ 01 42 25 38 44 – www.ajami.com

Rest – Formule 17 € – Menu 27 € (déj. en sem.), 30/49 € – Carte 38/60 €

◆ L'ambassade parisienne d'une enseigne créée à Beyrouth en 1920. La clientèle internationale apprécie ce lieu très oriental ; au déjeuner, sympathique menu beyrouthin à prix sage.

PARIS

XX **Hanawa**

26 r. Bayard Ⓜ Franklin D. Roosevelt – ✆ 01 56 62 70 70 – www.hanawa.fr – Fermé dim.

Rest – Formule 35 € – Menu 64 € (déj.), 85/125 € – Carte 60/150 €

◆ Grand restaurant japonais raffiné et zen (bois, fleurs) sur 1 100 m². Sushi-bar à l'étage et, au sous-sol, teppanyaki aux influences françaises.

X **Café Lenôtre - Pavillon Elysée**

10 av. des Champs-Elysées Ⓜ Champs Elysées Clemenceau – ✆ 01 42 65 85 10 – www.lenotre.fr – Fermé 3 sem. en août, 19 fév.-6 mars, dim. sauf le midi d'avril à oct. et lundi de nov. à mars

Rest – Formule 35 € – Carte 51/73 €

◆ Ce pavillon, bâti pour l'Exposition universelle de 1900, distille une sobre élégance. Au déjeuner, le menu est attractif et, sous le soleil, la terrasse est exquise... Boutique dédiée aux arts de la table et école de cuisine.

X ✿✿ **L'Atelier de Joël Robuchon - Étoile**

133 av. des Champs-Élysées, (Publicis Drugstore niveau -1) Ⓜ Charles de Gaulle-Étoile – ✆ 01 47 23 75 75 – www.joel-robuchon.com – Accueil de 11h30 à 15h30 et de 18h30 à minuit. Réservations uniquement pour certains services : se renseigner

Rest – Menu 37 € (déj.)/160 € – Carte 70/130 €

Spéc. Langoustine en ravioli à l'étuvée de chou vert. Caille caramélisée au foie gras, pomme purée. Minty au chocolat chuao coulant, mousse de lait à la menthe.

◆ Le dernier né des "ateliers" du grand chef, à deux pas de l'Arc de Triomphe. Un concept éprouvé : long comptoir avec tabourets, tons rouge et noir… et recettes alliant finesse et simplicité, entre France, Espagne et Asie.

X ✿ **Dominique Bouchet**

11 r. Treilhard Ⓜ Miromesnil – ✆ 01 45 61 09 46 – www.dominique-bouchet.com – Fermé 1er-22 août, sam. et dim.

Rest *(réserver)* – Formule 46 € – Menu 60 € (déj.)/98 € – Carte 85/120 €

Spéc. Charlotte de crabe, tomate, avocat, pomme acide, laitue et mangue (avril à août). Saint-pierre à la vapeur, émulsion de beurre au pamplemousse et fanes de jeunes épinards. Tarte au chocolat amer et sorbet fruits exotiques.

◆ C'est le genre d'adresse que l'on a envie de recommander à tous ses proches : atmosphère contemporaine et intime, service alerte, cuisine du marché savoureuse et bien troussée...

X **Royal Madeleine**

11 r. Chevalier-St-George Ⓜ Madeleine – ✆ 01 42 60 14 36 – www.royalmadeleine.com – Fermé 1er-16 janv. et week-ends en juil.-août

Rest – Carte 42/75 €

◆ Un bistrot des années 1940 (ancien café-charbon) avec ses miroirs d'époque et ses gravures rétro. Cuisine bistrotière et beau choix de vins à prix raisonnable.

Café Prunier

15 pl. de la Madeleine Ⓜ Madeleine – ✆ 01 47 42 98 91 – www.prunier.com
Rest – Formule 30 € – Menu 36/125 € – Carte 55/100 €
◆ "Faire sympa, léger et goûteux" : mission accomplie pour ce café chic inspiré de la maison mère, institution du caviar et du saumon dans le 16e. Boutique au rez-de-chaussée.

Le Petit Marius

6 av. George V Ⓜ Alma Marceau – ✆ 01 40 70 11 76
Rest – Carte 50/70 €
◆ Le digne fils de la maison mère Marius et Janette : petites tables serrées et simplement dressées, décoration provençale colorée et cuisine de la mer bien iodée.

Aoki Makoto

19 r. Jean Mermoz Ⓜ Mirosmenil – ✆ 01 43 59 29 24 – Fermé août, 24 déc.-6 janv., sam. et dim.
Rest – Formule 22 € – Menu 45 € (dîner)/65 € – Carte 60/83 €
◆ Aoki Makoto, chef japonais, réalise une cuisine on ne peut plus française – et de belle tenue ! Assiette aux treize légumes, pigeon rôti au foie gras, baba au rhum...

Chez Cécile - La Ferme des Mathurins

17 r. Vignon Ⓜ Madeleine – ✆ 01 42 66 46 39 – www.chezcecile.com – Fermé sam. midi et dim.
Rest – Formule 29 € – Menu 35/59 €
◆ Simenon avait ses habitudes dans cette petite institution de la Madeleine, aujourd'hui tenue par une jeune femme dynamique. Vent de fraîcheur sur le décor et sur la cuisine, toute de saison.

Café Sud

12 r. de Castellane Ⓜ Madeleine – ✆ 01 42 65 90 52 – www.cafesud.com – Fermé 14-19 août, sam. midi et dim.
Rest – Formule 35 € – Menu 50 € – Carte 45/60 €
◆ On se sent bien dans sa petite salle simple et chic. Une atmosphère reposante... La carte marie tradition, épices et influences du Sud.

Daru

soir,

19 r. Daru Ⓜ Courcelles – ✆ 01 42 27 23 60 – www.daru.fr – Fermé août et dim.
Rest – Formule 29 € – Carte 50/150 €
◆ Fondée en 1918, la maison Daru fut la première épicerie russe de Paris. Elle perpétue la tradition slave et retrouve la Russie d'autrefois : taramas, bœuf Stroganov, blinis...

Le Percolateur

20 r. de Turin Ⓜ Rome – ✆ 01 43 87 97 59 – www.lepercolateur.fr – Fermé 2 sem. en août, sam. midi et dim.
Rest – Formule 15 € – Menu 20 € (déj.)/29 € – Carte 30/44 €
◆ Cette ancienne gargote s'est muée en bistrot où brille une collection de... percolateurs. Cuisine à l'image du lieu : terrine maison, macaronis aux olives, poulet saté, etc.

Le Bouco

10 r. de Constantinople Ⓜ Europe – ✆ 01 42 93 73 33 – www.lebouco.com – Fermé août, sam., dim. et fériés
Rest *(nombre de couverts limité, réserver)* – Formule 24 € – Menu 31 € (déj.), 35/45 €
◆ Ce minuscule néobistrot revisite avec simplicité la cuisine du Sud-Ouest : jambon basque, terrine de foies de volaille, tartare de bœuf et frites maison, camembert à la truffe...

Shin Jung

7 r. Clapeyron Ⓜ Rome – ✆ 01 45 22 21 06 – www.shinjung.fr – Fermé 1er-15 août, dim. midi et fériés le midi
Rest – Formule 14 € – Menu 16/45 € bc – Carte 26/40 €
◆ Une modeste adresse de quartier, simple, moderne et conviviale. Spécialités sud-coréennes : bibimbap, kimchi, barbecue, poissons crus...

PARIS

S. Sauvignier/MICHELIN

Opéra · Grands Boulevards

9e arrondissement

75009

Intercontinental Le Grand

2 r. Scribe Opéra – 01 40 07 32 32 – www.paris.intercontinental.com
442 ch – 285/900 € 285/900 € – 28 suites – 39 €
Rest *Café de la Paix* 12 bd des Capucines, 01 40 07 36 36 – Formule 36 € – Menu 46 € (déj.)/77 € – Carte 70/116 €
◆ Né en 1862, il fête son 150e anniversaire en 2012. Voilà bien un Grand Hôtel, exemplaire du 19e s., sur la place même de l'Opéra, au cœur du Paris d'Haussmann ! Son Café de la Paix au sublime décor, sa cour intérieure à l'ambiance proustienne, ses chambres de style Second Empire... Un monument parisien.

Scribe

1 r. Scribe Opéra – 01 44 71 24 24 – www.hotel-scribe-paris.com
204 ch – 270/810 € 270/810 € – 9 suites – 35 €
Rest *Le Lumière* – voir les restaurants ci-après
◆ Chic, très feutré et tellement parisien... On tombe sous le charme du Scribe, presque confidentiel dans son immeuble haussmannien proche de l'Opéra. En 1895, le public y découvrait en première mondiale le cinématographe des frères Lumière. L'élégance discrète des lieux n'a rien d'un mirage.

Ambassador Radisson Blu

rest,

16 bd Haussmann Richelieu Drouot – 01 44 83 40 40 – www.radissonblu.com/ambassadorhotel-paris
289 ch – 290/850 € 310/880 € – 8 suites – 28 €
Rest *16 Haussmann* 01 48 00 06 38 *(sam. midi et dim.)* – Menu 49 €
◆ Panneaux de bois peints, lustres en cristal et objets anciens : cet hôtel Art déco est élégant et raffiné. Ses chambres, rénovées dans un esprit cosy, mêlent le charme rétro et le contemporain. Esprit brasserie au 16 Haussmann.

Banke

ch,

20 r. Lafayette Chaussée d'Antin – 01 55 33 22 22 – www.derbyhotels.com
94 ch – 190/790 € 190/1265 € – 34 €
Rest *Josefin* – Menu 29 € (déj. en sem.) – Carte 40/75 €
◆ Reconversion originale : au cœur du quartier des affaires de la Belle Époque, entre Bourse et Opéra, cet ancien siège bancaire est devenu hôtel de luxe en 2009. Le hall opulent, sous une immense verrière, mérite le coup d'œil ; quant aux chambres, elles se révèlent chaleureuses.

Jules sans rest

49 r. La Fayette Le Peletier – 01 42 85 05 44 – www.hoteljules.com
101 ch – 150/500 € 170/1015 € – 20 €
◆ Ludique et chic, cet hôtel s'inspire du design des années 1950 et 1960 ; ses chambres jouent la carte rétro ou contemporaine, toujours avec élégance et peps... Vitaminé et coloré, Jules a du style !

St-Pétersbourg sans rest

33 r. Caumartin Havre Caumartin – 01 42 66 60 38 – www.hotelsaintpetersbourg.com
98 ch – 144/191 € 165/249 €
◆ Un hôtel très traditionnel tenu en famille, au décor classique certes un peu démodé, mais l'ensemble est d'une tenue sans faille.

Astra Opéra sans rest
29 r. Caumartin Ⓜ Havre Caumartin – ✆ 01 42 66 15 15 – www.astotel.com
82 ch – †199/529 € ††199/529 € – ☕ 15 €
◆ Dans un immeuble haussmannien, non loin de l'Opéra, un établissement d'esprit contemporain, avec des chambres confortables, raffinées et tendance, ainsi qu' un joli salon sous une verrière.

Secret de Paris sans rest
2 r. de Parme Ⓜ Place de Clichy – ✆ 01 53 16 33 33 – www.hotelsecretdeparis.com
29 ch – †175/340 € ††199/440 € – ☕ 18 €
◆ Son concept ? Placer chaque client au cœur d'un monument parisien. Du Moulin Rouge à l'Opéra Garnier. Le maître-mot est : "Chut !" Un secret confort et high-tech à divulguer sans tarder.

Athénée sans rest
19 r. Caumartin Ⓜ Havre Caumartin – ✆ 01 40 17 99 29 – www.hotel-athenee.com
20 ch – †203/530 € ††248/530 € – ☕ 18 €
◆ Non loin du théâtre de l'Athénée, cet hôtel chic assume un style néobaroque très "opéra"... signé Jacques Garcia. Draperies, velours pourpre, boiseries, chambres décorées sur un thème lyrique ("Traviata", "Faust"...). Chamarré et précieux !

Triangle d'Or sans rest
6 r. Godot-de-Mauroy Ⓜ Havre Caumartin – ✆ 01 47 42 25 05 – www.hoteldutriangledor.com
45 ch – †149/229 € ††189/309 € – ☕ 15 €
◆ Derrière l'Olympia, son décor ne pouvait qu'être musical. Pour repenser les chambres, ses propriétaires ont fait appel à MC Solaar, Manu Katché, Higelin... Textes de chansons et photos, djembés en guise de têtes de lit, etc. Good Vibrations !

Pulitzer sans rest
23 r. du Faubourg-Montmartre Ⓜ Grands Boulevards – ✆ 01 53 34 98 10 – www.hotelpulitzer.com
44 ch – †150/270 € ††150/270 € – ☕ 15 €
◆ Le charme d'une bibliothèque so british (fauteuils Chesterfield très confortables) et l'élégance contemporaine du style industriel, le tout au cœur du Paris des théâtres et des grands magasins... Ce Pulitzer mérite le prix de l'originalité.

Joyce sans rest
29 r. La Bruyère Ⓜ St-Georges – ✆ 01 55 07 00 01 – www.astotel.com
44 ch – †149/329 € ††149/329 € – ☕ 12 €
◆ Têtes de lit, bibliothèques, luminaires et boiseries sont dessinés sur les murs, tel un croquis d'architecte. Du style dans ce boutique-hôtel plein de caractère ! Petit-déjeuner sous une jolie verrière.

Palm sans rest
30 r. de Maubeuge Ⓜ Cadet – ✆ 01 42 85 07 61 – www.astotel.com
38 ch – †139/249 € ††139/249 € – ☕ 12 €
◆ Entièrement rénové et rouvert en 2011, cet hôtel remporte une palme : mobilier coloré revisitant de manière décalée les années 1950, esprit bio et nature dans les chambres, wifi gratuit... Et il y a même un grand palmier au sous-sol !

Opéra Pavillon sans rest
7 r. de Parme Ⓜ Liège – ✆ 01 55 31 60 00 – www.pavillonparis.com
30 ch ☕ – †130/210 € ††150/330 €
◆ Dans une rue tranquille, un hôtel sobre et élégant, où règne une atmosphère feutrée (chambres petites mais intimes, avec du bois, des tons chauds...). Le plus : la formule "tout inclus" comprenant le petit-déjeuner, le goûter, le wifi, etc.

Anjou Lafayette sans rest
4 r. Riboutté Ⓜ Cadet – ✆ 01 42 46 83 44 – www.hotelanjoulafayette.com
39 ch – †109/210 € ††119/250 € – ☕ 12 €
◆ Dans une rue calme, un hôtel d'esprit familial et cosy, avec des chambres confortables, très bien tenues et décorées dans un esprit chaleureux.

PARIS

Opéra d'Antin sans rest

75 r. de Provence Ⓜ Chaussée d'Antin – ✆ 01 48 74 12 99 – www.operadantin.com

30 ch – †105/270 € ††115/270 € – ☕ 13 €

◆ Tout près des grands magasins et de l'Opéra, un petit hôtel dont les chambres, classiques, se révèlent agréables et chaleureuses. Atouts charme : le hall Art déco et la salle des petits-déjeuners, aménagée sous une verrière.

Langlois sans rest

63 r. St-Lazare Ⓜ Trinité – ✆ 01 48 74 78 24 – www.hotel-langlois.com

27 ch – †96/120 € ††120/150 € – 3 suites – ☕ 13 €

◆ Un établissement né en 1896, qui ravira les amateurs d'hôtels authentiques. Art nouveau ou Art déco, les chambres des 5e et 6e étages donnent sur Paris et ont un caractère bien marqué ; les autres sont plus sobres, dans un esprit fifties.

Les Trois Poussins sans rest

15 r. Clauzel Ⓜ St-Georges – ✆ 01 53 32 81 81 – www.les3poussins.com

40 ch – †75/190 € ††80/250 € – ☕ 13 €

◆ Dans une rue calme, Trois Poussins avenants avec des chambres classiques et fonctionnelles... Au dernier étage, on profite de la vue sur Paris.

Lorette Opéra sans rest

36 r. Notre-Dame-de-Lorette Ⓜ St-Georges – ✆ 01 42 85 18 81 – www.astotel.com

84 ch – †139/299 € ††139/319 € – ☕ 12 €

◆ Pierres apparentes, parquet brut : le hall de cet hôtel est très agréable, on y pose ses valises avec plaisir. Chambres actuelles et fonctionnelles, aux tailles variables.

Acadia Opéra sans rest

4 r. Geoffroy-Marie Ⓜ Grands Boulevards – ✆ 01 40 22 99 99 – www.astotel.com

36 ch – †139/299 € ††139/299 € – ☕ 12 €

◆ Des chambres décorées sobrement dans un esprit minimaliste, au cœur d'un quartier animé : près des Folies Bergère, un petit hôtel assez simple et pratique...

Caumartin Opéra sans rest

27 r. Caumartin Ⓜ Havre Caumartin – ✆ 01 47 42 95 95 – www.astotel.com

40 ch – †165/299 € ††165/299 € – ☕ 12 €

◆ Tendance, coloré et un brin pop : cet hôtel est tout cela à la fois... et il a le mérite de se trouver au cœur du Paris commerçant, à quelques pas des grands magasins et de l'Opéra.

Relais Madeleine sans rest

11 bis r. Godot-de-Mauroy Ⓜ Havre Caumartin – ✆ 01 47 42 22 40 – www.relaismadeleine.fr

23 ch – †130/285 € ††160/510 € – ☕ 15 €

◆ Un peu comme dans une maison de famille, mais en plein centre de Paris ! Indéniablement, ce petit hôtel a du charme, avec son mobilier chiné, ses teintes chatoyantes et ses tissus choisis... Sans parler de l'accueil attentionné.

Monterosa sans rest

30 r. La Bruyère Ⓜ St-Georges – ✆ 01 48 74 87 90 – www.astotel.com

36 ch – †139/279 € ††139/279 € – ☕ 12 €

◆ Urbain, sobre et fonctionnel : cet établissement rénové en 2010 est le petit frère du Joyce et cultive le même esprit frais et lumineux.

9 Hotel sans rest

14 r. Papillon Ⓜ Cadet – ✆ 01 47 70 78 34 – www.le9hotel.com

35 ch – †120/220 € ††130/260 € – ☕ 15 €

◆ Non loin de la gare du Nord, dans une rue assez calme, un hôtel contemporain et pratique : les chambres, très épurées (parquet noir, murs blancs), sont petites et néanmoins agréables.

Du Pré sans rest

10 r. Pierre-Sémard Ⓜ Poissonnière – ✆ 01 42 81 37 11 – www.leshotelsdupre.com

40 ch – †105/160 € ††130/160 € – ☕ 12 €

◆ L'esprit familial est dans le Pré, entre les Grands Boulevards et la gare du Nord ! Dans ce petit hôtel règne une atmosphère simple et sympathique ; les chambres sont fonctionnelles, très bien tenues et colorées.

L'Opéra

pl. Jacques-Rouché - Palais Garnier Ⓜ Opéra – ✆ 01 42 68 86 80 – www.opera-restaurant.fr

Rest – Formule 40 € – Carte 50/100 €

◆ Fantôme ? Petit rat ? Non, gourmet de l'Opéra ! Au sein du monument de Charles Garnier, dans la rotonde qui accueillait autrefois les fiacres, le décor fait un incroyable entrechat entre le 19es. et l'avant-garde : mondain au sol, intime sur la mezzanine "autoportante"... Partition contemporaine dans l'assiette.

Jean

8 r. St-Lazare Ⓜ Notre-Dame de Lorette – ✆ 01 48 78 62 73 www.restaurantjean.fr – Fermé 30 juil.-20 août, sam. et dim.

Rest – Menu 46 € (déj.), 50/95 € – Carte 70/90 €

Spéc. Tartare et carpaccio de Saint-Jacques. Bar de ligne poêlé, pommes de terre de Noirmoutier au beurre d'algue. Baba au rhum, fruits frais et chantilly à la vanille.

◆ Poutres peintes, tentures fleuries, etc. Au cœur du 9e arrondissement, Jean donne l'illusion d'une charmante escapade en dehors du Paris contemporain... Fin 2011, un nouveau chef a repris les rênes de ses cuisines : l'occasion de plaisirs renouvelés, autour de mets raffinés marqués par le sens de l'épure et des saveurs.

PARIS

Le Lumière – Hôtel Scribe

1 r. Scribe Ⓜ Opéra – ✆ 01 44 71 24 24 – www.hotel-scribe-paris.com

Rest – Formule 45 € – Menu 110 € (sem.) – Carte 56/90 €

Spéc. Croustillant de pain noir et boudin "maison", soupe de cresson et girolles sautées. Cabillaud cuit sur la peau, gros poireau farci d'un risotto au cidre. Chariot de pâtisseries classiques et de créations.

◆ Les frères Lumière firent en ces lieux leur première projection publique. La salle, sous une superbe verrière, évoque avec élégance cette Belle Époque... Quant à l'assiette, elle ne manque ni de vivacité ni d'éclat ! Cadrage, scénario, émotion : le chef est un savant metteur en scène. Carte plus simple le week-end.

Au Petit Riche

25 r. Le Peletier Ⓜ Richelieu Drouot – ✆ 01 47 70 68 68 – www.aupetitriche.com – Fermé week-ends de mi-juil. à fin août et fériés

Rest – Formule 23 € – Menu 29/35 € bc – Carte 35/60 €

◆ Salles en enfilade, banquettes en velours rouge, tables élégantes : le charme préservé d'un authentique bistrot du 19e s. et... d'une véritable institution de la vie parisienne. Cuisine d'inspiration tourangelle et beau choix de vins de Loire.

Romain

40 r. St-Georges Ⓜ St-Georges – ✆ 01 48 24 58 94 – Fermé août, sam. et dim.

Rest – Formule 29 € – Menu 35 € – Carte 40/70 €

◆ Romain, c'est le prénom du jeune sommelier... qui n'est autre que le fils des propriétaires de ce chaleureux restaurant italien. Tandis qu'il vous conseille d'agréables nectars de la Botte, son père réalise de généreux petits plats.

La Petite Sirène de Copenhague

47 r. N.-D.-de-Lorette Ⓜ St-Georges – ✆ 01 45 26 66 66 – Fermé août, 23 déc.-2 janv., sam. midi, dim. et lundi

Rest *(réserver)* – Menu 31 € (déj.)/35 € – Carte 50/70 €

◆ Au-dessus de la devanture flotte un drapeau danois... qui annonce tout de suite la couleur gourmande de cet antre ! Menu du jour sur ardoise et carte plus étoffée (mais plus chère)... pour se régaler de harengs à la danoise, entre autres.

Carte Blanche

6 r. Lamartine Ⓜ Cadet – ✆ 01 48 78 12 20 – www.restaurantcarteblanche.com – Fermé 29 juil.-20 août, sam. midi, dim. et fériés

Rest – Formule 28 € – Menu 35/49 €

◆ Le chef concocte une cuisine classique plutôt sophistiquée, mais s'accorde aussi quelques escapades exotiques honorant les saveurs du monde... Ses plats sont savoureux et maîtrisés : on lui laisse carte blanche !

Le Pré Cadet

10 r. Saulnier Ⓜ Cadet – ✆ 01 48 24 99 64 – Fermé 2 sem. en août, sam. midi, dim. et lundi

Rest *(nombre de couverts limité, réserver)* – Menu 30 € – Carte 36/69 €

◆ Sympathie, convivialité et plats canailles... dont la tête de veau, orgueil de la maison ! Cette petite adresse voisine des Folies Bergère joue à fond la carte traditionnelle. L'herbe est toujours verte au Pré Cadet, et la salle bien remplie.

Les Diables au Thym

35 r. Bergère Ⓜ Grands Boulevards – ✆ 01 47 70 77 09 – www.lesdiablesauthym.com – Fermé 3 sem. en août, sam. midi et dim.

Rest – Formule 24 € – Menu 30 € – Carte 45/60 €

◆ Près des Grands Boulevards, une salle bistrotière toute simple, où savourer une cuisine du marché et de saison... On se laissera par exemple tenter par un pavé de maigre et sa ratatouille à la fleur de thym, avec un vin bio.

Casa Olympe

48 r. St-Georges Ⓜ St-Georges – ✆ 01 42 85 26 01 – www.casaolympe.com – Fermé 1er-15 mai, 2-26 août, 23 déc.-3 janv., sam. et dim.

Rest *(nombre de couverts limité, réserver)* – Formule 33 € – Menu 43 € – Carte 47/65 €

◆ Thon au lard et aux oignons, épaule d'agneau rôtie au thym... Aucun doute, dans ce petit restaurant coloré, Olympe sert une cuisine sous influence méditerranéenne. Avant ou après une pièce de théâtre, on peut aussi profiter de son choix de tapas.

Le Pantruche

3 r. Victor-Massé Ⓜ Pigalle – ✆ 01 48 78 55 60 – www.lepantruche.com – Fermé 3 sem. en août, 23 déc.-2 janv., sam. et dim.

Rest *(nombre de couverts limité, réserver)* – Formule 17 € – Menu 32 €

◆ Pantruche, c'est Paris en argot... Un nom tout trouvé pour ce bistrot au décor rétrochic, qui cultive volontiers l'atmosphère gouailleuse et canaille des années 1940-1950. Côté papilles, le chef et sa petite équipe concoctent de jolis plats de saison, pile dans la tendance bistronomique.

Hotaru

18 r. Rodier Ⓜ Notre-Dame de Lorette – ✆ 01 48 78 33 74 – Fermé 3 sem. en août, 24 déc.-3 janv., dim. et lundi

Rest – Formule 18 € – Menu 39/75 € – Carte 36/73 €

◆ Un restaurant japonais accueillant, dont le jeune chef concocte une cuisine traditionnelle et familiale qui fait la part belle au poisson. Sushis, makis, sashimis, mais aussi quelques plats mijotés, ou encore des fritures.

RAP

24 r. Rodier Ⓜ Cadet – ✆ 01 45 26 86 26 – www.rapparis.fr – Fermé 2 sem. en août, lundi et mardi

Rest – Formule 16 € – Menu 28 € (déj. en sem.), 38/85 € – Carte 41/90 €

◆ RAP pour Restaurant Alessandra Pierini, la patronne de cet authentique repaire italien. La plupart des produits viennent directement de la Botte, les pâtes fraîches sont faites maison et la carte change toutes les trois semaines... Delizioso !

I Golosi

6 r. Grange-Batelière Ⓜ Richelieu Drouot – ✆ 01 48 24 18 63 – Fermé 5-20 août, sam. soir et dim.

Rest – Carte 30/50 €

◆ Certes ce restaurant est un peu fané, mais on vient ici pour la plaisante cuisine italienne du chef ! La carte varie chaque semaine et s'accompagne d'une sélection de vins en accord avec les mets du moment... On peut aussi faire des provisions à l'épicerie fine.

Georgette

29 r. St-Georges Ⓜ Notre-Dame de Lorette – ✆ 01 42 80 39 13 – Fermé vacances de Pâques, août, vacances de la Toussaint, sam., dim. et lundi

Rest – Carte 32/48 €

◆ Avec ses tables multicolores en formica et ses chaises en skaï, ce restaurant cultive un sympathique cachet rétro. Cuisine traditionnelle et recettes familiales réalisées avec de bons produits : harengs et oignons doux, pâté en croûte...

PARIS

Momoka

5 r. Jean-Baptiste Pigalle Ⓜ Trinité d'Estienne d'Orves – ✆ 01 40 16 19 09 – Fermé août, sam. midi, dim. et lundi

Rest *(nombre de couverts limité, réserver)* – Formule 25 € – Menu 39 € (déj.), 49/68 € – Carte 32/42 €

♦ Hashimoto a passé neuf ans dans une pâtisserie française à Osaka, emportant avec elle les saveurs raffinées de son pays. Ses créations évoluent au gré du marché, privilégiant salades, légumes et poissons. Un minirestaurant... maxi. Réservez !

L'Oriental

47 av. Trudaine Ⓜ Pigalle – ✆ 01 42 64 39 80 – www.loriental-restaurant.com

Rest – Menu 34 € – Carte 31/50 €

♦ Comme dans la chanson, on l'appelle l'Oriental et on apprécie sa compagnie ! Voyage express pour le Maroc autour de petits plats parfumés, dont les incontournables tajines et couscous...

Carnet de Route

57 rue Faubourg Montmartre Ⓜ Notre Dame de Lorette – ✆ 01 77 19 55 73 – Fermé dim.

Rest – Carte 22/30 €

♦ La spécialité de ce petit restaurant chinois, très prisée de la diaspora ? "Les nouilles de riz qui traversent le pont" dont vous lirez la légende sur la carte. Parmi les autres délices de la maison : le poulet sauté au piment sec, les aubergines à la viande hachée, etc. Pas de réservation.

Ph. Gajic/MICHELIN

Gare de l'Est · Gare du Nord · Canal St-Martin

10e arrondissement

✉ 75010

Windsor Opéra sans rest

10 r. G.-Laumain Ⓜ Bonne Nouvelle – ✆ 01 48 00 98 98 – www.hotelwindsor.com

24 ch – †154/296 € ††160/296 € – ☕ 14 €

♦ Dès que l'on passe le hall d'entrée, on est conquis par la décoration design et l'exceptionnelle collection de pièces d'aéronautique. Hélices d'avion, hublots, moteurs... vous incitent à embarquer pour des chambres modernes et élégantes.

Faubourg Saint-Martin sans rest

6 r. Gustave-Goublier Ⓜ Strasbourg St-Denis – ✆ 01 40 40 02 02 – www.hotel-faubourg-saint-martin.com

25 ch – †89/199 € ††109/199 € – ☕ 12 €

♦ Une bonne situation pour cet hôtel entièrement rénové en 2011, à mi-chemin entre les gares et le très animé faubourg St-Martin. Les chambres, bien aménagées, déclinent des thèmes aériens : nature, plumes, pois, etc. Confortable et chaleureux.

Eurostars Panorama sans rest

9 r. des Messageries Ⓜ Poissonnière – ✆ 01 47 70 44 02 – www.eurostarshotels.com

42 ch – †95/550 € ††95/550 € – ☕ 14 €

♦ Cet hôtel récent a élu domicile dans une rue tranquille, à proximité des gares du Nord et de l'Est. Si la façade est typique du 19es., les chambres sont contemporaines, sobres, presque épurées, avec des clins d'œil à la culture parisienne.

Albert 1er sans rest

162 r. Lafayette Ⓜ Gare du Nord – ✆ 01 40 36 82 40 – www.albert1erhotel.com
55 ch – †118/142 € ††140/163 € – ☕ 16 €
◆ On ne peut le nier, la rue Lafayette est très passante mais les chambres – pour certaines rénovées – sont bien isolées par un double vitrage efficace. Un ensemble bien tenu, à proximité des gares, pratique lorsque l'on est en transit.

Du Nord sans rest

47 r. Albert Thomas Ⓜ Jacques Bonsergent – ✆ 01 42 01 66 00 – www.hoteldunord-leparivelo.com
24 ch – †71 € ††84 € – ☕ 8 €
◆ Dans une rue tranquille, cet hôtel propose des chambres très simples à prix modéré. Hall décoré d'objets chinés et de bibelots rétro, confitures maison au petit-déjeuner, vélo à disposition : une adresse atypique et sympathique.

Café Panique

12 r. des Messageries Ⓜ Poissonnière – ✆ 01 47 70 06 84 – www.cafepanique.com – Fermé août,1 sem. en fév., le midi, sam., dim. et fériés
Rest – Menu 35/43 €
◆ Dans la cuisine de ce loft contemporain, pas de panique mais une saine ébullition... Depuis 1992, Odile Guyader réalise ici de bons petits plats d'auteur : filet de bœuf poêlé et son émulsion de foie gras, tiramisu au Carambar, etc.

Chez Michel

10 r. Belzunce Ⓜ Gare du Nord – ✆ 01 44 53 06 20 – Fermé août, vacances de Noël, de fév., lundi midi, sam. et dim.
Rest – Menu 50/70 €
◆ Breizh ! Ce bistrot rustique (fournil, caves voûtées) propose de bons petits plats du terroir breton : bisque de homard, kouign "miam miam" – version personnelle du kouign amann –, Paris-Brest-Paris, etc. Et le chef se nomme Thierry Breton !

Play Time

5 r. des Petits-Hôtels Ⓜ Gare du Nord – ✆ 01 44 79 03 98 – Fermé août, 23 déc.-2 janv., lundi soir, sam. et dim.
Rest – Formule 20 € – Menu 25 € (déj.)/37 €
◆ Monsieur Hulot aurait certainement apprécié cette cuisine ludique et le cadre très 1950. Harengs en saumure sauce scandinave, tataki de veau aux épices, filet mignon de porc au manchego sauce prune rouge : on voyage...

La Grille

80 r. du Faubourg-Poissonnière Ⓜ Poissonnière – ✆ 01 47 70 89 73 – Fermé 3 sem. en août, sam. et dim.
Rest – Carte 31/55 €
◆ Dans ce bistrot pur jus, la cuisine a l'âme généreuse. Terrine de canard aux noisettes, bœuf bourguignon, tête de veau sauce gribiche, baba au rhum... Les suggestions du jour sont tout aussi copieuses. Vintage !

Chez Marie-Louise

11 r. Marie-et-Louise Ⓜ Goncourt – ✆ 01 53 19 02 04 – www.chezmarielouise.com – Fermé août, dim., lundi et fériés
Rest – Formule 14 € – Menu 18 € (déj. en sem.) – Carte 29/38 €
◆ On mange bien dans ce petit néobistrot à deux pas du canal St-Martin. À l'ardoise, simple et gourmande, on trouve par exemple un ceviche de saumon, une épaule d'agneau au cumin, un boudin noir aux aromates... Et de beaux desserts !

Philou

12 av. Richerand Ⓜ Gouncourt – ✆ 01 42 38 00 13 – Fermé août, 24 déc.-1er janv., sam. et dim.
Rest – Formule 25 € – Menu 30 €
◆ Près du canal St-Martin, de grandes et alléchantes ardoises, des miroirs, une affiche d'un film de Marcel Carné... voilà une sympathique adresse bistronomique. Pour déguster crème de navet au jambon, pigeon rôti, fondant au chocolat, etc.

Zerda

15 r. René-Boulanger Ⓜ *Strasbourg-St-Denis – ✆ 01 42 00 25 15 – Fermé août, lundi midi, sam. midi et dim.*

Rest *(nombre de couverts limité, réserver)* – Carte 27/45 €

◆ À la tête de cette institution née dans les années 1940, Jaffar Achour est un spécialiste, voire un démiurge du couscous, toujours à la recherche de combinaisons inédites et très parfumées. Décor arabisant et ambiance partageuse... Une belle graine !

Chez Casimir

6 r. Belzunce Ⓜ *Gare du Nord – ✆ 01 48 78 28 80*

Rest – Formule 24 € – Menu 28 € (déj. en sem.)/32 €

◆ Une sympathique adresse 100 % bistrot, pour une cuisine simple et franche. Les samedi et dimanche midi, c'est traou tad ("bonnes choses" en breton), un brunch renversant de générosité avec vin à prix coûtant. Un conseil, réservez !

H. Le Gac/MICHELIN

Nation · Voltaire · République

11e arrondissement

✉ 75011

PARIS

Les Jardins du Marais

74 r. Amelot Ⓜ *St-Sébastien Froissart – ✆ 01 40 21 22 23 – www.lesjardinsdumarais.com*

263 ch – †350/750 € ††350/750 € – 8 suites – ☕ 20 €

Rest *(fermé dim.)* – Menu 28/35 € – Carte 36/47 €

◆ Un quartier au sein du quartier : des bâtiments tous différents et des chambres réparties dans une belle ruelle pavée. Hall et bar très design (velours rouge, lustres à pendeloques, mobilier Starck) ; touches Art déco dans les chambres.

Gabriel sans rest

25 r. du Grand-Prieuré Ⓜ *Oberkampf – ✆ 01 47 00 13 38 – www.hotel-gabriel-paris.com*

41 ch – †139/160 € ††159/280 € – ☕ 17 €

◆ Cet hôtel ultramoderne joue la carte du haut de gamme dans une atmosphère zen. Chambres blanches, certaines équipées d'un système "NightCove" (jeux de lumière avec musique).

Le Général sans rest

5 r. Rampon Ⓜ *République – ✆ 01 47 00 41 57 – www.legeneralhotel.com*

43 ch – †167/187 € ††200/260 € – 3 suites – ☕ 18 €

◆ Agréable hôtel proche de la place de la République : les chambres sont décorées dans un style contemporain très sobre et épuré. Petit business center ; fitness et sauna.

Le Standard Design sans rest

29 r. des Taillandiers Ⓜ *Bastille – ✆ 01 48 05 30 97 – www.standard-design-hotel-paris.com*

36 ch – †110/250 € ††120/270 € – ☕ 18 €

◆ Design en effet, mais pas standard : du style, des tissus aux motifs osés, aussi bien dans les chambres que dans le hall. Même la salle de petit-déjeuner est sous les toits...

Marais Bastille sans rest

36 bd Richard-Lenoir Ⓜ *Bréguet Sabin – ✆ 01 48 05 75 00 – www.maraisbastille.com*

37 ch – †130/220 € ††140/230 € – ☕ 14 €

◆ Ambiance cosy dans cet hôtel bordant le boulevard Richard-Lenoir, dont le terre-plein couvrant une partie du canal St-Martin accueille une agréable promenade. Décoration sobre dans les chambres, confortables et élégantes (plus calmes sur l'arrière).

Le Patio St-Antoine sans rest

289bis r. du Faubourg-St-Antoine Ⓜ *Nation – ✆ 01 40 09 40 00 – www.lepatiosaintantoine.com*

89 ch – †115/465 € ††115/465 € – ☕ 18 €

◆ Le point fort de cet hôtel aux chambres fonctionnelles (équipées d'une cuisinette) : le calme et la verdure de ses patios fleuris. Petit-déjeuner servi dans une salle agréable.

Le 20 Prieuré Hôtel sans rest

20 r. Grand Prieuré Ⓜ *Oberkampf – ✆ 01 47 00 74 14 – www.hotel20prieure.com*

32 ch – †99/199 € ††99/199 € – ☕ 13 €

◆ Rénové en 2007, cet hôtel s'aligne sur le style citadin contemporain et propose de petites chambres agréables : nuances de blancs, mobilier design, immenses photos évoquant Paris...

Grand Hôtel Français sans rest

223 bd Voltaire Ⓜ *Nation – ✆ 01 43 71 27 57 – www.grand-hotel-francais.fr*

36 ch – †140/250 € ††140/250 € – ☕ 12 €

◆ Cet hôtel a été entièrement rénové avec de beaux matériaux et le résultat est vraiment plaisant. Ses atouts : bonne situation, literie de qualité et chambres joliment meublées.

Nord et Est sans rest

49 r. Malte Ⓜ *Oberkampf – ✆ 01 47 00 71 70 – www.paris-hotel-nordest.com*

45 ch – †99/150 € ††99/150 € – ☕ 9 €

◆ Proche de la République, cet hôtel a su fidéliser ses clients grâce à son ambiance familiale et ses tarifs raisonnables. Préférez les chambres rénovées, plus contemporaines.

Mansouria

11 r. Faidherbe Ⓜ *Faidherbe Chaligny – ✆ 01 43 71 00 16 – www.mansouria.fr – Fermé lundi midi et dim.*

Rest *(réserver)* – Menu 28/36 € – Carte 32/48 €

◆ Tajines, couscous, crème à la fleur d'oranger... Des spécialités très parfumées, préparées par d'habiles cuisinières marocaines, sous la houlette de Fatema Hal, ethnologue, écrivain et véritable figure de la gastronomie nord-africaine.

Chardenoux

1 r. Jules-Vallès Ⓜ *Charonne – ✆ 01 43 71 49 52 – www.restaurantlechardenoux.com*

Rest – Menu 25 € (déj. en sem.) – Carte 44/63 €

◆ Rouvert pour ses 100 ans (en 2008) sous l'impulsion de Cyril Lignac, ce charmant bistrot remet à la mode la tradition : pâté en croûte, œuf cocotte aux cèpes, bœuf aux olives...

Astier

44 r. J.-P.-Timbaud Ⓜ *Parmentier – ✆ 01 43 57 16 35 – www.restaurant-astier.com – Fermé dim. en août, sam. midi et lundi midi*

Rest *(réserver)* – Formule 21 € – Menu 27/35 € – Carte 37/65 €

◆ Une ambiance décontractée règne dans ce bistrot traditionnel très animé. Suggestions à l'ardoise et grand choix de vins au classement original : vins de soif, de méditation...

Villaret

soir,

13 r. Ternaux Ⓜ *Parmentier – ✆ 01 43 57 75 56 – Fermé 1er-15 août, sam. midi et dim.*

Rest – Formule 20 € – Menu 25 € (déj.)/32 € – Carte 45/55 €

◆ Dès la porte d'entrée, cela sent bon ! Ce bistrot convivial propose des plats de saison attrayants : œuf cocotte au foie gras, lotte au petit salé, croustillant chocolat... Beau choix de vins.

Auberge Pyrénées Cévennes

106 r. Folie-Méricourt Ⓜ *République – ✆ 01 43 57 33 78 – Fermé 30 juil.-20 août, sam. midi, dim. et fériés*

Rest – Menu 31 € – Carte 30/72 €

◆ Les plaisanteries fusent, la patronne prodigue un accueil inégalable et les assiettes – un véritable tour de France gourmand – débordent de générosité... L'adresse pour bons vivants !

Tintilou

37 bis r. de Montreuil Ⓜ Faidherbe-Chaligny – ✆ 01 43 72 42 32 – www.tintilou.fr – Fermé 3 sem. en août, 1 sem. en fév., lundi soir, sam. midi et dim.

Rest – Menu 25 € (déj.), 35/58 € bc

◆ Rouge cerise, vert anis, jaune safran... toute une palette de couleurs ont fait de cet ancien relais de mousquetaires un lieu contemporain et original. Le cadre idéal pour une cuisine voyageuse et soignée, qui mise sur de très beaux produits.

Bistrot Paul Bert

18 r. Paul-Bert Ⓜ Faidherbe Chaligny – ✆ 01 43 72 24 01 – Fermé août, dim. et lundi

Rest *(réserver)* – Menu 18 € (déj. en sem.)/36 € – Carte 35/55 €

◆ Sur la façade de ce sympathique bistrot s'affiche "Cuisine familiale". Traduisez : entrecôte, parmentier de joue de bœuf, etc. Gardez de la place pour le baba au rhum !

Le Chateaubriand

129 av. Parmentier Ⓜ Goncourt – ✆ 01 43 57 45 95 – Fermé 25 déc.-1er janv., dim. et lundi

Rest *(dîner seult)* – Menu 55 €

◆ Le chef très médiatique de ce bistrot branché propose un menu unique qui change au gré de son inspiration et des saisons. Les assiettes, très graphiques, valent le coup d'œil.

PARIS

Au Vieux Chêne

7 r. du Dahomey Ⓜ Faidherbe Chaligny – ✆ 01 43 71 67 69 – www.vieux-chene.fr – Fermé 23 avril-1er mai, 20 juil.-15 août, 24 déc.-2 janv., sam. et dim.

Rest – Formule 14 € – Menu 18 € (déj.)/33 € – Carte 35/47 €

◆ Ce bistrot de quartier ne désemplit pas. Sa cuisine bistrotière et son cadre authentique y sont pour beaucoup, de même sa carte des vins qui propose des crus à prix très sages.

L'Écailler du Bistrot

22 r. Paul-Bert Ⓜ Faidherbe Chaligny – ✆ 01 43 72 76 77 – Fermé août, dim. et lundi

Rest – Menu 18 € (déj. en sem.)/50 € – Carte 42/60 €

◆ Le point fort de la maison ? Des produits de la mer très frais, et des huîtres ! Ambiance 100 % marine, ardoise du jour iodée, menu homard toute l'année et belle carte des vins.

Le Temps au Temps

13 r. Paul-Bert Ⓜ Faidherbe Chaligny – ✆ 01 43 79 63 40 – Fermé 9-24 août, 20-29 déc., dim. et lundi

Rest – Formule 18 € – Menu 29/33 €

◆ Prenez donc le temps de découvrir cette charmante petite adresse. L'ardoise énumère de belles suggestions bistrotières : veau Stroganov, crème de topinambours, tarte aux fruits, etc.

Septime

80 r. de Charonne Ⓜ Charonne – ✆ 01 43 67 38 29 – www.septime-charonne.fr – Fermé 3 sem. en août, 1 sem. vacances de Noël, lundi midi, sam. et dim.

Rest – Formule 26 € bc – Menu 55 € (dîner) – Carte 46/61 €

◆ Dès mai 2011, date d'ouverture du restaurant, le bouche-à-oreille a conquis tout le quartier... La clef du succès : un décor néo-industriel, une cuisine du marché exigeante et des produits de choix. Professionnalisme et simplicité !

Sassotondo

40 r. J.-P. Timbaud Ⓜ Parmentier – ✆ 01 43 55 57 00 – Fermé août, 25 déc.-1er janv., merc. midi, jeudi midi, vend. midi, lundi et mardi

Rest – Menu 34 € – Carte 32/49 €

◆ Cette trattoria contemporaine porte le nom d'un domaine viticole. L'ambiance est sympathique et décontractée, idéale pour se régaler de spécialités italiennes traditionnelles : acquacotta, crespelle alla fiorentina, zuppa inglese, etc. Va bene !

Rino

46 r. Trousseau Ⓜ Ledru-Rollin – ✆ 01 48 06 95 85 – Fermé août, 24-28 déc., dim. et lundi
Rest *(déj. seult sauf vend. et sam.) (nombre de couverts limité, réserver)* – Formule 20 € – Menu 25 € (déj.), 38/55 €
◆ Dans cette adresse discrète du square Trousseau, le décor joue la carte de la simplicité et met d'autant mieux en valeur la cuisine, fraîche et savoureuse, d'inspiration latine (pâtes fraîches maison). Réservez, les places sont comptées.

Caffé dei Cioppi

159 r. du Faubourg-St-Antoine Ⓜ Ledru Rollin – ✆ 01 43 46 10 14 – Fermé août, 24 déc.-2 janv., sam., dim. et lundi
Rest *(nombre de couverts limité, réserver)* – Carte 25/40 €
◆ Un restaurant minuscule et spartiate, mais épatant. Elle vient de Milan, lui de Sicile, leurs assiettes ont le charme de l'Italie : charcuteries, risottos, linguini aux palourdes...

PARIS

S. Sauvignier/MICHELIN

Bastille · Bercy · Gare de Lyon

12e arrondissement ✉ 75012

Pullman Paris Bercy

1 r. de Libourne Ⓜ Cour St-Émilion – ✆ 01 44 67 34 65 – www.pullmanhotels.com
385 ch – †175/520 € ††175/580 € – 11 suites – ☐ 22 €
Rest *Café Ké* ✆ 01 44 67 34 71 *(fermé 3 sem. en août)* – Formule 27 € – Carte 35/60 €
◆ Un immeuble reconnaissable à son imposante façade en verre. Les chambres, dont certaines offrent une belle vue sur Paris, sont de style contemporain. Au Café Ké, règne l'ambiance sympathique du "village" de Bercy ; brunch le dimanche.

Novotel Gare de Lyon

2 r. Hector-Malot Ⓜ Gare de Lyon – ✆ 01 44 67 60 00 – www.accorhotels.com
253 ch – †129/399 € ††129/399 € – ☐ 16 €
Rest – Formule 15 € – Carte 21/32 €
◆ Bâtiment récent donnant sur une place calme. Chambres conformes aux dernières normes de la chaîne, avec des terrasses au 6e étage. Piscine, fitness et espace enfant bien aménagé. Décor contemporain au Novotel Café.

Novotel Bercy

85 r. de Bercy Ⓜ Bercy – ✆ 01 43 42 30 00
151 ch – †115/270 € ††115/270 € – ☐ 15 €
Rest – Formule 13 € – Carte 22/50 €
◆ Des chambres contemporaines et lumineuses avec balcon, près du parc de Bercy, pour un bon rapport qualité-prix. À la belle saison, la terrasse du restaurant est prisée pour son calme. Carte traditionnelle et recettes à la plancha.

Mercure Gare de Lyon sans rest

2 pl. Louis-Armand Ⓜ Gare de Lyon – ✆ 01 43 44 84 84 – www.mercure.com
315 ch – †110/380 € ††110/380 € – ☐ 17 €
◆ L'architecture récente de cet hôtel contraste avec le beffroi de la gare de Lyon tout proche. Les chambres sont de taille moyenne, résolument tendance et bien équipées.

Paris Bastille sans rest

67 r. de Lyon Ⓜ Bastille – ✆ 01 40 01 07 17 – www.hotelparisbastille.com

37 ch – †188/289 € ††199/289 € – ☕ 14 €

◆ Beaux tissus, bois exotique et teintes choisies caractérisent les chambres et la salle des petits-déjeuners de cet hôtel moderne et confortable, situé face à l'Opéra Bastille.

Claret

44 bd de Bercy Ⓜ Bercy – ✆ 01 46 28 41 31 – www.hotel-claret.com

52 ch – †125/135 € ††145/185 € – ☕ 12 €

Rest *(fermé sam. et dim.)* – Formule 16 € – Menu 20/40 € – Carte 25/42 €

◆ Cet ancien relais de poste est l'un des derniers vestiges du Bercy d'antan. Les chambres ont du caractère grâce à un savant mélange d'ancien et de moderne. Cadre et carte façon bistrot, avec quelques recettes lyonnaises.

Color Design sans rest

35 r. de Citeaux Ⓜ Faidherbe Chaligny – ✆ 01 43 07 77 28 – www.colordesign-hotel-paris.com

46 ch – †120/235 € ††120/290 € – ☕ 16 €

◆ L'enseigne dit tout ! Chaque chambre arbore un mobilier en plexiglas de couleur différente (jaune, vert, bleu, violet...). Belle salle voûtée pour les petits-déjeuners.

Terminus Lyon sans rest

19 bd Diderot Ⓜ Gare de Lyon – ✆ 01 56 95 00 00 – www.hotelterminuslyon.com

60 ch – †88/134 € ††124/144 € – ☕ 11 €

◆ Face à la gare de Lyon, une adresse familiale bien tenue. Les chambres sont sobres, plus grandes côté boulevard et plus calmes côté cour. Plateau-repas sur demande.

Quartier Hotel Bercy Square sans rest

33 bd de Reuilly Ⓜ Daumesnil – ✆ 01 44 87 09 09 – www.lequartierhotelbs.com

57 ch – †115/130 € ††135/200 € – ☕ 13 €

◆ Atout majeur de cet hôtel : son emplacement au calme et sa courette typiquement parisienne. Les chambres et les parties communes sont décorées dans un esprit design.

L'Oulette

15 pl. Lachambeaudie Ⓜ Cour St-Émilion – ✆ 01 40 02 02 12 – www.l-oulette.com – Fermé 7-23 août, sam. et dim.

Rest – Menu 41/85 € bc – Carte 65/85 €

◆ Dans le quartier de Bercy, derrière une élégante façade, un restaurant contemporain... sous la houlette d'un chef amoureux du Sud-Ouest. Bon choix de bourgognes et de côtes-du-rhône.

Au Trou Gascon

40 r. Taine Ⓜ Daumesnil – ✆ 01 43 44 34 26 – www.autrougascon.fr – Fermé août, 22 déc.-1er janv., sam. et dim.

Rest – Menu 40 € (déj.)/60 € – Carte 60/90 €

Spéc. Infusion de crevettes à la citronnelle et royale coraillée (été). Lièvre à la mode "royale", enrichi de foie gras et parfumé de truffe (automne-hiver). Framboises façon vacherin, sorbet de caillé de brebis, granité menthe fraîche (printemps-été).

◆ Élégant et confortable, le cadre marie moulures d'époque, œuvres d'art et mobilier contemporains. La cuisine, généreuse et savoureuse, met en valeur les produits des Landes, de la Chalosse et de l'océan ; la carte des vins le Sud-Ouest et le Bordelais.

Jodhpur Palace

42 allée Vivaldi Ⓜ Daumesnil – ✆ 01 43 40 72 46 – www.jodhpurpalace.com

Rest – Formule 13 € – Menu 25/29 € – Carte 22/35 €

◆ L'Inde du Nord et ses saveurs parfumées s'invitent à la table de ce "palace" oriental au décor exotique (fresques, bois ouvragé). Calme terrasse ; accueil aimable et prix sages.

PARIS

Le Janissaire
soir, VISA, MC, AE

22 allée Vivaldi Ⓜ Daumesnil – ✆ 01 43 40 37 37 – www.lejanissaire.fr – Fermé sam. midi et dim.

Rest – Menu 13 € (déj.), 25/45 € – Carte 25/45 €

◆ Ambiance et cuisine sous le signe de la Turquie, comme l'indique l'enseigne. Profitez de la terrasse ou franchissez la "Sublime Porte" pour déguster mezze, aubergines farcies, köfte...

L'Auberge Aveyronnaise
A/C, VISA, MC, AE

40 r. Gabriel-Lamé Ⓜ Cour St-Émilion – ✆ 01 43 40 12 24 – Fermé 1er-15 août

Rest – Formule 19 € – Menu 25/31 €

◆ Nappes à carreaux, décoration un peu rustique : on célèbre ici, à deux pas du Bercy Village, le terroir rouergat et les spécialités aveyronnaises, tripoux et aligot compris.

Quincy
A/C

28 av. Ledru-Rollin Ⓜ Gare de Lyon – ✆ 01 46 28 46 76 – www.lequincy.fr – Fermé 5 août-5 sept., sam., dim. et lundi

Rest – Carte 55/80 €

◆ Une ambiance chaleureuse règne dans ce lieu où l'on sert une des dernières vraies cuisines de bistrot parisien qui, comme "Bobosse", le patron, ne manque pas de caractère !

PARIS

La Biche au Bois
VISA, MC, AE, D

45 av. Ledru-Rollin Ⓜ Gare de Lyon – ✆ 01 43 43 34 38 – Fermé 20 juil.-20 août, 23 déc.-2 janv., lundi midi, sam. et dim.

Rest – Formule 24 € bc – Menu 29/37 € – Carte 26/32 €

◆ On mange au coude-à-coude dans ce discret restaurant car les habitués sont nombreux et l'ambiance animée. Cuisine traditionnelle et gibier en saison... de la biche bien entendu.

La Gazzetta
A/C, VISA, MC, AE

29 r. de Cotte Ⓜ Ledru Rollin – ✆ 01 43 47 47 05 – www.lagazzetta.fr – Fermé août, dim. et lundi

Rest – Formule 17 € – Menu 39 € (dîner)/52 €

◆ Adresse dédiée à la Méditerranée. Son concept "tout en un" – restaurant, bar à vins, café (presse étrangère à disposition) – en fait un repaire branché. Belle cuisine du Sud.

Le Cotte Rôti
VISA, MC

1 r. de Cotte Ⓜ Ledru-Rollin – ✆ 01 43 45 06 37 – Fermé 3 sem. en août, 24 déc.-2 janv., sam. midi, dim. et lundi

Rest – Formule 17 € – Menu 36/43 €

◆ Un restaurant à l'image de son chef, convivial et bon vivant, dans un quartier jeune et animé. La cuisine de bistrot gagne ici en finesse et en simplicité, évoluant au gré du marché et de l'humeur du jour. Focus sur les crus bourguignons.

Jean-Pierre Frelet
A/C, VISA, MC

25 r. Montgallet Ⓜ Montgallet – ✆ 01 43 43 76 65 – Fermé 28 mai-5 juin, 29 juil.-28 août, sam. midi et dim.

Rest – Formule 21 € – Menu 29 € (dîner) – Carte 35/55 €

◆ Un décor volontairement dépouillé, des tables serrées qui invitent à la convivialité et une généreuse cuisine du marché... Pleins feux sur les produits !

Le Lys d'Or
A/C, VISA, MC, AE

5 pl. Col-Bourgoin Ⓜ Reuilly Diderot – ✆ 01 44 68 98 88 – www.lysdor.com

Rest – Formule 15 € bc – Menu 24/32 € – Carte 25/40 €

◆ Beaucoup de plantes vertes, des fontaines... comme en Asie ! Le propriétaire cultive l'art culinaire chinois à travers ses régions phare : Sichuan, Shanghai, Canton, Pékin.

Assaporare
A/C, VISA, MC

7 r. St-Nicolas Ⓜ Ledru-Rollin – ✆ 01 44 67 75 77 – Fermé août, vacances de Noël, mardi soir, merc. soir, dim. et lundi

Rest *(nombre de couverts limité, réserver)* – Formule 14 € – Carte 38/63 €

◆ Dans un cadre charmant tout en poutres et pierres apparentes, on vient "assaporare" (savourer) des spécialités napolitaines ; carte de vins français et italiens.

S. Sauvignier/MICHELIN

Place d'Italie · Gare d'Austerlitz · Bibliothèque nationale de France

13e arrondissement

✉ 75013

All Seasons Paris Tolbiac sans rest

21 r. Tolbiac Ⓜ Bibliothèque F. Mitterrand – ✆ 01 45 84 61 61 – www.all-seasons-hotels.com

69 ch ☕ – †79/195 € ††89/205 €

◆ À quelques pas des berges de la Seine et de la BnF, un établissement entièrement rénové en 2010. Les chambres et le bar ont été décorés avec goût et sobriété.

Mercure Place d'Italie sans rest

25 bd Auguste-Blanqui Ⓜ Place d'Italie – ✆ 01 45 80 82 23 – www.mercure.com

50 ch – †110/350 € ††110/350 € – ☕ 16 €

◆ À proximité de la place d'Italie, un hôtel plutôt intime, décoré de photos du vieux Paris. Les chambres sont fonctionnelles, chaleureuses et bien insonorisées.

La Demeure sans rest

51 bd St-Marcel Ⓜ Les Gobelins – ✆ 01 43 37 81 25 – www.hotel-paris-lademeure.com

37 ch – †85/170 € ††105/230 € – 6 suites – ☕ 10 €

◆ Un bel immeuble haussmannien où l'on saura faciliter votre séjour ! Chambres pratiques et colorées, salon cosy, petit-déjeuner buffet. Belle collection de photos du Paris d'autrefois.

La Manufacture sans rest

8 r. Philippe-de-Champagne Ⓜ Place d'Italie – ✆ 01 45 35 45 25 – www.hotel-la-manufacture.com

56 ch – †105/175 € ††125/195 € – ☕ 13 €

◆ À deux pas de la place d'Italie, un hôtel chaleureux décoré avec élégance, où l'on cultive le sens de l'accueil. Les chambres sont plutôt petites mais impeccablement tenues.

Le Vert Galant sans rest

43 r. Croulebarbe Ⓜ Les Gobelins – ✆ 01 44 08 83 50 – www.vertgalant.com

15 ch – †90/100 € ††120/130 € – ☕ 10 €

◆ Un luxe à Paris : un hôtel familial aux chambres coquettes et calmes, qui donnent presque toutes sur un jardin privé bordé de ceps de vigne.

Anacréon

53 bd St-Marcel Ⓜ Les Gobelins – ✆ 01 43 31 71 18 – www.anacreon.fr – Fermé 31 juil.-20 août, dim. et lundi

Rest – Formule 19 € – Carte 27/50 €

◆ Malgré l'allusion au poète grec, il s'agit bien d'un restaurant dédié aux produits de la mer. La carte, fort attractive, se marie à merveille au charmant décor contemporain.

Au Petit Marguery

9 bd de Port-Royal Ⓜ Les Gobelins – ✆ 01 43 31 58 59 – www.petitmarguery.fr

Rest – Formule 23 € – Menu 26 € (déj. en sem.)/35 €

Rest *Le Comptoir Marguery* ✆ 01 42 17 43 43 – Formule 17 € – Menu 21 € – Carte 26/32 €

◆ Un décor Belle Époque authentique, plaisant et convivial. La carte est dans la grande tradition : terrines maison, tête de veau ravigote, gibier en saison... Juste à côté, le Comptoir Marguery se la joue canaille, façon bistrot à sensation. Une adresse qui a une âme !

L'Avant Goût

26 r. Bobillot Ⓜ Place d'Italie – ✆ 01 53 80 24 00 – www.lavangout.com – Fermé 5-13 août, dim. et lundi

Rest *(nombre de couverts limité, réserver)* – Formule 15 € bc – Menu 32 € – Carte 39/50 €

♦ Non loin de la place d'Italie, on déguste au coude-à-coude une cuisine du marché assez originale (le pot-au-feu de cochon aux épices !), dans une ambiance décontractée.

Les Cailloux

58 r. des Cinq-Diamants Ⓜ Corvisart – ✆ 01 45 80 15 08 – www.lescailloux.fr – Fermé 1 sem. en août et à Noël

Rest – Formule 14 € bc – Menu 18 € bc (déj.) – Carte 25/60 €

♦ Parmi les nombreuses tables de la Butte-aux-Cailles, il y a ce bistrot italien à l'ambiance décontractée, où l'on se régale sans se ruiner d'une belle cuisine ensoleillée.

L'Ourcine

92 r. Broca Ⓜ Les Gobelins – ✆ 01 47 07 13 65 – Fermé 3 sem. en août, dim. et lundi

Rest – Formule 26 € – Menu 34 €

♦ Ce petit bistrot, reconnaissable à sa façade grenat, reste simple tout en proposant une cuisine inspirée et liée aux saisons. Menu du jour et ardoise "coups de cœur".

Variations

18 r. des Wallons Ⓜ Saint-Marcel – ✆ 01 43 31 36 04 – www.restaurantvariations.com – Fermé août, sam. midi et dim.

Rest – Formule 14 € – Menu 17 € (déj.), 35/48 € – Carte 35/63 €

♦ Cuisine traditionnelle généreuse et goûteuse, osant les variations au gré du marché et des saisons. Le chef, un ancien pilote de chasse, est amoureux du beau produit.

L'Auberge du 15

15 r. de la Santé Ⓜ Glacière – ✆ 01 47 07 07 45 – www.laubergedu15.com – Fermé août, vacances de Noël, dim. et lundi

Rest – Menu 26 € (déj.)/68 € – Carte 60/90 €

♦ Fruits, légumes, viandes tendres à cœur : tout, ou presque, vient de l'Aubrac ! Le jeune chef est passé par de belles maisons et cela se sent ; il voulait son propre restaurant, se tenir loin des tendances... Classique et hautement recommandable.

Impérial Choisy

32 av. de Choisy Ⓜ Porte de Choisy – ✆ 01 45 86 42 40

Rest – Carte 18/30 €

♦ Authentique restaurant chinois apprécié par de nombreux Asiatiques qui en ont fait leur cantine. Logique, à en juger par les délicieuses spécialités cantonaises qu'on y sert !

Lao Lane Xang 2

102 av. d'Ivry Ⓜ Tolbiac – ✆ 01 58 89 00 00 – www.restolaolanexang.com

Rest – Formule 11 € bc – Menu 22 € – Carte 22/34 €

♦ Ce restaurant familial du Chinatown parisien exalte les saveurs du Laos, du Vietnam et de la Thaïlande. Le cadre, sobre et contemporain, change des "cantines" du quartier.

Mer de Chine

159 r. Château-des-Rentiers Ⓜ Place d'Italie – ✆ 01 45 84 22 49 – Fermé août et mardi

Rest – Formule 15 € – Menu 25 € – Carte 30/60 €

♦ Dans ce restaurant près de la place d'Italie, on prépare de la cuisine teochew, traduisez : du sud de Canton. Goûteux et accueillant, le tout sur une bande-son bien chinoise !

Sukhothaï

12 r. Père-Guérin Ⓜ Place d'Italie – ✆ 01 45 81 55 88 – Fermé 3 sem. en août, lundi midi et dim.

Rest – Formule 12 € bc – Menu 23/26 € – Carte 23/38 €

♦ Dans une ruelle calme à deux pas de la place d'Italie, une savoureuse cuisine thaïe servie dans un décor adéquat... où l'on joue des coudes. Accueil tout sourire.

PARIS

J.-P. Clapham/MICHELIN

Montparnasse · Denfert Rochereau · Parc Montsouris

14e arrondissement

75014

PARIS

Pullman Montparnasse
ch, rest,

19 r. du Cdt Mouchotte Ⓜ *Montparnasse Bienvenüe – ✆ 01 44 36 44 36 – www.pullmanhotels.com*

918 ch – †159/599 € ††159/599 € – 35 suites – ☕ 25 €

Rest – Menu 39 € – Carte 45/53 €

◆ Dans cet hôtel repris par Pullman début 2011, n'hésitez pas à demander les chambres rénovées, sobrement décorées et fonctionnelles. Atouts de l'établissement : un immense centre de conférences et une vue panoramique sur la capitale.

Concorde Montparnasse
ch,

40 r. du Cdt Mouchotte Ⓜ *Gaîté – ✆ 01 56 54 84 00 – www.concorde-montparnasse.com*

354 ch – †120/500 € ††120/500 € – ☕ 23 €

Rest – Formule 28 € – Menu 31 € – Carte 35/45 €

◆ Sur la place de Catalogne, cet hôtel propose des chambres fonctionnelles, parfaitement adaptées aux voyages d'affaires. Pour se détendre, un bar tendance, un "salad bar" et un patio aménagé en terrasse.

Aiglon sans rest

232 bd Raspail Ⓜ *Raspail – ✆ 01 43 20 82 42 – www.aiglon.com*

36 ch – †123/236 € ††123/236 € – 10 suites – ☕ 14 €

◆ L'Aiglon où vécurent Giacometti et Buñuel se modernise par étapes. Couleurs gaies et détails soignés (mosaïques dans les salles de bains, photos...) plantent le décor. Les chambres rénovées sont d'ailleurs chaleureuses et plus confortables.

Mercure Raspail Montparnasse sans rest

207 bd Raspail Ⓜ *Vavin – ✆ 01 43 20 62 94 – www.mercure.com*

63 ch – †140/220 € ††140/230 € – ☕ 14 €

◆ Le quartier Montparnasse est tout proche, avec ses brasseries et son animation légendaire. D'ailleurs, cet hôtel a élu domicile dans un immeuble haussmannien et propose des petites chambres fonctionnelles ; pour un week-end par exemple.

Lenox Montparnasse sans rest

15 r. Delambre Ⓜ *Vavin – ✆ 01 43 35 34 50 – www.hotellenox.com*

52 ch – †165/500 € ††165/500 € – ☕ 17 €

◆ Une certaine atmosphère... Bar et salons dégagent un charme feutré et les chambres ont du style avec leurs meubles anciens, leurs teintes chaleureuses et leurs beaux tissus. Pour plus d'espace, préférez les junior suites.

Delambre sans rest

35 r. Delambre Ⓜ *Edgar Quinet – ✆ 01 43 20 66 31 – www.hoteldelambreparis.com*

30 ch – †95/170 € ††115/170 € – ☕ 11 €

◆ Dans cet hôtel proche de la gare Montparnasse, le souvenir d'André Breton et de Paul Gauguin plâne encore... On pourra donc relire Nadja ou méditer sur l'école de Pont-Aven dans une chambre sobre et fonctionnelle, avant une belle promenade.

Le Fabe sans rest

113 bis r. de l'Ouest Ⓜ *Pernety – ✆ 01 40 44 09 63 – www.lefabehotel.fr*

17 ch – †110/200 € ††110/200 € – ☕ 10 €

◆ De grandes photographies colorées veillent sur votre sommeil, donnant à chaque chambre sa personnalité. Un style très moderne et volontiers élégant, proposé à prix sage dans ce petit hôtel du quartier Pernety. Pour rester zen...

Du Midi sans rest

4 av. René Coty Ⓜ *Denfert Rochereau – ✆ 01 43 27 23 25 – www.midi-hotel-paris.com*

45 ch – 105/130 € 120/195 € – 10 €

◆ Proximité de la place Denfert-Rochereau, chambres insonorisées et propres, petit-déjeuner biologique... Pour séjourner dans le quartier, ne cherchez plus Midi... à quatorze heures !

Chatillon Paris Montparnasse sans rest

11 square Châtillon Ⓜ *Porte d'Orléans – ✆ 01 45 42 31 17 – www.hotelchatillon.fr*

31 ch – 99/140 € 99/160 € – 8 €

◆ Les habitués de cet hôtel apprécie son calme, il faut dire que les chambres donnent sur un square au fond d'une impasse. Un certain charme donc pour une adresse qui permet de bien se reposer à prix raisonnable. Mais chut...

De la Paix sans rest

225 bd Raspail Ⓜ *Raspail – ✆ 01 43 20 35 82 – www.paris-montparnasse-hotel.com*

39 ch – 94/190 € 105/190 € – 9 €

◆ Ne vous fiez pas à la façade : cet hôtel rénové en 2010 a vraiment du charme. Les propriétaires le décorent avec passion et il regorge d'objets chinés et de mobilier ancien ! Les chambres affichent un style sage, clair et coquet.

Apollon Montparnasse sans rest

91 r. Ouest Ⓜ *Pernety – ✆ 01 43 95 62 00 – www.apollon-montparnasse.com*

33 ch – 85/125 € 95/145 € – 11 €

◆ Un petit hôtel familial, où rayures et rideaux fleuris dominent. Les chambres ne sont pas bien grandes mais peu à peu rénovées, elles sont bienvenues pour un court séjour. Ambiance sympathique et prix raisonnables.

Le Duc

243 bd Raspail Ⓜ *Raspail – ✆ 01 43 20 96 30 – Fermé 28 juil.-27 août, 23 déc.-3 janv., sam. midi, dim. et lundi*

Rest – Menu 50 € (déj.) – Carte 70/145 €

◆ On a beau être sur le boulevard Raspail, on se croirait dans une cabine de yacht. Huîtres, Saint-Jacques et arrivages du jour sont sélectionnés et préparés avec soin, bien mis en valeur dans toute leur fraîcheur. Embarquement immédiat !

Le Dôme

108 bd Montparnasse Ⓜ *Vavin – ✆ 01 43 35 25 81*

Rest – Carte 85/110 €

◆ L'un des temples de la bohème littéraire et artistique des années folles : son cadre Art déco est mythique. Poissons et fruits de mer sont toujours d'une grande fraîcheur et préparés dans les règles de l'art.

Cobéa (Philippe Bélissent)

11 r. Raymond Losserand Ⓜ *Gaité – ✆ 01 43 20 21 39 – www.cobea.fr – Fermé août, 18-26 déc., 26 fév.-5 mars, dim. et lundi*

Rest *(nombre de couverts limité, réserver)* – Menu 38 € (déj.), 55/95 €

Spéc. Couteau de plongée, encornet et persillade. Saint-pierre, chou-fleur et citron. Poire, meringue, chocolat et lait épicé.

◆ Tons gris et blanc, décor simple et élégant : Monsieur Lapin est devenu Cobéa en 2011. Découvrez les suggestions subtiles de Philippe Bélissent, un chef passé par de belles maisons. Sens du produit, goût du bon, harmonie des saveurs... Voilà une cuisine fine et franche !

Pavillon Montsouris

20 r. Gazan Ⓜ *Cité Universitaire – ✆ 01 43 13 29 00 – www.pavillon-montsouris.fr – Fermé vacances de fév. et dim. soir de mi-sept. à Pâques*

Rest – Menu 51 € – Carte 60/100 €

◆ Le charme de la campagne à Paris ! Ce pavillon créé à la Belle Époque dans le parc Montsouris est entouré de verdure ; et que dire de sa terrasse fleurie ? La cuisine suit les saisons et flirte avec l'air du temps...

Maison Courtine

157 av. du Maine Ⓜ Mouton Duvernet – ✆ 01 45 43 08 04 – www.lamaisoncourtine.com – Fermé 3 sem. en août, 1 sem. en fév., lundi midi, sam. midi et dim.

Rest – Formule 25 € – Menu 37/58 €

◆ Jadis bastion de la cuisine du Sud-Ouest bien connu entre Montparnasse et Alésia, la Maison Courtine est désormais un restaurant contemporain et intime. On y savoure une cuisine d'aujourd'hui rehaussée de touches méridionales.

L'Assiette

181 r. du Château Ⓜ Mouton Duvernet – ✆ 01 43 22 64 86 – www.restaurant-lassiette.com – Fermé août, lundi et mardi

Rest *(réserver)* – Formule 23 € – Carte 40/80 €

◆ Une adresse franche et généreuse où l'on peut voir ce qui se trame en cuisine. Cassoulet maison, crevettes bleues obsiblue façon tartare, crème caramel au beurre salé, soufflé au chocolat... La cuisine de tradition prend l'accent bistrot chic.

La Régalade

49 av. Jean-Moulin Ⓜ Porte d'Orléans – ✆ 01 45 45 68 58 – Fermé 25 juil.-20 août, 1er-10 janv., lundi midi, sam. et dim.

Rest *(réserver)* – Menu 34 €

◆ Un bistrot convivial, pour une cuisine du marché bien ficelée et généreuse, accompagnée de vins bien choisis. La Régalade ne désemplit pas et l'on sait pourquoi... Réservez !

Le Bistro T

17 bis r. Campagne-Première Ⓜ Raspail – ✆ 01 43 20 79 27 – www.bistro-t.fr – Fermé 22-30 avril, 30 juil.-31 août, 24-31 déc., le 4ème sam. du mois, dim. et lundi

Rest – Formule 18 € – Menu 24 € – Carte 33/41 €

◆ Le Bistrot T honore la bistronomie et ses grands classiques, francs, expressifs et propices à la convivialité – banquettes de velours rouge comprises. Les must de la maison : le pot-au-feu et le croustillant de queue de bœuf. T comme "top" !

La Grande Ourse

9 r. Georges Saché Ⓜ Mouton Duvernet – ✆ 01 40 44 67 85 – www.restaurantlagrandeourse.fr – Fermé août, dim. et lundi

Rest – Formule 18 € – Menu 20 € (déj.)/37 €

◆ À la fois simple et élégant, ce bistrot où le gris le dispute au prune et à l'orange. Tartare d'huîtres à la crème de beaufort, croustillant de bœuf au panais, etc. Le soir, les propositions se font plus étoffées pour le plaisir des gourmets.

La Cagouille

10 pl. Constantin-Brancusi Ⓜ Gaîté – ✆ 01 43 22 09 01 – www.la-cagouille.fr

Rest – Formule 26 € – Menu 42 € bc – Carte 38/68 €

◆ Accord parfait entre le cadre d'inspiration marine et de beaux produits de la mer. Des crevettes grises par exemple, sautées minute, du cabillaud à la crème d'ail ou un pot-au-feu de lieu à la coriandre... Belle collection de cognacs.

Les Fils de la Ferme

5 r. Mouton-Duvernet Ⓜ Mouton Duvernet – ✆ 01 45 39 39 61 – www.filsdelaferme.com – Fermé 3 sem. en août, 1er-10 janv., dim. et lundi

Rest – Formule 21 € – Menu 30 €

◆ Deux frères travaillent ici à quatre mains de bons produits de saison, dans un esprit bistrot contemporain. Médaillons de foies de volaille au chutney, filet mignon de cochon rôti, pannacotta au chocolat blanc : appétissant !

La Cerisaie

70 bd E.-Quinet Ⓜ Edgar Quinet – ✆ 01 43 20 98 98 – www.restaurantlacerisaie.com – Fermé 14 juil.-15 août, 25 déc.-1er janv., sam. et dim.

Rest *(réserver)* – Carte 33/40 €

◆ Une belle ambassade du Sud-Ouest... en plein quartier breton ! Parmi les classiques de ce restaurant de poche : terrines de saison, magret d'oie aux poires rôties et aux épices, tarte fondante au chocolat... Accueil charmant.

PARIS

Les Petits Plats

39 r. des Plantes Ⓜ Alésia – ✆ 01 45 42 50 52 – Fermé 1er- 22 août et dim.

Rest *(nombre de couverts limité, réserver)* – Formule 15 € – Menu 35 € – Carte 35/56 €

◆ Moulures, miroirs, comptoir en bois, grande ardoise présentant les mets du moment : un petit bistrot élégant, dans son jus 1910, pour une cuisine canaille et familiale.

L'Ordonnance

51 r. Hallé Ⓜ Mouton Duvernet – ✆ 01 43 27 55 85 – Fermé 1er-15 août, sam. sauf le soir en hiver et dim.

Rest – Formule 25 € – Menu 32/42 €

◆ À quelques pas de la place Michel-Audiard, un bistrot nouvelle vague mené par un patron chaleureux. Carré d'agneau rôti au thym, œuf poché, foie gras poêlé, etc. : franc et précis.

Le Bis

16 r. des Plantes Ⓜ Mouton Duvernet – ✆ 01 40 44 73 09 – Fermé 1 sem. en avril, 2 sem. en août, 24-29 déc., dim. et lundi

Rest – Formule 21 € – Menu 25 € (déj. en sem.)/35 € – Carte 37/55 €

◆ Nouveau propriétaire pour ce restaurant qui a su conserver son esprit bistrot. Boudin noir, croustillant de pied de porc, ris de veau rôtis, tuiles aux amandes... mettent l'eau à la bouche. On a envie de demander un bis !

PARIS

La Cantine du Troquet

101 r. de l'Ouest Ⓜ Pernety

Rest – Formule 23 € – Menu 32 € – Carte 27/37 €

◆ Banquettes rouges, tables en bois et ardoise du jour : cette cantine respire la convivialité, et l'on se régale, par exemple, d'une terrine maison, d'oreilles de cochon grillées, de couteaux à la plancha, etc. Pas de téléphone, pas de réservation.

Severo

8 r. des Plantes Ⓜ Mouton Duvernet – ✆ 01 45 40 40 91 – Fermé vacances de Noël, de fév., de Pâques, 30 juil.-27 août, sam. et dim.

Rest *(nombre de couverts limité, réserver)* – Carte 29/60 €

◆ La qualité de la viande – rassise sur place – et de la charcuterie est l'atout majeur de ce chaleureux bistrot, tenu par un ancien boucher. Les carnivores apprécieront également la belle carte des vins, ses bourgognes et ses côtes-du-rhône.

L'Entêtée

4 r. Danville Ⓜ Denfert Rochereau – ✆ 01 40 47 56 81 – www.wix.com/lentetee/entetee – Fermé août, 1 sem. à Noël, dim., lundi et fériés

Rest *(dîner seult) (nombre de couverts limité, réserver)* – Menu 34/39 € – Carte environ 45 €

◆ L'Entêtée, ou le bistrot de Julie Ferrault, une jeune chef pleine de mordant qui concocte une cuisine très personnelle : crumble de saumon et lentilles, caille au vin blanc, risotto aux champignons et crème de ciboulette...

Le Jeu de Quilles

45 r. Boulard Ⓜ Mouton Duvernet – ✆ 01 53 90 76 22 – Fermé 3 sem. en août, 24 déc.-2 janv., dim., lundi et mardi

Rest *(réserver)* – Formule 17 € – Menu 21 € (déj.) – Carte 34/50 € le soir

◆ Avec son coin épicerie et son format de poche, ce bistrot "brut" joue la carte de la fraîcheur et de la convivialité. Sur la courte ardoise, on trouve par exemple carpaccio de veau à la roquette et parmesan, ris de veau aux morilles... Atypique !

Les Caves de Solignac

9 r. Decrès Ⓜ Plaisance – ✆ 0145 45 58 59 – Fermé 1 sem. en mai, 3 sem. en août, vacances de Noël, sam. midi, dim. et lundi

Rest *(nombre de couverts limité, réserver)* – Formule 16 € – Menu 19 € (déj.)/ 30 € – Carte 30/38 €

◆ Ce restaurant a vraiment des allures de bistrot 1900, à la fois simple et charmant. Les propositions à l'ardoise donnent envie : foie de veau au vinaigre de cidre, confit de canard, cheese cake, etc. À essayer avec un petit vin gouleyant...

Kigawa

186 rue du Château Ⓜ *Mouton Duvernet – ✆ 01 43 35 31 61 – www.kigawa.fr – Fermé mardi*

Rest *(nombre de couverts limité, réserver)* – Formule 18 € – Menu 24 € (déj.)/ 29 € – Carte 40/65 €

◆ Kigawa comme Michihiro Kigawa, le chef de cet établissement tout simple. Fort de son expérience dans un restaurant français à Osaka, le voilà à Paris pour vous régaler de pâté en croûte, pigeon rôti et autres beaux classiques de l'Hexagone.

H. Le Gac/MICHELIN

Porte de Versailles · Vaugirard · Beaugrenelle

15e arrondissement

✉ 75015

Pullman Rive Gauche ch, rest,

8 r. L.-Armand Ⓜ *Balard – ✆ 01 40 60 30 30 – www.pullmanhotels.com*

602 ch – †129/440 € ††129/440 € – 15 suites – ☕ 22 €

Rest *Brasserie* ✆ 01 40 60 33 77 – Formule 20 € – Menu 34 € (déj. en sem.) – Carte 38/80 €

◆ Face à l'héliport, un hôtel d'esprit international pensé pour la clientèle d'affaires : espace séminaire complet, chambres très bien insonorisées, brasserie, fitness, salle de petit-déjeuner panoramique (au 23e étage)...

Novotel Tour Eiffel

61 quai de Grenelle Ⓜ *Charles Michels – ✆ 01 40 58 20 00 – www.novotel-paris-convention.com*

758 ch – †139/600 € ††139/600 € – 6 suites – ☕ 18 €

Rest *Benkay* – voir les restaurants ci-après

Rest *Novotel Café* ✆ 01 40 58 20 75 – Formule 17 € – Menu 26 € (déj.) – Carte 36/60 €

◆ Le front de Seine et ses tours des années 1970, parmi lesquelles ce Novotel de facture contemporaine disposant d'un centre de conférence high-tech. Le plus : les chambres donnent presque toutes sur le fleuve.

Le Marquis sans rest

15 r. Dupleix Ⓜ *Dupleix – ✆ 01 43 06 31 50 – www.lemarquisparis.com*

36 ch – †149/350 € ††149/350 € – ☕ 19 €

◆ Joli titre de noblesse pour cet hôtel raffiné, mais sans accointances avec l'Ancien Régime... Et pour cause, son décor joue résolument la carte du confort tendance, à deux pas de la rue du Commerce et du Champ-de-Mars.

Mercure Suffren Tour Eiffel ch,

20 r. Jean-Rey Ⓜ *Bir-Hakeim – ✆ 01 45 78 50 00 – www.mercure.com*

405 ch – †180/350 € ††180/350 € – ☕ 20 €

Rest – Formule 25 € bc – Carte 33/50 €

◆ Un vaste Mercure rénové dans un esprit d'aujourd'hui, avec un restaurant, des salles de réunion, un fitness ouvert 24h/24... Atout typiquement parisien : les chambres des étages supérieurs offrent une jolie vue sur la tour Eiffel.

PARIS

Océania sans rest
52 r. Oradour-sur-Glane Ⓜ *Porte de Versailles – ✆ 01 56 09 09 09*
– www.oceaniahotels.com
232 ch – †160/330 € ††160/330 € – 18 suites – ☕ 17 €
◆ À deux pas du parc des expositions, un hôtel élégant et actuel, avec des chambres agréables (parquet, bois wengé...), un espace détente complet (jacuzzi, hammam, piscine...) et un jardin exotique où l'on sert le petit-déjeuner aux beaux jours.

Novotel Gare Montparnasse
17 r. Cotentin Ⓜ *Montparnasse Bienvenüe – ✆ 01 53 91 23 75*
– www.novotel.com/fr/hotel-5060-novotel-paris-gare-montparnasse
197 ch – †160/350 € ††160/350 € – 2 suites – ☕ 16 €
Rest – Formule 13 € – Carte 18/43 €
◆ Tout près de la gare Montparnasse (mais dans une rue calme), un Novotel contemporain. Les chambres, d'esprit zen, sont accueillantes et bien insonorisées ; on sert le petit-déjeuner sous forme de copieux buffet.

Ares sans rest
7 r. Général Larminat Ⓜ *La Motte-Piquet-Grenelle – ✆ 01 47 34 74 04*
– www.ares-paris-hotel.com
40 ch – †187/257 € ††187/257 € – ☕ 16 €
◆ Un soupçon de baroque, une touche de cachet parisien, un bel esprit feutré... pour un hôtel chic et cossu, tout près de la tour Eiffel – certaines chambres donnent d'ailleurs sur la Grande Dame ! Au petit-déjeuner, on se régale des viennoiseries de la maison Kayser.

First sans rest
2 bd Garibaldi Ⓜ *Cambronne – ✆ 01 43 06 93 26 – www.firsthotelparis.com*
42 ch – †110/199 € ††125/229 € – ☕ 15 €
◆ Face au métro aérien, un décor "black and white" tout en contraste pour cet hôtel refait à neuf dans un esprit résolument design. Les chambres ont du style, c'est indéniable, et certaines (dès le 3e étage) ont vue sur la tour Eiffel...

Bailli de Suffren sans rest
149 av. Suffren Ⓜ *Ségur – ✆ 01 56 58 64 64 – www.baillidesuffren-paris.com*
25 ch – †95/190 € ††95/195 € – ☕ 13 €
◆ Idéalement situé entre la tour Eiffel, les Invalides et le quartier Montparnasse, le Bailli de Suffren a été entièrement rénové dans un style épuré, tout en conservant son charme parisien... Les chambres sont confortables, lumineuses et très bien insonorisées.

Holiday Inn Montparnasse sans rest
10 r. Gager-Gabillot Ⓜ *Vaugirard – ✆ 01 44 19 29 29*
– www.holidayinn.fr/paris-mountain
60 ch – †130/300 € ††130/300 € – ☕ 17 €
◆ Dans une rue tranquille, une bâtisse moderne disposant de chambres fonctionnelles et agréables (douche à l'italienne, esprit épuré), quelques-unes avec balcon. Le must : la junior suite et sa superbe terrasse donnant sur la tour Eiffel.

Eiffel Cambronne sans rest
46 r. Croix-Nivert Ⓜ *Av. Emile Zola – ✆ 01 56 58 56 78 – www.eiffel-cambronne.fr*
30 ch – †109/209 € ††109/209 € – 1 suite – ☕ 13 €
◆ Un hôtel sympathique avec des chambres classiques et bien tenues (plus calmes sur l'arrière), et un salon douillet qui invite à la lecture de son journal... Le plus : le copieux petit-déjeuner servi sous une jolie verrière.

Mercure Paris XV sans rest
6 r. St-Lambert Ⓜ *Boucicaut – ✆ 01 45 58 61 00 – www.mercure.com*
54 ch – †95/350 € ††95/350 € – 2 suites – ☕ 16 €
◆ Tout près de la porte de Versailles, mais au calme, un Mercure récent et accueillant, avec des chambres confortables. On prend son petit-déjeuner dans une véranda qui donne sur un jardinet fleuri... Plutôt agréable avant une réunion !

Aberotel sans rest

24 r. Blomet Ⓜ Volontaires – ✆ 01 40 61 70 50 – www.aberotel.com

28 ch – †80/145 € ††90/160 € – ☕ 9 €

◆ Un petit d'hôtel d'esprit familial, tenu par un couple sympathique. Déco zen, objets balinais et ethniques, chambres impeccables, cour intérieure verdoyante où l'on prend son petit-déjeuner aux beaux jours... Une étape attachante.

Ibis Styles sans rest

192 r. de la Croix Nivert Ⓜ Boucicaut – ✆ 0145 58 16 08

49 ch ☕ – †95/190 € ††95/195 €

◆ Un hôtel traditionnel relooké dans un esprit tendance... Touche d'originalité : dans chaque chambre, un plafond en tissu tendu sur le thème de la forêt, de la voie lactée, etc. Petit-déjeuner et wifi inclus, selon le concept de la chaîne.

Le Quinzième - Cyril Lignac

14 r. Cauchy Ⓜ Javel – ✆ 01 45 54 43 43 – www.restaurantlequinzieme.com – Fermé sam. midi, dim. et lundi

Rest – Menu 49 € (déj.), 130/175 € bc – Carte 100/130 €

Spéc. Foie gras de canard mi-cuit. Ris de veau de Corrèze braisé, purée de carotte au curcuma. Crème de chocolat au lait tanariva, croustillant praliné.

◆ Un décor chic et contemporain, trendy en diable, et – surtout – une cuisine d'aujourd'hui qui flatte l'œil et le palais. Le médiatique Cyril Lignac se donne les moyens du meilleur : harmonieuses et bien pensées, ses assiettes pourraient passer à la télé !

Benkay – Novotel Tour Eiffel

61 quai de Grenelle Ⓜ Bir-Hakeim – ✆ 01 40 58 21 26 – www.restaurant-benkay.com – Fermé août

Rest – Menu 38 € (déj.), 85/150 € – Carte 60/110 €

◆ Sur le front de Seine, ce restaurant appartient à la Japan Airlines et vous invite à un voyage express pour... le pays du Soleil-Levant ! Comptoir à sushis, cuisine teppanyaki (exécutée devant vous sur plaque chauffante) ou washoku (service à table) : une belle expérience.

Le Quinze - Lionel Flury

8 r. Nicolas-Charlet Ⓜ Pasteur – ✆ 01 42 19 08 59 – www.lequinzelionelflury.fr – Fermé 30 juil.-21 août, 24 déc.-2 janv., lundi soir et dim.

Rest – Menu 42 € (déj. en sem.), 55/80 € – Carte 58/80 €

◆ Araignée de mer aux algues nori et son tartare de concombre aux tomates confites ; carré d'Agneau de Lozère aux champignons et au caviar d'aubergine ; orange en millefeuille... Des mets appétissants pour un Quinze raffiné et élégant.

La Gauloise

59 av. La Motte-Picquet Ⓜ La Motte Picquet Grenelle – ✆ 01 47 34 11 64

Rest – Formule 24 € – Menu 29 € – Carte 33/50 €

◆ Une brasserie Belle Époque au doux parfum de vie parisienne d'autrefois. Au menu, œuf mollet et légumes de pot-au-feu, crépinette de cochon, turbot béarnaise, soupe à l'oignon, etc. Un lieu qu'on apprécie aussi pour sa jolie terrasse.

L'Atelier du Parc

35 bd Lefèbvre Ⓜ Porte de Versailles – ✆ 01 42 50 68 85 – www.atelierduparc.fr – Fermé 2 sem. en août, lundi midi et dim.

Rest – Formule 20 € – Menu 25 € (déj. en sem.), 35/78 €

◆ Cet Atelier impose son style contemporain chic et sa belle cuisine inventive dans un quartier inattendu, face au parc des expositions. Suprême de volaille thym-citron, tartare de dorade au jus de gingembre et mélisse, etc. : tout est fait maison !

L'Inattendu

99 r. Blomet Ⓜ Vaugirard – ✆ 01 55 76 93 12 – Fermé août, 1 sem. en janv., sam. midi, lundi midi et dim.

Rest – Formule 27 € – Menu 31/40 €

◆ Nouveau décor en 2011, à la fois feutré et élégant, pour ce petit restaurant où œuvrent deux associés expérimentés. Ils viennent d'ouvrir une poissonnerie à côté, de quoi garantir la fraîcheur des produits ! Au menu : des propositions canailles, bien ficelées et parfois... inattendues.

Chen Soleil d'Est
15 r. du Théâtre Ⓜ *Dupleix – ✆ 01 45 79 34 34 – Fermé août et dim.*
Rest – Menu 40 € (déj.)/75 € – Carte 65/95 €
◆ Une valeur sûre de la gastronomie chinoise dans le quartier Beaugrenelle. Parmi les plats qui ont fait la réputation de la maison : le demi-canard pékinois en trois services, ou encore le mijoté d'aileron de requin entier... Fin et bon !

Le Caroubier
82 bd Lefèbvre Ⓜ *Porte de Vanves – ✆ 01 40 43 16 12 – www.restaurant-lecaroubier.com – Fermé 24 juil.-25 août et lundi*
Rest – Menu 18 € (déj. en sem.)/28 € – Carte 31/45 €
◆ Couscous délicats, tajines aux saveurs subtiles et franches, pastillas gorgées du soleil de l'Atlas... Une véritable oasis de douceur, tout près de la porte de Versailles !

Fontanarosa
28 bd Garibaldi Ⓜ *Cambronne – ✆ 01 45 66 97 84 – www.restaurant-fontanarosa.fr*
Rest – Menu 19 € (déj. en sem.)/30 € – Carte 32/78 €
◆ Oubliés le métro aérien et l'agitation urbaine, cap sur l'Italie ! Ici, le soleil s'invite dans l'assiette : honneur aux plats transalpins et aux spécialités sardes... Aux beaux jours, on profite aussi de ses doux rayons sur la terrasse.

PARIS

Le Court-Bouillon
51 r. du Théâtre Ⓜ *Av. Émile Zola – ✆ 01 45 77 08 18 – www.lecourtbouillon.com – Fermé vacances de Noël, dim. et lundi*
Rest – Formule 38 € – Menu 44/49 €
◆ Foie gras de canard maison au sel de Guérande, feuilleté aux asperges, onglet de bœuf aux échalotes, tiramisu aux framboises... Dans ce petit restaurant élégant, on se régale de bons plats réalisés avec des produits extrafrais.

La Dînée
85 r. Leblanc Ⓜ *Balard – ✆ 01 45 54 20 49 – www.restaurant-ladinee.com – Fermé août, sam. et dim.*
Rest – Formule 39 € – Menu 47 €
◆ La Dînée, dans le Littré, c'est une auberge où l'on s'arrête pour le repas... Cette Dînée-là ne fait pas mentir le dictionnaire et l'on y savoure une sympathique cuisine de tradition. Côté bistrot, on sert des plats à la plancha.

Erawan
76 r. Fédération Ⓜ *La Motte Picquet Grenelle – ✆ 01 47 83 55 67 – Fermé 3 sem. en août, lundi midi et dim.*
Rest – Formule 13 € bc – Menu 22/31 € – Carte 20/55 €
◆ Une cuisine thaïlandaise authentique, généreuse et très parfumée ; un accueil des plus charmants : on se sent bien chez Erawan, dont le décor évoque l'esprit mystique et épuré de l'Asie du Sud-Est.

L'Épopée
89 av. Émile-Zola Ⓜ *Charles Michels – ✆ 01 45 77 71 37 – www.lepopee.fr – Fermé 9-17 août, 24 déc.-2 janv., sam. midi et dim. soir*
Rest – Formule 32 € – Menu 38/46 €
◆ Fricassée d'escargots de Bourgogne au bleu, terrine de campagne aux morilles, tagliatelles fraîches à l'encre de seiche et bons vins de propriétaire : une Épopée traditionnelle qui fait le bonheur des nombreux habitués.

Gwon's Dining
51 r. Cambronne Ⓜ *Cambronne – ✆ 01 47 34 53 17*
Rest *(dîner seult)* – Carte 40/50 €
◆ Le propriétaire est philosophe, sa femme sociologue : en ouvrant cet établissement élégant, ils ont souhaité faire connaître les saveurs les plus fines de leur pays. Ici, la gastronomie coréenne enchante la diaspora... et les novices !

Stéphane Martin
67 r. des Entrepreneurs Ⓜ *Charles Michels – ✆ 01 45 79 03 31 – www.stephanemartin.com – Fermé 22-30 avril, 5-27 août, 23 déc.-3 janv., dim. et lundi*
Rest – Formule 17 € – Menu 22 € (déj. en sem.)/35 € – Carte 42/55 €
◆ Une adresse bien connue des gourmets de la rive gauche. Cadre cosy et de bon goût, appétissantes recettes canailles revisitées : c'est un vrai plaisir d'y déguster un foie de veau meunière ou un jarret de porc braisé au miel d'épices !

Le Cristal de Sel

13 r. Mademoiselle Ⓜ Commerce – ✆ 01 42 50 35 29 – www.lecristaldesel.fr – Fermé 29 avril-8 mai, 3 sem. en août, vacances de Noël, dim. et lundi

Rest – Formule 18 € – Carte 40/50 €

◆ Un restaurant convivial tenu par une équipe jeune, sympathique et pleine d'allant. Selon la saison, on vous proposera une sole meunière au beurre d'algue, une côte de veau rôtie et ses asperges blanches, une crème brûlée à la pistache...

Yanasé

75 r. Vasco-de-Gama Ⓜ Lourmel – ✆ 01 42 50 07 20 – www.yanase.fr – Fermé 2 sem. en août, lundi midi et dim.

Rest – Formule 18 € – Menu 35 € (déj. en sem.), 45/65 € – Carte 38/60 €

◆ Yanasé ? C'est un cèdre du sud de l'archipel nippon. Dans ce restaurant épuré et serein, on concocte sous vos yeux des grillades au "robata" (un barbecue au charbon de bois) et l'on propose aussi les traditionnels sushis et makis.

Afaria

15 r. Desnouettes Ⓜ Convention – ✆ 01 48 56 15 36 – Fermé 1er-24 août, vacances de fév., dim. et lundi

Rest – Formule 21 € – Menu 24 € (déj. en sem.)/45 € – Carte 35/55 €

◆ Un chaleureux bistrot qui honore le terroir basque : chez Afaria, on s'installe au comptoir autour de belles tapas, avant de se régaler de plats gourmands et créatifs, qui n'hésitent pas à faire des détours par les saveurs du monde. Réservez !

Beurre Noisette

68 r. Vasco-de-Gama Ⓜ Lourmel – ✆ 01 48 56 82 49 – www.lebeurrenoisette.com – Fermé 1er-24 août, dim. et lundi

Rest – Formule 22 € – Menu 32/50 € – Carte 32/45 €

◆ Ce restaurant chaleureux a été rénové avec goût et propose désormais une jolie table d'hôte. Toujours inspiré, le chef imagine l'ardoise du jour au gré du marché et de son inspiration. Belle sélection de vins.

Le Concert de Cuisine

14 r. Nélaton Ⓜ Bir-Hakeim – ✆ 01 40 58 10 15 – Fermé 7-28 août, lundi midi, sam. midi et dim.

Rest *(nombre de couverts limité, réserver)* – Formule 24 € – Menu 29 € (déj.), 40/57 €

◆ La salle de concert ? Très simple, sans chichi ni folklore japonisant. Et le chef d'orchestre ? Sous vos yeux, il réalise une belle cuisine fusion, créant des recettes très personnelles basées sur la technique du teppanyaki. Jolie mélodie !

Le Grand Pan

20 r. Rosenwald Ⓜ Plaisance – ✆ 01 42 50 02 50 – www.legrandpan.fr – Fermé 1 sem. en mai, 10-30 août, vacances de Noël, sam. et dim.

Rest – Formule 21 € – Menu 29 € (déj.) – Carte 30/47 €

◆ Un bistrot de quartier qu'aurait pu fréquenter Georges Brassens, qui habita tout près. À l'ardoise, de belles viandes accompagnées de mesclun ou de frites maison, du homard, des Saint-Jacques... des produits d'une indéniable qualité.

Le Troquet

21 r. François-Bonvin Ⓜ Cambronne – ✆ 01 45 66 89 00 – Fermé 1 sem. en mai, 3 sem. en août, 1 sem. en déc., dim. et lundi

Rest – Formule 24 € – Menu 32 € (déj. en sem.)/41 € – Carte 30/38 €

◆ Le "troquet" parisien dans toute sa splendeur ! Ce n'est plus Christian Etchebest à sa tête, mais un jeune chef prometteur qui travaille avec la même équipe et des produits ultrafrais. La cuisine a toujours l'accent du Sud-Ouest !

La Villa Corse

164 bd Grenelle Ⓜ La Motte Picquet Grenelle – ✆ 01 53 86 70 81 – www.lavillacorse.com – Fermé dim.

Rest – Formule 29 € bc – Carte 50/60 €

◆ Bonnes charcuteries, plats mijotés dès les premiers frimas... La cuisine de l'île de Beauté s'invite à la table de cette jolie Villa feutrée. Changement de décor prévu pour 2012 !

PARIS

Le Mûrier

42 r. Olivier-de-Serres Ⓜ Convention – ✆ 01 45 32 81 88 – Fermé 9-22 août, sam. et dim.
Rest – Menu 21/26 €
◆ Le Mûrier séduit avec ses petits airs de chaleureux troquet de quartier, tout simplement convivial... On y sert une cuisine d'esprit traditionnel, goûteuse et soignée, et l'accueil est charmant.

Le Bélisaire

2 r. Marmontel Ⓜ Vaugirard – ✆ 01 48 28 62 24 – Fermé 29 juil.-19 août, 24 déc.-1er janv., sam. midi et dim.
Rest – Formule 21 € – Menu 24 € (déj.)/35 €
◆ Ce qui rend ce restaurant si sympathique ? Son atmosphère de bistrot à l'ancienne sans doute. Le chef n'hésite pas à revisiter la tradition : saumon farci au chèvre, joue de bœuf braisée au vin rouge, sabayon aux pêches, etc. Frais et généreux.

L'Épicuriste

41 bd Pasteur Ⓜ Pasteur – ✆ 01 47 34 15 50 – Fermé 3 sem. en août, dim. et lundi
Rest – Menu 24 € (déj.), 28/34 €
◆ Après l'Épigramme, Aymeric Kräml et Stéphane Marcuzzi ont imaginé ce bistrot faussement nostalgique. Couteaux en persillade, cochon basque rôti et crémeux au mascarpone flattent résolument les sens. Une bonne adresse près de Montparnasse.

PARIS

Bernard du 15

62 r. des Entrepreneurs Ⓜ Charles Michels – ✆ 01 40 59 09 27 – Fermé août et dim. soir
Rest – Menu 18/33 € – Carte 36/52 €
◆ Bernard du 15, c'est Bernard Sellin, un chef qui mêle les influences de sa Bretagne natale et de ses nombreux voyages dans les Caraïbes pour concocter de bons petits plats mettant le poisson à l'honneur. Prix doux, pour ne rien gâcher !

Le Dirigeable

37 r. d'Alleray Ⓜ Vaugirard – ✆ 01 45 32 01 54 – Fermé 24 déc.-1er janv., dim. et lundi
Rest – Formule 19 € – Menu 22 € (déj.) – Carte 30/40 €
◆ Le restaurant de quartier par excellence : dans une atmosphère simple, rétro et décontractée, on savoure une jolie cuisine bistrotière, avec de grands classiques tels que la terrine de foies de volaille, le navarin d'agneau...

Jadis

208 r. de la Croix-Nivert Ⓜ Convention – ✆ 01 45 57 73 20 – www.bistrot-jadis.com – Fermé 3 sem. en août, sam. et dim.
Rest – Formule 25 € – Menu 34/65 € – Carte 45/60 €
◆ "Jadis" et pourtant tellement d'aujourd'hui ! Ce bistrot est à l'image de son jeune chef, sympathique et plein d'entrain. Pavé de sandre rôti au bouillon d'oseille, porc basque à la laitue braisée : le menu-carte change au fil des saisons.

Schmidt - L'Os à Moelle

3 r. Vasco-de-Gama Ⓜ Lourmel – ✆ 01 45 57 27 27 – Fermé 2 sem. en août, dim. et lundi
Rest – Formule 24 € – Menu 29 € (déj.)/55 € – Carte 36/58 €
◆ Pâté en croûte de mon enfance, bar aux cèpes et pommes grenaille, coings rôtis au miel et aux épices... Un jeune chef alsacien a repris en 2011 cette table bien connue ; sa cuisine du marché, fraîche et savoureuse, honore la mémoire des lieux.

Le Casse Noix

56 r. de la Fédération Ⓜ Bir Hakeim – ✆ 01 45 66 09 01 – www.le-cassenoix.fr – Fermé 28 juil.-20 août, sam. et dim.
Rest – Formule 20 € – Menu 25 € (déj.)/32 € – Carte 32/50 €
◆ Un beau bistrot rétro avec ses vieilles affiches, ses meubles vintage... Côté cuisine, l'authenticité prime : délicieux plats canailles variant au gré des saisons ; bons petits vins... Ce Casse Noix casse des briques !

Axuria

51 av. Félix Faure Ⓜ Boucicaut – ✆ 01 45 54 13 91 – www.axuria-restaurant.fr
Rest – Formule 22 € – Menu 35 € – Carte environ 48 €
◆ Axuria, c'est "agneau" en basque... Et le Pays basque, c'est justement la région du chef ! Dans son restaurant contemporain, il vous proposera peut-être un filet de rouget barbet et son wok de légumes croquants, un soufflé au Grand Marnier... Autrement dit : des plats de tradition joliment revisités.

Du Marché
59 r. Dantzig Ⓜ Porte de Versailles – ✆ 01 48 28 31 55 – www.latabledefrancis.com – Fermé août, dim. et lundi
Rest – Menu 32 €
◆ Près du parc Georges-Brassens, ce bistrot ressuscite l'atmosphère rétro des années 1950... On y savoure une cuisine évidemment bistrotière, goûteuse et généreuse : parmentier de canard, poêlée de girolles, pain perdu, etc.

Maison Kaiseki
7 r. André-Lefebvre Ⓜ Javel André Citroën – ✆ 01 45 54 48 60 – www.kaiseki.com – Fermé 14-30 avril, dim. et lundi
Rest *(nombre de couverts limité, réserver)* – Formule 20 € – Menu 50 € (sem.), 70/170 € – Carte 50/200 €
◆ La Maison Kaiseki ? Une expérience insolite pour initiés. Ce resto-labo minimaliste se révèle très atypique, tant la cuisine japonaise du chef étonne. Et ce dernier n'a qu'un désir : faire découvrir les beaux produits du Soleil-Levant...

Le Pétel◆
4 r. Pétel Ⓜ Vaugirard – ✆ 01 45 32 58 76 – www.lepetel.com – Fermé 1er-24 août, dim. et lundi
Rest – Formule 17 € – Menu 25 € (déj.), 32/39 € – Carte 36/46 €
◆ Une adresse de quartier qui ne désemplit pas, et où règne une chaleureuse atmosphère bistrotière. Sur l'ardoise et à la carte, le chef propose une cuisine traditionnelle vraiment bien ficelée, ainsi que quelques plats canailles.

Bistro 121
121 r. de la Convention Ⓜ Boucicaut – ✆ 01 45 57 52 90 – www.bistro121.fr
Rest – Formule 28 € – Menu 34 €
◆ Œuf cocotte aux champignons et au foie gras, tartare de dorade au citron vert, gratin de pomme de terre aux vieux comté... Une cuisine parfumée et savoureuse à prix doux, dans un néobistrot animé et charmant.

Banyan
24 pl. E. Pernet Ⓜ Félix Faure – ✆ 01 40 60 09 31 – www.lebanyan.com
Rest – Formule 20 € – Menu 25 € (déj. en sem.), 35/55 € – Carte 36/56 €
◆ Nems aux cinq légumes, beignets de poisson aux trois épices... Des intitulés qui mettent l'eau à la bouche, et pour cause : dans ce petit restaurant thaïlandais, le dépaysement des papilles est garanti ! Brunch dominical bien sympathique.

G. Targat/MICHELIN

Trocadéro · Étoile · Passy · Bois de Boulogne

16e arrondissement

✉ 75016

Shangri-La
10 av. d'Iéna ✉ 75116 Ⓜ Iéna – ✆ 01 53 67 19 98 – www.shangri-la.com
54 ch – †650/1675 € ††650/1675 € – 27 suites – ☕ 48 €
Rest *L'Abeille* ✿✿ **Rest *Shang Palace*** ✿ – voir les restaurants ci-après
Rest *La Bauhinia* – Carte 60/115 €
◆ L'Empire mâtiné d'Asie... La signature de ce palace né en 2011, créé dans l'ancien hôtel du prince Roland Bonaparte (1896). Architectures classiques, salons grandioses, luxe opulent, tables pour toutes les envies, etc. Sentiment d'exclusivité !

PARIS

Raphael

ch, rest,

17 av. Kléber 75116 Kléber – 01 53 64 32 00 – www.raphael-hotel.com
83 ch – 390/570 € 390/570 € – 37 suites – 39 €
Rest *La Salle à Manger* *(fermé août, sam. et dim.)* – Formule 55 € – Menu 75 € – Carte 90/130 €
Rest *Les Jardins Plein Ciel* 01 53 64 32 30 *(ouvert de mai à sept. et fermé sam. midi et dim.)* – Formule 55 € – Menu 75 €
◆ Une magnifique galerie habillée de boiseries, des chambres raffinées, une terrasse panoramique et un bar anglais à l'élégance indéniable : tels sont les trésors du Raphael... Pour se restaurer, la belle Salle à Manger plaira aux amateurs de registre traditionnel. Quant aux Jardins Plein Ciel, ils portent bien leur nom avec une vue superbe sur Paris.

St-James Paris

43 av. Bugeaud 75116 Porte Dauphine – 01 44 05 81 81 – www.saint-james-paris.com
30 suites – 600/1500 € – 18 ch – 34 €
Rest *(fermé dim. soir et fériés) (résidents seult)* – Carte 60/100 €
◆ En 2011, ce bel hôtel particulier de la fin du 19es. s'est offert un nouveau look signé Bambi Sloan. De superbes matières, des imprimés chatoyants : le style Napoléon III flirte avec une originalité toute british. La délicieuse bibliothèque, l'escalier majestueux, les volumes harmonieux : l'empreinte d'un lieu unique.

Renaissance Parc-Trocadéro

ch,

55 av. R. Poincaré 75116 Victor Hugo – 01 44 05 66 66 – www.renaissanceleparctrocadero.com
122 ch – 299/629 € 299/629 € – 4 suites – 29 €
Rest *Le Relais du Parc* 01 44 05 66 10 *(fermé 3 sem. en août, sam. midi et dim.)* – Formule 29 € – Menu 35 € (déj. en sem.) – Carte 35/64 €
◆ Une enseigne de circonstance, car l'hôtel a été entièrement rénové au printemps 2011. L'idée du jardin à la française a servi d'inspiration pour la décoration contemporaine des chambres. Un ensemble en harmonie avec l'architecture parisienne.

Baltimore

88 bis av. Kléber 75116 Boissière – 01 44 34 54 54 – www.hotel-baltimore-paris.com
102 ch – 250/580 € 250/580 € – 1 suite – 26 €
Rest *La Table du Baltimore* – voir les restaurants ci-après
◆ Mobilier épuré, tissus tendance : le décor contemporain des chambres contraste avec l'architecture haussmannienne du 19es. L'ensemble est chaleureux – mention spéciale pour le bar – et apprécié des hommes d'affaires.

Villa & Hôtel Majestic

rest,

30 r. Lapérouse 75016 Kléber – 01 45 00 83 70 – www.majestic-hotel.com
29 ch – 480/800 € 480/800 € – 23 suites – 34 €
Rest – Carte environ 41 €
◆ Luxueuse sans ostentation, très confortable et stylée, cette Villa du 19e s. porte bien son nom. Du cachet, des chambres spacieuses, un spa offrant les meilleures prestations : le bien-être à deux pas des Champs-Élysées !

Square

3 r. Boulainvilliers 75016 Mirabeau – 01 44 14 91 90 – www.hotelsquare.com
18 ch – 300/650 € 300/650 € – 4 suites – 35 €
Rest *Zébra Square* – voir les restaurants ci-après
◆ Un hôtel contemporain, juste en face de la Maison de la Radio. Les chambres sont à la fois spacieuses, feutrées et bien insonorisées. L'équipement high-tech et la collection d'art contemporain soulignent son style, très "boutique hôtel".

Keppler sans rest

10 r. Keppler 75116 George V – 01 47 20 65 05 – www.keppler.fr
34 ch – 250/390 € 280/490 € – 5 suites – 24 €
◆ Le décor, tout en luxe et raffinement, est signé Pierre-Yves Rochon. Que ce soit dans les salons, la bibliothèque ou les chambres, la magie opère... Hammam, sauna et fitness complètent cet ensemble des plus élégants.

Dokhan's Radisson Blu sans rest

117 r. Lauriston ✉ 75116 Ⓜ Trocadéro – ✆ 01 53 65 66 99 – www.radissonblu.com/dokhanhotel-paristrocadero

41 ch – †250/650 € ††250/650 € – 4 suites – ☕ 29 €

◆ Dans ce bel hôtel particulier de style haussmannien, le décor néoclassique est bien loin du fonctionnalisme contemporain. Le salon aux boiseries céladon (18es.), le bar à champagne et les chambres richement parées ont, au contraire, un charme fou.

Sezz sans rest

6 av. Frémiet ✉ 75016 Ⓜ Passy – ✆ 01 56 75 26 26 – www.hotelsezz-paris.com

19 ch – †335/570 € ††335/570 € – 7 suites – ☕ 28 €

◆ Cet immeuble à la belle façade ouvragée (1913) a adopté un style ultradesign (pierre grise, mobilier original, équipements high-tech et sauna). À noter : chaque client se voit attribuer un assistant particulier pour la durée de son séjour.

La Villa Maillot sans rest

143 av. Malakoff ✉ 75116 Ⓜ Porte Maillot – ✆ 01 53 64 52 52 – www.lavillamaillot.fr

39 ch – †190/450 € ††190/450 € – 3 suites – ☕ 25 €

◆ À proximité de la porte Maillot. Chambres aux couleurs douces bénéficiant d'une bonne isolation phonique. Petits-déjeuners servis sous une verrière. Sauna et hammam.

Pergolèse sans rest

3 r. Pergolèse ✉ 75116 Ⓜ Argentine – ✆ 01 53 64 04 04 – www.pergolese.com

40 ch – †130/276 € ††140/468 € – ☕ 17 €

◆ Derrière une sage façade de ce quartier chic, se cache un intérieur design et apaisant (murs blancs, mobilier en bois clair). Écrans plats, branchements pour iPods : rien ne manque. Les chambres sont calmes et très bien tenues. Bar cosy.

Élysées Régencia sans rest

41 av. Marceau ✉ 75116 Ⓜ George V – ✆ 01 47 20 42 65 – www.regencia.com

43 ch – †175/435 € ††195/455 € – ☕ 19 €

◆ Un hôtel aux chambres spacieuses, déclinant des teintes toniques et acidulées (bleu, fuschia ou anis), dont deux juniors suites provençales plutôt dépaysantes. Après un shopping avenue Montaigne, décontraction assurée dans le salon d'un rouge profond.

Le Metropolitan Radisson Blu

rest,

10 pl. de Mexico ✉ 75116 Ⓜ Trocadéro – ✆ 01 56 90 40 04 – www.radissonblu.com/hotel-pariseiffel

48 ch – †260/650 € ††260/650 € – 10 suites – ☕ 28 €

Rest *(fermé 3 sem. en août, dim. et lundi)* – Formule 26 € – Carte 40/60 €

◆ Cet hôtel ouvert en 2009 propose des chambres au décor contemporain épuré : murs blancs, parquet brut, mobilier en teck. Certaines offrent une petite vue sur la tour Eiffel, tout comme le bar où l'on vous propose pas moins de 200 cocktails à la carte ! Service prévenant.

Garden Élysée sans rest

12 r. St-Didier ✉ 75116 Ⓜ Boissière – ✆ 01 47 55 01 11 – www.paris-hotel-gardenelysee.com

46 ch – †190/530 € ††200/650 € – ☕ 22 €

◆ Le principal atout de cet hôtel ? Le calme ! Bien qu'à deux pas du Trocadéro, il est situé dans une cour verdoyante, délicieuse en été. Avec sa véranda et ses chambres sobrement contemporaines, l'endroit se révèle très chaleureux.

Mon Hôtel sans rest

1 r. d'Argentine ✉ 75016 Ⓜ Argentine – ✆ 01 45 02 76 76 – www.monhotel.fr

37 ch – †199/690 € ††199/690 € – ☕ 22 €

◆ Un hôtel rien que pour soi ? Un rêve... Pourtant cette adresse dégage un je-ne-sais-quoi de confidentiel bien appréciable dans pareil quartier ! Chambres très design et confortables ; room service de midi à minuit et petit espace bien-être.

PARIS

Plaza Tour Eiffel sans rest
32 r. Greuze ✉ 75016 – ☎ 01 47 27 10 00 – www.plazatoureiffel.com
41 ch – †185/550 € ††185/550 € – ☕ 20 €
◆ Le Trocadéro, la tour Eiffel... Toutes ces merveilles sont juste à côté de cet hôtel contemporain. Élégant et confortable, il propose trois catégories de chambres, claires et épurées. Insonorisation de qualité et fitness bien équipé.

Bassano sans rest
15 r. Bassano ✉ 75116 Ⓜ George V – ☎ 01 47 23 78 23 – www.hotel-bassano.com – Fermé août
33 ch – †175/355 € ††195/375 € – 1 suite – ☕ 19 €
◆ Entièrement rénové en 2008, cet hôtel situé en retrait des avenues passantes arbore un décor ancré dans le 21es. : chambres élégantes et fonctionnelles, aux tons bleu et gris. Un bon point de chute entre le Trocadéro et les Champs-Élysées.

Duret sans rest
30 r. Duret ✉ 75116 Ⓜ Argentine – ☎ 01 45 00 42 60 – www.hotelduret.com
25 ch – †180/340 € ††180/340 € – 2 suites – ☕ 17 €
◆ Atmosphère lounge dans le hall, bar cosy, chambres contemporaines spacieuses et colorées (beige, prune, anis...) : cet hôtel proche de la porte Maillot a du caractère. Chaleureux.

PARIS

Passy Eiffel sans rest
10 r. de Passy ✉ 75016 Ⓜ Passy – ☎ 01 45 25 55 66 – www.passyeiffel.com
49 ch – †99/245 € ††99/245 € – ☕ 14 €
◆ La rue est animée, commerçante. Un emplacement sympathique pour cet hôtel familial aux chambres fonctionnelles. Décorées dans des styles neutre, chatoyant ou plus design, elles sont toutes bien tenues ; certaines avec vue sur la tour Eiffel.

Trocadéro La Tour sans rest
5 bis r. Massenet ✉ 75016 Ⓜ Passy – ☎ 01 45 24 43 03 – www.trocaderolatour.com
41 ch – †169/275 € ††199/325 € – ☕ 19 €
◆ Il règne dans cet hôtel une atmosphère qui n'est pas sans évoquer un club anglais : fauteuils en cuir, lambris d'acajou... Avec leur mobilier d'inspiration Louis XVI et leurs gravures anciennes, les chambres ont un certain cachet.

Étoile Résidence Impériale sans rest
155 av. de Malakoff ✉ 75116 Ⓜ Porte Maillot – ☎ 01 45 00 23 45 – www.residenceimperiale.com
37 ch – †130/270 € ††130/270 € – ☕ 14 €
◆ À deux pas du palais des congrès, cet hôtel propose des chambres récemment rénovées dans un agréable style contemporain. Toutes sont bien insonorisées, pour un maximum de repos.

Résidence Foch sans rest
10 r. Marbeau ✉ 75116 Ⓜ Porte Maillot – ☎ 01 45 00 46 50 – www.residencefoch.com – Fermé mars
25 ch – †160/250 € ††160/300 € – ☕ 13 €
◆ Entre la porte Maillot et l'avenue Foch, ce petit hôtel familial bien entretenu cultive un sage classicisme. Un charme hors du temps, dans un environnement tranquille.

Nicolo sans rest
3 r. Nicolo ✉ 75116 Ⓜ Passy – ☎ 01 42 88 83 40 – www.hotel-nicolo.fr
28 ch ☕ – †139/145 € ††150/205 €
◆ Nuits calmes assurées dans cet hôtel décoré avec goût. Dans les jolies chambres de caractère, les meubles chinés (indonésiens, africains...) et les bibelots asiatiques dépaysent en douceur. Accueil sympathique.

Du Bois sans rest
11 r. du Dôme ✉ 75116 Ⓜ Charles De Gaulle-Etoile – ☎ 01 45 00 31 96 – www.hoteldubois.com
39 ch – †130/290 € ††145/290 € – ☕ 15 €
◆ À l'angle de l'avenue Victor-Hugo et d'une rue piétonne, cet hôtel entièrement rénové propose des chambres qui allient charme parisien et décor contemporain soigné.

Marceau Champs Élysées sans rest
37 av. Marceau ✉ 75016 Ⓜ George V – ✆ 01 47 20 43 37
– www.hotelmarceau.com
35 ch – †143/264 € ††157/284 € – ☕ 12 €
◆ Sur une avenue passante, cet immeuble haussmannien a terminé sa cure de jouvence en 2011. Avec leur bois clair, leurs teintes apaisantes, les chambres offrent un vrai confort contemporain. On prend son petit-déjeuner face à l'avenue Marceau.

Victor Hugo sans rest
19 r. Copernic ✉ 75116 Ⓜ Victor Hugo – ✆ 01 45 53 76 01
– www.victorhugohotel.com
75 ch – †172/297 € ††192/424 € – ☕ 19 €
◆ Dans un quartier calme, face aux réservoirs de Passy, cet hôtel abrite des chambres traditionnelles, certaines avec balcon (vue dégagée aux étages supérieurs). Un ensemble à la fois propre, fonctionnel et pratique, non loin de la place Victor-Hugo.

Chambellan Morgane sans rest
6 r. Keppler ✉ 75116 Ⓜ George V – ✆ 01 47 20 35 72
– www.hotel-paris-morgane.com
20 ch – †90/260 € ††110/280 € – ☕ 13 €
◆ Petit hôtel situé dans une rue calme, à deux pas des Champs-Élysées. Les chambres, intimes et confortables, ont toutes été rénovées en 2010. Esprit trendy dans les parties communes !

Windsor Home sans rest
3 r. Vital ✉ 75016 Ⓜ La Muette – ✆ 01 45 04 49 49
– www.windsorhomeparis.com
8 ch – †90/175 € ††105/205 € – ☕ 15 €
◆ "Une maison pour ceux qui n'aiment pas l'hôtel", c'est ainsi que la décrivent certains clients. Meubles anciens, moulures, couleurs originales, petit nombre de chambres, notes baroques : beaucoup de charme.

Queen's sans rest
4 r. Bastien Lepage ✉ 75016 Ⓜ Michel Ange Auteuil – ✆ 01 42 88 89 85
– www.hotel-queens-hotel.com
17 ch – †116/199 € ††155/199 € – ☕ 10 €
◆ Des tableaux d'artistes contemporains ornent le joli hall ainsi que la plupart des chambres. Certaines, plus spacieuses, ont été décorées dans un style chic et agréable. Cette adresse tombe à point dans le quartier d'Auteuil.

Le Hameau de Passy sans rest
48 r. de Passy ✉ 75016 Ⓜ La Muette – ✆ 01 42 88 47 55
– www.hameaudepassy.com
32 ch ☕ – †62/155 € ††65/199 €
◆ Une impasse mène à ce discret hameau et à sa charmante cour intérieure envahie de verdure. Un calme fort appréciable, à savourer dans des chambres bien rénovées, aux couleurs pop et sucrées.

Gavarni sans rest
5 r. Gavarni ✉ 75116 Ⓜ Passy – ✆ 01 45 24 52 82 – www.gavarni.com
25 ch – †110/300 € ††160/300 € – ☕ 15 €
◆ Compensation carbone, énergies renouvelables, etc. : cet hôtel a reçu l'Ecolabel européen. Au 4e étage, les chambres ont adopté un design immaculé. Produits bio au petit-déjeuner.

Au Palais de Chaillot sans rest
35 av. R. Poincaré ✉ 75116 Ⓜ Trocadéro – ✆ 01 53 70 09 09
– www.hotelpalaisdechaillot.com
31 ch – †119/120 € ††139/199 € – ☕ 14 €
◆ Bien situé près du Trocadéro, cet hôtel familial a fait entièrement peau neuve en 2010. Gaies et colorées, les chambres sont fonctionnelles, bien agencées et jouissent d'une bonne isolation phonique. Accueil sympathique.

PARIS

XXXX ✿✿ **L'Abeille** – Hôtel Shangri-La

10 av. d'Iéna ✉ 75116 Ⓜ Iéna – ✆ 01 53 67 19 98 – www.shangri-la.com – Fermé 29 juil.-29 août, dim. et lundi

Rest *(dîner seult)* – Menu 195 € – Carte 150/250 €

Spéc. Langoustines royales juste tièdes "voilées" d'une fine gelée parfumée à la cannelle, maki de pamplemousse à la coriandre. Bar de ligne de Noirmoutier rôti au fenouil, mijoté d'oignons doux. Poire pochée au jus garnie à la crème de groseille.

◆ Le "restaurant français" du Shangri-La, baptisé ainsi en hommage à l'emblème napoléonien. Dans ce décor extrêmement cossu, le chef Philippe Labbé signe une cuisine classique très ambitieuse, teintée de créativité et mettant en valeur des produits d'exception.

XXXX ✿ **Hiramatsu**

52 r. Longchamp ✉ 75116 Ⓜ Trocadéro – ✆ 01 56 81 08 80 – www.hiramatsu.co.jp – Fermé août, 24 déc.-2 janv., sam. et dim.

Rest *(nombre de couverts limité, réserver)* – Menu 48 € (déj.)/115 €

Spéc. Cuisine du marché.

◆ Sous son enseigne japonaise, Hiramatsu honore la cuisine française avec inventivité et talent. Dans un cadre très élégant, la haute gastronomie s'exprime à travers un menu unique ("carte blanche" le soir), qui change chaque mois au gré du marché.

XXX ✿ **Shang Palace** – Hôtel Shangri-La

10 av. d'Iéna ✉ 75116 Ⓜ Iéna – ✆ 01 53 67 19 98 – www.shangri-la.com – Fermé 10 juil.-16 août, mardi et merc.

Rest – Menu 58 € (déj.), 70/128 € – Carte 50/280 €

Spéc. Filet de sole à la vapeur, jambon et champignons noirs. Filet de bœuf sauté aux oignons façon cantonaise. Crème de mangue, pomélo et perles de sagou.

◆ Situé au niveau inférieur du Shangri-La, ce Shang Palace recrée avec grâce le décor d'un luxueux restaurant chinois : colonnes de jade, paravents sculptés, lustres en cristal... La carte fait honneur à la gastronomie cantonaise, authentique et parfumée.

XXX **Prunier**

16 av. Victor-Hugo ✉ 75116 Ⓜ Charles de Gaulle-Etoile – ✆ 01 44 17 35 85 – www.prunier.com – Fermé août, dim. et fériés

Rest – Menu 45 € (déj.), 65/150 € – Carte 70/200 €

◆ Institution créée en 1925 par l'architecte Boileau, au superbe décor Art déco classé (marbre noir, mosaïques, vitraux). Outre d'excellents produits de la mer, c'est l'occasion de découvrir le caviar maison du Sud-Ouest.

XXX ✿ **Relais d'Auteuil** (Patrick Pignol)

31 bd Murat ✉ 75016 Ⓜ Michel Ange Molitor – ✆ 01 46 51 09 54 – www.relaisdauteuil-pignol.com – Fermé août, vacances de Noël, sam. midi, dim., lundi et fériés

Rest – Menu 100 € (déj.), 129/149 € – Carte 120/160 €

Spéc. Amandine de foie gras de canard et son lobe poêlé. Bar de ligne et sa peau croustillante au poivre. Madeleines cuites minute au miel de bruyère, glace miel et noix.

◆ Le cadre intimiste met en valeur de nombreuses peintures et sculptures contemporaines. La belle cuisine au goût du jour s'inspire de produits de qualité (gibier en saison). Superbe livre de cave et beau choix de champagnes.

XXX **La Table du Baltimore** – Hôtel Baltimore

1 r. Léo Delibes ✉ 75016 Ⓜ Boissière – ✆ 01 44 34 54 34 – www.hotel-baltimore-paris.com – Fermé août, sam. et dim.

Rest – Menu 38 € (déj.)/95 € bc – Carte 62/107 €

◆ L'hôtel Baltimore, c'est aussi cette Table chic qui associe boiseries anciennes, mobilier contemporain et dessins d'art. Un cadre élégant pour une cuisine qui cultive l'air du temps.

XXX ✿✿✿ **Astrance** (Pascal Barbot)

4 r. Beethoven ✉ 75016 Ⓜ Passy – ✆ 01 40 50 84 40 – Fermé 28 avril-10 mai, août, vacances de la Toussaint, 25 fév.-6 mars, sam., dim., lundi et fériés

Rest *(nombre de couverts limité, réserver)* – Menu 70 € (déj.), 120/210 €

Spéc. Foie gras mariné au verjus et galette de champignons de Paris. Nage de crustacés, légumes de saison, herbes et fleurs sauvages. Vacherin glacé thé vert-abricot.

◆ La dira-t-on "à la Barbot", cette formule qu'il a consacrée et qui fait tant d'émules ? À chaque service, le chef-artiste réinvente la cuisine pour une représentation unique : sans carte ni menu, on se laisse surprendre par des créations qui subjuguent les sens, et les produits livrent leurs plus belles confidences.

XXX **Tsé Yang**

25 av. Pierre-1er-de-Serbie ✉ 75016 Ⓜ Iéna – ✆ 01 47 20 70 22 – www.tse-yang.fr

Rest – Menu 39/49 € – Carte 40/90 €

◆ D'élégantes salles à manger (dominantes de noir, plafond doré) en forme d'écrin pour une cuisine traditionnelle chinoise de Pékin, de Shanghai et du Sichuan. Un lieu dépaysant, où l'on apprécie également un service attentif et stylé.

XXX ✿ **Les Tablettes de Jean-Louis Nomicos**

16 av. Bugeaud ✉ 75116 Ⓜ Victor Hugo – ✆ 01 56 28 16 16 – www.lestablettesjeanlouisnomicos.com

Rest – Menu 58 € bc (déj.), 80 € bc/145 € – Carte 65/141 €

Spéc. Macaroni aux truffes noires, foie gras, parmesan et jus de veau. Joue de bœuf Angus à la provençale, raviolis de carotte et olive. Chocolat grand cru aux noisettes, sorbet cacao.

◆ Après avoir œuvré chez Lasserre, Jean-Louis Nomicos poursuit son aventure en solo, en lieu et place de Joël Robuchon qui avait ici sa Table. C'est dans un décor contemporain et original que s'épanouit sa belle cuisine aux accents méditerranéens.

XXX ✿ **Antoine**

10 av. de New-York ✉ 75116 Ⓜ Alma Marceau – ✆ 01 40 70 19 28 – www.antoine-paris.fr – Fermé août

Rest – Formule 35 € – Carte 90/130 €

Spéc. Tarte fine de rouget façon pissaladière. Pavé de daurade aux écrevisses, gnocchis de pomme de terre au parmesan (pintemps-été). Soufflé chaud pêche de vigne et glace au lait d'amande (été-automne).

◆ En lien direct avec les ports bretons, basques, méditerranéens... presque au gré des vagues ! Le meilleur de la marée, travaillé avec grande finesse et originalité. Décor contemporain.

XXX ✿ **Le Pergolèse** (Stéphane Gaborieau)

40 r. Pergolèse ✉ 75116 Ⓜ Porte Maillot – ✆ 01 45 00 21 40 – www.lepergolese.com – Fermé 3 sem. en août, 1er-8 janv., sam. midi et dim.

Rest – Menu 54 € bc (déj.)/95 € – Carte 80/110 €

Spéc. Moelleux de sardines marinées aux épices, fondue de poivrons basquaise. Sole meunière. Soufflé au chocolat.

◆ Une cuisine d'inspiration classique joliment revisitée par un chef Meilleur Ouvrier de France. À découvrir dans un cadre élégant et agréable (bois, tons taupe et bordeaux).

XXX **Les Arts**

Maison des Arts et Métiers - 9 bis av. d'Iéna ✉ 75116 Ⓜ Iéna – ✆ 01 40 69 27 53 – www.sodexo-prestige.fr – Fermé 28 juil.-26 août, 24 déc.-2 janv., sam., dim. et fériés

Rest – Menu 41 € – Carte 55/70 €

◆ Au sein d'un bel hôtel particulier (1892), siège de la Maison des Arts et Métiers. La carte se révèle appétissante et variée ; quant au décor, il comble les amoureux du classicisme. En été, la ravissante terrasse est un délice.

PARIS

XX **Cristal Room Baccarat**

11 pl. des Etats-Unis - Maison Baccarat, (1er étage) ✉ 75116 Ⓜ Boissière – ✆ 01 40 22 11 10 – www.baccarat.fr – Fermé dim. et fériés

Rest – Formule 29 € – Menu 55 € (déj.)/109 € – Carte 85/109 €

◆ Depuis 2003, l'ancien hôtel particulier de Mme de Noailles sert d'écrin à la célèbre maison Baccarat. La salle du restaurant (fresque peinte, lustres en cristal) a été relookée par Philippe Starck. Un cadre superbe pour une cuisine actuelle.

XX **Bon**

25 r. de la Pompe ✉ 75116 Ⓜ La Muette – ✆ 01 40 72 70 00 – www.restaurantbon.fr

Rest – Formule 25 € bc – Menu 30 € bc (déj. en sem.) – Carte 52/85 €

◆ Trois salles à manger originales aux ambiances très différentes, imaginées par Philippe Starck : la vinothèque, la cheminée et la bibliothèque. La carte, courte et appétissante, joue la fusion et vagabonde à travers le Sud-Est asiatique.

XX **Passiflore**

33 r. de Longchamp ✉ 75116 Ⓜ Trocadéro – ✆ 01 47 04 96 81 – www.restaurantpassiflore.com – Fermé 14 juil.-15 août, sam. midi, dim. et lundi

Rest – Formule 34 € – Menu 39 € (déj.), 49/70 € – Carte 65/75 €

◆ Dans ce quartier chic et commerçant, une salle élégante et contemporaine, relevée de notes design originales. La cuisine gastronomique s'y teinte d'exotisme : ravioles de homard nage citronnelle-coriandre, fraîcheur d'aloe vera à l'orange, etc.

XX **Marius**

82 bd Murat ✉ 75016 Ⓜ Porte de St-Cloud – ✆ 01 46 51 67 80 – Fermé août, sam. midi et dim.

Rest – Carte 40/77 €

◆ Près du Parc des Princes, une adresse dédiée aux produits de la mer. L'influence méditerranéenne se fait sentir avec des incontournables comme la bouillabaisse. Dans la salle toute blanche, égayée de vieux gréements, on prend le large...

XX ✿ **Akrame**

19 r. Lauriston ✉ 75016 Ⓜ Kléber – ✆ 01 40 67 11 16 – www.akrame.com – Fermé août, 1 sem. en janv., sam. et dim.

Rest *(réserver)* – Formule 25 € – Menu 35 € (déj.), 48/110 € bc

Spéc. Bouillon de crevettes. Maquereau rôti sur sa peau. Dessert au curcuma.

◆ Une nouvelle adresse qui a le vent en poupe ! Il faut dire que le jeune chef concocte une cuisine de son temps, spontanée, inventive. Le cadre tendance, avec ses clins d'œil branchés, sied à ses menus "surprise" qui changent tous les mois.

XX **6 New York**

6 av. de New York ✉ 75016 Ⓜ Alma Marceau – ✆ 01 40 70 03 30 – www.6newyork.fr – Fermé août, sam. midi et dim.

Rest – Formule 30 € – Menu 35 € (déj.), 68/83 € bc – Carte 50/70 €

◆ L'enseigne vous dit tout sur l'adresse... avenue de New York, loin d'une table nord-américaine ! Saveurs franches et bien marquées, respect des saisons : une cuisine en parfaite harmonie avec le cadre contemporain et élégant.

XX **A et M Restaurant**

136 bd Murat ✉ 75016 Ⓜ Porte de St-Cloud – ✆ 01 45 27 39 60 – www.am-restaurant.com – Fermé août, sam. midi et dim.

Rest – Formule 24 € – Menu 34 € – Carte environ 49 €

◆ Pressé de tête de veau sauce ravigote, velouté de cocos de Paimpol au haddock... Un vrai "bistrot de chef", au décor chic et chaleureux. Le menu offre un excellent rapport qualité-prix à Paris !

XX **Tang**

soir, VISA

125 r. de la Tour ✉ 75116 Ⓜ Rue de la Pompe – ✆ 01 45 04 35 35 – www.tang.abemadi.com – Fermé 29 juil.-28 août, lundi midi et dim.

Rest – Menu 45/148 € bc – Carte 65/138 €

◆ La cuisine chinoise "made in France" : les menus "retour du marché" offrent d'ailleurs un bel aperçu de cette gastronomie mariant saveurs asiatiques et notes créatives. Le décor joue lui aussi la carte du mélange. Judicieux.

XX **Terrasse Mirabeau**

5 pl. de Barcelone ✉ 75016 Ⓜ Mirabeau – ☎ 01 42 24 41 51 – www.terrasse-mirabeau.com – Fermé 30 juil.-22 août, 23 déc.-1er janv., sam. et dim.

Rest – Formule 25 € – Menu 35/45 € – Carte 53/72 €

◆ Sa terrasse à l'ombre des platanes est bien agréable, tout comme sa cuisine bourgeoise qui varie au fil des saisons. Le chef élabore lui-même ses cuvées (languedoc, côtes-du-rhône, bordeaux) ; servies au verre, elles ont un franc succès.

XX **Chez Géraud**

31 r. Vital ✉ 75016 Ⓜ La Muette – ☎ 01 45 20 33 00 – Fermé août, 1 sem. en fév., sam. et dim.

Rest – Menu 30 € – Carte 50/70 €

◆ Un troquet comme on n'en fait (presque) plus, où le patron va lui-même à Rungis. Pour apprécier de beaux classiques comme la tête de veau ou le lapin au cidre, rien ne vaut le menu du jour (attention, non servi le vendredi soir). Joli cadre traditionnel.

XX **etc...**

2 r. La Pérouse ✉ 75016 Ⓜ Kléber – ☎ 01 49 52 10 10 – Fermé 1er-22 août, sam. midi et dim.

Rest – Menu 45 € (déj.)/62 € – Carte environ 70 €

Spéc. Fantaisie voyageuse "terre et mer". Boudin maison, jus de fruit passion. Caramel au goût de carambar rafraîchi.

◆ Cette table menée par Christian Le Squer – chef du célèbre Ledoyen – a pris la forme d'un bistrot chic épuré, à la fois contemporain et convivial. Cuisine actuelle de qualité, courte carte misant sur la saisonnalité, etc...

XX **Le Vinci**

23 r. P. Valéry ✉ 75116 Ⓜ Victor Hugo – ☎ 01 45 01 68 18 – Fermé août, sam. et dim.

Rest – Menu 35 € (dîner)/65 € bc – Carte 55/75 €

◆ La décoration intérieure sympathique et l'amabilité du service font du Vinci un établissement très prisé, à deux pas de l'avenue Victor-Hugo. Le beau choix de pâtes et de risottos, les viandes et poissons à la carte, varient selon le marché.

XX **Conti**

72 r. Lauriston ✉ 75116 Ⓜ Boissière – ☎ 01 47 27 74 67 – Fermé 4-27 août, 22 déc.-2 janv., sam., dim. et fériés

Rest – Menu 35 € (déj.) – Carte 49/75 €

◆ Velours rouge, miroirs et lustres en cristal : le décor intimiste hésite entre club privé et théâtre à l'italienne. La cuisine de la Botte, généreuse et classique, a su séduire de nombreux habitués.

XX **Zébra Square** – Hôtel Square

3 r. Boulainvilliers ✉ 75016 Ⓜ Mirabeau – ☎ 01 44 14 91 91 – www.hotelsquare.com

Rest – Formule 26 € – Carte 40/60 €

◆ Des murs jaunes où s'affichent des photographies contemporaines, des banquettes de cuir sombre... Le restaurant du Square a rouvert début 2011 et propose une cuisine internationale : salades, tartares, nems, belles viandes grillées, etc.

X **Chaumette**

7 r. Gros ✉ 75016 Ⓜ Mirabeau – ☎ 01 42 88 29 27 – www.restaurant-chaumette.com – Fermé 3-21 août, 23 déc.-2 janv., sam. midi et dim.

Rest – Formule 19 € – Menu 23 € (déj.) – Carte 33/67 €

◆ Un beau bistrot à l'ancienne, tel qu'on se l'imagine : boiseries sombres, tables alignées, comptoir. La clientèle chic du quartier vient y manger au coude-à-coude pot-au-feu et millefeuilles tout à fait recommandables. Canaille et convivial.

X **Le Petit Pergolèse**

38 r. Pergolèse ✉ 75016 Ⓜ Porte Maillot – ☎ 01 45 00 23 66 – Fermé août, sam. et dim.

Rest – Carte 40/80 €

◆ Entre bistrot chic et galerie d'art contemporain, cette adresse très animée ose une déco branchée, à mi-chemin entre l'univers de David LaChapelle et le pop art. L'alléchante ardoise suggère une cuisine de tradition joliment revisitée.

Mets Gusto

79 r. de la Tour ✉ 75116 Ⓜ Rue de la Pompe – ✆ 01 40 72 84 46 – www.metsgusto.com – Fermé 1er-23 août, vacances de Noël, sam. midi, dim. et lundi

Rest – Formule 27 € – Carte 49/60 €

◆ Cette ancienne boulangerie honore désormais la Méditerranée, entre Provence, Espagne et Italie ; une "cuisine du Latium" limpide, centrée sur des produits choisis. Précisez à la réservation si vous préférez une table haute ou plus classique.

La Villa Corse

141 av. Malakoff ✉ 75016 Ⓜ Porte Maillot – ✆ 01 40 67 18 44 – www.lavillacorse.com – Fermé dim.

Rest – Formule 29 € bc – Carte 50/60 €

◆ Cette Villa de la rive droite, petite sœur de celle du 15e, transpose le terroir corse dans une ambiance lounge branchée et décontractée (fauteuils club, lustres en Murano). Produits et vins de qualité, en provenance directe de l'île de Beauté.

Il Gusto Sardo

18 r. Chaillot ✉ 75016 Ⓜ Alma Marceau – ✆ 01 47 20 08 90 – www.restaurant-ilgustosardo.com – Fermé vacances de printemps, août, vacances de Noël, sam. midi, dim. et fériés

Rest – Carte 40/85 €

◆ Ici, c'est tout le goût de la Sardaigne qui s'exprime ! Aidée de ses fils, Nicoletta œuvre en cuisine. Les habitués apprécient l'ambiance familiale et des classiques comme la saucisse sarde ou les antipastis de thon. Une authentique trattoria.

Juan

144 r. de la Pompe ✉ 75016 Ⓜ Victor Hugo – ✆ 01 47 27 43 51 – Fermé 2 sem. en août, dim. et lundi

Rest – Menu 34 € (déj.), 63/70 €

◆ Une devanture noire, des vitres fumées et une salle minuscule, typiquement nippone. Le soir, on se laisse tenter par le menu shabu-shabu (de fines tranches de bœuf trempées dans un bouillon de légumes), sukiyaki ou omakasé. Le goût du Japon...

Kura

56 r. de Boulainvilliers ✉ 75016 Ⓜ Muette – ✆ 01 45 20 18 32 – www.kuraparis.com – Fermé 1er-20 août et lundi

Rest – Formule 25 € – Menu 30 € (déj. en sem.), 60/90 €

◆ Un vrai décor d'auberge japonaise au cœur de Passy (mobilier en bois sombre, petit sushi bar) ; il y a même une terrasse ensoleillée. La cuisine, fine et savoureuse, fait la part belle au poisson frais. Menu unique et plus élaboré le soir.

La Table Lauriston

129 r. Lauriston ✉ 75016 Ⓜ Trocadéro – ✆ 01 47 27 00 07 – Fermé août, sam. midi et dim.

Rest – Formule 26 € – Carte 40/55 €

◆ Cette table des quartiers chics mise sur la simplicité et la qualité d'une belle cuisine de bistrot. L'ardoise est alléchante et la carte n'oublie pas les classiques (tripes maison, canard à l'orange, baba au rhum). Sympathique.

La Marée Passy

71 av. P. Doumer ✉ 75016 Ⓜ La Muette – ✆ 01 45 04 12 81 – www.lamareepassy.com

Rest – Carte 40/55 €

◆ Boiseries, tons rouges et allusions à la navigation : le décor sied parfaitement aux recettes iodées de cette adresse vouée à la mer. L'ardoise change en fonction des arrivages en provenance de la côte atlantique. Beaucoup de fraîcheur !

Rosimar

26 r. Poussin ✉ 75016 Ⓜ Michel Ange Auteuil – ✆ 01 45 27 74 91 – restaurant-rosimar.com – Fermé août, 24-31 déc., mardi soir, sam., dim., lundi et fériés

Rest – Menu 38 € – Carte 36/56 €

◆ Le décor peut sembler un peu kitsch (nombreux miroirs, nappes roses) mais la cuisine espagnole s'exprime dans toute sa générosité : charcuterie, zarzuela de poisson, escalivada, riz noir, etc. Une sympathique petite affaire familiale !

De Dietrich
solo
piano
expert
Sélectionnez un mode de cuisson ou un menu
PIANO

au Bois de Boulogne – ✉ 75016

Le Pré Catelan

rte de Suresnes ✉ 75016 – ✆ 01 44 14 41 14 – www.precatelanparis.com
– *Fermé 29 juil.-20 août, 28 oct.-5 nov., dim. et lundi*
Rest – Menu 95 € (déj. en sem.), 190/240 € – Carte 180/250 €
Spéc. Crabe en coque, fine gelée de corail et caviar de France, soupe au parfum de fenouil. Ris de veau cuit en casserole, girolles, soubise et fine purée de céleri. Pomme soufflée croustillante, crème glacée caramel, cidre et sucre pétillant.
◆ Œil vif, geste sûr : impossible de distinguer, dans les créations de Frédéric Anton, la technique exigeante de l'intuition fulgurante. Si chaque assiette est un chef-d'œuvre, toutes s'érigent en monuments de plaisir – plaisir sensible et communicatif – à déguster, au cœur du bois, dans un décor de fête blanc et argent.

La Grande Cascade

allée de Longchamp ✉ 75016 – ✆ 01 45 27 33 51 – www.grandecascade.com
Rest – Menu 65/185 € – Carte 140/220 €
Spéc. Émietté de tourteau tiédi dans une feuille de laitue, émulsion vanillée et éclats de poutargue. Saint-pierre incrusté d'écorces de citron, navets doux et pois gourmands. Banane glacée au carambar, ris soufflé croustillant.
◆ Un charmant pavillon 1850, à quelques pas de la Grande Cascade du bois de Boulogne. Déguster une cuisine raffinée sous sa majestueuse rotonde ou sur sa ravissante terrasse est un plaisir d'une élégance rare...

La Grande Verrière

Jardin d'Acclimatation ✉ 75016 Ⓜ *Les Sablons* – ✆ 01 45 02 09 32 B1
Rest *(déj. seult)* – Menu 38 € – Carte 30/50 €
◆ Une Grande Verrière au cœur du Jardin d'acclimatation (il faut payer son entrée dans le parc pour y accéder), où l'on propose une cuisine d'aujourd'hui simple et bien réalisée, complétée par une carte de snacks gourmets (bons burgers, salades...).

S. Sauvignier/MICHELIN

Palais des Congrès · Wagram · Ternes · Batignolles

17e arrondissement ✉ 75017

Renaissance Arc de Triomphe

39 av. Wagram Ⓜ *Ternes* – ✆ *01 55 37 55 37* – *www.renaissancearcdetriomphe.fr*
118 ch – †299/700 € ††299/700 € – 5 suites – ☕ 28 €
Rest *Makassar* – voir les restaurants ci-après
◆ En 2009, le théâtre de l'Empire a laissé place à cet hôtel dessiné par Christian de Portzamparc. Les chambres revisitent la décoration des années 1970 ! Équipements high-tech, belles prestations.

Le Méridien Étoile

81 bd Gouvion St-Cyr Ⓜ *Neuilly-Porte Maillot* – ✆ *01 40 68 34 34*
– *www.lemeridienetoile.fr*
100 ch – †179/589 € ††179/589 € – 21 suites – ☕ 28 €
Rest *L'Orénoc* – voir les restaurants ci-après
Rest *Le Jazz Club Lounge* ✆ 01 40 68 30 42 – Carte 34/68 €
◆ Luminaires acier, couleurs tranchées, équipements design : ce gigantesque hôtel cultive un certain esprit futuriste et seventies ! Les amateurs de sushis et de musique live apprécient le Jazz Club Lounge.

PARIS

Concorde La Fayette

3 pl. Gén. Koenig Ⓜ *Porte Maillot – ✆ 01 40 68 50 68 – www.concorde-lafayette.com*
950 ch – †140/650 € ††140/650 € – 21 suites – ☕ 22 €
Rest *La Fayette* ✆ 01 40 68 51 19 – Menu 35 € (déj.)/39 € – Carte 49/56 €
◆ Intégrée au Palais des Congrès, cette tour de 33 étages offre une vue imprenable sur Paris, surtout du bar panoramique. Préférez les chambres rénovées, très contemporaines. Repas servis sous forme de buffets à volonté au restaurant La Fayette.

Regent's Garden sans rest

6 r. P.-Demours Ⓜ *Ternes – ✆ 01 45 74 07 30 – www.hotel-regents-paris.com*
40 ch – †250/470 € ††250/470 € – 1 suite – ☕ 21 €
◆ Savant mélange d'ancien (cheminée, mobilier de style) et de moderne (teintes sombres, motifs originaux) dans cet hôtel particulier. Avec un délicieux petit jardin japonisant...

Splendid Étoile

1bis av. Carnot Ⓜ *Charles de Gaulle-Etoile – ✆ 01 45 72 72 00 – www.hsplendid.com*
54 ch – †200/395 € ††225/420 € – 3 suites – ☕ 25 €
Rest *Le Pré Carré* – voir les restaurants ci-après
◆ On reconnaît cet hôtel à sa belle façade ouvragée. Les grandes chambres doivent leur caractère à leur mobilier d'inspiration Louis XV et à leurs lourdes tentures ; certaines ont vue sur l'Arc de Triomphe. Un style feutré très plaisant.

PARIS

Ampère

102 av. de Villiers Ⓜ *Pereire – ✆ 01 44 29 17 17 – www.hotel-ampere-paris.com*
95 ch – †150/340 € ††150/340 € – 1 suite – ☕ 19 €
Rest *Le Jardin d'Ampère* – voir les restaurants ci-après
◆ Les chambres, décorées dans un style contemporain, donnent sur la cour intérieure. Avec son bar feutré, son jardin secret et ses dîners-concerts aux beaux jours, cet hôtel a vraiment du cachet.

Balmoral sans rest

6 r. Gén. Lanrezac Ⓜ *Charles de Gaulle-Etoile – ✆ 01 43 80 30 50 – www.hotel-balmoral.com*
57 ch – †105/210 € ††105/255 € – ☕ 12 €
◆ Ambiance feutrée et raffinement des décors intérieurs (mobilier de style, boiseries) caractérisent cet hôtel. Chambres au confort douillet, rénovées dans un esprit moderne.

Les Jardins de la Villa sans rest

5 r. Bélidor Ⓜ *Porte Maillot – ✆ 01 53 81 01 10 – www.jardinsdelavilla.com*
33 ch – †250/480 € ††250/600 € – ☕ 28 €
◆ Les fashion addicts vont raffoler de ce petit hôtel très couture. Noir, rose shocking, les références à l'univers de la mode sont nombreuses. Original, chic et confortable !

De Banville sans rest

166 bd Berthier Ⓜ *Porte de Champerret – ✆ 01 42 67 70 16 – www.hotelbanville.fr*
38 ch – †159/360 € ††159/360 € – ☕ 20 €
◆ Un véritable hôtel de charme, décoré avec goût. Les chambres (bois patiné, détails précieux) sont séduisantes, certaines avec une vue magique ! Le mardi, soirées jazz au piano-bar.

Hidden sans rest

28 r. de l'Arc-de-Triomphe Ⓜ *Charles de Gaulle-Etoile – ✆ 01 40 55 03 57 – www.hidden-hotel.com*
35 ch – †159/469 € ††159/469 € – ☕ 15 €
◆ Ambiance "nature" revendiquée pour cet hôtel ouvert en 2009 : matériaux nobles comme le bois et l'ardoise ; literie en fibres de coco. Un lieu apaisant et très dépaysant.

L'Edmond sans rest

22 av. de Villiers Ⓜ *Villiers – ✆ 01 44 01 09 40 – www.edmond-hotel.com*
17 suites – ††380/1000 € – 6 ch – ☕ 22 €
◆ Edmond, comme Edmond Rostand, l'auteur de Cyrano de Bergerac, qui vécut dans cette maison, devenue hôtel contemporain, élégant et feutré. Certaines suites, avec balcon, dominent le Sacré-Cœur et la tour Eiffel. Très parisien.

Waldorf Arc de Triomphe sans rest
36 r. Pierre-Demours Ⓜ Ternes – ✆ 01 47 64 67 67 – www.hotelswaldorfparis.com
44 ch – †335/475 € ††355/475 € – ☕ 20 €
◆ Façade élégante, atmosphère raffinée, chambres reposantes et contemporaines, espace de relaxation avec petite piscine : détente assurée dès que l'on franchit la porte.

Villa Alessandra sans rest
9 pl. Boulnois Ⓜ Ternes – ✆ 01 56 33 24 24 – www.villa-alessandra.com
49 ch – †129/370 € ††189/380 € – ☕ 15 €
◆ Un hôtel des Ternes charmant et tranquille, sur une ravissante petite place. Les chambres, avec leurs lits en fer forgé et leur mobilier en bois peint, évoquent la Provence.

Amarante Arc de Triomphe sans rest
25 r. Th.-de-Banville Ⓜ Pereire – ✆ 01 47 63 76 69 – www.amarantearcdetriomphe.com
50 ch – †150/300 € ††150/300 € – ☕ 20 €
◆ Cet hôtel bien situé, dont les chambres coquettes s'inspirent du style Directoire (certaines donnant sur le patio), est plébiscité par les touristes et la clientèle d'affaires.

Princesse Caroline sans rest
1bis r. Troyon Ⓜ Charles de Gaulle-Etoile – ✆ 01 58 05 30 00 – www.hotelprincessecaroline.fr
53 ch – †165/220 € ††165/220 € – ☕ 18 €
◆ Dans une ruelle voisine de l'Étoile, cet établissement rend hommage à Caroline Murat, sœur de Napoléon Ier. Chambres bourgeoises, lumineuses et cosy, très calmes côté cour.

Champerret Élysées sans rest
129 av. Villiers Ⓜ Porte de Champerret – ✆ 01 47 64 44 00 – www.champerret-elysees.fr
45 ch ☕ – †140/195 € ††140/195 €
◆ Cet hôtel de la porte de Champerret, bien entretenu, propose des chambres confortables, plus tranquilles sur cour. Avant de visiter la capitale, un petit-déjeuner buffet vous attend.

Tilsitt Étoile sans rest
23 r. Brey Ⓜ Charles de Gaulle-Etoile – ✆ 01 43 80 39 71 – www.tilsitt.com
38 ch – †149/205 € ††149/205 € – ☕ 13 €
◆ Une adresse avec un certain cachet, des chambres cosy bien mignonnes, un bar design et un jardinet japonisant... Le tout dans une rue calme du quartier de l'Étoile.

Magellan sans rest
17 r. J.-B. Dumas Ⓜ Porte de Champerret – ✆ 01 45 72 44 51 – www.hotelmagellan.com
72 ch – †116/165 € ††170/190 € – ☕ 15 €
◆ Cet hôtel aux chambres coquettes, peu à peu rénové, est aménagé dans un bel immeuble 1900. Toujours appréciable à Paris, son beau jardin où l'on prend le petit-déjeuner en été.

Mercure Wagram Arc de Triomphe sans rest
3 r. Brey Ⓜ Charles de Gaulle-Etoile – ✆ 01 56 68 00 01 – www.mercure.com
43 ch – †245/270 € ††255/280 € – ☕ 16 €
◆ Entre l'Étoile et les Ternes, cet hôtel de chaîne propose de petites chambres aux boiseries claires. Cela leur donne, comme au reste de l'établissement, un petit air nautique.

Champlain sans rest
99 bis r. de Rome Ⓜ Rome – ✆ 01 42 27 49 52 – www.hotelchamplainparis.com
51 ch – †170/220 € ††220/330 € – ☕ 14 €
◆ Hôtel récemment rénové, proche de la gare St-Lazare. Bar et salon chaleureux ; chambres raffinées d'esprit contemporain. Des deux derniers étages, vue imprenable sur Montmartre.

PARIS

Monceau Élysées sans rest
108 r. Courcelles Ⓜ Courcelles – ✆ 01 47 63 33 08 – www.monceau-elysees.com
29 ch – †120/240 € ††130/260 € – ☕ 11 €
◆ Près du parc Monceau, cet hôtel propose des chambres toutes différentes, où dominent les coloris chaleureux et le bois cérusé. Petits-déjeuners dans une jolie salle voûtée.

XXXX **Guy Savoy**
✿✿✿ *18 r. Troyon Ⓜ Charles de Gaulle-Etoile – ✆ 01 43 80 40 61 – www.guysavoy.com – Fermé août, vacances de Noël, sam. midi, dim. et lundi*
Rest – Menu 315/360 € – Carte 168/337 €
Spéc. "Colors of caviar". Saumon "figé" sur glace, consommé brûlant et perles de citron. Boule noire.
◆ Verre, cuir et wengé, œuvres signées de grands noms de l'art contemporain, sculptures africaines, cuisine raffinée et inventive : "l'auberge du 21es." par excellence.

XXXX **Michel Rostang**
✿✿ *20 r. Rennequin Ⓜ Ternes – ✆ 01 47 63 40 77 – www.michelrostang.com – Fermé lundi sauf le soir de sept. à juin, sam. midi et dim.*
Rest – Menu 78 € (déj.), 169/198 € – Carte 125/185 €
Spéc. Salade de homard bleu cuit au moment et servi entier. Canette de Bresse au sang en deux services. Tarte moelleuse au chocolat amer.
◆ Boiseries, figurines de Robj, œuvres de Lalique et vitrail Art déco composent le décor, à la fois luxueux et insolite. La cuisine est fine, superbement classique, embellie d'une magnifique carte des vins.

XXX **Sormani**
4 r. Gén. Lanrezac Ⓜ Charles de Gaulle-Etoile – ✆ 01 43 80 13 91 – Fermé 1er-19 août, sam., dim. et fériés
Rest – Carte 80/180 €
◆ Près de la place de l'Étoile, un joli restaurant habillé de rouge, un peu baroque avec ses lustres en Murano. Charme latin, ambiance "dolce vita" et cuisine italienne.

XXX **Dessirier par Rostang Père et Filles**
9 pl. Mar.-Juin Ⓜ Pereire – ✆ 01 42 27 82 14 – www.restaurantdessirier.com – Fermé sam. et dim. en juil.-août
Rest – Formule 38 € – Menu 46 € – Carte 51/94 €
◆ Contemporain, arty et chic : le nouveau Dessirier, par Michel Rostang... et ses filles Caroline et Sophie. On y fait toujours la part belle aux produits de la mer, avec finesse.

XXX **Pétrus**
12 pl. du Mar.-Juin Ⓜ Pereire – ✆ 01 43 80 15 95 – Fermé 6-24 août
Rest – Carte 50/95 €
◆ L'élégance de la façade se retrouve tant dans le cadre, contemporain, que dans l'assiette : on se régale ici d'une cuisine actuelle et soignée. Une belle halte gourmande.

XXX **Le Jardin d'Ampère** – Hôtel Ampère
102 av. de Villiers Ⓜ Pereire – ✆ 01 44 29 16 54 – www.hotel-ampere-paris.com – Fermé août, le soir, sam. et dim.
Rest – Formule 25 € – Menu 29/79 € – Carte 55/75 €
◆ Résolument moderne, ce restaurant joue avec la verticalité et les harmonies de beige et de brun. Un décor organique mettant en scène une cuisine du moment, qui puise son inspiration dans une certaine simplicité.

XX **Frédéric Simonin**
✿ *25 r. Bayen Ⓜ Ternes – ✆ 01 45 74 74 74 – www.fredericsimonin.com – Fermé 28 juil.-27 août, dim. et lundi*
Rest – Menu 42 € (déj.)/130 € – Carte 80/120 €
Spéc. Tourteau dans une gelée acidulée à l'avocat. Saint-pierre au beurre de yuzu, langues de coques à la cardamome et jeunes cébettes. Le "payachoco".
◆ Dans ce restaurant né en 2010 non loin de la place des Ternes, le décor est très chic, tout de noir et de blanc. Il sied à la cuisine fine et délicate d'un chef au beau parcours...

PARIS

La Braisière (Jacques Faussat)
54 r. Cardinet Malesherbes – 01 47 63 40 37 – www.jacquesfaussat.com – Fermé août, 24 déc.-2 janv., sam. sauf le soir d'oct. à avril, dim. et fériés
Rest – Menu 38 € (déj.)/110 € – Carte 60/85 €
Spéc. Homard bleu aux fraîcheurs du jardin. Épaule d'agneau des Pyrénées longuement rôtie. Soufflé chaud aux fruits de saison.
◆ Dans un quartier tranquille, un restaurant chaleureux et confortable. La carte, qui évolue au gré du marché et selon l'inspiration du chef, a les délicieuses inflexions du Sud-Ouest.

Rech
62 av. des Ternes Ternes – 01 45 72 29 47 – www.alain-ducasse.com – Fermé août, dim. et lundi
Rest – Menu 30 € (déj.)/54 € – Carte 60/85 €
◆ Un vénérable restaurant d'esprit Art déco aux alléchantes spécialités : les coquillages, les poissons entiers pour deux, le camembert de Rech, les éclairs XXL...

Le Pré Carré – Hôtel Splendid Étoile
1 bis av. Carnot Charles de Gaulle-Etoile – 01 46 22 57 35 – www.restaurant-le-pre-carre.com – Fermé 3 sem. en août, sam. midi et dim.
Rest – Menu 38 € (dîner) – Carte 48/72 €
◆ Dans la salle à manger, deux miroirs face à face reflètent à l'infini l'élégant et chaleureux décor. Herbes aromatiques et épices relèvent doucement une cuisine gourmande, bien dans l'air du temps.

Timgad
21 r. Brunel Argentine – 01 45 74 23 70 – www.timgad.fr
Rest – Carte 43/76 €
◆ Retrouvez la splendeur passée de la cité de Timgad dans ce cadre mauresque raffiné (stucs sculptés). Côté assiette, les parfums des couscous et autres tajines sont envoûtants.

La Maison de Charly
97 bd Gouvion-St-Cyr Porte Maillot – 01 45 74 34 62 – www.lamaisondecharly.fr – Fermé 1er-23 août et lundi
Rest – Carte 34/48 €
◆ L'entrée est encadrée d'oliviers ! Élégant décor mauresque, palmier sous verrière et trio couscous-tajines-pastillas sérieusement exécuté : une sympathique parenthèse orientale.

Makassar – Hôtel Renaissance Arc de Triomphe
39 av. Wagram Ternes – 01 55 37 55 57 – www.renaissancearcdetriomphe.fr
Rest – Formule 19 € – Carte 41/58 €
◆ Par de discrets détails, le restaurant de l'hôtel Renaissance rappelle son inspiration indonésienne. La cuisine n'est pas en reste, avec une carte où figurent en bonne place des grands classiques français et des spécialités exotiques.

Agapé
51 r. Jouffroy-d'Abbans Wagram – 01 42 27 20 18 – www.agape-paris.fr – Fermé 23 juil.-19 août, sam. et dim.
Rest – Menu 35 € (déj.), 90/120 € – Carte 82/125 €
Spéc. Noix de veau fumée au bois de hêtre, citron-vanille. Pêche côtière de l'Île d'Yeu, légumes de saison. Chocolat grand cru, caramel-cassis (printemps-été).
◆ Un nom grec célébrant l'amour, un lieu chic au décor minimaliste en teintes douces, une carte courte et alléchante. Cette table contemporaine ravit les gourmets.

Graindorge
15 r. Arc-de-Triomphe Charles de Gaulle-Étoile – 01 47 54 00 28 – Fermé 1er-15 août, sam. midi et dim.
Rest – Formule 24 € – Menu 28 € (déj.), 35/50 € – Carte 45/70 €
◆ Potjevlesch, bintje farcie, waterzoï aux crevettes grises d'Ostende, kippers de Boulogne... Une cuisine du "Ch'Nord" généreuse, avec de belles bières artisanales ! Joli cadre Art déco.

PARIS

XX **Les Fougères**

10 r. Villebois-Mareuil Ⓜ Ternes – ✆ 01 40 68 78 66 – www.restaurant-les-fougeres.fr – Fermé 24 avril-2 mai, 1er-26 août, 25 déc.-2 janv., sam. et dim.

Rest – Formule 26 € – Menu 38/120 € – Carte 75/115 €

◆ De délicates fougères poussent sur les banquettes et les rideaux. La carte varie au gré des saisons : gibier et champignons en automne, truffe en hiver, légumes au printemps...

XX **L'Orénoc** – Hôtel Le Méridien Étoile

81 bd Gouvion St-Cyr Ⓜ Porte Maillot – ✆ 01 40 68 30 40 – www.lemeridienetoile.fr – Fermé 26 juil.-30 août, 1 sem. à Noël, sam. midi et dim. soir

Rest – Formule 42 € – Menu 55/63 € – Carte 60/74 €

◆ Comme son nom l'annonce, ce restaurant affiche un style colonial chic, à la fois feutré et de bon goût ; la cuisine fusion ne dénote pas. Brunch jazzy le dimanche.

XX **Le Congrès**

80 av. de la Grande-Armée Ⓜ Porte Maillot – ✆ 01 45 74 17 24 – www.congres-maillot.com

Rest – Menu 36 € – Carte 32/90 €

◆ À deux pas du Palais des Congrès, goûteuse cuisine de brasserie dans un cadre qui répond aux canons du genre : nappes blanches, fauteuils Empire, banc d'écailler, etc.

XX **Samesa**

13 r. Brey Ⓜ Charles De Gaulle-Etoile – ✆ 01 43 80 69 34 – www.samesa.fr – Fermé 3 sem. en août et dim.

Rest – Formule 19 € – Menu 30 € – Carte 36/50 €

◆ La cuisine transalpine se porte bien dans ce restaurant proche de la place de l'Étoile. Belle sélection de vins italiens et service tout sourire : la vita è bella !

XX **Le Ballon des Ternes**

103 av. Ternes Ⓜ Porte Maillot – ✆ 01 45 74 17 98 – www.leballondesternes.fr

Rest – Carte 43/75 €

◆ Non, vous n'avez pas bu trop de ballons ! La table dressée à l'envers au plafond fait partie du plaisant décor 1900 de cette brasserie voisine du Palais des Congrès.

X **Caïus**

6 r. d'Armaillé Ⓜ Charles de Gaulle-Etoile – ✆ 01 42 27 19 20 – www.caius-restaurant.fr – Fermé sam. et dim.

Rest – Formule 23 € – Menu 39/60 €

◆ Chaque saison, le chef particulièrement inventif de ce restaurant chic et feutré concocte une cuisine ludique et parfumée, rehaussée d'épices et de produits "oubliés".

X **Bigarrade** (Christophe Pelé)

✿✿ *106 r. Nollet Ⓜ Brochant – ✆ 01 42 26 01 02 – Fermé août, vacances de Noël, sam., dim. et lundi*

Rest *(nombre de couverts limité, réserver)* – Menu 45 € (déj.), 65/95 €

Spéc. Clams cuits au charbon, saké, gras de cochon noir de Bigorre. Lotte, maïs grillé, sésame noir, fleur de shungiku. Ananas rôti, ganache curry, champignons de Paris et gingembre frais.

◆ Petit restaurant épuré (blanc et vert pomme), grand ouvert sur les cuisines où l'on admire le ballet de la brigade menée par Christophe Pelé. Prestation de haute tenue, où la simplicité le dispute à l'invention, pour le plaisir du produit. Pas de carte ni de menu, on se fie à l'inspiration du chef.

X **Chez Léon**

32 r. Legendre Ⓜ Villiers – ✆ 01 42 27 06 82 – Fermé 6-25 août, 25 déc.-2 janv., sam. et dim.

Rest – Formule 20 € – Menu 30/40 €

◆ Un vieux zinc, un mobilier moderne et coloré... ce restaurant a pris le meilleur de la tradition et de la modernité. Résultat : une ambiance sympathique et une cuisine gourmande.

Le Bistrot d'À Côté Flaubert
10 r. Gustave-Flaubert Ⓜ Ternes – ✆ 01 42 67 05 81 – www.bistrotflaubert.com – Fermé 2 sem. en août, sam. midi, dim. et lundi
Rest – Formule 29 € – Menu 36 € (déj.) – Carte 40/55 €
◆ Un bistrot sympathique, sous l'égide de Michel Rostang dont le restaurant gastronomique se trouve juste à côté. Cuisine bistrotière valorisant de beaux produits.

Chez Fred
190 bis bd Pereire Ⓜ Porte Maillot – ✆ 01 45 74 20 48 – Fermé 24 déc.-1er janv., sam. et dim. de juin à août
Rest – Menu 30 € – Carte 35/55 €
◆ Un bouchon lyonnais à la décoration chaleureuse et rétro. À l'ardoise, des plats canailles bien ficelés, réalisés à partir de produits de qualité.

MBC - Gilles Choukroun
4 r. du Débarcadère Ⓜ Porte Maillot – ✆ 01 45 72 22 55 – www.gilleschoukroun.com – Fermé août, sam. et dim.
Rest – Formule 19 € – Menu 29 € (déj.), 39/49 € – Carte 45/55 €
◆ M pour menthe, B pour basilic et C pour coriandre : trois produits pris comme symbole d'une cuisine créative et métissée. Cadre contemporain, bien dans l'air du temps.

Karl & Erick
20 r. de Tocqueville Ⓜ Villiers – ✆ 01 42 27 03 71 – Fermé août, sam. midi et dim.
Rest – Menu 26 € (déj.) – Carte 40/60 €
◆ Des jumeaux, l'un en salle, l'autre en cuisine, dirigent ce bistrot aux airs de loft contemporain. À l'ardoise : foie gras chaud aux raisins, millefeuille de boudin noir...

Le Café d'Angel
16 r. Brey Ⓜ Charles de Gaulle-Etoile – ✆ 01 47 54 03 33 – Fermé août, 24 déc.-2 janv., sam., dim. et fériés
Rest – Formule 25 € – Menu 30 € (déj.)/32 € – Carte 38/61 €
◆ Cette petite adresse a la nostalgie des bistrots parisiens d'antan : banquettes en skaï, faïences aux murs, plats traditionnels à l'ardoise et cuisine visible derrière le comptoir.

L'Accolade
23 r. Guillaume-Tell Ⓜ Péreire – ✆ 01 42 67 12 67 – www.laccolade.com – Fermé août, 1 sem. à Noël, dim. et lundi
Rest – Formule 20 € – Menu 34 €
◆ Bistrot mariant l'ancien et le contemporain (murs d'un vert éclatant). Le résultat dans l'assiette : oreille de cochon croustillante, rognons, risotto de langoustines...

Le Clou de Fourchette
121 r. de Rome Ⓜ Rome – ✆ 01 48 88 09 97 – Fermé 1 sem. en août
Rest – Formule 17 € – Carte 25/35 €
◆ Le clou du spectacle se joue autour du cochon, de la plancha, des brochettes (tapas)... Bons produits, large choix de vins au verre et convivialité sont les atouts du lieu.

Kifuné
44 r. St-Ferdinand Ⓜ Porte Maillot – ✆ 01 45 72 11 19 – Fermé dim. et lundi
Rest – Menu 32 € (déj.) – Carte 50/90 €
◆ Sushi, sashimi, tempura, yakimono (grillades) et agemono (fritures) sont à la carte de ce restaurant japonais où règne une ambiance familiale. Cuisine ouverte sur la salle.

L'Huîtrier
16 r. Saussier-Leroy Ⓜ Ternes – ✆ 01 40 54 83 44 – www.huitrier.fr – Fermé août et lundi
Rest – Carte 45/90 €
◆ À l'entrée, le banc d'écailler vous mettra l'eau à la bouche. Les amateurs d'huîtres, surtout des Marennes Oléron, ne se lassent pas de cet établissement, où l'on propose aussi un joli choix de poissons. Décor sobre et moderne.

La Fourchette du Printemps (Nicolas Mouton)
30 r. du Printemps Ⓜ Wagram – ✆ 01 42 27 26 97 – Fermé août, vacances de Noël, dim. et lundi
Rest *(nombre de couverts limité, réserver)* – Menu 45/70 €
Spéc. Cuisine du marché.
◆ Le printemps en toute saison ! Ce bistrot contemporain sort du lot : deux jeunes chefs, passés par de belles maisons, y cultivent le goût du produit. Même la simplicité se fait finesse...

L'Entredgeu

83 r. Laugier Ⓜ Porte de Champerret – ✆ 01 40 54 97 24 – Fermé 1 sem. fin avril-début mai, 3 sem. en août, 1 sem. à Noël, dim. et lundi
Rest – Formule 23 € – Menu 33 €
◆ Accueil souriant, décor aux accents du Sud-Ouest, ambiance animée et savoureuse cuisine du marché : entraînez-vous à prononcer son nom, l'Entredgeu en vaut la peine !

Caves Petrissans

30 bis av. Niel Ⓜ Pereire – ✆ 01 42 27 52 03 – www.cavespetrissans.fr – Fermé août, sam., dim. et fériés
Rest *(réserver)* – Menu 36 € – Carte 42/59 €
◆ Céline, Abel Gance, Roland Dorgelès aimaient fréquenter ces caves plus que centenaires, à la fois boutique de vins et restaurant. Cuisine bistrotière bien ficelée.

Zinc Caïus

11 r. d'Armaillé Ⓜ Charles De Gaulle-Étoile – ✆ 01 44 09 05 10 – Fermé 1er-20 août, 24 déc.-2 janv., dim. et lundi
Rest *(nombre de couverts limité, réserver)* – Formule 15 € bc – Carte 35/50 €
◆ À deux pas de la maison mère (Caïus), ce bistrot de poche – une dizaine de tables hautes – sert surtout des plats canailles : boudin béarnais, tartare, mousse au chocolat...

Le Palanquin

4 pl. Boulnois Ⓜ Ternes – ✆ 01 43 80 46 90 – Fermé août, sam. et dim.
Rest *(nombre de couverts limité, réserver)* – Carte 33/46 €
◆ Un petit restaurant – à peine 20 couverts – très convivial, tenu par toute une famille. On y déguste une authentique cuisine vietnamienne. Beaucoup de parfums !

Le P'tit Musset

132 r. Cardinet Ⓜ Malesherbes – ✆ 01 42 27 36 78 – Fermé 1er-21 août, 23 déc.-2 janv., sam. midi et dim.
Rest – Formule 20 € – Menu 24 € (déj.)/33 €
◆ Musset ? Une allusion au poète ? Non, le nom du propriétaire de ce bistrot convivial ! L'équipe, jeune et dynamique, concocte une cuisine canaille bien présentée, aux suggestions délicates et goûteuses.

S. Sauvignier/MICHELIN

Montmartre · Pigalle

18e arrondissement

✉ 75018

Kube

1-5 passage Ruelle Ⓜ La Chapelle – ✆ 01 42 05 20 00 – www.kubehotel.com
41 ch – †189/900 € ††189/900 € – ☕ 25 €
Rest – Formule 19 € – Menu 25 € (déj. en sem.)/41 € – Carte 50/100 €
◆ Ce n'est pas le quartier le plus séduisant de Paris, mais cet hôtel du 21e s., design et high-tech, ravira les amateurs du genre. Jeux sur la transparence et la blancheur, chambres d'esprit loft, livrent une interprétation "on the rocks" de l'hôtellerie. Restaurant et bars, dont le glacial Ice Kube (- 10° C, tenue fournie) à l'étage.

Terrass' Hôtel rest, VISA MC AE
12 r. J.-de-Maistre Ⓜ *Place de Clichy – ✆ 01 46 06 72 85*
– www.terrass-hotel.com
92 ch – 185/455 € 185/455 € – 6 suites – 22 €
Rest – Carte environ 35 €
◆ Au pied de Montmartre, un hôtel cosy avec un beau salon, un piano-bar et une cheminée pour se réchauffer en hiver après une longue promenade. Les chambres sont de tailles variables, modernes et colorées. La terrasse du restaurant, sur le toit, domine Paris...

Mercure Montmartre sans rest VISA MC AE
3 r. Caulaincourt Ⓜ *Place de Clichy – ✆ 01 44 69 70 70 – www.mercure.com*
305 ch – 130/330 € 130/330 € – 18 €
◆ L'atout majeur de cet hôtel réside dans sa situation : près de la place Clichy, du Moulin Rouge et du cimetière Montmartre. Préférez les chambres rénovées ; elles affichent un style plus contemporain.

L'Hôtel Particulier Montmartre sans rest
23 av. Junot Ⓜ *Lamarck Caulaincourt – ✆ 01 53 41 81 40* VISA MC AE
– www.hotel-particulier-montmartre.com
4 ch – 390/590 € 390/590 € – 1 suite – 25 €
◆ Un hôtel très... particulier. À l'issue d'un étroit passage montmartrois, on découvre une demeure Directoire au cœur d'un jardin luxuriant. Salons raffinés, chambres décorées dans un style contemporain aussi séduisant que surprenant, ravissante terrasse : so chic.

PARIS

Holiday Inn Paris Montmartre sans rest
23 r. Damrémont Ⓜ *Lamarck Caulaincourt* VISA MC AE
– ✆ 01 44 92 33 40 – www.holiday-inn.com/paris-montmart
54 ch – 130/370 € 150/390 € – 13 €
◆ Il est parfois difficile de se loger entre Montmartre et la place Clichy : cet hôtel est une bonne option. Le décor se révèle moderne et chaleureux (tons bruns), les chambres fonctionnelles et bien tenues. Du sérieux.

Relais Montmartre sans rest VISA MC AE
6 r. Constance Ⓜ *Abbesses – ✆ 01 70 64 25 25*
– www.relaismontmartre.fr
26 ch – 185/240 € 185/240 € – 13 €
◆ Non loin des commerces de la rue Lepic, ce petit hôtel de caractère – inattendu dans un quartier aussi vivant – a le charme d'une maison bourgeoise. Avec leur mobilier de style, les chambres sont bien coquettes. Et quel calme...

Le Chat Noir sans rest VISA MC AE
68 bd de Clichy Ⓜ *Blanche – ✆ 01 42 64 15 26*
– www.hotel-chatnoir-paris.com
39 ch – 125/305 € 125/305 € – 15 €
◆ L'enseigne fait référence au célèbre cabaret du bas de la Butte ; on retrouve partout le célèbre félin dessiné par Steinlen. Rouge, noir, blanc, graphique et malicieux... le décor joue la carte de l'épure. Apaisant à Pigalle, quartier "noctambule".

Chamarré Montmartre VISA MC AE
52 r. Lamarck Ⓜ *Lamarck Caulaincourt – ✆ 01 42 55 05 42*
– www.chamarre-montmartre.com
Rest – Formule 23 € – Menu 29 € (déj.), 49/95 € – Carte 66/85 €
◆ Sur la butte Montmartre, ce restaurant contemporain ose la créativité et le métissage culinaire : filet de bar à la seychelloise, homard au jus de kalamantsi, savarin punché... Une invitation au voyage qui commence dès la jolie terrasse.

Le symbole vous garantit des nuits au calme. En rouge ? Une délicieuse tranquillité : juste le chant des oiseaux au petit matin…

La Table d'Eugène

18 r. Eugène-Sue Ⓜ Jules Joffrin – ✆ 01 42 55 61 64 – Fermé 1er-25 août, 24 déc.-3 janv., dim. et lundi

Rest *(nombre de couverts limité, réserver)* – Formule 19 € bc – Menu 38/75 €

♦ Raviole de foie gras à l'émulsion truffée, millefeuille de tartiflette, filet de bar et spaghettis de courgette, baba à l'absinthe, etc. Une table très soignée près de la mairie du 18e, dont le décor rétro et l'excellent rapport qualité-prix font l'unanimité dans le quartier… et au-delà !

Chéri bibi

15 r. André-del-Sarte Ⓜ Barbès Rochechouart – ✆ 01 42 54 88 96 – Fermé 2 sem. en août et dim.

Rest *(dîner seult)* – Menu 22/26 €

♦ Un lieu animé, un brin bobo, où mobilier chiné et vieux zinc plantent le décor. La cuisinière, brésilienne, apporte sa touche personnelle aux classiques bistrotiers : terrine maison, mijothaï, riz au lait orange caramel...

Miroir

94 r. des Martyrs Ⓜ Abbesses – ✆ 01 46 06 50 73 – Fermé 3 sem. en août, 23-31 déc., dim., lundi et fériés

Rest – Formule 25 € – Menu 32/40 € – Carte 39/54 €

♦ Un bistrot parisien typique avec son vieux carrelage et son comptoir à l'ancienne... et branché comme il se doit à deux pas de la place des Abbesses ! Tartare de dorade à la tomate ou pied de cochon ibaïona poêlé ?

Le Café qui Parle

24 r. Caulaincourt Ⓜ Lamarck Caulaincourt – ✆ 01 46 06 06 88 – www.lecafequiparle.com – Fermé 1er-14 août, 2-9 janv. et dim. soir

Rest – Formule 13 € – Menu 17 € (déj. en sem.) – Carte 35/46 €

♦ Une adresse volontiers lounge, où un jeune chef au beau parcours concocte une "popotte gourmande et saisonnière". Bien installé dans un fauteuil en cuir brun, on apprécie par exemple un crousti-fondant de veau aux gnocchis de carottes...

Ph. Gajic/MICHELIN

Parc de la Villette · Parc des Buttes Chaumont

19e arrondissement

✉ 75019

Holiday Inn Express Canal de la Villette sans rest

68 quai de Seine Ⓜ Crimée – ✆ 01 44 65 01 01 – www.hiexpress.com/paris-canal

144 ch – 110/240 € 110/240 €

♦ Les promeneurs du bassin de la Villette connaissent bien cet édifice : son jumeau (un entrepôt de 1853) se dresse toujours sur l'autre rive ; lui, reconstruit en 2008, a été habillé d'une originale gaine métallique. Il abrite cet hôtel chaleureux, aux chambres spacieuses, dont certaines tutoient les flots !

Canal St-Martin sans rest

5 av. Secrétan Ⓜ Jaurès – ✆ 01 42 06 62 00 – www.hotel-canal-saint-martin.com

69 ch – 60/190 € 60/190 €

♦ Entre le canal St-Martin et le bassin de la Villette, cet hôtel propose plusieurs catégories de chambres dont les "Confort" et "Privilège", modernes et épurées. Une courette fleurie relie les bâtiments entre eux. Le métro est tout proche.

Laumière sans rest

4 r. Petit Ⓜ Laumière – ✆ 01 42 06 10 77 – www.hotel-lelaumiere.com

54 ch – †64/78 € ††65/84 € – ☕ 9 €

◆ Envie de verdure ? Cet hôtel, simple et bien tenu, vous invite à profiter de son agréable jardinet ; quelques chambres ont d'ailleurs un petit balcon de son côté, au calme. Une promenade au parc des Buttes-Chaumont, tout proche, s'impose.

Crimée sans rest

188 r. de Crimée Ⓜ Crimée – ✆ 01 40 36 75 29 – www.hotelcrimee.com

31 ch – †70/80 € ††70/90 € – ☕ 8 €

◆ À 300 m du canal de l'Ourcq, une adresse toute simple avec des chambres fonctionnelles et bien tenues. En été, vous pourrez profiter de la courette pour préparer vos escapades. Idéal pour les budgets modérés ou un court séjour.

La Table de Botzaris

10 r. du Gén.-Brunet Ⓜ Botzaris – ✆ 01 40 40 03 30 – www.latabledebotzaris.fr – Fermé 3 sem. en août, 1 sem. en fév., dim. soir et lundi

Rest – Menu 42/58 € – Carte environ 54 €

◆ Le parc des Buttes-Chaumont est à deux pas de cette table contemporaine où la cuisine épouse l'air du temps. Pour un épigramme de saumon aux agrumes ou une brioche façon pain perdu, arrêtez-vous à Botzaris !

L'Hermès

23 r. Mélingue Ⓜ Pyrénées – ✆ 01 42 39 94 70 – Fermé vacances de Pâques, août, vacances de fév., merc. midi, dim. et lundi

Rest – Menu 17 € (déj. en sem.)/33 € – Carte 36/53 €

◆ Un peu difficile à trouver, ce charmant bistrot du quartier des Buttes-Chaumont. L'ambiance est sympathique et très vite, entre menu de la semaine, ardoises et vins du mois, on ne sait plus que choisir. Influence du Sud-Ouest en prime !

Les Grandes Tables du 104

104 r. d'Aubervilliers, (entrée par le 5 r. Curial) Ⓜ Riquet – ✆ 01 40 37 10 07 – www.104.fr – Fermé dim. soir et lundi

Rest – Formule 17 € – Menu 23 € (déj.)/32 €

◆ Tuyaux apparents et béton brut : un lieu à la mode... et un vrai bon plan entre 18e et 19e arrondissements, au sein du 104 ! L'assiette est simple, fraîche et savoureuse, pour un excellent rapport qualité-prix (bio, poisson de St-Jean-de-Luz, etc.).

Que du bon

22 r. du Plateau Ⓜ Buttes-Chaumont – ✆ 01 42 38 18 65 – Fermé 24 déc.-2 janv., dim. et le midi sauf vend.

Rest – Formule 14 € – Menu 17 € (déj.) – Carte 30/50 € le soir

◆ Un patron gouailleur, une collection de tire-bouchons, une grande ardoise proposant des vins de petits producteurs : voilà bien un bistrot contemporain ! Et comme il se doit, les plats changent au gré du marché et des saisons... Chaleureux.

La Violette

11 av. Corentin Cariou Ⓜ Corentin Cariou – ✆ 01 40 35 20 45 – www.restaurant-laviolette.com – Fermé 9-31 août, sam., dim. et fériés

Rest *(nombre de couverts limité, réserver)* – Formule 20 € – Carte 35/55 €

◆ Non loin de la Villette, ce restaurant contemporain n'a de violette... que sa banquette. Nems de gambas sauce thaïe, foie de veau poêlé au vinaigre balsamique, tout Ô chocolat, etc. Gourmands, ne soyez pas modestes !

La sélection de ce guide s'enrichit avec vous : vos découvertes et vos commentaires nous intéressent. Faites-nous part de vos satisfactions ou de vos déceptions. Coup de cœur ou coup de colère : écrivez-nous !

PARIS

S. Sauvignier/MICHELIN

Cimetière du Père Lachaise · Gambetta · Belleville

20e arrondissement

✉ 75020

PARIS

Mama Shelter

109 r. de Bagnolet Ⓜ *Gambetta – ☎ 01 43 48 48 48 – www.mamashelter.com*
169 ch – 🚹79/299 € 🚹🚹119/349 € – 1 suite – ☕ 15 €
Rest ***Mama Shelter*** – voir les restaurants ci-après

◆ Philippe Starck a signé le décor, à la fois épuré, design et fantaisiste, de ce vaste hôtel à la pointe de la modernité. Une ambiance jeune, lounge et un rien décalée, à l'image de ce quartier en plein renouveau.

Palma sans rest

77 av. Gambetta Ⓜ *Gambetta – ☎ 01 46 36 13 65 – www.palmahotel.com*
32 ch – 🚹79/82 € 🚹🚹89/96 € – ☕ 8 €

◆ Voisin de la place Gambetta et du cimetière du Père-Lachaise, cet hôtel dispose de petites chambres fraîches correctement insonorisées et bien tenues. Une adresse à prix sage dans un quartier animé.

Mama Shelter – Hôtel Mama Shelter

109 r. de Bagnolet Ⓜ *Gambetta – ☎ 01 43 48 48 48 – www.mamashelter.com*
Rest – Carte 32/65 €

◆ Les propositions simples et efficaces de ce restaurant très branché sont signées Alain Senderens. La terrasse et l'immense table d'hôte de l'espace pizzeria (ouvert non-stop) ajoutent encore à la convivialité du lieu.

La Boulangerie

15 r. des Panoyaux Ⓜ *Ménilmontant – ☎ 01 43 58 45 45 – Fermé 30 juil.-27 août, 24 déc.-2 janv., sam. midi, dim. et lundi*
Rest – Formule 15 € – Menu 18 € (déj.)/34 €

◆ L'adresse séduit les habitués du quartier par son décor de bistrot patiné. Avec ses plats généreux, sa jolie carte des vins, son impressionnant choix de whiskys, d'armagnacs et de calvados, c'est simple, cette Boulangerie ne désemplit pas !

Les Allobroges

71 r. des Grands-Champs Ⓜ *Maraîchers – ☎ 01 43 73 40 00 – Fermé 5-22 août, dim. soir et lundi*
Rest – Menu 19 € (sem.)/33/44 €

◆ Nouvelle direction en 2010 pour ce restaurant de quartier, proche de la porte de Montreuil. À défaut d'être celte, la cuisine est traditionnelle et l'on vous propose chaud-froid d'huîtres, rognons de veau à l'armagnac, etc.

Chatomat

6 r. Victor-Letalle Ⓜ *Ménilmontant – ☎ 01 47 97 25 77 – Fermé vacances de Noël, le midi, lundi et mardi*
Rest *(nombre de couverts limité, réserver)* – Carte 28/40 €

◆ Petite par la taille, mais grande par la qualité ! Nichée dans une ruelle improbable, cette table née mi-2011 a aussitôt fait le buzz sur les réseaux sociaux. À sa tête, un couple de talent, qui signe une courte carte aussi vive que savoureuse... Les jeunes gourmets de l'Est parisien sont "fans", à juste titre.

Le Baratin

3 r. Jouye-Rouve Ⓜ *Pyrénées – ☎ 01 43 49 39 70 – Fermé août, sam. midi, dim. et lundi*
Rest *(réserver)* – Menu 18 € (déj.) – Carte 36/48 € le soir

◆ Pas question de faire du baratin ! L'ardoise est plaisante à lire, les prix sont sages et les vins séduisants. Joue de bœuf à la tomate, ris de veau braisés, etc. : la chef argentine Raquel Carena propose au déjeuner un menu assez simple et, le soir, un choix plus élaboré qui ravit les habitués.

Ph. Gajic/MICHELIN

Environs de Paris

40 km autour de Paris

cartes 18 à 21

ANTONY – 92 Hauts-de-Seine – **311** J3 – **101** 25 – 61 240 h. **20** B3
– alt. 80 m – ✉ 92160

Paris 13 – Bagneux 6 – Corbeil-Essonnes 28 – Nanterre 23

place Auguste Mounié, ✆ 01 42 37 57 77, www.ville-antony.fr

Sceaux : parc★★ et musée de l'Île-de-France★ N : 4 km - Châtenay-Malabry : église St-Germain-l'Auxerrois★, Maison de Chateaubriand★ NO : 4 km, Île-de-France

De Berny sans rest

129 av. A.-Briand – ✆ 01 46 11 43 90 – www.hotel-berny.com
40 ch – †150/160 € ††150/160 € – 4 suites – ☕ 12 €
◆ Près de la Croix de Berny, hôtel récent avec d'agréables chambres contemporaines (tons chauds, parquet et mobilier en teck...) et quelques suites. Garage bien pratique et salle de séminaire.

La Tour de Marrakech

72 av. Division Leclerc – ✆ 01 46 66 00 54 – www.latourdemarrakech.com – Fermé août et lundi
Rest – Formule 22 € – Menu 34 € bc/58 € bc – Carte 24/45 €
◆ Un Paris-Marrakech par voie express ! Décor délicieusement mauresque, plats du pays joliment mitonnés, desserts faits maison, sans oublier l'accueil et le service prévenants.

ARGENTEUIL – 95 Val-d'Oise – **305** E7 – **101** 14 – 103 250 h. **20** B1
– alt. 33 m – ✉ 95100 Île de France

Paris 16 – Chantilly 38 – Pontoise 20 – St-Germain-en-Laye 19

La Ferme d'Argenteuil

2 bis r. Verte – ✆ 01 39 61 00 62 – www.lafermedargenteuil.com – Fermé 1er-8 mai, 1er-22 août, lundi soir, mardi soir, merc. soir et dim.
Rest – Menu 38/72 € – Carte 50/65 €
◆ Il n'y a rien d'agricole dans cette jolie ferme ! Tout est feutré, douillet, mignon... Aux commandes, deux sœurs soucieuses de bien faire. Amélia vous reçoit, tandis que Marie, aux fourneaux, concocte une sympathique cuisine d'aujourd'hui.

ASNIÈRES-SUR-SEINE – 92 Hauts-de-Seine – **311** J2 – **101** 15 – 81 666 h. **20** B1
– alt. 37 m – ✉ 92600 Île de France

Paris 10 – Argenteuil 6 – Nanterre 8 – Pontoise 26

Van Gogh

2 quai Aulagnier, (accès par cimetière des chiens) – ✆ 01 47 91 05 10 – www.levangogh.com – Fermé 5-20 août, 16-25 déc., dim. soir et lundi soir
Rest – Formule 32 € – Menu 39 € – Carte 49/85 €
◆ Sur les bords de Seine immortalisés par Van Gogh, presque les pieds dans l'eau ! Sur la jolie terrasse, on voit passer les péniches en se délectant d'une cuisine d'aujourd'hui honorant les poissons de l'Atlantique... Et dans la salle à la déco très "bateau", on apprécie la vue sur les cuisines.

La Petite Auberge

118 r. Colombes – ✆ 01 47 93 33 94 – Fermé 30 avril-9 mai, 12-27 août, dim. soir, merc. soir et lundi

Rest – Menu 30/39 €

◆ Une petite auberge rustique au charme un brin suranné, mais tellement sympathique... Objets anciens, collection d'assiettes, accueil prévenant : tout y est ! Côté papilles, la carte respecte la tradition et les saisons.

AULNAY-SOUS-BOIS – 93 Seine-Saint-Denis – 305 F7 – 101 18 — 21 D1

– 82 188 h. – alt. 46 m – ✉ 93600

Paris 19 – Bobigny 9 – Lagny-sur-Marne 23 – Meaux 30

Auberge des Saints Pères (Jean-Claude Cahagnet)

212 av. de Nonneville – ✆ 01 48 66 62 11 – www.auberge-des-saints-peres.fr – Fermé 3 sem. en août, merc. soir, sam. et dim.

Rest – Menu 43/90 € bc – Carte 54/90 €

Spéc. Artichauts violets farcis de langoustines, persil simple, ail doux et amandes fraîches. Canon d'agneau laqué au tamarin, pak-choï et velouté de radis noir. L'idée d'un esquimau à la réglisse, abricot confit au gingembre et crème de fromage blanc.

◆ Cette maison offre un cadre épuré d'inspiration zen (matières naturelles). Le chef réalise une cuisine inventive, bien présentée et relevée par les herbes de son jardin aromatique.

AUVERS-SUR-OISE – 95 Val-d'Oise – 305 E6 – 106 6 – 101 3 – 6 879 h. — 18 B1

– alt. 30 m – ✉ 95430 Île de France

Paris 36 – Beauvais 52 – Chantilly 35 – Compiègne 84

rue de la Sansonne, ✆ 01 30 36 10 06, www.lavalleedeloise.com

Maison de Van Gogh★ - Parcours-spectacle "voyage au temps des Impressionnistes"★au château de Léry.

Hostellerie du Nord avec ch

6 r. Gén.-de-Gaulle – ✆ 01 30 36 70 74 – www.hostelleriedunord.fr – Fermé sam. midi, dim. soir et lundi

8 ch – †99 € ††129/189 € – ☕ 13 €

Rest – Menu 50 € bc (déj. en sem.), 60/80 €

◆ Ancien relais de poste (17e s.), proche de la célèbre église. Salle à manger sobre, aux tons clairs ; même classicisme dans la cuisine du chef, qui démontre un savoir-faire certain. Chambres traditionnelles, arborant le nom de grands peintres ayant fréquenté la région.

Auberge Ravoux

52 r. du Gén.-de-Gaulle, (face à la mairie) – ✆ 01 30 36 60 60 – www.maisondevangogh.fr – Ouvert début mars à nov. et fermé dim. soir, merc. soir, jeudi soir, lundi et mardi

Rest *(nombre de couverts limité, réserver)* – Formule 29 € – Menu 34/75 € bc – Carte 51/63 €

◆ Ambiance attachante et généreuse cuisine des cafés d'artistes du 19es. dans l'auberge où Van Gogh logea au crépuscule de sa vie. La petite chambre du peintre se visite (6 €).

BAGNOLET – 93 Seine-Saint-Denis – 305 F7 – 101 17 – 33 960 h. — 21 C2

– alt. 96 m – ✉ 93170

Paris 8 – Bobigny 6 – Lagny-sur-Marne 32 – Meaux 39

Novotel Paris Est

1 av. de la République, (échangeur porte de Bagnolet) – ✆ 01 49 93 63 00 – www.novotel.com

609 ch – †99/249 € ††99/249 € – 7 suites – ☕ 15 €

Rest – Formule 17 € – Carte 22/45 €

◆ En bordure du périphérique, l'un des premiers hôtels de la chaîne (construit en 1973), entièrement rénové dans un style contemporain. Tenue impeccable. Hommes d'affaires, groupes et touristes du monde entier se croisent au restaurant, ouvert assez tard le soir.

Bois-Colombes – 92 Hauts-de-Seine – 311 J2 – 101 15 – 27 809 h. – alt. 37 m – ✉ 92270 20 B1

Paris 12 – Nanterre 6 – Pontoise 25 – St-Denis 11

Le Chefson

17 r. Ch.-Chefson – ✆ 01 42 42 12 05 – Fermé août, 1 sem. vacances de fév., lundi soir, sam. et dim.

Rest *(nombre de couverts limité, réserver)* – Formule 22 € – Menu 27/36 €

◆ Le Chefson ? Tout le quartier en parle ! Une cuisine traditionnelle simple et généreuse, une atmosphère bistrotière (ou plus cossue dans la deuxième salle) et de jolies suggestions du marché à l'ardoise : plutôt rare dans une banlieue résidentielle très paisible...

Bougival – 78 Yvelines – 311 I2 – 101 13 – 8 430 h. – alt. 40 m – ✉ 78380 Île de France 20 A2

Paris 21 – Rueil-Malmaison 5 – St-Germain-en-Laye 6 – Versailles 8

10, rue du Général Leclerc, ✆ 01 39 69 21 23, www.tourisme.bougival.com

Holiday Inn

10-12 r. Yvan Tourgueneff, (D 113) – ✆ 01 30 08 18 28 – www.holiday-inn.com

181 ch – †89/300 € ††89/300 € – ☕ 18 €

Rest – Formule 27 € – Carte 27/46 €

◆ Hôtel des années 1970 entièrement rénové, restructuré autour d'un patio. Chambres spacieuses, dont une dizaine au mobilier de style tournées vers la Seine. Côté restaurant, tons ensoleillés, grande terrasse et cuisine traditionnelle aux accents du Sud.

Villa des Impressionnistes sans rest

15 quai Rennequin Sualem, (D 113) – ✆ 01 30 08 40 00 – www.villa-impressionnistes.fr

50 ch – †175/206 € ††175/206 € – 1 suite – ☕ 16 €

◆ Le charmant décor de cet hôtel – bibelots, mobilier choisi, couleurs vives – évoque les peintres impressionnistes. Chambres spacieuses, bien insonorisées et agréable parc.

La Vasconia sans rest

7 r. de la Butte-de-la-Celle, (allée St-Michel) – ✆ 01 39 69 03 93 – www.la-vasconia.com

3 ch ☕ – †70/80 € ††80/90 €

◆ Au cœur d'un paisible quartier pavillonnaire, on pénètre dans cette maison par un grand jardin arboré et fleuri. Chambres personnalisées et soignées (meubles anciens ou chinés).

Le Camélia (Thierry Conte)

7 quai Georges Clemenceau – ✆ 01 39 18 36 06 – www.lecamelia.com – Fermé 1 sem. vacances de Pâques, août, 1 sem. vacances de Noël, dim. et lundi

Rest – Menu 37 € (déj. en sem.), 45/75 € – Carte 90/110 €

Spéc. Royale de foie gras aux champignons du moment. Gibier (saison). Millefeuille aux fruits de saison.

◆ L'enseigne évoque le passé artistique de cette charmante auberge. Dans l'élégante salle colorée, vous appréciez l'œuvre du chef : une cuisine inventive réalisée au gré du marché.

Boulogne-Billancourt – 92 Hauts-de-Seine – 311 J2 – 101 24 – 112 233 h. – alt. 35 m – ✉ 92100 Île de France 20 B2

Paris 10 – Nanterre 9 – Versailles 11

Musée départemental Albert-Kahn★ : jardins★ - Musée Paul Landowski★.

Radisson Blu

33 av. E.-Vaillant – ✆ 01 46 08 85 00 – www.boulogne.radissonblu.com

160 ch – †175/420 € ††175/420 € – 10 suites – ☕ 24 €

Rest *A O C* *(fermé août,vacances de Noël, sam. et dim.)* – Formule 24 € – Menu 31 € – Carte 35/60 €

◆ Matériaux naturels et démarche écologique : tel est le credo de ce Radisson contemporain certifié "vert". Le restaurant ouvre sur une grande terrasse plantée de vignes... Nature toujours !

Mercure Porte de St-Cloud

37 pl. René-Clair – ✆ 01 49 10 49 10 – www.mercure.com
180 ch – 139/300 € 139/300 € – 19 €
Rest *Croisette Café* ✆ 01 49 10 49 50 *(fermé le soir en août et fériés)*
– Formule 23 € – Menu 28 € – Carte 26/54 €
◆ Derrière une large façade en verre réfléchissant, des prestations de qualité, particulièrement adaptées à la clientèle d'affaires : business-center complet, chambres fonctionnelles et confortables, etc. Fil rouge des décors : le cinéma, à travers des photos des studios Harcourt.

Acanthe sans rest

9 rd-pt Rhin-et-Danube – ✆ 01 46 99 10 40 – www.hotelacanthe.com
68 ch – 195/215 € 195/215 € – 1 suite – 15 €
◆ Près des studios de Boulogne et des beaux jardins du musée Albert-Kahn, voici un hôtel agréable, aux chambres spacieuses, douillettes et bien insonorisées. Joli patio fleuri et buffet au petit-déjeuner.

Villa Sorel sans rest

20 r. Georges-Sorel – ✆ 01 46 04 91 58 – www.villasorel.com
– Fermé 29 juil.-29 août
20 ch – 70/140 € 70/140 € – 10 €
◆ Dans une rue calme, un petit hôtel très central où l'on se sent comme chez soi. Les chambres sont fraîches et colorées ; aux beaux jours, on prend le petit-déjeuner dans la cour intérieure – où, l'après-midi, on peut également boire le thé.

Paris sans rest

104 bis r. de Paris – ✆ 01 46 05 13 82 – www.hotel-paris-boulogne.com
31 ch – 76/83 € 92 € – 9 €
◆ Dans un secteur calme, non loin du métro, un hôtel familial simple et très accueillant. Les chambres sont certes petites, mais fonctionnelles et tranquilles.

Au Comte de Gascogne (Henri et Benoit Charvet)

89 av. J.-B.-Clément – ✆ 01 46 03 47 27 – www.aucomte.fr
– Fermé août et dim.
Rest – Menu 90 € – Carte 75/120 €
Spéc. Grande assiette de foies gras, chutney de tamarin aux pommes. Ragoût de homard aux pommes de terre safranées, pinces grillées sur salade d'herbes. Glace vanille Bourbon, madeleines chaudes.
Rest *Le Bistrot* – voir les restaurants ci-après
◆ Une table élégante, sous la lumière d'une belle verrière... Saveur, fraîcheur, simplicité : le sens du produit est un héritage chez les Charvet et, dorénavant, le fils réinterprète joliment les classiques de la maison.

L'Auberge

86 av. J.-B.-Clément – ✆ 01 46 05 67 19
– www.restaurant-boulogne-billancourt.com
– Fermé 1er-25 août, sam. midi, dim. soir et lundi
Rest – Formule 24 € – Menu 29 € (déj.)/40 € – Carte 45/70 €
◆ Une auberge d'aujourd'hui, mêlant les pierres apparentes et l'épure contemporaine avec grâce... Le jeune chef aime travailler de beaux produits nobles et de saison ; sa cuisine se montre fine et savoureuse, à l'instar d'un filet de turbot et poivrons, galette de courgette et beignet d'aubergine.

Ducoté Cuisine

112 av. Victor-Hugo – ✆ 01 48 25 49 20 – www.ducotecuisine.com – Fermé 13-21 mai, 30 juil.-20 août, sam. midi, dim. et lundi
Rest – Formule 35 € – Menu 49 € (dîner), 80/105 €
– Carte 70/90 €
◆ Côté cuisine œuvre Julien Ducoté, un jeune chef dynamique... secondé côté salle par une équipe décontractée et sympathique. Au menu, une partition pile dans l'air du temps, sur des bases classiques qui sonnent juste.

Le Bistrot – Rest. Au Comte de Gasgogne
89 av. J.-B.-Clément – ✆ 01 46 03 47 27 – www.aucomte.fr – Fermé dim. et lundi
Rest – Formule 28 € – Menu 35 € – Carte 40/55 €
◆ Sous l'égide d'une table bien connue, un bistrot élégant, avec une agréable terrasse. La cuisine y est soignée, concoctée à partir de beaux produits frais de saison. Outre les classiques (foie gras et saumon fumé maison, etc.), le menu change régulièrement.

Mon Bistrot
33 r. Marcel Dassault – ✆ 01 47 61 90 10 – www.mon-bistrot.fr – Fermé 3 sem. en août, sam., dim. et fériés
Rest – Menu 29 € (déj.) – Carte 30/46 €
◆ Rouleaux de concombre à la ricotta, baba au rhum et caramel au beurre salé et, tous les jeudis, viande d'Argentine cuite à la plancha... Un néobistrot convivial et plutôt cosy pour une cuisine bistrotière d'aujourd'hui, fraîche et bien ficelée.

Chez Michel
4 r. Henri-Martin – ✆ 01 46 09 08 10 – Fermé 30 juil.-30 août, 25 déc.-2 janv., sam. midi et dim.
Rest – Formule 13 € – Menu 30 € – Carte environ 35 €
◆ Lasagnes d'asperges vertes, turbot aux girolles, meringue aux fruits rouges... Dans le bistrot de Michel, les plats varient avec le marché : fraîcheur et simplicité. Une adresse sympathique, appréciée par la clientèle d'affaires au déjeuner.

Le Gorgeon
42 av. Victor Hugo – ✆ 01 46 05 11 27 – Fermé août, sam. et dim.
Rest – Carte 28/45 €
◆ Un bistrot comme on les aime, avec un comptoir millésimé 1925 et une ambiance bon enfant. Sur l'ardoise, rien que de grands classiques bien troussés : œuf (bio) mayo, andouillettes AAAAA et frites maison, harengs pommes à l'huile, etc. Avec une petite carte de vins de propriétaires très judicieuse.

Ducoté Cour
97 av. E.-Vaillant – ✆ 01 41 41 07 15 – www.ducotecour.com
Rest – Formule 19 € – Menu 24 € – Carte 30/35 €
◆ L'annexe de Ducoté Cuisine. Dans cette brasserie contemporaine, le chef concocte une cuisine tendance, presque fusion ; on peut bien sûr s'installer en terrasse – côté cour oblige ! – ou au comptoir, pour manger sur le pouce.

BRIE-COMTE-ROBERT – 77 Seine-et-Marne – **312** E3 – **101** 39 **19** C2
– **15 901 h.** – **alt. 90 m** – ✉ **77170** Île de France

Paris 30 – Brunoy 10 – Évry 20 – Melun 18

Place Jeanne d'Évreux, ✆ 01 64 05 30 09, www.briecomterobert.fr

18 Clément Ader, à Gretz-Armainvilliers, Domaine du Château Péreire, NE : 12 km par D 216, ✆ 01 64 07 34 10

9 de Marolles en Brie, à Marolles-en-Brie, Mail de la Justice, NO : 6 km, ✆ 01 45 95 18 18

9 ASPTT Paris Golf des Corbuches, à Lésigny, Ferme des Hyverneaux, N : 6 km par N 104, ✆ 01 60 02 07 26

18 du Réveillon, à Lésigny, Ferme des Hyverneaux, N : 6 km par N 104, ✆ 01 60 02 17 33

Verrière★ du chevet de l'église.

À la Grâce de Dieu
79 r. du Gén.-Leclerc, (D 619) – ✆ 01 64 05 00 76 – www.gracededieu.com
16 ch – †55 € ††55/60 € – ☕ 12 € – ½ P 57 €
Rest *(fermé vend. soir et dim. soir)* – Menu 22 € (sem.), 28/42 € – Carte 22/48 €
◆ Imaginez qu'au 17e s., ce relais de poste constituait une halte au cœur d'une route tenue par les bandits de grand chemin... d'où son nom ! Désormais, plus de risque ; les chambres sont simples, certes, mais l'on y dort bien.

XX La Fabrique

1 bis r. du Coq-Gaulois – ✆ 01 60 02 10 10 – www.restaurantlafabrique.fr
– Fermé 1 sem. en mars, août, 24 déc.-2 janv., sam. midi, mardi soir, merc. soir, dim. et lundi

Rest – Formule 26 € – Menu 32 € (déj. en sem.)/65 € – Carte 57/91 €

◆ Ce loft d'esprit industriel est bien caché au bout d'une petite allée, et il fait bon s'y régaler dans une belle atmosphère conviviale... Une adresse d'aujourd'hui, qui décline les nouveaux codes de la gastronomie bistrotière et gourmande !

BRY-SUR-MARNE – 94 Val-de-Marne – 312 E2 – 101 18 – 15 316 h. – alt. 40 m – ✉ 94360 — 21 D2

▶ Paris 16 – Créteil 12 – Joinville-le-Pont 5 – Nogent-sur-Marne 3

ℹ 6 bis, grande rue, ✆ 01 48 82 30 30, www.officetourisme-bry94.fr

XX Auberge du Pont de Bry "La Grapille" (François Le Quillec)

3 av. du Gén.-Leclerc – ✆ 01 48 82 27 70 – www.lagrappille.fr
– Fermé 25 juil.-21 août, lundi et mardi

Rest – Menu 30/55 € – Carte 40/60 €

Spéc. Marinade de foie gras, échalote noix et parmesan. Côte de veau poêlée, jus aux morilles. Soufflés.

◆ Une très bonne auberge ! Des produits bien choisis et cuisinés avec soin, de jolies assiettes, beaucoup de saveurs… sous l'égide d'un couple franco-japonais. Cadre moderne.

Une bonne table sans se ruiner ? Repérez les Bib Gourmand.

CERGY-PONTOISE

Bougara (Av. Rédouane) . . . BV 4
Bouticourt (Bd Ch.) . . . BV 6
Constellation (Av. de la) . . . AV 13
Delarue (Av. du Gén.-G.) . . . BV 15
Genottes (Av. des) . . . AV 28
Lavoye (R. Pierre) . . . BV 40
Mendès-France (Mail) . . . AX 44
Mitterrand (Av. Fr.) . . . BVX 45
Moulin à Vent (Bd du) . . . AV 47
Petit Albi (R. du) . . . AV 55
Verdun (Av. de) . . . BX 76
Viosne (Bd de la) . . . BVX 83

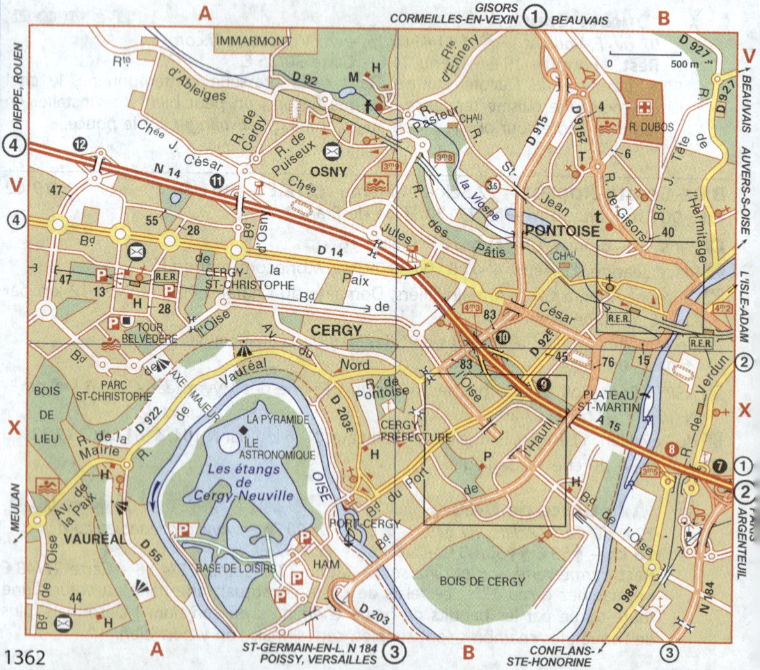

CERGY-PONTOISE P – 95 Val-d'Oise – **305** D6 – **106** 5 – **101** 2 **18** B1
– **178 656 h.** Île de France

Paris 35 – Mantes-la-Jolie 40 – Pontoise 3 – Rambouillet 60

de Cergy-Pontoise, à Vauréal, 2 allée de l'Obstacle d'Eau, O : 7 km par D 922, 01 34 21 03 48

d'Ableiges, à Ableiges, Chaussée Jules César, NO : 14 km par rte d'Ableiges, 01 30 27 97 00

de Gadancourt, à Gadancourt, par rte de Rouen : 20 km, 01 34 66 12 97

Plans pages 1362, 1364

Cergy – 56 108 h. – alt. 30 m – 95800

Mercure sans rest

3 r. Chênes Émeraude , par bd de l'Oise – 01 34 24 94 94 – www.mercure.com Ya

56 ch – 145/180 € 145/180 € – 14 €

◆ Construction récente aux vastes chambres bien équipées, dotées d'un mobilier de style anglais. Celles sur l'arrière profitent d'un plus grand calme. Salon-bar contemporain.

Hérouville au Nord-Est par D 927 : 8 km – 593 h. – alt. 120 m – 95300

Les Vignes Rouges

3 pl. de l'Église – 01 34 66 54 73 – www.vignesrouges.fr – Fermé 1er-8 mai, 1er-22 août, 1er-10 janv., dim. soir, lundi et mardi

Rest – Menu 38 € – Carte 47/65 €

◆ L'enseigne de cette maison francilienne évoque une œuvre de Van Gogh. Véranda tournée vers l'église, exposition de tableaux d'un peintre local et plats traditionnels.

Méry-sur-Oise – 9 412 h. – alt. 29 m – 95540

14, Avenue Marcel Perrin, mairie, 01 30 36 23 00, www.merynet.com

Château de Méry

rest,

9 bis r. de L'Isle-Adam – 01 30 36 00 82 – www.chateaudemery.fr

68 ch – 150/290 € 150/290 € – 2 suites – 20 €

Rest *(fermé 1er-15 août)* – Formule 35 € – Menu 45 € (déj. en sem.)/74 € – Carte 56/72 €

◆ Construction moderne bien intégrée dans le superbe parc de 23 ha du château (18e s.). Grandes chambres contemporaines avec balcon. Au restaurant, belle cheminée ouverte, immense terrasse tournée vers la nature et cuisine du marché privilégiant herbes et épices.

Le Chiquito (Alain Mihura)

3 r. de l'Oise, La Bonneville, 1,5 km par D 922, rte de Pontoise – 01 30 36 40 23 – www.lechiquito.fr – Fermé dim. et lundi

Rest – Menu 58/73 € – Carte environ 58 €

Spéc. Spirale d'aile de raie aux coquillages, raviole de carotte. Tronçon de turbot rôti, écrasé de pomme de terre à l'huile d'olive et artichaut poivrade. Palet feuilleté au chocolat, biscuit au grué de cacao et glace à la fève tonka.

◆ Une maison francilienne du 17es., cachant un joli jardin. Le chef concocte une cuisine classique tout en finesse et simplicité, avec des produits de belle qualité. Agréable véranda.

Osny – 15 939 h. – alt. 37 m – 95520

Moulin de la Renardière

r. Gd Moulin – 01 30 30 21 13 – www.moulinrenardiere.fr – Fermé dim. soir et lundi AVf

Rest – Formule 28 € bc – Menu 37 €

◆ Moulin du 18es. niché dans un parc. Deux salles au choix : l'une avec belle cheminée, l'autre égayée de peintures. Terrasse ombragée au bord de la rivière. Carte classique.

CERGY-PRÉFECTURE

- Arts (Pl. des) . . . . . Z 2
- Boucle (R. de la) . . . . . Y 3
- Bourgognes (R. des) . . . . . Z 5
- Chênes Émeraude . . . . . Y 13
- Columbia (Square) . . . . . Y 14
- Diapason (Square du) . . . . . Y 17
- Écureuil (R. de l') . . . . . Y 19
- Étoile (Allée de l') . . . . . Y 21
- Galeries (R. des) . . . . . Y 24
- Gare (R. de la) . . . . . Z 25
- Grouettes (Av. des) . . . . . Z 33
- Herbes (R. aux) . . . . . Y 34
- Italiens (R. des) . . . . . Y 39
- Marché Neuf (R. du) . . . . . Y 43
- Pays de France (R. des) . . . . . Y 52
- Pergola (Pl. de la) . . . . . Z 53
- Platanes (Allée des) . . . . . Z 59
- Préfecture (Parvis de la) . . . . . Z 63
- Préfecture (R. de la) . . . . . Z 64
- Prieuré (R. du) . . . . . Z 66
- Théâtre (Allée du) . . . . . Z 71
- Traversière (R.) . . . . . Y 74
- Verger (R. du) . . . . . Z 77
- Villarceaux (R. de) . . . . . Z 81

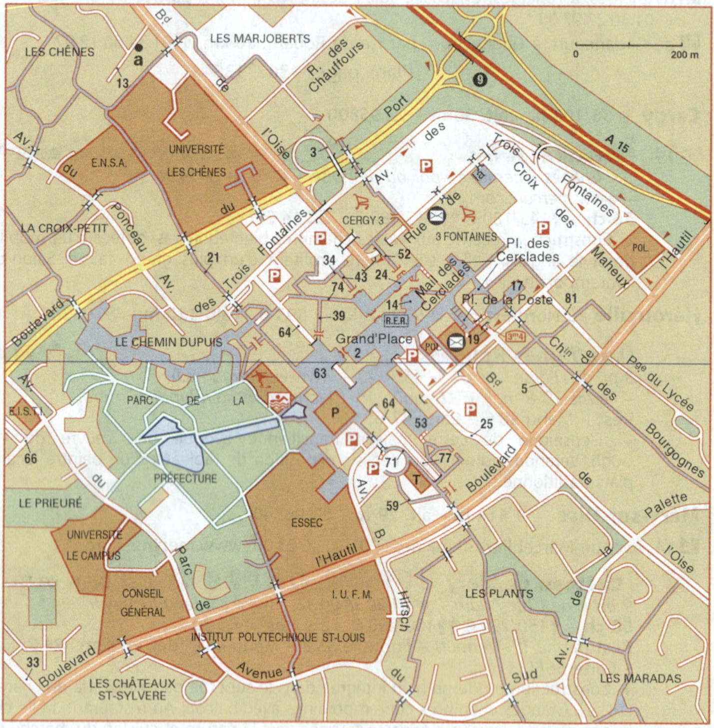

D E

PONTOISE

- Bretonnerie (R. de la) . . . . . D 7
- Butin (R. Pierre) . . . . . DE 8
- Canrobert (Av. du Mar.) . . . . . D 10
- Château (R. du) . . . . . E 12
- Delacour (R.) . . . . . E 14
- Écluse (Quai de l') . . . . . E 18
- Flamel (Pl. Nicolas) . . . . . E 22
- Gisors (R. de) . . . . . D 30
- Grand Martroy (Pl. du) . . . . . D 32
- Hôtel de Ville (R. de l') . . . . . E 36
- Hôtel Dieu (R. de l') . . . . . E 37
- Lavoye (R. Pierre) . . . . . D 40
- Leclerc (R. du Gén.) . . . . . E 41
- Lecomte (R. A.) . . . . . E 42
- Parc aux Charrettes (Pl. du) . . . . . D 50
- Petit Martroy (Pl. du) . . . . . D 56
- Pierre aux Poissons (R. de la) . . . . . D 57
- Pothuis (Quai du) . . . . . E 62
- Roche (R. de la) . . . . . E 67
- Rouen (R. de) . . . . . D 69
- Souvenir (Pl. du) . . . . . D 70
- Thiers (R.) . . . . . D 72
- Vert Buisson (R. du) . . . . . E 80

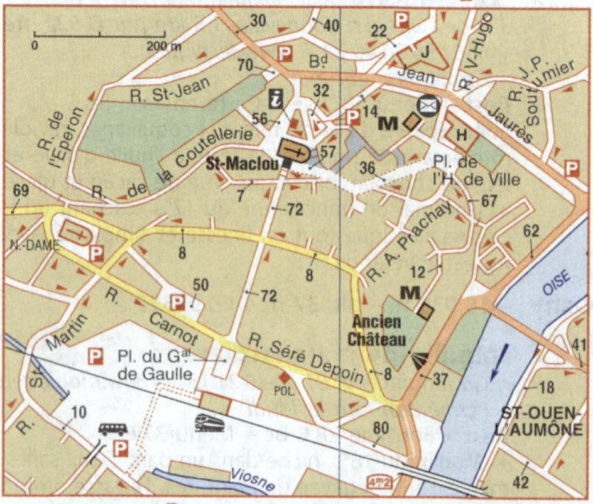

D E

Pontoise – 29 710 h. – alt. 48 m – ✉ 95000

Place de la Piscine, ✆ 01 34 41 70 60, www.otpontoise.fr

Auberge du Cheval Blanc
47 r. Gisors – ✆ 01 30 32 25 05 – www.chevalblanc95.com – Fermé 1er-25 août, sam. midi, dim. et lundi BVt
Rest – Menu 43 € – Carte 45/55 €
◆ Restaurant au cadre actuel où sont exposées des peintures d'artistes régionaux (terrasse d'été). Cuisine au goût du jour ; belle sélection de vins de petits viticulteurs.

CERNAY-LA-VILLE – 78 Yvelines – **311** H3 – **106** 29 – **101** 31 – 1 629 h. **18** B2
– alt. 170 m – ✉ 78720

Paris 45 – Chartres 52 – Longjumeau 31 – Rambouillet 12

Abbaye★ des Vaux-de-Cernay O : 2 km, Île-de-France

Abbaye des Vaux de Cernay ch, rest,
2,5 km à l'Ouest par D 24 – ✆ 01 34 85 23 00 – www.abbayedecernay.com
54 ch – †125/320 € ††125/320 € – 3 suites – 18 € – ½ P 130/250 €
Rest – Formule 30 € – Menu 50/80 € – Carte 60/120 €
◆ On accède par un grand parc à cette abbaye cistercienne, magnifique ensemble architectural du 12e s. Salons gothiques, vastes chambres au mobilier ancien ou plus actuel. Cuisine traditionnelle servie dans l'étonnante salle à manger coiffée de superbes voûtes.

à La Celle-les-Bordes Sud : 4 km par D 72 – 934 h. – alt. 125 m – ✉ 78720

L'Auberge de l'Élan
5 r. du Village (Les Bordes) – ✆ 01 34 85 15 55 – www.laubergedelelan-78.com – Fermé 16 août-5 sept., 19-26 déc., 3-11 janv., dim. soir, mardi et merc.
Rest – Formule 30 € – Menu 40/65 €
◆ Maison de village où se mêlent déco rustique et vaisselle moderne. Bon accueil ; cuisine du marché et de passion concoctée par le chef-patron. Vente de produits régionaux.

CHARENTON-LE-PONT – 94 Val-de-Marne – **312** D3 – **101** 26 – 28 571 h. **21** C2
– alt. 45 m – ✉ 94220

Paris 8 – Alfortville 3 – Ivry-sur-Seine 4

Novotel Atria
5 pl. Marseillais – ✆ 01 46 76 60 60 – www.accorhotels.com
132 ch – †95/250 € ††95/250 € – 1 suite – 15 €
Rest – Formule 17 € – Carte 25/40 €
◆ Un Novotel idéal pour la clientèle d'affaires : chambres contemporaines et équipements très complets pour les réunions et séminaires.

CHÂTEAUFORT – 78 Yvelines – **311** I3 – **101** 22 – 1 401 h. – alt. 153 m **20** A3
– ✉ 78117

Paris 28 – Arpajon 28 – Chartres 75 – Versailles 15

National, à Guyancourt, 2 avenue du Golf, NO : 7 km par D 36, ✆ 01 30 43 36 00

La Belle Époque (Philippe Delaune)
10 pl. de la Mairie – ✆ 01 39 56 95 48 – www.labelleepoque78.fr – Fermé 1er-25 août, vacances de Noël, dim. et lundi
Rest – Menu 38 € (sem.)/60 € – Carte 64/82 €
Spéc. Fricassée de ris d'agneau et escargots petits gris à l'andouille de Vire (janv. à oct.). Dos de bar poché en nage d'agrumes et cocos de Paimpol. Soufflé de pommes au Grand Marnier (sept. à juin).
◆ L'enseigne ne ment pas : derrière une devanture digne d'une auberge d'autrefois, on découvre un décor d'une sobre élégance, au noir et blanc très "début de siècle", assorti d'une jolie terrasse dominant la vallée de Chevreuse. Le chef signe une cuisine de belle facture, dans le goût de... notre époque.

CHÂTILLON – 92 Hauts-de-Seine – **311** J3 – **101** 25 – 32 510 h. – alt. 115 m – ✉ 92320 **20** B2

▶ Paris 10 – Bobigny 25 – Créteil 19 – Nanterre 23

ℹ 21, rue Gabriel Péri, ✆ 01 46 57 93 32, http://otsi-chatillon-92.org

Barbezingue

14 bd de la Liberté – ✆ 01 49 85 83 50 – www.barbezingue.com – Fermé 3 sem. en août, dim. soir et lundi

Rest – Menu 20/32 €

◆ Généreuse cuisine canaille dans ce bistrot qui fait aussi table d'hôte (à l'étage) et... barbier le vendredi matin ! Terrasse idéale pour l'apéro, terrain de pétanque : plus qu'un concept, un lieu de vie.

CLAMART – 92 Hauts-de-Seine – **311** J3 – **101** 25 – 51 407 h. – alt. 102 m – ✉ 92140 **20** B2

▶ Paris 10 – Boulogne-Billancourt 7 – Issy-les-Moulineaux 4 – Nanterre 15

ℹ 22, rue Paul Vaillant Couturier, ✆ 01 46 42 17 95, www.clamart.fr

La Brèche du Bois sans rest

7 pl. J. Hunebelle – ✆ 01 46 42 29 06 – www.hotel-brechedubois.com

30 ch – †65/69 € ††75/80 € – ☕ 8 €

◆ Dans un quartier verdoyant, un hôtel familial – une ancienne guinguette ! – avec des chambres pratiques et très propres. De jolis tableaux décorent la maison et, à deux pas, les sentiers du bois de Clamart invitent à la promenade.

Trosy sans rest

41 r. P. Vaillant-Couturier – ✆ 01 47 36 37 37 – www.hoteldutrosy.com

40 ch – †65 € ††70 € – ☕ 8 €

◆ Un hôtel récent, simple mais bien tenu : idéal pour la clientèle d'affaires ! Préférez les chambres côté cour, plus calmes.

CLICHY – 92 Hauts-de-Seine – **311** J2 – **101** 15 – 58 388 h. – alt. 30 m – ✉ 92110 **20** B1

▶ Paris 9 – Argenteuil 8 – Nanterre 9 – Pontoise 26

ℹ 61, rue Martre, ✆ 01 47 15 31 61, www.clichy-tourisme.fr

Europe sans rest

52 bd Gén.-Leclerc – ✆ 01 47 37 13 10 – www.hotel-residence-europe.com

83 ch – †160 € ††170 € – ☕ 10 €

◆ Sur une avenue fréquentée, un immeuble en brique (1920) avec des chambres confortables et fonctionnelles. Points forts : les salles de réunion, la piscine et le sauna en sous-sol.

La Barrière de Clichy

1 r. de Paris – ✆ 01 47 37 05 18 – Fermé août, sam., dim. et fériés

Rest – Menu 35/44 € – Carte 60/90 €

◆ Nappes blanches, argenterie, décor feutré, menu dégustation qui change avec les saisons : un bon restaurant traditionnel, tenu par un couple avenant et animé par le désir de bien faire.

COLOMBES – 92 Hauts-de-Seine – **312** C2 – **101** 14 – 83 695 h. – alt. 38 m – ✉ 92700 **20** B1

▶ Paris 19 – Boulogne-Billancourt 19 – Montreuil 23 – Nanterre 9

Courtyard by Marriott

91 bd Charles-de-Gaulle – ✆ 01 47 69 59 49 – www.courtyardcolombes.com

150 ch – †89/229 € ††99/239 € – ☕ 18 €

Rest *(fermé sam. midi et dim. midi)* – Formule 20 € – Carte environ 30 €

◆ Ce bâtiment neuf est doté de chambres fonctionnelles. Hall-salon moderne, réchauffé par une cheminée, accueillant un "market" (boutique self-service). Salle de musculation. Cuisine méditerranéenne servie au restaurant contemporain. Formule buffet à midi.

Conflans-Ste-Honorine – 78 Yvelines – **311** I2 – **101** 3 – 34 814 h. **18** B1
– alt. 25 m – ✉ 78700 Île de France

Paris 38 – Mantes-la-Jolie 39 – Poissy 10 – Pontoise 8

1, rue René Albert, ✆ 01 34 90 99 09

☀★ de la terrasse du parc du château - Musée de la Batellerie.

Au Bord de l'Eau

15 quai Martyrs-de-la-Résistance – ✆ 01 39 72 86 51 – Fermé 6-25 août, lundi et le soir sauf sam.

Rest – Menu 31 € (déj. en sem.), 45/67 €

◆ Cet ancien bistrot de bateliers des bords de Seine abrite un sympathique restaurant familial. Le décor intérieur rend hommage à la batellerie conflanaise. Cuisine traditionnelle.

Corbeil-Essonnes – 91 Essonne – **312** D4 – **101** 37 – 41 666 h. **18** B2
– alt. 37 m – ✉ 91100

Paris 36 – Créteil 27 – Évry 6 – Fontainebleau 37

Place Comte Haymon, ✆ 01 64 96 23 97, www.corbeil-essonnes.com

Blue Green Golf de Villeray, à Saint-Pierre-du-Perray, E : 6 km, ✆ 01 60 75 17 47

de Greenparc, à Saint-Pierre-du-Perray, Route de Villepècle, NE : 6 km par D 947, ✆ 01 60 75 40 60

au Coudray-Montceaux Sud-Est : 6 km par N 7 – 4 430 h. – alt. 81 m
– ✉ 91830

Mercure rest,

rte de Milly-la-Forêt – ✆ 01 64 99 00 00 – www.mercure.com

125 ch – †155/215 € ††155/215 € – ☕ 18 €

Rest – Formule 17 € bc – Carte 26/38 €

◆ Au cœur d'un parc, un Mercure agréable : complexe sportif apprécié de la clientèle d'affaires et familiale (tennis, practice de golf, piscine...), restaurant traditionnel et chambres décorées avec soin.

Courbevoie – 92 Hauts-de-Seine – **311** J2 – **101** 15 – 85 054 h. **20** B1
– alt. 28 m – ✉ 92400 Île de France

Paris 10 – Asnières-sur-Seine 4 – Levallois-Perret 4 – Nanterre 5

George Sand sans rest

18 av. Marceau – ✆ 01 43 33 57 04 – www.georgesandhotel.com

32 ch – †90/145 € ††90/145 € – ☕ 12 €

◆ Une jolie façade Art déco, un intérieur bonbonnière évoquant l'univers de George Sand (mobilier du 19es., salon romantique où l'on prend le petit-déjeuner, tissus muraux dans les chambres) : pour faire revivre (un peu) la baronne Dudevant...

Central sans rest

99 r. du Cap.-Guynemer – ✆ 01 47 89 25 25 – www.central-courbevoie-hotel.com

55 ch – †69/135 € ††69/135 € – ☕ 7 €

◆ Près de la Défense, un hôtel construit dans les années 1920, très bien tenu et affichant un style actuel sobre et chaleureux. Les chambres sont agréables et bien insonorisées : une bonne étape !

Quartier Charras

Mercure La Défense 5 ch, rest,

18 r. Baudin – ✆ 01 49 04 75 00 – www.mercure.com

502 ch – †89/325 € ††89/325 € – 5 suites – ☕ 18 €

Rest *Le Bistrot de l'Echanson* ✆ 01 49 04 75 85 *(fermé fin juil., 3 sem. en août, vend. soir, dim. midi et sam.)* – Menu 21 € (sem.) – Carte 21/38 €

◆ Un hôtel de chaîne dédié à la clientèle d'affaires internationale de la Défense, avec des chambres fonctionnelles et contemporaines. Bistrot, fitness, hammam, solarium, etc.

au Parc de Bécon

Les Trois Marmites

215 bd St-Denis – 01 43 33 25 35 – Fermé août, sam., dim. et fériés
Rest *(déj. seult)* – Formule 35 € – Menu 40 €
◆ Face au parc de Bécon et tout près des quais, un petit restaurant de quartier tenu en couple – monsieur aux fourneaux, madame en salle. À la carte, honneur à la tradition et aux plats bistrotiers : andouillette, boudin noir, etc.

CRÉTEIL P – **94 Val-de-Marne – 312 D3 – 101 27 – 89 304 h. – alt. 48 m – 94000 Île de France** **21 C2**

Paris 14 – Bobigny 22 – Évry 32 – Lagny-sur-Marne 29
de Marolles-en-Brie, à Marolles-en-Brie, Mail de la Justice, SE : 10 km, 01 45 95 18 18
d'Ormesson, à Ormesson-sur-Marne, Chemin du Belvédère, E : 15 km, 01 45 76 20 71
Hôtel de ville★ : parvis★.

Novotel

r. Jean-Gabin - Le Lac – 01 56 72 56 72 – www.novotel.com
110 ch – 99/179 € 99/179 € – 14 €
Rest – Menu 17 € – Carte environ 30 €
◆ L'atout majeur de cet hôtel est son emplacement face au lac (base de loisirs et parcours de jogging). Chambres agréables, agencées selon le concept de la chaîne. Restaurant au cadre design, animé par des écrans plasma ; cuisine traditionnelle.

DAMPIERRE-EN-YVELINES – **78 Yvelines – 311 H3 – 101 31 – 1 137 h. – alt. 100 m – 78720** **18 B2**

Paris 38 – Chartres 57 – Longjumeau 32 – Rambouillet 16
9, Grande Rue, 01 30 52 57 30
de Forges-les-Bains, à Forges-les-Bains, Route du Général Leclerc, SE : 14 km, 01 64 91 48 18
Château de Dampierre★★ Île de France

Auberge du Château "Table des Blot" (Christophe Blot) avec ch

1 Grande-Rue – 01 30 47 56 56 – www.latabledesblot.com – Fermé fin août, fin déc., fin fév., dim. soir, lundi et mardi
rest,
9 ch – 90/110 € 90/110 € – 8 €
Rest – Menu 45 € (sem.)/70 € – Carte 60/70 €
Spéc. Tête de veau pressée, servie tiède au gingembre et ravigote. Homard poêlé, décortiqué et fumé minute à la livèche. Chocolat en soufflé, l'autre mi-cuit et le dernier glacé.
◆ Une belle et élégante auberge du 17e s., où le talent du chef et les saisons rythment la créativité des recettes. L'accueil se révèle chaleureux et, pour prolonger l'étape, on peut réserver une jolie chambre façon maison de campagne.

Les Écuries du Château

2 Grande Rue, (au château) – 01 30 52 52 99 – www.lesecuriesduchateau.com – Fermé 18 fév.-7 mars, 1er-23 août, mardi et merc.
Rest – Formule 30 € – Menu 45 € – Carte 42/55 €
◆ Lieu magique pour ce restaurant installé dans la sellerie du Château de Dampierre. Vous apprécierez une cuisine traditionnelle dans un décor rustique et cosy avec vue sur le parc.

LA DÉFENSE – **92 Hauts-de-Seine – 311 J2 – 101 14 – 92400 Paris** **20 B1**

Paris 10 – Courbevoie 1 – Nanterre 4 – Puteaux 2
Quartier★★ : perspective★ du parvis.

Pullman La Défense
11 av. Arche, sortie Défense 6 ✉ 92081 – ✆ 01 47 17 50 00 – www.pullmanhotels.com
368 ch – †185/520 € ††185/520 € – 16 suites – ☐ 22 €
Rest *Avant Seine* ✆ 01 47 17 50 99 *(réouverture prévue en sept., fermé 17 déc.-2 janv., vend. soir, sam., dim. et fériés)* – Formule 29 € – Carte 55/63 €
◆ Belle architecture en proue de navire, toute de verre et de pierre ocre. Chambres spacieuses et élégantes, salons et auditorium très bien équipés (avec cabines de traduction). Décor design et cuisine à la broche au restaurant Avant Seine.

Renaissance
60 Jardin de Valmy, par bd circulaire, sortie La Défense 7 ✉ 92918 – ✆ 01 41 97 50 50 – www.renaissanceladefense.fr
324 ch – †169/349 € ††169/349 € – 3 suites – ☐ 25 €
Rest – ✆ 01 41 97 50 11 *(fermé fériés le midi, dim. midi et sam.)* – Formule 27 € – Menu 35 € (déj. en sem.), 45 € bc/62 € – Carte 60/73 €
◆ Luxe et raffinement caractérisent cet immeuble contemporain posé au pied de la Grande Arche : matériaux nobles, confort absolu, chambres chaleureuses parfaitement équipées. Vue sur les jardins de Valmy, plats classiques et suggestions saisonnières à la brasserie.

Hilton La Défense
2 pl. de la Défense ✉ 92053 – ✆ 01 46 92 10 10 – www.hilton.com
148 ch – †195/550 € ††195/550 € – 9 suites – ☐ 26 €
Rest *Côté Parvis* *(fermé vend. soir, dim. midi et sam.)* – Formule 45 € bc – Menu 50 € (déj. en sem.) – Carte 45/75 €
◆ Hôtel situé dans l'enceinte du Cnit. Certaines chambres ont été pensées pour le bien-être de la clientèle d'affaires : espaces travail, repos, relaxation et salle de bains-jacuzzi. Côté Parvis, cuisine dans l'air du temps et jolie vue sur l'Arche.

Sofitel Paris La Défense
34 cours Michelet, par bd circulaire sortie La Défense 4 ✉ 92060 Puteaux – ✆ 01 47 76 44 43 – www.sofitel-paris-ladefense.com
150 ch – †205/575 € ††205/575 € – 1 suite – ☐ 26 €
Rest *L'Italian Lounge* ✆ 01 47 76 72 40 – Formule 40 € – Menu 50 € (sem.) – Carte 55/85 €
◆ Un hôtel d'affaires parfaitement intégré au paysage des tours de la Défense, non loin du Cnit et de la Grande Arche. Chambres spacieuses et bien équipées, restaurant (carte méditerranéenne), petit fitness, etc.

Novotel La Défense
2 bd Neuilly, sortie Défense 1 – ✆ 01 41 45 23 23 – www.novotel.com
280 ch – †139/390 € ††139/490 € – ☐ 16 € **Rest** – Carte 25/40 €
◆ Au pied de la Défense, côté Seine (en voiture, ne manquez pas la sortie sur le boulevard circulaire). Une trentaine de chambres a été relookée dans un esprit résolument contemporain, tout comme le Novotel Café. Fitness flambant neuf au 14e étage.

ENGHIEN-LES-BAINS – **95 Val-d'Oise** – **305** E7 – **101** 5 – **12 115 h.** **20** B1 – **alt. 45 m** – **Stat. therm. : toute l'année** – **Casino** – ✉ **95880** Île de France

▶ Paris 17 – Argenteuil 7 – Chantilly 34 – Pontoise 22

ℹ 81, rue du Général-de-Gaulle, ✆ 01 34 12 41 15, www.ot-enghienlesbains.fr

18 de Domont Montmorency, à Domont, Route de Montmorency, N : 8 km, ✆ 01 39 91 07 50

◉ Lac★ - Deuil-la-Barre : chapiteaux historiés★ de l'église Notre-Dame NE : 2 km.

Grand Hôtel Barrière
85 r. du Gén.-de-Gaulle – ✆ 01 39 34 10 00 – www.grand-hotel-enghien.fr – Fermé dim.
43 ch – †124/335 € ††124/335 € – 6 suites – ☐ 19 €
Rest *Le 85* *(fermé dim. soir et lundi soir)* – Formule 22 € – Carte 27/47 €
◆ Décor classique pour cet établissement doté de l'un des plus grands spas et fitness de France, face au lac d'Enghien. Chambres élégantes, garnies d'un beau mobilier de style.

Du Lac
89 r. du Gén.-de-Gaulle – 01 39 34 11 00 – www.hotel-du-lac-enghien.com
141 ch – 109/149 € 109/149 € – 4 suites – 19 €
Rest – 01 39 34 11 13 *(fermé sam. midi)* – Menu 28/35 € – Carte 35/45 €
◆ Cet hôtel de construction récente (architecture d'inspiration classique) dresse sa haute façade au bord du lac. Clientèle d'affaires en semaine (espace séminaire), villégiature le week-end (spa, fitness, etc.). Bon niveau de confort.

Aux Saveurs d'Alice
32 bd d'Ormesson – 01 34 12 78 36 – www.auxsaveursdalice.fr – Fermé dim. soir, merc. soir et lundi
Rest – Formule 22 € – Menu 28 € – Carte 29/45 €
◆ On apprécie ce restaurant du centre-ville pour sa cuisine traditionnelle simple, calée sur les saisons et le marché. Décor sagement rustique dans les trois salles à manger.

ÉVRY – 91 Essonne – **312** D4 – **101** 37 – **52 500 h. – alt. 54 m** **18** B2
– 91000 Île de France
Paris 32 – Chartres 80 – Créteil 30 – Étampes 36
Cathédrale de la Résurrection ★ - 5 mai-janv. Epiphanies (Exposition).

All Seasons
52 bd Coquibus, (face à la cathédrale) – 01 69 47 30 00 – www.all-seasons-hotels.com – Fermé 27 juil.-19 août et 21 déc.-1er janv.
110 ch – 78/105 € 88/115 €
Rest *(fermé vend. soir, sam., dim. et fériés)* – Formule 18 € – Carte 25/32 €
◆ Face à la cathédrale de la Résurrection, voici un hôtel contemporain mis en scène avec des couleurs gaies. Chambres à la décoration dans l'air du temps et prix raisonnables. Le restaurant, très mode, propose une cuisine au goût du jour.

à Courcouronnes – **14 101 h. – alt. 80 m** – 91080
18 de Bondoufle, à Bondoufle, Départementale 31, O : 3 km, 01 60 86 41 71

Le Canal
31 r. du Pont Amar, (près de l'hôpital) – 01 60 78 34 72 – www.restaurant-lecanal.fr – Fermé août, 24-31 déc., sam. et dim.
Rest – Menu 23/38 €
◆ Une adresse d'esprit brasserie un brin rétro. On y sert une cuisine du marché, franche et simple, dont l'incontournable spécialité du patron : le pied de cochon farci.

à Lisses – **6 830 h. – alt. 86 m** – 91090

Mercure
rest,
8 r. du Bois Chaland, ZAC du Bois Chaland – 01 60 86 90 00 – www.mercure.com
53 ch – 65/109 € 65/109 € – 12 €
Rest *(fermé 27 juil.-26 août, 21 déc.-2 janv., vend. soir, sam. et dim.)* – Formule 19 € – Menu 23 € – Carte environ 27 €
◆ Rénovation réussie pour cet hôtel au calme, préservé de l'activité environnante par un écran de verdure. Les chambres, confortables et chaleureuses, affichent une décoration actuelle. Salle à manger ouverte sur une terrasse-véranda et cuisine traditionnelle.

GAGNY – 93 Seine-Saint-Denis – **305** G7 – **101** 18 – **38 342 h. – alt. 70 m** **21** D1
– 93220
Paris 17 – Bobigny 11 – Raincy 3 – St-Denis 18
2, place du Général de Gaulle, 01 43 81 49 09, http://sigagny.free.fr

Le Vilgacy
45 av. H. Barbusse – 01 43 81 23 33 – www.vilgacy.com – Fermé 22 juil.-23 août, 19-29 fév., dim. soir, mardi soir et lundi sauf fériés
Rest – Formule 20 € – Menu 25 € (sem.)/35 € – Carte 50/63 €
◆ Vous serez accueilli dans le décor contemporain et coloré des deux salles (tableaux en exposition-vente) ou dans le jardin-terrasse en été. Recettes traditionnelles.

La Garenne-Colombes – 92 Hauts-de-Seine – 311 J2 – 101 14 20 B1
– 26 699 h. – alt. 40 m – ✉ 92250

▶ Paris 13 – Argenteuil 7 – Asnières-sur-Seine 5 – Courbevoie 2

ℹ 68 boulevard de la République, mairie, ✆ 01 72 42 40 00, www.lagarennecolombes.fr

XX L'Instinct

1 r. Voltaire – ✆ 01 56 83 82 82 – www.restaurant-linstinct.com – Fermé 7-23 août, lundi soir, sam. midi et dim.

Rest *(réserver)* – Formule 25 € – Carte 36/45 €

◆ Le quartier du marché : idéal pour se retrouver entre amis autour d'une bonne cuisine tendance, parfois fusion, concoctée avec des produits... du marché et de saison ! La sélection de vins sort des sentiers battus, tout comme ce lieu contemporain.

X Le Saint-Joseph

100 bd de la République – ✆ 01 42 42 64 49 – Fermé 30 avril-13 mai, 30 juil.-19 août, sam. midi, dim. et le soir de lundi à jeudi

Rest – Menu 29/38 € – Carte 33/55 €

◆ Ce bistrot de quartier ne paie pas de mine, pourtant c'est une pépite. La salle est toute simple, le service sans chichi, mais l'assiette... Le chef concocte une belle cuisine bistrotière de saison, ne choisit que les meilleurs produits et nous régale ! Quant à la sélection de vins, elle est très judicieuse.

Gif-sur-Yvette – 91 Essonne – 312 B3 – 101 33 – 21 248 h. – alt. 61 m 20 A3
– ✉ 91190

▶ Paris 34 – Boulogne-Billancourt 23 – Évry 37 – Montreuil 41

X Les Saveurs Sauvages

4 r. Croix-Grignon, (face à la gare RER) – ✆ 01 69 07 01 16 – Fermé 5-25 août, 25 déc.-2 janv., dim. et lundi

Rest – Formule 18 € – Menu 25 € (déj.), 27/39 € – Carte environ 46 €

◆ Un bistrot gastro moderne où la cuisine, inventive avec quelques touches asiatiques, est réalisée à quatre mains. Carte saisonnière assortie d'un menu changeant tous les jours.

Gressy – 77 Seine-et-Marne – 312 F2 – 101 10 – 920 h. – alt. 98 m 19 C1
– ✉ 77410

▶ Paris 32 – Meaux 20 – Melun 56 – Senlis 35

Le Manoir de Gressy

– ✆ 01 60 26 68 00 – www.manoirdegressy.com – Fermé 23 déc.-3 janv.

85 ch ☕ – †115/230 € ††130/260 €

Rest *Le Cellier du Manoir* – voir les restaurants ci-après

◆ Ce manoir, édifié sur le site d'une ferme fortifiée du 18es., marie joliment les styles. Les chambres, toutes différentes, ont un charme rétro et donnent sur le jardin et la piscine. On peine à croire que l'on est si près de Paris !

XXX Le Cellier du Manoir – Hôtel Le Manoir de Gressy

– ✆ 01 60 26 68 00 – www.manoirdegressy.com – Fermé 23 déc.-3 janv. et sam. midi

Rest – Menu 46 €

◆ C'est au calme, dans un quartier pavillonnaire, que l'on découvre cet établissement stylé. Le soir, l'ambiance est feutrée ; quant à la terrasse près de la piscine, elle est très appréciée en été. Huîtres, foie gras, crêpes Suzette : chic et classique.

Issy-les-Moulineaux – 92 Hauts-de-Seine – 311 J3 – 101 25 20 B2
– 63 297 h. – alt. 37 m – ✉ 92130 Île de France

▶ Paris 8 – Boulogne-Billancourt 3 – Clamart 4 – Nanterre 11

ℹ Esplanade de l'Hôtel de Ville, ✆ 01 41 23 87 00, www.issytourisme.com

◉ Musée de la Carte à jouer★.

XX **Manufacture**

20 espl. Manufacture, (face au 30 r. E. Renan) – ✆ 01 40 93 08 98 – www.restaurantmanufacture.com – Fermé 3 sem. en août, 25 déc.-1er janv., sam. et dim.

Rest – Menu 36 €

◆ Cette manufacture de tabac (1904) est devenue un sympathique restaurant design. Petit comptoir, cuisines ouvertes sur la salle, jolie terrasse, carte classique et propositions de saison : reconversion réussie !

XX **River Café**

Pont d'Issy, 146 quai Stalingrad – ✆ 01 40 93 50 20 – www.lerivercafe.net

Rest – Formule 27 € – Menu 32 € (sem.)/39 € – Carte 32/50 €

◆ Envie d'un voyage gourmand ? Embarquement immédiat sur cette ancienne barge pétrolière amarrée face à l'île St-Germain... La carte vogue au fil des saisons et du marché et c'est très frais. À noter, un service voiturier bien pratique.

XX **Le 7 à Issy**

7 rond-point Victor-Hugo – ✆ 01 46 45 22 12 – www.7aissy.fr – Fermé 4-27 août, 22 déc.-1er janv., lundi soir, sam. midi et dim.

Rest – Formule 25 € – Menu 29 € (déj.)/33 € – Carte 37/60 €

◆ Terrine de chevreuil maison, selle d'agneau aux épices en papillotte... Ici, on savoure une cuisine traditionnelle copieuse et bien ficelée ; oui oui, on a bien dit ici, à Issy ! Habitués et hommes d'affaires ne boudent pas leur plaisir.

JANVRY – 91 Essonne – 312 B4 – 101 33 – 605 h. – alt. 160 m – ✉ 91640 18 B2

Paris 35 – Briis s/s Forges 4 – Dourdan 20 – Palaiseau 19

XX **Bonne Franquette**

1 r. du Marchais – ✆ 01 64 90 72 06 – www.bonnefranquette.fr – Fermé 30 avril-21 mai, 3-30 sept., 24 déc.-7 janv., sam. midi, dim. soir et lundi

Rest – Menu 38 €

◆ Ex-relais de poste situé face au château (17es.) d'un joli village francilien. Deux grandes ardoises annoncent la cuisine du jour servie dans un cadre de bistrot chaleureux.

JOINVILLE-LE-PONT – 94 Val-de-Marne – 312 D3 – 101 27 – 17 368 h. – alt. 49 m – ✉ 94340 21 D2

Paris 12 – Créteil 7 – Lagny-sur-Marne 22 – Maisons-Alfort 5

23, rue de Paris, ✆ 01 49 76 60 15, www.ville-joinville-le-pont.fr

Cinépole sans rest

8 av. Platanes – ✆ 01 48 89 99 77 – www.cinepole.fr

34 ch – †69 € ††69 € – ☕ 8 €

◆ L'enseigne de cet hôtel familial évoque les anciens studios de cinéma de Joinville. Chambres pratiques et bien tenues ; belle terrasse où l'on sert le petit-déjeuner l'été.

LE KREMLIN-BICÊTRE – 94 Val-de-Marne – 312 D3 – 101 26 – 26 104 h. – alt. 60 m – ✉ 94270 21 C2

Paris 5 – Boulogne-Billancourt 11 – Évry 28 – Versailles 23

Novotel Porte d'Italie

22 r. Voltaire – ✆ 01 45 21 19 09 – www.novotel.com

168 ch – †95/215 € ††95/215 € – ☕ 15 €

Rest – Menu 13/17 € – Carte 21/38 €

◆ Tout proche de la porte d'Italie, bâtiment moderne arborant une façade en granit poli. Chambres aménagées selon le dernier concept de la chaîne. Mobilier contemporain au restaurant, carte Novotel Café.

Express by Holiday Inn sans rest

1-3 r. Elisée Reclus – ✆ 01 47 26 26 26

89 ch ☕ – †70/180 € ††70/180 €

◆ À proximité immédiate des quartiers sud de la capitale, hôtel apprécié de la clientèle d'affaires. Petites chambres habillées de bois clair et de tissus chamarrés.

LEVALLOIS-PERRET – 92 Hauts-de-Seine – **311** J2 – **101** 15 – 62 995 h. **20** B1
– alt. 30 m – ✉ 92300

Paris 9 – Argenteuil 8 – Nanterre 8 – Pontoise 27

Espace Champerret sans rest

26 r. Louise Michel Ⓜ Louise Michel – ☎ 01 47 57 20 71
– www.hotel-espace-champerret.com

39 ch – †65/115 € ††74/120 € – ☕ 8 €

◆ Les chambres de cet hôtel proche des quartiers d'affaires ont été entièrement rénovées dans un esprit actuel, sobre et chic. Aux beaux jours, on prend son petit-déjeuner dans une agréable cour intérieure.

L'Audacieux

51 r. Danton – ☎ 01 47 59 94 17 – Fermé août, dim. et lundi

Rest – Formule 14 € – Menu 17 € (déj. en sem.) – Carte 30/50 €

◆ "De l'audace, encore de l'audace, toujours de l'audace" disait Danton. Les deux jeunes patrons de ce restaurant de poche n'en manquent pas et vous font partager leur passion de la gastronomie autour d'une cuisine du marché fraîche et... audacieuse.

LIVRY-GARGAN – 93 Seine-Saint-Denis – **305** G7 – **101** 18 – 41 808 h. **21** D1
– alt. 60 m – ✉ 93190

Paris 19 – Aubervilliers 14 – Aulnay-sous-Bois 4 – Bobigny 8

5, place François Mitterrand, ☎ 01 43 30 61 60, www.otsi-livrygargan.fr

La Petite Marmite

8 bd de la République – ☎ 01 43 81 29 15 – Fermé 8-31 août, vacances scolaires de fév., dim. soir et merc.

Rest – Menu 35 € – Carte 41/68 €

◆ Derrière une façade arborant un auvent couvert de chaume, salle confortable avec boiseries. Monsieur fait le marché et madame cuisine (plats traditionnels). Bon choix de bordeaux.

LONGJUMEAU – 91 Essonne – **312** C3 – **101** 35 – 21 365 h. – alt. 78 m **20** B3
– ✉ 91160

Paris 20 – Chartres 70 – Dreux 84 – Évry 15

St-Pierre

42 r. F. Mitterrand – ☎ 01 64 48 81 99 – www.lesaintpierre.com
– Fermé 30 juil.-20 août, lundi soir, merc. soir, sam. midi et dim.

Rest – Menu 25 € (déj.), 33/46 € – Carte 45/62 €

◆ Les patrons aiment à faire partager leur amour des produits du Gers : canard et foie gras en tête, les plats du Sud-Ouest défilent dans un chaleureux cadre d'esprit rustique.

MAISONS-ALFORT – 94 Val-de-Marne – **312** D3 – **101** 27 – 52 852 h. **21** C2
– alt. 37 m – ✉ 94700 Île de France

Paris 10 – Créteil 4 – Évry 34 – Melun 39

La Bourgogne

164 r. J.-Jaurès – ☎ 01 43 75 12 75 – www.restaurant94labourgogne.com
– Fermé 10-25 août, 24 déc.-1er janv., sam. midi et dim.

Rest – Menu 30/46 € bc – Carte 45/66 €

◆ Cette maison fleure bon la province. On y sert une savoureuse cuisine de produits, soucieuse des saisons, et de belles spécialités bourguignonnes. Accueil chaleureux, décor chic et moderne.

MAISONS-LAFFITTE – 78 Yvelines – **311** I2 – **101** 13 – 22 569 h. **20** A1
– alt. 38 m – ✉ 78600 Île de France

Paris 21 – Mantes-la-Jolie 38 – Poissy 9 – Pontoise 17

41, avenue de Longueil, ☎ 01 39 62 63 64, www.tourisme-maisonslafitte.fr

Château★.

XXX **Tastevin** (Michel Blanchet)
9 av. Eglé – ✆ 01 39 62 11 67 – www.letastevin-restaurant.fr – Fermé 3-26 août, 22 fév.-8 mars, lundi et mardi
Rest – Formule 36 € – Menu 45 € (sem.)/95 € – Carte 80/90 €
Spéc. Foie gras chaud au vinaigre de Banyuls, frite de polenta et cannelloni de magret aux épices. Noix de ris de veau rôtie aux boutons de marguerite, charlotte de macaroni aux champignons. Assiette du maître chocolatier.
◆ À l'orée du parc, une maison de maître à l'intérieur cossu. On y cultive une certaine idée de l'art de vivre à la française et l'amour des beaux produits. Jolie carte des vins.

X **La Plancha**
5 av. de St-Germain – ✆ 01 39 12 03 75 – Fermé 17 juil.-20 août, 20-27 fév., dim. soir, mardi soir et merc.
Rest – Menu 33/67 € – Carte 59/75 €
◆ Ambiance "voyage" dans ce restaurant proche de la gare. La carte, assez originale, propose des recettes combinant avec succès les produits français, espagnols et japonais.

MARLY-LE-ROI – 78 Yvelines – **312** B2 – **101** 12 – **16 873 h.** – **alt. 90 m** – ✉ 78160 **20** A2

Paris 24 – Bougival 5 – St-Germain-en-Laye 5 – Versailles 9
2, avenue des Combattants, ✆ 01 30 61 61 35

XX **Le Village** (Uido Tomohiro)
3 Grande-Rue – ✆ 01 39 16 28 14 – www.restaurant-levillage.fr – Fermé 3 sem. en août, sam. midi, dim. soir et lundi
Rest *(nombre de couverts limité, réserver)* – Formule 35 € – Menu 43/82 € – Carte 100/140 €
Spéc. Goï cuôn de homard breton au foie gras et caviar. Pigeonneau impérial en croûte de fleur de sel de Guérande. Soufflé chaud à la noisette au poivre de Java.
◆ Une jolie auberge dans une ruelle pittoresque du vieux Marly. Le chef, né au Japon, signe une cuisine très maîtrisée, avec de jolis accords de textures et de saveurs. La France inspire l'Asie, et réciproquement...

MARNE-LA-VALLÉE – Île-de-France – **312** E2 – **101** 19 – **246 607 h.** **19** C2
Île de France

Paris 27 – Meaux 29 – Melun 40
27 de Bussy-Saint-Georges, à Bussy-Saint-Georges, Promenade des Golfeurs, ✆ 01 64 66 00 00
9 de Torcy, à Torcy, Base Régionale de loisirs, N : 5 km, ✆ 01 64 80 80 90
18 Disneyland Paris, à Magny-le-Hongre, Allée de la Mare Houleuse, ✆ 01 60 45 68 90

à Bussy-St-Georges – 21 108 h. – alt. 105 m – ✉ 77600

Tulip Inn Marne la Vallée ch,
44 bd A. Giroust – ✆ 01 64 66 11 11 – www.tulipinnmarnelavallee.com
87 ch – †150/160 € ††170/180 € – ☕ 14 € **x**
Rest *(fermé sam. midi et dim.)* – Formule 19 € – Carte 25/35 €
◆ Intégré à un grand ensemble immobilier, face à la station RER, hôtel doté de chambres fonctionnelles, bien insonorisées, et d'un bar décoré façon "Louisiane". Carte traditionnelle rehaussée de notes italiennes, dans la salle à manger aux tons pastel.

à Collégien – 3 138 h. – alt. 105 m – ✉ 77090

Novotel ch,
2 allée du Clos des charmes , (sortie 12) – ✆ 01 64 80 53 53 – www.novotel.com
193 ch – †78/199 € ††78/199 € – ☕ 15 € **s**
Rest – Formule 13 € – Menu 17 € – Carte 18/49 €
◆ Hôtel adapté à la clientèle d'affaires et aux séminaires. Chambres au décor actuel (mobilier en bois, belles teintes). Hall et bar "tendance". Restauration traditionnelle dans un cadre design ou en terrasse, autour de la piscine. Plats simples au Novotel Café.

ENVIRONS DE PARIS

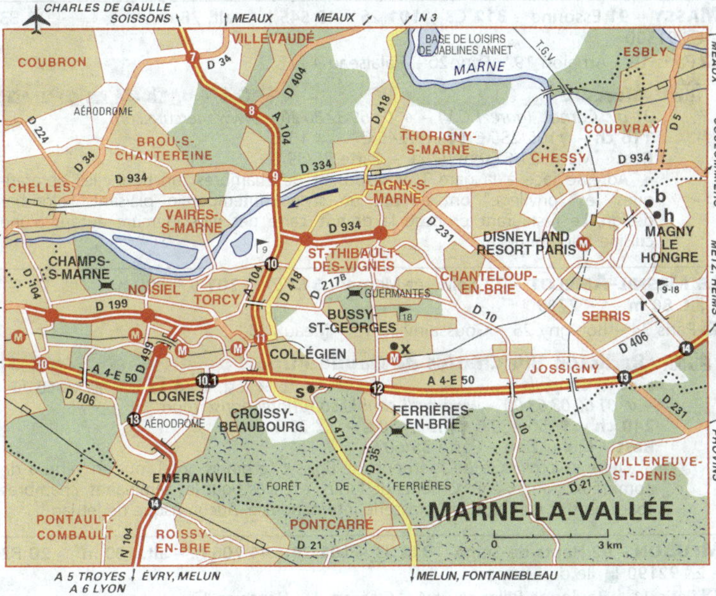

à Disneyland Resort Paris accès par autoroute A 4 et bretelle Disneyland – ✉ 77777

Disneyland Paris ★★★ (voir Guide Vert Île-de-France)-Centrale de réservations hôtels : ✆ (00 33) 08 25 30 60 30 (0,15 €/mn) - Les hôtels du Parc Disneyland Resort Paris pratiquent des forfaits journaliers comprenant le prix de la chambre et l'entrée aux parcs à thèmes - Ces prix variant selon la saison, nous vous suggérons de prendre contact avec la centrale de réservation.

à Magny-le-Hongre – 5 329 h. – alt. 117 m – ✉ 77700

Radisson Blu at Disneyland
allée de la Mare-Houleuse, (près du golf)
– ✆ 01 60 43 64 00 – www.radissonblu.com/golfresort-paris r
232 ch – 280/430 € 280/430 € – 18 suites – 23 €
Rest – Formule 16 € – Carte 35/55 €
◆ On peut venir à Disneyland Paris pour profiter des attractions, mais aussi pour jouer au golf... la preuve avec cet hôtel très design. Chambres et suites ont vue sur les greens : un bon compromis entre hôtel d'affaires et de loisirs.

Magic Circus
20 av. de la Fosse-des-Pressoirs, (Val de France) – ✆ 01 64 63 37 37 – www.vi-hotels.com
391 ch – 84/300 € 84/300 € – 5 suites h
Rest – ✆ 01 64 63 38 00 *(dîner seult)* – Formule 29 € – Menu 33 € – Carte environ 40 €
◆ Attention, le spectacle va commencer ! Le monde du cirque inspire le décor haut en couleur (rénové en 2009) de cet hôtel proche de Disneyland. Piscine couverte. Le soir, entrez en piste sous le chapiteau du restaurant traditionnel.

Dream Castle
40 av. de la Fosse-des-Pressoirs, (Val de France) – ✆ 01 64 17 90 00
– www.dreamcastle-hotel.com b
397 ch – 112/280 € 112/280 € – 10 suites
Rest *The Musketeer's* *(fermé le midi)* – Menu 33 €
Rest *Bar Excalibur* *(fermé le soir)* – Carte 20/35 €
◆ L'architecture et la décoration de cet hôtel font référence à l'univers des châteaux. Chambres élégantes et spacieuses, jolie piscine et jardin à la française. Le restaurant The Musketeer's propose le soir des buffets inspirés par le marché et les saisons. À midi, carte internationale au bar Excalibur.

MASSY – 91 Essonne – **312** C3 – **101** 25 – 40 545 h. – alt. 78 m – ✉ 91300 **20** B3

Paris 19 – Arpajon 19 – Évry 20 – Palaiseau 4

Mercure
21 av. Carnot, (gare T.G.V) – ✆ 01 69 32 80 20 – www.mercure.com
116 ch – †105/235 € ††115/245 € – ☕ 16 €
Rest – Menu 21 € (sem.)/26 € – Carte 25/39 €
◆ Adresse face à la gare TGV disposant de chambres fonctionnelles et pratiques, les "privilège" ont adopté un style contemporain plaisant. Salon-bar design. Le restaurant propose la grande carte des vins Mercure autour d'une cuisine traditionnelle.

LE MESNIL-AMELOT – 77 Seine-et-Marne – **312** E1 – **101** 9 – 880 h. – alt. 80 m – ✉ 77990 **19** C1

Paris 34 – Bobigny 25 – Goussainville 15 – Meaux 28

Radisson Blu Charles de Gaulle Airport
r. de la Chapelle ch, rest,
– ✆ 01 60 03 63 00 – www.radissonblu.com/hotel-parisairport
240 ch – †150/450 € ††150/450 € – ☕ 20 €
Rest – Menu 28 € – Carte 35/60 €
◆ Outre sa proximité de l'aéroport de Roissy, ce grand hôtel tout en verre a de nombreux atouts : équipements de loisirs, espaces pour les séminaires, chambres spacieuses et confortables, brasserie internationale. Aucun risque de jet lag !

MEUDON – 92 Hauts-de-Seine – **311** J3 – **101** 24 – 44 706 h. – alt. 100 m – ✉ 92190 Île de France **20** B2

Paris 11 – Boulogne-Billancourt 4 – Clamart 4 – Nanterre 12

Terrasse★ : ✳★ - Forêt de Meudon★.

L'Escarbille (Régis Douysset)
8 r. Vélizy – ✆ 01 45 34 12 03 – www.lescarbille.fr
– Fermé 5-22 août, 23 déc.-2 janv., 19 fév.-7 mars, dim. et lundi
Rest – Menu 51/102 € bc
Spéc. Tarte fine aux cèpes, oignons confits et cappuccino de champignons (sept. à nov.). Suprême de pigeon, petits pois, girolles et jus au foie gras. Truffes fondantes au chocolat, crème glacée aux pignons de pin.
◆ Un buffet de gare ? Oui... et non ! Un passé "ferroviaire" certes, mais un présent résolument gourmet, dans une atmosphère chic et contemporaine. Amoureux du beau produit, le chef réalise ici une élégante cuisine du marché : c'est frais, bien tourné et très bon !

MONTMORENCY – 95 Val-d'Oise – **305** E7 – **101** 5 – 21 438 h. – alt. 82 m – ✉ 95160 Île de France **18** B1

Paris 19 – Enghien-les-Bains 4 – Pontoise 24 – St-Denis 9

Place du Château Gaillard, ✆ 01 39 64 42 94, www.ville-montmorency.fr

Collégiale St-Martin★.

Château d'Écouen★★ : musée de la Renaissance★★ (tenture de David et de Bethsabée★★★).

Au Cœur de la Forêt
av. Repos de Diane, et accès par chemin forestier – ✆ 01 39 64 99 19
– www.aucoeurdelaforet.com – Fermé août, 15-25 fév., jeudi soir, dim. soir et lundi
Rest – Menu 46/52 €
◆ Intérieur chaleureux : deux salles rustiques, dont une grande avec poutres au plafond et cheminée. Terrasse d'été ombragée. Carte traditionnelle simple rythmée par les saisons.

MONTREUIL – 93 Seine-Saint-Denis – **311** K2 – **101** 17 – 102 176 h. – alt. 70 m – ✉ 93100 Île de France **21** C2

Paris 11 – Argenteuil 28 – Bobigny 10 – Boulogne-Billancourt 18

1, rue Kléber, ✆ 01 41 58 14 09, www.destinationmontreuil.fr

Franklin sans rest
15 r. Franklin – ✆ 01 48 59 00 03 – www.hotel-franklin.fr
96 ch – 125/150 € 150/170 €
◆ Hôtel contemporain, ouvrant au rez-de-chaussée sur un jardin d'esprit zen. Chambres agréables, avec mobilier en bois exotique. Bons équipements, accueil sympathique.

Villa9Trois
28 r. Colbert – ✆ 01 48 58 17 37 – www.villa9trois.com – Fermé dim. soir
Rest – Menu 39/44 € – Carte 40/50 €
◆ Havre de verdure en pleine banlieue, cette villa à l'intérieur design vous reçoit pour un repas chic et décontracté, bien dans l'air du temps. Grande terrasse dans le jardin.

MONTROUGE – 92 Hauts-de-Seine – 311 J3 – 101 25 – 46 682 h. – alt. 75 m – ✉ 92120 — 20 B2

Paris 5 – Boulogne-Billancourt 8 – Longjumeau 18 – Nanterre 16

Mercure
13 r. François Ory – ✆ 01 58 07 11 11 – www.accorhotels.com
188 ch – 89/225 € 89/225 € – 7 suites – 18 €
Rest *(fermé dim. midi, vend. soir et sam.)* – Formule 19 € – Menu 24/34 € bc – Carte environ 34 €
◆ En léger retrait du périphérique, un Mercure dédié à la clientèle d'affaires avec ses chambres contemporaines bien insonorisées et ses nombreuses salles de réunion.

MORANGIS – 91 Essonne – 312 D3 – 101 35 – 11 836 h. – alt. 85 m – ✉ 91420 — 21 C3

Paris 21 – Évry 14 – Longjumeau 5 – Versailles 23

Sabayon
15 r. Lavoisier – ✆ 01 69 09 43 80 – www.restaurantlesabayon.com – Fermé août, sam. midi, mardi soir, dim. et lundi
Rest – Menu 70 € – Carte 39/60 €
◆ Ce restaurant est un vrai rayon de soleil dans une ZI un peu grise : tons jaune et rouge, toiles contemporaines et plantes vertes. Cuisine dans l'air du temps.

NANTERRE P – 92 Hauts-de-Seine – 311 J2 – 101 14 – 89 556 h. – alt. 35 m – ✉ 92000 — 20 B1

Paris 13 – Beauvais 81 – Rouen 124 – Versailles 15
4, rue du Marché, ✆ 01 47 21 58 02, www.ot-nanterre.fr

Mercure La Défense Parc
r. des 3 Fontanot – ✆ 01 46 69 68 00 – www.mercure.com
135 ch – 79/285 € 79/285 € – 25 suites – 18 €
Rest – ✆ 01 46 69 68 16 *(fermé le soir du 24-31 déc., vend. soir, dim. midi et sam.)* – Formule 18 € – Menu 27 € – Carte 36/45 €
◆ Dans ce quartier d'affaires prolongeant la Défense, un hôtel moderne ayant adopté un style design et confortable. Les chambres de l'annexe sont plus spacieuses. Pratiques : le restaurant (cuisine fusion) et la proximité du RER.

NEUILLY-SUR-SEINE – 92 Hauts-de-Seine – 311 J2 – 101 15 – 60 341 h. – alt. 34 m – ✉ 92200 Île de France — 20 B1

Paris 9 – Argenteuil 10 – Nanterre 6 – Pontoise 29

Courtyard by Marriott
58 bd V.-Hugo – ✆ 01 55 63 64 65 – www.courtyardneuilly.com
242 ch – 179/359 € 179/359 € – 69 suites – 22 €
Rest – Formule 29 € – Menu 33 € (déj. en sem.) – Carte 38/61 €
◆ Près de l'Hôpital américain, cet hôtel imposant (années 1970) conjugue confort et modernité. Le lobby, le bar et le restaurant ont été rénovés dans un style contemporain. Un complexe parfaitement adapté à l'organisation de séminaires et de réunions d'affaires.

ENVIRONS DE PARIS

Jardin de Neuilly sans rest

5 r. P.-Déroulède – ✆ 01 46 24 22 77 – www.hoteljardindeneuilly.com

29 ch – 130/177 € 140/355 € – 18 €

◆ Autour d'un joli jardin fleuri, un bel ensemble de trois bâtiments : un hôtel particulier du 19es. à l'esprit classique, un cottage très Belle Époque et un édifice des années 1950. Calme, confort et cachet, à 300 m de la porte Maillot.

Paris Neuilly sans rest

1 av. Madrid – ✆ 01 47 47 14 67 – www.hotel-paris-neuilly.com

80 ch – 122/242 € 138/260 € – 6 suites – 19 €

◆ Chambres disposées autour d'un atrium de huit étages en balcons. Petits-déjeuners dans le patio couvert orné de fresques rappelant le château de Madrid bâti par François 1er.

De la Jatte sans rest

4 bd du Parc – ✆ 01 46 24 32 62 – www.hoteldelajatte.com

69 ch – 98/190 € 98/190 € – 2 suites – 12 €

◆ Charme, douceur et quiétude dans cette élégante maison (1927) de l'île de la Jatte, aujourd'hui très prisée des Parisiens. Les chambres, la véranda, le salon... tout est feutré, chaleureux et plaisant.

Neuilly Park sans rest

23 r. M.-Michelis – ✆ 01 46 40 11 15 – www.hotelneuillypark.com

30 ch – 155/175 € 155/175 € – 12 €

◆ Dans une rue commerçante du quartier des Sablons, un petit hôtel qui ne manque pas de personnalité : chaque chambre est décorée selon un terme différent, mis en scène sans détour et avec couleur (flamenco, Japon, abécédaire, toile de Jouy, etc.).

La Truffe Noire (Patrice Hardy)

2 pl. Parmentier – ✆ 01 46 24 94 14 – www.truffenoire.net – Fermé 30 avril-8 mai, 30 juil.-21 août, sam. et dim.

Rest – Menu 36/160 € – Carte 70/180 €

Spéc. Œuf mollet, pomme de terre fondante, crème de lard et rapé de truffe. Bar cuit en coque d'argile et masqué de truffe noire. Soufflé à la truffe, crème glacée truffée.

◆ Cette jolie maison au décor romantique célèbre le "diamant noir" mais aussi – en hommage à Parmentier qui fit aux "Sablons" ses premiers essais de culture – la pomme de terre.

Foc Ly

79 av. Ch.-de-Gaulle – ✆ 01 46 24 43 36 – www.focly.fr – Fermé 3 sem. en août et dim.

Rest – Formule 24 € – Carte 38/120 €

◆ Deux lions encadrent l'entrée de ce restaurant qui dévoile un intérieur contemporain orné de bois clair et de lithographies. Cuisine goûteuse thaï et chinoise.

Jarrasse L'Écailler de Paris

4 av. de Madrid – ✆ 01 46 24 07 56 – www.jarrasse.com – Fermé sam. et dim. en juil.-août

Rest *(réserver)* – Menu 40 € – Carte 42/82 €

◆ Les salles décorées dans un style actuel aux tons pastel créent une atmosphère reposante. Produits de la mer en provenance des petits bateaux de pêche bretons, banc d'écailler.

À la Coupole

3 r. de Chartres – ✆ 01 46 24 82 90 – Fermé août, sam., dim. et fériés

Rest – Carte 40/60 €

◆ Un lieu chic et sobre, d'esprit feutré (boiseries sombres, tons crème et chocolat), où l'on savoure une bonne cuisine traditionnelle. Parmi les spécialités de la maison : le foie gras et les huîtres en saison.

Le Bistrot d'à Côté la Boutarde

4 r. Boutard – 01 47 45 34 55 – www.bistrotboutarde.com – Fermé sam. midi et dim.

Rest – Menu 28 € – Carte 42/52 €

◆ Un vrai bistrot ! Service décontracté, boiseries, collection de moulins à café, vin "à la ficelle" (on paie ce que l'on boit) et ardoise du jour suivant l'inspiration du chef.

NOGENT-SUR-MARNE – 94 Val-de-Marne – 312 D2 – 101 27 – 30 852 h. – alt. 59 m – ✉ 94130 Île de France

21 D2

Paris 14 – Créteil 10 – Montreuil 6 – Vincennes 6

5, avenue de Joinville, 01 48 73 73 97, www.ville-nogentsurmarne.fr

Nogentel

8 r. du Port – 01 48 72 70 00 – www.nogentel-hotel.com

60 ch – 125 € 135 € – 15 €

Rest ***Le Canotier*** – voir les restaurants ci-après

◆ Hôtel moderne et fonctionnel sur les bords de Marne. L'esprit de Nogent flotte encore un peu sur la berge, le long de la promenade fleurie... Bel espace pour les séminaires.

Le Canotier – Hôtel Nogentel

8 r. du Port – 01 48 72 72 26 – www.nogentel-hotel.com – Fermé 2 sem. en août et dim. soir

Rest – Carte environ 39 €

◆ Une grande salle panoramique ouverte sur la Marne. Le cadre est moderne (années 1980), avec quelques photos en noir et blanc et des objets de marine qui évoquent le vieux Nogent. Carte traditionnelle.

NOISY-LE-GRAND – 93 Seine-Saint-Denis – 305 G7 – 101 18 – 63 106 h. – alt. 82 m – ✉ 93160 Île de France

21 D2

Paris 19 – Bobigny 17 – Lagny-sur-Marne 14 – Meaux 38

167, rue Pierre Brossolette, 01 43 04 51 55, www.noisylegrand.fr

Novotel rest,

2 allée Bienvenue - quartier Horizon – 01 48 15 60 60 – www.accorhotels.com

144 ch – 85/205 € 85/205 € – 15 €

Rest – Formule 17 € – Carte 20/47 €

◆ Dans un quartier d'affaires, un bâtiment des années 1990 abritant des chambres fonctionnelles et bien tenues. Novotel Café.

L'Amphitryon

56 av. A. Briand – 01 43 04 68 00 – http://amphitryon.over-blog.com – Fermé 5-26 août, vacances de fév., sam. midi et dim. soir

Rest – Menu 28/45 € – Carte 45/52 €

◆ Murs rouge orangé et vaisselle chamarrée donnent le ton de cette élégante salle de restaurant. Cuisine traditionnelle, à base de produits frais.

ORGEVAL – 78 Yvelines – 311 H2 – 101 11 – 5 828 h. – alt. 100 m – ✉ 78630

18 B1

Paris 32 – Mantes-la-Jolie 28 – Pontoise 22 – St-Germain-en-Laye 11

de Villennes, à Villennes-sur-Seine, Route d'Orgeval, N : 2 km, 01 39 08 18 18

Moulin d'Orgeval

r. de l'Abbaye, 1,5 km au Sud – 01 39 75 85 74 – www.moulindorgeval.com – Fermé 22 déc.-5 janv.

14 ch – 130/150 € 130/150 € – 15 €

Rest ***Moulin d'Orgeval*** – voir les restaurants ci-après

◆ Au cœur d'un grand parc arboré, où les cygnes glissent silencieusement sur le plan d'eau, cet ancien moulin invite à la détente. Les chambres sont classiques, avant tout fonctionnelles ; on organise ici beaucoup de mariages et de séminaires.

XX Moulin d'Orgeval

r. de l'Abbaye, 1,5 km au Sud – ✆ 01 39 75 85 74 – www.moulindorgeval.com – Fermé 22 déc.-5 janv. et dim. soir

Rest – Menu 36/69 € – Carte 40/74 €

◆ La grande salle de restaurant donnant sur la pièce d'eau, le mobilier en rotin, les tentures... Tout ici a un petit côté rétro. Plusieurs menus sont proposés (cuisine du monde, de la mer, de saison...) et l'on vient là comme à la campagne.

ORLY (AÉROPORTS DE PARIS) – 94 Val-de-Marne – 312 D3 – 101 26 21 C3

– 21 646 h. – alt. 89 m – ✉ 94390

Paris 16 – Corbeil-Essonnes 24 – Créteil 14 – Longjumeau 15

Aérogare d'Orly ✆ 39 50 (0,34 €mn)

Hilton Orly

près de l'aérogare, Orly Sud ✉ 94544 – ✆ 01 45 12 45 12 – www.hilton.fr

340 ch – †99/359 € ††99/359 € – ☕ 20 €

Rest – Menu 30/39 € – Carte 34/62 €

◆ Dans cet hôtel des années 1960 : intérieur design, chambres sobres et élégantes, équipements de pointe pour les réunions et services liés au standing de la clientèle d'affaires. Cadre contemporain au restaurant où l'on sert une cuisine traditionnelle.

Mercure

allée Cdt Mouchotte, sortie Orlytech ✉ 94547 – ✆ 01 49 75 15 50 – www.mercure.com

192 ch – †80/230 € ††80/230 € – ☕ 15 €

Rest *(fermé sam. midi et dim.)* – Formule 22 € – Carte 29/40 €

◆ Ce Mercure s'avère être une adresse très pratique entre deux vols : accueil souriant, cadre agréable (îlot de verdure), et chambres relookées dans les tons actuels. Restauration de bar ou cuisine plus traditionnelle adaptées aux horaires des voyageurs en transit.

OZOIR-LA-FERRIÈRE – 77 Seine-et-Marne – 312 F3 – 106 33 – 101 30 19 C2

– 20 528 h. – alt. 110 m – ✉ 77330

Paris 34 – Coulommiers 42 – Lagny-sur-Marne 22 – Melun 29

43, avenue du Général-de-Gaulle, ✆ 01 64 40 10 20, http://siozoir.free.fr

XXX La Gueulardière

66 av. Gén. de Gaulle – ✆ 01 60 02 94 56 – www.la-gueuladiere.com – Fermé dim. soir

Rest – Formule 25 € – Menu 38 € (sem.), 48/78 € – Carte 59/98 €

◆ Cette ancienne maison de village, dotée de salles élégantes et feutrées aux tons pastel, propose une cuisine actuelle soignée. Belle terrasse d'été, dressée sous une pergola.

LE PERREUX-SUR-MARNE – 94 Val-de-Marne – 312 E2 – 101 18 21 D2

– 32 250 h. – alt. 50 m – ✉ 94170

Paris 16 – Créteil 12 – Lagny-sur-Marne 23 – Villemomble 6

Place de la Libération, mairie, ✆ 01 48 71 53 53, www.leperreux94.fr

XXX Les Magnolias (Jean Chauvel)

✿ *48 av. de Bry – ✆ 01 48 72 47 43 – www.lesmagnolias.com – Fermé 3 sem. en août, sam. midi, dim. et lundi*

Rest – Formule 41 € – Menu 58/95 € ✿

Spéc. Foie gras de canard confit au piment d'Espelette, pastèque caressée de cassis. Daurade royale poêlée au gingembre, risotto d'algues aux parfums d'agrumes. Croquant chocolat envouté de goyave, rosé de meringue aux fruits torréfiés.

◆ Une invitation à la découverte d'une cuisine inventive et ludique. Cadre élégant (boiseries blondes) et lumineux, égayé de tableaux contemporains et de fauteuils amusants.

Le Pré St-Gervais – 93 Seine-Saint-Denis – **305** F7 – **101** 16 **21** C1
– 17 588 h. – alt. 82 m – ✉ 93310

▶ Paris 8 – Bobigny 6 – Lagny-sur-Marne 33 – Meaux 38

Au Pouilly Reuilly

68 r. A. Joineau – ✆ 01 48 45 14 59 – www.pouilly-reuilly.fr – Fermé sam. midi, lundi soir et dim.

Rest – Formule 22 € – Menu 29 € – Carte 33/76 €

◆ Décor de bistrot au charme rétro d'avant-guerre, joyeuse ambiance et cuisine roborative, où les abats sont à l'honneur (mais le poisson trône aussi à la carte).

Puteaux – 92 Hauts-de-Seine – **311** J2 – **101** 14 – 44 548 h. – alt. 36 m **20** B1
– ✉ 92800

▶ Paris 11 – Nanterre 4 – Pontoise 30 – St-Germain-en-Laye 17

Vivaldi sans rest

5 r. Roque de Fillol – ✆ 01 47 76 36 01 – www.hotelvivaldi.com

27 ch ☕ – †64/194 € ††72/246 €

◆ Dans une rue tranquille menant au quartier d'affaires de la Défense, un joli immeuble en brique avec des chambres fonctionnelles, propres et bien insonorisées. L'été, petit-déjeuner servi dans le patio.

Roissy-en-France (Aéroports de Paris) – 95 Val-d'Oise – **305** G6 **19** C1
– **101** 8 – 2 517 h. – alt. 85 m – ✉ 95700

▶ Paris 26 – Chantilly 28 – Meaux 38 – Pontoise 39

✈ Charles-de-Gaulle ✆ 03 36 68 15 15.

ℹ Allée des vergers, ✆ 01 34 29 43 14, www.hotels-roissy-tourisme.com

Z. I. Paris Nord II – ✉ 95912

Hyatt Regency ch, rest,

351 av. Bois de la Pie – ✆ 01 48 17 12 34 – www.paris.charlesdegaulle.hyatt.com

376 ch – †105/440 € ††105/440 € – 12 suites – ☕ 23 €

Rest – ✆ 01 48 17 12 78 – Formule 40 € – Carte 35/54 €

◆ Une situation stratégique – entre aéroport et parc des expositions – et de belles prestations : architecture contemporaine, atmosphère feutrée, agréable espace piscine, salles de séminaire, restaurant (buffet international le midi)...

à Roissy-Ville

Marriott

allée du Verger – ✆ 01 34 38 53 53 – www.parismarriottcharlesdegaulle.fr

297 ch – †109/459 € ††109/459 € – 3 suites – ☕ 22 €

Rest – ✆ 01 34 38 53 32 – Formule 24 € – Menu 35 € – Carte 33/59 €

◆ Parfait pour une clientèle d'affaires transitant par Paris et... soucieuse d'un certain standing : cet établissement cultive une forme de classicisme (colonnades, meubles de style) et un grand confort. Fitness, sauna, brasserie, etc.

Millennium ch, rest,

allée du Verger – ✆ 01 34 29 33 33 – www.millenniumhotels.com

239 ch – †99/380 € ††99/380 € – ☕ 20 € **Rest** – Carte 25/50 €

◆ Bar, pub irlandais, fitness, belle piscine, salles de séminaires, chambres spacieuses et un étage spécialement aménagé pour la clientèle d'affaires : un hôtel bien équipé. Cuisine internationale et buffets à la brasserie, ou plats rapides servis côté bar.

Novotel Convention et Wellness

allée du Verger – ✆ 01 30 18 20 00 – www.novotel.com

295 ch – †99/413 € ††99/413 € – 7 suites – ☕ 18 €

Rest – Menu 13/17 € – Carte 19/41 €

◆ Cet hôtel moderne offre des services performants : vaste espace séminaires avec régie intégrée, coin enfants et wellness center très complet. Au Novotel Café, grande salle actuelle, cuisine de brasserie traditionnelle et carte diététique.

Mercure

allée du Verger – ✆ 01 34 29 40 00
– www.mercure-paris-roissy-charles-de-gaulle.com
203 ch – †119/280 € ††119/280 € – ☕ 18 €
Rest – Formule 24 € – Carte 24/51 €
◆ Cet hôtel offre un décor soigné : cadre provençal dans le hall, zinc à l'ancienne au bar et spacieuses chambres habillées de bois clair. Plats actualisés évoluant selon les saisons à goûter dans une agréable salle à manger ou sur une terrasse dressée côté jardin.

à Roissypole

Hilton

– ✆ 01 49 19 77 77 – www.hilton.com
385 ch – †159/600 € ††159/600 € – ☕ 25 €
Rest *Les Aviateurs* ✆ 01 49 19 77 95 – Menu 37 € (sem.) – Carte 36/65 €
◆ Architecture audacieuse, verre, espace et lumière : la signature de ce gigantesque hôtel. Ses équipements de pointe en font un lieu propice au travail comme à la détente.

Pullman

Zone centrale Ouest – ✆ 01 49 19 29 29 – www.pullmanhotels.com
339 ch – †145/379 € ††145/379 € – 5 suites – ☕ 22 €
Rest *L'Escale* – Formule 23 € – Carte 40/60 €
◆ Premier hôtel construit sur le site, entre les deux aérogares, ce building propose des chambres classiques et confortables et des prestations intéressantes : salles de séminaire, piscine couverte, fitness, parcours de santé dans le parc...

à l'aérogare n° 2

Sheraton

– ✆ 01 49 19 70 70 – www.sheraton.com/parisairport
252 ch – †199/525 € ††199/525 € – ☕ 30 €
Rest *Les Étoiles* – voir les restaurants ci-après
Rest *Les Saisons* – Formule 30 € – Carte 34/71 €
◆ Descendez de l'avion ou du TGV et montez dans ce véritable paquebot à l'architecture futuriste. Décors d'Andrée Putman, vue sur le tarmac et chambres raffinées desservies par des coursives, dans le grand atrium en verre...

Les Étoiles – Hôtel Sheraton

– ✆ 01 41 84 64 54 – www.sheraton.com/parisairport – Fermé août, sam., dim. et fériés
Rest – Formule 52 € – Carte 69/116 €
◆ Le restaurant "gastronomique" de l'hôtel Sheraton, au bout de l'aérogare n° 2. Atmosphère feutrée, cuisine française : parfait pour un repas d'affaires.

RUEIL-MALMAISON – 92 Hauts-de-Seine – **311** J2 – **101** 14 – **78 112 h.** **20** A1
– alt. 40 m – ✉ 92500 Île de France

Paris 16 – Argenteuil 12 – Nanterre 3 – St-Germain-en-Laye 9
118, avenue Paul Doumer, ✆ 01 47 32 35 75, www.rueil-tourisme.com
de Rueil-Malmaison, 25 Boulevard Marcel Pourtout, ✆ 01 47 49 64 67
Château de Bois-Préau★ - Buffet d'orgues★ de l'église - Malmaison : musée★★ du château.

Le Relais de la Malmaison

93 bd Franklin-Roosevelt – ✆ 01 47 32 01 33
– www.relaismalmaison.fr – Fermé 28 juil.-19 août et 24 déc.-1er janv.
60 ch – †220/250 € ††220/340 € – ☕ 19 €
Rest *(fermé sam. midi)* – Formule 28 € bc – Menu 38 € – Carte 32/58 €
◆ Dans un grand parc et juste à côté du golf, un établissement élégant, avec des chambres contemporaines et de nombreux salons pour les réceptions et séminaires : idéal pour la clientèle d'affaires. Spa avec hammam, sauna, piscine couverte, restaurant... Tout est pensé pour la détente.

Novotel
21 av. Ed. Belin – ✆ 01 47 16 60 60 – www.novotel.com
118 ch – ♦115/245 € ♦♦115/245 € – ☐ 14 €
Rest – Menu 17/23 € – Carte environ 32 €
◆ Au sein du quartier d'affaires Rueil 2000 et à deux pas de la gare RER, un Novotel de facture contemporaine particulièrement adapté à la clientèle business.

Les Écuries de Richelieu
21 r. du Dr-Zamenhof – ✆ 01 47 08 63 54 – www.ecuries-richelieu.com – Fermé août, sam. midi, dim. et lundi
Rest – Menu 35 €
◆ Deux amis, deux beaux parcours dans des maison de renom... puis cette table commune dans une salle voûtée et fraîche, où ils proposent une jolie cuisine de tradition autour d'un court menu.

Le Bonheur de Chine
6 allée A. Maillol, (face 35 av. J. Jaurès à Suresnes) – ✆ 01 47 49 88 88 – www.bonheurdechine.com – Fermé lundi
Rest – Menu 25/59 € – Carte 35/75 €
◆ Un décor aux couleurs de l'Extrême-Orient pour un authentique voyage gastronomique aux cœur des saveurs de la Chine. Spécialité de la maison : le canard à la pékinoise en trois services.

RUNGIS – **94 Val-de-Marne** – **312** D3 – **101** 26 – **5 618 h.** – **alt. 80 m** **21** C3
– ✉ **94150**
Paris 14 – Antony 5 – Corbeil-Essonnes 30 – Créteil 13

La Grange
28 r. Notre-Dame – ✆ 01 46 87 08 91 – www.restaurant-lagrange-rungis.com – Fermé 3 sem. en août, 1 sem. en fév., dim. et lundi
Rest – Formule 32 € – Menu 39 €
◆ Dans une rue commerçante, cette Grange propose une cuisine soignée, calée sur les saisons et le marché. Décor simple et, l'été, agréable terrasse fleurie.

à Pondorly accès : de Paris, A6 et bretelle d'Orly ; de province, A6 et sortie Rungis – ✉ **94150 Rungis**

Holiday Inn
4 av. Charles Lindbergh – ✆ 01 49 78 42 00 – www.holidayinn-parisorly.com
169 ch – ♦90/400 € ♦♦90/400 € – ☐ 19 € **Rest** – Formule 25 € – Menu 28 €
◆ Au bord de l'autoroute, établissement de bon confort. Ses spacieuses chambres, bien insonorisées, offrent un équipement moderne et des teintes harmonieuses. Salle à manger actuelle rehaussée de discrètes touches Art déco ; plats traditionnels.

SACLAY – **91 Essonne** – **312** C3 – **101** 24 – **3 016 h.** – **alt. 147 m** **20** A3
– ✉ **91400**
Paris 27 – Antony 14 – Chevreuse 13 – Montlhéry 16

Novotel
r. Charles Thomassin – ✆ 01 69 35 66 00 – www.novotel.com
140 ch – ♦59/199 € ♦♦59/199 € – ☐ 14 €
Rest – Formule 17 € – Carte 20/40 €
◆ Cour pavée, maison bourgeoise du 19e s. et ancien corps de ferme : vous êtes au Novotel Saclay ! Chambres conformes aux standards de la chaîne, équipements sportifs complets. Agréable restaurant ouvert sur la piscine et le bois planté d'arbres centenaires.

ST-CLOUD – **92 Hauts-de-Seine** – **311** J2 – **101** 14 – **29 772 h.** – **alt. 63 m** **20** B2
– ✉ **92210** Île de France
Paris 12 – Nanterre 7 – Rueil-Malmaison 6 – St-Germain 16
du Paris Country Club, 1 rue du Camp Canadien, (Hippodrome), ✆ 01 47 71 39 22
Parc★★ (Grandes Eaux★★) - Église Stella Matutina★.

Quorum

2 bd République – ✆ 01 47 71 22 33 – www.hotel-quorum-paris.com
58 ch – 85/150 € 85/150 € – 10 €
Rest *(fermé août, sam. et dim.) (dîner seult)* – Carte environ 32 €
◆ Un hôtel-restaurant à deux pas du parc de Saint-Cloud, avec des chambres contemporaines (objets signés Starck...) et toutes identiques. Parfait pour la clientèle d'affaires.

Le Garde-Manger

21 r. d'Orléans – ✆ 01 46 02 03 66 – www.legardemanger.com – Fermé dim.
Rest – Formule 16 € – Carte 34/49 €
◆ Dans son garde-manger, le chef stocke de beaux produits et concocte une jolie cuisine bistrotière, pile dans la tendance. Et tendance, son restaurant l'est aussi, avec ses grandes ardoises, ses lampes indus' et son comptoir très... néobistrot !

L'Heureux Père

47 bis bd Semard – ✆ 01 46 02 09 43 – www.lheureuxpere.com – Fermé 3 sem. en août, 24 déc.-1er janv., sam. midi, dim. soir et fériés
Rest – Formule 19 € – Menu 24 € (déj.) – Carte 35/56 €
◆ Un repaire chaleureux et gourmand ! Le chef aime surprendre par de jolies associations d'épices et de saveurs à dominante créole ; sa collection de vieux rhums bruns a de quoi en rendre heureux plus d'un...

ST-DENIS – 93 Seine-Saint-Denis – 305 F7 – 101 16 – 103 742 h. 21 C1

– alt. 33 m – ✉ 93200 Île de France
Paris 11 – Argenteuil 12 – Beauvais 70 – Chantilly 31
1, rue de la République, ✆ 01 55 87 08 70, www.saint-denis-tourisme.com
Basilique★★★ - Stade de France★.

Courtyard Paris St-Denis

34 bd de la Libération, (ZAC Pleyel) – ✆ 01 58 34 91 10 – www.courtyardsaintdenis.com
150 ch – 99/350 € 99/350 € – 17 €
Rest – Formule 18 € – Menu 30 € – Carte 40/60 €
◆ Près du Stade de France, hôtel récent au décor tendance, très coloré. Chambres confortables et bien insonorisées. Au restaurant, cuisine méditerranéenne sans prétention, à dominantes italiennes.

ST-GERMAIN-EN-LAYE – 78 Yvelines – 311 I2 – 101 13 – 40 940 h. 20 A1

– alt. 78 m – ✉ 78100 Île de France
Paris 25 – Beauvais 81 – Dreux 66 – Mantes-la-Jolie 36
38, rue au Pain, ✆ 01 30 87 20 63, www.ot-saintgermainenlaye.fr
36 de Joyenval, à Chambourcy, Chemin de la Tuilerie, par rte de Mantes : 6 km par D 160, ✆ 01 39 22 27 50
Terrasse★★ - Jardin anglais★ - Château★ : musée des Antiquités nationales★★ - Musée Maurice Denis★.

Pavillon Henri IV

21 r. Thiers – ✆ 01 39 10 15 15 – www.pavillonhenri4.fr BYZt
42 ch – 130/320 € 130/320 € – 19 €
Rest *Pavillon Henri IV* – voir les restaurants ci-après
◆ Achevée en 1604 sous Henri IV, à la lisière du parc du château, cette demeure vit naître Louis XIV. Le décor des chambres fait preuve d'un beau classicisme, tout comme les salons et la grande galerie (parquet, lustres en cristal). Vraiment royal !

Ermitage des Loges

11 av. des Loges – ✆ 01 39 21 50 90 – www.ermitagedesloges.com AYx
56 ch – 104/138 € 113/156 € – 13 €
Rest *(fermé 3 sem. en août, sam. et dim.)* – Carte 35/58 €
◆ En lisière de la forêt de St-Germain, hôtel composé de deux bâtiments dont le principal date du 19e s. Les chambres sont plus actuelles à l'annexe et ont vue sur le jardin. Grande salle de restaurant décorée sur le thème de l'aéronautique.

ST-GERMAIN-EN-LAYE

Bonnenfant (R. A.) . . . . AZ 3
Coches (R. des) . . . . AZ 4
Denis (R. M.) . . . . AZ 5
Detaille (Pl. É.) . . . . AY 6
Gde-Fontaine (R. de la) . . . . . AZ 10
Giraud-Teulon (R.) . . . . BZ 9
Loges (Av. des) . . . . AY 14
Malraux (Pl. A.) . . . . BZ 16
Marché-Neuf (Pl. du) . . . . AZ
Mareil (Pl.) . . . . AZ 19
Pain (R. au) . . . . AZ 20
Paris (R. de) . . . . AZ
Poissy (R. de) . . . . AZ 22
Pologne (R. de) . . . . AY 23
Surintendance (R. de la) . . . . . AY 28
Victoire (Pl. de la) . . . . AY 30
Vieil-Abreuvoir (R. du) . . . . . . AZ 32
Vieux-Marché (R. du) . . . . AZ 33

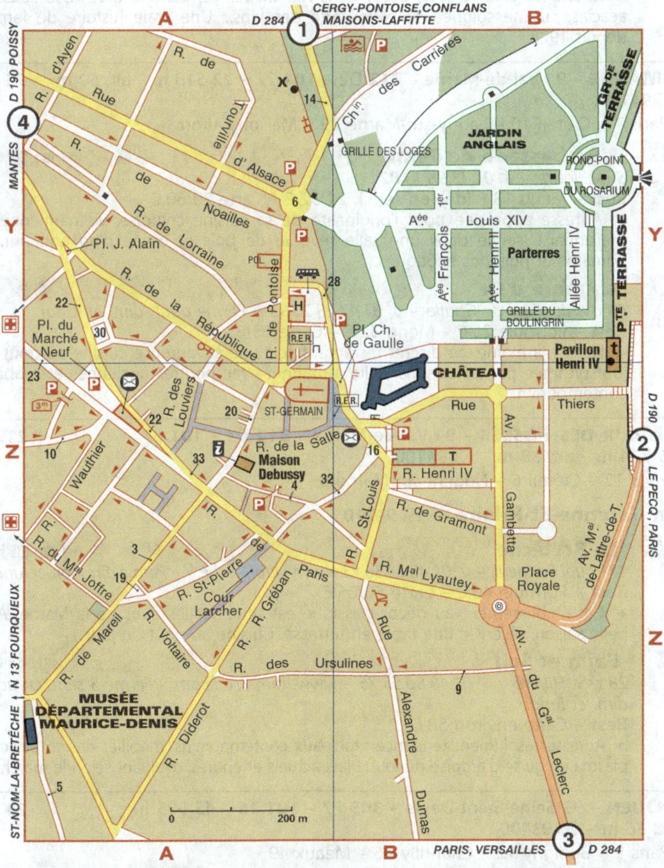

Pavillon Henri IV – Hôtel Pavillon Henri IV

21 r. Thiers – ✆ 01 39 10 15 15 – www.pavillonhenri4.fr – Fermé sam. midi et dim. soir
Rest – Formule 35 € – Menu 54 € – Carte 58/82 € BYZt
◆ L'un des atouts de ce restaurant est sans conteste son superbe panorama sur la vallée de la Seine. Un cadre exceptionnel où l'on vient savourer une cuisine classique et de beaux produits ; on y inventa les pommes soufflées et la béarnaise !

au Nord par ① et D 284 : 2,5 km – ✉ 78100 St-Germain-en-Laye

La Forestière

1 av. Prés. Kennedy – ✆ 01 39 10 38 38 – www.cazaudehore.fr
27 ch – †205/220 € ††205/220 € – 3 suites – ☕ 20 € – ½ P 175 €
Rest *Cazaudehore* – voir les restaurants ci-après
◆ Charme et confort sont au rendez-vous dans cette séduisante maison entourée de verdure. Beau mobilier contemporain et coloris choisis agrémentent les chambres, toutes uniques.

XXX **Cazaudehore** – Hôtel La Forestière

1 av. Prés. Kennedy – ☎ 01 30 61 64 64 – www.cazaudehore.fr – Fermé dim. soir en août et de nov. à mars et lundi

Rest – Menu 39 € (déj. en sem.)/55 € – Carte 50/74 €

◆ Ambiance chic et cosy, décor dans l'air du temps, délicieuse terrasse sous les acacias, cuisine soignée et belle carte des vins... Une vraie histoire de famille depuis 1928.

St-Mandé – 94 Val-de-Marne – 312 D2 – 101 27 – 22 518 h. – alt. 50 m – ✉ 94160 21 C2

Paris 7 – Créteil 10 – Lagny-sur-Marne 29 – Maisons-Alfort 6

XX **L'Ambassade de Pékin**

6 av. Joffre – ☎ 01 43 98 13 82

Rest – Menu 13 € (déj. en sem.), 24/32 € – Carte 20/60 €

◆ Adresse appréciée pour l'originalité de sa cuisine chinoise, vietnamienne et thaïlandaise servie dans une salle revêtue de bois et ornée d'un aquarium à homards et poissons exotiques.

XX **L'Ambre d'Or**

44 av. du Gén.-de-Gaulle – ☎ 01 43 28 23 93 – Fermé août, dim. et lundi

Rest – Formule 25 € – Menu 32 € – Carte 63/83 €

◆ Face à la mairie, ce discret restaurant sert une savoureuse cuisine au goût du jour rythmée par les saisons. Salle à manger avec poutres anciennes et mobilier contemporain.

St-Maur-des-Fossés – 94 Val-de-Marne – 312 D3 – 101 27 – 75 724 h. – alt. 38 m – ✉ 94100 21 D2

Paris 12 – Créteil 6 – Nogent-sur-Marne 6

à La Varenne-St-Hilaire – ✉ 94210

XXX **La Bretèche**

171 quai Bonneuil – ☎ 01 48 83 38 73 – www.labreteche.fr – Fermé dim. soir et lundi

Rest – Formule 40 € – Carte 60/85 €

◆ Cet établissement au décor classique est situé sur les rives de la Marne. À la belle saison, réservez une table en terrasse. Cuisine au goût du jour.

X **Faim et Soif**

28 r. St-Hilaire – ☎ 01 48 86 55 76 – www.faimetsoif.com – Fermé 3 sem. en août, dim. et lundi

Rest – Carte environ 58 €

◆ Adresse résolument tendance : tableaux contemporains, mobilier design et écran plasma en guise d'ardoise du jour. Plats actuels et épurés, évoluant selon le marché.

St-Ouen – 93 Seine-Saint-Denis – 305 F7 – 101 16 – 45 595 h. – alt. 36 m – ✉ 93400 21 C1

Paris 9 – Bobigny 12 – Chantilly 46 – Meaux 49

30, avenue Gabriel Péri, ☎ 01 40 11 77 36, www.st-ouen-tourisme.com

Manhattan

115 av. Gabriel Péri – ☎ 01 41 66 40 00 – www.hotel-le-manhattan.com

126 ch – †162/190 € ††174/200 € – ☕ 14 €

Rest *(fermé août, sam., dim. et fériés)* – Formule 22 € – Menu 26 € (sem.)/55 € – Carte 40/55 €

◆ Cette architecture moderne en verre et granit abrite des chambres claires et pratiques ; elles sont plus calmes sur l'arrière. Salle à manger-véranda perchée au 8e étage : vue sur les toits et carte traditionnelle.

XX **Le Coq de la Maison Blanche**

37 bd Jean Jaurès – ☎ 01 40 11 01 23 – www.lecoqdelamaisonblanche.com – Fermé sam. en juil.-août et dim.

Rest – Menu 29 € – Carte 40/78 €

◆ Cuisine traditionnelle (produits frais, saumon fumé sur place), authentique décor de 1950, service efficace et habitués de longue date : on se croirait dans un film d'Audiard !

St-Pierre-du-Perray – 91 Essonne – 312 E4 – 101 39 – 7 844 h. – alt. 88 m – ✉ 91280 19 C2

Paris 39 – Brie-Comte-Robert 16 – Évry 7 – Melun 20

18 de Greenparc, route de Villepècle, ✆ 01 60 75 40 60

Novotel

golf de Greenparc – ✆ 01 69 89 75 75 – www.novotel.com/1783

78 ch – 65/139 € 65/139 € – 3 suites – 14 €

Rest – Formule 13 € – Menu 17 € – Carte 19/57 €

◆ Hôtel moderne assurant repos et détente : golf, piscine, fitness, sauna. Les chambres "Harmonie" donnent pour moitié sur la verdure. Certaines ont un balcon. Salle à manger et salon contemporains, largement ouverts sur le green. Cuisine traditionnelle.

St-Prix – 95 Val-d'Oise – 305 E6 – 101 5 – 7 446 h. – alt. 70 m – ✉ 95390 18 B1

Paris 26 – Cergy 22

Hostellerie du Prieuré

74 r. A.-Rey – ✆ 01 34 27 51 51 – www.hostelduprieure.com – Fermé 29 juil.-19 août

7 ch – 115 € 115 € – 1 suite – 13 € – ½ P 85 €

Rest ***Hostellerie du Prieuré*** – voir les restaurants ci-après

◆ Sa façade du 17es. pourrait servir de décor pour un film... Jolie carte postale que cet ancien café de village, qui cache des chambres originales et soignées ("Romance", "Aladin", "Pompadour", etc.). Et St-Prix est idéal pour découvrir le Vexin et la forêt de Montmorency... après un petit-déjeuner bien copieux !

Hostellerie du Prieuré

74 r. A.-Rey – ✆ 01 34 27 51 51 – www.hosteldupprieure.com – Fermé 29 juil.-19 août, sam. midi, lundi midi et dim.

Rest – Formule 19 € – Carte 40/50 €

◆ Banquettes, nappes à carreaux, objets anciens... Dans ce village pittoresque, cette jolie auberge ravit les amoureux d'autrefois – et la salle avec sa cheminée, les romantiques ! À la carte, pas de nostalgie : foie gras poêlé aux girolles, fricassée d'écrevisses et ris de veau, macaron glacé au caramel...

St-Quentin-en-Yvelines – 78 Yvelines – 311 H3 – 101 21 – 116 082 h. Île de France 18 B2

Paris 33 – Houdan 33 – Palaiseau 28 – Rambouillet 21

36 Blue Green Golf St-Quentin-en-Yvelines, à Trappes, Base de loisirs, ✆ 01 30 50 86 40

45 National, à Guyancourt, 2 avenue du Golf, ✆ 01 30 43 36 00

Montigny-le-Bretonneux – 33 993 h. – alt. 162 m – ✉ 78180

Mercure

rest,

9 pl. Choiseul – ✆ 01 39 30 18 00 – www.mercure.com

74 ch – 99/300 € 99/300 € – 17 €

Rest – *(fermé 4-20 août, 22 déc.-4 janv., vend. soir, sam., dim. et fériés)* – Formule 20 € – Menu 29 € – Carte 25/35 €

◆ En centre-ville (gare RER à proximité), hôtel récent dont les chambres affichent un style épuré. Salon-bar design et feutré avec écran plasma. Le restaurant, contemporain, propose des plats traditionnels ; terrasse ombragée l'été.

Voisins-le-Bretonneux – 12 086 h. – alt. 163 m – ✉ 78960

Vestiges de l'abbaye Port-Royal des Champs★ SO : 4 km.

Novotel St-Quentin Golf National

au Golf National, 2 km à l'Est par D 36

✉ 78114 – ✆ 01 30 57 65 65 – www.novotel.com

130 ch – 69/200 € 69/200 € – 1 suite – 14 €

Rest – Formule 17 € – Carte 20/40 €

◆ Idéalement situé sur le golf, au grand calme, hôtel créé en 1990 : chambres "Novation" et équipements de détente (piscine, solarium, tennis). Ambiance branchée au Novotel café. Le Club House propose à midi des formules rapides.

Port Royal sans rest

20 r. Hélène Boucher – ✆ 01 30 44 16 27 – www.hotelportroyal.com
– Fermé 28 juil.-19 août et 21 déc.-3 janv.
40 ch – †82 € ††82/88 € – ☐ 10 €
◆ À l'orée de la vallée de Chevreuse, calme et convivialité sont les maîtres mots de cette maison. Les chambres, sobres, sont d'une tenue irréprochable. Agréable jardin arboré.

STE-GENEVIÈVE-DES-BOIS – 91 Essonne – **312** C4 – **101** 35 – **34 022 h.** – **alt. 78 m** – ✉ **91700** Île de France **18** B2

Paris 27 – Arpajon 10 – Corbeil-Essonnes 18 – Étampes 30

La Table d'Antan

38 av. Gde-Charmille-du-Parc, (près de l'hôtel de ville) – ✆ 01 60 15 71 53
– www.latabledantan.fr – Fermé 6-22 août, mardi soir, merc. soir, dim. soir et lundi
Rest – Menu 30/48 € – Carte 42/65 €
◆ Vous serez d'abord séduit par un accueil prévenant en ce restaurant d'un quartier résidentiel. On y savoure une cuisine classique et des spécialités du Sud-Ouest de qualité.

SÉNART – 77 Île-de-France – **312** E4 – **101** 39 – **93 069 h.** – **alt. 77 m** **19** C2

Île de France

Lieusaint – **10 210 h.** – **alt. 89 m** – ✉ **77127**

Clarion Suites

12 allée du Trait-d'Union, Carré Sénart – ✆ 01 64 13 72 00
– www.clarionsenart-paris.com
144 ch – †210/250 € ††225/260 € – 21 suites – ☐ 16 €
Rest – Formule 17 € – Carte 27/43 €
◆ Les atouts de cette solide construction cubique ? Tout d'abord, sa proximité d'Orly. Par ailleurs, les chambres sont grandes, de style contemporain, et les équipements très complets (spa, salle de fitness). Parfait pour le business.

Le Plessis-Picard – ✉ **77550**

La Mare au Diable

– ✆ 01 64 10 20 90 – www.lamareaudiable.fr – Fermé dim. soir et lundi
Rest – Formule 35 € bc – Menu 45/60 € – Carte 60/80 €
◆ Demeure du 15^e^s. tapissée de vigne vierge, que fréquenta George Sand. Intérieur de caractère, avec solives patinées et cheminée. Recettes classiques et spécialités italiennes.

Pouilly-le-Fort – ✉ **77240**

Le Pouilly

1 r. de la Fontaine – ✆ 01 64 09 56 64 – www.lepouilly.fr – Fermé 12 août-10 sept., 22-27 déc., dim. soir et lundi
Rest – Menu 27 € (déj.), 47/78 € – Carte 80/110 €
Spéc. Foie gras poêlé ou en terrine. Gibier (saison). Crémeux au chocolat.
◆ On se sent bien, dans l'ancienne grange de cette vieille ferme briarde... Le décor est charmant (pierres apparentes, poutres, etc.) et l'on savoure une agréable cuisine d'aujourd'hui.

SUCY-EN-BRIE – 94 Val-de-Marne – **312** E3 – **101** 28 – **26 089 h.** – **alt. 96 m** – ✉ **94370** **21** D2

Paris 21 – Créteil 6 – Chennevières-sur-Marne 4

Château de Gros Bois ★ : mobilier ★★ S : 5 km Île-de-France

Le Clos de Sucy

17 r. de la Porte – ✆ 01 45 90 29 29 – www.leclosdesucy.fr
– Fermé 23 juil.-23 août, 24-26 déc., 2-7 janv., sam. midi, dim. soir et lundi
Rest – Formule 20 € bc – Menu 35/45 € – Carte 38/64 €
◆ Cloisons à pans de bois, poutres apparentes et tons lie de vin : la salle à manger se niche à l'étage d'une maison du 16^e^s. La carte revisite la tradition.

quartier les Bruyères Sud-Est : 3 km – ✉ 94370 Sucy-en-Brie

Le Tartarin
carrefour de la Patte d'Oie – ✆ 01 45 90 42 61 – www.auberge-tartarin.com – Fermé août
11 ch – †59 € ††69 € – ☕ 9 €
Rest *(fermé mardi soir, merc. soir, jeudi soir, dim. soir et lundi)* – Menu 25 € (sem.), 27/34 € – Carte 37/58 €
◆ Cet ancien rendez-vous de chasse posté à l'orée de la forêt est tenu par la même famille depuis trois générations ! Esprit rustique au salon (avec cheminée), allure classique dans les chambres, plutôt spacieuses.

SURESNES – 92 Hauts-de-Seine – **311** J2 – **101** 14 – 45 617 h. – alt. 42 m **20** B2
– ✉ 92150 Île de France

Paris 12 – Nanterre 4 – Pontoise 32 – St-Germain-en-Laye 13

50, boulevard Henri Sellier, ✆ 01 41 18 18 76, www.suresnes.fr

Fort du Mont Valérien (Mémorial National de la France combattante).

Les Jardins de Camille avec ch
70 av. Franklin Roosevelt – ✆ 01 45 06 22 66 – www.les-jardins-de-camille.fr – Fermé dim. soir
5 ch ☕ – †114/160 € ††114/160 €
Rest – Formule 29 € bc – Menu 42/80 € bc – Carte 52/60 €
◆ Aux abords du mont Valérien, les Jardins de Camille offrent une vue magnifique sur Paris et la Défense, en terrasse comme en salle. On y apprécie une cuisine classique, accompagnée d'un beau choix de bourgognes et de vins du monde. Pour passer la nuit, réservez l'une des chambres d'hôtes, calmes et jolies.

THIAIS – 94 Val-de-Marne – **312** D3 – **101** 26 – 29 616 h. – alt. 60 m **21** C2
– ✉ 94320

Paris 18 – Créteil 7 – Évry 27 – Melun 37

Ophélie - La Cigale Gourmande
82 av. de Versailles – ✆ 01 48 92 59 59 – Fermé 4-28 août, 22-31 déc., merc. soir, sam. midi, dim. soir et lundi
Rest – Menu 28/42 € – Carte 39/48 €
◆ Un petit coin de Provence aux portes de Paris ! Salle décorée dans les tons lin et taupe, goûteuse cuisine actuelle aux produits frais, mâtinée de saveurs méditerranéennes.

TREMBLAY-EN-FRANCE – 93 Seine-Saint-Denis – **305** G7 – **101** 18 **21** D1
– 35 494 h. – alt. 60 m – ✉ 93290

Paris 24 – Aulnay-sous-Bois 7 – Bobigny 13 – Villepinte 4

à Tremblay-Vieux-Pays – ✉ 93290 Tremblay en France

Le Cénacle
1 r. de la Mairie – ✆ 01 48 61 32 91 – www.restaurantcenacle.com – Fermé sem. du 15 août, sam. midi et dim. soir
Rest – Menu 30 € (sem.), 68/130 € bc – Carte 58/179 €
◆ Repas traditionnels dans deux salles agréables, dont l'une aux murs tendus de tissu et de cuir. On choisit homards et langoustes dans le vivier, et ils sont sitôt cuisinés.

La Jument Verte
43 rte de Roissy – ✆ 01 48 60 69 90 – www.aubergelajumentverte.fr – Fermé 3 sem. en août, merc. soir, sam., dim. et fériés
Rest – Formule 23 € – Menu 28/58 € – Carte 58/70 €
◆ Près du parc des expositions de Villepinte et de l'aéroport de Roissy, auberge gourmande qui sert une cuisine actuelle à base de bons produits. Décor avenant, terrasse d'été.

ENVIRONS DE PARIS

TRIEL-SUR-SEINE – 78 Yvelines – **311** I2 – **101** 10 – 11 932 h. – alt. 20 m **18 B1**
– ✉ 78510 Île de France

Paris 39 – Mantes-la-Jolie 27 – Pontoise 18 – Rambouillet 55

Église St-Martin★.

St-Martin

2 r. Galande, (face à la poste) – ✆ 01 39 70 32 00 – www.restaurantsaintmartin.com – Fermé 1er-20 août, vacances de Noël, merc. et dim.

Rest (nombre de couverts limité, réserver) – Formule 17 € – Menu 34/50 € – Carte 33/57 €

◆ Proche d'une jolie église gothique du 13es., ce restaurant propose une cuisine traditionnelle actualisée, dans un décor contemporain.

VANVES – 92 Hauts-de-Seine – **311** J3 – **101** 25 – 26 459 h. – alt. 61 m **20 B2**
– ✉ 92170

Paris 7 – Boulogne-Billancourt 5 – Nanterre 13

2, rue Louis Blanc, ✆ 01 47 36 03 26, www.ville-vanves.fr

Mercure Paris Porte de Versailles Expo

36 r. du Moulin – ✆ 01 46 48 55 55 – www.mercure.com

388 ch – †129/409 € ††129/409 € – 4 suites – ☐ 18 €

Rest – Menu 27 € – Carte 26/47 €

◆ Derrière le parc des Expositions, un Mercure imposant, avec un mur végétal dans l'atrium, des chambres de facture contemporaine et de nombreuses salles de séminaire : idéal pour la clientèle business.

Pavillon de la Tourelle

10 r. Larmeroux – ✆ 01 46 42 15 59 – www.lepavillondelatourelle.com – Fermé 23 juil.-22 août, 2-6 janv., 25 fév.-2 mars et le soir du dim. au merc.

Rest – Formule 28 € bc – Menu 56/98 € bc – Carte 66/80 €

◆ Un ancien pavillon de chasse bordant un joli parc, n'est-ce pas bucolique ? En tout cas, c'est élégant ! Le chef, d'origine japonaise, réalise une cuisine française très traditionnelle, parfois parsemée de quelques touches nipponnes.

VÉLIZY-VILLACOUBLAY – 78 Yvelines – **311** J3 – **101** 24 – 19 978 h. **20 B2**
– alt. 164 m – ✉ 78140

Paris 19 – Antony 12 – Chartres 81 – Meudon 8

Holiday Inn

22 av. de l'Europe, (près du centre commercial Vélizy II) – ✆ 01 39 46 96 98 – www.holidayinn.com/paris-velizy

182 ch – †260/600 € ††260/600 € – ☐ 20 €

Rest – Menu 30 € – Carte 32/52 €

◆ Les chambres de cet hôtel, pour moitié rénovées dans un style plus moderne, sont spacieuses, confortables et bien insonorisées. Préférez celles tournant le dos à l'autoroute. Salle de restaurant coiffée de poutres apparentes ; cuisine traditionnelle.

VERSAILLES P – 78 Yvelines – **311** I3 – **101** 23 – 86 686 h. – alt. 130 m **20 A2**
– ✉ 78000 Île de France

Paris 22 – Beauvais 94 – Dreux 59 – Évreux 90

2 bis, avenue de Paris, ✆ 01 39 24 88 88, www.versailles-tourisme.com

9 du Stade Français, à Vaucresson, 129 av. de la Celle St Cloud, par rte de Rueil : 7 km, ✆ 01 47 01 15 04

18 de Saint-Aubin, à Saint-Aubin, Route du Golf, par rte de Chevreuse : 17 km, ✆ 01 69 41 25 19

18 de Feucherolles, à Feucherolles, Sainte Gemme, par rte de Mantes (D 307) : 17 km, ✆ 01 30 54 94 94

9 du haras de jardy, à Marnes-la-Coquette, Boulevard de Jardy, NE : 9 km, ✆ 01 47 01 35 80

Château★★★ - Jardins★★★ (Grandes Eaux★★★ et fêtes de nuit★★★ en été) - Ecuries Royales★ - Trianon★★ - Musée Lambinet★ Y **M.**

Jouy-en-Josas : la "Diège"★ (statue) dans l'église, 7 km par ③.

Plans pages suivantes

VERSAILLES

Bellevue (Av. de) . . . . **U** 2
Coste (R.) . . . . **V** 9
Dr-Schweitzer (Av. du) . . . . . . **U** 12
Franchet-d'Esperey
(Av. du Mar.) . . . . **U** 15
Glatigny (Bd de) . . . . **U** 19
Leclerc (Av. du Gén.) . . . . **V** 22
Marly-le-Roi (R. de) . . . . **U** 26
Mermoz (R. Jean) . . . . **V** 27
Moxouris (R.) . . . . **U** 29
Napoléon III (Rte) . . . . **U** 30
Pelin (R. L.) . . . . **U** 32
Porchefontaine
(Av.) . . . . **V** 33
Pottier (R.) . . . . **U** 35
Rocquencourt (Av. de) . . . . **U** 39
St-Antoine (Allée) . . . . **V** 40
Sports (R. des) . . . . **U** 43
Vauban (R.) . . . . **V** 45

Trianon Palace

1 bd de la Reine – 01 30 84 50 00 – www.trianonpalace.com
166 ch – 179/499 € 179/499 € – 23 suites – 34 € **Xr**
Rest *Gordon Ramsay au Trianon* **Rest *La Véranda*** – voir les restaurants ci-après
◆ Tout le monde, ou presque, a entendu parler de cet hôtel luxueux, à la lisière du parc du château. Avec ses très belles chambres, mariant avec aisance l'élégance du design contemporain et le classicisme du lieu, il n'usurpe pas sa réputation !

VERSAILLES

Carnot (R.) . . . . Y
Chancellerie (R. de la) . . . . . Y 3
Clemenceau (R. Georges) . Y 7
Cotte (R. Robert de) . . . . . . Y 10
États-Généraux (R. des) . . . Z
Europe (Av. de l') . . . . Y 14
Foch (R. du Mar.) . . . . XY
Gambetta (Pl.) . . . . Y 17
Gaulle (Av. du Gén.-de-) . . YZ 18
Hoche (R.) . . . . Y
Indép.-Américaine (R. de l') Y 20
Leclerc (R. du Gén.) . . . . . . Z 24
Mermoz (R. Jean) . . . . Z 27
Nolhac (R. Pierre-de-) . . . . . Y 31
Orangerie (R. de l') . . . . . . YZ
Paroisse (R. de la) . . . . Y
Porte-de-Buc (R. de la) . . . . Z 34
Rockefeller (Av.) . . . . Y 37
Royale (R.) . . . . Z
Satory (R. de) . . . . YZ 42
Vieux-Versailles (R. du) . . . YZ 47

Pullman

2 bis av. de Paris – ✆ 01 39 07 46 46 – www.pullmanhotels.com Ya

147 ch – 150/290 € 150/290 € – 5 suites – 23 €

Rest *LM Caffè* ✆ 01 39 07 46 34 – Formule 29 € – Menu 38/45 € – Carte 30/49 €

◆ Protégé par son portail d'époque, cet hôtel élégant et design est un havre de paix à proximité du château. Si les chambres ont conservé un style que l'on pourrait qualifier de "versaillais", les suites sont plus contemporaines.

Le Versailles sans rest

7 r. Ste-Anne – ✆ 01 39 50 64 65 – www.hotel-le-versailles.fr Yp

45 ch – 135/165 € 147/177 € – 14 €

◆ Près du château et au calme, établissement entièrement rénové. Chambres de style Art déco ou plus contemporaines, décorées selon une thématique : voyage, rêve, amour...

La Résidence du Berry sans rest

14 r. d'Anjou – ✆ 01 39 49 07 07 – www.hotel-berry.com Zs

38 ch – 95/140 € 105/165 € – 14 €

◆ Entre carrés St-Louis et potager du Roi, ce bel immeuble du 18es. abrite des chambres intimes et joliment personnalisées. Espace bar-billard cosy, petit jardinet.

Mercure Versailles Château sans rest

19 r. Ph. de Dangeau – ✆ 01 39 50 44 10 – www.mercure.com/1909 Yn

60 ch – 79/159 € 79/159 € – 14 €

◆ Dans un quartier paisible du centre-ville, cet établissement a bénéficié d'une cure de jouvence. Lignes épurées et décor contemporain habillent les chambres, fonctionnelles.

Gordon Ramsay au Trianon – Hôtel Trianon Palace

1 bd de la Reine – ✆ 01 30 84 50 18 – www.trianonpalace.com – Fermé 29 juil.-27 août, 1er-14 janv., 26 fév.-5 mars, le midi du mardi au jeudi, dim. et lundi Xr

Rest – Menu 85 € (déj.), 125/190 € – Carte 140/190 €

Spéc. Raviolo de langoustine d'Écosse, caviar et velouté au champagne. Pigeon de Bresse, amandine confite à la cazette, jus au madère. Chocolat croustillant, sorbet mandarine acidulé aux noisettes.

◆ À la lisière du parc du château, un cadre raffiné, d'une élégance sans ostentation. Cuisine remarquable par sa fraîcheur et son inventivité, utilisant de beaux produits (langoustines d'Écosse, pigeon de Bresse). Excellent choix de bourgognes.

L'Angélique (Régis Douysset)

27 av. de St-Cloud – ✆ 01 30 84 98 85 – www.langelique.fr – Fermé 5-22 août, 23 déc.-2 janv., 19 fév.-7 mars, dim. et lundi Ye

Rest – Menu 48/102 € bc

Spéc. Carpaccio de langoustines servi tiède, caviar et citron vert. Pomme de ris de veau meunière, carottes fanes et jus d'un bœuf-carotte. Finger au chocolat épicé, crème glacée chocolat Guayaquil.

◆ Le propriétaire de l'Escarbille à Meudon fait coup double. Régis Douysset a placé ici des fidèles au service et au piano. Ambiance sympathique. Cuisine généreuse et bien travaillée.

Le Valmont

20 r. au Pain – ✆ 01 39 51 39 00 – www.levalmont.com – Fermé dim. soir et lundi

Rest – Formule 21 € – Menu 25 € (déj. en sem.)/33 € – Carte 46/75 € Yv

◆ Sympathique adresse à la façade engageante. Le chef concocte une savoureuse cuisine traditionnelle, avec des touches personnelles. Salle à manger d'esprit bourgeois, terrasse.

ENVIRONS DE PARIS

Zin's à l'Étape Gourmande

125 r. Yves Le Coz – ✆ 01 30 21 01 63 – www.arti-zins.fr – Fermé 3 sem. en août, sam. midi, dim. et lundi **Vn**

Rest *(nombre de couverts limité, réserver)* – Formule 30 € bc – Menu 43/53 €

◆ Voici une étape idéale, dans le quartier de Porchefontaine, pour apprécier une cuisine élaborée selon les produits du jour. Belle carte de vins des producteurs régionaux.

La Véranda – Hôtel Trianon Palace

1 bd de la Reine – ✆ 01 30 84 55 55 – www.trianonpalace.com **Xr**

Rest – Formule 49 € – Menu 58/66 € – Carte 65/83 €

◆ Le cadre est peut-être plus simple qu'au Trianon, mais il est tout aussi chic ! La carte, efficace, est empreinte d'influences méditerranéennes et, le dimanche, on peut opter pour le brunch très tendance.

au Chesnay – 29 309 h. – alt. 120 m – ✉ 78150

Novotel Château de Versailles

4 bd St-Antoine – ✆ 01 39 54 96 96 – www.novotel.com/1022 **Xz**

105 ch – 🚹79/189 € 🚹🚹79/189 € – ☕ 14 €

Rest *(fermé sam. midi et dim. midi)* – Menu 17 € – Carte 19/47 €

◆ À l'entrée de la ville, établissement situé face à la place de la Loi. Un atrium (aménagé en salon contemporain) dessert des chambres fonctionnelles et bien insonorisées. Salle à manger au décor moderne et épuré ; carte dans l'air du temps.

L' Armoise

41 rte de Rueil – ✆ 01 39 55 63 07 – www.restaurant-larmoise.fr – Fermé août, sam. midi, dim. soir et lundi **Uk**

Rest – Formule 31 € – Menu 38/57 €

◆ Le jeune chef délivre une cuisine actuelle rythmée par les saisons, mêlant subtilement les bons produits et les saveurs. Décor contemporain épuré, relevé de couleurs vives.

LE VÉSINET – 78 Yvelines – 311 I2 – 101 13 – 16 339 h. – alt. 44 m – ✉ 78110 — 20 A1

▶ Paris 19 – Maisons-Laffitte 9 – Pontoise 23 – St-Germain-en-Laye 4

ℹ 60, boulevard Carnot, ✆ 01 30 15 47 00

Auberge des Trois Marches — rest,

15 r. Jean Laurent, (pl. de l'église) – ✆ 01 39 76 10 30 – www.auberge-des-3-marches.com – Fermé 8-24 août

15 ch – 🚹100/115 € 🚹🚹110/125 € – ☕ 10 €

Rest *(fermé dim. soir et lundi midi)* – Formule 18 € – Menu 23 € (déj. en sem.) – Carte 36/61 €

◆ Accueil sympathique dans cette discrète auberge d'un quartier à l'ambiance villageoise (église, marché). Chambres fonctionnelles bien tenues. Cuisine traditionnelle servie dans la salle de restaurant décorée d'une fresque évoquant les années 1930.

VILLE-D'AVRAY – 92 Hauts-de-Seine – 311 J3 – 101 24 – 10 861 h. – alt. 130 m – ✉ 92410 — 20 B2

▶ Paris 14 – Antony 16 – Boulogne-Billancourt 5 – Neuilly-sur-Seine 10

Les Étangs de Corot — ch, ch,

55 r. de Versailles – ✆ 01 41 15 37 00 – www.etangs-corot.com

43 ch – 🚹156/245 € 🚹🚹156/275 € – ☕ 20 € – ½ P 105/222 €

Rest *Le Corot*

Rest *Le Café des Artistes* – voir les restaurants ci-après

Rest *Les Paillotes* *(ouvert de mi-mai à mi-sept. et fermé dim. soir, lundi et mardi)* – Formule 50 € – Carte 62/74 €

◆ Ce ravissant hameau bâti au bord d'un étang inspira le peintre Camille Corot. Il abrite aujourd'hui un hôtel de charme (élégantes chambres au décor soigné) et ses différents restaurants. Le spa est divin... vinothérapie oblige.

Le Corot – Les Étangs de Corot

– *01 41 15 37 00 – www.etangs-corot.com – Fermé dim. soir, merc. midi, lundi et mardi*

Rest *(réserver)* – Formule 46 € – Menu 57 € (déj. en sem.)/85 € – Carte 60/90 €

◆ Une salle tout en boiseries et ornée de reproductions de tableaux de Camille Corot, avec de jolies échappées sur la verdure : ce restaurant gastronomique distille une ambiance feutrée... pour une cuisine actuelle.

Le Café des Artistes – Les Étangs de Corot

– *01 41 15 37 00 – www.etangs-corot.com*

Rest – Formule 26 € – Menu 32 € – Carte 41/50 €

◆ Un bistrot au décor rétro, qui évoque les repaires d'artistes parisiens de la fin du 19es. Carte traditionnelle (parmentier de confit de canard, entrecôte grillée, etc.). Une sympathique étape lors d'une promenade bucolique aux portes de Paris.

VILLENEUVE-LA-GARENNE – 92 Hauts-de-Seine – 311 J2 – 101 15 – 24 711 h. – alt. 30 m – 92390 — 21 C1

Paris 13 – Nanterre 14 – Pontoise 23 – St-Denis 3

Les Chanteraines

av. 8 Mai 1945 – 01 47 99 31 31 – www.leschanteraines.net – Fermé 3 sem. en août, sam. et dim.

Rest – Menu 37 € – Carte 50/75 €

◆ Tout près et... très loin de la zone d'activités. Un restaurant agréable et accueillant, avec une véranda et une terrasse donnant sur le lac artificiel du parc des Chanteraines. Le chef concocte une sympathique cuisine traditionnelle...

VILLENEUVE-LE-ROI – 94 Val-de-Marne – 312 D3 – 101 26 – 18 457 h. – alt. 100 m – 94290 — 21 C3

Paris 20 – Arpajon 29 – Corbeil-Essonnes 21 – Créteil 9

Beau Rivage

17 quai de Halage – 01 45 97 16 17 – Fermé mardi soir, merc. soir, dim. soir et lundi

Rest – Formule 30 € – Menu 38 €

◆ Comme son nom l'indique, le Beau Rivage borde la rivière ; attablez-vous près des baies vitrées pour jouir de la vue sur la Seine. Cadre actuel et cuisine traditionnelle.

VILLEPARISIS – 77 Seine-et-Marne – 312 E2 – 101 19 – 23 879 h. – alt. 72 m – 77270 — 19 C1

Paris 26 – Bobigny 15 – Chelles 10 – Tremblay-en-France 5

La Bastide

15 av. J. Jaurès – 01 60 21 08 99 – www.labastide-villeparisis.fr – Fermé 3 sem. en août, une sem. fin fév., dim. et lundi

Rest – Formule 26 € – Menu 30/54 € – Carte 44/79 €

◆ Sympathique auberge du centre-ville : décor rustique et gai (poutres, cheminée, murs jaunes), accueil chaleureux et assiette au diapason des quatre saisons.

Chaque restaurant étoilé est accompagné de trois spécialités représentatives de sa cuisine. Il arrive parfois qu'elles ne puissent être servies : c'est souvent au profit d'autres savoureuses recettes inspirées par la saison. N'hésitez pas à les découvrir !

VINCENNES – 94 Val-de-Marne – **312** D2 – **101** 17 – **48 118 h. – alt. 51 m** **21** C2
– ✉ 94300

Paris 7 – Créteil 11 – Lagny-sur-Marne 26 – Meaux 47

11, avenue de Nogent, ✆ 01 48 08 13 00, www.vincennes.fr

Château★★ - Bois de Vincennes★★ : Zoo★★, Parc floral de Paris★★, Musée des Arts d'Afrique et d'Océanie★ Paris

St-Louis sans rest
2 bis r. R. Giraudineau – ✆ 01 43 74 16 78 – www.hotel-paris-saintlouis.com
25 ch – †120/150 € ††135/170 € – ☕ 13 €
◆ Cet immeuble proche du château abrite des chambres élégantes au mobilier de style. Quelques-unes, de plain-pied avec le jardinet, ont leur salle de bains en sous-sol.

Daumesnil Vincennes sans rest
50 av. Paris – ✆ 01 48 08 44 10 – www.hotel-daumesnil.com
50 ch – †95/118 € ††112/209 € – ☕ 13 €
◆ Une jolie décoration d'inspiration provençale égaye cet hôtel situé sur une avenue commerçante. Salle des petits-déjeuners aménagée dans une véranda ouverte sur un minipatio.

La Rigadelle
23 r. de Montreuil – ✆ 01 43 28 04 23 – Fermé 21 juil.-22 août, 23 déc.-2 janv., dim. et lundi
Rest *(nombre de couverts limité, réserver)* – Formule 24 € – Menu 32/51 € – Carte 55/76 €
◆ Dans une salle à manger actuelle, ensoleillée et aux notes marines, dégustez des plats au goût du jour privilégiant poissons et produits de la mer (arrivages de Bretagne).

VIRY-CHÂTILLON – 91 Essonne – **312** D3 – **101** 36 – **31 681 h.** **21** C3
– **alt. 34 m** – ✉ **91170**

Paris 26 – Corbeil-Essonnes 15 – Évry 8 – Longjumeau 10

Dariole de Viry
21 r. Pasteur – ✆ 01 69 44 22 40 – Fermé 3 sem. en août, dim. soir et lundi
Rest – Formule 25 € – Menu 30/40 € – Carte 35/60 €
◆ On réalise ici une cuisine du marché sensible au rythme des saisons. Le décor, contemporain, est plaisant. Voilà la bonne adresse du secteur.

Marcigny
27 r. D. Casanova – ✆ 01 69 44 04 09 – www.lemarcigny.fr – Fermé sam. midi, dim. soir et lundi
Rest – Menu 26 € (sem.)/36 €
◆ La Bourgogne mise à l'honneur ! Ce petit restaurant à succès porte le nom du village dont est originaire l'épouse du chef. Plats traditionnels, pain maison et vins régionaux.

YERRES – 91 Essonne – **312** D3 – **101** 38 – **29 041 h. – alt. 45 m** **21** D3
– ✉ **91330**

Paris 25 – Bobigny 31 – Créteil 12 – Évry 20

Chalet du Parc
2 r. de Concy – ✆ 01 69 06 86 29 – www.chaletduparc.fr – Fermé lundi et mardi
Rest – Formule 32 € – Menu 39/86 € – Carte 55/75 €
◆ Ce parc qui fut la propriété du peintre Gustave Caillebotte (musée) accueille depuis 2009 un agréable restaurant au décor design. Cuisine actuelle à base de bons produits.

PARTHENAY – 79 Deux-Sèvres – **322** E5 – **10 406 h.** – **alt. 175 m** **38** B1
– ✉ **79200** Poitou Vendée Charentes

Paris 377 – Bressuire 32 – Niort 42 – Poitiers 50

8, rue de la Vau Saint-Jacques, ☎ 05 49 64 24 24, www.cc-parthenay.fr

Château des Forges, à Les Forges, Domaine des Forges, SE : 23 km par D 59 et D 121, ☎ 05 49 69 91 77

≤★ du Pont-Neuf - ≤★ de la terrasse de l'hôtel de ville - Pont et porte St-Jacques★ - Rue de la Vau-St-Jacques★ - Église St-Pierre★ de Parthenay-le-Vieux.

St-Jacques sans rest
13 av. du 114e R.I. – ☎ 05 49 64 33 33 – www.hotel-parthenay.com
46 ch – †50/92 € ††50/92 € – ☕ 8 €
◆ En contrebas de la citadelle, un immeuble des années 1980 de bonne tenue. Chambres très sobres, à préférer sur l'arrière pour plus d'espace.

au Nord **8 km par N 149 et D 127**

Château de Tennessus sans rest
– ☎ 05 49 95 50 60 – www.chateau-medieval.com
3 ch ☕ – †60/73 € ††120/145 €
◆ Ce château médiéval, une forteresse du 14es. bien rénovée, est un vrai rêve de princesse et de chevalier : pont-levis, machicoulis et douves ! Du caractère, beaucoup d'âme.

PASSENANS – **39 Jura** – **321** D6 – **rattaché à Poligny**

PATRIMONIO – **2B Haute-Corse** – **345** F3 – **voir à Corse**

PAU P – **64 Pyrénées-Atlantiques** – **342** J5 – **84 036 h.** **3** B3
– **Agglo. 181 413 h.** – **alt. 207 m** – **Casino** – ✉ **64000** Aquitaine

Paris 773 – Bayonne 112 – Bordeaux 198 – Toulouse 198

de Pau-Pyrénées : ☎ 05 59 33 33 00, 12 km par ①.

place Royale, ☎ 05 59 27 27 08, www.tourismepau.com

Pau Golf Club, à Billère, Rue du Golf, ☎ 05 59 13 18 56

de Pau-Artiguelouve, à Artiguelouve, Domaine de Saint-Michel, par rte de Lourdes : 11 km, ☎ 05 59 83 09 29

Circuit automobile de Pau-Arnos ☎ 05 59 77 11 36, 20 km par ⑦.

Boulevard des Pyrénées ✳★★★ DEZ - Château★★ : tapisseries★★★ - Musée des Beaux-Arts★ EZ **M.**

Plans pages suivantes

Parc Beaumont
1 av. Edouard VII – ☎ 05 59 11 84 00 – www.hotel-parc-beaumont.com
69 ch – †230/320 € ††230/320 € – 11 suites – ☕ 22 € – ½ P 165 € FZ**b**
Rest ***Le Jeu de Paume*** – voir les restaurants ci-après
◆ Ce bâtiment de style contemporain est proche du parc et du palais des congrès ; ses chambres sont confortables, élégantes et design. Un bel hôtel polyvalent où rien n'a été oublié pour la détente (piscine, jacuzzi, spa) et les affaires.

Villa Navarre
59 av. Trespoey – ☎ 05 59 14 65 65 – www.villanavarre.fr BX**a**
30 ch – †184/229 € ††184/229 € – 4 suites – ☕ 19 €
Rest – Menu 25/50 € – Carte 43/64 €
◆ Atmosphère délicieusement british dans cette belle maison de maître de 1865 et son aile récente nichées au cœur d'un parc de 2 ha. Chambres vastes et claires. Salle à manger raffinée, largement ouverte sur la nature ; registre culinaire actuel.

La Palmeraie
1 passage de l'Europe – ☎ 05 59 14 14 14 – www.paupalmeraie.com
36 ch – †86/99 € ††93/118 € – ☕ 15 € – ½ P 105 € BV**f**
Rest *(fermé sam. et dim.)* – Formule 13 € – Menu 18 € (déj.) – Carte 24/41 €
◆ Hôtel récent dans un environnement verdoyant, à deux tours de roue du Zénith. Chambres fonctionnelles, aux tons pastel. La salle de restaurant, lumineuse et moderne, ouvre sur une terrasse ombragée. Cuisine traditionnelle.

BILLÈRE

Baron Séguier (Av. du) . . . . AX 7
Château d'Este (Av. du) . . . AX 23
Claverie (R.) . . . . AX 24
Entrepreneurs (R. des) . . . AX 57
Galas (R. de) . . . . BV 70
Golf (R. du) . . . . AX 81
J.J. Rousseau (R.) . . . . . . AX 145
Lalanne (Av.) . . . . AVX 91
Lavoir (R. du) . . . . AX 95
Lons (Av. de) . . . . ABV 100
Piedmont (R.) . . . . AX 129
Pilar (R.) . . . . BV 130
Plaine (R. de la) . . . . AX 132

BIZANOS

Albert 1er (Av.) . . . . BCX 2
Clemenceau (R. G.) . . . . . . BX 27
Foch (R. Maréchal) . . . . . . BX 64
Larribau (Chemin) . . . . CX 93
Pic du Midi (R. du) . . . . . . CX 127
République (Av. de la) . . . . . CX 138

GELOS

Barthou (R. L.) . . . . BX 9
Gélos (Av. de) . . . . BX 80
Leclerc (Av. du Maréchal) . BX 96
Vallée Heureuse (Av. de la) BX 162

JURANÇON

Cambot (Av. G.) . . . . AX 17
Corps Franc Pommiès (Av. du) . . . . AX 36
Espagne (Pont d') . . . . AX 58
Gaulle (R. Ch.-de) . . . . AX 77
Ollé-Laprune . . . . AX 115

LESCAR

Carrérot (Av.) . . . . AV 19
Coustettes (Chemin des) . . AV 42
Lacau (R.) . . . . AV 89
Santos-Dumont (Av.) . . . . . AV 147
Vigné (Côte du) . . . . AV 168

LONS

Ampère (Av. André-Marie) . AV 3
Ariste (R.) . . . . AV 6
Château (R. du) . . . . AV 22
Dassault (Av. Marcel) . . . . . AX 45
Écoles (R. des) . . . . AV 51
Église (R. de l') . . . . AV 53
Frères Farman (Bd des) . . . AV 67
Frères Mongolfier (Av. des) AX 68
Mairie (R. de la) . . . . AV 103
Moulin (Av. du) . . . . AV 110

Pau (Av. de) . . . . AV 125
Souvenir (R. du) . . . . AV 152

PAU

Bérard (Cours Léon) . . . . . BV 12

De Gramont sans rest
3 pl. Gramont – ✆ 05 59 27 84 04 – www.hotelgramont.com – Fermé 19 déc.-2 janv. DZt
34 ch – 🛉77/126 € 🛉🛉86/126 € – 2 suites – ☕ 11 €
◆ Ce relais de poste du 18ᵉs. abriterait le plus vieil hôtel de Pau. Chambres peu à peu rénovées et quelques suites contemporaines. Copieux buffet au petit-déjeuner, billard.

Bosquet sans rest
11 r. Valéry Meunier – ✆ 05 59 11 50 11 – www.hotel-bosquet.com EZe
30 ch – 🛉65/67 € 🛉🛉70/72 € – ☕ 8 €
◆ À proximité du centre-ville, cet établissement arbore un décor frais et gai (tons orangé, mobilier en bois clair). Chambres de bon confort.

Condorcet (Allée) . . . . **BV** 31	Dufau (Av.) . . . . **BVX** 50	14 Juillet (R. du) . . . . **BX** 170
Corps Franc Pommiès et du 49e R.I. (Bd) . . . . . **CX** 37	Gaulle (Av. Gén.-de) . . . . . . **BV** 75	
	Lyautey (Cours) . . . . **BVX** 101	

Le Bourbon sans rest

12 pl. Clemenceau – ✆ 05 59 27 53 12
– www.hotel-lebourbon.com EZ**d**

31 ch – †65 € ††70 € – ☕ 8 €

◆ Hôtel situé dans un quartier animé (nombreux cafés). Les chambres, joliment contemporaines, donnent en majorité sur la place, tout comme la salle des petits-déjeuners.

Central sans rest

15 r. L. Daran – ✆ 05 59 27 72 75 – www.hotelcentralpau.com
– Fermé 29 déc.-2 janv. EZ**t**

25 ch – †52/78 € ††58/88 € – ☕ 8 €

◆ Central, cet hôtel l'est en effet ! Chaque chambre, simple et fonctionnelle, décline une thématique qui lui est propre (mer, montagne, etc.).

PAU

Barthou (R. Louis) . . . . EFZ
Bernadotte (R.) . . . . DZ 14
Bordenave-d'Abère (R.) . . . . DZ 15
Cassin (R. René) . . . . EY 20
Clemenceau (Pl. Georges) . . EZ 25
Clemenceau (R. Georges) . . FZ 28
Cordeliers (R. des) . . . . EZ 33
Despourrins (R.) . . . . EY 47
Ducasse (R. Amiral) . . . . DY 48
Espalungue (R. d') . . . . DZ 59
Gambetta (R.) . . . . EZ 72
Gassion (R.) . . . . DZ 73
Gaulle (Av. Gén.-de) . . . . FY 75
Gramont (Pl.) . . . . DZ 84
Henri-IV (R.) . . . . DZ 87
Jeanne-d'Arc (R.) . . . . DY 88
Lalanne (R. Mathieu) . . . . . . EZ 92
Lespy (R.) . . . . EFY 98
Mermoz (Av. Jean) . . . . DY 105
Monnaie (Pl. de la) . . . . DZ 106
Monnet (R. J.) . . . . EYZ 108
Nogue (R.) . . . . EY 113
Ossau (Av. d') . . . . EZ 121
Palassou (R.) . . . . EY 123
Reine-Marguerite (Pl.) . . . . . EZ 135
Réveil (R. Jean) . . . . EY 140
St-Louis (R.) . . . . EZ 146
Say (Av. L.) . . . . EFZ 149
Serviez (R.) . . . . EZ
Tran (R.) . . . . EZ 158
218e-R.I. (R. du) . . . . DY 172

Au Fin Gourmet

24 av. G. Lacoste, (face à la gare) – ✆ 05 59 27 47 71
– www.restaurant-aufingourmet.com – Fermé 23 juil.-6 août, 1 sem. vacances de fév., dim. soir, merc. midi et lundi **EZv**

Rest – Menu 28 € (sem.), 39/76 € bc – Carte 52/69 €

◆ Un lieu très agréable au pied du funiculaire : on s'attable dans un joli kiosque aux allures de jardin d'hiver, ou au salon, raffiné et charmant. Cuisine au goût du jour.

Le Jeu de Paume – Hôtel Parc Beaumont

1 av. Edouard VII – ✆ 05 59 11 84 00 – www.hotel-parc-beaumont.com

Rest – Formule 29 € – Menu 39/80 € – Carte 50/100 € **FZb**

◆ Bois exotique et meubles design, ce restaurant d'hôtel joue l'élégance. La cuisine valorise les produits de saison et du terroir avec une certaine recherche : raviole de homard, feuille à feuille de bar sauvage, pigeonneau rôti...

Les Papilles Insolites

5 r A.-Taylor – ✆ 05 59 71 43 79 – lespapillesinsolites.blogspot.com – Fermé 1 sem. en mai, août, vacances de fév., dim., lundi et mardi EZ**z**

Rest *(réserver)* – Formule 15 € – Menu 18 € (déj. en sem.) – Carte 35/50 €

◆ Objets insolites et rétro, petites tables en bois : voilà un néobistrot-cave atypique et raffiné ! Courte carte du marché, japonisante, et belle sélection de vins naturels.

Marc Destrade

30 r. Pasteur – ✆ 05 59 27 62 60 – Fermé août, dim. soir, merc. soir et lundi EY**s**

Rest – Menu 15 € bc (déj.) – Carte 30/45 €

◆ Poussez la porte de cette avenante maison ancienne ! Accueil tout sourire, cuisine du marché et quelques tables au coin du feu, très appréciées l'hiver venu.

Ô Bons Bouchons

3 r. Viard – ✆ 05 59 62 40 34 – www.obonsbouchons.fr – Fermé dim. et lundi
Rest – Formule 15 € bc – Menu 25/30 € DY**x**
◆ Le chef a une véritable passion pour les bouchons de liège et les cannes à pêche ! Sa cuisine du marché est relevée de notes originales et épicées.

La Michodière

34 r. Pasteur – ✆ 05 59 27 53 85 – www.lamichodiere.fr – Fermé 3 sem. en août, dim. et fériés DY**b**
Rest – Formule 15 € – Menu 27 € – Carte 38/54 €
◆ Derrière cette façade ornée de galets, deux salles à manger, dont une avec vue sur les cuisines. Au menu, suggestions du marché faisant la part belle aux poissons et coquillages.

La Table d'Hôte

1 r. du Hédas – ✆ 05 59 27 56 06 – Fermé vacances de Noël, lundi sauf le soir en juil.-août et dim. EZ**k**
Rest – Formule 20 € – Menu 25/32 €
◆ Briques, poutres et galets donnent un petit air champêtre à cette ancienne tannerie du 17e s. nichée dans une ruelle médiévale. Ambiance sympathique, cuisine actuelle.

Ze bistrot

13 r. Henri-IV – ✆ 05 59 27 44 44 – www.zebistrot.com – Fermé 2 sem. en nov., dim. et lundi DZ**a**
Rest – Menu 15 € (déj. en sem.)/30 €
◆ Terrine de poule au pot, canette aux épices, petit pot de crème au chocolat... La cuisine du chef est comme son bistrot : sans chichis et pleine de saveurs, conviviale, simple et authentique. Jolis vins inscrits à l'ardoise, à découvrir !

à Bizanos 2 km à l'Est – 4 722 h. – alt. 186 m – ✉ 64320

Eden Park sans rest

2 r. de l'Aubisque – ✆ 05 59 40 64 64 – www.hotel-pau.fr
26 ch – †79/189 € ††89/199 € – ☕ 13 €
◆ En périphérie de Pau (zone commerciale), bâtiments blancs aux lignes épurées, dans un esprit californien. Chambres spacieuses et agréables : coin salon, cuisinette et terrasse.

à Jurançon 2 km au Sud-Ouest – 6 986 h. – alt. 177 m – ✉ 64110

Chez Ruffet

3 av. Ch. Touzet – ✆ 05 59 06 25 13 – www.restaurant-chezruffet.com – Fermé dim. et lundi AX**e**
Rest *(réserver)* – Formule 26 € – Menu 45/80 €
Spéc. Langoustines en tempura, tuile aux olives noires, crème de poivrons vanillée. Pluma ibérique et girolles au jus de viande. Tube croustillant sésame, chantilly au Nutella et sorbet fromage blanc vanillé. **Vins** Jurançon, Vin de pays des Pyrénées Atlantiques.
◆ Délicieuse atmosphère en cette ancienne ferme béarnaise, savant mélange d'authenticité (poutres, bois ciré), d'élégance et de décontraction. Belle cuisine régionale actualisée.

PAUILLAC – 33 Gironde – 335 G3 – 5 195 h. – alt. 20 m – ✉ 33250 — 3 B1

Aquitaine

Paris 625 – Arcachon 113 – Blaye 16 – Bordeaux 54

La Verrerie, ✆ 05 56 59 03 08, www.pauillac-medoc.com

château Mouton Rothschild★ : musée★★ NO : 2 km.

Château Cordeillan Bages

61 r. des Vignerons, 1 km au Sud par D 2 – ✆ 05 56 59 24 24 – www.cordeillanbages.com – Fermé 10 déc.-13 fév.
28 ch – †199/517 € ††199/517 € – ☕ 28 € – ½ P 195/425 €
Rest *Château Cordeillan Bages* ✿✿ – voir les restaurants ci-après
◆ Une chartreuse du 17es. alanguie au cœur du vignoble, avec de belles chambres d'esprit classique et une atmosphère cosy. Fitness, sauna, massages : ici tout est pensé pour la détente...

XXX ✿✿ **Château Cordeillan Bages** – Hôtel Château Cordeillan Bages

61 r. des Vignerons, 1 km au Sud par D 2 – ✆ 05 56 59 24 24 – www.cordeillanbages.com – Fermé 10 déc.-13 fév., sam. midi, lundi et mardi

Rest – Menu 60 € bc (déj. en sem.), 90/175 € – Carte 105/155 €

Spéc. Pain perdu aux algues et fines lamelles de seiche. Agneau de lait en viennoise d'agrumes aux fèves et petits pois crémeux (printemps). Chocolat et fève tonka, crème glacée chocolat blanc et cardamome. **Vins** Pauillac, Graves.

◆ Goûteuse, harmonieuse, classique ou plus créative, la cuisine de Jean-Luc Rocha révèle le talent d'un grand chef, entre maîtrise parfaite et souffle très personnel. La continuité dans l'invention !

X **Café Lavinal**

à Bages, pl. Desquet – ✆ 05 57 75 00 09 – www.villagedebages.com – Fermé 24 déc.-27 janv. et dim. soir

Rest – Formule 13 € – Menu 25/35 € – Carte 23/61 €

◆ Avec son grand comptoir et ses vieilles affiches, ce joli bistrot du cœur de Bages est rétro en diable... On s'installe autour de petits plats bistrotiers ancrés dans le terroir local... Soupe du jour ? Confit de canard ? À vot' convenance !

PAVILLON (COL DU) – 69 Rhône – 327 F3 – rattaché à Cours

LE PÊCHEREAU – 36 Indre – 323 F7 – 2 010 h. – alt. 130 m – 11 B3

– ✉ 36200

Paris 306 – Châteauroux 34 – Limoges 96 – Orléans 180

L'Escapade

Le Vivier - 2 r. du Chêne, D 48, rte de Gargilesse – ✆ 02 54 24 26 10 – www.l-escapade.fr – Fermé 2-12 janv.

15 ch – †75/85 € ††80/90 € – ☕ 10 € – ½ P 70/80 €

Rest – Menu 18 € (sem.), 24/60 € – Carte 30/80 €

◆ Une Escapade simple et agréable. Les chambres sont confortables et, dans le jardin, la piscine couverte s'ouvre dès les beaux jours... Parfait pour faire une étape dans la verdoyante vallée de la Creuse.

PÉGOMAS – 06 Alpes-Maritimes – 341 C6 – 6 438 h. – alt. 18 m – 42 E2

– ✉ 06580

Paris 896 – Cannes 12 – Draguignan 59 – Grasse 9

287, avenue de Grasse, ✆ 04 92 60 20 70, www.villedepegomas.fr

Le Bosquet sans rest

chemin des Périssols, rte de Mouans-Sartoux – ✆ 04 92 60 21 20 – www.hoteldubosquet.com – Fermé 15 janv.-1er fév.

23 ch – †65/70 € ††65/80 € – ☕ 7 €

◆ On est au calme dans cet hôtel provençal simple, fonctionnel et très bien tenu. Les oliviers et les lauriers roses qui entourent la piscine contribuent largement au sentiment de détente. Des studios sont également à louer.

X **L'Écluse**

chemin de l'Écluse, au bord de la Siagne – ✆ 04 93 42 22 55 – www.restaurant-lecluse.com – Fermé 15-30 nov., 23 janv.-7 fév., le soir sauf week-ends de déc. à avril et lundi hors saison

Rest – Formule 19 € – Menu 26/38 € – Carte 33/47 €

◆ Bucolique ! Ce restaurant est apprécié pour son atmosphère décontractée et sa grande terrasse au bord de la Siagne, qui lui donne un petit air de guinguette. Spécialités du chef ? Les recettes traditionnelles dont... la tête de veau.

X **De Felice**

1 prom. des Prés Vergers – ✆ 04 93 36 08 27 – Fermé dim. et lundi sauf fériés

Rest – Menu 29/75 € – Carte 40/65 €

◆ Ici, tout respire l'Italie ! On déguste d'excellentes pâtes dans une jolie salle aux tons chatoyants (avec vue sur les cuisines). Suivez les conseils avisés et enjoués du chef.

PEILLON – 06 Alpes-Maritimes – 341 F5 – 1 346 h. – alt. 200 m 42 E2

– ✉ 06440 Côte d'Azur

Paris 947 – Contes 14 – L'Escarène 14 – Menton 38

620, avenue de l'Hôtel de Ville, ✆ 04 93 79 91 04

Village★ - Fresques★ dans la chapelle des Pénitents Blancs.

Auberge de la Madone

3 place Auguste Arnulf – ✆ 04 93 79 91 17 – www.auberge-madone-peillon.com – Fermé 6 nov.-20 déc., 17 janv.-1er fév. et merc.

15 ch – †98/183 € ††98/330 € – 2 suites – ☕ 20 € – ½ P 165/184 €

Rest ***Auberge de la Madone*** – voir les restaurants ci-après

◆ Peillon, village médiéval perché sur son rocher, est délicieux, et cette auberge de caractère semble vraiment l'admirer. Dans les chambres, toute la douceur et le charme de la Provence ; au jardin, les odeurs du Sud, les cigales, le calme...

Lou Pourtail sans rest

3 pl. A. Arnulf, accueil à l'Auberge de la Madone – ✆ 04 93 79 91 17 – Fermé 6 nov.-20 déc., 15 janv.-3 fév. et merc.

6 ch – †48/62 € ††48/62 € – ☕ 20 €

◆ Le charme d'une maison ancienne – murs chaulés, voûtes ou hauts plafonds, mobilier campagnard – à l'entrée du village-crèche. Chambres simples, sans TV.

Auberge de la Madone (Christian et Thomas Millo)

3 place Auguste Arnulf – ✆ 04 93 79 91 17 – www.auberge-madone-peillon.com – Fermé 6 nov.-20 déc., 17 janv.-1er fév. et merc.

Rest – Formule 32 € bc – Menu 52/62 € – Carte 60/90 €

Spéc. Feuilleté d'herbes fines, foie gras grillé et jus de betterave. Agneau en deux cuissons : l'épaule confite aux abricots et le carré rôti au thym. Macaron à la blette, compotée de poires et glace à la fleur d'oranger. **Vins** Côtes de Provence, Bellet.

◆ Perchée sur sa colline, cette belle Madone méridionale vous accueille à bras ouverts. Sur la terrasse, la vue sur le village est exquise... et exquise, la cuisine niçoise des chefs – concoctée avec de beaux produits locaux – l'est aussi !

PEISEY-NANCROIX – 73 Savoie – 333 N4 – 648 h. – alt. 1 320 m 45 D2

– ✉ 73210 Alpes du Nord

Paris 635 – Albertville 55 – Bourg-St-Maurice 13

Le Chalet T 9, ✆ 04 79 07 94 28, www.peisey-vallandry.com

à Plan-Peisey 4 km à l'Est – ✉ 73210

La Vanoise

– ✆ 04 79 07 92 19 – www.hotel-la-vanoise.com – Ouvert 1er juil.-31 août et 16 déc.-22 avril

32 ch ☕ – †90/100 € ††115/150 € – ½ P 80/112 €

Rest – Menu 20 € (déj.)/34 € – Carte 30/40 €

◆ Chalet au bord des pistes ménageant une jolie vue sur le dôme de Bellecôte. Agréables chambres au décor alpin, avec balcon pour celles orientées sud. Espace bien-être. Au restaurant, plats savoyards ; le midi, restauration rapide de type brasserie côté bar.

PENHORS – 29 Finistère – 308 E7 – rattaché à Pouldreuzic

PENNEDEPIE – 14 Calvados – 303 N3 – rattaché à Honfleur

PENVÉNAN – 22 Côtes-d'Armor – 309 C2 – 2 617 h. – alt. 70 m – ✉ 22710 9 B1

Paris 521 – Guingamp 34 – Lannion 16 – St-Brieuc 70

12, place de l'Église, ✆ 02 96 92 81 09, www.tregor-cotedajoncs-tourisme.com

Le Crustacé

2 r.de la Poste – ✆ 02 96 92 67 46 – Fermé mardi soir de sept. à juin, dim. soir et merc.

Rest – Menu 17/37 € – Carte 27/56 €

◆ En face de l'église, ce petit restaurant familial a beau jouer la partition du registre traditionnel, il peut réserver des surprises comme ces Saint-Jacques... aux fraises et au beurre salé ! Une bonne adresse dans la région.

PENVINS – 56 Morbihan – **308** O9 – rattaché à Sarzeau

PERI – 2A Corse-du-Sud – **345** C7 – voir à Corse

PÉRIGNAC – 17 Charente-Maritime – **324** H6 – rattaché à Pons

PÉRIGNAT-LÈS-SARLIÈVE – 63 Puy-de-Dôme – **326** F8 – rattaché à Clermont-Ferrand

PÉRIGUEUX P – 24 Dordogne – **329** F4 – **29 080 h.** – **alt. 86 m** **4** C1 – ✉ 24000 Périgord Quercy

Paris 482 – Agen 138 – Bordeaux 128 – Limoges 96

26, place Francheville, ✆ 05 53 53 10 63, www.tourisme-perigueux.fr

de Périgueux, à Marsac-sur-l'Isle, Domaine de Saltgourde, par rte d'Angoulème : 5 km, ✆ 05 53 53 02 35

Cathédrale St-Front★★, église Saint-Étienne de la Cité★ - Quartier St-Front★★★: rue Limogeanne★ BY , escalier★ Renaissance de l'hôtel de Lestrade (rue de la sagesse) BY - La voie verte★ - Galerie Daumesnil★ face au n° 3 de la rue Limogeanne - Musée du Périgord★★ CY **M²**.

Plans pages suivantes

Mercure sans rest
7 pl. Francheville – ✆ 05 53 06 65 00 – www.mercure.com BZ**e**
66 ch – †91/101 € ††103/113 € – ☕ 15 €
◆ Adossé à une façade en pierre de taille classée, cet hôtel flambant neuf bénéficie d'une situation idéale, près d'un jardin et d'un multiplex. Agréables chambres contemporaines.

Bristol sans rest
37 r. A. Gadaud – ✆ 05 53 08 75 90 – www.bristolfrance.com – Fermé 21 déc.-2 janv. BY**u**
29 ch – †61/75 € ††68/80 € – ☕ 9 €
◆ Hôtel familial à deux pas du centre et des curiosités touristiques. Les chambres, impeccablement tenues, sont assez bien insonorisées et, pour la plupart, de bonne dimension.

XXX **Le Rocher de l'Arsault**
15 r. L'Arsault – ✆ 05 53 53 54 06 – www.rocher-arsault.com – Fermé 13-20 août, dim. soir et lundi CY**s**
Rest – Formule 21 € – Menu 31/48 € – Carte 39/61 €
◆ L'élégance contemporaine nichée au creux d'un rocher... Les tons anis, pistache et orange, tout en douceur feutrée, s'harmonisent ici à la bonne cuisine de saison.

XX **Le Clos St-Front**
5-7 r. de la Vertu – ✆ 05 53 46 78 58 – www.leclossaintfront.com – Fermé vacances de fév., dim. soir et lundi sauf de juin à sept. CY**r**
Rest – Formule 17 € – Menu 26 € (sem.), 38/45 € bc – Carte 38/53 €
◆ Deux cheminées monumentales, des œuvres d'art contemporain, une terrasse sous les tilleuls... un restaurant agréable, dont la carte mêle exotisme et saveurs du terroir.

XX **Hercule Poireau**
2 r. Nation – ✆ 05 53 08 90 76 – Fermé mardi soir et merc. CZ**r**
Rest – Formule 17 € – Menu 21/39 € – Carte 38/56 €
◆ On s'attable dans une salle rustique (poutres, pierres) ou dans une cave voûtée du 16ᵉs. pour déguster une agréable cuisine traditionnelle et du terroir revue par le chef.

XX **La Taula**
3 r. Denfert-Rochereau – ✆ 05 53 35 40 02 – Fermé 7-13 mars, 4-10 juil. et lundi hors saison BZ**k**
Rest – Formule 19 € – Menu 30/37 € – Carte 40/57 €
◆ Produits frais au service d'une appétissante cuisine régionale, pâtés, terrines et cous farcis maison : cette Taula ("table" en patois local) a bien des atouts.

PÉRIGUEUX

Abreuvoir (R. de l') .... CY 2
Amphithéâtre (R. de l') .... AZ 3
Arènes (Bd des) .... AZ 6
Aubergerie (R.) .... BZ 9
Barbecane (R.) .... CY 12
Barbusse (Av. Henri)...... AY 13
Bride (R. de la) .... BZ 15
Bugeaud (Pl.) .... BZ
Calvaire (R. du) .... BZ 16
Cavaignac (Av.) .... AZ 18
Cité (R. de la) .... ABZ 23
Clarté (R. de la) .... BZ 24
Claustre (Pl. de la) .... BZ 26
Clos-Chassaing .... BY 27
Coderc (Pl. du) .... BYZ 28
Condé (R.) .... BZ 29
Constitution (R. de la) ..... CY 30
Daumesnil (Av. et Pl.) .... BCZ 32
Daumesnil (Galerie) .... BYZ 31
Durand (Rd-Pt Charles) ...... AZ 34
Eguillerie (R.) .... BY 35
Fénelon (Cours) .... BZ
Goudeau (Pl. Émile) .... CY 36
Hôtel de Ville (Pl. de l') .... BZ 37
Lammary (R.) .... BY 38
Limogeanne (R.) .... BY
Maurois (Pl. André) .... BY 39
Miséricorde (R. de la) ..... BY 40
Mobiles-de-Coulmiers (R.) . AY 41
Montaigne (Bd M.) ...... BYZ
Montaigne
(Cours et Pl. M.) ...... BYZ
Notre-Dame (R.) .... CY 42
Port-de-Graule (R. du) .... CYZ 44
Port (Allée du) .... AY 43
Président-Wilson (R. du) ... AY
République (R. de la) ..... BYZ 45
Sagesse (R. de la) .... BY 46
Ste-Marthe (R.) .... CZ 50
St-Pierre-ès-Liens (R.) .... ABZ 47
St-Roch (R.) .... BZ 48
St-Silain (Pl.) .... BY 49
Sully (R.) .... BZ 53
Taillefer (R.) .... BZ
Talleyrand-Périgord (R.) ..... CZ 54
Théâtre (Espl. du) .... BY 55
Turenne (R. de) .... AZ 60
15e-Régt-de-Tirailleurs-Algériens
(R. du) .... AZ 61
50e-Régt-d'Infanterie
(Av. du) .... AZ 62

<table><tr><td>XX</td><td>Le Grain de Sel</td></tr></table>

7 r. des Farges – ✆ 05 53 53 45 22 – Fermé 24 juin-16 juil., 23 déc.-7 janv., dim. et lundi
Rest – Formule 22 € – Menu 29/60 € – Carte 45/70 € BZt

♦ Une ruelle du vieux Périgueux, près de la cathédrale. Le cadre serait rustique sans le mobilier, contemporain. On découvre des saveurs subtiles, souvent inspirées par la mer.

X **L'Essentiel** (Éric Vidal)

8 r. de la Clarté – ✆ 05 53 35 15 15 – www.restaurant-lessentiel.fr – Fermé 1er-16 juil., 31 déc.-16 janv., dim. et lundi BZn
Rest *(nombre de couverts limité, réserver)* – Formule 27 € – Menu 39/73 € – Carte 39/81 €

Spéc. Lasagne de jeunes poireaux, truffe noire du Périgord et foie gras chaud. (déc. à mars). Lièvre à la royale (déc. à mars). Fines feuilles croustillantes de fraises à la pistache et crème légère à la vanille (avril à sept.). **Vins** Vin de pays du Périgord, Pécharmant.

♦ Essentiel et... fondamental ! Derrière cette discrète façade, une excellente surprise : une cuisine tout en finesse et une cave recelant les meilleures signatures régionales.

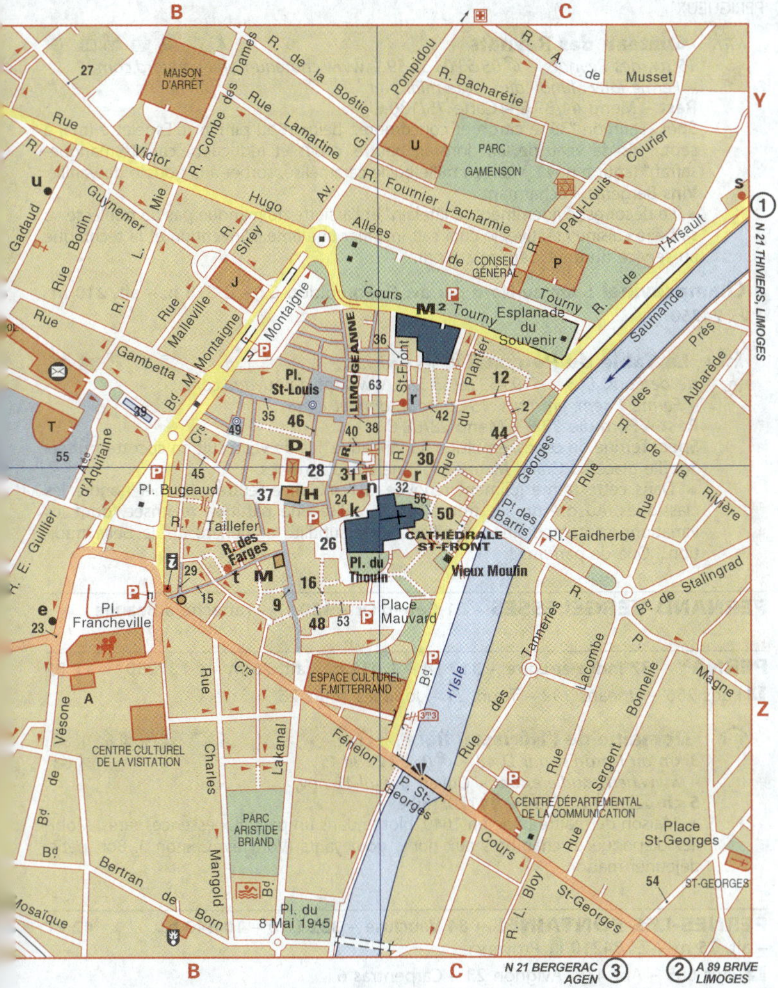

à Chancelade par ⑤, D 710 et D 1 : 5,5 km – 4 174 h. – alt. 88 m – ✉ 24650

Abbaye★.

Château des Reynats

15 av. des Reynats – ✆ 05 53 03 53 59
– www.chateau-hotel-perigord.com
45 ch – †102/114 € ††102/114 € – 5 suites – ☕ 14 €
Rest ***Château des Reynats*** ✿ – voir les restaurants ci-après
Rest ***La Verrière*** *(fermé dim., lundi et le soir)* – Formule 18 € – Menu 22 €

◆ Fruit d'un 19[e]s. éclectique et imitateur, ce château arbore un élégant style médiéval. Le confort des lieux est authentique, mais sachez que les chambres sont plus petites et sobres dans l'annexe. Table gastronomique ou bistrotière ? Vous avez le choix !

Un classement passé en rouge met en avant le charme de la maison 🏠 XXX.

Château des Reynats

15 av. des Reynats – ✆ 05 53 03 53 59 – www.chateau-hotel-perigord.com – Fermé janv., lundi, dim. et le midi

Rest – Menu 44/89 € – Carte 75/130 €

Spéc. Saumon "39°C, citron et concombre", beignet au piment d'Espelette (mai à sept.). Ris de veau de lait doré au beurre, cèpes et réduction "carotte-mangue-safran" (août à nov.). Yuzu en millefeuille caramélisé, sorbet à la gousse de vanille. **Vins** Bergerac, Pécharmant.

♦ Le décor est évidemment "châtelain" et l'assiette ne manque pas de noblesse : à sa belle cuisine créative, le chef sait insuffler une âme. L'invention et la technique au service du goût. Service attentif.

à Champcevinel 5 km au Nord par av. G. Pompidou CY – 2 518 h. – alt. 210 m – ✉ 24750

La Table du Pouyaud (Gilles Gourvat)

rte de Paris, D 8 – ✆ 05 53 09 53 32 – www.table-pouyaud.com – Fermé 1 sem. en mars, 15-30 août, dim. et lundi

Rest – Formule 22 € – Menu 28/68 €

Spéc. Terrine de cèpes, émulsion au vin jaune. Ris de veau cuit en cocotte truffée. Soufflé glacé au Grand Marnier, marmelade d'agrumes.

♦ Dans cette ferme joliment rénovée, à l'ambiance feutrée, le chef honore les classiques. Au gré de ses trouvailles, il réalise une partition maîtrisée, dont les variations contemporaines réveillent, avec subtilité et générosité, la belle tradition... Que de parfums !

PERNAND-VERGELESSES – 21 Côte-d'Or – 320 J7 – rattaché à Beaune

PERNAY – 37 Indre-et-Loire – 317 L4 – 1 012 h. – alt. 76 m – ✉ 37230 11 B2

Paris 256 – Orléans 132 – Tours 21 – Joué-lès-Tours 26

Domaine de l'Hérissaudière sans rest

3 km au Nord-Est par D 48 – ✆ 06 03 22 34 45 – www.herissaudiere.com – Ouvert 6 avril-12 nov.

5 ch – 120/130 € 120/130 €

♦ Maison de maître bâtie en 1640, blottie dans un parc aux essences rares. Mobilier d'époque et chambres aux noms gouleyants (Vouvray, Chinon...). Bon petit-déjeuner maison.

PERNES-LES-FONTAINES – 84 Vaucluse – 332 D10 – 10 440 h. – alt. 75 m – ✉ 84210 Provence 42 E1

Paris 685 – Apt 43 – Avignon 23 – Carpentras 6

72 cours Ledru Rollin, ✆ 04 90 66 47 27, www.tourisme-pernes.fr

Porte Notre-Dame★.

L'Hermitage sans rest

614 Grande Rte de Carpentras – ✆ 04 90 66 51 41 – www.hotel-lhermitage.com – Ouvert 1er mars-15 nov.

20 ch – 68/91 € 72/115 € – 12 €

♦ Une belle demeure bourgeoise (1890) au milieu d'un parc. Fontaines, platanes centenaires, orangerie et piscine : c'est charmant, coloré et méditerranéen à souhait !

Au Fil du Temps

pl. L.-Giraud, (face au centre culturel) – ✆ 04 90 30 09 48 – Fermé lundi et mardi

Rest *(nombre de couverts limité, réserver)* – Formule 25 € – Menu 29/49 € – Carte environ 48 €

♦ Un lieu plein de fraîcheur, sur une petite place où chante la fontaine, face à l'église. La cuisine y est goûteuse et raffinée, magnifiant les produits du terroir.

au Nord-Est 4 km par D 1 et rte secondaire – ✉ 84210 Pernes-les-Fontaines

Mas La Bonoty avec ch
chemin de la Bonoty – ✆ 04 90 61 61 09 – www.bonoty.com – Fermé 11 nov.-7 déc. et 8 janv.-10 fév.
8 ch – 62/95 € 124/190 € – ½ P 66/84 € **Rest** *(fermé lundi et mardi sauf juin)* – Formule 22 € – Menu 32/48 € – Carte 52/72 €
◆ Une jolie bergerie du 17e s., en pleine campagne. Lové près de la cheminée, on est séduit par le charme rustique de la salle autant que par la cuisine locale, concoctée avec de beaux produits de saison. Chambres de style provençal.

PÉRONNAS – 01 Ain – **328** E3 – rattaché à Bourg-en-Bresse

PÉRONNE – 80 Somme – **301** K8 – 8 077 h. – alt. 52 m – ✉ 80200 **37** C1
Nord Pas-de-Calais Picardie

Paris 141 – Amiens 58 – Arras 48 – Doullens 54

16, place André Audinot, ✆ 03 22 84 42 38, www.hautesomme-tourisme.com

Historial de la Grande Guerre★★.

Le St-Claude
42 pl. du Cdt-L.-Daudré – ✆ 03 22 79 49 49 – www.hotelsaintclaude.com – Fermé 23 déc.-1er janv.
40 ch – 60 € 80/105 € – 10 € – ½ P 85/88 €
Rest *(dîner seult)* – Menu 16/29 € – Carte 18/36 €
◆ C'est sur une grande place commerçante que l'on trouve cet ancien relais de poste de la fin du 19es. Les chambres sont plutôt spacieuses, bien tenues et confortables. Une adresse pratique pour faire étape.

à Rancourt 10 km au Nord par ND 1017 – 178 h. – alt. 143 m – ✉ 80360

Le Prieuré
24 rte nationale – ✆ 03 22 85 04 43 – www.hotel-le-prieure.fr
27 ch – 67 € 70 € – 8 € – ½ P 69 €
Rest ***Le Prieuré*** – voir les restaurants ci-après
◆ Non, il ne s'agit pas d'un ancien prieuré mais d'une grande bâtisse récente d'inspiration mauresque. L'intérieur aurait plutôt un côté anglais avec son billard et son "scottish bar". En tous cas, les chambres sont spacieuses et confortables.

Le Prieuré
24 rte nationale – ✆ 03 22 85 04 43 – www.hotel-le-prieure.fr
Rest – Menu 15 € (sem.), 28/43 € – Carte 25/56 €
◆ Le chef de cet imposant restaurant concocte une cuisine de terroir (waterzoï d'aile de raie, ficelle picarde, anguille fumée, etc.) et de tradition. Détail gourmand : saumon et magrets sont fumés sur place.

PÉROUGES – 01 Ain – **328** E5 – 1 205 h. – alt. 290 m – ✉ 01800 **44** B1

Paris 460 – Bourg-en-Bresse 39 – Lyon 37 – Villefranche-sur-Saône 58

entrée de la Cité, ✆ 04 74 46 70 84, www.perouges.org

de la Sorelle, à Villette-sur-Ain, Domaine de Gravagneux, N : 12 km par D 984, ✆ 04 74 35 47 27

Cité★★ : place de la Halle★★★.

Ostellerie du Vieux Pérouges
pl. du Tilleul – ✆ 04 74 61 00 88 – www.hostelleriedeperouges.com – Fermé 25 fév.-11 mars
15 ch – 135 € 225 € – 2 suites – 17 € – ½ P 135/180 €
Rest ***Ostellerie du Vieux Pérouges*** – voir les restaurants ci-après
◆ Au cœur de ce charmant village médiéval, quatre admirables bâtisses évidemment... moyenâgeuses, réparties dans toute la cité. Lits à baldaquin, poutres et tomettes y côtoient le meilleur confort moderne. De quoi chanter l'amour courtois...

Le Pavillon
13 ch – 82 € 127 € – 17 € – ½ P 102/135 €
◆ Chambres plus simplement meublées qu'à l'Ostellerie, et avant tout pratiques ; celles de l'annexe contiguë offrent un meilleur niveau de confort.

Ostellerie du Vieux Pérouges – Hôtel Ostellerie du Vieux Pérouges
pl. du Tilleul – ✆ 04 74 61 00 88 – www.hostelleriedeperouges.com – Fermé 25 fév.-11 mars
Rest – Menu 38/65 € – Carte 45/80 €
◆ Ici, le temps s'est arrêté : on assure le service en costume traditionnel ! Au menu, des spécialités régionales (morilles, écrevisses, volailles de Bresse), sans oublier "la galette" au beurre et aux zestes d'agrumes, une recette familiale.

PERPIGNAN Ⓟ – 66 Pyrénées-Orientales – 344 I6 – 116 676 h. 22 B3

– Agglo. 162 678 h. – alt. 60 m – Casino : à Port-Barcarès – ✉ 66000
Languedoc Roussillon

Paris 848 – Andorra-la-Vella 170 – Béziers 94 – Montpellier 156
de Perpignan-Rivesaltes : ✆ 04 68 52 60 70, 3 km par ①.
place Armand Lanoux, ✆ 04 68 66 30 30, www.perpignantourisme.com
Le Castillet★ - Loge de mer★ BY **K** - Hôtel de ville★ BY **H** - Cathédrale St-Jean★ - Palais des rois de Majorque★ - Musée numismatique Joseph-Puig★ - Place Arago : maison Julia★.

Plans pages suivantes

Villa Duflot
rd-pt Albert Donnezan, 3 km par ④, dir.autoroute – ✆ 04 68 56 67 67 – www.villa-duflot.com
23 ch – †150/210 € ††150/210 € – 1 suite – ☕ 17 € – ½ P 110/137 €
Rest – Formule 20 € – Menu 25 € (sem.), 27 € – Carte 37/48 €
◆ Certes cette villa se trouve en pleine zone commerciale, mais le très beau parc arboré, la piscine, la déco contemporaine et les grandes chambres raffinées (mobilier Art déco) nous le font bien vite oublier !

Centre del Mon sans rest
35 bd St-Assiscle – ✆ 04 11 64 71 00 – www.hotels-centredelmon.com AZ**y**
101 ch – †80/180 € ††80/180 € – ☕ 15 €
◆ Pour Dalì, la gare de Perpignan était le centre du monde ! Reste à savoir ce qu'il aurait pensé de cet hôtel concept, véritable patchwork de verre à l'intérieur design, tout en noir et blanc. À la fois confortable et vraiment tendance...

Suite Novotel sans rest
23 espace Méditerranée – ✆ 04 68 92 72 72 – www.accor.com BY**d**
50 ch – †110/135 € ††110/135 € – ☕ 13 €
◆ Voilà le genre d'hôtel qui plaît aussi bien à la clientèle d'affaires qu'aux touristes de passage amateurs de déco tendance. Les chambres sont très spacieuses, avec un vrai coin salon, le tout très "mode".

La Fauceille
860 chemin de la Fauceille, (rocade Sud), par ③CZ – ✆ 04 68 21 09 10 – www.lafauceille.com
35 ch – †120/260 € ††120/260 € – ☕ 15 € – ½ P 150/315 €
Rest ***La Fauceille*** – voir les restaurants ci-après
◆ L'art du contraste : près d'une rocade et d'une ZAC, cet hôtel contemporain se révèle élégant, épuré et coloré... Le patio, la piscine, les chambres, le restaurant où il fait bon dîner : un lieu vraiment plaisant, qui respire la sérénité !

Le Mas des Arcades
840 av. d'Espagne, par ④ : 2 km sur N 9 ✉ 66100 – ✆ 04 68 85 11 11 – www.masarcades.com
60 ch – †75/180 € ††75/180 € – 3 suites – ☕ 12 €
Rest – ✆ 04 68 85 73 52 *(fermé sam. midi)* – Formule 16 € – Menu 21 € – Carte 20/45 €
◆ Sur un axe passant, un hôtel des années 1970 rénové en 2009 dans un style contemporain et chaleureux. Les chambres sont confortables et plaisantes (certaines avec balcon donnant sur la piscine).

New Christina

51 cours Lassus – ✆ 04 68 35 12 21 – www.hotel-newchristina.com – Fermé 17 déc.-2 janv. CY**w**

25 ch – †60/93 € ††73/93 € – ☕ 10 €

Rest *(fermé 16 juil.-1er sept., vend., sam., dim. et le midi)* – Menu 21/35 € bc

◆ Un petit hôtel proche du palais des congrès, avec des chambres pratiques, simples et propres. Pour la détente : petite piscine sur le toit, jacuzzi, hammam et bar.

La Galinette (Christophe Comes)

23 r. Jean Payra – ✆ 04 68 35 00 90 – Fermé 15 juil.-15 août, 22 déc.-5 janv., dim. et lundi BY**e**

Rest – Menu 19 € (déj. en sem.)/58 € – Carte 55/70 €

Spéc. Déclinaison de tomates anciennes (été). Daurade royale de Méditerranée, ravioles de cèpe (sept.-oct.). Dégustation de fraises gariguettes (avril-mai).

◆ Dans ce restaurant contemporain, le chef a le goût des beaux produits. Le poisson ? Il se le procure chez les petits pêcheurs locaux. Les légumes ? Ceux de son propre potager (3 ha), entretenu avec soin par son père. Résultat ? Une cuisine franche, fine et fraîche !

La Passerelle

1 cours Palmarole – ✆ 04 68 51 30 65 – www.restaurant-perpignan-lapasserelle.com – Fermé 29 avril-6 mai, 12-19 août, 23 déc.-6 janv., lundi midi et dim. BY**z**

Rest – Menu 22 € (déj.) – Carte 42/62 €

◆ Au bord de la rivière, une table sympathique et raffinée... En salle, mère et fille vous conseillent de jolis crus régionaux ; aux fourneaux père et beau-fils réalisent une cuisine soignée 100 % maison, où domine le poisson.

Les Antiquaires

pl. Desprès, (r. Michel Torrent) – ✆ 04 68 34 06 58 – www.lesantiquairesperpignan.fr.gd – Fermé 22 juin-14 juil.,17-29 janv., dim. soir et lundi BZ**u**

Rest – Menu 25/44 € – Carte 31/61 €

◆ Dans les ruelles du vieux Perpignan, ce petit restaurant porte bien son nom. Objets chinés, bibelots et... convivialité autour d'une cuisine catalane gourmande et bien ficelée.

La Fauceille – Hôtel La Fauceille

860 chemin de la Fauceille, (rocade Sud), par ③ CZ – ✆ 04 68 21 09 10 – www.lafauceille.com – fermé sam. midi et dim. soir

Rest – Formule 20 € – Menu 25 € (déj. en sem.), 32/63 € – Carte 51/66 €

◆ Atmosphère très tamisée, cave recelant des crus d'exception et cuisine de saison réalisée avec soin et prenant de jolis accents du Sud : un bon moment, plein de gourmandise.

Le Garriane

15 r. Valette – ✆ 04 68 67 07 44 – Fermé sam. midi, dim., lundi et mardi AZ**a**

Rest *(nombre de couverts limité, réserver)* – Formule 14 € – Menu 16 € (déj. en sem.), 26/29 €

◆ Un restaurant de poche (vingt couverts) près de la gare. Le chef, originaire d'Australie, est très influencé par les saveurs asiatiques et élabore une cuisine de saison magnifiant le produit. Le soir, dégustation autour d'un menu unique.

au Nord par ① près échangeur Perpignan-Nord 10 km – ✉ 66600 Rivesaltes

Novotel

7 r. Alfred Sauvy – ✆ 04 68 64 02 22 – www.accor.com

57 ch – †110/145 € ††110/145 € – ☕ 14 €

Rest – Formule 16 € – Carte 30/41 €

◆ Non loin de l'autoroute et tout près de l'aéroport, un Novotel de facture zen et contemporaine. Piscine, terrasse (barbecue en été), parking sécurisé... une étape agréable.

PERPIGNAN

Alsace-Lorraine (R.) . . . . . BY 2
Anciens-Combattants-d'Indochine (Pl. des) . . BY 3
Ange (R. de l') . . . . BZ 4
Arago (Pl.) . . . . BZ 5
Argenterie (R. de l') . . . . . . BY 6
Barre (R. de la) . . . . BY 7
Bartissol (R. E.) . . . . BY 8
Batllo (Quai F.) . . . . BY 9
Castillet (R. du) . . . . BY 21
Clemenceau (Bd G.) . . . . . BY
Cloche d'Or (R. de la) . . BYZ 22
Côte des Carmes (R.) . . . CZ 23
Fabriques d'En Nabot (R. des) . . . . BY 24
Fabriques d'En Nadal (R. des) . . . . BY 25
Fontaine-Neuve (R.) . . . . . CZ 26
Fontfroide (R.) . . . . BY 27
Gambetta (Pl.) . . . . BY 28
Grande la Monnaie (R.) . . BZ 31
Lattre-de-Tassigny (Quai de) . . . . BZ 32
Loge (R. et Pl. de la) . . . . BY 33
Louis-Blanc (R.) . . . . . . ABY 34
Marchands (R. des) . . . . . BY 35
Mermoz (Av. J.) . . . . CZ 36
Mirabeau (R.) . . . . BY 37
Payra (R. J.) . . . . BY 38
Péri (Pl. Gabriel) . . . . BZ 39
Petite la Monnaie (R.) . . . BZ 40
Porte d'Assaut (R.) . . . . . BZ 41
Porte de Canet (R.) . . . . . CZ 42
Remparts la Réal (R. des) BZ 43
République (Pl. de la) . . . BZ 44
Résistance (Pl. de la) . . . BY 45
Révolution Française (R. de la) . . . . CY 46
Rigaud (Pl.) . . . . BZ 47
Sadi-Carnot (Quai) . . . . . . BY 50
St-Jean (R.) . . . . BY 52
Théâtre (R. du) . . . . BZ 55
Trois-Journées (R. des) . . BY 58
Vauban (Quai) . . . . BY 60
Verdun (Pl. de) . . . . BY 64
Victoire (Pl. de la) . . . . . . BY 67
Vielledent (R. J.) . . . . CZ 69
Waldeck-Rousseau (R.) . CZ 72

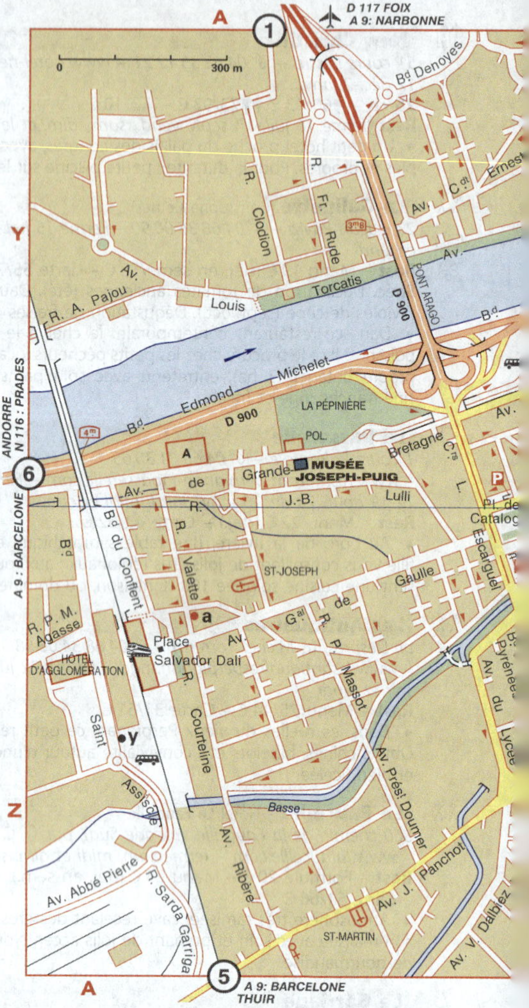

à Cabestany 5 km par ③ et D22C – 8 630 h. – alt. 35 m – ✉ 66330

Les Deux Mas
1 r. Madeleine Brès, face Médipôle – ✆ 04 68 50 08 08 – www.les2mas.com
32 ch – †68/90 € ††89/110 € – 1 suite – ☕ 9 € – ½ P 75/85 €
Rest *(fermé sam. midi et dim.)* – Formule 17 € – Menu 20 € (déj. en sem.)/29 € – Carte 31/47 €
◆ Dans un environnement industriel et commercial, cet hôtel contraste par sa belle atmosphère marocaine... Touches mauresques, patio digne d'un riad, piscine, jacuzzi : un voyage de l'autre côté de la Méditerranée !

LE PERREUX-SUR-MARNE – 94 Val-de-Marne – **312** E2 – **106** 20 – **101** 18 – voir à Paris, Environs

PERRIER – 63 Puy-de-Dôme – **326** G9 – rattaché à Issoire

Une bonne table sans se ruiner ? Repérez les Bib Gourmand ☺.

PERROS-GUIREC – 22 Côtes-d'Armor – **309** B2 – **7 297 h.** – **alt. 60 m** **9** B1
– **Casino** A – ✉ 22700 Bretagne

Paris 527 – Lannion 12 – St-Brieuc 76 – Tréguier 19

21, place de l'Hôtel de Ville, ✆ 02 96 23 21 15, www.perros-guirec.com

Nef romane★ de l'église B - Pointe du château ≤★ - Table d'orientation ≤★ B **E**
- Sentier des douaniers★★ - Chapelle N.-D. de la Clarté★ 3 km par ②
- Sémaphore ≤★ 3,5 km par ②.

Les Sept-Iles★★ - Ploumanach★★ : parc municipal★★, rochers★★ - Sentier des Douaniers★★.

Plan page suivante

Le Bihan (Bd J.) . . . . A 7
Bons-Enfants (R. des) . . . . A 2
Le Braz (R. A.) . . . . B 8
Casino (Av. du) . . . . A 3
Foch (R. du Mar.) . . . . A 5
Gaulle (R. Gén.-de) . . . . . AB 6
L'Héveder (R. Sergent) . . . . B 10
Joffre (R. du Mar.) . . . . B
Leclerc (R. du Mar.) . . . . . B 9
Messe (Chemin de la) . . . . B 12
Renan (R. Ernest) . . . . . . B 20
Rohellou (R. de) . . . . A 22

L'Agapa

12 r. des Bons-Enfants – ✆ 02 96 49 01 10 – www.lagapa.com **Ay**

44 ch – 🚹160/450 € 🚹🚹160/450 € – 1 suite – ☕ 18 €

Rest *Le Belouga* – voir les restaurants ci-après

◆ Une impression de luxe zen se dégage de cet hôtel tout de verre, granit et acier. Face à la belle place de Perros-Guirec, les chambres au design épuré invitent à la détente ; un confort high-tech que l'on retrouve au spa.

Le Manoir du Sphinx

67 chemin de la Messe – ✆ 02 96 23 25 42 – www.lemanoirdusphinx.com – Fermé 18 nov.-5 déc. et 20 janv.-25 fév. **Be**

20 ch – 🚹100/115 € 🚹🚹120/135 € – ☕ 10 € – ½ P 97/115 €

Rest *Le Manoir du Sphinx* – voir les restaurants ci-après

◆ Cette ravissante villa 1900 surplombant la mer n'a rien d'une énigme. Ses chambres, décorées dans un style british plutôt sobre, contemplent à loisir la baie et les îles ; son charmant jardin dégringole jusqu'à la mer.

Les Feux des Îles

ch,

53 bd Clemenceau – ✆ 02 96 23 22 94 – www.feux-des-iles.com – Fermé 10-20 oct. et 20 déc.-5 janv. **Bn**

18 ch – 🚹76/86 € 🚹🚹105/140 € – ☕ 12 €

Rest *(fermé dim. soir et vend. d'oct. à mai et lundi midi)* – Formule 24 € bc – Menu 29/46 € – Carte 35/56 €

◆ Le vent du large fait pousser les fleurs du joli jardin de cet hôtel familial. Pour plus d'espace, on demande les chambres de l'annexe, plus actuelles et qui ont vue sur la mer. Du restaurant, on contemple ces "feux" (phares) des îles, éclairage poétique pour une cuisine traditionnelle aux notes marines.

Mercure sans rest
100 av. du Casino – ✆ 02 96 91 22 11 – www.accorhotels.com Ax
49 ch – †67/134 € ††67/134 € – ☕ 14 €
◆ Dans cet hôtel de chaîne, avant tout fonctionnel, chaque étage est décoré selon une thématique (les oiseaux marins, par exemple) et une teinte différentes. Tout près de la plage et pratique pour aller aux thermes, au casino...

Hermitage
20 r. Frères Le Montréer – ✆ 02 96 23 21 22 – www.hotelhermitage-22.com – Ouvert 1er avril-7 oct. Bf
18 ch – †49/57 € ††59/68 € – ☕ 8 € – ½ P 59/65 €
Rest *(ouvert 15 mai-15 sept. et fermé sam. et le midi) (résidents seult)* – Menu 23 €
◆ Un grand hôtel du centre-ville, de style engageant, dans un jardin arboré. Les chambres sont assez petites, sans charme particulier, mais de bonne tenue. Les habitués apprécient l'ambiance familiale.

Le Levant
91 r. E. Renan, (sur le port) – ✆ 02 96 23 20 15 – www.hotel-le-levant.com
19 ch – †59/63 € ††59/63 € – ☕ 6 € Bm
Rest *(fermé 15 nov.-2 déc., sam. midi et dim. soir de sept. à avril)* – Formule 15 € – Menu 19/45 € – Carte 29/50 €
◆ Un hôtel des années 1960, juste en face du port de plaisance. Les chambres petites et fonctionnelles, ont toutes un balcon ou une terrasse pour regarder les bateaux au mouillage. Ambiance océane également au restaurant avec la salle à manger panoramique et les propositions de la carte, traditionnelles et iodées.

Le Belouga – Hôtel L'Agapa
12 r. des Bons-Enfants – ✆ 02 96 49 01 10 – www.lagapa.com – Fermé 3-27 déc. et 7-31 janv. Ay
Rest – Formule 25 € bc – Menu 48/87 € – Carte 70/100 €
Spéc. Tartare de bœuf et coriandre, semi-pris d'huîtres et caviar d'Aquitaine (mars à juin). Pavé de bar rôti, terrine de fruits rouges et cromesquis d'avoine glacé. Cannelloni de pomme au sarrasin, glace au sablé breton (sept. à nov.).
◆ Tout de noir et de blanc, s'ouvrant sur un somptueux paysage, ce Belouga propose une cuisine actuelle aux saveurs flatteuses. Le chef puise son inspiration dans la pêche locale, et dans les produits d'une terre battue par les vents.

La Clarté (Daniel Jaguin)
24 r. Gabriel-Vicaire, à La Clarté par ② – ✆ 02 96 49 05 96 – www.la-clarte.com – Fermé 16 déc.-9 fév., dim. soir, lundi et merc.
Rest – Menu 27 € (déj. en sem.), 43/75 € – Carte 65/80 €
Spéc. Salade de homard breton aux artichauts du pays, vinaigrette au corail (avril à oct.). Ormeaux de Landrellec et foie gras de canard poêlé (mi-sept. à mi-juin). Pêche blanche, glace verveine, marmelade de prune et tuile aux amandes (juin à sept.).
◆ Cette maison de granit rose, classique et élégante, est très prisée de la clientèle locale. Le chef, Daniel Jaguin, originaire de la région, concocte une belle cuisine terre et mer délicatement parfumée.

Le Manoir du Sphinx – Hôtel Le Manoir du Sphinx
67 chemin de la Messe – ✆ 02 96 23 25 42 – www.lemanoirdusphinx.com – Fermé 18 nov.-5 déc. et 20 janv.-25 fév., dim. soir d'oct. à mars sauf vacances scolaires, lundi midi et vend. midi sauf fériés
Rest – Formule 23 € bc – Menu 30/50 € – Carte 35/70 € Be
◆ De la salle à manger de cette belle maison, on surplombe la plage. Une vue panoramique à couper le souffle qui ne donne que plus de relief à des plats souvent iodés et très actuels.

Au Bon Accueil avec ch
11 r. de Landerval – ✆ 02 96 23 24 11 – www.au-bon-accueil.com – Fermé 23 déc.-4 janv., dim. soir et lundi sauf juil.-août Bv
21 ch – †62 € ††62/69 € – ☕ 9 € – ½ P 70 €
Rest – Menu 19 € (sem.), 29/45 € – Carte 32/59 €
◆ Du homard, des plateaux de fruits de mer, de la soupe de poisson... Confortablement installé derrière les grandes baies vitrées, face au port de plaisance, on ne goûte que mieux la tradition des côtes bretonnes. Pour prolonger l'étape, des chambres fraîches et pratiques.

à Ploumanach 6 km par ② – ✉ 22700 Perros-Guirec

Rochers★★ - Parc municipal★★.

Castel Beau Site

plage St-Guirec – ☎ 02 96 91 40 87 – www.castelbeausite.com

33 ch – †160/350 € ††160/350 € – ☕ 15 € – ½ P 130/225 €

Rest *La Table de mon Père* – voir les restaurants ci-après

◆ Cette grande bâtisse en granit rose des années 1930 a presque les pieds dans l'eau ! À l'intérieur, un décor très design et réussi : couleurs tranchées, toiles contemporaines, douches à l'italienne, etc. Pour découvrir le Trégor autrement...

Du Parc

rest,

174 pl. St-Guirec – ☎ 02 96 91 40 80 – www.hotel-duparc-perros.com – Ouvert 15 fév.-11 nov.

10 ch – †64/89 € ††64/89 € – ☕ 11 €

Rest *La Cotriade* – voir les restaurants ci-après

Rest *La Crêperie* – Menu 11 € – Carte 18/25 €

◆ Au centre du village, à côté de la plage et de ses célèbres rochers, une maison familiale en granit rose avec un beau jardin. Les chambres sont petites, mais bien agencées ; pour se restaurer, il y a deux restaurants, dont une crêperie.

Des Rochers

ch,

70 chemin de la Pointe, (au port de Ploumanach) – ☎ 02 96 91 67 54 – www.hotel-desrochers-perros.com – Fermé 2 janv.-10 fév. et 13 nov.-10 déc.

11 ch – †55/100 € ††55/100 € – ☕ 9 € – ½ P 60/82 €

Rest *(fermé mardi midi et lundi)* – Formule 16 € – Menu 20 € (déj.), 26/56 € – Carte 34/81 €

◆ Sur le port, face à la mer, ce charmant hôtel cultive un bel esprit... marin. Les chambres, contemporaines, fraîches et bien insonorisées, affichent clairement la couleur : du bleu et du blanc ! Au restaurant, carte de poissons et crustacés.

La Table de mon Père – Hôtel Castel Beau Site

plage St-Guirec – ☎ 02 96 91 40 87 – www.castelbeausite.com – fermé le midi

Rest – Menu 35/75 € – Carte 52/76 €

◆ Profiter, sur la plage de St-Guirec, des dernières lueurs du couchant, bien au chaud dans une salle design, en dégustant une soupe de coco à l'huile de truffe et tartine de dorade, un saint-pierre au fenouil. La Table de mon Père... et de la mer.

La Cotriade – Hôtel Du Parc

174 pl. St-Guirec – ☎ 02 96 91 40 80 – www.hotel-duparc-perros.com – Ouvert 15 fév.-11 nov. et fermé sam. midi et mardi

Rest – Formule 13 € – Menu 15/99 € – Carte 25/55 €

◆ L'été, on se presse en terrasse pour déguster des huîtres, du homard et, bien sûr, de la cotriade ! Il faut dire que le chef fait tout lui-même : terrines, foie gras, desserts...

PERTUIS – 84 Vaucluse – 332 G11 – 18 872 h. – alt. 246 m – ✉ 84120 40 B2

Provence

Paris 747 – Aix-en-Provence 23 – Apt 36 – Avignon 76

place Mirabeau, ☎ 04 90 79 15 56, www.tourismepertuis.fr

Sévan Parc Hôtel

ch,

rte de la Bastidonne, 1,5 km à l'Est – ☎ 04 90 79 19 30 – www.sevanparchotel.com

46 ch – †84/119 € ††104/165 € – ☕ 11 €

Rest *L'Olivier* ☎ 04 90 79 08 19 *(fermé dim. soir et lundi soir sauf juil.-août, lundi midi et merc. midi en juil.-août)* – Formule 19 € – Menu 31/52 €

Rest *La Paillote* ☎ 04 90 09 63 67 *(fermé de mi-déc. à mi-janv. et mardi)* – Formule 11 € – Menu 16 € (déj. en sem.)

◆ Au pied du Luberon, dans un parc fleuri, cet hôtel profite d'un environnement calme et verdoyant. Chambres ensoleillées d'inspiration provençale. Cuisine régionale à L'Olivier (agréable salle contemporaine). Ambiance décontractée à La Paillote, terrasse au bord de la piscine, grillades et plats tex-mex.

Château Grand Callamand sans rest
rte de la Loubière, 2 km par r. Léon-Arnoux – 04 90 09 61 00 – www.chateaugrandcallamand.fr
3 ch – 130/160 € 130/160 €
◆ Superbe bastide du 16^{e}s. posée au cœur d'un domaine viticole. Accueil charmant, quiétude, piscine, terrasse face à la montagne Ste-Victoire et déco de bon goût dans les chambres.

Le Boulevard
50 bd Pecout – 04 90 09 69 31 – www.restaurant-le-boulevard.com – Fermé 1er-11 juil., vacances de fév., dim. soir, mardi soir et merc.
Rest *(nombre de couverts limité, réserver)* – Menu 19 € (déj.), 28/38 € – Carte 35/45 €
◆ Aménagé à l'étage d'une maison ancienne, ce restaurant du centre-ville vous reçoit dans une jolie salle rustique. Cuisine traditionnelle évoluant au gré des saisons.

PETIT-BERSAC – 24 Dordogne – 329 C4 – 173 h. – alt. 90 m – 24600 39 C3

Paris 501 – Bordeaux 121 – Périgueux 50 – Angoulême 49

Château Le Mas de Montet
– 05 53 90 08 71 – www.lemasdemontet.com
10 ch – 150/320 € 150/320 € – 16 €
Rest – Menu 30/45 € – Carte 38/80 €
◆ Abords très soignés pour ce superbe château Renaissance : parc fleuri, piscine, potager, terrasse. L'intérieur, romantique et raffiné, séduit tout autant. Cuisine traditionnelle servie dans la salle à manger grandiose et terriblement "châtelaine"...

PETITE-HETTANGE – 57 Moselle – 307 I2 – rattaché à Malling

LA PETITE-PIERRE – 67 Bas-Rhin – 315 H3 – 602 h. – alt. 340 m – 67290 Alsace Lorraine 1 A1

Paris 433 – Haguenau 41 – Sarreguemines 48 – Sarre-Union 24
2a, rue du Château, 03 88 70 42 30, www.ot-paysdelapetitepierre.com

La Clairière ch, rest,
63 rte d'Ingwiller, 1,5 km par D 7 – 03 88 71 75 00 – www.laclairiere.com – Fermé 2 sem. en janv.
50 ch – 105/175 € 149/249 € – 25 € – ½ P 129/185 €
Rest – Menu 37 € (dîner), 49/54 € – Carte 40/54 €
◆ Lové au cœur de la forêt, cet hôtel moderne est dédié au bien-être : spa de 1 200 m^2, piscine ouverte sur la terrasse en teck, salles de séminaire avec possibilité d'épreuves sportives... Chambres spacieuses. Un restaurant feutré ; une cuisine saine et des vins bio.

Au Lion d'Or
15 r. Principale – 03 88 01 47 57 – www.liondor.com
38 ch – 58/148 € 98/250 € – 15 € – ½ P 85/170 €
Rest *Au Lion d'Or* – voir les restaurants ci-après
◆ Parfaite adresse pour se ressourcer ! En pleine nature, cet établissement dispose d'un centre d'arbrothérapie (traduire : utiliser la forêt pour se sentir mieux). Les chambres "arbro" justement, actuelles et épurées, sont bien plaisantes.

Des Vosges ch, rest,
30 r. Principale – 03 88 70 45 05 – www.hotel-des-vosges.com – Fermé 23-27 juil. et 20 fév.-9 mars
30 ch – 62 € 73/89 € – 11 € – ½ P 68/78 €
Rest – Formule 18 € – Menu 27 € (sem.)/58 € – Carte 39/58 €
◆ Chambres douillettes et bien tenues, à la décoration soignée (certaines typiquement alsaciennes) ; agréable espace bien-être. Salle à manger bourgeoise ouverte sur la vallée, spécialités régionales (truite au bleu) et vins choisis (vieux millésimes).

Au Lion d'Or – Hôtel Au Lion d'Or
15 r. Principale – ✆ 03 88 01 47 57 – www.liondor.com
Rest – Formule 18 € – Menu 38/59 € – Carte 38/59 €
◆ Le credo de l'hôtel, "être en communion avec la forêt", s'applique également au restaurant, avec sa décoration élégante, ses boiseries et sa vue panoramique sur la vallée. Au menu, de bonnes recettes régionales, très "nature".

à Graufthal 11 km au Sud-Ouest par D 178 et D 122 – ✉ 67320 Eschbourg

Au Vieux Moulin
7 r. du Vieux-Moulin – ✆ 03 88 70 17 28 – www.auvieuxmoulin.eu – Fermé 25 juin-9 juil. et vacances de fév.
14 ch – †55/70 € ††55/70 € – 1 suite – ☕ 9 € – ½ P 52/63 €
Rest *(fermé lundi sauf résidents)* – Menu 11 € (déj. en sem.), 20/37 € – Carte 31/47 €
◆ Dans ce hameau dont Erckmann et Chatrian ont vanté la sérénité, cette maison vous réserve un accueil chaleureux. Chambres de style actuel, simples et fraîches. Au restaurant, on déguste une cuisine familiale aux accents alsaciens.

Au Cheval Blanc
19 r. Principale – ✆ 03 88 70 17 11 – www.auchevalblanc.net – Fermé 25 août-14 sept., 2-21 janv., lundi soir, merc. soir et mardi
Rest – Formule 24 € – Menu 27/52 € – Carte 29/60 €
◆ Une auberge engageante ! Le décor, rustique et hétéroclite (poêle en faïence, bibelots...), sert à merveille une cuisine de tradition pleine de finesse.

LE PETIT-PRESSIGNY – 37 Indre-et-Loire – 317 O7 – 314 h. – alt. 80 m – ✉ 37350

11 B3

Paris 290 – Le Blanc 38 – Châtellerault 36 – Châteauroux 68

La Promenade (Fabrice et Jacky Dallais)
11 r. du Savoureulx – ✆ 02 47 94 93 52 – Fermé 19 sept.-5 oct., 2 janv.-2 fév., mardi sauf le soir en juil.-août, dim. soir et lundi
Rest – Menu 40/85 € – Carte 60/100 €
Spéc. Bouillon de carottes aux fèves, sarriette et lard. Géline de Touraine rôtie au citron et royale de foie gras. « Paris-brest » en éclair. **Vins** Touraine, Saumur-Champigny.
◆ Le rétro est à la mode : une salle aux airs de vieille halle ; l'autre plus rustique. Sur des bases classiques, le chef crée des accords originaux et des saveurs bien marquées.

LE PETIT QUEVILLY – 76 Seine-Maritime – 304 G5 – rattaché à Rouen

PETRETO-BICCHISANO – 2A Corse-du-Sud – 345 C9 – voir à Corse

PEYREHORADE – 40 Landes – 335 E13 – 3 465 h. – alt. 19 m – ✉ 40300 Aquitaine

3 B3

Paris 808 – Bordeaux 229 – Mont-de-Marsan 96 – Pau 80
147, avenue des évadés, ✆ 05 58 73 00 52, www.tourisme-paysdorthe.fr

Le Central
pl. Aristide-Briand – ✆ 05 58 73 01 44 – www.hotel-le-central.fr – Fermé 16 déc.-10 janv., 24 fév.-6 mars
17 ch – †55 € ††69 € – 2 suites – ☕ 9 € – ½ P 55 €
Rest *(fermé vend. soir, dim. soir et lundi)* – Menu 15/37 € – Carte 38/60 €
◆ Cet ancien relais de poste du 18e s. est vraiment... central ! Les chambres sont simples et spacieuses, et l'accueil prévenant. Cuisine traditionnelle réalisée à partir de produits frais : poulet des Landes rôti, terrine de foie gras maison, poêlée de cèpes...

PÉZENAS – 34 Hérault – 339 F8 – 8 439 h. – alt. 15 m – ✉ 34120 Languedoc Roussillon

23 C2

Paris 734 – Agde 22 – Béziers 24 – Lodève 39
place des Etats du Languedoc, ✆ 04 67 98 36 40, www.ot-pezenas-valdherault.com
Vieux Pézenas★★ : Hôtels de Lacoste★, d'Alfonce★, de Malibran★.

Villa Juliette sans rest
6 Chemin de la Faissine – 04 67 35 25 38 – www.villajuliette.com
4 ch – 74/99 € 74/99 €
◆ Face au parc Sans-Souci... Une villa propice à la détente, avec un jardin de mimosas et de palmiers, une belle piscine et un bon petit-déjeuner (confitures maison, produits frais).

L'Entre Pots
8 av. Louis-Montagne – 04 67 90 00 00 – www.restaurantentrepots.fr – Fermé dim. et lundi
Rest – Formule 21 € – Menu 26 € (déj.)/29 € – Carte 35/45 €
◆ Un ancien entrepôt dédié à tous les plaisirs du palais... Cuisine mêlant saveurs du terroir et touches créatives, belle sélection de vins régionaux et petite épicerie fine.

Le Pré St-Jean
18 av. Mar. Leclerc – 04 67 98 15 31 – http://restaurant-leprestjean.fr – Fermé jeudi soir sauf juil.-août, dim. soir et lundi
Rest – Formule 19 € – Menu 25/50 € – Carte 30/60 €
◆ Sur le boulevard circulaire, un bon restaurant traditionnel : classiques bistrotiers (tête de veau sauce gribiche, pâté de Pézenas) et belle sélection de vins languedociens.

à Nézignan-l'Évêque Sud 5 km par D 609 et D 13 – 1 322 h. – alt. 40 m – ✉ 34120

Hostellerie de St-Alban
ch, rest,
31 rte Agde – 04 67 98 11 38 – www.saintalban.com – Ouvert 14 fév.-14 nov.
13 ch – 82/160 € 98/160 € – 15 € – ½ P 96/125 €
Rest – Formule 24 € – Menu 34/44 € – Carte 44/58 €
◆ Jolie maison de maître du 19e s., nichée dans un coquet jardin fleuri. Espace, couleur et mobilier en fer forgé caractérisent les chambres, parfois très originales. Au restaurant, murs immaculés, œuvres contemporaines et cuisine actuelle (un menu du terroir).

PEZENS – 11 Aude – **344** F3 – rattaché à Carcassonne

PÉZILLA-LA-RIVIÈRE – 66 Pyrénées-Orientales – **344** H6 – 3 114 h. – alt. 75 m – ✉ 66370 **22** B3

Paris 857 – Argelès-sur-Mer 35 – Le Boulou 25 – Perpignan 12

L'Aramon Gourmand
127 av. du Canigou, rte Baho, D 614 – 04 68 92 43 59 – www.aramongourmand.fr – Fermé 1 sem. fin oct., 1 sem. en fév., dim. soir, mardi soir et merc.
Rest – Formule 26 € – Menu 33/43 €
◆ Le chef connaît son métier et cela se sent : il concocte une jolie cuisine traditionnelle et quelques plats du terroir. Et de la salle principale, on aperçoit la cave à vin. Rustique... mais sympathique !

PFAFFENHOFFEN – 67 Bas-Rhin – **315** J3 – 2 753 h. – alt. 170 m – ✉ 67350 Alsace Lorraine **1** B1

Paris 457 – Haguenau 16 – Sarrebourg 55 – Sarre-Union 50

Musée de l'Imagerie peinte et populaire alsacienne★.

De l'Agneau avec ch
rest, ch,
3 r. de Saverne – 03 88 07 72 38 – www.hotel-restaurant-delagneau.com – Fermé 7-11 mars, 20-24 juin, 5-22 sept., lundi et mardi
11 ch – 57/63 € 63/73 € – 13 €
Rest – Formule 12 € – Menu 27/75 € bc – Carte 44/64 €
◆ Cuisine traditionnelle et belle carte des vins dans cette auberge de 1769 tenue par deux sœurs (7e génération). Jolie salle alsacienne et terrasse dans la cour intérieure fleurie. Chambres coquettes pour l'étape.

PFULGRIESHEIM – 67 Bas-Rhin – **315** K5 – rattaché à Strasbourg

PHALSBOURG – 57 Moselle – **307** O6 – **4 707 h.** – **alt. 365 m** **27** D2
– ✉ 57370 Alsace Lorraine

Paris 435 – Metz 110 – Sarrebourg 17 – Sarreguemines 50

30, place d'Armes, ☎ 03 87 24 42 42, www.phalsbourg.fr

Erckmann-Chatrian rest, rest, VISA

pl. d'Armes – ☎ 03 87 24 31 33 – www.erckmann-chatrian.net

16 ch – †68/70 € ††82 € – ☕ 9 € – ½ P 78 €

Rest *(fermé mardi midi et lundi)* – Formule 13 € – Menu 23/47 € – Carte 30/60 €

◆ Une maison ancienne typique dont la façade fleurie ne manque pas de cachet. Les chambres sont relativement spacieuses, plutôt fonctionnelles, et adoptent un style classique. Classicisme de rigueur également au restaurant ; superbes boiseries sombres et cuisine traditionnelle.

Au Soldat de l'An II (Georges Schmitt) avec ch ch, VISA

1 rte de Saverne – ☎ 03 87 24 16 16 – www.soldatan2.com

– Fermé 7-16 mai, 29 oct.-15 nov., 2-24 janv., dim. soir, mardi midi et lundi

7 ch – †160/210 € ††160/210 € – ☕ 26 € – ½ P 194/219 €

Rest – Formule 40 € bc – Menu 88/135 € bc – Carte 78/118 €

Spéc. Le célèbre foie gras de l'An II. Gibier avec champignons de nos forêts (saison). Fraises mi-confites, nuage aux fraises et glace fraise-framboise (saison). **Vins** Vins de Moselle blanc et rouge.

◆ Un Soldat distingué : cette ancienne grange affiche une élégance subtilement baroque (pierres, poutres, tableaux...). Superbes produits, recettes innovantes fondées sur des bases classiques, crus d'exception : les saveurs sont au garde-à-vous. Chambres spacieuses et d'un luxe discret.

à Bonne-Fontaine Est : 4 km par D 604 et rte secondaire
– ✉ 57370 Danne-et-Quatre-Vents

Notre-Dame de Bonne Fontaine VISA AE

212 rte Bonne-Fontaine – ☎ 03 87 24 34 33

– www.notredamebonnefontaine.com – Fermé 1 sem. en fév., vend. soir, dim. soir et sam. en janv.-fév.

33 ch – †59/69 € ††71/84 € – ☕ 10 € – ½ P 67/75 €

Rest *(fermé vend. soir, dim. soir et sam. en janv., fév. , dim. soir en nov.)* – Formule 15 € – Menu 20/52 € bc – Carte 25/50 €

◆ La même famille tient depuis plusieurs générations cet hôtel en pleine forêt, non loin de la source miraculeuse. De belles promenades en perspective avant de prendre un repos bien mérité dans des chambres toutes simples.

PHILIPPSBOURG – 57 Moselle – **307** Q5 – **557 h.** – **alt. 215 m** – ✉ 57230 **27** D1

Paris 450 – Haguenau 29 – Strasbourg 58 – Wissembourg 42

186, rue de Baerenthal, ☎ 03 87 06 56 12, www.philippsbourg.fr

Au Tilleul VISA

24 rte de Niederbronn – ☎ 03 87 06 50 10 – www.resto.fr/autilleul

– Fermé janv., le soir en nov. sauf week-ends, lundi soir, mardi soir et merc.

Rest – Formule 12 € – Menu 17 € (sem.), 29/52 € – Carte 25/47 €

◆ Deux espaces dans cette auberge familiale : d'abord un bar où l'on sert des plats du jour, puis une agréable salle dédiée à la cuisine traditionnelle. Parmi les spécialités de la maison, la truite au bleu.

à l'étang de Hanau Nord-Ouest : 5 km par D 662 et rte secondaire
– ✉ 57230 Philippsbourg

Étang★ Alsace Lorraine

Beau Rivage sans rest VISA

– ☎ 03 87 06 50 32 – www.hotel-beau-rivage-fr.com – Fermé fév.

22 ch – †41/45 € ††61/89 € – ☕ 9 €

◆ Des arbres partout ! On est bien dans la forêt, sur l'étang de Hanau. La plupart des chambres sont de facture contemporaine, avec un balcon pour celles qui donnent sur l'eau. Certaines, en revanche, ont un mobilier typiquement alsacien.

PIANA – 2A Corse-du-Sud – **345** A6 – voir à Corse

LE PIAN-MÉDOC – 33 Gironde – **335** H5 – 5 245 h. – alt. 36 m – ✉ 33290 **3** B1

Paris 578 – Bordeaux 20 – Mérignac 18 – Pessac 24

Golf du Médoc Hôtel & Spa
chemin de Courmanteau, à Louens – ✆ 05 56 70 31 31 – www.hotelgolfdumedoc.com
79 ch – †99/185 € ††110/205 € – ☐ 17 €
Rest – Menu 23 € (déj.)/55 € bc – Carte 35/55 €
◆ Sur le site du golf du Médoc (320 ha), cet ensemble récent s'intègre parfaitement dans le paysage. Chambres spacieuses, fonctionnelles et chaleureuses ; agréable spa (soins esthétiques et massages) ; club house et restaurant... Tout pour la détente !

PIERRE-BUFFIÈRE – 87 Haute-Vienne – **325** F6 – 1 148 h. – alt. 330 m – ✉ 87260 **24** B2

Paris 415 – Limoges 22 – Brantôme 84 – Guéret 107

place du 8 Mai 1945, ✆ 05 55 00 94 33, www.pierre-buffiere.com

La Providence
pl. Adeline – ✆ 05 55 00 60 16 – www.hotel-limoges.net – Fermé janv., dim. soir et lundi midi du 15 nov. au 15 avril sauf vacances scolaires
14 ch – †60/95 € ††60/120 € – ☐ 10 €
Rest – Menu 19/75 € – Carte 35/77 €
◆ Sur une place verdoyante, une auberge de village pratique pour faire étape. Les chambres sont très bien tenues et, côté restaurant – classique et engageant –, on propose une cuisine de tradition concoctée avec des produits régionaux.

PIERRE-DE-BRESSE – 71 Saône-et-Loire – **320** L8 – 1 967 h. – alt. 202 m – ✉ 71270 Bourgogne **8** D2

Paris 354 – Beaune 47 – Chalon-sur-Saône 42 – Dole 36

Ecomusée de la Bresse bourguignonne★.

La Poste
9 pl. Comte-André-d'Estampes, (face au château) – ✆ 03 85 76 24 47 – www.hoteldelaposte.free.fr – Fermé vend. soir d'oct. à avril
Rest – Formule 11 € – Menu 19/47 € – Carte 30/52 €
◆ Face au château du 17e s., cette auberge joue la carte de l'authenticité : poutres apparentes, déco champêtre, mais aussi – et surtout ! – bons produits du terroir cuisinés avec soin, pour des assiettes généreuses et goûteuses.

PIERREFITTE-EN-AUGE – 14 Calvados – **303** N4 – rattaché à Pont-L'Évêque

PIERREFITTE-SUR-SAULDRE – 41 Loir-et-Cher – **318** J6 – 853 h. – alt. 125 m – ✉ 41300 **12** C2

Paris 185 – Orléans 52 – Aubigny-sur-Nère 23 – Blois 73

10, place de l'Église, ✆ 02 54 88 67 15

Le Lion d'Or
1 pl. de l'Église – ✆ 02 54 88 62 14 – Fermé 3-25 sept., 2-17 janv., merc. soir et jeudi soir hors saison, lundi et mardi sauf fériés
Rest – Menu 33/41 € – Carte 49/58 €
◆ Solognote dans l'âme, cette maison ne badine pas avec la tradition : cadre rustique (murs à pans de bois, poutres, faïences anciennes), cuisine régionale et gibier en saison.

PIERREFONDS – 60 Oise – **305** I4 – 2 015 h. – alt. 81 m – ✉ 60350 **37** C2
Nord Pas-de-Calais Picardie

Paris 82 – Beauvais 78 – Compiègne 15 – Soissons 31

place de l'Hôtel de Ville, ✆ 03 44 42 81 44, www.pierrefonds-tourisme.net/ot

Château★★ - St-Jean-aux-Bois : église★ O : 6 km.

à Chelles 4,5 km à l'Est par D 85 – 448 h. – alt. 75 m – ✉ 60350

XX **Relais Brunehaut** avec ch
3 r. de l'Église – ☎ 03 44 42 85 05 – www.lerelaisbrunehaut.fr – Fermé 15 janv.-15 fév., mardi midi et lundi du 15 avril au 15 nov., merc. midi et jeudi midi du 16 nov. au 15 avril
11 ch – †55 € ††55/130 € – ☕ 9 € – ½ P 74 €
Rest – Menu 25 € (sem.), 40/46 € bc – Carte 50/100 €
◆ Ordonnés autour d'une cour fleurie, le moulin – avec sa roue à aubes – abrite des chambres agréables, et l'auberge, une plaisante salle à manger rustique. Carte traditionnelle.

à St-Jean-aux-Bois : 6 km par D 85 – 309 h. – alt. 71 m – ✉ 60350

XXX **Auberge à la Bonne Idée** avec ch
3 r. des Meuniers – ☎ 03 44 42 84 09 – www.a-la-bonne-idee.fr – Fermé 2 janv.-2 fév., dim. soir et lundi
23 ch – †90/165 € ††90/165 € – ☕ 14 € – ½ P 110/145 €
Rest – Menu 33 € (sem.), 49/77 € – Carte 75/90 €
Spéc. Ravioles de foie gras de canard, bouillon de poule crémé aux truffes. Croustillant de ris de veau, quinoa à la crème. Soufflé chaud au Grand Marnier, sorbet orange.
◆ Plus qu'une bonne, une excellente idée qu'un repas en cette jolie auberge (pierres, poutres, cheminée...). La cuisine est raffinée et harmonieuse, portée par une équipe animée par le désir de bien faire. Chambres agréables, au charme suranné ou plus contemporaines.

PIERREFORT – 15 Cantal – **330** F5 – 911 h. – alt. 950 m – ✉ 15230 **5** B3
Paris 540 – Aurillac 64 – Entraygues-sur-Truyère 55 – Espalion 62
29, avenue Georges Pompidou, ☎ 04 71 23 38 04, www.paysdepierrefort.com

Du Midi
5 av. G. Pompidou – ☎ 04 71 23 30 20 – www.hoteldumidi-pierrefort.com – Fermé 23 déc.-15 janv.
13 ch – †57/60 € ††60/63 € – ☕ 9 € – ½ P 60/67 €
Rest – Formule 11 € – Menu 15 € (sem.), 27/41 € – Carte 29/60 €
◆ Une adresse facile à repérer au centre du village. Chambres fonctionnelles, espace réunions, nurserie : elle convient aussi bien aux familles qu'à la clientèle d'affaires. Le restaurant est dans une ancienne maison de vigneron adjacente : du caractère !

PIERRELATTE – 26 Drôme – **332** B7 – 12 893 h. – alt. 50 m – ✉ 26700 **44** B3
Lyon Drôme Ardèche
Paris 624 – Bollène 17 – Montélimar 23 – Nyons 45
place du Champ de Mars, ☎ 04 75 04 07 98, www.office-tourisme-pierrelatte.com
Ferme aux crocodiles★, S : 4 km par N 7 jusqu'à l'échangeur avec la D 59.

Du Tricastin sans rest
r. Caprais-Favier – ☎ 04 75 04 05 82 – www.hoteldutricastin.com
13 ch – †49/58 € ††51/60 € – ☕ 7 €
◆ Dans une rue calme, ce petit hôtel abrite des chambres bien équipées (climatisées côté jardin). Tenue sérieuse et service attentionné. Parking clos.

PIERRE-PERTHUIS – 89 Yonne – **319** F7 – rattaché à Vézelay

PIETRANERA – 2B Haute-Corse – **345** F3 – voir à Corse (Bastia)

PIGNA – 2B Haute-Corse – **345** C4 – voir à Corse (Ile-Rousse)

LE PIN-AU-HARAS – 61 Orne – **310** J2 – 354 h. – alt. 202 m – ✉ 61310 **33** C2
Paris 183 – Alençon 47 – Caen 78 – Lisieux 68

XX **La Tête au Loup**
– ☎ 02 33 35 57 69 – www.lateteauloup.fr – Fermé 4-10 juil., 18 déc.-3 janv. et 26 fév.-14 mars
Rest – Menu 29/46 € – Carte 41/64 €
◆ Non loin du "Versailles du cheval", une auberge de pays où s'attabler pour déguster une bonne cuisine traditionnelle, concoctée à base de produits frais. Aux beaux jours, direction la terrasse et sa vue dégagée sur le bocage normand.

LE PIN-LA-GARENNE – 61 Orne – **310** M4 – rattaché à Mortagne-au-Perche

PINSAGUEL – 31 Haute-Garonne – **343** G3 – 2 577 h. – alt. 151 m – ✉ 31120 **28** B2

Paris 692 – Foix 71 – Montauban 69 – Toulouse 16

Le Gentiane

7 r. du Cagire – ✆ 05 62 20 55 00 – www.legentiane.fr – Fermé 13 août-2 sept., 31 déc.-6 janv., dim. soir, mardi soir et lundi

Rest – Menu 13 € (déj. en sem.), 30/45 €

◆ Après avoir tenu une épicerie fine à Toulouse, ce couple charmant a réalisé son rêve : ouvrir un restaurant aux airs de maison privée, où l'on se rend "comme chez des amis". À un détail près : ici, on est sûr de bien manger ! Carte classique.

PINSOT – 38 Isère – **333** J5 – rattaché à Allevard

PIOGGIOLA – 2B Haute-Corse – **345** C4 – voir à Corse

PIRIAC-SUR-MER – 44 Loire-Atlantique – **316** A3 – 2 279 h. – alt. 7 m – ✉ 44420 Bretagne **34** A2

Paris 462 – La Baule 17 – Nantes 88 – La Roche-Bernard 33

7, rue des Cap-Horniers, ✆ 02 40 23 51 42, www.piriac.net

Pointe du Castelli ≤★ SO : 1 km.

De la Poste

26 r. de la Plage – ✆ 02 40 23 50 90 – www.piriac-hoteldelaposte.com – Fermé 15 nov.-19 déc., 3-11 fév., dim. soir et merc. de sept. à mars

10 ch – †62/68 € ††62/77 € – ☕ 9 € – ½ P 60/70 €

Rest *(fermé de lundi à jeudi en mars, dim. soir et merc. de sept. à mars)* – Formule 11 € bc – Menu 26/42 € – Carte 20/48 €

◆ Une grande villa des années 1930 où les familles sont bienvenues : certaines chambres peuvent accueillir de 4 à 6 personnes. Une bonne base pour découvrir ce charmant petit port de pêche et ses maisons de granit. Cuisine traditionnelle toute simple.

PISCIATELLO – 2A Corse-du-Sud – **345** C8 – voir à Corse (Ajaccio)

PITHIVIERS – 45 Loiret – **318** K2 – 8 719 h. – alt. 115 m – ✉ 45300 Châteaux de la Loire **12** C1

Paris 82 – Chartres 74 – Fontainebleau 46 – Montargis 46

1, mail Ouest, ✆ 02 38 30 50 02, www.ville-pithiviers.fr

Le Relais de la Poste

10 Mail Ouest – ✆ 02 38 30 40 30 – www.le-relais-de-la-poste.com

41 ch – †60 € ††70 € – ☕ 8 €

Rest *(fermé dim. soir)* – Formule 14 € – Menu 18/32 € – Carte 27/48 €

◆ Dans une grande bâtisse du centre-ville, autrefois relais de poste (19e s.), des chambres spacieuses et bien tenues (rénovation récente), avec poutres et mansardes aux étages supérieurs. La même famille tient cet hôtel depuis plus de 80 ans.

Aux Saveurs Lointaines

1 pl. Martroi – ✆ 02 38 30 18 18 – www.auxsaveurslointaines.com – Fermé 15 déc.-15 janv., dim. soir et lundi

Rest – Formule 14 € – Carte 17/40 €

◆ Rideaux en bambou, paille tressée, mobilier en teck et fer forgé ; ces détails évoquent les contrées et saveurs lointaines. Cuisine traditionnelle vietnamienne et fruits exotiques.

PIZAY – 69 Rhône – **327** H3 – rattaché à Belleville

PLAGE DE CALALONGA – 2A Corse-du-Sud – **345** E11 – voir à Corse (Bonifacio)

LA PLAGNE – 73 Savoie – **333** N4 – ✉ 73210 Alpes du Nord **45** D2

Paris 678 – Bourg-St-Maurice 32 – Grenoble 140 – Lyon 219

Les Provagnes, ✆ 04 79 09 79 79, www.la-plagne.com

à Plagne-Bellecôte 4 km à l'Est – ✉ 73210

Carlina rest, VISA AE
– ✆ 04 79 09 78 46 – *www.carlina-belleplagne.com* – *Ouvert 10 déc.-22 avril*
47 ch (½ P seult) – – ½ P 150/320 € **Rest** – Carte 35/65 €
◆ Attention, ce grand chalet récent se trouve sur les hauteurs, à Belle-Plagne et non à la Plagne ! On le reconnaît à son allure engageante... Autres atouts : terrasse du restaurant avec vue superbe, chambres sympathiques dans un esprit montagnard ou épuré, sans parler de l'accès direct aux pistes !

PLAGNE-BELLECÔTE – 73 Savoie – 333 N4 – rattaché à la Plagne

PLAILLY – 60 Oise – 305 G6 – 1 658 h. – alt. 100 m – ✉ 60128 19 C2

Paris 40 – Beauvais 69 – Chantilly 16 – Compiègne 46

La Gentilhommière VISA AE
25 r. Georges Bouchard, (derrière l'église) – ✆ 03 44 54 30 20
– http://lagentilhommiere-plailly.perso.neuf.fr – Fermé 2-21 août, 16-28 fév., dim. soir, lundi et mardi
Rest – Menu 24 € (déj. en sem.), 34/44 €
◆ Cette table prend ses aises dans l'ancienne étable d'un relais de poste du 17^{e}s. : cheminée, poutres et cuivres ! Carte traditionnelle et suggestions du jour selon le marché.

PLAIMPIED-GIVAUDINS – 18 Cher – 323 K5 – 1 684 h. – alt. 165 m 12 C3
– ✉ 18340

Paris 254 – Bourges 14 – Châteauroux 74 – Orléans 128

Aux Marais VISA
12 r. des Marais – ✆ 02 48 25 54 45 – Fermé 3 sem. en janv., 16 juil.-6 août, dim. soir, lundi et mardi
Rest – Formule 20 € – Menu 27/41 €
◆ Une cuisine réalisée à quatre mains… à Plaimpied ! La carte, fraîche et un brin audacieuse, est revue tous les deux mois : mariage terre-mer, sucré-salé... Décor rustique.

PLAINE-DE-WALSCH – 57 Moselle – 307 N6 – 582 h. – alt. 300 m 27 D2
– ✉ 57870

Paris 454 – Épinal 150 – Metz 130 – Nancy 94

Étable Gourmande avec ch ch, VISA AE
3 rte du Stossberg, rte de Vallerysthal – ✆ 03 87 25 66 34 – www.aubergedeletable.com
– Fermé 2 sem. en janv., 2 sem. en août, lundi midi, mardi midi, sam. midi et dim. soir
10 ch – †59/63 € ††59/63 € – 8 €
Rest – Menu 20 € (déj.), 45/59 € – Carte 50/67 €
◆ Élégant et rustique, le cadre surprend d'abord agréablement. Puis viennent les délices du saumon fumé maison, de la belle charcuterie de cochon fermier, d'une cuisine généreuse et bien réalisée. Une Étable, et une étape, effectivement gourmandes. Les chambres, agencées dans un esprit chalet, ne sont pas mal non plus...

LA PLAINE-SUR-MER – 44 Loire-Atlantique – 316 C5 – 3 747 h. 34 A2
– alt. 26 m – ✉ 44770

Paris 438 – Nantes 58 – Pornic 9 – St-Michel-Chef-Chef 7
square du Fort Gentil, ✆ 02 40 21 52 52, www.laplainesurmer.fr
Pointe de St-Gildas★ O : 5 km Poitou Charentes Vendée

Anne de Bretagne VISA AE
au Port de la Gravette, 3 km au Nord-Ouest – ✆ 02 40 21 54 72
– www.annedebretagne.com – Fermé janv. à mi-fév. et lundi d'oct. à avril
20 ch – †140/360 € ††140/360 € – 21 € – ½ P 170/272 €
Rest *Anne de Bretagne* ✿✿ – voir les restaurants ci-après
◆ Une grande bâtisse contemporaine, toute blanche, posée sur une dune. À l'horizon : le petit port de la Gravette et... rien que la mer ! Idéal pour une escale marine rasséréante, d'autant que le décor – au beau design épuré – repose les sens...

XXX ✿✿ **Anne de Bretagne** (Philippe Vételé)

au Port de la Gravette, 3 km au Nord-Ouest – ✆ 02 40 21 54 72 – www.annedebretagne.com – Fermé janv. à mi-fév., dim. soir et merc. midi de fin sept. à juin, mardi midi et lundi

Rest – Menu 39 € (déj. en sem.), 63/130 € – Carte 80/125 € ✿

Spéc. Déclinaison d'huîtres en quatre températures. Bar de ligne en cuisson lente, concassé de sardines aux aromates (mars à oct.). Carottes "nantaises", dacquoise réglisse, crème brûlée, glace cumin, pain d'épice. **Vins** Muscadet Sèvre et Maine, Vin de pays du Jardin de la France.

◆ Une grande salle ouverte sur la mer : le cœur d'un sujet superbement illustré. Philippe Vételé témoigne d'une grande adresse en s'appropriant recettes classiques et meilleurs produits (pêche locale, mais aussi terroir) – en accord avec des vins parfaitement choisis par son épouse, sommelière.

PLAISIANS – 26 Drôme – 332 E8 – 182 h. – alt. 612 m – ✉ 26170 — 44 B3

Paris 690 – Carpentras 44 – Nyons 33 – Vaison-la-Romaine 27

X **Auberge de la Clue**

pl. de l'Église – ✆ 04 75 28 01 17 – Ouvert 1er avril-17 oct., week-ends et fériés de nov. à mars sauf fév. et fermé dim. soir et lundi

Rest – Formule 20 € – Menu 28/34 € – Carte 32/46 €

◆ On vient parfois de loin pour savourer ici une alléchante cuisine face au mont Ventoux : caillette aux herbes, blanquette de chevreau, lapin à la tapenade... Sympathique !

PLANCOËT – 22 Côtes-d'Armor – 309 I3 – 3 089 h. – alt. 41 m – ✉ 22130 — 10 C2

Paris 417 – Dinan 17 – Dinard 20 – St-Brieuc 46

1, rue des Venelles, ✆ 02 96 84 00 57

XXX ✿ **Maxime et Jean-Pierre Crouzil et Hôtel L'Écrin** avec ch

20 les Quais – ✆ 02 96 84 10 24 – www.crouzil.com rest, *– Fermé 1er-15 oct., dim. soir et mardi soir sauf juil.-août et lundi*

7 ch – †75/120 € ††120 € – ☕ 15 €

Rest *(réserver)* – Menu 38 € (déj. en sem.), 65/130 € – Carte 58/120 € ✿

Spéc. Saint-Jacques dorées au sautoir, verjus et pétales de tomate confite au basilic. Homard breton rôti et brûlé au lambic. Moelleux tiède au chocolat noir, crème glacée à la vanille.

Rest *Côté Bistrot* *(fermé le soir, sam. et dim.)* – Formule 12 € – Menu 20 €

◆ Plancoët, son eau minérale et... la maison Crouzil, un joli Écrin des bords de la Rance. Le chef et son fils signent une cuisine fine et savoureuse, où le savoir-faire le dispute à l'originalité. Pour prolonger l'étape, des chambres classiques et agréables et un petit bistrot (le midi).

PLAN-DE-CUQUES – 13 Bouches-du-Rhône – 340 H5 – rattaché à Marseille

PLAN-DE-LA-TOUR – 83 Var – 340 O5 – 2 806 h. – alt. 69 m – ✉ 83120 — 41 C3

Paris 859 – Cannes 68 – Draguignan 36 – Fréjus 28

Place du Maréchal Foch, mairie, ✆ 04 94 55 07 55

Mas des Brugassières sans rest

1,5 km au Sud par rte de Grimaud – ✆ 04 94 55 50 55 – www.mas-des-brugassieres.com – Ouvert de Pâques à mi-oct.

12 ch – †85/99 € ††99/115 € – ☕ 10 €

◆ Joli mas au cœur des Maures. Chambres coquettes, bien rénovées dans un esprit zen et nature. Certaines disposent d'une terrasse ; d'autres ouvrent sur le jardin.

PLAN-DU-VAR – 06 Alpes-Maritimes – 341 E4 – ✉ 06670 Levens — 41 D2

Paris 941 – Antibes 38 – Cannes 48 – Nice 32

Gorges de la Vésubie★★★ NE - Défilé du Chaudan★★ N : 2 km.

Bonson : site★, ≤★★ de la terrasse de l'église Côte d'Azur

Cassini

231 av. Porte des Alpes, D 6202 – ✆ 04 93 08 91 03 – www.restaurantcassini.com – Fermé 6-26 août, 26-30 déc., mardi soir, merc. soir, jeudi soir, dim. soir et lundi
Rest – Formule 20 € – Menu 25 € (déj.), 35/55 € – Carte 43/63 €
◆ Sur la rue principale du village, cette auberge est tenue par les Cassini depuis 80 ans, soit quatre générations ! En cuisine, on suit la tendance et on travaille des produits de saison. Une maison sérieuse.

PLANGUENOUAL – 22 Côtes-d'Armor – 309 G3 – 1 840 h. – alt. 76 m – ✉ 22400 10 C2

Paris 449 – Rennes 96 – Saint-Brieuc 19 – Saint-Malo 89

Manoir de la Hazaie

r de Lamballe, 2,5 km au Sud-Est par D 59 – ✆ 02 96 32 73 71 – www.manoir-hazaie.com
5 ch – †130/145 € ††145/260 € – ☕ 15 €
Table d'hôte *(réservation indispensable)* – Menu 49 € bc
◆ En pleine campagne, ce beau manoir en granit du 16e s., son moulin du 18es. et son parc verdoyant, avec un plan d'eau et un petit jardin d'herbes médiévales. Quant aux chambres, elles ont belle allure (mobilier ancien, baldaquin, ciel de lit...) sans rien négliger du confort douillet du 21es. (baignoires balnéo). De quoi traverser le temps !

PLAN-PEISEY – 73 Savoie – 333 N4 – rattaché à Peisey-Nancroix

PLAPPEVILLE – 57 Moselle – 307 H4 – rattaché à Metz

PLAZAC – 24 Dordogne – 329 H5 – 736 h. – alt. 110 m – ✉ 24580 4 D1

Paris 530 – Bordeaux 170 – Périgueux 38 – Brive-la-Gaillarde 60

Béchanou

4 km au Nord par D 6 et rte secondaire – ✆ 05 53 50 39 52 – www.bechanou.com
5 ch ☕ – †85 € ††95 € **Table d'hôte** – Menu 28 € bc
◆ Vieille demeure en pierre située au bout d'un chemin pentu, qui offre tranquillité et panorama de choix sur la vallée. Chambres sobres, préservant le cadre du lieu. Piscine. Alléchante cuisine familiale servie dans une salle à manger rustique ou en terrasse.

PLÉLO – 22 Côtes-d'Armor – 309 E3 – 3 234 h. – alt. 110 m – ✉ 22170 10 C1

Paris 470 – Lannion 54 – Rennes 118 – Saint-Brieuc 22

Au Char à Bancs avec ch

Moulin de la ville Geffroy, 1 km au Nord par D 84 – ✆ 02 96 74 13 63 – www.aucharabanc.com – Fermé janv.
5 ch ☕ – †75/130 € ††75/130 €
Rest *(fermé en sem. hors saison et mardi en juil.-août)* – Carte 15/30 €
◆ Une ferme-auberge de charme, véritable paradis du tourisme vert. On vient d'abord pour les crêpes et les galettes, et pour la bonne potée mijotée à la cheminée. Légumes, cidre, cochon ; tout est cultivé, élevé ou transformé sur place ! Les chambres, dans un style brocante et rétro chic, sont adorables...

PLÉNEUF-VAL-ANDRÉ – 22 Côtes-d'Armor – 309 G3 – 3 949 h. – alt. 52 m – Casino : la Rotonde au Val-André – ✉ 22370 10 C1

Paris 446 – Dinan 43 – Erquy 9 – Lamballe 16
1, rue Winston Churchill, ✆ 02 96 72 20 55, www.val-andre.org
18 de Pleneuf-Val-André, r. de la plage des Vallées, E : 1 km par D 515, ✆ 02 96 63 01 12

au Val-André 2 km à l'Ouest – ✉ 22370 Pléneuf-Val-André Bretagne

Pointe de Pléneuf★ N 15 mn - Le tour de la Pointe de Pléneuf ≤★★ N 30 mn.

Au Biniou

121 r. Clemenceau – ✆ 02 96 72 24 35 – Fermé vacances de fév., mardi et merc. sauf juil.-août
Rest – Formule 17 € – Menu 27/36 € – Carte 44/51 €
◆ Un décor contemporain vaguement marin, mais une cuisine personnelle tout en saveurs iodées, réalisée à partir des meilleurs poissons et coquillages. Ce Biniou-là sonne juste !

L'Atelier Cuisine

28 quai des Terres-Neuvas à Dahouët, 2 km au Sud-Ouest – ✆ 02 96 63 19 17 – www.restaurant-atelier-cuisine.com – Fermé déc., janv., lundi et jeudi d'oct. à mars, mardi et merc.

Rest – Formule 20 € – Carte 25/40 €

◆ Un sympathique bistrot marin au décor chaleureux : pour l'anecdote, la grand-voile du plafond a été réalisée pour des Terre-Neuvas... La carte honore les produits de la mer, tout comme l'ardoise du jour, qui varie avec le marché et les saisons. Deux viandes pour les carnivores.

LE PLESSIS-PICARD – 77 Seine-et-Marne – **312** E4 – voir à Paris, Environs (Sénart)

PLESTIN-LES-GRÈVES – 22 Côtes-d'Armor – **309** A3 – 3 673 h. – alt. 45 m – ✉ 22310 Bretagne **9** B1

Paris 528 – Brest 79 – Guingamp 46 – Lannion 18

place de la Mairie, ✆ 02 96 35 61 93, www.officetourisme-delalieuedegreve.com

Lieue de Grève★ - Corniche de l'Armorique★ N : 2 km.

Les Panoramas sans rest

9 r. de Poul Guioch, rte Corniche Nord : 5,5 km par D 42 – ✆ 02 96 35 63 76 – www.lespanoramas.fr – Ouvert 1er mars-30 nov.

13 ch – †35/60 € ††42/60 € – ☐ 7 €

◆ Un hôtel fonctionnel face au port de Beg Douar. Presque toutes les chambres ont des bow-windows, pour jouir du panorama sur la plage de St-Effalm et la côte des Bruyères.

PLEUDIHEN-SUR-RANCE – 22 Côtes-d'Armor – **309** K3 – 2 775 h. – alt. 62 m – ✉ 22690 **10** D2

Paris 395 – Rennes 59 – Saint-Brieuc 71 – Saint-Malo 22

Manoir de Saint-Meleuc sans rest

St-Meleuc – ✆ 02 96 83 34 26 – www.manoir-de-saint-meleuc.com

4 ch – †95 € ††135/190 € – ☐ 10 €

◆ Si tranquille, ce joli petit manoir du 14es. et ses écuries, au cœur d'un parc de 2,5 ha. Les chambres ont beaucoup de charme (poutres, murs d'un blanc immaculé, meubles anciens, lits à baldaquin) et certaines sont même mansardées...

PLÉVEN – 22 Côtes-d'Armor – **309** I4 – 609 h. – alt. 80 m – ✉ 22130 **10** C2

Paris 431 – Dinan 24 – Dinard 28 – St-Brieuc 38

Ruines du château de la Hunaudaie★ SO : 4 km Bretagne

Manoir de Vaumadeuc sans rest

– ✆ 02 96 84 46 17 – www.vaumadeuc.com – Ouvert de Pâques à la Toussaint

13 ch – †80/195 € ††90/220 € – ☐ 13 €

◆ Au bout d'une allée, ce manoir du 15es. tranquille et ravissant. On s'imagine seigneur breton, en flânant dans le parc ou musardant au coin du feu qui crépite dans la belle cheminée en pierre, entre les boiseries et les meubles anciens...

PLEYBER-CHRIST – 29 Finistère – **308** H3 – 3 051 h. – alt. 131 m – ✉ 29410 Bretagne **9** B1

Paris 548 – Brest 55 – Châteaulin 47 – Morlaix 12

De la Gare ch,

2 r. Parmentier – ✆ 02 98 78 43 76 – www.hotel-pleyber.com – Fermé 22 déc.-14 janv. et dim. sauf juil.-août

8 ch – †55/60 € ††58/63 € – ☐ 8 € – ½ P 55/58 €

Rest *(fermé sam. midi et dim.)* – Menu 14 € (déj.), 20/37 € – Carte 20/41 €

◆ Étape familiale commode située face à la gare. Chambres fonctionnelles, peu spacieuses mais très bien tenues, et sympathique petit salon donnant sur jardin. Cuisine traditionnelle simple et généreuse servie dans une salle sans chichi. Prix serrés.

PLOBSHEIM – 67 Bas-Rhin – **315** K6 – rattaché à Strasbourg

PLOEMEUR – 56 Morbihan – 308 K8 – 18 194 h. – alt. 45 m – ✉ 56270 9 B2

Paris 509 – Concarneau 51 – Lorient 6 – Quimper 68
25, place de l'Église, ✆ 02 97 84 78 00, www.lorient-tourisme.fr
de Ploemeur-Océan, Saint Jude Kerham, O : 8 km par D 162, ✆ 02 97 32 81 82

Le Haut du Panier

20 bd de l'Atlantique, Le Courégant, 3 km au Sud par D 152 – ✆ 02 97 82 88 60 – www.lehautdupanier.net – Fermé 15-30 nov., mardi d'oct. à avril et lundi
Rest – Carte 35/45 €
◆ Ce panier-là contient de beaux produits de saison, proposés à l'ardoise, que l'on déguste dans un décor épuré ou sur une délicieuse terrasse offrant une échappée sur l'océan.

à Lomener 4 km au Sud par D 163 – ✉ 56270 Ploemeur

Le Vivier

9 r. de Beg-Er-Vir – ✆ 02 97 82 99 60 – www.levivier-lomener.com – Fermé 23 déc.-4 janv.
14 ch – †85/110 € ††95/125 € – ☕ 12 € – ½ P 110/120 €
Rest ***Le Vivier*** – voir les restaurants ci-après
◆ Imaginez tout l'océan, l'île de Groix, et encore tout l'océan, à perte de vue... Tel est le panorama unique offert par cette maison moderne ancrée sur un rocher ! On n'y entend que le bruit des vagues...

Le Vivier

9 r. de Beg-Er-Vir – ✆ 02 97 82 99 60 – www.levivier-lomener.com – Fermé 23 déc.-4 janv.
Rest – Menu 27 € (sem.), 35/75 € – Carte 45/70 €
◆ Dans cet établissement posé face au large, la cuisine est évidemment vouée à Neptune : les pieds presque dans l'eau, on fait le plein d'iode avec de très beaux produits de la pêche (entre autres). Le menu enfant ravit les petits gourmands.

PLOËRMEL – 56 Morbihan – 308 Q7 – 8 790 h. – alt. 93 m – ✉ 56800 10 C2

Paris 417 – Lorient 88 – Loudéac 47 – Rennes 68
5, rue du Val, ✆ 02 97 74 02 70, www.tourisme-ploermel.com
du Lac-au-Duc, Le Clos Hazel, N : 2 km par D 8, ✆ 02 97 73 64 64

Le Roi Arthur

au lac au Duc : 1,5 km par D 8 – ✆ 02 97 73 64 64 – www.hotelroiarthur.com – Fermé 13-26 fév.
46 ch – †86/164 € ††127/204 € – ☕ 15 € – ½ P 99/141 €
Rest ***Le Roi Arthur*** – voir les restaurants ci-après
◆ En quête du Graal ? Il se cache peut-être ici, entre le lac au Duc et le golf. Les chambres sont confortables et d'esprit actuel (quelques-unes plus anciennes).

Le Cobh

10 r. des Forges – ✆ 02 97 74 00 49 – www.hotel-lecobh.com – Fermé 16 déc.-11 janv.
12 ch – †70/95 € ††70/95 € – ☕ 9 € – ½ P 83/95 €
Rest ***Le Cobh*** – voir les restaurants ci-après
◆ Cet ancien relais de poste (1845) propose des chambres fonctionnelles décorées sur le thème des légendes de Brocéliande ; il faut dire que cette forêt magique n'est pas très loin ! Le salon-bar est bien agréable entre deux randonnées.

Le Roi Arthur – Hôtel Le Roi Arthur

au lac au Duc : 1,5 km par D 8 – ✆ 02 97 73 64 64 – www.hotelroiarthur.com – Fermé 13-26 fév.
Rest – Formule 23 € – Menu 36/54 € – Carte 46/64 €
◆ Les Arthur modernes se sentiront comme des rois dans ce restaurant baigné de lumière d'où l'on contemple les flots. Au menu, cuisine classique et service sans fausse note.

Le Cobh – Hôtel Le Cobh

10 r. des Forges – ✆ 02 97 74 00 49 – www.hotel-lecobh.com – Fermé 16 déc.-11 janv., dim. et lundi
Rest – Menu 28/70 €
◆ Cet agréable restaurant se veut à la fois classique et intime (tons bordeaux et jaune). Son jeune chef utilise des produits locaux (coquillages, crustacés, poissons, viandes de Bretagne) qu'il associe parfois à des saveurs exotiques.

PLOGOFF – 29 Finistère – **308** D6 – **1 374 h. – alt. 70 m** – ✉ **29770** **9** A2

Paris 610 – Audierne 11 – Douarnenez 32 – Pont-l'Abbé 43

Kermoor

plage du Loch, 2,5 km rte d'Audierne – ✆ 02 98 70 62 06 – www.kermoor-audierne.com – Fermé 2 janv.-7 fév.

12 ch – †60/90 € ††60/90 € – ☕ 10 € – ½ P 70/80 €

Rest *(fermé 1er-21 déc., dim. soir et lundi sauf le soir du 3 avril au 17 sept.)* – Menu 18 € (sem.), 27/38 € – Carte 18/86 €

◆ Seule la route sépare cette maison néobretonne de la baie d'Audierne. Certaines chambres ont une terrasse avec vue sur mer et un bassin de nage à contre-courant a été créé. Parmi les spécialités culinaires de la maison, le ragoût de homard au cidre !

PLOMBIÈRES-LES-BAINS – 88 Vosges – **314** G5 – **1 913 h.** – **alt. 429 m** – **Stat. therm. : début avril-début déc.** – **Casino** – ✉ **88370** **27** C3

Alsace Lorraine

Paris 378 – Belfort 79 – Épinal 38 – Gérardmer 43

1, place Maurice Janot, ✆ 03 29 66 01 30, www.vosgesmeridionales.com

La Feuillée Nouvelle ★ - Vallée de la Semousse★.

Le Prestige Impérial ch,

av. des Etats-Unis – ✆ 03 29 30 07 07 – www.plombieres-les-bains.com

78 ch – †80 € ††136 € – 2 suites – ☕ 12 € – ½ P 104 €

Rest – Menu 24/35 €

◆ On entre dans cet hôtel Napoléon III – relié aux thermes de la ville – par un hall lumineux, sous une verrière. Vastes chambres d'esprit Art déco. Au restaurant, immense salle à manger Belle Époque et cuisine au goût du jour.

PLOMEUR – 29 Finistère – **308** F7 – **3 579 h. – alt. 33 m** – ✉ **29120** **9** A2

Bretagne

Paris 579 – Douarnenez 39 – Pont-l'Abbé 6 – Quimper 26

1, place Mairie, ✆ 02 98 82 09 05

La Ferme du Relais Bigouden sans rest

à Pendreff, rte Guilvinec : 2,5 km – ✆ 02 98 58 01 32 – www.hotel-bigouden.com – Fermé déc.-janv.

16 ch – †58/62 € ††58/62 € – ☕ 8 €

◆ Entourée de son grand jardin ombragé, cette ancienne ferme du pays bigouden propose des chambres confortables et toutes simples. C'est parfait pour sillonner la région et découvrir ses merveilles.

PLOMODIERN – 29 Finistère – **308** F5 – **2 162 h. – alt. 60 m** – ✉ **29550** **9** A2

Paris 559 – Brest 60 – Châteaulin 12 – Crozon 25

place de l'Église, ✆ 02 98 81 27 37, www.tourisme-porzay.com

Retables★ de la chapelle Ste-Marie-du-Ménez-Hom N : 3,5 km - Charpente★ de la chapelle St-Côme NO : 4,5 km.

Ménez-Hom ✳★★★ N : 7 km par D 47 Bretagne

Auberge des Glazicks (Olivier Bellin) avec ch ch, ch, ch,

7 r. de la Plage – ✆ 02 98 81 52 32 – www.aubergedesglazick.com – Fermé 2 sem. en mars, 2 sem. en nov., lundi et mardi

8 ch ☕ – †130/160 € ††280/310 €

Rest – Menu 51 € (déj. en sem.), 70/155 € – Carte 120/150 €

Spéc. Langoustine en involtini et tête de cochon (hiver). Homard bleu étuvé, frite fourrée et sucs de carcasse. Gros lait à la fleur de blé noir.

◆ Cette ancienne maréchalerie offre une vue plongeante sur la baie de Douarnenez. Tout en mariages osés mais raisonnés, la cuisine d'Olivier Bellin ne sacrifie ni l'équilibre des saveurs à l'invention, ni la terre à la mer.

PLOUBALAY – 22 Côtes-d'Armor – **309** J3 – **2 606 h. – alt. 32 m** – ✉ **22650** Bretagne **10** C1

Paris 412 – Dinan 18 – Dol-de-Bretagne 35 – Lamballe 36

Château d'eau ✳★★ : 1 km NE.

De la Gare

4 r. Ormelets – 02 96 27 25 16 – www.restaurant-la-gare-ploubalay.com – Fermé 25 juin-5 juil., 1er-10 oct., 20 fév.-14 mars, lundi soir et mardi soir de sept. à juin, mardi midi et lundi en juil.-août et merc.

Rest – Formule 20 € – Menu 25/53 € – Carte 45/60 €

◆ À travers une cuisine terre-mer savoureuse, le chef se joue de la tradition régionale, qu'il réinterprète avec fraîcheur. Si vous égrenez les stations de la Côte d'Émeraude, faites donc une pause dans cette Gare gourmande et champêtre !

PLOUBAZLANEC – 22 Côtes-d'Armor – 309 D2 – rattaché à Paimpol

PLOUER-SUR-RANCE – 22 Côtes-d'Armor – 309 J3 – 3 329 h. – alt. 62 m – ✉ 22490 Bretagne 10 D2

Paris 397 – Dinan 13 – Dol-de-Bretagne 20 – Lamballe 53

Manoir de Rigourdaine sans rest

(à Rigourdaine), 3 km par rte de Langrolay puis rte secondaire – 02 96 86 89 96 – www.hotel-rigourdaine.fr – Ouvert de début avril à mi-nov.

19 ch – †82/97 € ††82/97 € – ☕ 9 €

◆ Dominant l'estuaire de la Rance, cette ancienne ferme a été restaurée avec goût. Poutres ancestrales, cheminée et mobilier campagnard... Un décor de caractère, au grand calme !

PLOUESCAT – 29 Finistère – 308 F3 – 3 736 h. – alt. 30 m – Casino – ✉ 29430 Bretagne 9 B1

Paris 570 – Brest 49 – Brignogan-Plages 16 – Morlaix 34

8, rue de la Mairie, 02 98 69 62 18, www.tourisme-plouescat.com

Cap Ouest

r. de Brest, (derrière le casino) – 02 98 19 19 19 – www.hotelcapouest.fr

41 ch – †65/85 € ††75/95 € – 1 suite – ☕ 11 €

Rest – Formule 13 € – Menu 16 € (déj.), 22/28 € – Carte 25/51 €

◆ Original, ce bâtiment contemporain tout en longueur ! L'ensemble est réussi, avec de belles chambres sobres et modernes, un espace bien-être de qualité (piscine, hammam et jacuzzi) et un restaurant aux suggestions iodées.

PLOUGASNOU – 29 Finistère – 308 I2 – 3 231 h. – alt. 55 m – ✉ 29630 9 B1

Paris 550 – Rennes 198 – Quimper 100 – Lannion 34

14 rue Martyrs, 02 98 67 31 88

Ar Velin Avel

4 rte de Kerlevenez – 02 98 67 81 35 – www.arvelinavel.com

5 ch – †121/370 € ††121/370 € – ☕ 27 € **Table d'hôte** – Menu 48/80 €

◆ Un environnement bucolique, respirant le charme sauvage du Finistère nord, et un intérieur raffiné aux allures d'hôtel particulier : dans cette demeure en granit (tour du 18es.), tout n'est que détails cossus et attentions délicates... Il ne manque rien, pas même – pour les audacieux – le caviar au petit-déjeuner !

PLOUGASTEL-DAOULAS – 29 Finistère – 308 E4 – 13 098 h. – alt. 113 m – ✉ 29470 Bretagne 9 A2

Paris 596 – Brest 12 – Morlaix 60 – Quimper 64

4 bis, place du Calvaire, 02 98 40 34 98, www.mairie-plougastel.fr

Calvaire★★ - Site★ de la chapelle St-Jean NE : 5 km - Kernisi ☀★ SO : 4,5 km.

Pointe de Kerdéniel ☀★★ SO : 8,5 km puis 15 mn.

Le Chevalier de l'Auberlac'h

5 r. Mathurin-Thomas – 02 98 40 54 56 – www.chevalier-auberlach.com – Fermé lundi sauf le midi en juil.-août et dim. soir

Rest – Formule 13 € – Menu 19 € (déj.), 27 € bc/45 € – Carte 35/56 €

◆ Vitraux, poutres, cheminée soulignent l'orientation rustique du cadre. Terrasse d'été dans un jardin planté de camélias et de rhododendrons. Cuisine traditionnelle et terroir.

PLOUGONVEN – 29 Finistère – **308** I3 – **3 236 h.** – **alt. 176 m** **9** B1
– ✉ **29640** Bretagne

Paris 535 – Lannion 38 – Morlaix 12 – Rennes 183

La Grange de Coatélan ch,
Coatélan, 4 km à l'Ouest par D 109 – ✆ 02 98 72 60 16 – www.les-gites-en-bretagne.fr – Fermé vacances de Noël
5 ch – †50/60 € ††60/70 € **Table d'hôte** – Menu 23 €
♦ En pleine campagne, cette ferme bretonne du 16ᵉs. couverte de vigne vierge invite au calme le plus absolu. Les chambres lambrissées, de tailles variables, sont aménagées dans les dépendances. À table, menu unique orienté terroir et servi dans une ancienne grange (réservé aux résidents).

PLOUGRESCANT – 22 Côtes-d'Armor – **309** C1 – **1 348 h.** – **alt. 53 m** **9** B1
– ✉ **22820** Bretagne

Paris 514 – Guingamp 38 – Lannion 23 – Rennes 162

Manoir de Kergrec'h sans rest VISA
– ✆ 02 96 92 59 13 – www.manoirdekergrech.com – Fermé 15 nov.-5 déc. et 10-30 janv.
11 ch – †125/165 € ††140/190 €
♦ Un superbe manoir épiscopal (17ᵉs.), trônant au milieu d'un parc majestueux qui descend jusqu'à la mer... 2012 sera pour lui l'année de la renaissance : nouvelle décoration plus contemporaine, pour un confort total – en sus du calme absolu.

PLOUHARNEL – 56 Morbihan – **308** M9 – **1 962 h.** – **alt. 21 m** **9** B3
– ✉ **56340** Bretagne

Paris 492 – Lorient 50 – Rennes 141 – Vannes 32

Rond-Point de l'Océan, ✆ 02 97 52 32 93, www.plouharnel.fr

Carnac Lodge sans rest VISA AE
Kerhueno – ✆ 02 97 58 30 30 – www.carnaclodge.com – Fermé mi nov.-Noël
20 ch – †99/160 € ††99/160 € – 10 €
♦ Entre Carnac et Plouharnel, cet hôtel dispose de chambres au décor soigné, un brin branché (plexiglas, touches néobaroques, etc.). Agréable piscine ; jardin calme et verdoyant.

PLOUIDER – 29 Finistère – **308** F3 – **1 908 h.** – **alt. 74 m** – ✉ **29260** **9** A1

Paris 582 – Brest 36 – Landerneau 21 – Morlaix 46

La Butte ch, VISA AE
10 r. de la Mer – ✆ 02 98 25 40 54 – www.labutte.fr – Fermé fév.
24 ch – †75/120 € ††80/125 € – 16 € – ½ P 91/146 €
Rest *(fermé dim. soir et lundi midi)* – Formule 19 € – Menu 29 € (sem.), 40/80 € – Carte 39/71 €
♦ Un établissement sympathique, juste à l'entrée du village. La plupart des chambres – jolies et lumineuses, dans un style contemporain – ont vue sur la baie de Goulven ; pour la détente, on profite d'un agréable spa. Cuisine terre et mer au restaurant.

PLOUIGNEAU – 29 Finistère – **308** I3 – **4 588 h.** – **alt. 156 m** – ✉ **29610** **9** B1

Paris 530 – Lannion 32 – Quimper 96 – Rennes 177

Manoir de Lanleya sans rest
4 km au Nord par D 64 et rte secondaire – ✆ 02 98 79 94 15 – www.manoir-lanleya.com
5 ch – †70 € ††76 €
♦ Dans ce pittoresque hameau, de superbes maisons bretonnes. Parmi elles, ce manoir du 16ᵉs. magnifiquement restauré par des Compagnons. Tout est délicieux, les jolies chambres meublées d'ancien, le jardin, la rivière... Accueil plein de gentillesse.

PLOUMANACH – 22 Côtes-d'Armor – **309** B2 – rattaché à Perros-Guirec

PLUVIGNER – 56 Morbihan – **308** M8 – **6 829 h.** – **alt. 87 m** – ✉ **56330** **10** C2

Paris 482 – Lorient 38 – Rennes 131 – Vannes 36

place Saint-Michel, ✆ 02 97 24 79 18, www.pluvigner.fr

Domaine de Kerbarh ch,
r. de Kerbarh, par rte de Ste-Anne – 02 97 59 40 15 – www.domaine-dekerbarh.com
5 ch – 100 € 100/200 € **Table d'hôte** – Menu 28 €
◆ Cette ferme rénovée propose des chambres personnalisées (tons vifs, mobilier oriental, équipements high-tech, poêle à bois). Pour la détente : sauna, hammam, jacuzzi, piscine. Petit-déjeuner copieux à la manière d'un brunch et table d'hôte traditionnelle le soir.

LE POËT-LAVAL – 26 Drôme – 332 D6 – rattaché à Dieulefit

POINTE DE MOUSTERLIN – 29 Finistère – 308 G7 – rattaché à Fouesnant

---

POINTE DE ST-MATHIEU – 29 Finistère – 308 C5 – rattaché au Conquet

---

POINTE DU GROUIN – 35 Ille-et-Vilaine – 309 K2 – rattaché à Cancale

---

POINTE-DU-RAZ★★★ – 29 Finistère – 308 C6 – ✉ 29770 Plogoff 9 A2

Bretagne

Paris 614 – Douarnenez 37 – Pont-l'Abbé 48 – Quimper 53

★★.

à La Baie des Trépassés par D 784 et rte secondaire : 3,5 km – ✉ 29770 Cleden Cap Sizun

De La Baie des Trépassés rest,
– 02 98 70 61 34 – www.baiedestrepasses.com – Ouvert 11 fév.-11 nov.
25 ch – 70/170 € 70/170 € – 12 € – ½ P 80/130 €
Rest *(fermé lundi du 21 sept. au 31 mai sauf vacances scolaires)* – Formule 20 € – Menu 27/61 € – Carte 16/45 €
◆ Un emplacement magnifique, sur la plage, juste sous la pointe du Raz. Pour se reposer d'un environnement aussi sauvage, mieux vaut choisir les chambres donnant sur la mer ou celles mansardées du 2e étage. De la salle de restaurant, la vue est aussi superbe (cuisine de la mer).

POINT-SUBLIME – 04 Alpes-de-Haute-Provence – 334 G10 41 C2

– ✉ 04120 Rougon Alpes du Sud

Paris 803 – Castellane 18 – Digne-les-Bains 71 – Draguignan 53

★★★ sur Grand Canyon du Verdon 15 mn - Couloir Samson★★ S : 1,5 km - Rougon ★ N : 2,5 km - Clue de Carejuan★ E : 4 km.

Belvédères SO : de l'Escalès★★★ 9 km, de Trescaïre★★ 8 km, du Tilleul★★ 10 km, des Glacières★★ 11 km, de l'Imbut★★ 13 km.

Auberge du Point Sublime avec ch
D 952 – 04 92 83 60 35 – Ouvert 23 avril-2 nov.
13 ch – 65 € 65 € – 8 € – ½ P 65 € **Rest** *(fermé jeudi midi sauf 14 juil.-31 août et merc.)* – Formule 16 € – Menu 25/33 € – Carte 30/38 €
◆ Un point de vue... sublime, au cœur des gorges du Verdon ! Cette sympathique auberge familiale propose une cuisine qui fleure bon le terroir (bonne viande et frites maison), dans un cadre à l'ancienne. Pratique : les petites chambres pour l'étape.

POISSON – 71 Saône-et-Loire – 320 E11 – rattaché à Paray-le-Monial

Le symbole vous garantit des nuits au calme. En rouge ? Une délicieuse tranquillité : juste le chant des oiseaux au petit matin...

POITIERS 🅿 – 86 Vienne – **322** H5 – 89 282 h. – Agglo. 119 371 h. **39** C1 – alt. 116 m – ✉ 86000 Poitou Vendée Charentes

▶ Paris 335 – Angers 134 – Limoges 126 – Nantes 215

✈ de Poitiers-Biard-Futuroscope : ✆ 05 49 30 04 40 **AV**.

ℹ 45, place Charles-de-Gaulle, ✆ 05 49 41 21 24, www.ot-poitiers.fr

⛳18 de Poitiers, à Mignaloux-Beauvoir, 635 route de Beauvoir, par rte de Lussac-les-Châteaux : 8 km, ✆ 05 49 55 10 50

⛳27 du Haut-Poitou, à Saint-Cyr, Parc des Loisirs de Saint Cyr, par rte de Châtellerault : 22 km, ✆ 05 49 62 53 62

👁 Église N.-D.-la-Grande ★★ : façade ★★★ - Église St-Hilaire-le-Grand ★★ - Cathédrale St-Pierre ★ - Église Ste-Radegonde ★ **D** - Baptistère St-Jean ★ - Grande salle ★ du Palais de Justice **J** - Boulevard Coligny ⋖ ★ - Musée Ste-Croix ★★ - Statue N-D-des-Dunes : ⋖ ★.

◎ Parc du Futuroscope ★★★ : 12 km par ①.

POITIERS

- Aérospatiale (R. de l') **AV** 3
- Allende (R. Salvador) **BX** 7
- Blaiserie (R. de la) **AV** 9
- Ceuille-Mirebalaise (R.) **AV** 19
- Coligny (Bd) **BX** 23
- Demi-Lune (Carr. de la) **AV** 27
- Fg-Ceuille-Mirebalaise (R. du) **AV** 29
- Fg-du-Pont-Neuf (R. du) **BX** 30
- Fg-St-Cyprien (R. du) **AX** 31
- Fief-de-Grimoire (R.) **AX** 33
- Gibauderie (R. de la) **BX** 39
- Guynemer (R.) **AX** 43
- Maillochon (R. de) **AX** 54
- Miletrie (R. de la) **BX** 57
- Montbernage (R. de) **BV** 58
- Montmidi (R. de) **AX** 62
- Pierre-Levée (R.) **BX** 69
- Rataudes (R. des) **AX** 70
- Schuman (Av. R.) **BV** 88
- Vasles (Rte de) **AX** 93

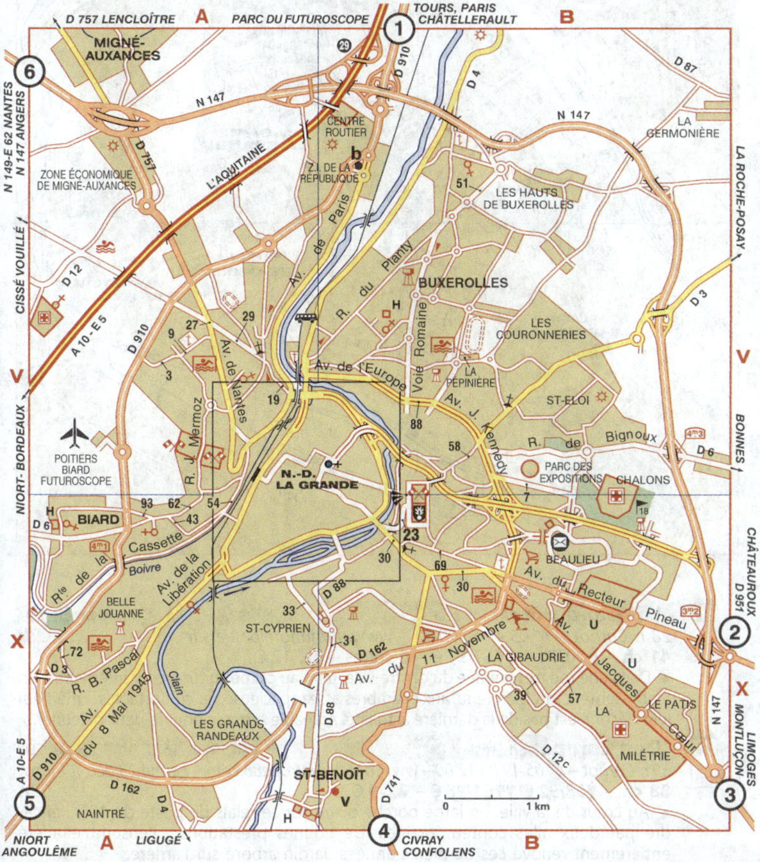

POITIERS

Abbé-Frémont (Bd) . . . . DY 2
Alexandre (R. J.) . . . . DZ 4
Blossac (R. de) . . . . CZ 10
Boncenne (R.) . . . . CDY 12
Bouchet (R. Jean) . . . . DY 14
Bretonnerie (R. de la) . . . . DY 16
Carnot (R.) . . . . CZ 17
Chaine (R. de la) . . . . DY 20
Champagne (R. de) . . . . DY 21
Clos-des-Carmes (Pl. du) . . . . . DY 22
Coligny (Bd) . . . . DZ 23
Cordeliers (R. des) . . . . DY 25
Descartes (R. René) . . . . DY 28
Fg-du-Pont-Neuf . . . . DZ 30
Gabillet (R. H.) . . . . DY 34
Gambetta (R.) . . . . DY 35
Gaulle (Pl. Ch.-de) . . . . DY 36
Grand-Rue . . . . DY
Grignon-de-Montfort (R.) . . . . DY 40
Hôtel-Dieu (R. de l') . . . . DY 45
Intendant-le-Nain (R. de l') . . . . DY 46
Jeanne-d'Arc (Bd) . . . . DY 48
Jean-de-Berry (Pl.) . . . . DY 47
Leclerc (Pl. du Mar.) . . . . DZ 49
Libération (Av. de la) . . . . CZ 50
Liberté (Av. de la) . . . . BV 51
Liberté (Pl. de la) . . . . DY 52
Macé (R. Jean) . . . . DY 53
Marché-Notre-Dame (R. du) . . . . DYZ 55
Marne (R. de la) . . . . CY 56
Mouton (R. du) . . . . DY 63
Oudin (R. H.) . . . . DY 67
Puygarreau (R. du) . . . . DZ 70
Rat (R. Pierre) . . . . DY 71
Riffault (R.) . . . . DY 74
St-Cyprien (R.) . . . . DZ 76
St-Germain (R.) . . . . DY 77
Solférino (Bd) . . . . CY 89
Thezard (R. Léopold) . . . . CZ 90
Tison (Bd de) . . . . CZ 92
Verdun (Bd de) . . . . CY 94
3-Rois (R. des) . . . . DY 95
125e-R.-I. (R. du) . . . . CZ 97

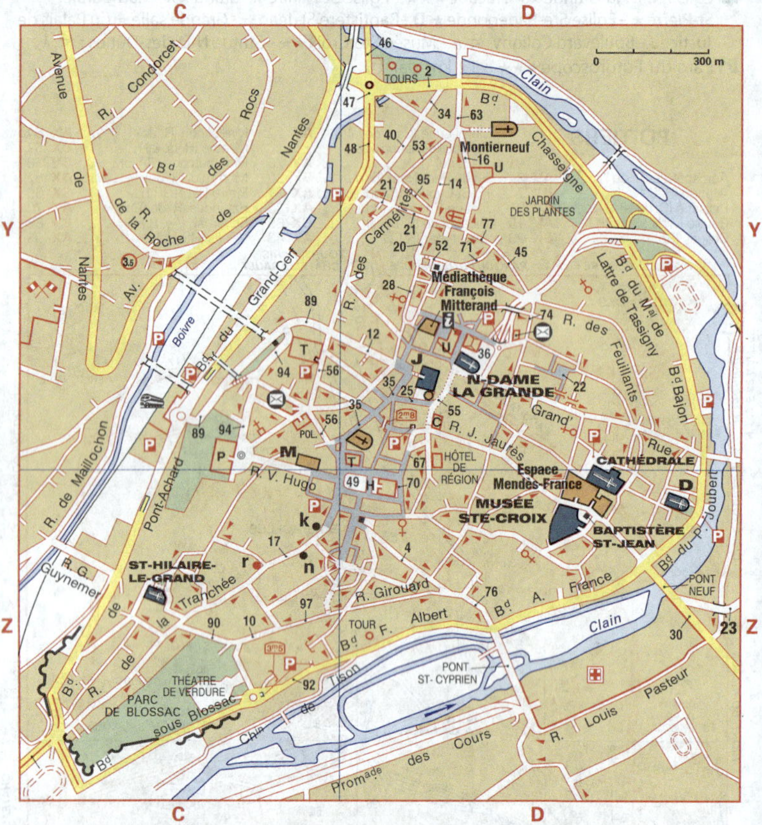

Le Grand Hôtel sans rest

28 r. Carnot – ✆ 05 49 60 90 60 – www.grandhotelpoitiers.fr **CZk**

41 ch – 70/74 € 81/91 € – 6 suites – 12 €

◆ Dans une rue très animée du centre-ville, mais au calme sur une cour intérieure... Un établissement fort bien tenu, aux chambres assez spacieuses et confortables – même si leur décor n'est pas de la dernière actualité. Agréable terrasse pour le petit-déjeuner.

De l'Europe sans rest

39 r. Carnot – ✆ 05 49 88 12 00 – www.hoteldeleurope86.com – Fermé 23 déc.-1er janv.

88 ch – 58/92 € 64/98 € – 9 € **CZn**

◆ Au cœur de la ville, un large porche ouvre sur ce relais de poste du 19es., encadré par deux ailes contemporaines. De bonnes prestations : l'ensemble a été entièrement rénové ces dernières années. Jardin arboré sur l'arrière.

De France

215 av. de Paris – ✆ 05 49 01 74 74 – www.hotel-poitiers.fr **BVb**

58 ch – †78/87 € ††85/96 € – ☕ 11 €

Rest *(fermé dim. soir)* – Formule 17 € – Menu 23/27 €

◆ Au croisement des principaux axes autoroutiers du nord de la ville, en direction du Futuroscope, un hôtel des années 1970, rénové dans un esprit contemporain. Restaurant face à la piscine.

Le Poitevin

76 r. Carnot – ✆ 05 49 88 35 04 – www.le-poitevin.fr – Fermé 23 avril-8 mai, 2-23 juil. et dim. soir **CZr**

Rest – Formule 11 € – Menu 24/38 € – Carte 49/66 €

◆ Des tons clairs, un décor dans l'air du temps et, dans l'une des trois salles, une cheminée qui crépite dès les premiers frimas : simplicité et chaleur autour de plats traditionnels élaborés avec de beaux produits régionaux.

à Chasseneuil-du-Poitou 9 km par ① – 4 569 h. – alt. 75 m – ✉ 86360

place du Centre, ✆ 05 49 52 83 64, www.tourisme-chasseneuil-du-poitou.com

Mercure Alisée

D 910, 14 r. du Commerce – ✆ 05 49 52 90 41 – www.mercure.com

77 ch – †98 € ††120 € – ☕ 15 € **Rest** ***Les 3 Garçons*** ✆ 05 49 37 86 09 *(fermé lundi soir, sam. midi et dim.)* – Formule 13 € – Carte 24/45 €

◆ Un Mercure de bon confort, dans une zone commerciale. Restauration traditionnelle aux 3 Garçons.

Parc du Futuroscope 12 km par ① – ✉ 86360 Chasseneuil du Poitou

Plaza Futuroscope

av. du Futuroscope Téléport 1 – ✆ 05 49 49 07 07 – www.hotel-plaza-futuroscope.com

274 ch – †88/123 € ††88/155 € – ☕ 14 € – ½ P 74/108 €

Rest ***Relais Plaza*** *(fermé sam. midi et dim. midi hors vacances scolaires)* – Formule 16 € – Menu 24/30 € – Carte environ 40 €

◆ Son architecture de verre s'intègre parfaitement au site du Futuroscope, à côté du palais des congrès. Espace et confort : le meilleur hôtel du secteur.

Novotel Futuroscope

Téléport 4 – ✆ 05 49 49 91 91 – www.novotel.com

110 ch – †95/130 € ††108/146 € – ☕ 14 €

Rest – Formule 13 € – Carte 25/36 €

◆ Une architecture... futuriste, au pied du Futuroscope. Les chambres sont impeccables, à bon compte.

Mercure Aquatis Futuroscope

av. Jean Monnet, Téléport 3 ✉ 86962 – ✆ 05 49 49 55 00 – www.mercure.com

84 ch – †93 € ††99 € – ☕ 14 € **Rest** – Menu 18 € – Carte 23/33 €

◆ Juste à la sortie l'A10, un hôtel né en 1995 et entièrement rénové en 2009. Très fonctionnel et plutôt confortable.

Ibis Futuroscope

av. Thomas Edison – ✆ 05 49 49 90 00 – www.ibishotel.com

134 ch – †62/150 € ††62/150 € – ☕ 9 €

Rest – Formule 16 € – Menu 20 €

◆ Une situation commode à la sortie de l'autoroute. Chambres très propres, aux prix tenus.

rte de Limoges 10 km par ③, N 147 et rte secondaire – ✉ 86550 Mignaloux

Manoir de Beauvoir

635 rte de Beauvoir, au golf – ✆ 05 49 55 47 47 – www.manoirdebeauvoir.com

45 ch – †79/156 € ††79/156 € – ☕ 11 €

Rest – Formule 18 € – Menu 23/30 € – Carte 30/50 €

◆ Pour un week-end golf ou pour une parenthèse au calme, une demeure de style victorien (1872) sur le site du 18-trous de Poitiers. Confort et sobriété dans les chambres du Manoir (poutres aux 2e et 3e étages) ; kitchenettes côté "Résidence". Décor de boiseries au restaurant, club-house sur les greens.

à St-Benoît 4 km au Sud du plan par D 88 – 6 997 h. – alt. 77 m – ✉ 86280

11, rue Paul Gauvin, ☎ 05 49 47 44 53, www.ville-saint-benoit.fr

Passions et Gourmandises (Richard Toix)
6 r. du Square – ☎ 05 49 61 03 99 – www.passionsetgourmandises.com – Fermé 23-27 déc., 2-8 janv., dim. soir, merc. midi et lundi BXv
Rest – Menu 30 € (déj. en sem.), 40/80 €
Spéc. Croustillant de pomme de terre et truffe de saison. Fricassée de langoustines et légumes du moment. Cubisme de chocolat, gelée de Campari. **Vins** Vin de pays Charentais.
◆ Le goût du produit – d'origine locale en priorité – et le sens de l'invention : cette cuisine magnifie les saveurs sans les dénaturer, avec... passion et gourmandise. Décor très soigné, avec une terrasse en bord de ruisseau. Beau choix de vins de Loire.

rte d'Angoulême 6 km par ⑤, sortie Hauts-de-Croutelle – ✉ 86240 Croutelle

La Chênaie
Les Hauts de Croutelle, lieu dit La Berlanderie, r. du Lejat – ☎ 05 49 57 11 52 – www.la-chenaie.com – Fermé dim. soir et lundi
Rest – Menu 20/46 € – Carte 40/50 €
◆ Dans un jardin planté de... chênes. On admire leurs ramures centenaires à travers les grandes baies de la salle, en appréciant une cuisine généreuse et fraîche (raviolis de fruits de mer, joue de bœuf et champignons des bois, millefeuille mangue...).

à Aslonnes par ⑤ : 11 km , D 910, N 10 et route secondaire – 996 h. – ✉ 86340

Le Moulin de Port Laverré sans rest
17 Le Port Laverré, rte de Vaintray – ☎ 05 49 61 08 38 – www.moulinlaverre.com
5 ch – 80 € 100 €
◆ Pour vivre au fil de l'eau, un site bucolique à souhait, baigné par une jolie rivière... Cannes à pêche et barques sont à disposition, et l'on peut aussi divaguer dans la piscine. Une belle propriété, mêlant vieilles pierres et esprit contemporain.

POLIGNY – 05 Hautes-Alpes – 334 E4 – 305 h. – alt. 1 062 m – ✉ 05500 — 41 C1

Paris 658 – Gap 19 – Marseille 199 – Vizille 71

Le Chalet des Alpages
Les Forestons, 1,5 km à l'Ouest – ☎ 04 92 23 08 95 – www.lechaletdesalpages.com – Fermé 2 sept.-19 oct. et 11 nov.-7 déc.
5 ch – 90/115 € 95/120 € **Table d'hôte** – Menu 25 € bc/30 € bc
◆ Belle propriété de 6 000 m2 d'où l'on admire le col du Noyer, la barrière de Faraud et le Vieux Chaillol. Chambres douillettes d'esprit montagnard ; bain norvégien à l'extérieur. La table d'hôte propose une cuisine mêlant saveurs locales et provençales.

POLIGNY – 39 Jura – 321 E5 – 4 254 h. – alt. 373 m – ✉ 39800 — 16 B3

Franche-Comté Jura

Paris 397 – Besançon 57 – Dole 45 – Lons-le-Saunier 30

Place des Déportés, ☎ 03 84 37 24 21, www.ville-poligny.fr

Collégiale★ - Culée de Vaux★ S : 2 km - Cirque de Ladoye ★★ S : 2 km.

à Passenans Sud-Ouest : 11 km par D 1083 et D 57 – 318 h. – alt. 320 m – ✉ 39230

Domaine du Revermont
600 rte de Revermont – ☎ 03 84 44 61 02 – www.domaine-du-revermont.fr – Fermé 19 déc.-1er mars
28 ch – 75/115 € 75/115 € – 13 € – ½ P 74/94 €
Rest ***Domaine du Revermont*** – voir les restaurants ci-après
◆ Dans un environnement privilégié (champs et vignes), une grande bâtisse blanche où règne un esprit détente et loisirs... Piscine, tennis, babyfoot, billard et chambres confortables, dont certaines affichent un style frais et contemporain : idéal en famille !

Domaine du Revermont
600 rte de Revermont – ☎ 03 84 44 61 02 – www.domaine-du-revermont.fr – Fermé 19 déc.-1er mars
Rest – Formule 15 € – Menu 25/48 € – Carte 27/70 €
◆ Rillettes de truite au vin jaune, suprême de volaille fermière au comté et champignons... Dans son restaurant lumineux et avenant, le chef concocte une cuisine franc-comtoise soignée. Grande terrasse bien agréable.

POLLIAT – 01 Ain – **328** D3 – **2 366 h. – alt. 260 m** – ✉ **01310** **44** B1

▶ Paris 415 – Bourg-en-Bresse 12 – Lyon 74 – Mâcon 26

XX **De la Place** avec ch rest, rest, P VISA

51 pl. de la Mairie – ✆ 04 74 30 40 19 – Fermé 22 juil.-12 août, 26 déc.-8 janv., jeudi soir, dim. soir et lundi

7 ch – †50/56 € ††53/59 € – ☕ 8 € – ½ P 53 €

Rest – Menu 18 € (sem.), 26/56 € – Carte 29/54 €

◆ L'auberge familiale par excellence, où l'on vous sert avec le sourire une goûteuse et généreuse cuisine du terroir. Tête de veau, poulet à la crème et grenouilles sont à l'honneur ! Chambres bien tenues pour prolonger l'étape.

POLMINHAC – 15 Cantal – **330** D5 – **1 107 h. – alt. 650 m** – ✉ **15800** **5** B3

▶ Paris 553 – Aurillac 15 – Murat 34 – Vic-sur-Cère 5

ℹ rue de la Gare, ✆ 04 71 47 50 68, www.carlades.fr

Au Bon Accueil rest, P VISA

9 allée des Monts d'Auvergne – ✆ 04 71 47 40 21 – www.hotel-bon-accueil.com – Fermé 15 oct.-1er déc., dim. soir et lundi

23 ch – †45/50 € ††50/55 € – ☕ 8 € – ½ P 43/47 €

Rest – Menu 12 € (sem.), 17/26 €

◆ Il y a toute la bonne humeur du pays dans cette grande bâtisse blanche plantée au milieu des champs. Les chambres sont simples et fonctionnelles (certaines avec vue sur la vallée de la Cère) et l'ambiance familiale. Comme la cuisine qui met à l'honneur les légumes du potager.

LA POMARÈDE – 11 Aude – **344** C2 – **164 h. – alt. 304 m** – ✉ **11400** **22** A2

▶ Paris 728 – Auterive 49 – Carcassonne 49 – Castres 38

XXX **Hostellerie du Château de la Pomarède** (Gérald Garcia) avec ch

Château de la Pomarède rest, P VISA AE

– ✆ 04 68 60 49 69 – www.hostellerie-lapomarede.fr – Fermé 15 fév.-15 mars et 2-9 juil.

7 ch – †110/150 € ††150/200 € – ☕ 18 € – ½ P 115/160 €

Rest *(fermé dim. soir du 15 sept. au 15 juin, merc. midi du 15 juin au 15 sept., mardi midi et lundi)* – Formule 22 € – Menu 27 € (déj. en sem.), 45/95 € – Carte 70/95 €

Spéc. Tête de veau aux huîtres en ravigote.. Chartreuse de macaronis, ris de veau glacé et homard. Œuf coque jaune exotique et citron vert, mouillettes façon Palmito. **Vins** Malepère rouge, Vin de pays des Côtes Catalanes.

◆ L'endroit est élégant, dans la dépendance d'un château cathare du 11es. Inventive, la cuisine de Gerald Garcia n'hésite pourtant pas à faire référence à la tradition régionale (foie gras, boudin noir, agneau du Lauragais, vins locaux). Plusieurs possibilités d'hébergement sont proposées, dont des chambres "au château".

Le Presbytère VISA AE

– Fermé 15 fév.-15 mars, 2-9 juil., dim. et lundi du 15 sept. au 15 juin

6 ch – †150/200 € ††200/250 € – 1 suite – ☕ 18 € – ½ P 160/185 €

◆ Résolument contemporaines, les chambres du presbytère osent le béton ciré, les matériaux bruts, les salles de bains ouvertes. Design, vous avez dit design ?

POMMARD – 21 Côte-d'Or – **320** I7 – **rattaché à Beaune**

POMMEUSE – 77 Seine-et-Marne – **312** H3 – **rattaché à Coulommiers**

POMMIERS – 69 Rhône – **327** H4 – **2 209 h. – alt. 315 m** – ✉ **69480** **43** E1

▶ Paris 442 – Lyon 32 – Villeurbanne 45 – Vénissieux 45

XX **Les Terrasses de Pommiers** P VISA

706 montée de Buisante – ✆ 04 74 65 05 27 – www.terrasses-de-pommiers.com – Fermé vacances de la Toussaint et de fév., mardi et merc.

Rest – Formule 19 € bc – Menu 29/49 € – Carte 40/60 €

◆ En pleine campagne, sur les hauteurs du village, bienvenue aux Pommiers, une maison qui respire l'air des arbres fruitiers et côtoie une petite chapelle... Côté papilles, on savoure des plats dans l'air du temps fort alléchants.

PONS – 17 Charente-Maritime – **324** G6 – 4 427 h. – alt. 39 m **38** B3
– ✉ 17800 Poitou Vendée Charentes

Paris 493 – Blaye 64 – Bordeaux 97 – Cognac 24

place de la République, ☎ 05 46 96 13 31

Donjon★ de l'ancien château - Hospice des Pèlerins★ SO par D 732 - Boiseries★ du château d'Usson 1 km par D 249.

De Bordeaux

1 av. Gambetta – ☎ 05 46 91 31 12 – www.hotel-de-bordeaux.com – Fermé vacances de Noël, sam. midi et dim. d'oct. à avril

16 ch – †52 € ††68 € – ☐ 9 € – ½ P 61 €

Rest *De Bordeaux* – voir les restaurants ci-après

◆ Cet ancien relais de poste sur la route de Bordeaux, au cœur de Pons, conserve une façade classique au cachet d'antan. Les chambres sont modernes, bien tenues et assez spacieuses.

De Bordeaux

1 av. Gambetta – ☎ 05 46 91 31 12 – www.hotel-de-bordeaux.com – Fermé vacances de Noël, sam. midi et dim. d'oct. à avril

Rest – Formule 12 € – Menu 16/49 € – Carte 30/59 €

◆ Terrine de roussette et vinaigrette au piment ; salade de fruits et ses chips d'agrumes... Une cuisine fort soignée, à la rencontre du marché et de l'inspiration du chef, pour un rapport plaisir-prix excellent. Cadre cosy, avec un joli patio fleuri.

à Pérignac **Nord-Est : 8 km par rte de Cognac – 959 h. – alt. 41 m – ✉ 17800**

La Gourmandière

42 av. de Cognac – ☎ 05 46 96 36 01 – www.la-gourmandiere-perignac.com – Fermé mardi, merc. sauf juil.-août et dim. soir

Rest – Menu 24 € (déj. en sem.), 32/57 €

◆ Saint-Jacques rôties et leur délicate tortilla aux poivrons, blanquette de veau joliment revisitée : le chef réalise une cuisine savoureuse qui met l'eau à la bouche. Et sa maison se révèle charmante.

à Mosnac **Sud : 11 km par rte de Bordeaux et D 134 – 470 h. – alt. 23 m – ✉ 17240**

Moulin du Val de Seugne

– ☎ 05 46 70 46 16 – www.valdeseugne.com – Fermé 2 janv.-11 fév.

14 ch – †109/169 € ††109/169 € – ☐ 14 € – ½ P 90/120 €

Rest *Moulin du Val de Seugne* – voir les restaurants ci-après

◆ Un élégant moulin au bord de la Seugne, en pleine campagne. Sur l'île voisine vivent en liberté lapins, oies, chèvres, poneys... Les chambres, spacieuses et raffinées, sont décorées dans un bel esprit maison d'hôtes. Charme champêtre !

Moulin du Val de Seugne

– ☎ 05 46 70 46 16 – www.valdeseugne.com – Fermé 2 janv.-11 fév.

Rest – Formule 21 € – Menu 29 € (déj. en sem.), 36/79 € – Carte 49/103 €

◆ Dans ce délicieux moulin au bord de l'eau, on savoure une cuisine d'aujourd'hui aux doux accents du terroir. Bucoliques et gourmands, les lieux séduisent.

PONT (LAC DE) – 21 Côte-d'Or – **320** G5 – rattaché à Semur-en-Auxois

PONTAILLAC – 17 Charente-Maritime – **324** D6 – rattaché à Royan

PONT-A-MOUSSON – 54 Meurthe-et-Moselle – **307** H5 – 14 333 h. **26** B2
– alt. 180 m – ✉ 54700 Alsace Lorraine

Paris 325 – Metz 31 – Nancy 30 – Toul 48

52, place Duroc, ☎ 03 83 81 06 90, www.ville-pont-a-mousson.fr

Place Duroc★ - Anc. abbaye des Prémontrés★.

Le Fourneau d'Alain VISA MC (D)

64 pl. Duroc, (1er étage) – ✆ 03 83 82 95 09 – www.lefourneaudalain.com – Fermé 1er-7 mai, 1er-15 août, merc. soir, dim. soir et lundi

Rest – Menu 28/53 € – Carte 33/46 €

◆ Ce restaurant sagement contemporain s'est installé sur la place principale, dans l'une des maisons à arcades du 16es. Parmi les spécialités traditionnelles du lieu, le foie gras poêlé aux griottes et le pigeon fermier au beurre rouge.

PONTARLIER – 25 Doubs – **321** I5 – **18 639 h. – alt. 838 m** **17** C2
– ✉ **25300** Franche-Comté Jura

Paris 462 – Besançon 60 – Dole 88 – Lausanne 67

14 bis, rue de la Gare, ✆ 03 81 46 48 33, www.pontarlier.org

Pontarlier Les Étraches, La Grange des Pauvres, E : 8 km par D 47, ✆ 03 81 39 14 44

Portail★ de l'ancienne chapelle des Annonciades.

Grand Taureau ✳★★ par ② : 11 km.

PONTARLIER

Arçon (Pl. d') A 2	Halle (R. de la) B 15	Ste-Anne (R.) AB 35
Augustins (R. des) B 3	Industrie (R. de l') B 16	St-Étienne (R. du Fg) B
Bernardines (Pl. des) AB 4	Latttre-de-Tassigny (Pl. Mar.-de) B 19	St-Pierre (Pl.) A
Capucins (R. des) A 7	Mathez (R. Jules) B 26	Salengro (Pl. R.) A 36
Crétin (Pl.) B 8	Mirabeau (R.) B 27	Tissot (R.) AB 37
Écorces (R. des) A 12	Moulin Parnet (R. du) A 29	Vannolles (R. de) B 38
Gambetta (R.) B 13	Pagnier (Pl. J.) B 30	Vieux-Château (R. du) A 39
	République (R. de la) AB	Villingen-Schwenningen (Pl. de) A 40

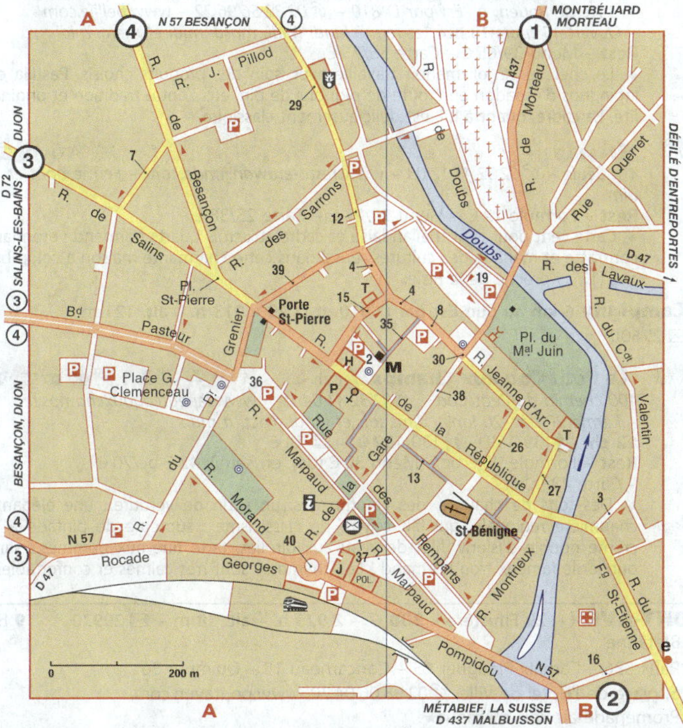

XX **L' Alchimie**

1 av. Armée de l'Est – ✆ 03 81 46 65 89 – www.l-alchimie.com – Fermé 22 avril-3 mai, 15 juil.-2 août, 1er-12 janv., mardi soir, dim. et merc. Be

Rest – Menu 18 € (déj. en sem.), 42/72 € – Carte 52/74 €

♦ Le chef-alchimiste prépare des plats inventifs bien pensés en "transmutant" produits régionaux, épices et saveurs exotiques. Cadre tendance, en adéquation avec la cuisine.

PONTAUBERT – 89 Yonne – 319 G7 – rattaché à Avallon

PONT-AUDEMER – 27 Eure – 304 D5 – 8 675 h. – alt. 15 m – ✉ 27500 Normandie Vallée de la Seine 32 B3

Paris 164 – Caen 74 – Évreux 68 – Le Havre 44

place Maubert, ✆ 02 32 41 08 21, www.ville-pont-audemer.fr

Vitraux★ de l'église St-Ouen.

Belle Isle sur Risle

112 rte de Rouen, à l'Est par D 810 – ✆ 02 32 56 96 22 – www.bellile.com – Ouvert 15 mars-18 nov.

24 ch – †99/179 € ††110/306 € – ☕ 17 €

Rest *Belle Isle sur Risle* – voir les restaurants ci-après

♦ Un environnement privilégié, digne d'un tableau impressionniste : cette maison de maître du 19e s., noyée sous la vigne vierge, se dresse sur une île de la Risle, transformée en un superbe jardin... Les lieux respirent l'aisance bourgeoise !

XXX **Belle Isle sur Risle** – Hôtel Belle Isle sur Risle

112 rte de Rouen, à l'Est par D 810 – ✆ 02 32 56 96 22 – www.bellile.com – Ouvert 15 mars-18 nov. et fermé lundi midi, mardi midi et merc. midi

Rest – Menu 39/65 € – Carte 55/75 €

♦ Le chef de ce joli manoir travaille avec soin des produits choisis. Pastilla de lapin, dos d'espadon en croûte de pignons de pin, etc. : entre tradition et originalité. Le cadre, quant à lui, est délicieusement classique.

XX **Erawan**

4 r. Sëule – ✆ 02 32 41 12 03 – www.resto-erawan.jimdo.com – Fermé août et dim.

Rest – Formule 12 € – Menu 20/27 € – Carte 25/38 €

♦ Carte cent pour cent thaïlandaise et cadre aux trois quarts normand : étonnant contraste et mariage des cultures réussi dans cette charmante maison à colombages (17e s.) proche de la Risle.

à Campigny 6 km au Sud-Est par D 810 et D 29 – 913 h. – alt. 121 m – ✉ 27500

XXX **Le Petit Coq aux Champs** avec ch

400 chemin du Petit Coq – ✆ 02 32 41 04 19 – www.lepetitcoqauxchamps.fr – Fermé 20 déc.-20 janv., dim. soir et lundi d'oct. à mars

12 ch – †139/159 € ††139/159 € – ☕ 14 €

Rest – Formule 28 € bc – Menu 30 € (déj. en sem.), 42 € bc/70 € – Carte 43/90 €

♦ Des toits de chaume, des colombages, un écrin de verdure... une élégante chaumière régionale, qui fait œuvre de classicisme : suprême de pintade à la crème double d'Isigny, filet de veau aux girolles, tarte fine aux pommes... sans oublier le fameux trou normand ! Les chambres sont très calmes et confortables.

PONT-AVEN – 29 Finistère – 308 I7 – 2 929 h. – alt. 18 m – ✉ 29930 9 B2

Bretagne

Paris 536 – Carhaix-Plouguer 65 – Concarneau 15 – Quimper 36

5, place de l'Hôtel de Ville, ✆ 02 98 06 04 70, www.pontaven.com

Promenade au Bois d'Amour★.

Les Ajoncs d'Or
1 pl. Hôtel de Ville – ✆ 02 98 06 02 06 – www.ajoncsdor-pontaven.com – Fermé 18-28 oct., vacances de fév., dim. soir et lundi hors saison
14 ch – †60/64 € ††60/64 € – ☕ 9 € – ½ P 62/64 €
Rest – Formule 18 € – Menu 26/48 € – Carte 30/59 €
◆ Gauguin aurait logé dans cette accueillante maison bretonne, juste sur la place du marché (attention où vous vous garez !). Simples et colorées, les chambres portent des noms de peintres. Sympathique, le restaurant et ses spécialités terre et mer.

Mimosas
22 square Théodore-Botrel – ✆ 02 98 06 00 30 – www.hotels-pont-aven.com – Fermé mi-nov.-mi-déc.
10 ch – †55/80 € ††55/80 € – ☕ 8 €
Rest – Formule 15 € – Menu 22/40 € – Carte 29/51 €
◆ Vraiment mignonne, cette maison de pays sur les quais de Pont-Aven. Les chambres, classiques et bien tenues, ont une vue imprenable sur les bateaux. Aux beaux jours, on se régale de fruits de mer sur la terrasse face au port.

Le Moulin de Rosmadec (Frédéric Sebilleau) avec ch
près du pont, centre ville – ✆ 02 98 06 00 22 – www.moulinderosmadec.com – Fermé 12 nov.-15 déc. et vacances de fév.
5 ch – †90/110 € ††90/110 € – ☕ 14 €
Rest *(fermé mardi midi d'oct. à mars, dim. soir et lundi)* – Formule 30 € – Menu 38 € (sem.), 58/78 € – Carte 55/80 €
Spéc. Langoustines en trois façons (avril à oct.). Parmentier de homard aux légumes tièdes, vinaigrette à la truffe (avril à oct.). Macaron aux fruits rouges (printemps-été).
◆ On se sent bien dans ce pittoresque moulin du 15ᵉs. La rivière, l'exubérance des frondaisons, tout concourt au beau moment gastronomique. La cuisine est logiquement orientée mer, soignée, goûteuse, ne retenant que les meilleurs produits. Pour prolonger ce bon moment, des chambres décorées avec goût et sobriété.

Sur le Pont ...
11 pl. Paul-Gauguin – ✆ 02 98 06 16 16 – www.surlepont.fr – Fermé 4-20 oct., 7-22 janv., mardi soir hors saison, dim. soir sauf juil.-août et merc.
Rest – Formule 18 € – Menu 29/35 € – Carte environ 43 €
◆ Sur le pont... qui enjambe l'Aven ! Ce bistrot branché propose une attrayante cuisine déclinant le poisson à toutes les sauces, surtout si elles sont originales. Mythique : on y tourna "Les Galettes de Pont-Aven" avec J.-P. Marielle.

rte de Concarneau Ouest : 4 km par D 783 – ✉ 29930 Pont-Aven

La Taupinière
Croissant St-André – ✆ 02 98 06 03 12 – www.la-taupiniere.com – Fermé 19-25 mars, 24 sept.-14 oct., lundi et mardi
Rest – Formule 50 € bc – Menu 53/88 € – Carte 72/110 €
◆ Une jolie chaumière à la campagne, où l'on peut observer le spectacle des fourneaux... La langoustine, "la demoiselle de Concarneau", est l'une des vedettes de cette cuisine de la mer soignée. Le chef organise d'ailleurs des ateliers culinaires.

PONTCHARTRAIN – 78 Yvelines – 311 H3 – ✉ 78760 — 18 A2

Paris 37 – Dreux 42 – Mantes-la-Jolie 32 – Montfort-l'Amaury 10
Isabella, à Plaisir, Sainte Appoline, E : 3 km, ✆ 01 30 54 10 62
Domaine de Thoiry★★ NO : 12 km **Ile de France.**

Bistro Gourmand
7 rte du Pontel, (N 12) – ✆ 01 34 89 25 36 – www.bistrogourmand.fr – Fermé dim. soir, merc. soir et lundi
Rest – Formule 30 € bc – Menu 40 € (dîner) – Carte 38/46 €
◆ Au menu, cuisine traditionnelle teintée de touches actuelles et suggestions à l'ardoise. Salle classique (bordeaux et grise) et terrasse au calme pour les beaux jours.

à Ste-Apolline Est : 3 km par N 12 et D 134 – ✉ 78370 Plaisir

XXX **La Maison des Bois**
av. d'Armorique – ✆ 01 30 54 23 17 – www.lamaisondesbois.fr – Fermé 4-25 août, dim. soir, merc. soir et jeudi
Rest – Menu 45 € – Carte 53/70 €
◆ Dans la même famille depuis 1926, cette auberge typique abrite deux salles cossues, l'une ouverte sur le jardin et la terrasse. Carte traditionnelle et suggestions du marché.

PONT-CROIX – 29 Finistère – 308 E6 – 1 829 h. – alt. 25 m – ✉ 29790 9 A2

Bretagne
Paris 602 – Brest 105 – Quimper 40 – Rennes 251
rue Laënnec, ✆ 02 98 70 40 38, www.pont-croix.info

L'Orée du Cap sans rest
29 r. du Goyen – ✆ 02 98 70 47 10 – www.oreeducapsizun.com – Fermé 1er déc.-1er mars
4 ch – 53 € 56/65 €
◆ Dès que l'on passe la porte, on est séduit par l'escalier ciré, les meubles rutilants. Un vrai petit bijou avec des chambres ravissantes, dans un esprit très "maison de famille". Tout est paisible, fleuri : on voudrait habiter là !

Villa les Hortensias
rte de Lochrist – ✆ 02 98 70 56 85 – www.villa-leshortensias.com
5 ch – 38 € 75 € **Table d'hôte** – Menu 25 € bc
◆ Dans son grand jardin, cette villa bretonne entourée d'hortensias abrite cinq chambres à thème (Louis XV, chinois, romantique, charme ou familial). Une adresse à retenir également pour son accueil, à la fois sympathique et sincère. Table d'hôte sur demande hors saison.

PONT-DE-BRIQUES – 62 Pas-de-Calais – 301 C3 – rattaché à Boulogne-sur-Mer

PONT-DE-CHAZEY-VILLIEU – 01 Ain – 328 E5 – rattaché à Meximieux

PONT-DE-DORE – 63 Puy-de-Dôme – 326 H7 – rattaché à Thiers

PONT-DE-FILLINGES – 74 Haute-Savoie – 328 L4 – rattaché à Bonne

PONT-DE-L'ARCHE – 27 Eure – 304 G6 – 4 043 h. – alt. 20 m 33 D2

– ✉ 27340 Normandie Vallée de la Seine
Paris 114 – Les Andelys 30 – Elbeuf 15 – Évreux 36

De la Tour sans rest
41 quai Foch – ✆ 02 35 23 00 99 – www.hoteldelatour.org – Fermé 8-27 août et 24 déc.-2 janv.
18 ch – 69 € 73 € – 10 €
◆ À deux pas des bords de Seine et adossées aux remparts de la ville, ces deux maisons de pays sont simples et accueillantes. Chambres fraîches et immaculées ; atmosphère familiale... Une étape sympathique.

XX **L'Auberge de la Pomme** (William Boquelet)
aux Damps, 1,5 km au bord de l'Eure – ✆ 02 35 23 00 46 – www.laubergedelapomme.com – Fermé 15 août-2 sept., 23-29 déc., dim. soir et lundi
Rest – Menu 29 € (déj. en sem.), 42/84 € bc – Carte 65/90 €
Spéc. Crème de langoustines et ravioles de fenouil. Cannelloni de plat de côte de bœuf normand. Poire fondante au chocolat noir, tuile au grué de cacao.
◆ Une Pomme charnue, colorée et très fraîche ! Dans cette belle demeure à colombages des bords de l'Eure, le chef signe une cuisine fine et flatteuse, dénuée ni de relief ni de personnalité. Agréable terrasse aux beaux jours.

PONT-DE-L'ISÈRE – 26 Drôme – 332 C3 – rattaché à Valence

LE PONT-DE-PACÉ – 35 Ille-et-Vilaine – 309 L6 – rattaché à Rennes

PONT-DE-ROIDE – 25 Doubs – **321** K2 – 4 597 h. – alt. 351 m **17** C2
– ✉ 25150 Franche-Comté Jura
Paris 478 – Belfort 36 – Besançon 77 – La Chaux-de-Fonds 55

La Tannerie
1 pl. Gén. de Gaulle – ☎ 03 81 92 48 21 – Fermé dim. soir, jeudi soir et merc.
Rest – Formule 11 € – Menu 20 € (sem.)/26 € – Carte 25/46 €
♦ Au pied du pont, une maison ancienne avec sa salle chaleureuse et sa terrasse surplombant le Doubs. Plats traditionnels et truites du vivier ; suggestions à l'ardoise.

PONT-DES-SABLES – 47 Lot-et-Garonne – **336** C3 – rattaché à Marmande

PONT-DE-VAUX – 01 Ain – **328** C2 – 2 159 h. – alt. 177 m – ✉ 01190 **44** B1
Paris 380 – Bourg-en-Bresse 40 – Lons-le-Saunier 69 – Mâcon 24
Place de Dornhan, ☎ 03 85 30 30 02, www.cc-pontdevaux.com

Les Platanes
aux Quatre-Vents – ☎ 03 85 30 32 84 – www.hotelplatanes.com – fermé 25 fév.-20 mars, vend. midi et jeudi
8 ch – †60/73 € ††68/73 € – ☕ 9 € – ½ P 54/58 €
Rest ***Les Platanes*** – voir les restaurants ci-après
♦ Depuis quatre générations, la même famille est aux commandes de cette auberge de l'entrée de la ville. Les chambres offrent un bon confort et pas mal de calme.

Le Raisin
2 pl. M.-Poisat – ☎ 03 85 30 30 97 – www.leraisin.com – Fermé janv., dim. soir sauf juil.-août, mardi midi et lundi
18 ch – †66 € ††69 € – ☕ 9 €
Rest ***Le Raisin*** – voir les restaurants ci-après
♦ On peut s'arrêter dans cet ancien relais de poste pour sa cuisine – on y mange très bien – mais les chambres permettent aussi de profiter des bienfaits de la Bresse. Deux options : authenticité dans le bâtiment principal, espace dans l'aile récente.

Le Raisin – Hôtel Le Raisin
2 pl. M.-Poisat – ☎ 03 85 30 30 97 – www.leraisin.com – Fermé janv., dim. soir sauf juil.-août, mardi midi et lundi
Rest – Menu 26/65 € – Carte 50/72 €
♦ Dès l'entrée de cette maison bressane, le vieux fourneau et les ustensiles de cuivre donnent le ton : ici, le terroir et la tradition sont à l'honneur. Sous les jolies poutres, on déguste une cuisine régionale fine et goûteuse.

Les Platanes – Hôtel Les Platanes
aux Quatre-Vents – ☎ 03 85 30 32 84 – www.hotelplatanes.com – Fermé 25 fév.-20 mars, vend. midi et jeudi
Rest – Formule 18 € bc – Menu 25/64 € – Carte 34/49 €
♦ Des murs en pierre, de hautes charpentes, un mobilier rustique : un joli décor d'autrefois et... comme l'enseigne l'indique, une terrasse sous les platanes ! La cuisine est bressane évidemment et elle fait preuve de générosité.

à St-Bénigne Nord-Est : 2 km sur D 2 – 1 117 h. – alt. 208 m – ✉ 01190

St-Bénigne
☎ 03 85 30 96 48 – Fermé 24 déc.-22 janv., 25 fév.-5 mars, lundi et le soir sauf sam.
Rest – Formule 13 € – Menu 21 € (sem.), 28/37 € – Carte 24/43 €
♦ Un vrai restaurant de campagne, avec même un bar pour les habitués ! On vient ici pour les grenouilles, la spécialité maison, mais pas seulement, car le chef, en bon artisan, travaille les produits locaux et maîtrise les recettes de la région...

PONT-D'OUILLY – 14 Calvados – **303** J6 – 1 040 h. – alt. 65 m **32** B2
– ✉ 14690 Normandie Cotentin
Paris 230 – Briouze 24 – Caen 41 – Falaise 20
boulevard de la Noë, ☎ 02 31 69 29 86
Roche d'Oëtre★★ S : 6,5 km.

Du Commerce

8 r. de la Vème République – ✆ 02 31 69 80 16 – www.relaisducommerce.fr – Fermé 3-27 janv., dim. soir et lundi

12 ch – †60/74 € ††77/90 € – ☕ 10 € – ½ P 145 €

Rest ***Du Commerce*** – voir les restaurants ci-après

◆ Dans un charmant village de la Suisse normande, cet hôtel-restaurant totalement renové a pris un nouveau départ. Le confort est de bon niveau, les chambres sont fraîches et bien tenues ; on peut s'y arrêter pour la nuit sans problème.

Du Commerce

8 r. de la Vème République – ✆ 02 31 69 80 16 – www.relaisducommerce.fr – fermé 3-27 janv., dim. soir et lundi

Rest – Formule 14 € – Menu 16 € (sem.), 27/54 € – Carte 36/58 €

◆ Dès que l'on voit arriver la cocotte, on se réjouit de cette tête de veau à l'ancienne d'une superbe fraîcheur, de la sauce ravigote... Une recette parmi tant d'autres, tout aussi traditionnelles, concoctées par un chef qui a du savoir-faire.

PONT-DU-BOUCHET – 63 Puy-de-Dôme – 326 D7 – ✉ 63770 — 5 B2

Les Ancizes Comps

Paris 390 – Clermont-Ferrand 39 – Pontaumur 13 – Riom 36

Méandre de Queuille★★ NE : 11,5 km puis 15 mn Auvergne

La Crémaillère

– ✆ 04 73 86 80 07 – www.hotel-restaurant-cremaillere.com – Fermé 27 août-2 sept., 17 déc.-16 janv., vend. soir, dim. soir et sam. hors saison

16 ch – †46/48 € ††46/50 € – ☕ 8 € – ½ P 45/50 €

Rest – Menu 14 € (sem.), 21/41 € – Carte 23/60 €

◆ Une vraie bouffée d'oxygène ! Un établissement familial, dans la plus pure tradition des auberges de village, au-dessus du lac. Côté restaurant, décor campagnard et plats régionaux.

PONT-DU-CASSE – 47 Lot-et-Garonne – 336 G4 – rattaché à Agen

PONT-DU-CHAMBON – 19 Corrèze – 329 N4 – rattaché à Marcillac-la-Croisille

PONT-DU-CHÂTEAU – 63 Puy-de-Dôme – 326 G8 – 10 446 h. – alt. 365 m – ✉ 63430 Auvergne — 5 B2

Paris 418 – Billom 13 – Clermont-Ferrand 16 – Riom 21

rond-point de Montboissier, ✆ 04 73 83 37 42, www.ville-pont-du-chateau.fr

L'Estredelle

24 r. du Pont – ✆ 04 73 83 28 18 – www.hotel-estredelle.com – Fermé 10-15 avril, 6-26 août, 24 déc.-6 janv., dim. soir et soirs fériés

44 ch – †48 € ††51 € – ☕ 8 € – ½ P 49 €

Rest *(fermé dim. soir et soirs fériés)* – Formule 12 € bc – Menu 16/32 € – Carte 20/40 €

◆ Dans l'ancien quartier de la Batellerie, ces trois pavillons modernes dominent l'Allier. On ne vient pas ici pour le charme et la déco, mais pour les qualités fonctionnelles du lieu. À noter, certaines chambres ont une jolie vue sur la rivière.

Auberge du Pont

70 av. Dr.-Besserve – ✆ 04 73 83 00 36 – www.auberge-du-pont.com – Fermé 9-19 avril, 15 août-7 sept., 1er-15 janv., dim. soir, lundi soir, mardi soir et merc.

Rest – Formule 18 € – Menu 22 € (déj. en sem.), 31/100 € bc – Carte 46/85 €

◆ La terrasse verdoyante de ce relais de batellerie du 19es. borde l'Allier. La cuisine du jeune chef s'inspire de ses origines bretonnes et de son Auvergne d'adoption.

Le Calliope

6 r. de la Poste – ✆ 04 73 83 50 03 – www.restaurant-calliope.com – Fermé 1er-15 août, 2-15 janv., dim. soir, lundi et merc.

Rest – Formule 10 € – Menu 15 € (déj. en sem.), 28/41 € – Carte 30/42 €

◆ Au centre du bourg, on reconnaît ce restaurant grâce à son élégante façade. Côté fourneaux, le chef propose une cuisine mariant tradition et saveurs actuelles.

PONT-DU-GARD – 30 Gard – 339 M5 – ✉ 30210 Vers Pont du Gard 23 D2

Languedoc Roussillon

Paris 688 – Alès 48 – Arles 40 – Avignon 26

Pont-aqueduc romain★★★.

à Castillon-du-Gard Nord-Est : 4 km par D 19 et D 228 – 1 306 h. – alt. 90 m – ✉ 30210

Le Vieux Castillon

r. Turion-Sabatier – ✆ 04 66 37 61 61 – www.vieuxcastillon.com – Fermé 2 janv.-14 fév.

30 ch – †215/380 € ††215/380 € – 3 suites – ☕ 20 €

Rest ***Le Vieux Castillon*** – voir les restaurants ci-après

◆ Au cœur de ce beau village médiéval, surplombant la région, un havre au luxe discret : vieilles pierres, patios, terrasses, décor provençal, grand confort... Le charme intemporel du Sud, à quelques encablures du pont du Gard.

Le Vieux Castillon

r. Turion-Sabatier – ✆ 04 66 37 61 61 – www.vieuxcastillon.com – Fermé 2 janv.-14 fév., lundi midi et mardi midi

Rest – Formule 41 € – Menu 72 € (dîner)/126 € – Carte 70/120 €

◆ Tout autour ce ne sont que ruelles médiévales et champs de lavande... Dans ce coin de Provence inondé de lumière, cette table élégante – aux couleurs du Sud – vit au rythme des saisons et des produits gorgés de soleil.

L'Amphitryon

pl. 8 Mai 1945 – ✆ 04 66 37 05 04 – Fermé mardi sauf juil.-août et merc.

Rest – Formule 28 € – Menu 31 € (déj. en sem.), 48/57 € – Carte 64/75 €

◆ Voûtes, pierre brute et touches modernes composent le cadre de cette demeure ancienne. Joli patio pour l'été. Cuisine régionale actualisée, ambiance à la fois chic et conviviale.

à Collias Ouest : 7 km par D 981, D 112 et D 3 – 992 h. – alt. 45 m – ✉ 30210

Hostellerie Le Castellas

Grand'rue – ✆ 04 66 22 88 88 – www.lecastellas.com – Fermé 19 nov.-28 fév.

15 ch – †70/190 € ††90/210 € – 2 suites – ☕ 18 € – ½ P 144/204 €

Rest ***Hostellerie Le Castellas*** ✿✿ – voir les restaurants ci-après

◆ Parenthèse de plaisir dans cette hostellerie en pierre du pays (17ᵉs.), qui ouvre sur un jardin verdoyant. Les chambres sont confortables, aux styles variés – provençal, ethnique, moderne, etc. – et d'autant plus bienvenues si l'on souhaite profiter de la table, excellente.

Le Gardon

Campchestève – ✆ 04 66 22 80 54 – www.hotel-le-gardon.com – Ouvert 27 fév.-4 nov.

14 ch – †70/80 € ††70/80 € – ☕ 10 € – ½ P 65/71 €

Rest *(fermé le midi du lundi au vend. et lundi soir sauf juil.-août)* – Formule 21 € – Menu 24/35 € – Carte 45/55 €

◆ Agréable refuge dans la garrigue, cet hôtel récent bordé par une oliveraie respire la sérénité. Jardin, piscine et chambres confortables (mobilier en fer forgé). Cuisine du Sud teintée d'épices à déguster sous la véranda ou en terrasse ; tout est maison !

Hostellerie Le Castellas ✿✿

Grand'rue – ✆ 04 66 22 88 88 – www.lecastellas.com – Fermé 19 nov.-28 fév., mardi sauf de juin à sept. et merc.

Rest – Formule 32 € – Menu 42 € (déj. en sem.), 60/160 € – Carte 100/170 €

Spéc. Homard bleu meunière au beurre demi-sel, ragoût des pinces dans un nid végétal. Bœuf en tartare aux huîtres, le filet au foie gras, le paleron en raviole. Tarte fine aux fraises et sorbet basilic (mai à sept.). **Vins** Costières de Nîmes, Duché d'Uzès.

◆ Le chef, Jérôme Nutile, est maître dans l'art de la composition : ses assiettes, pensées et construites avec grand soin, semblent synthétiser l'essence de chaque saison. La simplicité dans la sophistication !

PONT-EN-ROYANS – 38 Isère – 333 F7 – 873 h. – alt. 197 m 43 E2
– ✉ 38680 Alpes du Nord

Paris 604 – Grenoble 63 – Lyon 143 – Valence 45

Grande rue, ✆ 04 76 36 09 10, www.ot-pont-en-royans.com

Du Musée de l'Eau

pl. Breuil – ✆ 04 76 36 15 53 – www.musee-eau.com – Fermé 2-15 janv.
31 ch – †40/42 € ††50/59 € – ☕ 7 € – ½ P 46/51 €
Rest *(fermé dim. soir de nov. à mars)* – Formule 13 € – Menu 15/30 € – Carte 19/32 €

◆ Au sein même du musée de l'Eau et surplombant la Bourne, au pied de cet étonnant village accroché à la falaise, des chambres propres et fonctionnelles ; certaines ont vue sur la montagne. Thématique aquatique oblige, on trouve un bar à eaux et une terrasse équipée de brumisateurs.

LE PONTET – 84 Vaucluse – 332 C10 – rattaché à Avignon

PONTGIBAUD – 63 Puy-de-Dôme – 326 E8 – 751 h. – alt. 735 m 5 B2
– ✉ 63230 Auvergne

Paris 432 – Aubusson 68 – Clermont-Ferrand 23 – Le Mont-Dore 37

rue du Commerce, ✆ 04 73 88 90 99, www.tourisme-combrailles.fr

Poste avec ch — rest, ch,

pl. de la République – ✆ 04 73 88 70 02 – www.hoteldelaposte-pontgibaud.com – Fermé 1-10 janv., vacances de fév., dim. soir et lundi d'oct. à mai
11 ch – †43/53 € ††43/53 € – ☕ 7 €
Rest – Formule 13 € – Menu 20/48 € – Carte 31/56 €

◆ Maison de pays séculaire au cœur d'un bourg tranquille. Parquet peint de Hongrie bien ciré, lustres et tables bourgeoises agrémentent la salle à manger ; recettes régionales. Chambres simples et bien tenues.

à La Courteix Est : 4 km sur D 941B – ✉ 63230 St-Ours

L'Ours des Roches

– ✆ 04 73 88 92 80 – www.oursdesroches.com – Fermé 2-22 janv., 1 sem. en sept., mardi de sept. à juin, dim. soir et lundi sauf fériés
Rest – Formule 21 € bc – Menu 28/69 € – Carte 60/90 €

◆ Non loin de Vulcania, sous les voûtes d'une ancienne bergerie : un cadre de pierre pour une cuisine de douceur, signée par un chef amoureux du produit (inspiration régionale).

PONTHIERRY – 77 Seine-et-Marne – 312 E4 – ✉ 77310 St Fargeau Ponthierry 19 C2

Paris 44 – Corbeil-Essonnes 12 – Étampes 35 – Fontainebleau 20

L'Inédit (Eddy Creuzé)

20 av. de Fontainebleau, à Pringy - D 607 – ✆ 01 60 65 57 75 – www.linedit.fr – Fermé août, vacances de Noël, dim. soir, mardi et merc.
Rest – Formule 25 € – Menu 38/75 € – Carte 60/100 €
Spéc. Ravioles de foie gras de canard aux truffes. Blanquette de ris de veau doré. Tarte fine aux pommes, glace caramel au beurre salé.

◆ Une image de l'Inédit ? Cette entrée : un capuccino de pommes de terre de Noirmoutier bien crémeux, avec un foie gras savamment poêlé et un jus à la truffe noire parfumé. Une belle association, qui illustre l'esprit de création du chef et son goût pour les produits nobles. Élégant décor tout de blanc et de brun.

PONTIVY – 56 Morbihan – 308 N6 – 13 693 h. – alt. 99 m 10 C2
– ✉ 56300 Bretagne

Paris 460 – Lorient 59 – Rennes 110 – St-Brieuc 58

2 quai Niemen, ✆ 02 97 25 04 10, www.pontivy-communaute.fr

de Rimaison, à Bieuzy, S : 15 km par D 768, ✆ 02 97 27 74 03

Maisons anciennes★.

PONTIVY

Anne-de-Bretagne (Pl.) . . . . . . Y 2
Caïnain (R.) . . . . Z 3
Couvent (Q. du) . . . . Y 4
Dr-Guépin (R. du) . . . . Y 5
Fil (R. du) . . . . Y 6
Friedland (R. de) . . . . Y 8
Gaulle (R. du Gén.-de) . . . . Y 9
Le Goff (R.) . . . . Z 16
Jean-Jaurès (R.) . . . . Z 10
Lamennais (R. J.-M. de) . . . . . Z 13
Lorois (R.) . . . . Y 17
Marengo (R.) . . . . Z 19
Martray (Pl. du) . . . . Y 20
Mitterrand (R. François) . . . . . . Z 24
Nationale (R.) . . . . YZ
Niémen (Q.) . . . . Y 27
Plessis (Q. du) . . . . YZ 29
Pont (R. du) . . . . Y 28
Presbourg (Q.) . . . . Y 32
Récollets (Q. des) . . . . Y 33
Viollard (Bd) . . . . Z 38

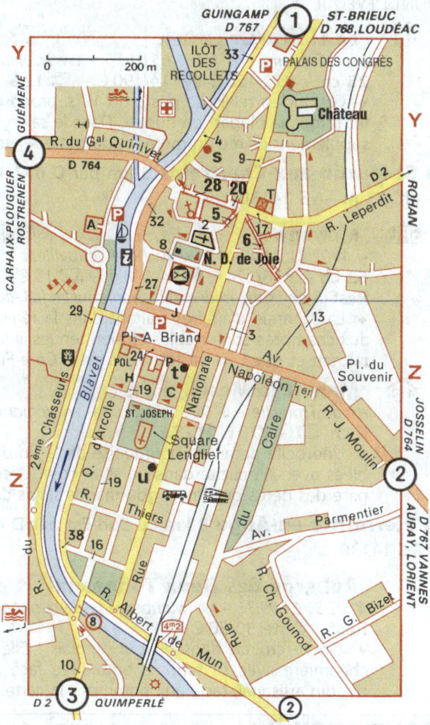

Le Rohan sans rest
90 r. Nationale – ✆ 02 97 25 02 01 – www.hotelpontivy.com – Fermé 23 déc.-2 janv. Zu
16 ch – †72/94 € ††82/150 € – ☕ 12 €
◆ Belle demeure fin 19e sur la rue principale de Pontivy. Orientale, marine, romantique, BD ou cinéma : chaque chambre est unique ; toutes sont douillettes...

L'Europe sans rest
12 r. François Mitterrand – ✆ 02 97 25 11 14 – www.hotellerieurope.com – Fermé 27 déc.-2 janv. Zt
18 ch – †70/140 € ††82/140 € – ☕ 11 €
◆ Dans cette maison Napoléon III, les chambres sont classiques, et l'on prend son petit-déjeuner dans un salon à l'élégance bourgeoise (parquet et boiseries) ou sous une jolie véranda.

La Pommeraie
17 quai du Couvent – ✆ 02 97 25 60 09 – Fermé 15-23 avril, 18 août-3 sept., 26 déc.-4 janv., dim. et lundi Ys
Rest – Formule 18 € – Menu 26/56 € – Carte 39/46 €
◆ Des plats tout en simplicité et finement cuisinés, de bons produits du terroir... Cette Pommeraie à la façade framboise et citron ne manque pas de piquant !

PONT-L'ÉVÊQUE – 14 Calvados – 303 N4 – 4 202 h. – alt. 12 m – 32 A3
– ✉ 14130 Normandie Vallée de la Seine

Paris 190 – Caen 49 – Le Havre 43 – Rouen 78
16 bis, Place Jean Bureau, ✆ 02 31 64 12 77, www.blangy-pontleveque.com
de Saint-Julien, SE : 3 km par D 579, ✆ 02 31 64 30 30
La belle époque de l'automobile★ au Sud par D 48.

Le Lion d'Or sans rest

8 pl. Calvaire – ✆ 02 31 65 01 55 – www.leliondorhotel.com
25 ch – †72/120 € ††114/190 € – ☕ 12 €
◆ Cet ancien relais de poste du 17ᵉs. propose des chambres sobres (mobilier en fer forgé), la plupart en duplex. Dans le salon, quelques objets chinés donnent un supplément d'âme au moment du petit-déjeuner.

à St-Martin-aux-Chartrains 3 km par D 677, direction Deauville – 391 h. – alt. 13 m – ✉ 14130

Mercure

– ✆ 02 31 64 40 40 – www.hoteldeauville.fr
63 ch – †76/124 € ††84/138 € – ☕ 13 €
Rest *(fermé sam. midi et dim. midi sauf en juil.-août)* – Menu 24 € – Carte environ 36 €
◆ La clientèle d'affaires traitant dans la région apprécie cet hôtel contemporain aux chambres confortables et bien tenues. Il faut dire qu'il y a une piscine, un restaurant et que l'on est tout près de la Côte Fleurie.

Manoir le Mesnil sans rest

rte de Trouville – ✆ 02 31 64 71 01 – www.manoirlemesnil.com – Fermé mars et nov.
5 ch ☕ – †70 € ††78 €
◆ Une belle demeure bourgeoise de la fin du 19ᵉs., où les chambres sont meublées avec simplicité dans un style cosy. L'accueillante maîtresse de maison prépare des petits-déjeuners gourmands servis dans le salon-bibliothèque.

à Pierrefitte-en-Auge 5 km au Sud-Est par D 48 et D 280A – 149 h. – alt. 59 m – ✉ 14130

Auberge des Deux Tonneaux

✆ 02 31 64 09 31 – www.aubergedesdeuxtonneaux.com – Fermé lundi soir et mardi
Rest – Carte 30/50 €
◆ On se croirait dans un pub anglais ! Elle a un charme fou, cette ravissante chaumière avec sa terrasse ombragée face à la vallée. Croustillant de cochon, boudin artisanal, tarte aux pommes... la carte est on ne peut plus terroir.

PONTLEVOY – 41 Loir-et-Cher – 318 E7 – 1 564 h. – alt. 99 m — 11 A1

– ✉ 41400 Châteaux de la Loire
Paris 211 – Amboise 25 – Blois 27 – Montrichard 9
5, rue du Collège, ✆ 02 54 71 60 77
Ancienne abbaye★.

De l'École avec ch

12 rte Montrichard – ✆ 02 54 32 50 30 – www.hotelrestaurantdelecole.com – Fermé 2 sem. en déc., 2 sem. en fév. et 1 sem. en oct.
11 ch – †60/85 € ††60/85 € – ☕ 10 € – ½ P 68/75 €
Rest *(fermé dim. soir, lundi et merc. sauf juil.-août et fériés) (réserver)* – Formule 19 € – Menu 24/56 € – Carte 37/75 €
◆ Cuisine traditionnelle dans une jolie maison ligérienne abritant deux salles rustiques, dont l'une avec cheminée. En été, on s'installe dans le jardin fleuri où murmure une fontaine... Chambres peu à peu rénovées dans un style contemporain ; copieux petit-déjeuner.

PONTOISE – 95 Val-d'Oise – 305 D6 – 106 5 – 101 3 – voir à Paris, Environs (Cergy-Pontoise)

PONT-RÉAN – 35 Ille-et-Vilaine – 309 L6 – ✉ 35580 Guichen — 10 D2

Paris 361 – Châteaubriant 57 – Fougères 67 – Nozay 60

Auberge de Réan

86 rte de Redon – ✆ 02 99 42 24 80 – www.auberge-de-rean.com – Fermé 1ᵉʳ-7 janv., dim. soir et lundi
Rest – Formule 15 € – Menu 28/55 € – Carte 34/56 €
◆ Maison bretonne postée face au pont de pierre (18ᵉs.) qui enjambe la Vilaine. Salle à manger aux couleurs ensoleillées, jolie terrasse tournée vers la rivière et carte actuelle.

PONT-ST-PIERRE – 27 Eure – **304** H5 – 1 124 h. – alt. 15 m **33** D2
– ✉ 27360 Normandie Vallée de la Seine
Paris 106 – Les Andelys 20 – Évreux 47 – Louviers 23
Boiseries★ de l'église - Côte des Deux-Amants ≤★★ SO : 4,5 km puis 15 mn - Ruines de l'abbaye de Fontaine-Guérard★ NE : 3 km.

XX **Auberge de l'Andelle** VISA AE

27 Grande Rue – ✆ 02 32 49 70 18 – www.aubergedelandelle.fr – Fermé 21 déc.-4 janv. et mardi soir de début oct. à mi-avril
Rest – Formule 19 € – Menu 23 € (déj. en sem.), 26/65 € – Carte 42/94 €
◆ Une maison à colombages chaleureuse et charmante, dont la belle cheminée ravit les habitués. Dans l'entrée, le patron a installé un vivier, faisant du homard la star d'un menu... qui vient compléter une sympathique carte traditionnelle.

PONT-STE-MARIE – 10 Aube – **313** E4 – rattaché à Troyes

PONT-SCORFF – 56 Morbihan – **308** K8 – 3 123 h. – alt. 42 m **9** B2
– ✉ 56620 Bretagne
Paris 503 – Lanester 13 – Lorient 13 – Rennes 152
route de Lorient, ✆ 02 97 32 50 27

XX **Laurent Le Berrigaud** P VISA AE

Le Moulin des Princes – ✆ 02 97 32 42 07 – www.laurentleberrigaud.com – Fermé 1 sem. vacances de la Toussaint, dim. soir et lundi
Rest – Formule 22 € – Menu 42/55 €
◆ Un moulin alliant pierres, poutres et tomettes, une terrasse sur pilotis donnant sur un riant cours d'eau... ce lieu est charmant ; on y savoure une cuisine inventive et ludique.

X **L'Art Gourmand** AC VISA AE

14 pl. de la Maison-des-Princes – ✆ 02 97 32 65 08 – Fermé vacances de fév., 1 sem. en juin, mardi soir et merc.
Rest *(nombre de couverts limité, réserver)* – Menu 15 € (déj. en sem.), 18/30 € – Carte 33/40 €
◆ Merlu rôti et sauce aux épices douces ; poire pochée, vin chaud et financier… Ce petit restaurant allie simplicité et sens du détail, ce qui est loin d'être l'enfance de l'art !

LES PONTS-NEUFS – 22 Côtes-d'Armor – **309** G3 – ✉ 22400 Morieux **10** C2
Paris 441 – Dinan 51 – Dinard 52 – Lamballe 9

XX **La Cascade** ≤ P VISA AE

4 r. des Ponts Neufs, sur D 786 – ✆ 02 96 32 82 20 – www.restaurantlacascade.com – Fermé mardi soir, merc. soir et jeudi soir du 16 sept. au 14 juin, dim. soir et lundi
Rest – Menu 24 € (déj. en sem.), 35/52 € – Carte 40/60 €
◆ Filet mignon et caramel de cidre, fraîcheur de crabe à la pomme et au céleri... Une cuisine de notre temps, tout à fait en adéquation avec le décor pop et contemporain. Et s'il n'y a pas de cascade, on profite tout de même de la vue sur l'étang.

PORNIC – 44 Loire-Atlantique – **316** D5 – 13 965 h. – alt. 20 m **34** A2
– Casino : le Môle – ✉ 44210 Bretagne
Paris 429 – Nantes 49 – La Roche-s-Yon 89 – Les Sables-d'Olonne 93
place de la Gare, ✆ 02 40 82 04 40, www.ot-pornic.fr
18 de Pornic, Avenue Scalby Newby, O : 1km, ✆ 02 40 82 06 69

Alliance ≤ Spa AC rest, P VISA AE

plage de la Source, 1 km au Sud – ✆ 02 40 82 21 21 – www.thalassopornic.com – Fermé 2-15 janv.
120 ch – †129/260 € ††149/280 € – 8 suites – ☕ 16 €
Rest *La Source* – Formule 22 € – Menu 32/52 € – Carte 34/40 €
Rest *La Terrasse* – Menu 32 € – Carte 34/40 €
◆ Dans une crique hérissée de rochers et de pins, vaste complexe hôtelier avec centre de thalasso. Chambres spacieuses, dotées d'une terrasse. À La Source, décor contemporain (large rotonde face au large) et plats classiques ou du terroir à base de produits bio. À La Terrasse, menu détox minceur dans un cadre épuré.

Auberge La Fontaine aux Bretons
chemin des Noëlles, 3 km au Sud-Est par rte de la Bernerie – 02 51 74 07 07 – www.auberge-la-fontaine.com
12 suites – 123/234 € – 11 ch – 14 €
Rest ***Auberge La Fontaine aux Bretons*** – voir les restaurants ci-après
◆ Entre mer et campagne, cette ancienne ferme (1867) conserve un grand potager et des enclos avec animaux... Idéal avec des enfants ! Les chambres sont rustiques et cosy, le petit-déjeuner excellent.

Beau Soleil sans rest
70 quai Leray – 02 40 82 34 58 – www.hotel-beausoleil-pornic.com
17 ch – 68/130 € 68/130 € – 10 €
◆ Bâtiment récent face au port et au château : la plupart des chambres offrent une jolie vue. Décor contemporain, simple et avenant. Faïence de Pornic pour le petit-déjeuner.

Maison Solveig
4 r. Charles-Babin – 02 40 82 53 62 – www.solveig-pornic.com – Fermé oct.
4 ch – 90 € 100 € **Table d'hôte** – Menu 25/50 €
◆ Non loin du chemin des Douaniers, maison récente cernée de coursives de bois, d'esprit colonial. Chambres à thème : "Val d'Isère" façon chalet, "Victorine" d'esprit Louis XV, etc. Cuisine régionale servie dans une belle porcelaine de Gien.

Beau Rivage
plage Birochère, 2,5 km au Sud-Est – 02 40 82 03 08 – www.restaurant-beaurivage.com – Fermé 13-30 mars, 10-25 oct., vacances de Noël, mardi sauf juil.-août et lundi
Rest – Formule 25 € – Menu 39/80 € – Carte 58/85 €
◆ Sur le chemin des douaniers, derrière une façade marquée par les embruns, une salle charmante, évoquant la cabine d'un bateau. Produits de la pêche et belle sélection de muscadets.

Auberge La Fontaine aux Bretons – Hôtel Auberge La Fontaine aux Bretons
chemin des Noëlles, 3 km au Sud-Est par rte de la Bernerie – 02 51 74 07 07 – www.auberge-la-fontaine.com – Fermé dim. soir et lundi hors saison sauf fériés et vacances scolaires
Rest – Formule 16 € – Menu 20 € (sem.), 30/50 € – Carte 35/55 €
◆ Une superbe salle à manger à la mode d'autrefois, pour une cuisine du terroir saine et savoureuse, concoctée avec de bons produits et les légumes bio du jardin. Terrine de sanglier, rouget grondin, crème brûlée...

L'Ana'Gram
pl. du Petit-Nice – 02 40 82 51 25 – Fermé 31 oct.-15 déc., dim. soir et lundi hors saison
Rest – Formule 14 € – Menu 19 € (sem.)/29 €
◆ Un sympathique bistrot avec sa terrasse dressée face au château. Dans l'assiette, on savoure de jolies recettes iodées et des plats traditionnels.

à Ste-Marie Ouest : 3 km – 44210 Pornic

Les Sablons
13 r. des Sablons – 02 40 82 09 14 – www.hotelesablons.com
28 ch – 59/85 € 59/92 € – 9 € – ½ P 58/76 €
Rest *(fermé 16 déc.-30 janv., dim. soir, mardi midi et lundi sauf du 15 juin au 15 sept.)* – Formule 15 € – Menu 18/41 € – Carte 28/54 €
◆ Il règne une ambiance familiale dans cet hôtel construit dans les années 1970, entre le village et la plage. Chambres simples et propres, certaines avec vue sur la mer. Salle à manger colorée et, en été, tables dressées côté jardin ; cuisine traditionnelle.

PORNICHET – 44 Loire-Atlantique – **316** B4 – 10 502 h. – alt. 12 m **34** A2
– Casino – 44380 Bretagne
Paris 444 – La Baule 6 – Nantes 70 – St-Nazaire 11
3, boulevard de la République, 02 40 61 33 33, www.pornichet.fr

Sud Bretagne
42 bd de la République – ✆ 02 40 11 65 00 – www.hotelsudbretagne.com
30 ch – 100/150 € 120/180 € – 15 €
Rest *(fermé dim. hors saison)* – Menu 40/75 € – Carte 60/80 €
◆ Entre port, commerces et plages, hôtel d'un certain cachet : chaque chambre a une vraie personnalité (design, classique, baroque, etc.) ; la moitié ouvre sur le grand jardin avec piscine. Salle à manger soignée, coquette terrasse et cuisine iodée.

Villa Flornoy
ch, rest,
7 av. Flornoy, (près de l'hôtel de ville) – ✆ 02 40 11 60 00 – www.villa-flornoy.com – Fermé déc. et janv.
30 ch – 50/99 € 60/114 € – 10 € – ½ P 54/83 €
Rest *(ouvert 1er avril-30 sept. et fermé le midi)* – Menu 24/36 € – Carte 30/42 €
◆ Dans un quartier résidentiel proche de l'hôtel de ville, grande villa de style anglo-normand. Chambres assez spacieuses, colorées ou plus classiques (toile de Jouy), d'un bon rapport confort-prix. Salle à manger claire et confortable ; cuisine actuelle (poisson).

Escale Océania sans rest
50 av. de la plage – ✆ 02 40 11 26 26 – www.oceaniahotels.com
95 ch – 79/159 € 79/159 € – 10 €
◆ Un hôtel flambant neuf, très bien situé, entre le port et la plage des Libraires. Des chambres ou des appartements, bien équipés et confortables (bois wengé, parquet).

Le Régent
150 bd Océanides – ✆ 02 40 61 04 04 – www.le-regent.fr
23 ch – 99/179 € 99/179 € – 11 €
Rest *Grain de Folie* – voir les restaurants ci-après
◆ Hôtel-restaurant centenaire, tenu en famille : un lieu plein de vie ! Les chambres sont chaleureuses, assez modernes, certaines avec terrasse embrassant l'Atlantique... Espace bien-être.

Grain de Folie – Hôtel Le Régent
150 bd Océanides – ✆ 02 40 61 04 04 – www.le-regent.fr – Fermé dim. soir
Rest – Formule 17 € – Menu 26 € – Carte 44/66 €
◆ Un Grain de Folie souffle du côté des fourneaux : le chef concocte une cuisine inventive et maîtrisée. Et l'on se régale en admirant la mer...

PORQUEROLLES (ÎLE DE) – **83 Var** – **340** M7 – **voir à Île de Porquerolles**

PORT-CAMARGUE – **30 Gard** – **339** J7 – **rattaché au Grau-du-Roi**

PORT-CROS (ÎLE DE) – **83 Var** – **340** N7 – **voir à Île de Port-Cros**

PORT-DE-CARHAIX – **29 Finistère** – **308** J5 – **rattaché à Carhaix**

PORT-DE-GAGNAC – **46 Lot** – **337** H2 – **rattaché à Bretenoux**

PORT-DE-SALLES – **86 Vienne** – **322** J7 – **rattaché à l'Isle-Jourdain**

PORT-DE-SECHEX – **74 Haute-Savoie** – **328** L2 – **rattaché à Thonon-les-Bains**

PORT-EN-BESSIN – **14 Calvados** – **303** H3 – **2 080 h.** – **alt. 10 m** **32** B2
– ✉ **14520 Port en Bessin Huppain** Normandie Cotentin
Paris 275 – Bayeux 10 – Caen 41 – Cherbourg 92
Quai Baron Gérard, ✆ 02 31 22 45 80, www.bayeux-bessin-tourism.com

La Chenevière
1,5 km au Sud par D 6 – ✆ 02 31 51 25 25 – www.lacheneviere.fr – Ouvert mars à nov.
26 ch – 205/375 € 205/375 € – 3 suites – 24 €
Rest *La Chenevière* – voir les restaurants ci-après
◆ Un havre de paix... Cette demeure normande du 18e s. et ses dépendances entourées d'un parc – lequel mérite une promenade ! – allient grâce et grand confort. Entre tissus imprimés et mobilier de style, il règne même l'esprit d'un manoir anglais...

Mercure
chemin du Colombier, sur le golf, 2 km à l'Ouest par D 514 – ✆ 02 31 22 44 44 – www.mercure.com – Fermé 17 déc.-15 janv.
70 ch – 110/195 € 120/195 € – 14 €
Rest – Formule 16 € – Menu 22 € – Carte 23/58 €
◆ Un complexe parfait pour les golfeurs, directement situé sur les greens du golf d'Omaha Beach. Chambres spacieuses au style contemporain ; esprit brasserie au restaurant.

La Chenevière – Hôtel La Chenevière
1,5 km au Sud par D 6 – ✆ 02 31 51 25 25 – www.lacheneviere.fr – Ouvert mars-nov.
Rest *(dîner seult)* – Menu 35 € (sem.), 50/90 € – Carte 60/115 €
◆ Panneaux de bois sculptés, superbe parquet, mobilier du 18es. : un cadre plein de noblesse. La cuisine est aussi délicate, avec de jolies variations autour du terroir normand et d'agréables mariages de saveurs.

Fleur de Sel
6 quai Félix Faure – ✆ 02 31 21 73 01 – Fermé 15 déc.-12 fév., mardi d'oct. à Pâques et merc. de sept. à mai
Rest – Menu 17 € (déj.), 27/89 € – Carte 30/60 €
◆ Un sympathique restaurant sur le port. À la carte, des propositions simples, des fruits de mer, un menu homard : les must de la côte normande. Belle vue sur la tour Vauban de la salle à l'étage.

PORT-GOULPHAR – 56 Morbihan – 308 L11 – voir à Belle-Ile-en-Mer

---

PORT-GRIMAUD – 83 Var – 340 O6 – ✉ 83310 Cogolin — 41 C3

Côte d'Azur

Paris 867 – Brignoles 63 – Fréjus 27 – Hyères 47
★ de la tour de l'Église oecuménique.

Giraglia
pl. du 14 Juin – ✆ 04 94 56 31 33 – www.hotelgiraglia.com – Ouvert 16 mai-7 oct.
48 ch – 310/350 € 310/350 € – 1 suite – 25 €
Rest *Giraglia* – voir les restaurants ci-après
◆ Face à St-Tropez, un bâtiment imposant en bout de jetée, avec des chambres confortables et lumineuses – d'esprit très Sud –, dont la plupart donnent sur la mer. Pour se détendre, on profite de la plage privée...

Suffren sans rest
16 pl. du Marché – ✆ 04 94 55 15 05 – www.hotelleriedusoleil.com – Ouvert 6 avril-31 oct.
19 ch – 120/170 € 120/260 € – 12 €
◆ Un hôtel moderne au cœur de la "Venise provençale", dans un secteur semi-piéton. Patines à l'ancienne et couleurs vives égayent les chambres, la plupart avec balcon.

Giraglia – Hôtel Giraglia
pl. du 14 Juin – ✆ 04 94 56 31 33 – www.hotelgiraglia.com – Ouvert 16 mai-7 oct.
Rest – Menu 59 € (dîner)/83 € – Carte 52/88 €
◆ Le restaurant du Giraglia est bien agréable, avec ses terrasses donnant sur la Grande Bleue... On y savoure une cuisine méditerranéenne gorgée d'iode et de soleil, et réalisée avec des produits extrafrais !

PORTICCIO – 2A Corse-du-Sud – 345 B8 – voir à Corse

PORTIRAGNES – 34 Hérault – 339 F9 – 3 098 h. – alt. 10 m — 23 C2

– ✉ 34420

Paris 762 – Agde 13 – Béziers 13 – Montpellier 72
place du Bicentenaire, ✆ 04 67 90 92 51, www.ville-portiragnes.fr

Mirador AC ch, VISA

4 bd Front-de-Mer, à Portiragnes-Plage – ✆ 04 67 90 91 33 – www.hotel-le-mirador.com – Fermé 11 nov.-21 déc. et 6 janv.-15 fév.

16 ch – †50/136 € ††50/136 € – ☕ 8 € – ½ P 54/97 €

Rest *Saveurs du Sud* ✆ 04 67 90 97 67 *(fermé merc. midi hors saison)* – Menu 24/48 € – Carte 41/62 €

◆ Près du rivage, un hôtel familial aux chambres fonctionnelles et bien tenues. Certaines disposent de terrasses orientées vers les flots.

PORTIVY – **56 Morbihan** – **308** M9 – **rattaché à Quiberon**

PORT-JOINVILLE – **85 Vendée** – **316** B7 – **voir à Île d'Yeu**

PORT-LA-NOUVELLE – **11 Aude** – **344** J4 – **5 603 h.** – **alt. 2 m** **22** B3

– **Casino** – ✉ **11210** Languedoc Roussillon

Paris 813 – Carcassonne 81 – Montpellier 120 – Perpignan 49

place Paul Valéry, ✆ 04 68 48 00 51, www.portlanouvelle.com

Méditerranée rest, AC VISA AE

bd Front-de-Mer – ✆ 04 68 48 03 08 – www.hotelmediterranee.com – Fermé 2 sem. nov. et 3-31 janv.

29 ch – †78/90 € ††78/98 € – ☕ 9 € – ½ P 70/90 €

Rest *(fermé dim. soir et lundi midi du 28 oct. au 1er avril)* – Menu 14 € (sem.), 24/45 € – Carte 28/64 €

◆ Un hôtel familial idéalement situé face à la plage... Les chambres sont très simples mais bien pratiques et certaines ont même un balcon donnant sur la mer.

PORT-LESNEY – **39 Jura** – **321** E4 – **530 h.** – **alt. 251 m** – ✉ **39600** **16** B2

Franche-Comté Jura

Paris 401 – Arbois 12 – Besançon 36 – Dole 39

Château de Germigney AC P VISA AE

r. Edgar-Faure – ✆ 03 84 73 85 85 – www.chateaudegermigney.com – Fermé vacances de fév. et de la Toussaint

20 ch – †130/350 € ††130/350 € – ☕ 17 €

Rest *Château de Germigney* ✿ – voir les restaurants ci-après

◆ Bucolique ! Un parc superbe, une piscine écologique (l'eau d'un étang filtrée naturellement) et ce joli manoir, avec ses grandes chambres élégantes et pleines de charme. Tissus choisis, raffinement romantique, fumoir avec une cheminée monumentale... Une petite idée de la vie de château.

XXX ✿ **Château de Germigney** P VISA AE

r. Edgar-Faure – ✆ 03 84 73 85 85 – www.chateaudegermigney.com – fermé vacances de fév. et de la Toussaint, lundi midi et mardi midi

Rest – Formule 41 € – Menu 69/105 € – Carte 72/97 €

Spéc. Effeuillé d'artichaut et foie gras poêlé à l'huile de noisette (automne-hiver). Demi homard bleu en deux services et purée de céleri rave. Sablé chocolat-framboise, sorbet framboise (saison). **Vins** Arbois, Côtes du Jura.

◆ Dans cet élégant Château, cossu et chic comme il se doit, la Provence et le Jura se sont unis pour le meilleur... Dans la salle voûtée, à l'orangerie ou sur la terrasse, on savoure une cuisine d'une belle finesse et vraiment goûteuse.

X **Le Bistrot Pontarlier** P VISA

pl. du 8 Mai-1945 – ✆ 03 84 37 83 27 – www.bistrotdeportlesney.com – Fermé 2 sem. en fév. et nov., lundi soir, mardi soir, merc. et jeudi sauf en juil.-août

Rest – Formule 22 € – Menu 26 € – Carte 27/35 €

◆ Au bord de la Loue, un grand bistrot foisonnant de bibelots chinés, une terrasse digne d'une guinguette et... une ode au terroir. Évidemment, c'est sur une nappe à carreaux qu'on savoure un repas généreux et canaille à souhait, à prix d'ami !

PORT-LEUCATE – **11 Aude** – **344** J5 – **rattaché à Leucate**

PORT-LOUIS – 56 Morbihan – 308 K8 – 2 898 h. – alt. 5 m – ✉ 56290 9 B2

Paris 505 – Lorient 19 – Pontivy 61 – Vannes 50

1 rue Marcel Charrier, ✆ 02 97 84 78 00, www.ville-portlouis.fr

Avel Vor (Patrice Gahinet)

25 r. de Locmalo – ✆ 02 97 82 47 59 – www.restaurant-avel-vor.com – Fermé 24 juin-2 juil., 30 sept.-16 oct., mardi sauf juil.-août, dim. soir et lundi

Rest – Menu 29 € (déj.), 53/89 € – Carte 71/142 €

Spéc. Coque de langoustine à l'ail et au persil et langoustines poêlées. Rouget de petit bateau juste saisi, tarte craquante et purée de poivron rouge (juin à sept.). Pommes caramélisées au beurre salé, glace faite maison.

◆ Un Avel Vor ("vent de mer" en breton) souffle sur cette table au cadre contemporain raffiné. Cuisine pleine de finesse qui sublime, entre autres, les poissons fraîchement pêchés.

PORT-MANECH – 29 Finistère – 308 I8 – ✉ 29920 Nevez Bretagne 9 B2

Paris 545 – Carhaix-Plouguer 73 – Concarneau 18 – Quimper 44

Du Port et de l'Aven

30 r. Aven – ✆ 02 98 06 82 17 – www.hotelduport.com – Ouvert 1er avril-30 sept.

31 ch – †45/65 € ††50/70 € – ☕ 9 € – ½ P 52/63 €

Rest *Du Port et de l'Aven* – voir les restaurants ci-après

◆ Près du port, une adresse familiale sympathique et bien tenue. Le genre d'adresse où l'on se sent toujours en vacances dans des chambres simples et gaies, au calme face à la mer. Réjouissante, la cuisine bien iodée du restaurant.

Du Port et de l'Aven

30 r. Aven – ✆ 02 98 06 82 17 – www.hotelduport.com – Ouvert 1er avril-30 sept., fermé le midi hors saison, sam. midi et merc. en juil.-août

Rest – Menu 20/44 € – Carte 30/75 €

◆ Ici, poissons et crustacés sont à la fête, fraîchement pêchés et accommodés avec justesse. On commence par des langoustines, puis vient un turbot sauce mousseline, un homard ou encore une crème au lait Ribot : breton, vous avez dit breton ?

PORT-MORT – 27 Eure – 304 I6 – 1 009 h. – alt. 19 m – ✉ 27940 33 D2

Paris 89 – Les Andelys 11 – Évreux 33 – Rouen 55

Auberge des Pêcheurs

122 Grande Rue – ✆ 02 32 52 60 43 – Fermé 30 juil.-24 août, 9-27 janv., dim. soir, mardi soir et merc.

Rest – Formule 15 € – Menu 25/35 € – Carte 36/52 €

◆ Dans cette auberge simple, rustique et accueillante, le chef, présent depuis près de trente ans, concocte de bons petits plats traditionnels. Et dans la véranda, la vue sur le grand jardin est bien agréable...

PORT-NAVALO – 56 Morbihan – 308 N9 – rattaché à Arzon

PORTO – 2A Corse-du-Sud – 345 B6 – voir à Corse

PORTO-POLLO – 2A Corse-du-Sud – 345 B9 – voir à Corse

PORTO-VECCHIO – 2A Corse-du-Sud – 345 E10 – voir à Corse

PORTSALL – 29 Finistère – 308 C3 – ✉ 29830 Bretagne 9 A1

Paris 616 – Brest 29 – Quimper 98 – Rennes 263

La Demeure Océane sans rest

20 r. Bar Al Lan – ✆ 02 98 48 77 42 – www.demeure-oceane.fr – Ouvert 16 fév.-14 oct.

5 ch ☕ – †62/70 € ††65/75 €

◆ Une agréable maison bourgeoise du début 20e s., au-dessus du port. Les chambres sont fraîches et romantiques, un peu rêveuses (Violette, Jeanne et Victor, Napoléon, etc.). Une bonne adresse pour les amoureux de paysages sauvages et naturels.

Les Littorines

8 square de l'Aberic – ✆ 02 98 48 61 85 – www.les-littorines.fr – Ouvert de fév. à oct.
Rest – Formule 14 € – Menu 19 € (sem.), 27/32 € – Carte 32/44 €
◆ Tartare de thon au caramel, chaud froid de Saint-Jacques aux agrumes, lieu de Portsall au beurre blanc, etc. : on sait vivre dans cette maison néobretonne, sur le port. L'affaire est gérée en famille, et toujours avec le sourire !

PORT-SUR-SAÔNE – 70 Haute-Saône – 314 E6 – 2 969 h. – alt. 228 m – ✉ 70170 — 16 B1

Paris 347 – Besançon 61 – Bourbonne-les-Bains 46 – Épinal 75
rue de la Rézelle, ✆ 03 84 78 10 66

à Vauchoux Sud : 3 km par D 6 – 127 h. – alt. 210 m – ✉ 70170

Château de Vauchoux (Jean-Michel Turin)

rte de la vallée de la Saône – ✆ 03 84 91 53 55 – Fermé 26 fév.-1er mars, lundi et mardi
Rest *(réserver)* – Menu 75/125 €
Spéc. Kougelhopf grillé et ballotine de foie gras. Saint-Jacques à la malouine façon "Pascal". Carolines glacées, excellence de chocolat noir et sorbet menthe fraîche. **Vins** Vin de pays de Franche-Comté.
◆ Une adresse pleine de charme que cet ancien pavillon de chasse : parc fleuri, belle salle de style Louis XV, cuisine classique généreuse et cave riche, notamment en bordeaux.

PORT-VENDRES – 66 Pyrénées-Orientales – 344 J7 – 4 346 h. – alt. 3 m – ✉ 66660 Languedoc Roussillon — 22 B3

Paris 881 – Montpellier 192 – Perpignan 32
1, quai François Joly, ✆ 04 68 82 07 54, www.port-vendres.com
Tour Madeloc ✳★★ SO : 8 km puis 15 mn.

Les Jardins du Cèdre

29 rte Banyuls – ✆ 04 68 82 01 05 – www.lesjardinsducedre.com – Fermé 15 nov.-20 déc. et 7 janv.-1er fév.
19 ch – †66/124 € ††66/124 € – 1 suite – ☕ 10 € **Rest** *(fermé le midi en sem. et mardi soir)* – Formule 18 € – Menu 29/50 € – Carte 46/60 €
◆ Jolie piscine, palmiers, chambres simples mais fraîches dont certaines donnent sur la mer et... vieux cèdre du Liban : un hôtel agréable, malgré la route toute proche. En haute saison, la demi-pension est obligatoire.

Côte Vermeille

quai du Fanal, direction la criée – ✆ 04 68 82 05 71 – Fermé 5 janv.-5 fév., dim. et lundi sauf juil.-août
Rest – Menu 36/64 € – Carte 48/65 €
Rest *Côté Terrasse* 1er étage, ✆ 04 68 88 85 05 *(Ouvert avril-oct., fermé le soir en avril et oct., dim. et lundi sauf juil.-août)* – Formule 20 € – Menu 26 € – Carte 38/52 €
◆ Sous l'égide de deux frères, une belle table marine ancrée sur le port. Achetés à la criée voisine, tous les poissons sont sauvages et cuisinés avec goût. Grillades au Côté Terrasse.

LA POTERIE – 22 Côtes-d'Armor – 309 H4 – rattaché à Lamballe

POUANÇAY – 86 Vienne – 322 F2 – 232 h. – alt. 73 m – ✉ 86120 — 39 C1

Paris 348 – Bressuire 56 – Poitiers 75 – Saumur 29

Trésor Belge

1 allée du Jardin Secret – ✆ 05 49 98 72 25 – www.tresorbelge.com – Fermé 2-11 juil., 3-12 sept., 7-29 janv., lundi et mardi
Rest *(nombre de couverts limité, réserver)* – Formule 25 € – Menu 35/49 € – Carte 37/62 €
◆ Une "ambassade" de la cuisine flamande où l'on déguste en toute convivialité de belles spécialités belges arrosées d'une très belle sélection d'incontournables bières du Plat Pays. Une adresse bien gourmande !

POUGUES-LES-EAUX – 58 Nièvre – **319** B9 – 2 505 h. – alt. 198 m **7** A2
– Casino – ✉ 58320 Bourgogne

Paris 225 – Auxerre 123 – Bourges 65 – Nevers 12

44, avenue de Paris, ✆ 03 86 37 32 91, www.ot-pouguesleseaux.fr

Hôtel des Sources sans rest
r. Mignarderie – ✆ 03 86 90 11 90 – www.hoteldessources.fr
29 ch – †65 € ††65 € – ☕ 12 €
◆ Un hôtel familial entouré de verdure. Chambres fonctionnelles et impeccablement tenues, atmosphère conviviale et bons petits-déjeuners... non loin du casino.

POUILLON – 40 Landes – **335** F13 – 2 789 h. – alt. 28 m – ✉ 40350 **3** B3

Paris 742 – Dax 16 – Mont-de-Marsan 69 – Orthez 28

30 chemin de Lahitte, ✆ 05 58 98 38 93

XX **L'Auberge du Pas de Vent**
281 av. du Pas-de-Vent – ✆ 05 58 98 34 65 – www.auberge-dupasdevent.com – Fermé 23 oct.-4 nov., 17 fév.-4 mars, dim. soir, lundi soir, mardi soir et merc.
Rest – Formule 13 € – Menu 25/30 € – Carte 38/50 €
◆ Le chef de cette sympathique auberge champêtre réalise une cuisine régionale qui remet à l'honneur de vieilles recettes de grand-mère. Terrain de "quilles de Neuf" attenant.

POUILLY-EN-AUXOIS – 21 Côte-d'Or – **320** H6 – 1 507 h. – alt. 390 m **8** C2
– ✉ 21320 Bourgogne

Paris 270 – Avallon 66 – Beaune 42 – Dijon 44

le Colombier, ✆ 03 80 90 74 24, www.pouilly-auxois.com

du Château de Chailly, Chailly s/Armançon, O : 6 km par D 977, ✆ 03 80 90 30 40

X **De La Poste** avec ch
pl. de la Libération – ✆ 03 80 90 86 44 – www.hoteldelapostepouilly.fr – Fermé 14 nov.-5 déc., dim. soir et lundi
7 ch – †55/61 € ††61/65 € – ☕ 9 € – ½ P 60/65 €
Rest – Formule 15 € – Menu 19 € (déj. en sem.), 25/45 € – Carte 37/64 €
◆ Sur la place centrale de cette petite localité bourguignonne, cette auberge est tenue par la même famille depuis 1947. Il y règne une sympathique atmosphère champêtre et l'on déguste une cuisine traditionnelle aux accents régionaux. Chambres pratiques pour l'étape.

à Chailly-sur-Armançon 6,5 km à l'Ouest par D 977bis – 282 h. – alt. 387 m
– ✉ 21320

Château de Chailly
✆ 03 80 90 30 30 – www.chailly.com – Ouvert 1er mars-14 déc.
42 ch – †200/569 € ††200/569 € – 3 suites – ☕ 17 €
Rest *L'Armançon* – voir les restaurants ci-après
Rest *Le Rubillon* *(fermé le soir)* – Formule 18 € – Menu 21/25 €
◆ Une riche façade Renaissance, une autre grandiose et médiévale : ce château a du style ! Ses hôtes pourront musarder dans le superbe parc et s'adonner aux joies du golf ou de la natation, avant de savourer un beau dîner gastronomique... Vous avez dit "vie de château" ?

XXX **L'Armançon** – Hôtel Château de Chailly
– ✆ 03 80 90 30 30 – www.chailly.com – Ouvert 1er mars-14 déc. et fermé mardi de nov. à mars, dim., lundi et le midi
Rest – Menu 50/100 € – Carte 75/105 €
◆ Carré de cochon de lait et ses pommes de terre grenaille au lard, tarte meringuée au citron... Le chef signe une cuisine classique et élégante. Le cadre est à l'avenant, châtelain et distingué.

POUILLY-LE-FORT – 77 Seine-et-Marne – **312** E4 – voir à Paris, Environs (Sénart)

POUILLY-SOUS-CHARLIEU – 42 Loire – **327** D3 – 2 619 h. **44** A1
– alt. 264 m – ✉ 42720

Paris 393 – Charlieu 5 – Digoin 43 – Roanne 15

Loire
r. de la Berge – ☎ 04 77 60 81 36 – www.restaurant-loire.fr – Fermé 15-30 oct., 2-28 janv., dim. soir, lundi et mardi sauf juil.-août
Rest – Formule 16 € – Menu 20 € (sem.), 30/70 € – Carte 31/82 €
◆ Cette auberge servait jadis de la friture. Aujourd'hui, c'est un élégant restaurant, avec une terrasse côté jardin où l'on déguste foie gras, grenouilles, homard et turbot.

POUILLY-SUR-LOIRE – 58 Nièvre – 319 A8 – 1 765 h. – alt. 168 m – ✉ 58150 Bourgogne 7 A2

Paris 200 – Bourges 58 – Clamecy 54 – Cosne-Cours-sur-Loire 18
17, quai Jules Pabiot, ☎ 03 86 39 54 54, www.pouillysurloire.fr

Relais de Pouilly
rte de Mesves-sur-Loire, 3 km au Sud par D 28^A – ☎ 03 86 39 03 00 – www.relaisdepouilly.com
23 ch – †56/72 € ††75/84 € – ☕ 10 € – ½ P 75/80 €
Rest – Formule 14 € – Menu 20/36 € – Carte 25/45 €
◆ Pour l'étape, un hôtel proche de la cité vigneronne et d'une aire d'autoroute (accès piétonnier). Chambres insonorisées tournées vers la réserve naturelle de la Loire ; jardin et aire de jeux. Cuisine traditionnelle, buffets, grillades et sélection de pouillys.

Le Coq Hardi-Relais Fleuri avec ch
42 av. de la Tuilerie – ☎ 03 86 39 12 99 – www.lecoqhardi.fr – Fermé 19-28 déc., 15 fév.-20 mars, dim. soir, mardi midi et lundi d'oct. à avril
9 ch – †78 € ††78 € – ☕ 11 € – ½ P 74 €
Rest – Formule 19 € – Menu 24 € (sem.), 39/59 € – Carte 52/92 €
◆ Dans cette vénérable hostellerie, on s'installe dans une salle donnant sur le jardin qui borde la Loire... Le chef concocte une cuisine traditionnelle pleine de saveur. Certaines des chambres ouvrent sur la verdure.

POULDREUZIC – 29 Finistère – 308 E7 – 1 838 h. – alt. 51 m – ✉ 29710 9 A2

Paris 587 – Audierne 17 – Douarnenez 17 – Pont-l'Abbé 15
rue de la Mer, ☎ 02 98 54 49 90

à Penhors Ouest: 4 km par D 40 – ✉ 29710 Pouldreuzic

Breiz Armor
à la plage – ☎ 02 98 51 52 53 – www.breiz-armor.fr – Ouvert 1er avril-14 oct. et 25-31 déc.
36 ch – †81/93 € ††81/93 € – ☕ 10 € – ½ P 79/88 €
Rest *(fermé lundi sauf le soir en juil.-août)* – Menu 15 € (déj. en sem.), 23/58 € – Carte 23/56 €
◆ Ce grand bâtiment n'a peut-être pas de charme particulier, mais il se trouve près de la plage, face au large. Autres petits plus, hormis les agréables chambres : billard, solarium, fitness, sauna, vélos, buanderie, etc. À table, des recettes presque 100 % mer : c'est iodé et vivifiant !

LE POULDU – 29 Finistère – 308 J8 – ✉ 29360 Clohars Carnoet Bretagne 9 B2

Paris 521 – Concarneau 37 – Lorient 25 – Moëlan-sur-Mer 10
St-Maurice : site★ et ≤★ du pont NE : 7 km.

Le Panoramique sans rest
2 r. du Kerou Le Pouldu, au Kérou-plage – ☎ 02 98 39 93 49 – www.hotel-panoramique.fr – Ouvert 2 avril-4 nov.
25 ch – †53/69 € ††53/69 € – ☕ 10 €
◆ Un hôtel tout simple, parfait pour profiter de la plage et du littoral. Les installations sont de qualité, tout est très propre et l'on vous accueille avec un grand sourire. Demandez la vue sur mer, c'est encore mieux.

POULIGNY-NOTRE-DAME – 36 Indre – 323 I8 – rattaché à La Châtre

POURVILLE-SUR-MER – 76 Seine-Maritime – 304 G2 – rattaché à Dieppe

POUZAY – 37 Indre-et-Loire – 317 M6 – rattaché à Ste-Maure-de-Touraine

LE POUZIN – 07 Ardèche – 331 K5 – 2 877 h. – alt. 90 m – ✉ 07250 44 B3

▶ Paris 590 – Lyon 127 – Privas 16 – Valence 28

La Cardinale

Quartier Serre Petou – ☎ 04 75 41 20 39 – www.hotellacardinale.com – Fermé 16 oct.-7 nov. et 15 déc.-1er mars

10 ch – 90/195 € 140/245 € – 15 €

Rest ***La Cardinale*** – voir les restaurants ci-après

◆ Un beau mas, un parc aux essences choisies, une jolie piscine, des kiosques... c'est charmant ! Chambres raffinées (salles de bains rétro, bois massif), certaines de plain-pied dans l'annexe récente (avec terrasse).

La Cardinale

Quartier Serre Petou – ☎ 04 75 41 20 39 – www.hotellacardinale.com – Fermé 16 oct.-7 nov., 15 déc.-1er mars, lundi, mardi et merc. d'oct. à mai sauf résidents

Rest *(dîner seult) (réserver)* – Menu 27/38 €

◆ Dans cet élégant restaurant, le propriétaire concocte une cuisine vraiment agréable, en privilégiant les herbes et légumes de son potager... C'est frais ! Et quel plaisir de dîner sur la terrasse, bucolique à souhait.

PRADES – 66 Pyrénées-Orientales – 344 F7 – 6 569 h. – alt. 360 m – ✉ 66500 Languedoc Roussillon 22 B3

▶ Paris 892 – Mont-Louis 36 – Olette 16 – Perpignan 46

ℹ 10, place de la République, ☎ 04 68 05 41 02, www.prades-tourisme.fr

de Marcevol, à Arboussols, Le Hameau de Marcevol, NE : 10 km par D 35, ☎ 04 68 96 18 08

Abbaye St-Michel-de-Cuxa★★ S : 3 km - Village d'Eus★ NE : 7 km.

Pradotel

av. Festival, sur la rocade – ☎ 04 68 05 22 66 – www.hotel-prades.com

39 ch – 53/65 € 58/75 € – 9 € **Rest** – Formule 12 € – Menu 15/38 €

◆ En bordure de nationale, un hôtel récent, pratique et familial : abri pour les vélos, terrain de pétanque, grande piscine...

à Clara au Sud 5 km par D 35 – 240 h. – alt. 650 m – ✉ 66500

Les Loges du Jardin d'Aymeric avec ch

7 r. du Canigou – ☎ 04 68 96 08 72 – www.logesaymeric.com – Fermé janv.

3 ch – 55/75 € 65/85 € – ½ P 65/75 €

Rest *(fermé mardi soir et merc. d'oct. à mai) (réservation indispensable)* – Menu 35/50 €

◆ Dans ce village perché, il fait bon s'attabler dans cette jolie maison traditionnelle, en ayant bien pris soin de réserver ! Le chef concocte une agréable cuisine du marché avec de beaux produits et la décline en deux menus... Et s'il vous prend l'envie de rester, les chambres ont vraiment du cachet (vitraux, salles de bains rétro...).

LE PRADET – 83 Var – 340 L7 – 11 214 h. – alt. 1 m – ✉ 83220 41 C3

Côte d'Azur

▶ Paris 842 – Draguignan 76 – Hyères 11 – Toulon 10

ℹ place Général-de-Gaulle, ☎ 04 94 21 71 69, www.lepradet-tourisme.fr

Musée de la mine de Cap Garonne : grande salle★, 3 km au Sud par D 86.

aux Oursinières Sud : 3 km par D 86 – ✉ 83320 Le Pradet

L'Escapade sans rest

1 r. de la Tartane – ☎ 04 94 08 39 39 – www.hotel-escapade.com – Ouvert 12 mars-4 nov.

9 ch – 115/165 € 125/230 € – 1 suite – 14 €

◆ À 100 m de la mer, un petit nid au calme, idéal pour une escapade sous le soleil... Atmosphère douillette dans les chambres, disséminées à travers le beau jardin.

La Chanterelle

50 r. de la Tartane – ☎ 04 94 08 52 60 – www.hotel-escapade.com – Fermé lundi et mardi de sept. à avril

Rest – Menu 39/49 € – Carte environ 55 €

◆ Une cuisine provençale délicate et pleine d'arômes, que l'on déguste avec plaisir dans une jolie maison en pierre (plafond en bois sculpté, vitraux colorés, jardin fleuri).

PRALOGNAN-LA-VANOISE – 73 Savoie – 333 N5 – 732 h. 45 D2
– alt. 1 425 m – Sports d'hiver : 1 410/2 360 m 1 13 – ✉ 73710
Alpes du Nord

Paris 634 – Albertville 53 – Chambéry 103 – Moûtiers 28

avenue de Chasseforêt, ✆ 04 79 08 79 08

Site★ - Parc national de la Vanoise★★ - La Chollière★ SO : 1,5 km puis 30 mn - Mont Bochor ←★ par téléphérique.

Les Airelles — ← rest, P VISA MC AE

les Darbelays, 1 km au Nord – ✆ 04 79 08 70 32 – www.hotel-les-airelles.fr – Ouvert 8 juin-16 sept. et 22 déc.-20 avril

21 ch – †60/79 € ††79/99 € – ☕ 9 € – ½ P 54/86 €

Rest – Menu 22/25 € – Carte 23/30 €

◆ Cet avenant chalet des années 1980 se situe à l'orée de la forêt des Granges. Chambres coquettes et soignées, prédominance du bois et belle vue sur les montagnes. Table régionale chaleureuse et spécialités fromagères (tartiflettes, fondues, gratins...).

De la Vanoise — ← ch, P VISA MC AE

chemin du Dou des Ponts – ✆ 04 79 08 70 34 – www.hoteldelavanoise.fr – Ouvert de mi-juin à mi-sept. et 15 déc.-15 avril

32 ch (½ P seult) – ½ P 79/120 €

Rest – Formule 19 € – Menu 23 € – Carte 25/40 €

◆ Au cœur de la station, près des remontées mécaniques. Chambres simples et lambrissées (dont quelques duplex), toutes dotées d'un balcon. Sauna. Plats savoyards ou végétariens dans un cadre alpin (bois blond et tissus fleuris).

Du Grand Bec — ← VISA MC

✆ 04 79 08 71 10 – www.hoteldugrandbec.fr – Ouvert 1er juin-8 sept. et 20 déc.-14 avril

39 ch – †58/125 € ††65/130 € – ☕ 12 € – ½ P 54/84 €

Rest – Menu 20/50 € – Carte 28/55 €

◆ La crête du Grand Bec veille sur cette bâtisse postée à l'entrée de la station. Chambres montagnardes avec balcon (certaines disposant d'un salon). Restaurant rustique et terrasse tournée vers le village et les sommets. Carte traditionnelle (produits régionaux).

PRA-LOUP – 04 Alpes-de-Haute-Provence – 334 H6 – rattaché à Barcelonnette

LE PRARION – 74 Haute-Savoie – 328 N5 – rattaché aux Houches

PRATS-DE-MOLLO-LA-PRESTE – 66 Pyrénées-Orientales – 344 F8 22 B3
– 1 148 h. – alt. 740 m – ✉ 66230 Languedoc Roussillon

Paris 905 – Céret 32 – Perpignan 64

place du Foiral, ✆ 04 68 39 70 83

Ville haute★.

Bellevue — P VISA MC AE

pl. du Foiral – ✆ 04 68 39 72 48 – www.hotel-le-bellevue.fr – Fermé 26 nov.-10 fév., mardi et merc. en nov., fév. et mars

17 ch – †44/59 € ††51/72 € – ☕ 10 € – ½ P 50/63 €

Rest ***Bellevue*** – voir les restaurants ci-après

◆ Au pied des remparts de la cité médiévale, cet hôtel trône sur la place du village. Les chambres, fraîches et modernes, sont soigneusement tenues ; une bonne étape.

XX **Bellevue** — AC P VISA MC AE

pl. du Foiral – ✆ 04 68 39 72 48 – www.hotel-le-bellevue.fr – Fermé 26 nov.-10 fév., mardi et merc. en nov., fév. et mars

Rest – Formule 20 € – Menu 28/50 € – Carte 45/62 €

◆ Une carte qui fleure bon le terroir et les saveurs régionales, et pour cause : le chef valorise les petits producteurs locaux, qui viennent dans ce village uniquement pour le livrer. Agneau catalan, fromage des Pyrénées...

à La Preste 8 km – ✉ 66230 Prats-de-Mollo-la-Preste – **Stat. therm. : fin mars-fin nov.**

Ribes rest, VISA

– *04 68 39 71 04 – www.hotel-ribes.com – Ouvert 22 avril -20 oct.*
16 ch – 48/51 € 48/57 € – 9 € – ½ P 42/48 €
Rest – Formule 11 € – Menu 18/30 € – Carte 30/52 €
◆ Au bout du monde ! Isolée au milieu des prés, cette ferme de montagne s'est offert une nouvelle vie... Place à une hôtellerie familiale sympathique, avec des chambres modestes, un brin désuètes mais très propres.

PRATZ – 39 Jura – **321** E8 – 572 h. – alt. 682 m – ✉ 39170 **16** B3
Paris 460 – Besançon 130 – Genève 113 – Lons-le-Saunier 47

Les Louvières VISA AE

– *03 84 42 09 24 – www.leslouvieres.com – Fermé 6-21 sept., 19 déc.-3 fév., dim. soir, lundi et mardi*
Rest – Formule 34 € – Menu 40/46 €
◆ Cette ferme de pays a été rénovée dans un esprit chic et contemporain, sans rien renier de son cachet montagnard. Un endroit vraiment sympathique, où l'on savoure une cuisine créative alléchante et de bons vins du monde.

LE PRAZ – 73 Savoie – **333** M5 – rattaché à Courchevel

LES PRAZ-DE-CHAMONIX – 74 Haute-Savoie – **328** O5 – rattaché à Chamonix-Mont-Blanc

---

PRAZ-SUR-ARLY – 74 Haute-Savoie – **328** M5 – 1 348 h. – alt. 1 036 m – Sports d'hiver : 1 036/2 070 m 12 – ✉ 74120 **46** F1
Paris 602 – Albertville 28 – Chambéry 79 – Chamonix-Mont-Blanc 37
Mairie, 04 50 21 90 57, www.prazsurarly.com

La Griyotire VISA

rte La Tonnaz – 04 50 21 86 36 – www.griyotire.com – Ouvert 9 juin-16 sept. et 16 déc.-15 avril
16 ch – 85/130 € 85/130 € – 5 suites – 13 € – ½ P 84/106 €
Rest *(dîner seult)* – Menu 29/45 € – Carte 30/45 €
◆ Un élégant chalet savoyard, à la fois central et paisible, avec des chambres charmantes et cosy. Hammam, sauna et massages, restaurant montagnard (spécialités traditionnelles et régionales) : les vacances, tout simplement !

PREIGNAC – 33 Gironde – **335** J7 – rattaché à Langon

PRÉNERON – 32 Gers – **336** D7 – rattaché à Vic-Fezensac

PRENOIS – 21 Côte-d'Or – **320** J5 – rattaché à Dijon

LE PRÉ-ST-GERVAIS – 93 Seine-St-Denis – **305** F7 – **101** 16 – voir Paris, Environs

---

LA PRESTE – 66 Pyrénées-Orientales – **344** F8 – rattaché à Prats-de-Mollo

---

PRIVAS P – 07 Ardèche – **331** J5 – 8 552 h. – alt. 300 m – ✉ 07000 **44** B3
Lyon Drôme Ardèche
Paris 596 – Montélimar 34 – Le Puy-en-Velay 91 – Valence 41
3, place du Général-de-Gaulle, 04 75 64 33 35, www.paysdeprivas.com
Site ★.

La Chaumette A/C VISA AE

av. du Vanel – 04 75 64 30 66 – www.hotelchaumette.fr – Fermé vacances de la Toussaint
36 ch – 62/70 € 80/87 € – 13 € **Rest** *(fermé sam. midi, dim. soir et lundi midi)* – Formule 18 € – Menu 23 € (déj. en sem.), 39/55 € – Carte 54/82 €
◆ Cet hôtel moderne a l'âme voyageuse : les chambres évoquent le Midi, l'Afrique, la Chine... Moins loin, il fait bon lézarder au bord de la piscine ou au Bar des Suds. Agréable terrasse au restaurant, où le chef s'inpire du terroir.

à Rochessauve 11km au Sud-Est par D2 et D 299 – 392 h. – alt. 300 m – ✉ 07210

Château de Rochessauve

✆ 04 75 65 07 06 – www.chateau-de-rochessauve.com – Fermé 1er janv. à Pâques et nov.

5 ch – 110/120 € 120/130 €

Table d'hôte *(fermé jeudi)* – Menu 25 € bc/40 € bc

◆ Un château du 13e s. perché sur un piton rocheux... Protégé du mistral par la falaise, on contemple la chaîne des Alpes dans un calme absolu. Les propriétaires sont d'anciens antiquaires (que de beaux objets !) et... de bons cuisiniers (volailles et légumes maison).

PROJAN – 32 Gers – 336 A8 – 150 h. – alt. 157 m – ✉ 32400 28 A2

Paris 742 – Pau 42 – Tarbes 60 – Toulouse 169

Le Château de Projan

– ✆ 05 62 09 46 21 – www.chateau-de-projan.com – Fermé vacances de la Toussaint, 19-26 déc., 6 fév.-11 mars, dim. soir et lundi

7 ch – 110 € 130/200 € – 14 € – ½ P 100/130 €

Rest *(dîner seult)* – Menu 37/72 €

◆ Ambiance de maison d'hôtes dans ce château blotti dans un parc au sommet d'une colline. Beau mobilier ancien et tableaux contemporains ornent chambres et salons. Lumineuse salle à manger prolongée d'une terrasse où l'on sert des plats régionaux. Cours de cuisine.

PROPRIANO – 2A Corse-du-Sud – 345 C9 – voir à Corse

PROVINS – 77 Seine-et-Marne – 312 I4 – 12 264 h. – alt. 91 m 19 D2

– ✉ 77160 Champagne Ardenne

Paris 88 – Châlons-en-Champagne 98 – Fontainebleau 55 – Sens 47

chemin de Villecran, ✆ 01 64 60 26 26, www.provins.net

Ville Haute★★ AV : remparts★★ AY, Tour César★★ : ≤★ , Grange aux Dîmes★ AV E - Place du Chatel★ - Portail central★ et groupe de statues★★ dans l'église St-Ayoul BV - Choeur★ de la collégiale St-Quiriace AV - Musée de Povins et du Provinois : collections de sculptures et de céramiques★ **M.**

St-Loup-de-Naud : portail★★ de l'église★ 7 km par ④.

Plan page suivante

Aux Vieux Remparts

3 r. Couverte - ville haute, Cité Médiévale – ✆ 01 64 08 94 00 – www.auxvieuxremparts.com AVb

40 ch – 90/265 € 115/275 € – 17 € – ½ P 120/195 €

Rest *L'Esquisse* – voir les restaurants ci-après

Rest – Formule 29 € – Menu 36 € – Carte 44/70 €

◆ Ces Vieux Remparts évoquent tout le charme de la cité médiévale : dans trois maisons attenantes, les chambres se révèlent raffinées et cosy, certaines dans un esprit contemporain bien agréable. Après la visite de la ville, on apprécie l'espace détente (piscine intérieure, sauna, hammam...).

Demeure des Vieux Bains sans rest

7 r. du Moulin-de-la-Ruelle, (au pied de la cité médiévale) – ✆ 06 74 64 54 00 – www.demeure-des-vieux-bains.com BVd

5 ch – 160 € 160/290 €

◆ Une belle demeure seigneuriale (12e-17es.) à flanc de colline. Le nom de chaque chambre évoque son élégant décor : Hortensia, Pleyel (avec hammam), Flamande (avec balnéo)...

L'Esquisse – Hôtel Aux Vieux Remparts

3 r. Couverte - ville haute, Cité Médiévale – ✆ 01 64 08 94 00 – www.auxvieuxremparts.com – Fermé 15 juil.-4 sept., dim., lundi et mardi

Rest *(nombre de couverts limité, réserver)* – Menu 42 € (déj.), 55/90 € – Carte 76/90 € AVb

◆ L'Esquisse est une jolie maison à colombages, au cadre contemporain et épuré. On y savoure une cuisine innovante et pleine de fraîcheur !

PROVINS

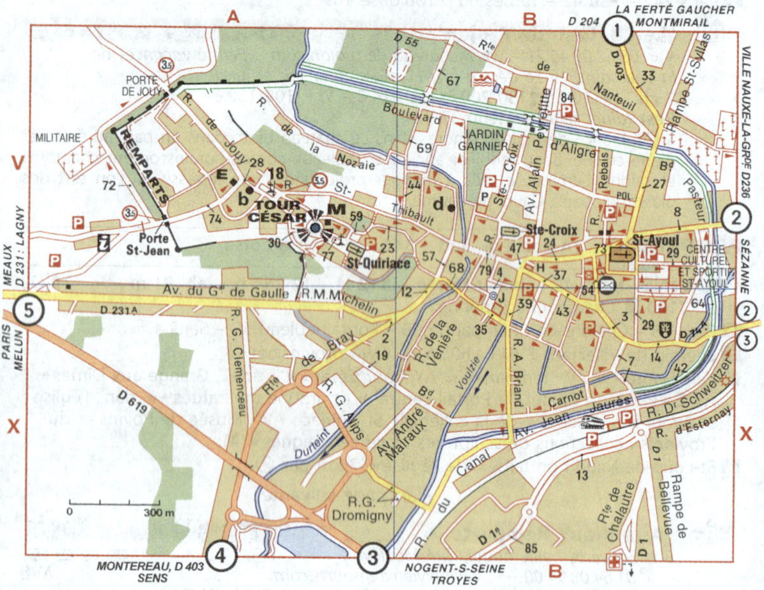

PRUNETE – 2B Haute-Corse – **345** F6 – voir à Corse (Cervione)

PUGET-SUR-ARGENS – 83 Var – **340** P5 – 6 857 h. – alt. 17 m – ✉ 83480 **41** C3

Paris 871 – Marseille 143 – Monaco 88 – Toulon 86

Le Clos des Escapades ch,
2323 bd Gén.-Leclerc – ✆ 04 94 45 89 88 – www.leclosdesescapades.com – Fermé nov.
5 ch – 98/120 € 98/120 € **Table d'hôte** – Menu 30/45 €
◆ En pleine nature, imposant mas en pierre avec jardin paysagé (mimosas, palmiers, oliviers) et belle piscine. Les chambres, aux tons pastel, sont toutes différentes et confortables. Pour se détendre, il y a un espace bien-être. Cuisine de saison à la table d'hôte.

PUJAUDRAN – 32 Gers – **336** I8 – rattaché à L'Isle-Jourdain

---

PUJAUT – 30 Gard – **339** N4 – 3 930 h. – alt. 70 m – ✉ 30131 **23** D2

Paris 683 – Marseille 117 – Montpellier 95 – Orange 23
Mairie, ✆ 04 90 26 40 20, http://mairiepujaut.fr/fr/tourisme

Entre Vigne et Garrigue (Serge Chenet) avec ch
rte de St-Bruno, 2 km au Sud-Ouest – ✆ 04 90 95 20 29 – www.vigne-et-garrigue.com – Fermé 2-10 sept., 2 janv.-1er fév., dim. soir de mai à sept., mardi d'oct. à avril et lundi
4 ch – 115/125 € 125/145 €
Rest *(nombre de couverts limité, réserver)* – Formule 30 € bc – Menu 42/110 €
Spéc. Nage mousseuse de homard à la réglisse. Menu truffes (déc. à mars). Mille-feuille minute à la menthe fraîche, sorbet cacao. **Vins** Lirac, Tavel.
◆ Un cadre authentique – une ferme provençale isolée, entre falaises et vignobles – et une savoureuse cuisine du marché, bien dans son époque. Produits nobles, légumes et fruits de saison ont les faveurs du chef... Chambres au décor soigné, dans l'esprit d'une maison d'hôtes.

PUJOLS – 47 Lot-et-Garonne – 336 G3 – rattaché à Villeneuve-sur-Lot

PUJOLS – 33 Gironde – 335 K6 – 532 h. – alt. 60 m – ✉ 33350 4 C2

Paris 560 – Bordeaux 51 – Mérignac 68 – Pessac 63

Les Gués Rivières
5 pl. du Gén. de Gaulle – ✆ 05 57 40 74 73 – http://perso.orange.fr/margotte.olivier/ – Fermé 22 déc.-3 janv.
4 ch – 70/75 € 75/80 € **Table d'hôte** – Menu 20/30 €
◆ Sur la place du village, une maison locale (1854) avec des chambres mignonnes et bien tenues... L'atout charme des lieux ? Une superbe terrasse surplombant les vignes et St-Émilion, sur laquelle on peut prendre le petit-déjeuner – gargantuesque ! – et se restaurer d'une agréable cuisine du Sud-Ouest.

La Poudette
La Rivière, par D 17 – ✆ 05 57 40 71 52 – www.lapoudette.com – Fermé dim. soir et mardi sauf le soir de juil. à sept. et lundi
Rest – Menu 30 € (déj. en sem.), 36/39 €
◆ Dans le jardin courent poules et oies... Quoi de plus naturel dans une ancienne ferme ? Ici, on est vraiment à la campagne et l'on se régale d'une jolie cuisine de produits, fraîche et fine. Et pour se mettre au vert, il y a aussi deux confortables chambres.

PULIGNY-MONTRACHET – 21 Côte-d'Or – 320 I8 – 424 h. – alt. 227 m – ✉ 21190 Bourgogne 7 A3

Paris 329 – Dijon 59 – Lons-le-Saunier 120 – Mâcon 82

Le Montrachet
10 pl. des Marronniers – ✆ 03 80 21 30 06 – www.le-montrachet.com – Fermé 28 nov.-13 janv.
27 ch – 130/150 € 130/150 € – 2 suites – 15 € – ½ P 146 €
Rest ***Le Montrachet*** – voir les restaurants ci-après
◆ Sur une place tranquille, une belle bâtisse en pierre de pays et ses dépendances ; en fait l'auberge du village peu à peu métamorphosée en hôtel cossu. Les chambres, spacieuses et classiques (plafonds à la française...), sont bien agréables.

La Maison d'Olivier Leflaive
10 pl. du Monument – ✆ 03 80 21 95 27 – www.maison-olivierleflaive.fr – Fermé 23 déc.-31 janv.
13 ch – 100/160 € 100/160 € – 12 €
Rest ***La Table d'Olivier Leflaive*** – voir les restaurants ci-après
◆ Une vaste maison de village, avec de belles chambres d'esprit baroque, campagnard, pop, romantique ou rétro. Les vins du domaine sont bien sûr à l'honneur : visite des caves et vignes, dégustation dans le beau salon contemporain...

La Chouette sans rest
3 bis r. des Creux-de-Chagny – ✆ 03 80 21 95 60 – www.la-chouette.fr – Fermé 15 déc.-2 janv.
6 ch – 125/135 € 140/150 €
◆ Une maison paisible et chaleureuse, un jardin donnant sur les vignes, de grandes chambres au décor soigné : chouette ! Et le petit-déjeuner est délicieux, avec ses gâteaux et confitures maison, ses charcuteries et ses fromages...

Domaine des Anges
pl. des Marronniers – ✆ 03 80 21 38 28 – www.domainedesangespuligny.com
4 ch – 80/150 € 80/150 € **Table d'hôte** – Menu 38 €
◆ D'une propriété viticole au cœur du village, ce couple de la bonne société anglaise a fait un lieu very charming... Meubles d'antiquaire, poutres, moulures, cuisine bourgeoise à la table d'hôte : pittoresque et so french ! Quant au breakfast et à l'afternoon tea, ils séduisent par leur majesté toute britannique.

Le Montrachet – Hôtel Le Montrachet
10 pl. des Marronniers – ✆ 03 80 21 30 06 – www.le-montrachet.com – Fermé 28 nov.-13 janv.
Rest – Menu 29 € (déj.), 57/80 € – Carte 70/90 €
Spéc. Escargots de Bourgogne en coquilles, beurre émulsionné au vin blanc. Suprême de poularde de Bresse poché au foie gras et cuisse caramélisée. Tartelette de chocolat lacté aux arachides et sorbet citron vert.
◆ Classique et raffiné : voilà qui qualifie à merveille ce restaurant – tout de poutre et pierres apparentes – et la cuisine de saison de son chef... Passé par de grandes maisons, celui-ci exécute sa partition avec soin et élégance.

La Table d'Olivier Leflaive – Hôtel La Maison d'Olivier Leflaive
10 pl. du Monument – ✆ 03 80 21 95 27 – www.maison-olivierleflaive.fr – Fermé 23 déc.-31 janv. et dim.
Rest – Menu 25/60 € bc
◆ La Table d'Olivier a des airs de bistrot de campagne, avenant, chaleureux... On y savoure une cuisine ménagère simple et attrayante, autour d'une belle dégustation de vins.

PUPILLIN – 39 Jura – 321 E5 – rattaché à Arbois

PUTEAUX – 92 Hauts-de-Seine – 311 J2 – 101 14 – voir à Paris, Environs

---

PUYCELCI – 81 Tarn – 338 C7 – 490 h. – alt. 258 m – ✉ 81140 29 C2

Paris 637 – Albi 44 – Gaillac 25 – Montauban 40
Le Roc, ✆ 05 63 33 19 25

L'Ancienne Auberge
pl. de l'Eglise – ✆ 05 63 33 65 90 – www.ancienne-auberge.com – Fermé fév.
8 ch – 75/120 € 75/120 € – 15 € – ½ P 72/87 €
Rest *(fermé dim. soir et lundi)* – Menu 25/25 € – Carte 28/42 €
◆ Au cœur d'un village fortifié authentique et charmant, ce presbytère du 13[e]s. s'est mué en une auberge de caractère. Dans les chambres cohabitent meubles anciens et confort d'aujourd'hui et, au bistrot, la cheminée médiévale fait son petit effet : du style, c'est certain !

LE PUY-DE-DÔME – 63 Puy-de-Dôme – 326 E8 – voir à Clermont-Ferrand

---

LE PUY-EN-VELAY P – 43 Haute-Loire – 331 F3 – 18 879 h. – alt. 629 m – ✉ 43000 Lyon Drôme Ardèche 6 C3

Paris 539 – Clermont-Ferrand 129 – Mende 87 – St-Étienne 76
2, place du Clauzel, ✆ 04 71 09 38 41, www.ot-lepuyenvelay.fr
du Puy-en-Velay, à Ceyssac, Sénilhac, O : 7 km par D 590, ✆ 04 71 09 17 77
Site ★★★ - L'île aux trésors ★★★ BY : cathédrale Notre-Dame ★★★ , cloître ★★ - Trésor d'art religieux ★★ dans la salle des États du Velay - St-Michel d'Aiguilhe ★★ AY - Peinture des arts libéraux ★ de la chapelle des Sacrements - Ancienne cité ★ - Musée Crozatier : collection lapidaire ★, dentelles ★
Polignac★ : ✳★ 5 km par ③.

Du Parc
4 av. C. Charbonnier – ✆ 04 71 02 40 40 – www.hotel-du-parc-le-puy.com
15 ch – 77/199 € 77/199 € – 14 € AZs
Rest François Gagnaire – voir les restaurants ci-après
◆ Près du beau jardin Vinay, un hôtel très design ! Mobilier aux lignes géométriques, ambiance zen, sens du confort : les chambres respirent le goût contemporain. Le meilleur établissement de la ville, qui abrite de surcroît une table de qualité.

LE PUY-EN-VELAY

Aiguières (R. Porte)	AZ	2
Becdelièvre (R.)	AY	3
Bouillon (R. du)	BY	5
Card.-de-Polignac (R.)	BY	8
Chamarlenc (R. du)	AY	10
Charbonnier (Av. C.)	AZ	12
Chaussade (R.)	BZ	
Chênebouterie (R.)	AY	13
Clair (Bd A.)	AZ	14
Collège (R. du)	BZ	17
Consulat (R. du)	AY	19
Courrerie (R.)	AZ	20
Crozatier (R.)	BZ	23
Dr-Chantemesse (Bd)	AY	24
Fayolle (Bd Mar.)	BZ	
Foch (Av. Mar.)	BZ	
For (Pl. du)	BY	27
Gambetta (Bd)	AY	29
Gaulle (Av. Gén.-de)	ABZ	30
Gouteyron (R.)	AY	31
Grangevieille (R.)	AY	32
Martouret (Pl. du)	ABZ	34
Monteil (R. A.-de)	AY	35
Pannessac (R.)	AY	
Philibert (R.)	AY	36
Pierret (R.)	BZ	37
Plot (Pl. du)	AZ	38
Raphaël (R.)	AY	39
République (Bd de la)	BY	40
Roche-Taillade (R.)	AY	42
Saint-François-Régis (R.)	BY	43
Saint-Georges (R.)	BY	45
Saint-Gilles (R.)	AZ	
Saint-Jean (R. du Fg)	BY	46
Saint-Louis (Bd)	AZ	
Saint-Maurice (Pl.)	AY	47
Séguret (R.)	AY	48
Tables (Pl. des)	AY	49
Tables (R. des)	AY	52
Vallès (R. J.)	BY	54
Vaneau (R.)	AY	55
Verdun (R.)	BY	58

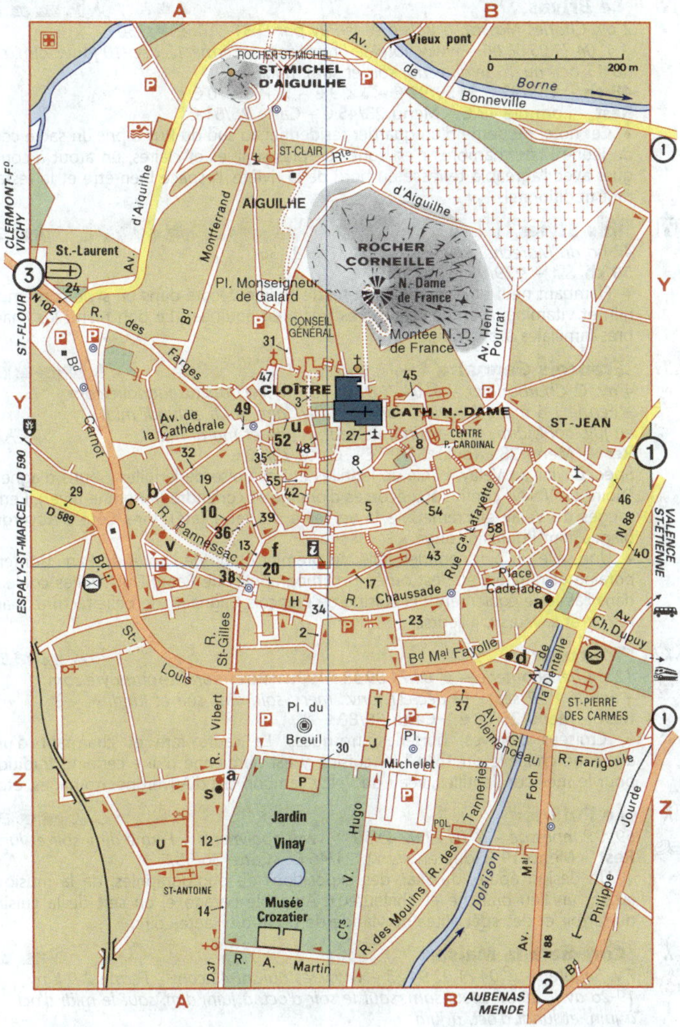

Regina

34 bd Mar. Fayolle – ✆ 04 71 09 14 71 – www.hotelrestregina.com BZ**d**

25 ch – 58/95 € 70/95 € – 2 suites – 10 € – ½ P 68 €

Rest *(fermé dim. soir du 15 nov. au 15 mars)* – Formule 19 € – Menu 25 € (sem.)/46 € – Carte 51/64 €

◆ Ce bel immeuble (1905) flanqué d'une tourelle possède un indéniable cachet. Ses chambres, chaleureuses et souvent très spacieuses, sont décorées avec goût dans un style contemporain. Restaurant traditionnel. Une bonne adresse au cœur de la ville.

Le Brivas

2 av. Charles Massot, à Vals-près-le-Puy par D 31- AZ ✉ 43750 *– ✆ 04 71 05 68 66 – www.hotel-le-brivas.com – Fermé 17 déc.-10 janv., dim. soir du 15 oct. au 15 avril, vend. soir et sam. midi*

48 ch – 59/92 € 59/92 € – 9 € – ½ P 55/70 €

Rest – Formule 17 € – Menu 23/45 € – Carte 25/51 €

◆ Cet hôtel moderne d'un quartier résidentiel au sud du Puy a pris un sacré coup de jeune ! Les chambres n'en sont que plus simples et claires, un atout à conjuguer avec l'agréable terrasse au bord de la rivière, l'espace bien-être et le restaurant traditionnel.

Ibis Styles sans rest

47 bd du Maréchal-Fayolle – ✆ 04 71 09 32 36 BZ**a**

50 ch – 79/99 € 89/109 €

◆ Flambant neuf et central ! Un hôtel de chaîne décoré dans un style contemporain et vitaminé, avec des chambres très bien équipées. Le bon plan : les chambres familiales à prix doux.

François Gagnaire – Hôtel Du Parc

4 av. C. Charbonnier – ✆ 04 71 02 75 55 – www.francoisgagnaire.com – Fermé 1-6 mars, 25 juin-9 juil., 5-8 nov., dim. midi et lundi midi en juil.-août, dim. soir et lundi de sept. à juin et mardi midi AZ**a**

Rest – Menu 28 € (déj.), 58/97 € – Carte 75/90 €

Spéc. Caviar du Velay, blinis de lentilles et bavaroise de lentilles. Souris d'agneau "Noire du Velay" confite aux écorces d'orange et coriandre (automne-hiver). Perles rouges du Velay et crèmeux à la verveine du Velay (été). **Vins** Côte d'Auvergne blanc, Saint Pourçain rouge.

◆ Une salle un peu confidentielle, au premier étage de l'hôtel du Parc. Contemporaine et raffinée, elle est ornée de lithographies de Raoul Dufy. Jolies couleurs dans l'assiette également : la cuisine de François Gagnaire, de belle facture, marie terroir et saveurs d'ailleurs...

Tournayre

12 r. Chênebouterie – ✆ 04 71 09 58 94 – www.restaurant-tournayre.com – Fermé 1er-7 sept., 18 déc.-31 janv., merc. soir, dim. soir et lundi AY**f**

Rest – Menu 25/68 € – Carte 55/80 €

◆ Croisées d'ogives, boiseries, fresques... Le cadre rare et charmant d'une ancienne chapelle du 16es. ! La cuisine y est gardienne d'une certaine tradition, pour le meilleur (lentilles, veau du Velay, jambon cru d'Auvergne, fromages, etc.).

Le Poivrier

69 r. Pannessac – ✆ 04 71 02 41 30 – www.lepoivrier.fr – Fermé dim. soir et lundi

Rest – Menu 19 € (déj. en sem.), 24/46 € – Carte 36/55 € AY**v**

◆ Un design épuré, du skaï, des expositions de photographies, de la musique jazzy : un lieu branché et chaleureux. Agréable paradoxe, on sert de la cuisine du terroir et des spécialités de viande de bœuf de Haute-Loire.

Comme à la Maison

7 r. Séguret – ✆ 04 71 02 94 73 – www.restaurant-43.com – Fermé 2-9 janv., 19-26 avril, 20-30 sept., sam. sauf le soir d'oct. à juin, dim. sauf le midi d'oct. à juin, et lundi d'oct. à juin AY**u**

Rest – Formule 20 € – Menu 26/60 € – Carte 40/55 €

◆ Lieu jaune rôti et son risotto aux asperges vertes, île flottante exotique... Le jeune chef maîtrise ses réalisations ! On vient comme chez des amis – qui sauraient très bien cuisiner – dans ce bistrot contemporain de la vieille ville. Joli patio.

Bambou et Basilic
18 r. Grangevieille – ✆ 04 71 09 25 59 – www.bambou-basilic.com – Fermé mardi midi et lundi AYb
Rest – Formule 19 € – Menu 23/55 € – Carte 35/51 €
◆ Dans une ruelle calme, cette petite maison ancienne, d'esprit rustique, mise tout sur la fraîcheur ! Les jeunes propriétaires réalisent une cuisine traditionnelle à base de produits rigoureusement choisis ; côté prix, on est loin du coup de bambou !

à Espaly-St-Marcel 3 km par ③ – 3 615 h. – alt. 650 m – ✉ 43000

L'Ermitage
73 av. de l'Ermitage, rte de Clermont-Ferrand – ✆ 04 71 04 08 99 – Fermé 27 août-3 sept., 22-29 oct., 7-28 janv., dim. soir et lundi
Rest – Formule 19 € – Menu 25 € (sem.), 35/56 € – Carte 34/62 €
◆ Cette ancienne grange joliment restaurée a conservé son cachet rustique et le petit côté nature de ses origines. La terrasse est sympathique et l'on s'attable avec plaisir pour apprécier une cuisine de tradition. Et en hiver, il y a la cheminée...

PUY-GUILLAUME – 63 Puy-de-Dôme – 326 H7 – 2 675 h. – alt. 285 m – ✉ 63290 6 C2

Paris 374 – Clermont-Ferrand 53 – Lezoux 27 – Riom 35

Relais Hôtel de Marie ch,
13 av. Edouard Vaillant – ✆ 04 73 94 18 88 – www.hotel-marie.com
12 ch – †49/52 € ††49/52 € – ☕ 6 € – ½ P 48/50 €
Rest *(fermé vend. soir hors saison, dim. soir et lundi)* – Formule 12 € – Menu 20/32 € – Carte 20/43 €
◆ Immeuble d'allure moderne situé en bord de route, pratique pour l'étape. Petites chambres actuelles et fonctionnelles, plus calmes côté parking. Salle de restaurant aux couleurs chaleureuses, où l'on sert des plats traditionnels et régionaux.

PUYLAURENS – 81 Tarn – 338 E9 – 3 043 h. – alt. 350 m – ✉ 81700 29 C2

Paris 726 – Albi 62 – Carcassonne 72 – Toulouse 51
1, rue du Marché, ✆ 05 63 75 28 98, www.puylaurens-tourisme.fr

Cap de Castel
36 r. Cap-de-Castel – ✆ 05 63 70 21 76 – www.capdecastel.com – Fermé janv.
10 ch – †70/140 € ††91/182 € – ☕ 13 €
Rest *Cap de Castel* – voir les restaurants ci-après
◆ Ici, tout est beau dans sa simplicité : l'accueil souriant, le charme de maisons du pays, les chambres décorées avec un soin extrême sur le thème du cinéma, de la mer, du Maroc... Sans oublier la jolie piscine et sa vue sur la campagne !

Cap de Castel
36 r. Cap-de-Castel – ✆ 05 63 70 21 76 – www.capdecastel.com – Fermé janv. et dim.
Rest – Menu 29/50 € – Carte environ 50 €
◆ Ce restaurant est vraiment plein de charme avec son côté bastide. Le chef y concocte chaque soir un menu différent, inspiré par les saveurs occitanes. Quant à la terrasse panoramique, elle ne fait pas mentir l'expression "pays de cocagne".

PUY-L'ÉVÊQUE – 46 Lot – 337 C4 – 2 213 h. – alt. 130 m – ✉ 46700 28 B1

Périgord Quercy
Paris 601 – Agen 71 – Cahors 31 – Gourdon 41
12, Grande rue, ✆ 05 65 21 37 63, www.puy-leveque.fr

Bellevue
pl. Truffière – ✆ 05 65 36 06 60 – www.hotelbellevue-puyleveque.com – Fermé 15 nov.-2 déc. et 5 janv.-4 fév.
11 ch – †68/96 € ††68/96 € – ☕ 12 € – ½ P 72/86 €
Rest *Côté Lot* Rest *L'Aganit* – voir les restaurants ci-après
◆ L'hôtel, bâti sur un éperon dominant le Lot, mérite bien son nom. Les chambres, claires et spacieuses, sont de style contemporain et ont toutes vue sur la vallée. À la fois confortable et relaxant.

Côté Lot – Hôtel Bellevue
pl. Truffière – ✆ 05 65 36 06 60 – www.hotelbellevue-puyleveque.com – Fermé 15 nov.-2 déc., 5 janv.-4 fév., dim. et lundi
Rest – Menu 16 € (déj. en sem.)/30 € – Carte 30/40 €
◆ Le chef du Côté Lot semble apprécier une cuisine légère et épurée. Les produits sont bien mis en valeur, tout comme le beau panorama sur la vallée.

L'Aganit – Hôtel Bellevue
pl. Truffière – ✆ 05 65 36 06 60 – www.hotelbellevue-puyleveque.com – Fermé 15 nov.-2 déc. et 5 janv.-4 fév., dim. soir et lundi
Rest – Menu 16 € (déj. en sem.), 30/36 €
◆ Plats du terroir et esprit canaille sous la véranda de l'Aganit, la brasserie de l'hôtel Bellevue : brochette de cœurs de canard, de canette, confit, boudin noir...

à Mauroux 12 km au Sud-Ouest par D 8 et D 5 – 524 h. – alt. 213 m – ✉ 46700
le Bourg, ✆ 05 65 30 66 70

Hostellerie le Vert AC ch, P VISA
Lieu dit "Le Vert" – ✆ 05 65 36 51 36 – www.hotellevert.com – Ouvert 1er avril-31 oct.
6 ch – 85/130 € 85/130 € – 10 € – ½ P 83/105 €
Rest *(fermé le midi sauf dim.)* – Menu 36/40 €
◆ Ambiance chaleureuse dans cette ferme quercinoise du 14e s. perdue en pleine nature. Dans les chambres, le mobilier de style cohabite avec les meubles campagnards. Cuisine réalisée à quatre mains à partir de produits frais et bio, au gré de l'inspiration.

à Anglars-Juillac 8 km à l'Est par D 811 et D 67 – 344 h. – alt. 98 m – ✉ 46140

Clau del Loup avec ch P VISA
Métairie Haute, D 8 – ✆ 05 65 36 76 20 – www.claudelloup.com
5 ch – 70/125 € 70/125 € – 12 € – ½ P 70/100 €
Rest – Formule 14 € bc – Menu 18 € bc (déj. en sem.), 29/52 € – Carte 40/62 €
◆ Un belle demeure en pierre (1818), un univers feutré et une cuisine gastronomique aux accents du Sud, juste et savoureuse, signée par un enfant du pays. Terrasse sous les platanes. Chambres agréables et soignées, avec du joli mobilier.

PUYLOUBIER – 13 Bouches-du-Rhône – 340 J4 – 1 755 h. – alt. 380 m – ✉ 13114 40 B3

Paris 783 – Avignon 110 – Digne-les-Bains 133 – Marseille 55
square Jean Casanova, ✆ 04 42 66 36 87

Les Sarments AC VISA
4 r. Qui Monte – ✆ 04 42 66 31 58 – www.restaurant-sarments.com – Fermé 19 déc.-10 fév., mardi sauf le soir de juin à sept. et lundi
Rest – Menu 34/46 € – Carte 34/46 €
◆ Une ancienne bergerie, une terrasse, des figuiers : voilà le cadre idéal pour se régaler d'une cuisine goûteuse et inventive, et des produits du soleil. Choix à l'ardoise.

PUYMIROL – 47 Lot-et-Garonne – 336 G4 – 939 h. – alt. 153 m – ✉ 47270 Aquitaine 4 C2

Paris 649 – Agen 17 – Moissac 35 – Villeneuve-sur-Lot 30
49 rue Royale, ✆ 05 53 95 32 10

Michel Trama AC VISA AE
52 r. Royale – ✆ 05 53 95 31 46 – www.aubergade.com – Fermé 2 sem. en nov., dim. soir et lundi hors saison, lundi midi en saison et mardi midi
9 ch – 220/420 € 220/420 € – 1 suite – 27 € – ½ P 240 €
Rest *Michel Trama* – voir les restaurants ci-après
◆ Drapés de soie, baldaquins, mobilier 19e s., tons cramoisi et pourpre, etc. : au cœur de la campagne agenaise, ce décor opulent et théâtral est signé Jacques Garcia. Étape luxueuse et onirique entre ces murs superbes des 13e-17e s. !

XXX ✿✿ **Michel Trama**

52 r. Royale – ✆ 05 53 95 31 46 – www.aubergade.com – fermé deux sem. en nov., dim. soir et lundi hors saison , lundi midi en saison et mardi midi

Rest – Menu 72 € (sem.), 145/205 € – Carte 100/180 €

Spéc. Papillote de pomme terre en habit vert à la truffe. Hamburger de foie gras chaud aux cèpes. Cristalline de pomme verte. **Vins** Buzet, Côtes de Duras.

◆ Le hamburger de foie gras – un classique – résume l'esprit du style Michel Trama : entre terroir et invention, artifice et vérité... Sous des voûtes du 13ᵉs., le décor ne laisse pas indifférent : fastueux, dandy, énigmatique !

PUY-ST-PIERRE – 05 Hautes-Alpes – 334 H3 – rattaché à Briançon

---

PUY-ST-VINCENT – 05 Hautes-Alpes – 334 G4 – 314 h. – alt. 1 325 m – Sports d'hiver : 1 400/2 700 m 16 – ✉ 05290 Alpes du Sud 41 C1

Paris 700 – L'Argentière-la-Bessée 10 – Briançon 21 – Gap 83

les Alberts, ✆ 08 10 00 11 12

Les Prés ←★ SE : 2 km - Église★ de Vallouise N : 4 km.

La Pendine

aux Prés, 1 km à l'Est par D 404 – ✆ 04 92 23 32 62 – www.lapendine.com – Ouvert le soir en juil.- août et 15 déc.-9 avril

25 ch – †57/75 € ††75/108 € – ½ P 62/79 €

Rest ***La Pendine*** – voir les restaurants ci-après

◆ Perché sur les hauteurs, ce beau chalet en bois abrite des chambres agréables, d'esprit montagnard, certaines avec balcon. Espace détente (sauna, jacuzzi). La référence de la station.

XX **La Pendine**

aux Prés, 1 km à l'Est par D 404 – ✆ 04 92 23 32 62 – www.lapendine.com – Ouvert le soir en juil.- août et 15 déc.-9 avril

Rest – Menu 27/36 € – Carte 29/50 €

◆ Le panorama sur la Vallouise et les Écrins est magnifique, en terrasse comme en salle ! On y déguste une cuisine plutôt traditionnelle, tel le pot-au-feu, goûteux et parfumé, servi dans une petite marmite en fonte. Authentique et de qualité.

PYLA-SUR-MER – 33 Gironde – 335 D7 – ✉ 33115 3 B2

Pays Basque et Navarre

Paris 648 – Arcachon 8 – Biscarrosse 34 – Bordeaux 66

2 , avenue Ermitage, ✆ 05 56 54 02 22, www.tourisme-latestedebuch.fr

Dune du Pilat★★.

Voir plan d'Arcachon agglomération.

La Co(o)rniche

46 bd Louis-Gaume – ✆ 05 56 22 72 11 – www.lacoorniche-pyla.com – Fermé 1ᵉʳ janv.-13 fév.

12 ch – †250/550 € ††250/550 € – 31 €

Rest – Menu 30 € (déj. en sem.)/45 € – Carte 43/65 €

◆ Sur les hauteurs – entre sable et pinède – cette villa néobasque des années 1930 a été entièrement rénovée par Philippe Starck. Chambres d'une blancheur immaculée, échappées superbes sur le bassin ou les dunes, brasserie avec une magnifique terrasse panoramique extrêmement animée. Un endroit très en vue !

XX **L'Authentic d'Éric Thore**

35 bd de l'Océan – ✆ 05 56 54 07 94 – www.ericthore-authentic.com – Fermé dim. soir et merc. sauf juil.-août AYe

Rest – Formule 20 € – Menu 30 € (dîner)/65 € – Carte 60/90 €

◆ Une table chaleureuse et élégante, avec un petit salon privé et une jolie pergola. La cuisine privilégie les produits du terroir (caviar d'Aquitaine, viande du Sud-Ouest) et suit les saisons ; le petit menu offre un bon rapport qualité-prix.

QUARRÉ-LES-TOMBES – 89 Yonne – 319 G7 – 716 h. – alt. 457 m – 7 B2
– ✉ 89630 Bourgogne

Paris 233 – Auxerre 73 – Avallon 18 – Château-Chinon 49

1 rue du Puits, ✆ 03 86 32 22 20

Du Nord

25 pl. de l'Église – ✆ 03 86 32 29 30 – www.hoteldunord-morvan.com – Fermé 4 nov.-15 fév., lundi et jeudi

8 ch – †48/55 € ††60/75 € – ☕ 9 € – ½ P 65/75 €

Rest – Formule 16 € – Menu 23/36 € – Carte 35/55 €

◆ Face à la célèbre église St-Georges, cet ancien relais de poste a été restauré avec goût. Les chambres y sont pratiques et bien tenues. Cuisine traditionnelle à déguster dans une salle d'esprit bistrot rustique.

Le Morvan avec ch

6 r. des Écoles, face au Parc Municipal – ✆ 03 86 32 29 29 – www.le-morvan.fr – Fermé 17 déc.-1er mars, merc. midi, lundi et mardi

8 ch – †54 € ††60 € – ☕ 10 € – ½ P 66/76 €

Rest – Menu 24/52 € – Carte 38/66 €

◆ Un petit salon feutré et une salle cosy, des poutres apparentes, une belle horloge comtoise... tout ici invite à la découverte du terroir, joliment revisité par le chef. L'été, attablez-vous au jardin ! Chambres confortables.

aux Lavaults 5 km au Sud-Est par D 10 – ✉ 89630 Quarré-les-Tombes

Auberge de l'Âtre avec ch

– ✆ 03 86 32 20 79 – www.auberge-de-latre.com – Fermé 19 juin-4 juil., 17 fév.-15 mars, mardi et merc.

7 ch – †58/60 € ††88/95 € – ☕ 10 € – ½ P 75/88 €

Rest *(réserver)* – Formule 28 € – Menu 31 € (déj.)/60 € – Carte 45/75 €

◆ Au bord d'une route de campagne, cette ferme distille un charme rustique et authentique... Pour ne rien gâter, la carte célèbre le terroir (spécialité de champignons) et les bons vins. Chambres très bien tenues, agréables pour l'étape.

QUÉDILLAC – 35 Ille-et-Vilaine – 309 J5 – 1 094 h. – alt. 85 m – ✉ 35290 – 10 C2

Paris 389 – Dinan 30 – Lamballe 45 – Loudéac 57

Le Relais de la Rance avec ch

6 r. de Rennes – ✆ 02 99 06 20 20 – Fermé 20 déc.-20 janv., vend. soir et dim. soir

13 ch – †57/80 € ††57/80 € – ☕ 10 € – ½ P 68/88 €

Rest – Formule 17 € – Menu 21/69 € – Carte 42/68 €

◆ Cette maison de granit clair révèle un intérieur classique. La cuisine, goûteuse, l'est elle aussi, et l'on savoure aussi bien une terrine de lapereau que du homard ou du poisson frais. Chambres bien tenues à prix raisonnable.

LES QUELLES – 67 Bas-Rhin – 315 G6 – rattaché à Schirmeck

QUEND – 80 Somme – 301 C6 – 1 385 h. – alt. 5 m – ✉ 80120 – 36 A1

Paris 209 – Amiens 91 – Boulogne-sur-Mer 58 – Abbeville 35

8 bis, avenue Vasseur, ✆ 03 22 23 32 04, www.office-tourisme-quend-plage.com

Les Augustines sans rest

18 rte de la plage Monchaux – ✆ 03 22 23 54 26 – www.hotel-augustines.com – Fermé déc.-janv.

15 ch – †70/85 € ††70/85 € – ☕ 10 €

◆ Ces Augustines-là disposent de chambres confortables, fonctionnelles et de plain-pied. Une adresse bien sympathique pour un séjour dans ce beau coin de nature.

QUESTEMBERT – 56 Morbihan – 308 Q9 – 6 870 h. – alt. 100 m – 10 C3
– ✉ 56230 Bretagne

Paris 445 – Ploërmel 32 – Redon 34 – Rennes 96

15, rue des Halles, ✆ 02 97 26 56 00, www.questembert.com

Le Bretagne et sa Résidence (Alain Orillac) avec ch
r. St-Michel – ✆ 02 97 26 11 12 – www.residence-le-bretagne.com – Fermé 8 janv.-6 fév.
9 ch – 70/90 € 90/120 € – 15 € – ½ P 125/145 €
Rest *(fermé dim. soir et mardi midi d'oct. à avril et lundi) (réserver)* – Formule 26 € – Menu 32 € (sem.), 55/145 € bc – Carte 76/98 €
Spéc. Langoustines croustillantes au kari-gosse (saison). Rouget rôti, risotto au chorizo, artichauts poivrade et jus de viande. Sablé breton au cacao, ganache au chocolat Caraïbes et poivron rouge.
◆ Une institution locale que cet ancien relais de poste (1875). Boiseries, jardin d'hiver, etc. : le cadre est élégant et classique. Quant à la cuisine, elle révèle un bel accord de saveurs originales et de finesse. À l'annexe, des chambres cossues, un brin rétro.

QUETTEHOU – **50 Manche** – **303** E2 – **1 564 h.** – **alt. 14 m** – ✉ **50630** **32** A1
Normandie Cotentin

Paris 345 – Barfleur 10 – Cherbourg 29 – St-Lô 66
place de la Mairie, ✆ 02 33 43 63 21

Demeure du Perron sans rest
rte de St-Vaast – ✆ 02 33 54 56 09 – www.demeureduperron.com – Fermé dim. soir du 15 nov. au 31 mars
20 ch – 60/80 € 66/86 €
◆ À la sortie du village, en direction de St-Vaast, des pavillons dans un agréable jardin, avec des chambres simples et propres. Préférez-les dans les deux bâtiments reliés : elles sont plus récentes et plus agréables.

Auberge de Ket Hou
17 r. du Général-de-Gaulle – ✆ 02 33 54 40 23 – Fermé dim. soir, mardi midi et lundi
Rest – Formule 15 € – Menu 20/45 € – Carte 29/50 €
◆ Dans cette auberge de village – rustique et champêtre à souhait –, le chef concocte une cuisine traditionnelle tout en gourmandise. Salade de ris de veau et pommes de terre, filet de barbue au beurre de thym, paris-brest... Irrésistible !

LA QUEUE-EN-BRIE – **94 Val-de-Marne** – **312** E3 – **101** 29 – **voir à Paris, Environs**

QUIBERON – **56 Morbihan** – **308** M10 – **5 049 h.** – **alt. 10 m** – **Casino** **9** B3
– ✉ **56170** Bretagne

Paris 505 – Auray 28 – Concarneau 98 – Lorient 47
14, rue de Verdun, ✆ 08 25 13 56 00, www.quiberon.com
Côte sauvage★★ NO : 2,5 km.

Plan page suivante

Sofitel Thalassa
pointe de Goulvars – ✆ 02 97 50 20 00 – www.sofitel.com
110 ch – 150/582 € 150/582 € – 19 suites – 25 € Ba
Rest – Menu 55 € – Carte 30/70 €
◆ Pour un séjour iodé et tonique, ce complexe hôtelier fait face à la plage et communique avec l'institut de thalassothérapie. Il a été entièrement rénové en 2011 : décor contemporain et confort ouaté. Les chambres les plus spacieuses donnent sur l'océan, comme le restaurant (cuisine de la mer et diététique).

Sofitel Diététique
pointe de Goulvars – ✆ 02 97 50 20 00 – www.sofitel.com
74 ch – 2 suites – P 335/355 € **Rest** – Menu 55 € Bv
◆ Un hôtel parfait pour retrouver la ligne. Les chambres disposent toutes d'une loggia face à la mer. On accède directement au centre de thalassothérapie et le restaurant propose des menus diététiques. Pas une goutte d'alcool, même au bar ! L'établissement a joui d'une rénovation totale en 2011.

Bellevue rest,
r. de Tiviec – ✆ 02 97 50 16 28 – www.bellevuequiberon.com – Ouvert d'avril à sept.
38 ch – †60/109 € ††60/109 € – ☕ 10 € – ½ P 69/95 € **Bd**
Rest *(résidents seult)* – Menu 27 € (dîner)
◆ L'architecture est passe-partout, mais les chambres sont accueillantes ; certaines ouvrent sur l'océan, tandis que d'autres ont un accès direct sur la piscine. Cuisine traditionnelle mettant en valeur les produits de la mer et servie dans un cadre lumineux.

La Petite Sirène sans rest
15 bd René Cassin – ✆ 02 97 50 17 34 – www.hotel-lapetitesirene.fr – Ouvert 1er mars-20 nov. **Bb**
21 ch – †50/102 € ††50/102 € – ☕ 11 €
◆ On vient dans cet hôtel, ancré à la pointe de Beg er Vil, avant tout pour sa situation. Les chambres sont fonctionnelles et bien tenues, pour moitié tournées vers l'océan.

Ker Noyal sans rest
43 chemin des Dunes – ✆ 02 97 50 33 31 – www.ker-noyal.com – Ouvert 15 mars-15 nov. **Bp**
17 ch – †68/126 € ††68/126 € – ☕ 10 €
◆ Un hôtel tout blanc, typique du bord de mer, au calme dans un quartier résidentiel situé près du casino. Les chambres sont décorées avec goût dans un style contemporain.

Corsaires (R. des)	B	2	Hoëdic (Bd d')	A	8	Peupliers (R. des)	B	19
France (Bd A.)	B	3	Houat (Quai de)	A	9	Port Maria (R. de)	A	20
Gare (R. de la)	AB	4	Korrigans (R. des)	B	10	Repos (Pl. du)	B	23
Genêts (R. des)	A	5	Mané (R. du)	B	15	Sirènes (R. des)	B	25
Golvan (R. V.)	A	6	Marronniers (Av. des)	B	16	Verdun (R. de)	A	28
Goviro (Bd du)	B	7	Petit Pont d'Eau (R. du)	A	18			

Ibis rest,
av. des Marronniers, (pointe de Goulvars) – ✆ 02 97 30 47 72 – www.hotelibis-quiberon.com **Br**
95 ch – †72/125 € ††72/125 € – ☕ 10 €
Rest – Formule 18 € – Menu 23 € – Carte 24/33 €
◆ Non loin de la côte sauvage, cet hôtel de chaîne propose des chambres fonctionnelles et bien tenues ; certaines sont en duplex... Idéal pour les familles. Agréable espace bien-être. Cuisine traditionnelle sans prétention, également servie en terrasse.

Villa Margot
7 r. de Port Maria – ✆ 02 97 50 33 89 – www.villamargot.fr – Ouvert 2 avril-14 nov. et fermé mardi sauf juil.-août et merc. sauf vacances scolaires
Rest – Formule 25 € – Menu 30/38 € – Carte 37/56 € **An**
◆ Totalement restaurée, cette villa en pierre blonde a retrouvé de jolies couleurs. Cuisine de la mer servie en terrasse, face à la plage, ou dans l'une des salles contemporaines.

La Chaumine
79 r. de Port-Haliguen – ✆ 02 97 50 17 67 – www.restaurant-lachaumine.com – Ouvert mi-mars à mi-nov. et fermé dim. soir sauf juil.-août et lundi
Rest *(réserver)* – Formule 20 € – Menu 28/38 € – Carte 25/45 € **Bq**
◆ Vive la nouvelle Chaumine ! Après un déménagement en 2010, une maison à l'esprit large (mouettes en bois, coque de bateau) et des petits plats toujours aussi iodés...

Le Verger de la Mer
bd Goulvars – ✆ 02 97 50 29 12 – www.le-verger-de-la-mer.com – Fermé janv., fév., merc. sauf le soir en juil.-août et mardi soir **Bx**
Rest – Formule 18 € – Menu 24/38 € – Carte 28/60 €
◆ En face du centre de thalassothérapie se cache ce restaurant aux allures de cabine de bateau. Spécialités de pied de porc aux langoustines, terrine de foie gras au homard...

à St-Pierre-Quiberon **5 km au Nord par D 768 – 2 229 h. – alt. 12 m – ✉ 56510**

Pointe du Percho ≤ ★ au NO : 2,5 km.

De la Plage ch, rest,
25 quai d'Orange – ✆ 02 97 30 92 10 – www.hotel-plage-quiberon.com – Ouvert début avril-fin sept.
31 ch – †56/127 € ††56/127 € – 6 suites – ☕ 11 € – ½ P 62/98 €
Rest *(fermé le midi sauf week-ends)* – Formule 25 € – Menu 34 € – Carte 37/58 €
◆ L'enseigne de cet hôtel familial dit la vérité : la plage est à vos pieds ! Chambres fonctionnelles et bien tenues, avec balcon côté baie. Cartes et menus typiques de la région ; saveurs iodées et vue superbe sur le large.

à Portivy **6 km au Nord par D 768 et rte secondaire – ✉56150 St-Pierre-Quiberon**

Le Petit Hôtel du Grand Large (Hervé Bourdon) avec ch rest,
11 quai St-Ivy – ✆ 02 97 30 91 61 – www.lepetithoteldugrandlarge.fr – Fermé mi-nov. à fin déc.
6 ch – †90/130 € ††90/130 € – ☕ 9 €
Rest *(fermé dim. soir et merc. hors saison et mardi)* – Formule 27 € – Menu 40 €
Spéc. Langoustines flashées à 119° C. Poissons sauvages. Fruits de saison.
◆ Un étonnant bistrot marin, tenu par un chef autodidacte amoureux de la mer et approvisionné chaque jour par un ami pêcheur ! Le poisson est remarquable de qualité et de fraîcheur et il est parfaitement cuisiné, non sans originalité. Les chambres, joliment décorées, donnent sur le petit port...

QUILINEN – 29 Finistère – 308 G6 – rattaché à Quimper

QUILLAN – 11 Aude – 344 E5 – 3 405 h. – alt. 291 m – ✉ 11500 22 A3

Languedoc Roussillon

Paris 797 – Andorra la Vella 113 – Carcassonne 52 – Foix 64

square André Tricoire, ✆ 04 68 20 07 78, www.aude-pyrenees.fr

Défilé de Pierre Lys★ S : 5 km.

La Chaumière

ch, ch, VISA AE

25 bd Ch. de Gaulle – *✆ 04 68 20 02 00*
– *www.pyren.fr*
26 ch – †65/75 € ††75/95 € – ☕ 11 €
Rest *(fermé lundi midi)* – Formule 19 € – Menu 24/53 €
– Carte 44/52 €

◆ Une Chaumière d'allure rustique – poutres et cheminée dans la salle de restaurant, façade "à l'ancienne" – pour des chambres... contemporaines, simples, fraîches et engageantes ! Un heureux contraste.

Cartier

VISA AE

31 bd Ch. de Gaulle – *✆ 04 68 20 05 14* – *www.hotelcartier.com*
– *Fermé 24 déc.-28 fév.*
27 ch – †60/72 € ††60/72 € – ☕ 9 € – ½ P 56/65 €
Rest *(fermé 15 déc.-15 mars)* – Formule 15 € – Menu 20/27 €
– Carte 30/40 €

◆ Derrière cette jolie façade des années 1950 de style "paquebot", un hôtel bien sympathique, où prendre ses quartiers d'été en famille ! Les chambres sont sobres et bien tenues (plus grandes et calmes sur l'arrière). Restaurant traditionnel.

QUIMPER P – 29 Finistère – 308 G7 – 63 929 h. – Agglo. 120 441 h. — 9 B2

– alt. 41 m – ✉ 29000 Bretagne

Paris 564 – Brest 73 – Lorient 67 – Rennes 215

de Quimper-Cornouaille : ✆ 02 98 94 30 30, 8 km par ⑥ AX.

place de la Résistance, ✆ 02 98 53 04 05, www.quimper-tourisme.com

Cathédrale St-Corentin★★ - Le vieux Quimper★ : Rue Kéréon★ ABY - Jardin de l'Évêché ≤★ BZ **K** - Mont-Frugy ≤★ ABZ - Musée des Beaux-Arts★★ BY **M¹** - Musée départemental breton★ BZ **M²** - Musée de la faïence★ AX **M³** - Descente de l'Odet★★ en bateau 1 h 30 - Festival de Cornouaille★ (fin juillet).

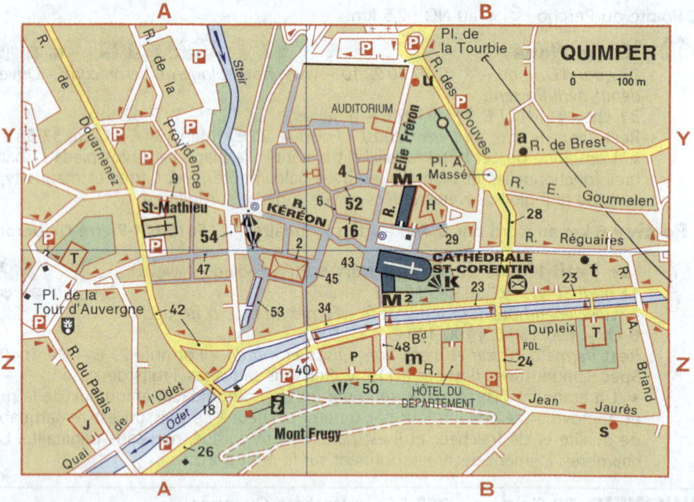

Astor (R.) . . . AYZ 2	Kerguélen (Bd Amiral de) . . . BZ 23	Ronarc'h (R. Amiral) . . . AZ 42
Beurre (Pl. au) . . . BY 4	Locmaria (Allées) . . . AZ 26	Ste-Catherine (R.) . . . BZ 48
Boucheries (R. des) . . . BY 6	Luzel (R.) . . . BY 28	Ste-Thérèse (R.) . . . BZ 50
Chapeau-Rouge (R. du) . . . AY 9	Mairie (R. de la) . . . BY 29	St-Corentin (Pl.) . . . BZ 43
Guéodet (R. du) . . . BY 16	Parc (R. du) . . . ABZ 34	St-François (R.) . . . BZ 45
Le Hars (R. Th.) . . . BZ 24	Résistance-et-du-Gén.-de-Gaulle (Pl. de la) . . . AZ 40	St-Mathieu (R.) . . . AZ 47
Jacob (Pont Max) . . . AZ 18		Sallé (R. du) . . . BY 52
Kéréon (R.) . . . ABY		Steir (Quai du) . . . AZ 53
		Terre-au-Duc (Pl.) . . . AY 54

Océania

17 r. Poher, zone de Kerdrézec – ✆ 02 98 90 46 26 – www.oceaniahotels.com

92 ch – 🛉79/139 € 🛉🛉79/139 € – ☕ 14 € **AXb**

Rest *(fermé vacances de Noël, sam. et dim. du 15 sept. au 15 mai)* – Menu 22 € – Carte 25/42 €

◆ À proximité du centre-ville et juste derrière un centre commercial, cet hôtel est niché dans un îlot de verdure et propose des chambres spacieuses, dont les "Océane", joliment design et bien équipées. Petits plus : la cuisine traditionnelle du restaurant et la piscine.

Manoir-Hôtel des Indes sans rest

1 allée de Prad-ar-C'hras, par ⑦ et D 765 : 4 km – ✆ 02 98 55 48 40 – www.manoir-hoteldesindes.com

14 ch – 🛉95/208 € 🛉🛉126/266 € – ☕ 13 €

◆ Les Indes, où voyagea René Madec, aventurier quimpérois et ancien propriétaire du manoir... C'est en souvenir de lui que les propriétaires ont décoré les chambres sur le thème de l'exotisme. Parc, piscine, traiteur : original et dépaysant.

Kregenn sans rest

13 r. des Réguaires – ✆ 02 98 95 08 70 – www.hotel-kregenn.fr **BZt**

31 ch – 🛉80/135 € 🛉🛉95/180 € – ☕ 13 €

◆ Kregenn, pour "coquillage" en breton : un joli nom pour cet hôtel contemporain décoré avec goût. Dès la réception, on se sent bien ; impression qui perdure dans les chambres feutrées ou dans la cour, près de la pièce d'eau. Bon accueil !

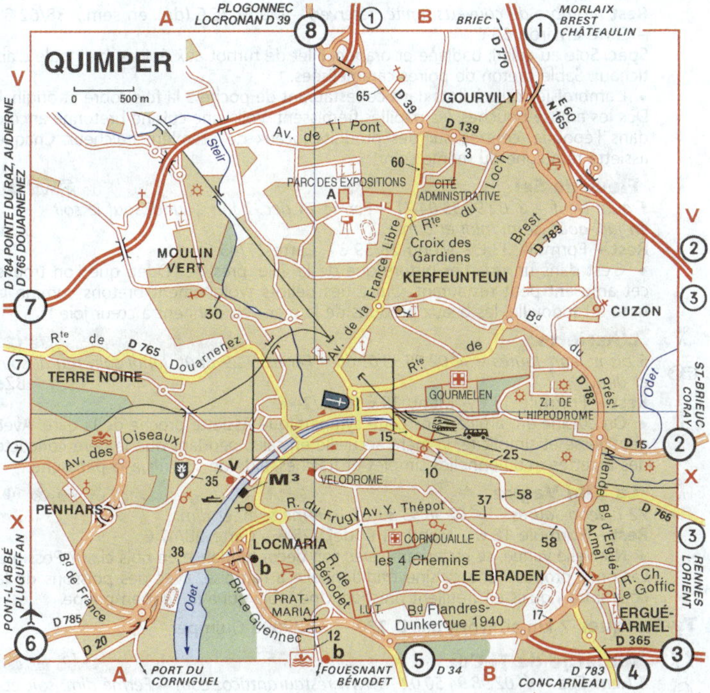

Bécharles (Av. de) ...... **BV** 3	Gutenberg (Bd) .... **BX** 17	Potiers (Ch. des) .... **BX** 37
Concarneau (R. de) ..... **BX** 10	Libération (Av. de la) ... **BX** 25	Poulguinan (Bd de) ...... **AX** 38
Créac'h Gwen (Bd de) .... **BX** 12	Moulin-Vert (R. du)...... **AV** 30	Tour-d'Auvergne (R. de la)........... **BX** 58
Gare (Av. de la)......... **BX** 15	Plogonnec (Rte de) ...... **BV** 65	Ty-Nay (Rte de) .... **BV** 60
	Pont-l'Abbé (R. de) ...... **AX** 35	

Gradlon sans rest

30 r. de Brest – ✆ 02 98 95 04 39 – www.hotel-gradlon.com – Fermé 18 déc.-22 janv.
19 ch – †80/160 € ††89/160 € – ☕ 12 € BY**a**
◆ On ne dirait pas en voyant cette façade banale, qu'elle dissimule des chambres au style "very british", fleuri et cosy à souhait. Un soin tout particulier est accordé aux détails, des rosiers du jardin à l'agréable véranda. Charming !

Le Logis du Stang sans rest

allée de Stang-Youen, r. Ch.-Le-Goffic et chemin de Linéostic, 4 km à l'Est du plan : BX – ✆ 02 98 52 00 55 – www.logis-du-stang.com – Fermé 18 déc.-5 janv.
3 ch ☕ – †65/75 € ††71/81 €
◆ Il a de l'allure, ce manoir du 19es., avec son ravissant jardin. Les trois chambres sont réellement délicieuses, et pour s'isoler au calme en pleine campagne, il n'y a pas mieux. Romantique et bucolique.

Les Acacias

85 bd Creac'h Gwen – ✆ 02 98 52 15 20 – www.acacias-quimper.com – Fermé août, dim. soir et sam. BX**b**
Rest – Menu 18 € (sem.), 28/49 € – Carte 40/60 €
◆ Le style de la maison peut surprendre, néanmoins l'intérieur est confortable et bourgeois, avec un jardin fleuri et soigné. Millefeuille de tourteau, croustillant de ris de veau, poire au miel d'acacia : une cuisine de produits, classique et bonne.

L'Ambroisie (Gilbert Guyon)

49 r. Elie-Fréron – ✆ 02 98 95 00 02 – www.ambroisie-quimper.com – Fermé 24-30 juin, vacances de la Toussaint, 27-31 janv., dim. soir et lundi BY**u**
Rest *(nombre de couverts limité, réserver)* – Menu 25 € (déj. en sem.), 38/62 € – Carte environ 55 €
Spéc. Sole au céleri, badiane et orange. Filet de turbot aux épices, barigoule d'artichaut. Sablé breton de poires caramélisées.
◆ L'ambroisie coule à flots dans ce restaurant de poche à la fois sobre et original. Dès les amuse-bouches, les papilles frémissent. Voilà une cuisine bretonne ancrée dans l'époque, centrée sur des produits locaux de première fraîcheur. Chaque assiette témoigne du même soin !

Fleur de Sel

1 quai Neuf – ✆ 02 98 55 04 71 – Fermé 24 déc.-2 janv., lundi sauf le soir en juil.-août, sam. midi et dim. AX**v**
Rest – Formule 23 € – Menu 28/39 € – Carte 37/45 €
◆ C'est dans un quartier pittoresque de la ville, près de l'Odet, que l'on trouve cet amusant petit restaurant. Outre des délices typiquement bretons comme la tarte à l'andouille, les beaux produits de la mer s'en donnent à cœur joie !

L'Assiette

5 bis r. Jean Jaurès – ✆ 02 98 53 03 65 – Fermé 9-29 août, lundi soir, mardi soir et dim. BZ**s**
Rest – Formule 15 € – Menu 19 € (déj.)/24 €
◆ On cuisine en famille dans cette sympathique Assiette proche de la gare. Avec gentillesse et simplicité, la mère accueille en salle, pendant que le père concocte des recettes traditionnelles simples et fraîches, aidé de son fils à la pâtisserie.

La VIIe Vague

72 r. Jean Jaurès – ✆ 02 98 53 33 10 – Fermé sam. et dim. BZ**m**
Rest – Formule 18 € – Menu 21 € (déj.)/25 € – Carte 28/47 €
◆ Nouvelle vague, ce restaurant, avec son décor tendance en bois clair ? Possible, car on y propose une cuisine traditionnelle à l'ardoise, avec des poissons de la côte si frais qu'ils en frétillent presque. Une table qui a le vent en poupe.

à Ty-Sanquer 7 km au Nord par D 770 – ✉ 29000 Quimper

Auberge de Ti-Coz

4 Hent-Coz – ✆ 02 98 94 50 02 – www.restaurantticoz.com – Fermé dim. soir et lundi sauf fériés
Rest – Menu 21 € (déj. en sem.), 29/55 € – Carte 50/80 €
◆ Comme un rêve de Bretagne : une charmante petite auberge en pierre, avec des volets bleus, à la fois rustique, moderne et élégante. Le chef prend le large avec des produits du Sud, des épices... le tout accompagné de vins de petits producteurs.

à Quilinen **11 km par ① et D 770 – ✉ 29510 Landrevarzec**

Auberge de Quilinen

– ✆ 02 98 57 93 63 – http://auberge.de.quilinen.monsite.orange.fr
– Fermé 20 août- 2 sept., mardi soir, merc. soir, dim. soir et lundi
Rest – Menu 19 € (déj. en sem.), 27/37 € – Carte 29/50 €
◆ Une coquette maison bretonne, dans un hameau avec une belle chapelle du 15ᵉs. Le genre d'adresse où déguster d'appétissantes recettes du terroir, un kouign amann par exemple, beurré, croustillant, avec de la glace à la vanille parfumée !

au Sud-Ouest **5 km par bd Poulguinan - AX - et D 20 – ✉ 29700 Pluguffan**

La Roseraie de Bel Air (Lionel Hénaff)

r. Boissière – ✆ 02 98 53 50 80 – www.roseraie-quimper.fr
– Fermé 7-17 avril, 1er-15 juil., dim. et lundi
Rest – Menu 30 € (déj. en sem.), 55/98 €
Spéc. Coquillages et crustacées. Poisssons de petits bateaux. Fruits rouges de pays (saison).
◆ Dans cette jolie demeure bretonne du 19ᵉs., Lionel Hénaff imagine une cuisine inventive, embellie de touches exotiques. Les poissons frais, les beaux coquillages se parent d'une réelle expressivité. Beaucoup de sincérité et de finesse.

à Pluguffan **7 km par ⑥ et D 40 – 3 385 h. – alt. 90 m – ✉ 29700**

La Coudraie sans rest

7 r. du Stade – ✆ 02 98 94 31 26 – www.lacoudraie.fr – Fermé 3 sem. en nov. et dim.
11 ch – †53/63 € ††60/79 € – ☕ 10 €
◆ Une bonne petite adresse pas chère, calme malgré la proximité d'une route fréquentée. Les chambres sont claires et nettes, et il y a un charmant jardin fleuri : parfait pour visiter Quimper et le pays bigouden.

QUIMPERLÉ – 29 Finistère – 308 J7 – 11 088 h. – alt. 30 m – ✉ 29300 9 B2

Bretagne
Paris 517 – Carhaix-Plouguer 57 – Concarneau 32 – Pontivy 76
3 place Charles de Gaulle, ✆ 02 98 96 04 32, www.quimperletourisme.com
Église Ste-Croix★★ - Rue Dom-Morice★.

Le Vintage sans rest

20 r. Bremond d'Ars – ✆ 02 98 35 09 10 – www.hotelvintage.com – Fermé 25 juin-1er juil.
10 ch – †60/90 € ††60/90 € – ☕ 12 €
◆ Esprit vintage et style, au cœur de la vieille ville, dans cette ancienne Caisse d'Épargne de 1907. Tableaux, sculptures, superbe escalier en bois : un côté arty bien plaisant, surtout dans les chambres, contemporaines et de bon goût.

Le Bistro de la Tour

2 r. Dom Morice – ✆ 02 98 39 29 58 – www.bistrodelatour.fr
– Fermé 23 juin-6 juil., 1er-7 oct., 1er-8 janv., dim. midi en juil.-août, lundi sauf le soir en juil.-août et sam. midi
Rest – Formule 22 € – Menu 31/61 € bc – Carte 45/60 €
◆ Rétro et cossu, volontiers 1930, ce Bistro imagine un bord de mer canaille : la pêche coquine de Philippe, la patate du chef, le rôt du rôtisseur, etc. Les clients apprécient la belle carte des vins et l'épicerie fine : gouleyant !

La Cigale Egarée

Villeneuve-Braouic par rte de Lorient – ✆ 02 98 39 15 53
– www.lacigaleegaree.com – Fermé 2 sem. en oct. et en fév., dim. et lundi
Rest *(nombre de couverts limité, réserver)* – Formule 17 € – Menu 22 € (déj.), 35/79 € – Carte 49/60 €
◆ Une cigale égarée en Bretagne, qui n'en finit pas de chanter dans son décor néoprovençal atypique : original ! Frivolités de demoiselle langoustine, la cloche de fumée, le black sandwich, etc. On l'aura compris, l'insecte est créatif.

au Nord-Est 6 km par rte d'Arzano et D 22 – ✉ 29300 Arzano

Château de Kerlarec

rte d'Arzano – ✆ 02 98 71 75 06 – www.chateau-de-kerlarec.com – Fermé 23-27 déc.
5 ch – 🚹110/150 € 🚹🚹115/160 € **Table d'hôte** – Menu 30/55 €
◆ La quintessence du romantisme : ce petit château de 1834, blotti dans un parc ombragé et fleuri, regorge d'antiquités, d'objets délicats, de décors d'époque, etc. Les amateurs seront comblés. Sur demande, on peut dîner aux chandelles...

QUINCIÉ-EN-BEAUJOLAIS – 69 Rhône – 327 G3 – 1 176 h. – alt. 325 m – ✉ 69430 43 E1

Paris 428 – Beaujeu 6 – Bourg-en-Bresse 55 – Lyon 57

Le Mont-Brouilly rest, rest,

Le Pont des Samsons, 2,5 km à l'Est par D 37 – ✆ 04 74 04 33 73 – www.hotelbrouilly.com – Fermé 21-27 déc., 2 sem. en fév., dim. soir d'oct. à mai, lundi midi et mardi midi
28 ch – 🚹66 € 🚹🚹71/74 € – 9 € – ½ P 67/69 €
Rest – Formule 17 € – Menu 22/45 € – Carte 34/49 €
◆ Au pied du mont Brouilly, un petit hôtel-restaurant entouré de vignes, pratique, propre et accueillant. Dans le grand jardin, on profite de la piscine et il y a même une aire de jeux pour les enfants.

QUINÉVILLE – 50 Manche – 303 E2 – 304 h. – alt. 29 m – ✉ 50310 32 A1

Normandie Cotentin

Paris 338 – Barfleur 21 – Carentan 31 – Cherbourg 37

17, avenue de la Plage, ✆ 02 33 21 40 29

Château de Quinéville ch,

18 r. de l'Église – ✆ 02 33 21 42 67 – www.chateau-de-quineville.com – Ouvert 1er avril-20 déc.
30 ch – 🚹75/175 € 🚹🚹75/175 € – 12 € – ½ P 65/105 €
Rest *(dîner seult)* – Menu 35 € – Carte 33/60 €
◆ Un beau petit château du 18es. et son restaurant de tradition, au cœur d'un parc et d'un jardin à la française. Les chambres ont un petit côté bonbonnière et vieille France qui séduira les amateurs du genre ; dans les anciennes écuries, elles sont plus actuelles et plus grandes.

QUINGEY – 25 Doubs – 321 F4 – 1 274 h. – alt. 275 m – ✉ 25440 16 B2

Paris 397 – Besançon 23 – Dijon 84 – Dole 36

La Truite de la Loue

2 rte de Lyon – ✆ 03 81 63 60 14 – www.latruitedelaloue.com – Fermé 5-18 nov. et 18-27 fév.
10 ch – 🚹50/56 € 🚹🚹50/56 € – 7 € – ½ P 51/56 €
Rest *(fermé mardi soir et merc. d'oct. à mai)* – Menu 19/50 € – Carte 23/62 €
◆ À proximité du pont enjambant la Loue, cette maison propose des chambres fonctionnelles très bien tenues, claires et colorées. Salle rustique et terrasse au bord de la rivière ; cuisine traditionnelle et truites du vivier.

QUINSON – 04 Alpes-de-Haute-Provence – 334 E10 – 440 h. – alt. 370 m – ✉ 04500 41 C2

Alpes du Sud

Paris 804 – Aix-en-Provence 76 – Brignoles 44 – Castellane 72

rue Saint-Esprit, ✆ 04 92 74 01 12, www.quinson.fr

Relais Notre-Dame

– ✆ 04 92 74 40 01 – www.relaisnotredame-04.com – Ouvert 30 mars-15 nov. et fermé lundi et mardi sauf haute saison
14 ch – 🚹55/80 € 🚹🚹70/90 € – 10 € – ½ P 68/72 €
Rest *Relais Notre-Dame* – voir les restaurants ci-après
◆ Sur la route des gorges du Verdon, près du musée de la Préhistoire, un hôtel familial avec jardin et piscine. Les chambres sont décorées dans un style provençal actuel et plaisant.

Relais Notre-Dame

– ✆ 04 92 74 40 01 – www.relaisnotredame-04.com – *Fermé 15 déc.-15 fév. et le soir du 15 nov. au 30 mars*
Rest – Menu 25/40 €
♦ Une jolie salle champêtre et beaucoup de générosité. Ici, on savoure une cuisine régionale copieuse et bien faite et, en saison, on se régale de truffe. Et que dire de la ravissante terrasse sous les platanes ? C'est le Sud tout entier !

QUINTIN – 22 Côtes-d'Armor – 309 E4 – 2 835 h. – alt. 180 m 10 C2
– ✉ 22800 Bretagne

Paris 463 – Lamballe 35 – Loudéac 31 – St-Brieuc 18
6, place 1830, ✆ 02 96 74 01 51

Du Commerce

2 r. Rochonen – ✆ 02 96 74 94 67 – www.hotelducommerce-quintin.com – *Fermé une sem. en août et 20 déc.-5 janv.*
11 ch – †60/65 € ††72/79 € – ½ P 56/58 €
Rest *(fermé sam. et dim.)* – Menu 17 €
♦ Cette maison de granit, ancien relais de diligence, date probablement du 18^e^s. Le restaurant a conservé ce charme des vieilles pierres et se révèle être accueillant. Les chambres, simples et bien tenues, portent toutes un nom d'épice exotique...

RABAT-LES-TROIS-SEIGNEURS – 09 Ariège – 343 H7 – rattaché à Tarascon-sur-Ariège

---

RAGUENÈS-PLAGE – 29 Finistère – 308 I8 – rattaché à Névez

RAMATUELLE – 83 Var – 340 O6 – 2 298 h. – alt. 136 m – ✉ 83350 41 C3
Côte d'Azur

Paris 873 – Fréjus 35 – Le Lavandou 34 – St-Tropez 10
place de l'Ormeau, ✆ 04 98 12 64 00, www.ramatuelle-tourisme.com
Col de Collebasse ★ S : 4 km.

La Réserve Ramatuelle

chemin de la Quessine, au Sud-Est, direction Plage de l'Escalet et rte secondaire – ✆ 04 94 44 94 44 – www.lareserve.ch – *Ouvert avril-oct.*
17 suites – ††1600/4000 € – 7 ch
Rest ***La Réserve Ramatuelle*** – voir les restaurants ci-après
♦ Un lieu caché, rare... Dès l'arrivée, le bâtiment éblouit : tout en transparence, comme suspendu au-dessus de la mer, avec la flore méditerranéenne pour écrin. Chaque chambre, au minimalisme racé, est un balcon sur la Grande Bleue ! Un sommet de luxe contemporain, qui capte l'essence de cette côte si azurée...

Le Baou

av. Gustave Etienne – ✆ 04 98 12 94 20 – www.hostellerielebaou.com – *Ouvert 16 mai-7 oct.*
41 ch – †220/450 € ††220/450 € – 25 €
Rest ***La Terrasse*** – voir les restaurants ci-après
♦ Le Baou ("sommet" en provençal) porte bien son nom : il domine l'anse de Pampelonne à flanc de colline. Cascade de lauriers et d'oliviers, de murets en pierre et de chemins en lacets, de balcons ouverts sur la mer... Pour tutoyer la Méditerranée !

La Vigne de Ramatuelle sans rest

rte de La Croix-Valmer, à 3 km – ✆ 04 94 79 12 50 – www.lavignederamatuelle.com – *Ouvert 1er avril-1er nov.*
14 ch – †170/380 € ††170/380 € – 15 €
♦ Presque une maison d'amis, au milieu des vignes... Cette villa concilie charme, atmosphère contemporaine et tranquillité. Chambres raffinées, avec terrasse. Piscine dans la verdure.

XXX **La Réserve Ramatuelle** – Hôtel La Réserve Ramatuelle
chemin de la Quessine, au Sud-Est, direction Plage de l'Escalet et rte secondaire – 04 94 44 94 44 – www.lareserve.ch – Ouvert avril-oct.
Rest – Menu 96 € (dîner) – Carte 86/136 €
◆ La lumière, la nature, la mer... Dans cette Réserve si pétrie d'essentiel, le restaurant ne déroge pas à la règle du raffinement et de la tempérance : produits bio, légumes et herbes du potager, recettes légères... et pureté du plaisir.

XXX **La Terrasse** – Hôtel Le Baou
av. Gustave Etienne – 04 98 12 94 20 – www.hostellerielebaou.com – Ouvert 16 mai-7 oct.
Rest – Menu 59 € (dîner) – Carte 63/94 €
◆ Quel panorama ! De cette Terrasse en encorbellement, on domine l'arrière-pays et la Grande Bleue... Un cadre magique pour dîner d'une cuisine gastronomique où dominent les parfums du Sud.

XX **L'Écurie du Castellas** avec ch
rte du Moulins-de-Paillas – 04 94 79 11 59 – www.lecurieducastellas.com – Fermé 9-23 janv. et 26 nov.-20 déc.
11 ch – †76/230 € ††76/230 € – ☕ 15 €
Rest – Menu 28 € (sem.), 49/95 € bc – Carte 55/85 €
◆ Belle adresse, où l'on se régale d'une fine cuisine régionale, en profitant d'un superbe panorama : la terrasse domine le village, les pinèdes et, au loin, la grande bleue. Décor chic et contemporain. Côté hôtel, chambres apprêtées avec soin.

à la Bonne Terrasse 5 km à l'Est par D 93 et rte de Camarat
– ✉ 83350 Ramatuelle

X **Chez Camille**
quartier de Bonne Terrasse – 04 98 12 68 98 – www.chezcamille.fr – Ouvert 5 avril-7 oct. et fermé vend. midi et mardi
Rest *(réserver)* – Menu 44/79 €
◆ Depuis 1913, pères et fils se succèdent en cuisine. On vient ici pour déguster la "vraie" bouillabaisse et la pêche locale, les pieds dans l'eau... Authentique !

RAMBERVILLERS – 88 Vosges – 314 H2 – 5 685 h. – alt. 287 m 27 C3
– ✉ 88700

Paris 407 – Epinal 27 – Lunéville 36 – Nancy 68

Quai de la Mortagne, 03 29 65 49 10, www.ville-rambervillers.fr

XX **Mirabelle**
6 r. de l'Église – 03 29 65 37 37 – Fermé 15 août-15 sept., janv. et merc.
Rest – Formule 16 € – Menu 23/38 € – Carte 33/75 €
◆ Chaleureux accueil familial dans ce restaurant intimiste aux couleurs de la Lorraine. Vous aurez droit aux grands classiques, comme la tête de veau qui fait la fierté du chef.

RAMBOUILLET – 78 Yvelines – 311 G4 – 25 827 h. – alt. 160 m 18 A2
– ✉ 78120 Île de France

Paris 53 – Chartres 42 – Mantes-la-Jolie 50 – Orléans 93

place de la Libération, 01 34 83 21 21, www.rambouillet-tourisme.fr

de Forges-les-Bains, à Forges-les-Bains, Route du Général Leclerc, E : 22 km par D 906 et D 24, 01 64 91 48 18

Boiseries★ du château - Parc★★ : laiterie de la Reine★ Z **B** - chaumière aux coquillages★ Z **E** - Bergerie nationale★ Z - Forêt de Rambouillet★.

Mercure Relays du Château sans rest
1 pl. de la Libération – 01 34 57 30 00 – www.mercure-rambouillet.com
83 ch – †79/175 € ††79/175 € – ☕ 14 € Z**b**
◆ Face au château, ancien relais de poste du 17e s. superbement rénové : l'intérieur mêle avec raffinement l'ancien et le moderne. Chambres bien équipées et d'un grand confort.

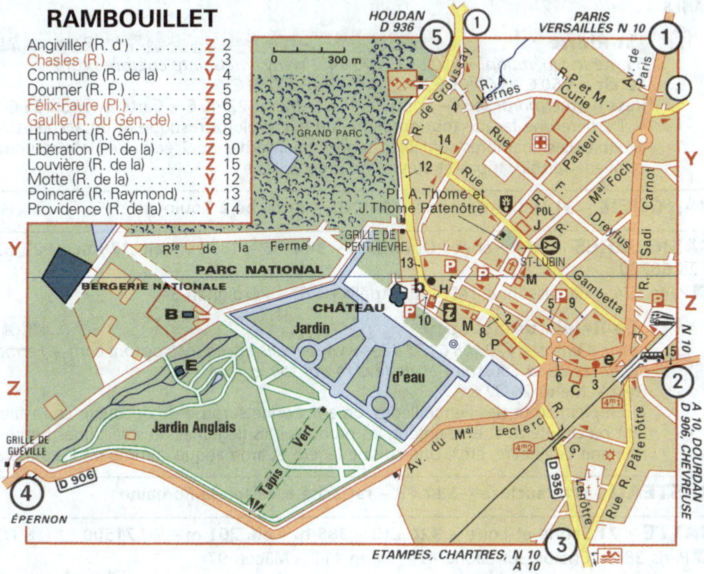

X **L'Huître sur le Zinc**

15 r. Chasles – ✆ 01 30 46 22 58 – www.lhuitresurlezinc.fr – Fermé 7-27 août, 18 déc.-31 janv., dim. et lundi Ze

Rest – Menu 30 € (déj.)/39 € – Carte 39/79 €

♦ Spécialités exclusivement marines en provenance de… la poissonnerie adjacente tenue par le frère du chef-patron. Décor original aux couleurs de la mer et beau jardin-terrasse.

à Gazeran 5 km par ④ – 1 187 h. – alt. 162 m – ✉ 78125

XXX **Villa Marinette**

20 av. du Gén.-de-Gaulle – ✆ 01 34 83 19 01 – www.villamarinette.fr – Fermé dim. soir, lundi et mardi

Rest – Menu 29 € (déj. en sem.)/60 € – Carte 55/66 €

♦ Auberge nantie de vigne vierge, cachant un intérieur cossu, au décor soigné ; l'été, terrasse dressée dans le joli jardin clos. Cuisine inventive par un jeune chef qui sait faire simple, sans faire simpliste. Accueil souriant.

RANCÉ – 01 Ain – 328 C5 – 643 h. – alt. 282 m – ✉ 01390 43 E1

▶ Paris 437 – Bourg-en-Bresse 44 – Lyon 32 – Villefranche-sur-Saône 13

X **De Rancé**

– ✆ 04 74 00 81 83 – www.restaurantderance.com – Fermé 1 sem. en août et en oct., 2 sem. en janv., jeudi soir et merc. soir de sept. à mai, dim. soir, mardi soir et lundi

Rest – Menu 18 € (déj.), 26/60 € – Carte 30/69 €

♦ Face à la petite église du village, on vient ici pour une généreuse cuisine dombiste (grenouilles, carpe, poulet…). Le décor est rustique et l'accueil chaleureux, que demander de mieux ?

RANCOURT – 80 Somme – 301 K7 – rattaché à Péronne

RÂNES – 61 Orne – 310 H3 – 1 044 h. – alt. 237 m – ✉ 61150 32 B3

Normandie Cotentin

▶ Paris 212 – Alençon 40 – Argentan 20 – Bagnoles-de-l'Orne 20

ℹ Mairie, ✆ 02 33 39 73 87

St-Pierre

6 r. de la Libération – ✆ 02 33 39 75 14 – www.hotelsaintpierreranes.com
12 ch – 50 € 60/65 € – 7 € – ½ P 57/59 €
Rest *(fermé mardi soir)* – Formule 18 € – Menu 22/46 € – Carte environ 35 €
◆ Derrière une façade tout en pierre, un décor plutôt rustique et un accueil très aimable. Les chambres sont bien tenues (mansardes au 2e étage) et le restaurant cultive le terroir : tripes et cuisses de grenouilles !

RANGUEIL – **31 Haute-Garonne** – **343** G3 – **rattaché à Toulouse**

RASIGUÈRES – **66 Pyrénées-Orientales** – **344** G6 – **137 h.** – **alt. 178 m** – ✉ **66720** **22** B3

Paris 874 – Carcassonne 140 – Montpellier 178 – Perpignan 34

Le Relais de Sceaury

1bis r. Centre – ✆ 04 68 63 33 42 – www.lerelaisdesceaury.blogspot.com – Fermé vacances de la Toussaint et de fév., mardi soir et merc.
Rest – Menu 24/32 €
◆ En plein cœur des Fenouillèdes, on a la bonne surprise de découvrir ce restaurant où chantent, et enchantent, les produits frais (légumes du soleil, fines herbes, fromage de chèvre, etc.). Une cuisine légère et aromatique comme on les aime !

RASTEAU – **84 Vaucluse** – **332** C8 – **rattaché à Vaison-la-Romaine**

RATTE – **71 Saône-et-Loire** – **320** L10 – **385 h.** – **alt. 201 m** – ✉ **71500** **8** D3

Paris 386 – Chalon-sur-Saône 47 – Dijon 111 – Mâcon 97

Le Chaudron

71 route de Louhans, (au bourg) – ✆ 03 85 75 57 81 – www.restaurant-lechaudron-louhans.com – Fermé 1 sem. en sept., 2 sem. en janv., lundi soir en hiver, mardi et merc.
Rest – Formule 13 € bc – Menu 16 € (déj. en sem.), 28/46 € – Carte 31/50 €
◆ L'auberge peut sembler modeste sur cette route qui traverse le hameau, pourtant le cadre est chaleureux. Dans le chaudron, de beaux produits frais et des recettes traditionnelles réinterprétées par la chef.

RAULHAC – **15 Cantal** – **330** D5 – **337 h.** – **alt. 740 m** – ✉ **15800** **5** B3

Paris 571 – Aurillac 31 – Clermont-Ferrand 156 – St-Flour 73

Château de Courbelimagne

4 km au Sud par rte de Mur-de-Barrez (D 600) – ✆ 04 71 49 58 25 – http://perso.wanadoo.fr/courbelimagne/ – Ouvert 2 avril-30 oct.
5 ch – 85 € 110 € **Table d'hôte** – Menu 25 €
◆ Dans son parc romantique, un beau manoir de famille (16e-19es.), comme un rêve de naturaliste : mobilier d'époque, collection de plantes de la région, soins de naturothérapie, etc. Champignons de la forêt, mûres des haies alentour, herbes et fleurs... la table d'hôte puise dans le terroir local. Quel charme !

LE RAULY – **24 Dordogne** – **329** D7 – **rattaché à Bergerac**

RAYOL-CANADEL-SUR-MER – **83 Var** – **340** N7 – **630 h.** – **alt. 100 m** – ✉ **83820** **41** C3

Paris 886 – Fréjus 49 – Hyères 35 – Le Lavandou 13

place Michel Goy, ✆ 04 94 05 65 69, www.lerayolcanadel.fr

Domaine du Rayol Jardin des Méditerranées ★★

Le Bailli de Suffren

– ✆ 04 98 04 47 00 – www.lebaillidesuffren.com – Ouvert mi-avril à mi-oct.
55 ch – 198/487 € 198/487 € – 24 €
Rest *La Praya* – voir les restaurants ci-après
Rest *L'Escale* *(ouvert de mai à sept.)* – Carte 34/74 €
◆ Superbe vue sur les îles d'Hyères depuis ce bel hôtel les pieds dans l'eau. Plage privée, balcons et terrasses face aux flots, restaurants panoramiques... Ou comment vivre en intimité avec la mer !

XXX **La Praya** – Hôtel Le Bailli de Suffren
– *04 98 04 47 00 – www.lebaillidesuffren.com – Ouvert de mi-avril à mi-oct. et fermé le midi en juil.-août*
Rest – Formule 42 € – Menu 58/80 € – Carte 70/90 €
◆ Dans ce restaurant cossu, d'esprit provençal, et sur sa terrasse sous les palmiers, face à la Méditerranée, on déguste une fine cuisine, à l'image de ces blancs de bar, purée de carottes curry, céleris en rémoulade au basilic, émulsion coco.

X **Le Relais des Maures** avec ch
av. Ch.-Koeklin, Le Canadel – 04 94 05 61 27 – www.lerelaisdesmaures.fr – Ouvert 4 mars-30 oct. et fermé le midi en juil.-août, dim. soir et lundi hors saison
10 ch – †70/100 € ††70/100 € – ☐ 9 € – ½ P 85 €
Rest – Menu 29/39 € – Carte 42/56 €
◆ Cette grande auberge, décorée dans un style rétro plutôt chic, cultive le goût du Sud. Le chef y réalise une cuisine fine et délicate, calée sur le marché. Les petites chambres sont sobres et rustiques ; vue sur la mer au deuxième étage.

RÉ (ÎLE DE) – 17 Charente-Maritime – 324 B2 – voir à Île de Ré

RÉALMONT – 81 Tarn – 338 F8 – 3 245 h. – alt. 212 m – ✉ 81120 29 C2

Paris 704 – Albi 21 – Castres 24 – Graulhet 18
8, place de la République, 05 63 79 05 45, http://tourisme.realmont.fr

XX **Les Secrets Gourmands**
72 av. Général-de-Gaulle, (D 612) – 05 63 79 07 67 – www.les-secrets-gourmands.fr – Fermé 25-31 août, 10-31 janv., dim. soir et mardi
Rest – Menu 22 € (sem.), 31/52 € – Carte 40/60 €
◆ Tarte feuilletée au fromage de chèvre, pignons et raisins ; mousse à la framboise et son coulis de cacao... Dans cette maison cossue et chaleureuse, le chef prépare des petits plats gourmands et savoureux, en toute simplicité.

REDON – 35 Ille-et-Vilaine – 309 J9 – 9 555 h. – alt. 10 m 10 C3

– ✉ 35600 Bretagne
Paris 410 – Nantes 78 – Rennes 65 – St-Nazaire 53
place de la République, 02 99 71 06 04, www.tourisme-pays-redon.com
Tour★ de l'église St-Sauveur.

XX **La Bogue**
3 r. des Etats – 02 99 71 12 95 – Fermé dim. soir et lundi
Rest – Formule 17 € – Menu 23/62 € – Carte 33/64 €
◆ Maison ancienne du centre-ville, au cadre classique (boiseries moulurées, chaises Louis XIII). Cuisine traditionnelle et simple, évoluant au fil des saisons.

rte de La Gacilly 3 km au Nord par D 873 – ✉ 35600 Redon

XX **Moulin de Via**
– *02 99 71 05 16 – www.lemoulindevia.fr – Fermé 18-29 mars, dim. soir, mardi soir, merc. soir, jeudi soir et lundi de sept. à juin*
Rest – Formule 18 € – Menu 23 € (sem.), 37/60 €
◆ Mobilier champêtre, poutres et cheminée ajoutent au charme de cet ancien moulin à eau (16ᵉs.) blotti dans la verdure. Terrasse ombragée ouverte sur le jardin. Plats régionaux.

REHAUPAL – 88 Vosges – 314 I4 – 190 h. – alt. 510 m – ✉ 88640 27 C3

Paris 424 – Épinal 27 – Metz 151 – Strasbourg 132

Auberge du Haut-Jardin
43 bis Le Village – 03 29 66 37 06 – www.hautjardin.com – Fermé une sem. en mars, une sem. en nov. et une sem. en janv.
9 ch – †60/129 € ††60/149 € – ☐ 13 € – ½ P 56/79 €
Rest *Auberge du Haut-Jardin* – voir les restaurants ci-après
◆ Dans ce petit village de la campagne vosgienne, cette maison de pays est tenue par un couple accueillant ; les chambres associent esprit rustique et confort, avec un soin notable. Une adresse idéale pour les amateurs d'authenticité et de calme...

Auberge du Haut-Jardin
43 bis Le Village – ✆ 03 29 66 37 06 – www.hautjardin.com – Fermé une sem. en mars, une sem. en nov., deux sem. en janv., lundi midi et merc. midi hors vacances scolaires
Rest – Menu 19/39 € – Carte 24/35 €
◆ Poutres, cheminée (difficile de la quitter l'hiver...) et saveurs du terroir : un vrai concentré des Vosges dans cette auberge, dont le chef privilégie au maximum les produits locaux.

REICHSTETT – 67 Bas-Rhin – **315** K5 – rattaché à Strasbourg

REILHAC – 43 Haute-Loire – **331** C3 – rattaché à Langeac

REILHANETTE – 26 Drôme – **332** J8 – 149 h. – alt. 579 m – ✉ 26570 **45** C3
Paris 710 – Avignon 78 – Lyon 247 – Valence 149

L'Oustau de la Font avec ch
Le Village – ✆ 04 75 28 83 77 – www.oustaudelafont.com – Ouvert 14 fév.-11 nov.
6 ch – †70/100 € ††70/100 € – ☕ 8 € – ½ P 71/86 €
Rest *(fermé merc. midi et jeudi midi de mi-sept. au 11 nov., merc. et jeudi de mi-fév. à Pâques)* – Formule 15 € – Menu 20 € (déj. en sem.), 32/49 € – Carte 41/55 €
◆ Cuisine de bistrot bien présentée et réalisée avec des produits locaux. Belle sélection de vins de la vallée du Rhône. La terrasse offre une jolie vue sur le village de Montbrun. L'établissement propose cinq chambres et une maisonnette de bonne tenue. Jacuzzi.

REIMS – 51 Marne – **306** G7 – 181 468 h. – Agglo. 215 581 h. **13** B2 – alt. 85 m – ✉ 51100 Champagne Ardenne
Paris 144 – Bruxelles 218 – Châlons-en-Champagne 48 – Lille 208
Reims-Champagne : ✆ 03 26 07 15 15, 7 km par D 74 U.
2, rue Guillaume de Machault, ✆ 03 26 77 45 00, www.reims-tourisme.com
de Reims-Champagne, à Gueux, Château des Dames de France, par rte de Paris : 9 km, ✆ 03 26 05 46 10
Cathédrale Notre-Dame★★★ - Basilique St-Rémi★★ : intérieur★★★ - Palais du Tau★★ BY V - Caves de Champagne★★ BCX, CZ - Place Royale★ - Porte Mars★ - Hôtel de la Salle★ BY R - Chapelle Foujita★ - Bibliothèque★ de l'ancien Collège des Jésuites BZ C - Musée St-Rémi★★ CZ M⁴ - Musée-hôtel Le Vergeur★ BX M³ - Musée des Beaux-Arts★ BY M².
Fort de la Pompelle (casques allemands★) 9 km par ③.

Château Les Crayères
64 bd Henry-Vasnier – ✆ 03 26 24 90 00 – www.lescrayeres.com – Fermé de mi-déc. à début janv. CZa
20 ch – †345/700 € ††345/700 € – ☕ 28 €
Rest *Le Parc Les Crayères* ✿✿ **Rest *Le Jardin Les Crayères*** – voir les restaurants ci-après
◆ Dans un grand parc, un décor brillant comme… du champagne. Faut-il préciser que cette superbe demeure est entourée des caves les plus renommées ? Un vrai symbole du luxe à la française, tout en raffinement, tentures épaisses, mobilier bourgeois...

L'Assiette Champenoise
à Tinqueux, 40 av. Paul Vaillant-Couturier ✉ 51430 – ✆ 03 26 84 64 64 – www.assiettechampenoise.com – Fermé 16 fév.-4 mars Ve
31 ch – †165/245 € ††165/245 € – 8 suites – ☕ 25 €
Rest *L'Assiette Champenoise* ✿✿ – voir les restaurants ci-après
◆ Une élégante maison de maître de la fin du 19ᵉs., dans un grand parc clos. Les chambres, très spacieuses, affichent un style actuel de bon ton. On les regagne avec plaisir après avoir profité des délices de la table...

De la Paix

9 r. Buirette – 03 26 40 04 08
– www.hotel-lapaix.fr **AYq**

165 ch – 130/225 € 130/225 € – 1 suite – 14 €

Rest *Café de la Paix* 03 26 47 00 45 – Menu 14 € (déj. en sem.), 18 € bc/34 € bc – Carte 27/70 €

◆ Cet hôtel, tenu par la même famille depuis 1912, vit avec son temps : jolies chambres contemporaines (tableaux d'artistes rémois, meubles Starck) et bar pop, très tendance. Au Café de la Paix, cadre design et spécialités de brasserie (fruits de mer, tartares, choucroutes...).

REIMS

Berthelot (Bd M.) . . . . U 5
Brébant (Av.) . . . . U 8
Brimontel (R. de) . . . . U 10
Carré (R. du Gén.) . . . . UV 20
Champagne (Av. de) . . . . V 22
Cognacq-Jay (R.) . . . . V 25
Danton (R.) . . . . U 30
Dr-Lemoine (R.) . . . . U 35
Europe (Av. de l') . . . . V 42
Farman (Av. Henri) . . . . V 43
Maison-Blanche (R.) . . . . V 64
Paris (Av. de) . . . . V 69
Pompidou (Av. G.) . . . . V 71
Robespierre (Bd) . . . . U 74
Tinqueux (R. de) . . . . V 87
Vaillant-Couturier (Av.) . . . . . V 89
Witry (Rte de) . . . . U 91
Zola (R. Émile) . . . . U 92

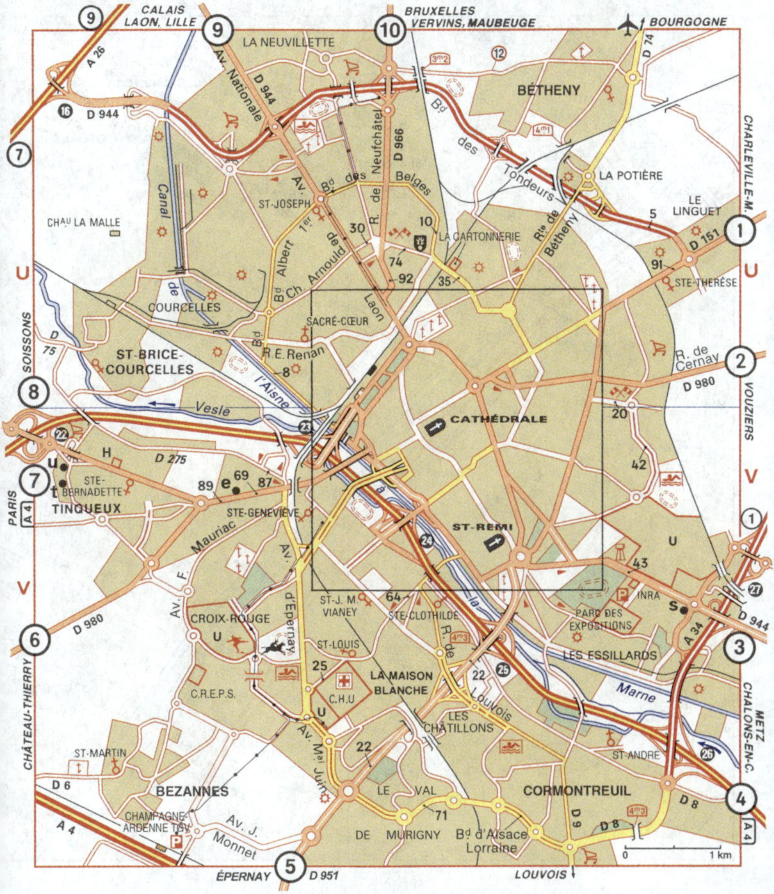

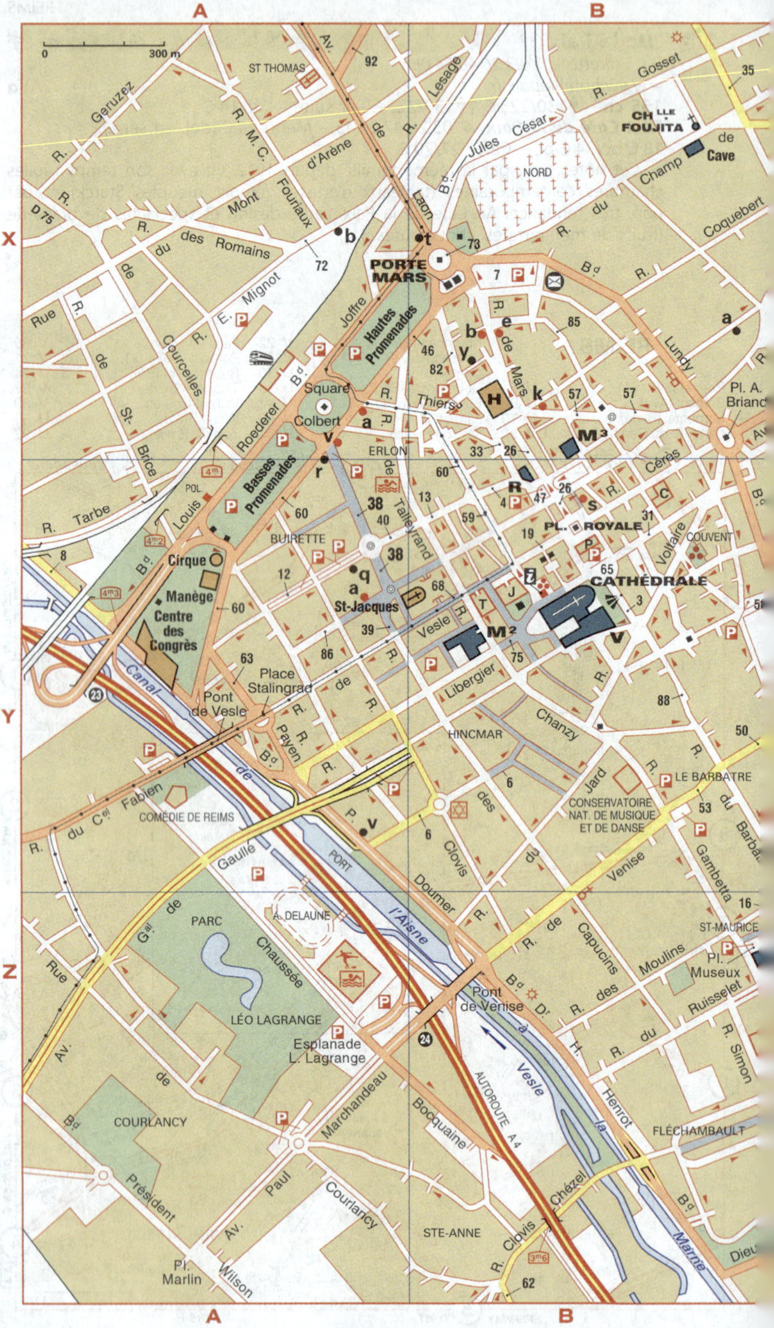
A
B
X
Y
Z
0
300 m
ST THOMAS
Av.
92
R. Lesage
R. Gosset
35
CH^LLE FOUJITA
Champ de Cave
R. Geruzez
R. M. C. Fouriaux
R. d'Arène
de Laon
Bd Jules César
NORD
R. du Coquebert
D 75
R. Mont
R. des Romains
72
b
t
73
PORTE MARS
7
Bd Lundy
R. de Courcelles
Mignot
Rue
R. E.
Joffre
Hautes Promenades
46
82
b
e
y
R. de Mars
85
a
R. de St. Brice
R. Roederer
Bd
Square Colbert
a
R. Thiers
H
k
57
57
Pl. A. Briand
v
M3
Basses Promenades
r
ERLON
R. de Talleyrand
33
26
60
R. Cérès
POL.
R. Tarbe
Louis
60
38
40
13
4
R
47
26
s
C
59
BUIRETTE
38
PL. ROYALE
31
19
COUVENT
Bd
8
Cirque
12
q
a
R. Voltaire
Manège
Centre des Congrès
60
St-Jacques
68
65
CATHÉDRALE
J
T
3
39
R. Vesle
M2
V
86
75
63
Canal
Place Stalingrad
R. de
R. Libergier
Chanzy
88
Pont de Vesle
R.
R. Payen
Bd
HINCMAR
50
R.
23
R.
6
R. Jard
R.
LE BARBATRE
Fabien
du Cel.
CONSERVATOIRE NAT. DE MUSIQUE ET DE DANSE
53
COMÉDIE DE REIMS
P.
v
R. des Clovis
6
R. du Barbâtre
R.
Gaulle
R. du
PORT
Doumer
Venise
Gambetta
Gal. de
PARC
A. DELAUNE
l'Aisne
R. de Capucins
16
ST-MAURICE
Chaussée
R.
Moulins
Pl. Museux
Rue
Bd Dr.
Pont de Venise
R. des
Ruisselet
LÉO LAGRANGE
R. du
R. Simon
Av.
Esplanade L. Lagrange
24
la Vesle
H. Henrot
de
AUTOROUTE A4
Marchandeau
Bocquaine
FLÉCHAMBAULT
Bd
COURLANCY
Président
Paul
Courlancy
Chézel
Bd
Marne
Av.
STE-ANNE
Clovis
R.
Dieu
Pl. Marlin
Wilson
62
3m6
4m
4m2
4m3

C
STE-JEANNE D'ARC
61
EST
34
R. de Betheny
R. de Sébastopol
FG. CÉRÈS
Mars
Cave
Bd Jamin
Lenoir
Jean Jaurès
Av.
n
2
ST-JEAN BAPTISTE
Dauphinot
ST-ANDRÉ
Jean Jaurès
Bd Carteret
R. des Gobelins
84
2
CERNAY
Bd
Rue de Cernay
84
R. Marceaux
R. H. Barbusse
R. des Moissons
54
R. Gustave Laurent
Pommery
Saint-
94
94
la Paix
Bd
Av. Georges Clemenceau
Bd
50
M
R. des
Bd Pasteur
R. de Sillery
Av. de l'Yser
LES COUTURES
Pommery
Coutures
ST-NICAISE
67
R. du Barbâtre
Bd Henry Vasnier
Cave
Bd
B
90
70
23
52
80
78
Cave
51
Cave
R. des Crayères
Cave
U
M4
BASILIQUE ST-REMI
58
Bd Diancourt
Bd Henry Vasnier
Cave
32
a
P
37
Cave
Av.
b
Gal Giraud
Lumière
22
Cave
SUD
P
43
PARC DE CHAMPAGNE
C
X
Y
Z

REIMS

Mercure - Cathédrale

31 bd Paul Doumer – ✆ 03 26 84 49 49
– www.mercure-reims-centre-cathedrale.com AYv
126 ch – †72/169 € ††77/189 € – ☕ 16 €
Rest *(fermé le midi du 18 juil. au 21 août et du 19 déc. au 1er janv., sam. midi, dim. midi et fériés le midi)* – Formule 22 € – Menu 28/30 € – Carte 22/30 €
◆ Nuits calmes garanties dans ce grand bâtiment des années 1970 bordant un boulevard mais totalement insonorisé. Chambres fonctionnelles et bien équipées, très confortables. Du restaurant, à l'étage, on a une belle vue panoramique sur le canal et les péniches.

Grand Hôtel des Templiers sans rest

22 r. des Templiers – ✆ 03 26 88 55 08
– www.grandhoteldestempliers-reims.com BXa
18 ch – †190/280 € ††190/280 € – ☕ 25 €
◆ Luxe et raffinement sont au rendez-vous dans cette belle demeure du 19es. : mobilier de style, tissus opulents, salon bourgeois, chambres feutrées... Une certaine image de l'hôtellerie classique à la française.

Grand Hôtel Continental

93 pl. Drouet-d'Erlon – ✆ 03 26 40 39 35 – www.grandhotelcontinental.com
– Fermé 23 déc.-2 janv. AXYr
63 ch – †71/189 € ††79/189 € – ☕ 15 €
Rest ***Au Conti*** *(fermé dim. sauf fériés)* – Menu 20 € bc/56 € – Carte 30/60 €
◆ La belle façade de cet ancien hôtel particulier de 1862 dissimule des chambres confortables, calmes et décorées dans des styles variés (classique, ancien, actuel, etc.). Un ensemble bourgeois bien adapté au tourisme comme aux voyages d'affaires. Cuisine traditionnelle au Conti.

Suite Novotel sans rest

1 r. Édouard Mignot – ✆ 03 26 89 52 00 – www.suitenovotel.com AXb
80 ch – †140/150 € ††140/150 € – ☕ 13 €
◆ Un hôtel bien situé, dans le nouveau quartier d'affaires créé derrière la gare. Conformément aux normes de la chaîne, les chambres sont modernes et spacieuses, bien insonorisées et équipées.

Porte Mars sans rest

2 pl. de la République – ✆ 03 26 40 28 35 – www.hotelportemars.com
24 ch – †82/115 € ††92/152 € – ☕ 13 € BXt
◆ Cet hôtel a beau être situé sur une avenue passante, il est parfaitement insonorisé... et climatisé. Les chambres se sont refait une beauté dans un esprit cosy. Le petit-déjeuner, gourmand, s'apprécie dans un cadre agréable, sous une verrière.

Azur sans rest

9 r. des Ecrevées – ✆ 03 26 47 43 39 – www.hotel-azur-reims.com
– Fermé dim. BXy
19 ch – †50/65 € ††70/80 € – ☕ 8 €
◆ Quelques minutes suffisent pour rejoindre la gare ou l'hôtel de ville : une bonne situation pour ce petit hôtel familial, aux chambres simples et bien tenues, à prix sage. Agréable : en été, on sert le petit-déjeuner dans un jolie courette.

Le Parc Les Crayères – Hôtel Château Les Crayères

64 bd Henry-Vasnier – ✆ 03 26 24 90 00
– www.lescrayeres.com
– Fermé mi-déc. à début janv., lundi et mardi CZa
Rest *(nombre de couverts limité, réserver)* – Menu 65 € (déj. en sem.), 110/305 € bc – Carte 138/184 €
Spéc. Truffes et céleris cuisinés comme un risotto. Dos de cabillaud poudré de champignons. Poire pochée sous sa coque craquante. **Vins** Champagne.
◆ Un décor magnifique (boiseries, stucs, tapisseries, etc.) pour une cuisine qui ne l'est pas moins. La présentation des plats, la maîtrise dans l'exécution, les produits... tout semble ciselé dans l'émotion. Un beau moment de gastronomie.

XXXX ✿✿ **L'Assiette Champenoise** (Arnaud Lallement) – Hôtel L'Assiette Champenoise
à Tinqueux, 40 av. Paul Vaillant-Couturier
✉ *51430 – ✆ 03 26 84 64 64 – www.assiettechampenoise.com*
– Fermé 16 fév.-4 mars, merc. midi et mardi **Ve**
Rest – Menu 65 € (déj. en sem.), 138/158 € – Carte 145/185 €
Spéc. Bar de ligne, jus des têtes et gingembre. Cochon noir de Bigorre, betterave et comté. Gourmandises de mon enfance. **Vins** Champagne, Coteaux champenois.
◆ Le cadre, chic et moderne, un rien lounge, exprime assez bien la personnalité du chef, Arnaud Lallement. Sa cuisine, créative, fait preuve d'une belle subtilité, assemblage complexe de saveurs s'appuyant sur des produits de grande qualité.

XXX ✿ **Le Foch** (Jacky Louazé)
37 bd Foch – ✆ 03 26 47 48 22 – www.lefoch.com
– Fermé 30 juil.-20 août, 27 fév.-12 mars, sam. midi, dim. soir et lundi
Rest – Menu 31 € (sem.), 48/80 € – Carte 64/100 € **AXa**
Spéc. Raviole virtuelle de Saint-Jacques et huîtres Marennes Oléron et caviar d'Aquitaine (oct. à avril). Bar entier cuit en terre d'argile de Vallauris. Macaron fruits rouges et rhubarbe (mai à juil.). **Vins** Champagne.
◆ Le restaurant borde les Promenades, ces cours ombragés dessinés au 18ᵉs. Le cadre, à la fois classique et contemporain, sied à la cuisine volontiers inventive du chef, où les produits de qualité sont rois (homard, beaux poissons).

XXX ✿ **Le Millénaire** (Laurent Laplaige)
4 r. Bertin – ✆ 03 26 08 26 62 – www.lemillenaire.com – Fermé sam. midi et dim.
Rest – Menu 32 € (sem.)/83 € – Carte 85/95 € **BYs**
Spéc. Langoustines saisies, crème glacée de carotte et anis étoilé. Pomme de ris de veau de lait du Limousin, légumes du moment. Craquelin et crémeux chocolat-pralin. **Vins** Champagne.
◆ Non loin de la place Royale, derrière une façade engageante. Une véritable invitation à découvrir la cuisine, signée par deux chefs qui font rimer piano avec duo. De belles saveurs, bien ancrées dans l'époque.

XXX **La Vigneraie**
14 r. Thillois – ✆ 03 26 88 67 27 – www.vigneraie.com – Fermé 30 juil.-20 août, 27 fév.-13 mars, dim. soir, merc. midi et lundi **AYa**
Rest *(nombre de couverts limité, réserver)* – Formule 16 € – Menu 25 € (déj. en sem.), 32/68 € – Carte 61/85 €
◆ Charmant restaurant qui rend hommage au vin et à la vigne. Les murs s'égayent de toiles d'artistes locaux pendant que les assiettes déclinent pigeon en deux façons, ficelle champenoise aux escargots, etc. Beau choix de vins et de champagnes.

XX **Flo**
96 pl. Drouet d'Erlon – ✆ 03 26 91 40 50 – www.floreims.com **AXv**
Rest – Formule 26 € – Menu 31/38 € bc – Carte 35/55 €
◆ Les amateurs de brasserie apprécieront le joli cadre d'inspiration Art déco (sol en mosaïque d'époque par exemple), les lustres et les belles boiseries. En été, on déguste tartare, foie gras poêlé et baba au rhum en terrasse.

XX **Au Petit Comptoir**
17 r. de Mars – ✆ 03 26 40 58 58 – www.aupetitcomptoir.fr – Fermé dim. et lundi
Rest – Formule 20 € bc – Menu 35 € (sem.) – Carte 40/75 € **BXb**
◆ Un élégant bistrot contemporain tout en sobriété. La cuisine y est évidemment bistronomique, ouverte aux influences du monde – et bien épaulée par une bonne sélection de vins de Champagne.

X **Le Jardin Les Crayères** – Hôtel Château Les Crayères
7 av. du Gén.-Giraud – ✆ 03 26 24 90 90
– www.lescrayeres.com – Fermé de mi-déc. à début janv. **CZb**
Rest – Formule 28 € – Carte 41/72 €
◆ La "petite adresse" du Château Les Crayères, dans une dépendance du parc : une brasserie chic, très contemporaine, élégante avec sa véranda et sa terrasse juste en face du jardin d'herbes aromatiques. Savoureuse cuisine de saison !

Brasserie Le Boulingrin
48 r. de Mars – 03 26 40 96 22 – www.boulingrin.fr – Fermé dim.
Rest – Formule 18 € bc – Menu 23 € (sem.) – Carte 25/45 € BXe
◆ Une institution depuis 1925 ! L'ambiance joviale et le décor de brasserie Art déco s'accordent parfaitement avec une cuisine de produits frais qui ne fait pas de chichis : harengs pommes à l'huile, steak tartare, ou encore baba au rhum...

Le Jamin
18 bd Jamin – 03 26 07 37 30 – www.lejamin.com – Fermé 16-20 avril, 16-31 août, 14-28 janv., dim. soir et lundi CXn
Rest – Formule 14 € – Menu 22 € bc/33 € – Carte 26/48 €
◆ Un petit restaurant de quartier simple et généreux. On vient là pour la cuisine traditionnelle (cuisses de grenouille à la provençale, rognons aux girolles, etc.) et les suggestions à l'ardoise, à prix doux. Service aimable et efficace.

Le Pré Carré
1 r. Jean-Jacques Rousseau – 03 26 24 27 15 – www.leprecarrereims.fr – Fermé 1er-15 août, 24-31 déc., dim. et lundi BXk
Rest – Formule 18 € – Menu 36 € (sem.)/70 € – Carte 40/65 €
◆ Pré carré des gourmets, ce restaurant créé en 2010 est très sympathique. On s'y sent bien – ambiance feutrée – et les plats de toujours s'habillent d'une belle modernité (calamars à la carbonara, soufflé au Grand Marnier, etc.).

rte de Châlons-en-Champagne 3 km vers ③ – ✉ 51100 Reims

Mercure - Parc des Expositions
2 r. Gabriel-Voisin – 03 26 05 00 08 – www.accorhotels.com
100 ch – †97/144 € ††117/154 € – ☕ 15 € Vs
Rest *(fermé sam. midi, dim. midi et fériés le midi)* – Formule 20 € – Carte 27/50 €
◆ Toutes les commodités dans ce bâtiment des années 1970 : restaurant, piscine, chambres contemporaines, nombreux salons pour l'organisation de séminaires, etc.

à Sillery 11 km par ③ et D 8E – 1 593 h. – alt. 90 m – ✉ 51500

Le Relais de Sillery
3 r. de la Gare – 03 26 49 10 11 – www.relaisdesillery.fr – Fermé 12 août-4 sept., 2-9 janv., 16 fév.-4 mars, mardi soir, dim. soir et lundi
Rest – Menu 19 € (sem.), 39/65 € – Carte 50/75 €
◆ Une auberge élégante (boiseries, tableaux) dont la terrasse domine la Vesle. Le cadre est bucolique, la gastronomie classique : langoustines en risotto crémeux, gratin de cuisses de grenouille... La cave – aux prix étudiés – impressionne !

à Montchenot 11 km par ⑤ – ✉ 51500 Villers-Allerand

Le Grand Cerf (Dominique Giraudeau et Pascal Champion)
50 rte Nationale – 03 26 97 60 07 – www.le-grand-cerf.fr – Fermé août, vacances de fév., dim. soir, mardi soir et merc.
Rest – Menu 37 € (déj. en sem.), 74/100 € bc – Carte 75/120 €
Spéc. Homard et melon en vinaigrette aigre-douce (mai à oct.). Ris de veau sauce aux truffes. Émulsion de fraises au champagne (juin à sept.). **Vins** Champagne.
◆ Au pied de la montagne de Reims, cette auberge affiche un style cossu... Un écrin élégant pour une belle cuisine classique, concoctée à quatre mains. Les deux chefs aiment travailler les produits nobles.

à l'Ouest 6 km par ⑦, autoroute A 4 sortie Tinqueux – ✉ 51430 Tinqueux

Novotel
– 03 26 08 11 61 – www.novotel.com Vu
127 ch – †102/155 € ††102/155 € – ☕ 14 €
Rest – Formule 17 € – Carte 22/41 €
◆ Dans une zone commerciale et d'affaires, cet hôtel des années 1970 vit une seconde jeunesse : style épuré et concept Novation dans toutes les chambres, impeccables. Même tendance au restaurant (cuisine à la plancha).

Tip Top sans rest
1 av. d'A.F.N. – 03 26 83 84 85 – www.tiptop-hotel.com Vt
66 ch – †69/94 € ††74/99 € – ☕ 8 €
◆ Près de l'autoroute, un hôtel récent, fonctionnel et bien tenu, le tout à des prix très raisonnables. "Tip top" pour une étape ou un voyage d'affaires.

REIPERTSWILLER – 67 Bas-Rhin – **315** I3 – **953 h.** – **alt. 230 m** **1** A1
– ✉ **67340** Alsace Lorraine
Paris 450 – Bitche 19 – Haguenau 33 – Sarreguemines 48

La Couronne
13 r. Wimmenau – ☎ 03 88 89 96 21 – www.hotel-la-couronne.com
– Fermé 18 juin-5 juil., 19-29 nov. et 31 janv.-11 fév.
16 ch – 48/55 € 52/65 € – 12 € – ½ P 57/65 €
Rest ***La Couronne*** – voir les restaurants ci-après
◆ Dans un paisible village du parc naturel des Vosges du Nord, un hôtel confortable aménagé dans un esprit contemporain. Chambres spacieuses ; accueil familial. Une bonne adresse.

La Couronne
13 r. Wimmenau – ☎ 03 88 89 96 21 – www.hotel-la-couronne.com – Fermé 18 juin-5 juil., 19-29 nov., 31 janv.-11 fév., merc. midi et jeudi en janv.-fév., merc. soir, dim. soir, lundi et mardi
Rest – Menu 20 € (déj. en sem.), 25/48 € – Carte 30/60 €
◆ Pour sûr, le chef mérite une couronne de laurier – voire tout un bouquet garni – pour sa cuisine classique et raffinée, qui régale (presskopf, tarte chaude aux quetsches...). Le décor est grand ouvert sur la nature – la vraie reine de cette table.

LA REMIGEASSE – 17 Charente-Maritime – **324** C4 – voir à Île d'Oléron

REMIGNY – 71 Saône-et-Loire – **320** I8 – **435 h.** – **alt. 215 m** – ✉ **71150** **7** A3
Paris 335 – Dijon 65 – Lons-le-Saunier 127 – Mâcon 82

L'Escale
2 rte de Chassey-le-Camp – ☎ 03 85 87 07 03
– www.restaurant-lescale-remigny.com – Fermé 15-30 sept., 2-25 janv. et le soir du dim. au jeudi de déc. à mars
Rest – Formule 11 € – Menu 14 € (déj. en sem.), 18/40 € – Carte 30/53 €
◆ Sur la route du vignoble, au bord du canal, cette petite auberge semble sourire. Une escale animée où l'accueil est charmant et où l'on vous propose foie gras maison, croustillant d'escargots, coq au chardonnay...

REMIREMONT – 88 Vosges – **314** H4 – **8 038 h.** – **alt. 400 m** **27** C3
– ✉ **88200** Alsace Lorraine
Paris 413 – Belfort 70 – Colmar 80 – Épinal 28
4 bis place de l'Abbaye, ☎ 03 29 62 23 70, www.ot-remiremont.fr
Rue Ch.-de-Gaulle★ - Crypte★ de l'abbatiale St-Pierre.
Plan page suivante

Du Cheval de Bronze sans rest
59 r. Ch. de Gaulle – ☎ 03 29 62 52 24 – www.hotechevalbronze.com
35 ch – 34/62 € 40/68 € – 8 € **Bs**
◆ Hôtel aménagé dans un ancien relais de poste, sous les jolies arcades du centre-ville. Chambres un brin désuètes mais en cours de rénovation et bien tenues. Accueil chaleureux.

Le Clos Heurtebise
13 chemin des Capucins, par r. Capit. Flayelle B – ☎ 03 29 62 08 04
– www.leclosheurtebise.com – Fermé 15-31 août, 2-12 janv., lundi sauf le soir de sept. à juin, jeudi soir sauf juil.-août et dim. soir
Rest – Menu 17 € (sem.), 27/65 € – Carte 42/48 €
◆ Sur les hauteurs de la ville, cette engageante maison bourgeoise propose une bonne cuisine classique. De l'agréable terrasse, on aperçoit les Vosges.

La Quarterelle
3 r. de la Carterelle – ☎ 03 29 23 98 69 – Fermé une sem. fin mars, 2 sem. fin juin, une sem. fin sept., 2 sem. fin déc., dim. soir, lundi soir, mardi soir et merc. **Aa**
Rest *(nombre de couverts limité, réserver)* – Formule 17 € – Menu 26/29 €
◆ C'est en couple qu'on préside à la destinée de cette Quarterelle. Monsieur concocte une cuisine mâtinée d'épices et madame vous accueille avec le sourire. Pensez à réserver !

REMIREMONT

Abbaye (Pl. de l') . . . . **A** 2
Calvaire (Av. du) . . . . **A** 3
Courtine (R. de la) . . . . **A**
Écoles (R. des) . . . . **A** 5
États-Unis (R. des) . . . . **A** 6
Franche-Pierre (R.) . . . . **A** 7
Gaulle (R. Ch.-de) . . . . **AB**
Prêtres (R. des) . . . . **B** 14
Utard (Pl. H.) . . . . **A** 15
Xavée (R. de la) . . . . **A** 16
5e-et-15e-B.C.P. (R. des) . . . . **B** 18

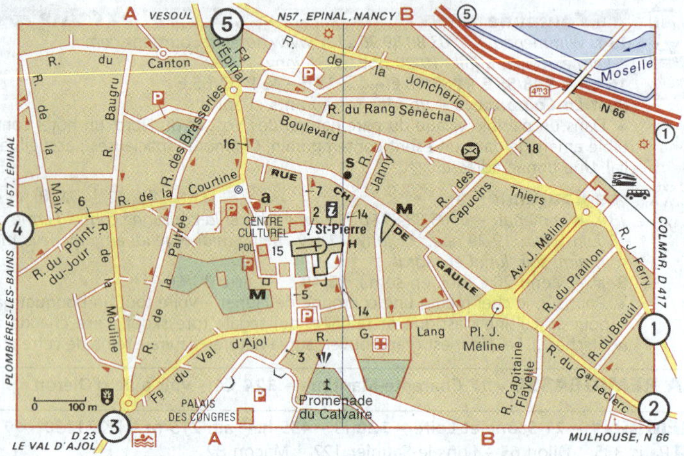

à Girmont-Val-d'Ajol 9 km au Sud-Est par D 23, D 57 et rte secondaire – 237 h. – alt. 650 m – ✉ 88340

La Vigotte
131 lieu-dit la Vigotte – ✆ 03 29 24 01 82 – www.vigotte.com – Fermé 9-29 janv. et lundi midi
24 ch – †36 € ††45 € – ☕ 8 € – ½ P 50 € **Rest** – Menu 18/23 € – Carte 26/38 €
◆ Entourée de forêt vosgienne, de prairies et d'étangs, cette ferme de 1750 ravira les amoureux de la nature. Chambres simples et sympathiques. Cuisine de tradition et de terroir servie dans la grande salle rustique ; chaleureuse ambiance montagnarde.

RENAISON – 42 Loire – **327** C3 – 2 825 h. – alt. 387 m – ✉ 42370 **44** A1
Lyon Drôme Ardèche
Paris 385 – Chauffailles 43 – Lapalisse 39 – Roanne 11
50, route de Roanne, ✆ 04 77 62 17 07, www.leroannais.com
Bourg★ de St-Haon-le-Châtel N : 2 km - Barrage de la Tache : rocher-belvédère★ O : 5 km.

La Ferme d'Irène sans rest
Platelin – ✆ 04 77 64 29 12 – www.lafermedirene.fr
3 ch ☕ – †70/80 € ††78/90 €
◆ Calme assuré dans cette ferme du 19ᵉs. au style cosy (piano à queue, fourneau en faïence). Original : des chambres raffinées installées dans les étables et le poulailler.

Jacques Cœur
15 r. Roanne – ✆ 04 77 64 25 34 – www.restaurant-jacques-coeur.fr – Fermé 13-28 nov., 11-24 janv., dim. soir, lundi et mardi
Rest – Formule 22 € – Menu 27/44 € – Carte 38/48 €
◆ "À cœur vaillant, rien d'impossible"... La devise de Jacques Cœur accompagne le chef, qui ne manque pas d'allant lorsqu'il s'agit de mitonner de bons petits plats de tradition !

St-Haon-le-Vieux 3 km au Nord par D 8 – 889 h. – alt. 424 m – ✉ 42370

Auberge du Bon Accueil
La Croix Lucas – ✆ 04 77 64 40 72 – Fermé 6-13 avril, 22 août-4 sept., vacances de la Toussaint, 10-23 janv., dim. soir, merc. soir et lundi
Rest – Formule 13 € bc – Menu 21/37 € – Carte 35/51 €
◆ En bordure de route, une agréable auberge avec un petit jardin et une terrasse ombragée. Déco actuelle pour une cuisine traditionnelle bien faite.

RENNES P – 35 Ille-et-Vilaine – **309** L6 – **206 655 h.** **10** D2
– **Agglo. 272 263 h. – alt. 40 m** – ✉ **35000** Bretagne

Paris 349 – Angers 129 – Brest 246 – Caen 185

de Rennes-St-Jacques : ✆ 02 99 29 60 00, 8 km par ⑦.

11, rue Saint-Yves, ✆ 02 99 67 11 11, www.tourisme-rennes.com

de la Freslonnière, à Le Rheu, par rte de Ploërmel : 7 km, ✆ 02 99 14 84 09

de Cicé Blossac, à Bruz, Domaine de Cicé-Blossac, par rte de Redon : 10 km, ✆ 02 99 52 79 79

de Cesson-Sévigné, à Cesson-Sévigné, Ile de Tizé, E : 11 km par D 96, ✆ 02 99 83 26 74

de Rennes Saint-Jacques, à Saint-Jacques-de-la-Lande, Le Temple du Cerisier, par rte de Redon : 11 km, ✆ 02 99 30 18 18

Le Vieux Rennes★★ - Jardin du Thabor★★ - Palais de justice★★ - Retable★★ à l'intérieur★ de la cathédrale St-Pierre AY - Musées : de Bretagne★, des Beaux-Arts★ BY **M.**

Mercure Centre Gare sans rest

1 r. du Cap.-Maignan – ✆ 02 99 29 73 73 – www.mercure.com ABZ**m**

142 ch – †60/250 € ††60/250 € – ☕ 16 €

◆ Bien situé entre gare et centre-ville, ce Mercure de 1970 révèle des chambres actuelles et fonctionnelles. Au bar à vin, restauration de type "snacking" pour les résidents.

RENNES

Bourgeois (Bd L.) .... **DV** 3
Canada (Av. du) .... **CV** 6
Churchill (Av. Sir W.) .... **CU** 13
Combes (Bd E.) .... **DV** 14
Duchesse-Anne (Bd de la) .... **DU** 15
Guilloux (R. L.) .... **CU** 23
Laennec (Bd) .... **DU** 31
Leroux (Bd Oscar) .... **DV** 36
Lorient (R. de) .... **CU** 38
Maginot (Av. du Sergent) .... **DU** 39
Mitterrand (Mail Fr.) .... **CU** 43
Pompidou (Bd G.) .... **CV** 55
St-Brieuc (R. du) .... **CU** 64
St-Jean-Baptiste de la Salle (Bd) .... **CU** 70
Strasbourg (Bd de) .... **DU** 83
Ukraine (Allée d') .... **CV** 84
Vitré (Bd de) .... **DU** 87
Yser (Bd de l') .... **CV** 88
3-Croix (Bd des) .... **CU** 89

RENNES
0
300 m
A
B
X
Y
Z
HÔTEL-DIEU
R. de l'Hôtel Dieu
BONNE-NOUVELLE
Pl. Ste-Anne
PALAIS DU PARLEMENT
VIEUX RENNES
Basilique St-Sauveur
Cathédrale St-Pierre
Portes Mordelaises
Pl. des Lices
ST-ETIENNE
Pl. Hoche
Notre-Dame-en-St-Mélaine
JARDIN DU THABOR
PREFECTURE DE RÉGION
HÔTEL DE RÉGION
St-Germain
République
la Vilaine
Q. E. Zola
TOUSSAINTS
Pl. Foch
Q. de la Prévalaye
Q. Dujardin
R. St-Thomas
CITÉ ADMINISTRATIVE
THÉATRE NAT. DE BRETAGNE
PALAIS OMNISPORT LE LIBERTÉ
Espl. du Gal de Gaulle
Charles de Gaulle
LES CHAMPS LIBRES
LE COLOMBIER
Gares
Bd de Beaumont
R. de Châtillon
CENTRE PÉNITENTIAIRE
Bd de Guines
R. P. Abélard
R. du Puits-Mauger
R. de Plélo
Anatole France
Canal d'Ille-et-Rance
Bd de Sévigné
R. de Paris
R. Lesage
R. de Vincennes
R. d'Antrain
R. de Robien
R. de la Borderie
R. Guéhenno
Av. J. Ferry
Rue Brizeux
R. Gambetta
Bd Magenta
Av. Janvier
Av. L. Barthou
R. St-Hélier
R. d'Isly
R. de l'Alma
R. Dautry
Bd de la Tour d'Auvergne
R. Legraverend
R. d'Échange
R. St-Louis
R. St-Malo
R. St-Martin
R. de Dinan
Chézy
Bd de Verdun
R. de Lattre de Tassigny
Colombier

Le Coq-Gadby
156 r. d'Antrain – ✆ 02 99 38 05 55 – www.lecoq-gadby.com DUx
24 ch – 99/290 € 99/290 € – 2 suites – 18 €
Rest *La Coquerie* – voir les restaurants ci-après
◆ Dans un jardin, une maison du 17es. doublée d'une bâtisse en bois conçue selon les dernières normes environnementales. Au choix, chambres cosy et feutrées, ou plus spacieuses et contemporaines. Spa écologique et soins bio.

Anne de Bretagne sans rest
12 r. Tronjolly – ✆ 02 99 31 49 49 – www.hotel-rennes.com – Fermé 21 déc.-3 janv. AZq
42 ch – 89 € 145 € – 10 €
◆ Hôtel construit au milieu des années 1970, sur un boulevard entre le centre historique et la gare. Les chambres, assez spacieuses, sont bien équipées et parfaitement tenues.

Des Lices sans rest
7 pl. des Lices – ✆ 02 99 79 14 81 – www.hotel-des-lices.com AYb
48 ch – 70 € 74 € – 9 €
◆ La place des Lices, avec ses maisons à colombages et son marché, est à vos pieds. Chambres simples, toutes dotées d'un petit balcon. Sur l'arrière, vue sur les vieux remparts.

De Nemours sans rest
5 r. de Nemours – ✆ 02 99 78 26 26 – www.hotelnemours.com AZf
29 ch – 59/97 € 69/97 € – 10 €
◆ Hôtel central rénové avec goût en 2005. Façade noire, camaïeu de tons taupe, camel et ivoire à l'intérieur. Chambres confortables plus ou moins grandes, sobres et épurées.

La Coquerie – Hôtel Le Coq-Gadby
156 r. d'Antrain – ✆ 02 99 38 05 55 – www.lecoq-gadby.com – Fermé 29 juil.-29 aout, 28 oct.-6 nov., 30 déc.-9 janv., 3-13 mars, merc. midi, dim. et lundi DUx
Rest – Formule 28 € – Menu 35 € (déj. en sem.), 49/65 € – Carte 65/85 €
Spéc. Foie gras à la vapeur, chou de milan et poivre sauvage (automne-hiver). Raviole éphémère de homard bleu, bouillon de crustacés. Tartelette aux fraises, sorbet au lait (saison).
◆ Sans esprit de coterie mais avec beaucoup de coquetterie, cette Coquerie est tout entière consacrée... au coq, qui caquète sur tous les murs ! Un symbole national pour une cuisine qui cultive avec superbe l'esprit de la gastronomie française.

La Fontaine aux Perles
96 r. de la Poterie, (quartier de la Poterie), par ④ – ✆ 02 99 53 90 90 – www.lafontaineauxperles.com – Fermé dim. midi et mardi en août, dim. soir et lundi
Rest – Formule 20 € – Menu 25 € (déj. en sem.), 39/90 € – Carte 66/93 €
◆ Au calme dans un jardin arboré, petit manoir au décor soigné et original. Trois salles, trois thèmes : champagne, vin et Stade Rennais ! Cuisine personnalisée. Agréable terrasse.

Le Guehennec
33 r. Nantaise – ✆ 02 99 65 51 30 – www.leguehennec.com – Fermé 11-22 août, sam. midi, lundi soir et dim. AYm
Rest – Menu 20 € (déj.), 29/40 €
◆ Non loin de la place des Lices, petit restaurant intime proposant une cuisine soignée, rythmée par le retour du marché. Décor contemporain.

Le Galopin
21 av. Janvier – ✆ 02 99 31 55 96 – www.legalopin.fr – Fermé 4-18 août, sam. midi et dim. BZv
Rest – Menu 18 € (sem.), 22/48 € – Carte 35/65 €
◆ Jolie brasserie à la façade rétro. En salle : banquettes, vivier, tables serrées et toiles contemporaines. Carte à l'unisson, entre terre et mer (menu homard). Service voiturier.

Le Quatre B
4 pl. de Bretagne – ✆ 02 99 30 42 01 – www.quatreb.fr – Fermé lundi midi, sam. midi et dim. AYZr
Rest – Formule 12 € – Menu 22/27 € – Carte 32/54 €
◆ Agréable véranda, salle épurée, banquettes rouge sombre, chaises design, grandes toiles à thème floral... Gourmand, le Quatre B impose son style moderne avec succès.

Le Cours des Lices

18 pl. des Lices – ✆ 02 99 30 25 25 – www.lecoursdeslices.fr – Fermé 5-19 août, dim. et lundi AYg

Rest – Formule 20 € – Menu 28/39 € – Carte 40/65 €

◆ Sur la place des Lices, maison de 1659 (anciennement L'Ouvrée) au décor contemporain, sur le thème des quatre saisons. Plats bistrotiers à midi, plus élaborés le soir.

Les Carmes

2 r. des Carmes – ✆ 02 99 79 28 95 – Fermé août, dim. et lundi BZr

Rest *(nombre de couverts limité, réserver)* – Formule 15 € – Menu 19 € (déj.), 32/70 € bc – Carte 35/61 €

◆ Derrière une façade de bistrot, une salle très contemporaine. Le chef travaille avec les petits producteurs locaux et propose une cuisine d'aujourd'hui, attentive aux saisons.

Autre Sens

11 r. Armand Rebillon – ✆ 02 99 14 25 14 – www.autre-sens.fr – Fermé 29 avril-8 mai, 29 juil.-15 août, 1er-8 janv., sam. midi et dim. CUb

Rest – Menu 19 € (déj.), 28/46 € – Carte 30/43 €

◆ Sur le pittoresque canal d'Ille-et-Rance, un bâtiment original, tout en verre, avec terrasse sur les deux niveaux. Déco épurée, aux tons pastel. Alléchant menu-carte contemporain.

Léon le Cochon

1 r. du Mar.-Joffre – ✆ 02 99 79 37 54 – www.leonlecochon.com – Fermé dim. en juil.-août BYx

Rest – Formule 11 € – Menu 15 € (déj.)/25 € – Carte 23/53 €

◆ Ambiance conviviale et animée dans ce bistrot du centre-ville. Décor décalé (arbre lumineux, colombages vert pomme) ; cochonnailles, poisson à la plancha et menu du marché.

Au Plaisir des Sens

54 r. d'Antrain – ✆ 02 99 38 67 51 – www.auplaisirdessens.com – Fermé dim. et lundi

Rest – Formule 15 € – Menu 18 € (déj. en sem.), 26/48 € – Carte 34/55 € BXd

◆ Aucun doute, les sens sont ici à la fête. À la carte : une cuisine vive et fraîche, qui revisite la tradition au gré du marché et des saisons. Ainsi une fricassée de langoustines bretonnes, galette de maïs et légumes bio au wok. Cadre assez intime.

à St-Grégoire 3 km au Nord par D82 - CU – 8 279 h. – alt. 45 m – ✉ 35760

Le Saison (David Etcheverry) avec ch

1 imp. du Vieux-Bourg, (près de l'église) – ✆ 02 99 68 79 35 – www.le-saison.com – Fermé 9-16 avril, en août, 2-5 janv., dim. soir et lundi

5 ch – 190/210 € 190/210 €

Rest – Formule 28 € – Menu 42/80 € – Carte 70/104 €

Spéc. Artichaut confit, jus de poule, araignée de mer à l'huile d'argan. Ris de veau caramélisé, chocolat blanc et noisettes torréfiées. Coque de sucre, fraises gariguette et persil givré (saison).

◆ Cette longère ancienne, reconstruite à l'identique, est pourtant résolument contemporaine, à la fois sobre et élégante. Cuisine de saison très soignée, centrée sur le produit et subtile dans ses effets ; agréable terrasse au jardin. Quelques chambres et un bassin de nage invitent à prolonger ce bon moment.

à Cesson-Sévigné 6 km par ③ – 15 239 h. – alt. 28 m – ✉ 35510

Le Germinal

9 cours de la Vilaine, au bourg – ✆ 02 99 83 11 01 – www.legerminal.com – Fermé 5-20 août et 22 déc.-2 janv.

18 ch – 85/110 € 98/160 € – 14 €

Rest *Le Germinal* – voir les restaurants ci-après

◆ Empruntez le pont ! Cet ancien moulin est posé sur un îlot de la Vilaine. Un lieu bucolique à souhait, des chambres cosy et parfaitement tenues : l'endroit est idéal pour les amateurs de quiétude.

Le Germinal – Hôtel Le Germinal
9 cours de la Vilaine, au bourg – ✆ 02 99 83 11 01 – www.legerminal.com – Fermé 5-20 août et 22 déc.-2 janv.
Rest – Formule 18 € – Menu 22 € (déj. en sem.), 32/42 € – Carte 38/55 €
◆ Une terrasse aux airs de pont de bateau, une vue plongeante sur la rivière... Ah, la douceur champêtre ! Dans ce très sympathique restaurant, on savoure une cuisine bien tournée et pleine de fraîcheur, mâtinée de touches inventives.

L'Adresse
32 cours de la Vilaine – ✆ 02 99 83 82 06 – www.restaurant-ladresse.com – Fermé 1er-18 août, 1 sem. en nov., 1 sem. en fév., sam. midi, dim. soir et lundi
Rest – Formule 13 € – Menu 16 € (déj. en sem.), 21/45 € – Carte 27/48 €
◆ Maison en pierre du pays bordant la Vilaine. Deux salles au cadre épuré (l'une assez intime) ; agréable terrasse au bord de l'eau, sous une glycine. Cuisine qui suit la tendance.

à Noyal-sur-Vilaine 12 km par ③ – 5 093 h. – alt. 75 m – ✉ 35530

Auberge du Pont d'Acigné (Sylvain Guillemot)
3 km au Nord par rte d'Acigné – ✆ 02 99 62 52 55 – www.auberge-du-pont-dacigne.com – Fermé 9-16 avril, 30 juil.-17 août, vacances de la Toussaint, 2-5 janv., merc. midi, sam. midi, dim. soir et lundi
Rest – Menu 27 € (déj. en sem.), 40/130 €
Spéc. Homard, betterave rouge et estragon (mai à sept.). Menu truffe (janv. à mars). Gaufre de rhubarbe et mousse fleur d'oranger (mai à juil.).
◆ Belle cuisine régionale revisitée à déguster dans une jolie salle ou sur la terrasse, au bord de la Vilaine ; vue sur le village. Excellentes propositions de vin au verre.

Les Forges avec ch
rest, ch,
22 av. du Gén.-de-Gaulle – ✆ 02 99 00 51 08 – Fermé 3 sem. en août, vacances de fév., vend. soir, dim. soir et soirs fériés
12 ch – †43/47 € ††43/60 € – ☕ 7 €
Rest – Menu 15 € (déj. en sem.), 20/36 € – Carte 27/40 €
◆ Engageante auberge en bord de route, sur le site d'anciennes forges. Deux salles à manger, l'une contemporaine et épurée, l'autre plus classique. Cuisine traditionnelle teintée d'une touche de modernité. Chambres sobres et bien tenues.

rte de St-Nazaire 8 km par ⑦ – ✉35170 Bruz

Kerlann
ch,
– ✆ 02 99 05 95 80 – www.hotel-kerlann.com – Fermé 23 déc.-1er janv.
52 ch – †95/110 € ††95/110 € – 3 suites – ☕ 12 €
Rest *(fermé 30 juil.-20 août, 22-31 déc., sam. et dim.)* – Formule 20 € – Menu 26 € – Carte environ 30 €
◆ Bâtiment récent situé entre l'aéroport et le golf de Cicé. Les chambres, réparties autour d'un patio, sont confortables et bien tenues. Piscine couverte. Restauration d'esprit brasserie, adaptée à la clientèle d'affaires.

Le Rheu 8 km par ⑧ et D 129 – 7 694 h. – alt. 30 m – ✉ 35650

Château d'Apigné
rte de Chavagne – ✆ 02 99 14 80 66 – www.chateau-apigne.fr
16 ch – †110/175 € ††130/200 € – ☕ 16 €
Rest *Château d'Apigné* – voir les restaurants ci-après
◆ Au milieu d'un parc, cet élégant château néo-Renaissance (1833) abrite de vastes chambres classiques et raffinées (boiseries, tentures), dont les salles de bains sont logées dans les tourelles. Classique, of course !

Château d'Apigné
rte de Chavagne – ✆ 02 99 14 80 66 – www.chateau-apigne.fr – Fermé 22 oct.-7 nov., 2-8 janv., 25 fév.-5 mars, mardi midi, sam. midi, dim. soir et lundi
Rest – Formule 25 € bc – Menu 34/68 € – Carte 56/92 €
◆ Le plafond en ogive, les boiseries, les tentures... Il règne ici une atmosphère raffinée, romantique et si châtelaine ! Un décor superbe qui sert à merveille la cuisine gastronomique du chef, créative et teintée d'exotisme.

rte de Lorient 6 km par ⑧, N 24 – ✉ 35650 Le Rheu

XXX **Manoir du Plessis** avec ch rest,
– ✆ 02 99 14 79 79 – www.manoirduplessis.fr – Fermé 13-20 août, 26 déc.-2 janv. et 11-28 fév.
6 ch – †95 € ††100 € – ☕ 12 €
Rest *(fermé sam. midi, dim. soir et lundi)* – Menu 17 € (déj. en sem.), 23/40 € – Carte 45/59 €
◆ Charmante demeure du 18e s., au décor préservé, entourée d'un parc. Dans ses salles en enfilade, on savoure une cuisine classique, avec quelques incursions sur le terrain de l'invention. Profitez des jolies chambres, dignes d'une maison de famille.

LA RÉOLE – 33 Gironde – **335** K7 – 4 214 h. – alt. 44 m – ✉ 33190 **4** C2
Paris 649 – Bordeaux 74 – Casteljaloux 42 – Duras 25
15, rue Armand Caduc, ✆ 05 56 61 13 55

XX **Aux Fontaines**
8 r. de Verdun – ✆ 05 56 61 15 25 – www.restaurant-aux-fontaines.com – Fermé 15 nov.-1er déc., vacances de fév., merc. soir hors saison, dim. soir et lundi
Rest *(nombre de couverts limité, réserver)* – Menu 23/39 € – Carte 50/62 €
◆ Adossée à une colline, cette grande demeure du centre-ville abrite un restaurant où l'on déjeune l'été sur la terrasse, dressée dans un joli jardin. Cuisine traditionnelle.

LA RÉPARA-AURIPLES – 26 Drôme – **332** D6 – rattaché à Crest

---

RESTIGNÉ – 37 Indre-et-Loire – **317** K5 – rattaché à Bourgueil

---

RESTONICA (GORGES DE LA) – 2B Haute-Corse – **345** D6 – voir à Corse (Corte)

RETHONDES – 60 Oise – **305** I4 – rattaché à Compiègne

REUGNY – 03 Allier – **326** C4 – 263 h. – alt. 204 m – ✉ 03190 **5** B1
Paris 312 – Bourbon-l'Archambault 43 – Montluçon 15 – Montmarault 45

XX **La Table de Reugny**
25 rte de Paris – ✆ 04 70 06 70 06 – www.restaurant-reugny.com – Fermé 16 août-7 sept., 2-18 janv., dim. soir, lundi et mardi
Rest – Formule 16 € – Menu 21 € (sem.), 29/50 € – Carte environ 35 €
◆ C'est une maison rose, en bordure de route... Le chef, attaché aux bons produits du terroir, y élabore une cuisine généreuse et savoureuse. Terrasse et aire de jeux.

REUILLY-SAUVIGNY – 02 Aisne – **306** D8 – 233 h. – alt. 78 m – ✉ 02850 **37** C3
Paris 109 – Château-Thierry 16 – Épernay 34 – Reims 50

XXX **Auberge Le Relais** (Martial Berthuit) avec ch ch,
2 r. de Paris – ✆ 03 23 70 35 36 – www.relaisreuilly.com – Fermé 19 août-6 sept., 27 janv.-28 fév., mardi et merc.
7 ch – †81/99 € ††86/104 € – ☕ 16 €
Rest – Menu 33 € (sem.), 53/87 € – Carte 85/100 €
Spéc. Homard sur une polenta aux olivettes et tomates confites. Noix de ris de veau au fenouil et citron confit. Meringue aux noisettes, minestrone de fraises et framboises (mai à sept.). **Vins** Coteaux Champenois rouge, Champagne.
◆ Cette coquette auberge cumule de nombreux atouts : intérieur actuel et élégant, belle véranda entourée de verdure et fine cuisine mariant habilement tradition et modernité. Décor contemporain et tendance dans les chambres.

REVEL – 31 Haute-Garonne – **343** K4 – 9 121 h. – alt. 210 m – ✉ 31250 **29** C2
Midi-Toulousain
Paris 727 – Carcassonne 46 – Castelnaudary 21 – Castres 28
place Philippe VI de Valois, ✆ 05 34 66 67 68, www.tourisme-revel.com

Du Midi
34 bd Gambetta – ✆ 05 61 83 50 50 – www.hotelrestaurantdumidi.com – Fermé 21-30 nov.
17 ch – 50/72 € 50/72 € – 9 € – ½ P 48/60 €
Rest *(fermé 23-30 mars, 12 nov.-6 déc., dim. soir et lundi midi d'oct. à juin sauf fériés)* – Formule 14 € – Menu 25 € (déj. en sem.), 32/50 € bc – Carte 32/48 €
♦ Un relais de poste du 19es. en centre-ville, dont le patron a pris la suite de ses parents il y a plus de trente ans ! Chambres bien tenues, plus calmes sur l'arrière. Restaurant traditionnel.

Le Comptoir de l'Horte
chemin de l'Horte – ✆ 05 34 66 89 28 – www.comptoir-horte.com – Fermé 12-18 nov., 25 fév.-10 mars et merc.
Rest – Formule 12 € – Menu 16 € (déj. en sem.), 25/45 € – Carte 38/62 €
♦ Si la courte carte s'en tient à une description très minimaliste des mets, c'est parce qu'ici, on aime discuter, présenter les produits et susciter l'envie ! Ainsi, derrière ce "pressé de légumes" ou ce "foie gras et mangue" se cachent des petits plats d'aujourd'hui, bien ficelés et savoureux.

REVIGNY-SUR-ORNAIN – 55 Meuse – **307** A6 – 3 187 h. – alt. 144 m – ✉ 55800 **26** A2
Paris 239 – Bar-le-Duc 18 – St-Dizier 30 – Vitry-le-François 36
rue du Stade, ✆ 03 29 78 73 34

La Maison Forte sans rest
6 pl. Henriot-du-Coudray – ✆ 03 29 70 78 94 – www.lamaisonforte.fr – Fermé 15-30 mars et 15 déc.-15 janv.
5 ch – 75/90 € 75/90 €
♦ Cette demeure du 18es. fut jadis la propriété du duc de Bar, puis du duc de Lorraine. Les chambres sont toutes différentes et ont du caractère ("Maroc", "Tour", "Indigo", etc.) ; au petit-déjeuner, on se régale de confitures et tartes maison.

RÉVILLE – 50 Manche – **303** E2 – 1 193 h. – alt. 12 m – ✉ 50760 **32** A1
Paris 351 – Carentan 44 – Cherbourg 30 – St-Lô 72
La Pernelle ★★ du blockhaus O : 3 km - Pointe de Saire : blockhaus ★ SE : 2,5 km Normandie Cotentin

La Villa Gervaiserie sans rest
17 rte des Monts – ✆ 02 33 54 54 64 – www.lagervaiserie.com – Ouvert avril à mi-nov.
10 ch – 85/90 € 85/125 € – 9 €
♦ À la sortie de Réville, un hôtel assez récent (2002) avec un jardin verdoyant. Les chambres, spacieuses et jolies (mobilier chiné, tissus choisis) sont impeccablement tenues et ont toutes un balcon ou une terrasse donnant sur l'île de Tatihou.

Au Moyne de Saire avec ch
15 r. du Général-de-Gaulle – ✆ 02 33 54 46 06 – www.au-moyne-de-saire.com – Fermé lundi
11 ch – 55/60 € 55/60 € – 8 € – ½ P 58 €
Rest – Menu 18 € (sem.), 24/33 € – Carte 25/46 €
♦ Une auberge engageante, au cœur du village. On y déguste une sympathique cuisine traditionnelle et l'on peut aussi faire étape dans l'une des chambres, certes assez petites et simples, mais bien tenues.

REY – 30 Gard – **339** G4 – rattaché au Vigan

REZÉ – 44 Loire-Atlantique – **316** G4 – rattaché à Nantes

LE RHEU – 35 Ille-et-Vilaine – **309** L6 – rattaché à Rennes

LE RHIEN – 70 Haute-Saône – **314** H6 – rattaché à Ronchamp

RHINAU – 67 Bas-Rhin – **315** K7 – 2 653 h. – alt. 158 m – ✉ 67860 **1** B2
Paris 525 – Marckolsheim 26 – Molsheim 38 – Obernai 28
35, rue du Rhin, ✆ 03 88 74 68 96, www.grandried.fr

Au Vieux Couvent (Alexis Albrecht)
6 r. des Chanoines – ✆ 03 88 74 61 15 – www.vieuxcouvent.fr – Fermé 2 sem. en été, 1 sem. en oct., 2 sem. en fév.-mars, lundi soir, mardi et merc.
Rest – Menu 35 € (sem.), 49/110 € – Carte 75/110 €
Spéc. Tapas d'anguille, quinoa vert, bouquet d'herbes d'été. Turbot sauvage et raviolis de pomme de terre au pesto. Ephémère à la crème de citron et fruits frais, sorbet fraise (printemps-été). **Vins** Riesling, Pinot noir.
◆ Dans cette engageante maison à colombages, le chef utilise les herbes et les fleurs qu'il cultive avec son père ; sa cuisine, pleine d'inventivité, honore la gastronomie !

RIANS – 83 Var – 340 J4 – 4 202 h. – alt. 406 m – ✉ 83560 40 B3

Paris 770 – Aix-en-Provence 40 – Avignon 100 – Manosque 33
place du Posteuil, ✆ 04 94 80 33 37

La Roquette
1 km par rte de Manosque – ✆ 04 94 80 32 58 – www.laroquette-rians.com – Fermé 2-23 janv., le soir en hiver sauf vend. et sam., dim. soir et merc.
Rest – Menu 27/51 € – Carte 37/57 €
◆ Demeure familiale où l'on déguste une cuisine régionale évoluant au fil des saisons. Trois salles en enfilade, discrètement provençales, et une agréable terrasse ombragée.

RIANTEC – 56 Morbihan – 308 L8 – 5 018 h. – alt. 4 m – ✉ 56670 9 B2

Paris 503 – Lorient 16 – Rennes 152 – Vannes 59

La Chaumière de Kervassal sans rest
3 km au Nord rte de Kervassal – ✆ 02 97 33 58 66 – www.tymaya.com – Ouvert d'avril à mi-oct.
3 ch – †75 € ††75/100 €
◆ Cette "chaumière du vassal" date du 17es. ; elle n'a rien perdu de sa rusticité (pierre, poutres) et cultive un style champêtre et cosy, ainsi qu'un joli jardin !

RIBEAUVILLÉ – 68 Haut-Rhin – 315 H7 – 4 857 h. – alt. 240 m – Casino – ✉ 68150 Alsace Lorraine 2 C2

Paris 439 – Colmar 16 – Mulhouse 60 – St-Dié 42
Grand'Rue★★ : tour des Bouchers★.
Riquewihr★★★ - Château du Haut-Ribeaupierre : ✳★★ - Château de St-Ullrich★ : ✳★★.

Le Clos St-Vincent
chemin Osterbergweg, 1,5 km au Nord-Est par rte secondaire – ✆ 03 89 73 67 65 – www.leclossaintvincent.com – Ouvert 16 mars-16 déc. Bu
19 ch – †109/248 € ††121/248 € – 5 suites – ☕ 18 €
Rest *(fermé mardi) (dîner seult)* – Formule 47 € – Menu 57 €
◆ Quelle vue sur la plaine d'Alsace ! Des vignes, des montagnes... Devant cette grande et belle maison, elles se déroulent à perte de vue. Les chambres sont vastes et confortables, ce qui ne gâte rien, et l'on peut se détendre à l'espace fitness.

Le Ménestrel sans rest
27 av. Gén. de Gaulle, par ④ – ✆ 03 89 73 80 52 – www.hotel-menestrel.com
29 ch – †72/91 € ††81/101 € – ☕ 12 €
◆ Cet établissement proche du centre-ville a changé de propriétaires en 2011. Le genre d'hôtel fonctionnel et pratique, décoré dans un style contemporain, qui permet de rayonner aux alentours. D'autant que l'on est sur la route des vins...

La Tour sans rest
1 r. de la Mairie – ✆ 03 89 73 72 73 – www.hotel-la-tour.com – Fermé 1er janv.-9 mars Aa
31 ch – †72/96 € ††78/104 € – ☕ 10 €
◆ C'est vrai que cet hôtel est juste en face de la tour, sur la place principale du village ! On se sent bien dans cette maison à colombages au décor d'inspiration alsacienne... et les enfants sont les bienvenus.

Cheval Blanc

122 Grand'Rue – ✆ 03 89 73 61 38 – www.cheval-blanc-alsace.fr – Fermé 12-22 nov. et 6 janv.-12 fév. **Ae**

18 ch – 60/68 € 60/68 € – 8 €

Rest ***Cheval Blanc*** – voir les restaurants ci-après

◆ La façade de cette bâtisse régionale se couvre de fleurs en saison ! Les chambres sont simples et confortables, on vous reçoit en famille ; c'est la bonne affaire du coin, avec un très bon rapport qualité-prix.

Au Relais des Ménétriers

10 av. Gén. de Gaulle – ✆ 03 89 73 64 52 – http://restaurant-menetriers.com – Fermé 13-25 juil., 26 fév.-11 mars, jeudi soir, dim. soir et lundi **Bs**

Rest – Menu 12 € (déj. en sem.), 26/38 € – Carte 38/50 €

◆ Dans cette maison bleue, à deux pas du centre historique, le chef concocte une vraie cuisine du pays ; il achète même ses légumes chez les paysans du coin ! Pour la déco, c'est rustique ou moderne, au choix, mais toujours charmant.

Wistub Zum Pfifferhüs

14 Grand'Rue – ✆ 03 89 73 62 28 – Fermé 1er-14 juil., 25 janv.-21 fév., 1er-12 mars, jeudi sauf de août à oct. et merc. **Bk**

Rest *(réserver)* – Menu 22 € – Carte 30/50 €

◆ Ce charmant wistub est un modèle du genre (boiseries, vieilles poutres, fresques) ; la convivialité règne, surtout lors du Pfifferdaj (fête des ménétriers). Le chef tient à ce que tout soit fait maison et défend avec amour la cuisine du terroir.

Cheval Blanc – Hôtel Cheval Blanc

122 Grand'Rue – ✆ 03 89 73 61 38 – www.cheval-blanc-alsace.fr – Fermé 12-22 nov. et 6 janv.-12 fév., mardi midi et merc. **Ae**

Rest – Formule 13 € – Menu 18/40 € – Carte 33/63 €

◆ Ce Cheval Blanc a du caractère. Dans un décor de bistrot contemporain, l'ardoise et la carte mettent en valeur le terroir alsacien : coq au riesling, choucroute, assiette de munster... Bonne sélection de vins d'Alsace au verre.

RIBEAUVILLÉ

Abbé-Kremp (R. de l') ..... A 2
Château (R. du) ..... A 3
Flesch (R.) ..... B 5
Fontaine (R. de la) ..... A 6
Frères-Mertian (R. des) ..... A 7
Gaulle (Av. du Gén.-de) ..... B 9
Gouraud (Pl.) ..... B 10
Grand'Rue ..... AB
Grand'Rue de l' Eglise ..... A 21
Halle aux Blés (R. de la) ..... B 12
Hôtel de Ville (Pl. de l') ..... A 13
Ortlieb (R.) ..... B 14
Ste-Marie-aux-Mines (Rte) ..... A 15
Sinne (Pl. de la) ..... A 16
Synagogue (R. de la) ..... B 17
Tanneurs (R. des) ..... B 18

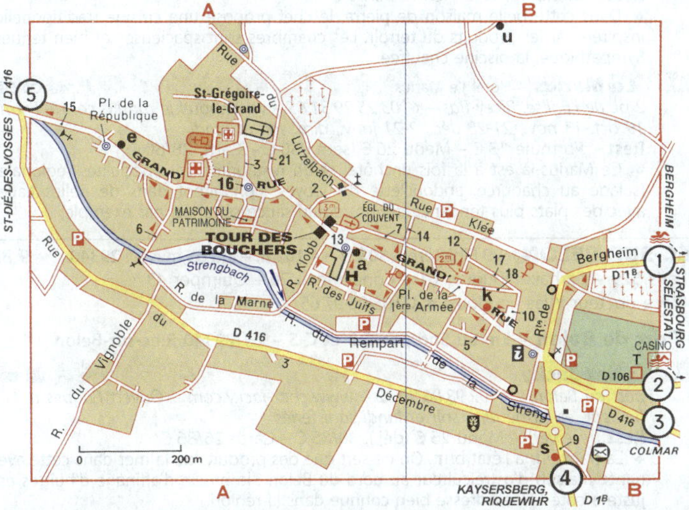

rte de Ste-Marie-aux-Mines 4 km par ⑤ sur D 416 – ✉ 68150

XX **Au Valet de Coeur et Hostel de la Pépinière** avec ch
– ✆ *03 89 73 64 14 – www.valetdecoeur.fr*
16 ch – †55/99 € ††55/99 € – ☕ 10 € – ½ P 85/105 € **Rest** *(fermé mardi midi, dim. soir et lundi)* – Formule 32 € – Menu 47/88 € – Carte 58/73 €
◆ À la carte de cette bâtisse régionale, située en lisière de forêt : omble chevalier rôti sur peau, millefeuille tiède de munster, volaille au vin jaune et aux morilles, abats... et joli choix de bordeaux et de vins d'Alsace. Les chambres coquettes permettent de profiter un peu plus du calme.

RIBÉRAC – 24 Dordogne – 329 D4 – 4 125 h. – alt. 68 m – ✉ 24600 4 C1

Périgord Quercy
Paris 505 – Angoulême 58 – Barbezieux 58 – Bergerac 52
place Charles-de-Gaulle, ✆ 05 53 90 03 10, www.riberac.fr

Rêv'Hôtel sans rest
rte de Périgueux, à 1,5 km – ✆ 05 53 91 62 62 – www.rev-hotel.fr
29 ch – †42 € ††47 € – ☕ 6 €
◆ À la sortie de la ville, dans une petite zone d'activité, cet hôtel récent dispose de chambres fonctionnelles et bien tenues, toutes en rez-de-jardin.

LES RICEYS – 10 Aube – 313 G6 – 1 354 h. – alt. 180 m – ✉ 10340 13 B3

Paris 210 – Bar-sur-Aube 48 – St-Florentin 58 – Tonnerre 37
14, place des Héros de la Résistance, ✆ 03 25 29 15 38

Le Marius
2 pl. de l'Église, Ricey-Bas – ✆ 03 25 29 31 65 – www.hotel-le-marius.com – Fermé 19 oct.-13 nov., 21-28 déc. et 2-21 janv.
11 ch – †60/160 € ††60/160 € – ☕ 10 € – ½ P 70/110 €
Rest *Le Marius* – voir les restaurants ci-après
◆ Ces quatre belles maisons du 16^{e}s. ont appartenu à Marius, le grand-père de la propriétaire actuelle. Poutres, cheminées et pierres apparentes donnent un vrai charme aux onze chambres dont les noms sont très... champenois.

XX **Le Magny** avec ch
rte de Tonnerre, (D 452) – ✆ 03 25 29 38 39 – www.hotel-lemagny.com – Fermé 27-31 août, 21 janv.-28 fév., mardi sauf de mai à sept. et merc.
12 ch – †65/80 € ††65/80 € – ☕ 9 € – ½ P 68/76 €
Rest – Menu 16/45 € – Carte 30/50 €
◆ Dans cette belle maison de pierre, le chef propose une cuisine traditionnelle, inspirée par les produits du terroir. Les chambres sont spacieuses et bien tenues. Sympathique, la piscine chauffée.

XX **Le Marius** – Hôtel Le Marius
2 pl. de l'Église, Ricey-Bas – ✆ 03 25 29 31 65 – www.hotel-le-marius.com – Fermé 19 oct.-13 nov., 21-28 déc., 2-21 janv., dim. soir et lundi
Rest – Formule 13 € – Menu 26 € (sem.)/50 € – Carte 28/60 €
◆ Ce Marius-là est à la fois un hôtel et un restaurant. Les spécialités régionales (salade au chaource, andouillette de Troyes) cohabitent dans de belles caves avec des plats plus tendance, tel un requin sauce safranée, par exemple.

RIEC-SUR-BELON – 29 Finistère – 308 I7 – 4 162 h. – alt. 65 m – ✉ 29340 9 B2

Paris 529 – Carhaix-Plouguer 61 – Concarneau 20 – Quimper 43
Place docteur Yves Loudoux, ✆ 02 98 06 97 65

au Port de Belon 4 km au Sud par C 3 et C 5 – ✉ 29340 Riec-sur-Belon

X **Chez Jacky**
port du Belon – ✆ 02 98 06 90 32 – www.chez-jacky.com – Ouvert Pâques à fin sept. et fermé dim. soir et lundi sauf fériés
Rest *(réserver)* – Menu 25 € (déj.), 38/85 € – Carte 26/86 €
◆ La fraîcheur à l'état brut. On ne sert que des produits de la mer dans cette avenante maison d'ostréiculteur au bord du Belon ; le bassin d'affinage d'huîtres est juste à côté ! Une adresse bien connue dans la région.

RIEDISHEIM – 68 Haut-Rhin – **315** I10 – rattaché à Mulhouse

RIEUMES – 31 Haute-Garonne – **343** E4 – 3 262 h. – alt. 270 m **28** B2
– ✉ 31370

▶ Paris 712 – Auch 56 – Foix 75 – Toulouse 39

Auberge les Palmiers ch, rest, ch, VISA AE

13 pl. du Foirail – ✆ 05 61 91 81 01 – www.auberge-lespalmiers.com – Fermé 20 août-4 sept., vacances de la Toussaint et vacances de Noël

12 ch – †58 € ††68 € – ☕ 9 € – ½ P 67 €

Rest *(fermé dim. soir et lundi)* – Formule 11 € – Menu 15 € (déj.)/34 € – Carte 33/52 €

◆ Une grande maison très chaleureuse, tout comme sa propriétaire. L'ancien et le contemporain se mêlent avec douceur ; les chambres sont simples mais joliment décorées. Plats traditionnels et régionaux dans le joli restaurant.

RIEUPEYROUX – 12 Aveyron – **338** F5 – 2 078 h. – alt. 750 m – ✉ 12240 **29** C1

▶ Paris 632 – Albi 54 – Carmaux 38 – Millau 94

ℹ 3, place Gitat, ✆ 05 65 65 60 00

Du Commerce VISA

60 r. l'Hom – ✆ 05 65 65 53 06 – www.hotel-commerce-aveyron.com – Fermé 27 sept.-6 oct., 27 déc.-2 fév., vend. soir (sauf hôtel), dim. soir sauf du 15 juin au 15 sept.

22 ch – †54/60 € ††58/75 € – ☕ 9 € – ½ P 60/64 €

Rest – Formule 13 € – Menu 20/35 € – Carte 25/35 €

◆ Au cœur du bourg, un hôtel-restaurant familial. Les chambres, pratiques et propres, ont pour la plupart adopté un style contemporain très frais, voire zen et naturel pour certaines.

RIGNY – 70 Haute-Saône – **314** B8 – rattaché à Gray

RILLIEUX-LA-PAPE – 69 Rhône – **327** I5 – rattaché à Lyon

RIMBACH-PRÈS-GUEBWILLER – 68 Haut-Rhin – **315** G9 – rattaché à Guebwiller

RIMONT – 09 Ariège – **343** F7 – 555 h. – alt. 525 m – ✉ 09420 **28** B3

▶ Paris 765 – Auch 136 – Foix 32 – St-Gaudens 56

Domaine de Terrac

4 km à l'Est par D 117 et rte secondaire – ✆ 05 61 96 39 60 – http://chambresdhotesariege.fr

5 ch ☕ – †85/95 € ††90/100 € **Table d'hôte** – Menu 30 € bc

◆ Cette ferme merveilleusement restaurée n'aura aucun mal à vous séduire. Charme et tranquillité dans les chambres, dont deux avec terrasse dominant la vallée. Côté papilles, la maîtresse de maison concocte ses petits plats au gré du marché (végétariens sur demande).

RIOM – 63 Puy-de-Dôme – **326** F7 – 17 841 h. – alt. 363 m **5** B2
– ✉ 63200 Auvergne

▶ Paris 407 – Clermont-Ferrand 15 – Montluçon 102 – Thiers 45

ℹ 27 place de la Fédération, ✆ 04 73 38 59 45, www.tourisme-riomlimagne.fr

Église N.-D.-du-Marthuret★ : Vierge à l'Oiseau★★★ - Maison des Consuls★ **K** - Cour★ de l'hôtel Guimeneau **B** - Ste-Chapelle★ du palais de justice **N** - Cour★ de l'hôtel de ville **H** - Tour de l'Horloge★ **R** - Musées : Régional d'Auvergne★ **M**[1], Mandet★ **M**[2].

Mozac : chapiteaux★★, trésor★★ de l'église★ 2 km par ④ - Marsat : Vierge noire★★ dans l'église SO : 3 km par D 83.

Plan page suivante

Le Pacifique sans rest VISA AE

52 av. de Paris, par ① – ✆ 04 73 38 15 65 – www.hotel-lepacifique-riom.com – Fermé 20 déc.-10 janv.

16 ch – †59/65 € ††59/65 € – ☕ 8 €

◆ Cette adresse de style motel présente plusieurs atouts : accueil tout sourire, chambres très confortables et parking bien pratique pour l'étape.

RIOM

Bade (Fg de la) 2
Chabrol (R.) 3
Châtelguyon (Av. de) 4
Commerce (R. du)
Croisier (R.) 6
Daurat (R.) 7
Delille (R.) 8
Fédération (Pl. de la) 9
Hellénie (R.) 10
Horloge (R. de l')
Hôtel des Monnaies (R. de l') 12
Hôtel de Ville (R. de l') 13
Laurent (Pl. J.-B.) 14
Layat (Fg) 15
Libération (Av. de la) 16
Madeline (Av. du Cdt) 17
Marthuret (R. du) 18
Martyrs de la Résistance (Pl. des) 19
Menut (Pl. Marinette) 20
Pré Madame (Promenade du) 21
République (Bd de la) 22
Reynouard (Av. J.) 23
Romme (R. G.) 26
St-Amable (R.) 27
St-Louis (R.) 29
Soanen (Pl. Jean) 32
Soubrany (R.) 34
Taules (Coin des) 36

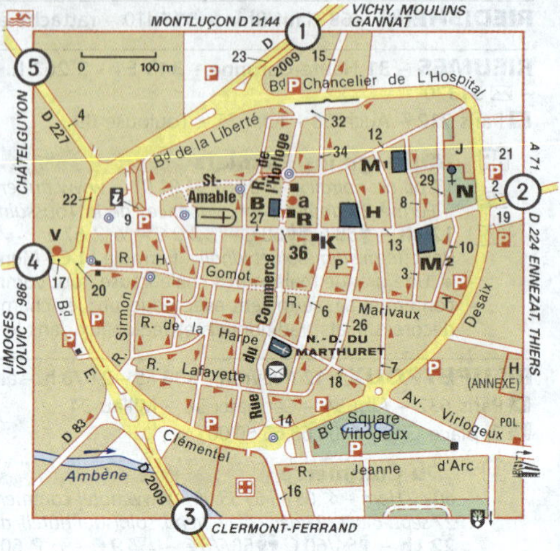

XX **Le Moulin de Villeroze**

144 rte de Marsat, Sud-Ouest du plan par D 83 – ✆ 04 73 38 62 23 – www.le-moulin-de-villeroze.fr – Fermé 17 août-6 sept., dim. soir, merc. soir et lundi

Rest – Menu 25/53 € – Carte 43/68 €

◆ Ce moulin bâti à la fin du 19ᵉs. abrite de chaleureuses salles à manger aux poutres apparentes. En été, on s'installe en terrasse pour un repas... dans l'air du temps.

XX **Le Flamboyant**

21 bis r. de l'Horloge – ✆ 04 73 63 07 97 – www.restaurant-le-flamboyant.com – Fermé 10 jours en août, 2 sem. en nov., 1 sem. en fév., merc. midi, dim. soir et lundi **a**

Rest – Formule 22 € – Menu 28/80 € bc – Carte 62/70 €

◆ Admirez les cours intérieures des hôtels particuliers qui bordent la rue avant d'entrer dans ce restaurant au décor contemporain, sobre et coloré. Cuisine au goût du jour.

XX **Le Magnolia**

11 av. Cdt Madeline – ✆ 04 73 38 08 25 – www.lemagnolia.fr – Fermé 20 fév.-5 mars, 22 juil.-13 août, dim. soir, sam. midi et lundi **v**

Rest – Formule 16 € bc – Menu 23 € (sem.), 30/40 € – Carte 36/42 €

◆ Ce restaurant affiche un style résolument moderne : ciment brossé, boiseries exotiques, murs bordeaux et mise en place originale. Cuisine actuelle soignée.

RIOM-ÈS-MONTAGNES – 15 Cantal – **330** D3 – 2 741 h. – alt. 840 m **5** B3 – ✉ 15400

Paris 506 – Aurillac 80 – Clermont-Ferrand 91 – Ussel 46

1, avenue Fernand Brun, ✆ 04 71 78 07 37

St-Georges

5 r. Cap. Chevalier – ✆ 04 71 78 00 15 – www.hotel-saint-georges.com – Fermé 10-31 janv.

14 ch – †32/35 € ††44/54 € – ☕ 9 €

Rest *(fermé vend. soir du 15 oct. au 15 mars, dim. soir et lundi midi sauf juil.-août)* – Formule 10 € – Menu 14/28 € – Carte 20/30 €

◆ Amateurs de randonnées parmi les volcans et les gentianes, arrêtez-vous au centre du village dans cette maison en pierre de la fin du 19ᵉs. Les chambres ne sont pas bien grandes mais elles sont fraîches, bien équipées et parfaitement tenues. Restaurant traditionnel.

RIORGES – 42 Loire – **327** D3 – rattaché à Roanne

RIQUEWHIR – 68 Haut-Rhin – **315** H8 – **1 263 h.** – **alt. 300 m** – ✉ **68340** **2** C2

Alsace Lorraine

Paris 442 – Colmar 15 – Gérardmer 52 – Ribeauvillé 5

2, rue de la 1ère Armée, ✆ 03 89 73 23 23, www.ribeauville-riquewihr.com

Village★★★.

Le Schoenenbourg sans rest

2 r. de la Piscine – ✆ 03 89 49 01 11 – www.hotel-schoenenbourg.fr – Fermé 4 janv.-15 fév. **Br**

55 ch – †82/125 € ††85/129 € – 3 suites – ☕ 13 €

◆ Près de la route des vins et du cœur historique de Riquewihr, ces constructions modernes se dressent au pied des vignes, bien au calme. Les chambres sont confortables et le matin, un copieux petit-déjeuner est servi sous forme de buffet.

Le Riquewihr sans rest

3 rte de Ribeauvillé – ✆ 03 89 86 03 00 – www.hotel-riquewihr.fr – Fermé de début janv. à mi-fév.

43 ch – †62/108 € ††62/118 € – 6 suites – ☕ 11 €

◆ Une famille de vignerons tient cette vaste maison de style néo-alsacien au bord d'une route traversant les vignes. Les chambres sont méticuleusement tenues et le petit-déjeuner, copieux, ne déçoit pas ; un petit fitness permet de se détendre.

À l'Oriel sans rest

3 r. des Ecuries Seigneuriales – ✆ 03 89 49 03 13 – www.hotel-oriel.com **Ba**

21 ch – †82 € ††130 € – 1 suite – ☕ 13 €

◆ Il faut se perdre dans les ruelles du village pour trouver cette jolie façade du 16ᵉs. et son... oriel. L'adresse est familiale et propose des chambres au charme rustique. Aux beaux jours, on prend le petit-déjeuner dans un joli patio.

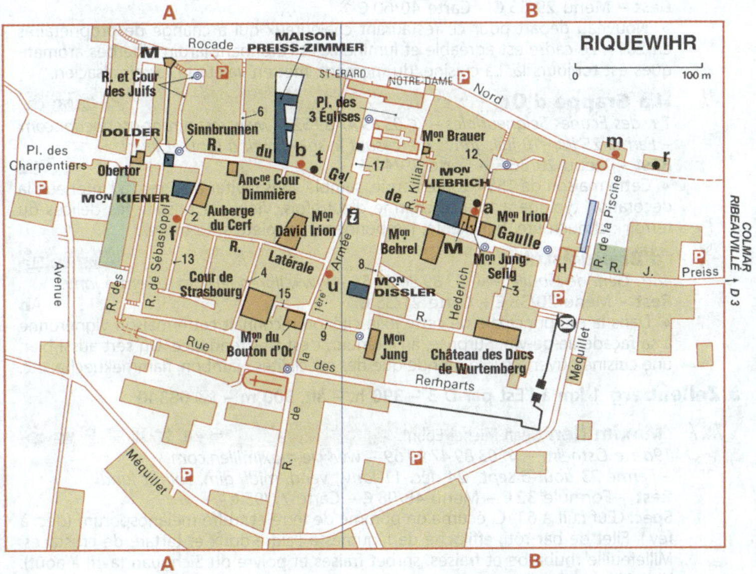

Cerf (R. du) . . . . A 2
Château (Cour du) . . . . B 3
Cheval (R. du) . . . . A 4
Cordiers (R. des) . . . . A 6
Couronne (R. de la) . . . . B 8
Dinzheim (R. de) . . . . A 9
Écuries (R. des) . . . . B 12
St-Nicolas (R.) . . . . A 13
Strasbourg (Cour de) . . . . A 15
3-Églises (R. des) . . . . B 17

Le B. Espace Suites sans rest

48 r. Gén.-de-Gaulle – ✆ 03 89 86 54 55 – www.jlbrendel.com **At**

5 ch – 🚹115/395 € 🚹🚹115/395 € – ☕ 17 €

◆ Cette magnifique maison du cœur du village date de la Renaissance ! Le B. Espace Suites est vraiment réussi, séduisant mélange d'ancien et de contemporain. Les familles et les amoureux de charme bucolique préféreront le B. Cottage, un peu en retrait et superbement décoré, avec un jardin luxuriant.

La Table du Gourmet (Jean-Luc Brendel)

5 r. 1ère Armée – ✆ 03 89 49 09 09 – www.jlbrendel.com – Fermé 4 janv.-13 fév., merc. sauf le soir d'avril à mi-nov., jeudi midi et mardi **Au**

Rest – Menu 38 € (déj.)/98 € – Carte 74/91 €

Spéc. Foie gras d'Alsace, reine des prés et gel au lait d'amande (été). Faon de daim ou de chevreuil des chasses d'Alsace (automne). Petits pois, fraises et givre menthe (été). **Vins** Muscat, Riesling.

◆ Cette maison a du caractère – poutres et murs rouge vif – comme la cuisine de son chef, Jean-Luc Brendel. Inventif, il met en valeur des produits de qualité, souvent bio et même de son propre potager. De l'originalité et du tempérament.

Le Sarment d'Or avec ch

rest,

4 r. du Cerf – ✆ 03 89 86 02 86 – www.riquewihr-sarment-dor.fr – Fermé 1 sem. en juil.,1 sem. en nov. et 2 sem. en mars **Af**

9 ch – 🚹70 € 🚹🚹70/80 € – ☕ 9 €

Rest *(fermé mardi midi, dim. soir et lundi)* – Formule 18 € – Menu 26/37 € – Carte 40/69 €

◆ Dans cette demeure du 17[e]s. (poutres apparentes, cheminée), on déguste une savoureuse cuisine classique qui rend hommage au terroir. Que dire d'une entrecôte de veau au pinot noir, à accompagner d'un bon vin alsacien ? On peut profiter ensuite des chambres de l'hôtel, douillettes à souhait.

Le Schoenenbourg

2 r. de la Piscine – ✆ 03 89 47 92 28 – www.auberge-schoenenbourg.com – Fermé dim. soir et lundi **Bm**

Rest – Menu 29/55 € – Carte 40/60 €

◆ Nouveau départ pour ce restaurant chaleureux qui a changé de propriétaires en 2011. Le cadre est agréable et lumineux, et l'étonnant jardin d'herbes aromatiques est toujours là. La cuisine, du moment, met en valeur le terroir alsacien.

La Grappe d'Or

1 r. des Ecuries Seigneuriales – ✆ 03 89 47 89 52 – www.restaurant-grappedor.com – Fermé 25 juin-10 juil., janv., merc. sauf le soir d'avril à sept. et jeudi

Rest – Menu 20/36 € – Carte 29/44 € **Ba**

◆ Cette maison de 1554, toute fleurie, semble vous inviter à entrer ; à l'intérieur, la décoration typique a tout le charme d'autrefois. Viennent ensuite les délices du terroir : choucroute, baeckeofe, jambonneau, paupiettes de truite...

d'Brendelstub

48 r. Gén. de Gaulle – ✆ 03 89 86 54 54 – www.jlbrendel.com – Fermé janv.

Rest – Menu 20/38 € – Carte 21/35 € **Ab**

◆ Dans la rue principale de cette jolie cité, on reconnaît cette maison vigneronne à sa façade lie-de-vin. Surprise, à l'intérieur, c'est très tendance. On sert aussi bien une cuisine ouverte sur le monde que des spécialités : jambon, flammekueche, etc.

à Zellenberg 1 km à l'Est par D 3 – 390 h. – alt. 300 m – ✉ 68340

Maximilien (Jean-Michel Eblin)

19a rte Ostheim – ✆ 03 89 47 99 69 – www.le-maximilien.com – Fermé 23 août-6 sept., 24 déc.-11 janv., vend. midi, dim. soir et lundi

Rest – Formule 32 € – Menu 48/98 € – Carte 77/95 €

Spéc. Œuf cuit à 63° C, écume de pomme de terre et truffe mélanosporum (déc. à fév.). Filet de bar rôti, éffiloché de légumes à l'aigre-doux et tartare de crustacés. Millefeuille rhubarbe et fraises, sorbet fraises et poivre du Sichouan (avril à août). **Vins** Muscat, Riesling.

◆ Dans cette grande maison adossée à la colline, en bordure de vignoble, le cadre est élégant, tout en boiseries claires. Jean-Michel Eblin réalise une cuisine fine et actuelle, rehaussée d'une belle carte des vins. Un classicisme de bon aloi...

XX **Auberge du Froehn**
5 rte Ostheim – ✆ 03 89 47 81 57 – Fermé 28 juin-7 juil., 15-24 nov., 1er-15 janv., mardi et merc.
Rest – Formule 13 € – Menu 23/45 € bc – Carte 35/45 €
◆ Le nom de cet ancien caveau évoque le vignoble qui surplombe le village. Au menu, plats régionaux et cuisine du marché (foie gras, sandre rôti, agneau en croûte d'herbes) – avec un accueil vraiment charmant.

RISCLE – **32 Gers** – **336 B8** – **1 707 h.** – **alt. 105 m** – ✉ **32400** **28 A2**
Paris 739 – Aire-sur-l'Adour 17 – Auch 71 – Mont-de-Marsan 49
6, place du foirail, ✆ 05 62 69 74 01, www.riscle-canton.com

XX **Le Pigeonneau**
36 av. de l'Adour – ✆ 05 62 69 85 64 – Fermé 2 sem. fin juin, une sem. fin janv., dim. soir, lundi et mardi
Rest *(dîner sur réservation)* – Formule 15 € – Carte 35/48 €
◆ Sol carrelé à l'ancienne et tons ocre renforcent le côté chaleureux de ce restaurant de la vallée de l'Adour. Cuisine au goût du jour et plats à base de pigeonneau.

RISOUL – **05 Hautes-Alpes** – **334 H5** – **649 h.** – **alt. 1 117 m** – ✉ **05600** **41 C1**
Paris 716 – Briançon 37 – Gap 61 – Guillestre 4
Risoul 1850, ✆ 04 92 46 02 60, www.risoul1850.com
Belvédère de l'Homme de Pierre ✻★★ S : 15 km Alpes du Sud

La Bonne Auberge rest, rest,
au village – ✆ 04 92 45 02 40 – www.labonneauberge-risoul.com – Ouvert 1er juin-15 sept. et 26 déc.-31 mars
25 ch – 60/66 € 80/86 € – ½ P 56/58 €
Rest *(fermé le midi)* – Carte 25/35 €
◆ Auberge familiale en léger retrait du village. Les chambres, bien tenues, offrent une jolie perspective sur la place forte de Mont-Dauphin, créée par Vauban. Grande salle à manger lumineuse tournée vers le paysage du Guillestrois ; carte traditionnelle.

RIVA-BELLA – **14 Calvados** – **303 K4** – **voir à Ouistreham-Riva-Bella**

RIVE-DE-GIER – **42 Loire** – **327 G6** – **14 831 h.** – **alt. 225 m** – ✉ **42800** **44 B2**
Lyon Drôme Ardèche
Paris 494 – Lyon 38 – Montbrison 65 – Roanne 105

XXX **Hostellerie La Renaissance** avec ch
41 r. Antoine Marrel – ✆ 04 77 75 04 31 – www.hotellerie-la-renaissance.com – Fermé 2 sem. en août, 2-10 janv., dim. soir, merc. soir et lundi
5 ch – 50/60 € 50/60 € – 18 €
Rest – Menu 29/88 € – Carte 55/75 €
◆ Dans cette maison de caractère couverte de lierre, la grande salle à manger et le bar sont à la fois contemporains et colorés. On vient y goûter une belle cuisine de qualité. Chambres accueillantes pour l'étape.

RIVEDOUX-PLAGE – **17 Charente-Maritime** – **324 C3** – **voir à Île de Ré**

RIVESALTES – **66 Pyrénées-Orientales** – **344 I6** – **8 429 h.** – **alt. 13 m** – ✉ **66600** Languedoc Roussillon **22 B3**
Paris 842 – Carcassonne 108 – Montpellier 146 – Perpignan 11
9 avenue Ledru-Rollin, ✆ 04 68 64 04 04, www.mairie-rivesaltes.fr

X **La Table d'Aimé**
4 r. Fransisco-Ferrer – ✆ 04 68 34 35 77 – www.cazes-rivesaltes.com – Fermé 24 déc.-10 janv., dim. et lundi d'oct. à avril
Rest – Formule 18 € – Menu 34/44 € bc
◆ La terrasse a des airs de place de village, la salle a été aménagée dans un pigeonnier... c'est si bucolique ! Idéal pour savourer une cuisine du marché réalisée avec de bons produits bio, ainsi que de jolis vins (également proposés au verre).

LA RIVIÈRE – **33 Gironde** – **335 J5** – **rattaché à Libourne**

LA RIVIÈRE-ST-SAUVEUR – 14 Calvados – 303 N3 – rattaché à Honfleur

LA RIVIÈRE-THIBOUVILLE – 27 Eure – 304 E7 – alt. 72 m 33 C2
– ✉ 27550 Nassandres

Paris 140 – Bernay 15 – Évreux 34 – Lisieux 39

XX **Le Manoir du Soleil d'Or**

23 Côte de Paris – ☎ 02 32 44 90 31 – www.manoirdusoleildor.com – Fermé dim. soir et merc.

Rest – Formule 22 € bc – Menu 27/54 € – Carte 41/54 €

◆ À l'issue d'une longue allée forestière, un élégant castel anglo-normand (années 1930) posté au-dessus de la vallée de la Risle et du village... En terrasse, la vue est superbe ! Pour un moment de gastronomie dans un site privilégié.

X **L'Auberge de la Vallée**

7 rte Brionne-Nassandres – ☎ 02 32 44 21 73 – Fermé merc. soir, dim. et lundi

Rest – Menu 15 € (sem.), 23/27 € – Carte environ 30 €

◆ Bien sympathique, cette jolie maison à colombages au cadre champêtre. On s'adonne en toute simplicité à une cuisine de saison à base de beaux produits. En essayant une charlotte d'andouille au chou par exemple...

RIXHEIM – 68 Haut-Rhin – 315 I10 – rattaché à Mulhouse

ROAIX – 84 Vaucluse – 332 D8 – rattaché à Vaison-la-Romaine

ROANNE – 42 Loire – 327 D3 – 35 936 h. – Agglo. 104 892 h. 44 A1
– alt. 265 m – ✉ 42300 Lyon Drôme Ardèche

Paris 395 – Clermont-Ferrand 115 – Lyon 84 – St-Étienne 85

Roanne-Renaison : ☎ 04 77 66 83 55, 5 km par D 9 AV.

8, place de Lattre de Tassigny, ☎ 04 77 71 51 77, www.leroannais.com

du Roannais, à Villerest, par rte de Thiers : 7 km, ☎ 04 77 69 70 60

Musée Joseph-Déchelette : Faïences révolutionnaires★.

Belvédère de Commelle-Vernay ≤★ : 7 km au S par quai Sémard BV.

Troisgros

pl. Jean-Troisgros – ☎ 04 77 71 66 97 – www.troisgros.com
– Fermé 7-22 août, vacances de fév., mardi et merc. CXr

11 ch – †200/390 € ††300/410 € – 5 suites – ☕ 28 €

Rest ***Troisgros*** ✿✿✿ – voir les restaurants ci-après

◆ Un hôtel de gare... façon 21ᵉs. ! De grandes signatures du design, des œuvres d'art contemporain, un confort pensé dans ses moindres détails, etc. Bref, un modèle pour la nouvelle hôtellerie française, tout au service de ses hôtes.

Le Grand Hôtel sans rest

54 cours de la République, (face à la gare) – ☎ 04 77 71 48 82
– www.grand-hotel-roanne.com – Fermé 5-19 août CXf

31 ch – †64/80 € ††72/92 € – ☕ 12 €

◆ Ce bâtiment du début du 20ᵉs. abrite des chambres climatisées et correctement tenues (quelques-unes fraîchement rénovées). Salon feutré.

XXXX ✿✿✿ **Troisgros** (Michel Troisgros) – Hôtel Troisgros

pl. Jean-Troisgros – ☎ 04 77 71 66 97 – www.troisgros.com
– Fermé 7-22 août, vacances de fév., lundi midi d'oct. à fév., mardi et merc. CXr

Rest *(nombre de couverts limité, réserver)* – Menu 100 € (déj. en sem.), 170/205 € – Carte 175/250 €

Spéc. Maquereau en beignets inspiré de Venise. Saint-pierre "comme une fleur". Soufflé aux noisettes, à l'abricot. **Vins** Pouilly-Fuissé, Côte-Rôtie.

◆ Petit-fils... et grand chef ! Michel Troisgros aura résolument mis Roanne du centre de la France au centre du monde. Dans ce village dialoguent la canette de Challans, le wasabi, la ricotta, le jasmin... tous les terroirs sublimés par l'amour du goût. L'héritage Troisgros – trois étoiles en 1968 – porté avec audace !

ROANNE

Alsace-Lor. (R.)	CY	2
Anatole-France (R.)	CY	3
Benoît (Bd C.)	AV	5
Cadore (R. de)	CX	7
Carnot (Av.)	BV	8
Clemenceau (Pl. G.)	DX	10
Clermont (R. de)	CY	12
Dourdein (R. A.)	AV	14
Edgar-Quinet (Bd)	BV	15
Foch (R. Mar.)	CDY	
Gaulle (Av. Ch.-de)	AV	16
Gaulle (R. Ch.-de)	CY	18
Hoche (R.)	AV	19
Hôtel de Ville (Pl.)	DY	20
Jean-Jaurès (R.)	CDY	
Joffre (Bd Mar.)	BV	21
Lattre-de-T. (Pl. de)	CX	22
Leclerc (Quai Mar.)	DY	24
Libération (Av. de la)	DY	23
Marne (Av. de la)	BV	26
Renaison (Levée du)	DY	28
République (Cours de la)	CXY	32
Roche (R. A.)	DX	34
Semard (Q. P.)	BV	35
Thiers (Bd de)	AV	36
Thomas (R. A.)	AV	38
Vachet (R. J.)	AV	40
Villemontais (R. de)	AV	42

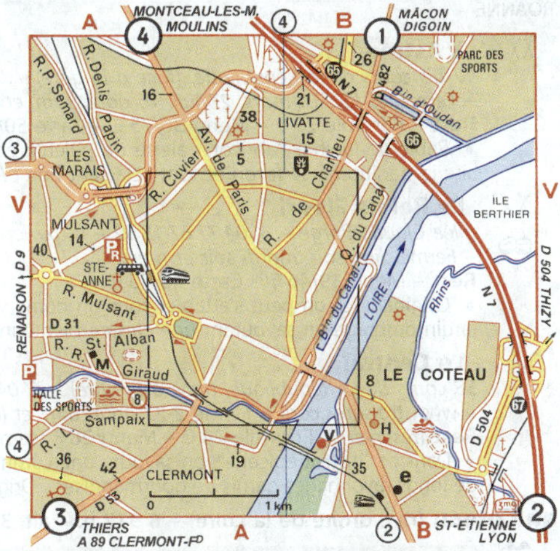

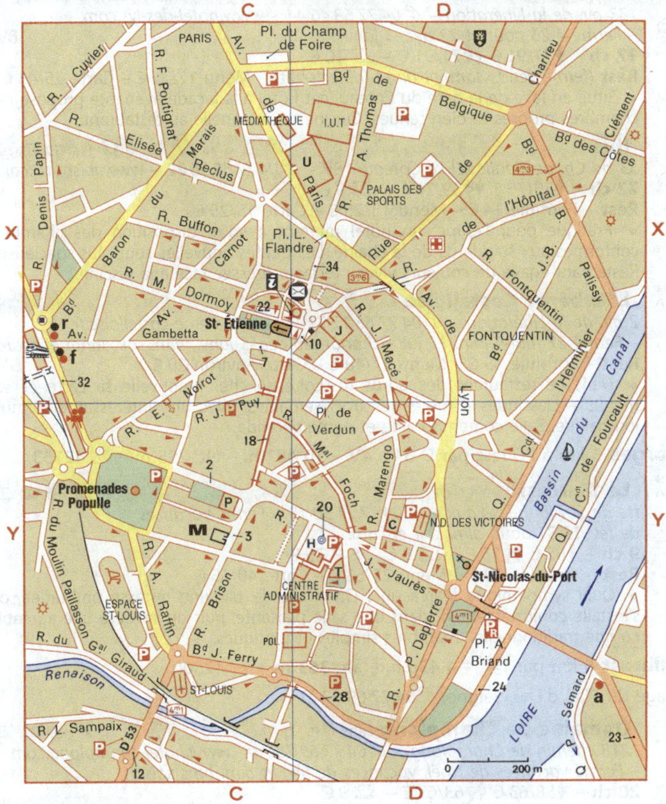

XXX **L'Astrée**

17 bis cours de la République, (face à la gare) – ✆ 04 77 72 74 22 – Fermé 26 fév.-14 mars, 27 juil.-16 août, sam. et dim. CX**f**

Rest – Formule 29 € – Menu 36/75 € – Carte 50/90 €

◆ Rable de lapin à l'abricot, galette de polenta et ris d'agneau... Ici, le chef revisite la tradition à sa façon et tout cela sent bon : Astrée et Céladon adorent !

XX **Le Relais Fleuri**

allée Claude Barge – ✆ 04 77 67 18 52 – http://lerelaisfleuri.pagesperso-orange.fr – Fermé dim. soir, mardi soir et merc. BV**v**

Rest – Menu 19/46 € – Carte 45/75 €

◆ Original : ici, on peut s'attabler sous un dôme vitré ! L'été, on profite du beau jardin ombragé en savourant une cuisine bien dans son époque.

X **Le Central**

58 cours de la République, (face à la gare) – ✆ 04 77 67 72 72 – www.troisgros.com – Fermé 2-23 août, dim. et lundi CX**r**

Rest *(réserver)* – Formule 24 € – Menu 28 € (sem.)/31 € – Carte 45/65 €

◆ Dans ce "bistrot-épicerie", on savoure une cuisine simple et goûteuse au milieu de longs rayonnages garnis de gourmandises... Originalité et convivialité assurées !

au Coteau (rive droite de la Loire) – 6 977 h. – alt. 350 m – ✉ 42120

Des Lys

133 av. de la Libération – ✆ 04 77 68 46 44 – www.hotel-des-lys.com – Fermé 4-26 août et 22 déc.-3 janv. BV**e**

17 ch – †71/91 € ††71/91 € – ☕ 10 €

Rest *(fermé vend., sam. et dim.) (dîner seult)* – Menu 17/25 € – Carte 25/43 €

◆ Situé en face de la gare du Coteau, cet hôtel à la façade avenante propose des chambres propres et bien tenues. Cuisine traditionnelle au restaurant.

Ibis

53 bd Ch. de Gaulle, ZI Le Coteau - BV – ✆ 04 77 68 36 22 – www.ibishotel.com

72 ch – †59/76 € ††59/76 € – ☕ 9 €

Rest – Formule 14 € – Menu 18/25 € – Carte 15/25 €

◆ Pratique pour l'étape, un hôtel mettant à votre disposition des chambres conformes aux standards de la chaîne. Les petites nouvelles sont plus spacieuses. Restaurant égayé de couleurs vives ; terrasse dressée face à la piscine.

XXX **L'Auberge Costelloise**

2 av. de la Libération – ✆ 04 77 68 12 71 – www.auberge-costelloise.fr – Fermé 27 mai-6 juin, 15 juil.-10 août, 26 déc.-5 janv., dim. soir, lundi et mardi

Rest – Formule 15 € – Menu 27/48 € – Carte environ 30 € DY**a**

◆ Dans ce restaurant des bords de Loire, le chef renouvelle sa carte et ses menus – classiques – toutes les trois semaines, avec une intéressante formule journalière. Salle contemporaine et petite véranda.

à Riorges 3 km à l'Ouest par D 31 - AV – 10 481 h. – alt. 295 m – ✉ 42153

XXX **Le Marcassin** avec ch

rte de St-Alban-les-Eaux – ✆ 04 77 71 30 18 – Fermé vacances de fév., 15-31 août, dim. soir et sam.

9 ch – †65 € ††75 € – ☕ 8 € – ½ P 75 €

Rest – Formule 20 € – Menu 25/53 € – Carte 40/55 €

◆ Quel sympathique Marcassin ! On y accède par une terrasse ombragée, on s'installe confortablement dans une salle plaisante, puis on savoure une agréable cuisine traditionnelle. Chambres simples et pratiques.

à Villerest 6 km par ③ – 4 436 h. – alt. 363 m – ✉ 42300

ℹ plage du Plan d'Eau, Seigne, ✆ 04 77 69 67 21

Domaine de Champlong sans rest

1218 chemin de Champlong – ✆ 04 77 69 78 78 – www.hotel-champlong.com – Fermé vacances de Noël, vacances de fév. et dim. hors saison

20 ch – †58/63 € ††63/67 € – ☕ 9 €

◆ Calme champêtre ! Cet hôtel est situé dans un parc à proximité du golf ; on peut y faire un tennis ou quelques brasses... Chambres spacieuses et pratiques, avec balcon ou terrasse.

XXX **Château de Champlong** avec ch

100 chemin de la Chapelle, (près du golf) – 04 77 69 69 69 – www.chateau-de-champlong.com – Fermé 6-28 fév., 29 oct.-13 nov., dim. soir, mardi midi et lundi

12 ch – 120/195 € 120/195 € – 14 €

Rest – Formule 20 € – Menu 26 € (sem.), 38/85 € – Carte 49/70 €

◆ Une belle demeure du 18e s. en pleine verdure, pour déguster une cuisine originale. Jetez un œil à la "salle des peintures" : tableaux d'époque, joli parquet et grande cheminée vous raviront. Chambres pimpantes, au-dessus du restaurant.

ROBION – 84 Vaucluse – 332 D10 – 4 084 h. – alt. 140 m – 84440 — 42 E1

Paris 713 – Aix-en-Provence 69 – Avignon 31 – Marseille 82

485 rue oscar Roulet, 04 90 05 84 31, www.robion.info

X **L'Escanson**

450 av. Aristide-Briand – 04 90 76 59 61 – www.lescanson.fr – Fermé 19-26 fév., 26 juin -3 juil., 30 oct.-7 nov., merc. sauf le soir d'avril à sept., sam. midi d'oct. à mars et mardi

Rest *(nombre de couverts limité, réserver)* – Formule 22 € – Menu 29/50 € – Carte 45/65 €

◆ Cette maison respire la fraîcheur et la simplicité : tons pastel, mobilier en fer forgé... Ici, le chef ne travaille que des produits frais, mêlant tradition et inventivité.

ROCAMADOUR – 46 Lot – 337 F3 – 677 h. – alt. 279 m – 46500 — 29 C1

Périgord Quercy

Paris 531 – Brive-la-Gaillarde 54 – Cahors 60 – Figeac 47

L'Hospitalet, 05 65 33 22 00, www.rocamadour.com

Site★★★ - Remparts ※★★★ - Tapisseries★ dans l'hôtel de ville - Vierge noire★ dans la chapelle Notre-Dame - Musée d'Art sacré★ **M1** - Musée du Jouet ancien automobile : voitures à pédales - L'Hospitalet※★★ : Féerie du rail : maquette★ par ②.

Plan page suivante

au château

Château

rte du Château – 05 65 33 62 22 – www.hotelchateaurocamadour.com – Ouvert 2 avril-6 nov. AZ**r**

57 ch – 72/115 € 72/115 € – 10 € – ½ P 78/98 €

Rest *Château* – voir les restaurants ci-après

◆ Loin de l'agitation touristique, cet hôtel dispose de chambres spacieuses et fonctionnelles, avec piscine, tennis et jardin. Parfait pour visiter Rocamadour... et ses grottes !

Relais Amadourien

– 05 65 33 62 22 – www.hotelchateaurocamadour.com – Ouvert 2 avril-6 nov.

19 ch – 55/58 € 55/58 € – 8,50 € – ½ P 65/69 € AZ**r**

◆ L'annexe de l'Hôtel du Château, de style motel, abrite de belles chambres modernes, rénovées avec goût.

XX **Château** – Hôtel Château

rte du Château – 05 65 33 62 22 – www.hotelchateaurocamadour.com – Ouvert 2 avril-6 nov. AZ**r**

Rest – Formule 16 € – Menu 26/54 € – Carte 38/60 €

◆ Au Château, la cuisine régionale et les saveurs des Causses se sont donné rendez-vous. Déclinaison de foie gras, agneau façon marcayou et rocamadour... À déguster aussi en terrasse sous les chênes truffiers.

dans la cité

Beau Site

– 05 65 33 63 08 – www.bestwestern-beausite.com – Ouvert 11 fév.-11 nov.

38 ch – 70/135 € 85/150 € – 13 € – ½ P 75/86 € BZ**a**

Rest *Jehan de Valon* – voir les restaurants ci-après

◆ Au cœur de la cité, cette maison du 15es. abrite un joli hall d'inspiration médiévale et des chambres de caractère. À l'annexe, le décor est plus actuel et a peut-être un peu moins de charme.

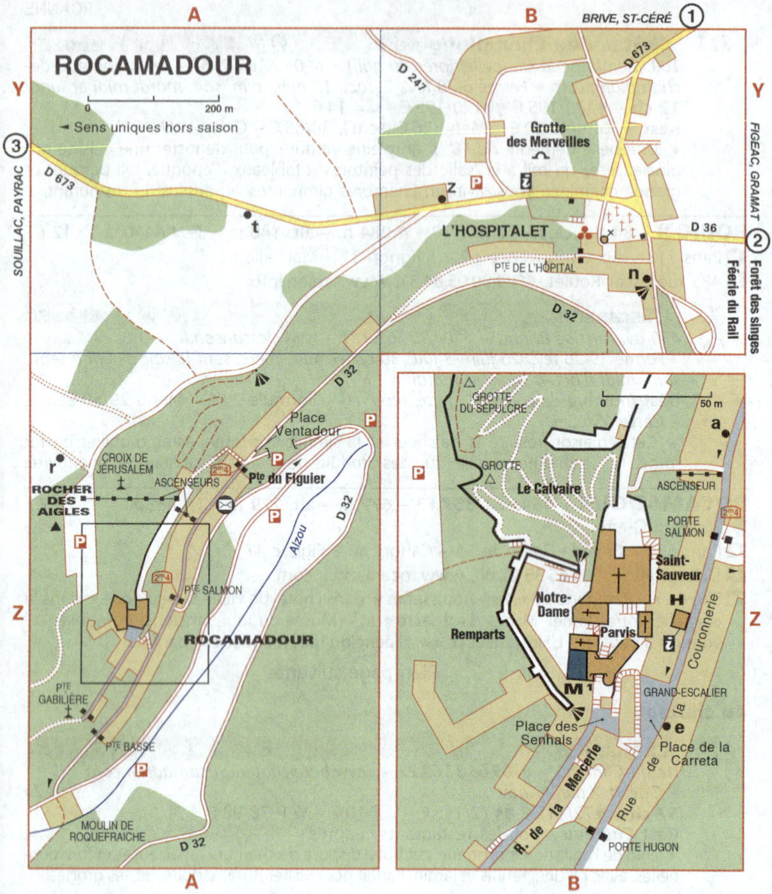

Le Terminus des Pélerins

– ✆ 05 65 33 62 14 – www.terminus-des-pelerins.com
– *Ouvert 1er avril-4 nov.* BZe

12 ch – †49/59 € ††54/72 € – ☕ 8 € – ½ P 59/68 €

Rest – Menu 17/36 € – Carte 31/76 €

◆ Au pied de la falaise escarpée, terminus dans ce petit hôtel, familial et chaleureux. Chambres sobres et classiques, bien équipées. De la terrasse, la vallée se donne en spectacle. Dans la salle à manger rustique, on s'attable autour de plats du terroir.

Jehan de Valon – Hôtel Beau Site

– ✆ 05 65 33 63 08 – www.bestwestern-beausite.com
– *Ouvert 11 fév.-11 nov.* BZa

Rest – Menu 19 € (déj.), 27/65 € – Carte 45/130 €

◆ Dans cet agréable restaurant, que l'on choisisse une croustade de truffes ou un magret rôti, il conviendra de l'arroser de vins du Sud-Ouest. En plus, il y a une jolie vue sur la vallée de l'Alzou.

rte de Brive 2,5 km par ① et par D 673 – ✉ 46500 Rocamadour

Troubadour
– ✆ 05 65 33 70 27 – *www.hotel-troubadour.com* – *Ouvert 13 fév.-15 nov.*
10 ch – †70/110 € ††75/110 € – 2 suites – ☕ 12 € – ½ P 75/95 €
Rest *(fermé juil.-août) (dîner seult) (résidents seult)* – Menu 26/38 €
♦ Ferme joliment rénovée ceinte d'un beau jardin, très tranquille. Chambres rustiques, plaisantes et bien tenues. Belle salle de billard dans l'ancien fournil.

à la Rhue 6 km par ① rte de Brive par D 673, D 840 et rte secondaire – ✉ 46500 Rocamadour

Domaine de la Rhue sans rest
– ✆ 05 65 33 71 50 – *www.domainedelarhue.com* – *Ouvert 7 avril-21 oct.*
5 ch ☕ – †85/95 € ††85/170 €
♦ Grandes chambres élégantes au charme bucolique, aménagées dans les anciennes écuries (19e s.). Superbe salon rustique avec cheminée. L'été, petit-déjeuner en terrasse.

rte de Payrac 4 km par ③, D 673 et rte secondaire – ✉ 46500 Rocamadour

Les Vieilles Tours
✆ 05 65 33 68 01 – *www.vt-rocamadour.com* – *Ouvert 29 mars-5 nov. et 26 déc.-8 janv.*
15 ch – †73/155 € ††73/155 € – ☕ 12 € – ½ P 85/126 €
Rest *(dîner seult)* – Menu 25/39 €
♦ Accueil avenant, quiétude, ambiance champêtre et raffinée en cet ex-relais de chasse dont le fauconnier (13e s.) abrite la plus belle chambre. Parc avec vue sur la vallée. Cuisine riche en saveurs, à déguster dans un cadre feutré et intimiste.

à l'Hospitalet – ✉ 46100

Les Esclargies sans rest
rte de Payrac – ✆ 05 65 38 73 23 – *www.esclargies.com* – *Fermé 19-27 déc. et 22 fév.-2 mars* AYt
16 ch – †74/93 € ††76/146 € – ☕ 12 €
♦ Dans une "esclargie" (petite clairière en occitan), bel édifice récent, mêlant bois et pierre. Chambres soignées et chaleureuses, d'esprit nature (jonc de mer, tons crème).

Le Belvédère
– ✆ 05 65 33 63 25 – *www.hotel-le-belvedere.fr* – *Fermé janv.* BYn
17 ch – †55/76 € ††55/76 € – ☕ 9 € – ½ P 50/65 €
Rest – Menu 18/34 € – Carte 25/43 €
♦ Un hôtel d'esprit familial, frais et sympa. Chambres plaisantes (mobilier en bois cérusé, parquet) bénéficiant presque toutes d'une splendide vue panoramique sur la cité.

Le Bellaroc
rte de la Corniche – ✆ 05 65 33 63 06 – *www.bellaroc.fr* – *Ouvert 15 mars-15 oct.*
12 ch – †44/71 € ††44/71 € – ☕ 8,50 € – ½ P 55/73 € BYz
Rest – Menu 18/25 € – Carte 22/38 €
♦ On l'appelait autrefois le Panoramic ! La vue est toujours impressionnante mais cet hôtel-restaurant a changé de nom. Chambres lumineuses et fonctionnelles, agréable jardin avec piscine et bar (réservé aux clients).

ROCBARON – 83 Var – **340** L6 – 3 452 h. – alt. 376 m – ✉ 83136 **41** C3
▶ Paris 832 – Marseille 79 – Toulon 35 – La Seyne-sur-Mer 43

La Maison de Rocbaron
3 r. St-Sauveur, (face à la mairie) – ✆ 04 94 04 24 03
– *www.maisonderocbaron.com*
5 ch ☕ – †80/118 € ††80/118 € **Table d'hôte** – Menu 40 € bc
♦ Atmosphère chaleureuse dans cette ancienne bergerie entourée de verdure. Boutis fleuris, mobilier chiné, parquet... Ici on cultive l'esprit "maison de famille" ; piscine et calme jardin. Cuisine du marché à la table d'hôte.

LA ROCHE-BERNARD – 56 Morbihan – 308 R9 – 749 h. – alt. 38 m 10 C3
– ✉ 56130 Bretagne

Paris 444 – Nantes 70 – Ploërmel 55 – Redon 28

14, r. du Docteur Cornudet, ✆ 02 99 90 67 98, www.tourisme-pays-la-roche-bernard.fr

de la Bretesche, à Missillac, Domaine de la Bretesche, SE : 11 km, ✆ 02 51 76 86 86

Pont du Morbihan★.

Le Manoir du Rodoir
rest, VISA AE

rte de Nantes – ✆ 02 99 90 82 68 – www.lemanoirdurodoir.com – Fermé 15 déc.-30 janv.

24 ch – †85/130 € ††85/130 € – ☕ 12 € – ½ P 80/100 €

Rest *(fermé le midi en juil.-août, sam. midi et dim.)* – Menu 16 € (déj.)/34 € – Carte 30/49 €

◆ Cette ancienne fonderie de 1870 est entourée d'un parc aux chênes centenaires. Les chambres sont spacieuses et confortables, décorées dans un style cosy. Cuisine privilégiant les produits régionaux, servie dans un cadre rustique égayé de mobilier contemporain.

Le Domaine de Bodeuc
ch, VISA AE

rte de St-Dolay, 6 km au Nord-Est par D 34 et rte secondaire – ✆ 02 99 90 89 63 – www.hotel-bodeuc.com – Fermé 13 nov.-25 déc. et 2 janv.-15 mars

13 ch – †70/202 € ††82/202 € – 2 suites – ☕ 13 €

Rest *(fermé le midi)* – Menu 30/42 €

◆ Près de La Roche-Bernard, ce petit manoir du 19e s. niche dans un parc aux arbres centenaires, avec piscine ! Piano et cheminée confèrent aux salons un charme intime. Chambres plus spacieuses à l'annexe. Cuisine traditionnelle au restaurant.

L'Auberge Bretonne avec ch
VISA AE

2 pl. Duguesclin – ✆ 02 99 90 60 28 – www.auberge-bretonne.com – Fermé dim. soir, mardi midi et lundi

11 ch – †60/70 € ††60/70 € – ☕ 15 € – ½ P 90/108 €

Rest – Formule 17 € bc – Menu 25/75 € – Carte 37/70 €

◆ Une maison ancienne en pierre, dressée sur une petite place, au cœur d'un bourg charmant. Cette table gastronomique bien connue dans la région a été reprise en 2010 par un jeune couple.

ROCHECORBON – 37 Indre-et-Loire – 317 N4 – rattaché à Tours

ROCHEFORT – 17 Charente-Maritime – 324 E4 – 25 676 h. 38 B2
– alt. 12 m – Stat. therm. : fin fév.-début déc. – ✉ 17300

Poitou Vendée Charentes

Paris 475 – Limoges 221 – Niort 62 – La Rochelle 38

Accès Pont de Martrou : passage gratuit.

10, rue du Docteur Peltier, ✆ 05 46 99 08 60, www.rochefort-ocean.com

du pays Rochefortais, à Saint-Laurent-de-la-Prée, 1608 route Impériale, NO : 7 km par D 137, ✆ 05 46 84 56 36

Quartier de l'Arsenal★ - Corderie royale★★ - Maison de Pierre Loti★ AZ - Musée d'Art et d'Histoire★ AZ **M²** - Les Métiers de Mercure★ (musée) BZ **D.**

La Corderie Royale
VISA AE

r. Audebert – ✆ 05 46 99 35 35 – www.corderieroyale.com – Fermé 18 déc.-20 janv. et dim. soir de nov. à mars BY**h**

44 ch – †82/270 € ††82/270 € – 3 suites – ☕ 12 € – ½ P 83/168 €

Rest ***La Corderie Royale*** – voir les restaurants ci-après

◆ Dormir dans une artillerie royale du 17es. et plonger dans l'histoire... ou la piscine ! Baignade ou repos : les chambres affichent un classicisme de bon aloi.

Les Remparts
ch, rest, VISA AE

43 av. C.-Pelletan, (aux Thermes) – ✆ 05 46 87 12 44 – www.hotel-remparts.com – Fermé 1er-15 janv. BY**s**

73 ch – †53/73 € ††55/75 € – ☕ 9 € – ½ P 52/62 €

Rest – Formule 17 € – Menu 23 € – Carte 22/31 €

◆ Hôtel rénové en 2011 dans un style frais et actuel, avec de grandes chambres fonctionnelles. Le petit plus ? L'accès direct aux thermes et à la source de l'Empereur.

ROCHEFORT

Ibis sans rest

1 r. Bégon – ✆ 05 46 99 31 31

– www.accorhotels.com **BYa**

66 ch – †64/80 € ††64/80 € – ☕ 9 €

◆ Un Ibis agréable et bien tenu, avec des chambres de bonne taille.

Roca Fortis sans rest

14 r. de la République – ✆ 05 46 99 26 32 – www.hotel-rochefort.fr BYt

15 ch – †55/89 € ††55/89 € – ☕ 9 €

◆ Deux maisons régionales autour d'un petit patio... pour un même hôtel, tenu par un couple charmant. Le petit-déjeuner est copieux et réserve une surprise bien fraîche : de jolis smoothies concoctés par le patron.

XXX **La Corderie Royale** – Hôtel La Corderie Royale

r. Audebert – ✆ 05 46 99 35 35 – www.corderieroyale.com – Fermé 18 déc.-20 janv., sam. midi, dim. soir et lundi de nov. à mars BYh

Rest – Formule 17 € – Menu 28 € (déj. en sem.), 36/66 € – Carte 50/84 €

◆ Une belle bâtisse au bord du fleuve ; installé sur la terrasse, on profite pleinement de la vue sur la Charente. À la carte, huîtres, brochette de cailles aux senteurs des sous-bois, bar en croûte de sel, etc. – l'expression d'un nouveau classicisme.

par ② 3 km rte de Royan avant pont de Martrou – ✉ 17300 Rochefort

La Belle Poule

102 av. du 11-nov.-1918 – ✆ 05 46 99 71 87 – www.hotel-labellepoule.com – Fermé 1er-22 nov. et 1er-6 janv.

21 ch – †55/67 € ††61/78 € – ☕ 8 € – ½ P 58/63 €

Rest *La Belle Poule* – voir les restaurants ci-après

◆ Près du pont transbordeur de Martrou, une grosse bâtisse des années 1980 avec des chambres confortables, bien tenues, et un agréable restaurant. Les belles maquettes navales (dont La Belle Poule) contribuent à créer une atmosphère marine.

XX **La Belle Poule**

102 av. du 11-nov.-1918 – ✆ 05 46 99 71 87 – www.hotel-labellepoule.com – Fermé 1er-22 nov., 1er-6 janv., vend. sauf le soir en juil.-août et dim. soir de sept. à juin

Rest – Formule 15 € – Menu 25/45 € – Carte 45/65 €

◆ Sous une belle charpente en bois, face à une imposante cheminée, on se laisse séduire par l'élégant cadre rustique. À la carte : huîtres, foie gras poêlé, agneau de lait à la compotée d'abricots secs, fromages du pays rochefortais, etc.

ROCHEFORT-EN-TERRE – 56 Morbihan – 308 Q8 – 686 h. – alt. 40 m – ✉ 56220 Bretagne 10 C2

▶ Paris 431 – Ploërmel 34 – Redon 26 – Rennes 82

ℹ 7, place du Puits, ✆ 02 97 43 33 57, www.rochefortenterre-tourisme.com

◉ Site★ - Maisons anciennes★.

XX **L'Ancolie**

12 r. St-Michel – ✆ 02 97 43 33 09 – Fermé 2 sem. en oct., de mi-janv. à mi-fév. et mardi et merc. hors saison

Rest *(réserver)* – Menu 23 € (déj. en sem.), 29/46 € – Carte environ 35 €

◆ Une maison à l'âme musicale : accord de vieilles pierres (tour du 14es.) et de mobilier moderne ; cuisine actuelle bien interprétée ; concerts réguliers par le patron-pianiste.

XX **Le Pélican** avec ch

pl. des Halles – ✆ 02 97 43 38 48 – www.hotel-pelican-rochefort.com – Fermé 13-27 fév., dim. soir, merc. soir et lundi

6 ch (½ P seult) – ½ P 62/66 € **Rest** – Menu 21 € (sem.), 27/39 €

◆ Poutres apparentes, cheminée monumentale et meubles en bois sculpté confèrent à cette demeure des 16eet 18es. une élégance rustique. Cuisine de région flirtant avec les tendances actuelles. Chambres coquettes parfaitement entretenues.

ROCHEFORT-EN-YVELINES – 78 Yvelines – 311 H4 – 953 h. – alt. 140 m – ✉ 78730 Ile de France 18 B2

▶ Paris 50 – Chartres 43 – Dourdan 9 – Étampes 26

◉ Site★ - Vaisseau★ de l'église de St-Arnoult-en-Yvelines SO : 3,5 km.

XX **L'Escu de Rohan**

15 r. Guy-le-Rouge – ✆ 01 30 41 31 33 – www.lescuderohan.com – Fermé août, vacances de fév., merc. soir, dim. soir et lundi

Rest – Menu 35/41 €

◆ Dans les murs d'un relais de poste du 16es., charmant restaurant d'esprit rustique : charpente apparente, cheminée monumentale... Cuisine traditionnelle et gibier en saison.

ROCHEFORT-SUR-LOIRE – 49 Maine-et-Loire – **317** F4 – 2 167 h. **35** C2
– alt. 25 m – ✉ 49190

Paris 315 – Angers 24 – Cholet 48 – Nantes 95

Place de l'Hôtel de Ville, ☎ 02 41 78 70 24

Château Piegüe sans rest

Piegüe, 2 km à l'Est par D 751 et rte secondaire – ☎ 06 14 62 30 84 – www.chateaupiegue.com – Fermé 12-27 août et 15 déc. à début fév.

5 ch – 98 € 108 €

◆ Cette demeure bourgeoise (1840) au cœur de 27 ha de vignes plaira aux amoureux du vin (dégustations de la production). Chambres sobres, presque zen ; petit-déjeuner maison.

ROCHEFORT-SUR-NENON – 39 Jura – **321** D4 – rattaché à Dôle

ROCHEGUDE – 26 Drôme – **332** B8 – 1 431 h. – alt. 121 m – ✉ 26790 **44** B3

Paris 641 – Avignon 46 – Bollène 8 – Carpentras 34

Château de Rochegude

– ☎ 04 75 97 21 10 – www.chateauderochegude.com – Fermé dim. soir, mardi midi et lundi de nov. à mars

25 ch – 170/550 € 170/550 € – 25 €

Rest *Château de Rochegude* – voir les restaurants ci-après

◆ Pierre blonde et verdure... Ce superbe château du 11ᵉs. – remanié au 18ᵉ– domine les vignobles des Côtes-du-Rhône. Daims et biches vagabondent dans l'immense parc et l'on se repose en toute quiétude, dans des chambres de grand caractère !

Château de Rochegude

– ☎ 04 75 97 21 10 – www.chateauderochegude.com – Fermé dim. soir, mardi midi et lundi de nov. à mars

Rest – Menu 29 € (déj. en sem.), 35/119 € – Carte 59/175 €

◆ Châtelain, classique, élégant... Un cadre plaisant, au service d'une agréable cuisine gastronomique. La carte fait la part belle aux saveurs du Sud et aux beaux nectars.

LA ROCHE-L'ABEILLE – 87 Haute-Vienne – **325** E7 – 598 h. **24** B2
– alt. 400 m – ✉ 87800

Paris 423 – Limoges 34 – Panazol 34 – St-Junien 63

Le Moulin de la Gorce (Pierre Bertranet) avec ch

– ☎ 05 55 00 70 66 – www.moulindelagorce.com – Ouvert de Pâques à oct. et fermé lundi, mardi et merc.

ch, ch,

10 ch – 95/235 € 95/235 € – 18 €

Rest – Formule 49 € – Menu 75/145 € bc

Spéc. Carpaccio de langoustines bretonnes, farinettes de pomme de terre et crème ciboulette. Carré de cochon cul noir du Limousin mijoté, farce fine au lard gras et jus de rôti. Puits d'amour aux fraises, crème légère à la vanille Bourbon et coulis de fruits rouges. **Vins** Bergerac blanc et rouge.

◆ Une institution dans le département. Dans ce moulin du 16ᵉs., le chef réalise une cuisine traditionnelle d'une belle finesse et respectueuse des produits. Pour prolonger l'étape en profitant du cadre bucolique (étang, parc romantique), les chambres sont coquettes.

La Table du Moulin

3 r. du 8-mai-1945 – ☎ 05 55 00 22 03 – www.moulindelagorce.com – Fermé dim. soir et lundi

Rest – Formule 20 € – Menu 28/39 €

◆ Repris par le chef du Moulin de la Gorce, ce café de village s'est métamorphosé en charmant bistrot, mêlant joliment la patine rustique et l'élégance contemporaine. Et bien sûr, on se régale de bons petits plats traditionnels et canailles !

ROCHE-LEZ-BEAUPRÉ – 25 Doubs – **321** G3 – rattaché à Besançon

LA ROCHELLE 🅿 – 17 Charente-Maritime – 324 D3 – 75 822 h. 38 A2

– Agglo. 116 157 h. – alt. 1 m – Casino AX – ✉ 17000 Poitou Vendée Charentes

▶ Paris 472 – Angoulême 150 – Bordeaux 183 – Nantes 141

Accès à l'Île de Ré par le pont par ③. **Péage** en 2011 : auto (AR) 16,50 (saison) 9,00 (hors saison), auto et caravane 27,00 (saison), 15,00 (hors saison), camion 18,00 à 45,00, moto 2,00, gratuit pour piétons et vélos.
Renseignements par Régie d'Exploitation des Ponts : ✆ 05 46 00 51 10, Fax 05 46 43 04 71.

✈ de la Rochelle-Île-de-Ré : ✆ 05 46 42 30 26, NO : 4,5 km AV.

ℹ 2 Quai Georges Simenon, ✆ 05 46 41 14 68, www.larochelle-tourisme.com

⛳18 de La Prée La Rochelle, à Marsilly, N : 11 km par D 105, ✆ 05 46 01 24 42

👁 Vieux Port★★ : tour St-Nicolas★, ✳★★ de la tour de la Lanterne★ - Le quartier ancien★★ : hôtel de ville★ Z **H**, Hôtel de la Bourse★ Z **C**, Porte de la Grosse Horloge★ Z **N**, Grande-rue des Merciers★ - Maison Henry II★, arcades★ de la rue du Minage, rue Chaudrier★, rue du Palais★, rue de l'Escale★ - Aquarium★★ CDZ - Musées : Nouveau Monde★ CDY**M⁷**, Beaux-Arts★ CDY **M²** - d'Orbigny-Bernon★ (histoire rochelaise et céramique) Y **M⁸**, Automates★ (place de Montmartre★★) Z **M¹**, maritime★ : Neptunéa C **M⁵** - Muséum d'Histoire naturelle★★ Y.

Champlain-France Angleterre sans rest

30 r. Rambaud – ✆ 05 46 41 34 66 – www.hotelchamplain.com VISA MC AE

32 ch – †75/140 € ††75/165 € – 4 suites – ☕ 11 € CY**b**

◆ Un bel hôtel particulier du 19ᵉs. avec son jardin bucolique, où plane l'odeur douce et entêtante des roses. Les salons sont superbes, les chambres délicates et pleines de cachet... Romantique !

LA ROCHELLE

Briand (Av. Aristide) .... AV 13	Fétilly (Av. de) .... BV 47	République (Bd de la) ..... BX 90
Cognehors (Bd de) .... BV 23	Joffre (Bd du Mar.) .... BV 61	Robinet (Av. L.) .... BV 92
Coligny (Av.) .... AVX 25	Juin (Av. Mar.) .... AV 62	Saintonge (R. A.-de) .... AV 103
Crépeau (Av. Michel) ..... ABX 29	Lysiack (Av. Cdt.) .... BX 63	Salengro (Av. Roger) ...... BX 106
Denfert-Rochereau (Av.) .... AV 33	Mail (Allées du) .... AX 64	Sartre (Av. Jean-Paul) ...... BX 109
	Marillac (Av.) .... AX 65	8-Mai-1945 (Av. du) ...... BV 118
	Moulin (Av. Jean) .... BX 74	11-Novembre-1918 (Av. du) .... BV 121

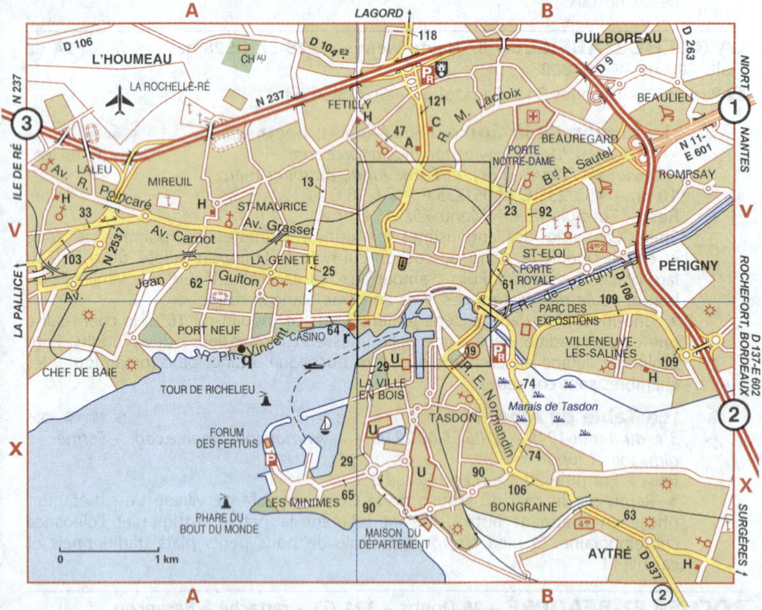

Admyrault (R. G.) CYZ 2	Escale (R. de l') CZ 39	Palais (R. du) CZ 77
Aufrédy (R.) CY 4	Fabrique (R. de la) DZ 41	Pas-du-Minage (R. du) DY 79
Augustins (R. des) CDY 6	Fagots (R. des) CZ 43	Pernelle (R.) CY 81
Balangerie (R.) CZ 7	Ferté (R. de la) DZ 45	Port (Petite R. du) CZ 83
Bancs (Pl. des Petits) CZ 8	Fonderies (R. des) DYZ 49	Port (R. du) CDZ 85
Barentin (Pl.) CZ 10	Fromentin (R. E.) CY 51	St-Côme (R.) CY 94
Bletterie (R.) DZ 12	Gargoulleau (R.) DY 53	St-François (R.) DY 96
Carmes (R. des) CZ 14	Gentilshommes (R. des) CDZ 55	St-Jean-du-Pérot (R.) CZ 98
Chaîne (R. de la) CZ 16	Grille (R. de la) DYZ 57	St-Nicolas (R.) DZ 99
Champ-de-Mars (Av. du) DY 17	Hôtel-de-Ville (R. de l') CDZ 60	St-Sauveur (R.) DZ 100
Chaudrier (R.) CY 19	Marché (Pl. du) DY	St-Yon (R.) DY
Chef-de-Ville (R.) CZ 21	Maubec (Quai) DZ 66	Sur-les-Murs (R.) CZ 110
Commanderie (Cour de la) CZ 27	Merciers (Gde R. des) DY 70	Temple (Cour du) CZ 112
Dames (Cours des) CZ 31	Minage (R. du) DY	Temple (R. du) CZ 115
Dupaty (R.) CY 35	Monnaie (Av. de la) CZ 73	Vespucci (Av. Amerigo) CZ 117
Duperré (Quai) CZ 37	Noue (R. de la) CY 75	11-Novembre-1918 (Av. du) DY 121

Masqhôtel sans rest

17 r. Ouvrage à Cornes – *05 46 41 83 83* – *www.masqhotel.com* DZt

76 ch – 99/175 € 99/175 € – 12 €

◆ Harmonie ! Design, coloré, raffiné, minimaliste et chic tout à la fois : un hôtel très contemporain, d'esprit urbain. Pour l'anecdote, le totem du lieu n'est autre qu'un masque africain célébrant la fertilité.

Novotel

av. Porte Neuve – *05 46 34 24 24* – *www.novotel.com* CYt

94 ch – 110/180 € 110/180 € – 15 €

Rest *(fermé sam. midi et dim. midi hors saison)* – Formule 18 € – Carte 27/37 €

◆ Un Novotel contemporain dans un quartier agréable, près d'un cours d'eau et d'un jardin public.

De la Monnaie sans rest

3 r. de la Monnaie – *05 46 50 65 65* – *www.hotelmonnaie.com* CZz

36 ch – 129/159 € 159/189 € – 2 suites – 17 €

◆ Près de la tour de la Lanterne, un hôtel particulier du 17es. au style... design et contemporain. De l'épure, beaucoup de noir et blanc, des douches à l'italienne et un joli spa : agréable et frais.

Mercure Océanide

quai L. Prunier – *05 46 50 61 50* – *www.mercure-la-rochelle-vieux-port.com*

123 ch – 123/147 € 142/159 € – 14 € DZe

Rest *(fermé sam. et dim. du 1er déc. au 10 mars)* – Formule 17 €
– Menu 22/55 € bc – Carte 24/42 €

◆ Un hôtel idéal pour la clientèle d'affaires, notamment pour des séminaires. Les chambres – bois brun et tissus bleus – sont très fonctionnelles et font penser à des cabines de bateaux. D'ailleurs, la mer et l'aquarium sont tout proches.

St-Nicolas sans rest

13 r. Sardinerie – *05 46 41 71 55* – *www.hotel-saint-nicolas.com* DZa

86 ch – 95/125 € 95/125 € – 11 €

◆ Dans la vieille ville, cette maison ancienne abrite un hôtel bien agréable. Touches design, chambres parfaitement tenues et... petit-déjeuner gourmand. Autre point fort : le parking privé.

Les Brises sans rest

r. Philippe Vincent, (chemin de la digue Richelieu) – *05 46 43 89 37*
– *www.hotellesbrises.com* AXq

48 ch – 75/134 € 75/134 € – 13 €

◆ La mer, encore et toujours ! Des chambres façon cabines de bateau, dont certaines donnent sur l'Océan, et cette jolie terrasse au bord de l'eau, où l'on prend son petit-déjeuner dès les premiers beaux jours.

Richard et Christopher Coutanceau

plage de la Concurrence – *05 46 41 48 19* – *www.coutanceaularochelle.com*
– *Fermé dim.* AXr

Rest – Menu 55/115 € – Carte 90/135 €

Spéc. Déclinaisons de textures et cuissons sur la langoustine de la Cotinière (juin à sept.). Civet gourmand de homard breton étuvé au beurre de crustacés. Superposition de framboise et pistache, arlette croquante et son sorbet (juin à sept.).
Vins Vin de pays de la Vienne, Fiefs Vendéens.

◆ Une salle en rotonde, raffinée et contemporaine, grande ouverte sur l'Océan : cet écrin vient sublimer la belle et généreuse cuisine de la mer des Coutanceau (le fils à la suite du père), portée par un sens éclatant du produit et des saveurs.

Les Flots

1 r. de la Chaîne – *05 46 41 32 51* – *www.les-flots.com* CZg

Rest – Menu 29 € (déj.), 41/74 € – Carte 70/100 €

◆ Saint-Jacques juste snackées et risotto aux truffes, bar à la plancha : ici, la mer a des reflets d'argent ! Élégance dans l'assiette mais aussi dans le décor, entre authenticité d'un ancien estaminet et sobriété contemporaine.

Les Quatre Sergents

49 r. St-Jean-du-Pérot – ✆ 05 46 41 35 80 – www.les4sergents.com CZ**a**

Rest – Menu 18 € (déj.), 34/46 € – Carte 39/78 €

◆ Un charmant jardin d'hiver, à deux pas du port. Le chef et sa brigade y sont très respectueux des saisons et réalisent une sympathique cuisine du moment. Quant à la cave, elle est superbe (900 références, dont quelques raretés).

L'Entracte

35 r. St-Jean-du-Pérot – ✆ 05 46 52 26 69 – www.lentracte.net CZ**v**

Rest – Menu 22/30 € – Carte 50/70 €

◆ Un bistrot chic du "clan" Coutanceau, avec ses cuisines ouvertes sur la salle, ses vieilles affiches publicitaires et... sa carte flirtant avec l'époque. Rideau !

André

pl. Chaîne – ✆ 05 46 41 28 24 – www.barandre.com CZ**f**

Rest – Menu 18/45 € – Carte 33/68 €

◆ Une institution locale pour les amateurs de cuisine iodée et de beaux plateaux de fruits de mer. Voyages transatlantiques, pêche, voiliers : chaque salle – il y en a sept ! – célèbre les flots à sa façon.

La Cuisine de Jules

5 r. Thiers – ✆ 05 46 41 50 91 – www.lacuisinedejules.com – Fermé dim. et lundi

Rest – Formule 14 € – Menu 17 € (déj. en sem.)/28 € DY**a**

– Carte 37/69 €

◆ Le dada de ce Jules contemporain ? Une agréable cuisine du marché fraîche et pleine de goût, avec des recettes de toujours joliment revisitées. Cerise sur le gâteau : une carte des vins courte mais bien tournée.

Les Orchidées

24 r. Thiers – ✆ 05 46 41 07 63 – www.restaurant-les-orchidees.com – Fermé 29 juil.-10 août DY**w**

Rest – Formule 17 € – Carte 45/85 €

◆ Une table contemporaine du quartier des halles... La cuisine épouse l'air du temps et, chaque jour, le chef propose un appétissant poisson frais. "Côté Jardin", à l'étage, la carte se fait plus élaborée.

LA ROCHE-POSAY – 86 Vienne – 322 K4 – 1 555 h. – alt. 112 m 39 D1

– Stat. therm. : mi-janv.-mi-déc. – Casino – ✉ 86270 Poitou Vendée Charentes

Paris 325 – Le Blanc 29 – Châteauroux 76 – Loches 49

14, boulevard Victor Hugo, ✆ 05 49 19 13 00, www.larocheposay.com

du Connetable, Parc Thermal, S : 2 km par D 3, ✆ 05 49 86 25 10

Les Loges du Parc sans rest

10 pl. de la République – ✆ 05 49 19 40 50 – www.resorthotel-larocheposay.info – Fermé 17-31 déc.

42 ch – †90/183 € ††109/183 € – 2 suites – ☕ 14 €

◆ Au cœur de la station thermale, un bel hôtel 1900, d'esprit classique. Escalier d'époque, deux élégantes suites sur les thèmes du jazz et de l'Égypte, billard, piscine, etc. Formule résidence à la semaine, idéale pour les curistes.

St-Roch

4 cours Pasteur – ✆ 05 49 19 49 00 – www.resorthotel-larocheposay.fr – Fermé 10 déc.-14 janv.

37 ch – †52/83 € ††71/100 € – ☕ 11 €

Rest *St-Roch* – voir les restaurants ci-après

◆ Cet établissement central est apprécié pour son accès direct aux thermes St-Roch. Les chambres y sont avant tout pratiques et très bien tenues, certaines donnant sur le jardin.

St-Roch

4 cours Pasteur – ✆ 05 49 19 49 45 – www.resorthotel-larocheposay.fr – Fermé 10 déc.-14 janv.

Rest – Formule 21 € – Menu 29/41 € – Carte 35/58 €

◆ Croustillant de chèvre, joue de bœuf et ses petits légumes... Le chef réalise une cuisine fine et goûteuse, ainsi que de bons petits plats diététiques adaptés aux curistes. Déco fraîche et contemporaine ; agréable terrasse.

LE ROCHER – 07 Ardèche – **331** H6 – rattaché à Largentière

LES ROCHES-DE-CONDRIEU – 38 Isère – **333** B5 – 1 946 h. **44** B2
– alt. 158 m – ✉ 38370

Paris 506 – Grenoble 134 – Lyon 43 – Saint-Étienne 63

Le Bellevue ch, ch,

1 place Carcan, (quai du Rhône) – ✆ 04 74 56 41 42 – www.le-bellevue.net – Fermé 2-15 janv.

16 ch – †72/85 € ††78/85 € – 1 suite – ☕ 10 €

Rest *(fermé dim. soir et lundi)* – Formule 22 € – Menu 27 € (sem.), 35/62 € – Carte 42/80 €

◆ Un hôtel très fonctionnel sur les rives du Rhône, dont une partie des chambres offrent une vue dégagée sur les flots. Entretien soigné, bons équipements, restaurant.

ROCHESERVIÈRE – 85 Vendée – **316** G6 – 2 818 h. – alt. 58 m **34** B3
– ✉ 85620

Paris 415 – Nantes 34 – La Roche-sur-Yon 34 – Saint-Herblain 42

21, rue du Péplu, ✆ 02 51 94 94 28, www.cc-canton-rocheserviere.fr

Le Château du Pavillon sans rest

r. Gué-Baron – ✆ 06 72 92 37 23 – www.le-chateau-du-pavillon.com – Ouvert 28 avril-16 sept.

4 ch – †90/230 € ††90/230 € – ☕ 10 €

◆ N'est-il pas charmant et romantique, ce joli château du 19es. ? Le grand parc et son étang ; les chambres si raffinées, élégantes, très confortables et toutes différentes ; la piscine... tout invite à une douce rêverie !

ROCHESSAUVE – 07 Ardèche – **331** J5 – rattaché à Privas

LA ROCHE-SUR-FORON – 74 Haute-Savoie – **328** K4 – 10 061 h. **46** F1
– alt. 548 m – ✉ 74800 Alpes du Nord

Paris 553 – Annecy 34 – Bonneville 8 – Genève 26

place Andrevetan, ✆ 04 50 03 36 68, www.larochesurforon.com

Vieille ville★★.

Le Foron sans rest

imp. de l'Étang, (Z.I. du Dragiez), D 1203 – ✆ 04 50 25 82 76 – www.hotel-le-foron.com – Fermé 26 déc.-3 janv. et dim.

26 ch – †59/68 € ††65/78 € – ☕ 8 €

◆ Petit hôtel situé dans la zone industrielle de la Roche-sur-Foron, pour une étape avant tout pratique. Chambres fonctionnelles, insonorisées et bien tenues. Terrasse et piscine.

LA ROCHE-SUR-YON P – 85 Vendée – **316** H7 – 51 727 h. **34** B3
– alt. 75 m – ✉ 85000 Poitou Vendée Charentes

Paris 418 – Cholet 69 – Nantes 68 – Niort 91

rue Clemenceau, ✆ 02 51 36 00 85, www.ot-roche-sur-yon.fr

de La Domangère, à Nesmy, La Roche sur Yon, S : 8 km par D 746 et D 85, ✆ 02 51 07 65 90

Mercure ch,

117 bd A. Briand – ✆ 02 51 46 28 00 – www.mercure.com AZu

67 ch – †89/159 € ††89/159 € – ☕ 15 €

Rest – Formule 13 € – Menu 18/27 € – Carte 25/44 €

◆ Idéalement situé entre la gare et la place Napoléon, un Mercure de facture contemporaine avec des chambres spacieuses et bien insonorisées.

Napoléon sans rest

50 bd A. Briand – ✆ 02 51 05 33 56 – www.hotel-le-napoleon.fr AYr

29 ch – †75 € ††80/110 € – ☕ 10 €

◆ Sur un grand boulevard du centre-ville, mais au calme ! Les chambres, d'esprit contemporain, sont cosy et impeccablement tenues... Un lieu avenant, idéal pour la clientèle d'affaires.

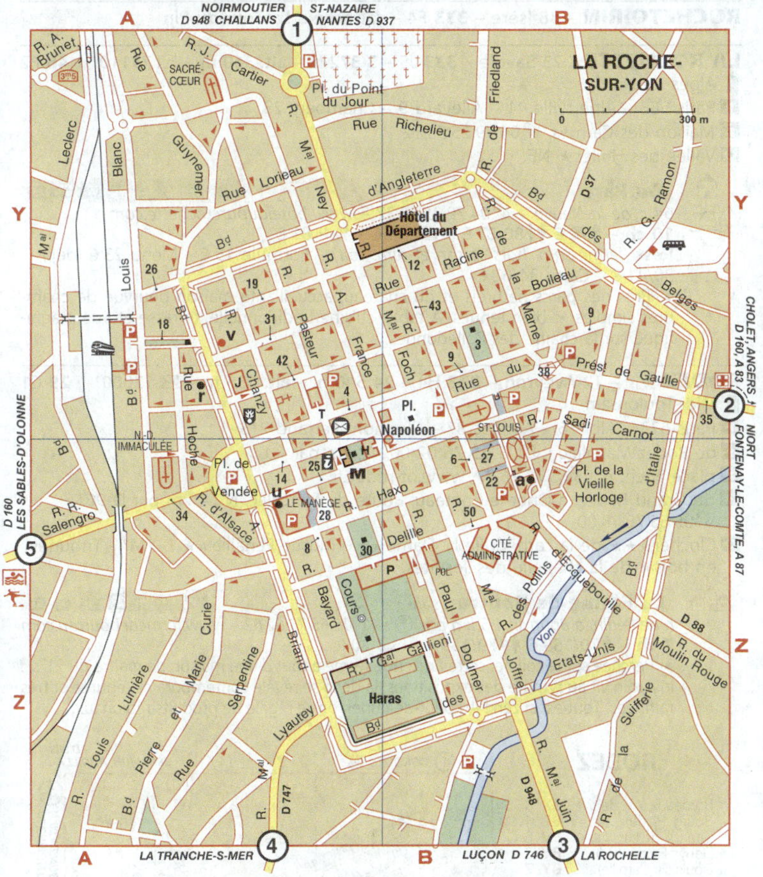

Albert-1er (Pl.) . . . . BY 3
Allende (R. Salv.) . . . . AY 4
Baudry (R. Paul) . . . . BZ 6
Bérégovoy (R. P.) . . . . AZ 8
Berthelot (R. M.) . . . . BY 9
Bossuet (R.) . . . . BY 12
Carnot (R. Sadi) . . . . BY
Clemenceau (R. G.) . . . . . . AZ 14
La-Fayette (R.) . . . . AZ 25
Gambetta (Av.) . . . . AY 18
Gén.-de-Castelnau (R.) . . . . AY 19
Halles (R. des) . . . . BZ 22
Manuel (R.) . . . . AY 26
Marché (R. du) . . . . BYZ 27
Mazurelle (Esplanade J.) . . . AZ 28
Mitterrand (Pl. F.) . . . . AZ 30
Molière (R.) . . . . AY 31
Poincaré (R. Raymond) . . . . AZ 34
Pompidou (R. G.) . . . . BY 35
Résistance (Pl. de la) . . . . . BY 38
Verdun (R. de) . . . . AY 42
Victor-Hugo (R.) . . . . BY 43
93e-R.I. (R. du) . . . . BZ 50

De la Vendée sans rest

4 r. Malesherbes – ☏ 02 51 37 28 67 – www.hotel-vendee.com BZa

32 ch – 60/65 € 64/69 € – 8 €

◆ Au cœur du quartier des Halles, hôtel de facture contemporaine, mobilier design et couleurs pastel. Les chambres sont assez petites, mais très fonctionnelles et adaptées à la clientèle business.

Le Rivoli

31 bd A. Briand – ☏ 02 51 37 43 41 – Fermé 1er-15 août, lundi soir, sam. midi et dim.

Rest – Formule 19 € – Menu 32/41 € AYv

◆ Couleurs vives, tête de rhinocéros, banquettes et nappes psychédéliques... Un décor résolument original pour une cuisine traditionnelle sage et bien faite.

ROCHETAILLÉE – 42 Loire – **327** F7 – rattaché à St-Étienne

ROCHETOIRIN – 38 Isère – 333 F4 – rattaché à La Tour-du-Pin

LA ROCHETTE – 73 Savoie – 333 J5 – 3 372 h. – alt. 360 m – ✉ 73110 46 F2

Alpes du Nord

Paris 588 – Albertville 41 – Allevard 9 – Chambéry 28

Maison des Carmes, ✆ 04 79 25 53 12

Vallée des Huiles★ NE.

Du Parc

64 r. de la Neuve – ✆ 04 79 25 53 37 – www.hotelduparcrochette.com

10 ch – †70 € ††80/87 € – ☕ 11 € – ½ P 81 €

Rest *(fermé sam. hors saison et dim. soir)* – Formule 15 € – Menu 23 € (déj.), 30/41 € – Carte 34/62 €

◆ Près des parcs naturels et du château, accueillante maison pourvue de chambres simples et bien tenues. À table, cuisine traditionnelle, terrasse et vue magnifique sur la chaîne des Belledonnes.

RODEZ P – 12 Aveyron – 338 H4 – 24 540 h. – alt. 635 m – ✉ 12000 29 C1

Midi-Toulousain

Paris 623 – Albi 76 – Aurillac 87 – Clermont-Ferrand 213

de Rodez-Marcillac : ✆ 05 65 76 02 00, 12 km par ③.

place Foch, ✆ 05 65 75 76 77, www.ot-rodez.fr

du Grand Rodez, à Onet-le-Château, Route de Marcillac, N : 4 km par D 901, ✆ 05 65 78 38 00

Clocher★★★ de la cathédrale N.-Dame★★ - Musée Fenaille★★ BZ **M¹** - Tribunes en bois★ de la chapelle des Jésuites.

La Ferme de Bourran sans rest

r. de Berlin, à Bourran 1,5 km par ③ – ✆ 05 65 73 62 62 – www.fermedebourran.com

7 ch – †79/159 € ††79/159 € – ☕ 20 €

◆ Perchée sur la colline, cette ancienne ferme a tout d'une maison de maître du 21ᵉs. : le jardin vit au rythme des expositions, la déco se révèle contemporaine, épurée et très raffinée... Tout est si zen ! Au petit-déjeuner, on se régale de produits régionaux.

RODEZ

Bordeaux (Av. de) . . . . BX 3
Bourg (Pl. du) . . . . BZ 4
Cité (Pl. de la) . . . . BY 5
Denys-Puech (Bd) . . . . BY 6
Douls (R. Camille) . . . . BY 7
Fabié (Bd François) . . . BZ 8
Frayssinous (R.) . . . . . . BY 9
Gally (Bd) . . . . AZ 10
Gambetta (Bd) . . . . BY 12
Guizard (Bd de) . . . . . . BZ 13
Lacombe (Av. Louis) . . AZ 14
Laromiguière (Bd) . . . . BZ 15
Madeleine (R. de la) . . BZ 16
Neuve (R.) . . . . BY 17
Ramadier (Bd Paul) . . . AX 18
République (Bd de la) . BY 20
St-Just (R.) . . . . BZ 22
Touat (R. du) . . . . BY 23
122e-R.-I. (Bd du) . . . AXY 26

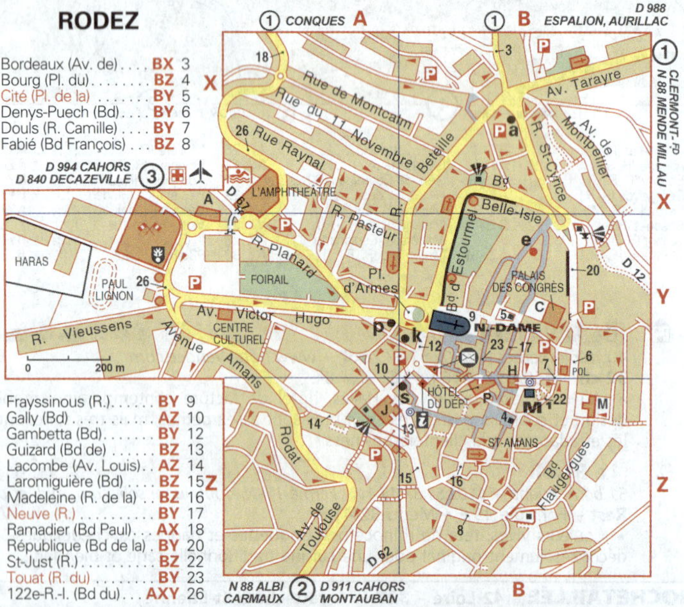

Mercure Cathédrale sans rest
1 av. Victor-Hugo – ✆ 05 65 68 55 19 – www.mercure.com ABY**p**
34 ch – †78/125 € ††89/150 € – ☕ 12 €
◆ À deux pas de la cathédrale, un hôtel 1930 dont on a conservé les parties classées : mosaïques Art déco en façade et sur le sol de l'entrée, grand escalier en bois massif, peintures de Maurice Bompard. Les chambres sont agréables et contemporaines.

La Tour Maje sans rest
1 bd Gally – ✆ 05 65 68 34 68 – www.hoteltourmaje.fr – Fermé vacances de Noël
40 ch – †75/85 € ††75/99 € – ☕ 12 € BZ**s**
◆ Hôtel des années 1970 adossé à une tour du 15ᵉs. avec des chambres confortables, toutes rénovées en 2011 ; préférez celles du 1ᵉʳétage, plus spacieuses.

Biney sans rest
r. Victoire-Massol – ✆ 05 65 68 01 24 – www.hotel-biney.com BY**k**
27 ch – †74 € ††84/141 € – 1 suite – ☕ 12 €
◆ L'un des plus anciens hôtels de Rodez, en plein centre-ville. Les chambres, certes parfois un peu petites, sont mignonnes et soignées : literie confortable, tissus colorés... À noter : joli jardin fleuri et sauna.

Ibis sans rest
46 r. St-Cyrice – ✆ 05 65 76 10 30 – www.ibishotel.com BX**a**
45 ch – †52/75 € ††52/75 € – ☕ 9 €
◆ À l'écart du centre-ville, un hôtel d'affaires avec des chambres avant tout pratiques.

Deltour sans rest
6 r. de Bruxelles, à Bourran, 1,5 km par ③ – ✆ 05 65 73 03 03 – www.rodez-bourran.deltourhotel.com
39 ch – †48/53 € ††49/55 € – ☕ 8 €
◆ Cet hôtel récent répond aux attentes de la clientèle business : chambres fonctionnelles, confortables et bien insonorisées ; bon rapport qualité-prix.

Goûts et Couleurs (Jean-Luc Fau)
38 r. Bonald – ✆ 05 65 42 75 10 – www.goutsetcouleurs.com – Fermé 11 mars-4 avril, 2-19 sept., mardi midi hors saison, dim. et lundi
Rest – Menu 29 € (déj. en sem.), 36/77 € – Carte 50/65 € BY**e**
Spéc. Carpaccio de gambas à la fleur de sureau et mangue (juin à sept.). Pigeon "temps des cerises" (mai à juil.). Chocolat léger au thé d'Aubrac, noix et crème de marron (hiver). **Vins** Marcillac, Entraygues et du Fel.
◆ Goûts et Couleurs : on ne saurait mieux dire ! Dans l'assiette, de belles saveurs mâtinées d'épices et mises en valeur par un chef autodidacte et passionné... Une cuisine voyageuse qui s'accompagne d'une belle sélection de vins du Sud.

Les Jardins de l'Acropolis
r. d'Athènes à Bourran, 1,5 km par ③ – ✆ 05 65 68 40 07 – www.restaurant-acropolis.com – Fermé 1ᵉʳ-15 août, lundi soir et dim.
Rest – Formule 17 € – Menu 20 € (déj. en sem.), 23/49 € – Carte 36/50 €
◆ Dans ce restaurant contemporain niché au cœur d'un quartier d'affaires, le chef concocte une cuisine du marché gourmande et soignée... De bons produits, des assaisonnements bien marqués : c'est frais et bon !

à Olemps 3 km à l'Ouest par ② – 3 165 h. – alt. 580 m – ✉ 12510

Les Peyrières
22 r. Peyrières – ✆ 05 65 68 20 52 – www.hotel-les-peyrieres.com
60 ch – †75/150 € ††75/150 € – ☕ 10 €
Rest ***Les Peyrières*** – voir les restaurants ci-après
◆ Dans la banlieue résidentielle de Rodez, une grande villa avec des chambres simples et bien tenues ; celles du dernier étage sont plus chaleureuses et contemporaines (parquet).

Les Peyrières
22 r. Peyrières – ✆ 05 65 68 20 52 – www.hotel-les-peyrieres.com – Fermé dim. soir
Rest – Formule 14 € – Menu 19 € (sem.), 28/40 € – Carte 38/62 €
◆ Pour une étape gastronomique aux portes de la cité ruthénoise, voilà un restaurant qui réconcilie produits du terroir et modernité. D'un tripoux du pays à un filet de canette snacké au chutney de mangue, il n'y a qu'un pas.

rte de Conques au Nord par D 901 AX

Hostellerie de Fontanges

rte de Conques, à 4 km – ✆ 05 65 77 76 00 – www.hostellerie-fontanges.com
43 ch – †62 € ††72 € – 5 suites – ☕ 13 € – ½ P 61/63 €
Rest *(fermé sam. midi et dim. soir de nov. à Pâques)* – Formule 20 € – Menu 24/53 € – Carte 45/55 €

◆ Belle et vaste demeure des 16e et 17es. blottie dans un parc attenant à un golf. Les chambres sont assez sobres ; quant aux suites, elles sont vraiment raffinées (mobilier de style). Au restaurant, il règne un esprit très châtelain.

Château de Labro

rest,

Onet-Village, à 7 km par D 901 et D 568 – ✆ 05 65 67 90 62 – www.chateaulabro.fr
17 ch – †110/160 € ††110/160 € – ☕ 10 €
Rest *(dîner seult) (résidents seult)* – Menu 25 €

◆ Un château ravissant, avec des chambres romantiques (beaux meubles chinés) ou, pour les baroudeurs chics, une cabane dans un arbre. Le petit-déjeuner est servi au milieu des objets de brocante, il y a aussi une piscine dans les vignes, un petit spa, un restaurant aux airs de table d'hôte... Un lieu délicieux !

ROISSY-EN-FRANCE – 95 Val-d'Oise – 305 G6 – 101 – voir à Paris, Environs

---

ROLLEBOISE – 78 Yvelines – 311 F1 – 408 h. – alt. 20 m – ✉ 78270 18 A1

Paris 65 – Dreux 45 – Mantes-la-Jolie 9 – Rouen 72

Le Domaine de la Corniche

5 rte de la Corniche – ✆ 01 30 93 20 00 – www.domainedelacorniche.com
34 ch – †70/300 € ††70/300 € – ☕ 16 € – ½ P 85/200 €
Rest *Le Domaine de la Corniche* – voir les restaurants ci-après

◆ Quelle "folie" Léopold II de Belgique ne fit-il pas pour son dernier amour ! Le résultat est cette jolie demeure dominant la Seine. Les amoureux d'aujourd'hui apprécieront son intérieur design, les chambres avec vue et la piscine... panoramique.

XX **Le Domaine de la Corniche**

5 rte de la Corniche – ✆ 01 30 93 20 00 – www.domainedelacorniche.com – Fermé 19-31 déc. et 19 fév.-5 mars
Rest – Formule 29 € bc – Menu 41/65 € bc – Carte 51/77 €

◆ Pas besoin de résider au Domaine de la Corniche pour apprécier ce restaurant contemporain et son belvédère. Plats classiques et préparations plus inventives, tel le vacherin "nouvelle vague", se succèdent face aux méandres de la Seine.

ROMAGNIEU – 38 Isère – 333 G4 – 1 374 h. – alt. 298 m – ✉ 38480 45 C2

Paris 539 – Grenoble 57 – Chambéry 35 – Lyon 109

Auberge les Forges de la Massotte

655 chemin des Forges, 2 km à l'Ouest, sortie ⑩ sur l'A 43 – ✆ 04 76 31 53 00 – www.aubergemassotte.com – Fermé vacances de la Toussaint
5 ch – †60 € ††70 € – ☕ 9 € – ½ P 68 €
Rest *(fermé dim. soir) (dîner seult) (résidents seult)* – Menu 29 €

◆ Cette ancienne forge transformée en auberge comblera les amoureux de nature et de calme. Les chambres coquettes affirment sans complexe un réconfortant style savoyard. Accueil charmant et petit-déjeuner copieux : on ne veut plus repartir !

ROMANÈCHE-THORINS – 71 Saône-et-Loire – 320 I12 – 1 798 h. – alt. 187 m – ✉ 71570 Lyon Drôme Ardèche 8 C3

Paris 406 – Chauffailles 46 – Lyon 55 – Mâcon 17

"Le Hameau du vin" ★★ - Parc zoologique et d'attractions Touroparc★.

Les Maritonnes
rte de Fleurie, (près de la gare) – ✆ 03 85 35 51 70 – www.maritonnes.com – Fermé 10-30 déc.
21 ch – †75/175 € ††75/175 € – 2 suites – ☕ 15 € – ½ P 80/135 €
Rest *Les Maritonnes* – voir les restaurants ci-après
◆ Dans un élégant parc verdoyant et fleuri aux beaux jours, une imposante maison aux chambres contemporaines, confortables et agréables. Quel plaisir de faire quelques brasses dans la piscine, avant de prendre le soleil sur la terrasse !

Les Maritonnes
rte de Fleurie, (près de la gare) – ✆ 03 85 35 51 70 – www.maritonnes.com – Fermé 10-30 déc., dim. soir, lundi et mardi midi de mi-oct. à mi-mars
Rest – Formule 20 € – Carte 40/75 €
◆ Quenelles de brochet, œufs en meurette, menu du marché et plats végétariens... Une cuisine fine et bien tournée qui se marie joliment avec le célèbre cru local : le moulin-à-vent.

ROMANS-SUR-ISÈRE – 26 Drôme – 332 D3 – 33 440 h. – alt. 162 m 43 E2

– ✉ 26100 Lyon Drôme Ardèche
Paris 558 – Die 78 – Grenoble 81 – St-Étienne 121
place Jean Jaurès, ✆ 04 75 02 28 72, www.romans-tourisme.com
de Valence Saint-Didier, à Saint-Didier-de-Charpey, par rte de Crest : 15 km, ✆ 04 75 59 67 01
Tentures★★ de la collégiale St-Barnard - Collection de chaussures★ du musée international de la chaussure - Musée diocésain d'Art sacré★ à Mours-St-Eusèbe, 4 km par ①.

Plan page suivante

L'Orée du Parc sans rest
6 av. Gambetta, par ② – ✆ 04 75 70 26 12 – www.hotel-oreeparc.com – Fermé 8-14 oct., 26 déc.-1er janv. et 12 fév.-4 mars
10 ch – †84/99 € ††102/118 € – ☕ 12 €
◆ À l'entrée de la ville, une ancienne maison bourgeoise (début 20e s.) dressée dans un jardin avec piscine. Les chambres ont été décorées avec soin, dans des tons très chauds.

Mandrin
70 r. St-Nicolas – ✆ 04 75 02 93 55 – Fermé 29 juil.-21 août, 23 déc.-2 janv., dim. et lundi
Rest – Formule 17 € – Menu 22/39 € – Carte 24/37 € CY**b**
◆ Du nom du célèbre contrebandier qui y aurait séjourné, une maison classée (16e s.), au charme ancien : murs à colombages, tomettes... Cuisine traditionnelle.

à Châtillon-St-Jean 11 km par ② – 1 189 h. – alt. 198 m – ✉ 26750

Maison Forte de Clérivaux sans rest
2,5 km au Nord par D 123 direction Parnans et D 184 direction St-Michel-sur-Savasse – ✆ 04 75 45 32 53 – www.clerivaux.fr – Fermé 3 janv.-3 mars
4 ch ☕ – †60/70 € ††65/75 €
◆ Au milieu des champs, une maison forte du 13e s. Les chambres se trouvent dans les jolies dépendances (16e-17e s.). Tout le cachet, simple et évocateur, des vieilles pierres...

à Granges-lès-Beaumont 6 km par ⑤ – 947 h. – alt. 155 m – ✉ 26600

Les Cèdres (Jacques Bertrand)
Le Village – ✆ 04 75 71 50 67 – www.restaurantlescedres.fr – Fermé 10-24 avril, 20 août-4 sept., 24 déc.-8 janv., dim. soir sauf de juin à août, lundi et mardi
Rest *(nombre de couverts limité, réserver)* – Menu 38 € (déj. en sem.), 80/120 € – Carte 70/90 €
Spéc. Bar cuit à basse température et truffe fraîche de la Drôme (hiver). Pigeon rôti en cocotte à la sauge, artichaut poivrade grillé (printemps-été). Pêche blanche du village pochée à la badiane, sorbet pêche blanche (été). **Vins** Hermitage, Crozes Hermitage.
◆ Les cèdres dressent leurs ramures aériennes au-dessus de cette demeure éminemment bourgeoise. On y déguste une cuisine pleine de classicisme, à base de très beaux produits travaillés sans fausse note. La carte des vins honore les Côtes du Rhône.

ROMANS-SUR-ISÈRE

Clercs (R. des) . . . . CY 4
Cordeliers (Côtes des) . . . . . CY
Écosserie (R. de l') . . . . BY 8
Faure (Pl. M.) . . . . BY
Fontaine des Cordeliers (R.) CY 10
Gailly (Pl. E.) . . . . BY
Guilhaume (R.) . . . . AZ 12
Herbes (Pl. aux) . . . . BY 14
Jacquemart (Côte) . . . . BY 15
Jacquemart (R.) . . . . AZ 16
Massenet (Pl.). . . . . CY 17
Mathieu-de-la-Drôme (R.) . . . CY 18
Merlin (R.) . . . . CY 20
Mouton (R. du) . . . . BY 22
Palestro (R.). . . . . AZ 24
Perrot-de-Verdun (Pl.) . . . . . . BY 26
Sabaton (R.) . . . . CY 28
Ste-Marie (R.) . . . . CY 29
Semard (Av. P.). . . . . AZ 30
Trois Carreaux (R.) . . . . CY 32
Victor-Hugo (Av.). . . . . AZ 34

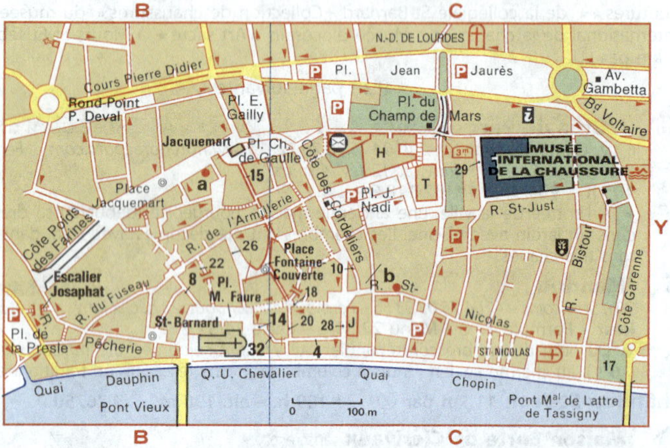

X **Les Vieilles Granges** avec ch

720 rte des Vieilles-Granges, rte de Romans et chemin secondaire – ✆ 04 75 71 62 83 – www.vieilles-granges.com – Fermé 16-24 avril, 20-28 août, 29 oct.-13 nov. et 26-30 déc.

11 ch – †55/65 € ††60/85 € – ☕ 12 €

Rest *(fermé dim. soir, lundi et mardi)* – Formule 13 € – Menu 25/40 € – Carte 24/46 €

◆ Postée entre vergers et Isère, cette maison en pierre du pays vous réserve un accueil sympathique. Salle intimiste avec cheminée et cuisine au goût du jour. Chambres simples à la déco minimaliste (à choisir côté fleuve pour la vue).

à St-Paul-lès-Romans 8 km par ② – 1 713 h. – alt. 171 m – ✉ 26750

XXX **La Malle Poste**

Le Village – ✆ 04 75 45 35 43 – www.lamalleposte.com – Fermé 1er-22 août, 2-25 janv., dim. soir, lundi et mardi

Rest – Menu 35/65 €

◆ Une cuisine classique, qui respecte le terroir et les saisons, accompagnée d'une très belle carte des vins (plus de 350 références). La salle à manger est chaleureuse.

ROMILLY-SUR-SEINE – 10 Aube – 313 C2 – 13 803 h. – alt. 76 m – ✉ 10100 — 13 B2

Paris 124 – Châlons-en-Champagne 76 – Nogent-sur-Seine 18 – Sens 65

27, rue Saint-Laurent, ✆ 03 25 24 87 80

Auberge de Nicey

24 r. Carnot – ✆ 03 25 24 10 07 – www.denicey.com
– *Fermé 16 déc.-4 janv.*
23 ch – †94/111 € ††119/136 € – ☕ 13 € – ½ P 106/122 €
Rest *(fermé sam. midi, dim. midi et lundi midi en août et dim. soir)* – Menu 26 € (sem.), 35/45 € bc – Carte 45/72 €

◆ À deux pas de la gare, cet établissement propose des chambres très confortables et bien insonorisées, rénovées en 2010 dans un style cosy. Autres atouts : l'espace détente (piscine, fitness) et le restaurant où l'on sert de la cuisine traditionnelle.

ROMORANTIN-LANTHENAY – 41 Loir-et-Cher – 318 H7 – 17 395 h. – alt. 93 m – ✉ 41200 Châteaux de la Loire — 12 C2

Paris 202 – Blois 42 – Bourges 74 – Orléans 67

place de la Paix, ✆ 02 54 76 43 89, www.tourisme-romorantin.com

Maisons anciennes★ **B** - Vues des ponts★ - Musée de Sologne★ **M²**.

Grand Hôtel du Lion d'Or

69 r. Clemenceau – ✆ 02 54 94 15 15 – www.hotel-liondor.fr
– *Fermé 19 fév.-30 mars* — **a**
13 ch – †140/500 € ††140/500 € – 3 suites – ☕ 24 €
Rest ***Grand Hôtel du Lion d'Or*** ✿ – voir les restaurants ci-après

◆ Cette belle demeure Renaissance (avec des encadrements de pierre caractéristiques en façade) est hôtel depuis 1774 ! Confort exquis, espace, charmant nid de verdure et... sens de l'accueil peaufiné par les siècles.

Pyramide

r. Pyramide, par① – ✆ 02 54 76 26 34 – www.hotellapyramide.com
66 ch – †55/65 € ††55/65 € – ☕ 8 € – ½ P 50 €
Rest *(fermé 19 déc.-9 janv.)* – Formule 17 € – Menu 22/35 € – Carte 29/45 €

◆ Pour l'étape, un hôtel moderne voisin d'un complexe culturel. Chambres fonctionnelles et bien tenues ; grand parking. Cuisine traditionnelle sans prétention.

ROMORANTIN-LANTHENAY

Brault (R. Porte) 2
Capucins (R. des) 4
Clemenceau (R. Georges) 6
Four-à-Chaux (R. du) 8
Gaulle (Pl. Gén.-de) 10
Hôtel Dieu (Mail de l') 18
Ile-Marin (Quai de l') 13
Jouanettes (R. des) 14
Lattre-de-Tassigny (Av. du Mar. de) 15
Limousins (R. des) 17
Milieu (R. du) 20
Orléans (Fg d') 22
Paix (Pl. de la) 23
Pierre (R. de la) 24
Prés.-Wilson (R. du) 26
Résistance (R. de la) 28
St-Roch (Fg) 30
Sirène (R. de la) 33
Tour (R. de la) 34
Trois-Rois (R. des) 36
Verdun (R. de) 37

Grand Hôtel du Lion d'Or (Didier Clément)
69 r. Clemenceau – ✆ 02 54 94 15 15 – www.hotel-liondor.fr – Fermé 19 fév.-30 mars et mardi midi a
Rest *(réserver)* – Formule 48 € – Menu 63 € (déj. en sem.), 100/140 € – Carte 115/165 €
Spéc. Variation d'asperges blanches ou de girolles de Sologne (saison). Pigeon farci façon babylonienne. Fraises confites comme une confiture, lait glacé (printemps-été). **Vins** Cour-Cheverny, Touraine.
◆ Dans la capitale de la Sologne, une bonne table au service des produits de tradition – mention spéciale au pigeon –, très frais et relevés de quelques notes d'ailleurs (épices, condiments...). Belle carte de vins de Loire.

RONCE-LES-BAINS – 17 Charente-Maritime – 324 D5 – ✉ 17390 — 38 A2
La Tremblade Poitou Vendée Charentes
Paris 505 – Marennes 9 – Rochefort 31 – La Rochelle 68
50, avenue Gabrielle Ronce les Bains, ✆ 05 46 36 06 02, www.la-tremblade.com

Le Grand Chalet
2 av. La Cèpe – ✆ 05 46 36 06 41 – www.legrandchalet.net – Fermé 4 nov.-9 fév.
26 ch – †51/91 € ††50/90 € – ☕ 9 € – ½ P 60/80 €
Rest ***Le Grand Chalet*** – voir les restaurants ci-après
◆ Un Chalet... surplombant la mer, avec un accès direct à la plage. Les chambres, au décor un brin suranné, sont simples et propres... Préférez-les côté Oléron, pour la vue !

Le Grand Chalet
2 av. La Cèpe – ✆ 05 46 36 06 41 – www.legrandchalet.net – Fermé 4 nov.-9 fév., lundi midi et mardi
Rest – Menu 28/39 € – Carte 40/65 €
◆ Sardines marinées dans une bonne sauce à l'escabèche, andouillette de cabillaud... Dans ce restaurant de bord de mer, la cuisine – traditionnelle – se révèle goûteuse, bien faite et tout simplement bonne.

RONCHAMP – 70 Haute-Saône – 314 H6 – 2 891 h. – alt. 380 m – ✉ 70250 — 17 C1
Franche-Comté Jura
Paris 399 – Belfort 22 – Besançon 88 – Lure 12
14, place du 14 Juillet, ✆ 03 84 63 50 82, www.ot-ronchamp.fr
Chapelle Notre-Dame-du-Haut★★.

au Rhien 3 km au Nord – ✉ 70250 Ronchamp

Rhien Carrer
14 r. d'Orière – ✆ 03 84 20 62 32 – www.ronchamp.com
19 ch – †48/50 € ††62/66 € – ☕ 8 € – ½ P 48/50 €
Rest *(fermé dim. soir d'oct. à mars)* – Formule 12 € – Menu 24/45 € – Carte 25/55 €
◆ En pleine nature ! Dans cet agréable hôtel familial, préférez les chambres récemment rénovées dans un plaisant esprit contemporain. À table, le terroir et les spécialités franc-comtoises sont à l'honneur. Terrasse dans la verdure.

à Champagney 4,5 km à l'Est par D 4 – 3 665 h. – alt. 370 m – ✉ 70290

Le Pré Serroux
4 av. Gén. Brosset – ✆ 03 84 23 13 24 – www.lepreserroux.com – Fermé 24 déc.-15 janv.
25 ch – †83 € ††83 € – ☕ 12 € – ½ P 69 €
Rest *(fermé sam. midi et dim.)* – Menu 15/55 € – Carte 30/53 €
◆ Hôtel au décor original (collection de motos, mobylettes et machines à coudre). Chambres confortables, en partie meublées dans le style régional. Piscine couverte. Salle d'inspiration Art nouveau pour une cuisine de tradition ; belle sélection de vins.

LE ROND-D'ORLÉANS – 02 Aisne – 306 B5 – rattaché à Chauny

ROOST-WARENDIN – 59 Nord – 302 G5 – rattaché à Douai

ROPPENHEIM – 67 Bas-Rhin – 315 M3 – 932 h. – alt. 117 m – ✉ 67480 1 B1

▶ Paris 503 – Haguenau 25 – Karlsruhe 41 – Strasbourg 48

A l'Agneau

11 r. Principale – ✆ 03 88 86 40 08 – http://auberge-agneau.com
– Fermé 15 juil.-12 août, 20 déc.-9 janv., dim. et lundi
Rest *(fermé le midi)* – Carte 29/63 €
◆ Une maison typiquement alsacienne dont on apprécie la table généreuse (cuisine du pays et spécialités de viandes) et l'ambiance très conviviale. Simple et authentique !

ROQUEBRUNE-CAP-MARTIN – 06 Alpes-Maritimes – 341 F5 42 E2
– alt. 257 m – ✉ 06190 Côte d'Azur

▶ Paris 953 – Menton 3 – Monaco 9 – Monte-Carlo 7
ℹ 218, avenue Aristide Briand, ✆ 04 93 35 62 87, www.roquebrune-cap-martin.com
◉ Village perché★★ : rue Moncollet★, ✳★★ du donjon★ - Cap Martin ≤★★ X - ≤★★ du belvédère du Vistaëro SO : 4 km.
◉ Site★ de Gorbio N : 8 km par D 50.

Plans : voir à Menton.

Victoria sans rest

7 promenade Cap-Martin – ✆ 04 93 35 65 90 – www.hotel-victoria.fr
32 ch – †89/179 € ††99/189 € – ☕ 12 € AVk
◆ Cet hôtel sympathique a bénéficié d'une cure de jouvence en 2010. Résultat, des chambres design, tout en blanc et bleu. Un bel emplacement sur le front de mer (grands balcons), idéal pour découvrir Menton ou Monaco.

Le Roquebrune

100 av. J. Jaurès, par ③ et rte de Monaco (D 6098) par basse corniche – ✆ 04 93 35 00 16 – www.le-roquebrune.com – Fermé 20 nov.-20 déc.
6 ch – †95/170 € ††110/190 € – ☕ 12 €
Rest *(dîner seult) (réserver)* – Menu 45/125 €
◆ À quelques minutes de la principauté, cet hôtel de charme surplombe la mer. Les chambres sont fraîches et lumineuses et invitent au repos, surtout celles avec une terrasse fleurie. Les résidents peuvent, sur réservation, goûter une cuisine locale qui fait la part belle aux légumes et au poisson.

Les Deux Frères avec ch

pl. des Deux Frères, au village, 3,5 km par ③ – ✆ 04 93 28 99 00 – www.lesdeuxfreres.com
10 ch – †75/110 € ††75/110 € – ☕ 9 €
Rest *(fermé 1 sem. en mars, 15 nov.-15 déc., dim. soir, mardi midi et lundi)* – Menu 28 € bc (déj.)/48 €
◆ La vue de la terrasse est à couper le souffle : la mer ondoie au soleil et l'on peut contempler Monaco tout en mangeant... Pour ceux qui ne voudraient plus bouger, l'établissement propose des chambres thématiques ("Afrique", "1 001 nuits", "Nuit de noce", etc.).

L'Hippocampe

44 av. W.-Churchill – ✆ 04 93 35 81 91 – http://l-hippocampe.org
– Fermé 10 nov.-27 déc. et le soir de nov. à avril AVh
Rest *(réserver)* – Formule 22 € bc – Menu 35/45 € – Carte 34/101 €
◆ Un emplacement superbe, avec une vue magnifique sur la baie de Menton. On vient là pour déguster, entre autres, du filet de sole en brioche – grand classique de la maison –, de la bouillabaisse ou du coq au vin (sur commande).

LA ROQUE-D'ANTHÉRON – 13 Bouches-du-Rhône – 340 G3 42 E1
– 5 078 h. – alt. 183 m – ✉ 13640 Provence

▶ Paris 726 – Aix-en-Provence 29 – Cavaillon 34 – Manosque 60
ℹ 3, cours Foch, ✆ 04 42 50 70 74
◉ Abbaye de Silvacane★★ E : 2 km.

Mas de Jossyl

av. du Parc – ✆ 04 42 50 71 00 – www.masdejossyl.com – Fermé 20 août-2 sept.
28 ch – †80/138 € ††82/154 € – ☐ 12 € – ½ P 65/110 €
Rest *(ouvert d'avril à oct. et fermé dim. soir, lundi midi et mardi midi)* – Formule 12 € – Menu 15 € (déj. en sem.), 20/27 € – Carte 26/55 €

◆ Face au parc du château de Florans (17e s.), hôtel familial dans un mas récent aux chambres sobres et bien tenues, parfait pour assister au Festival international de piano. Cuisine régionale servie dans une grande salle lumineuse ou sur la terrasse ombragée.

ROQUEFORT – 40 Landes – 335 J10 – 1 920 h. – alt. 69 m – ✉ 40120 3 B2

Aquitaine

Paris 667 – Bordeaux 107 – Mont-de-Marsan 23 – Saint-Pierre-du-Mont 31

1 place Soleil d'Or, Mairie, ✆ 05 58 45 50 46

Le Logis de St-Vincent rest,

76 r. Laubaner – ✆ 05 58 45 75 36 – www.logis-saint-vincent.com – Fermé 29 avril-6 mai, 27 juin-8 juil., 26 oct.-11 nov., 2-18 mars
6 ch – †69/117 € ††69/117 € – 1 suite – ☐ 16 €
Rest *(fermé dim.) (réserver)* – Menu 30/45 €

◆ Cette maison de maître du 19e s. a du cachet : parquet d'origine, murs en pierre, mobilier de style... Le propriétaire, un Hollandais très accueillant, aime à décrire les objets que son père a rapportés de voyages lointains. Dans la salle à manger, une petite table est réservée aux amoureux ; cuisine traditionnelle.

ROQUEFORT-LES-PINS – 06 Alpes-Maritimes – 341 D6 – 6 346 h. – alt. 184 m – ✉ 06330 42 E2

Paris 912 – Cannes 18 – Grasse 14 – Nice 25

Centre Culturel R D 2085, ✆ 04 93 09 67 54

Auberge du Colombier

au Colombier, rte de Nice, sur D 2085 – ✆ 04 92 60 33 00 – www.auberge-du-colombier.com – Ouvert d'avril à oct.
19 ch – †70/100 € ††80/110 € – 2 suites – ☐ 10 € – ½ P 80/100 €
Rest *(fermé merc. midi et mardi)* – Menu 23/39 € – Carte 60/90 €

◆ Devant cette grande maison jaune, un superbe chêne plusieurs fois centenaire, sans même parler du très joli parc dominant la vallée... Ici, les amateurs de nature seront comblés ! Chambres rustiques, très agréable piscine et soirées grillades les vendredis soir en saison.

LA ROQUE-GAGEAC – 24 Dordogne – 329 I7 – 412 h. – alt. 85 m – ✉ 24250 4 D3

Périgord Quercy

Paris 535 – Brive-la-Gaillarde 71 – Cahors 53 – Périgueux 71

le Bourg, ✆ 05 53 29 17 01, www.cc-perigord-noir.fr

Site★★.

La Belle Étoile avec ch rest,

Le Bourg – ✆ 05 53 29 51 44 – www.belleetoile.fr – Ouvert 1er avril-1er nov. et fermé merc. midi et lundi
15 ch – †55/65 € ††55/75 € – ☐ 10 € – ½ P 83 €
Rest – Formule 26 € – Menu 29/50 €

◆ Plats de tradition gourmands et généreux à savourer dans une atmosphère rustique ou sous la treille, face à la Dordogne. Chambres confortables pour l'étape.

Auberge La Plume d'Oie avec ch

Le Bourg – ✆ 05 53 29 57 05 – www.aubergelaplumedoie.com – Fermé 15 nov.-20 déc., 10 janv. à mi-mars, mardi hors saison et lundi sauf le soir en juil.-août
4 ch – †75/90 € ††75/90 € – ☐ 13 €
Rest *(nombre de couverts limité, réserver)* – Menu 29/48 € – Carte 50/81 €

◆ Cette demeure ancienne abrite un restaurant coquet et rustique : pierres, poutres et vue sur les gabares. En cuisine, on revisite la tradition avec des produits frais. Petites chambres bien tenues, pour une étape dans ce village magnifique.

rte de Vitrac au Sud-Est par D 703 – ✉ 24250 La-Roque-Gageac

Le Périgord
à 3 km – ✆ 05 53 28 36 55 – www.hotelleperigord.eu – Fermé 1er janv.-29 fév.
39 ch – †65/83 € ††65/83 € – ☕ 9 € – ½ P 62/82 €
Rest ***Le Périgord*** – voir les restaurants ci-après
◆ Au pied de la bastide de Domme, cette maison d'allure régionale est entourée d'un grand jardin. Chambres d'esprit rustique, simples et bien tenues.

Les Prés Gaillardou
rte D46 – ✆ 05 53 59 67 89 – www.les-pres-gaillardou.com – Fermé 15 déc.-13 fév., mardi soir hors saison, merc. sauf le soir de juin à sept. et sam. midi
Rest – Formule 15 € – Menu 20 €, 26/45 €
◆ Murs en pierre, belle cheminée et poutres font le charme de cette ancienne ferme tenue en famille. L'ambiance est bucolique, et les menus du terroir vraiment intéressants.

Le Périgord – Hôtel Le Périgord
à 3 km – ✆ 05 53 28 36 55 – www.hotelleperigord.eu – Fermé 1er janv.-29 fév., lundi et mardi sauf de mai à mi-oct.
Rest – Formule 19 € – Menu 25/45 € – Carte 43/53 €
◆ Un lieu champêtre et convivial (véranda, jolie terrasse) au service d'une cuisine concoctée par un jeune chef et solidement ancrée sur ses bases périgourdines – enseigne oblige !

LA ROQUE-SUR-PERNES – 84 Vaucluse – **332** D10 – 416 h. – alt. 250 m – ✉ 84210 **42** E1
▶ Paris 697 – Avignon 34 – Marseille 99 – Salon-de-Provence 49

Château la Roque
263 chemin du Château – ✆ 04 90 61 68 77 – www.chateaularoque.com – Fermé 4 janv.-10 fév.
5 ch – †150/280 € ††150/280 € – ☕ 23 € – ½ P 140/205 €
Rest *(fermé dim., lundi et mardi) (dîner seult) (résidents seult)* – Menu 46/60 €
◆ Ce château du 11e s. a été magnifiquement restauré. Chambres raffinées et spacieuses ; terrasses en restanques et belle piscine dans la roche. Vue provençale époustouflante ! Repas concoctés par le maître des lieux et pris dans la salle templière ou le jardin.

ROQUETTE-SUR-SIAGNE – 06 Alpes-Maritimes – **341** C6 – 4 976 h. – alt. 12 m – ✉ 06550 **42** E2
▶ Paris 912 – Antibes 20 – Marseille 165 – Nice 44

La Terrasse
484 av. de la République, (quartier Saint-Jean) – ✆ 04 92 19 04 88 – www.restaurantlaterrasse-06.com – Fermé 24-30 déc., sam. midi, dim. et fériés
Rest – Formule 15 € – Menu 29/45 € – Carte 46/68 €
◆ À l'entrée du village, c'est le genre d'établissement où l'on a tout de suite l'impression d'être en vacances, peut-être à cause des bois exotiques, des plantes vertes ou des menus proposés : très "Sud".

ROSAY – 78 Yvelines – **311** G2 – rattaché à Mantes-la-Jolie

---

ROSBRUCK – 57 Moselle – **307** M4 – rattaché à Forbach

ROSCOFF – 29 Finistère – **308** H2 – 3 648 h. – alt. 7 m – Casino – ✉ 29680 Bretagne **9** B1
▶ Paris 563 – Brest 66 – Landivisiau 27 – Morlaix 27
ℹ Quai d'Auxerre, ✆ 02 98 61 12 13, www.roscoff-tourisme.com
◉ Église N.-D.-de-Croaz-Batz★ - Jardin exotique★.

Plan page suivante

Le Brittany

bd Ste-Barbe – ✆ 02 98 69 70 78 – www.hotel-brittany.com – Ouvert 16 mars-11 nov.
22 ch – 🛉130/280 € 🛉🛉150/280 € – 2 suites – ☕ 25 € **Za**
Rest ***Le Yachtman*** – voir les restaurants ci-après
◆ Ce beau manoir du 17es. fut démonté puis reconstruit à l'identique sur le port de la petite cité corsaire ! Chambres au charme discret, salons cossus, spa avec piscine, sens de l'accueil : tout est mis en œuvre pour que l'on se sente bien.

Le Temps de Vivre sans rest

pl. de l'Église – ✆ 02 98 19 33 19 – www.letempsdevivre.net – Fermé 1 sem. fin nov., dim. et lundi en hiver **Ye**
15 ch – 🛉95/268 € 🛉🛉95/268 € – ☕ 14 €
◆ Plusieurs maisons corsaires, pétries du charme âpre de la pierre, pour de grandes chambres épurées. Extrêmement raffinées dans leur dépouillement (pierre, wengé, chêne), elles s'enroulent autour d'un patio fleuri ; certaines regardent la mer.

Talabardon

27 pl. Lacaze Duthiers, (près de l'église) – ✆ 02 98 61 24 95 – www.hotel-talabardon.com – Ouvert de début mars à début nov.
37 ch – 🛉81/175 € 🛉🛉95/189 € – ☕ 12 € – ½ P 77/124 € **Yb**
Rest *(fermé dim. soir et jeudi)* – Formule 15 € – Menu 19/47 € – Carte 42/75 €
◆ Bien que situé dans une des rues pittoresques de Roscoff, juste à côté de l'église (superbe !), cet hôtel est un exemple de confort moderne. Bien sûr, les chambres les plus prisées ont vue sur la mer et la jetée. Le restaurant aussi, et c'est un vrai plaisir d'y déguster coquillages, poissons et crustacés.

La Résidence sans rest

14 r. des Johnnies – ✆ 02 98 69 74 85 – www.hotelroscoff-laresidence.fr – Ouvert 10 fév.-30 nov. **Yf**
30 ch – 🛉59/89 € 🛉🛉59/89 € – ☕ 9 €
◆ Dans un quartier calme près du port et de l'église, cet hôtel a entamé sa transformation en 2011. Ses chambres sont désormais plus élégantes, contemporaines, dominées par des teintes enveloppantes. L'accueil, lui, est toujours aussi aimable.

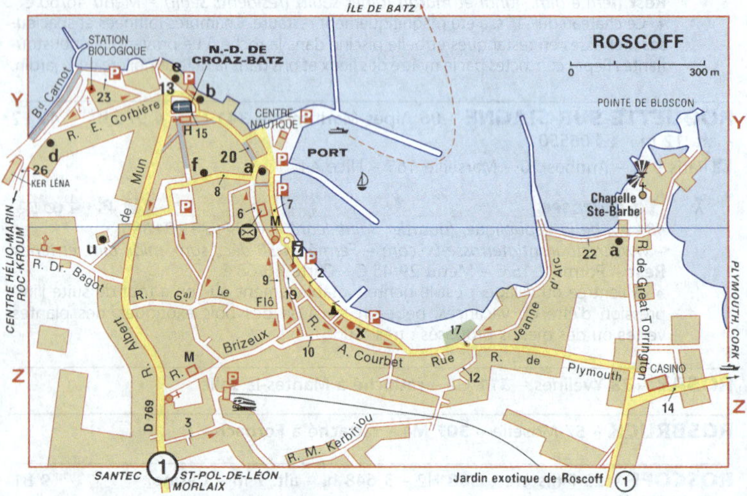

Auxerre (Quai d')	Z 2	Keranveyer (R. de)	Z 10	République (Pl. de la)	Z 19
Capucins (R. des)	Z 3	Kléber (R.)	Z 12	Reveillère (R. Amiral)	Y 20
Gambetta (R.)	Y 6	Lacaze-Duthiers (Pl.)	Y 13	Ste-Barbe (Bd)	Z 22
Gaulle (Q. Ch.-de)	Y 7	Lannurien (R. G.-de)	Z 14	Tessier (Pl. G.)	Y 23
Johnies (R. des)	Y 8	Pasteur (R. L.)	Y 15	Victor-Hugo (R.)	Y 26
Jules-Ferry (R.)	Z 9	Pen al Leur (Pl. de)	Z 17		

Armen Le Triton sans rest
r. du Dr. Bagot – ✆ 02 98 61 24 44 – www.hotel-le-triton.com **Zu**
44 ch – 44/65 € 49/89 € – 8 €
◆ Repos garanti dans cet établissement situé à deux pas du centre-ville et des plages. Une adresse à choisir également pour ses prix raisonnables et ses chambres colorées, pimpantes dans leur esprit déco. Petits-déjeuners face au jardin.

Aux Tamaris sans rest
49 r. Edouard Corbière – ✆ 02 98 61 22 99 – www.hotel-aux-tamaris.com – Ouvert 11 fév.-6 janv. **Yd**
25 ch – 59/109 € 59/109 € – 10 €
◆ Calme et confortable, un hôtel un peu excentré, juste en face de la mer. Les chambres déclinent elles aussi la panoplie du charme marin (voiles, phares, plancher en bois, etc). Et puis, on prend son petit-déjeuner devant l'île de Batz...

Du Centre
le Port – ✆ 02 98 61 24 25 – www.chezjanie.com – Ouvert de mi-fév. à mi-nov.
16 ch – 60/125 € 61/126 € – 10 € **Ya**
Rest *(fermé dim. soir et mardi sauf juil.-août)* – Formule 13 € bc – Carte 23/31 €
◆ Pour prendre le premier bateau pour l'île de Batz, c'est parfait ! Les chambres, en gris et rouge, s'exposent côté port ou côté ville ; des poèmes sur les murs veillent sur vos nuits. Crustacés, salades, moules et tartines composées se donnent rendez-vous au restaurant, face à la mer.

Le Yachtman – Hôtel Le Brittany
bd Ste-Barbe – ✆ 02 98 69 70 78 – www.hotel-brittany.com – Ouvert 1er mars-10 nov. et fermé lundi **Za**
Rest *(dîner seult sauf dim.)* – Menu 48 € (sem.), 65/98 € – Carte 80/140 €
Spéc. Tourteau et oignons rosés de Roscoff. Sole épaisse panée au blé noir. Kouign amann.
◆ Ce Yachtman est bien élégant avec sa grande cheminée en pierre et ses fenêtres voûtées s'ouvrant sur le spectacle splendide de la baie. Gastronomie marine, portée par l'extrême qualité et la fraîcheur tout océane des produits de la région.

L'Écume des Jours
quai d'Auxerre – ✆ 02 98 61 22 83 – www.ecume-roscoff.fr – Fermé 15 déc.-31 janv., mardi et merc. sauf juil.-août **Zx**
Rest – Formule 20 € – Menu 29/53 € – Carte 45/75 €
◆ Il faut marcher un peu vers le phare, face au port, pour trouver cette maison d'armateur (16ᵉs.) qui a su conserver tout son charme d'antan. La cuisine est soignée, portée par de belles saveurs marines, délicatement parfumées.

ROSENAU – 68 Haut-Rhin – 315 J11 – 2 011 h. – alt. 230 m – ✉ 68128 1 B3

Paris 492 – Altkirch 25 – Basel 15 – Belfort 70

Au Lion d'Or
5 r. Village Neuf – ✆ 03 89 68 21 97 – www.auliondor-rosenau.com – Fermé 9-26 juil.-14 août, une sem. vacances de fév., lundi et mardi
Rest – Menu 19 € (déj. en sem.), 25/38 € – Carte 25/39 €
◆ Une auberge sympathique et élégante, tenue par la même famille depuis 1928. Le chef mêle avec brio saveurs d'aujourd'hui et richesses du terroir : ici, on mange bien ! La sélection de vins au verre est courte, mais bien ficelée.

ROSHEIM – 67 Bas-Rhin – 315 I6 – 4 730 h. – alt. 190 m – ✉ 67560 1 A2

Alsace Lorraine
Paris 485 – Erstein 20 – Molsheim 9 – Obernai 6
94, rue du Général-de-Gaulle, ✆ 03 88 50 75 38
Église St-Pierre et St-Paul★.

Hostellerie du Rosenmeer

45 av. de la Gare, 2 km au Nord-Est sur D 35 – ✆ 03 88 50 43 29 – www.le-rosenmeer.com – Fermé 25 juil.-9 août et 15 fév.-8 mars

20 ch – †45/50 € ††61/98 € – ☕ 10 € – ½ P 80/98 €

Rest *Hostellerie du Rosenmeer* ✿ **Rest *Winstub d'Rosemer*** – voir les restaurants ci-après

◆ Cet hôtel d'inspiration alsacienne borde le ruisseau qui lui a donné son nom. Les chambres sont de facture classique ou plus contemporaine. Et l'étape gastronomique est tentante...

Hostellerie du Rosenmeer (Hubert Maetz)

45 av. de la Gare, 2 km au Nord-Est sur D 35 – ✆ 03 88 50 43 29 – www.le-rosenmeer.com – Fermé 25 juil.-9 août, 15 fév.-8 mars, dim. soir, lundi et merc.

Rest – Menu 33 € bc (déj. en sem.), 50 € bc/116 € bc – Carte 50/80 €

Spéc. Foie gras de canard d'Alsace poêlé, cappuccino au jus de fleurs de molène. Dorade aux olives et à l'hysope (juil. à oct.). Choux sablés aux mûres, crème fromagère à la sarriette (août à oct.). **Vins** Sylvaner.

◆ Il fallait un décor sobre et contemporain pour mettre en valeur la cuisine volontiers inventive d'Hubert Maetz. La carte privilégie des produits d'une extrême fraîcheur, travaillés avec finesse, et la terre d'Alsace, y compris sa flore (coulis d'orties, jus de racine de primevère, ail des ours...).

Auberge du Cerf

120 r. du Gén.-de-Gaulle – ✆ 03 88 50 40 14 – www.aubergeducerf-rosheim.com – Fermé 17-29 janv., dim. soir et lundi

Rest – Menu 15/20 € – Carte 26/45 €

◆ Au cœur de la cité vigneronne, dégustez une cuisine traditionnelle et régionale dans une auberge à colombages, joliment fleurie.

La Petite Auberge

41 r. du Gén.-de-Gaulle – ✆ 03 88 50 40 60 – www.petiteauberge.fr – Fermé 15-30 juin, jeudi soir et merc.

Rest – Menu 22/39 € – Carte 26/46 €

◆ Dans la rue principale, maison alsacienne typique abritant un restaurant habillé de boiseries. Nombreux menus traditionnels et, chaque jour, suggestions du marché.

Winstub d'Rosemer – Hostellerie du Rosenmeer

45 av. de la Gare, 2 km au Nord-Est sur D 35 – ✆ 03 88 50 43 29 – www.le-rosenmeer.com – Fermé 25 juil.-9 août, 15 fév.-8 mars, dim. et lundi

Rest – Menu 32 € bc – Carte 20/42 €

◆ Qui dit winstub dit tradition ! Celle-ci ne déroge pas à la règle... Pâté en croûte et foie gras maison, hareng frais accompagné de munster et d'un verre de gewurztraminer : tout cela attire les gourmands.

LA ROSIÈRE – 14 Calvados – 303 I4 – rattaché à Arromanches-les-Bains

---

LA ROSIÈRE 1850 – 73 Savoie – 333 O4 – alt. 1 850 m – Sports d'hiver : 1 100/2 600 m 20 – ✉ 73700 Montvalezan Alpes du Nord 45 D2

Paris 657 – Albertville 76 – Bourg-St-Maurice 22 – Chambéry 125

Relais du Petit St-Bernard

✆ 04 79 06 80 48 – www.petit-saint-bernard.com – Ouvert 23 juin-9 sept. et 14 déc.-22 avril

20 ch – †37/61 € ††50/85 € – ☕ 8 € – ½ P 53/63 €

Rest – ✆ 04 79 40 19 38 – Formule 13 € – Menu 16/32 € – Carte 23/42 €

◆ Ce petit St-Bernard propose le gîte et le couvert au pied des pistes : chambres rustiques, bien tenues (certaines dotées d'un balcon panoramique) et taverne. Cuisine simple et rapide le midi, traditionnelle (dont spécialités savoyardes) le soir.

LES ROSIERS-SUR-LOIRE – 49 Maine-et-Loire – 317 H4 – 2 340 h. 35 C2 – alt. 22 m – ✉ 49350 Châteaux de la Loire

▶ Paris 304 – Angers 32 – Baugé 27 – Bressuire 66

ℹ place du Mail, ✆ 02 41 51 90 22, www.les-rosiers-sur-loire.com

XXX **La Toque Blanche**

2 r. Quarte, rte d'Angers – ✆ 02 41 51 80 75 – Fermé 12-28 nov., 7-30 janv., mardi et merc.

Rest – Menu 27 € bc (sem.), 43/54 €

◆ De larges fenêtres s'ouvrent sur le fleuve : idéal pour déguster un sandre au beurre blanc, de l'anguille ou d'autres recettes régionales arrosées de vin de Loire.

XX **Au Val de Loire** avec ch

AC rest, VISA

pl. de l'Église – ✆ 02 41 51 80 30 – www.au-val-de-loire.com – Fermé 15 fév.-15 mars, jeudi soir, dim. soir et lundi

8 ch – †55 € ††55/65 € – ☕ 8 € – ½ P 47/52 €

Rest – Formule 15 € – Menu 26/44 € – Carte 45/60 €

◆ Plantes aromatiques et fleurs apportent un zeste d'originalité à la cuisine traditionnelle, souvent à base de poisson, de cette hostellerie familiale. Les chambres, elles aussi, portent des noms de fleurs et méritent que l'on s'y arrête pour la nuit.

ROSPEZ – 22 Côtes-d'Armor – 309 B2 – rattaché à Lannion

ROSTRENEN – 22 Côtes-d'Armor – 309 C5 – 3 390 h. – alt. 216 m – ✉ 22110 9 B2

▶ Paris 485 – Carhaix-Plouguer 22 – Quimper 71 – St-Brieuc 58

ℹ 6, rue Abbé Gilbert, ✆ 02 96 29 02 72, www.tourismekreizbreizh.com

XX **L'Éventail des Saveurs** (Laurent Bacquer)

VISA

3 pl. Bourg-Coz – ✆ 02 96 29 10 71 – www.restaurant-eventail-des-saveurs.com – Fermé 1er-15 juil., mardi soir de sept. à mai, merc. soir, dim. et lundi

Rest – Menu 18 € (déj. en sem.), 29/58 € – Carte 41/56 €

Spéc. Huîtres tièdes en sabayon d'Aubance, cappuccino d'échalote. Lotte poêlée, petits pois-sarriette et risotto de pomme de terre amandine au jus de coques. Traou mad au blé noir exotique, crème glacée petit suisse.

◆ Un véritable éventail de saveurs, de fait, où s'épanouissent avec largesse les arômes de beaux produits de la mer et du terroir régional. Le travail du chef – un passionné – révèle beaucoup de finesse, pour le plaisir des convives. Formule bistrot au déjeuner.

ROUBAIX – 59 Nord – 302 H3 – 95 893 h. – alt. 27 m – ✉ 59100 31 C2

Nord Pas-de-Calais Picardie

▶ Paris 232 – Kortrijk 23 – Lille 15 – Tournai 20

ℹ 12, place de la Liberté, ✆ 03 20 65 31 90, www.roubaixtourisme.com

18 du Sart, à Villeneuve-d'Ascq, 5 rue Jean Jaurès, S : 5 km, ✆ 03 20 72 02 51

18 de Brigode, à Villeneuve-d'Ascq, 36 avenue du Golf, S : 6 km, ✆ 03 20 91 17 86

36 de Bondues, à Bondues, Château de la Vigne, par D 9 : 8 km, ✆ 03 20 23 20 62

◉ Centre des archives du monde du travail - La Piscine★★, Musée d'Art et d'Industrie★ - Chapelle d'Hem★ (murs-vitraux★★ de Manessier) 5 km, voir plan de Lille.

Accès et sorties : voir plan de Lille

XX **Le Beau Jardin "Saveurs"**

VISA AE

av. Le Nôtre, (Le Parc Barbieux) – ✆ 03 20 20 61 85 – www.lebeaujardin.fr – Fermé le soir sauf vend. et sam. 3HSw

Rest – Formule 24 € – Menu 29 € – Carte 51/62 €

◆ Au cœur du magnifique parc de Barbieux. La vue sur le plan d'eau est très agréable et, dans l'assiette, c'est un festival de saveurs de saison. Côté brasserie (déjeuner en semaine), honneur aux spécialités régionales.

ROUEN 🅿 – **76 Seine-Maritime** – **304** G5 – **109 425 h.** **33** D2
– **Agglo. 389 862 h.** – **alt. 12 m** – ✉ **76000** Normandie Vallée de la Seine

Paris 134 – Amiens 122 – Caen 124 – Le Havre 87

Bac : de Dieppedalle ✆ 02 35 36 20 81 ; du Petit-Couronne ✆ 02 35 32 40 21.

de Rouen-Vallée de Seine : ✆ 02 35 79 41 00, par ③ : 10 km.

25, place de la Cathédrale, ✆ 02 32 08 32 40, www.rouentourisme.com

de Rouen Mont-St-Aignan, à Mont-Saint-Aignan, Rue Francis Poulenc, ✆ 02 35 76 38 65

De Léry Poses, à Poses, Base de Loisirs & de Plein Air, ✆ 02 32 59 47 42

de la Forêt-Verte, à Bosc-Guérard-Saint-Adrien, N : 15 km par D 121 et D 3, ✆ 02 35 33 62 94

★★Cathédrale Notre-Dame★★★ - Le Vieux Rouen★★★ : Église St-Ouen★★, Église St-Maclou★★ Aître St-Maclou★★, palais de justice★★, rue du Gros-Horloge★★, rue St-Romain★★ BZ, place du Vieux-Marché★ AY, - Verrière★★ de l'église Ste-Jeanne-d'Arc AY **D**, rue Ganterie★, rue Damiette★ CZ - 35, rue Martainville★ CZ - Église St-Godard★ BY - Demeure★ (musée national de l'Éducation) CZ **M15** - Vitraux★ de l'église St-Patrice - Musées : Beaux-Arts★★★, Le Secq des Tournelles★★ BY **M13**, Céramique★★ BY **M3**, départemental des Antiquités de la Seine-Maritime★★ CY **M1** - Musée national de l'Éducation★ - Jardin des Plantes★ EX - Corniche★★★ de la Côte Ste-Catherine★★★ - Bonsecours★★ FX, 3 km - Centre Universitaire ☀ ★★ EV.

St-Martin de Boscherville : anc. abbatiale St-Georges★★, 11 km par ⑦.

Plans pages suivantes

De Bourgtheroulde

15 pl. de la Pucelle – ✆ 02 35 14 50 50 – www.hotelsparouen.com AY**m**
78 ch – 195/380 € 240/380 € – 25 € – ½ P 133/163 €
Rest *L'Aumale* *(fermé dim. et lundi)* – Formule 36 € – Menu 55 € – Carte 56/80 €
Rest *La Brasserie des 2 Rois* – Formule 19 € – Menu 25 € – Carte 33/52 €
◆ En plein cœur du vieux Rouen, cet hôtel particulier du 16es. est un joyau ! Le bar impressionne, avec une verrière art déco et un plancher en verre dominant la piscine. L'esprit contemporain dans un cadre historique... Cuisine actuelle à l'Aumale ; plats traditionnels à la Brasserie des 2 Rois.

Mercure Champ de Mars

12 av. A. Briand – ✆ 02 35 52 42 32 – www.rouen-hotel.fr CZ**j**
121 ch – 85/160 € 95/175 € – 16 €
Rest *(fermé le midi du 14 juil. au 19 août et du 24 déc. au 1er janv., dim. midi et sam.)* – Menu 26 € – Carte 31/46 €
◆ Un hôtel séparé de la Seine par un boulevard au trafic dense, avec des chambres tout confort, très appréciées de la clientèle d'affaires. Restauration traditionnelle.

Mercure Centre sans rest

7 r. de la Croix de Fer – ✆ 02 35 52 69 52 – www.mercure.com BZ**f**
125 ch – 80/165 € 95/180 € – 1 suite – 17 €
◆ Un grand bâtiment à colombages dans le quartier piétonnier du vieux Rouen. Certaines chambres donnent sur la cathédrale et, côté déco, la littérature est à l'honneur.

Du Vieux Marché sans rest

15 r. de la Pie – ✆ 02 35 71 00 88 – www.bestwestern-hotel-vieuxmarche.com
48 ch – 122/142 € 142/162 € – 14 € AY**h**
◆ De vieilles maisons à deux pas de la place du Vieux-Marché. Les chambres, rénovées en 2009 dans un esprit contemporain, sont très calmes ; agréable solarium.

De Dieppe

rest,
pl. B. Tissot, (face à la gare) – ✆ 02 35 71 96 00 – www.hotel-dieppe.fr
41 ch – 100/140 € 100/140 € – 15 € BY**z**
Rest *Le Quatre Saisons* *(fermé 24 juil.-17 août, sam. midi et dim. soir)* – Formule 16 € – Menu 20/52 € – Carte 39/83 €
◆ Classicisme et confort de bon aloi dans cet hôtel tenu par la même famille depuis cinq générations ! Pratique (face à la gare) et sympathique. Célèbre pour sa recette de canard à la rouennaise, le Quatre Saisons fait honneur à la tradition.

Suite Novotel sans rest

10 quai de Boisguibert – ✆ 02 32 10 58 68 – www.suitenovotel.com
80 ch – 99/150 € 99/150 € – 13 € EV**t**
◆ Un hôtel récent avec des chambres d'esprit contemporain, vastes et claires, conçues aussi bien pour les hommes d'affaires que pour les familles (cuisinettes).

De l'Europe rest, ch.
87 r. aux Ours – ✆ 02 32 76 17 76 – www.h-europe.fr – Fermé 23 déc.-2 janv.
24 ch – †81/105 € ††130/180 € – ☕ 12 € – ½ P 80/100 € AZ**e**
Rest *(fermé 23 juil.-27 août et le soir du 3 au 23 juil.)* – Menu 18 € (déj. en sem.), 26/34 €
◆ Tout près du Rouen historique, un hôtel sympathique avec des chambres pratiques et très bien tenues, dont certaines thématiques et plus originales. Au dernier étage, belle perspective sur la ville. Restauration traditionnelle soignée.

Le Cardinal sans rest
1 pl. Cathédrale – ✆ 02 35 70 24 42 – www.cardinal-hotel.fr – Fermé mars
16 ch – †75/120 € ††80/130 € – ☕ 8 € BZ**r**
◆ Voisin de la somptueuse cathédrale Notre-Dame, cet établissement familial est simple et très bien tenu. L'été, on prend son petit-déjeuner en terrasse.

Dandy sans rest
93 bis r. Cauchoise – ✆ 02 35 07 32 00 – www.hotels-rouen.net AY**p**
18 ch – †80/125 € ††80/125 € – ☕ 11 €
◆ Dans une rue piétonne menant à la place du Vieux-Marché, un hôtel aux chambres classiques, mêlant toile de Jouy, style Louis XV ou Louis XVI. Mention spéciale pour l'accueil.

Le Clos Jouvenet sans rest
42 r. Hyacinthe-Langlois – ✆ 02 35 89 80 66 – www.leclosjouvenet.com – Fermé 15 déc.-15 janv. EV**a**
4 ch ☕ – †98/112 € ††105/120 €
◆ Sur les hauteurs de la ville, cette belle demeure bourgeoise du 19[e]s. est blottie dans un paisible jardin. Les chambres, charmantes, donnent sur le verger ou les clochers.

Gill (Gilles Tournadre)
9 quai de la Bourse – ✆ 02 35 71 16 14 – www.gill.fr – Fermé 22 avril-8 mai, 5-28 août, dim., lundi et fériés BZ**a**
Rest – Menu 37 € (déj. en sem.), 68/95 € – Carte 85/115 €
Spéc. Queues de langoustines croustillantes en chutney. Pigeon à la rouennaise. Millefeuille "minute" à la vanille. **Vins** Vin de pays du Calvados.
◆ Un lieu élégant et épuré, sur les quais de Seine. Gilles Tournadre, chef inventif et amoureux de son métier, met admirablement en scène les beaux produits normands, avec un credo : "Une cuisine simple."

Les Nymphéas
9 r. de la Pie – ✆ 02 35 89 26 69 – www.lesnympheas-rouen.com – Fermé 19 août-10 sept., vacances de fév., dim. et lundi sauf fériés
Rest – Menu 32 € (déj. en sem.), 42/52 € – Carte 65/91 € AY**h**
◆ À deux pas de la place du Vieux-Marché, une maison à colombages au fond d'une courette pavée. Le chef aime son métier et cela se sent : il réalise une belle cuisine classique.

Les P'tits Parapluies
pl. de la Rougemare – ✆ 02 35 88 55 26 – www.lesptits-parapluies.com – Fermé 3-23 août, sam. midi, dim. soir et lundi CY**e**
Rest – Menu 34 € (sem.), 44/52 € – Carte 44/60 €
◆ Saint-Jacques au topinambour, crème caramel au beurre salé... Dans cette ancienne fabrique de parapluies, la carte épouse l'air du temps, sans intempéries. Joli choix de vins.

La Couronne
31 pl. du Vieux Marché – ✆ 02 35 71 40 90 – www.lacouronne.com.fr
Rest – Menu 25 € (déj.), 35/75 € – Carte 80/100 € AY**d**
◆ Superbement préservée, cette maison normande de 1345 serait la plus vieille auberge de France ! Une institution locale, idéale pour savourer une agréable cuisine classique.

Le Reverbère
5 pl. de la République – ✆ 02 35 07 03 14 – Fermé une sem. en avril, 30 juil.-20 août et dim.
Rest – Menu 43/59 € – Carte 35/76 € BZ**e**
◆ Du rouge, du noir, des meubles Starck : un restaurant design sur les quais. Ici, le patron a la passion du produit et concocte une jolie cuisine du marché. Beau choix de vins, notamment de bordeaux.

ROUEN

DUCLAIR
D
D 927 MALAUNAY
DIEPPE A 151
LE HAVRE, YVETOT D 6015
MAROMME
FORÊT DE ROUMARE
DÉVILLE-LÈS-ROUEN
Route de Dieppe
BAPEAUME
M.I.N.
PORT
DUCLAIR, LILLEBONNE
ST-MARTIN-DE-BOSCHERVILLE
CANTELEU
CROISSET
Quai G. Flaubert
DIEPPEDALLE
Stalingrad
PETIT-QUEVILLY
F. Truffaut
Pl. du 8 Mai
BOIS CANY
Ch. de Gaulle
J.-F. Kennedy
Provinces
PARC DES PROVINCES
PARC D'ACTIVITÉS DU GRAND LAUNAY
Z.I. PORTUAIRE
L. Blum
P. Cézanne
G. Braque
GRAND-QUEVILLY
ZENITH
PARC DES EXPOSITIONS
Boulevard
PETIT-COURONNE
Z.I. DU POMMERET
SHELL
GRAND-COURONNE
CAEN A 13
LE HAVRE
PARIS
V
X

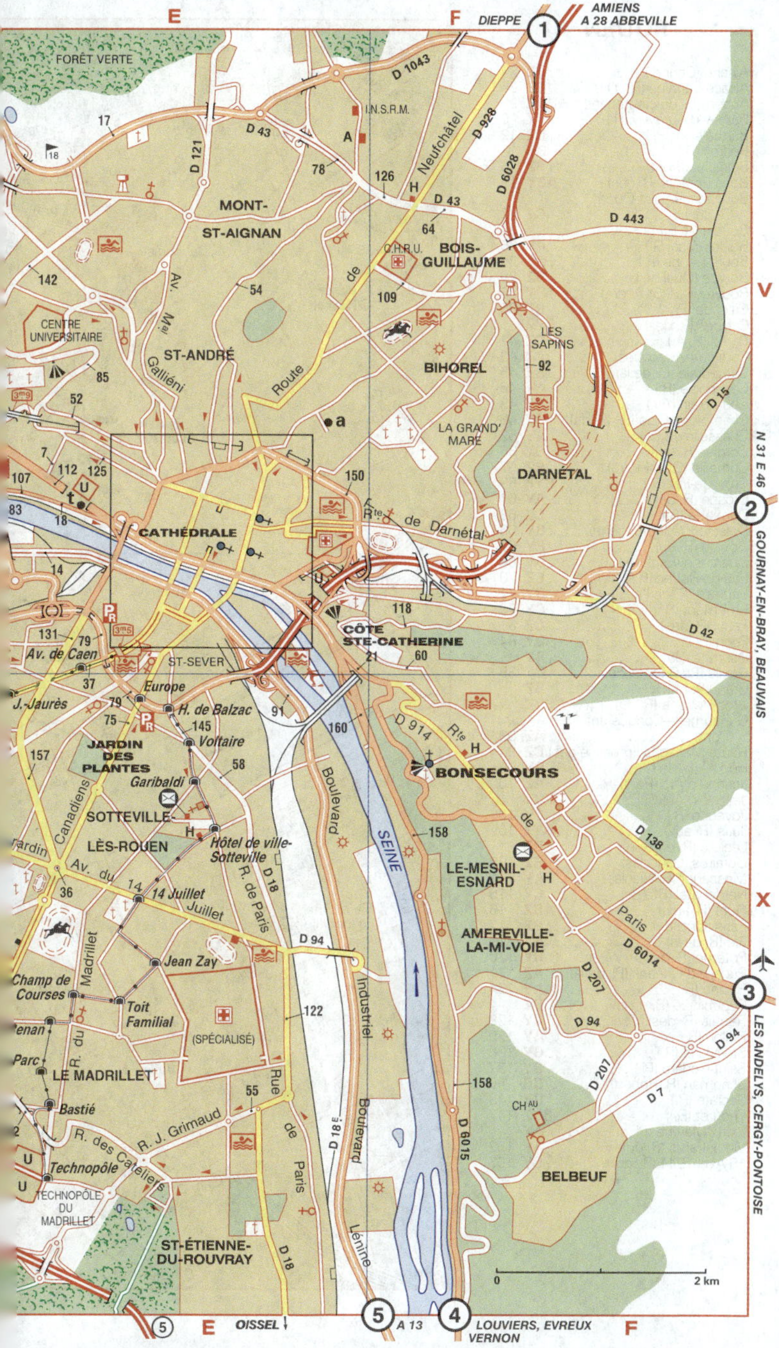
E
F
DIEPPE
AMIENS
A 28 ABBEVILLE
1
FORÊT VERTE
D 1043
I.N.S.R.M.
A
D 928
Neufchâtel
D 43
17
18
D 121
78
126
H
D 6028
D 443
MONT-
ST-AIGNAN
64
C.H.R.U.
BOIS-
GUILLAUME
142
54
de
109
V
CENTRE
UNIVERSITAIRE
Av.
Mal
Gallieni
ST-ANDRÉ
LES
SAPINS
92
85
Route
BIHOREL
D 15
52
a
LA GRAND'
MARE
N 31 E 46
7
112
125
107
U
150
DARNÉTAL
83
18
Rte de Darnétal
2
CATHÉDRALE
GOURNAY-EN-BRAY, BEAUVAIS
14
U
118
CÔTE
STE-CATHERINE
D 42
131
79
Av. de Caen
21
60
ST-SEVER
37
Europe
J.-Jaurès
79
H. de Balzac
91
75
145
Voltaire
160
D 914
Rte
H
JARDIN
DES
PLANTES
157
58
Garibaldi
BONSECOURS
Canadiens
SOTTEVILLE-
LÈS-ROUEN
H
Hôtel de ville-
Sotteville
Boulevard
SEINE
158
de
D 138
LE-MESNIL-
ESNARD
H
Av. du
14
36
14 Juillet
Juillet
R. de Paris
D 18
X
Paris
AMFREVILLE-
LA-MI-VOIE
D 6014
Madrillet
D 94
Jean Zay
D 207
Champ de
Courses
Toit
Familial
Industriel
3
(SPÉCIALISÉ)
122
D 94
D 94
R. du
Parc
LE MADRILLET
D 207
Rue
158
LES ANDELYS, CERGY-PONTOISE
55
D 7
Bastié
R. J. Grimaud
CHAU
R. des Canteleu
de
D 18E
Boulevard
D 6015
U
Technopôle
Paris
U
TECHNOPÔLE
DU
MADRILLET
BELBEUF
ST-ÉTIENNE-
DU-ROUVRAY
D 18
Lénine
0
2 km
5
E
OISSEL
5
A 13
4
LOUVIERS, EVREUX
VERNON
F

ROUEN

Albane (Cour d')	BZ	3
Alsace-Lorraine (R. d')	CZ	6
Aubert (Pl. du Lieutenant)	CZ	9
Barbey-d'Aurevilly (R.)	AZ	10
Barthélemy (Pl.)	BZ	12
Belfroy (R.)	BY	13
Boieldieu (Pont)	BZ	16
Bons-Enfants (R. des)	ABY	19
Boucheries-Saint-Ouen (R. des)	CZ	22
Boudin (R. E.)	BY	24
Boulet (Quai G.)	AY	25
Bourg-l'Abbé (R.)	CY	27
Bourse (Quai de la)	BZ	28
Bouvreuil (R. St-André)	BY	30
Calende (Pl. de la)	BZ	35
Carmes (R. des)	BYZ	
Carrel (R. A.)	CZ	42
Cartier (Av. Jacques)	AZ	43
Cathédrale (Pl. de la)	BZ	45
Cauchoise (R.)	AY	46
Champlain (Av.)	BZ	49
Champ-des-Oiseaux (R. du)	BY	48
Chasselièvre (R.)	AY	52
Cordier (R. du)	BY	56
Corneille (Quai Pierre)	BZ	57
Croix-de-Fer (R.)	BYZ	59
Crosne (R. de)	AY	61
Damiette (R.)	CZ	63
Delacroix (Allée Eugène)	BY	66
Donjon (R. du)	BY	67
Duchamp (Espl. M.)	BY	68
Eau-de-Robec (R.)	CZ	70
Écureuil (R. de l')	BY	72
Ernemont (R. d')	CY	76
Faulx (R. des)	CZ	81
Foch (Pl.)	BY	84
Ganterie (R.)	BY	
Gaulle (Pl. Général-de)	CY	89
Grand-Pont (R.)	BZ	
Gros-Horloge (R. du)	ABYZ	
Guillaume-le-Conquérant (Pont)	AZ	93
Hauts-Mariages (Impasse des)	CZ	94
Hôpital (R. de l')	BY	96
Jeanne-d'Arc (Pont)	AZ	100
Jeanne-d'Arc (R.)	BYZ	
Joyeuse (R.)	CY	101
Juifs (R. aux)	BYZ	102
Leclerc (R. du Gén.)	BZ	
Libraires (Cour des)	BZ	108
Mesnager (R. Nicolas)	AY	111
Neufchatel (Rte de)	CY	115
Ours (R. aux)	ABZ	116
Paris (Quai de)	BZ	117
Pie (R. de la)	AY	119
Poterne (R. de la)	BY	120
Pucelle-d'Orléans (Pl. de la)	AZ	121
Racine (R.)	AY	124
République (R. de la)	BZ	
Requis (R. des)	CY	128
Rollon (R.)	AY	129
Ste-Marie (R.)	CY	138
Saint-Godard (Pl.)	BY	137
Schuman (R. Robert)	CS	140
Socrate (R.)	BY	143
Thouret (R.)	BYZ	147
Vieux-Marché (Pl. du)	AY	
Vieux-Palais (R. du)	AY	152
19-Avril-1944 (Pl. du)	BY	155

B
C
Y
Z
ROUEN-R.D.
Gare-Rue Verte
St-Romain
Rue Bouquet
St-Maur
Bouvreuil
Marne
Tour Jeanne d'Arc
St-Patrice
Rue de l'Avalasse
Rue de l'Yser
Beauvoisine
Rampe Beauvoisine
R. de Bihorel
R. du Nord
Boulingrin
200 m
R. d'Écosse
Beauvoisine
Ricard
Louis
MUSÉE DES BEAUX-ARTS
SQUARE VERDREL
ST-GODARD
Lecanuet
Jeanne d'Arc
R. GANTERIE
Palais de Justice
PALAIS DE JUSTICE
St-Lô
Carmes
Pl. des Carmes
République
ST-OUEN
R. des Minimes
Poussin
R. de la Cage
Porte des Champs
ST-NICAISE
Rue de la Orbe
Av. de
R. St-Vivien
ST-VIVIEN
HORLOGE
Beffroi
Bureau des Finances
CATHÉDRALE
R. ST. ROMAIN
R. du Ruissel
Rue d'Amiens
AÎTRE ST-MACLOU
ST-MACLOU
R. MARTAINVILLE
Pl. St-Marc
Rue du Gd Pont
Gal Leclerc
Halle aux Toiles
HÔTEL DE RÉGION
SEINE
Pont Corneille
Bd Gambetta
ESPLANADE DU CHAMP-DE-MARS
Av. A. Briand
R. de l'Industrie
BUREAUX DU PORT FLUVIAL
HALTE DE PLAISANCE
Pl. St-Paul
ST-PAUL
Moulin
ÔTEL DU ARTEMENT
Place Carnot
Quai J. Anquetil
R. E. Flamand
ÎLE LACROIX
Jacques
Chastellain
Rue Stendhal
Pont Mathilde
ROUEN-R.-G.

Origine (Benjamin Lechevallier)
26 rampe Cauchoise – ✆ 02 35 70 95 52 – www.restaurant-origine.fr – Fermé 3 sem. en août, vacances de Noël, sam. midi, dim., lundi et fériés AYg
Rest – Menu 29 € (déj. en sem.), 47/59 €
Spéc. Cuisine du marché.
◆ Mariages de saveurs judicieux, belle maîtrise, fraîcheur et finesse : le jeune chef a fait ses classes chez les plus grands... La force des origines ? Il signe en tout cas une cuisine du marché très personnelle, qui ravit. Menus sans choix.

Minute et Mijoté
58 r. de Fontenelle, (angle rue Cauchoise) – ✆ 02 32 08 40 00 – http://minutemijote.canalblog.com/ – Fermé août et dim. AYb
Rest – Formule 16 € – Menu 20/30 € – Carte 36/43 €
◆ Des réclames rétro, des pochettes de disques, des objets anciens : ce bistrot nostalgique est très chaleureux ; on y sert une cuisine inspirée par les saisons.

Le 37
37 r. St-Étienne-des-Tonneliers – ✆ 02 35 70 56 65 – www.le37.fr – Fermé 29 avril-9 mai, 29 juil.-22 août, 1er-9 janv., dim., lundi et feriés
Rest – Formule 19 € – Menu 24 € – Carte environ 34 € BZv
◆ Bistrot tendance, ambiance décontractée et, au piano, un chef qui prépare une cuisine actuelle et des suggestions à l'ardoise changées chaque jour. Le 37 ? Un numéro gagnant !

La Place
26 pl. du Vieux-Marché – ✆ 02 35 71 97 06 – Fermé dim. et lundi AYs
Rest – Menu 18 € – Carte 23/35 €
◆ Un concept signé Gilles Tournadre, du Gill : un lieu chic et épuré ; une carte traditionnelle patinée d'Asie servie sous forme de petits plats à grignoter. Touche finale : le bar à cocktails.

à Martainville-Épreville **13 km à l'Est par D 13, D 43 et rte secondaire – 702 h. – alt. 152 m – ✉ 76116**

Sweet Home ch,
534 r. des Marronniers, accès par imp. Coquetier – ✆ 02 35 23 76 05 – http://jy.aucreterre.free.fr
4 ch – †52/91 € ††56/95 € **Table d'hôte** – Menu 26/45 €
◆ Cette maison des années 1970 a des airs de gentilhommière... Chambres douillettes et romantiques, bon petit-déjeuner et accueil chaleureux : idéal pour une retraite bucolique !

au Petit -Quevilly **3 km au Sud-Ouest – 21 860 h. – alt. 5 m – ✉ 76140**

Les Capucines
16 r. J. Macé – ✆ 02 35 72 62 34 – www.les-capucines.fr – Fermé 3 sem. en août, une sem. en janv., sam. midi, dim. soir et lundi DXs
Rest *(réserver)* – Menu 27/48 € – Carte 50/70 €
◆ Une maison rouennaise dans laquelle la famille Demoget cultive l'art de recevoir depuis trois générations ! Décor élégant et cuisine généreuse, ancrée dans notre époque.

ROUFFACH – 68 Haut-Rhin – 315 H9 – 4 636 h. – alt. 204 m – ✉ 68250 1 A3

Alsace Lorraine

Paris 479 – Basel 61 – Belfort 57 – Colmar 16

12A place de la République, ✆ 03 89 78 53 15, www.ot-rouffach.com

Alsace Golf Club, Moulin de Biltzheim, E : 2 km par D 8, ✆ 03 89 78 52 12

Château d'Isenbourg
rte de Plaffenheim – ✆ 03 89 78 58 50 – www.isenbourg.com
40 ch – †116/479 € ††116/479 € – 1 suite – 24 €
Rest – Formule 25 € – Menu 56/72 € – Carte 64/80 €
◆ Ce château du 18es., bordé de vignes, domine la vieille ville. Les chambres sont spacieuses et cossues, mais un peu anciennes. Pour se détendre sereinement, on profite de la piscine, du sauna et du restaurant...

Philippe Bohrer

r. Poincaré – ✆ 03 89 49 62 49 – www.philippe-bohrer.fr – Fermé 5-18 mars et 23 juil.-5 août

Rest *(fermé lundi midi, merc. midi et dim.)* – Menu 31/94 € – Carte 57/89 €

Spéc. Escalope de foie gras, choucroute au miel et vinaigrette aux baies de prunelles (automne). Omble chevalier du Val d'Orbey, pointes d'asperges vertes au parmesan (printemps-été). Fine tartelette aux brimbelles, crème brûlée aux noisettes torréfiées (automne). **Vins** Riesling, Pinot gris.

Rest *Brasserie Chez Julien* ✆ 03 89 49 69 80 – Formule 11 € – Menu 16/28 € – Carte 25/55 €

◆ Une belle demeure régionale à l'élégance bourgeoise et champêtre, pour une cuisine gastronomique associée à un judicieux choix de vins, notamment régionaux. Ambiance conviviale à la Brasserie Chez Julien, aménagée dans un ancien cinéma.

à Bollenberg 6 km au Sud-Ouest par D 83 et rte secondaire – ✉ 68250 Westhalten

Auberge au Vieux Pressoir

✆ 03 89 49 60 04 – www.bollenberg.com – Fermé 21-26 déc. et lundi sauf fériés

Rest – Menu 27 € (sem.), 39/76 € bc – Carte 35/53 €

◆ Plus qu'une maison de vigneron, un véritable petit musée : armes et objets anciens, trophées de chasse... pour une belle atmosphère d'autrefois, attachante et pleine de cachet. Cuisine du terroir et dégustations de vins de la propriété.

ROUFFIAC-TOLOSAN – **31 Haute-Garonne – 343 H3 – rattaché à Toulouse**

LE ROUGET – **15 Cantal – 330 B5 – 981 h. – alt. 614 m – ✉ 15290** **5 A3**

Paris 549 – Aurillac 25 – Figeac 41 – Laroquebrou 15

Des Voyageurs

20 av. du 15 Septembre 1945 – ✆ 04 71 46 10 14 – www.hotel-des-voyageurs.com – Fermé 13 fév.-13 mars

23 ch – 60/65 € 60/65 € – 9 € – ½ P 59/62 €

Rest *(fermé dim. soir du 15 sept. au 1er mai)* – Formule 13 € – Menu 20/37 € – Carte 27/45 €

◆ Cette maison proche de la voie ferrée cultive depuis un demi-siècle la tradition de l'hospitalité. Quoique simples, les chambres adoptent plusieurs styles (campagne, moderne ou british). Restaurant traditionnel, espace bien-être avec douche à chromothérapie : les voyageurs peuvent se détendre.

ROULLET – **16 Charente – 324 K6 – rattaché à Angoulême**

ROURE – **06 Alpes-Maritimes – 341 D3 – 210 h. – alt. 1 130 m – ✉ 06420** **41 D2**

Paris 892 – Digne-les-Bains 145 – Marseille 260 – Nice 70

Auberge le Robur avec ch

r. Centrale, (accès piétonnier) – ✆ 04 93 02 03 57 – www.aubergelerobur.fr – Fermé janv.

7 ch – 64 € 64 € – 7 € **Rest** *(fermé mardi et merc.)* – Menu 27/38 €

◆ Cette auberge vaut bien l'ascension à 1 100 m ! La vue sur la vallée est superbe et la cuisine savoureuse : de beaux produits de saison, une touche de créativité et l'envie de bien faire. Pour l'étape, des chambres confortables et accueillantes.

LE ROURET – **06 Alpes-Maritimes – 341 D5 – 3 796 h. – alt. 350 m** **42 E2**
– ✉ 06650

Paris 913 – Cannes 19 – Grasse 10 – Nice 28

Du Clos sans rest

3 chemin des Écoles – ✆ 04 93 40 78 85 – www.hotel-du-clos.com – Fermé 18-26 déc.

11 ch – 123/253 € 123/253 € – 15 €

◆ Dans le haut du village, voilà bien un hôtel de charme, niché dans un grand jardin planté d'oliviers centenaires et d'arbres fruitiers. Teintes pastel, bois clairs, dallage noir et blanc sont résolument orientés côté Sud.

Le Clos St-Pierre (Daniel Ettlinger)
5 pl. de l'Église – ✆ 04 93 77 39 18 – www.le-clos-saint-pierre.com – Fermé 4-27 déc., 27 fév.-8 mars, mardi et merc.
Rest *(nombre de couverts limité, réserver)* – Menu 35 € (déj. en sem.), 49/59 €
Spéc. Risotto piémontais, poêlée de girolles du pays à l'ail doux et huile d'olive du Rouret (août-sept.). Retour de pêche à la plancha, légumes de saison comme un aïoli. Tarte minute aux figues, glace artisanale et crème montée (juil.-août).
Vins Bellet, Côtes de Provence.
◆ Sur la place de l'église de ce village dédié aux parfums, l'auberge est charmante. Le chef Daniel Ettlinger a su y imposer son style, pour le plus grand plaisir des habitués. Une belle adresse aux prix raisonnables, surtout pour la région.

LES ROUSSES – 39 Jura – 321 G8 – 3 028 h. – alt. 1 110 m – Sports d'hiver : 1 100/1 680 m 40 – ✉ 39220 Franche-Comté Jura — 16 B3

Paris 461 – Genève 45 – Gex 29 – Lons-le-Saunier 64
Fort des Rousses, ✆ 03 84 60 02 55, www.lesrousses.com
des Rousses, Route du Noirmont, E : 1 km par D 29, ✆ 03 84 60 06 25
du Mont Saint-Jean, E : 1 km par D 29, ✆ 03 84 60 09 71
Gorges de la Bienne★ O : 3 km.

Le Lodge sans rest
309 r. Pasteur – ✆ 03 84 60 50 64 – www.hotellelodge.com
11 ch – 94 € 94 € – 10 €
◆ En plein centre-ville, ce relais de poste sur la voie Paris-Genève est né en 1850, mais il a su rester jeune. Des pierres, du bois : un vrai chalet chic – douillet et chaleureux –, et des chambres très confortables (excellente literie).

Chamois
230 montée du Noirmont – ✆ 03 84 60 01 48 – www.lechamois.org – Fermé de mi-avril à début mai
12 ch – 62/135 € 62/135 € – 10 € – ½ P 59/88 €
Rest *Chamois* – voir les restaurants ci-après
◆ En retrait de la station et tout près des téléskis... en pleine nature ! Ce grand chalet dissimule des chambres vastes, modernes, chaleureuses et bien équipées.

Du Village sans rest
344 r. Pasteur – ✆ 03 84 34 12 75 – www.hotelvillage.fr
10 ch – 49/66 € 51/71 € – 7 €
◆ Dans la rue principale du village, petit hôtel pratique avec des chambres simples et très bien tenues. Possibilité d'accueillir les familles.

La Ferme du Père François
214 r. Pasteur – ✆ 03 84 60 34 62 – www.perefrancois.fr – Ouvert juin-sept. et déc.-mars
7 ch – 105/115 € 105/165 € – 12 €
Rest – Menu 23/32 € – Carte 25/49 €
◆ Au cœur de la station, tenu par un couple sympathique, ce petit hôtel-restaurant a été entièrement rénové en 2011 dans un esprit alpin sobre et élégant. Tenue impeccable, atmosphère conviviale, bon petit-déjeuner et cuisine du terroir (fondues, tartiflettes, etc.) : un lieu attachant.

Chamois – Hôtel Chamois
230 montée du Noirmont – ✆ 03 84 60 01 48 – www.lechamois.org – Fermé de mi-avril à début mai
Rest – Menu 20/45 € – Carte 36/63 €
◆ Avec de bons produits, le chef concocte une cuisine créative très alléchante... Quant au décor, coloré et tendance, il est au diapason : plein de fraîcheur !

ROUSSILLON – 84 Vaucluse – 332 E10 – 1 291 h. – alt. 360 m – ✉ 84220 Provence — 42 E1

Paris 720 – Apt 11 – Avignon 46 – Bonnieux 12
place de la poste, ✆ 04 90 05 60 25, www.roussillon-provence.com
Site★★ - Sentier des ocres★★.

Le Clos de la Glycine
pl. de la Poste – 04 90 05 60 13 – www.luberon-hotel.com
9 ch – 166/186 € 227/392 € – 1 suite – 13 €
Rest *David* – voir les restaurants ci-après
◆ Un hôtel-restaurant plein de charme, avec des chambres confortables et une vue magnifique sur la chaussée des Géants et le Ventoux. Très bon petit-déjeuner (fruits frais, yaourts fermiers).

Les Sables d'Ocre sans rest
rte d'Apt – 04 90 05 55 55 – www.sablesdocre.com – Ouvert avril-oct.
22 ch – 65/92 € 65/92 € – 10 €
◆ Au cœur du pays de l'Ocre, ce mas récent à l'aspect engageant allie confort moderne et décoration d'inspiration provençale. Petite restauration prévue pour les résidents.

David – Hôtel Le Clos de la Glycine
pl. de la Poste – 04 90 05 60 13 – www.luberon-hotel.com – Fermé merc. du 15 oct. au 15 avril
Rest *(réserver)* – Menu 35/55 € – Carte environ 73 €
◆ Dans cette belle maison de village, il fait bon se mettre à table ! David propose en effet une appétissante cuisine provençale, à déguster sous la glycine dès que le temps le permet.

ROUSSILLON – 38 Isère – 333 B5 – 7 959 h. – alt. 200 m – 38150 44 B2

Paris 505 – Annonay 24 – Grenoble 92 – St-Étienne 68
place de l'Edit, 04 74 86 72 07, www.tourisme-pays-roussillonnais.fr

Médicis sans rest
16 r. Fernand Léger – 04 74 86 22 47 – www.hotelmedicis.fr
15 ch – 55 € 64 € – 9 €
◆ Dans un quartier pavillonnaire calme, cet hôtel relativement récent propose des chambres claires, spacieuses et fonctionnelles appréciées des hommes d'affaires. L'entretien et l'isolation phonique sont de qualité.

ROUTOT – 27 Eure – 304 E5 – 1 353 h. – alt. 140 m – 27350 33 C2

Normandie Vallée de la Seine
Paris 148 – Bernay 45 – Évreux 68 – Le Havre 57
La Haye-de-Routot : ifs millénaires★ N : 4 km.

Auberge de l'Écurie
pl. de la Mairie – 02 32 57 30 30 – Fermé 20 juil.-5 août, dim. soir, mardi soir, merc. soir et lundi
Rest – Menu 14 € (déj.), 20/33 € – Carte 45/60 €
◆ Sur la place de la mairie, face aux jolies halles, l'ancien relais de poste cultive le goût de la tradition. Parmi les spécialités : terrine de foie gras, salade de Saint-Jacques, ris de veau, millefeuille pomme...

ROUVRES-EN-XAINTOIS – 88 Vosges – 314 E3 – 293 h. – alt. 330 m – 88500 26 B3

Paris 357 – Épinal 42 – Lunéville 58 – Mirecourt 9

Burnel
22 r. Jeanne-d'Arc – 03 29 65 64 10 – www.burnel.fr – Fermé 17-31 déc. et dim. soir sauf du 15 juil. au 20 sept.
21 ch – 58/63 € 69/75 € – 2 suites – 11 € – ½ P 65/75 €
Rest *Burnel* – voir les restaurants ci-après
◆ Certaines chambres, façon chalet, donnent sur le jardin. Les autres, plus contemporaines, adoptent l'esprit "savane" ; enfin, le salon est paré de tissus originaux. Au cœur d'un petit village, une auberge familiale et nullement vieillotte.

Burnel
22 r. Jeanne-d'Arc – 03 29 65 64 10 – www.burnel.fr – Fermé 17-31 déc., dim. soir sauf du 15 juil. au 20 sept., sam. midi et lundi midi
Rest – Menu 15 € (sem.), 19/49 € – Carte 42/75 €
◆ Au bonheur du marché, une cuisine du terroir mêlant civets, foie gras, poissons de lac, andouillette, gibier en saison... Des saveurs classiques, donc, dans un décor néorustique ou en terrasse, face au jardin fleuri.

ROUVROIS-SUR-OTHAIN – 55 Meuse – **307** E2 – rattaché à Longuyon (M.-et-M.)

ROYAN – 17 Charente-Maritime – **324** D6 – 18 541 h. – alt. 20 m – Casino : Royan Pontaillac A – ✉ 17200 Poitou Vendée Charentes **38** A3

Paris 504 – Bordeaux 121 – Périgueux 183 – Rochefort 40

rond-point de la Poste, ✆ 05 46 05 04 71, www.royan-tourisme.com

de Royan, à Saint-Palais-sur-Mer, Maine Gaudin, par rte de St-Palais-sur-Mer : 7 km, ✆ 05 46 23 16 24

Front de mer★ - Église Notre-Dame★ **E** - Corniche★ et Conche★ de Pontaillac.

Grand Hôtel Cordouan

6 Allée des Rochers, (Conche du Chay) – ✆ 05 46 39 46 39 – www.hotel-cordouan-royan.com A**b**

83 ch – †140/210 € ††170/210 € – ☕ 17 € – ½ P 132/153 €

Rest – Formule 19 € – Menu 24/76 € – Carte 34/63 €

◆ Un hôtel surplombant la plage avec un beau centre de thalasso. Les chambres, spacieuses et contemporaines, ont toutes un balcon donnant sur la mer... Une belle idée de l'Océan et du confort !

Family Golf Hôtel sans rest

28 bd Garnier – ✆ 05 46 05 14 66 – www.family-golf-hotel.com – Ouvert 15 mars-30 nov. C**m**

30 ch – †75/120 € ††92/120 € – ☕ 11 €

◆ Un agréable hôtel du front de mer, avec des chambres fraîches, colorées et impeccablement tenues, donnant pour moitié sur les flots. L'été, on prend son petit-déjeuner sur la terrasse, avant de filer à la plage.

ROYAN

Alsace-Lorraine (R.) . . . . B 3
Briand (Bd A.) . . . . B 5
Conche-du-Chay (Av. de la). A 6
Desplats (R. du Colonel) . . . B 7
Dr-Audouin (Bd du) . . . . B 8
Dr-Gantier (Pl. du) . . . . C 9
Dugua (R. P.) . . . . B 10
Europe (Cours de l') C
Façade de Foncillon . . . . B 12
Foch (Pl. Mar.) . . . . C 15
Foncillon (R. de) . . . . B 16
Font-de-Cherves (R.) . . . . . . B 17
Gambetta (R.) . . . . B
Gaulle (Pl. Ch.-de) . . . . B 19
Germaine-de-la-Falaise (Bd) . . . . AB 20
Grandière (Bd de la) . . . . C 21
Leclerc (Av. Mar.) . . . . C 26
Libération (Av. de la) . . . . . . C 28
Loti (R. Pierre) . . . . B
Notre-Dame (R.) . . . . B 32
Parc (Av. du) . . . . C 35
République (Bd de la) . . . . . B 40
Rochefort (Av. de) . . . . B 42
Schuman (Pl. R.) . . . . B 45
Semis (Av. des) . . . . C 46
Thibeaudeau (Rd-Pt du Cdt.) B 48
5-Janvier-1945 (Bd du) . . . . B 52

Rêve de Sable sans rest

10 pl. Foch – ✆ 05 46 06 52 25 – www.revedesable.com – Fermé oct.

11 ch – †58/95 € ††58/95 € – ☕ 9 € **Cz**

◆ Hôtel familial près de la plage et du centre-ville. Les chambres sont lumineuses, pratiques et donnent en partie sur la mer... Et les touches de déco 100 % marine, certes un peu kitsch, jouent la carte Océan avec fraîcheur. Un bon plan !

Les Filets Bleus

14 r. Notre-Dame – ✆ 05 46 05 74 00 – Fermé 15 juin-5 juil., vacances de la Toussaint, 2-10 janv., dim. et lundi **Bs**

Rest – Formule 16 € – Menu 19 € (déj. en sem.), 28/58 € – Carte 35/90 €

◆ Un lieu dédié aux produits de la mer et décoré comme un bateau : tons bleu et blanc, ancres, hublots, lampes-tempête... Il y a évidemment un vivier et, en saison, vive le homard ! Laissez-vous prendre dans ces Filets Bleus.

à Pontaillac – ✉ 17640

Miramar sans rest

173 av. Pontaillac – ✆ 05 46 39 03 64 – www.miramar-pontaillac.com

27 ch – †70/147 € ††77/147 € – ☕ 12 € **An**

◆ Bâtiment des années 1970 que seule une route sépare de la plage. Chambres de bonne taille et peu à peu rénovées dans un style sobre et naturel, à choisir côté mer.

Belle-Vue sans rest

122 av. Pontaillac – ✆ 05 46 39 06 75 – www.bellevue-pontaillac.com – Ouvert d'avril à nov. **Af**

22 ch – †53/83 € ††53/83 € – ☕ 8 €

◆ Bordant le front de mer, une vaste villa balnéaire typique des années 1950. Les chambres sont agréables et très bien tenues ; côté plage, elles offrent une bien jolie vue sur les flots.

XX **La Jabotière**

espl. Pontaillac – ✆ 05 46 39 91 29 – Fermé 1 sem. en oct., 20-27 déc., janv., merc. soir, dim. soir et lundi Ax

Rest – Menu 20/59 € – Carte 48/65 €

◆ Sur la plage, un restaurant épuré et frais avec une terrasse braquée sur l'Océan... Formules "bistrot" ou "gastro", pour une cuisine traditionnelle réalisée avec de beaux produits.

rte de St-Palais 3,5 km par ④ – ✉ 17640 Vaux-sur-Mer

Résidence de Rohan sans rest

7 av. de Rohan – ✆ 05 46 39 00 75 – www.residence-rohan.com – Ouvert 25 mars-14 nov.

45 ch – †85/149 € ††85/149 € – ☕ 13 €

◆ Jadis salon littéraire de la duchesse de Rohan, cette jolie demeure du 19es. est douce et résolument feutrée : mobilier de style, chambres cosy... On se sent bien ! Même atmosphère dans les deux annexes au cœur du parc dominant la plage.

ROYAT – **63 Puy-de-Dôme** – **326** F8 – **4 522 h.** – **alt. 450 m** – **Stat. therm. : début avril-fin oct.** – **Casino** B – ✉ **63130** Auvergne 5 B2

Paris 423 – Aubusson 89 – La Bourboule 47 – Clermont-Ferrand 5

1, avenue Auguste Rouzaud, ✆ 04 73 29 74 70, www.ot-royat.com

Nouveau Golf de Charade, Village de Charade, SO : 6 km, ✆ 04 73 35 73 09

des Volcans, à Orcines, La Bruyère des Moines, N : 9 km, ✆ 04 73 62 15 51

Circuit automobile de Charade, St Genès-Champanelle ✆ 04 73 29 52 95.

Église St-Léger★.

Accès et sorties : voir plan de Clermont-Ferrand agglomération.

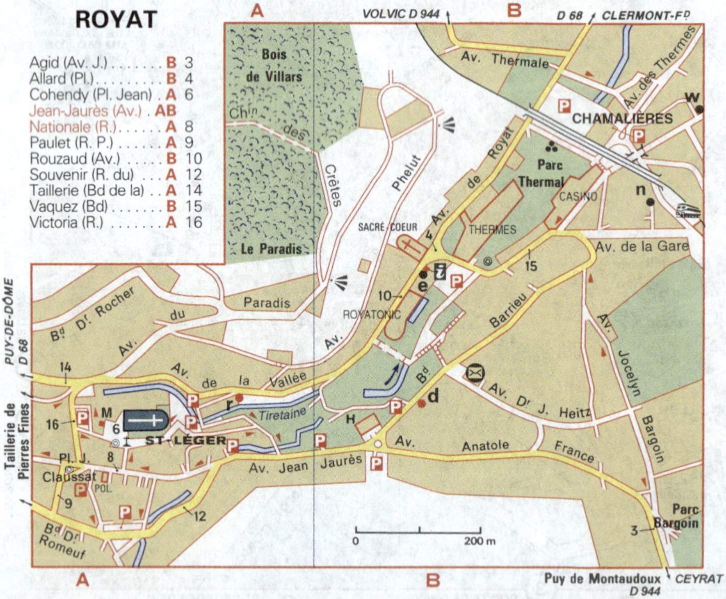

Princesse Flore

5 pl. Allard – ✆ 04 73 35 63 63 – www.princesse-flore-hotel.com **Be**

43 ch – 160/300 € 160/300 € – 10 suites – 19 €

Rest ***La Table d' Isidore*** – voir les restaurants ci-après

◆ Pour un séjour haut de gamme aux portes de Clermont-Ferrand, ce superbe immeuble (1883) évoque les fastes de la cité thermale à la Belle Époque : marbres et décors anciens... mais aussi installations dernier cri, design contemporain et un accès direct au centre thermoludique Royatonic.

Royal St-Mart

av. de la Gare – ✆ 04 73 35 80 01 – www.hotel-auvergne.com **Bn**

55 ch – 65/132 € 72/138 € – 12 € – ½ P 63/98 €

Rest – Menu 29 € (dîner en sem.), 30/35 € – Carte 26/60 €

◆ Depuis 1853, la même famille vous accueille dans cette demeure bourgeoise du Second Empire. Les chambres sont assez simples ; préférez-les côté jardin. Avec ses grands arbres et ses transats, ce dernier séduira curistes et nostalgiques.

Château de Charade sans rest

5 km au Sud-Ouest par D 941 et D 5 – ✆ 04 73 35 91 67 – www.chateau-de-charade.com – Ouvert 7 avril-3 nov.

5 ch – 76/84 € 76/84 € – 6 €

◆ Mon premier est un château du 17e s. Mon second est à la lisière du golf de Royat, avec des chambres face au parc et un beau billard dans le salon. Mon tout est cette Charade !

La Belle Meunière avec ch

25 av. Vallée – ✆ 04 73 35 80 17 – www.la-belle-meuniere.com – Fermé 16-31 août, 15-28 fév., sam. midi, dim. soir et lundi **Ar**

4 ch – 130/290 € 130/290 € – 15 €

Rest – Menu 19 € (déj. en sem.), 39/95 € bc – Carte 50/85 €

◆ En bord de Tiretaine, table inventive où fusionnent l'Auvergne et l'Asie, dans un cadre d'esprit Napoléon III embelli de vitraux Art nouveau et de chinoiseries. L'idylle entre la Belle Meunière et le général Boulanger inspire le décor (19e s.) de certaines chambres.

La Table d' Isidore – Hôtel Princesse Flore

5 pl. Allard – ✆ 04 73 35 63 63 – www.princesse-flore-hotel.com **Be**

Rest – Formule 21 € – Menu 33/43 € – Carte 57/77 €

◆ La belle image d'un restaurant de grand hôtel façon Belle Époque : moulures, grandes verrières, rideaux bouillonnés... Dans ce décor intemporel, on déguste une cuisine au goût du jour, réalisée avec le souci du beau et du bon.

L'Hostalet

47 bd Barrieu – ✆ 04 73 35 82 67 – Fermé 1er-15 mars, fév., dim. sauf fériés et lundi **Bd**

Rest – Menu 18 € (déj. en sem.), 28 € bc/39 € – Carte 25/40 €

◆ Les immuables plats traditionnels et la riche carte des vins semblent rassurer les habitués qui fréquentent ce restaurant familial au décor un brin suranné.

ROYE – 80 Somme – 301 J9 – 6 199 h. – alt. 88 m – ✉ 80700 — 36 B2

Nord Pas-de-Calais Picardie

▶ Paris 113 – Amiens 44 – Arras 75 – Compiègne 42

La Flamiche (Marie-Christine Borck-Klopp)

20 pl. Hôtel de Ville – ✆ 03 22 87 00 56 – www.laflamiche.fr – Fermé 6-22 août, dim. soir, mardi midi et lundi

Rest – Menu 50 € (sem.), 80 € bc/134 € – Carte 85/125 €

Spéc. Langoustines rôties à la livèche, pousses d'épinard et mousse d'avocat à la menthe poivrée. Ris de veau doré au beurre de baratte, courgettes en croûte de parmesan. Soufflé chaud au genièvre de Houlle.

◆ Des tableaux et sculptures (expositions) ornent les plaisantes salles à manger meublées dans le style picard. Cuisine actuelle à l'accent régional, calée sur les saisons.

XX **Le Florentin Hôtel Central** avec ch

36 r. d'Amiens – ✆ 03 22 87 11 05 – www.leflorentin.com – Fermé 11-30 août, dim. soir et lundi

8 ch – †51 € ††53 € – ☕ 7 € **Rest** – Menu 16/38 € – Carte 38/50 €

◆ Derrière une façade en brique rouge, une salle d'inspiration italienne : colonnes, moulures, marbres et fresques. Cuisine de tradition. Chambres fonctionnelles pour l'étape.

XX **Le Roye Gourmet**

1 pl. de la République – ✆ 03 22 87 10 87 – www.leroyegourmet-restaurant.fr – Fermé 1 sem. en août, dim. soir et lundi

Rest – Menu 20 € (sem.), 25/40 € – Carte 39/60 €

◆ Sur une place sympathique, cette enseigne célèbre le terroir par une cuisine au goût du jour. Deux salles, deux atmosphère : tendance ou plus rustique.

X **Hostellerie La Croix d'Or**

123 r. St-Gilles – ✆ 03 22 87 11 57 – www.lacroixdor80.fr – Fermé le soir sauf vend. et sam.

Rest – Formule 18 € – Menu 22/45 € – Carte 31/75 €

◆ Une plaisante atmosphère campagnarde règne dans cette auberge située à l'entrée de la ville. On y déguste une savoureuse cuisine traditionnelle et régionale.

ROYE – **70 Haute-Saône** – **314** H6 – **rattaché à Lure**

LE ROZIER – 48 Lozère – 330 H9 – 148 h. – alt. 400 m – ✉ 48150 — 22 B1

Languedoc Roussillon

Paris 632 – Florac 57 – Mende 63 – Millau 23

Route de Meyrueis, ✆ 05 65 62 60 89, www.officedetourisme-gorgesdutarn.com

Terrasses du Truel ≤★ E : 3,5 km - Gorges du Tarn★★★.

Chaos de Montpellier-le-Vieux★★★ S : 11,5 km - Corniche du Causse Noir ≤★★ SE : 13 km puis 15 mn.

Grand Hôtel de la Muse et du Rozier

rte des Gorges, (D 907), à La Muse (D 907) rive droite du Tarn ✉ 12720 Peyreleau (Aveyron) – ✆ 05 65 62 60 01 – www.hotel-delamuse.fr – Ouvert 6 avril-31 oct.

38 ch – †80/175 € ††85/175 € – ☕ 15 €

Rest *Grand Hôtel de la Muse et du Rozier* – voir les restaurants ci-après

◆ Dans le jardin de ce grand hôtel centenaire, une plage privée au bord du Tarn ! L'esprit des lieux ? Contemporain, sobre et zen, en harmonie avec les sublimes paysages environnants. Une certaine idée de l'élégance...

Doussière

– ✆ 05 65 62 60 25 – www.hotel-doussiere.com – Ouvert 15 mars-30 nov.

19 ch – †40/58 € ††40/61 € – ☕ 8 € – ½ P 50/57 €

Rest – Formule 17 € – Menu 23 €

◆ Une affaire de famille (reprise en 2011 par la fille et le gendre des anciens patrons), qui, pour l'anecdote, n'est autre que l'ex-auberge de jeunesse du village. Préférez les chambres de la bâtisse principale, plus récentes qu'à l'annexe ; au restaurant, cap sur le terroir et vue sur la Jonte.

XX **Grand Hôtel de la Muse et du Rozier**

rte des Gorges, (D 907), à La Muse (D 907) rive droite du Tarn ✉ 12720 Peyreleau (Aveyron) – ✆ 05 65 62 60 01 – www.hotel-delamuse.fr – Ouvert 6 avril-31 oct. et fermé mardi, merc. en avril et oct. et le midi sauf dim. et juil.-août

Rest – Menu 33 € (dîner), 48/65 € – Carte 50/61 €

◆ Honneur à la fraîcheur, aux saisons et au terroir, à travers une cuisine dans l'air du temps qui s'accorde à merveille avec le décor, plein de sobriété. Aux beaux jours, on savoure aussi la superbe terrasse donnant sur le Tarn...

RUE – 80 Somme – **301** D6 – 3 099 h. – alt. 9 m – ✉ 80120 **36** A1
Nord Pas-de-Calais Picardie
Paris 212 – Abbeville 28 – Amiens 77 – Berck-Plage 22
10, place Anatole Gosselin, ✆ 03 22 25 69 94, www.ville-rue.fr
Chapelle du St-Esprit★ : intérieur★★.

à St-Firmin 3 km à l'Ouest par D 4 – ✉ 80550 Le Crotoy

Auberge de la Dune ch, ch, VISA MC AE
1352 r. de la Dune – ✆ 03 22 25 01 88 – www.auberge-de-la-dune.com
11 ch – †72 € ††72 € – ☐ 10 € – ½ P 62 €
Rest – Formule 14 € – Menu 18 € (sem.), 25/40 € – Carte 21/65 €
◆ Cet grande maison typiquement picarde, toute proche du parc ornithologique, s'est transformée en auberge champêtre. Labellisée "clef verte", elle propose des chambres très bien tenues, parfaites pour des randos écolos dans le Marquenterre.

RUEIL-MALMAISON – 92 Hauts-de-Seine – **311** J2 – **101** 14 – voir à Paris, Environs

RUMILLY – 74 Haute-Savoie – **328** I5 – 13 380 h. – alt. 334 m **45** C1
– ✉ 74150 Alpes du Nord
Paris 530 – Aix-les-Bains 21 – Annecy 19 – Bellegarde-sur-Valserine 37
4, place de l'Hôtel de Ville, ✆ 04 50 64 58 32, www.albanais-tourisme.com

Boîte à Sel VISA MC AE
27 r. Pont-Neuf – ✆ 04 50 01 02 52 – Fermé 1er-15 août, 1er-15 janv., jeudi soir, dim. soir et lundi
Rest – Formule 12 € – Menu 25/32 € – Carte 26/44 €
◆ L'envie de bien faire, le goût des produits et des saveurs : dans ce sympathique restaurant, le chef concocte une cuisine fort appétissante. Rognons de veau, tarte Tatin, grenouille en persillade... Les grands classiques ont la cote !

RUNGIS – 94 Val-de-Marne – **312** D3 – **101** 26 – voir à Paris, Environs

RUPT-SUR-MOSELLE – 88 Vosges – **314** H5 – 3 587 h. – alt. 424 m **27** C3
– ✉ 88360
Paris 423 – Belfort 58 – Colmar 80 – Épinal 38

Centre rest, rest, P VISA MC AE
30 r. de l'Église – ✆ 03 29 24 34 73 – www.hotelrestaurantducentre.com – Fermé 1er-8 mai, 1er-8 août, 6-13 oct., vacances de Noël, sam. midi, dim. soir et lundi
8 ch – †48 € ††56/75 € – ☐ 9 € – ½ P 55/75 €
Rest – Menu 15 € (sem.), 26/50 € – Carte 37/64 €
◆ Aux portes du parc régional des ballons des Vosges, cette maison mosellane, proche de l'église du village, abrite des chambres bien entretenues et confortables. Carte traditionnelle de saison et salle à manger toute simple, où trône une rôtissoire décorative.

Relais Benelux-Bâle P VISA MC AE
69 r. de Lorraine – ✆ 03 29 24 35 40 – www.benelux-bale.com – Fermé 1 sem. en août, 23 déc.-10 janv. et dim. soir
9 ch – †47/54 € ††50/60 € – ☐ 8 € – ½ P 42/65 €
Rest – Formule 12 € – Menu 23/40 € – Carte 24/57 €
◆ À l'entrée du village, chalet assez avenant, tenu par la même famille depuis 1921. Chambres sobres, lumineuses et bien équipées. Salon bourgeois. Au restaurant, cuisine traditionnelle et régionale servie dans un cadre moderne ou sur l'agréable terrasse.

LES SABLES-D'OLONNE SP – 85 Vendée – **316** F8 – 15 027 h. **34** A3
– alt. 4 m – Casinos : des Pins CY, des Atlantes AZ – ✉ 85100
Poitou Vendée Charentes
Paris 456 – Cholet 107 – Nantes 102 – Niort 115
1, promenade Joffre, ✆ 02 51 96 85 85, www.ot-lessablesdolonne.fr
18 des Olonnes, à Olonne-sur-Mer, par rte de la Roche-sur-Yon : 6 km, ✆ 02 51 33 16 16
18 de Port-Bourgenay, à Talmont-Saint-Hilaire, S : 17 km, ✆ 02 51 23 35 45
Le Remblai★.

Plans pages suivantes

LES SABLES D'OLONNE

Arago (Bd) . . . . BY 4
Baudry (R. P.) . . . . BY 5
Beauséjour (R.) . . . . BY 7
Briand (Av. A.) . . . . CY 9
Castelnau (Bd de) . . . . BY 12
Château-d'Olonne (Rte du) . . . . CY 13
Dr-Canteteau (R. du) . . . . AY 19
Dr-Schweitzer (R. du) . . . . CY 22
Doumer (Av. P.) . . . . CY 23
Estienne-d'Orves (Rd-Pt H. d') AY 25
Fricaud (R. D.) . . . . BY 26
Gabaret (Av. A.) . . . . BY 27
Godet (Prom. G.) . . . . BY 29
Ile Vertine (Bd de l') . . . . AY 32
Nouch (Corniche du) . . . . AY 43
Président-Kennedy (Prom.) . . . . CY 48
Rhin-et-Danube (Av.) . . . . CY 50
St-Nicolas (R.) . . . . AY 55
Sauniers (R. des) . . . . AY 57
Souvenir Français (Bd du) . . . AY 58

Mercure Thalassa

au Lac de Tanchet, 2,5 km par la corniche
– ✆ 02 51 21 77 77 – www.thalassa.com – Fermé 8-29 janv. CYf

ch, rest, VISA MC AE

100 ch – †80/430 € ††100/450 € – ☕ 18 €
Rest – Menu 26/38 € – Carte 35/50 €
◆ Mercure intégré au centre de thalaSsothérapie. Les chambres, contemporaines et fonctionnelles, donnent sur la pinède ou le lac de Tranchet... Idéal pour les curistes.

Atlantic Hôtel

VISA MC AE

5 prom. Godet – ✆ 02 51 95 37 71 – www.atlantichotel.fr BYe
30 ch – †75/165 € ††85/195 € – ☕ 13 €
Rest *Le Sloop* *(fermé 19 déc.-3 janv., vend. et dim. d'oct. à mars et le midi)* – Menu 36/64 € – Carte 44/80 €
◆ Sur le front de mer, un hôtel des années 1970 avec des chambres pratiques et très bien tenues, dont certaines donnent sur les flots. Et pour les amateurs d'eau douce, la piscine couverte est idéale !

Les Roches Noires sans rest

VISA MC AE

12 promenade G. Clemenceau – ✆ 02 51 32 01 71 – www.hotel-lesrochesnoires.com
36 ch – †65/180 € ††75/190 € – ☕ 12 € BYs
◆ Face à la plage, ces Roches Noires ont été rénovées en 2010 dans un style rafraîchissant : turquoise, blanc, gris, framboise... Chambres fonctionnelles et bien insonorisées. À noter : la salle des petits-déjeuners donne sur la mer.

Arundel sans rest

VISA MC

8 bd F. Roosevelt – ✆ 02 51 32 03 77 – www.arundel-hotel.fr AZk
42 ch – †75/120 € ††75/120 € – ☕ 11 €
◆ Un hôtel récent en face du casino, idéalement situé entre plage et ports. Les chambres sont fonctionnelles, confortables et soignées, avec balcon côté mer.

LES SABLES D'OLONNE

Bauduère (R. de la) . . . . BZ 6
Bisson (R.) . . . . AZ 8
Caisse-d'Épargne (R. de la) . . AZ 10
Collineau (Pl. du Gén.) . . . . . . BZ 14
Commerce (Pl. du) . . . . AZ 15
Digue (Pl. de la) . . . . BZ 17
Dingler (Quai) . . . . AZ 18
Église (Pl. de l') . . . . AZ 24
Gabaret (Av. A.) . . . . BZ 27
Gaulle (Av. Gén.-de) . . . . BZ
Guynemer (R.) . . . . BZ
Halles (R. des) . . . . AZ 30
Hôtel-de-Ville (R. de l') . . . . . . AZ
Leclerc (R. Mar.) . . . . ABZ 33
Liberté (Pl. de la) . . . . BZ 35
Louis-XI (Pl.) . . . . BZ 36
Nationale (R.) . . . . BZ
Navarin (Pl.) . . . . AZ 40
Palais-de-Justice (Pl.) . . . . AZ 46
Roosevelt (Bd F.) . . . . AZ 53
Travot (R.) . . . . BZ 60

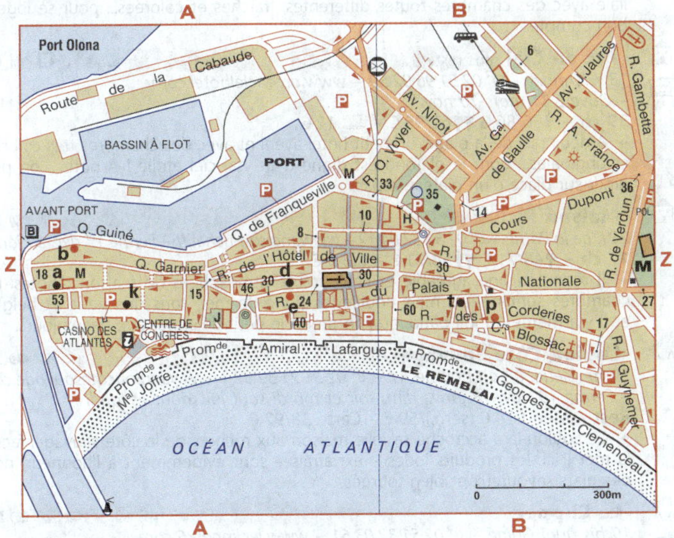

Admiral's sans rest
pl. Jean-David Nau, à Port Olona – ✆ 02 51 21 41 41 – www.admiralhotel.fr
33 ch – 68/98 € 68/98 € – 10 € AY**q**
◆ À deux pas du port de plaisance. Les chambres sont spacieuses, pratiques et disposent d'une loggia... Dans certaines, on peut admirer les bateaux et, pourquoi pas, le départ du Vendée Globe !

Le Calme des Pins sans rest
43 av. A. Briand – ✆ 02 51 21 03 18 – www.calmedespins.com – Ouvert 15 mars-15 nov. CY**v**
45 ch – 60/68 € 65/88 € – 9 €
◆ Dans un secteur résidentiel, en retrait du littoral, jolie villa 1900 et ses deux imposantes extensions datant de l'après-guerre. Les chambres y sont coquettes, pratiques et d'une propreté sans faille.

Antoine
60 r. Napoléon – ✆ 02 51 95 08 36 – www.antoinehotel.com – Ouvert de mi-mars à mi-oct. AZ**a**
20 ch – 60/85 € 60/85 € – 8 € – ½ P 55/65 €
Rest *(fermé le midi) (résidents seult)* – Menu 23 €
◆ Entre le vieux port et la plage, une ancienne propriété d'armateur (18e s.) dans laquelle règne une atmosphère résolument familiale. Les chambres sont simples, mais spacieuses et très bien tenues.

Les Hirondelles sans rest
44 r. Corderie – ✆ 02 51 95 10 50 – www.hotelhirondelles.com – Ouvert 6 avril-11 nov. BZ**p**
31 ch – 59/65 € 66/78 € – 10 €
◆ Non loin d'une longue plage de sable fin, un hôtel pratique avec des chambres fonctionnelles, claires et très bien tenues. Agréable petit patio fleuri ; copieux buffet au petit-déjeuner.

Les Embruns sans rest

33 r. Lt Anger – ✆ 02 51 95 25 99 – www.hotel-lesembruns.com – Ouvert 1er mars-11 nov.

AY**n**

20 ch – †55/72 € ††55/79 € – ☐ 9 €

◆ Dans le quartier pittoresque de la Chaume, une maison avenante et familiale avec des chambres toutes différentes, fraîches et colorées... pour se loger à bon compte.

Arc en Ciel sans rest

13 r. Chanzy – ✆ 02 51 96 92 50 – www.arcencielhotel.com – Ouvert 31 mars-10 nov.

BZ**t**

39 ch – †56/86 € ††62/96 € – ☐ 12 €

◆ À deux pas de la plage, un petit hôtel avenant avec des chambres très colorées et originales... dont le plafond est digne d'un vrai ciel étoilé ! À noter : on peut dîner sur place d'un plateau-repas.

Maison Richet sans rest

25 r. de la Patrie – ✆ 02 51 32 04 12 – www.maison-richet.fr – Fermé 1er déc.-31 janv.

17 ch – †48/71 € ††58/71 € – ☐ 9 €

AZ**d**

◆ Il règne ici une agréable et chaleureuse atmosphère de maison d'hôtes. Les chambres sont petites mais douillettes (jonc de mer, tons gris perle et beige...) et il y a même un joli patio, où l'on prend le petit-déjeuner aux beaux jours.

Loulou Côte Sauvage

19 rte Bleue, à La Chaume AY – ✆ 02 51 21 32 32 – www.louloucotesauvage.com – Fermé 19 nov.-18 janv., dim. soir et mardi sauf juil. août et lundi

Rest – Menu 24 € (sem.)/59 € – Carte 38/92 €

◆ Ce Loulou-là a accroché sa jolie maison aux rochers de la côte sauvage, face à la mer ! Ici, les produits iodés – extrafrais – sont évidemment à l'honneur, pour des plats savoureux et bien tournés.

Le Clipper

19 bis quai Guiné – ✆ 02 51 32 03 61 – www.leclipper85.com – Fermé 13-21 mars, 17 déc.-20 janv., merc. sauf en juil.-août et mardi

Rest – Menu 17 € (sem.), 25/35 € – Carte 44/65 €

AZ**b**

◆ Homard à la chair très fine, Saint-Jacques revenues au beurre demi-sel et leur risotto à l'huile de truffe : dans ce restaurant du port au décor très marin, les beaux produits... de la mer sont à l'honneur !

La Flambée

81 r. des Halles – ✆ 02 51 96 92 35 – Fermé dim. et lundi

AZ**e**

Rest – Formule 20 € bc – Menu 38/48 € – Carte 44/59 €

◆ Un néobistrot épuré du quartier des Halles, où saveur rime avec fraîcheur. Crème de poivron, gambas et glace à l'anis ; noix de ris de veau et émulsion de beurre noisette : le chef se donne du mal pour faire plaisir à ses hôtes... qui apprécient !

La Pilotine

7 et 8 promenade Clemenceau – ✆ 02 51 22 25 25 – Fermé lundi et mardi sauf juil.-août

BY**a**

Rest *(nombre de couverts limité, réserver)* – Menu 16 € (sem.), 26/56 € – Carte 42/78 €

◆ Saumon, palourdes, lotte, crevettes ou homard ? Dans ce restaurant du front de mer, on déguste une cuisine généreuse et soignée, axée sur les produits de la pêche. L'accueil est charmant et les prix doux.

à l'anse de Cayola 7 km au Sud-Est par la Corniche – CY ✉ 85180 Château-d'Olonne

Cayola

76 promenade Cayola – ✆ 02 51 22 01 01 – www.le-cayola.com – Fermé 28 déc.-7 fév., dim. soir et lundi sauf fériés et mardi de sept. à juin

Rest – Formule 25 € – Menu 39/95 € – Carte 60/85 €

Spéc. Homard bleu poché à la mangue, salade de jeunes pousses et vinaigrette exotique (avril à oct.). Saint-pierre rôti, fenouil confit, concombre et espuma d'agrumes. Fondant au chocolat et crème glacée à la vanille Bourbon. **Vins** Fiefs Vendéens.

◆ Dans la salle ou sur la terrasse, la vue sur l'Atlantique est superbe et l'on se prend à rêver de croisières au long cours... Mais ici, l'évasion est déjà dans l'assiette – raffinée et iodée. Un beau voyage immobile !

SABLES-D'OR-LES-PINS – 22 Côtes-d'Armor – 309 H3 – ✉ 22240 10 C1

Frehel Bretagne

Paris 437 – Dinan 42 – Dol-de-Bretagne 60 – Lamballe 26

18 des Sables-d'Or, à Fréhel, Sables d'Or les Pins, S : 1 km, ✆ 02 96 41 42 57

La Voile d'Or - La Lagune

allée des Acacias – ✆ 02 96 41 42 49 – www.la-voile-dor.fr – Fermé 1er janv.-13 fév.

20 ch – 75/180 € 75/185 € – 15 € – ½ P 97/150 €

Rest ***La Voile d'Or - La Lagune*** – voir les restaurants ci-après

◆ Aux portes de la station, un hôtel-restaurant avec des chambres spacieuses, actuelles et fonctionnelles, certaines donnant sur l'aber.

Diane

12 allée des Acacias – ✆ 02 96 41 42 07 – www.hoteldiane.fr

47 ch – 88/187 € 88/187 € – 12 € – ½ P 84/134 €

Rest – Formule 15 € – Menu 29/59 € – Carte 35/55 €

◆ Sur l'axe principal de la localité et à deux pas de la mer, une grande bâtisse d'esprit local abritant des chambres fraîches et pratiques, ainsi qu'une table respectueuse du marché et des saisons, avec des plats relevés d'herbes du jardin.

Le Manoir St-Michel sans rest

38 r. de la Carquois, 1,5 km à l'Est par D 34 – ✆ 02 96 41 48 87 – www.fournel.de – Ouvert 30 mars-4 nov.

20 ch – 47/115 € 47/115 € – 8 €

◆ Ce beau manoir du 16es. domine la plage et l'on s'y sent vraiment bien : vaste parc avec plan d'eau (pêche autorisée), chambres douillettes au charme d'antan (mobilier rustique et breton)... en toute quiétude !

La Voile d'Or - La Lagune – Hôtel La Voile d'Or - La Lagune

allée des Acacias – ✆ 02 96 41 42 49 – www.la-voile-dor.fr – Fermé 1er janv.-13 fév., mardi midi, merc. midi et lundi

Rest – Menu 49/98 € – Carte 75/95 €

◆ Encornets au gingembre confit, ormeaux sauvages juste poêlés et gnocchis... Une cuisine qui varie avec les saisons, le marché et la pêche locale, dans un cadre lumineux et plaisant, avec une jolie vue sur les cuisines et la lagune.

SABLÉ-SUR-SARTHE – 72 Sarthe – 310 G7 – 12 347 h. – alt. 29 m 35 C1

– ✉ 72300 Châteaux de la Loire

Paris 252 – Angers 64 – La Flèche 27 – Laval 44

Rue du château, ✆ 02 43 95 00 60, www.tourisme.sablesursarthe.fr

27 de Sablé Solesmes, Domaine de l'Outinière, S : 6 km par D 159, ✆ 02 43 95 28 78

Parfum d'Épices

1 r. Plaisance, rte de Laval (D 306) – ✆ 02 43 92 94 14 – www.parfumdepices.com – Fermé 3-18 avril, 21 août-5 sept. et lundi sauf fériés

Rest – Formule 16 € – Menu 19/38 € – Carte 32/45 €

◆ Après avoir vécu aux Antilles, le chef est rentré en métropole avec le goût des épices et de la cuisine créole. On voyage en mangeant, dans un décor bigarré... Une sympathique escale !

à Solesmes 3 km au Nord-Est par D 22 – 1 359 h. – alt. 28 m – ✉ 72300

Statues des "Saints de Solesmes"★★ dans l'église abbatiale★ (chant grégorien) - Pont ≤★.

Grand Hôtel

16 pl. Dom Guéranger – ✆ 02 43 95 45 10 – www.grandhotelsolesmes.com – Fermé 26 déc.-4 janv.

30 ch – 86/108 € 95/150 € – 12 € – ½ P 98/110 €

Rest ***Grand Hôtel*** – voir les restaurants ci-après

◆ Face à la belle abbaye St-Pierre, d'où l'on entend parfois s'échapper les chants grégoriens des moines, cet hôtel est assurément propice au repos : très confortable, avec des chambres originales (classique, ethnique, etc.) et un entretien sans faille. Louange au Grand Hôtel de Solesmes !

XXX **Grand Hôtel**

16 pl. Dom Guéranger – ✆ 02 43 95 45 10 – www.grandhotelsolesmes.com – Fermé 26 déc.-4 janv., sam. midi et dim. soir de sept. à mars

Rest – Formule 20 € – Menu 27/67 € – Carte 51/80 €

♦ Langoustines à la plancha, perles du Japon ; suprême de volaille de Loué en croûte de noisettes grillées ; cube tout chocolat, noyau coulant... La carte séduit ; les assiettes confirment que l'on a affaire à une bonne table. Ambiance feutrée.

SABLET – 84 Vaucluse – **332** D8 – 1 267 h. – alt. 147 m – ✉ 84110 **40** A2

Paris 670 – Avignon 41 – Marseille 127 – Montélimar 67

8, rue du Levant, ✆ 04 90 46 82 46, www.vaison-ventoux-tourisme.com

XX **Les Abeilles** avec ch

4 rte de Vaison – ✆ 04 90 12 38 96 – www.abeilles-sablet.com – Fermé 1er nov.-27 déc., dim. sauf le midi de mai au 15 août et lundi

5 ch – †43/93 € ††70/138 € – ☐ 18 € – ½ P 58/130 €

Rest – Menu 35 € (déj. en sem.), 38/70 € – Carte 71/86 €

♦ Une façade ocre, des volets verts et une charmante terrasse sous les platanes... de jolies Abeilles, piquantes et savoureuses ! Carte traditionnelle privilégiant les produits frais du marché (truffe en saison). Chambres coquettes et bien équipées.

SABRES – 40 Landes – **335** G10 – 1 196 h. – alt. 78 m – ✉ 40630 **3** B2

Aquitaine

Paris 676 – Arcachon 92 – Bayonne 111 – Bordeaux 94

Ecomusée★ de la grande Lande NO : 4 km.

Auberge des Pins

r. de la piscine – ✆ 05 58 08 30 00 – www.aubergedespins.fr – Fermé 3 sem. en janv., 1 sem. en oct.

22 ch – †68/75 € ††75/160 € – ☐ 12 € – ½ P 70/100 €

Rest *Auberge des Pins* – voir les restaurants ci-après

♦ Un bel esprit maison de famille dans cette grande demeure landaise à colombages : joli parc arboré, chambres au décor soigné (meubles rustiques, bois peint...) et salon cosy.

XX **Auberge des Pins**

r. de la piscine – ✆ 05 58 08 30 00 – www.aubergedespins.fr – Fermé 3 sem. en janv., 1 sem. en oct., lundi sauf le soir en juil.-août et dim. soir

Rest – Menu 20 € (déj. en sem.), 36/70 € – Carte 50/80 €

♦ Des boiseries, des poutres, une cheminée... Un endroit authentique et chaleureux, idéal pour savourer une cuisine classique qui fait de jolis clins d'œil au terroir.

SACHÉ – 37 Indre-et-Loire – **317** M5 – rattaché à Azay-le-Rideau

---

SACLAY – 91 Essonne – **312** C3 – **101** 24 – voir à Paris, Environs

---

SAGELAT – 24 Dordogne – **329** H7 – rattaché à Belves

SAIGNON – 84 Vaucluse – **332** F10 – rattaché à Apt

SAILLAGOUSE – 66 Pyrénées-Orientales – **344** D8 – 1 017 h. – alt. 1 309 m – ✉ 66800 **22** A3

Languedoc Roussillon

Paris 855 – Bourg-Madame 10 – Font-Romeu-Odeillo-Via 12 – Mont-Louis 12

Mairie, ✆ 04 68 04 72 89

Gorges du Sègre★ E : 2 km.

Planes (La Vieille Maison Cerdane)

6 pl. Cerdagne – ✆ 04 68 04 72 08 – www.planotel.fr – Fermé 11-20 mars et 5 nov.-21 déc.

19 ch – †52/68 € ††62/78 € – ☕ 8 € – ½ P 61/70 €

Rest *(fermé dim. soir et lundi hors saison)* – Formule 12 € – Menu 15/44 € – Carte 32/53 €

◆ Avis aux amateurs de rusticité montagnarde : sur l'axe principal du village, cette maison locale tenue de père en fils est une institution. Les chambres, pratiques et impeccables, sont peu à peu rénovées. Un bon plan ! Cuisine régionale au restaurant.

Planotel

5 r. Torrent – ✆ 04 68 04 72 08 – www.planotel.fr – Ouvert juin-sept. et vacances scolaires

20 ch – †60/70 € ††70/80 € – ☕ 8 € – ½ P 65/73 €

◆ En retrait du village, cet hôtel des années 1980 est ouvert uniquement en saison. Les chambres, bien pratiques et un brin rétro, ont toutes un balcon. Et pour la détente : sauna, piscine chauffée...

à Llo 3 km à l'Est par D 33 – 151 h. – alt. 1 424 m – ✉ 66800

Site★.

L'Atalaya sans rest

– ✆ 04 68 04 70 04 – www.atalaya66.com – Fermé hors vacances scolaires

5 ch ☕ – †80/85 € ††95/110 €

◆ Que dire du jardinet fleuri, des chambres romantiques et de tous ces objets chinés par la propriétaire ? Qu'ils ont du charme, tout simplement ! Décidément, cette bergerie perchée sur la montagne cerdane a le cachet des belles maisons d'hôtes...

SAINGHIN-EN-MÉLANTOIS – 59 Nord – 302 G4 – rattaché à Lille

ST-AARON – 22 Côtes-d'Armor – 309 H3 – rattaché à Lamballe

ST-ADJUTORY – 16 Charente – 324 M5 – 360 h. – alt. 192 m – ✉ 16310 39 C3

Paris 472 – Angoulême 33 – Poitiers 48 – Saint-Junien 47

Château du Mesnieux

Le Mesnieux – ✆ 05 45 70 40 18 – www.chateaudumesnieux.com

4 ch – †80 € ††90 € **Table d'hôte** – Menu 30 € bc

◆ Dans un domaine vallonné propice à la promenade, ce petit château a le charme des gentilhommières chic : mobilier chiné, atmosphère douillette et parquet ancien dans les chambres ; pierres et poutres au salon ; repas de tradition à la table d'hôte. Les amoureux de calme et de nature seront comblés !

ST-AFFRIQUE – 12 Aveyron – 338 J7 – 8 112 h. – alt. 325 m – ✉ 12400 Languedoc Roussillon 29 D2

Paris 662 – Albi 81 – Castres 92 – Lodève 66

boulevard de Verdun, ✆ 05 65 98 12 40, www.ot-dusaintaffricain.com

Roquefort-sur-Soulzon : caves de Roquefort★, rocher St-Pierre ≤★.

Le Moderne

54 av. Alphonse Pezet – ✆ 05 65 49 20 44 – www.lemoderne.com – Fermé 20-27 oct. et 22 déc.-21 janv.

Rest – Formule 17 € – Menu 20/57 € – Carte 32/55 €

◆ Un restaurant rustique où il fait bon se régaler d'une cuisine du terroir authentique. Les amateurs de fromage sont ravis : à la carte, un plateau avec une douzaine de roqueforts issus des différentes caves régionales.

ST-AFFRIQUE-LES-MONTAGNES – 81 Tarn – 338 F9 – 698 h. – alt. 244 m – ✉ 81290 29 C2

Paris 741 – Albi 55 – Carcassonne 53 – Castres 12

Domaine de Rasigous ch, (P) VISA MC AE

2 km au Sud par D 85 – 05 63 73 30 50 – www.domainederasigous.com – Ouvert 15 mars-15 nov.

6 ch – 80/200 € 130/200 € – 2 suites – 12 €

Rest *(fermé merc.) (dîner seult) (résidents seult)* – Menu 29 €

◆ En pleine campagne ! Au cœur d'un parc jalonné d'œuvres d'art – le propriétaire est un passionné –, cette demeure du 19ᵉs. est un vrai havre de paix et cultive un bel esprit maison d'hôtes... Parquet ancien, mobilier chiné : les chambres ont beaucoup de caractère ; quant à la bibliothèque, elle est superbe.

ST-AGNAN – 58 Nièvre – 319 H8 – 161 h. – alt. 525 m – ✉ 58230 7 B2

Paris 242 – Autun 53 – Avallon 33 – Clamecy 63

La Vieille Auberge (P) VISA MC AE

– 03 86 78 71 36 – www.vieilleauberge.com – Ouvert 1er avril-10 nov.

8 ch – 45/50 € 45/50 € – 9 € – ½ P 50/60 € **Rest** – Menu 25/45 €

◆ Cette vieille auberge de campagne, autrefois café-épicerie, est située près d'un lac. Les chambres, mignonnes et colorées, sont parfaitement tenues, et quel calme ! On revisite ici la tradition culinaire bourguignonne, dans une ambiance champêtre.

ST-AGRÈVE – 07 Ardèche – 331 I3 – 2 506 h. – alt. 1 050 m – ✉ 07320 44 A2

Lyon Drôme Ardèche

Paris 582 – Aubenas 68 – Lamastre 21 – Privas 64

Grand'Rue, 04 75 30 15 06, www.pays-saintagreve.fr

Mont Chiniac ★★.

Domaine de Rilhac avec ch ch, (P) VISA MC AE

2 km au Sud-Est par D 120, D 21 et rte secondaire – 04 75 30 20 20 – www.domaine-de-rilhac.com – Fermé 20 déc. à mi-mars, mardi soir, jeudi midi et merc.

7 ch – 95/125 € 95/125 € – 14 € – ½ P 105/121 €

Rest – Formule 24 € – Menu 29/65 € – Carte 47/60 €

◆ Calme assuré dans cette ferme ardéchoise perdue dans la campagne, où l'on savoure une cuisine de saison face au mont Gerbier-de-Jonc. Quelques chambres, dont certaines mansardées.

Faurie (Philippe Bouissou) avec ch (P) VISA MC

36 av. des Cévennes – 04 75 30 11 45 – www.hotelfaurie.fr – Ouvert mi-mars à mi-déc.

7 ch – 90/140 € 90/140 € – 25 €

Rest *(nombre de couverts limité, réserver)* – Menu 85 €

Spéc. La fève et l'oignon (printemps-été). Le pigeon. Feuilleté framboise-marron (été). **Vins** Saint-Joseph, Crozes Hermitage.

◆ Philippe Bouissou cuisine au gré du marché et de son potager… Une véritable gastronomie de l'instant, très fine et créative, où les produits sont rendus avec pureté ! Menu unique. Le décor des chambres est aussi chic et joli que celui du restaurant.

Les Cévennes avec ch rest, VISA MC AE

10 pl. de la République – 04 75 30 10 22 – Fermé 12-25 nov. et vend. d'oct. à mai

6 ch – 52 € 52/57 € – 10 € – ½ P 59/69 €

Rest *(dîner seult hors sais. et résidents seul.)* – Menu 15 € (sem.), 20/40 € – Carte 25/45 €

◆ Ambiance conviviale dans ce petit hôtel-restaurant familial. Copieux plats du terroir dans la salle "tout bois" ou repas rapides au café. Chambres fonctionnelles et bien tenues.

ST-AIGNAN – 41 Loir-et-Cher – 318 F8 – 3 162 h. – alt. 115 m – ✉ 41110 11 A2

Châteaux de la Loire

Paris 221 – Blois 41 – Châteauroux 65 – Romorantin-Lanthenay 36

60, rue Constant Ragot, 02 54 75 22 85, www.tourisme-valdecher-staignan.com

Crypte★★ de l'église★ - Zoo Parc de Beauval★ S : 4 km.

Les Jardins de Beauval
(au zoo), parc de Beauval, 4 km par D 675 – 02 54 75 60 00 – www.lesjardinsdebeauval.com
92 ch – 98/128 € 98/128 € – 12 €
Rest – Formule 25 € – Menu 37/56 € bc – Carte 39/58 €
◆ Cinq pavillons dans un jardin paysagé, au pied du magnifique parc animalier de Beauval. Source d'inspiration affichée : l'Indonésie... et les chambres – classiques – s'habillent de mobilier en bois exotique. Au restaurant, cuisine traditionnelle sous forme de buffet.

ST-ALBAN-DE-MONTBEL – 73 Savoie – 333 H4 – rattaché à Aiguebelette-le-Lac

ST-ALBAN-DE-ROCHE – 38 Isère – 333 E4 – 1 832 h. – alt. 284 m – 38080 44 B2

Paris 507 – Bourg-en-Bresse 101 – Grenoble 70 – Lyon 49

L'Émulsion
57 rte de Lyon – 04 74 28 19 12 – www.lemulsion-restaurant.com – Fermé 1er-15 août, 24 déc.-2 janv., dim. et lundi
Rest – Formule 18 € – Menu 26/48 € – Carte 35/57 €
◆ Une émulsion à la fois savoureuse et inventive ! Le cadre contemporain et élégant sert à merveille des recettes telles que le foie gras choc-passion, le pigeonneau en croûte ou la brandade revisitée. Une belle alchimie.

ST-ALBAN-LES-EAUX – 42 Loire – 327 C3 – 929 h. – alt. 410 m – 42370 44 A1

Paris 390 – Lapalisse 45 – Montbrison 56 – Roanne 12

Le Petit Prince
Le bourg – 04 77 65 87 13 – www.restaurant-lepetitprince.fr – Fermé 17 août-1er sept., dim. soir, lundi et mardi
Rest – Formule 21 € – Menu 28 € – Carte 30/70 €
◆ Ce charmant restaurant fut fondé en 1805 par les arrière-grands-tantes du patron actuel ! On y accède par une terrasse ombragée de tilleuls. Cuisine inventive et goûteuse.

ST-ALBAN-LEYSSE – 73 Savoie – 333 I4 – rattaché à Chambéry

ST-ALBAN-SUR-LIMAGNOLE – 48 Lozère – 330 I6 – 1 492 h. – alt. 950 m – 48120 23 C1

Paris 552 – Espalion 72 – Mende 40 – Le Puy-en-Velay 75
Rue de l'hôpital, 04 66 31 57 01

Relais St-Roch
chemin du Carreirou – 04 66 31 55 48 – www.relais-saint-roch.fr – Ouvert mi avril-fin oct.
9 ch – 138/228 € 138/228 € – 16 € – ½ P 138/178 €
Rest *La Petite Maison* – voir les restaurants ci-après
◆ "Verveine", "Violette", "Narcisse"... Dans cette gentilhommière du 19es. en granit rose, les chambres honorent la nature dans un esprit d'antan (lambris vernissé, tissu tendu) qui a fidélisé de nombreux habitués. Agréable piscine dans le beau jardin.

La Petite Maison – Hôtel Relais St-Roch
av. de Mende – 04 66 31 56 00 – www.la-petite-maison.fr – Ouvert mi avril-fin oct. et fermé lundi sauf le soir en juil.-août, mardi midi et merc. midi
Rest – Formule 24 € – Menu 28/74 € – Carte 60/130 €
◆ Une table régionale où règne une atmosphère chaleureuse et rustique. Spécialités de la maison ? La viande de bison, la friture de truitelle, le whisky (400 références) et les vins du Languedoc-Roussillon.

ST-AMAND-MONTROND – 18 Cher – 323 L6 – 11 376 h. – alt. 160 m – 18200 Limousin Berry 12 C3

Paris 282 – Bourges 52 – Châteauroux 65 – Montluçon 56
place de la République, 02 48 96 16 86, www.st-amand-tourisme.com
Abbaye de Noirlac★★
Château de Meillant★★

L'Amandois ch, rest, VISA

7 r. H. Barbusse, (face pl. de la République) – ✆ 02 48 63 72 00 – www.hotelamandois.fr

43 ch – †65/75 € ††75/95 € – ☕ 11 €

Rest – Formule 13 € – Menu 18/29 € – Carte 25/40 €

◆ Une adresse fonctionnelle et pratique, avec seize chambres récentes, modernes et fort bien équipées, réparties dans deux bâtiments. Restauration traditionnelle dans une salle donnant sur la rue.

à Noirlac **4 km au Nord-Ouest par D 2144 (rte de Bourges) et D 35 – ✉ 18200 Bruere Allichamps**

Auberge de l'Abbaye de Noirlac VISA

– ✆ 02 48 96 22 58 – www.aubergeabbayenoirlac.free.fr – Ouvert 25 fév.-30 nov. et fermé mardi soir et merc. sauf juil.-août .

Rest – Menu 22 € (sem.), 27/35 € – Carte 40/55 €

◆ Petite auberge sise dans une chapelle des voyageurs du 12es. Salle à manger avec poutres et tomettes ; terrasse tournée vers l'abbaye cistercienne. Cuisine du terroir.

à Bruère-Allichamps **8,5 km au Nord-Ouest par rte de Bourges (D 2144) – 609 h. – alt. 170 m – ✉ 18200**

Les Tilleuls avec ch P VISA

rte de Noirlac – ✆ 02 48 61 02 75 – www.hotel-restaurant-tilleuls.com – Fermé 4-12 mars, 28 oct.-12 nov., 23-30 déc., dim. d'oct. à mars, mardi midi et merc. midi d'avril à sept. et lundi

9 ch – †56/58 € ††56/58 € – ☕ 9 € – ½ P 57/59 €

Rest – Formule 19 € – Menu 26/65 € – Carte 39/47 €

◆ Une belle halte gourmande sur la route touristique longeant le Cher ! De bons produits frais et une cuisine fine et bien réalisée, à prix doux... Chambres petites, mais bien tenues et au calme... face à la campagne.

ST-AMARIN – 68 Haut-Rhin – 315 G9 – 2 456 h. – alt. 410 m – ✉ 68550 1 A3

Paris 461 – Belfort 52 – Colmar 53 – Épinal 76

81, rue Charles-de-Gaulle, ✆ 03 89 82 13 90, www.ot-saint-amarin.com

Auberge du Mehrbächel rest, P VISA

4 km à l'Est par rte du Mehrbächel – ✆ 03 89 82 60 68 – www.auberge-mehrbachel.com – Fermé 28 oct.-9 nov.

23 ch – †50/64 € ††64/70 € – ☕ 10 € – ½ P 60/64 €

Rest *(fermé lundi soir, jeudi soir et vend.)* – Formule 14 € – Menu 20/40 € – Carte 20/48 €

◆ En pleine montagne et sur le passage d'un GR, cette auberge (qui est aussi une vraie ferme !) a des airs de refuge rustique et douillet... Au restaurant, on partage quelques spécialités alsaciennes avec des randonneurs affamés et ravis.

ST-AMBROIX – 30 Gard – 339 K3 – 3 429 h. – alt. 142 m – ✉ 30500 23 C1

Paris 686 – Alès 20 – Aubenas 56 – Mende 111

place de l'Ancien Temple, ✆ 04 66 24 33 36

à St-Victor-de-Malcap **2 km au Sud-Est par D 51 – 659 h. – alt. 140 m – ✉ 30500**

La Bastide des Senteurs avec ch ch, P VISA

5 r. de la Traverse – ✆ 04 66 60 24 45 – www.bastide-senteurs.com – Ouvert 7 mars-30 oct.

14 ch – †70/99 € ††70/99 € – ☕ 12 € – ½ P 99/125 €

Rest *(fermé sam. midi)* – Formule 18 € – Menu 35/120 € – Carte 50/70 €

◆ Dans cette magnanerie, quel plaisir de s'installer sur la terrasse dominant le vallon et de savourer une agréable cuisine méditerranéenne. Spécialité : la poularde de Bresse en vessie. Boutique de vin et cave. Chambres aux noms de cépages, confortables et soignées.

à Larnac 3,5 km au Sud-Ouest par rte d'Alès – ✉ 30960 Les Mages

Le Clos des Arts sans rest
Domaine Villaret – ✆ 04 66 25 40 91 – www.closdesarts.com
15 ch – †56/74 € ††56/79 € – ☕ 8 €
◆ Dans une ancienne filature de soie du 17[e]s., des chambres spacieuses, dont deux thématiques (Inde et design). De nombreuses œuvres d'art donnent du charme au domaine.

ST-AMOUR-BELLEVUE – 71 Saône-et-Loire – 320 I12 – 542 h. – alt. 306 m – ✉ 71570 — 8 C3

Paris 402 – Bourg-en-Bresse 48 – Lyon 63 – Mâcon 13

Auberge du Paradis
Le Plâtre Durand – ✆ 03 85 37 10 26 – www.aubergeduparadis.fr – Fermé vacances de la Toussaint et janv.
7 ch – †125/230 € ††125/230 € – 1 suite – ☕ 21 €
Rest *Auberge du Paradis* – voir les restaurants ci-après
◆ Un petit paradis en effet, aux chambres originales et contemporaines, décorées avec goût comme l'ensemble de l'établissement. Autres motifs de détente : le couloir de nage, le salon de lecture et un petit-déjeuner assez exceptionnel.

Auberge du Paradis
Le Plâtre Durand – ✆ 03 85 37 10 26 – www.aubergeduparadis.fr – fermé vacances de la Toussaint, janv., lundi, mardi et le midi sauf dim.
Rest *(nombre de couverts limité, réserver)* – Menu 58 €
◆ Une cuisine intelligente et bien ficelée, qui exprime toute sa créativité par de belles notes d'épices associées avec recherche à de superbes produits. Un travail d'équilibriste, comme une invitation à un voyage culinaire "séraphique"...

Chez Jean Pierre
Le Plâtre Durand – ✆ 03 85 37 41 26 – www.restaurant-jeanpierre.fr – Fermé 23 déc.-8 janv., dim. soir, merc. soir et jeudi
Rest – Menu 20 € (déj. en sem.), 31/49 € – Carte 27/58 €
◆ Une salle champêtre (cheminée en faïence bleue, billot de boucher) et une terrasse fleurie : un cadre assez romantique... On y apprécie une cuisine traditionnelle accompagnée de vins du cru. L'accueil se montre très aimable.

ST-ANDRÉ – 66 Pyrénées-Orientales – 344 I7 – 2 851 h. – alt. 10 m – ✉ 66690 — 22 B3

Paris 880 – Girona 87 – Montpellier 184 – Perpignan 25

La Table de Cuisine
8a r. de Taxo – ✆ 04 68 95 42 06 – www.latabledecuisine.com – Fermé sam. midi et merc.
Rest – Formule 14 € – Menu 22 € (sem.)/27 € – Carte environ 27 €
◆ En reprenant cette maison de village, les propriétaires n'avaient qu'une idée en tête : travailler avec les meilleurs producteurs locaux. Anchois de Collioure, lapin à l'ail et au banyuls blanc... Pari tenu avec authenticité et générosité.

ST-ANDRÉ-DE-NAJAC – 12 Aveyron – 338 E5 – 418 h. – alt. 380 m – ✉ 12270 — 29 C2

Paris 664 – Albi 46 – Rodez 74 – Toulouse 103

Relais Mont le Viaur avec ch
La Croix-Grande – ✆ 05 65 65 08 68 – www.montleviaur.fr – Fermé mi-déc.-janv.
7 ch – †50/52 € ††52/56 € – ☕ 9 €
Rest *(fermé dim. soir, lundi soir et mardi soir)* – Formule 14 € bc – Menu 20/35 € – Carte 27/40 €
◆ Dans cette jolie ferme régionale, chaleureuse et conviviale, le chef concocte une cuisine du terroir simple et savoureuse : terrine de jarret de porc, foie gras maison, veau du Ségala... Pour l'étape, des chambres pratiques et agréables.

ST-ANDRÉ-DE-ROQUELONGUE – 11 Aude – 344 I4 – 1 062 h. – alt. 72 m – ✉ 11200 22 B3

Paris 821 – Béziers 53 – Montpellier 112 – Perpignan 71

Demeure de Roquelongue

53 av. de Narbonne – ✆ 04 68 45 63 57 – www.demeure-de-roquelongue.com – Ouvert 15 mars-15 nov.

5 ch – 100 € 100 € **Table d'hôte** – Menu 25 €

◆ En plein cœur du village, cette belle demeure de vigneron (1885) a le charme des maisons de famille : mobilier chiné, patio verdoyant, salles de bains rétro, cuisine traditionnelle à la table d'hôtes... De l'âme et du style !

ST-ANDRÉ-LEZ-LILLE – 59 Nord – 302 G4 – rattaché à Lille

ST-ANDRÉ-LES-VERGERS – 10 Aube – 313 E4 – rattaché à Troyes

ST-ANTOINE-L'ABBAYE – 38 Isère – 333 E6 – 983 h. – alt. 339 m – ✉ 38160 Lyon Drôme Ardèche 43 E2

Paris 553 – Grenoble 66 – Romans-sur-Isère 26 – St-Marcellin 12

place Ferdinand Gilibert, ✆ 04 76 36 44 46, www.saintantoinelabbaye.fr

Abbatiale★.

Auberge de l'Abbaye

Mail de l'Abbaye – ✆ 04 76 36 42 83 – www.auberge-abbaye.com – Fermé 10 janv.-9 fév., lundi et mardi sauf le midi de juil. à sept. et dim. soir d'oct. à juin

Rest – Formule 19 € – Menu 23 € (sem.), 35/56 € – Carte 34/70 €

◆ Une jolie maison (14ᵉs.) au cœur du village médiéval. La femme du patron a imaginé un intérieur chaleureux d'inspiration Louis XIII. Au menu, les produits du terroir mènent la danse.

ST-ARCONS-D'ALLIER – 43 Haute-Loire – 331 D3 – 185 h. – alt. 560 m – ✉ 43300 6 C3

Paris 515 – Brioude 37 – Mende 87 – Le Puy-en-Velay 34

Les Deux Abbesses

– ✆ 04 71 74 03 08 – www.lesdeuxabbesses.com – Ouvert 26 avril-2 oct.

6 ch – 180/280 € 180/280 € – 6 suites – 24 € – ½ P 190/390 €

Rest *Les Deux Abbesses* – voir les restaurants ci-après

◆ Pour les amoureux des vieilles pierres... et les amoureux tout court. "Passion", "Tendresse", etc. : chaque chambre est un programme ! Très confortables, elles se répartissent entre le château du 12ᵉs. et plusieurs demeures médiévales. On laisse sa voiture à l'entrée du hameau, où le temps semble s'être arrêté...

Les Deux Abbesses

– ✆ 04 71 74 03 08 – www.lesdeuxabbesses.com – Ouvert 26 avril-2 oct., fermé lundi et mardi sauf juil.-août

Rest *(dîner seult) (nombre de couverts limité, réserver)* – Menu 68 €

◆ Des pierres, une grande cheminée médiévale, de l'intimité... Avis aux romantiques ! Ici, on conte fleurette en dégustant une jolie cuisine de produits, où le terroir local a toute sa place.

ST-AUBIN – 22 Côtes-d'Armor – 309 H3 – rattaché à Erquy

ST-AUBIN-DE-LANQUAIS – 24 Dordogne – 329 E7 – 280 h. – alt. 110 m – ✉ 24560 4 C1

Paris 548 – Bergerac 13 – Bordeaux 101 – Périgueux 56

L'Agrybella sans rest

pl. de l'Église – ✆ 05 53 58 10 76 – www.agrybella.fr.st – Fermé janv. et fév.

5 ch – 95 € 95 €

◆ Au cœur d'un village tranquille, une belle demeure (18ᵉs.) dans un jardin clos de murs... Choisissez votre chambre : Coloniale, Rétro, Marine, Périgourdine ou Cirque ! Une réussite, sous l'égide d'un couple charmant.

ST-AUBIN-DE-MÉDOC – 33 Gironde – **335** G5 – 5 793 h. – alt. 29 m – ✉ 33160 **3** B1

Paris 592 – Angoulême 132 – Bayonne 193 – Bordeaux 19

Le Pavillon de St-Aubin-Thierry Arbeau avec ch

Le Hiou, rte de Picot – ✆ 05 56 95 98 68 – www.thierry-arbeau.com

12 ch – 75/85 € 80/90 € – 12 € – ½ P 85/90 €

Rest *(fermé 16-31 août et 2-7 janv.)* – Formule 26 € – Menu 38/75 €

◆ Makis de thon rouge, pigeonneau aux épices douces... Une carte bien dans son époque alliée à une très belle sélection de bordeaux, pour un moment gourmand dans un lieu chaleureux – tons ensoleillés, cheminée et tables bien dressées. Pour l'étape, les chambres sont fonctionnelles et bien tenues.

ST-AUBIN-SUR-GAILLON – 27 Eure – **304** H7 – **rattaché à Gaillon**

ST-AVÉ – 56 Morbihan – **308** O8 – **rattaché à Vannes**

ST-AVIT-DE-TARDES – 23 Creuse – **325** K5 – 191 h. – alt. 560 m – ✉ 23200 **25** C2

Paris 415 – Limoges 151 – Guéret 55 – Ussel 67

Le Moulin de Teiteix ch,

– ✆ 05 55 67 34 18 – http://moulin-de-teiteix.pagesperso-orange.fr/

5 ch – 59 € 79 € **Table d'hôte** – Menu 27 € bc

◆ Au pied d'une petite rivière poissonneuse et au grand calme, un moulin du 19ᵉ s. rustique et bucolique à souhait, où priment la simplicité et la convivialité. Les chambres, toutes différentes, sont spacieuses et agréables ; à l'heure du repas, la propriétaire concocte une cuisine traditionnelle et familiale.

ST-AVOLD – 57 Moselle – **307** L4 – 16 631 h. – alt. 260 m – ✉ 57500 **27** C1

Alsace Lorraine

Paris 372 – Metz 46 – Saarbrücken 33 – Sarreguemines 29

28, rue des Américains, ✆ 03 87 91 30 19, www.mairie-saint-avold.fr

de Faulquemont, à Faulquemont, av. Jean Monnet, SO : 16 km par D 20, ✆ 03 87 81 30 52

Groupe sculpté★ dans l'église St-Nabor.

Mine-image★ de Freyming-Merlebach NE : 10 km.

au Nord 2,5 km sur D 633 (près échangeur A 4) – ✉ 57500 St-Avold

Novotel

RN 33 – ✆ 03 87 92 25 93 – www.novotel.com

61 ch – 59/139 € 59/139 € – 15 € **Rest** – Formule 18 € – Carte 24/45 €

◆ Dans ce Novotel entre forêt et autoroute (heureusement très calme), l'idéal est de choisir une chambre face à la piscine. Au restaurant, l'étape est pratique et sans surprise, mais la terrasse a vue sur les bois.

ST-AY – 45 Loiret – **318** H4 – 3 060 h. – alt. 100 m – ✉ 45130 **12** C2

Paris 140 – Orléans 13 – Blois 48 – Châteaudun 52

Place de la Mairie, ✆ 02 38 88 44 44

La Grande Tour

21 rte Nationale – ✆ 02 38 88 83 70 – www.lagrandetour.com – Fermé 13 août-3 sept., 14-22 janv., merc. soir, dim. soir et lundi

Rest – Formule 17 € – Menu 29/45 € bc – Carte 47/55 €

◆ La "Pompadour" séjourna dans cet ancien relais de poste, situé sur la route des châteaux de la Loire. Cuisine traditionnelle (tête de veau, canette rôtie, sandre au beurre blanc), servie en terrasse l'été venu.

ST-AYGULF – 83 Var – **340** P5 – ✉ 83370 Côte d'Azur **41** C3

Paris 872 – Brignoles 69 – Draguignan 35 – Fréjus 6

place de la Poste, ✆ 04 94 81 22 09, www.saint-aygulf-tourisme.fr

Cap Riviera sans rest
21 r. de Claviers, (Plage du Grand Boucharel) – 04 94 81 21 42 – www.frejus-hotel.com – Ouvert 18 mars-17 oct.
19 ch – 54/139 € 54/139 € – 8 €
◆ Petit hôtel familial, sur la route côtière, face à la mer. Chambres coquettes et colorées, plus calmes côté patio ; accueil aimable (petite restauration en saison).

ST-BAZILE-DE-MEYSSAC – 19 Corrèze – 329 L5 – 157 h. – alt. 230 m – 19500 25 C3

Paris 514 – Limoges 125 – Tulle 37 – Brive-la-Gaillarde 28

Le Manoir de la Brunie sans rest
La Brunie – 05 55 84 23 07 – www.manoirlabrunie.com
3 ch – 90/110 € 90/110 €
◆ Pour un week-end au calme, ce manoir du 18e s. chargé d'histoire a conservé tout son cachet. Au programme, des promenades dans le jardin, un saut dans la piscine et un repos bien mérité dans les chambres, spacieuses et décorées avec goût.

ST-BEAUZEIL – 82 Tarn-et-Garonne – 337 B5 – 121 h. – alt. 181 m – 82150 28 B1

Paris 631 – Agen 32 – Cahors 55 – Montauban 64

Château de l'Hoste
rte d'Agen, (D 656) – 05 63 95 25 61 – www.chateaudelhoste.com
24 ch – 85/200 € 85/200 € – 15 € – ½ P 96/153 €
Rest *(fermé le midi sauf dim.)* – Menu 29/57 € – Carte 37/43 €
◆ En pleine campagne quercynoise, au cœur d'un superbe jardin, une gentilhommière du 17es. pleine de caractère et de confort. Que dire de la bibliothèque, du bar, de la piscine ou encore du restaurant dont le chef privilégie les légumes du potager bio ? Le temps d'un séjour, on se rêve lady et gentleman-farmer...

ST-BÉNIGNE – 01 Ain – 328 C2 – rattaché à Pont-de-Vaux

ST-BENOIT – 86 Vienne – 322 I5 – rattaché à Poitiers

ST-BENOÎT-SUR-LOIRE – 45 Loiret – 318 K5 – 1 999 h. – alt. 126 m – 45730 Châteaux de la Loire 12 C2

Paris 166 – Bourges 92 – Châteauneuf-sur-Loire 10 – Gien 32
44, rue Orléanaise, 02 38 35 79 00, www.tourisme-loire-foret.com
Basilique★★.
Germigny-des-Prés : mosaïque★★ de l'église★ NO : 6 km.

Grand St-Benoît
7 pl. St-André – 02 38 35 11 92 – www.hoteldulabrador.fr – Fermé 19 août-5 sept., 23 déc.-9 janv., dim. et lundi sauf fériés
Rest *(nombre de couverts limité, réserver)* – Formule 18 € – Menu 28/58 € – Carte 49/59 €
◆ Dans une maison régionale, avec sa terrasse dressée sur une place piétonne du village où repose le poète Max Jacob. Bonne cuisine classique avec des touches d'inventivité.

ST-BERNARD – 01 Ain – 328 B5 – 1 380 h. – alt. 250 m – 01600 43 E1

Paris 443 – Lyon 29 – Bourg-en-Bresse 57 – Villeurbanne 37

Le Clos du Chêne
370 chemin du Carré – 04 74 00 45 39 – www.leclosduchene.com – Fermé 24 déc.-31 mars
7 ch – 152/192 € 152/192 € – 14 €
Rest *(fermé vend. et sam.) (dîner seult) (résidents seult)* – Carte environ 32 €
◆ En bordure de Saône, de superbes chambres romantiques et cosy dans une vaste propriété, alliant esprit de maison de famille, équipements modernes et thématique équestre. Raffiné !

ST-BONNET-LE-CHÂTEAU – 42 Loire – 327 D7 – 1 519 h. 44 A2
– alt. 870 m – ✉ 42380 Lyon Drôme Ardèche

Paris 484 – Ambert 48 – Montbrison 31 – Le Puy-en-Velay 66

7, place de la République, ✆ 04 77 50 52 48, www.pays-st-bonnet-le-chateau.fr

Chevet de la collégiale ★ - Chemin des Murailles★.

Le Béfranc

7 rte d'Augel – ✆ 04 77 50 54 54 – www.hotel-lebefranc.com – Fermé 30 janv.-5 mars, dim. soir et lundi sauf juil.-août

17 ch – †45 € ††55 € – ☕ 7 € – ½ P 51 €

Rest – Menu 13 € (sem.), 20/38 € – Carte 29/47 €

◆ Aux portes de cette localité surnommée "la perle du Forez", une adresse familiale, simple et sympathique, qui met à profit les anciens locaux de la gendarmerie !

La Calèche

2 pl. Cdt Marey – ✆ 04 77 50 15 58 – www.restaurantlacaleche.fr – Fermé 2-16 janv., dim. soir, mardi soir et merc.

Rest – Formule 17 € – Menu 22 € (déj.), 33/56 € – Carte 42/60 €

◆ Un restaurant aménagé dans une maison classée (17e s.), où les produits sont bien choisis : escargots, ris de veau, asperges... La carte des vins fait la part belle aux côtes-du-rhône.

ST-BONNET-LE-FROID – 43 Haute-Loire – 331 I3 – 232 h. 6 D3
– alt. 1 126 m – ✉ 43290

Paris 555 – Annonay 27 – Le Puy-en-Velay 58 – St-Étienne 51

1 chemin de Brard, ✆ 04 71 65 64 41, www.saintbonnetlefroid.com

Le Clos des Cimes

le village – ✆ 04 71 59 93 72 – www.regismarcon.fr – Fermé 23 déc.-13 fév., lundi de nov. à juin et mardi

12 ch – †175/220 € ††175/220 € – ☕ 22 €

Rest *Bistrot la Coulemelle* – voir les restaurants ci-après

◆ C'est ici que tout a commencé pour la famille Marcon ! Une maison de pays au cœur du village, des chambres colorées et confortables, avec vue sur la vallée... et les cimes. Petit-déjeuner copieux (viennoiseries, charcuterie locale, etc.).

Le Fort du Pré

rte du Puy – ✆ 04 71 59 91 83 – www.le-fort-du-pre.fr – Fermé 2-7 sept., 25 nov.-5 mars, dim. soir et lundi sauf juil.-août

34 ch – †78/95 € ††85/130 € – ☕ 11 € – ½ P 73/85 €

Rest *Le Fort du Pré* – voir les restaurants ci-après

◆ Un peu en dehors du village, cette maison de maître en pierre en impose, pourtant ses chambres sont simples et fonctionnelles. Pour profiter du calme bien sûr, mais aussi des nombreux loisirs proposés (piscine, fitness, cours de cuisine...).

Régis et Jacques Marcon avec ch

soir,

Larsiallas, sur les hauteurs du village – ✆ 04 71 59 93 72 – www.regismarcon.fr – Ouvert 31 mars-23 déc. et fermé lundi soir de nov. à juin, mardi et merc.

10 ch – †355 € ††355 € – ☕ 25 €

Rest *(réserver)* – Menu 120/180 € – Carte 160/190 €

Spéc. Cassolette de homard aux lentilles vertes du Puy. Couci-couça d'agneau au praliné de cèpes. Bananes et morilles. **Vins** Saint-Joseph, Vin de pays des Coteaux de l'Ardèche.

◆ Viandes du plateau, lentilles vertes du Puy, fromages locaux, etc. : la cuisine des Marcon magnifie le terroir et l'automne est leur saison de prédilection. C'est là, dans l'intimité des sous-bois aux feuilles rougissantes, qu'ils cueillent ces champignons dont ils ont fait... un art ! Le bâtiment, ceint de verre, rend également un superbe hommage à la nature.

XX **André Chatelard**

pl. aux Champignons – ✆ 04 71 59 96 09 – www.restaurant-chatelard.com – Fermé 10-13 sept., 2 janv.-2 mars, mardi sauf août, dim. soir et lundi
Rest – Menu 20 € (sem.), 30/72 € – Carte 30/66 €
◆ Comme une impression de joie de vivre dans cette maison de pays. On peut faire confiance au chef pour dénicher la truite du Lignon, la belle charcuterie, les champignons, les fromages, les bons vins à petits prix... Et c'est un ancien pâtissier !

XX **Bistrot la Coulemelle** – Hôtel Le Clos des Cimes

le village – ✆ 04 71 65 63 62 – www.regismarcon.fr – Fermé 23 déc.-13 fév., lundi de nov. à juin et mardi
Rest – Menu 27/40 €
◆ Au cœur du joli village, voici la délicieuse "annexe bistrotière" du restaurant de Régis Marcon. Souris d'agneau aux lentilles vertes, composé de cochon, panier de desserts : rien à dire, tout est généreux et gourmand.

XX **Le Fort du Pré** – Hôtel Le Fort du Pré

rte du Puy – ✆ 04 71 59 91 83 – www.le-fort-du-pre.fr – Fermé 2-7 sept., 25 nov.-5 mars, dim. soir et lundi sauf juil.-août
Rest – Formule 19 € – Menu 26/68 € – Carte 40/61 €
◆ St-Bonnet-le-Froid peut bien se targuer du titre de "village gourmand" ! Jolie démonstration avec ce Fort, qui propose une cuisine d'aujourd'hui avec de beaux produits régionaux, le tout dans un environnement verdoyant... Une valeur sûre.

au Nord-Ouest 6 km par D 44

La Maison d'en Haut sans rest

Malatray – ✆ 04 71 61 96 20 – www.maison-den-haut.com – Ouvert avril-déc.
3 ch – †75 € ††75/85 €
◆ Tout est si calme dans ce hameau de quelques âmes ! Cette ancienne ferme en pierres de taille (18ᵉs.), avec ses chambres meublées dans un esprit maison de famille, est comme un refuge contre le temps qui passe. Une adresse de charme.

ST-BONNET-TRONÇAIS – 03 Allier – 326 D3 – 755 h. – alt. 224 m — 5 B1

– ✉ 03360 Auvergne
Paris 313 – Clermont-Ferrand 137 – Moulins 60 – Montluçon 44

à Tronçais 2 km au Sud-Est par D 250 – ✉ 03360

Le Tronçais

12 av. Nicolas-Rambourg, par D 978 – ✆ 04 70 06 11 95 – www.letroncais.com – Ouvert 15 mars-15 nov. et fermé dim. soir, mardi midi et lundi en mars-avril et oct.-nov.
12 ch – †51 € ††57 € – ☕ 9 € – ½ P 56 €
Rest *Le Tronçais* – voir les restaurants ci-après
◆ Un parc, un étang, la magnifique forêt de Tronçais à proximité et... cette demeure agréable, avec des chambres classiques et pratiques, au grand calme. Un sympathique esprit familial au cœur d'une nature préservée !

XX **Le Tronçais**

12 av. Nicolas-Rambourg, par D 978 – ✆ 04 70 06 11 95 – www.letroncais.com – Ouvert 15 mars-15 nov. et fermé dim. soir, mardi midi et lundi hors saison
Rest – Formule 18 € – Menu 26/39 € – Carte 10/26 €
◆ Un restaurant d'hôtel confortable, chaleureux et noyé dans la verdure. Le jeune chef concocte une cuisine traditionnelle bien ficelée et, dès les premiers beaux jours, quoi de plus agréable que de profiter du jardin ?

ST-BRANCHS – 37 Indre-et-Loire – 317 N5 – 2 356 h. – alt. 97 m — 11 B2

– ✉ 37320
Paris 259 – Orléans 135 – Tours 24 – Joué-lès-Tours 19

Le Diable des Plaisirs

2 av. des Marronniers – 02 47 26 33 44 – www.restaurant-lediabledesplaisirs.com – Fermé 15 août-5 sept., 20-27 déc., lundi soir de sept. à mai, dim. soir et merc.

Rest – Formule 15 € – Menu 21/40 € – Carte 43/56 €

◆ Ce restaurant en retrait du centre du village vous reçoit dans le cadre très coloré, ludique et nostalgique d'une ancienne salle de classe. Accueil souriant et cuisine actuelle.

ST-BREVIN-LES-PINS – 44 Loire-Atlantique – 316 C4 – 12 294 h. 34 A2

– alt. 9 m – Casino – ✉ 44250 Poitou Vendée Charentes

Paris 442 – Nantes 57 – Saint-Herblain 62 – Saint-Nazaire 15

10, rue de l'Église, 02 40 27 24 32, www.saint-brevin.fr

Du Beryl

55 bd de l'Océan – 02 28 53 20 00 – www.groupe-emeraude.com

94 ch – †99/179 € ††99/179 € – ☕ 12 €

Rest – Formule 16 € – Menu 19/34 € – Carte 29/53 €

◆ Vue sur la mer ou, à l'arrière, sur les pins qui recouvrent la station : dans cet hôtel moderne, les chambres, lumineuses et spacieuses, sont en prise sur la côte Atlantique. Casino. Restaurant assez confortable (terrasse face à l'océan) ; carte traditionnelle.

ST-BRICE – 53 Mayenne – 310 G7 – 526 h. – alt. 71 m – ✉ 53290 35 C1

Paris 271 – Laval 43 – Le Mans 70 – Nantes 147

Au Manoir des Forges

ch, ch,

0,5 km à l'Est par D 212 – 02 43 70 84 40 – www.manoirdesforges.fr – Ouvert 31 mars-1er déc.

5 ch ☕ – †100/150 € ††100/150 € **Table d'hôte** – Menu 35 € bc

◆ Sur les hauteurs du village, petit manoir de 1850 au charme authentique : parc, plan d'eau où nagent des cygnes noirs. Chambres rustiques et cosy (tomettes, poutres, cheminée). Cuisine provençale et spécialités corses au coin du feu ou sous la tonnelle.

ST-BRICE-EN-COGLÈS – 35 Ille-et-Vilaine – 309 N4 – 2 729 h. 10 D2

– alt. 105 m – ✉ 35460

Paris 343 – Avranches 34 – Fougères 17 – Rennes 57

7, place Charles-de-Gaulle, 02 99 97 85 44, www.coglais.com

Le Lion d'Or

ch, rest,

6-8 r. Chateaubriand – 02 99 98 61 44 – www.hotel-leliondor.fr – Fermé dim. soir de sept. à juin et fériés

28 ch – †78/85 € ††78/85 € – ☕ 10 € **Rest** *(fermé dim. soir de sept. à avril)* – Formule 14 € – Menu 19 € (sem.), 25/35 € – Carte 30/50 €

◆ Dans la rue principale du village, cet ex-relais de diligence à la façade de granit abrite des chambres de confort simple, régulièrement rénovées. Confortable restaurant et sa véranda servant des plats traditionnels et du terroir. À midi, espace brasserie.

Manoir de la Branche sans rest

lieu-dit la Branche, 1 km au Nord par D 102 – 02 99 97 77 95 – www.manoirdelabranche.com – Fermé 20 déc.-6 janv.

5 ch ☕ – †120/180 € ††120/180 €

◆ Robuste manoir daté de 1412, en bordure de forêt. Vieilles pierres, poutres de chêne, tomettes, murs à la chaux, mobilier de style : le décor fait remonter le temps !

ST-BRIEUC P – 22 Côtes-d'Armor – 309 F3 – 45 879 h. 10 C2

– Agglo. 121 237 h. – alt. 78 m – ✉ 22000 Bretagne

Paris 451 – Brest 144 – Quimper 127 – Rennes 101

de St-Brieuc-Armor : 02 96 94 95 00, 10 km par ①.

Bureau central 7, rue Saint-Gouéno, 08 25 00 22 22, www.saint-brieuc.fr

Club la Crinière, à Lamballe, Manoir de la Ville Gourio, par rte de Lamballe et D 786 : 15 km, 02 96 32 72 60

Cathédrale St-Étienne★ - Tertre Aubé ★ BV.

Plan page suivante

ST-BRIEUC

Abbé-Garnier (R.) .... AX 2
Armor (Av. d') .... BZ 3
Chapitre (R. du) .... AZ 4
Charbonnerie (R.) .... AY 5
Corderie (R. de la) .... AX 13
Ferry (R. Jules) .... AX 16
Gambetta (Bd) .... AV 17
Gaulle (Pl. Gén.-de) .... AY 18
Glais-Bizoin (R.) .... ABY 20
Le Gorrec (R. P.) .... AZ 28
Hérault (Bd) .... AV 23
Jouallan (R.) .... AY 26
Libération (Av. de la) .... BZ 29
Lycéens-Martyrs (R.) .... AZ 32
Martray (Pl. du) .... AY 33
Quinquaine (R.) .... AY 38
Résistance (Pl. de la) .... AY 39
Rohan (R. de) .... AYZ 40
St-Gilles (R.) .... AY 43
St-Gouéno (R.) .... AY 44
St-Guillaume (R.) .... BZ 46
Victor-Hugo (R.) .... BX 50
3-Frères-Le-Goff (R.) .... AY 52
3-Frères-Merlin (R.) .... AY 53

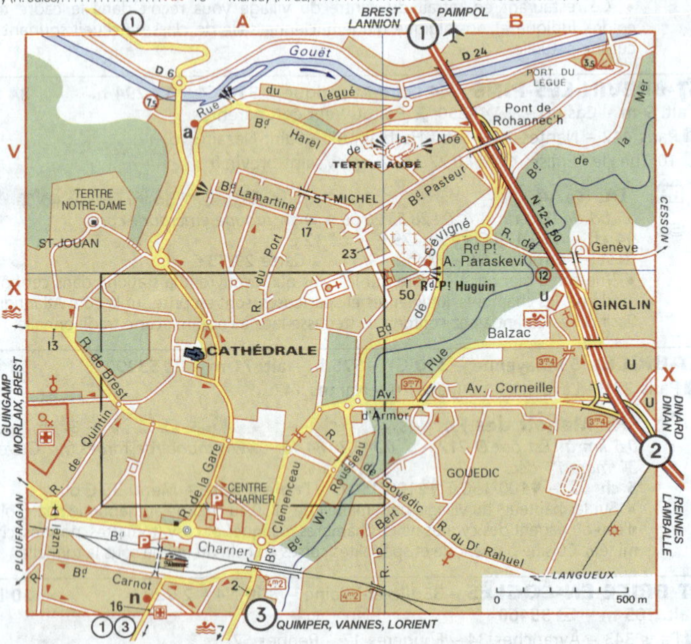

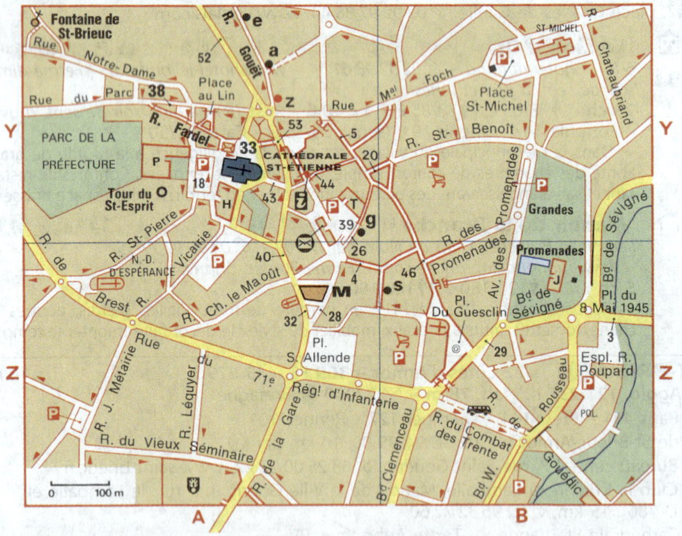

Edgar ch, ch, VISA AE

15 r. Jouallen – ✆ 02 96 60 27 27 – www.hotel-edgar.fr AYg

28 ch – †71/85 € ††79/95 € – ☕ 12 €

Rest *(fermé 4-19 août, sam. et dim.)* – Carte 27/36 €

◆ Une belle maison ancienne en pierre du pays... qui fut la résidence d'un armateur avant de devenir l'hôtel de police. Aujourd'hui, on y fait surtout délit de confort : les chambres sont agréables et contemporaines, dans un esprit cosy.

De Clisson sans rest VISA AE

36 r. Gouët – ✆ 02 96 62 19 29 – www.hoteldeclisson.com AYe

25 ch – †62/125 € ††79/125 € – ☕ 10 €

◆ Cette bâtisse blanche, à l'écart du centre, vous réserve un accueil charmant. Chambres diversement meublées ; celles avec baignoire balnéo sont plus spacieuses. Joli jardin.

Ker Izel sans rest VISA

20 r. Gouët – ✆ 02 96 33 46 29 – www.hotel-kerizel.com – Fermé 24 déc.-2 janv.

22 ch – †43/59 € ††57/62 € – ☕ 7 € AYa

◆ Dans le cœur historique de St-Brieuc, c'est vraisemblablement le plus vieil hôtel de la ville. Chambres plutôt petites, mansardées au 2ᵉétage, et bien tenues. Avec son jardinet et sa piscine, l'adresse est d'un bon rapport qualité-prix.

Champ de Mars sans rest VISA AE

13 r. Gén. Leclerc – ✆ 02 96 33 60 99 – www.hotel-saint-brieuc.fr – Fermé vacances de Noël BZs

21 ch – †49/55 € ††53/59 € – ☕ 8 €

◆ Emplacement pratique, près d'un grand parking public, pour ces chambres sobres et fonctionnelles, conçues à l'identique. Ici et là, quelques détails personnalisent cet hôtel simple.

XXX **Aux Pesked** (Mathieu Aumont) VISA AE

59 r. Légué – ✆ 02 96 33 34 65 – www.auxpesked.com – Fermé 30 avril-7 mai, 20 août-10 sept., 2-14 janv., sam. midi, dim. soir et lundi AVa

Rest – Formule 23 € – Menu 28 € (déj. en sem.), 45/85 € – Carte 75/87 €

Spéc. Saint-Jacques en trilogie. Filet de saint-pierre, sauce hollandaise allégée aux algues. Gâteau breton, crème brûlée à la vanille de Tahiti, glace vanille et poivre long de Java.

◆ Avec la vallée du Gouët pour paysage, ce chaleureux restaurant contemporain propose une fine carte actuelle, du marché, et mettant à l'honneur les Pesked (poissons en breton).

XX **Ô Saveurs** VISA AE

10 r. J.-Ferry – ✆ 02 96 94 05 34 – www.osaveurs-restaurant.com – Fermé 2 sem. en août, 2 sem. en fév., dim. et lundi AXn

Rest – Formule 15 € – Menu 28/51 € – Carte 35/50 €

◆ Derrière la gare, ce restaurant affiche un cadre sobre, tout de noir et blanc, en parfait accord avec les mets proposés. Carte de saison. Accueil et service charmants.

X **Youpala Bistrot** VISA

5 r. Palasne-de-Champeaux, Sud-Ouest par bd Charner – ✆ 02 96 94 50 74 – www.youpala-bistrot.com – Fermé 1ᵉʳ-15 juin, 1ᵉʳ-15 sept., 1ᵉʳ-25 janv., dim. et lundi

Rest *(nombre de couverts limité, réserver)* – Formule 20 € – Menu 26 € (déj. en sem.), 50/62 € bc

◆ Dans son bistrot contemporain et coloré, le chef élabore un menu unique qui change chaque jour au gré du marché, mettant à l'honneur les légumes et la marée bretonne. Formule bistrot au déjeuner, gastronomique le soir.

X **L'Air du Temps** VISA

4 r. Gouët – ✆ 02 96 68 58 40 – www.airdutemps.fr – Fermé 7-25 juil., 27 oct.-13 nov., 11-27 fév., dim. et lundi AYz

Rest – Formule 13 € – Menu 16 € – Carte 28/64 €

◆ Optez pour l'agréable cadre rustico-contemporain du rez-de-chaussée ou l'atmosphère très épurée de l'étage. Côté cuisine, saveurs ensoleillées relevées d'herbes et d'épices.

à Sous-la-Tour 3 km au Nord-Est par Port Légué et D 24 **BV** – ✉ 22190 Plérin

La Maison du Phare sans rest
93 r. de la Tour – ✆ 02 96 33 34 65 – www.maisonphare.com – Fermé 20 août-9 sept. et 1er-15 janv.
5 ch – †80/110 € ††80/110 € – ☕ 8 €
◆ Adossée à la falaise, près du port, cette maison du 19es. cultive une certaine douceur de vivre. Selon les chambres – toutes claires, simples et confortables –, on jouit d'un balcon, d'une terrasse ou d'une vue sur la mer.

La Vieille Tour (Nicolas Adam)
75 r. de la Tour – ✆ 02 96 33 10 30 – www.la-vieille-tour.com – Fermé 18 août-11 sept., vacances de fév., sam. midi, dim. et lundi
Rest *(nombre de couverts limité, réserver)* – Formule 18 € – Menu 27 € (sem.), 38/67 € – Carte 72/110 €
Spéc. Ravioles de langoustines, citron confit au curry (printemps-été). Dos de bar et wok de légumes. Soufflé litchi, glace chocolat blanc et citron vert.
◆ Cadre très contemporain jouant sur la lumière et les matières (verre, wengé...), en totale adéquation avec les saveurs fines et iodées de cette maison de pays, face au chenal.

à Cesson 3 km à l'Est par r. Genève **BV** – ✉ 22000

La Croix Blanche
61 r. de Genève – ✆ 02 96 33 16 97 – www.restaurant-lacroixblanche.fr – Fermé 30 juil.-20 août, vacances de fév., dim. soir et lundi
Rest – Menu 23/89 € – Carte 53/65 €
◆ Tourteau glacé au gaspacho andalou, lieu jaune aux petits pois et beurre frais... Dans ce plaisant restaurant ouvert sur un joli jardin, le chef concocte une cuisine d'aujourd'hui fort gourmande et raffinée, où le poisson tient le premier rôle.

Manoir le Quatre Saisons
61 chemin Courses – ✆ 02 96 33 20 38 – www.manoirquatresaisons.fr – Fermé 5-19 mars, 1er-15 oct., dim. soir, mardi soir et lundi
Rest – Formule 18 € – Menu 25/75 € – Carte 52/76 €
◆ En dehors de la ville... et presque à la campagne. Cette maison typiquement régionale est très accueillante, et le chef concocte une cuisine d'aujourd'hui, renouvelée avec les quatre saisons. Côté nectars, la carte honore la région bordelaise.

ST-CALAIS – 72 Sarthe – 310 N7 – 3 621 h. – alt. 155 m – ✉ 72120 — 35 D1

Châteaux de la Loire

Paris 188 – La Ferté-Bernard 33 – Le Mans 47 – Tours 66
place de l'Hôtel de ville, ✆ 02 43 35 82 95
Façade★ de l'église Notre-Dame.

Rte de la Ferté-Bernard 3 km au Nord par D 1

Château de la Barre
– ✆ 02 43 35 00 17 – www.chateaudelabarre.com – Fermé 10 janv.-10 fév.
5 ch – †150/350 € ††220/460 € – ☕ 18 €
Table d'hôte *(fermé dim. soir, lundi soir, merc. soir et vend. soir)* – Menu 95 € bc
◆ Le comte et la comtesse de Vanssay, vingtièmes du nom, vous accueillent dans leur château des 15e-18e s. Un bijou d'élégance à la française ! Portraits ancestraux, meubles d'époque, imprimés foisonnants et, dans le parc, des jardins à thème (japonais, italien, inca, etc.). Une villégiature rêvée pour les amateurs !

ST-CANADET – 13 Bouches-du-Rhône – 340 H4 – ✉ 13610 — 40 B3

Paris 765 – Marseille 46 – Aix-en-Provence 18 – Avignon 93

Campagne le Bec sans rest
– ✆ 04 42 61 97 05 – www.campagnelebec.com
4 ch ☕ – †130/160 € ††130/160 €
◆ En pleine campagne, cette ancienne bergerie mêle avec brio profusion baroque et élégance contemporaine. "Lin", "Portugaise", "Grise", etc. : chaque chambre revêt un charme tout particulier. Table d'hôte sur demande. Bassin de nage.

ST-CANNAT – 13 Bouches-du-Rhône – 340 G4 – 5 347 h. – alt. 216 m – ✉ 13760 Provence 40 B3

Paris 731 – Aix-en-Provence 17 – Cavaillon 39 – Manosque 65

3 avenue Pasteur, ✆ 04 42 57 34 65, www.saint-cannat.fr

au Sud **2 km par rte d'Éguilles et rte secondaire – ✉ 13760 St-Cannat**

Mas de Fauchon

ch, ch, VISA AE

1666 chemin de Berre – ✆ 04 42 50 61 77 – www.mas-de-fauchon.fr

15 ch – 120/230 € 120/230 € – 1 suite – 15 €

Rest – Formule 18 € – Menu 32/58 € – Carte 54/70 €

◆ Le calme à l'état pur avec pour seule musique le chant des cigales. Cette bergerie du 17ᵉs. propose des chambres d'un élégant style provençal. Agréable piscine et espace détente. Cuisine classique au restaurant (petits farcis, poisson au fenouil, tatin de pêches).

ST-CAPRAISE-DE-LALINDE – 24 Dordogne – 329 E6 – rattaché à Lalinde

ST-CAST-LE-GUILDO – 22 Côtes-d'Armor – 309 I3 – 3 487 h. – alt. 52 m – ✉ 22380 Bretagne 10 C1

Paris 427 – Avranches 91 – Dinan 32 – St-Brieuc 50

place Charles-de-Gaulle, ✆ 02 96 41 81 52, www.saintcastleguildo.com

18 de Saint-Cast Pen-Guen, Chemin du Golf, S : 4 km, ✆ 02 96 41 91 20

Pointe de St-Cast ★★ - Pointe de la Garde ★★ - Pointe de Bay ★ S : 5 km.

Ker Flore

VISA

40 r. Rioust des Villes Audrains, au bourg, près de l'église – ✆ 02 96 81 03 79 – www.kerflore.com – Fermé 18-29 juin, 21 déc.-2 fév., dim. soir, mardi soir et merc. soir sauf juil.-août et lundi

Rest – Formule 14 € – Menu 22/28 € – Carte 30/42 €

◆ Monsieur est lyonnais, madame bretonne, et tous deux ont fait de cette charmante maison locale (1786) un repaire champêtre, rétro et gourmand. Au gré des saisons, on s'attablera autour d'un curry d'églefin ou d'une choucroute de la mer...

ST-CÉRÉ – 46 Lot – 337 H2 – 3 582 h. – alt. 152 m – ✉ 46400 Périgord Quercy 29 C1

Paris 531 – Aurillac 62 – Brive-la-Gaillarde 51 – Cahors 80

13, avenue Francois de Maynard, ✆ 05 65 38 11 85

9 de Montal, à Saint-Jean-Lespinasse, O : 3 km par D 807, ✆ 05 65 10 83 09

Site★ - Tapisseries de Jean Lurçat★ au casino - Atelier-musée Jean Lurçat★ - Château de Montal★★ O : 3 km.

Cirque d'Autoire★ : ★★ par Autoire (site★) O : 8 km.

Les Trois Soleils de Montal

VISA

rte de Gramat, 2 km par D 673 – ✆ 05 65 10 16 16 – www.3soleils.fr – Fermé 1er déc.-31 janv.

25 ch – 86/119 € 86/119 € – 4 suites – 14 € – ½ P 95/124 €

Rest *Les Trois Soleils de Montal* – voir les restaurants ci-après

◆ Dans cette campagne lotoise si bucolique, qui plus est dans un parc charmant, à deux pas du château de Montal : l'adresse est idéale pour voir la vie en vert ! Chambres spacieuses et confortables, dans une veine plutôt moderne.

De France

VISA AE

av. François de Maynard, rte d'Aurillac – ✆ 05 65 38 02 16 – www.lefrance-hotel.com – Fermé 18 déc.-20 janv. et vend. soir de sept. à juin

20 ch – 47/51 € 55/61 € – 9 € – ½ P 54/59 €

Rest *(fermé le midi sauf mardi, merc., jeudi et dim.)* – Formule 21 € – Menu 26/41 € – Carte 31/68 €

◆ À l'entrée de St-Céré, un hôtel aux chambres fonctionnelles, sobres et rustiques ; préférez celles donnant sur le jardin. Terrasse ombragée au restaurant, d'esprit contemporain ; plats traditionnels et saveurs du Quercy.

Villa Ric

rte Leyme, 2,5 km par D 48 – ✆ 05 65 38 04 08 – www.villaric.com
– Ouvert 6 avril-11 nov.

5 ch – †79/99 € ††79/109 € – ☕ 11 € – ½ P 85/105 €

Rest *(fermé le midi) (résidents seult)* – Menu 36/52 €

◆ Maison accrochée à flanc de colline proposant des chambres d'esprit cosy aux tons pastel. On apprécie son cadre reposant et son ambiance guesthouse. Cuisine actuelle et salle à manger lumineuse au restaurant ; terrasse avec vue panoramique sur la vallée.

Les Trois Soleils de Montal (Frédérik Bizat)

rte de Gramat, 2 km par D 673 – ✆ 05 65 10 16 16
– www.3soleils.fr – Fermé déc.-janv., dim. soir et mardi midi d'oct. à mars, lundi sauf le soir d'avril à sept.

Rest – Menu 30 € (déj. en sem.), 42/78 € – Carte 58/80 €

Spéc. Émincé de homard breton, pomélo et mangue, condiment d'agrumes (juin à sept.). Épaule d'agneau fermier en cuisson douce. Soupe de litchis et glace noix de coco. **Vins** Cahors.

◆ Un, deux, trois... soleil ! Le décor élégant d'abord, la qualité des produits ensuite, la finesse d'exécution en clap de fin : vous pouvez faire un mouvement et déguster sans craindre, le rapport qualité-plaisir est excellent.

ST-CHAMAS – 13 Bouches-du-Rhône – 340 F4 – 7 790 h. – alt. 15 m — 40 A3

– ✉ 13250 Provence

Paris 738 – Arles 43 – Marseille 50 – Martigues 26

17 rue du 4 septembre, ✆ 04 90 50 90 54

Le Rabelais avec ch

8 r. Auguste Fabre, (centre ville) – ✆ 04 90 50 84 40
– www.restaurant-le-rabelais.com – Fermé dim. soir, merc. soir et lundi

2 ch – †80 € ††80 € – ☕ 8 €

Rest – Formule 19 € – Menu 27 € (déj.), 41/65 € – Carte environ 44 €

◆ Installé dans la jolie salle voûtée du 17e s. d'un vieux moulin à blé, ce restaurant n'a rien de gargantuesque. On y sert plutôt une cuisine du moment, osant parfois des associations originales. Pour l'étape, deux jolies chambres à l'étage, simples et spacieuses.

ST-CHAMOND – 42 Loire – 327 G7 – 35 516 h. – alt. 388 m — 44 B2

– ✉ 42400 Lyon Drôme Ardèche

Paris 505 – Feurs 55 – Lyon 50 – Montbrison 53

1 rue de Saint-Étienne, ✆ 04 77 22 45 39, www.tourisme-st-etienne.com

Les Ambassadeurs

28 av. de la Libération, (près de la gare) – ✆ 04 77 22 85 80
– www.hotel-ambassadeurs.fr

16 ch – †56/60 € ††56/60 € – ☕ 8 €

Rest *Les Ambassadeurs* ✿ – voir les restaurants ci-après

◆ Près de la gare de Saint-Chamond, cet hôtel-restaurant propose des chambres fonctionnelles, claires et bien tenues, parfaites pour une étape entre Lyon et Saint-Étienne.

Les Ambassadeurs (Julien Thomasson)

28 av. de la Libération, (près de la gare)
– ✆ 04 77 22 85 80 – www.hotel-ambassadeurs.fr
– Fermé 23 juil.-21 août, 1er-5 janv., sam. midi, dim. soir et lundi

Rest – Menu 25 € (déj. en sem.), 31/56 € – Carte 55/65 €

Spéc. Foie gras de canard en pressé d'abricots acidulés (été). Ris de veau croustillant, pulpe de petits pois, girolles et fèves à la ventrèche (printemps). Soufflé chaud chocolat et banane, crème glacée à la crème d'Isigny (hiver). **Vins** Condrieu, Crozes-Hermitage.

◆ Ces Ambassadeurs-là délivrent un message sans équivoque : une cuisine fraîche et fine, où les arômes s'épanouissent avec justesse, pour le plaisir de tous. À noter : les prix sont mesurés.

ST-CHÉLY-D'APCHER – 48 Lozère – 330 H6 – 4 462 h. – alt. 1 000 m 22 B1
– ✉ 48200

Paris 540 – Aurillac 106 – Mende 45 – Le Puy-en-Velay 85

48 rue Théophile Roussel, ✆ 04 66 31 03 67, www.ot-saintchelydapcher.com

Les Portes d'Apcher
rest, VISA MC AE

rte de St Flour, 1,5 km au Nord sur D 809 – ✆ 04 66 31 00 46 – www.hotels-brunel.com

17 ch – †58/64 € ††58/64 € – ☕ 8 € – ½ P 58 €

Rest *(fermé dim. soir et lundi midi sauf juil.-août)* – Menu 15 € (déj. en sem.), 22/36 € – Carte 25/45 €

◆ Non loin de l'autoroute, un hôtel-restaurant très pratique, avec des chambres entièrement rénovées en 2011 dans un esprit contemporain et cosy (du bois, de la pierre et parfois une douche à l'italienne). Poussez ces Portes !

à La Garde 9 km au Nord par D 809 – ✉ 48200 Albaret-Ste-Marie

Château d'Orfeuillette
VISA MC AE

échangeur A 75 sortie 32 puis sur D 809, suivre la Garde – ✆ 04 66 42 65 65 – www.hotels-brunel.com – Fermé 2 janv.-1er avril, dim. soir et lundi

9 ch – †150/195 € ††150/195 € – 2 suites – ☕ 16 €

Rest *Château d'Orfeuillette* – voir les restaurants ci-après

◆ Dans le parc paressent des ânes et des chevaux... Au cœur du Gévaudan, voilà bien un lieu paisible et raffiné : ce château de la fin du 19e s. mêle charme de l'ancien, mobilier design et touches baroques avec un caractère certain !

L'Orangerie
VISA MC AE

– ✆ 04 66 42 65 65 – www.hotels-brunel.com

7 ch – †85/100 € ††85/100 € – ☕ 16 €

◆ L'Orangerie du château ? Une annexe confortable, avec des chambres fonctionnelles et sobres, où dominent les tons clairs.

Le Rocher Blanc
VISA MC AE

– ✆ 04 66 31 90 09 – www.lerocherblanc.com

19 ch – †56/88 € ††56/88 € – ☕ 12 € – ½ P 53/74 €

Rest *Le Rocher Blanc* – voir les restaurants ci-après

◆ "Mille et une nuits", "Temps modernes", "Masaï", "Campagnarde", etc. La plupart des chambres de cet hôtel déclinent un thème différent, parfaitement mis en scène. Un voyage dans le voyage… et une bonne étape, aux prestations variées et agréables.

Château d'Orfeuillette – Hôtel Château d'Orfeuillette
VISA MC AE

échangeur A 75 sortie 32 puis sur D 809, suivre la Garde – ✆ 04 66 42 65 65 – www.hotels-brunel.com – Fermé 18-26 déc. et dim. sauf juil.-août

Rest – Formule 28 € – Menu 39/72 € – Carte 45/80 €

◆ Atmosphère châtelaine, feutrée et romantique pour une table associant élégance des vieilles pierres et esprit très contemporain. Avec de bons produits locaux, le chef concocte une cuisine d'aujourd'hui, fine et plaisante.

Le Rocher Blanc – Hôtel Le Rocher Blanc
A/C VISA MC AE

– ✆ 04 66 31 90 09 – www.lerocherblanc.com

Rest – Formule 15 € – Menu 23 € (sem.), 29/68 € – Carte 26/43 €

◆ Une auberge campagnarde et branchée ! Le chef aime bousculer les habitudes, dans le décor – aux styles mêlés – comme dans l'assiette. À la carte : goût du terroir et zeste d'audace (filet de truite rose en feuille de blette, écume à la gentiane).

ST-CHÉLY-D'AUBRAC – 12 Aveyron – 338 J3 – 549 h. – alt. 700 m 29 D1
– Sports d'hiver : à Brameloup 1 200/1 390 m 9 – ✉ 12470

Paris 589 – Espalion 20 – Mende 74 – Rodez 50

route d'Espalion, ✆ 05 65 44 21 15, www.stchelydaubrac.com

Des Voyageurs avec ch

av. d'Aubrac – 05 65 44 27 05 – www.hotel-conserverie-aubrac.com – Ouvert 7 avril-15 oct. et fermé merc. midi du 7 avril au 30 sept.
7 ch – 50 € 50/53 € – 8 € – ½ P 50/52 €
Rest – Menu 18/25 € – Carte 23/44 €
◆ Les villages perdus dans la campagne réservent de belles surprises ! Ici, on déguste une bonne cuisine familiale à l'accent aveyronnais (tripoux, aligot...) et l'on peut même faire des provisions, car le chef a ouvert une conserverie artisanale. Pour l'étape, des chambres simples et impeccables.

ST-CHRISTOPHE-LA-GROTTE – 73 Savoie – 333 H5 – rattaché aux Échelles

ST-CHRISTOPHE-SUR-DOLAISON – 43 Haute-Loire – 331 E4 6 C3
– 941 h. – alt. 908 m – 43370

Paris 542 – Clermont-Ferrand 127 – Privas 112 – Le Puy-en-Velay 14

Le Château de Saint-Christophe sans rest

4 r. du Château – 06 72 70 17 90 – www.lechateausaintchristophe.com – Ouvert mai-sept.
4 ch – 80/110 € 100/130 €
◆ Pour les amoureux du Moyen-Âge ! Ce château du 14ᵉs. en pierres de lave a conservé son charme austère. Décoration médiévale, confort : rien ne manque. Le matin, on ripaille de charcuteries et fromages locaux face à la cheminée monumentale.

ST-CIERS-DE-CANESSE – 33 Gironde – 335 H4 – 782 h. – alt. 40 m 3 B1
– 33710

Paris 548 – Blaye 10 – Bordeaux 45 – Jonzac 54
Citadelle de Blaye★ NO : 8 km Pyrénées Aquitaine

La Closerie des Vignes

village Les Arnauds, 2 km au Nord par D 250 et D 135 – 05 57 64 81 90 – www.hotel-restaurant-gironde.com – Ouvert 1er avril-28 oct.
7 ch – 92/98 € 92/98 € – 10 € – ½ P 85 €
Rest *(fermé mardi et le midi) (dîner seult)* – Menu 34/38 €
◆ Au milieu des vignes de Blaye, ce pavillon est si paisible. Chambres pratiques et fraîches, cuisine familiale simple (confit, tarte maison, etc.), jardin... Pour une retraite au vert !

ST-CIRQ-LAPOPIE – 46 Lot – 337 G5 – 216 h. – alt. 320 m – 46330 29 C1
Périgord Quercy

Paris 574 – Cahors 26 – Figeac 44 – Villefranche-de-Rouergue 37
place du Sombral, 05 65 31 29 06, www.saint-cirqlapopie.com
Site★★ - Vestiges de l'ancien château ★★ - Le Bancourel ★ - Bouziès : chemin de halage du Lot★ NO : 6,5 km.

Auberge du Sombral "Les Bonnes Choses"

– 05 65 31 26 08 – www.lesombral.com – Ouvert 1er avril-mi nov. et fermé jeudi hors vacances scolaires et sept.
8 ch – 55/80 € 55/80 € – 9 € **Rest** *(fermé le soir sauf vend. et sam.)* – Formule 16 € bc – Menu 20 € (déj.)/28 € – Carte 28/55 €
◆ Dans un superbe village médiéval dominant le Lot, cette auberge familiale abrite de petites chambres joliment relookées. Décor rustique (tomettes, cheminée) pour les petits-déjeuners. Au restaurant, on apprécie une sympathique cuisine du terroir.

Le Gourmet Quercynois

r. de la Peyrolerie – 05 65 31 21 20 – www.restaurant-legourmetquercynois.com – Fermé mi-nov. à mi-déc. et janv.
Rest – Formule 15 € – Menu 20/27 € – Carte 32/51 €
◆ Ce restaurant convivial aménagé dans une maison du 17ᵉs. propose une cuisine du terroir mettant à l'honneur le canard. Petit musée du vin et boutique de produits régionaux.

à Tour-de-Faure 2 km à l'Est par D 8 – 379 h. – alt. 137 m – ✉ 46330

Le Saint Cirq sans rest

✆ 05 65 30 30 30 – www.hotel-lesaintcirq.com – Fermé de mi-nov. à mi-déc. et janv.

25 ch – †68/160 € ††68/160 € – ☕ 13 €

◆ Face au cirque de Lapopie, cet hôtel flambant neuf s'inspire d'un hameau quercinois : accueil dans un ancien séchoir à tabac, matériaux nobles et parc planté d'arbres fruitiers.

Les Gabarres sans rest

– ✆ 05 65 30 24 57 – www.hotellesgabarres.com – Ouvert 4 avril-30 oct.

28 ch – †54/60 € ††54/60 € – ☕ 9 €

◆ Cet édifice récent niché près du Lot, au pied du magnifique village perché, invite à une halte touristique. Chambres fonctionnelles et pratiques. Le "petit plus" : la piscine.

ST-CLAIR – 83 Var – 340 N7 – rattaché au Lavandou

ST-CLAR – 32 Gers – 336 G6 – 980 h. – alt. 150 m – ✉ 32380 — 28 B2

Midi-Toulousain

Paris 706 – Agen 49 – Auch 37 – Toulouse 79

2, place de la Mairie, ✆ 05 62 66 34 45

La Garlande sans rest

12 pl. de la Mairie – ✆ 05 62 66 47 31 – www.lagarlande.com – Ouvert 25 mars-2 nov.

3 ch ☕ – †56 € ††65/74 €

◆ Maison du 18ᵉs. pleine de cachet : on accède aux chambres cosy par un escalier ouvert sur un puits de lumière. Moulures, parquet et cheminée ajoutent au charme des lieux.

ST-CLAUD – 16 Charente – 324 M4 – 1 099 h. – alt. 144 m – ✉ 16450 — 39 C2

Paris 437 – Poitiers 111 – Angoulême 44 – Saint-Junien 38

Logis de la Broue

r. Abbé-Rousselot – ✆ 05 45 71 43 96 – www.logisdelabroue.com

3 ch ☕ – †100 € ††115 € **Table d'hôte** – Menu 34 € bc

◆ Joliment restaurée, cette propriété viticole est désormais un lieu de villégiature charmant, bucolique et si tranquille. Salon bourgeois orné d'authentiques tapisseries d'Aubusson, chambres classiques d'esprit maison de famille, piscine, billard et plats du terroir à la table d'hôtes : on se sent bien !

ST-CLAUDE – 39 Jura – 321 F8 – 11 523 h. – alt. 450 m – ✉ 39200 — 16 B3

Franche-Comté Jura

Paris 465 – Annecy 88 – Genève 60 – Lons-le-Saunier 59

1, avenue de Belfort, ✆ 03 84 45 34 24, www.ot-saint-claude.com

de la Valserine, à Mijoux, La Pellagrue, par rte de Genève : 24 km, ✆ 04 50 41 31 56

Site★★ - Cathédrale St-Pierre★ : stalles★★ - Musée de l'Abbaye★ - Exposition de pipes, de diamants et de pierres fine.

Georges du Flumen★ - Route de Morez ≤★★ 7 km.

Jura — AC rest,

40 av. de la Gare – ✆ 03 84 45 24 04 – www.jurahotel.com

35 ch – †50/60 € ††52/66 € – ☕ 8 €

Rest – Menu 16 € (sem.), 29/36 € – Carte 27/35 €

◆ Face à la gare, un hôtel qui ne paie pas de mine, mais dispose de chambres pratiques, dont les plus confortables et spacieuses ont vue sur la rivière et la montagne. Au restaurant, cuisine traditionnelle bien sympathique.

ST-CLÉMENT-DES-BALEINES – 17 Charente-Maritime – 324 A2 – voir à Île de Ré

ST-CLÉMENT-LES-PLACES – 69 Rhône – 327 F5 – 657 h. – alt. 625 m – ✉ 69930 — 44 A1

Paris 458 – Lyon 54 – Saint-Étienne 69 – Villeurbanne 63

L'Auberge de Saint-Clément

Le bourg – 04 74 26 03 83 – Fermé 1er-18 août, 25-31 déc. et merc.
Rest *(déj. seult) (nombre de couverts limité, réserver)* – Menu 19 €
◆ Dans les monts du Lyonnais, paisible auberge avec vue sur la campagne (belle terrasse). Cuisine de bistrot tout en simplicité, réalisée avec la complicité des producteurs locaux.

ST-CLOUD – 92 Hauts-de-Seine – 311 J2 – 101 14 – voir à Paris, Environs

---

ST-CRÉPIN – 05 Hautes-Alpes – 334 H4 – 592 h. – alt. 910 m – ✉ 05600 41 C1

Paris 759 – Briançon 26 – Digne-les-Bains 140 – Gap 60

Les Tables de Gaspard avec ch

r. Principale – 04 92 24 85 28 – www.lestablesdegaspard.com – Fermé 3 sem. en déc., mardi hors saison et merc.
3 ch – 45/50 € 45/50 €
Rest *(réserver)* – Formule 17 € – Menu 29 € (sem.)/33 €
◆ Dans le décor suggestif d'une salle voûtée du 16e s., avec dallage en pierre et mobilier de fer forgé, goûteuse cuisine actuelle mettant en valeur les produits du terroir local. À l'étage, chambres d'hôtes agréables pour l'étape.

ST-CRÉPIN-ET-CARLUCET – 24 Dordogne – 329 I6 – 488 h. – alt. 262 m – ✉ 24590 Périgord Quercy 4 D3

Paris 519 – Bordeaux 196 – Brive-la-Gaillarde 40 – Sarlat-la-Canéda 12

Les Charmes de Carlucet sans rest

Carlucet – 05 53 31 22 60 – www.carlucet.com – Ouvert 1ermars-12 nov.
4 ch – 84/99 € 84/119 € – 4,50 €
◆ Cette tranquille propriété périgourdine dispose de chambres coquettes et spacieuses, dont deux mansardées. Belle véranda pour le petit-déjeuner ; accueil attentionné.

ST-CYPRIEN – 66 Pyrénées-Orientales – 344 J7 – 10 551 h. – alt. 5 m – Casino – ✉ 66750 Languedoc Roussillon 22 B3

Paris 859 – Céret 31 – Perpignan 17 – Port-Vendres 20
quai A. Rimbaud, 04 68 21 01 33, www.tourisme-saint-cyprien.com
de Saint-Cyprien, à Saint-Cyprien-Plage, Mas d'Huston, N : 1 km, 04 68 37 63 63

L'Atelier

quai Rimbaud – 04 68 68 06 51 – www.restaurant-atelier.com – Fermé dim. soir et lundi
Rest – Menu 22 € (sem.), 39/65 € – Carte 40/72 €
◆ Une terrasse plantée de platanes et cette jolie maison blanche donnant sur le port. Ici, le chef ne transige pas sur la qualité : tomates bio d'un petit producteur voisin, asperges de Narbonne, thon de Barcelone... Dans l'assiette, une cuisine fraîche, franche et goûteuse : il n'y a pas de secret !

à St-Cyprien-Plage 3 km au Nord-Est par D 22 – ✉ 66750 St-Cyprien

Mas d'Huston

r. Jouy d'Arnaud, au golf – 04 68 37 63 63 – www.saintcyprien-golfresort.com – Fermé 21 nov.-15 déc. et 2-19 janv.
46 ch – 125/190 € 125/190 € – 2 suites – 16 € – ½ P 105/135 €
Rest *Le Mas* *(fermé le midi)* – Menu 37/48 € – Carte 50/70 €
Rest *L'Eagle* *(fermé le soir)* – Carte 27/45 €
◆ À l'entrée du golf, un hôtel récent niché dans la verdure, au calme. La moitié des chambres, sobres et contemporaines, donnent de plain-pied sur le parc et les greens ; sur place, un restaurant gastronomique et une brasserie de type "club-house".

à St-Cyprien-Sud 3 km – ✉ 66750 St-Cyprien

L'Île de la Lagune
bd de l'Almandin, (par av. Armand-Lanoux) – ✆ 04 68 21 01 02 – www.hotel-ile-lagune.com – (réouverture prévue en mai après travaux)
18 ch – 160/330 € 160/330 € – 6 suites – 22 € – ½ P 162/247 €
Rest *L'Almandin* – Menu 33 € (déj. en sem.), 49/105 € – Carte 80/110 €
◆ Au bout d'une petite route, sur une marina artificielle et... au grand calme ! Le bâtiment, entièrement rénové durant l'hiver 2011-2012, se dresse sur les rives. Au programme : thalasso et plage (l'été, un bateau y conduit les clients). Saveurs du Sud au restaurant gastronomique.

La Lagune
28 av. Armand Lanoux – ✆ 04 68 21 24 24 – www.hotel-lalagune.com – Ouvert 6 avril-11 nov.
49 ch – 94/175 € 94/175 € – 13 € – ½ P 85/135 €
Rest – Menu 29/34 € bc
◆ Sur la plage, un hôtel intégré à un vaste complexe résidentiel, idéal pour les familles et les groupes. Esprit club (animations musicales en saison, joli spa, formules buffet...) ; chambres pratiques et mignonnes donnant sur la piscine ou la lagune.

ST-CYR-AU-MONT-D'OR – 69 Rhône – **327** I5 – rattaché à Lyon

---

ST-CYR-EN-TALMONDAIS – 85 Vendée – **316** H9 – 378 h. – ✉ 85540 **34** B3
Paris 444 – La Rochelle 57 – Luçon 14 – La Roche-sur-Yon 30
3 rue de la Tillauderie, Mairie, ✆ 09 62 09 09 68

Auberge de la Court d'Aron avec ch
1 allée des Tilleuls – ✆ 02 51 30 81 80 – www.court-d-aron.com – Fermé 26 nov.-10 déc., 23 janv.-6 fév., dim. soir hors saison et lundi
4 ch – 60/68 € 60/68 € – 10 €
Rest – Formule 15 € – Menu 25/46 € – Carte 27/52 €
◆ Seconde vie pour les écuries du château... transformées en charmante auberge rustique ! On y apprécie une cuisine traditionnelle simple mais bien faite et concoctée avec de bons produits. Pour l'étape, quatre très jolies chambres mêlant épure, esprit nature et chaleur du bois.

ST-CYR-SUR-MER – 83 Var – **340** J6 – 11 830 h. – alt. 10 m **40** B3
– ✉ 83270 Côte d'Azur
Paris 810 – Bandol 8 – Le Beausset 10 – Brignoles 70
place de l'Appel du 18 Juin, les Lecques, ✆ 04 94 26 73 73, www.saintcyrsurmer.com
de Frégate, Route de Bandol, S : 3 km par D 559, ✆ 04 94 29 38 00

Les Lecques – ✉ 83270 St Cyr sur Mer

Grand Hôtel Les Lecques
24 av. du Port – ✆ 04 94 26 23 01 – www.grand-hotel-les-lecques.com – Ouvert fév. à oct.
60 ch – 74/105 € 93/130 €
Rest *(fermé le midi de fév. à avril)* – Menu 35 € – Carte 38/45 €
◆ Élégante demeure Belle Époque au milieu d'un luxuriant parc fleuri. Préférez les chambres situées côté pinède, plus actuelles. Cuisine traditionnelle servie dans une salle aux airs de jardin d'hiver ou sur la belle terrasse.

rte de Bandol 4 km par D 559 – ✉ 83270 St-Cyr-sur-Mer

Dolce Frégate
– ✆ 04 94 29 39 39 – www.dolcefregate.com
100 ch – 229/299 € 229/299 € – 33 suites – 23 €
Rest *Le Mas des Vignes* ✆ 04 94 29 39 47 *(fermé le midi)* – Menu 49/64 €
Rest *La Restanque* ✆ 04 94 29 38 18 *(fermé le soir)* – Carte 30/43 €
◆ Calme et verdure dans cet établissement d'esprit resort. Superbe vue sur la mer, chambres de style provençal et espace séminaires. Au Mas des Vignes, cuisine gastronomique et cadre cosy. Repas plus décontracté à la Restanque. Agréable terrasse.

ST-DALMAS-DE-TENDE – 06 Alpes-Maritimes – 341 G3 – rattaché à Tende

ST-DIDIER – 35 Ille-et-Vilaine – 309 N6 – rattaché à Châteaubourg

ST-DIDIER – 84 Vaucluse – 332 D9 – rattaché à Carpentras

ST-DIDIER-DE-LA-TOUR – 38 Isère – 333 F4 – rattaché à La Tour-du-Pin

ST-DIDIER-EN-VELAY – 43 Haute-Loire – 331 H2 – 3 316 h. – ✉ 43140 6 D3

▶ Paris 538 – Le Puy-en-Velay 55 – St-Étienne 25 – St-Agrève 45

ℹ 4 place Général Rullière, ✆ 04 71 66 17 45, www.saint-didier.com

XX **Auberge du Velay** VISA MC

Grand'place – ✆ 04 71 61 01 54 – www.aubergeduvelay.com – Fermé une sem. en sept., une sem. en janv., dim. soir, lundi et mardi

Rest – Menu 17 € (sem.), 26/49 € – Carte 35/50 €

◆ Couleurs tendance, mise en espace conceptuelle : en 2011, tout a changé. Beaucoup de créativité en cuisine, avec un jeu sur les produits du terroir, le tout présenté sur des matières brutes (bois, galets, ardoise) et dans des tubes à essai. Original !

ST-DIÉ-DES-VOSGES – 88 Vosges – 314 J3 – 21 705 h. 27 C3

– alt. 350 m – ✉ 88100 Alsace Lorraine

▶ Paris 397 – Colmar 53 – Épinal 53 – Mulhouse 108

ℹ 6, quai du Mal de L. de Tassigny, ✆ 03 29 42 22 22, http://tourisme.saint-die-des-vosges.fr

◉ Cathédrale St-Dié★ - Cloître gothique★.

Ibis rest, A/C VISA MC AE

5 quai Jeanne d'Arc – ✆ 03 29 42 24 22 – www.ibishotel.com Ba

58 ch – †59/81 € ††59/81 € – ☕ 9 €

Rest *(fermé le midi)* – Formule 9 € – Carte 20/34 €

◆ Une adresse utile en centre-ville, sur un boulevard bordant la Meurthe.

XX **Voyageurs**

22 r. Hellieule – ✆ 03 29 56 21 56 – Fermé 30 juil.-13 août, 3-9 janv., dim. soir et lundi
Rest – Formule 18 € – Menu 22/24 € – Carte 29/51 € **Au**
◆ On y apprécie une cuisine traditionnelle concoctée avec des produits frais scrupuleusement choisis. Sur la carte des vins, l'Alsace figure en tête.

ST-DISDIER – 05 Hautes-Alpes – 334 D4 – 133 h. – alt. 1 024 m 40 B1

– ✉ 05250 Alpes du Nord

Paris 643 – Gap 46 – Grenoble 81 – La Mure 41

Défilé de la Souloise ★ N.

La Neyrette

– ✆ 04 92 58 81 17 – www.la-neyrette.com – Fermé 15-27 avril et 15 oct.-15 déc.
12 ch – †61/73 € ††74/87 € – ☐ 9 € – ½ P 68/75 €
Rest *La Neyrette* – voir les restaurants ci-après
◆ Une sympathique petite auberge, bordée par un plan d'eau où l'on peut ferrer sa truite pour le dîner ! Les chambres, proprettes et avec un petit côté désuet, arborent chacune le nom d'une fleur locale. Beaucoup de calme.

X **La Neyrette**

– ✆ 04 92 58 81 17 – www.la-neyrette.com – Fermé 15-27 avril, 15 oct.-15 déc., lundi midi et mardi midi hors saison
Rest *(réserver)* – Formule 20 € – Menu 27/31 € – Carte environ 30 €
◆ Dans ce moulin au charme rustique (admirez l'ancien mécanisme), on apprécie une copieuse cuisine du terroir : foie gras maison, agneau local, légumes du jardin, truites du vivier... Goûtez aux "moines", de petites quenelles frites et arrosées de miel, typiques des environs.

ST-DONAT-SUR-L'HERBASSE – 26 Drôme – 332 C3 – 3 635 h. 43 E2

– alt. 202 m – ✉ 26260 Lyon Drôme Ardèche

Paris 545 – Grenoble 92 – Hauterives 20 – Romans-sur-Isère 13

32, avenue Georges Bert, ✆ 04 75 45 15 32

XXX **Chartron** avec ch

av. Gambetta – ✆ 04 75 45 11 82 – www.restaurant-chartron.com – Fermé 24 avril-7 mai, 6-20 sept., 2-10 janv., merc. sauf le soir en juil.-août et mardi
8 ch – †75/95 € ††95/125 € – ☐ 14 € – ½ P 95 €
Rest – Formule 25 € – Menu 35/85 €
◆ Une institution locale totalement rénovée en 2010 ! Élégante salle (tons pastel, tableaux colorés) et cuisine actuelle, goûteuse et soignée. Chambres à l'étage, contemporaines et confortables.

X **La Mousse de Brochet**

pl. de la Marne – ✆ 04 75 45 10 47 – www.lamoussedebrochet.com – Fermé 19 juin-10 juil., 24-31 janv., le soir en sem. de sept. à mai, dim. soir et lundi
Rest – Formule 16 € – Menu 18/55 € – Carte 27/53 €
◆ Après avoir admiré les orgues de la collégiale, faites halte dans ce petit restaurant aux airs de bistrot de campagne et dégustez la mousse de brochet, spécialité de la maison.

ST-DYÉ-SUR-LOIRE – 41 Loir-et-Cher – 318 F6 – 1 104 h. – alt. 96 m 11 B2

– ✉ 41500 Châteaux de la Loire

Paris 173 – Beaugency 21 – Blois 17 – Orléans 52

73, rue Nationale, ✆ 02 54 81 65 45

Manoir Bel Air

1 rte d'Orléans – ✆ 02 54 81 60 10 – www.manoirbelair.com – Fermé 24 janv.-6 mars
43 ch – †68/88 € ††84/104 € – ☐ 12 € – ½ P 78/92 €
Rest – Formule 28 € – Menu 36/56 € – Carte 39/66 €
◆ Cette maison de maître (17e s.) et son jardin sont agréablement posés sur les bords de Loire. Les chambres, de facture classique, sont spacieuses. Au restaurant, on savoure des plats traditionnels et de vieux bordeaux millésimés en regardant couler le fleuve...

SAINTE voir après la nomenclature des Saints

ST-ÉMILION – 33 Gironde – 335 K5 – 2 020 h. – alt. 30 m – ✉ 33330 4 C1

Aquitaine

Paris 584 – Bergerac 58 – Bordeaux 40 – Langon 49

place des Créneaux, ✆ 05 57 55 28 28, www.saint-emilion-tourisme.com

Site★★ - Église monolithe★ - Cloître des Cordeliers★ - ≤★ de la tour du château du Roi.

Hostellerie de Plaisance

5 pl. du Clocher – ✆ 05 57 55 07 55 – www.hostellerie-plaisance.com – Fermé 18 déc.-7 fév.

21 ch – †380/700 € ††380/700 € – 4 suites – ☕ 30 €

Rest *Hostellerie de Plaisance* ✿✿ – voir les restaurants ci-après

◆ Au cœur de la cité, cette belle demeure du 14es. mêle luxe et douceur de vivre. Jardins élégants, vignes alentour : tout est si verdoyant et calme... sans même parler du dîner, époustouflant !

Au Logis des Remparts sans rest

18 r. Guadet – ✆ 05 57 24 70 43 – www.logisdesremparts.com – Fermé 15 déc.-31 janv.

20 ch – †78/185 € ††78/185 € – 3 suites – ☕ 15 €

◆ Le charme des vieilles pierres – l'hôtel se compose de deux maisons des 14eet 17e s. –, la luxuriance d'un beau jardin à la lisière des vignes... Chambres sobres et agréables, dont trois suites contemporaines et luxueuses.

Palais Cardinal

ch,

pl. 11-novembre-1918 – ✆ 05 57 24 72 39 – www.palais-cardinal.com – Ouvert mars-nov.

27 ch – †71/182 € ††88/220 € – ☕ 15 € – ½ P 83/147 €

Rest *(ouvert mai-nov. et fermé mardi et merc.)* – Formule 19 € – Menu 30/47 €

◆ Au 14es., un cardinal vécut dans cette maison... comme un pape. Les chambres sont sympathiques (préférez celles de l'annexe, plus spacieuses et confortables) ; quant au jardin et à la piscine, ils sont vraiment plaisants.

Auberge de la Commanderie sans rest

r. des Cordeliers – ✆ 05 57 24 70 19 – www.aubergedelacommanderie.com – Fermé 20 déc.-20 fév.

17 ch – †75/80 € ††75/120 € – ☕ 11 €

◆ Commanderie du 17es. avec des chambres pratiques et actuelles ; celles de l'annexe, plus grandes, conviennent bien aux familles. Le plus : un bon petit-déjeuner !

Clos de la Barbanne

ch,

à 5km , rte de St-Christophe-des-Bardes puis rte de Parsac ✉ 33570 Montagne – ✆ 06 27 05 27 13 – www.clos-de-la-barbanne.net

4 ch ☕ – †130/180 € ††130/180 € **Table d'hôte** – Menu 35/55 €

◆ Une maison girondine au milieu des vignes... et des propriétaires vignerons, qui produisent chaque année 3 000 bouteilles de leur nectar. Les chambres sont spacieuses et épurées ; sur demande, la maîtresse des lieux vous régalera de ses petits plats du terroir. Agréable et bucolique.

Hostellerie de Plaisance – Hostellerie de Plaisance

✿✿

5 pl. du Clocher – ✆ 05 57 55 07 55 – www.hostellerie-plaisance.com – Fermé 18 déc.-7 fév., dim. et lundi

Rest *(dîner seult sauf sam.)* – Menu 105/150 € – Carte 125/180 €

Spéc. Œuf poché basse température, asperge, tobiko wasabi et mousse de lait parmesan. Épaule d'agneau à la broche frottée aux herbes, carotte fane au cumin. Fruits rouges en coque de sucre, biscuit moelleux coco-citron (avril à oct.). **Vins** Saint-Émilion, Graves.

◆ En cuisine règne une véritable osmose entre Philippe Etchebest et son sous-chef : un esprit d'équipe digne d'un rugbyman ! Les menus surprise renouvelés chaque jour relèvent du tour de force ; un tour de force au service de... la plus grande délicatesse.

Le Tertre

5 r. Tertre de la Tente – ✆ 05 57 74 46 33 – www.restaurant-le-tertre.com – Fermé 12 nov.-10 fév., jeudi en fév.-mars et merc.

Rest – Formule 23 € – Menu 31/75 € – Carte 56/76 €

◆ Un lieu champêtre et intime, avec un vivier à crustacés et une petite salle creusée dans la roche... Idéal pour déguster une agréable cuisine de tradition accompagnée de bons vins (400 références, dont beaucoup de saint-émilion).

Le Clos du Roy

12 r. de la Petite Fontaine – ✆ 05 57 74 41 55 – www.leclosduroy.fr – Fermé 1er janv.-13 fév., lundi et mardi

Rest – Formule 25 € – Menu 29/80 € – Carte 70/80 €

◆ En contrebas de la cité médiévale se cache cette jolie table bourgeoise dans une jolie maison... Le chef réalise une cuisine dans l'air du temps et ses plats s'accompagnent d'un beau choix de saint-émilion.

à l'Est **2km par D243 direction St-Christophe-des-Bardes et St-Emilion Sud**

Les Belles Perdrix à Troplong-Mondot

Château Troplong Mondot ✉ 33330 St-Émilion – ✆ 05 57 55 32 05 – www.chateau-troplong-mondot.com

3 ch – †190/400 € ††190/400 € – 2 suites **Table d'hôte** – Menu 70 €

◆ Au sein du domaine d'un premier grand cru classé, face au village de St-Émilion, voilà une adresse idéale pour les amoureux de tourisme viticole... et tous les amateurs de charme et de grand confort. On y trouve même une chambre dans une petite maison au milieu des vignes. Table d'hôte sur réservation. Vin sur vin !

rte de Libourne **4 km au Nord-Ouest par D 243**

Château Grand Barrail

✉ 33330 St-Emilion – ✆ 05 57 55 37 00 – www.grand-barrail.com – Fermé 16 déc.-10 fév.

43 ch – †290/440 € ††290/440 € – 3 suites – 24 €

Rest *(fermé lundi midi et mardi midi de nov. à mars)* – Menu 29 € (déj.), 52/85 € – Carte 68/95 €

◆ Au milieu du vignoble, ce château du 19es. d'allure si romantique. Le parc verdoyant ; le spa et la piscine pour se prélasser ; les chambres – douillettes, raffinées et pleines de caractère dans la bâtisse principale ; le restaurant gastronomique... tout ici a du cachet !

ST-ÉTIENNE – 42 Loire – 327 F7 – 172 696 h. – Agglo. 291 960 h. – alt. 520 m – ✉ 42000 Lyon Drôme Ardèche

44 A2

Paris 517 – Clermont-Ferrand 147 – Grenoble 154 – Lyon 61

de St-Étienne-Bouthéon : ✆ 04 77 55 71 71, 15 km par ⑤.

16, avenue de la Libération, ✆ 04 77 49 39 00, www.tourisme-st-etienne.com

de St-Étienne, 62 rue Saint Simon, par rte d'Annonay et D 501 : 18 km, ✆ 04 77 32 14 63

Le Vieux St-Etienne★ - Musée d'Art moderne★★ T M² - Puits Couriot, musée de la mine★ AY - Musée d'Art et d'Industrie★★ - Site de la Manufacture des Armes et Cycles de St-Étienne : planétarium★.

Plans pages 1585, 1586, 1587

Du Golf

67 r. St-Simon, face au golf par r. Revollier T – ✆ 04 77 41 41 00 – www.hoteldugolf42.com

48 ch – †115/155 € ††130/185 € – 4 suites

Rest – Menu 23/38 € – Carte 35/50 €

◆ Couleurs flashy, mobilier design, piscine et... chambres de grand confort : un hôtel au look très contemporain, dominant le golf municipal et la plaine du Forez.

Du Midi sans rest
19 bd. Pasteur – ✆ 04 77 57 32 55 – www.hotelmidi.fr – Fermé 22 juil.-19 août et 26 déc.-5 janv. Ve
33 ch – †69/90 € ††69/115 € – ☕ 12 €
◆ Le charme des années 1930 saupoudré d'originalité et de design : voilà un hôtel aussi joli dedans que dehors... Chambres raffinées (tissus fleuris très tendance) et confortables.

Mercure Parc de l'Europe
r. Wuppertal, Sud-Est du plan, par cours Fauriel – ✆ 04 77 42 81 81 – www.mercure.com Va
120 ch – †109/159 € ††119/159 € – ☕ 18 €
Rest ***La Ribandière*** – Formule 18 € – Carte 30/40 €
◆ En bordure de parc, cet hôtel dont le décor s'inspire de l'art théâtral propose des chambres fonctionnelles. Joli salon et ambiance feutrée au bar. Au restaurant, cuisine traditionnelle.

Astoria sans rest
r. Henri Déchaud – ✆ 04 77 25 09 56 – www.hotel-astoria.fr – Fermé 1er-14 août
33 ch – †79 € ††89 € – ☕ 9 € Vn
◆ Un hôtel proche du centre de congrès, très pratique et au calme. Cadre moderne et lumineux, chambres fonctionnelles avec douche à l'italienne et parking privé.

André Barcet
19 bis cours V. Hugo – ✆ 04 77 32 43 63 – www.restaurantbarcet.com – Fermé 10 juil.-9 août, dim. soir et merc. BZu
Rest – Formule 22 € – Menu 37/69 € – Carte 55/70 €
◆ Les habitués – nombreux – apprécient la cuisine classique du chef et aiment à se retrouver dans cette élégante maison, près des halles. Salon Chesterfield, pour patienter...

A la Table des Lys
5 cours Fauriel – ✆ 04 77 25 48 55 – www.latabledeslys.fr – Fermé 28 avril-8 mai, 28 juil.-20 août, 2-6 janv., sam. et dim. CZq
Rest – Menu 26 € (déj.), 37/80 € – Carte 37/91 €
◆ Le patron (et chef) vient de reprendre ce petit restaurant et l'a transformé en beau Lys contemporain. On y savoure une cuisine actuelle, goûteuse et légère.

Régency
17 bd J. Janin – ✆ 04 77 74 27 06 – Fermé août, sam. et dim. BXr
Rest – Menu 32/41 € – Carte 40/60 €
◆ Un Régency frais et pimpant, après une complète rénovation en 2011. Sous l'égide d'un chef passionné, l'assiette varie au gré des saisons et du marché. Fait qui ne trompe pas : l'établissement compte une clientèle fidèle.

Nado
38 r. des Martyrs-de-Vingré – ✆ 04 77 37 49 95 – www.nadoapebar.com
Rest – Menu 20/48 € – Carte environ 40 € BYe
◆ Demi-homard en salade (fenouil, basilic) ; tournedos de lotte, bouillon aux herbes et légumes en barigoule... Une cuisine de saveurs, par un jeune chef formé dans de belles maisons.

à Sorbiers 10 km au Nord par D 106, N 82 et D 3 – 7 606 h. – alt. 560 m – ✉ 42290

2, avenue Charles-de-Gaulle, ✆ 04 77 01 11 42, www.tourisme-st-etienne.com

Le Valjoly
9 r. de l'Onzon – ✆ 04 77 53 60 35 – http://levaljoly.free.fr – Fermé 30 juil.-14 août, dim. soir, merc. soir et lundi
Rest – Formule 13 € – Menu 16 € (déj. en sem.), 20/49 € – Carte 29/39 €
◆ Un restaurant dans la plus pure tradition, où le chef fait son marché pour trouver des produits de première fraîcheur. Les plats mijotent doucement et les parfums sont divins !

ST-ÉTIENNE

Aciéries (R. des) . . . . T 2
Barrouin (R.) . . . . T 13
Crozet-Boussingault (R.) . . . . V 22
Daguerre (Bd) . . . . UV 24
Déchaud (R. H.) . . . . V 25
Dr-F.-Merlin (R. du) . . . . T 30
Drs-Charcot (R. des) . . . . V 31
Drs-H.-et-B.-Muller (R. des) . . . T 32
Dunkerque (R. de) . . . . V 36
Fraissinette (Bd A.-de) . . . . . . V 45
Franchet-d'Esperey (Bd Mar.) U 46
Gauthier-Dumont (R.) . . . . U 48
Grignard (R. V.) . . . . T 55
Marx (Bd Karl) . . . . UV 67
Oddé (R. C.) . . . . T 78
Ogier (R. J.-B.) . . . . U 79
Paré (R. A.) . . . . V 131
Passementiers (R. des) . . . . . V 82
Pasteur (Bd) . . . . V 83
Péri (R. G.) . . . . V 84
Pompidou (Bd G.) . . . . T 88
Revollier (R. J.-F.) . . . . T 92
Robespierre (R.) . . . . V 95
Rochetaillée (Av. de) . . . . V 98
Scheurer-Kestner (R.) . . . . T 104
Terrenoire (R. de) . . . . U 110
Valbenoite (Bd) . . . . UV 119
Verdun (Av. de) . . . . T 120
Vivaraize (R. de la) . . . . V 125
8-Mai-1945 (Bd du) . . . . T 127
11-Novembre (R. du) . . . . V 128
38e-R.-I. (Bd du) . . . . U 130

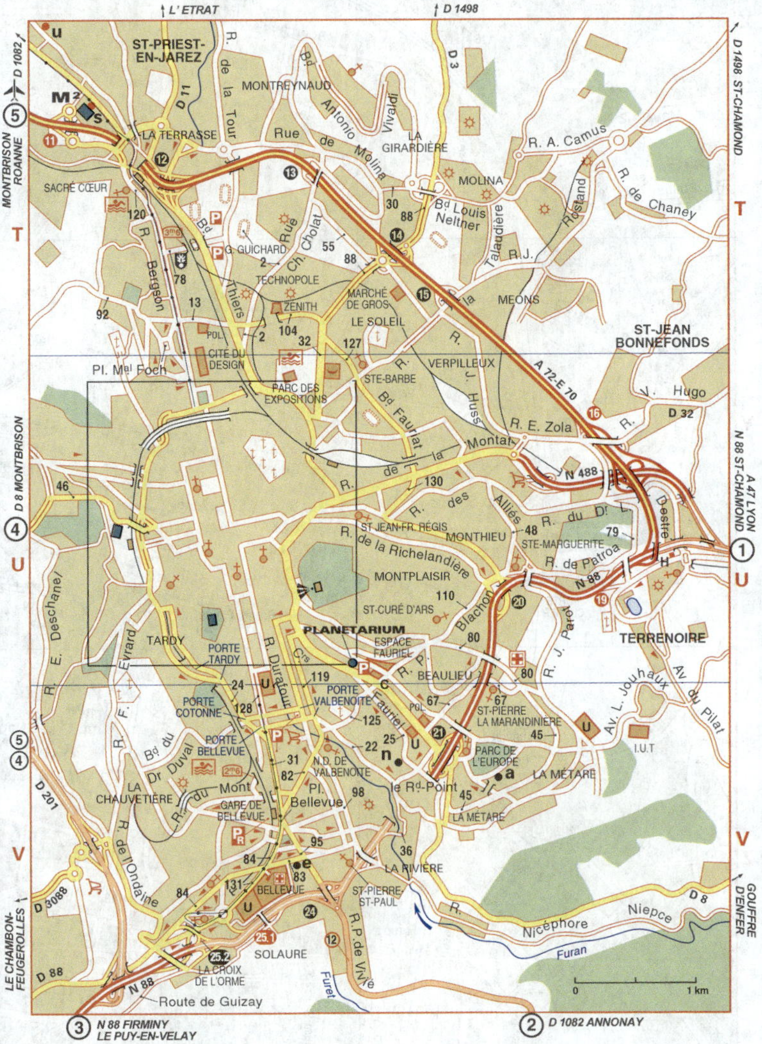

A
B
X
Y
Z
R. Ampère
Janin
J. R. du
ST-JEAN-BAPTISTE
PORTE MONTAUD
PORTE CARNOT
GARE CARNOT
Bd Thierry
R. Lavoisier
Rue de la Harpe
Avenue
B. Charvet
R. P. Maussier
R. Palluat de Besset
R. Bourgneuf
R. E. Boisson
R. Marengo
Ch. de Gaulle
R. Rouget de Lisle
R. Roger Salengro
R. Royet
LA NATIVITÉ
R. de Musset
R. B. Malon
R. J. Ledin
du Grd Gonnet
R. Balay
PORTE JACQUARD
R. St-Joseph
R. Dumarest
Bd A. de
R. Buisson
Pl. Jacquard
R. de la Praire
Pl. J. Jaurès
ST-CHARLES
R. Royet
R. Braille
R. Blanqui
Rue Ch. Dupuy
Bd Mal Franchet d'Esperey
R. St-Just
R. E. Dolet
R. du Coin
R. d'Arcole
R. de l'Alma
Pl. J. Ploton
PORTE ALMA
R. Calixte Plotton
D 8
R. de la Paix
R. E. Reclus
R. A. Briand et de la
R. M. Rondet
R. G. Teissier
R. L.
R. de
PUITS COURIOT MUSÉE DE LA MINE
GARE DU CLAPIER
PORTE CLAPIER
Bd P. Mendès-France
Av. A. Dupré
H (ANNEXE)
R. Tarentaize
Grand' Eglise
Av.
R.
BIBLIOTHÈQUE CINÉMATHÈQUE
Pl. J. Merlat
R. de l'Apprentissage
PORTE BEAUBRUN
ST-ENNEMOND
R. H. Gonnard
Pl. des Pères
Crs V. Hugo
R. L. Nautin
ST-LOUIS
Pl. W. Rousseau
Michelet
Chemin des Villes
R. P. Sémard
R. Paillon
R. de la Mission
R. Croix de
R. F. Evrard
R. Martin Bernard
R. Beaubrun
Pl. Raspail
BEAUBRUN
R. de la Sablière
R. Franklin
MUSÉE D'ART ET DE L'INDUSTRIE
R. Gambetta
R. D. Claude
Cl. Delaroa
R. de Tardy
TARDY
D 88
0
200 m

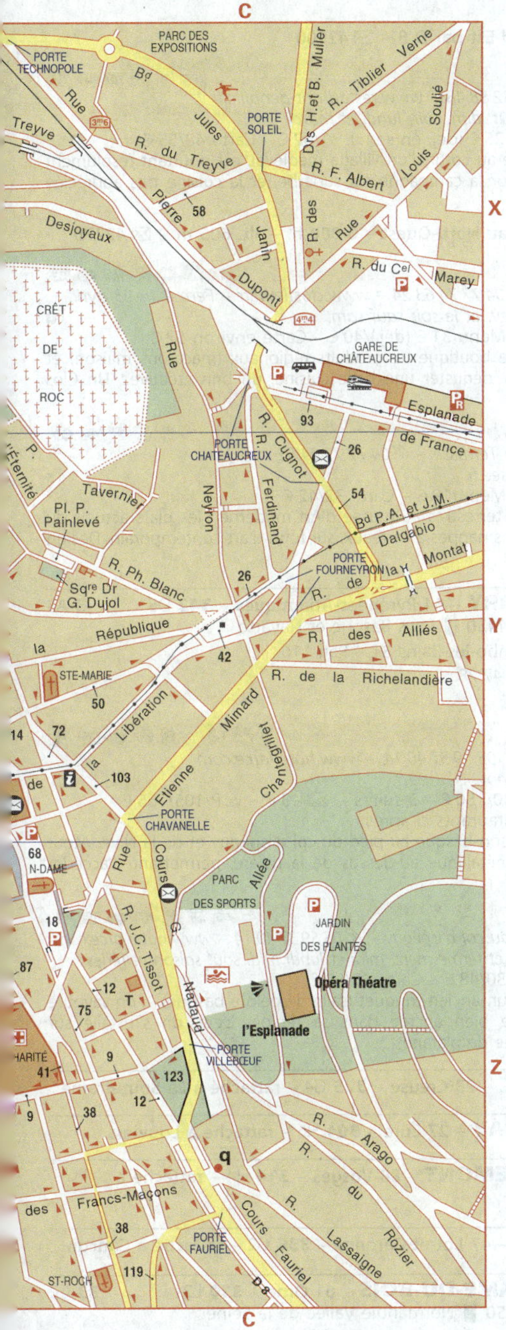

ST-ÉTIENNE

Albert-1er (Bd)	ABX	3
Anatole-France (Pl.)	BZ	7
Badouillère (R. de la)	CZ	9
Barbusse (R. H.)	CZ	12
Bérard (R. P.)	BCY	14
Bergson (R.)	BX	16
Boivin (Pl.)	BY	17
Chavanelle (Pl.)	CZ	18
Clovis-Hugues (R.)	BX	20
Comte (Pl. Louis)	BZ	21
Denfert-Rochereau (Av.)	CY	26
Descours (R.)	AZ	27
Dorian (Pl.)	BY	33
Dormoy (R. M.)	BXY	34
Dupré (R. G.)	BY	37
Durafour (R. A.)	CZ	38
Escoffier (R. D.)	BY	39
Fougerolle (R.)	CZ	41
Fourneyron (Pl.)	CY	42
Foy (R Gén.)	BY	44
Frappa (R. J.)	BZ	47
Gambetta (R.)	BZ	
Gaulle (R. Ch.-de)	BXY	
Gérentet (R.)	BY	49
Gervais (R. E.)	CY	50
Gillet (R. F.)	BY	52
Grand Moulin (R. du)	BY	53
Gris de lin (R. du)	CY	54
Guesde (Pl. J.)	BY	56
Hôtel-de-Ville (Pl. de l')	BY	57
Jacob (R.)	CX	58
Krumnow (Bd F.)	AY	61
Leclerc (R. du Gén.)	BZ	62
Libération (Av. de la)	BCY	
Loubet (Av. du Président E.)	BZ	63
Martyrs-de-Vingré (R. des)	BYZ	66
Michelet (R.)	BYZ	
Moine (Pl. Antonin)	CYZ	68
Moulin (Pl. J.)	CY	72
Mulatière (R. de la)	CZ	75
Neuve (Pl.)	BZ	77
Peuple (Pl. du)	BZ	86
Pointe-Cadet (R.)	BCZ	87
Président-Wilson (R.)	BY	89
République (R. de la)	BCY	
Résistance (R. de la)	BY	91
Rivière (R. du Sergent)	CX	93
Robert (R.)	BY	94
Ruel (R. A.)	AX	99
Sadi-Carnot (Pl.)	BX	100
St-Jean (R.)	BY	102
Sauzéa (Cours H.)	CY	103
Servet (R. M.)	BY	106
Stalingrad (Square de)	CY	109
Théâtre (R. du)	BYZ	112
Thomas (Pl. A.)	BZ	113
Tilleuls (R. des)	AX	116
Ursules (Pl. des)	BZ	117
Valbenoite (Bd)	CZ	119
Villeboeuf (Pl.)	CZ	123
Ville (R. de la)	BY	122
11-Novembre (R. du)	BZ	128

à Rochetaillée 8 km au Sud-Est par D 8 – ✉ 42100

Yves Genaille

3 r. du Parc – ✆ 04 77 32 88 48 – www.restaurant-genaille.fr – Fermé 19-27 avril, août, dim. soir, lundi et mardi

Rest *(réserver)* – Menu 25 € (déj. en sem.), 31/62 € – Carte 48/55 €

◆ Ce restaurant, installé au cœur d'un village médiéval, est pourtant résolument contemporain. La vue sur la campagne est superbe, et la cuisine très appréciée des Stéphanois.

à St-Priest-en-Jarez 4 km au Nord-Ouest – 6 080 h. – alt. 605 m – ✉ 42270

Clos Fleuri

76 av. A. Raimond – ✆ 04 77 74 63 24 – www.closfleuri.fr – Fermé 16-23 avril, 1 sem. en août, 20-27 fév. et le soir sauf sam. Tu

Rest – Formule 20 € – Menu 31 € (déj.)/40 € – Carte environ 52 €

◆ Un salon de thé, une boutique de produits régionaux (macarons maison) et une salle élégante pour déguster une belle cuisine, un brin créative... Un Clos Fleuri et... parfumé !

Du Musée

musée d'Art moderne la Terrasse – ✆ 04 77 79 24 52 – www.restaurantdumusee.fr Ts

Rest – Formule 15 € – Menu 19 € – Carte 32/42 €

◆ De belles nourritures terrestres au musée d'Art moderne : les plats actuels du chef se dégustent sur des nappes à carreaux, sur fond d'art contemporain. Design et convivial.

ST-ÉTIENNE-DE-BAÏGORRY – 64 Pyrénées-Atlantiques – 342 D5 3 A3

– 1 634 h. – alt. 163 m – ✉ 64430 Pays Basque et Navarre

Paris 813 – Biarritz 51 – Cambo-les-Bains 31 – Pau 116

place de l'Église, ✆ 05 59 37 47 28

Église St-Etienne★.

Arcé

rte du col d'Ispéguy – ✆ 05 59 37 40 14 – www.hotel-arce.com – Ouvert du 31 mars-4 nov.

20 ch – †70/75 € ††130/150 € – 3 suites – ☕ 13 € – ½ P 105/165 €

Rest *Arcé* – voir les restaurants ci-après

◆ Une authentique maison basque au pied du col d'Ispéguy et de la Nive. Atout charme : la passerelle métallique au-dessus de la rivière, permettant d'accéder à la piscine.

Arcé

rte du col d'Ispéguy, rte du col d'Ispéguy – ✆ 05 59 37 40 14 www.hotel-arce.com – Ouvert 31 mars-4 nov. et fermé merc. midi et lundi midi sauf saison et fériés

Rest *(réserver)* – Menu 30/48 € – Carte 43/59 €

◆ Dans ce restaurant – un ancien trinquet (salle de pelote basque) –, on savoure une cuisine du marché bien ancrée dans sa région. L'été, on s'installe sur l'agréable terrasse bordée de platanes.

ST-ÉTIENNE-DE-FURSAC – 23 Creuse – 325 G4 – rattaché à La Souterraine

---

ST-ÉTIENNE-DU-VAUVRAY – 27 Eure – 304 H6 – rattaché à Louviers

---

ST-ÉTIENNE-LÈS-REMIREMONT – 88 Vosges – 314 H4 – rattaché à Remiremont

---

ST-EUTROPE-DE-BORN – 47 Lot-et-Garonne – 336 G2 – rattaché à Cancon

---

ST-EVROULT-NOTRE-DAME-DU-BOIS – 61 Orne – 310 L2 33 C2

– 445 h. – alt. 355 m – ✉ 61550 Normandie Vallée de la Seine

Paris 155 – Argentan 42 – Caen 91 – Lisieux 52

Le Relais de l'Abbaye

r. Principale – 02 33 84 19 00
11 ch – 42/47 € 52/60 € – 8 €
Rest *(fermé dim. soir et vend.)* – Formule 19 € – Menu 23/39 €
◆ De l'abbaye – l'un des plus grands centres intellectuels anglo-normands (11-12ᵉs.) – ne subsistent que des ruines... mais le village reste empreint de quiétude. Un hôtel-restaurant tout simple pour une étape loin des sentiers battus.

ST-FARGEAU – 89 Yonne – 319 B6 – 1 754 h. – alt. 175 m – ✉ 89170 — 7 A2

Bourgogne
Paris 180 – Auxerre 45 – Clamecy 48 – Gien 41
3, place de la République, 03 86 74 10 07, www.ot-saintfargeau89.fr
Château★.

Les Grands Chênes sans rest

Les Berthes-Bailly, 4,5 km au Sud par D 18 – 03 86 74 04 05 – www.hotellesgrandschenes.com – Fermé 15 déc.-4 janv. et 25 fév.-12 mars
13 ch – 78/92 € 78/92 € – 8 €
◆ En pleine Puisaye, cet jolie demeure bourgeoise est en fait un hôtel, niché dans un grand parc. Le salon avec cheminée et les chambres colorées ont beaucoup de charme.

ST-FÉLIX-LAURAGAIS – 31 Haute-Garonne – 343 J4 – 1 362 h. – alt. 332 m – ✉ 31540 — 29 C2

Midi-Toulousain
Paris 716 – Auterive 46 – Carcassonne 58 – Castres 38
place Guillaume de Nogaret, 05 62 18 96 99, www.revel-lauragais.com
Site★.

Auberge du Poids Public avec ch

rte de Toulouse, fg. St Roch – 05 62 18 85 00 – www.auberge-du-poids-public.fr – Fermé 24-31 oct., 2-30 janv. et dim. soir sauf juil.-août
11 ch – 72/74 € 75/106 € – 1 suite – 11 € – ½ P 75/91 €
Rest – Formule 26 € – Menu 35/76 € – Carte 50/85 €
◆ Vous serez accueillis dans un cadre agréable ouvrant sur la plaine du Lauragais (terrasse panoramique) ; décor mi-rustique, mi-contemporain et cuisine de terroir revisitée. Chambres confortables et fraîches.

ST-FIRMIN – 80 Somme – 301 C6 – rattaché à Rue

ST-FLORENT – 2B Haute-Corse – 345 E3 – voir à Corse

ST-FLORENTIN – 89 Yonne – 319 F3 – 4 921 h. – alt. 120 m – ✉ 89600 — 7 B1

Bourgogne
Paris 169 – Auxerre 32 – Chaumont 145 – Dijon 172
8, rue de la Terrasse, 03 86 35 11 86, www.saint-florentin-tourisme.fr
Vitraux★ de l'église **E.**

Les Tilleuls

3 r. Descourtive – 03 86 35 09 09 – www.hotel-les-tilleuls.com – Fermé 12-19 nov., 24 déc.-3 janv., 18 fév.-19 mars, dim. soir de mi-sept. à mi-juin et lundi
9 ch – 56/59 € 63/74 € – 10 €
Rest *Les Tilleuls* – voir les restaurants ci-après
◆ On pousse la grille et, derrière le jardinet fleuri, on découvre cet ancien couvent de capucins (1635). Le calme règne ! Petites chambres traditionnelles et très bien tenues, donnant pour certaines sur... les tilleuls.

Les Tilleuls

3 r. Descourtive – 03 86 35 09 09 – www.hotel-les-tilleuls.com – Fermé 12-19 nov., 24 déc.-3 janv., 18 fév.-19 mars, dim. soir de mi-sept. à mi-juin et lundi
Rest – Formule 17 € – Menu 30/48 € – Carte 46/63 €
◆ Un décor classique (boiseries peintes, nappes) ouvert sur un joli tableau de verdure – dont on profite en terrasse. Un cadre soigné pour une vraie cuisine de tradition : terrine de biche aux champignons, sole meunière, fromages de Bourgogne...

ST-FLOUR - 15 Cantal - 330 G4 - 6 610 h. - alt. 783 m - ✉ 15100 5 B3

Auvergne

Paris 513 - Aurillac 70 - Issoire 67 - Le Puy-en-Velay 94

17 bis, place d'Armes, ✆ 04 71 60 22 50, www.saint-flour.com

Site★★ - Cathédrale★ - Brassard★ dans le musée de la Haute Auvergne H. Château d'Alleuze★★ : site★★ S : 12 km

Ville basse

Grand Hôtel de l'Étape

18 av. de la République, par ② – ✆ 04 71 60 13 03 – www.hotel-etape.com – Fermé dim. soir sauf juil.-août

23 ch – †60/65 € ††65/85 € – ☕ 9 € – ½ P 60/70 €

Rest *Grand Hôtel de l'Étape* – voir les restaurants ci-après

◆ Rien n'a vraiment changé dans cet hôtel familial construit dans les années 1970. Un établissement sérieux, avec des chambres plutôt grandes et bien pratiques ; préférez celles avec vue sur la montagne.

L'Ander

6 av. du Cdt Delorme – ✆ 04 71 60 21 63 – www.hotel-ander.com – Fermé 20 janv.-12 mars

23 ch – †49/82 € ††50/82 € – ☕ 9 € – ½ P 50/72 € Ba

Rest *L'Ander* – voir les restaurants ci-après

◆ Au pied de la ville haute juchée sur sa colline, cet hôtel a retrouvé une nouvelle jeunesse, avec des chambres pimpantes et douillettes, parfois ponctuées d'allusions naturelles (des troncs de bouleau, par exemple).

Auberge de La Providence

1 r. Château d'Alleuze, par D 40 (sud du plan) – ✆ 04 71 60 12 05 – www.auberge-providence.com – Fermé 15 nov.-5 janv. Bt

12 ch – †65 € ††68/85 € – ☕ 10 € – ½ P 55/58 €

Rest *(fermé le midi) (résidents seult)* – Menu 30 €

◆ Serait-ce la providence ? Vous voilà accueilli avec le sourire dans cette maison typique de la ville. Les chambres sont modestes mais très bien tenues et insonorisées (deux avec terrasse). Ambiance terroir au restaurant avec le menu du patron.

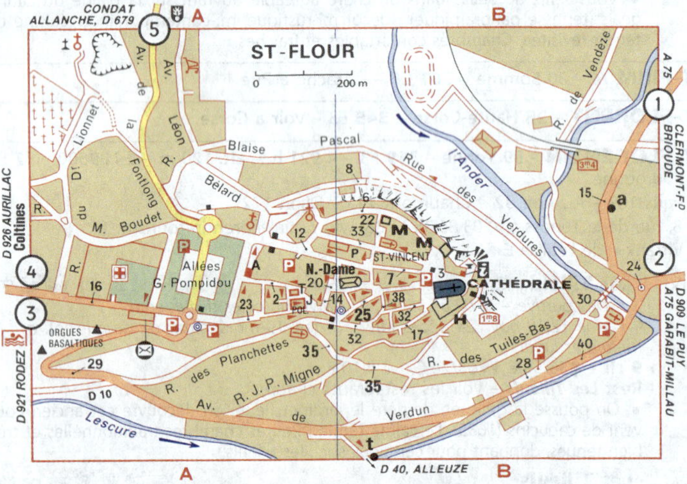

Agials (R. des) ... A 2	Dr-Mallet (Av. du) ... A 16	Orgues (Av. des) ... A 29
Armes (Pl. d') ... B 3	Frauze (R. de la) ... B 17	Pont Vieux (R. du) ... B 30
Belloy (R. de) ... B 6	Halle aux Bleds (Pl. de la) ... AB 20	Rollandie (R. de la) ... B 32
Breuil (R. du) ... B 7	Jacobins (R. des) ... B 22	Sorel (R.) ... B 33
Cardinal Bernet (R. du) ... B 8	Lacs (R. des) ... A 23	Traversière (R.) ... B 38
Collège (R. du) ... A 12	Liberté (Pl. de la) ... B 24	Tuiles Haut (R. des) ... AB 35
Collégiale (R. de la) ... A 14	Marchande (R.) ... B 25	11-Novembre (Av. du) ... B 40
Delorme (Av. du Cdt) ... B 15	Odilon-de-Mercoeur (Pl.) ... B 28	

Grand Hôtel de l'Étape – Grand Hôtel de l'Étape

18 av. de la République, par ② – ✆ 04 71 60 13 03 – www.hotel-etape.com – Fermé dim. soir et lundi sauf juil.-août

Rest – Formule 16 € bc – Menu 25/32 € – Carte 32/53 €

◆ Ne vous fiez pas à l'allure "seventies" du restaurant. Il dissimule une authentique table régionale, emmenée par une nouvelle génération de Roux ! Croustillant de cantal, tripoux, entrecôte au bleu... L'Auvergne au bout de la fourchette.

L'Ander – Hôtel L'Ander

6 av. du Cdt Delorme – ✆ 04 71 60 21 63 – www.hotel-ander.com – Fermé 20 janv.-12 mars et dim. soir hors saison Ba

Rest – Formule 12 € – Menu 18/44 € – Carte 22/43 €

◆ Pourquoi ne pas faire un tour dans la ville basse ? Ce sera l'occasion de découvrir cette table simple et colorée. Les spécialités auvergnates sont à l'honneur et pour le dessert, un soufflé chaud à la mandarine ne devrait pas faire retomber votre plaisir...

à St-Georges 5 km par ②, D 909 et rte secondaire – 1 148 h. – alt. 860 m – ✉ 15100

Le Château de Varillettes

dir. Vabre – ✆ 04 71 60 45 05 – www.chateaudevarillettes.com – Ouvert 27 avril-30 sept.

12 ch – †135/210 € ††135/210 € – 1 suite – ☐ 15 € – ½ P 116/155 €

Rest – Formule 25 € – Menu 36/56 € – Carte 45/70 €

◆ Ce beau château du 15ᵉs. servit de résidence aux évêques de St-Flour. De certaines des jolies chambres (mobilier de style), on contemple le jardin médiéval et son carré des simples ; parfait pour un tourisme vert en quelque sorte.

ST-FORT-SUR-GIRONDE – 17 Charente-Maritime – 324 F7 – 885 h. – alt. 28 m – ✉ 17240 — 38 B3

▶ Paris 518 – Poitiers 186 – La Rochelle 115 – Saintes 45

Château des Salles

61 r. du Gros Chêne, 1,5 km au Nord-Est par D 125 – ✆ 05 46 49 95 10 – www.chateaudessalles.com – Ouvert 1ᵉʳ avril-1ᵉʳ nov.

5 ch ☐ – †90/150 € ††126/153 € **Table d'hôte** – Menu 29/38 €

◆ Joli château bâti au 15ᵉs., au cœur du vignoble de Cognac. Les chambres sont feutrées (meubles anciens, parquet...), on s'installe confortablement au salon (piano et livres à disposition), tout comme dans une maison de famille... Cuisine du marché à base de produits du terroir et du potager ; vins du domaine.

ST-FRONT-DE-PRADOUX – 24 Dordogne – 329 D5 – 1 092 h. – alt. 40 m – ✉ 24400 — 4 C1

▶ Paris 582 – Angoulême 83 – Bordeaux 104 – Périgueux 40

Château la Thuilière

La Thuilière – ✆ 06 45 35 36 82 – www.lathuiliere.net – Fermé 8 janv.-12 fév.

5 ch ☐ – †100/230 € ††120/250 € **Table d'hôte** – Menu 35/48 €

◆ Dans son parc arboré, cet élégant châtelet dévoile de belles ambiances : très 19ᵉ s. (boiseries, stucs) ou résolument contemporaines (lignes épurées, grand confort) – tout en grâce et équilibre. Un chef argentin œuvre à la table d'hôte, où il réinvente le terroir !

ST-GALMIER – 42 Loire – 327 E6 – 5 607 h. – alt. 400 m – Casino – ✉ 42330 — 44 A2

Lyon Drôme Ardèche

▶ Paris 457 – Lyon 82 – Montbrison 25 – Montrond-les-Bains 11

ℹ Le Cloître, 15, boulevard Cousin, ✆ 04 77 54 06 08, www.paysdesaintgalmier.fr

◉ Vierge du Pilier★ et triptyque★ dans l'église.

La Charpinière

– ✆ 04 77 52 75 00 – www.lacharpiniere.com

46 ch – †90/135 € ††100/135 € – ☐ 14 € – ½ P 85/95 €

Rest *La Closerie de la Tour* – Menu 25/58 € – Carte 32/62 €

◆ Agréable étape au calme, dans un environnement verdoyant : cette gentilhommière tapissée de vigne vierge se cache dans un grand parc, avec piscine et tennis. Chambres classiques et bien tenues. Diverses formules au restaurant : menus gastronomique, du marché ou brasserie (au déjeuner).

Hostellerie du Forez
6 r. Didier Guetton – ✆ 04 77 54 00 23 – www.hostellerieduforez.com
16 ch – 58/63 € 69/74 € – 9 € – ½ P 75 €
Rest *Hostellerie du Forez* – voir les restaurants ci-après
◆ Près de l'hôtel de ville, un relais de poste du 19e s. avec des chambres avenantes et bien tenues, toutes différentes (ambiance marine, fer forgé, etc.). Une bonne étape.

Le Bougainvillier avec ch
Pré Château – ✆ 04 77 54 03 31 – www.restaurant-bougainvillier.com – Fermé 29 juil.-20 août, 24 déc.-1er janv., merc. soir, dim. et lundi
4 ch – 85/95 € 90/100 € – 12 €
Rest *(réserver)* – Formule 25 € – Menu 42/65 € – Carte 53/67 €
◆ Tout près de cette maison coule une rivière. La décoration est contemporaine et élégante – tout en sobriété –, la cuisine joliment exécutée. Un endroit plaisant ! Même esprit design dans les chambres, où les matériaux nobles sont rois (béton ciré, acier, bois...).

Hostellerie du Forez – Hostellerie du Forez
6 r. Didier Guetton – ✆ 04 77 54 00 23 – www.hostellerieduforez.com – Fermé 8-28 août, 24 déc.-3 janv., dim. soir et lundi midi
Rest – Formule 13 € – Menu 20/26 € – Carte 34/44 €
◆ Un restaurant chaleureux, où l'on déguste une agréable cuisine. Point fort de la maison : de belles salles voûtées – les anciennes écuries de ce relais de poste – pour les réceptions et cocktails.

ST-GATIEN-DES-BOIS – 14 Calvados – 303 N3 – 1 354 h. – 32 A3
– alt. 149 m – ✉ 14130

Paris 195 – Caen 58 – Le Havre 36 – Deauville 10

Le Clos Deauville St-Gatien
4 r. des Brioleurs – ✆ 02 31 65 16 08 – www.clos-st-gatien.fr
58 ch – 85/204 € 85/204 € – 14 € – ½ P 89/148 €
Rest *Le Michels* – voir les restaurants ci-après
◆ Au cœur d'un jardin arboré, cette ancienne ferme et ses dépendances se sont transformées en complexe hôtelier de bon standing, particulièrement adapté pour les séminaires. Plusieurs piscines, une salle de fitness, un restaurant : très complet.

Le Michels – Hôtel Le Clos Deauville St-Gatien
4 r. des Brioleurs – ✆ 02 31 65 16 08 – www.clos-st-gatien.fr
Rest – Formule 19 € – Menu 31/75 € – Carte 35/73 €
◆ Ce restaurant a su préserver son cachet régional (poutres, colombages) pour mieux faire apprécier les classiques de la cuisine traditionnelle : fruits de mer, pintade au cidre, foie gras poêlé, etc.

ST-GAUDENS – 31 Haute-Garonne – 343 C6 – 11 660 h. – 28 B3
– alt. 405 m – ✉ 31800 Midi-Toulousain

Paris 766 – Bagnères-de-Luchon 48 – Tarbes 68 – Toulouse 94
2, rue Thiers, ✆ 05 61 94 77 61, www.tourisme-stgaudens.com
Boulevards des Pyrénées ★ - Belvédères ★.

Du Commerce
2 av. de Boulogne – ✆ 05 62 00 97 00 – www.commerce31.com – Fermé 21 déc.-14 janv.
48 ch – 59/76 € 59/76 € – 9 € – ½ P 55/65 €
Rest – Formule 21 € – Menu 27/38 € – Carte 37/49 €
◆ À deux pas du centre-ville, un hôtel moderne avec des chambres agréables et fonctionnelles (toutes climatisées). Au restaurant, large choix de plats dans un registre traditionnel.

ST-GENIÈS – 24 Dordogne – **329** I6 – 948 h. – alt. 232 m – ✉ 24590 **4** D1

▶ Paris 527 – Bordeaux 200 – Cahors 94 – Périgueux 71

Le Château avec ch — rest, P VISA MC AE

Le Bourg – ✆ 05 53 28 36 77 – www.restaurantduchateau.com – Ouvert avril à oct. et fermé mardi et merc. sauf juil.-août

3 ch – †90/115 € ††90/115 € – ☐ 10 € – ½ P 115/140 €

Rest – Formule 19 € – Menu 25 € – Carte 35/60 €

◆ Beau monument historique (13e-16es.) hérissé de tours robustes, couvertes de lauzes. Au restaurant, cheminée monumentale, tables en bois brut et cuisine gourmande aux accents du Sud. Quelques chambres pleines de cachet pour prolonger le plaisir...

ST-GENIS-POUILLY – 01 Ain – **328** J3 – 8 379 h. – alt. 445 m **46** F1 – ✉ 01630

▶ Paris 524 – Bellegarde-sur-Valserine 28 – Bourg-en-Bresse 100 – Genève 12

ℹ 11 rue de Gex, ✆ 04 50 42 29 37, www.saintgenispouillytourisme.fr

⛳ des Serves, Route de Meyrin, E : 2 km par D 984, ✆ 04 50 42 16 48

L'Amphitryon — P VISA MC

– ✆ 04 50 20 64 64 – www.saint-genis-pouilly.com/amphitryon – Fermé 1er-20 août, 26 déc.-15 janv., mardi soir, dim. soir et lundi

Rest – Menu 20 € (déj. en sem.), 32/53 € – Carte 35/65 €

◆ Derrière la sage façade de ce pavillon se cache une surprenante salle à manger : fresques, voûtes et statuettes de style antique... Cuisine traditionnelle et jolie terrasse côté jardin.

ST-GENIX-SUR-GUIERS – 73 Savoie – **333** G4 – 2 172 h. – alt. 235 m **45** C2 – ✉ 73240

▶ Paris 513 – Belley 22 – Chambéry 34 – Grenoble 58

ℹ rue du Faubourg, ✆ 04 76 31 63 16, www.valguiers.com

à Champagneux 4 km au Nord-Ouest par D 1516 – 519 h. – alt. 214 m – ✉ 73240

Les Bergeronnettes — ch, P VISA MC

Le Bourg, près de l'église – ✆ 04 76 31 50 30 – www.hotel-bergeronnettes.com – Fermé 26 déc.-1er fév.

18 ch – †75 € ††75 € – ☐ 10 € – ½ P 70 €

Rest *(fermé dim. soir)* – Menu 14/36 € – Carte 17/35 €

◆ Un cadre verdoyant et champêtre pour cet hôtel alangui abritant des chambres spacieuses et fonctionnelles. Petits-déjeuners sous forme de buffet. Au restaurant, cuisine régionale simple (spécialités de cuisses de grenouille) et terrasse sous un chapiteau.

ST-GEOIRE-EN-VALDAINE – 38 Isère – **333** G5 – 2 348 h. **45** C2 – alt. 410 m – ✉ 38620

▶ Paris 549 – Chambéry 42 – Grenoble 42 – Lyon 90

Sylvain Devaux-Auberge du Val d'Ainan avec ch — rest, VISA MC

pl. André-Bonin – ✆ 04 76 06 54 14 – www.sylvain-devaux.com – Fermé vacances de la Toussaint, 2 sem. en janv., dim. soir, lundi soir et merc.

5 ch – †40 € ††65 € – ☐ 6 €

Rest – Formule 16 € – Menu 25 € (déj.)/72 € – Carte 38/52 €

◆ À deux pas du parc naturel de Chartreuse, ce restaurant propose une cuisine plaisante et soignée qui fait la part belle aux épices. Les meubles anciens, les objets chinés donnent à l'ensemble un esprit brocante jeune et sympathique. Pour l'étape, des chambres fraîches et bien tenues à prix doux.

ST-GEORGES – 15 Cantal – **330** G4 – rattaché à St-Flour

ST-GEORGES-D'ESPÉRANCHE – 38 Isère – **333** D4 – 3 053 h. **44** B2 – alt. 400 m – ✉ 38790

▶ Paris 496 – Bourgoin-Jallieu 25 – Grenoble 92 – Lyon 40

Castel d'Espéranche

15 rte Lafayette – ✆ 04 74 59 18 45 – www.restaurant-lecastel.com – Fermé 3 sem. en janv.-fév., 2 sem. en août, mardi soir, lundi et merc.

Rest – Formule 17 € – Menu 34/55 € – Carte 44/67 €

◆ Restaurant installé en partie dans une tour de garde du 13ᵉs. dont quelques vestiges agrémentent les salles à manger. Cuisine régionale et menu "du Moyen Âge".

ST-GEORGES-DES-SEPT-VOIES – 49 Maine-et-Loire – 317 H4 – 35 C2

– 657 h. – alt. 83 m – ✉ 49350

Paris 314 – Angers 30 – Nantes 127 – Saumur 27

Auberge de la Sansonnière avec ch — ch, AC rest, rest, VISA

(près de la mairie) – ✆ 02 41 57 57 70 – www.auberge-sansonniere.com – Fermé 12-28 mars, 12 nov.-6 déc., dim. soir et lundi

7 ch – †70/90 € ††75/150 € – ☕ 10 € – ½ P 65/80 €

Rest – Formule 12 € – Menu 18/41 € – Carte 38/65 €

◆ On peut s'arrêter lors d'une étape dans ce prieuré (17ᵉ s.) joliment restauré, dans un esprit bistrot moderne. Cuisine de saison et joli jardin fleuri. Pour dormir, l'auberge dispose de chambres claires et toutes simples.

ST-GEORGES-SUR-CHER – 41 Loir-et-Cher – 318 D8 – 2 343 h. – 11 A1

– alt. 70 m – ✉ 41400

Paris 225 – Blois 40 – Orléans 102 – Tours 40

Prieuré de la Chaise sans rest — AC P VISA

8 r. Prieuré – ✆ 02 54 32 59 77 – www.prieuredelachaise.com

5 ch ☕ – †90/110 € ††90/130 €

◆ Un charmant prieuré du 16ᵉs. niché dans un parc... au calme. Tomettes et meubles anciens dans les chambres. L'hiver venu, belles flambées dans la cheminée de la salle à manger.

ST-GERMAIN-DE-BELVÈS – 24 Dordogne – 329 H7 – 139 h. – 4 D1

– alt. 230 m – ✉ 24170

Paris 598 – Bordeaux 197 – Cahors 71 – Périgueux 66

Les Boudines sans rest — P

Les Boudines – ✆ 05 53 29 15 03 – www.lesboudines.com – Fermé de mi-fév. à mi-mars et déc.

5 ch ☕ – †64/90 € ††69/105 €

◆ Ancienne ferme périgourdine en pierres sèches. Les chambres, décorées dans des matières naturelles, ont toutes une terrasse. Piscine à débordement avec vue imprenable sur la campagne.

ST-GERMAIN-DE-JOUX – 01 Ain – 328 H3 – 494 h. – alt. 507 m – 45 C1

– ✉ 01130

Paris 487 – Bellegarde-sur-Valserine 13 – Belley 61 – Bourg-en-Bresse 63

Reygrobellet avec ch — P VISA

D 1084 – ✆ 04 50 59 81 13 – www.hotel-reygrobellet.com – Fermé 4-20 juil., 22 oct.-10 nov., 20-28 fév., dim. soir et lundi

8 ch – †58/69 € ††58/69 € – ☕ 9 € – ½ P 65 €

Rest – Menu 22 € (sem.), 32/61 € – Carte 36/79 €

◆ Outre son confortable intérieur campagnard, cette maison a pour elle une généreuse cuisine traditionnelle basée sur des produits frais (volailles de Bresse, grenouilles, écrevisses, asperges). Les chambres, plutôt simples, sont progressivement rénovées.

ST-GERMAIN-DES-VAUX – 50 Manche – 303 A1 – 415 h. – 32 A1

– alt. 59 m – ✉ 50440

Paris 383 – Barneville-Carteret 48 – Cherbourg 28 – Nez de Jobourg 7

Baie d'Ecalgrain★★ S : 3 km - Port de Goury★ NO : 2 km.

Nez de Jobourg★★ S : 7,5 km puis 30 mn - ≤★★ sur anse de Vauville SE : 9,5 km par Herqueville, **Normandie Cotentin.**

L'Erguillère sans rest

Port Racine, 1,8 km à l'Est par D 45 – ✆ 02 33 52 75 31 – www.hotel-lerguillere.com – Fermé 10-26 fév.

10 ch – 55/140 € 55/140 € – 14 €

◆ Direction le bout du monde... À la pointe de la Hague, au-dessus de la mer et de Port-Racine, un hôtel très cosy où se réfugier à la suite de Jacques Prévert, qui le fréquenta.

Le Moulin à Vent

10 rte de Port Racine, (Hameau Danneville), 1,5 km à l'Est par D 45 – ✆ 02 33 52 75 20 – www.le-moulin-a-vent.fr – Fermé 7-30 déc., 8-26 fév., merc. et jeudi sauf en juil.-août

Rest *(réserver)* – Menu 24/45 € – Carte 40/57 €

◆ Sur une route qui domine la mer, on se réfugie avec plaisir dans cette ancienne auberge de pays : d'abord le bar, façon pub anglais très chaleureux ; puis la salle, toute blanche et élégante. Le jeune chef se fournit auprès des pêcheurs locaux – produits extrafrais – et signe une cuisine assez inventive.

ST-GERMAIN-DU-BOIS – 71 Saône-et-Loire – 320 L9 – 1 912 h. – alt. 210 m – ✉ 71330 Bourgogne — 8 D3

Paris 367 – Chalon-sur-Saône 33 – Dole 58 – Lons-le-Saunier 29

Hostellerie Bressane

2 rte de Sens – ✆ 03 85 72 04 69 – www.giot-hostelleriebressane.fr – Fermé dim. soir sauf juil.-août et lundi

9 ch – 51 € 56 € – 8 € – ½ P 60 €

Rest *Hostellerie Bressane* – voir les restaurants ci-après

◆ Cet hôtel particulier du 18es. en briques rouges est un bel exemple du style régional (faïences et tomettes, parquets massifs, plafonds à la française). Les chambres, confortables et très bien rénovées, ont du caractère.

Hostellerie Bressane

2 rte de Sens – ✆ 03 85 72 04 69 – www.giot-hostelleriebressane.fr – Fermé dim. soir sauf juil.-août et lundi

Rest – Formule 14 € – Menu 22/40 € – Carte 39/55 €

◆ Un beau filet de rascasse relevé d'une vinaigrette au pesto, un soufflé plein de justesse... Le chef aime la tradition comme les beaux produits, et exprime sa personnalité avec gourmandise et générosité.

ST-GERMAIN-EN-LAYE – 78 Yvelines – 311 I2 – 101 13 – voir à Paris, Environs

---

ST-GERMAIN-LÈS-ARLAY – 39 Jura – 321 D6 – 529 h. – alt. 255 m – ✉ 39210 — 16 B3

Paris 398 – Besançon 74 – Chalon-sur-Saône 58 – Dole 46

Hostellerie St-Germain avec ch

635 Grande rue – ✆ 03 84 44 60 91 – www.hostelleriesaintgermain.com

12 ch – 75/85 € 75/105 € – 12 €

Rest – Formule 19 € – Menu 25/69 € – Carte 44/62 €

◆ Face à l'église, un sympathique relais de poste du 17es. paré d'atours contemporains. Ici, le chef travaille de bons produits du terroir – souvent bio – et concocte une cuisine fine et gourmande, accompagnée de bons vins du Jura. Pour l'étape, des chambres agréables et cosy, plus calmes côté terrasse.

ST-GERVAIS – 33 Gironde – 335 I4 – 1 461 h. – alt. 39 m – ✉ 33240 — 3 B1

Paris 543 – Bordeaux 29 – Mérignac 38 – Pessac 44

Au Sarment

50 r. la Lande – ✆ 05 57 43 44 73 – www.au-sarment.com – Fermé 16 fév.-7 mars, sam. midi, dim. soir et lundi

Rest – Formule 20 € bc – Menu 26 € (déj. en sem.), 39/59 € – Carte 50/80 €

◆ L'école du village s'est muée en royaume des saveurs, intime et raffiné. Le chef, d'origine martiniquaise, a l'amour du beau produit et concocte de succulents petits plats saupoudrés d'épices des îles. Point d'orgue : la terrasse ombragée !

ST-GERVAIS-D'AUVERGNE – 63 Puy-de-Dôme – 326 D6 – 1 308 h. 5 B2
– alt. 725 m – ✉ 63390 Auvergne

Paris 377 – Aubusson 72 – Clermont-Ferrand 55 – Gannat 41

rue du Général Desaix, ☎ 04 73 85 80 94, www.tourisme-combrailles.fr

Castel Hôtel 1904

r. du Castel – ☎ 04 73 85 70 42 – www.castel-hotel-1904.com – Fermé janv.

15 ch – 65/79 € 65/79 € – 10 € – ½ P 62/69 €

Rest *Le Comptoir à Moustaches* Rest *Castel Hôtel 1904* – voir les restaurants ci-après

◆ C'est en famille, et toujours avec le sourire, que l'on accueille ici les visiteurs. La demeure du 17e s. a du charme et du caractère, avec une délicieuse déco à l'ancienne. C'est simple, on ne veut plus partir.

Le Relais d'Auvergne

rte de Châteauneuf – ☎ 04 73 85 70 10 – www.relais-auvergne.com – Ouvert de mars à nov. et fermé dim. soir et lundi en oct. et mars

12 ch – 59/62 € 59/72 € – 8 € – ½ P 56/58 €

Rest *Le Relais d'Auvergne* – voir les restaurants ci-après

◆ Les meubles et les bibelots chinés confèrent à cet hôtel un certain charme d'antan, et les clients peuvent même les acheter ! En plus, les chambres de cette belle maison en pierre sont chaleureuses et colorées. Idéal pour visiter Vulcania.

Castel Hôtel 1904 – Castel Hôtel 1904

r. du Castel – ☎ 04 73 85 70 42 – www.castel-hotel-1904.com – Fermé janv., lundi, mardi et merc.

Rest – Menu 32/65 €

◆ Ce restaurant a l'air rustique, mais il ne faut pas se fier aux apparences ; le chef interprète à sa façon la générosité des produits du terroir. À titre d'exemples, salade de chou farci de canette, blanquette de sandre ou potée de pigeonneau...

Le Relais d'Auvergne – Hôtel Le Relais d'Auvergne

rte de Châteauneuf – ☎ 04 73 85 70 10 – www.relais-auvergne.com – Ouvert de mars à nov. et fermé dim. soir et lundi en oct. et mars et lundi midi

Rest – Menu 14 € (déj. en sem.), 22/35 € – Carte 23/45 €

◆ Mélanger le rustique et le design, voilà qui ne fait pas peur au jeune propriétaire de ce restaurant traditionnel. Original : une partie de la déco est à vendre... à méditer en dégustant des rognons sauce moutarde ou une truffade.

Le Comptoir à Moustaches – Castel Hôtel 1904

r. du Castel – ☎ 04 73 85 70 42 – www.castel-hotel-1904.com – Fermé janv.

Rest – Formule 14 € – Menu 20 € – Carte 29/39 €

◆ Le Castel Hôtel 1904 abrite un bien joli bistrot rétro, nostalgique avec ses petites tables en bois et ses grands classiques de la bonne cuisine familiale auvergnate. Quant aux moustaches...

ST-GERVAIS-EN-VALLIÈRE – 71 Saône-et-Loire – 320 J8 – 386 h. 7 A3
– alt. 203 m – ✉ 71350

Paris 324 – Beaune 16 – Chalon-sur-Saône 24 – Dijon 57

à Chaublanc 3 km au Nord-Est par D 94 et D 183
– ✉ 71350 St-Gervais-en-Vallière

Le Moulin d'Hauterive

8 r. du Moulin – ☎ 03 85 91 55 56 – www.moulinhauterive.com – Fermé 3 janv.-11 fév., merc. soir, mardi d'oct. à mai et merc. en juin et sept.

10 ch – 70/179 € 119/239 € – 10 suites – 16 €

Rest *Le Moulin d'Hauterive* – voir les restaurants ci-après

◆ Isolé en pleine nature, ce vieux moulin à farine bordant la Dheune, bâti au 12es. par les moines de l'abbaye de Cîteaux, a beaucoup de charme. Les chambres sont décorées avec soin dans un style cosy.

XX **Le Moulin d'Hauterive** VISA AE

8 r. du Moulin – ☎ 03 85 91 55 56 – www.moulinhauterive.com
– Fermé 3 janv.-11 fév., merc. soir, mardi d'oct. à mai et merc. en juin et sept.
Rest *(dîner seult)* – Formule 29 € – Menu 39/62 € – Carte 50/70 €
◆ Ici, on travaille en famille pour tirer le meilleur de la tradition bourguignonne. En plus, le patron sélectionne de beaux vins de la région – sa passion – chez les meilleurs producteurs.

ST-GERVAIS-LES-BAINS – 74 Haute-Savoie – **328** N5 – **5 681 h.** **46** F1
– **alt. 820 m – Sports d'hiver : 1 400/2 000 m 2 25 – Stat. therm. : début fév.-mi-déc. – Casino – ✉ 74170** Alpes du Nord

Paris 597 – Annecy 84 – Bonneville 42 – Chamonix-Mont-Blanc 25
☎ 3635 et tapez 42 (0,34 €/mn)
43, rue du Mont-Blanc, ☎ 04 50 47 76 08, www.saintgervais.com
Route du Bettex★★★ 8 km par ③ puis D 43.

Val d'Este sans rest VISA AE

pl. de l'Église – ☎ 04 50 93 65 91 – www.hotel-valdeste.com
– Fermé 5 nov.-5 déc. **b**
14 ch – †68/90 € ††68/90 € – ☕ 9 €
◆ Atmosphère familiale, décor savoyard et vue sur la montagne dans certaines chambres : un accueillant petit hôtel de tradition, au cœur de la station.

ST-GERVAIS-LES-BAINS LE FAYET

Comtesse (R.) 2
Gontard (Allée) 4
Miage (Av. de) 5
Mont-Blanc (R. et jardin du) . . . 6
Mont-Lachat (R. du) 7

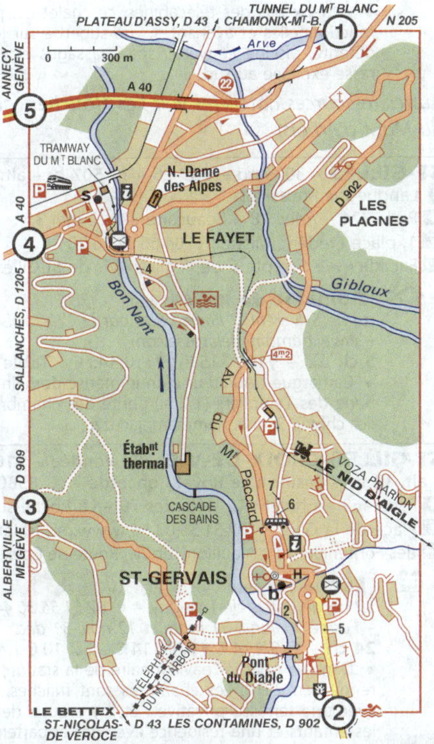

Le Sérac

22 r. de la Comtesse – 04 50 93 80 50 – www.serac-restaurant.com – Fermé 20 avril -8 mai, 12-30 nov., merc. et lundi sauf les soirs pendant les vacances scolaires

Rest – Formule 20 € – Menu 29/60 € **b**

◆ Chic, contemporain, épuré : le Sérac a du style ! Côté papilles, on se régale d'une cuisine mariant habilement les saveurs régionales et méditerranéennes. Croustillant de crabe et concombre mentholé, irrésistibles petits pots au chocolat...

au Fayet **4 km au Nord-Ouest par D 902 – ✉ 74190**

49 rue de la Poste, 04 50 78 27 69

Deux Gares

50 impasse des Deux-Gares – 04 50 78 24 75 – www.hotel2gares.com – Fermé 29 avril-12 mai, 29 sept.-6 oct. et 1er nov.-18 déc. **s**

29 ch – 43/51 € 54/62 € – 8 €

Rest *(dîner seult) (résidents seult)* – Menu 14 €

◆ Juste en face de la gare de départ du fameux tramway du Mont-Blanc, un chalet familial très sympathique, avec des chambres pimpantes et douillettes, une piscine couverte, un bar, une salle de jeux (billard, babyfoot...), etc. Le rapport qualité-prix est excellent.

au Bettex **8 km au Sud-Ouest par D 43 ou par télécabine, station intermédiaire – ✉ 74170 St-Gervais-les-Bains**

Arbois-Bettex

04 50 93 12 22 – www.hotel-arboisbettex.com – Ouvert 26 mai-23 sept. et 11 déc.-15 avril

32 ch – 60/175 € 90/310 € – 14 €

Rest – Menu 25/35 € – Carte 38/58 €

◆ À deux pas des télécabines, ce chalet est pratique et confortable : chambres fonctionnelles et avenantes, vue superbe sur le massif du Mont-Blanc et, pour la détente, piscine couverte, spa, massages et restaurant traditionnel avec sa terrasse exposée au sud.

*Autres ressources hôtelières voir **Les Houches** (au Prarion) et **Megève** (sommet du Mont d'Arbois)*

ST-GILLES – **30 Gard** – **339** L6 – **13 507 h.** – **alt. 10 m** – **✉ 30800** **23** D2

Languedoc Roussillon

Paris 724 – Arles 18 – Beaucaire 27 – Lunel 31

1, place Frédéric Mistral, 04 66 87 16 28

Façade★★ et crypte★ de l'église - Vis de St-Gilles★.

Domaine de la Fosse

rte de Sylvéréal, 7 km au Sud par D 179, croisement D 202 – 04 66 87 05 05 – www.domainedelafosse.com

5 ch – 100/115 € 110/145 € **Table d'hôte** – Menu 35 €

◆ Camargue ! Au cœur d'un immense domaine rizicole, cette ancienne commanderie des Templiers (17e s.) abrite des chambres de caractère (mansardes, mobilier chiné). Sauna, hammam, jacuzzi.

ST-GILLES-CROIX-DE-VIE – **85 Vendée** – **316** E7 – **7 245 h.** **34** A3
– **alt. 12 m** – **Casino : Le Royal Concorde** – **✉ 85800** Poitou Vendée Charentes

Paris 462 – Cholet 112 – Nantes 79 – La Roche-sur-Yon 44

Place de la Gare, 02 51 55 03 66, www.payssaintgilles-tourisme.fr

des Fontenelles, à L'Aiguillon-sur-Vie, Route de Coëx, E : 11 km par D 6, 02 51 54 13 94

Edena sans rest

39 bd de Lattre-de-Tassigny – 02 51 55 30 44 – www.hoteledena.com – Fermé 1er janv.-31 mars et 12 nov.-31 déc.

24 ch – 79/114 € 79/114 € – 10 €

◆ Dans un quartier pavillonnaire de la station, un complexe hôtelier entièrement rénové en 2010. Les chambres sont fraîches, agréables et spacieuses, certaines avec une terrasse privative... Et il y a aussi deux piscines, une aire de jeux pour les enfants et une résidence avec des appartements familiaux.

XX Boisvinet

2 r. Louis-Cristau – ✆ 02 51 55 51 77 – www.boisvinet.com – Fermé 5-18 nov., 3 sem. en janv., dim. soir, mardi soir et merc.

Rest – Formule 17 € – Menu 23/49 € – Carte 33/66 €

◆ Une villa de bord de mer à la déco contemporaine et épurée... Un lieu avenant pour une cuisine fort appétissante : homard et risotto au lait de coco, cuisse de lapin aux agrumes, tiramisu au Nutella, etc.

X Le Casier

pl. du Vieux Port – ✆ 02 51 55 01 08 – www.lecasier.com – Fermé 20 déc.-1er mars, lundi en mars, nov. et déc.

Rest – Formule 15 € – Menu 19 € – Carte 20/42 €

◆ À deux pas des quais, un bistrot marin très convivial dans... une ancienne charcuterie ! Le chef, jadis propriétaire de la boutique (et donc charcutier), a troqué le tablier pour la toque et concocte désormais des petits plats bien iodés.

X La Cotriade

8 r. Louis Cristau – ✆ 02 51 55 09 62 – www.la-cotriade-85.com – Fermé 20 déc.-31 janv., mardi soir, merc. soir, jeudi soir hors saison, dim. soir soir sauf du 11 juil. au 23 août et lundi

Rest – Formule 14 € – Menu 20/35 € – Carte 26/53 €

◆ En retrait de l'agitation touristique, une maison rustique et sympathique, où l'on déguste une séduisante cuisine du moment et quelques spécialités plus traditionnelles. Poisson local extrafrais, souci du client : une bonne petite adresse.

à Coëx 14 km à l' Est par D 6 – 2 969 h. – alt. 50 m – ✉ 85220

place de l'Église, ✆ 02 51 54 28 80, www.ville-coex.fr

XX Le Balata

Golf des Fontenelles, 2 km à l'Ouest par D 6 – ✆ 02 28 10 63 96 – www.lebalata.com – Fermé 23 déc.-6 janv., mardi soir, dim. soir et lundi soir en hiver et merc.

Rest – Formule 14 € – Menu 18 € (déj. en sem.), 26/43 € – Carte 35/55 €

◆ La tomate se décline en gaspacho, tartare ou sorbet ; la fraise s'allie au romarin... Une cuisine raffinée dans une atmosphère contemporaine feutrée, avec vue sur les greens.

à Sion-sur-l'Océan 5 km à l'Ouest par la Corniche Vendéenne – ✉ 85270

Frédéric sans rest

25 r. des Estivants – ✆ 02 51 54 30 20 – www.hotel-frederic.com

13 ch – †68/129 € ††68/129 € – ☕ 10 €

◆ Dans les années 1930, cette jolie villa était un hôtel chic et dans le vent... Modernisée, elle n'a rien perdu de son charme d'antan : il y règne une vraie atmosphère rétro et cosy, surtout dans les chambres donnant sur la mer. Et il y a même un bar à huîtres !

ST-GINGOLPH – 74 Haute-Savoie – 328 N2 – 723 h. – alt. 385 m 46 F1

– ✉ 74500 Alpes du Nord

Paris 560 – Annecy 102 – Évian-les-Bains 19 – Montreux 21

XXX Aux Ducs de Savoie

r. du 23 Juillet 44 – ✆ 04 50 76 73 09 – www.ducsdesavoie.net – Fermé 22 oct.-4 nov., 12-27 janv., mardi sauf juil.-août et lundi

Rest – Formule 24 € – Menu 42/73 € – Carte 36/75 €

◆ Sur les hauteurs du village, ce chalet cossu et bourgeois est bien agréable : le chef concocte une goûteuse cuisine classique (appétissant chariot de desserts). À noter : la terrasse ombragée face au lac, charmante aux beaux jours.

ST-GIRONS – 09 Ariège – 343 E7 – 6 579 h. – alt. 398 m 28 B3

– ✉ 09200 Midi-Toulousain

Paris 774 – Auch 123 – Foix 45 – St-Gaudens 43

place Alphonse Sentein, ✆ 05 61 96 26 60, www.ville-st-girons.fr

Château de Beauregard
av. de la Résistance – 05 61 66 66 64 – www.chateaubeauregard.net – Fermé nov.
10 ch – †60/220 € ††60/220 € – 3 suites – 13 € – ½ P 70/150 €
Rest ***Auberge d'Antan*** – voir les restaurants ci-après
♦ Dans un parc paisible, un petit château et ses dépendances (19e s.) avec des chambres patinées par les ans, des suites de caractère et un spa dans une ancienne écurie.

La Clairière sans rest
av. de la Résistance – 05 61 66 66 66 – www.hotel-clairiere.com
19 ch – †65/75 € ††80/90 € – 9 €
♦ Au milieu d'un parc, cet hôtel a des petits airs de chalet... Les chambres sont simples et fonctionnelles, certaines aménagées pour les familles. Petit-déjeuner en terrasse, au bord de la piscine (si le temps le permet).

Auberge d'Antan – Hôtel Château de Beauregard
av. de la Résistance – 05 61 66 66 64
– www.chateaubeauregard.net – Fermé nov., merc. et jeudi
Rest – Formule 16 € – Menu 28/38 € – Carte 28/38 €
♦ Jambons suspendus, bois, pierres et poutres : cette Auberge dégage une belle atmosphère campagnarde ; on y déguste des grillades et des petits plats mijotés au feu de bois.

à Lorp-Sentaraille **4 km au Nord-Ouest par D 117 – 1 251 h. – alt. 361 m – ✉ 09190**

La Petite Maison
rte de Toulouse – 05 61 66 54 49 – www.lapetitemaison.pro – Fermé janv., lundi et mardi
Rest – Formule 16 € – Menu 26/70 € – Carte 55/65 €
♦ Une petite maison qui a l'âme d'une grande ! Des saveurs fines et franches, de beaux produits de saison... Le jeune chef crée des assiettes généreuses et gourmandes, dans l'esprit de l'époque.

ST-GRÉGOIRE – 35 Ille-et-Vilaine – 309 L6 – rattaché à Rennes

ST-GUÉNOLÉ – 29 Finistère – 308 E8 – ✉ 29760 Penmarch Bretagne 9 A2

Paris 587 – Douarnenez 47 – Guilvinec 8 – Pont-l'Abbé 14

Musée préhistorique★ - ★★ du phare d'Eckmühl★ S : 2,5 km - Église★ de Penmarch SE : 3 km - Pointe de la Torche ★ NE : 4 km.

Sterenn
plage de la Joie – 02 98 58 60 36 – www.hotel-sterenn.com – Fermé 3 sem. en janv. et de mi-nov. à mi-déc.
16 ch – †60/110 € ††60/110 € – 11 € – ½ P 72/98 €
Rest ***Sterenn*** – voir les restaurants ci-après
♦ Face à la plage, cette construction néobretonne des années 1970 a le charme des établissements familiaux. Les chambres sont simples, colorées et nettes ; la plupart donnent sur la mer. Pour une grande bouffée d'air iodé !

Les Ondines
90 r. Pasteur, rte du phare d'Eckmühl – 02 98 58 74 95
– www.hotel-lesondines.net – Ouvert 6 avril-28 oct. et fermé mardi sauf juil.-août
14 ch – †55/70 € ††55/70 € – 9 € – ½ P 55/67 €
Rest – Menu 16/55 € – Carte 27/65 €
♦ À l'extrême pointe du pays bigouden et à deux pas de la mer, un hôtel pour les enfants des ondes. On a parfois l'impression d'être dans un bateau, que ce soit dans les chambres ou sous la véranda, là où l'océan préside aux repas : même la choucroute n'y échappe pas !

Sterenn – Hôtel Sterenn
plage de la Joie – 02 98 58 60 36 – www.hotel-sterenn.com – Fermé 3 sem. en janv., de mi-nov. à mi-déc. et lundi
Rest – Formule 19 € – Menu 25/45 € – Carte 20/80 €
♦ Tout près du port, ce restaurant met logiquement la pêche côtière à l'honneur. L'occasion de déguster des plateaux de fruits de mer et des poissons ultrafrais pour un bon rapport qualité-prix.

ST-GUILHEM-LE-DESERT – 34 Hérault – 339 G6 – 256 h. – alt. 89 m 23 C2
– ✉ 34150 Languedoc Roussillon

Paris 726 – Montpellier 41 – Lodève 31 – Millau 90

2 rue Font de Portal, ✆ 04 67 57 44 33, www.saintguilhem-valleeherault.fr

Gorges de l'Hérault★★ - Pont du Diable★.

Le Guilhaume d'Orange ch, VISA

2 av. Guillaume d'Orange – ✆ 04 67 57 24 53 – www.guilhaumedorange.com – Fermé 22 déc.-8 janv. et merc. hors saison

11 ch – †69/99 € ††69/99 € – ☕ 8 € – ½ P 59/74 €

Rest – Menu 20/28 € – Carte 15/30 €

◆ Face aux gorges de l'Hérault, cette bâtisse restaurée avec goût a su conserver son cachet d'origine. Les chambres sont coquettes et romantiques à souhait. En salle ou sur la belle terrasse, vous apprécierez une cuisine simple et familiale.

ST-HAON – 43 Haute-Loire – 331 E4 – 364 h. – alt. 1 000 m – ✉ 43340 6 C3
Auvergne

Paris 559 – Langogne 25 – Mende 68 – Le Puy-en-Velay 29

Auberge de la Vallée avec ch VISA

– ✆ 04 71 08 20 73 – www.auberge-de-la-vallee.fr – Fermé 26 déc.-30 mars, dim. soir et lundi d'oct. à avril

10 ch – †37 € ††47 € – ☕ 8 € – ½ P 47 €

Rest – Menu 18/40 € – Carte 24/53 €

◆ Une auberge familiale modeste, au cœur d'un village d'altitude. Dans la grande salle, les tables sont simplement dressées et les nombreux randonneurs apprécient la cuisine du terroir. Les chambres proprettes permettent de faire le plein d'air pur.

ST-HAON-LE-VIEUX – 42 Loire – 327 C3 – rattaché à Renaison

ST-HERBLAIN – 44 Loire-Atlantique – 316 G4 – rattaché à Nantes

ST-HILAIRE-DE-BRETHMAS – 30 Gard – 339 J4 – rattaché à Alès

ST-HILAIRE-DES-LOGES – 85 Vendée – 316 L9 – rattaché à Fontenay-le-Comte

ST-HILAIRE-DU-HARCOUËT – 50 Manche – 303 F8 – 4 112 h. 32 A3
– alt. 70 m – ✉ 50600 Normandie Cotentin

Paris 339 – Alençon 100 – Avranches 27 – Caen 102

Place du Bassin, ✆ 02 33 79 38 88, www.st-hilaire.fr

Centre d'Art Sacré★.

Le Cygne et Résidence P VISA

99 r. Waldeck Rousseau, rte de Fougères – ✆ 02 33 49 11 84 – www.hotel-le-cygne.fr – Fermé vacances de fév.

28 ch – †58/60 € ††73/75 € – ☕ 9 € – ½ P 70/100 €

Rest *Le Cygne* – voir les restaurants ci-après

◆ Petit carrefour commerçant du sud de la Manche, Saint-Hilaire-du-Harcouët (prononcez "coué") se révèle pratique pour une étape. Cet hôtel traditionnel (avec une annexe créée en 2001) propose des chambres simples et bien tenues.

Le Cygne – Hôtel Le Cygne et Résidence P VISA

99 r. Waldeck Rousseau, rte de Fougères – ✆ 02 33 49 11 84 – www.hotel-le-cygne.fr – Fermé vacances de fév., dim. soir et vend. d'oct. à Pâques

Rest – Formule 13 € – Menu 19/74 € bc – Carte 31/60 €

◆ Un cadre classique, pour une cuisine traditionnelle qui fait la part belle au poisson et aux spécialités normandes. À noter : la carte des vins compte plus de 400 références, principalement des bordeaux (saint-émilion).

ST-HILAIRE-LE-CHÂTEAU – 23 Creuse – 325 I5 – 270 h. 25 C1
– alt. 453 m – ✉ 23250

Paris 385 – Guéret 27 – Le Palais-sur-Vienne 56 – Limoges 64

à l 'Est 3 km par D 941 (rte Aubenas), D10 et rte secondaire – ✉ 23250 St-Hilaire-le-Château

Château de la Chassagne

La Chassagne – ✆ 05 55 64 55 75 – www.chateau-lachassagne.com – Fermé 20 déc.-15 mars

4 ch ☕ – 🚹90/130 € 🚹🚹100/140 € **Table d'hôte** – Menu 30 € bc

◆ Robuste château (15ᵉet 17ᵉs.) isolé dans un parc ravissant, où paissent des chevaux. Un escalier à vis dessert des chambres raffinées, dont une nichée sous une superbe charpente ; on est reçu avec gentillesse et simplicité et, à la table d'hôte, la gérante concocte une cuisine traditionnelle et familiale.

ST-HILAIRE-ST-FLORENT – 49 Maine-et-Loire – 317 I5 – rattaché à Saumur

---

ST-HIPPOLYTE – 25 Doubs – 321 K3 – 922 h. – alt. 380 m – ✉ 25190 17 C2

Franche-Comté Jura

Paris 490 – Basel 93 – Belfort 48 – Besançon 89

place de l'Hôtel de Ville, ✆ 03 81 96 58 00, www.ville-saint-hippolyte.fr

Site★ - Vallée du Dessoubre★ S.

Le Bellevue

28 Grande Rue – ✆ 03 81 96 51 53 – http://hotel.bellevue.free.fr – Fermé 2 sem. en janv., dim. soir et vend. soir de sept. à avril

16 ch – 🚹60/78 € 🚹🚹62/82 € – ☕ 11 € – ½ P 64/77 €

Rest *Le Bellevue* – voir les restaurants ci-après

◆ À la sortie du village, dominant le Dessoubre, cette sympathique hostellerie familiale propose des chambres sobres et bien tenues, bienvenues pour une étape. Accueil aimable.

Le Bellevue

28 Grande Rue – ✆ 03 81 96 51 53 – http://hotel.bellevue.free.fr – Fermé 2 sem. en janv., dim. soir et vend. soir de sept. à avril

Rest – Formule 12 € – Menu 26/36 € – Carte 33/60 €

◆ Filets de perche, ris de veau, pommes de terre en robe des champs... Une agréable cuisine traditionnelle concoctée à quatre mains par un père et son fils. On la déguste dans un cadre rustique ou sur la terrasse.

ST-HIPPOLYTE – 68 Haut-Rhin – 315 I7 – 1 051 h. – alt. 234 m 2 C1

– ✉ 68590 Alsace Lorraine

Paris 439 – Colmar 21 – Ribeauvillé 8 – St-Dié 42

Château du Haut-Koenigsbourg★★ : ✱★★ NO : 8 km.

Le Parc

6 r. du Parc – ✆ 03 89 73 00 06 – www.le-parc.com – Fermé 8 janv.-3 fév.

32 ch – 🚹85/90 € 🚹🚹95/175 € – 3 suites – ☕ 14 €

Rest *Winstub Rabseppi-Stebel* **Rest *Joséphine*** – voir les restaurants ci-après

◆ Un hôtel cosy, tendance et raffiné. Dans les chambres, de jolis tissus et des papiers peints dans l'air du temps ; pour se détendre, un agréable espace forme, une piscine, un restaurant et une winstub...

Hostellerie Munsch Aux Ducs de Lorraine

ch, rest, ch,

16 rte du Vin – ✆ 03 89 73 00 09 – www.hotel-munsch.com – Fermé 10 janv.-10 mars

40 ch – 🚹50/78 € 🚹🚹80/180 € – ☕ 12 € – ½ P 82/132 €

Rest *(fermé 8-20 juil., mardi et merc.)* – Formule 16 € – Menu 24/58 € – Carte 27/60 €

◆ Cette imposante auberge d'esprit régional est une institution locale... qui cultive la tradition depuis quatre générations ! Certes les chambres se révèlent un brin désuettes, dans l'esprit des années 1970, mais elles sont d'une tenue irréprochable et donnent sur le château du Haut-Koenigsbourg ou sur les vignes.

XXX **Joséphine** – Hôtel Le Parc
6 r. du Parc – 03 89 73 00 06 – www.le-parc.com – Fermé 8 janv.-3 fév., lundi et mardi
Rest – Menu 38 € (sem.), 45/70 € – Carte 53/72 €
◆ Pressé d'omble chevalier au foie gras, selle d'agneau en croûte et ses salsifis au vinaigre balsamique, crémeux aux abricots et mousse au lait d'amande : l'élégante Joséphine est la table gastronomique de l'hôtel Le Parc.

X **Winstub Rabseppi-Stebel** – Hôtel Le Parc
6 r. du Parc – 03 89 73 00 06 – www.le-parc.com – Fermé 8 janv.-3 fév., lundi midi et mardi midi
Rest – Formule 10 € – Menu 20/29 € – Carte 31/58 €
◆ Une winstub conviviale, au sein de l'hôtel Le Parc. On s'y régale d'une cuisine authentique, généreuse et respectueuse des saisons, évidemment accompagnée de bons nectars locaux. Gourmand !

ST-HUBERT – **57 Moselle** – **307** I3 – **223 h.** – **alt. 220 m** – ✉ **57640** **27** C1
Paris 336 – Luxembourg 63 – Metz 21 – Saarbrücken 69

La Ferme de Godchure sans rest
r. Principale – 03 87 77 03 96 – www.godchure.com
4 ch – 85/115 € 90/120 €
◆ Aux portes d'un petit village – et en pleine campagne –, cette maison d'hôtes n'est autre que la grange d'une ancienne ferme cistercienne ! Les chambres sont décorées dans un style plutôt zen que l'on retrouve au spa.

ST-ISIDORE – **06 Alpes-Maritimes** – **341** E5 – **rattaché à Nice**

ST-JACQUES-DES-BLATS – **15 Cantal** – **330** E4 – **321 h.** – **alt. 990 m** – ✉ **15800** **5** B3
Paris 536 – Aurillac 32 – Brioude 76 – Issoire 91

L'Escoundillou
rte de la gare – 04 71 47 06 42 – www.hotel-escoundillou.com – Fermé 15 nov.-20 déc., vend. soir et sam. du 15 oct. au 15 nov.
12 ch – 46 € 48 € – 8 € – ½ P 47/51 €
Rest – Formule 11 € – Menu 13/28 €
◆ Au bord d'une pittoresque route de campagne, cette petite cachette ("escoundillou" en patois) est idéale pour les amoureux de la nature. On vient s'y reposer dans des chambres claires et fonctionnelles, et respirer l'air pur des monts du Cantal.

ST-JEAN – **06 Alpes-Maritimes** – **341** C6 – **rattaché à Pégomas**

ST-JEAN-AUX-AMOGNES – **58 Nièvre** – **319** D9 – **458 h.** – **alt. 230 m** – ✉ **58270** **7** B2
Paris 252 – Bourges 81 – Château-Chinon 51 – Clamecy 61

XX **Le Relais de Bourgogne**
03 86 58 61 44 – Fermé 1er-21 janv., dim. soir, lundi et merc. sauf juil.-août et fériés
Rest – Menu 25/42 € – Carte 38/48 €
◆ Dans cette maison de village, le décor est champêtre et chaleureux, la véranda ouvre sur un sympathique jardin et les plats respirent la générosité et la tradition.

ST-JEAN-AUX-BOIS – **60 Oise** – **305** I4 – **rattaché à Pierrefonds**

ST-JEAN-CAP-FERRAT – **06 Alpes-Maritimes** – **341** E5 – **2 085 h.** – **alt. 12 m** – ✉ **06230** Côte d'Azur **42** E2
Paris 935 – Menton 25 – Nice 8
59, avenue Denis Semeria, 04 93 76 08 90, www.saintjeancapferrat.fr
Site de la Villa Ephrussi-de-Rothschild★★ **M** : musée Île de France★★, jardins★★ - Phare ★★ - Pointe de St-Hospice : ★ de la chapelle, sentier★ - Promenade Maurice-Rouvier★.

Plan page suivante

ST-JEAN-CAP-FERRAT

Albert-1er (Av.) 2
Gaulle (Bd Gén.-de) 6
Grasseuil (Av.). 7
Libération (Bd) 9
Mermoz (Av. J.) 12
Passable (Ch. de) 13
Phare (Av. du) 14
Prince-Rainier III de Monaco (Av.) 3
Puncia (Av. de la) 15
Sabatier (Av. Marie-Louise) . . 5
St-Jean (Pont) 16
Sauvan (Bd H.) 17
Semeria (Av. D.) 18
Verdun (Av. de) 20
Vignon (Av. C.) 21

Les flèches noires indiquent les sens uniques supplémentaires l'été

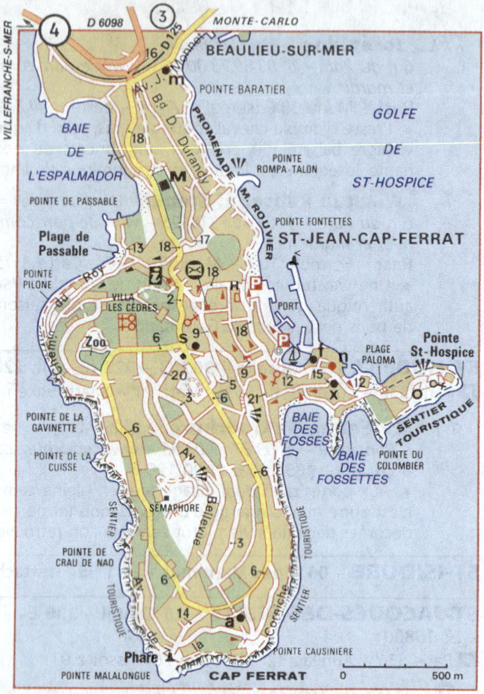

Grand Hôtel du Cap Ferrat

71 bd Gén. de Gaulle, au Cap-Ferrat **a**
– ✆ 04 93 76 50 50 – *www.ghcf.fr*
49 ch – 265/1700 € 265/1700 € – 24 suites – 45 €
Rest *Le Cap*
Rest *Club Dauphin* – voir les restaurants ci-après
Rest *La Véranda* ✆ 04 93 76 50 27 – Formule 58 € bc – Menu 68 € – Carte 75/130 €
◆ Époustouflant ! Le parc divin et ses superbes pins parasols, la vue sur la côte tout simplement sublime, le délicieux bassin à débordement, la gourmandise des restaurants... L'élégance luxueuse d'un grand hôtel mythique, né en 1908. Tout ici est une invivation paradisiaque au farniente !

Royal Riviera

3 av. Jean Monnet – ✆ *04 93 76 31 00* – *www.royal-riveria.com* – *Fermé de fin-nov. à mi-janv.* **m**
90 ch – 270/1005 € 270/1005 € – 3 suites – 34 €
Rest *Le Panorama* Rest *La Pergola* – voir les restaurants ci-après
◆ Un petit palace bâti en 1904 et son beau jardin au bord de l'eau. La plupart des chambres – contemporaines et raffinées – donnent sur la Grande Bleue et, dans l'Orangerie, elles ont adopté un style atypique, provençal et branché... Le charme haut en couleur de la French Riviera !

La Voile d'Or

7 av. Jean Mermoz, au port – ✆ *04 93 01 13 13* – *www.lavoiledor.fr* – *Ouvert de mi-avril à début oct.* **f**
45 ch – 372/890 € 372/890 €
Rest *La Voile d'Or* – voir les restaurants ci-après
◆ Pour l'anecdote, c'est ici que fut tourné le premier épisode de la série Amicalement Vôtre... Ancré sur son rocher, face au port de plaisance, ce superbe hôtel est une ode à la Méditerranée : piscine d'eau de mer, plage et ponton privés... Chic !

Brise Marine sans rest

58 av. J. Mermoz – 04 93 76 04 36 – www.hotel-brisemarine.com – Ouvert de mars à oct. x

16 ch – 145/188 € 145/188 € – 15 €

◆ Surplombant une rue calme, cette jolie villa de style italien (1878), chaleureuse et familiale, a ce petit quelque chose des maisons d'hôtes. Les chambres sont sobres (mais non dénuées d'élégance) et donnent sur Beaulieu et Èze ; on prend son petit-déjeuner sur la terrasse, en admirant le jardin en espaliers.

Le Panoramic sans rest

3 av. Albert 1er – 04 93 76 00 37 – www.hotel-lepanoramic.com – Fermé 15 nov.-25 déc. s

20 ch – 98/145 € 145/175 € – 11 €

◆ Le Panoramic porte bien son nom : la vue sur le village et la pointe St-Hospice y est exceptionnelle. Mobilier des années 1950, balcon dans toutes les chambres et tenue irréprochable... c'est un brin désuet, mais familial et sympathique !

Le Cap – Grand Hôtel du Cap Ferrat

71 bd Gén. de Gaulle – 04 93 76 50 26 – www.ghcf.fr – Fermé dim., lundi et mardi d'oct. à avril a

Rest *(dîner seult)* – Menu 138/198 € – Carte 170/250 €

Spéc. Risotto à l'encre de seiche et parmesan. Saint-pierre au sel de romarin, truffe et artichaut violet. Choco-pomme au gingembre. **Vins** Côtes de Provence, Vin de pays du Var.

◆ Cap sur... une belle cuisine d'aujourd'hui, réalisée sur des bases classiques et accompagnée d'une remarquable sélection de grands vins : pour preuve, ces bouteilles du Château d'Yquem de 1893 à nos jours ! Superbe terrasse.

Le Panorama – Hôtel Royal Riviera

3 av. Jean Monnet – 04 93 76 31 00 – www.royal-riviera.com – Fermé de fin-nov. à mi-janv. et le midi en juil.-août m

Rest – Menu 56 € (dîner) – Carte 56/85 €

◆ Le Panorama ? C'est la mer à perte de vue, la somptueuse villa Kerylos et... le ciel bleu. L'assiette, méditerranéenne et pleine de saveur, mérite aussi qu'on la regarde ! Le dimanche, le brunch est très prisé.

La Voile d'Or – Hôtel La Voile d'Or

7 av. Jean Mermoz, au port – 04 93 01 13 13 – www.lavoiledor.fr – Ouvert de mi-avril à début oct. f

Rest – Formule 48 € bc – Menu 85/150 € – Carte 110/190 €

◆ Une belle cuisine méridionale réalisée avec de bons produits et des poissons issus de la pêche locale ; une salle panoramique et une terrasse délicieuse... On n'a guère envie de mettre les voiles ! Également une petite restauration de plage.

La Pergola – Hôtel Royal Riviera

3 av. Jean Monnet – 04 93 76 31 00 – www.royal-riviera.com – Ouvert de mi-avril à mi-oct. m

Rest *(déj. seult)* – Formule 56 € – Carte 55/70 €

◆ Tout près des flots, au bord de la piscine et presque les pieds dans l'eau... Cette pergola a de quoi séduire ! Carte façon brasserie chic et grillades.

Club Dauphin – Grand Hôtel du Cap Ferrat

71 bd Gén. de Gaulle, au Cap-Ferrat – 04 93 76 50 21 – www.ghcf.fr – Ouvert avril-oct. et fermé le soir a

Rest – Menu 59 € – Carte 80/140 €

◆ Viandes et poissons grillés, saveurs méridionales, vue superbe sur la Grande Bleue et magnifique terrasse face à la piscine... Détail qui a son importance : on accède à ce restaurant par un funiculaire privé !

Capitaine Cook

11 av. J. Mermoz – 04 93 76 02 66 – Fermé 12 nov.-26 déc., jeudi midi et merc.

Rest – Menu 27/32 € – Carte 37/66 € n

◆ Dans un recoin discret du cap, ce petit restaurant rustique est joliment rétro. On savoure des plats traditionnels bien iodés, simples et bons ; aux beaux jours, on profite des deux jolies terrasses.

ST-JEAN-D'ALCAS – 12 Aveyron – 338 K7 – ✉ 12250 — 29 D2

Languedoc Roussillon

Paris 677 – Toulouse 170 – Rodez 118 – Millau 35

Le Moulin de Gauty sans rest

– ✆ 05 65 97 51 90 – www.moulindegauty.com

4 ch – †72/120 € ††82/130 €

◆ En pleine nature, dans un jardin bordé par un cours d'eau, cet ancien moulin est si tranquille... Chambres contemporaines et épurées, dont une familiale ; petit-déjeuner avec de bons produits régionaux et aire de pique-nique avec barbecue.

ST-JEAN-D'ANGÉLY – 17 Charente-Maritime – 324 G4 – 7 522 h. – alt. 25 m – ✉ 17400 — 38 B2

Poitou Vendée Charentes

Paris 444 – Niort 48 – Royan 69 – Saintes 36

8, rue Grosse Horloge, ✆ 05 46 32 04 72, http://ot.angely.net

Le Scorlion

5 r. de l'Abbaye – ✆ 05 46 32 52 61 – Fermé 14-20 avril, 28 oct.-12 nov., 23 fév.-8 mars, merc. soir d'oct. à mai, dim. soir et lundi

Rest – Formule 16 € – Menu 23/33 € – Carte 30/48 €

◆ Après un détour par l'Irlande, les États-Unis et l'Australie, le chef a posé ses bagages dans la région natale de son épouse... Ensemble, ils ont repris le Scorlion et vous proposent une jolie cuisine d'aujourd'hui. Des saveurs bien maîtrisées, un soupçon de créativité : un bon moment gastronomique.

ST-JEAN-DE-BEAUREGARD – 91 Essonne – 312 C3 – 277 h. – alt. 164 m – ✉ 91940 — 20 A3

Paris 35 – Créteil 32 – Évry 27 – Nanterre 40

L'Atelier Gourmand

5 Grande rue – ✆ 01 60 12 31 01 – www.lateliergourmandjmdelrieu.com – Fermé 5-20 mai, 4-19 août, 22 déc.-1er janv., sam. et dim.

Rest – Menu 35 € – Carte 50/68 €

◆ Au cœur du village, dans une ancienne ferme, une table bien nommée : on y apprécie une cuisine de tradition bien tournée et toute fraîche (le chef s'approvisionne auprès du maraîcher voisin). Cadre classique, face au jardin clos de murs.

ST-JEAN-DE-BLAIGNAC – 33 Gironde – 335 K6 – 356 h. – alt. 50 m – ✉ 33420 — 4 C1

Paris 592 – Bergerac 56 – Bordeaux 40 – Libourne 17

Auberge St-Jean

8 r. du Pont – ✆ 05 57 74 95 50 – www.aubergesaintjean.com – Fermé 1er-28 mars, dim. soir, mardi soir et merc.

Rest – Formule 16 € bc – Menu 38/48 €

◆ Nouveaux propriétaires (un jeune couple plein d'allant) et nouveau départ pour ce relais de poste niché au bord de la Dordogne... Un court menu qui varie au fil du marché et des saisons, de belles saveurs : ici, on mange bien !

ST-JEAN-DE-BRAYE – 45 Loiret – 318 I4 – rattaché à Orléans

ST-JEAN-DE-LINIERES – 49 Maine-et-Loire – 317 F4 – rattaché à Angers

ST-JEAN-DE-LUZ – 64 Pyrénées-Atlantiques – 342 C4 – 13 844 h. – alt. 3 m – Casino ABY – ✉ 64500 — 3 A3

Aquitaine

Paris 785 – Bayonne 24 – Biarritz 18 – Pau 129

place du Maréchal Foch, ✆ 05 59 26 03 16, www.saint-jean-de-luz.com

18 de Chantaco, Route d'Ascain, par rte d'Ascain : 2 km, ✆ 05 59 26 14 22

18 de la Nivelle, à Ciboure, Place William Sharp, S : 3 km par D 704, ✆ 05 59 47 18 99

Port★ – Église St-Jean-Baptiste★★ – Maison Louis-XIV★ **N** – Corniche basque★★ par ④ – Sémaphore de Socoa ≤★★ 5 km par ④.

Bibal (R. F.)	BZ	3	Infante (Quai de l')	AZ	10	République (R. de la)	AZ	17
Chauvin-Dragon (R.)	BZ	4	Jaurréguiberry (Av.)	BZ	12	Salagoity (R. de)	BZ	18
Elizaga (Sq.)	BY	9	Labrouche (Av.)	BZ	13	Verdun (Av. de)	AZ	19
Gambetta (R.)	AZ, BY	6	Louis-XIV (Pl.)	AZ	15	Victor-Hugo (Bd)	BYZ	
Garat (R.)	AYZ	7	Pyrénées (Av. des)	BZ	16			

Grand Hôtel Loreamar Thalasso & Spa

43 bd Thiers – ✆ 05 59 26 35 36 – www.luzgrandhotel.fr BYd

49 ch – 🚹180/640 € 🚹🚹180/640 € – 3 suites – ☕ 26 €

Rest *Le Rosewood* – Formule 29 € – Menu 38 € (déj.), 55/85 € – Carte 63/79 €

◆ Élevé en 1909 face à la baie, cet hôtel balnéaire de la Belle Époque séduit par ses chambres raffinées, son mobilier de style, ses équipements modernes et son spa haut de gamme. Superbe vue sur l'Océan depuis la rotonde du Rosewood, où le terroir basque est à l'honneur (formule bistrot au déjeuner).

Parc Victoria

5 r. Cépé, par bd Thiers et rte Quartier du Lac BY – ✆ 05 59 26 78 78 – www.parcvictoria.com – Ouvert 15 mars -14 nov.

14 ch – 🚹175/350 € 🚹🚹175/390 € – 6 suites – ☕ 21 € – ½ P 147/234 €

Rest *Les Lierres* – Menu 45/90 € – Carte 85/120 €

◆ Villa fin 19e s. et ses annexes au cœur d'un parc très fleuri, avec piscine et jacuzzi. Atmosphère cossue, où domine le mobilier Art déco. Suites dotées d'un jardinet privé. Salles-vérandas logées dans un pavillon verdoyant : ambiance jardin d'hiver ou style 1930.

Zazpi sans rest

21 bd Thiers – ✆ 05 59 26 07 77 – www.zazpihotel.com – Fermé 2 nov.-15 déc. et 2 janv.-29 mars BYa

7 ch – 🚹155/450 € 🚹🚹155/450 € – 1 suite – ☕ 16 €

◆ Dans les chambres et suites de cet hôtel particulier (1900) du centre-ville, le blanc, le design et les équipements high-tech dominent. Salon de thé en terrasse ; solarium.

Hélianthal rest,

pl. M. Ravel – ✆ 05 59 51 51 51 – www.helianthal.fr – Fermé 25 nov.-15 déc.

100 ch – 🚹84/214 € 🚹🚹120/300 € – ☕ 16 € BYv

Rest – Formule 25 € – Menu 42 € – Carte 42/60 €

◆ Hôtel associé à un beau centre de thalassothérapie. L'esprit des années 1930 imprègne les chambres, fonctionnelles et conçues à l'identique. Cuisine au goût du jour dans une salle à manger ornée de fresques représentant un paquebot. Terrasse donnant sur le large.

La Devinière sans rest

5 r. Loquin – ✆ 05 59 26 05 51 – www.hotel-la-deviniere.com BYf

10 ch – 🚹120/160 € 🚹🚹120/160 € – ☕ 12 €

◆ Tableaux, bibelots, photos, tentures et livres anciens participent au charme de cette maison basque. Côté jardin – lequel est très fleuri – les chambres ouvrent sur un balcon... idéal pour conter fleurette. Salon de thé à l'anglaise.

La Marisa sans rest

16 r. Sopite – ✆ 05 59 26 95 46 – www.hotel-lamarisa.com – Fermé 18-27 déc. et 2 janv.-10 fév. BYb

16 ch – 🚹80/115 € 🚹🚹105/165 € – ☕ 12 €

◆ Invitation au voyage dans cet hôtel à la décoration soignée : meubles chinés ou rapportés d'Asie. Délicieux petit-déjeuner, pris dans le patio à la belle saison.

La Réserve

1 av Gaëtan de Bernoville, (rd-pt Ste-Barbe), 2 km au Nord par bd Thiers BY *– ✆ 05 59 51 32 00 – www.hotel-lareserve.com – Fermé 12 nov.-30 déc. et 7 janv.-6 mars*

35 ch – 🚹95/265 € 🚹🚹95/265 € – 6 suites – ☕ 16 €

Rest – Formule 24 € – Menu 42/65 € – Carte 42/52 €

◆ Au sommet des falaises, le site de cette Réserve est idyllique : parc, jardin fleuri ponctué de sculptures, piscine à débordement face à l'Océan... Chambres pimpantes et fonctionnelles. Restaurant panoramique avec terrasse ; recettes basques actualisées.

De la Plage ch, ch, ch,

48 promenade J.-Thibaud – ✆ 05 59 51 03 44 – www.hoteldelaplage.com – Fermé 11 nov.-21 déc. et 7 janv.-17 fév. AYa

22 ch – 🚹88/178 € 🚹🚹88/178 € – ☕ 11 €

Rest *Le Brouillarta* ✆ 05 59 51 29 51 *(fermé 15 nov.-15 déc., dim. soir et lundi)* – Formule 15 € – Menu 19 € (déj. en sem.)/30 € – Carte environ 33 €

◆ Comme son nom l'indique, cette grande bâtisse de style régional borde l'Océan. Cadre actuel et fonctionnel dans les chambres ouvrant en majorité sur la plage. Restaurant avec accès indépendant. Cuisine traditionnelle et jolie vue sur la baie de St-Jean-de-Luz.

Les Almadies sans rest

58 r. Gambetta – ✆ 05 59 85 34 48 – www.hotel-les-almadies.com – Fermé 11 nov.-13 déc. BYx

7 ch – 🚹85/115 € 🚹🚹100/135 € – ☕ 12 €

◆ Décor soigné dans ce charmant petit hôtel mêlant touches design et mobilier rustique. Chambres impeccables, terrasse fleurie.

Colbert sans rest

3 bd du Cdt Passicot – ✆ 05 59 26 31 99 – www.hotelcolbertsaintjeandeluz.com – Fermé 18 déc.-18 janv. BZu

34 ch – 🚹80/162 € 🚹🚹80/162 € – ☕ 14 €

◆ Hôtel face à la gare. Côté décoration, la sobriété est de mise (bois clair et camaïeux de marron) ; côté repos, chambres confortables et douillettes. Buffet au petit-déjeuner.

Villa Bel Air sans rest

60 promenade J.-Thibaud – ✆ 05 59 26 04 86 – www.hotel-bel-air.com – Ouvert 6 avril-11 nov. BYh

20 ch – 🚹80/165 € 🚹🚹80/185 € – ☕ 10 €

◆ Villa basque (1875) située au cœur du centre piétonnier, face à la baie de St-Jean-de-Luz. Petit salon cossu et chambres bien tenues, la plupart tournées vers la plage.

XX **Le Kaïku**

17 r. de la République – ✆ 05 59 26 13 20 – Fermé 23 nov.-8 déc., mardi et merc. sauf juil.-août AZ**x**

Rest – Formule 20 € – Menu 25 € (déj.), 30 € – Carte 40/55 €

◆ Deux maisons réunies (dont une du 16e s., la plus vieille de la ville), des pierres apparentes, un éclairage doux et une cuisine de bistrot axée poisson... Un lieu sobre et cosy.

XX **Zoko Moko**

6 r. Mazarin – ✆ 05 59 08 01 23 – www.zokomoko.com – Fermé 4-13 mars, 26 nov.-7 déc. et lundi AZ**a**

Rest – Formule 19 € – Menu 25 € (déj. en sem.), 42/66 € bc

◆ Un "coin tranquille" (zoko moko en basque), qui n'en est pas moins très couru... Élégant décor contemporain dans une maison du 18es. et cuisine du marché aux teintes basques.

X **Petit Grill Basque "Chez Maya"**

2 r. St-Jacques – ✆ 05 59 26 80 76 – Fermé 20 déc.-25 janv., jeudi midi, lundi midi et merc. AY**u**

Rest – Menu 21 € – Carte 30/45 €

◆ Incontournable, cette auberge basque ! Fresques et assiettes de Louis Floutier, cuivres, amusant système de ventilation manuelle et... plats régionaux dans toute leur authenticité.

X **Olatua**

30 bd Thiers – ✆ 05 59 51 05 22 – www.olatua.fr BY**m**

Rest – Formule 14 € – Menu 18 € (déj.), 22/35 €

◆ Institution locale revisitant le répertoire culinaire basque ; intérieur aux tons beiges habillé de bois exotique, terrasse abritée et fumoir dans un jardinet.

à Urrugne 4 km par ③ – 8 196 h. – alt. 34 m – ✉ 64122

ℹ place René Soubelet, ✆ 05 59 54 60 80, www.urrugne-tourisme.com

Château d'Urtubie sans rest

1 r. B. de Coral – ✆ 05 59 54 31 15 – www.chateaudurtubie.fr – Ouvert avril-oct.

10 ch – †80/160 € ††80/160 € – ☕ 11 €

◆ Sur la route de l'Espagne, château fort du 14es. remanié au fil du temps. Aujourd'hui musée et hôtel, il abrite des chambres de caractère, garnies de mobilier de famille.

X **Ferme Lizarraga**

chemin de Lizarraga – ✆ 05 59 47 03 76 – www.lizarraga.fr – Fermé 1 sem. en mars, 1 sem. en déc., 1 sem. en janv. et fév., le midi en juil.-août, lundi et mardi

Rest – Formule 21 € – Menu 25 € (déj. en sem.) – Carte 32/53 €

◆ Dans un environnement champêtre, ferme du 17es. joliment restaurée. Sans esbroufe, le chef réalise une cuisine du marché qui honore la tradition et le terroir.

à Ciboure 1 km par ④ – 6 719 h. – alt. 3 m – ✉ 64500

ℹ 27, quai Maurice Ravel, ✆ 05 59 47 64 56, www.ciboure.fr

Chapelle N.-D. de Socorri : site★ 5 km par ③.

voir plan de St-Jean-de-Luz

XX **L'Ephémère**

15 quai M.-Ravel – ✆ 05 59 47 29 16 – www.lephemere-ciboure.fr – Fermé 15-30 nov., lundi midi et merc. midi du 15 juil. au 15 sept. et pendant les vacances scolaires, mardi et merc. hors saison AZ**y**

Rest – Formule 28 € – Menu 45/90 € – Carte 50/84 €

◆ Voiles d'acier, murs gris métallisé, vaisselle design : la version moderniste du style nautique. La cuisine est tendance, foisonnante de saveurs et de contrastes.

X **Chez Mattin**

63 r. E. Baignol – ✆ 05 59 47 19 52 – Fermé 1 sem. en juin, 1 sem. en oct., 20 janv.-début mars, dim. sauf du 14 juil. au 31 août et lundi AZ**v**

Rest – Carte 29/45 €

◆ Ambiance très familiale dans cette maison de pays rustique à souhait (poutres, cuivres...). Spécialités basques et suggestions au gré du marché ; le poisson est à l'honneur.

à Socoa 3 km par ④ – ✉ 64122

XX **Pantxua** VISA MC

au port de Socoa – *✆ 05 59 47 13 73* – *Fermé janv. et mardi de nov. à fév.*
Rest – Formule 25 € – Carte 35/100 €
◆ Tableaux basques et tresses de piments dans la salle ; agréable vue sur la baie dans la véranda ou sur la terrasse. Dans l'assiette, les poissons frais ont le beau rôle.

ST-JEAN-DE-MAURIENNE – 73 Savoie – 333 L6 – 8 507 h. 46 F2

– alt. 556 m – ✉ 73300 Alpes du Nord
Paris 635 – Albertville 62 – Chambéry 75 – Grenoble 105
place de la Cathédrale, ✆ 04 79 83 51 51, www.saintjeandemaurienne.com
Ciborium★ et stalles★★ de la cathédrale St-Jean-Baptiste.

St-Georges sans rest AC P VISA MC AE

334 r. de la République – *✆ 04 79 64 01 06* – *www.hotel-saintgeorges.com*
30 ch – 59/61 € 69/72 € – 10 €
◆ Au calme, cet ancien relais de poste (1866) proche du centre-ville abrite des chambres simples et fonctionnelles. Adresse idéale pour une halte.

Nord rest, P VISA MC AE

pl. Champ de Foire – *✆ 04 79 64 02 08* – *www.hoteldunord.net*
– Fermé 7-23 avril, 27 oct.-12 nov., dim. soir sauf juil.-août et lundi midi
19 ch – 42/46 € 60/62 € – 9 € – ½ P 51 €
Rest – Formule 15 € – Menu 25/49 € – Carte 35/75 €
◆ A proximité de la cathédrale et du musée Opinel, ancien relais de poste dont les chambres sont simples et bien tenues. Dans la salle voûtée, cuisine traditionnelle à base de bons produits et sympathique carte de vins (sélection régionale). Service souriant.

ST-JEAN-DE-MONTS – 85 Vendée – 316 D7 – 7 882 h. – alt. 16 m 34 A3

– Casino : La Pastourelle – ✉ 85160 Poitou Vendée Charentes
Paris 451 – Cholet 123 – Nantes 73 – La Roche-sur-Yon 61
67, esplanade de la Mer, ✆ 08 26 88 78 87, www.saint-jean-de-monts.com
de Saint-Jean-de-Monts, Avenue des Pays de la Loire, O : 2 km, ✆ 02 51 58 82 73

Atlantic Hôtel Thalasso Spa ch, P VISA MC AE

16 av. des Pays-de-Monts – *✆ 02 51 59 15 15*
– www.atlantic-thalasso-hotel.com
44 ch – 89/159 € 95/165 € – 13 € – ½ P 88/122 €
Rest *(fermé dim.)* – Formule 16 € – Menu 22 € (déj. en sem.)/28 € – Carte 26/52 €
◆ Confort et douceur dans cet hôtel qui a fait peau neuve en 2010. Parquet, tons clairs et balcon dans les chambres... le tout à deux pas de la plage, du golf et du centre de thalasso !

Le Robinson AC VISA MC AE

28 bd du Gén.-Leclerc – *✆ 02 51 59 20 20* – *www.hotel-lerobinson.com*
– Fermé 19 nov.-8 fév.
58 ch – 60/87 € 60/87 € – 9 € – ½ P 61/76 €
Rest *Le Robinson* – voir les restaurants ci-après
◆ En retrait des plages, cet hôtel permet de se loger confortablement et à bon prix. Les chambres, entièrement rénovées en 2010, sont agréables (certaines assez tendance). Belle piscine intérieure et petite salle de musculation.

De la Forêt sans rest VISA MC

13 r. Pouvreau – *✆ 02 51 58 00 36* – *www.hotel-de-la-foret.fr* – *Fermé 3 janv.-15 mars*
16 ch – 60/105 € 60/105 € – 10 €
◆ Un hôtel en lisière de forêt, aux airs de paisible maison de vacances. Les chambres, plaisantes et bien insonorisées, se répartissent dans trois petites bâtisses entourant la piscine.

L'Espadon AC ch, P VISA MC AE

8 av. de la forêt – *✆ 02 51 58 03 18* – *www.hotel-espadon.com*
27 ch – 58/83 € 58/83 € – 9 € **Rest** – Menu 16 € (déj. en sem.), 21/35 €
◆ Sur une avenue reliant la plage au bourg, un hôtel des années 1970 où règne un esprit familial. Rénovées en 2010, les chambres sont pratiques et fraîches, pour la plupart climatisées et avec balcon.

Le Petit St-Jean

128 rte Notre-Dame-de-Monts – ✆ 02 51 59 78 50 – Fermé lundi soir et merc. soir hors saison et dim. soir
Rest – Formule 16 € – Menu 22/48 € – Carte 29/47 €
◆ Pierres, poutres, bibelots et meubles anciens : une auberge vendéenne aussi sympathique que ses propriétaires ! L'endroit est idéal pour déguster une cuisine traditionnelle bien gourmande, qui prend de jolis accents régionaux.

Le Robinson – Hôtel Le Robinson

28 bd du Gén.-Leclerc – ✆ 02 51 59 20 20 – www.hotel-lerobinson.com – Fermé 19 nov.-8 fév.
Rest – Formule 14 € – Menu 17/48 € – Carte 31/54 €
◆ Saumon fumé maison, gigot d'agneau, plateau de fruits de mer... Ce Robinson concocte une sympathique cuisine traditionnelle privilégiant les produits iodés : pas sûr qu'on trouve tout cela sur une île déserte !

à Orouët 7 km au Sud-Est sur D 38 – ✉ 85160

La Chaumière

rest, rest,

103 av. Orouët – ✆ 02 51 58 67 44 – www.chaumierehotel.fr – Fermé 1er-22 janv.
32 ch – †54/99 € ††54/99 € – ☕ 8 €
Rest *(fermé 21 nov.-9 fév., dim. soir, lundi midi, mardi midi, merc. midi, jeudi midi, vend. midi et sam. midi d'oct. à mars)* – Menu 16/33 € – Carte 21/36 €
◆ Une bien nommée Chaumière, appréciée pour son jardin et sa piscine découvrable. Les chambres sont assez petites, mais pratiques (la moitié avec balcon).

ST-JEAN-DU-BRUEL – 12 Aveyron – 338 M6 – 693 h. – alt. 520 m 29 D2

– ✉ 12230 Languedoc Roussillon

Paris 676 – Lodève 43 – Millau 40 – Montpellier 97

32, Grand'Rue, ✆ 05 65 62 23 64

Gorges de la Dourbie★★ NE : 10 km.

Du Midi-Papillon

pl. du Manège – ✆ 05 65 62 26 04 – Ouvert 30 mars-11 nov.
18 ch – †20/69 € ††38/69 € – ☕ 6 € – ½ P 45/61 €
Rest *Du Midi-Papillon* – voir les restaurants ci-après
◆ Au bord de la Dourbie, maison ancienne romantique et douillette, alliant le charme du bien recevoir au confort de chambres jolies et toutes différentes.

Du Midi-Papillon

pl. du Manège – ✆ 05 65 62 26 04 – Ouvert 30 mars-11 nov.
Rest – Menu 16 € (sem.), 24/44 € – Carte 25/48 €
◆ Légumes du potager, lapins et poulets du jardin : le chef travaille de beaux produits et concocte une savoureuse cuisine du terroir... Côté décor, tout le charme d'une maison tenue par la même famille depuis le 19e s. et vue sur la rivière.

ST-JEAN-EN-ROYANS – 26 Drôme – 332 E3 – 3 023 h. – alt. 250 m 43 E2

– ✉ 26190 Alpes du Nord

Paris 584 – Die 62 – Romans-sur-Isère 28 – Grenoble 71

13, place de l'Église, ✆ 04 75 48 61 39, www.royans.com

au col de la Machine 11 km au Sud-Est par D 76 – alt. 1 011 m – ✉ 26190

Combe Laval★★★.

Du Col de la Machine

rest, rest,

– ✆ 04 75 48 26 36 – www.hotel-coldelamachine.com – Fermé 11-31 mars, 19-31 oct., 25 nov.-27 déc., mardi soir et merc. sauf vacances scolaires
11 ch – †55/58 € ††61/63 € – ☕ 10 € – ½ P 64/68 €
Rest – Menu 19/44 € – Carte 45/70 €
◆ Grande bâtisse tenue par la même famille depuis 1848. Esprit chalet et confort douillet dans les chambres (mobilier en bois brut, lambris...) ; jardin en lisière de forêt. Au restaurant, bonne cuisine traditionnelle dans un cadre montagnard.

ST-JEAN-LE-BLANC – 45 Loiret – **318** I4 – rattaché à Orléans

ST-JEAN-LE-CENTENIER – 07 Ardèche – **331** J6 – 643 h. **44** B3
– alt. 350 m – ✉ 07580

▶ Paris 632 – Lyon 169 – Le Puy-en-Velay 109 – Valence 71

Le Mas de Mon Père
quartier Argence, RN 102 – ✆ 04 75 36 71 23 – www.lemasdemonpere.com – Fermé 18 déc.-18 janv.
13 ch – 🛉60/75 € 🛉🛉69/89 € – ☕ 9 €
Rest – Formule 13 € bc – Menu 22/46 € – Carte 31/46 €
◆ En bord de route, une bâtisse en pierre idéale pour faire étape : parking, chambres sobres et bien équipées (plus calmes côté jardin), balançoire et piscine. Au restaurant, cuisine traditionnelle sous une belle charpente en bois.

ST-JEAN-LE-COMTAL – 32 Gers – **336** F8 – rattaché à Auch

ST-JEAN-PIED-DE-PORT – 64 Pyrénées-Atlantiques – **342** E6 **3** B3
– 1 483 h. – alt. 159 m – ✉ 64220 Pays Basque et Navarre

▶ Paris 817 – Bayonne 54 – Biarritz 55 – Pau 106

ℹ 14, place Charles-de-Gaulle, ✆ 05 59 37 03 57, www.saintjeanpieddeport-paysbasque-tourisme.com

◉ Trajet des pèlerins★ de St-Jacques.

Les Pyrénées
19 pl. Ch.-de-Gaulle – ✆ 05 59 37 01 01 – www.hotel-les-pyrenees.com – Fermé 20 nov.-22 déc., 5-28 janv., lundi soir de nov. à mars et mardi du 20 sept. au 30 juin sauf fériés **a**
14 ch – 🛉105 € 🛉🛉160/250 € – 4 suites – ☕ 17 € – ½ P 160/230 €
Rest ***Les Pyrénées*** ✿ – voir les restaurants ci-après
◆ Au cœur de ce joli village – dernière étape française pour les pèlerins de Compostelle –, ce relais de poste jouit d'un jardin luxuriant (avec piscine) et abrite des chambres sobres et modernes, bien confortables. Une bonne étape avant l'Espagne !

ST-JEAN-PIED-DE-PORT

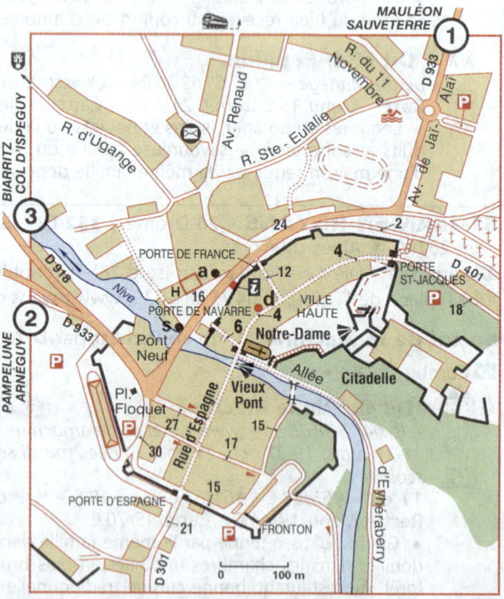

Central

1 pl. Ch. de Gaulle – ✆ 05 59 37 00 22 – Ouvert 15 mars-1er déc. et fermé mardi de mars à juin **s**

12 ch – 60/75 € 64/80 € – 9 € – ½ P 61/69 €

Rest – Menu 21/47 € – Carte 28/72 €

◆ Un hôtel... central, à deux pas de la citadelle. Escalier bicentenaire en bois ciré desservant de grandes chambres, simples et fonctionnelles. Plats régionaux servis dans la salle à manger ou sur la terrasse au bord de la Nive.

Les Pyrénées (Philippe Arrambide) – Hôtel Les Pyrénées

19 pl. Ch.-de-Gaulle – ✆ 05 59 37 01 01 – www.hotel-les-pyrenees.com – Fermé 20 nov.-22 déc., 5-28 janv., lundi soir de nov. à mars et mardi du 20 sept. au 30 juin sauf fériés **a**

Rest *(réserver)* – Menu 42/105 € – Carte 75/110 €

Spéc. Assiette de langoustines sous toutes ses formes. Lasagne de foie gras aux truffes. Soufflé chaud aux fruits de la passion. **Vins** Irouléguy.

◆ De père en fils, une institution à St-Jean-Pied-de-Port. Dans le décor comme dans l'assiette, ces Pyrénées cultivent le classicisme et le goût du Pays basque, le tout avec des produits de grande qualité.

Iratze Ostatua

11 r. de la Citadelle – ✆ 05 59 49 17 09 – http://iratze.zeblog.com – Fermé 2 janv.-10 fév. et mardi **d**

Rest – Menu 25 € – Carte 33/59 €

◆ "L'auberge des fougères" en basque ! Pour retrouver les saveurs d'antan et la belle simplicité de la cuisine paysanne : gazpatxo, axoa, chipirons à l'encre, koka, etc.

ST-JEAN-SUR-VEYLE – 01 Ain – 328 C3 – 1 068 h. – alt. 200 m – 01290 — 44 B1

Paris 402 – Bourg-en-Bresse 32 – Mâcon 12 – Villefranche-sur-Saône 45

La Petite Auberge

Le bourg – ✆ 03 85 31 53 92 – www.chefscuisiniers-ain.com – Fermé 30 août-12 sept., 31 déc.-16 janv., mardi soir, merc. soir, dim. soir et lundi

Rest – Formule 13 € bc – Menu 25/42 € – Carte 35/59 €

◆ Cette maison à colombages (briquettes rouges, poutres, tableaux d'artistes locaux) a vraiment du charme avec sa salle à manger vitrée si lumineuse. Idéal pour déguster des spécialités régionales.

Le Grand Saint Jean Baptiste

38 r. Chavagnat, (Le Bourg) – ✆ 03 85 36 26 14 – www.legrandsaintjeanbaptiste.com – Fermé 1 sem. en janv., 2 sem. en août, dim. soir, mardi et merc.

Rest – Formule 23 € – Menu 29/43 € – Carte 25/45 €

◆ Cet ancien relais de diligences du 18e s. a été repris par un jeune couple passé par de grandes maisons. Produits du terroir, goûteuses recettes traditionnelles, vins de petits producteurs, accueil souriant : une bonne adresse.

ST-JOACHIM – 44 Loire-Atlantique – 316 C3 – 3 956 h. – alt. 5 m – 44720 Bretagne — 34 A2

Paris 435 – Nantes 61 – Redon 40 – St-Nazaire 14

Tour de l'île de Fédrun★ O : 4,5 km - Promenade en chaland★★.

La Mare aux Oiseaux (Eric Guérin) avec ch

Île de Fedrun – ✆ 02 40 88 53 01 – www.mareauxoiseaux.fr – Fermé lundi midi

15 ch – 145/290 € 145/290 € – 18 €

Rest – Formule 30 € – Menu 42/87 € – Carte 77/87 €

Spéc. Lingot de foie gras, "nougat'in" aux algues et petits gris. Saumon de fontaine, "pom-asperge" crue et cuite (saison). Mojito météorite, menthe, rhum et citron vert. **Vins** Muscadet Sèvre et Maine, Montlouis.

◆ Moment de poésie au cœur de la Brière, parmi les oiseaux en liberté... Éric Guérin signe une cuisine ludique et inventive, à base de beaux produits régionaux. Pour prolonger la magie, des chambres luxueuses (certaines dans des bungalows) et un espace détente. Une grue viendra peut-être toquer à votre porte...

ST-JOSSE – 62 Pas-de-Calais – **301** C5 – 1 197 h. – alt. 35 m – ✉ 62170 **30** A2
Nord Pas-de-Calais Picardie
Paris 223 – Lille 144 – Arras 94 – Boulogne-sur-Mer 39

Le Relais de St-Josse
17 Grand'Place, (près de l'église) – ✆ 03 21 94 61 75 – www.le-relais-de-st-josse.com – Fermé 3 janv.-10 fév., lundi soir et mardi
Rest – Formule 15 € – Menu 28/34 € – Carte 30/43 €
◆ Sur la place du village, cette auberge colorée – et très fleurie l'été – ne passe pas inaperçue... La salle se révèle tout aussi accueillante (poutres, tapis, cheminée, etc.). Au menu : une cuisine traditionnelle qui cultive des plaisirs simples.

au Moulinel 2 km au Nord-Est par D 145 – ✉ 62170 St-Josse – ✉ 62170

Auberge du Moulinel
116 chaussée de l'Avant Pays – ✆ 03 21 94 79 03 – www.aubergedumoulinel.com – Fermé 9-25 janv., mardi sauf juil.-août, dim. soir et lundi sauf le soir en saison
Rest – Formule 20 € – Menu 29 € (sem.), 44/49 € – Carte 52/70 €
◆ Un ancien café de village typique, non loin du Touquet. Poutres et cuivres anciens rajoutent au charme du lieu. La cuisine est classique et soignée : escalope de foie gras chaud, salade de homard, turbot rôti, vacherin, paris-brest...

ST-JOUAN-DES-GUÉRETS – 35 Ille-et-Vilaine – **309** K3 – 2 713 h. **10** D1
– alt. 31 m – ✉ 35430
Paris 398 – Rennes 65 – Saint-Malo 10 – Granville 89

La Malouinière des Longchamps sans rest
1,5 km à l'Est par D 204 – ✆ 02 99 82 74 00 – www.malouiniere.com – Fermé 3 janv.-9 fév.
9 ch – †69/198 € ††79/198 € – ☐ 15 €
◆ Idéal pour un séjour reposant et champêtre ! Cette ancienne ferme et ses dépendances disposent de chambres d'esprit actuel. Jardin fleuri, piscine, espace beauté et bien-être.

ST-JOUIN-BRUNEVAL – 76 Seine-Maritime – **304** A4 – 1 811 h. **33** C1
– alt. 110 m – ✉ 76280
Paris 202 – Fécamp 25 – Le Havre 20 – Rouen 92

Le Belvédère
– ✆ 02 35 20 13 76 – www.restaurant-lebelvedere.com – Fermé 10 janv.-10 fév., dim. soir, lundi soir et mardi soir d'oct. à mars, merc. soir et jeudi sauf fériés
Rest *(réserver)* – Menu 23 € (sem.), 31/43 € – Carte 65/100 €
◆ Croustillant de camembert chaud, chou farci au haddock... Une cuisine traditionnelle soignée et des spécialités bien iodées, avec une vue à couper le souffle sur les falaises et le grand large. Mer à l'horizon !

ST-JULIEN-AUX-BOIS – 19 Corrèze – **329** N5 – 481 h. – alt. 594 m **25** C3
– ✉ 19220
Paris 524 – Aurillac 53 – Brive-la-Gaillarde 66 – Mauriac 29

Auberge de St-Julien-aux-Bois avec ch
1 rte des Pierres Blanches – ✆ 05 55 28 41 94 – www.auberge-saint-julien.com – Fermé vacances de fév.
6 ch – †46 € ††54/61 € – ☐ 8 € – ½ P 53/57 €
Rest *(fermé dim. soir, merc. hors saison et merc. midi en juil.-août)*
– Formule 15 € – Menu 19/28 € – Carte 22/40 €
◆ Cette maison de village a l'âme "verte". Les petits producteurs des fermes environnantes sont sollicités pour réaliser une cuisine à la fois saine et originale (terrine de cochon aux herbes, truite en croûte de sésame, parfait de graines de courge...). Pour l'étape, des chambres bien tenues.

ST-JULIEN-CHAPTEUIL – 43 Haute-Loire – **331** G3 – 1 870 h. **6** C3
– alt. 815 m – ✉ 43260 Lyon Drôme Ardèche
Paris 559 – Lamastre 52 – Privas 88 – Le Puy-en-Velay 20
Place Saint-Robert, ✆ 04 71 08 77 70, www.auvergne-paysdumeygal.com
Site★ - Montagne du Meygal★ : Grand Testavoyre ✳★★ NE : 14 km puis 30 mn.

XX **Vidal** VISA AE

18 pl. du Marché – ✆ 04 71 08 70 50 – www.restaurant-vidal.com – Fermé 27-30 juin, 1er-4 sept. et 17 janv.-24 fév.

Rest *(fermé mardi soir hors saison, dim. soir et lundi)* – Formule 15 € bc – Menu 28/80 € – Carte 58/80 €

Rest *Bistrot de Justin* *(fermé dim. et lundi)* – Menu 20 € bc (sem.) – Carte environ 22 €

◆ Dans une ambiance familiale et très sympathique, on profite d'une très savoureuse cuisine tournée vers le terroir local et son célèbre bœuf "Fin Gras du Mézenc". Un style rustique mais contemporain que l'on retrouve au Bistrot de Justin, avec un menu différent chaque semaine.

ST-JULIEN-DE-LAMPON – 24 Dordogne – 329 J6 – 607 h. – alt. 120 m – ✉ 24370 · 4 D1

▶ Paris 530 – Bordeaux 253 – Limoges 141 – Périgueux 124

X **La Gabarre** VISA

Le Mondou – ✆ 05 53 29 61 43 – www.restaurantlagabarre.com – Fermé de mi-janv. à mi-mars, sam. midi, dim. soir et merc.

Rest – Menu 13 € (déj. en sem.), 25/34 €

◆ Les deux terrasses de cette jolie maison dominent la Dordogne et ses forêts verdoyantes. Cuisine à l'ardoise utilisant judicieusement le terroir avec une pointe d'inventivité.

ST-JULIEN-DU-SAULT – 89 Yonne – 319 C3 – 2 350 h. – alt. 82 m – ✉ 89330 · 7 A1

▶ Paris 137 – Dijon 187 – Auxerre 40 – Sens 25

XX **Les Bons Enfants** VISA AE

4 pl. de l'Hôtel de Ville – ✆ 03 86 91 17 38 – www.bonsenfants.fr – Fermé 24-30 déc., dim. soir et mardi sauf juil.-août

Rest – Formule 16 € – Menu 21 € (déj. en sem.), 30/66 € – Carte environ 34 €

◆ Un bistrot chic d'un côté, une salle cosy et raffinée de l'autre. Dans les deux cas, la carte joue sur tous les registres : canaille, terroir et fine gastronomie – le tout signé par un chef d'origine japonaise et... à prix bon enfant !

ST-JULIEN-EN-CHAMPSAUR – 05 Hautes-Alpes – 334 E5 – 302 h. – alt. 1 050 m – ✉ 05500 · 41 C1

▶ Paris 658 – Gap 17 – Grenoble 95 – La Mure 55

XX **Les Chenets** avec ch · A/C rest, VISA

Le village – ✆ 04 92 50 03 15 – www.les-chenets.com – Fermé avril, 11 nov.-27 déc., dim. soir et merc. hors saison

16 ch – †30/34 € ††44/60 € – ☕ 7 € – ½ P 47/58 €

Rest – Menu 22/38 € – Carte 32/51 €

◆ Au cœur du verdoyant Champsaur, restaurant dont le décor associe bois, pierre et verre. Cuisine soignée, entre plats traditionnels et spécialités du terroir. Chambres modestes, pour l'étape.

ST-JULIEN-EN-GENEVOIS – 74 Haute-Savoie – 328 J4 – 11 362 h. – alt. 460 m – Casino – ✉ 74160 · 46 F1

▶ Paris 525 – Annecy 35 – Bonneville 36 – Genève 11

ℹ 500 route des Envignes, ✆ 04 50 04 71 63, www.tourisme-genevois.fr

à Archamps 5 km à l'Est par A 40, sortie 13.1 – 1 703 h. – alt. 535 m – ✉ 74160

Porte Sud de Genève · A/C rest, P P

parc d'affaires international, (site d'Archamps) – ✆ 04 50 31 16 06 – www.bestwesterngeneve.com VISA AE

90 ch – †99/129 € ††115/145 € – ☕ 15 € – ½ P 80/95 €

Rest *(fermé sam. sauf le soir de mai à sept.)* – Formule 18 € – Menu 24 € (déj. en sem.) – Carte 32/52 €

◆ Un hôtel moderne installé au cœur d'une technopole franco-suisse. Les chambres, contemporaines, sont à la fois reposantes et idéalement pensées pour la clientèle d'affaires, tout comme le restaurant et sa terrasse dressée dans le jardin.

à Bossey 7 km à l'Est par D 1206 – 680 h. – alt. 438 m – ✉ 74160

XXX **La Ferme de l'Hospital** (Jean-Jacques Noguier)
rte du golf – ✆ 04 50 43 61 43 – www.ferme-hospital.com – Fermé 1er-20 août, vacances de fév., dim. et lundi
Rest *(réserver)* – Menu 38 € (déj. en sem.), 55/78 € – Carte 80/100 €
Spéc. Royale de homard, tronçon rôti et espuma citron-badiane. Meunière d'omble chevalier du lac Léman, jus carotte-gingembre et légumes caramelisés (saison). Soufflé chaud Chartreuse. **Vins** Chignin-Bergeron, Mondeuse.
◆ Ne vous fiez pas au caractère imposant de cette ferme (ancienne propriété de l'hôpital de Genève), l'intérieur est vraiment chaleureux. Le chef ne travaille que de beaux produits sur des bases traditionnelles : gourmand et plein de finesse.

ST-JULIEN-EN-VERCORS – 26 Drôme – 332 F3 – 218 h. – alt. 905 m – ✉ 26420 45 C2

▶ Paris 623 – Gap 173 – Grenoble 49 – Valence 69

X **Café Brochier** avec ch
pl. du village – ✆ 04 75 48 20 84 – www.cafebrochier.com – Fermé 1 sem. en oct., 1 sem. en nov., 1 sem. en déc., janv., lundi soir, mardi et merc. sauf vacances scolaires
3 ch – †55 € ††60 €
Rest – Formule 14 € – Menu 22/36 € – Carte 23/43 €
◆ Une institution locale qui connaît un nouveau souffle depuis que le jeune chef y a posé ses valises en 2006... Sa cuisine, ancrée dans la région, s'aventure aussi du côté de la mer et de l'originalité. Du bio, du beau et de l'inédit ! Pour prolonger cette étape sympathique, trois chambres sobres et confortables.

ST-JULIEN-LE-FAUCON – 14 Calvados – 303 M5 – 707 h. – alt. 40 m – ✉ 14140 33 C2

▶ Paris 192 – Caen 41 – Falaise 32 – Lisieux 14

X **Auberge de la Levrette**
48 r. Lisieux – ✆ 02 31 63 81 20 – Fermé 13-19 mars, 2-9 juil., 13-19 nov., 24-31 déc., lundi sauf le midi fériés, dim. soir et le soir du mardi au vend. de nov. à fin mars
Rest – Menu 21/35 €
◆ Cette maison à colombages (1550), typique du pays d'Auge, abrite un petit musée dédié à la musique mécanique : juke-box, orgues de Barbarie, phonographes... Un cadre atypique pour une cuisine de tradition. Gourmandise et flonflons !

ST-JULIEN-SUR-CHER – 41 Loir-et-Cher – 318 H8 – 754 h. – alt. 110 m – ✉ 41320 12 C2

▶ Paris 227 – Blois 51 – Bourges 66 – Châteauroux 62

X **Les Deux Pierrots**
9 r. Nationale – ✆ 02 54 96 40 07 – Fermé août, lundi et mardi
Rest – Menu 30/41 € – Carte 34/41 €
◆ Une auberge de village à la fois simple et rustique. Le chef travaille des produits frais et se met décidément au service de la tradition et de la qualité.

ST-JULIEN-VOCANCE – 07 Ardèche – 331 J2 – 259 h. – alt. 680 m – ✉ 07690 44 B2

▶ Paris 553 – Saint-Étienne 56 – Valence 68 – Annonay 18

XX **Julliat**
Le Marthouret – ✆ 04 75 34 71 61 – www.restaurant-julliat.com – Fermé 2-9 janv., 6 fév.-9 mars, mardi et merc.
Rest – Menu 20 € (déj. en sem.), 32/64 €
Rest *La Table de Solange* *(déj. seult)* – Menu 12 € bc
◆ Dans cette belle maison ancienne, le chef réalise une cuisine résolument créative et met en valeur les produits régionaux... Au bistrot-épicerie "La Table de Solange", place aux petits plats du terroir (caillette, truite, charcuterie...).

ST-JUNIEN – 87 Haute-Vienne – 325 C5 – 11 539 h. – alt. 240 m 24 A2

– ✉ 87200 Limousin Berry

Paris 416 – Angoulême 73 – Bellac 34 – Confolens 27

place du Champ de Foire, ✆ 05 55 02 17 93, www.saint-junien.net

de Saint-Junien, Les Jouberties, O : 4 km, ✆ 05 55 02 96 96

Collégiale★.

Le Relais de Comodoliac rest,

22 av. Sadi-Carnot – ✆ 05 55 02 27 26 – www.comodoliac.fr – Fermé 24 fév.-4 mars

29 ch – 65 € 75 € – 10 €

Rest *(fermé dim. soir)* – Formule 13 € – Menu 17 € (sem.), 29/39 € – Carte 39/55 €

◆ Un hôtel bien situé, tout près de la route mais néanmoins au calme, dans un joli jardin. Les chambres, d'esprit contemporain, sont agréables et impeccablement tenues. Au restaurant, carte traditionnelle, espace "bistrot" et formule buffet le midi.

au Sud 2 km par rte de Rochechouart, D 675 et rte secondaire

– ✉ 87200 St-Junien

Lauryvan

200 allée du Bois au Bœuf – ✆ 05 55 02 26 04 – www.lauryvan.fr – Fermé 2-10 janv., dim. soir, lundi et fériés le soir

Rest – Formule 28 € – Menu 34 € (sem.), 45 € bc/80 € bc – Carte 37/51 €

Rest *L' Auberge* – Formule 11 € – Menu 14 € (déj. en sem.), 23/26 € bc – Carte 26/34 €

◆ Bistrot côté Auberge ou "gastro" classique ? Le Lauryvan répond à l'appétit et à l'envie du moment. L'été, on s'installe sur la jolie terrasse pour profiter de la vue sur l'étang.

ST-JUST-ET-VACQUIÈRES – 30 Gard – 339 K4 – 278 h. – alt. 190 m 23 C1

– ✉ 30580

Paris 699 – Montpellier 104 – Nîmes 54 – Alès 18

Mas Vacquières sans rest

hameau de Vacquières – ✆ 04 66 83 70 75 – www.masvac.com

5 ch – 85/125 € 85/125 €

◆ Dans une ruelle du hameau, maison typique blottie dans un jardin fleuri bien au calme. Chambres fraîches et impeccablement tenues. Copieux petit-déjeuner servi en terrasse.

ST-JUSTIN – 40 Landes – 335 J11 – 897 h. – alt. 90 m – ✉ 40240 3 B2

Paris 694 – Aire-sur-l'Adour 38 – Casteljaloux 49 – Dax 84

place des Tilleuls, ✆ 05 58 44 86 06

France avec ch

pl. des Tilleuls – ✆ 05 58 44 83 61 – Fermé 16 déc.-8 janv. et dim. soir

8 ch – 40/48 € 40/48 € – 7 € **Rest** – Formule 25 € – Menu 32/46 €

◆ Belle maison gasconne s'ouvrant sous les arcades de la place médiévale, où l'on dresse la terrasse en saison. Deux salles et deux formules : bistrot ou gastronomique, dans un registre traditionnel.

ST-JUST-ST-RAMBERT – 42 Loire – 327 E7 – 14 484 h. – alt. 380 m 44 A2

– ✉ 42170

Paris 542 – Lyon 81 – Montbrison 18 – St Etienne 17

7, place de la Paix, ✆ 04 77 52 05 14, www.loireforez.com

Le Neuvième Art (Christophe Roure)

pl. du 19 Mars 1962 – ✆ 04 77 55 87 15 – www.leneuviemeart.com – Fermé 12 août-4 sept., 24-27 déc., 24 fév.-11 mars, dim. et lundi

Rest *(nombre de couverts limité, réserver)* – Menu 75/130 € – Carte 95/110 €

Spéc. Escalope de foie gras poêlée et jus acidulé au kumquat. Grosse langoustine bretonne pochée dans un bouillon d'infusion, petit artichaut violet. "Bento box" chocolat-violette. **Vins** Vin de pays d'Urfé, Saint-Joseph.

◆ Concentré de créativité pour une cuisine contemporaine pleine de saveurs. Un cadre moderne et un service aux petits soins en prime, cette ancienne gare réserve de belles surprises !

ST-LARY – 09 Ariège – 343 D7 – 155 h. – alt. 692 m – ✉ 09800 28 B3

Paris 786 – Bagnères-de-Luchon 48 – St-Gaudens 36 – St-Girons 24

Auberge de l'Isard

r. des Bains – ✆ 05 61 96 72 83 – www.hotel.logis.ariege.com – Fermé 10-14 juin, 22-25 oct., 29 janv.-5 mars et lundi sauf juil.-août

8 ch – 45/50 € 50/65 € – 8 € – ½ P 52/55 €

Rest *(Ouvert de mi-mars à nov.)* – Menu 19/31 € – Carte 27/45 €

◆ L'authentique auberge de village ! Bar, maison de la presse, boutique de produits du terroir, agréable restaurant traditionnel – auquel on accède en traversant la rivière –, sans compter les chambres fraîches et fonctionnelles et l'accueil charmant... Un vrai poumon pour ce hameau de moyenne montagne.

ST-LARY-SOULAN – 65 Hautes-Pyrénées – 342 N8 – 1 007 h. 28 A3

– alt. 820 m – Sports d'hiver : 1 680/2 450 m 2 30 – Stat. therm. : fin mars-fin oct. – ✉ 65170 Midi-Toulousain

Paris 830 – Arreau 12 – Auch 103 – Bagnères-de-Luchon 44

37, rue Vincent Mir, ✆ 05 62 39 50 81, www.saintlary.com

La Pergola

25 r. Vincent Mir – ✆ 05 62 39 40 46 – www.hotellapergola.fr

24 ch – 64/85 € 70/120 € – 11 € – ½ P 71/96 €

Rest *(fermé nov.)* – Formule 11 € – Menu 19 € (sem.), 26/51 € – Carte 27/54 €

◆ Paisible maison dans un jardin, avec de grandes chambres orientées au sud et ouvertes sur les cimes. Décor traditionnel au restaurant. À la carte, magret rôti à la cardamome ; gaspacho de tomates, nems de gambas ; caillé de brebis, parfait au caramel...

Neste de Jade sans rest

lieu-dit Graouès – ✆ 05 62 39 42 79 – www.hotelnestedejade.com – Ouvert 3 déc.-3 avril et 15 juin-15 sept.

20 ch – 59/85 € 59/85 € – 9 €

◆ Authentique et chaleureux : lambris, parquet, tissus chatoyants... Certaines chambres sont mansardées. En bordure de rivière et proche de la télécabine.

Les Arches sans rest

15 av. des Thermes, (près de l'église) – ✆ 05 62 49 10 10 – www.hotel-les-arches.com – Fermé 2 sem. en nov.

30 ch – 50/80 € 50/80 € – 9 €

◆ Bâtisse moderne (2000) à deux pas de la télécabine, abritant de petites chambres fonctionnelles et bien tenues. Agréable salon avec vue sur la terrasse et la piscine.

Aurélia

à Vielle-Aure, par D 116 et D 19 – ✆ 05 62 39 56 90 – www.hotel-aurelia.com – Fermé 25 sept.-16 déc.

20 ch – 43/50 € 52/61 € – 8 € – ½ P 51/59 €

Rest *(dîner seult) (résidents seult)* – Menu 21 €

◆ Près des thermes, un hôtel familial prisé pour ses activités de loisirs, sa piscine et son fitness. Chambres simples et bien tenues, mansardées au 3e étage. Au restaurant, cuisine traditionnelle modernisée.

La Grange

rte d'Autun – ✆ 05 62 40 07 14 – http://hotel-angleterre-arreau.com – Fermé 23 avril-9 mai, 27 juin-6 juil., 2 nov.-9 déc., mardi et merc. sauf le soir en saison

Rest – Formule 15 € – Menu 22/46 € – Carte 35/56 €

◆ Cette grange s'est muée en un confortable et coquet restaurant au chaleureux décor de bois. En hiver, belles flambées dans la cheminée. Menus régionaux.

ST-LATTIER – 38 Isère – 333 E7 – 1 237 h. – alt. 170 m – ✉ 38840 43 E2

Paris 571 – Grenoble 67 – Romans-sur-Isère 13 – St-Marcellin 15

Le Lièvre Amoureux

La Gare – ✆ 04 76 64 50 67 – www.lelievreamoureux.com – Fermé 12-27 août et 10-20 fév.

5 ch – 65 € 75 € – 11 € **Table d'hôte** – Menu 35/65 €

◆ Cet ancien relais de chasse propose des chambres et duplex spacieux, au style simple et classique, parfaits pour profiter du calme et de la verdure. Une grande cheminée veille sur la table d'hôte où l'on déguste de savoureux produits du terroir dauphinois préparés par le propriétaire, enfant du pays.

Auberge du Viaduc avec ch

D 1092 (hameau de la rivière) – ✆ 04 76 64 51 65 – www.auberge-du-viaduc.new.fr – Fermé 29 nov.-12 fév., dim. soir de nov. à avril, merc. midi de juin à sept., lundi et mardi

7 ch – †89 € ††89 € – ☕ 12 €

Rest *(nombre de couverts limité, réserver)* – Menu 32/62 € – Carte 42/80 €

◆ Non loin d'un viaduc ferroviaire, cette demeure ancienne en pierre abrite un agréable petit restaurant (cuisine traditionnelle) et des chambres fort commodes pour l'étape. Accueillant également, le jardin fleuri avec piscine.

Brun avec ch

Les Fauries, D 1092 – ✆ 04 76 64 54 08 – www.hotel-brun.com – Fermé 15 oct.-1er nov., 13 fév.-1er mars et dim. soir

11 ch – †50 € ††60 € – ☕ 7 € – ½ P 60 €

Rest – Formule 14 € – Menu 19 € (sem.), 31/46 € – Carte 27/57 €

◆ Couleurs vives et style contemporain se sont invités à cette table traditionnelle. À la belle saison, on profite de la belle terasse sous les tilleuls, au bord de l'Isère. Les chambres se trouvent dans un bâtiment à environ 400 m de là.

ST-LAURENT-DE-CERDANS – 66 Pyrénées-Orientales – 344 G8 – 1 285 h. – alt. 675 m – ✉ 66260 Languedoc Roussillon — 22 B3

▶ Paris 901 – Céret 28 – Perpignan 60

ℹ 7, rue Joseph Nivet, ✆ 04 68 39 55 75, www.ville-saint-laurent-de-cerdans.fr

au Sud-Ouest 6,5 km par D 3 et rte secondaire – ✉ 66260 St-Laurent-de-Cerdans

Domaine de Falgos

✆ 04 68 39 51 42 – www.falgos.com – Ouvert 20 mars-14 nov.

25 ch – †85/131 € ††121/169 € – 7 suites – ☕ 14 € – ½ P 106/149 €

Rest – Menu 29 € – Carte 28/45 €

◆ Isolée sur la frontière espagnole, ancienne ferme d'altitude devenue complexe hôtelier : spacieuses chambres cosy bien équipées, parcours de golf et bel espace remise en forme. Carte brasserie à midi et traditionnelle le soir. Terrasse d'été face aux greens.

ST-LAURENT-DE-LA-SALANQUE – 66 Pyrénées-Orientales – 344 I6 – 8 537 h. – alt. 2 m – ✉ 66250 — 22 B3

▶ Paris 845 – Elne 26 – Narbonne 62 – Perpignan 19

ℹ 2, avenue Urbain Paret, mairie, ✆ 04 68 28 00 30, www.saint-laurent-salanque.com

Fort de Salses★★ NO : 9 km, Languedoc Roussillon

Le Commerce avec ch

2 bd de la Révolution – ✆ 04 68 28 02 21 – www.lecommerce66.com – Fermé 5-27 nov., 12-27 mars, dim. soir sauf de mi-juil. à fin août et lundi sauf le soir en juil.-août

10 ch – †55/64 € ††55/64 € – ☕ 9 € – ½ P 53/55 €

Rest – Formule 14 € – Menu 17 € (sem.), 28/39 € – Carte 40/63 €

◆ Cuisine traditionnelle, plats du terroir catalan et, sur commande, bouillabaisse ou paella : ce Commerce fleure bon le Sud. Petites chambres simples et rustiques, pratiques pour l'étape.

ST-LAURENT-DE-MURE – 69 Rhône – 327 J5 – 4 985 h. – alt. 252 m – ✉ 69720 — 43 E1

▶ Paris 478 – Lyon 19 – Pont-de-Chéruy 16 – La Tour-du-Pin 38

Hostellerie Le St-Laurent

8 r. Croix-Blanche – ✆ 04 78 40 91 44 – www.lesaintlaurent.fr – Fermé 17-20 mai, 6-26 août, 1er-4 nov., 24 déc.-1er janv., 25 fév.-3 mars, fériés, vend. soir, sam. et dim.

30 ch – †75/125 € ††75/125 € – ☕ 10 €

Rest *Christian Lavault* – voir les restaurants ci-après

◆ Au cœur d'un joli parc arboré, cette demeure dauphinoise (18e s.) a de l'allure. Les chambres sont agréables et très bien tenues, dans un style frais et contemporain... Une bonne adresse, sans parler de l'accueil souriant des propriétaires.

Christian Lavault

8 r. Croix-Blanche – 04 78 40 91 44 – www.lesaintlaurent.fr – Fermé 17-20 mai, 6-26 août, 1er-4 nov., 24 déc.-1er janv., 25 fév.-3 mars, fériés, vend. soir, sam. et dim.

Rest – Formule 19 € – Menu 22 € (déj.), 28/62 € – Carte 45/63 €

◆ Filet de féra à la badiane, foie gras et son pain aux figues... Le chef (et patron) est un passionné et aime cuisiner la tradition ! On passe un bon moment dans ce cadre chaleureux, ou sur la terrasse, à l'ombre d'un tilleul.

ST-LAURENT-DES-ARBRES – 30 Gard – 339 N4 – 2 289 h. – alt. 60 m – ✉ 30126

23 D2

Paris 673 – Alès 70 – Avignon 20 – Nîmes 47

Tour de Ribas, 04 66 50 10 10

Le Saint-Laurent sans rest

pl. de l'Arbre – 04 66 50 14 14 – www.lesaintlaurent.biz

7 ch – †75/185 € ††75/185 € – 3 suites – ☐ 19 €

◆ Sur les hauteurs du village, cette ancienne maison de viticulteur est charmante : meubles anciens, chambres-bonbonnières (Liberty, toile de Jouy...), poutres, piscine et solarium.

Felisa sans rest

6 r. Barris – 04 66 39 99 84 – www.maison-felisa.com – Ouvert 9 avril-31 déc.

5 ch ☐ – †125/165 € ††125/165 €

◆ Une ancienne maison de vigneron (1830) très zen d'esprit ! Massages, yoga, piscine et chambres épurées... l'ambiance est jeune et branchée. Table d'hôte en fin de semaine.

ST-LAURENT-DU-PONT – 38 Isère – 333 H5 – 4 508 h. – alt. 410 m – ✉ 38380 Alpes du Nord

45 C2

Paris 560 – Chambéry 29 – Grenoble 34 – La Tour-du-Pin 42

place de la Mairie, 04 76 06 22 55, www.chartreuse-tourisme.com

Gorges du Guiers Mort★★ SE : 2 km - Site★ de la Chartreuse de Curière SE : 4 km.

La Blache

2 pl. du 10ème Groupement – 04 76 55 29 57 – Fermé 1er-15 sept., 4-26 janv., dim. soir, lundi et mardi

Rest – Formule 19 € – Menu 30/65 € – Carte 48/72 €

◆ Dans ce restaurant proche des gorges du Guiers-Mort, on ne badine pas avec la tradition et les produits frais. En saison de chasse, on vous proposera du gibier accompagné de pâtes fraîches maison. Glaces et sorbets sont aussi réalisés sur place.

ST-LAURENT-DU-VAR – 06 Alpes-Maritimes – 341 E5 – 30 276 h. – alt. 18 m – ✉ 06700 Côte d'Azur

42 E2

Paris 919 – Antibes 16 – Cagnes-sur-Mer 5 – Cannes 26

1819, route du Bord de Mer, 04 93 31 31 21, www.saintlaurentduvar.fr

Corniche du Var★ N.

Voir plan de NICE Agglomération

au Cap 3000

Novotel

ch,

40 av. de Verdun - AU – 04 93 19 55 55 – www.novotel.com

103 ch – †119/179 € ††119/179 € – ☐ 14 €

Rest – Menu 13/17 € – Carte 17/38 €

◆ Les hommes d'affaires choisissent cet établissement pour sa situation en bord de mer, dans une zone commerciale proche de l'aéroport de Nice. Le petit jardin est plutôt agréable aux beaux jours et l'on peut manger en terrasse.

au Port St-Laurent

Holiday Inn Resort ch,

167 promenade des Flots-Bleus - AU – ✆ 04 93 14 80 00 – www.holidayinn.com
124 ch – 🕴120/330 € 🕴🕴120/330 € – ☕ 23 €
Rest *Chez Panisse* ✆ 04 93 14 80 25 – Formule 18 € bc – Menu 28/35 € – Carte 38/55 €
◆ Un hôtel moderne qui joint l'utile à l'agréable grâce à des chambres confortables et à un bon emplacement en bord de mer, le long de la plage et de la promenade. Chez Panisse, on peut déguster spécialités provençales et grillades les pieds dans l'eau.

La Mousson

promenade Flots Bleus - AU – ✆ 04 93 31 13 30 – Fermé nov., dim. et lundi
Rest – Carte 35/55 €
◆ Les patrons viennent de la région lilloise et sont tombés amoureux de la Thaïlande. Sous le soleil du Midi, ils dédient cette table aux soupes et aux plats pimentés, ce qui change des adresses du port de plaisance.

ST-LAURENT-DU-VERDON – 04 Alpes-de-Haute-Provence 41 C2

– **334** E10 – **93 h.** – **alt. 468 m** – ✉ **04500**

Paris 806 – Brignoles 49 – Castellane 70 – Digne-les-Bains 59

Le Moulin du Château ch, rest,

– ✆ 04 92 74 02 47 – www.moulin-du-chateau.com – Ouvert 17 mars-4 nov.
10 ch ☕ – 🕴93/127 € 🕴🕴108/142 € – 1 suite – ½ P 84/101 €
Rest *(fermé lundi et jeudi) (dîner seult) (résidents seult)* – Menu 30 €
◆ Dans ce charmant moulin à huile du 17e s., l'ancienne meule a toujours sa place dans le décor très soigné ! Farniente au jardin et éthique écologique (citerne d'eau de pluie, produits bio...). Table d'hôte à la provençale (menu unique pour les résidents).

ST-LAURENT-EN-GRANDVAUX – 39 Jura – 321 F7 – 1 745 h. 16 B3

– **alt. 904 m** – ✉ **39150** Franche-Comté Jura

Paris 442 – Champagnole 22 – Lons-le-Saunier 45 – Morez 11

7, place Charles Thevenin, ✆ 03 84 60 15 25, www.haut-jura-grandvaux.com

Au Moulin des Truites Bleues rest,

4 km au Nord par N5 – ✆ 03 84 60 83 03 – www.truites-bleues.com – Fermé oct. et dim. soir hors saison
17 ch – 🕴61/76 € 🕴🕴61/87 € – ☕ 10 € – ½ P 63/75 €
Rest – Formule 14 € – Menu 24/58 € bc – Carte 31/51 €
◆ En bord de nationale, cette grande bâtisse régionale est en fait un ancien moulin. Les chambres, grandes et pratiques, cultivent un certain esprit montagne qui ne manque pas de charme ; au restaurant, rusticité de bon aloi, truites du vivier, spécialités régionales et jolie terrasse dominant la Lemme.

ST-LAURENT-LA-GÂTINE – 28 Eure-et-Loir – 311 F3 – 450 h. 11 B1

– **alt. 134 m** – ✉ **28210**

Paris 77 – Évreux 66 – Orléans 121 – Versailles 57

Clos St-Laurent sans rest

6 r. de l'Église – ✆ 02 37 38 24 02 – www.clos-saint-laurent.com – Fermé 22 déc.-5 janv.
4 ch ☕ – 🕴76 € 🕴🕴82 €
◆ Un ancien corps de ferme (19e s.), ravissant et authentique, avec de grandes chambres décorées avec goût dans un style rustique chic. On prend le petit-déjeuner au coin du feu ou dans le jardin d'hiver. Parfait pour un séjour très campagne !

ST-LAURENT-SUR-SAÔNE – 01 Ain – 328 C3 – rattaché à Mâcon

ST-LÉON – 47 Lot-et-Garonne – **336** D4 – 293 h. – alt. 80 m – ✉ 47160 **4** C2

Paris 667 – Bordeaux 107 – Agen 43 – Villeneuve-sur-Lot 44

Le Hameau des Coquelicots ch,

Lieu dit Goutte-d'Or, 2 km au Sud par D 285 – ✆ 05 53 84 06 13 – www.lehameaudescoquelicots.com

5 ch – 135 € 145 € **Table d'hôte** – Menu 25 € bc/30 € bc

◆ En pleine campagne, ces trois maisons ont tout misé sur la quiétude et l'élégance très nature des matériaux bruts. Déco épurée, piscine "verte", légumes du potager au restaurant, massages californiens dans une jolie roulotte et... accueil charmant : zen et plaisant !

ST-LÉONARD-DE-NOBLAT – 87 Haute-Vienne – **325** F5 – 4 657 h. – alt. 347 m – ✉ 87400 Limousin Berry **24** B2

Paris 407 – Aubusson 68 – Brive-la-Gaillarde 99 – Guéret 62

place du Champ de Mars, ✆ 05 55 56 25 06, www.tourisme-noblat.fr

Église★ : clocher★★.

Le Relais St-Jacques avec ch rest,

6 bd A.-Pressemane – ✆ 05 55 56 00 25 – www.lerelaissaintjacques.com – Fermé 23 déc.-2 janv., 20 fév.-11 mars, dim. soir et lundi midi d'oct. à avril

9 ch – 59/80 € 59/80 € – 9 € – ½ P 58 €

Rest – Menu 19/40 € – Carte 29/55 €

◆ À 300 m de la collégiale des 11e-12es., un restaurant bien dans son époque tenu par un jeune couple charmant. Au menu : une savoureuse cuisine traditionnelle et, pour l'étape, des chambres agréables.

Le Grand St-Léonard avec ch

23 av. du Champ-de-Mars – ✆ 05 55 56 18 18 – www.hotel-restaurant-87.fr – Fermé 20 déc.-20 janv., lundi sauf le soir du 15 juin au 15 sept. et mardi midi

14 ch – 58 € 61 € – 11 € – ½ P 78 €

Rest – Formule 15 € bc – Menu 23 € (sem.), 42/61 € – Carte 51/67 €

◆ Dans cet ancien relais de poste, rustique à souhait, règne une atmosphère vieille France qui ravira les amateurs du genre. On y savoure une bonne cuisine traditionnelle (le chef, natif d'Oléron, affectionne le poisson) et l'on peut prolonger l'étape dans l'une des chambres à l'esprit tout provincial.

ST-LIEUX-LÈS-LAVAUR – 81 Tarn – **338** C8 – 842 h. – alt. 125 m – ✉ 81500 **29** C2

Paris 713 – Albi 44 – Montauban 90 – Toulouse 44

Le Colvert

En Boyer – ✆ 05 63 41 32 47 – www.restaurantlecolvert.com – Fermé 1er-18 janv.

Rest – Formule 13 € – Menu 22/59 € bc – Carte 32/48 €

◆ Longtemps, cette charmante maison ancienne, baignée de verdure, a été une boulangerie-épicerie ; aujourd'hui, c'est toujours un repaire gourmand, mais on y savoure un risotto aux agrumes, un poisson à la plancha avec des petits légumes, ou encore une douce crème brûlée à la banane... Frais, simple et bon !

ST-LIGUAIRE – 79 Deux-Sèvres – **322** C7 – rattaché à Niort

ST-LIZIER – 09 Ariège – **343** E7 – 1 466 h. – alt. 381 m – ✉ 09190 **28** B3

Paris 774 – Foix 46 – Ordino 151 – Toulouse 99

place de l'Église, ✆ 05 61 96 77 77, www.st-lizier.fr

Cathédrale★ - Fresques romanes★★ - Cloître★.

Le Carré de l'Ange

Palais des Evêques – ✆ 05 61 65 65 65 – www.lecarredelange.com – Ouvert début avril à mi-nov. et fermé dim. soir, mardi midi et lundi de sept. à juin

Rest – Formule 22 € – Menu 35/70 € – Carte 42/59 €

◆ On doit laisser sa voiture pour accéder aux caves voûtées du palais épiscopal. Un cadre exceptionnel pour une cuisine tournée vers de beaux produits, souvent régionaux.

ST-LÔ P – 50 Manche – **303** F5 – 19 092 h. – alt. 20 m – ✉ 50000 **32** A2

Normandie Cotentin

Paris 296 – Caen 62 – Cherbourg 80 – Laval 154

place Général-de-Gaulle, ✆ 02 14 29 00 17, www.saint-lo.fr

Centre Manche, à Saint-Martin-d'Aubigny, Le Haut Boscq, par D900 : 20 km, ✆ 02 33 45 24 52

Haras national★ - Tenture des Amours de Gombaut et Macée du musée des Beaux-Arts.

Mercure

rest, VISA AE

1 av. Briovère – ✆ 02 33 05 10 84 – www.mercure-saint-lo.com **Av**

67 ch – †90/110 € ††90/110 € – ☕ 14 €

Rest *(fermé sam. midi et dim.)* – Formule 15 € – Menu 23/27 € – Carte 23/36 €

◆ À côté de la gare, un grand bâtiment moderne aux chambres fonctionnelles et bien tenues. Certaines avisent les remparts, comme la salle du restaurant.

Le Péché Mignon

VISA AE

84 r. Mar. Juin – ✆ 02 33 72 23 77 – www.peche-mignon-saint-lo.fr – Fermé 14 juil.-1er août, 16-22 fév., dim. soir et lundi **Be**

Rest – Formule 13 € – Menu 18/65 € – Carte 32/50 €

◆ L'adresse se trouve à proximité du haras national. Deux petites salles à manger, simples mais confortables, où l'on sert une cuisine traditionnelle avec, pour péché mignon, quelques notes modernes.

au Calvaire 7 km par ② et D 972 – ✉ 50810 St-Pierre-de-Semilly

La Fleur de Thym

P VISA AE

– ✆ 02 33 05 02 40 – www.la-fleur-de-thym.com – Fermé 16-31 août, 2-16 janv., sam. midi, dim. soir et lundi

Rest – Formule 16 € – Menu 34/65 € – Carte 45/98 €

◆ Sur la route de Bayeux, une petite auberge en pierre tenue par une équipe sérieuse. Fleur de Thym : un emblème pour une cuisine de saison mâtinée d'influences du Sud. Agréable terrasse dans le jardin.

ST-LÔ

Alsace-Lorraine (R.) . . . . A 2
Baltimore (R. de) . . . . A 3
Beaucoudray (R. de) . . . . A 5
Belle (R. du) . . . . A 7
Briovère (Av. de) . . . . A 8
Champ-de-Mars (Pl.) . . . . B 9
Feuillet (R. Octave) . . . . A 12
Gaulle (Pl. Gén.-de) . . . . A 13
Gerhardt (R. Gén.) . . . . B 14
Grimouville (R. de) . . . . A 16
Havin (R.) . . . . A 17
Houssin-Dumanoir (R.) . . . . A 18
Lattre-de-T. (R. Mar.-de) . . . . . B 19
Leclerc (R. Mar.) . . . . B
Mesnilcroc (R. du) . . . . B 22
Neufbourg (R. du) . . . . B 23
Notre-Dame (Parvis) . . . . A 24
Noyers (R. des) . . . . A 27
Poterne (R. de la) . . . . A 28
Ste-Croix (Pl.) . . . . B 30
St-Thomas (R.) . . . . A
Torteron (R.) . . . . A
Vieillard-de-Boismartin (R.) . . . B 31
80e-et-136e-Territorial (R. des) A 33

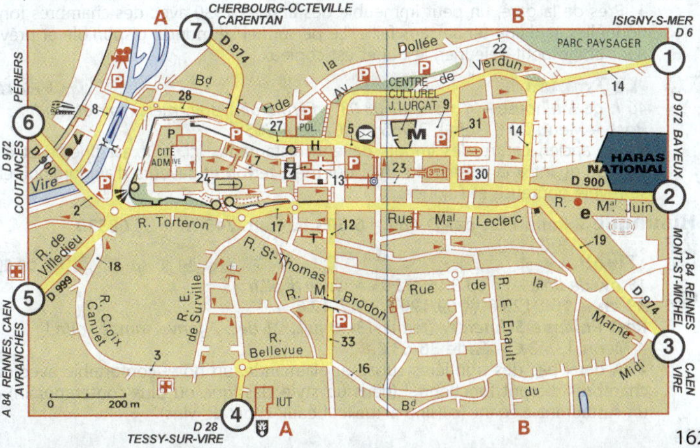

à Agneaux 3 km par ⑥ – 4 153 h. – alt. 60 m – ✉ 50180

Château d'Agneaux

av. Ste-Marie – ☎ 02 33 57 65 88 – www.chateau-agneaux.com – Fermé 21-26 déc. et dim. soir d'oct. à mars

11 ch – †99/210 € ††99/210 € – ☕ 12 €

Rest *La Tour Carrée* – voir les restaurants ci-après

Rest *La Table de Louis* *(fermé le midi du 23 juil. au 13 août, dim. soir, sam. midi et lundi midi d'oct. à avril)* – Formule 15 € – Menu 18/36 € – Carte 28/43 €

◆ Escalier en pierre de taille, tomettes, poutres apparentes, mobilier médiéval ou rustique : ce petit château du 13es. a un certain cachet. Ses abords arborés, non loin du centre de Saint-Lô, sont également appréciables.

La Tour Carrée – Hôtel Château d'Agneaux

av. Ste-Marie – ☎ 02 33 57 65 88 – www.chateau-agneaux.com – Fermé 21-26 déc., sam. midi, dim. soir et lundi midi d'oct. à mars

Rest *(réserver)* – Menu 36/61 €

◆ Le restaurant gastronomique du Château d'Agneaux, installé dans la ferme attenante du 16es. Sous l'égide d'une imposante cheminée, le décor est intime et soigné.

ST-LOUIS – 68 Haut-Rhin – 315 J11 – 19 930 h. – alt. 250 m – ✉ 68300 1 B3

▶ Paris 498 – Altkirch 29 – Basel 5 – Belfort 76

La Villa K sans rest

10 av. de Bâle – ☎ 03 89 70 93 40 – www.lavillak.com

41 ch ☕ – †119/185 € ††129/285 €

◆ Cette belle demeure de maître fut l'élégante "maison Katz", dont le claquant K de la raison sociale perpétue le souvenir. Aujourd'hui, place à un décor mêlant très subtilement l'ancien et le contemporain, dans un esprit zen et design.

Ibis

17 r. Gén. de Gaulle – ☎ 03 89 69 06 58 – www.ibishotels.com

65 ch – †45/88 € ††45/88 € – ☕ 9 €

Rest *(fermé dim.)* – Formule 10 € – Menu 12 € (déj.)/16 € bc – Carte environ 18 €

◆ Une bâtisse en brique rouge à deux pas des cinémas. Les chambres sont pratiques et impeccables, le restaurant original – on choisit ses plats sur écran tactile... Et il y a tous ces petits plus qui font la différence : pains et viennoiseries du boulanger voisin, navette gratuite pour l'aéroport, etc.

Berlioz sans rest

r. Henner, (près de la gare) – ☎ 03 89 69 74 44 – www.hotelberlioz.com – Fermé 24 déc.-3 janv.

20 ch – †69/79 € ††69/79 € – ☕ 9 €

◆ Près de la gare, un petit immeuble des années 1930 avec des chambres fonctionnelles et d'une tenue sans faille. Le personnel se montre disponible et prévenant et, au petit-déjeuner, le buffet est copieux.

Le Trianon

46 r. de Mulhouse – ☎ 03 89 67 03 03 – Fermé dim. soir, merc. soir et lundi

Rest – Menu 20 € (sem.), 26/65 € – Carte 44/65 €

◆ Un ancien centre des impôts devenu restaurant... Ici, tout est finesse et élégance ; quant à la cuisine du chef, qui mêle terroir et saveurs d'aujourd'hui, elle se révèle goûteuse et soignée.

à Huningue 2 km à l'Est par D 469 – 6 503 h. – alt. 245 m – ✉ 68330

Tivoli

15 av. de Bâle – ☎ 03 89 69 73 05 – www.tivoli.fr

39 ch – †69/120 € ††69/120 € – ☕ 12 €

Rest *Philippe Schneider* *(fermé 13-30 juil., 21 déc.-2 janv., sam. et dim.)* – Menu 13/48 € – Carte 36/63 €

◆ À deux pas des frontières suisse et allemande, un hôtel confortable avec des chambres d'esprit fonctionnel (dans un style classique ou plus contemporain) et un restaurant élégant (cuisine actuelle, beaux choix de vins).

à Village-Neuf 3 km au Nord-Est par D 66 et D 21 – 3 591 h. – alt. 240 m – ✉ 68128

81, rue Vauban, ☎ 03 89 70 04 49

Au Cerf

72 r. Gén. de Gaulle – ☎ 03 89 67 12 89 – lorpasc.martin@wanadoo.fr – Fermé juil., 24 déc.-1er janv., jeudi soir, dim. soir et lundi

Rest – Formule 9 € – Menu 18/40 € – Carte 26/55 €

♦ Près de la Petite Camargue alsacienne, une auberge rustique tenue en famille, où l'on déguste des petits plats traditionnels et, en saison, du gibier et des asperges.

à Hésingue 4 km à l'Ouest par D 419 – 2 404 h. – alt. 290 m – ✉ 68220

Au Bœuf Noir

2 r. de Folgensbourg – ☎ 03 89 69 76 40 – www.auboeufnoir.fr – Fermé 18-25 mars, 18-31 août, sam. midi, dim. et lundi

Rest – Menu 29 € (déj. en sem.), 55/65 € – Carte 60/80 €

♦ Une bien jolie maison, où règne la douce atmosphère familiale des lieux qui ont leurs habitués. On suit les conseils glissés par le chef entre deux sauts en salle ; on s'émerveille à l'arrivée d'un poisson découpé entier sous les yeux des gourmands... Classique, plein de vie et réconfortant !

ST-LOUP-DE-VARENNES – 71 Saône-et-Loire – **320** J9 – rattaché à Chalon-sur-Saône

---

ST-LUNAIRE – 35 Ille-et-Vilaine – **309** J3 – rattaché à Dinard

---

ST-LUPERCE – 28 Eure-et-Loir – **311** D5 – rattaché à Chartres

---

ST-LYPHARD – 44 Loire-Atlantique – **316** C3 – 4 203 h. – alt. 12 m – ✉ 44410 Bretagne **34** A2

Paris 447 – La Baule 17 – Nantes 73 – Redon 43

place de l'Eglise, ☎ 02 40 91 41 34, www.saint-lyphard.com

Clocher de l'église ✻★★.

Les Chaumières du Lac et Auberge Les Typhas

rte Herbignac – ☎ 02 40 91 32 32 – www.leschaumieresdulac.com – Fermé 23 déc.-12 janv.

20 ch – †67/77 € ††67/118 € – ☕ 10 € – ½ P 74/80 €

Rest *(fermé merc. midi)* – Formule 15 € – Menu 20/48 € – Carte 35/65 €

♦ Sur l'une des routes principales de la Brière, plusieurs petits bâtiments construits en 1990 dans un esprit traditionnel (toits de chaume). Chambres simples et classiques. Avis aux courageux : on peut se baigner dans le lac contigu.

rte de St-Nazaire 3 km au Sud par D 47 – ✉ 44410 St-Lyphard

Auberge le Nézil

– ☎ 02 40 91 41 41 – www.aubergelenezil.com – Fermé 1er-9 oct., 24 déc.-15 janv., merc. soir sauf juil.-août, dim. soir et lundi

Rest – Formule 19 € – Menu 28/54 € – Carte 36/60 €

♦ Toit de chaume, porcelaine et fleurs fraîches, feu de cheminée l'hiver, jardin l'été... La tradition est agréable en cette maison centenaire. Joli choix de poissons de la Loire.

à Bréca 6 km au Sud par D 47 et rte secondaire – ✉ 44410 St Lyphard

Auberge de Bréca

D 47 – ☎ 02 40 91 41 42 – www.auberge-breca.com – Fermé merc. soir de nov. à mars, dim. soir et lundi sauf août

Rest – Formule 20 € – Menu 30/59 € – Carte 45/60 €

♦ Une auberge traditionnelle pleine de chaleur. Comment choisir entre la salle restée dans son jus (cheminée) et la grande véranda sur le jardin ? Anguilles, cuisses de grenouille...

ST-MACAIRE – 33 Gironde – **335** J7 – rattaché à Langon

ST-MACLOU – 27 Eure – 304 C5 – 552 h. – alt. 114 m – ✉ 27210 32 A3

Paris 179 – Le Grand-Quevilly 67 – Le Havre 35 – Rouen 73

Château de Saint-Maclou-la-Campagne sans rest

352 r. Émile-Desson – ☎ 02 32 57 26 62 – www.chateaudesaintmaclou.com

4 ch – †100/200 € ††150/200 € – ☕ 13 €

♦ Un élégant appareillage de pierres et de briques, des toits à la Mansart : une belle illustration de l'architecture française du 17ᵉs. et... une élégance so British ! Sous l'égide d'un sujet de Sa Majesté – ancien antiquaire –, ce château a retrouvé tout son lustre, mêlant meubles d'époque, portraits d'ancêtres... Magnificent !

La Crémaillère

– ☎ 02 32 41 17 75 – www.la-cremaillere.fr – Fermé 30 juil.-10 août, 12-23 nov., 18-27 fév., mardi soir et merc.

Rest – Menu 13 € (sem.), 21/42 € – Carte 31/56 €

♦ L'intérieur de cette charmante petite auberge fleurie, au cœur du village, est pimpant avec ses boiseries et ses couleurs gaies. Un côté chaleureux que l'on retrouve dans la cuisine traditionnelle. Poissons et produits du terroir sont à la fête !

ST-MAIXENT-L'ÉCOLE – 79 Deux-Sèvres – 322 E6 – 7 537 h. 38 B2
– alt. 85 m – ✉ 79400 Poitou Vendée Charentes

Paris 383 – Angoulême 106 – Niort 24 – Parthenay 30

porte Châlon, avenue Gambetta, ☎ 05 49 05 54 05, www.saint-maixent-lecole.fr

du Petit Chêne, à Mazières-en-Gâtine, O : 20 km par D 6, ☎ 05 49 63 20 95

Église abbatiale★ - Musée du sous-officier (série d'uniformes★).

Le Logis St-Martin

chemin de Pissot – ☎ 05 49 05 58 68 – www.logis-saint-martin.com

12 ch – †87/145 € ††115/175 € – 1 suite – ☕ 16 €

Rest *Le Logis St-Martin* – voir les restaurants ci-après

♦ Au cœur d'un parc bordé par la Sèvre, voilà une gentilhommière du 17ᵉs. bien agréable. Les chambres sont chaleureuses ; la literie de qualité conjuguée au calme garantissent une bonne nuit de repos. Le copieux petit-déjeuner ne gâte rien !

Le Logis St-Martin

chemin de Pissot – ☎ 05 49 05 58 68 – www.logis-saint-martin.com – Fermé lundi hors saison et sam. midi

Rest – Formule 18 € bc – Menu 29 € (dîner), 45/84 € – Carte 45/70 €

♦ La jeune chef élabore une cuisine saine qui redonne de la vigueur au terroir régional. Le soir, la lueur des chandelles et la belle cheminée ajoutent au caractère intime du lieu. Formule bistrot au déjeuner.

à Soudan 7,5 km à l'Est par N 11 – 430 h. – alt. 155 m – ✉ 79800

Musée des Tumulus de Bougon★★.

L'Orangerie

10 rte de l'Atlantique – ☎ 05 49 06 56 06 – www.lorangerie79.com – Fermé janv., lundi midi en juil.-août, dim. soir et lundi de sept. à juin

Rest – Menu 15 € (sem.), 24/35 € – Carte 42/60 €

♦ Jolie cuisine traditionnelle réalisée par deux frères, respectivement cuisinier et pâtissier. De la salle, on a une jolie vue sur le jardin.

ST-MAIXME-HAUTERIVE – 28 Eure-et-Loir – 311 D4 – 436 h. 11 B1
– alt. 194 m – ✉ 28170

Paris 105 – Chartres 31 – Évreux 61 – Orléans 112

La Rondellière

11 r. de la Mairie – ☎ 02 37 51 68 26 – www.ferme-rondelliere.com

4 ch ☕ – †35 € ††44 € **Table d'hôte** *(fermé dim. soir)* – Menu 15 € bc

♦ Désormais, les anciens greniers à foin abritent les chambres, bien confortables, et les étables accueillent des réceptions, mais pas de doute, on est bien à la ferme ! Calme garanti donc... Pour goûter les produits de l'exploitation, réservez la table d'hôte. Accueil très sympathique.

ST-MALO – 35 Ille-et-Vilaine – 309 J3 – 48 211 h. – alt. 5 m – Casino AXY – ✉ 35400 Bretagne 10 D1

Paris 404 – Avranches 68 – Dinan 32 – Rennes 70

de Dinard-Pleurtuit-St-Malo : ✆ 02 99 46 18 46, 14 km par ③.

esplanade Saint-Vincent, ✆ 08 25 13 52 00, www.saint-malo-tourisme.com

Remparts★★★ - Château★★ : musée d'Histoire de la ville et d'Ethnographie du pays malouin★ M², tour Quic-en-Groigne★ DZ E - Fort national★ : ←★★ 15 mn - Vitraux★ de la cathédrale St-Vincent - Mystères de la mer★★ (aquarium) par ③ - Rothéneuf : musée-manoir Jacques-Cartier★, 3 km par ① - St Servan sur Mer : corniche d'Aleth ←★, tour Solidor★,échapées du parc des Corbières★, belvédère du Rosais★.

Plans pages suivantes

Intra muros

Ajoncs d'Or sans rest
10 r. des Forgeurs – ✆ 02 99 40 85 03 – www.st-malo-hotel-ajoncs-dor.com
22 ch – †63/115 € ††69/150 € – ☕ 11 € DZa
◆ Un hôtel situé dans une rue tranquille de la vieille ville ; les chambres, classiques, distillent une atmosphère feutrée. Touches rétro dans la salle des petits-déjeuners.

Du Louvre sans rest
2 r. des Marins – ✆ 02 99 40 86 62 – www.hoteldulouvre-saintmalo.com
50 ch – †75/127 € ††85/141 € – ☕ 12 € DZb
◆ Au cœur de la cité corsaire, cet hôtel dispose de chambres sobres et fonctionnelles. Copieux petit-déjeuner proposé dans une salle ornée de toiles d'un artiste local.

Quic en Groigne sans rest
8 r. d'Estrées – ✆ 02 99 20 22 20 – www.quic-en-groigne.com – Fermé 3-25 janv.
15 ch – †59/68 € ††68/95 € – ☕ 10 € DZu
◆ Quic-en-Groigne ? Le nom de la tour accolée au château... et de cet hôtel disposant de chambres actuelles et de bonne tenue. Petit-déjeuner sous la véranda ; accueil souriant.

Le Nautilus sans rest
9 r. de la Corne-de-Cerf – ✆ 02 99 40 42 27 – www.lenautilus.com – Fermé mi-nov.- début fév. DZq
15 ch – †49/57 € ††60/70 € – ☕ 8 €
◆ Dans une ruelle typique, cette maison érigée en 1692 (classée) abrite de petites chambres colorées, bien tenues et cosy. Décor marin au bar et bon accueil de l'équipage.

San Pedro sans rest
1 r. Ste-Anne – ✆ 02 99 40 88 57 – www.sanpedro-hotel.com – Ouvert 11 mars-30 nov. DZf
12 ch – †50/57 € ††63/76 € – ☕ 9 €
◆ À deux pas de la plage de Bon-Secours, un hôtel de poche dont l'accueil est incomparable. Petites chambres impeccablement tenues et petit-déjeuner très soigné.

Le Chalut (Jean-Philippe Foucat)
8 r. de la Corne-de-Cerf – ✆ 02 99 56 71 58 – Fermé mardi sauf le soir en juil.-août et lundi DZd
Rest *(nombre de couverts limité, réserver)* – Menu 25 € (sem.), 40/70 € – Carte 45/65 €
Spéc. Saint-Jacques et truffe blanche à l'huile de noix (oct. à avril). Turbot aux jeunes girolles et cocos à la bretonne. Moelleux chaud au chocolat et sa glace pistache.
◆ Filets de pêche, bouées, vivier : ici, la mer est à l'honneur... Cuisine raffinée et menu "tout homard" pour les amateurs. Embarquez sur ce chalut !

Delaunay
6 r. Ste-Barbe – ✆ 02 99 40 92 46 – www.restaurant-delaunay.com – Fermé de mi-janv. à mi-fév., lundi hors saison, dim. et le midi DZx
Rest – Menu 32 € – Carte 38/56 €
◆ Couleurs et saveurs ! Une devanture lie-de-vin, une petite salle cosy mêlant le jaune et le parme et une cuisine dans l'air du temps.

Gilles

2 r. de la Pie qui boit – ✆ 02 99 40 97 25 – www.restaurant-gilles-saint-malo.com – Fermé 25 nov.-15 déc., jeudi d'oct. à mai sauf vacances scolaires et merc. **DZt**

Rest *(nombre de couverts limité, réserver)* – Formule 18 € – Menu 26/40 € – Carte 22/43 €

◆ La superbe promenade sur les remparts vous a ouvert l'appétit ? Savourez une agréable cuisine de saison près des grandes baies vitrées de ce restaurant.

En saison: zone piétonne intra-muros.

Bardelière (R. M. de la)	CZ	2
Bas-Sablons (R. des)	AZ	3
Broussais (R.)	DZ	
Cartier (R. J.)	DZ	5
Chartres (R. de)	DZ	6
Chateaubriand (Pl.)	DZ	8
Clemenceau (R. Georges)	AZ	12
Cordiers (R. des)	DZ	13
Dauphine (R.)	AZ	15
Dinan (R. de)	DZ	
Doutreleau (R.)	BZ	16
Flaubert (R. G.)	CX	17
Forgeurs (R. du)	DZ	18
Fosse (R. de la)	DZ	19
Herbes (Pl. aux)	DZ	25
Lamennais (Pl. Fr.)	DZ	28
Mettrie (R. de la)	DZ	35
Mgr-Duchesne (Pl.)	AZ	36
Pilori (Pl. du)	DZ	38
Poids-du-Rois (Pl. du)	DZ	39
Poissonnerie (Pl. de la)	DZ	42
Porcon-de-la-Barbinais (R.)	DZ	43
République (Bd de la)	BY	50
Roosevelt (Av. F.)	BY	53
St-Benoist (R.)	DZ	56
St-Vincent (R.)	DZ	57
Schuman (R. du Président-Robert)	CX	58
Tabarly (Chaussée Eric)	AY	63
Trichet (Q. de)	AY	68
Umbricht (R. du R. P.)	CX	69
Vauban (Pl.)	DZ	70
Ville-Pépin (R.)	ABZ	71

L'Ancrage

7 r. Jacques-Cartier
– ✆ 02 99 40 15 97
– Fermé 3 janv.-5 fév., mardi et merc. hors saison DZ**r**

Rest – Menu 18/40 € – Carte 39/55 €

◆ Dans une agréable atmosphère "cabine de bateau" (boiseries sombres, lampes en laiton) ou dans la salle voûtée, on jette l'ancre en se régalant de bons produits de la mer.

St-Malo Est et Paramé – ✉ 35400 St-Malo

Grand Hôtel des Thermes
100 bd Hébert – ✆ 02 99 40 75 75
– www.thalassotherapie.com – Fermé 6-19 janv. BX**n**
167 ch – †88/389 € ††154/590 € – 7 suites – ☕ 21 € – ½ P 127/470 €
Rest *Le Cap Horn* – voir les restaurants ci-après
Rest *La Verrière* – Formule 24 € – Menu 34/44 € – Carte 40/50 €
♦ Sur le front de mer, le palace de Saint-Malo a le charme rétro des villégiatures bourgeoises du 19e s. Ses chambres et suites sont très douillettes (classiques ou contemporaines) ; quant à son centre de thalasso (six piscines à l'eau de mer, soins de qualité), il est superbe !

Océania sans rest
2 r. Joseph-Loth – ✆ 02 99 56 84 84 – www.oceaniahotels.com AY**b**
78 ch – †99/400 € ††99/400 € – ☕ 15 €
♦ Situé aux portes de la vieille ville, cet hôtel rénové en 2008 jouxte le palais du Grand Large et le casino. Chambres sobres et épurées, certaines avec vue sur la mer.

Alexandra
138 bd Hébert – ✆ 02 99 56 11 12 – www.hotelalexandra.com
– Fermé janv. BX**h**
31 ch – †98/155 € ††110/185 € – ☕ 15 € – ½ P 95/140 €
Rest – Formule 19 € – Menu 24/76 € – Carte 43/80 €
♦ Hôtel situé sur la digue de St-Malo, face à la mer. Les chambres sont fonctionnelles et bien tenues (la plupart avec terrasse ou bow-window). Au restaurant, belle vue sur le large. La carte, traditionnelle, privilégie les poissons et fruits de mer.

La Villefromoy sans rest
7 bd Hébert – ✆ 02 99 40 92 20 – www.villefromoy.fr
– Fermé 12 nov.-8 fév. CX**s**
26 ch – †90/277 € ††90/277 € – ☕ 14 €
♦ Une belle bâtisse Second Empire et une villa balnéaire d'esprit 1900 : deux lieux, une même atmosphère feutrée. Chambres confortables et cosy (mobilier acajou) ; accueil charmant.

Grand Hôtel Courtoisville
69 bd Hébert – ✆ 02 99 40 83 83
– www.hotel-saint-malo-courtoisville.com – Fermé 1er-17 déc. et 8-31 janv.
46 ch – †89/179 € ††89/179 € – ☕ 13 € – ½ P 85/115 € BX**a**
Rest – Formule 18 € – Menu 24/32 € – Carte 28/58 €
♦ Au calme ! Près des thermes marins, belle pension familiale du début du 20e s. entourée d'un beau jardin. Chambres spacieuses, la plupart équipées de lits à relaxation. Au restaurant, plats traditionnels et produits de la mer.

Mercure sans rest
36 chaussée du Sillon – ✆ 02 23 18 47 47 – www.mercure.com AY**z**
51 ch – †81/142 € ††98/142 € – ☕ 15 €
♦ Un Mercure idéalement situé sur le Sillon, face à la mer. Aménagements fonctionnels et décoration contemporaine. Buffet pour le petit-déjeuner, servi également en chambre.

Alba sans rest
17 r. des Dunes – ✆ 02 99 40 37 18 – www.hotelalba.com BX**t**
22 ch – †79/171 € ††79/171 € – ☕ 12 €
♦ Face à la plage ! Cette villa du 19e s. n'aurait pu rêver plus agréable situation. Les chambres, très claires (tons crème, bois blond), donnent pour moitié sur le large.

Beaufort sans rest
25 chaussée du Sillon – ✆ 02 99 40 99 99 – www.hotel-beaufort.com
– Fermé 12-25 déc. BX**x**
22 ch – †85/245 € ††85/245 € – ☕ 13 €
♦ Belle demeure malouine (1860) aux chambres cosy décorées dans un esprit colonial – la moitié côté mer. On prend son petit-déjeuner les yeux rivés sur le large.

Aubade sans rest
8 pl. Duguesclin – ☎ 02 99 40 47 11 – www.aubade-hotel.com – Fermé 19 nov. -2 déc. et 7-31 janv. BXYg
20 ch – †70/89 € ††76/135 € – ☕ 11 €
◆ Ce bâtiment d'après-guerre (pierre de pays) fait face à l'ancien port industriel. Style design épuré ; chambres feutrées. Petite bibliothèque dédiée à St-Malo et au Québec.

Le Cap Horn – Grand Hôtel des Thermes
100 bd Hébert – ☎ 02 99 40 75 40 – www.thalassotherapie.com – Fermé 6-19 janv.
Rest – Menu 32/59 € – Carte 43/77 € BXn
◆ Au sein du Grand Hôtel des Thermes, un Cap Horn cossu, avec une jolie vue sur la mer, très loin des quarantièmes rugissants ! L'endroit idéal pour savourer une cuisine gastronomique empreinte de classicisme...

à St-Servan-sur-Mer – ✉ 35400 St Malo

Malouinière Le Valmarin sans rest
7 r. Jean XXIII – ☎ 02 99 81 94 76 – www.levalmarin.com AZn
12 ch – †95/145 € ††100/165 € – ☕ 12 €
◆ Parquet d'origine, trumeaux, moulures : une authentique malouinière de la fin du 17es., au charme raffiné. Les plus belles chambres s'ouvrent sur le paisible parc arboré.

Manoir du Cunningham sans rest
9 pl. Mgr Duchesne – ☎ 02 99 21 33 33 – www.st-malo-hotel-cunningham.com – Ouvert de mi-fév. à mi-déc. AZa
13 ch – †90/220 € ††90/220 € – ☕ 14 €
◆ Jolie maison aux allures de manoir anglo-normand, face à l'anse des Sablons. Grandes chambres cosy aux charmants noms d'îles paradisiaques, la plupart donnant sur la mer...

L'Ascott sans rest
35 r. du Chapitre – ☎ 02 99 81 89 93 – www.ascotthotel.com BZs
10 ch – †70/95 € ††75/160 € – ☕ 12 €
◆ Heureux mariage de meubles contemporains et d'objets chinés (lustres à pendeloques, trumeaux) en cette demeure bourgeoise de 1890. L'été, on prend le petit-déjeuner au jardin.

La Rance sans rest
15 quai Sébastopol, (port Solidor) – ☎ 02 99 81 78 63 – www.larancehotel.com – Ouvert de début fév. à mi-nov. AZk
11 ch – †60/88 € ††60/88 € – ☕ 9 €
◆ Dans cet hôtel donnant sur la mer et la tour Solidor, les propriétaires vous reçoivent en amis. Les chambres sont petites, mais cosy (préférez celles en façade, avec balcon).

Le St-Placide (Luc Mobihan)
6 pl. du Poncel – ☎ 02 99 81 70 73 – www.st-placide.com – Fermé merc. sauf le soir en juil.-août et mardi BZa
Rest – Formule 23 € – Menu 45/88 € – Carte 67/90 €
Spéc. Araignée de mer, légumes croquants et chlorophylle de petits pois (printemps-été). Turbot rôti, fève tonka et coquillages. Chocolat de la princesse Hoptiwa.
◆ Dans le décor contemporain de son restaurant de poche, le chef laisse voguer son imagination, concoctant une cuisine en prise avec son époque. Accueil prévenant.

La Gourmandise
2 r. des Bas-Sablons – ☎ 02 99 21 93 53 – www.lagourmandise.book.fr – Fermé 1 sem. en oct., 22-28 déc., 1 sem. en janv., mardi soir hors saison, sam. midi et dim.
Rest – Menu 19 € (sem.), 28/54 € AZg
◆ Dégustez une agréable cuisine de saison aux accents méditerranéens dans une atmosphère minimaliste, derrière l'anse des Sablons (quartier St-Servan). Accueil souriant.

Le Poncel
3 pl. du Poncel – ☎ 02 99 19 57 26 – Fermé 23 déc.-15 janv., dim. et lundi
Rest – Formule 17 € – Menu 22 € – Carte 35/50 € BZv
◆ Un bon plan que ce bistrot et sa terrasse tranquille pour les beaux jours. Au menu ou à l'ardoise : fraîcheur, simplicité et bons produits aux saveurs respectées.

rte de Rennes 3 km par ③ et av. Gén. de Gaulle – ✉ 35400 St-Malo

La Grassinais

12 allée de la Grassinais – ✆ 02 99 81 33 00 – www.saint-malo-hebergement.com – Fermé fin déc.-janv.

29 ch – †59/97 € ††59/97 € – ☕ 9 € – ½ P 65/85 €

Rest ***La Grassinais*** – voir les restaurants ci-après

◆ En périphérie de St-Malo, au cœur d'une zone artisanale, on ne s'attend pas à rencontrer cette jolie ferme en pierre du pays, restaurée avec soin. Les chambres sont simples, mais très bien tenues... Une bonne étape !

La Grassinais

12 allée de la Grassinais – ✆ 02 99 81 33 00 – Fermé fin déc.-janv., dim. soir hors saison, mardi midi de mi-juil. à fin août, sam. midi et lundi

Rest – Formule 17 € – Menu 26/39 € – Carte 38/49 €

◆ Agneau de sept heures, queues de lotte accompagnées d'une crème de courgette... Une cuisine traditionnelle sympathique, dans un cadre mêlant charme rustique (poutres, boiseries) et touches plus contemporaines.

ST-MANDÉ – **94 Val-de-Marne** – **312** D2 – **101** 27 – **voir à Paris, Environs**

ST-MARC – **44 Loire-Atlantique** – **316** C4 – **rattaché à St-Nazaire**

ST-MARCEL-DU-PÉRIGORD – **24 Dordogne** – **329** F6 – **145 h.** – **alt. 160 m** – ✉ **24510** 4 C1

Paris 538 – Bordeaux 144 – Périgueux 58 – Bergerac 26

Auberge Lou Peyrol avec ch

au bourg – ✆ 05 53 24 09 71 – www.loupeyrol.com – Fermé 2 janv.-21 mars, merc. en hiver, lundi d'oct. à juin et mardi

3 ch – †75/90 € ††75/90 € – ☕ 16 € – ½ P 75/85 €

Rest – Menu 35 € – Carte environ 37 €

◆ Une auberge périgourdine au charme on ne peut plus rustique, avec une terrasse à l'ombre d'un vénérable tilleul. Cuisine régionale de saison. Sous les toits, les chambres, spacieuses, sont simples et romantiques.

ST-MARCEL-LÈS-ANNONAY – **07 Ardèche** – **rattaché à Annonay**

ST-MARCEL-LÈS-SAUZET – **26 Drôme** – **332** B6 – **rattaché à Montélimar**

ST-MARCELLIN – **38 Isère** – **333** E7 – **7 895 h.** – **alt. 282 m** – ✉ **38160** 43 E2

Lyon Drôme Ardèche

Paris 570 – Die 76 – Grenoble 55 – Valence 46

2, avenue du Collège, ✆ 04 76 38 53 85, http://ot.saintmarcellin.perso.sfr.fr

La Tivollière

Château du Mollard – ✆ 04 76 38 21 17 – www.lativolliere.com – Fermé 2-22 janv., mardi soir, merc. soir, dim. soir et lundi

Rest – Formule 15 € – Menu 20 € (sem.), 30/52 € – Carte 30/54 €

Rest ***Face B*** – Formule 15 € – Menu 20 € (sem.), 30/52 € – Carte 30/54 €

◆ Aménagé dans un château du 15es. dominant la ville, ce restaurant présente un joli cadre contemporain, assorti d'une belle terrasse donnant sur le Vercors. Au menu, une sympathique cuisine d'aujourd'hui.

ST-MARTIAL-DE-NABIRAT – **24 Dordogne** – **329** I7 – **644 h.** – **alt. 175 m** – ✉ **24250** 4 D2

Paris 556 – Bordeaux 213 – Périgueux 82 – Cahors 43

Le St-Martial

au bourg – ✆ 05 53 29 18 34 – www.lesaintmartial.com – Fermé 2-12 juil., 18-26 déc., 20 fév.-8 mars, lundi midi de mi-juil. à fin août, lundi de sept. à juil., mardi et merc. sauf le soir du 13 juil. au 31 août

Rest – Menu 33/82 € – Carte 53/120 €

◆ Cette charmante maison en pierre, située au cœur du village, est une bonne surprise : chips de légumes, millefeuille de Saint-Jacques, pintade en croûte de saté...

ST-MARTIN-AUX-CHARTRAINS – 14 Calvados – 303 N4 – rattaché à Pont-L'Évêque

ST-MARTIN-D'ARDÈCHE – 07 Ardèche – 331 J8 – 860 h. – alt. 46 m 44 B3

– ✉ 07700 Lyon Drôme Ardèche

Paris 653 – Avignon 62 – Lyon 190 – Nîmes 86

place de l'Église, ✆ 04 75 98 70 91, www.ot-stmartin-ardeche.com

L'Escarbille

quartier Androlle – ✆ 04 75 04 64 37 – www.hotel-restaurant-lescarbille.com – Ouvert de mars à mi-nov.

11 ch – 52/62 € 58/68 € – 8 € – ½ P 57/67 €

Rest *(fermé lundi hors saison)* – Menu 20/28 € – Carte 27/40 €

◆ Près de la rivière, cette jolie maison en pierre abrite de petites chambres simples. Terrasse sous les acacias et piscine face au village d'Aiguèze. Idéal avant ou après une randonnée. Cuisine traditionnelle et spécialité de caillette maison aux épinards.

ST-MARTIN-DE-BELLEVILLE – 73 Savoie – 333 M5 – 2 653 h. 46 F2

– alt. 1 450 m – Sports d'hiver : 1 450/2 850 m 9 37 – ✉ 73440

Alpes du Nord

Paris 624 – Albertville 44 – Chambéry 93 – Moûtiers 20

Immeuble L'Épervière, ✆ 04 79 00 20 00, www.st-martin-belleville.com

Saint-Martin

r. des Grangeraies – ✆ 04 79 00 88 00 – www.hotel-stmartin.com – Ouvert 22 déc.-8 avril

27 ch (½ P seult) – 4 suites – ½ P 110/245 €

Rest – Formule 19 € – Menu 24 € (déj.), 30/38 € – Carte 39/65 €

Rest *Le Grenier* – Formule 19 € – Menu 24 € (déj.), 30/38 € – Carte 39/65 €

◆ Ce plaisant chalet couvert de lauzes abrite des chambres douillettes à la mode alpine, toutes dotées d'un balcon. Plats traditionnels dans la salle à manger au charme feutré. Au Grenier, cuisine du terroir et suggestions du jour sur de grandes ardoises du pays ; cadre rustique.

L'Edelweiss sans rest

r. St-François – ✆ 04 79 08 96 67 – www.hotel-edelweiss73.com – Ouvert 10 juil.-31 août et 20 déc.-26 avril

16 ch – 90/110 € 130/180 €

◆ L'esprit montagnard fleurit à l'Edelweiss : chambres où domine le pin, sauna... Demi-pension proposée à l'Étoile des Neiges et, le matin, navette pour la télécabine.

La Bouitte (René et Maxime Meilleur) avec ch

à St-Marcel, 2 km au Sud-Est – ✆ 04 79 08 96 77 – www.la-bouitte.com – Ouvert début juil. à début sept. et début déc. à fin avril

6 ch – 220/245 € 276/324 € – 4 suites

Rest *(fermé lundi en été)* – Menu 89/189 € – Carte 140/195 €

Spéc. Filet de féra du Léman pané d'une fine lamelle de pain croustillante. Pigeonneau rôti au poêlon, ragoût sur toast et champignons. Caramel "light" croustillant, biscuit moelleux et sorbet thym-orange. **Vins** Vin de pays d'Allobrogie, Roussette de Savoie.

◆ À la croisée des générations – René et Maxime Meilleur sont père et fils –, une fort belle table, où l'art d'inventer et l'amour de la Savoie sont une histoire d'échanges... avec tous. Produits de choix, herbes des alpages, exécution très fine, etc. : une montagne d'émotion. Charmante étape côté hôtel également : ce chalet est un vrai cocon !

Étoile des Neiges

r. St-Martin – ✆ 04 79 08 92 80 – www.hotel-edelweiss73.com – Ouvert 17 déc.-25 avril

Rest – Menu 26/52 € – Carte 45/80 €

◆ Table familiale et traditionnelle dont la spécialité est le foie de veau. Salles au cadre montagnard, réchauffées par une cheminée centrale ; mezzanine à l'étage et jolie terrasse.

Le Montagnard

✆ 04 79 01 08 40 – www.le-montagnard.com – Ouvert 1er juil.-31 août et 10 déc.-1er mai

Rest – Carte 25/66 €

◆ Murs chaulés, mobilier en pin, vieux skis, bibelots et photos des aïeux composent le sympathique décor de cette ancienne étable. Cuisine régionale et du marché.

ST-MARTIN-DE-LONDRES – 34 Hérault – **339** H6 – 2 205 h. **23** C2
– alt. 194 m – ✉ 34380 Languedoc Roussillon
Paris 744 – Montpellier 25 – Le Vigan 37
Maison de Pays, ☎ 04 67 55 09 59, www.tourismed.com

au Sud 12 km par D 32, D 127 et D 127E6 – ✉ 34380 Argelliers

XX **Auberge de Saugras** avec ch ch, P VISA MC AE
Domaine de Saugras – ☎ 04 67 55 08 71 – www.aubergedesaugras.fr – Fermé 8-24 août, 19 déc.-11 janv., lundi midi en juil.-août, mardi sauf le soir en juil.-août et merc.
7 ch – †46/86 € ††46/86 € – ☕ 11 € – ½ P 65/85 €
Rest *(réserver)* – Formule 17 € – Menu 21 € (sem.), 28/65 € – Carte 40/120 €
◆ N'hésitez pas à braver la garrigue sauvage ! Avec à la clé, la découverte de ce mas en pierre du 12e s. Généreuse cuisine du terroir, jolie terrasse et chambres fonctionnelles.

ST-MARTIN-D'ENTRAUNES – 06 Alpes-Maritimes – **341** B3 – 84 h. **41** C2
– alt. 1 050 m – ✉ 06470
Paris 778 – Barcelonnette 50 – Castellane 66 – Digne-les-Bains 104

Hostellerie la Vallière P VISA MC
le village – ☎ 04 93 05 59 59 – www.hotel-lavalliere.com – Ouvert 15 avril-30 oct., vacances de Noël et fév.
12 ch – †47 € ††47/55 € – ☕ 8 € – ½ P 47/55 €
Rest – Menu 20 € – Carte 23/27 €
◆ Face au massif du Mercantour, une auberge champêtre, à la jolie façade colorée. Confort simple dans les chambres (sans TV) et cuisine sans prétention avec quelques plats niçois en saison : une adresse très pratique et bon marché.

ST-MARTIN-DE-LA-PLACE – 49 Maine-et-Loire – **317** I5 – 1 154 h. **35** C2
– alt. 80 m – ✉ 49160
Paris 314 – Nantes 147 – Angers 60 – Saumur 11
Mairie, ☎ 02 41 38 43 06

Domaine de la Blairie P VISA MC AE
5 r. de la Mairie – ☎ 02 41 38 42 98 – www.hotel-blairie.com – Fermé 15 déc.-1er fév. et dim. soir de nov. à mars
44 ch – †58/97 € ††58/97 € – ☕ 10 € – ½ P 58/61 €
Rest – Menu 16/21 € – Carte environ 29 €
◆ Rien ne vaut le calme de cette demeure du Saumurois et de son grand jardin avec piscine. Parmi les chambres, toutes fonctionnelles, préférez celles qui ont été rénovées. Cuisine traditionnelle à prix attractifs servie dans un cadre chaleureux.

ST-MARTIN-DE-RÉ – 17 Charente-Maritime – **324** B2 – voir à Île de Ré

ST-MARTIN-DE-VALGALGUES – 30 Gard – **339** J3 – rattaché à Alès

ST-MARTIN-DU-FAULT – 87 Haute-Vienne – **325** E5 – rattaché à Limoges

ST-MARTIN-DU-TOUCH – 31 Haute-Garonne – **343** G3 – rattaché à Toulouse

ST-MARTIN-DU-VAR – 06 Alpes-Maritimes – **341** E5 – 2 541 h. **41** D2
– alt. 110 m – ✉ 06670
Paris 938 – Antibes 34 – Cannes 44 – Nice 28

XXX **Jean-François Issautier** AC P VISA MC AE
3 km rte de Nice (D 6202) – ☎ 04 93 08 10 65 – www.issautier.fr – Fermé 8-16 oct., début janv. à début fév., dim. soir, lundi et mardi
Rest – Formule 26 € – Menu 39/98 € – Carte 70/100 €
Spéc. Pied de cochon croustillant, salade bistrot et réduction balsamique. Rognon de veau rôti en casserole, confiture d'oignons rouges. L'incontournable baba au rhum dans un sirop parfum d'orange. **Vins** Côtes de Provence, Bellet.
◆ Une discrète maison particulière en forme de véritable conservatoire de la cuisine méridionale : alliance d'un beau classicisme et de saveurs... très provençales ! Décor bourgeois et classique.

ST-MARTIN-EN-BRESSE – 71 Saône-et-Loire – 320 K9 – 1 839 h. – alt. 192 m – ✉ 71620 8 C3

Paris 353 – Beaune 48 – Chalon-sur-Saône 18 – Dijon 86

Au Puits Enchanté avec ch

1 pl. René-Cassin – ✆ 03 85 47 71 96 – www.aupuitsenchante.com – Fermé 9-15 mars, 16-25 sept., 18-27 nov., 1er-27 janv., dim. soir, lundi et mardi

12 ch – †58/67 € ††58/67 € – ☐ 10 € – ½ P 58/62 €

Rest – Formule 18 € – Menu 21/50 € – Carte 30/50 €

◆ Au cœur de ce bourg de la Bresse bourguignonne, une maison de pays joliment modernisée où l'on passe un délicieux moment. Le chef est passionné par son métier : sa cuisine, concoctée avec de bons produits du terroir, est généreuse et fine, à prix doux. Chambres pratiques pour l'étape.

ST-MARTIN-LA-MÉANNE – 19 Corrèze – 329 M4 – 363 h. – alt. 500 m – ✉ 19320 25 C3

Paris 510 – Aurillac 67 – Brive-la-Gaillarde 54 – Mauriac 48

Barrage du Chastang★ SE : 5 km, Limousin Berry

Des Voyageurs

pl. Mairie – ✆ 05 55 29 11 53 – www.hotellesvoyageurs.com – Ouvert 1er avril-15 nov. et fermé dim. soir et lundi sauf de mai à sept.

Rest – Formule 17 € – Menu 23/36 € – Carte 42/52 €

◆ Charmante auberge en pierre où le temps s'arrête à la faveur d'une cuisine du terroir servie dans un cadre campagnard ou, en été, dans le jardin prolongé d'un étang (pêche).

ST-MARTIN-LE-BEAU – 37 Indre-et-Loire – 317 O4 – 2 697 h. – alt. 55 m – ✉ 37270 Châteaux de la Loire 11 B2

Paris 231 – Amboise 9 – Blois 45 – Loches 34

Auberge de la Treille avec ch

2 r. d'Amboise – ✆ 02 47 50 67 17 – www.auberge-de-la-treille.com – Fermé 1 sem. en mars, vacances de Toussaint, de fév., dim. soir et lundi midi

8 ch – †58 € ††58 € – ☐ 9 € – ½ P 65 €

Rest – Formule 18 € – Menu 23 € (déj. en sem.), 28/32 € – Carte 26/40 €

◆ À quelques minutes de l'Aquarium de Touraine. La carte propose une cuisine plutôt actuelle dans un cadre rustique, égayé de colombages. Les chambres sont fonctionnelles, lumineuses et colorées.

ST-MARTIN-LE-GAILLARD – 76 Seine-Maritime – 304 I2 – 318 h. – alt. 60 m – ✉ 76260 Normandie Vallée de la Seine 33 D1

Paris 168 – Amiens 99 – Dieppe 27 – Eu 12

Moulin du Becquerel

2 r. des Moulins , Nord-Ouest : 1,5 km sur D 16 – ✆ 02 35 86 74 94 – www.moulindubecquerel.fr – Fermé fin janv. à début mars, dim. soir, lundi, mardi et merc. sauf fériés

Rest – Formule 20 € – Menu 29/45 € – Carte 32/49 €

◆ Cette longère normande, bercée par le chant d'une petite rivière, est charmante. Un lieu bucolique, où l'on organise aussi de belles réceptions : il faut dire que la cuisine traditionnelle mitonnée par le jeune chef est bien sympathique.

ST-MARTIN-VÉSUBIE – 06 Alpes-Maritimes – 341 E3 – 1 327 h. – alt. 1 000 m – ✉ 06450 Côte d'Azur 41 D2

Paris 845 – Antibes 73 – Barcelonnette 111 – Cannes 83

place Félix Faure, ✆ 04 93 03 21 28, www.saintmartinvesubie.fr

Venanson : ≤★, fresques★ de la chapelle St-Sébastien S : 4,5 km.

Le Boréon★★ (cascade★) N : 8 km - Cirque★★ du vallon de la Madone de Fenestre NE : 12 km.

Le Boréon

hameau du Boéron, (quartier le Boéron la Cascade), 13 km au Nord-Est – 04 93 03 20 35 – www.hotel-boreon.com – Ouvert avril-oct.
13 ch – 68 € 72 € – 10 € – ½ P 67 €
Rest *(fermé mardi sauf juil.-août)* – Menu 24/36 €
◆ Un beau chalet aux abords d'un charmant petit lac : ce cadre bucolique ravira les amoureux de la nature. Les chambres sont douillettes et bien équipées ; dans la salle à manger – joliment rustique avec sa cheminée monumentale – ou sur l'agréable terrasse, on sert des petits plats traditionnels.

ST-MAUR-DES-FOSSÉS – 94 Val-de-Marne – 312 D3 – 101 27 – voir à Paris, Environs

ST-MAURICE-DE-SATONNAY – 71 Saône-et-Loire – 320 I11 – 417 h. – alt. 250 m – 71260 — 8 C3

Paris 400 – Dijon 129 – Mâcon 17 – Chalon-sur-Saône 61

Auberge des Grenouillats

Le Bourg – 03 85 33 40 50 – Fermé 27 août-5 sept., 23 déc.-7 janv., mardi soir et merc.
Rest *(nombre de couverts limité, réserver)* – Menu 22/30 € – Carte 22/40 €
◆ Un petit bistrot avenant et un brin rétro tenu par un couple sympathique. Le chef travaille de beaux produits frais et concocte de jolis plats faisant honneur à la région : bœuf charolais, grenouilles, jambon persillé à la bourguignonne...

ST-MAXIMIN-LA-STE-BAUME – 83 Var – 340 K5 – 13 911 h. – alt. 289 m – 83470 Provence — 40 B3

Paris 793 – Aix-en-Provence 44 – Marseille 51 – Toulon 55
Couvent Royal, 04 94 59 84 59, www.st-maximin.fr

Couvent Royal

pl. Jean Salusse – 04 94 86 55 66 – www.hotelfp-saintmaximin.com
67 ch – 74/154 € 74/154 € – 14 €
Rest *Couvent Royal* – voir les restaurants ci-après
◆ Les chambres prennent leurs aises dans les anciennes cellules, le restaurant dans la salle capitulaire, la terrasse dans le cloître, le salon sous de belles ogives, une salle de réunion dans la chapelle, etc. Ce couvent patiné par les siècles date de 1295 ! Pour sûr, les moines n'ont jamais connu ce confort...

Couvent Royal

– 04 94 86 55 66 – www.hotelfp-saintmaximin.com
Rest – Menu 25 € (sem.), 30/39 €
◆ Ses hautes voûtes d'ogives médiévales se prêtent aux envolées lyriques ! Un certain faste historique, donc, dans cette salle monacale où l'on fait bombance grâce à une cuisine gastronomique de notre temps.

ST-MÉDARD – 46 Lot – 337 D4 – 165 h. – alt. 170 m – 46150 — 28 B1

Paris 571 – Cahors 17 – Gourdon 34 – Villeneuve-sur-Lot 59

Gindreau (Alexis Pélissou)

– 05 65 36 22 27 – www.legindreau.com – Fermé 12-28 mars, 22 oct.-7 nov., merc. midi de janv. à mars, dim. soir d'oct. à mars, lundi et mardi
Rest *(réserver)* – Menu 38 € (sem.), 52/120 € – Carte 70/100 €
Spéc. Ravioli de truffe et céleri, lamelles de truffe (déc. à avril). Poitrine et cuisse de pigeonneau aux effluves subtils. Soufflé à la truffe et au marasquin. **Vins** Vin de pays du Lot, Cahors.
◆ Goûteuse cuisine contemporaine qui met en valeur le terroir, à découvrir dans cette ancienne école de village. Salles aux couleurs pastel et terrasse sous les marronniers.

ST-MICHEL-D'EUZET – 30 Gard – 339 M3 – 584 h. – alt. 110 m – 30200 — 23 D1

Paris 667 – Avignon 43 – Montpellier 113 – Nîmes 64

La Table de Marine

pl. Jean-Jaurès – ✆ 04 66 33 13 89 – www.tabledemarine.com – Fermé 1 sem. vacances de Pâques et de la Toussaint, 1 sem. en janv., sam. midi, dim. et lundi
Rest – Menu 22 € (déj. en sem.), 35/55 €
♦ Un bon rapport qualité-prix dans ce restaurant traditionnel à l'ambiance rustique, repris en 2011 par un chef qui a du métier : saucisson lyonnais et salade de lentilles, pintade fermière et sauce au homard (association terre-mer), etc.

ST-MICHEL-EN-L'HERM – 85 Vendée – 316 I9 – 2 072 h. – alt. 9 m – ✉ 85580 34 B3

Paris 453 – Luçon 15 – La Rochelle 46 – La Roche sur Yon 47
5, place de l'Abbaye, ✆ 02 51 30 21 89, www.paysnedelamer.fr

La Rose Trémière

4 r. de l'Église – ✆ 02 51 30 25 69 – Fermé mardi sauf juil.-août, dim. soir et lundi
Rest – Menu 27/51 € – Carte 32/50 €
Rest *L' Atelier* *(fermé le soir et lundi sauf juil.-août)* – Carte 17/25 €
♦ Deux en un : côté gastronomique, une table pleine de cachet (pierres, poutres, parquet) au service d'une jolie cuisine traditionnelle ; côté bistrot, déco contemporaine, convivialité et bons petits plats... pour les gourmets pressés qui peuvent en prime observer la brigade s'activer en cuisine.

ST-MICHEL-ESCALUS – 40 Landes – 335 D11 – 286 h. – alt. 23 m – ✉ 40550 3 B2

Paris 721 – Bayonne 67 – Bordeaux 135 – Dax 30

La Bergerie-St-Michel sans rest

50 chemin du Plomb, à St-Michel le Bourg, par D 142, rte de Castets – ✆ 05 58 48 74 04 – www.bergeriestmichel.fr
4 ch – †85/95 € ††100/160 €
♦ La forêt landaise entoure cette ancienne ferme à colombages magnifiquement restaurée. Chambres de grand confort mariant meubles anciens et contemporains. Copieux petits-déjeuners.

ST-MICHEL-MONT-MERCURE – 85 Vendée – 316 K7 – 1 944 h. – alt. 284 m – ✉ 85700 Poitou Vendée Charentes 34 B3

Paris 383 – Bressuire 36 – Cholet 35 – Nantes 85
✳★★ du clocher de l'église.

Château de la Flocellière

La Flocellière, 2 km à l'Est – ✆ 02 51 57 22 03 – www.chateaudelaflocelliere.com
5 ch – †100/135 € ††125/205 € – 12 €
Table d'hôte – Menu 35 € bc/50 € bc
♦ Un château superbe, mêlant harmonieusement les styles et les siècles (12e, 15e, 17e et 19e s.) : de quoi se rêver preux chevalier ou gente dame ! Les chambres, raffinées, donnent sur le parc ; dans le donjon, la "Médiévale" est splendide. Et pour festoyer dignement, les propriétaires organisent des dîners thématiques dans une époustouflante salle du 16e s.

Auberge du Mont Mercure

8 r. l'Orbrie, (près de l'église) – ✆ 02 51 57 20 26 – www.aubergemontmercure.com – Fermé 1er-10 août, vacances de fév., lundi soir sauf juil.-août, mardi soir et merc.
Rest – Menu 15 € (sem.), 22/35 € – Carte 25/45 €
♦ Au sommet du village le plus haut de Vendée, cette auberge rustique et familiale réserve deux surprises : une vue superbe sur le bocage... et une plongée gourmande dans la tradition. Les plats, copieux et bien faits, sont tout simplement bons !

ST-MIHIEL – 55 Meuse – 307 E5 – 4 767 h. – alt. 228 m – ✉ 55300 26 B2
Alsace Lorraine

▶ Paris 287 – Metz 63 – Nancy 66 – Bar-le-Duc 35

ℹ rue du Palais de Justice, ✆ 03 29 89 06 47, http://otsisaintmihiel.e-monsite.com

⛳9 de Madine, à Nonsard, Base de Loisirs, NE : 25 km par D 901 et D 179, ✆ 03 29 89 56 00

👁 Sépulcre★★ dans l'église St-Étienne - Pâmoison de la Vierge★ dans l'église St-Michel.

à Heudicourt-sous-les-Côtes 15 km au Nord-Est par D 901 et D 133 – 186 h. – alt. 240 m – ✉ 55210

👁 Butte de Montsec : ✻★★, monument★ S : 13 km.

Lac de Madine

22 r. Charles-de-Gaulle – ✆ 03 29 89 34 80 – www.hotel-lac-madine.com – Fermé 20 déc.-10 fév.

41 ch – 🚶59/99 € 🚶🚶59/99 € – ☕ 11 € – ½ P 65/85 €

Rest *(fermé dim. soir du 25 oct. au 25 avril et lundi midi)* – Formule 20 € – Menu 28/59 € – Carte 40/66 €

◆ Près du lac, une auberge familiale avec des chambres fonctionnelles et bien tenues, dont la plupart se trouvent dans une annexe aux airs de motel. Pratique aussi, le restaurant de tradition sous une belle charpente en bois.

ST-MONT – 32 Gers – 336 B8 – 299 h. – alt. 133 m – ✉ 32400 28 A2

▶ Paris 719 – Auch 84 – Bordeaux 160 – Mont-de-Marsan 47

Château Monastère de Saint-Mont sans rest

(près de l'église) – ✆ 05 62 09 53 01 – www.chateau-monastere-de-saint-mont.com – Ouvert 14 mars-11 nov.

5 ch ☕ – 🚶80/140 € 🚶🚶80/140 €

◆ Sur les hauteurs du village, cet ancien monastère du 11[e]s. assure d'un séjour au calme dans ses chambres pleines de charme (cheminée, tommettes). Grand parc, piscine, billard...

ST-NAZAIRE – 44 Loire-Atlantique – 316 C4 – 66 912 h. – Agglo. 136 886 h. – alt. 4 m – ✉ 44600 Bretagne 34 A2

▶ Paris 435 – La Baule 19 – Nantes 61 – Vannes 79

Accès Pont de Saint-Nazaire : passage gratuit

ℹ boulevard de la Légion d'Honneur, ✆ 02 40 22 40 65, www.saint-nazaire-tourisme.com

⛳18 de Savenay, à Savenay, Le Chambeau, par rte de Nantes : 27km, ✆ 02 40 56 88 05

⛳9 de Guérande, à Guérande, Ville Blanche, par rte de Guérande : 22 km, ✆ 02 40 60 24 97

👁 Base de sous-marins★ - Escal'Atlantic★★ BYZ- Forme-écluse "Louis-Joubert"★ - Terrasse panoramique★ **B** - Pont routier de St-Nazaire-St-Brévin★ par ①.

Le Berry

1 pl. Pierre Semard – ✆ 02 40 22 42 61 – www.hotel-du-berry.fr – Fermé 24 déc.-2 janv. AY**r**

27 ch – 🚶85/138 € 🚶🚶95/160 € – ☕ 12 € – ½ P 80 €

Rest *(fermé dim. midi et sam.)* – Formule 15 € – Menu 30 € – Carte 35/65 €

◆ Bâtiment de l'après-guerre, face à la gare. Chambres d'esprit moderne, bien tenues et insonorisées. Choix de mets traditionnels au restaurant, clair et agréable.

Holiday Inn Express sans rest

1 r. de la Floride – ✆ 02 40 19 01 01 – www.hotelsaintnazaire.com BZ**a**

75 ch ☕ – 🚶89/150 € 🚶🚶89/150 €

◆ Hôtel né en 2008, face à l'ancienne base sous-marine, transformée en centre culturel. Déco moderne, équipements high-tech et bon confort, dans le nouveau cœur de la ville.

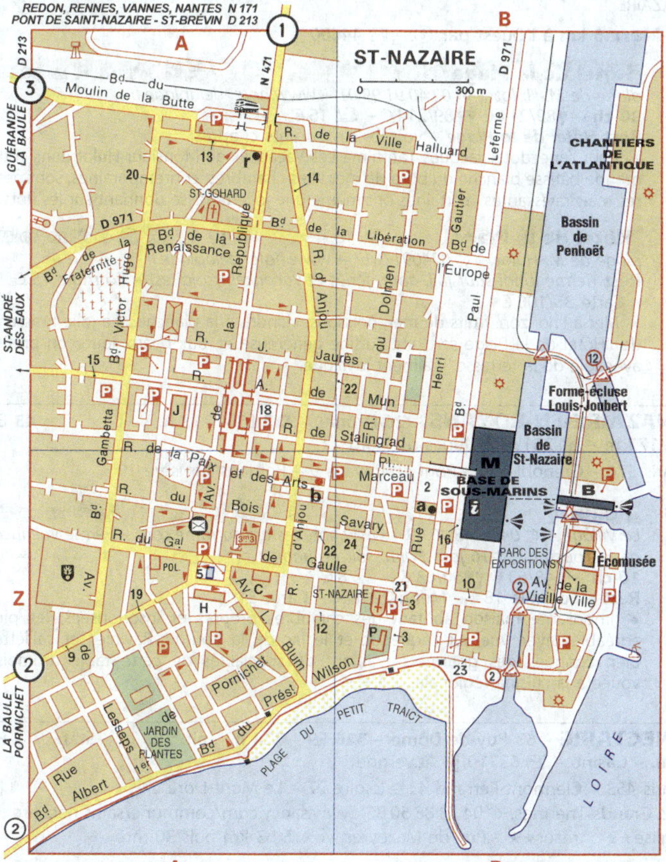

Le Sabayon

VISA MC AE

7 r. de la Paix – ✆ 02 40 01 88 21

– Fermé 1 sem. vacances de fév., trois sem. en août, dim. et lundi AZ**b**

Rest – Menu 18/50 € – Carte 30/52 €

◆ Sur une rue semi-piétonne, cette petite adresse familiale propose, dans un décor tout simple, une cuisine respectueuse de la tradition (préparations maison, produits frais).

À la réservation, faites-vous bien préciser le prix et la catégorie de la chambre.

à St-Marc 5 km à l'Ouest par ② – ✉ 44600

Hôtel de la Plage

plage de M.-Hulot – ☎ 02 40 91 99 01 – www.hotel-delaplage.fr
30 ch – 89/214 € 89/214 € – ☕ 15 €
Rest *Hôtel de la Plage* – voir les restaurants ci-après
◆ Pour l'anecdote, Jacques Tati filma Les Vacances de Monsieur Hulot dans cette grande bâtisse blanche du bord de mer ! Les chambres, contemporaines, sont petites mais ravissantes ; certaines ont même une jolie terrasse donnant sur les flots...

Hôtel de la Plage

plage de M.-Hulot – ☎ 0240917617 – www.hotel-delaplage.fr
Rest *(fermé lundi sauf juil.-août, fériés et vacances scolaires)* – Formule 15 € – Carte 35/100 €
◆ Mer à l'horizon, fruits de mer, poissons, viandes à la plancha... La jolie brasserie de l'Hôtel de la Plage sert une cuisine généreuse et, aux beaux jours, on profite avec joie de la terrasse, vraiment idyllique.

ST-NAZAIRE-EN-ROYANS – 26 Drôme – 332 E3 – 713 h. – alt. 172 m – ✉ 26190 Alpes du Nord   43 E2

Paris 576 – Grenoble 69 – Pont-en-Royans 9 – Romans-sur-Isère 19

Rome rest,

Le Village – ☎ 04 75 48 40 69 – www.hotelrestaurantrome.com – Fermé vacances de la Toussaint, 2-16 janv., dim. soir et lundi
10 ch – 48/63 € 50/63 € – ☕ 8 €
Rest – Formule 18 € – Menu 22/47 € – Carte 31/51 €
◆ Imposante maison abritant des chambres propres et insonorisées, les plus agréables avec vue sur l'aqueduc et le lac de la Bourne. Ravioles et caillettes bien connues des gourmets : autant de spécialités de cette table drômoise vouée à la cuisine régionale.

ST-NECTAIRE – 63 Puy-de-Dôme – 326 E9 – 724 h. – alt. 700 m – Stat. therm. – Casino – ✉ 63710 Auvergne   5 B2

Paris 453 – Clermont-Ferrand 43 – Issoire 27 – Le Mont-Dore 24
les Grands Thermes, ☎ 04 73 88 50 86, www.sancy.com/commune/saint-nectaire
Église★★ : trésor★★ - Puy de Mazeyres ✳★ E : 3 km puis 30 mn.

Mercure ch,

Les Bains Romains – ☎ 04 73 88 57 00 – www.hotel-bains-romains.com
71 ch – 120/140 € 120/140 € – ☕ 14 € – ½ P 92/102 €
Rest – Menu 25/29 € – Carte 34/48 €
◆ Belles prestations en cet hôtel installé dans les anciens thermes de la cité. Hall et salon d'un élégant classicisme, chambres contemporaines (parquet, touches colorées). Salle à manger raffinée et terrasse en bord de piscine l'été ; carte traditionnelle.

ST-NEXANS – 24 Dordogne – 329 E7 – rattaché à Bergerac

ST-NIZIER-SOUS-CHARLIEU – 42 Loire – 327 D3 – 1 658 h. – alt. 260 m – ✉ 42190   44 A1

Paris 406 – Clermont-Ferrand 140 – Mâcon 113 – Saint-Étienne 98

Aux Forêts ch, ch,

996 rte de Fleury – ☎ 06 22 48 75 95 – www.aux-forets.fr – Ouvert 6 avril-4 nov.
3 ch ☕ – 78 € 95 € **Table d'hôte** – Menu 30 € bc
◆ Ancienne maison de vigneron du 18e s. sur une propriété arborée et fleurie. Les chambres sont confortables et raffinées (mobilier de famille et chiné). Jolie bibliothèque.

ST-OMER – 62 Pas-de-Calais – **301** G3 – **15 022 h. – alt. 23 m** **30** B2

– 62500 Nord Pas-de-Calais Picardie

Paris 257 – Arras 77 – Boulogne-sur-Mer 52 – Calais 43

4, rue du Lion d'Or, 03 21 98 08 51, www.tourisme-saintomer.com

Saint-Omer Golf Club, à Acquin, Chemin des Bois, par rte de Boulogne-sur-Mer : 15 km, 03 21 38 59 90

Quartier de la cathédrale★★ : cathédrale Notre-Dame★★ - Hôtel Sandelin et musée★ AZ - Anc. chapelle des Jésuites★ AZ **B** - Jardin public★ AZ.

Ascenseur à bateaux des Fontinettes★ SE : 5,5 km - Coupole d'Helfaut-Wizernes★★, S : 5 km.

Plan page suivante

St-Louis
rest, rest, VISA AE

25 r. d'Arras – 03 21 38 35 21 – www.hotel-saintlouis.com – Fermé 21 déc.-7 janv.

30 ch – 73 € 73/78 € – 10 € BZ**s**

Rest *(fermé le midi du 13 juil. au 31 août, sam. midi et dim. midi)* – Formule 14 € – Menu 17/26 € – Carte 22/37 €

◆ À proximité de la cathédrale, dans un ancien relais de poste, un hôtel simple, typique de la région. Les chambres sont propres et bien entretenues, plus récentes dans l'annexe. Pratique pour découvrir le pays de Saint-Omer.

Le Bretagne
VISA AE

2 pl. du Vainquai – 03 21 38 25 78 – www.hotellebretagne.com – Fermé 1er-15 août, 1er-15 janv. BY**r**

66 ch – 77/120 € 77/120 € – 10 €

Rest *Le Bretagne* – voir les restaurants ci-après

◆ Une grande maison sur une petite place du centre-ville. Les chambres sont sobres et confortables, décorées de mobilier hôtelier récent. Intéressant pour visiter à prix correct la "ville aux briques jaunes".

Le Cygne
VISA AE

8 r. Caventou – 03 21 98 20 52 – www.restaurantlecygne.fr – Fermé 3 sem. en août, 2 sem. en fév., dim. soir et lundi sauf fériés AZ**e**

Rest – Formule 16 € – Menu 19 € (sem.), 28/55 € – Carte 30/66 €

◆ Cadre agréablement bourgeois et menus de saison ; clins d'œil aux différentes régions et au Nord ! Bœuf au maroilles, granité à la Kriek cerise, parfait au speculoos...

Le Bretagne – Hôtel Le Bretagne
VISA AE

2 pl. du Vainquai – 03 21 38 25 78 – www.hotellebretagne.com – Fermé 1er-15 août, 1er-15 janv., sam. midi, dim. et fériés BY**r**

Rest – Formule 15 € – Menu 28 € – Carte environ 35 €

◆ Une brasserie moderne (banquettes rouges, miroirs) et conviviale, idéale pour déguster soles, coquilles Saint-Jacques, turbot sauce mousseline, etc.

à Blendecques 4 km par ② et D 211 – **5 162 h. – alt. 25 m** – 62575

Le St-Sébastien avec ch
VISA

2 pl. de la Libération – 03 21 38 13 05 – www.lesaintsebastien.fr – Fermé 20-30 déc., dim. soir et fériés le soir

7 ch – 51 € 62 € – 8 € – ½ P 55 €

Rest – Formule 15 € – Menu 17/30 € – Carte 37/46 €

◆ Une sympathique auberge de l'agglomération audomaroise, dans une jolie maison de pays : accueil familial, coquet décor rustique et bonnes recettes traditionnelles. Quelques chambres à l'étage, décorées avec goût et simplicité, parfaites pour se reposer.

à Tilques 6 km par ④, D 943 et rte secondaire – **1 067 h. – alt. 27 m** – 62500

Château Tilques
VISA AE

– 03 21 88 99 99 – www.chateautilques.com

53 ch – 129/350 € 129/350 € – 19 €

Rest *Château Tilques* – voir les restaurants ci-après

◆ Cygnes et paons se promènent dans le parc de ce château en brique de 1891. Tentures fleuries et meubles de style dans les chambres ; atmosphère plus contemporaine dans l'annexe.

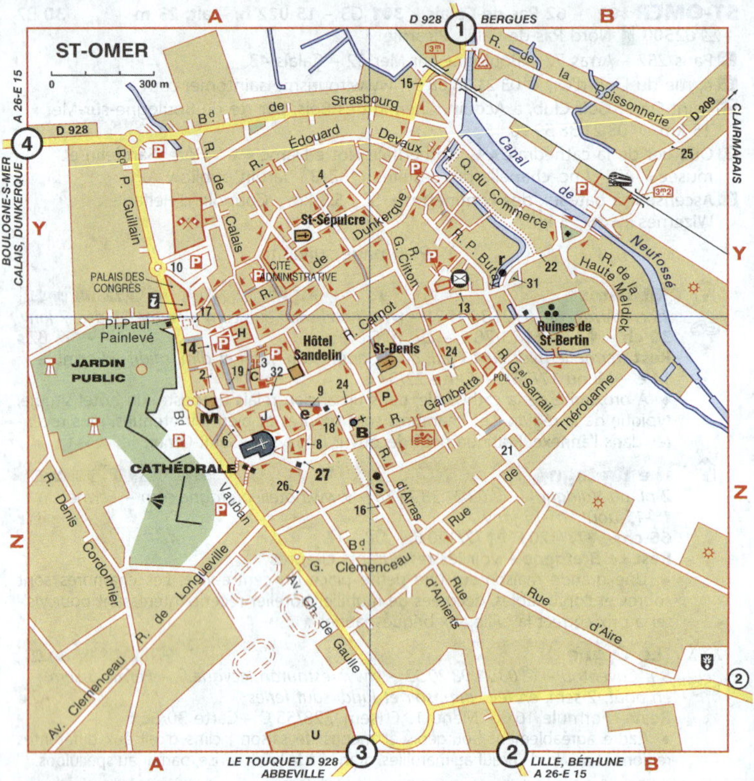

Arras (R. d')	BZ		Esplanade	AY	10	Perpignan (Pl. de)	BZ	21
Bonhomme (Pl. P.)	AZ	2	Faidherbe (R.)	BY	13	Ringot (R. François)	BY	22
Calais (R. de)	AY		Foch (Pl. Mar.)	AZ	14	Ste-Croix (R.)	AZ	26
Clouteries (R. des)	AZ	3	Gaîté (R. de la)	BY	15	St-Bertin (R.)	BZ	24
Courteville (R.)	AY	4	Griffon (R. du)	ABZ	16	St-Martin (R.)	BY	25
Dunkerque (R. de)	ABY		Lion-d'Or (R. du)	AYZ	17	Sithieu (Pl.)	AZ	27
Dupuis (R. Henri)	AZ	6	Lycée (R. du)	AZ	18	Vainquai (Pl. du)	BY	31
Écusserie (R. de l')	AZ	8	Martel (R. Louis)	AZ	19	Victor-Hugo (Pl.)	AZ	32
Epeers (R. des)	AZ	9						

XXX **Château Tilques**

– ✆ 03 21 88 99 99 – www.chateautilques.com

Rest – Formule 18 € bc – Menu 37/52 € – Carte 54/66 €

◆ Les anciennes écuries du Château Tilques se sont transformées en un beau restaurant cossu. Parmi les spécialités classiques du lieu, le foie gras aux spéculos.

ST-OUEN – 93 Seine-Saint-Denis – **305** F7 – **101** 16 – **voir à Paris, Environs**

ST-OUEN – 41 Loir-et-Cher – **318** D5 – **rattaché à Vendôme**

ST-OUEN-LES-VIGNES – 37 Indre-et-Loire – **317** O4 – **rattaché à Amboise**

ST-PALAIS – 64 Pyrénées-Atlantiques – **342** F5 – **1 882 h.** – **alt. 50 m** **3** B3

– ✉ 64120 Pays Basque et Navarre

Paris 788 – Bayonne 52 – Biarritz 63 – Dax 60

14, place Charles-de-Gaulle, ✆ 05 59 65 71 78, www.saintpalais-tourisme.com

La Maison d'Arthezenea ch, VISA AE

42 r. du Palais de Justice – ✆ 05 59 65 85 96 – www.gites64.com/maison-darthezenea

4 ch – 65 € 70 € **Table d'hôte** – Menu 25 € bc

◆ Dans cette demeure en pierre et son jardin verdoyant, on se sent comme chez soi. Élégante atmosphère "maison de famille" : parquet, gravures et mobilier ancien... À la table d'hôte, belles spécialités (foie gras maison, ris d'agneau et palombe flambée en saison).

Trinquet avec ch rest, rest, VISA

31 r. du Jeu de Paume – ✆ 05 59 65 73 13 – www.le-trinquet-saint-palais.com – Fermé 16 avril-9 mai et 24 sept.-9 oct.

9 ch – 59 € 60/71 € – 7 € – ½ P 60/69 €

Rest *(fermé dim. soir et lundi)* – Carte 27/44 €

◆ Sur la place du foirail, derrière une façade rétro, cette maison possède un authentique trinquet, pour jouer à la pelote ! La cuisine, simple et de qualité, privilégie le terroir ; agréable décor de bistrot contemporain. Chambres confortables, d'esprit actuel.

ST-PALAIS-SUR-MER – 17 Charente-Maritime – 324 D6 – 3 890 h. 38 A3

– alt. 5 m – 17420 Poitou Vendée Charentes

Paris 512 – La Rochelle 82 – Royan 6

1, avenue de la République, ✆ 05 46 23 22 58, www.saint-palais-sur-mer.com

La Grande Côte★★ NO : 3 km - Zoo de la Palmyre★★ NO : 10 km.

De la Plage VISA

1 pl. de l'Océan – ✆ 05 46 23 10 32 – www.hoteldelaplage-stpalais.fr – Ouvert 10 fév.-1er nov.

29 ch – 53/70 € 58/80 € – 10 € – ½ P 61/66 €

Rest ***De la Plage*** – voir les restaurants ci-après

◆ Un hôtel familial du centre-ville avec des chambres simples et pratiques, certes petites mais très bien tenues. Dans la courette, une piscine vraiment sympa... les vacances !

Ma Maison de Mer ch, VISA

21 av. du Platin – ✆ 05 46 23 64 86 – www.mamaisondemer.com

5 ch – 80/100 € 90/155 €

Table d'hôte *(ouvert juil.-août)* – Menu 30 € bc/49 € bc

◆ Ma maison de mer ? Plutôt celle d'une sympathique Britannique, peintre à ses heures... Au charme de cette demeure des années 1930 s'ajoute celui d'un intérieur élégant. Du blanc, du gris, des marines... Apaisant et frais ! Cerises sur le cake : le beau jardin et le petit-déjeuner avec des produits du marché.

Les Agapes VISA AE

8 r. M.-Vallet – ✆ 05 46 23 10 23 – www.les-agapes.fr – Fermé vacances de la Toussaint, janv., mardi, merc. de fév. à mars et lundi

Rest – Formule 16 € bc – Menu 26/49 € – Carte 54/71 €

◆ Dans cette maison face au marché, le chef concocte des plats traditionnels bien tournés, avec une pointe d'invention : ris de veau braisés au pineau, filet de bar en croûte d'épices... De belles agapes dans un cadre accueillant !

Le Flandre VISA AE

av. Tamaris, rte de la Palmyre – ✆ 05 46 23 36 16 – www.leflandre.com – Fermé 12 nov.-31 janv., dim. soir, mardi et merc. hors saison

Rest – Formule 19 € – Menu 24/43 € – Carte 29/60 €

◆ Plafond façon coque de bateau renversée, vivier à homards et produits de la mer dans l'assiette : ce restaurant niché dans une forêt de pins affirme un bel ancrage maritime.

De la Plage – Hôtel De la Plage VISA

1 pl. de l'Océan – ✆ 05 46 23 10 32 – www.hoteldelaplage-stpalais.fr – Ouvert 10 mars-10 oct. et fermé dim. soir et lundi sauf de mai à sept.

Rest – Formule 17 € bc – Menu 19/38 € – Carte 19/38 €

◆ Aile de raie cuite à la perfection et ses pommes de terre et tomates confites, délicieuse crème brûlée... Le chef concocte une cuisine simple et juste, où fraîcheur rime avec saveur. Un rendez-vous gourmand, avec vue sur la mer !

ST-PAL-DE-MONS – 43 Haute-Loire – 331 H2 – 2 022 h. – alt. 840 m 6 D3
– ✉ 43620

Paris 516 – Clermont-Ferrand 177 – Le Puy-en-Velay 57 – Saint-Étienne 35

Les Feuillantines rest, VISA AE

La Vialatte – ✆ 04 71 75 63 25 – www.lesfeuillantines.com – Fermé 9-16 avril, 3 août-3 sept., 31 déc.-7 janv.

12 ch – †61/64 € ††61/64 € – ☕ 9 € – ½ P 60/63 €

Rest *(fermé dim. soir et vend.)* – Menu 20 € (sem.), 27/50 € – Carte 33/59 €

◆ Sur les hauteurs du village, un établissement contemporain au cœur d'un superbe environnement : les chambres, spacieuses et confortables – certaines avec balcon –, donnent majoritairement sur la vallée et les massifs. Une jolie vue dont on profite également du restaurant (carte traditionnelle).

ST-PATERNE – 72 Sarthe – 310 J4 – rattaché à Alençon

ST-PATRICE – 37 Indre-et-Loire – 317 K5 – rattaché à Langeais

ST-PAUL – 06 Alpes-Maritimes – 341 D5 – 3 477 h. – alt. 125 m 42 E2
– ✉ 06570 Côte d'Azur

Paris 922 – Antibes 18 – Cagnes-sur-Mer 7 – Cannes 28

2, rue Grande , ✆ 04 93 32 86 95, www.saint-pauldevence.com

Site★ - Remparts★ - Fondation Maeght★★.

Le Saint-Paul AC VISA AE

86 r. Grande, (au village) – ✆ 04 93 32 65 25 – www.lesaintpaul.com – Fermé 4 nov.-1er mars

15 ch – †300/330 € ††300/330 € – 1 suite – ☕ 28 €

Rest *Le Saint-Paul* – voir les restaurants ci-après

◆ Belles pierres, fresques champêtres, fontaine, chambres au charme feutré... Voilà le décor élégant de cette demeure du 16e s. perchée dans le village médiéval.

La Colombe d'Or AC ch, P VISA AE

pl. Ch. de Gaulle – ✆ 04 93 32 80 02 – www.la-colombe-dor.com – Fermé 24 oct.-22 déc. et 5-15 janv.

14 ch – †300/305 € ††300/305 € – 11 suites – ☕ 16 € **Rest** – Carte 60/95 €

◆ Prisé des célébrités, cet hôtel-restaurant est un vrai musée ! Il abrite une superbe collection de peintures et de sculptures d'artistes ayant séjourné ici, tels Braque, Léger, Ben... Cadre "vieille Provence" et chambres au décor romantique ; terrasse délicieusement ombragée.

Le Mas de Pierre Spa AC VISA AE

2320 rte des Serres, 2 km au Sud – ✆ 04 93 59 00 10 – www.lemasdepierre.com

46 ch – †240/795 € ††240/795 € – 2 suites – ☕ 26 €

Rest *Le Mas de Pierre* Rest *Le Bistrot* – voir les restaurants ci-après

◆ Au cœur d'un jardin méridional enchanteur, de superbes bastides avec des chambres au luxe raffiné. Ici, tout est si reposant : le spa, la jolie piscine... Quoi de mieux que de lézarder et de musarder en laissant le temps filer ?

XXX **Le Saint-Paul** – Hôtel Le Saint-Paul AC VISA AE

86 r. Grande, (au village) – ✆ 04 93 32 65 25 – www.lesaintpaul.com – Fermé 4 nov.-1er mars, mardi et merc. hors saison

Rest – Menu 48 € (déj.), 70/85 € – Carte 60/90 €

◆ Dans ce restaurant cossu et cosy – la délicieuse terrasse joue les romantiques –, le chef a œuvré dans une grande maison transalpine : ses plats, frais et contemporains, se parent des belles influences de la Botte.

XXX **Le Mas de Pierre** – Hôtel Le Mas de Pierre AC VISA AE

2320 rte des Serres, 2 km au Sud – ✆ 04 93 59 00 10 – www.lemasdepierre.com – Fermé dim. et lundi

Rest *(dîner seult)* – Menu 95 € – Carte 65/115 €

◆ Asperges vertes du pays au jambon de Parme, filet de pagre piqué de belles olives noires et son sorbet de parmesan... Une jolie cuisine de la Méditerranée dans un élégant Mas !

Toile Blanche avec ch

826 chemin Pounchounière – ✆ 04 93 32 74 21 – www.toileblanche.com – Fermé 9 janv.-9 fév. et 15 nov.-15 déc.

7 ch – 165/350 € 165/350 € – 15 € – ½ P 135/225 €

Rest *(fermé dim. soir et lundi hors saison) (nombre de couverts limité, réserver)* – Formule 23 € – Menu 29 € (déj.), 35/55 €

◆ En contrebas du village, dans le vallon, cette Toile Blanche ne manque ni de couleur ni de piquant ! Dans l'assiette, la cuisine se fait inventive ; la piscine est ravissante, le jardin verdoyant et calme... Quant aux chambres, elles cultivent un style contemporain "trendy".

Le Tilleul

pl. du Tilleul – ✆ 04 93 32 80 36 – www.restaurant-letilleul.com

Rest – Formule 25 € – Menu 29 € (déj. en sem.), 38/45 € – Carte 35/65 €

◆ Sur une petite place, la terrasse de ce bistrot chic est tout simplement superbe... Ah ! qu'il fait bon y savourer la jolie cuisine traditionnelle aux parfums de Provence qu'on vous propose à l'ardoise.

Le Vieux Moulin

rte de Vence, lieu-dit Sainte-Claire – ✆ 04 93 58 36 76 – www.levieuxmoulinsaintpaul.fr – Fermé 10 janv.-1er mars, dim. soir et lundi de nov. à mars

Rest – Formule 19 € – Carte 35/55 €

◆ Fleur de courgette et aubergine en beignets, filet de bœuf sauce béarnaise... Le chef réalise une cuisine traditionnelle et méridionale 100 % maison, ou plutôt 100 % moulin à huile du 17es. ! Dans la salle, admirez la meule et le pressoir.

Le Bistrot – Hôtel Le Mas de Pierre

2320 rte des Serres, 2 km au Sud – ✆ 04 93 59 00 10 – www.lemasdepierre.com

Rest – Menu 49 € bc – Carte 45/55 €

◆ Le Bistrot du Mas de Pierre ? C'est une grande terrasse ombragée tout près de la piscine, une salle fraîche où il fait bon s'installer et une cuisine évidemment bistrotière, mais qui n'oublie pas d'honorer la tradition provençale.

par rte de La Colle-sur-Loup – ✉ 06570 St-Paul

Le Hameau sans rest

528 rte de la Colle, à 500 m. – ✆ 04 93 32 80 24 – www.le-hameau.com – Ouvert 14 fév.-15 nov.

15 ch – 105/230 € 120/280 € – 2 suites – 15 €

◆ Dans un jardin planté d'orangers et de cédrats, ce Hameau tout blanc a le charme douillet de l'authenticité. Murs à la chaux, faïence locale : rien ne manque ! Sans parler des bonnes confitures maison dont on se régale au petit-déjeuner...

La Grande Bastide sans rest

1350 rte de la Colle – ✆ 04 93 32 50 30 – www.la-grande-bastide.com – Fermé 26 nov.-20 déc. et 15 janv.-15 fév.

12 ch – 145/260 € 145/260 € – 2 suites – 21 €

◆ En pleine verdure, ce mas du 18es. a été rénové avec goût. Toutes les chambres ont un balcon donnant sur le village et la mer ; avec leurs tissus élégants, leur charme romantique et méridional, elles ne manquent pas de caractère !

Les Vergers de St Paul sans rest

940 rte de la Colle – ✆ 04 93 32 94 24 – www.vergersdesaintpaul.com

17 ch – 125/160 € 135/280 € – 14 €

◆ À l'entrée du village, un hôtel niché dans un petit jardin. Du blanc, des moulures, des rayures pour un esprit assez cosy : les chambres (avec terrasse ou balcon) sont agréables et certaines donnent de plain-pied sur la piscine.

Hostellerie des Messugues sans rest

allée des Lavandes, 500 m, quartier Gardettes par rte de la Fondation Maeght – ✆ 04 93 32 53 32 – www.hotel-messugues-saintpaul.com – Ouvert 1er avril-30 oct.

15 ch – 95/170 € 95/170 € – 14 €

◆ Une villa provençale dans une pinède... au calme. Parmi les curiosités du lieu, il y a la jolie piscine circulaire et les portes des chambres, qui proviennent d'une prison du 19es. ! Méridional, plaisant et très bien tenu.

ST-PAUL-DOUEIL – 31 Haute-Garonne – **343** B8 – rattaché à Bagnères-de-Luchon

ST-PAUL-LÈS-DAX – 40 Landes – **335** E12 – rattaché à Dax

ST-PAUL-LÈS-ROMANS – 26 Drôme – **332** D3 – rattaché à Romans-sur-Isère

ST-PAUL-TROIS-CHATEAUX – 26 Drôme – **332** B7 – 8 465 h. **44** B3
– alt. 90 m – ✉ 26130 Lyon Drôme Ardèche

Paris 628 – Montélimar 28 – Nyons 39 – Orange 33

place Chausy, ✆ 04 75 96 59 60, www.office-tourisme-tricastin.com

Cathédrale St-Paul★ - Barry ≤★★ S : 8 km.

Villa Augusta

14 r. Serre Blanc – ✆ 04 75 97 29 29 – www.villaaugusta.fr – Fermé 2-24 janv.

22 ch – †120/140 € ††120/360 € – 1 suite – ☕ 18 €

Rest ***David Mollicone*** – voir les restaurants ci-après

◆ Une jolie villa provençale du 19ᵉs. et son jardin arboré, où il fait bon flâner et faire quelques brasses. Côté déco, les couleurs vives, l'esprit méridional et le style contemporain se mêlent élégamment, pour des chambres cosy...

David Mollicone – Hôtel Villa Augusta

14 r. Serre Blanc – ✆ 04 75 97 29 29 – www.villaaugusta.fr – Fermé 2-24 janv., dim. soir sauf juil.-août et lundi

Rest – Formule 28 € – Menu 48/98 € – Carte 60/100 €

◆ Du blanc, du gris : un lieu lumineux, élégant et reposant, au service d'une cuisine fine. Le chef n'est jamais à court d'idée lorsqu'il s'agit de faire preuve d'inventivité et de marier de beaux produits...

Vieille France-Jardin des Saveurs

chemin des Goudessards, 1,2 km rte La Garde Adhémar – ✆ 04 75 96 70 47 – www.restaurant-vieillefrance-jardindessaveurs.com – Fermé 1 sem. en avril, 1 sem. en oct., le midi en juil.-août sauf dim., dim. soir, merc. et jeudi de la Toussaint à Paques, lundi et mardi

Rest *(nombre de couverts limité, réserver)* – Menu 29/59 €

◆ Dans un beau jardin, ce mas – de construction récente – cache un décor provençal soigné. Goûteuse cuisine méridionale (menu truffe en saison), superbe choix de côtes-du-rhône.

L et Lui

2 r. Charles-Chaussy – ✆ 04 75 46 61 14 – www.letlui.com – Fermé 25 juin-2 juil., 26 nov.-3 déc., dim. de mars à nov., merc. sauf le midi de mars à nov., mardi de déc. à fév. et lundi

Rest – Formule 22 € – Menu 27 € (déj. en sem.), 37/52 €

◆ L jardine et Lui cuisine... les produits de son potager, à travers des menus "Improvisations" ! Chaque mois, la cave met à l'honneur un vigneron. Décor acidulé, comme le concept.

ST-PÉE-SUR-NIVELLE – 64 Pyrénées-Atlantiques – **342** C4 – 5 391 h. **3** A3
– alt. 30 m – ✉ 64310

Paris 785 – Bayonne 22 – Biarritz 17 – Cambo-les-Bains 17

place du Fronton, ✆ 05 59 54 11 69, www.saint-pee-sur-nivelle.com

L' Auberge Basque (Cédric Béchade) avec ch

quartier Helbarron, D 307 (ancienne rte de St-Pée à St-Jean-de-Luz) – ✆ 05 59 51 70 00 – www.aubergebasque.com – Fermé 12-29 mars

12 ch – †70/250 € ††90/250 € – ☕ 16 €

Rest *(fermé sam. midi, mardi midi et lundi)* – Formule 26 € – Menu 36/136 € – Carte 46/66 €

Spéc. Piperade, copeaux d'épaule de cochon Ibérique. Merlu de ligne "salsa verde", boulangère au citron. Russe touron-citron, sorbet piment d'Espelette (printemps-été).
Vins Irouléguy.

◆ Cette ferme du 17ᵉ s. cache une aile très contemporaine, ouverte sur la Rhune et la campagne... Même alliage en cuisine : le chef signe des mets très inventifs, dont les racines plongent dans le terroir. Assiettes pleines de saveurs et de couleurs ! Chambres confortables ; "grand" petit-déjeuner tout en gourmandises...

Le Fronton
quartier Ibarron, rte de St-Jean-de-Luz – ✆ 05 59 54 10 12
– Fermé 1er fév.-12 mars, dim. soir, lundi, mardi, merc. et jeudi
Rest – Menu 39 € – Carte 45/55 €
◆ Un jardin d'hiver tout droit sorti des années 1970 : la déco de cette jolie maison basque ne manque pas de surprendre ! Côté cuisine, le chef vous concocte des plats traditionnels goûteux et copieux avec de beaux produits du marché.

ST-PÉRAY – 07 Ardèche – 331 L4 – 7 268 h. – alt. 124 m – ✉ 07130 43 E2

Paris 562 – Lamastre 35 – Privas 39 – Tournon-sur-Rhône 15
1, rue la République, ✆ 04 75 40 46 75
Ruines du château de Crussol : site★★★ et ★★ SE : 2 km.
Saint-Romain-de-Lerps ★★★ NO : 9,5 km par D 287, Lyon Drôme Ardèche

à Soyons 7 km au Sud par D 86 – 1 947 h. – alt. 106 m – ✉ 07130

Domaine de Soyons rest,
D 86, 670 rte de Nîmes – ✆ 04 75 60 83 55
– www.ledomainedesoyons.com – Fermé 22 oct.-3 nov., 1er-10 janv. et 20-28 fév.
28 ch – 96/118 € 112/146 € – 18 €
Rest – Menu 27 € (déj.)/63 € – Carte 75/95 €
◆ Une chaleureuse atmosphère règne dans cette belle demeure du 19e s. entourée d'un parc verdoyant (cèdre tricentenaire). Chambres de style Empire ou d'esprit provençal. Goûteuses recettes actuelles servies dans une salle à manger bourgeoise prolongée d'une véranda.

ST-PÈRE – 89 Yonne – 319 F7 – rattaché à Vézelay

ST-PHILBERT-DE-GRAND-LIEU – 44 Loire-Atlantique – 316 G5 34 B2
– 7 617 h. – alt. 10 m – ✉ 44310 Poitou Vendée Charentes

Paris 405 – Nantes 27 – Niort 150 – Rennes 138
place de l'Abbatiale, ✆ 02 40 78 73 88

La Bosselle rest, ch,
8 r. du Port – ✆ 02 40 78 73 47 – www.la-bosselle.fr
14 ch – 60 € 60/63 € – 8 € – ½ P 69 €
Rest – Formule 13 € – Menu 18/35 € – Carte 30/40 €
◆ Près de l'abbatiale, cet établissement familial créé en 2001 propose des chambres simples et fonctionnelles, plus calmes sur l'arrière. Au restaurant, salle lumineuse et spécialités de poissons du lac (pêchés à la bosselle) et de grillades au feu de bois.

ST-PHILIBERT – 56 Morbihan – 308 N9 – 1 477 h. – alt. 15 m – ✉ 56470 9 A3

Paris 489 – Lorient 50 – Rennes 137 – Vannes 29

Le Galet sans rest
rte de la Trinité-sur-Mer, 1,2 km au Nord par D 28 et D 781 – ✆ 02 97 55 00 56
– www.legalet.fr
21 ch – 80/110 € 110/130 € – 2 suites – 13 €
◆ Pour une escale tranquille à deux minutes de la Trinité-sur-Mer : un hôtel design entouré d'un joli jardin. Espace bien-être parfaitement conçu (soins du corps, sauna, hammam).

ST-PIERRE-CANIVET – 14 Calvados – 303 K6 – rattaché à Falaise

ST-PIERRE-D' ALBIGNY – 73 Savoie – 333 J4 – 3 689 h. – alt. 410 m 46 F2
– ✉ 73250

Paris 596 – Annecy 77 – Chambéry 29 – Lyon 137
Rue Auguste Domenget, ✆ 04 79 25 19 38, www.saintpierredalbigny.fr

Château des Allues
Lieu-dit les Allues – ✆ 06 75 38 61 56 – www.chateaudesallues.com – Fermé 1er nov.-15 déc.
5 ch – 105/125 € 120/150 € **Table d'hôte** *(fermé lundi)* – Menu 46 € bc
◆ Ce manoir du 19e s. a été rénové avec goût, dans un esprit mêlant subtilement ancien et contemporain : superbes boiseries, mobilier chiné, tissus raffinés... À la table d'hôte, on déguste les légumes du superbe potager bio – lequel est à découvrir.

ST-PIERRE-DE-JARDS – 36 Indre – **323** H4 – 123 h. – alt. 148 m **12** C3
– ✉ 36260

Paris 232 – Bourges 35 – Issoudun 22 – Romorantin-Lanthenay 40

Les Saisons Gourmandes

pl. des Tilleuls – ☎ 02 54 49 37 67 – Fermé 22 oct.-10 nov., 7-31 janv., lundi sauf le midi de sept. à juin, mardi soir et merc. sauf juil.-août, dim. soir

Rest – Menu 22 € (sem.), 36/47 € – Carte 27/48 €

◆ Une terrasse fleurie, des poutres peintes en "bleu berrichon" : l'endroit est bien sympathique ! Qu'il s'agisse d'une gibelotte de lapin sauce camembert et reuilly ou d'une mousse coco, gourmandise et convivialité sont au rendez-vous.

ST-PIERRE-DE-MANNEVILLE – 76 Seine-Maritime – **304** F5 **33** C2
– 724 h. – alt. 6 m – ✉ 76113 Normandie Vallée de la Seine

Paris 150 – Évreux 72 – Rouen 18 – Sotteville-lès-Rouen 20

Manoir de Villers sans rest

30 rte de Sahurs – ☎ 02 35 32 07 02 – www.manoirdevillers.com – Fermé 15 déc.-15 janv.

3 ch – 140 € 150 € – 10 €

◆ Ce fabuleux manoir normand (16e-19es.) appartient à la même famille depuis le 18es. Parquet, toile de Jouy, meubles anciens : un vrai musée qui ravira les amateurs !

ST-PIERRE-DES-CHAMPS – 11 Aude – **344** G4 – 164 h. – alt. 146 m **22** B3
– ✉ 11220

Paris 808 – Carcassonne 41 – Narbonne 41 – Perpignan 84

La Fargo

– ☎ 04 68 43 12 78 – www.lafargo.fr – Ouvert mi-mars-mi-nov.

12 ch – 80/140 € 80/140 € – 10 € – ½ P 80/110 €

Rest *(fermé le midi sauf week-ends)* – Menu 30 € (déj.) – Carte 40/55 €

◆ En pleine garrigue, cette jolie maison de pierre est un havre de paix... La terrasse ombragée, les chambres à l'élégance épuré (matériaux bruts, mobilier ancien ou indonésien), le restaurant et sa sympathique cuisine du marché : tout ici est plaisant !

ST-PIERRE-D'OLÉRON – 17 Charente-Maritime – **324** C4 – voir à Île d'Oléron

ST-PIERRE-DU-MONT – 14 Calvados – **303** G3 – 78 h. – alt. 25 m **32** B2
– ✉ 14450

Paris 291 – Bayeux 29 – Caen 58 – St-Lô 58

Le Château Saint Pierre sans rest

1 km à l'Ouest par D 514 – ☎ 02 31 22 63 79 – www.chambresdhotes-bayeuxarromanchesgrancamp.com

5 ch – 50/58 € 65/80 €

◆ L'adresse idéale pour visiter les plages du Débarquement tout en profitant des charmes d'une demeure normande du 16es., classique et de bon goût. Au petit-déjeuner, on vous sert confitures maison et lait de ferme tout frais !

ST-PIERRE-DU-PERRAY – 91 Essonne – **312** D4 – **101** 38 – voir à Paris, Environs

ST-PIERRE-LA-NOAILLE – 42 Loire – **327** D2 – rattaché à Charlieu

ST-PIERREMONT – 88 Vosges – **314** H2 – 159 h. – alt. 251 m – ✉ 88700 **27** C2

Paris 366 – Lunéville 24 – Nancy 56 – St-Dié 43

Le Relais Vosgien

9 Grande Rue – ☎ 03 29 65 02 46 – www.relais-vosgien.fr – Fermé 22 déc.-10 janv.

19 ch – 75/120 € 92/140 € – 1 suite – 14 €

Rest ***Le Relais Vosgien*** – voir les restaurants ci-après

◆ Une grande maison – ancienne ferme – au cœur du bourg, tenue à ce jour par la quatrième génération Thénot, famille d'hôteliers dévoués ! Chambres confortables, au décor sobre et soigné, et petit espace bien-être.

Le Relais Vosgien

9 Grande Rue – 03 29 65 02 46 – www.relais-vosgien.fr – Fermé 22 déc.-10 janv. et dim. soir
Rest – Formule 17 € – Menu 29/65 € – Carte 45/115 €
◆ Nage de Saint-Jacques, tournedos Rossini, magret de canard aux mirabelles, assiette de ris de veau... La carte égrène les classiques, mais l'atmosphère n'est nullement compassée, avec un décor un chouia décalé (chaises dorées, tableaux colorés).

ST-PIERRE-QUIBERON – 56 Morbihan – 308 M9 – rattaché à Quiberon

ST-PIERRE-SUR-DIVES – 14 Calvados – 303 L5 – 3 623 h. – alt. 30 m 33 C2

– ✉ 14170 Normandie Cotentin
Paris 194 – Caen 35 – Hérouville-Saint-Clair 34 – Lisieux 27
23, rue Saint-Benoist, 02 31 20 97 90, www.mairie-saint-pierre-sur-dives.fr

Auberge de la Dives

27 bd Collas – 02 31 20 50 50 – Fermé 15 nov.-2 déc., 12-25 mars, dim. soir hors saison, lundi soir et mardi
Rest – Formule 15 € – Menu 20/34 € – Carte 34/60 €
◆ Cette auberge champêtre, dont la terrasse borde la Dives, propose des plats traditionnels faisant la part belle aux produits du terroir. Les plats mijotent sur le feu, ça sent bon...

ST-POL-DE-LÉON – 29 Finistère – 308 H2 – 7 038 h. – alt. 60 m 9 B1

– ✉ 29250 Bretagne
Paris 557 – Brest 62 – Brignogan-Plages 31 – Morlaix 21
place Evêché, 02 98 69 05 69, www.saintpoldeleon.fr
de Carantec, à Carantec, Rue de Kergrist, S : 10 km par D 58, 02 98 67 09 14
Clocher★★ de la chapelle du Kreisker★ : ★★ de la tour - Ancienne cathédrale★ - Rocher Ste-Anne : ★ dans la descente.

France sans rest

29 r. des Minimes – 02 98 29 14 14 – www.hotel-saint-pol.com – Fermé 5-25 janv.
22 ch – 50/60 € 55/65 € – 7 €
◆ Presque confidentielle, cette élégante demeure régionale des années 1930 est vraiment au calme ! Les chambres sont fonctionnelles et bien tenues ; optez pour celles ouvrant sur le Kreisker ou le jardin. Petit plus appréciable : le parking.

Auberge La Pomme d'Api

49 r. Verderel – 02 98 69 04 36 – www.aubergelapommedapi.com – Fermé 3 sem. en mars, 1 sem. en oct. , sam. midi, dim. soir et lundi sauf juil.-août
Rest – Formule 18 € bc – Menu 25 € (déj. en sem.), 40/80 € bc – Carte environ 50 €
◆ La maison est ancienne (1562) et typiquement bretonne avec sa grande cheminée en granit. Le chef donne goût et relief à ses plats, associant judicieusement de beaux produits terre et mer. Conseils avisés et accueil charmant de sa femme, sommelière.

ST-PONS – 07 Ardèche – 331 J6 – 262 h. – alt. 350 m – ✉ 07580 44 B3

Paris 621 – Aubenas 24 – Montélimar 21 – Privas 24

Hostellerie Gourmande "Mère Biquette"

Les Allignols, 4 km au Nord par rte secondaire – 04 75 36 72 61 – www.merebiquette.fr – Fermé 12 nov.-10 fév.
15 ch – 66/115 € 66/115 € – 12 € – ½ P 61/92 €
Rest ***Hostellerie Gourmande "Mère Biquette"*** – voir les restaurants ci-après
◆ Les amoureux de nature et de grand calme apprécieront cette ferme ardéchoise nichée entre vignes et châtaigniers. Chambres pratiques, plus spacieuses dans l'aile récente.

Hostellerie Gourmande "Mère Biquette"

Les Allignols, 4 km au Nord par rte secondaire – 04 75 36 72 61 – www.merebiquette.fr – Fermé 12 nov.-10 fév., dim. soir d'oct. à mars, lundi midi, mardi midi et merc. midi
Rest – Menu 25/43 € – Carte 35/52 €
◆ Rustique et chaleureux : aucun doute, il fait bon s'installer chez cette Mère Biquette et savourer ses petits plats régionaux et traditionnels. L'hiver, on trouve refuge près de la cheminée...

ST-PONS – 04 Alpes-de-Haute-Provence – **334** H6 – rattaché à Barcelonnette

ST-PORCHAIRE – 17 Charente-Maritime – **324** E5 – 1 602 h. – alt. 16 m – ✉ 17250 **38** B2

Paris 474 – Niort 77 – Rochefort 27 – La Rochelle 56

XX **Le Bruant** avec ch

76 r. Nationale – ✆ 05 46 94 65 36 – www.lebruant.com – Fermé dim. soir et lundi

4 ch – †50/55 € ††65/70 € – ☕ 9 €

Rest – Formule 15 € – Menu 20/47 € – Carte 30/65 €

◆ Une maison de pays au cœur du village, son beau jardin à l'ombre des platanes, ses airs de maison de vacances chic et cosy, son charme bucolique et... son agréable cuisine traditionnelle ! Comme si cela ne suffisait pas, les chambres sont de vrais petits nids douillets.

ST-PORQUIER – 82 Tarn-et-Garonne – **337** D7 – 1 318 h. – alt. 95 m – ✉ 82700 **28** B2

Paris 651 – Colomiers 60 – Montauban 18 – Toulouse 55

Les Hortensias sans rest

18 r. Ste-Catherine – ✆ 06 77 46 88 98 – www.chambres-hotes-leshortensias.com

3 ch ☕ – †60 € ††80 €

◆ Dans cette jolie maison en brique rose avec son grand jardin et son potager, les propriétaires sont aux petits soins pour leurs hôtes. Monsieur est ancien pâtissier et prépare souvent des douceurs sucrées... Les chambres sont simples et coquettes, dans un esprit champêtre.

ST-PÔTAN – 22 Côtes-d'Armor – **309** I3 – 772 h. – alt. 55 m – ✉ 22550 **10** C1

Paris 429 – Rennes 79 – Saint-Brieuc 46 – Saint-Malo 35

XX **Auberge du Manoir**

31 r. du 19 mars 1962 – ✆ 02 96 83 72 58 – www.auberge-du-manoir.pays-de-matignon.net – Fermé 2 sem. en nov., 2 sem. en fév., mardi soir, dim. soir et merc.

Rest – Formule 13 € – Menu 26/46 € – Carte 28/52 €

◆ Une étape gourmande dans cette auberge de village... Le midi, le chef propose un attrayant menu du jour à savourer côté bar, mais on peut aussi s'attabler dans la salle rustique, autour de plats traditionnels plus élaborés.

ST-POURÇAIN-SUR-SIOULE – 03 Allier – **326** G5 – 5 065 h. – alt. 234 m – ✉ 03500 Auvergne **5** B1

Paris 325 – Montluçon 66 – Moulins 33 – Riom 61

29, rue Marcellin Berthelot, ✆ 04 70 45 32 73, www.tourismesaintpourcinois.com

de Briailles, chemin du Château, E : 3 km, ✆ 04 70 45 49 49

Église Ste-Croix★ - Musée de la Vigne et du Vin★.

Le Chêne Vert

35 bd Ledru-Rollin – ✆ 04 70 47 77 00 – www.hotel-restaurant-chene-vert.com

29 ch – †57/59 € ††66/68 € – ☕ 8 €

Rest – Formule 14 € – Menu 18 € (sem.), 28/40 € – Carte 28/42 €

◆ À deux pas du centre historique, un hôtel de tradition, formé de deux maisons séparées par la rue. Préférez les chambres rajeunies. Salles de réunion. Cuisine traditionnelle et vins du cru au restaurant ; agréable terrasse ombragée.

ST-PRIEST – 69 Rhône – **327** I5 – rattaché à Lyon

ST-PRIEST-BRAMEFANT – 63 Puy-de-Dôme – **326** H6 – 835 h. – alt. 290 m – ✉ 63310 **6** C2

Paris 365 – Clermont-Ferrand 49 – Riom 34 – Thiers 26

Château de Maulmont ch,
1,5 km au Sud sur D 59 – ✆ 04 70 59 14 95 – www.chateau-maulmont.com – Ouvert de début avril à début nov.
18 ch – †135/195 € ††135/240 € – 1 suite – ☕ 15 € – ½ P 108/138 €
Rest *(fermé le midi en sem., dim. soir et lundi)* – Menu 30/90 € bc – Carte 51/76 €
◆ On goûte la tranquillité de ce château en faisant un saut dans le 19e s., époque où Mme Adélaïde, sœur de Louis-Philippe, le redécora. Meubles de style, boiseries, jardin à la française...

ST-PRIEST-EN-JAREZ – 42 Loire – **327** F7 – rattaché à St-Étienne

ST-PRIEST-TAURION – 87 Haute-Vienne – **325** F5 – 2 693 h. **24** B2
– alt. 255 m – ✉ 87480 Limousin Berry
Paris 387 – Bellac 47 – Bourganeuf 33 – Limoges 15
 - ≤★ du parc de Montméry N : 9 km par D 44.

Relais du Taurion
2 chemin des Contamines – ✆ 05 55 39 70 14 – www.relais-taurion.fr – Fermé 1er-16 oct., 17-27 déc., 2-15 janv., dim. soir, mardi midi et lundi
Rest – Menu 23 € (sem.), 31/42 € – Carte 34/58 €
◆ Non loin de la rivière, ce sympathique restaurant rustique – un ancien relais de poste – a été repris par un jeune couple en 2009. On y apprécie une généreuse cuisine traditionnelle, en toute simplicité.

ST-PRIVAT-DES-VIEUX – 30 Gard – **339** J4 – rattaché à Alès

ST-PRIX – 71 Saône-et-Loire – **320** E8 – 218 h. – alt. 464 m – ✉ 71990 **7** B2
Paris 308 – Le Creusot 41 – Dijon 107 – Montceau-les-Mines 54

Chez Franck et Francine
Le bourg – ✆ 03 85 82 45 12 – www.chez-franck-et-francine.fr.st – Fermé janv., dim. soir et lundi
Rest *(nombre de couverts limité, réserver)* – Menu 40/49 €
◆ Ici, tout est fait maison, de l'amuse-bouche au dessert ! Les légumes viennent du jardin, volailles et lapins de la ferme familiale. Parmi les spécialités du chef, le filet de bœuf Rossini.

ST-PRIX – 95 Val-d'Oise – **305** E6 – **101** 5 – voir à Paris, Environs

ST-PUY – 32 Gers – **336** E6 – 572 h. – alt. 171 m – ✉ 32310 **28** A2
Paris 731 – Agen 52 – Auch 32 – Toulouse 107

La Lumiane ch,
Grande rue – ✆ 05 62 28 95 95 – www.lalumiane.com
5 ch ☕ – †43/54 € ††52/68 € **Table d'hôte** – Menu 24 € bc
◆ Cette maison de notable du 17es., voisine de l'église du 12es., abrite de belles chambres rustiques (poutres, tomettes), un salon de lecture empreint de sérénité et un agréable jardin fleuri.

ST-QUAY-PORTRIEUX – 22 Côtes-d'Armor – **309** F3 – 3 057 h. **10** C1
– alt. 25 m – Casino – ✉ 22410 Bretagne
Paris 470 – Étables-sur-Mer 3 – Guingamp 29 – Lannion 54
17 bis, rue Jeanne d'Arc, ✆ 02 96 70 40 64, www.saintquayportrieux.com
des Ajoncs d'Or, O : 7 km, ✆ 02 96 71 90 74

Ker Moor sans rest
13 r. Prés. Le Sénécal – ✆ 02 96 70 52 22 – www.ker-moor.com
27 ch – †87/129 € ††109/169 € – ☕ 13 €
◆ Surprenant ! Une villa d'inspiration mauresque perchée au sommet d'une petite falaise face à la baie, le long du chemin des douaniers. Attention, les chambres avec balcon sont dans un bâtiment plus récent ; elles donnent toutes sur la mer.

Gerbot d'Avoine rest,
2 bd Littoral – ✆ 02 96 70 40 09 – www.gerbotdavoine.com
18 ch – †52/72 € ††58/98 € – ☕ 10 € – ½ P 61/81 €
Rest *(fermé d'oct. à fin mars, lundi hors saison et le midi sauf sam. et dim.)* – Formule 14 € – Menu 18 € (sem.), 26/55 € – Carte 29/65 €
◆ Dans la station balnéaire, cette ancienne maison bourgeoise (1894) est désormais un hôtel familial. Les chambres sont fonctionnelles, très bien tenues, et devraient bientôt prendre un coup de jeune. Une adresse classique de bord de mer.

ST-QUENTIN – 02 Aisne – 306 B3 – 56 843 h. 37 C2

– **Agglo. 103 781 h.** – **alt. 74 m** – ✉ **02100** Nord Pas-de-Calais Picardie

Paris 165 – Amiens 81 – Charleroi 161 – Lille 113

espace Victor Basch, ✆ 03 23 67 05 00

de Saint-Quentin-Mesnil, à Mesnil-Saint-Laurent, Rue de Chêne de Cambrie, SE : 10 km par D 12, ✆ 03 23 68 19 48

Basilique★ - Hôtel de ville★ - Collection de portraits de Maurice Quentin de La Tour★★ au musée Antoine-Lécuyer.

Le Grand Hôtel sans rest
6 r. Dachery – ✆ 03 23 62 69 77 – www.hotel-saint-quentin-aisne.com – Fermé 3 sem. en août et 2 sem. en déc. BZn
24 ch – †120 € ††130 € – ☕ 10 €
◆ Cette grande bâtisse construite au pied de la colline propose des chambres de tailles variées, fonctionnelles et desservies par un ascenseur panoramique.

Les Canonniers sans rest
15 r. Canonniers – ✆ 03 23 62 87 87 – www.hotel-canonniers.com – Fermé 6-26 août, sam. soir et dim. soir AZm
7 ch – †62 € ††85/120 € – ☕ 14 €
◆ On pénètre dans cette demeure bourgeoise par une belle cour pavée. Chambres calmes et personnalisées (avec cuisinette). Salons habillés de boiseries donnant sur un parc.

Mémorial sans rest
8 r. Comédie – ✆ 03 23 67 90 09 – www.hotel-memorial.com AZb
18 ch – †60/130 € ††60/130 € – ☕ 9 €
◆ Cet ancien hôtel particulier jouit d'une grande cour intérieure arborée. Chaque chambre a été rénovée avec goût : mobilier rustique, de style ou plus actuel.

Ibis sans rest
14 pl. Basilique – ✆ 03 23 67 40 40 – www.ibishotels.com ABZr
76 ch – †57/60 € ††57/60 € – ☕ 9 €
◆ Des chambres simples et bien tenues, derrière une élégante façade en briques rouges. Situation idéale pour une visite de la ville.

XX **Auberge de l'Ermitage**
331 rte de Paris, 3 km par ⑤ – ✆ 03 23 62 42 80 – Fermé 2 sem. en août, une sem. en fév., sam. midi, dim. soir et merc.
Rest – Formule 24 € bc – Menu 28 € (sem.), 41/55 € – Carte 51/63 €
◆ Cette auberge a fière allure avec sa façade, sa terrasse et ses extérieurs joliment rénovés. Plaisante salle à manger mi-classique mi-champêtre, petits plats traditionnels.

XX **Villa d'Isle**
111-113 r. d'Isle – ✆ 03 23 67 08 09 – www.villadisle.com – Fermé 1er-15 août, 1er-5 janv., sam. midi, dim. soir et lundi BZh
Rest – Formule 18 € – Menu 23/45 € – Carte 26/48 €
◆ Belle verrière, objets anciens et décoration moderne et ethnique : cette maison a l'art d'associer évocations du passé et touches actuelles. Cuisine bistrotière très alléchante.

XX **Le Rouget Noir**
19 r. Victor-Basch – ✆ 03 23 62 44 44 – www.lerougetnoir.com – Fermé 2-5 janv. et dim. soir AYZa
Rest – Formule 16 € bc – Menu 28/35 € – Carte 38/65 €
◆ Face aux halles de la ville, un restaurant contemporain tout en... "rouge et noir". Cuisine traditionnelle concoctée avec de bons produits.

ST-QUENTIN

Aumale (R. d') .... **AZ** 2
Basch (R. Victor) .... **AYZ** 3
Basilique (Pl. de la) .... **ABY** 4
Campions (Pl. des) .... **AZ** 5
Croix-Belle-Porte (R.) .... **AY** 6
Dufour-Denelle (Pl.) .... **AZ** 7
États-Généraux (R. des) .... **AY** 8
Foy (R. du Gén.) .... **AZ** 10
Gaulle (Av. du Gén.-de) ..... **BZ** 13
Gouvernement (R. du) ..... **BY** 15
Héros-du-2-Septembre-1945 (Pl. des) .... **BZ** 16
Herriot (R. Édouard) .... **BZ** 17
Hôtel-de-Ville (Pl. de l') ..... **AZ** 18
Isle (R. d') .... **BZ**
Leclerc (R. Gén.) .... **BZ** 21
Lyon (R. de) .... **BZ** 24
Mulhouse (Pl.) .... **BY** 25
Ovres (R. E.) .... **BY** 26
Paringault (R.) .... **ABY** 27
Pompidou (R. G.) .... **AY** 28
Prés.-J.-F.-Kennedy (R. du) .. **AY** 29
Raspail (R.) .... **AY**
Rémicourt (Av. de) .... **BY** 31
St-André (R.) .... **AY** 32
Sellerie (R. de la) .... **BZ** 33
Le Sérurier (R.) .... **AY** 23
Sous-Préfecture (R. de la) .. **BZ** 34
Thomas (R. A.) .... **AY** 36
Toiles (R. des) .... **BZ** 37
Verdun (Bd) .... **AZ** 38
Zola (R. Émile) .... **AZ**
8-Octobre (Pl. du) .... **BZ** 41

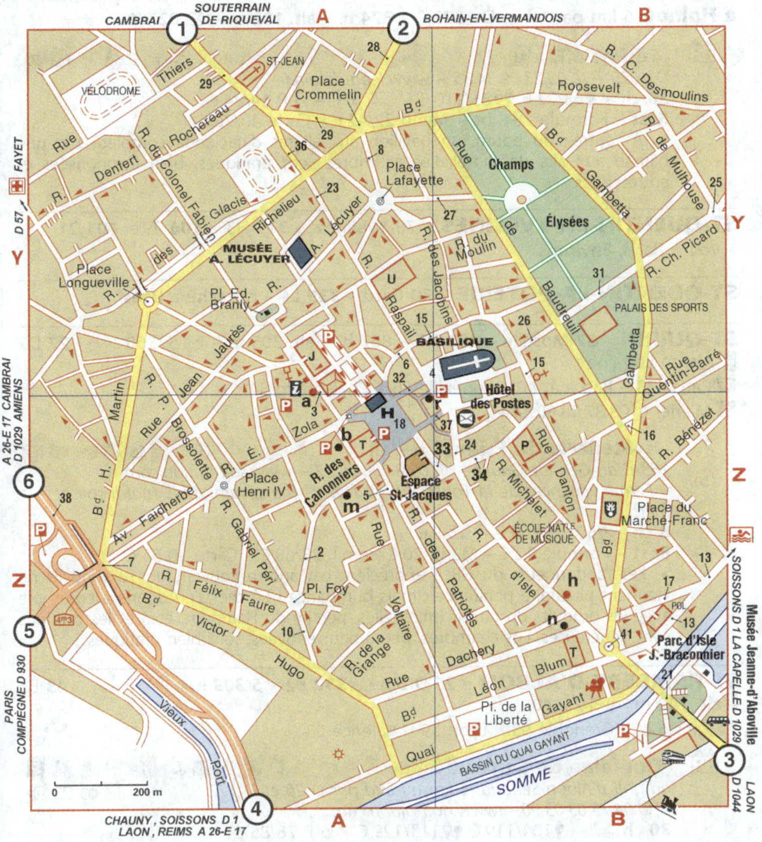

à Neuville-St-Amand 3 km par ③ et D 12 – 858 h. – alt. 82 m – ✉ 02100

Château

11 r. de la Fontaine – ✆ 03 23 68 41 82 – www.chateauneuvillestamand.com
– Fermé 30 juil.-20 août, 23 déc.-7 janv., sam. midi, dim. soir, lundi et fériés

15 ch – †78 € ††89 € – ☕ 12 €

Rest *Château* – voir les restaurants ci-après

◆ Quel calme... Le grand parc pour flâner et cette jolie maison de maître, accueillante et chaleureuse. Les chambres sont rustiques et propres, avec de grandes salles de bains.

Une bonne table sans se ruiner ? Repérez les Bib Gourmand.

XX **Château**

11 r. de la Fontaine – ✆ 03 23 68 41 82 – www.chateauneuvillestamand.com – Fermé 30 juil. -20 août, 23 déc.-7 janv., sam. midi, dim. soir, lundi et fériés

Rest – Menu 31 € (déj.), 61/69 € – Carte 50/70 €

◆ Une demeure bourgeoise en pleine verdure : le lieu idéal pour savourer une cuisine traditionnelle de qualité. Tête de veau, rognons cuits dans leur graisse... Immuable certes, mais goûteux !

à Holnon **6 km par ⑥ et D 1029 – 1 374 h. – alt. 102 m – ✉ 02760**

Le Pot d'Étain

D 1029 – ✆ 03 23 09 34 35 – www.lepotdetain.fr

30 ch – †63/72 € ††85/110 € – ☕ 10 € – ½ P 64/84 €

Rest – Formule 18 € bc – Menu 22/42 € – Carte 40/70 €

◆ À l'entrée du bourg, un pavillon aux allures d'hacienda complété par une bâtisse aux airs de motel. Les chambres sont pratiques, bien insonorisées et entretenues.

ST-QUENTIN-EN-YVELINES – 78 Yvelines – 311 H3 – 106 29 – 101 21 – voir à Paris, Environs

---

ST-QUENTIN-LA-POTERIE – 30 Gard – 339 L4 – rattaché à Uzès

ST-QUIRIN – 57 Moselle – 307 N7 – 807 h. – alt. 305 m – ✉ 57560 27 D2

Alsace Lorraine

▶ Paris 433 – Baccarat 40 – Lunéville 56 – Phalsbourg 34

ℹ Mairie, ✆ 03 87 08 60 34

XX **Hostellerie du Prieuré** avec ch

163 r. du Gén.-de-Gaulle – ✆ 03 87 08 66 52 – www.saintquirin.com – Fermé vacances de la Toussaint, 15 fév.-1er mars, sam. midi, mardi soir et merc.

8 ch – †50 € ††60 € – ☕ 8 €

Rest – Formule 12 € – Menu 20 € (sem.), 28/68 € – Carte 30/65 €

◆ Les randonneurs du GR 5 apprécient cet ancien couvent du 18es. où ils ne viennent plus faire pénitence... mais bombance ! Le chef s'en donne à cœur joie avec les produits du terroir (mirabelles, perche du Hampont, etc.) et les portions sont généreuses. Les chambres, peu à peu rénovées, sont bien pratiques.

ST-RAMBERT-D'ALBON – 26 Drôme – 332 B2 – 5 309 h. – alt. 142 m – ✉ 26140 43 E2

▶ Paris 522 – Grenoble 93 – Lyon 59 – Valence 53

Domaine de Senaud

au golf d'Albon-Senaud, 4 km au Sud par D 26 et D 122 – ✆ 04 75 03 03 90 – www.golf-albon.com

30 ch ☕ – †104/119 € ††113/129 € – ½ P 78/85 €

Rest *(fermé le dim. soir)* – Formule 17 € – Menu 20/32 € – Carte 25/40 €

◆ Modernité et confort résument l'esprit de cet hôtel récent situé en pleine nature. Chambres spacieuses (certaines avec lits king size) en prise avec le jardin. Côté restaurant, agréable salle panoramique, cuisine traditionnelle et formules spéciales "golfeurs".

ST-RAPHAËL – 83 Var – 340 P5 – 34 006 h. – Casino Z – ✉ 83700 41 C3

Côte d'Azur

▶ Paris 870 – Aix-en-Provence 121 – Cannes 42 – Fréjus 4

ℹ Quai Albert 1er, ✆ 04 94 19 52 52, www.saint-raphael.com

27 Esterel Latitudes, 745 Boulevard Darby, E : 5 km, ✆ 04 94 52 68 30

9 de Cap Estérel, E : 3 km, ✆ 04 94 82 55 00

◉ Collection d'amphores★ dans le musée archéologique **M.**

Accès et sorties : voir plan de Fréjus.

ST-RAPHAËL

Aicard (R. J.) . . . . Z 2
Albert-1er (Quai) . . . . Z 3
Allongue (R. Marius) . . . . Y 5
Barbier (R. J.) . . . . Z 6
Basso (R. Léon) . . . . Y 7
Baux (R. Amiral) . . . . Y 9
Carnot (Pl.) . . . . Y 10
Coty (Promenade René) . . . . . Z 13
Doumer (Av. Paul) . . . . Z 14
Gambetta (R.) . . . . Y 15
Gounod (R. Ch.) . . . . Z 17
Guilbaud (Cours Cdt) . . . . Z 18
Karr (R. A.) . . . . Y 21
Libération (Bd de la) . . . . Z 22
Liberté (R. de la) . . . . Y 23
Martin (Bd Félix) . . . . YZ 24
Péri (Pl. Gabriel) . . . . Y 26
Remparts (R. des) . . . . Y 28
Rousseau (R. W.) . . . . Y 30
Vadon (R. H.) . . . . Z 31

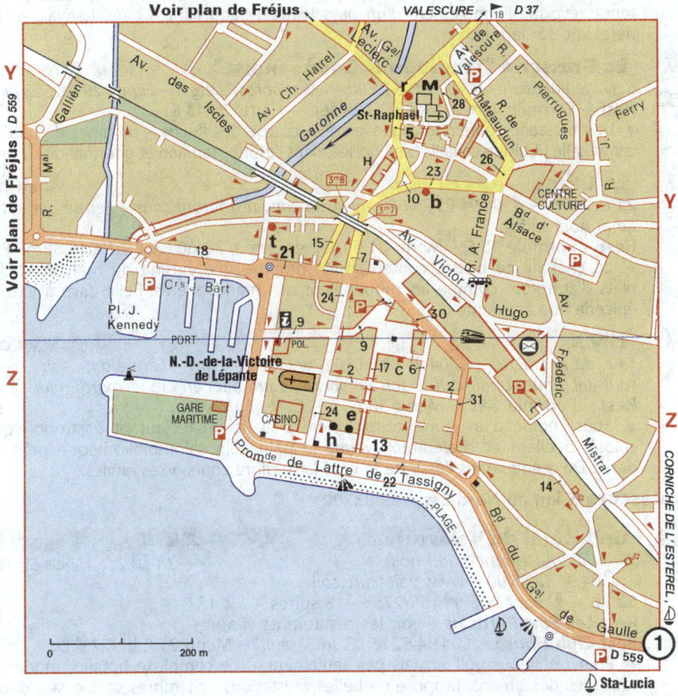

La Marina

port Santa-Lucia (Palais des Congrès), par ① – ✆ 04 94 95 31 31 – www.hotel-lamarina.fr
100 ch – 130/260 € 130/260 € – 14 €
Rest – Menu 25 € – Carte 32/53 €
◆ Les chambres, teintées de bleu ou de rouge, affichent une décoration dans l'air du temps. La plupart ont un balcon et certaines ouvrent sur la piscine ou sur le port de plaisance. Carte simple et traditionnelle à savourer en terrasse en été, au bord du quai.

Continental sans rest

100 promenade René Coty – ✆ 04 94 83 87 87 – www.hotels-continental.com – Ouvert de mars à début nov. et 20 déc.-1er janv. Ze
44 ch – 85/249 € 85/249 € – 15 €
◆ Face à la plage, au cœur de l'animation, hôtel occupant le 1er étage d'une vaste bâtisse néoclassique blanche. Chambres claires et confortables à choisir de préférence côté mer.

Excelsior

193 bd Félix Martin, (prom. R. Coty) – ✆ 04 94 95 02 42 – www.excelsior-hotel.com Zh
36 ch – 70/210 € 135/210 €
Rest – Formule 24 € – Menu 32 € (déj. en sem.), 35/42 € – Carte 37/70 €
◆ Face à la plage, grande bâtisse blanche fin 19e s. Chambres contemporaines et cosy (tons chaleureux, fauteuils club), avec vue sur la baie ou sur la ville. Recettes régionales à déguster en terrasse, aux beaux jours, en admirant la mer. Petit pub à l'anglaise.

Santa Lucia sans rest

418 Corniche D'Or, par ① – ✆ 04 94 95 23 00 – www.hotelsantalucia.fr – Fermé 10 déc.-1er fév.

12 ch – 70/140 € 85/155 €

◆ Adresse familiale au décor de paquebot où chaque chambre, impeccablement tenue, évoque l'atmosphère d'un pays lointain : Louisiane, Chine, Kenya... À l'arrière, vue sur la mer.

La Brasserie "Tradition & Gourmandise"

6 av. de Valescure – ✆ 04 94 95 25 00 – www.labrasserietg.fr – Fermé 29 déc.-23 janv.

Rest – Formule 16 € – Menu 19 € (déj.) – Carte 26/43 € Yr

◆ Une brasserie contemporaine avec une terrasse très fleurie – un havre de paix en centre-ville ! Cuisine canaille bien ficelée, dans l'esprit "tradition et gourmandise".

La Cave

23 r. Thiers – ✆ 04 94 95 79 62 – www.la-cave-restaurant.com – Fermé dim. et lundi hors saison Yt

Rest – Formule 15 € – Menu 21 € (déj. en sem.), 30/60 € bc – Carte 38/45 €

◆ Le chef de ce bistrot contemporain propose une cuisine du marché et des plats d'autrefois, comme les mitonnaient nos grands-mères. Belle cave à vins et épicerie fine attenante.

Elly's

54 r. de la Liberté – ✆ 04 94 83 63 39 – www.elly-s.com – Fermé dim. soir sauf juil.-août, lundi sauf le soir en saison, sam. midi en été et mardi midi

Rest – Formule 24 € – Menu 30/63 € – Carte 58/86 € Yb

◆ Sous l'égide d'un jeune couple plein d'allant, un restaurant gastronomique coloré, pétillant et chaleureux (voyez le petit coin salon-bibliothèque près du bar...). De même, dans l'assiette le chef laisse libre cours à ses envies.

à Valescure 5 km au Nord-Est – ✉ 83700

Golf Hôtel de Valescure

ch, rest,

55 av. Paul L'Hermite, (au golf) – ✆ 04 94 52 85 00 – www.valescure.com

62 ch – 165/235 € 165/275 € – 8 suites – 18 €

Rest *Les Pins Parasols* – voir les restaurants ci-après

Rest *Club House* ✆ 04 94 52 85 03 *(déj. seult)* – Menu 21 € bc/27 € bc

◆ Pour un séjour golf – mais pas seulement –, ce complexe hôtelier moderne, tout près des greens, propose de belles prestations : chambres spacieuses, décor contemporain, grande piscine... et deux restaurants, dont le Club House établi dans l'ancien pavillon de la Norvège pour l'Exposition universelle de 1900 !

La Chêneraie sans rest

167 av. des Gondins – ✆ 04 94 44 48 84 – www.lacheneraie.com – Ouvert 1er avril-12 nov.

10 ch – 100/190 € 100/190 € – 15 €

◆ Cette demeure de 1890 aurait presque des allures de maison d'hôtes. Décorées avec goût, les chambres mêlent ancien, moderne et tons reposants. Piscine et beau jardin au calme.

Le Jardin de Sébastien

599 av. des Golfs – ✆ 04 94 44 66 56 – Fermé 1er-21 nov., sam. midi et mardi midi en juil.-août, dim. soir et merc. midi de sept. à juin et lundi

Rest – Formule 23 € – Menu 29/52 €

◆ Agréable villa cernée par les pins : la terrasse profite du jardin méditerranéen... Cuisine fine aux saveurs régionales (produits frais).

Les Pins Parasols – Golf Hôtel de Valescure

55 av. Paul L'Hermite, (au golf) – ✆ 04 94 52 85 00 – www.valescure.com

Rest *(dîner seult)* – Menu 38/100 € – Carte 70/98 €

◆ Une terrasse sous les pins, face à la piscine, et une salle qui réinvente le répertoire provençal dans un camaïeu de gris et d'aubergine... Un peu à l'image de la carte, qui mêle tradition et invention, tel un foie gras en escalope pressée aux pépites de chocolat, caramel au beurre salé.

La Table d' Emi

rte des Golfs, (angle r. Jean Rostand) – ✆ 04 94 44 63 44 – www.latabledemi.fr – Fermé 31 déc.-23 janv., dim. soir de sept. à juin et lundi
Rest – Formule 22 € – Menu 30/48 € – Carte 35/50 €
◆ Carte traditionnelle et du marché, aux accents du Sud, et ardoise du jour. La salle, décorée de toiles contemporaines, s'ouvre sur une charmante terrasse verdoyante.

Le Sud

16 bd Darby, rte des golfs – ✆ 04 94 44 67 86 – restaurant-lesud.fr – Fermé 3-10 juin, 22 déc.-5 janv., mardi et merc. sauf juil.-août, sam. midi, dim. midi et lundi midi
Rest – Formule 19 € – Menu 26/36 €
◆ Une enseigne, une vocation : de ce restaurant voisin du golf, la Provence inspire le décor, coloré et lumineux, comme la cuisine, goûteuse et valorisant de beaux produits.

ST-RÈGLE – **37 Indre-et-Loire** – **317** P4 – **rattaché à Amboise**

ST-RÉMY – **71 Saône-et-Loire** – **320** J9 – **rattaché à Chalon-sur-Saône**

ST-RÉMY – **21 Côte-d'Or** – **320** G4 – **rattaché à Montbard**

ST-RÉMY-DE-CHARGNAT – **63 Puy-de-Dôme** – **326** G9 – **rattaché à Issoire**

ST-RÉMY-DE-PROVENCE – 13 Bouches-du-Rhône – 340 D3 42 E1

– 10 662 h. – alt. 59 m – ✉ 13210 Provence

Paris 702 – Arles 25 – Avignon 20 – Marseille 89
place Jean Jaurès, ✆ 04 90 92 05 22, www.saintremy-de-provence.com
de Servanes, à Mouriès, Domaine de Servanes, SE : 17 km, ✆ 04 90 47 59 95
Le plateau des Antiques★★ : Mausolée★★, Arc municipal★, Glanum★ 1km par ③ - Cloître★ de l'ancien monastère de St-Paul-de-Mausole par ③ - Hôtel de Sade : dépôt lapidaire★ **L** - Donation Mario Prassinos★ **S.**
✳★★ de la Caume 7 km par ③.

Plan page suivante

Hostellerie du Vallon de Valrugues

chemin Canto Cigalo, 1 km par ② – ✆ 04 90 92 04 40 – www.vallondevalrugues.com
ch, rest
47 ch – †210/490 € ††210/490 € – 1 suite – ☕ 23 €
Rest *Marc de Passorio* ✿ – voir les restaurants ci-après
Rest *Bistrot Gourmand* *(fermé le soir)* – Formule 26 € – Menu 33 € – Carte 45/65 €
◆ Dans un quartier résidentiel, une grande villa entourée d'un beau jardin arboré avec piscine. Le décor luxueux, les chambres provençales ou contemporaines, le spa et les restaurants participent au sentiment d'exclusivité...

Le Château des Alpilles

2 km à l'Ouest par D 31 – ✆ 04 90 92 03 33 – www.chateaudesalpilles.com – Fermé 2 janv.-15 mars
ch, ch, rest,
18 ch – †195/260 € ††215/310 € – 3 suites – ☕ 22 €
Rest *(fermé merc. hors saison)* – Formule 23 € – Menu 29 € (déj.)/45 € – Carte 47/72 €
◆ Superbe demeure du 19e s. décorée avec goût, dans un parc aux platanes centenaires. Chambres classiques au château, contemporaines dans les annexes (mas, lavoir, chapelle). Entre chic bourgeois et design seventies, le restaurant mêle les styles ! Cuisine méridionale.

De l'Image

36 bd V. Hugo – ✆ 04 90 92 51 50 – www.hoteldelimage.com – Ouvert d'avril à oct.
25 ch – †185/380 € ††185/380 € – 7 suites – ☕ 19 € **Zx**
Rest *De l'Image* – voir les restaurants ci-après
◆ Un "hôtel-atelier" dédié à la photo (expositions, stages) au milieu d'un superbe parc. Chambres aux lignes épurées, dont la moitié avec terrasse ; originale suite-cabane dans un arbre... Une vraie photo de vacances !

ST-RÉMY-DE-PROVENCE

Commune (R.) . . . . Z 2
Estrine (R.). . . . . YZ 3
La-Fayette (R.) . . . . Z 6
Hoche (R.) . . . . Z 4
Libération (Av. de la) . . . . Y 7
Mauron (Av. Ch.) . . . . Y 8
Mirabeau (Bd) . . . . YZ 9
Nostradamus (R.) . . . . Y 10
Parage (R.) . . . . Y 12
Pelletan (R. C.) . . . . YZ 14
Résistance (Av.) . . . . Z 15
Roux (R.) . . . . Z 16
Salengro (R. R.) . . . . Y 18
8 Mai 1945 (R. du) . . . . Z 20

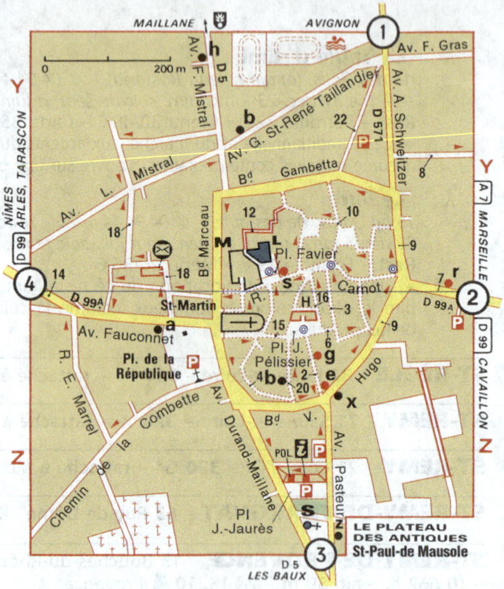

Château de Roussan

rte de Tarascon – ✆ 04 90 90 79 00 – www.chateauderoussan.com

16 ch – †180/410 € ††180/410 € – 4 suites – ☕ 20 €

Rest *Château de Roussan* – voir les restaurants ci-après

◆ Les cactus prennent le soleil dans la magnifique serre du 19ᵉs., tandis que les carpes ondoient dans le bassin... Raffinement, élégance et douceur de vivre dans ce beau château des 17ᵉet 18ᵉ s. !

Gounod sans rest

18 pl. de la République – ✆ 04 90 92 06 14 – www.hotel-gounod.com – Ouvert d'avril à oct. Za

30 ch ☕ – †93/110 € ††125/230 €

◆ Charles Gounod composa ici son opéra Mireille. Décor d'inspiration baroque, exubérant et haut en couleurs. Jardin, piscine et bon petit-déjeuner servi dans le salon de thé cosy.

Le Mas des Carassins

1 chemin Gaulois, 1 km par ③ – ✆ 04 90 92 15 48 – www.masdescarassins.com – Fermé 7-18 déc. et 6 janv.-7 mars

ch,

19 ch ☕ – †75/132 € ††99/205 € – 3 suites **Rest** *(dîner seult)* – Menu 33 €

◆ Lavandes, citronniers, oliviers, fontaines et bassins, piscine... Dans un beau jardin, se dresse ce mas du 19ᵉ s. aménagé avec goût (jolies chambres provençales). Menu unique le soir au restaurant, servi dehors ou dans une salle lumineuse avec poutres et cheminée.

Sous les Figuiers sans rest

3 av. Taillandier – ✆ 04 32 60 15 40 – www.hotel-charme-provence.com – Fermé 16 janv.-18 mars Yb

14 ch – †72/92 € ††82/174 € – ☕ 13 €

◆ Petit hôtel de charme aux chambres raffinées (boutis, meubles chinés), certaines avec terrasse... sous les figuiers. Le petit-déjeuner est délicieux ! Cours de peinture.

Canto Cigalo sans rest

8 chemin Canto-Cigalo , 1 km par ② – ✆ 04 90 92 14 28 – www.cantocigalo.com – Fermé 2 sem. en nov. et 2 sem. en janv.

20 ch – †64/89 € ††64/89 € – ☕ 9 €

◆ Dans un quartier résidentiel calme, un petit hôtel sympatique et plein de fraîcheur : crépi, bois peint et notes provençales. Piscine et terrasse face aux Alpilles.

L'Amandière sans rest
av. Théodore Aubanel, (dite plaisance du Touch), 1 km par ① puis rte Noves – ✆ 04 90 92 41 00 – www.hotel-amandiere.com
26 ch – †68/80 € ††68/80 € – ☕ 8 €
◆ Villa moderne de style provençal dans un agréable jardin arboré et fleuri. Chambres paisibles et pimpantes avec balcon ou terrasse. Petit-déjeuner servi dans le jardin d'hiver.

Du Soleil sans rest
35 av. Pasteur – ✆ 04 90 92 00 63 – www.hotelsoleil.com – Ouvert 30 mars-13 nov. Zz
27 ch – †70/95 € ††70/95 € – ☕ 9 €
◆ Du soleil... et de la Provence. Cette ancienne fabrique de chardons s'organise autour d'une vaste cour, arborée et avec piscine. Chambres fraîches et paisibles.

Le Chalet Fleuri sans rest
15 av. Frédéric Mistral – ✆ 04 90 92 03 62 – www.hotel-lechaletfleuri.com – Fermé 3 janv.-14 fév. Yh
12 ch – †64/90 € ††64/115 € – ☕ 10 €
◆ Dans une petite maison 1900 – bien nommée – à quelques minutes du centre-ville. Chambres lumineuses et bien tenues ; jardin de pins, tilleuls et palmiers.

La Maison du Village sans rest
10 r. du 8 mai 1945 – ✆ 04 32 60 68 20 – www.lamaisonduvillage.com
5 ch – †170/210 € ††170/240 € – ☕ 12 € Zb
◆ Jolie maison du 18e s. située en plein centre historique. Chambres au charme rétro, décorées de teintes chaleureuses (écru, parme, pourpre), pour réinventer le passé...

Mas de Figues
Vieux Chemin d'Arles, 3 km par chemin de la Combette – ✆ 04 32 60 00 98 – www.masdesfigues.com – Ouvert d'avril à oct.
5 ch – †100/150 € ††120/250 € – ☕ 15 €
Table d'hôte *(réserver)* – Menu 28/35 €
◆ En guise de ferme-auberge, un vieux mas en pierre dans un parc magnifique, avec oliviers, lavandes, piscine... Profitez de la table d'hôte : produits du potager et de la basse-cour, saveurs du Sud et cadre raffiné (grande table, charpente apparente).

Marc de Passorio – Hostellerie du Vallon de Valrugues
chemin Canto Cigalo, 1 km par ② – ✆ 04 90 92 04 40 – www.restaurant-marcdepassorio.com – Fermé janv., dim. soir, mardi midi et lundi hors saison
Rest *(nombre de couverts limité, réserver)* – Menu 58/98 € – Carte 90/115 €
Spéc. Carpaccio de homard sauvage "ivre" à la vodka et citron vert. Épaule d'agneau confite aux légumes de Provence et carré rôti minute. Mousse légère fromage et fraise à l'absinthe (saison). **Vins** Les Baux de Provence, Côtes de Provence.
◆ Cette cuisine gastronomique valorise le terroir et les meilleurs produits régionaux. Cadre élégant et serein, où classicisme et modernité cohabitent en harmonie ; terrasse fleurie.

De l'Image – Hôtel Les Ateliers de l'Image
36 bd V. Hugo – ✆ 04 90 92 51 50 – www.hoteldelimage.com – fermé début janv.-début fév., dim. et lundi en avril, mai et oct. Zx
Rest – Formule 21 € – Menu 29/41 € – Carte 29/54 €
◆ Un ancien cinéma et music-hall devenu hôtel de charme et restaurant gourmand ! La carte fleure bon la Provence ; le chef travaille de beaux produits avec simplicité et justesse... Un agréable moment.

La Maison Jaune (François Perraud)
15 r. Carnot – ✆ 04 90 92 56 14 – www.lamaisonjaune.info – Fermé 1er nov.-31 janv., dim. soir en hiver, mardi midi de juin à sept. et lundi Ys
Rest *(nombre de couverts limité, réserver)* – Menu 38/68 € – Carte 55/80 €
Spéc. Filets d'anchois frais de Méditerranée, basilic et poivron grillé (été). Carré d'agneau, grecque froide de légumes et huile d'olive au safran (printemps). Soupe glacée de melon, tarte chaude aux noisettes (été). **Vins** Les Baux de Provence.
◆ Sur la terrasse de cette belle demeure, à l'ombre d'un toit de tuiles du pays, on domine la vieille ville... Cuisine provençale lumineuse et précise, desserts délicats.

Château de Roussan – Hôtel Château de Roussan
rte de Tarascon – ✆ 04 90 90 79 03
– www.chateauderoussan.com – Fermé dim. soir et lundi hors saison
Rest – Formule 32 € – Menu 39/69 € – Carte 42/72 €
◆ Gaspacho de petits pois, carré d'agneau en croûte de cacahuète, homard bleu rôti à la vanille... Dans cet élégant restaurant au cadre intime, on fait une plongée gourmande dans l'air du temps !

L'Aile ou la Cuisse
5 r. de la Commune – ✆ 04 32 62 00 25 – Fermé janv., fév., dim. et lundi de nov. à mars **Zg**
Rest – Formule 19 € – Menu 25 € (déj. en sem.), 35/45 € – Carte 45/61 €
◆ Jadis réfectoire d'un ancien couvent, ce lieu ne laisse pas indifférent : intérieur feutré et chic, ravissant patio-terrasse, savoureuse cuisine bistrotière et vente de pâtisseries.

Le Bistrot Découverte
19 bd Victor Hugo – ✆ 04 90 92 34 49 – www.bistrotdecouverte.com – Fermé une sem. en déc., 15 fév.-15 mars, le soir en hiver et lundi **Ze**
Rest – Formule 16 € – Menu 29 € – Carte 40/55 €
◆ Ce bistrot de caractère, avec véranda, est remarquable pour sa belle cave voûtée en pierre et ses crus à déguster sur place ou à emporter. Cuisine de tradition provençale.

au Domaine de Bournissac 11 km par ②, D 30 et D 29 – ✉ 13550 Paluds-des-Noves

La Maison de Bournissac
montée d'Eyragues – ✆ 04 90 90 25 25 – www.lamaison-a-bournissac.com – Fermé 2-18 janv.
10 ch – †145/165 € ††145/270 € – 3 suites – ☕ 17 € – ½ P 132/145 €
Rest *La Maison de Bournissac* ✿ – voir les restaurants ci-après
◆ Un long chemin serpentant parmi vignes et oliviers... et tout en haut, ce mas du 14ᵉs. qui domine le Luberon, les Alpilles et le Ventoux. Un ravissement ! Les chambres offrent le charme simple – et si séduisant – de la Provence.

La Maison de Bournissac (Christian Peyre)
montée d'Eyragues – ✆ 04 90 90 25 25
– www.lamaison-a-bournissac.com – Fermé 2-18 janv., lundi et mardi d'oct. à avril
Rest – Menu 30 € bc (déj. en sem.), 45/150 € – Carte 80/95 €
Spéc. Asperge en déclinaison : à la plancha, roulée au parmesan, en carpaccio (avril à juin). Pigeon rôti, cuisses en pastilla et sorbet carotte. Macarons framboise et rhubarbe. **Vins** Cairanne, Costières de Nîmes.
◆ Pour déguster une belle cuisine du Sud dans le calme de la campagne provençale, loin de tout... Les sens en éveil – sous les figuiers l'été –, on se grise de saveurs méridionales raffinées et de produits de grande qualité. Décor élégant.

à Verquières 11 km par ②, D 30 et D 29 – 779 h. – alt. 48 m – ✉ 13670

Le Croque Chou
pl. de l'Église – ✆ 04 90 95 18 55 – www.le-croque-chou.fr – Fermé 15 fév.-6 mars, mardi midi du 19 juin au 4 sept., dim. soir et merc. soir du 4 sept. au 17 juin et lundi
Rest *(réserver)* – Formule 24 € – Menu 29/80 € bc – Carte 50/70 €
◆ On vous reçoit en famille, avec le sourire, dans cette ancienne bergerie transformée en auberge. Goûteuse cuisine du Sud, beaux produits bio et carte de vins naturels.

à Maillane 7 km au Nord-Ouest par D 5 – 2 219 h. – alt. 14 m – ✉ 13910

L'Oustalet Maïanen
16 av. Lamartine – ✆ 04 90 95 74 60 – Fermé 1ᵉʳ-5 juil., 29 oct.-1ᵉʳ fév., mardi midi en juil.-août, sam. midi et dim. soir sauf juil.-août et lundi
Rest – Formule 18 € – Menu 28/48 € – Carte 38/48 €
◆ Face à la maison de Frédéric Mistral, un restaurant discret et agréable. Sous la tonnelle de vigne vierge, les Mireille d'aujourd'hui y savourent une goûteuse cuisine provençale...

ST-RÉMY-DU-PLAIN – 35 Ille-et-Vilaine – **309** M4 – 729 h. **10** D2
– alt. 108 m – ✉ 35560
Paris 383 – Rennes 38 – Saint-Malo 58 – Fougères 40

La Haye d'Irée ch,
1,5 km au Sud par D 90 puis D 12 – ☎ 02 99 73 62 07 – www.chateaubreton.com – Ouvert d'avril à oct.
4 ch – 65/100 € 90/130 € **Table d'hôte** – Menu 25 €
◆ Dans un grand parc (étang, piscine, roseraie), ce manoir en granit vous plonge dans une atmosphère typique : salon avec cheminée, pierres, poutres, chambres au mobilier ancien. Repas traditionnels (sur réservation) servis dans une salle à manger rustique.

ST-RIQUIER – 80 Somme – **301** E7 – rattaché à Abbeville

ST-ROMAIN – 21 Côte-d'Or – **320** I8 – 246 h. – alt. 350 m – ✉ 21190 **7** A3
Paris 330 – Dijon 59 – Chalon-sur-Saône 41 – Le Creusot 50

Domaine Corgette sans rest
r. de la Perrière – ☎ 03 80 21 68 08 – www.domainecorgette.com
5 ch – 85/110 € 85/110 €
◆ Au cœur de ce village typique, au cachet préservé, une maison de vigneron rénovée avec goût. Les chambres sont charmantes et claires : jolis tissus, mobilier patiné... Au petit-déjeuner, on se régale de confitures maison, puis on peut se faire masser (sur rendez-vous) et acheter les vins nature du domaine.

Les Roches avec ch ch,
pl. de la Mairie – ☎ 03 80 21 21 63 – www.les-roches.fr – Fermé 24 avril-15 mars, 18-28 août, 16 déc.-6 janv., mardi et merc.
8 ch – 48/68 € 48/68 € – 10 € **Rest** – Menu 29 € – Carte 24/40 €
◆ Un bistrot simple et accueillant, pour savourer une cuisine du terroir bien copieuse et des plats canailles soignés, le tout à l'ardoise. Ici, on mange bien et il y a même quelques chambres sobres et pratiques pour l'étape.

ST-ROMAIN-LE-PUY – 42 Loire – **327** D6 – rattaché à Montbrison

ST-ROME-DE-TARN – 12 Aveyron – **338** J6 – 845 h. – alt. 360 m **29** D2
– ✉ 12490
Paris 660 – Millau 21 – Rodez 68 – Toulouse 170
place du Terral, ☎ 05 65 62 50 89

Les Raspes ch,
av. Denis Affre – ☎ 05 65 58 11 44 – Fermé vacances de la Toussaint
17 ch – 65/85 € 65/85 € – 9 € – ½ P 70 €
Rest *(fermé dim. soir d'oct. à mai, lundi midi et merc. midi)* – Menu 20/35 € – Carte 35/70 €
◆ Une maison traditionnelle en pierre dans un village perché ? Oui, mais aussi un ancien couvent !En lieu et place des cellules, des chambres douillettes, sobres et soignées. Le jardin est charmant – tout comme la piscine – et l'on se sent tellement au calme...

ST-SATUR – 18 Cher – **323** N2 – rattaché à Sancerre

ST-SATURNIN – 63 Puy-de-Dôme – **326** F9 – 1 101 h. – alt. 520 m **5** B2
– ✉ 63450 Auvergne
Paris 438 – Clermont-Ferrand 24 – Cournon-d'Auvergne 18 – Riom 37

Château Royal de Saint-Saturnin sans rest
pl. de l'Ormeau – ☎ 04 73 39 39 64 – www.chateaudesaintsaturnin.com – Ouvert 23 mars-10 nov.
5 ch – 160/230 € 160/230 € – 14 €
◆ L'histoire reste bien vivante dans ce noble château du 13e s. qui domine le village et la campagne auvergnate. Point de mœurs guerrières aujourd'hui, mais un cadre propice à chanter l'amour courtois : vieilles pierres, mobilier ancien, art contemporain...

ST-SATURNIN – 72 Sarthe – **310** J6 – rattaché au Mans

ST-SATURNIN-DE-LUCIAN – 34 Hérault – 339 F6 – rattaché à Clermont-l'Hérault

ST-SATURNIN-LÈS-APT – 84 Vaucluse – 332 F10 – 2 637 h. – alt. 420 m – ✉ 84490 Provence 42 E1

Paris 728 – Apt 9 – Avignon 55 – Carpentras 44

Domaine des Andéols avec ch

D2 – ✆ 04 90 75 50 63 – www.domainedesandeols.com – Ouvert 1er avril-31 oct. et fermé lundi midi et mardi

10 ch – †260/1150 € ††260/1150 € – ☕ 25 €

Rest – Menu 34 € (déj.) – Carte environ 45 €

◆ Un lieu magique au cœur du Luberon : cadre ultrachic et belles saveurs provençales réinventées avec maestria. Appartements-maisons spectaculaires (œuvres d'art et mobilier design), certaines avec piscine privative. Espace détente haut de gamme.

ST-SAUD-LACOUSSIÈRE – 24 Dordogne – 329 F2 – 860 h. – alt. 370 m – ✉ 24470 4 C1

Paris 443 – Brive-la-Gaillarde 105 – Châlus 23 – Limoges 57

Hostellerie St-Jacques

10 rte du Grand Etang – ✆ 05 53 56 97 21 – Ouvert 26 fév.-28 nov.

12 ch – †75/155 € ††75/155 € – 1 suite – ☕ 13 €

Rest *Hostellerie St-Jacques* – voir les restaurants ci-après

◆ Ancienne halte des pèlerins de Compostelle, cette maison tapissée de lierre n'est en rien austère : chambres au décor précieux, piscine et jardin fleuri... Du caractère !

Hostellerie St-Jacques

10 rte du Grand Etang – ✆ 05 53 56 97 21 – Fermé 27 nov.-25 fév., dim. soir, lundi et mardi hors saison et fériés

Rest – Formule 25 € bc – Menu 45/65 € – Carte 63/76 €

◆ Carpaccio de veau, cubisme de coq au vin, espuma de choux fleurs, etc. Le chef réalise une cuisine du moment parfois un peu complexe, mais pleine de saveur... et accompagnée de bien jolis nectars. Aux beaux jours, direction la terrasse ombragée.

ST-SAUVANT – 17 Charente-Maritime – 324 G5 – rattaché à Saintes

ST-SAUVEUR-DE-MONTAGUT – 07 Ardèche – 331 J5 – 1 149 h. – alt. 218 m – ✉ 07190 44 B3

Paris 597 – Le Cheylard 24 – Lamastre 29 – Privas 24

quartier de la Tour, ✆ 04 75 65 43 13

Le Montagut

pl. de l'Église – ✆ 04 75 65 40 31 – www.lemontagut.fr – Fermé 11-27 fév., mardi soir et merc. sauf juil.-août

Rest – Formule 13 € – Menu 24/35 € – Carte 27/40 €

◆ Auberge familiale où l'on propose une cuisine traditionnelle et quelques plats actuels. En décor, une salle sobre et une sympathique terrasse avec un salon zen.

ST-SAVIN – 65 Hautes-Pyrénées – 342 L7 – rattaché à Argelès-Gazost

ST-SEINE-L'ABBAYE – 21 Côte-d'Or – 320 I5 – 364 h. – alt. 451 m – ✉ 21440 Bourgogne 8 C2

Paris 289 – Autun 78 – Dijon 28 – Châtillon-sur-Seine 57

place de l'Église, ✆ 03 80 35 07 63

Dolce Chantilly, à Salives, Larçon, N : 32 km par D 16, ✆ 03 80 75 68 54

La Poste

ch,

17 r. Carnot – ✆ 03 80 35 00 35 – www.postesoleildor.fr – Fermé 23 déc.-1er janv.

15 ch – †58/80 € ††67/90 € – ☕ 11 € – ½ P 68/75 €

Rest *(fermé lundi midi, sam. midi et dim. sauf fériés)* – Formule 16 € – Menu 22/37 € – Carte 26/57 €

◆ Louis XIV aurait séjourné dans ce paisible relais de poste ; apprécierait-il aujourd'hui l'agréable piscine chauffée, les chambres fraîchement rénovées dans un joli style contemporain (à préférer aux plus anciennes, un peu vieille France) et le restaurant traditionnel au vrai cachet bourguignon ?

ST-SERNIN-SUR-RANCE – 12 Aveyron – **338** H7 – 674 h. **29** D2
– alt. 300 m – ✉ 12380 Languedoc Roussillon
Paris 694 – Albi 50 – Castres 69 – Lacaune 29
avenue d'Albi, ☎ 05 65 99 29 13

Carayon
pl. du Fort – ☎ 05 65 98 19 19 – www.hotel-carayon.fr
55 ch – †45/75 € ††45/75 € – ☕ 8 € – ½ P 50/79 €
Rest *(Fermé dim. soir, mardi midi et lundi sauf juil.-août et fériés)* – Formule 11 € – Menu 14 € (sem.), 24/59 € – Carte 25/55 €
◆ Sports, loisirs, cuisine du terroir ; tout est prévu dans cet hôtel familial. On a le choix entre les chambres simples et fonctionnelles du bâtiment principal ou les annexes du parc, plus originales (pigeonnier, maison de pêcheur, chalet et pavillon). Une bonne adresse pour un séjour prolongé dans la région.

ST-SERVAN-SUR-MER – 35 Ille-et-Vilaine – **309** K3 – rattaché à St-Malo

ST-SEURIN-D'UZET – 17 Charente-Maritime – **324** F6 – ✉ 17120 **38** B3
Paris 516 – Poitiers 183 – La Rochelle 113 – Rochefort 67

Blue Sturgeon
ch,
3 r. de la Cave – ☎ 05 46 74 17 18 – www.bluesturgeon.com
5 ch ☕ – †80/120 € ††90/200 € **Table d'hôte** – Menu 35 € bc/80 € bc
◆ Belle hauteur sous plafond dans la salle à manger ; mariage réussi du contemporain et de l'ancien (tableaux "maison") ; jardin et plan d'eau... Cette grange viticole (17ᵉs.) a du style ! Elle a été joliment rénovée par son propriétaire décorateur, un Anglais tombé sous le charme de la région. À table, saveurs iodées et convialité garantie !

ST-SIFFRET – 30 Gard – **339** L4 – rattaché à Uzès

ST-SILVAIN-BELLEGARDE – 23 Creuse – **325** K5 – 217 h. **25** D1
– alt. 535 m – ✉ 23190
Paris 413 – Guéret 53 – Limoges 148 – Montluçon 75

Les Trois Ponts
ch,
D 9 – ☎ 05 55 67 12 14 – www.lestroisponts.nl
5 ch ☕ – †65 € ††90 € **Table d'hôte** – Menu 29 € bc
◆ Les propriétaires ? De sympathiques Hollandais qui ont eu un vrai coup de foudre pour ce moulin des bords de la Tardes... Ils l'ont rénové avec goût et souci de l'authenticité, pour en faire un lieu douillet et charmant. Atmosphère conviviale garantie autour de la superbe table d'hôte (légumes du potager).

ST-SORNIN – 17 Charente-Maritime – **324** E5 – 301 h. – alt. 16 m **38** B2
– ✉ 17600 Poitou Vendée Charentes
Paris 500 – Poitiers 167 – Rochefort 26 – La Rochelle 56

La Caussolière sans rest
10 r. du Petit Moulin – ☎ 05 46 85 44 62 – www.caussoliere.com – Ouvert d'avril à oct.
4 ch ☕ – †63/77 € ††70/89 €
◆ Cette belle maison en pierre – une ferme du 19ᵉs. typiquement charentaise – s'ouvre sur un superbe jardin avec piscine ; les chambres sont chaleureuses (poutres, parquet ou terre cuite) et disposent toutes d'une entrée indépendante. Charme !

ST-SULIAC – 35 Ille-et-Vilaine – **309** K3 – 933 h. – alt. 30 m – ✉ 35430 **10** D1
Bretagne
Paris 396 – Rennes 62 – Saint-Malo 14 – Granville 87

La Ferme du Boucanier
2 r. de l'Hôpital – ☎ 02 23 15 06 35 – Fermé fin déc. à début fév., le midi en sem., merc. sauf de mai à sept. et mardi
Rest *(réserver)* – Menu 29/40 €
◆ Ambiance conviviale dans cette auberge en pierre du pays... On savoure des plats du terroir relevés d'épices en se régalant du spectacle des cuisines, ouvertes sur la salle.

ST-SULPICE – 81 Tarn – **338** C8 – 7 766 h. – alt. 112 m – ✉ 81370 **29** C2

Paris 666 – Albi 46 – Castres 54 – Montauban 44

Rue du 3 Mars 1930, ✆ 05 63 41 89 50, www.bastidecocagne-tarn.com

de Palmola, à Buzet-sur-Tarn, Route d'Albi, O : 9km par N 88, ✆ 05 61 84 20 50

Auberge de la Pointe

108 rte de Toulouse, D 988 – ✆ 05 63 41 80 14 – www.aubergedelapointe.fr – Fermé 1 sem. en mars, 3-16 sept., 2-16 déc., jeudi midi en juil.-août, mardi soir de sept. à juin, dim. soir et merc.

Rest – Formule 16 € – Menu 25/50 € – Carte 34/51 €

◆ Une grande bâtisse blanche entre Albi et Toulouse : briques, poutres, carrelages anciens... avec une jolie terrasse qui paresse au bord du Tarn. Le cadre idéal pour découvrir une cuisine respectueuse du produit, savoureuse et légère.

ST-SULPICE-LE-VERDON – 85 Vendée – **316** H6 – 803 h. – alt. 65 m **34** B3 – ✉ 85260 Poitou Vendée Charentes

Paris 430 – Nantes 45 – Angers 130 – Cholet 51

Logis de la Chabotterie, ✆ 02 51 42 81 00

Thierry Drapeau

Le Logis de la Chabotterie – ✆ 02 51 09 59 31 – www.restaurant-thierrydrapeau.com – Fermé 2-22 juil., 29 oct.-11 nov., 26-30 déc., dim. soir, lundi et mardi

Rest – Menu 38 € bc (déj. en sem.), 75/200 € bc – Carte 100/137 €

Spéc. Artichaut à la truffe, fine tartelette flammekueche truffée. Cabillaud en chapelure façon grenobloise et émulsion beurre noisette. Millefeuille à la vanille servi tiède, pot vanille rafraîchi d'une glace. **Vins** Fiefs Vendéens.

◆ La guerre de Vendée prit fin près de cette belle demeure historique (musée). Point de heurts aujourd'hui en ces lieux, qui conjuguent même révolution et aristocratie : Thierry Drapeau met son sens de l'invention au service de saveurs... faites reines.

ST-SULPICE-SUR-LÈZE – 31 Haute-Garonne – **343** F5 – 1 818 h. **28** B2 – alt. 200 m – ✉ 31410

Paris 709 – Auterive 14 – Foix 53 – St-Gaudens 66

La Commanderie

pl. Hôtel de Ville – ✆ 05 61 97 33 61 – www.lacommanderie.venez.fr – Fermé vacances de la Toussaint, de Noël, de fév., dim. soir, lundi en janv.-fév., mardi sauf juil.-août et merc.

Rest – Menu 19 € (déj. en sem.), 35/60 €

◆ Dans cette commanderie des Templiers du 13ᵉs., on s'imprègne des splendeurs du passé en savourant une agréable cuisine d'aujourd'hui. Aux beaux jours, cap sur le jardin !

ST-SYMPHORIEN – 72 Sarthe – **310** I6 – 556 h. – alt. 135 m – ✉ 72240 **35** C1

Paris 231 – Laval 65 – Le Mans 28 – Nantes 201

Relais de la Charnie

4 pl. Louis des Cars – ✆ 02 43 20 72 06 – Fermé 13-27 fév., 30 juil.-13 août, dim. soir et lundi

Rest – Formule 11 € – Menu 18/30 € – Carte 25/40 €

◆ Le temps ne semble pas avoir prise sur cette auberge : façade en pierre, poutres, mobilier rustique, cheminée (allumée l'hiver) et... une cuisine pétrie de tradition. Pour les nostalgiques et... tous les autres.

ST-THÉGONNEC – 29 Finistère – **308** H3 – 2 630 h. – alt. 83 m **9** B1 – ✉ 29410 Bretagne

Paris 549 – Brest 50 – Châteaulin 50 – Morlaix 13

Enclos paroissial★★ - Guimiliau : Enclos paroissial★★ , SO : 7,5 km.

Auberge Saint-Thégonnec

6 pl. de la Mairie – ✆ 02 98 79 61 18 – www.aubergesaintthegonnec.com – Fermé 1er-7 juil., 21 déc.-7 janv. et dim. de sept. à mars

19 ch – 75/85 € 88/98 € – 10 €

Rest ***Auberge Saint-Thégonnec*** – voir les restaurants ci-après

◆ Une situation privilégiée, presque en face de l'église et de son célèbre enclos paroissial, fleurons du patrimoine breton. L'auberge a un vrai air bonhomme avec son toit mansardé. Chambres fonctionnelles et bien tenues, la plupart côté jardin.

Auberge Saint-Thégonnec

6 pl. de la Mairie – ✆ 02 98 79 61 18 – www.aubergesaintthegonnec.com – Fermé 1er-7 juil., 21 déc.-7 janv., dim. midi de sept. à mars, lundi soir d'avril à août, sam. midi, dim. soir et lundi midi

Rest – Formule 18 € – Menu 24 € (déj. en sem.), 28/46 € – Carte 34/66 €

◆ Après avoir admiré l'enclos paroissial de la cité, il est peu probable que vous restiez sur votre faim... mais sachez que cette auberge invite à une plaisante pause gourmande. Au menu : simplicité et tradition.

ST-THIBAULT – 18 Cher – 323 N2 – rattaché à Sancerre

ST-THIERRY – 51 Marne – 306 F7 – 621 h. – alt. 140 m – ✉ 51220 13 B2

Paris 149 – Châlons-en-Champagne 64 – Reims 18 – Soissons 66

Le Clos du Mont d'Hor sans rest

8 r. du Mont d'Hor – ✆ 03 26 03 12 42 – www.leclosmh.com – Fermé 24 déc.-2 janv.

6 ch – 80/110 € 90/120 €

◆ Pour une immersion dans le monde du champagne et découvrir tous ses procédés de fabrication, cette belle ferme au cœur d'une propriété viticole. De grandes chambres confortables, des vignes... idéal pour "buller" !

ST-THOMÉ – 07 Ardèche – 331 J6 – 383 h. – alt. 140 m – ✉ 07220 44 B3

Paris 628 – Lyon 165 – Privas 46 – Montélimar 19

La Bastide Bernard sans rest

à Chasser, 1,5 km au Sud-Est par D 107 – ✆ 06 83 34 60 54 – www.bastidebernard.com – Fermé 20 déc.-1er mars

4 ch – 95 € 95/120 €

◆ Maison perchée sur une colline, avec une belle vue sur Saint-Thomé. Chambres claires, spacieuses et bien tenues. Petit-déjeuner en terrasse, piscine avec transats...

ST-TROJAN-LES-BAINS – 17 Charente-Maritime – 324 C4 – voir à Île d'Oléron

---

ST-TROPEZ – 83 Var – 340 O6 – 5 275 h. – alt. 4 m – ✉ 83990 41 C3

Côte d'Azur

Paris 872 – Aix-en-Provence 123 – Cannes 73 – Draguignan 47

40, rue Gambetta, ✆ 08 92 68 48 28, www.ot-saint-tropez.com

de Sainte-Maxime, à Sainte-Maxime, Route du Débarquement, par rte de Ste-Maxime : 16 km, ✆ 04 94 55 02 02

Gassin Golf Country Club, à Gassin, Route de Ramatuelle, S : 9 km par D 93, ✆ 04 94 55 13 44

Port★★ - Musée de l'Annonciade★★ - Môle Jean Réveille ≤★ - Citadelle★ : ≤★ des remparts, ✻★★ du musée de la Citadelle - Chapelle Ste-Anne ≤★ S : 1 km par av. P. Roussel.

Plan page suivante

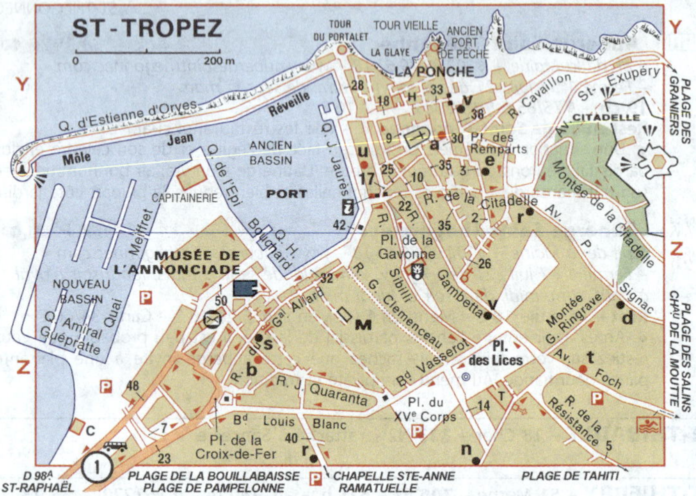

En saison: zone piétonne dans la vieille ville.

Aire du Chemin (R.)	Y	2	Herbes (Pl. aux)	Y	17	Péri (Quai Gabriel)	Z	32
Aumale (Bd d')	Y	3	Hôtel de ville (Pl. de l')	Y	18	Ponche (R. de la)	Y	33
Belle Isnarde (Rte de la)	Z	5	Laugier (R. V.)	Y	22	Portail Neuf (R. du)	YZ	35
Blanqui (Pl. Auguste)	Z	7	Leclerc (Av. Général)	Z	23	Remparts (R. des)	Y	38
Clocher (R. du)	Y	9	Marché (R. du)	Y	25	Roussel (Av. Paul)	Z	40
Commerçants (R. des)	Y	10	Miséricorde (R.)	Z	26	Suffren (Quai)	Y	42
Grangeon (Av.)	Z	14	Mistral (Quai Frédéric)	Y	28	8-Mai-1945 (Av. du)	Z	48
Guichard (R. du Cdt)	Y	15	Ormeau (Pl. de l')	Y	30	11-Novembre (Av. du)	Z	50

Byblos

av. P. Signac – ✆ 04 94 56 68 00 – www.byblos.com
– Ouvert 4 avril-26 oct. **Zd**
68 ch – †325/550 € ††410/1490 € – 23 suites – ☕ 38 €
Rest *Spoon Byblos* – voir les restaurants ci-après
Rest *Le B.* ✆ 04 94 56 68 19 *(fermé dim. et lundi sauf juil.-août)* – Menu 69 € (dîner) – Carte 55/100 €
♦ Maisons colorées entrelacées de jardins et de patios : un village dans le village, un mythe à St-Tropez. Le spa est superbe, la boîte de nuit incontournable ; on peut "snacker" ou s'offrir un beau dîner. L'alliance du luxe et de la convivialité !

Résidence de la Pinède

1 km par ①, à la plage de la Bouillabaisse – ✆ 04 94 55 91 00
– www.residencepinede.com – Ouvert fin avril à début oct.
35 ch – †395/1910 € ††395/1910 € – 4 suites – ☕ 50 €
Rest *Résidence de la Pinède* ✿✿ – voir les restaurants ci-après
♦ Un beau bouquet de pins maritimes bien sûr, mais aussi une vue superbe sur le golfe, une plage privée avec son ponton, des chambres d'un confort imparable… Tous les délices de la Côte d'Azur, vécus dans la plus douce intimité.

La Bastide de St-Tropez

rte Carles : 1 km par av. P. Roussel - Z – ✆ 04 94 55 82 55
– www.bastidesaint-tropez.com – Fermé 2 janv.-9 fév.
16 ch – †285/785 € ††285/785 € – 10 suites – ☕ 29 €
Rest *La Bastide de St-Tropez* – voir les restaurants ci-après
♦ Atmosphère chic et feutrée dans cette maison tropézienne et ses quatre mas : mobilier chiné, pointe de baroque et soupçon provençal relevés d'un luxuriant jardin méditerranéen. Un havre de paix et de charme à l'écart du centre-ville.

Pan Deï Palais

52 r. Gambetta – ✆ 04 94 17 71 71 – www.pandei.com – Fermé 4 nov.-13 déc.
10 ch – †195/1215 € ††195/1215 € – 2 suites – ☕ 32 € Zv
Rest ***Pan Deï Palais*** – voir les restaurants ci-après
◆ Une demeure construite en 1835, présent d'un général napoléonien à son épouse indienne. Ici règne un élégant parfum d'exotisme : tissus chamarrés, bois précieux, hammam... Sérénité !

Le Yaca

1 bd Aumale – ✆ 04 94 55 81 00 – www.hotel-le-yaca.fr – Ouvert Pâques-30 oct.
26 ch – †275/795 € ††275/795 € – 2 suites – ☕ 35 € Ye
Rest *(fermé lundi sauf de juil. à sept.) (dîner seult)* – Carte 52/85 €
◆ Cet hôtel de charme (18e s.), le premier de St-Tropez, fut et demeure le refuge des artistes (P. Signac, Colette, B. Bardot, etc.). Chambres soignées : tomettes, meubles anciens... Inventive cuisine italienne servie sur une terrasse intime, autour de la piscine.

Kube

2 km par ① – ✆ 04 94 97 20 00 – www.kubehotel.com – Fermé 13 nov.-29 déc.
40 ch – †260/1750 € ††260/1750 € – 1 suite – ☕ 30 €
Rest – Formule 25 € bc – Menu 30 € bc (déj.) – Carte 60/80 €
◆ Face au golfe de St-Tropez, un hôtel design (mobilier en forme de cube) réservé à une clientèle ultrabranchée ! Enseigne lumineuse de trois mètres dans le jardin, piscine à débordement, DJ... Deux restaurants et quatre bars, dont le "Ice Kube" à - 7° C.

Villa Cosy sans rest

chemin de la Belle-Isnarde , par r. de la Résistance Z – ✆ 04 94 97 57 18 – www.villacosy.com
11 ch – †170/490 € ††170/490 € – 1 suite – ☕ 25 €
◆ Sur les hauteurs, un hôtel d'esprit maison d'hôte, dont les chambres, minimalistes (béton ciré, tons beige et chocolat), ouvrent sur la piscine. Petite restauration au bar.

La Ponche

3 r. des Remparts, (pl. Revelin) – ✆ 04 94 97 02 53 – www.laponche.com – Ouvert 14 fév.-1er nov. Yv
17 ch – †160/245 € ††185/315 € – 1 suite – ☕ 20 €
Rest ***La Ponche*** – voir les restaurants ci-après
◆ Ces anciennes maisons de pêcheurs, dans le pittoresque quartier de la Ponche, firent le bonheur de Romy Schneider, entre autres personnalités. Mobilier, tissus, vue sur les toits de tuiles... l'esprit de la région s'exprime dans chaque chambre.

Y sans rest

av. Paul Signac – ✆ 04 94 55 55 15 – www.hotel-le-yaca.fr – Ouvert 19 mai-2 oct.
11 ch – †295/555 € ††295/555 € – 2 suites – ☕ 35 € Yr
◆ Jolie bâtisse ocre postée au pied de la citadelle... Chambres contemporaines très confortables (meubles d'inspiration années 1960 du designer italien Gio Ponti).

Domaine de l'Astragale

1,5 km par ①, chemin de la Gassine ✉ 83580 Gassin – ✆ 04 94 97 48 98 – www.lastragale.com – Ouvert 16 mai-7 oct.
34 ch – †330/490 € ††330/490 € – 16 suites – ☕ 25 €
Rest – Menu 59 € (dîner) – Carte 59/100 €
◆ Dans cette jolie villa colorée et ses annexes, on peut paresser au bord de trois piscines ! Chambres vastes, avec balcon ou terrasse. Agréables suites, certaines avec jacuzzi. Cuisine traditionnelle servie dans une salle bourgeoise ou sous un pavillon ouvert.

Pastis sans rest

61 av. Gén. Leclerc , par ① – ✆ 04 98 12 56 50 – www.pastis-st-tropez.com – Fermé 29 nov.-27 déc.
9 ch – †150/650 € ††175/650 € – ☕ 20 €
◆ Chaque pièce de cet hôtel est superbe : mobilier ancien, provençal, contemporain, tableaux, objets d'art. Chambres plus calmes côté piscine et jardin avec palmiers centenaires.

Le Mandala sans rest
av. P. Signac Z, (angle av. Foch) – ✆ 04 94 97 68 22 – www.hotel-le-mandala-saint-tropez.com
15 ch – 490/2500 € 490/2500 € – 1 suite – 28 €
◆ Design contemporain aux lignes épurées, tons blanc et gris, terrasse paysagère et petit bassin de nage : un Mandala très zen, propice au repos et à la médidation.

Des Lices sans rest
av. Augustin Grangeon – ✆ 04 94 97 28 28 – www.hoteldeslices.com – Ouvert 29 mars-11 nov. et 26 déc.-7 janv. Zn
45 ch – 95/330 € 135/400 € – 17 €
◆ Près de la place des Lices, cette adresse familiale distille une atmosphère délicieusement provençale, pleine de cachet et de vie. Sous le soleil exactement.

La Bastide du Port sans rest
Port du Pilon, par ① – ✆ 04 94 97 87 95 – www.bastideduport.com – Fermé 5 nov.-31 déc. et 5 janv.-25 mars
27 ch – 135/225 € 135/225 € – 12 €
◆ De l'ocre, de la terre cuite, des palmiers : la Provence patinée d'Amérique du Sud, propice aux siestes languides. Vue sur la mer dans certaines chambres... Lumineux !

Le Mouillage sans rest
port du Pilon , par ① – ✆ 04 94 97 53 19 – www.hotelmouillage.fr – Fermé mi-nov.-mi-déc. et janv.
14 ch – 100/500 € 100/500 € – 2 suites – 19 €
◆ Jetez l'ancre à une encablure du port du Pilon, dans cet hôtel aux chatoyantes couleurs du Sud. La décoration joue la carte du voyage : Maroc, Asie, etc.

La Villa sans rest
6 av. du Rivalet, 3 km par ① – ✆ 04 94 97 70 14 – www.la-villa-hotel.com – Ouvert avril-oct.
21 ch – 120/180 € 150/320 € – 16 €
◆ Contemporaines ou traditionnelles, les chambres cossues de cet hôtel fleurent bon la Provence. La plupart profitent d'une vue sur le golfe de St-Tropez.

Playa sans rest
57 r. Allard – ✆ 04 98 12 94 44 – www.playahotelsttropez.com – Ouvert de mars à oct. Zs
16 ch – 95/176 € 95/260 € – 10 €
◆ Au cœur de St-Tropez, dans une rue commerçante et pleine de vie. Confort méridional dans les chambres... Pour vous préserver une plage de tranquillité, logez plutôt à l'arrière.

Lou Cagnard sans rest
av. P. Roussel – ✆ 04 94 97 04 24 – www.hotel-lou-cagnard.com – Fermé 1er nov.-27 déc. Zr
19 ch – 60/154 € 60/154 € – 11 €
◆ Cette maison ancienne s'est dorée sous le cagnard et a pris de belles couleurs provençales. L'été, on prend le petit-déjeuner à l'ombre des mûriers et figuiers, à la fraîche.

XXXX ✿✿ **Résidence de la Pinède** – Hôtel Résidence de la Pinède
1 km par ①, à la plage de la Bouillabaisse – ✆ 04 94 55 91 00 – www.residencepinede.com – Ouvert fin avril à début oct.
Rest *(fermé le midi)* – Menu 170/280 € – Carte 170/250 €
Spéc. Langouste puce et poutardier nacré cuits dans l'eau de mer en deux services. Esprit d'un pot-au-feu de crustacés et de bœuf du Piémont. Yaourt caillolais de Marseille givré aux fruits de saison. **Vins** Côtes de Provence.
◆ Passionné par son art et le beau produit (sélectionné auprès des meilleurs pêcheurs, éleveurs ou maraîchers de la région), le chef, Arnaud Donckele, dresse des plats rares, où dialoguent toutes les saveurs et textures de la Méditerranée. Finesse et émotion !

XXX **La Bastide de St-Tropez** – Hôtel La Bastide de St-Tropez

rte Carles : 1 km par av. P. Roussel - Z – ✆ *04 94 55 82 55 – www.bastidesaint-tropez.com – Fermé 2 janv.-9 fév.*

Rest – Formule 47 € – Menu 62/75 € – Carte 35/62 €

◆ Ravioles de homard et bouillon de favouilles (crabes) ; lotte rôtie, légumes printaniers, jus de crustacé légèrement crémé... De belles saveurs dans le cadre feutré de l'hôtel La Bastide. Dans son genre très classique, la véranda est superbe !

XXX **Pan Deï Palais** – Hôtel Pan Deï Palais

52 r. Gambetta – ✆ 04 94 17 71 71 – www.pandei.com – Fermé 4 nov.-13 déc., le midi (sauf résidents) et lundi de janv. à mars Zv

Rest – Menu 50 € – Carte 68/112 €

◆ Dans ce palais placé sous le vocable de l'Asie, la cuisine se teinte d'exotisme et cultive un raffinement non dénué de grâce. Même inspiration côté décor, qui emprunte l'élégance de ses lignes à l'esthétique indienne.

XXX **La Ponche** – Hôtel La Ponche

3 r. des Remparts, (pl. Revelin) – ✆ 04 94 97 02 53 – www.laponche.com – Ouvert 14 fév.-1er nov. Yv

Rest – Menu 29 € (déj. en sem.) – Carte 50/86 €

◆ Soupe de poissons frais du bateau ; moules sauce provençale ; poêlée de ris de veau aux pleurotes ; tarte aux fruits de saison... On célèbre la tradition dans ce bel établissement qui cultive l'esprit provençal sans nostalgie.

XX **Le Girelier**

quai Jean-Jaurès – ✆ 04 94 97 03 87 – www.legirelier.fr – Ouvert 15 mars-30 oct. et 18 déc.-2 janv. Yu

Rest – Menu 29 € (déj.)/39 € – Carte 50/90 €

◆ Sur le port, cette cabane de pêcheur au décor rajeuni a atteint sa vitesse de croisière : poissons et crustacés ultrafrais simplement cuisinés à la plancha, bouillabaisse.

XX **La Table du Polo**

rte du Bourrian, Haras de Gassin, 5 km par ① – ✆ 04 94 55 22 14 – www.polo-st-tropez.com – Ouvert 30 mars-14 oct. et fermé lundi sauf juil.-août

Rest – Formule 28 € bc – Menu 45/80 € – Carte 36/135 €

◆ Au vert ! Loin de l'agitation tropézienne, un cadre reposant et chic en bordure des gazons du Polo Club, où savourer une fine cuisine italienne. Charmante terrasse.

XX **Spoon Byblos** – Hôtel Byblos

av. du Mar.-Foch – ✆ 04 94 56 68 20 – www.byblos.com – Ouvert 4 avril-22 oct.

Rest *(dîner seult)* – Menu 86 € – Carte 50/83 € Zt

◆ Voici la déclinaison méditerranéenne du "Spoon" parisien, le concept ludique de Ducasse. Cadre design et éclairage tamisé pour se régaler d'une cuisine créative. Vins du monde.

X **L'Auberge des Maures**

4 r. du Dr-Boutin – ✆ 04 94 97 01 50 – www.aubergedesmaures.com – Ouvert mars-nov.

Rest *(dîner seult)* – Menu 45 € – Carte 45/65 € Zb

◆ On vient ici pour la généreuse et goûteuse cuisine provençale, mais aussi pour les trouvailles décoratives de la patronne, sans cesse renouvelées... Originalité et tradition !

X **Le Banh Hoï**

12 r. Petit St-Jean – ✆ 04 94 97 36 29 – www.banhhoi.fr – Ouvert 1er avril-4 oct.

Rest *(dîner seult)* – Carte 54/74 € Ya

◆ Feutré... Lumière tamisée, murs et plafonds laqués de noir, bouddhas stylisés servent d'écrin à une sympathique cuisine parfumée, vietnamienne et thaïlandaise.

au Sud-Est **par av. Foch - Z – ✉ 83990 St-Tropez**

Sezz

rte des Salins, à 2 km – ✆ 04 94 55 31 55 – www.hotelsezz-sainttropez.com – Ouvert 6 avril-15 oct.

37 ch – †400/850 € ††400/850 € – 2 suites – ☕ 38 € – ½ P 510/960 €

Rest *Colette* – voir les restaurants ci-après

◆ Le Sezz parisien s'exporte à St-Tropez : ultramoderne, design et ouvert au maximum sur l'extérieur pour profiter du climat... Dans chaque chambre : matériaux naturels et terrasse (avec douche extérieure). Un art de vivre très tendance !

La Tartane Saint-Amour
rte des Salins – ✆ 04 94 97 21 23 – www.saintamour-hotel.com – Ouvert de mai à début oct.
24 ch – 290/650 € 420/780 € – 4 suites – 29 €
Rest *(fermé le midi)* – Carte 45/110 €
◆ Chic, précieux, raffiné : un lieu idéal pour se ressourcer... Tons chauds, chambres thématiques (Afrique, Provence...) et beau hammam en mosaïque. Au restaurant, l'Asie se déguste dans un esprit lounge et baroque. Carte actuelle en terrasse ; bar à sushi le soir.

Benkiraï
11 chemin du Pinet, à 3 km – ✆ 04 94 97 99 99 – www.hotel-benkirai.com – Ouvert 1er avril-10 oct.
35 ch – 200/1200 € 200/1200 € – 28 €
Rest – Menu 40 € (dîner), 60/75 € – Carte 37/49 €
◆ Le designer Patrick Jouin a signé la déco du Benkiraï, mêlant lignes pures, blancheur immaculée, béton ciré et jeux de lumière... Au restaurant, cuisine thaï signée Oth Sambath et terrasse surplombant la piscine. Brunch le dimanche.

La Bastide des Salins sans rest
chemin des Salins, à 4 km – ✆ 04 94 97 24 57 – www.bastidedessalins.com – Ouvert avril-oct.
14 ch – 210/700 € 210/700 € – 20 €
◆ Un jardin et ses senteurs du Sud, le bleu saisissant de la piscine, la fraîcheur reposante du lin quand on regagne sa chambre... Les vacances rêvées dans une bien belle bastide.

Le Pré de la Mer sans rest
2 km rte des Salins – ✆ 04 94 97 12 23 – www.lepredelamer.fr – Ouvert de Pâques à mi-oct.
13 ch – 215/390 € 215/495 € – 1 suite – 22 €
◆ Il y a le ciel, le soleil et le Pré de la Mer. Un endroit nature et cosy, où se ressourcer. Galets, boiseries, terrasses privatives, jardin fleuri, belle piscine et hammam : zen !

Colette – Hôtel Sezz
rte des Salins, à 2 km – ✆ 04 94 44 53 11 – www.hotelsezz-sainttropez.com – Ouvert 6 avril-15 oct.
Rest – Carte 82/138 €
◆ Colette, qui avait une propriété à St-Tropez, aurait sans doute aimé cette table. Produits méditerranéens, épices lointaines, notes d'Asie : un panaché très subtil, dans un élégant décor contemporain (charmante terrasse).

au Sud-Est par av. Paul Roussel et rte de Tahiti

Château de la Messardière
à 2 km – ✆ 04 94 56 76 00 – www.messardiere.com – Ouvert 6 avril-28 oct.
73 ch – 260/500 € 260/500 € – 45 suites
Rest *Les Trois Saisons* – voir les restaurants ci-après
Rest *Terra Cotta* *(déj. seult)* – Carte 59/99 €
◆ Niché dans un parc de 10 ha dominant la baie, un château de conte de fées (1890) aux teintes ensoleillées. Tout y est si brillant et impeccable, que l'on voudrait y pénétrer avec des patins de feutre ! Mention spéciale au magnifique spa.

La Ferme d'Augustin sans rest
plage de Tahiti, à 4 km ✉ 83350 Ramatuelle – ✆ 04 94 55 97 00 – www.fermeaugustin.com – Ouvert 20 mars-20 oct.
44 ch – 175/800 € 175/800 € – 2 suites – 15 €
◆ Bien-être et authenticité provençale à 100 m de la plage de Tahiti. Chambres au décor soigné (boutis, mobilier chiné) et pleines de cachet. Jardin ombragé, petite restauration.

St-Vincent – ch, ch, rest,
à 4 km ✉ 83350 Ramatuelle – ✆ 04 94 97 36 90 – www.hotelsaintvincent.com – Ouvert 4 avril-14 oct.
20 ch – 145/190 € 185/300 €
Rest *(Ouvert mai-sept.) (résidents seult)* – Carte 35/50 €
◆ Quatre maisons provençales au milieu des vignes et des lauriers-roses ! Quiétude, convivialité et touche de rusticité : un petit paradis bucolique... Saveurs ensoleillées, grillades et salades à déguster au bord de la piscine.

Mas Bellevue – ch, ch,
à 2 km – ✆ 04 94 97 07 21 – www.masbellevue.com – Ouvert 4 avril-23 oct.
42 ch – 105/445 € 105/445 € – 7 suites
Rest – Carte 39/65 €
◆ Mas Bellevue... Peut-on être plus explicite ? Sur les hauteurs de la baie de Pampelonne, quiétude provençale dans de grandes chambres (balcon) ou des roulottes. Minicarte à l'heure du déjeuner et choix plus étoffé le soir. Terrasse au bord de la piscine.

Les Trois Saisons – Hôtel Château de la Messardière
à 2 km – ✆ 04 94 56 76 00 – www.messardiere.com – Ouvert 6 avril-28 oct. et fermé lundi soir en avril et oct.
Rest *(dîner seult)* – Menu 54/99 € – Carte 97/147 €
◆ Moment de gastronomie dans le cadre très chic du Château de la Messardière. La carte épouse toutes les saisons et met en valeur des produits de choix (homard français, langouste royale...). Superbe panorama sur la baie de Pampelonne.

rte de Ramatuelle par ① et D 93le – ✉ 83350 Ramatuelle

Villa Marie – ch,
chemin Val Rian – ✆ 04 94 97 40 22 – www.villamarie.fr – Ouvert 27 avril-7 oct.
43 ch – 370/990 € 370/1600 € – 27 € **Rest** – Carte 84/150 €
◆ Raffinement, luxe et charme réunis sous le même toit en cette villa enchanteresse nichée dans une pinède dominant la baie de Pampelonne. Au séduisant restaurant : camaïeu de beige, touche baroque, vue sur les cuisines, terrasse ombragée et plats ensoleillés.

Muse
rte des Marres – ✆ 04 94 43 04 40 – www.muse-hotels.com – Fermé oct. à fin mars
12 suites – 350/3000 € – 2 ch – 32 €
Rest *M* – voir les restaurants ci-après
◆ Les Muses pourraient élire domicile dans ce domaine au charme infini ! Architecture en pierre sèche, jardin au naturel, aménagements ultradesign : un sommet d'élégance contemporaine et la dernière enclave... exclusive, aux portes de St-Tropez.

Les Bouis – ch, ch,
6 km par rte des plage et rte secondaire – ✆ 04 94 79 87 61 – www.hotel-les-bouis.com – Ouvert 1er avril-31 oct.
23 ch – 180/250 € 180/270 € – 15 €
Rest *(ouvert 1er mai-15 sept.) (déj. seult) (résidents seult)* – Carte 32/38 €
◆ Un décor de carte postal ! La baie de Pampelonne pour tout horizon et l'ombre des pins parasols... Chambres au calme, d'esprit provençal, avec terrasse ou balcon. En saison, plats familiaux et grillades à apprécier près de la piscine.

M – Hôtel Muse
rte des Marres – ✆ 04 94 43 04 40 – www.muse-hotels.com – Fermé oct. à fin mars
Rest – Carte 60/120 €
◆ Un lieu intime et discret, à l'écart de l'agitation de St-Tropez... mais au cœur des dernières tendances, dans l'assiette (où la truffe occupe une place de choix) comme dans le décor – un écrin chic et épuré en bord de piscine.

au Sud-Ouest par ① et rte secondaire – ✉ 83580 Gassin

Villa Belrose

bd des Crêtes, à 3 km – ✆ 04 94 55 97 97 – www.villabelrose.com
– Ouvert 6 avril-21 oct.
37 ch – †310/600 € ††400/1150 € – 3 suites – ☕ 34 €
Rest *Villa Belrose* ✿ – voir les restaurants ci-après
◆ Cette grande villa contemporaine embrasse la baie de St-Tropez ! Colorée et lumineuse, elle semble tutoyer le soleil... Les prestations sont superbes, soignées jusqu'au moindre détail (marbre italien, mobilier de style, grand confort, etc.).

XXXX ✿ **Villa Belrose** – Hôtel Villa Belrose

bd des Crêtes, à 3 km – ✆ 04 94 55 97 97 – www.villabelrose.com
– Ouvert 6 avril-21 oct.
Rest *(dîner seult sauf dim. et fériés)* – Menu 105/125 € – Carte 105/170 €
Spéc. Coquillages en bouillabaisse servie glacée, à peine safranée. Bar de ligne mi-confit, mi-grillé, tian de girolles, tomates et épinards. Fraises des bois, fine mousse à la crème suisse au cœur coulant et meringue. **Vins** Côtes de Provence.
◆ Dans un décor classique d'esprit italien, face à la mer... Le cadre est très agréable pour déguster une belle cuisine méditerranéenne, aux fines associations niçoises, transalpines et provençales.

ST-UZE – 26 Drôme – **332** C2 – rattaché à St-Vallier

ST-VAAST-LA-HOUGUE – 50 Manche – **303** E2 – 2 095 h. – alt. 4 m **32** A1
– ✉ 50550 Normandie Cotentin
Paris 347 – Carentan 41 – Cherbourg 31 – St-Lô 68
1, place Général de Gaulle, ✆ 02 33 23 19 32, www.saint-vaast-reville.com

La Granitière sans rest

74 r. du Mar.-Foch – ✆ 02 33 54 58 99 – www.hotel-la-granitiere.com
9 ch – †62/96 € ††62/119 € – ☕ 10 €
◆ Station balnéaire et port de pêche, "St-Va" abrite cette jolie demeure en granit gris, où l'on est reçu en ami. Les chambres, de facture classique, sont avenantes et très bien tenues.

France et Fuchsias

20 r. du Mar.-Foch – ✆ 02 33 54 40 41 – www.france-fuchsias.com
– Fermé 3-11 déc., 3 janv.-12 fév., lundi d'oct. à mai et mardi de nov. à mars
35 ch – †54/132 € ††54/132 € – ☕ 12 € – ½ P 64/101 €
Rest *France et Fuchsias* – voir les restaurants ci-après
◆ Fuchsias, palmiers, mimosas et eucalyptus : un bien joli jardin ! Dans ce petit hôtel tenu en famille, les chambres, au confort simple, sont plus spacieuses et récentes à l'annexe.

XX **France et Fuchsias** – Hôtel France et Fuchsias

20 r. du Mar.-Foch – ✆ 02 33 54 40 41 – www.france-fuchsias.com – Fermé 3-11 déc., 3 janv.-12 fév., lundi et mardi midi d'oct. à mai, lundi et mardi de nov. à mars
Rest – Formule 19 € – Menu 30/60 € – Carte 46/67 €
◆ Dans cet accueillant restaurant, le chef concocte une cuisine actuelle inspirée par le terroir normand... Et l'été, on profite de la terrasse, très généreusement fleurie.

X **Le Chasse Marée**

8 pl. du Gén.-de-Gaulle – ✆ 02 33 23 14 08 – Fermé janv. à mi-fév., lundi et mardi hors saison
Rest – Menu 18 € (déj. en sem.), 23/37 € – Carte 30/76 €
◆ Photos de bateaux, fanions laissés par les clients navigateurs, terrasse sur le port et bons produits de la pêche locale : un charmant petit bistrot marin où l'on se sent bien, tout simplement.

ST-VALENTIN – 36 Indre – **323** H5 – rattaché à Issoudun

ST-VALERY-EN-CAUX – 76 Seine-Maritime – 304 E2 – 4 470 h. 33 C1
– alt. 5 m – Casino – ✉ 76460 Normandie Vallée de la Seine

Paris 190 – Bolbec 46 – Dieppe 35 – Fécamp 33

quai Amont, ✆ 02 35 97 00 63, www.ville-saint-valery-en-caux.fr

Falaise d'Aval ≤★ O : 15 mn.

Du Casino

14 av. Clemenceau – ✆ 02 35 57 88 00 – www.hotel-casino-saintvalery.com

76 ch – †81/102 € ††91/112 € – ☕ 12 €

Rest *(fermé dim. soir de nov. à mars)* – Formule 16 € – Menu 22/38 € – Carte 26/45 €

◆ Face au port de plaisance, cet hôtel récent abrite des chambres contemporaines et fonctionnelles, appréciées par la clientèle d'affaires et touristique.

Du Port

18 quai d'Amont – ✆ 02 35 97 08 93 – Fermé dim. soir, jeudi soir et lundi

Rest – Menu 25/46 € – Carte 46/73 €

◆ Ce restaurant du port domine le quai, où oscillent les bateaux. La salle est charmante, avec ses photos noir et blanc des falaises du pays de Caux ; quant à la cuisine de la mer, elle est réalisée avec de bons produits locaux...

au Sud-Est 7 km par D 20 et D 70 - ✉ 76740 Ermenouville

Château de Mesnil Geoffroy sans rest

2 chemin Dame Blanche – ✆ 02 35 57 12 77 – www.chateau-mesnil-geoffroy.com

5 ch ☕ – †97/132 € ††109/144 €

◆ Ce château du 18^{e}s. est d'un grand raffinement. Le jardin à la française, la superbe roseraie, le mobilier d'époque, le calme olympien, tout participe à un merveilleux voyage dans le temps. Victor Hugo y a séjourné, c'est dire...

ST-VALERY-SUR-SOMME – 80 Somme – 301 C6 – 2 785 h. 36 A1
– alt. 27 m – ✉ 80230 Nord Pas-de-Calais Picardie

Paris 206 – Abbeville 18 – Amiens 71 – Blangy-sur-Bresle 45

2, place Guillaume-Le-Conquérant, ✆ 03 22 60 93 50, www.saint-valery-sur-somme.fr

Digue-promenade★ - Chapelle des Marins ≤★ - Ecomusée Picarvie★ - La baie de Somme★★.

Les Corderies

214 r. des Moulins – ✆ 03 22 61 30 61 – www.lescorderies.com

11 ch – †160/220 € ††160/220 € – ☕ 14 € – ½ P 130/160 €

Rest – Menu 39 € – Carte environ 45 €

◆ Un hôtel récent, d'inspiration régionale. Sobriété, design et confort : quel plaisir de regagner sa chambre après une balade sur la plage... surtout si on a opté pour la vue sur la baie !

Du Cap Hornu

Au Cap Hornu, 2 km au Nord – ✆ 03 22 60 24 24 – www.baiedesomme.fr/cap-hornu-hotel-restaurant

91 ch ☕ – †80/151 € ††100/164 €

Rest – Formule 15 € – Menu 24/49 € – Carte 22/66 €

◆ On a parfois besoin de calme et de dépaysement et c'est ce qu'offre cet immense parc surplombant la baie de Somme. L'hôtel est constitué de maisons de style régional, respectueuses de l'environnement. De bien belles balades en perspective !

Picardia sans rest

41 quai Romerel – ✆ 03 22 60 32 30 – www.picardia.fr – Fermé 7-25 janv.

18 ch – †75/98 € ††75/98 € – ☕ 13 €

◆ Sympathique maison de pays à deux pas du petit quartier médiéval. Chambres spacieuses et lumineuses ; certaines, avec mezzanine, accueillent volontiers les familles.

Du Port et des Bains
1 quai Balvet – ✆ 03 22 60 80 09 – www.hotelhpb.com – Fermé 13 nov.-1er déc. et 2-25 janv.
16 ch – †55 € ††65/90 € – ☕ 11 €
Rest *Du Port et des Bains* – voir les restaurants ci-après
◆ Près du port, cet hôtel est idéalement situé face à la baie. Chambres classiques et colorées, la plupart avec vue (l'une familiale avec baignoire balnéo). Une bonne étape, en somme.

Le Relais Guillaume de Normandy
46 quai Romerel – ✆ 03 22 60 82 36 – www.relais-guillaume-de-normandy.com – Fermé mi déc.-mi janv. et mardi sauf de mi juil. à fin août
14 ch – †58 € ††68/83 € – ☕ 10 € – ½ P 65/73 €
Rest *Le Relais Guillaume de Normandy* – voir les restaurants ci-après
◆ C'est du port valéricain que Guillaume partit conquérir l'Angleterre. Face à la baie, ce joli manoir en brique semble attendre le retour du Conquérant, alors autant profiter de ses chambres claires et s'adonner au... repos du guerrier.

Du Port et des Bains – Hôtel Du Port et des Bains
1 quai Balvet – ✆ 03 22 60 80 09 – www.hotelhpb.com – Fermé 13 nov.-1er déc. et 2-25 janv.
Rest – Formule 15 € – Menu 20/35 € – Carte 27/35 €
◆ Aux avant-postes, sur le quai bordé par l'estuaire, une grande salle lumineuse, où l'on déguste plats traditionnels et produits de la mer joliment cuisinés. Pour faire le plein de fraîcheur.

Le Relais Guillaume de Normandy – Hôtel Le Relais Guillaume de Normandy
46 quai Romerel – ✆ 03 22 60 82 36 – www.relais-guillaume-de-normandy.com – Fermé mi déc.-mi janv. et mardi sauf de mi juil. à fin août
Rest – Menu 20/46 € – Carte 30/65 €
◆ De la salle à manger ou de la terrasse de ce manoir, on contemple le doux clapotis des vagues. Une bonne mise en appétit avant de savourer poulet au camembert, pâté aux salicornes, parmentier d'agneau de pré-salé, etc. Terroir et tradition !

ST-VALLIER – 26 Drôme – 332 B2 – 4 005 h. – alt. 135 m – ✉ 26240 43 E2

Lyon Drôme Ardèche
Paris 526 – Annonay 21 – St-Étienne 61 – Tournon-sur-Rhône 16
avenue Désiré Valette, ✆ 04 75 23 45 33, www.saintvallier.com
d'Albon, à Saint-Rambert-d'Albon, Château de Senaud, N : 9 km par N 7 et D 122, ✆ 04 75 03 03 90

Le Bistrot d'Albert
116 av. J.-Jaurès, (rte de Lyon) – ✆ 04 75 23 01 12 – Fermé 2 sem. en août et 2 sem. en fév., dim. soir, mardi soir et merc.
Rest – Menu 16/30 € – Carte 24/42 €
◆ Belle hauteur sous plafond, lumineuse véranda et goûteuse cuisine du marché vous attendent dans ce bistrot voisin de la gare. Ambiance conviviale garantie.

au Nord-Est 8 km par N 7, D 122 et D 132 – ✉ 26140 Albon

Domaine des Buis
rte de St-Martin-des-Rosiers – ✆ 04 75 03 14 14 – www.domaine-des-buis.com – Fermé 15 déc.-15 fév.
8 ch – †95/120 € ††95/120 € – ☕ 12 € **Table d'hôte** – Menu 30 €
◆ Dans un parc aux senteurs de cèdre et de magnolia, entouré de collines, une demeure du 18e s. disposant de chambres spacieuses et cosy. Billard américain. Plats traditionnels concoctés par la maîtresse de maison et servis dans un cadre raffiné.

à St-Uze 6 km à l'Est par D 51 – 1 884 h. – alt. 189 m – ✉ 26240

Philip Liversain
23 r. P. Sémard – ✆ 04 75 03 52 58 – www.philip-liversain.com – Fermé 3 sem. en juillet et 2 sem. en janv., dim. soir et lundi
Rest – Formule 12 € – Menu 16 € (déj. en sem.), 21/39 €
◆ Le soleil et la fraîcheur sont au rendez-vous dans cet ancien relais de poste (19e s.). Tons clairs, fer forgé, nappes colorées et... carte inspirée du marché.

ST-VALLIER-DE-THIEY – 06 Alpes-Maritimes – 341 C5 – 3 214 h. – alt. 730 m – ✉ 06460 Côte d'Azur 42 E2

Paris 907 – Cannes 29 – Castellane 52 – Draguignan 57

10, place du Tour, ✆ 04 93 42 78 00

Pas de la Faye ≤★★ NO : 5 km - Grotte de Beaume Obscure★ S : 2 km - Col de la Lèque ≤★ SO : 5 km.

Le Relais Impérial

2 et 4 pl. Cavalier Fabre, rte Napoléon – ✆ 04 92 60 36 36 – www.relaisimperial.com

29 ch – †52/72 € ††62/82 € – ☐ 9 € – ½ P 60/70 €

Rest – Formule 16 € – Menu 21 € (sem.), 28/44 € – Carte 27/54 €

Rest *Le Grill du Relais* ✆ 04 92 60 36 30 – Formule 14 € – Menu 19 € – Carte 23/46 €

◆ Une adresse utile sur la route Napoléon – l'Empereur s'est d'ailleurs arrêté ici le 2 mars 1815, sans y dormir, comme le précise le sympathique propriétaire ! Deux options pour se restaurer sur place : la tradition au restaurant ou la simplicité au Grill.

ST-VIANCE – 19 Corrèze – 329 J4 – 1 620 h. – alt. 119 m – ✉ 19240 24 B3

Périgord Quercy

Paris 479 – Limoges 90 – Tulle 45 – Brive-la-Gaillarde 12

Auberge sur Vézère

23 r. du Pontel – ✆ 05 55 84 28 23 – www.aubergesurvezere.com – Fermé 24 déc.-26 janv. et dim. sauf juil.-août

10 ch – †67 € ††72 € – ☐ 9 € – ½ P 87 €

Rest *(fermé sam. midi, dim. soir et lundi) (réserver)* – Formule 22 € – Menu 34/38 € – Carte environ 36 €

◆ À l'entrée du village, on remarque sa jolie terrasse à l'ombre des platanes... Dans cette auberge de pays, qui abrite des chambres fonctionnelles et bien équipées, il règne une atmosphère familiale bien sympathique.

ST-VIATRE – 41 Loir-et-Cher – 318 I6 – 1 282 h. – alt. 107 m – ✉ 41210 12 C2

Paris 179 – Orléans 53 – Blois 106 – Vierzon 53

Villepalay sans rest

2 km par rte de Nouan le Fuzelier – ✆ 02 54 88 22 35 – www.villepalay.com – Fermé mars sauf vacances scolaires

3 ch ☐ – †60/70 € ††65/75 €

◆ Cette ferme solognote au charme bucolique – étang pour la pêche et le canotage – vous réserve le meilleur accueil. Chambres soignées, petit-déjeuner bio avec confitures maison.

ST-VICTOR – 03 Allier – 326 C4 – rattaché à Montluçon

ST-VICTOR-DE-MALCAP – 30 Gard – 339 K3 – rattaché à St-Ambroix

ST-VICTOR-DES-OULES – 30 Gard – 339 L4 – rattaché à Uzès

ST-VINCENT – 43 Haute-Loire – 331 F3 – 962 h. – alt. 605 m – ✉ 43800 6 C3

Paris 543 – La Chaise-Dieu 37 – Le Puy-en-Velay 18 – St-Étienne 76

La Renouée

à Cheyrac, 2 km au Nord par D 103 – ✆ 04 71 08 55 94 – www.larenouee.fr – Ouvert 9 mars-1er janv. et fermé vacances de la Toussaint, mardi soir, merc. soir et jeudi soir du 15 oct. au 31 mars, dim. soir et lundi

Rest *(nombre de couverts limité, réserver)* – Menu 26/45 € – Carte 35/48 €

◆ Cette maison familiale est bien sympathique, avec sa grande cheminée en pierre, son joli vaisselier et son atmosphère rustique. On y savoure une cuisine assez actuelle, qui fait la part belle au terroir.

ST-VINCENT-DE-TYROSSE – 40 Landes – 335 D13 – 7 161 h. 3 B3
– alt. 24 m – ✉ 40230

Paris 743 – Anglet 32 – Bayonne 29 – Bordeaux 157

placette du Midi, ☎ 05 58 77 12 00, www.tourisme-paystyrossais.fr

Le Hittau

1 r. du Nouaou – ☎ 05 58 77 11 85 – Fermé 1er-7 juil., vacances de toussaint, vacances de fév., mardi sauf du 14 juil. au 30 août et merc.

Rest – Formule 22 € – Menu 36/75 € – Carte environ 50 €

◆ Cette ancienne bergerie ne manque pas de cachet avec sa charpente apparente et sa cheminée monumentale. Agréable terrasse. Cuisine actuelle avec de bons produits de saison.

ST-WITZ – 95 Val-d'Oise – 305 G6 – 2 558 h. – alt. 180 m – ✉ 95470 19 C1

Paris 41 – Amiens 123 – Bobigny 28 – Pontoise 48

Villa 1865

3 r. C.-Peguy – ☎ 01 34 68 30 98 – www.villa1865.com

3 ch – ♦90/110 € ♦♦100/120 € **Table d'hôte** – Menu 38/50 €

◆ Au grand calme en lisière de forêt, grande demeure toute blanche (1865), où fit étape Charles Péguy en 1914, avant la bataille de la Marne. Chambres d'une élégance simple, claires et spacieuses. Le patron, d'origine italienne, exprime ses racines à la table d'hôte.

ST-YBARD – 19 Corrèze – 329 K3 – rattaché à Uzerche

STE-ANNE-D'AURAY – 56 Morbihan – 308 N8 – 2 260 h. – alt. 42 m 9 A3
– ✉ 56400 Bretagne

Paris 475 – Auray 7 – Hennebont 33 – Locminé 27

9 rue de Vannes, ☎ 02 97 24 34 94, http://sainte-anne-auray.net

Trésor★ de la basilique - Pardon (26 juil.).

L'Auberge

56 r. de Vannes – ☎ 02 97 57 61 55 – www.auberge-sainte-anne.com – Fermé 11-19 oct., 28 nov.-7 déc. et 2-19 janv.

16 ch – ♦60/95 € ♦♦60/100 € – 2 suites – ☕ 10 € – ½ P 72/142 €

Rest *L'Auberge* – voir les restaurants ci-après

◆ L'hôtel joue la carte Art nouveau : palissandre, loupe d'orme, reproductions de Mucha, pâtes de verre Lalique. Les chambres sont douillettes, avec de spacieuses salles de bains en marbre.

L'Auberge

56 r. de Vannes – ☎ 02 97 57 61 55 – www.auberge-sainte-anne.com – Fermé 11-19 oct., 28 nov.-7 déc., 2-19 janv., merc. midi

Rest – Formule 17 € – Menu 25/85 € – Carte 45/118 €

◆ Saint-Anne d'Auray est une ville pieuse et Jean-Paul II se serait arrêté au restaurant de l'Auberge en 1996. Contentons-nous d'un pèlerinage devant ses assiettes joliment présentées et ses produits de la mer de qualité...

STE-ANNE-DU-CASTELLET – 83 Var – 340 J6 – rattaché au Castellet

STE-ANNE-LA-PALUD (Chapelle de) – 29 Finistère – 308 F6 9 A2
– alt. 65 m – ✉ 29550 Bretagne

Paris 584 – Brest 68 – Châteaulin 20 – Crozon 27

Pardon (fin août).

De La Plage

– ☎ 02 98 92 50 12 – www.plage.com – Ouvert 6 avril- 4 nov.

24 ch – ♦192/362 € ♦♦192/362 € – ☕ 20 € – ½ P 172/257 €

Rest *De La Plage* – voir les restaurants ci-après

◆ Un emplacement superbe ! Directement sur la plage, au pied de la chapelle. Les chambres, cossues comme toute la demeure, donnent sur la baie ou sur le jardin fleuri. Mobilier de famille, antiquités, esprit contemporain... Le charme opère.

XXX **De La Plage**

☎ 02 98 92 50 12 – www.plage.com – Ouvert 6 avril- 4 nov. et fermé lundi midi, mardi midi, merc. midi et vend. midi

Rest – Menu 54/95 € – Carte 84/120 €

◆ Devant le spectacle sans cesse renouvelé de la mer, on apprécie une cuisine qui retient tout ce que l'Océan livre de plus noble, préparé avec soin et raffinement. Chic et sobre.

STE-CÉCILE-LES-VIGNES – 84 Vaucluse – 332 C8 – 2 241 h. – alt. 108 m – ✉ 84290 40 A2

▶ Paris 646 – Avignon 47 – Bollène 13 – Nyons 26

X **Campagne, Vignes et Gourmandises**

rte de Suze-la-Rousse – ☎ 04 90 63 40 11 – www.restaurant-cvg.com – Fermé vacances de la Toussaint et de Noël, 1 sem. en mars, dim. soir hors saison et lundi en juil.-août

Rest *(nombre de couverts limité, réserver)* – Formule 17 € – Menu 21/43 € – Carte 40/56 €

◆ Dans un paisible quartier résidentiel, ce petit mas respire l'air des vignes. Salle à manger champêtre complétée par une jolie terrasse ; cuisine goûteuse aux accents du Sud.

STE-COLOMBE – 84 Vaucluse – 332 E9 – rattaché à Bédoin

STE-CROIX – 01 Ain – 328 D5 – rattaché à Montluel

STE-CROIX-DE-VERDON – 04 Alpes-de-Haute-Provence – 334 E10 – 132 h. – alt. 530 m – ✉ 04500 Alpes du Sud 41 C2

▶ Paris 780 – Brignoles 59 – Castellane 59 – Digne-les-Bains 51

X **L'Olivier**

Le Cours, (au village) – ☎ 04 92 77 87 95 – www.l-olivier-restaurant.com – Ouvert de mi-fév. à mi-nov. et fermé lundi et mardi sauf juil.-août

Rest – Menu 29/47 € – Carte 48/78 €

◆ Dans ce village escarpé, ce petit restaurant jouit d'une vue plongeante sur le lac de Ste-Croix : splendide ! La cuisine, soignée et parfumée, montre un net penchant pour la Provence.

STE-CROIX-EN-PLAINE – 68 Haut-Rhin – 315 I8 – rattaché à Colmar

---

STE-ÉNIMIE – 48 Lozère – 330 I8 – 523 h. – alt. 470 m – ✉ 48210 23 C1

Languedoc Roussillon

▶ Paris 612 – Florac 27 – Mende 28 – Meyrueis 30

ℹ village, ☎ 04 66 48 53 44

☉ ≤★★ sur le canyon du Tarn S : 6,5 km par D 986.

Auberge du Moulin ch,

r. Combe – ☎ 04 66 48 53 08 – www.aubergedumoulin.free.fr – Ouvert d'avril à la Toussaint et fermé dim. soir et lundi midi sauf juil.-août et fériés

10 ch – †50/70 € ††55/70 € – ☐ 9 € – ½ P 52/65 €

Rest *(fermé dim. soir, lundi sauf mi-juil.-août et fériés)* – Formule 14 € – Menu 18/36 € – Carte 22/40 €

◆ Un hôtel-restaurant de tradition dans une jolie demeure en pierre, au cœur de l'un des plus beaux villages de France. Chambres sobres, dont la moitié avec terrasse donnant sur le Tarn.

Chaque restaurant étoilé est accompagné de trois spécialités représentatives de sa cuisine. Il arrive parfois qu'elles ne puissent être servies : c'est souvent au profit d'autres savoureuses recettes inspirées par la saison. N'hésitez pas à les découvrir !

STE-EULALIE – 07 Ardèche – **331** H5 – 232 h. – alt. 1 233 m – ✉ 07510 **44** A3

Paris 587 – Aubenas 47 – Langogne 47 – Privas 51

Mairie, ✆ 04 75 38 81 05, www.ardeche-sources-loire.com

Du Nord

– *✆ 04 75 38 80 09 – www.hoteldunord-ardeche.com – Ouvert 12 mars-11 nov.*

15 ch – †57/65 € ††57/65 € – ☕ 9 € – ½ P 60/62 €

Rest *(fermé mardi soir et merc.)* – Formule 19 € – Menu 28/41 € – Carte 34/45 €

◆ Sympathique hostellerie appréciée des pêcheurs qui viennent ferrer le poisson dans la Loire, qui prend sa source à 5 km ! Chambres sobres, régulièrement rénovées. Cuisine du terroir, ambiance familiale et cadre néorustique au restaurant.

STE-FLORINE – 43 Haute-Loire – **331** B1 – 3 121 h. – alt. 440 m – ✉ 43250 **6** C2

Paris 465 – Brioude 16 – Clermont-Fd 55 – Issoire 19

Le Florina

pl. Hôtel de Ville – ✆ 04 73 54 04 45 – www.hotel-leflorina.com – Fermé 18 déc.-8 janv.

14 ch – †40 € ††45/60 € – ☕ 7 € – ½ P 42 €

Rest *(fermé dim. soir)* – Formule 10 € – Menu 16/28 € – Carte 19/46 €

◆ En plein centre-ville, cette adresse familiale propose des chambres fonctionnelles, pratiques et bien tenues ; celles du deuxième étage étant mieux équipées (bain bouillonnant, douche à jets, etc.) mais plus chères. Restaurant traditionnel.

STE-FOY-LA-GRANDE – 33 Gironde – **335** M5 – 2 550 h. – alt. 10 m **4** C1
– ✉ 33220 Aquitaine

Paris 555 – Bordeaux 71 – Langon 59 – Marmande 44

102, rue de la République, ✆ 05 57 46 03 00, www.tourisme-dordogne-paysfoyen.com

Chateau des Vigiers Golf Club, à Monestier, SE : 9 km par D 18, ✆ 05 53 61 50 33

Côté Bastide

4 r. de l'Abattoir, (près hôpital) – ✆ 05 57 46 14 02 – Fermé 15-30 avril, dim. et merc.

Rest – Formule 17 € bc – Menu 25/42 € – Carte 35/50 €

◆ Dans cette agréable maison, madame est aux fourneaux et monsieur en salle. Sommelier, ce dernier propose de délicats accords mets-vins et met en valeur les bons petits plats de sa compagne, fins et légers. L'été, jolie terrasse sous la tonnelle.

STE-FOY-TARENTAISE – 73 Savoie – **333** O4 – 805 h. – alt. 1 050 m **45** D2
– ✉ 73640 Alpes du Nord

Paris 647 – Albertville 66 – Chambéry 116 – Moûtiers 40

Maison du Tourisme, ✆ 04 79 06 95 19, www.saintefoy-tarentaise.com

Le Monal

– *✆ 04 79 06 90 07 – www.le-monal.com*

20 ch – †60/90 € ††70/120 € – ☕ 10 € – ½ P 70/95 €

Rest – Formule 16 € – Menu 30/35 € – Carte 47/61 €

◆ Dans ce relais de poste appartenant à la même famille depuis 1888, bois brut, chaux, pierre et atmosphère montagnarde. Chambres confortables, la plupart familiales. Au restaurant, cadre tout bois et carte traditionnelle avec dégustation et vente de vin.

rte de la Station 6 km au SE par rte secondaire – ✉ 73640 Ste-Foy-Tarentaise

La Ferme du Baptieu

Le Baptieu, (D 84) – ✆ 04 79 06 97 52 – www.lafermedubaptieu.com
– Ouvert juil.-août et déc.-avril

5 ch ☕ – †129/159 € ††129/159 € **Table d'hôte** – Menu 39 €

◆ Ce chalet du 18e s., restauré avec goût, mêle traditions savoyardes et touches méditerranéennes. Chaque chambre possède une superbe salle de bains et un balcon ouvert sur la montagne. À la table d'hôtes, cuisine familiale avec les produits de la région.

STE-GEMME-MORONVAL – 28 Eure-et-Loir – **311** E3 – rattaché à Dreux

STE-GENEVIÈVE-DES-BOIS – 91 Essonne – **312** C4 – **101** 35 – voir à Paris, Environs

STE-HERMINE – 85 Vendée – **316** J8 – 2 557 h. – alt. 28 m – ✉ 85210 **34** B3

Paris 433 – Nantes 93 – La Roche-sur-Yon 35 – La Rochelle 59

35 route de Nantes, ✆ 02 51 27 39 32, www.paysdesaintehermine.fr

Clem'otel

parc Atlantique Vendée, 2 km au Sud sur D 137 – ✆ 02 51 28 46 94 – www.clemotel.com – Fermé 24 déc.-6 janv.

49 ch – †54/56 € ††66/68 € – ☕ 8 € – ½ P 53/55 €

Rest *(fermé dim. d' oct. à fin mars)* – Formule 12 € – Menu 15/22 € – Carte 16/32 €

◆ À la sortie de l'autoroute, hôtel récent au cœur d'une zone artisanale, avec des chambres fonctionnelles, agréables et bien insonorisées... Pratique, économique et confortable !

STE-LUCIE-DE-PORTO-VECCHIO – 2A Corse-du-Sud – **345** F9 – voir à Corse

STE-LUCIE-DE-TALLANO – 2A Corse-du-Sud – **345** D9 – voir à Corse

STE-MAGNANCE – 89 Yonne – **319** H7 – 407 h. – alt. 310 m **7** B2

– ✉ 89420 Bourgogne

Paris 224 – Avallon 15 – Auxerre 65 – Dijon 68

Tombeau★ dans l'église.

Auberge des Cordois

D 606 – ✆ 03 86 33 11 79 – www.lescordois.fr – Fermé 25 juin-4 juil., 2-26 janv., lundi soir, mardi et merc.

Rest – Formule 15 € – Menu 28/35 € – Carte 32/53 €

◆ En bord de route, cette auberge du 18ᵉs. ne passe pas inaperçue avec sa façade jaune. Cuisine régionale servie dans une salle rustique ; formule bistrot dans l'ancien bar.

STE-MARGUERITE (ÎLE) – 06 Alpes-Maritimes – **341** D6 – voir à Île Sainte-Marguerite

STE-MARIE – 44 Loire-Atlantique – **316** D5 – rattaché à Pornic

STE-MARIE-DE-RÉ – 17 Charente-Maritime – **324** C3 – voir à Île de Ré

STE-MARIE-DE-VARS – 05 Hautes-Alpes – **334** I5 – rattaché à Vars

STES-MARIES-DE-LA-MER – voir après Saintes

STE-MARIE-SICCHÉ – 2A Corse-du-Sud – **345** C8 – voir à Corse

STE-MARINE – 29 Finistère – **308** G7 – rattaché à Bénodet

STE-MAURE – 10 Aube – **313** E3 – rattaché à Troyes

STE-MAURE-DE-TOURAINE – 37 Indre-et-Loire – **317** M6 **11** B3

– 4 019 h. – alt. 85 m – ✉ 37800 Châteaux de la Loire

Paris 273 – Le Blanc 71 – Châtellerault 39 – Chinon 32

rue du Château, ✆ 02 47 65 66 20, www.tourisme-saintemauredetouraine.fr

Hostellerie des Hauts de Ste-Maure et Auberge de la Diligence

2-4 av. Gén. de Gaulle – ✆ 02 47 65 50 93 – Fermé janv. et dim. d'oct. à mai

14 ch – †84/139 € ††84/139 € – ☕ 14 € – ½ P 95/120 €

Rest *La Poste* – voir les restaurants ci-après

◆ Ce relais de poste du 16ᵉs., organisé autour d'une paisible cour, abrite des chambres confortables et joliment décorées (tomettes, lits à baldaquin, mobilier ancien, etc.). Pour l'agrément : jardin et piscine intérieure avec balnéo.

Le Grand Menasson sans rest
lieu dit Le Grand Menasson, 2 km par r. de Loches et rte secondaire – 06 11 08 51 80 – www.augrandmenasson.fr
5 ch – 70/95 € 70/95 €
◆ Pour les amoureux du calme et de la nature, une ferme et sa tour couverte de vigne vierge, avec parc et étang, où l'on vous accueille avec chaleur. Les chambres sont avenantes.

La Poste – Hostellerie des Hauts de Ste-Maure et Auberge de la Diligence
2-4 av. Gén. de Gaulle – 02 47 65 50 93
– Fermé janv., lundi midi et dim. d'oct. à mai
Rest – Formule 28 € – Menu 38/48 €
◆ Un restaurant rustique et élégant. Le chef s'inspire des productions locales et du potager pour réaliser une cuisine classique et soignée : pigeon à la broche, agneau à la marjolaine, tarte aux pommes revisitée...

à Pouzay 8 km au Sud-Ouest – 797 h. – alt. 51 m – ✉ 37800

Au Gardon Frit
16 pl. de l'Église – 02 47 65 21 81 – www.au-gardon-frit.com
– Fermé 19-26 avril, 17-30 sept., 14-29 janv., mardi et merc.
Rest – Formule 9 € – Menu 14 € (déj. en sem.), 23/39 € – Carte 27/51 €
◆ Point de "gardon frit" sur la carte de ce restaurant familial, mais des produits de la mer en direct de l'océan et un décor ad hoc... Terrasse sous un préau.

rte de Chinon 2,5 km à l'Ouest : par D 760 – ✉ 37800 Noyant-de-Touraine

La Ciboulette
78 rte de Chinon, (face échangeur A 10, sortie n° 25) – 02 47 65 84 64 – www.laciboulette.fr – Fermé le soir d'oct. à mars sauf vacances scolaires et fériés
Rest – Formule 21 € – Menu 27/56 € – Carte 40/60 €
◆ L'attrait de cette grande maison couverte de vigne vierge ? Ses formules et ses menus à prix plutôt sages, mais aussi son intérieur chaleureux et sa terrasse.

à Noyant-de-Touraine 5 km à l'Ouest – 903 h. – alt. 92 m – ✉ 37800

Château de Brou rest,
2 km au Nord par rte secondaire – 02 47 65 80 80 – www.chateau-de-brou.fr – Fermé 16-26 déc., 2 janv.-8 fév., dim. et lundi de nov. à mars
10 ch – 120/175 € 120/175 € – 2 suites – 15 €
Rest *(dîner seult)* – Menu 65/75 € bc – Carte 58/73 €
◆ Beau château du 15e s. isolé dans un vaste parc, avec un ravissant pigeonnier aménagé en suite et une chapelle du 19e s. : le décor, chargé d'histoire, est remarquable, sans parler du confort ! Cuisine traditionnelle servie dans une pièce élégante (jolie cheminée).

STE-MAXIME – 83 Var – 340 O6 – 13 652 h. – alt. 10 m – Casino 41 C3
– ✉ 83120 Côte d'Azur

Paris 872 – Cannes 59 – Draguignan 34 – Fréjus 20
1, promenade Simon-Loriere BP 107, 04 94 55 75 55, www.ste-maxime.net
de Sainte-Maxime, Route du Débarquement, N : 2 km, 04 94 55 02 02
de Beauvallon, Boulevard des Collines, par rte de Toulon : 4 km, 04 94 96 16 98

Hostellerie la Belle Aurore
5 bd Jean Moulin, par ③ – 04 94 96 02 45 – www.belleaurore.com – Ouvert 7 avril-14 oct.
16 ch – 145/450 € 145/450 € – 1 suite – 20 €
Rest *Hostellerie la Belle Aurore* – voir les restaurants ci-après
◆ La Grande Bleue vient caresser ses murs, face à Saint-Tropez, et chaque chambre dispose d'une terrasse ou d'un balcon. L'impression d'avoir la mer pour soi ! Teintes chaleureuses, grand confort, ambiance paisible : une Belle Aurore...

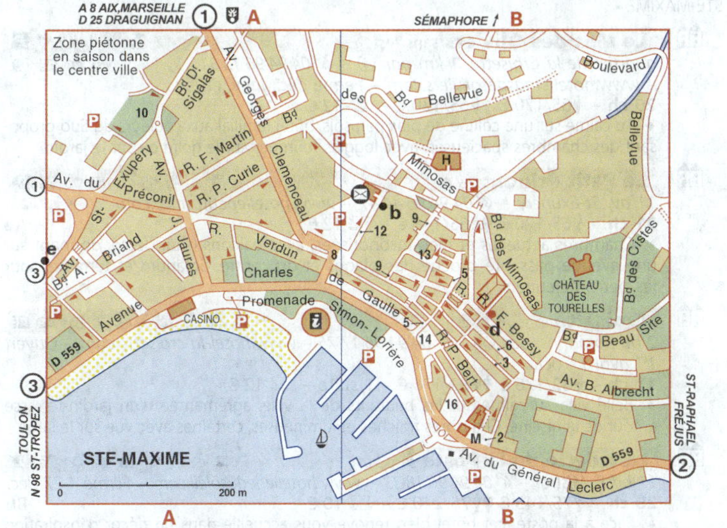

Villa les Rosiers

rest, VISA

4 chemin de Guerrevieille Beauvallon-Grimaud, 5 km par ③ – ✆ 04 94 55 55 20 – www.villa-les-rosiers.com – Ouvert 24 mars-4 nov. et 22 déc.-9 janv.

12 ch – 🚹170/495 € 🚹🚹170/495 € – ☕ 22 €

Rest *(ouvert 1er avril-31 oct.)* – Menu 55 € – Carte 45/80 €

♦ Une villa provençale aux murs roses, dans un jardin fleuri de... rosiers. De quoi embaumer la vue superbe sur le golfe de St-Tropez ! Sculptures et tableaux contemporains, tons clairs : beaucoup de raffinement. Élégant décor immaculé au restaurant ; cuisine actuelle.

Martinengo sans rest

VISA

34 bd Jean-Moulin, par ③ – ✆ 04 94 55 09 09 – www.hotel-martinengo.com – Ouvert 2 avril-5 oct.

9 ch – 🚹80/183 € 🚹🚹80/183 € – 1 suite – ☕ 18 €

♦ Face à la mer, dans un jardin planté d'imposants pins parasols... Son architecture ne manque pas de cachet ; ses chambres offrent simplicité et chaleur. Accueil familial.

Les Santolines

VISA

la Croisette par ③ – ✆ 04 94 96 31 34 – www.hotel-les-santolines.com

13 ch – 🚹77/154 € 🚹🚹77/154 € – 1 suite – ☕ 12 €

Rest ***Le Sarment de Vigne*** – voir les restaurants ci-après

♦ D'un côté la route, assez passante... mais de l'autre, les eaux azurées de la Méditerranée ! Heureusement bien isolé, ce mas provençal est résolument tourné vers la mer. Chambres d'esprit provençal, avec balcon face aux flots à l'étage.

Montfleuri

ch, VISA

3 av. Montfleuri, par ② – ✆ 04 94 55 75 10 – www.montfleuri.com – Fermé 4 nov.-21 déc. et 1er janv.-28 fév.

32 ch – 🚹45/125 € 🚹🚹70/325 € – ☕ 12 € – ½ P 73/200 €

Rest *(dîner seult)* – Menu 28/35 € – Carte 35/60 €

♦ Dans un quartier résidentiel, adresse familiale abritant des chambres régulièrement rafraîchies, certaines avec balcon côté mer. Petit jardin aux essences méditerranéennes. Repas traditionnel servi dans une salle aux notes coloniales ou en plein air.

Le Mas des Oliviers sans rest

quartier de la Croisette, 1 km par ③ – ✆ 04 94 96 13 31 – www.hotellemasdesoliviers.com – Fermé déc., janv. et fév.

20 ch – †65/170 € ††65/170 € – ☕ 12 €

◆ Au calme sur une colline de pins parasols, hôtel familial aux couleurs du Sud proposant des chambres spacieuses, avec loggias tournées sur le golfe ou sur le jardin.

Le Petit Prince sans rest

11 av. St-Exupéry – ✆ 04 94 96 44 47 – www.hotellepetitprince.com

31 ch – †65/120 € ††65/145 € – ☕ 12 € **Ae**

◆ Chambres actuelles et bien insonorisées, avec balcons (sauf deux), donnant sur une avenue passante proche des plages et du centre. Solarium et terrasse pour les petits-déjeuners.

Croisette sans rest

2 bd Romarins, par ③ – ✆ 04 94 96 17 75 – www.hotel-la-croisette.com – Ouvert 1er avril-1er oct.

11 ch – †82/176 € ††82/176 € – 1 suite – ☕ 12 €

◆ Belle villa au calme sur les hauteurs de la ville, agrémentée d'un jardin-terrasse autour de la piscine. Chambres fraîches et lumineuses, certaines avec vue sur le large.

Hôtellerie de la Poste sans rest

11 bd F. Mistral – ✆ 04 94 96 18 33 – www.hotelleriedusoleil.com – Fermé 4-27 déc.

28 ch – †75/145 € ††75/240 € – ☕ 10 € **Bb**

◆ Face à la poste, cet hôtel bien rénové vous accueille dans un décor d'inspiration cubaine. Chambres aux tons chauds, plus calmes sur l'arrière. Petit patio avec piscine.

Hostellerie la Belle Aurore – Hôtel Hostellerie la Belle Aurore

5 bd Jean Moulin, par ③ – ✆ 04 94 96 02 45 – www.belleaurore.com – Ouvert 7 avril-14 oct. et fermé lundi midi et merc. sauf juil.-août

Rest – Formule 26 € – Menu 40/88 € – Carte 93/101 €

◆ La salle embrasse si joliment le golfe de Saint-Tropez qu'on a envie de le croquer ! Et ce n'est pas la moindre gourmandise promise par cette belle table provençale (filet de dorade, poivron confit et jus de veau à l'huile d'olive).

La Badiane (Geoffrey Poësson)

6 r. Fernand-Bessy – ✆ 04 94 96 53 93 – Fermé 25 nov.-12 déc., 13 janv.-4 fév., le midi et dim. soir **Bd**

Rest *(nombre de couverts limité, réserver)* – Menu 40/82 € bc – Carte 75/140 €

Spéc. Crousti-fondant de foie gras en croûte de pomme de terre. Jarret de veau de douze heures, jus corsé au Porto et sucrine braisée au lard paysan. Chocolat carrément blanc, biscuit madeleine et croustillant Carambar. **Vins** Côtes de Provence, Coteaux varois en Provence.

◆ Un cadre intime (notes zen, bougies) pour une cuisine soignée et sophistiquée : le jeune chef fait son marché chaque matin, avant d'élaborer "à l'instinct" les mets du soir... Les assiettes sont très graphiques !

Le Sarment de Vigne – Hôtel Les Santolines

la Croisette par ③ – ✆ 04 94 96 34 99 – www.hotel-les-santolines.com – Fermé 1er nov.-28 fév.

Rest – Menu 28/70 € – Carte 35/73 €

◆ Pause repas sur la route de la Croisette, à deux pas de la mer. À la carte : spécialités régionales et grillades – à déguster idéalement en terrasse, au bord de la piscine.

au Nord-Est par ①, av. Clemenceau et rte du Débarquement – ✉ 83120 Ste-Maxime

Jas Neuf sans rest

112 av. du Débarquement – ✆ 04 94 55 07 30 – www.hotel-jasneuf.com – Fermé 30 nov.-17 déc. et 4-28 janv.

24 ch – †70/165 € ††70/165 € – ☕ 12 €

◆ Un ensemble de jolies petites maisons méridionales en retrait de la ville. Chambres fraîches et coquettes aux couleurs de la Provence, la plupart avec terrasse et balcon.

à la Nartelle 4 km par ② – ✉ 83120 Ste-Maxime

La Plage sans rest
36 av. Gén.-Touzet-du-Vigier – ✆ 04 94 96 14 01 – www.mario-stemaxime.com
18 ch – 🚹55/160 € 🚹🚹55/160 € – ☕ 11 €
◆ Agréable hôtel rénové, bordant la route et la plage. Agréable esprit contemporain, bons équipements. Toutes les chambres offrent un balcon face au large...

à Val d'Esquières 6 km au Nord-Ouest par ② et rte des Issambres – ✉ 83120 Ste-Maxime

La Villa
122 av. Croiseur-Léger-Le-Malin, à la Garonnette, D 559 – ✆ 04 94 49 40 90 – www.hotellavilla.fr – Ouvert 1er avril-15 oct.
8 ch – 🚹65/150 € 🚹🚹75/175 € – 4 suites – ☕ 10 €
Rest *(dîner seult)* – Menu 19/31 € – Carte 26/73 €
◆ Face à la plage (il faut simplement traverser la route), cet établissement familial abrite de charmantes chambres d'esprit provençal ; certaines donnent sur la mer. La table conjugue ambiance chaleureuse (couleurs vives, meubles en rotin) et mets provençaux.

STE-MENÉHOULD – 51 Marne – 306 L8 – 4 630 h. – alt. 137 m 14 C2

– ✉ 51800 Champagne Ardenne

Paris 221 – Bar-le-Duc 50 – Châlons-en-Champagne 48 – Reims 80
5, place du Général Leclerc, ✆ 03 26 60 85 83, www.argonne.fr
≤★ de la butte appelée "Le château" - Château de Braux-Ste-Cohière★ O : 5,5 km.

Le Cheval Rouge
1 r. Chanzy – ✆ 03 26 60 81 04 – www.lechevalrouge.com
24 ch – 🚹55/60 € 🚹🚹60/65 € – ☕ 8 € – ½ P 55/60 €
Rest ***Le Cheval Rouge*** – voir les restaurants ci-après
Rest ***Brasserie*** – Menu 13 € (sem.) – Carte 20/34 €
◆ À deux pas de l'hôtel de ville, cette auberge ancienne, aux chambres fonctionnelles et bien tenues, assure des nuits paisibles. En plus, c'est l'occasion de découvrir les spécialités gastronomiques du restaurant, bien connues dans la région (pour les plus pressés à la Brasserie).

Le Cheval Rouge
1 r. Chanzy – ✆ 03 26 60 81 04 – www.lechevalrouge.com – Fermé dim. soir et lundi
Rest – Menu 22/60 € – Carte 55/85 €
◆ Connaissez-vous le pied de cochon "à la Sainte-Ménehould" ? C'est en tout cas le moment de découvrir LA spécialité culinaire de cette véritable institution du coin. Un lieu bien sympathique !

à Futeau 13 km à l'Est par D 603 et D 2 – 159 h. – alt. 190 m – ✉ 55120

L'Orée du Bois
1 km au Sud – ✆ 03 29 88 28 41 – www.aloreedubois.fr – fermé 24 nov.-24 janv., lundi midi, mardi midi de Pâques à fin sept.
14 ch – 🚹85/90 € 🚹🚹100/175 € – ☕ 14 € – ½ P 115/145 €
Rest ***L'Orée du Bois*** – voir les restaurants ci-après
◆ Voilà une auberge accueillante, délicieusement isolée à la lisière de la forêt d'Argonne. Avec ses chambres où le calme n'est rompu que par le chant des oiseaux, son charmant petit espace détente, c'est l'endroit idéal pour se mettre au vert !

L'Orée du Bois
1 km au Sud – ✆ 03 29 88 28 41 – www.aloreedubois.fr – Fermé 24 nov.-24 janv., lundi midi, mardi midi de Pâques à fin sept.
Rest – Menu 30 € (sem.), 45/74 € – Carte 58/70 €
◆ Il règne une belle ambiance rustique dans cette auberge familiale. Avec des produits frais et de saison, le chef concocte des spécialités traditionnelles : écrevisses, pigeonneau aux champignons sauvages, foie gras poêlé... Une étape sympathique.

STE-MÈRE-ÉGLISE – 50 Manche – 303 E3 – 1 629 h. – alt. 28 m 32 A2
– ✉ 50480 Normandie Cotentin

Paris 321 – Bayeux 57 – Cherbourg 39 – St-Lô 42

6, rue Eisenhower, ✆ 02 33 21 00 33, www.sainte-mere-eglise.info

Musée Airborne★ - Musée d'Utah Beach★★.

au Sud-Ouest 6 km par D 67 et D 70 - ✉ 50360 Picauville

Château de L'Isle Marie sans rest
(entre Chef-du-Pont et Picauville) – ✆ 02 33 21 37 25 – www.islemarie.com

5 ch – 150/185 € 160/195 €

◆ Évidemment, il y a ce somptueux château médiéval entièrement remanié en 1903, mais aussi le jardin à la française, l'immense domaine, les chambres de style (mobilier ancien, lits à baldaquin, etc.). Romantisme et authenticité : un lieu unique.

STE-NATHALÈNE – 24 Dordogne – 329 I6 – 548 h. – alt. 145 m 4 D3
– ✉ 24200

Paris 538 – Bordeaux 205 – Périgueux 74 – Brive-la-Gaillarde 63

La Roche d'Esteil
ch,

La Croix d'Esteil – ✆ 05 53 29 14 42 – www.larochedesteil.com

5 ch – 65/100 € 65/100 € – 7 € **Table d'hôte** – Menu 25 €

◆ Un domaine restauré avec goût par des propriétaires passionnés, dans le respect de la tradition périgourdine. Chambres soignées au charme rustique, installées dans les anciennes granges. Le soir, décor plus contemporain et ambiance conviviale à la table d'hôte.

STE-PREUVE – 02 Aisne – 306 F5 – 87 h. – alt. 115 m – ✉ 02350 37 D2

Paris 188 – Saint-Quentin 69 – Laon 29 – Reims 49

Domaine du Château de Barive
3 km au Sud-Ouest – ✆ 03 23 22 15 15
– www.chateau-de-barive.com

18 ch – 120/250 € 165/450 € – 4 suites – 17 €

Rest *Les Epicuriens* – voir les restaurants ci-après

◆ Une superbe bâtisse du 19ᵉs. dans un immense parc : calme champêtre... Les chambres sont cosy (mansardées au 2ᵉétage) et décorées avec soin, les suites très jolies et l'accueil prévenant.

Les Epicuriens – Hôtel Domaine du Château de Barive
3 km au Sud-Ouest – ✆ 03 23 22 15 15
– www.chateau-de-barive.com

Rest – Formule 30 € – Menu 40/90 € – Carte 77/109 €

◆ Bar poché aux asperges et gnocchis de pomme de terre, homard parfumé à l'orange et au fenouil, sphère à l'orange... Une cuisine bien dans son époque qui émoustille les papilles ! Quant au cadre, il est élégant et ouvre sur la verdure.

SAINTES – 17 Charente-Maritime – 324 G5 – 26 470 h. – alt. 15 m 38 B3
– ✉ 17100 Poitou Vendée Charentes

Paris 469 – Bordeaux 117 – Poitiers 138 – Rochefort 42

62, cours National, ✆ 05 46 74 23 82, www.saintes-tourisme.fr

de Saintonge, 43, route du Golf, par rte de Niort : 5 km, ✆ 05 46 74 27 61

Abbaye aux Dames : église abbatiale★ - Vieille ville★ - Arc de Germanicus★ **B** - Église St-Eutrope : église inférieure★ **E** - Amphithéâtre gallo-romain★ - Musée des Beaux-Arts★ : Musée Archéologique : char de parade★.

Relais du Bois St-Georges
ch,

132 cours Genet, (Parc Atlantique) – ✆ 05 46 93 50 99
– www.relaisdubois.com **Yd**

30 ch – 115/195 € 115/360 € – 19 €

Rest – Formule 38 € – Menu 53/154 € bc – Carte 52/96 €

Rest *La Table du Bois* – Formule 23 € – Menu 30 € – Carte 30/40 €

◆ Banquise, Tombouctou, Monte Cristo... des chambres originales pour se reposer et rêver ; un parc superbe et des étangs pour flâner : du cachet ! Côté papilles, on peut opter pour un vrai moment gastronomique, ou un repas plus bistrotier à La Table du Bois.

SAINTES

Allende (Av. Salvador) . . . . Y 2
Alsace-Lorraine (R.) . . . . AZ 3
Arc-de-Triomphe (R.) . . . . BZ 4
Bassompierre (Pl.) . . . . BZ 5
Berthonnière (R.) . . . . AZ 7
Blair (Pl.) . . . . AZ 9
Bois d'Amour (R.) . . . . AZ 10
Bourignon (R.) . . . . Y 12
Brunaud (R. A.) . . . . AZ 13
Clemenceau (R.) . . . . AZ 15
Denfert-Rochereau (R.) . . . . BZ 16
Dufaure (Av. J.) . . . . Y 18
Foch (Pl. Mar.) . . . . AZ 20
Gambetta (Av.) . . . . BZ
Jacobins (R. des) . . . . AZ 25
Jean (R. du Dr) . . . . Y 27
Kennedy (Av. J.-F.) . . . . Y 31
Lacurie (R.) . . . . Y 33
Leclerc (Crs Mar.) . . . . Y 34
Lemercier (Cours) . . . . AZ 35
Marne (Av. de la) . . . . BZ 37
Mestreau (R. F.) . . . . BZ 38
Monconseil (R.) . . . . AZ 39
National (Cours) . . . . AZ
République (Quai) . . . . AZ 41
St-Eutrope (R.) . . . . AZ 42
St-François (R.) . . . . AZ 43
St-Macoult (R.) . . . . AZ 45
St-Pierre (R.) . . . . AZ 46
St-Vivien (Pl.) . . . . AZ 47
Victor-Hugo (R.) . . . . AZ 49

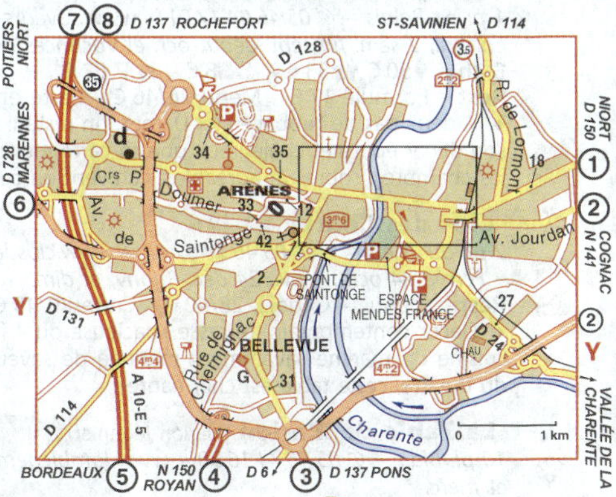

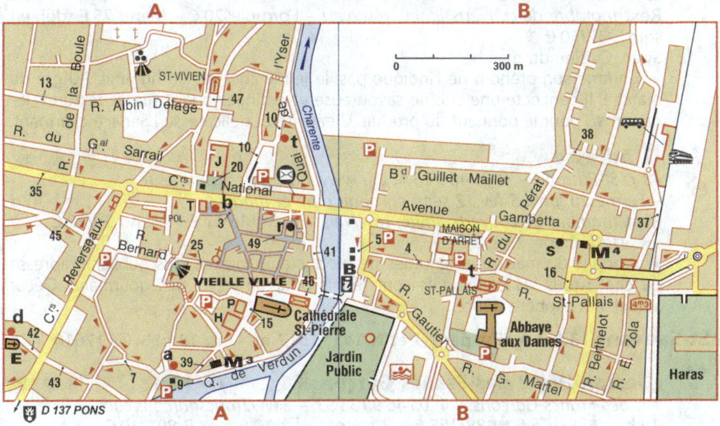

Des Messageries sans rest

r. des Messageries – ✆ 05 46 93 64 99 – www.hotel-des-messageries.com – Fermé vacances de Noël AZ**r**

32 ch – 64/90 € 70/90 € – 2 suites – 9 €

◆ Un relais de poste (1792) du quartier historique, où règne une quiétude très "maison de famille". Les chambres sont confortables, dans une veine romantique. Au petit-déjeuner, on se régale de bons produits charentais.

L'Avenue sans rest

114 av. Gambetta – ✆ 05 46 74 05 91 – www.hoteldelavenue.com – Fermé 22 déc.-1er janv. BZ**s**

15 ch – 46/50 € 70/73 € – 8 €

◆ Un hôtel des années 1970 en bord de route, mais des chambres au calme, impeccables, chaleureuses et colorées – certes parfois un peu kitsch. Pratique et sympathique !

Le Parvis

12-12 bis quai de l'Yser, (Petite-Rue-du-Bois-d'Amour) – ✆ 05 46 97 78 12 – www.restaurant-le-parvis.fr – Fermé 22 avril-7 mai AZ**t**

Rest – Formule 26 € – Menu 34/48 €

◆ Cabillaud en croûte de tandoori et son risotto de potiron, figues rôties au beurre salé... De beaux produits pour une cuisine pleine de charme, dans une maison de ville qui n'en manque pas.

XX **Saveurs de l'Abbaye** avec ch — rest, VISA

1 pl. St Palais – ✆ 05 46 94 17 91 – www.saveurs-abbaye.com – Fermé 1 sem. en mai, 2 sem. fin sept.-début oct. et vacances de fév. BZt

8 ch – †50 € ††53 € – ☕ 8 € – ½ P 67 €

Rest – Formule 17 € – Menu 26/46 € – Carte environ 33 €

◆ À deux pas de l'abbaye aux Dames, un restaurant dans l'air du temps, tant par son décor épuré et chaleureux que sa carte mêlant épices et terroir. Pour l'étape, les chambres, sobres et agréables, cultivent un certain esprit maison d'hôtes.

X **Clos des Cours** — A/C VISA

2 pl. du Théâtre – ✆ 05 46 74 62 62 – www.closdescours.com – Fermé 24 oct.-2 nov., 24 déc.-8 janv. et dim. AZb

Rest – Menu 14 € (déj.), 28/40 € – Carte 30/45 €

◆ Décor contemporain, terrasse spacieuse où il faut bon musarder l'été venu et cuisine du marché savamment mâtinée de saveurs d'ici et d'ailleurs... Tout près du théâtre, cette table est charmante !

X **La Table de Marion** (Marion Monnier) — A/C VISA

10 pl. Blair – ✆ 05 46 74 16 38 – www.latabledemarion.unblog.fr – Fermé mardi et merc. AZa

Rest *(nombre de couverts limité, réserver)* – Formule 20 € – Menu 25 € (déj. en sem.), 37/50 €

Spéc. Cuisine du marché.

◆ Comme son prénom ne l'indique pas, le jeune chef est un homme. Au gré du marché, il concocte une cuisine savoureuse et raffinée, jouant sur les textures, les parfums... pour le bonheur du produit. Créativité et délicatesse ! Service charmant.

X **L'Adresse** — VISA

48 r. St-Eutrope – ✆ 05 46 94 51 62 – www.adresserestosaintes.fr – Fermé 20 janv.-5 fév., 2 sem. en août, dim. et lundi AZd

Rest *(nombre de couverts limité, réserver)* – Formule 17 € – Menu 29/42 € – Carte environ 29 €

◆ Produits du marché et légumes de producteurs locaux, sans oublier... l'adresse du chef : tous les ingrédients sont réunis pour un repas très gourmand. Décor actuel, atmosphère douce.

à St-Sauvant 13 km à l'Est par ② et N 141 – 517 h. – alt. 18 m – ✉ 17610

Design Hôtel des Francs Garçons — A/C VISA AE

1 r. des Francs-Garçons – ✆ 05 46 90 33 93 – www.francsgarcons.com

7 ch – †88/155 € ††88/155 € – 3 suites – ☕ 12 € – ½ P 80/110 €

Rest *(dîner seult) (résidents seult)* – Carte 25/39 €

◆ Design, couleurs acidulées et vieilles pierres : au cœur d'un village médiéval, cet hôtel d'esprit contemporain et international est une réussite. Quelques brasses dans la piscine en plongeant son regard sur la vieille église... et, pour les résidents, dîner traditionnel. Franc et... beau !

à Thénac 10 km au Sud par ③ et D 6 – 1 609 h. – alt. 62 m – ✉ 17460

Domaine les Chais de Thénac sans rest — P VISA

41 r. de la République – ✆ 05 46 91 05 74 – www.domainedeschais.com

6 ch ☕ – †75/120 € ††85/120 €

◆ Quiétude et charme de la campagne pour ce chai du 18es. restauré et décoré avec goût, à la manière d'une maison d'hôtes. Quel plaisir de paresser dans le jardin, au bord de la piscine...

XX **L'Atelier Gourmand de Jean-Yves** — P VISA

41 r. de la République – ✆ 05 46 97 84 26 – www.l-ateliergourmand.fr – Fermé 2 sem. en janv., 1 sem. en oct., dim. soir et lundi

Rest – Formule 24 € – Menu 27/68 € bc – Carte 44/68 €

◆ Rendez-vous dans les anciennes écuries des chais. Au programme : authenticité rustique, cuisines ouvertes pour plus de convivialité et bons petits plats régionaux. Un samedi par mois, le chef assure aussi un cours de cuisine. Sympathique !

STE-SABINE – 24 Dordogne – 329 F7 – 379 h. – alt. 133 m – ✉ 24440 4 C2

Paris 565 – Bergerac 32 – Bordeaux 130 – Périgueux 79

Étincelles-La Gentilhommière (Vincent Lucas) avec ch

– ✆ 05 53 74 08 79 – *www.gentilhommiere-etincelles.com* – *Fermé vacances de printemps, 1er-8 juil., 20-30 sept., vacances de la Toussaint, vacances de fév., mardi sauf le soir en juil.-août, vend. midi et merc. sauf juil.-août, dim. soir, lundi midi, jeudi midi et sam. midi*

4 ch – 80/95 € 85/100 € **Rest** *(nombre de couverts limité, réserver)* – Formule 44 € – Menu 49 € (dîner), 66/101 €

Spéc. Dos d'esturgeon en sobrosada, velouté de chou-fleur à la menthe (été-automne). Agneau du Périgord, asperges, petits pois, citron et quinoa rouge (printemps). Bonbon de foie gras à l'ananas caramélisé et noix de coco, sorbet mangue (automne hiver). **Vins** Monbazillac, Buzet.

◆ Une chaleureuse maison périgourdine, dans un jardin aux arbres majestueux. Le concept : on réserve au plus tard la veille, car le chef ne travaille que des produits frais. Il propose un menu unique et sa créativité fait des étincelles ! Chambres thématiques (romantique, orientale, montagnarde...).

STE-SAVINE – 10 Aube – 313 E4 – rattaché à Troyes

STES-MARIES-DE-LA-MER – 13 Bouches-du-Rhône – 340 B5 40 A3

– 2 294 h. – alt. 1 m – ✉ 13460 Provence

Paris 778 – Arles 39 – Marseille 129 – Nîmes 67

5, avenue Van Gogh, ✆ 04 90 97 82 55, www.saintesmaries.com

Plan page suivante

Mas de Cocagne sans rest

rte d'Arles – ✆ 04 90 97 96 17 – www.mas-cocagne.com – Ouvert 26 mars-12 nov.

18 ch – 99/149 € 99/169 € – 15 €

◆ Près du centre-ville, cet hôtel de standing moderne propose des chambres impeccables, au décor contemporain et coloré, et avec terrasses privatives. Agréable piscine.

Le Galoubet sans rest

rte de Cacharel – ✆ 04 90 97 82 17 – www.hotelgaloubet.com – Fermé 15 nov.-26 déc. et 4 janv.-13 fév. **Bs**

21 ch – 58/77 € 58/77 € – 7 €

◆ Un petit hôtel familial proposant des chambres rustiques mais bien tenues ; au 1er étage, quatre ont un balcon avec une jolie vue sur l'étang de la réserve des Impériaux.

Le Mas des Salicornes

rte d'Arles – ✆ 04 90 97 83 41 – www.hotel-salicornes.com – Ouvert mars- nov.

24 ch – 59/89 € 59/89 € – 9 € **Ay**

Rest *(fermé dim.) (dîner seult) (résidents seult)* – Menu 20 €

◆ Un petit hôtel camarguais typique : plain-pied, murets blancs et lauriers roses. Chambre sobres, toutes avec terrasse privative. Agréable jardin planté d'arbres fruitiers. Produits frais et cuisine à l'huile d'olive dans le cadre rustique du restaurant.

Hostellerie du Pont Blanc sans rest

chemin du Pont-Blanc, par rte d'Arles – ✆ 04 90 97 89 11 – www.pont-blanc.camargue.fr – Fermé 19 nov.-27 déc. **Az**

15 ch – 50/62 € 50/70 € – 7 €

◆ Pour les budgets serrés : un petit mas fleuri aux chambres toutes simples, avec terrasse donnant sur la campagne. Belle cabane de gardian au fond du jardin (deux duplex).

Le Fangassier sans rest

12 rte de Cacharel – ✆ 04 90 97 85 02 – www.fangassier.camargue.fr – Ouvert 9 mars-11 nov. **Be**

22 ch – 46/58 € 46/64 € – 7 €

◆ Non loin du centre-ville et de la mer, maison traditionnelle aux volets bleus, sobre et rustique. Certaines chambres disposent d'une petite terrasse, d'autres sont mansardées.

STES-MARIES -DE-LA-MER

Aubanel (R. Théodore) . . . . . . A 2
Bizet (R. Georges) . . . . A 6
Carrière (R. Marcel) . . . . B 8
Châteaubriand (R.) . . . . A 10
Château d'eau (R. du) . . . . A 12
Crin Blanc (R.) . . . . A 15
Eglise (Pl. de l') . . . . A 17
Espelly (R.) . . . . A 18
Etang (R. de l') . . . . A 20
Ferrade (R. de la) . . . . B 22
Fouque (R. du Capitaine) . . . . . A 23
Gambetta (Av. Léon) . . . . AB 25
Lamartine (Pl.) . . . . A 27
Marquis-de-Baroncelli (Pl.) . . . . A 28
Médina (R. François) . . . . B 29
Pénitents Blancs (R. des) . . . . A 30
Portalet (Pl.) . . . . A 32
Razeteurs (R. des) . . . . A 34

rte du Bac du Sauvage **4 km au Nord-Ouest par D 38 – ✉ 13460 Les Stes-Maries-de-la-Mer**

Lodge de la Fouque
rte du Petit-Rhône – ✆ 04 90 97 81 02 – www.lodgedelafouque.com – Ouvert 15 mars-15 nov.
22 ch – 188/340 € 188/340 € – 6 suites – 22 €
Rest *Lodge de la Fouque* – voir les restaurants ci-après
◆ Un mas ultraluxueux, au milieu d'une nature enchanteresse. Superbes chambres thématiques (baroque, exotique, design, etc.) ; spa, héliport... et une certaine douceur de vivre !

L'Estelle
rte du Petit-Rhône, D 38 – ✆ 04 90 97 89 01 – www.hotelestelle.com – Ouvert 24 mars-11 nov. et 22 déc.-2 janv.
19 ch – 230/300 € 250/510 € – 1 suite
Rest *L'Estelle* – voir les restaurants ci-après
◆ Ravissant jardin et chambres provençales avec vue sur la piscine à débordement ou les étangs : un complexe plein de charme, au bord du Petit-Rhône, avec la Camargue pour horizon.

L'Estelle – Hôtel L'Estelle
rte du Petit-Rhône, D 38 – ✆ 04 90 97 89 01 – www.hotelestelle.com – Ouvert 24 mars-11 nov. et 22 déc.-2 janv.
Rest – Formule 25 € – Menu 40/85 € – Carte 55/98 €
◆ Inspiration méridionale, fraîcheur du marché : une agréable cuisine à déguster dans un cadre cossu ou sur la belle terrasse... Une bonne table de Saintes-Maries !

Lodge de la Fouque – Lodge de la Fouque
rte du Petit-Rhône – ✆ 04 90 97 81 02 – www.lodgedelafouque.com – Ouvert 15 mars-15 nov. et fermé lundi midi et dim. soir sauf du 10 avril au 30 sept.
Rest – Menu 37 € (déj.), 58/65 € – Carte 60/80 €
◆ Le soir, dans cette magnifique Camargue sauvage, on se croirait à Bali. Dîner les pieds dans l'eau sous un gazebo en se régalant d'une cuisine fine et inventive, n'est-ce pas déjà le paradis ?

rte d'Arles **Nord-Ouest par D 570 – ✉ 13460 Les Stes-Maries-de-la-Mer**

Les Rizières sans rest
rte d'Arles, à 2,5 km – ✆ 04 90 97 91 91 – www.lesrizieres-camargue.com – Fermé 12 nov.-1er fév.
27 ch – 78/112 € 78/112 € – 9 €
◆ Dans une ancienne manade (élevage camarguais) près d'un étang, au calme. Les chambres, simples et nettes, sont situées autour d'un patio verdoyant. Grande piscine.

Hostellerie du Pont de Gau avec ch
rte d'Arles, à 5 km – ✆ 04 90 97 81 53 – www.hotelpontdegau.com – Fermé 2 janv.-12 fév. et merc. du 15 nov. à Pâques sauf vacances scolaires
9 ch – 55 € 55 € – 9 € – ½ P 72 €
Rest – Menu 23/56 € – Carte 48/72 €
◆ À côté du parc ornithologique, salle à manger avec poutres apparentes, cheminée et véranda. Cuisine traditionnelle à prix abordable. Chambres simples et climatisées, pratiques pour une étape impromptue.

STE-VERGE – **79 Deux-Sèvres – 322 E2 – rattaché à Thouars**

LES SAISIES – **73 Savoie – 333 M3 – Sports d'hiver : 1 600/1 870 m** **45 D1**
24 – ✉ 73620
Paris 597 – Albertville 29 – Annecy 61 – Bourg-St-Maurice 53
316 avenue des Jeux Olympiques, ✆ 04 79 38 90 30, www.lessaisies.com

Le Calgary – ch, rest,
73 r. des Periots – ✆ 04 79 38 98 38 – www.hotelcalgary.com – Ouvert 16 juin-9 sept. et 15 déc.-27 avril
39 ch – †85/130 € ††105/190 € – 1 suite – ☐ 14 € – ½ P 113/140 €
Rest *(dîner seult)* – Formule 23 € – Menu 28/45 € – Carte environ 40 €
◆ Chalet à la tyrolienne dont le nom rappelle les exploits de F. Piccard – enfant du pays – aux JO de 1988. Confort et bois blond dans les chambres, en partie rénovées. Sauna, hammam. Dans la vaste salle à manger, cuisine actuelle et plats savoyards.

SALBRIS – 41 Loir-et-Cher – **318** J7 – 5 724 h. – alt. 104 m – ✉ 41300 **12** C2
Châteaux de la Loire
Paris 187 – Blois 65 – Bourges 62 – Montargis 102
27, bld de la République, ✆ 02 54 97 22 27, www.tourisme-solognedesrivieres.fr
de Nançay, à nançay, Domaine de Samord, SE : 15 km, ✆ 02 48 51 86 55

Le Parc
8 av. d'Orléans – ✆ 02 54 97 18 53 – www.leparcsalbris.com – Fermé 15 déc.-7 janv.
26 ch – †78/105 € ††90/115 € – ☐ 10 €
Rest *(fermé dim. de nov. à mars) (dîner seult)* – Menu 25/39 € – Carte 45/60 €
◆ Grande demeure bourgeoise dans un beau jardin arboré. Les chambres, sobres et élégantes, sont bien tenues. Au restaurant, ambiance rustique, cuisine traditionnelle et vaste cheminée pour réchauffer les rudes journées d'hiver de la Sologne...

SALERS – 15 Cantal – **330** C4 – 364 h. – alt. 950 m – ✉ 15140 Auvergne **5** B3
Paris 509 – Aurillac 43 – Brive-la-Gaillarde 100 – Mauriac 20
Place Tyssandier d'Escous, ✆ 04 71 40 58 08, www.salers-tourisme.fr
Grande-Place★★ - Église★ - Esplanade de Barrouze ★.

Le Bailliage
r. Notre-Dame – ✆ 04 71 40 71 95 – www.salers-hotel-bailliage.com – Fermé 15 nov.-6 fév.
26 ch – †75 € ††75/170 € – 2 suites – ☐ 13 € – ½ P 65/132 €
Rest ***Le Bailliage*** – voir les restaurants ci-après
◆ Cette grande demeure régionale constitue un point de chute plein de vie pour découvrir le village, si pittoresque. Les chambres, spacieuses et décorées avec goût, donnent sur le jardin ou la campagne ; certaines arborent un style plus moderne ("Zen", "Marilyn"...).

Saluces sans rest
r. Martille – ✆ 04 71 40 70 82 – www.hotel-salers.fr – Fermé 12 nov.-20 déc., 2 janv.-5 fév.
8 ch – †69/98 € ††69/98 € – ☐ 11 €
◆ Cette propriété appartenait au marquis de Lur Saluces, gouverneur de la cité au 16ᵉs. Aujourd'hui, la maison affiche un style épuré : mobilier chiné et matériaux naturels (bois, marbre, ardoise). Petit-déjeuner – avec confitures maison – sous le vieux marronnier !

Le Bailliage – Hôtel Le Bailliage
r. Notre-Dame – ✆ 04 71 40 71 95 – www.salers-hotel-bailliage.com – Fermé 15 nov.-6 fév. et lundi midi
Rest – Menu 23/46 € – Carte 22/56 €
◆ Dans la région, tout le monde connaît ce Bailliage gourmand ! Les meilleurs éleveurs fournissent le restaurant en viande... de salers, et l'on se presse pour goûter pounti, truffade, tripoux, etc., et de délicieux fromages auvergnats.

à Fontanges 5 km au Sud par D 35 – 220 h. – alt. 692 m – ✉ 15140

Auberge de l'Aspre
– ✆ 04 71 40 75 76 – www.auberge-aspre.fr – Fermé 20 nov.-25 mars, dim. soir et lundi d'oct. à mai
8 ch – †55 € ††55 € – ☐ 9 € – ½ P 59 €
Rest – Formule 15 € – Menu 20/32 € – Carte 35/45 €
◆ En pleine nature, cette ancienne ferme abrite des chambres simples et fonctionnelles (salles de bains en mezzanine). Avec vue sur le verger, la piscine ou bien la chapelle monolithe, elles permettent de se ressourcer en pleine campagne.

Château de la Fromental

par D 35 – ✆ 04 71 40 77 20 – www.chateaulafromental.com – Fermé 3-29 janv.
5 ch – 🛉133 € 🛉🛉140 € **Table d'hôte** – Menu 35 € bc
◆ Ce château de 1890 a été restauré avec goût : plafond peint et moulures dans le hall, mobilier original et objets chinés dans les chambres, baptisées Victoria, Hortense, Angélique, etc. Parmi les activités proposées, des cours de cuisine et des ateliers de faïence, pour explorer tous les arts de la table.

au Theil **6 km au Sud-Ouest par D 35 et D 37 – ✉ 15140 St-Martin-Valmeroux**

Hostellerie de la Maronne rest,

✆ 04 71 69 20 33 – www.maronne.com – Ouvert 6 avril-5 nov.
12 ch – 🛉100/180 € 🛉🛉100/230 € – 5 suites – 14 €
Rest *(Fermé le midi et lundi soir sauf juil.-août)* – Menu 35/45 €
◆ Quelle vue ! Les pâturages se déroulent à perte de vue devant cette belle maison de maître (19[e]s.) en pierres et lauzes. Chambres et salons élégants, piscine, tennis : un ensemble très confortable et un bon point de départ pour de superbes randonnées.

SALIES-DE-BÉARN – 64 Pyrénées-Atlantiques – 342 G4 – 4 812 h. 3 B3
– alt. 50 m – Stat. therm. : fin fév.-mi-déc. – Casino – ✉ 64270 Aquitaine

Paris 762 – Bayonne 60 – Dax 36 – Orthez 17
rue des Bains, ✆ 05 59 38 00 33, www.tourisme-bearn-gaves.com
Sauveterre-de-Béarn : site★, ≼★★ du vieux pont, S : 10 km.

Hôtel du Parc

bd Saint-Guily – ✆ 05 59 38 31 27 – www.hotelcasinoduparc.fr
51 ch – 🛉79/109 € 🛉🛉89/119 € – 1 suite – 10 € – ½ P 106/173 €
Rest – Formule 13 € – Menu 22/29 € – Carte 20/39 €
◆ L'entrée impressionne, avec ses galeries à l'italienne et sa verrière... et il y a un casino ! Heureusement, l'isolation est parfaite, y compris dans les chambres, modernes et bien agencées. Cuisine traditionnelle au restaurant.

Hôtel du Golf Le Lodge

chemin de Labarthe – ✆ 05 59 67 75 23 – www.le-lodge-salies.com – Fermé 17 déc.-2 janv.
29 ch – 🛉69/79 € 🛉🛉88/98 € – 12 € – ½ P 98/118 €
Rest *(fermé sam. midi et dim. soir)* – Formule 12 € – Menu 26/35 € – Carte 28/49 €
◆ La construction peut sembler banale mais les propriétaires ont soigné la décoration dans un style lodge : plantes exotiques, bambou, portraits d'animaux africains... Certaines chambres donnent sur le golf. Spécialités régionales, préparées avec simplicité.

Maison Léchémia ch,

quartier du Bois, 3 km au Nord-Ouest par rte de Caresse et rte secondaire – ✆ 05 59 38 08 55 – www.chambresdhoteslechemia.com
3 ch – 🛉45 € 🛉🛉58 € **Table d'hôte** – Menu 17/30 € bc
◆ Cette ferme isolée dans la campagne conjugue accueil chaleureux et confort. Petites chambres décorées avec goût, dont une familiale, disposant d'une mezzanine. À table, produits du potager servis sur la terrasse ou devant la cheminée. Bon petit-déjeuner.

Des Voisins

12 r. des Voisins – ✆ 05 59 38 01 79 – www.restaurant-des-voisins.com – Fermé 20 juin-4 juil., 21 nov.-5 déc., dim. sauf le midi d'oct. à juin, mardi d'oct. à juin et lundi
Rest – Formule 25 € – Menu 29/44 €
◆ Vieux piano, béton ciré, œuvres contemporaines : une agréable adresse, dans la plus ancienne maison de la cité. La cuisine ne triche pas avec les produits (cultures locales, bio).

à Castagnède **8 km au Sud-Ouest par D 17, D 27 et D 384 – 199 h. – alt. 38 m – ✉ 64270**

La Belle Auberge

– ✆ 05 59 38 15 28 – Fermé 1er-15 juin, mi déc.-fin janv., dim. soir et lundi soir
Rest – Menu 13/25 € – Carte 20/31 €
◆ Ce paisible hameau du Béarn abrite une auberge rustique, où l'on sert une cuisine traditionnelle et généreuse. Terrasse sous les tilleuls et jardin fleuri.

SALIES-DU-SALAT – 31 Haute-Garonne – 343 D6 – 1 928 h. – alt. 300 m – Stat. therm. – Casino – ✉ 31260 Midi-Toulousain 28 B3

Paris 751 – Bagnères-de-Luchon 73 – St-Gaudens 27 – Toulouse 79

boulevard Jean Jaurès, ✆ 05 61 90 53 93, http://salinea.free.fr/salies-salat

Du Parc sans rest

6 r. d'Austerlitz – ✆ 05 61 90 51 99 – www.hotelduparcsaliesdusalat.com – Fermé 23 déc.-5 janv.

21 ch – †53/65 € ††75/95 € – ☕ 7 €

◆ Face au casino, cet hôtel des années 1920 dispose de chambres assez simples. Formule snacking.

SALINS-LES-BAINS – 39 Jura – 321 F5 – 2 987 h. – alt. 340 m – Stat. therm. : mi-fév.-début déc. – Casino – ✉ 39110 Franche-Comté Jura 16 B2

Paris 419 – Besançon 41 – Dole 43 – Lons-le-Saunier 52

place des Salines, ✆ 03 84 73 01 34, www.salins-les-bains.com

Fort Belin★★

Grand Hôtel des Bains

pl. des Alliés – ✆ 03 84 37 90 50 – www.hotel-des-bains.fr – Fermé 6-20 janv.

31 ch – †73/96 € ††73/96 € – ☕ 10 € – ½ P 64/75 €

Rest ***Grand Hôtel des Bains*** – voir les restaurants ci-après

◆ Villégiature thermale... Cet hôtel de 1860 a revêtu des atours contemporains, mais conserve un salon classé. Les chambres sont agréables, tout comme la piscine des thermes accessible aux hôtes.

Charles Sander sans rest

26 r. de la République – ✆ 03 84 73 36 40 – www.residencesander.com – Fermé janv.

14 ch – †50/99 € ††60/114 € – ☕ 9 €

◆ Dans cette maison vigneronne, les chambres sont chaleureuses et pratiques (souvent avec kitchenette). Et pour les amateurs de produits régionaux, une halte à l'épicerie fine s'impose !

Des Deux Forts

ch, ch,

5 pl. du Vigneron – ✆ 03 84 73 70 40 – www.hoteldesdeuxforts.com

16 ch – †52/55 € ††60/66 € – ☕ 8 € – ½ P 79 €

Rest – ✆ 03 84 73 70 41 – Formule 16 € – Carte 27/48 €

◆ Face aux Salines, cette jolie maison traditionnelle a été rénovée de fond en comble en 2009 et semble vivre une deuxième jeunesse : chambres de style contemporain, colorées et sobres ; joli hall avec son bel escalier à l'ancienne... Frais !

XX **Grand Hôtel des Bains** – Grand Hôtel des Bains

pl. des Alliés – ✆ 03 84 37 90 50 – www.hotel-des-bains.fr – Fermé 6-20 janv., dim. soir et lundi de nov. à mars

Rest – Formule 13 € – Menu 22/51 € bc – Carte 36/64 €

◆ Pour les petits et grands creux, rendez-vous dans ce restaurant au cadre contemporain. Féra du Léman aux petits légumes, bœuf sauce à la moelle ou morilles, cancoillotte au vin jaune : la vraie tradition est toujours à la carte.

SALLANCHES – 74 Haute-Savoie – 328 M5 – 15 636 h. – alt. 550 m – ✉ 74700 Alpes du Nord 46 F1

Paris 585 – Annecy 72 – Bonneville 29 – Chamonix-Mont-Blanc 28

32, quai de l'Hôtel de Ville, ✆ 04 50 58 04 25, www.sallanches.com

✵★★ sur le Mt-Blanc - Chapelle de Médonnet : ✵★★ - Cascade d'Arpenaz★ N : 5 km.

Les Prés du Rosay

rest,

285 rte de Rosay – ✆ 04 50 58 06 15 – www.lespresdurosay.com

15 ch – †78/84 € ††89/95 € – ☕ 10 €

Rest *(fermé sam. et dim. sauf vacances de fév. et sauf en saison)* – Formule 17 € – Menu 26 € (sem.) – Carte 38/47 €

◆ Cet hôtel traditionnel situé dans un quartier résidentiel a tous les atouts pour un séjour à la montagne : des chambres simples et fonctionnelles (écran plat, wifi) avec vue sur les sommets, un restaurant traditionnel et un espace forme complet.

Auberge de l'Orangerie
carrefour de la Charlotte, 2,5 km par rte Passy (D 13) – ✆ 04 50 58 49 16 – www.orangeriemontblanc.fr – Fermé 25 juin-9 juil.
18 ch – 61/69 € 75/83 € – 11 €
Rest ***Auberge de l'Orangerie*** – voir les restaurants ci-après
◆ Dans cette maison coquette, l'accueil est charmant et dans les chambres douillettes et lambrissées, on se repose en regardant le mont Blanc. Un petit tour au hammam et la détente est totale.

Le St-Julien
53 r. Chenal – ✆ 04 50 58 02 24 – Fermé dim. soir, lundi et merc.
Rest – Formule 25 € – Menu 35/45 € – Carte 40/50 €
◆ Derrière une jolie façade bleue, un petit restaurant lambrissé d'épicéa, où l'on sert une cuisine de saison assortie de quelques plats régionaux. Que diriez-vous d'une persillade de Saint-Jacques ou d'escargots en robe des champs ?

Auberge de l'Orangerie
carrefour de la Charlotte, 2,5 km par rte Passy (D 13) – ✆ 04 50 58 49 16 – www.orangeriemontblanc.fr – Fermé 25 juin-9 juil., 7-28 janv. et dim. soir
Rest *(dîner seult)* – Menu 29 € – Carte 47/65 €
◆ Le cadre est lumineux, la carte alléchante, avec quelques spécialités locales (péla, tartiflette). Que l'on soit client de l'hôtel ou pas, voir travailler le chef ses produits avec autant de passion est bien agréable.

SALLELES-D'AUDE – 11 Aude – 344 I3 – 2 375 h. – alt. 18 m — 22 B2
– ✉ 11590 Languedoc-Roussillon
Paris 794 – Carcassonne 73 – Montpellier 98 – Perpignan 77
Mairie, ✆ 04 68 46 81 46

Les Écluses
20 Grand'Rue – ✆ 04 68 46 94 47 – Fermé 2 sem. en nov., fév., merc., dim. soir, le soir de nov. à avril sauf vend. et sam.
Rest – Menu 15 € (déj. en sem.), 19/28 € – Carte 30/38 €
◆ Il ne faut pas s'arrêter à la façade un peu vieillotte de cette maison et en franchir le seuil. Le chef, un vrai passionné de gastronomie, réalise une cuisine de produits, pas chichiteuse mais vraiment bonne...Cette adresse gagne à être connue !

SALLES-LA-SOURCE – 12 Aveyron – 338 H4 – 2 028 h. – alt. 450 m — 29 C1
– ✉ 12330 Midi-Toulousain
Paris 670 – Rodez 13 – Toulouse 160 – Villefranche-de-Rouergue 71

Gîtes de Cougousse sans rest
r. du Père Colombier, à Cougousse 4 km au Nord Ouest par D 901 – ✆ 05 65 71 85 52 – www.gites.cougousse.free.fr – Ouvert 1er avril-15 oct.
4 ch – 55/60 € 55/60 €
◆ Une demeure du 15es. rustique à souhait, un jardin, un potager et une rivière : tout est bucolique et charmant. Ciels de lit, linge brodé à l'ancienne et mobilier chiné : les chambres sont douillettes et invitent à la rêverie !

LES SALLES-SUR-VERDON – 83 Var – 340 M3 – 218 h. – alt. 440 m — 41 C2
– ✉ 83630 Alpes du Sud
Paris 790 – Brignoles 57 – Draguignan 49 – Digne-les-Bains 60
place Font Freye, ✆ 04 94 70 21 84, www.sallessurverdon.com
Lac de Ste-Croix★★.

Auberge des Salles sans rest
18 r. Ste-Catherine – ✆ 04 94 70 20 04 – www.aubergedessalles.com – Ouvert 19 mars-30 sept.
30 ch – 60/80 € 60/80 € – 8 €
◆ Paisible hôtel surplombant les rives du lac de Ste-Croix. Mobilier rustique dans les chambres, lumineuses et presque toutes avec balcon. Agréable salon avec cheminée.

SALON-DE-PROVENCE – 13 Bouches-du-Rhône – **340** F4 **40** B3
– 41 411 h. – alt. 80 m – ✉ 13300 Provence

Paris 720 – Aix-en-Provence 37 – Arles 46 – Avignon 50

56, cours Gimon, ✆ 04 90 56 27 60, www.visitsalondeprovence.com

de Miramas, à Miramas, Mas de Combe, SO : 10 km, ✆ 04 90 58 56 55

Pont Royal Country Club, à Mallemort, Domaine de Pont Royal, NE : 16 km par D 538 et D 17, ✆ 04 90 57 40 79

Musée de l'Empéri★★.

Angleterre sans rest VISA AE
98 cours Carnot – ✆ 04 90 56 01 10 – www.hotel-dangleterre.biz
– Fermé 15 déc.-3 janv. AY**b**
26 ch – †53/58 € ††58/67 € – ☕ 7,50 €
◆ Une adresse familiale près des musées. Fresques un brin naïves aux murs, salle des petits-déjeuners sous une coupole en verre. Chambres nettes et fonctionnelles.

XXX **Le Mas du Soleil** avec ch ♿ ch, AC P VISA AE
38 chemin St-Côme, (Est par D 17 - BY) – ✆ 04 90 56 06 53
– www.lemasdusoleil.com
10 ch – †120/280 € ††145/280 € – ☕ 15 € – ½ P 115/195 €
Rest *(fermé dim. soir et lundi sauf fériés)* – Formule 25 € – Menu 33 € (déj. en sem.), 45/82 € – Carte 50/75 €
◆ Villa méridionale où l'on goûte des plats aux saveurs du Sud dans un cadre lumineux et élégant, face au jardin. Chambres vastes et confortables, donnant parfois sur la piscine.

XX **Le Craponne** VISA
146 allées de Craponne – ✆ 04 90 53 23 92 – Fermé 24 août-15 sept., 23 déc.-5 janv., mardi soir de nov. à fév., dim. soir, merc. soir et lundi
Rest – Formule 14 € – Menu 23/38 € – Carte 33/59 € BZ**m**
◆ L'enseigne évoque le bienfaiteur de la Crau. Boiseries sombres, murs jaune citron et mobilier campagnard. À la belle saison, repas dans une courette fleurie. Accueil familial.

SALON-DE-PROVENCE

Ancienne Halle (Pl.) . . . . BY 2
Capucins (Bd des) . . . . BZ 3
Carnot (Cours) . . . . AY 4
Centuries (Pl. des) . . . . BY 6
Clemenceau (Bd Georges) . . . AY 7
Coren (Bd Léopold) . . . . AY 8
Craponne (Allées de) . . . . . . BZ 10
Crousillat (Pl.) . . . . BY 12
Farreyroux (Pl.) . . . . BZ 13
Ferrage (Pl.) . . . . BZ 14
Fileuses de Soie (R. des) . . . . AY 15
Frères J. et R.-Kennedy (R. des) . . . . AY
Gambetta (Pl.) . . . . BZ 18
Gimon (Cours) . . . . BZ
Horloge (R. de l') . . . . BY 20
Jean XXIII (Pl.) . . . . BY 21
Ledru-Rollin (Bd) . . . . AY 22
Massenet (R.) . . . . AY 23
Médicis (Pl. C. de) . . . . BZ 24
Mistral (Bd Frédéric) . . . . BY 26
Moulin d'Isnard (R.) . . . . BY 27
Nostradamus (Bd) . . . . AY 28
Pasquet (Bd) . . . . BZ 30
Pelletan (Cours Camille) . . . . . AY 32
Raynaud-d'Ursule (R.) . . . . . . BZ 34
République (Bd de la) . . . . . . AY 33
Victor-Hugo (Cours) . . . . BY 38

au Nord-Est 5 km par D 17 BY puis D 16 – ✉ 13300 Salon-de-Provence

Abbaye de Sainte-Croix
rte du Val de Cuech – ✆ 04 90 56 24 55 – www.hotels-provence.com – Ouvert d'avril à oct. et week-ends de nov. à mars
21 ch – †170/365 € ††170/365 € – 4 suites – ☕ 23 € – ½ P 164/278 €
Rest ***Abbaye de Sainte-Croix*** – voir les restaurants ci-après
◆ Dans un parc isolé, parmi les cyprès et les pieds de lavande, cette abbaye du 12ᵉs. n'a rien d'ascétique ! Chambres confortables, certaines dans d'anciennes cellules...

Abbaye de Sainte-Croix
rte du Val de Cuech – ✆ 04 90 56 24 55 – www.hotels-provence.com – Ouvert d'avril à oct. et week-ends de nov. à mars
Rest – Formule 32 € bc – Menu 52 € (déj. en sem.)/77 € – Carte 44/86 €
◆ Il règne une belle atmosphère provençale dans ce restaurant, et la cuisine n'y est pas pour rien ! Classique et régionale, elle met en appétit. Également une formule bistrot.

à la Barben 8 km au Sud-Est par ②, D 572 et D 22ᴱ – 703 h. – alt. 105 m – ✉ 13330

La Touloubre avec ch
29 chemin Salatier – ✆ 04 90 55 16 85 – www.latouloubre.com – fermé dim. soir et lundi d'oct. à mars
12 ch – †70/85 € ††70/85 € – ☕ 13 € – ½ P 68/78 €
Rest – Formule 19 € – Menu 26/44 € – Carte 36/66 €
◆ La Touloubre, du fleuve du même nom : un cadre provençal lumineux et une belle terrasse sous les platanes. On y goûte une cuisine régionale, généreuse et gourmande. Chambres simples et nettes, idéales avant d'attaquer une randonnée...

au Sud 5 km par ②, N 538, N 113 et D 19 (direction Grans) – ✉13250 Cornillon-Confoux

Devem de Mirapier sans rest
rte de Grans – ✆ 04 90 55 99 22 – www.mirapier.com
15 ch – †82/98 € ††102/128 € – 2 suites – ☕ 10 €
◆ Au milieu des pins et de la garrigue, l'impression d'être chez soi : salon sympathique, piano, billard et chambres douillettes. Le plus : la terrasse autour de la piscine.

SALT-EN-DONZY – 42 Loire – 327 E5 – rattaché à Feurs

SALVAGNAC – 81 Tarn – 338 C7 – 1 045 h. – alt. 231 m – ✉ 81630 29 C2

Paris 657 – Albi 44 – Montauban 33 – Toulouse 49

Le Relais des Deux Vallées
Grand'rue – ✆ 05 63 33 61 90 – Fermé 29 août-3 sept. et 3-10 janv.
10 ch – †45 € ††48 € – ☕ 7 € – ½ P 64/70 €
Rest *(fermé lundi)* – Formule 10 € – Menu 12 € (sem.), 19/39 € – Carte 29/51 €
◆ Sur la place du village, un petit hôtel-restaurant tenu par deux frères, avec des chambres simples et fonctionnelles (certaines avec une terrasse commune) et une cuisine traditionnelle sans chichis. Une étape pratique et économique.

SALZUIT – 43 Haute-Loire – 331 C2 – 358 h. – alt. 590 m – ✉ 43230 6 C3

Paris 500 – Aurillac 129 – Clermont-Ferrand 85 – Le Puy-en-Velay 47

Domaine St Roch sans rest
Le Château – ✆ 04 71 74 04 23 – www.hotel-auvergne-saintroch.com
21 ch – †90/115 € ††90/115 € – ☕ 11 €
◆ Ce château du 12ᵉs. domine le village, en lisière de forêt. Les chambres sont décorées avec goût et simplicité dans un style un peu rétro. Pour se détendre vraiment, le joli spa et ses soins à base d'argile, et la vue de la terrasse !

SAMATAN – 32 Gers – 336 H9 – 2 276 h. – alt. 170 m – ✉ 32130 28 B2

Paris 703 – Auch 37 – Gimont 18 – L'Isle-Jourdain 21
3, rue du chamoine Dieuzaide, ✆ 05 62 62 55 40
du Château de Barbet, à Lombez, Route de Sauveterre, SO : 5 km, ✆ 05 62 66 44 49

XX **Au Canard Gourmand** avec ch — rest, ch, P, VISA

La Rente, par D 632 – ✆ 05 62 62 49 81 – www.aucanardgourmand.com
6 ch – †85 € ††95 € – ☕ 10 € – ½ P 93 €
Rest *(fermé merc. midi, lundi soir et mardi) (nombre de couverts limité, réserver)* – Formule 13 € bc – Menu 25 € (sem.), 35/40 € bc – Carte 45/55 €
◆ Le cadre, design et ultravitaminé, accompagne bien la cuisine gasconne – véritable ode au canard – ainsi qu'une carte un peu plus tendance. Les chambres jouent leurs thèmes et variations (Sienne, Lolypop, Voyage...) avec raffinement ; une invitation au cocooning.

X **Côté Sud** — VISA

2 bis pl. Fontaine – ✆ 05 62 62 63 29 – www.restaurant-cote-sud.com – Fermé vacances de Noël, dim. soir d'oct. à avril, mardi et merc.
Rest – Menu 14 € (déj. en sem.), 33/40 € – Carte 40/52 €
◆ Les briques rouges, les poutres apparentes et les tables en bois ciré font ici bon ménage. Le chef réconcilie saveurs basques et provençales pour une gastronomie côté Sud.

LE SAMBUC – 13 Bouches-du-Rhône – 340 D4 – ✉ 13200 — 40 A3

▶ Paris 742 – Arles 25 – Marseille 117 – Stes-Marie-de-la-Mer 50

Le Mas de Peint — P, VISA, AE

2,5 km par rte Salins – ✆ 04 90 97 20 62 – www.masdepeint.com – Ouvert 22 mars-12 nov. et 21 déc.-5 janv.
13 ch – †235/435 € ††235/435 € – ☕ 22 €
Rest *Le Mas de Peint* – voir les restaurants ci-après
◆ Dans un vaste domaine, ce superbe mas du 17ᵉs. cultive les traditions camarguaises (promenades à cheval, arènes privées). La décoration est réussie, les chambres raffinées... C'est épatant !

XX **Le Mas de Peint** — P, VISA, AE

2,5 km par rte Salins – ✆ 04 90 97 20 62 – www.masdepeint.com – Ouvert 22 mars-12 nov. et 21 déc.-5 janv. et fermé sam. midi, dim. midi et jeudi
Rest *(nombre de couverts limité, réserver)* – Menu 55 €
◆ Avec de bons produits et les légumes du potager, le chef concocte une jolie cuisine "rétrochic" (gravlax de taureau, gaspacho de tomates anciennes...). La terrasse sous la glycine est ravissante et ce Mas tellement charmant... Une bonne adresse !

SAMER – 62 Pas-de-Calais – 301 D4 – 3 483 h. – alt. 70 m – ✉ 62830 — 30 A2

▶ Paris 244 – Lille 132 – Arras 112 – Calais 50
ℹ rue de Desvres, ✆ 03 21 87 10 42

XX **Le Clos des Trois Tonneaux** — VISA, AE

73 r. de Montreuil – ✆ 03 21 92 33 33 – www.leclosdes3tonneaux.com – Fermé sam. midi, dim. soir et lundi
Rest – Formule 17 € – Menu 26/58 € – Carte 35/53 €
◆ L'ancienne distillerie n'a rien perdu de son caractère et l'on y brasse toujours la bière (blanche, blonde, etc.). Salon feutré dans la cave voûtée. Cuisine actuelle, bons vins.

SAMOËNS – 74 Haute-Savoie – 328 N4 – 2 323 h. – alt. 710 m – Sports d'hiver : 720/2 480 m 8 70 – ✉ 74340 Alpes du Nord — 46 F1

▶ Paris 581 – Annecy 75 – Chamonix-Mont-Blanc 60 – Genève 53
ℹ Gare Routière, ✆ 04 50 34 40 28, www.samoens.com
◉ Place du Gros Tilleul★ - Jardin alpin Jaÿsinia★.
◉ La Rosière ≤★★ N : 6 km - Cascade du Rouget★★ S : 10 km - Cirque du Fer à Cheval★★ E : 13 km.

Neige et Roc — rest, P, VISA, AE

rte de Taninges – ✆ 04 50 34 40 72 – www.neigeetroc.com – Ouvert 10 juin-20 sept. et 15 déc.-17 avril
50 ch – †70/150 € ††80/160 € – ☕ 15 € – ½ P 80/140 €
Rest *(dîner seult)* – Menu 35/55 € – Carte 47/62 €
◆ Légèrement excentré, un imposant chalet à la mode des années 1970, chaleureux et accueillant. Les chambres, spacieuses, jolies et montagnardes comme il se doit, ont toutes un balcon ; à l'annexe, on propose des studios avec cuisinette. En outre : piscines, espace bien-être, restaurant régional, etc.

Gai Soleil
26 route de Taninges – 04 50 34 40 74 – www.hotel-samoens.com – Ouvert 1er juin-18 sept. et 17 déc.-20 avril
22 ch – 80/120 € 80/120 € – 11 € – ½ P 76/96 €
Rest *(fermé merc.) (dîner seult)* – Menu 22/39 € – Carte 20/46 €
◆ À l'entrée du village, un petit chalet tenu en famille. Accueil aimable, chambres d'esprit savoyard – sobres et impeccables –, bar au coin du feu, spécialités régionales au restaurant, salle de jeux, sauna et piscine... Chaleureux et gai !

Edelweiss
La Piaz, 1,5 km au Nord-Ouest par rte de Plampraz – 04 50 34 41 32 – www.edelweiss-samoens.com – Fermé 7-28 avril, 28 juin-12 juil. et 27 oct.-22 déc.
20 ch – 60/70 € 70/86 € – 10 € – ½ P 65/76 €
Rest *(dîner seult)* – Menu 20/36 € – Carte 33/45 €
◆ Edelweiss, l'éternelle des neiges et... ce joli chalet, convivial, bien tenu et au grand calme. Les chambres sont simples mais ont un certain cachet montagnard ; quant à la vue sur la vallée, elle est superbe ! Petits plats régionaux au restaurant.

à Morillon 4,5 km à l'Ouest – 542 h. – alt. 687 m – Sports d'hiver : 700/2 200 m 5 74 – 74440

Chef-lieu, 04 50 90 15 76, www.ot-morillon.fr

Le Morillon
04 50 90 10 32 – www.hotellemorillon.com – Ouvert 5 juin-18 sept. et 18 déc.-15 avril
22 ch – 95/130 € 95/160 € – 12 € – ½ P 72/145 €
Rest *(dîner seult)* – Menu 22/32 € – Carte 28/48 €
◆ Il règne une douce atmosphère familiale dans ce chalet ! Les chambres sont sobres, petites mais bien tenues, ou (catégorie supérieure) très cosy, dans un bel esprit montagnard d'aujourd'hui. Pour la détente, charmant espace balnéo.

SAMOUSSY – 02 Aisne – **306** E5 – rattaché à Laon

SAMPANS – 39 Jura – **321** C4 – rattaché à Dole

SANARY-SUR-MER – 83 Var – **340** J7 – 17 068 h. – 83110 Côte d'Azur **40** B3
Paris 824 – Aix-en-Provence 75 – La Ciotat 23 – Marseille 55
Chapelle N.-D.-de-Pitié ★.

Plan page suivante

Hostellerie La Farandole
140 chemin de la Plage de la Gorguette – 04 94 90 30 20 – www.hostellerielafarandole.com
22 ch – 170/540 € 170/540 € – 5 suites – 28 €
Rest *La Gorguette* *(Fermé le midi en juil.-août)* – Menu 65/85 € – Carte 60/86 €
Rest *Le Panoramic* – Menu 65 € – Carte 40/70 €
◆ Face aux rondeurs de la baie, sur la plage de la Gorguette (entre Sanary et Bandol), un bâtiment géométrique, tout en pierre, bois et verre. Inaugurée en 2011, cette luxueuse hostellerie associe dans son esprit Côte d'Azur et art de vivre contemporain, entre plage et spa. Restaurant gastronomique et brasserie.

Soleil et Jardin Le Parc sans rest
445 av. Europe-Unie, par ② – 04 94 25 80 08 – www.sanary-hotel-soleiljardin.com
36 ch – 85/165 € 110/320 € – 4 suites – 15 €
◆ Non loin de la plage, bâtiment régional et son extension récente abritant des chambres de qualité et bien équipées. Excellente insonorisation. Accueil tout sourire.

De La Tour
quai Gén. de Gaulle – 04 94 74 10 10 – www.sanary-hoteldelatour.com – Fermé 1er-15 déc. n
24 ch – 68/108 € 80/140 € – ½ P 98/104 €
Rest *De La Tour* – voir les restaurants ci-après
◆ Au cœur de Sanary, un charmant hôtel tenu par toute une famille très accueillante ! La plupart des chambres arborent un style chaleureux (mobilier chiné, boutis) et donnent sur le port. Tout en haut : toit-terrasse panoramique.

Avenir (Bd de l')	3	Gaulle (Quai Charles-de)	12	Pacha (Pl. Michel)	19
Blanc (R. Louis)	4	Giboin (R.)	13	Péri (R. Gabriel)	20
Clemenceau (Av. G.)	7	Granet (R.)	15	Prudhomie (R. de la)	21
Esménard (Quai M.)	8	Gueirard (R. L.)	16	Sœur-Vincent (Montée)	22
Europe-Unie (Av. de l')	9	Jean-Jaurès (R.)	17	Tour (Pl. de la)	23
Galliéni (Av. du Mar.)	11	Lyautey (Av. Mar.)	18		

Synaya sans rest
92 chemin Olive – ✆ 04 94 74 10 50 – www.hotelsynaya.fr – Ouvert 30 mars-7 nov.
11 ch – 🚹90/130 € 🚹🚹90/130 € – ☕ 11 € **r**
◆ Dans un quartier résidentiel, ce petit hôtel est agrémenté d'un jardin planté de palmiers. Chambres sobres et fonctionnelles ; belles salles de bains.

De La Tour – Hôtel De La Tour
quai Gén. de Gaulle – ✆ 04 94 74 10 10 – www.sanary-hoteldelatour.com – Fermé 23-31 oct., 1er déc.-10 janv., mardi sauf juil.-août et merc. **n**
Rest – Menu 34/48 € – Carte 42/70 €
◆ Sur les quais : une situation idéale pour observer les bateaux... La carte elle-même varie au gré des marées – et des saisons. Bourride ou bouillabaisse : l'adresse respire l'esprit des ports de la région !

SANCERRE – 18 Cher – 323 M3 – 1 697 h. – alt. 342 m – ✉ 18300 12 D2

Limousin Berry
Paris 198 – Bourges 46 – La Charité-sur-Loire 30 – Salbris 69
Esplanade Porte César, ✆ 02 48 54 08 21, www.tourisme-sancerre.com
du Sancerrois, 6 km par D 9 et D4, ✆ 02 48 54 11 22
Esplanade de la porte César ≤★★ - Carrefour D 923 et D 7 ≤★★ O : 4 km par D955.

Panoramic sans rest
rempart des Augustins – ✆ 02 48 54 22 44 – www.panoramicotel.com
57 ch ☕ – 🚹68/217 € 🚹🚹209/239 € **a**
◆ Le Panoramic n'a pas volé son nom ! Il offre un superbe point de vue sur le vignoble. Chambres fonctionnelles, plus agréables côté vignes ; boutique de vins.

Le Clos Saint-Martin sans rest
10 r. St Martin – ✆ 02 48 54 21 11 – www.leclos-saintmartin.com – Ouvert de fin mars à mi-nov. **f**
41 ch ☕ – 🚹63/138 € 🚹🚹85/148 €
◆ Au cœur du village, cet ancien relais de poste (19es.) dispose de chambres pratiques, sobres et agréables. Petit salon cosy de style napolénien... Un endroit douillet et coquet !

SANCERRE

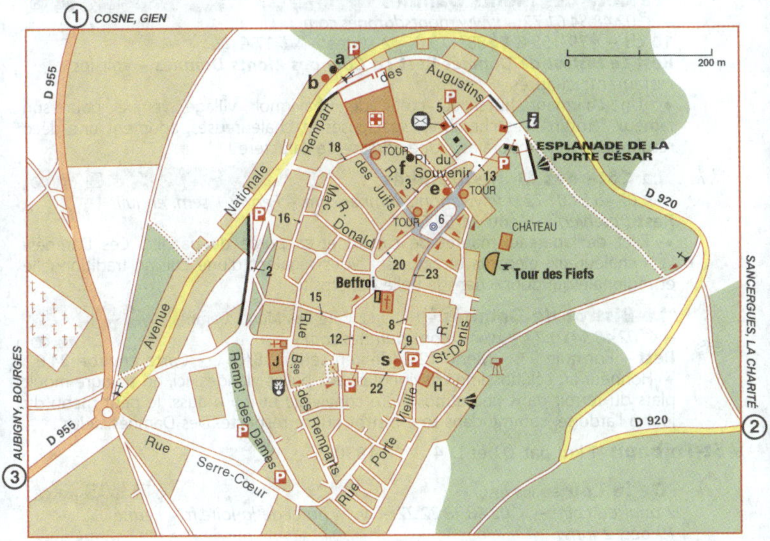

La Tour (Baptiste Fournier)

Nouvelle Place – ✆ 02 48 54 00 81 – www.la-tour-sancerre.fr – Fermé dim. soir et lundi
Rest – Menu 25 € (déj. en sem.), 35/100 € bc – Carte 50/63 € **e**
Spéc. Foie gras poché puis grillé à la rhubarbe, betterave, livèche et bouillon fleur d'hibiscus (mars à sept.). Pigeonneau, fenouil confit, pistache et verdure. Baba au rhum, banane et crème glacée à la vanille. **Vins** Sancerre.
◆ Saveurs et fraîcheur, au pied d'une tour du 14es. ! Un jeune chef œuvre ici et concocte, avec de beaux produits, une cuisine non dénuée de finesse et de caractère… Deux ambiances : chaleur des colombages en bas ; cadre contemporain et vue sur les vignobles en haut.

La Pomme d'Or

r. de la Panneterie – ✆ 02 48 54 13 30 – Fermé vacances de Noël, dim. soir d'oct. à mars, mardi et merc. **s**
Rest *(nombre de couverts limité, réserver)* – Menu 20 € (déj. en sem.), 27/45 €
◆ Bar aux girolles, croustillant aux framboises : ici, le chef joue avec bonheur la carte de la tradition. Plaisant et champêtre (jolie fresque évoquant le vignoble sancerrois) !

Les Augustins

113 rempart des Augustins – ✆ 02 48 54 01 44 – www.restaurant-traiteur-lesaugustins.com – Fermé 1 sem. en déc., 1 sem. en janv. et merc. midi **b**
Rest – Formule 18 € – Menu 25/49 € – Carte 30/71 €
◆ Ce restaurant familial jouit d'une vue panoramique sur le vignoble de Sancerre... Trinquez donc à tant de beauté ! Plats traditionnels tout simples.

à St-Satur **3 km par ① et D 955 – 1 659 h. – alt. 155 m – ✉ 18300**

🅘 25, rue du Commerce, ✆ 02 48 54 01 30, www.saint-satur-tourisme.com

La Chancelière sans rest

5 r. Hilaire-Amagat – ✆ 02 48 54 01 57 – www.la-chanceliere.com
5 ch – 🛉110 € 🛉🛉140 €
◆ La terrasse de cette maison de maître (18es.) jouit du panorama sur Sancerre et son vignoble. Tomettes, poutres apparentes et meubles anciens donnent du caractère aux chambres.

à Chavignol 4 km par ① et D 183 – ✉ 18300

La Côte des Monts Damnés
– ✆ 02 48 54 01 72 – www.montsdamnes.com
10 ch – †79/155 € ††88/170 € – 2 suites – ☕ 17 €
Rest ***Le Bistrot de Damnés*** **Rest** ***La Côte des Monts Damnés*** – voir les restaurants ci-après
◆ Un charmant hôtel au cœur de Chavignol, village vénéré pour son fameux "crottin". Les chambres, spacieuses et chaleureuses, adoptent une déco résolument contemporaine... Une adresse de caractère !

XX **La Côte des Monts Damnés**
– ✆ *02 48 54 01 72 – www.montsdamnes.com – Fermé 1 sem. en juil.*
Rest *(réserver)* – Menu 34/58 €
◆ Filet de lapereau, magret de canard et sa purée de panais... Ces Damnés-là – chaleureux, élégants et actuels – vous régalent d'une cuisine traditionnelle et régionale qui donne dans la belle générosité.

X **Le Bistrot de Damnés** – Hôtel La Côte des Monts Damnés
– ✆ *02 48 54 01 72 – www.montsdamnes.com*
Rest – Formule 9 € – Menu 12 € (déj. en sem.), 18/26 € – Carte environ 24 €
◆ Honneur au célébrissime chavignol et aux belles viandes. Ici, on savoure moult plats du terroir dans une atmosphère conviviale et il y a aussi le petit menu du jour à l'ardoise, comme dans tout bistrot qui se respecte. Des Damnés... élus !

à St-Thibault 4 km par ① et D 4 – ✉ 18300

De la Loire sans rest
2 quai de Loire – ✆ 02 48 78 22 22 – www.hotel-de-la-loire.fr – Fermé 19 déc.-2 janv.
11 ch – †70/93 € ††70/93 € – ☕ 10 € – ½ P 68/79 €
◆ Original et confortable ! Des chambres décorées sur le thème du voyage, en bord de Loire... Ici, Georges Simenon écrivit deux romans. Grand choix de pains et confitures maison.

SANCOINS – 18 Cher – 323 N6 – 3 250 h. – alt. 210 m – ✉ 18600 12 D3

Paris 284 – Orléans 172 – Bourges 51 – Nevers 46
13, place du Commerce, ✆ 02 48 74 65 85

Le St-Joseph
pl. de la Libération – ✆ 02 48 74 61 21
16 ch – †48 € ††48/58 € – ☕ 12 €
Rest *(fermé 2 sem. en oct., 2 sem. en mars, dim. soir et jeudi)* – Menu 13 € (sem.), 25/32 € – Carte 18/48 €
◆ Sur la place principale du village, cette grande maison propose des chambres pratiques et confortables, aux touches rustiques. Au restaurant, cuisine traditionnelle et crêperie ; c'est simple et sympathique.

SANCY – 77 Seine-et-Marne – 312 G2 – 368 h. – alt. 142 m – ✉ 77580 19 C2

Paris 55 – Château-Thierry 48 – Coulommiers 14 – Meaux 13

Château de Sancy
1 pl. de l'Église – ✆ 01 60 25 77 77 – www.chateaudesancy.com
21 ch – †120/190 € ††120/270 € – ☕ 14 € – ½ P 158/185 €
Rest ***La Catounière*** – voir les restaurants ci-après
◆ Cette gentilhommière du 18es. invite à la détente, avec son grand parc, et dispose de deux catégories de chambres (les plus luxueuses "au château"). Quant aux activités proposées, elles sont nombreuses : équitation, tennis, etc.

XXX **La Catounière** – Hôtel Château de Sancy
1 pl. de l'Église – ✆ 01 60 25 77 77 – www.chateaudesancy.com
Rest – Formule 28 € – Menu 38/42 € – Carte environ 45 €
◆ On s'imagine bien dîner en tête à tête dans ce restaurant de château au style feutré. Avant de passer à table, on se prélasse au salon, près du piano à queue, avant de goûter à une cuisine évoluant au gré des saisons.

SAND – 67 Bas-Rhin – **315** J6 – **1 156 h.** – **alt. 159 m** – ✉ **67230** **1** B2

▶ Paris 501 – Barr 15 – Erstein 7 – Molsheim 26

La Charrue A/C rest, VISA

4 r. 1er décembre – ✆ 03 88 74 42 66 – www.lacharrue.com – Fermé 19 août-4 sept. et 20 fév.-6 mars

21 ch – †60/70 € ††70/95 € – ☐ 10 € – ½ P 60/77 € **Rest** *(fermé lundi et le midi sauf sam., dim. et fériés)* – Menu 25/55 € bc – Carte 40/55 €

◆ Une auberge familiale et conviviale en lieu et place d'un ancien relais de charretiers. Chambres rustiques à l'hôtel et modernes dans l'aile attenante. Sympathique bar winstub. Au restaurant, plats régionaux dans un décor sobre et chaleureux (belle cheminée).

SANDARVILLE – 28 Eure-et-Loir – **311** E5 – **393 h.** – **alt. 171 m** – ✉ **28120** **11** B1

▶ Paris 105 – Brou 23 – Chartres 16 – Châteaudun 36

Auberge de Sandarville VISA

14 r. Sente-aux-Prêtres, (près de l'église) – ✆ 02 37 25 33 18 – Fermé 16-31 août, 2-20 janv., 15-21 fév., mardi soir en hiver, dim. soir et lundi

Rest – Menu 28 € (déj. en sem.), 33/57 € – Carte 50/70 €

◆ Poutres, cheminée, meubles chinés et tableaux composent le cadre de cette ferme beauceronne (1850), au charme bucolique. Aux beaux jours, on profite de la terrasse fleurie et on se dit que la tradition a du bon !

SANDILLON – 45 Loiret – **318** J4 – **3 738 h.** – **alt. 101 m** – ✉ **45640** **12** C2

▶ Paris 148 – Orléans 13 – Châteaudun 65 – Châteauneuf-sur-Loire 16

à l'Est **2 km par D 951 et rte secondaire**

Château de Champvallins sans rest VISA AE

1079 r. de Champvallins – ✆ 02 38 41 16 53 – www.chateaudechampvallins.com

5 ch – †130/190 € ††130/190 € – ☐ 14 €

◆ À 10 km au sud d'Orléans, mais si loin de la ville... et des temps modernes ! Dans son parc de 10 ha, ce château du 18es. cultive classicisme, raffinement et goût de l'ancien.

SANILHAC – 07 Ardèche – **331** H6 – **rattaché à Largentière**

SAN-MARTINO-DI-LOTA – 2B Haute-Corse – **345** F3 – **Voir à Corse (Bastia)**

SAN-PEIRE-SUR-MER – 83 Var – **340** P5 – **rattaché aux Issambres**

SANTA-GIULIA (GOLFE DE) – 2A Corse-du-Sud – **345** E10 – **voir à Corse (Porto-Vecchio)**

SANT'ANTONINO – 2B Haute-Corse – **345** C4 – **voir à Corse**

SANTENAY – 21 Côte-d'Or – **320** I8 – **836 h.** – **alt. 225 m** – **Casino** **7** A3

– ✉ **21590** Bourgogne

▶ Paris 330 – Autun 39 – Beaune 18 – Chalon-sur-Saône 25

ℹ gare SNCF, ✆ 03 80 20 63 15

Le Terroir A/C VISA

pl. du Jet-d'Eau – ✆ 03 80 20 63 47 – www.restaurantleterroir.com – Fermé 3 déc.-10 janv., merc. soir de nov. à mars, dim. soir et jeudi

Rest – Menu 23/47 € – Carte 39/62 €

◆ Au cœur du village, une maison pimpante et chaleureuse au service d'une cuisine régionale appétissante. Joli choix de vins au verre.

LE SAPPEY-EN-CHARTREUSE – 38 Isère – **333** H6 – **1 048 h.** **45** C2

– **alt. 1 014 m** – **Sports d'hiver : au Sappey et au Col de Porte 1 000/1 700 m** 11

– ✉ **38700** Alpes du Nord

▶ Paris 577 – Chambéry 61 – Grenoble 14 – St-Pierre-de-Chartreuse 14

ℹ Le Bourg, ✆ 04 76 88 84 05, www.sappey-tourisme.com

Charmant Som ★★★ NO : 9 km puis 1 h.

Les Skieurs avec ch

– 04 76 88 82 76 – www.lesskieurs.com – Fermé vacances de Pâques, de la Toussaint, de Noël, mardi midi, dim. soir et lundi
11 ch – 85 € 85 € – 12 € – ½ P 75 €
Rest – Formule 18 € – Menu 28 € (sem.), 35/49 € – Carte 46/72 €
◆ Une bonne auberge pour les skieurs certes, mais aussi pour les marmottes – le feu de cheminée crépite tout l'hiver – et plus encore pour les gourmands ! Dans un décor tout en bois, on déguste de solides assiettes pleines des saveurs du terroir. Et pour vraiment jouer les marmottes, il y a quelques chambres.

SARE – 64 Pyrénées-Atlantiques – 342 C5 – 2 361 h. – alt. 70 m — 3 A3

– 64310 Pays Basque et Navarre
Paris 794 – Biarritz 26 – Cambo-les-Bains 19 – Pau 138
Herriko Etxea, Quartier Bourg, 05 59 54 20 14, www.sare.fr

Arraya

ch,

pl. du village – 05 59 54 20 46 – www.arraya.com – Ouvert 30 mars-2 nov.
20 ch – 94/135 € 94/135 € – 11 € – ½ P 83/104 €
Rest *(fermé lundi midi, jeudi midi et dim. soir sauf du 3 juil. au 9 sept. et fériés)* – Formule 17 € – Menu 23/35 € – Carte 40/50 €
◆ Cet ancien relais de Compostelle, d'architecture traditionnelle, abrite des chambres coquettes (mobilier en bois, tissus cousus main), certaines ouvrant sur le jardin classé. Décor basque au restaurant, avec terrasse ombragée : plats régionaux et boutique gourmande.

Pikassaria

ch, rest,

à Lehenbiscay 2 km au Sud par D 409 – 05 59 54 21 51 – www.hotel-pikassaria.com – Ouvert 15 mars-11 nov.
18 ch – 55 € 60 € – 8 € – ½ P 48/53 €
Rest *(fermé le midi sauf dim.)* – Formule 14 € – Menu 16/22 € – Carte 25/35 €
◆ Bâtisse d'aspect régional située dans la campagne, sur la route de l'Espagne. Chambres propres et fonctionnelles, mais anciennes pour la plupart. Idéal pour l'étape. Au restaurant, décor rustique et cuisine traditionnelle.

Baratxartea

ch, rest,

quartier Ihalar, 2 km à l'Est par D 4 – 05 59 54 20 48 – www.hotel-baratxartea.com – Ouvert 15 mars-15 nov.
22 ch – 50/55 € 52/68 € – 8 € – ½ P 47/57 €
Rest *(fermé mardi et le midi)* – Menu 19/25 € – Carte 22/30 €
◆ À l'écart du bourg, une maison familiale "entre les jardins" (son nom en basque). Chambres rustiques dans le bâtiment principal, plus fonctionnelles dans l'annexe. Cuisine régionale servie dans une salle à manger agrémentée d'une véranda.

Olhabidea avec ch

rest,

quartier Sainte-Catherine, 2 km à l'Est par D 4 – 05 59 54 21 85 – www.olhabidea.com – Fermé 5-11 juil., déc., janv.
3 ch – 75 € 80 €
Rest *(fermé dim. soir, mardi de sept. à juin et lundi) (dîner seult sauf dim.) (nombre de couverts limité, réserver)* – Menu 39 €
◆ Un charme fou... Cette ferme du 16e s., dans un parc de 4 ha, est une vraie maison de famille, regorgeant d'objets personnels et de souvenirs. Le menu du jour (choix unique) est réalisé selon le marché et le potager. Trois vastes chambres, d'esprit champêtre et douillettes à souhait.

SARLAT-LA-CANÉDA – 24 Dordogne – 329 I6 – 9 331 h. — 4 D3

– alt. 145 m – 24200 Périgord Quercy
Paris 526 – Bergerac 74 – Brive-la-Gaillarde 52 – Cahors 60
3, rue Tourny, 05 53 31 45 45, www.sarlat-tourisme.com
du Domaine de Rochebois, Route de Montfort, S : 8 km par D 46, 05 53 31 52 52
Vieux Sarlat★★★ : place du marché aux trois Oies★ Y, hôtel Plamon★ Y, hôtel de Maleville★ Y - Maison de La Boétie★ Z - Quartier Ouest★.
Décor★ et mobilier★ du château de Puymartin NO : 7 km.

SARLAT-LA-CANÉDA

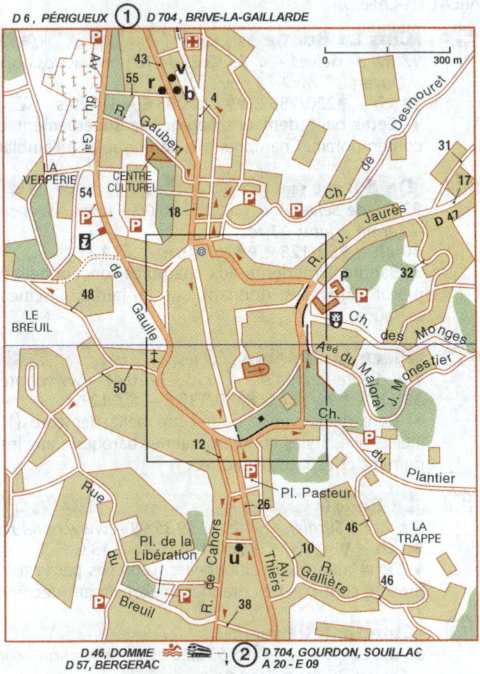

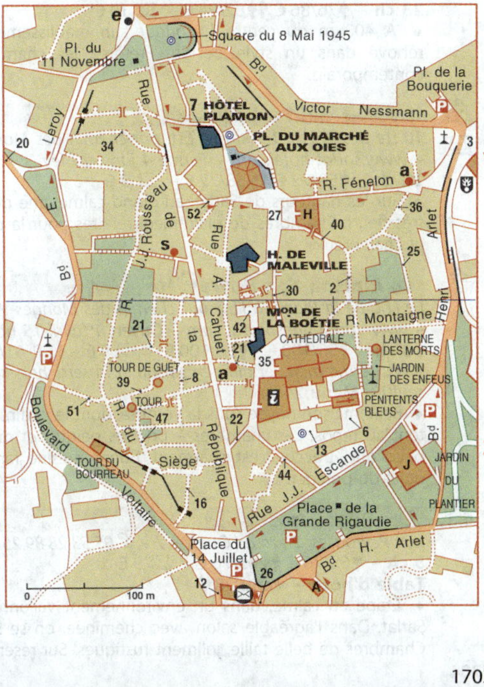

Clos La Boëtie sans rest
97 av. de Selves – ✆ 05 53 29 44 18 – www.closlaboetie-sarlat.com – Ouvert 1er avril-15 nov. **Vb**
11 ch – 🚹220/285 € 🚹🚹220/285 € – 3 suites – ☕ 20 €
◆ Cette belle demeure bourgeoise superbement conçue associe l'ancien et le contemporain. Chambres très confortables à l'ambiance romantique et raffinée.

De Selves sans rest
93 av. de Selves – ✆ 05 53 31 50 00 – www.selves-sarlat.com – Fermé 2 janv.-11 fév. **Vv**
40 ch – 🚹82/128 € 🚹🚹96/148 € – ☕ 12 €
◆ Bâtiment moderne aux chambres fonctionnelles ; certaines avec des loggias plutôt originales donnant sur le jardin. Piscine chauffée, découverte l'été, et sauna.

Plaza Madeleine sans rest
1 pl. Petite-Rigaudie – ✆ 05 53 59 10 41 – www.hoteldelamadeleine-sarlat.com
39 ch – 🚹99/137 € 🚹🚹99/137 € – ☕ 12 € **Ye**
◆ Cure de jouvence pour cette belle demeure (19es.) située aux portes de la vieille ville. Styles contemporain et baroque dans les chambres ; piscine à débordement et espace bien-être.

Le Renoir sans rest
2 r. Abbé-Surgier – ✆ 05 53 59 35 98 – www.hotel-renoir-sarlat.com
36 ch – 🚹80/137 € 🚹🚹80/168 € – ☕ 13 € **Xu**
◆ Deux maisons traditionnelles, séparées par la terrasse et la piscine. Les chambres ne sont pas très grandes, mais joliment décorées dans un style soigné.

Compostelle sans rest
66 av. de Selves – ✆ 05 53 59 08 53 – www.hotel-compostelle-sarlat.com – Ouvert 30 mars-15 nov. **Vr**
23 ch – 🚹76/86 € 🚹🚹82/94 € – ☕ 10 €
◆ À 400 m du centre historique, un établissement familial progressivement rénové dans un style design. Préférez les chambres récentes, d'esprit plus contemporain.

Le Mas del Pechs sans rest
10 rte des Pechs, 1,5 km à l'Est, par chemin des Monges -VX – ✆ 05 53 31 12 11 – www.sarlat-hotel.com – Fermé 4 janv.-29 fév.
18 ch – 🚹58/72 € 🚹🚹58/72 € – ☕ 9 €
◆ Sur les hauteurs de Sarlat, au grand calme, une demeure entourée d'un jardin très fleuri. Chambres de plain-pied, refaites pour la plupart dans un style coquet et chaleureux.

La Maison des Peyrat
Le Lac de la Plane, à l'Est par chemin des Monges-VX – ✆ 05 53 59 00 32 – www.maisondespeyrat.com – Ouvert 1er avril-15 nov.
10 ch – 🚹56/100 € 🚹🚹56/100 € – ☕ 9 € – ½ P 61/83 €
Rest *(fermé merc. et dim. en saison et la sem. hors saison) (dîner seult) (résidents seult)* – Menu 24 €
◆ Belle maison noyée sous la verdure, dont le jardin et la piscine d'eau salée invitent au repos. Les chambres – poutres peintes et murs blancs – ont un charme bucolique. L'accueil est charmant. Bonne cuisine familiale réalisée avec les produits du potager.

Les Peyrouses
aux Peyrouses, 2 km à l'Ouest - V – ✆ 05 53 28 89 25 – www.lespeyrouses-24.com
5 ch – 🚹65/76 € 🚹🚹65/76 € – ☕ 9 €
Table d'hôte – Menu 28 €
◆ Étape au calme, dans un environnement vallonné à deux pas du centre de Sarlat. Dans l'agréable salon avec cheminée, on se sent comme chez des amis. Chambres de belle taille, joliment rustiques. Sur réservation, table d'hôte le soir.

XX **Le Grand Bleu** (Maxime Lebrun)

43 av. de la Gare, par ② – ✆ 05 53 31 08 48 – www.legrandbleu.eu – Fermé 21-28 mai, 23 oct.-5 nov., janv., mardi midi, merc. midi, dim. soir et lundi

Rest – Menu 36/95 €

Spéc. Roulé de bœuf, langoustines marinées et foie gras poêlé. Homard bleu rôti, risotto au caviar d'aubergine fumé et sauce périgueux. La truffe en dessert, pain perdu et gelée de coing. **Vins** Bergerac.

◆ De son passage dans de grandes maisons, le jeune chef a retenu l'amour du travail bien fait et un vrai sens de la générosité. Une cuisine de l'instant, en phase avec les saisons.

XX **Le Quatre Saisons**

2 Côte de Toulouse – ✆ 05 53 29 48 59 – Ouvert 28 mars-1er nov. et fermé mardi et merc. sauf juil.-août Ys

Rest – Menu 15 € (déj.), 29/38 €

◆ Ancienne maison de pays proche de l'hôtel de Maleville (16es.). Plats du terroir servis dans une salle à manger contemporaine. Bel escalier à vis et terrasse entre de vieux murs.

XX **Les Jardins d'Harmonie**

pl. André-Malraux – ✆ 05 53 31 06 69 – www.lesjardinsdharmonie.eu – Fermé 15 fév.-31 mars, mardi midi et vend. midi en juil.-août, mardi et merc.

Rest – Menu 30/75 € – Carte 35/85 € Za

◆ Un restaurant familial situé au cœur de la cité médiévale. Le cadre est cossu, un peu baroque, et les assiettes, réalisées à partir de produits choisis, font plaisir à voir.

X **Rossignol**

15 r. Fénelon – ✆ 05 53 31 02 30 – Fermé lundi Ya

Rest – Menu 23/60 € – Carte 33/50 €

◆ La salle a un petit air champêtre, avec son mobilier en bois et ses cuivres accrochés aux murs. Cuisine familiale et régionale à base de produits frais.

au Sud 5 km rte de Gourdon puis rte de la Canéda et rte secondaire – ✉ **24200 Sarlat-la-Canéda**

Le Mas de Castel sans rest

Le Sudalissant – ✆ 05 53 59 02 59 – www.hotel-lemasdecastel.com – Ouvert 1er avril-1er nov.

13 ch – †55/68 € ††55/105 € – ☕ 9 €

◆ À la campagne, cet ancien corps de ferme est aménagé en sympathique hostellerie. Dans ses chambres confortables et pimpantes (certaines en rez-de-jardin), les nuits sont paisibles.

au Sud par ② 3 km rte de Bergerac et rte secondaire – ✉24200 Sarlat-la-Canéda

Relais de Moussidière sans rest

Moussidière Basse – ✆ 05 53 28 28 74 – www.hotel-moussidiere.com – Ouvert d'avril à oct.

35 ch ☕ – †113/173 € ††136/186 €

◆ Calme absolu pour cette maison de caractère bâtie à flanc de rocher, dans un parc en terrasses descendant jusqu'à un étang. Chambres confortables, décorées d'objets exotiques.

SARPOIL – 63 Puy-de-Dôme – **326** H10 – **rattaché à Issoire**

SARRAS – 07 Ardèche – **331** K2 – **2 065 h.** – **alt. 133 m** – ✉ **07370** **43** E2

Paris 527 – Annonay 20 – Lyon 72 – St-Étienne 60

De la D 506 coup d'oeil★★ sur le défilé de St-Vallier★ S : 5 km,

Lyon Drôme Ardèche

XX **Le Vivarais** avec ch

✆ 04 75 23 01 88 – Fermé 1er-25 août, vacances de fév., dim. soir, lundi soir et mardi

6 ch – †50/60 € ††50/60 € – ☕ 7 €

Rest – Menu 18 € (sem.), 29/55 € – Carte 42/53 €

◆ Dans cette auberge familiale, on déguste une généreuse cuisine classique dans une élégante salle à manger aux couleurs vives. Le chariot de desserts est très appétissant ! Chambres pratiques pour une étape sur la route des vacances...

SARREGUEMINES (SP) – **57 Moselle** – **307** N4 – **22 015 h.** – **alt. 210 m** – ✉ **57200** Alsace Lorraine **27** D1

▶ Paris 396 – Metz 70 – Nancy 96 – Saarbrücken 18

ℹ 11, rue rue du Maire Massing, ☎ 03 87 98 80 81, www.ot-sarreguemines.fr

⛳18 de Sarreguemines, Chemin Départemental n 81 A, O : 3 km par D 81, ☎ 03 87 27 22 60

◉ Musée : jardin d'hiver★★, collection de céramiques★ BZ **M.**

◎ Parc archéologique européen de Bliesbruck-Reinheim : thermes★, 9,5 km par ①.

SARREGUEMINES

Chamborand (R. du Marquis-de) . . . . . . **BZ** 2
Chapelle (R. de la) . . . . . . **BZ** 3
Cremer (R. des Généraux) **ABZ** 6
Faïenceries (Bd des) . . . . . . **BZ** 7
France (R. de) . . . . . . **AZ** 8
Gare (Av. de la) . . . . . . **BZ** 12
Louvain (Chaussée de) . . . **BYZ** 15
Marché (Pl. du) . . . . . . **AZ** 17
Nationale (R.) . . . . . . **ABZ** 20
Or (R. d') . . . . . . **AZ** 22
Paix (R. de la) . . . . . . **AY** 23
Pasteur (R. L.) . . . . . . **BZ** 24
Ste-Croix (R.) . . . . . . **BZ** 27
St-Nicolas (R.) . . . . . . **AZ** 26
Sibille (Pl. du Gén.) . . . . . . **BZ** 28
Utzschneider (R.) . . . . . . **BZ** 30
Verdun (R. de) . . . . . . **AZ** 33

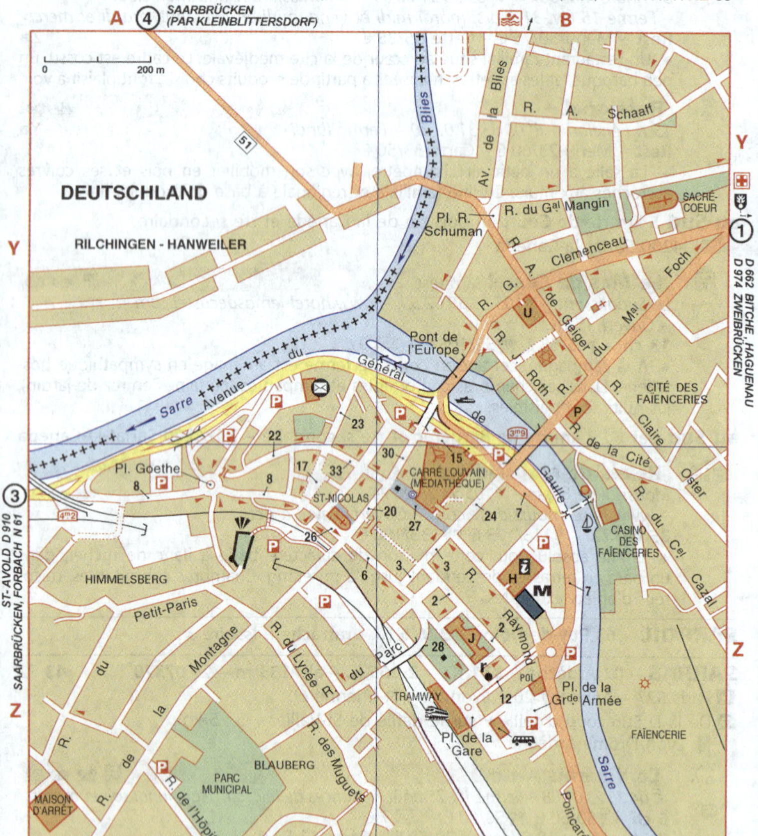

Auberge St-Walfrid

58 r. de Grosbliederstroff, 2 km par ③ et rte de Grosbliederstroff – 03 87 98 43 75 – www.stwalfrid.com – Fermé 23 juil.-8 août et 26 fév.-14 mars

11 ch – 98/158 € 98/158 € – 15 € – ½ P 128/158 €

Rest ***Auberge St-Walfrid*** – voir les restaurants ci-après

◆ Belle maison en pierre où, depuis cinq générations, la même famille cultive l'art de recevoir. Dans les belles et grandes chambres au parquet de chêne, on respire le charme discret de la bourgeoisie...

Amadeus sans rest

7 av. de la Gare – 03 87 98 55 46 – www.amadeus-hotel.fr – Fermé 10-20 août et 21 déc.-2 janv. BZr

39 ch – 59 € 65/71 € – 8,50 €

◆ Un immeuble des années 1930 près de la gare. Les chambres sont avant tout fonctionnelles, équipées de bonnes literies. Une adresse adaptée à la clientèle d'affaires.

Les Chalands sans rest

8 r. des Chalands, 1,5 km par ③ – 03 87 26 34 10 – www.les-chalands.com

5 ch – 55/75 € 70/90 €

◆ Des grandes chambres au parquet de bois blond de cet ancien presbytère, on contemple la Sarre et le canal, espérant de mystérieux chalands. Le charme se prolonge au jardin ou sur la terrasse sur pilotis pour un copieux petit-déjeuner...

Auberge St-Walfrid (Stephan Schneider)

58 r. de Grosbliederstroff, 2 km par ③ et rte de Grosbliederstroff – 03 87 98 43 75 – www.stwalfrid.com – Fermé 23 juil.-8 août et 26 fév.-14 mars, lundi midi, sam. midi et dim.

Rest – Formule 30 € – Menu 52/92 € – Carte 65/95 €

Spéc. Foie gras poêlé aux mirabelles confites, streusel et réduction au vin de noix (août). Civet de chevreuil à la française et buwespätzle (saison). Croustillant aux mirabelles et crème glacée à la bergamote (août). **Vins** Moselle blanc et rouge.

◆ Une bien belle auberge, où l'on s'attable parmi les vitrines où brillent la faïence de Sarreguemines et le Saint-Louis. Le chef Stephan Schneider réalise une cuisine traditionnelle savoureuse et tire le meilleur des productions locales.

Le Petit Thierry

135 r. de France, 1,5 km par ③ – 03 87 98 22 59 – Fermé 3 sem. en août, 2 sem. en janv., merc. soir et jeudi

Rest – Formule 23 € – Menu 33 € – Carte 33/39 €

◆ À la sortie de la ville, cette auberge fait face à la Sarre. Le chef a donné un coup de jeune à l'établissement : un style simple et plus design, des formules efficaces et abordables pour une cuisine actuelle toujours aussi goûteuse.

rte de Bitche 11 km par ① sur D 662 – 57200 Sarreguemines

Pascal Dimofski

– 03 87 02 38 21 – Fermé 3 sem. en août, 2 sem. en fév., lundi et mardi

Rest – Menu 28 € (déj. en sem.), 30/84 € – Carte 48/84 €

◆ Il serait dommage de ne pas s'arrêter dans cet ancien relais routier. Tout y a changé : le cadre est plutôt original et on y mange fort bien (tartare de dorade aux saveurs iodées, Saint-Jacques et chips de vitelotte...).

SARRE-UNION – 67 Bas-Rhin – 315 G3 – 3 169 h. – alt. 240 m – 67260 1 A1

Paris 407 – Metz 81 – Nancy 84 – St-Avold 37

rte de Strasbourg 10 km au Sud-Est par N 61 – 67260 Burbach

Windhof

lieu-dit Windhof – 03 88 01 72 35 – www.windhof.fr – Fermé 30 juil.-17 août, 2-16 janv., dim. soir, mardi soir et lundi

Rest – Formule 15 € bc – Menu 19 € (déj. en sem.), 28/55 € – Carte 40/55 €

◆ Cabillaud au chorizo, agneau en croûte d'herbes, glace maison... Quittez l'autoroute (sortie 43) pour une halte gourmande dans cette sympathique et imposante bâtisse isolée.

SARS-POTERIES – 59 Nord – **302** M6 – 1 469 h. – alt. 181 m **31** D3
– ✉ 59216 Nord Pas-de-Calais Picardie
Paris 258 – Avesnes-sur-Helpe 12 – Charleroi 46 – Lille 107
20, rue du Gal-de-Gaulle, ✆ 03 27 59 35 49, http://sarspoteries.chez.com
Musée du Verre★.

Marquais sans rest
65 r. du Gén.-de-Gaulle – ✆ 03 27 61 62 72 – www.hoteldumarquais.com – Fermé 15-28 fév.
11 ch – †52 € ††62 € – ☕ 9 €
◆ De pétillantes sœurs jumelles – d'environ 70 ans ! – tiennent ce petit hôtel à la perfection. Mobilier ancien et couleurs "bonbon" dans les chambres. Pas de TV : repos garanti.

SARTÈNE – 2A Corse-du-Sud – **345** C10 – voir à Corse

SARZEAU – 56 Morbihan – **308** O9 – 7 494 h. – alt. 30 m – ✉ 56370 **9** A3
Bretagne
Paris 478 – Nantes 111 – Redon 62 – Vannes 23
rue du Père Coudrin, ✆ 02 97 41 82 37, www.tourisme-sarzeau.com
de Rhuys, à Saint-Gildas-de-Rhuys, O par D 780 : 7 km, ✆ 02 97 45 30 09
Ruines★ du château de Suscinio SE : 3,5 km - Presqu'île de Rhuys★.

à Penvins 7 km au Sud-Est par D 198 – ✉ 56370 Sarzeau – ✉ 56370

Le Mur du Roy avec ch rest,
43 chemin du Mur du Roy Penvins – ✆ 02 97 67 34 08 – www.lemurduroy.com – Fermé 17 déc.-23 janv., mardi midi sauf juil.-août et lundi sauf hotel
10 ch – †54/88 € ††54/88 € – ☕ 10 € – ½ P 68/85 €
Rest – Menu 25/55 € – Carte 33/61 €
◆ Cuisine iodée servie dans deux vérandas au décor marin. L'emplacement est idéal ; la terrasse et le jardin donnent sur l'océan. Petites chambres simples pour l'étape.

SASSENAY – 71 Saône-et-Loire – **320** J9 – rattaché à Chalon-sur-Saône

SASSETOT-LE-MAUCONDUIT – 76 Seine-Maritime – **304** D3 **33** C1
– 947 h. – alt. 89 m – ✉ 76540
Paris 198 – Bolbec 29 – Fécamp 16 – Le Havre 55
4, rue des Fusillés, ✆ 02 35 29 79 88, www.sassetot-le-mauconduit.com

Château de Sissi rest,
– ✆ 02 35 28 00 11 – www.chateau-de-sassetot.com – Fermé janv.
28 ch – †75/199 € ††75/199 € – 2 suites – ☕ 15 €
Rest – Formule 20 € – Menu 29/59 € – Carte 43/57 €
◆ Point de cinéma, mais une réalité historique : l'impératrice Sissi séjourna trois mois dans ce beau château du 18^{e}s., qui lui rend aujourd'hui hommage. Photos et tableaux permettent de se confronter à la vérité du mythe, tout en cultivant l'art de vivre... à la viennoise !

Le Relais des Dalles avec ch
6 r. Élisabeth-d'Autriche, (près du château) – ✆ 02 35 27 41 83 – www.relais-des-dalles.fr – Fermé 17 déc.-13 janv., lundi et mardi sauf le soir du 16 juil. au 15 août, merc. midi et jeudi midi
4 ch – †76 € ††76 € – ☕ 12 € – ½ P 80 €
Rest *(réserver le week-end)* – Menu 29/54 € – Carte 45/65 €
◆ Un Relais qui fleure bon la Normandie... La maison est rustique à souhait, mais notre préférence va au jardin, charmant (terrasse). La carte cultive la tradition, avec un beau choix de vins de Loire et de bordeaux. Quelques jolies chambres dans la maison attenante.

Une bonne table sans se ruiner ? Repérez les Bib Gourmand.

SAUBUSSE – 40 Landes – **335** D13 – **792 h. – alt. 10 m – Stat. therm. : début mars-mi-nov. – ✉ 40180** **3** B3

▶ Paris 736 – Bayonne 43 – Biarritz 50 – Dax 19

ℹ 9 quai de L'Adour, ✆ 05 58 57 76 68, www.saubusse-les-bains.com

XX **Villa Stings**

9 r. du Port – ✆ 05 58 57 70 18
– Fermé 11-18 juin, sam. midi, dim. soir et lundi du 3 sept. au 23 juil. et merc. soir du 12 sept. au 29 avril
Rest – Menu 35/80 €
◆ Grande demeure en pierre (19e s.) posée au bord de l'Adour. Vaste salle à manger, où l'on sert une cuisine mêlant répertoires classique et actuel. Terrasse sur le perron.

SAUGUES – 43 Haute-Loire – **331** D4 – **1 879 h. – alt. 960 m – ✉ 43170** **6** C3

Auvergne

▶ Paris 529 – Brioude 51 – Mende 72 – Le Puy-en-Velay 43

ℹ Cours Dr Gervais, ✆ 04 71 77 71 38

La Terrasse

cours du Dr-Gervais – ✆ 04 71 77 83 10 – www.hotellaterrasse-saugues.com
– Fermé 15 nov.-15 fév., dim. soir et lundi hors saison
9 ch – †60 € ††73 € – ☕ 12 € – ½ P 66 €
Rest *La Terrasse* – voir les restaurants ci-après
◆ Au centre du village dominé par la tour des Anglais, maison ancienne tenue par la même famille depuis 1795. Chambres d'esprit contemporain, fraîches et bien équipées.

XX **La Terrasse**

cours du Dr-Gervais – ✆ 04 71 77 83 10 – www.hotellaterrasse-saugues.com
– Fermé 15 nov.-15 fév., dim. soir, lundi et mardi
Rest – Menu 22 € (sem.), 29/56 €
◆ La bête du Gévaudan n'est plus, mais vous pouvez avoir conservé un appétit de loup ! Voici l'adresse qu'il vous faut : un cadre campagnard et cosy, une cuisine bien dans son époque et de beaux produits locaux.

SAUJON – 17 Charente-Maritime – **324** E5 – **6 528 h. – alt. 7 m – ✉ 17600 Saujon** **38** B3

▶ Paris 499 – Poitiers 165 – La Rochelle 71 – Saintes 28

ℹ 22, place du Général-de-Gaulle, ✆ 05 46 02 83 77, www.otsisaujon.com

Le Richelieu

pl. Richelieu – ✆ 05 46 02 82 43 – www.hotel-lerichelieu-saujon.com
– Fermé 5-24 janv.
20 ch – †57/77 € ††57/77 € – ☕ 11 €
Rest *Le Ménestrel* – voir les restaurants ci-après
◆ Sur la place du village, une belle maison en pierre (18e s.) avec des chambres contemporaines, engageantes et parfaitement tenues. Un bon plan !

XX **Le Ménestrel**

pl. Richelieu – ✆ 05 46 06 92 35 – www.restaurant-lemenestrel.com
– Fermé 4-15 juin, 1er-12 oct., 2-17 janv., mardi midi hors saison, dim. soir et lundi
Rest – Formule 14 € – Menu 29/69 € bc – Carte 34/64 €
◆ Ménestrel ? Le nom du patron de ce restaurant, qui n'est autre que le fils des propriétaires de l'hôtel contigu. Une belle histoire de famille, un cadre élégant et contemporain... pour une jolie cuisine traditionnelle qui met en appétit !

SAULES – 25 Doubs – **321** G4 – **rattaché à Ornans**

SAULGES – 53 Mayenne – **310** G7 – **320 h. – alt. 97 m – ✉ 53340** **35** C1

Châteaux de la Loire

▶ Paris 249 – Château-Gontier 37 – La Flèche 48 – Laval 33

ℹ 4, place Jacques Favrot, ✆ 02 43 90 49 81

L'Ermitage

3 pl. St-Pierre – ✆ 02 43 64 66 00 – www.hotel-ermitage.fr – Fermé 26 oct.-4 nov., 14 déc.-7 janv., 17-26 fév., vend. soir, sam. midi et dim. soir d'oct. à avril
34 ch – †78/106 € ††78/106 € – ☕ 10 € – ½ P 80/94 €
Rest – Formule 13 € bc – Menu 25/60 € – Carte 40/60 €
◆ Cette maison ancienne se trouve dans un petit village connu pour ses grottes et son canyon. Les chambres sont coquettes et donnent sur la campagne ou le village ; celles du "Relais" sont plus actuelles. Piscine, minigolf, jardin.

SAULIEU – 21 Côte-d'Or – 320 F6 – 2 588 h. – alt. 535 m – ✉ 21210 8 C2

Bourgogne
Paris 248 – Autun 40 – Avallon 39 – Beaune 65
24, rue d'Argentine RN6, ✆ 03 80 64 00 21
Basilique St-Andoche★ : chapiteaux★★ .

Le Relais Bernard Loiseau

2 r. d'Argentine – ✆ 03 80 90 53 53 – www.bernard-loiseau.com – Fermé 22 janv.-28 fév., mardi et merc. sauf fériés e
23 ch – †145/355 € ††145/355 € – 9 suites – ☕ 22 €
Rest *Le Relais Bernard Loiseau* ✿✿✿ – voir les restaurants ci-après
◆ Un Relais dans la grande tradition française, qui fait honneur à l'hospitalité bourguignonne. Murs du 18ᵉs., poutres et colombages patinés par les ans, sols en terre cuite, mobilier ancien... mais aussi spa de rêve et piscine idyllique. L'intemporel est furieusement chic et contemporain, c'est certain !

Hostellerie de la Tour d'Auxois

sq. Alexandre Dumaine – ✆ 03 80 64 36 19 – www.tourdauxois.com – Fermé janv.-fév. r
30 ch – †109 € ††109 € – ☕ 12 €
Rest *Hostellerie de la Tour d'Auxois* – voir les restaurants ci-après
◆ Un couvent ? Oui... et non ! Il y a bien longtemps que les cellules ont fait place à des chambres cosy et à de jolis duplex, mais le charme bucolique du lieu est demeuré intact... Jardin paysager, piscine : une halte sympathique.

Le Relais Bernard Loiseau – Hôtel Le Relais Bernard Loiseau

✿✿✿ *2 r. d'Argentine – ✆ 03 80 90 53 53 – www.bernard-loiseau.com – Fermé 22 janv.-28 fév., mardi et merc. sauf fériés* e
Rest – Menu 68 € (déj.), 120/195 € – Carte 120/235 €
Spéc. Jambonnettes de grenouilles à la purée d'ail et au jus de persil. Filet de bœuf charolais en cocotte, tartare au bourgeon de cassis. Rose des sables, glace chocolat et son coulis d'orange confite. **Vins** Chassagne-Montrachet, Gevrey-Chambertin.
◆ Durant vingt ans, Patrick Bertron fut le second de Bernard Loiseau... Aujourd'hui, il interprète avec une sensibilité toute personnelle les classiques du "maître de Saulieu" et réinvente chaque jour la "grande" cuisine française. Une bouchée, une gorgée, un instant... et la magie éternelle de la belle gastronomie.

La Borne Impériale avec ch

16 r. d'Argentine – ✆ 03 80 64 19 76 – www.borne-imperiale.com – Fermé 10 janv.-10 fév., mardi sauf juil.-août et lundi v
6 ch – †38 € ††62/82 € – ☕ 10 €
Rest – Formule 18 € bc – Menu 25/49 € – Carte 30/50 €
◆ Il règne ici une atmosphère délicieusement rétro, et le chef vous régale d'une cuisine classique copieuse, soignée et parée de jolies teintes régionales. Pour prolonger l'étape, les chambres sont bien agréables ; deux d'entre elles, très contemporaines, comptent parmi les plus jolies de la ville.

Hostellerie de la Tour d'Auxois – Hôtel Hostellerie de la Tour d'Auxois

sq. Alexandre Dumaine – ✆ 03 80 64 36 19 – www.tourdauxois.com – Fermé janv.- fév., mardi midi d'oct. à mai, dim. soir et lundi
Rest – Menu 23/56 € – Carte 35/55 € r
◆ Dans cette jolie Tour champêtre, on apprécie une cuisine traditionnelle fraîche et bien ficelée : trio d'escargots, cuisses de grenouilles à la persillade, pavé de sandre sauce réglisse, etc. Les recettes de Bourgogne sont privilégiées.

SAULIEU

Argentine (R. d') 3
Bertin (R. J.) 4
Collège (R. du) 6
Courtépée (R.) 7
Foire (R. de la) 8
Fours (R. des) 9
Gambetta (R.) 10
Gare (Av. de la) 12
Gaulle (Pl. Ch.-de) 14
Grillot (R.) 15
Marché (R. du) 17
Parc des Sports (R. du) 18
Sallier (R.) 19
Tanneries (R. des) 20
Vauban (R.) 21

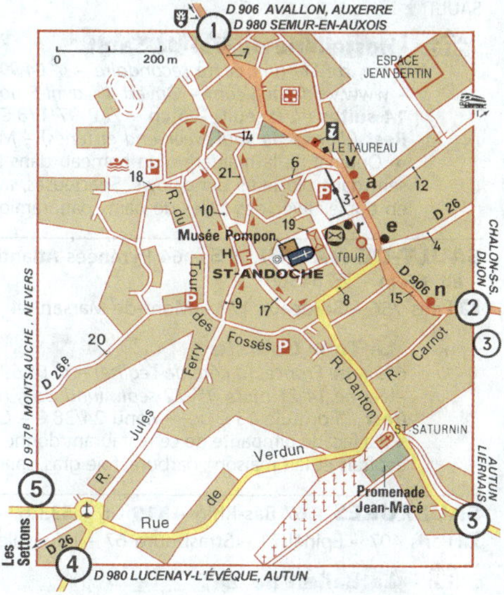

Auberge du Relais
8 r. d'Argentine – ✆ 03 80 64 13 16
– Fermé 26 nov.-9 déc. **a**
Rest – Formule 20 € – Menu 23/33 € – Carte 27/48 €
◆ Sur la rue principale de Saulieu, une auberge traditionnelle au décor un brin désuet... À la carte, honneur au terroir et prix doux !

La Vieille Auberge
15 r. Grillot – ✆ 03 80 64 13 74
– Fermé 1er-11 juil., 25 fév.-8 mars, mardi soir et merc. du 1er sept. au 14 juil. **n**
Rest – Menu 13/40 € – Carte 23/32 €
◆ Une petite auberge rustique, non loin du centre-ville. On vient ici pour déguster une cuisine régionale simple ; l'été on profite de la terrasse, à l'ombre d'un cerisier et d'un mirabellier.

SAULON-LA-RUE – 21 Côte-d'Or – 320 K6 – 571 h. – alt. 215 m – ✉ 21910 — 8 D1

Paris 324 – Dijon 12 – Beaune 43 – Gevrey-Chambertin 9

Château de Saulon
67 r de Dijon, (rte de Seurre) – ✆ 03 80 79 25 25 – www.chateau-saulon.com
– Fermé 19 fév.-12 mars
32 ch – †85/150 € ††100/150 € – ☕ 15 €
Rest *(fermé dim. soir d'oct. à mai)* – Formule 23 € – Menu 34 € (déj. en sem.)/57 € – Carte 54/70 €
◆ Dans son parc arboré où rien ne manque (piscine, étang...), ce joli petit château du 17es. joue les dandys du 21es. Salons, véranda : la déco design fait des étincelles ! Plus de sobriété et de classicisme côté chambres, mais autant de confort.

SAULT – 84 Vaucluse – 332 F9 – 1 330 h. – alt. 765 m – ✉ 84390 — 42 E1

Alpes du Sud
Paris 718 – Aix-en-Provence 86 – Apt 31 – Avignon 69
avenue de la Promenade, ✆ 04 90 64 01 21, www.saultenprovence.com
Gorges de la Nesque★★ : belvédère★★ SO : 11 km par D 942 - Mont Ventoux ✻★★★ NO : 26 km.

Hostellerie du Val de Sault
2 km, rte St-Trinit et rte secondaire – ✆ 04 90 64 01 41 – www.valdesault.com – Ouvert 1er avril-5 nov.
14 suites (½ P seult) – 6 ch – ½ P 97/178 €
Rest *(dîner seult sauf week-end et fériés)* – Menu 45/99 € – Carte environ 50 €
◆ Original : à la manière d'un hameau dans la pinède, les chambres se répartissent dans plusieurs bungalows. Spacieuses, avec coin salon et terrasse, certaines en duplex avec des salles de bains panoramiques ! Symbiose avec la Provence...

SAULT-DE-NAVAILLES – 64 Pyrénées-Atlantiques – 342 H1 – 823 h. – alt. 65 m – ✉ 64300 3 B3

Paris 756 – Bordeaux 177 – Mont-de-Marsan 44 – Pau 58

La Tour Galante
699 r. de France, (à côté de l'église) – ✆ 05 59 67 55 29 – www.latourgalante.com – Fermé 14-21 mars, 1er-22 sept., lundi soir, mardi et merc.
Rest – Formule 13 € bc – Menu 24/38 € – Carte 30/60 €
◆ La façade pimpante de ce restaurant donne sur la tour de Gaston Fébus. Ici, tout est frais et fait maison : garbure, foie gras, salade landaise et volaille basquaise.

SAULXURES – 67 Bas-Rhin – 315 G6 – 533 h. – alt. 535 m – ✉ 67420 1 A2

Paris 407 – Épinal 71 – Strasbourg 67 – Lunéville 65

La Belle Vue
36 r. Principale – ✆ 03 88 97 60 23 – www.la-belle-vue.com – Fermé 3 sem. en janv.
9 ch – †96 € ††127 € – 2 suites – ☕ 13 € – ½ P 83/106 €
Rest *La Belle Vue* – voir les restaurants ci-après
◆ La même famille tient cette auberge depuis quatre générations. Point trop de tradition cependant : dans ce village vosgien, l'adresse surprend par son décor contemporain, tout en beaux matériaux ! Suites et duplex sont très agréables à vivre.

La Belle Vue
36 r. Principale – ✆ 03 88 97 60 23 – www.la-belle-vue.com – Fermé 3 sem. en janv., mardi et merc. de sept. à juin
Rest – Menu 16 € (déj. en sem.), 22/52 € – Carte 35/60 €
◆ Lambris et plancher blond le disputent aux paravents peints ; la terrasse domine la forêt des Vosges... Un bel endroit, pour sûr ! Et comme un souvenir de la bonne cuisine d'antan, la carte fait œuvre de simplicité, avec une pointe d'exotisme.

SAUMUR – 49 Maine-et-Loire – 317 I5 – 28 145 h. – alt. 30 m – ✉ 49400 Châteaux de la Loire 35 C2

Paris 300 – Angers 67 – Le Mans 124 – Poitiers 97
place de la Bilange, ✆ 02 41 40 20 60, www.ot-saumur.fr
de Saumur, 2, route des Mortins, O : 5 km par D 751 et D 161, ✆ 02 41 50 87 00
Château★★ : musée d'Arts décoratifs★★, musée du Cheval★, tour du Guet ✻★ - Église N.-D.-de-Nantilly★ : tapisseries★★ - Vieux quartier★ BY : Hôtel de ville★ **H**, tapisseries★ de l'église St-Pierre - Musée de l'école de Cavalerie★ **M1** - Musée des Blindés★★ au Sud.

Château de Verrières sans rest
53 r. d'Alsace – ✆ 02 41 38 05 15 – www.chateau-verrieres.com AY**v**
10 ch – †150/290 € ††150/290 € – ☕ 15 €
◆ Un lieu idéal pour un séjour romantique : un bel édifice Napoléon III, des boiseries aux teintes chaudes, un décor Belle Époque et un grand parc... Accueil amical des châtelains.

St-Pierre sans rest
8 r. Haute-St-Pierre – ✆ 02 41 50 33 00 – www.saintpierresaumur.com
14 ch – †90/190 € ††110/250 € – ☕ 13 € BY**b**
◆ Poutres massives, colombages, hautes cheminées en tuffeau, escalier à vis et meubles de style : un bien charmant hôtel installé dans des maisons du 17es. joliment restaurées.

SAUMUR

Anjou (R. d') . . . . BZ 2
Beaurepaire (R.) . . . . AY 3
Bilange (Pl. de la) . . . . BY 4
Cadets (Ponts des) . . . . BX 5
Dr-Bouchard (R. du) . . . . AZ 6
Dupetit-Thouars (Pl.) . . . . BZ 7
Fardeau (R.) . . . . AZ 9
Gaulle (Av. Général-de) . . . . BX
Leclerc (R. du Mar.) . . . . AZ
Nantilly (R. de) . . . . BZ 10
Orléans (R. d') . . . . ABY
Poitiers (R. de) . . . . AZ 12
Portail-Louis (R. du) . . . . BY 13
République (Pl. de la) . . . . BY 15
Roosevelt (R. Fr.) . . . . BY 16
St-Jean (R.) . . . . BY 18
St-Pierre (Pl.) . . . . BY 19
Tonnelle (R. de la) . . . . BY 20
Vieux-Pont (R. du) . . . . BY 22

Anne d'Anjou sans rest
32 quai Mayaud – ✆ 02 41 67 30 30 – www.hotel-anneanjou.com BY**k**
42 ch – †90/150 € ††90/245 € – ☐ 14 €
◆ Un bel édifice classé (escalier en pierre), comme un lys dans la vallée... Les chambres, de style Empire ou plus fonctionnelles, donnent sur la Loire ou sur le charmant jardin.

Adagio sans rest
94 av. du Gén.-de-Gaulle – ✆ 02 41 67 45 30 – www.hoteladagio.com – Fermé 23 déc.-2 janv. BX**t**
38 ch – †78/83 € ††91/112 € – ☐ 12 €
◆ Au cœur de l'île d'Offard, hôtel plutôt agréable proposant cinq catégories de chambres, toutes décorées dans un style contemporain et coloré. Pratique pour découvrir la ville.

Mercure Bord de Loire sans rest
r. du vieux-Pont – ✆ 02 41 67 22 42 – www.mercure.com
45 ch – †75/191 € ††75/191 € – 1 suite – ☕ 14 € BY**g**
◆ Sur l'île d'Offard, un hôtel moderne aux chambres fonctionnelles bien équipées. Atout de choix : certaines offrent un beau panorama sur la Loire et le centre historique.

Kyriad sans rest
23 r. Daillé – ✆ 02 41 51 05 78 – www.central-kyriad.com BY**d**
29 ch – †59/69 € ††79/120 € – ☕ 9 €
◆ Situation centrale et calme assuré en cet établissement classique, abritant de petites chambres confortables. Le décor est agréable : meubles de style ancien, teintes claires…

De Londres sans rest
48 r. d'Orléans – ✆ 02 41 51 23 98 – www.lelondres.com BY**t**
27 ch – †48/95 € ††59/125 € – ☕ 8 €
◆ Depuis quelques années, ses propriétaires ont su donner de la personnalité et un véritable coup de jeune à cet hôtel de 1837. Une belle idée : le salon-bibliothèque dédié à la BD.

Les Ménestrels
11 r. Raspail – ✆ 02 41 67 71 10 – restaurant-le-menestrels – Fermé 1 sem. en déc., 1 sem. en mars, lundi sauf le soir d'avril à nov. et dim. BZ**u**
Rest – Formule 18 € – Menu 34/70 € – Carte 58/75 €
◆ Près du château, troubadours de passage et autres trouvères goûteront le raffinement de cette demeure ancienne. De beaux vins de Loire accompagnent la carte ou la formule bistrot.

Le Gambetta (Mickael Pihours)
12 r. Gambetta – ✆ 02 41 67 66 66 – www.restaurantlegambetta.com – Fermé 30 juil.-23 août, 21 janv.-6 fév., dim. soir, lundi et merc. AY**w**
Rest – Menu 23 € (déj. en sem.), 30/94 € – Carte 66/83 €
Spéc. Pinces de homard breton en papillote, la queue en bruschetta (mai à sept.). Poitrine de pigeonneau aux saveurs orientales, bergamote et pain pita. Variation autour du citron : jaune, lime et combava. **Vins** Saumur-Champigny, Coteaux de Saumur.
◆ Jeux sur les textures, les associations de saveurs et les présentations ; le jeune chef bouscule la tradition. Menu de saison, espumas en petites touches, fleurs et fruits, clins d'œil à l'Asie : les sens sont ravis...

L'Escargot
30 r. Maréchal-Leclerc – ✆ 02 41 51 20 88 – Fermé 16 août-1er sept., 23-27 déc., vacances de fév., sam. midi, mardi et merc. AZ**a**
Rest *(nombre de couverts limité, réserver)* – Formule 14 € – Menu 18 € (déj. en sem.), 25/34 €
◆ Un joli petit Escargot où prendre le temps de bien manger ! Décor feutré et savoureuse cuisine traditionnelle, élaborée à partir de produits de premier choix. Agréable terrasse.

L'Alchimiste
6 r. de Lorraine – ✆ 02 41 67 65 18 – fermé 10-15 août, 1 sem. en fév., dim. soir, mardi soir et merc. AY**b**
Rest *(nombre de couverts limité, réserver)* – Formule 16 € – Menu 19 € – Carte 22/48 €
◆ On ne sert pas ici de cuisine moléculaire mais des bons petits plats (flan de courgette au chèvre frais, poire pochée...). Mieux vaut réserver car c'est souvent complet !

à St-Hilaire-St-Florent 3 km par av. Foch AXY et D 751 – ✉ 49400

École nationale d'Équitation★.

Les Terrasses de Saumur
chemin de l'Alat – ✆ 02 41 67 28 48 – www.lesterrassesdesaumur.fr – Fermé 22 déc.-7 janv.
20 ch – †80/195 € ††80/195 € – ☕ 12 € – ½ P 85/110 €
Rest *(fermé lundi midi et mardi midi)* – Formule 22 € – Menu 28/39 € – Carte 42/65 €
◆ Tout près du Cadre noir, cet hôtel plaira à une clientèle branchée : couleurs tranchées, lumière travaillée, spa… sans oublier la piscine et la terrasse en bois exotique ! Le restaurant propose une cuisine classique, avec une vue superbe sur la ville...

à Chênehutte-les-Tuffeaux 8 km par av. Foch AXY et D 751 – 1 051 h. – alt. 29 m – ✉ 49350

Le Prieuré

– ✆ 02 41 67 90 14 – www.prieure.com

20 ch – †116/275 € ††116/275 € – 1 suite – ☕ 21 € – ½ P 85 €

Rest *Le Prieuré* – voir les restaurants ci-après

◆ La quiétude reste entière dans ce prieuré du 12ᵉs. d'un grand charme ; les chambres, pleines de cachet, ouvrent sur la Loire. Pour ceux qui souhaitent allier à la paix de l'âme l'exercice du corps : tennis, grande piscine et parcours santé.

Les Résidences du Prieuré

15 ch – †108/135 € ††108/135 € – ☕ 21 € – ½ P 85 €

◆ Chambres avec terrasse et jardinet privé, nichées dans six bungalows disséminés dans un immense parc boisé.

Le Prieuré

– ✆ 02 41 67 90 14 – www.prieure.com

Rest – Formule 25 € – Menu 32 € (déj. en sem.), 34/72 € – Carte 40/64 €

◆ Dans cet ancien édifice ecclésiastique dominant la Loire (superbe salle panoramique), on apprécie une cuisine traditionnelle rehaussée d'épices. Ode aux saveurs et aux vins du cru...

LA SAUSSAYE – 27 Eure – 304 F6 – 1 928 h. – alt. 137 m – ✉ 27370 33 D2

Paris 130 – Évreux 40 – Louviers 20 – Pont-Audemer 49

Manoir des Saules

2 pl. St-Martin – ✆ 02 35 87 25 65 – www.manoirdessaules.com – Fermé 3 sem. en nov., 15 fév.-3 mars, dim. soir, lundi et mardi

9 ch – †210 € ††230/315 € – ☕ 25 €

Rest *Manoir des Saules* ✿ – voir les restaurants ci-après

◆ Ferronneries, cheminées, meubles anciens (dont quelques belles armoires normandes) : cet authentique manoir allie cachet et élégance, et l'on y fait étape comme dans une jolie gravure ancienne... Parfaitement tenu et charmant !

Manoir des Saules (Jean-Paul Monnaie)

2 pl. St-Martin – ✆ 02 35 87 25 65 – www.manoirdessaules.com – Fermé 3 sem. en nov., 20 fév.-6 mars, dim. soir, lundi et mardi

Rest *(nombre de couverts limité, réserver)* – Menu 70 € (sem.)/90 € – Carte 95/130 €

Spéc. Coquilles Saint-Jacques (oct. à fév.). Côte de veau rôtie au four. Gaufre minute aux fruits exotiques (été).

◆ Les lieux évoquent à la fois une bonbonnière et un musée, mêlant œuvres d'art, objets décoratifs, recoins richement ornés... Beaucoup de charme au service d'une cuisine qui ne séduit pas moins, en étant réalisée dans les règles de l'art.

SAUSSET-LES-PINS – 13 Bouches-du-Rhône – 340 F6 – 7 333 h. – alt. 15 m – ✉ 13960 Provence 40 B3

Paris 768 – Aix-en-Provence 41 – Marseille 37 – Martigues 13

Bureau Municipal de Tourisme - 16, avenue du Port, ✆ 04 42 45 60 65

Les Girelles

r. Frédéric-Mistral – ✆ 04 42 45 26 16 – www.restaurant-les-girelles.com – Fermé 22-30 oct., 9-31 janv., dim. soir de sept. à juin, merc. midi et lundi

Rest – Formule 20 € bc – Menu 28/65 € – Carte 43/85 €

◆ Un restaurant de bord de mer typique, face à la Grande Bleue, avec une véranda. Beaucoup de produits de la mer, bien sûr : de la bouillabaisse et du homard rôti au pèbre d'ail...

SAUTERNES – 33 Gironde – 335 I7 – 706 h. – alt. 50 m – ✉ 33210 3 B2

Aquitaine

Paris 624 – Bazas 24 – Bordeaux 49 – Langon 11

11, rue Principale, ✆ 05 56 76 69 13, www.sauternais-graves-langon.com

Relais du Château d'Arche sans rest
0,5 km au Nord, rte de Bommes – ☎ 05 56 76 67 67 – www.chateaudarche-sauternes.com
9 ch – †120/160 € ††120/160 € – ☕ 10 €
◆ Une charmante chartreuse du 17^{e}s. au cœur du domaine viticole du château d'Arche, dont on peut déguster les grands crus après une visite. Chambres classiques et cosy, avec une vue superbe sur les vignes alentour.

Saprien
14 r. Principale – ☎ 05 56 76 60 87 – http://saprien.free.fr/ – Fermé 21 déc.-4 janv., 16 fév.-10 mars, dim. soir et merc. soir d'avril à oct., le soir en sem. de nov. à mars et lundi
Rest – Formule 18 € – Menu 27/39 € – Carte 39/65 €
◆ Un village réputé, une maison typique de vigneron, une terrasse pavée au pied des vignes du château Guiraud, des recettes créatives, savoureuses et bien tournées, pensées autour du célèbre vin liquoreux... Au Saprien, on est au cœur du sujet !

SAUTRON – 44 Loire-Atlantique – 316 F4 – rattaché à Nantes

SAUVE – 30 Gard – 339 I5 – 1 879 h. – alt. 103 m – ✉ 30610 23 C2

Paris 747 – Montpellier 48 – Alès 28 – Nîmes 40

Rue des Boisseliers, ☎ 04 66 77 57 51

La Magnanerie avec ch
rte de Nîmes – ☎ 04 66 77 57 44 – www.lamagnanerie.fr
2 ch – †49/57 € ††56/65 € – ☕ 7 € – ½ P 47/75 €
Rest *(fermé 15-30 nov., merc. soir sauf juil.-août, mardi midi et lundi)* – Menu 14 € (déj. en sem.), 27/50 € – Carte 41/65 €
◆ En bord de rivière, une noble bastide du 17e s., entourée d'un jardin luxuriant qui conserve les vestiges d'un ancien aqueduc. On y sert une goûteuse cuisine appuyée sur la tradition (produits frais). Petites chambres bien tenues dans un bâtiment voisin.

SAUVETERRE – 30 Gard – 339 N4 – 1 853 h. – alt. 23 m – ✉ 30150 23 D2

Paris 669 – Alès 77 – Avignon 15 – Nîmes 49

Château de Varenne sans rest
pl. St-Jean – ☎ 04 66 82 59 45 – www.chateaudevarenne.com – Ouvert avril-oct.
13 ch – †78/148 € ††98/248 € – ☕ 19 €
◆ Le parc à la française, où trône un superbe cèdre du Liban, ajoute au charme de cette élégante demeure du 18^{e}s. Chambres raffinées, décorées de riches tissus et objets anciens.

SAUVETERRE-DE-BÉARN – 64 Pyrénées-Atlantiques – 342 G2 – 1 347 h. – alt. 69 m – ✉ 64390 Aquitaine 3 B3

Paris 777 – Pau 64 – Bayonne 60 – Orthez 22

place Royale, ☎ 05 59 38 32 86, www.tourisme-bearn-gaves.com

La Maison de Navarre
– ☎ 05 59 38 55 28 – www.lamaisondenavarre.com – Ouvert avril-sept.
7 ch – †67 € ††73/80 € – ☕ 8 €
Rest *(fermé merc. et dim. soir) (dîner seult)* – Menu 21 € – Carte environ 33 €
◆ Près de la route, charmante maison de maître (fin 18e s.) blottie dans un écrin de verdure où paissent des ânes. Chambres coquettes : mobilier chiné, parquet et couleurs gaies. Au restaurant, plats inventifs autour des produits du terroir.

Domaine de Bétouzet sans rest
Andrein, 3 km à l'Est par D 27 – ☎ 05 59 38 91 40 – www.betouzet.com – Ouvert de Pâques à la Toussaint
5 ch – †180/230 € ††180/230 € – ☕ 15 €
◆ Arbres centenaires et haies de buis bien taillées parent le parc de cette jolie gentilhommière. Chambres calmes et confortables. Sauna et jacuzzi en bois dans l'orangeraie.

SAUVETERRE-DE-COMMINGES – 31 Haute-Garonne – 343 C6 28 B3
– 724 h. – alt. 480 m – ✉ 31510

Paris 777 – Bagnères-de-Luchon 36 – Lannemezan 31 – Tarbes 71

Hostellerie des 7 Molles
à Gesset – ✆ 05 61 88 30 87 – www.hotel7molles.com – Fermé 15 fév.-15 mars, mardi et merc. d'oct. à juin

18 ch – †92/132 € ††108/159 € – ☕ 13 € – ½ P 106/131 €

Rest *(fermé mardi soir et merc. soir de juil. à sept. et le midi en sem.)* – Menu 29/49 € – Carte 45/56 €

◆ Une grande maison dans une vallée calme, en pleine nature. Tranquillité, atmosphère familiale, restaurant traditionnel et... confort douillet ! Certaines chambres ont même un balcon donnant sur les citronniers et les orangers du jardin.

SAUVETERRE-DE-ROUERGUE – 12 Aveyron – 338 F5 – 803 h. 29 C1
– alt. 460 m – ✉ 12800 Midi-Toulousain

Paris 652 – Albi 52 – Millau 88 – Rodez 30

place des Arcades, ✆ 05 65 72 02 52

Place centrale★.

Le Sénéchal
Le bourg – ✆ 05 65 71 29 00 – www.hotel-senechal.fr – Fermé 1er janv.-15 mars, mardi midi et jeudi midi sauf juil.-août et lundi

8 ch – †150 € ††150 € – 3 suites – ☕ 20 € – ½ P 150 €

Rest *Le Sénéchal* ✿ – voir les restaurants ci-après

◆ Une auberge reconstruite dans le style du pays au sein d'une bastide royale du 13es. : cossu et rare. L'ancien et le contemporain se mêlent avec raffinement ; les chambres sont spacieuses... Et au restaurant, que de saveurs !

Le Sénéchal (Michel Truchon)
✿

Le bourg – ✆ 05 65 71 29 00 – www.hotel-senechal.fr – Fermé 1er janv.-15 mars, mardi midi et jeudi midi sauf juil.-août et lundi

Rest *(nombre de couverts limité, réserver)* – Menu 28 € (sem.), 55/125 € – Carte 50/95 €

Spéc. Foie gras de canard et ris d'agneau, gnocchis de pomme de terre aux truffes. Selle d'agneau de l'Aveyron aux herbes fraîches. Desserts aux fruits de saison.

Vins Marcillac, Gaillac.

◆ Un poisson rouge en bocal sur chaque table, des œuvres d'art... Un cadre contemporain au service d'une cuisine de produits – savoureux et excellents. Le chef est généreux et n'a qu'une envie : vous faire plaisir.

SAUVIAT-SUR-VIGE – 87 Haute-Vienne – 325 G5 – 935 h. 24 B2
– alt. 450 m – ✉ 87400

Paris 404 – Limoges 34 – Guéret 49 – Panazol 30

Auberge de la Poste
141 r. Emile Dourdet – ✆ 05 55 75 30 12 – www.aubergedelaposte.fr – Fermé 11 déc.-11 janv.

10 ch – †45 € ††55 € – ☕ 7 € – ½ P 65 €

Rest *(fermé dim. soir et lundi)* – Formule 13 € – Menu 19/33 € – Carte 22/68 €

◆ Sur l'axe principal du village, cette chaleureuse auberge tenue en famille. Les chambres sont pratiques, impeccablement tenues et se trouvent à l'écart des nuisances de la route ; quant au restaurant, il a un vrai cachet rustique et l'on y déguste des petits plats traditionnels.

SAUVIGNY-LES-BOIS – 58 Nièvre – 319 C10 – rattaché à Nevers

SAUXILLANGES – 63 Puy-de-Dôme – 326 H9 – 1 148 h. – alt. 460 m 6 C2
– ✉ 63490 Auvergne

Paris 455 – Ambert 46 – Clermont-Ferrand 45 – Issoire 14

2 place Saint-Martin, ✆ 04 73 96 37 62, www.cc-sauxillanges.fr

Pic d'Usson ✻★ SO : 4 km.

Restaurant de la Mairie

11-17 pl. St-Martin – ✆ 04 73 96 80 32 – www.fontbonne.fr – Fermé 18-29 juin, 24 sept.- 5 oct., 2-20 janv., mardi soir et merc. soir de la Toussaint à Pâques, dim. soir et lundi

Rest – Formule 15 € – Menu 19 € (sem.), 29/69 € – Carte 28/72 €

◆ Face à la mairie, une maison de village datant de 1811 au cadre feutré. En cuisine, mère et fille œuvrent avec finesse et imagination et renouvellent la tradition régionale.

LE SAUZE – 04 Alpes-de-Haute-Provence – **334** I6 – rattaché à Barcelonnette

---

SAUZON – 56 Morbihan – **308** L10 – voir à Belle-Ile-en-Mer

SAVERNE – 67 Bas-Rhin – 315 I4 – 11 989 h. – alt. 200 m — 1 A1

– ✉ 67700 Alsace Lorraine

Paris 450 – Lunéville 88 – St-Avold 89 – Sarreguemines 65

37, Grand'Rue, ✆ 03 88 91 80 47, www.ot-saverne.fr

Château★ : façade★★ - Maisons anciennes à colombage★ **N.**

Europe sans rest

7 r. de la Gare – ✆ 03 88 71 12 07 – www.hotel-europe-fr.com – Fermé 19 déc.-2 janv.

28 ch – †66/76 € ††72/99 € – ☕ 10 € — **Ae**

◆ L'Europe : une belle façade en brique du début du 20ᵉs., des chambres classiques et confortables, parfaitement tenues. Plaisante salle des petits-déjeuners ; élégant bar anglais.

SAVERNE

Bouxwiller (R. de)	B	2
Clés (R. des)	B	3
Côte (R. de la)	B	5
Dettwiller (R. de)	B	6
Églises (R. des)	B	8
Foch (R. Mar.)	A	12
Gare (R. de la)	A	13
Gaulle (Pl. Gén.-de)	B	14
Grand'Rue	AB	
Joffre (R. Mar.)	B	15
Murs (R. des)	AB	16
Pères (R. des)	B	17
Poincaré (R.)	A	20
Poste (R. de la)	B	22
Tribunal (R. du)	B	24
19-Novembre (R. du)	A	26

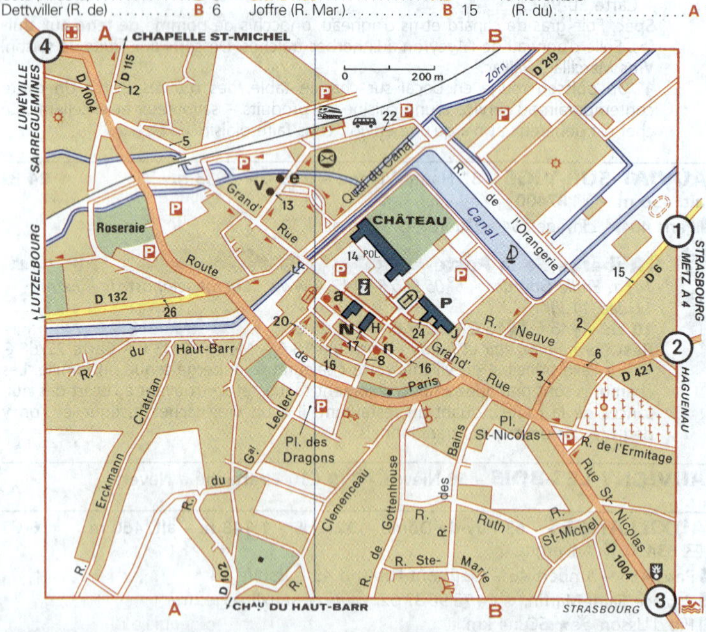

Chez Jean
3 r. de la Gare – ✆ 03 88 91 10 19 – www.chez-jean.com – Fermé 21-26 déc.
40 ch – †67/82 € ††84/105 € – ☐ 10 € – ½ P 78/90 € Av
Rest *(fermé 20 déc.-10 janv., dim. soir et lundi)* – Formule 12 € – Menu 15 € (sem.), 34/52 € – Carte 33/55 €
Rest *Winstub s'Rosestiebel* *(fermé 20 déc.-10 janv.)* – Formule 12 € – Menu 15 € (sem.), 34/44 € – Carte 33/56 €
◆ À deux pas des rues piétonnes, ce Jean dispose de chambres confortables et bien agencées, d'esprit alsacien (bois patiné, couettes). Cuisine régionale servie dans une salle habillée de boiseries. Il règne une ambiance conviviale dans la Winstub s'Rosestiebel.

Zum Staeffele
1 r. Poincaré – ✆ 03 88 91 63 94 – www.strasnet.com/staeffele.htm – Fermé 27 juil.-17 août, 22 déc.-3 janv., dim. soir, jeudi midi et merc.
Rest – Menu 25 € (déj.), 33/56 € – Carte 45/55 € Ba
◆ Lotte braisée à l'encre de seiche, taboulé de quinoa... Une cuisine dans l'air du temps tout près du château des Rohan. Cadre classique dans une maison ancienne (18e et 19e s.).

Le Clos de la Garenne avec ch
88 rte du Haut-Barr, 1,5 km par rte de Haut-Barr – ✆ 03 88 71 20 41 – www.closgarenne.fr
14 ch – †37/52 € ††52/95 € – ☐ 12 €
Rest *(fermé merc. midi, sam. midi et dim. soir de janv. à sept.)* – Menu 18 € (déj. en sem.), 35/80 € – Carte 50/80 €
◆ Sur les hauteurs de la ville, maison du début du 20e s. entourée de verdure. On savoure une belle cuisine – sagement créative – dans une ambiance rustique et conviviale. Chambres chaleureuses (boiseries anciennes et tissus à carreaux).

Taverne Katz
80 Grand'Rue – ✆ 03 88 71 16 56 – www.tavernekatz.com Bn
Rest – Menu 15 € (déj. en sem.), 36/54 € – Carte 30/48 €
◆ Belle maison (1605) à la façade en bois sculpté, située dans une rue piétonne. Salles chaleureuses dans l'esprit winstub et cuisine régionale (spécialités alsaciennes).

à l'Est par ② 3 km sur D 421 – ✉ 67700 Monswiller

Kasbür
8 r. de Dettwiller – ✆ 03 88 02 14 20 – www.restaurant-kasbur.fr – Fermé 23 juil.-13 août, vacances scolaires de fév., dim. soir, merc. soir et lundi
Rest – Menu 21 € (déj. en sem.), 46/75 € – Carte 44/70 €
◆ Dans cette maison en pleine campagne, largement ouverte sur le jardin arboré, on savoure une cuisine inventive (carotte de foie gras, mousse au chocolat et sirop de basilic...).

SAVIGNEUX – 42 Loire – 327 D6 – rattaché à Montbrison

SAVIGNÉ-L'ÉVÊQUE – 72 Sarthe – 310 K6 – rattaché au Mans

SAVIGNY-LÈS-BEAUNE – 21 Côte-d'Or – 320 I7 – rattaché à Beaune

SAVONNIÈRES – 37 Indre-et-Loire – 317 M4 – 3 021 h. – alt. 47 m – ✉ 37510 11 B2
Châteaux de la Loire

Paris 263 – Blois 88 – Orléans 139 – Tours 17

La Maison Tourangelle
9 rte des Grottes-Pétrifiantes – ✆ 02 47 50 30 05 – www.lamaisontourangelle.com – Fermé 16 août-3 sept., 27 fév.-15 mars, lundi soir de nov. à fév., sam. midi, dim. soir et merc.
Rest – Menu 29/59 € bc
◆ Le rustique marié au moderne, une délicieuse terrasse sur le Cher et une belle cuisine de produits : voilà les atouts de cette maison tourangelle du 18e s.

SAZILLY – 37 Indre-et-Loire – **317** L6 – rattaché à L'Île-Bouchard

SCEAUX-SUR-HUISNE – 72 Sarthe – **310** M6 – 585 h. – alt. 93 m – ✉ 72160 **35** D1

Paris 173 – Châteaudun 75 – La Ferté-Bernard 12 – Mamers 41

Le Panier Fleuri

1 av. Bretagne – ✆ 02 43 93 40 08 – Fermé 9-26 juil., 2-9 janv., 4-13 mars, dim. soir, lundi soir, mardi soir et merc.

Rest – Formule 14 € – Menu 17 € (sem.), 23/33 € – Carte 23/47 €

◆ Dans ce Panier au cadre rustique, on peut trouver, selon les saisons : mousse de thon au saumon et crêpes forestières, onglet de bœuf sauce moutarde et poivre, tarte aux pommes glace vanille... Plutôt appétissant !

SCHERWILLER – 67 Bas-Rhin – **315** I7 – 3 056 h. – alt. 185 m – ✉ 67750 **2** C1

Paris 439 – Barr 21 – Colmar 27 – St-Dié 42

30, rue de la Mairie, Corps de Garde, ✆ 03 88 92 25 62, www.chatenois-scherwiller.net

Auberge Ramstein

1 r. Riesling, (direction Dambach-la-Ville) – ✆ 03 88 82 17 00 – www.hotelramstein.fr – Fermé 23 déc.-15 janv. et 1 sem. en mars

21 ch – †56/70 € ††68/78 € – ☕ 10 € – ½ P 71/76 €

Rest *Auberge Ramstein* – voir les restaurants ci-après

◆ "L'Alsace m'a adoptée !" affirme avec le sourire la patronne autrichienne... Cette demeure régionale, ouverte sur le vignoble, est très accueillante. Chambres spacieuses et soignées.

Auberge Ramstein

1 r. Riesling, (direction Dambach-la-Ville) – ✆ 03 88 82 17 00 – www.hotelramstein.fr – Fermé 23 déc.-15 janv., 1 sem. en mars, dim. soir et lundi

Rest *(dîner seult sauf dim. de mi-nov. à mi-avril)* – Formule 20 € – Menu 29 € (sem.), 33/48 € – Carte 40/55 €

◆ Priorité à la tradition ! Foie gras et son chutney de prunes d'Alsace, filet de sandre au riesling : dans cette auberge au goût d'antan, les produits sont frais et de saison, et la carte des vins se montre digne de ce village vinicole.

SCHIRMECK – 67 Bas-Rhin – **315** H6 – 2 464 h. – alt. 315 m – ✉ 67130 **1** A2

Alsace Lorraine

Paris 412 – Nancy 101 – St-Dié 41 – Saverne 48

114, Grand'Rue, ✆ 03 88 47 18 51, www.hautebruche.com

Vallée de la Bruche★ N et S.

aux Quelles 7,5 km au Sud-Ouest par D 1420, D 261 et rte forestière – ✉ 67130 La Broque

Neuhauser

✆ 03 88 97 06 81 – www.hotel-neuhauser.com – Fermé 13-30 nov. et 25 fév.-14 mars

17 ch – †79 € ††88 € – ☕ 13 € – ½ P 92 €

Rest – Formule 11 € – Menu 22/47 € – Carte 33/53 €

◆ Calme garanti dans cette auberge tapie dans un vallon de la forêt vosgienne. Chambres confortables (mobilier en bois clair) ; quelques chalets individuels sur le terrain. Au restaurant, cuisine régionale et... eau-de-vie de la distillerie familiale en digestif !

LA SCHLUCHT (COL DE) – 88 Vosges – **314** K4 – voir à Col de la Schlucht

SECLIN – 59 Nord – **302** G4 – 12 249 h. – alt. 30 m – ✉ 59113 **31** C2

Nord Pas-de-Calais Picardie

Paris 212 – Lens 26 – Lille 17 – Tournai 33

70, rue Roger Bouvry, ✆ 03 20 90 12 12, www.seclin-tourisme.com

Cour★ de l'hôpital.

XXX **Auberge du Forgeron** avec ch
♿ rest, 🚭 ch, Wi-Fi VISA MC AE

17 r. Roger Bouvry – ✆ *03 20 90 09 52 – www.aubergeduforgeron.com – Fermé 22 juil.-17 août et 24-30 déc.*

16 ch – †82/95 € ††82/95 € – ☕ 13 €

Rest *(fermé sam. midi et dim.)* – Menu 39/107 € bc – Carte 63/105 €

◆ Une auberge familiale pleine de charme. Côté restaurant gastronomique, la carte épouse l'air du temps ; côté brasserie, honneur au terroir et à la tradition. Et à l'heure du repos, on profite de chambres confortables et bien tenues.

SEDAN – 08 Ardennes – **306** L4 – **19 219 h.** – **alt. 154 m** **14** C1

– ✉ **08200** Champagne Ardenne

Paris 246 – Charleville-Mézières 25 – Metz 134 – Reims 101

35 rue du Menil et 7 bis promenoir des prêtres, ✆ 03 24 27 73 73, www.tourisme-sedan.fr

Château fort★★.

Hôtellerie le Château Fort
VISA MC AE

dans le château fort : accès Porte des Princes – ✆ *03 24 26 11 00 – www.hotels-francepatrimoine.fr* **BYa**

44 ch – †89/119 € ††89/119 € – 10 suites – ☕ 13 € – ½ P 88/103 €

Rest *(fermé lundi midi)* – Menu 24/39 € – Carte 36/59 €

◆ Cet impressionnant château fort du 15e s., aujourd'hui classé, surplombe la ville. Son ancien magasin à poudre s'est transformé en hôtel ! Dans les élégantes chambres et suites, de discrètes allusions médiévales évoquent le temps jadis. Quant aux repas, ils se déroulent dans l'ex-logis du lieutenant du roi.

SEDAN

Alsace-Lorraine (Pl. d') BZ 2
Armes (Pl. d') BY 3
Bayle (R. de) BY 4
Berchet (R.) BY 5
Blanpain (R.) BY 6
Capucins (Rampe) BY 7
Carnot (R.) BY 8
Crussy (Pl.) BY 9
Fleuranges (R. de) AY 10
Francs-Bourgeois (R. des) BY 12
Gambetta (R.) BY 13
Goulden (Pl.) BY 14
Halle (Pl. de la) BY 15
Horloge (R. de l') BY 17
Jardin (Bd du Gd) BY 18
Lattre-de-Tassigny (Bd Mar.-de) AZ 21
Leclerc (Av. du Mar.) BY 24
Margueritte (Av. du G.) ABY 26
Martyrs-de-la-Résistance (Av. des) AY 27
Mesnil (R. du) BY
Nassau (Pl.) BZ 31
Promenoir-des-Prêtres BY 33
Rivage (R. du) BY 34
La Rochefoucauld (R. de) BY 20
Rochette (Bd de la) BY 35
Rovigo (R.) BY 36
Strasbourg (R. de) BZ 39
Turenne (Pl.) BY 41
Vesseron-Lejay (R.) AY 42
Wuildet-Bizot (R.) BZ 44

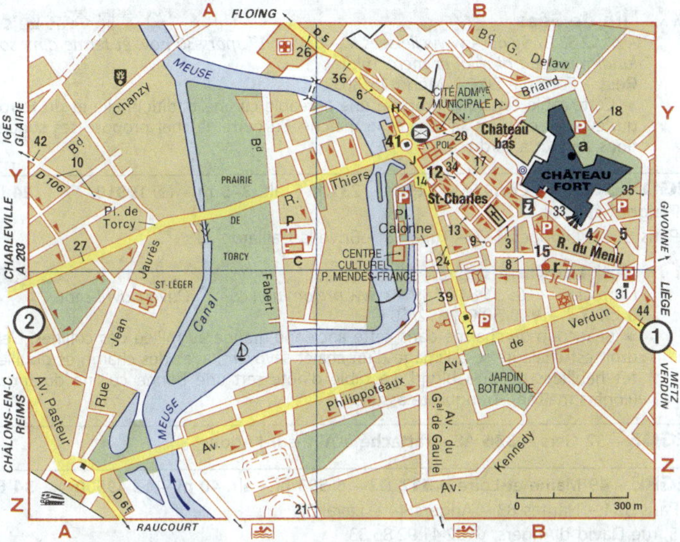

Au Bon Vieux Temps

3 pl. de la Halle – ☎ 03 24 29 03 70 – www.restaurant-aubonvieuxtemps.com – Fermé 27 août-10 sept., 15 fév.-7 mars, dim. soir, merc. soir et lundi
Rest – Menu 27/49 € – Carte 33/64 € BYZr
Rest *Marmiton* – Menu 15 € (sem.)/17 € – Carte 16/30 €
◆ Une maison du 17e s. avec, comme au bon vieux temps, des murs ornés de fresques représentant Sedan dans les années 1900. Foie gras maison, suprême de turbot béarnaise : les amateurs de registre classique ne seront pas déçus. Ambiance plus décontractée, façon bistrot de terroir, au Marmiton.

à Donchery 10 km par ② puis D 334 – 2 409 h. – alt. 150 m – ✉ 08350

Domaine Château du Faucon

rest, ch,
rte de Vrigne-aux-Bois – ☎ 03 24 41 87 83 – www.domaine-chateaufaucon.com
13 ch – †85/150 € ††130/250 € – 5 suites – ☕ 20 €
Rest – Formule 25 € bc – Menu 35/65 € – Carte 37/79 €
◆ Ce joli château du 17es, entouré d'un beau parc de 28 ha, a entièrement fait peau neuve en 2011 ; un cadre feutré, où les chambres élégantes n'hésitent pas à mêler classique et contemporain. Centre équestre haut de gamme et restaurant.

SÉES – 61 Orne – 310 K3 – 4 552 h. – alt. 186 m – ✉ 61500 33 C3

Normandie Cotentin
▶ Paris 183 – L'Aigle 42 – Alençon 22 – Argentan 24
ℹ place du Général-de-Gaulle, ☎ 02 33 28 74 79, www.paysdalencontourisme.com
◉ Cathédrale Notre-Dame★ : choeur et transept★★ - Forêt d'Ecouves★★ SO : 5 km.

à Macé 5,5 km par rte d'Argentan, D 303 et D 747 – 493 h. – alt. 173 m – ✉ 61500

◉ Château d'O★ NO : 5 km.

Île de Sées

– ☎ 02 33 27 98 65 – www.ile-sees.fr – Ouvert mars-nov. et fermé dim. soir
16 ch – †69 € ††69 € – ☕ 9 € – ½ P 70 €
Rest *Île de Sées* – voir les restaurants ci-après
◆ Dans la campagne normande, au cœur d'un parc arboré, une maison de pays aux chambres sympathiques et colorées. Une adresse au grand calme pour se ressourcer et faire une halte gourmande.

Île de Sées

– ☎ 02 33 27 98 65 – www.ile-sees.fr – ouvert 1er mars-30 nov. et fermé dim. soir, lundi midi, mardi midi et merc. midi
Rest – Formule 20 € – Menu 25/30 €
◆ Cette table classique propose une agréable cuisine traditionnelle et du terroir, qui évolue selon les saisons et le marché. En outre, le chef propose ses suggestions du jour à l'ardoise.

SEGONZAC – 19 Corrèze – 329 I4 – 237 h. – alt. 345 m – ✉ 19310 24 B3

Périgord Quercy
▶ Paris 506 – Limoges 117 – Tulle 58 – Brive-la-Gaillarde 31

Pré Laminon sans rest

Laurégie – ☎ 05 55 84 17 39 – www.prelaminon.com – Ouvert avril-sept.
3 ch ☕ – †40/50 € ††52/60 €
◆ Beaucoup de charme dans cette ancienne grange au milieu des collines. L'endroit est chaleureux, à l'image d'un chalet savoyard, avec des chambres douillettes habillées de bois blond. La table d'hôte sert une bonne cuisine du terroir (confits maison). Tranquillité assurée.

SÉGOS – 32 Gers – 336 A8 – rattaché à Aire-sur-l'Adour

SEGRÉ – 49 Maine-et-Loire – 317 D2 – 6 593 h. – alt. 40 m – ✉ 49500 34 B2

▶ Paris 334 – Nantes 83 – Angers 44 – Laval 55
ℹ 5, rue David d'Angers, ☎ 02 41 92 86 83

Ibis Styles
r. Gustave-Eiffel – ✆ 02 41 94 81 81 – www.all-seasons-hotels.com
48 ch – 61/81 € 71/91 €
Rest *(fermé dim.)* – Menu 13 € (déj. en sem.), 20/34 € – Carte 25/37 €
◆ À côté d'une zone artisanale semée d'espaces verts, complexe récent d'esprit régional. Les chambres offrent un bon confort et une décoration sobre et contemporaine.

SÉGURET – 84 Vaucluse – 332 D8 – rattaché à Vaison-la-Romaine

SEIGNOSSE – 40 Landes – 335 C12 – 3 131 h. – alt. 15 m – ✉ 40510 3 A3

Paris 747 – Biarritz 36 – Dax 32 – Mont-de-Marsan 85
avenue des Lacs, ✆ 05 58 43 32 15, www.tourisme-seignosse.com
de Seignosse, Avenue du Belvédère, O : 4 km par D 86, ✆ 05 58 41 68 30

Villa de l'Étang Blanc
2265 rte de l'Étang Blanc, 2,5 Km au Nord par D 185 et D 432 – ✆ 05 58 72 80 15 – www.villaetangblanc.fr – Fermé nov. et janv.
7 ch – 85/150 € 85/150 € – 15 €
Rest ***Villa de l'Étang Blanc*** – voir les restaurants ci-après
◆ Dans la forêt – au grand calme – une villa avec des chambres aux tons pastel, agrémentées de jolis tissus et boutis colorés, pour une atmosphère douce et champêtre.

Villa de l'Étang Blanc
2265 rte de l'Étang Blanc, 2,5 Km au Nord par D 185 et D 432 – ✆ 05 58 72 80 15 – www.villaetangblanc.fr – Fermé nov. et janv., lundi et mardi de nov. à mai
Rest – Menu 19 € (déj. en sem.)/28 € – Carte 35/60 €
◆ Une salle grande ouverte sur l'étang, une jolie terrasse... Les joies de la nature autour d'une belle cuisine du moment – ravioles de foie gras fumé aux sarments de vigne, filet de bœuf à la plancha, poisson du jour, etc. Les dimanches d'hiver, menu unique "terroir" près de la cheminée.

SEILH – 31 Haute-Garonne – 343 G2 – rattaché à Toulouse

SEILLANS – 83 Var – 340 O4 – 2 555 h. – alt. 350 m – ✉ 83440 41 C3

Paris 890 – Marseille 142 – Toulon 106 – Antibes 54
Place Thouron, ✆ 04 94 76 85 91, www.seillans.fr

Des Deux Rocs
1 pl. Font d'Amont – ✆ 04 94 76 87 32 – www.hoteldeuxrocs.com – Fermé 2 janv.-13 fév.
13 ch – 73/75 € 75/135 € – 13 €
Rest ***Des Deux Rocs*** – voir les restaurants ci-après
◆ Il règne dans cette belle bastide du 18ᵉs. postée sur les hauteurs du bourg l'atmosphère et le charme des maisons d'antan : mobilier ancien, jolis objets chinés, salles de bains rétro... Pour une escapade dans la Provence d'autrefois !

Le Relais
1 pl. Thouron – ✆ 04 94 60 18 65 – www.restaurant-seillans.com – Fermé 2 sem. en mars, 2 sem. en nov., lundi de sept. à juin et mardi sauf le soir en juil.-août
Rest – Menu 28/45 € – Carte 32/38 €
◆ Dans ce bistrot tendance, Hermance et Quentin œuvrent à quatre mains, célébrant le produit frais avec rigueur et justesse. Sous les platanes, ça fleure bon la Provence !

La Gloire de mon Père
pl. du Thouron – ✆ 04 94 76 98 68 – www.lagloiredemonpere.fr – Fermé 5 janv.-5 fév.
Rest – Formule 21 € bc – Menu 28/39 € – Carte 38/52 €
◆ L'atout de ce restaurant : sa terrasse dressée sur la place du village, entourant la belle fontaine et le lavoir. Au frais sous les vieux platanes, on déguste des plats traditionnels.

Des Deux Rocs – Hôtel Des Deux Rocs
1 pl. Font d'Amont – ✆ 04 94 76 87 32 – www.hoteldeuxrocs.com – Fermé 2 janv.-13 fév., dim. soir et mardi midi d'oct. à mai et lundi
Rest – Formule 40 € – Menu 44/65 € – Carte 64/85 €
◆ La salle a le charme de la région, la terrasse prend ses aises sur les pavés et... sous les platanes, et la cuisine honore la gastronomie provençale. Ces Deux Rocs cultivent une vraie douceur de vivre, avec une pointe de raffinement.

SEIN (ÎLE DE) – 29 Finistère – **308** B6 – voir à Île de Sein

SÉLESTAT – 67 Bas-Rhin – **315** I7 – 19 313 h. – alt. 170 m **2** C1
– ✉ 67600 Alsace Lorraine

Paris 441 – Colmar 24 – Gérardmer 65 – St-Dié 44

10 boulevard Leclerc, ✆ 03 88 58 87 20, www.selestat-tourisme.com

Vieille ville★ : église Ste-Foy★ , église St-Georges★ , Bibliothèque humaniste★ **M.**

Ebermunster : intérieur★★ de l'église abbatiale★, 9 km par ①.

Hostellerie Abbaye de la Pommeraie

8 bd du Mar.-Foch – ✆ 03 88 92 07 84 – www.relaischateaux.com/pommeraie **BYa**

12 ch – †150/264 € ††150/264 € – 2 suites – ☕ 18 €

Rest ***Le Prieuré*** **Rest** ***S'Apfelstuebel*** – voir les restaurants ci-après

◆ Au cœur de la vieille ville, cette noble demeure du 17[e]s. distille une atmosphère feutrée et élégante... Dans une veine classique, les chambres sont spacieuses, toutes différentes et décorées avec du beau mobilier ancien ou de style.

Vaillant rest,

7 r. Ignace Spiess – ✆ 03 88 92 09 46 – www.hotel-vaillant.com **AZe**

47 ch – †67/110 € ††80/110 € – ☕ 9 €

Rest *(fermé 24 déc.-3 janv., sam. midi et dim. soir)* – Menu 15/34 € – Carte 32/41 €

◆ De nombreuses œuvres d'artistes locaux sont exposées dans cet hôtel moderne bordant une placette ombragée. Spacieuses chambres d'esprit actuel, très soignées. Salles design ou classique, proposant plats de brasserie et spécialités régionales.

Armes (Pl. d') .... **BY** 2
Babil (R. du) .... **BY** 4
Bibliothèque (R. de la) .... **BY** 5
Charlemagne (Bd) .... **BY** 7
Chevaliers (R. des) .... **BYZ** 9
Clefs (R. des) .... **BYZ** 10
Église (R. de l') .... **BY** 12
Gallieni (R. du Gén.) .... **AZ** 14
Hôpital (R. de l') .... **BZ** 15
Lattre-de-Tassigny (Pl. du Mar.de) .... **BY** 17
Maire-Knol (Allée du) .... **BY** 19
Marché-Vert (Pl. du) .... **BY** 20
Paix (R. de la) .... **AY** 22
Prés.-Poincaré (R. du) .... **BZ**
Sainte-Barbe (R.) .... **BZ** 26
Schweisguth (Av.) .... **ABY** 27
Serruriers (R. des) .... **BY** 28
Strasbourg (Pl. Pte-de) .... **BY** 30
Tanneurs (Quai des) .... **BZ** 33
Victoire (Pl. de la) .... **BZ** 35
Vieux-Marché aux Vins (R. du) .... **BY** 36
4e-Zouaves (R. du) .... **BZ** 38
17-Novembre (R. du) .... **BZ** 39

Le Prieuré – Hostellerie Abbaye de la Pommeraie
8 bd du Mar. Foch – www.relaischateaux.com/pommeraie – Fermé dim. soir et lundi midi BYa
Rest – Menu 52 € bc/96 € – Carte 72/120 €
◆ Une vraie table gastronomique, où règne un esprit bourgeois et raffiné. Le jeune chef compose une cuisine d'aujourd'hui, réalisée avec des produits nobles, tels le foie gras, le bar sauvage, les Saint-Jacques, etc.

La Vieille Tour
8 r. de la Jauge – ✆ 03 88 92 15 02 – www.vieille-tour.com – Fermé 10-30 juil., 21 fév.-5 mars et lundich BYs
Rest *(réserver)* – Menu 13 € (déj. en sem.), 18/44 € – Carte 32/53 €
◆ Dans cette chaleureuse maison alsacienne flanquée d'une tour (13e-15e s.), deux frères concoctent une jolie carte alliant tradition et recettes actuelles. Une adresse prisée !

S'Apfelstuebel – Hostellerie Abbaye de la Pommeraie
8 bd du Mar. Foch – www.relaischateaux.com/pommeraie
Rest – Menu 28 € (déj. en sem.)/52 € bc – Carte 41/87 € BYa
◆ Tradition ! Au S'Apfelstuebel, la carte fleure bon le terroir alsacien et cultive une ambiance "brasserie" à la fois chic et conviviale...

à Rathsamhausen 5 km à l'Est par D 21 et D 209 – ✉ 67600 Muttersholtz

Les Prés d'Ondine ch, rest,
5 rte Baldenheim – ✆ 03 88 58 04 60 – www.presdondine.com – Fermé 16 janv.-12 fév.
12 ch – 70/155 € 94/167 €
Rest *(fermé dim. soir et merc.) (réserver)* – Formule 25 € bc – Menu 35 €
◆ Atmosphère bucolique et cosy dans cette ancienne maison forestière transformée en hôtel de caractère : salon feutré, bibliothèque et chambres raffinées (mobilier chiné). À la table d'hôte, vue sur l'Ill – qui borde le jardin – et plats inspirés du marché.

Le Schnellenbuhl 8 km par ②, D 159 et D 424 – ✉ 67600 Mussig

Auberge de l'Illwald
– ✆ 03 90 56 11 40 – www.illwald.fr – Fermé 24 déc.-16 janv.
10 ch – 80/100 € 100 € – 6 suites – 14 €
Rest *Auberge de l'Illwald* – voir les restaurants ci-après
◆ Ces jolies bâtisses régionales se trouvent en pleine forêt de l'Illwald, réserve naturelle depuis 1995. Les chambres, très confortables, sont décorées avec goût, mélange de boiseries et de meubles design. Authentique !

Auberge de l'Illwald
– ✆ 03 90 56 11 40 – www.illwald.fr – Fermé 24 déc.-16 janv., mardi et merc.
Rest – Formule 12 € – Menu 34 € (déj.) – Carte 32/40 €
◆ Il règne ici une atmosphère de pavillon de chasse ; des bois de cerf servent de plafonnier et des scènes de chasse naïves et fantastiques ornent les murs. La cuisine honore le terroir (civet de daim, terrines, etc.) et ose la modernité.

SELONNET – 04 Alpes-de-Haute-Provence – 334 F6 – rattaché à Seyne

---

SEMBLANÇAY – 37 Indre-et-Loire – 317 M4 – 2 029 h. – alt. 100 m – ✉ 37360 11 B2

▶ Paris 248 – Angers 96 – Blois 77 – Le Mans 70

La Mère Hamard avec ch
pl. de l'Église – ✆ 02 47 56 62 04 – www.lamerehamard.com – Fermé 2 janv.-12 fév., dim. soir, mardi midi et lundi
11 ch – 81/105 € 85/110 € – 13 € – ½ P 89/99 €
Rest – Menu 20 € (sem.), 29/60 € – Carte 70/100 €
◆ Une petite institution née en 1903. Dans un décor un brin rétro, la table cultive le classicisme avec soin : râble de lapin farci, baba au rhum... et vins de Loire. De l'autre côté de la rue, l'ancien presbytère abrite les chambres, coquettes et confortables.

SEMÈNE – 43 Haute-Loire – 331 H1 – rattaché à Aurec-sur-Loire

SEMNOZ (MONTAGNE DU) – 74 Haute-Savoie – **328** J6 – Voir à Montagne du Semnoz

SEMUR-EN-AUXOIS – 21 Côte-d'Or – **320** G5 – 4 240 h. – alt. 286 m **8** C2
– ✉ 21140 Bourgogne

Paris 246 – Auxerre 87 – Avallon 42 – Beaune 78

2, place Gaveau, ✆ 03 80 97 05 96, www.ville-semur-en-auxois.fr

du Pré-Lamy, à Précy-sous-Thil, Le Brouillard, S : 18 km par D980, ✆ 03 80 64 46 83

Église N.-Dame★ - Pont Joly ★.

Hostellerie d'Aussois

rte de Saulieu – ✆ 03 80 97 28 28 – www.hostellerie.fr **s**
42 ch – †96 € ††112/114 € – ☕ 13 € – ½ P 80/83 €
Rest *La Table de l'Hostellerie* – voir les restaurants ci-après
◆ Probablement le meilleur hôtel de la ville : les chambres, contemporaines, pratiques et bien insonorisées, sont vraiment reposantes... Et on peut travailler (bel espace séminaire) comme se détendre (piscine, bar, restaurant).

La Côte d'Or sans rest

1 r. de la Liberté – ✆ 03 80 97 24 54 – www.auxois.fr **a**
15 ch – †80/115 € ††95/130 € – 1 suite – ☕ 12 €
◆ Cette maison de caractère fut jadis le relais de poste de Semur. Entièrement rénovée en 2008, elle arbore un style frais, soigné et plaisant, mêlant joliment l'ancien et le contemporain... Quant à l'insonorisation, elle est très bonne.

Les Cymaises sans rest

7 r. Renaudot – ✆ 03 80 97 21 44 – www.hotelcymaises.com **u**
18 ch – †63 € ††75 € – ☕ 9 €
◆ Au cœur de la cité médiévale, une demeure cossue (18-19es.) à l'indéniable cachet vieille France... Les chambres sont classiques et très calmes ; on prend son petit-déjeuner dans la véranda et l'on peut aussi se reposer au jardin.

La Table de l'Hostellerie – Hostellerie d'Aussois

rte de Saulieu – ✆ 03 80 97 28 28 – www.hostellerie.fr – Fermé sam. midi et vend. de nov. à mars **s**
Rest – Formule 19 € – Menu 23/56 € – Carte 40/52 €
◆ Pleine vue sur la piscine, la terrasse et les remparts de Semur... Un cadre plutôt sympathique pour savourer une cuisine traditionnelle remise au goût du jour.

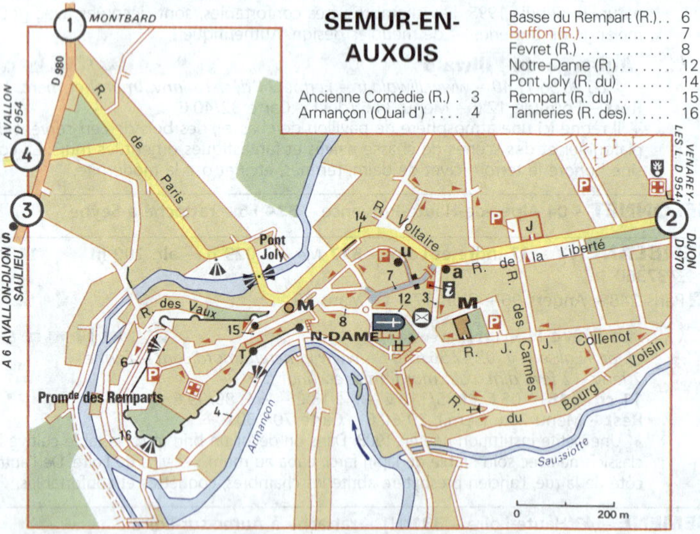

SÉNART – 77 Île-de-France – **312** E4 – **101** 39 – voir à Paris, Environs

SENLIS (SP) – 60 Oise – **305** G5 – 16 285 h. – alt. 76 m – ✉ 60300 **36** B3

Île de France

Paris 52 – Amiens 102 – Beauvais 56 – Compiègne 33

place du Parvis Notre Dame, ✆ 03 44 53 06 40, www.senlis-tourisme.fr

d'Apremont, à Apremont, CD 606, NO : 5 km par D 1330, ✆ 03 44 25 61 11

Dolce Chantilly, à Vineuil-Saint-Firmin, Route d'Apremont, par rte de Chantilly : 8 km, ✆ 03 44 58 47 74

Château Raray Paris Golf Club, à Raray, Domaine de Raray, par rte de Compiègne : 26 km, ✆ 03 44 54 70 61

Cathédrale N.-Dame★★ - Vieilles rues★ ABY - Place du Parvis★ BY - Chapelle royale St-Frambourg★ **B** - Jardin du Roy ≤★ - Musée d'Art et d'Archéologie★.

Parc Astérix★★ S : 12 km par autoroute A1.

Le Scaramouche

4 pl. Notre-Dame – ✆ 03 44 53 01 26 – www.le-scaramouche.fr
– Fermé 17 août-2 sept., mardi et merc. BYe

Rest – Menu 32/42 € – Carte 53/102 €

♦ Pour un repas classique face à la cathédrale Notre-Dame. Agréable terrasse entre vieilles pierres et pavés ; intérieur feutré, orné de tableaux et tapisseries.

SENLIS

Apport-au-Pain (R.) . . . . AY 2
Boutteville (Cours) . . . . BY 5
Bretonnerie (R. de la) . . . . . . AZ 6
Clemenceau (Av. G.). . . . . . . BY 7
Cordeliers (R. des) . . . . AZ 9
Halle (Pl. de la) . . . . BY 12
Heaume (R. du) . . . . AZ 13
Leclerc (Av. Gén.) . . . . BY 15
Montagne St-Aignan (R. de la) . . . . AY 17
Montauban (Rempart du) . . . AY 19
Moulin St-Rieul (R. du) . . . . . BY 21
Odent (R.) . . . . BY 24
Parvis (Pl. du) . . . . BY 26
Poterne (R. de la) . . . . BZ 29
Poulaillerie (R. de la) . . . . . . AY 31
Puits-Tiphaine (R. du) . . . . . AY 27
Ste-Geneviève (R.) . . . . BZ 40
St-Vincent (Rempart) . . . . . . BZ 36
St-Yves-à-l'Argent (R.). . . . . BZ 38
Treille (R. de la) . . . . AY 42
Vernois (Av. F.) . . . . AY 47
Vignes (R. des) . . . . BZ 49
Villevert (R. de) . . . . BY 52

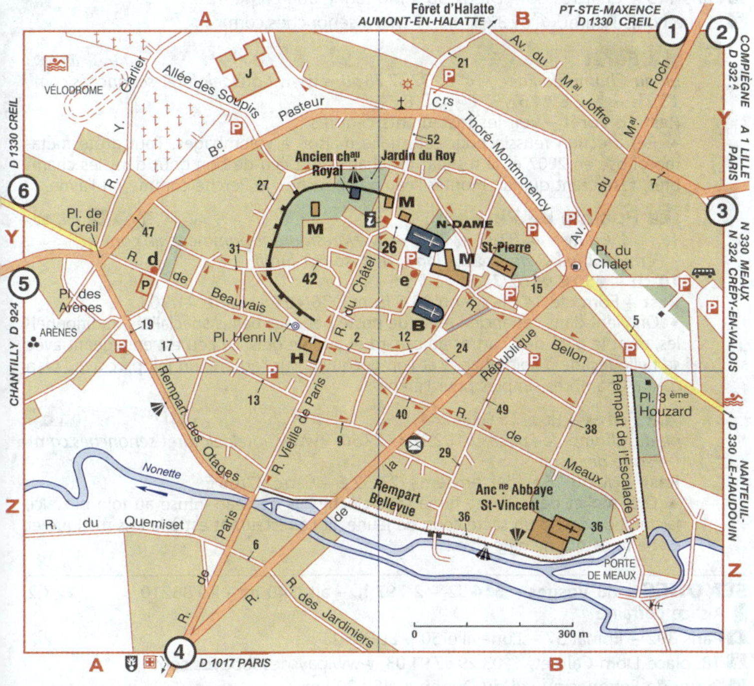

Le Julianon

5 pl. G.-de-Nerval – ✆ 03 44 32 12 05 – www.le-julianon.fr – Fermé fin juil.-mi août, vacances de Noël, lundi, sam. midi et dim. AY**d**

Rest *(nombre de couverts limité, réserver)* – Formule 14 € bc – Menu 24 € (déj.), 35/55 € – Carte 43/67 €

◆ Crème de marron aux coques ; turbot cuit à basse température, câpres et noisettes ; sabayon aux poires... Une cuisine inventive, en prise sur les saisons, en cette maison du 17ᵉs.

SENNECÉ-LÈS-MÂCON – 71 Saône-et-Loire – **320** J11 – rattaché à Mâcon

SENNECEY-LE-GRAND – 71 Saône-et-Loire – **320** J10 – 3 023 h. – alt. 200 m – ✉ 71240 Bourgogne **8** C3

Paris 359 – Dijon 89 – Mâcon 42 – Chalon-sur-Saône 18

place de l'hôtel de ville, ✆ 03 85 44 82 54

à Jugy 4 km au Sud par D 182 – 301 h. – alt. 230 m – ✉ 71240

Le Crot Foulot ch, ch,

– ✆ 03 85 94 81 07 – www.crotfoulot.com – Ouvert 15 fév.-5 nov.

5 ch – 95 € 105/120 € **Table d'hôte** – Menu 35 €

◆ Cette maison de vigneron a été joliment restaurée par ses propriétaires, un couple de Belges tombés amoureux de la région. Résultat : des pierres, des poutres et une décoration contemporaine raffinée, entre épure et nature. Jolie table d'hôte qui valorise la cuisine de tradition et les vins locaux.

SENONCHES – 28 Eure-et-Loir – **311** C4 – 3 225 h. – alt. 223 m – ✉ 28250 **11** B1

Paris 115 – Chartres 38 – Dreux 38 – Mortagne-au-Perche 42

2, rue Louis Peuret, ✆ 02 37 37 80 11, www.senonches.com

La Forêt

pl. du Champ-de-Foire – ✆ 02 37 37 78 50 – www.hoteldelaforet-senonches.com

13 ch – 57 € 67/97 € – 8 €

Rest *La Forêt* – voir les restaurants ci-après

◆ Résurrection réussie pour cette jolie maison à colombages. Tout a été métamorphosé en 2007 et le résultat est charmant. Déco de bon goût dans les chambres, restaurant qui fait monter l'eau à la bouche : le Perche comme on l'aime.

La Pomme de Pin avec ch

15 r. M. Cauty – ✆ 02 37 37 76 62 – www.restaurant-pommedepin.com – Fermé 23 juil.-8 août, 2-18 janv., dim. soir et lundi

10 ch – 50 € 62/75 € – 9 €

Rest – Formule 14 € – Menu 25 € (sem.), 36/46 € – Carte 41/70 €

◆ On vient dans cet ancien relais de poste pour ses belles spécialités traditionnelles, dont le pâté de Chartres au canard et au foie gras. Le lieu est engageant avec sa belle façade à colombages et l'on découvre, sur l'arrière, un joli parc avec plan d'eau. Chambres simples pour l'étape.

La Forêt – Hôtel La Forêt

pl. du Champ-de-Foire – ✆ 02 37 37 78 50 – www.hoteldelaforet-senonches.com – Fermé dim. soir

Rest – Menu 15 € (déj. en sem.), 22/52 € – Carte 37/66 €

◆ Œuf mollet de la ferme fumé sous cloche, jus de veau infusé au foin bio... Ici, la tradition prend un sacré coup de jeune. Et ce restaurant est à la fois rustique et élégant, ce qui ne gâte rien !

SENONES – 88 Vosges – **314** J2 – 2 797 h. – alt. 340 m – ✉ 88210 **27** C2
Alsace Lorraine

Paris 392 – Épinal 57 – Lunéville 50 – St-Dié 23

18, place Dom Calmet, ✆ 03 29 57 91 03, www.paysdesabbayes.com

Route de Senones au col du Donon★ NE : 20 km.

Au Bon Gîte avec ch

3 pl. Vaultrin – ✆ 03 29 57 92 46 – www.aubongite.fr – Fermé 27 fév.-19 mars, 3-24 sept., jeudi soir, dim. soir et lundi
7 ch – †48 € ††55 € – ☕ 7 € – ½ P 65 €
Rest – Formule 13 € – Menu 20/38 € – Carte 28/55 €
◆ Une bâtisse rose sur la place centrale de cette bourgade, ancienne capitale de la principauté de Salm. La salle de restaurant est constellée de photographies et de bibelots divers ; cuisine actuelle. Chambres simples.

SENS – 89 Yonne – 319 C2 – 25 899 h. – alt. 70 m – ✉ 89100 — 7 B1

Bourgogne

Paris 116 – Auxerre 59 – Fontainebleau 54 – Montargis 50

place Jean Jaurès, ✆ 03 86 65 19 49, www.office-de-tourisme-sens.com

du Senonais, à Lixy, Les Ursules, O : 22 km par D 26, ✆ 03 86 66 58 46

Cathédrale St-Étienne★ - Trésor★★ - Musée et palais synodal★ M[1].

La Madeleine (Patrick Gauthier)

1 r. Alsace-Lorraine, (1er étage) – ✆ 03 86 65 09 31 – www.restaurant-lamadeleine.fr – Fermé 10-24 juin, 5-19 août, 23 déc.-5 janv., mardi midi, dim. et lundi — d
Rest *(nombre de couverts limité, réserver)* – Menu 49 € (déj. en sem.), 62/110 €
Spéc. Foie gras poêlé au cassis d'Arcenant. Bar de ligne à l'huile d'olive et aux aromates. Chocolat guanaja mi-cuit, mi-fondant. **Vins** Côtes d'Auxerre, Épineuil.
◆ Dans le vestibule, un ancien fourneau et des rayonnages d'épicerie réveillent tous nos souvenirs de gourmandise... Produits de qualité, compositions originales : le chef signe une vraie cuisine d'aujourd'hui, parfumée sans nostalgie !

Le Clos des Jacobins

49 Gde-Rue – ✆ 03 86 95 29 70 – www.restaurantlesjacobins.com – Fermé 14 juil.-4 août, 22 déc.-4 janv., dim. soir, mardi soir et merc. — t
Rest – Formule 22 € bc – Menu 30/43 € – Carte 36/64 €
◆ Croustillant de camembert au caramel poivré, joues de porc façon tajine... De bons petits plats à savourer dans un cadre cosy, à deux pas de l'Yonne et de la cathédrale.

SENS

Alsace-Lorraine (R. d') 2
Beaurepaire (R.) 3
Chambonas (Cours) 8
Cornet (Av. Lucien) 9
Cousin (Square J.) 10
Déportés-et-de-la-Résistance (R. des) ....
Foch (Bd Mar.) 12
Garibaldi (Bd des) 13
Gateau (R. A.) 15
Grande-R. 16
Leclerc (R. du Gén.) 19
Maupéou (Bd de) 21
Moulin (Quai J.) 23
République (Pl. de la) 27
République (R. de la) 28

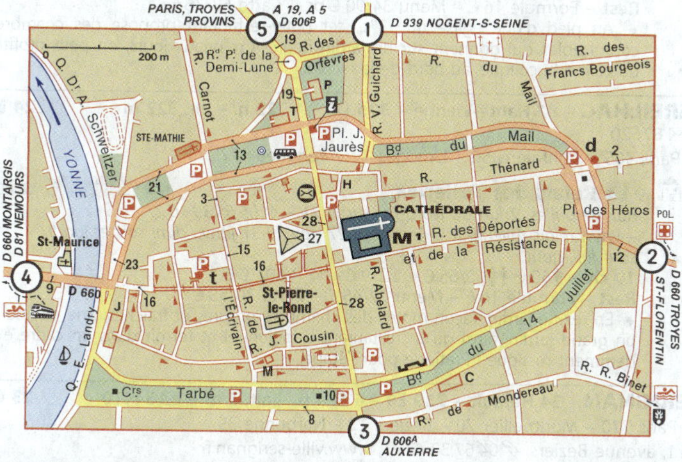

Miyabi
1 r. Alsace-Lorraine – ✆ 03 86 95 00 70 – www.patrickgauthier.fr – Fermé 10-24 juin, 5-19 août, 23 déc.-5 janv., dim. soir et lundi **d**
Rest *(nombre de couverts limité, réserver)* – Menu 24 € (déj. en sem.), 36/75 €
◆ Beau mariage des cultures culinaires japonaise et française dans un cadre zen : comptoir occupant une étroite salle tout en épure, musique nippone... Dépaysant.

Au Crieur de Vin
1 r. Alsace-Lorraine – ✆ 03 86 65 92 80 – www.patrickgauthier.fr – Fermé 10-24 juin, 5-19 août, 23 déc.-5 janv., mardi midi, dim., lundi et fériés
Rest – Menu 25/42 € – Carte environ 48 € **d**
◆ Un bistrot typique, où tradition et convivialité sont de mise. La carte fait honneur aux viandes à la broche ; petite sélection de vins proposée à l'ardoise.

à Sublígny 7 km par ④ et D 660 – 485 h. – alt. 150 m – ✉ 89100

La Haie Fleurie
30 rte de Coutenay, 2 km au Sud-Ouest – ✆ 03 86 88 84 44 – Fermé de fin juil. à début août, 25-31 déc., dim. soir, merc. soir et jeudi
Rest – Formule 13 € – Menu 18 € (sem.), 25/50 € – Carte 45/80 €
◆ La cuisine traditionnelle s'est invitée dans cette auberge de campagne nichée au cœur du hameau ; on la déguste dans la salle rustique ou sur la terrasse... fleurie.

à Villeroy 7 km par ④ et D 81 – 287 h. – alt. 184 m – ✉ 89100

Relais de Villeroy avec ch
rte de Nemours – ✆ 03 86 88 81 77 – www.relais-de-villeroy.com – Fermé 3-17 juil., 20 déc.-8 janv., 15 fév.-5 mars, dim. soir et lundi
8 ch – †52/62 € ††52/62 € – ☕ 9 €
Rest *(Fermé merc. midi, dim. soir, lundi et mardi)* – Menu 30/55 € – Carte 35/60 €
Rest *Bistro Chez Clément* ✆ 03 86 88 86 73 *(fermé sam., dim. et lundi)* – Menu 19 €
◆ Coquette maison régionale aux petites chambres confortables. Dans la véranda, on goûte des plats ancrés dans la tradition, les yeux rivés sur l'agréable jardin fleuri. Chez Clément, cuisine de bistrot, cadre rustique et ambiance conviviale.

SEPT-SAULX – 51 Marne – 306 H8 – 574 h. – alt. 96 m – ✉ 51400 — 13 B2

Paris 167 – Châlons-en-Champagne 29 – Épernay 29 – Reims 26

Le Cheval Blanc
r. du Moulin – ✆ 03 26 03 90 27 – www.chevalblanc-sept-saulx.com – Fermé 2 sem. en fév., lundi et mardi sauf fériés
21 ch – †65/122 € ††71/136 € – 3 suites – ☕ 13 € – ½ P 97/142 €
Rest – Formule 16 € – Menu 34/90 € bc – Carte 58/76 €
◆ Au pied d'une église du 13^{e}s., cet hôtel-restaurant propose des chambres confortables qui donnent sur un jardin fleuri. Aux beaux jours, on peut profiter du calme bucolique, au bord de la rivière.

SÉREILHAC – 87 Haute-Vienne – 325 D6 – 1 772 h. – alt. 322 m – ✉ 87620 — 24 B2

Paris 405 – Confolens 50 – Limoges 19 – Périgueux 77

Le Relais des Tuileries
aux Betoulles, 2 km au Nord-Est sur N 21 – ✆ 05 55 39 10 27 – www.relais-tuileries.fr – Fermé 12-27 nov., 9-31 janv., dim. soir et lundi sauf juil.-août
10 ch – †60 € ††60/65 € – ☕ 9 € – ½ P 60/70 €
Rest – Formule 16 € – Menu 22/45 € – Carte 30/58 €
◆ En rez-de-jardin, façon motel, des chambres propres et fraîches, une piscine et un grand jardin, ainsi qu'un restaurant traditionnel et terroir dans un cadre évidemment rustique ! Pratique pour l'étape.

SÉRIGNAN – 34 Hérault – 339 E9 – 6 584 h. – alt. 7 m – ✉ 34410 — 23 C2

Paris 770 – Montpellier 70 – Béziers 12 – Narbonne 39
1, avenue Béziers, ✆ 04 67 32 42 21, www.ville-serignan.fr

L'Harmonie

chemin de la Barque, parking de la Cigalière – ✆ 04 67 32 39 30 – www.lharmonie.fr – Fermé 29 oct.-18 nov., mardi soir de sept. à juin, jeudi midi en juil.-août, sam. midi et merc.

Rest – Formule 20 € bc – Menu 27/80 € – Carte 41/80 €

◆ Des murs ocre et une terrasse au bord de l'Orb : ce restaurant occupe l'ancienne maison du gardien du pont (1800). Généreuse cuisine méridionale, concoctée avec de bons produits.

SÉRIGNAN-DU-COMTAT – 84 Vaucluse – 332 C8 – rattaché à Orange

SERMAIZE-DU-BAS – 71 Saône-et-Loire – 320 F11 – rattaché à Paray-le-Monial

SERMERSHEIM – 67 Bas-Rhin – 315 J6 – 798 h. – alt. 160 m – ✉ 67230 2 C1

Paris 506 – Lahr/Schwarzwald 41 – Obernai 21 – Sélestat 14

Au Relais de l'Ill sans rest

11 r. des Remparts – ✆ 03 88 74 31 28 – www.hotel-au-relais-de-lill.fr – Fermé 24 déc.-5 janv.

22 ch – †55/65 € ††65/75 € – ☕ 8 €

◆ À l'entrée du village et près de la voie rapide (qui se fait vite oublier), cet hôtel familial aux abords fleuris dispose de chambres spacieuses et bien tenues. Accueil chaleureux.

SERRE-CHEVALIER – 05 Hautes-Alpes – 334 H3 – alt. 2 483 m 41 C1

– Sports d'hiver : 1 200/2 800 m 9 67 – ✉ 05330 Alpes du Sud

Paris 678 – Briançon 7 – Gap 95 – Grenoble 110

Chantemerle, ✆ 04 92 24 98 98, www.serre-chevalier.com

✳★★.

à Chantemerle – alt. 1 350 m – ✉ 05330 St Chaffrey

Col de Granon ✳★★ N : 12 km.

Les Marmottes

22 r. du Centre – ✆ 04 92 24 11 17 – www.chalet-marmottes.com

5 ch ☕ – †61/101 € ††80/135 € **Table d'hôte** – Menu 23 € bc

◆ Il fait bon hiberner dans cette vieille grange convertie en maison d'hôtes : salon au coin du feu et douillettes chambres personnalisées, tournées vers les sommets alentour. Cuisine familiale bien faite (menu unique changé chaque jour) sur la grande table en bois.

à Villeneuve-la-Salle – ✉ 05240 La Salle les Alpes

Eglise St-Marcellin★ de La-Salle-les-Alpes.

Christiania

rest,

23 rte de Briançon – ✆ 04 92 24 76 33 – www.le-christiania.com – Ouvert de mi-juin à mi-sept. et de mi-déc. à mi-avril

26 ch ☕ – †115/120 € ††125/130 € – ½ P 84/95 €

Rest (*dîner seult*) – Menu 23/29 € – Carte 36/45 €

◆ Au bord d'un torrent, sympathique hôtel familial : aujourd'hui la 3ᵉ génération aux commandes, et toujours le même respect des clients. Jolies chambres montagnardes ou plus classiques, espace bien-être. Restaurant au cadre alpin (vieux objets), cuisine du terroir.

Le Mont Thabor sans rest

1 bis chemin Envers – ✆ 04 92 24 74 41 – www.mont-thabor.com – Ouvert 2 déc.-25 avril et 7 juin-7 sept.

27 ch ☕ – †85/150 € ††95/185 €

◆ Sur la route principale du village, hôtel récent et fonctionnel, au sobre décor d'inspiration montagnarde, sans le charme de l'ancien, mais très propre. Sauna, hammam et jacuzzi.

au Monêtier-les-Bains – **1 057 h.** – **alt. 1 480 m** – ✉ **05220**

L'Auberge du Choucas

17 r. de la Fruitière – ✆ 04 92 24 42 73 – www.aubergeduchoucas.com – Fermé 2-26 mai et 4 nov.-7 déc.

12 ch – †80/220 € ††100/280 € – ☐ 17 € – ½ P 100/190 €

Rest ***L'Auberge du Choucas*** – voir les restaurants ci-après

◆ Authentique et raffinée, mêlant charme typiquement alpin et esprit douillet, cette Auberge ne manque pas de caractère. On y accède par de petites ruelles étroites : seuls les choucas arrivent par les airs !

Alliey

11 r. Ecole – ✆ 04 92 24 40 02 – www.alliey.com – Ouvert de mi-juin à mi-sept. et de mi-déc. à fin avril

22 ch – †88/129 € ††88/129 € – ☐ 15 € – ½ P 88/127 €

Rest ***Maison Alliey*** – voir les restaurants ci-après

◆ Cette maison de village ? Une étape charmante et une atmosphère vraiment chaleureuse – omniprésence du bois, chambres d'esprit montagne (dont certaines très contemporaines) et bel espace balnéo.

L'Auberge du Choucas – L'Auberge du Choucas

17 r. de la Fruitière – ✆ 04 92 24 42 73 – www.aubergeduchoucas.com – Fermé 16 avril-31 mai, 15 oct.-19 déc. et le midi du lundi au jeudi sauf juil.-août

Rest – Menu 29/79 € – Carte 53/100 €

◆ Une belle salle voûtée où crépite un feu... C'est charmant ! Côté papilles, on se régale d'une jolie cuisine traditionnelle réalisée avec de bons produits des montagnes, ainsi que de plats plus sophistiqués et dans l'air du temps.

La Table du Chazal

Les Guibertes, 2,5 km au Sud-Est par rte de Briançon – ✆ 04 92 24 45 54 – Fermé 2 sem. en mai, 1 sem. en juin, 15 nov.-15 déc., le midi sauf dim., dim. soir et merc. hors saison, lundi et mardi

Rest *(réserver)* – Menu 29/49 €

◆ Une table chaleureuse dont le décor mêle épure et zen avec élégance. Saint-Jacques et leur réduction de bière d'hiver, croustillant de lapin à la tapenade, soufflé à l'orange... le chef aime son métier et cela se sent !

Maison Alliey – Hôtel Alliey

11 r. Ecole – ✆ 04 92 24 40 02 – www.alliey.com – Ouvert de mi-juin à mi-sept. et de mi-déc. à fin avril

Rest *(dîner seult)* – Menu 34 € (sem.) – Carte 33/42 €

◆ Soupe glacée, fumaisons maison, marmite de cochon, clafoutis de légumes de saison... Une cuisine du moment dans un joli restaurant où pierre et bois se marient subtilement.

SERRIÈRES – 07 Ardèche – 331 K2 – 1 145 h. – alt. 140 m – ✉ 07340 43 E2

Lyon Drôme Ardèche

▶ Paris 514 – Annonay 16 – Privas 91 – St-Étienne 55

ℹ 83 quai Jule Roche, ✆ 04 75 34 06 01

Schaeffer avec ch

D 86 – ✆ 04 75 34 00 07 – www.hotel-schaeffer.com – Fermé 2-17 août, 1er-9 nov., 2-17 janv., sam. midi, dim. soir et lundi

15 ch – †60/65 € ††70/90 € – ☐ 12 €

Rest – Formule 24 € – Menu 35/95 € – Carte 55/65 €

◆ Face au pont à haubans qui enjambe le Rhône, un restaurant bourgeois qui propose une cuisine très classique. Belle carte de côtes-du-rhône. Chambres fonctionnelles pour l'étape.

SERVON – 50 Manche – 303 D8 – 271 h. – alt. 25 m – ✉ 50170 32 A3

▶ Paris 352 – Avranches 15 – Dol-de-Bretagne 30 – St-Lô 72

XX **Auberge du Terroir** avec ch

Le Bourg – 02 33 60 17 92 – www.aubergeduterroirservon.fr – Fermé 25-30 juin, 18 nov.-10 déc., 1er-14 mars, jeudi midi, sam. midi et merc.

6 ch – 55/69 € 65/70 € – 10 € – ½ P 70/74 €

Rest *(réserver)* – Menu 19/45 € – Carte 35/55 €

◆ L'ancienne école de filles et l'ex-presbytère de Servon (fin 18es.) prêtent désormais leurs murs à cette charmante auberge champêtre, où l'on se régale d'une cuisine traditionnelle bien gourmande. Pour l'étape, chambres coquettes et champêtres.

SERVOZ – 74 Haute-Savoie – 328 N5 – 917 h. – alt. 816 m – 74310 46 F1

Alpes du Nord

Paris 598 – Annecy 85 – Bonneville 43 – Chamonix-Mont-Blanc 14

Le Bouchet, 04 50 47 21 68, www.servoz.com

X **Les Gorges de la Diosaz** avec ch

Le Bouchet, (Sous le Roc) – 04 50 47 20 97 – www.hoteldesgorges.com – Fermé 1er-10 juin,13 nov.-9 déc., dim. soir et lundi

6 ch – 65/75 € 65/75 € – 9 €

Rest – Formule 20 € – Menu 29/39 € – Carte 34/58 €

◆ Sur la route menant aux gorges de la Diosaz, un chalet typique avec ses belles boiseries montagnardes. On vient ici pour la généreuse et savoureuse cuisine du chef, respectueuse des saisons et rehaussée de touches régionales, mais on peut aussi faire étape dans l'une des chambres, coquettes et plaisantes.

SESSENHEIM – 67 Bas-Rhin – 315 L4 – 2 054 h. – alt. 120 m – 67770 1 B1

Alsace Lorraine

Paris 497 – Haguenau 18 – Strasbourg 39 – Wissembourg 44

XX **Au Boeuf**

1 r. Église – 03 88 86 97 14 – www.auberge-au-boeuf.com – Fermé lundi et mardi

Rest – Formule 18 € bc – Menu 28 € (sem.), 48/59 € – Carte 40/62 €

◆ Des bancs d'église du 18es. agrémentent l'une des chaleureuses salles de cette belle maison alsacienne. Petit musée dédié à Goethe et fine cuisine pleine de personnalité.

SÈTE – 34 Hérault – 339 H8 – 42 786 h. – alt. 4 m – Casino – 34200 23 C2

Languedoc Roussillon

Paris 787 – Béziers 48 – Lodève 63 – Montpellier 35

60, Grand'Rue Mario Roustan, 04 99 04 71 71, www.ot-sete.fr

Mont St-Clair★ : terrasse du presbytère de la chapelle N.-D. de la Salette ★★ AZ - Le Vieux Port★ - Cimetière marin★.

Plan page suivante

Le Grand Hôtel

17 quai Mar. de Lattre de Tassigny – 04 67 74 71 77 – www.legrandhotelsete.com – Fermé 21 déc.-1er janv. AYt

42 ch – 85/140 € 85/140 € – 1 suite – 11 €

Rest Quai 17 *04 67 74 71 91 (fermé 15-31 juil., sam. midi et dim.)* – Formule 19 € – Menu 27/47 € – Carte 33/63 €

◆ Près de la maison natale de Brassens et face au canal, un élégant hôtel (1882) de style Belle Époque. Chambres raffinées mêlant ancien et moderne, joli patio sous verrière. Cuisine actuelle au restaurant décoré de fresques retraçant l'histoire maritime sétoise.

Port Marine

Môle St-Louis – 04 67 74 92 34 – www.hotel-port-marine.com AZd

46 ch – 75/121 € 75/121 € – 6 suites – 11 € – ½ P 70/95 €

Rest – Formule 15 € – Menu 27 € – Carte 30/49 €

◆ Architecture moderne face au môle St-Louis d'où L'Exodus prit la mer en 1947. Chambres fonctionnelles au mobilier de style bateau. Solarium sur le toit. Cuisine traditionnelle servie au restaurant ou sur la terrasse avec vue sur la Grande Bleue.

Orque Bleue sans rest

10 quai Aspirant-Herber – 04 67 74 72 13 – www.hotel-orquebleue-sete.com – Fermé janv. BZe

30 ch – 70/140 € 70/140 € – 9 €

◆ Sur les quais, bel immeuble en pierre avec des balcons en fer forgé. Chambres confortables à choisir au calme côté patio ou côté canal pour découvrir les joutes sétoises !

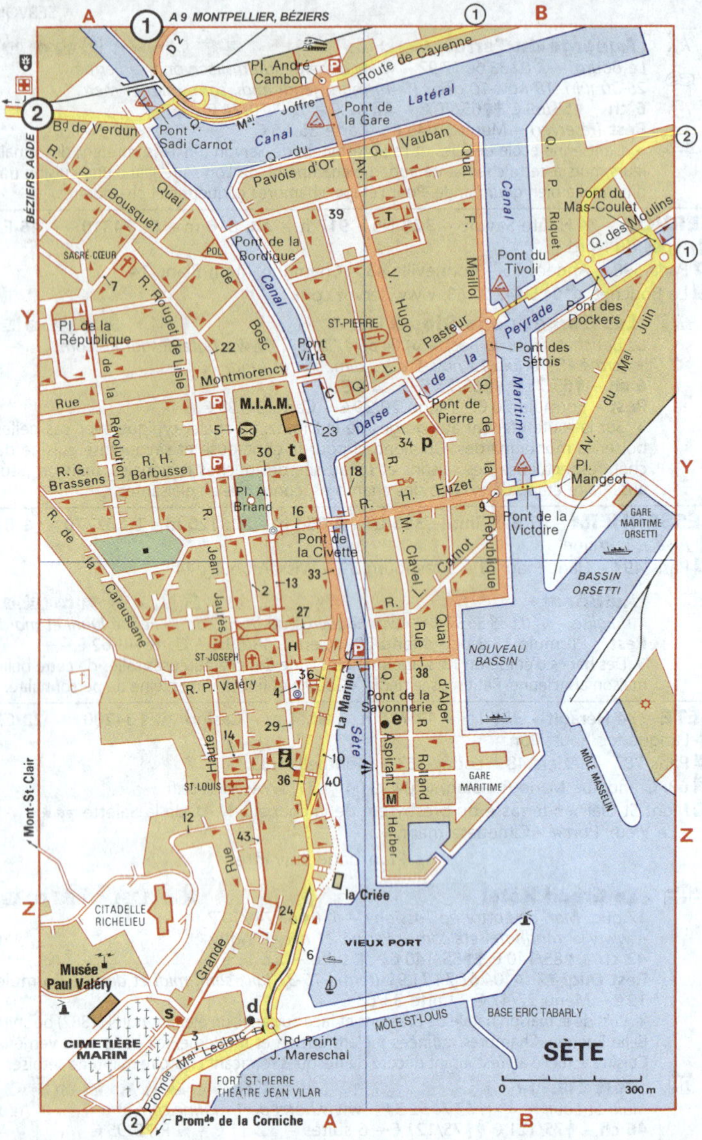

Alsace-Lorraine (R. d') . . . . . . AZ 2
Arabes (Rampe des) . . . . . . AZ 3
Blum (Pl. Léon) . . . . . . AZ 4
Casanova (Bd D.) . . . . . . AY 5
Consigne (Quai de la) . . . . . . AZ 6
Danton (R.) . . . . . . AY 7
Delille (Pl.) . . . . . . BY 9
Durand (Quai Gén.) . . . . . . AZ 10
Euzet (R. H.) . . . . . . BY
Franklin (R.) . . . . . . AZ 12
Gambetta (R.) . . . . . . AZ 13
Garenne (R.) . . . . . . AZ 14
Gaulle (R. Général-de) . . . . . . AY 16
Guignon (Quai N.) . . . . . . AY 18
Jardins (R. des) . . . . . . AY 22
Lattre-de-Tassigny (Quai Mar.-de) . . . . . . AY 23
Marty (Prom. J.-B.) . . . . . . AZ 24
Mistral (R. F.) . . . . . . AZ 27
Palais (R. du) . . . . . . AZ 29
Péri (R. G.) . . . . . . AY 30
Résistance (Quai de la) . . . . . . AZ 33
Rhin-et-Danube (Quai) . . . . . . BY 34
Roustan (Gd-R.-Mario) . . . . . . AZ 36
Savonnerie (R. de la) . . . . . . BZ 38
Stalingrad (Pl.) . . . . . . AY 39
Valéry (Rampe P.) . . . . . . AZ 40
Villaret-Joyeuse (R.) . . . . . . AZ 43

La Coquerie (Anne Majourel)

1 chemin du Cimetière Marin, (2 r. Jean-Villar) – 06 47 06 71 38 – www.annemajourel.fr – Fermé déc., fév., merc. soir, jeudi soir, dim. soir, lundi, mardi d'oct. à mai et le midi de juin à sept. AZs

Rest *(nombre de couverts limité, réserver) (menu unique)* – Formule 36 € – Menu 55 €

Spéc. Cuisine du marché.

◆ Une petite maison chic et contemporaine, avec la Méditerranée pour horizon… Tel est le nouveau repaire d'Anne Majourel, qui prend toujours plaisir à nous régaler d'une cuisine délicate et savoureuse – en lien direct avec le marché et la criée. Que de parfums !

Le Petit Bistrot

14 rte de la Corniche-de-Neubourg – 04 99 02 43 89 – Ouvert 1er mai-30 sept. et fermé dim. soir et lundi

Rest – Menu 17 € – Carte 26/82 €

◆ Un bistrot d'aujourd'hui, simple et dépouillé, où les habitués aiment à se retrouver autour d'un patron plein de verve et de petits plats traditionnels renouvelés chaque jour... Une bonne petite cantine, à prix doux !

Paris Méditerranée

47 r. Pierre-Semard – 04 67 74 97 73 – Fermé 1er-15 juil., 1 sem. en fév., sam. midi, dim. et lundi BYp

Rest – Formule 25 € – Menu 30/45 €

◆ Une enseigne à la Brassens et un décor hors des conventions, dû à la patronne, formée aux Beaux-Arts... Son époux signe une cuisine gourmande et inventive ! Décalé et séduisant.

SEVENANS – 90 Territoire de Belfort – 315 F11 – rattaché à Belfort

SÉVÉRAC-LE-CHÂTEAU – 12 Aveyron – 338 K5 – 2 395 h. – alt. 735 m – ✉ 12150 Languedoc Roussillon 29 D1

Paris 605 – Espalion 46 – Florac 74 – Mende 64

5, rue des Douves, 05 65 47 67 31, www.aveyron-tourisme.fr

Des Causses

38 av. Aristide Briand – 05 65 70 23 00 – www.hotel-causses.com – Fermé 15 janv.-6 fév., 25 nov.-3 déc., dim. soir et lundi

Rest – Menu 14 € (sem.), 25/38 € – Carte 18/58 €

◆ Cheminée, poutres... Dans cet agréable restaurant rustique, le chef travaille des produits du marché et concocte des plats copieux qui fleurent bon le terroir et la tradition. Aux beaux jours, installez-vous sur la terrasse ombragée !

SÉVRIER – 74 Haute-Savoie – 328 J5 – rattaché à Annecy

SEYNE – 04 Alpes-de-Haute-Provence – 334 G6 – 1 431 h. – alt. 1 200 m – ✉ 04140 Alpes du Sud 41 C2

Paris 719 – Barcelonnette 43 – Digne-les-Bains 43 – Gap 54

place d'Armes, 04 92 35 11 00, www.valleedelablanche.com

Col du Fanget ★ SO : 5 km.

à Selonnet 4 km au Nord-Ouest par D 900 – 430 h. – alt. 1 060 m – Sports d'hiver : 1 500/2 050 m 12 – ✉ 04140

Relais de la Forge

– 04 92 35 16 98 – www.relaisdelaforge.fr – Fermé 16-24 avril, 11 nov.-20 déc., dim. soir et lundi hors vacances scolaires

14 ch – †45/60 € ††52/66 € – ☕ 9 € – ½ P 48/57 €

Rest – Menu 17/30 € – Carte 22/40 €

◆ Bâti sur le site d'une ancienne forge, cet hôtel familial, aux chambres simples et bien tenues, comprend un espace sauna et une piscine couverte (toit amovible). Restaurant de style rustique, avec une cheminée ; le chef concocte une généreuse cuisine traditionnelle.

LA SEYNE-SUR-MER – 83 Var – 340 K7 – 59 999 h. – alt. 3 m — 40 B3
– ✉ 83500 Côte d'Azur

Paris 830 – Aix-en-Provence 81 – La Ciotat 32 – Marseille 60

corniche Georges Pompidou, ✆ 04 98 00 25 70, www.ot-la-seyne-sur-mer.fr

≤★ de la terrasse du fort Balaguier E : 3 km.

Kyriad Prestige sans rest

1 quai du 19-Mars-1962 – ✆ 04 94 05 34 00 – www.hotel-kyriad-prestige-toulon-lssm.com — AVk

93 ch – †75/295 € ††75/295 € – 1 suite – ☕ 13 €

◆ Face au port se dresse cet hôtel tout neuf, ancré dans la modernité. Intérieur chaleureux, décoré sur le thème des bateaux. Chambres très confortables, toutes avec terrasse.

à Fabrégas 4 km au Sud par rte de St-Mandrier et rte secondaire
– ✉ 83500 La Seyne sur Mer

Chez Daniel et Julia "rest. du Rivage"

– ✆ 04 94 94 85 13 – Fermé nov., dim. soir et lundi hors saison et sauf fériés

Rest – Menu 40/52 € – Carte 53/80 €

◆ Au bout du monde... et au cœur du Midi ! Dans une crique isolée, cette table familiale digne de Pagnol propose une savoureuse cuisine axée sur la marée et, en saison, la truffe.

SÉZANNE – 51 Marne – 306 E10 – 5 187 h. – alt. 137 m – ✉ 51120 — 13 B2
Champagne Ardenne

Paris 116 – Châlons-en-Champagne 59 – Meaux 78 – Melun 89

place de la République, ✆ 03 26 80 51 43, www.sezanne-tourisme.fr

Le Relais Champenois

157 r. Notre-Dame – ✆ 03 26 80 58 03 – www.relaischampenois.com – Fermé 15-31 août, 22 déc.-5 janv. et dim. soir

19 ch – †40 € ††48/85 € – ☕ 10 € – ½ P 69/85 €

Rest *Le Relais Champenois* – voir les restaurants ci-après

◆ De relais de poste, cet établissement est devenu auberge de campagne – et joliment fleurie ! Les chambres sont fraîches et bien meublées ; sous les combles, elles sont climatisées. Pour plus de calme, demandez l'annexe.

Le Relais Champenois

157 r. Notre-Dame – ✆ 03 26 80 58 03 – www.relaischampenois.com – Fermé 15-31 août, 22 déc.-5 janv. et dim. soir

Rest – Formule 18 € – Menu 23/55 € – Carte 35/68 €

◆ Gourmande et rustique, c'est ainsi qu'on découvre la Champagne dans ce Relais. Filets de rouget au ratafia, andouillette de Troyes à la moutarde, gratin de fruits au sabayon de champagne : le chef défend la tradition régionale.

à Mondement-Montgivroux 12 km par D 951 et D 439 – 46 h. – alt. 188 m
– ✉ 51120

Domaine de Montgivroux sans rest

– ✆ 03 26 42 06 93 – www.audomainedemontgivroux.com

21 ch – †60/100 € ††80/230 € – 3 suites – ☕ 11 €

◆ Les magifiques bâtiments de cette ancienne ferme champenoise (17e s.) en imposent. Et il faut bien avouer que tout ici a fière allure : la cour pavée, la jolie piscine, les jardins... Spacieux et reposant, à proximité des domaines viticoles.

SIERCK-LES-BAINS – 57 Moselle – 307 J2 – 1 727 h. – alt. 147 m — 27 C1
– ✉ 57480 Alsace Lorraine

Paris 355 – Luxembourg 40 – Metz 46 – Thionville 17

3 place Jean de Morbach, ✆ 03 82 83 74 14, www.otsierck.com

≤★ du château fort.

à Montenach 3,5 km au Sud-Est sur D 956 – 443 h. – alt. 200 m – ✉ 57480

XX **Auberge de la Klauss**

1 rte de Kirschnaumen – ✆ 03 82 83 72 38 – www.auberge-de-la-klauss.com – Fermé 24 déc.-7 janv. et lundi

Rest – Menu 17/55 € – Carte 39/70 €

◆ Un délicieux petit coin de campagne ! Dans cette ferme du 19ᵉs., palmipèdes et cochons s'ébattent en plein air... avant de finir en cochonailles, foie gras, magret, etc. Une cuisine du terroir que l'on retrouve dans la boutique attenante.

à Manderen 7 km à l'Est par D 654 et D 64 – 413 h. – alt. 290 m – ✉ 57480

Relais du Château Mensberg

15 r. du Château – ✆ 03 82 83 73 16 – www.relais-mensberg.com – Fermé 26 déc.-13 janv.

13 ch – †45/52 € ††55/62 € – ½ P 61 €

Rest ***Relais du Château Mensberg*** – voir les restaurants ci-après

◆ Cette ancienne ferme monte la garde au pied du château fort de Malbrouck (15ᵉs.). Pour une visite ou une étape gourmande à la découverte des spécialités lorraines, ses petites chambres s'avèrent bien pratiques.

XX **Relais du Château Mensberg**

15 r. du Château – ✆ 03 82 83 73 16 – www.relais-mensberg.com – Fermé 26 déc.-13 janv., lundi midi et mardi

Rest – Menu 16 € (déj. en sem.), 26/60 € – Carte 25/52 €

◆ D'emblée, le ton est donné : une salle à manger rustique où trône une cheminée, cadre idéal pour s'adonner aux délices du terroir. Parmi les spécialités, la côte de bœuf et le foie gras de canard. La tradition a du bon.

SIERENTZ – 68 Haut-Rhin – 315 I11 – 2 686 h. – alt. 270 m – ✉ 68510 — 1 A3

Paris 487 – Altkirch 19 – Basel 18 – Belfort 65

1 place du Gén de Gaulle, mairie, ✆ 03 89 81 51 11, www.mairie-sierentz.fr

XXX **Auberge St-Laurent** (Marco et Laurent Arbeit) avec ch

1 r. Fontaine – ✆ 03 89 81 52 81 – www.auberge-saintlaurent.fr – Fermé 9-24 juil., 17-26 sept., 21-29 janv., 18-28 fév., lundi et mardi

10 ch – †100/140 € ††120/180 € – 13 € – ½ P 105/135 €

Rest – Formule 28 € – Menu 36/85 € – Carte 61/99 €

Spéc. Foie gras de canard, gelée de fruits de saison et confiture de choucroute. Mijoté de ris de veau, d'écrevisses et d'escargots, raviole de foie gras. Soufflé chaud au Grand Marnier. **Vins** Riesling, Sylvaner.

◆ Ce relais de poste du 18ᵉs. est une institution locale, authentique et élégante. Aux fourneaux, père et fils composent une cuisine harmonieuse et fine, aux saveurs bien équilibrées. Du travail d'orfèvre... non, de chef ! Et pour prolonger l'étape, les chambres sont mignonnes et douillettes.

SIGNY-L'ABBAYE – 08 Ardennes – 306 I4 – 1 362 h. – alt. 240 m — 13 B1 – ✉ 08460 Champagne Ardenne

Paris 208 – Charleville-Mézières 31 – Hirson 41 – Laon 74

cour Rogelet, ✆ 03 24 53 10 10, www.sud-ardennes-tourisme.com

X **Auberge de l'Abbaye** avec ch

2 pl. Aristide Briand – ✆ 03 24 52 81 27 – www.auberge-de-labbaye.com – Fermé 23 janv.-5 mars

7 ch – †46 € ††56/60 € – 8 € – ½ P 48/51 €

Rest *(fermé merc. midi)* – Formule 11 € – Menu 14/30 € – Carte 25/34 €

◆ Dans cet ancien relais de poste, la même famille cultive la tradition depuis 1803. Viandes et légumes bio viennent directement de la ferme, de quoi se régaler de fondue vigneronne, tartine au maroilles, tripes au jus de pommes... Les chambres, simples et agréables, permettent de profiter de la campagne.

SIGNY-LE-PETIT – 08 Ardennes – 306 H3 – 1 299 h. – alt. 238 m — 13 B1 – ✉ 08380

Paris 228 – Châlons-en-Champagne 168 – Charleville-Mézières 37 – Hirson 15

1 place de l'Église, ✆ 03 24 53 55 44

Au Lion d'Or ch, ch, VISA AE

pl. de l'Église – 03 24 53 51 76 – www.lahulotte-auliondor.fr – Fermé 1er-15 août, 21 déc.-13 janv. et dim.

18 ch – 69 € 85 € – 10 € – ½ P 64/70 €

Rest *(fermé dim. sauf le midi de mars à fin sept., mardi midi, merc. midi et sam. midi) (réserver)* – Formule 15 € – Menu 20/60 € bc – Carte 23/50 €

◆ Un ancien relais de poste, face à l'église de Signy. Les chambres, réparties entre la bâtisse principale et une dépendance, sont classiques et bien tenues, avec un petit côté rustique que l'on retrouve aussi au restaurant. Chouette (l'emblème de la maison), on est tout près de la forêt !

SILLÉ-LE-GUILLAUME – 72 Sarthe – 310 I5 – 2 359 h. – alt. 161 m – 72140 Normandie Cotentin — 35 C1

Paris 230 – Alençon 39 – Laval 55 – Le Mans 35

place de la Résistance, 02 43 20 10 32, www.tourisme.sille-le-guillaume.fr

Le Bretagne avec ch rest, VISA

pl. Croix-d'Or – 02 43 20 10 10 – www.hotelsarthe.com – Fermé 26 juil.-12 août, vend. soir, sam. midi et dim. soir

15 ch – 62 € 67 € – 8 € – ½ P 62 €

Rest – Menu 17 € (sem.), 28/50 € – Carte 55/68 €

◆ Entre Normandie, Maine et Bretagne, ce relais de diligences du 19es. perpétue une longue tradition d'étape. La table est un vrai argument pour y faire une halte, car le chef mitonne de jolies assiettes, tout en fraîcheur et saveurs ! Et l'on peut retenir l'une des chambres – traditionnelles – pour la nuit...

SILLERY – 51 Marne – 306 G7 – rattaché à Reims

SIMORRE – 32 Gers – 336 G9 – 654 h. – alt. 200 m – 32420 Midi Toulousain — 28 B2

Paris 749 – Auch 34 – Tarbes 76 – Toulouse 77

rue de la Mairie, 05 62 65 36 34, www.simorre.com

Les Rendez-vous d'Eole A/C VISA AE

lieu-dit Burgelles, 2,5 km à l'Est par D 129 et rte secondaire – 05 62 06 28 24 – rendezvousdeole.canalblog.com – Fermé 4-12 avril, 5-13 sept., 14-29 nov., 2-12 janv., dim. soir, merc. et jeudi du 1er nov. au 14 avril, lundi et mardi

Rest – Menu 30/40 € – Carte 44/56 €

◆ Une jolie propriété en pleine nature, sous l'égide des vents. Ambiance champêtre et produits de qualité (canard, foie gras, brebis fermier), mis en valeur avec générosité.

SION-SUR-L'OCÉAN – 85 Vendée – 316 E7 – rattaché à St-Gilles-Croix-de-Vie

SIORAC-EN-PÉRIGORD – 24 Dordogne – 329 G7 – 1 005 h. – alt. 77 m – 24170 Périgord Quercy — 4 C3

Paris 548 – Sarlat-la-Canéda 29 – Bergerac 45 – Brive-la-Gaillarde 73

place de Siorac, 05 53 31 63 51

18 de Lolivarie, S : 5km par D 51, 05 53 30 22 69

Relais du Périgord Noir ch, A/C ch, rest, VISA

pl. de la Poste – 05 53 31 60 02 – www.relais-perigord-noir.fr – Ouvert 20 avril-30 sept.

43 ch – 78/98 € 78/98 € – 10 € – ½ P 68/75 €

Rest *(fermé le midi) (résidents seult)* – Menu 29 € – Carte 50/60 €

◆ Une beau relais de poste du 19e s. aux chambres fonctionnelles (adaptés aux handicaps). Pour s'occuper, le dilemme est cornélien : jouer au billard ou aller nager ? Les résidents peuvent découvrir la cuisine périgourdine sous la véranda.

SISTERON – 04 Alpes-de-Haute-Provence – 334 D7 – 7 326 h. – alt. 490 m – 04200 Alpes du Sud — 40 B2

Paris 704 – Barcelonnette 100 – Digne-les-Bains 40 – Gap 52

1, place de la République, 04 92 61 36 50, www.sisteron.fr

Vieux Sisteron★ - Site★★ - Citadelle★ : ★ - Cathédrale Notre-Dame-des-Pommiers★.

Grand Hôtel du Cours

pl. de l'Église – ✆ 04 92 61 04 51 – www.hotel-lecours.com – Ouvert 1er mars-5 nov.
45 ch – †70/80 € ††80/95 € – 5 suites – ☕ 12 € – ½ P 67/77 €
Rest – ✆ 04 92 61 00 50 *(ouvert 1er mars-10 déc.)* – Formule 15 € – Menu 27/35 € – Carte 33/50 €
◆ Tenu par la même famille depuis 1932, cet hôtel se trouve en plein centre historique, près des tours d'enceinte du 14e s. Chambres plus spacieuses et calmes sur l'arrière. Cuisine traditionnelle copieuse et savoureuse, avec en vedette l'agneau de Sisteron.

SIZUN – 29 Finistère – 308 G4 – 2 216 h. – alt. 112 m – ✉ 29450 Bretagne 9 B2

Paris 572 – Brest 37 – Châteaulin 36 – Landerneau 16
3, rue de l'Argoat, ✆ 02 98 68 88 40
Enclos paroissial★ - Bannières★ dans l'église de Locmélar N : 5 km.

Les Voyageurs

2 r. Argoat – ✆ 02 98 68 80 35 – www.hotelvoyageur.fr – Fermé 8 sept.-1er oct., vend. soir, dim. soir et sam. d'oct. à juin
22 ch – †53 € ††56/58 € – ☕ 9 € – ½ P 53/55 €
Rest – Formule 11 € – Menu 14 € (sem.), 18/27 € – Carte 9/28 €
◆ Hôtel familial voisin de l'enclos paroissial du village. Les chambres, simples et bien tenues, bénéficient de plus d'ampleur dans le bâtiment principal. Menus traditionnels à prix sages servis près de la cheminée, dans une salle à manger au décor classique.

SOCHAUX – 25 Doubs – 321 L1 – 4 212 h. – alt. 310 m – ✉ 25600 17 C1

Franche-Comté Jura
Paris 478 – Audincourt 5 – Belfort 18 – Besançon 77
Musée de l'Aventure Peugeot★★ AX.

Voir plan de Montbéliard agglomération.

Arianis

11 av. du Gén. Leclerc – ✆ 03 81 32 17 17 – www.hotelrestaurantarianis.com
62 ch – †72/77 € ††72/77 € – 3 suites – ☕ 9 € Xu
Rest *(fermé dim. soir et sam.)* – Formule 17 € – Menu 34/60 € – Carte 45/76 €
Rest *Brasserie de l'Arianis* *(fermé dim. soir et sam.)* – Formule 15 € – Menu 17 € bc – Carte 25/48 €
◆ À côté du musée Peugeot, cet hôtel des années 1990 dispose de chambres confortables, actuelles et bien équipées. Petit-déjeuner sous forme de buffet. Au restaurant, grande salle classique (vivier à homard) et cuisine traditionnelle. Formule brasserie dans la jolie véranda ou sur la terrasse, en toute sérénité.

à Étupes 3 km par ③ et D 463 – 3 428 h. – alt. 337 m – ✉ 25460

Au Fil des Saisons

3 r. de la Libération – ✆ 03 81 94 17 12 – www.aufildessaisons.eu – Fermé 30 juil.-23 août, 25 déc.-6 janv., sam. midi, dim., lundi et fériés
Rest – Menu 27/37 € – Carte 36/53 €
◆ Comme son nom le laisse deviner, ce restaurant familial propose une cuisine évoluant au fil des saisons mais aussi... de l'eau (bon choix de poissons). Plaisante salle épurée.

SOCOA – 64 Pyrénées-Atlantiques – 342 B2 – rattaché à St-Jean-de-Luz

---

SOCX – 59 Nord – 302 C2 – 979 h. – alt. 24 m – ✉ 59380 30 B1

Paris 287 – Lille 64 – Calais 52 – Dunkerque 20

Au Steger

27 rte de St-Omer – ✆ 03 28 68 20 49 – www.restaurant-lesteger.com – Fermé 1er-20 août et le soir sauf sam.
Rest – Formule 13 € – Menu 16 € (sem.), 25/34 € – Carte 26/46 €
◆ De génération en génération, cette table s'est forgée une belle réputation dans la région. Le chef est passionné par le vin et les terroirs, et il aime partager ses découvertes...

SOISSONS – 02 Aisne – **306** B6 – 28 523 h. – alt. 47 m – ✉ 02200 **37** C2

Nord Pas-de-Calais Picardie

Paris 102 – Compiègne 39 – Laon 37 – Reims 59

16, place Fernand Marquigny, ✆ 03 23 53 17 37, www.tourisme-soissons.fr

Anc. Abbaye de St-Jean-des-Vignes ★★ - Cathédrale St-Gervais-et-St-Protais ★★.

SOISSONS

Arquebuse (R. de l')	BZ	2
Château-Thierry (Av.)	BZ	4
Collège (R. du)	AY	5
Commerce (R. du)	BY	6
Compiègne (Av.)	AY	8
Desmoulins (Bd C.)	ABZ	12
Gambetta (Bd L.)	BY	14
Intendance (R. de l')	BY	15
Leclerc (Av. Gén.)	BZ	22
Marquigny (Pl. F.)	BY	23
Paix (R. de la)	BY	24
Panleu (R. de)	AY	25
Prés.-Kennedy (Av.)	AZ	26
Quinquet (R.)	ABY	28
Racine (R.)	BZ	29
République (Pl. de la)	BZ	30
St-Antoine (R.)	BY	31
St-Christophe (Pl.)	AY	32
St-Christophe (R.)	AY	33
St-Jean (R.)	AZ	34
St-Martin (R.)	BY	35
St-Quentin (R.)	BY	36
St-Rémy (R.)	AY	37
Strasbourg (Bd de)	BY	38
Villeneuve (R. de)	BZ	39

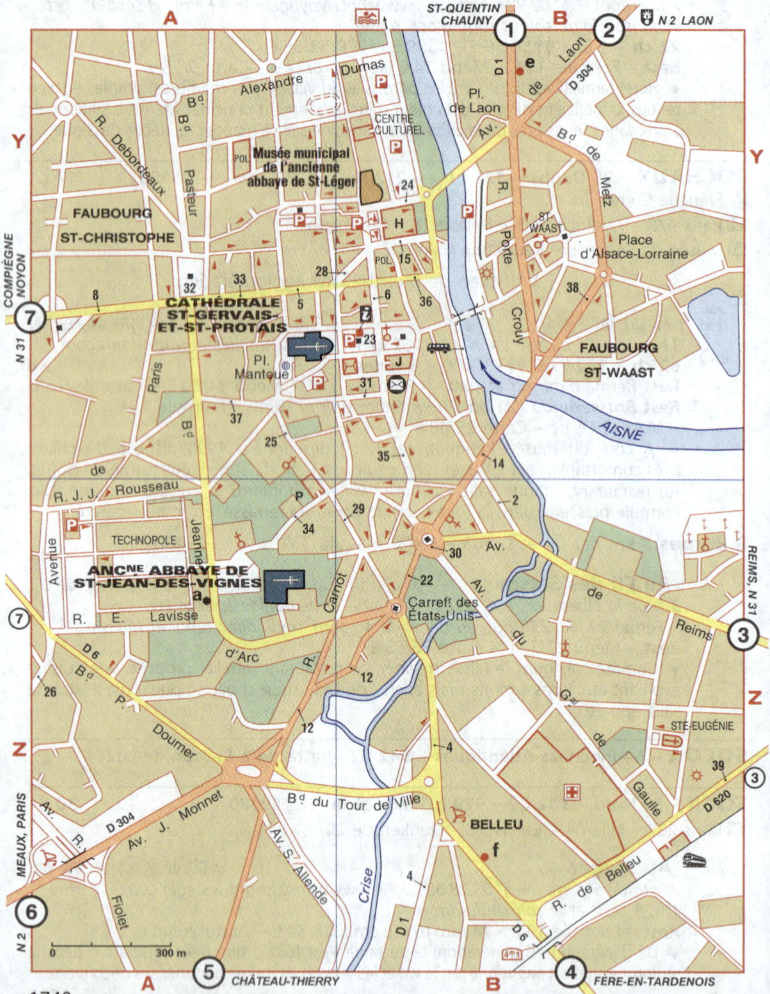

Des Francs

62 bd Jeanne-d'Arc – ✆ 03 60 71 40 00 – www.hoteldesfrancs.fr AZa
70 ch – †98/165 € ††98/165 € – ☕ 13 € – ½ P 94/100 €
Rest – Formule 17 € – Menu 23 € (déj. en sem.), 33/43 € – Carte 37/50 €
◆ Inauguré fin 2010 sur les hauteurs de Soissons, face à l'ancienne abbaye de St-Jean-des-Vignes, il allie démarche écologique (normes HQE), décor contemporain et bons équipements – dont une brasserie chic. Une nouvelle étape originale et tout à fait séduisante.

L'Assiette Gourmande

16 av. de Coucy – ✆ 03 23 93 47 78 – www.agourmande.fr – Fermé sam. midi, dim. soir et lundi BYe
Rest – Menu 15 € (déj. en sem.), 31/52 € – Carte 43/63 €
◆ Cette adresse a conquis sans mal le cœur des Soissonais grâce à son décor élégant, son ambiance feutrée et douce, et sa goûteuse cuisine de tradition revisitée.

à Belleu **3 km au Sud par D 1 et D 690 – 3 907 h. – alt. 55 m – ✉ 02200**

Le Grenadin

19 rte de Fère-en-Tardenois – ✆ 03 23 73 20 57 – Fermé 1er-15 janv., dim. soir, lundi et fériés BZf
Rest – Formule 14 € – Menu 25/45 € – Carte 18/50 €
◆ Perché sur la façade, un angelot veille sur cette sympathique maison régionale. Cuisine traditionnelle soignée variant avec les saisons. L'été, on se régale au jardin.

SOLAIZE – 69 Rhône – 327 I6 – 2 732 h. – alt. 232 m – ✉ 69360 44 B2

Paris 472 – Lyon 17 – Rive-de-Gier 25 – La Tour-du-Pin 58

Soleil et Jardin

44 r. de la République – ✆ 04 78 02 44 90 – www.soleiletjardin.fr
22 ch – †85/180 € ††85/180 € – ☕ 10 €
Rest *(fermé 21 déc.-2 janv., sam. et dim.)* – Menu 26 € (sem.)/34 € – Carte 32/54 €
◆ Sur la place centrale du village, cette maison abrite des chambres spacieuses et colorées ; trois d'entre elles avec terrasse. Un ensemble fonctionnel, bien tenu, et l'on se croirait à la campagne près de Lyon. Cuisine traditionnelle au restaurant, dont des formules grenouilles-frites !

SOLENZARA – 2A Corse-du-Sud – 345 F8 – voir à Corse

SOLESMES – 72 Sarthe – 310 H7 – rattaché à Sablé-sur-Sarthe

SOLIGNAC – 87 Haute-Vienne – 325 E6 – 1 497 h. – alt. 251 m – ✉ 87110 24 B2

Paris 400 – Bourganeuf 55 – Limoges 10 – Nontron 70
place Georges Dubreuil, ✆ 05 55 00 42 31, www.tourisme-solignac.com

St-Éloi

66 av. St-Éloi – ✆ 05 55 00 44 52 – www.lesainteloi.fr – Fermé 4-11 juin, 9-23 sept., 22 déc.-16 janv., sam. midi, dim. sauf le midi hors vacances scolaires et lundi sauf fériés
15 ch – †62/95 € ††65/95 € – ☕ 10 € – ½ P 71/88 €
Rest – Formule 15 € – Menu 19 € (déj. en sem.), 25/47 € – Carte 35/58 €
◆ À côté de l'abbaye du village, une jolie maison ancienne – pierres et colombages – fort avenante... Du caractère, des chambres aux teintes ensoleillées (deux avec terrasse et bain balnéo) et une atmosphère familiale : très sympathique !

SOLUTRÉ-POUILLY – 71 Saône-et-Loire – 320 I12 – 377 h. – alt. 495 m – ✉ 71960 8 C3

Paris 409 – Dijon 139 – Lyon 76 – Mâcon 10

La Courtille de Solutré

Le bourg – ✆ 03 85 35 80 73 – www.lacourtilledesolutre.fr – Fermé 1 sem. en nov., 3 sem. en janv., merc. midi de mi-nov. à mars, mardi sauf le soir en juil.-août, dim. soir et lundi
Rest – Menu 21 € (déj.)/35 € – Carte environ 49 €
◆ Une jolie maison de pays, sa terrasse à l'ombre d'un vieux marronnier... et ce jeune chef basque dynamique, qui travaille avec passion de fort beaux produits. Ris de veau en émulsion de foie gras, dos de cabillaud sauvage et velouté de crevettes... Bistronomique !

SOMMIÈRES – 30 Gard – **339** J6 – 4 510 h. – alt. 34 m – ✉ 30250 **23** C2

Paris 734 – Montpellier 35 – Nîmes 29

5, quai Frédéric Gaussorgues, ☎ 04 66 80 99 30, www.ot-sommieres.fr

Auberge du Pont Romain

2 r. Emile Jamais – ☎ 04 66 80 00 58 – www.aubergedupontromain.com – Ouvert 15 mars-31 oct. et 1er déc.-15 janv.

18 ch – †80/140 € ††80/140 € – ☐ 12 € – ½ P 86/120 €

Rest *Auberge du Pont Romain* – voir les restaurants ci-après

◆ Au 19es., cette belle demeure en pierre du Gard était... une fabrique de draps de laine. Aujourd'hui, il règne dans les chambres une belle atmosphère provençale, cosy et sobre. Aucun doute, on est dans de beaux draps !

De l'Estelou sans rest

297 av. de la Gare, à 200 m par rte d'Aubais – ☎ 04 66 77 71 08 – www.hoteldelestelou.free.fr – Fermé 18 déc.-15 janv.

24 ch – †40/84 € ††54/84 € – ☐ 9 €

◆ Cet hôtel installé dans l'ancienne gare de Sommières (1870) a du cachet : chambres modernes décorées avec goût, jolie véranda pour les petits-déjeuners et jardin au calme.

Auberge du Pont Romain – Hôtel Auberge du Pont Romain

2 r. Emile Jamais – ☎ 04 66 80 00 58 – www.aubergedupontromain.com – Ouvert 15 mars-31 oct. et 1er déc.-15 janv.

Rest – Formule 22 € – Menu 38/55 € – Carte 55/80 €

◆ Soupe froide d'asperges, épaule de lapin confite et sa polenta aux olives noires... Dans cette charmante auberge, chic et champêtre, le chef privilégie les produits du terroir et les légumes bio. Résultat : une cuisine fraîche et sympathique.

SONDERNACH – 68 Haut-Rhin – **315** G9 – 652 h. – alt. 540 m – ✉ 68380 **1** A2

Paris 466 – Colmar 27 – Gérardmer 41 – Guebwiller 39

À l'Orée du Bois avec ch

4 rte du Schnepfenried – ☎ 03 89 77 70 21 – www.oredubois.com – Fermé 25 juin-6 juil. et 7 janv.-8 fév.

7 ch ☐ – †51 € ††64 € – ½ P 48 €

Rest *(fermé merc. midi et mardi)* – Formule 11 € – Menu 16/38 € – Carte 21/34 €

◆ Au-dessus du village, ce restaurant rustique (boiseries, poêle en faïence) vaut pour sa cuisine traditionnelle simple (tartes flambées, fondues...) et sa grande terrasse donnant sur la vallée. Pour l'étape, on propose des chambres d'esprit chalet, un peu vieillottes mais très bon marché.

SONNAZ – 73 Savoie – **333** I4 – rattaché à Chambéry

SOPHIA-ANTIPOLIS – 06 Alpes-Maritimes – **341** D6 – rattaché à Valbonne

---

SORBIERS – 42 Loire – **327** F7 – rattaché à St-Étienne

SORÈZE – 81 Tarn – **338** E10 – 2 557 h. – alt. 272 m – ✉ 81540 **29** C2

Midi-Toulousain

Paris 732 – Toulouse 59 – Carcassonne 44 – Castelnaudary 26

rue Saint-Martin, ☎ 05 63 74 16 28, www.ville-soreze.fr

Hotellerie de L' Abbaye Ecole de Sorèze

18 r. Lacordaire – ☎ 05 63 74 44 80 – www.hotels-francepatrimoine.fr

ch, rest,

52 ch – †64/164 € ††64/164 € – ☐ 12 €

Rest *(fermé dim. soir d'oct. à mars)* – Formule 18 € – Menu 21 € (sem.), 26/42 € – Carte 21/49 €

◆ Hôtel-restaurant installé dans une aile de la célèbre abbaye-école des bénédictins (17es.), fondée en 754 par Pépin le Bref. Les chambres sont simples, mais joliment décorées ; quant au parc arboré (6 ha), il est si reposant...

Le Pavillon des Hôtes

– ☎ 05 63 74 44 80 – www.hotels-francepatrimoine.fr

20 ch – ½ P 57/77 €

◆ Chambres simples, réparties autour d'une cour intérieure.

SORGES – 24 Dordogne – **329** G4 – **1 265 h.** – **alt. 178 m** – ✉ **24420** **4** C1
Périgord Quercy
Paris 463 – Brantôme 24 – Limoges 77 – Nontron 36
écomusée de la Truffe, ✆ 05 53 46 71 43, www.sorges-perigord.com

Auberge de la Truffe
par N 21 – ✆ 05 53 05 02 05 – www.auberge-de-la-truffe.com
20 ch – †53/76 € ††57/81 € – 7 suites – ☕ 12 € – ½ P 65/90 €
Rest *Auberge de la Truffe* – voir les restaurants ci-après
◆ À proximité de la Maison de la Truffe, une auberge villageoise accueillante, aux chambres confortables, grandes et classiques. À noter : certaines ouvrent de plain-pied sur le jardin.

Auberge de la Truffe
par N 21 – ✆ 05 53 05 02 05 – www.auberge-de-la-truffe.com – Fermé dim. soir du 12 nov. au 30 mars et merc.
Rest – Formule 12 € – Menu 19 € (sem.), 24/100 € – Carte 30/90 €
◆ Le "diamant noir" est roi en Périgord blanc, et plus encore ici : subtilement travaillé, marié à diverses recettes du terroir (notamment le foie gras), il bénéficie même d'un menu qui lui est entièrement dédié. Une adresse qui a du nez !

SORGUES – 84 Vaucluse – **332** C9 – **18 232 h.** – **alt. 24 m** – ✉ **84700** **42** E1
Paris 672 – Avignon 12 – Carpentras 20 – Cavaillon 34

Alonso
12 r. 19-Mars-1962, (pl. de l'Hôtel-de-Ville) – ✆ 04 90 39 11 02 – http://restaurant-alonso.fr – Fermé 21 déc.-5 janv., dim. et lundi
Rest *(nombre de couverts limité, réserver)* – Menu 35 € (déj.)/50 €
◆ Une belle maison de maître, sa jolie terrasse sous les pins... L'endroit idéal pour savourer une cuisine de saison pleine de fraîcheur et sans cesse renouvelée (menu unique annoncé de vive voix).

SOTTEVILLE-SUR-MER – 76 Seine-Maritime – **304** E2 – **361 h.** – **alt. 60 m** – ✉ **76740** **33** C1
Paris 191 – Dieppe 26 – Fontaine-le-Dun 11 – Rouen 60

Les Embruns
4 pl. de la Libération, (près de l'église) – ✆ 02 35 97 77 99 – www.restaurantlesembruns.fr – Fermé 11-31 oct., 18 fév.-7 mars, dim. soir, lundi sauf le soir d' avril à sept. et jeudi
Rest – Menu 23 € (déj. en sem.), 24/45 €
◆ Lorsqu'il y a trop d'embruns, trouvez refuge dans cette petite maison typique, juste à côté de l'église. Sous les poutres brillantes, la salle est pimpante ! La cuisine, traditionnelle, est orientée terroir (huîtres, poissons, etc.).

SOUDAN – 79 Deux-Sèvres – **322** F6 – **rattaché à St-Maixent-l'École**

SOUILLAC – 46 Lot – **337** E2 – **3 887 h.** – **alt. 104 m** – ✉ **46200** **28** B1
Périgord Quercy
Paris 516 – Brive-la-Gaillarde 39 – Cahors 68 – Figeac 74
boulevard Louis-Jean Malvy, ✆ 05 65 37 81 56, www.tourisme-souillac.com
Souillac Country Club, à Lachapelle-Auzac, N : 8 km par D 15, ✆ 05 65 27 56 00
Anc. église abbatiale : bas-relief "Isaïe"★★, revers du portail★ - Musée national de l'Automate et de la Robotique★.

Plan page suivante

Le Pavillon St-Martin sans rest
5 pl. St-Martin – ✆ 05 65 32 63 45 – www.hotel-saint-martin-souillac.com
11 ch – †49/99 € ††49/99 € – ☕ 9 € Zf
◆ Maison de caractère (16e s.) face au beffroi ; dans les chambres, on mêle classique et touches actuelles (moulures, tons taupe...). Belle salle voûtée pour le petit-déjeuner.

Le Quercy sans rest
1 r. Récège – ✆ 05 65 37 83 56 – www.le-quercy.fr – Ouvert 20 mars-12 nov.
25 ch – †54/58 € ††68/75 € – ☕ 11 € Yd
◆ Accueil familial dans cet hôtel confortable, à l'écart du centre. Des chambres toutes différentes, mêlant classique, moderne et exotisme... la plupart avec balcon.

SOUILLAC

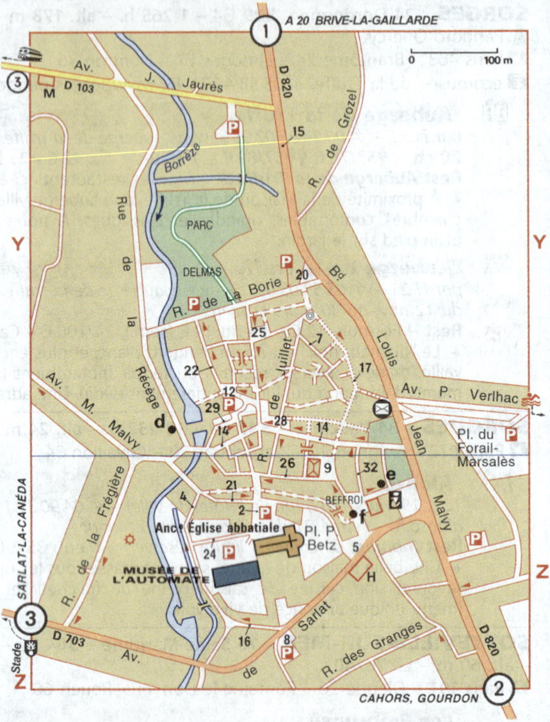

Belle Vue sans rest

68 av. J. Jaurès, (à la gare) – ✆ 05 65 32 78 23 – www.hotelbellevue-souillac.com – Fermé 1er janv.-3 mars

26 ch – 46/52 € 46/52 € – 7 €

◆ À deux pas de la gare, cette grande bâtisse des années 1960 dispose de chambres simples, fraîches et bien tenues. Piscine côté jardin et petite boutique de produits régionaux.

Le Redouillé

28 av. de Toulouse , par ② – ✆ 05 65 37 87 25 – www.leredouille.c.la – Fermé 6 mars-1er avril, 7 janv.-4 fév., dim. soir, mardi midi et lundi

Rest – Menu 21/31 € – Carte 40/73 €

◆ Deux salles, deux ambiances : salle à manger bourgeoise et feutrée ou tons chauds, très méridionaux. Cuisine traditionnelle réalisée par les propriétaires, à quatre mains.

SOULAC-SUR-MER – 33 Gironde – 335 E1 – 2 714 h. – alt. 7 m – Casino : de la Plage – ✉ 33780 Aquitaine
3 B1

Paris 515 – Bordeaux 99 – Lesparre-Médoc 31 – Royan 12

68, rue de la plage, ✆ 05 56 09 86 61, www.soulac.com

à l'Amélie-sur-Mer 5 km au Sud-Ouest par D 101E – ✉ 33780 Soulac sur Mer

Des Pins

92 bd de l'Amélie – ✆ 05 56 73 27 27 – www.hotel-des-pins.com – Ouvert 1er avril-1er nov.

29 ch – 55/100 € 55/125 € – 10 € – ½ P 55/93 €

Rest *Des Pins* – voir les restaurants ci-après

◆ À 100 m de la plage – sable fin à perte de vue – et en lisière des pins, un hôtel balnéaire au milieu d'un grand jardin, avec des chambres accueillantes et cosy. Et ici, les propriétaires sont aux petits soins !

Des Pins
92 bd de l'Amélie – ✆ 05 56 73 27 27 – www.hotel-des-pins.com – Ouvert 1er avril-1er nov. et fermé lundi midi et vend. midi sauf du 15 juin au 15 sept.
Rest – Formule 17 € – Menu 28/40 € – Carte 30/75 €
◆ De beaux produits au service d'une carte qui privilégie le terroir et la région... Un restaurant traditionnel sympathique et bon. Les nombreux fidèles (de toutes nationalités) ne laisseraient leur place pour rien au monde !

SOULAGES-BONNEVAL – 12 Aveyron – 338 I2 – rattaché à Laguiole

LA SOURCE – 45 Loiret – 318 I5 – rattaché à Orléans

SOURDEVAL – 50 Manche – 303 G7 – 2 879 h. – alt. 217 m – ✉ 50150 32 B2

Paris 310 – Avranches 36 – Domfront 30 – Flers 31
2, place Charles De Gaulle, ✆ 02 33 79 35 61, http://sourdevaltourisme.free.fr
Vallée de la Sée★ O, Normandie Cotentin

Le Temps de Vivre
12 r. St-Martin – ✆ 02 33 59 60 41 – http://hotel-le-temps-de-vivre.com – Fermé 2-19 oct., 2 fév.-6 mars, dim. soir et lundi sauf août
10 ch – †38 € ††43/51 € – ☕ 7 € – ½ P 40/44 €
Rest – Formule 11 € – Menu 13 € (sem.), 16/26 € – Carte 18/34 €
◆ Sur la place du village, à côté du cinéma, façade en granit embellie de jardinières fleuries. Les chambres sont petites, mais bien tenues. Plaisante salle de restaurant invitant à prendre le "temps de vivre" ; cuisine simple à prix sages.

SOUSCEYRAC – 46 Lot – 337 I2 – 913 h. – alt. 559 m – ✉ 46190 29 C1

Paris 548 – Aurillac 47 – Cahors 96 – Figeac 41
place de l'Église, ✆ 05 65 33 02 20

Au Déjeuner de Sousceyrac (Patrick Lagnès) avec ch
Le Bourg – ✆ 05 65 33 00 56 – www.au-dejeuner-de-sousceyrac.com – Fermé 20 déc.-28 fév., dim. soir et lundi
10 ch – †50 € ††50 € – ☕ 10 € – ½ P 75 €
Rest *(nombre de couverts limité, réserver)* – Menu 18/50 € – Carte 65/75 €
Spéc. Foie gras de canard poêlé aux coques. Poitrine de pigeonneau rôti aux dattes et citron confit. Poire Belle-Hélène. **Vins** Cahors, Vin de pays du Lot.
◆ Beaucoup de générosité, des produits qui honorent le terroir, des assiettes pleines de saveurs, un excellent rapport qualité-prix... On quitte cette maison avec l'envie d'y revenir bien vite. Quelques chambres agréables pour prolonger l'étape.

SOUS-LA-TOUR – 22 Côtes-d'Armor – 309 F3 – rattaché à St-Brieuc

SOUSTONS – 40 Landes – 335 D12 – 7 090 h. – ✉ 40140 Aquitaine 3 B2

Paris 736 – Anglet 51 – Bayonne 47 – Bordeaux 150
Grange de Labouyrie, ✆ 05 58 41 52 62, www.soustons.fr

Domaine de Bellegarde
23 av. Ch. de Gaulle, dir. N 10 – ✆ 05 58 41 24 06 – www.qsun.co.uk – ouvert de Pâques à nov.
5 ch – †90/110 € ††100/130 € – ☕ 12 €
Table d'hôte – Menu 40 € bc (déj. en sem.)/45 € bc
◆ Dans un parc aux arbres centenaires, cette grande villa 1900 propose des chambres décorées avec goût (sol en coco, lit en fer forgé, couettes blanches…). L'une d'elles possède une terrasse, une autre un sauna privatif. Cuisine familiale au gré du marché.

Auberge Batby avec ch
rest, ch,
63 av. Galleben – ✆ 05 58 41 18 80 – www.aubergebatby.fr – Fermé 1 sem. en nov., vacances de Noël
6 ch – †85/150 € ††105/150 € – ☕ 16 €
Rest – Menu 25 € (déj. en sem.), 37/55 € – Carte 50/70 €
◆ Cette ancienne pension de famille, située au bord du lac, propose une plaisante cuisine du terroir, telle cette pintade fermière farcie à l'ancienne... Quelques chambres permettent de prolonger l'étape.

LA SOUTERRAINE – 23 Creuse – **325** F3 – 5 435 h. – alt. 390 m **24** B1
– ✉ 23300 Limousin Berry

Paris 344 – Bellac 41 – Châteauroux 79 – Guéret 35

place de la Gare, ✆ 05 55 63 10 06, www.inspirez-vos-vacances-en-creuse.fr

Église★.

Alexia

19 ZA la Prade – ✆ 05 55 63 01 01 – www.hotelalexia.com

31 ch – †69 € ††69 € – ☕ 8 € – ½ P 80 €

Rest – Formule 12 € – Menu 20/30 € – Carte 25/50 €

◆ Ouvert durant l'été 2010, cet établissement flambant neuf (de prime abord assez impersonnel) affiche un style chaleureux : chambres douillettes et bien conçues décorées sur le thème du voyage, petite restauration... Une étape bien pratique.

à St-Étienne-de-Fursac 11 km au Sud par rte de Fursac (D 1) – 849 h. – alt. 322 m – ✉ 23290

Nougier avec ch

2 pl. de l'Église – ✆ 05 55 63 60 56 – www.hotelnougier.fr – Ouvert mi-mars à mi-déc. ; fermé mardi soir, dim. soir et lundi de sept. à juin, lundi midi et mardi midi en juil.-août

12 ch – †55 € ††65/85 € – ☕ 10 € – ½ P 68/80 €

Rest – Formule 14 € – Menu 23/52 € – Carte 43/69 €

◆ Dans cette auberge de village, on cultive l'art du bon accueil et du bien manger depuis trois générations. Le chef concocte des plats gourmands et soignés, qui honorent le terroir tout en sortant des sentiers battus. Chambres plaisantes.

SOUVIGNY – 03 Allier – **326** G3 – 1 943 h. – alt. 242 m – ✉ 03210 **5** B1
Auvergne

Paris 301 – Bourbon-l'Archambault 16 – Montluçon 70 – Moulins 13

Prieuré St-Pierre★★ - Calendrier★★ dans l'église-musée St-Marc.

Auberge des Tilleuls

pl. St-Éloi – ✆ 04 70 43 60 70 – www.auberge-tilleuls.com – Fermé 23 août-6 sept., 30 déc.-5 janv., vacances de fév., mardi soir de sept. à mars, dim. soir et lundi

Rest – Formule 13 € – Menu 18/46 € – Carte 34/58 €

◆ Cette pimpante auberge vous accueille dans deux salles champêtres soignées, dont une agrémentée de colombages en trompe-l'œil. Étroite terrasse ombragée à l'arrière.

SOYAUX – 16 Charente – **324** L6 – rattaché à Angoulême

SOYONS – 07 Ardèche – **331** L4 – rattaché à St-Péray

STEENVOORDE – 59 Nord – **302** D3 – 4 024 h. – alt. 50 m – ✉ 59114 **30** B1

Paris 259 – Calais 73 – Dunkerque 33 – Hazebrouck 12

place Jean-Marie Ryckewaert BP 10, ✆ 03 28 42 97 98, www.pays-des-geants.com

Auprès de mon Arbre

932 rte d'Eecke – ✆ 03 28 49 79 49 – www.aupresdemonarbre.fr – Fermé dim. soir et lundi soir

Rest – Formule 17 € – Menu 29/31 € – Carte 39/64 €

◆ Dans cette jolie ferme, la cuisine est authentique et soignée... Et il fait si bon s'attabler près du poêle ou, dès les premiers beaux jours, dans le délicieux jardin.

STELLA-PLAGE – 62 Pas-de-Calais – **301** C5 – rattaché au Touquet

STIRING-WENDEL – 57 Moselle – **307** M3 – rattaché à Forbach

STRASBOURG

Plans de la ville pages suivantes **1** B1

P – **67 – Bas-Rhin – 272 116 h. – Agglo. 440 704 h. – alt. 143 m – ✉ 67000**
– **315** K5 – Alsace Lorraine

Paris 489 – Basel 141 – Karlsruhe 81 – Stuttgart 149

Office de tourisme

17 pl. de la Cathédrale BP 70020, ✆03 88 32 51 49, www.otstrasbourg.fr

Aéroport

Strasbourg-International ✆ 03 88 64 67 67 **1**AT

Quelques golfs

de La Wantzenau, à La Wantzenau, C.D. 302, ✆03 88 96 37 73

Le Kempferhof Golf Club, à Plobsheim, 351 rue du Moulin, S : 15 km par D 468, ✆03 88 98 72 72

A VOIR

Quartier de la cathédrale **6**KZ : cathédrale Notre-Dame★★★ (horloge astronomique★ et vue★ du haut de la flèche) • Place de la cathédrale★, avec la maison Kammerzell★ et le musée du palais Rohan★★ • Musée alsacien★★**6**KZ**M¹** • Musée de l'Œuvre Notre-Dame★★**6**KZ**M⁶** • Musée historique★**6**KZ**M⁵**

La Petite France : rue du Bains-aux-Plantes★★**5**HJZ • Les ponts couverts★**5**HZ • Barrage Vauban★★ et sa vue panoramique **5**HZ • Mausolée du maréchal de Saxe★★, dans l'église St-Thomas **5**JZ • Musée d'Art moderne et contemporain★★ **5**HZ**M³** • Promenade en vedette sur l'Ill

Toujours dans la vieille ville : place Kléber★**5**JY • Place Broglie★, avec l'Hôtel de Ville★**6**KY**H**

L'Europe à Strasbourg : palais de l'Europe★**4**FGU • Nouveau palais des Droits de l'Homme**4**GU • Orangerie★**4**FGU

BISCHHEIM

- Marais (R. du) . . . . **CS** 121
- Périgueux (Av. de) . . . . **BS** 159
- Robertsau (R. de la) . . . . **BS** 179
- Triage (R. du) . . . . **BS** 219

ECKBOLSHEIM

- Gaulle (Av. du Gén.-de) . . . . **BS** 67
- Wasselonne (Rte de) . . . . **BS** 237

HŒNHEIM

- Fontaine (R. de la) . . . . **BR** 55
- République (R. de la) . . . . **BR** 174

ILLKIRCH-GRAFFENSTADEN

- Bürkell (Rte) . . . . **BT** 24
- Ceinture (R. de la) . . . . **BT** 27
- Faisanderie (R. de la) . . . . **BT** 48
- Industrie (R. de l') . . . . **BT** 97
- Kastler (R. Alfred) . . . . **BT** 99
- Lixenbühl (R.) . . . . **BT** 115
- Messmer (Av.) . . . . **BT** 138
- Neuhof (Rte de) . . . . **BT** 144
- Strasbourg (Rte de) . . . . **BT** 207
- Vignes (R. des) . . . . **BT** 233

LINGOLSHEIM

- Eckbolsheim (R. d') . . . . **BS** 44
- Ostwald (R. d') . . . . **BT** 152
- Près (R. des) . . . . **BS** 168

OBERHAUSBERGEN

- Mittelhausbergen (Rte de) . . . . . **BS** 139
- Oberhausbergen (Rte de) . . . . . **BS** 149

OSTWALD

- Foch (R. du Maréchal) . . . . **BT** 50
- Gelspolsheim (R. de) . . . . **BT** 73
- Leclerc (R. du Gén.) . . . . **BT** 112
- Vosges (R. des) . . . . **BT** 232
- 23-Novembre (R. du) . . . . **BT** 246

SCHILTIGHEIM

- Bischwiller (Rte de) . . . . **BS** 18
- Gaulle (Rte du Gén.-de) . . . . **BS** 70
- Hausbergen (Rte de) . . . . **BS** 81
- Mendès-France (Av. P.) . . . . **BS** 132
- Pompiers (R. des) . . . . **BS** 164

STRASBOURG

- Atenheim (Rte d') . . . . **CT** 8
- Austerlitz (Pont d') . . . . **BS** 9
- Bauerngrund (R. de) . . . . **CT** 15
- Ganzau (R. de la) . . . . **BT** 66
- Holtzheim (R. de) . . . . **AS** 88
- Ill (R. de l') . . . . **CS** 96
- Neuhof (Rte de) . . . . **CT** 144
- Plaine des Bouchers (R. de la) . . **BS** 163
- Polygone (Rte du) . . . . **BS** 165
- Pont (R. du) . . . . **BT** 166
- Ribeauvillé (R. de) . . . . **CS** 177
- Romains (Rte des) . . . . **BS** 180
- Schirmeck (Rte de) . . . . **BS** 198

WOLFISHEIM

- Oberhausbergen (R. d') . . . . **AS** 148
- Seigneurs (R. des) . . . . **AS** 204

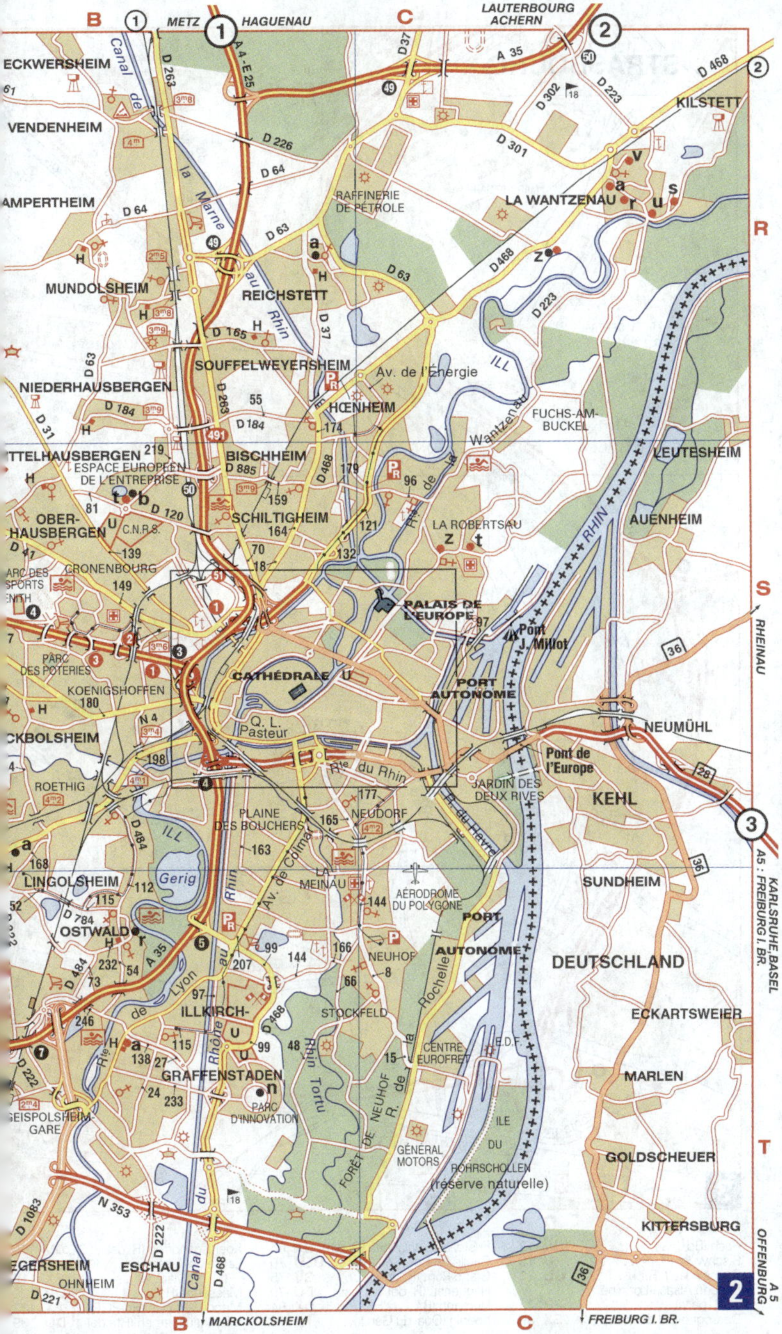
B
C
METZ
HAGUENAU
LAUTERBOURG
ACHERN
A 35
A 4 - E 25
D 37
D 302
D 223
D 468
KILSTETT
ECKWERSHEIM
VENDENHEIM
Canal de la Marne au Rhin
D 263
D 226
D 64
D 301
LA WANTZENAU
RAFFINERIE DE PÉTROLE
AMPERTHEIM
D 63
R
MUNDOLSHEIM
REICHSTETT
D 165
SOUFFELWEYERSHEIM
Av. de l'Énergie
ILL
NIEDERHAUSBERGEN
D 184
HŒNHEIM
FUCHS-AM-BUCKEL
Wantzenau
BISCHHEIM
D 885
ESPACE EUROPEEN DE L'ENTREPRISE
LEUTESHEIM
D 120
C.N.R.S.
SCHILTIGHEIM
LA ROBERTSAU
OBER-HAUSBERGEN
AUENHEIM
RHIN
CRONENBOURG
PALAIS DE L'EUROPE
S
RHEINAU
Pont J. Millot
PARC DES POTERIES
CATHÉDRALE
PORT AUTONOME
KOENIGSHOFFEN
Q. L. Pasteur
N 4
NEUMÜHL
Rte du Rhin
Pont de l'Europe
ROETHIG
JARDIN DES DEUX RIVES
KEHL
PLAINE DES BOUCHERS
NEUDORF
R. du Havre
D 484
Av. de Colmar
Gerig
LINGOLSHEIM
LA MEINAU
AÉRODROME DU POLYGONE
SUNDHEIM
A5 : KARLSRUHE, BASEL FREIBURG I. BR.
D 784
OSTWALD
PORT AUTONOME
NEUHOF
DEUTSCHLAND
Rhin
STOCKFELD
Rochelle
ECKARTSWEIER
ILLKIRCH-GRAFFENSTADEN
Rte de Lyon
Rhône au Rhin
Rhin Tortu
CENTRE EUROFRET
E.D.F.
MARLEN
PARC D'INNOVATION
FORÊT DE NEUHOF
R. de la
ILE DU ROHRSCHOLLEN (réserve naturelle)
GÉNÉRAL MOTORS
T
GOLDSCHEUER
GEISPOLSHEIM-GARE
N 353
D 1083
D 222
KITTERSBURG
Canal du
EGERSHEIM
ESCHAU
OHNHEIM
D 221
D 468
OFFENBURG A 5
MARCKOLSHEIM
FREIBURG I. BR.
2

STRASBOURG
0
500 m
D
E
U
V
X
3
MARCHÉ GARE
R. de Dettwiller
R. des Champs
R. de la Rotonde
R. de Hochfelden
R. du Marché-Gare
CENTRAL
Rte d'Oberhausbergen
CIMRE MILITAIRE
Fossé des Remparts
A 35-E 25
A 351
A 4
A 350
D 263
D 468
STE-HÉLÈNE
Rte de Bischwiller
R. de l'Église Rouge
R. L. Pasteur
Canal de dérivation
Jacques
ÉCOLE MILITAIRE
Pl. de Haguenau
Av. Clemenceau
Bd des
R. du Mal Foch
R. Oberlin
Pl. de la République
POL
GARE CENTRALE
Bd du Prést Wilson
Bd de Metz
Bd de Nancy
Pl. Kléber
CATHÉDRALE
H
C
PETITE FRANCE
Molsheim
ILL
R. de la 1ère Armée
a
Quai Louis Pasteur
Bd de Lyon
R. de
LA LAITERIE
D 392
PORT
HEYRITZ
CENTRE ADMINISTRATIF
Rte de l'Hôpital
R. de la Montagne Verte
Av. de Col.
70
51
16
79
240
171
160
222
139
105
238
94
22
64
198
163
1
2
3
4

Ohmacht (R.) . . . . **FU** 151
Pierre (R. du Fg-de) . . . . **EU** 160
Plaine des Bouchers (R. de la) . . . . **DX** 163
Président-Edwards (Bd du) . . **FU** 169
Président-Poincaré (Bd) . . . . . **EU** 171
Richter (R. Fr.-Xavier) . . . . . . **GU** 178
Schirmeck (Rte de) . . . . **DX** 198
Schutzenberger (Av.) . . . . **FU** 200
Schweighaeuser (R.) . . . . **FV** 201
Tarade (R.) . . . . **GV** 210
Travail (R. du) . . . . **EUV** 222
Vienne (Rte de) . . . . **FX** 226
Wasselonne (R. de) . . . . **DV** 238
Wissembourg (R. de) . . . . **EU** 240

STRASBOURG

H
J
Y
Z
5
0 100 m
242
Wilson
Bd du Président
Place des Halles
Pl. Clément
Rue des Mineurs
Kléber
Faux
Rue du Fg de Saverne
R. du Marais Vert
Quai
Kageneck
Rue Kuhn
Pl. de la Gare
ST-JEAN-BAPTISTE
St-Jean
Fossé
Q. Desaix
Quai de Paris
Jeu des Enfants
St-Pierre-le-Jeune
L'AUBETTE
Pl. Kléber
Bd de Metz
Pte rue de la Course
Rue du Fg National
Rue Ste-Marguerite
Q. Ch. Altorffer
TOUR DU BOURREAU
St-Pierre-le-Vieux
R. DU BAIN AUX - PLANTES
Rue du 22 Novembre
Grand' Rue
PETITE FRANCE
Q. de la Pte France
Pl. B. Zix
R. des Moulins
Pont St-Martin
CITÉ
AUDITORIUM
E.N.A.
Molsheim
Pl. Hans Jean Arp
M3
Barrage Vauban
PONTS COUVERTS
Pl. des Moulins
Pont St-Thomas
St-Thomas
Q. Finkwiller
ILL
Pl. H. Dunant
HÔTEL DU DÉPARTEMENT
R. des Frères
Malthis
ST-LOUIS
Haras National
Rue de
POL.

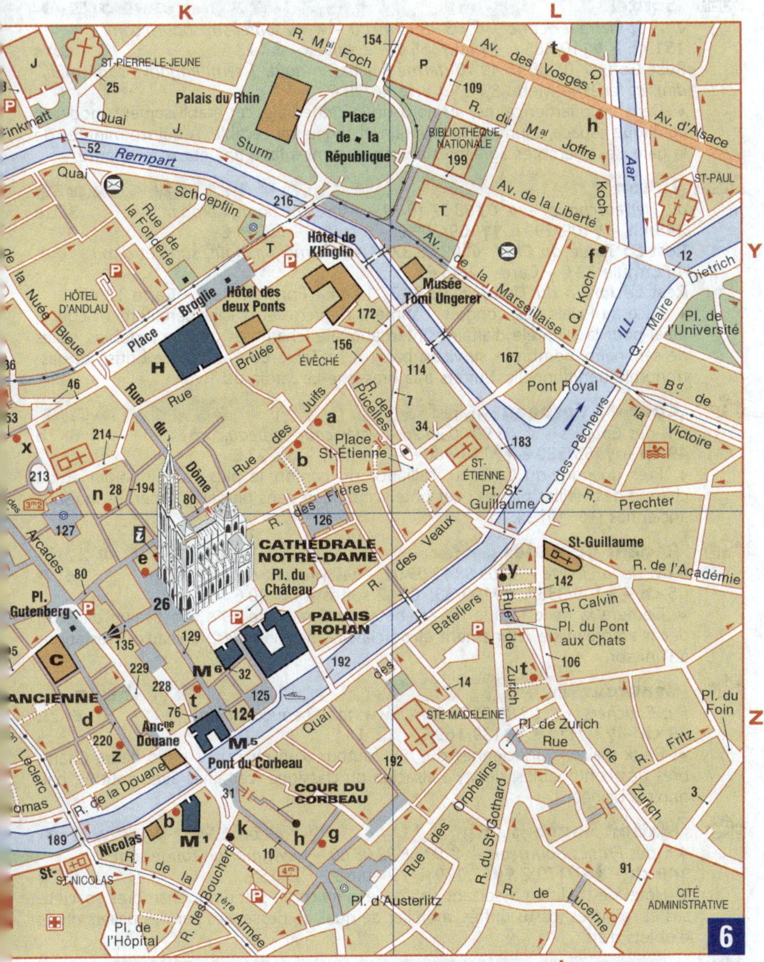
K
L
Y
Z
6
ST-PIERRE-LE-JEUNE
Palais du Rhin
R. Mal Foch
Place de la République
Av. des Vosges
Av. d'Alsace
BIBLIOTHÈQUE NATIONALE
R. du Mal Joffre
Quai Sturm
Rempart
Quai Schoepflin
Rue de la Fonderie
Av. de la Liberté
Q. Koch
Aar
ST-PAUL
Hôtel de Klinglin
Musée Tomi Ungerer
Av. de la Marseillaise
Dietrich
Pl. de l'Université
Q. Maire
ILL
HÔTEL D'ANDLAU
Rue de la Nuée Bleue
Place Broglie
Hôtel des deux Ponts
Brûlée
ÉVÊCHÉ
R. des Pucelles
Pont Royal
Bd de la Victoire
Rue du Dôme
Rue des Juifs
Place St-Étienne
ST-ÉTIENNE
Pt. St-Guillaume
Q. des Pêcheurs
R. Prechter
R. des Frères
R. des Veaux
St-Guillaume
R. de l'Académie
CATHÉDRALE NOTRE-DAME
Pl. du Château
PALAIS ROHAN
Arcades
Pl. Gutenberg
R. Calvin
Pl. du Pont aux Chats
Bateliers
Rue de Zurich
ANCIENNE
Anc^ne Douane
Pont du Corbeau
Quai des
STE-MADELEINE
Pl. de Zurich
Rue de Zurich
R. Fritz
Pl. du Foin
R. de la Douane
Leclerc
COUR DU CORBEAU
Rue des Orphelins
R. du St-Gothard
R. de Lucerne
CITÉ ADMINISTRATIVE
Nicolas
ST-NICOLAS
R. de la 1ère Armée
R. des Bouchers
Pl. d'Austerlitz
Pl. de l'Hôpital

Régent Petite France rest, VISA MC AE
5 r. des Moulins – ✆ 03 88 76 43 43 – www.regent-hotels.com 5JZf
63 ch – 155/410 € 155/410 € – 9 suites – 22 €
Rest *(fermé le midi sauf juil.-août, dim. et lundi)* – Menu 35 € – Carte environ 42 €
◆ Dans la Petite France, une grande et belle adresse, aménagée dans les ex-glacières des bords de l'Ill. Intérieurs confortables, modernes et chic, sans ostentation ; chambres agréablement feutrées. Carte actuelle au restaurant, bar lounge et terrasse sur la rivière.

Sofitel VISA MC AE
4 pl. St-Pierre-le-Jeune – ✆ 03 88 15 49 00 – www.sofitel-strasbourg.com
151 ch – 110/365 € 110/365 € – 2 suites – 23 € 5JYs
Rest *Goh* ✆ 03 88 15 49 10 *(fermé 3 sem. en août, 1 sem. en janv., sam. midi, dim. et fériés)* – Menu 33 € – Carte 46/78 €
◆ Dans un quartier calme, au nord de la cathédrale, cet établissement moderne conjugue espace, esprit contemporain et tenue impeccable. À quinze minutes de la gare, ses chambres agréables à vivre invitent à faire une étape reposante.

Hilton ch, rest, P VISA MC AE
av. Herrenschmidt – ✆ 03 88 37 10 10 – www.strasbourg.hilton.fr 3EUe
245 ch – 109/299 € 109/299 € – 6 suites – 24 €
Rest *La Table du Chef* ✆ 03 88 37 41 42 *(fermé juil.-août, sam. et dim.)* – Formule 32 € – Carte 12/45 €
Rest *Le Jardin du Tivoli* ✆ 03 88 37 14 44 – Formule 32 € – Carte 12/45 €
◆ Face au Palais des Congrès, bâtiment de verre et d'acier parfaitement conçu, idéal pour la clientèle d'affaires internationale (chambres très confortables, salles de séminaire, nombreux services, bars). À La Table du Chef, cadre british et gastronomie traditionnelle. Buffets à la brasserie Le Jardin du Tivoli.

Cour du Corbeau sans rest VISA MC AE
6 r. des Couples – ✆ 03 90 00 26 26 – www.cour-corbeau.com 6KZh
49 ch – 155/380 € 155/380 € – 8 suites – 22 €
◆ Près du pont du Corbeau, l'alliance du confort le plus contemporain et du charme des vieilles pierres : cet hôtel s'épanouit dans plusieurs superbes maisons anciennes (16e-19e s.).

Régent Contades sans rest VISA MC AE
8 av. de la Liberté – ✆ 03 88 15 05 05 – www.regent-contades.com 6LYf
45 ch – 109/335 € 109/335 € – 2 suites – 20 €
◆ Derrière la belle façade de cet hôtel particulier du 19es., on évolue dans un décor empreint de raffinement et de classicisme (boiseries, tableaux). Prestations à l'unisson.

Beaucour sans rest VISA MC AE
5 r. Bouchers – ✆ 03 88 76 72 00 – www.hotel-beaucour.com 6KZk
49 ch – 77/112 € 139/169 € – 14 €
◆ Deux maisons alsaciennes du 18es. autour d'un charmant patio fleuri. Chambres très confortables, de style alsacien ou classique (certaines avec poutres, baignoires balnéo...).

Maison Rouge sans rest VISA MC AE
4 r. des Francs-Bourgeois – ✆ 03 88 32 08 60 – www.maison-rouge.com
140 ch – 67/179 € 67/179 € – 2 suites – 15 € 5JZg
◆ Hôtel de tradition associant confort et service de standing. Chambres spacieuses et soignées (tissus griffés, mobilier de qualité), desservies par des paliers ornés d'objets d'art.

Le Grand Hôtel sans rest VISA MC AE
12 pl. de la Gare – ✆ 03 88 52 84 84 – www.le-grand-hotel.com 5HYa
83 ch – 74/230 € 84/255 €
◆ Face à la gare TGV, cet hôtel n'a pas raté le train de la modernité : décor design, ambiance zen, mobilier à la fois sobre et cossu, tenue minutieuse. Le centre-ville est à 5mn.

Monopole-Métropole sans rest
16 r. Kuhn – 03 88 14 39 14 – www.bw-monopole.com 5HYp
81 ch – 85/220 € 90/250 €
◆ Entre gare et Petite France, immeuble bourgeois dégageant un certain charme : antiquités alsaciennes, tableaux de maîtres régionaux... Chambres classiques ou plus contemporaines.

Novotel Centre Halles
4 quai Kléber – 03 88 21 50 50 – www.novotel.com 5JYk
96 ch – 89/205 € 89/205 € – 14 €
Rest *(fermé dim. midi et fériés le midi)* – Formule 13 € – Carte 22/42 €
◆ Dans le centre commercial des Halles, hôtel moderne proposant des chambres claires et spacieuses. Fitness avec vue sur la cathédrale au dernier étage.

Hannong sans rest
15 r. du 22 Novembre – 03 88 32 16 22 – www.hotel-hannong.com – Fermé 1er-8 janv. 5JYa
72 ch – 79/119 € 79/218 € – 16 €
◆ Sur le site de la faïencerie Hannong (18es.), un hôtel qui a une âme : objets d'art et agencement contemporain, matériaux de qualité, tenue méticuleuse. Agréable espace terrasse.

Diana-Dauphine sans rest
30 r. de la 1ère Armée – 03 88 36 26 61 – www.hotel-diana-dauphine.com – Fermé 22 déc.-2 janv. 3EXa
45 ch – 90/170 € 90/170 € – 11 €
◆ Au pied du tramway menant à la vieille ville. Hall-salon moderne, chambres d'esprit contemporain (et donc sobres), pour la plupart spacieuses. Garage fermé accessible 24h/24.

Du Dragon sans rest
12 r. du Dragon – 03 88 35 79 80 – www.dragon.fr 5JZd
32 ch – 79/145 € 79/149 € – 12 €
◆ Dans un quartier calme, deux demeures du 17es. autour d'un patio fleuri (où le petit-déjeuner est servi l'été). Chambres confortables et actuelles, mansardées au dernier étage.

Royal Lutetia sans rest
2 bis r. du Gén. Rapp – 03 88 35 20 45 – www.royal-lutetia.fr 3EUt
39 ch – 68/135 € 68/135 € – 10 €
◆ Cette façade évoquant le style Art déco cache de plaisantes chambres contemporaines, garnies de mobilier clair ou foncé et très bien tenues. Confortable bar-salon anglais.

Mercure St-Jean sans rest
3 r. Maire Kuss – 03 88 32 80 80 – www.mercure.com 5HYe
63 ch – 79/189 € 79/189 € – 16 €
◆ Entre gare et vieille ville, hôtel moderne aux chambres agréables (confort actuel). À tenter, la "chambre 2030", avec tous les équipements du futur, parfois très... imaginatifs !

Mercure Centre sans rest
25 r. Thomann – 03 90 22 70 70 – www.mercure-strasbourg-centre.com 5JYq
98 ch – 89/215 € 119/215 € – 16 €
◆ Situation centrale pour cet établissement rénové avec des tons vifs et un mobilier design. Au 7eétage, la salle des petits-déjeuners jouit d'une petite vue sur la cathédrale.

Chut - Au Bain aux Plantes
4 r. Bain-aux-Plantes – 03 88 32 05 06 – www.hote-strasbourg.fr 5HZv
8 ch – 95/200 € 95/200 € – 1 suite – 12 €
Rest *(fermé 29 avril-8 mai, 12-21 août, 28 oct.-6 nov., 23-27 déc., 1er-10 janv., 19 fév.-1er mars, dim. et lundi)* – Formule 25 € – Menu 38 € (déj. en sem.) – Carte 36/54 €
◆ Dans une rue pittoresque près de la Petite France, hôtel digne d'une maison d'hôtes, charme compris : objets et mobilier design ou chinés, ambiance zen... La cuisine, mâtinée d'épices, fuit la routine et change chaque jour ; salle intime, avec cour-terrasse.

Le Kléber sans rest
29 pl. Kléber – 03 88 32 09 53 – www.hotel-kleber.com 5JYp
30 ch – 55/90 € 62/95 € – 9 €
◆ "Meringue", "Fraise", "Cannelle", etc. : ici, toutes les chambres se prêtent à une thématique sucrée-salée, richement colorée. Situation imparable sur la célèbre place Kléber.

Couvent du Franciscain sans rest
18 r. du Fg de Pierre – 03 88 32 93 93 – www.hotel-franciscain.com – Fermé 22 juil.-5 août 5JYe
43 ch – 44/76 € 76/86 € – 10 €
◆ Au fond d'une impasse, ce "Couvent" propose des chambres simples et nettes, à des tarifs compétitifs. Petits-déjeuners dans un caveau aux faux-airs de winstub (fresque amusante).

Aux Trois Roses sans rest
7 r. Zürich – 03 88 36 56 95 – www.hotel3roses-strasbourg.com 6LZy
32 ch – 53/85 € 71/90 € – 9 €
◆ Immeuble classique engageant, proche de l'Ill : salon bourgeois près de l'accueil, chambres simples (mobilier en pin) et d'une propreté méticuleuse, à prix doux. Sauna.

Au Crocodile
10 r. de l'Outre – 03 88 32 13 02 – www.au-crocodile.com – Fermé 15-30 juil., dim. et lundi 6KYx
Rest – Formule 38 € – Menu 69 € (déj.), 94/143 € – Carte 108/164 €
Spéc. Jambonnettes de cuisses de grenouille aux herbes. Carré d'Agneau, panisse de polenta. Soufflé chaud à la truffe (saison). **Vins** Riesling, Pinot Gris.
◆ Élégance feutrée et harmonie règnent dans cette institution strasbourgeoise, chantre d'un certain classicisme. La table est à l'unisson : beaux produits de saison, préparations flatteuses et pleines de justesse.

Buerehiesel (Éric Westermann)
dans le parc de l'Orangerie – 03 88 45 56 65 – www.buerehiesel.com – Fermé 1er-22 août, 1er-23 janv., dim. et lundi 4GUa
Rest – Menu 35 € (déj. en sem.), 65/90 € – Carte 55/90 €
Spéc. Schniederspaetle et cuisses de grenouille poêlées au cerfeuil. Poulette pattes noires cuite entière comme un baeckeofe. Brioche caramélisée à la bière, glace à la bière et poire rôtie. **Vins** Pinot Blanc, Riesling.
◆ Adresse exquise, sise dans une belle ferme à colombages du 17es., remontée dans le parc de l'Orangerie (vue bucolique de la salle en verrière et de la terrasse). Cuisine très fine et sûre, ancrée dans la région ; superbe choix de vins alsaciens. Service agréable.

Maison des Tanneurs dite "Gerwerstub"
42 r. Bain aux Plantes – 03 88 32 79 70 – www.maison-des-tanneurs.com – Fermé 30 juil.-13 août, 30 déc.-22 janv., dim. et lundi 5JZt
Rest – Menu 20 € (déj.), 26/40 € – Carte 38/60 €
◆ Au bord de l'Ill, dans la Petite France, cette maison alsacienne pleine de caractère (1572) est une institution de la choucroute, parmi d'autres célèbres spécialités régionales.

La Cambuse (Babette Lefebvre)
1 r. des Dentelles – 03 88 22 10 22 – Fermé 29 avril-8 mai, 29 juil.-20 août, 24 déc.-9 janv., dim. et lundi 5JZa
Rest *(nombre de couverts limité, réserver)* – Carte 47/57 €
Spéc. Tartare de crabe, écrevisses, dorade au wasabi. Lotte aux shiitakés et coriandre. Tarte au chocolat amer et crème à la noix de coco. **Vins** Muscat, Riesling.
◆ La salle, intime, évoque une cabine de yacht… On y déguste une cuisine de la mer qui marie avec finesse et simplicité saveurs françaises et notes d'Asie (épices, cuissons courtes).

XX **L'Atable 77**

77 Grand'Rue – ✆ 03 88 32 23 37 – www.latable77.com – Fermé 29 avril-8 mai, 29 juil.-20 août, 1er-10 janv., dim., lundi et fériés le midi 5JZh

Rest – Formule 28 € – Menu 36/90 € bc – Carte 36/46 €

◆ Un séduisant restaurant tendance revendiquant de bout en bout sa modernité : décor épuré égayé de tableaux, vaisselle design et très appétissante cuisine au goût du jour. À table !

XX **La Casserole** (Éric Girardin)

24 r. des Juifs – ✆ 03 88 36 49 68 – www.restaurantlacasserole.fr – Fermé 22 avril-9 mai, 29 juil.-20 août, 24 déc.-4 janv., sam. midi, dim., lundi et fériés le midi 6KYb

Rest *(nombre de couverts limité, réserver)* – Menu 39 € (déj.), 63/95 € – Carte 75/95 €

Spéc. Œuf mollet, légumes d'antan, jus de viande et truffe melanosporum (saison). Bar de ligne, pomme de terre confite dans un bouillon citronné. Vanille de Madagascar en "croustill'feuillage" et caramel d'épices. **Vins** Riesling, Pinot gris.

◆ Derrière la cathédrale, une Casserole en forme de chaudron magique : Éric Girardin crée des plats nobles et harmonieux, avec une dextérité saisissante. Cadre contemporain feutré, accueil charmant.

XX **Le Violon d'Ingres**

1 r. Chevalier Robert , à La Robertsau – ✆ 03 88 31 39 50 – www.violondingres.com – Fermé 20-31 août, sam. midi, dim. soir et lundi

Rest – Menu 30/49 € – Carte 52/68 € 2CSz

◆ Cuisine actuelle fort soignée en cette vieille maison alsacienne du quartier de la Robertsau, par-delà le Parlement Européen. Élégante salle à manger et terrasse ombragée.

XX **Maison Kammerzell et Hôtel Baumann** avec ch

16 pl. de la Cathédrale – ✆ 03 88 32 42 14 – www.maison-kammerzell.com 6KZe

9 ch – †110/145 € ††135/175 € – ☕ 10 €

Rest – Menu 24/38 € – Carte 25/50 €

◆ À côté de la cathédrale, maison strasbourgeoise du 16e s. dégageant une authentique ambiance moyenâgeuse : vitraux, peintures, bois sculpté, voûtes gothiques. Cuisine du terroir et carte de brasserie, avec en spécialité la choucroute. Chambres sobres.

XX **Gavroche**

4 r. Klein – ✆ 03 88 36 82 89 – www.restaurant-gavroche.com – Fermé 30 juil.-13 août, 24 déc.-3 janv., sam. et dim. 6KZg

Rest – Formule 32 € – Menu 42 € (sem.), 55/75 € – Carte 65/72 €

◆ Pas de forfanterie à la Gavroche en cette adresse qui réserve un accueil aimable, dans un élégant cadre contemporain. Belle cuisine actuelle et créative, rythmée par le marché.

XX **Umami** (René Fieger)

8 r. des Dentelles – ✆ 03 88 32 80 53 – www.restaurant-umami.com – Fermé 13-20 mai , 3-24 sept., 30 déc.-13 janv., dim. et le midi sauf sam. et fériés 5JZb

Rest *(nombre de couverts limité, réserver)* – Menu 48/60 €

Spéc. Menu du marché.

◆ Sucré, salé, acide, amer… et *umami*, la 5e saveur dans la gastronomie japonaise. Une signature pour une cuisine qui croise les goûts d'ici et d'ailleurs. Séduisant cadre moderne.

XX **Le Pont aux Chats**

42 r. de la Krutenau – ✆ 03 88 24 08 77 – Fermé vacances de printemps, 2 sem. en août, sam. midi et merc. 6LZt

Rest – Formule 22 € – Menu 62 € – Carte environ 48 €

◆ Mariage de colombages anciens et de mobilier contemporain, terrasse sur cour, produits de saison cuisinés dans l'air du temps : une petite adresse qui fait ronronner de plaisir.

XX **Pont des Vosges** 6LYh

15 quai Koch – ✆ 03 88 36 47 75 – Fermé dim.

Rest – Carte 34/57 €

◆ À l'angle d'un immeuble ancien, cette brasserie, dont la réputation n'est plus à faire, régale de bons plats généreux. Vieilles affiches publicitaires et miroirs en décor.

X **L'Atelier du Goût** 6KZd

17 r. des Tonneliers – ✆ 03 88 21 01 01 – www.atelier-du-gout.fr – Fermé 1 sem. vacances de fév., 2 sem. en août, dim. et fériés

Rest – Formule 23 € – Menu 36 € – Carte 45/55 €

◆ Dans un quartier pittoresque, sympathique adresse d'esprit design. Les murs sont ornés d'ardoises pédagogiques (morceaux du bœuf, légumes…). Cuisine créative de saison.

X **La Cuiller à Pot** 5JZv

18b r. Finkwiller – ✆ 03 88 35 56 30 – www.lacuillerapot.fr – Fermé lundi soir, sam. midi et dim.

Rest – Carte 29/48 €

◆ À deux pas de la Petite France, plongez allégrement votre cuiller dans ce Pot tout simple et gourmand : le jeune chef concocte une cuisine généreuse et soignée, qui a la fraîcheur de l'instant. Une carte courte, peu de tables : la formule du plaisir.

X **La Table de Christophe** 6KYa

28 r. des Juifs – ✆ 03 88 24 63 27 – www.tabledechristophe.com – Fermé 24 avril-1er mai, 30 juil.-22 août, dim., lundi et fériés

Rest *(réserver)* – Formule 12 € – Carte 30/50 €

◆ Petit restaurant de quartier au cadre chaleureux et rustique, propice à la convivialité. Le chef mélange les influences terroir et actuelles tout en respectant les saisons.

X **L'Amuse Bouche** 6LYt

3a r. Turenne – ✆ 03 88 35 72 82 – www.lamuse-bouche.fr – Fermé une sem. en mars, 15-31 août, dim. et lundi

Rest – Menu 37/75 € bc – Carte 42/53 €

◆ Restaurant discret hors de l'animation du centre-ville. Salle classique aux tons pastel, pour une cuisine dans l'air du temps, fraîche et sans fausse note.

X **La Vignette** 2CSt

29 r. Mélanie, à la Robertsau – ✆ 03 88 31 38 10 – www.lavignette-strasbourg-robertsau.com – Fermé 1er-15 août, 23 déc.-4 janv., sam. midi, dim. et fériés

Rest – Formule 15 € – Carte environ 38 €

◆ Photos en noir et blanc, nappes à carreaux, boiseries : le cadre authentique et convivial évoque une guinguette. Cuisine traditionnelle, proposée sur ardoise.

X **La Vieille Tour** 5HZe

1 r. A. Seyboth – ✆ 03 88 32 54 30 – Fermé dim. et lundi sauf en déc. hors fériés

Rest *(nombre de couverts limité, réserver)* – Formule 27 € – Menu 39 € – Carte 50/70 €

◆ Cette adresse, toute proche de la Petite France, cultive le goût de la tradition, au gré du marché (ardoise). Décor simple, relevé d'affiches humoristiques sur l'Alsace.

X **Kobus** 6KZz

7 r. des Tonneliers – ✆ 03 88 32 59 71 – www.restaurantkobus.com – Fermé 24 juin-15 juil., 8-14 oct., dim. et lundi

Rest – Formule 19 € – Menu 24 € (déj. en sem.)/41 € – Carte 42/55 €

◆ Dans une rue piétonne du centre, sympathique restaurant contemporain : la salle, tout en longueur et claire, mêle bois et pierre ; les produits du marché inspirent la cuisine.

LES WINSTUBS : *dégustation de vins et cuisine du pays, ambiance typiquement alsacienne*

X **L'Ami Schutz**

1 Ponts Couverts – ✆ 03 88 32 76 98 – www.ami-schutz.com – Fermé 24 déc.-13 janv. **5HZr**

Rest – Formule 16 € – Menu 29/44 € – Carte 29/57 €

◆ Dans le décor intemporel de la Petite France, au bord de l'Ill, une délicieuse terrasse ombragée et deux salles typiques (l'une rustique, l'autre plus raffinée). Carte à l'unisson.

X **Le Clou**

3 r. Chaudron – ✆ 03 88 32 11 67 – www.le-clou.com – Fermé merc. midi, dim. et fériés **6KYn**

Rest *(réserver)* – Formule 15 € – Carte 25/40 €

◆ À deux pas de la cathédrale, une winstub pleine d'authenticité, regorgeant d'objets d'antan et de scènes d'autrefois (belles marqueteries). Cuisine généreuse. L'Alsace éternelle !

X **Le Tire Bouchon**

5 r. des Tailleurs de Pierre – ✆ 03 88 22 16 32 – www.letirebouchon.fr

Rest – Formule 10 € bc – Menu 23/32 € – Carte 22/38 € **6KZt**

◆ Dans une ruelle au cœur de la ville, plusieurs salles de caractère (bois, tableaux) distribuées entre deux maisons anciennes. Cuisine typique, bien appréciée des Strasbourgeois.

X **Fink'Stuebel** avec ch ch,

26 r. Finkwiller – ✆ 03 88 25 07 57 – http://finkstuebel.free.fr – Fermé 9-30 août, dim. et lundi **5JZx**

5 ch – †70 € ††70 € – ☕ 9 € **Rest** – Carte 32/56 €

◆ Colombages, parquet brut, bois peints, mobilier régional et nappes fleuries : cet endroit a tout de l'image d'Épinal. Cuisine du terroir évidemment, foie gras à l'honneur. Quelques chambres au-dessus de la winstub (une par étage !), décorées à l'alsacienne.

X **Au Pont du Corbeau**

21 quai St-Nicolas – ✆ 03 88 35 60 68 – Fermé 3 sem. en août, 1 sem. vacances de fév., dim. midi et sam. sauf en déc. **6KZb**

Rest – Formule 13 € – Carte 24/38 €

◆ À côté du Musée Alsacien dédié à l'art populaire, une savoureuse manière de passer à la pratique : spécialités du terroir et décor traditionnel (éléments Renaissance, affiches).

Environs

à Schiltigheim **4 km au Nord par A 4 sortie n° 50 – 31 133 h. – alt. 140 m – ✉ 67300**

Kyriad Prestige sans rest

2 av. de l'Europe, Espace Européen de l'Entreprise – ✆ 03 90 22 60 60 – www.kyriad.fr **2BSb**

66 ch – †75/147 € ††75/147 € – ☕ 13 €

◆ En périphérie, dans l'Espace Européen de l'Entreprise (accès facile de l'autoroute), hôtel né en 2006, associant fonctionnalité et confort. Salle de petit-déjeuner avec terrasse.

XX **Côté Lac**

2 pl. de Paris, Espace Européen de l'Entreprise – ✆ 03 88 83 82 81 – www.cote-lac.com – Fermé 23 déc.-3 janv. **2BSt**

Rest – Menu 32 € (déj. en sem.), 45/65 €

◆ En dehors du centre, dans une zone d'activité plutôt avenante, une table au cadre tendance, avec de grandes baies vitrées ouvrant côté lac (terrasse). Cuisine actuelle soignée.

à Reichstett **7 km au Nord par D 468 et D 37 ou par A 4 et D 63 – 4 466 h. – alt. 141 m – ✉ 67116**

L'Aigle d'Or sans rest
5 r. de la Wantzenau, (près de l'église) – ☎ 03 88 20 07 87 – www.aigledor.com – Fermé 3-19 août et 24 déc.-6 janv. **2BRa**
17 ch – †59/99 € ††59/99 € – ☕ 10 €
◆ Belle façade à colombages au cœur d'un village pittoresque. Chambres sans ampleur mais assez coquettes, aux tons chaleureux. Salle des petits-déjeuners façon jardin d'hiver.

à La Wantzenau **12 km au Nord-Est par D 468 – 5 973 h. – alt. 130 m – ✉ 67610**

Le Moulin de la Wantzenau
3 impasse du Moulin, 1,5 km au Sud par D 468 – ☎ 03 88 59 22 22 – www.moulin-wantzenau.com – Fermé 24 déc.-8 janv. **2CRz**
20 ch – †74/95 € ††79/110 € – ☕ 13 € – ½ P 80/87 €
Rest ***Au Moulin*** – voir les restaurants ci-après
◆ Ancien moulin isolé dans la campagne, sur une rive de l'Ill. Les lieux distillent un certain charme et les chambres, avec leurs petites fenêtres, sont plaisantes. Expositions.

Relais de la Poste avec ch rest,
21 r. du Gén.-de-Gaulle – ☎ 03 88 59 24 80 – www.relais-poste.com – Fermé 1er-15 août **2CRa**
18 ch – †75/95 € ††85/155 € – ☕ 15 € – ½ P 95/155 €
Rest *(fermé sam. midi, dim. soir et lundi)* – Formule 26 € – Menu 30 € (sem.), 49/100 € – Carte 60/120 €
Spéc. Foie gras d'oie cuit au torchon, chutney d'ananas et abricot épicé. Noix de ris de veau glacée, beurre meunière aux câpres et carottes fanes. Crêpes Suzette flambées au Grand Marnier. **Vins** Riesling, Pinot noir.
◆ Une partition classique fort bien exécutée, fine et flatteuse : cette maison alsacienne, tout en colombages et toits de tuile, honore la tradition du goût – et aussi de l'accueil. Décor élégant : boiseries, véranda face à la verdure. Chambres cosy, d'esprit rustique.

Zimmer
23 r. Héros – ☎ 03 88 96 62 08 – www.restaurant-zimmer.fr – Fermé 25 juil.-12 août, 25 fév.-12 mars, dim. soir et lundi sauf fériés
Rest – Formule 22 € – Menu 25 € (sem.), 28/64 € – Carte 40/64 € **2CRr**
◆ Trois salons élégants, agrémentés de lambris blanc et de poutres colorées, où l'on sert une cuisine conjuguant terroir et notes actuelles (menus d'un bon rapport qualité-prix).

Les Semailles
10 r. Petit-Magmod – ☎ 03 88 96 38 38 – www.semailles.fr – Fermé 15 août-1er sept., 27 fév.-15 mars, dim. soir, merc. et jeudi
Rest – Formule 24 € – Menu 30 € (déj. en sem.), 41/64 € – Carte 41/49 € **2CRs**
◆ Jolie graine que cette maison alsacienne chatoyante, dressée dans une petite rue calme. Aux beaux jours, profitez de la terrasse ombragée sous une glycine centenaire... Au menu : des produits au-dessus de tout soupçon, parfaitement cuisinés, avec personnalité.

Au Moulin – Hôtel Au Moulin
2 impasse du Moulin, 1,5 km au Sud par D 468 – ☎ 03 88 96 20 01 – www.restaurant-moulin-wantzenau.fr – Fermé 8-28 juil., 26 déc.-7 janv., 25 fév.-6 mars, dim. soir et fériés le soir **2CRz**
Rest – Formule 18 € – Menu 23 € (sem.)/63 € – Carte 37/75 €
◆ Un cadre élégant et lumineux, dans les dépendances d'un ancien moulin posté au bord de l'Ill. La terrasse profite du calme de la campagne environnante. Cuisine classique.

Le Jardin Secret
32 r. de la Gare – ✆ 03 88 96 63 44 – www.restaurant-jardinsecret.fr – Fermé 5-21 août, 26 déc.-5 janv., sam. midi, dim. soir et lundi **2CRv**
Rest – Formule 19 € – Menu 24 € (sem.), 35/75 € bc
◆ Face à la petite gare, accueillant restaurant tenu par une jeune équipe. Le cadre est contemporain (tons blanc et taupe, tableaux) et la cuisine.... bien d'aujourd'hui.

Au Pont de l'Ill
2 r. Gén. Leclerc – ✆ 03 88 96 29 44 – www.aupontdelill.com – Fermé 7-25 août et sam. midi **2CRu**
Rest – Formule 9 € – Menu 22 € (sem.)/39 € – Carte 25/60 €
◆ Fruits de mer et poissons jouent les vedettes sur la carte de cette brasserie très fréquentée, abritant pas moins de cinq salles (au choix : style marin, Art nouveau, etc.).

à Illkirch-Graffenstaden 5 km par rte de Colmar BST ou par A 35 (sortie n° 7) – 26 743 h. – alt. 140 m – ✉ 67400

À l'Agneau
185 rte de Lyon – ✆ 03 88 66 06 58 – www.agneau-illkirch.org – Fermé 8-26 août, 23 déc.-6 janv., dim. soir, lundi et mardi **2BTa**
Rest – Formule 18 € – Menu 35/46 € – Carte 42/52 €
◆ Derrière une jolie façade peinte, deux salles contemporaines (écran diffusant des recettes) et un petit salon baroque, plus intime. Cuisine pour le moins créative.

à Fegersheim 14 km vers ④ par A 35 (sortie n° 7), N 283 et D 1083 – 5 243 h. – alt. 145 m – ✉ 67640

Auberge du Bruchrhein
24 r. de Lyon – ✆ 03 88 64 17 77 – Fermé dim. soir, lundi soir et jeudi soir
Rest – Formule 12 € – Menu 16 € (déj. en sem.), 24/29 € – Carte 27/53 € **1ATx**
◆ Maison alsacienne colorée, simple et conviviale. Salle classique et sobre, où est servie une cuisine sans chichi, teintée d'influences régionales.

à Entzheim 12 km par A 35 (sortie n° 8), D 400 et D 392 – 1 781 h. – alt. 150 m – ✉ 67960

Père Benoit
ch, rest,
34 rte de Strasbourg – ✆ 03 88 68 98 00 – www.hotel-perebenoit.com – Fermé 29 juil.-19 août et 23 déc.-2 janv. **1ATh**
60 ch – †62/77 € ††68/83 € – ☕ 9 €
Rest *Steinkeller* ✆ 03 88 68 91 65 *(fermé sam. midi, lundi midi et dim.)* – Formule 17 € – Menu 19/21 € – Carte 22/49 €
◆ Le village est coquet et cette ferme à colombages du 18ᵉs. est alsacienne dans l'âme ! Après le porche, on découvre d'une part le restaurant, de l'autre l'hôtel avec ses chambres simples et chaleureuses. Le petit-déjeuner est un régal !

à Ostwald 7 km par rte Schirmeck D 392 et D 484 ou par A35 (sortie n° 7) et D 484 – 10 804 h. – alt. 140 m – ✉ 67540

Château de l'Ile
4 quai Heydt – ✆ 03 88 66 85 00 – www.chateau-ile.com **2BTr**
60 ch – †175/520 € ††175/520 € – 2 suites – ☕ 23 € – ½ P 152/325 €
Rest *Winstub* – voir les restaurants ci-après
Rest *(ouvert jeudi soir, vend. soir, sam. soir et dim. midi)* – Menu 54/98 € bc – Carte 63/98 €
◆ Dans un parc baigné par l'Ill, ce petit château à l'architecture éclectique (19ᵉs.) entouré de grandes dépendances à colombages (construction moderne). Ils abritent des chambres spacieuses, tout en tissus imprimés et mobilier de style : excellent confort. À l'heure du repas, restaurant classique ou winstub.

XX **Winstub** – Hôtel Château de l'Ile

4 quai Heydt – ✆ 03 88 66 85 00 – www.chateau-ile.com – Fermé dim. midi

Rest – Formule 24 € – Menu 30 € (déj.)/42 € bc – Carte 34/63 € **2BTr**

◆ Son décor revisite l'imaginaire d'Hansi : tables et chaises en bois, panneaux marquetés, détails coquets... Le célèbre illustrateur aurait-il aimé la carte, où dominent les spécialités alsaciennes, de la salade de munster au kougelhopf ?

à Lingolsheim 5 km par rte de Schirmeck (D 392) – 16 802 h. – alt. 140 m – ✉ 67380

Kyriad sans rest

59 r. Mar. Foch – ✆ 03 88 76 11 00 – www.kyriadstrasbourg.com **2BSa**

37 ch – †60/95 € ††60/95 € – ☕ 10 €

◆ Hôtel intégré à un ensemble résidentiel et commercial, à mi-chemin de l'aéroport et du centre de Strasbourg. Chambres confortables, fonctionnelles et bien équipées.

à Pfulgriesheim 10 km au Nord-Ouest par D 31 – 1 283 h. – alt. 135 m – ✉ 67370

X **Bürestubel**

8 r. Lampertheim – ✆ 03 88 20 01 92 – www.restaurantburestubel.com – Fermé 30 juil.-15 août, 26 fév.-5 mars, midi fériés, dim. et lundi **1ARa**

Rest – Menu 19/33 € – Carte 21/48 €

◆ Cette ferme à colombages respire l'Alsace ! Joli décor régional et spécialités (très) locales : flammekueche, tartes flambées, sirops et sorbets réalisés avec les fruits du verger...

à Plobsheim 17 km par A35 (sortie n° 7) N 283, N 353 et D 468 – 3 839 h. – alt. 150 m – ✉ 67115

Le Kempferhof

351 r. du Moulin, au golf – ✆ 03 88 98 72 72 – www.golf-kempferhof.com – Fermé 24 déc.-28 fév.

27 ch – †123/173 € ††145/195 € – 8 suites – ☕ 18 € – ½ P 135/165 €

Rest *Le Kempf* Rest *Le Bistrot* – voir les restaurants ci-après

◆ Une demeure d'exception (19^e^s.) dans un domaine boisé de 85 ha, incluant un golf 18 trous : la nature à perte de vue ! Dans les chambres (plus simples à l'annexe), épure contemporaine de bon ton et... sérénité.

XXX **Le Kempf** – Hôtel Le Kempferhof

351 r. du Moulin, au golf – ✆ 03 88 98 72 72 – www.golf-kempferhof.com – Fermé 24 déc.-29 fév.

Rest *(dîner seult)* – Menu 55 € – Carte 50/83 €

◆ Le Kempf ? Un restaurant élégant pour une cuisine d'une belle créativité, placée sous la houlette du chef colmarien Jean-Yves Schillinger. La carte suit les saisons et ravit les gourmets.

XX **Le Bistrot** – Hôtel Le Kempferhof

351 r. du Moulin, au golf – ✆ 03 88 98 72 72 – www.golf-kempferhof.com – Fermé 24 déc.-28 fév.

Rest *(déj. seult)* – Menu 19/35 € bc – Carte 30/47 €

◆ Un élégant Bistrot sous la véranda du Kempferhof, avec une terrasse donnant sur les greens : une jolie façon de faire une pause entre deux putt.

STURZELBRONN – **57 Moselle** – **307** Q4 – **194 h. – alt. 250 m** **27** D1
– ✉ **57230**

▶ Paris 449 – Strasbourg 68 – Bitche 13 – Haguenau 39

X **Au Relais des Bois**

13 r. Principale – ✆ 03 87 06 20 30 – www.aurelaisdesbois.fr – Fermé janv.-fév. sauf week-ends, lundi et mardi

Rest – Formule 13 € – Menu 19/30 € – Carte 25/38 €

◆ Une petite adresse familiale nichée au cœur d'un village du parc naturel régional des Vosges du Nord. À la carte : poulet au gris de Toul, ragoût de gibier à l'ancienne, rognons aux girolles... Traditionnel !

SUBLIGNY – 89 Yonne – **319** C2 – rattaché à Sens

SUCÉ-SUR-ERDRE – 44 Loire-Atlantique – **316** G3 – rattaché à Nantes

SUCY-EN-BRIE – 94 Val-de-Marne – **312** E3 – **101** 28 – voir à Paris, Environs

SULLY-SUR-LOIRE – 45 Loiret – **318** L5 – 5 668 h. – alt. 115 m **12** C2
– ✉ 45600 Châteaux de la Loire

Paris 149 – Bourges 84 – Gien 25 – Montargis 40

place de Gaulle, ✆ 02 38 36 23 70, www.sully-sur-loire.fr

de Sully-sur-Loire, Domaine de l'Ousseau, par rte de Bourges : 4 km, ✆ 02 38 36 52 08

Château★ : charpente★★.

Hostellerie du Château ch, ch, VISA AE

4 rte de Paris, à St-Père-sur-Loire, Nord 1 km par D 948 – ✆ 02 38 36 24 44 – www.hostellerie-du-chateau.fr

42 ch – †48/70 € ††48/70 € – ☕ 10 € – ½ P 66 €

Rest *(fermé dim. soir)* – Menu 29/52 € – Carte 45/82 €

◆ Grand bâtiment récent abritant des chambres fonctionnelles et très bien tenues, dont la moitié donne sur le château de Sully. Espace loisirs avec bowling, billard, etc.

La Closeraie sans rest VISA

14 r. Porte-Berry – ✆ 02 38 05 10 90 – www.hotel-la-closeraie.com

9 ch – †55/65 € ††55/65 € – ☕ 8 €

◆ Dans cette maison du 19[e]s., on peut jouer sur le vieux piano ou paresser dans la bibliothèque en attendant le soir. Chambres décorées avec goût et simplicité.

aux Bordes Nord-Est 6 km par D 948 et D 961 – 1 693 h. – alt. 132 m – ✉ 45460

La Bonne Étoile VISA

D 952 – ✆ 02 38 35 52 15 – www.restaurant-labonneetoile.fr – Fermé dim. soir et lundi

Rest – Menu 17/39 € – Carte 17/39 €

◆ Votre bonne étoile vous conduira peut-être dans cette engageante petite auberge champêtre en sortie de village. Cuisine traditionnelle se basant sur les produits du marché.

SURESNES – 92 Hauts-de-Seine – **311** J2 – **101** 14 – voir à Paris, Environs

SUZE-LA-ROUSSE – 26 Drôme – **332** C8 – 1 865 h. – alt. 92 m **44** B3
– ✉ 26790 Lyon Drôme Ardèche

Paris 641 – Avignon 59 – Bollène 7 – Nyons 28

le village, ✆ 04 75 04 81 41, www.ot-suze-la-rousse.fr

Les Aiguières ch, VISA

r. Fontaine-d'Argent – ✆ 06 14 33 07 99 – www.les-aiguieres.com

5 ch ☕ – †75 € ††85 € **Table d'hôte** – Menu 22 € bc/28 € bc

◆ À deux pas du château et de son université du vin, une maison du 18e s. avec jardin, piscine, grand salon (feu de cheminée en hiver) et chambres d'esprit provençal. Cuisine familiale ; menu dégustation "alliances de mets et vins" sur réservation.

TAILLECOURT – 25 Doubs – **321** L2 – rattaché à Audincourt

TAIN-L'HERMITAGE – 26 Drôme – **332** C3 – 5 917 h. – alt. 124 m **43** E2
– ✉ 26600

Paris 545 – Grenoble 97 – Le Puy-en-Velay 105 – St-Étienne 76

place du 8 mai 1945, ✆ 04 75 08 06 81, www.ot.payshermitage.com

Belvédère de Pierre-Aiguille★ N : 4 km par D 241.

Plan page suivante

Les 2 Coteaux sans rest VISA AE

18 r. J. Péala – ✆ 04 75 08 33 01 – www.hotel-les-2-coteaux.com – Fermé 27 déc.-15 janv. Ba

18 ch – †56/60 € ††60/70 € – ☕ 12 €

◆ Un hôtel familial au calme, face à l'ancien pont enjambant le Rhône. Les chambres sont sobres et lumineuses ; quelques-unes avec balcon.

TAIN-L'HERMITAGE

Batie (Quai de la) . . . . **C** 3
Defer (Pl. H.) . . . . **C** 8
Église (Pl. de l') . . . . **C** 12
Gaulle (Q. Gén.-de) . . . . **C** 14
Grande-Rue . . . . **B** 16
Jean-Jaurès (Av.) . . . . **BC**
Michel (R. F.) . . . . **C** 21
Peala (R. J.) . . . . **B** 24
Prés.-Roosevelt (Av.) . . . . **C** 29
Rostaing (Q. A.) . . . . **C** 30
Seguin (Q. M.) . . . . **B** 32
Souvenir-Français (Av. du) . . . **C** 33
Taurobole (Pl. du) . . . . **BC**
8-Mai-1945 (Pl. du) . . . . **BC** 39

TOURNON-SUR-RHÔNE

Dumaine (R. A.) . . . . **B** 9
Faure (R. G.) . . . . **B** 13
Grande-Rue . . . . **B**
Juventon (Av. M.) . . . . **B** 19
Thiers (R.) . . . . **B** 35

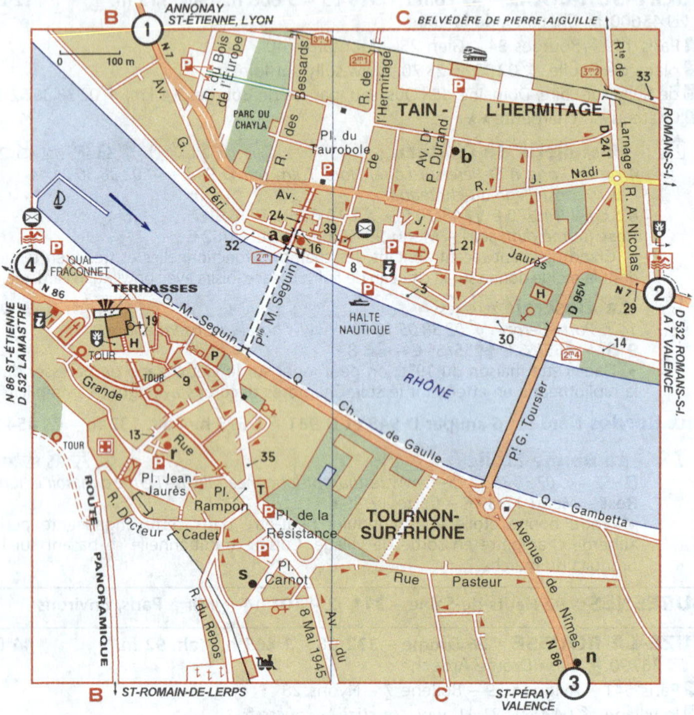

Le Castel sans rest

16 r. Paul Durand – ✆ 04 75 08 04 53 – www.hotel-lecastel.fr **Cb**

14 ch – 60/65 € 60/65 € – 8 €

◆ En centre-ville, près de la gare, un hôtel créé en 2009 dans une ancienne école ! Révisez vos leçons en dormant, dans un décor sobre et très propre (couettes, climatisation).

Le Quai

17 r. J. Péala – ✆ 04 75 07 05 90 – www.michelchabran.fr **Bv**

Rest – Formule 18 € – Menu 29/32 € – Carte 35/50 €

◆ On pourrait rester à quai pendant des heures, à admirer le Rhône et les vignobles. Terrasse façon paquebot et salle lumineuse. Assiette généreuse et soignée (tradition, brasserie).

Umia

2 r. de la Petite-Pierrelle, rte de Chantemerle-les-Blés – ✆ 04 75 09 19 85 – www.umia.fr – Fermé 21 août-14 sept., 25 déc.-10 janv., sam. midi, dim. et lundi

Rest – Formule 18 € – Menu 37/69 € – Carte 36/63 €

◆ Umia ou "délicieux" en japonais... Un couple franco-nippon dirige cette ferme cernée par les vignes. Priorité aux produits frais, cuissons au four à bois et notes d'Asie. Élégant.

TALANT – 21 Côte-d'Or – 320 J5 – rattaché à Dijon

TALLOIRES – 74 Haute-Savoie – 328 K5 – 1 626 h. – alt. 470 m 46 F1

– ✉ 74290 Alpes du Nord

Paris 551 – Albertville 34 – Annecy 13 – Megève 49

27 rue A. Theuriet, ✆ 04 50 60 70 64, www.talloires-lac-annecy.com

Site★★ - Site★★ de l'Ermitage St-Germain★ E : 4 km.

L'Auberge du Père Bise

303 rte du Port – ✆ 04 50 60 72 01 – www.perebise.com – Fermé 15 déc.-13 fév.

19 ch – 210/400 € 240/650 € – 4 suites – 32 €

Rest *L'Auberge du Père Bise* ✿ – voir les restaurants ci-après

◆ Un environnement féerique, au pied du lac... Depuis plus d'un siècle, cette belle maison accueille les grands de ce monde. Tout y est feutré, et les chambres – classiques ou plus contemporaines – sont d'un luxe sobre et de bon ton.

Le Cottage

Le Port – ✆ 04 50 60 71 10 – www.cottagebise.com – Ouvert fin avril-début oct.

28 ch – 140/240 € 140/240 € – 6 suites – 18 € – ½ P 130/275 €

Rest *Le Cottage* – voir les restaurants ci-après

◆ Face à l'embarcadère, ces maisons des années 1930 ont des airs de... cottage chic. Vue sur le lac, le jardin ou la montagne ; décor soigné et frais : les chambres, si douillettes, ont toutes ce petit quelque chose qu'on nomme le charme !

L'Abbaye

chemin des Moines – ✆ 04 50 60 77 33 – www.abbaye-talloires.com – Ouvert mi-fév. à mi-nov.

32 ch – 175/200 € 175/200 € – 1 suite – 23 €

Rest *L'Abbaye* – voir les restaurants ci-après

◆ Cette abbaye bénédictine du 17ᵉs. aurait accueilli Cézanne... Et pour cause, tout y est si calme et la vue sur le lac est un vrai tableau ! Chambres d'un classicisme raffiné, jardin face aux flots avec ponton privé et... dépaysement.

La Charpenterie

72 r. A. Theuriet – ✆ 04 50 60 70 47 – www.la-charpenterie.com – Fermé 4 nov.-6 avril

18 ch – 79/120 € 79/120 € – 11 € – ½ P 78/99 €

Rest – Menu 18 € (déj. en sem.), 26/39 € – Carte 38/54 €

◆ Dans ce charmant chalet récent (jolis balcons ouvragés) règne une sympathique atmosphère familiale. Intérieur chaleureux et confortable, où le bois s'impose partout ; nombreuses chambres avec terrasse et restaurant ancré dans la tradition (spécialités fromagères)... Un lieu bien charpenté !

Golf et Montagne sans rest

151 chemin des Sablons, Echarvines – ✆ 04 50 05 35 35 – www.hotel-golf-montagne.fr

15 ch – 85/125 € 85/125 € – 13 €

◆ Un joli lodge de montagne flambant neuf, à l'entrée du golf. Les chambres sont sobres, fraîches et très pratiques et ont toutes une terrasse (certaines donnant sur le lac) ; le petit-déjeuner se révèle copieux et bon.

XXXX ✿ L'Auberge du Père Bise (Sophie Bise)

303 rte du Port – ✆ 04 50 60 72 01 – www.perebise.com – Fermé 15 déc.-13 fév., mardi et merc. d'oct. à mai, mardi midi et vend. midi de juin à sept.

Rest – Menu 78/175 € – Carte 100/160 €

Spéc. Huîtres de pleine mer en cappuccino, laitue et cresson (saison). Gratin de queues d'écrevisses. Soufflé "Marguerite Bise". **Vins** Apremont, Vin de pays d'Allobrogie.

◆ Plus qu'une maison de tradition au charme fou, une institution ! Aux fourneaux, la brigade fourmille, s'activant autour de mille superbes produits... Et dans l'assiette, le grand classicisme le dispute à la modernité avec finesse, saveur et justesse. Sans parler de l'idyllique terrasse tournée vers les flots.

XXX **Le Cottage** – Hôtel Le Cottage

Le Port – *04 50 60 71 10* – *www.cottagebise.com* – *Ouvert fin avril-début oct.*
Rest – Formule 30 € bc – Menu 49/75 € – Carte 60/75 €
◆ Un restaurant cossu et bourgeois, une terrasse avec le lac pour horizon et de belles saveurs classiques, préparées avec d'excellents produits... On passe ici un moment gastronomique bien sympathique !

XXX **L'Abbaye** – Hôtel L'Abbaye

chemin des Moines – *04 50 60 77 33* – *www.abbaye-talloires.com* – *Fermé de mi-nov. à mi-fév., jeudi midi et merc. sauf juin-sept., lundi et mardi sauf juil.-août*
Rest – Menu 45/90 € – Carte 54/62 €
◆ Agneau au piment d'Espelette et légumes du Sud, filets de rouget à la coriandre : le chef concocte une cuisine gorgée de soleil (en saison, formule déjeuner plus simple) accompagnée de très bons vins. L'été, il fait bon la savourer en terrasse, face au lac.

XX **Villa des Fleurs** avec ch

rte du Port – *04 50 60 71 14* – *www.hotel-lavilladesfleurs74.com* – *Fermé 30 nov.-1er fév., dim. soir et lundi*
8 ch – 72/110 € 84/145 € – 14 €
Rest – Formule 27 € – Menu 36/82 € bc – Carte 50/70 €
◆ Dans le bourg mais entourée de verdure, cette confortable auberge savoyarde est idéale pour savourer une cuisine régionale tout en générosité (poissons du lac d'Annecy, entre autres). Chambres très calmes et deux appartements dans l'annexe.

à Angon 2 km au Sud par D 909a – 74290 Talloires

Les Grillons rest, rest,

– *04 50 60 70 31* – *www.hotel-grillons.com* – *Ouvert 30 avril-18 oct.*
32 ch (½ P seult) – ½ P 58/85 €
Rest *(ouvert 1er mai-1er oct.)* – Menu 25/48 € – Carte 30/57 €
◆ Un hôtel-restaurant traditionnel tenu par la même famille depuis trois générations. Accueil charmant, belle piscine et chambres fraîches donnant presque toutes sur le lac : aucun doute, ces Grillons portent bonheur !

TALMONT-SUR-GIRONDE – 17 Charente-Maritime – 324 E6 – 79 h. – alt. 20 m – 17120 Poitou Vendée Charentes 38 B3

Paris 503 – Blaye 72 – La Rochelle 93 – Royan 18

Site★ de l'église Ste-Radegonde★.

XX **L'Estuaire** avec ch rest, ch,

au Caillaud, 1 av. Estuaire – *05 46 90 43 85* – *www.hotellestuaire.com* – *Fermé 12 nov.-14 déc. et 2 janv.-10 fév.*
7 ch – 60/74 € 60/74 € – 9 €
Rest *(fermé lundi et mardi sauf juil.-août)* – Menu 22/45 € – Carte 26/70 €
◆ Belle situation face à la Gironde pour ce restaurant rustique égayé de tons pastel. On y propose des plats régionaux simples et des produits de la mer. Pour l'étape, des chambres claires, pratiques et bien tenues.

LA TAMARISSIÈRE – 34 Hérault – 339 F9 – rattaché à Agde

TAMNIÈS – 24 Dordogne – 329 H6 – 318 h. – alt. 200 m – 24620 4 D3

Paris 522 – Brive-la-Gaillarde 47 – Périgueux 60 – Sarlat-la-Canéda 14

Laborderie rest,

Le Bourg – *05 53 29 68 59* – *www.hotel-laborderie.com* – *Ouvert 31 mars-1er nov.*
44 ch – 45/96 € 48/99 € – 10 € – ½ P 52/78 €
Rest *(fermé lundi midi, mardi midi et merc. midi)* – Menu 24/48 € – Carte 25/63 €
◆ Dans cette maison périgourdine, tout est paisible ! Vaste parc tourné vers la vallée et chambres d'esprit rustique ou actuel. Au restaurant, atmosphère campagnarde et cuisine régionale à l'ancienne. À la belle saison, on profite de la terrasse.

TANCARVILLE – 76 Seine-Maritime – **304** C5 – 1 291 h. – alt. 10 m **33** C2
– ✉ 76430 Normandie Vallée de la Seine

Paris 175 – Caen 86 – Le Havre 32 – Pont-Audemer 24

Pont de Tancarville : péage en 2011 : autos 2,40 €, auto et caravane 3,00 €, camions et autocars 3,60 à 6,20 €, gratuit pour motos ✆ 02 35 39 65 60.

≤★ sur estuaire.

XXX **La Marine** avec ch ch, VISA AE

10 rte du Havre, au pied du pont (D 982) – ✆ 02 35 39 77 15 – www.lamarine-tancarville.com – Fermé 22 juil.-20 août, sam. midi, dim. soir et lundi

9 ch – †70/85 € ††70/85 € – ☕ 10 € – ½ P 80/95 €

Rest – Menu 13 € (sem.), 20/50 € – Carte 45/78 €

◆ Tout près du célèbre pont de Tancarville et déjà un peu les pieds dans l'eau. La table fait la part belle aux produits de la mer ; quant aux chambres ("France", "Normandie"...), elles évoquent les mythiques paquebots transatlantiques.

LA TANIA – 73 Savoie – **333** M5 – rattaché à Courchevel

TANNERON – 83 Var – **340** Q4 – 1 473 h. – alt. 376 m – ✉ 83440 **42** E2
Côte d'Azur

Paris 903 – Cannes 20 – Draguignan 53 – Grasse 20

place de la Mairie, ✆ 04 93 60 71 73, www.tourisme83.com/tanneron.htm

XX **Le Champfagou** avec ch VISA AE

53 pl. du Village – ✆ 04 93 60 68 30 – www.lechampfagou.fr – Fermé 25 oct.-15 nov., mardi soir et merc.

9 ch – †55 € ††55 € – ☕ 9 € – ½ P 55 €

Rest – Formule 22 € – Menu 29/60 € – Carte 44/65 €

◆ Un restaurant niché au milieu des mimosas... Ici, le chef réinterprète les classiques provençaux. L'été, on s'installe sur la terrasse fleurie. Petites chambres simples.

TANTONVILLE – 54 Meurthe-et-Moselle – **307** H8 – 643 h. **26** B2
– alt. 300 m – ✉ 54116

Paris 327 – Épinal 48 – Lunéville 35 – Nancy 29

XX **La Commanderie** VISA

1 r. Pasteur – ✆ 03 83 52 49 83 – www.restaurant-la-commanderie.com – Fermé 17 août-2 sept., 2-8 janv., mardi soir, merc. soir, dim. soir et lundi

Rest – Menu 15 € (déj. en sem.), 31/55 € – Carte 36/62 €

◆ Dans une autre vie, le bâtiment (début 20es.) a abrité le siège social de la brasserie Tourtel puis... une discothèque ! Deux jeunes frère et sœur y ont créé ce restaurant d'esprit traditionnel, tout indiqué pour un repas entre Nancy et Épinal.

TANUS – 81 Tarn – **338** F6 – 525 h. – alt. 439 m – ✉ 81190 **29** C2

Paris 668 – Albi 33 – Rodez 46 – St-Affrique 62

24, avenue Paul Bodin, mairie, ✆ 05 63 76 36 71, www.ville-tanus.fr

Viaduc du Viaur★ NE : 7 km,.

Des Voyageurs A/C rest, VISA

11 av. Paul Bodin – ✆ 05 63 76 30 06 – www.hoteldesvoyageurs-tarn.com – Fermé dim. soir et lundi sauf juil.-août

15 ch – †49/55 € ††49/55 € – ☕ 7 € – ½ P 40/44 €

Rest – Menu 15/29 € – Carte 26/46 €

◆ Près de l'église, un endroit tout simple, avec un petit jardin ombragé d'un saule pleureur et des chambres sobres. Atmosphère familiale, restaurant traditionnel sans prétention : l'hôtel de village par excellence.

TARARE – 69 Rhône – **327** F4 – 10 289 h. – alt. 383 m – ✉ 69170 **44** A1
Lyon Drôme Ardèche

Paris 463 – Lyon 45 – Montbrison 60 – Roanne 40

place Madeleine, ✆ 04 74 63 06 65

Burnichon
1,5 km à l'Est par D 307 – ✆ 04 74 63 44 01 – www.hotel-burnichon.com – Fermé 21-30 déc.
34 ch – †47/55 € ††56/65 € – ☕ 8 € – ½ P 52 €
Rest *(fermé sam. soir et dim.)* – Menu 16/38 € – Carte 26/41 €
◆ À l'entrée de la ville, une grosse bâtisse avec de jolies petites chambres, fraîches et pimpantes, un restaurant traditionnel et une piscine entourée de verdure... Un hôtel simple et sympathique, tenu en famille.

Jean Brouilly (Eric Lambolez)
3 ter r. de Paris – ✆ 04 74 63 24 56 – www.restaurant-brouilly.com – Fermé 30 juil.-9 août, dim. soir et lundi
Rest – Menu 28/72 € – Carte 40/75 €
Spéc. Millefeuille de ris de veau aux morilles. Cœur de filet de bœuf au foie gras. Soufflé léger au chocolat.
◆ Au cœur d'un parc sur la route de Roanne, cette maison bourgeoise et cossue (1906) vous convie à une halte classique, autour d'une cuisine très délicate et de beaux vins de Bourgogne. Une valeur sûre dans la région.

TARASCON-SUR-ARIÈGE – 09 Ariège – 343 H7 – 3 495 h. 29 C3
– alt. 474 m – ✉ 09400 Midi-Toulousain

Paris 777 – Ax-les-Thermes 27 – Foix 18 – Lavelanet 30

Centre multimédia - Avenue des Pyrénées, ✆ 05 61 05 94 94

Parc pyrénéen de l'art préhistorique★★ O : 3 km - Grotte de Niaux★★ (dessins préhistoriques) SO : 4 km - Grotte de Lombrives★ S : 3 km par N 20.

Le Manoir d'Agnès
2 r. St-Roch – ✆ 05 61 02 32 81 – www.manoiragnes.com
15 ch – †85/95 € ††105/120 € – ☕ 10 €
Rest *Saveurs du Manoir* – voir les restaurants ci-après
◆ Beau manoir du 19ᵉs. sur la route menant en Andorre. Les chambres, de facture sobre et contemporaine, sont claires et agréables (plus calmes sur l'arrière). Au restaurant, même atmosphère épurée pour une cuisine actuelle plutôt bien troussée.

Saveurs du Manoir – Hôtel Le Manoir d'Agnès
2 r. St-Roch – ✆ 05 61 64 76 93 – www.manoiragnes.com – Fermé en janv.
Rest – Menu 18 € (déj. en sem.), 25/50 € – Carte 28/57 €
◆ Surprise, les Saveurs du Manoir se la jouent bistrot moderne ! Du relief, de textures affirmées ; on sent l'envie de faire plaisir. C'est léger, coloré ! Une nouvelle approche de la gastronomie ariégeoise, à prix doux...

à Rabat-les-Trois-Seigneurs 5,5 km au Nord-Ouest par D 618 et D 223
– 307 h. – alt. 625 m – ✉ 09400

La Table de la Ramade
r. des Écoles – ✆ 05 61 64 94 32 – www.latabledelaramade.com – Fermé merc. sauf juil.-août et mardi
Rest – Menu 18/35 € – Carte 28/49 €
◆ Un restaurant niché au cœur d'un village ardéchois. On y vient à pied et l'on n'est pas déçu : rillettes de maquereau aux épices, millefeuille de bœuf et ses légumes croquants... cela met l'eau à la bouche !

TARBES Ⓟ – 65 Hautes-Pyrénées – 342 M5 – 44 173 h. 28 A3
– Agglo. 109 892 h. – alt. 320 m – ✉ 65000 Midi-Toulousain

Paris 831 – Bordeaux 218 – Lourdes 19 – Pau 44

de Tarbes-Lourdes-Pyrénées : ✆ 05 62 32 92 22, 9 km par ④.

✆ 3635 et tapez 42 (0,34 €/mn)

3, cours Gambetta, ✆ 05 62 51 30 31, www.tarbes.com

18 de Tarbes les Tumulus, à Laloubère, 1 rue du Bois, par rte de Bagnères-de-Bigorre : 2 km, ✆ 05 62 45 14 50

9 Hippodrome de La Loubère, à Laloubère, Rue de la Châtaigneraie, par rte de Bagnères-de-Bigorre : 3 km, ✆ 05 62 45 07 10

Cathédrale N.-D.-de-la-Sède★★ AY - Jardin Massey★ ABY - Haras★ AZ.

Le Rex Hotel

10 cours Gambetta – *✆ 05 62 54 44 44* AZ**b**
– *www.lerexhotel.com*
98 ch – †75/380 € ††135/380 € – ☕ 18 €
Rest *(fermé dim. et fériés)* – Formule 22 € – Menu 25/55 €
– Carte 29/66 €

◆ Envie d'une nuit très branchée ? L'adresse est toute trouvée avec cette audacieuse architecture en verre qui s'anime de jeux de lumière la nuit. Dans les chambres cohabitent créations design et confort dernier cri. Une réussite.

Ibis sans rest

61 av. de Lourdes, par ④ – *✆ 05 62 93 51 18* – *www.ibishotel.com*
76 ch – †59/69 € ††59/69 € – ☕ 9 €

◆ Hôtel situé aux portes de la ville. Chambres confortables (avec balcon donnant sur la piscine côté sud) et salon-bar lumineux (mobilier en bois clair).

Foch sans rest

18 pl. de Verdun – *✆ 05 62 93 71 58* – *www.hotel-foch.eu* AYZ**e**
30 ch – †58 € ††68 € – 1 suite – ☕ 8 €

◆ En plein centre-ville, établissement bordant une place animée. Chambres simples et bien insonorisées, plus spacieuses et dotées d'agréables balcons aux deux derniers étages.

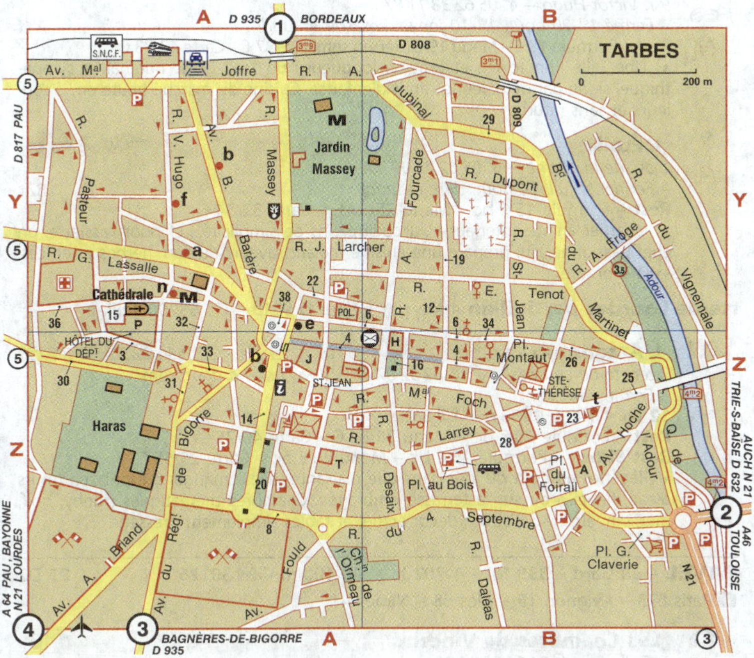

Bigorre (R. de la) . . . . . AZ 3
Brauhauban (R.) . . . . . ABZ 4
Clemenceau (R. G.) . . . . . ABY 6
Cronstadt (R. de) . . . . . AZ 8
Deville (R.) . . . . . BY 12
Foch (R. Maréchal) . . . . . ABZ
Fourcade (R. A.) . . . . . BY
Gambetta (Cours) . . . . . AZ 14
Gaulle (Pl. Gén.-de) . . . . . AY 15
Jean-Jaurès (Pl.) . . . . . BZ 16
Laporte (R. H.) . . . . . BY 19
Larcher (R. J.) . . . . . ABY
Leclerc (Allées Gén.) . . . . . AZ 20
Magnoac (R. G.) . . . . . AY 22
Marcadieu (Pl.) . . . . . BZ 23
Marne (Av. de la) . . . . . BZ 25
Michelet (R.) . . . . . BZ 26
Parmentier (Pl.) . . . . . BZ 28
Péreire (R.) . . . . . BY 29
Pradeau (Prom. du) . . . . . AZ 30
Pyrénées (R. des) . . . . . AZ 31
Ramond (R.) . . . . . AYZ 32
Reffye (Cours) . . . . . AZ 33
St-Frai (R. Marie) . . . . . BYZ 34
Sède (R. de la) . . . . . AY 36
Verdun (Pl. de) . . . . . AYZ 38

XXX **L'Ambroisie**

48 r. Abbé Torné – ✆ 05 62 93 09 34 – www.restaurant-lambroisie.com – Fermé 23-31 déc., sam. midi, dim. soir, mardi midi et lundi AY**n**

Rest – Menu 25 € (déj. en sem.), 37/95 € bc – Carte 78/95 €

◆ Cet ancien presbytère de 1882 abrite une salle à manger au décor classique, assortie d'une agréable terrasse face au jardin pour les beaux jours. Gastronomie française.

X **Le Petit Gourmand**

62 av. B. Barère – ✆ 05 62 34 26 86 – Fermé 2 sem. en août, début janv., sam. midi, dim. soir et lundi AY**b**

Rest – Menu 19/33 € – Carte environ 33 €

◆ Ambiance familiale et intérieur chaleureux de style bistrot chic. La cuisine, au goût du jour, privilégie les produits locaux ; jolie sélection de vins du Languedoc-Roussillon.

X **Le Fil à la Patte**

30 r. G. Lassalle – ✆ 05 62 93 39 23 – Fermé 6-19 août, sam. midi, dim. et lundi AY**a**

Rest – Formule 12 € – Menu 17/27 € – Carte 27/33 €

◆ L'atmosphère est conviviale et sans chichi dans ce restaurant où l'on s'attable coude à coude autour de plats du marché et de saveurs qui fleurent bon le terroir.

X **Trait Blanc**

9 r. Victor-Hugo – ✆ 05 62 38 11 87 – Fermé 1er-20 août, 1er-10 janv., dim. soir et lundi AY**f**

Rest – Formule 15 € – Menu 19 € (déj. en sem.), 25/37 € – Carte 47/73 €

◆ Une salle immaculée et tout en longueur : un Trait Blanc original et sympathique, signé par deux jeunes amis d'enfance. Cuisine du marché haute en… couleurs et sans ratures !

X **L'Étoile**

1 av. de la Marne – ✆ 05 62 93 09 30 – Fermé 24 juil.-14 août, dim. et lundi BZ**t**

Rest – Formule 15 € bc – Menu 25/37 € – Carte 32/54 €

◆ Quartier animé, intérieur et accueil pleins de simplicité... et pour l'assiette, un chef passionné, qui prépare une cuisine mêlant saveurs du Sud, herbes et épices, sans esbroufe.

rte de Lourdes par Juillan 4 km par ④ sur D 921A – ✉ 65290 Juillan

XXX **L'Aragon** avec ch

2 ter rte de Lourdes – ✆ 05 62 32 07 07 – www.hotel-aragon.com – Fermé dim. soir

12 ch – †49 € ††55 € – ☕ 8 €

Rest – Formule 20 € bc – Menu 35/64 € – Carte 45/75 €

Rest ***Bistrot*** – Formule 15 € bc – Menu 20 € bc – Carte 25/55 €

◆ Recettes au goût du jour dans une plaisante salle à manger d'esprit zen (murs d'eau, fleurs...) ou sur la terrasse ombragée. Chambres thématiques (rugby, golf, mer, vin, etc.). Au Bistrot : décor actuel et tables simplement dressées.

TAVEL – 30 Gard – 339 N4 – 1 702 h. – alt. 100 m – ✉ 30126 23 D2

Paris 673 – Avignon 15 – Alès 68 – Nîmes 41

Les Chambres de Vincent

r. Grillons – ✆ 04 66 50 94 76 – www.chambres-de-vincent.com – Ouvert 20 mars-31 oct.

5 ch ☕ – †65/70 € ††75/80 € – ½ P 60 €

Table d'hôte *(fermé mardi)* – Menu 25/75 € bc

◆ Cette maison se cache dans une ruelle étroite du village... Très joli jardin au parfum de garrigue, petites chambres fonctionnelles et agréable véranda. La patronne, avignonnaise, prépare une bonne cuisine familiale (bouillabaisse sur commande).

XX **Auberge de Tavel** avec ch
7 rte Romaine – ✆ 04 66 50 03 41 – www.auberge-de-tavel.com – Fermé 15-25 nov. et 15 fév.-15 mars
11 ch – 🛉90/112 € 🛉🛉115/200 €
Rest *(fermé jeudi midi et merc.)* – Formule 19 € – Menu 24/72 € – Carte 45/60 €
◆ Sous les poutres de la jolie salle rustique – ou en terrasse –, on part à la découverte d'une cuisine d'aujourd'hui, qui explore le terroir provençal avec bonheur. Chambres fraîches et pimpantes (mobilier chiné, coloris vert anis, brun, framboise...).

X **Le Physalis**
127 r. Frédéric-Mistral – ✆ 04 66 50 29 53 – www.lephysalisrestaurant.com – Fermé 4-25 janv., lundi d'oct. à mars et mardi
Rest – Formule 11 € – Menu 20/28 € – Carte 31/38 €
◆ De bons produits frais du marché pour une agréable cuisine provençale... Cette auberge de village est toute simple et l'accueil très sympathique !

TAVERS – 45 Loiret – 318 G5 – rattaché à Beaugency

TENCE – 43 Haute-Loire – 331 H3 – 3 271 h. – alt. 840 m – ✉ 43190 6 D3

Lyon Drôme Ardèche

Paris 564 – Lamastre 38 – Le Puy-en-Velay 46 – St-Étienne 52
place du Chatiague, ✆ 04 71 59 81 99

Les Prairies sans rest
1 r. du Prè-Long, (rte de St-Etienne) – ✆ 04 71 56 35 80 – www.lesprairies.com – Ouvert 15 avril-15 nov.
5 ch – 🛉67 € 🛉🛉75 €
◆ Agréable maison bourgeoise en pierre (1850) dans un beau parc arboré. Grandes chambres fraîches, lumineuses, au décor soigné. Tenue impeccable et accueil charmant.

TENCIN – 38 Isère – 333 I6 – 1 191 h. – alt. 257 m – ✉ 38570 46 F2

Paris 604 – Chambéry 38 – Grenoble 25 – Lyon 137
route du Lac - Grangeneuve, ✆ 04 76 13 00 00

XX **La Tour des Sens**
La Tour, 1 km rte de Theys – ✆ 04 76 04 79 67 – www.latourdessens.fr – Fermé 8-16 avril, 6-30 août, 24 déc.-11 janv., dim., lundi et fériés
Rest – Formule 25 € – Menu 39/79 € – Carte 42/60 €
◆ Pour la vue, ce sera la terrasse face au massif de la Chartreuse ou la salle contemporaine et chaleureuse. Pour le goût, l'odorat et le toucher, la cuisine inventive du chef, féru de produits nobles. Quant à l'ouïe... convivialité ou mots doux ?

TENDE – 06 Alpes-Maritimes – 341 G3 – 2 025 h. – alt. 815 m – ✉ 06430 41 D2

Côte d'Azur

Paris 888 – Cuneo 47 – Menton 56 – Nice 78
avenue du 16 septembre 1947, ✆ 04 93 04 73 71, www.tendemerveilles.com
18 de Vievola, Hameau de Vievola, N : 5 km par D 6204, ✆ 04 93 04 88 91
Site★ - veille ville★ - Fresques★★★ de la chapelle Notre-Dame des fontaines★★ SE : 11 km.

à St-Dalmas-de-Tende 4 km au Sud par D 6204 – ✉ 06430

Le Prieuré
r. J. Médecin – ✆ 04 93 04 75 70 – www.leprieure.org
24 ch – 🛉48/65 € 🛉🛉56/75 € – ☕ 8 € – ½ P 51/61 €
Rest – Formule 11 € – Menu 18 € – Carte 25/41 €
◆ Le hameau est célèbre pour sa gare monumentale bâtie sur les ordres de Mussolini. Original, cet ancien prieuré est aussi un ESAT, qui œuvre à l'insertion des personnes handicapées par le travail. Chambres simples, meublées à la provençale ; restaurant traditionnel, avec une agréable terrasse sous la treille.

à la Brigue 6,5 km au Sud-Est par D 6204 et D 43 – 633 h. – alt. 810 m – ✉ 06430

26, avenue du Général de Gaulle, 04 93 79 09 34, www.labrigue.fr
Collégiale St-Martin★.

Mirval
3 r. Ferrier – 04 93 04 63 71 – www.lemirval.com – Ouvert 1er avril-2 nov.
18 ch – 45/66 € 45/77 € – 9 € – ½ P 49/65 €
Rest *(fermé le midi sauf week-ends et fériés)* – Menu 19/24 €
◆ Une auberge de montagne (19e s.) tenue en famille, où les randonneurs aiment à faire étape. Le soir, on propose une agréable petite cuisine régionale... Pratique, propre et accueillant.

à Casterino 15 km au Nord-Ouest par D 91 – ✉ 06430 Tende

Chamois d'Or rest,
– 04 93 04 66 66 – www.hotelchamoisdor.net – Ouvert mai-sept.
22 ch – 75/90 € 85/120 € – 13 € – ½ P 85/110 €
Rest – Menu 30 € (dîner) – Carte 30/50 €
◆ Au cœur de la vallée des Merveilles, ce chalet fait face à la montagne et au torrent. Intérieur cossu et élégant avec des chambres spacieuses et bien équipées (balcon dans certaines) ; pour se restaurer, plats italiens et locaux.

Les Mélèzes avec ch ch,
– 04 93 04 95 95 – www.lesmelezes.fr – Fermé 15 nov.-27 déc., mardi soir et merc. hors saison
10 ch – 60 € 60 € – 7 € – ½ P 55 €
Rest *(fermé mardi soir et merc. hors saison)* – Menu 22/25 € – Carte 29/45 €
◆ Une petite adresse au décor régional, idéalement située pour randonner dans le massif du Mercantour. On y déguste une cuisine du terroir goûteuse et très soignée, à prix doux. Accueil charmant et, pour l'étape, des chambres modestes mais bien tenues.

TERRASSON-LAVILLEDIEU – 24 Dordogne – 329 I5 – 6 218 h. 4 D1
– alt. 90 m – ✉ 24120 Périgord Quercy

Paris 497 – Brive-la-Gaillarde 22 – Lanouaille 44 – Périgueux 53
Rue Jean Rouby, 05 53 50 37 56, www.ot-terrasson.com
Les jardins de l'imaginaire★.

L'Imaginaire (Éric Samson) avec ch ch,
pl. du Foirail, (direction église St-Sour) – 05 53 51 37 27 – www.l-imaginaire.com – Fermé 12 nov.-5 déc., lundi sauf le soir du 14 juil. au 25 août, mardi midi du 25 août au 14 juil. et dim. soir.
7 ch – 85/175 € 85/175 € – 13 € – ½ P 101/146 €
Rest – Formule 25 € – Menu 31 € (sem.), 48/75 € – Carte 48/61 €
Spéc. Grillade de foie gras de canard et sorbet litchi. Saint-pierre cuit vapeur, févettes et olives noires à l'huile de sureau (juin à sept.). Fine gelée de rhum agricole, marmelade d'annanas épicée en écume de lait de coco (oct. à avril). **Vins** Côtes de Bergerac.
◆ Plaisirs des yeux et du palais rivalisent dans la salle à manger voûtée de cet ancien hospice du 17e s. Ce cadre élégant rehausse encore la qualité de la cuisine. Les chambres, romantiques et pleines de charme, invitent à la rêverie la plus douce.

TERRAUBE – 32 Gers – 336 F6 – 391 h. – alt. 150 m – ✉ 32700 28 B2

Paris 721 – Agen 48 – Auch 43 – Toulouse 114

Maison Ardure
2 km par D 42 rte de Lectoure – 05 62 68 59 56 – www.ardure.fr – Fermé 1er-27 oct., 11 nov.-22 déc. et 2 janv.-1er avril
5 ch – 83/88 € 88/93 € **Table d'hôte** – Menu 30 € bc
◆ Superbe manoir gascon du 17e s. entouré d'un joli parc planté d'arbres fruitiers. Chambres décorées avec goût selon des thèmes régionaux ou voyageurs. Beaux espaces de détente. Le soir, découvrez à la table d'hôte une cuisine créative inspirée du terroir.

TERTENOZ – 74 Haute-Savoie – **328** K6 – rattaché à Faverges

TÉTEGHEM – 59 Nord – **302** C1 – rattaché à Dunkerque

TEYSSODE – 81 Tarn – **338** D9 – 349 h. – alt. 270 m – ✉ 81220 **29** C2

Paris 699 – Albi 54 – Castres 27 – Toulouse 51

Domaine d'En Naudet sans rest

D 43 – ✆ 05 63 70 50 59 – www.domainenaudet.com

5 ch – 82/92 € 82/92 €

◆ Perchée sur sa colline, cette demeure de caractère domine la campagne. Belles chambres au chic champêtre, nombreuses activités pour les enfants, bon petit-déjeuner avec des œufs de la ferme... Quiétude bucolique et charmant accueil en prime !

THANN – 68 Haut-Rhin – **315** G10 – 7 964 h. – alt. 343 m **1** A3
– ✉ 68800 Alsace Lorraine

Paris 464 – Belfort 42 – Colmar 44 – Épinal 87

7, rue de la 1ère Armée, ✆ 03 89 37 96 20, www.ot-thann.fr

Collégiale St-Thiébaut★★ - Grand Ballon ✱★★★ N : 19 km.

Le Parc

23 r. Kléber – ✆ 03 89 37 37 47 – www.alsacehotel.com – Fermé 2-23 janv.

21 ch – 69/169 € 69/169 € – 16 € – ½ P 75/135 €

Rest – Formule 19 € – Menu 24/49 € – Carte 29/55 €

◆ Dans un parc arboré, une belle maison bourgeoise du 19es. aux allures de petit palais : salon noble et raffiné ; fresques, statues, lustres italiens ; jolies chambres cossues (toutes différentes) et restaurant classique.

Aux Sapins

3 r. Jeanne d'Arc – ✆ 03 89 37 10 96 – www.auxsapinshotel.fr – Fermé 24 déc.-8 janv.

17 ch (½ P seult) – 46 € 58 € – 8 € – ½ P 54/60 €

Rest *(fermé 4-19 août, 24 déc.-8 janv.)* – Formule 11 € – Menu 19/33 € – Carte 18/47 €

◆ Un endroit simple, mais joli et accueillant ! Les chambres sont pimpantes et, en cas de fringale, l'on se restaure d'une cuisine traditionnelle sans chichis, ainsi que de tartes flambées (salle contemporaine et coquet bistrot façon winstub).

THANNENKIRCH – 68 Haut-Rhin – **315** H7 – 488 h. – alt. 520 m **2** C2
– ✉ 68590 Alsace Lorraine

Paris 436 – Colmar 25 – St-Dié 40 – Sélestat 17

Route★ de Schaentzel (D 48[1]) N : 3 km.

Touring-Hôtel

2 rte du Haut Koenigsbourg – ✆ 03 89 73 10 01 – www.touringhotel.com – Fermé 2 janv.-25 mars

35 ch – 100/110 € 100/145 € – 12 € – ½ P 85/110 €

Rest – Menu 19/68 € bc – Carte 25/47 €

◆ Le nom de l'hôtel, quelque peu impersonnel, ne reflète en rien l'esprit chaleureux des lieux. Du lambris, de beaux tissus : un vrai chalet douillet et tranquille, au pied du massif du Taennchel... Quant à l'espace balnéo, il est superbe. Un vrai coup de cœur !

Auberge La Meunière

30 r. Ste-Anne – ✆ 03 89 73 10 47 – www.aubergelameuniere.com – Ouvert 25 mars-22 déc.

25 ch – 70 € 78/120 €

Rest – Formule 14 € – Menu 18 € (sem.), 19/39 € – Carte 39/53 €

◆ Une auberge ravissante, avec des chambres mignonnes – du bois, parfois des pierres apparentes – offrant de belles échappées sur la campagne ; la plupart d'entre elles ont d'ailleurs un balcon.

THARON-PLAGE – 44 Loire-Atlantique – **316** C5 – alt. 0 m – ✉ 44730 **34** A2

Paris 437 – Challans 53 – Nantes 57 – St-Nazaire 24

L'Empreinte avec ch rest, VISA

119 bd de l'Océan – ✆ 02 40 27 82 17 – www.hotel-restaurant-lempreinte.com – Fermé 2 sem. en fév., 2 sem. en oct., 1 sem. en déc., dim. soir, merc. midi et lundi sauf le soir en juil.-août

13 ch – †57/88 € ††57/88 € – ☕ 8,50 €

Rest – Formule 15 € – Menu 18 € (déj. en sem.), 28/50 € – Carte 35/55 €

◆ Face à l'Atlantique, maison régionale entièrement rénovée. Sur la terrasse ou près des baies, on dîne en profitant du coucher de soleil sur l'océan et d'une cuisine actuelle très soignée (poisson frais). Chambres ravissantes aux couleurs reposantes.

LE THEIL – 15 Cantal – **330** C4 – rattaché à Salers

LE THEIL – 03 Allier – **326** F4 – 408 h. – alt. 450 m – ✉ 03240 **5** B1

Paris 343 – Clermont-Ferrand 92 – Montluçon 46 – Vichy 43

Château du Max P VISA

2 km au Nord-Ouest par D 129 – ✆ 04 70 42 35 23 – www.chateaudumax.com

4 ch ☕ – †70/90 € ††80/105 € **Table d'hôte** – Menu 28 € bc

◆ Château des 13e et 15e s. entouré de douves. Les chambres et suites ont été aménagées avec goût par la propriétaire, ancienne décoratrice de théâtre. À table, plats du terroir servis dans un cadre médiéval de toute beauté.

THÉNAC – 17 Charente-Maritime – **329** D7 – rattaché à Saintes

THENAY – 36 Indre – **323** E7 – 886 h. – alt. 120 m – ✉ 36800 **11** B3

Paris 299 – Le Blanc 30 – Châteauroux 33 – Limoges 104

Auberge de Thenay avec ch ch, VISA

23 r. R. d'Helbingue – ✆ 02 54 47 99 00 – www.auberge-de-thenay.fr – Fermé 29 août-12 sept., 17-31 janv., dim. soir et lundi

3 ch – †70 € ††70 € – ☕ 6 €

Rest *(nombre de couverts limité, réserver)* – Formule 12 € bc – Menu 25 € (dîner)/35 €

◆ Une véritable auberge, accueillante et chaleureuse. On s'y régale de viandes rôties à la broche et le propriétaire organise régulièrement des soirées irlandaises et écossaises (jolie carte de whiskys). Pour l'étape, les chambres sont agréables et... très originales !

THÉOULE-SUR-MER – 06 Alpes-Maritimes – **341** C6 – 1 556 h. **42** E2
– ✉ 06590 Côte d'Azur

Paris 895 – Cannes 11 – Draguignan 58 – Nice 42

1, corniche d'Or, ✆ 04 93 49 28 28, www.theoule-sur-mer.org

Massif de l'Estérel★★★.

à Miramar 5 km par D 6098 - rte de St-Raphaël – ✉ 06590 Theoule sur Mer
Côte d'Azur

Pointe de l'Esquilon ≤★★ NE : 1 km puis 15 mn.

Tiara Yaktsa ch, P VISA AE

6 bd de l'Esquillon – ✆ 04 92 28 60 30 – www.tiara-hotels.com – Fermé 1er-8 janv.

20 ch – †110/660 € ††110/660 € – 1 suite – ☕ 19 €

Rest – Formule 42 € – Menu 55 € – Carte environ 67 €

◆ Accrochée à la falaise, cette demeure abrite des chambres luxueuses qui marient l'Orient et la Méditerranée. Un cadre sublime : jardin luxuriant, piscine à débordement... Cuisine inspirée par les saveurs du monde et jolie vue sur l'Esterel de la terrasse.

Jilali B
16 av. du Trayas – ✆ 04 93 75 19 03 – www.jilalib.com – Fermé de mi-nov. à fin janv., mardi sauf le soir de juin à août et lundi
Rest – Formule 28 € – Menu 35/120 € bc – Carte 44/50 €
◆ Face à la mer, avec une grande terrasse verdoyante et très méditerranéenne. De bien jolis poissons issus de la pêche locale s'invitent à la carte, cuisinés sans chichis et avec beaucoup de fraîcheur – une simplicité appréciable dans la région.

THÉRONDELS – 12 Aveyron – **338** I1 – 478 h. – alt. 965 m – ✉ 12600 **29** D1
Paris 561 – Aurillac 44 – Chaudes-Aigues 48 – Murat 43

Miquel
le bourg – ✆ 05 65 66 02 72 – www.hotel-miquel.com – Fermé sam. et dim. du 1er avril au 30 sept.
15 ch – †65/80 € ††65/80 € – ☐ 8 €
Rest – Menu 18 € bc (déj. en sem.), 28/36 €
◆ Au cœur du village, sur la place bordée de tilleuls, une bâtisse régionale avec des chambres reposantes et confortables, dans un esprit assez nature (lambris blancs, tons doux) ; certaines donnent sur le jardin et la piscine.

THIAIS – 94 Val-de-Marne – **312** D3 – **101** 26 – rattaché à Paris, Environs

THIBIVILLERS – 60 Oise – **305** C5 – 202 h. – alt. 110 m – ✉ 60240 **36** A3
Paris 78 – Amiens 87 – Beauvais 26 – Rouen 77

Le Puits d'Angle
2 r. des Tilleuls – ✆ 03 44 84 31 10 – www.lepuitsdangle.com
5 ch ☐ – †70/90 € ††70/90 € **Table d'hôte** – Menu 30 € bc
◆ Profitez d'un séjour au calme dans cette belle ferme picarde du 18e s. La décoration des chambres marie avec goût mobilier ancien et contemporain. Piscine couverte et hammam. La bibliothèque sert de cadre à la table d'hôte, qui met à l'honneur des recettes du terroir.

THIERS – 63 Puy-de-Dôme – **326** I7 – 12 045 h. – alt. 420 m **6** C2
– ✉ 63300 Auvergne
Paris 388 – Clermont-Ferrand 43 – Lyon 133 – St-Étienne 108
1 place Pirou, ✆ 04 73 80 65 65, www.thiers-tourisme.fr
Site★★ - Le Vieux Thiers★ : Maison du Pirou★ **N** - Terrasse du Rempart ✳★ - Rocher de Borbes ≤★ S : 3,5 km par D 102.

L'Aigle d'Or
8 r. de Lyon – ✆ 04 73 80 00 50 – www.aigle-dor.com – Fermé 22 oct.-14 nov., 26 fév.-14 mars, lundi midi, sam. midi et dim.
18 ch – †59 € ††59/65 € – ☐ 7 €
Rest – Formule 12 € – Menu 18/27 € – Carte 25/37 €
◆ Au cœur de la ville, établissement fondé en 1836, abritant des chambres rénovées, assez feutrées. Cadre du 19e s., meubles rustiques et couleurs chatoyantes dans la salle de restaurant qui propose une cuisine traditionnelle.

à Pont-de-Dore Sud-Ouest 6 km par D 2089 – ✉ 63920 Peschadoires

Eliotel
rte de Maringues – ✆ 04 73 80 10 14 – www.eliotel.fr – Fermé 6-19 août et 21 déc.-15 janv.
12 ch – †60/86 € ††60/86 € – ☐ 8 € – ½ P 60/73 €
Rest – Formule 17 € – Menu 19 € bc (sem.), 22/39 € – Carte 35/55 €
◆ Un établissement sympathique tenu par un passionné de coutellerie thiernoise (vitrine de présentation et site Internet). Chambres de bonne ampleur, demandez les plus récentes. Le chef, originaire d'Armorique, mitonne recettes auvergnates et spécialités bretonnes.

LE THILLOT – 88 Vosges – **314** I5 – 3 757 h. – alt. 495 m – ✉ 88160 **27** C3
Alsace Lorraine
Paris 434 – Belfort 46 – Colmar 72 – Épinal 49
1 place Mar de L. de Tassigny, ✆ 03 29 25 00 59

au Ménil 3,5 km au Nord-Est par D 486 – 1 177 h. – alt. 524 m – ✉ 88160

Les Sapins
60 Gde Rue – ✆ 03 29 25 02 46 – www.hotel-les-sapins.fr – Fermé 27 juin-11 juil., 22 nov.-12 déc., dim. soir et lundi midi
22 ch – 🚹50/73 € 🚹🚹50/73 € – ☕ 9 € – ½ P 58/67 €
Rest *Les Sapins* – voir les restaurants ci-après
◆ Il n'est pas rare de surprendre la propriétaire en train de mettre ses confitures en pot : sa boutique artisanale remporte un vif succès ! Accueil souriant, chambres aux notes exotiques, bonne literie... une adresse sucrée.

Les Sapins
60 Gde Rue – ✆ 03 29 25 02 46 – www.hotel-les-sapins.fr – Fermé 27 juin-11 juil., 22 nov.-12 déc., dim. soir et lundi midi
Rest – Formule 13 € – Menu 21/45 € – Carte 30/48 €
◆ Bois, plantes vertes, tons clairs et de grandes baies vitrées : un cadre très lumineux et assez nature, pour une cuisine qui explore le terroir – avec une prédilection pour la truite (vapeur, meunière, en écailles de pomme de terre, etc.).

THIONNE – 03 Allier – **326** I4 – 317 h. – alt. 275 m – ✉ 03220 **6** C1
Paris 333 – Clermont-Ferrand 101 – Moulins 36 – Nevers 89

La Maison du Lac
4 km au Nord par D 161, rte de Chapeau – ✆ 04 70 34 74 23 – www.hotel-maisondulac.com – Fermé 25 déc.-15 fév.
7 ch – 🚹53/61 € 🚹🚹53/61 € – ☕ 7 €
Rest – Menu 18/38 € bc – Carte 31/50 €
◆ Du calme et de la verdure en cette bien nommée Maison du Lac, une jolie bâtisse aux allures de fermette. Chambres sobres, fonctionnelles et lumineuses. Au restaurant, le patron concocte une sympathique cuisine traditionnelle... Agréable terrasse face à l'étang.

THIONVILLE – 57 Moselle – **307** I2 – 41 129 h. **26** B1
– Agglo. 130 480 h. – alt. 155 m – ✉ 57100 Alsace Lorraine
Paris 339 – Luxembourg 32 – Metz 30 – Nancy 84
16, rue du Vieux collège, ✆ 03 82 53 33 18, www.ot-thionville.com
Château de la Grange★.

Plans pages suivantes

Des Oliviers sans rest
1 r. du Four-Banal – ✆ 03 82 53 70 27 – www.hoteldesoliviers.com – Fermé 23 déc.-2 janv. DY**n**
26 ch – 🚹60 € 🚹🚹62/65 € – ☕ 9 €
◆ Un petit hôtel familial dans une rue piétonne du centre, à quelques minutes de la gare et des commerces. L'accueil est charmant et les chambres sont d'une tenue irréprochable. L'été, on prend le petit-déjeuner en terrasse.

Kyriad Design Enzo sans rest
96 rte du Buchel, par A 31 sortie n° 43 – ✆ 03 82 82 10 07 – www.enzo-hotels.com AV**v**
72 ch – 🚹45/95 € 🚹🚹45/95 € – ☕ 12 €
◆ Certes, l'hôtel se trouve au bord de l'autoroute, mais il est bien pratique pour faire une étape et... il est décoré sur le thème de la Formule 1 ! Chambres fonctionnelles, sauna, douche "sensorielle" : pour se détendre et mieux repartir.

Aux Poulbots Gourmets
9 pl. aux Fleurs – ✆ 03 82 88 10 91 – www.poulbotsgourmets.com – Fermé 9-16 avril, 29 juil.-20 août, 1er-15 janv., sam. midi, dim. soir, merc. soir et lundi AV**p**
Rest – Menu 45/66 € – Carte 47/81 €
◆ La réputation de cette table d'inspiration classique (pigeon, bar aux girolles, sandre sauce vin jaune, etc.) n'est plus à faire ! Grandes baies vitrées, chaises Lloyd Loom et lustres modernes participent au charme contemporain du lieu.

THIONVILLE

Afrique (Chaussée d') . . . . AV 3
Amérique (Chaussée d') . . . . . BV 4
Asie (Chaussée d') . . . . AV 6
Bel Air (Allée) . . . . AV 7
Comte-de-Bertier (Av.) . . . . BV 10
Europe (Chaussée d') . . . . AV 13
Guentrange (Rte de) . . . . AV 15
Longwy (R. de) . . . . AV 18
Océanie (Chaussée d') . . . . BV 25
Paul-Albert (R.) . . . . AV 28
Pyramides (R. des) . . . . BV 29
Romains (R. des) . . . . AV 31
Terrasse (Allée de la) . . . . AV 34
14-Juillet (Av. du) . . . . AV 37

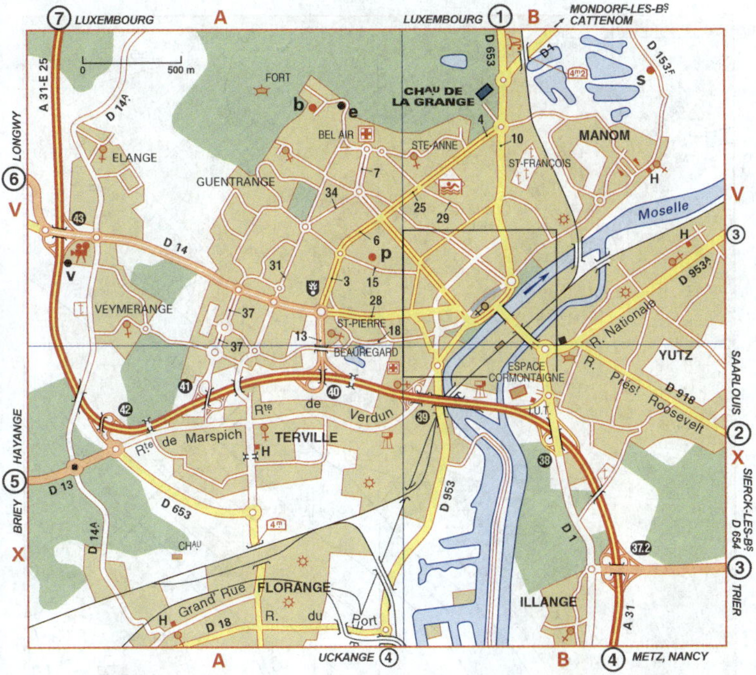

Au Petit Chez Soi

23 r. du Luxembourg – ✆ 03 82 53 62 96 – Fermé vacances de Pâques, 3 sem. en août, 24 déc.-3 janv., merc. soir, dim. et lundi DYt

Rest – Formule 23 € bc – Menu 25 € (sem.) – Carte 54/64 €

◆ Un sympathique petit restaurant façon bistrot, dans une maison du 18e s. du vieux Thionville. Ambiance conviviale, cuisine traditionnelle et fraîche (tartare de bœuf, baba à l'armagnac, etc.) et boutique-traiteur juste en face.

au Crève-Coeur – ✉ 57100 Thionville

L'Horizon rest, VISA AE

50 rte du Crève-Coeur – ✆ 03 82 88 53 65 – www.lhorizon.fr – Fermé 20 déc.-20 janv. et dim. soir de nov. à mars AVe

13 ch – †98/125 € ††98/155 € – ☕ 15 €

Rest *(fermé le midi sauf merc., jeudi et dim.)* – Menu 36 €, 48/58 € – Carte 54/64 €

◆ Classiques, cette belle demeure tapissée de vigne vierge et son jardin fleuri. Une ambiance feutrée que l'on retrouve dans les chambres au cachet rétro, au bar et au restaurant. Pour ceux qui voudraient loger un peu en dehors de Thionville.

Auberge du Crève-Cœur VISA AE

9 Le Crève-Coeur – ✆ 03 82 88 50 52 – www.aubergeducrevecoeur.com – Fermé dim. soir, lundi soir, mardi soir et merc. soir AVb

Rest – Menu 32/54 € bc – Carte 45/71 €

◆ Il y a fort à parier que vous ne ressortirez pas le cœur brisé de cette auberge familiale. Bacchus préside à la décoration et la cuisine du terroir se fait généreuse : pâté d'oie à la mode lorraine, lapin à la moutarde, etc.

THIONVILLE

Berthe-au-Grand-Pied (R.) . . **DY** 8
Ditsch (R. G.) . . . . **DZ** 12
Hoche (R. Lazare) . . . . **DY** 16
Luxembourg (R. du) . . . . **DY** 19
Marchal (Quai P.) . . . . **DY** 21
Marché (Pl. du) . . . . **DY** 22
Marie-Louise (Pl.) . . . . **CZ** 24
Paris (R. de) . . . . **DZ** 27
République (Pl.) . . . . **CZ** 30
St-Pierre (R. de) . . . . **CZ** 33

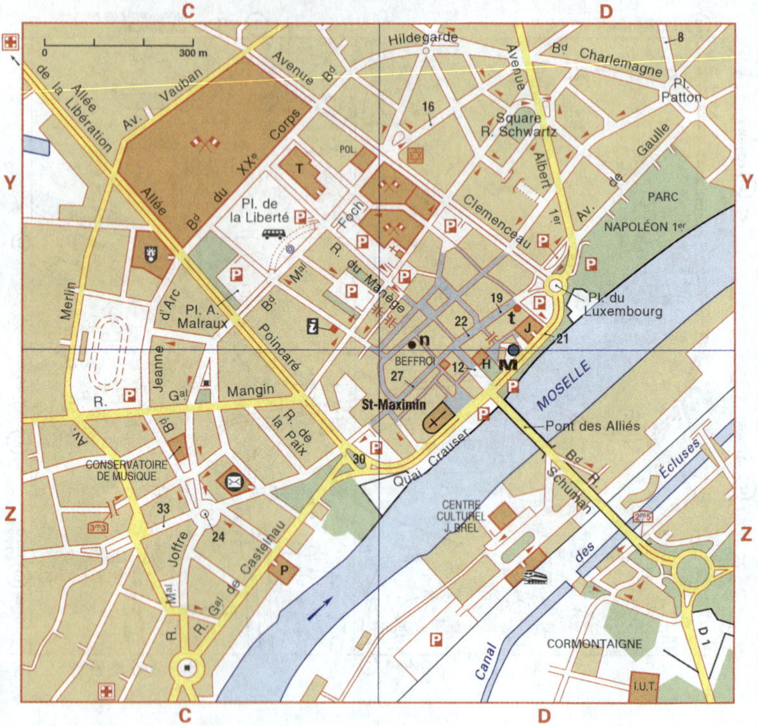

à Manom 4 km au Nord-Est – 2 672 h. – alt. 153 m – ✉ 57100

XX **Les Étangs**

rte de Garche – ✆ 03 82 53 26 92 – www.restaurantlesetangs.com – Fermé vacances de fév., dim. soir, lundi et merc. BV**s**

Rest – Formule 29 € – Menu 36/60 € – Carte 45/70 €

◆ À la sortie de Manom, prenez donc la route de Garche, vous tomberez sur cette bâtisse des années 1970 et sa terrasse au bord de l'eau. L'accueil est souriant ; quant à la cuisine, soignée et précise, elle explore les nouvelles tendances.

THIRON-GARDAIS – 28 Eure-et-Loir – **311** C6 – 1 098 h. – alt. 237 m **11** B1 – ✉ 28480

Paris 148 – Chartres 48 – Lucé 46 – Orléans 95

18 rue de l'Abbaye, ✆ 02 37 49 49 49

X **La Forge**

1 r. Alfred Chasseriaud – ✆ 02 37 49 42 30 – www.a-la-forge.com – Fermé lundi et le soir sauf vend. et sam.

Rest – Formule 12 € – Menu 20 € (sem.), 25/32 € – Carte 30/49 €

◆ Les habitués ne s'y trompent pas : on se régale à prix doux dans cette ancienne forge... très chaleureuse. Le décor est coquet dans sa simplicité, pendant agréable d'une cuisine généreuse. À noter : une délicieuse tarte aux quetsches.

THIVIERS – 24 Dordogne – **329** G3 – 3 147 h. – alt. 273 m – ✉ 24800 **4** C1
Périgord Quercy
Paris 449 – Brive-la-Gaillarde 81 – Limoges 62 – Périgueux 34
place du Marechal Foch, ✆ 05 53 55 12 50, www.pays-thiberien.fr

De France et de Russie sans rest
51 r. du Gén.-Lamy – ✆ 05 53 55 17 80 – www.thiviers-hotel.com
12 ch – †56/76 € ††56/76 € – ☕ 8 €
◆ Le foie gras de Thiviers faisait jadis la joie des tsars... Aujourd'hui, on cultive ce joli souvenir dans cette maison coquette (tapis fleuris à l'anglaise et jardinet verdoyant).

THIZY – 69 Rhône – **327** E3 – 2 402 h. – alt. 553 m – ✉ 69240 **44** A1
Paris 414 – Lyon 65 – Montbrison 74 – Roanne 22
rue Eugène Déchavanne, ✆ 04 74 64 35 23, www.lacdessapins.fr

La Terrasse
Le bourg Marnand, 2 km au Nord-Est par D 94 – ✆ 04 74 64 19 22 – www.laterrasse-marnand.com – Fermé vacances de la Toussaint, de fév. et dim. soir sauf été
10 ch – †47 € ††56 € – ☕ 6 € – ½ P 51 €
Rest *(fermé dim. soir et lundi sauf été)* – Formule 13 € – Menu 15 € (sem.), 21/68 € – Carte 18/55 €
◆ Une ancienne usine textile dans un village perché, cela donne parfois un bien agréable hôtel, avec de jolies chambres décorées – et parfumées – sur le thème des plantes aromatiques et ouvertes sur le jardin. Frais, coloré et chaleureux !

THOIRY – 01 Ain – **328** I3 – 4 938 h. – alt. 500 m – ✉ 01710 **45** C1
Paris 523 – Bellegarde-sur-Valserine 27 – Bourg-en-Bresse 99 – Gex 13

Holiday Inn
av. Mont-Blanc – ✆ 04 50 99 19 99 – www.holiday-inn.com/thoiryfrance
92 ch – †99/250 € ††99/250 € – 3 suites – ☕ 15 €
Rest *(fermé sam. midi)* – Formule 17 € – Menu 20 € (déj.)/25 € – Carte environ 30 €
◆ Jouxtant la frontière suisse et l'aéroport de Genève, cet hôtel de chaîne, classique et confortable, constitue une bonne étape pour la clientèle d'affaires internationale.

Les Cépages (Jean-Pierre Delesderrier)
465 r. Briand-Stresemann – ✆ 04 50 20 83 85 – www.lescepages.com – Fermé 1er-15 juil., dim. soir, lundi et mardi
Rest *(réserver)* – Menu 39 € (déj. en sem.), 57/128 € – Carte 65/110 €
Spéc. Homard aux arômes d'Asie. Suprême de poularde au vin du Jura. Palette des desserts de saison. **Vins** Bugey.
◆ Dans cette maison bourgeoise des années 1830, le chef élabore une cuisine de facture classique, en accord avec des crus choisis – 1 200 références en cave ! Le cadre est élégant et le service, tout sourire.

THOISSEY – 01 Ain – **328** B3 – 1 498 h. – alt. 175 m – ✉ 01140 **43** E1
Paris 407 – Bourg-en-Bresse 35 – Lyon 55 – Mâcon 19
37, Grande Rue, ✆ 04 74 04 90 17, www.cc-valdesaonechalaronne.com

Côté Saône
au port – ✆ 04 74 06 62 31 – Fermé janv., dim. soir, mardi soir et lundi
Rest – Formule 14 € – Menu 26/38 € – Carte 31/55 €
◆ Une généreuse cuisine traditionnelle qui rend hommage au terroir : terrine de foies de volaille, quenelle de brochet, vacherin à la framboise... Mention spéciale à la terrasse en bord de Saône, à l'ombre de platanes centenaires.

THONES – 74 Haute-Savoie – **328** K5 – 5 832 h. – alt. 650 m – ✉ 74230 **46** F1
Alpes du Nord
Paris 560 – Annecy 21 – Genève 59 – Lyon 171
4 place Avet, ✆ 04 50 02 00 26, www.thones-valsulens.com

Le Clos Zénon

ch,

rte de Bellossier – ✆ 04 50 02 10 86 – www.thones-chalet-gite.com – Ouvert fin avril-début déc.
5 ch – 55/60 € 65/100 € – ½ P 70/80 €
Table d'hôte – Menu 30 € bc/40 € bc

◆ Une bonne adresse pour les amoureux de la nature ! Dans ce chalet récent au milieu d'un joli jardin avec piscine, les chambres sont douillettes et l'accueil chaleureux... Côté gourmandises : confitures maison au petit-déjeuner et table d'hôte d'inspiration régionale dans un décor savoyard (sur réservation).

THONON-LES-BAINS – 74 Haute-Savoie – 328 L2 – 32 824 h. 46 F1

– alt. 431 m – Stat. therm. : fin août-mi-déc. – ✉ 74200 Alpes du Nord

Paris 568 – Annecy 75 – Chamonix-Mont-Blanc 99 – Genève 34
2 Rue Michaud, ✆ 04 50 71 55 55, www.thononlesbains.com
Évian Masters Golf Club, à Évian-les-Bains, Rive Sud du Lac de Genève, par rte d'Évian : 8 km, ✆ 04 50 75 46 66
Les Belvédères sur le lac Léman★★ ABY - Voûtes★ de l'église St-Hippolyte - Domaine de Ripaille★ N : 2 km.

Savoie Léman

VISA

40 bd Carnot – ✆ 04 50 81 13 50 – www.hotel-savoieleman.eu – Fermé vacances scolaires, sam. et dim. AYa
30 ch – 65/90 € 65/90 € – 2 suites – 10 €
Rest *Savoie Léman* – voir les restaurants ci-après

◆ L'hôtel d'application de l'École hôtelière de Thonon est né en1935, mais n'a pas pris une ride : jolie vue sur le lac, grandes chambres fraîches et bien équipées (à préférer côté Léman) et restaurant traditionnel. Une institution locale !

Arc en Ciel sans rest

VISA AE

18 pl. Crête – ✆ 04 50 71 90 63 – www.hotelarcencielthonon.com – Fermé 17 déc.-4 janv. BZk
40 ch – 60/78 € 65/79 € – 9 €

◆ Près du centre-ville, des chambres pratiques, spacieuses et bien équipées (kitchenette dans certaines), avec balcon ou terrasse. Pour l'agrément, il y a une petite piscine dans le jardinet.

À l'Ombre des Marronniers

ch, VISA AE

17 pl. Crête – ✆ 04 50 71 26 18 – www.hotellesmarronniers.com – Fermé 25 avril-6 mai et 20 déc.-5 janv. BZt
17 ch – 49/64 € 50/65 € – 8 € – ½ P 45/54 €
Rest *(fermé dim. soir du 15 nov. au 21 mai)* – Menu 13/33 € – Carte 25/44 €

◆ Un hôtel des années 1960 aux airs de chalet, avec des chambres un peu désuètes mais propres, fonctionnelles et bon marché. Au restaurant, cuisine traditionnelle et spécialités montagnardes.

Le Prieuré (Charles Plumex)

VISA AE

68 Gde rue – ✆ 04 50 71 31 89 – Fermé 9-24 avril, 5-20 nov., dim. soir, lundi et mardi
Rest – Menu 40 € bc (déj. en sem.), 45/85 € – Carte 75/110 € AYf
Spéc. Tempura d'escargots, clairet de jeunes feuilles d'épinard et basilic. Pomme de ris de veau caramélisée, déglaçage balsamique et jus naturel réduit. Bombe glacée à la Chartreuse verte et mascarpone à la pistache. **Vins** Vin de Savoie.

◆ De très beaux produits, de la subtilité, de la finesse et de l'inventivité : le chef, travailleur passionné, réalise une délicieuse cuisine du moment. Quant à son Prieuré, cossu et feutré, c'est un véritable havre de paix.

Les Alpes du Léman

VISA

3 bis r. des Italiens – ✆ 04 50 26 51 24 – www.thononresto.com – Fermé 15 juil.-13 août, dim. soir et merc. AZa
Rest *(nombre de couverts limité, réserver)* – Formule 18 € – Menu 27/59 € – Carte 43/63 €

◆ Un restaurant sobre et contemporain (tons beige et chocolat) dans une rue commerçante de la station thermale. On y savoure une cuisine du marché soignée, concoctée avec de beaux produits et des poissons du lac.

THONON-LES-BAINS

Allobroges (Av. des) . . . . BZ 2
Arts (R. des) . . . . BZ 3
Bordeaux (Pl. Henry). . . . . . AY 4
Grande-Rue . . . . AYZ
Granges (R. des). . . . . BY 5
Léman (Av. du) . . . . BY 6
Michaud (R.) . . . . AY 10
Moulin (Pl. Jean) . . . . AY 12
Paix (R. de la). . . . . AY 20
Ratte (Ch.de la) . . . . BZ 13
Trolliettes (Bd des) . . . . AZ 15
Ursules (R. des) . . . . BY 16
Vallées (Av. des) . . . . BZ 18

Savoie Léman – Hôtel Savoie Léman

40 bd Carnot – ✆ 04 50 81 13 50 – www.hotel-savoieleman.eu – Fermé vacances scolaires, sam. soir et dim. AYa

Rest – Formule 15 € – Menu 20 € (déj.)/25 € – Carte 20/30 €

◆ Omble du Léman, selle d'agneau rôtie... Une agréable cuisine traditionnelle à déguster dans un cadre original : ce restaurant élégant n'est autre que celui de l'École hôtelière de Thonon, centenaire en 2012.

à Anthy-sur-Léman 6 km par ④ et D 33 – 1 933 h. – alt. 400 m – ✉ 74200

L'Auberge d'Anthy

2 r. des Écoles – ✆ 04 50 70 35 00 – www.auberge-anthy.com

13 ch – †55/72 € ††67/83 € – ☕ 8 € – ½ P 65/74 €

Rest *(fermé 2 sem. en mars, 1 sem. en oct., dim. soir et lundi sauf juil.-août)* – Menu 16 € (déj. en sem.), 21/48 € – Carte 33/60 €

◆ "Ici, on mange, on boit et on dort !" Telle est la devise de cette sympathique auberge de village refusant tout superflu : petites chambres sobres, bistrot campagnard et cuisine du terroir.

aux Cinq Chemins 7 km par ④ – ✉ 74200 Margencel

Denarié ch,
25 r. de Séchex – ☎ 04 50 72 63 45 – www.hotel-denarie.fr
– Fermé 11-25 juin, 10-17 sept., 22 déc.-20 janv. et dim. soir sauf juil.-août
14 ch – †75/98 € ††80/105 € – ☕ 10 € – ½ P 80/95 €
Rest *Les Cinq Chemins* *(fermé dim. soir et lundi sauf en juil.-août)* – Formule 18 € – Menu 26/45 € – Carte 30/52 €
◆ Près de la route mais néanmoins au calme, cet hôtel-restaurant distille un charme savoyard simple et chaleureux. Les chambres sont décorées avec goût et l'on peut se restaurer d'une cuisine régionale copieuse.

au Port-de-Séchex 7 km par ④ – ✉ 74200

Le Clos du Lac avec ch rest, ch,
Port de Séchex – ☎ 04 50 72 48 81 – www.restaurant-leclosdulac.com – Fermé 2-11 juil., 29 oct.-8 nov., 2-24 janv., mardi sauf le soir en juil.-août, dim. soir et lundi
3 ch – †73 € ††73 € – ☕ 12 €
Rest – Formule 24 € – Menu 29/64 € – Carte 46/60 €
◆ Dans cette vieille ferme restaurée, on a certes conservé les mangeoires en pierre, mais tout est feutré et élégant. Le chef réalise une cuisine soignée et bien sentie, mettant en avant ses trouvailles du marché et les beaux produits régionaux. Les chambres, coquettes et toutes différentes, sont bien agréables.

à Bonnatrait 9 km par ④ – ✉ 74140 Sciez

Hôtellerie du Château de Coudrée
– ☎ 04 50 72 62 33 – www.coudree.fr – Fermé 30 oct.-2 déc.
17 ch – †120/330 € ††120/360 € – ☕ 15 €
Rest *Hôtellerie du Château de Coudrée* – voir les restaurants ci-après
◆ Au bord du lac et dans un beau parc, ce château est un majestueux témoin du Moyen Âge. Baldaquins, commodes antiques... Les chambres ont du caractère et invitent à une douce rêverie – celle du donjon se révèle d'ailleurs particulièrement insolite !

Hôtellerie du Château de Coudrée
– ☎ 04 50 72 62 33 – www.coudree.fr – Fermé 30 oct.-2 déc., mardi et merc. sauf le soir en juil.-août
Rest – Formule 32 € bc – Menu 42/92 € – Carte 67/91 €
◆ Boiseries, tapisseries et splendeurs médiévales : voilà pour le passé. Quant à l'assiette, d'une belle finesse, elle est bien de notre temps. Légumes bio du potager, poissons du lac et... saveur !

LE THOR – 84 Vaucluse – 332 C10 – 7 916 h. – alt. 50 m – ✉ 84250 42 E1

Paris 696 – Arles 84 – Avignon 21 – Marseille 89

La Bastide Rose ch, ch, rest,
99 chemin des Croupières – ☎ 04 90 02 14 33 – www.bastiderose.com
– Fermé de mi-janv. à fin mars
5 ch – †150/210 € ††150/210 € – 3 suites – ☕ 17 €
Rest – Menu 25 € (déj.)/40 €
◆ Cette belle bastide est un vrai lieu culturel – musée à la mémoire du journaliste Pierre Salinger, expos – avec le charme d'une maison de famille : élégance, confort, vue sur le parc. Sous la verrière ou en terrasse, cuisine provençale inspirée par le terroir.

THORÉ-LA-ROCHETTE – 41 Loir-et-Cher – 318 C5 – 911 h. – alt. 75 m – ✉ 41100 11 B2

Paris 176 – Blois 42 – La Flèche 94 – Le Mans 72

Du Pont
15 r. du Mar.-de-Rochambeau – ☎ 02 54 72 80 62 – Fermé 16 août-2 sept., 24-31 déc., 16 janv.-10 fév., mardi soir, dim. soir et lundi
Rest – Menu 23/50 € – Carte 44/62 €
◆ Vins et cuisine du terroir à déguster dans ce petit restaurant tout simple, situé à proximité de l'arrêt du train touristique de la vallée du Loir.

THORIGNÉ-SUR-DUÉ – 72 Sarthe – 310 M6 – 1 615 h. – alt. 82 m – ✉ 72160 35 D1

Paris 178 – Châteaudun 80 – Mamers 44 – Le Mans 30

Mairie, ✆ 02 43 89 05 13

Le St-Jacques

pl. du Monument – ✆ 02 43 89 95 50 – www.hotel-sarthe.fr – Fermé 2 sem. fin nov.

15 ch – †54/82 € ††64/90 € – ☕ 10 €

Rest *Le St-Jacques* – voir les restaurants ci-après

◆ À l'entrée du village, cet hôtel-restaurant doit beaucoup à ses propriétaires, très attachés à satisfaire les clients. Les chambres sont simples et bien tenues ; le grand jardin à l'arrière bien agréable. Une sympathique petite étape.

Le St-Jacques

pl. du Monument – ✆ 02 43 89 95 50 – www.hotel-sarthe.fr – Fermé 2 sem. fin nov.

Rest – Menu 19/52 € bc – Carte 43/52 €

◆ Un jeune couple plein d'allant fait souffler un vent de fraîcheur sur ce restaurant classique : nappes blanches, tables bien dressées et saveurs nouvelles, telles ces ravioles de tourteaux aux épices, émulsion de langoustines et petits légumes.

LE THORONET – 83 Var – 340 M5 – 2 138 h. – alt. 120 m – ✉ 83340 41 C3

Paris 831 – Brignoles 24 – Draguignan 21 – St-Raphaël 51

boulevard du 17 août 1944, ✆ 04 94 60 10 94, www.tourisme-lethoronet.com

Abbaye du Thoronet★★ O : 4,5 km Côte d'Azur

Hostellerie de l'Abbaye

r. Claudius Camail – ✆ 04 94 73 88 81 – www.hotelthoronet.fr – Fermé 20 déc.-1er fév.

23 ch – †63/80 € ††63/80 € – ☕ 9 € – ½ P 58/70 €

Rest *Les Restanques de Thoronet* – voir les restaurants ci-après

◆ Pour une étape à deux pas de la magnifique abbaye cistercienne du Thoronet (12e-13es.), une grande bâtisse d'esprit méridional, aux chambres simples, bien tenues, et avec une piscine où il fait bon se rafraîchir.

Les Restanques de Thoronet – Hostellerie de l'Abbaye

r. Claudius Camail – ✆ 04 94 73 88 81 – www.hotelthoronet.fr – Fermé 20 déc.-1er fév. et dim. soir de nov. à mars

Rest – Formule 19 € – Menu 29/39 € – Carte 33/60 €

◆ Une grande salle tout en tons clairs et une terrasse au bord de la piscine : atmosphère estivale dans cette Hostellerie qui a... le goût du soleil. Petit risotto à la truffe d'été, millefeuille de cabillaud à la tapenade de tomates vertes, etc.

THOUARCÉ – 49 Maine-et-Loire – 317 G5 – 1 820 h. – alt. 35 m – ✉ 49380 35 C2

Paris 318 – Angers 29 – Cholet 43 – Saumur 38

Mairie, ✆ 02 41 54 14 36

Château★★ de Brissac-Quincé, NE : 12 km Châteaux de la Loire

Le Relais de Bonnezeaux

1 km rte d'Angers – ✆ 02 41 54 08 33 – www.relais-bonnezeaux.fr – Fermé 26 déc.-20 janv., mardi soir, dim. soir et lundi

Rest – Formule 18 € – Menu 28/65 € bc – Carte 33/50 €

◆ Sur la route des Vins, restaurant aménagé dans une ex-gare de campagne. Les tables de la véranda profitent de la vue sur les vignes. Cuisine traditionnelle et crus locaux.

THOUARS – 79 Deux-Sèvres – 322 E3 – 9 853 h. – alt. 102 m – ✉ 79100 Poitou Vendée Charentes 38 B1

Paris 336 – Angers 71 – Bressuire 31 – Châtellerault 72

3 bis, boulevard Pierre Curie, ✆ 05 49 66 17 65, www.tourisme-pays-thouarsais.fr

Façade★★ de l'église St-Médard★ - Site★ - Maisons anciennes★.

Hôtellerie St-Jean
25 rte de Parthenay – ✆ 05 49 96 12 60 – www.hotellerie-st-jean.com – Fermé 27 fév.-11 mars, lundi en juil.-août et dim. soir
18 ch – 48 € 48 € – 7 € – ½ P 46 €
Rest – Formule 14 € – Menu 17 € (sem.), 25/36 € – Carte 41/67 €
◆ Cette bâtisse des années 1970 n'a rien de remarquable, mais elle a une jolie vue sur la vieille ville. Les chambres, plus calmes sur l'arrière, sont impeccablement tenues. Cuisine traditionnelle servie dans une salle aux larges baies vitrées.

à Ste-Verge **4 km au nord – 1 472 h. – alt. 65 m – ✉ 79100**

Le Logis de Pompois
13 r. de la Gosselinière – ✆ 05 49 96 27 84 – www.logis-de-pompois.com – Fermé de fin juil. à début août, 28 déc.-17 janv., dim. soir, lundi et mardi
Rest – Menu 21/36 €
◆ Domaine viticole des 18e-19es. abritant un centre d'aide par le travail où l'on réalise et sert une sérieuse cuisine traditionnelle. Salle chaleureuse aménagée dans l'ancien chai.

THOURON – 87 Haute-Vienne – 325 E5 – 492 h. – alt. 374 m – ✉ 87140 24 B1

Paris 380 – Bellac 23 – Guéret 79 – Limoges 28

La Pomme de Pin
Étang de Tricherie, 2,5 km au Nord-Est par D 225 – ✆ 05 55 53 43 43 – Fermé sept., 16 janv.-10 fév. et lundi
7 ch – 59/69 € 59/69 € – 7 € – ½ P 59 €
Rest *(fermé mardi midi)* – Formule 17 € bc – Menu 19/29 € – Carte 33/68 €
◆ Champêtre et rustique à souhait ! Au bord d'un étang où l'on peut pêcher la carpe, cet ancien moulin en pierre est avenant... Les chambres sont chaleureuses et bien tenues, et l'on peut se restaurer de plats du terroir et de grillades.

THUIR – 66 Pyrénées-Orientales – 344 H7 – 7 372 h. – alt. 99 m – ✉ 66300 Languedoc Roussillon 22 B3

Paris 897 – Figueres 56 – Montpellier 168 – Perpignan 16

boulevard Violet, ✆ 04 68 53 45 86, www.aspres-thuir.com

Le Patio Catalan
4 pl. du Gén.-de-Gaulle – ✆ 04 68 53 57 28 – Fermé vacances de Pâques, de Toussaint, de Noël, merc. et jeudi
Rest – Menu 14 € (déj. en sem.), 27/38 € – Carte 23/42 €
◆ De la tradition, de la simplicité, des produits bien choisis : voilà la recette du chef. Les habitués ont investi ce charmant restaurant rustique (juste en face des caves de Byrrh) et ne le quittent plus !

La Casa Dalie
21 r. de la République – ✆ 04 68 53 03 92 – www.casadalie.fr – Fermé vacances de la Toussaint et de Noël
Rest – Formule 14 € – Menu 19/55 € – Carte 35/67 €
◆ Côté déco, beaucoup de clins d'œil à Salvador Dalí et, dans l'assiette, une cuisine du terroir revue et corrigée par un chef inventif, qui décline un même produit en cinq préparations, réalise de jolies tapas sucrées et salées... Convivial !

THURET – 63 Puy-de-Dôme – 326 G7 – 765 h. – alt. 330 m – ✉ 63260 5 B2

Paris 379 – Clermont-Ferrand 32 – Vichy 24 – Cournon-d'Auvergne 35

Château de la Canière
2 km au Nord par D 212 et D 12 – ✆ 04 73 97 98 44 – www.caniere.com – Fermé 16 janv.-10 fév.
25 ch – 130/150 € 180/200 € – 1 suite – 21 €
Rest *Château de la Canière* – voir les restaurants ci-après
◆ Entouré d'un parc, ce château du 19e s. aux chambres spacieuses ose le mélange des styles et c'est réussi ! Au dernier étage, on profite de l'ambiance raffinée de la bibliothèque et, le soir venu, dîner au restaurant se révèle très romantique...

Château de la Canière

2 km au Nord par D 212 et D 12 – ✆ 04 73 97 98 44 – www.caniere.com – Fermé 16 janv.-10 fév.

Rest – Menu 28/90 € – Carte 63/86 €

◆ Cette table gastronomique dédiée à Lavoisier a un charme fou ! Soupière d'escargots, nougat de foie gras... Sur des bases classiques et avec de bons produits, le chef exécute une cuisine d'aujourd'hui fine et bien tournée.

THURY – 21 Côte-d'Or – **320** H7 – 292 h. – alt. 382 m – ✉ 21340 — 8 C2

Paris 303 – Autun 25 – Avallon 80 – Beaune 33

Manoir Bonpassage

La Grande Pièce, 1 km au Sud par D 36 et rte secondaire – ✆ 03 80 20 26 16 – www.bonpassage.com – Ouvert Pâques-1er nov.

9 ch – 59/66 € 59/82 € – 9 €

Rest *(fermé dim., mardi, jeudi et le midi) (résidents seult)* – Menu 25 €

◆ Une ferme en pleine campagne tenue par un couple hollandais très accueillant. De vrais airs de maison d'hôtes (dîner sans chichis pour les résidents), une jolie piscine et des chambres d'une tenue parfaite... Sympathique !

THURY-HARCOURT – 14 Calvados – **303** J6 – 1 914 h. – alt. 45 m – ✉ 14220 Normandie Cotentin — 32 B2

Paris 257 – Caen 28 – Condé-sur-Noireau 20 – Falaise 27

2, place Saint-Sauveur, ✆ 02 31 79 70 45, www.suisse-normande.com

Parc et jardins du château★ - Boucle du Hom★ NO : 3 km.

Le Relais de la Poste avec ch

7 r. de Caen – ✆ 02 31 79 72 12 – www.hotel-relaisdelaposte.com – Fermé 15-31 mars, 15-31 déc., sam. midi et dim. d'oct. à juin, vend. sauf le soir de juil. à sept. et jeudi midi de juil. à sept.

10 ch – 67/142 € 67/142 € – 11 €

Rest – Formule 20 € – Menu 28/64 € – Carte 44/61 €

◆ Au cœur de la Suisse normande, cet ancien relais de poste et sa cour intérieure font d'emblée bonne impression. Les chambres, fraîches et colorées, ont été décorées avec goût. Le restaurant, quant à lui, cultive la tradition.

TIFFAUGES – 85 Vendée – **316** J5 – 1 463 h. – alt. 77 m – ✉ 85130 — 34 B3
Poitou Vendée Charentes

Paris 374 – Angers 85 – Cholet 20 – Clisson 19

Manoir de la Barbacane sans rest

pl. de l'Église – ✆ 02 51 65 75 59 – www.hotel-barbacane.com – Fermé 24 déc.-6 janv.

16 ch – 65/105 € 65/105 € – 11 €

◆ Un beau manoir du 19e s, un jardin fleuri et sa piscine : le calme. Et dire que le château de Barbe-Bleue est à deux pas ! N'ayez crainte et dormez sur vos deux oreilles... les chambres sont confortables et coquettes.

TIGNES – 73 Savoie – **333** O5 – 2 160 h. – alt. 2 100 m – Sports d'hiver : 1 550/3 450 m 4 44 – ✉ 73320 Alpes du Nord — 45 D2

Paris 665 – Albertville 85 – Bourg-St-Maurice 31 – Chambéry 134

Tignes Accueil, ✆ 04 79 40 04 40, www.tignes.net

du Lac de Tignes, Le Val Claret, S : 2 km, ✆ 04 79 06 37 42

Site★★ - Barrage★★ NE : 5 km - Panorama de la Grande Motte★★ SO.

Les Suites du Montana

Les Almes – ✆ 04 79 40 01 44 – www.village-montana.com – Ouvert mi-déc. à mi-avril

27 suites – 228/656 € – 1 ch – ½ P 210/345 €

Rest *Les Suites du Montana* – voir les restaurants ci-après

◆ Ce "hameau" de chalets abrite de grandes suites raffinées. De style savoyard, autrichien ou provençal, elles ont un sauna privatif et un balcon plein sud ! L'ensemble est très calme et bien situé, en plein cœur de l'espace Killy.

Village Montana rest,

Les Almes – ✆ 04 79 40 01 44 – www.village-montana.com – Ouvert fin juin à mi-sept. et fin nov. à début mai

78 ch – 108/213 € 166/326 € – 4 suites – ½ P 100/230 €

Rest *(dîner seult)* – Menu 35 € – Carte 38/58 €

Rest *La Chaumière* *(ouvert début déc. à début mai)* – Carte 19/45 €

◆ Ces splendides chalets conjuguent tradition, calme et confort. Les chambres, spacieuses et familiales, disposent d'un balcon ouvert sur les pistes. Miniclub. Carte de brasserie et spécialités savoyardes à la Chaumière (décor façon vieille bergerie).

Les Campanules

– ✆ 04 79 06 34 36 – www.campanules.com – Ouvert 8 juil.-26 août et 11 nov.-2 mai

39 ch – 100/210 € 140/360 € – 12 suites – ½ P 105/230 €

Rest – Formule 30 € – Menu 39 € (dîner)/50 € – Carte 48/60 €

◆ Au cœur de la station, chalet familial aux chambres spacieuses et douillettes, dont un duplex au dernier étage. Piscine extérieure chauffée et spa panoramiques. Une fresque évoquant le vieux village orne les murs du restaurant. Cuisine traditionnelle (buffets).

Le Paquis rest,

Le Rosset – ✆ 04 79 06 37 33 – www.hotel-lepaquis.fr – Fermé 3 mai-28 juin et 3 sept.-4 nov.

32 ch – 70/123 € 108/190 € – 1 suite – ½ P 85/130 €

Rest *(ouvert de déc. à avril)* – Formule 20 € – Menu 25 € (déj. en sem.), 30/35 € – Carte 30/45 €

◆ Un chalet des années 1960 où domine un esprit savoyard épuré : boiseries, mobilier pastel dans les chambres (certaines avec terrasse), bar cosy en bois et lauze, espace bien-être. Au restaurant, vue panoramique sur les pistes ; carte traditionnelle et régionale.

Le Lévanna ch,

Le Rosset – ✆ 04 79 06 32 94 – www.levanna.com – Ouvert d'oct. à mai

40 ch – 53/199 € 106/344 € – ½ P 78/197 €

Rest – Menu 35 € (dîner) – Carte 32/61 €

◆ Ce chalet récent abrite des chambres confortables et cosy. Toutes possèdent un balcon et certaines sont aménagées en duplex. Agréable espace sauna-hammam. Au restaurant, cuisine traditionnelle, spécialités fromagères et grande terrasse côté pistes.

L'Arbina

Le Rosset – ✆ 04 79 06 34 78 – www.hotel-arbina.com – Ouvert 10 juil.-31 août et 2 oct.-10 mai

22 ch – 50/107 € 62/127 € – 12 € – ½ P 61/105 €

Rest *(ouvert 20 nov.-10 mai)* – Formule 24 € – Menu 29 € – Carte 37/69 €

◆ L'Arbina est aussi le nom de la perdrix des Alpes. À deux pas des télécabines, cet hôtel familial dispose de chambres simples et douillettes, tout en boiserie. Côté carte : poissons et fruits de mer à l'honneur. Terrasse donnant sur le glacier de la Grande Motte.

Les Suites du Montana – Hôtel Les Suites du Montana

Les Almes – ✆ 04 79 40 01 44 – www.village-montana.com – Ouvert de mi-déc. à mi-avril

Rest *(dîner seult)* – Menu 48 € – Carte 55/68 €

◆ Pas besoin d'être résident des Suites du Montana pour profiter de cet élégant restaurant où l'on met en avant les produits nobles : bœuf charolais, homard, turbot, belles volailles... Et les viandes rôtissent sous vos yeux !

La Ferme des 3 Capucines

– ✆ 04 79 06 35 10 – Ouvert juil.- août et déc.-avril

Rest *(réserver)* – Menu 29 € – Carte 30/39 €

◆ Une ferme-laiterie atypique et sympathique : on peut y déguster une copieuse cuisine de terroir en admirant les vaches de l'étable attenante, puis acheter du fromage.

au Val Claret 2 km au Sud-Ouest – alt. 2 100 m – ✉ 73320 Tignes

Les Suites du Nevada
– ✆ 04 79 41 68 30 – *www.les-suites-du-nevada.com* – *Ouvert 17 déc.- 29 avril*
25 ch – 318/452 € 336/1064 € – 25 suites
Rest *La Table en Montagne* – voir les restaurants ci-après
◆ Plus qu'un hôtel, une création : tronçons de bois massifs, blocs de pierre, béton, tons sombres... l'univers montagnard repensé à la pointe du goût contemporain ! Un raffinement qui ne peut laisser indifférent ; le luxe à l'état brut.

Le Ski d'Or
r. du Val Claret – ✆ *04 79 06 51 60* – *www.hotel-skidor.com*
– *Ouvert 5 nov.-2 mai*
27 ch – 104/260 € 160/400 € – ½ P 120/225 €
Rest *(dîner seult)* – Menu 43 € – Carte 40/65 €
◆ L'hôtel arbore un joli décor contemporain, où dominent le bois et les couleurs crème et taupe. Les chambres sont confortables et raffinées. Salle à manger grande ouverte sur les montagnes et les pistes ; ambiance chaleureuse et cuisine du marché.

La Table en Montagne – Hôtel Les Suites du Nevada
– ✆ *04 79 41 68 30* – *www.les-suites-du-nevada.com*
– *Ouvert 17 déc.- 29 avril*
Rest *(dîner seult)* – Menu 38/70 €
◆ Chaleur du bois, de tons dorés et verts... Jolis échos de l'univers de la forêt, dans une veine élégante et feutrée qui saisit immédiatement. On y déguste une cuisine soignée, telles ces noix de Saint-Jacques poêlées et miel de Tignes.

TILQUES – 62 Pas-de-Calais – **301** G3 – **rattaché à St-Omer**

LES TINES – 74 Haute-Savoie – **328** O5 – **rattaché à Chamonix-Mont-Blanc**

TONNEINS – 47 Lot-et-Garonne – **336** D3 – 9 162 h. – alt. 26 m – ✉ 47400 **4** C2

Paris 683 – Agen 44 – Nérac 38 – Villeneuve-sur-Lot 37

3, avenue Charles-de-Gaulle, ✆ 05 53 79 22 79

de Barthe, à Tombeboeuf, Route de Villeneuve, NE : 20 km par D 120, ✆ 05 53 88 83 31

Des Fleurs sans rest
66 r. Colisson, rte de Bordeaux – ✆ *05 53 79 10 47* – *www.hoteldesfleurs47.com* – *Fermé 1 sem. vacances de Noël, 1 sem. vacances de fév., vend. et sam. de mi-nov. à fin mars*
26 ch – 42/72 € 42/72 € – 8 €
◆ Sur l'axe principal de la ville, un hôtel tout simple et bon marché. Les chambres sont certes petites, mais bien aménagées (certaines très colorées) et d'une tenue irréprochable. Une étape fort commode.

Quai 36
36 cours de l'Yser – ✆ *05 53 94 36 38* – *www.quai36.fr*
– *Fermé 1er-22 août, 1er-8 janv., sam. midi, dim. soir, mardi soir, merc. soir et lundi*
Rest – Formule 14 € – Menu 17 € (déj. en sem.), 23/48 € – Carte 40/60 €
◆ L'enseigne fait référence à l'adresse, au bord de la Garonne. L'établissement est mené par une équipe jeune et dynamique ; on y apprécie une cuisine de produits assez fraîche, tout en profitant de la jolie vue.

Il fait beau ? Savourez le plaisir de manger en terrasse :

TONNERRE – 89 Yonne – 319 G4 – 5 260 h. – alt. 156 m – ✉ 89700 7 B1

Bourgogne

Paris 199 – Auxerre 38 – Châtillon-sur-Seine 49 – Montbard 45

place Marguerite de Bourgogne, ✆ 03 86 55 14 48, www.tourisme-tonnerre.fr

de Tanlay, à Tanlay, Parc du Château, par rte de Châtillon-s-Seine : 9 km, ✆ 03 86 75 72 92

Fosse Dionne★ - Intérieur★ de l'ancien hôpital : mise au tombeau★ - Château de Tanlay★★.

L'Auberge de Bourgogne

rest, VISA AE

D 905, 2 km par rte de Dijon – ✆ 03 86 54 41 41 – www.aubergedebourgogne.com – Fermé 18 déc.-18 janv.

40 ch – †68/72 € ††72/82 € – ½ P 57 €

Rest *(fermé lundi midi, sam. midi et dim.)* – Menu 19/28 € – Carte 29/38 €

◆ Tout près des vignobles d'Épineuil, un hôtel des années 1990 disposant de chambres simples et mignonnes. Préférez-les sur l'arrière, pour la jolie vue champêtre. Salle de fitness. Au restaurant, cuisine régionale et rangées de ceps en toile de fond.

TORCY – 71 Saône-et-Loire – 320 G9 – rattaché au Creusot

TORNAC – 30 Gard – 339 I4 – rattaché à Anduze

TÔTES – 76 Seine-Maritime – 304 G3 – 1 330 h. – alt. 150 m – ✉ 76890 33 D1

Paris 168 – Dieppe 34 – Fécamp 60 – Le Havre 80

Auberge du Cygne

VISA

5 r. Guy de Maupassant – ✆ 02 35 32 92 03 – www.aubergeducygne-totes.com – Fermé 9-22 juil., dim. soir et lundi soir

Rest – Formule 18 € – Menu 24/40 € – Carte 32/66 €

◆ Cette auberge de 1611 a reçu de nombreux hôtes illustres ; Guy de Maupassant y aurait même écrit Boule de Suif ! D'un côté, une magnifique cheminée, de l'autre, un salon inspirée par le 18es. Un registre classique, comme la cuisine.

TOUL – 54 Meurthe-et-Moselle – 307 G6 – 16 082 h. – alt. 209 m 26 B2 – ✉ 54200 Alsace Lorraine

Paris 291 – Bar-le-Duc 62 – Metz 75 – Nancy 23

Parvis de la Cathédrale, ✆ 03 83 64 90 60

Cathédrale St-Étienne★★ et cloître★ - Église St-Gengoult : cloître★★ - Façade★ de l'ancien palais épiscopal **H** - Musée municipal★ : salle des malades★ **M.**

L'Europe sans rest

VISA

373 av. Victor Hugo – ✆ 03 83 43 00 10 – www.hotel-europe54.com – Fermé 6-28 août et vacances de Noël AYs

21 ch – †52/60 € ††52/60 € – ☕ 6 €

◆ Voilà une adresse pratique pour ceux qui prennent le train : la gare est à côté. Autres atouts, ses chambres joliment rétro et bien tenues (parquet d'origine et mobilier Art déco) et l'accueil familial.

La Villa Lorraine sans rest

VISA

15 r. Gambetta – ✆ 03 83 43 08 95 – www.hotel-la-villa-lorraine.com – Fermé vacances de fév. AZa

21 ch – †50/55 € ††50/55 € – ☕ 7 €

◆ Surprenant, ce petit hôtel du cœur de la cité était autrefois un théâtre. Derrière sa belle façade sur laquelle on peut encore lire "La Comédie", des chambres très simples, fonctionnelles et propres. Une adresse familiale, qui dépanne bien.

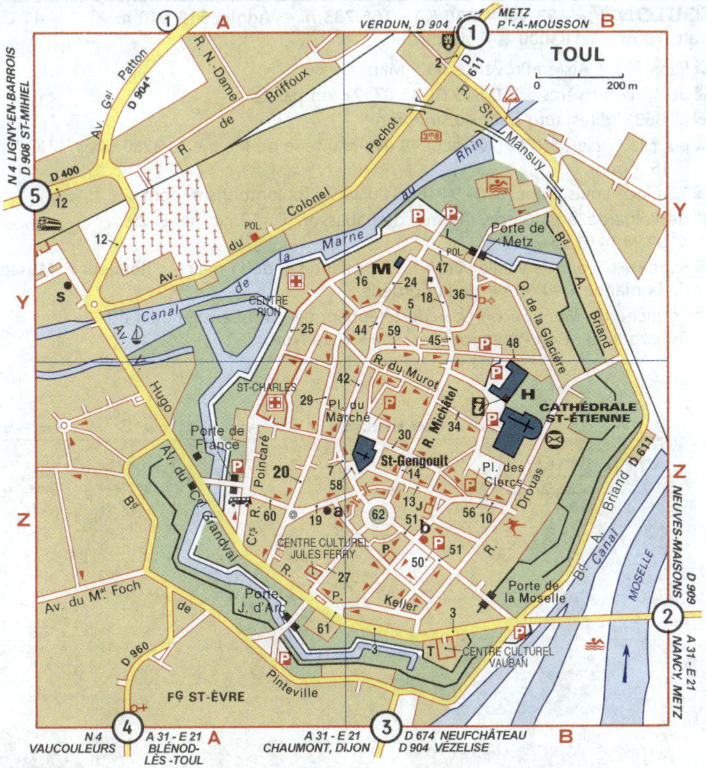

Le Commerce

10 pl. de la République – ✆ 03 83 43 00 41 – www.restaurant-le-commerce.fr – Fermé lundi sauf le midi de mars à oct. et dim. soir BZ**b**

Rest – Menu 17 € (déj. en sem.), 20/30 € – Carte 22/45 €

◆ Cette brasserie née en 1895 a su conserver son esprit Belle Époque : superbes faïences murales, tables au coude à coude et... cuisine traditionnelle, dont les incontournables tête de veau et langue à la sauce ravigote.

à Lucey 5 km par ⑤ et D 908 – 569 h. – alt. 260 m – ✉ 54200

Auberge du Pressoir

7 r. des Pachenottes – ✆ 03 83 63 81 91 – www.aubergedupressoir.com – Fermé 16-30 août, dim. soir, merc. soir et lundi

Rest – Menu 14 € (déj. en sem.), 26/38 € – Carte 32/50 €

◆ L'ancienne gare du village est devenue un restaurant simple et moderne, bien en phase avec la cuisine du chef. Les menus ("Vigneron", "Pressoir", "Vendange") donnent un peu de peps à la tradition. En été, on se presse en terrasse !

TOULON 🅿 – 83 Var – **340** K7 – 166 733 h. – **Agglo. 519 640 h.** **41** C3
– **alt. 10 m** – ✉ **83000** Côte d'Azur

▶ Paris 835 – Aix-en-Provence 86 – Marseille 66

✈ de Toulon-Hyères : ☎ 0 825 01 83 87, 21 km par ①.

🚗 ☎ 3635 (dîtes auto-train - 0,34 €/mn)

⛴ pour la Corse : SNCM (avr.-oct.) 49 av. Infanterie de Marine ☎ 3260 dites "SNCM" (0,15 €/mn).

ℹ 12 place Louis Blanc, ☎ 04 94 18 53 00, www.toulontourisme.com

18 de Valgarde, à La Garde, Chemin de Rabasson, E : 10 km par D 29, ☎ 04 94 14 01 05

👁 Rade★★ - Port★ - Vieille ville★ GYZ : Atlantes★ de la mairie d'honneur **F**, Musée de la marine★ - Porte★ de la Corderie.

Ⓒ Corniche du Mont Facon ⋞★ du téléphérique - Musée-mémorial du Débarquement en Provence★ et ⋞★★★ au Nord.

Ibis Styles ch, rest, VISA

pl. Besagne – ✆ 04 98 00 81 00
– www.all-seasons-hotels.com **GZr**
139 ch – 80/101 € 90/111 €
Rest *(fermé le midi, sam. et dim. sauf juil.-août)* – Carte 13/26 €
◆ Face au Palais des Congrès, l'établissement, en grande partie rénové, propose des chambres très "pop" et bien équipées. Carte traditionnelle au restaurant, dont la salle bénéficie d'une verrière.

Grand Hôtel de la Gare sans rest VISA

14 bd Tessé – ✆ 04 94 24 10 00
– www.grandhotelgare.com **FXa**
39 ch – 60/85 € 68/85 € – 9 €
◆ En plein centre face à la gare, un hôtel confortable et bien tenu : chambres fonctionnelles, homogènes, parfaitement insonorisées et climatisées.

E
F
X
Y
Z
TOULON
0
200 m
Rue A. Bonnet
R. Dr. Fontan
Av. de St-Roch
R. Henri Vienne
Av. de Claret
Av. E. Vincent
Bd Dr. Ch. Barnier
SQUARE DE BROGLIE
Pl. L. Armand
Av. Amiral Collet
Bd Dardanelles
Av. Gal Noguès
Av. des
Av. Mal Lyautey
MARITIME
Av. L. de la Rageot
Bd de Touche
Bd P. Toesca
Chalucet
Pl. Albert 1er
a
TUNNEL NORD
Carnot
Jardin Alexandre 1er
R. Vauban
R. Peyresc
M
Av. Mal
Bd. du Mar. Foch
Leclerc
Pl. de la Liberté
Pl. G. Péri
J
36
Rue R. Guillemard
Pl. Léon Blum
C
POL.
Av. J. Moulin
CENTRE MÉDITERRANÉEN D'ART
Rue J.
Corderie
94
Pl. d'Armes
Av. France
f
Rue de la Corderie
Arsenal Maritime
Porte
St-Louis
DARSE DE CASTIGNEAU
MUSÉE DE LA MARINE
108
102
PRÉFECTURE MARITIME
Quai
DARSE VAUBAN
PORT
DARSE VIEILLE

G
H
X
Y
Z
Victoire
146
Av. de la Victoire
Rue Rebufat
Fraize
Impasse
Richard
Siblas
Centrale
Rue des Siblas
CONSEIL GÉNÉRAL
Louvois
Bd
P
IMMACULÉE CONCEPTION
SALLE OMEGA ZENITH
ESPACE CULTUREL DES LICES
Av. des Lices
du 112e Rég. d'Infanterie
CENTRAL
Bd Ferdinand de Lesseps
R. Grandual
R. Delpech
G.
22
Bd Commandant Nicolas
Bd de Tessé
Bd de la Démocratie
Chin de la Loubière
R. Victor Clappier
Colbert
Pl. du Souvenir français
175
Bd Raynouard
Av. de Strasbourg
128
R. F. Fabié
Av. Cdt Marchand G.
TUNNEL-NORD
Pl. Noël Blache
R. Philippe Lebon
Pl. Victor Hugo
Jaurès
Pl. Amiral Senès
T
W
S
12
114
168
R. P. Landrin
R. de Lorgues
CITÉ ADMINISTRATIVE
R. St-Bernard
Pl. Puget
R. Hoche
R. Baudin
178
R. P. Sémard
VIEILLE VILLE
72
M
120
70
R. d'Alger
Lafayette
180
Pl. A. Vallée
U
Clemenceau
Rond-Point Bir Hakeim
Av. F. Cuzin
SQUARE DU PRESt KENNEDY
43
Ste-Marie
20
142
140
87
68
M
Porte d'Italie
I. S. E. M.
Av. A. Juin
ST-PIE X
65
124
25
134
32
R. du Murier
152
132
80
CENTRE MAYOL
Roosevelt
Poincaré
R. H. Poincaré
Cours Lafayette
F
H
la
97
St-François-de-Paule
92
r
R. de Besagne
PALAIS DES CONGRÈS
STADE MAYOL
Franklin
Av. E.
LA RODE
Cronstadt
République
Q. de la Sinse
Rond-Point de la 9ème D. I. C.
Bd Paul Bert
es d'Hyères
a Seyne
amaris
es Sablettes
t-Mandrier
Rond-Point Bonaparte
Place Pasteur
Rue Amiral Jaujard
Le Bellegou
88
82
S. N. C. M.
GARE MARITIME

RÉPERTOIRE DES RUES DE TOULON

LA SEYNE-SUR-MER

Alsace (R. d') **AV** 4
Corse Résistante
(Av. de la) **ABV** 40
Esprit Armando (Av.) **AV** 50
Estienne-d'Orves (Av. d') **AV** 53
Fabre (Quai Saturnin) **AV** 57
Faidherbe (Av.) **AV** 58
Gagarine (Av. Y.) **AV** 64
Garibaldi (Av.) **AV** 66
Giovannini (Corniche Ph.) **ABV**
Juin (Bd Maréchal A.) **AV** 86
Merle (Bd Toussaint) **AV**
1ère Armée Française
Rhin et Danube (Av.
de la) **AV** 184
8 Mai 1945
(Rond Point du) **AV** 186

LA VALETTE-DU-VAR

Anatole-France (Av.) **DU** 4
Char Verdun (Av. du) **DU** 33
Mirasouleou (Av.) **DU** 104
Nice (R. de) **DU** 116
Terres Rouges
(Chemin des) **DU** 160

TOULON

Abel (Bd Jean-Baptiste) **DV**
Albert-1er (Pl.) **FX**
Alger (R. d') **GY**
Amiral Senès (Pl.) **GY**
Anatole-France (R.) **FY**
Armand (Pont L.) **EX**
Armaris (Bd des) **DUV**
Armes (Pl. d') **FY**
Barre (Chemin de la) **DV**
Barthou (Av. Louis) **DV** 7
Baudin (R.) **GY**
Bazeilles (Bd de) **CV** 8
Le Bellegou (Av. E.) **HZ**
Belle Visto (Chemin) **AU**
Berthelot (R.) **GY** 12
Bert (Bd Paul) **HZ**
Besagne (Av. de) **GZ**
Bir-Hakeim (Rond-Point) **HY**
Blache (Pl. Noël) **HY**
Blondel (R. André) **DV** 15
Blum (R. Léon) **EY**
Bois Sacré (Corniche du) **ABV**
Bonaparte (Rond-Point) **GHZ**
Bonnes Herbes
(Chemin des) **AU** 18
Bonnet (R. A.) **EX**
Bony (R. A.) **EX**
Boucheries (R. des) **GY** 20
Bozzo (Av. L.) **HX** 22
Brasserie (Bd de la) **DV**
Briand (Av. Aristide) **ABV**
Brunetière (R. F.) **GYZ** 25
Camus (Av. Albert) **AU**
Carnot (Av. L.) **EXY**
Cartier (Av. Jacques) **CV** 28
Cassin (Av. René) **DU** 30
Cathédrale (Traverse) **GYZ** 32
Centrale (R.) **HX**
Chalucet (R.) **FXY**
Le Chatelier (Av. André) **ABU** 90
Churchill (Av. W.) **EY** 36
Clamour (Bd) **DV** 38
Clappier (R. Victor) **GY**
Claret (Av. de) **EX**
Clemenceau (Av. G.) **HY**
Colbert (Av.) **GY**
Collet (Av. Amiral) **EX**
Corderie (R. de la) **EFY**
Cronstadt (Quai) **FGZ**
Cuzin (Av. François) **CV, HY**
Dardanelles (Av. des) **EXY**
Daudet (R. Alphonse) **HY** 43
David (R.) **AU**
Delpech (R.) **HX**
Démocratie (Bd de la) **HY**
Dr. Barnier (R.) **FX**
Dr. Barrois (R.) **CU**
Dr. Bourgarel (Bd) **DV** 46
Dr. Cunéo (Bd) **CV** 47
Dr. Fontan (R. du) **EX**
Escaillon (Bd de l') **AV** 49
Escartefigue
(Corniche Marius) **CDU**
Estienne-d'Orves (Av. d') **BV**
Fabié (R. François) **GHY**
Fabre (Corniche Émile) **BU** 56
Faron (Bd du) **BU**
Faron (Rte de) **BCU** 59
Foch (Av. Maréchal) **EY**
Font Pré (Av. de) **DUV** 60
Forgentier (Chemin de) **AU**
Fort Rouge (Bd du) **BU** 62
Fraize (Impasse) **HX**
Gambetta (Pl.) **GYZ** 65
Garibaldi (R.) **GY** 68
Gasquet (Av. Joseph) **DV**
Gaulle
(Corniche du Gén.-de) **CDV**
Glacière (R. de la) **GY** 70
Globe (Pl. du) **GY** 72
Gouraud (Av. Général) **BU** 75
Granval (R.) **HX**
Groignard (R. Antoine) **ABU** 78
Guillemard (R. G.) **EY**
Hoche (R.) **GY**
Huile (Pl. à l') **GZ** 80
Infanterie de Marine
(Av. de l') **CV, GZ** 82
Italie (Porte d') **HYZ**
Jacquemin (Bd) **BU** 85
Jaujard (R. Amiral) **HZ**
Jean-Jaurès (R.) **FGY**
Joffre (Bd Maréchal) **CV**
Juin (Av. A.) **CV, HY**
Kléber (R.) **CUV**
Lafayette (Cours) **GYZ**
Lambert (Pl. Gustave) **GY** 87
Landrin (Cours) **GY**
Landrin (R. P.) **GY**
Lattre-de-Tassigny
(Av. Mar.-de) **CV, HZ** 88
Lebon (R. Philippe) **HY**
Leclerc (Bd. du Mar.) **EFY**
Lesseps
(Bd Ferdinand de) **HXY**
Liberté (Pl. de la) **GY**
Lices (Av. des) **GHX**
Lices (Chemin des) **HX**
Lorgues (R. de) **GY**
Loti (Av. Pierre) **CV**
Loubière (Chemin de la) **HY**
Louis-Blanc (Pl.) **GZ** 92
Louvois (Bd) **FGX**
Lyautey (Av. Maréchal) **EXY**
Magnan (Av. Gén.) **FY** 94
Marceau (Av.) **CV**
Marchand
(Av. Commandant) **HY**
Méridienne (R.) **GZ** 97
Michelet (Bd Jules) **CV** 100
Micholet (Av. V.) **FY** 102
Mistral (Littoral Frédéric) **CV** 106
Monsenergue
(Pl. Ingénieur-Gén.) **FY** 108
Montserrat (R. de) **AU** 110
Mon Paradis
(Chemin de) **AU**
Moulins (Av. des) **BU** 112
Moulin (Av. Jean) **FY**
Muraire (R.) **GY** 114
Murier (R. du) **GYZ**
Nardi (Av. François) **CDV**
Nicolas
(Bd Commandant) **FGX**
Noguès (Av. Gén.) **EX**
Notre Dame (R.) **GY** 118
Noyer (R. du) **GY** 120
Oliviers (Av. des) **DU** 122
Orfèvres (Pl. des) **GYZ** 124
Ortolan
(Av. Joseph-
Louis) **CDU**
Pagnol (Quai Marcel) **CV** 126
Pasteur (Pl.) **HZ**
Pastoureau (R. H.) **GY** 128
Péri (Pl. Gabriel) **EY**
Perrichi (R. Edouard) **CU** 129
Peyresc (R.) **FY**
Picon (Bd Louis) **BU** 130
Picot (Av. Colonel) **DU**
Poincaré (R. H.) **HZ**
Poisssonnerie (Pl. de la) **GZ** 132
Pont de Bois
(Chemin du) **BU** 133
Pressencé (R. F. de) **GZ** 134
Pruneau (Av. Gén.) **CV** 136
Puget (Pl.) **GY**
Rageot-de-la-Touche
(Av.) **EXY**
Raimu (Pl.) **GY** 140
Raynouard (Bd) **HY**
Rebufat (R.) **HX**
République (Av. de la) **FGZ**
Résistance (Av. de la) **DV**
Riaux (R. des) **GY** 142
Richard (Bd G.) **HX**
Rigoumel (R. de) **BU** 144
Rivière
(Av. Commandant) **BU**
Roosevelt (Av. Franklin) **HZ**
Routes (Av. des) **BU** 145
Sainte-Anne (Bd) **CU, GX** 146
Sainte-Claire-Deville (R.) **DUV** 150
Saint-Bernard (R.) **HY**
Saint-Roch (Av.) **EX**
Seillon (R. H.) **GZ** 152
Semard (R. Pierre) **GY**
Siblas (Av. des) **HX**
Sinse (Quai de la) **GZ**
Souvenir Français (Pl. du) **HY**
Strasbourg (Bd de) **GY**
Temple (Chemin) **BU** 158
Tessé (Bd de) **GXY**
Thorez (Av. Maurice) **AV** 162
Tirailleurs Sénégalais
(Av. des) **CV** 166
Toesca (Bd P.) **EFX**
Trois Dauphins (Pl. des) **GY** 168
Trucy (Bd) **BU** 170
Valbourdin (Av. de) **BU** 172
Vallée (Pl. A.) **HY**
Vauban (Av.) **FXY**
Vert Coteau (Av.) **HY** 175
Vezzani (Pl. César) **GY** 178
Victoire (Av. de la) **FGX**
Victor-Hugo (Pl.) **GY**
Vienne (R. Henri) **EX**
Vincent (Av. E.) **EFX**
Visitation (Pl. de la) **GHY** 180
1er Bataillon de Choc
(Av. du) **BU** 182
9e D.I.C.
(Rond-Point de la) **HZ** 188
15e Corps (Av. du) **BU** 190
112e Régt d'Infanterie
(Bd du) **GXY**

Dauphiné sans rest

10 r. Berthelot – ✆ 04 94 92 20 28 – www.grandhoteldauphine.com GYs

55 ch – 62/72 € 68/78 € – 9 €

◆ Adresse familiale idéalement située pour sillonner les ruelles enchevêtrées de la vieille ville. Chambres contemporaines (bois blond ou cérusé) et salles de bains modernes.

Bonaparte sans rest

16 r. Anatole-France – ✆ 04 94 93 07 51 – www.hotel-bonaparte.com FYf

22 ch – 54/62 € 62/64 € – 3 suites – 9 €

◆ Cet immeuble napoléonien arbore une décoration provençale assez chaleureuse. Petit-déjeuner copieux façon table d'hôte. En été, chambres sur l'arrière plus calmes et fraîches.

Le Pointilliste

43 r. Picot – ✆ 04 94 71 06 01 – www.lepointilliste.com – Fermé lundi midi, sam. midi et dim. GYp

Rest – Menu 35/64 € – Carte 55/77 €

◆ Agréable restaurant contemporain, dont le nom évoque les pointillistes qui peignirent la région (Seurat, Signac). À leur image, le chef compose des assiettes fines et délicates !

Au Sourd

10 r. Molière – ✆ 04 94 92 28 52 – www.ausourd.com – Fermé dim. et lundi GYw

Rest – Menu 27/33 € – Carte 36/87 €

◆ Institution créée par un artilleur de Napoléon III... rendu sourd au combat ! Nouvelle direction et nouvelle fraîcheur : au menu, rien que les beaux poissons de la pêche locale.

au Mourillon – ✉ 83000 Toulon

Tour royale ✻★.

La Corniche sans rest

17 littoral F. Mistral – ✆ 04 94 41 35 12 – www.bestwestern-hotelcorniche.com CVa

28 ch – 99/119 € 129/159 € – 14 €

◆ À deux pas du port St-Louis et des plages du Mourillon, cet hôtel propose des chambres ou des suites élégantes et confortables ; la plupart avec vue panoramique sur la mer.

Le Gros Ventre

279 littoral F. Mistral – ✆ 04 94 42 15 42 – www.legrosventre.net – Fermé vend. midi, merc. et jeudi de sept. à juin, le midi et mardi soir en juil.-août CVe

Rest – Menu 28/86 € – Carte 40/80 €

◆ Le chef réalise de savoureux plats en croûte (bœuf ou poisson issu de la pêche locale) et sa fille, sommelière, saura vous conseiller sur les meilleurs accords mets et vins.

au Cap Brun – ✉ 83000 Toulon

Les Pins Penchés

3182 av. de la Résistance – ✆ 04 94 27 98 98 – www.restaurant-pins-penches.com – Fermé vacances de la Toussaint, de fév., dim. soir, mardi midi et lundi DVa

Rest – Formule 38 € – Menu 58/68 €

◆ Ce castel du 19es., au charme cossu, jouit d'une vue superbe sur le parc arboré, le cap Brun et la Méditerranée. Cuisine traditionnelle ; service soigné.

TOULOUSE

Plans de la ville pages suivantes **28** B2

© A. Johnstone/Axiom Photographic Agency/Age fotostock

P – **31 – Haute-Garonne – 439 553 h. – Agglo. 858 233 h. – alt. 146 m**
– ✉ **31000** – **343** G3 – Midi-Toulousain

Paris 677 – Barcelona 320 – Bordeaux 244 – Lyon 535

Office de tourisme

Square Charles de Gaulle, Donjon du Capitole, BP 38001, ✆08 92 180 180, www.toulouse-tourisme.com

Transports

Auto-train ✆ 3635 (dîtes auto-train - 0,34 €/mn)

Aéroport

Toulouse-Blagnac ✆ 0 825 380 000 (0,15 €/mn) **1**AS

Quelques golfs

- 18 de Toulouse La Ramée, à Tournefeuille, Ferme du Cousturier, ✆05 61 07 09 09
- 18 de Toulouse, à Vieille-Toulouse, S : 9 km par D 4, ✆05 61 73 45 48
- 9 Saint-Gabriel, à Montrabé, par rte de Lavaur : 10 km, ✆05 61 84 16 65
- 36 Seilh Toulouse, à Seilh, Route de Grenade, par rte de Seilh : 12 km, ✆05 62 13 14 14
- 9 de Borde-Haute, à Drémil-Lafage, Borde-Haute, par rte de Castres (N126) : 15 km, ✆05 62 18 84 00
- 18 de Teoula, à Plaisance-du-Touch, 71, avenue des Landes, SO : 20 km par D 632, ✆05 61 91 98 80
- 18 de Palmola, à Buzet-sur-Tarn, rte d'Albi, NE : 22 km par A 68, sortie N°4, ✆05 61 84 20 50

Casino

Du théâtre, Île du Ramier, 18 chemin de la Loge, ✆ 05 61 33 37 77

Hippodrome

Hippodrome de la Cépière 1 chemin des Courses ✆ 05 61 49 27 24

A VOIR

Le centre : basilique St-Sernin★★★ • Musée St-Raymond★★ • Église les Jacobins★★ • Capitole★ • Tour d'escalier de l'hôtel de Bernuy★**4**EY

De la place de la Daurade à la cathédrale : hôtel d'Assézat et Fondation Bemberg★★ 4EY • Cathédrale St-Étienne★ • Musée des Augustins★★ (dont ses magnifiques sculptures★★★) 4FY

Autres curiosités : museum d'histoire naturelle★★ 4FZ • Musée Paul-Dupuy★ 4FZ • Musée Georges-Labit★ 3DV M² • Les Abattoirs★ 3DV

Toulouse et l'aéronautique : cité de L'Espace★ 2CU • Usine Clément-Ader à Colomiers, dans la banlieue Ouest (par ⑦)

RÉPERTOIRE DES RUES DE TOULOUSE

Agde (Rte d') . . . . CS
Albi (Rte d') . . . . CS
Alsace-Lorraine (R. d') . . . EXY
Arcole (Bd) . . . . EX
Arcs-St-Cyprien (R. des) . . . DV
Arènes-Romaines (Av.) . . . . AT 3
Arnaud-Bernard (Pl.) . . . . . . EX
Arnaud-Bernard (R.) . . . . . . EX 4
Arts (R. des) . . . . FY
Astorg (R. d') . . . . FY 5
Aubuisson (R. d') . . . . FY
Austerlitz (R. d') . . . . FX
Barcelone (Allée) . . . . DV
Baronie (R.) . . . . EY 9
Bayard (R. de) . . . . FX
Bayonne (Rte de) . . . . AT
Béarnais (R. du) . . . . DV
Belfort (R.) . . . . FX
Biarritz (Av. de) . . . . AT 12
Billières (Av. E.) . . . . DV 13
Blagnac (Rte de) . . . . AST
Bonnefoy (R. Fg) . . . . CS 15
Bonrepos (Bd) . . . . DV 16
Bordebasse (R. de) . . . . AS
Born (R. B. de) . . . . FX
Boulbonne (R.) . . . . FY 18
Bouquières (R.) . . . . FZ 19
Bourse (Pl. de la) . . . . EY 20
Bourse (R. de la) . . . . EY
Brienne (Allée de) . . . . DV
Brunaud (Av.) . . . . CT
Cantegril (R.) . . . . FY 23
Capitole (Pl. du) . . . . EY
Carmes (Pl. des) . . . . EZ
Carnot (Bd L.) . . . . FY
Cartailhac (R. E.) . . . . EX 26
Casselardit (Av. de) . . . . AT 28
Castres (Av. de) . . . . CT
Chaîne (R. de la) . . . . EX 31
Changes (R. des) . . . . EY
Château d'Eau (Av. du) . . . . BT 32
Chaubet (Av. Jean) . . . . CT
Colombette (R. de la) . . . . . FZ
Concorde (R. de la) . . . . FZ
Cornebarrieu (Av. de) . . . . . AS 33
Couteliers (R. des) . . . . EYZ
Crêtes (Bd des) . . . . CT
Croix-Baragnon (R.) . . . . FY
Cugnaux (R. de) . . . . DV 35
Cujas (R.) . . . . EY 36
Dalbade (R. de la) . . . . EZ
Daurade (Pl. de la) . . . . EY
Daurade (Quai de la) . . . . . . EY 38
Demoiselles (Allée des) . . . . DV 40
Denfert-Rochereau (R.) . . . . FX
Déodat-de-Sév. (Bd) . . . . . . BU 43
Déville (R.) . . . . EX
Dr-Baylac (Pl. du) . . . . AT 47
Duméril (R. A.) . . . . DV
Duportal (Bd A.) . . . . DV
Eisenhower (Av. du Gén.) . . AU
Embouchure (Bd de l') . . . . . DV
Espagne (Rte d') . . . . BU
Espinasse (R.) . . . . FZ
Esquirol (Pl.) . . . . EY 54
Etats-Unis (Av. des) . . . . . . BS 55
Europe (Pl. de l') . . . . DV
La-Fayette (R.) . . . . EY
Fermat (R.) . . . . FYZ
Fer-à-Cheval (Pl. du) . . . . . . DV
Feuga (Allée P.) . . . . EZ
Filatiers (R. des) . . . . EYZ
Fitte (Allée Ch.-de) . . . . DV
Fonderie (R. de la) . . . . EZ 60
Fonvielle (R. M.) . . . . FY
France (Pl. A.) . . . . EX
Frères-Lion (R. des) . . . . FY 62
Frizac (Av.) . . . . DV
Fronton (Av. de) . . . . BS
Gambetta (R.) . . . . EY
Gare (Bd de la) . . . . DV
Garonnette (R. de la) . . . . . . EZ
Gatien-Arnoult (R.) . . . . EX
Gloire (Av. de la) . . . . CT
Gonin (Av. Cl.) . . . . AS
Grande-Bretagne (Av. de) . . AT 67
Grand-Rond . . . . FZ
Grenade (Rte de) . . . . AS
Griffoul-Dorval (Bd) . . . . DV 72
Guesde (Allée J.) . . . . FZ
Hauriou (Av. M.) . . . . EZ
Henry-de-Gorsse (R.) . . . . . . EZ 76
Jeanne-d'Arc (Pl.) . . . . FX
Jean-Jaurès (Allées) . . . . . . FX
Jules-Chalande (R.) . . . . EY 79
Julien (Av. J.) . . . . BU 80
Lafourcade (Pl. A.) . . . . EZ
Laganne (R.) . . . . DV
Lakanal (R.) . . . . EY
Langer (Av. M.) . . . . BU 84
Languedoc (R. du) . . . . EZ
Lapeyrouse (R.) . . . . FY 85
Lardenne (Av. de) . . . . AT
Lascrosses (Bd) . . . . DV
Lautmann (R.) . . . . EX
Leclerc (Bd Mar.) . . . . DV 87
Lois (R. des) . . . . EX
Lombez (Av. de) . . . . AT 88
Lyon (Av. de) . . . . DV
Mage (R.) . . . . FZ
Magre (R. Genty) . . . . EY 91
Malcousinat (R.) . . . . EY 92
Marchands (R. des) . . . . EY 95
Marquette (Bd de la) . . . . . . DV
Matabiau (Bd) . . . . DV
Matabiau (R.) . . . . DV
May (R. du) . . . . EY
Mercié (R. A.) . . . . EY 103
Merly (R.) . . . . FZ
Metz (R. de) . . . . EFY
Minimes (Av. des) . . . . BS 104
Minimes (Bd des) . . . . DV
Mirail (Av. du) . . . . AU
Mistral (Allées-F.) . . . . FZ
Montoulieu (Pl.) . . . . FZ
Muret (Av. de) . . . . DV
Narbonne (Rte de) . . . . BCU
Nazareth (Gde-R.) . . . . EFZ
Ninau (R.) . . . . FZ
Occitane (Pl.) . . . . FY
Ozenne (R.) . . . . FZ
Pargaminières (R.) . . . . EY
Paris (Barrière de) . . . . BS 109
Parlement (Pl. du) . . . . EZ
Pauilhac (R. C.) . . . . EFX
Perchepinte (R.) . . . . FZ
Périgord (R. du) . . . . EX
Péri (R. G.) . . . . FX
Peyras (R.) . . . . EY 113
Peyrolières (R.) . . . . EY
Pharaon (R.) . . . . EZ
Pleau (R. de la) . . . . FZ 114
Poids-de-l'Huile (R.) . . . . . . EY 115
Polinaires (R. des) . . . . EZ 116
Pomme (R. de la) . . . . EFY 117
Pompidou (Allée) . . . . DV 118
Potiers (R. des) . . . . FZ
Pt-Guilheméry (R.) . . . . CT 119
Pujol (Av. C.) . . . . CT 121
Ramelet-Moundi (Ch. de) . . AU
Raymond IV (R.) . . . . FX
Récollets (Bd des) . . . . BU 123
Rémusat (R. de) . . . . EX
République (R. de la) . . . . . DV 124
Revel (Rte de) . . . . CU 125
Rieux (Av. J.) . . . . DV
Riguepels (R.) . . . . FY 127
Riquet (Bd) . . . . DV
Romiguières (R.) . . . . EY 129
Roosevelt (Allées) . . . . FXY 130
Rouaix (Pl.) . . . . EY
Ste-Lucie (R.) . . . . DV
Ste-Ursule (R.) . . . . EY 137
St-Antoine-du-T. (R.) . . . . . . FY
St-Bernard (R.) . . . . EX
St-Etienne (Port) . . . . DV 133
Saint-Exupéry (Av.) . . . . CU
St-Georges (Pl.) . . . . FY
St-Jacques (R.) . . . . FZ
St-Michel (Gde-R.) . . . . DV 134
St-Pierre (Pl.) . . . . DV
St-Rome (R.) . . . . EY
St-Sernin (Pl.) . . . . EX
St-Simon (Rte de) . . . . AU 136
Salin (Pl. du) . . . . EZ
Sébastopol (R. de) . . . . DV 139
Ségoffin (Av. V.) . . . . BU 140
Séjourné (Av. P.) . . . . DV
Semard (Bd P.) . . . . DV 142
Serres (Av. H.) . . . . DV
Seysses (Rte de) . . . . AU
Strasbourg (Bd de) . . . . FX
Suau (R. J.) . . . . EY 146
Suisse (Bd de) . . . . BST
Taur (R. du) . . . . EX
Temponières (R.) . . . . EY 147
Tolosane (R.) . . . . FYZ
Tounis (Quai de) . . . . EZ
Trentin (Bd S.) . . . . BS 148
Trinité (R. de la) . . . . EY 149
U.R.S.S. (Av. de l') . . . . BU 154
Vélane (R.) . . . . FZ 158
Verdier (Allées F.) . . . . FZ
Victor-Hugo (Pl.) . . . . FX
Wagner (Bd Richard) . . . . . . BT 160
Wilson (Pl. Prés.) . . . . FY
3-Journées (R. des) . . . . FY 162
3-Piliers (R. des) . . . . EX 164

Agde (Rte d')	CS	
Albi (Rte d')	CS	
Arènes-Romaines (Av.)	AT	3
Bayonne (Rte de)	AT	
Biarritz (Av. de)	AT	12
Blagnac (Rte de)	AST	
Bonnefoy (R. Fg)	CS	15
Bordebasse (R. de)	AS	
Brunaud (Av.)	CT	
Casselardit (Av. de)	AT	28
Castres (Av. de)	CT	
Château d'Eau (Av. du)	BT	32
Chaubet (Av. Jean)	CT	
Cornebarrieu (Av. de)	AS	33
Crêtes (Bd des)	CT	
Déodat-de-Sév. (Bd)	BU	43
Dr-Baylac (Pl. du)	AT	47
Eisenhower (Av. du Gén.)	AU	
Espagne (Rte d')	BU	
Etats-Unis (Av. des)	BS	55
Fronton (Av. de)	BS	
Gloire (Av. de la)	CT	
Gonin (Av. Cl.)	AS	
Grande-Bretagne (Av. de)	AT	67
Grenade (Rte de)	AS	
Julien (Av. J.)	BU	80
Langer (Av. M.)	BU	84
Lardenne (Av. de)	AT	
Lombez (Av. de)	AT	88
Minimes (Av. des)	BS	104
Mirail (Av. du)	AU	
Narbonne (Rte de)	BCU	
Paris (Barrière de)	BS	109
Pt-Guilheméry (R.)	CT	119
Pujol (Av. C.)	CT	121
Ramelet-Moundi (Ch. de)	AU	
Récollets (Bd des)	BU	123
Revel (Rte de)	CU	125
Rieux (Av. J.)	DV	
Saint-Exupéry (Av.)	CU	
St-Simon (Rte de)	AU	136
Ségoffin (Av. V.)	BU	140
Suisse (Bd de)	BST	
Trentin (Bd S.)	BS	148
U.R.S.S. (Av. de l')	BU	154
Victor-Hugo (Pl.)	FX	
Wagner (Bd Richard)	BT	160

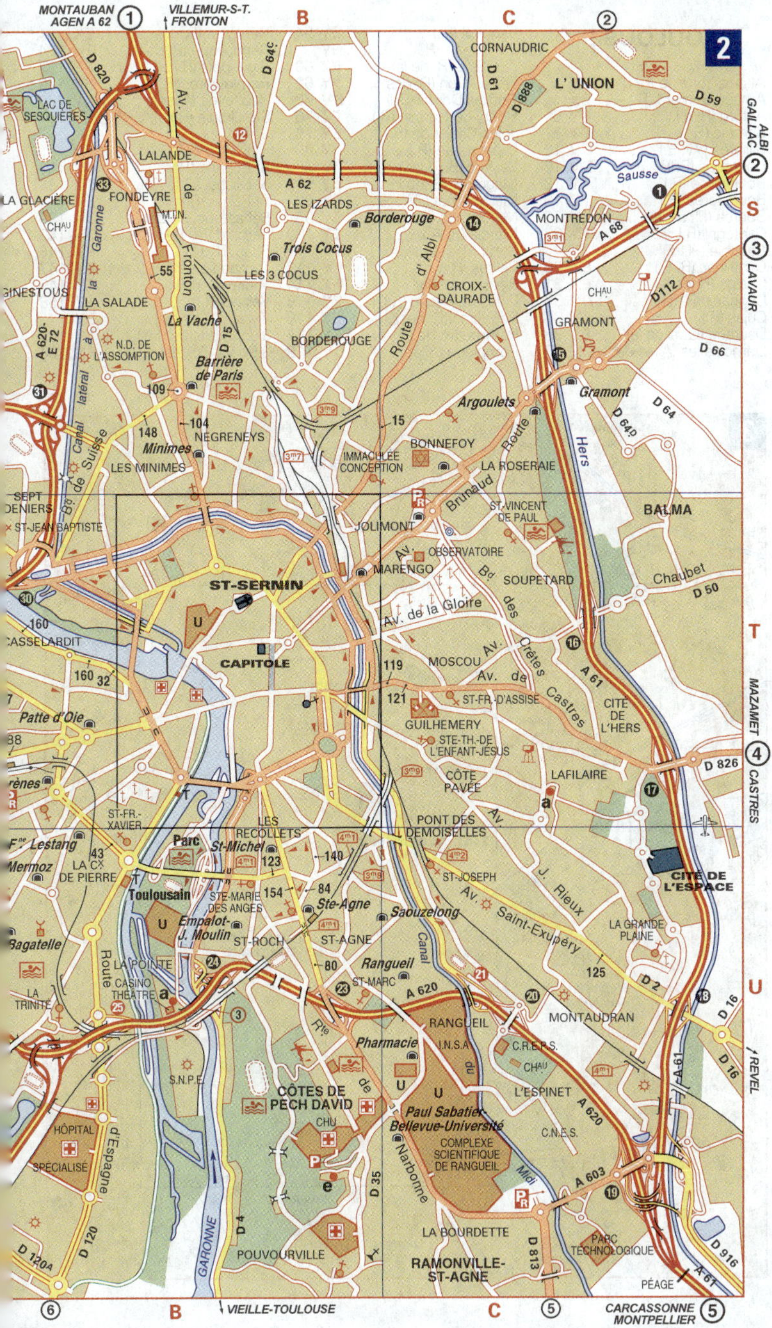
MONTAUBAN
AGEN A 62
VILLEMUR-S-T.
FRONTON
B
C
2
L' UNION
CORNAUDRIC
ALBI
GAILLAC
S
LAVAUR
LALANDE
A 62
LES IZARDS
Borderouge
Trois Cocus
LES 3 COCUS
FONDEYRE
LA GLACIÈRE
GINESTOUS
LA SALADE
La Vache
N.D. DE
L'ASSOMPTION
Barrière
de Paris
BORDEROUGE
CROIX-
DAURADE
MONTREDON
GRAMONT
Gramont
Argoulets
BONNEFOY
LA ROSERAIE
NEGRENEYS
Minimes
LES MINIMES
IMMACULÉE
CONCEPTION
SEPT
DENIERS
ST-JEAN BAPTISTE
JOLIMONT
ST-VINCENT
DE PAUL
BALMA
OBSERVATOIRE
MARENGO
SOUPETARD
ST-SERNIN
Av. de la Gloire
Chaubet
CASSELARDIT
CAPITOLE
MOSCOU
T
MAZAMET
CASTRES
Patte d'Oie
ST-FR.-D'ASSISE
CITÉ
DE
L'HERS
GUILHEMERY
STE-TH.-DE
L'ENFANT-JÉSUS
CÔTE
PAVÉE
LAFILAIRE
ST-FR.-
XAVIER
LES
RECOLLETS
PONT DES
DEMOISELLES
Lestang
Mermoz
LA CX
DE PIERRE
Parc
St-Michel
ST-JOSEPH
CITÉ DE
L'ESPACE
Toulousain
STE-MARIE
DES ANGES
Ste-Agne
Saouzelong
Av. Saint-Exupéry
J. Rieux
LA GRANDE
PLAINE
Bagatelle
Empalot-
J. Moulin
ST-ROCH
ST-AGNE
LA POINTE
Rangueil
ST-MARC
CASINO
THÉÂTRE
LA
TRINITÉ
U
A 620
RANGUEIL
I.N.S.A
C.R.E.P.S.
MONTAUDRAN
REVEL
S.N.P.E.
Pharmacie
CÔTES DE
PECH DAVID
L'ESPINET
HÔPITAL
SPÉCIALISÉ
CHU
Paul Sabatier
Bellevue-Université
COMPLEXE
SCIENTIFIQUE
DE RANGUEIL
C.N.E.S.
A 603
GARONNE
LA BOURDETTE
PARC
TECHNOLOGIQUE
POUVOURVILLE
RAMONVILLE-
ST-AGNE
PÉAGE
VIEILLE-TOULOUSE
CARCASSONNE
MONTPELLIER
6
5

TOULOUSE

D

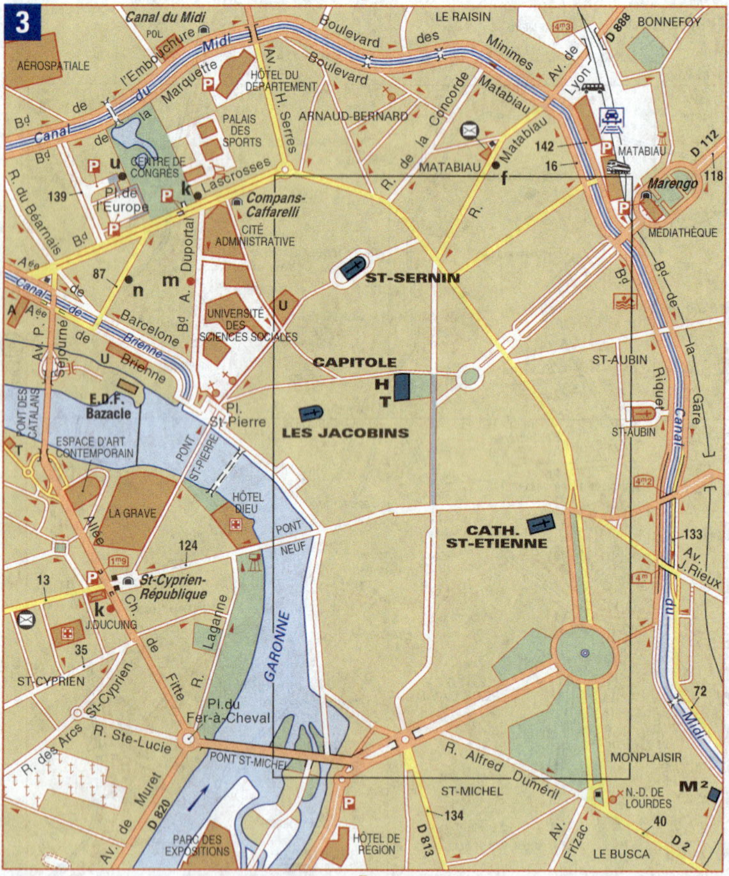

3
Canal du Midi
AÉROSPATIALE
LE RAISIN
BONNEFOY
Boulevard des Minimes
Av. de Lyon
D 888
HÔTEL DU DÉPARTEMENT
PALAIS DES SPORTS
ARNAUD-BERNARD
Matabiau
MATABIAU
CENTRE DE CONGRÈS
Compans-Caffarelli
CITÉ ADMINISTRATIVE
Marengo
MÉDIATHÈQUE
D 112
ST-SERNIN
UNIVERSITÉ DES SCIENCES SOCIALES
CAPITOLE
ST-AUBIN
E.D.F. Bazacle
LES JACOBINS
Pl. St-Pierre
PONT DES CATALANS
ESPACE D'ART CONTEMPORAIN
PONT ST-PIERRE
HÔTEL DIEU
LA GRAVE
PONT NEUF
CATH. ST-ETIENNE
St-Cyprien-République
J.DUCUING
GARONNE
ST-CYPRIEN
Pl. du Fer-à-Cheval
R. Ste-Lucie
PONT ST-MICHEL
R. Alfred Duméril
MONPLAISIR
ST-MICHEL
N.-D. DE LOURDES
PARC DES EXPOSITIONS
HÔTEL DE RÉGION
D 813
D 820
LE BUSCA
Av. Frizac
D 2

D

4
MATABIAU
E
F
X
Y
Z
Pl. Arnaud Bernard
Bd d'Arcole
R. de la Concorde
R. C. Pauilhac
Matabiau
Raymond IV
Bayard
Merly
R. Gatien-Arnoult
BASILIQUE ST-SERNIN
MUSÉE ST-RAYMOND
Pl. St-Sernin
Pl. Jeanne d'Arc
Jeanne d'Arc
R. B. de Born
R. de Belfort
Pl. de Belfort
Belfort
R. Denfert-Rochereau
Jaurès
R. du Périgord
R. Lautmann
R. des Lois
R. du Taur
R. de Rémusat
Lorraine
Pl. V. Hugo
R. d'Austerlitz
R. de Strasbourg
Pl. A. France
N.-Dame-du-Taur
Jean Jaurès
Péri
Gabriel
R. Déville
R. La Fayette
Place Wilson
CAPITOLE
Capitole
Pl. du Capitole
Donjon
R. Pargaminières
LES JACOBINS
R. Lakanal
R. Gambetta
R. St Rome
R. de la Colombette
R. M. Fonvielle
Rue d'Aubuisson
Place Occitane
ST-GEORGES
R. St-Antoine du T.
Lazare
Hôtel de Bernuy
Pl. St.Georges
R. du May
Peyrolières
Pl. de la Daurade
MUSÉE DES AUGUSTINS
R. de Metz
R. de la Bourse
R. des Changes
HÔTEL D'ASSÉZAT
Esquirol
Carnot
F. Verdier
Pont Neuf
R. des Couteliers
R. des Arts
CATH. ST-ÉTIENNE
R. Croix-Baragnon
Pl. Rouaix
R. des Filatiers
R. Tolosane
R. Fermat
Allées François Verdier
R. St Jacques
Potiers
Quai de Tounis
R. de la Garonnette
GARONNE
N.-D. la Dalbade
Pl. des Carmes
Carmes
R. Mage
Mée PAUL DUPUY
R. Perchepinte
R. Ninau
R. des
Pl. Montoulieu
R. de la Dalbade
R. Pharaon
R. du
R. Espinasse
Ozenne
Gde-R. Nazareth
Jardin Royal
Grand Rond
Guesde
Pl. du Salin
Av. M. Hauriou
Jules
Allées
Pl. du Parlement
ST-EXUPÉRE
MUSÉUM D'HISTOIRE NATURELLE
Allées Frédéric Mistral
Allées P. Feuga
R. Alfred Duméril
Jardin des Plantes
Mt de la Résistance
Pont St-Michel
Palais de Justice
Pl. A. Lafourcade
0
200 m

Pullman Centre
84 allées Jean Jaurès – 05 61 10 23 10 – www.pullmanhotels.com
119 ch – 120/550 € 120/550 € – 6 suites – 22 € **4FXv**
Rest *S W Café* – voir les restaurants ci-après
◆ En léger retrait du centre-ville, cet hôtel contemporain se distingue par son style épuré et ses équipements high-tech, qui savent séduire la clientèle internationale, en particulier les hommes d'affaires. Il dispose d'ailleurs de nombreuses salles pour les séminaires.

Crowne Plaza ch,
7 pl. du Capitole – 05 61 61 19 19 – www.crowne-plaza-toulouse.com
162 ch – 110/350 € 110/350 € – 3 suites – 23 € **4EYt**
Rest *(fermé août)* – Menu 26/60 € bc – Carte 37/58 €
◆ Idéalement situé sur la place du Capitole, ce vaste hôtel répond parfaitement aux besoins de la clientèle d'affaires : centre business très complet ; chambres de facture classique ou plus contemporaine. Le restaurant donne sur un superbe patio.

Grand Hôtel de l'Opéra sans rest
1 pl. du Capitole – 05 61 21 82 66 – www.grand-hotel-opera.com
44 ch – 120/190 € 150/220 € – 6 suites – 19 € **4EYa**
◆ Ce couvent du 17es. a du style ! Tentures, boiseries en acajou, velours... La décoration n'est pas sans rappeler le style "opéra" et cela tombe bien : ce dernier est à deux pas !

Mercure Atria
8 espl. Compans Caffarelli – 05 61 11 09 09 – www.mercure.com **3DVk**
134 ch – 89/179 € 89/179 € – 2 suites – 16 €
Rest *(fermé 29 juil.-20 août)* – Formule 15 € – Carte 21/29 €
◆ Ce Mercure ménage un accès direct au centre des congrès. Après une dure journée, on apprécie le calme des chambres, qui donnent toutes sur le patio ou le jardin.

Novotel Centre ch,
5 pl. A. Jourdain – 05 61 21 74 74 – www.novotel.com/0906 **3DVu**
135 ch – 80/195 € 80/195 € – 2 suites – 14 €
Rest – Formule 17 € – Carte 20/40 €
◆ En centre-ville mais au calme, un Novotel propre à satisfaire la clientèle d'affaires comme les familles (offres spéciales pour ces dernières).

Le Grand Balcon sans rest
10 r. Romiguière – 05 34 25 44 09 – www.grandbalconhotel.com **4EYx**
47 ch – 165/395 € 165/395 € – 18 €
◆ Adresse mythique, qui abrita les plus grandes légendes de l'Aéropostale. La déco – design et créative – leur rend hommage et la chambre n° 32 reproduit fidèlement celle qu'occupait Saint-Exupéry dans les années 1930 !

Garonne sans rest
22 descente de la Halle-aux-Poissons – 05 34 31 94 80
– www.hotelgaronne.com **4EYd**
14 ch – 95/260 € 95/260 € – 14 €
◆ Un boutique-hôtel de caractère dans une venelle du vieux Toulouse. Très contemporain (du bois, de la couleur, des touches chinoises), il est élégant et chaleureux, tout simplement.

Citiz sans rest
18 allées Jean-Jaurès – 05 61 11 18 18 – www.citizhotel.com **4FXb**
56 ch – 100/290 € 115/305 € – 18 €
◆ En plein centre (près de la place Wilson), un hôtel flambant neuf, urbain et très design, avec un salon de thé pour grignoter ! La clientèle d'affaires apprécie, les autres aussi.

Des Beaux Arts sans rest
1 pl. du Pont-Neuf – 05 34 45 42 42 – www.hoteldesbeauxarts.com
19 ch – 110/250 € 110/250 € – 14 € **4EYv**
◆ De la toile de Jouy d'esprit bonbonnière, ou de le paille de riz pour l'exotisme... le décor est soigné. Et il y a même une petite terrasse dans la n° 42 ! Pour ne rien gâcher, l'accueil est charmant.

Les Capitouls sans rest
29 allées Jean-Jaurès – 05 34 41 31 21 – www.bestwestern-capitouls.com
53 ch – 130/181 € 130/181 € – 2 suites – 15 € **4FXg**
♦ Au cœur de la Ville rose, un immeuble bourgeois. On loge dans une chambre classique, fonctionnelle et très bien insonorisée.

Mercure Wilson sans rest
7 r. Labéda – 05 34 45 40 60 – www.mercure.com **4FYm**
95 ch – 85/215 € 85/215 € – 4 suites – 16 €
♦ Une façade typiquement toulousaine et des chambres agréables. Aux beaux jours, le petit-déjeuner est servi sur la terrasse. Petit plus : le garage, pratique en ville.

De Brienne sans rest
20 bd du Mar.-Leclerc – 05 61 23 60 60 – www.hoteldebrienne.com
74 ch – 90/112 € 90/112 € – 12 € **3DVn**
♦ Près du palais des congrès et du cœur de Toulouse, hôtel idéal pour la clientèle d'affaires... Chambres petites mais propres et fonctionnelles (rénovation entamée en 2010) ; parking gratuit.

Mermoz sans rest
50 r. Matabiau – 05 61 63 04 04 – www.hotel-mermoz.com **3DVf**
52 ch – 110/235 € 110/235 € – 15 €
♦ Mermoz, héros de l'Aéropostale... Dans cet hôtel bien situé (entre gare et centre-ville), la décoration, actuelle et épurée, évoque par touches cette grande aventure du 20ᵉs.

Athénée sans rest
13 bis r. Matabiau – 05 61 63 10 63 – www.hotel-toulouse-athenee.com
35 ch – 89/147 € 89/157 € **4FXa**
♦ À deux pas de la gare routière et du centre-ville. Les chambres sont avant tout pratiques et bien insonorisées... Pour l'agrément, le petit salon est vraiment joli.

Le Clos des Potiers sans rest
12 r. des Potiers – 05 61 47 15 15 – www.le-clos-des-potiers.com **4FZe**
9 ch – 105/220 € 105/220 € – 14 €
♦ Près du centre-ville, cette demeure bourgeoise cultive avec bonheur un certain esprit maison d'hôtes... Classicisme de bon ton dans les chambres et atmosphère très cosy.

St-Claire sans rest
29 pl. N.-Bachelier – 05 34 40 58 88 – www.stclairehotel.fr **4FXu**
16 ch – 60/99 € 70/109 € – 10 €
♦ Des chambres simples mais joliment arrangées (certaines avec des meubles réalisés par un artisan) : une adresse sympathique, familiale et idéalement située.

Albert 1er sans rest
8 r. Rivals – 05 61 21 17 91 – www.hotel-albert1.com **4EXr**
47 ch – 55/129 € 55/129 € – 12 €
♦ Hôtel pratique à deux pas de la place du Capitole. Les chambres sont fonctionnelles et très bien entretenues ; préférez-les sur l'arrière, au calme.

Les Loges de St-Sernin sans rest
12 r. St-Bernard – 05 61 24 44 44 – www.leslogesdesaintsernin.com
– Fermé 23 oct.-2 nov. **4EXt**
4 ch – 110/125 € 125/135 €
♦ Sylviane Tatin a le sens de l'accueil... Ses chambres, situées au 2ᵉétage d'un bel immeuble bourgeois, évoquent la Ville rose avec élégance et raffinement. Et au petit-déjeuner, on se régale de ses confitures et gâteaux maison. Tatin, comme les sœurs Tatin ?

Envie de partir à la dernière minute ?
Visitez les sites Internet des hôtels pour bénéficier de promotions tarifaires.

Michel Sarran

21 bd A. Duportal – ✆ 05 61 12 32 32 – www.michel-sarran.com
– *Fermé août, vacances de Noël, merc. midi, sam. et dim.* **3DVm**

Rest *(réserver)* – Menu 48 € bc (déj. en sem.), 98/125 € – Carte 91/142 €

Spéc. Langoustine en tempura, pulpe de mangue au combava, algue nori et caviar. Côte d'agneau allaiton de l'Aveyron rôtie à l'ail, légumes d'été et jus court. Chocolat crémeux aux graines d'acacia torréfiées, sorbet guanaja. **Vins** Fronton, Gaillac.

◆ Michel Sarran a créé un lieu hors du temps. Au charme de cette maison de maître du 19ᵉs., il a su insuffler une touche contemporaine et épurée, élégante sans être guindée. L'atmosphère est conviviale et l'on savoure pleinement ce beau moment d'émotion culinaire.

Stéphane Tournié Les Jardins de l'Opéra

1 pl. du Capitole – ✆ 05 61 23 07 76 – www.lesjardinsdelopera.com
– *Fermé 1er-7 janv., midi fériés, dim. et lundi* **4EYq**

Rest – Menu 29/99 € – Carte 70/95 €

Spéc. Marinière de Saint-Jacques aux épices douces. Ris de veau braisé et raviole artichaut-foie gras. Tarte au chocolat noir et glace yuzu-gingembre.

◆ Stéphane Tournié va à l'essentiel et le fait bien : de beaux produits (bio de préférence), des cuissons maîtrisées, de la finesse et du goût... À deux pas de la place du Capitole – dans une belle cour intérieure coiffée d'une verrière –, sa table est une valeur sûre.

En Marge (Frank Renimel)

8 r. Mage – ✆ 05 61 53 07 24 – www.restaurantenmarge.com
– *Fermé 15-31 août, 21-24 déc., dim., lundi et mardi* **4FZv**

Rest *(nombre de couverts limité, réserver)* – Formule 30 € – Menu 60/130 €

Spéc. Tartare de Saint-Jacques et crème de potimarron à la truffe (déc. à fév.). Pigeon rôti, langoustine mi-cuite et caviar du Val d'Aran. Sphère chocolat blanc, fraises rôties à la verveine et sorbet aux olives (juin-juil.). **Vins** Côtes du Marmandais, Cahors.

◆ En marge : un lieu cosy, contemporain et... très intime (vingt couverts). Mais aussi l'aventure audacieuse d'un chef plein de talent, jonglant avec bonheur sur les saveurs et les textures, au gré de menus inventifs et de saison.

Metropolitan

2 pl. Auguste-Albert – ✆ 05 61 34 63 11 – www.metropolitan-restaurant.fr
– *Fermé 1er-15 août, 1er-10 janv. et dim.* **2CTa**

Rest – Menu 39 € (sem.), 70/98 € – Carte 80/115 €

Spéc. Carpaccio de veau au caviar des Pyrénées, vinaigrette orange-citron (nov. à fév.). Filet de rouget rôti, bonbon d'aubergine, boudin noir et pomme (sept.-oct.). Barre glacée à la violette et chocolat ivoire.

◆ De la passion et du professionnalisme : voilà qui caractérise le jeune chef et son équipe. Dans les cuisines, en partie ouvertes sur la salle, ce joli monde mitonne des plats du moment, avec de très beaux produits. Confortablement installé dans un Chesterfield, on apprécie...

Le Bibent

5 pl. du Capitole – ✆ 05 34 30 18 37 – www.maisonconstant.com **4EYm**

Rest – Formule 21 € – Menu 29 € (déj. en sem.) – Carte 32/62 €

◆ Un emplacement privilégié, au cœur de la Ville rose ; un superbe décor Belle Époque : en 2011, Christian Constant (originaire de Montauban) lui a rendu tout son lustre de brasserie historique. On s'y presse pour ses grands classiques : haricots montalbanais, œufs mimosa...

PY-R

19 r. des Paradoux – ✆ 05 61 25 51 52 – www.py-r.com – *Fermé 2 sem. en août, 1 sem. en janv., dim. et lundi* **4EZf**

Rest – Formule 24 € – Menu 39/58 €

◆ De l'inventivité, du goût, beaucoup d'envie, une vitalité débordante – et parfois un brin débordée... Misez sur le meilleur de cette table lancée en 2010 par un tout jeune chef toulousain !

XX **Le Fouquet's**

18 chemin de la Loge – ✆ 05 61 33 37 77 – www.lucienbarriere.com **2BUa**

Rest – Formule 21 € – Menu 32/35 € – Carte 34/60 €

◆ Dans cet immeuble de verre et d'acier, un casino, un théâtre et... le Fouquet's ! Feuilles d'or, acajou, cuir et photos de stars : un cadre opulent pour une carte brasserie.

XX **Le L**

24 pl. de la Bourse – ✆ 05 61 21 69 05 – www.restaurantlel.com – Fermé 12-20 août, dim. et lundi **4EYc**

Rest – Menu 48 € (dîner) – Carte 34/56 €

◆ Un lieu contemporain et design au cœur de la vieille ville : tons chauds, bois sombre, belle table d'hôte près de la cave à vins. Une carte qui se veut créative, mais surtout une atmosphère.

XX **Anges et Démons**

1 r. Perchepinte – ✆ 05 61 52 66 69 – www.restaurant-angesetdemons.com – Fermé dim. soir, lundi et le midi sauf dim. **4FZa**

Rest – Menu 45/75 €

◆ Anges : le rez-de-chaussée, mêlant contemporain et cachet ancien. Démons : le sous-sol, avec ses magnifiques voûtes du 16es. et les vestiges d'un four à pain. Classique : la carte.

XX **7 Place St-Sernin**

7 pl. St-Sernin – ✆ 05 62 30 05 30 – www.7placesaintsernin.com – Fermé 1er-15 août, 1 sem. en déc., sam. midi et dim. **4EXv**

Rest – Formule 23 € – Menu 26/55 € – Carte 53/68 €

◆ Une belle toulousaine, colorée et chaleureuse, dont la terrasse donne sur la basilique chère à Nougaro. Pour les papilles : tradition et terroir revus et corrigés.

XX **Émile**

13 pl. St-Georges – ✆ 05 61 21 05 56 – www.restaurant-emile.com – Fermé 23 déc.-15 janv., lundi sauf le soir de mai à sept. et dim. **4FYr**

Rest – Menu 20 € (déj.), 30/55 € – Carte 39/61 €

◆ Belle carte des vins, solide cuisine traditionnelle 100 % maison – les produits frais sont à l'honneur – et, cerise sur le gâteau, jolie terrasse sur une agréable place. Quant à la vedette des lieux, c'est le cassoulet, évidemment !

XX **S W Café** – Hôtel Pullman Centre

84 allées Jean Jaurès – ✆ 05 61 10 23 40 – www.pullmanhotels.com – Fermé sam. midi et dim. midi **4FXv**

Rest – Formule 16 € – Menu 23 € – Carte 32/45 €

◆ En prise sur les tendances, son décor minimaliste cadre parfaitement avec des recettes panachant produits régionaux et saveurs du monde. Une formule plutôt originale.

X **L'Empereur de Huê**

17 r. des Couteliers – ✆ 05 61 53 55 72 – www.empereurdehue.com – Fermé dim. et lundi **4EZa**

Rest *(dîner seult) (réserver)* – Menu 38 € – Carte 48/65 €

◆ Bœuf à la citronnelle et au gros sel ; porc au caramel : les classiques de la maison. Dans ce restaurant très zen, la chef concocte une cuisine vietnamienne fraîche et colorée.

X **Le Pic Saint Loup**

7 r. St-Léon-BU – ✆ 05 61 53 81 51 – www.restaurantpicsaintloup.com – Fermé 2 sem. en mai, 13-27 août, dim. et lundi

Rest – Formule 14 € – Menu 17 € (déj. en sem.), 28/55 € – Carte 39/55 €

◆ Le cadre est volontairement dépouillé, car ici c'est l'assiette qui est reine. Le chef aime faire son marché avec ses amis cuisiniers et cela se sent : de bons produits travaillés dans les règles de l'art et... du goût !

L'Air de Famille

20 pl. Victor-Hugo – ✆ 05 61 21 93 29 – www.lairdefamille-restaurant.com – Fermé 3 sem. en août et 1 sem. à Noël **4FXt**

Rest – Menu 19 € (déj. en sem.) – Carte 35/50 €

◆ C'est vrai, il y a ici comme un air de bistrot de famille avec ces tables serrées, ces vieilles affiches, ces vins à l'ardoise. On sent la patte du vrai cuisinier qui respecte les produits (du Sud jusqu'à la Loire !), en toute simplicité.

L'Atelier 65

65 allées Charles-de-Fitte – ✆ 05 61 59 77 11 – www.restaurant-atelier65.com – Fermé août, 1 sem. fin déc., dim. et lundi **3DVk**

Rest – Formule 14 € – Menu 16 € (déj. en sem.), 30/60 € – Carte 39/69 €

◆ Dans ce lieu chaleureux et tendance, mêlant briques et esprit contemporain, le chef concocte une cuisine d'aujourd'hui teintée de touches terroir... Il a déjà un joli parcours gastronomique derrière lui et cela se sent !

Casanou

22 r. des Couteliers – ✆ 05 61 25 69 89 – www.casanou.fr – Fermé 23 août-7 sept., dim. et lundi **4EZs**

Rest – Menu 34 € – Carte 29/61 €

◆ Retour aux sources pour ce Toulousain de naissance, après de longues expériences à travers la France et jusqu'en Thaïlande. Sa spécialité ? Le poisson (très frais), mêlé d'épices, d'herbes asiatiques... Une cuisine métissée, aux jolis dégradés de saveurs, et accompagnée de petits vins "coup de cœur".

Brasserie du Stade

114 r. Troënes ✉ 31200 – ✆ 05 34 42 24 20 – www.stadetoulousain.fr – Fermé 18 juil.-26 août, 20 déc.-1er janv., lundi soir, mardi soir, sam. et dim.

Rest – Menu 22 € (déj.)/29 € – Carte 38/51 € **1ASx**

◆ Une vaste brasserie à la gloire du ballon ovale, dans l'enceinte même du stade. Entre maillots et trophées, on savoure une cuisine du marché simple et plaisante : essai transformé.

Rôtisserie des Carmes

38 r. Polinaires – ✆ 05 61 53 34 88 – http://rotisseriedescarmes.cartesurtables.com – Fermé 28 juil.-27 août, 22-25 déc., 29 déc.-1er janv., sam., dim. et fériés

Rest – Formule 17 € – Menu 22 € (déj. en sem.), 27/33 € bc – Carte 35/60 € **4EZx**

◆ Sympathique : le truculent patron officie dans des cuisines ouvertes et concocte une carte d'esprit bistrot. Celle-ci varie selon les arrivages, proximité du marché des Carmes oblige.

à Gratentour 15 km au Nord par D 4 et D 14 - BS – 3 626 h. – alt. 174 m – ✉ 31150

Le Barry

ch, rest,

47 r. Barry – ✆ 05 61 82 22 10 – www.lebarry.fr – Fermé 21 déc.-6 janv., vend., sam. et dim. d'oct. à mars

22 ch – †53/60 € ††60/64 € – ☕ 8 €

Rest *(fermé 28 juil.-20 août et vend. sauf le soir de mai à sept.)* – Formule 12 € – Menu 23/30 € – Carte 17/41 €

◆ Une ferme de brique rose et son extension, dans un village de la grande banlieue toulousaine. Les chambres sont simples mais très propres (rafraîchies en 2010), et l'accueil familial. Restaurant traditionnel.

à l'Union 7 km au Nord-Est - CS – 12 194 h. – alt. 146 m – ✉ 31240

La Bonne Auberge

2 bis r. Autan-Blanc, (N 88) – ✆ 05 61 09 32 26 – www.bonneauberge31.fr – Fermé 8-30 août, 24 déc.-3 janv., dim. et lundi

Rest – Formule 20 € – Menu 28/52 € – Carte 37/51 €

◆ Une grange devenue repaire de gourmands ! Le chef, soucieux de bien faire, cuisine de beaux produits et cela se sent... L'assiette est colorée, généreuse et goûteuse.

à Rouffiac-Tolosan 12 km par ② – 1 715 h. – alt. 210 m – ✉ 31180

XXX **Ô Saveurs** (Daniel Gonzalez et David Biasibetti)
8 pl. Ormeaux, (au village) – ☎ 05 34 27 10 11 – www.o-saveurs.com – Fermé 1 sem. en mai, 15 août-7 sept., 1 sem. en fév., sam. midi, dim. soir et lundi
Rest – Formule 25 € – Menu 42/90 € – Carte 75/90 €
Spéc. Fricassée de langoustines au foie gras et aux pleurotes. Turbot rôti aux cèpes et pomme croustillante. Assiette de chocolats grands crus en dégustation.
◆ Belle maison de pays sur une petite place pavée où chante une fontaine. Deux chefs réalisent ici une cuisine à quatre mains avec une bonne dose de tradition relevée d'un zeste de créativité...

à Rangueil 5 km au Sud-Est – ✉ 31400

X **Mas de Dardagna**
1 chemin de Dardagna, près de l'hôpital Rangueil – ☎ 05 61 14 09 80 – www.masdedardagna.com – Fermé août, 26-30 déc., sam., dim. et fériés
Rest *(réserver)* – Menu 20 € (déj. en sem.), 37/50 € **2BUe**
◆ Voilà une cuisine respectueuse des produits, simple et bien faite... Aucun doute, cette ancienne ferme – typiquement toulousaine – est un joli repaire gourmand ! Et aux beaux jours, on peut même s'installer sous les canisses...

à Castanet-Tolosan 12 km par ⑤ et N 113 – 10 821 h. – alt. 164 m – ✉ 31320

X **La Table des Merville**
3 pl. Richard – ☎ 05 62 71 24 25 – www.table-des-merville.fr – Fermé 7-16 août, 24 déc.-2 janv., lundi soir et dim.
Rest – Formule 16 € – Menu 28/40 € – Carte 38/70 €
◆ "Mervilleuse" petite adresse familiale au cœur du village, où gastronomie et convivialité font bon ménage. Sous les yeux des gourmets, le chef réalise de savoureux plats bistrotiers aux accents méditerranéens.

à Vigoulet-Auzil 13 km au Sud par D4 et D35^{e} - BU – 954 h. – alt. 290 m – ✉ 31320

Château d'Arquier sans rest
17 av. des Pyrénées – ☎ 05 61 75 80 76 – www.arquier.com
3 ch – – †90 € ††95 €
◆ Sur un coteau arboré, cette bâtisse typiquement toulousaine recèle le charme bourgeois des maisons de famille (mobilier de style, peintures murales de Marc Saint-Saëns...), la quiétude en prime !

à Lacroix-Falgarde 13 km au Sud par D 4 - BU – 1 966 h. – alt. 154 m – ✉ 31120

XX **Le Bellevue**
1 av. des Pyrénées – ☎ 05 61 76 94 97 – restolebellevue.free.fr – Fermé 15 oct.-15 nov., 28 fév.-9 mars, merc. de sept. à avril et mardi de mai à août
Rest – Menu 18 € (déj.), 28/41 € – Carte 34/57 €
◆ Une partie de campagne ! Dans cette ancienne guinguette, on vient savourer des plats de terroir et de tradition, mais aussi profiter de la grande terrasse bordant l'Ariège.

à Villeneuve-Tolosane 12 km au Sud-Ouest par D 15 – 8 261 h. – alt. 158 m – ✉ 31270

X **D'Cadei**
8 pl. de l'Hôtel-de-Ville – ☎ 05 61 92 72 68 – www.dcadei.fr
Rest – Menu 15 € (déj. en sem.), 21/48 € – Carte 34/65 €
◆ Des produits frais, du fait maison, tel est le credo du jeune chef. Sa cuisine, il la veut méditerranéenne, colorée, parfumée d'herbes aromatiques, d'ail, de légumes du soleil. Sans oublier la tradition régionale : foie gras, cassoulet...

à Tournefeuille **10 km à l'Ouest par D 632 AT – 25 574 h. – alt. 155 m – ✉ 31170**

XX **L'Art de Vivre**

279 chemin Ramelet-Moundi – ✆ 05 61 07 52 52 – www.lartdevivre.fr – Fermé vacances de Pâques, 10-31 août, vacances de Noël, dim. soir, lundi soir, mardi soir et merc.

Rest – Formule 20 € – Menu 25 € (déj. en sem.), 36/58 € – Carte environ 53 €

◆ Une maison noyée dans la verdure, une terrasse donnant sur un petit cours d'eau... Bucolique, n'est-ce pas ? Quant à la carte, elle révèle un Art de Vivre dans l'air du temps.

à Purpan **6 km à l'Ouest par N 124 - ✉ 31300 Toulouse – ✉ 31300**

Palladia

271 av. de Grande Bretagne – ✆ 05 62 12 01 20 – www.hotelpalladia.com

89 ch – †91/280 € ††91/280 € – 1 suite – ☐ 18 € **1ATe**

Rest – ✆ 05 62 12 01 30 *(fermé dim. et fériés)* – Formule 25 € bc – Menu 33/105 € – Carte 60/75 €

◆ Hôtel d'affaires tout de verre et béton, situé entre l'aéroport et le centre-ville. Les chambres sont douillettes, spacieuses et bien insonorisées et il y a même un amphithéâtre ! Carte actuelle au restaurant.

Novotel Aéroport ch, rest,

23 impasse Maubec – ✆ 05 61 15 00 00 – www.novotel.com/0445 **1ATa**

123 ch – †99/175 € ††99/175 € – ☐ 14 €

Rest *(fermé sam. midi et dim. midi)* – Menu 17/45 € – Carte 35/60 €

◆ Idéal pour la clientèle d'affaires, mais aussi pour les familles : chambres fonctionnelles entièrement rénovées en 2010, jeux pour enfants et terrain de pétanque.

à St-Martin-du-Touch **vers ⑦ – ✉ 31300 Toulouse**

Airport Hôtel sans rest

176 rte de Bayonne – ✆ 05 61 49 68 78 – www.airport-hotel-toulouse.com

45 ch – †72 € ††88 € – 3 suites – ☐ 10 € **1ATs**

◆ À proximité de l'aéroport, hôtel des années 1980 où règne une atmosphère familiale. Chambres simples et chaleureuses, rafraîchies en 2011 ; plateaux repas.

XX **Le Cantou**

98 r. Velasquez, (D 2B) – ✆ 05 61 49 20 21 – www.cantou.fr – Fermé 11-26 août, 22 déc.-6 janv., sam. et dim. **1ATh**

Rest – Menu 31 € (sem.), 43/58 € – Carte 40/65 €

◆ La campagne à la ville ! Découvrez cette ferme et son immense jardin. Cuisine calée sur le marché et remarquable sélection de vins (1 300 références).

à Colomiers **10 km par ⑦, sortie n° 3 puis direction Cornebarrieu par D 63 – 33 200 h. – alt. 182 m – ✉ 31770**

XXX **L'Amphitryon** (Yannick Delpech)

chemin de Gramont, (réouverture prévue au printemps après travaux) – ✆ 05 61 15 55 55 – www.lamphitryon.com

Rest – Menu 32 € (déj. en sem.), 72/120 € – Carte 95/115 €

Spéc. Caviar des Pyrénées, sardine taillée au couteau, crème de morue et raifort. Bar de ligne cru et cuit, poutargue et yaourt parfumé, bouillon miso. Bouchées gasconnes, glace pruneau et Armagnac.

◆ Un incendie a malheureusement ravagé ce bel établissement en 2011 ; sa renaissance est prévue pour le printemps. Une nouvelle ère de créativité s'ouvre pour Yannick Delpech, dont la cuisine ludique – mais solidement ancrée dans le classicisme et le Sud-Ouest – est avant tout une superbe histoire de fidélité.

à Pibrac **12 km par ⑦, sortie n° 6 – 7 997 h. – alt. 157 m – ✉ 31820**

Le Pavillon St-Jean

1 chemin Beauregard – ✆ 05 61 06 71 71 – www.lepavillonstjean.fr – Fermé 6-27 août, 24-31 déc., 25 fév.-4 mars, sam. midi, dim. soir et lundi

Rest – Menu 19 € (déj. en sem.), 26/49 €

◆ Légèrement excentré, un restaurant au décor coloré et facétieux... Une passoire ? Non, un abat-jour ! Et la cuisine est à l'avenant : dans l'air du temps, fraîche et de saison.

à Blagnac **7 km au Nord-Ouest – 21 556 h. – alt. 135 m – ✉ 31700**

Radisson Blu

2 r. Dieudonné-Costes – ✆ 05 61 16 18 30 – www.lavieenrose-restaurant.com

200 ch – 110/210 € 110/210 € – 25 € **1ASx**

Rest – Formule 20 € – Carte 28/62 €

◆ Tout près de l'aéroport, cet hôtel a l'âme résolument urbaine... Chambres colorées, design et high-tech ; superbe patio planté de ceps de vigne et de lauriers roses. Au restaurant, la carte est courte mais originale et l'on propose un brunch tous les premiers dimanches du mois (animations pour les enfants).

Pullman

2 av. Didier Daurat, dir. aéroport (sortie n° 3) – ✆ 05 34 56 11 11 – www.pullmanhotels.com **1ASe**

100 ch – 295 € 305 € – 22 €

Rest *Le Corridor* *(fermé 24 juil.-21 août, vend. soir, sam., dim. et fériés)* – Formule 20 € – Menu 30 € (déj. en sem.) – Carte 50/67 €

◆ Dans cet hôtel d'affaires, des espaces communs cosy, une vingtaine de chambres d'esprit contemporain (les autres classiques), ainsi que de bons équipements. Carte traditionnelle et petite restauration façon tapas au bar.

Jin Ji

23 r. des Mines – ✆ 05 61 15 71 00 – www.jinjiresto.com – Fermé première quinz. d'août

Rest – Menu 15/41 € – Carte 34/41 €

◆ Un restaurant coréen où officie une jeune chef... coréenne. Ici, honneur à la tradition en toute simplicité : le chou mariné (kimchi) est affiné sur place et on n'utilise pas d'exhausteurs de goût.

à Seilh **15 km par ⑧ – 2 987 h. – alt. 133 m – ✉ 31840**

Mercure Golf de Seilh

rte de Grenade – ✆ 05 62 13 14 15 – www.mercure-toulouse-golf-de-seilh.com

170 ch – 100/185 € 100/185 € – 2 suites – 16 € **Rest** – Carte 30/65 €

◆ Resort d'esprit loisirs et affaires, au milieu de deux parcours de golf (18-trous). Chambres actuelles et fonctionnelles ; studios et appartements bien pratiques pour les longs séjours. Au restaurant, carte d'esprit méridional.

TOUQUES – 14 Calvados – 303 M3 – rattaché à Deauville

LE TOUQUET-PARIS-PLAGE – 62 Pas-de-Calais – 301 C4 – 5 076 h. 30 A2 – alt. 5 m – Casino : du Palais BZ, les 4 Saisons AYZ, le Touquet's AY – ✉ 62520

Nord Pas-de-Calais Picardie

Paris 242 – Abbeville 58 – Arras 99 – Boulogne-sur-Mer 30

place de l'Hermitage, ✆ 03 21 06 72 00, www.letouquet.com

du Touquet, Avenue du Golf, S : 2 km, ✆ 03 21 06 28 00

Plan page suivante

Westminster

av. du Verger – ✆ 03 21 05 48 48 – www.opengolfclub.com **BZa**

114 ch – 77/350 € 120/620 € – 1 suite – 21 €

Rest *Le Pavillon* ✿ **Rest *Les Cimaises*** – voir les restaurants ci-après

◆ Ce séduisant palace de style anglo-normand est posté entre la mer et la pinède. L'intérieur est du même acabit : superbes ascenseurs dans le hall ; chambres de style Art déco et bar rétro chic. Sans oublier le très beau spa !

Holiday Inn ch, rest, VISA AE

av. Mar. Foch – ✆ 03 21 06 85 85 – *www.holidayinnletouquet.com* **BZn**

88 ch – †129/269 € ††129/269 € – 2 suites – ☐ 17 €

Rest ***Le Picardy*** – Formule 25 € – Menu 29/44 € – Carte 41/52 €

◆ Au cœur de la station, ce bel établissement moderne propose des chambres fonctionnelles, desservies par une galerie fleurie. Une adresse pratique pour profiter de la plage ou flâner devant les boutiques de la rue Saint-Jean.

Le Manoir Hôtel

av. du Golf, 2,5 km par ② – ✆ 03 21 06 28 28 – www.manoirhotel.com – Fermé janv.
40 ch – 75/300 € 150/330 € – 1 suite – ½ P 121/143 €
Rest – Formule 25 € bc – Menu 36/55 € – Carte 54/67 €
◆ Beaucoup de golfeurs aiment à séjourner dans ce beau manoir du début du 20ᵉs. entouré d'un jardin fleuri. La raison de cet engouement ? La proximité immédiate de la forêt et des greens, mais aussi les chambres douillettes et le bar cultivant sa petite touche "british".

Novotel

rest,

Front de Mer – ✆ 03 21 09 85 00 – www.thalassa.com – Fermé 1ᵉʳ-15 janv.
146 ch – 125/320 € 125/320 € – 3 suites – 16 € AZa
Rest – Formule 23 € – Menu 33 € – Carte 36/65 €
◆ Ce Novotel bénéficie d'un agréable emplacement au bord de la plage et à proximité d'un centre de thalassothérapie. Chambres de norme "Novation". Les baies du restaurant sont tournées vers le rivage ; carte consacrée aux produits de la mer.

Bristol sans rest

17 r. Jean Monnet – ✆ 03 21 05 49 95 – www.hotelbristol.fr AZx
49 ch – 90/200 € 90/250 € – 12 €
◆ Entre plage et centre-ville, une coquette villa des années 1920 aux chambres petit à petit redécorées dans un style contemporain. Bar feutré et agréable patio intérieur.

Red Fox sans rest

60 r. de Metz – ✆ 03 21 05 27 58 – www.hotelredfox.com AYr
71 ch – 60/108 € 70/108 € – 13 €
◆ Dans une rue animée, des chambres pratiques, un peu plus "pop" pour les plus récentes et mansardées au dernier étage. Salon confortable et copieux buffet au petit-déjeuner.

Flavio

1 av. Verger – ✆ 03 21 05 10 22 – www.flavio.fr – Fermé 10 janv.-10 fév. et lundi sauf juil.-août BZr
Rest – Menu 35 € (sem.), 50/124 € – Carte 68/105 €
◆ Une institution du Touquet, connue pour ses beaux produits (langoustine royale, foie gras, ail d'Arleux, soupe de truffe). Piano, lustres et meubles de style pour le décor.

Le Pavillon – Hôtel Westminster

av. du Verger – ✆ 03 21 05 48 48 – www.opengolfclub.com – Fermé mars, 2 janv.-28 fév., mardi sauf juil.-août et le midi BZa
Rest – Menu 55 € (sem.)/135 € bc – Carte 76/118 €
Spéc. "Tout est cru", foie de canard fumé, champignons de Paris et betterave, balsamique blanc en condiment. Turbot, couteau, huile d'orange acidulée et poussière de spéculos. Ananas Victoria sauté à la plancha, huile d'olive glacée.
◆ Dans le cadre chic et classique de l'hôtel Westminster, beau palace des années 1930, on déguste une cuisine volontiers inventive, mettant en valeur des produits de qualité. La carte des vins, remarquable, est bien digne d'une bonne table.

Le Village Suisse

52 av. St-Jean – ✆ 03 21 05 69 93 – www.levillagesuisse.fr – Fermé 7-27 déc., 2-19 janv., dim. soir d'oct. à avril, mardi midi et lundi de sept. à juin
Rest – Menu 26 € (sem.), 38/80 € bc – Carte 45/80 € BZe
◆ Cette jolie villa, construite en 1905, surplombe des boutiques d'antiquités (terrasse sur les toits de ces dernières)... Cuisine classique revisitée, attentive aux saisons.

Le Paris

88 r. de Metz – ✆ 03 21 05 79 33 – Fermé 1 sem. fin juin, 1 sem. mi-nov., 1 sem. mi-mars, dim. soir hors saison, mardi soir et merc. AZp
Rest – Formule 17 € – Menu 19 € (sem.), 30/40 € – Carte 40/60 €
◆ En prise sur le marché et les saisons, une table bien appréciée dans la station. Décor contemporain, en rouge et chocolat, à quelques rues du bord de mer.

XX **Côté Sud**

187 bd du Dr Pouget – ✆ 03 21 05 41 24 – www.le-touquet-cote-sud.com – Fermé 27 fév.-14 mars, 18-27 juin, 26 nov.-12 déc., dim. soir hors saison, lundi midi et merc. AZ**n**

Rest – Formule 16 € – Menu 31/54 € – Carte 43/64 €

◆ Accueil sympathique dans ce restaurant situé le long de la digue du Touquet, face à la mer. Cadre minimaliste soigné, tout blanc, et cuisine actuelle honorant le poisson.

X **Les Cimaises** – Hôtel Westminster

av. du Verger – ✆ 03 21 06 74 95 – www.opengolfclub.com BZ**a**

Rest – Formule 31 € bc – Menu 37 € – Carte 50/87 €

◆ Cette brasserie a été décorée dans l'esprit des années 1930. On y vient pour les buffets d'entrées et de desserts, les plats de poisson et la cuisine d'inspiration régionale.

TOURCOING – 59 Nord – 302 G3 – 92 614 h. – alt. 37 m – ✉ 59200 31 C2

Nord Pas-de-Calais Picardie

Paris 234 – Kortrijk 19 – Gent 61 – Lille 17

9, rue de Tournai, ✆ 03 20 26 89 03, www.tourcoing-tourisme.com

des Flandres, à Marcq-en-Baroeul, 159 bd Clémenceau, par D 670 : 9 km, ✆ 03 20 72 20 74

Accès et sorties : voir plan de Lille

Altia

r. Vertuquet, au Nord, près échangeur de Neuville-en-Ferrain (sortie 18) – ✆ 03 20 28 88 00 – www.altia-hotel.com **plan de Lille 3HRe**

108 ch – 71/140 € 81/150 € – 14 €

Rest – Menu 25 € (sem.), 29 € bc/45 € bc – Carte 23/44 €

◆ Tout près de l'autouroute et de la frontière belge, un hôtel pratique pour la clientèle d'affaires ; préférez les chambres rénovées (2007). Au restaurant, carte traditionnelle.

XX **La Baratte**

395 r. du Clinquet – ✆ 03 20 94 45 63 – www.la-baratte.com – Fermé sam. midi, dim. soir et lundi **plan de Lille 3HRd**

Rest – Menu 20 € (déj. en sem.), 29/62 € – Carte 54/72 €

◆ Bien cachée dans un quartier pavillonnaire, cette jolie maison joue avec brio sur deux tableaux : le cachet des briques à l'extérieur et l'épure contemporaine à l'intérieur. La cuisine, généreuse et gourmande, fait honneur au beau produit.

LA TOUR-D'AIGUES – 84 Vaucluse – 332 G11 – 3 919 h. – alt. 250 m – ✉ 84240 40 B2

Provence

Paris 752 – Aix-en-Provence 29 – Apt 35 – Avignon 81

le Château, ✆ 04 90 07 50 29, www.souriredeluberon.com

Le Petit Mas de Marie ch,

quartier Revol – ✆ 04 90 07 48 22 – www.lepetitmasdemarie.com – fermé vacances de la Toussaint et de fév., vend., sam. et dim. du 15 oct.-15 avril

15 ch (½ P seult) – 50/75 € 65/85 € – 12 € – ½ P 61/79 € **Rest**

◆ Cette accueillante maison du pays d'Aigues est ceinte d'un jardin fleuri. Chambres provençales impeccablement tenues. Cuisine aux accents du Sud à savourer dans une salle spacieuse et claire ou sur l'agréable terrasse.

TOUR-DE-FAURE – 46 Lot – 337 G5 – rattaché à St-Cirq-Lapopie

LA TOUR-DU-PIN – 38 Isère – 333 F4 – 7 652 h. – alt. 350 m – ✉ 38110 45 C2

Lyon Drôme Ardèche

Paris 516 – Aix-les-Bains 57 – Chambéry 51 – Grenoble 67

Place Antonin Dubost, ✆ 04 74 97 14 87, www.latourdupin.fr

du Château de Faverges, à Faverges-de-la-Tour, E : 9 km par D 1516, ✆ 04 74 88 89 51

Le Bec Fin

1 pl. Alfred Boucher – 04 74 97 58 79 – www.le-bec-fin-restaurant.com – Fermé 29 juil.-21 août, dim. soir et lundi

Rest – Formule 18 € – Menu 28/48 €

◆ Cette ancienne maison de négociant, jaune et pimpante, semble vous attendre en souriant. C'est un jeune couple qui vous accueille et les menus sont tentants : pâté de lapin aux morilles, volaille farcie aux écrevisses, etc. Vive la tradition !

à St-Didier-de-la-Tour 3 km à l'Est par N 6 – 1 742 h. – alt. 380 m – ✉ 38110

Ambroisie

64 rte du lac – 04 74 97 25 53 – www.restaurant-ambroisie.com – Fermé vacances de fév., de la Toussaint, dim. soir, mardi et merc.

Rest *(nombre de couverts limité, réserver)* – Menu 28/60 € – Carte 50/59 €

◆ Une vue sur le lac, une ambiance feutrée (salle aux tons grège et chocolat), une terrasse entourée de beaux platanes... Quoi de plus apaisant ? sinon une belle cuisine actuelle, ambroisie gourmande du moment.

à Montagnieu 5 km au Sud par D 17 – 829 h. – alt. 500 m – ✉ 38110

Le Petit Dauphinois

1 rte de Virieu – 04 74 97 27 23 – www.lepetitdauphinois.com – Fermé 15-30 août et 15-31 déc.

Rest *(nombre de couverts limité, réserver)* – Menu 18/32 € – Carte 24/32 €

◆ Dans cette maison traditionnelle, la cuisine est délicate, féminine, avec un penchant pour les jolis produits. Le cadre, quant à lui, est délicieusement rétro. La formule brasserie met de bonne humeur avec des plats efficaces à prix doux.

à Rochetoirin 4 km au Nord-Ouest par N 6 et D 92 – 988 h. – alt. 449 m – ✉ 38110

Le Rochetoirin

10 rte de la Tour-du-Pin, (au village) – 04 74 97 60 38 – www.lerochetoirin.fr – Fermé 27 août-10 sept., 24 déc.-16 janv., merc. soir, sam. midi, dim. soir et lundi

Rest – Formule 16 € – Menu 20 € (sem.), 29/56 € – Carte environ 41 €

◆ Non pas un, mais deux restaurants : bistrot (le "Tradi") et table de chef (le "Gastro"). Deux faces d'une même envie pour cette équipe jeune et décomplexée ! Tartare de flétan au poivre de Madagascar, pigeon et bonbon au chèvre bio, cuisses de grenouilles – le dada du chef... Fraîcheur, couleur et mouvement.

TOURNEFEUILLE – 31 Haute-Garonne – 343 G3 – rattaché à Toulouse

---

TOURNON-SUR-RHÔNE – 07 Ardèche – 332 B3 – 10 607 h. – alt. 125 m – ✉ 07300 Lyon Drôme Ardèche 43 E2

Paris 545 – Grenoble 98 – Le Puy-en-Velay 104 – St-Étienne 77

2, place Saint-Julien, 04 75 08 10 23, www.ardeche-decouvrir.com

Terrasses★ du château B - Route panoramique★★★ B.

Plan : voir à Tain-l'Hermitage

Les Amandiers sans rest

13 av. de Nîmes – 04 75 07 24 10 – www.hotel-amandiers.com – Fermé 21 déc.-6 janv. Cn

25 ch – †64 € ††74 € – ☕ 9 €

◆ Bâtisse moderne fréquentée par la clientèle d'affaires en semaine. Chambres climatisées et bien insonorisées, avec de grandes salles de bain. Pratique et confortable à prix doux.

Azalées

6 av. Gare – ✆ 04 75 08 05 23 – www.hotel-azalees.com – Fermé 25 oct.-1er nov. et 20 déc.-2 janv. **Bs**

39 ch – 64 € 64/85 € – 9 € – ½ P 56/61 €

Rest *(fermé dim. soir du 15 oct. au 15 mars)* – Formule 12 € bc – Menu 21/29 € – Carte 22/37 €

◆ Entre la gare et le centre-ville, deux bâtiments autour d'une cour, avec des petites chambres propres et bien conçues (tons colorés ou pastel, parquet). Au restaurant, le chef concocte des recettes traditionnelles avec les légumes de son potager.

Tournesol

44 av. du Mar.-Foch, par ④ – ✆ 04 75 07 08 26 – www.letournesol.net – Fermé une sem. vacances de Pâques, de la Toussaint et de fév., 3 sem. fin juil.-début août, dim. soir, mardi et merc.

Rest – Menu 18 € (sem.)/27 € – Carte environ 39 €

◆ Un restaurant chaleureux, aux murs habillés de bois. Comme le tournesol, la carte suit le soleil et les saisons. Belle sélection de côtes-du-rhône exposés dans une cave vitrée.

Le Chaudron

7 r. St-Antoine – ✆ 04 75 08 17 90 – Fermé 2 sem. en août, 24 déc.-2 janv., mardi soir, jeudi soir et dim. **Br**

Rest – Formule 19 € bc – Menu 28/38 € – Carte 33/55 €

◆ Un petit bistrot sympathique, dans une ruelle du centre-ville. Boiseries, banquettes... et dans le chaudron du chef, les produits du marché. Beau choix de vins du Rhône.

TOURNUS – 71 Saône-et-Loire – 320 J10 – 5 951 h. – alt. 193 m – 71700 Bourgogne

8 C3

Paris 360 – Bourg-en-Bresse 70 – Chalon-sur-Saône 28 – Mâcon 37

2, place de l'Abbaye, ✆ 03 85 27 00 20, www.tournugeois.fr

Abbaye★★.

Hôtel de Greuze

5 pl. de l'Abbaye – ✆ 03 85 51 77 77 – www.hotelgreuze.com **e**

19 ch – 110/185 € 140/220 € – 2 suites – 26 €

Rest *Greuze* – voir les restaurants ci-après

◆ Entre l'abbaye St-Philibert (10e-11es.) et le centre-ville, une belle demeure bressane avec une agréable terrasse où l'on prend son petit-déjeuner aux beaux jours. Chambres spacieuses et raffinées, d'esprit Louis XVI, Directoire, Empire...

Le Rempart

2 av. Gambetta – ✆ 03 85 51 10 56 – www.lerempart.com **x**

33 ch – 100 € 125/265 € – 11 suites – 16 € – ½ P 110/170 €

Rest *Le Rempart* – voir les restaurants ci-après

Rest *Le Bistrot* – Menu 19/28 € – Carte 31/47 €

◆ En 1956, lorsque le père du propriétaire a fondé cet hôtel sur les anciens remparts de Tournus, ce n'était qu'une affaire familiale toute simple... qui a crû et embelli au fil des ans. Aujourd'hui, cette maison du 15es. affiche un bel esprit contemporain (sauf quelques chambres plus anciennes). Tradition... et modernité !

La Tour du Trésorier

9 pl. de l'Abbaye – ✆ 03 85 27 00 47 – www.tour-du-tresorier.com – Fermé vacances de Toussaint **n**

4 ch – 140/170 € 140/170 €

Table d'hôte – Menu 25/35 €

◆ Dans cette belle maison médiévale, flanquée d'une superbe tour, le charme historique le dispute à l'épure contemporaine. Raffinement... Accueil charmant, magnifique jardin et, à l'heure des gourmandises, cuisine du marché et dégustation de vins.

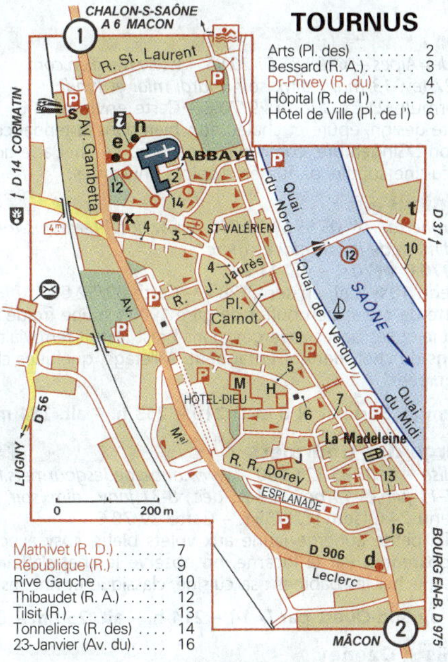

XXX **Greuze** (Yohann Chapuis) – Hôtel de Greuze

1 r. Albert Thibaudet – 03 85 51 13 52 – www.restaurant-greuze.fr – Fermé 19 nov.-5 déc., 21 janv.-6 fév., mardi sauf le soir d'avril à oct., jeudi midi et merc. **e**

Rest – Menu 36/85 € – Carte 90/105 €

Spéc. Cuisses de grenouilles en deux façons. Lièvre à la royale (oct. à janv.). Tarte sablée au sésame et caramel mou. **Vins** Rully, Pouilly-Fuissé.

◆ Pour l'anecdote, cette jolie maison fut d'abord un orphelinat fréquenté par Jean Ducloux... Ce dernier s'était promis d'en faire un restaurant et a tenu son pari avec le succès que l'on sait. Depuis, la tradition se perpétue ! Aujourd'hui, on y savoure une cuisine fine et délicate, signée par un jeune chef qui jongle entre saveurs régionales et modernité.

XXX **Le Rempart** – Hôtel Le Rempart

2 av. Gambetta – 03 85 51 10 56 – www.lerempart.com **x**

Rest – Menu 35/69 € – Carte 51/90 €

◆ Un décor cossu pour une belle table gastronomique. Le chef, arrivé en mai 2011, a le souci du travail bien fait... Avec sa brigade, il concocte une cuisine du moment, fraîche et joliment ficelée.

XX **Aux Terrasses** (Jean-Michel Carrette) avec ch

18 av. du 23 Janvier – 03 85 51 01 74 – www.aux-terrasses.com – Fermé 3-11 juin, 12 nov.-2 déc., dim. soir, mardi midi et lundi **d**

17 ch – †70 € ††70/84 € – 12 €

Rest – Menu 25 € (déj. en sem.), 35/80 € – Carte 60/80 €

Spéc. Poêlée d'escargots de Bourgogne, œuf de poule à 62° C et purée d'ail de Lautrec. Poitrine de pigeon rôti, rouleau de carotte et jus court à la réglisse. Fine tartelette de framboises à la citronnelle, sorbet poivron rouge. **Vins** Viré-Clessé, Rully.

◆ Une étape de charme ! Une salle chic, confortable et tendance, un jardin paisible, un accueil attentionné... pour une cuisine du moment tout en subtilité, entretenant une jolie complicité avec le terroir. Pour prolonger l'évasion, des chambres agréables.

Meulien

1 bis av. des Alpes – ☎ 03 85 51 20 86 – www.meulien.com – Fermé 27 fév.-13 mars, dim. soir, mardi midi et lundi t

Rest – Formule 21 € – Menu 29/70 € – Carte environ 54 €

◆ Un cadre design, épuré et chaleureux, bien dans la tendance, pour une cuisine au diapason ! Gingembre, combava, coriandre... Le chef a le goût des voyages et livre une cuisine subtile, parfumée d'épices enivrantes.

Le Terminus avec ch

21 av. Gambetta – ☎ 03 85 51 05 54 – www.hotel-terminus-tournus.com – Fermé dim. midi, jeudi midi et merc. s

11 ch – †70 € ††70 € – ☕ 11 €

Rest – Menu 18 € (déj. en sem.)/28 € – Carte 32/52 €

◆ À la carte de cet ancien buffet de gare 1900 : soupe froide de petits pois, filet de lieu jaune et ses belles asperges, paris-brest (esprit ferroviaire oblige !), etc. Les propositions du chef mettent en appétit. À l'étage, quelques chambres agréables et bien équipées.

à Le Villars 4 km au Sud par N 6 et D 210 – 253 h. – alt. 184 m – ✉ 71700

L'Auberge des Gourmets

pl. de l'Église – ☎ 03 85 32 58 80 – www.aubergedesgourmets.fr – Fermé 4-13 juin, 5-14 nov., 24-26 déc., 8-31 janv., dim. soir, mardi et merc.

Rest – Menu 24 € (sem.), 29/55 € – Carte 39/70 €

◆ Une jolie petite auberge jaune aux volets bleus, cosy avec ses pierres et ses poutres apparentes. Par la lucarne, on observe le chef s'affairer aux fourneaux... avant de se lécher les babines : sa cuisine, classique et fine, est délicieuse !

à Ozenay 6 km au Sud-Ouest par D 14 – 214 h. – alt. 250 m – ✉ 71700

Le Relais d'Ozenay

Le Bourg – ☎ 03 85 32 17 93 – www.le-relais-dozenay.com – Fermé 30 oct.-2 nov., 1er-21 janv., mardi soir hors saison et merc.

Rest – Menu 19 € (déj. en sem.), 27/47 € – Carte 46/76 €

◆ Un restaurant feutré et son agréable terrasse, dans un village pittoresque. Le chef, au joli parcours, travaille de beaux produits (bio et locaux). Résultat : une cuisine savoureuse accompagnée de bons vins du Mâconnais, le tout à prix sage.

à Mancey 5 km à l'Ouest par D 215 – 388 h. – alt. 280 m – ✉ 71240

Auberge du Col des Chèvres

Dulphey – ☎ 03 85 51 06 38 – www.aubergeducoldeschevres.fr – Fermé 2-9 juil., 1 sem. en déc., 1 sem. en fév., dim. soir de nov. à mars, mardi et merc.

Rest – Menu 18 € (sem.), 26/32 € – Carte 26/32 €

◆ Le goût du terroir, le sens des produits et le charme de la campagne... L'enseigne évoque tout cela à la fois et ne trompe pas : le chef concocte une cuisine fine et savoureuse qui ravit les gourmands.

à Brancion 14 km à l'Ouest par D 14 - ✉71700 Martailly-les-Brancion

Donjon du château ≤★.

La Montagne de Brancion

au col de Brancion – ☎ 03 85 51 12 40 – www.brancion.com – Fermé janv. et fév.

12 ch – †110/180 € ††110/220 € – 4 suites – ☕ 18 €

Rest *La Montagne de Brancion* – voir les restaurants ci-après

◆ Les vignes et les monts du Mâconnais à perte de vue : cette charmante demeure est si paisible... Et côté déco, un esprit zen et contemporain pour des chambres aussi exquises que le petit-déjeuner. Trop de quiétude ? Le propriétaire, pilote d'ULM, organise des baptêmes de l'air !

La Montagne de Brancion

au col de Brancion – ☎ 03 85 51 12 40 – www.brancion.com – Fermé janv.-fév., lundi midi, mardi midi, merc. midi et jeudi midi

Rest – Formule 19 € – Menu 25 € (déj. en sem.), 48/75 € – Carte 68/100 €

◆ Tartare de crabe et crémeux de courgette, épaule d'agneau confite et son lit d'épeautre, sorbet à la pêche de vigne... Une cuisine fine et fraîche dans un cadre contemporain. L'été, on file sur la divine terrasse, presque au cœur des vignes.

TOURRETTES – 83 Var – 340 P4 – 2 658 h. – alt. 350 m – ✉ 83440 41 C3
Côte d'Azur

Paris 884 – Castellane 56 – Draguignan 31 – Fréjus 35

au Sud 6 km sur D 56 – ✉ 83440 Tourrettes

Four Seasons Resort Provence at Terre Blanche

rest,

3100 rte de Bagnols-en-Forêt, (Domaine de Terre Blanche) – ✆ 04 94 39 90 00 – www.fourseasons.com/provence

115 suites – 380/2150 € – 45 €

Rest *Faventia* – voir les restaurants ci-après

Rest *Gaudina Lounge* – Formule 35 € – Carte 45/70 €

Rest *Tousco Grill* *(ouvert mi juin-mi sept.) (déj. seult)* – Carte 35/65 €

Rest *Infusion* *(déj. seult)* – Formule 38 € – Carte 51/60 €

◆ Sentiment d'exclusivité sur les hauteurs de l'arrière-pays, entre St-Raphaël et Cannes... Tout semble idyllique dans ce domaine de 265 ha, dédié au repos des sens : luxe sans ostentation (beaux matériaux naturels), espace (vastes suites disséminées dans 45 villas), piscines, golf 18 trous, plusieurs restaurants... Mention spéciale au spa, sommet du genre !

Faventia – Four Seasons Resort Provence at Terre Blanche

3100 rte de Bagnols-en-Forêt, (Domaine de Terre Blanche) – ✆ 04 94 39 90 00 – www.fourseasons.com/provence – Ouvert 3 avril-3 nov. et fermé dim. et lundi

Rest *(dîner seult)* – Menu 98/130 € – Carte 120/145 €

◆ Au sein du luxueux domaine hôtelier de Terre Blanche, qui semble si protégé du monde extérieur, on y dîne en tête-à-tête avec la Provence : en terrasse, le panorama est superbe et les assiettes, d'une belle exécution, embaument les parfums de la région. En cuisine, Stéphanie Le Quellec, gagnante de l'émission Top Chef 2011 !

TOURRETTES-SUR-LOUP – 06 Alpes-Maritimes – 341 D5 – 4 213 h. – alt. 400 m – ✉ 06140 Côte d'Azur 42 E2

Paris 929 – Grasse 18 – Nice 29 – Vence 6

2, place de la Libération, ✆ 04 93 24 18 93, www.tourrettessurloup.com

Vieux village★ - ≤★ sur le village de la route des Quenières.

Résidence des Chevaliers sans rest

521 rte du Caire – ✆ 04 93 59 31 97 – hoteldeschevaliers06.monsite.wanadoo.fr – Ouvert 1er avril-1er oct.

12 ch – 100 € 130/210 € – 14 €

◆ Vue splendide sur la côte et le village, grande quiétude, jardin, jolie piscine : l'endroit idéal pour se reposer. Dans une veine rustique et provençale, cet hôtel ne manque pas de cachet ; les chambres sont simples – presque monacales – et bien agréables...

Histoires de Bastide sans rest

chemin du Moulin à Farine – ✆ 04 93 58 96 49 – www.histoiresdebastide.com

5 ch – 150/210 € 150/210 € – 10 €

◆ Au bout d'un petit chemin, une belle bastide du 18es. typiquement méridionale... La preuve ? Les chambres, au style provençal raffiné, rendent hommage à Pagnol ("Château de ma mère", etc.) et, dans le superbe jardin, on peut faire la sieste à l'ombre des oliviers... Joli hammam, massages sur réservation.

Clovis (Julien Bousseau)

21 Grand-Rue – ✆ 04 93 58 87 04 – www.clovis-gourmand.fr – Fermé lundi et mardi

Rest *(nombre de couverts limité, réserver)* – Formule 22 € – Menu 38/50 €

Spéc. Cuisine du marché.

◆ Dans ce bistrot contemporain plutôt intime, le jeune chef maîtrise... l'art de la simplicité ! Respectueux des saisons, il aime décliner un même produit (fenouil, veau, etc.) autour d'une entrée et d'un plat. Originalité, grande fraîcheur, exécution soignée : la formule du plaisir.

Le Médiéval

6 Grand-Rue – ✆ 04 93 59 31 63 – Fermé 5-31 déc., merc. et jeudi
Rest – Menu 20/35 € – Carte 44/67 €
◆ Un restaurant tout simple tenu par deux frères avenants... Son atmosphère rustique, sa jolie terrasse ombragée le rendent bien sympathique ; on y savoure une cuisine traditionnelle copieuse et sans chichis.

TOURS P – 37 Indre-et-Loire – 317 N4 – 135 480 h. – Agglo. 297 631 h. – alt. 60 m – ✉ 37000 Châteaux de la Loire

11 B2

Paris 237 – Angers 124 – Bordeaux 346 – Le Mans 84
de Tours-Val de Loire ✆ 02 47 49 37 00, 7 km au NE U.
78-82, rue Bernard Palissy, ✆ 02 47 70 37 37, www.tours-tourisme.fr
18 de Touraine, à Ballan-Miré, Château de la Touche, SO : 10 km par D 751, ✆ 02 47 53 20 28
18 d'Ardrée, à Saint-Antoine-du-Rocher, N : 12 km par D 2, ✆ 02 47 56 77 38
Quartier de la cathédrale★★ : cathédrale St-Gatien★★, musée des Beaux-Arts★★ - La Psalette (cloître St-Gratien)★, Place Grégoire-de-Tours★ - Vieux Tours★★★ : place Plumereau★ , hôtel Gouin★, rue Briçonnet★ - Quartier de St-Julien★ : musée du Compagnonnage★★, Jardin de Beaune-Semblançay★ BY **K** - Musée des Équipages militaires et du Train★ V **M⁵** - Prieuré de St-Cosme★ O : 3 km V.

Plans pages suivantes

De l'Univers

5 bd Heurteloup – ✆ 02 47 05 37 12 – www.oceaniahotels.com CZ**u**
82 ch – †99/270 € ††99/270 € – 3 suites – ☕ 15 €
Rest *(fermé le midi du 13 au 22 août, dim. soir et sam.)* – Menu 28/39 € – Carte 50/80 €
◆ Fleuron de la grande galerie : de superbes fresques représentant les visiteurs célèbres de l'hôtel depuis 1846. Esprit "petit palace", chambres cossues et suites luxueuses. Cuisine traditionnelle au restaurant et superbe bar américain (belle carte de whiskys).

Château Belmont

rest,
57 r. Groison – ✆ 02 47 46 65 00 – www.chateaubelmont.com U**v**
56 ch – †200 € ††200 € – 9 suites – ☕ 19 €
Rest – Formule 19 € – Menu 23 € (déj.)/33 €
◆ Le Château Belmont a fait peau neuve en 2011 ! D'un côté, il s'est transformé en résidence pour seniors, et de l'autre, il est devenu un bel hôtel au design épuré. Espace bien-être, piscine, restaurant : élégant et atypique.

Central Hôtel sans rest

21 r. Berthelot – ✆ 02 47 05 46 44 – www.bestwesterncentralhoteltours.com – Fermé 24 déc.-2 janv. CY**r**
35 ch – †93/155 € ††93/155 € – 2 suites – ☕ 14 €
◆ Une bâtisse du 19ᵉs. en plein centre-ville. Chambres de style classique (mobilier en bois, tissus chaleureux). Petit-déjeuner en terrasse par beau temps.

Mercure Centre sans rest

29 r. Edouard-Vaillant – ✆ 02 47 60 40 60 – www.mercure.com DZ**f**
92 ch – †105/145 € ††125/145 € – ☕ 14 €
◆ Une adresse pratique, à deux pas de la gare. Les chambres sont fonctionnelles, climatisées, et donnent sur la rue ou la voie ferrée. Heureusement, l'insonorisation est bonne !

Kyriad sans rest

65 av. de Grammont – ✆ 02 47 64 71 78 – www.kyriad-tours-centre.fr V**s**
50 ch – †95/115 € ††95/115 € – ☕ 10 €
◆ Situé sur un grand boulevard menant au centre-ville, un hôtel de chaîne avec des chambres fonctionnelles bien tenues et des salons classiques. Copieux buffet au petit-déjeuner.

CHAMBRAY-LÈS-TOURS

République (Av. de la) . . . . X 88

JOUÉ-LÈS-TOURS

Martyrs (R. des) . . . . X 64
Verdun (R. de) . . . . X 102

ST-AVERTIN

Brulon (R. Léon) . . . . X 14
Lac (Av. du) . . . . X 58
Larçay (R. de) . . . . X 59

ST-CYR-SUR -LOIRE

St-Cyr (Quai de) . . . . V 91

ST-PIERRE-DES-CORPS

Jaurès (Boulevard Jean) . . . . V 57
Moulin (R. Jean) . . . . V 70

TOURS

Alouette (Av. de l') . . . . X 2
Bordeaux (Av. de) . . . . X 51
Bordiers (R. des) . . . . U 9
Boyer (R. Léon) . . . . V 10
Chevallier (R.A.) . . . . V 19
Churchill (Bd W.) . . . . V 20
Compagnons d'Emmaüs (Av. des) . . . . U 23
Eiffel (Av. Gustave) . . . . U 37
Gaulle (Av. Gén.-de) . . . . V 44
Giraudeau (R.) . . . . V 46
Grammont (Av. de) . . . . V 47
Groison (R.) . . . . U 54
Marmoutier (Quai de) . . . . U 63
Monnet (Bd J.) . . . . V 69
Portillon (Quai de) . . . . U 81
Proud'hon (Av.) . . . . V 82
République (Av. de la) . . . . X 88
St-Avertin (Rte de) . . . . X 89
St-François (R.) . . . . V 92
St-Sauveur (Pont) . . . . V 94
Sanitas (Pont du) . . . . VX 95
Tonnellé (Bd) . . . . V 97
Tranchée (Av. de la) . . . . U 98
Vaillant (R. E.) . . . . V 99
Wagner (Bd R.) . . . . V 105

TOURS

Amandiers (R. des) . . . . CY 4
Berthelot (R.) . . . . BCY 7
Bons Enfants (R. des) . . . . BY 8
Bordeaux (R. de) . . . . CZ
Boyer (R. Léon) . . . . AZ 10
Briçonnet (R.) . . . . AY 13
Carmes (Pl. des) . . . . BY 16
Châteauneuf (Pl. de) . . . . . . BY 17
Châteaunuef (R. de) . . . . . . AY 18
Coeur-Navré (Passage du) . CY 21
Commerce (R. du) . . . . BY
Constantine (R. de) . . . . BY 24
Corneille (R.) . . . . CY 25
Courier (R. Paul-Louis) . . . . BY 27
Courteline (R. G.) . . . . AY 28
Cygne (R. du) . . . . CY 29
Descartes (R.) . . . . BZ 33
Dolve (R. de la) . . . . BZ 35
Favre (R. Jules) . . . . BY 38
Fusillés (R. des) . . . . BY 41
Gambetta (R.) . . . . BZ 43
Giraudeau (R.) . . . . AZ 46
Grammont (Av. de) . . . . CZ
Grand-Marché (Pl. du) . . . . AY 49

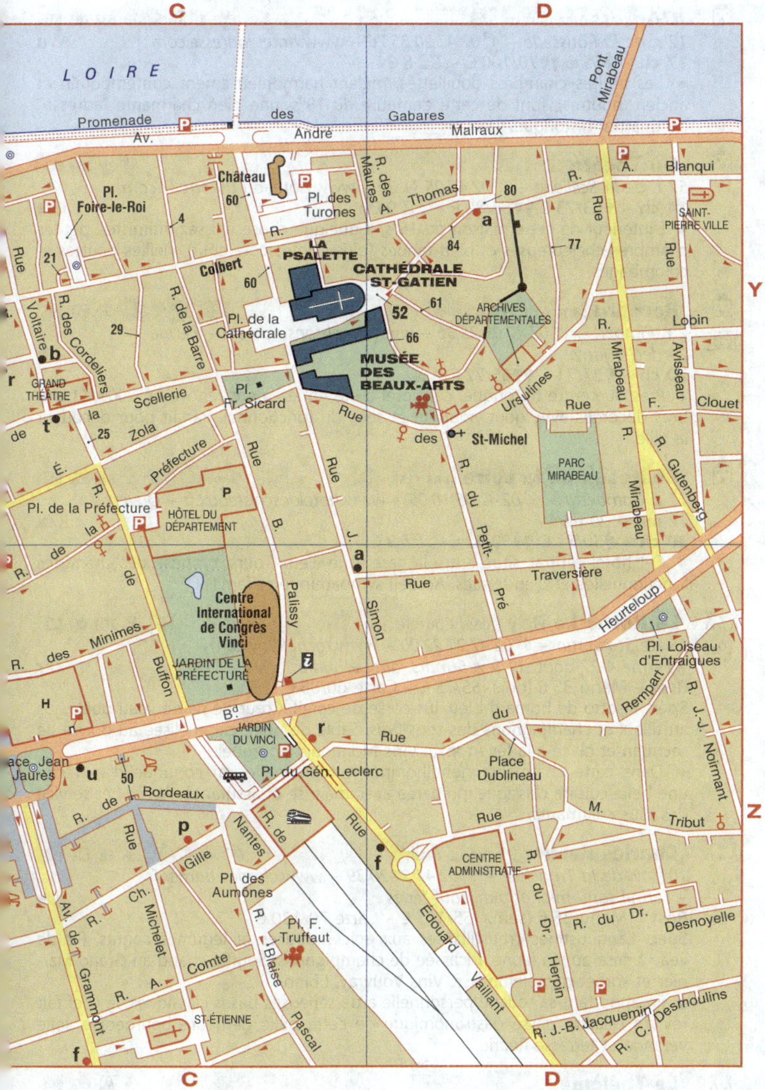
C
D
Y
Z
LOIRE
Promenade des Gabares
Av. André Malraux
Pont Mirabeau
Château
Pl. des Turones
R. des Maures
R. Thomas
Pl. Foire-le-Roi
R. Colbert
LA PSALETTE
CATHÉDRALE ST-GATIEN
ARCHIVES DÉPARTEMENTALES
MUSÉE DES BEAUX-ARTS
Pl. de la Cathédrale
R. de la Barre
Rue Voltaire
R. des Cordeliers
GRAND THÉÂTRE
Rue de la Scellerie
Pl. Fr. Sicard
Rue des Ursulines
St-Michel
Rue Blanqui
SAINT-PIERRE VILLE
R. Lobin
R. Avisseau
Rue F. Clouet
R. Mirabeau
R. Gutenberg
PARC MIRABEAU
R. É. Zola
Préfecture
Pl. de la Préfecture
HÔTEL DU DÉPARTEMENT
R. de la Préfecture
Rue B. Palissy
Rue J. Simon
R. du Petit-Pré
Rue Traversière
Bd Heurteloup
Pl. Loiseau d'Entraigues
R. J.-J. Noirmant
Rempart
Centre International de Congrès Vinci
JARDIN DE LA PRÉFECTURE
R. des Minimes
Buffon
JARDIN DU VINCI
Pl. du Gén. Leclerc
Rue du Rempart
Place Dublineau
Rue M. Tribut
Place Jean Jaurès
Rue de Bordeaux
R. de Nantes
Rue Édouard Vaillant
CENTRE ADMINISTRATIF
R. du Dr. Herpin
R. du Dr. Desnoyelle
R. Gille
Pl. des Aumônes
Ch. Michelet
Pl. F. Truffaut
R. Blaise Pascal
R. A. Comte
Av. de Grammont
ST-ÉTIENNE
R. J.-B. Jacquemin
R. C. Desmoulins
a
b
r
t
u
p
f
4
21
25
29
50
52
60
61
66
77
80
84

Du Manoir sans rest

2 r. Traversière – ☎ 02 47 05 37 37 – www.hotel-manoir-tours.federal-hotel.com
20 ch – †56/64 € ††62/72 € – ☕ 9 € CZ**a**
◆ Cette demeure du 19ᵉs., située non loin de la cathédrale, abrite des chambres classiques et bien tenues. Au petit-déjeuner, produits bio et maison.

L'Adresse sans rest

12 r. de la Rôtisserie – ☎ 02 47 20 85 76 – www.hotel-ladresse.com AY**u**
17 ch – †55 € ††70/100 € – ☕ 8 €
◆ Ses petites chambres douillettes, mêlant harmonieusement contemporain et ancien (poutres), font de cette demeure du 18ᵉs. une bien charmante "adresse" du quartier historique.

Du Théâtre sans rest

57 r. de la Scellerie – ☎ 02 47 05 31 29 – www.hotel-du-theatre37.com
14 ch – †63/73 € ††68/80 € – ☕ 9 € CY**t**
◆ L'intérieur de cette maison du 15ᵉs. a quelque chose d'assez intimiste : petites chambres chaleureuses et bien tenues (plus calmes côté cour), vieilles poutres et colombages.

Ronsard sans rest

2 r. Pimbert – ☎ 02 47 05 25 36 – www.hotel-ronsard.com – Fermé 24 déc.-6 janv. CY**b**
20 ch – †57/71 € ††65/77 € – ☕ 9 €
◆ Près du centre historique, cet hôtel a été entièrement rénové en 2009. Chambres décorées avec goût, sobriété et sens du fonctionnel. Parfait pour découvrir la ville.

Châteaux de la Loire sans rest

12 r. Gambetta – ☎ 02 47 05 10 05 – www.hoteldeschateaux.fr – Ouvert 12 mars- 20 déc. BZ**x**
30 ch – †50/71 € ††50/82 € – ☕ 9 €
◆ Cet hôtel central, situé entre la gare et le vieux Tours, propose des chambres fonctionnelles et bien tenues. Accueil sympathique et familial.

La Roche Le Roy (Alain Couturier)

55 rte St-Avertin – ☎ 02 47 27 22 00 – www.rocheleroy.com – Fermé 4-27 août, 17 fév.-5 mars, dim. et lundi X**r**
Rest – Menu 35 € (déj.), 55/75 € – Carte 60/85 €
Spéc. Risotto de homard bleu, jus corsé de corail. Cœur de ris de veau poêlé, jus au tilleul et champignons des sous-bois. Sablé de poire caramelisée au poivre de sechuan et glace à la fève tonka. **Vins** Montlouis, Bourgueil.
◆ Dans cette charmante gentilhommière tourangelle, on continue d'apprécier une belle cuisine classique, préparée avec maîtrise et assurance. Accueil et service des plus charmants.

Charles Barrier (Hervé Lussault)

101 av. de la Tranchée – ☎ 02 47 54 20 39 – www.charles-barrier.fr – Fermé sam. midi et dim. sauf fériés U**e**
Rest – Menu 35 € (sem.), 55/105 € – Carte 70/130 €
Spéc. Langoustines croustillantes aux épices douces et légumes confits. Ris de veau braisé au vin jaune, fricassée de champignons. Soufflé chaud au Grand Marnier et sorbet pamplemousse. **Vins** Vouvray, Chinon.
◆ En apportant sa touche personnelle à de sérieuses bases classiques, le chef fait revivre l'illustre passé gastronomique de cette belle demeure bourgeoise. Jolie véranda et terrasse fleurie.

Le Thélème

30 r. Charles-Gille – ☎ 02 47 61 28 40 – www.letheleme.com – Fermé 2 sem. en août, sam. midi , dim. et fériés CZ**p**
Rest – Formule 16 € – Menu 25/34 € – Carte 35/47 €
◆ Un restaurant facile à trouver, non loin de la gare. Le cadre est original – sur trois niveaux façon mezzanine. Cuisine du moment et produits de belle fraîcheur.

La Chope

25 bis av. de Grammont – ✆ 02 47 20 15 15 – www.lachope.info – Fermé 23 juil.-6 août CZf

Rest – Menu 20/24 € – Carte 30/55 €

◆ L'écailler de Tours depuis 1902, avec son décor Belle Époque : banquettes en velours rouge, miroirs et lampes tulipe. Grand choix d'huîtres, de poissons et de fruits de mer.

L'Odéon

10 pl. du Gén.-Leclerc – ✆ 02 47 20 12 65 – www.restaurant-lodeon.com – Fermé 6-19 août, 1er-15 janv., sam. midi et dim. CZr

Rest – Formule 25 € – Menu 29/57 € – Carte 40/62 €

◆ Ce restaurant, ouvert en 1893, est l'un des plus anciens de Tours ! On y retrouve l'esprit d'une brasserie Art déco. Cuisine classique et bien executée.

Le Saint-Honoré

7 pl. des Petites-Boucheries – ✆ 02 47 61 93 82 – www.cartesurtables.com – Fermé 4-19 août, 22 déc.-2 janv., 1 sem. vacances de fév., sam. et dim.

Rest *(nombre de couverts limité, réserver)* – Menu 26/44 € – Carte 41/51 € DYa

◆ Une ancienne boulangerie de 1625, près de la cathédrale, avec son four à pain et ses poutres. Cuisine délicate : ris de veau au foin, pâté à la géline, poire tapée au vouvray.

Barju

15 r. du Change – ✆ 02 47 64 91 12 – www.barju.fr – Fermé 1 sem. vacances de printemps, 2 sem. en août, 1 sem. vacances de la Toussaint et de Noël, 1 sem. vacances de fév., dim. et lundi ABYt

Rest *(réserver)* – Formule 20 € bc – Menu 51 € (dîner) – Carte 50/60 €

◆ Crème de cocos de Paimpol, bouquets royaux de Bretagne et raviole de crabe ; bar de ligne cuit sur galet, beurre d'algues et "poudre des vertus" – un goût des épices acquis chez Roellinger... Dans ce sympathique restaurant du vieux Tours, le jeune chef aime partager les belles saveurs de la mer.

La Deuvalière

18 r. de la Monnaie – ✆ 02 47 64 01 57 – www.restaurant-ladeuvaliere.com – Fermé 26-30 déc., sam. midi, dim. et lundi BYe

Rest – Formule 14 € – Menu 29 €

◆ Heureux mariage entre les vieilles pierres d'une maison tourangelle du 15es. et le style contemporain. Les produits de saison, cuisinés avec soin, mettent l'eau à la bouche !

La Trattoria des Halles

31 pl. Gaston Pailhou – ✆ 02 47 64 26 64 – Fermé août, dim. et lundi

Rest – Carte 28/45 € AZb

◆ Ambiance brasserie branchée et déco design dans ce restaurant situé face aux Halles. Original : la chef, d'origine russe, prépare une cuisine fusion d'inspiration italienne.

Le Bistrot de la Tranchée

103 av. de la Tranchée – ✆ 02 47 41 09 08 – www.restaurantcharlesbarrier.fr – Fermé 23 juil.-24 août, dim. et lundi Us

Rest – Formule 9 € – Menu 14 € (déj. en sem.), 18/25 € – Carte 27/45 €

◆ Belle façade en bois, décor simple et chaleureux, vue sur les cuisines, plats soignés et ardoise du jour ! Ce sympathique bistrot gourmand fait souvent salle comble.

Casse-Cailloux

26 r. Jehan-Fouquet – ✆ 02 47 61 60 64 – www.casse-cailloux.fr – Fermé 1 sem. à Pâques, 3 sem. en août, 24-31 déc., merc. midi, sam. et dim. BZd

Rest *(nombre de couverts limité, réserver)* – Formule 23 € – Menu 28 €

◆ Ce bistrot de poche, situé près de la place du Palais et du jardin des Prébendes, est aussi un bistrot gourmand ; le chef nous met l'eau à la bouche avec ses menus de saison !

L'Atelier Gourmand

37 r. Étienne Marcel – ✆ 02 47 38 59 87 – www.lateliergourmand.fr – Fermé 20 déc.-15 janv., sam. midi, dim. et lundi AYz

Rest – Formule 12 € – Menu 23 € – Carte 33/47 €

◆ Cette maison (15ᵉs.) du vieux Tours ose le mariage d'un cadre rustique à une décoration franchement design. La cuisine reste sage, surtout en hiver : navarin, tête de veau...

Les Linottes

22 r. Georges Courteline – ✆ 02 47 38 34 82 – www.leslinottesgourmandes.com – Fermé 30 juil.-5 août, 31 déc.-6 janv., dim. et merc. AYb

Rest *(nombre de couverts limité, réserver)* – Formule 17 € – Menu 32/52 €

◆ Ambiance bistronomie dans le cadre chaleureux de cette maison à colombages du vieux Tours. Réjouissant menu à l'ardoise ; les têtes de linottes – et les autres – apprécieront !

L'Arôme

26 r. Colbert – ✆ 02 47 05 99 81 – Fermé 2 sem. fin août-début sept., 3 sem. fin fév.-début mars, dim. et lundi BYm

Rest – Menu 14 € (déj. en sem.), 21/29 € – Carte 23/37 €

◆ Le bouche-à-oreille ne s'est pas trompé : l'endroit est jeune, sérieux, dynamique et fait la part belle à la cuisine de marché. On se régale à prix doux, par exemple d'un marbré de cèpes accompagné de vins bien choisis. Une sympathique adresse.

Le Rif

12 av. Maginot – ✆ 02 47 51 12 44 – www.le-rif.fr – Fermé 20 juil.-20 août, merc. soir du 20 sept. au 20 juin, dim. sauf le midi du 20 juin au 20 sept. et lundi. Uf

Rest – Formule 14 € – Menu 28/32 € bc – Carte 20/28 €

◆ Bricks, couscous et tajines (aux pruneaux, aux olives...) sont, avec l'accueil, les vedettes de ce restaurant marocain tenu en famille depuis plus de 20 ans.

à Rochecorbon 6 km par ④ – 3 275 h. – alt. 58 m – ✉ 37210

place observatoire, ✆ 02 47 52 80 22

Les Hautes Roches

86 quai de Loire – ✆ 02 47 52 88 88 – www.leshautesroches.com – Fermé 15 fév.-6 avril

14 ch – 180/295 € 180/295 € – ☕ 20 € – ½ P 175/233 €

Rest *Les Hautes Roches* ✿ – voir les restaurants ci-après

◆ À flanc de coteau, et pour cause : cet ancien monastère est en grande partie troglodytique ; seules les fenêtres qui percent la falaise trahissent la présence de chambres creusées dans le tuffeau ! Style et caractère, face à la Loire, évidemment.

Les Hautes Roches

86 quai de Loire – ✆ 02 47 52 88 88 – www.leshautesroches.com – Fermé 15 fév.-6 avril, dim. soir et lundi

Rest – Menu 56/90 € – Carte 70/83 €

Spéc. Foie gras de canard cuit au vin du coteau "comme un nougat" et fruits tapés. Dos de sandre au beurre blanc nantais, légumes en saugrenée. Tarte fine aux pommes caramelisées et glace au lait d'amande. **Vins** Bourgueil, Vouvray.

◆ Aux beaux jours, la terrasse qui domine le "fleuve royal" est incontournable, et rivalise avec l'élégance épurée de la salle. Le chef, breton d'origine, marie les influences océanes aux produits régionaux. Classique et maîtrisé.

L'Oubliette

34 r. des Clouets – ✆ 02 47 52 50 49 – www.restaurant-loubliette.com – Fermé 23 août-7 sept., dim. soir, lundi et merc. hors saison

Rest – Formule 20 € – Menu 25 € (sem.), 33/48 € – Carte 41/62 €

◆ Cette maison troglodyte et sa cour fleurie, en retrait des bords de Loire, sont parfaites pour un dîner en amoureux. Cuisine soignée à base de produits frais et de saison.

à Joué-lès-Tours **5 km au Sud-Ouest, par rte de Chinon – 35 839 h. – alt. 65 m – ✉ 37300**

39, avenue de la République, ✆ 02 47 80 05 97, http://otsijouelestours.pagesperso-orange.fr

Château de Beaulieu

67 r. de Beaulieu – ✆ 02 47 53 20 26 – www.chateaudebeaulieu37.com

18 ch – 97/197 € 97/197 € – 12 € – ½ P 88/138 € Xb

Rest *Château de Beaulieu* – voir les restaurants ci-après

◆ Pour ceux qui aiment la vie de château, cette belle gentilhommière du 18ᵉs. dégage un charme sûr : moulures, mobilier de style, tissus choisis, grand confort... Depuis le parc soigneusement entretenu, la vue porte jusque sur la cité tourangelle.

Mercure

parc des Bretonnières – ✆ 02 47 53 16 16 – www.mercure.com Xu

75 ch – 90/160 € 90/160 € – 14 €

Rest *(fermé sam. midi et dim. midi)* – Formule 19 € – Menu 24 € – Carte 28/35 €

◆ Cet hôtel, intégré au centre de congrès Malraux, propose des chambres aux normes de la chaîne, idéales pour une clientèle d'affaires. Espace de remise en forme complet. Cuisine traditionnelle servie en salle ou en terrasse.

Chéops ch, rest,

75 bd Jean Jaurès – ✆ 02 47 67 72 72 – http://tours.brithotel.fr/ Xa

58 ch – 40/86 € 40/86 € – 9 € – ½ P 55/65 €

Rest *(fermé 23 déc.-2 janv., vend., sam. et dim. d'oct. à avril) (dîner seult)* – Menu 18 € – Carte 21/36 €

◆ Près du centre de Joué, hôtel intégré à un ensemble résidentiel du début des années 1990. Les chambres, meublées de fer forgé, sont assez fonctionnelles et pour moitié climatisées. Cuisine traditionnelle sans prétention, pratique pour l'étape.

Château de Beaulieu – Hôtel Château de Beaulieu

67 r. de Beaulieu – ✆ 02 47 53 20 26 – www.chateaudebeaulieu37.com Xb

Rest – Menu 27 € (déj. en sem.), 39/75 € – Carte 53/64 €

◆ Dans ce ravissant manoir, la salle à manger distille un charme bourgeois à la fois sage et élégant. Avec des grands classiques comme le pigeonneau du pays de Racan ou le soufflé chaud au Grand Marnier, on y célèbre la cuisine de saison.

à Vallières **8 km par ⑬, rte de Langeais - ✉ 37230 Fondettes – ✉ 37230**

Auberge de Port Vallières

D 952 – ✆ 02 47 42 24 04 – www.auberge-de-port-vallieres.fr – Fermé 20 août-7 sept., 2-9 janv., dim. soir et lundi

Rest – Formule 16 € – Menu 18 € (déj. en sem.), 27/56 € – Carte 40/55 €

◆ Une cuisine d'inspiration tourangelle vous attend dans cette ancienne guinguette transformée depuis bien longtemps en auberge. Salle à manger intime, décorée d'objets chinés.

au Nord **9 km par ②**

L'Arche de Meslay

14 r. des Ailes ✉ 37210 Parçay-Meslay – ✆ 02 47 29 00 07 – www.larchedemeslay.fr – Fermé 1er-23 août, dim. et lundi sauf fériés

Rest – Formule 14 € – Menu 16 € (sem.), 25/46 € – Carte 38/71 €

◆ Décor pseudo-antique ! On vient ici pour la gastronomie et la spécialité du chef, la bouillabaisse à la tourangelle : rouget, rascasse, rillons et andouillette !

Envie de partir à la dernière minute ?
Visitez les sites Internet des hôtels pour bénéficier de promotions tarifaires.

TOURTOUR – 83 Var – 340 M4 – 550 h. – alt. 652 m – ✉ 83690 41 C3

Côte d'Azur

Paris 827 – Aups 10 – Draguignan 17 – Salernes 11

Château communal, ✆ 04 94 70 59 47, www.tourtour.org

Église ❊★.

La Bastide de Tourtour

rte de Flayosc – ✆ 04 98 10 54 20
– www.bastidedetourtour.com
25 ch – †110/350 € ††150/350 € – ☐ 21 €
Rest ***La Bastide de Tourtour*** – voir les restaurants ci-après
◆ Quel site ! Cette bastide – aux allures de château – domine le massif des Maures et... toute la région. La plupart des chambres, avec balcon, ouvrent sur ce fabuleux panorama. Cependant, beaux matériaux et grand confort dessinent une dimension... toute humaine.

La Petite Auberge

rte de Flayosc, 1,5 km par D 77 – ✆ 04 98 10 26 16 – www.petiteauberge.net
– Ouvert 2 avril-13 nov.
11 ch – †80/178 € ††90/218 € – ☐ 13 € – ½ P 92/158 €
Rest *(fermé lundi et le midi sauf dim.)* – Menu 38 €
◆ En retrait du village, face au massif des Maures, un mas entouré de végétation... et ouvert sur l'horizon côté piscine. Les chambres ne sont pas dénuées de romantisme ! On dîne dans un décor élégant d'une savoureuse cuisine traditionnelle.

Auberge St-Pierre

534 chemin de Fonfiguière , 3 km à l'Est par D 51 et rte secondaire
– ✆ 04 94 50 00 50 – www.aubergesaintpierre.com – Ouvert 7 avril-14 oct.
16 ch – †93/112 € ††93/122 € – ☐ 13 € – ½ P 86/100 €
Rest *(fermé le midi)* – Menu 28/60 €
◆ Passez le bonjour aux chèvres et aux moutons ! Au cœur d'une ferme de 90 ha, cette bâtisse du 16e s. (poutres, pierres, mobilier rural) ne manque pas de cachet. Chambres confortables et piscine assez originale. Cuisine du terroir face à la campagne...

La Bastide de Tourtour – Hôtel La Bastide de Tourtour

rte de Flayosc – ✆ 04 98 10 54 20
– www.bastidedetourtour.com
– Fermé le midi en sem. sauf juil.-août
Rest – Menu 28/69 € – Carte 59/70 €
◆ Des voûtes de pierre, du marbre, des drapés à l'ancienne, de grandes natures mortes... Un décor éminemment bourgeois pour une cuisine gastronomique soignée, qui exhale de beaux arômes provençaux.

Les Chênes Verts (Paul Bajade) avec ch

rte de Villecroze, 2 km par D 51 – ✆ 04 94 70 55 06 – Fermé 1er juin-15 juil., mardi et merc.
3 ch – †100 € ††110 € – ☐ 20 €
Rest *(nombre de couverts limité, réserver)* – Menu 57/145 € – Carte 95/160 €
Spéc. Brouillade aux truffes. Risotto aux cèpes et truffes. Pomme golden caramélisée aux truffes. **Vins** Côtes de Provence, Vin de pays du Var.
◆ Maison provençale isolée dans un joli cadre forestier. Cuisine régionale forte en caractère (spécialités de truffes) servie dans deux confortables salles à manger ou en terrasse.

La Table

1 Traverse du Jas, Les Ribas – ✆ 04 94 70 55 95 – www.latable.fr – Fermé 24 juin-1er juil., lundi de mi-déc. à mi-avril et mardi sauf du 3 juil. au 14 août
Rest *(nombre de couverts limité, réserver)* – Menu 28/41 € – Carte 50/90 €
◆ Charmant petit restaurant contemporain (tableaux, chaises design) situé à l'étage d'une maison en pierre. Goûteuse cuisine valorisant les produits du marché, notamment les légumes.

LA TOUSSUIRE – 73 Savoie – **333** K6 – **alt. 1 690 m – Sports d'hiver : 1 800/2 400 m** ⛷ **19** ⛷ – ✉ **73300** Alpes du Nord **46** F2

Paris 651 – Albertville 78 – Chambéry 91 – St-Jean-de-Maurienne 16

Les Soldanelles rest, VISA

r. des Chasseurs Alpins – ✆ 04 79 56 75 29 – www.hotelsoldanelles.com – Ouvert 28 juin-31 août et 18 déc.-24 avril

38 ch – †56/64 € ††64/159 € – ☕ 11 € – ½ P 57/120 €

Rest – Menu 19 € (sem.), 30/47 € – Carte 36/62 €

◆ Hôtel familial perché sur les hauteurs de la station. Accueil chaleureux, chambres spacieuses avec balcon (jolie vue côté sud), cours d'aquagym, hammam. Plats traditionnels et spécialités fromagères servis dans la salle à manger panoramique.

TRACY-SUR-MER – 14 Calvados – **303** I3 – **rattaché à Arromanches-les-Bains**

TRAENHEIM – 67 Bas-Rhin – **315** I5 – **667 h. – alt. 200 m** – ✉ **67310** **1** A1

Paris 471 – Haguenau 54 – Molsheim 8 – Saverne 22

Zum Loejelgucker VISA

17 r. Principale – ✆ 03 88 50 38 19 – www.loejelgucker-auberge-traenheim.com – Fermé 24 déc.-2 janv., lundi soir et mardi soir

Rest – Formule 12 € – Menu 22/57 € bc – Carte 28/55 €

◆ Dans un village au pied des Vosges, cette ferme alsacienne du 18e s. ne manque pas de charme : bons plats régionaux, boiseries sombres, fresques et cour fleurie l'été.

LA TRANCHE-SUR-MER – 85 Vendée – **316** H9 – **2 702 h. – alt. 4 m** – ✉ **85360** Poitou Vendée Charentes **34** B3

Paris 459 – La Rochelle 64 – La Roche-sur-Yon 40 – Les Sables-d'Olonne 39

place de la Liberté, ✆ 02 51 30 33 96, www.ot-latranchesurmer.fr

Parc de Californie★ (parc ornithologique) E : 9 km.

Les Dunes rest, ch, VISA

68 av. M. Samson – ✆ 02 51 30 32 27 – www.hotel-les-dunes.com – Ouvert avril-sept.

45 ch – †50/69 € ††64/114 € – ☕ 9 € – ½ P 59/87 €

Rest *(ouvert 11 juin-18 sept.) (résidents seult)*

◆ Une grande maison face aux flots. Certaines chambres ont un balcon donnant sur la mer ; toutes sont fraîches et impeccables. Quant à la piscine, abritée dans une jolie véranda et comme posée sur la plage, elle est très agréable...

à la Grière 2 km à l'Est par D 46 – ✉85360 La-Tranche-sur-Mer

Les Cols Verts rest, VISA

48 r. de Verdun – ✆ 02 51 27 49 30 – www.hotelcolsverts.com – Ouvert 1er avril-30 sept.

29 ch – †52/73 € ††65/147 € – ☕ 10 € – ½ P 66/84 €

Rest – Menu 24/36 € – Carte 19/42 €

◆ Près de la plage, un hôtel-restaurant d'esprit familial, avec des chambres simples et bien tenues, plus petites mais plus au calme à l'annexe. Pour l'agrément, une piscine couverte dans un bâtiment voisin.

TRAVEXIN – 88 Vosges – **314** I5 – **rattaché à Ventron**

TRÉBEURDEN – 22 Côtes-d'Armor – **309** A2 – **3 717 h. – alt. 81 m** – ✉ **22560** Bretagne **9** B1

Paris 525 – Lannion 10 – Perros-Guirec 14 – St-Brieuc 74

place de Crec'h Héry, ✆ 02 96 23 51 64, www.tourisme-trebeurden.com

Le Castel ≤★ 30 mn - Pointe de Bihit ≤★ SO : 2 km - Pleumeur-Bodou : Radôme et musée des Télécommunications★, Planétarium du Trégor★, NE : 5,5 km.

Ti al Lannec

14 allée de Mezo Guen – ✆ 02 96 15 01 01 – www.tiallannec.com – Ouvert de mars à mi-nov.

26 ch – 129/149 € 180/337 € – 7 suites – 17 €

Rest ***Ti al Lannec*** – voir les restaurants ci-après

◆ C'est l'adresse idéale pour profiter de Trébeurden dans une atmosphère luxueuse et feutrée. Juchée sur une colline face à la mer, cette grande villa Belle Époque distille un charme sûr. Des meubles anciens, des tentures fleuries, un spa : délicieux.

Manoir de Lan-Kerellec

Allée de Lan-Kerellec – ✆ 02 96 15 00 00 – www.lankerellec.com – Ouvert 17 mars-10 nov.

19 ch – 150/495 € 190/495 € – 20 € – ½ P 146/319 €

Rest ***Manoir de Lan-Kerellec*** – voir les restaurants ci-après

◆ Dominant les îles de la côte de granit rose, ce noble manoir breton du début du 20es. est bourré de charme : vastes chambres aux tissus chatoyants avec balcon ou terrasse, jardin luxuriant et restaurant spectaculaire... Rien que ça !

Toëno sans rest

56 corniche de Goas-Treiz, 1,5 km par rte de Trégastel – ✆ 02 96 23 68 78 – www.hoteltoeno.com – Fermé janv.

17 ch – 58/110 € 58/110 € – 10 €

◆ La route n'est pas loin mais, face à la mer, le ressac prend le dessus. C'est le genre de construction des années 1980, fonctionnelle et très confortable ; les balcons des chambres font face à la Manche. Pour découvrir le coin, c'est très bien.

Manoir de Lan-Kerellec – Hôtel Manoir de Lan-Kerellec

Allée de Lan-Kerellec – ✆ 02 96 15 00 00 – www.lankerellec.com – Ouvert 17 mars-10 nov. et fermé merc. midi, jeudi midi sauf de juin à sept., lundi midi et mardi midi

Rest – Menu 27 € bc (déj. en sem.), 51/74 € – Carte 64/122 €

Spéc. Naturel de bar et concombre, gelée d'agrumes et bigorneaux. Homard bleu, pomme de terre au beurre d'algues et artichaut. Soufflé au citron vert, émulsion aux fraises et glace au gingembre confit.

◆ On lève la tête et l'on reste bouche bée. Le plafond de la salle à manger est une splendide charpente en carène de bateau. Un navire suspendu invite au voyage... gastronomique. Avec la mer comme source d'inspiration bien entendu.

Ti al Lannec – Hôtel Ti al Lannec

14 allée de Mezo Guen – ✆ 02 96 15 01 01 – www.tiallannec.com – Ouvert de mars à mi-nov.

Rest – Menu 21 € (déj. en sem.), 41/83 € – Carte 52/127 €

◆ Un restaurant bourré de charme avec ses beaux salons bourgeois. Dans la salle à manger panoramique, le spectacle vaut le coup d'œil et les produits de la mer valent... le coup de fourchette ! Judicieuse sélection de vins (bordeaux, appellations du Val de Loire...).

Le Quellen avec ch

18 corniche Goas-Treiz – ✆ 02 96 15 43 18 – www.le-quellen.com – Fermé 1er-19 mars, 8-29 nov., dim. soir, lundi et mardi hors saison

10 ch – 49/59 € 49/59 € – 8 € – ½ P 52/57 €

Rest – Menu 17 € (déj. en sem.), 25/52 € – Carte 39/59 €

◆ Sur la route principale de Trébeurden, un bâtiment moderne tout blanc comme on en voit souvent en Bretagne. Selon les saisons, on peut y déguster des terrines, des poissons frais, des coquillages et de bons desserts. Il y a même un menu homard ! Des chambres toutes simples invitent au repos.

TRÉBOUL – 29 Finistère – **308** E6 – rattaché à Douarnenez

TREFFORT – 38 Isère – **333** G8 – 228 h. – alt. 618 m **45** C2

– ✉ 38650

Paris 598 – Grenoble 36 – Monestier-de-Clermont 9 – La Mure 43

au bord du lac 3 km au Sud par D 110^E – ✉ 38650 Treffort

Le Château d'Herbelon ch,

– ✆ 04 76 34 02 03 – www.chateau-herbelon.fr – *Ouvert 1er avril-11 nov. et fermé lundi et mardi sauf juil.-août*

10 ch – 84/154 € 84/154 € – 11 € – ½ P 87/122 €

Rest – Menu 25/56 € – Carte 30/73 €

◆ Au bord du lac de Monteynard, demeure du 17e s. à la façade recouverte de vigne vierge et de rosiers grimpants. Chambres spacieuses. L'hiver, une imposante cheminée réchauffe la salle à manger rustique ; aux beaux jours, on dresse des tables sur la pelouse.

TREFFORT – 01 Ain – 328 F3 – 2 070 h. – alt. 280 m – ✉ 01370 44 B1

Paris 436 – Bourg-en-Bresse 18 – Lons-le-Saunier 57 – Mâcon 51

L'Embellie rest,

pl. du Champ-de-Foire – ✆ 04 74 42 35 64 – *Fermé 25 déc.-3 janv.*

8 ch – 43/45 € 55/70 € – 8 € – ½ P 45/49 €

Rest *(fermé dim. soir hors saison)* – Formule 12 € – Menu 23/30 € – Carte 26/38 €

◆ Cette petite maison en pierre se trouve sur la place centrale du village. L'accueil est sympathique, les chambres sont simples et bien tenues. Au restaurant, cuisine traditionnnelle et plats bressans.

TRÉGASTEL – 22 Côtes-d'Armor – 309 B2 – 2 412 h. – alt. 58 m 9 B1

– ✉ 22730 Bretagne

Paris 526 – Lannion 11 – Perros-Guirec 9 – St-Brieuc 75

place Sainte-Anne, ✆ 02 96 15 38 38, www.ville-tregastel.fr

18 de Saint-Samson, à Pleumeur-Bodou, av. Jacques Ferronière, S : 3 km, ✆ 02 96 23 87 34

Rochers★★ - Ile Renote★★ NE - Table d'Orientation ★.

Park Hôtel Bellevue sans rest

20 r. Calculots – ✆ 02 96 23 88 18 – www.hotelbellevuetregastel.com – *Ouvert 15 mars-11 nov.*

31 ch – 70/160 € 80/160 € – 14 €

◆ Cette grande bâtisse a conservé un petit quelque chose des années 1930, période qui l'a vue naître. On vient s'y reposer au calme, dans des chambres simples et bien tenues (plus petites dans l'annexe). Puis, on se prélasse au jardin...

Beau Séjour

5 plage du Coz-Pors – ✆ 02 96 23 88 02 – www.hotel-beausejour-tregastel.com – *Fermé 12 nov.-15 déc. et 5 janv.-5 fév.*

14 ch – 55/85 € 62/95 € – 10 € – ½ P 58/89 €

Rest *(fermé lundi)* – Formule 15 € – Menu 19/47 € – Carte 24/52 €

◆ Une situation idéale, près du Forum et de la plage. Des chambres toutes bleues face à la mer, un petit-déjeuner buffet et un bar très prisé : un beau séjour en perspective ! Au restaurant aussi, on fait le plein d'iode.

De la Mer et de la Plage sans rest

plage du Coz-Pors – ✆ 02 96 15 60 00 – www.hoteldelamer-tregastel.com – *Ouvert 1er avril-12 nov.*

19 ch – 55/125 € 55/125 € – 9 €

◆ Sur la plage et près du Forum, une bonne petite adresse abordable et qui dépanne bien. Demandez les chambres du troisième étage, on se croirait dans une cabine de bateau !

à la plage de Landrellec 3 km au Sud par D 788 et route secondaire – ✉22560 Pleumeur-Bodou

Le Macareux

21 r. des Plages – ✆ 02 96 23 87 62 – www.lemacareux.com – *Fermé 28 nov.-13 fév., dim. soir, mardi midi sauf juil.-août et lundi*

Rest – Menu 29/58 € – Carte 36/78 €

◆ Rendez-vous dans cette auberge bretonne pour déguster des spécialités (homards, ormeaux) et d'autres produits issus de la pêche locale. Terrasse face à la mer ; ambiance conviviale.

TRÉGUIER – 22 Côtes-d'Armor – 309 C2 – 2 659 h. – alt. 40 m – ✉ 22220 Bretagne 9 B1

Paris 509 – Guingamp 28 – Lannion 19 – Paimpol 15

67, rue Ernest Renan, ✆ 02 96 92 22 33

Cathédrale St-Tugdual★★ : cloître★.

Aigue Marine

5 r. M.-Berthelot, (sur le port) – ✆ 02 96 92 97 00 – www.aiguemarine-hotel.com – Fermé 11-20 nov., 22-26 déc., 2 janv.-28 fév. et dim. de nov. à mars

48 ch – †85/95 € ††85/105 € – 15 suites – ☕ 14 € – ½ P 93/102 €

Rest *Aigue Marine* ✿ – voir les restaurants ci-après

◆ Les familles apprécieront à coup sûr cet hôtel aux chambres fonctionnelles – souvent avec balcon –, à choisir côté port ou côté piscine et jardin. Le matin, le petit-déjeuner est soigné et copieux !

Aigue Marine

5 r. M.-Berthelot, (sur le port) – ✆ 02 96 92 97 00 – www.aiguemarine-hotel.com – Fermé 11 nov.-28 fév., sam. midi, dim. soir hors saison, le midi sauf dim. de juin à sept. et lundi

Rest – Formule 16 € – Menu 36/64 € – Carte 55/74 €

Spéc. Tourteau, artichaut camus et tomate confite. Petite pêche du moment. Tutti frutti.

◆ L'aigue-marine : une pierre fine... et cette table océane, dont le chef, enfant du pays, livre une jolie interprétation de la cuisine de la mer. Le poisson, parfaitement cuisiné et parfumé, brille du beau reflet de la fraîcheur.

rte de Lannion 2 km au Sud-Ouest par D 786 et rte secondaire – ✉22220 Tréguier

Kastell Dinec'h

lieu-dit le Castel , rte de Lannion – ✆ 02 96 92 92 92 – www.kastelldinech.com – Fermé 16 déc.-5 mars

16 ch – †60/130 € ††60/130 € – ☕ 13 € – ½ P 73/108 €

Rest *(dîner seult) (résidents seult)* – Menu 30 €

◆ Une maison en pierre comme on les aime, tout droit sortie du 17^{e}s., hésitant entre la ferme et le manoir... Les chambres, cosy et soignées, sont réparties dans la maison principale et ses dépendances. En cuisine, madame mise sur la qualité (producteurs locaux, bio, etc.).

TRÉGUNC – 29 Finistère – 308 H7 – 6 799 h. – alt. 45 m – ✉ 29910 9 B2

Paris 543 – Concarneau 7 – Pont-Aven 9 – Quimper 29

Kérambourg, ✆ 02 98 50 22 05, www.tregunc.fr

Auberge Les Grandes Roches

r. Grandes Roches, 0,6 km au Nord-Est par rte secondaire – ✆ 02 98 97 62 97 – www.hotel-lesgrandesroches.com – Fermé nov. à janv.

16 ch – †95/155 € ††95/155 € – 1 suite – ☕ 14 €

Rest *Auberge Les Grandes Roches* – voir les restaurants ci-après

◆ Une ferme du 19^{e}s. et des chaumières avec des chambres ravissantes, dans un parc de 5 ha où se dressent dolmens et menhirs. C'est idéal pour flâner, se reposer et découvrir ce pays de légendes.

Auberge Les Grandes Roches

r. Grandes Roches, 0,6 km au Nord-Est par rte secondaire – ✆ 02 98 97 62 97 – www.hotel-lesgrandesroches.com – Fermé nov.-janv., mardi et merc. de fév. à avril et en oct.

Rest – Formule 17 € – Menu 26/46 € – Carte 55/65 €

◆ Un restaurant joliment isolé, où, près de la cheminée en granit, on goûte le meilleur des produits régionaux et de la tradition, mêlé aux saveurs méditerranéennes. À l'apéritif et pour le café, on profite de la belle terrasse.

TREIGNAC – 19 Corrèze – 329 L2 – 1 390 h. – alt. 500 m – ✉ 19260 25 C2

Paris 490 – Limoges 102 – Tulle 40 – Brive-la-Gaillarde 74

1, place de la République, ✆ 05 55 98 15 04, www.tourisme-treignac.fr

Maison Grandchamp ch,

9 pl. des Pénitents – ✆ 05 55 98 10 69 – www.hotesgrandchamp.com – Ouvert 1er avril-15 déc.

3 ch – †76/78 € ††76/78 € **Table d'hôte** – Menu 30 € bc/35 € bc

◆ Dans cette superbe maison familiale de la fin du 17es., tout n'est que meubles anciens, portraits d'aïeux, souvenirs de voyages... Dans la cuisine, près du cantou, on savoure le menu du terroir concocté par Marielle. Beaucoup de charme et de coquetterie !

TREILLES – 11 Aude – 344 I5 – 182 h. – alt. 103 m – ✉ 11510 22 B3

Paris 823 – Carcassonne 89 – Montpellier 127 – Perpignan 37

L'Atelier de Claude Giraud VISA

6 rte des Corbières – ✆ 04 68 33 08 59

Rest – Menu 16 € (déj. en sem.) – Carte 18/30 €

◆ Dans un petit village des Corbières, un endroit improbable, meublé de bric et de broc mais attachant et très convivial ! Ici, c'est l'assiette qui compte : le chef concocte une belle cusine de produits, simple, savoureuse et bien faite.

TRÉLAZÉ – 49 Maine-et-Loire – 317 G4 – rattaché à Angers

TRÉLON – 59 Nord – 302 M7 – 3 004 h. – alt. 188 m – ✉ 59132 31 D3

Nord Pas-de-Calais Picardie

Paris 218 – Avesnes-sur-Helpe 15 – Charleroi 53 – Lille 115

3, rue Clavon Collignon, ✆ 03 27 57 08 18, http://membres.multimania.fr/trelon

Le Framboisier VISA

rte du Val-Joly – ✆ 03 27 59 73 34 – Fermé 17 août-2 sept., 16 fév.-3 mars, dim. soir, mardi soir et lundi sauf fériés

Rest – Formule 14 € – Menu 18 € bc (déj. en sem.), 28/52 € – Carte 39/62 €

◆ Un joli corps de ferme sur la route principale. Côté déco, on mêle le rustique et les touches plus actuelles ; côté papilles, on n'a d'yeux que pour la tradition aux accents régionaux.

TREMBLAY-EN-FRANCE – 93 Seine-Saint-Denis – 305 G7 – 101 18 – voir à Paris, Environs

LE TREMBLAY-SUR-MAULDRE – 78 Yvelines – 311 H3 – 971 h. – alt. 132 m – ✉ 78490 18 A2

Paris 42 – Houdan 24 – Mantes-la-Jolie 32 – Rambouillet 18

du Domaine du Tremblay, Place de l'Eglise, S : par D 34, ✆ 01 34 94 25 70

Numéro 3 (Laurent Trochain) VISA

3 r. du Gén.-de-Gaulle – ✆ 01 34 87 80 96 – www.restaurant-numero3.fr – Fermé 1 sem. en mai, 2 sem. en août, 2 sem. en janv., lundi, mardi et merc.

Rest – Menu 45/100 € bc – Carte 65/75 €

Spéc. Homard étuvé au beurre d'algue, pomme de terre à l'ail. Version personnelle du lièvre à la royale (saison). Chariot de fromages affinés et marinés dans des huiles différentes.

◆ Une métamorphose ! Oubliées les poutres, la cheminée et même la façade traditionnelle : depuis fin 2011, place à un cadre éminemment contemporain, géométrique et design. La cuisine respecte ses fondamentaux : beaux produits, geste soigné et recettes nouvelles. À noter : épicerie fine et... inédit "bar à fromages".

TRÉMOLAT – 24 Dordogne – 329 F6 – 636 h. – alt. 53 m – ✉ 24510 4 C3

Périgord Quercy

Paris 532 – Bergerac 34 – Brive-la-Gaillarde 87 – Périgueux 46

Ilot Saint-Nicolas, ✆ 05 53 22 89 33, www.pays-des-bastides.com

Belvédère de Racamadou★★ N : 2 km.

Le Vieux Logis

Le Bourg – ✆ 05 53 22 80 06 – www.vieux-logis.com
18 ch – 190/425 € 190/425 € – 24 € – ½ P 190/308 €
Rest *Le Vieux Logis* – voir les restaurants ci-après
◆ Cet ancien prieuré est le vivant récit de l'histoire de la famille des propriétaires, vieille de presque cinq siècles ! Les chambres sont meublées avec goût et le jardin est superbe. Un Logis extrêmement chaleureux.

Le Vieux Logis

Le Bourg – ✆ 05 53 22 80 06 – www.vieux-logis.com – Fermé merc. et jeudi du 15 oct. au 15 avril
Rest – Formule 45 € – Menu 48 € (dîner en sem.)/98 € – Carte 85/125 €
Spéc. Homard juste tiédi en salade, tomate et piccalilli (été). Poitrine de pigeon rôtie, jus d'abattis et pâtes à la farine de châtaigne (automne). Curiosité de pamplemousse rose et d'estragon en fine gelée et macaron (hiver). **Vins** Côtes de Bergerac.
◆ Une valeur sûre que cette table de tradition, qui sait choisir ses produits et les accomoder avec justesse. De la belle gastronomie, classique sans être figée. Le cadre – un ancien séchoir à tabac, tout en pierre et bois peint – est charmant.

Bistrot d'en Face

Le Bourg – ✆ 05 53 22 80 69 – Fermé lundi et mardi du 15 oct. au 15 avril
Rest – Formule 15 € – Menu 20/25 € – Carte 25/37 €
◆ Une adresse pour se régaler dans le village où Chabrol tourna Le Boucher (1970). Vieilles pierres, poutres et goûteuse cuisine du terroir : andouillette, confit de canard...

TRÉMONT-SUR-SAULX – 55 Meuse – **307** B6 – rattaché à Bar-le-Duc

---

LE TRÉPORT – 76 Seine-Maritime – 304 I1 – 5 576 h. – alt. 12 m 33 D1

– Casino – ✉ 76470 Normandie Vallée de la Seine

Paris 180 – Abbeville 37 – Amiens 92 – Blangy-sur-Bresle 26
quai Sadi Carnot, ✆ 02 35 86 05 69, www.ville-le-treport.fr
Calvaire des Terrasses ★.

Le St-Yves sans rest

6 quai Albert-Cauët – ✆ 02 35 86 34 66 – www.hotellesaintyves.com
20 ch – 55/65 € 73/80 € – 3 suites – 8 €
◆ Sur l'avant-port (il suffit d'emprunter la passerelle pour rejoindre le centre-ville), un hôtel traditionnel où l'on vous reçoit avec la plus grande amabilité. L'intérieur, de style bourgeois, est particulièrement net et soigné.

Villa Marine

1 pl. Pierre-Sémard – ✆ 02 35 86 02 22 – www.hotel-lavillamarine.com – Fermé 23-29 déc.
33 ch – 60/105 € 60/105 € – 11 €
Rest – Formule 16 € – Menu 19/35 € – Carte 27/50 €
◆ Pour prendre une belle bouffée d'air iodé, un hôtel à la mine modeste qui se révèle très agréable. Les chambres – presque toutes en blanc et bleu – ne sont pas très grandes mais vraiment plaisantes.

TRIEL-SUR-SEINE – 78 Yvelines – **311** I2 – **101** 10 – voir à Paris, Environs

---

TRIGANCE – 83 Var – 340 N3 – 160 h. – alt. 800 m – ✉ 83840 41 C2

Paris 817 – Castellane 20 – Digne-les-Bains 74 – Draguignan 43
Place Saint-Michel, mairie, ✆ 04 94 76 91 01, www.trigance.fr

Château de Trigance

rte du château, accès par voie privée – ✆ 04 94 76 91 18 – www.chateau-de-trigance.fr – Ouvert avril-oct.
10 ch – 117 € 130/200 € – 15 € – ½ P 120/160 €
Rest – Menu 27/50 € – Carte 51/70 €
◆ Cet hôtel occupe les murs d'un château fort dominant la vallée, et les chambres ont des lits à baldaquin ! Une adresse originale à l'esprit médiéval. Le restaurant prend ses aises dans une salle sarrasine du 12e s. et propose... une cuisine bien d'aujourd'hui.

Le Vieil Amandier

montée de St-Roch – ✆ 04 94 76 92 92 – http://levieilamandier.free.fr – Ouvert 1er avril-1er janv.

12 ch – †68/76 € ††68/99 € – ☕ 10 € – ½ P 68/84 €

Rest – Menu 25/39 € – Carte 34/55 €

◆ Au pied du village, construction récente entourée d'un jardin méditerranéen. Chambres impeccables, certaines avec terrasse. Sauna et jacuzzi à disposition. Une belle charpente coiffe la salle à manger ; cuisine traditionnelle méridionale.

TRILBARDOU – 77 Seine-et-Marne – **312** F2 – rattaché à Meaux

LA TRINITÉ-SUR-MER – 56 Morbihan – **308** M9 – 1 613 h. – alt. 20 m **9** B3

– Casino – ✉ 56470 Bretagne

Paris 488 – Auray 13 – Carnac 4 – Lorient 52

30, cours des Quais, ✆ 02 97 55 72 21, www.ot-trinite-sur-mer.fr

Pont de Kerisper ≤★.

Le Lodge Kerisper sans rest

4 r. du Latz – ✆ 02 97 52 88 56 – www.lodge-kerisper.com – Fermé 3-23 janv.

18 ch – †90/310 € ††90/310 € – 2 suites – ☕ 15 €

◆ Ces deux longères du 19e s. ont beaucoup de cachet : intérieur tout en matériaux nobles, meubles chinés et parquets bruts... Un véritable "boutique hôtel"!

Le Petit Hôtel des Hortensias

4 pl. Yvonne Sarcey – ✆ 02 97 30 10 30 – www.leshortensias.info – Fermé janv.

6 ch – †99/170 € ††99/170 € – ☕ 13 €

Rest *L'Arrosoir* – voir les restaurants ci-après

◆ La silhouette nordique de cette charmante villa (1880) domine le port. Ambiance guesthouse, tissus tendus, tons chauds... Un vrai cocon face au va-et-vient des bateaux de plaisance.

L'Azimut

1 r. du Men-Dû – ✆ 02 97 55 71 88 – www.lazimut-latrinite.com – Fermé mardi et merc. sauf juil.-août

Rest – Formule 20 € – Menu 25 € (sem.), 35/60 € – Carte 55/90 €

◆ Ambiance maritime tous azimuts dans la salle à manger et agréable terrasse offrant une échappée sur le port... À la carte, alliances terre et mer et recherche esthétique.

L'Arrosoir – Le Petit Hôtel des Hortensias

4 pl. Yvonne Sarcey – ✆ 02 97 30 13 58 – www.leshortensias.info – Fermé janv. à mi-fév., merc. midi et lundi soir hors vacances scolaires, lundi midi et mardi midi

Rest – Carte 30/45 €

◆ On entre dans ce restaurant par sa terrasse en teck grande ouverte sur la mer. À l'intérieur, c'est un coquet décor de bistrot marin qui sert d'écrin à une jolie cuisine océane.

TRIZAY – 17 Charente-Maritime – **324** E4 – 1 289 h. – alt. 20 m **38** B2

– ✉ 17250

Paris 475 – Rochefort 13 – La Rochelle 52 – Royan 36

48, rue de la République, ✆ 05 46 82 34 25, www.trizay.com

au Lac du Bois Fleuri 2,5 km à l'Ouest par D 238, D 123 et rte secondaire

– ✉ 17250 Trizay

Les Jardins du Lac avec ch

3 chemin Fontchaude – ✆ 05 46 82 03 56

– www.jardins-du-lac.com – Fermé fév., dim. soir et lundi de nov. à mars

15 ch – †125/165 € ††125/165 € – 1 suite – ☕ 15 € – ½ P 138/195 €

Rest – Menu 29/55 € – Carte 56/75 €

◆ Un grand jardin, un lac sur la route de Compostelle... Dans ce restaurant, les Suire ont été rejoints par leur fils Yohann, jeune chef qui fait merveille : cagouilles aux champignons sauvages, soupe de fèves, rognons... Quant aux chambres, toutes face au lac, elles ont un charme indéniable.

LES TROIS-ÉPIS – 68 Haut-Rhin – 315 H8 – alt. 658 m – ✉ 68410 2 C2

Alsace Lorraine

Paris 445 – Colmar 11 – Gérardmer 51 – Munster 18

Villa Rosa rest, VISA

4 r. Thierry Schoeré – ✆ 03 89 49 81 19 – www.villarosa.fr – Fermé 3 janv.-10 fév., 3-25 nov.

8 ch – 62 € 65/67 € – 9 € – ½ P 64 €

Rest *(dîner seult) (résidents seult)* – Menu 26 €

◆ Le jardin de curé, les chambres si mignonnes et l'esprit "guesthouse" qui règne ici font vite oublier la route toute proche... À table, Anne-Rose concocte une bonne petite cuisine familiale et parfumée, essentiellement à base de produits bio et du potager (menu unique).

TRONÇAIS – 03 Allier – 326 D3 – rattaché à St-Bonnet-Tronçais

LE TRONCHET – 35 Ille-et-Vilaine – 309 K4 – 996 h. – alt. 65 m – ✉ 35540 10 D2

Bretagne

Paris 391 – Saint-Malo 27 – Dinan 19 – Fougères 56

Golf & Country Club rest, VISA AE

Domaine St-Yvieux – ✆ 02 99 58 96 69 – www.saintmalogolf.com – Ouvert de fin fév.-nov.

30 ch – 59/135 € 90/135 € – 12 €

Rest – ✆ 02 99 58 98 99 *(fermé le midi)* – Menu 27 € – Carte 25/40 €

◆ Dans un golf, cet ancien prieuré du 19ᵉs. abrite de grandes chambres aux tons clairs (jolis tissus), disposant d'une loggia ou d'une petite terrasse. Le restaurant donne sur l'étang et offre une vue panoramique sur les greens. Cuisine traditionnelle, formule club-house au déjeuner.

Le Mesnil des Bois sans rest

2 km au Sud-Ouest par D 9 et D 73 – ✆ 02 99 58 97 12 – www.le-mesnil-des-bois.com – Fermé de mi-nov. à mi-mars

5 ch – 110/140 € 110/140 €

◆ Ce beau manoir (16ᵉs.) isolé dans la campagne, en lisière de forêt, appartenait aux descendants du corsaire Surcouf. Jolies chambres aux meubles de famille ou chinés.

TROUVILLE-SUR-MER – 14 Calvados – 303 M3 – 4 864 h. – alt. 2 m – Casino AY – ✉ 14360 32 A3

Normandie Vallée de la Seine

Paris 201 – Caen 51 – Le Havre 43 – Lisieux 30

de Deauville-Normandie : ✆ 02 31 65 65 65, 7 km par ② BZ.

32, boulevard Fernand-Moureaux, ✆ 02 31 14 60 70, www.trouvillesurmer.org

de l'Amirauté, à Tourgéville, Route Départementale 278, par rte de Pont-L'Évêque et D 278 : 5 km, ✆ 02 31 14 42 00

Corniche ★.

Hostellerie du Vallon sans rest VISA AE

12 r. Sylvestre Lasserre – ✆ 02 31 98 35 00 – www.hostellerieduvallon.com

64 ch – 120/280 € 120/280 € – 15 € BZv

◆ L'endroit est peut-être un peu difficile d'accès en voiture, mais quel calme ! En outre, cette hostellerie de style normand (colombages, balcons) offre un joli panorama sur la ville. Chambres spacieuses, piscine, fitness, hammam...

Le Flaubert sans rest VISA

2 r. Gustave Flaubert – ✆ 02 31 88 37 23 – www.flaubert.fr – Ouvert de mi-fév. à mi-nov. AYt

32 ch – 55/150 € 55/150 € – 12 €

◆ Il suffit de poser un pied dehors pour fouler... les célèbres "planches" : cette villa à colombages très romantique (1936) est quasiment posée sur la plage ! Les chambres sont plutôt classiques et la moitié a vue sur la mer. Chabadabada...

TROUVILLE-SUR-MER

Bains (R. des) . . . . AY 3
Carnot (R.) . . . . AY 5
Chalet-Cordier (R.) . . . . BY 6
Chapelle (R. de la) . . . . AY 7
Foch (Pl. Mar.) . . . . AY 9
Gaulle (R. Gén.-de) . . . . BZ 10
Lattre-de-Tassigny (Pl. Mar.-de) . . . . AY 12
Maigret (R. A.-de) . . . . AY 20
Moureaux (Bd F.) . . . . BZ
Moureaux (Pl. F.) . . . . BZ 22
Notre-Dame (R.) . . . . BY 23
Plage (R. de la) . . . . AY 26
Verdun (R. de) . . . . BY 29
Victor-Hugo (R.) . . . . AY 31

Le Fer à Cheval sans rest

11 r. Victor Hugo – 02 31 98 30 20 – www.hotel-trouville.com AYu

34 ch – 55/98 € 79/104 € – 11 €

◆ On reconnaît cet établissement familial au cœur de Trouville à sa jolie façade typique. Les chambres sont bien agréables ; de plus, le casino et la plage sont tout proches. Sans oublier l'accueil, plein de gentillesse...

St-James sans rest

16 r. de la Plage – 02 31 88 05 23 – www.hotel-saint-james.fr – Fermé janv. et fév. AYa

10 ch – 70/155 € 70/155 € – 14 €

◆ La plage n'est pas loin, les chambres sont bien tenues, il y a un salon style british et, l'hiver, de belles flambées dans la cheminée : pas de doute, ce petit hôtel de charme a bien des atouts !

Le Central

5 et 7 r. des Bains – 02 31 88 80 84 – www.le-central-trouville.com

23 ch – 90/108 € 98/137 € – 9 € AYn

Rest – Menu 20/30 € – Carte 25/70 €

◆ La halle aux poissons est en face ! Les chambres jouent la sobriété (tons harmonieux, mobilier en bois blanc patiné) ; au choix : vue sur le port, la rue ou les hauteurs de la station. La brasserie, très touristique, s'inspire des années 1930. L'hiver, les plus courageux peuvent manger sur la terrasse... chauffée.

Kyriad Prestige sans rest

4 pl. Foch – 02 31 87 38 38 – www.kyriadprestige.com AYr

80 ch – 102/169 € 102/169 € – 15 €

◆ Hommes d'affaires et touristes apprécient cet hôtel fonctionnel mais gai : il fait face au casino et la plage est à deux pas ! De plus, l'établissement compte de nombreuses chambres, ce qui est bien pratique en période d'affluence.

La Régence

132 bd Fernand-Moureaux – 02 31 88 10 71 – www.la-regence.com

Rest – Formule 25 € – Menu 35/95 € – Carte 45/100 € BYr

◆ En passant sur le quai, on aperçoit les fastes de son superbe décor Napoléon III ; de nombreuses célébrités d'après-guerre appréciaient le lieu et on les comprend. Homards, langoustes et beaux poissons frais sont à l'honneur.

Le 142

142 bd Fernand-Moureaux – 02 31 88 05 14 – Fermé mardi BYb

Rest – Menu 18/28 € – Carte 35/50 €

◆ Ici, on mange bien ! Qu'il s'agisse d'un classique tradi comme les œufs mayonnaise ou de poissons bien iodés, on ne triche pas sur les produits. Le cadre ne gâte rien avec ses grands miroirs piqués, ses lustres, ses dessins au fusain...

La Petite Auberge

7 r. Carnot – 02 31 88 11 07 – www.lapetiteaubergesurmer.fr – Fermé 20-30 juin, 20-30 janv., mardi et merc. AYf

Rest *(nombre de couverts limité, réserver)* – Formule 24 € – Menu 36/55 € – Carte 55/76 €

◆ On se sent tout de suite bien dans cette Petite Auberge conviviale et toute mignonne. La table valorise le terroir et les produits régionaux ; c'est vraiment appétissant.

Les Mouettes

11 r. Bains – 02 31 98 06 97 – www.brasserie-les-mouettes.com AYd

Rest – Menu 29/30 € bc – Carte 24/46 €

◆ Imaginez... Marguerite Duras était une habituée ! Elle devait aimer cette ambiance de bistrot, le joli plafond peint et la terrasse sur le trottoir, sans oublier le pot-au-feu de la mer, le grand aïoli, la fricassée de bulots. Aimer, forcément.

Une bonne table sans se ruiner ? Repérez les Bib Gourmand.

TROYES P – 10 Aube – 313 E4 – 61 544 h. – Agglo. 128 945 h. 13 B3
– alt. 113 m – ✉ 10000 Champagne Ardenne

Paris 170 – Dijon 185 – Nancy 186

de Troyes-Barberey ✆ 03 25 71 79 00, 5 km au NO AV

16, boulevard Carnot, ✆ 03 25 82 62 70, www.tourisme-troyes.com

de la Forêt d'Orient, à Rouilly-Sacey, Route de Geraudot, par rte de Nancy : 11 km, ✆ 03 25 43 80 80

de Troyes, à Chaource, Château de la Cordelière, par rte de Tonnerre (D 444) : 31 km, ✆ 03 25 40 18 76

Le Vieux Troyes★★ BZ : Ruelle des Chats★ - Cathédrale St-Pierre-et-St-Paul★★ - Jubé★★ de l'église Ste-Madeleine★ - Basilique St-Urbain★ BCY **B** - Église St-Pantaléon★ - Apothicairerie★ de l'Hôtel-Dieu CY **M⁴** - Musée d'Art Moderne★★ CY **M³** - Maison de l'Outil et de la Pensée ouvrière★★ dans l'hôtel de Mauroy★★ BZ **M²** - Musée historique de Troyes et de Champagne★ et musée de la Bonneterie dans l'hôtel de Vauluisant★ BZ **M¹** - Musée des Beaux-Arts et d'Archéologie★ dans l'abbaye St-Loup.

Plans pages suivantes

La Maison de Rhodes
18 r. Linard Gonthier – ✆ 03 25 43 11 11 – www.maisonderhodes.com
8 ch – 172/235 € 172/235 € – 3 suites – 18 € CY**e**
Rest *(fermé le midi et dim.)* – Carte 56/67 €
◆ Ces belles demeures du 17ᵉs. nichent dans une ruelle pavée du vieux Troyes. Poutres, pierres, torchis, tomettes, mobilier ancien ou contemporain s'y marient avec élégance. Une ambiance délicieuse dont on peut profiter au restaurant si l'on est résident.

Le Champ des Oiseaux sans rest
20 r. Linard Gonthier – ✆ 03 25 80 58 50 – www.champdesoiseaux.com
11 ch – 150/240 € 150/240 € – 1 suite – 17 € CY**e**
◆ Dans ces trois maisons des 15ᵉ-16ᵉs., on aime à s'attarder près du feu qui crépite en hiver ou dans la ravissante cour pavée aux beaux jours. La magie se prolonge dans les chambres : pierre de Bourgogne, tomettes, linge de qualité...

Mercure sans rest
11 r. des Bas-Trévois – ✆ 03 25 46 28 28 – www.mercure-troyes.com
70 ch – 99/215 € 99/215 € – 14 € CZ**h**
◆ Non loin du centre-ville et de ses rues piétonnes, cet hôtel de chaîne, bâti sur les fondations d'une ancienne bonneterie, a un certain charme. Un compromis qui séduira à la fois la clientèle d'affaires et les touristes de passage.

Le Relais St-Jean sans rest
51 r. Paillot-de-Montabert – ✆ 03 25 73 89 90 – www.relais-st-jean.com
24 ch – 95/210 € 95/210 € – 15 € BZ**s**
◆ Une jolie ruelle, une bâtisse ancienne à colombages du 16ᵉs., voilà qui a du cachet. Sous les poutres, les chambres, modernes, ont un charme feutré. Les petits plus : le jacuzzi dans une charmante cave voûtée et l'accueil prévenant.

De la Poste sans rest
35 r. Emile-Zola – ✆ 03 25 73 05 05 – www.hotel-de-la-poste.com BZ**a**
32 ch – 86/119 € 116/132 € – 2 suites – 14 €
◆ Au cœur de la ville, près du secteur piétonnier, un ancien relais de poste presque entièrement rénové. Du coup, la plupart des chambres sont plus actuelles et cosy. Même ambiance feutrée au salon et au petit-déjeuner.

Le Royal
22 bd Carnot – ✆ 03 25 73 19 99 – www.royal-hotel-troyes.com
– Fermé 16 déc.-9 janv. BZ**n**
40 ch – 72 € 122 € – 12 € – ½ P 78/95 €
Rest *(fermé sam. midi, lundi midi et dim.)* – Menu 19 € (déj.), 25/33 € – Carte 55/70 €
◆ Bien situé près de la gare, cet hôtel dispose de chambres simples, fonctionnelles et bien tenues. Celles de la catégorie supérieure, au décor classique, sont plus spacieuses. Ambiance feutrée au bar pour se reposer du voyage.

TROYES

Anatole-France (Av.) . . . . AX 2
Brossolette (Av. Pierre) . . . . AX 6
Buffard (Av. M.) . . . . AV 8
Chanteloup (R. de) . . . . AX 9
Clemenceau (R. G.) . . . . AV 12
Croix-Blanche (R. de la) . . . . AX 13
Croncels (R. du Faubourg) . . AX 14
Jean-Jaurès (Av.) . . . . AV 18
Lattre-de-Tassigny (Av. Mar.-de) . . . . AV 21
Leclerc (Av. Gén.) . . . . AV 22
Marots (R. des) . . . . AV 24
Noës (R. des) . . . . AX 26
Notre-Dame-des-Prés (R.) . . . . AX 27
Pasteur (R.) . . . . AV 32
Salengro (Av. Roger) . . . . AV 36
Salengro (R. Roger) . . . . AV 37
Schuman (Av. Robert) . . . . . AV 38
Vouldy (Chaussée du) . . . . . AX 42
1er Mai (Av. du) . . . . AV 48

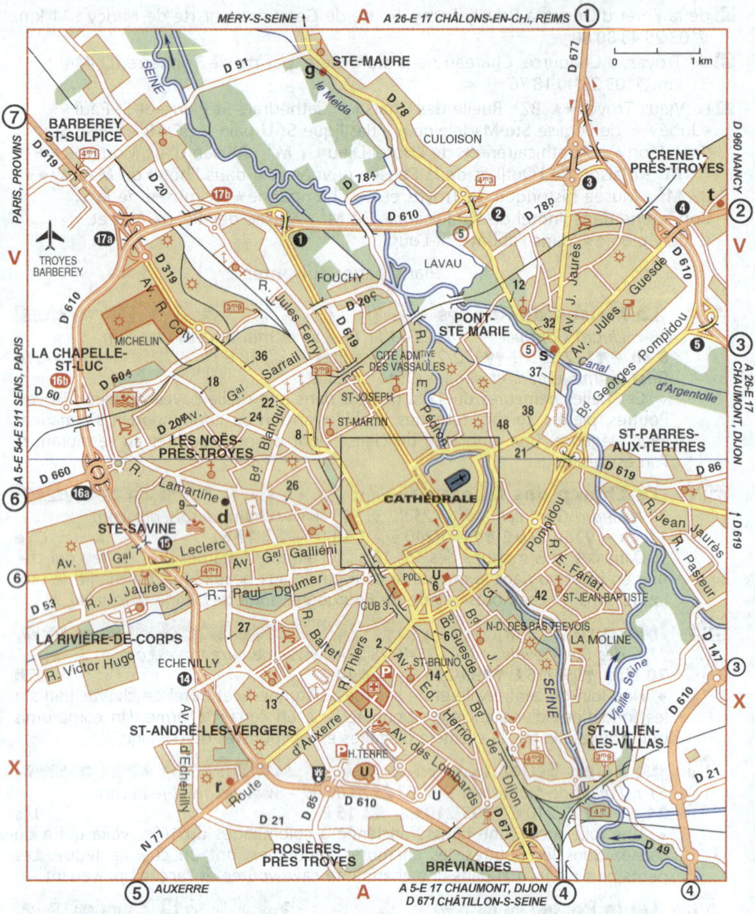

Ibis Styles sans rest
r. Camille-Claudel – ✆ 03 25 43 24 24 – www.all-seasons-hotels.com
77 ch – 91/99 € 101/109 € CZw
◆ Cet hôtel de chaîne flambant neuf, situé un peu en retrait du centre-ville, répond aux dernières normes HQE (Haute Qualité Environnementale). Un parti pris qui colle à son style très design. Sympathique, la terrasse sur un bras de la Seine.

Ibis sans rest
r. Camille Claudel – ✆ 03 25 75 99 99 – www.ibishotel.com CZw
77 ch – 67/81 € 67/81 € – 9 €
◆ Au cœur d'un espace de loisirs (bowling, patinoire, cinéma), cet hôtel de chaîne typique propose des chambres plutôt vastes. C'est sérieux, fonctionnel, juste ce qu'il faut lorsqu'on travaille ou voyage en famille.

TROYES

Boucherat (R.) .... CY 4
Champeaux (R.) .... BZ 12
Charbonnet (R.) .... BZ 13
Clemenceau (R. G.) ...... BCY 15
Comtes-de-Champagne (Q. des) .... CY 16
Dampierre (Quai) .... BCY 17
Delestraint (Bd Gén.-Ch.) ... BZ 18
Driant (R. COl.) .... BZ 20
Girardon (R.) .... CY 22
Hennequin (R.) .... CY 23
Huez (R. Claude) .... BYZ 27
Israël (Pl. Alexandre) .... BZ 28
Jaillant-Deschaînets (R.) .... BZ 29
Jean-Jaurès (Pl.) .... BZ 31
Joffre (Av. Mar.) .... BZ 33
Langevin (Pl. du Prof.) ..... BZ 35
Libération (Pl. de la) .... CZ 49
Marché aux Noix (R. du) .... BZ 36
Michelet (R.) .... CY 39
Molé (R.) .... BZ 44
Monnaie (R. de la) .... BZ 45
Paillot-de-Montabert (R.) .... BZ 47
Palais-de-Justice (R.) .... BZ 48
République (R. de la) .... BZ 51
St-Pierre (Pl.) .... CY 52
St-Rémy (Pl.) .... BY 53
Siret (R. Nicolas) .... CZ 79
Synagogue (R. de la) .... BZ 54
Tour-Boileau (R. de la) ...... BZ 59
Trinité (R. de la) .... BZ 60
Turenne (R. de) .... BZ 61
Voltaire (R.) .... BZ 64
Zola (R. Émile) .... BCZ
1er-R.A.M. (Bd du) .... BZ 69

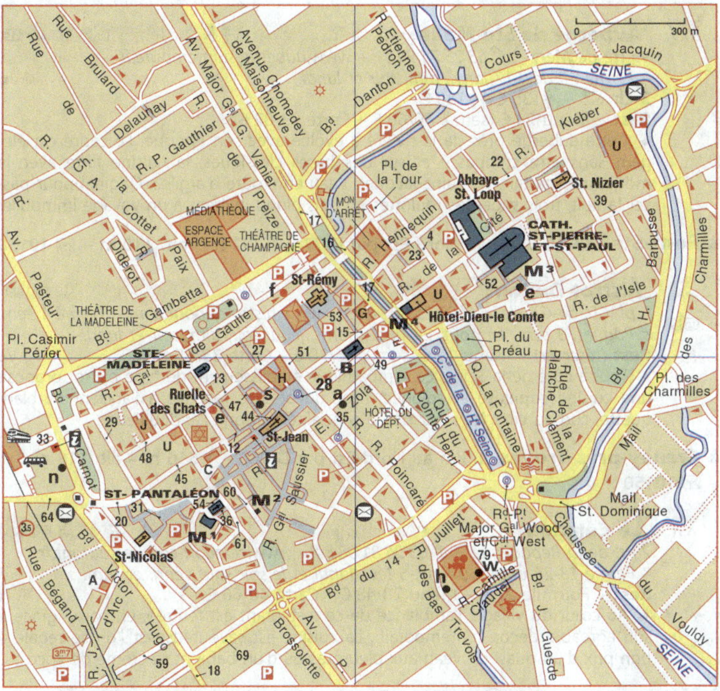

Valentino

35 r. Paillot-de-Montabert – ✆ 03 25 73 14 14 – Fermé 2 sem. en août, 2 sem. en janv., dim. et lundi BZs

Rest – Menu 25 € (déj. en sem.), 33/55 € – Carte 50/70 €

◆ On sert dans cette maison à colombages une cuisine du moment, qui privilégie les produits de la mer. Les Troyens apprécient le cadre et la jolie terrasse dans la cour pavée.

La Mignardise

1 ruelle des Chats – ✆ 03 25 73 15 30 – www.lamignardise.net – Fermé dim. soir et lundi BZe

Rest – Formule 18 € – Menu 24 € (sem.), 48/98 € – Carte 60/90 €

◆ Nouvelle formule depuis 2011 dans cette maison à colombages du 16es. Le cadre a conservé son cachet rustique mais dans un style moins formel, les menus affichent des tarifs accessibles et la cuisine s'est assagie au profit du traditionnel.

À la réservation, faites-vous bien préciser le prix et la catégorie de la chambre.

Au Jardin Gourmand

31 r. Paillot-de-Montabert – ✆ 03 25 73 36 13 – Fermé 9-22 mars, 7-27 sept., lundi midi et dim. BZs

Rest – Menu 18 € (déj. en sem.)/30 € – Carte 30/50 €

◆ Dans cette ruelle pittoresque du vieux Troyes, le patron vous accueille avec bonne humeur. Il sait vous conseiller de bons plats du terroir – dont l'andouillette – ou des recettes plus actuelles. Sous les glycines, la terrasse !

à Ste-Maure 7 km au Nord par D 78 – 1 421 h. – alt. 111 m – ✉ 10150

Auberge de Ste-Maure avec ch

99 rte de Mery – ✆ 03 25 76 90 41 – www.auberge-saintemaure.fr – Fermé 20 déc.-17 janv., dim. soir et lundi AVg

3 ch – 135 € 145 €

Rest – Menu 24 € (sem.), 50/60 € – Carte 53/82 €

◆ Cette auberge près de la rivière a évolué avec son époque. Le cadre est élégant sans être compassé et sur des bases classiques, la cuisine flirte avec la modernité : tartare de Saint-Jacques, veau en croûte d'argile... Original pour passer la nuit, trois superbes roulottes en bois blond invitent à un voyage immobile.

à Pont-Ste-Marie 3 km au Nord-Est par D 77 – 4 797 h. – alt. 110 m – ✉ 10150

Bistrot DuPont

5 pl. Ch.-de-Gaulle – ✆ 03 25 80 90 99 – www.bistrotdupont.com – Fermé 1 sem. à Pâques, 3 sem. en août, 24 déc.-3 janv., jeudi soir, dim. soir et lundi

Rest *(réserver)* – Menu 19 € (sem.), 26/30 € – Carte 35/55 € AVs

◆ Tout à côté de la Seine, ce sympathique établissement de type bistrot propose une cuisine copieuse et soignée, avec de bonnes recettes à l'ancienne : blanquette, coq au vin... Ne ratez pas la spécialité maison : l'andouillette.

à Creney-près-Troyes 6 km au Nord-Est par D 960 – 1 566 h. – alt. 118 m – ✉ 10150

Le Céladon

28 r. de la République – ✆ 03 25 81 08 54 – www.celadon-cote-restaurant.fr – Fermé 13-26 août, 30 janv.-5 fév., lundi et le soir sauf vend. et sam.

Rest – Formule 22 € – Menu 28/48 € – Carte 40/66 € AVt

◆ Au cœur du village, l'ambiance de ce restaurant est feutrée, en partie grâce à son agréable décor contemporain. La cuisine est savoureuse et l'on se régale à bon prix d'un quasi de veau aux pleurotes ou d'un baba et sa crème de coco...

à Moussey 10 km par ④, D 671 et D 444 – 520 h. – alt. 131 m – ✉ 10800

Domaine de la Creuse sans rest

– ✆ 03 25 41 74 01 – www.domainedelacreuse.com – Fermé 20 déc.-5 janv.

5 ch – 105/130 € 105/130 €

◆ Dans cette ferme champenoise du 18ᵉs. perdue en pleine nature, les chambres qui entourent la cour intérieure aménagée en jardin sont vraiment adorables. Délicieux petits-déjeuners, accueil parfait, tout est très "campagne chic".

à St-André-les-Vergers 5 km au Sud-Ouest – 11 154 h. – alt. 112 m – ✉ 10120

21, avenue Maréchal Leclerc, ✆ 03 25 71 91 11

La Gentilhommière

180 rte d'Auxerre – ✆ 03 25 49 35 64 – www.lagentilhommiere10.fr – Fermé 3 sem. en août, vacances de fév., sam. midi, dim. soir et lundi AXr

Rest – Formule 18 € – Menu 22 € (sem.), 26/37 € – Carte 40/64 €

◆ Ce pavillon moderne offre un cadre confortable, parfait pour un dîner en toute intimité. La cuisine est traditionnelle, avec pour spécialité l'œuf poché au champagne, mais fait aussi des clins d'œil à la modernité (un chou farci destructuré !).

à Ste-Savine 3 km à l'Ouest – 10 097 h. – alt. 116 m – ✉ 10300

Motel Savinien ch, VISA
87 r. Jean de la Fontaine – ✆ 03 25 79 24 90 – www.motelsavinien.com – Fermé 17 déc.-2 janv. AX**d**
49 ch – †59/82 € ††69/88 € – ☕ 10 € – ½ P 56/91 €
Rest *(fermé dim. soir et lundi)* – Formule 13 € – Menu 16/32 € – Carte 16/24 €
◆ Rénovation de qualité (style contemporain, bois foncé, salles de bains bien équipées) dans la plupart des chambres de ce motel un peu excentré. On profite du confort moderne et d'un espace détente complet avec piscine et jacuzzi.

TRUN – 61 Orne – **310** J1 – 1 312 h. – alt. 90 m – ✉ 61160 **33** C2
▶ Paris 198 – Caen 63 – Alençon 60 – Lisieux 47
ℹ place Charles-de-Gaulle, ✆ 02 33 36 93 55

La Villageoise ch,
66 r. de la République – ✆ 09 71 38 56 87 – www.lavillageoise.fr
4 ch ☕ – †70/90 € ††70/90 € **Table d'hôte** – Menu 22 € bc/30 € bc
◆ Ses origines se perdent entre le 13ᵉet le 17ᵉs., mais sa vocation reste intacte : cet ancien relais de poste se montre très accueillant – de surcroît avec un vrai esprit de maison de famille, simple et frais. Voyez la chambre "Tourterelle"...

TULETTE – 26 Drôme – **332** C8 – 1 898 h. – alt. 147 m – ✉ 26790 **44** B3
▶ Paris 657 – Lyon 195 – Valence 95 – Avignon 56
ℹ place des Tisserands, ✆ 04 75 98 34 53, www.tulette-tourisme.com

K-Za A/C ch, ch, P
rte du Moulin – ✆ 04 75 98 34 88 – www.maison-hotes-k-za.com – Fermé 24 août-2 sept. et 28 fév.-7 mars
5 ch ☕ – †140/160 € ††140/160 €
Table d'hôte *(fermé dim. soir)* – Menu 35/100 €
◆ Che bella casa ! Anne-Élisabeth, maîtresse des lieux, est d'origine italienne. Architecture de galets roulés du Rhône (17ᵉ s.) et superbe intérieur design : confort, originalité, sophistication contemporaine... À table, une belle cuisine bourgeoise et des vins locaux.

TULLE P – 19 Corrèze – **329** L4 – 15 681 h. – alt. 210 m – ✉ 19000 **25** C3
Limousin Berry
▶ Paris 475 – Aurillac 83 – Brive-la-Gaillarde 27 – Clermont-Ferrand 141
ℹ 45, quai Aristide Briand, ✆ 05 55 26 59 61
◉ Maison de Loyac★ - Clocher★ de la Cathédrale Notre-Dame.

Mercure sans rest A/C VISA AE
16 quai de la République – ✆ 05 55 26 42 00 – www.mercure.com
49 ch – †77 € ††88 € – 1 suite – ☕ 14 €
◆ En centre-ville, le long de la Corrèze, des chambres confortables, spacieuses – surtout côté quai – et bien insonorisées. On profite également de la rivière depuis la salle des petits-déjeuners.

XX **La Toque Blanche** A/C VISA AE
pl. M. Brigouleix – ✆ 05 55 26 75 41 – www.hotel-latoqueblanche.com – Fermé 1 sem. en juil., 15-26 fév., dim. soir et lundi
Rest – Formule 19 € – Menu 27/42 € – Carte 27/42 €
◆ Ce restaurant a récemment fait peau neuve et n'en est que plus avenant. La cuisine apporte une touche de modernité aux classiques, avec un médaillon de porc aux fruits secs par exemple...

TUNNEL DU MONT-BLANC H.-Savoie – 74 H.-Savoie – **328** O5 – voir à Chamonix-Mont-Blanc

---

TUNNEL SOUS LA MANCHE voir à Calais.

LA TURBALLE – 44 Loire-Atlantique – **316** A3 – 4 448 h. – alt. 6 m – ✉ 44420 Bretagne **34** A2
▶ Paris 457 – La Baule 13 – Guérande 7 – Nantes 84
ℹ place du Général-de-Gaulle, ✆ 02 40 23 39 87, www.tourisme-laturballe.fr

Les Chants d'Ailes sans rest

11 bd Bellanger – ✆ 02 40 23 47 28 – http://laturballe.free.fr/hotel-chantsdailes/ – Fermé 9 janv.-10 fév.

19 ch – †40/72 € ††53/72 € – ☕ 9 €

◆ Au bord de la longue plage de la Turballe, un petit hôtel construit dans les années 1980, aux prix raisonnables. Balcons ou bow-windows côté océan au 1er, mansardes au 2e étage.

Le Terminus

18 quai St-Paul – ✆ 02 40 23 30 29 – laturballe.free.fr/restaurant-terminus – Fermé fin nov.-début déc., dim. soir, mardi soir et merc. hors saison

Rest – Formule 20 € – Menu 26/58 € – Carte 32/80 €

◆ On y descend pour la vue sur le port de La Turballe, dont on jouit depuis toutes les tables ! La cuisine explore évidemment les produits de la mer.

à Pen-Bron 3 km au Sud par D 92 – ✉ 44420 La Turballe

Pen Bron

✆ 02 28 56 77 99 – www.hotels-aptitudes.com – Fermé 6-27 nov., 18 déc.-10 janv.

45 ch – †79/195 € ††79/195 € – ☕ 12 € – ½ P 77/133 €

Rest *(fermé lundi et mardi en hiver)* – Formule 20 € – Carte 31/62 €

◆ Tout à la pointe de la presqu'île guérandaise, face au Croisic... L'atout de cette maison bretonne : son aménagement moderne, pensé en détail pour les personnes à mobilité réduite. Restauration traditionnelle avec vue sur les flots.

LA TURBIE – 06 Alpes-Maritimes – 341 F5 – 3 165 h. – alt. 495 m – ✉ 06320 42 E2

▶ Paris 943 – Monaco 8 – Menton 13 – Nice 16

Hostellerie Jérôme (Bruno Cirino) avec ch

20 r. Comte-de-Cessole – ✆ 04 92 41 51 51 – www.hostelleriejerome.com – Fermé 2 nov.-13 fév., lundi et mardi sauf de juil. à sept. et le midi

6 ch – †105/160 € ††105/170 € – ☕ 16 €

Rest – Menu 70/130 € – Carte 100/150 €

Spéc. Raviolis d'asperges violettes d'Albenga aux truffes noires et au comté (hiver-printemps). Langoustines de Méditerranée en croûte d'amandes fraîches à la verveine (été). Figues blanches du pays rôties, citron, citronnelle et jasmin (été). **Vins** Bellet, Bandol.

◆ Un superbe réfectoire cistercien (13es.) au service d'une délicate cuisine méridionale. Épris de produits, le chef travaille les plus beaux poissons et légumes de la région. Sa femme, autodidacte passionnée, a étoffé sa magnifique cave au fil des ans – plus de 20 000 bouteilles ! Pour l'étape, les chambres sont spacieuses ; l'une d'elles aurait hébergé Napoléon.

Café de la Fontaine

4 av. Gén.-de-Gaulle – ✆ 04 93 28 52 79 – www.hostelleriejerome.com – Fermé lundi de nov. à mars

Rest – Menu 25 € – Carte 25/35 €

◆ Atmosphère très conviviale, beau choix de vins simples et abordables et, à l'ardoise, savoureuse et généreuse cuisine du marché aux jolies nuances provençales : pas de doute, on passe ici un très bon moment gourmand !

TURCKHEIM – 68 Haut-Rhin – 315 H8 – 3 719 h. – alt. 225 m – ✉ 68230 Alsace Lorraine 2 C2

▶ Paris 471 – Colmar 7 – Gérardmer 47 – Munster 14

ℹ Corps de Garde, ✆ 03 89 27 38 44

À l'Homme Sauvage

19 Grand'Rue – ✆ 03 89 27 56 15 – www.restaurant-hommesauvage.com – Fermé mardi soir de nov. à avril, dim. soir et merc.

Rest – Formule 18 € – Menu 29/39 € – Carte 39/65 €

◆ Maryon et John tiennent une maison comme on les aime ! Bien sûr il y a la belle cuisine "ni trop gastro ni trop tradi" de John, gourmande et fine, mais aussi cette belle convivialité, cette atmosphère rustique et bigarrée, très village mais pas du tout vieille France...

TURENNE – 19 Corrèze – **329** K5 – **794 h.** – **alt. 350 m** – ✉ **19500** **24** B3
Périgord Quercy
Paris 496 – Brive-la-Gaillarde 15 – Cahors 91 – Figeac 76
place du Belvédère, ✆ 05 55 24 12 95
Site★ du château et ✳★★ de la tour de César.
Collonges-la-Rouge : village★★ E : 10 km.

Maison des Chanoines avec ch
r. Joseph Rouveyrol – ✆ 05 55 85 93 43 – www.maison-des-chanoines.com – Ouvert 7 avril-13 oct.
6 ch – †75 € ††80/155 € – ☕ 10 € – ½ P 82/120 €
Rest *(fermé merc. sauf vacances scolaires et fériés et le midi) (nombre de couverts limité, réserver)* – Menu 35/50 €
◆ Avec sa porte d'entrée sculptée, son escalier à vis et sa salle à manger voûtée meublée façon Majorelle, cette maison dégage un grand charme. Magret de canard séché maison, foie gras au vinaigre de truffes... traditionnel et créatif.

TURQUANT – 49 Maine-et-Loire – **317** J5 – **536 h.** – **alt. 68 m** – ✉ **49730** **35** C2
Paris 294 – Angers 76 – Châtellerault 68 – Chinon 21

Demeure de la Vignole sans rest
imp. Marguerite d'Anjou – ✆ 02 41 53 67 00 – www.demeure-vignole.com – Ouvert 15 mars-15 nov.
8 ch – †105 € ††105/260 € – 3 suites – ☕ 15 €
◆ Ambiance guesthouse dans cette belle demeure bâtie à flanc de coteau. Chambres bien décorées, dont plusieurs troglodytiques, comme la piscine ! Terrasse face au vignoble.

TUSSON – 16 Charente – **324** K4 – **293 h.** – **alt. 125 m** – ✉ **16140** **39** C2
Paris 421 – Angoulême 41 – Cognac 49 – Poitiers 83
le bourg, ✆ 05 45 31 70 49

Le Compostelle
– ✆ 05 45 31 15 90 – http://lecompostelle-tusson.fr – Fermé 16 sept.-2 oct., 2-25 janv., dim. soir, lundi et jeudi
Rest – Formule 21 € – Menu 29/46 € – Carte 44/60 €
◆ Au cœur du village et sur l'antique route des pèlerins, un sympathique restaurant où la rusticité des lieux se mêle à un style plus contemporain. Le chef réalise une jolie cuisine de produits et revisite avec simplicité la tradition régionale...

TY-SANQUER – 29 Finistère – **308** G6 – **rattaché à Quimper**

UBERACH – 67 Bas-Rhin – **315** J3 – **1 174 h.** – **alt. 175 m** – ✉ **67350** **1** B1
Paris 473 – Baden-Baden 59 – Offenburg 64 – Strasbourg 38

De la Forêt
94 Grande Rue – ✆ 03 88 07 73 17 – Fermé 1er-15 août, vacances de fév., lundi soir, mardi soir et merc.
Rest – Formule 13 € – Menu 16 € (déj. en sem.)/40 € – Carte 39/47 €
◆ Un accueil charmant, une cuisine traditionnelle concoctée avec les légumes et les herbes aromatiques du jardin... une Forêt très chaleureuse !

UCHAUD – 30 Gard – **339** K6 – **3 946 h.** – **alt. 26 m** – ✉ **30620** **23** C2
Paris 726 – Avignon 57 – Montpellier 42 – Nîmes 13

Le Huit
8 pl. de l'Église – ✆ 06 17 95 49 15 – www.le-huit.com – Fermé déc. et janv.
5 ch ☕ – †120/290 € ††120/290 € **Table d'hôte** – Menu 45/60 €
◆ Face à l'église, une façade discrète cache ce petit havre de paix et de confort... Murs anciens, chambres spacieuses, décor contemporain, belles salles de bains et invitations à la détente (minispa, piscine). La table d'hôte propose une cuisine assez moderne (cuissons vapeur).

UCHAUX – 84 Vaucluse – **332** B8 – 1 369 h. – alt. 80 m – ✉ 84100 **40** A2
Paris 645 – Avignon 40 – Montélimar 45 – Nyons 37

Château de Massillan
Hauteville, 3 km au Nord par D 11 et rte secondaire – 04 90 40 64 51 – www.chateau-de-massillan.com – Ouvert 1er avril-30 oct.
13 ch – 275/385 € 275/385 € – 1 suite – 19 €
Rest – Formule 38 € – Menu 56 € bc/110 €
◆ L'ancien relais de chasse de Diane de Poitiers (16es.) niché au cœur d'un magnifique parc entouré de vignes... Design contemporain, pierres et poutres d'époque se mêlent : c'est splendide !

Côté Sud
rte d'Orange – 04 90 40 66 08 – www.restaurantcotesud.com – Fermé 18 oct.-4 nov., 6 déc.-5 janv., lundi soir et mardi sauf juil.-août et merc.
Rest *(nombre de couverts limité, réserver)* – Menu 24/48 € – Carte 48/63 €
◆ Garrigue, colline... Les noms des menus, tout comme la cuisine, célèbrent la Provence. Ambiance cosy dans cette charmante maison en pierre et son ravissant jardin.

Le Temps de Vivre
Les Farjons, 3,5 km au Nord par D 11 – 04 90 40 66 00 – Fermé 7-23 nov., 24 déc.-11 janv., jeudi de sept. à mai et merc.
Rest – Menu 18 € (sem.), 32/41 € – Carte 42/59 €
◆ Chant des cigales, garrigue et vignes alentour... Une maison en pierre du 18es. à l'ambiance champêtre, avec terrasse ombragée. Cuisine actuelle qui séduit par sa générosité.

UGINE – 73 Savoie – **333** L3 – 7 014 h. – alt. 484 m – ✉ 73400 **45** C1
Paris 581 – Annecy 37 – Chambéry 63 – Lyon 162
185 Route d'Annecy, 04 79 37 56 33, http://ot-ugine.e-monsite.com

La Châtelle
3 r. P.-Proust – 04 79 37 30 02 – Fermé dim. soir
Rest – Menu 19 € (déj. en sem.), 25/45 € – Carte 40/60 €
◆ Une maison forte du 13es. : jolie salle voûtée, véranda au décor contemporain et... agréable panorama. Cuisine actuelle assortie d'une belle carte de vins d'ici et d'ailleurs.

L'UNION – 31 Haute-Garonne – **343** G3 – rattaché à Toulouse

UNTERMUHLTHAL – 57 Moselle – **307** Q5 – rattaché à Baerenthal

URÇAY – 03 Allier – **326** C3 – 287 h. – alt. 169 m – ✉ 03360 **5** B1
Paris 297 – La Châtre 55 – Montluçon 34 – Moulins 66

L'Étoile d'Urçay
42 rte Nationale – 04 70 06 92 66 – Fermé 22 nov.-6 déc., 15 fév.-6 mars, mardi soir, merc. soir et jeudi soir d'oct. à juin, dim. soir et lundi
Rest – Formule 11 € – Menu 27/34 € – Carte 28/42 €
◆ Un restaurant simple, rustique et convivial à proximité de la forêt de Tronçais. Le chef y réalise une cuisine de tradition.

URIAGE-LES-BAINS – 38 Isère – **333** H7 – alt. 414 m – Stat. therm. : mi-janv.-fin déc. – Casino : Palais de la Source – ✉ 38410 Alpes du Nord **45** C2
Paris 576 – Grenoble 11 – Vizille 11
5, avenue des Thermes, 04 76 89 10 27, www.uriage-les-bains.com
Uriage, à Vaulnaveys-le-Haut, Les Alberges, au Sud, 04 76 89 03 47
Forêt de Prémol★ SE : 5 km par D 111.

Grand Hôtel
pl. Déesse Hygie – 04 76 89 10 80 – www.grand-hotel-uriage.com – Fermé 23 déc.-7 janv.
39 ch – 117/204 € 146/235 € – 3 suites – 25 €
Rest ***Les Terrasses*** – voir les restaurants ci-après
◆ Naguère fréquenté par Coco Chanel, ce bel hôtel Napoléon III, relié au centre thermal, propose des chambres d'un grand raffinement. Répondant aux noms de Colette ou Mistinguett, elles invitent à un voyage au pays des arts.

XXX **Les Terrasses**

pl. Déesse-Hygie – 04 76 89 10 80 – www.grand-hotel-uriage.com – Fermé19 août-5 sept., 23 déc.-24 janv., merc. midi, jeudi midi, dim. soir, lundi et mardi

Rest – Menu 73 € bc (déj.), 98/176 € – Carte 130/160 €

Spéc. Foie gras poêlé, fraises, vinaigre de Banyuls et Antésite. Truite du Vercors, "pochée-rôtie", bouillon comté-noix, navets et livèche. Ravioles passion, émulsion citron et glace caramel. **Vins** Vin de pays des Coteaux du Grésivaudan Verdesse, Cornas.

◆ Pureté des lignes contemporaines et cuisine créative pour ces Terrasses qui ont su imposer leur style. De superbes produits du Vercors et du Dauphiné sont à l'honneur, sélectionnés avec soin par un chef qui a fait ses preuves.

au Sud 2 km par D 524 - ✉ **38410 Uriage-les-Bains**

Le Manoir des Alberges

251 chemin des Alberges – 04 76 51 92 11 – www.lemanoirdesalberges.com

5 ch – 115/135 € 115/135 € **Table d'hôte** – Menu 35 € bc

◆ Cette maison, construite à partir de 1903, surplombe un golf. Les cinq chambres très différentes (styles bavarois, indien, ethnique, Art déco, etc.) sont à la fois chaleureuses et soignées. Toute aussi colorée, la grande salle à manger où la propriétaire propose une cuisine inventive.

URMATT – 67 Bas-Rhin – **315** H5 – **1 447 h.** – **alt. 240 m** – ✉ **67280** **1** A2

Paris 487 – Molsheim 15 – Saverne 37 – Sélestat 49

Église★ de Niederhaslach NE : 3 km Alsace Lorraine

Clos du Hahnenberg

65 r. du Gén.-de-Gaulle – 03 88 97 41 35 – www.closhahnenberg.com

43 ch – 42/68 € 47/74 € – 11 € – ½ P 50/68 €

Rest ***Chez Jacques*** – Formule 10 € – Menu 20/32 € – Carte 21/47 €

◆ Ce petit immeuble, en retrait de la rue principale du village, abrite des chambres récemment rénovées, sobres, confortables et bien insonorisées. Cuisine traditionnelle, avec des spécialités alsaciennes.

La Poste

74 r du Gén.-de-Gaulle – 03 88 97 40 55 – www.hotel-rest-laposte.fr – Fermé 27 fév.-13 mars, 15 juil.-1er août et 24 déc.-1er janv.

14 ch – 44/53 € 52/63 € – 8 €

Rest *(fermé dim. soir et lundi)* – Formule 11 € – Menu 18/40 € – Carte 30/60 €

◆ Ambiance familiale dans cette auberge villageoise centenaire, située face à la mairie. Chambres confortables et bien tenues ; certaines ont été soigneusement rénovées. Vitraux et boiseries rehaussent le décor des salles à manger ; cuisine régionale.

URRUGNE – 64 Pyrénées-Atlantiques – **342** B4 – **rattaché à St-Jean-de-Luz**

USCLADES-ET-RIEUTORD – 07 Ardèche – **331** G5 – **122 h.** – **alt. 1 270 m** – ✉ **07510** **44** A3

Paris 590 – Aubenas 45 – Langogne 41 – Privas 59

à Rieutord – ✉ **07510 Usclades et Rieutord**

X **Ferme de la Besse**

– 04 75 38 80 64 – www.aubergedelabesse.com – Fermé 20 déc.-1er mars

Rest *(réserver)* – Menu 20/33 €

◆ Une authentique ferme du 15es. au toit de lauzes... Dans son décor rustique superbement préservé (pierres, poutres, cheminée), on apprécie charcuterie, cèpes, viandes locales...

USSAC – 19 Corrèze – **329** K4 – **rattaché à Brive-La-Gaillarde**

USSEAU – 86 Vienne – **322** J3 – **rattaché à Châtellerault**

USSEL – 19 Corrèze – **329** O2 – 10 362 h. – alt. 631 m – ✉ 19200 **25** D2

Limousin Berry

Paris 444 – Aurillac 99 – Clermont-Ferrand 83 – Guéret 101

place Voltaire, ✆ 05 55 72 11 50, www.ot-ussel.fr

de Neuvic, à Neuvic, Legta Henri Queuille, S : 14 km, ✆ 05 55 95 98 89

du Chammet, à Peyrelevade, Geneyte, NO : 42 km, ✆ 05 55 94 77 54

Auberge de l'Empereur

La Goudouneche, (parc d'activité de l'Empereur), 5 km au Sud-Ouest par D 1089 – ✆ 05 55 46 04 30 – www.aubergedelempereur.com – Fermé dim. soir et lundi

Rest *(réserver)* – Formule 25 € – Menu 29/60 € – Carte 32/59 €

◆ Le restaurant se trouve dans une ancienne grange, bien au calme. Plafond en bois blond, meubles et couverts chinés lui confèrent un charme original. Morilles de l'empereur, bœuf au caramel d'ail, etc. : la carte a ses fidèles !

UTELLE – 06 Alpes-Maritimes – **341** E4 – 693 h. – alt. 800 m – ✉ 06450 **41** D2

Côte d'Azur

Paris 883 – Levens 24 – Nice 51 – Puget-Théniers 53

Retable★ dans l'église St-Véran - Madone d'Utelle ※★★★ SO : 6 km.

Bellevue

rte de la Madone – ✆ 04 93 03 17 19 – Fermé en janv. et merc. sauf juil.-août

Rest *(déj. seult)* – Menu 17/34 € – Carte 19/54 €

◆ Perchée dans un village d'altitude, une maison familiale avenante... Jolie terrasse à l'ombre des platanes, salle à manger rustique et petits plats du terroir de l'arrière-pays niçois.

UZER – 07 Ardèche – **331** H6 – 419 h. – alt. 165 m – ✉ 07110 **44** A3

Paris 663 – Alès 63 – Lyon 196 – Privas 44

Château d'Uzer

– ✆ 04 75 36 89 21 – www.chateau-uzer.com – Fermé 20 déc.-4 fév.

5 ch – 110 € 110 €

Table d'hôte *(fermé mardi, jeudi, sam. et dim.)* – Menu 34 € bc

◆ La fibre décorative des propriétaires, leur belle hospitalité, le mélange des styles ancien et moderne, le jardin semi-sauvage, la piscine, le petit-déjeuner maison... Ce château médiéval a tout pour plaire. Plats régionaux servis en terrasse aux beaux jours.

UZERCHE – 19 Corrèze – **329** K3 – 3 187 h. – alt. 380 m – ✉ 19140 **24** B3

Limousin Berry

Paris 444 – Brive-la-Gaillarde 38 – Limoges 57 – Périgueux 106

place de la Libération, ✆ 05 55 73 15 71, www.pays-uzerche.fr

Ste-Eulalie ≤★ E : 1 km.

Teyssier

rest,

r. Pont Turgot – ✆ 05 55 73 10 05 – www.hotel-teyssier.com – Fermé 22 déc.-7 janv., mardi et merc. sauf de juil. à sept.

14 ch – 54/59 € 54/59 € – 8 € – ½ P 54/60 €

Rest – Menu 20/26 € – Carte 32/48 €

◆ Pour faire étape dans cette "perle du Limousin" qu'est Uzerche, près de la Vézère, cette auberge du 18^e^s., à la façade blanche, propose des chambres confortables ; certaines avec vue sur la rivière. Restaurant traditionnel.

à St-Ybard 6 km au Nord-Ouest par D 920 et D 54 – 656 h. – alt. 320 m – ✉ 19140

Auberge Saint-Roch

2 r. du Château – ✆ 05 55 73 09 71 – www.auberge-saint-roch.fr – Fermé 22 juin-9 juil., 8-15 oct., 21 déc.-21 janv., le soir d'oct. à mai (sauf sam. soir), dim. soir et lundi

Rest – Formule 10 € – Menu 13 € (déj. en sem.), 20/40 € – Carte 25/72 €

◆ Que diriez-vous d'un magret de canard au miel ou d'une croustade aux pommes ? Cette auberge campagnarde, au cœur du village, cultive des plaisirs simples... et les produits de son jardin ! La terrasse face à l'église est bien agréable.

UZÈS – 30 Gard – **339** L4 – **8 213 h.** – **alt. 138 m** – ✉ **30700** Provence **23** D2

Paris 682 – Avignon 39 – Montpellier 93 – Nîmes 38

place Albert 1er, ✆ 04 66 22 68 88, www.uzes-tourisme.com

d'Uzès, Mas de la Place, par rte d'Avignon : 5 km, ✆ 04 66 22 40 03

Ville ancienne★★ - Duché★ : ✳★★ de la Tour Bermonde - Tour Fenestrelle★★ - Place aux Herbes★ - Orgues★ de la Cathédrale St-Théodorit **V.**

Plan page suivante

Hostellerie Provençale — A/C ch, VISA MC AE

1-3 r. Grande-Bourgade – ✆ 04 66 22 11 06 – www.hostellerieprovencale.com

9 ch – †85/97 € ††97/147 € – ☕ 13 € **Aa**

Rest *(fermé 15 nov.-15 déc. et mardi)* – Menu 17 € (déj. en sem.)/34 €

◆ À deux pas de la place aux Herbes, une maison ancienne très joliment rénovée : mobilier et tissus provençaux, pierres et poutres apparentes, tomettes, etc., pour une ambiance cosy et chaleureuse. Menu du marché servi dans un cadre coloré, au charme d'antan...

Le Patio de Violette — A/C rest, P VISA MC

chemin Trinquelaïgues, lieu-dit la Perrine par ⑤ – ✆ 04 66 01 09 83 – www.hotel-uzes-pontdugard.com

25 ch – †60/75 € ††60/75 € – ☕ 10 €

Rest *(ouvert d'avril à oct.) (dîner seult)* – Menu 27/30 €

◆ À l'écart du centre, une villa contemporaine aux formes géométriques, abritant des chambres très propres, au décor épuré. Dans un cadre minimaliste, le restaurant propose des plats simples, façon bistrot (ardoise), accompagnés de vins locaux.

L'Artemise — P VISA MC

chemin de la Fontaine-aux-Bœufs, par r. du Collège – ✆ 04 66 63 94 14 – www.lartemise.com – Fermé de Noël à début mars, merc. et jeudi en hiver,sam. midi en été et mardi

Rest – Menu 35 € (déj. en sem.), 55/70 €

◆ Dans cet agréable mas du 16ᵉs. embelli d'œuvres d'art et de photographies, la cuisine est inventive et parfumée, très influencée par l'Asie. Par un chef au beau parcours...

Le 80 Jours — VISA MC

2 pl. Albert-1er – ✆ 04 66 22 09 89 – Fermé fév., dim. et lundi d'oct. à mars

Rest – Formule 19 € – Menu 22 € (déj.), 28/38 € – Carte 38/56 € **Ab**

◆ Voûtes et vieilles pierres, décor ethnique, joli patio ombragé : il fait bon s'attabler dans cette brasserie moderne dont l'enseigne évoque Jules Verne et... les voyages du patron.

à St-Victor-des-Oules 7 km par ① , D 982 et rte secondaire – 258 h. – alt. 168 m – ✉ 30700

Villa St-Victor — P VISA MC AE

pl. du Château – ✆ 04 66 81 90 47 – www.villasaintvictor.com – Fermé 1er-12 janv., lundi, mardi et merc. d' oct. à Pâques

16 ch – †90/240 € ††90/240 € – ☕ 18 € – ½ P 120/200 €

Rest *(fermé dim. soir du 6 avril au 30 sept.) (dîner seult)* – Menu 35/75 €

◆ Ambiance familiale dans ce petit château du 19ᵉ s., entouré d'un parc arboré. Les chambres sont spacieuses et joliment décorées : mobilier chiné, style rétro ou boudoir, toile de Jouy... La table propose une cuisine du marché teintée de terroir.

à St-Quentin-la-Poterie 5 km par ① et D 5 – 2 914 h. – alt. 113 m – ✉ 30700

Clos de Pradines — P VISA MC

pl. du Pigeonnier – ✆ 04 66 20 04 89 – www.clos-de-pradines.com – Fermé 19 nov.-2 déc. et 7 janv.-3 fév.

20 ch – †75/182 € ††75/182 € – ☕ 13 € – ½ P 77/130 €

Rest – Menu 30/39 € – Carte 30/47 €

◆ Sur les hauteurs du village, un hôtel paisible proposant de ravissantes chambres de style néoprovençal, avec miniterrasse ou balcon orienté plein sud. Au restaurant, belle terrasse dominant la vallée, décor actuel et cuisine traditionnelle.

UZÈS

Alliés (Bd des) . . . . . A 2	Évêché (R. de l') . . . . . B 12	Port Royal (R.) . . . . . B 20
Boucairie (R.) . . . . . B 4	Foch (Av. Mar.) . . . . . A 13	Raffin (R.) . . . . . B 21
Collège (R. du) . . . . . B 6	Foussat (R. Paul) . . . . . A 14	République (R.) . . . . . A 23
Dampmartin (Pl.) . . . . . A 7	Gambetta (Bd) . . . . . A	St-Étienne (R.) . . . . . A 25
Dr-Blanchard (R.) . . . . . B 8	Gide (Bd Ch.) . . . . . AB	St-Théodorit (R.) . . . . . B 27
Duché (Pl. du) . . . . . A 9	Marronniers (Prom. des) . . . . . B 16	Uzès (R. J.-d') . . . . . A 29
Entre les Tours (R.) . . . . . A 10	Pascal (Av. M.) . . . . . B 17	Victor-Hugo (Boulevard) . . . . . A 32
	Pelisserie (R.) . . . . . A 18	Vincent (Av. Gén.) . . . . . A
	Plan de l'Oume (R.) . . . . . B 19	4-Septembre (R.) . . . . . A 35

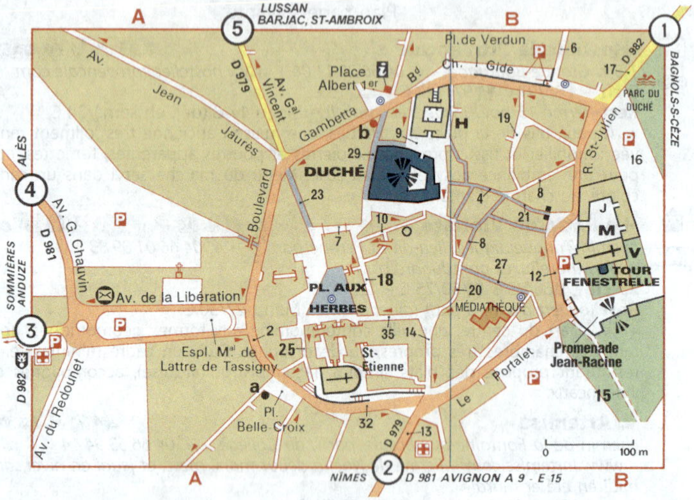

à St-Siffret 5 km par ① et D982 – 971 h. – alt. 140 m – ✉ 30700

L'Authentic

Ancienne École – ☎ 04 66 22 60 09 – Fermé 15 nov.-15 déc., mardi et merc.

Rest – Menu 29 €

◆ Ce restaurant est installé dans une ancienne école : vous serez accueilli dans la salle de classe où le menu du marché (choix unique) et les vins sont écrits sur le tableau noir !

à Montaren-et-St-Médiers 6 km par ④ et D 337 – 1 403 h. – alt. 115 m – ✉ 30700

Clos du Léthé sans rest

Hameau de St-Médiers – ☎ 04 66 74 58 37 – www.closdulethe.com – Ouvert de début avril à fin oct.

5 ch – 220 € 320 €

◆ Intimité, confort luxueux, décor design, accueil adorable, calme, superbe piscine à débordement, hammam... Cette belle maison en pierre – un ancien prieuré – a tout pour plaire !

Mas d'Oléandre

Hameau de St-Médiers – ☎ 04 66 22 63 43 – www.masoleandre.com – Ouvert mars à nov.

4 ch – 75/110 € 75/110 € **Table d'hôte** – Menu 30 € bc/35 € bc

◆ Sur les hauteurs du hameau, cette ancienne bergerie abrite des chambres bien tenues, décorées à la provençale. Toutes de plain-pied, elles ouvrent sur un écrin de verdure... Le soir, une terrasse couverte abrite la table d'hôte où l'on sert une cuisine familiale.

VAAS – 72 Sarthe – **310** K8 – 1 621 h. – alt. 41 m – ✉ 72500 **35** D2

Châteaux de la Loire

Paris 237 – Angers 77 – Château-du-Loir 8 – Château-la-Vallière 15

Le Vedaquais

pl. de la Liberté – ✆ 02 43 46 01 41 – www.vedaquais-72.com
12 ch – †52/62 € ††52/62 € – ☕ 8 €
Rest *(fermé vend. soir, dim. soir et lundi)* – Formule 12 € bc – Menu 17 € (sem.), 20/33 € bc – Carte 48/63 €
♦ Le bâtiment abritait autrefois la mairie et l'école du village : rien de plus normal s'il porte le nom de ses habitants ! Le restaurant a été créé dans l'ancienne salle de classe (collection d'objets anciens) ; les chambres sont simples mais n'ont rien de punitions. TV et wifi pour la récré.

LA VACHETTE – 05 Hautes-Alpes – 334 I3 – rattaché à Briançon

VACQUEYRAS – 84 Vaucluse – 332 C9 – 1 056 h. – alt. 117 m – ✉ 84190 — 42 E1

▶ Paris 662 – Avignon 35 – Nyons 34 – Orange 19
ℹ place de la Mairie, ✆ 04 90 12 39 02, www.vacqueyras.tm.fr

Le Pradet sans rest

rte de Vaison – ✆ 04 90 65 81 00 – www.hotellepradet.fr – Ouvert de mars à nov.
32 ch – †58/63 € ††68/85 € – ☕ 9 €
♦ À l'entrée du village, une maison disposant de chambres fonctionnelles et bien insonorisées, certaines avec terrasse ou balcon. Jardinet fleuri, salle de jeux et fitness.

L'Éloge

rte de Vaison-la-Romaine – ✆ 04 90 62 64 81 – www.leloge.fr – Fermé 2 sem. en août, 1 sem. en nov. et 2 sem. en janv., merc. soir et mardi du 15 oct. au 15 avril, dim. sauf le midi hors saison et lundi
Rest *(nombre de couverts limité, réserver)* – Formule 15 € – Menu 21 € (déj. en sem.), 27/45 € – Carte 40/62 €
♦ Dans les anciens chais de la coopérative locale, la robe épouse la chère : goûteuse cuisine mariée aux vins de l'appellation et audacieux décor, tout en voilages blancs…

à Montmirail 2 km à l' Est par rte secondaire – ✉ 84190

Montmirail

Château des Eaux – ✆ 04 90 65 84 01 – www.hotelmontmirail.com – Ouvert 10 avril-20 oct.
39 ch – †60/72 € ††88/126 € – ☕ 14 € – ½ P 93/112 €
Rest *(fermé jeudi midi et sam. midi)* – Menu 24 € (déj. en sem.), 28/42 € – Carte environ 48 €
♦ Au pied des célèbres Dentelles de Montmirail, demeure de caractère (19e s.) au milieu d'un plaisant jardin planté de pins et de platanes. Chambres bien tenues. Au restaurant, l'ambiance est cosy... c'est idéal pour déguster une appétissante cuisine traditionnelle.

VACQUIERS – 31 Haute-Garonne – 343 G2 – 1 308 h. – alt. 200 m – ✉ 31340 — 28 B2

▶ Paris 658 – Albi 71 – Castres 80 – Montauban 35

La Villa les Pins sans rest

1660 rte de Bouloc , 2 km à l'Ouest par D 30 – ✆ 05 61 84 96 04 – www.lavillalespins.com
5 ch ☕ – †65/80 € ††80/100 €
♦ Il y a le parc arboré, le calme et... cette villa, où règne une plaisante atmosphère familiale. Les chambres sont confortables, d'esprit maison bourgeoise (deux suites).

VAGNAS – 07 Ardèche – **331** I7 – **518 h.** – **alt. 200 m** – ✉ **07150** **44** A3
Paris 678 – Alès 38 – Aubenas 37 – Mende 112

La Bastide d'Iris sans rest
D 579 – ☎ 04 75 88 44 77 – www.labastidediris.com
12 ch – †72/82 € ††72/96 € – ☐ 12 €
◆ Murs joliment colorés comme les salles de bains, tissus assortis : les chambres de cette bastide flambant neuve sont agréables, tout comme le jardin.

VAGNEY – 88 Vosges – **314** I4 – **3 989 h.** – **alt. 412 m** – ✉ **88120** **27** C3
Paris 437 – Metz 163 – Épinal 40 – Belfort 99
11, place Caritey, ☎ 03 29 24 88 69, www.ot-vagney.fr

Les Lilas
12 r. du Général-de-Gaulle – ☎ 03 29 23 69 47 – www.restaurantleslilas.fr – Fermé 13 août-5 sept., 21 janv.-6 fév., mardi soir et merc.
Rest *(nombre de couverts limité, réserver)* – Formule 13 € – Menu 18 € (sem.), 21/38 € – Carte 33/52 €
◆ Une décoration tout en douceur, aux tons parme ; une cuisine traditionnelle et créative... Enfin, pour ne rien gâter, une plaisante terrasse. On voit la vie en lilas !

VAIGES – 53 Mayenne – **310** G6 – **1 185 h.** – **alt. 90 m** – ✉ **53480** **35** C1
Paris 255 – Château-Gontier 35 – Laval 24 – Le Mans 61

Du Commerce rest,
r. du Fief-aux-Moines – ☎ 02 43 90 50 07 – www.hotelcommerce.fr – Fermé 1 sem. en août, 18 déc.-10 janv., dim. soir et vend. soir de mi sept. à mi mai
32 ch – †65/89 € ††68/110 € – ☐ 10 € – ½ P 65/88 €
Rest – Formule 16 € – Menu 21/55 € – Carte 41/60 €
◆ Dans un village du bocage mayennais, cet hôtel est tenu par la même famille depuis 1883 ; les chambres y sont propres et fonctionnelles. Billard, sauna. Cuisine traditionnelle servie dans un cadre rustique (poutres, cheminée) ou sous la véranda.

VAILHAN – 34 Hérault – **339** E7 – **164 h.** – **alt. 181 m** – ✉ **34320** **23** C2
Paris 740 – Albi 173 – Carcassonne 127 – Montpellier 71

L'Auberge du Presbytère
4 r. de l'Église – ☎ 04 67 24 76 49 – www.aubergedupresbytere.fr – Fermé du lundi au vend. midi de janv. à mars, mardi et merc.
Rest *(nombre de couverts limité, réserver)* – Formule 18 € – Menu 24/35 € – Carte 24/35 €
◆ Ancien presbytère offrant une belle vue sur la retenue du barrage des Olivettes. De vieux ustensiles de cuisine décorent la salle ; les plats, actuels, changent au gré du marché.

VAISON-LA-ROMAINE – 84 Vaucluse – **332** D8 – **6 201 h.** – **alt. 193 m** – ✉ **84110** Provence **40** B2
Paris 664 – Avignon 51 – Carpentras 27 – Montélimar 64
place du Chanoine-Sautel, ☎ 04 90 36 02 11, www.vaison-la-romaine.com
Les vestiges gallo-romains★★ : théâtre antique★ , musée archéologique Théo-Desplans★ **M** - Haute Ville★ - cloître★ **B.**

Hostellerie le Beffroi rest,
2 r. de l'Evêché, (Haute Ville) – ☎ 04 90 36 04 71 – www.le-beffroi.com – Fermé 22-26 déc. et 22 janv.-30 mars Za
22 ch – †76/150 € ††76/160 € – ☐ 12 €
Rest *(ouvert 31 mars à fin oct. et fermé mardi et le midi en sem.)* – Menu 29/48 € – Carte 35/55 €
◆ Au pied du château et dominant la cité, deux demeures des 16^{e}et 17^{e}s. au cachet préservé. Chambres joliment décorées (mobilier d'époque) ; jardin ombragé et fleuri. Dans la salle rustique, cuisine classique, mais aussi saladerie et salon de thé.

Les Tilleuls d'Élisée sans rest

1 av. Jules-Mazen, (chemin du Bon-Ange) – ✆ 04 90 35 63 04 – www.vaisonchambres.info – Fermé 22 déc.-4 janv. **Yd**

5 ch – †67/72 € ††67/72 €

♦ Entre le site antique et la cathédrale, une belle ferme de 1880 entourée d'oliviers et d'arbres fruitiers ; on loge dans des chambres simples et fraîches. Confitures maison.

Le Moulin à Huile (Robert Bardot) avec ch

quai du Mar.-Foch – ✆ 04 90 36 20 67 – www.moulin-huile.com – Fermé dim. soir et lundi sauf fériés et sauf hôtel **Ze**

3 ch – †140/160 € ††140/160 € – ☕ 20 €

Rest *(réserver)* – Menu 40 € (déj. en sem.), 59/120 € – Carte 88/128 €

Spéc. Boudin de homard coraillé (mi-juin à mi-sept.). Filet de bœuf charolais, paysanne de légumes, vinaigrette de brocoli et cacahouète. Millefeuille à la crème vanillée et glace spéculos. **Vins** Cairanne, Rasteau.

♦ Charmant moulin à huile des bords de l'Ouvèze ! Au programme : une généreuse cuisine à l'ancienne, servie dans la véranda ou l'élégante cave voûtée. Chambres décorées avec soin, dans un esprit "maison de famille". Petite piscine.

Le Brin d'Olivier

4 r. du Ventoux – ✆ 04 90 28 74 79 – www.restaurant-lebrindolivier.com – Fermé 4-11 nov., sam. midi et merc. de juil. à sept. et mardi soir d'oct. à juin

Rest – Formule 18 € – Menu 29/48 € – Carte 44/58 € **Zb**

♦ Estragon, basilic, romarin.... l'assiette fleure bon la Provence et met en appétit ! Décor tout en douceur champêtre (poutres, cheminée) et patio planté d'un bel olivier.

Le Bateleur

1 pl. Théodore-Aubanel – ✆ 04 90 36 28 04 – www.le-bateleur.com – Fermé jeudi soir sauf juil.-août, dim. soir et lundi **Zk**

Rest – Menu 22 € (déj. en sem.), 27/42 € – Carte 33/47 €

♦ Tirez la carte du Bateleur... Au menu, spécialités du Sud relevées d'épices ; herbes et légumes du potager familial. Certaines tables ont vue sur l'Ouvèze.

VAISON-LA-ROMAINE

Aubanel (Pl.) . . . Z 2
Bon Ange (Chemin du) . . . Y 3
Brusquet (Chemin du) . . . Y 4
Burrus (R.) . . . Y 5
Chanoine-Sautel (Pl.) . . . Y 7
Coudray (Av.) . . . Y 8
Daudet (R. A.) . . . Y 9
Église (R. de l') . . . Z 10
Évêché (R. de l') . . . Z 12
Fabre (Cours H.) . . . Y 13
Foch (Quai Maréchal) . . . Z 14
Géoffray (Av. C.) . . . Z 15
Gontard (Quai P.) . . . Z 17
Grande-Rue . . . Y 18
Jean-Jaurès (R.) . . . Y 22
Mazen (Av. J.) . . . Y 23
Meffre (Espl. Y.) . . . Y 6
Mistral (R. Frédéric) . . . Y 24
Montée du Château . . . Z 25
Montfort (Pl.) . . . Y 26
Noël (R. B.) . . . Y 27
Poids (Pl. du) . . . Z 29
République (R.) . . . Y 32
St-Quenin (Av.) . . . Y 33
Sus Auze (Pl.) . . . Y 34
Taulignan (Crs) . . . Y 35
Victor-Hugo (Av.) . . . Y 36
Vieux Marché (Pl. du) . . . Z 38
11 Novembre (Pl. du) . . . Y 40

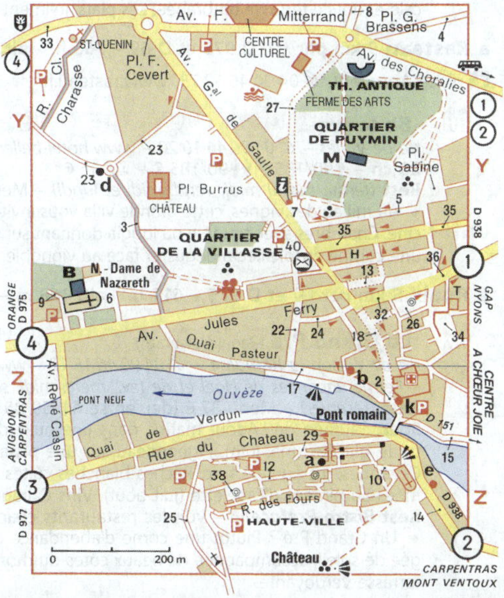

à Entrechaux 7 km par ②, D 938 et D 54 – 1 012 h. – alt. 280 m – ✉ 84340
Alpes du Sud

XX **St-Hubert**
Le Village – ✆ 04 90 46 00 05 – www.restaurantsthubert.free.fr – Fermé 8-20 oct., 28 janv.-9 mars, lundi soir de nov. à fév., mardi et merc.
Rest – Menu 16 € (déj.), 28/52 € – Carte 33/70 €
◆ Un établissement tenu en famille depuis 1929... Esprit rustique, cuisine généreuse et gibier en saison. L'été, repas sous la treille, où fleurit la glycine.

à Séguret 10 km par ③, D 977 et D 88 – 912 h. – alt. 250 m – ✉ 84110

Domaine de Cabasse
rte de Sablet – ✆ 04 90 46 91 12 – www.cabasse.fr – Ouvert avril-oct.
13 ch – †75/95 € ††100/135 € – ☐ 13 €
Rest *(fermé le midi)* – Menu 27 € – Carte 38/54 €
◆ Au pied des Dentelles de Montmirail, un hôtel au cœur d'un domaine viticole qui permet de mieux comprendre la vigne (visite, dégustation). Chambres simples et très calmes. Belle salle à manger, terrasse ombragée, cuisine régionale et vins de la propriété.

XXX **La Table du Comtat**
Le Village – ✆ 04 90 46 91 49 – www.table-comtat.fr – Fermé 2-8 nov., janv., fév., merc. et jeudi sauf juil.-août
Rest – Menu 20 € (déj. en sem.), 29/55 € – Carte 20/40 €
◆ La vue sur la plaine et les Dentelles de Montmirail est déjà un régal ! La cuisine offre de goûteuses interprétations des classiques régionaux (beignet de fleur de courgette, pintade rôtie, dessert à la figue). Chambres avenantes pour faire une pause.

X **Le Mesclun**
r. Poternes, (accès piétonnier) – ✆ 04 90 46 93 43 – www.lemesclun.com – Fermé dim. soir, mardi soir et merc. sauf juil.-août
Rest *(nombre de couverts limité, réserver)* – Menu 27/45 € – Carte 34/55 €
◆ Sympathique adresse nichée au cœur d'un ravissant village. Ambiance provençale et douce terrasse ombragée. Les plats, joliment présentés, ont l'accent du Sud.

à Rasteau 9 km par ④, D 975 et D 69 – 766 h. – alt. 200 m – ✉ 84110
place Apparent, ✆ 04 90 46 18 73, www.rasteau.fr

Bellerive
rte de Violès – ✆ 04 90 46 10 20 – www.hotel-bellerive.fr – Ouvert 29 avril-14 oct.
20 ch – †90/185 € ††90/185 € – ☐ 16 €
Rest *(fermé mardi midi, vend. midi et lundi)* – Menu 29/57 € – Carte 50/91 €
◆ Au milieu des vignes, cette grande villa vous invite à la détente autour de sa piscine. Chambres avec terrasse ou loggia donnant sur la vallée de l'Ouvèze. Au menu, une cuisine ensoleillée à déguster face au vignoble, accompagnée d'un cru local.

à Roaix 5 km par ④ et D 975 – 611 h. – alt. 168 m – ✉ 84110

XX **Le Grand Pré** (Raoul Reichrath)
rte de Vaison-la-Romaine – ✆ 04 90 46 18 12 – www.legrandpre.com – Fermé vacances de Noël et de fév., merc. midi, sam. midi et mardi
Rest *(réserver)* – Menu 37 € (déj. en sem.), 59/85 € – Carte 95/115 €
Spéc. Saumon de l'Adour mariné dans une huile de citron vert, feuilles de moutarde glacées (mai-juin). Pigeonneau sur une pissaladière aux oignons doux des Cévennes, jus au café turc. Pêches blanches cuites à froid sous pression et parfumées au piment d'Espelette (juil.-août). **Vins** Cairanne, Côtes du Rhône Séguret.
Rest *Bistro Préface* – voir les restaurants ci-après
◆ Un Grand Pré ? Plutôt une corne d'abondance où s'épanouit une cuisine gorgée de soleil, accompagnée de beaux côtes-du-rhône. Élégante salle immaculée et terrasse verdoyante.

Bistro Préface – Restaurant Le Grand Pré
rte de Vaison-la-Romaine – ✆ 04 90 36 07 95 – www.legrandpre.com – Fermé vacances de Noël et de fév., merc. midi, sam. midi et mardi
Rest – Formule 21 € – Menu 29/39 € – Carte 38/56 €
◆ Bistrot contemporain rattaché au Grand Pré. Belles variations autour de produits fétiches de la maison-mère (asperges, figues) et subtiles saveurs méridionales.

VAÏSSAC – 82 Tarn-et-Garonne – 337 F7 – 735 h. – alt. 134 m – ✉ 82800 — 29 C2

Paris 620 – Albi 60 – Montauban 23 – Toulouse 76

Terrassier
– ✆ 05 63 30 94 60 – www.chezterrassier.net – Fermé 1 sem. en nov., 1er-15 janv., vend. soir et dim. soir
18 ch – †50/75 € ††50/75 € – ☕ 8 € – ½ P 55/70 €
Rest – Formule 13 € bc – Menu 23/45 € – Carte 30/60 €
◆ Cette auberge tenue en famille est très pratique pour rayonner dans le Quercy et l'Albigeois... Les chambres sont bien tenues (plus récentes et spacieuses à l'annexe) ; au restaurant, madame concocte une sympathique cuisine traditionnelle et du terroir. Tarifs mesurés.

LE VAL – 83 Var – 340 L5 – 3 975 h. – alt. 242 m – ✉ 83143 — 41 C3

Paris 818 – La Seyne-sur-Mer 63 – Marseille 70 – Toulon 55
Couvert de la Dime, ✆ 09 61 33 53 15

La Crémaillère
23 r. Nationale – ✆ 04 94 86 40 00 – Fermé 28 juin-3 juil., 22 nov.-11 déc., vacances de fév., dim. soir d'oct. à Pâques, merc. sauf le soir en juil.-août et lundi
Rest – Formule 19 € bc – Menu 27/35 € – Carte 31/46 €
◆ Dans cet accueillant restaurant familial situé au cœur du village, la Provence est reine : lapereau en gelée, filet de loup, légumes du soleil... et on peut dîner sous les étoiles !

VALADY – 12 Aveyron – 338 G4 – 1 467 h. – alt. 350 m – ✉ 12330 — 29 C1

Paris 625 – Decazeville 20 – Rodez 20

Auberge de l'Ady
1 av. du Pont-de-Malakoff, (près de l'église) – ✆ 05 65 72 70 24 – www.auberge-ady.com – Fermé 3 sem. en janv., merc. soir d'oct. à avril, dim. soir, mardi soir et lundi
Rest – Menu 17 € (déj. en sem.), 28/66 € bc – Carte 44/74 €
◆ Une auberge au cœur d'un village rural de l'Aveyron... qui n'a rien de rustique ! Tout est épuré, contemporain et sert à merveille une cuisine de produits (priorité au bio) fraîche, savoureuse et bien dans son époque.

LE VAL-ANDRÉ – 22 Côtes-d'Armor – 309 G3 – voir à Pléneuf-Val-André

VALAURIE – 26 Drôme – 332 B7 – 534 h. – alt. 162 m – ✉ 26230 — 44 B3

Paris 622 – Montélimar 21 – Nyons 33 – Pierrelatte 14

Le Moulin de Valaurie
Le Foulon – ✆ 04 75 97 21 90 – www.lemoulindevalaurie.com – Fermé vacances de la Toussaint, fév. et dim. soir d'oct. à avril
16 ch – †135/215 € ††135/215 € – ☕ 14 €
Rest *Le Moulin de Valaurie* – voir les restaurants ci-après
◆ Bucolique ! Au bout du petit chemin entouré de vignes... un beau moulin du 19e s. Les chambres, décorées dans un esprit provençal (objets et meubles chinés), sont charmantes.

Domaine Les Mejeonnes

9 Chemin de la Méjeonne, 2 km rte de Montélimar – 04 75 98 60 60 – www.mejeonnes.com

26 ch – 75/120 € 75/120 € – 10 € – ½ P 141/186 €

Rest – Formule 21 € – Menu 26 €

◆ Une charmante ferme en pierre, posée sur un coteau. On y loge dans des chambres d'esprit provençal, ou plus actuelles et épurées... Et quel plaisir de lézarder près de la piscine ! Cuisine du terroir dans un décor chaleureux (objets et affiches anciennes).

Le Moulin de Valaurie – Hôtel Le Moulin de Valaurie

Le Foulon – 04 75 97 21 90 – www.lemoulindevalaurie.com – Fermé vacances de la Toussaint, fév., dim. soir d'oct. à juin, merc. midi de juin à oct., mardi midi et lundi

Rest – Menu 25 € (sem.), 36/42 €

◆ Un cadre champêtre, une salle raffinée et lumineuse, pour une carte épurée mais très alléchante... On y découvre la belle cuisine traditionnelle du chef, concoctée dans les règles de l'art avec de bons produits régionaux.

VALBERG – 06 Alpes-Maritimes – **341** C3 – alt. 1 669 m – Sports d'hiver : 1 430/2 100 m 26 – 06470 Peone Alpes du Sud **41** D2

Paris 803 – Barcelonnette 75 – Castellane 67 – Nice 84

Centre Administratif, 04 93 23 24 25, www.valberg.com

Valberg Golf Club, Route de la Colle, 06 86 69 97 26

Intérieur★ de la chapelle N.-D.-des-Neiges.

Le Chalet Suisse

4 av. Valberg – 04 93 03 62 62 – www.chaletsuisse.fr – Ouvert de -juin à sept. et de déc. à début avril

23 ch – 75/93 € 94/116 € – 12 € – ½ P 98/109 €

Rest ***Le Chalet Suisse*** – voir les restaurants ci-après

◆ Un vrai chalet de montagne au cœur de la station. Confort et détente au hammam et au sauna après une journée de balade ou de ski, bain de soleil sur la terrasse, pause au bar ou au restaurant, puis repos douillet... Les vacances !

L'Adrech de Lagas

63 av. Valberg – 04 93 02 51 64 – www.adrech-hotel.com – Ouvert juin-sept. et déc.-mars

20 ch – 86/126 € 103/198 €

Rest – Menu 20 € (déj.)/25 € – Carte 23/43 €

◆ Au pied des pistes, un chalet avec un restaurant traditionnel et des chambres très spacieuses, majoritairement avec loggia exposée plein sud. Pour les familles, il y a aussi des duplex.

Blanche Neige

10 av. Valberg – 04 93 02 50 04 – www.hotelblancheneige.fr – Fermé avril, mai, oct. et nov.

17 ch – 74/140 € 74/188 € – 11 € – ½ P 79/94 €

Rest *(dîner seult)* – Menu 25 €

◆ Un chalet sympathique sur la rue principale menant à la station, avec de petites chambres colorées... En saison, possibilité de dîner (uniquement pour les hôtes).

Le Chalet Suisse – Hôtel Le Chalet Suisse

4 av. Valberg – 04 93 03 62 62 – www.chaletsuisse.fr – Fermé de mi-avril à début juin et de mi-sept. à début déc.

Rest – Menu 25 € (déj.)/45 € – Carte 32/68 €

◆ Ce Chalet pas si suisse que cela a beau afficher un style traditionnel montagnard, la cuisine proposée y est plutôt tendance. Les influences méditerranéennes cohabitent avec des spécialités comme la tartiflette ou la croûte au fromage.

La sélection de ce guide s'enrichit avec vous : vos découvertes et vos commentaires nous intéressent. Faites-nous part de vos satisfactions ou de vos déceptions. Coup de cœur ou coup de colère : écrivez-nous !

VALBONNE – 06 Alpes-Maritimes – **341** D6 – **12 500 h. – alt. 250 m** **42** E2
– ✉ **06560** Côte d'Azur

Paris 907 – Antibes 14 – Cannes 13 – Grasse 11

1, place de l'Hôtel de Ville, ✆ 04 93 12 34 50, www.tourisme-valbonne.com

Victoria Golf Club, Chemin du Val Martin, S : 4 km, ✆ 04 93 12 23 26

Opio Valbonne, à Opio, Route de Roquefort les Pins, N : 1 km, ✆ 04 93 12 00 08

La Bastide de Valbonne sans rest
107 rte Cannes – ✆ 04 93 12 33 40 – www.bastidevalbonne.com
34 ch – 95/155 € 95/155 € – 15 €
◆ La demeure provençale typique, fleurie et pimpante, avec ses murs jaunes et ses volets bleus. On se repose sur des lits en fer forgé ou en bois clair avant de grignoter un croissant au bord de la piscine. Parfait pour le farniente.

Les Armoiries sans rest
pl. des Arcades – ✆ 04 93 12 90 90 – www.hotellesarmoiries.com
16 ch – 89/169 € 89/169 € – 12 €
◆ C'est en marchant, quartier piéton oblige, que l'on arrive à cette bâtisse du 17^e^s. aux belles arcades, aussi pittoresque que le village lui-même. Le petit-déjeuner se prend sur la place baignée de lumière : tout le charme de l'arrière-pays grassois.

au golf d'Opio-Valbonne **Nord-Est : 2 km par rte de Biot (D 4 et D 204)**
– ✉ **06650 Opio**

Château de la Bégude
rte de Roquefort les Pins – ✆ 04 93 12 37 00
– www.chateau-begude.com – Fermé 25 nov.-27 déc.
34 ch – 120/180 € 240/350 € – 6 suites – 20 €
Rest – ✆ 04 93 12 37 01 *(fermé dim. soir du 1er oct. au 31 mars)* – Formule 34 € – Menu 45 € (dîner) – Carte 40/65 €
◆ Les amateurs de swing vont se régaler ! Cette bastide du 17^e^s., flanquée de sa bergerie, est située au beau milieu du très réputé golf d'Opio. Les chambres, tout en harmonie de beiges, ont un certain cachet. Entre deux drive, direction le restaurant pour une formule rapide ou un repas plus traditionnel.

rte d'Antibes **au Sud par D 3 – ✉ 06560 Valbonne**

Castel Provence sans rest
30 chemin Pinchinade, à 2,5 km – ✆ 04 93 12 11 92
– www.hotelcastelprovence.com
36 ch – 85/160 € 98/180 € – 15 €
◆ Cet hôtel récent, de style provençal, est parfait pour une courte escapade ou un voyage d'affaires. L'endroit est plutôt calme, les équipements fonctionnels, et la piscine et le jardin invitent à la détente.

Daniel Desavie
1360 rte d'Antibes – ✆ 04 93 12 29 68 – www.restaurantdanieldesavie.fr – Fermé dim. et lundi
Rest – Menu 37 € (sem.), 42/57 € – Carte 55/90 €
◆ La clientèle locale apprécie sa cuisine provençale. Le soir, c'est aux chandelles, face au jardin, que l'on déguste fleurs de courgettes, plats en sauce, champignons de la région ou nougat glacé aux fruits confits...

à Sophia-Antipolis **7 km au Sud-Est par D 3 et D 103 - ✉ 06560 Valbonne**

Sophia Country Club
Les Lucioles 2, 3550 rte Dolines – ✆ 04 92 96 68 78
– www.sophiacountryclub.com – Fermé 21 déc.-3 janv.
155 ch – 110/270 € 120/300 € – 19 €
Rest *Le Club* ✆ 04 92 96 68 86 – Formule 22 € – Carte 35/60 €
◆ En plein cœur du parc de Sophia-Antipolis, ce complexe hôtelier propose de nombreux équipements sportifs, un restaurant-brasserie assez cossu, plusieurs bars et d'importantes salles de séminaire : business as usual.

Novotel

Les Lucioles 1, 290 r. Dostoievski – ✆ 04 92 38 72 38 – www.novotel.com
97 ch – 119/179 € 119/179 € – 14 €
Rest – Formule 18 € – Menu 25/35 € – Carte 20/35 €
◆ Un Novotel pratique et fonctionnel, où l'on peut même louer une voiture. Le petit plus : un cadre verdoyant et des parcours de santé tout proches. Plaisant, on dîne face aux pins parasols.

Mercure

Les Lucioles 2, r. A. Caquot – ✆ 04 92 96 04 04 – www.mercure-antibes-sophia-antipolis.com
104 ch – 94/181 € 94/181 € – 17 €
Rest – Formule 21 € – Menu 29 € – Carte 33/46 €
◆ La technopole de Sophia-Antipolis fournit l'essentiel de la clientèle de cet hôtel confortable auquel on peut accéder en évitant les embouteillages de l'A8. Les essences méridionales du jardin, le calme, la piscine, le font sortir du lot. Côté restaurant : salades estivales et spécialités du coin.

Relais Omega

rest,
Les Lucioles 1, 49 r. L. Van Beethoven – ✆ 04 92 96 07 07 – www.hotelomega.com – Fermé 17 déc.-2 janv.
56 ch – 102/112 € 112/122 € – 4 suites – 14 €
Rest – Formule 17 € – Menu 23 € (sem.) – Carte environ 25 €
◆ L'hôtel a beau être presque entièrement dédié à une clientèle d'affaires, d'où une salle luxueuse réservée aux conseils d'administration, le style provençal est au rendez-vous. Tout est net et pratique, y compris au restaurant où l'on sert des buffets de hors-d'œuvre et de desserts.

VALCEBOLLÈRE – 66 Pyrénées-Orientales – 344 D8 – 41 h. – alt. 1 470 m – ✉ 66340 22 A3

Paris 856 – Bourg-Madame 9 – Font-Romeu-Odeillo-Via 27 – Perpignan 107

Auberge Les Ecureuils

Carrer Gorro Blanc – ✆ 04 68 04 52 03 – www.aubergeecureuils.com – Fermé 5 nov.-5 déc.
15 ch – 72/90 € 72/105 € – 12 € – ½ P 67/85 €
Rest *(fermé mardi midi et lundi sauf en saison)* – Formule 19 € – Menu 25/50 € – Carte 30/52 €
◆ Dans un petit hameau au bout du monde, une bergerie authentique et charmante... mais non, c'est une auberge chaleureuse au cœur des Pyrénées ! Cheminée, murs en pierre, piscine à la romaine, hammam et restaurant traditionnel : quel cachet !

VAL-CLARET – 73 Savoie – 333 O5 – rattaché à Tignes

VALDAHON – 25 Doubs – 321 I4 – 4 791 h. – alt. 645 m – ✉ 25800 17 C2

Paris 436 – Besançon 33 – Morteau 33 – Pontarlier 32

Relais de Franche Comté

1 r. Charles-Schmitt – ✆ 03 81 56 23 18 – Fermé 26 avril-2 mai, 25 août-2 sept., 17 déc.-10 janv., vend. soir, sam. midi sauf du 10 juil. au 25 août et dim. soir de sept. à juin
20 ch – 50/53 € 59/65 € – 9 € – ½ P 59/62 €
Rest *Relais de Franche Comté* – voir les restaurants ci-après
◆ À l'entrée de la ville, un hôtel imposant dont les chambres, actuelles et pratiques, sont égayées de tissus colorés. Un vrai Relais en Franche-Comté.

Relais de Franche Comté

1 r. Charles-Schmitt – ✆ 03 81 56 23 18 – Fermé 26 avril-2 mai, 25 août-2 sept., 17 déc.-10 janv., vend. soir, sam. midi sauf du 10 juil. au 25 août et dim. soir de sept. à juin
Rest – Menu 14 € (sem.), 17/50 € – Carte 22/45 €
◆ La gastronomie franc-comtoise à portée de bourse : terrines maison, gibier, sauce au vin jaune et aux morilles, fromages locaux (comté, bleu de Gex), vins d'Arbois... Dans cet hôtel-restaurant, l'étape prend l'allure de gueuleton !

LE VAL-D'AJOL – 88 Vosges – 314 G5 – 4 098 h. – alt. 380 m – ✉ 88340 Alsace Lorraine

27 C3

Paris 382 – Épinal 41 – Luxeuil-les-Bains 18 – Plombières-les-Bains 10

17, rue de Plombières, 03 29 30 61 55, www.vosgesmeridionales.com

La Résidence

5 r. des Mousses, par rte de Hamanxard – 03 29 30 68 52 – www.la-residence.com – Fermé 26 nov.-26 déc.

49 ch – 55/70 € 68/98 € – 11 € – ½ P 71/86 €

Rest *La Résidence* – voir les restaurants ci-après

◆ Adossée à un beau parc arboré et fleuri, une grande maison bourgeoise du milieu du 19e s. et deux pavillons indépendants. Les chambres sont spacieuses et confortables, les installations bien pensées (piscine couverte, sauna, etc.).

La Résidence

5 r. des Mousses, par rte de Hamanxard – 03 29 30 68 52 – www.la-residence.com – Fermé 26 nov.-26 déc., dim. soir d'oct. à mai sauf vacances scolaires et fériés

Rest – Formule 13 € – Menu 27/60 € – Carte 40/65 €

◆ La Lorraine au menu (poulet flambé au kirsch et griottines, croustillant de munster au miel de forêt), mais aussi des accords plus audacieux, comme le sandre à l'andouille. La tradition et son contraire dans cette belle maison de maître !

VAL-D'ESQUIÈRES – 83 Var – 340 P5 – rattaché à Ste-Maxime

VAL-D'ISÈRE – 73 Savoie – 333 O5 – 1 640 h. – alt. 1 850 m – Sports d'hiver : 1 850/2 560 m 6 45 – ✉ 73150 Alpes du Nord

45 D2

Paris 667 – Albertville 86 – Chambéry 135

Le Bourg, 04 79 06 06 60, www.valdisere.com

du Lac de Tignes, à Tignes, Le Val Claret, par rte de Bourg-St-Maurice : 14km, 04 79 06 37 42

Rocher de Bellevarde ★★★ par téléphérique - Route de l'Iseran★★★.

Plan page suivante

Les Barmes de l'Ours

chemin des Carats – 04 79 41 37 00 – www.hotel-les-barmes.com – Ouvert 6 déc.-28 avril Ab

56 ch – 290/1025 € 320/1055 € – 20 suites – ½ P 215/1115 €

Rest *La Table de l'Ours* – voir les restaurants ci-après

Rest *La Rôtisserie des Barmes* – Menu 55/80 € – Carte 70/95 €

◆ Dans ce vaste chalet, quatre ambiances, quatre décors : scandinave, lodge américain, chalet d'alpage ou contemporain. Partout, les aménagements sont luxueux et de grand confort. Cuisine gastronomique ou rôtisserie, selon le lieu choisi…

Le Savoie

av. Olympique – 04 79 00 01 15 – www.lesavoie.com – Ouvert déc.-avril

14 ch – 325/880 € 350/880 € – 11 suites Ad

Rest *Le Grain de Sel* – voir les restaurants ci-après

Rest *Le Wine Not* – Formule 16 € – Carte 24/32 €

◆ Ce chalet rivalise de charme et de luxe discret : salons intimes, bar à vins (accords vins-tapas), chambres de style montagnard épuré – dont une suite "royale" sous une superbe charpente – et très beau spa. Pour rester dans l'esprit de la célèbre station.

Christiania

– 04 79 06 08 25 – www.hotel-christiania.com – Ouvert de déc. à avril

68 ch – 292/936 € 306/950 € – 1 suite – ½ P 190/788 € Aa

Rest – Formule 48 € – Menu 65 € (dîner) – Carte 63/160 €

◆ Grand chalet dont les chambres, confortables, sont pour certaines décorées dans un charmant esprit alpin. Espace de remise en forme ; vue sur les pistes. Salle de restaurant montagnarde, terrasse panoramique et plats traditionnels.

Le Blizzard

rest,

r. Principale – ✆ 04 79 06 02 07 – www.hotelblizzard.com
– Ouvert 11 déc.-2 mai **Bf**
70 ch – 355/1200 € 400/1550 € – ½ P 255/735 €
Rest ***La Luge*** – voir les restaurants ci-après
Rest – Menu 58 € (dîner) – Carte 65/96 €
◆ Blizzard, vous avez dit Blizzard ? Ici, point de tempête de neige, mais des chambres cosy, en majorité rénovées dans un esprit contemporain (certaines avec cheminée ou poêle). Très beau spa. Carte classique au restaurant, spécialités fromagères à La Luge.

Avenue Lodge

av. Olympique – ✆ 04 79 00 67 67 – www.hotelavenuelodge.com – Ouvert 1er déc.-30 avril **Az**
54 ch – 350/540 € 350/725 €
Rest *(dîner seult)* – Menu 47 € – Carte 46/61 €
◆ Atmosphère design et cosy dans ce beau chalet flambant neuf. Dans les chambres, tonalités brunes, tapisserie peau de bête, bois wengé et petit coin salon. Spécialités bistrotières dans une ambiance rouge et noir.

Le Tsanteleina

av. Olympique – ✆ 04 79 06 12 13 – www.tsanteleina.com
– Ouvert 2 déc.-1er mai **Bs**
71 ch – 145/450 € 210/650 € – ½ P 140/360 €
Rest – Formule 25 € – Menu 30 € (déj.), 50/80 € – Carte 55/82 €
◆ Point culminant de Val-d'Isère, le Tsanteleina est aussi un agréable hôtel, disposant de chambres chaleureuses et spacieuses avec, côté sud, vue sur la piste olympique de Bellevarde. Piscine à débordement. Cuisine actuelle (quelques spécialités fromagères).

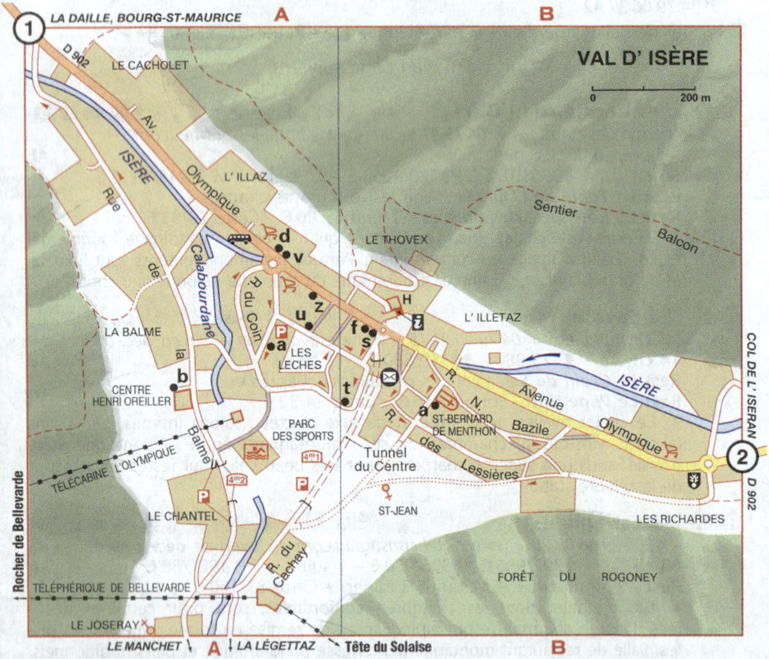

Grand Paradis

✆ 04 79 06 11 73 – www.hotelgrandparadis.com – Ouvert début déc.-début mai
40 ch (½ P seult) – ½ P 100/310 € **Bt**
Rest – Menu 25 € (déj.), 57/80 € bc – Carte 35/55 €
◆ L'hôtel jouxte la spectaculaire face de Bellevarde, "Grand Paradis" des skieurs. Dans les chambres, cadre chaleureux (savoyard ou autrichien) et balcon plein sud. Au restaurant, cuisine de saison sous forme de menu unique ; grande terrasse.

La Savoyarde

r. Noël Machet – ✆ 04 79 06 01 55 – www.la-savoyarde.com – Ouvert 1er déc.-1er mai **Au**
50 ch – †155/235 € ††210/340 € **Rest** *(dîner seult)* – Menu 45/65 €
◆ Chambres douillettes, belles boiseries, salon cosy autour de la cheminée, espace forme... Un agréable hôtel à la mode alpine. Au restaurant, buffet traditionnel à midi et cuisine du marché le soir (menu unique).

Kandahar

av. Olympique – ✆ 04 79 06 02 39 – www.hotel-kandahar.com – Ouvert de début déc. à début mai **Av**
41 ch – †138/240 € ††170/340 € **Rest** *(dîner seult)* – Carte 35/60 €
◆ Kandahar... un nom qui évoque les splendeurs de l'Orient et la prestigieuse épreuve de ski autrichienne. Les chambres, typiquement montagnardes, sont coquettes et très chaleureuses. À la taverne, toute de bois vêtue, l'Alsace et la Savoie sont à l'honneur.

Les Lauzes sans rest

pl. de l'Église – ✆ 04 79 06 04 20 – www.hotel-lauzes.com – Ouvert 30 nov.-28 avril
23 ch – †115/178 € ††136/188 € **Ba**
◆ Charmant chalet à deux pas de l'église. Chambres propres et confortables (vue sur les toits du village au dernier étage). Beau salon tout en bois.

La Becca

Le Laisinant, rte de l'Iseran, 0,8 km par ② – ✆ 04 79 06 09 48 – www.labecca-val.com – Ouvert 19 juin à mi-sept. et déc. à avril
11 ch – †167/275 € ††187/295 € – ½ P 151/205 €
Rest *La Becca* ✿ – voir les restaurants ci-après
◆ Bois blond, pierres, meubles peints, cheminée, etc. Dans son hameau isolé, ce chalet et ses chambres douillettes respirent la Savoie… Une jolie option pour séjourner dans la station !

La Table de l'Ours – Hôtel Les Barmes de l'Ours

✿
chemin des Carats – ✆ 04 79 41 37 00 – www.hotel-les-barmes.com – ouvert 6 déc.-28 avril **Ab**
Rest *(dîner seult)* – Menu 85/185 € – Carte 130/180 €
Spéc. Tartiflette de la Table de l'Ours à la truffe. Selle d'agneau cuite en terre d'argile et fèves acidulées au citron confit. Croustillant aux fraises rafraîchi au basilic, barbe à papa maison et coulis de fraises.
◆ La table des Barmes de l'Ours, à l'unisson de ce luxueux hôtel. Le décor est très bourgeois, avec une grande cheminée ; la cuisine s'appuie sur de beaux produits, préparés avec finesse.

Le Grain de Sel – Hôtel Le Savoie

av. Olympique – ✆ 04 79 00 01 15 – www.lesavoie.com – Ouvert déc.-avril
Rest *(dîner seult)* – Menu 70/90 € – Carte 60/110 € **Ad**
◆ Dans un décor tendance, on déguste une cuisine raffinée, voire sophistiquée, après avoir débuté la soirée – pourquoi pas ? – au chicissime bar à champagne.

La Becca (Anthony Tempesta) – Hôtel La Becca

✿
Le Laisinant, rte de l'Iseran, 0,8 km par ② – ✆ 04 79 06 09 48 – www.labecca-val.com – Ouvert 19 juin à mi-sept. et déc. à avril
Rest – Formule 37 € – Menu 45 € (déj.), 68/120 € – Carte 72/132 €
Spéc. Cromesquis de foie gras au porto, asperge et crème de morille (saison). Pojarski de pigeon entièrement chou. Moelleux au chocolat, cœur parfumé aux cèpes et glace truffe noire (saison). **Vins** Roussette de Savoie, Chignin-Bergeron.
◆ Ce restaurant réserve de beaux moments, sous l'égide d'un jeune chef qui manie les bons produits sans complexe et avec subtilité (carte plus simple le midi). Et les prix sont plutôt sages pour la station ! Agréable décor montagnard.

XX **L'Atelier d'Edmond**

au Fornet , 2 km par ② , rte de l'Iseran – ✆ 04 79 00 00 82 – www.atelier-edmond.com – Ouvert 15 déc.-20 avril et fermé dim. soir et lundi
Rest – Formule 31 € – Menu 65/125 € – Carte 80/90 €
Spéc. Marbré de foie gras à l'arabica. Omble chevalier à l'huile de champignon fumé. Baba au génépi, glace à la crème de lait.
◆ Un beau chalet à l'ancienne, tout en bois, vieux outils, lampes à pétrole (joli éclairage tamisé la nuit venue) : nostalgie et chaleur charment la table. On y vient avec bonheur, à la découverte d'une cuisine fine et subtile, dont l'originalité est de s'ancrer pleinement dans le présent. Joyeux contraste !

X **La Luge** – Hôtel Le Blizzard

r. Principale – ✆ 04 79 06 69 39 – www.hotelblizzard.com – Ouvert 11 déc.-1er mai Bf
Rest *(dîner seult)* – Carte 44/65 €
◆ Quoi de plus amusant qu'une descente en luge ? Ambiance garantie dans ce décor d'auberge typiquement savoyarde, où l'on déguste évidemment... des spécialités fromagères, mais aussi des viandes rôties à la broche devant les clients.

à la Daille 2 km par ① - ✉ 73150 Val-d'Isère – ✉ 73150

Le Samovar

– ✆ 04 79 06 13 51 – www.lesamovar.com – Ouvert 10 déc.-18 avril
18 ch – †130/240 € ††140/330 €
Rest *(fermé lundi midi et mardi)* – Menu 24 € (déj.), 29/39 € – Carte 34/48 €
◆ Grand chalet au pied des pistes : chambres douillettes (décor de bois brut tout en épure), dont certaines familiales. Restauration traditionnelle (spécialités savoyardes, pizzas).

VALENÇAY – 36 Indre – 323 F4 – 2 642 h. – alt. 140 m – ✉ 36600 11 B3

Châteaux de la Loire

Paris 233 – Blois 59 – Bourges 73 – Châteauroux 42
2, avenue de la Résistance, ✆ 02 54 00 04 42, www.pays-de-valencay.fr
Château★★★.

à Veuil 6 km au Sud par D 15 et rte secondaire – 376 h. – alt. 140 m – ✉ 36600

XX **Auberge St-Fiacre**

5 r. de la Fontaine – ✆ 02 54 40 32 78 – Fermé 31 août-24 sept., janv., mardi de sept. à juin, dim. soir et lundi
Rest – Menu 21 € (déj. en sem.), 30/45 € – Carte 31/54 €
◆ Tomettes, cheminée, terrasse sous les marronniers et murmure d'un doux ruisseau : le charme d'une belle auberge rustique et plus encore... Ici, le chef concocte une cuisine élégante, maîtrisée et pleine de saveurs : on se régale !

VALENCE P – 26 Drôme – 332 C4 – 64 484 h. – Agglo. 117 448 h. – alt. 126 m – ✉ 26000 43 E2

Lyon Drôme Ardèche

Paris 558 – Avignon 126 – Grenoble 96 – St-Étienne 121
de Valence-Chabeuil : ✆ 04 75 85 26 26, 5 km par ③ AX.
11, boulevard Bancel, ✆ 08 92 70 70 99, www.valencetourisme.com
des Chanalets, à Bourg-lès-Valence, Route de Châteauneuf sur Isère, par rte de Lyon : 6km, ✆ 04 75 83 16 23
New Golf du Bourget, à Montmeyran, S : 17 km par D 538, ✆ 04 75 59 48 18
Maison des Têtes★ CY - Intérieur★ de la cathédrale St-Apollinaire BZ - Champ de Mars ≤★ BZ - Sanguines de Hubert Robert★★ au musée des Beaux-Arts BZ.
Site★★★ de Cruzol 5 km O.

Plans pages suivantes

VALENCE

André (Bd G.) . . . . **AV** 3
Beaumes (Av. des). . . . . **AX** 8
Belle Meunière (R.) . . . . **AV** 10
Bonnet (R. G.). . . . . **AV** 13
Châteauvert (R.) . . . . **AX** 18
Grand Charran (Av. du). . . . . **AX** 34
Kennedy (Bd J.-F.). . . . . **AV** 40
Lattre-de-Tassigny (Av. Mar. de) . . . . **AV** 41
Libération (Av. de la). . . . . . . **AX** 44
Montplaisir (R.) . . . . **AVX** 52
Roosevelt (Bd Franklin) . . . . **AX** 67

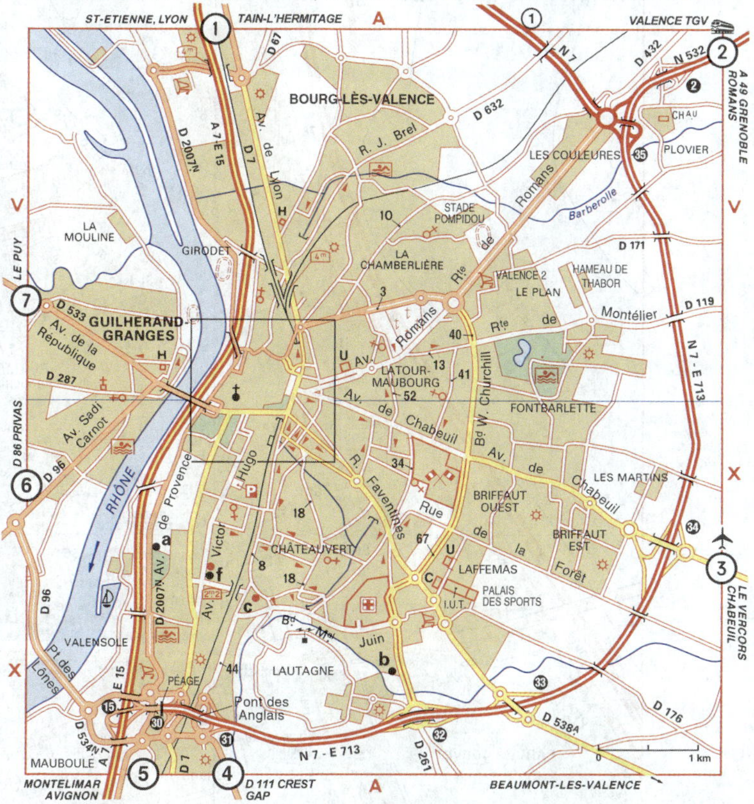

Pic
285 av. Victor-Hugo – ✆ 04 75 44 15 32 – www.anne-sophie-pic.com – Fermé 2-24 janv.
12 ch – 🚹260/290 € 🚹🚹260/410 € – 3 suites – ☕ 30 € **AXf**
Rest *Pic* ✿✿✿ **Rest** *Le 7* ☺ – voir les restaurants ci-après
◆ L'une des grandes maisons nées avec la nationale 7 et qui accueille aujourd'hui... une clientèle internationale, entre New York et Tokyo ! Aura d'une cuisine d'exception et d'un art de l'accueil sans cesse renouvelé : les lieux sont d'un chic extrême, valant un précis de style(s) contemporain(s).

Novotel
217 av. Provence – ✆ 04 75 82 09 09 – http://novotelvalence.com **AXa**
107 ch – 🚹116/156 € 🚹🚹116/156 € – ☕ 15 €
Rest – Formule 17 € – Menu 23 € – Carte 20/48 €
◆ Entre l'autoroute et un parc boisé. Les chambres bénéficient des dernières normes de la chaîne (bois blond, lits avec couette). Carte Novotel Café au restaurant.

De France sans rest
16 bd du Gén.-de-Gaulle – ✆ 04 75 43 00 87 – www.hotel-valence.com
46 ch – 🚹88/150 € 🚹🚹98/150 € – ☕ 12 € **CZw**
◆ Sur un large boulevard du centre-ville, ce joli immeuble cache un agréable intérieur contemporain, aux couleurs douces. Bien dans l'époque et assez élégant.

Clos Syrah

quartier Maninet, bd Pierre-Tézier, rte de Montéléger
– *04 75 55 52 52*
– *www.clos-syrah.com*
AXb

38 ch – 79/105 € 89/130 € – 10 € – ½ P 105/125 €

Rest *La Syrah* – voir les restaurants ci-après

♦ En périphérie de Valence, un hôtel-restaurant apprécié par la clientèle d'affaires pour ses chambres pratiques, bien tenues... et disposant toutes d'un juke-box. Fonctionnel mais tout de même original !

VALENCE

Alsace (Bd d') .... DY
Arménie (R. d') .... DY 4
Augier (R. Émile) .... CYZ
Balais (R. des) .... BCY 5
Bancel (Bd) .... CY 6
Barrault (R. J.-L.) .... DY 7
Belle Image (R.) .... CY 9
Bonaparte (R. du Lieutenant) .. BCY 12
Chambaud (R. Mirabel) BZ 15
Championnet (Pl.) .... BCZ 16
Chapeliers (Côte des) BCY 17
Clercs (Pl. des) .... BCZ 23
Clerc (Bd M.) .... DYZ 22
Docteur-Schweitzer (R. du) .... BY 25
Dragonne (Pl. de la) ... DY 26
Dupré-de-Loire (Av.) ... DY 27
Farre (R. du Gén.) .... CZ 29
Félix-Faure (Av.) .... DYZ
Gaulle (Bd du Gén.-de) CDZ 32
Huguenel (Pl. Ch.) .... CY 36
Jacquet (R. V.) .... BYZ 37
Jeu-de-Paume (R. du) CYZ 39
Lecardonnel (Pl. L.) .... CY 42
Leclerc (Pl. Gén.) .... DY 43
Liberté (Pl. de la) .... CY 45
Madier-de-Montjau (R.) .... CDY 47
Mistral (Pont Frédéric) BZ 50
Montalivet (Pl. de) .... DY 51
Ormeaux (Pl. des) .... BZ 55
Palais (Pl. du) .... CZ 56
Paré (R. Ambroise) .... BY 57
Pérollerie (R.) .... BY 59
Petit Paradis (R.) .... BY 60
Pierre (Pl. de la) .... BY 62
Repenties (R. des) .... BZ 65
République (Pl. de la) .. CZ
Sabaterie (R.) .... BY 68
St-Didier (R.) .... BCZ 71
St-Estève (Côte) .... BYZ 72
St-Jacques (Faubourg) . DY 75
St-Martin (Côte et R.) .. BY 77
St-Nicolas (Q.) .... BY 78
Saunière (R.) .... CZ 80
Semard (Av.) .... CZ
Sylvante (Côte) .... BY 84
Temple (R. du) .... BCY 85
Université (Pl. de l') .... CZ 88
Vernoux (R.) .... CY 90
Victor-Hugo (Av.) .... CZ

Les Négociants

27 av. Pierre-Sémard – ✆ *04 75 44 01 86*
– *www.hotel-lesnegociantsvalence.com* CZa

37 ch – †49/64 € ††49/71 € – ☕ 7 € – ½ P 41/48 €

Rest *(fermé 26-31 déc., sam., dim. et fériés)* – Formule 12 € – Menu 14 € (sem.) – Carte 27/34 €

♦ Un hôtel sympathique et bien tenu, à deux pas de la gare. Dans une veine contemporaine, les chambres arborent des tons taupe et marron. Copieux petit-déjeuner. Le restaurant sert une cuisine familiale et simple.

Atrium sans rest
20 r. J.-L. Barrault – ✆ 04 75 55 53 62 – www.atrium-hotel.fr DY**c**
62 ch – †64 € ††72 € – ☕ 10 €
◆ Immeuble moderne dans un quartier un peu excentré. À noter : chaque chambre dispose d'un coin cuisine ! Au dernier étage, on trouve des duplex tournés vers le Vercors ou l'Ardèche.

Pic (Anne-Sophie Pic) – Hôtel Pic
285 av. Victor-Hugo – ✆ 04 75 44 15 32 – www.anne-sophie-pic.com – Fermé 2-24 janv., dim. et lundi hors saison AX**f**
Rest *(réserver)* – Menu 90 € (déj. en sem.), 210/330 € – Carte 150/270 €
Spéc. Textures fondantes et crémeuses de betteraves jaune et chioggia (automne). Langoustine cuisinée à la rhubarbe, céléri vert au poivre de Tasmanie (printemps). Myrtilles sauvages et vanille de Tahiti (été). **Vins** Hermitage, Saint-Péray.
◆ 1934, 1973, 2007. Après André et Jacques, Anne-Sophie atteint l'excellence et confirme que l'histoire de la famille Pic est aussi celle de la plus grande cuisine. Toujours le même souci de la perfection, du meilleur produit et de l'assemblage inédit – à la pointe du goût de l'époque. Impeccable et impeccablement servi.

Flaveurs (Baptiste Poinot)
32 Grande Rue – ✆ 04 75 56 08 40 – www.flaveurs-restaurant.com – Fermé 1er-24 août, 1er-7 janv., dim. et lundi CY**b**
Rest *(nombre de couverts limité, réserver)* – Menu 35 € (déj. en sem.), 51/89 €
Spéc. Homard bleu en vapeur douce, onctueux d'artichaut au jus de carapace (été). Omble chevalier ultra fondant, jus de poulet aux champignons sauvages (août à oct.). Jeu de textures autour du chocolat au lait et la mandarine (déc.). **Vins** Vin de pays des Collines Rhodaniennes, Crozes-Hermitage blanc.
◆ Dans un décor sobre et élégant, une belle table gastronomique où chaque assiette atteste une réflexion mûrie, avec des produits excellents et une technique soignée.

L'Épicerie
18 pl. St-Jean, (ex Belat) – ✆ 04 75 42 74 46 – http://pierre.seve.free.fr – Fermé 1er-10 mai, 24 juil.-24 août, 22-31 déc., sam., dim. et fériés CY**v**
Rest – Formule 16 € – Menu 26/69 € – Carte 38/52 €
◆ Au cœur de la vieille ville, une maison du 16es. avec une agréable terrasse. Décor rustique ou design, selon la salle. Plats traditionnels, formule le midi dans la partie bistrot.

La Cachette (Masashi Ijichi)
16 r. des Cévennes – ✆ 04 75 55 24 13 – Fermé 9-16 avril, 20 août-10 sept., 2-8 janv., dim. et lundi BY**x**
Rest *(nombre de couverts limité, réserver)* – Menu 28 € (déj. en sem.), 45/70 €
Spéc. Saumon cuit à basse température, tomate en soupe, sorbet et gelée (été). Pigeon rôti sauce salmis, tourte de gibier sauce au vin rouge (hiver). Soufflé chaud au chocolat (hiver). **Vins** Cornas, Saint-Péray.
◆ Dans la ville basse, une Cachette qui gagne à être découverte ! Le chef, d'origine japonaise, prépare une cuisine fine et délicate. Quand le terroir drômois rencontre l'esprit d'Asie...

La Syrah – Hôtel Clos Syrah
quartier Maninet, bd Pierre-Tézier, rte de Montéléger – ✆ 04 75 55 52 52 – www.clos-syrah.com – Fermé 15 déc.-2 janv., sam. sauf le soir de juin à août et dim. de sept. à mai AX**b**
Rest – Formule 20 € – Menu 24 € (sem.) – Carte 33/55 €
◆ Un restaurant traditionnel et régional qui met également... la mer à l'honneur : on présente un chariot de poissons entiers aux clients et on les découpe devant eux ! Quant à la carte des côtes-du-rhône, elle est joliment étoffée.

Le Bistrot des Clercs
48 Grande Rue – ✆ 04 75 55 55 15 – www.michelchabran.fr CY**d**
Rest – Menu 23 € (sem.)/32 € – Carte 35/50 €
◆ Près de la belle maison des Têtes (1532), un bistrot à la parisienne, cuisine copieuse et décor nostalgique compris. Pour l'anecdote, Napoléon Bonaparte séjourna dans ces murs !

L'Origan

58 av. Baumes – ✆ 04 75 41 60 39 – Fermé 1er-23 août, 24 déc.-3 janv., sam., dim. et fériés AX**c**

Rest – Menu 18 € (sem.)/40 € – Carte 28/45 €

◆ Ce restaurant s'épanouit dans un club de squash ! Faites le plein de calories avec des plats de saison, centrés sur la région. À voir : la terrasse, traversée par un ruisseau...

Le 7 – Hôtel Pic

285 av. Victor-Hugo – ✆ 04 75 44 53 86 – www.anne-sophie-pic.com – Fermé 2-24 janv. AX**f**

Rest – Formule 19 € bc – Menu 29 € – Carte 38/69 €

◆ Sur l'historique N 7, nouvelle étape gourmande avec cet excellent bistrot estampillé Pic (terrine de canard maison, ravioles de gambas au gingembre). Chic et canaille.

à Pont de l'Isère 9 km par ① – 2 713 h. – alt. 120 m – ✉ 26600

Michel Chabran

N 7 – ✆ 04 75 84 60 09 – www.michelchabran.fr

11 ch – †150/175 € ††175/350 € – ☕ 23 €

Rest *Michel Chabran* ✿ – voir les restaurants ci-après

◆ Depuis plus de 40 ans, sur la N 7... Les vacances ne sont plus très loin lorsque l'on fait une pause dans cette maison tout ocre, qui mêle confort et style contemporain. Et si vous prolongiez l'étape ?

Michel Chabran

N 7 – ✆ 04 75 84 60 09 – www.michelchabran.fr

Rest – Menu 38/110 € – Carte 110/180 €

Spéc. Pomme de terre ratte écrasée à la truffe (nov. à mars). Médaillons de filet de bœuf au vieil hermitage, purée de pomme de terre aux truffes. Chocolat Caraïbes moelleux et croustillant autour du thé earl grey. **Vins** Crozes-Hermitage, Saint-Joseph.

◆ Une table de tradition bien connue dans la région. Le classicisme y est maître, ainsi que les vins des côtes du Rhône, ce qui ne gâche rien. Décor bourgeois, avec véranda côté jardin.

VALENCIENNES – 59 Nord – 302 J5 – 42 656 h. 31 C2

– **Agglo. 357 395 h. – alt. 22 m – ✉ 59300** Nord Pas-de-Calais Picardie

Paris 208 – Arras 68 – Bruxelles 105 – Lille 54

1 r Askièvre, ✆ 03 27 28 89 10, www.tourismevalenciennes.fr

de Mormal, à Preux-au-Sart, Bois Saint Pierre, par rte de Maubeuge : 13 km, ✆ 03 27 63 07 00

de Valenciennes, à Marly, Rue du Chemin Vert, E : 1 km, ✆ 03 27 46 30 10

Musée des Beaux-Arts★ BY **M** - Bibliothèque des Jésuites★.

Plan page suivante

Le Grand Hôtel

8 pl. de la Gare – ✆ 03 27 46 32 01 – www.grand-hotel-de-valenciennes.fr

85 ch – †75/105 € ††80/120 € – 5 suites – ☕ 15 € – ½ P 72/93 € AX**d**

Rest *Le Hans'* – Formule 16 € – Menu 32 € (sem.) – Carte 27/69 €

◆ Un établissement des années 1920 appartenant à la famille de la propriétaire depuis 1936 ! Les chambres sont confortables et classiques, peu à peu rénovées dans un style contemporain. Côté papilles, Hans' vous régale de choucroute et de viandes à la rôtissoire.

Auberge du Bon Fermier

64 r. de Famars – ✆ 03 27 46 68 25 – www.bonfermier.com AY**n**

16 ch – †110/115 € ††135/140 € – ☕ 12 €

Rest – Formule 17 € – Menu 26/52 € – Carte 35/120 €

◆ Vieilles pierres et briques : un authentique relais de poste du 17es. ! Les chambres ont du caractère (meubles chinés) et, quand l'heure gourmande a sonné, on file aux écuries... enfin, au restaurant ! Nous y attend une bonne cuisine traditionnelle aux accents régionaux (rôtisserie et gibier en saison).

VALENCIENNES

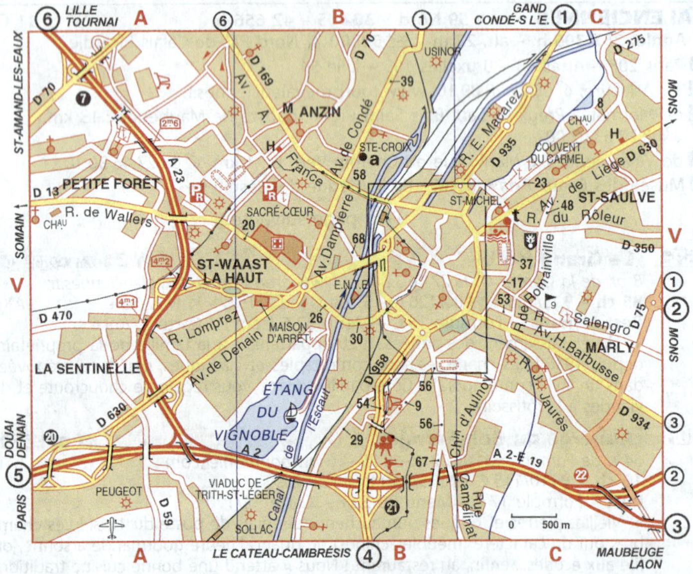

Le Chat Botté sans rest

25 r. Tholozé – ✆ 03 27 14 58 59 – www.hotel-lechatbotte.com – Fermé 24 déc.-1er janv. AXp

33 ch – 70/84 € 70/94 € – 12 €

◆ Avantages : un Chat Botté très bien tenu, fonctionnel et agréable, juste en face de la gare. Inconvénient de ces avantages : juste en face de la gare, donc un peu bruyant...

Le Grand Duc

104 av. de Condé – ✆ 03 27 46 40 30 – www.legrandduc.fr – Fermé août

5 ch – 92 € 100 € – 10 € BVa

Table d'hôte *(fermé sam. midi et dim. soir)* – Menu 35/42 €

◆ Cette maison bourgeoise a une âme d'artiste, comme son propriétaire. Non seulement elle mélange les styles avec goût (seventies, baroque...), mais elle accueille en son sein des soirées jazz, théâtre, sans oublier les cours de cuisine et la table d'hôte (sur réservation). Et le parc à l'anglaise est si joli !

L'Endroit

69 r. du Quesnoy – ✆ 03 27 42 99 23 – www.restaurant-lendroit.fr – Fermé sam. midi, dim. soir et lundi BYf

Rest – Menu 35 € – Carte 42/60 €

◆ Dans cet Endroit élégant et contemporain, on observe la brigade s'activer aux fourneaux... sur écran plat ! Et l'on savoure une agréable cuisine du marché et de saison.

Le Musigny (Emmanuel Hernandez)

90 av. de Liège – ✆ 03 27 41 49 30 – www.lemusigny.fr – Fermé 3 sem. en août, vacances de Noël, sam. midi, dim. soir et lundi CVt

Rest – Formule 27 € bc – Menu 40/65 € – Carte 45/85 €

Spéc. Carpaccio de tête de veau et beignets de cervelle. Homard bleu rôti au beurre d'agrume. Crêpes Suzette.

◆ Si le jeune chef, passé par de grandes maisons, a choisi ce discret point de chute valenciennois, au décor sobre et épuré, un peu à l'écart du centre historique, sa cuisine délicate a rapidement conquis la ville. Produits choisis, tour de main précis et recettes nouvelles : la clé de son succès.

à Artres **11 km par ④, D 958 et D 400 – 1 051 h. – alt. 65 m – ✉ 59269**

La Gentilhommière

2 r. de l'Eglise – ✆ 03 27 28 18 80 – www.hotel-lagentilhommiere.com – Fermé dim. soir et fériés

10 ch – 85 € 100 € – 11 €

Rest *(fermé 5-25 août)* – Menu 37/64 € – Carte 40/70 €

◆ Passé le porche, on découvre cette jolie ferme seigneuriale de 1756. Les chambres, spacieuses et agréables, donnent sur le jardin intérieur... Évidemment, on vient d'abord pour la quiétude, mais on apprécie aussi la sympathique cuisine actuelle du chef.

VALESCURE – 83 Var – 340 P5 – rattaché à St-Raphaël

VALGORGE – 07 Ardèche – 331 G6 – 454 h. – alt. 560 m – ✉ 07110 44 A3

Lyon Drôme Ardèche

Paris 614 – Alès 76 – Aubenas 37 – Langogne 46

Le Tanargue

– ✆ 04 75 88 98 98 – www.hotel-le-tanargue.com – Ouvert 23 mars-18 nov. et fermé dim. soir et lundi sauf du 8 avril au 30 sept.

22 ch – 40/54 € 50/52 € – 10 € – ½ P 52/58 €

Rest – Formule 14 € bc – Menu 17/34 € – Carte 30/45 €

◆ Un hôtel familial au pied du massif du Tanargue. Les chambres sont cossues et scrupuleusement tenues, à des tarifs compétitifs ! Quelques balcons face au jardin ou à la vallée. Salle à manger d'inspiration rustique (vieux objets) ; vente de produits du terroir.

VALIGNAT – 03 Allier – **326** F5 – rattaché à Charroux

VALLAURIS – 06 Alpes-Maritimes – **341** D6 – rattaché à Golfe-Juan

VALLERAUGUE – 30 Gard – **339** G4 – 1 073 h. – alt. 346 m **23** C2
– ✉ 30570 Languedoc Roussillon

Paris 684 – Mende 100 – Millau 75 – Nîmes 86

quartier des Horts, ✆ 04 67 82 25 10

Hostellerie Les Bruyères rest, VISA

Quai A. Chamson – ✆ 04 67 82 20 06 – www.hotelvalleraugue.com – Ouvert 1er mai-5 oct.

20 ch – †50/64 € ††50/64 € – ☐ 8 € – ½ P 50/58 €

Rest – Menu 16/39 € – Carte 26/50 €

◆ Ancien relais de poste situé dans un pittoresque village cévenol. Un bel escalier dessert les chambres, rustiques, simples et très propres. Restaurant au décor champêtre, avec une charmante terrasse en surplomb de la rivière. Plats traditionnels.

rte du Mont-Aigoual 4 km sur D 986 – ✉ 30570

Auberge Cévenole P VISA

La Pénarié – ✆ 04 67 82 25 17 – Fermé 28 nov.-18 déc., lundi soir et mardi sauf juil.-août

6 ch – †42 € ††42 € – ☐ 7 € – ½ P 47 €

Rest – Formule 13 € – Menu 18/29 € – Carte 23/45 €

◆ L'Hérault musarde au pied de cette sympathique auberge de pays, située sur la route du mont Aigoual. Petites chambres fraîches et rustiques. Coquette salle à manger (poutres, cheminée, objets agricoles) et terrasse au-dessus de la rivière ; cuisine régionale.

VALLIÈRES – 37 Indre-et-Loire – **317** M4 – rattaché à Tours

VALLOIRE – 73 Savoie – **333** L7 – 1 299 h. – alt. 1 430 m – Sports d'hiver : 1 430/2 600 m 2 31 – ✉ 73450 Alpes du Nord **45** D2

Paris 664 – Albertville 91 – Briançon 52 – Chambéry 104

rue des Grandes Alpes, ✆ 04 79 59 03 96, www.valloire.net

Col du Télégraphe ★ N : 5 km.

Christiania VISA

av. de la Vallée d'Or – ✆ 04 79 59 00 57 – www.christiania-hotel.com – Ouvert 10 juin-10 sept. et 15 déc.-21 avril

23 ch – †65/80 € ††70/90 € – 3 suites – ☐ 11 € – ½ P 65/90 €

Rest – Menu 20/40 € – Carte 30/60 €

◆ Chalet situé au pied des pistes, joliment fleuri l'été. Chambres décorées dans un esprit montagnard (lits gigogne) et très bien tenues. Au restaurant, boiseries claires, vaste ouverture sur la terrasse et carte traditionnelle (brasserie au déjeuner).

Grand Hôtel de Valloire et du Galibier

r. des Grandes-Alpes – ✆ 04 79 59 00 95 P VISA AE

– www.grand-hotel-valloire.com – Ouvert 16 juin-15 sept. et 21 déc.-13 avril

41 ch – †80/105 € ††80/105 € – ☐ 14 € – ½ P 76/114 €

Rest ***L'Escarnavé*** – Menu 25/49 € – Carte 40/70 €

◆ Oubliez la façade un peu défraîchie de cet imposant hôtel. Face aux pistes, il abrite des chambres claires, bien tenues et de bonne dimension. Piscine découverte. Salle rustique, cheminée pour le "feu de joie" (escarnavé en patois) et cuisine traditionnelle.

aux Verneys 2 km au Sud – ✉ 73450 Valloire

Relais du Galibier P VISA

Les Verneys – ✆ 04 79 59 00 45 – www.relais-galibier.com – Ouvert 10 juin-9 sept. et 22 déc.-6 avril

26 ch – †53/59 € ††61/69 € – ☐ 10 € – ½ P 59/83 €

Rest – Menu 16/34 € – Carte 27/38 €

◆ Chalet familial à proximité des pistes de ski. Chambres meublées sobrement ; certaines jouissent d'une vue sur le Grand Galibier. Dans une salle rustique aux larges baies vitrées, plats traditionnels et recettes régionales.

VALLON-EN-SULLY – 03 Allier – 326 C3 – 1 711 h. – alt. 192 m 5 B1
– ✉ 03190 Auvergne

Paris 318 – Bourges 86 – Clermont-Ferrand 119 – Moulins 89

Auberge des Ris

Les Ris, 2 km par D 2144, rte de Bourges – ✆ 04 70 06 51 12 – www.aubergedesris.com – Fermé 10 jours fin mars, 10 jours en sept., 10 jours en janv., lundi soir, mardi et merc.

Rest – Formule 18 € – Menu 24/75 € bc – Carte 28/55 €

◆ Adresse tenue par un jeune couple dynamique. Cuisine traditionnelle inventive servie dans une salle aux allures de chai, avec tonneaux et pressoir. Bacchus est bien à l'honneur.

VALLON-PONT-D'ARC – 07 Ardèche – 331 I7 – 2 380 h. – alt. 117 m 44 A3
– ✉ 07150 Lyon Drôme Ardèche

Paris 658 – Alès 47 – Aubenas 32 – Avignon 81

1, place de l'ancienne gare, ✆ 04 75 88 04 01, www.vallon-pont-darc.com

Gorges de l'Ardèche★★★ au SE - Arche★★ de Pont d'Arc SE : 5 km.

Le Clos des Bruyères

ch, ch,

rte des Gorges – ✆ 04 75 37 18 85 – www.closdesbruyeres.fr – Ouvert avril-sept.

32 ch – †73/91 € ††84/105 € – ½ P 63/73 €

Rest *(fermé merc. midi)* – Formule 12 € – Menu 23/30 € – Carte 23/35 €

◆ Hôtel récent situé à 100 m de l'Ardèche (location de canoës). Les chambres, avec balcon ou terrasse en rez-de-jardin, sont spacieuses et décorées sobrement. Sous la charpente apparente du restaurant, on savoure une cuisine traditionnelle assez simple.

Le Manoir du Raveyron

r. Henri Barbusse – ✆ 04 75 88 03 59 – www.manoir-du-raveyron.com – Ouvert de mi-mars à mi-oct.

8 ch (½ P seult) – ½ P 70/80 €

Rest *(dîner seult)* – Menu 28/50 € – Carte 36/60 €

◆ Monsieur est italien, madame belge et leur demeure aveyronnaise du 16e s., située dans une rue calme du centre-ville, est vraiment sympathique ! Chambres coquettes et agréable cour ombragée. Cuisine de tradition et du terroir.

VALLOUX – 89 Yonne – 319 G6 – rattaché à Avallon

VALMONT – 76 Seine-Maritime – 304 D3 – 1 003 h. – alt. 60 m 33 C1
– ✉ 76540 Normandie Vallée de la Seine

Paris 193 – Bolbec 22 – Dieppe 58 – Fécamp 11

Rue d'Estouteville, ✆ 02 35 10 08 12, www.normandie-littoral.com

Abbaye★.

Le Bec au Cauchois (Pierre Caillet) avec ch

rest, rest,

22 r. A.-Fiquet, 1,5 km à l'Ouest par rte de Fécamp – ✆ 02 35 29 77 56 – www.lebecaucauchois.com – Fermé 3 sem. en janv., dim. soir et merc. midi de juin à sept., merc. d'oct. à mai et mardi

5 ch – †76/85 € ††76/85 € – 12 € – ½ P 83 €

Rest *(réserver)* – Formule 21 € – Menu 29/65 € – Carte 55/80 €

Spéc. Cubisme de foie gras confit aux pommes. Saint-pierre cuit au gras fumé, crème de cerfeuil tubéreux. Éclair chocolat-noisette.

◆ Meilleur Ouvrier de France 2011, le jeune chef s'avère évidemment un excellent technicien, qui dévoile aussi une belle sensibilité. Jeux sur les textures et les saveurs, produits d'ici et d'ailleurs, etc. : dans cette auberge du 19e s. bordée par un étang, le terroir normand arbore de nouvelles couleurs.

VALOGNES – 50 Manche – 303 D2 – 7 196 h. – alt. 35 m – ✉ 50700 32 A1

Paris 336 – Caen 103 – Cherbourg 19 – St-Lô 64

place du Château, ✆ 02 33 40 11 55, www.ot-cotentin-bocage-valognais.fr

de Fontenay-sur-Mer, à Fontenay-sur-Mer, E : 18 km par N 13 et D 42, ✆ 02 33 21 44 27

Agriculture
18 r. L.-Delisle – ✆ 02 33 95 02 02 – www.hotel-agriculture.com – Fermé 23 déc.-3 janv.
30 ch – 52/55 € 59/62 € – 10 € – ½ P 52/54 €
Rest *Agriculture* – voir les restaurants ci-après
◆ Une longue façade à l'air bonhomme, couverte de vigne vierge : un hôtel-restaurant traditionnel du centre de Valognes, avec des chambres simples et bien tenues. Pratique pour une étape au cœur de la presqu'île du Cotentin.

Manoir de Savigny sans rest
lieu-dit Savigny, au Sud-Est : 3 km par D 976 et rte secondaire – ✆ 02 33 08 37 75 – www.manoir-de-savigny.com
5 ch – 75/95 € 80/100 €
◆ Dans la campagne valognaise, une allée de peupliers mène à cette ferme-manoir du 16ᵉs. nichée dans un vaste parc. On emprunte un bel escalier de pierre pour gagner les chambres, toutes charmantes ("Rustique", "Baroque", etc.). Quiétude...

Agriculture – Hôtel Agriculture
18 r. L.-Delisle – ✆ 02 33 95 02 02 – www.hotel-agriculture.com – Fermé 23 déc.-3 janv.
Rest – Menu 15 € (déj. en sem.), 18/36 € – Carte 22/51 €
◆ Pause tradition... Pierres et poutres apparentes, cheminée, mobilier en bois : le décor est rustique, comme la cuisine. Spécialités de la maison : les grillades au feu de bois et surtout la tête de veau !

VALOJOULX – 24 Dordogne – 329 H5 – 253 h. – alt. 75 m – ✉ 24290 4 D1

Paris 523 – Bordeaux 195 – Périgueux 65 – Brive-la-Gaillarde 53

La Licorne
– ✆ 05 53 50 77 77 – www.licorne-lascaux.com
5 ch – 72/99 € 72/99 € **Table d'hôte** – Menu 27 €
◆ Cette charmante demeure du 13ᵉ s., avec un grand jardin, est parfaite pour un séjour alliant tranquillité, découverte du Périgord et convivialité. Les chambres sont joliment rustiques. La propriétaire, fin cordon bleu, exprime sa créativité à la table d'hôte.

VALRAS-PLAGE – 34 Hérault – 339 E9 – 4 485 h. – alt. 1 m – Casino 23 C2 – ✉ 34350 Languedoc Roussillon

Paris 767 – Agde 25 – Béziers 16 – Montpellier 76
5 square René Cassin, ✆ 04 67 32 36 04, www.valras-plage.net

Mira-Mar AC ch, VISA AE
bd Front de Mer – ✆ 04 67 32 00 31 – www.hotel-miramar.org – Ouvert mars-oct.
27 ch – 62/105 € 62/105 € – 3 suites – 9 € – ½ P 59/87 €
Rest *(fermé dim. soir sauf juil.-août)* – Menu 18 € (sem.)/28 € – Carte 31/60 €
◆ Les hispanophones auront compris que cet hôtel regarde la mer... Les chambres sont agréables, d'esprit méridional ou plus contemporain, avec balcon côté plage. Trois appartements pour les familles. À table, carte traditionnelle (poisson) et vue sur la grande bleue.

Albizzia sans rest VISA AE
bd Chemin Creux – ✆ 04 67 37 48 48 – www.hotelalbizzia34.com
27 ch – 52/73 € 55/84 € – 8 €
◆ À 200 m de la plage, un hôtel sympathique, d'architecture récente : la façade est scandée d'arceaux et de loggias. Des plantes méditerranéennes s'épanouissent autour de la piscine.

Le Delphinium AC VISA
av. des Élysées, (face au casino) – ✆ 04 67 32 73 10 – Fermé jeudi d'oct. à juin
Rest – Formule 20 € – Menu 29/40 €
◆ Brandade de cabillaud, noix de Saint-Jacques poêlées aux poireaux, crème catalane : à deux pas du casino, ce restaurant discret cultive des plaisirs simples, sous l'égide d'une chef d'expérience.

La Méditerranée

32 r. Ch. Thomas – ✆ 04 67 32 38 60 – fermé 12-30 nov., 5-23 janv., mardi sauf le soir en saison et lundi

Rest – Formule 14 € – Menu 17/45 € – Carte 26/48 €

◆ Petit restaurant familial situé dans une rue piétonne tout près de l'embouchure de l'Orb. Cadre rustique, grande terrasse et cuisine traditionnelle orientée poisson.

VALS-LES-BAINS – 07 Ardèche – **331** I6 – 3 737 h. – alt. 210 m **44** A3

– Stat. therm. : fin fév.-fin déc. – Casino – ✉ 07600 Lyon Drôme Ardèche

Paris 629 – Aubenas 6 – Langogne 58 – Privas 33

116 bis, avenue Jean Jaurès, ✆ 04 75 37 49 27

Grand Hôtel de Lyon

11 av. P. Ribeyre – ✆ 04 75 37 43 70 – www.grandhoteldelyon.fr – Ouvert 5 avril-6 oct.

34 ch – †62/75 € ††72/98 € – ☕ 10 € – ½ P 63/76 € **s**

Rest – Formule 18 € – Menu 26/48 € – Carte 30/55 €

◆ Situation très centrale, à 100 m du parc de la source intermittente, pour cet hôtel familial abritant des chambres spacieuses et bien tenues. Piscine et solarium. De grandes baies vitrées éclairent l'agréable salle à manger ornée d'une fresque originale.

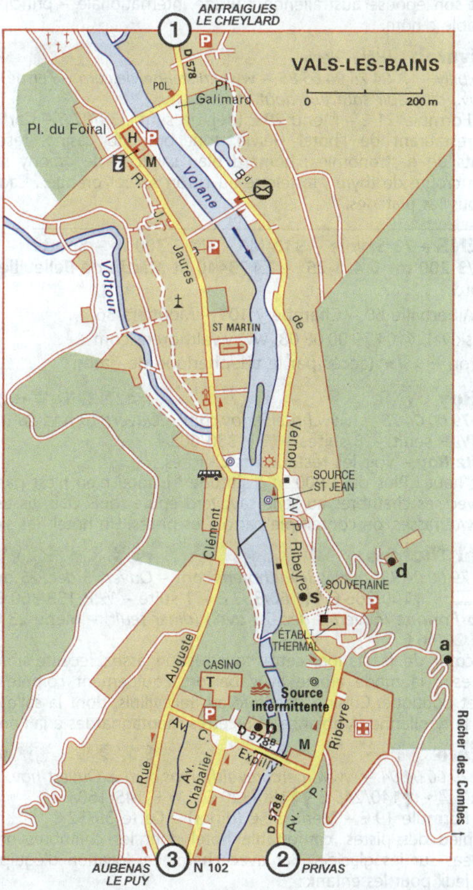

Helvie

5 av. Expilly – ✆ 04 75 94 65 85 – www.hotel-helvie.com – Fermé 19 fév.-8 mars
27 ch – 80/165 € 80/165 € – 14 € **b**
Rest ***Le Vivarais*** – voir les restaurants ci-après
♦ À proximité du parc et du casino, cet hôtel Belle Époque a retrouvé tout son éclat d'antan, chic et feutré. Chambres confortables, salon cossu et belle piscine.

Château Clément

La Châtaigneraie – ✆ 04 75 87 40 13 – www.chateauclement.com – Fermé 15 déc.-15 mars **a**
5 ch – 160/200 € 167/277 € **Table d'hôte** – Menu 65 € bc/70 € bc
♦ Sur les hauteurs de la ville, cette belle maison de maître est avant tout une demeure de famille... celle de Marie-Antoinette, Éric et leurs enfants. Leurs chambres d'hôtes comptent parmi les plus charmantes qui soient : superbes décors 19e s., jardin de rocailles, terrasse panoramique, table bio... Un lieu rare !

Villa Aimée

8 montée des Aulagniers – ✆ 06 81 44 96 66 – www.villaaimee.com
4 ch – 79/89 € 89/145 € **Table d'hôte** – Menu 35 € bc **d**
♦ Cette grande villa bourgeoise sur les hauteurs de la station (vue superbe) est une mer de tranquillité... Ses propriétaires : un commandant de marine (parfois à quai) et son épouse australienne. Cuisine internationale – principalement d'Asie – à la table d'hôte.

Le Vivarais – Hôtel Helvie

5 av. Expilly – ✆ 04 75 94 65 85 – www.hotel-helvie.com – Fermé 19 fév.-8 mars, 4-21 nov., dim. soir sauf juil.-août et lundi **b**
Rest – Formule 21 € – Menu 29 € (déj. en sem.), 34/87 € – Carte 57/99 €
♦ Le restaurant de l'hôtel Helvie, tout près du casino, réserve de beaux moments de gastronomie : homard bleu salpicon de granny smith ; côte de veau en croûte de thym ; tartelette au citron sorbet orange... Cadre élégant, terrasse sous les platanes.

VAL-THORENS – 73 Savoie – 333 M6 – alt. 2 300 m – Sports d'hiver : 2 300/3 200 m 4 25 – ✉ 73440 St Martin de Belleville

46 F2

Alpes du Nord

Paris 640 – Albertville 60 – Chambéry 109 – Moûtiers 36

Immeuble Eskival, ✆ 04 79 00 08 08, www.valthorens.com

Cime de Caron ★★★ (accès par le téléphérique de Caron).

Fitz Roy

– ✆ 04 79 00 04 78 – www.hotelfitzroy.com – Ouvert 10 déc.-28 avril
48 ch (½ P seult) – 8 suites – ½ P 350/605 €
Rest ***Fitz Roy*** – voir les restaurants ci-après
♦ C'est haut ! Plus de 2 000 m d'altitude ! L'hôtel n'en n'est pas moins confortable avec ses chambres au style savoyard épuré (bois clair, tissus coordonnés) ; de leurs terrasses, on contemple parfois les pistes. Un hôtel "les skis aux pieds"...

Le Val Thorens

ch, ch,

– ✆ 04 79 00 04 33 – www.levalthorens.com – Ouvert 3 déc.-25 avril
80 ch – 100/206 € 160/332 € – 1 suite – ½ P 188/360 €
Rest ***La Fondue*** *(ouvert 3 déc.-23 avril) (dîner seult)* – Menu 23 € – Carte 26/46 €
♦ Au cœur de la station, cette construction assez récente abrite de grandes chambres à la mode alpine avec balcon. Équipement complet de remise en forme et boutique. Cuisine classique au Bellevillois, dont la salle est décorée de frises à la tyrolienne. Ambiance et recettes montagnardes à la Fondue.

Mercure

rest,

– ✆ 04 79 00 04 04 – www.mercurevalthorens.com – Ouvert nov.-avril
105 ch – 140/245 € 180/320 € – ½ P 145/160 €
Rest – Formule 19 € – Menu 30 € (dîner) – Carte 35/52 €
♦ Au pied des pistes, confortable hôtel dont les chambres offrent de belles échappées sur les glaciers. Bar avec cheminée, location d'équipements de ski, espace jeux pour les enfants.

Le Sherpa rest,

r. de Gébroulaz – ✆ 04 79 00 00 70 – www.lesherpa.com – Ouvert de mi-nov. au 8 mai

52 ch (½ P seult) – 4 suites – ½ P 95/200 €

Rest – Formule 20 € – Menu 32 € (dîner) – Carte 30/55 €

◆ Adresse sympathique, où les pistes de ski sont à portée de bâton. Chambres et duplex façon chalet : lambris, murs blancs et meubles en pin. Salon-bar cosy au coin du feu. Au restaurant, chaleureuse ambiance savoyarde et recettes de tradition.

Des Trois Vallées rest,

Grande Rue – ✆ 04 79 00 01 86 – www.hotel3vallees.com – Ouvert 20 nov.-9 mai

29 ch (½ P seult) – ½ P 93/154 €

Rest *(ouvert 1er déc.-10 mai) (dîner seult)* – Menu 29/39 € – Carte 32/59 €

◆ Un hôtel moderne au cœur des... Trois-Vallées. Chambres d'esprit montagnard actuel, dont quelques familiales. Au bar, on sirote un verre en admirant les sommets. Salle à manger chaleureuse ; carte traditionnelle.

L'Oxalys (Jean Sulpice)

(entrée station) – ✆ 04 79 00 12 00 – www.jean-sulpice.fr – Ouvert fin juin à début sept., début déc. à fin avril et fermé mardi midi et lundi en été

Rest – Menu 69/139 € – Carte 95/160 €

Spéc. Huître, oxalys, cèpes et croûtons de pain. Truite de lac, chlorophylle de cresson alénois. Pomme meringuée, miel de montagne et parfum d'Antésite. **Vins** Chignin-Bergeron, Ayze.

◆ À 2 300 m d'altitude, cette cuisine atteint des sommets : produits savoyards d'exception, cuissons et assaisonnements parfaits, innovation réfléchie, harmonie des saveurs, sous la baguette de Jean Sulpice et de son épouse, excellente sommelière.

Fitz Roy – Hôtel Fitz Roy

– ✆ 04 79 00 04 78 – www.hotelfitzroy.com – Ouvert 10 déc.-28 avril

Rest – Menu 30/60 € – Carte 70/140 €

◆ C'est toujours une bonne surprise de découvrir une cuisine soignée dans une station de sports d'hiver. La carte a parfois l'accent méridional, mais on célèbre le terroir savoyard au moins une fois par semaine.

L'Épicurien

r. du Soleil, (Résidence le Montana) – ✆ 04 79 00 21 30 – www.restaurantmontana.fr – Ouvert de mi-déc. à mi-avril

Rest *(dîner seult)* – Menu 29/75 € – Carte 55/97 €

◆ Au sein d'une imposante résidence, ce restaurant discret et feutré propose une cuisine contemporaine de qualité, aux saveurs volontiers voyageuses : saumon mariné soja gingembre et fenouil ; pigeon, chou de Bruxelles et huître grillée...

LE VALTIN – 88 Vosges – 314 K4 – 92 h. – alt. 751 m – ✉ 88230 — 27 D3

Paris 440 – Colmar 46 – Épinal 55 – Guebwiller 55

Auberge du Val Joli avec ch

12 bis le Village – ✆ 03 29 60 91 37 – www.levaljoli.com – Fermé dim. soir, lundi soir, mardi midi sauf vacances scolaires et lundi midi sauf fériés

10 ch – †82/140 € ††82/140 € – 3 suites – ☕ 12 € – ½ P 72/99 €

Rest – Formule 16 € – Menu 22/40 € – Carte 40/70 €

◆ Petite hostellerie vosgienne tenue par la même famille depuis 1968. Atmosphère rustique dans la salle principale, ou nature devant la large verrière donnant sur la terrasse. Généreuse cuisine mettant joliment le terroir à l'honneur. Chambres pour l'étape.

LA VANCELLE – 67 Bas-Rhin – 315 H7 – rattaché à Lièpvre

VANDOEUVRE-LÈS-NANCY – 54 Meurthe-et-Moselle – 307 H7 – rattaché à Nancy

VANNES 🅿 – 56 Morbihan – 308 O9 – 52 983 h. – Aggl. 118 029 h. 9 A3 – alt. 20 m – ✉ 56000 Bretagne

Paris 459 – Quimper 122 – Rennes 110 – St-Brieuc 107

quai Tabarly, ✆ 08 25 13 56 10, www.tourisme-vannes.com

de Baden, à Baden, Kernic, par rte d'Auray et D 101 : 14 km, ✆ 02 97 57 18 96

Vieille ville★★ AZ : Place Henri-IV★ AZ 10, Cathédrale St-Pierre★ **B**, Remparts★, Promenade de la Garenne ≤★★ - La Cohue★ (anciennes halles) - Musée archéologique★ - Aquarium océanographique et tropical★ - Golfe du Morbihan★★ en bateau.

Villa Kerasy sans rest

20 av. Favrel et Lincy – ✆ 02 97 68 36 83 – www.villakerasy.com – Fermé janv. et 15 nov.-15 déc. BY**r**

15 ch – †100/200 € ††140/250 € – ☕ 15 €

◆ Pondichéry, Cadix.... les chambres évoquent les différentes escales de la légendaire Compagnie des Indes. Jardin japonais, espace bien-être... élégance et harmonie !

Best Western Vannes Centre

6 pl. de la Libération – ✆ 02 97 63 20 20 – www.bestwestern-vannescentre.com AY**t**

58 ch – †78/120 € ††86/160 € – ☕ 14 € – ½ P 72/109 €

Rest – Formule 19 € bc – Carte 25/34 €

◆ Hôtel récent à deux pas du centre historique, idéal pour une clientèle d'affaires. Chambres de facture sobre et contemporaine ; salle de réunion et espace fitness. Au restaurant, cuisine traditionnelle sans prétention.

Marébaudière sans rest

4 r. Aristide Briand – ✆ 02 97 47 34 29 – www.marebaudiere.com BZ**r**

41 ch – †80/107 € ††80/107 € – ☕ 12 €

◆ En bordure du centre-ville, une bâtisse néobretonne devancée par un grand parking très pratique. Chambres fonctionnelles, offrant un bon niveau de confort et assez de calme.

Manche-Océan sans rest

31 r. du Lt-Col. Maury – ✆ 02 97 47 26 46 – www.manche-ocean.com – Fermé 16 déc.-8 janv. AY**a**

42 ch – †55/97 € ††55/97 € – ☕ 9 €

◆ Atmosphère familiale dans cet hôtel idéalement situé aux portes de la vieille ville. Chambres fonctionnelles aux teintes ensoleillées et de bonne tenue.

De France sans rest

57 av. Victor Hugo – ✆ 02 97 47 27 57 – www.hotelfrance-vannes.com – Fermé 17 déc.-3 janv. AY**d**

29 ch – †55/68 € ††60/83 € – 1 suite – ☕ 8 €

◆ Avec sa jolie façade de bois et de zinc, cet hôtel ne passe pas inaperçu. Les chambres sont sobres et bien tenues.

Roscanvec

17 r. des Halles – ✆ 02 97 47 15 96 – www.roscanvec.com – Fermé 20-30 juin, dim. soir et lundi AZ**s**

Rest *(nombre de couverts limité, réserver)* – Formule 25 € bc – Menu 30 € (sem.), 43/65 € – Carte 55/65 €

◆ Dans une ruelle piétonne, cette maison à colombages cache un décor contemporain et épuré (petite vue sur les cuisines). Carte inventive à partir de bons produits du terroir.

Le Vent d'Est

23 r. Ferdinand-Le-Dressay – ✆ 02 97 01 34 53 – Fermé 7-23 avril, 15 juil.-10 août, dim. sauf le midi d'oct. à mars et lundi AZ**d**

Rest – Formule 14 € – Menu 16 € (déj. en sem.)/24 € – Carte 26/53 €

◆ Un vent venu d'Alsace souffle sur le port de plaisance ! Ici, on savoure de goûteuses spécialités de l'Est, servies avec générosité dans un décor de winstub.

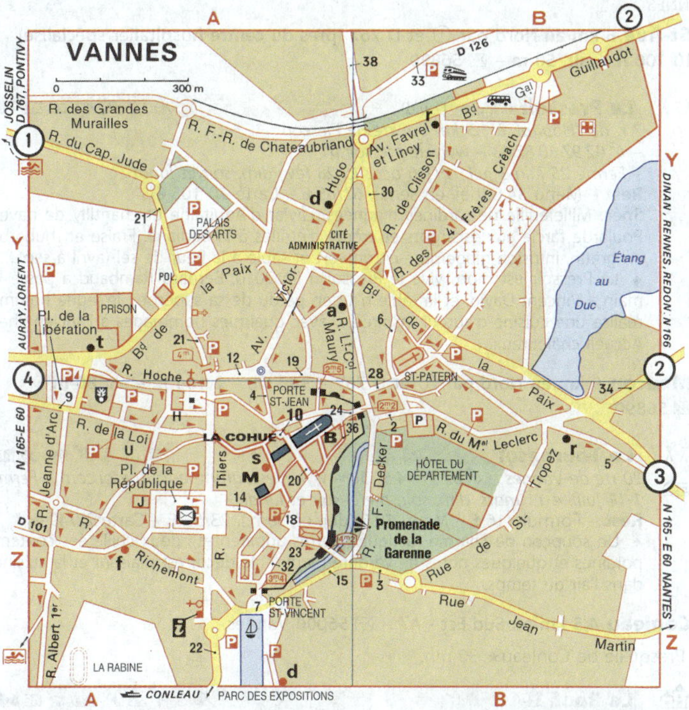

Allain Legrand (R.) .... BZ 2	Henri-IV (Pl.) .... AZ 10	Port (R. du) .... AZ 22
Bazvalan (R. J. de) .... BZ 3	Lices (Pl. des) .... AZ 18	St-Nicolas (R.) .... BZ 28
Billault (R.) .... AZ 4	Mené (R. du) .... AY 19	St-Symphorien (Av.) .... BY 30
Briand (R. A.) .... BZ 5	Monnaie (R. de la) .... AZ 20	St-Vincent-Ferrier (R.) .... AZ 32
Le Brix (R. J.) .... AY 12	Monnet (Av. J.) .... AY 21	Strasbourg (R. de) .... BY 33
Fontaine (R. de la) .... BY 6	Le Pontois (R. A.) .... AZ 15	Verdun (Av. de) .... BZ 34
Gambetta (Pl.) .... AZ 7	Porte-Poterne (R.) .... AZ 23	Vierges (R. des) .... AZ 36
Gougaud (R. J.) .... AZ 9	Porte-Prison (R.) .... AZ 24	Wilson (Av.) .... ABY 38
Le Hellec (R.) .... AZ 14		

L'Éden VISA MC

3 r. Pasteur – ✆ 02 97 46 42 62 – www.ledenrestaurant.fr – Fermé merc. soir hors saison, sam. midi et dim. **AZf**

Rest – Formule 14 € – Menu 16 € (déj. en sem.), 27/37 €

◆ Un jardin des délices à côté de l'ancien cinéma Éden... Les habitués – nombreux – viennent y savourer une cuisine fraîche et actuelle, qui ose les associations originales.

au Nord **3 km par D 126- BY-✉ 56000 Vannes**

La Gourmandière - La Table d'Olivier (Olivier Samson) P

r. de Bilaire, sortie St-Avé – ✆ 02 97 47 16 13 – www.la-gourmandiere.fr – Fermé 10-18 avril, 21 août-5 sept. VISA MC

Rest *(fermé mardi, merc., dim. et fériés) (dîner seult)* – Menu 44/60 €

Spéc. Cuisine du marché.

Rest ***Le Bistr'Aurélia*** *(fermé merc., dim. et fériés) (déj. seult)* – Formule 22 € – Menu 25 € – Carte 37/42 €

◆ Une vraie Gourmandière ! Reprise en 2011 par un chef chevronné, cette ancienne ferme à la sortie de la ville s'impose comme un refuge de belle gastronomie : fraîcheur océanique, notes fruitées, délices sucrés... à travers deux menus inspirés (pas de carte). Le midi, bonne cuisine traditionnelle au Bistr'Aurélia.

à St-Avé 6 km au Nord par ① et D 767 (près du centre hospitalier spécialisé) – 10 106 h. – alt. 50 m – ✉ 56890

Le Pressoir (Vincent David)

7 r. de l'Hôpital, à 1,5 km par rte de Plescop – ✆ 02 97 60 87 63 – www.le-pressoir.fr – Fermé 25 juin-3 juil., 1er-16 oct., 15-28 fév., dim. soir et lundi
Rest – Menu 34 € (déj. en sem.), 62/85 € – Carte 70/105 €
Spéc. Millefeuille de sardines marinées, caviar d'Aquitaine et chantilly de navet. Poularde farcie aux escargots et crème d'étrilles à la badiane. Fraise et rhubarbe en gratin, infusion gingembre-citron vert et sablé à la fleur de sel (avril à sept.).
♦ Le Pressoir est mort, vive le Pressoir ! En 2010, Bernard Rambaud a passé la main à Vincent David, et la table n'a rien perdu de sa superbe : le jeune homme réalise une cuisine d'auteur inspirée… avec quelques hommages à l'ancien chef. Accueil chaleureux.

à Meucon 9 km au Nord par ① et D 767 – **308** O8 – 2 104 h. – alt. 80 m – ✉ 56890

Le Tournesol

20 rte de Vannes – ✆ 02 97 44 50 50 – www.restaurant-le-tournesol.com – Fermé 1-11 juil., 4-11 mars, dim. soir, merc. soir et lundi
Rest – Formule 16 € – Menu 19 € (déj. en sem.), 23/52 € – Carte 27/49 €
♦ Un soupçon de charme rustique (pierres apparentes), deux cuillérées contemporaines et quelques notes de verdure (jardin) : le décor est plaisant et la cuisine, dans l'air du temps.

à Conleau 4,5 km au Sud-Est - AZ – ✉ 56000 Vannes

Presqu'île de Conleau★ 30 mn.

Le Roof

10 allée des Frères Cadoret – ✆ 02 97 63 47 47 – www.le-roof.com
40 ch – †79/139 € ††89/169 € – ☕ 13 €
Rest *Le Roof* – Formule 25 € – Menu 30/59 € – Carte 39/65 €
Rest *Café de Conleau* – Formule 16 € – Menu 21 € – Carte 23/49 €
♦ La presqu'île de Conleau domine une anse peuplée de voiliers... et c'est là que se niche le Roof. Chambres fonctionnelles, certaines avec vue sur le golfe du Morbihan.

rte d'Arradon 5 km par ④ et D 101 – ✉ 56610 Arradon :

L'Arlequin

parc d'activités de Botquelen, (3 allée D. Papin) – ✆ 02 97 40 41 41 – Fermé sam. midi, dim. soir et lundi
Rest – Formule 18 € – Menu 21/41 € – Carte 38/50 €
♦ Sur des bases traditionnelles, le chef concocte une cuisine ancrée dans son époque et variant avec les saisons. Salle agréable, ouverte sur la terrasse et les abords fleuris.

à Arradon 7 km par ④, D 101, D 101A et D 127 – 5 222 h. – alt. 40 m – ✉ 56610

r Bouruet Aubertot, ✆ 02 97 44 77 44

<★.

Le Parc er Gréo sans rest

9 r. Mané Guen, au Gréo, 2 km à l'Ouest (dir. le Moustoir) – ✆ 02 97 44 73 03 – www.parcergreo.com – Fermé 11 nov.-20 déc. et 6 janv.-13 fév.
14 ch – †72/147 € ††84/147 € – 1 suite – ☕ 14 €
♦ On se sent bien dans cette jolie maison entourée de verdure. Maquettes de bateaux et mobilier chiné dans le salon, chambres raffinées et douillettes, piscine chauffée. Charmant !

Les Vénètes

à la pointe, 2 km – ✆ 02 97 44 85 85 – www.lesvenetes.com
10 ch – 100/230 € 100/230 € – 13 € – ½ P 80/145 €
Rest ***Les Vénètes*** – voir les restaurants ci-après
◆ Ce petit hôtel des années 1960 est vraiment bien placé, pour ainsi dire les pieds dans l'eau ! Dans les chambres, joliment aménagées, on jouit d'une vue exceptionnelle sur le golfe (balcons au 1erétage).

Les Vénètes

à la pointe, 2 km – ✆ 02 97 44 85 85 – www.lesvenetes.com – Fermé dim. soir de sept. à juin
Rest – Menu 35 € (déj. en sem.), 50/75 € – Carte 59/77 €
◆ Pour manger les pieds dans l'eau ! La salle à manger est superbement située au bord de la mor bihan ("petite mer" en breton). Une vue qui met en valeur de beaux produits de la mer (huîtres et palourdes du Golfe, poissons du jour, etc.).

LES VANS – **07 Ardèche** – **331** G7 – **2 812 h.** – **alt. 170 m** – ✉ **07140** **44** A3
Lyon Drôme Ardèche
Paris 663 – Alès 44 – Aubenas 37 – Pont-St-Esprit 66
place Ollier, ✆ 04 75 37 24 48

Le Carmel

montée du Carmel – ✆ 04 75 94 99 60 – www.le-carmel.com – Hôtel : ouvert 1er mars-15 oct. ; restaurant : ouvert 1eravril-30 sept.
26 ch – 45/55 € 65/85 € – 10 € – ½ P 60/78 €
Rest – Menu 15 € (déj. en sem.), 28/42 € – Carte 42/54 €
◆ Dominant le bourg médiéval, cet ancien couvent carmélite (1847) abrite des chambres de style provençal (murs ocres, mobilier en fer forgé). Joli jardin avec piscine. Restaurant aux couleurs ensoleillées et terrasse ombragée pour apprécier des plats du marché.

VANVES – **92 Hauts-de-Seine** – **311** J3 – **101** 25 – **voir à Paris, Environs**

VARADES – **44 Loire-Atlantique** – **316** J3 – **3 517 h.** – **alt. 13 m** – ✉ **44370** **34** B2
Paris 333 – Angers 40 – Cholet 42 – Laval 95
place Jeanne d'Arc, ✆ 02 40 83 41 88

La Closerie des Roses

La Haute Meilleraie, 1,5 km au Sud par rte de Cholet – ✆ 02 40 98 33 30 – www.lacloseriedesroses.com – Fermé 29 oct.-14 nov., 21 janv.-13 fév., dim. soir, lundi soir, mardi soir et merc.
Rest – Menu 18 € (déj. en sem.), 28/60 € – Carte 46/66 €
◆ Table ancrée depuis 1938 face à la Loire et à l'abbatiale de St-Florent-le-Vieil. Le chef achète son poisson aux pêcheurs du coin et concocte une délicieuse cuisine régionale.

VARENGEVILLE-SUR-MER – **76 Seine-Maritime** – **304** F2 – **1 040 h.** **33** D1
– **alt. 80 m** – ✉ **76119** Normandie Vallée de la Seine
Paris 199 – Dieppe 10 – Fécamp 57 – Fontaine-le-Dun 18
Site★ de l'église - Parc des Moustiers★ - Colombier★ du manoir d'Ango, S : 1 km - Ste-Marguerite : arcades★ de l'église O : 4,5 km - Phare d'Ailly ★ NO : 4 km.

à Vasterival **3 km au Nord-Ouest par D 75 et rte secondaire** – ✉ **76119 Varengeville-sur-Mer**

De la Terrasse

rte de Vasterival – ✆ 02 35 85 12 54 – www.hotel-restaurant-la-terrasse.com – Ouvert 16 mars-14 oct.
22 ch (½ P seult) – ½ P 56/62 €
Rest – Formule 17 € – Menu 22/36 € – Carte 26/45 €
◆ Au bout d'une route bordée de pins, cette maison du début du siècle (1902) est entourée d'un grand et beau jardin. La moitié des chambres offrent une vue plongeante sur la mer, tout comme la salle à manger !

LA VARENNE-ST-HILAIRE – 94 Val-de-Marne – **312** E3 – **101** 28 – voir à Paris, Environs (St-Maur-des-Fossés)

VARETZ – 19 Corrèze – **329** J4 – rattaché à Brive-la-Gaillarde

VARS – 05 Hautes-Alpes – **334** I5 – 606 h. – alt. 1 650 m – ✉ 05560 **41** C1

Alpes du Sud

Paris 726 – Barcelonnette 41 – Briançon 46 – Digne-les-Bains 126

Cours Fontanarosa, ☎ 04 92 46 51 31, www.vars.com

aux Claux – ✉ 05560 Vars – Sports d'hiver : 1 650/2 750 m 2 56

L'Écureuil sans rest

Les Claux – ☎ 04 92 46 50 72 – www.hotelecureil.com – Ouvert 1er juil.-31 août et 12 déc.-25 avril

21 ch – †95/130 € ††110/198 €

◆ À 150 m des pistes, chalet dans le plus pur style savoyard. Bois omniprésent depuis le chaleureux salon-cheminée jusqu'aux chambres feutrées (la plupart avec balcon). Sauna.

Les Escondus

Les Claux – ☎ 04 92 46 67 00 – www.hotel-les-escondus.com – Ouvert 1er juil.-31 août et 1er déc.-30 avril

21 ch – †69/155 € ††114/179 € – ½ P 87/122 €

Rest – Formule 15 € – Carte 19/29 €

◆ Tout pour se ressourcer : accès direct aux pistes, espace détente, piano-bar et chambres pratiques. Les amateurs d'insolite choisiront celle occupant une cabane dans les arbres ! Plats traditionnels dans la grande salle lambrissée ou en terrasse, côté forêt.

à Ste-Marie-de-Vars – ✉ 05560 Vars

Alpage

– ☎ 04 92 46 50 52 – www.hotel-alpage.com – Ouvert 15 juin-1er sept. et 15 déc.-26 avril

17 ch – †50/78 € ††78/154 € – 2 suites – ½ P 57/106 €

Rest – Menu 22/29 € – Carte 25/32 €

◆ Une vieille ferme villageoise joliment rénovée, tout en pierres et bois. Des lieux spacieux et agréables à vivre (salons communs avec billard et cheminée, espace bien-être). Cuisine traditionnelle au restaurant, logé sous les voûtes de l'ancienne étable.

Le Vallon

rest,

– ☎ 04 92 46 54 72 – www.hotelvallon.com – Ouvert juil.-août et 19 déc.-19 avril

31 ch – †45/75 € ††66/110 € – 8 € – ½ P 54/78 €

Rest *(fermé le midi en été)* – Formule 13 € – Menu 19/24 € – Carte 22/36 €

◆ Un séjour tout schuss ! Emplacement idéal au pied des pistes, accueil convivial, ambiance et décor montagnards, chambres ouvertes sur la nature, sauna, billard et ping-pong. Le restaurant, égayé de photos représentant le pays, propose des plats traditionnels.

VASSIVIÈRE (LAC DE) – 23 Creuse – **326** I6 – rattaché à Peyrat-le-Château (87 H.-Vienne)

VASTERIVAL – 76 Seine-Maritime – **304** F2 – rattaché à Varengeville-sur-Mer

VAUCHOUX – 70 Haute-Saône – **314** E7 – rattaché à Port-sur-Saône

VAUCHRÉTIEN – 49 Maine-et-Loire – **317** G5 – 1 501 h. – alt. 67 m – ✉ 49320 **35** C2

Paris 313 – Nantes 119 – Angers 22 – Cholet 66

Mairie, ☎ 02 41 91 24 18

Le Moulin de Clabeau sans rest

5 km au Nord par D 55 puis D 123 – 02 41 91 22 09 – www.gite-brissac.com
4 ch – 67 € 75 €

◆ Pour les amoureux de la nature, des vignobles et des vieilles pierres, un moulin à eau de 1320 et sa belle maison de meunier du 19ᵉs. Confitures et gâteaux maison au petit-déjeuner.

VAUCRESSON – 92 Hauts-de-Seine – 311 I2 – 101 23 – voir à Paris, Environs

VAUDEVANT – 07 Ardèche – 331 J3 – 211 h. – alt. 600 m – ✉ 07410 44 B2

Paris 558 – Lyon 96 – Privas 89 – Saint-Étienne 67

La Récré

– 04 75 06 08 99 – www.restaurant-la-recre.com – Fermé déc., janv. et le soir sauf sam. de sept. à mars, dim. soir, lundi et mardi
Rest *(nombre de couverts limité, réserver)* – Formule 13 € – Menu 24/58 €

◆ Tableau noir, photos d'écoliers, cartes de géographie : jadis, ce restaurant était... une école ! À l'heure de la récré, on vient y savourer une cuisine bien dans son époque.

VAULT-DE-LUGNY – 89 Yonne – 319 G7 – rattaché à Avallon

VAULX – 74 Haute-Savoie – 328 I5 – 829 h. – alt. 530 m – ✉ 74150 46 F1

Paris 539 – Annecy 19 – Genève 50 – Lyon 158

Par Monts et Par Vaulx

Chef-Lieu – 04 50 60 57 20 – www.restaurant-vaulx.fr – Fermé 15-30 août, 10 jours début janv., dim. soir, lundi soir, mardi soir et merc.
Rest *(nombre de couverts limité, réserver)* – Menu 14 € (déj. en sem.), 28/36 € – Carte 28/38 €

◆ Une bonne auberge de village, champêtre comme il se doit ! Le jeune chef concocte une cuisine bistrotière goûteuse et vous régale d'une terrine de canard maison bien gourmande, d'une tête de veau ou d'un délicieux paris-brest... à prix doux !

VAUX-EN-BEAUJOLAIS – 69 Rhône – 327 G3 – 1 003 h. – alt. 360 m – ✉ 69460 43 E1

Paris 443 – Lyon 49 – Villeurbanne 58 – Lyon 51

Auberge de Clochemerle (Romain Barthe) avec ch

r. Gabriel-Chevallier – 04 74 03 20 16 – www.aubergedeclochemerle.fr – Fermé 3-12 sept. et 2-25 janv.
7 ch – 70/75 € 75/80 € – 10 €
Rest *(fermé lundi et mardi)* – Menu 35/70 € – Carte 60/75 €
Spéc. Râble de lapin farci d'herbes fraîches cuit lentement, servi froid et glacé au jus de viande. Ris de veau, persil et algue, réduction de vin de rhubarbe. Chocolat façon baba.

◆ Gabriel Chevallier s'inspira de Vaux-en-Beaujolais pour le décor de son roman Clochemerle, célèbre portrait de déchirements villageois. Mais fi des luttes intestines : aujourd'hui, tout le monde se retrouve autour de cette table élégante, où les saveurs s'accordent à merveille. Quelques jolies chambres pour l'étape.

VAUX-LE-PÉNIL – 77 Seine-et-Marne – 312 F4 – rattaché à Melun

VAUX-SOUS-AUBIGNY – 52 Haute-Marne – 313 L8 – 675 h. – alt. 275 m – ✉ 52190 14 C3

Paris 304 – Dijon 44 – Gray 43 – Langres 25

XX **Auberge des Trois Provinces**

r. de Verdun – ✆ 03 25 88 31 98 – Fermé 1 sem. en oct., 3 sem. en janv., dim. soir sauf juil.-août et lundi

Rest *(réserver)* – Menu 21/31 € – Carte 42/60 €

◆ Une auberge accueillante sous la glycine, avec poutres et belle cheminée. Le décor est soigné, la cuisine aussi (plus traditionnelle à la carte).

Le Vauxois

6 r. de l'église – ✆ 03 25 84 36 74

9 ch – †48 € ††56 € – ☕ 6,50 €

◆ Chambres fonctionnelles parfaites pour l'étape, à 50 m de l'Auberge des Trois Provinces et à deux pas de l'église.

VELARS-SUR-OUCHE – **21 Côte-d'Or** – **320** J6 – **rattaché à Dijon**

VÉLIZY-VILLACOUBLAY – 78 Yvelines – **311** J3 – **101** 24 – **voir à Paris, Environs**

VELLÈCHES – **86 Vienne** – **322** J3 – **370 h.** – **alt. 69 m** – ✉ **86230** **39** C1

Paris 302 – Poitiers 58 – Joué-lès-Tours 60 – Châtellerault 21

X **La Table des Écoliers**

1 bis r. de l'Étang – ✆ 05 49 93 35 51 – www.latabledesecoliers.com – Fermé vacances de la Toussaint, dim. soir, mardi et merc.

Rest – Formule 16 € – Menu 29/45 €

◆ Sur la route entre Tours et Poitiers ? Faites un détour par votre enfance : pupitres, cartes de géographie, etc., une vraie salle de classe pour... une authentique leçon de gourmandise ! Les légumes proviennent d'une ferme toute proche.

VELLUIRE – **85 Vendée** – **316** K9 – **rattaché à Fontenay-le-Comte**

VENAREY-LES-LAUMES – **21 Côte-d'Or** – **320** G4 – **3 046 h.** **8** C2
– **alt. 235 m** – ✉ **21150** Bourgogne

Paris 259 – Avallon 54 – Dijon 66 – Montbard 15

place Bingerbrück, ✆ 03 80 96 89 13, www.alesia-tourisme.net

X **Le Bistrot de Louise**

7 r. Eugène-Edon – ✆ 03 80 89 69 94 – www.regis-bolatre.com – Fermé 20-26 août, 29 oct.-4 nov., dim. sauf le midi en été, lundi soir et mardi soir

Rest – Menu 13 € (déj.) – Carte 22/37 €

◆ Ce bistrot contemporain n'est autre que le poulain "urbain" de l'Auberge du Cheval Blanc, à Alise-Ste-Reine. On y déguste de bons petits plats traditionnels et régionaux à prix doux ; quant à la sélection de vins au verre, elle ne déçoit pas.

à Alise-Ste-Reine **2 km à l'Est** – **624 h.** – **alt. 415 m** – ✉ **21150**

Mont Auxois★ : ☀★ - Château de Bussy-Rabutin★.

XX **Auberge du Cheval Blanc**

r. du Miroir – ✆ 03 80 96 01 55 – www.regis-bolatre.com – Fermé 6-14 sept., 2 janv.-10 fév., mardi sauf le midi en juil.-août, dim. soir et lundi

Rest – Formule 15 € – Menu 18 € (déj. en sem.), 23/46 € – Carte 39/65 €

◆ Ah, qu'il est plaisant ce "petit" Cheval Blanc rustique, accueillant et agréablement réchauffé l'hiver par un bon feu de bois. Côté papilles, l'alléchante petite carte va à l'essentiel, avec des recettes traditionnelles et bourguignonnes.

à Mussy-la-Fosse **3 km à l'Ouest par rte secondaire** – **320** G4 – **79 h.**
– **alt. 280 m** – ✉ **21150**

Clos Mussy

8 r. du Château – ✆ 03 80 96 97 87 – www.closmussy.fr – Fermé 24 déc.-3 janv.

3 ch ☕ – †75 € ††85 € **Table d'hôte** – Menu 38 € bc

◆ Face au site d'Alésia, cette maison forte (16e s.) témoigne de l'architecture militaire du Moyen Âge. Chambres spacieuses au décor soigné pour le repos du guerrier ; festin à la table d'hôte dans une grande salle au charme tout médiéval (cheminée monumentale) : retour vers le passé !

VENASQUE – 84 Vaucluse – **332** D10 – 1 125 h. – alt. 310 m **42** E1

– ✉ 84210 Provence

Paris 690 – Apt 32 – Avignon 33 – Carpentras 13

Grand 'Rue, ✆ 04 90 66 11 66, www.tourisme-venasque.com

Baptistère★ - Gorges★ E : 5 km par D 4.

La Fontaine sans rest

pl. de la Fontaine – ✆ 04 90 60 64 05
– www.maisondecharme-venasque.com
– Fermé nov., fév. et mars
4 ch – 120 € 130 €

◆ Dans ce beau village, cette Fontaine abrite quatre charmants duplex (boutis, cheminée, meubles chinés...) avec vue sur les toits ou le patio, ainsi qu'une boutique de décoration !

VENCE – 06 Alpes-Maritimes – **341** D5 – 19 247 h. – alt. 325 m **42** E2

– ✉ 06140 Côte d'Azur

Paris 923 – Antibes 20 – Cannes 30 – Grasse 24

8, place du Grand Jardin, ✆ 04 93 58 06 38, www.ville-vence.fr

Chapelle du Rosaire★ (chapelle Matisse) - Place du Peyra★ B **13** - Stalles★ de la cathédrale B **E** - ≤★ de la terrasse du château N. D. des Fleurs NO : 2,5 km par D 2210.

Col de Vence ✳★★ NO : 10 km par D 2 - St-Jeannet : site★, ≤★ 8 km par ③.

Château St-Martin & Spa

av. des Templiers,
2,5 km par rte du col de Vence (D 2) A – ✆ 04 93 58 02 02
– www.chateau-st-martin.com – Ouvert 4 mars-31 oct.
39 ch – 360/2000 € 360/2000 € – 7 suites
Rest *Le St-Martin* ✿✿
Rest *La Rôtisserie* – voir les restaurants ci-après
Rest *L'Oliveraie* *(ouvert 2 juin-18 sept. et fermé le soir)* – Menu 62/74 € bc – Carte 60/95 €

◆ Cadre d'exception pour ce luxueux "palace" provençal dominant Vence et la mer depuis son vaste parc planté d'oliviers. Décors classiques, d'un parfait confort ; superbe piscine et spa à se damner... Ciel, si saint Martin nous entendait !

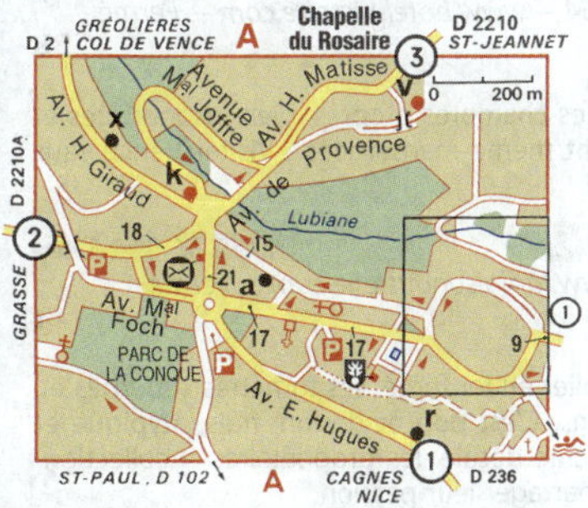

Cantemerle

258 chemin Cantemerle, au Sud-Est par av. Col. Meyère B – *04 93 58 08 18 – www.hotelcantemerle.com – Ouvert d'avril à mi-oct.*
26 ch – 220/275 € 220/275 € – 1 suite – 18 €
Rest *Cantemerle* – voir les restaurants ci-après
◆ Un jardin du Sud calme et délicat, deux piscines – dont une couverte, pour les frileux –, de grandes chambres à l'élégance épurée (souvent en duplex) et un bel espace bien-être... Les vacances et le farniente, tout simplement.

Floréal

440 av. Rhin et Danube, par ② – 04 93 58 64 40 – www.hotel-floreal.fr
41 ch – 60/124 € 78/137 € – 12 € – ½ P 62/98 €
Rest *(fermé dim. hors saison et le midi)* – Menu 26 €
◆ Aux portes de Vence, cet hôtel-restaurant possède un atout indéniable : son jardin méditerranéen, où il fait bon savourer des grillades en saison. Les chambres, pratiques et propres, ont toutes un balcon.

Diana sans rest

79 av. des Poilus – 04 93 58 28 56 – www.hotel-diana.fr Aa
27 ch – 75/110 € 85/130 € – 12 €
◆ Hôtel central et confortable, dont les chambres – de style provençal ou plus contemporain – ont été rénovées en 2010. Belle véranda ; fitness, solarium et jacuzzi sur le toit.

Mas de Vence

539 av. E. Hugues – 04 93 58 06 16 – www.azurline.com/mas Ar
41 ch – 60/89 € 85/118 € – 10 € – ½ P 80/86 €
Rest *La Table du Mas* – voir les restaurants ci-après
◆ Accueil charmant, très joli jardin avec ses oliviers et son beau lavoir, chambres bien tenues : une maison à l'ancienne – aux airs de pension de famille – qui ravira les amateurs du genre !

Miramar sans rest

167 av. Bougearel, au Sud-Est par av. Col. Meyère, plateau St-Michel B *– 04 93 58 01 32 – www.hotel-miramar-vence.com*
18 ch – 58/88 € 68/158 € – 12 €
◆ Près du centre historique, cette maison des années 1920 a vraiment l'esprit Sud ! Les chambres, provençales, sont cosy ; au petit-déjeuner, on s'installe sur la belle terrasse pour admirer les baous et la vallée.

Villa Roseraie sans rest

128 av. Henri Giraud – 04 93 58 02 20 – www.villaroseraie.com – Fermé de mi-nov. à fin-fév. Ax
10 ch – 87/197 € 87/197 € – 12 €
◆ Un jardin aux airs d'oasis, une jolie piscine en forme de haricot et cette agréable villa 1900, un peu chargée mais tellement Provence ! Dans les chambres, tissus Souleiado, lits ouvragés et fleurs séchées...

La Victoire sans rest

4 pl. du Grand-Jardin – 04 93 24 15 54 – www.hotel-victoire.com – Fermé 14 nov.-15 déc. Bb
15 ch – 49/94 € 59/94 € – 9 €
◆ Un hôtel en plein centre-ville, avec des chambres propres, bien insonorisées et mignonnes ; au dernier étage, elles sont même mansardées... Visiter Vence sans se ruiner, c'est déjà une petite victoire !

La Maison du Frêne sans rest

1 pl. du Frêne – 06 88 90 49 69 – www.lamaisondufrene.com – Fermé 24 nov.-12 déc. Bt
4 ch – 163/185 € 163/185 €
◆ Une belle demeure du 18ᵉs., son escalier en fer forgé, ses tomettes superbes et, partout, des œuvres d'art contemporain... C'est pop et design, frais, atypique et très ludique. Le temps d'un séjour au chic décalé, les propriétaires – collectionneurs chevronnés – sauront vont faire partager leur passion.

Le St-Martin – Hôtel Château St-Martin & Spa
av. des Templiers, 2,5 km par rte du col de Vence (D 2) A – *04 93 58 02 02 – www.chateau-st-martin.com – Ouvert 4 mars-31 oct. et fermé lundi et mardi hors saison et le midi de mi-juin à mi-sept.*
Rest – Menu 65 € (déj.), 130/195 € bc – Carte 115/170 €
Spéc. Langoustine juste saisie, beurre émulsionné au jus de yuzu et jeunes ormeaux. Rouget en croûte de pain à l'encre de seiche, poivron rouge et chorizo. Tarte soufflée, glace à la vanille de Tahiti. **Vins** Côtes de Provence, Bellet.
◆ L'inventif Yannick Franques marie la délicatesse à la puissance, les saveurs les plus subtiles et les plus entêtantes. Une expérience rare et exquise, au Château St-Martin.

Auberge Les Templiers
39 av. Joffre – 04 93 58 06 05 – www.restaurant-vence.com – Fermé 24 oct.-3 nov., 26 fév.-2 mars, mardi midi et merc. midi en juil.-août, dim. et lundi
Rest – Formule 29 € – Menu 39/59 € – Carte 48/71 € Ak
◆ Velouté de petits pois au lard, rognons de veau à la graine de moutarde : dans cette auberge au charme résolument provençal, on savoure une sympathique cuisine du marché. Et pour déjeuner avec les cigales, la terrasse est idéale.

La Rôtisserie – Hôtel Château St-Martin & Spa
av. des Templiers, 2,5 km par rte du col de Vence (D 2) A – *04 93 58 02 02 – www.chateau-st-martin.com – Ouvert 4 mars-31 oct. et fermé merc. et jeudi sauf de mai à sept.*
Rest – Menu 39 € (déj.), 62/74 € bc – Carte 60/110 €
◆ Viandes grillées, poissons au teppanyaki, chariot d'appétissants desserts... Une Rôtisserie alléchante, placée sous les auspices de la talentueuse équipe du Château Saint-Martin.

Le Vieux Couvent
37 av. Alphonse-Toreille – 04 93 58 78 58 – www.restaurant-levieuxcouvent.com – Fermé 5 janv.-10 fév., merc. sauf le soir en été et jeudi midi Bf
Rest *(nombre de couverts limité, réserver)* – Menu 28/38 € – Carte 42/50 €
◆ Pierres et voûtes séculaires dans la chapelle d'un séminaire du 17^{e}s. Les petits plats du chef, inspirés par la région et les saisons, ne manquent pas de saveur.

Cantemerle – Hôtel Cantemerle
258 chemin Cantemerle, au Sud-Est par av. Col. Meyère B – *04 93 58 08 18 – www.hotelcantemerle.com – Ouvert d'avril à mi-oct. ; fermé mardi midi sauf de mi-juin à début sept., lundi hors saison (sauf résidents) et dim. soir*
Rest – Formule 22 € – Menu 28 € (déj. en sem.), 45/53 € – Carte 39/75 €
◆ Un Cantemerle chic, contemporain et raffiné. La terrasse est exquise et donne sur la piscine ; l'assiette se pare de jolies couleurs méridionales... Esprit Sud !

Les Bacchanales (Christophe Dufau)
247 av. de Provence – 04 93 24 19 19 – www.lesbacchanales.com – Fermé 2 sem. en nov., 12-28 déc., merc. sauf le soir en juil.-août, le midi en sem. en juil.-août et mardi Av
Rest – Menu 35 € (déj. en sem.), 60/90 €
Spéc. Gamberonis de San Remo, oignons doux et rose de Vence (printemps-été). Joue de bœuf à la feuille de cassis (été). Châtaigne, coing et arbouse (automne-hiver). **Vins** Côtes de provence, Palette.
◆ Une cuisine du marché créative, pleine de fraîcheur et sans cesse renouvelée ; une atmosphère décontractée et contemporaine : est-il vraiment besoin de préciser que le chef est un passionné talentueux et que son restaurant lui ressemble ?

Auberge des Seigneurs avec ch
1 r. du Dr-Binet – 04 93 58 04 24 – www.auberge-seigneurs.com – Fermé de mi-déc. à mi-janv. Bs
6 ch – †70 € ††90/95 € – ☐ 9 € – ½ P 95 €
Rest *(fermé dim. et lundi)* – Formule 23 € – Menu 32/38 € – Carte 43/62 €
◆ Dans une aile du château de Villeneuve, cette authentique auberge rustique est... hors du temps ! On se régale de plats provençaux et de viandes à la broche et, pour l'étape, les chambres sont simples et bien tenues. Pas étonnant que Dufy, Modigliani ou encore Bonnard aient séjourné ici.

L'Armoise
9 pl. du Peyra – ✆ 04 93 58 19 29 – www.larmoise.com – Fermé nov., 1 sem. fin juin, le midi du 5 juil. au 23 août, dim. soir, mardi midi et lundi de sept. à juin Ba
Rest *(nombre de couverts limité, réserver)* – Formule 23 € – Menu 38 € – Carte 41/57 €
◆ Une ancienne poissonnerie qui honore les produits de la mer, quoi de plus logique ! Parmi les grands classiques de la maison, la bouillabaisse, les poissons à la plancha, la sauce hollandaise et... la jolie terrasse sur la place du Peyra.

La Litote
5 r. de l'Évêché – ✆ 04 93 24 27 82 – www.lalitote.com – Fermé 12 nov.-16 déc., 14 janv.-5 fév., mardi d'oct. à avril, dim. soir et lundi Be
Rest – Formule 18 € – Menu 27/35 €
◆ En été, le jeudi, la musique classique s'invite sur la placette où se niche ce restaurant. Cuisine du marché à base de produits frais, à la fois généreuse et soignée... Pas besoin d'en dire plus ; une vraie litote !

Les Agapes
4 pl. Clemenceau – ✆ 04 93 58 50 64 – www.les-agapes.net – Fermé 1 sem. en mai, 2 sem. en nov., 3 sem. en janv., dim. hors saison et lundi Bd
Rest – Formule 16 € – Menu 25/33 € – Carte 35/50 €
◆ Nems de langoustine aux petits légumes, carré d'agneau aux herbes, crémeux au chocolat et sa compotée de mangue... à l'ardoise, toute la fraîcheur des saisons. De belles agapes dans un petit restaurant sympathique et contemporain !

La Table du Mas – Hôtel Mas de Vence
539 av. E. Hugues – ✆ 04 93 58 06 16 – www.azurline.com/mas Ar
Rest – Formule 17 € bc – Menu 31/38 € – Carte 30/46 €
◆ Décor régional, vue sur le jardin planté d'essences méridionales et atmosphère vieille France non dénuée de charme... Évidemment, la cuisine fleure bon la Provence !

VENDÔME – 41 Loir-et-Cher – 318 D5 – 16 669 h. – alt. 82 m 11 B2
– ✉ 41100 Châteaux de la Loire

Paris 169 – Blois 34 – Le Mans 78 – Orléans 91

parc Ronsard, ✆ 02 54 77 05 07, www.vendome.eu

de La Bosse, à Oucques, La Guignardière, par rte de Beaugency : 20 km, ✆ 02 54 23 02 60

Anc. abbaye de la Trinité★ : église abbatiale★★, musée★ BZ **M** - Château : terrasses ≤★.

Le St-Georges
14 r. Poterie – ✆ 02 54 67 42 10 – www.hotel-saint-georges-vendome.com
27 ch – †69/120 € ††79/120 € – ☕ 9 € – ½ P 89/105 € AZt
Rest – ✆ 02 54 77 08 18 *(fermé dim. sauf fériés)* – Formule 18 € bc – Menu 25 € – Carte 40/56 €
◆ Cet immeuble du centre-ville, en angle de rue, cache un hôtel fonctionnel et confortable (certaines avec baignoire balnéo). Surprise côté restaurant, avec un beau décor ethnique ; quant au bar, il joue la carte cubaine !

Mercator
rte de Blois, 2 km par ③ – ✆ 02 54 89 08 08 – www.hotelmercator.fr – Fermé 24 déc.-1er janv.
56 ch – †55/61 € ††58/65 € – ☕ 9,50 €
Rest *(fermé 26 juil.-22 août, vend. soir, sam. et dim.)* – Formule 17 €
◆ Proche d'un rond-point mais bordé d'espaces verts, hôtel dont les petites chambres chaleureuses affichent un style actuel. L'accueil familial est soigné. Au restaurant, cadre contemporain épuré et recettes traditionnelles.

Le Vendôme sans rest
15 fg Chartrain – ✆ 02 54 77 02 88 – www.hotelvendomefrance.com
35 ch – †65/75 € ††79/95 € – ☕ 10 € BYe
◆ Adresse familiale au cœur de la ville : une maison d'angle à la façade blanche abritant des chambres pratiques et un salon cosy (piano). Au petit-déjeuner, buffet très complet.

Le Terre à TR

14 r. du Mar.-de-Rochambeau – ✆ 02 54 89 09 09 – www.le-terre-a-tr.fr – Fermé dim. soir et lundi **AYv**

Rest – Formule 17 € bc – Menu 20/38 €

◆ Dans les faubourgs de la ville, ce restaurant a pour particularité d'être installé dans une cave troglodytique. Il possède aussi une terrasse d'été. Menu-carte au goût du jour.

Auberge de la Madeleine avec ch

6 pl. de la Madeleine – ✆ 02 54 77 20 79 – Fermé 3-8 nov., 1 sem. début janv. et mardi **AYd**

8 ch – †45/50 € ††45/58 € – ☕ 7 €

Rest – Menu 18 € (sem.), 26/39 € – Carte 44/51 €

◆ Face à une placette, auberge régionale et sa sympathique terrasse, sur l'arrière, bordant le Loir. Salle à manger sur deux niveaux. Petites chambres sobres et néo-rustiques.

à St-Ouen 4 km au Nord-Est par D 92 et rte secondaire BX – 3 453 h. – alt. 81 m – ✉ 41100

XX **La Vallée**

34 r. Barré-de-St-Venant – ✆ 02 54 77 29 93 – www.restaurant-la-vallee.com – Fermé 6-22 mars, 11-27 sept., 2-12 janv., dim. soir, lundi et mardi sauf fériés

Rest – Formule 18 € – Menu 25/45 € – Carte 36/50 €

◆ Une bonne table traditionnelle, à l'abri des regards et du bruit. Au menu : terrine de foie gras de canard, blanquette de lapin au muscadet, plateau de fromages (dont le chef surveille l'affinage avec grand soin), etc.

VENOSC – 38 Isère – **333** J8 – 830 h. – alt. 1 000 m – Sports d'hiver : 1 650/3 420 m 1 (voir les Deux-Alpes) – ✉ 38520 Alpes du Nord **45** C2

Paris 633 – Gap 105 – Grenoble 66 – Lyon 166

La Condamine, ✆ 04 76 80 06 82, www.venosc.com

Château de la Muzelle rest,

Bourg d'Arud – ✆ 04 76 80 06 71 – www.chateaudelamuzelle.com – Ouvert 1er juin-16 sept.

21 ch – †64 € ††67 € – ☐ 10 € – ½ P 64/73 €

Rest – Menu 24/37 € – Carte 29/61 €

◆ De pimpants volets rouges égayent la sobre façade de ce petit château du 17e s. Chambres fonctionnelles et bien tenues, mansardées au deuxième étage. Ambiance familiale. Bonne cuisine traditionnelle mettant à profit les légumes du potager.

VENTABREN – 13 Bouches-du-Rhône – **340** G4 – 4 766 h. – alt. 210 m – ✉ 13122 Provence **40** B3

Paris 746 – Aix-en-Provence 14 – Marseille 33 – Salon-de-Provence 27

4, boulevard de Provence, ✆ 04 42 28 76 47

<★ des ruines du Château.

XX **La Table de Ventabren** (Dan Bessoudo)

r. F.-Mistral – ✆ 04 42 28 79 33 – www.latabledeventabren.com – Fermé 23 déc.-31 janv., merc. soir d'oct. à mars, dim. soir d'oct. à avril et lundi

Rest *(réserver)* – Menu 43/53 € – Carte 53/91 €

Spéc. Maquereau cuit au sel, fenouil au citron et écrasé de tomate (juin à août). Filet de bœuf rôti, macaroni à l'anchois et poivron en friture (mars à juin). Crème dessert au chocolat, mousse de banane et sucette glacée coco-rhum (sept.-oct.).
Vins Coteaux d'Aix-en-Provence, Les Baux de Provence.

◆ Au cœur d'un village pittoresque, une belle occasion de faire une pause gourmande sur une terrasse dominant la vallée. La cuisine est fraîche, parfumée et met en relief avec justesse les saveurs franches de bons produits. Le tout à prix plutôt raisonnables...

VENTRON – 88 Vosges – **314** J5 – 927 h. – alt. 630 m – Sports d'hiver : 850/1 110 m 8 – ✉ 88310 **27** C3

Paris 441 – Épinal 56 – Gérardmer 25 – Mulhouse 51

4, place de la Mairie, ✆ 03 29 24 07 02, http://ot-ventron.com

Grand Ventron ★★ NE : 7 km Alsace Lorraine

à l'Ermitage-du-Frère-Joseph 5 km au Sud par D 43 et D 43E – Sports d'hiver : 850/1 110 m 8 – ✉ 88310 Ventron

Les Buttes < rest,

Ermitage Frère Joseph – ✆ 03 29 24 18 09 – www.ermitage-resort.com – Fermé 4 nov.-20 déc.

27 ch – †139/245 € ††139/245 € – 1 suite – ☐ 15 € – ½ P 115/169 €

Rest *(fermé le midi sauf dim. et fériés)* – Menu 29/40 € – Carte 36/53 €

◆ Cadre montagnard chic, chambres douillettes (certaines avec jacuzzi) égayées d'images d'Épinal et salon cossu tapissé de dessins de Claudon : un chalet bien agréable ! Restaurant chaleureux et élégant, face aux pistes. Carte traditionnelle souvent renouvelée.

à Travexin 3 km à l'Ouest – ✉ 88310 Cornimont

Le Géhan
9 rte de Travexin – ✆ 03 29 24 10 71 – www.legehan-charlemagne.com – Fermé 17-30 juil.
11 ch – †50 € ††50 € – ☕ 10 € – ½ P 59 €
Rest *(fermé dim. soir et lundi)* – Formule 16 € – Menu 18/42 € – Carte 25/53 €
♦ Derrière la façade colorée de cette maison de pays, des chambres bien insonorisées et joliment agrémentées de meubles de famille. Tenue exemplaire et accueil attentionné. Salle à manger lumineuse où l'on sert des menus traditionnels et quelques plats régionaux.

VERDUN – 55 Meuse – **307** D4 – 19 252 h. – alt. 198 m – ✉ 55100 **26** A1

Alsace Lorraine

Paris 263 – Metz 78 – Bar-le-Duc 56 – Châlons-en-Champagne 89

Avenue du Général Mangin, ✆ 03 29 84 55 55, www.tourisme-verdun.fr

Ville Haute★ : Cathédrale Notre-Dame★, BYZ Palais épiscopal★ (Centre mondial de la paix) BZ - Citadelle souterraine★ : circuit★★ BZ - Les champs de bataille★★★ : Mémorial de Verdun, Fort et Ossuaire de Douaumont, Tranchée des Baïonnettes, le Mort-Homme, la Cote 304.

Plan page suivante

Hostellerie du Coq Hardi
8 av. de la Victoire – ✆ 03 29 86 36 36 – www.coq-hardi.com CY**v**
33 ch – †75/100 € ††95/150 € – 2 suites – ☕ 20 € – ½ P 85/125 €
Rest *Hostellerie du Coq Hardi* Rest *Le Chantaco* – voir les restaurants ci-après
♦ Maison de tradition (1827) au charme rétro : collection de coqs dans le hall, feu de cheminée crépitant dans le salon, mobilier lorrain (quelques chambres avec de superbes lits à baldaquin), restaurant gastronomique et brasserie, etc.

Hostellerie du Coq Hardi
8 av. de la Victoire – ✆ 03 29 86 36 36 – www.coq-hardi.com – Fermé de mi-fév. à mi-mars, sam. midi, dim. soir et vend. CY**v**
Rest – Menu 43/99 € – Carte 55/75 €
♦ Un restaurant cossu et classique, pour une cuisine qui l'est aussi... Le chef travaille d'excellents produits et concocte des plats raffinés, accompagnés de nectars bien choisis.

Le Chantaco – Hostellerie du Coq Hardi
8 av. de la Victoire – ✆ 03 29 86 36 36 – www.coq-hardi.com – Fermé dim. soir et lundi hors saison CY**v**
Rest – Formule 14 € bc – Menu 22 € (sem.)/42 € bc – Carte 25/55 €
♦ Une brasserie moderne et épurée, avec ses belles cuisines (plancha, rôtissoire...) ouvertes sur la salle pour plus de convivialité. Chaque jour, le chef propose une viande à la broche et un menu à l'ardoise.

aux Monthairons 13 km par ④ et D 34 – 371 h. – alt. 200 m – ✉ 55320

Hostellerie du Château des Monthairons
26 rte de Verdun – ✆ 03 29 87 78 55 – www.chateaudesmonthairons.fr – Fermé 1er janv.-11 fév., dim. soir et lundi du 15 nov. à Pâques
22 ch – †75/220 € ††75/220 € – 3 suites – ☕ 16 € – ½ P 95/167 €
Rest *Hostellerie du Château des Monthairons* – voir les restaurants ci-après
♦ La Meuse forme un joli méandre au bord du parc qui entoure ce château (19e s.). Il règne ici un esprit évidemment... aristocratique, et les chambres, suites et duplex sont élégants et confortables. Pour la détente : hammam, sauna, jacuzzi, etc.

VERDUN

Alsace-Lorraine (Av.) . . . . **CZ** 2
Beaurepaire (R.) . . . . **CZ** 3
Belle-Vierge (R. de la) . . . . . . **BY** 4
Chevert (Pl.) . . . . **CZ** 5
Douaumont (Av. de) . . . . **CY** 6
Foch (Pl. Mar.) . . . . **CY** 7
Fort de Vaux (R. du) . . . . **CZ** 8
Frères-Boulhaut (R. des) . . . **CY** 9
Lattre-de-Tassigny (Av. Mar.-de) . . . . **CY** 10
Maurtoté (R.) . . . . **BY** 13
Mazel (R.) . . . . **CY** 14
Prés.-Poincaré (R.) . . . . **CZ** 17
République (Quai de la) . . . . . **CY** 18
Rû (R. de) . . . . **BZ** 19
St-Paul (R.) . . . . **CY** 20
St-Pierre (R.) . . . . **BY** 21
Soupirs (Allée des) . . . . **BY** 24

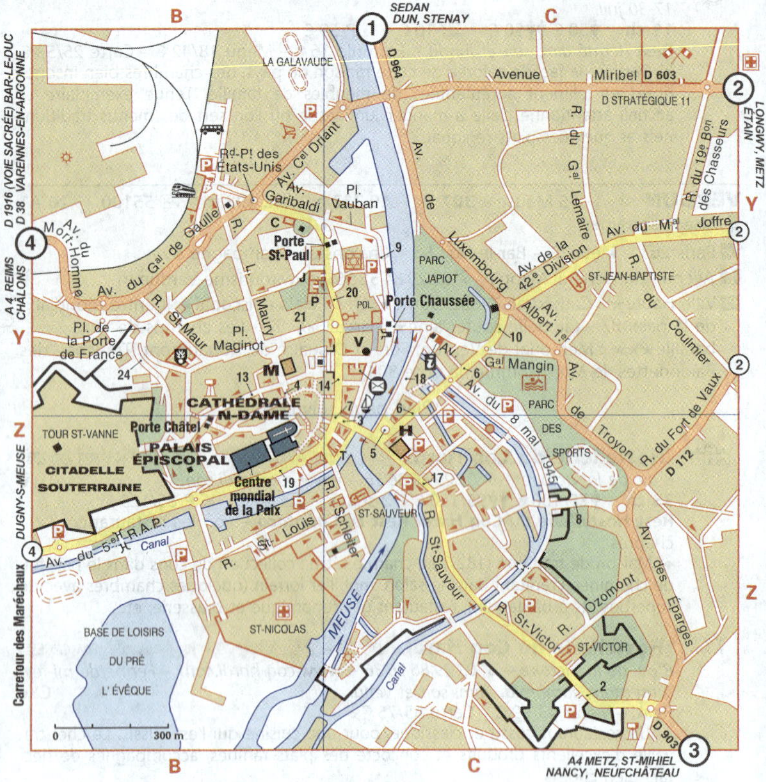

XXX **Hostellerie du Château des Monthairons**

26 rte de Verdun – ✆ 03 29 87 78 55
– www.chateaudesmonthairons.fr – Fermé 1er janv.-11 fév., dim. soir du 15 nov. à Paques, mardi midi et lundi
Rest – Formule 24 € bc – Menu 42/96 € – Carte 56/85 €
♦ Foie gras de canard cuit au naturel et sa confiture de tomates aux épices ; caille et petits légumes de saison : cette table châtelaine permet d'apprécier une cuisine mêlant bases classiques et touches plus actuelles.

à Charny-sur-Meuse 8 km au Nord par D 38 – 556 h. – alt. 197 m – ✉ 55100

22bis Grande Rue, ✆ 03 86 63 65 51, www.ot-regioncharny.com

Les Charmilles sans rest

12 r. de la Gare – ✆ 03 29 86 93 49 – www.les-charmilles.com
– Fermé janv.
3 ch ☕ – †45 € ††55 €
♦ L'ancien café et hôtel du village est désormais une accueillante maison d'hôtes... Les chambres, pimpantes et impeccables, sont idéales pour une étape sereine. Au petit-déjeuner, la propriétaire vous prépare des pâtisseries maison !

VERDUN-SUR-LE-DOUBS – 71 Saône-et-Loire – **320** K8 – 1 137 h. **7** B3
– alt. 180 m – ✉ 71350 Bourgogne

Paris 332 – Beaune 24 – Chalon-sur-Saône 24 – Dijon 65

3, place Charvot, ✆ 03 85 91 87 52

Hostellerie Bourguignonne avec ch

2 av. du Président Borgeot – ✆ 03 85 91 51 45 – www.hostelleriebourguignonne.com – Fermé vacances de fév., vacances de la Toussaint, dim. soir hors saison, mardi sauf le soir de mai à sept. et merc. midi

9 ch – 108 € 108 € – 14 € – ½ P 90/105 €

Rest – Formule 27 € – Menu 45/80 € – Carte 59/105 €

◆ Au cœur d'un beau jardin fleuri, une charmante bâtisse champêtre. À la carte, une superbe sélection de bourgognes, qui accompagnent à merveille les belles assiettes traditionnelles et régionales du chef, dont la spécialité de la maison : la "pôchouse". Pour l'étape, des chambres cosy et colorées.

VERGÈZE – 30 Gard – **339** K6 – 4 033 h. – alt. 30 m – ✉ 30310 **23** C2

Paris 724 – Montpellier 43 – Nîmes 20

Les Coudourelles RN 113, ✆ 04 66 35 45 92, www.tourismegard.com

La Passiflore sans rest

1 r. Neuve – ✆ 04 66 35 00 00 – www.lapassiflore.com

11 ch – 62/72 € 62/72 € – 8 €

◆ Façade avenante pour cette ancienne ferme du 18e s. Elle abrite de petites chambres simples, tournées vers une jolie cour.

VERGISSON – 71 Saône-et-Loire – **320** I12 – 241 h. – alt. 320 m **8** C3
– ✉ 71960

Paris 410 – Dijon 139 – Lyon 76 – Mâcon 10

Auberge des 2 Roches

2 pl. de l'Église – ✆ 03 85 35 86 50 – www.aubergedes2roches.com – Fermé 1er-10 oct., 1er-23 janv., mardi et merc.

Rest – Menu 14/38 € – Carte 30/50 €

◆ Au cœur de ce charmant village vigneron, voici la jolie maison d'Estelle et David, un jeune couple épatant. Estelle réalise une cuisine de saison fine et goûteuse et fait tout maison, même le pain. Une sympathique adresse !

VERGONCEY – 50 Manche – **303** D8 – 216 h. – alt. 70 m – ✉ 50240 **32** A3

Paris 352 – Caen 120 – Saint-Lô 86 – Saint-Malo 60

Château de Boucéel sans rest

Lieu-dit Boucéel, 4 km à l'Est par D 108, D 40 et D 308 – ✆ 02 33 48 34 61 – www.chateaudebouceel.com – Fermé 9 janv.-6 fév.

5 ch – 140/180 € 140/180 €

◆ En pleine campagne normande, un très beau château (1763) au cœur d'un parc à l'anglaise. Pour les âmes romantiques, rien de tel qu'une balade autour des étangs avant de regagner la quiétude raffinée des chambres... Mobilier ancien, superbe parquet, portraits d'ancêtres : du style !

VERGONGHEON – 43 Haute-Loire – **331** B1 – 1 801 h. – alt. 440 m **6** C2
– ✉ 43360

Paris 470 – Clermont-Ferrand 60 – Le Puy-en-Velay 72 – St-Flour 51

La Petite École

à Rilhac, 3 km au Sud-Est par D 174 – ✆ 04 71 76 97 43 – www.restaurant-lapetiteecole.com – Fermé 2 sem. en juin, de mi-sept. à début oct., 2 sem. en janv., mardi midi, sam. midi, dim. soir et lundi

Rest *(réserver)* – Menu 29/35 €

◆ Bureau de la maîtresse, plumiers et ardoises sont encore là... Dans cette ancienne école, la cuisine, fine et savoureuse, mérite un A sans hésitation. Et l'accueil, un bon point !

LA VERNAREDE – 30 Gard – 339 J3 – 360 h. – alt. 345 m – ✉ 30530 23 C1

Paris 708 – Montpellier 124 – Nîmes 74 – Alès 29

Lou Cante Perdrix avec ch AC rest, VISA

Le Château – 04 66 61 50 30 – www.canteperdrix.fr – Fermé 2 janv.-13 fév.

13 ch – †52/58 € ††52/67 € – ☕ 14 €

Rest – Menu 20 € (déj. en sem.), 28/39 €

◆ Perdue au milieu des pins, cette imposante maison en pierre (1860) abrite une coquette salle (cheminée, plantes, tableaux...) où l'on sert une cuisine traditionnelle.

VERN-D'ANJOU – 49 Maine-et-Loire – 317 E3 – 1 924 h. – alt. 50 m – ✉ 49220 35 C2

Paris 327 – Angers 36 – Laval 68 – Nantes 77

Le Pigeon Blanc AC P VISA

13 r. de l'Église – 02 41 61 41 25 – www.lepigeonblanc.com – Fermé 15-30 juil., de mi-janv. à mi- fév., dim. soir, mardi soir et merc.

Rest – Formule 15 € – Menu 19/72 € bc – Carte 41/86 €

◆ Cuisine gourmande et généreuse réalisée par le jeune chef – au parcours déjà riche – qui a repris la maison familiale. Ambiance contemporaine et mobilier épuré. Accueil charmant.

VERNET-LES-BAINS – 66 Pyrénées-Orientales – 344 F7 – 1 456 h. – alt. 650 m – Stat. therm. : mi-mars-fin nov. – Casino – ✉ 66820 22 B3

Languedoc Roussillon

Paris 904 – Mont-Louis 36 – Perpignan 57 – Prades 11

2, rue de la Chapelle, 04 68 05 55 35, www.vernet-les-bains.fr

Site★ - Abbaye Saint-Martin-du-Canigou 2,5 km S★★.

Princess AC rest, ch, P VISA

r. des Lavandières – 04 68 05 56 22 – www.hotel-princess.fr – Ouvert 20 mars-20 nov.

38 ch – †49/60 € ††59/117 € – ☕ 10 € – ½ P 56/85 €

Rest – Formule 14 € – Menu 19/35 € – Carte 27/42 €

◆ Au pied du vieux Vernet, cette bâtisse un peu quelconque dévoile un intérieur chaleureux et coloré... Les chambres, simples mais joliment décorées, ont presque toutes un balcon donnant sur la montagne.

VERNEUIL-SUR-AVRE – 27 Eure – 304 F9 – 6 538 h. – alt. 155 m – ✉ 27130 33 C3

Normandie Vallée de la Seine

Paris 114 – Alençon 77 – Argentan 77 – Chartres 57

129, place de la Madeleine, 02 32 32 17 17, www.tourisme-avre-eure-iton.fr

de Center Parcs, Center Parcs, par rte de Mortagne : 9 km, 02 32 60 50 02

Église de la Madeleine★ - Statues★ de l'église Notre-Dame.

Le Clos AC P VISA

98 r. de la Ferté-Vidame – 02 32 32 21 81 – www.leclos-normandie.com

8 ch – †210/230 € ††210/230 € – 3 suites – ☕ 23 € – ½ P 212/222 €

Rest *Le Clos* – voir les restaurants ci-après

◆ Un vrai petit bijou ! De ce castel normand en briques rouges et son parc délicieux émanent raffinement et luxe discret. Un soin particulier est apporté aux détails, garantie d'un excellent séjour.

Du Saumon ch, VISA

89 pl. de la Madeleine – 02 32 32 02 36 – www.hoteldusaumon.fr – Fermé 17 déc.-10 janv. et dim. soir de nov. à mars

29 ch – †49/75 € ††49/75 € – ☕ 9 €

Rest – Formule 11 € – Menu 17/52 € – Carte 45/55 €

◆ Cet ancien relais de poste (18e s.) dégage un certain charme, un peu rétro. Les chambres du bâtiment principal sont plus grandes et, rénovées avec simplicité, elles plairont aux amateurs de contemporain. Côté restaurant, inutile de préciser que le saumon est ici chez lui.

XXX **Le Clos** – Hôtel Le Clos

98 r. de la Ferté-Vidame – ✆ 02 32 32 21 81
– www.leclos-normandie.com
– Fermé mardi sauf le soir d'avril à sept. et lundi sauf fériés
Rest – Formule 35 € – Menu 45 € (déj. en sem.), 60/90 €
– Carte 73/108 €

◆ En ce Clos, le chef se plaît à revisiter le terroir normand : au menu, classicisme et mets plus audacieux. Quant au décor, il est élégant, les deux beaux salons bourgeois comme les tables dressées dans les règles de l'art...

à Bâlines **4 km par rte de Dreux – 440 h. – alt. 150 m – ✉ 27130**

XX **Le Moulin de Bâlines** avec ch

rte de Courteilles, RN 12 – ✆ 02 32 39 40 78 – www.moulindebalines.com
– Fermé 1er-15 oct. et 2 sem. en janv.
11 ch – 80 € 90 €
Rest – Formule 20 € – Menu 25 € (déj.), 36/55 € – Carte 42/66 €

◆ Agréable cadre bucolique pour ce moulin du 18es. au bord de l'Avre. La cuisine, à déguster en terrasse près de la rivière aux beaux jours, met l'accent sur la présentation des plats et suit la tendance. Les chambres sont confortables, joliment rustiques et bien tenues.

VERNON – 27 Eure – 304 I7 – 24 998 h. – alt. 32 m – ✉ 27200 — 33 D2

Normandie Vallée de la Seine

Paris 77 – Beauvais 66 – Évreux 34 – Mantes-la-Jolie 25

36, rue Carnot, ✆ 02 32 51 39 60, www.cape-tourisme.fr

Église Notre-Dame★ - Château de Bizy★ 2 km par ③ - Giverny★ 3 km.

Albuféra (R. d')	BXY	2	Évreux (Pl. d')	BY	14	Potard (R.)	BX	29
Barette (Pl.)	BY	3	Gambetta (Av.)	BY	16	République (Pl. de la)	BY	33
Bonnard (R. P.)	BX	4	Gamilly (R. de)	BY	18	Riquier (R. Ch.-J.)	BXY	34
Carnot (R.)	BXY	5	Gaulle (Pl. Charles-de)	BY	19	Ste-Geneviève (R.)	BY	38
Combattants-d'Indochine (R. des)	BX	8	Giverny (R. de)	BX	20	St-Jacques (R.)	BY	36
Dr-Burnet (R.)	BY	9	Leclerc (Bd du Mar.)	BXY	22	Soret (R. Jules)	BX	39
Dr-Chanoine (R. du)	BX	10	Ogereau (R. F.)	BX	24	Steiner (R. E.)	AY	42
Écuries-des-Gardes (R.)	BX	13	Paris (Pl. de)	BY	25	Victor-Hugo (Av.)	BX	44
			Point-du-Jour (R. du)	ABX	28			

Normandy sans rest
1 av. P.-Mendès-France – ✆ 02 32 51 97 97 – www.le-normandy.net
50 ch – †82 € ††82 € – ☕ 10 € BY**t**
◆ Un hôtel de centre-ville, avec des chambres sobres, pratiques et toutes identiques. Après une balade à Giverny – la maison de Monet est toute proche ! – ou un séminaire, il fait bon se prélasser au salon, très cosy.

Le Bistro
73 r. Carnot – ✆ 02 32 21 29 19 – Fermé 1er-9 mars, 25 juil.-19 août, dim. et lundi
Rest – Menu 19/36 € bc – Carte 22/28 € BX**a**
◆ Il porte bien son nom ! De son passé bistrotier, il a conservé son bar rustique, où s'accoudent les clients pressés ; quant à l'ardoise du jour, elle est courte, traditionnelle et... alléchante. Excellent choix de vins au verre.

L'Envie
71 r. Carnot – ✆ 02 32 51 16 80 – Fermé 29 juil.-16 août, 17-25 fév., dim. soir et lundi BX**a**
Rest – Formule 17 € – Menu 23 € – Carte 26/35 €
◆ À nouvelle décoration, nouvelle cuisine ! Tables basses et fauteuils en cuir, l'ambiance est résolument lounge. Terrine de queue de bœuf, risotto aux girolles... La chef concocte une cuisine généreuse, affirmée. Bon rapport plaisir-prix !

VERNOUILLET – 28 Eure-et-Loir – 311 E3 – rattaché à Dreux

VERQUIÈRES – 13 Bouches-du-Rhône – 340 E2 – rattaché à St-Rémy-de-Provence

VERRIERES – 86 Vienne – 322 J6 – 888 h. – alt. 115 m – ✉ 86410 39 C2

Paris 368 – Poitiers 31 – Châtellerault 68 – Buxerolles 33

Les Deux Porches sans rest
1 pl. de la Mairie – ✆ 05 49 42 83 85 – www.hotel-des-deux-porches.fr
16 ch – †47/50 € ††47/50 € – ☕ 7 €
◆ Un point de chute bien commode et aux prix mesurés, au cœur d'un petit village au sud de Poitiers. Les chambres sont simples, mais d'une tenue irréprochable. Petite restauration dans le bar contigu.

VERSAILLES – 78 Yvelines – 311 I3 – 101 23 – voir à Paris, Environs

VERTOU – 44 Loire-Atlantique – 316 H4 – rattaché à Nantes

VERTUS – 51 Marne – 306 G9 – 2 665 h. – alt. 85 m – ✉ 51130 13 B2

Champagne Ardenne
Paris 139 – Châlons-en-Champagne 30 – Épernay 21 – Montmirail 39

à Bergères-les-Vertus 3,5 km au Sud par D 9 – 559 h. – alt. 108 m – ✉ 51130

Hostellerie du Mont-Aimé
4-6 r. de Vertus – ✆ 03 26 52 21 31 – www.hostellerie-mont-aime.com – Fermé 24 déc.-4 janv., dim. soir de nov. à fin mars
43 ch – †75/95 € ††100/150 € – ☕ 13 € – ½ P 100 €
Rest *Hostellerie du Mont-Aimé* – voir les restaurants ci-après
◆ Au pied du mont Aimé, en plein cœur du vignoble champenois, cet hôtel propose des chambres de belle ampleur, confortables et régulièrement rénovées pour un maximum de confort. Les plus : une piscine couverte et un espace détente.

Hostellerie du Mont-Aimé
4-6 r. de Vertus – ✆ 03 26 52 21 31 – www.hostellerie-mont-aime.com – Fermé 24 déc.-4 janv., dim. soir de nov. à fin mars
Rest – Menu 28 € (sem.), 45/90 € – Carte 62/83 €
◆ Un cadre cossu et bourgeois, pour une cuisine traditionnelle généreuse qui valorise notamment les produits nobles. Autre plaisir, la belle carte des vins et ses nombreuses références de champagne.

LES VERTUS – 76 Seine-Maritime – **304** G2 – rattaché à Dieppe

VESCOUS – 06 Alpes-Maritimes – **341** D4 – rattaché à Gilette

LE VÉSINET – 78 Yvelines – **311** I2 – **101** 13 – voir à Paris, Environs

VESOUL P – 70 Haute-Saône – **314** E7 – 16 271 h. – alt. 221 m **16** B1
– ✉ 70000 Franche-Comté Jura

▶ Paris 360 – Belfort 68 – Besançon 47 – Épinal 91

ℹ 2,rue Gevrey, ✆ 03 84 97 10 85, www.ot-vesoul.fr

Du Lion sans rest

4 pl. de la République – ✆ 03 84 76 54 44 – www.hoteldulion.fr – Fermé 5-19 août et 26 déc.-3 janv. **a**

18 ch – †57 € ††57/65 € – ☕ 7 €

◆ Hôtel familial donnant sur une grande place et situé à proximité des rues commerçantes du centre-ville. Chambres simples et fonctionnelles, scrupuleusement tenues.

Le Caveau du Grand Puits

r. Mailly – ✆ 03 84 76 66 12 – Fermé 29 mai-5 juin, 15 août-5 sept., 24 déc.-3 janv., merc. soir, sam. midi, dim. et fériés **u**

Rest – Formule 18 € – Menu 23/37 € – Carte 22/40 €

◆ Dans une ruelle de la vieille ville, cave voûtée aux murs de pierre complétée d'une mezzanine, où savourer des plats de tradition. Paisible cour intérieure aux beaux jours.

VESOUL

Aigle-Noir (R. de l') 2
Alsace-Lorraine (R. d') 3
Annonciades (R. des) 4
Bains (R. des) 6
Banque (R. de la) 7
Châtelet (R. du) 8
Faure (R. Edgar) 10
Fleurier (R. de) 12
Gare (Av. de la) 13
Gaulle (Bd Ch.-de) 14
Genoux (R. Georges) 15
Gevrey (R.) 16
Girardot (R. du Cdt) 20
Grandes-Faulx (R. des) 22
Grand-Puits (Pl. du) 21
Ilottes (R. des) 23
Kennedy (Bd) 24
Leblond (R.) 25
Maginot (R. A.) 26
Moilly (R. de) 36
Morel (R. Paul) 27
Moulin-des-Prés (Pl. du) 28
République (Pl. de la) 29
St-Georges (R.) 30
Salengro (R. Roger) 31
Tanneurs (R. des) 32
Vendémiaire (R.) 33
Verlaine (R.) 35

à Épenoux 5 km par ①, rte de St-Loup-sur-Semouse et D10 – 479 h. alt. 240 – ✉ 70000 Pusy-et-Épenoux – 534 h. – alt. 240 m

Château d'Épenoux
5 r. Ruffier-d'Épenoux – ✆ 03 84 75 19 60 – www.chateau-epenoux.com – Fermé 2-15 janv.
5 ch – 98/103 € 103/123 €
Table d'hôte – Menu 29 €
◆ Petit château du 18e s. et son parc planté d'arbres centenaires. Meubles et lustres anciens agrémentent les chambres spacieuses. Grand salon bourgeois et piscine écologique. Élégante salle à manger joliment dressée pour apprécier une cuisine traditionnelle.

VEUIL – 36 Indre – **323** F4 – rattaché à Valençay

VEULES-LES-ROSES – 76 Seine-Maritime – **304** E2 – 572 h. – alt. 15 m – ✉ 76980 Normandie Vallée de la Seine **33** C1

Paris 188 – Dieppe 27 – Fontaine-le-Dun 8 – Rouen 57

27, rue Victor-Hugo, ✆ 02 35 97 63 05, www.plateaudecauxmaritime.com

Les Galets
3 r. Victor-Hugo, (près de la plage) – ✆ 02 35 97 61 33 – www.restaurant-lesgalets-veuleslesroses.com – Fermé janv., merc. sauf août et mardi
Rest *(réserver)* – Formule 30 € – Menu 37/90 € – Carte 60/80 €
◆ Pour un joli moment gastronomique, arrêtez-vous dans cette maison en brique toute proche d'une plage... de galets. La salle et la véranda sont élégantes et lumineuses, et le chef privilégie les produits locaux. Cave judicieuse.

LE VEURDRE – 03 Allier – **326** F2 – 544 h. – alt. 190 m – ✉ 03320 **5** B1
Auvergne

Paris 272 – Bourges 66 – Montluçon 73 – Moulins 36

Le Pont Neuf
2 faubourg de Lorette – ✆ 04 70 66 40 12 – www.hotel-lepontneuf.com – Fermé de mi-nov. à mi-fév. et dim. soir du 15 oct. au 31 mars
46 ch – 53/58 € 58/93 € – 9 € – ½ P 54/78 €
Rest *Le Pont Neuf* – voir les restaurants ci-après
◆ Tennis, piscine, sauna, salle de sport : cet hôtel traditionnel, situé non loin de la forêt de Tronçais, est idéal pour un moment de détente au vert. Certaines chambres donnent sur le parc et c'est si agréable...

Le Pont Neuf
2 faubourg de Lorette – ✆ 04 70 66 40 12 – www.hotel-lepontneuf.com – Fermé de mi-nov. à mi-fév. et dim. soir du 15 oct. au 31 mars
Rest – Formule 14 € – Menu 19 € (sem.), 27/41 € – Carte 28/67 €
◆ Dans ce restaurant d'hôtel sobre et confortable, la carte – classique – fait la part belle aux saveurs régionales ; le chef vous propose aussi ses suggestions de saison.

VEUVES – 41 Loir-et-Cher – **318** D7 – 220 h. – alt. 62 m – ✉ 41150 **11** A1

Paris 205 – Bourges 135 – Orléans 84 – Poitiers 137

L'Auberge de la Croix Blanche
2 av. de la Loire – ✆ 02 54 70 23 80 – Fermé vacances de fév., merc. midi de Pâques à oct., merc. soir de nov. à Pâques, mardi soir de janv. à mars, dim. soir et lundi
Rest – Formule 16 € – Menu 24/34 € – Carte 30/45 €
◆ Dans cette auberge familiale (1888) des bords de Loire, une savoureuse et généreuse cuisine traditionnelle, avec des produits de saison. Joli cadre rustique ; terrasse au jardin.

VEYNES – 05 Hautes-Alpes – **334** C5 – 3 168 h. – alt. 827 m – ✉ 05400 **40** B1

Paris 660 – Aspres-sur-Buëch 9 – Gap 25 – Sisteron 51

avenue Commandant Dumont, ✆ 04 92 57 27 43, www.tourisme-veynois.com

La Sérafine

Les Paroirs, 2 km à l'Est par rte Gap et D 20 – ✆ 04 92 58 06 00 – Fermé lundi et mardi

Rest *(nombre de couverts limité, réserver)* – Menu 26/34 €

◆ Jolie bâtisse (18es.) où vous serez reçu comme à la maison. Cuisine du marché proposée oralement (deux menus changés chaque jour), accompagnée de bons vins. Terrasse en saison.

VEYRIER-DU-LAC – 74 Haute-Savoie – **328** K5 – rattaché à Annecy

VÉZAC – 15 Cantal – **330** D5 – rattaché à Aurillac

VÉZELAY – 89 Yonne – **319** F7 – 475 h. – alt. 285 m **7** B2
– Pèlerinage (22 juillet). – ✉ 89450 Bourgogne

Paris 221 – Auxerre 52 – Avallon 16 – Château-Chinon 58

12, rue Saint-Etienne, ✆ 03 86 33 23 69, www.vezelaytourisme.com

Basilique Ste-Madeleine★★★ : tympan du portail central★★★, chapiteaux★★★.

Poste et Lion d'Or

pl. du Champ de Foire – ✆ 03 86 33 21 23 – www.laposte-liondor.com – Fermé 1er janv.-23 fév.

38 ch – 82/124 € 82/124 € – 12 €

Rest ***Poste et Lion d'Or*** – voir les restaurants ci-après

◆ Au pied de la colline de Vézelay, cet ancien relais de poste accueille les voyageurs depuis plus de 200 ans ! Confortables chambres de style classique, dont certaines – très prisées – donnent sur la campagne.

Le St-Étienne

39 r. St-Étienne – ✆ 03 86 33 27 34 – www.le-saint-etienne.fr – Fermé de mi-déc. à fin fév., dim. soir, merc. et jeudi

Rest – Menu 43 € – Carte 45/66 €

◆ Dans cette jolie maison en pierre du 18es., on déguste une agréable cuisine traditionnelle. Chaleureuse salle rustique (belles poutres peintes).

Poste et Lion d'Or – Hôtel Poste et Lion d'Or

pl. du Champ de Foire – ✆ 03 86 33 21 23 – www.laposte-liondor.com – Fermé 1er janv.-23 fév., mardi midi de nov. à mars et lundi

Rest – Menu 23/40 € – Carte 25/80 €

◆ Dans un cadre très classique, une cuisine bourguignonne mâtinée de quelques épices et saveurs nouvelles. On peut faire provision de produits du terroir dans la boutique attenante.

Le Bougainville

28 r. St-Etienne – ✆ 03 86 33 27 57 – Ouvert de mi-fév. à mi-nov. et fermé lundi hors saison, mardi et merc.

Rest – Menu 25/30 € – Carte 35/43 €

◆ Ce restaurant familial – une maison ancienne – est idéalement situé sur la rue principale menant à la basilique. On y savoure une généreuse cuisine du terroir.

à St-Père 3 km au Sud-Est par D 957 – 374 h. – alt. 148 m – ✉ 89450

Église N.-Dame★.

L'Espérance

rte de Vézelay – ✆ 03 86 33 39 10 – www.marc-meneau-esperance.com – Fermé de mi-janv. à début mars

17 ch – 150/300 € 150/300 € – 8 suites – 35 € – ½ P 250/300 €

Rest ***L'Espérance*** – voir les restaurants ci-après

Rest ***Le Bistrot de Gainsbourg*** *(fermé lundi, mardi, merc.) (réserver)* – Menu 39 € bc

◆ Serge Gainsbourg aimait à séjourner dans cette belle maison de maître tout en pierre, située au pied de Vézelay. Esprit cottage, classique ou contemporain : plusieurs atmosphères et un seul cap... le raffinement.

XXXX ✿✿ **L'Espérance** (Marc Meneau) – Hôtel L'Espérance

rte de Vézelay – ✆ 03 86 33 39 10 – www.marc-meneau-esperance.com – Fermé de mi-janv. à début mars, lundi midi, merc. midi et mardi sauf fériés

Rest *(réserver)* – Formule 40 € – Menu 60 € (déj. en sem.), 130/195 € – Carte 120/180 €

Spéc. "Drôlerie végétale" et fagot de légumes aux écrevisses. Poularde de Bresse. Fraises "Marie-Antoinette" (saison). **Vins** Bourgogne Vézelay, Chablis.

◆ Dans un décor champêtre parmi les plus séduisants qui soient, Marc Meneau délivre une véritable leçon de cuisine. Savamment composées, tout en effets puissants ou subtils, avec des produits de premier ordre, ses assiettes prennent la dimension de classiques. La table d'un grand chef.

à Fontette **5 km à l'Est par D 957 – ✉ 89450 St-Père**

Crispol

ch, ch,

rte d'Avallon – ✆ 03 86 33 26 25 – www.crispol.com – Ouvert mars-nov.

12 ch – †85 € ††85 € – ☕ 10 € – ½ P 80 €

Rest *(fermé mardi midi et lundi)* – Menu 25/56 € – Carte 40/60 €

◆ Maison en pierre à l'entrée du village, avec la Colline éternelle en toile de fond. L'annexe abrite de vastes chambres, datant des années 1990 et bien tenues. Au restaurant, les baies ménagent une belle vue sur la basilique. Plats de tradition.

à Pierre-Perthuis **6 km au Sud-Est par D 957 et D 958 – 124 h. – alt. 220 m – ✉ 89450**

Les Deux Ponts

1 rte de Vézelay – ✆ 03 86 32 31 31 – http://lesdeuxponts.free.fr – Ouvert 15 mars-15 nov.

7 ch – †55/60 € ††55/65 € – ☕ 8 € – ½ P 60 €

Rest ***Les Deux Ponts*** – voir les restaurants ci-après

◆ Au bord d'une route de campagne, une maison de pays en pierre, avenante et fleurie. Un confort simple est de mise dans les chambres, comme la tranquillité puisque aucune n'a de télévision ! Entretien soigné.

XX **Les Deux Ponts**

1 rte de Vézelay – ✆ 03 86 32 31 31 – http://lesdeuxponts.free.fr – Ouvert 15 mars-15 nov. et fermé merc. d'oct. à mai et mardi

Rest *(nombre de couverts limité, réserver)* – Menu 24/34 € – Carte 32/49 €

◆ Le cadre est rustique, mais relevé d'une pointe d'originalité : notez les amusants lustres hollandais en verre... Côté saveurs, priorité au terroir de l'Yonne, avec quelques ponts jetés vers les dernières tendances.

VIA – **66 Pyrénées-Orientales** – **344 D8** – **rattaché à Font-Romeu**

VIADUC DE GARABIT ★★ – **15 Cantal** – **330 H5** – ✉ **15100** Auvergne **5 B3**

Paris 520 – Aurillac 84 – Mende 74 – Le Puy-en-Velay 90

Maison du paysan★ à Loubaresse S : 7 km - Belvédère de Mallet ≤★★ SO : 13 km puis 10 mn.

Beau Site

rest, rest,

N 9 – ✆ 04 71 23 41 46 – www.beau-site-hotel.com – Ouvert 2 mars-29 nov.

17 ch – †58/75 € ††75/95 € – 3 suites – ☕ 11 € – ½ P 72/88 €

Rest – Formule 15 € – Menu 19/51 € – Carte 40/56 €

◆ Le célèbre ouvrage de Gustave Eiffel, le lac ou le jardin : à vous de choisir la vue ! Les chambres, coquettes et confortables, osent une déco moderne et colorée. Pour le reste, c'est cuisine régionale, tennis, piscine et aire de jeux pour les enfants.

Anglards-de-St-Flour **3 km au Nord – 321 h. – alt. 840 m – ✉ 15100**

La Méridienne

– ✆ 04 71 23 40 53 – www.hoteldelameridienne.com

16 ch – †52/59 € ††52/59 € – ☕ 9 € – ½ P 52/59 €

Rest – Formule 15 € – Menu 19 €, 23/38 € – Carte 29/52 €

◆ Un jeune couple a repris cet établissement en 2011. C'est toujours avec le sourire que l'on vous mène aux chambres, pratiques, sans fioritures et très bien tenues (celles avec terrasse donnent sur le grand jardin). Une étape sympathique.

VIBRAC – 16 Charente – **324** J6 – rattaché à Jarnac

VIC-EN-BIGORRE – 65 Hautes-Pyrénées – **342** M4 – 5 116 h. – alt. 216 m – ✉ 65500 **28** A2

▶ Paris 775 – Pau 47 – Aire sur l'Adour 53 – Auch 62

Réverbère

29 bd d'Alsace – ✆ 05 62 96 78 16 – www.lereverbere.fr
10 ch – †51/54 € ††56/59 € – ☕ 7 € – ½ P 49/51 €
Rest *(fermé sam. sauf le soir de juin à août et dim. soir)* – Formule 12 € – Menu 14 €, 21/31 € – Carte 44/50 €

◆ En léger retrait de la route, maison bigourdanne dont les chambres sont fonctionnelles et bien tenues. Cuisine traditionnelle servie dans une salle lumineuse et égayée de touches colorées.

La Maison d'Anaïs

3 r. Pasteur – ✆ 05 62 96 84 04 – www.chambres-d-hotes-pyrenees.com
3 ch ☕ – †65 € ††70 € **Table d'hôte** – Menu 28 € bc/45 € bc

◆ Jolie ferme régionale aux faux airs de mas (façade saumon, volets bleus) dans un jardin verdoyant. Chambres au décor raffiné (meubles anciens, beaux tissus...) ; salon et bibliothèque. Petit-déjeuner et dîner en cuisine, autour de la grande table en bois.

VIC-FEZENSAC – 32 Gers – **336** D7 – 3 628 h. – alt. 110 m – ✉ 32190 **28** A2

▶ Paris 778 – Auch 32 – Bordeaux 182 – Toulouse 106
ℹ 22, place Julie-Saint-Avit, ✆ 05 62 06 34 90, www.vic-fezensac.com

à Préneron 6 km au Sud-Ouest par N 124, D 157 et rte secondaire – 141 h. – alt. 173 m – ✉ 32190

Auberge La Baquère

lieu-dit la Baquère – ✆ 05 62 06 42 75 – www.aubergelabaquere.canalblog.com – Fermé 2-14 déc., 2-12 fév., dim. soir et lundi
Rest – Menu 18/44 € bc – Carte 30/39 €

◆ Cette ferme-auberge a beau être isolée en pleine campagne, les clients sont nombreux. Et pour cause : canard, ramier, truite et anguille y sont cuisinés avec style.

VICHY – 03 Allier – **326** H6 – 25 221 h. – alt. 340 m – Stat. therm. : début fév.-fin déc. – Casinos : Le Grand Café BZ, Les 4 Chemins – ✉ 03200 **6** C1

Auvergne

▶ Paris 353 – Clermont-Ferrand 55 – Montluçon 99 – Moulins 57
ℹ 19, rue du Parc, ✆ 04 70 98 71 94, www.ville-vichy.fr
18 du Sporting Club de Vichy, à Bellerive-sur-Allier, Allée Georges Baugnies, ✆ 04 70 32 39 11
18 la Forêt de Montpensier, à Bellerive-sur-Allier, Domaine du château de Rilhat, par rte de Clermont-Ferrand : 8 km, ✆ 04 70 56 58 39
◉ Parc des Sources★ - Les Parcs d'Allier★ - Chalets★ (boulevard des États-Unis) BYZ - Le quartier thermal★ - Grand casino-théâtre★.

Plan page suivante

Vichy Spa Hôtel & Resort Les Célestins

111 bd États-Unis – ✆ 04 70 30 82 00 – www.vichy-spa-hotel.fr rest, BYe
131 ch – †195/275 € ††240/320 € – 5 suites – ☕ 21 € – ½ P 184/204 €
Rest ***N 3*** – Menu 43/140 € – Carte 78/113 €
Rest ***Le Bistrot des Célestins*** – Formule 20 € – Menu 27 € – Carte 28/59 €

◆ Hôtel de facture moderne, au milieu du parc des Sources, à recommander aux curistes pour son accès direct au spa Vichy. Chambres très spacieuses et piscine panoramique. Gastronomie et diététique sont à l'honneur au N 3, qui bénéficie d'une jolie terrasse. Plats traditionnels et grillades au Bistrot.

BELLERIVE-SUR-ALLIER

VICHY

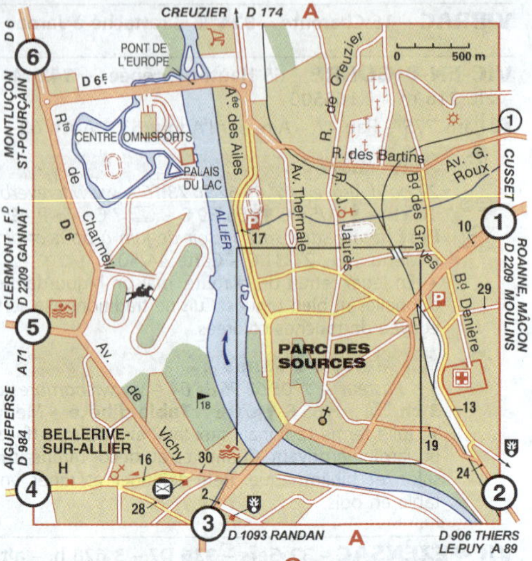

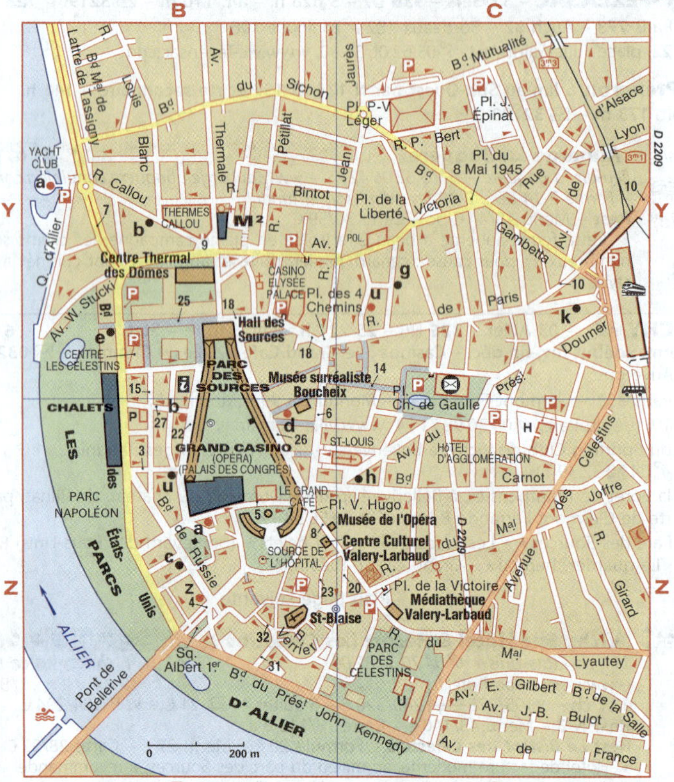

Aletti Palace

3 pl. Joseph Aletti – ✆ 04 70 30 20 20 – www.hotel-aletti.fr BZu

129 ch – 131/257 € 150/267 € – 15 €

Rest – ✆ 04 70 30 21 21 – Formule 16 € – Menu 23/36 € – Carte 23/56 €

◆ Face au Grand Casino-Théâtre, cet hôtel élégant naquit au début du 20es. Avec ses chambres spacieuses, ses décors classiques, ses grands salons pour les séminaires et les banquets, l'ensemble dégage une impression de luxe cossu.

Les Nations

rest, rest,

13 bd Russie – ✆ 04 70 98 21 63 – www.lesnations.com – Ouvert 1er avril-20 oct. BZc

71 ch – 68/90 € 68/109 € – 11 € – ½ P 60/80 €

Rest – Formule 16 € – Menu 23/35 € – Carte 31/39 €

◆ Situation centrale pour ce bel immeuble 1900 à la façade ouvragée. Le hall et les salons sont confortables ; les chambres sont décorées dans les tons gris, taupe ou prune.

Pavillon d'Enghien

32 r. Callou – ✆ 04 70 98 33 30 – www.pavillondenghien.com – Fermé 20 déc.-1er fév. BYb

22 ch – 79/89 € 79/89 € – 10 € – ½ P 64/69 €

Rest *Les Jardins d'Enghien* *(fermé vend. soir de nov. à avril, dim. soir et lundi)* – Formule 16 € – Menu 21/32 € – Carte 25/35 €

◆ Sympathique adresse dans un bâtiment du début du 20es. disposant de chambres coquettes, décorées façon maison de famille. Accueillant !

Chambord

82 r. de Paris – ✆ 04 70 30 16 30 – www.hotel-chambord-vichy.com – Fermé 20-30 juil. et 20 déc.-30 janv. CYk

27 ch – 49/59 € 58/72 € – 12 € – ½ P 62/72 €

Rest *L'Escargot qui Tette* – voir les restaurants ci-après

◆ Depuis 1930, l'affaire est tenue par la même famille. Chambres confortables et chaleureuses, parfaites pour une étape.

Arverna sans rest

12 r. Desbrest – ✆ 04 70 31 31 19 – www.hotels-vichy.com – Fermé 29 déc.-2 janv. et 4-26 fév. CYg

23 ch – 55/85 € 60/85 € – 8 €

◆ Un hôtel familial en plein centre, dans une rue calme. Chambres fonctionnelles, parfaites pour une bonne nuit de repos. Accueil sympathique.

Central Spa Hôtel Kyriad

6 av. Prés.-Doumer – ✆ 04 70 31 45 00 CZh

35 ch – 55/95 € 69/125 € – 9 € – ½ P 59/90 €

Rest – Formule 11 € – Menu 28 € – Carte 28/39 €

◆ Dans le quartier commerçant de la ville, hôtel proposant des chambres de taille modeste, pratiques et bien insonorisées. Espace détente (jacuzzi, sauna, bain à remous).

Maison Decoret (Jacques Decoret) avec ch

ch,

15 r. du Parc – ✆ 04 70 97 65 06 – www.jacquesdecoret.com – Fermé de mi-août à début sept., vacances de fév., mardi et merc. BZb

5 ch – 150/180 € 150/180 € – 18 €

Rest – Formule 40 € – Menu 68/115 €

Spéc. Rouget en écailles rôti, semoule de chou-fleur, concombre et olives noires. Pigeon en deux cuissons, poire et ail noir, jus de carcasse. Lait travaillé en mousse, en craquant et glacé sous la forme d'un tacos. **Vins** Saint-Pourçain, Côte Roannaise.

◆ Une bâtisse du 19e s., une grande véranda cubique jouant sur la transparence : tel est le décor voulu par le chef Jacques Decoret. Recherche esthétique et créativité au rendez-vous. Quelques chambres style maison d'hôtes, rappelant l'esprit contemporain du lieu.

XX **L'Alambic**

8 r. N.-Larbaud – ☎ 04 70 59 12 71 – Fermé 5-30 août, 22 déc.-4 janv., 12 fév.-1er mars, dim. soir, lundi et mardi CYu

Rest *(nombre de couverts limité, réserver)* – Menu 28/69 € bc – Carte 36/58 €

◆ Près du quartier commerçant, un restaurant grand comme un mouchoir de poche ! Cuisine de base traditionnelle, jouant avec gourmandise avec les saveurs, sans être alambiquée...

XX **La Table d'Antoine**

8 r. Burnol – ☎ 04 70 98 99 71 – www.latabledantoine.com – Fermé 25 juin-1er juil., 23 fév.-11 mars, jeudi soir de nov. à mars, dim. soir et lundi sauf fériés BZd

Rest – Formule 21 € – Menu 30/65 € – Carte 49/75 €

◆ Cette table-là affiche un petit air "Baltard" (verre et fonte). Cuisine gastronomique, inspirée par les voyages du chef, et beaux fromages auvergnats. Terrasse fleurie en été.

XX **La Table de Marlène**

bd de Lattre-de-Tassigny, La Rotonde – ☎ 04 70 97 85 42 – www.restaurantlarotonde-vichy.com – Fermé 8-30 janv., lundi et mardi

Rest – Menu 29/58 € – Carte 40/55 € BYa

Rest *Le Bistrot de la Rotonde* *(Fermé nov. à mars, lundi sauf juil.-août et mardi)* – Formule 18 € – Menu 24/28 € – Carte environ 33 €

◆ Vaisseau futuriste de verre et d'acier posé sur le lac d'Allier. À l'étage, cette Table propose une cuisine fine et généreuse, à base de beaux produits (caille, pavé de charolais, escargot de Bourgogne). Cuisine traditionnelle au Bistrot, posé à fleur d'eau.

XX **Brasserie du Casino**

4 r. du Casino – ☎ 04 70 98 23 06 – www.brasserie-du-casino.fr – Fermé en nov., vacances de fév. mardi et merc. BZa

Rest – Formule 18 € – Menu 28 € – Carte 36/45 €

◆ Face à l'opéra, cette brasserie a conservé son cadre 1920 tout en boiseries et miroirs. On y retrouve toutes les spécialités du genre, auxquelles le chef ajoute sa propre patte : tête de veau sauce gribiche, mignon de porc à la moutarde, etc.

XX **L'Escargot qui Tette** – Hôtel Chambord

82 r. de Paris – ☎ 04 70 30 16 30 – www.hotel-chambord-vichy.com – Fermé 20-30 juil. et 20 déc.-30 janv., dim. soir et lundi CYk

Rest – Formule 22 € – Menu 27 € (sem.), 38/55 € – Carte 40/65 €

◆ Cet Escargot-là "tette" du vin rouge et figure en fort bonne place sur une carte privilégiant la cuisine traditionnelle.

X **L'Hippocampe**

3 bd de Russie – ☎ 04 70 97 68 37 – Fermé 30 juin-10 juil., 20 nov.-15 déc., mardi midi, dim. soir et lundi BZz

Rest – Formule 19 € bc – Menu 29/55 € – Carte 35/55 €

◆ Sur un boulevard jalonné de villas 1900, une adresse qui fait la part belle aux produits de la mer (homard breton, médaillon de lotte, bouillabaisse), frais et bien accommodés.

à Creuzier-le-Vieux 4 km au Nord – 3 202 h. – alt. 400 m – ✉ 03300

XX **La Fontaine**

16 r. de la Fontaine – ☎ 04 70 31 37 45 – www.lafontainevichy.fr – Fermé 24 juin-11 juil., 26 août-12 sept., 22 déc.-7 janv., dim. soir, mardi soir et merc.

Rest – Formule 18 € – Menu 26/42 € – Carte 35/60 €

◆ Beaucoup de simplicité et de saveurs au menu de cette auberge : viandes grillées dans la cheminée, produits de qualité et recettes traditionnelles. Terrasse sous la glycine.

VIC-SUR-CÈRE – 15 Cantal – 330 D5 – 1 985 h. – alt. 678 m – Casino 5 B3
– ✉ 15800 Auvergne

Paris 549 – Aurillac 19 – Murat 29

avenue André Mercier, ✆ 04 71 47 50 68, www.carlades.fr

Beauséjour
4 av. André-Mercier – ✆ 04 71 47 50 27 – www.beausejour-vic.fr – Ouvert 16 mai-30 sept.

42 ch – †62/103 € ††62/124 € – 4 suites – ☕ 10 € – ½ P 57/104 €

Rest – Formule 14 € – Menu 19 € (déj.)/32 € – Carte 32/44 €

◆ Parfait pour se mettre au vert, même si on est là pour affaires. Bien que datant des années 1830, ce grand établissement est toujours aussi pimpant, avec des chambres et des suites spacieuses, tout en sobriété. Le parc est bien agréable.

Bel Horizon
r. Paul-Doumer – ✆ 04 71 47 50 06 – www.hotel-bel-horizon.com – Fermé 13 nov.-16 déc., dim. soir et lundi hors vacances scolaires de nov. à avril

24 ch – †46/56 € ††53/59 € – ☕ 9 € – ½ P 51/55 €

Rest *Bel Horizon* – voir les restaurants ci-après

◆ La perspective sur le Carladès justifie à elle seule le nom cet établissement traditionnel, proche de la gare d'où l'on peut rejoindre les pistes de ski. Les chambres sont chaleureuses et, à l'heure des repas, le restaurant est bien tentant.

Family Hôtel
av. E. Duclaux – ✆ 04 71 47 50 49 – www.family-hotel.fr

55 ch – †49/69 € ††59/79 € – ☕ 8 € – ½ P 45/57 €

Rest *(fermé 12 nov.-16 déc.)* – Menu 18/31 € – Carte 17/28 €

◆ Idéal pour les familles, cet ensemble hôtelier propose au choix des chambres fonctionnelles ou des studios, et diverses activités : piscines, tennis, animations, excursions... Sympathique pour un séjour sport et nature.

Bel Horizon – Hôtel Bel Horizon
r. Paul-Doumer – ✆ 04 71 47 50 06 – www.hotel-bel-horizon.com – Fermé 13 nov.-16 déc., dim. soir et lundi de nov. à avril sauf vacances scolaires

Rest – Formule 15 € – Menu 20/47 € – Carte 25/60 €

◆ Les larges baies vitrées offrent pour horizon les monts environnants... Un cadre propice à la cuisine régionale d'Éric Bouyssou, dont les propositions alléchantes et généreuses cultivent le goût du terroir.

Si vous recherchez un hébergement particulièrement agréable pour un séjour de charme, réservez dans un établissement classé en rouge : ⌂, ⌂... ⌂.

au Col de Curebourse 6 km au Sud-Est par D 54 – alt. 994 m
– ✉ 15800 St Clement

Hostellerie Saint-Clément
– ✆ 04 71 47 51 71 – www.hotelstclementcantal.com – Femé 6 nov.-17 mars, dim. soir et lundi sauf juil.-août

21 ch – †65 € ††65 € – ☕ 9 € – ½ P 65 €

Rest *Hostellerie Saint-Clément* – voir les restaurants ci-après

◆ Il faut aller à 1 000 m d'altitude pour trouver cette grande bâtisse dans le style du pays. Depuis les chambres – certaines avec un balcon en bois –, on jouit d'une vue plongeante sur la vallée ou sur le jardin. Bien loin des bruits de la ville...

XX **Hostellerie Saint-Clément**

– 04 71 47 51 71 – www.hotelstclementcantal.com – Femé 6 nov.-17 mars, dim. soir et lundi sauf juil.-août

Rest – Menu 29/96 € – Carte 55/78 €

◆ Un panorama spectaculaire sur le col de Curebourse ! Aucun bandit de grand chemin à l'horizon, mais des mets appétissants, réalisés dans un esprit classique. La terrine de porc au foie gras sauce gribiche pourrait amadouer les plus durs...

VIDAUBAN – 83 Var – 340 N5 – 9 750 h. – alt. 60 m – ✉ 83550 41 C3

Paris 841 – Cannes 63 – Draguignan 19 – Fréjus 29

56, avenue du Président Wilson, 04 94 73 10 28, www.ot-vidauban.fr

XXX **La Bastide des Magnans** avec ch

32 av. Galliéni, rte La Garde-Freinet – 04 94 99 43 91 – www.bastidedesmagnans.com – Fermé 25 juin-2 juil., 24-31 déc., dim. soir, merc. soir hors saison et lundi

5 ch – †75/85 € ††85/95 € – ☐ 10 €

Rest – Formule 19 € – Menu 30/70 € – Carte 62/131 €

◆ Cette ancienne magnanerie abrite deux lumineuses salles à manger décorées dans un style campagnard chic. Carte traditionnelle bien composée. Intérieur soigné pour les cinq chambres de charme, toutes imaginées sur un thème et une ambiance différents.

X **Concorde**

9 pl. Georges Clemenceau – 04 94 73 01 19 – www.le-concorde-alexandre-viale.com – Fermé mardi soir en hiver et merc.

Rest – Formule 18 € bc – Menu 32/59 € – Carte 30/90 €

◆ Sur la place du village, ce restaurant typiquement provençal propose une généreuse cuisine cent pour cent terroir avec, en saison, des spécialités de gibier et de champignons.

VIEILLEVIE – 15 Cantal – 330 C7 – 113 h. – alt. 220 m – ✉ 15120 5 B3

Paris 600 – Aurillac 45 – Entraygues-sur-Truyère 15 – Figeac 44

La Terrasse

Le Bourg – 04 71 49 94 00 – www.hotel-terrasse.com – Ouvert de début avril à mi-nov.

23 ch – †50/69 € ††50/69 € – ☐ 10 € – ½ P 57/67 €

Rest ***La Terrasse*** – voir les restaurants ci-après

◆ En été, la terrasse face à la piscine embaume du parfum des glycines sur la treille. Dans cet hôtel familial (depuis 1870) sur les rives du Lot, les chambres ne sont pas toutes jeunes mais quelle vue sur les vertes collines !

X **La Terrasse**

Le Bourg – 04 71 49 94 00 – www.hotel-terrasse.com – Fermé de mi-nov. à début avril, dim. soir et lundi sauf le soir en juil.-août

Rest – Formule 12 € – Menu 27 € (sem.), 29/42 € – Carte 37/51 €

◆ Que l'on soit en salle ou sur la terrasse sous la glycine, la cuisine fait la part belle au poisson et flirte avec les épices et les légumes méditerranéens. Attention, le terroir n'est pas oublié pour autant. Et au loin ondule le Lot...

VIENNE – 38 Isère – 333 C4 – 29 905 h. – alt. 160 m – ✉ 38200 44 B2

Lyon Drôme Ardèche

Paris 486 – Grenoble 89 – Lyon 31 – St-Étienne 49

Cours Brillier, 04 74 53 80 30, www.vienne-tourisme.com

Cathédrale St-Maurice★★ - Temple d'Auguste et de Livie★★ R - Théâtre romain★ - Église★ et cloître★ de St-André-le-Bas - Esplanade du Mont Pipet ★ - Anc. église St-Pierre★ - Groupe sculpté★ de l'église de Ste-Colombe AY - Cité gallo-romaine de St-Romain-en-Gal★★ (musée★, site★).

Plans pages suivantes

La Pyramide

14 bd Fernand-Point, cours de Verdun, Sud du plan – AZ – 04 74 53 01 96 – www.lapyramide.com – Fermé de début fév. à début mars et 14-22 août

20 ch – 190/210 € 200/240 € – 4 suites – 22 €

Rest *La Pyramide* – voir les restaurants ci-après

Rest *L'Espace PH3* – Formule 28 € bc – Carte 35/60 €

◆ Une étape historique sur la mythique N 7 : comme à la grande époque, on fait un "stop over" à la Pyramide, moins par nécessité que par plaisir ! Haute gastronomie au restaurant (également un bistrot, le PH3) et confort bourgeois dans les chambres. Pourquoi repartir ?

La Pyramide (Patrick Henriroux) – Hôtel La Pyramide

14 bd Fernand-Point, cours de Verdun, Sud du plan – AZ – 04 74 53 01 96 – www.lapyramide.com – Fermé de début fév. à début mars, 14-22 août, mardi et merc.

Rest – Menu 63 € bc (déj. en sem.), 115/185 € – Carte 120/165 €

Spéc. Escargots du Rozay sur une tarte fine aux champignons des bois et persil. Carré d'agneau en chapelure d'origan, selle roulée aux herbes et épaule confite. Framboises "mademoiselle Rose" au thé. **Vins** Vin de pays des Collines Rhodaniennes.

◆ Une institution sur la route du Midi, en son temps fief du célèbre Fernand Point ! Pas de nostalgie pour autant : dans un décor très design et extrêmement élégant, Patrick Henriroux fait preuve d'un savoir-faire aussi discret qu'imparable. Justesse, invention, subtilité...

Le Bec Fin

7 pl. St-Maurice – 04 74 85 76 72 – Fermé merc. soir, dim. soir et lundi AYr

Rest – Menu 25 € (sem.), 35/64 € – Carte 40/76 €

◆ À l'image de son patron, ce restaurant ne manque pas de caractère avec son décor classique et ses alléchantes recettes traditionnelles. Pieds et paquets, grenouilles, belle viande de bœuf : Lyon n'est pas loin !

Le Cloître

2 r. Cloîtres – 04 74 31 93 57 – www.le-cloitre.net – Fermé dim. BYn

Rest – Formule 19 € – Menu 26/34 € – Carte 33/41 €

◆ Un restaurant de caractère à l'heure du jazz... à Vienne, au pied de la cathédrale St-Maurice. Tajine de cabillaud citron épices, raviolis aux chanterelles, etc. Sans oublier un beau choix de vins : ne restez pas cloîtré !

Saveurs du Marché

34 cours de Verdun – AZ – 04 74 31 65 65 – www.lessaveursdumarche.fr – Fermé 9 juil.-13 août, 22 déc.-3 janv., sam., dim. et fériés

Rest – Formule 15 € – Menu 20 € (sem.), 25/39 € – Carte 39/50 €

◆ Joliment dynamique, ce restaurant où tables et chaises immaculées tranchent sur des murs en pierre ; un décor contemporain qui met en valeur de belles saveurs du marché, bien entendu !

L'Estancot

4 r. Table Ronde – 04 74 85 12 09 – Fermé 1er-16 sept., de Noël à mi-janv., dim., lundi et fériés BYe

Rest – Formule 17 € – Menu 22/31 € – Carte 24/41 €

◆ Un bistrot contemporain sympathique et généreux. Les habitués apprécient les criques (des galettes de pommes de terre), spécialités de la maison, à déguster avec, au choix, des foies de volaille, des rognons, des cailles, etc.

Ne confondez pas les couverts et les étoiles ! Les couverts définissent une catégorie de confort et de service. L'étoile couronne uniquement la qualité de la cuisine, quel que soit le standing de la maison.

STE-COLOMBE

Briand (Pl. A.) . . . . AY
Cochard (R.) . . . . AY
Égalité (Pl. de l') . . . . AY
Garon (R.) . . . . AY
Herbouville (Q. d') . . . . AY
Joubert (Av.) . . . . AY
Nationale (R.) . . . . AY
Petits Jardins (R. des) . . . . AY

VIENNE

Allmer (R.) . . . . BZ 2
Allobroges (Pl. des) . . . . AZ
Anatole-France (Quai) . . . . . . BCY
Aqueducs (Ch. des) . . . . CY
Asiaticus (Bd) . . . . AZ
Beaumur (Montée) . . . . BCZ
Boson (R.) . . . . AZ
Bourgogne (R. de) . . . . BY
Brenier (R. J.) . . . . BY
Briand (Pl. A.) . . . . BY 3
Brillier (Cours) . . . . ABZ
Capucins (Pl. des) . . . . BCY
Célestes (R. des) . . . . CY 4
Chantelouve (R.) . . . . BY 5
Charité (R. de la) . . . . BCY 6
Cirque (R. du) . . . . CY 7
Clémentine (R.) . . . . BY 8
Clercs (R. des) . . . . BY 9
Collège (R. du) . . . . BY 10
Coupe-Jarret (Montée) . . . . BZ
Éperon (R. de l') . . . . BY 12
Gère (R. de) . . . . CY
Jacquier (R. H.) . . . .
Jean-Jaurès (Q.) . . . . AYZ
Jeu-de-Paume (Pl. du) . . . . BY 15
Jouffray (Pl. C.) . . . . AZ
Juiverie (R. de la) . . . . BZ 16
Lattre-de-Tassigny (Pont de) . ABY
Laurent (R. Florentin) . . . . AZ
Marchande (R.) . . . . BY
Miremont (Pl. de) . . . . BY 18
Mitterrand (Pl. F.) . . . . BY 19
Orfèvres (R. des) . . . . BY 20
Pajot (Quai) . . . . BY 22
Palais (Pl. du) . . . . BY 23
Peyron (R.) . . . . BZ 24
Pilori (Pl. du) . . . . BY 25
Pipet (R.) . . . . CY
Pompidou (Bd Georges) . . . . AZ
Ponsard (R.) . . . . BY 28
République (Bd et Pl.) . . . . . . ABZ 29
Riondet (Quai) . . . . AZ
Rivoire (Pl. A.) . . . . CY
Romanet (R. E.) . . . . ABZ
Romestang (Cours) . . . . BZ
St-André-le-Haut (R.) . . . . CY 34
St-Louis (Pl.) . . . . BY
St-Marcel (Montée) . . . . CYZ
St-Maurice (Pl.) . . . . AY
St-Paul (Pl.) . . . . BY
St-Pierre (Pl.) . . . . AZ
Schneider (R.) . . . . CY 37
Sémard (Pl. P.) . . . . BZ
Table-Ronde (R. de la) . . . . BY 38
Thomas (R. A.) . . . . CY
Tupinières (Montée des) . . . . CZ
Ursulines (R. des) . . . . CY 39
Verdun (Cours de) . . . . AZ
Victor-Hugo (R.) . . . . BCYZ
11-Novembre (R. du) . . . . AZ 43

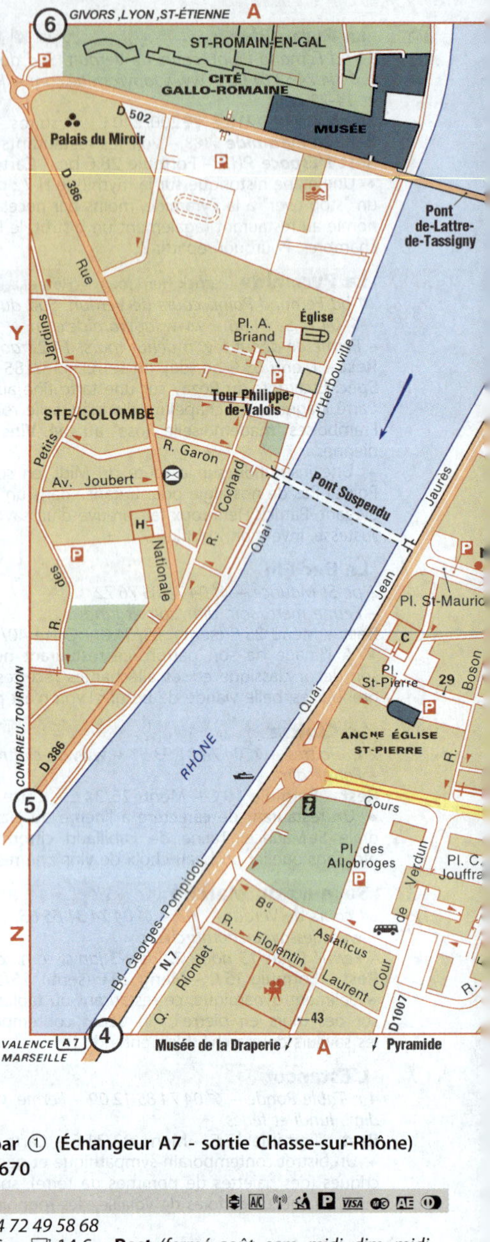

à Chasse-sur-Rhône **8 km par ① (Échangeur A7 - sortie Chasse-sur-Rhône)**
– 5 024 h. – alt. 180 m – ✉ 38670

Ibis Styles

1363 av F.-Mistral – ✆ 04 72 49 58 68

115 ch – 🛉89 € 🛉🛉149 € – ☕ 14 € **Rest** *(fermé août, sam. midi, dim. midi et fériés)* – Formule 18 € – Menu 22 € – Carte 27/39 €

◆ Une adresse proche de l'autoroute, qui conviendra aussi bien aux hommes d'affaires qu'aux voyageurs désireux de faire une étape. Les chambres sont décorées dans un style minimaliste, gai et coloré.

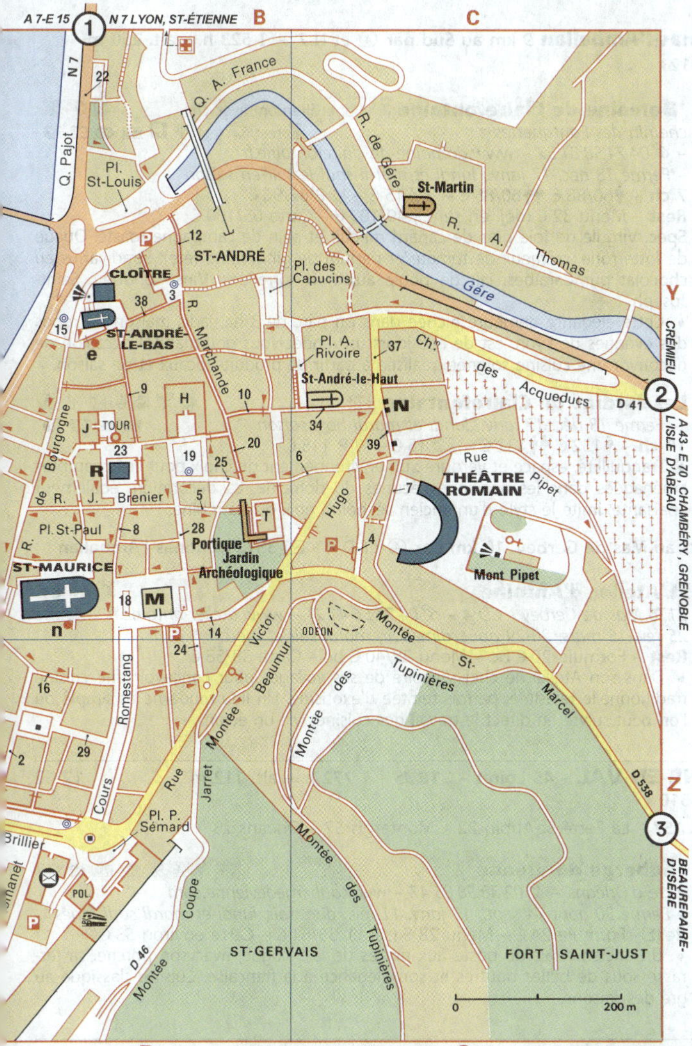

à Estrablin 8 km par ② et D 41 – 3 295 h. – alt. 223 m – ✉ 38780

La Gabetière sans rest

269 Le Logis Neuf, sur D 502 – ✆ 04 74 58 01 31
– www.la-gabetiere.com
– Fermé 25 déc.-17 janv.

12 ch – †56 € ††62/75 € – ☕ 10 €

◆ Dans leur parc, ce charmant manoir du 16ᵉs. et ses annexes ont un petit air bucolique. Les chambres adoptent des styles variés et soignés (bonbonnière, provençal, ancien...). Pour les loisirs : une piscine et une aire de jeux.

à Chonas-l'Amballan **9 km au Sud par ④ et N 7 – 1 523 h. – alt. 250 m – ✉ 38121**

XXX ✿ **Domaine de Clairefontaine** (Philippe Girardon) avec ch
chemin des Fontanettes – ✆ 04 74 58 81 52 – www.domaine-de-clairefontaine.fr – Fermé 18 déc.-17 janv., lundi et mardi sauf le soir en saison
A/C rest, rest, P VISA MC AE
7 ch – †60/88 € ††60/88 € – ☕ 15 € – ½ P 82/96 €
Rest – Menu 32 € (déj. en sem.), 49/107 € – Carte 65/100 €
Spéc. Virgule de foie gras de canard mi-cuit et pain de campagne toasté. Queue de lotte rôtie, crémeux de tomate et parfum de gingembre (été). Stradivarius au chocolat pur Caraïbes, lait de poule aux noix torréfiées. **Vins** Condrieu, Saint-Joseph.
◆ Cette élégante demeure nichée dans un parc de 3 ha, jadis maison de repos des évêques de Lyon, est de nos jours un rendez-vous gourmand. L'occasion de découvrir une cuisine soignée, réalisée à partir de produits locaux et de saison.

Les Jardins de Clairefontaine
– Fermé 18 déc.-17 janv., lundi et mardi hors saison
A/C VISA MC AE
18 ch – †132 € ††132 € – ☕ 15 € – ½ P 118 €
◆ Tranquillité, espace et verdure : un environnement de choix pour ces chambres aménagées dans les anciennes écuries du domaine. La décoration, également apaisante, imite le style d'un ancien séchoir à noix du Dauphiné.

au Sud **au Mas de Gerbey, 10 km par ④ et D 4 – ✉ 38121 Chonas-l'Amballan**

X **L'Atelier d'Antoine**
P VISA MC
2176 Mas de Gerbey - CD 4 – ✆ 04 74 56 41 21 – www.atelier-antoine.fr – Fermé 25 fév.-15 mars, 20-29 août, dim. soir, mardi soir et merc.
Rest – Formule 20 € bc – Menu 29/40 € bc – Carte 38/58 €
◆ Dans son Atelier, le chef s'inspire de ses voyages pour concevoir une cuisine traditionnelle revisitée, parfois teintée d'exotisme. Un lieu moderne et simple où l'on peut suivre en direct le travail des cuisines via un écran.

VIENNE-EN-VAL – 45 Loiret – 318 J5 – 1 772 h. – alt. 112 m – ✉ 45510 — 12 C2

▶ Paris 157 – La Ferté-St-Aubin 22 – Montargis 57 – Orléans 23

XX **Auberge de Vienne**
A/C VISA MC AE
2 rte d'Orléans – ✆ 02 38 58 85 47 – www.aubergedevienne.com – Fermé 30 août-14 sept., 17 janv.-11 fév., dim. soir, lundi et mardi sauf fériés
Rest – Formule 24 € – Menu 28 € (sem.), 35/61 € – Carte environ 53 €
◆ Un ancien relais de poste aux portes de la Sologne, avec son porche, sa terrasse sous de belles poutres et son élégance à la française. Cuisine classique au gré des saisons.

VIENNE-LE-CHÂTEAU – 51 Marne – 306 L7 – 577 h. – alt. 129 m – ✉ 51800 — 14 C2

▶ Paris 236 – Châlons-en-Champagne 52 – Saint-Memmie 50 – Verdun 49

rte de Binarville **1 km au Nord par D 63 – ✉ 51800 Vienne-le-Château**

Le Tulipier
A/C rest, P VISA MC AE
r. St-Jacques – ✆ 03 26 60 69 90 – www.letulipier.com – Fermé le week-end de déc. à mars
38 ch – †73/82 € ††73/82 € – ☕ 9 € – ½ P 68 €
Rest *(fermé dim. en hiver)* – Formule 15 € – Menu 26/55 € – Carte 36/56 €
◆ Les amateurs de calme et de nature apprécieront cet hôtel bordant la forêt d'Argonne. Avec ses chambres fonctionnelles, son restaurant, sa piscine couverte et sa salle de fitness, c'est un bon point de chute pour des activités de plein air.

VIERZON – 18 Cher – **323** I3 – 27 495 h. – alt. 122 m – ✉ 18100 **12** C2
Limousin Berry

▶ Paris 207 – Bourges 39 – Châteauroux 58 – Orléans 84

ℹ 11, rue de la Société Française, ✆ 02 48 53 06 14, www.officedetourismedevierzon.com

18 de la Picardière, Chemin de la Picardière, par rte de Gien : 8 km, ✆ 02 48 75 21 43

9 de Nançay, à Nançay, Domaine de Samord, NE : 18 km par D 926 et D944, ✆ 02 48 51 86 55

Continental sans rest
104 bis av. Ed.-Vaillant, 1,5 km par ① – ✆ 02 48 75 35 22 – www.hotelcontinental18.com – Fermé 24-31 déc.
37 ch – †48/62 € ††48/62 € – ☕ 8 €
◆ En sortie de ville, dans une construction moderne, une adresse familiale pratique pour l'étape (chambres simples, plus calmes sur l'arrière). Petite restauration type snack.

Les Petits Plats de Célestin
20 av. P.-Sémard, (face à la gare) – ✆ 02 48 83 01 63 – www.lamaisondecelestin.com – Fermé 22 avril-2 mai, 2-20 août, 2-15 janv., dim. et lundi A**b**
Rest – Formule 18 € – Menu 23/27 € – Carte 30/36 €
◆ "Des plats réconfortants, qu'on aime retrouver" : voilà ce que défend ce Célestin ! La terrine et le saumon fumé comptent parmi les incontournables de la maison, et l'on se régale aussi d'un sandre au beurre rouge, d'une duxelles d'escargots...

VIERZON

Baron (R. Bl.) A 2
Briand (Pl. Aristide) B 3
Brunet (R. A.) B
Dr-P.-Roux (R. du) B 6
Foch (Pl. du Mar.) B 7
Gaucherie (R. de la) A 8
Gaulle (R. Gén.-de) A 9
Joffre (R. du Mar.) B 12
Larchevêque (R. M.) A 13
Nation (Bd de la) A 14
Péri (Pl. Gabriel) A
Ponts (R. des) B
République (Av. de la) A 16
Roosevelt (R. Th.) B 18
Voltaire (R.) B 20
11-Novembre-1918 (R. du) A 22

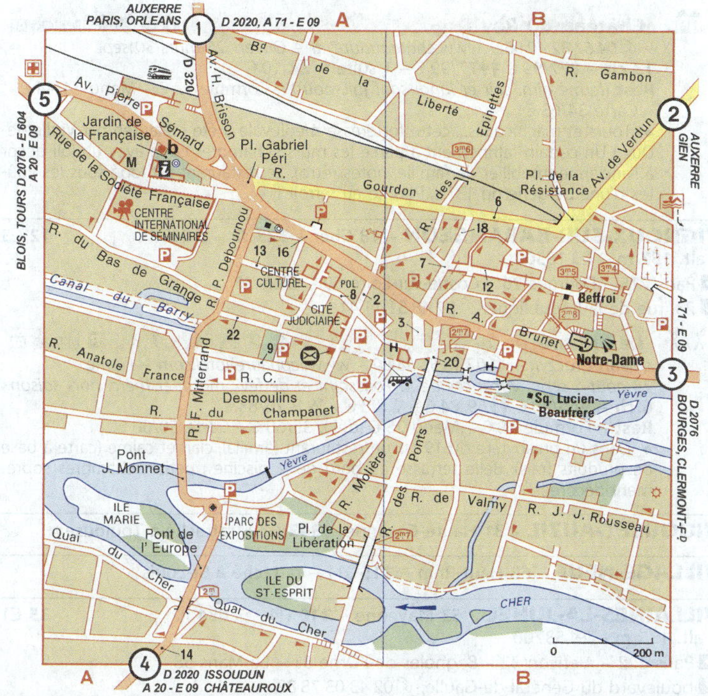

à Méreau 4 km au Sud par D 918, rte d'Issoudun – 2 278 h. – alt. 106 m – ✉ 18120

Château le Briou d'Autry sans rest
31 r. d'Autry – ☎ 06 88 49 98 98 – www.lebrioudautry.fr – Fermé 2 sem. en août
5 ch – †85/115 € ††85/115 €
◆ Cette gentilhommière du 19e s. cultive l'esprit maison de famille. "Rodin", "George Sand"... chaque chambre honore la mémoire d'un artiste. Aux beaux jours, on profite du parc.

rte de Tours 2,5 km par ⑤ – ✉ 18100 Vierzon

Le Champêtre
89 rte de Tours – ☎ 02 48 75 87 18 – Fermé 20-30 août, dim. soir, lundi soir, mardi soir et merc.
Rest – Menu 20 € (sem.), 38/44 € – Carte 32/49 €
◆ Petite maison sympathique à la salle à manger sagement champêtre. Au programme des réjouissances : de savoureuses recettes classiques et régionales.

VIEUX-MOULIN – 60 Oise – **305** I4 – rattaché à Compiègne

VIEUX-VILLEZ – 27 Eure – **304** H6 – rattaché à Gaillon

LE VIGAN – 30 Gard – **339** G5 – 3 964 h. – alt. 221 m – ✉ 30120 **23** C2
Languedoc Roussillon
Paris 707 – Alès 66 – Lodève 50 – Mende 108
place du Marché, ☎ 04 67 81 01 72, www.cevennes-meridionales.com
Musée Cévenol★.

au Rey 5 km à l' Est par D 999 – ✉ 30570 St Andre de Majencoules

Château du Rey
– ☎ 04 67 82 40 06 – www.chateaudurey.fr – Ouvert 25 mars-30 sept.
13 ch – †77/99 € ††77/99 € – 1 suite – 10 €
Rest *(fermé dim. soir et lundi sauf juil.-août)* – Formule 12 € – Menu 24/44 € – Carte 34/63 €
◆ Tours et mâchicoulis... cette forteresse médiévale a été restaurée par Viollet-le-Duc ! Un certain raffinement a percé les murs : chambres cosy, avec un joli décor à l'ancienne (mobilier de famille, notes rétro). Le restaurant est logé sous les voûtes d'une bergerie du 13e s. Priorité au terroir !

VIGNOUX-SUR-BARANGEON – 18 Cher – **323** J3 – 2 062 h. – alt. 157 m – ✉ 18500 **12** C3
Paris 215 – Bourges 26 – Cosne-sur-Loire 69 – Gien 70
23, rue de la République, ☎ 02 48 51 11 41

Le Prieuré avec ch — ch, rest,
r. Jean Graczyk – ☎ 02 48 51 58 80 – www.leprieurehotel.com – Fermé 28 août-4 sept., vacances de la Toussaint et de fév., mardi et merc. hors saison
6 ch – †66/80 € ††69/84 € – 8 € – ½ P 76/83 €
Rest – Formule 18 € – Menu 25 € (déj.), 35/60 € – Carte 50/60 €
◆ Dans un presbytère du 19e s., un restaurant familial, clair et calme (carte à base de produits frais). Belle terrasse au bord de la piscine ; petites chambres sobrement décorées.

VIGOULET-AUZIL – 31 Haute-Garonne – **343** G3 – rattaché à Toulouse

VILLAGE-NEUF – 68 Haut-Rhin – **315** J11 – rattaché à St-Louis

VILLAINES-LA-JUHEL – 53 Mayenne – **310** H4 – 3 084 h. – alt. 185 m – ✉ 53700 **35** C1
Paris 222 – Alençon 32 – Bagnoles-de-l'Orne 31 – Le Mans 58
boulevard du Général-de-Gaulle, ☎ 02 43 03 78 88

Oasis sans rest

La Sourderie, 1 km par rte de Javron – ✆ 02 43 03 28 67 – www.oasis.fr

14 ch – †49/65 € ††61/95 € – ☕ 10 €

◆ Cette ferme au cachet rustique dispose de chambres ornées de poutres et de murs en briquette. Petit parc (plan d'eau, minigolf) ; restauration rapide au bar.

VILLARD-DE-LANS – 38 Isère – **333** G7 – 4 035 h. – alt. 1 040 m – Sports d'hiver : 1 160/2 170 m 2 27 – Casino – ✉ 38250 **45** C2

Alpes du Nord

Paris 584 – Die 67 – Grenoble 34 – Lyon 123

101, place Mure Ravaud, ✆ 08 11 46 00 15, www.villarddelans.com

de Corrençon-en-Vercors, S : 6 km par D 215, ✆ 04 76 95 80 42

Gorges de la Bourne★★★ – Route de Valchevrière★ O par D 215c.

La Roseraie

309 av. Nobecourt – ✆ 04 76 95 11 99 – www.hotellaroseraie.com – Fermé 25 mars-6 avril et 7 nov.-14 déc. **d**

21 ch – †80/140 € ††90/170 € – ☕ 12 € – ½ P 80/130 €

Rest *La Roseraie* – voir les restaurants ci-après

◆ Un grand chalet moderne, un peu à l'écart du village. Les étages ménagent de belles échappées sur le Vercors – vert s'il en est –, ce qui invite à profiter de la montagne... Le niveau de confort est tout à fait satisfaisant (bonne literie).

Les Trente Pas

16 r. des Francs-Tireurs – ✆ 04 76 94 06 75 – Fermé 1er-30 avril, 13 nov.-15 déc., jeudi soir, lundi et mardi sauf fériés **b**

Rest *(nombre de couverts limité, réserver)* – Menu 16 € (déj. en sem.), 29/55 € bc – Carte 45/60 €

◆ À quelques pas – une trentaine ? – de l'église de Villard, un restaurant de poche simple et agréable. Derrière ses fourneaux, le chef honore les bons produits (notamment du Vercors) au gré du marché et de son inspiration. Un travail soigné.

La Roseraie – Hôtel La Roseraie

309 av. Nobecourt – ✆ 04 76 95 11 99 – www.hotellaroseraie.com – Fermé 25 mars-15 mai et 15 sept.-15 déc. **d**

Rest – Menu 32/45 € – Carte 45/65 €

◆ Sous l'égide d'un jeune chef autodidacte, une petite table qui invente et s'invente. Le décor allie montagne et modernité, de même la carte : pièce de veau bio et ses ravioles de Romans, "cèpes du Vercors" (ces délicieuses meringues), etc.

VILLARD-DE-LANS

Adret (R. de l') 2
Chabert (Pl. P.) 4
Chapelle-en-Vercors (R. de la) 5
Croix Margot (Chemin de la) 27
Dr-Lefrançois (R. du) 6
Francs-Tireurs (Av. des) 8
Galizon (Chemin de) 9
Gambetta (R.) 10
Gaulle (Av. Gén.-de) 12
Libération (Pl. de la) 13
Lycée Polonais (R. du) 14
Martyrs (Pl. des) 15
Moulin (R. Jean) 16
Mure-Ravaud (Pl. R.) 17
Pouteil-Noble (R. P.) 19
Professeur Nobecourt (Av.) 20
République (R. de la) 22
Roux-Fouillet (R. A.) 23
Victor-Hugo (R.) 26

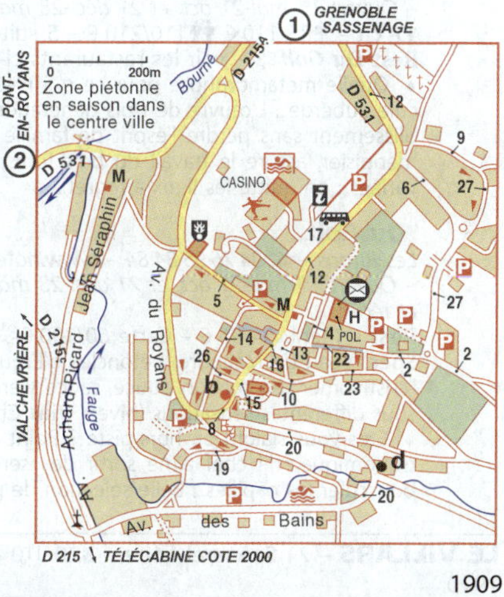

au Sud-Ouest par D 215 et rte du col du Liorin – ✉ 38250 Villard-de-Lans

Auberge des Montauds – rest, VISA

aux Montauds : 4 km – ✆ 04 76 95 17 25 – www.auberge-des-montauds.fr – Fermé 14 avril-8 mai et 15 oct.-17 déc.

10 ch – †58/68 € ††70/85 € – ☕ 8 € – ½ P 63/72 €

Rest *(fermé lundi et mardi sauf juil.-août)* – Menu 19 € (déj. en sem.), 23/39 € – Carte 28/56 €

♦ Posée sur les alpages, en altitude, cette ancienne ferme semble vivre en symbiose avec la nature... Les chambres sont typiquement régionales et, à l'heure des repas, on peut manger raclette, fondue, truite fumée ou tête de veau. Une bouffée de Vercors.

La Ferme du Bois Barbu avec ch – VISA

à Bois- Barbu : 3 km – ✆ 04 76 95 13 09 – www.fermeboisbarbu.com – Fermé 22 oct.-6 nov.

8 ch – †55/60 € ††64/68 € – ☕ 9 € – ½ P 52/60 €

Rest *(fermé merc. midi)* – Menu 14/25 € – Carte 16/28 €

♦ Non loin des pistes de ski de fond et des chemins de randonnée, dans un environnement préservé – que la région est pittoresque ! –, une adresse sympathique, montagnarde mais nullement rude : feu de cheminée l'hiver, cuisine du terroir, etc.

au Balcon de Villard rte Côte 2000, 4 km au Sud-Est par D 215 et D 215^B – ✉ 38250 Villard-de-Lans

Les Playes – rest, VISA

Les Pouteils Côte 2000 – ✆ 04 76 95 14 42 – www.hotel-playes.com – Ouvert 17 mai-23 sept. et 16 déc.-13 avril

22 ch – †60/80 € ††75/110 € – ☕ 11 € – ½ P 75/90 €

Rest *(ouvert 15 juin-2 sept. et 23 déc.-30 mars) (dîner seult en hiver)* – Menu 25/40 €

♦ Aux commandes de ce chalet voisin du domaine skiable, deux frères dont la famille serait sur le plateau depuis plus de 800 ans ! En héritage : souci de bien faire et ambiance montagnarde, non dénuée de fraîcheur... Avis aux skieurs, randonneurs et autres vététistes : cuisine solide au restaurant.

à Corrençon-en-Vercors 6 km au Sud par D 215 – 362 h. – alt. 1 105 m – ✉ 38250

place du Village, ✆ 04 76 95 81 75, www.correncon.com

Du Golf – VISA AE

Les Ritons – ✆ 04 76 95 84 84 – www.hotel-du-golf-vercors.fr – Ouvert 1er mai-21 oct. et 21 déc.-28 mars

17 ch – †85/110 € ††110/210 € – 5 suites – ☕ 13 € – ½ P 100/149 €

Rest ***Du Golf*** ✿ – voir les restaurants ci-après

♦ Quelle métamorphose pour ce qui n'était il y a cinquante ans qu'une minuscule auberge... L'œuvre de trois générations successives, qui ont créé un bel établissement sans perdre l'esprit de famille (aujourd'hui, le benjamin de la fratrie, menuisier, assure le travail du bois !). Espace, calme, grand confort, prestations variées : on quitte les lieux à regret...

Du Golf – VISA AE

✿

Les Ritons – ✆ 04 76 95 84 84 – www.hotel-du-golf-vercors.fr – Ouvert 1er mai-21 oct. et 21 déc.-28 mars et fermé le midi sauf sam., dim. et fériés

Rest – Menu 34/95 € – Carte 60/100 €

Spéc. Veau de Méaudre, pétoncles d'Erquy et truffe d'été en tartare (été). Truite "cristivomer" en cuisson douce, sauce vierge (été). Caramel, chocolat et thé fumé sous différentes sensations (hiver). **Vins** Chignin-Bergeron, Châtillon-en-Diois.

♦ Êtes-vous slalom ou hors-piste ? Point de ski de fond dans ce restaurant gastronomique : le chef aime sortir des sentiers déjà tracés, mêler les saveurs et bousculer les papilles... Belle sélection de produits – notamment du Vercors.

LE VILLARS – 71 Saône-et-Loire – **320** J10 – rattaché à Tournus

VILLARS – 84 Vaucluse – **332** F10 – **734 h.** – **alt. 330 m** – ✉ **84400** **42** E1

Paris 739 – Aix-en-Provence 96 – Avignon 58 – Marseille 112

La Table de Pablo

Hameau des Petits-Clements – ✆ 04 90 75 45 18 – www.latabledepablo.com – Fermé 1er janv.-12 fév., jeudi midi et merc. de sept. à mai, merc. midi en juil.-août et sam. midi

Rest *(nombre de couverts limité, réserver)* – Formule 16 € – Menu 28/50 € – Carte 32/54 €

◆ Pour goûter une cuisine délicate et volontiers créative, à base de beaux produits régionaux, ce restaurant entre vignes et cerisiers est tout trouvé. Terrasse sous les oliviers.

VILLARS-LES-DOMBES – 01 Ain – **328** D4 – **4 330 h.** – **alt. 281 m** – ✉ **01330** Lyon Drôme Ardèche **43** E1

Paris 433 – Bourg-en-Bresse 29 – Lyon 37 – Villefranche-sur-Saône 29

3, place de l'Hôtel de Ville, ✆ 04 74 98 06 29, www.villars-les-dombes.com

18 du Clou, RN 83, S : 3 km par D 1083, ✆ 04 74 98 19 65

36 du Gouverneur, à Monthieux, Château du Breuil, SO : 8 km par D 904 et D 6, ✆ 04 72 26 40 34

Parc des oiseaux★★ : Spectacle d'oiseaux en vol★★ S : 1 km.

Ribotel sans rest

rte de Lyon – ✆ 04 74 98 08 03 – www.ribotel.fr – Fermé 22 déc.-3 janv.

45 ch – †52/56 € ††59/66 € – ☕ 9 €

◆ Une adresse qui dépanne aux portes du parc ornithologique, avec des chambres fonctionnelles et un petit salon pour la détente (fauteuils club, écran LCD).

à Bouligneux 4 km au Nord-Ouest par D 2 – 303 h. – alt. 282 m – ✉ 01330

Le Thou

Le Village – ✆ 04 74 98 15 25 – www.lethou.com – Fermé fin nov. et fin janv., dim. soir, lundi et mardi

Rest – Menu 29/52 € – Carte 35/47 €

◆ Dès l'entrée de cette ancienne auberge de village superbement fleurie, on est séduit par sa charpente vitrée. La carte célèbre les terroirs de la Bresse et de la Dombes (cuisses de grenouilles fraîches, quenelles de volaille).

VILLARS-SOUS-DAMPJOUX – 25 Doubs – **321** K2 – **391 h.** – **alt. 362 m** – ✉ **25190** **17** C2

Paris 482 – Baume-les-Dames 50 – Besançon 81 – Montbéliard 24

à Bief 3 km au Sud – 117 h. – alt. 362 m – ✉ 25190

L'Auberge Fleurie

4 chemin de Dampjoux – ✆ 03 81 96 53 01 – Fermé 28 août-21 sept., vacances de fév., lundi et mardi

Rest – Formule 12 € – Menu 22/40 € – Carte 26/67 €

◆ Cette petite auberge de village, qui surplombe le Doubs, met le terroir et la tradition à l'honneur. On se restaure dans une salle colorée.

VILLÉ – 67 Bas-Rhin – **315** H6 – **1 796 h.** – **alt. 260 m** – ✉ **67220** **2** C1

Alsace Lorraine

Paris 445 – Lunéville 82 – St-Dié 48 – Ste-Marie-aux-Mines 27

place du Marché, ✆ 03 88 57 11 69

La Bonne Franquette

6 pl. Marché – ✆ 03 88 57 14 25 – www.hotel-bonne-franquette.com – Fermé 6-12 juil., 26 oct.-12 nov. et 16 fév.-4 mars

9 ch – †52/55 € ††55/60 € – ☕ 11 € – ½ P 53/55 €

Rest *(fermé sam. midi, dim. soir et lundi)* – Menu 20/39 € – Carte 27/49 €

◆ Sur une placette du centre-ville, auberge familiale, abondamment fleurie en saison. Chambres bien tenues, simples et fraîches. Accueil chaleureux. Deux salles de restaurant, une rustique et l'autre moderne, pour une agréable cuisine traditionnelle.

LA VILLE-AUX-CLERCS – 41 Loir-et-Cher – **318** D4 – **1 313 h.** **11** B2
– **alt. 143 m** – ✉ **41160**

▶ Paris 159 – Brou 41 – Châteaudun 29 – Le Mans 74

ℹ Mairie, ✆ 02 54 80 62 35

Manoir de la Forêt

r. Françoise de Lorraine, à Fort-Girard : 1,5 km à l'Est par rte secondaire – ✆ 02 54 80 62 83 – www.manoirdelaforet.fr – Fermé 1 sem. en nov., 2-19 janv., lundi midi de mai à sept., dim. soir et lundi d'oct. à avril

15 ch – †48/80 € ††55/100 € – ☕ 12 € – ½ P 73/90 €

Rest – Formule 18 € – Menu 27/51 € – Carte 44/87 €

◆ Pavillon de chasse du 19^e^s. isolé dans un parc. Les chambres (préférez celles du 1^er^étage, rénovées) aux meubles de style et le salon avec cheminée composent un cadre cossu. Le jeune chef s'applique à créer une cuisine bien dans son époque.

LA VILLE-BLANCHE – 22 Côtes-d'Armor – **309** B2 – **rattaché à Lannion**

VILLECOMTAL-SUR-ARROS – 32 Gers – **336** D9 – **816 h.** **28** A2
– **alt. 177 m** – ✉ **32730**

▶ Paris 760 – Pau 70 – Aire-sur-l'Adour 67 – Auch 48

Le Rive Droite

1 chemin Saint Jacques – ✆ 05 62 64 83 08 – www.lerivedroite.com – Fermé 5-21 nov., lundi, mardi et merc. sauf du 18 juil. au 19 août

Rest – Formule 25 € bc – Menu 35/40 € – Carte environ 38 €

◆ George Sand séjourna dans cette élégante chartreuse (18^e^s.) située au bord de la rivière. L'ancien et le contemporain s'y mèlent avec brio ; belle cuisine dans l'air du temps.

VILLECROZE – 83 Var – **340** M4 – **1 105 h.** – **alt. 300 m** – ✉ **83690** **41** C3
Côte d'Azur

▶ Paris 835 – Aups 8 – Brignoles 38 – Draguignan 21

ℹ Place Victor Espitalier, Mairie, ✆ 04 94 67 50 00

◉ Belvédère★ : ✳★ N : 1 km.

Le Colombier avec ch

rte de Draguignan – ✆ 04 94 70 63 23 – www.lecolombier-var.com – Fermé 20 nov.-15 déc.

6 ch – †75/90 € ††90/130 € – ☕ 15 €

Rest *(fermé jeudi soir en hiver, dim. soir et lundi)* – Formule 20 € – Menu 29/58 € – Carte 45/75 €

◆ Cette maison régionale vous réserve un accueil chaleureux. Appétissante carte traditionnelle servie l'hiver dans un ravissant cadre provençal, et l'été sous la véranda. Coquettes chambres avec balcon.

au Sud-Est 3 km par rte de Draguignan et rte secondaire – ✉ 83690 Salernes

Au Bien Être avec ch

chemin du Bien-être – ✆ 04 94 70 67 57 – www.aubienetre.com – Ouvert mars-sept., fermé lundi midi, mardi midi et merc. midi

8 ch – †49/86 € ††49/89 € – ☕ 9 € – ½ P 55/75 €

Rest – Menu 28/68 € – Carte 47/62 €

◆ Coquette salle à manger dans les tons bordeaux et blanc, cheminée, agréable terrasse sous les chênes et cuisine du terroir avec un menu spécifique dédié à la truffe : bien-être assuré ! Pour l'étape, chambres fraîches ouvertes sur la piscine.

VILLE D'AVRAY – 92 Hauts-de-Seine – **311** J3 – **voir à Paris, Environs**

VILLEDIEU-LES-POÊLES – 50 Manche – **303** E6 – **3 895 h.** **32** A2
– **alt. 105 m** – ✉ **50800** Normandie Cotentin

▶ Paris 314 – Alençon 122 – Avranches 26 – Caen 82

ℹ Place des Costils, ✆ 02 33 61 05 69, www.ot-villedieu.fr

◉ Fonderie de cloches★.

Le Fruitier rest,

pl. Costils – 02 33 90 51 00 – www.le-fruitier.com
48 ch – 54/90 € 54/99 € – 9 € – ½ P 62/84 €
Rest *Le Fruitier* – voir les restaurants ci-après
Rest *La Poêle de Gargantua* 02 33 90 51 03 – Formule 12 € bc – Menu 14 € – Carte 17/35 €
◆ Dans le centre de la "cité du cuivre", cette hôtellerie familiale a su donner à la plupart de ses chambres un look contemporain et vitaminé. Pour se détendre, un fitness et une piscine couverte sont à disposition.

La Ferme de Malte

11 r. Jules Tétrel – 02 33 91 35 91 – www.lafermedemalte.fr – Fermé 13 déc.-16 janv., dim. soir, merc. soir et lundi
Rest – Menu 19/40 € – Carte 35/55 €
◆ Cette ancienne ferme de l'ordre de Malte abrite des salles à manger chaleureuses donnant sur une terrasse. Cuisine traditionnelle et quelques préparations dans l'air du temps.

Manoir de l'Acherie avec ch ch,

37 r. Michel-de-l'Épinay, à l'Acherie, 3,5 km à l'Est par D 975 et D 554 (autoroute A 84 sortie 38) – 02 33 51 13 87 – www.manoir-acherie.fr – Fermé 8-30 nov., 25 fév.-11 mars, dim. soir du 16 oct. au 1er avril et lundi
18 ch – 60/115 € 60/115 € – 9 € – ½ P 74/102 €
Rest – Formule 15 € – Menu 18/40 € – Carte 28/62 €
◆ Au cœur du bocage normand, un manoir du 17es. et sa petite chapelle groupés autour d'un jardin. Un cadre authentique pour se régaler de plats du terroir et de grillades sur la braise. Les chambres, très bien tenues et au calme, garantissent un séjour serein. Accueil très aimable.

Le Fruitier – Hôtel Le Fruitier

pl. Costils – 02 33 90 51 00 – www.le-fruitier.com – Fermé 23 déc.-20 janv., lundi midi, mardi midi, jeudi midi et dim. soir d'oct. à mai
Rest – Formule 18 € – Menu 27/36 € – Carte 28/52 €
◆ Dans ce cadre moderne à la fois sobre et chic, la cuisine de la mer est à l'honneur. Logique, dans la région de la baie du Mont-St-Michel ! Cassolette de la mer, sole aux petits légumes, feuilleté aux poires, etc. : traditionnel et soigné.

VILLEDIEU-SUR-INDRE – 36 Indre – 323 F5 – 2 723 h. – alt. 135 m – ✉ 36320 11 B3

Paris 280 – Bourges 80 – Châteauroux 14 – Orléans 155

La Gourmandine

1 av. de la Gare – 02 54 29 87 91 – Fermé 4-18 mars, 3-10 sept., 2-9 janv., merc. soir, dim. soir et lundi
Rest – Formule 17 € – Menu 28/63 € – Carte 39/69 €
◆ Quinze ans passés dans le Puy-de-Dôme, puis retour au pays natal... Le patron, seul aux fourneaux, donne beaucoup et concocte une cuisine très alléchante. Un lieu chaleureux, une carte volontairement courte, de beaux produits : bon appétit !

VILLEFARGEAU – 89 Yonne – 319 E5 – rattaché à Auxerre

VILLEFORT – 48 Lozère – 330 L8 – 626 h. – alt. 600 m – ✉ 48800 23 C1

Languedoc Roussillon

Paris 616 – Alès 52 – Aubenas 61 – Florac 63

rue de l'Église, 04 66 46 87 30, www.villefort-cevennes.com

Balme

pl. du Portalet – 04 66 46 80 14 – www.hotelbalme.free.fr – Fermé 15-20 oct., 15 nov.-15 fév., dim. soir, mardi midi et lundi sauf juil.-août
Rest – Menu 23/39 €
◆ Au pied du mont Lozère, le chef explore les possibilités du terroir cévenol en y mêlant les souvenirs de ses voyages lointains. Cochon ibérique au satay, agneau au citron "façon Marrakech" : simple, frais et soigné !

VILLEFRANCHE-DE-CONFLENT – 66 Pyrénées-Orientales – 344 F7 22 B3

– 234 h. – alt. 435 m – ✉ 66500 Languedoc Roussillon

Paris 898 – Mont-Louis 31 – Olette 11 – Perpignan 51

place de l'Église, ☎ 04 68 96 22 96, www.villefranchedeconflent.com

Ville forte★ - Fort Liberia : ≤★★.

Auberge Saint-Paul

7 pl. de l'Église – ☎ 04 68 96 30 95 – http://auberge.stpaul.pagesperso-orange.fr – Fermé 20-27 juin, 2 sem. fin nov., 3-27 janv., mardi hors saison, dim. soir et lundi

Rest – Menu 20 € (sem.), 27/85 € – Carte 45/80 €

◆ Poutres, pierres apparentes et terrasse sous un tilleul... du cachet ! Quant à la cuisine, subtile et gourmande, elle révèle la passion de la chef pour la gastronomie et s'accompagne de crus bien choisis (bourgognes et vins locaux).

VILLEFRANCHE-DE-ROUERGUE – 12 Aveyron – 338 E4 29 C1

– 11 926 h. – alt. 230 m – ✉ 12200 Midi-Toulousain

Paris 614 – Albi 68 – Cahors 61 – Montauban 80

Maison du tourisme promenade du Guiraudet, ☎ 05 65 45 13 18, www.villefranche.com

La Bastide★ : place Notre-Dame★, église Notre-Dame★ - Ancienne chartreuse St-Sauveur★ .

Les Fleurines sans rest

17 bd Haute-Guyenne – ☎ 05 65 45 86 90 – www.lesfleurines.com

18 ch – †69/94 € ††69/94 € – ☕ 10 €

◆ À deux pas de la chapelle des Pénitents-Noirs, une engageante bâtisse en pierre, avec des chambres contemporaines. Sobre et design, mais néanmoins très cosy : le meilleur hôtel du centre-ville.

L'Épicurien

8 bis av. Raymond-St-Gilles – ☎ 05 65 45 01 12 – www.restaurant-lepicurien-villefranche.fr – Fermé 15-30 nov., dim. soir et lundi

Rest – Formule 17 € – Menu 30 €

◆ Une ancienne droguerie reconvertie en restaurant rustique et chaleureux, pour une cuisine traditionnelle et régionale. Les amateurs de fraîcheur apprécieront la terrasse, idéale en fin de journée...

Côté Saveurs

5 r. Belle-Isle – ☎ 05 65 65 83 64 – www.cote-saveurs.fr – Fermé 24 juin-9 juil., dim. et lundi

Rest – Formule 16 € – Menu 28/58 € – Carte 45/58 €

◆ Un lieu dans l'air du temps, cosy et contemporain (pierres apparentes, touches pop). La cuisine, colorée, fraîche et goûteuse, sait mettre en valeur le terroir aveyronnais.

L'Assiette Gourmande

pl. André Lescure – ☎ 05 65 45 25 95 – www.lassiettegourmande.com – Fermé 14-28 mars, 6-13 juin, 5-12 sept., 19 déc.-9 janv., dim. sauf le midi de sept. à juin, mardi soir et merc. sauf juil.-août

Rest – Menu 16 € (sem.)/36 € – Carte 25/45 €

◆ Au cœur de la vieille ville, cette maison du 13ᵉs., rustique à souhait, est l'endroit idéal pour savourer des grillades et de bons petits plats régionaux.

au Farrou Nord 4 km par D 1ᴱ – ✉ 12200 Villefranche de Rouergue

Relais de Farrou

– ☎ 05 65 45 18 11 – www.relaisdefarrou.com – Fermé 25 janv.-7 fév., 3-14 nov., 19-26 déc.

26 ch – †65/95 € ††75/109 € – ☕ 10 €

Rest *Relais de Farrou* – voir les restaurants ci-après

◆ Entre route et rivière, ce relais de poste né en 1792 a su rester jeune et frais ! Les chambres sont contemporaines et confortables, et tout ici invite à se détendre : le tennis, le minigolf, la piscine, ou encore le fitness...

Relais de Farrou

– ✆ 05 65 45 18 11 – www.relaisdefarrou.com – Fermé 25 janv.-7 fév., 3-14 nov., 19-26 déc., sam. midi, dim. soir et lundi hors saison
Rest – Formule 15 € – Menu 23/51 € – Carte 46/65 €
◆ Tagliatelles à l'encre de seiche, bœuf de l'Aubrac et sa poêlée de légumes oubliés, millefeuille aux fraises : de jolis petits plats accompagnés de vins bien choisis. Cadre accueillant (cheminée dans la salle d'hiver ; véranda).

VILLEFRANCHE-SUR-MER – 06 Alpes-Maritimes – 341 E5 — 42 E2

– 6 244 h. – alt. 30 m – ✉ 06230 Côte d'Azur

Paris 932 – Beaulieu-sur-Mer 3 – Nice 5
jardin François Binon, ✆ 04 93 01 73 68, www.villefranche-sur-mer.com
Rade★★ - Vieille ville★ - Chapelle St-Pierre★ - Musée Volti★.

Accès et sorties : Voir plan de Nice

Versailles

rest, ch,

7 bd Princesse Grace de Monaco – ✆ 04 93 76 52 52 – www.hotelversailles.com – Ouvert du 1er avril à fin oct. **k**
46 ch – 120/160 € 130/300 € – 15 €
Rest *(fermé lundi et mardi)* – Menu 44/59 € – Carte 17/54 €
◆ Quelle vue idyllique sur le golfe ! Dans cet agréable hôtel familial, les chambres – de style contemporain et épuré – ont toutes un balcon ou une terrasse donnant sur la rade. Pour un séjour au rythme de la Grande Bleue...

VILLEFRANCHE-SUR-MER

Cauvin (Av. V.) 2
Corderie (Quai de la) 3
Corne d'Or (Bd de la) 5
Courbet (Quai Amiral) 6
Église (R. de l') 7
Foch (Av. du Maréchal) 8
Gallieni (Av. Général) 9
Gaulle (Av. Général-de) 10
Grande-Bretagne (Av. de) 12
Joffre (Av. Maréchal) 14
Leclerc (Av. Général) 15
Marinières (Promenade des) . . . 16
May (R. de) 18
Obscure (R.) 19
Paix (Pl. de la) 20
Poilu (R. du) 22
Pollonais (Pl. A.) 24
Ponchardier (Quai Amiral) 25
Poullan (Pl. F.) 26
Sadi-Carnot (Av.) 28
Settimelli-Lazare (Bd) 30
Soleil d'Or (Av. du) 31
Verdun (Av. de) 32
Victoire (R. de la) 34
Wilson (Pl.) 35

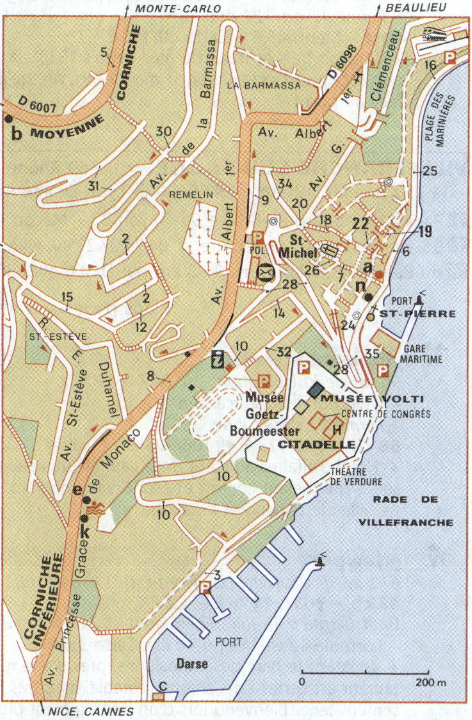

Welcome sans rest
3 quai Courbet – ✆ 04 93 76 27 62 – www.welcomehotel.com
– Fermé 15 nov.-24 déc. **n**
33 ch – ♦115/297 € ♦♦115/297 € – 2 suites – ☕ 17 €
◆ Welcome : un nom tout trouvé pour cet hôtel accueillant, jadis fréquenté par Jean Cocteau. D'esprit méridional, les chambres sont soignées, avec balcon donnant sur la mer ; quant au petit-déjeuner (buffet), il se révèle délicieux.

La Fiancée du Pirate sans rest
8 bd de la Corne d'Or – ✆ 04 93 76 67 40 – www.fianceedupirate.com
– Fermé 21 nov.-15 déc. et 9-26 janv. **b**
15 ch – ♦80/118 € ♦♦90/148 € – ☕ 12 €
◆ À l'écart de l'agitation portuaire, un hôtel familial des plus sympathiques : les chambres, provençales, sont simples et propres ; la vue sur la baie est ravissante et, pour l'anecdote, le propriétaire est un ancien footballeur !

La Flore sans rest
5 bd Princesse Grace de Monaco – ✆ 04 93 76 30 30
– www.hotel-la-flore.fr **e**
31 ch – ♦52/217 € ♦♦52/217 € – ☕ 12 €
◆ Sur la corniche, cette bâtisse ocre domine la rade de Villefranche. Les chambres, coquettes et peu à peu rénovées, ont très souvent une agréable loggia donnant sur les flots. Aux beaux jours, on prend son petit-déjeuner en terrasse.

La Mère Germaine
9 quai Courbet – ✆ 04 93 01 71 39 – www.meregermaine.com
– Fermé 12 nov.-24 déc. **a**
Rest – Menu 43 € – Carte 60/150 €
◆ Poisson frais et fruits de mer depuis 1938 : la Mère Germaine est une institution locale et Cocteau venait manger ici. Ah, qu'il fait bon s'installer en terrasse, face au port !

VILLEFRANCHE-SUR-SAÔNE – 69 Rhône – 327 H4 43 E1

– 34 159 h. – alt. 190 m – ✉ 69400 Lyon Drôme Ardèche
Paris 432 – Bourg-en-Bresse 54 – Lyon 33 – Mâcon 47
96, rue de la sous-préfecture, ✆ 04 74 07 27 40, www.villefranche-beaujolais.fr
du Beaujolais, à Lucenay, S : 8 km par D 306 et D 30, ✆ 04 74 67 04 44

Plans pages suivantes

Plaisance sans rest
96 av. de la Libération – ✆ 04 74 65 33 52
– www.hotel-plaisance.com
– Fermé 22 déc.-2 janv. AZ**n**
68 ch – ♦95/123 € ♦♦106/123 € – 5 suites – ☕ 11 €
◆ Hôtel d'affaires au cœur de la capitale du Beaujolais, avec de jolies chambres et suites qui mêlent confort et esprit contemporain. Petit plus bien pratique en centre-ville : le parking et le garage.

Newport ch, rest,
610 av. de l'Europe, (Z.I. Nord-Est) – ✆ 04 74 68 75 59 DX**v**
48 ch – ♦65 € ♦♦76 € – ☕ 8 €
Rest *(fermé 9-15 juil., 13-26 août et 24 déc.-2 janv., sam., dim. et fériés)* – Formule 17 € – Menu 40 € – Carte 35/45 €
◆ Jouxtant le parc des expositions, près d'une route très passante, cet hôtel-restaurant est certes sans charme notable, mais très bien insonorisé, frais et soigneusement tenu. Bienvenu lors d'un déplacement professionnel ou autre.

VILLEFRANCHE-SUR-SAÔNE

Barbusse (Bd Henri) . . . . . . CX 2
Beaujolais (Av. du) . . . . CX 3
Berthier (R. Pierre) . . . . DX 7
Chabert (Ch. du) . . . . CX 12
Charmilles (Av. des) . . . . CX 14
Condorcet (R.) . . . . DX 15
Desmoulins (R. Camille) . . . DX 17
Écossais (R. de l') . . . . DX 18
Joux (Av. de) . . . . DX 25
Leclerc (Bd du Gén.) . . . . . . CX 27
Libération (Av. de la) . . . . . . CX 28
Maladière (R. de la) . . . . CX 30
Nizerand (R. du) . . . . CX 35
Paradis (R. du) . . . . CX 37
Pasquier (Bd Pierre) . . . . DX 39
Plage (Av. de la) . . . . DX 40
St-Roch (Montée) . . . . CX 43
Salengro (Bd Roger) . . . . CX 46
Savoye (R. C.) . . . . DX 48
Tarare (R. de) . . . . CX 54

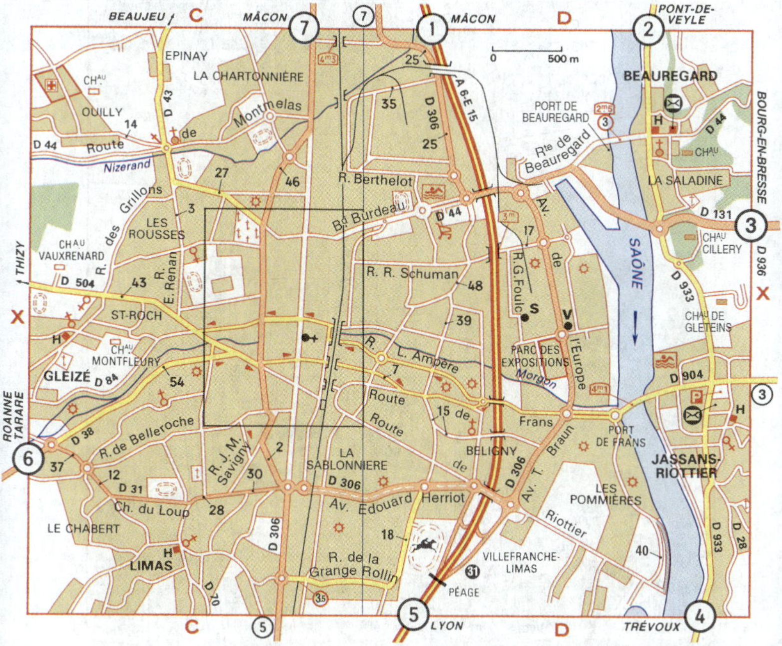

XXX **La Ferme du Poulet** avec ch ch, VISA

180 r. Mangin, Z.I. Nord-Est
– ✆ 04 74 62 19 07
– www.lafermedupoulet.com
– Fermé 13-27 août, 24-31 déc., dim. soir et lundi DXs

10 ch – †105 € ††105 € – ☕ 14 €

Rest – Formule 28 € – Menu 42/70 € – Carte 60/95 €

◆ Dans cette solide ferme du 17ᵉs. rénovée dans un style qui marie élégamment le rustique et le contemporain, on savoure une belle cuisine classique... et rien n'empêche de lever les yeux pour admirer le plafond à la française. Pour l'étape, des chambres spacieuses et agréables.

X **Le Juliénas** (Fabrice Roche) VISA

✿ *236 r. d'Anse*
– ✆ 04 74 09 16 55
– Fermé 2-9 janv., 3 sem. en août, lundi soir, sam. midi et dim. BZv

Rest – Formule 24 € – Menu 29/54 € – Carte 65/85 €

Spéc. Foie gras de canard poêlé au poivre du Sichuan. Volaille fermière en deux cuissons. Tarte crémeuse au chocolat noir, crème glacée au piment d'Espelette.

◆ Du nom d'un cru du Beaujolais bien connu, cette table honore les produits de la région… et la bonne cuisine en général. Le chef concocte une carte d'une belle finesse, subtile et très aromatique. Un vrai plaisir ! Décor contemporain, avec une agréable terrasse côté jardin.

VILLEFRANCHE-SUR-SAÔNE

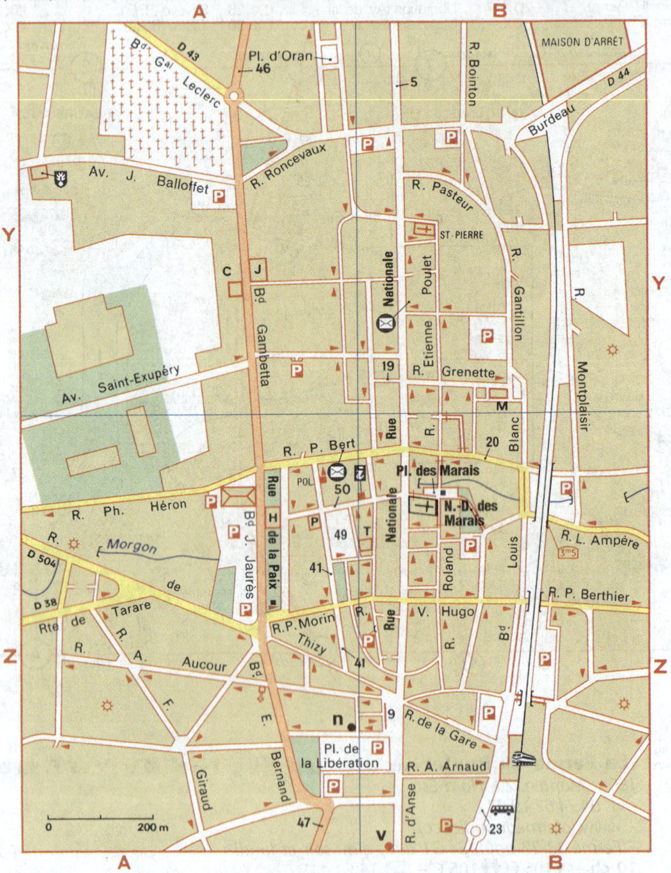

VILLEMAGNE-L'ARGENTIÈRE – 34 Hérault – **339** D7 – rattaché à Bédarieux

---

VILLEMONTAIS – 42 Loire – **327** C4 – 950 h. – alt. 466 m – ✉ 42155 **44** A1

Paris 404 – Lyon 95 – Roanne 13 – Vichy 77

Domaine du Fontenay sans rest

Lieu-dit Fontenay – ☎ 04 77 63 12 22 – www.domainedufontenay.com

4 ch – †62 € ††72 €

◆ Un domaine et sa chapelle abritant un retable du 15ᵉs. Les chambres ont une jolie vue sur la plaine de la Loire. Les propriétaires, vignerons, aiment partager leur passion.

VILLEMOYENNE – 10 Aube – **313** F4 – 691 h. – alt. 130 m – ✉ 10260 **13** B3

Paris 184 – Troyes 21 – Bar-sur-Aube 46 – Châtillon-sur-Seine 51

La Parentèle
32 r. Marcellin Lévêque – ✆ 03 25 43 68 68 – www.la-parentele-caironi.com – Fermé 27 fév.-14 mars, 2-11 janv., dim. soir, merc. soir, jeudi soir, lundi et mardi
Rest – Formule 20 € – Menu 29/50 € – Carte 29/35 €
◆ Le café de la place du village s'est transformé en sympathique néobistrot et l'on y sert une cuisine dans l'air du temps, sans bouder pour autant quelques plats plus traditionnels... dont la fameuse tête de veau ravigote !

VILLENEUVE-D'ASCQ – 59 Nord – 302 G4 – rattaché à Lille

VILLENEUVE-DE-BERG – 07 Ardèche – 331 J6 – 2 845 h. – alt. 320 m – ✉ 07170 Lyon Drôme Ardèche
44 B3

Paris 628 – Aubenas 16 – Largentière 27 – Montélimar 27
Grande Rue, ✆ 04 75 94 89 28, www.berg-coiron-tourisme.com

Auberge de Montfleury
à la gare, 4 km à l'Ouest par N 102, rte d'Aubenas – ✆ 04 75 94 74 13 – www.auberge-de-montfleury.fr – Fermé 26 mars-5 avril, 15 oct.-15 nov., dim. soir, lundi et mardi
Rest – Formule 17 € – Menu 29/79 € bc – Carte 48/58 €
◆ Dans cette sympathique auberge, on savoure une généreuse cuisine qui varie avec les saisons. Le chef affectionne les bons produits locaux et concocte un petit menu terroir.

La Table de Léa
Le Petit Tournon, 1,5 km au Sud-Ouest par D 558 – ✆ 04 75 94 70 36 – Fermé 1er-15 mars, nov., merc. et le midi du lundi au jeudi
Rest *(nombre de couverts limité, réserver)* – Menu 26/55 € – Carte environ 56 €
◆ Dans cette ancienne grange, la chef élabore une cuisine du marché assez personnelle. Pendant ce temps-là, on profite de la belle terrasse sous les marronniers...

VILLENEUVE-DE-MARSAN – 40 Landes – 335 J11 – 2 346 h. – alt. 80 m – ✉ 40190
3 B2

Paris 701 – Auch 88 – Langon 81 – Marmande 86
181, Grand'Rue, ✆ 05 58 45 80 90

Hervé Garrapit
21 av. Armagnac – ✆ 05 58 45 20 08 – www.herve-garrapit.com
8 ch – †65/220 € ††65/220 € – ☕ 15 € – ½ P 93/170 €
Rest ***Hervé Garrapit*** – voir les restaurants ci-après
◆ Un beau relais de poste du 18es. sur une place bordée de platanes. Dans cette maison familiale, quel raffinement ! Tissus choisis, mobilier de style... les chambres, toutes différentes, sont très soignées, avec balcon côté cour.

Hervé Garrapit
21 av. Armagnac – ✆ 05 58 45 20 08 – www.herve-garrapit.com
Rest – Menu 25/95 € – Carte 50/70 €
◆ Un cadre joliment bonbonnière, reposant et élégant, pour une cuisine de produits qui flirte avec l'air du temps... Des mets raffinés et savoureux !

VILLENEUVE-LA-GARENNE – 92 Hauts-de-Seine – 311 J2 – 101 15 – voir à Paris, Environs

VILLENEUVE-LA-SALLE – 05 Hautes-Alpes – 334 H3 – rattaché à Serre-Chevalier

VILLENEUVE-LE-COMTE – 77 Seine-et-Marne – 312 F3 – 1 766 h. 19 C2
– alt. 126 m – ✉ 77174

Paris 40 – Lagny-sur-Marne 13 – Meaux 19 – Melun 38

XXX **A la Bonne Marmite**

15 r. Gén.-de-Gaulle – ☎ 01 60 43 00 10 – www.restaurant-labonnemarmite.com – Fermé 8-26 août, 21 janv.-13 fév., dim. soir, lundi et mardi

Rest – Formule 27 € – Menu 34 € (sem.), 48/78 € – Carte 57/85 €

♦ Superbe ferme briarde du 16ᵉs., devenue ensuite relais de poste. Salles bourgeoises, belle terrasse d'été fleurie sous une treille, cuisine actuelle et beau choix de vins.

VILLENEUVE-LE-ROI – 94 Val-de-Marne – 312 D3 – 101 26 – voir à Paris, Environs

VILLENEUVE-LÈS-AVIGNON – 30 Gard – 339 N5 – 12 756 h. 23 D2
– alt. 23 m – ✉ 30400 Provence

Paris 678 – Avignon 8 – Nîmes 46 – Orange 28

1, place Charles David, ☎ 04 90 25 61 33, www.tourisme-villeneuvelezavignon.fr

Fort et Abbaye St-André★ : ≤★★ AV - Tour Philippe-le-Bel ≤★★ AV - Vierge★★ au musée municipal Pierre de Luxembourg★ AV **M** - Chartreuse du Val-de-Bénédiction★ AV.

Plan : voir à Avignon

Le Prieuré

7 pl. Chapitre – ☎ 04 90 15 90 15 – www.leprieure.com – Fermé nov. et 2 janv.-13 fév. AVt

25 ch – †140/180 € ††205/455 € – 13 suites – ☕ 24 €

Rest *Le Prieuré* ✿ – voir les restaurants ci-après

♦ Le palais des Papes n'est pas si loin... Au cœur de la cité médiévale de Villeneuve, ce prieuré du 14ᵉs. distille un je-ne-sais-quoi d'exclusivité. Vieilles pierres, dernier chic contemporain, superbe jardin... à l'écart du monde.

La Magnaneraie

37 r. Camp de Bataille – ☎ 04 90 25 11 11 – www.hostellerie-la-magnaneraie.com – fermé 30 janv.-24 fév. AVb

30 ch – †125/269 € ††125/269 € – 2 suites – ☕ 18 €

Rest *(fermé dim. soir et merc. du 1ᵉʳ nov. au 30 avril et sam. midi)* – Formule 20 € – Menu 33/89 € – Carte 62/82 €

♦ Cette élégante demeure du 15ᵉ s. propose des chambres contemporaines (styles romantique, colonial...). Bar ouvert sur une terrasse ombragée de platanes, jardin fleuri. Restaurant rehaussé de fresques et de colonnes ; cuisine provençale.

L'Atelier sans rest

5 r. Foire – ☎ 04 90 25 01 84 – www.hoteldelatelier.com AVe

20 ch – †69/79 € ††79/119 € – ☕ 10 €

♦ Une vraie maison de charme (16ᵉs.) : bel escalier, chambres dotées de meubles anciens, poutres apparentes, objets d'art et, aux beaux jours, petit-déjeuner dans le joli patio.

XXX ✿ **Le Prieuré** – Hôtel Le Prieuré

7 pl. Chapitre – ☎ 04 90 15 90 15 – www.leprieure.com – Fermé nov., 2 janv.-13 fév., dim. soir, mardi midi et lundi sauf de juin à sept. AVt

Rest – Formule 38 € bc – Menu 48 € (déj. en sem.), 68/128 € – Carte 100/130 €

Spéc. Dos de cabillaud servi "cru-confit", pomme de terre tiédie à l'huile d'olive et truffe. Pigeon rôti en cocotte, cuisses en croquette aux herbes. Finger pur chocolat Caraïbes et fève tonka, framboises en gelée de citron vert.

♦ Une seule prière pour cette table bucolique : des produits de saison, mis en valeur au fil du calendrier... Les préparations sont fines et délibérément simples. Entre rosiers et glycine séculaire, la terrasse se révèle charmante.

VILLENEUVE-LÈS-BÉZIERS – 34 Hérault – 339 E9 – rattaché à Béziers

VILLENEUVE-LOUBET – 06 Alpes-Maritimes – 341 D6 – 14 427 h. 42 E2
– alt. 10 m – ✉ 06270 Côte d'Azur

Paris 915 – Antibes 12 – Cannes 22 – Grasse 24

16, avenue de la Mer, ✆ 04 92 02 66 16, www.ot-villeneuveloubet.org

de Villeneuve-Loubet, Route de Grasse, par D 2085 : 4 km, ✆ 04 93 22 52 25

Musée de l'Art culinaire★ AX **M²**.

Voir plan de Cagnes-sur-Mer

XX **La Flibuste-Martin's** A/C VISA MC AE

Chemin de la Batterie, (Port Marina Baie des Anges) – ✆ 04 93 20 59 02 – www.restaurantlaflibuste.com – Fermé lundi et mardi AY**e**

Rest – Menu 27 € (sem.), 32 € bc/37 € bc – Carte 41/112 €

◆ Sur la marina, les flibustiers d'un jour se donnent rendez-vous dans cet endroit plutôt chic pour déguster les produits de la pêche du jour : loups, turbots, chapons... Bourride et bouillabaisse sont bien entendu à la carte.

XX **L'Auberge Fleurie** A/C VISA MC

au village, 13 r. Mesures – ✆ 04 93 73 90 92 – www.laubergefleurievilleneuveloubetvillage.com – Fermé 1er-15 déc., jeudi sauf le soir en juil.-août et merc. AX**u**

Rest *(réserver)* – Formule 15 € – Menu 27/48 € – Carte 48/68 €

◆ Le célèbre cuisinier Auguste Escoffier naquit dans ce charmant village médiéval. Juste à côté de son musée, cette petite auberge couverte de vigne vierge propose des pâtes, des risottos et une cuisine de saison plutôt traditionnelle.

à Villeneuve-Loubet-Plage – ✉ 06270

Galoubet sans rest A/C P VISA MC AE

174 av. Castel – ✆ 04 92 13 59 00 – www.hotellegaloubet.com – Fermé 22-26 déc.

22 ch – †85/104 € ††85/104 € – ☕ 9 € AY**s**

◆ Le son du galoubet ne résonne pas dans ce petit hôtel récent, mais la mer n'est pas loin... Les chambres sont simples, avec des meubles en rotin, un petit balcon ou une terrasse.

VILLENEUVE-SUR-LOT – 47 Lot-et-Garonne – 336 G3 4 C2
– 23 565 h. – alt. 51 m – ✉ 47300 Aquitaine

Paris 622 – Agen 29 – Bergerac 60 – Bordeaux 146

3, place de la Libération, ✆ 05 53 36 17 30, www.tourisme-villeneuvois.fr

de Villeneuve-sur-Lot, à Castelnaud-de-Gratecambe, par rte de Bergerac : 12 km, ✆ 05 53 01 60 19

Plan page suivante

La Résidence sans rest VISA MC

17 av. L. Carnot – ✆ 05 53 40 17 03 – www.hotellaresidence47.com – Fermé 27 déc.-10 janv. BZ**s**

18 ch – †34/56 € ††34/56 € – ☕ 7 €

◆ Aux portes de la bastide médiévale, un hôtel sympathique, convivial et très bien tenu offrant un hébergement simple. Les chambres côté cour, claires et calmes, ont l'avantage de donner sur les jardins voisins.

XX **La Table des Sens** (Hervé Sauton) A/C VISA MC

8 r. de Penne – ✆ 05 53 36 97 04 – www.latabledessens.com – Fermé 1 sem. en mai, 2 sem. en sept., 28 janv.-5 fév., dim. soir, lundi et mardi BY**a**

Rest – Formule 20 € – Menu 24 € (déj. en sem.), 33/79 € – Carte 55/90 €

Spéc. Escargots à la crème d'ail et jus de persil. Homard bleu rôti, pomme de terre écrasée et jus corsé (juin à oct.). Tartelette croustillante aux prunes et glace à la vanille Bourbon (août-sept.). **Vins** Côtes de Duras, Vin de pays des Côtes de Gascogne.

◆ Le chef a un joli parcours derrière lui et cela se sent. De beaux produits travaillés avec moult épices et aromates, quelques saveurs venues d'ailleurs... pour des plats subtils et personnels, dans un décor qui rend zen.

Bernard-Palissy (Bd)	BY 2	Goudounèche (Av. A.)	BY 10	Paris (R. de)	BY 25
Darfeuille (R.)	BY 3	Jeanne-de-France (Av.)	BZ 12	République (Bd de la)	BY 26
Droits-de-l'Homme (Pl. des)	AYZ 5	Lamartine (Allée)	BY 16	Ste-Catherine (R.)	BY 29
La-Fayette (Pl.)	BY 13	Lattre-de-T. (Av. Mar.-de)	BY 17	St-Cyr-Cocquard (Bd)	BY 27
Fraternité (R. de la)	BY 6	Leclerc (Av. Gén.)	BZ 19	St-Etienne (R.)	AY 28
Gambetta (Av.)	BY 8	Leygues (Bd G.)	BY 22	Valmy (Allées de)	BZ 30
Gaulle (Av. Gén.-de)	BY 9	Libération (Pl. de la)	BY 23	Victor-Hugo (Cours)	BY 31
		Marine (Bd de la)	BY 24		

à Pujols 4 km au Sud-Ouest par D 118 – 3 657 h. – alt. 180 m – ✉ 47300

i place Saint Nicolas, ✆ 05 53 36 78 69, www.tourisme-villeneuvois.fr

☼ ≤★.

Des Chênes sans rest

Bel Air – ✆ 05 53 49 04 55 – www.hoteldeschenes.com – Fermé 21 déc.-13 janv. et dim. de nov. à avril

21 ch – †67/96 € ††83/98 € – ☕ 11 €

◆ Face au village perché, une bâtisse d'esprit régional avec des chambres fraîches, pratiques et bien tenues. Petits plus sympathiques : la terrasse, la piscine et... la quiétude !

La Toque Blanche

– ✆ 05 53 49 00 30 – www.la-toque-blanche.com – Fermé 6-21 juin, 14-29 nov., 17-25 janv., dim. et lundi

Rest – Formule 23 € – Menu 39/85 € – Carte 59/105 €

◆ À l'écart de ce pittoresque village, une auberge au décor classique et cossu, où l'on savoure une cuisine traditionnelle fort bien troussée. Jolie terrasse panoramique.

VILLENEUVE-SUR-TARN – 81 Tarn – **338** G7 – alt. 272 m **29** C2
– ✉ 81250 Curvalle

Paris 714 – Albi 33 – Castres 67 – Lacaune 44

Hostellerie des Lauriers ch,
– ✆ 05 63 55 84 23 – www.leslauriers.net – Ouvert de mi-mars à mi-oct.
9 ch – †47/52 € ††58/72 € – ☐ 9 € – ½ P 57/65 €
Rest *(fermé dim. soir et lundi hors saison) (dîner seult)* – Menu 18 € (sem.), 27/32 € – Carte 28/38 €
◆ Dans un petit village, cette maison en pierre du pays (18e s.) est idéale pour se mettre au vert : parc au bord du Tarn, randonnées, cuisine du terroir réalisée par la propriétaire avec des produits du cru et des herbes du potager... Quant aux chambres, elles sont simples et fraîches. Accueillant et familial !

VILLENEUVE-TOLOSANE – 31 Haute-Garonne – **343** G3 – rattaché à Toulouse

VILLEPARISIS – 77 Seine-et-Marne – **312** E2 – **101** 19 – voir à Paris, Environs

VILLEREST – 42 Loire – **327** D4 – rattaché à Roanne

VILLEROY – 89 Yonne – **319** C2 – rattaché à Sens

VILLERS-BOCAGE – 14 Calvados – **303** I5 – 2 963 h. – alt. 140 m **32** B2
– ✉ 14310 Normandie Cotentin

Paris 262 – Argentan 83 – Avranches 77 – Bayeux 26

place du Général de Gaulle, ✆ 02 31 77 16 14, www.bocage-normand.com

Les Trois Rois avec ch
2 pl. Jeanne d'Arc – ✆ 02 31 77 00 32 – www.trois-rois.fr – Fermé dim. soir hors saison
13 ch – †69/72 € ††76/92 € – ☐ 12 € – ½ P 77/85 €
Rest *(fermé dim. soir et lundi midi d'oct. à avril)* – Formule 19 € – Menu 29/61 € – Carte 74/90 €
◆ Dans cette maison familiale, plutôt classique et discrètement bourgeoise, le chef, véritable passionné, ose une cuisine recherchée, en phase avec la tendance. Avis aux gourmands qui voudraient prolonger l'étape, les chambres sont fraîchement rénovées (style sobre et actuel).

VILLERS-COTTERÊTS – 02 Aisne – **306** A7 – 10 168 h. – alt. 126 m **37** C3
– ✉ 02600 Nord Pas-de-Calais Picardie

Paris 81 – Compiègne 32 – Laon 61 – Meaux 41

6, place Aristide Briand, ✆ 03 23 96 55 10

Château de François 1er : grand escalier★.

Forêt de Retz★.

Le Régent sans rest
26 r. du Gén. Mangin – ✆ 03 23 96 01 46 – www.hotel-leregent.com – Fermé 1er-7 août et 18-25 déc.
30 ch – †78 € ††95 € – ☐ 8 €
◆ Relais de poste du 18e s., organisé autour d'une cour pavée où trône un bel abreuvoir. Chambres au charme d'antan (meubles anciens) agrémentées de petites touches contemporaines.

VILLERSEXEL – 70 Haute-Saône – **314** G7 – 1 448 h. – alt. 287 m **17** C1
– ✉ 70110 Franche-Comté Jura

Paris 386 – Belfort 41 – Besançon 59 – Lure 18

33, rue des Cités, ✆ 03 84 20 59 59

Le Relais des Moines

1 r. du 13 Septembre 1944 – ✆ 03 84 20 50 50 – www.lerelaisdesmoines.fr – Fermé 23 déc.-9 janv. et dim. soir

24 ch (½ P seult) – ½ P 48 €

Rest – Formule 12 € – Menu 25/33 € – Carte 22/65 €

◆ Un hôtel de belle ampleur, composé de plusieurs bâtiments. Chambres pratiques et très bien entretenues (les plus récentes dans une maison bourgeoise). Au restaurant, cuisine traditionnelle dont salaisons maison et spécialités franc-comtoises.

La Terrasse

1 r du quai Militaire, (rte de Lure) – ✆ 03 84 20 52 11 – www.laterrasse-villersexel.com – Fermé 24-26 déc., 31 déc.-2 janv., vend. soir et dim. soir d'oct. à mars

13 ch – †45/48 € ††56/62 € – ☕ 9 €

Rest – Formule 13 € – Menu 15/35 € – Carte 24/57 €

◆ Dans la même famille depuis 1921, cette engageante maison dispose de chambres fonctionnelles et bien tenues, égayées de couleurs vives. Carte traditionnelle au restaurant ; agréable terrasse ombragée et fleurie en saison.

VILLERS-LE-LAC – 25 Doubs – 321 K4 – 4 415 h. – alt. 730 m — 17 C2

– ✉ 25130 Franche-Comté Jura

Paris 471 – Basel 116 – Besançon 68 – La Chaux-de-Fonds 18

rue Pierre Berçot, ✆ 03 81 68 00 98, www.villers-le-lac-info.org

Saut du Doubs★★★ NE : 5 km - Lac de Chaillexon★ NE : 2 km - Musée de la montre★.

Le France

8 pl. Cupillard – ✆ 03 81 68 00 06 – www.hotel-restaurant-lefrance.com – Fermé 24 oct.-4 nov. et 21 déc.-21 janv.

12 ch – †56/66 € ††66/100 € – ☕ 10 €

Rest *Le France* ✿ – voir les restaurants ci-après

◆ Cet établissement accueillant perpétue la tradition familiale : quatre générations s'y sont succédé depuis 1900 et l'adresse continue de vivre avec son temps. Les prix sont mesurés.

Le France (Hugues Droz)

8 pl. Cupillard – ✆ 03 81 68 00 06 – www.hotel-restaurant-lefrance.com – Fermé 24 oct.-4 nov. et 21 déc.-21 janv., mardi midi d'oct. à mai, dim. soir et lundi

Rest – Menu 19 € (déj.), 29/74 € – Carte 46/71 €

Spéc. Superposition de foie gras, morilles et noix. Variation autour du homard. Café solide, sorbet banane, spéculos et cardamome (été). **Vins** Arbois.

◆ Maîtrise technique, justesse des associations de saveurs, terroir et invention : Hugues Droz délivre une jolie leçon de cuisine. En salle, son épouse assure un accueil des plus charmants. Une valeur sûre.

VILLERS-SUR-MER – 14 Calvados – 303 L4 – 2 652 h. – alt. 10 m — 32 A3

– Casino – ✉ 14640 Normandie Vallée de la Seine

Paris 208 – Caen 35 – Deauville 8 – Le Havre 52

place Jean Mermoz, ✆ 02 31 87 01 18, www.villers-sur-mer.fr

Domaine de Villers & Spa

chemin Belvédère – ✆ 02 31 81 80 80 – www.domainedevillers.fr – Fermé 23-25 déc.

17 ch – †130/245 € ††130/245 € – ☕ 19 €

Rest *Domaine de Villers* – voir les restaurants ci-après

◆ Une situation idéale entre Deauville et Cabourg, sur les hauteurs, avec vue sur la baie... Ce manoir récent, entouré d'un parc, recèle des chambres luxueuses, déclinant les styles contemporain, marin, Art déco... Agréable spa (massages, sauna, etc.).

Ibis sans rest
86 av. de la République – ✆ 02 31 81 27 27 – www.ibishotel.com
50 ch – †59/120 € ††59/120 € – ☕ 9 €
◆ Face à la mer, ce bâtiment moderne se fond parfaitement dans le paysage de cette station balnéaire très Côte Fleurie. Atouts : des chambres assez spacieuses et un bon niveau de confort.

Domaine de Villers – Hôtel Domaine de Villers & Spa
chemin Belvédère – ✆ 02 31 81 80 80
– www.domainedevillers.fr – Fermé 23-25 déc. et le midi du lundi au jeudi
Rest – Menu 36 € (sem.)/54 € – Carte 53/76 €
◆ On y vient pour sa terrasse panoramique et son cadre cossu, mais aussi sa cuisine de bonne facture, qui valorise les poissons et fruits de mer de la pêche côtière, les volailles et fromages fermiers...

VILLERVILLE – 14 Calvados – 303 M3 – rattaché à Honfleur

VILLETOUREIX – 24 Dordogne – 329 D4 – 877 h. – alt. 67 m – ✉ 24600 4 C1

Paris 510 – Angoulême 59 – Bordeaux 119 – Périgueux 35

Le Moulin de Larcy
– ✆ 05 53 91 23 89 – www.le-moulin-de-larcy.com
3 ch ☕ – †165/230 € ††165/230 € **Table d'hôte** – Menu 22/26 €
◆ Le murmure de la rivière, la végétation luxuriante, l'intérieur élégant mis en scène par un propriétaire décorateur : ce moulin du 19e s. est un havre de paix ! Chambres avec salon et cuisine privée. À la table d'hôtes, menu suggéré la veille pour le lendemain.

VILLIÉ-MORGON – 69 Rhône – 327 H3 – 1 839 h. – alt. 262 m 43 E1

– ✉ 69910 Lyon Drôme Ardèche
Paris 412 – Lyon 54 – Mâcon 23 – Villefranche-sur-Saône 22
La Terrasse ✻★★ près du col du Fût d'Avenas NO : 7 km Lyon Drôme Ardèche

L'Atelier du Cuisinier
17 r. Baudelaire – ✆ 04 74 62 20 76
Rest – Menu 14 € – Carte 25/35 €
◆ À l'ardoise de ce charmant bistrot à l'ancienne, des suggestions appétissantes aux couleurs du terroir (pâté maison) et un grand choix de vins locaux. L'été, on profite avec plaisir de la grande terrasse ombragée.

à Morgon 2 km au Sud par D 68 – ✉ 69910

Le Morgon
– ✆ 04 74 69 16 03 – Fermé 5-11 juil., 15 déc.-1er fév., fériés le soir, mardi soir, dim. soir et merc.
Rest – Menu 15 € (sem.), 21/42 € – Carte 22/49 €
◆ Une halte de terroir et de tradition dans une sympathique auberge, au cœur du hameau viticole. L'hiver, réservez une table au coin du feu !

VILLIERS-LE-MAHIEU – 78 Yvelines – 311 G2 – 714 h. – alt. 127 m 18 A2

– ✉ 78770
Paris 53 – Dreux 37 – Évreux 63 – Mantes-la-Jolie 18

Château de Villiers-le-Mahieu
r. du Centre – ✆ 01 34 87 44 25
– www.chateauvilliers.com – Fermé 23 déc.-1er janv. et 19 fév.-4 mars
95 ch – †149/240 € ††149/430 € – ☕ 21 € – ½ P 155/191 €
Rest – Carte 36/60 €
◆ Cerné de tours et de douves en eau, ce château du 17e s. (fondations du 13e s.) mêle charme du passé et goût du confort. Belles prestations dans les chambres (plusieurs annexes aux styles variés), spa de 700 m². Ambiance lounge au restaurant, cuisine actuelle.

VILLIERS-SOUS-GREZ – 77 Seine-et-Marne – **312** E6 – 763 h. – alt. 86 m – ✉ 77760 **19** C3

▶ Paris 75 – Corbeil-Essonnes 42 – Évry 43 – Savigny-sur-Orge 52

La Cerisaie sans rest

10 r. Larchant – ☎ 01 64 24 23 71 – www.cerisaie.fr

4 ch – †70 € ††75/85 €

◆ Remarquablement restaurée, cette ferme du 19ᵉs. est un vrai paradis. Meubles chinés et objets coup de cœur ornent les chambres aux noms évocateurs : Photographe, Orientale...

VILLIERS-SUR-MARNE – 52 Haute-Marne – **313** K4 – ✉ 52320 **14** C3

▶ Paris 282 – Bar-sur-Aube 41 – Chaumont 31 – Neufchâteau 52

La Source Bleue avec ch

2 km au Sud par D 194 – ☎ 03 25 94 70 35 – www.hotelsourcebleue.com – Fermé 3-21 janv., dim. soir, lundi midi et mardi midi

12 ch – †75/130 € ††75/130 € – ☕ 10 € – ½ P 75/105 €

Rest – Formule 22 € – Menu 29/50 € – Carte 50/60 €

◆ Moulin du 18ᵉ s. entouré d'un grand parc longeant la rivière. Intérieur sobre et plaisant, terrasse les pieds dans l'eau pour déguster poissons de rivière, cresson et vins du cru. Chambres fraîchement créées, très spacieuses et en pleine nature.

VINAY – 51 Marne – **306** F8 – rattaché à Épernay

VINCELOTTES – 89 Yonne – **319** E5 – rattaché à Auxerre

VINCENNES – 94 Val-de-Marne – **312** D2 – **101** 17 – voir à Paris, Environs

VINCEY – 88 Vosges – **314** F2 – rattaché à Charmes

VINON-SUR-VERDON – 83 Var – **340** J3 – 3 946 h. – alt. 280 m – ✉ 83560 **40** B2

▶ Paris 775 – Aix-en-Provence 47 – Brignoles 52 – Digne-les-Bains 70

ℹ 66 avenue de la Libération, ☎ 04 92 74 04 39, http://tourisme.vinon-sur-verdon.fr

Relais des Gorges avec ch

230 av. de la République – ☎ 04 92 78 80 24 – Fermé 26 oct.-9 nov.,22-29 déc. et dim. soir

9 ch – †44 € ††53 € – ☕ 7 € – ½ P 50 €

Rest – Menu 17€ (sem.), 31/41 € – Carte 42/66 €

◆ Aux portes des grandioses gorges du Verdon, faites halte dans cette auberge où l'on sert une appétissante cuisine traditionnelle. Petites chambres sobres et pratiques.

VIRE – 14 Calvados – **303** G6 – 12 231 h. – alt. 275 m – ✉ 14500 **32** B2

Normandie Cotentin

▶ Paris 296 – Caen 64 – Flers 31 – Laval 103

ℹ square de la Résistance, ☎ 02 31 66 28 50, www.bocage-normand.com

18 de Vire la Dathée, à Saint-Manvieu-Bocage, Ferme de la Basse Haie, SE : 8 km par D 150, ☎ 02 31 67 71 01

De France

4 r. d'Aignaux – ☎ 02 31 68 00 35 – www.hoteldefrancevire.com – fermé 14 déc.-4 janv. et dim. soir

20 ch – †75 € ††75 € – ☕ 9 € – ½ P 55 €

Rest – Menu 17/30 € – Carte 40/50 €

◆ Extérieurement, cette bâtisse en pierre du centre-ville a tout d'une maison de tradition. Néanmoins, les chambres, contemporaines et épurées, ont sérieusement changé de look. Idem au restaurant... mais l'andouille de Vire y est toujours à l'honneur !

rte de Flers 2,5 km par D 524 – ✉ 14500 Vire

XX **Manoir de la Pommeraie**
– *✆ 02 31 68 07 71 – www.manoirdelapommeraie.com*
– Fermé 2 sem. en août, 3 sem. en janv., dim. soir et lundi
Rest – Formule 18 € bc – Menu 27/78 € bc – Carte environ 40 €
◆ En retrait de Vire, un petit manoir du 18ᵉs. isolé dans un parc aux arbres centenaires. Le nouveau chef propose une alléchante cuisine actuelle à base de bons produits de saison.

VIRÉ – 71 Saône-et-Loire – **320** J11 – **1 093 h.** – **alt. 225 m** – ✉ **71260** **8** C3
▶ Paris 378 – Mâcon 20 – Cluny 23 – Tournus 19

Frédéric Carrion Cuisine Hôtel
pl. A. Lagrange – ✆ 03 85 33 10 72 – www.relais-de-montmartre.fr – Fermé 6-21 janv.
10 ch – †130/380 € ††140/380 € – ☕ 20 €
Rest ***Frédéric Carrion Cuisine Hôtel*** ✿ – voir les restaurants ci-après
◆ Au cœur du village, une belle bâtisse en pierre très élégante. Déco contemporaine pop ou baroque ; charme d'un lieu authentique : tout ici est cossu ! En complément du restaurant gastronomique, l'espace bien-être est très agréable avec son hammam et son jacuzzi...

XX ✿ **Frédéric Carrion Cuisine Hôtel**
pl. André-Lagrange – ✆ 03 85 33 10 72 – www.relais-de-montmartre.fr
– Fermé 29 août-5 sept., 6-21 janv., sam. midi, dim. soir et lundi
Rest – Formule 30 € – Menu 45/80 € – Carte 60/100 €
Spéc. Cuisses de grenouilles "tout à manger", fondue de pomme de terre. Volaille de Bresse cuisinée en cocotte, concassé d'aromates et poivre vert de Penja. Soufflé chaud au Grand Marnier. **Vins** Mâcon Viré-Clessé, Mâcon Burgy.
◆ Un lieu chic (drapés, lustres de Murano) pour une assiette fraîche et fine. Le chef travaille de beaux produits régionaux et revisite avec soin les saveurs traditionnelles, rehaussées ici et là de créativité...

VIRIVILLE – 38 Isère – **333** E6 – **1 372 h.** – **alt. 380 m** – ✉ **38980** **43** E2
▶ Paris 549 – Lyon 92 – Grenoble 62 – Saint-Priest 73

Hostellerie de Chambaran
185 Grande-Rue-Jeanne-Sappey – ✆ 04 74 54 02 18
– www.hostelleriedechambaran.com
19 ch – †66/71 € ††86/91 € – ☕ 8 € – ½ P 86/92 €
Rest *(fermé sam. midi)* – Menu 25/50 € – Carte 22/60 €
◆ Au cœur d'un pittoresque village aux maisons en galets roulés, cet hôtel familial abrite des chambres sans prétention, donnant sur un grand jardin avec piscine. Cadre épuré au restaurant, sous l'égide d'un jeune chef.

VIRY-CHÂTILLON – 91 Essonne – **312** D3 – **101** 36 – **voir à Paris, Environs**

VISCOS – 65 Hautes-Pyrénées – **342** L7 – **46 h.** – **alt. 800 m** – ✉ **65120** **28** A3
▶ Paris 880 – Pau 75 – Tarbes 50 – Argelès-Gazost 17

La Grange aux Marmottes
au village – ✆ 05 62 92 88 88 – www.grangeauxmarmottes.com
– Fermé 1ᵉʳ nov.-15 déc.
15 ch – †70/130 € ††70/150 € – ☕ 11 € – ½ P 62/88 €
Rest ***La Grange aux Marmottes*** – voir les restaurants ci-après
◆ À la recherche du calme absolu ? Vous serez séduit par cette ancienne grange en pierre située aux portes du parc national des Pyrénées. Les chambres sont douillettes et mignonnes : idéal pour dormir comme une marmotte en pays toy.

X **La Grange aux Marmottes**
au village – ✆ 05 62 92 88 88 – www.grangeauxmarmottes.com – Fermé 1ᵉʳ nov.-15 déc.
Rest – Menu 21/52 € – Carte 26/45 €
◆ La déco de ce restaurant est adorable ! Des objets en faïence, des fleurs séchées, du chêne massif ; pas de doute on est bien à la montagne. À table, la Gascogne épouse la Bigorre en noces gourmandes.

VITERBE – 81 Tarn – **338** D8 – 352 h. – alt. 141 m – ✉ 81220 **29** C2

Paris 693 – Albi 62 – Castelnaudary 52 – Castres 31

Les Marronniers

2 Grand Rue – ✆ 05 63 70 64 96 – www.lesmarronniers-viterbe.com – Fermé 5-22 nov., 23-25 fév., lundi soir d'oct. à mars, mardi soir et merc.

Rest – Formule 11 € – Menu 19 € (sem.), 28/43 € bc – Carte 28/44 €

◆ À la sortie du village, cette jolie maison est idéale pour une étape gourmande... Salle bourgeoise, jolie terrasse grande ouverte sur la campagne : on en oublierait presque de parler de la cuisine du chef, traditionnelle et bien ficelée.

VITRAC – 24 Dordogne – **329** I7 – 853 h. – alt. 150 m – ✉ 24200 **4** D3

Paris 541 – Brive-la-Gaillarde 64 – Cahors 54 – Périgueux 85

lieu-dit le bourg, ✆ 05 53 28 57 80

du Domaine de Rochebois, à Sarlat-la-Canéda, Route de Montfort, SE : 2 km, ✆ 05 53 31 52 52

Château de Montfort★ NE : 2 km - Cingle de Montfort★ NE : 3,5 km Périgord Quercy

Domaine de Rochebois sans rest

rte de Montfort, 2 km à l'Est par D 703 – ✆ 05 53 31 52 52 – www.rochebois.com – Ouvert début avril à fin nov.

30 ch – †100/320 € ††100/320 € – ☕ 15 €

◆ Un grand parc, un 9-trous, des jardins en terrasse et une décoration intérieure raffinée : cette demeure du 19e s. est un petit paradis au cœur du Périgord Noir.

Plaisance

au port – ✆ 05 53 31 39 39 – www.hotelplaisance.com – Ouvert 5 mars-11 nov.

48 ch – †57/65 € ††57/110 € – ☕ 10 € – ½ P 66/84 €

Rest ***Plaisance*** – voir les restaurants ci-après

◆ Bâtisse régionale construite en 1808 à flanc de rocher, aux chambres bien tenues. L'annexe se trouve dans un ancien moulin et le jardin longe la Dordogne.

Le Clos Roussillon sans rest

1 km à l'Ouest par D 703 et rte secondaire – ✆ 05 53 28 13 00 – www.closroussillon-perigord.com – Ouvert 7 avril-31 oct.

31 ch – †55/90 € ††55/90 € – ☕ 11 €

◆ Un hôtel des années 1980 bien rénové, avec des chambres modernes et confortables, parfois pourvues de balcons et de kitchenettes, au milieu d'un parc : parfait en famille.

La Treille avec ch

Le Port – ✆ 05 53 28 33 19 – www.latreille-perigord.com – Fermé 14 nov.-16 déc., lundi et mardi sauf le soir du 15 juin au 15 oct.

8 ch – †54/62 € ††54/62 € – ☕ 9 € – ½ P 75 €

Rest – Formule 21 € – Menu 28/46 € – Carte 44/71 €

◆ Cette maison tapissée de vigne vierge doit son nom aux Latreille, ses propriétaires depuis 1866. La bonne surprise vient de la cuisine, traditionnelle mais jamais ennuyeuse.

Plaisance – Hôtel Plaisance

au port – ✆ 05 53 31 39 39 – www.hotelplaisance.com – Fermé 12 nov.-4 mars, dim. soir d'oct. à avril, vend. sauf le soir d'oct. à avril et sam. midi de mai à sept.

Rest – Menu 16 € (déj. en sem.), 26/36 € – Carte 32/74 €

◆ Une belle affaire de famille, reprise par la dernière génération, pleine d'allant... On sert ici une copieuse cuisine du pays, à déguster en été sous la fraîcheur des tilleuls.

VITRAC – 15 Cantal – **330** B6 – 293 h. – alt. 490 m – ✉ 15220 **5** A3

Paris 561 – Aurillac 26 – Figeac 44 – Rodez 77

Auberge de la Tomette

– ✆ 04 71 64 70 94 – www.auberge-la-tomette.com – Ouvert 1er avril-11 nov.

17 ch – †86/95 € ††86/95 € – ☕ 10 €

Rest *(dîner seult) (résidents seult)* – Menu 26/40 €

◆ Une agréable auberge appréciée pour ses chambres claires et actuelles, son environnement fleuri, ses jeux pour enfants et son espace relaxation (sauna, hammam). Originale, la chambre dans une roulotte au fond du jardin !

- Argentré (R. B.-d') ..... B 2
- Augustins (R. des) ..... A 3
- Baudrairie (R. de la) ..... A 5
- Borderie (R. de la) ..... B
- En-Bas (R. d') ..... A 8
- Garengeot (R.) ..... B 12
- Gaulle (Pl. Gén.-de) ..... B 13
- Jacobins (Bd des) ..... B 15
- Leclerc (Pl. Gén.) ..... B 17
- Liberté (R. de la) ..... B 18
- Notre-Dame (Pl. et R.) ..... B 20
- Paris (R. de) ..... B
- Pasteur (R.) ..... A
- Poterie (R.) ..... B
- Prêche (Bd du) ..... A 21
- Rochers (Bd des) ..... B 22
- St-Louis (R.) ..... AB 23
- St-Yves (Pl.) ..... A 25
- Sévigné (R.) ..... B 26
- 70e-R.I. (R. du) ..... B 27

VITRÉ – 35 Ille-et-Vilaine – 309 O6 – 16 688 h. – alt. 106 m – ✉ 35500 — 10 D2

Bretagne

Paris 310 – Châteaubriant 52 – Fougères 30 – Laval 38

place Général de Gaulle, ✆ 02 99 75 04 46, www.ot-vitre.fr

des Rochers Sévigné, Château des Rochers, par rte d'Argentré : 6 km, ✆ 02 99 96 52 52

Château★★ : tour de Montalifant ≤★, tryptique★ - La Ville★ : rue Baudrairie★★ A 5, remparts★, église Notre-Dame★ B - Tertres noirs ≤★★ par ④ - Jardin du parc★ par ③ - ≤★★ des D178 B et D857 A - Champeaux : place★, stalles★ et vitraux★ de l'église 9 km par ④.

Ibis sans rest

1 bd Chateaubriant, par ③ – ✆ 02 99 75 51 70 – www.ibishotel.com

62 ch – †57/95 € ††57/95 € – ☕ 9 €

◆ Non loin du centre médiéval, un hôtel récent proposant des chambres fonctionnelles et bien tenues. Préférez celles situées sur l'arrière, plus au calme.

VITRY-LE-FRANÇOIS – 51 Marne – 306 J10 – 14 207 h. – alt. 105 m – ✉ 51300 — 13 B2

Champagne Ardenne

Paris 181 – Bar-le-Duc 55 – Châlons-en-Champagne 33 – Verdun 96

6, Boulevard François 1er, ✆ 03 26 74 45 30, www.vitry-le-francois.net

La Poste

pl. Royer-Collard – ✆ 03 26 74 02 65 – www.hotellaposte.com

27 ch – †54/78 € ††62/86 € – ☕ 9 €

Rest *(fermé dim. soir)* – Menu 23 € (sem.), 38/75 € bc – Carte 48/75 €

◆ Face à la collégiale Notre-Dame, cet hôtel propose des chambres avant tout pratiques et bien entretenues (certaines avec baignoire balnéo). On pourra découvrir la gastronomie régionale au restaurant avant une bonne nuit de repos !

De la Cloche

AC rest, VISA

34 r. Aristide Briand – ✆ 03 26 74 03 84 – www.hotel-de-la-cloche.com – Fermé dim. soir du 1er nov. au 30 avril

22 ch – †54 € ††59/120 € – ☕ 9 €

Rest *Jacques Sautet* – Menu 28/60 € – Carte 55/110 €

Rest *Vieux Briscard* – Formule 13 € – Menu 17 € (sem.), 20/26 € – Carte 32/61 €

◆ Un hôtel-restaurant de tradition, à la fois fonctionnel et bien tenu. En complément des chambres, cuisine classique au Jacques Sautet et option brasserie au Vieux Briscard.

VITTEL – **88 Vosges** – **314** D3 – **5 510 h.** – **alt. 347 m** – **Stat. therm. : mi-mars-mi-déc.** – **Casino** AY – ✉ **88800** Alsace Lorraine **26** B3

Paris 342 – Belfort 129 – Chaumont 84 – Épinal 43

place de la Marne, ✆ 03 29 08 08 88, www.vittelcongrestourisme.com

de Vittel Ermittage, Hôtel Ermitage, ✆ 03 29 08 81 53

du Bois de Hazeau, Centre Préparation Olympique, SO : 1 km, ✆ 03 29 08 20 85

Parc★.

Providence

VISA

125 av. Châtillon – ✆ 03 29 08 08 27 – www.hotelvittel.com – Fermé vacances de Nöel AY**a**

26 ch – †49/80 € ††49/90 € – ☕ 9 €

Rest *L'Avenue* – voir les restaurants ci-après

◆ La providence vous fera peut-être vous arrêter dans cet hôtel... et profiter de ses jolies petites chambres aux tons chauds, ou encore de ses junior suites assez spacieuses. Offres conjointes avec les thermes.

VITTEL

Belgique (Av. de) . . . AZ 2
Bouloumié (Av. A.) . AY 3
Dames (R. des) . . . . BZ 5
Div.-Leclerc (R.) . . . . BZ 7
Flers (Av. R.-de) . . . . BZ 8
Garnier (Av.) . . . . BY 9
Gaulle (Pl. Général-de) . . BZ 10
Gérémoy (Allée de) . AY 12
Jeanne-d'Arc (R.) . . . BZ 13
Joffre (R. Mar.) . . . . . BZ 15
Marne (Pl. de la) . . . . AZ 17
Paris (R. de) . . . . BZ 18
St-Nicolas (R.) . . . . . BY 19
Sœur-Catherine (R.) . BZ 20
Soulier (R. M.) . . . . BYZ 22
Tilleuls (Av. des) . . . . AY 24
Verdun (R. de) . . . . . BZ 26

L'Avenue – Hôtel Providence

125 av. Châtillon – 03 29 08 08 27 – www.hotelvittel.com – Fermé vacances de Noël, lundi midi, sam. midi et dim. AYa

Rest – Formule 15 € – Menu 22/29 € – Carte 25/40 €

◆ Terrine de lapin aux pruneaux, suprême de poulet cuit sur la peau, tarte aux abricots, etc. Cette table traditionnelle se distingue en ville et l'on peut y faire un bon repas à prix doux. Cadre contemporain.

à l'Ouest 3 km par r. de la Vauviard AZ – ✉ 88800 Vittel

L'Orée du Bois

– 03 29 08 88 88 – www.loreeduboisvittel.fr

57 ch – 78 € 88 €

Rest *L'Orée du Bois* – voir les restaurants ci-après

◆ Face à l'hippodrome, dans un environnement arboré, un établissement conçu pour la détente : balnéothérapie, massages, hammam, soins esthétiques... Agréable décor contemporain dans les chambres ; testez les "Bio" !

L'Orée du Bois

– 03 29 08 88 88 – www.loreeduboisvittel.fr

Rest – Formule 13 € – Menu 16 € (sem.), 25/38 € – Carte 30/50 €

◆ Un cadre moderne, assez feutré, pour une cuisine qui honore la tradition, spécialités régionales en tête... Fromage blanc aux fines herbes, salade vosgienne, munster, chaud-froid de mirabelles, etc.

VIUZ-LA-CHIÉSAZ – 74 Haute-Savoie – 328 J6 – 1 256 h. – alt. 585 m 46 F1

– ✉ 74540 Alpes du Nord

Paris 575 – Annecy 16 – Bourg-en-Bresse 143 – Chambéry 43

Domaine du Chainet ch,

1421 rte du Chainet – 06 60 67 18 92 – www.domaine-du-chainet.fr

5 ch – 79/93 € 79/93 € **Table d'hôte** – Menu 22/29 €

◆ Au bout d'un petit chemin au cœur des prés et des bois, où l'on peut parfois apercevoir des biches... Entièrement rénovée en 2011, cette grande ferme en pierre se révèle confortable et douillette. Piscine, espace bien-être et, à la table d'hôte, agréable cuisine concoctée par la fille des propriétaires : du cachet, du charme et... la nature.

VIVÈS – 66 Pyrénées-Orientales – 344 H7 – rattaché au Boulou

VIVIERS – 07 Ardèche – 331 K7 – 3 867 h. – alt. 65 m – ✉ 07220 44 B3

Paris 618 – Lyon 163 – Marseille 167 – Montpellier 158

5, place Riquet, 04 75 52 77 00

Le Relais du Vivarais avec ch ch,

31 rte Nationale 86 – 04 75 52 60 41 – www.relaisduvivarais.fr – Fermé 17 mars-4 avril et 23 déc.-5 janv.

6 ch – 72 € 75/96 € – 10 €

Rest – *(fermé dim. soir sauf résidents)* – Formule 17 € – Menu 26/43 € – Carte 32/71 €

◆ Dans cette sympathique auberge familiale, la cuisine met en valeur le terroir et les produits régionaux, ne dédaignant pas, çà et là, quelques détours exotiques. Jolies chambres au décor sobre ; pain et confitures maison au petit-déjeuner.

VIVONNE – 86 Vienne – 322 H6 – 3 124 h. – alt. 103 m – ✉ 86370 39 C2

Poitou Vendée Charentes

Paris 354 – Angoulême 94 – Confolens 62 – Niort 67

place du Champ de Foire, 05 49 43 47 88, www.vivonne.fr

Le St-Georges ♿ AC rest, Wi-Fi VISA

Grande Rue, (près de l'église) – ✆ 05 49 89 01 89 – www.hotel-st-georges.com – Fermé 21 déc.-7 janv.

30 ch – 🛉50/65 € 🛉🛉57/77 € – ☕ 7 € – ½ P 45/64 €

Rest *(fermé dim. soir, sam. midi et vend. d' oct. à mars sauf résidents)* – Formule 12 € – Menu 16/31 € – Carte 29/46 €

◆ Ravaillac eut à Vivonne la terrible vision qui le conduisit au régicide... mais n'ayez crainte et dormez tranquille ! Dans cet hôtel, les chambres sont pratiques et bien tenues ; on peut aussi se restaurer d'une cuisine traditionnelle sans prétention.

VIVY – 49 Maine-et-Loire – **317** I5 – 2 279 h. – alt. 29 m – ✉ 49680 **35** C2

Paris 311 – Nantes 144 – Angers 57 – Saumur 12

Château de Nazé sans rest

– ✆ 02 41 51 80 91 – www.chateau-de-naze.com

4 ch ☕ – 🛉110 € 🛉🛉120 €

◆ Voilà un bel exemple de néogothique angevin, entouré de douves soit, mais avec piscine. Le parc est très fleuri, potager en sus. Chambres spacieuses et petit-déjeuner maison.

VOIRON – 38 Isère – **333** G5 – 20 400 h. – alt. 290 m – ✉ 38500 **45** C2

Alpes du Nord

Paris 546 – Chambéry 43 – Grenoble 29 – Lyon 85

30, cours Becquart Castelbon, ✆ 04 76 05 00 38, www.paysvoironnais.info

Caves de la Chartreuse★ - Massif de la Chartreuse★★.

près échangeur A 48 3 km par sortie n° 10

Palladior ♿ AC VISA AE

4 r. A. Bouffard Roupé – ✆ 04 76 06 47 47 – www.hotel-palladior-voiron.fr

82 ch – 🛉74/129 € 🛉🛉74/129 € – ☕ 11 €

Rest *(Fermé dim.)* – Formule 19 € – Menu 29/39 € – Carte 33/48 €

◆ À proximité de l'échangeur autoroutier, ce bâtiment récent – et cubique – abrite des chambres contemporaines, fonctionnelles et très bien équipées. Un petit côté design que l'on retrouve également au restaurant (menu terroir).

VOISINS-LE-BRETONNEUX – 78 Yvelines – **311** I3 – **101** 22 – voir à Paris, Environs (St-Quentin-en-Yvelines)

VOITEUR – 39 Jura – **321** D6 – 770 h. – alt. 260 m – ✉ 39210 **16** B3

Paris 409 – Besançon 79 – Dole 51 – Lons-le-Saunier 12

3, place de la Mairie, ✆ 03 84 44 62 47, www.hauteseille.com

Château Saint-Martin sans rest

par route de Lons-le-Saunier – ✆ 03 84 44 91 87 – www.juranatura.fr – Fermé déc.-janv.

4 ch ☕ – 🛉100 € 🛉🛉110 €

◆ Un petit château champêtre, des animaux dans le jardin, des propriétaires artistes (sculpture pour monsieur ; violon pour madame) : atmosphère conviviale garantie ! Les chambres cultivent leur élégance sobre, façon maison de famille (parquet, cheminées en marbre et meubles anciens) : on se sent bien.

VOLLORE-VILLE – 63 Puy-de-Dôme – **326** I8 – 713 h. – alt. 540 m – ✉ 63120 **6** C2

Paris 408 – Clermont-Ferrand 58 – Roanne 63 – Vichy 52

Château de Vollore sans rest VISA

– ✆ 04 73 53 71 06 – www.chateauvollore.com

5 ch ☕ – 🛉130/230 € 🛉🛉150/250 €

◆ Ce château avec vue sur le Sancy a appartenu aux La Fayette ! Salons en enfilade, plafond vertigineux et chambres avec lits à baldaquin : un voyage dans l'histoire.

VOLMUNSTER – 57 Moselle – 307 P4 – 874 h. – alt. 250 m – ✉ 57720 27 D1

Alsace Lorraine

Paris 431 – Metz 106 – Strasbourg 87

L'Argousier

1 r. de Sarreguemines – ✆ 03 87 96 28 99 – www.largousier.fr – Fermé mardi et merc.

Rest *(nombre de couverts limité, réserver)* – Formule 15 € – Menu 18 € (déj. en sem.), 28/53 € – Carte 45/58 €

◆ Dans ce restaurant contemporain, la cuisine du jeune chef valorise joliment les produits de saison et se révèle très convaincante. Les cuissons et assaisonnements sont justes, les présentations soignées ; quant au service, il est aux petits oignons !

VONNAS – 01 Ain – 328 C3 – 2 681 h. – alt. 200 m – ✉ 01540 43 E1

Bourgogne

Paris 409 – Bourg-en-Bresse 23 – Lyon 69 – Mâcon 21

rue du Moulin, ✆ 04 74 50 04 47, www.vonnas.com

Georges Blanc

pl. du Marché – ✆ 04 74 50 90 90 – www.georgesblanc.com – Fermé janv.

30 ch – †180/420 € ††180/420 € – 11 suites – ☕ 28 €

Rest *Georges Blanc* ✿✿✿ – voir les restaurants ci-après

◆ D'une génération à l'autre, Vonnas est devenu... Blanc. Cette hôtellerie de grande tradition cultive l'art de recevoir à la bressanne ! Luxe sans ostentation, bois, pierre, superbe parc : une image du terroir qui sait vivre avec son temps.

Résidence des Saules sans rest

pl. du Marché – ✆ 04 74 50 90 90 – www.georgesblanc.com – Fermé janv.

16 ch – †160/240 € ††160/240 € – 4 suites – ☕ 28 €

◆ Cette très jolie maison fleurie de géraniums est un peu l'annexe de l'hôtel Georges Blanc situé de l'autre côté de la place. Au-dessus de la boutique, les chambres sont confortables et ont même un balcon.

Georges Blanc – Hôtel Georges Blanc

✿✿✿ *pl. du Marché – ✆ 04 74 50 90 90 – www.georgesblanc.com – Fermé janv., merc. midi, jeudi midi, lundi et mardi*

Rest *(nombre de couverts limité, réserver)* – Menu 130/210 € – Carte 165/270 €

Spéc. Éclaté de homard confit au vin jaune, raviole à l'oseille et parure sylvestre. Volaille de Bresse sauce foie gras au champagne, royale de foies blonds. Caprice exotique autour de la mangue et de l'ananas. **Vins** Mâcon Azé, Moulin à Vent.

◆ Sa propre grand-mère avait été sacrée "meilleure cuisinière du monde" par Curnonsky. La tradition reste reine à Vonnas, sans être figée ! L'inspiration de Georges Blanc, c'est la Bresse et sa poularde, les sauces aux goûts profonds, les cuissons savantes qui révèlent les saveurs… Le plaisir de manger, tout simplement.

L'Ancienne Auberge

pl. du Marché – ✆ 04 74 50 90 50 – www.georgesblanc.com – Fermé janv.

Rest – Formule 22 € – Menu 34 € (sem.), 37/55 € – Carte 41/64 €

◆ Bistrot au décor rétro en mémoire de l'auberge – ex-fabrique de limonade – ouverte par la famille Blanc à la fin du 19e s. (photos et affiches anciennes). Cuisine régionale.

VOSNE-ROMANEE – 21 Côte-d'Or – 320 J7 – 427 h. – alt. 242 m – ✉ 21700 8 D1

Paris 330 – Chalon-sur-Saône 49 – Dijon 21 – Dole 71

Le Richebourg

ruelle du Pont – ✆ 03 80 61 59 59 – www.hotel-lerichebourg.com – Fermé 10-27 déc.

24 ch – †149/299 € ††149/299 € – 2 suites – ☕ 16 €

Rest *Le Vintage* – Formule 19 € bc – Menu 24/49 € – Carte 22/49 €

◆ Au cœur de ce village aux crus si célèbres, un hôtel actuel avec des chambres spacieuses et sobres. Côté détente, rien ne manque : institut de beauté, sauna, hammam... et caviste.

VOUGEOT – 21 Côte-d'Or – 320 J6 – 201 h. – alt. 239 m – ✉ 21640 8 D1

Bourgogne

Paris 325 – Beaune 27 – Dijon 17

Château du Clos de Vougeot★ O.

Le Clos de la Vouge

1 r. du Moulin – ☎ 03 80 62 89 65 – www.hotel-closdelavouge.com – Fermé 20 déc.-3 fév.

10 ch – †59/114 € ††59/114 € – ☐ 9 € – ½ P 62/89 €

Rest *(fermé mardi midi, merc. midi et lundi)* – Formule 14 € – Menu 23 € (sem.), 30/38 € – Carte 27/57 €

◆ Une ancienne ferme à l'entrée du village. Les chambres, petites mais coquettes, sont toutes différentes ("Savane", "Marine"...) et donnent de plain-pied sur la cour ; l'atmosphère est familiale et la tenue parfaite.

Vougeot sans rest

18 r. du Vieux-Château – ☎ 03 80 62 01 15 – www.hotel-vougeot.com – Fermé 21 déc.-20 janv.

16 ch – †62/120 € ††62/120 € – ☐ 10 €

◆ Au cœur d'un domaine viticole, ce petit hôtel a du charme. Chambres sobres et agréables, dont quelques-unes avec terrasse sur les vignes ; cave de dégustation, assiettes de charcuterie et fromages régionaux sur demande... convivialité !

à Gilly-lès-Cîteaux 2 km à l'Est par D 251 – 603 h. – alt. 227 m – ✉ 21640

Château de Gilly

– ☎ 03 80 62 89 98 – www.chateau-gilly.com

37 ch – †132/355 € ††132/355 € – 11 suites – ☐ 24 € – ½ P 109/220 €

Rest ***Clos Prieur*** – voir les restaurants ci-après

◆ Dans cet ensemble cistercien des 14e-17es. règne la plus grande quiétude ! On musarde dans le parc à la française, on fait quelques brasses, puis on paresse près du bassin à truites... avant de trouver un parfait repos dans l'une des chambres – charmantes et raffinées – ou même les somptueuses suites.

L'Orée des Vignes sans rest

6 rte d'Épernay – ☎ 03 80 62 49 77 – www.oreedesvignes.com – Fermé 17 déc.-9 janv.

26 ch – †72/125 € ††72/125 € – ☐ 11 €

◆ Dans cette ferme du 16es. entièrement rénovée, les chambres sont assez spacieuses, fonctionnelles et bien tenues, à prix doux... Et il y a même un bar à vins dans le caveau.

Clos Prieur – Hôtel Château de Gilly

– ☎ 03 80 62 89 98 – www.chateau-gilly.com

Rest – Menu 29 € (déj.), 54/72 € – Carte 67/86 €

◆ Dans cette belle salle voûtée d'ogives – jadis cellier des moines (14es.) –, on savoure une agréable cuisine gastronomique et l'on se sent vite d'humeur romantique et châtelaine.

à Flagey-Échezeaux 3 km au Sud-Est par D 971 et D 109 – 502 h. – alt. 227 m – ✉ 21640

Losset sans rest

10 pl. de l'Église – ☎ 03 80 62 46 00 – www.hotel-losset-bourgogne.com

7 ch – †85 € ††85/130 € – ☐ 12 €

◆ Face à l'église, un hôtel familial avec des chambres confortables, dans un style rustique et chaleureux (poutres, mobilier d'ébéniste, parquet...). Note gourmande : le petit-déjeuner est très copieux.

Petit Paris sans rest

6 r. du Petit-Paris – ☎ 03 80 62 84 09 – www.petitparis.bourgogne.free.fr

4 ch ☐ – †80/85 € ††80/85 €

◆ Un grand parc, une atmosphère bucolique et un accueil charmant : une vraie maison de campagne que cette bâtisse du 17es. Artiste, la propriétaire organise des ateliers de peinture et mosaïque pour enfants et adultes... Mettez-vous au vert !

Simon

12 pl. de l'Église – ✆ 03 80 62 88 10 – www.restaurant-simon.fr
– Fermé 1er-14 août, 21-28 déc., 15 fév.-5 mars, dim. soir et merc.
Rest *(nombre de couverts limité, réserver)* – Menu 20 € (sem.), 37/40 €
– Carte 50/80 €

◆ Dans cette sympathique auberge au cœur du village, on mange bien et à bon compte. Le chef concocte une appétissante cuisine traditionnelle à base de beaux produits, qui ravit touristes et fidèles.

VOUGY – 74 Haute-Savoie – **328** L4 – rattaché à Bonneville

VOUHÉ – 17 Charente-Maritime – **324** F3 – 593 h. – alt. 22 m – ✉ 17700 **38** B2

Paris 444 – Niort 35 – Poitiers 111 – La Rochelle 36

Villa Cécile sans rest

1 r. de Puyravault – ✆ 05 46 00 61 50 – www.lavillacecile.fr
3 ch – 90/120 € 100/130 €

◆ Un sympathique petit village et cette belle maison d'architecte, respectueuse du style local et très cosy... Béton ciré, mobilier contemporain et grand confort dans les chambres, sauna et jacuzzi dans le jardin : idéal pour se ressourcer !

VOUILLÉ – 86 Vienne – **322** G5 – 3 415 h. – alt. 118 m – ✉ 86190 **39** C1

Paris 345 – Châtellerault 46 – Parthenay 34 – Poitiers 18

10, place de l'Eglise, ✆ 05 49 51 06 69, www.tourisme-vouille.fr

Cheval Blanc avec ch

3 r. de la Barre – ✆ 05 49 51 81 46 – www.cheval-blanc-clovis.fr
– Fermé 25 juin-8 juil. et 26 fév.-11 mars
13 ch – 57 € 57 € – 7 € – ½ P 50 €
Rest – Formule 12 € – Menu 18 € (sem.), 25/41 € – Carte 24/47 €

◆ Sablé d'escargot, noisette d'agneau, crème au chocolat amer... Étape revigorante dans cet hôtel-restaurant traditionnel, grand ouvert sur la rivière voisine.

Le Clovis

29 ch – 57 € 57 € – 7 € – ½ P 50 €

◆ À 100 m de la maison mère, des chambres très simples mais bien tenues.

VOUTENAY-SUR-CURE – 89 Yonne – **319** F6 – 207 h. – alt. 130 m **7** B2
– ✉ 89270

Paris 206 – Auxerre 37 – Avallon 15 – Vézelay 15

Auberge Le Voutenay avec ch

– ✆ 03 86 33 51 92 – www.aubergelevoutenay.com
– Fermé 25 juin-3 juil., 1er-19 janv., dim. soir, lundi et mardi
7 ch – 52/70 € 52/72 € – 9 € – ½ P 65 €
Rest *(nombre de couverts limité, réserver)* – Formule 10 € – Menu 28/50 €

◆ Dans cette auberge du 18e s. bordant la route, il règne une plaisante atmosphère rustique, propice à la dégustation d'une cuisine traditionnelle et sympathique. Joli parc, coin bistrot et petite boutique de produits du terroir. Chambres simples et bien tenues.

VOUVRAY – 37 Indre-et-Loire – **317** N4 – 3 088 h. – alt. 55 m **11** B2
– ✉ 37210 Châteaux de la Loire

Paris 240 – Amboise 18 – Blois 51 – Château-Renault 25

12, rue Rabelais, ✆ 02 47 52 68 73, www.tourismevouvray-valdeloire.com

Domaine des Bidaudières sans rest

r. de Peu Morier, rte de Vernou-sur-Brenne, par D 46
– ✆ 02 47 52 66 85 – www.bidaudieres.com
5 ch – 90/110 € 125/135 €

◆ Quel charme ! Ce beau castel en tuffeau du 18es. domine la vallée de son parc somptueux. Toile de Jouy et meubles chinés dans les chambres, belle piscine et orangerie.

VOVES – 28 Eure-et-Loir – **311** F6 – 2 910 h. – alt. 146 m – ✉ 28150 **12** C1

Paris 99 – Ablis 36 – Bonneval 23 – Chartres 25

Le Quai Fleuri

15 r. Texier Gallas – ☎ 02 37 99 15 15 – www.quaifleuri.com

21 ch – †72/92 € ††82/152 € – 4 suites – ☕ 12 € – ½ P 83 €

Rest *(fermé dim. soir)* – Formule 23 € – Menu 30/70 € bc – Carte 60/70 €

♦ Bonne surprise, ce village verdoyant tranche au milieu de la plaine beauceronne, si uniforme... On y trouve cet hôtel récent, flanqué d'un moulin reconstitué, emblème de la région, et son restaurant. Pour plus d'espace et un accès sur le parc, préférez les chambres de l'annexe.

VRON – 80 Somme – **301** D6 – 850 h. – alt. 15 m – ✉ 80120 **36** A1

Paris 211 – Abbeville 27 – Amiens 76 – Berck-sur-Mer 17

L'Hostellerie du Clos du Moulin

1 r. Maréchal Leclerc – ☎ 03 22 23 74 75 – www.leclosdumoulin.fr

15 ch ☕ – †79/99 € ††99/139 € – ½ P 95 €

Rest – Formule 21 € – Menu 28/64 € – Carte 39/54 €

♦ Un beau jardin, des poutres et des vieilles pierres... du cachet ! Les chambres de ce joli domaine allient douceur champêtre et confort moderne. Pour rêver "de la Picardie et des roses que l'on trouve là-bas"...

WAHLBACH – 68 Haut-Rhin – **315** I11 – rattaché à Altkirch

WAILLY-BEAUCAMP – 62 Pas-de-Calais – **301** D5 – 981 h. – ✉ 62170 **30** A2

Paris 214 – Amiens 86 – Arras 89 – Lille 139

La Prairière sans rest

– ☎ 03 21 81 02 99 – http://laprairiere.com – Fermé 15 nov.-20 fév.

4 ch ☕ – †100/120 € ††100/120 €

♦ Une ancienne ferme (15^{e}s.) réhabilitée avec goût. Salon feutré avec une superbe cheminée en brique et pierre ; jolies chambres meublées d'ancien et de contemporain.

WANGENBOURG – 67 Bas-Rhin – **315** H5 – 1 383 h. – alt. 452 m **1** A1
– ✉ 67710 Alsace Lorraine

Paris 469 – Molsheim 30 – Sarrebourg 36 – Saverne 19

Région de Dabo-Wangenbourg★★.

Parc Hôtel

39 r. du Gén.-de-Gaulle – ☎ 03 88 87 31 72 – www.parchotelalsace.com – Ouvert 25 mars-5 nov.

29 ch – †74/104 € ††74/110 € – ☕ 12 € – ½ P 67/82 €

Rest *(fermé le midi en sem.)* – Menu 20/43 € – Carte 28/40 €

♦ Cette grande maison vosgienne se dresse dans un parc peuplé d'arbres centenaires, propice à la sérénité... Accueil chaleureux, chambres spacieuses et confortables (modernes ou de style). Cuisine traditionnelle dans un cadre cossu.

LA WANTZENAU – 67 Bas-Rhin – **315** K5 – rattaché à Strasbourg

WENGELSBACH – 67 Bas-Rhin – **315** K2 – rattaché à Niedersteinbach

WESTHALTEN – 68 Haut-Rhin – **315** H9 – 922 h. – alt. 240 m **1** A3
– ✉ 68250 Alsace Lorraine

Paris 480 – Colmar 22 – Guebwiller 11 – Mulhouse 28

Auberge du Cheval Blanc avec ch

20 r. de Rouffach – ☎ 03 89 47 01 16 – www.auberge-chevalblc.com – Fermé 25 juin-6 juil., 2-27 janv., lundi et mardi

11 ch – †90 € ††100/140 € – ☕ 13 € – ½ P 112/125 €

Rest – Menu 26 € (déj. en sem.), 37/85 € – Carte 55/85 €

♦ Une maison cossue, tenue par la même famille de vignerons depuis 1785. Le repas s'accompagne évidemment de beaux vins d'Alsace, dont ceux de la propriété. Les chambres sont confortables, spacieuses et calmes.

WETTOLSHEIM – 68 Haut-Rhin – **315** H8 – rattaché à Colmar

WEYERSHEIM – 67 Bas-Rhin – **315** K4 – 3 266 h. – alt. 140 m – ✉ 67720 **1** B1

▶ Paris 486 – Haguenau 18 – Saverne 49 – Strasbourg 21

Auberge du Pont de la Zorn

2 r. République – ✆ 03 88 51 36 87 – Fermé 16-31 août, 23 fév.-8 mars, le midi sauf dim. et merc. soir

Rest *(réserver)* – Menu 28 € – Carte 20/38 €

◆ Reproductions de dessins signés Hansi, objets anciens, spécialités régionales et tartes flambées servies le soir : un concentré d'Alsace ! Bucolique terrasse en bord de Zorn.

WIERRE-EFFROY – 62 Pas-de-Calais – **301** D3 – 803 h. – alt. 28 m – ✉ 62720 **30** A2

▶ Paris 262 – Calais 29 – Abbeville 88 – Boulogne-sur-Mer 14

La Ferme du Vert

r. du Vert – ✆ 03 21 87 67 00 – www.fermeduvert.com – Fermé 1er-8 oct., 23 déc.-15 janv. et dim. sauf juil.-août

16 ch – †67/130 € ††72/130 € – 1 suite – ☐ 13 € – ½ P 74/93 €

Rest *La Ferme du Vert* – voir les restaurants ci-après

◆ Le calme et la campagne réunis dans ce corps de ferme typiquement boulonnais (1809). Les chambres sont décorées avec goût et simplicité : idéal pour un séjour au vert.

Le Beaucamp sans rest

1 km au Sud par D 232 (rte de Wimille) – ✆ 03 21 30 56 13 – www.lebeaucamp.com – Ouvert 1er mars-15 nov.

5 ch ☐ – †90 € ††120 €

◆ Manoir familial (1850) au milieu d'un grand parc aux arbres centenaires. Vieux objets, tableaux, mobilier ancien forment un ensemble plaisant, et le confort est au rendez-vous !

La Ferme du Vert – Hôtel La Ferme du Vert

r. du Vert – ✆ 03 21 87 67 00 – www.fermeduvert.com – Fermé 1er-8 oct., 23 déc.-15 janv., sam. midi, lundi midi et dim.

Rest – Menu 26/49 € – Carte 29/58 €

◆ Dans le cadre de cette ancienne ferme du 19e s., sous l'égide de trois frères, une fromagerie artisanale en activité, et cet agréable restaurant où l'on déguste des petits plats traditionnels soignés et savoureux. Vente à emporter.

WIHR-AU-VAL – 68 Haut-Rhin – **315** H8 – rattaché à Munster

WILLGOTTHEIM – 67 Bas-Rhin – **315** J4 – 1 095 h. – alt. 240 m – ✉ 67370 **1** A1

▶ Paris 463 – Metz 138 – Saarbrücken 94 – Strasbourg 33

La Cour de Lise avec ch — rest, ch,

26 r. Principale – ✆ 03 88 64 93 36 – www.lacourdelise.fr – Fermé lundi et mardi

5 ch ☐ – †80 € ††90/120 €

Rest *(fermé 1 sem. en mars, 1 sem. en juin, 1 sem. en sept. et 1 sem. en fév.) (nombre de couverts limité, réserver)* – Formule 15 € – Menu 28/50 € – Carte 28/56 €

◆ Une auberge devenue ferme, puis retournée à ses premières amours. Dans une salle coquette, on savoure une cuisine traditionnelle, tout en raffinement ; l'accueil est charmant. Pour l'étape, chambres d'esprit contemporain.

WILLIERS – 08 Ardennes – **306** N4 – 42 h. – alt. 277 m – ✉ 08110 **14** C1

▶ Paris 277 – Châlons-en-Champagne 174 – Charleville-Mézières 57 – Arlon 44

Chez Odette

18 r. de l'Ancien Lavoir – ✆ 03 24 55 49 55 – www.chez-odette.com – 12-27 mars, 20 août-4 sept.

9 ch – †175 € ††265 € – ☐ 19 € **Rest** *(fermé lundi et mardi)* – Carte 35/68 €

◆ Odette tenait autrefois cette auberge, devenue aujourd'hui un hôtel plein de charme. Luxueuses, design, embellies d'objets chinés, les chambres surprennent dans ce petit village. À noter : au restaurant et au café, on sert les mêmes plats et boissons qu'à l'époque d'Odette...

WIMEREUX – 62 Pas-de-Calais – **301** C3 – 7 386 h. – alt. 7 m **30** A2
– ✉ 62930 Nord Pas-de-Calais Picardie

Paris 269 – Arras 125 – Boulogne-sur-Mer 7 – Calais 33

quai Alfred Giard, ☎ 03 21 83 27 17, www.wimereux-tourisme.fr

Atlantic Hôtel
digue de mer – ☎ 03 21 32 41 01 – www.atlantic-delpierre.com
18 ch – 150/200 € 150/200 € – 13 €
Rest ***La Liégeoise*** **Rest** ***L'Aloze*** – voir les restaurants ci-après
◆ Sur la digue du front de mer, cet hôtel toise la Manche ! On observe les flots à loisir depuis toutes les chambres, modernes et fonctionnelles.

Du Centre
78 r. Carnot – ☎ 03 21 32 41 08 – www.hotelducentre-wimereux.fr – Fermé 17 déc.-27 janv.
23 ch – 71 € 74 € – 10 €
Rest ***Du Centre*** – voir les restaurants ci-après
◆ Sur la rue principale de cette station balnéaire de la Côte d'Opale, on reconnaît cet hôtel à sa façade ancienne. Les chambres sont fonctionnelles et plutôt calmes pour un établissement de centre-ville. Et la mer n'est pas loin...

La Liégeoise – Atlantic Hôtel
digue de mer – ☎ 03 21 32 41 01 – www.atlantic-delpierre.com – Fermé fin janv. et fév., dim. soir et lundi midi sauf fériés
Rest – Menu 29 € (déj. en sem.), 36/79 € – Carte 62/88 €
◆ En étage, sur la digue : difficile d'échapper au panorama sur la mer ! Le décor contemporain, tout en gris et vert, fait un bel écho aux tons de la Manche... On y apprécie huîtres chaudes, turbot, agneau aux olives, etc. Pour parfaire le tout, réservez une chambre côté mer.

Épicure (Philippe Carrée)
1 r. Pompidou – ☎ 03 21 83 21 83 – Fermé 30 août-13 sept., 22 déc.-4 janv., merc. soir et dim.
Rest *(nombre de couverts limité, réserver)* – Menu 26 € (sem.)/42 € – Carte 40/65 €
Spéc. Foie gras de canard poêlé, huîtres, cresson et sauce orange acidulée (oct. à mars). Turbot sauvage, épeautre et champignons (mai à sept.). Crème d'amande, framboises au naturel et en coulis (mai à sept.).
◆ En centre-ville, derrière une façade discrète, un petit restaurant au cadre intime et feutré. Attrayante cuisine du moment, axée sur les produits de la mer.

Du Centre – Hôtel Du Centre
78 r. Carnot – ☎ 03 21 32 41 08 – www.hotelducentre-wimereux.fr – Fermé 17 déc.-27 janv. et lundi
Rest – Formule 19 € – Menu 24/31 € – Carte 24/40 €
◆ Un joli bistrot avec banquettes rouges, panneaux de bois, appliques rétro, etc. La carte elle aussi fait dans la tradition, proposant carbonade, sole meunière, moules-frites, etc.

L'Aloze – Atlantic Hôtel
digue de mer – ☎ 03 21 32 41 01 – www.atlantic-delpierre.com – Fermé fin janv.-fév., dim. soir et lundi sauf fériés
Rest – Menu 23/37 €
◆ Ambiance décontractée dans cette grande salle moderne, ouverte sur la mer. La carte est traditionnelle : bulots, crevettes, huîtres de Normandie, bar à la plancha, etc. Si vous le souhaitez, apéritif ou café en terrasse, au-dessus de la plage.

WINKEL – 68 Haut-Rhin – **315** H12 – 359 h. – alt. 575 m – ✉ 68480 **1** A3

Paris 466 – Altkirch 23 – Basel 35 – Belfort 50

Au Cerf avec ch
3 r. Principale – ☎ 03 89 40 85 05
6 ch – 46 € 52 € – 7,50 € – ½ P 50/55 €
Rest *(fermé dim. soir, lundi et jeudi)* – Formule 13 € – Menu 28/57 € – Carte 29/37 €
◆ À deux pas de la source de l'Ill, cette auberge accueillante prend des allures de winstub cossue. On y savoure une agréable cuisine traditionnelle ; pour l'étape, les chambres, situées sous les combles, sont plaisantes.

WISSEMBOURG – 67 Bas-Rhin – 315 L2 – 7 880 h. – alt. 157 m – ✉ 67160 Alsace Lorraine 1 B1

Paris 512 – Haguenau 33 – Karlsruhe 42 – Sarreguemines 80

9, place de la République, ✆ 03 88 94 10 11, www.ot-wissembourg.fr

Vieille ville★ : église St-Pierre et St-Paul★.

Village★★ d'Hunspach 11 km par ②.

Au Moulin de la Walk

2 r. Walk – ✆ 03 88 94 06 44 – www.moulin-walk.com – Fermé 10-31 janv. **As**

25 ch – 62 € 70/75 € – 9 € – ½ P 80 €

Rest *Au Moulin de la Walk* – voir les restaurants ci-après

◆ Au bord d'une rivière, ces trois bâtiments ont été aménagés sur les vestiges d'un moulin dont la roue tourne encore. Dans les chambres, le bois brut donne un côté chaleureux à la déco : une adresse sympa pour une étape comme pour un séjour.

Hostellerie du Cygne avec ch

AC rest, VISA MC AE

3 r. Sel – ✆ 03 88 94 00 16 – www.hostellerie-cygne.com – Fermé 4-19 juil., 7-22 nov. et 15 fév.-1er mars **Ba**

23 ch – 55/150 € 55/200 € – 10 € – ½ P 55/120 €

Rest *(fermé jeudi midi, dim. soir et merc.)* – Formule 14 € – Menu 27/65 € – Carte 35/60 €

◆ Au cœur du pittoresque Wissembourg, hostellerie aménagée dans plusieurs maisons anciennes. Cuisine traditionnelle servie à la winstub ou dans une salle de style alsacien Renaissance. Chambres agréables et confortables.

L'Ange

VISA MC

2 r. de la République – ✆ 03 88 94 12 11 – www.restaurant-ange.com – Fermé 15-30 juin, 5-12 sept., 16 fév.-4 mars, dim. soir sauf juil.-août, lundi et mardi

Rest – Menu 29/40 € – Carte 37/52 € **Bu**

◆ Spécialité de cet Ange ? La bonne choucroute maison, à déguster dans une atmosphère alsacienne ou plus classique. Dans cette maison de 1617, on se régale aussi de plats actuels.

Au Moulin de la Walk – Hôtel Au Moulin de la Walk

2 r. Walk – ✆ 03 88 94 06 44 – www.moulin-walk.com – Fermé 6-20 juil., 10-31 janv., vend. midi, dim. soir et lundi **As**

VISA MC AE

Rest – Menu 34/50 € – Carte 30/55 €

◆ Dans ce restaurant aux allures rustiques, on n'hésite pas à décliner le foie gras sous toutes ses formes et à honorer la cuisine traditionnelle (côte de veau et spaetzle, saumon, käseknepfle et beurre blanc, etc.), tout comme le bon vin.

Le Carrousel Bleu

17 r. Nationale – ✆ 03 88 54 33 10 – www.le-carrousel-bleu.fr – Fermé 1er-15 août, dim. et le soir en sem. **Bd**

Rest – Formule 13 € – Menu 28/40 € – Carte 28/40 €

◆ Une adresse familiale (lui en cuisine ; elle en salle) dans une maison du 18e s. Carte dans l'air du temps (carpaccio de canard, raviolis de ricotta...) ; cadre moderne.

à Altenstadt **2 km par ② – ✉ 67160**

Rôtisserie Belle Vue

1 r. Principale – ✆ 03 88 94 02 30 – www.bellevue-wiss.fr – Fermé 6-30 août, 20 fév.-8 mars, dim. soir, lundi et mardi

Rest – Menu 27/55 € – Carte 27/58 €

◆ Dans cette grande maison familiale, on est reçu chaleureusement et on savoure une cuisine traditionnelle dans une atmosphère cossue. Plats du jour servis au bar-winstub.

XONRUPT-LONGEMER – 88 Vosges – 314 J4 – rattaché à Gérardmer

YERVILLE – 76 Seine-Maritime – 304 F4 – 2 281 h. – alt. 156 m – ✉ 76760 33 C1

Paris 164 – Dieppe 44 – Fécamp 48 – Le Havre 69

de Yerville, 367 rue des Acacias, NO : 0,5 km, ✆ 02 32 70 15 49

Hostellerie des Voyageurs

3 r. Jacques Ferny – ✆ 02 35 96 82 55 – www.hostellerie-voyageurs.com – Fermé dim. soir et lundi sauf fériés

Rest – Formule 15 € – Menu 27/49 € – Carte environ 48 €

◆ Voilà une belle maison du 19es., engageante avec ses colombages peints en bleu et son intérieur joliment rustique. Le chef (et patron) concocte une cuisine traditionnelle. Pour l'apéritif et le café, profitez de la terrasse côté jardin.

YEU (ÎLE D') – 85 Vendée – 361 BC7 – voir à Île d'Yeu

YGRANDE – 03 Allier – 326 E3 – 759 h. – alt. 333 m – ✉ 03160 5 B1

Paris 310 – Clermont-Ferrand 111 – Moulins 34 – Montluçon 41

Château d'Ygrande

Le Mont, 4 km à l'Est par D 192 et rte secondaire – ✆ 04 70 66 33 11 – www.chateauygrande.fr – Fermé janv., fév., mardi midi, dim. soir et lundi sauf juil.-août

19 ch – †135/255 € ††135/255 € – ☕ 16 € – ½ P 112/194 €

Rest *Château d'Ygrande* – voir les restaurants ci-après

◆ Charme et élégance règnent dans ce château des années 1830. Des séjours à thème sont proposés (équitation, randonnée) et le panorama sur la campagne est exquis.

Château d'Ygrande

Le Mont, 4 km à l'Est par D 192 et rte secondaire – ✆ 04 70 66 33 11 – www.chateauygrande.fr – Fermé janv., fév., mardi midi, dim. soir et lundi sauf juil.-août

Rest – Menu 30/72 € – Carte environ 58 €

◆ Du style ! Directoire pour être exact et... vraiment élégant. La cuisine est classique et fait la part belle aux produits du potager. Un bon moment.

YSSINGEAUX – 43 Haute-Loire – 331 G3 – 6 936 h. – alt. 829 m – ✉ 43200 Lyon Drôme Ardèche 6 C3

Paris 565 – Ambert 73 – Privas 98 – Le Puy-en-Velay 27

16, place Foch, ✆ 04 71 59 10 76, www.cc-des-sucs.fr

Le Bourbon AC rest, VISA MC AE

5 pl. de la Victoire – ✆ 04 71 59 06 54 – www.le-bourbon.com – Fermé 21 juin-4 juil., 7-17 oct., 22 déc.-23 janv., dim. soir, mardi midi et lundi

11 ch – 68/80 € 78/90 € – ☕ 12 € – ½ P 63/68 €

Rest – Formule 13 € – Menu 22/56 € – Carte 42/51 €

◆ Sur une agréable place du village, cette auberge est bien accueillante. À l'intérieur : une véritable explosion de couleurs, avec des chambres gaies et bien équipées. Le petit-déjeuner, à base de produits locaux, est très copieux ! Le restaurant privilégie également les petits producteurs.

YVETOT – 76 Seine-Maritime – 304 E4 – 11 596 h. – alt. 147 m 33 C1

– ✉ 76190 Normandie Vallée de la Seine

Paris 171 – Dieppe 57 – Fécamp 35 – Le Havre 58

8, place Maréchal Joffre, ✆ 02 35 95 08 40, www.tourisme-yvetot.fr

de Yerville, à Yerville, 367 rue des Acacias, NE: 13 km, ✆ 02 32 70 15 49

Verrières★★ de l'église St-Pierre.

L'OH VISA MC AE

2 r. Guy-de-Maupassant – ✆ 02 35 95 16 77 – www.hotel-du-havre.fr

23 ch – 54/76 € 54/96 € – ☕ 10 € – ½ P 55/88 €

Rest ***L'OH*** – voir les restaurants ci-après

◆ Une ambiance conviviale vous attend dans cet hôtel familial du centre-ville. Les chambres, toutes différentes, sont de bon confort et décorées avec soin.

Le Manoir aux Vaches P VISA MC AE

8 r. Felix-Faure – ✆ 02 35 95 65 65 – www.lemanoirauxvaches.com

9 ch – 86/96 € 96/126 € – ☕ 15 €

◆ Normande, Limousine, Charolaise... De belles chambres avec une mezzanine, toutes décorées avec goût et originalité sur le thème de la vache !

L'OH VISA MC AE

2 r. Guy-de-Maupassant – ✆ 02 35 95 16 77 – www.hotel-du-havre.fr – Fermé vend. soir, sam. soir de nov. à Paques et dim.

Rest – Menu 22/26 € – Carte 30/48 €

◆ Ce restaurant d'hôtel (du même nom) épouse un style bourgeois plutôt classique, mais avec fantaisie ! En effet, la décoration change avec le calendrier... pour Noël, Pâques, etc. Quant à la cuisine, elle est traditionnelle.

au Sud-Est 5 km sur D 5 – ✉ 76190 Yvetot

Auberge du Val au Cesne avec ch P VISA MC AE

rte Duclair – ✆ 02 35 56 63 06 – www.valaucesne.fr – Fermé 20 août-2 sept. et 9-29 janv.

5 ch – 90 € 90 € – ☕ 10 € – ½ P 83 €

Rest *(fermé lundi et mardi)* – Menu 28 € – Carte 44/67 €

◆ En pleine campagne, cette ravissante auberge normande du 17^{e}s. propose, dans six petites salles rustiques (meubles anciens, cheminées), sa cuisine traditionnelle du marché (terrine maison, canette à l'orange, sole meunière...). Les chambres, tendues de tissus à motifs anciens, sont douillettes à souhait.

à Motteville 9 km à l'Est par D 929 et D 20 – 741 h. – alt. 160 m – ✉ 76970

Auberge du Bois St-Jacques P VISA MC AE

à la gare – ✆ 02 35 96 83 11 – www.aubergebsj.com – Fermé 3 sem. en août, 1 sem. en fév., dim. soir, lundi soir et mardi

Rest – Formule 11 € – Menu 17 € (sem.), 26/46 € – Carte environ 36 €

◆ Ancien buffet de gare (1850), ce restaurant traditionnel et régional possède deux salles : rustique (poutres, cuivres) ou en rotonde, plus actuelle et lumineuse. La spécialité du fils du patron, peintre à ses heures : les macarons.

YVOIRE – 74 Haute-Savoie – 328 K2 – 817 h. – alt. 380 m – ✉ 74140 46 F1

Alpes du Nord

Paris 563 – Annecy 71 – Bonneville 41 – Genève 26

place de la Mairie, ☎ 04 50 72 80 21, www.yvoiretourism.com

Village médiéval★★ : jardin des Cinq Sens★.

Villa Cécile

156 rte de Messery, par D 25 – ☎ 04 50 72 27 40 – www.villacecile.com – Fermé 3 janv.-7 fév.

15 ch – †140/260 € ††140/260 € – ☕ 17 €

Rest *(fermé lundi)* – Formule 25 € – Menu 36/57 € – Carte 47/75 €

◆ Non loin de la cité médiévale, une villa toute neuve (2008), fraîche et cossue. Piscines, jacuzzi, sauna, hammam et sympathique restaurant : détente assurée et... repos mérité dans l'une des très confortables chambres (lits king size) d'esprit marin ou "campagne chic".

Les Flots Bleus

r. du Port – ☎ 04 50 72 80 08 – www.flotsbleus-yvoire.com – Ouvert d'avril à oct.

17 ch – †110/195 € ††110/195 € – ☕ 15 €

Rest ***Les Flots Bleus*** – voir les restaurants ci-après

◆ Vue imparable sur le lac Léman, terrasse ou balcon, raffinement (parquet, mobilier en bois), équipements et confort au top : les chambres de cet hôtel élégant ne manquent pas d'atouts.

Le Pré de la Cure

pl. de la Mairie – ☎ 04 50 72 83 58 – www.pre-delacure.com – Ouvert 8 mars-4 nov.

25 ch – †75/100 € ††86/117 € – ☕ 10 € – ½ P 84/90 €

Rest ***Le Pré de la Cure*** – voir les restaurants ci-après

◆ À l'entrée de la cité médiévale. De grandes chambres contemporaines et épurées, avec vue sur le lac ou le jardin ; une piscine couverte et un jacuzzi... Un lieu agréable et vraiment reposant. Et pour déjeuner ou dîner, le restaurant est épatant !

Le Pré de la Cure – Hôtel Le Pré de la Cure

pl. de la Mairie – ☎ 04 50 72 83 58 – www.pre-delacure.com – Ouvert 8 mars-4 nov.

Rest – Menu 20 € (sem.), 27/49 € – Carte 35/60 €

◆ Une plongée dans le Léman ! Évidemment, il y a la vue, superbe, mais pas seulement... Le chef réalise une cuisine axée sur les produits de la pêche du lac et concocte des petits plats régionaux bien gourmands.

Vieille Porte

2 pl. de la Mairie – ☎ 04 50 72 80 14 – www.la-vieille-porte.com – Fermé 15 nov.-15 fév. et lundi sauf juil.-août

Rest – Formule 20 € – Menu 26/40 € – Carte environ 50 €

◆ Maison du 14e s. appartenant à la même famille depuis 1587. Tomettes, poutres et pierres, terrasse à l'ombre des remparts : rien ne manque, et tout cela accompagne à merveille la sympathique cuisine traditionnelle et régionale du chef.

Du Port avec ch

r. du Port – ☎ 04 50 72 80 17 – www.hotelrestaurantduport-yvoire.com – Ouvert 1er mars-31 oct.

7 ch – †120/220 € ††120/220 € – ☕ 15 €

Rest *(fermé merc. sauf de mai à sept.)* – Menu 37/54 € – Carte 46/67 €

◆ Plat phare de la maison ? La perche du Léman... Les autres poissons du lac ne sont évidemment pas en reste, et il fait bon les savourer dans cette jolie auberge du port de plaisance. Dans l'une des salles, on a presque les pieds dans l'eau ! Belles chambres de style lacustre.

Les Flots Bleus – Hôtel Les Flots Bleus

r. du Port – ☎ 04 50 72 80 08 – www.flotsbleus-yvoire.com – Ouvert d'avril à oct.

Rest – Menu 25 € (sem.), 35/89 € – Carte 36/87 €

◆ Tel un navire au bord du Léman, une superbe terrasse et une carte qui met en appétit. Le chef donne la priorité aux petits producteurs locaux et concocte une belle cuisine traditionnelle, généreuse et soignée.

YVOY-LE-MARRON – 41 Loir-et-Cher – **318** I6 – 609 h. – alt. 129 m – ✉ 41600 **12** C2

▶ Paris 163 – Blois 45 – La Ferté-St-Aubin 13 – Orléans 35

ℹ route de Chaumont, ✆ 02 54 88 07 14

Auberge du Cheval Blanc

1 pl. du Cheval-Blanc – ✆ 02 54 94 00 00 – www.aubergeduchevalblanc.com – Fermé 26 fév.-17 mars et 18 déc.-5 janv.

15 ch – †75 € ††95/100 € – ☕ 14 € – ½ P 93 €

Rest *Auberge du Cheval Blanc* – voir les restaurants ci-après

◆ Au cœur de ce village solognot, un hôtel-restaurant d'architecture traditionnelle, fort bien tenu. Les chambres sont chaleureuses et confortables, dans une veine classique soignée.

Auberge du Cheval Blanc

1 pl. du Cheval-Blanc – ✆ 02 54 94 00 00 – www.aubergeduchevalblanc.com – Fermé 26 fév.-17 mars, 18 déc.-5 janv., mardi midi, merc. midi et lundi

Rest – Menu 28/48 € – Carte 43/96 €

◆ Tomettes, trophées de chasse et bois sombre : un certain idéal champêtre... La tradition est à l'honneur en cette auberge, où père et fils cuisinent à quatre mains. Beaucoup de soin, avec quelques jolis plats plus exotiques.

ZELLENBERG – 68 Haut-Rhin – **315** H7 – rattaché à Riquewihr

ZIMMERBACH – 68 Haut-Rhin – **315** H8 – 865 h. – alt. 300 m – ✉ 68230 **2** C2

▶ Paris 491 – Belfort 78 – Colmar 14 – Épinal 137

Au Raisin d'Or

1 r. de l'Église – ✆ 03 89 71 05 69 – www.raisindor.fr – Fermé 19 avril-2 mai, 2-16 août, 27 déc.-9 janv., mardi et merc.

Rest – Formule 12 € – Menu 23/38 € – Carte 25/51 €

◆ Dans cette sympathique auberge "à la bonne franquette", les habitués sont nombreux et ne tarissent pas d'éloge sur les propositions du jour et les classiques du chef (tête de veau, quenelles de foie, bœuf gros sel, etc.). Généreux et délicieux !

ZIMMERSHEIM – 68 Haut-Rhin – **315** I10 – rattaché à Mulhouse

ZONZA – 2A Corse-du-Sud – **345** E9 – voir à Corse

ZOUFFTGEN – 57 Moselle – **307** H2 – 749 h. – alt. 250 m – ✉ 57330 **26** B1

▶ Paris 341 – Luxembourg 20 – Metz 48 – Thionville 18

La Lorraine (Marcel Keff) avec ch

80 r. Principale – ✆ 03 82 83 40 46 – www.la-lorraine.fr – Fermé lundi et mardi

3 ch – †115 € ††150 € – ☕ 18 €

Rest – Menu 26 € (déj. en sem.), 42/110 € – Carte 70/100 €

Spéc. Cocotte d'escargots de Cleurie, émulsion de pomme de terre ratte. Cochon de lait de Kanfen roti sur sa peau croustillante. Œuf tiède au chocolat noir, sabayon au rhum. **Vins** Moselle rouge et blanc.

◆ Agréable moment dans cette belle maison bourgeoise : sous la grande véranda aux airs de jardin d'hiver, dont le sol vitré laisse apparaître la cave à vin, on apprécie une cuisine fine et ciselée, qui tire notamment le meilleur du terroir lorrain. Pour prolonger le plaisir : des chambres très confortables...

Principauté

d'Andorre

ANDORRE - **343** H9 - **83 137 h.** Midi-Toulousain

La Principauté d'Andorre, d'une superficie de 464 km², est située au cœur des Pyrénées, entre la France et l'Espagne. Depuis 1993, la Principauté est un État souverain membre de l'ONU. La langue officielle est le catalan mais la majorité de la population parle aussi le français et l'espagnol. La monnaie locale est l'euro. Pour se rendre en Andorre, les citoyens de l'Union Européenne ont besoin d'un passeport ou d'une carte d'identité en cours de validité.

Transports

Accès depuis la France : RN 22 passant par le tunnel d'Envalira.

Liaison par autocars :
depuis l'aéroport de Toulouse-Blagnac par la Cie Novatel,
renseignements ✆ (00-376) 803 789 et la Cie Nadal ✆ (00-376) 805 151.
Depuis les gares SNCF de l'Hospitalet et Latour-de-Carol
par la Cie Hispano-Andorrane, renseignements
✆ (00-376) 807 000.

ANDORRA-LA-VELLA Capitale de la Principauté – AD Andorra **28** B3
– **343** H9 – **23 505 h. – alt. 1 029 m** – ✉ **AD500**

▶ Paris 861 – Carcassonne 165 – Foix 102 – Perpignan 170
ℹ rue du Dr-Vilanova, Andorre-la-Vieille, ✆ (00-376) 82 02 14
👁 Vallée du Valira del Nord★ N.

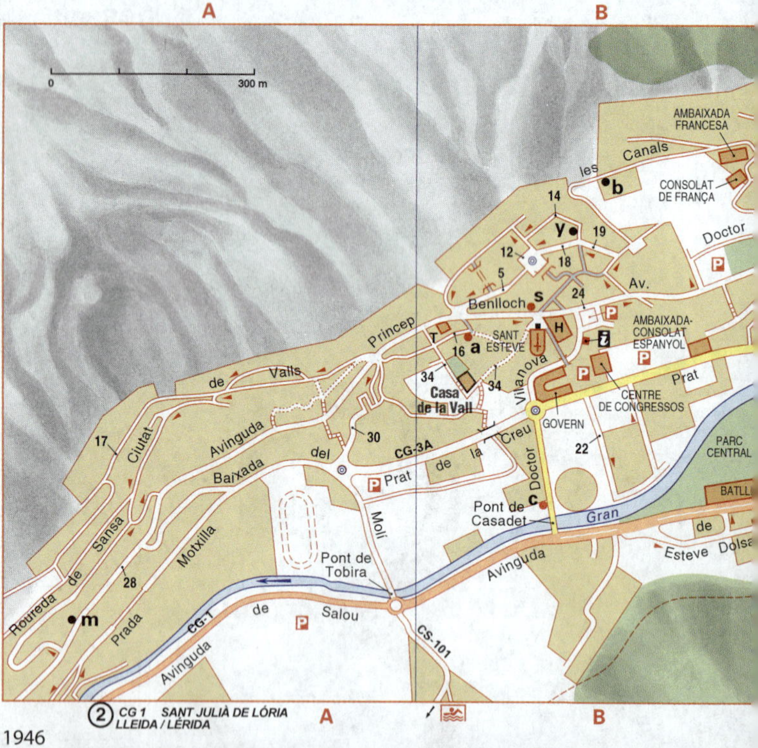

Andorra Park H.

Les Canals 24 ✉ *AD500* – ✆ *(00-376) 87 77 77* VISA
– *www.parkhotelandorra.com* **Bb**
89 ch – ♦105/164 € ♦♦120/300 € – 1 suite
Rest *És Andorra* – Carte environ 55 €
Rest *Racó del Park* – Carte 30/44 €
◆ Situé dans la partie la plus haute de la ville, il est entouré de jardins. Les parties communes sont spacieuses et les chambres très bien équipées, toutes avec terrasse. Spa complet. És Andorra, le restaurant gastronomique, propose une carte traditionnelle actualisée et de belles vues.

Plaza

ch, rest, VISA
María Pla 19 ✉ *AD500* – ✆ *(00-376) 87 94 44* – *www.plazandorra.com*
45 ch – ♦70/232 € ♦♦80/276 € – 45 suites – 18 € **Ca**
Rest *(Fermé lundi soir et mardi)* – Carte environ 51 €
◆ Cet hôtel à l'élégance classique se distingue par son hall de réception, de mise sobre, mais qui dispose de deux ascenseurs panoramiques et offre une vue sur les couloirs menant aux chambres. Très soigné également, le restaurant propose une cuisine au goût du jour.

Arthotel

ch, VISA
Prat de la Creu 15-25 ✉ *AD500* – ✆ *(00-376) 76 03 03* – *www.arthotel.ad*
125 ch – ♦81/198 € ♦♦102/244 € **Cd**
Rest – Menu 20 € **Rest *Plató*** – Carte 30/50 €
◆ Grand professionnalisme pour cet établissement d'esprit actuel, offrant des chambres assez spacieuses. Une cafétéria vient compléter les parties communes. Aménagement fonctionnel et entrée indépendante pour le restaurant Plató.

ANDORRA LA VELLA

Baixada del Molí	A	
Bonaventura Armengol	C	2
Bonaventura Riberaygua	C	
Canals	BC	
Casadet (Pont de)	B	
Ciutat de Valls	A	
Consell d'Europa (Av. del)	C	
Creu Grossa	C	4
Doctor Mitjavila (Av.)	C	
Doctor Molines	BC	
Doctor Néqui	B	5
Doctor Vilanova	B	
Escaler (Pl.)	C	
Esteve Dolça Pujal	BC	
Fener	C	
Fiter i Rossell	C	10
Guillemó (Pl.)	B	12
Joan Maragall	C	
Llacuna	B	14
Major (Antic Carrer)	B	16
Maria Pla	C	
Meritxell (Av.)	C	
Mestre Xavier Plana	A	17
Mossèn Cinto Verdaguer	B	18
Mossèn Tremosa	B	19
Obac	C	
Pere d'Urg	C	
Pompeu Fabra	C	20
Prada Casadet	B	22
Prada de la Creu	BC	
Prada Motxilla	A	
Prat de la Creu (Pont)	C	
Príncep Benlloch (Av. de)	AB	
Rebés (Pl.)	B	24
Roda	C	26
Rotonda (Pont de la)	C	
Roureda de Sansa	A	
Salou (Av.)	A	
Santa Coloma (Av. de)	A	28
Sant Andreu	C	
Sardana	C	
Tarragona (Av. de)	BC	
Toriba	A	30
Toriba (Pont de)	A	
Unió	C	
Vall	B	34

President

av. Santa Coloma 44 ✉ *AD500 – ✆ (00-376) 87 72 77 – www.janhotels.com*
100 ch – 🯅50/228 € 🯅🯅59/299 € – ☕ 8 € **Am**
Rest – Menu 19 € – Carte 36/50 €
◆ Ce complexe hôtelier mi-classique, mi-actuel, propose de bonnes parties communes et des chambres confortables, dotées de parquet. Piscine couverte et solarium au 7 e étage. Correctement aménagé, le restaurant arbore un cadre au modernisme épuré.

Diplomatic

ch, rest,

av. Tarragona ✉ *AD500 – ✆ (00-376) 80 27 80 – www.diplomatichotel.com*
83 ch ☕ – 🯅53/117 € 🯅🯅67/167 € – 2 suites **Cm**
Rest – Carte 25/39 €
◆ Situé au cœur d'un centre commercial et d'affaires, cet établissement abrite des chambres fonctionnelles qui conviendront aussi bien à une clientèle d'affaires qu'aux touristes. Cuisine internationale sans prétention servie dans un cadre sagement contemporain.

Florida sans rest

Llacuna 15 ✉ *AD500 – ✆ (00-376) 82 01 05 – www.hotelflorida.ad*
27 ch ☕ – 🯅43/90 € 🯅🯅56/104 € **By**
◆ Cet hôtel familial à la façade actuelle dispose de parties communes réduites, de confortables chambres parquetées, d'un petit gymnase et d'un sauna.

La Borda Pairal 1630

Doctor Vilanova 7 ✉ *AD500 – ✆ (00-376) 86 99 99*
– www.labordapairal1630.com – Fermé dim. soir et lundi **Bc**
Rest – Carte 26/40 €
◆ Cette ancienne borda en pierre se distingue par son décor rustique. Bar d'accueil, salle à manger avec cave vitrée et salle de réception au premier.

Taberna Ángel Belmonte

Ciutat de Consuegra 3 ✉ *AD500 – ✆ (00-376) 82 24 60*
– www.tabernaangelbelmonte.com **Cb**
Rest – Carte 40/60 €
◆ Un restaurant agréable aux allures de taverne, qui arbore une mise en place impeccable et un beau décor où domine le bois. À la carte, produits du terroir, poissons et fruits de mer.

Can Benet

antic carrer Major 9 ✉ *AD500 – ✆ (00-376) 82 89 22*
– www.restaurant_canbenet.com – Fermé 15-30 juin et lundi sauf fériés
Rest – Menu 20/42 € – Carte 35/50 € **Ba**
◆ Petit espace doté d'un bar d'accueil au rez-de-chaussée. À l'étage, la salle principale, avec ses murs de pierre et son plafond en bois, arbore un style andorran.

CANILLO – AD Andorra – 343 H9 – 6 194 h. – alt. 1 531 m – ✉ AD100 29 C3

▶ Andorra la Vella 12

◉ Crucifixion★ dans l'église de Sant Joan de Caselles NE : 1 km – Sanctuaire de Meritxell★ SE : 3 km.

Ski Plaza

ch, rest, rest,

carret. General ✉ *AD100 – ✆ (00-376) 73 94 44 – www.plazandorra.com*
110 ch – 🯅60/233 € 🯅🯅60/276 € – ☕ 18 € **Rest** – Menu 18 €
◆ Perché à 1600 m d'altitude, cet établissement bien équipé propose des chambres de style montagnard extrêmement confortables, dont certaines possèdent un jacuzzi et d'autres sont réservées aux enfants. Ce vaste restaurant propose principalement ses repas sous forme de buffet.

ENCAMP – AD Andorra – 343 H9 – 14 357 h. – alt. 1 313 m – ✉ AD200 29 C3

▶ Andorra la Vella 8

◉ Casa Cristo★ - Musée National de l'Automobile★.

Coray
rest.

Caballers 38 ✉ AD200 – ✆ (00-376) 83 15 13 – www.hotelcoray.com – Fermé nov.

85 ch – 🚹29/39 € 🚹🚹48/68 € **Rest** – Menu 11 €

◆ Bel emplacement pour cet hôtel perché sur les hauteurs de la localité. Parties communes actuelles et chambres fonctionnelles donnant, pour la plupart, sur la campagne environnante. Dans cette salle à manger vaste et lumineuse, les repas sont principalement servis sous forme de buffet.

Univers

René Baulard 13 ✉ AD200 – ✆ (00-376) 73 11 05 – www.hoteluniversandorra.com – Fermé nov.

31 ch – 🚹42/45 € 🚹🚹64/83 € **Rest** – Menu 14 €

◆ Posé sur les berges du Valira d'Orient, cet hôtel familial sympathique, d'esprit classique et fonctionnel, abrite des chambres exiguës mais de bon confort. Une carte réduite aux saveurs traditionnelles proposée dans une salle à manger correcte.

ESCALDES-ENGORDANY – AD Andorra – 343 H9 – 16 920 h. – alt. 1 105 m – ✉ AD700 — 28 B3

▶ Andorra-la-Vella 2

ℹ place dels Co-Princeps, ✆ (00-376) 82 09 63

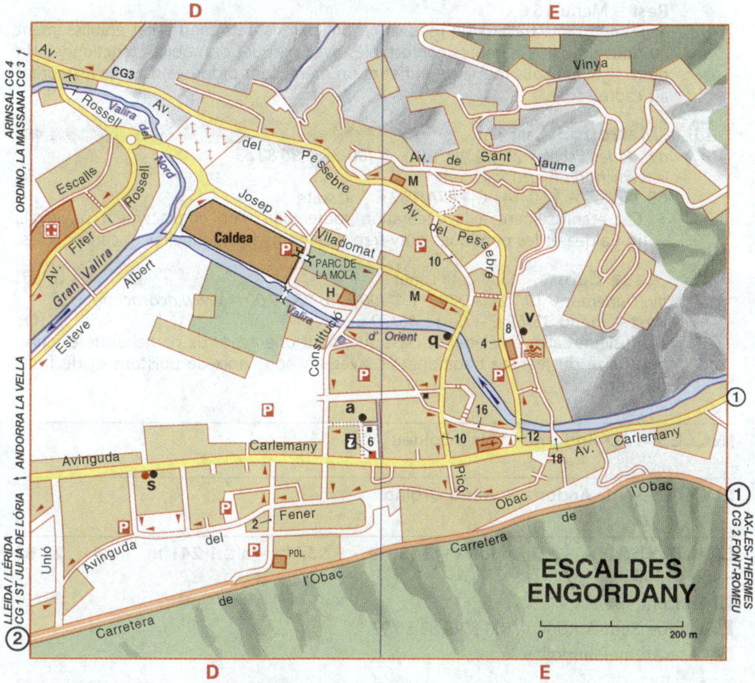

Roc Blanc
pl. dels Co-Prínceps 5 ✉ AD700 – ✆ (00-376) 87 14 00
– www.rocblanchotels.com Da
157 ch – 83/233 € 110/310 € – 3 suites
Rest ***L'Entrecôte*** – Carte 30/40 €
◆ Situé au centre de la localité, ce complexe composé de trois bâtiments reliés entre eux propose des espaces communs complets et des chambres accueillantes au mobilier mi-classique, mi-actuel. Correctement aménagé, le restaurant l'Entrecôte dispose d'une entrée indépendante.

Casa Canut
av. Carlemany 107 ✉ AD700 – ✆ (00-376) 73 99 00
– www.acasacanuthotel.com Ds
33 ch – 120/250 € – 15 €
Rest ***Casa Canut*** – voir les restaurants ci-après
◆ Ceux qui passeront le seuil de cet hôtel à la façade discrète ne pourront qu'être séduits par son raffinement. Chambres personnalisées, très confortables et extrêmement bien équipées.

Espel
pl. Creu Blanca 1 ✉ AD700 – ✆ (00-376) 82 08 55 – www.hotelespel.com
– Fermé 2 mai-24 juin Ev
84 ch – 49/71 € 68/102 €
Rest – Menu 16 €
◆ D'importants travaux de rénovation ont permis de remettre cet établissement au goût du jour. Chambres confortables avec parquet et mobilier fonctionnel. Un petit-déjeuner sous forme de buffet et un menu sont proposés dans ce restaurant au cadre sobre.

Metropolis sans rest
av. de les Escoles 25 ✉ AD700 – ✆ (00-376) 80 83 63
– www.hotel-metropolis.com Eq
69 ch – 60/141 € 74/162 € – 1 suite
◆ Cet établissement à la décoration sobre jouit d'un emplacement privilégié, entre Caldea et les boutiques duty-free. Chambres fonctionnelles et confortables.

Casa Canut – Hotel Casa Canut
av. Carlemany 107 ✉ AD700 – ✆ (00-376) 73 99 00 – www.acasacanut.com
Rest – Menu 35/69 € – Carte 46/79 € Ds
◆ Plusieurs salles à l'élégance classique, dont une avec vue partielle sur les cuisines. Carte du marché traditionnelle, avec un bon choix de poissons et de fruits de mer.

INCLES – AD Andorra – voir à Soldeu

LLORTS – AD Andorra – voir à Ordino

LA MASSANA – AD Andorra – 343 H9 – 9 937 h. – alt. 1 241 m 28 B3
– ✉ AD400

Andorra la Vella 7

avenue Sant-Antoni, ✆ (00-376) 83 56 93

Casa Areny-Plandolit★.

Rutllan
av. del Ravell 3 ✉ AD400 – ✆ (00-376) 73 87 38 – www.hotelrutllan.com
96 ch – 50/135 € 80/160 €
Rest – Menu 28 €
◆ Une adresse familiale, logée dans un bâtiment où le bois est omniprésent. Chambres confortables, dotées de balcons joliment fleuris à la belle saison. Restaurant de mise classique, décoré de nombreux vases en cuivre ou en céramique.

Abba Xalet Suites H. rest, VISA AE

carret. de Sispony, Sud : 1,8 km ✉ AD400 – ✆ (00-376) 73 73 00 – www.abbaxaletsuiteshotel.com

47 ch – †50/150 € ††60/186 € – 36 suites – ☕ 12 € **Rest** – Carte 25/50 €

◆ La particularité de cet établissement composé de deux bâtiments : l'un ouvre toute l'année et dispose de chambres classiques, tandis que l'autre, fermé hors saison, propose exclusivement des suites. Chaque bâtiment possède son propre restaurant, tous deux correctement aménagés et servant matin, midi et soir.

El Rusc VISA AE

carret. de Arinsal 1,5 km ✉ AD400 – ✆ (00-376) 83 82 00 – www.elrusc.com – Fermé 15 juin-15 juil., dim. soir et lundi

Rest – Carte environ 58 €

◆ Cette jolie maison en pierre abrite une élégante salle à manger rustique. Plats traditionnels, spécialités basques et bonne cave.

MERITXELL – AD Andorra – 343 H9 – 69 h. – alt. 1 527 m – ✉ AD100 28 B3

Andorra la Vella 11

L'Ermita ch, VISA

Meritxell ✉ AD100 – ✆ (00-376) 75 10 50 – www.hotelermita.com – Fermé 6 juin-17 juil. et 17 oct.-21 nov.

27 ch – †29/49 € ††49/89 € – ☕ 7 € **Rest** – Carte 21/38 €

◆ Joli cadre montagnard pour cet hôtel familial, situé à proximité du sanctuaire de Meritxell. Agréables espaces communs et chambres fonctionnelles. Le restaurant arbore un style rustique et propose une carte complète de spécialités régionales.

ORDINO – AD Andorra – 343 H9 – 4 396 h. – alt. 1 304 m – Sports d'hiver : 1940/2 640 m 14 – ✉ AD300 28 B3

Andorra la Vella 9

Coma ch, rest, VISA

✉ AD300 – ✆ (00-376) 73 61 00 – www.hotelcoma.com

48 ch ☕ – †38/85 € ††75/135 € **Rest** – Carte 25/40 €

◆ Une même famille gère cet hôtel accueillant depuis 1932. Mobilier fonctionnel d'esprit actuel et baignoire avec hydromassage dans les chambres, qui disposent pour la plupart d'une terrasse. Le restaurant, spacieux et polyvalent, sert une savoureuse cuisine traditionnelle.

à Llorts – 163 h. – ✉ AD300

La Neu VISA

carret. General, Nord-Ouest : 5,5 km ✉ AD300 – ✆ (00-376) 85 06 50 – www.restaurant-laneu.com – Fermé en mai, en oct., lundi et merc.

Rest – Carte 24/35 €

◆ Géré par un jeune couple, ce petit restaurant offre une jolie vue sur les montagnes et vous accueille dans une salle vitrée au cadre remarquable, autour d'une cuisine traditionnelle catalane.

PAS-DE-LA-CASA – AD Andorra – 343 I9 – 3 063 h. – alt. 2 085 m – Sports d'hiver : 2050/2640 m 4 48 – ✉ AD200 29 C3

Andorra-la-Vella 29

Site★

Col d'Envalira★★

rte de Soldeu Sud-Est : 10 km

Grau Roig ch, rest, VISA AE

Grau Roig ✉ AD200 – ✆ (00-376) 75 55 56 – www.hotelgrauroig.com – Fermé 15 avril-21 juin et 14 oct.-22 nov.

42 ch ☕ – †95/292 € ††115/354 € **Rest** – Carte 34/61 €

◆ Le cirque de Pessons sert de cadre à cette typique construction montagnarde aux chambres coquettes et bien équipées. Agréable restaurant paré d'un plafond à caissons, de murs en pierre et d'objets anciens.

SANT JULIÀ DE LÒRIA – AD Andorra – 343 G10 – 9 706 h. – alt. 909 m – ✉ AD600 28 B3

Andorra-la-Vella 7

Musée du Tabac★.

au Sud-Est : 7 km

Coma Bella

bosque de La Rabassa - alt. 1 300 ✉ AD600 – ☎ (00-376) 74 20 30 – www.hotelcomabella.com – Fermé 15-25 avril et 4-21 nov.

30 ch – 38/58 € 57/97 € **Rest** – Menu 13/35 €

◆ Belle situation en pleine forêt de la Rabassa pour cet hôtel très reposant. Vastes parties communes et chambres fonctionnelles, dotées de salles de bain actuelles. Un honnête restaurant qui offre une vue magnifique sur les montagnes environnantes.

SOLDEU – AD Andorra – 343 H9 – 998 h. – alt. 1 826 m – Sports d'hiver : 1710/2640 m 4 48 – ✉ AD100 29 C3

Andorra la Vella 20

Xalet Montana

carret. General ✉ AD100 – ☎ (00-376) 73 93 33 – www.xaletmontana.net – 20 déc.-15 avril

40 ch – 87/119 € 118/160 € **Rest** – Menu 18 €

◆ Hôtel à la décoration soignée dont toutes les chambres offrent une vue sur les pistes de ski. Cadre nordique au salon et agréable espace de détente.

à Incles Ouest : 1,5 km – 663 h. – ✉ AD100

Galanthus

carret. General ✉ AD100 – ☎ (00-376) 75 33 00 – www.somriuhotels.com – Fermé 2 mai-24 juin et 17 oct.-24 nov.

55 ch – 60/100 € 80/160 € – 2 suites **Rest** – Menu 25 €

◆ Plusieurs salons viennent compléter les parties communes de cet établissement aux lignes actuelles. Les chambres parquetées sont pourvues d'un mobilier fonctionnel et d'une douche à l'italienne. Carte créative agrémentée de quelques spécialités japonaises au restaurant.

à El Tarter Ouest : 3 km – 1 527 h. – ✉ AD100

Nordic

✉ AD100 – ☎ (00-376) 73 95 00 – www.grupnordic.ad – Fermé 1er-15 mai et nov.

120 ch – 60/205 € 80/274 €

Rest *(dîner seult) (buffet seult)* – Menu 15/25 €

◆ Cet hôtel se distingue par son vaste hall agrémenté d'une collection de voitures et de motos anciennes. Toutes dotées d'une terrasse, les chambres offrent une vue sur le village ou sur les montagnes. Restaurant assez spacieux dont les repas sont principalement servis sous forme de buffets.

EL TARTER – AD Andorra – voir à Soldeu

Principauté de
Monaco

MONACO - 341 F5 - 115 27 28 - 31 109 h. - alt. 163 m Côte d'Azur

État souverain enclavé dans le département français des Alpes-Maritimes et bordant la Méditerranée, la principauté de Monaco s'étend sur 1,5 km². Elle comprend le Rocher de Monaco (la vieille ville) et Monte-Carlo (la ville neuve), réunis par la Condamine (le port), Fontvieille à l'Ouest (l'industrie) et Larvotto à l'Est (la plage). Depuis 1993, la principauté est un état souverain membre de l'ONU.

Transports

Depuis l'héliport de Monaco-Fontvieille, liaisons quotidiennes avec l'aéroport de Nice-Côte d'Azur. Renseignements : Héli Air Monaco 08 26 10 50 50

MONACO Capitale de la Principauté - MCO Monaco - 341 F5 — 42 E2
- 16 523 h. - alt. 163 m - ✉ 98000

Paris 949 – Menton 11 – Nice 23 – San Remo 41

2A, boulevard des Moulins, Monte Carlo, (00-377) 92 16 61 16

Circuit automobile urbain.

Jardin exotique★★ CZ : ≤★ - Grotte de l'Observatoire★ CZ **D** - Jardins St-Martin★ DZ - Ensemble de primitifs niçois★★ dans la cathédrale DZ - Christ gisant★ dans la chapelle de la Miséricorde D **B** - Place du Palais★ CZ - Palais du Prince★ : musée napoléonien et des Archives du palais★ CZ - Musées : océanographique★★ DZ (aquarium★★, ≤★★ de la terrasse), d'anthropologie préhistorique★ CZ **M³**, - Collection des voitures anciennes★ CZ **M¹**.

à Fontvieille

Columbus

23 av. Papalins – (00-377) 92 05 90 00 – www.columbusmonaco.com

169 ch – 162/475 € 162/475 € – 12 suites – 25 € — AV**s**

Rest – (00-377) 92 05 82 34 – Formule 20 € – Carte 40/65 €

◆ Entre le port et la roseraie Princesse Grace, un hôtel de style contemporain, cultivant une ambiance lounge. Chambres contemporaines, certaines avec balcon, et piscine avec vue sur la mer. Cuisine aux influences multiples (française, provençale, italienne) dans un cadre chic ou sur l'agréable terrasse.

Beefbar

42 quai Jean-Charles-Rey – (00-377) 97 77 09 29 – www.beefbar.com

Rest – Formule 17 € bc – Menu 39 € bc (dîner) – Carte 53/105 € — AV**a**

◆ Un "bar à viandes"... de bœuf (en provenance d'Europe, d'Amérique du Sud ou des États-Unis) réservé aux carnivores. Cadre tendance, très prisé de la clientèle locale.

MONTE-CARLO Centre Mondain de la Principauté - MCO Monaco — 42 E2
- 341 F5 - 14 585 h. - Casinos : Grand Casino DY, Monte-Carlo Sporting Club BU, Sun Casino DX

Paris 947 – Menton 9 – Monaco 2 – Nice 20

Monte-Carlo, , par rte de la Turbie : 11 km, (33) (0)4 92 41 50 70

Terrasse★★ du Grand casino DXY - Musée de poupées et automates★ DX **M⁵** - Jardin japonais★ U.

Paris

pl. du Casino – (00-377) 98 06 30 00 – www.hoteldeparismontecarlo.com

143 ch – 430/1250 € 430/1250 € – 39 suites – 42 € — DY**y**

Rest *Le Louis XV-Alain Ducasse* ✿✿✿
Rest *Grill de l'Hôtel de Paris*
Rest *Côté Jardin* – voir les restaurants ci-après
Rest *Salle Empire* (00-377) 98 06 89 89 *(ouvert juil.-août et fermé le midi)* – Carte 90/150 €

◆ Situation idyllique, aménagements somptueux, luxe sans fausse note, espace bien-être fabuleux : le plus prestigieux des palaces monégasques, l'un des plus beaux hôtels sur la Côte d'Azur... une légende !

Albert II (Av.)	AV	42
Larvotto (Bd du)	BU	25
Moulins (Bd des)	BU	32
Papalins (Av. des)	AV	36
Pasteur (Av.)	AV	39
Princesse-Grace (Av.)	BU	52
Rainier III (Bd)	AV	56
Turbie (Bd de la)	BU	65
Verdun (Bd de)	BU	66
Victor-Hugo (R.)	AV	67
Villaine (Av. de)	AU	68

Hermitage

ch, VISA AE

square Beaumarchais – ✆ (00-377) 98 06 40 00
– *www.montecarloresort.com* DY**r**

252 ch – †390/1520 € ††390/1520 € – 28 suites – ☕ 38 €

Rest *Vistamar* ✿ – voir les restaurants ci-après

Rest *Limun Bar* ✆ (00-377) 98 06 98 48 – Carte 40/68 €

♦ Derrière une foisonnante façade 1900, une coupole signée Eiffel, un déluge de mosaïques, moulures, pampilles... Confort extrême, à la pointe de l'élégance contemporaine dans les deux ailes récemment rénovées. Beaux équipements pour séminaires. Petite restauration et salon de thé au Limun Bar.

MONACO MONTE-CARLO

Albert II (Av.) . . . . **CZ** 42
Albert I (Bd) . . . . **CYZ**
Armes (Pl. d') . . . . **CZ** 2
Basse (R.) . . . . **CDZ** 3
Castro (R. Col.-de) . . . . **CZ** 7
Comte-Félix-Gastaldi (R.) . . . . **DZ** 10
Crovetto-Frères (Av.) . . . **CZ** 12
Gaulle (Av. du Gén.-de) **DX** 14
Grimaldi (R.) . . . . **CYZ**
Kennedy (Av. J.-F.) . . . . **DY** 23
Larvotto (Bd du) . . . . . . **DX** 25
Leclerc (Bd du Gén.) . . **DX** 26
Libération (Pl. de la) . . . **DX** 27
Madone (Av. de la) . . . . **DX** 28
Major (Rampe) . . . . **CZ** 29
Monte-Carlo (Av. de) . . . **DY** 30
Moulins (Bd des) . . . . . **DX** 32
Notari (R. L.) . . . . **CYZ** 33
Ostende (Av. d') . . . . . . **DY** 34
Palais (Pl. du) . . . . **CZ** 35
Papalins (Av. des) . . . . . **CZ** 36
Pêcheurs (Ch. des) . . . . **DZ** 40
Porte-Neuve (Av. de la) . . . . . **DZ** 41
Princesse-Antoinette (Av.) . . **CY** 46
Princesse-Caroline (R.) . . . . . **CZ** 48
Princesse-Charlotte (Bd) . . **DXY**
Princesse-Marie-de-Lorraine (R.) . . . . **DZ** 54
Prince-Pierre (Av.) . . . . **CZ** 44
République (Bd de la) . . . . . . **DX** 58
Ste-Dévote (Pl.) . . . . **CY** 63
Spélugues (Av. des) . . . . **DX** 62
Suffren-Reymond (R.) . . . . . **CZ** 64

Monte Carlo Bay Hotel and Resort ch,

40 av. Princesse-Grace – ✆ *(00-377) 98 06 02 00*
– *www.montecarlobay.com* **BUr**

334 ch – 🚹335/985 € 🚹🚹335/985 € – 22 suites – ☕ 32 €

Rest *Le Blue Bay* – voir les restaurants ci-après

Rest *L'Orange Verte* ✆ (00-377) 98 06 03 60 – Carte 41/72 €

Rest *Las Brisas* ✆ (00-377) 98 06 03 60 *(ouvert de mai à sept. et fermé le soir sauf en juil.-août)* – Menu 37 € bc (déj. en sem.) – Carte 49/85 €

◆ Né en 2005, ce palace monégasque s'étend sur 4 ha gagnés sur la mer... Un univers en soi, avec une extraordinaire "piscine-lagon" (bassin à fond de sable), des jardins méditerranéens, de superbes chambres contemporaines, plusieurs restaurants et un casino !

Métropole

4 av. de la Madone – (00-377) 93 15 15 15 – www.metropole.com
126 ch – 450/900 € 450/900 € – 15 suites – 39 € DXz
Rest *Joël Robuchon Monte-Carlo* ✿✿ **Rest *Yoshi*** ✿ – voir les restaurants ci-après

◆ Luxe et raffinement à tous les étages de ce palace (1886) relooké par Jacques Garcia. Beaux salons, bar feutré et magnifique spa.

Méridien Beach Plaza

22 av. Princesse Grace, à la plage du Larvotto – (00-377) 93 30 98 80 – www.lemeridienmontecarlo.com BUb
403 ch – 179/1549 € 179/1549 € – 6 suites – 33 €
Rest *L'Intempo* (00-377) 93 15 78 88 – Menu 42 € (déj.), 69 € – Carte 72/122 €
Rest *La Muse* (00-377) 93 15 78 50 *(Ouvert 1er juin-15 sept.)* – Carte 62/111 €

◆ Grand hôtel de style moderne avec sa plage privée. Les chambres les plus agréables sont panoramiques et donnent sur la mer. Superbes suites design, belles piscines et centre de conférences. Cuisine méditerranéenne à L'Intempo (ouvert 24 h/24). Espace plein air et ambiance balnéaire au Muse.

Fairmont Monte-Carlo

12 av. Spélugues – (00-377) 93 50 65 00 – www.fairmont.com/montecarlo
576 ch – 279/629 € 279/629 € – 26 suites – 36 € DYf
Rest *L'Argentin Monte Carlo* Rest *Horizon* – voir les restaurants ci-après

◆ Un immense complexe hôtelier avec centre de conférences, galerie marchande, spa, restaurants et casino. Toutes les chambres sont parées de couleurs fraîches, avec une vue superbe côté mer.

Port Palace

7 av. J. F. Kennedy – (00-377) 97 97 90 00 – www.portpalace.com
50 ch – 209/1089 € 209/1089 € – 9 suites – 22 € DYt
Rest *Mandarine* – voir les restaurants ci-après

◆ Hôtel intime et luxueux, en face du port et de ses yachts. Grandes chambres élégantes (cuir piqué, tissus italiens, teintes apaisantes). Minispa au sous-sol.

Novotel

16 bd Princesse-Charlotte – (00-377) 99 99 83 00 – www.novotel.com
218 ch – 118/410 € 118/410 € – 11 suites – 18 € CYk
Rest *Les Grandes Ondes* (00-377) 99 99 83 20 – Formule 24 € bc – Menu 35 € bc (dîner) – Carte 27/54 €
Rest *Novotel Café* – Carte 24/37 €

◆ Sur les hauteurs de la principauté, les anciens studios de RMC ont laissé place à cet hôtel contemporain. Préférez les chambres côté jardin, plus calmes. Solarium au 7e étage. Cuisine méditerranéenne aux Grandes Ondes et clin d'œil aux grandes heures de la radio. Cuisine plus simple au plaisant Novotel Café.

Ni sans rest

1bis r. Grimaldi – (00-377) 97 97 51 51 – www.nihotel-nibar.com CZx
17 ch – 120/180 € 135/260 € – 2 suites – 13 €

◆ Derrière une façade typiquement monégasque, un hôtel surprenant, tourné vers l'art contemporain (œuvres de Ben ou Combas). Décor minimaliste et design dans les chambres.

Le Louis XV-Alain Ducasse – Hôtel de Paris

✿✿✿ *pl. du Casino – (00-377) 98 06 88 64 – www.alain-ducasse.com – Fermé 1er-14 mars, 25 nov.-28 déc., 19-28 fév., merc. sauf le soir du 20 juin au 5 sept. et mardi* DYy
Rest – Menu 140 € bc (déj.), 210/280 € – Carte 193/224 €
Spéc. Légumes des jardins de Provence à la truffe noire, huile d'olive taggiasche. Poisson de la pêche locale cuit entier au plat. Le Louis XV au croustillant de pralin.
Vins Bellet, Côtes de Provence.

◆ Une harmonie parfaite entre un somptueux décor classique et des saveurs méditerranéennes sublimées ; même la simplicité atteint la perfection... Cave exceptionnelle.

XXXX **Joël Robuchon Monte-Carlo** – Hôtel Métropole

✿✿ *4 av. de la Madone*
– ✆ (00-377) 93 15 15 10 – www.metropole.com
– Fermé 20 fév.-4 mars et le midi du 14 juil. au 20 août DXz
Rest – Formule 49 € – Menu 54 € (déj.)/195 €
– Carte 80/235 €

Spéc. Légumes primeurs bigarrés au king crabe et à la mozzarella "di buffala". "El arroz bomba" dans un bouillon aux saveurs de paella. Crème onctueuse au chocolat guanaja, glace ivoire au biscuit Oréo. **Vins** Côtes de Provence, Bellet.

♦ La luxueuse salle à colonnades offre une vue sur les cuisines. À la carte, associations de saveurs inventives basées sur des produits nobles.

XXXX **Grill de l'Hôtel de Paris** – Hôtel de Paris

pl. du Casino – ✆ (00-377) 98 06 88 88
– www.hoteldeparismontecarlo.com – Fermé 10 janv.-7 fév. et le midi en juil.-août DYy
Rest – Menu 75 € bc (déj.) – Carte 100/185 €

♦ Du 8eétage de l'hôtel de Paris, entre ciel et mer, la vue sur la principauté est à couper le souffle ! La cuisine est classique, avec des viandes et des poissons au gril ou à la broche.

XXX **Vistamar** – Hôtel Hermitage

✿ *square Beaumarchais – ✆ (00-377) 98 06 98 98*
– www.montecarloresort.com
– Fermé le midi en juil.-août DYr
Rest – Formule 39 € bc – Menu 60/125 € – Carte 85/110 €

Spéc. Soupe de petits poissons de roche. Bouillabaisse en trois services. Soufflé chaud passion-ananas et brunoise de fruits exotiques. **Vins** Bellet, Côtes de Provence.

♦ Votre plat idéal ? Produits, cuissons, garnitures : ici, le chef et sa brigade vous composent une assiette "sur mesure"... et savent exaucer vos souhaits ! Beau décor moderne : teintes douces et terrasse regardant le port.

XXX **Mandarine** – Hôtel Port Palace

7 av. J.F. Kennedy – ✆ (00-377) 97 97 80 00
– www.mandarinemonaco.com
– Fermé nov. DYt
Rest – Formule 37 € – Carte 80/110 €

♦ Au 6eétage de l'hôtel Port Palace, la salle, bordée de grandes baies vitrées et par une agréable terrasse, offre une vue imprenable sur le bassin et ses yachts. Cuisine au goût du jour.

XXX **L'Argentin Monte Carlo** – Hôtel Fairmont Monte-Carlo

12 av. Spélugues – ✆ (00-377) 93 30 93 30
– www.fairmont.com/montecarlo – Fermé lundi et mardi en juil. DYf
Rest *(dîner seult)* – Carte 80/160 €

♦ La vue sur la mer est splendide ! Pas au point d'apercevoir l'Argentine au loin, à moins que... L'âme du pays est bien présente dans l'assiette : tout le savoir-faire d'un grill de qualité, avec de bonnes viandes et même une carte de moutardes.

XXX **Le Blue Bay** – Monte Carlo Bay Hotel and Resort

40 av. Princesse-Grace
– ✆ (00-377) 98 06 03 60 – www.montecarlobay.com
– Fermé 14 nov.-6 déc., 20 fév.-6 mars, sam. midi, lundi et mardi BUr
Rest *(dîner seult de mai à sept.)* – Formule 27 € – Menu 37 € (déj.), 70/80 €
– Carte 64/130 €

♦ Une grande terrasse face à la mer et un décor élégant, ludique avec sa myriade de touches colorées. Bel écho à la cuisine, inventive, métissée et soignée – à l'instar d'un maigre de ligne laqué d'un jus de mirin épicé, garniture de "fouyapin".

XX ✿ **Yoshi** – Hôtel Métropole

4 av. de la Madone – ✆ (00-377) 93 15 13 13 – www.metropole.com – Fermé 6-20 fév., lundi et le midi du 17 juil. au 20 août **DXz**

Rest – Menu 35 € bc (déj.), 49/195 € – Carte 50/195 €

Spéc. Boulette de crevette au kombu. Black cod mariné et cuit. Amando en blanc-manger et pistache. **Vins** Côtes de Provence, Bandol.

◆ La seconde table de Joël Robuchon au Métropole rend hommage à la cuisine nippone. Bouillons parfumés, sushis et makis y sont traités avec Yoshi ("bonté").

XX **Café de Paris**

pl. du Casino – ✆ (00-377) 98 06 76 23 – www.montecarloresort.com

Rest – Formule 35 € bc – Menu 40/115 € – Carte 45/100 € **DYn**

◆ Un lieu mythique sur la place du casino. Le décor est Belle Époque et l'on y inventa la recette des crêpes Suzette ! Cuisine de brasserie inspirée par la Méditerranée.

XX **Maya Bay**

24 av. Princesse-Grace – ✆ (00-377) 97 70 74 67 – www.mayabay.mc – Fermé nov., dim. et lundi **BUd**

Rest – Formule 18 € – Menu 35 € – Carte 50/75 €

Rest *Sushi Bar* – Formule 18 € – Menu 35 € – Carte 35/75 €

◆ Dans un même lieu, un restaurant japonais au cadre inventif et ultramoderne, et un restaurant thaïlandais, plus cosy, décoré de kimonos et d'orchidées. Une même gamme de prix et de qualité ; il ne reste qu'à choisir entre le parfumé et l'épure.

XX **La Trattoria**

Sporting d'été - 26 av. Princesse-Grace – ✆ (00-377) 98 06 71 71 – www.alain-ducasse.com – Ouvert de mi-mai à mi-sept. et fermé le midi

Rest – Carte 57/120 € **BUm**

◆ Les atouts de cette trattoria chic montée sous la houlette d'Alain Ducasse ? Sa terrasse face à la mer bien sûr, et ses antipasti, pâtes fraîches et poissons, cuisinés à la toscane.

XX **Horizon** – Hôtel Fairmont Monte-Carlo

12 av. Spélugues – ✆ (00-377) 93 50 65 00 – www.fairmont.com/montecarlo – Ouvert mars-oct. et fermé le soir en mars **DYf**

Rest – Formule 59 € – Carte 52/101 €

◆ Au dernier étage de l'hôtel Fairmont, on se croirait sur un paquebot : décor de yacht et surtout... la mer pour tout horizon ! Navigue-t-on ? Cuisine méditerranéenne, buffet au déjeuner.

XX **Côté Jardin** – Hôtel Paris

pl. du Casino – ✆ (00-377) 98 06 39 39 – www.hoteldeparismontecarlo.com – Fermé le soir **DYy**

Rest – Menu 55 €

◆ Parfait pour un déjeuner sous le soleil, dans un environnement privilégié : ce Côté Jardin permet de profiter d'un nid de verdure, au pied du luxueux hôtel de Paris, avec vue sur le port et le Rocher... Formule buffet méditerranéen.

XX **La Maison du Caviar**

1 av. St-Charles – ✆ (00-377) 93 30 80 06 – Fermé 21 juil.-12 août, sam. midi et dim. **DXr**

Rest – Formule 28 € – Carte 40/60 €

◆ On ne sert pas ici que du caviar, mais aussi des blinis, du foie gras, des rognons de veau... Une cuisine et un décor traditionnels plébiscités par les Monégasques depuis 1954.

XX **La Romantica**

3 av. Saint-Laurent – ✆ (00-377) 93 25 65 66 – Fermé 15-25 fév., dim.

Rest – Formule 19 € – Menu 36 € – Carte environ 60 € **DXb**

◆ Un sympathique restaurant familial en plein centre-ville. Un cadre élégant pour savourer une authentique cuisine du Nord italien, agrémentée de saveurs marines.

XX **Le Saint-Benoit**

10 ter av. Costa – ✆ (00-377) 93 25 02 34 – www.monte-carlo.mc/lesaintbenoit – Fermé 20 déc.-6 janv., dim. soir et lundi DY**b**

Rest – Formule 22 € bc – Menu 30/40 € – Carte 45/70 €

◆ Saint Benoît vous aidera dans votre quête gastronomique... Jolie vue sur le port et le Rocher. Carte traditionnelle avec de belles spécialités de poisson, à prix raisonnable.

XX **Zest**

6 rte de la Piscine – ✆ (00-377) 97 98 49 70 – www.zestmonaco.mc – Fermé lundi soir, sam. midi et dim. DZ**v**

Rest – Formule 16 € bc – Menu 21 € (déj.)/39 € bc – Carte 30/40 €

◆ Un zeste de mobilier de style, une pincée d'esprit lounge et une terrasse animée face aux yatchs. Produits frais, plats goûteux et bien réalisés dans un lieu vraiment branché.

X **Loga**

25 bd des Moulins – ✆ (00-377) 93 30 87 72 – www.leloga.com – Fermé 13-26 août, merc. soir et dim. DX**v**

Rest – Menu 26 € (déj.)/38 € bc – Carte 31/67 €

◆ Bonne petite adresse familiale proposant des salades, des pâtes et des plats régionaux, le tout complété par l'ardoise du jour. L'après-midi, on fait salon de thé.

X **La Chaumière**

rond-point du Jardin-Exotique – ✆ (00-377) 97 70 04 92 – www.la-chaumiere.mc – Fermé 10-20 mars et dim. CZ**a**

Rest – Carte 33/54 €

◆ Entre le Jardin exotique et le Musée national, un sympathique restaurant contemporain, avec une vue à couper le souffle sur Monaco et Monte-Carlo. Le chef concocte une jolie cuisine bistrotière aux accents de Provence : frais et savoureux !

X **MC2 Mediterranean Cuisine**

27 bd Albert-1er – ✆ (00-377) 99 99 00 10 CY**m**

Rest – Menu 28 € (déj.)/52 € bc – Carte 45/120 €

◆ Provence, Italie, Liban, Corse... tout le bassin méditerranéen sur une assiette, avec pour unique drapeau : fraîcheur et goût. Une sympathique adresse contemporaine, au cœur de la vie monégasque, sur le port.

à Monte-Carlo-Beach (France Alpes-Mar.) 2,5 km au Nord-Est BU – ✉ 06190 Roquebrune-Cap-Martin

Monte-Carlo Beach Hôtel

av. Princesse Grace – ✆ (00-377) 98 06 52 65 – www.monte-carlo-beach.com – Ouvert 2 mars-28 oct.

26 ch – †315/865 € ††315/865 € – 14 suites – ☕ 33 €

Rest *Elsa*

Rest *La Vigie* – voir les restaurants ci-après

Rest *Le Deck* ✆ (00-377) 98 06 51 00 *(ouvert 21 avril-21 oct. et fermé le soir)* – Carte 42/107 €

Rest *Le Sea Lounge* ✆ (00-377) 98 06 54 54 *(ouvert 16 mai-2 septembe et fermé le midi)* – Carte 43/84 €

◆ Petit hôtel de luxe entièrement rénové en 2009... Sa belle couleur terracotta lui sied à merveille et... c'est tellement Sud ! Dans les chambres, ouvertes sur la mer, atmosphère croisière (tons bleu et blanc, mobilier sur mesure) ; impressionnant complexe balnéaire pour la détente.

XXX **Elsa** – Monte-Carlo Beach Hôtel

av. Princesse Grace – ✆ (00-377) 98 06 50 05 – www.monte-carlo-beach.com – Ouvert 2 mars-28 oct.

Rest – Menu 39 € bc (déj. en sem.)/85 € – Carte 62/123 €

◆ De beaux produits préparés avec simplicité... On ne se noie pas dans les yeux de cette Elsa-là, mais on s'y régale d'une cuisine méditerranéenne fine et de poisson frais.

XX **La Vigie** – Monte-Carlo Beach Hôtel

av. Princesse Grace – ✆ (00-377) 98 06 52 52 – www.monte-carlo-beach.com – Ouvert 29 juin-26 août et fermé lundi

Rest – Menu 45 € (déj.)/58 €

◆ Une Vigie évidemment face à la mer, sur un piton rocheux. Un cadre raffiné et envoûtant, sous le soleil exactement ! Au déjeuner, on se restaure autour d'un buffet ; le soir, honneur au poisson grillé.

*Voir aussi ressources hôtelières à **Beausoleil** et **Cap d'Ail***

Localité possédant au moins

- ● un hôtel ou un restaurant
- ✿ une table étoilée
- ☺ un restaurant « Bib Gourmand »
- un hôtel « Bib Hôtel »
- un restaurant agréable
- une maison d'hôte agréable
- un hôtel agréable
- un hôtel très tranquille

Place with at least

- ● a hotel or a restaurant
- ✿ a starred establishment
- ☺ a restaurant « Bib Gourmand »
- a hotel « Bib Hôtel »
- a particularly pleasant restaurant
- a particularly pleasant guesthouse
- a particularly pleasant hotel
- a particularly quiet hotel

Cartes

Cartes régionales des localités citées

Maps

Regional maps of listed towns

GREAT BRITAIN
MANCHE
ROUEN
CAEN
NORMANDIE
32 33
9 10
BRETAGNE
RENNES
34 35
PAYS-DE-LA-LOIRE
CENTRE
11
NANTES
POITIERS
POITOU-CHARENTES
38 39
LIMOGES
24
BORDEAUX
3 4
AQUITAINE
28
MIDI
TOULOUSE
OCÉAN ATLANTIQUE
ESPAÑA
La France en 46 cartes

BELGIË
BRUXELLES
BRUSSEL
LILLE
30
31
NORD-PAS-DE-CALAIS
BELGIQUE
BUNDESREPUBLIK
LUXEMBOURG
DEUTSCHLAND
AMIENS
PICARDIE
36
37
LUXEMBOURG
METZ
CHÂLONS-EN-CHAMPAGNE
PARIS
26
27
ÎLE-DE-FRANCE
13
14
LORRAINE
STRASBOURG
18
19
20
21
CHAMPAGNE-ARDENNE
ALSACE
1
2
ORLÉANS
16
17
12
DIJON
FRANCHE-COMTÉ
BOURGOGNE
BESANÇON
BERN
7
8
SCHWEIZ
SUISSE
5
6
AUVERGNE
25
LYON
CLERMONT-FERRAND
RHÔNE-ALPES
43
44
45
46
ITALIA
29
PYRÉNÉES
PROVENCE-ALPES-CÔTE-D'AZUR
40
41
42
MONTPELLIER
LANGUEDOC-ROUSSILLON
MARSEILLE
22
23
CORSE
AJACCIO
15
MER
MÉDITERRANÉE

1
A
B
Obersteinbach
Gimbelhof
Wissembourg
Niedersteinbach
Lembach
Lauterbourg
Niederbronn-les-Bains
Merkwiller-Pechelbronn
Reipertswiller
Hinsingen
Sarre-Union
Gundershoffen
Morsbronn-les-Bains
Altwiller
RHIN
Leutenheim
Uberach
Roppenheim
La-Petite-Pierre
Pfaffenhoffen
Haguenau
Sessenheim
1
Graufthal
Niederschaeffolsheim
Marienthal
Drusenheim
A 4
E 25
A 35
Sarrebourg
N 4
Weyersheim
Saverne
Mittelhausen
Kilstett
LORRAINE
(plans 26 27)
Birkenwald
Willgottheim
La Wantzenau
Obersteigen
Marlenheim
Schiltigheim
Wangenbourg
Sarre
Traenheim
D 1004
Strasbourg
Molsheim
Dachstein
E 52
Oberhaslach
Mutzig
Entzheim
Ostwald
Urmatt
Col du Donon
Mollkirch
Innenheim
Fegersheim
Schirmeck
Rosheim
Plobsheim
Ottrott
A 35
Les Quelles
Erstein
Fouday
Obernai
Osthouse
Saulxures
Sand
DEUTSCHLAND
Colroy-la-Roche
Rhinau
La Vancelle
St-Dié-des-Vosges
Diebolsheim
N 59
2
2
ILLHAEUSERN
Riquewihr
Zellenberg
Lapoutroie
Kaysersberg
Orbey
Wihr-au-Val
Colmar
Hohrodberg
D 415
FREIBURG IM BREISGAU
Muhlbach-s-Munster
Munster
Metzeral
Ste-Croix-en-Plaine
Gueberschwihr
Sondernach
Westhalten
Rouffach
Kruth
Murbach
Bergholtz
Guebwiller
Jungholtz
D 83
St-Amarin
Ensisheim
Moosch
Berrwiller
A 35
N 66
Cernay
E 35
3
Thann
Illzach
Bourbach-le-Bas
Mulhouse
Rixheim
Guewenheim
Riedisheim
Burnhaupt-le-Haut
E 60
A 5
Diefmatten
Frœningen
Kembs-Loéchlé
3
A 36
Sierentz
Rosenau
Altkirch
BELFORT
Dannemarie
St-Louis
BASEL
FRANCHE-COMTÉ
(plans 16 17)
Feldbach
Ferrette
Montbéliard
Winkel
A
SUISSE
B
Lucelle
Localité possédant au moins :
un hébergement ou un restaurant
une table étoilée
un restaurant "Bib Gourmand"
un hôtel "Bib Hôtel"
un restaurant agréable
une maison d'hôte agréable
un hôtel agréable
un hôtel très tranquille

Alsace 2

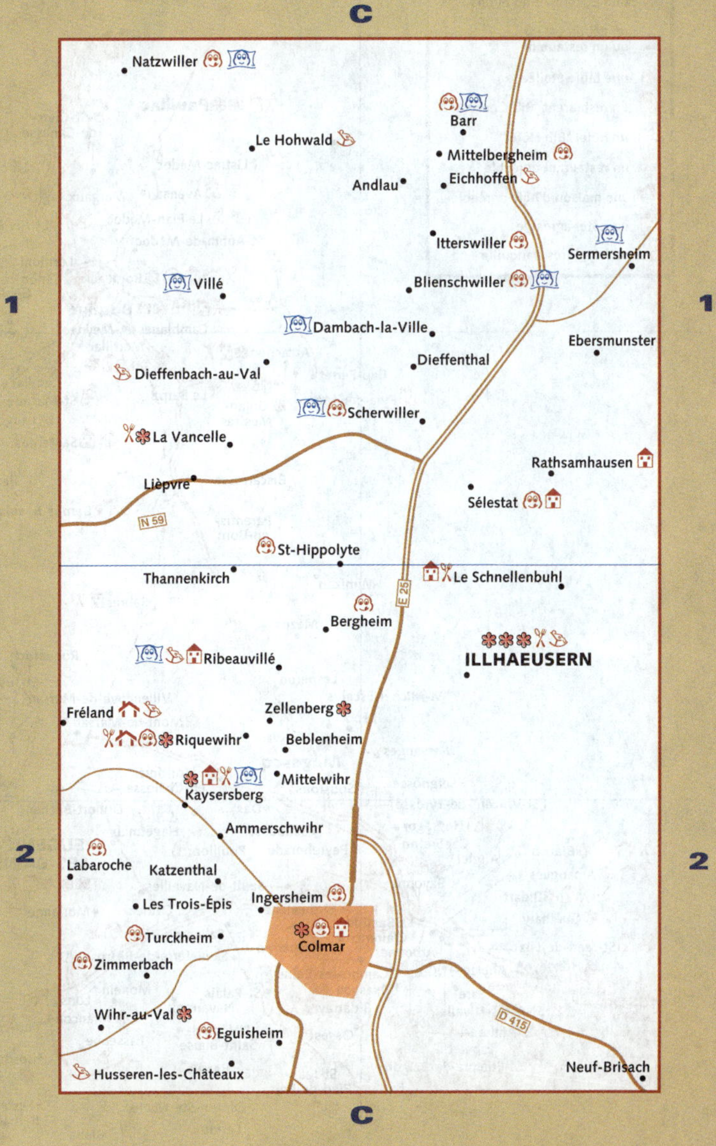

C
1
2
Natzwiller
Barr
Le Hohwald
Mittelbergheim
Andlau
Eichhoffen
Itterswiller
Sermersheim
Villé
Blienschwiller
Dambach-la-Ville
Ebersmunster
Dieffenthal
Dieffenbach-au-Val
Scherwiller
La Vancelle
Rathsamhausen
Lièpvre
Sélestat
N 59
St-Hippolyte
Thannenkirch
Le Schnellenbuhl
E 25
Bergheim
ILLHAEUSERN
Ribeauvillé
Fréland
Zellenberg
Riquewihr
Beblenheim
Mittelwihr
Kaysersberg
Ammerschwihr
Labaroche
Katzenthal
Ingersheim
Les Trois-Épis
Colmar
Turckheim
Zimmerbach
Wihr-au-Val
D 415
Eguisheim
Neuf-Brisach
Husseren-les-Châteaux

3 Aquitaine

Localité possédant au moins :
un hébergement ou un restaurant
une table étoilée
un restaurant "Bib Gourmand"
un hôtel "Bib Hôtel"
un restaurant agréable
une maison d'hôte agréable
un hôtel agréable
un hôtel très tranquille
1
2
3
A
B
GOLFE
GASCOGNE
GIRONDE
POITOU -
Jonzac
Soulac-sur-Mer
Pauillac
St-Ciers-de-Canesse
Listrac-Médoc
Libourne
Avensan
Margaux
St-Gervais
Le Pian-Médoc
La Rivière
St-Aubin-de-Médoc
Lormont
Bordeaux
Cenon
Génissac
Arès
Bouliac
Camblanes-et-Meynac
Créon
Martillac
Arcachon
Cap-Ferret
Cadillac
Pyla-sur-Mer
Le Barp
Gujan-Mestras
St-Macaire
Langon
Eyre
Sauternes
Biscarrosse
Bazas
Bernos-Beaulac
Parentis-en-Born
Mimizan
Sabres
Mézos
Roquefort
Lesperon
St-Justin
St-Michel-Escalus
Villeneuve-de-Marsan
Léon
Mont-de-Marsan
Messanges
Magescq
Montfort-en-Chalosse
Seignosse
Soustons
Aire-s
l'Adou
St-Vincent-de-Tyrosse
Dax
Duhort-Bachen
Hossegor
Saubusse
Hagetmau
Capbreton
Biarritz
Anglet
Peyrehorade
Pouillon
EUGÉNIE-LES-BAINS
Arcangues
Bayonne
Amou
Sault-de-Navailles
Bidart
Orthevielle
Orthez
Morlanne
Guéthary
La Bastide-Clairence
Gave
Salies-de-Béarn
St-Jean-de-Luz
Hasparren
Arbonne
Sauveterre-de-Béarn
Hendaye
Ahetze
Cambo-les-Bains
Sare
Itxassou
St-Palais
Monein
DONOSTIA-S. SEBASTIÁN
St-Pée-s-Nivelle
Bidarray
Navarrenx
Lons
Ainhoa
Jurançon
Pau
Ossès
L'Hôpital-Saint-Blaise
Espelette
Lasseube
St-Étienne-de-Baïgorry
Barcus
Bosdarro
St-Jean-Pied-de-Port
Oloron-Ste-Marie
Lestelle-Bétharran
Larrau
Bielle
d'Aspe
Gourette
ESPAÑA
PAMPLONA
A 10
N 10
A 63
A 660
E 5 - E 70
D 824
D 30
A 64
N 134
AP 8
AP 1
E 5
A 15
A 1

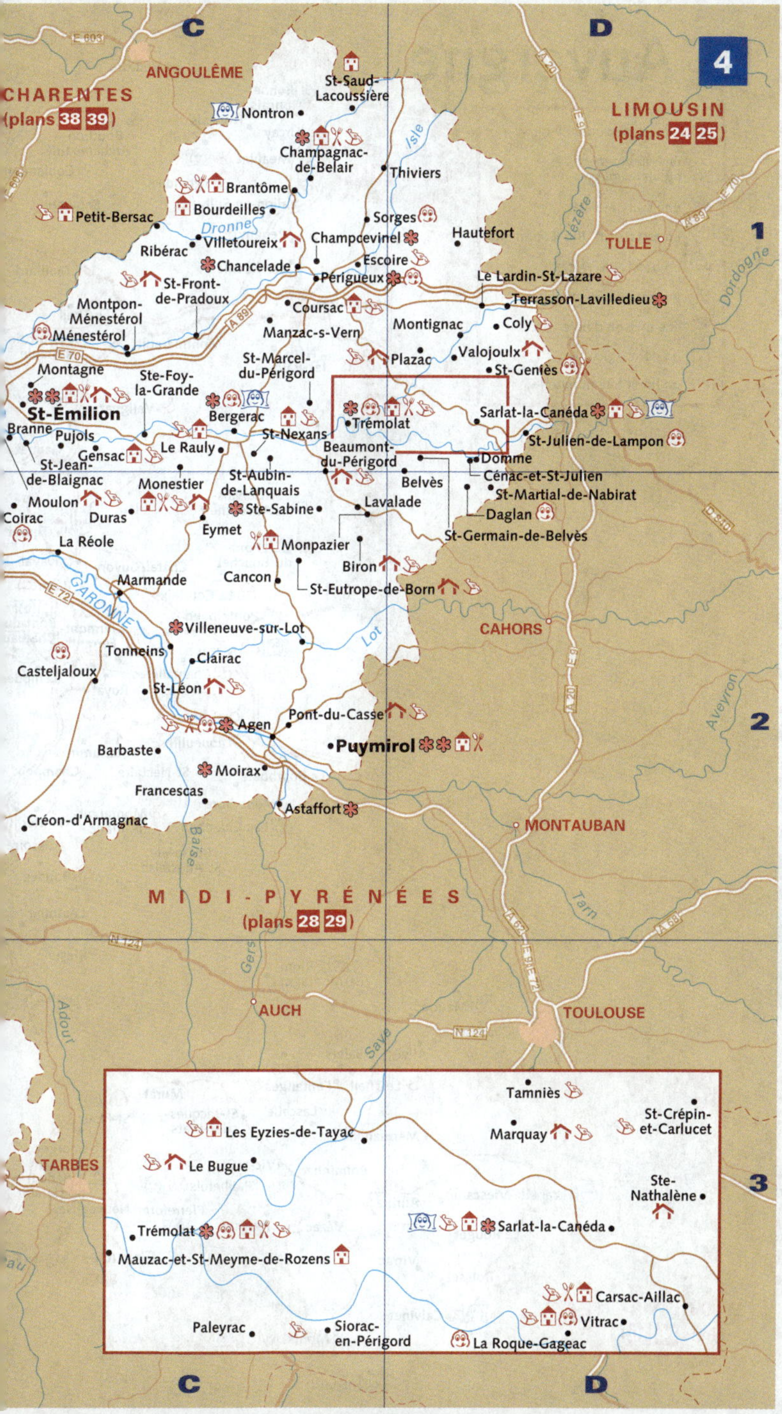

4
C
D
1
2
3
CHARENTES
(plans 38 39)
LIMOUSIN
(plans 24 25)
MIDI-PYRÉNÉES
(plans 28 29)
ANGOULÊME
TULLE
CAHORS
MONTAUBAN
TOULOUSE
AUCH
TARBES
E 603
E 70
A 89
E 72
A 20
E 9
D 840
A 62
E 9 E 72
A 68
N 124
Isle
Dronne
Vézère
Dordogne
Lot
Garonne
Baïse
Gers
Tarn
Aveyron
Save
Adour
St-Saud-Lacoussière
Nontron
Champagnac-de-Belair
Thiviers
Brantôme
Bourdeilles
Petit-Bersac
Sorges
Villetoureix
Champcevinel
Hautefort
Ribérac
Chancelade
Escoire
St-Front-de-Pradoux
Périgueux
Le Lardin-St-Lazare
Terrasson-Lavilledieu
Montpon-Ménestérol
Ménestérol
Coursac
Manzac-s-Vern
Montignac
Coly
Valojoulx
Plazac
St-Geniès
Montagne
St-Marcel-du-Périgord
Ste-Foy-la-Grande
St-Émilion
Bergerac
Trémolat
Sarlat-la-Canéda
St-Julien-de-Lampon
Branne
Pujols
St-Nexans
Gensac
Le Rauly
Beaumont-du-Périgord
Domme
St-Jean-de-Blaignac
Monestier
St-Aubin-de-Lanquais
Cénac-et-St-Julien
Belvès
St-Martial-de-Nabirat
Moulon
Ste-Sabine
Lavalade
Daglan
Coirac
Duras
Eymet
St-Germain-de-Belvès
La Réole
Monpazier
Biron
Marmande
Cancon
St-Eutrope-de-Born
Villeneuve-sur-Lot
Tonneins
Clairac
Casteljaloux
St-Léon
Pont-du-Casse
Agen
Puymirol
Barbaste
Moirax
Francescas
Astaffort
Créon-d'Armagnac
Tamniès
St-Crépin-et-Carlucet
Marquay
Les Eyzies-de-Tayac
Le Bugue
Ste-Nathalène
Sarlat-la-Canéda
Trémolat
Mauzac-et-St-Meyme-de-Rozens
Carsac-Aillac
Vitrac
Paleyrac
Siorac-en-Périgord
La Roque-Gageac

5 Auvergne

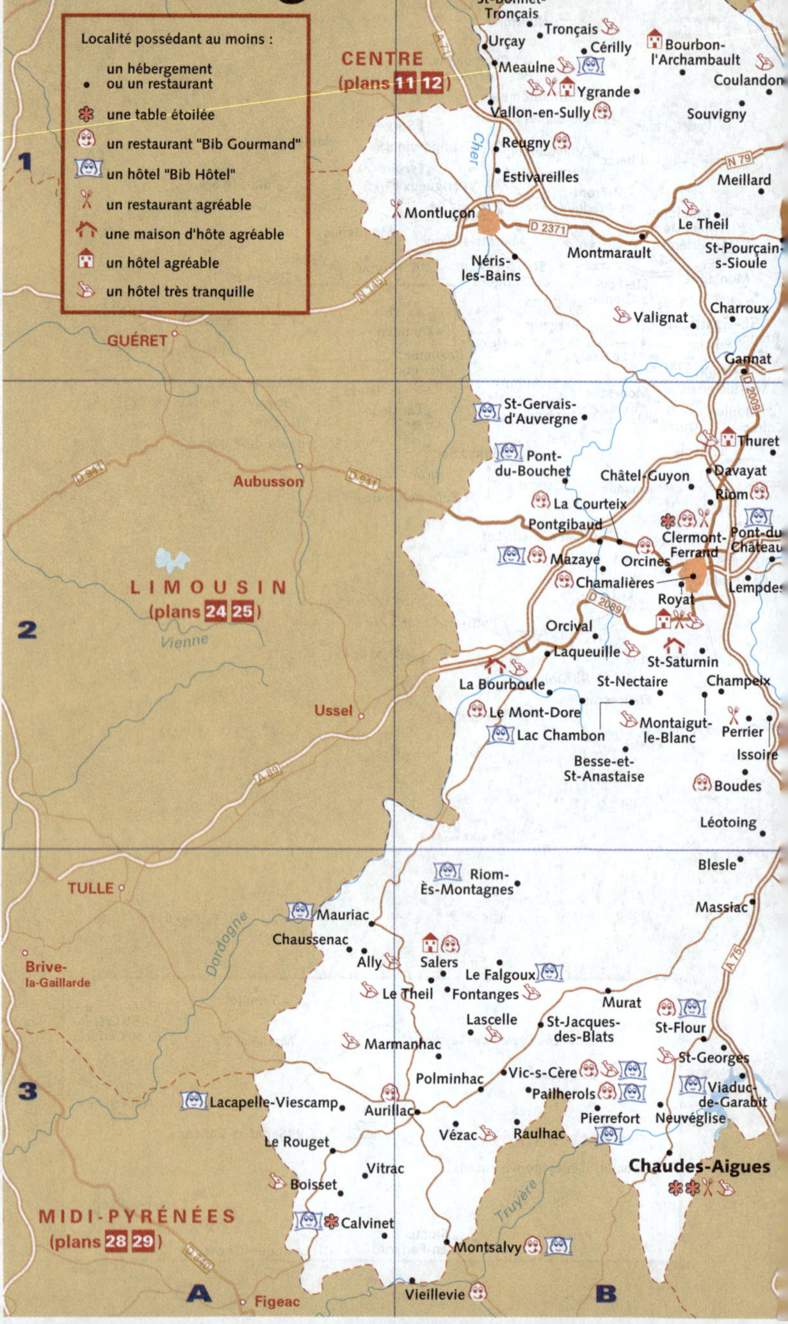
Localité possédant au moins :
un hébergement ou un restaurant
une table étoilée
un restaurant "Bib Gourmand"
un hôtel "Bib Hôtel"
un restaurant agréable
une maison d'hôte agréable
un hôtel agréable
un hôtel très tranquille
CENTRE (plans 11 12)
LIMOUSIN (plans 24 25)
MIDI-PYRÉNÉES (plans 28 29)
A
B
1
2
3
St-Amand-Montrond
Guéret
Aubusson
Ussel
Tulle
Brive-la-Gaillarde
Figeac
Vienne
Dordogne
Cher
Truyère
A 71
N 145
D 941
A 89
D 840
D 2371
N 79
D 2009
D 2089
A 75
Le Veurdre
St-Bonnet-Tronçais
Tronçais
Urçay
Cérilly
Bourbon-l'Archambault
Meaulne
Ygrande
Coulandon
Vallon-en-Sully
Souvigny
Reugny
Estivareilles
Meillard
Montluçon
Le Theil
Montmarault
St-Pourçain-s-Sioule
Néris-les-Bains
Valignat
Charroux
Gannat
St-Gervais-d'Auvergne
Thuret
Pont-du-Bouchet
Châtel-Guyon
Davayat
Riom
La Courteix
Pontgibaud
Clermont-Ferrand
Pont-du-Château
Mazaye
Orcines
Chamalières
Lempdes
Royat
Orcival
Laqueuille
St-Saturnin
La Bourboule
St-Nectaire
Champeix
Le Mont-Dore
Montaigut-le-Blanc
Perrier
Lac Chambon
Issoire
Besse-et-St-Anastaise
Boudes
Léotoing
Blesle
Riom-Ès-Montagnes
Massiac
Mauriac
Chaussenac
Salers
Ally
Le Falgoux
Le Theil
Fontanges
Murat
Lascelle
St-Jacques-des-Blats
St-Flour
Marmanhac
St-Georges
Polminhac
Vic-s-Cère
Viaduc-de-Garabit
Lacapelle-Viescamp
Aurillac
Pailherols
Pierrefort
Neuvéglise
Vézac
Raulhac
Le Rouget
Chaudes-Aigues
Vitrac
Boisset
Calvinet
Montsalvy
Vieillevie

6
C
D
La Chapelle-aux-Chasses
Chevagnes
Moulins
E 62
Dompierre-s-Besbre
Neuilly-le-Réal
Thionne
Jaligny-sur-Besbre
N 7
Lapalisse
Billy
Vichy
St-Priest-Bramefant
Puy-Guillaume
Maringues
Lezoux
Thiers
Celles-sur-Durolle
Vollore-Ville
Bort-l'Étang
Glaine-
Montaigut
Augerolles
Ceilloux
Sauxillanges
Ambert
Sarpoil
Ste-Florine
Chassignolles
Vergongheon
La Chaise-
Dieu
Brioude
Lavaudieu
Chomelix
Salzuit
Allier
N 102
Langeac
St-Arcons-
d'Allier
St-Christophe-
sur-Dol
Saugues
Alleyras
St-Haon
Craponne-sur-Arzon
Beauzac
Bransac
Yssingeaux
St-Vincent
N 88
Le Puy-
en-Velay
St-Julien-Chapteuil
Moudeyres
Aurec-s-Loire
St-Didier-en-Velay
St-Pal-de-Mons
Dunières
ST-BONNET-
LE-FROID
Tence
Le Chambon-s-Lignon
Tournon-
s-Rhône
VALENCE
PRIVAS
LANGUEDOC-
ROUSSILLON
(plans 22 23)
BOURGOGNE
(plans 7 8)
E 607
N 80
N 70
N 79
Charolles
E 62
MÂCON
A 40
E 21
E 15
A 6
1
Roanne
Villefranche-
s-Saône
N 7
A 89
A 46
D 1083
LYON
A 43
RHÔNE-ALPES
(plans 43 44 45 46)
A 72
E 70
Montbrison
A 47
2
Vienne
ST-ÉTIENNE
E 15
A 7
3
N 102
N 88

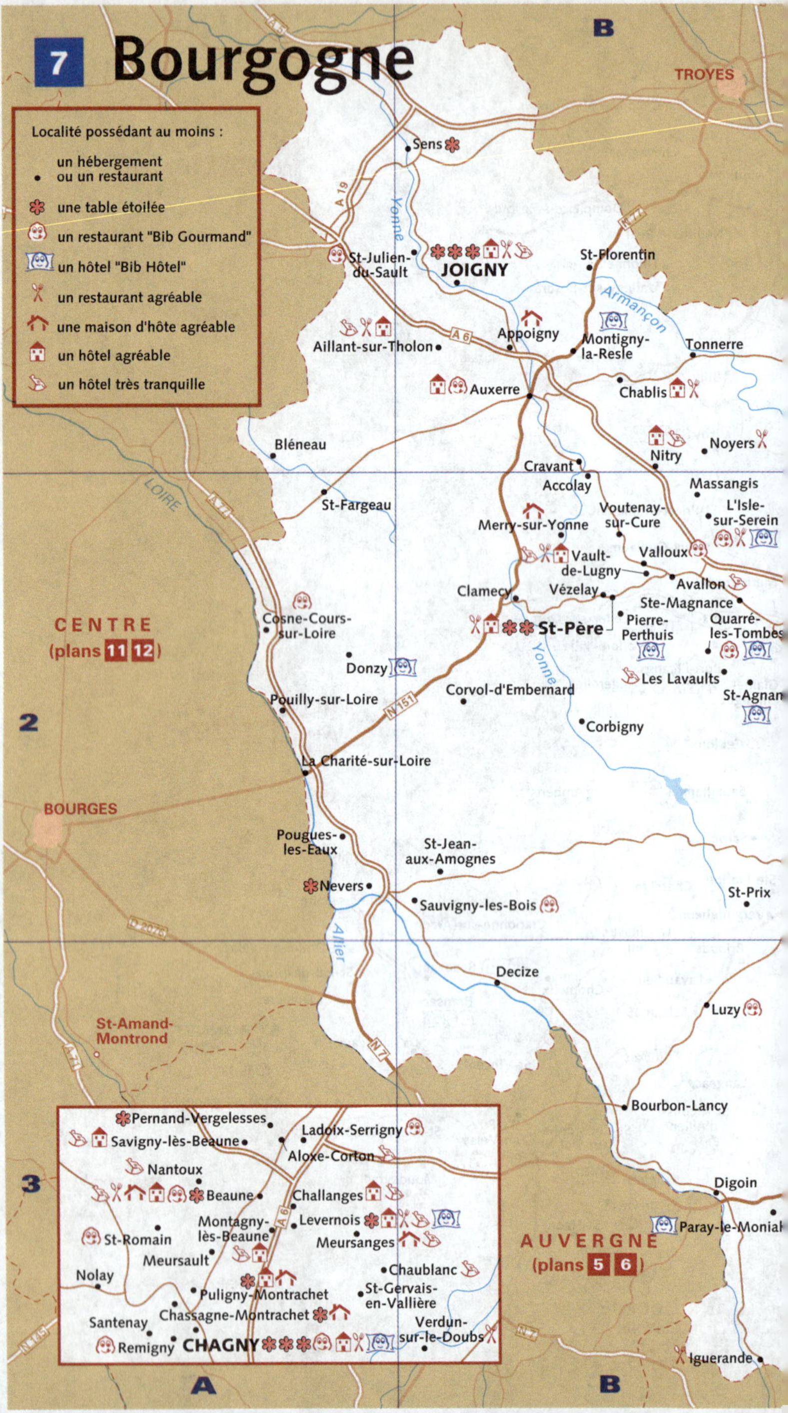
7 Bourgogne
Localité possédant au moins :
un hébergement ou un restaurant
une table étoilée
un restaurant "Bib Gourmand"
un hôtel "Bib Hôtel"
un restaurant agréable
une maison d'hôte agréable
un hôtel agréable
un hôtel très tranquille
B
TROYES
Sens
St-Julien-du-Sault
JOIGNY
St-Florentin
Aillant-sur-Tholon
Appoigny
Montigny-la-Resle
Tonnerre
Auxerre
Chablis
Bléneau
Nitry
Noyers
Cravant
Accolay
Massangis
St-Fargeau
Voutenay-sur-Cure
L'Isle-sur-Serein
Merry-sur-Yonne
Vault-de-Lugny
Valloux
Avallon
Clamecy
Vézelay
Ste-Magnance
Cosne-Cours-sur-Loire
St-Père
Pierre-Perthuis
Quarré-les-Tombes
CENTRE
(plans 11 12)
Donzy
Les Lavaults
St-Agnan
Corvol-d'Embernard
Pouilly-sur-Loire
Corbigny
2
La Charité-sur-Loire
BOURGES
Pougues-les-Eaux
St-Jean-aux-Amognes
Nevers
Sauvigny-les-Bois
St-Prix
Decize
Luzy
St-Amand-Montrond
Bourbon-Lancy
Pernand-Vergelesses
Ladoix-Serrigny
Savigny-lès-Beaune
Aloxe-Corton
Nantoux
Beaune
Challanges
Digoin
Montagny-lès-Beaune
Levernois
St-Romain
Meursanges
Paray-le-Monial
Meursault
AUVERGNE
(plans 5 6)
Nolay
Chaublanc
Puligny-Montrachet
St-Gervais-en-Vallière
Chassagne-Montrachet
Santenay
Verdun-sur-le-Doubs
Remigny
CHAGNY
Iguerande
A
B
3
Yonne
Armançon
Loire
Allier
A 19
A 6
A 77
A 71
N 77
N 151
N 7
D 2076

8
C
D
1
2
3
Bar-s-Aube
CHAMPAGNE-ARDENNE
(plans 13 14)
Velars-sur-Ouche
Dijon
Arc-sur-Tille
Chenôve
Gevrey-Chambertin
Saulon-la-Rue
Morey-St-Denis
Chambolle-Musigny
Vougeot
Gilly-lès-Cîteaux
Flagey-Echézeaux
Curtil-Vergy
Vosne-Romanée
Nuits-St-Georges
Courban
Châtillon-sur-Seine
Balot
Seine
Saône
St-Rémy
Montbard
Venarey-les-Laumes
Alise-Ste-Reine
Mussy-la-Fosse
Semur-en-Auxois
Is-sur-Tille
St-Seine-l'Abbaye
Prenois
Dijon
Mont-St-Jean
Chailly-sur-Armançon
SAULIEU
Pouilly-en-Auxois
La Bussière-sur-Ouche
Bouilland
FRANCHE-
BESANÇON
Arnay-le-Duc
Pernand-Vergelesses
Dole
Thury
Beaune
COMTÉ
(plans 16 17)
Levernois
Puligny-Montrachet
Autun
Chassagne-Montrachet
CHAGNY
Doubs
Pierre-de-Bresse
Bellevesvre
Mercurey
Le Creusot
Chalon-sur-Saône
St-Martin-en-Bresse
Montcenis
St-Rémy
St-Germain-du-Bois
Buxy
St-Loup-de-Varennes
Blanzy
Marigny
Germagny
Ratte
LONS-LE-SAUNIER
Montceau-les-Mines
Sennecey-le-Grand
Louhans
Jugy
Mancey
Tournus
Bruailles
Brancion
Cuisery
Ozenay
Le Villars
Cuiseaux
Charolles
Mirande
Viré
Fleurville
Cluny
St-Maurice-de-Satonnay
St-Claude
Igé
Chevagny-les-Chevrières
Berzé-la-Ville
Hurigny
Montmelard
Vergisson
Mâcon
Solutré-Pouilly
Leynes
Chaintré
BOURG-EN-BRESSE
St-Amour-Bellevue
La Chapelle-de-Guinchay
Romanèche-Thorins
Nantua
RHÔNE-ALPES
(plans 43 44 45 46)
D 674
E 21
E 17
E 54
A 5
N 19
A 31
D 974
A 38
A 39
E 60
A 36
N 83
A 6
N 80
E 607
N 70
N 79
A 40
E 62
A 404

9 Bretagne

B
1
2
3
A
B
la Ville Blanche
Perros-Guirec
Ploumanach
Trégastel
Trébeurden
Roscoff
Île-de-Batz
Plougrescant
Penvénan
Tréguier
Lannion
Plougasnou
St-Pol-de-Léon
Guissény
Plouescat
Carantec
Locquirec
Plestin-les-Grèves
Brélidy
Portsall
Lannilis
Plouider
Morlaix
Île d'Ouessant
Brélès
Plouigneau
Lampaul-Plouarzel
St-Thégonnec
Pleyber-Christ
Plougonven
Guingamp
Le Conquet
Brest
Plougastel-Daoulas
Sizun
Logonna-Daoulas
Camaret-sur-Mer
Hanvec
Crozon
Le Faou
Morgat
Carhaix-Plouguer
Aulne
Plomodiern
Rostrenen
Ste-Anne-la-Palud
Châteauneuf-du-Faou
Pointe-du-Raz
Tréboul
Locronan
Douarnenez
Île-de-Sein
Plogoff
Pont-Croix
Ty-Sanquer
Audierne
Quimper
La Forêt-Fouesnant
Pont-Aven
Pouldreuzic
Fouesnant
Bannalec
Bénodet
Ste-Marine
Concarneau
Riec-sur-Belon
Quimperlé
Plomeur
Pont-Scorff
St-Guénolé
Loctudy
Névez
Trégunc
Guidel
Hennebont
Raguenès-Plage
Port-Manech
Ploemeur
Lorient
Moëlan-sur-Mer
Lomener
Riantec
Le Pouldu
Larmor-Plage
Étel
Île de Groix
Plouharnel
Port-Louis
Carnac
Portivy
Quiberon
La Trinité-sur-Mer
Sauzon
BELLE-ÎLE
Le Palais
Port-Goulphar
Bangor
Ste-Anne-d'Auray
St-Avé
Auray
Vannes
Bono
Baden
Arradon
St-Philibert
Île-d'Arz
Noyalo
Larmor-Baden
Île-aux-Moines
Locmariaquer
Arzon
Sarzeau
Penvins
Damgan
E 50
N 12
E 60
N 165
Blavet

10
C
D
ST-LÔ
Coutances
Vire
1
BASSE NORMANDIE
(plans 32 33)
Avranches
N.-D.-du-Guildo
Ploubazlanec
Île de Bréhat
St-Cast-le-Guildo
Cap Fréhel
Fréhel
Lancieux
Dinard
St-Malo
St-Servan-sur-Mer
Cancale
Paimpol
Sables-d'Or-les-Pins
St-Quay-Portrieux
Erquy
Le-Val-André
St-Jouan-des-Guérets
La Gouesnière
Plélo
Sous-la-Tour
Cesson
St-Aubin
Pléneuf-Val-André
Ploubalay
St-Suliac
St-Brieuc
St-Pôtan
Plancoët
Plouër-sur-Rance
Dol-de-Bretagne
Pleudihen-sur-Rance
Les-Ponts-Neufs
Pléven
La Poterie
Le Tronchet
Quintin
Dinan
Bazouges-la-Pérouse
Planguenoual
St-Aaron
Combourg
Lamballe
Saint-Rémy-du-Plain
St-Brice-en-Coglès
Fougères
Rance
Ille
Hédé
Caurel
Quédillac
Mûr-de-Bretagne
Loudéac
St-Grégoire
Liffré
Pontivy
Iffendic
Noyal-sur-Vilaine
Vitré
2
Crédin
Guilliers
Paimpont
Châteaubourg
Rennes
Ploërmel
Pont-Réan
Josselin
La Guerche-de-Bretagne
Gennes-sur-Seiche
Locminé
Lohéac
Vilaine
Pluvigner
La Gacilly
Rochefort-en-Terre
Grand-Fougeray
St-Avé
Questembert
Redon
Vannes
Châteaubriant
Noyal-Muzillac
Billiers
La Roche-Bernard
PAYS DE LA LOIRE
(plans 34 35)
Île-d'Houat
St-Nazaire
3
N 12
E 50
N 176
E 401
D 137
A 84
E 3
N 157
N 24
N 166
N 165
N 171
D 213
E 60
N 175
Localité possédant au moins :
un hébergement ou un restaurant
une table étoilée
un restaurant "Bib Gourmand"
un hôtel "Bib Hôtel"
un restaurant agréable
une maison d'hôte agréable
un hôtel agréable
un hôtel très tranquille

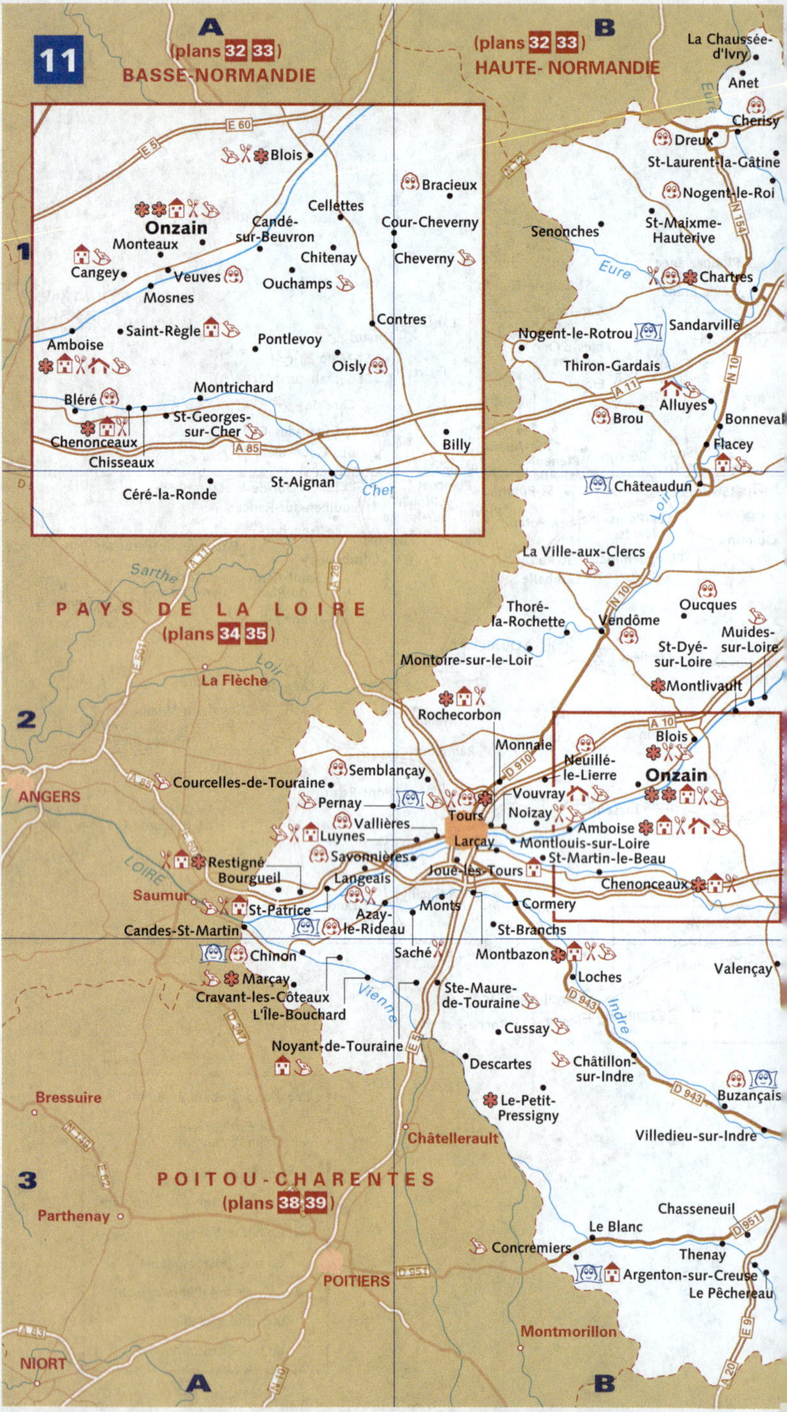
11
A
(plans 32 33)
BASSE-NORMANDIE
B
(plans 32 33)
HAUTE- NORMANDIE
La Chaussée-d'Ivry
Anet
Eure
Cherisy
Dreux
St-Laurent-la-Gâtine
Nogent-le-Roi
N 154
N 12
Senonches
St-Maixme-Hauteville
Eure
Chartres
Sandarville
Nogent-le-Rotrou
Thiron-Gardais
N 10
A 11
Alluyes
Brou
Bonneval
Flacey
Châteaudun
Loir
La Ville-aux-Clercs
N 10
Oucques
Thoré-la-Rochette
Vendôme
Muides-sur-Loire
St-Dyé-sur-Loire
Montoire-sur-le-Loir
Montlivault
E 60
E 5
Blois
Bracieux
Cellettes
Cour-Cheverny
Onzain
Candé-sur-Beuvron
Monteaux
Chitenay
Cheverny
Cangey
Veuves
Ouchamps
Mosnes
Contres
Amboise
Saint-Règle
Pontlevoy
Oisly
Montrichard
Bléré
St-Georges-sur-Cher
Chenonceaux
A 85
Billy
Chisseaux
St-Aignan
Céré-la-Ronde
Cher
1
Sarthe
A 11
A 28
PAYS DE LA LOIRE
(plans 34 35)
E 501
Loir
La Flèche
2
Rochecorbon
A 10
Blois
Monnaie
Neuillé-le-Lierre
Onzain
ANGERS
A 85
Courcelles-de-Touraine
Semblançay
D 910
Vouvray
Pernay
Tours
Noizay
Vallières
Amboise
Luynes
Larçay
Montlouis-sur-Loire
E 60
Restigné
Savonnières
St-Martin-le-Beau
LOIRE
Bourgueil
Langeais
Joué-lès-Tours
Saumur
Chenonceaux
St-Patrice
Azay-le-Rideau
Monts
Cormery
Candes-St-Martin
St-Branchs
Chinon
Saché
Montbazon
Valençay
Marçay
Loches
Cravant-les-Côteaux
Ste-Maure-de-Touraine
D 943
L'Île-Bouchard
Vienne
Indre
D 347
Cussay
Noyant-de-Touraine
E 5
Descartes
Châtillon-sur-Indre
Bressuire
D 943
Buzançais
Le-Petit-Pressigny
N 149
Châtellerault
Villedieu-sur-Indre
E 62
3
POITOU-CHARENTES
(plans 38 39)
Parthenay
Chasseneuil
Le Blanc
D 951
Concremiers
Thenay
Argenton-sur-Creuse
POITIERS
D 951
Le Pêchereau
A 83
Montmorillon
E 9
NIORT
A
N 10
B
A 20

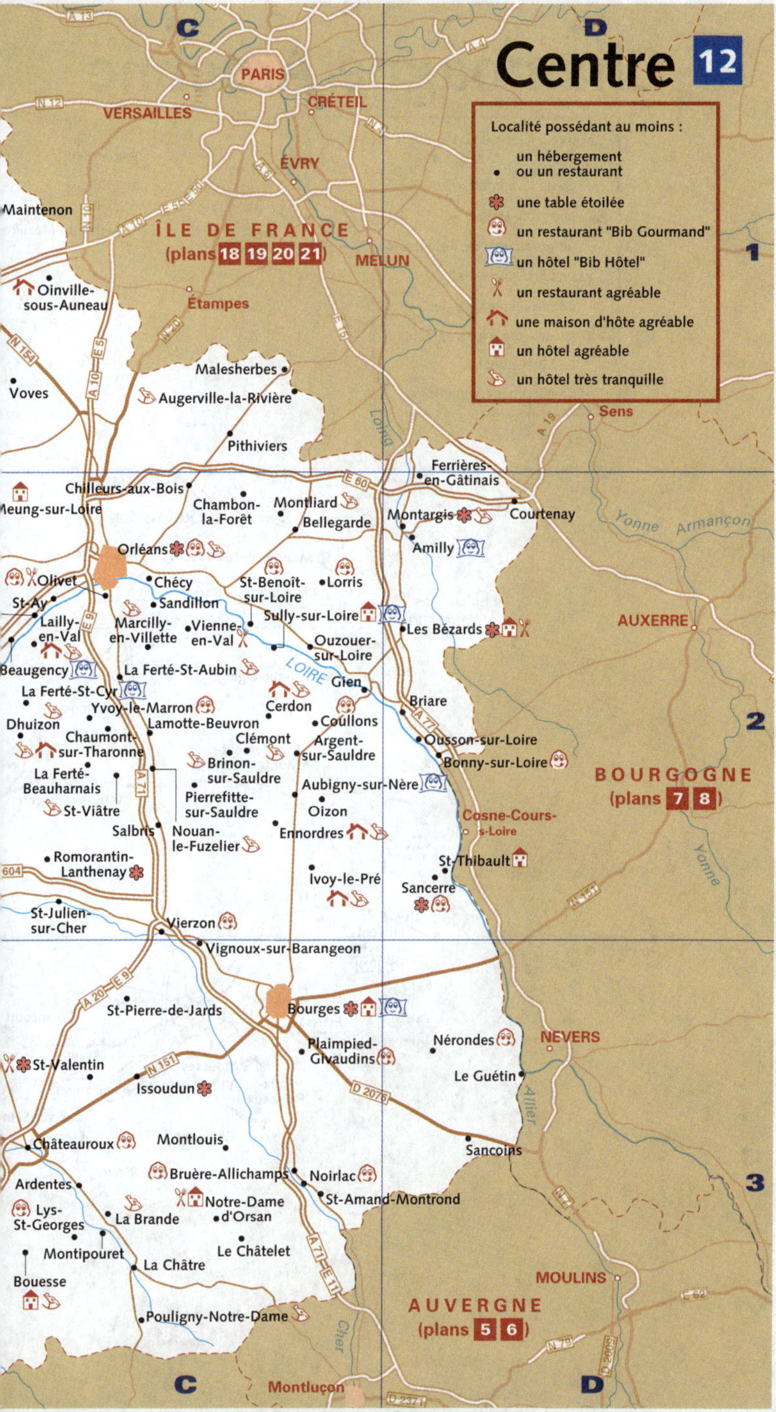

Centre 12
Localité possédant au moins :
• un hébergement ou un restaurant
une table étoilée
un restaurant "Bib Gourmand"
un hôtel "Bib Hôtel"
un restaurant agréable
une maison d'hôte agréable
un hôtel agréable
un hôtel très tranquille
C
D
1
2
3
PARIS
VERSAILLES
CRÉTEIL
ÉVRY
MELUN
Étampes
ÎLE DE FRANCE
(plans 18 19 20 21)
Maintenon
Oinville-sous-Auneau
Voves
Malesherbes
Augerville-la-Rivière
Pithiviers
Sens
Ferrières-en-Gâtinais
Courtenay
Chilleurs-aux-Bois
Meung-sur-Loire
Chambon-la-Forêt
Montliard
Bellegarde
Montargis
Amilly
Orléans
Olivet
Chécy
St-Ay
Sandillon
St-Benoît-sur-Loire
Lorris
Sully-sur-Loire
Lailly-en-Val
Marcilly-en-Villette
Vienne-en-Val
Les Bézards
AUXERRE
Ouzouer-sur-Loire
Beaugency
La Ferté-St-Aubin
LOIRE
Gien
La Ferté-St-Cyr
Yvoy-le-Marron
Cerdon
Briare
Dhuizon
Lamotte-Beuvron
Coullons
Chaumont-sur-Tharonne
Clémont
Argent-sur-Sauldre
Ousson-sur-Loire
Bonny-sur-Loire
La Ferté-Beauharnais
Brinon-sur-Sauldre
Aubigny-sur-Nère
BOURGOGNE
(plans 7 8)
Pierrefitte-sur-Sauldre
St-Viâtre
Oizon
Cosne-Cours-s-Loire
Salbris
Nouan-le-Fuzelier
Ennordres
Romorantin-Lanthenay
St-Thibault
Ivoy-le-Pré
Sancerre
St-Julien-sur-Cher
Vierzon
Vignoux-sur-Barangeon
St-Pierre-de-Jards
Bourges
Nérondes
NEVERS
Plaimpied-Givaudins
St-Valentin
Le Guétin
Issoudun
Châteauroux
Montlouis
Sancoins
Bruère-Allichamps
Noirlac
Ardentes
St-Amand-Montrond
Lys-St-Georges
Notre-Dame d'Orsan
La Brande
Montipouret
Le Châtelet
Bouesse
La Châtre
MOULINS
Pouligny-Notre-Dame
AUVERGNE
(plans 5 6)
Montluçon
Loing
Yonne
Armançon
Allier
Cher
A 10
A 19
A 20
A 71
A 77
E 60
E 9
E 11
N 151
N 154
D 2076

13 Champagne Ardenne

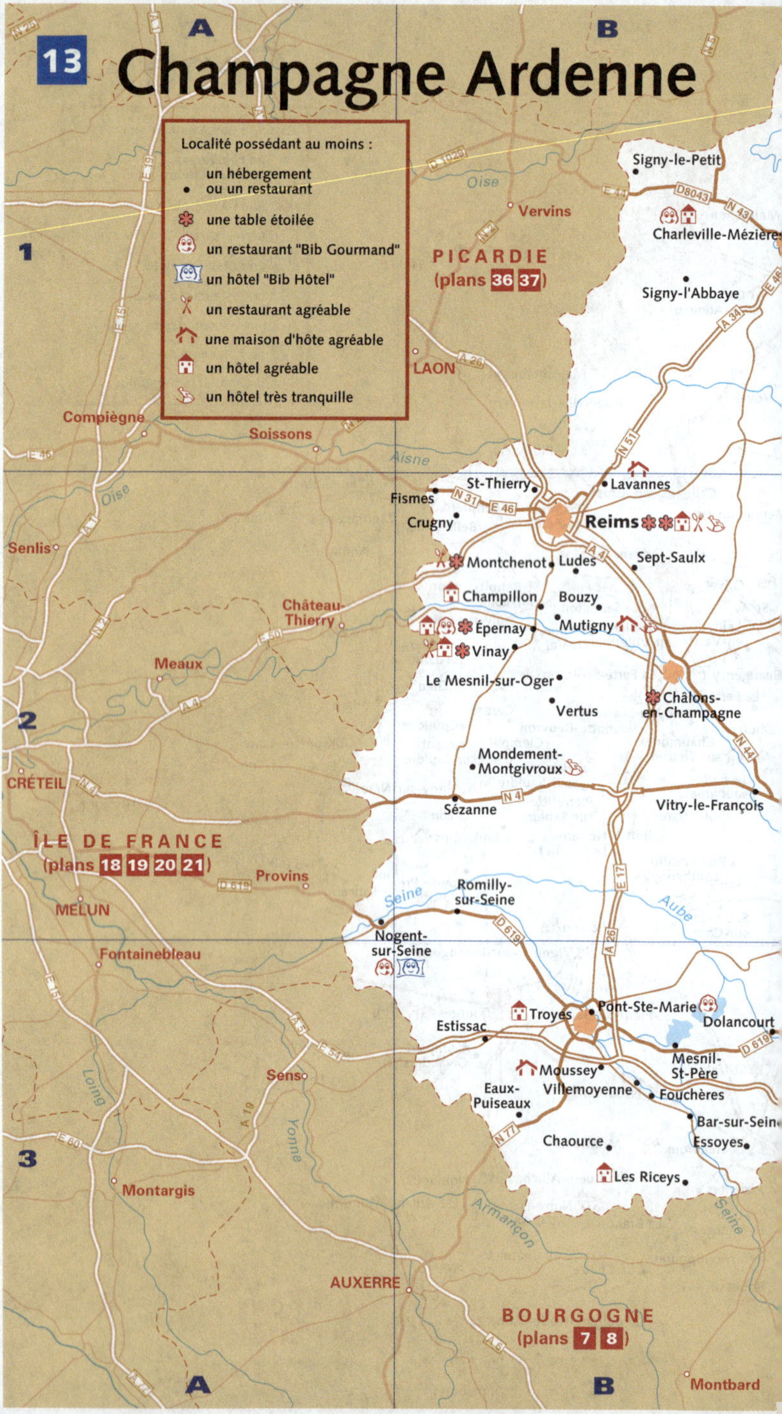

C
D
14
BELGIQUE
DEUTSCHLAND
LUXEMBOURG
Givet
Les Hautes-Rivières
ARLON
(AARLEN)
TRIER
1
Sedan
Donchery
Williers
Carignan
Mouzon
Meuse
LUXEMBOURG
Thionville
Moselle
Harricourt
Forbach
Vienne-le-Château
Verdun
Aisne
METZ
Ste-Menéhould
LORRAINE
(plans 26 27)
2
BAR-LE-DUC
Toul
NANCY
Moselle
Meurthe
Giffaumont-
Champaubert
Joinville
Neufchâteau
Villiers-sur-Marne
Froncles-Buxières
Colombey-
les-Deux-Églises
Bar-
sur-Aube
ÉPINAL
Chaumont
Marne
Nogent
Arc-
en-Barrois
Montigny-
le-Roi
Bourbonne-les-Bains
3
Langres
Saône
FRANCHE-COMTÉ
(plans 16 17)
Bay-
sur-Aube
Vaux-sous-Aubigny
VESOUL
Seine
C
D

15 Corse

Localité possédant au moins :
un hébergement ou un restaurant
une table étoilée
un restaurant "Bib Gourmand"
un hôtel "Bib Hôtel"
un restaurant agréable
une maison d'hôte agréable
un hôtel agréable
un hôtel très tranquille
Barcaggio
Ersa
Macinaggio
Marine d'Albo
Nonza
Erbalunga
San-Martino-di-Lota
Patrimonio
Bastia
Saint-Florent
Oletta
L'Île-Rousse
Monticello
Algajola
Pigna
Lumio
Sant'Antonino
Calvi
Muro
Feliceto
N 1197
N 193
Casamozza
Cervione
Prunete
Calacuccia
Corte
Porto
Évisa
Piana
N 198
Aléria
Cargèse
Bocognano
Bastelica
Peri
N 193
Eccica-Suarella
Ajaccio
N 196
Sta-Maria-Sicché
Solenzara
Porticcio
Col de Bavella
Favone
Petreto-Bicchisano
Aullène
Zonza
Coti-Chiavari
Olmeto
Levie
Ste-Lucie-de-Porto-Vecchio
Porto-Pollo
Ste-Lucie-de-Tallano
Propriano
Cala Rossa
Sartène
Porto-Vecchio
N 196
N 198
Bonifacio
A
B
1
2
3

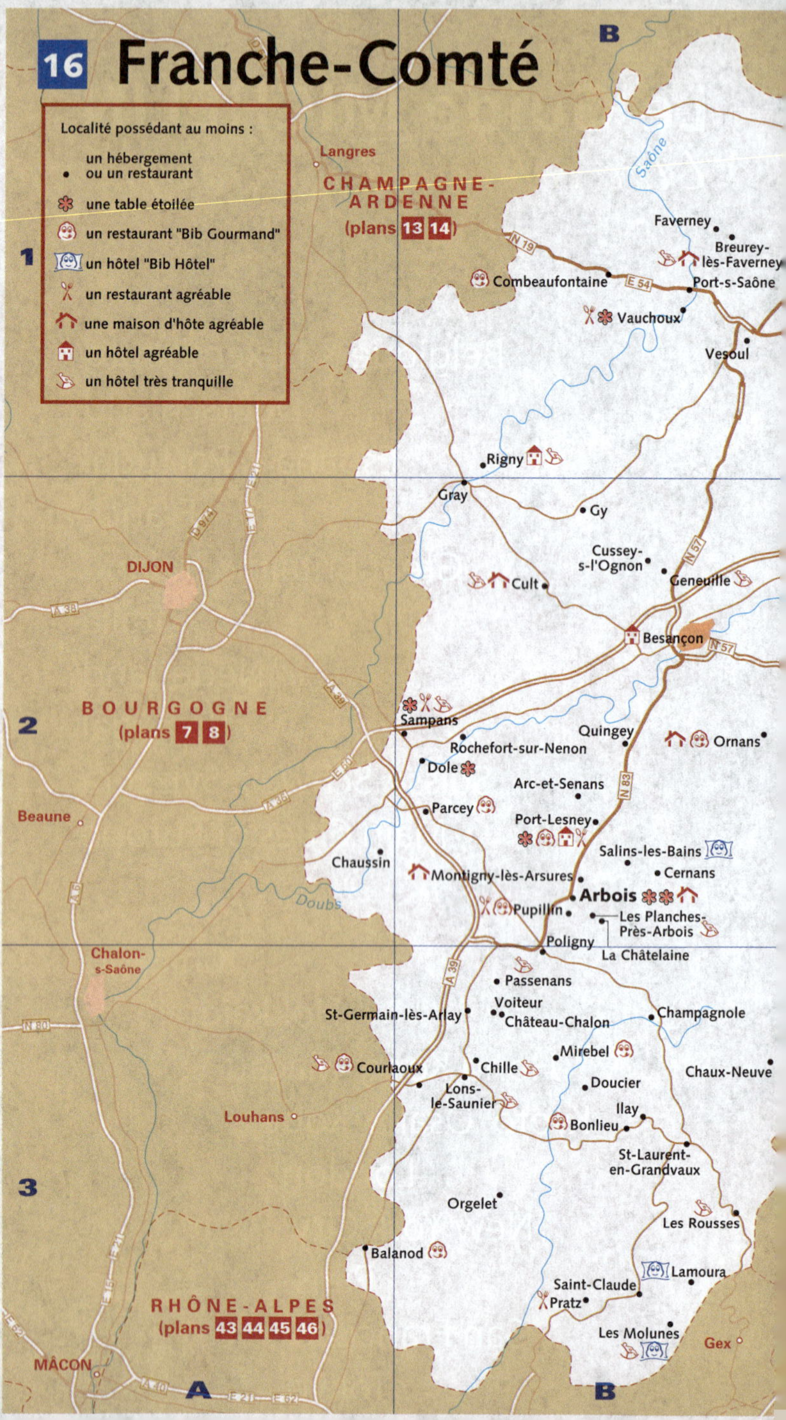
16 Franche-Comté
Localité possédant au moins :
un hébergement ou un restaurant
une table étoilée
un restaurant "Bib Gourmand"
un hôtel "Bib Hôtel"
un restaurant agréable
une maison d'hôte agréable
un hôtel agréable
un hôtel très tranquille
Langres
CHAMPAGNE-ARDENNE
(plans 13 14)
BOURGOGNE
(plans 7 8)
RHÔNE-ALPES
(plans 43 44 45 46)
DIJON
Beaune
Chalon-s-Saône
Louhans
MÂCON
Gex
Doubs
Saône
1
2
3
A
B
N 19
E 54
N 57
N 83
A 36
A 39
A 6
A 40
N 80
E 21
E 62
E 15
E 17
D 974
Faverney
Breurey-lès-Faverney
Combeaufontaine
Port-s-Saône
Vauchoux
Vesoul
Rigny
Gray
Gy
Cussey-s-l'Ognon
Geneuille
Cult
Besançon
Sampans
Quingey
Ornans
Rochefort-sur-Nenon
Dole
Arc-et-Senans
Parcey
Port-Lesney
Salins-les-Bains
Chaussin
Cernans
Montigny-lès-Arsures
Arbois
Pupillin
Les Planches-Près-Arbois
Poligny
La Châtelaine
Passenans
Voiteur
St-Germain-lès-Arlay
Château-Chalon
Champagnole
Mirebel
Courlaoux
Chille
Chaux-Neuve
Doucier
Lons-le-Saunier
Ilay
Bonlieu
St-Laurent-en-Grandvaux
Orgelet
Les Rousses
Balanod
Lamoura
Saint-Claude
Pratz
Les Molunes

17
C
D
LORRAINE
(plans 26 27)
ALSACE
(plans 1 2)
Guebwiller
Thann
Mulhouse
Altkirch
BASEL
LIESTAL
DELÉMONT
SOLOTHURN
BERN
FRIBOURG
NEUCHÂTEL
SUISSE
LAUSANNE
LAC LÉMAN
Thonon-les-B.
GENÈVE
SION
Rhône
Doubs
Fougerolles
Luxeuil-les-Bains
Mélisey
Froideterre
Ronchamp
Lure
Belfort
Danjoutin
Sevenans
Villersexel
Sochaux
Montbéliard
Delle
Audincourt
Pont-de-Roide
Chamesol
Villars-s/s-Dampjoux
St-Hippolyte
Baume-les-Dames
Champlive
Goumois
Maîche
Charquemont
Bretonvillers
Bonnétage
Valdahon
Loray
Saules
Morteau
Villers-le-Lac
Mouthier-Haute-Pierre
La Longeville
Montbenoît
Pontarlier
Malbuisson
Métabief
Jougne
Granges-Ste-Marie
1
2
3

18 Île de France

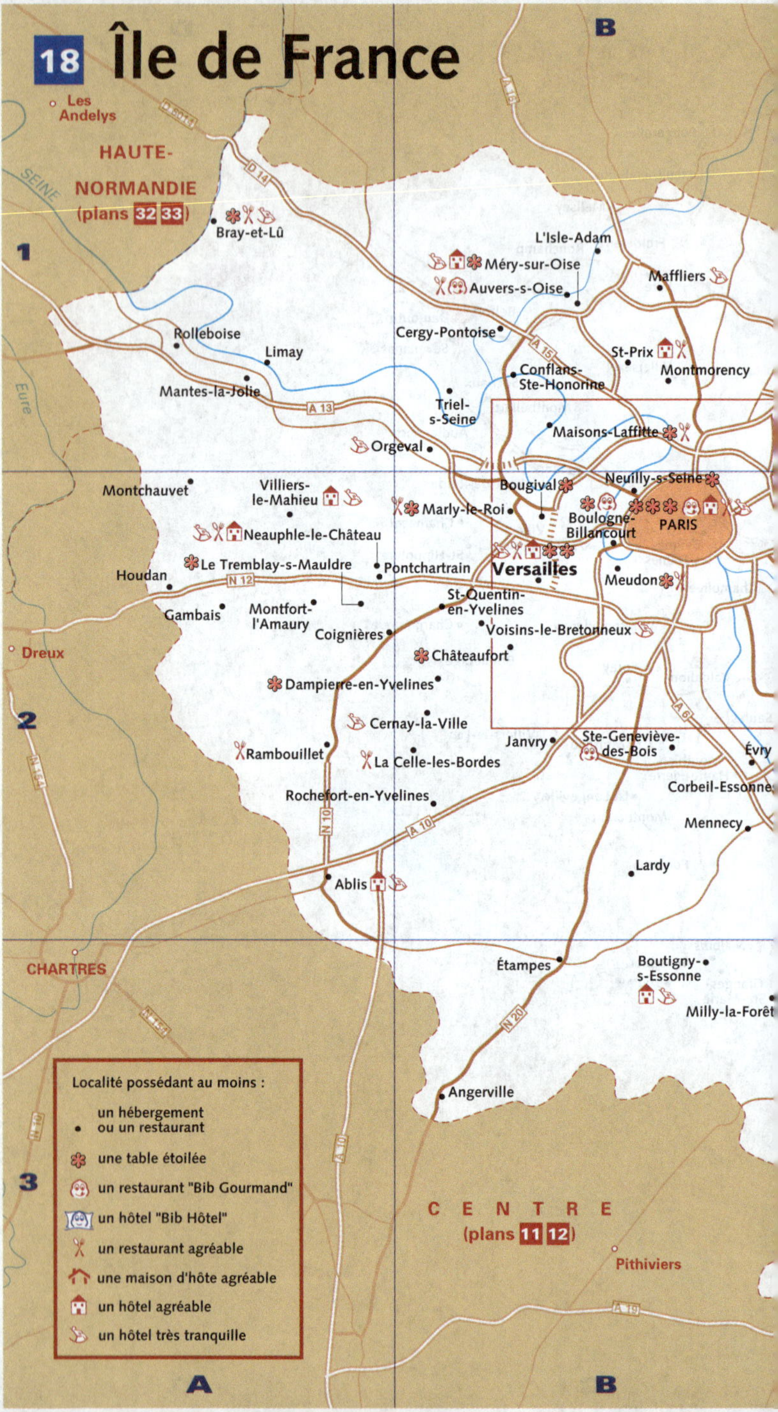

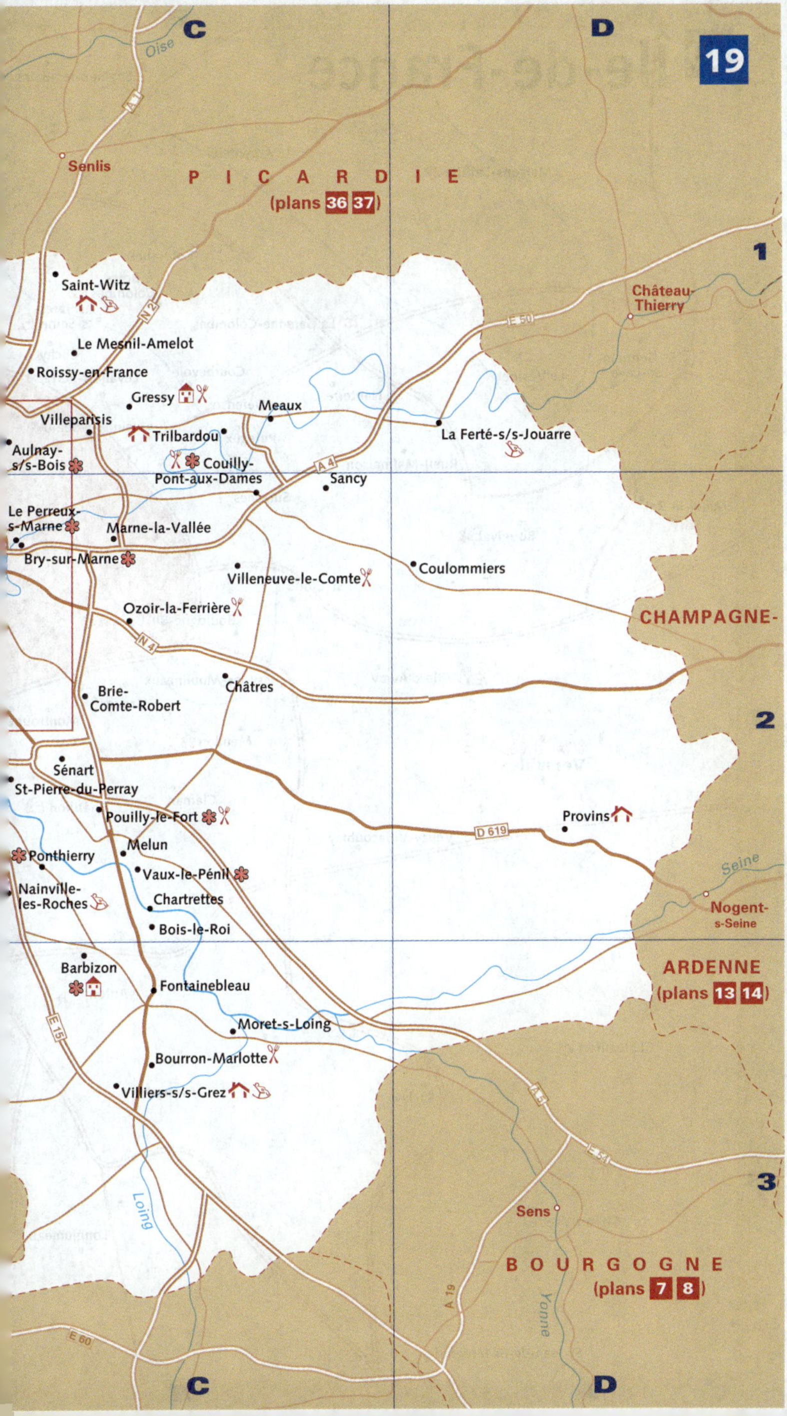
C
D
Oise
A 1
Senlis
P I C A R D I E
(plans 36 37)
1
Saint-Witz
N 2
Le Mesnil-Amelot
Roissy-en-France
Gressy
Villeparisis
Trilbardou
Meaux
Aulnay-s/s-Bois
Couilly-Pont-aux-Dames
Sancy
A 4
E 50
Château-Thierry
La Ferté-s/s-Jouarre
Le Perreux-s-Marne
Marne-la-Vallée
Bry-sur-Marne
Villeneuve-le-Comte
Coulommiers
Ozoir-la-Ferrière
N 4
CHAMPAGNE-
Brie-Comte-Robert
Châtres
2
Sénart
St-Pierre-du-Perray
Pouilly-le-Fort
Provins
D 619
Melun
Ponthierry
Vaux-le-Pénil
Seine
Nainville-les-Roches
Chartrettes
Nogent-s-Seine
Bois-le-Roi
Barbizon
ARDENNE
(plans 13 14)
Fontainebleau
E 15
Moret-s-Loing
Bourron-Marlotte
Villiers-s/s-Grez
A 5
E 54
3
Loing
Sens
B O U R G O G N E
(plans 7 8)
A 19
Yonne
E 60
C
D

20 Île-de-France

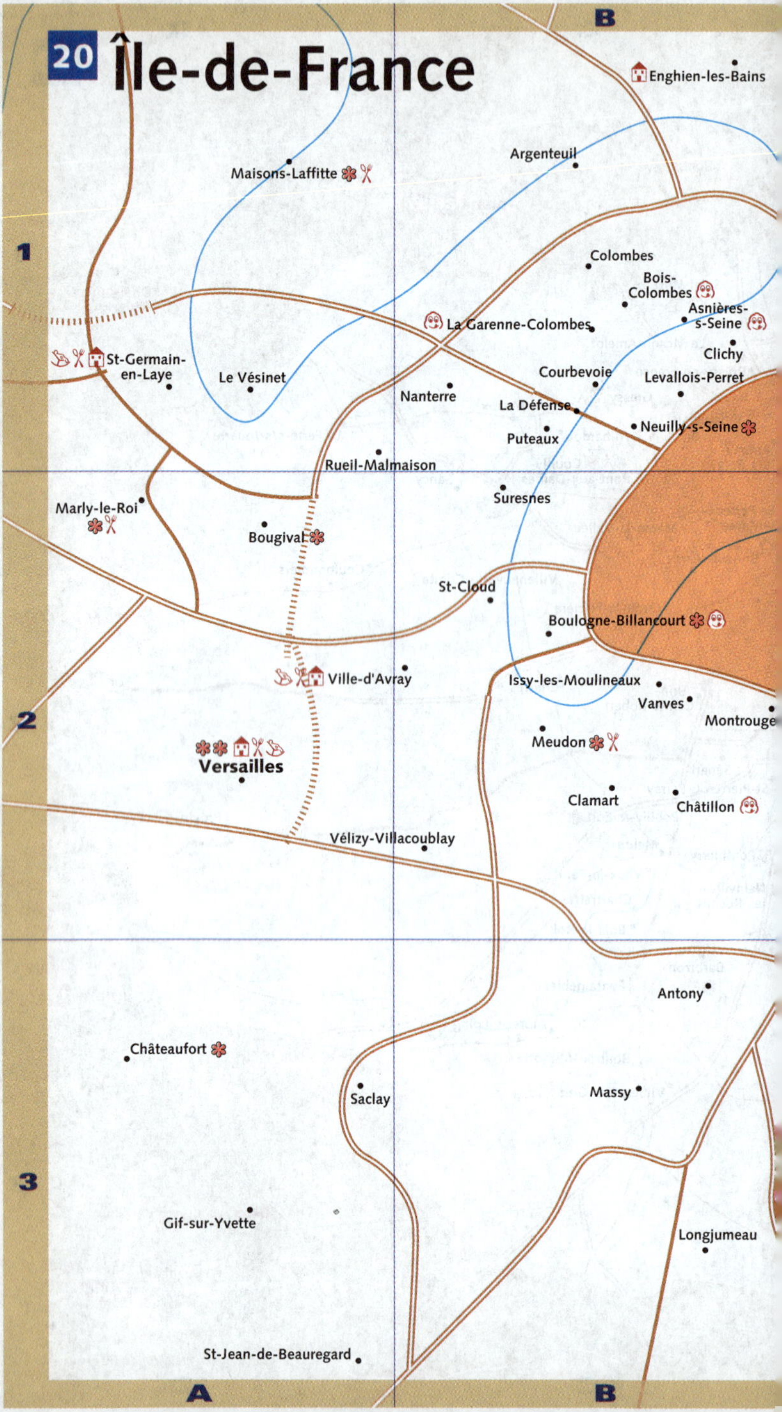

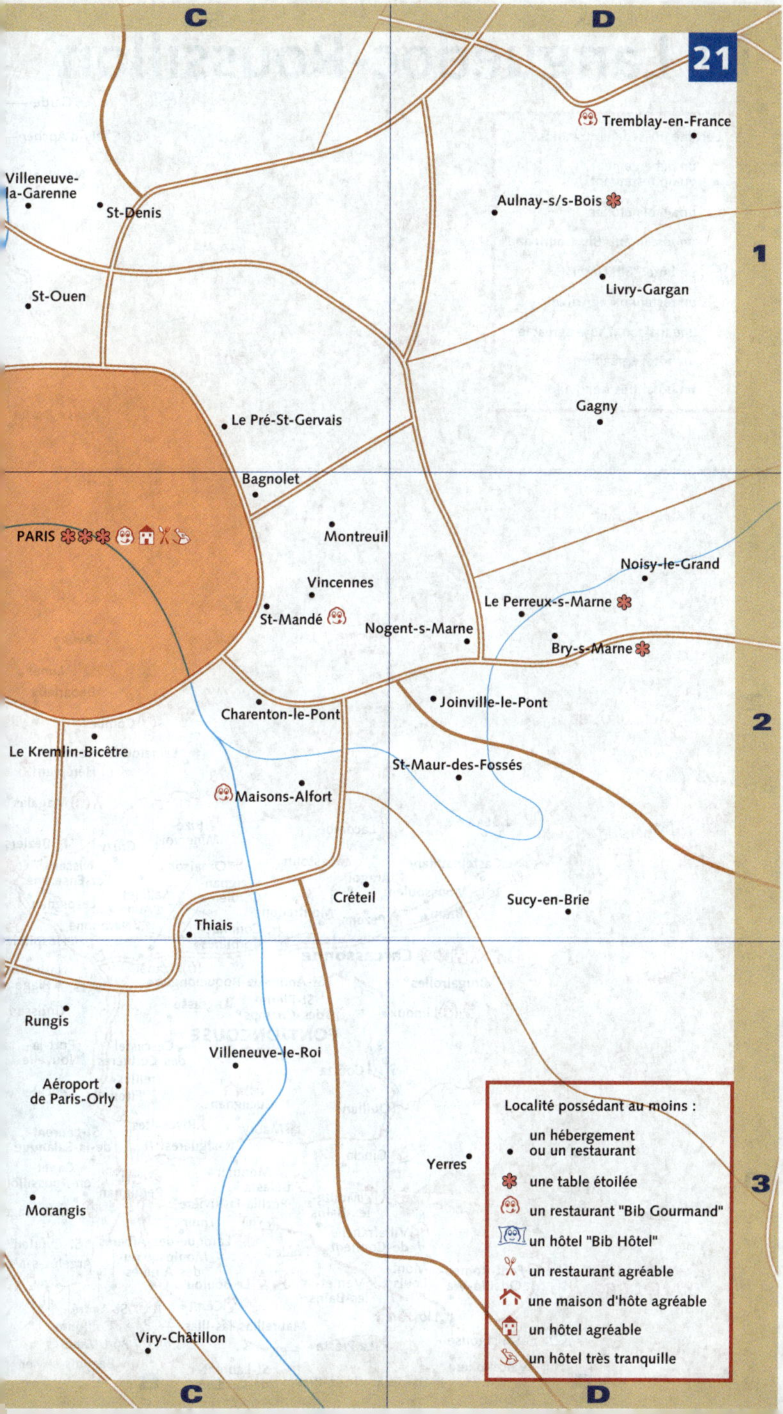
C
D
21
1
2
3
Tremblay-en-France
Villeneuve-la-Garenne
St-Denis
Aulnay-s/s-Bois
Livry-Gargan
St-Ouen
Gagny
Le Pré-St-Gervais
Bagnolet
PARIS
Montreuil
Noisy-le-Grand
Vincennes
Le Perreux-s-Marne
St-Mandé
Nogent-s-Marne
Bry-s-Marne
Joinville-le-Pont
Charenton-le-Pont
Le Kremlin-Bicêtre
St-Maur-des-Fossés
Maisons-Alfort
Créteil
Sucy-en-Brie
Thiais
Rungis
Villeneuve-le-Roi
Aéroport de Paris-Orly
Yerres
Morangis
Viry-Châtillon
Localité possédant au moins :
un hébergement ou un restaurant
une table étoilée
un restaurant "Bib Gourmand"
un hôtel "Bib Hôtel"
un restaurant agréable
une maison d'hôte agréable
un hôtel agréable
un hôtel très tranquille
C
D

22 Languedoc-Roussillon

C
D
AUVERGNE
(plans 5 6)
VALENCE
PRIVAS
Die
Drôme
RHÔNE-ALPES
(plans 43 44 45 46)
RHÔNE
Largentière
1
St-Alban-sur-Limagnole
Fontans
Langogne
Aumont-Aubrac
N 88
N 102
Marvejols
Chabrits
Mende
La Garde-Guérin
Villefort
St-Victor-de-Malcap
Nyons
Ste-Enimie
Cocurès
St-Ambroix
Barjac
Florac
La Vernarède
Montclus
La Malène
N 106
Larnac
Cornillon
Méjannes-lès-Alès
St-Michel-d'Euzet
Meyrueis
St-Privat-des-Vieux
St-Just-et-Vacquières
Gaujac
Bagnols-s-Cèze
Alès
St-Hilaire-de-Brethmas
St-Laurent-des-Arbres
Valleraugue
Montaren-et-St-Médiers
St-Quentin-la-Poterie
Sauveterre
Carpentras
Anduze
Le Rey
Tornac
Uzès
Tavel
Pujaut
Villeneuve-lès-Avignon
Le Vigan
Sauve
Collias
AVIGNON
Castillon-du-Gard
Pont-du-Gard
Brissac
Ferrières-les-Verreries
Cabrières
Sommières
Nîmes
Marguerittes
St-Martin-de-Londres
Garrigues
Beaucaire
PROVENCE-ALPES CÔTE D'AZUR (plans 40 41 42)
Uchaud
Durance
Lodève
St-Guilhem-le-Désert
Mus
Vergèze
Garons
St-Saturnin-de-Lucian
Castries
Gallargues-le-Montueux
Arles
Mourèze
Gignac
Castelnau-le-Lez
Lunel
Aimargues
St-Gilles
E 80
A 54
2
A 8
A 750
E 11
Clermont-l'Hérault
Montpellier
Aigues-Mortes
Lattes
Le Grau-du-Roi
N 568
Istres
Vailhan
Pézenas
Palavas-les-Flots
Port-Camargue
La Grande-Motte
Carnon-Plage
A 9
Balaruc-les-Bains
A 55
Portiragnes
E 15
Mèze
Sète
E 80
Marseillan
Agde
Le Cap-d'Agde
Villeneuve-lès-Béziers
Valras-Plage
Sérignan
GOLFE DU LION
3

24 Limousin

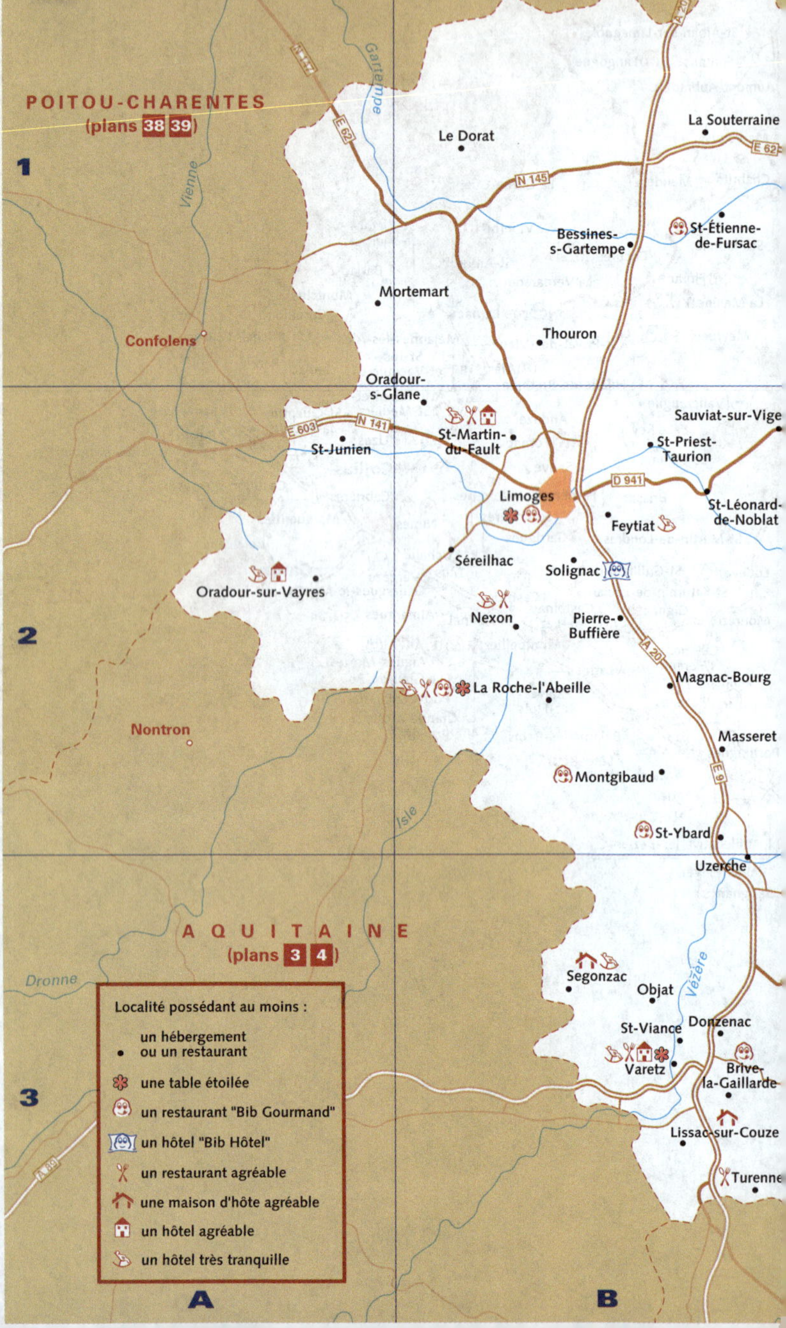

Localité possédant au moins :

- un hébergement ou un restaurant
- une table étoilée
- un restaurant "Bib Gourmand"
- un hôtel "Bib Hôtel"
- un restaurant agréable
- une maison d'hôte agréable
- un hôtel agréable
- un hôtel très tranquille

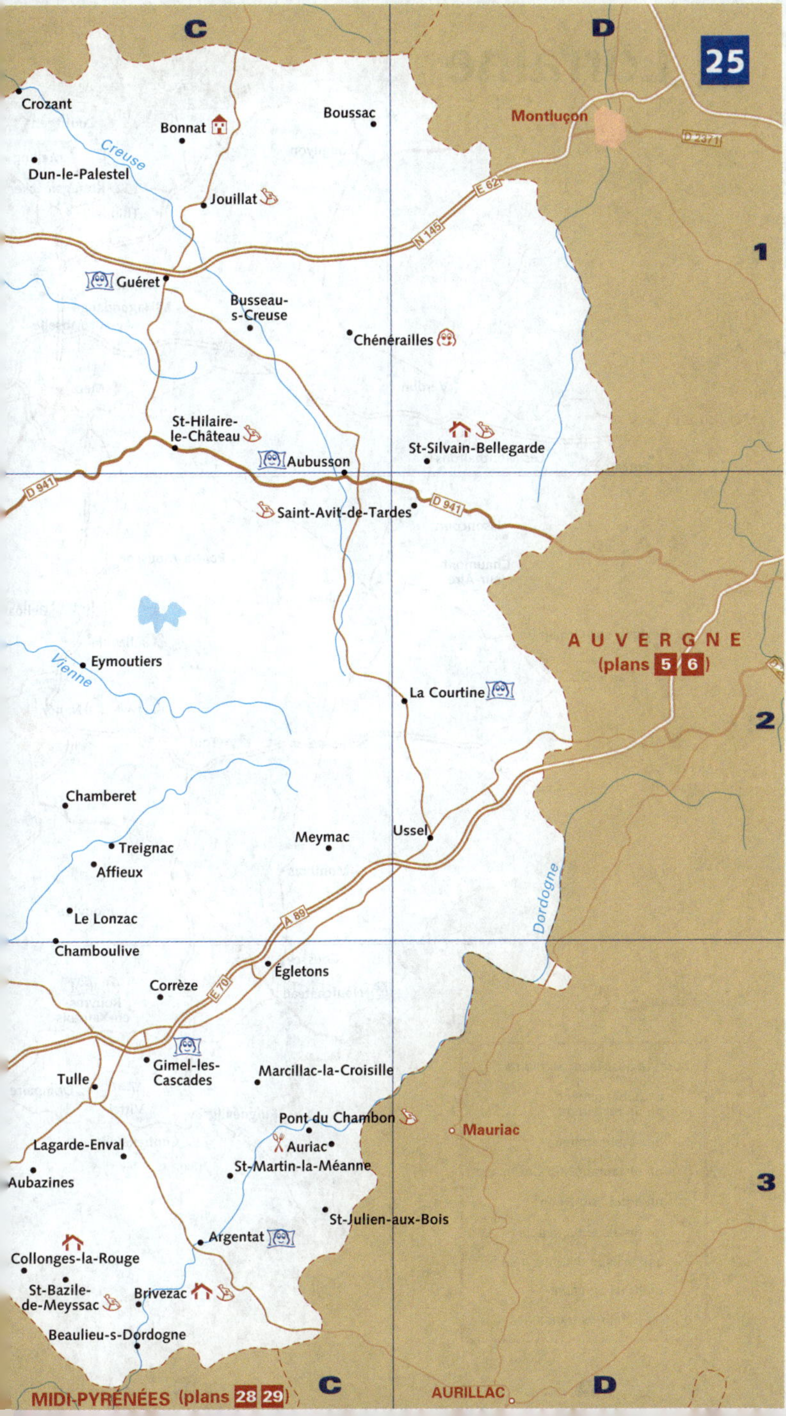
C
D
25
Crozant
Bonnat
Boussac
Montluçon
D 2371
Creuse
Dun-le-Palestel
Jouillat
E 62
N 145
1
Guéret
Busseau-
s-Creuse
Chénérailles
St-Hilaire-
le-Château
St-Silvain-Bellegarde
Aubusson
D 941
D 941
Saint-Avit-de-Tardes
AUVERGNE
(plans 5 6)
Eymoutiers
Vienne
La Courtine
2
Chamberet
Ussel
Meymac
Treignac
Affieux
Dordogne
Le Lonzac
A 89
Chamboulive
Égletons
Corrèze
E 70
Gimel-les-
Cascades
Tulle
Marcillac-la-Croisille
Pont du Chambon
Mauriac
Auriac
Lagarde-Enval
St-Martin-la-Méanne
Aubazines
3
St-Julien-aux-Bois
Argentat
Collonges-la-Rouge
St-Bazile-
de-Meyssac
Brivezac
Beaulieu-s-Dordogne
MIDI-PYRÉNÉES (plans 28 29)
C
AURILLAC
D

26 Lorraine

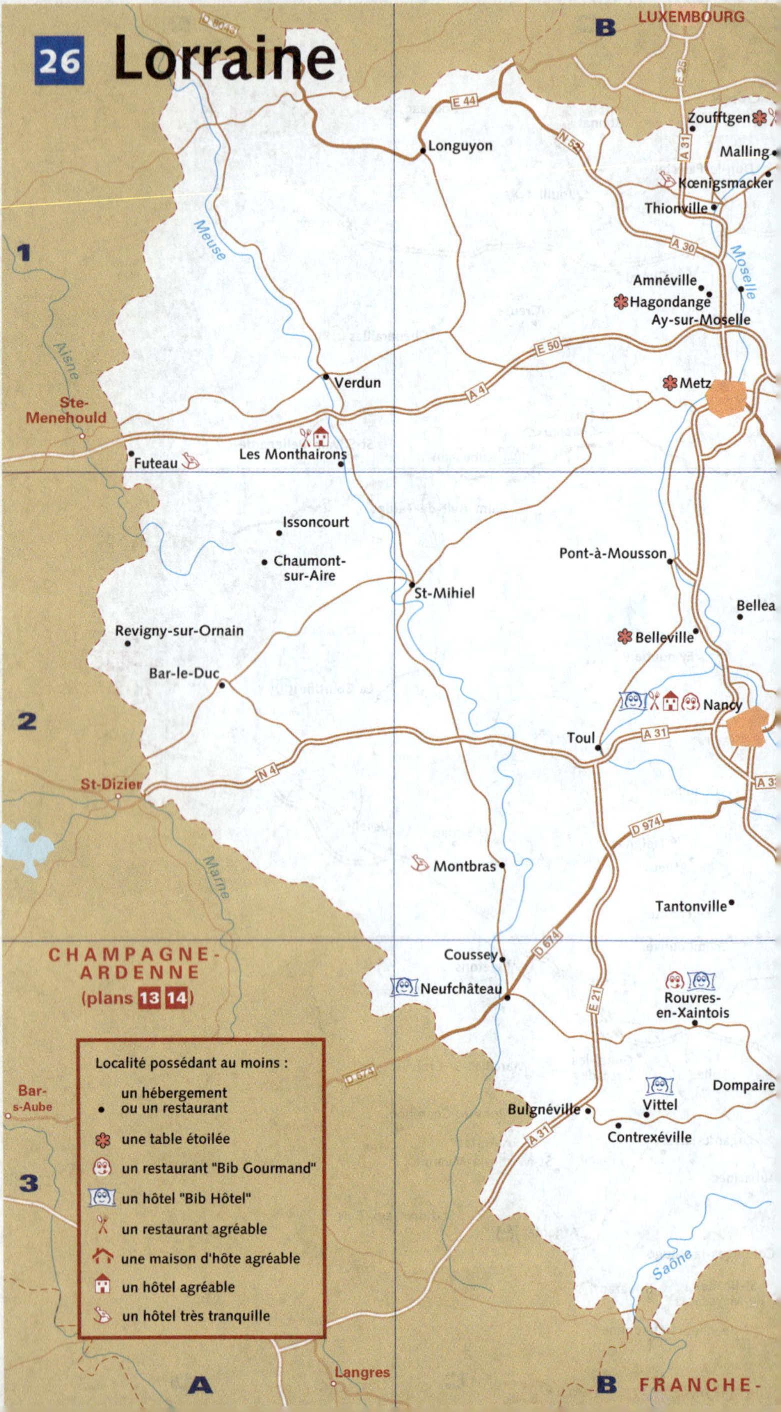
LUXEMBOURG
B
A
1
2
3
Zoufftgen
Malling
Kœnigsmacker
Thionville
Longuyon
Amnéville
Hagondange
Ay-sur-Moselle
Metz
Verdun
Ste-Menehould
Futeau
Les Monthairons
Issoncourt
Chaumont-sur-Aire
St-Mihiel
Pont-à-Mousson
Bellea
Belleville
Revigny-sur-Ornain
Bar-le-Duc
Nancy
Toul
St-Dizier
Montbras
Tantonville
Coussey
Neufchâteau
Rouvres-en-Xaintois
Dompaire
Vittel
Bulgnéville
Contrexéville
Bar-s-Aube
Langres
FRANCHE-
CHAMPAGNE-ARDENNE (plans 13 14)
Meuse
Moselle
Aisne
Marne
Saône
E 44
N 52
E 25
A 31
A 30
E 50
A 4
N 4
D 974
D 674
E 21
Localité possédant au moins :
un hébergement ou un restaurant
une table étoilée
un restaurant "Bib Gourmand"
un hôtel "Bib Hôtel"
un restaurant agréable
une maison d'hôte agréable
un hôtel agréable
un hôtel très tranquille

C
D
27
DEUTSCHLAND
Sierck-les-Bains
SAARBRÜCKEN
St-Hubert
Creutzwald
Stiring-Wendel
Forbach
Condé-Northen
Sarreguemines
Volmunster
St-Avold
Bitche
Sturzelbronn
Hambach
Laquenexy
Faulquemont
Philippsbourg
Baerenthal
Meisenthal
UNTERMUHLTHAL
1
Delme
Bénestroff
Phalsbourg
Saverne
Languimberg
Plaine-de-Walsch
La Hoube
Abreschviller
2
St-Quirin
STRASBOURG
Lunéville
Molsheim
Sarre
Moselle
Meurthe
ALSACE
(plans 1 2)
St-Pierremont
Senones
Charmes
Rambervilliers
St-Dié-des-Vosges
Sélestat
Ban-de-Laveline
Grandvillers
Ribeauvillé
Épinal
Rehaupal
Xonrupt-Longemer
Le-Valtin
Gérardmer
COLMAR
Col de la Schlucht
3
Bas-Rupts
Remiremont
Vagney
La Bresse
Plombières-les-Bains
Girmont-Val-d'Ajol
Ventron
Ermitage-du-Frère-Joseph
Guebwiller
Le-Val-d'Ajol
Rupt-sur-Moselle
Le Ménil
Le Thillot
Thann
COMTÉ (plans 16 17)
C
D
A 1
A 8
E 29
A 620
A 6
A 62
E 25
D 674
D 955
N 4
A 4
D 1004
N 59
A 35
E 23
N 57
E 25
D 415
D 83
N 66
A 35
E 35

28 Midi-Pyrénées

29
C
D
AUVERGNE
(plans 5 6)
AURILLAC
St-Flour
Cuzance
Martel
Port-de-Gagnac
Bretenoux
Meyronne
Loubressac
Sousceyrac
Mur-de-Barrez
Thérondels
Alvignac
Saint-Céré
Gramat
Bessonies
Rocamadour
Lacave
Calès
Fons
Le Fel
Entraygues-s-Truyère
Truyère
LAGUIOLE
Aubrac
St-Chély-d'Aubrac
Labastide-Murat
Grèzes
Figeac
Conques
Estaing
Lot
MENDE
Tour-de-Faure
Cajarc
Espalion
Valady
Bozouls
St-Cirq-Lapopie
Salles-la-Source
Belcastel
Villefranche-de-Rouergue
Aujols
Martiel
Rieupeyroux
Rodez
Sévérac-le-Château
Florac
Aveyron
Monteils
Sauveterre-de-Rouergue
Comps-la-Grand-Ville
Najac
Arvieu
St-André-de-Najac
Aguessac
Caussade
Millau
Bioule
Cordes-s-Ciel
Campes
Tanus
Tarn
St-Jean-du-Bruel
Montricoux
St-Rome-de-Tarn
Vaïssac
Puycelci
Donnazac
Le Vigan
Cestayrols
Castelnau-de-Montmiral
Cahuzac-s-Vère
Ambialet
Villeneuve-s-Tarn
St-Affrique
St-Jean-d'Alcas
Albi
Salvagnac
Gaillac
Lagrave
Alban
St-Sernin-s-Rance
Fondamente
St-Sulpice
Réalmont
St-Lieux-lès-Lavaur
Lavaur
Lacaune
Lodève
Garidech
Viterbe
Agout
Burlats
Teyssode
Castres
Cuq-Toulza
Puylaurens
Noailhac
LANGUEDOC-ROUSSILLON
(plans 22 23)
St-Affrique-les-Montagnes
Labastide-Beauvoir
Garrevaques
Mazamet
Revel
Dourgne
Lacabarède
Sorèze
St-Félix-Lauragais
Béziers
Ayguesvives
CARCASSONNE
Narbonne
Aude
Pamiers
Mirepoix
Limoux
Camon
Foix
Lavelanet
Rabat-les-Trois-Seigneurs
Tarascon-s-Ariège
Ax-les-Thermes
PERPIGNAN
Meritxell
Canillo
Soldeu
Prades
Encamp
Pas-de-la-Casa
Céret
PRICIPAUTÉ-D'ANDORRE
1
2
3

30 Nord Pas-de-Calais

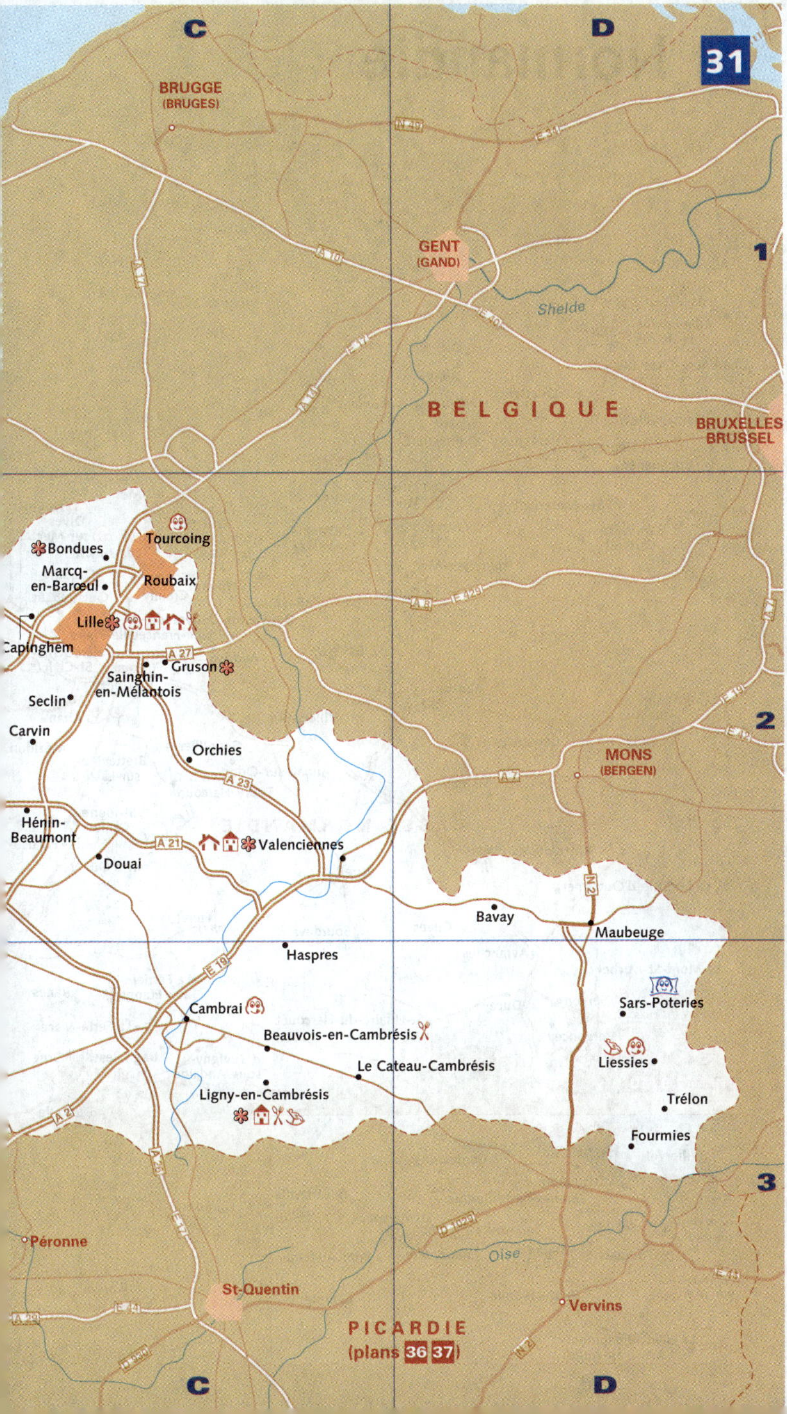
C
D
31
BRUGGE
(BRUGES)
N 49
E 34
GENT
(GAND)
A 10
A 17
E 40
Shelde
E 17
A 14
BELGIQUE
BRUXELLES
BRUSSEL
1
Tourcoing
Bondues
Marcq-
en-Barœul
Roubaix
A 8
E 429
Lille
Capinghem
A 27
Gruson
Sainghin-
en-Mélantois
Seclin
Carvin
E 19
2
E 42
Orchies
A 23
MONS
(BERGEN)
A 7
Hénin-
Beaumont
A 21
Valenciennes
Douai
N 2
Bavay
Maubeuge
Haspres
E 19
Sars-Poteries
Cambrai
Beauvois-en-Cambrésis
Liessies
Le Cateau-Cambrésis
Ligny-en-Cambrésis
Trélon
A 2
Fourmies
A 26
3
E 17
D 1029
Péronne
Oise
E 44
St-Quentin
E 44
A 29
Vervins
PICARDIE
(plans 36 37)
D 930
N 2
C
D

32 Normandie

33
C
D
Abbeville
PICARDIE
(plans 36 37)
Le Tréport
Mesnil-Val
Eu
Varengeville-sur-Mer
St-Martin-le-Gaillard
Dieppe
Sotteville-sur-Mer
Vastérival
Derchigny
Blangy-sur-Bresle
Veules-les-Roses
Offranville
St-Valery-en-Caux
Le Bourg-Dun
Londinières
Sassetot-le-Mauconduit
Néville
Fécamp
Aumale
Valmont
Étretat
Neufchâtel-en-Bray
St-Jouin-Bruneval
Gonfreville-Caillo
Yerville
Tôtes
Yvetot
Frichemesnil
Forges-les-Eaux
Clères
Notre-Dame-de-Gravenchon
Caudebec-en-Caux
HAUTE NORMANDIE
Le Havre
Tancarville
St-Pierre-de-Manneville
Martainville-Épreville
Gournay-en-Bray
Honfleur
Jumièges
Rouen
Lyons-la-Forêt
Fleury-la-Forêt
Conteville
Routot
Pont-St-Pierre
Ménesqueville
Bourg-Achard
La Bouille
Bazincourt-sur-Epte
Epte
Pont-de-l'Arche
Le Bec-Hellouin
La Saussaye
Gisors
Le Breuil-en-Auge
Connelles
Beuvron-en-Auge
Les Andelys
Cambremer
Fresne-Cauverville
Louviers
St-Étienne-du-Vauvray
Brionne
Acquigny
Port-Mort
Lisieux
Le Neubourg
Gaillon
Notre-Dame-de-Livaye
La Rivière-Thibouville
La Croix-St-Leufroy
Gasny
St-Julien-le-Faucon
Bernay
Vernon
Giverny
SEINE
t-Pierre-sur-Dives
Orbec
Fontaine-sous-Jouy
Évreux
Pacy-sur-Eure
Mantes-la-Jolie
Eure
Conches-en-Ouche
Notre-Dame-du-Hamel
ÎLE DE FRANCE
(plans 18 19 20 21)
Trun
St-Evroult-Notre-Dame-du-Bois
Le Pin-au-Haras
rgentan
Bourth
Nonancourt
Aube
Chandai
Verneuil-sur-Avre
Dreux
Macé
Rambouillet
Moulins-la-Marche
Sées
CENTRE
(plans 11 12)
Moulicent
Mortagne-au-Perche
Moutiers-au-Perche
Alençon
Le Pin-la-Garenne
Bellême
Nocé
Mamers
Nogent-le-Rotrou
LE MANS
Loir
A 131
A 28
A 29
A 151
A 13
A 88
A 11
A 10
E 44
E 46
E 402
E 5
E 50
D 6015
D 6014
D 927
D 613
N 31
N 13
N 12
N 154
N 10
Localité possédant au moins :
un hébergement ou un restaurant
une table étoilée
un restaurant "Bib Gourmand"
un hôtel "Bib Hôtel"
un restaurant agréable
une maison d'hôte agréable
un hôtel agréable
un hôtel très tranquille
1
2
3

34 Pays de la Loire

C
D
BASSE NORMANDIE
(plans 32 33)
Mortagne-au-Perche
ALENÇON
St-Paterne
Neufchâtel-en-Saosnois
Villaines-la-Juhel
Mayenne
Nogent-le-Rotrou
Monhoudou
Sillé-le-Guillaume
La Ferté-Bernard
1
Évron
Domfront-en-Champagne
Laval
St-Symphorien
St-Saturnin
Sceaux-sur-Huisne
Vaiges
Thorigné-sur-Dué
Saulges
Loué
Le Mans
Champagné
Brûlon
Grez-en-Bouère
Sablé-sur-Sarthe
St-Calais
Château-Gontier
St-Brice
Guécélard
Sarthe
Coudray
Malicorne-sur-Sarthe
Vendôme
Notre-Dame-du-Pé
Mayenne
La Flèche
Luché-Pringé
La Chartre-sur-le-Loir
Champigné
Loir
Vaas
CENTRE
(plans 11 12)
Vern-d'Anjou
Le Lude
Briollay
Angers
Linières-Bouton
LOIRE
St-Georges-des-Sept-Voies
2
Brissac-Quincé
Les Rosiers-sur-Loire
TOURS
Rochefort-sur-Loire
St-Martin-de-la-Place
Vauchrétien
Gennes
Vivy
Chênehutte-les-Tuffeaux
Thouarcé
Saumur
Martigné-Briand
Montsoreau
Turquant
Doué-la-Fontaine
Fontevraud-l'Abbaye
Chinon
Vienne
Maulévrier
POITOU-CHARENTES
(plans 38 39)
Bressuire
Nantaise
Châtellerault
Parthenay
3
POITIERS
Montmorillon
Sèvre Niortaise
NIORT
C
D

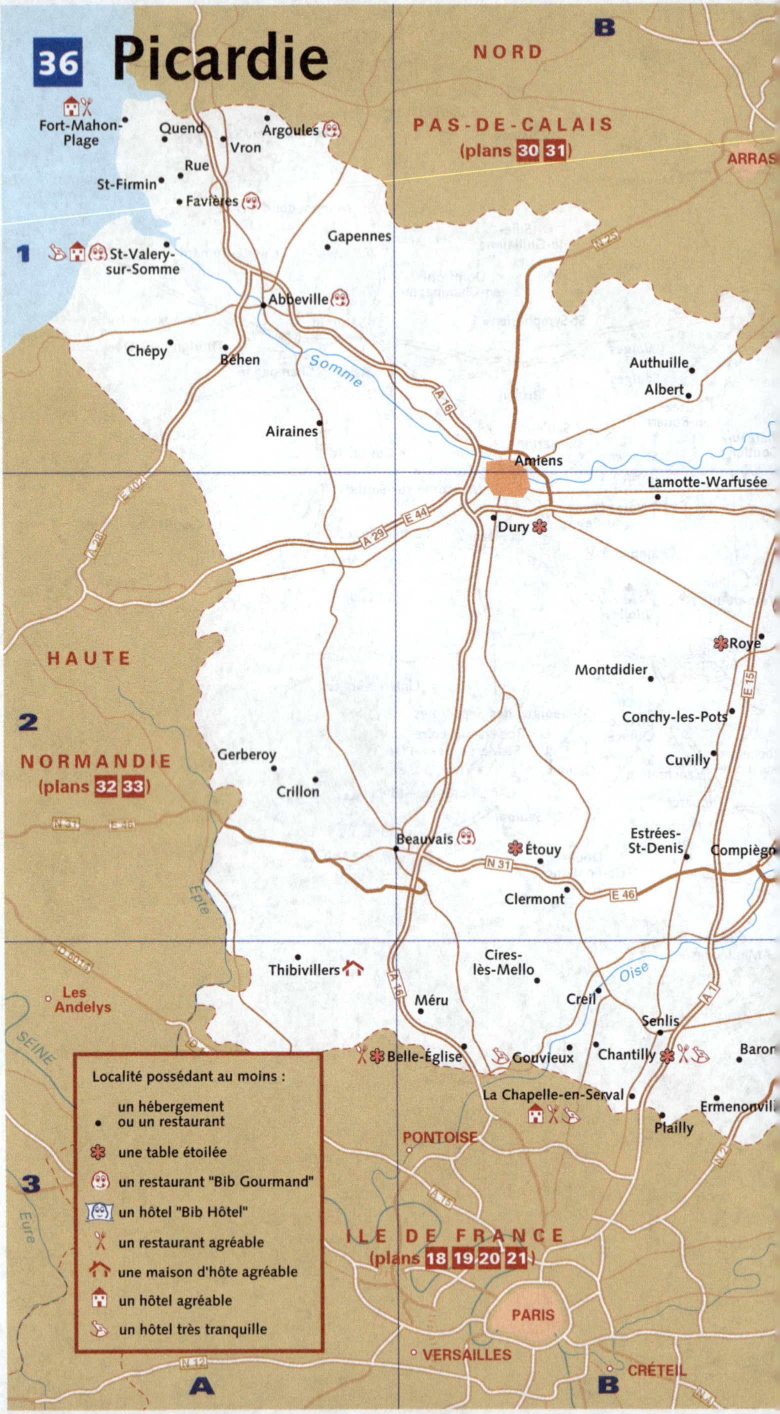
36 Picardie
NORD
PAS-DE-CALAIS
(plans 30 31)
ARRAS
A
B
1
2
3
Fort-Mahon-Plage
Quend
Vron
Argoules
Rue
St-Firmin
Favières
Gapennes
St-Valery-sur-Somme
Abbeville
Chépy
Béhen
Somme
A 16
Airaines
Amiens
Authuille
Albert
Lamotte-Warfusée
Dury
E 402
A 28
A 29
E 44
N 25
HAUTE
NORMANDIE
(plans 32 33)
Roye
Montdidier
Conchy-les-Pots
Cuvilly
E 15
Gerberoy
Crillon
N 31
E 46
Beauvais
Étouy
Estrées-St-Denis
Compiègne
Clermont
Epte
Thibivillers
Cires-lès-Mello
Oise
Creil
Méru
Senlis
A 1
Les Andelys
SEINE
Belle-Église
Gouvieux
Chantilly
Baron
La Chapelle-en-Serval
Ermenonville
Plailly
PONTOISE
A 15
N 2
Eure
ILE DE FRANCE
(plans 18 19 20 21)
PARIS
VERSAILLES
CRÉTEIL
N 12
Localité possédant au moins :
un hébergement ou un restaurant
une table étoilée
un restaurant "Bib Gourmand"
un hôtel "Bib Hôtel"
un restaurant agréable
une maison d'hôte agréable
un hôtel agréable
un hôtel très tranquille

37
C
D
1
2
3
A 23
A 21
A 2
A 1
A 26
E 17
E 19
A 29
E 44
D 930
D 1032
D 1029
N 2
A 26
N 31
E 46
A 4
E 17
E 50
N 51
E 50
A 4
Douai
Valenciennes
Cambrai
NORD
PAS-DE-CALAIS
(plans 30 31)
Avesnes-s-Helpe
Le Nouvion-en-Thiérache
Le Catelet
Aisonville-et-Bernoville
Péronne
Étréaupont
Oise
St-Quentin
Neuville-St-Amand
Omiécourt
Danizy
Ste-Preuve
Chauny
Noyon
Rond-d'Orléans
Laon
Cuts
Chamouille
Neufchâtel-sur-Aisne
Rethondes
Attichy
Bourg-et-Comin
Soissons
Aisne
Pierrefonds
Courcelles-sur-Vesle
St-Jean-aux-Bois
Reims
Villers-Cotterêts
Fère-en-Tardenois
Marne
Mézy-Moulins
Château-Thierry
Épernay
Reuilly-Sauvigny
Meaux
CHAMPAGNE-ARDENNE
(plans 13 14)

38 Poitou-Charentes

39
C
D
Chinon
Loches
Vienne
Indre
Pouançay
D 347
Loudun
E 5
Vellèches
CENTRE
(plans 11 12)
D 943
1
Châtellerault
La Roche-Posay
Bonneuil-Matours
Angles-s-l'Anglin
Neuville-de-Poitou
D 347
Vouillé
Latillé
Le Blanc
D 951
Poitiers
D 951
Chauvigny
St-Benoît
Curzay-s-Vonne
Coulombiers
Vivonne
Verrières
Montmorillon
Lussac-les-Châteaux
N 10
Vienne
N 147
Gartempe
E 9
A 20
Melle
L'Isle-Jourdain
E 62
N 145
Availles-Limouzine
Bellac
2
LIMOUSIN
(plans 24 25)
Charente
Tusson
Luxé
Mansle
St-Claud
Nieuil
E 603
N 141
Rochechouart
D 941
LIMOGES
St-Adjutory
Massignac
La Rochefoucauld
E 603
Angoulême
Bassac
Soyaux
Bonneuil
Dirac
Nontron
Chadurie
Aubeterre-s-Dronne
Dronne
AQUITAINE
(plans 3 4)
PÉRIGUEUX
A 89
Vézère
E 9
3
Localité possédant au moins :
un hébergement ou un restaurant
une table étoilée
un restaurant "Bib Gourmand"
un hôtel "Bib Hôtel"
un restaurant agréable
une maison d'hôte agréable
un hôtel agréable
un hôtel très tranquille

40 Provence Alpes Côte d'Azur

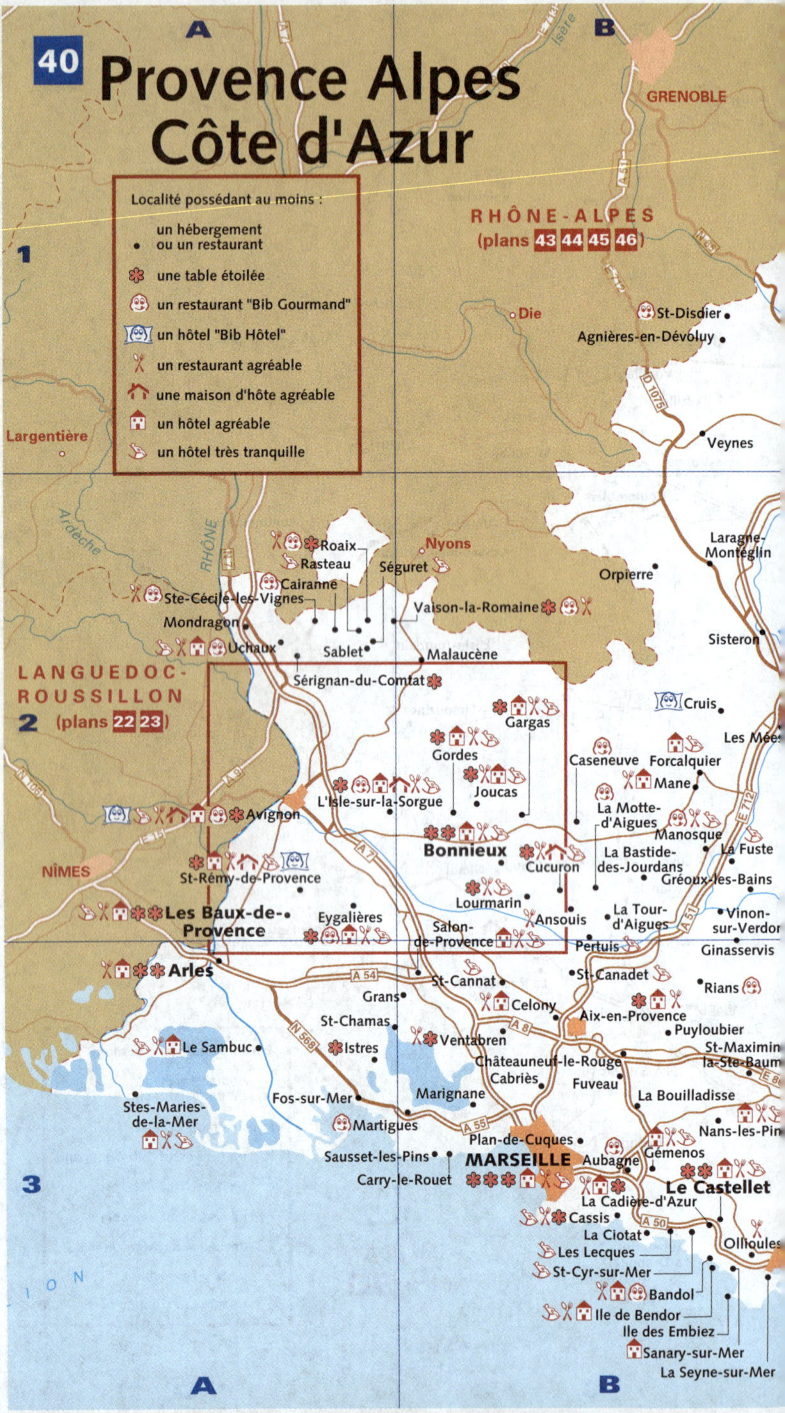

C
D
TORINO
La Grave
Névache
Le Monêtier-les-Bains
Montgenèvre
Serre-Chevalier
Briançon
Puy-St-Pierre
Puy-St-Vincent
Arvieux
St-Crépin
Poligny
Orcières
Guillestre
Ceillac
St-Julien-en-Champsaur
Risoul
Col Bayard
Vars
La Bâtie-Neuve
Embrun
Gap
Baratier
Chorges
ITALIA
1
Jausiers
St-Pons
Barcelonnette
CUNEO
Seyne
Auron
St-Martin-d'Entraunes
Beuil
Roure
Tende
Casterino
château-Arnoux-St-Auban
Valberg
St-Martin-Vésubie
Digne-les-Bains
Plan-du-Var
2
Gilette
Utelle
Annot
Castellane
St-Martin-du-Var
Vescous
Châteauneuf-Villevieille
La Turbie
Moustiers-Ste-Marie
La Garde
La Palud-sur-Verdon
Le Bar-sur-Loup
Contes
te-Croix-e-Verdon
Point Sublime
Vence
Menton
Les Salles-sur-Verdon
La Martre
La Colle-sur-Loup
Peillon
MONTE-CARLO
Montagnac
Trigance
Tourrettes-sur-Loup
Le Rouret
Nice
Magagnosc
Èze
t-Laurent-du-Verdon
Comps-sur-Artuby
Beaulieu-sur-Mer
Fayence
Grasse
Cros-de-Cagnes
Quinson
Biot
Seillans
St-Jean-Cap-Ferrat
Moissac-Bellevue
Tourrettes
Aups
Antibes
Tourtour
Mougins
Callas
Cap d'Antibes
Villecroze
Draguignan
Montauroux
Lorgues
Cannes
Flayosc
La Motte
Le Cannet
Le Muy
Bras
La Napoule
Le Thoronet
Valescure
Les Arcs
Le-Val
Le Luc
St-Raphaël
Vidauban
Fréjus
Puget-sur-Argens
St-Aygulf
La Celle
Les Issambres
Le Val d'Esquières
Plan-de-la-Tour
Ste-Maxime
Rocbaron
Port-Grimaud
Grimaud
Saint-Tropez
Belgentier
Cogolin
Gassin
Cuers
3
La Croix-Valmer
Ramatuelle
a Farlède
La Londe-les-Maures
Gigaro
Cavalaire-sur-Mer
oulon
La Crau
Rayol-Canadel-sur-Mer
Cavalière
Hyères
Carqueiranne
Le Lavandou
Giens
Bormes-les-Mimosas
Île de Port-Cros
Le Pradet
Île de Porquerolles
es Oursinières
Drac
Verdon
Stura
Demonte
di
A 32
A 21
A 55
A 8
A 57
N 94
N 85
D 6085
D 6204
E 70
E 74
B 20

42 Provence Alpes Côte d'Azur

E

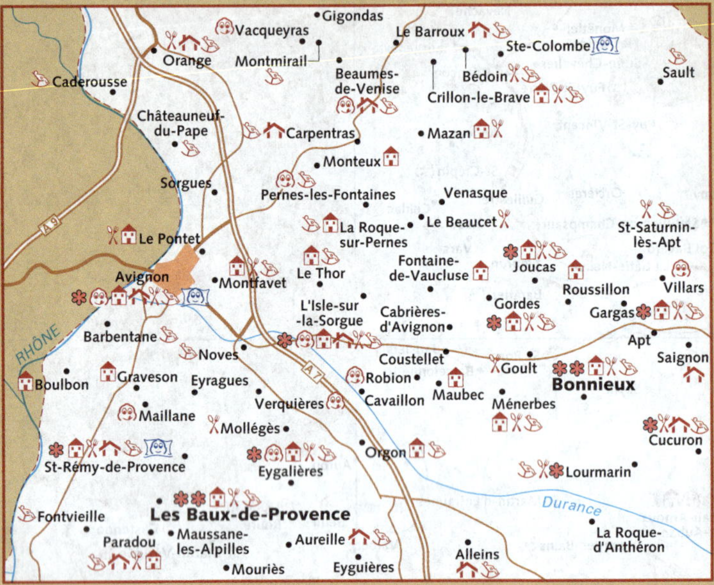

E

Rhône-Alpes

Localité possédant au moins :

- • un hébergement ou un restaurant
- une table étoilée
- un restaurant "Bib Gourmand"
- un hôtel "Bib Hôtel"
- un restaurant agréable
- une maison d'hôte agréable
- un hôtel agréable
- un hôtel très tranquille

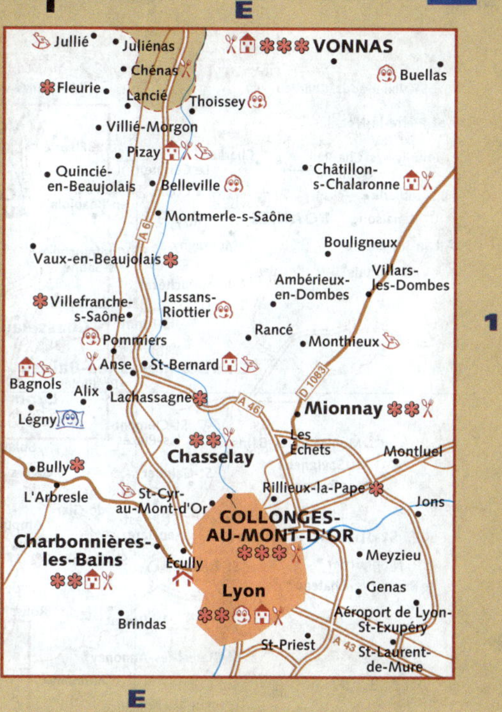

44 Rhône-Alpes

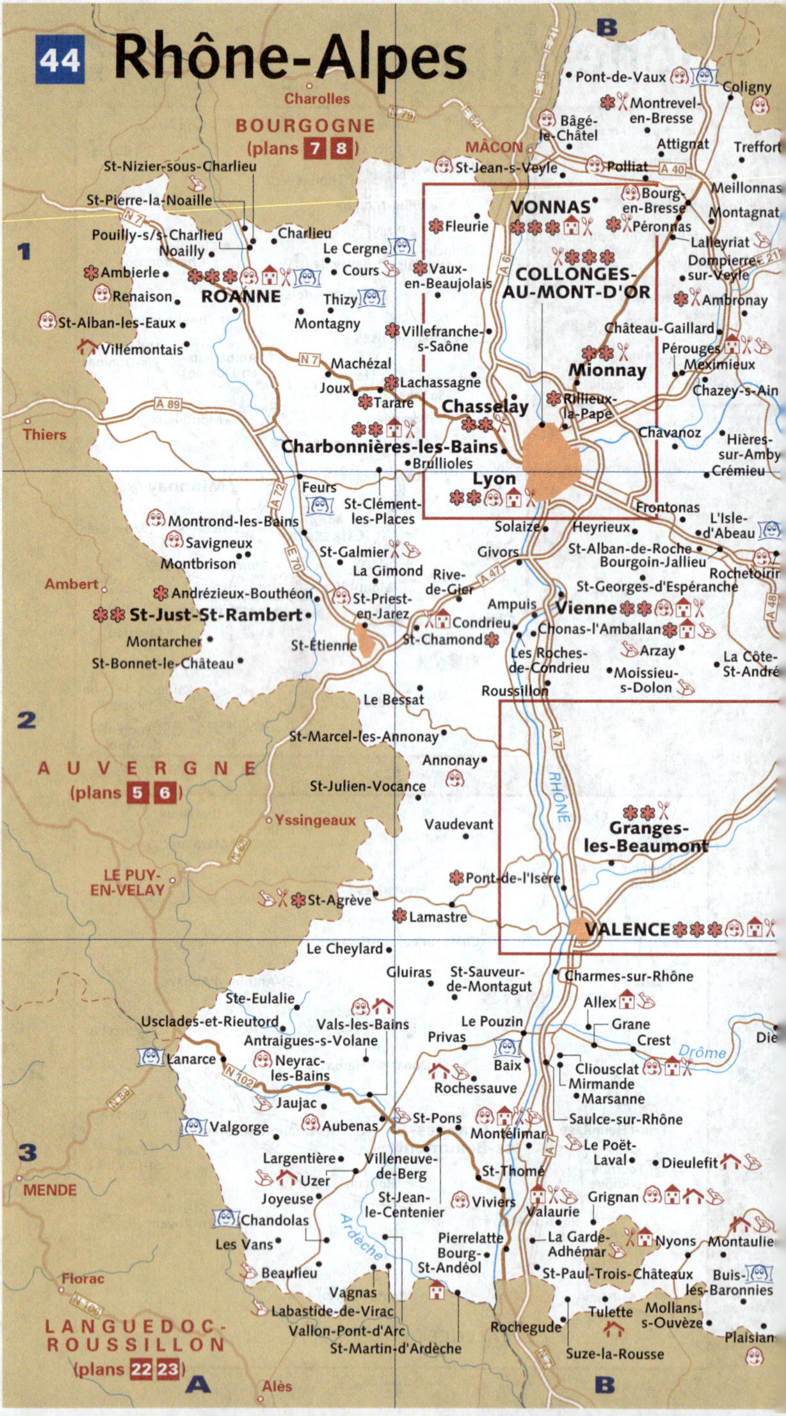